50 Years of Publishing in Malaysia
1957–2007

Kamus
Dwibahasa
Oxford Fajar

Bahasa Inggeris–Bahasa Malaysia
Bahasa Malaysia–Bahasa Inggeris

EDISI KEEMPAT
(Dikemaskinikan)

JOYCE M. HAWKINS

Oxford Fajar Sdn. Bhd. (008974-T)
(Dahulunya dikenali sebagai Penerbit Fajar Bakti Sdn. Bhd.)

Oxford Fajar Sdn. Bhd. (008974-T)
(Dahulunya dikenali sebagai Penerbit Fajar Bakti Sdn. Bhd.)
4 Jalan Pemaju U1/15, Seksyen U1
Hicom-Glenmarie Industrial Park
40150 Shah Alam
Selangor Darul Ehsan

© *Oxford Fajar Sdn. Bhd. (008974-T) 1991, 1997, 2001, 2004, 2006, 2008*
Diterbitkan pertama kali dengan judul
Kamus Dwibahasa Oxford Fajar, 1991
Dicetak ulang enam belas kali
Edisi kedua 1997
Dicetak ulang dua puluh dua kali
Edisi ketiga 2001
Dicetak ulang empat belas kali
Edisi Ketiga Dikemaskinikan 2004
Dicetak ulang lapan kali
Edisi keempat 2006
Dicetak ulang empat belas kali
Edisi keempat Dikemaskinikan 2008

Naskhah asal dalam bahasa Inggeris diterbitkan dengan tajuk
The Oxford Minidictionary, (0-19-860865-9), Sixth Edition
published by Oxford University Press in 2004
© *Oxford University Press 1981, 1988, 1991, 1995, 2004*

ISBN 978 983 45036 9 7

Perpustakaan Negara Malaysia   Data Pengkatalogan-dalam-Penerbitan

Hawkins, Joyce M.
Kamus dwibahasa Oxford Fajar: bahasa Inggeris–bahasa Malaysia, bahasa
Malaysia–bahasa Inggeris / Joyce M. Hawkins.–Ed. ke-4 dikemaskinikan
ISBN 978-983-45043-6-6
ISBN 978-983-45043-4-2(kkt.)
ISBN 978-983-45036-9-7
1. English language–Dictionaries–English. 2. Malay language–Dictionaries–
Malay. I. Judul.
423.9923

Cetakan: 15 14 13 12 11 10 9 8 7 6 5 4 3 2 1

Teks diset dalam Times Roman 7 poin
Dicetak di Malaysia oleh Herald Printers Sdn. Bhd.,
Selangor Darul Ehsan

Pengantar

Kamus Dwibahasa Oxford Fajar Bahasa Inggeris–Bahasa Malaysia/ Bahasa Malaysia–Bahasa Inggeris (Edisi Keempat Dikemaskinikan) ini disusun dengan menggunakan pendekatan dua hala, iaitu bahasa Inggeris-bahasa Malaysia dan bahasa Malaysia-bahasa Inggeris. Entri bahasa Inggeris dengan kata padanan serta makna dalam bahasa Malaysia terdapat di bahagian awal kamus. Bahagian berikutnya mengandungi entri bahasa Malaysia dengan kata padanan serta makna dalam bahasa Inggeris.

Susunan entri adalah mengikut abjad setiap kata dasar yang kemudiannya diikuti oleh kata terbitan. Namun demikian, jika diteliti, kata terbitan tidak semestinya disusun di bawah sesuatu entri kata dasar, tetapi boleh juga muncul berasingan mengikut abjad awal kata terbitan itu sendiri. Tujuannya adalah untuk membolehkan pengguna membuat rujukan cepat terhadap sesuatu perkataan walaupun tidak mengetahui kata dasar bagi perkataan itu.

Kamus yang telah diperkemaskinikan ini mengandungi lebih daripada 46 000 kata dasar dan kata terbitan dan amat sesuai untuk dijadikan rujukan oleh setiap lapisan masyarakat, terutama yang ingin menguasai dua bahasa—bahasa Inggeris dan bahasa Malaysia sekaligus. Mereka yang amat mementingkan kepantasan masa untuk mencari padanan kata atau makna bagi perkataan-perkataan sama ada dalam bahasa Inggeris mahupun bahasa Malaysia amat memerlukan kamus seumpama ini. Hal ini kerana padanan dan makna yang diberikan adalah tepat, ringkas dan mudah difahami. Yang ingin menguasai bahasa Inggeris akan merujuk kepada bahagian bahasa Malaysia-bahasa Inggeris, sementara yang ingin menguasai bahasa Malaysia akan merujuk kepada bahagian bahasa Inggeris–bahasa Melayu.

Kamus Edisi Keempat Dikemaskinikan ini dimantapkan dengan tambahan hampir 1000 istilah Teknologi Makulmat dan Komunikasi yang terkini yang mungkin belum terdapat dalam mana-mana kamus seumpama ini di pasaran. Istilah ini turut diberikan dalam dua hala, iaitu bahasa Inggeris–bahasa Malaysia dan bahasa Malaysia–bahasa Inggeris.

Kami berharap para pengguna akan mendapat sebanyak manfaat yang mungkin daripada kamus ini.

Jun 2008   PENERBIT

Kependekan

Kependekan yang digunakan dalam kamus ini adalah seperti berikut:

Bahasa Inggeris

a. adjective
abbr. abbreviation
adjs. adjectives
adv. adverb
advs. adverbs
Amer. American
attrib. attributively
Austr. Australian
colloq. colloquial
conj. conjunction
Dec. December
derog. derogatory
esp. especially
fem. feminine
fig. figurative
imper. imperative
Ind. Indian
int. interjection
ints. interjections
iron. ironically
Ir. Irish

Jan. January
joc. jocularly
n. noun
N. Engl. Northern England
n. fem. noun feminine
Nov. November
ns. nouns
orig. originally
[P.] proprietary term
pl. plural
poss. possessive
p.p. past participle
pr. pronounced
pref. prefix
prep. preposition
preps. prepositions
pres. present
pres. p. present participle
pron. pronoun

p.t. past tense
rel. pron. relative pronoun
S. Afr. South African
sb. somebody
Sc. Scottish
Sept. September
sing. singular
sl. slang
sth. something
U.S. United States
usu. usually
v. aux. auxiliary verb
v.i. intransitive verb
v. imper. imperative verb
v. refl. reflexive verb
v.t. transitive verb
v.t./i. transitive and intransitive verb
vulg. vulgar

Bahasa Melayu

adj. kata adjektif
akh. akhiran
awl. awalan
kep. kependekan
k.b. kata bantu
k.bil. kata bilangan
k.g. kata ganti

k.h. kata hubung
k.kt. kata keterangan
k.k. kata kerja
k.n. kata nama
k.nf. kata nafi
k.p. kata penguat
k.pb. kata pembenar

k.pm. kata pemeri
k.s.n. kata sendi nama
k.ty. kata tanya
sr. kata seru
ung. ungkapan

*Kependekan/singkatan yang digunakan secara umum (seperti ft., m.p.h., M.P., Hon., e.g., i.e; etc.) terdapat di dalam entri/teks kamus ini sendiri.

**Usang/*old use* memberi maksud sesuatu perkataan itu adalah perkataan lama dan mungkin tidak lagi digunakan.

Istilah Sains

BAHASA INGGERIS–BAHASA MALAYSIA

abbreviation	*singkatan*	amplitude	*amplitud*
absorb	*menyerap*	anaemia	*anemia*
absorption	*penyerapan*	analogize	*membuat*
acceleration	*pecutan*		*analogi*
accelerator	*pemecut*	analysing	*menganalisis*
accumulator	*akumulator*	analysing data	*menganalisis*
acid	*asid*		*data*
acid rain	*hujan asid*	angle of	*sudut tuju*
act out	*lakonkan*	incidence	
active metal	*logam aktif*	angle of	*sudut pantulan*
advantage	*kebaikan*	reflection	
aerial	*aerial*	angle of	*sudut biasan*
aerofoil	*aerofoil*	refraction	
affect	*mempengaruhi*	animal cell	*sel haiwan*
agricultural	*hasil pertanian*	ant	*semut*
product		antibiotic	*antibiotik*
air	*udara*	antigen	*antigen*
air pollution	*pencemaran*	antioxidant	*pengantioksida*
	udara	antiseptic	*antiseptik*
air pressure	*tekanan udara*	antiserum	*antiserum*
alcohol	*alkohol*	anus	*dubur*
algae	*alga*	aorta	*aorta*
alimentary	*salur*	apparatus	*radas*
canal	*penghadaman*	appearance	*rupa*
alkali	*alkali*	appendix	*apendiks*
alkaline battery	*bateri alkali*	appliances	*peralatan*
alkaline	*bahan beralkali*	application	*aplikasi*
substance		apply	*mengaplikasi*
alkane	*alkana*	appreciating	*menghargai*
alkene	*alkena*	appropriate	*sesuai*
alloy	*aloi*	aquatic	*akuatik*
alpha ray	*sinaran alfa*	aqueous	*akueus*
amino acid	*asid amino*	aqueous humour	*gelemair*
amniocentesis	*amniosentesis*	arch	*gerbang*
amphibian	*amfibia*	arise	*timbul*
amplifier	*amplifier*	arm	*lengan*

arrange sequentially	*susun mengikut urutan*	biodegradable plastic	*plastik terbio-degradasikan*
arrangement	*susunan*	biological control	*kawalan biologi*
arteriosclerosis	*arteriosklerosis*		
artificial insemination	*permanian beradas*	biomass	*biojisim*
assimilation	*asimilasi*	bird	*burung*
astigmatism	*astigmatisme*	bitter	*pahit*
atomic number	*nombor atom*	black	*hitam*
atomic structure	*struktur atom*	bleaching agent	*agen peluntur*
attracting force	*daya tarikan*	blind spot	*bintik (titik) buta*
auricle	*aurikel*	blockage	*keadaan tersumbat*
autoclave	*autoklaf*		
autotroph	*autotrof*	blood group	*kumpulan darah*
bacteria	*bakteria*		
bad smell	*bau busuk*	blood plasma	*plasma darah*
balance	*seimbang, neraca, baki*	blood stream	*aliran darah*
		blow	*hembus*
balance in nature	*keseimbangan alam*	blue	*biru*
		body	*badan*
balanced diet	*gizi seimbang*	boiling	*pendidihan*
balanced ecosystem	*ekosistem yang seimbang*	boiling point	*takat didih*
		brain	*otak*
ball and socket joint	*sendi lesung*	brainstorming	*sumbang saran*
		branch	*dahan, cabang*
bar chart	*carta bar*	brass	*loyang*
bark	*kulit kayu*	breakfast	*sarapan*
base area	*luas tapak*	breathe	*bernafas*
beached whale	*paus yang terdampar di pantai*	brittle	*rapuh*
		bronchiole	*bronkiol*
		bronchus	*bronkus*
beak	*paruh, muncung*	bronze	*gangsa*
		brown	*warna perang*
beam balance	*neraca palang*	brush	*berus*
beat	*pukul*	build	*bina*
benefit	*faedah*	buoyancy	*keapungan*
beta carotene	*beta karotena*	buoyant force	*daya apungan*
beta ray	*sinaran beta*	butterfly	*rama-rama*
big	*besar*	buttress	*banir*
bile	*hempedu*	calcium	*kalsium*
bimetallic strip	*jalur dwilogam*	calipers	*angkup*
binary fission	*belahan dedua*	calorific value	*nilai kalori*

camera	*kamera*
camouflage	*penyamaran*
candle	*lilin*
canine tooth	*gigi taring*
capasitor	*kapasitor*
capillary	*kapilari*
carbohydrate	*karbohidrat*
carbon	*karbon*
carbon compound	*sebatian karbon*
carbon cycle	*kitar karbon*
carbon dioxide	*karbon dioksida*
carbon monoxide	*karbon monoksida*
carcinogenic	*karsinogenik*
career	*kerjaya*
carnassial tooth	*gigi karnasial*
cartilage	*rawan*
cat	*kucing*
cathode	*katod*
cation	*kation*
cell	*sel*
cell wall	*dinding sel*
cellulose	*selulosa*
centre of gravity	*pusat graviti*
central nervous system	*sistem saraf pusat*
characteristics	*ciri-ciri*
charcoal	*arang*
cheek cell	*sel pipi*
chemical change	*perubahan kimia*
chicken	*ayam*
chitin	*kitin*
chlorination	*pengklorinan*
chlorine	*klorin*
chloroplast	*kloroplas*
cholera	*kolera, taun*
cholesterol	*kolesterol*
choroid	*koroid*
chromium	*kromium*
circle	*bulatan*
classify	*mengelaskan*
climate	*iklim*
climate change	*perubahan iklim*
clutch	*cekam*
coal	*arang batu*
cochlea	*koklea*
coil	*gegelung*
colchicine	*kolkisina*
cold	*sejuk*
collecting data	*mengumpul data*
colour filter	*penapis warna*
colour printing	*percetakan berwarna*
combustion	*pembakaran*
comfortable living	*kehidupan yang selesa*
community	*komuniti*
compact disc	*cakera padat*
competition	*persaingan*
complex organism	*organisma kompleks*
component	*komponen*
composite	*komposit*
composition	*komposisi*
compost	*kompos*
compound	*sebatian*
compression stroke	*lejang mampatan*
computer	*komputer*
concave lens	*kanta cekung*
concentrated acid	*asid pekat*
concentrated alkali	*alkali pekat*
concentrated solution	*larutan pekat*
concept map	*peta konsep*
condensation	*kondensasi*
condition	*keadaan*
conduction	*konduksi*
conductivity	*kekonduksian*

conjugation	*pengkonjugatan*	decibel	*desibel*
conservation	*penggunaan*	decomposer	*pengurai*
	berhemat,	defecation	*penyahtinjaan*
	pemuliharaan	definition	*takrifan, definisi*
	(alam),	deforestation	*penebangan*
	keabadian		*hutan*
	(jisim, tenaga,	dehydration	*pendehidratan*
	momentum)	denitrification	*pendenitritan*
conserve	*memulihara*	density	*ketumpatan*
constipation	*sembelit*	dental caries	*karies gigi*
construction	*pembinaan*	dentine	*dentin*
consumer	*pengguna*	depolymerization	*penyahpolimeran*
continuous	*variasi selanjar*	describe	*perihalkan*
variation		design	*reka*
contract	*mengecut*	determine	*menentukan*
contraction	*pengecutan*	diaphragm	*diafragma*
control	*mengawal*	dicotyledon	*dikotiledon*
convection	*perolakan*	difference	*perbezaan*
convex lens	*kanta cembung*	differentiate	*membezakan*
coordination	*koordinasi*	diffusion	*resapan*
copper	*kuprum*	digest	*mencerna*
cornea	*kornea*	digestion	*pencernaan*
coronary	*trombosis*	dilute acid	*asid cair*
thrombosis	*koronari*	dilute alkali	*alkali cair*
corresponding	*berpadanan*	dilute solution	*larutan cair*
corrosive	*mengakis*	diode	*diod*
cow	*lembu*	disadvantage	*keburukan,*
cranial nerve	*saraf kranium*		*kelemahan*
cripple	*lumpuh*	discharge	*nyahcas*
cross-linkage	*rangkai silang*	discontinuous	*variasi tak*
crown	*silara*	variation	*selanjar*
crutch	*tongkat ketiak*	discuss	*bincang*
crystallization	*penghabluran*	disinfectant	*disinfektan*
culture solution	*larutan kultur*	dispersion	*penyebaran*
curve	*lengkung*	dispersion of	*penyebaran*
cuticle	*kutikel*	light	*cahaya*
cytoplasm	*sitoplasma*	displacement	*sesaran*
daily life	*kehidupan*	distance	*jarak*
	harian	distillation	*penyulingan*
dark	*gelap*	diversity	*kepelbagaian*
day .	*siang, hari*	dog	*anjing*
decay	*pereputan*	dome	*kubah*

domestic uses	*penggunaan domestik*	embryo	*embrio*
domestic waste	*bahan buangan domestik*	emphasize	*menekankan*
		emulsion	*emulsi*
dosimeter	*dosimeter*	endoskeleton	*rangka dalam*
draw conclusion	*membuat kesimpulan*	endothermic	*endotermik*
		energy	*tenaga*
drinking straw	*penyedut minuman*	energy change	*perubahan bentuk tenaga*
		environment	*alam sekitar*
dry	*kering*	enzyme	*enzim*
dry cell	*sel kering*	equation in words	*persamaan perkataan*
ductile	*mulur*		
dull	*pudar*	equilibrium	*keseimbangan*
dust	*habuk*	esterification	*pengesteran*
ear	*telinga*	estimate	*menganggarkan*
ear drum	*gegendang telinga*	Eustachian tube	*salur Eustachio*
		eutrophication	*eutrofikasi*
echo	*gema*	evaporation	*penyejatan*
eclipse	*gerhana*	evaporation of water	*penyejatan air*
ecosystem	*ekosistem*		
educators	*para pendidik*	example	*contoh*
effect	*kesan*	excessive	*berlebihan*
effector	*efektor*	excretion	*perkumuhan*
efficient	*cekap*	exhaled air	*udara hembus*
effluent	*efluen*	exhaust stroke	*lejang ekzos*
egg	*telur*	existence	*kewujudan*
elastic	*elastik, kenyal*	exoskeleton	*rangka luar*
electric current	*arus elektrik*	exothermic	*eksotermik*
electric field	*medan elektrik*	expand	*mengembang*
electricity	*elektrik, keelektrikan*	expansion	*pengembangan*
		experiment	*eksperimen*
electrode	*elektrod*	expiry date	*tarikh luput*
electrolysis	*elektrolisis*	explain	*menerangkan*
electrolyte	*elektrolit*	extraction	*pengekstrakan*
electron	*elektron*	eye	*mata*
electronic component	*komponen elektrik*	facsimile	*faksimile*
		family tree/ pedigree	*salasilah keluarga*
electroplating	*penyaduran elektrik*	farm	*kebun, ladang*
electrostatic force	*daya elektrostatik*	fat	*lemak*
		fatty acid	*asid lemak*
element	*unsur*	feet	*kaki*

fermentation	penapaian	frequency	frekuensi
fertilizer	baja	friction	geseran
fibre	pelawas,	frictional force	daya geseran
	gentian	frog	katak
fibre glass	kaca gentian	fruit	buah
field	padang	fruit fly	lalat bari-bari
filter	turas	function	fungsi
filtration	penurasan	fulcrum	fulkrum
fin	sirip	fungus	kulat
finger	jari	gall bladder	pundi hempedu
fire alarm	alat penggera	gamma ray	sinaran gama
	kebakaran	garbage	sampah sarap
fish	ikan	gas	gas
flammable	mudah terbakar	gas under high	gas di bawah
flavouring	perisa	pressure	tekanan tinggi
float	timbul	gear box	kotak gear
flow	mengalir	gene therapy	terapi gen
flower	bunga	general	umum
flowering plant	tumbuhan	genetically-	makanan yang
	berbunga	modified food	dimodifikasi-
fluid	bendalir		kan secara
fluorine	fluorin		genetik
fly	terbang, lalat	geotropism	geotropisme
focal length	jarak fokus	gives out	mengeluarkan
focal point	titik fokus	gland	kelenjar
food processing	pemprosesan	global warming	pemanasan
	makanan		global
food pyramid	piramid makanan	glowing	berbara
food technology	teknologi	glucose	glukosa
	makanan	glycerol	gliserol
food web	siratan makanan	goat	kambing
food wrapper	pembungkus	gold	emas, aurum
	makanan	gonorrhea	gonorea
force	daya	grass	rumput
forest	hutan	gravitational	daya graviti
form	bentuk	force	
four-stroke	enjin petrol	gravity	graviti
petrol engine	empat lejang	green	hijau
fractional	penyulingan	greenhouse	kesan rumah
distillation	berperingkat	effect	hijau
freezing	penyejukbekuan	guard cell	sel pengawal
freezing point	takat beku	gut	salur makanan

habit	*amalan, tabiat*	identify	*mengenal pasti*
habitat	*habitat*	image	*imej*
haemoglobin	*hemoglobin*	immunity	*keimunan*
hair	*rambut*	importance	*kepentingan*
half-life	*setengah hayat*	improve air	*memperbaiki*
hand	*tangan*	circulation	*pengudaraan*
handling	*mengendali*	impulse	*impuls*
hard	*keras*	impurity	*bendasing*
hard water	*air liat*	inability	*ketidakupayaan*
hardness	*kekerasan*	incident ray	*sinar tuju*
head	*kepala*	incisor	*gigi kacip*
hear	*dengar*	inclined plane	*satah condong*
hearing aid	*alat bantu*	indicator	*penunjuk*
	pendengaran	indigenous	*orang asli*
heat	*kepanasan,*	people	
	haba	inductor	*induktor*
height	*ketinggian*	industrial waste	*bahan buangan*
helicopter	*helikopter*		*industri*
hepatitis	*hepatitis*	inert gas	*gas lengai*
highland forest	*hutan tanah*	inertia	*inersia*
	tinggi	inference	*inferens*
hinge joint	*sendi engsel*	inflammable	*mudah terbakar*
histogram	*histogram*	inhaled air	*udara sedut*
horn	*tanduk*	inheritance	*pewarisan*
hot	*panas*	innovative	*inovatif*
hot air balloon	*belon udara*	insect	*serangga*
	panas	insecticide	*racun serangga*
house	*rumah*	insoluble	*tak larut*
hovercraft	*hoverkraf*	insulator	*penebat*
human being	*manusia*	intake stroke	*lejang*
humidity	*kelembapan*		*pengambilan*
hydraulic system	*sistem hidraulik*	integrated circuit	*litar bersepadu*
hydrocarbon	*hidrokarbon*	interaction	*interaksi*
hydrochloric	*asid hidroklorik*	intercostal	*otot interkosta*
acid		muscle	
hydrofoil	*hidrofoil*	interdependence	*saling*
hydrogen	*hidrogen*		*bersandaran*
hydrophilic	*hidrofilik*	interpreting	*mentafsir data*
hydrophobic	*hidrofobik*	data	
hydrostatic	*hidrostatik*	intestine	*usus*
hydrotropism	*hidrotropisme*	invertebrate	*invertebrat*
hypothesis	*hipotesis*	investigation	*penyiasatan*

involuntary action	*tindakan luar kawal*	living organism	*organisma hidup*
involve	*melibatkan*	living things	*benda-benda hidup*
iodine	*iodin*	load	*beban*
ionic theory	*teori ion*	long-sightedness	*rabun dekat*
ionization	*pengionan*	loud	*nyaring*
iron	*besi, ferum*	loudness	*kenyaringan*
irregular	*tidak sekata*	loudspeaker	*pembesar suara*
irregular-shaped object	*objek tak sekata*	low gear	*gear rendah*
isotope	*isotop*	luminous, shiny	*berkilau*
jet engine	*enjin jet*	lymph node	*nodus limfa*
kerosene	*kerosin*	lymphatic	*limfatik*
kidney	*ginjal*	macronutrient	*makronutrien*
kinaesthetic sense	*deria kinestesis*	magnetic field	*medan magnet*
		magnetic force	*daya magnet*
kinetic energy	*tenaga kinetik*	magnitude	*magnitud*
kinetic theory	*teori kinetik*	making observations	*membuat pemerhatian*
knowing	*mengetahui*		
Kyoto Protocol	*Protokol Kyoto*	malleability	*ketempaan*
ladder	*tangga*	malleable	*boleh ditempa*
land breeze	*bayu darat*	malnutrition	*malnutrisi*
land overuse	*penggunaan tanah yang tidak terkawal*	mammal	*mamalia*
		management	*pengurusan*
		manipulation	*manipulasi*
large intestine	*usus besar*	mass	*jisim*
lateral inversion	*songsang sisi*	matter	*jirim*
latex	*lateks*	meaning	*maksud*
lead	*plumbum*	measure	*ukur*
leaf	*daun*	measurement	*ukuran*
leg	*kaki*	medium	*bahantara, medium*
length	*panjang*		
lethal gene	*gen maut*	melamine	*melamina*
leucocyte	*leukosit*	melting	*peleburan*
lever	*tuas*	metal	*logam*
lever balance	*neraca tuas*	micronutrient	*mikronutrien*
life	*kehidupan*	microorganism	*mikroorganisma*
light	*ringan, cahaya*	microscope	*mikroskop*
lime water	*air kapur*	milk	*susu*
liquid	*cecair*	milk teeth	*gigi susu*
litmus paper	*kertas litmus*	Millon's reagent	*reagen Millon*
liver	*hati*	mining	*perlombongan*

mixture	*campuran*	noise pollution	*pencemaran*
modem	*modem*		*bunyi*
molar	*geraham*	noisy	*bising*
momentum	*momentum*	non-flowering	*tumbuhan tak*
monocotyledon	*monokotiledon*	plant	*berbunga*
monocular	*monokular*	non-metal	*bukan logam*
monocular	*penglihatan*	non-renewable	*tidak boleh*
vision	*monokular*		*diperbaharui*
monomer	*monomer*	nose	*hidung*
more	*lebih*	nuclear energy	*tenaga nuklear*
motor neurone	*neuron motor*	nuclear fission	*pembelahan*
mouth	*mulut*		*nukleus*
movement	*pergerakan*	nuclear fusion	*pelakuran,*
movement of	*pergerakan*		*penyatuan*
air	*udara*		*nukleus*
multicellular	*organisma*	nuclear power	*stesen jana*
organism	*multisel*	station	*kuasa nuklear*
mutation	*mutasi*	nucleus	*nukleus*
natural disaster	*bencana alam*	nutrient	*nutrien*
natural fertilizer	*baja asli*	nutrition	*nutrisi*
natural	*fenomena alam*	nutritious food	*makanan*
phenomena			*berkhasiat*
natural resources	*sumber alam*	nylon	*nilon*
natural rubber	*getah asli*	obesity	*obesiti,*
nature of solute	*keadaan zat*		*kegendutan*
	terlarut	observe	*memerhati*
nature of	*keadaan*	observation	*pemerhatian*
solvent	*pelarut*	occupy	*memenuhi*
neck	*leher*	oesophagus	*esofagus*
needs of life	*keperluan hidup*	onion	*bawang merah*
needy	*sangat miskin*	operational	*definisi secara*
nerve	*saraf*	definition	*operasi*
neutralization	*peneutralan*	optic fibre	*gentian optik*
neutron	*neutron*	optical centre	*pusat optik*
nickel	*nikel*	optical illusion	*ilusi optik*
night	*malam*	orange (colour)	*warna jingga*
nitric acid	*asid nitrik*	organ	*organ*
nitrification	*penitritan*	organic	*sebatian*
nitrogen	*nitrogen*	compound	*organik*
nitrogen cycle	*kitar nitrogen*	organic solvent	*pelarut organik*
nitrogen	*pengikatan*	organization of	*organisasi*
fixation	*nitrogen*	cells	*sel*

oscillation — *ayunan*
overfishing — *penangkapan ikan tidak terkawal*
oxygen — *oksigen*
oxygen cycle — *kitar oksigen*
oxyhaemoglobin — *oksihemoglobin*
ozone layer depletion — *penipisan lapisan ozon*
pain — *kesakitan*
palm oil — *minyak kelapa sawit*
parasitism — *parasitisme*
particles — *zarah-zarah*
pasteurization — *pempasteuran*
pathogen — *patogen*
pedal — *injak*
pendulum — *bandul*
penetrating power — *kuasa penembusan*
penicillin — *penisilin*
Periodic Table — *Jadual Berkala*
peripheral nervous system — *sistem saraf periferi*
periscope — *periskop*
permanent teeth — *gigi kekal*
perovskite ceramic — *seramik perovskite*
perpendicular distance — *jarak tegak*
perspex — *perspeks*
pest — *perosak*
pesticide — *pestisid*
petroleum — *petroleum*
pewter — *piuter*
phloem — *floem*
phosphorus — *fosforus*
photosynthesis — *fotosintesis*
phototropism — *fototropisme*
physical change — *perubahan fizikal*

physical characteristics — *ciri-ciri fizikal*
physical quantity — *kuantiti fizikal*
pie chart — *carta pai*
pigment — *pigmen*
piston — *omboh*
pitch — *kelangsingan*
plane mirror — *cermin satah*
plant cell — *sel tumbuhan*
plaque — *plak*
plastic — *plastik*
pluck — *cabut, petik*
point of equilibrium — *titik keseimbangan*
pollutant — *bahan pencemar*
pollution — *pencemaran*
polydactyl — *polidaktil*
polymer — *polimer*
polymerization — *pempolimeran*
polystyrene — *polistirena*
polythene — *politena*
pond — *kolam*
population — *populasi*
potassium — *kalium*
potential energy — *tenaga keupayaan*
power — *kuasa*
power stroke — *lejang kuasa*
precaution — *langkah keselamatan*
precipitate — *mendakan*
predator — *pemangsa*
predict — *meramal*
prefix — *imbuhan awalan*
premolar — *geraham kecil*
prepare — *sedia*
preparing a report — *menyediakan laporan*
preservation — *pemeliharaan, pengawetan*
preservative — *bahan awet*
pressure — *tekanan*

prevent	mencegah	rare gases	gas nadir
prey	mangsa	rate of	kadar
primary colour	warna primer	evaporation	penyejatan
primary	pengguna	rate of	kadar respirasi
consumer	primer	respiration	
primary source	sumber utama	reabsorption	penyerapan
problem	masalah		semula
procedure	prosedur	reaction	tindak balas
process	proses	reactivity series	siri kereaktifan
processing of	pemprosesan	reagent	reagen
food	makanan	real image	imej nyata
producer	pengeluar	realizing	menyedari
product	produk, hasil	recall	ingat semula
professional	profesional	receptor	reseptor
property	sifat	rectangle	segi empat tepat
proton	proton	rectum	rektum
protoplasm	protoplasma	red	merah
pull	tarik	reference	rujukan
pulley	takal	reflected ray	sinar terpantul
pulmonary	arteri	reflection	pantulan
artery	pulmonari	refracted ray	sinar terbias
pulmonary	sistem	refraction	pembiasan
circulatory	peredaran	regular	sekata
system	pulmonari	regular-shaped	objek sekata
pulp cavity	rongga pulpa	object	
pulse	nadi	regulate	mengawal
pupil	anak mata	related	berkenaan
purification	penulenan	relationship	hubungan
purple	ungu	religious belief	kepercayaan
pyramid of	piramid nombor		agama
numbers		remind	mengingatkan
quiet	sepi	renewable	boleh
radiation	sinaran		diperbaharui
radio wave	gelombang	reptile	reptilia
	radio	reserve forest	hutan simpanan
radioactive	radioaktif	residue	baki, sisa
radioactive	sinaran	resistor	perintang
radiation	radioaktif	resource	sumber
radioactive	sisa radioaktif	respiration	respirasi
waste		response	gerak balas
radioisotope	radioisotop	rickets	riket
rainbow	pelangi	rocket	roket

role	*peranan*	sickle-cell	*anemia sel*
role play	*lakon peranan*	anaemia	*sabit*
rollers	*penggolek*	silica	*silika*
root	*akar*	silicate	*silikat*
rough	*kasar*	silicon	*silikon*
roughage	*pelawas*	siltation	*pengelodakan*
safety measure	*langkah*	silver	*perak,*
	keselamatan		*argentum*
saliva	*air liur*	simple	*mudah*
salty	*masin*	simple	*bandul*
sample	*sampel*	pendulum	*ringkas*
sanctuary	*tempat*	simulate	*membuat*
	perlindungan		*simulasi*
satellite	*satelit*	sink	*tenggelam*
saturated fat	*lemak tepu*	siphon	*sifon*
saturated	*hidrokarbon*	skeletal system	*sistem rangka*
hydrocarbon	*tepu*	sketch	*lakaran*
saturated	*larutan tepu*	skin	*kulit*
solution		skull	*tengkorak*
scene	*pemandangan*	slide	*slaid*
scientific method	*kaedah saintifik*	small	*kecil*
sea breeze	*bayu laut*	small intestine	*usus kecil*
secondary colour	*warna sekunder*	smell	*bau*
secondary	*pengguna*	smooth	*licin*
consumer	*sekunder*	snake	*ular*
sediment	*enapan*	soap	*sabun*
see	*lihat*	sodium	*natrium*
seed	*biji benih*	sodium	*natrium*
semicircular	*salur separuh*	hydroxide	*hidroksida*
canal	*bulat*	soft	*lembut*
sense organ	*organ deria*	soil	*tanih*
sensitivity	*kepekaan*	solar energy	*tenaga suria*
sensory	*deria*	solid	*pepejal*
sensory cell	*sel deria*	solid waste	*pengurusan sisa*
sensory neurone	*neuron deria*	management	*pepejal*
sensory organ	*organ deria*	solubility	*kelarutan*
separate	*mengasingkan*	solute	*zat terlarut*
sewage	*kumbahan*	solution	*larutan*
shadow	*bayang-bayang*	solve	*selesaikan*
shell	*cangkerang*	solvent	*pelarut*
short-sightedness	*rabun jauh*	sour	*masam*
(myopia)		source	*sumber, punca*

spark plug	*palam pencucuh*	sweetener	*pemanis*
species	*spesies*	swings back	*berayun dari*
species	*kepupusan*	and forth	*sisi ke sisi,*
extinction	*spesies*		*berayun ke*
speed	*kelajuan*		*hadapan dan*
spinal cord	*saraf tunjang*		*ke belakang*
spinal nerve	*saraf spina*	symbiosis	*simbiosis*
spray	*penyembur*	symbol	*simbol*
spring balance	*neraca spring*	sympathetic	*saraf simpati*
square	*segi empat sama*	nerve	
stability	*kestabilan*	synthetic	*baja sintetik*
stabilizing agent	*agen penstabil*	fertilizer	
standard	*piawai*	synthetic	*polimer sintetik*
starch	*kanji*	polymer	
states of matter	*keadaan jirim*	synthetic rubber	*getah sintetik*
steel	*keluli*	syphilis	*sifilis*
steel bridge	*jambatan keluli*	syringe	*picagari*
stem	*batang*	system	*sistem*
stereoscopic	*penglihatan*	tail	*ekor*
vision	*stereoskopik*	tall	*tinggi*
sterilization	*pensterilan*	taste	*rasa*
stimulus	*rangsangan*	taste bud	*tunas rasa*
stomach	*perut*	telegraph	*telegraf*
store	*menyimpan*	telephone	*telefon*
streamline	*garis arus*	telescope	*teleskop*
structure	*struktur*	television	*televisyen*
sublimation	*pemejalwapan*	temperature	*suhu*
submarine	*kapal selam*	temperature of	*suhu sekeliling*
suggest	*cadang*	the surroundings	
sulphur dioxide	*sulfur dioksida*	tendril	*sulur paut*
sulphur trioxide	*sulfur trioksida*	tertiary	*pengguna*
sunlight	*cahaya*	consumer	*tertier*
	matahari	thermal	*pencemaran*
support system	*sistem sokongan*	pollution	*terma*
surface	*permukaan*	thermoplastic	*termoplastik*
surface area	*luas permukaan*	thermoset	*plastik termoset*
suspension	*bahan terampai*	plastic	
suspensory	*ligamen*	thrust force	*daya tujah*
ligament	*penggantung*	ticker timer	*jangka masa*
sweet	*manis*		*detik*
sweet smell	*harum, bau*	tin	*timah, stanum*
	yang harum	tissue	*tisu*

to sustain life	*menyokong kesinam-bungan kehidupan*	vegetables	*sayur-sayuran*
		vein	*vena*
		velocity	*halaju*
		ventricle	*ventrikel*
toe	*jari kaki*	vertebrate	*vertebrat*
tongue	*lidah*	vibration	*getaran*
tooth	*gigi*	vice versa	*dan sebaliknya*
touch	*sentuh*	villus	*vilus*
toxin	*toksin*	virtual image	*imej maya*
transformer	*transformer*	virus	*virus*
transistor	*transistor*	vitreous humor	*gelemaca*
transpiration	*transpirasi*	volume	*isi padu*
transport	*pengangkutan*	volume of solvent	*isi padu pelarut*
tree	*pokok*		
triangle	*segi tiga*	voluntary action	*tindakan terkawal*
tropical rainforest	*hutan hujan tropika*		
		vulcanization	*pemvulkanan*
tuner	*penala*	water	*air*
tuning fork	*tala bunyi*	water bath	*kukus air*
tympanic membrane	*membran timpanum*	water cycle	*kitar air*
		water pollution	*pencemaran air*
underprivileged	*kurang bernasib baik*	water purification	*pembersihan air*
understanding	*pemahaman*	water supply system	*sistem bekalan air*
unicellular organism	*organisma unisel*		
		water vapour	*wap air*
universal solvent	*pelarut universal*	wavelength	*panjang gelombang*
unsaturated fat	*lemak tak tepu*	weight	*berat*
urinary bladder	*pundi kencing*	wet	*basah*
usage of water	*penggunaan air*	wetlands	*tanah bencah, lembap*
vaccine	*vaksin*		
vacuole	*vakuol*	white	*putih*
vacuum packaging	*pembungkusan vakum*	wing	*sayap*
		wood splinter	*kayu uji*
value	*nilai*	work	*kerja*
valve	*injap*	xylem	*xilem*
variable	*pemboleh ubah*	yeast	*yis*
various	*pelbagai*	yellow	*kuning*
vector	*vektor*	zinc	*zink*

Istilah Matematik

BAHASA INGGERIS–BAHASA MALAYSIA

absolute value function	*fungsi nilai mutlak*	argument	*hujah*
acceleration	*pecutan*	arithmetic progression	*janjang aritmetik*
accuracy	*kejituan*	arrangement	*susunan*
acute angle	*sudut tirus*	arrow diagram	*gambar rajah anak panah*
acute-angled triangle	*segi tiga bersudut tirus*	ascending	*menaik*
add	*tambah*	at random	*secara rawak*
addition	*penambahan*	average	*purata*
adjacent	*bersebelahan*	average speed	*purata laju*
adjacent angle	*sudut bersebelahan*	axis	*paksi*
adjacent side	*sisi bersebelahan*	$b^2 - 4ac$ discriminant	*pembezalayan $b^2 - 4ac$*
algebraic expression	*ungkapan algebra*	balance	*baki*
algebraic term	*sebutan algebra*	bar graph	*graf palang*
algorithm	*algoritma*	base	*tapak, asas*
alternate angle	*sudut selang-seli*	basic angle	*sudut asas*
alternate segment	*tembereng selang-seli*	bearing	*bearing*
ambiguous case	*kes berambiguiti*	binary number	*nombor asas dua*
angle	*sudut*	Binomial distribution	*taburan Binomial*
angle of depression	*sudut tunduk*	bisect	*membahagi dua sama*
angle of elevation	*sudut dongakan*	bisector	*pembahagi dua sama*
angle subtended at the centre of the circle	*sudut yang tercangkum di pusat bulatan*	boxplot	*plot kotak*
anticlockwise	*ikut arah lawan jam*	brackets	*kurungan*
		breadth	*lebar*
antilogarithm	*antilogaritma*	calculate	*kira, hitung*
approximation	*penghampiran*	calculations	*pengiraan*
arc	*lengkok*	Cartesian graph	*graf Cartesian*
area	*kawasan, luas*	centroid	*sentroid*
		chain rule	*petua rantai*
		change of base of logarithms	*penukaran asas logaritma*

chord	*perentas*	composite function	*fungsi gubahan*
circle	*bulatan*		
circular diagram	*gambar rajah bulatan*	composite index number	*nombor indeks gubahan*
circumference	*lilitan*	composite number	*nombor gubahan*
class boundary	*sempadan kelas*		
class interval	*selang kelas*	compound	*majmuk*
class mark, mid-point	*tanda, titik tengah kelas*	compound angle	*sudut majmuk*
clockwise	*ikut arah jam*	computation	*pengiraan*
codomain	*kodomain*	compute	*kira*
coefficient	*pekali*	conclusion	*kesimpulan*
collinear	*segaris*	cone	*kon*
collinear points	*titik-titik segaris*	congruent	*kongruen*
		constant	*pemalar*
column	*lajur*	constant speed	*laju malar*
combination	*gabungan*	constant velocity	*halaju malar*
combination of operations	*operasi bergabung*	continuous random variable	*pemboleh ubah rawak selanjar*
combined event	*peristiwa bergabung*	converse	*akas*
		convert	*tukar*
combined transformations	*gabungan penjelmaan*	coordinate geometry	*geometri koordinat*
common difference	*beza sepunya*	coordinate system	*sistem koordinat*
common factors	*faktor sepunya*	corner	*penjuru*
common multiples	*gandaan sepunya*	corresponding angle	*sudut sepadan*
common ratio	*nisbah sepunya*	cosecant	*kosekan*
complement of a set	*set pelengkap*	cosine	*kosinus*
		cosine rule	*petua kosinus*
complementary angle	*sudut pelengkap*	cotangent	*kotangen*
		count	*kira, hitung*
complementary event	*peristiwa pelengkap*	cross product	*darab silang*
complete rotation	*putaran lengkap*	cube	*kuasa tiga, kubus, kiub*
completing the square	*menyempurnakan kuasa dua*	cube root	*punca kuasa tiga*
		cuboid	*kuboid*
complex number	*nombor kompleks*	cumulative frequency	*kekerapan longgokan*
		curve	*lengkung*

cyclic quadrilateral	*sisi empat kitaran*	double-angle formula	*rumus sudut berganda*
cylinder	*silinder*	draw	*lukis*
deceleration, negative acceleration	*nyahpecutan*	edge	*pinggir*
		element	*unsur*
		element of a set	*unsur sesuatu set*
decimal	*perpuluhan*		
decimal place (d.p.)	*tempat perpuluhan (t.p.)*	ellipse	*elips*
		empty set, null set	*set kosong*
decimal point	*titik perpuluhan*	enlargement	*pembesaran*
decrease	*berkurang*	equal	*sama dengan*
deduction	*deduksi*	equal in size	*sama saiz*
definite integral	*kamiran tentu*	equal parts	*sama bahagian*
degree	*darjah*	equal sides	*sama sisi*
denary number	*nombor asas sepuluh*	equality	*kesamaan*
		equation	*persamaan*
denominator	*penyebut*	equation of a straight line	*persamaan garis lurus*
denote	*mewakili*		
derivative	*terbitan*	equation of the line of best fit	*persamaan garis lurus penyuaian terbaik*
descending	*menurun*		
determinant	*penentu*		
diagonal	*pepenjuru*		
diameter	*diameter*	equilateral	*sama sisi*
difference	*beza*	equilateral triangle	*segi tiga sama sisi*
differentiate	*membezakan*		
differentiation	*pembezaan*	equivalent	*setara*
direction	*arah*	equivalent fraction	*pecahan setara*
directly proportional	*kadar terus*		
		estimate	*anggar*
discrete	*diskret*	estimation	*anggaran*
displacement	*sesaran*	even	*genap*
distance	*jarak*	even number	*nombor genap*
distinct roots	*punca-punca berbeza*	event	*peristiwa*
		exchange	*saling tukar*
divide	*bahagi*	expansion	*kembangan*
dividend	*dividen*	expected number of outcomes	*jangkaan bilangan kesudahan*
divisible	*boleh dibahagi*		
division	*pembahagian*		
divisor	*pembahagi*	experiment	*uji kaji*
domain	*domain*	explicit function	*fungsi tak tersirat*
double	*ganda dua*		

exponent	*eksponen*	hemisphere	*hemisfera*
expression	*ungkapan*	hexagon	*heksagon*
exterior angle	*sudut peluaran*	highest	*gandaan*
extreme value	*nilai ekstrem*	common	*sepunya*
factor	*faktor*	factor	*terbesar*
factorial	*faktorial*	highest power	*kuasa tertinggi*
factorization	*pemfaktoran*	histogram	*histogram*
false	*palsu*	horizontal	*jarak mengufuk*
first, third	*kuartil pertama,*	distance	
quartile	*ketiga*	horizontal plane	*satah mengufuk*
fixed point	*titik tetap*	hundreds	*ratusan*
formula	*rumus*	hundredth	*satu perseratus,*
fractional	*indeks pecahan*		*keseratus*
indices		hyperbola	*hiperbola*
fraction	*pecahan*	hypotenuse	*hipotenus*
frequency	*kekerapan*	idea of limit	*idea had*
frequency	*poligon*	identity matrix	*matriks identiti*
polygon	*kekerapan*	image	*imej*
front elevation	*dongakan depan*	imperial units	*unit imperial*
function	*fungsi*	implication	*implikasi*
functional	*tatatanda fungsi*	implicit	*fungsi tersirat*
notation		function	
general form	*bentuk am*	improper	*pecahan tak*
geometric	*janjang*	fraction	*wajar*
progression	*geometri*	in order	*mengikut tertib*
gradient	*kecerunan*	inclined,	*condong*
gradient of a	*kecerunan graf*	slanting	
graph		included angle	*sudut kandung*
graph of cubic	*graf fungsi*	increase	*bertambah*
function	*kubik*	indefinite	*kamiran tak*
graph of linear	*graf fungsi*	integral	*tentu*
function	*linear*	independent	*peristiwa tak*
graph of normal	*graf taburan*	events	*bersandar*
distribution	*normal*	index equation	*persamaan*
graph of	*graf fungsi*		*indeks*
quadratic	*kuadratik*	index form	*bentuk indeks*
function		index number	*nombor indeks*
greater than (>)	*lebih besar*	indices	*indeks*
	daripada (>)	induction	*aruhan*
group	*kumpulan*	inequality	*ketaksamaan*
half-angle	*rumus sudut*	infinity	*ketakter-*
formula	*separuh*		*hinggaan*

inflexion	lengkok balas	length	panjang
initial velocity	halaju awal	less	kurang
instantaneous acceleration	pecutan seketika	less than (<)	lebih kecil daripada (<)
instantaneous velocity	halaju seketika	like terms	sebutan serupa
		limit	had
integer	integer	line graph	graf garis
integer indices	indeks integer	line of symmetry	garis simetri
integral	kamiran		
integration	pengamiran	line segment	segmen garis
integration by substitution	pengamiran melalui penggantian	linear equation	persamaan linear
		linear form	bentuk linear
intercept	pintasan	linear law	hukum linear
intercept form	bentuk pintasan	linear programming	pengaturcaraan linear
interior angle	sudut pedalaman	locus	lokus
interquartile range	julat antara kuartil	logarithm	logaritma
		logarithmic equation	persamaan logaritma
intersect	bersilang		
intersection point	titik persilangan	lowest common multiple (LCM)	gandaan sepunya ter- kecil (GSTK)
inverse	songsang		
inverse function	fungsi songsang	lowest term	sebutan terendah
inverse matrix	matriks songsang	magnitude	magnitud
inverse process of differentiation	proses songsangan pembezaan	major arc	lengkok major
		major/minor sector	sektor major/ minor
is equal to (=)	sama dengan (=)	making a conclusion	membuat kesimpulan
is not equal to (≠)	tidak sama dengan (≠)	many-to-many relation	hubungan banyak dengan banyak
isometric transformation	penjelmaan isometri		
isometry	isometri		
isosceles triangle	segi tiga sama kaki	many-to-one relation	hubungan banyak dengan satu
lateral symmetry	simetri sisi		
laws of indices	hukum-hukum indeks	mapping	pemetaan
		match	padan
laws of logarithms	hukum-hukum logaritma	mathematical reasoning	penaakulan matematik

matrix addition	penambahan matriks
matrix multiplication	pendaraban matriks
matrix subtraction	penolakan matriks
maximum	maksimum
mean	min
measure	ukur
measure of central tendency	sukatan kecenderungan memusat
measure of dispersion	sukatan serakan
median	median
mid-point	titik tengah
minimum	minimum
minimum velocity	halaju minimum
minor arc	lengkok minor
minus	tolak
minute	minit
mixed numbers	nombor bercampur
modal class	kelas mod
mode	mod
modulus	modulus
month	bulan
motion in a straight line	gerakan pada garis lurus
multiple	gandaan
multiplication	pendaraban
multiply	darab
mutual exclusive events	peristiwa saling eksklusif
natural logarithm	logaritma asli
nautical mile	batu nautika
nearest	terdekat
negation	penafian
negative	negatif
no real roots	tiada punca nyata

non-included angle	sudut bukan kandung
non-linear equation	persamaan tak linear
normal	normal
notation	tatatanda
not the same	tidak sama
number	nombor
number line	garis nombor
number of combinations of r items	bilangan gabungan r benda
number of permutations of n items	bilangan pilihanatur bagi n benda
number of terms	bilangan sebutan
number of trials	bilangan cubaan
numerals	angka
numerator	pengangka
object	objek
obtuse angle	sudut cakah
obtuse-angled triangle	segi tiga bersudut cakah
octagon	oktagon
octal numbers	nombor asas lapan
odd	ganjil
odd number	nombor ganjil
ogive	ogif
one-to-many relation	hubungan satu dengan banyak
one-to-one relation	hubungan satu dengan satu
opposite	bertentangan
opposite angles	sudut bertentangan
opposite direction	arah yang bertentangan

opposite side	*sisi berten-*	plan	*pelan*
	tangan	plane	*satah*
optimum	*fungsi optimum*	plus	*tambah*
function		point of contact	*titik sentuhan*
optimum	*penyelesaian*	point of	*titik persilangan*
solution	*optimum*	intersection	
order	*tertib*	polygon	*poligon*
order of matrix	*peringkat*	polynomial	*polinomial*
	matriks	positive	*positif*
ordered pair	*pasangan tertib*	position vector	*vektor*
origin	*asalan*		*kedudukan*
orthogonal	*unjuran*	premise	*premis*
projection	*ortogon*	price	*harga*
outcome	*kesudahan*	price at a	*harga pada*
pair of numbers	*pasangan*	certain time	*masa tertentu*
	nombor	price at the	*harga pada*
parabola	*parabola*	base time	*masa asas*
parallel	*selari*	price index	*indeks harga*
parallel line	*garis selari*	prime factors	*faktor perdana*
parallelogram	*segi empat*	prime number	*nombor perdana*
	selari	prism	*prisma*
parameter	*parameter*	probability	*kebarangkalian*
parametric	*persamaan*	probability	*taburan ke-*
equation	*berparameter*	distribution	*barangkalian*
pattern	*pola*	product	*hasil darab*
pentagon	*pentagon*	product of roots	*hasil darab*
per cent	*peratus*		*punca-punca*
percentage	*peratusan*	product rule	*petua hasil darab*
perfect square	*kuasa dua*	profit	*untung*
	sempurna	projection	*unjuran*
perimeter	*perimeter*	proper fraction	*pecahan wajar*
perimeter of	*perimeter*	properties	*sifat-sifat*
segment	*tembereng*	proportional	*berkadaran*
period	*kala, tempoh*	protractor	*protraktor*
permutation	*pilihanatur*	pyramid	*piramid*
perpendicular	*serenjang*	Pythagoras	*teorem*
perpendicular	*pembahagian*	theorem	*Pythagoras*
bisector	*dua sama*	quadrant	*sukuan*
	serenjang	quadratic	*persamaan*
perpendicular	*garis serenjang*	equation	*kuadratik*
line		quadratic	*ungkapan*
pictograph	*piktograf*	expression	*kuadratik*

quadratic formula method	*kaedah rumus kuadratik*	resultant vector	*vektor paduan*
		rhombus	*rombus*
		right angle	*sudut tegak*
quadratic function	*fungsi kuadratik*	right-angled triangle	*segi tiga bersudut tegak*
quadratic inequality	*ketaksamaan kuadratik*	roots	*punca-punca*
		roots of a quadratic equation	*punca-punca persamaan kuadratik*
quadrilateral	*sisi empat*		
quantifier	*pengkuantiti*		
quartile	*kuartil*	rotation	*putaran*
quotient	*hasil bahagi*	round off	*bundarkan*
quotient rule	*petua hasil bahagi*	row	*baris*
		same	*sama*
radian	*radian*	scalar	*skalar*
radius	*jejari*	scalene triangle	*segi tiga tak sama sisi*
random variable	*pemboleh ubah rawak*		
		sea level	*aras laut*
range	*julat*	secant	*sekan*
rate of change	*kadar perubahan*	second	*kedua, saat*
ratio	*nisbah*	second order differentiation	*pembezaan peringkat kedua*
rational function	*fungsi nisbah*		
real and different roots	*punca-punca nyata yang berbeza*	sector	*sektor*
		semicircle	*semibulatan*
real and equal roots	*punca-punca nyata yang sama*	sequence	*jujukan*
		series	*siri*
		shaded part	*bahagian berlorek*
reciprocal	*salingan*		
rectangle	*segi empat tepat*	shaded region	*rantau berlorek*
rectangular	*berbentuk segi empat tepat*	shape	*bentuk*
		side	*sisi*
reference point	*titik rujukan*	side elevation	*dongakan sisi*
reflection	*pantulan*	significant figures	*angka bererti*
reflex angle	*sudut refleks*		
region	*kawasan*	similar	*serupa*
region that satisfies a few linear inequalities	*rantau yang memuaskan beberapa ketaksamaan linear*	simple fractions	*pecahan ringkas, pecahan mudah*
		simple interest	*faedah ringkas*
		simultaneous equations	*persamaan serentak*
relationship	*hubungan*		
remainder	*baki*	sine	*sinus*

sine rule	*petua sinus*	summation	*penghasil-*
sketch	*lakar, lakaran*		*tambahan*
small change	*perubahan kecil*	supplementary	*sudut penggenap*
solid	*pepejal*	angles	
solution	*penyelesaian*	surd	*surd*
solve	*selesaikan*	surface	*permukaan*
sort	*asingkan*	surface area	*luas permukaan*
sphere	*sfera*	symmetrical	*paksi simetri*
square	*segi empat sama*	axis	
	sisi	symmetry	*simetri*
square matrix	*matriks segi*	take away	*tolak*
	empat sama	tangent	*tangen*
square root	*punca kuasa*	temperature	*suhu*
	dua	tenth	*satu persepuluh,*
standard	*sisihan piawai*		*kesepuluh*
deviation		term	*sebutan*
standard form	*bentuk piawai*	thousandth	*ke seribu, satu*
standard normal	*taburan normal*		*per seribu*
distribution	*piawai*	time	*masa*
standard unit	*unit piawai*	time interval	*julat masa*
state	*nyatakan*	total	*jumlah*
statement	*pernyataan*	total distance	*jumlah jarak*
statistics	*statistik*	travelled	*yang dilalui*
stem plot	*plot tangkai*	transformation	*penjelmaan*
straight	*lurus*	translation	*translasi*
straight line	*garis lurus*	transversal	*rentasan lintang*
subset	*subset*	trapezium	*trapezium*
subtract	*tolak*	tree diagram	*gambar rajah*
subtraction	*penolakan*		*pokok*
sum	*hasil tambah*	trial and error	*kaedah cuba-*
sum difference	*beza hasil*	method	*cuba*
	tambah	trials	*cubaan*
sum of roots	*hasil tambah*	triangle	*segi tiga*
	punca-punca	trigonometry	*trigonometri*
sum of the first	*hasil tambah*	trigonometric	*persamaan*
n terms	*n sebutan*	equation	*trigonometri*
	pertama	trigonometric	*fungsi*
sum of the	*hasil tambah*	function	*trigonometri*
squares	*kuasa dua*	trigonometric	*nisbah*
sum to infinity	*hasil tambah*	ratio	*trigonometri*
	sehingga ke-	true	*benar*
	takterhinggaan	turning point	*titik pusingan*

two-dimensional	*dua matra*	velocity	*halaju*
undefined	*tidak tertakrif*	Venn diagram	*gambar rajah*
ungrouped data	*data tak ter-*		*Venn*
	kumpul	vertical distance	*jarak men-*
union	*kesatuan*		*cancang*
union of sets	*kesatuan set*	vertical number	*garis nombor*
unit	*unit*	line	*mencancang*
unit square	*unit persegi*	vertical plane	*satah men-*
unit vector	*vektor unit*		*cancang*
universal set	*set semesta*	vertically	*sudut*
unknown	*anu*	opposite angle	*bertentang*
unlike terms	*sebutan tak*	vertex	*bucu*
	serupa	vertices	*bucu-bucu*
upper boundary	*sempadan atas*	volume	*isi padu*
upper limit	*had atas*	volume of the	*isi padu pepejal*
value	*nilai*	solid of	*yang dijana*
variable	*pemboleh ubah*	revolution	
variance	*varians*	whole	*seluruh*
vector	*vektor*	whole number	*nombor bulat*
vector notation	*tatatanda*	width	*lebar*
	vektor	x-axis	*paksi-x*
vector	*hukum segi*	x-intercept	*pintasan-x*
parallelogram	*empat selari*	y-axis	*paksi-y*
law	*vektor*	y-intercept	*pintasan-y*
vector polygon	*hukum poligon*	zero	*sifar*
law	*vektor*	zero indices	*indeks sifar*
vector triangle	*hukum segi tiga*	zero/null vector	*vektor sifar*
law	*vektor*	z-score	*skor-z*

Lima Organ Deria

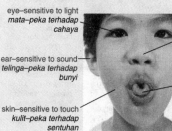

eye–sensitive to light
mata–peka terhadap cahaya

nose–sensitive to chemicals in the air (smell)
hidung–peka terhadap bahan kimia di udara (bau)

ear–sensitive to sound
telinga–peka terhadap bunyi

tongue–sensitive to chemicals in food and liquids (taste)
lidah–peka terhadap bahan kimia dalam makanan dan cecair (rasa)

skin–sensitive to touch
kulit–peka terhadap sentuhan

Human sense organs
Organ deria manusia

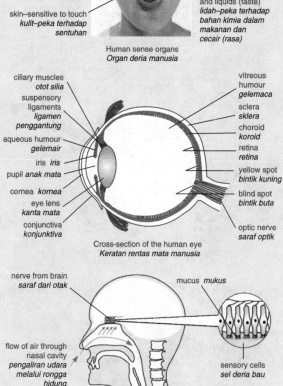

ciliary muscles *otot silia*

suspensory ligaments *ligamen penggantung*

aqueous humour *gelemair*

iris *iris*

pupil *anak mata*

cornea *kornea*

eye lens *kanta mata*

conjunctiva *konjunktiva*

vitreous humour *gelemaca*

sclera *sklera*

choroid *koroid*

retina *retina*

yellow spot *bintik kuning*

blind spot *bintik buta*

optic nerve *saraf optik*

Cross-section of the human eye
Keratan rentas mata manusia

nerve from brain *saraf dari otak*

mucus *mukus*

flow of air through nasal cavity *pengaliran udara melalui rongga hidung*

sensory cells *sel deria bau*

Cross-section of the human nose
Keratan rentas hidung manusia

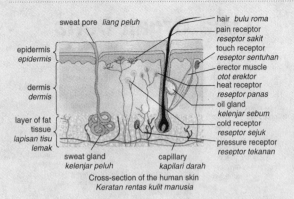

Cross-section of the human skin
Keratan rentas kulit manusia

hair *bulu roma*
pain receptor *reseptor sakit*
touch receptor *reseptor sentuhan*
erector muscle *otot erektor*
heat receptor *reseptor panas*
oil gland *kelenjar sebum*
cold receptor *reseptor sejuk*
pressure receptor *reseptor tekanan*

sweat pore *liang peluh*
epidermis *epidermis*
dermis *dermis*
layer of fat tissue *lapisan tisu lemak*
sweat gland *kelenjar peluh*
capillary *kapilari darah*

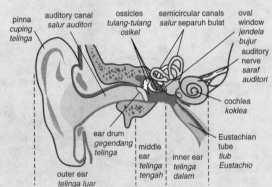

The structure of the human ear
Struktur telinga manusia

pinna *cuping telinga*
auditory canal *salur auditori*
ossicles *tulang-tulang osikel*
semicircular canals *salur separuh bulat*
oval window *jendela bujur*
auditory nerve *saraf auditori*
cochlea *koklea*
Eustachian tube *tiub Eustachio*
ear drum *gegendang telinga*
middle ear *telinga tengah*
inner ear *telinga dalam*
outer ear *telinga luar*

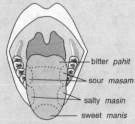

The four areas on the tongue that detect tastes
Empat kawasan mengesan rasa pada lidah

bitter *pahit*
sour *masam*
salty *masin*
sweet *manis*

Radas Makmal

test tube holder *pemegang tabung uji*	stop watch *jam randik*	gas jar *balang gas*	crucible tongs *penyepit mangkuk pijar*
To hold test tubes *Untuk memegang tabung uji*	To measure time *Untuk mengukur masa*	To contain gas *Untuk mengisi gas*	To hold hot objects *Untuk memegang objek panas*
evaporating dish *mangkuk penyejat*	beaker *bikar*	crucible *mangkuk pijar*	conical flask *kelalang kon*
For evaporating liquid from a solution *Untuk menyejatkan air daripada larutan*	To contain chemicals and liquids *Untuk mengisi bahan kimia dan cecair*	For heating chemicals *Untuk memanaskan bahan kimia*	To contain chemicals and liquids *Untuk mengisi bahan kimia dan cecair*
test tube *tabung uji*	Bunsen burner *penunu Bunsen*	syringe *picagari*	filter funnel *corong turas*
To contain chemicals *Untuk mengisi bahan kimia*	To provide a flame *Untuk membekalkan nyalaan*	To transfer small quantities of liquids *Untuk memindahkan kuantiti cecair yang kecil*	To filter mixtures of solids and liquids *Untuk menuras campuran pepejal dan cecair*

test tube rack *rak tabung uji*	glass rod *batang kaca*
To hold the test tubes in a vertical position *Tempat meletak tabung uji secara menegak*	To stir solutions in a container *Untuk mengacau larutan dalam bekas*

glass slide
slaid kaca

To hold a
specimen for
observation under
a microscope
*Untuk menempat-
kan spesimen
untuk diperhati-
kan di bawah
mikroskop*

cork *gabus*

rubber stopper
penutup getah

To use as a
stopper for test
tubes or conical
flasks
*Digunakan
sebagai penutup
untuk tabung uji
dan kelalang kon*

pipette
pipet

To measure
fixed volumes
of solutions
accurately
*Untuk menyukat
isi padu tertentu
larutan dengan
tepat*

burette
buret

To measure
the volume
of solutions
accurately
*Untuk menyukat
isi padu larutan/
cecair dengan
tepat*

flat-bottomed flask
*kelalang berdasar
leper*

To contain
chemicals used in
preparing gases if
the process
requires no heating
*Untuk mengisi
bahan kimia yang
digunakan untuk
menyediakan
gas jika tidak
memerlukan
pemanasan*

wire
gauze
*kasa
dawai*

tripod stand
tungku kaki tiga

To support
apparatus during
heating. Wire
gauzes serve to
conduct excess
heat away
*Menyokong
radas semasa
pemanasan.
Kasa dawai meng-
konduksikan haba
yang berlebihan*

measuring cylinder
silinder penyukat

To measure
the volume
of solutions
accurately
*Untuk menyukat
isi padu larutan
dengan tepat*

retort
stand
and retort
clamp
*kaki retort
dan
pengapit*

To hold the
apparatus while
doing experiments
*Untuk memegang
radas semasa
eksperimen
dijalankan*

thermometer
termometer

To measure
temperature
*Untuk menyukat
suhu*

retort stand
and clamp
*kaki retort dan
pengapit*

gas jar
*balang
gas*

test tube
*tabung
uji*

rounded-
bottomed
*kelalang
berdasar bulat*

beaker
bikar

conical
flask
*kelalang
kon*

Figure 1 Outline drawing for some common laboratory
apparatus

Rajah 1 *Beberapa contoh radas makmal (lukisan dua dimensi)*

Poligon

scalene triangle
segi tiga tak sama sisi

isosceles triangle
*segi tiga
sama kaki*

equilateral triangle
segi tiga sama sisi

acute triangle
*segi tiga
bersudut tirus*

right-angled scalene
triangle
*segi tiga bersudut
tegak tak sama sisi*

right-angled isosceles triangle
*segi tiga bersudut tegak
sama kaki*

right-angled triangles
segi tiga bersudut tegak

obtuse triangle
segi tiga bersudut cakah

hypotenuse
hipotenus

base
tapak

Quadrilaterals *Sisi Empat*

trapezium
trapezium

isosceles trapezium
trapezium sama kaki

parallelogram
segi empat selari

rhombus
rombus

square
segi empat sama

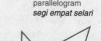

irregular quadrilaterals
sisi empat tak sekata

kite
lelayang

rectangle
segi empat tepat

Circles *Bulatan*

circle and centre
bulatan dan pusat

radius of length r
*jejari dengan
panjang r*

diameter of length D
*diameter dengan
panjang D*

chord
perentas

semicircle
semibulatan

minor arc
lengkok minor

major arc
lengkok major

sector
sektor

segment
tembereng

minor sector
sektor minor

major sector
sektor major

minor segment
tembereng minor

major segment
tembereng major

annulus
anulus

Angles *Sudut*

angle   An angle is made when two straight lines cross or meet each other at a
point, and its size is measured by the amount one line has been turned
in relation to the other.

sudut   *Satu sudut dihasilkan apabila dua garis lurus bersilang atau bertemu
pada satu titik. Sudut ialah ukuran putaran satu garis relatif kepada
garis yang satu lagi.*

right angle/   A right angle is the angle made by one-quarter of a full turn or 90°. It is
90° angle   usually shown on drawings by means of a small square in the corner.

sudut tegak/   *Sudut tegak dihasilkan oleh satu suku putaran lengkap dan bernilai 90°.*
sudut 90°   *Sudut tegak biasanya diwakili oleh satu simbol segi empat sama di
bahagian bucu sudut itu.*

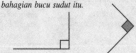

straight angle   A straight angle is the angle made by one-half of a **full turn** or 180°. It
/180° angle   looks exactly the same as a straight line.

sudut lurus/   *Satu sudut lurus terhasil apabila satu garis membuat setengah putaran*
sudut 180°   *lengkap. Sudut lurus bernilai 180° dan kelihatan seperti satu garis lurus.*

Sudut

acute angle An acute angle is one which is LESS than a **right angle** (90°).
sudut tirus *Sudut yang bernilai kurang daripada 90°.*

obtuse angle An obtuse angle is one which is MORE than a **right angle** (90°) but LESS than a **straight angle** (180°).
sudut cakah *Sudut yang bernilai lebih daripada 90° tetapi kurang daripada 180°.*

reflex angle A reflex angle is one which is MORE than a **straight angle** (180°) but LESS than a **full turn** (360°).
sudut refleks *Sudut refleks bernilai lebih daripada 180° tetapi kurang daripada 360°.*

complementary angles are a pair of angles which add together to make 90°.
    Example: Angles of 30° and 60° are complementary.
sudut pelengkap *Hasil tambah sepasang sudut pelengkap ialah 90°.*
    Contoh: 30° dan 60° ialah pasangan sudut pelengkap.

complement The complement of an acute angle is the amount needed to be added on to make 90°. *Example: The complement of 70° is 20°.*
pelengkap *Pelengkap bagi satu sudut tirus ialah sudut yang perlu ditambah supaya nilainya menjadi 90°. Contoh: Pelengkap bagi 70° ialah 20°.*

supplementary angles are a pair of angles which add together to make 180°.
    Example: Angles of 30° and 150° are supplementary.
sudut penggenap *Hasil tambah sepasang sudut penggenap ialah 180°.*
    Contoh: 30° dan 150° ialah pasangan sudut penggenap.

supplement The supplement of an angle is the amount needed to be added on to make 180°.
    Example: The supplement of 70° is 110°.
penggenap *Penggenap bagi sesuatu sudut ialah sudut yang perlu ditambah supaya nilainya menjadi 180°. Contoh: Penggenap bagi sudut 70° ialah 110°.*

Panduan Bahasa

Language tips

• Spelling rules and tips
• Frequently misspelled words
• Commonly confused pairs of words

1. Spelling rules and tips

English is full of inconsistencies and many spellings simply need to be learned by heart; but there are some rules and tips to help us.

• '*i* before *e* except after *c*': this rule is generally true when the pronunciation is *-ee-*, as in *believe*, *siege*, and *ceiling*, *deceive* [there are exceptions where the *e* is followed by *-in* or *-ine*, as in *caffeine* and *protein*]. The rule is not true when the syllable is pronounced in other ways, as in *biege* and *eiderdown*, or where the *i* and the *e* are pronounced separately, as in *holier*.

• Most verbs of one syllable ending in a single consonant double the consonant when *-ed*, *-ing*, *-able*, and *-er* are added, such as *beg*, *begged*, *begging* and *clap*, *clapped*, *clapping*. When the final consonant is *w*, *x*, or *y* this is not doubled, e.g. *tow*, *towed*, *towing* and *vex*, *vexed*, *vexing*. When the final consonant is preceded by more than one vowel the consonant is not normally doubled: *boil*, *boiled*, *boiling* and *clean*, *cleaned*, *cleaning*.

• Verbs of more than one syllable ending in a single consonant double the consonant when the stress is placed on the final syllable: *allot*, *allotted*, *allotting*; *begin*, *beginning*; *occur*, *occurred*, *occurring*. Where the final consonant is *w*, *x*, or *y* this is not doubled: *guffaw*, *guffawed*, *guffawing*; *relax*, *relaxed*, *relaxing*.

• Most verbs that do not have their stress on the final syllable do not double the consonant unless it is an *l*, as in *gallop*, *galloped*, *galloping*; *offer*, *offered*, *offering*; *target*, *targeted*, *targeting*. There are some exceptions to the rule in British English, for example *input*, *inputting*; *output*, *outputting*; *kidnap*, *kidnapped*, *kidnapping*; *worship*, *worshipped*, *worshipping*.

• Verbs ending in *l* normally double the *l* in British English regardless of where the stress occurs: *enrol*, *enrolled*, *enrolling*; *travel*, *travelled*, *travelling*, *traveller*. Some exceptions include

appeal, appealed, appealing, conceal, concealed, concealing;
reveal, revealed, revealing; parallel, paralleled, paralleling.

- Words having a final silent *e* usually drop the *e* when an ending beginning with a vowel is added: *blue + ish = bluish; brave +-est = bravest; refuse + al = refusal.* However there are a number of exceptions. A final *e* is usually kept in *ageing* and in *changeable* (but not in *changing*), *twingeing*, and *whingeing*, and in *dyeing* (from *dye*), *singeing* (from *singe*), and *swingeing* (from *swinge*) to distinguish these from the words *dying* (from *die*), *singing* (from *sing*), and *swinging* (from *swing*).

- Nouns normally form plurals by adding *-s*, or *-es* if the singular form ends in *-s, -x, -z, -sh,* or soft *-ch* (as in *church* but not *loch*: *churches, lochs*).

- Words ending in *-y* form plurals with *-ies* (*policy, policies*) unless the ending is *-ey*, in which case the plural form is normally *-eys* (*valley, valleys*).

- Nouns ending in *-f* and *-fe* form plurals sometimes with *-fes*, sometimes *-ves*, and occasionally both *-fes* and *-ves*;

calf, calves	*proof, proofs*
dwarf, dwarfs/dwarves	*roof, roofs/rooves*
elf, elves	*scarf, scarfs/scarves*
half, halves	*self, selves*
handkerchief, handkerchiefs	*sheaf, sheaves*
hoof, hoofs/hooves	*shelf, shelves*
knife, knives	*thief, thieves*
leaf, leaves	*turf, turfs/turves*
life, lives	*wharf, wharfs/wharves*
loaf, loaves	*wife, wives*
oaf, oafs	*wolf, wolves*

2. Frequently misspelled words

word	comment
abscess	*-scess*, not *-sess*
abseil	*-seil*, not *-sail*
accommodate, accommodation, etc.	two *c*s, two *m*s
accumulate, accumulation, etc.	two *c*s, one *m*
achieve	*i* before *e*
acquaint, acquire, etc.	*acq-*
address	two *d*s
ageing	preferred to *aging*
aggressive, aggression, etc.	two *g*s, two *s*'s
amateur	*-eur*, not *-uer*
anaesthetic	remember the *-ae-*
anoint	only one *n* in the middle
apartment	only one *p*
appal	two *p*s, one *l*; American *appall*
appalling	two *p*s, two *l*s
aqueduct	*aque-*, not *aqua-*
archaeology	remember the *-ae-*
artefact	*arte-* better than *arti-*
attach	not *-atch*
beautiful	not *beat-*
believe	*i* before *e*
besiege	*i* before *e*
biased	better than *biassed*
blatant	not *-ent*
broccoli	two *c*s, one *l*
cappuccino	two *p*s, two *c*s
Caribbean	one *r*, two *b*s
commemorate	two *m*s followed by one *m*
commitment	one *t* in the middle
committee	two *m*s, two *t*s
comparative	*-rative*, not *-ritive*
compatible	*-tible*, not *-table*
consensus	not *-census*
contemporary	*-porary*, not *-pory*
deceive	*e* before *i*
definite	*-ite*, not *-ate*
desperate	*-per-* not *-par-*

word	comment
detach	not -*atch*
disappear	one *s*, two *p*s
disappoint	one *s*, two *p*s
ecstasy	ends -*asy*
eighth	two *h*s
embarrass, embarrassment, etc.	two *r*s, two *s*'s
enthral	one *l*; American *enthrall*
extraordinary	*extraor*-, not *extror*-
extrovert	*extro*-, not *extra*-
fluorescent	*fluor*-, not *flour*-
fulfil	one final *l*; American *fulfill*
gauge	-*au*-, not -*ua*-
guarantee	-*ua*-, not -*au*-
guard, guardian, etc.	-*ua*-, not -*au*-
hamster	*ham*-, not *hamp*-
harass, harassment, etc.	one *r*, two *s*'s
humorous	-*or*-, not -*our*-
hygienic	*i* before *e*
independent	ends -*ent* (noun and adjective)
inoculate	one *n*, one *c*
instalment	one *l*; American *installment*
introvert	-*tro*-, not -*tra*-
itinerary	ends -*erary*
judgement	-*dge*- preferred to -*dg*-
label	-*el*, not -*le*
liaison	two *i*s; -*iai*-
licence	-*ence* in the noun
license	-*ense* in the verb
lightning	-*tn*-, not -*ten*-
manoeuvre	-*oeu*; American maneuver
medieval	-*ev*- preferred to -*aev*-
Mediterranean	one *t*, two *r*s
memento	*mem*-, not *mom*-
millennium	two *l*s, two *n*s
millionaire	two *l*s, one *n*
miniature	-*ia*- in second syllable
minuscule	-*uscule*, not -*iscule*
mischievous	-*vous*, not -*vious*
misspell	two *s*'s

word	comment
necessary	one *c*, two *s*'s
niece	*i* before *e*
occasion	two *c*s, one *s*
occurrence	two *c*s, two *r*s
omit	one *m*
parliament	*-ia-* in second syllable
peculiar	*-iar*, not *-ier*
permanent	*-nent*, not *-nant*
persistent	*-tent*, not *-tant*
pharaoh	*-aoh*, not *-oah*
pigeon	no *d*: *-igeon*
privilege	ends *-ilege*
pronunciation	*-nunc-*, not *-nounc-*
questionnaire	two *n*s
receive	*e* before *i*
recommend	one *c*, two *m*s
restaurateur	no *n* in the middle: *-ateur*
rhythm	begins *rhy-*, not *ry-*
risotto	one *s*, two *t*s
sacrilege	*-rilege*, not *-relige*
schedule	*sche-*, not *she-*
seize	*e* before *i*
separate	*-par-*, not *-per-*
siege	*i* before *e*
sieve	*i* before *e*
skilful	single *l*; American *skillful*
successful	two *c*s, two *s*'s, one *l*
supersede	not *-cede*
suppress	not *sur-*; two *p*s
surprise	begins *sur-*
threshold	one *h*
tomorrow	one *m*, two *r*s
until	just one *l*
unwieldy	*-dy*, not *-dly*
vegetable	*vege-*, not *vega-*
veterinary	note the *-er-* in the middle
weird	*-ei-*, not *-ie-*
whinge	remember the *h*
wilful	single *l*s; American *willful*
withhold	two *h*s

• DIFFERENT SPELLINGS FOR DIFFERENT PARTS
  OF SPEECH

Word 1	part of speech	Word 2	part of speech
annexe	noun	annex	verb
our rooms were in the annexe		*Germany annexed Austria in 1938*	
dependant	noun	dependent	adjective
a single man with no dependants		*he is dependent on drugs; households with dependent children*	
envelope	noun	envelop	verb
writing paper and envelopes		*darkness enveloped the town*	
licence	noun	license	verb
a gun licence		*he was licensed to fly a plane*	
practice	noun	practise	verb
she put her new ideas into practice		*you need to practise every day*	
thief	noun	thieve	verb
a car thief		*they began thieving again*	
wreath	noun	wreathe	verb
a holly wreath		*the mountains were wreathed in mist*	

3. Commonly confused pairs of words

word 1	meaning	word 2	meaning
adverse	unfavourable	averse	opposed
affect	cause a change in	effect	bring about; a result
alternate	one after another	alternative	available instead
ambiguous	having more than one meaning	ambivalent	having mixed feelings

word 1	meaning	word 2	meaning
amend	change	emend	alter a text
amoral	having no moral sense	immoral	not conforming to moral standards
appraise	assess the quality of	apprise	inform
avoid	keep away from	evade	avoid by guile
biannual	twice a year	biennial	every two years
bought	past of *buy*	brought	past of *bring*
censor	act as censor of	censure	criticize harshly
climactic	forming a climax	climatic	relating to climate
complement	add to in a way that improves	compliment	politely praise
compose	make up a whole	comprise	consist of
continual	happening constantly or repeatedly	continuous	going on without a break
credible	believable	credulous	too ready to believe
decided	unquestionable	decisive	conclusive, unfaltering
definite	clear and distinct	definitive	conclusive, authoritative
defuse	remove the fuse from; reduce tension in	diffuse	spread out; not clear or concise
deprecate	disapprove of	depreciate	decrease in value
desert	a waterless area; abandon	dessert	a sweet course
discreet	careful to	discrete	separate

word 1	meaning	word 2	meaning
	avoid attention		
disinterested	impartial	uninterested	not interested
draw	make a picture of; pull; have an equal score	drawer	sliding storage compartment
enormity	extreme seriousness; a grave crime	enormousness	great size or scale
ensure	make sure	insure	take out insurance on
especially	in particular, above all	specially	for a special purpose
exceptionable	causing disapproval	exceptional	unusually good
faint	hard to see or hear; temporarily lose consciousness	feint	paper with faint lines; a movement in boxing or fencing
flair	natural ability	flare	a burst of flame or light; become angry
flaunt	display ostentatiously	flout	disregard a rule or custom
flounder	(of a person) struggle or be in confusion	founder	(of an undertaking) fail or come to nothing
forego	(*old use*) go before	forgo	go without
forever	continually	for ever	eternally
fortuitous	happening by	fortunate	happening by

word 1	meaning	word 2	meaning
	chance		good chance, lucky
gourmand	a glutton	gourmet	a food connoisseur
grisly	causing revulsion	grizzly	as in *grizzly* bear
hoard	a store of valuables	horde	(*disapproving*) a large group of people
illegal	against the law	illicit	not allowed
imply	suggest strongly	infer	deduce or conclude
impracticable	not able to be done	impractical	not sensible or realistic
incredible	(of a thing) not believable	incredulous	(of a person) unable to believe
ingenious	well thought out	ingenuous	innocent, honest
intense	extreme in force or degree	intensive	thorough or concentrated
interment	burial	internment	confinement
its	belonging to it	it's	it is, or it has
loath	reluctant, unwilling	loathe	dislike greatly
loose	not fixed; unfasten or relax	lose	be deprived of or no longer have
luxuriant	lush	luxurious	comfortable and rich
masterful	powerful, domineering	masterly	highly skilful
militate	be a powerful factor in preventing	mitigate	make less severe
naught	(*old use*)	nought	the digit 0,

word 1	meaning	word 2	meaning
	nothing. (as in *come to naught*)		nothing
naval	relating to a navy	navel	umbilicus
observance	the keeping of a law or custom	observation	a perception or remark
occupant	a person in a vehicle, seat, etc.	occupier	the person living in a property
official	having authorized status	officious	aggressive in asserting authority
ordinance	an authoritative order	ordnance	mounted guns, military stores
palate	the roof of the mouth; the sense of taste	palette	an artist's mixing board
pedal	a lever that powers a bicycle	peddle	sell goods
perquisite	a special right or privilege	prerequisite	something needed in advance
perspicacious	having a ready under-standing, perceptive	perspicuous	clearly expressed
pitiable	deserving pity	pitiful	causing pity; very small, or poor
pore	(*pore over*) read closely	pour	flow, cause to flow
practicable	able to be done	practical	effective or realistic; (of a

word 1	meaning	word 2	meaning
			person) skilled at manual tasks
precipitate	hasty, headlong	precipitous	abruptly steep
prescribe	recommend with authority; issue a prescription	proscribe	forbid or condemn
prevaricate	avoid giving a direct answer	procrastinate	delay or post pone action
principal	most important; main; the chief person	principle	a basis of belief or action
purposely	intentionally	purposefully	resolutely
refute	prove to be wrong	repudiate	refuse to accept or support
regrettable	causing regret, undesirable	regretful	feeling regret
sensual	relating to or giving physical pleasure	sensuous	relating to the senses rather than the intellect
shear	cut wool off, cut	sheer	utter, complete (as in sheer delight); swerve or avoid
site	a place where something happens	sight	the ability to see
sociable	friendly and willing to mix with	social	relating to society

word 1	meaning	word 2	meaning
stationary	people not moving	stationery	materials for writing
storey	part of a building on one level	story	an account of imaginary events
straight	extending without a curve	strait	narrow passage of water
titillate	excite pleasantly	titivate	adorn or smarten
tortuous	twisting, devious	torturous	causing torture, tormenting
triumphal	done or made to celebrate a victory	triumphant	victorious, jubilant after a victory
turbid	(of a liquid) cloudy; not clear	turgid	swollen or full; (of language) tediously pompous
unsociable	not willing to mix with people	unsocial	socially inconvenient
venal	open to bribery, corrupt	venial	(of a sin) minor
who's	who is	whose	belonging to which person

Bahasa Inggeris–Bahasa Malaysia

A

a *a.* satu; sebarang; dalam, pada atau bagi tiap-tiap.

aardvark *n.* mamalia Afrika yang bermuncung panjang.

aback *adv.* taken aback terperanjat.

abacus *n.* (*pl.*-cuses) cempoa, sempoa; kerangka mengandungi bebola yang menggelongsor pada batangnya, digunakan untuk mengira.

abaft *adv.* & *prep.* di atau ke arah buritan kapal.

abandon *v.t.* pergi dengan tiada niat untuk kembali; meninggalkan. abandonment *n.* penggguguran; penghentian; pembuangan.

abandoned *a.* (tentang perangai, dsb.) yang menunjukkan perilaku yang lepas bebas; terbiar; terbengkalai.

abase *v.t.* memalukan; mengaibkan; menghina.

abasement *n.* penghinaan.

abashed *a.* malu; tersipu-sipu.

abate *v.t./i.* (me)reda; membuat sesuatu itu kurang teruk atau keras; menjadi kurang teruk atau keras; meredakan. abatement *n.* reda.

abattoir *n.* rumah penyembelihan.

abbey *n.* biara; bangunan yang diduduki oleh sekumpulan rahib lelaki dan perempuan; gereja di bawah naungannya.

abbot *n.* ketua sekumpulan rahib lelaki.

abbess *n. fem.* ketua rahib perempuan.

abbreviate *v.t.* memendekkan.

abbreviation *n.* kependekan untuk perkataan.

ABC *n.* ABC; abjad Rumi; panduan mengikut urutan abjad; dasar (sesuatu perkara).

abdicate *v.t./i.* turun takhta; lepas hak. abdication *n.* pelepasan takhta atau hak.

abdomen *n.* abdomen; bahagian badan yang mengandungi organ hadaman. abdominal *a.* berkaitan dengan perut.

abduct *v.t.* menculik. abduction *n.* penculikan. abductor *n.* penculik.

aberrant *a.* tidak normal atau tidak boleh diterima; menyeleweng.

aberration *n.* penyelewengan; lencongan daripada sesuatu yang normal; hilang ingatan atau moral; herotan.

abet *v.t.* (*p.t.* abetted) bersubahat; menggalakkan atau membantu dalam perbuatan jahat. abettor *n.* penggalak (perbuatan jahat).

abeyance *n.* penundaan. in abeyance tidak digunakan atau diuruskan selama beberapa waktu.

abhor *v.t.* (*p.t.* abhorred) meluat. abhorrence *n.* kebencian yang amat sangat.

abhorrent *a.* yang sangat dibenci; menjijikkan.

abide *v.t./i.* (*p.t.* abode) tinggal; diam; (*p.t.* abided) menyabarkan. abide by berpegang (pada janji); menerima (akibat, dll.).

abiding *a.* abadi; kekal.

ability *n.* kebolehan; kemampuan; kualiti yang membolehkan sesuatu tindakan atau proses tercapai; kuasa melakukan sesuatu; kepintaran.

abject *a.* melarat; tanpa maruah; hina. abjectly *adv.* malangnya.

ablaze *a.* bernyala.

able *a.* (-er, -est) mampu; mempunyai kuasa yang cukup; mempunyai kebolehan. ably *adv.* dengan cekap.

ablutions *n.pl.* penyucian; wuduk; proses membersihkan diri.

abnegate *v.t.* melepaskan; menolak. abnegation *n.* pelepasan; penolakan.

abnormal *a.* abnormal; luar biasa; ganjil. abnormally *adv.* anehnya. abnormality *n.* keanehan.

aboard *adv.* & *prep.* di atas, di dalam (kenderaan).

abode *lihat* abide. —*n.* tempat kediaman.

abolish *v.t.* membasmi, menghapuskan. abolition *n.* pembasmian. abolitionist *n.* pembasmi.

abominable *a.* menjijikkan; buruk sekali. abominably *adv.* dengan jijik. abominate *v.t.* berasa jijik. abomination *n.* kebencian.

aboriginal *a.* (terutama tentang manusia) yang mendiami sesuatu tempat sejak dahulu sebelum kedatangan orang luar.

aborigines *n.pl.* penduduk asal.

aborigine *n.* (*colloq.*) salah seorang daripada mereka itu.

abort *v.t./i.* menggugurkan; menggagalkan; (menyebabkan) keluar janin secara pramasa; berakhir sebelum masanya dan tanpa kejayaan; membatalkan sebelum sempurna kerana bermasalah.

abortion *n.* pengguguran (anak); pembuangan pramasa janin daripada rahim; pembedahan yang menyebabkan ini berlaku.

abortionist *n.* orang yang melakukan kerja pengguguran (anak).

abortive *a.* terbantut; yang tidak berhasil; tidak berjaya.

abound *v.i.* banyak sekali. **abound in** mewah dengan sesuatu.

about *adv. & prep.* tentang; sekeliling; hampir; sana sini; lebih kurang; berkaitan dengan. **about-face, about-turn** *ns.* perubahan arah atau dasar. **be about to** hampir melakukan sesuatu.

above *a. & prep.* atas; yang berkedudukan lebih tinggi; yang di atas; lebih daripada. **above-board** *a.* ikhlas; jujur dan telus.

abracadabra *n.* abrakadabra; serapah supaya jampi menjadi.

abrade *v.t.* lelas; melelaskan; melecetkan.

abrasion *n.* lecet; luka (akibat geselan); pelelasan.

abrasive *a.* yang mengikis atau menggosok —*n.* pelelas; pengempelas.

abreast *adv.* beriringan; sederet. **abreast of** dengan sejajar; seiringan.

abridge *v.t.* meringkaskan; memendekkan. **abridgement** *n.* ringkasan.

abroad *adv.* luar negeri.

abrogate *v.t.* memansuhkan; membatalkan. **abrogation** *n.* pemansuhan.

abrupt *a.* tiba-tiba; mendadak; kasar (perangai); menjunam. **abruptly** *adv.* dengan tiba-tiba. **abruptness** *n.* kekasaran; tiba-tiba; mendadak.

abscess *n.* bengkak yang bernanah.

abscond *v.i.* melarikan diri.

abseil *v.i.* turun dengan menggunakan tali yang diikat pada tempat tinggi. —*n.* perihal turun.

absence *n.* ketidakhadiran; ketiadaan.

absent[1] *n.* tidak hadir; tidak ada; tidak wujud. **absent-minded** *a.* pelupa. **absently** *adv.* tiada.

absent[2] *v. refl.* absent oneself tidak menghadirkan diri.

absentee *n.* orang yang tidak hadir. **absenteeism** *n.* ketidakhadiran.

absinthe *n.* absinte; minuman keras berwarna hijau.

absolute *a.* mutlak; sempurna; bebas. **absolutely** *adv.* dengan mutlak.

absolution *n.* pengampunan; perisytiharan formal oleh paderi dalam upacara pengampunan dosa.

absolutism *n.* absolutisme; prinsip kerajaan berkuasa mutlak. **absolutist**

n. pihak yang berpegang kepada prinsip ini.

absolve *v.t.* membebaskan (daripada tuduhan, janji).

absorb *v.t.* menyerap; melekakan. **absorber** *n.* penyerap. **absorption** *n.* penyerapan.

absorbent *a. & n.* dapat menyerap (kelembapan, dll.). **absorbency** *n.* kebolehserapan.

abstain *v.i.* menyekat; berpantang; menahan diri (terutama daripada mengambil minuman keras); tidak mahu menggunakan kuasa mengundi yang ada. **abstainer** *n.* penghindar diri; orang yang menahan diri daripada melakukan sesuatu. **abstention** *n.* pengecualian; abstensi.

abstemious *a.* sederhana. **abstemiously** *adv.* dengan sederhana.

abstinence *n.* penahanan diri (terutama daripada mengambil minuman keras). **abstinent** *a.* yang menjauhkan diri daripada.

abstract[1] *a.* abstrak; tidak menunjukkan benda atau butiran dalam bentuk sebenar. —*n.* kualiti atau idea abstrak; ringkasan buku, makalah, dsb.

abstract[2] *v.t.* cabut, mengasingkan. **abstracted** *a.* asyik berfikir (yang lain). **abstraction** *n.* pemisahan; keadaan seperti memikirkan yang lain.

abstruse *a.* mendalam; sukar difahami, amat rumit. **abstrusely** *adv.* dengan atau secara mendalam.

absurd *a.* tidak masuk akal; tidak munasabah; mustahil. **absurdly** *adv.* secara mustahil. **absurdity** *n.* kemustahilan.

abundant *a.* berlebih-lebihan; mempunyai sesuatu dengan banyak. **abundantly** *adv.* dengan banyaknya. **abundance** *n.* keadaan berlimpah-limpah.

abuse *v.t.* menyalahgunakan; mendera; menganiayai; menyerang dengan bahasa yang kesat. —*n.* penyalahgunaan; bahasa kesat; caci maki; penganiayaan; penderaan.

abusive *a.* kasar; menggunakan kata-kata kesat atau menghina. **abusively** *adv.* dengan kesat. **abusiveness** *n.* kekasaran; kekesatan.

abut *v.t./i.* (p.t. abutted) bersempadan dengan; mempunyai sempadan yang sama.

abysmal *a.* sangat teruk. **abysmally** *adv.* secara teruk sekali.

abyss *n.* jurang yang amat dalam.

AC *abbr.* alternate current arus aliran elektrik ulang-alik.

acacia *n.* akasia (sejenis pokok).

academic *a.* akademik; berkenaan dengan maktab atau universiti; tentang teori saja. —*n.* orang yang berilmu. **academically** *adv.* secara keilmuan.

academician *n.* ahli akademik.

academy *n.* akademi; sekolah, terutama yang menawarkan jurusan tertentu.

accede *v.i.* **accede to** bersetuju; memegang (jawatan).

accelerate *v.t./i.* memecut; menambahkan kelajuan. **acceleration** *n.* pemecutan.

accelerator *n.* pencepat; alat penambah laju (pada kenderaan).

accent[1] *n.* tekanan (bunyi); loghat; tumpuan; penekanan.

accent[2] *v.t.* menekankan; menyebut dengan loghat; menegaskan.

accentuate *v.t.* menegaskan; menjadikan ketara. **accentuation** *n.* penegasan.

accept *v.t./i.* menerima; mengambil dengan rela; menyatakan ya kepada sesuatu tawaran atau pelawaan; bersetuju; mengiakan. **acceptance** *n.* persetujuan; penerimaan.

acceptable *a.* cocok; boleh diterima; agak baik. **acceptably** *adv.* yang dapat diterima. **acceptability** *n.* kebolehterimaan.

access *n.* jalan masuk; hak atau peluang mendekati atau memasuki. —*v.t.* mendapat (data) daripada komputer, dsb.

accessible *a.* dapat diperoleh. **accessibly** *adv.* yang dapat masuk. **accessibility** *n.* hal mudah diperoleh, didatangi, digunakan atau difahami.

accession *n.* penaikan; mencapai pangkat atau kedudukan; penambahan.

accessory *a.* tambahan. —*n.* barang tambahan; aksesori; orang yang bersubahat dalam jenayah.

accident *n.* kemalangan; kejadian yang tidak dijangkakan, terutamanya yang menyebabkan kerosakan; nasib. **accidental** *a.* kebetulan; berlaku secara tidak sengaja. **accidentally** *adv.* dengan tidak sengaja.

acclaim *v.t.* memuji; disanjung. **acclamation** *n.* sanjungan.

acclimatize *v.t./i.* menyesuaikan diri dengan keadaan iklim, dsb. yang baharu. **acclimatization** *n.* penyesuaiikliman; penyesuaian diri dengan keadaan baharu.

accolade *n.* penghargaan; penghormatan (kesateria); sanjungan.

accommodate *v.t.* menampung; muat; memberi penginapan; menyesuaikan diri.

accommodating *a.* mudah bertolak ansur.

accommodation *n.* penyesuaian diri; penginapan; tempat tinggal. **accommodation address** alamat tempat tinggal.

accompany *v.t.* menemani; menyertai; mengiringi; memainkan muzik untuk mengiringi. **accompaniment** *n.* iringan (muzik). **accompanist** *n.* pemuzik iringan.

accomplice *n.* rakan sejenayah.

accomplish *v.t.* menyempurnakan (dengan jayanya).

accomplished *a.* mahir; yang ahli.

accomplishment *n.* pencapaian; kejayaan.

accord *v.t./i.* memberi; selaras; bertepatan. —*n.* izin; persetujuan. **of one's own accord** dengan kerelaan sendiri tanpa disuruh atau dipaksa.

accordance *n.* menurut; selaras; bertepatan.

according *adv.* **according to** menurut; mengikut. **accordingly** *adv.* oleh kerana itu; sewajarnya; dengan demikian.

accordion *n.* akordion; alat muzik dengan belos dan papan nada.

accost *v.t.* menghampiri dan menyapa secara mengancam.

account *n.* akaun; laporan; cerita—*v.t.* **account for** menerangkan; menjelaskan. **on account of** kerana, oleh sebab, atau disebabkan sesuatu.

accountable *a.* bertanggungjawab. **accountability** *n.* kebertanggungjawaban.

accountant *n.* akauntan; jurukira. **accountancy** *n.* ilmu perakaunan.

accoutrements *n.pl.* perlengkapan; peralatan.

accredited *a.* diiktiraf; diterima umum.

accretion *n.* pertumbuhan; (yang) ditambah.

accrue *v.t.* bertambah.

accumulate *v.t./i.* mengumpulkan; menimbunkan; berlonggok. **accumulation** *n.* penimbunan; pengumpulan. **accumulative** *a.* akumulatif.

accumulator *n.* akumulator; bateri elektrik dapat dicas semula; daftar storan dalam komputer.

accurate *a.* tepat. **accurately** *adv.* dengan tepat. **accuracy** *n.* ketepatan.

accuse *v.t.* menuduh. accusation *n.* tuduhan. accuser *n.* penuduh; pihak yang menuduh.

accustom *v.t.* membiasakan diri dengan.

accustomed *a.* menjadi biasa.

ace *a.* sat dalam daun terup; jaguh; pukulan servis yang tidak dapat dibalas dalam permainan tenis.

acerbity *n.* ketajaman (kata-kata).

acetate *n.* asetat, serabut tekstil tiruan.

acetic acid *n.* asid asetik; asid etanoik, bahan yang penting dalam cuka.

acetone *n.* aseton, cecair tanpa warna digunakan sebagai pelarut.

acetylene *n.* asetilena, gas tidak berwarna yang terbakar dengan api yang sangat terang.

ache *n.* sakit. —*v.i.* menderita sakit. achy *a.* yang sakit.

achieve *v.t.* mencapai. achievable *a.* dapat dicapai. achievement *n.* pencapaian.

Achilles heel kelemahan. Achilles tendon tendon dari otot betis ke tumit.

acid *a.* masam; tajam (kritikan). —*n.* asid. acidly *adv.* dengan tajam. acidity *n.* kemasaman; keasidan. acidify *v.t./i.* menjadi asid. acidulated *a.* telah menjadi asid.

acknowledge *v.t.* mengiktiraf; mengakui. acknowledgement *n.* pengakuan; pengiktirafan.

acme *n.* puncak (kesempurnaan); pencapaian atau kecemerlangan.

acne *n.* jerawat.

acolyte *n.* pembantu paderi dalam upacara gereja.

acorn *n.* buah oak.

acoustic *a.* akustik; tentang bunyi. acoustics *n.pl.* ilmu akustik, kualiti bilik, dsb. yang mempengaruhi bunyi. acoustical *a.* yang akustik.

acquaint *v.t.* membiasakan diri dengan. be acquainted with berkenalan dengan.

acquaintance *n.* pengetahuan tidak mendalam tentang sesuatu perkara; kenalan.

acquiesce *v.i.* bersetuju dengan. acquiescent *a.* akur. acquiescence *n.* persetujuan; keakuran.

acquire *v.t.* memperoleh; dapat memiliki sesuatu. acquirement *n.* perolehan.

acquisition *n.* perolehan; sesuatu yang diperoleh.

acquisitive *a.* suka memperoleh. acquisitiveness *n.* hal suka memperoleh.

acquit *v.t.* (*p.t.* acquitted) membebaskan. acquit oneself bertingkah laku dengan cara yang tertentu. acquittal *n.* pembebasan.

acre *n.* ekar (ukuran); 4,840 ela persegi.

acreage *n.* bilangan ekar.

acrid *a.* pedih; tajam (kata-kata). acridly *adv.* dengan tajam. acridity *n.* menusuk hidung; kepedaran; kepedasan; ketajaman.

acrimonious *a.* pedih; marah dan getir. acrimoniously *adv.* dengan pedihnya. acrimony *n.* kepedihan; kegetiran.

acrobat *n.* akrobat; pelaku seni akrobatik.

acrobatic *a.* seperti akrobat; melibatkan gerak gimnastik yang hebat. acrobatics *n.pl.* gaya akrobatik.

acronym *n.* akronim; perkataan yang terbentuk daripada huruf-huruf awal perkataan-perkataan lain.

acropolis *n.* akropolis; kubu kota kuno Greek.

across *prep. & adv.* seberang; dari sisi ke sisi; melintang.

acrostic *n.* teka silang kata; teka-teki; puisi; puisi, dll. di mana huruf-huruf tertentu dalam setiap barisan membentuk perkataan.

acrylic *a. & n.* akrilik; (serabut tiruan) yang dibuat daripada bahan organik.

act *n.* perbuatan; tindakan; babak; perkara yang dilakukan; undang-undang yang digubal oleh parlimen; bahagian lakonan; item dalam pertunjukan sarkas atau aneka ragam. —*v.t./i.* bertindak; bertingkah; melakonkan; menjadi pelakon.

action *n.* tindakan; perbuatan; proses membuat sesuatu atau cara fungsi; perkara yang dilakukan; saman; pertempuran.

actionable *a.* kena tindakan; yang dapat diambil tindakan undang-undang.

activate *v.t.* menggiatkan; menjadikan aktif. activation *n.* penggiatan.

activator *n.* penggiat.

active *a.* aktif; giat; melakukan sesuatu; cergas; sedang berlangsung. —*n.* bentuk kata kerja menunjukkan bahawa subjek melakukan perbuatan itu (misalnya, dia *nampak* perkara itu). actively *adv.* dengan aktif.

activist *n.* aktivis, orang yang bertindak tegas dalam politik, dsb. activism *n.* fahaman aktivis.

activity *n.* aktiviti; kegiatan; tindakan; pekerjaan.

actor *n.* seniman; pelaku dalam drama pentas atau filem. **actress** *n. fem.* seniwati.

actual *a.* benar; wujud sebagai kenyataan; semasa.

actuality *n.* kenyataan.

actually *adv.* sebenarnya.

actuary *n.* aktuari; pakar insurans yang menghitung kadar risiko dan premium. **actuarial** *a.* yang berkaitan dengan kerja insurans.

actuate *v.t.* mendorongkan; menjadi penggerak untuk seseorang bertindak. **actuation** *n.* dorongan.

acuity *n.* tajam; ketajaman.

acumen *n.* ketajaman (fikiran).

acupressure *n.* penekanan badan di tempat-tempat tertentu untuk melegakan kesakitan, dsb. **acupressurist** *n.* pelaku di atas.

acupuncture *n.* akupunktur, perubatan tradisi menggunakan jarum. **acupuncturist** *n.* ahli akupunktur.

acute *a.* mersik; nyaring; tajam; amat sangat (sakit); cerdas. **acute accent** tanda pada huruf untuk menandakan tekanan nada yang tinggi. **acutely** *adv.* dengan tajam. **acuteness** *n.* ketajaman.

A.D. *abbr.* (Latin *anno domini*) Tahun Masihi.

ad *n.* (*colloq.*) iklan.

adage *n.* pepatah; bidalan.

adagio *n.* muzik dalam tempo perlahan.

Adam's apple halkum; hujung kerongkong yang ketara tersembul di leher.

adamant *a.* keras hati; tidak mahu beralah.

adapt *v.t./i.* menyesuaikan; menjadikan sesuai untuk kegunaan atau keadaan baharu. **adaptation** *n.* penyesuaian; perbuatan atau proses menye-suaikan. **adaptor** *n.* orang atau alat pengubah suai.

adaptable *a.* boleh diubah suai; dapat disesuaikan. **adaptability** *n.* kebolehsuaian.

add *v.t./i.* tambah; campur; menambahkan; mencampurkan; masukkan sebagai tambahan; berkata lagi; menjumlahkan.

addendum *n.* (*pl.* -da) tambahan; perkara yang hendak ditambah kepada buku dan sebagainya; (*pl.*) apendiks.

adder *n.* ular beludak; ular kecil yang bisa.

addict *n.* penagih; seseorang yang ketagih, terutamanya kepada dadah.

addicted *a.* ketagih; melakukan atau menggunakan sesuatu sebagai kebiasaan atau secara terpaksa; asyik (kepada hobi atau minat). **addiction** *n.* ketagihan.

addictive *a.* menagihkan; menyebabkan ketagihan.

addition *n.* penambahan; campuran. **in addition** tambahan (pula); sebagai tambahan.

additional *a.* tambahan; lebihan. **additionally** *adv.* secara tambahan.

additive *n.* aditif; bahan yang ditambah.

addle *v.t.* membingungkan; mengusutkan; menjadi busuk atau tembelang (telur).

address *n.* alamat; butir-butir tentang tempat tinggal seseorang atau tempat letaknya sesebuah firma, atau ke mana surat-menyurat harus dikirimkan; lokasi dalam ingatan komputer; ucapan. —*v.t.* mengalamatkan; memberikan ucapan; menyediakan diri untuk menghadapi sesuatu tugas; menghubungi melalui sesuatu alamat.

addressee *n.* si penerima, orang yang kepadanya surat, dll. dialamatkan.

adduce *v.t.* mengemukakan sebagai contoh atau bukti.

adenoids *n.pl.* tisu yang mengembang pada bahagian belakang kerongkong. **adenoidal** *a.* yang berkenaan tisu pada bahagian belakang kerongkong.

adept *a. & n.* cekap; pakar; sangat mahir (orang). **adeptly** *adv.* dengan cekapnya. **adeptness** *n.* kecekapan.

adequate *a.* cukup; memadai. **adequately** *adv.* dengan secukupcukupnya. **adequacy** *n.* kecukupan.

adhere *v.i.* melekat; memberikan sokongan yang berterusan. **adherence** *n.* kesetiaan; kepatuhan. **adherent** *a. & n.* penyokong.

adhesion *n.* lekatan; rekatan; keadaan melekat; penaupan tisu dalam badan.

adhesive *a.* lekit; perekat; berperekat. —*n.* (bahan) perekat.

ad hoc ad hoc; untuk suatu tujuan tertentu sahaja; sementara.

adieu *int. & n.* selamat tinggal.

ad infinitum ad infinitum; tidak berkeputusan.

adipose *a.* berkenaan lemak; berlemak.

adjacent *a.* berdekatan; bersebelahan.

adjective *n.* adjektif; kata sifat.

adjectival *a.* menyerupai kata sifat. **adjectively** *adv.* berkenaan dengan kata sifat.

adjoin *v.t.* bersebelahan.

adjourn *v.t./i.* menangguhkan. **adjournment** *n.* penangguhan.

adjudge *v.t.* memberikan putusan pengadilan.

adjudicate *v.t./i.* bertindak sebagai hakim. **adjudication** *n.* memutuskan. **adjudicator** *n.* pengadil.

adjunct *n.* tambahan (kepada yang lebih penting).

adjure *v.t.* meminta dengan sungguh-sungguh; mendesak.

adjust *v.t./i.* mengubah sedikit supaya teratur; menyesuaikan. **adjuster** *n.* pelaras. **adjustment** *n.* penyesuaian; pelarasan.

adjustable *a.* dapat disesuaikan.

adjutant *n.* adjutan, pegawai tentera yang membantu kerja-kerja pentadbiran.

ad lib secara spontan; tanpa persediaan. **ad-lib** *v.i.* (*p.t.* -libbed) (*colloq.*) berkata atau bertindak spontan.

administer *v.t./i.* mentadbir; memberi.

administrate *v.t./i.* bertindak sebagai pentadbir.

administration *n.* pentadbiran; pengurusan (awam atau perniagaan). **administrative** *a.* berkenaan dengan pentadbiran. **administrator** *n.* pentadbir.

admirable *a.* terpuji. **admirably** *adv.* dengan sangat terpuji.

admiral *n.* laksamana. red admiral, white admiral jenis rama-rama.

Admiralty *n.* Admiralti, cawangan yang mentadbir Angkatan Laut British.

admire *v.t.* mengagumi. **admiration** *n.* kekaguman. **admirer** *n.* pemuja.

admissible *a.* yang dapat diterima. **admissibility** *n.* hal dapat diterima.

admission *n.* kebenaran masuk; pernyataan; pengakuan.

admit *v.t.* (*p.t.* admitted) membenarkan masuk; menerima sebagai sah; mengaku (secara tidak rela). admit of terbuka kepada.

admittance *n.* izin masuk.

admittedly *adv.* yang diakui.

admixture *n.* bahan ditambah sebagai perencah; campuran.

admonish *v.t.* menegur; mengherdik. **admonition** *n.* teguran. **admonitory** *a.* yang mengandungi teguran.

ad nauseam berlanjutan hingga menjemukan.

ado *n.* hal banyak bercakap; kekecohan.

adobe *n.* bata jemur.

adolescent *a. & n.* remaja; anak muda (lelaki atau perempuan). **adolescence** *n.* masa remaja.

adopt *v.t.* menjadikan anak angkat; menerima tanggungjawab; menerima (laporan); mengambil. **adoption** *n.* pengambilan anak angkat; penerimaan.

adoptive *a.* berkeluarga secara angkat.

adorable *a.* sangat dikasihi; menawan.

adore *v.t.* mengasihi; memuja; (*colloq.*) sangat suka. **adoration** *n.* pemujaan.

adorn *v.t.* mendandani; menghiasi. **adornment** *n.* dandanan.

adrenal *a.* adrenal; hampir dengan buah pinggang.

adrenalin *n.* adrenalin, hormon dalam tubuh yang dikeluarkan oleh kelenjar dan yang digunakan dalam perubatan.

adrift *a. & adv.* hanyut; terumbang-ambing.

adroit *a.* mahir; luar biasa (kepandaian).

adulation *n.* sanjungan (secara berlebih-lebihan).

adult *a. & n.* cukup umur; orang dewasa. **adulthood** *n.* kedewasaan.

adulterate *v.t.* melancungkan, menjadikan tidak tulen dengan mencampurkan dengan sesuatu yang rendah mutunya. **adulteration** *n.* pelancungan.

adulterer *n.* penzina (lelaki). **adulteress** *n. fem.* penzina (perempuan).

adultery *n.* zina. **adulterous** *a.* tentang zina.

adumbrate *v.t.* membayangkan; mengalamatkan; memberikan petanda. **adumbration** *n.* pembayangan.

advance *v.t./i.* memajukan; meminjamkan (wang). —*n.* kemaraan; kemajuan; kenaikan (harga); pinjaman; pujukan dalam percubaan untuk menjadi sahabat (kekasih). —*a.* yang didahulukan. in advance lebih dahulu. **advancement** *n.* kemajuan.

advanced *a.* maju; lanjut.

advantage *n.* kedudukan yang lebih baik; faedah; kesempatan; mata yang dimenangi selepas bermain dius dalam permainan tenis. take advantage of mempergunakan kesempatan; memanfaatkan.

advantageous *a.* menguntungkan; berfaedah. **advantageously** *adv.* dengan cara yang berfaedah.

Advent *n.* kedatangan (Kristus Jesus); musim sebelum Krismas. **advent** *n.* ketibaan (biasanya orang atau peristiwa yang penting).

adventitious *a.* secara kebetulan; berlaku secara luar biasa.

adventure *n.* pengalaman yang mendebarkan atau berbahaya. **adventurous** *a.* suka mengembara; penuh dengan bahaya dan keseronokan.

adventurer *n.* orang yang mencari pengalaman yang mendebarkan atau berbahaya; petualang.

adverb *n.* adverb; kata keterangan. **adverbial** *a.* sebagai kata keterangan. **adverbially** *adv.* dengan sifat sebagai kata keterangan.

adversary *n.* lawan; musuh.

adverse *a.* kurang baik; merugikan. **adversely** *adv.* dengan kerugian. **adversity** *n.* keadaan malang; kesusahan; bencana.

advert¹ *n.* iklan.

advert² *v.i.* merujuk; menyentuh.

advertise *v.t./i.* mengiklankan; memaklumkan. **advertiser** *n.* pengiklan.

advertisement *n.* iklan.

advice *n.* nasihat; petua.

advisable *a.* ada baiknya. **advisability** *n.* kebijaksanaan.

advise *v.t./i.* memberi nasihat; menasihati. **adviser** *n.* penasihat.

advisory *a.* sebagai penasihat.

advocacy *n.* penyokongan.

advocate¹ *n.* peguambela; penganjur.

advocate² *v.t.* menganjurkan; memperakukan.

adze *n.* beliung; kapak bermata runcing untuk menarah kayu.

aegis *n.* naungan; tajaan.

aeon *n.* jangka masa yang tidak terhingga lamanya.

aerate *v.t.* memperanginkan; memasukkan karbon dioksida ke dalam. **aeration** *n.* hal memperanginkan. **aerator** *n.* alat pengudaraan.

aerial *a.* berkenaan dengan atau seperti udara; yang wujud (bergerak) di udara; oleh atau dari pesawat udara. —*n.* dawai penerima atau pengirim gelombang radio; aerial. **aerially** *adv.* dengan aerial.

aerobatics *n.pl.* aerobatik; terbang tambul oleh kapal terbang.

aerobics *n.pl.* aerobik, latihan bertenaga untuk menambah oksigen. **aerobic** *a.* aerob.

aerodrome *n.* lapangan terbang kecil.

aerodynamic *a.* aerodinamik, tentang daya gerak udara.

aerofoil *n.* aerofoil; kerajang udara; sirip atau ekor kapal terbang yang menjungkit dalam penerbangan.

aeronautics *n.* aeronautik, ilmu penerbangan pesawat udara. **aeronautical** *a.* berkaitan dengan penerbangan.

aeroplane *n.* kapal terbang; pesawat udara berkepak yang dipandu secara mekanikal.

aerosol *n.* aerosol; bekas mengandungi bahan semburan.

aerospace *n.* angkasa lepas; atmosfera bumi dan ruang selepasnya.

aesthete *n.* aestet; orang yang mendakwa memahami dan menghargai keindahan, terutamanya dalam bidang seni.

aesthetic *a.* estetik; tentang atau menunjukkan penghargaan terhadap kesudahan; artistik; menarik. **aesthetically** *adv.* dari segi estetik.

afar *adv.* jauh.

affable *a.* ramah; peramah; beradab dan mesra. **affably** *adv.* dengan ramah. **affability** *n.* keramahan.

affair *n.* urusan; perkara; perusahaan; hubungan seks yang bersifat sementara.

affect *v.t.* memberi kesan; berpura-pura.

affected *a.* yang penuh kepura-puraan.

affection *n.* cinta; sayang; penyakit.

affectation *n.* kepura-puraan, terutamanya dalam tingkah laku.

affectionate *a.* penyayang. **affectionately** *adv.* dengan penuh kasih sayang.

affiance *v.t.* menunangkan; mempertunangkan.

affidavit *n.* surat sumpah (yang sah); afidavit; kenyataan bertulis.

affiliate *v.t.* bergabung. **affiliation** *n.* penggabungan.

affinity *n.* perhubungan (pertalian) yang rapat; tarikan.

affirm *v.t./i.* membenarkan; mengesahkan. **affirmation** *n.* pengesahan.

affirmative *a. & n.* yang mengiakan. **affirmatively** *adv.* dengan sesungguhnya.

affix *v.t.* melekatkan; menambah (tandatangan).

afflict *v.t.* menyedihkan; mendukacitakan; menyakitkan secara fizikal atau mental.

affliction *k.n.* kesedihan; perkara yang menyebabkan keadaan ini; bencana yang menimpa.

affluence *n.* kekayaan.

affluent *a.* kaya. **affluently** *adv.* dengan mewahnya.

afford *v.t.* berkemampuan; mempunyai cukup (waktu, wang); menyediakan.

afforest *v.t.* menghutankan; ditanami pokok. **afforestation** *n.* penghutanan.

affray *n.* keributan; rusuhan.

affront *v.t. & n.* menghina; nista; celaan.

Afghan hound anjing besar berbulu tebal.

aficionado *n.* (*pl.* **aficionados**) seorang peminat yang amat ghairah dalam sesuatu aktiviti atau bidang.

afield *adv.* jauh.

aflame *adv. & a.* terbakar.

afloat *adv. & a.* terapung-apung; di laut.

afoot *adv. & a.* sedang berlaku.

aforementioned *a.* yang tersebut sebelumnya.

aforesaid *a.* yang tersebut dahulu.

aforethought *a.* yang difikirkan dahulu.

afraid *a.* takut; bimbang.

afresh *adv.* semula; sekali lagi, dengan permulaan baharu.

African *a. & n.* dari Afrika; orang (bangsa) Afrika.

Afrikaans *n.* Afrikaan; bahasa Afrika Selatan, berasaskan bahasa Belanda.

Afrikaner *n.* (orang) putih bertutur bahasa Afrikaan di Afrika Selatan.

Afro *a.* (rambut) tebal dan gebu.

Afro- *pref.* berkenaan dengan Afrika.

aft *adv.* dalam atau dekat buritan kapal atau pesawat.

after *prep., adv. & a.* kemudian; selepas; setelah. **after-effect** *n.* kesan yang terjadi kemudian.

afterbirth *n.* uri; tembuni; plasenta yang dikeluarkan daripada rahim setelah melahirkan.

afterlife *n.* hidup sesudah atau selepas mati.

aftermath *n.* akibat; kesan selepas sesuatu berlaku.

afternoon *n.* petang; waktu di antara pagi dengan 6 petang atau apabila matahari terbenam.

aftershave *n.* pewangi yang digunakan selepas bercukur.

afterthought *n.* fikiran selepas; perkara yang terfikir atau ditambah kemudian.

afterwards *adv.* kemudian; kelak; pada waktu terkemudian.

again *adv.* lagi; semula; sekali lagi; dan lagi.

against *prep.* bertentangan dengan; menentang; dalam persediaan menghadapi sesuatu.

agape *a.* ternganga; mulut terlopong.

agate *n.* akik; agat; batu keras dengan tompok atau jalur warna.

age *n.* umur; usia; bahagian akhir hidup; zaman; (*colloq.*) waktu yang amat lama. —*v.t./i.* (*pres. p.* **ageing**) menjadi tua; mulai kelihatan tua.

aged *a.* berumur; tua.

ageism *n.* prasangka berdasarkan umur.

ageless *a.* awet muda; tidak makan tua; tidak nampak tua.

agency *n.* agensi; perusahaan atau pejabat seseorang ejen; tindakan atau cara melakukan sesuatu.

agenda *n.* agenda; senarai perkara yang hendak dikendalikan, terutamanya dalam sesuatu mesyuarat.

agent *n.* agen; ejen; wakil; seseorang yang melakukan sesuatu; sesuatu yang menimbulkan kesan; seseorang yang bertindak bagi pihak orang lain.

agent provocateur *n.* orang yang ditugaskan merangsangkan pesalah yang disyaki supaya bertindak secara terbuka.

agglomeration *n.* timbunan; aglomerasi.

agglutination *n.* pelekatan; pengaglutinat. **agglutinative** *a.* aglutinatif; melekat.

aggrandize *v.t.* membesar-besarkan; menambahkan kuasa, kedudukan atau kekayaan; menjadikan sesuatu kelihatan lebih hebat. **aggrandizement** *n.* pengagungan.

aggravate *v.t.* memburukkan; (*colloq.*) menyakitkan hati. **aggravation** *n.* hal menambahburukkan sesuatu.

aggregate[1] *a.* agregat; berjumlah. —*n.* jumlah; kumpulan sesuatu bahan; batu baur, dsb. yang digunakan untuk membuat konkrit.

aggregate[2] *v.t./i.* mengumpulkan; menyatukan; (*colloq.*) menjumlahkan. **aggregation** *n.* pengumpulan.

aggression *n.* penyerangan; pencerobohan; serangan; tindak-tanduk atau tingkah laku permusuhan.

aggressive *a.* suka menyerang; garang. **aggressively** *adv.* yang bersifat menyerang. **aggressiveness** *n.* hal suka menyerang.

aggressor *n.* penyerang; seseorang yang memulakan perseteruan.

aggrieved *a.* terkilan; menanggung perasaan tersinggung.

aghast *a.* terkejut; tergamam.

agile *a.* tangkas; pantas. **agilely** *adv.* dengan tangkas. **agility** *n.* ketangkasan.

agitate *v.t.* menghasut; mengocak dengan cepat. **agitation** *n.* hasutan.

agitator *n.* penghasut.

aglow *a.* berseri; bercahaya atau bersinar-sinar.

agnostic *a.* & *n.* syirik; agnostik; (orang) mempercayai tidak ada sesuatu pun yang menunjukkan kewujudan Tuhan. agnosticism *n.* agnostisisme; faham agnostik.

ago *adv.* dahulu; lepas; pada masa lalu.

agog *a.* sangat ingin; berharapan.

agonize *v.t./i.* menyakiti; menyeksa; berasa sangat bimbang.

agonizing *a.* amat menyeksa atau membimbangkan.

agony *n.* keazaban.

agoraphobia *n.* agorafobia; perasaan gerun hendak melintasi tempat lapang.

agrarian *a.* agraria; berkenaan dengan tanah atau pertanian.

agree *v.t./i.* bersetuju; akur; menerima sebagai betul atau munasabah; mempunyai atau mencapai pendapat yang sama; mesra bersama. agree with sesuai dengan; secocok dengan.

agreeable *a.* menyenangkan; dapat diterima. agreeably *adv.* dengan senang hati.

agreement *n.* persetujuan; kemuafakatan.

agriculture *n.* pertanian; pengusahaan tanaman secara besar-besaran. agricultural *a.* berkenaan dengan pertanian.

agronomy *n.* agronomi, pengurusan tanah dan penghasilan tanaman.

aground *adv.* & *a.* terkandas; (kapal) di dasar air cetek.

ague *n.* (usang) demam menggigil.

ahead *adv.* dahulu; maju; terkehadapan dari segi kedudukan atau waktu.

ahoy *int.* ahoi; seruan kelasi untuk menarik perhatian.

aid *v.t.* & *n.* membantu; bantuan.

aide *n.* pembantu; penolong.

aide-de-camp *n.* (*pl.* aides-de-camp) adikong; pegawai yang membantu seseorang pegawai kanan.

Aids, AIDS *n.* Aids, AIDS, sindrom kekurangan daya tahan penyakit; suatu keadaan yang merobohkan benteng pertahanan semula jadi seseorang terhadap penyakit.

aikido *n.* seni mempertahankan diri yang berasal dari Jepun.

ail *v.t./i.* mendukakan; menyakitkan; menjadikan atau menjadi sakit.

aileron *n.* aileron; kelepak berengsel pada kepak pesawat udara.

ailing *a.* sakit; uzur.

ailment *n.* penyakit; sakit yang ringan.

aim *v.t./i.* membidik; menghalakan; mencuba; bercita-cita. —*n.* bertujuan; niat.

aimless *a.* tidak bertujuan. aimlessly *adv.* dengan tidak bertujuan. aimlessness *n.* tanpa tujuan.

ain't (*colloq.*) tidak, tiada, dsb.

air *n.* udara; angin; campuran oksigen, nitrogen, dll. gas yang menyelubungi muka bumi; angkasa tempat pesawat udara berlegar; bayu; kesan yang dihasilkan; cara bergaya; melodi. — *v.t./i.* mendedahkan kepada udara; memperanginkan; mengemukakan pendapat secara terbuka. air bed *n.* tilam angin; tilam yang boleh mengembang. air brick *n.* bata angin; bata berlubang untuk pengudaraan. air conditioned *a.* berhawa dingin; dilengkapi sistem penyaman udara yang mengawal kelembapan dan suhu udara. air force tentera udara; cawangan angkatan tentera yang menggunakan pesawat udara dalam serangan dan pertahanan. air raid serangan udara; serangan oleh pesawat udara yang menggugurkan bom. in the air lazim; tersebar luas. on the air sedang di udara; disiarkan melalui radio atau televisyen.

airborne *a.* yang dibawa oleh udara atau dengan kapal terbang; dalam penerbangan.

aircraft *n.* (*pl.* aircraft) pesawat udara; mesin atau struktur yang boleh terbang di udara.

airfield *n.* lapangan terbang, kawasan yang mempunyai landasan, dsb. untuk kapal terbang.

airgun *n.* senapang angin, senapang yang mempunyai peluru yang didorongkan oleh udara mampat.

airlift *n.* angkut udara; pengangkutan bekalan, dsb. secara besar-besaran oleh pesawat udara terutamanya dalam kecemasan. —*v.t.* mengangkut sedemikian.

airline *n.* sistem penerbangan; perkhidmatan pengangkutan udara untuk orang awam; syarikat yang menyediakan perkhidmatan ini.

airliner *n.* kapal terbang penumpang.

airlock *n.* sendat udara; gelembung udara dalam paip yang menyebabkan terhentinya pengaliran cecair; petak yang tidak dapat dimasuki angin.

airmail *n.* pos udara; mel yang dikirim dengan kapal terbang. —*v.t.* menghantar dengan pos udara.

airman n. (pl. -men) juruterbang; anggota angkatan tentera udara, terutamanya bawah pangkat pegawai.

airport n. lapangan terbang dengan kemudahan untuk penumpang dan barang.

airship n. kapal udara; pesawat udara berkuasa tinggi yang lebih ringan daripada udara.

airstrip n. padang terbang; lapangan terbang kecil untuk kapal terbang berlepas dan mendarat.

airtight a. kedap udara; yang tidak dapat dimasuki angin.

airworthy a. yang layak terbang. **airworthiness** n. kelayakan untuk terbang.

airy a. (-ier, -iest) berangin; tidak bersungguh-sungguh. **airily** adv. dengan senang hati. **airiness** n. kesenangan hati.

aisle n. lorong antara susunan kerusi (terutama dalam gereja); laluan.

ajar adv. & a. terbuka sedikit; renggang.

aka abbr. also known as juga disebut sebagai atau dikenali sebagai.

akimbo adv. dengan bercekak pinggang.

akin a. bersaudara; sejenis; serupa dengan.

alabaster n. batu pualam putih.

à la carte (hidangan) dipesan secara berasingan daripada menu.

alacrity n. beria-ia.

alarm n. bunyi amaran; alat pembunyi; tanda amaran; kecemasan. —v.t. menyebabkan menjadi takut. **alarm-clock** jam loceng.

alarmist n. orang yang menimbulkan kecemasan yang tidak berasas.

alas int. aduhai; wahai.

albatross n. sejenis burung camar di Lautan Pasifik.

albeit conj. sungguhpun; meskipun.

albino n. (pl. -os) balar; bulai (tentang orang, binatang).

album n. album; buku menyimpan (foto, setem, dll.); tempat menyimpan piring hitam.

albumen n. albumen; putih telur.

alchemy n. ilmu kimia zaman pertengahan yang mencuba mengubah logam menjadi emas. **alchemist** n. ahli kimia zaman pertengahan yang tujuan utamanya mencari jalan mengubah logam menjadi emas.

alcohol n. alkohol; arak.

alcoholic a. beralkohol. —n. penagih arak. **alcoholism** n. tindakan alkohol ke atas sistem manusia.

alcove n. ruang kecil tempat berehat; ceruk; sudut.

alder n. sejenis tumbuhan yang tumbuh di tempat berpaya.

alderman n. seorang ahli mukim atau majlis pentadbiran daerah di England.

ale n. bir.

alert a. awas; berjaga-jaga. —n. keadaan berwaspada terhadap bahaya. —v.t. menyuruh berjaga-jaga. **on the alert** berwaspada. **alertness** n. kewaspadaan.

A level n. (di England kecuali Scotland) peringkat yang lebih tinggi di antara dua peringkat utama dalam peperiksaan GCE.

alfalfa n. sejenis tumbuhan yang digunakan sebagai makanan binatang ternakan.

alfresco adv. & a. di tempat terbuka.

alga n. (pl. -gae) rumpair.

algebra n. aljabar; algebra. **algebraic** a. berkenaan algebra. **algebraically** adv. dengan cara algebra.

Algol n. algil; bahasa komputer berasaskan matematik.

algorithm n. algoritma; prosedur pengiraan, dsb.

alias n. (pl. -ases) nama samaran. —adv. dengan nama samaran.

alibi n. (pl. -is) alibi; bukti bahawa tertuduh berada di tempat lain semasa kejadian jenayah itu. —v.t. (p.t. **alibied**, pres.p. **alibiing**) memberikan alasan.

alien n. orang asing. —a. asing.

alienate v.t. merenggangkan. **alienation** n. perenggangan; pengasingan.

alight[1] v.i. turun; hinggap.

alight[2] a. bernyala.

align v.t. menjajarkan; memberikan persetujuan. **alignment** n. susunan (barisan) yang lurus.

alike a. serupa. —adv. dengan cara yang sama.

alimentary a. cerna. **alimentary canal** saluran pencernaan.

alimony n. alimoni, nafkah oleh suami kepada isteri atau bekas isteri.

alive a. hidup; berjiwa; cergas.

alkali n. (pl. -is) alkali; alkaline a. tentang alkali. **alkalinity** n. kealkalian.

alkaloid n. alkaloid; sejenis sebatian organik yang mengandungi oksigen.

all a. semua; seluruh. —n. segala-galanya. —adv. serba. **all but** hampir-hampir. **all-clear** n. isyarat yang bahaya telah berlalu. **all in** kelelahan;

termasuk semuanya. **all out** berusaha sedaya upaya. **all over** berakhir; di merata-rata. **all right** baik; selamat; ya. **all round** *a.* dalam segala segi; untuk setiap orang. **all-round** umumnya. **all-rounder** *n.* orang yang serba boleh. **all there** siuman. **all the same** meskipun. **all up** (*colloq.*) selesai.

Allah *n.* Allah, Tuhan orang Muslim.

allay *v.t.* menenangkan (perasaan takut, dll.).

allegation *n.* tuduhan.

allege *v.t.* menuduh.

allegedly *adv.* menurut tuduhan.

allegiance *n.* kesetiaan; kewajipan; kepatuhan.

allegorize *v.t.* mengalegorikan. **allegorization** *n.* kealegorisasian.

allegory *n.* alegori; kiasan; ibarat. **allegorical** *a.* yang bersifat kiasan. **allegorically** *adv.* dengan cara kiasan.

allegro *adv. & n.* (*pl.* -os) alegro, rangkap yang perlu dimainkan dengan cepat.

alleluia *int. & n.* kesyukuran.

allergen *n.* alergen; bahan penyebab tindakan alergi. **allergenic** *a.* mengandungi alergen.

allergic *a.* alergi; alah; tidak suka akan.

allergy *n.* alergi; alahan (terhadap jenis makanan, debunga, dsb.).

alleviate *v.t.* meringankan (sakit, dsb.); mengurangkan. **alleviation** *n.* peringanan.

alley *n.* (*pl.* -eys) lorong.

alliance *n.* persekutuan; perikatan.

allied *a.* bersekutu; bergabung.

alligator *n.* aligator; sejenis buaya.

alliteration *n.* aliterasi; terdapat bunyi awal perkataan bersebelahan yang sama. **alliterative** *a.* beraliterasi.

allocate *v.t.* memperuntukkan. **allocation** *n.* pemberian bahagian; peruntukan.

allot *v.t.* (*p.t.* allotted) menguntukkan; menentukan bahagian.

allotment *n.* habuan; bahagian yang diberikan; sebidang tanah yang disewa untuk menanam sayur, dsbnya.

allow *v.t./i.* membenarkan; memberi sebahagian kecil; mengakui; menyetujui.

allowable *a.* dapat dibenarkan.

allowance *n.* elaun; jumlah yang dibenarkan. **make allowance for** mengambil kira; mempertimbangkan.

alloy *n.* aloi; logam campuran. —*v.t.* mencampurkan dengan logam lain.

allspice *n.* beri pimento; rempah daripada beri pimento.

allude *v.i.* merujuk sepintas lalu atau secara tidak langsung.

allure *v.t.* menggoda; menarik minat; memikat. —*n.* kecantikan. **allurement** *n.* godaan; pemikat hati.

alluring *a.* bersifat menarik atau menawan.

allusion *n.* bayangan; sindiran; kiasan. **allusive** *a.* yang mengandungi sindiran.

alluvium *n.* aluvium; endapan tinggalan banjir. **alluvial** *a.* yang mengandungi aluvium.

ally[1] *n.* sekutu gabungan; negeri atau orang yang bersekutu dengan pihak lain.

ally[2] *v.t.* bergabung; masuk menjadi sekutu.

Alma mater *n.* sekolah, kolej atau universiti yang pernah dihadiri.

almanac *n.* almanak; takwim; kalendar yang mengandungi data astronomi dan lain-lain.

almighty *a.* maha kuasa; (*colloq.*) sangat besar. **the Almighty** Tuhan.

almond *n.* badam; pohon atau buah badam.

almost *adv.* hampir; terlalu sedikit kurangnya daripada sesuatu yang boleh dicapai.

alms *n.* sedekah; derma; wang, dsb. yang diberikan kepada golongan miskin.

almshouse *n.* rumah kebajikan; rumah yang diasaskan melalui derma untuk golongan miskin (biasanya orang tua).

aloe *n.* pokok lidah buaya; tumbuhan yang mengandungi cecair pahit.

aloft *adv.* tinggi; di atas.

alone *a.* sendiri; sendirian; bukan dengan orang lain; tanpa teman atau pertolongan. —*adv.* hanya.

along *adv.* sepanjang; melalui sebahagian atau seluruh bahagian sesuatu; seterusnya; bersama; —*prep.* sebelahmenyebelah. **along with** bersama dengan; tambahan kepada.

alongside *adv.* sisian; sampingan. —*prep.* di samping.

aloof *adv.* terasing. —*a.* tidak menunjukkan minat; tidak mesra. **aloofly** *adv.* secara terasing. **aloofness** *n.* pengasingan; pemencilan.

aloud *adv.* dengan kuat (bunyi); dengan suara yang kedengaran, bukan secara berbisik.

alpaca *n.* alpaka; llama yang berbulu panjang; bulu alpaka; kain alpaka.

alpha *n.* alfa; huruf pertama dalam abjad Yunani (Greek).

alphabet *n.* abjad; huruf-huruf yang digunakan apabila menulis dalam sesuatu bahasa. **alphabetically** *adv.* mengikut susunan abjad.

alphabetize *v.t.* mengabjadkan; menyusun mengikut abjad. **aplhabetization** *n.* pengabjadan.

Alpine *a.* Alp; berkaitan dengan banjaran gunung Alp.

alpine *a.* pergunungan Alp. —*n.* pokok yang tumbuh di gunung atau di taman batu.

already *adv.* sudah; telah; sebelum waktu ini; seawal ini.

Alsatian *n.* anjing Alsatian; sejenis anjing besar yang kuat dan berbulu licin.

also *adv.* juga; pun. **also-ran** *n.* kuda atau anjing yang gagal mendapat tempat pertama hingga ketiga dalam sesuatu perlumbaan.

altar *n.* mazbah.

alter *v.t./i.* meminda; mengubah. **alteration** *n.* pengubahan.

altercation *n.* perbalahan yang bising; pertengkaran.

alternate[1] *a.* silih ganti; gilir. **alternately** *adv.* menyelang-nyelikan.

alternate[2] *v.t./i.* menggilirkan. **alternation** *n.* penggiliran.

alternative *a. & n.* pilihan; gantian; alternatif. **alternatively** *adv.* sebagai pilihan; alternatif.

alternator *n.* pengulang-alik; dinamo penghasil arus ulang-alik.

although *conj.* walaupun; walau bagaimanapun.

altimeter *n.* altimeter; alat mengukur ketinggian.

altitude *n.* altitud; ketinggian daripada paras laut.

alto *n.* (*pl.* -os) nada suara tertinggi bagi lelaki; alat muzik yang mempunyai nada kedua tertinggi dalam kumpulannya.

altogether *adv.* keseluruhan; kesemua.

altruism *n.* altruisme; pemurah; tidak mementingkan diri sendiri.

altruist *n.* altruis; orang yang pemurah. **altruistic** *a.* yang mempunyai sikap mengutamakan kesenangan orang lain. **altruistically** *adv.* dengan sikap altruisme.

aluminium *n.* aluminium; sejenis logam ringan yang warnanya keperakan.

always *adv.* sentiasa; selalu.

alyssum *n.* sejenis tumbuhan berbunga kecil berwarna putih atau kuning.

Alzheimer's disease *n.* sejenis penyakit yang menjejaskan fungsi otak.

AM *abbr.* amplitude modulation modulasi keluasan.

am *lihat* be.

a.m. *abbr.* (Latin *ante meridiem*) pagi; sebelum tengah hari.

amalgam *n.* logam raksa; campuran lembut yang dapat diolah.

amalgamate *v.t./i.* mencampurkan; mencantumkan. **amalgamation** *n.* penggabungan; penyatuan; percantuman.

amaryllis *n.* sejenis tumbuhan seperti teratai.

amass *v.t.* mengumpulkan; menimbunkan.

amateur *n.* amatur; orang yang melakukan sesuatu sebagai kegiatan masa lapang bukan sebagai tugas utamanya.

amateurish *a.* kurang kepakaran. **amateurishly** *adv.* secara amatur.

amatory *a.* menunjuk berahi, ghairah.

amaze *v.t.* menghairankan; mengagumkan. **amazement** *n.* kehairanan; ketakjuban; kekaguman.

Amazon *n.* amazon; wanita yang tinggi dan kuat. **Amazonian** *n.* seperti wanita Amazon.

ambassador *n.* duta; diplomat berpangkat paling tinggi yang mewakili negaranya di negara lain. **ambassadorial** *a.* berkaitan dengan duta.

amber *n.* warna kuning jingga; ambar, sejenis damar; lampu lalu lintas berwarna kuning yang digunakan sebagai isyarat amaran.

ambergris *n.* ambergris, jisim berlilin yang didapati di laut tropika, digunakan dalam membuat minyak wangi.

ambidextrous *a.* dwicekatan; cekap menggunakan kedua-dua belah tangan.

ambience *n.* persekitaran.

ambient *a.* sekitar.

ambiguous *a.* kabur; samar; mempunyai dua atau lebih makna; tidak tentu. **ambiguously** *adv.* secara meragukan; secara tidak pasti. **ambiguity** *n.* kekaburan; kesamaran.

ambit *n.* ruang lingkup; skop.

ambition *n.* cita-cita; keinginan yang kuat untuk mencapai sesuatu.

ambitious *a.* bercita-cita tinggi; penuh cita-cita. **ambitiously** *adv.* dengan penuh cita-cita.

ambivalent *a.* ambivalen; serba salah; rasa berbelah bagi terhadap sesuatu. **ambivalence** *n.* ambivalens; perasaan berbelah bagi. **ambivalently** *adv.* secara ambivalen.

amble *v.i.* longlai; berjalan dengan langkah perlahan. **ambler** *n.* pejalan bersahaja.

ambrosia *n.* santapan dewa; sesuatu yang lazat.

ambulance *n.* ambulans; kenderaan yang dilengkapi untuk membawa orang yang sakit atau tercedera.

ambulatory *a.* boleh berjalan; untuk berjalan. —*n.* tempat untuk berjalan.

ambuscade *v.t. & n.* serang hendap.

ambush *n.* serangan hendap; pasukan tentera, dll. yang bersembunyi untuk melancarkan serangan hendap. —*v.t.* menyerang hendap.

ameba *n.* (A.S.) = amoeba

ameliorate *v.i./v.t.* memperbaiki; menjadikan atau menjadi lebih baik.

amen *int.* amin; tunaikanlah; semoga demikianlah.

amenable *a.* taat; sifat mahu menerima alasan; bertolak ansur. **amenably** *adv.* dengan patuh; mahu. **amenability** *n.* kepatuhan; ketaatan.

amend *v.t.* pinda; membuat perubahan kecil. **make amends** menebus; memampas. **amendment** *n.* pindaan; pemindaan.

amenity *n.* kemudahan; keselesaan; sifat menarik sesuatu tempat.

American *a.* Amerika; keamerikaan; dari Amerika Syarikat. —*n.* orang Amerika; bahasa Inggeris yang digunakan di Amerika Syarikat.

Americanism *n.* Amerikanisme; perkataan atau frasa Amerika.

Americanize *v.t.* mengamerikakan; menjadikan bersifat Amerika. **Americanization** *n.* pengamerikaan.

amethyst *n.* ametis; batu kecubung; sejenis permata berwarna ungu.

amiable *a.* baik; mesra; disenangi. **amiably** *adv.* dengan ramah mesra; dengan baik hati; peramah. **amiability** *n.* kelembutan; kebaikan hati.

amicable *a.* disenangi. **amicably** *adv.* dengan mesra; secara ramah-tamah.

amid, amidst *preps.* di tengah; semasa.

amino acid *n.* asid amino; asid organik yang terdapat dalam protein.

amiss *a. & adv.* salah; silap.

amity *n.* persahabatan.

ammeter *n.* sejenis alat untuk menyukat arus elektrik.

ammonia *n.* ammonia; gas yang kuat baunya; larutan gas ini dalam air.

ammonite *n.* ammonit; fosil atau tulang siput putar.

ammunition *n.* peluru; ubat bedil, dsb.; fakta yang digunakan dalam berhujah.

amnesia *n.* amnesia; kelupaan. **amnesiac** *a. & n.* pesakit amnesia atau yang hilang ingatan.

amnesty *n.* amnesti; pengampunan beramai-ramai.

amniocentesis *n.* amniosentesis; persampelan cecair amnion.

amniotic fluid *n.* cecair amnion; cecair yang mengelilingi janin di dalam rahim.

amoeba *n.* (*pl.* -bae atau -bas) ameba; sejenis organisma mikro (halus) yang sentiasa berubah bentuknya.

amok *adv.* amuk. **run amok** mengamuk; tidak terkawal dan melakukan banyak kerosakan.

among, amongst *preps.* di antara; dikelilingi; di tengah-tengah; di kalangan.

amoral *a.* tidak berdasarkan ukuran moral.

amorous *a.* berahi; menunjukkan atau mudah berperasaan terangsang terhadap seks. **amorously** *adv.* dengan penuh berahi. **amorousness** *n.* keberahian.

amorphous *a.* amorfus; tanpa bentuk.

amortize *v.t.* melunaskan; membayar (hutang) secara beransur-ansur. **amortization** *n.* pelunasan.

amount *n.* jumlah; kuantiti. —*v.i.* **amount to** berjumlah; bersamaan.

amp *n.* (*colloq.*) ampere; pembesar suara.

ampere *n.* ampere; unit ukuran aliran elektrik.

ampersand *n.* ampersan; tanda '&' (bermaksud dan).

amphetamine *n.* amfetamina; dadah penggalak.

amphibian *n.* amfibia; haiwan yang hidup di dalam air pada peringkat larvanya dan di darat pada peringkat dewasanya; kenderaan seperti amfibia.

amphibious *a.* dapat hidup atau beroperasi di air atau di darat. **amphibiously** *adv.* secara atau seperti amfibia.

amphitheatre *n.* panggung terbuka berbentuk bujur atau bulat.

ample *a.* (-er, -est) banyak; cukup; memadai. **amply** *adv.* dengan berlebihan; dengan cukup; dengan luas.

amplify *v.t.* menguatkan bunyi.

amplifier *n.* amplifier; alat penguat suara. **amplification** *n.* pembesaran; penguatan.

amplitude *n.* banyak; keluasan.

ampoule *n.* bekas kecil pengisi cecair suntikan.

amputate *v.t.* memotong; mengerat; mengudungkan. **amputation** *n.* pemotongan; pengeratan; pengudungan.

amulet *n.* azimat; tangkal yang dipakai kononnya untuk menghalau semangat jahat.

amuse *v.t.* menyukakan; menggembirakan; menghiburkan. **amusement** *n.* hiburan; sesuatu yang dapat menghiburkan hati. **amusing** *a.* lucu; kelakar; menghiburkan atau menggelikan hati; (mudah) membuat orang ketawa.

an *a.* satu, suatu (kata sandang yang digunakan sebelum bunyi vokal selain 'u').

anabolic steroid *n.* hormon tiruan untuk membina otot.

anachronism *n.* anakronisme; sesuatu yang ketinggalan zaman.

anachronistic *a.* anakronistik; ketinggalan zaman.

anaconda *n.* anakonda; ular besar tropika di Amerika Selatan.

anaemia *n.* anemia; kekurangan darah.

anaemic *a.* anemik; kekurangan darah; tidak cukup darah.

anaesthesia *n.* anestesia; kekebasan; kehilangan rasa; pelalian.

anaesthetic *a & n.* anestetik; beranestesia; bahan pengebas; ubat pelali; ubat bius.

anaesthetist *n.* pakar anestesia; doktor bius.

anagram *n.* kata terbalik; perkataan yang dibentuk dengan mengubah kedudukan huruf-huruf dalam perkataan lain.

anal *a.* dubur; berkaitan dengan dubur.

analgesia *n.* analgesia; kebas.

analgesic *a. & n.* analgesik; (dadah) mengurangkan sakit.

analogous *a.* setanding; analog; serupa atau sama dalam beberapa hal. **analogously** *adv.* beranalog; berkenaan dengan perbandingan, persamaan dan yang setanding.

analogue *n.* analog; benda yang serupa dalam beberapa hal.

analogy *n.* keserupaan; ibarat; analogi; sedikit keserupaan antara benda yang dibandingkan.

analyse *v.t.* menganalisis; membuat sesuatu analisis; cerakin. **analyst** *n.* pakar analisis.

analysis *n.* (*pl.* -lyses) analisis; cerakinan; penganalisisan; pengasingan sesuatu bahan ke dalam beberapa bahagian untuk kajian dan tafsiran; pemeriksaan terperinci.

analytic, analytical *adjs.* analitis; analitikal; yang berkenaan dengan atau menggunakan analisis. **analytically** *adv.* secara terperinci; secara analitis.

anarchical *a.* berunsur anarki.

anarchically *adv.* dengan cara yang berunsur anarki.

anarchism *n.* anarkisme; fahaman anarki.

anarchist *n.* pengacau; orang yang percaya bahawa kerajaan tidak diperlukan dan harus dihapuskan. **anarchistic** *a.* bersifat anarki.

anarchy *n.* kacau-bilau; anarki; ketiadaan kawalan yang teratur, hingga menyebabkan kekacauan atau kehuruharaan.

anathema *n.* kutukan; kata-kata sumpahan; benda yang jelik.

anathematize *v.t.* menyumpah; mengutuk.

anatomist *n.* ahli anatomi; pakar dalam bidang anatomi.

anatomize *v.t.* memeriksa anatomi atau struktur sesuatu.

anatomy *n.* anatomi; struktur tubuh; pengkajian struktur tubuh. **anatomical** *a.* yang berkenaan dengan anatomi. **anatomically** *adv.* secara anatomi.

ancestor *n.* leluhur; nenek moyang. **ancestral** *a.* berkenaan dengan nenek moyang; leluhur. **ancestress** *n.* nenek moyang (perempuan).

ancestry *n.* keturunan.

anchor *n.* sauh. —*v.t./i.* menambat sampan, kapal, dll. dengan menggunakan sauh; dipasang dengan kukuh.

anchorage *n.* pelabuhan.

anchovy *n.* ikan bilis.

ancient *a.* kuno; sangat lama.

ancillary *a.* sampingan.

and *conj.* dan.

andiron *n.* penyangga (untuk meletakkan) kayu unggun.

androgynous *a.* sebahagiannya lelaki dan sebahagian lagi perempuan.

anecdote *n.* kisah pendek, biasanya benar; anekdot.

android *n.* robot berupa manusia.

anecdotal *a.* (berkenaan cerita) tidak disokong dengan fakta.

anemic *a.* hal kekurangan darah; tak cukup darah.

anemone *n.* sejenis tumbuhan dengan bunga putih, merah atau ungu.

aneroid barometer *n.* barometer aneroid; barometer yang mengukur tekanan udara berdasarkan tindakan udara pada tutup kotak hampa gas.

anesthetic *n.* (A.S.) = **anaesthetic**.

aneurysm *n.* aneurisme; pembesaran arteri secara berlebihan.

anew *adv.* semula; lagi; dengan cara yang baharu.

angel *n.* malaikat; bidadari. **angelic** (al) *a.*, **angelically** *adv.* seperti malaikat atau bidadari; suci.

angelica *n.* sejenis tumbuhan berbau harum.

angelus *n.* ibadat (dalam mazhab Roman Katolik) yang dilakukan pada pagi, tengah hari dan senja; loceng yang dibunyikan untuk ini.

anger *n.* kemarahan; tidak senang dengan sesuatu. —*v.t.* menjadi marah.

angina *n.* angina; sakit jantung.

angle¹ *n.* sudut; ruang di antara dua garisan atau permukaan yang bertemu; pandangan. —*v.t.* meletakkan secara serong; menyampaikan dari sudut pandangan tertentu.

angle² *v.i.* memancing; mengail dengan menggunakan joran dan mata kail; cuba mendapatkan sesuatu dengan memberikan bayangan maksud.

angler *n.* pemancing; pengail.

Anglican *a.* & *n.* (ahli) Gereja England atau Gereja yang bersekutu dengannya; mazhab Anglican.

Anglicism *n.* simpulan bahasa, ungkapan atau idiom Inggeris.

anglicize *v.t.* menginggeriskan. **anglicization** *n.* keinggerisan.

Anglo- *pref.* Inggeris; British.

Anglo-Saxon *n.* Inggeris-Saxon; orang atau bahasa Inggeris sebelum zaman penaklukan Norman; orang yang berketurunan Inggeris. —*a.* berkaitan dengan Inggeris-Saxon.

angora *n.* angora; kucing, kambing atau arnab berbulu panjang; benang atau kain yang dibuat daripada bulu kambing atau arnab itu.

angry *a.* (-ier, -iest) marah; berasa atau menunjukkan perasaan marah; berang. **angrily** *adv.* dengan marah.

angst *n.* kebimbangan yang amat sangat.

angstrom *n.* angstrom; unit ukuran jarak gelombang.

anguish *a.* kesengsaraan; kesakitan fizikal atau mental yang amat sangat. **anguished** *a.* seksaan; penderitaan.

angular *a.* bersudut; mempunyai sudut atau bucu tajam; diukur secara sudut.

aniline *n.* anilina; cecair berminyak yang digunakan untuk membuat pencelup dan plastik.

animadvert *v.i.* mengkritik; membuat komen lantang. **animadversion** *n.* kritikan; komen.

animal *n.* binatang; haiwan. —*a.* tentang binatang dan keadaannya.

animate¹ *a.* hidup; bergerak; bernyawa.

animate² *v.t.* menghidupkan; menggerakkan; merangsangkan. **animated cartoon** filem kartun yang dibuat dengan mengambil gambar deretan lukisan. **animation** *n.* penghidupan; penggerakan; animasi.

animator *n.* juruanimasi.

animosity *n.* permusuhan; persengketaan.

animus *n.* kebencian; permusuhan.

anion *n.* anion; ion bercaj negatif. **anionic** *a.* anionik.

anise *n.* pokok jintan manis; adas manis digunakan sebagai perasa.

aniseed *n.* jintan manis.

ankle *n.* buku lali; sendi yang menghubungkan tapak kaki dengan kaki; bahagian kaki di bawah betis.

anklet *n.* rantai atau gelang dipakai di pergelangan kaki.

annals *n.pl.* riwayat; hikayat; laporan peristiwa tahun demi tahun; rekod bersejarah.

anneal *v.t.* menyepuh lindap (besi atau kaca) dengan haba dan penyejukan secara perlahan-lahan.

annex *v.t.* merampas; mengambil milik sesuatu; menambahkan sebagai bahagian kecil. **annexation** *n.* penambahan; penggabungan; perampasan.

annexe *n.* sambungan; bangunan tambahan.

annihilate *v.t.* membinasakan; memusnahkan sama sekali. **annihilation** *n.* pembinasaan; pemusnahan.

anniversary *n.* ulang tahun; ulangan tarikh sesuatu kejadian pada setiap tahun.

Anno Domini Tahun Masihi; (*colloq.*) peningkatan usia.

annotate *v.t.* mencatat; menganotasi; ditambah nota penghurai. **annotation** *n.* nota tambahan.

announce *v.t.* menghebahkan; mengumumkan; memberitahu kepada umum; memberitahu kehadiran atau kedatangan seseorang. **announcement** *n.* pengumuman.

announcer *n.* juruhebah; juruacara; orang yang mengumumkan butir-butir dalam sesuatu penyiaran.

annoy *v.t.* mengacau; menyakitkan hati; menyusahkan sesuatu. **annoyance** *n.* pengacauan; gangguan.

annoyed *a.* gusar; marah; meradang.

annual *a.* tahunan. —*n.* tumbuhan yang hidup selama setahun atau semusim; buku, dsb. yang diterbitkan setahun sekali. **annually** *adv.* bersifat tahunan.

annuitant *n.* penerima anuiti.

annuity *n.* anuiti; wang tunjangan tahunan yang diberikan khasnya dalam bentuk pelaburan.

annul *v.t.* (*p.t.* **annulled**) memansuhkan; membatalkan. **annulment** *n.* pemansuhan.

annular *a.* cecincin; anular; berbentuk cincin.

anode *n.* anod; salutan; elektrod untuk arus elektrik masuk ke sesuatu alat.

anodize *v.t.* menganodkan; menyalut (logam) dengan lapisan pelindung elektrolisis.

anodyne *n.* ubat; sesuatu yang dapat mengurangkan sakit dan mententeramkan fikiran.

anoint *v.t.* menyapu; melumurkan; menyapu salap atau minyak (terutama dalam upacara keagamaan).

anomaly *n.* keganjilan; kejanggalan; sesuatu yang menyimpang daripada yang lazim atau sesuatu yang tidak tetap. **anomalous** *a.* luar biasa; ganjil.

anon *adv.* (usang) kelak; sekejap lagi; sekonyong-konyong.

anon. *abbr.* pengarang tidak diketahui.

anonymous *a.* tanpa nama; tidak dikenali atau tidak diketahui siapa pengarangnya. **anonymously** *adv.* tidak diketahui; secara bersembunyi. **anonymity** *n.* ketidaktahuan; ketanpanamaan.

anorak *n.* baju sejuk; jaket kalis air berselungkup.

anorexia *n.* anoreksia; hilang selera; enggan makan. **anorexic, anorectic** *a.* & *n.* perihal kehilangan selera makan.

another *a.* yang lain; satu lagi; berbeza. —*pron.* satu lagi.

answer *n.* jawab; jawapan; sesuatu yang dikatakan, ditulis, diperlukan, atau dilakukan untuk mengendalikan sesuatu soalan, masalah, dsb.; angka, dsb. yang terhasil melalui pengiraan. —*v.t./i* menjawab; menyahut; memberikan atau menjadi jawapan (kepada sesuatu); bertindak balas terhadap sesuatu; memikul tanggungjawab; selaraskan (dengan sesuatu keterangan, dsb.).

answerable *a.* dapat dijawab; bertanggungjawab terhadap sesuatu.

ant *n.* semut; serangga kecil yang hidup dalam kelompok yang amat teratur.

antacid *n.* & *a.* antasid; (sebatian) mengelakkan atau membetulkan keadaan berasid.

antagonism *n.* fahaman antagonisme; penentangan yang aktif; permusuhan. **antagonistic** *a.* bertentang; menentang.

antagonist *n.* penentang; antagonis.

antagonize *v.t.* memperlawankan; mengantagoniskan; menimbulkan penentangan.

Antarctic *a.* & *n.* Antartik; kawasan sekitar Kutub Selatan.

ante *n.* tagan; taruhan yang dibuat oleh pemain terup (poker) sebelum mencabut daun terup baharu.

ante- *pref.* sebelum.

anteater *n.* tenggiling; mamalia yang memakan semut.

antecedent *n.* sebelumnya; anteseden; sesuatu yang sebelum. —*a.* sebelum.

antedate *v.t.* datang sebelum; meletakkan tarikh yang lebih awal; sebelum waktu.

antediluvian *a.* purba; sebelum banjir besar zaman Nabi Noh; kuno.

antelope *n.* (*pl.* **antelope**) kijang; antelop; haiwan seperti rusa.

antenatal *a.* sebelum bersalin; sebelum lahir; semasa mengandung.

antenna *n.* (*pl.* **-ae**) sesungut serangga; (A.S., *pl.* **-as**) aerial; alat pemancar atau penerima gelombang radio.

anterior *a.* sebelum; datang lebih awal dari segi kedudukan atau waktu.

ante-room *n.* bilik kecil sebelum bilik utama.

anthem *n.* lagu negeri; lagu kebangsaan; lagu untuk dinyanyikan dalam upacara keagamaan.

anther *n.* cepu debunga; bahagian stamen yang berisi debunga.

anthill *n.* busut; longgokan tanah di atas sarang semut.

anthology *n.* antologi; kumpulan bahan kesusasteraan, terutama cerita pendek atau puisi.

anthracite *n.* antrasit; sejenis arang yang membara tanpa banyak nyalaan dan kurang berasap.

anthrax *n.* penyakit antraks; sejenis penyakit biri-biri dan lembu yang boleh berjangkit kepada manusia.

anthropoid *a. & n.* antropoid; seperti manusia (beruk).

anthropology *n.* antropologi; kajian tentang asal usul dan kebudayaan manusia. **anthropological** *a.* berkenaan antropologi. **anthropologist** *n.* ahli kaji manusia; ahli antropologi.

anthropomorphic *a.* antropomorfik; menyifatkan bentuk dan perwatakan manusia kepada dewa, binatang, dsb. **anthropomorphism** *n.* antropomorfisme.

anti- *pref.* anti; berlawanan; bertentangan dengan; bertindak menentang. **anti-aircraft** *a.* digunakan menentang kapal udara musuh.

antibiotic *n.* antibiotik; bahan pemusnah kuman bakteria atau menyekat pembiakannya.

antibody *n.* antibodi; protein yang dibentuk dalam darah sebagai tindak balas kepada bahan yang kemudian dimusnahkannya.

antic *n.* (*usu. pl.*) telatah; gelagat; gerak atau kelakuan yang pelik.

anticipate *v.t.* mengharapkan; menjangka; mengendalikan atau menggunakan, dsb. terlebih awal; diambil kira sebelum. **anticipation** *n.* pengharapan; jangkaan. **anticipatory** *a.* harapan; ramalan.

anticlimax *n.* antiklimaks; pengakhiran lemah tanpa klimaks yang diharapkan.

anticlockwise *a. & adv.* songsang jam; bertentangan dengan arah pusingan jarum jam.

anticyclone *n.* antisiklon; aliran keluar udara dari kawasan udara bertekanan tinggi, mengakibatkan cuaca baik.

antidote *n.* penawar; antidot; bahan pembatal racun, dsb.

antifreeze *n.* antibeku; bahan yang ditambah kepada air untuk menghalang beku.

antigen *n.* antigen; sebatian luar yang merangsang penghasilan antibodi.

anti-hero *n.* watak utama dalam cerita, filem, dsb. yang biasa sahaja ataupun kurang elok.

antihistamine *n.* antihistamina; bahan penghalang alahan.

antimacassar *n.* penutup bahagian belakang kerusi.

antimony *n.* antimoni; bahan keperakan yang rapuh.

antipasto *n.* (*pl.* **antipasti**) makanan pembuka selera Itali.

antipathy *n.* kebencian; antipati; perasaan benci yang berakar umbi; objek yang dibenci.

antiperspirant *n.* pencegah peluh; antipeluh; bahan penghalang atau pengurang peluh.

antiphon *n.* antifon; gubahan yang rangkap-rangkapnya dinyanyikan oleh dua kumpulan penyanyi secara bergilir. **antiphonal** *a.* secara antifon.

antipodes *n.pl.* berlainan; antipoda; tempat-tempat yang bertentangan di bumi, terutama Australia dan New Zealand (bertentangan dengan Eropah). **antipodean** *a.* yang berlainan atau bertentangan.

antiquarian *a.* berkenaan kajian antik atau bahan purba. —*n.* pengkaji bahan purba.

antiquated *a.* antik; purba; kuno; sangat lama; fesyen lama.

antique *a.* antik; bahan purba; berkenaan dengan zaman silam. —*n.* barang antik atau bernilai yang menarik.

antiquity *n.* barang antik; bahan purba; zaman gemilang; bahan sejak zaman silam.

anti-Semitic *a.* anti-Yahudi.

antiseptic *a. & n.* antiseptik, bahan pembasmi kuman. **antiseptically** *adv.* secara antiseptik.

antisocial *a.* tabiat antisosial; anti nilai-nilai kemasyarakatan yang wujud; mengganggu kemudahan masyarakat.

antistatic *a.* antistatik; melawan kesan elektrik statik.

antithesis *n.* (*pl.* **-eses**) percanggahan; antitesis. **antithetical** *a.* bercanggah.

antitoxin *n.* antitoksin; bahan pembatal toksin; penawar racun atau bisa. **antitoxic** *a.* (bersifat) antitoksin.

antivivisectionist *n.* antiviviseksyen; anti pembedahan binatang; orang yang menentang perbuatan melakukan eksperimen terhadap binatang secara hidup-hidup.

antler *n.* tanduk rusa; tanduk yang bercabang.

antonym *n.* antonim; perkataan yang berlawanan makna.

anus *n.* dubur; jubur; lubang di hujung perkumuhan salur cernaan.

anvil *n.* besi andas; besi tongkol; anvil; besi alas tempat tukang besi menukul dan membentuk logam.

anxiety n. kebimbangan; kekhuatiran; kecemasan; keadaan bimbang; penyebab keadaan ini.

anxious a. cemas; bimbang; sangat ingin; terganggu fikiran. **anxiously** adv. dengan tidak sabar-sabar; dengan cemas.

any a. sebarang; apa sahaja; satu atau beberapa daripada tiga atau lebih atau daripada sejumlah; setiap. —pron. sesiapa. —adv. langsung.

anybody n. & pron. sesiapa; barang siapa; sesiapa juga.

anyhow adv. bagaimanapun; walau bagaimanapun.

anyone n. & pron. sesiapa; barang siapa; sesiapa saja.

anything n. & pron. sebarang; apa saja. **anything but** tidak langsung.

anyway adv. & pron. bagaimanapun; walau bagaimanapun; macam mana-pun.

anywhere adv. & pron. di mana saja; barang di mana; ke mana saja.

aorta n. aorta; urat besar yang membawa darah dari jantung.

apace adv. cepat; kencang.

apart adv. pisah; terpisah; secara terasing atau berasingan; berkecai.

apartheid n. fahaman aparteid; dasar pemisahan kaum di Afrika Selatan.

apartment n. pangsapuri; apartmen; satu set bilik; (A.S.) rumah pangsa; flat.

apathy n. apati; tidak mempedulikan; tidak menghiraukan. **apathetic** a. bersikap apati; apatetik. **apathetically** adv. secara apati; dengan tidak mempedulikan.

ape n. beruk. —v.t. meniru; mengajuk; mimik.

aperient a. & n. julap.

aperitif n. minuman beralkohol yang diminum sebagai pembuka selera.

aperture n. bukaan; apertur; lubang, terutama yang membenarkan cahaya masuk.

apex n. puncak; mercu; apeks; titik tertinggi; hujung yang runcing.

aphid n. afid; kuya; kutu daun; serangga kecil yang memusnahkan tumbuhan.

aphis n. (pl. -ides) serangga penghisap tumbuhan; afid.

aphorism n. madah; pepatah, aforisme.

aphrodisiac a. & n. pembangkit syahwat; afrodisiak; ubat penggalak nafsu syahwat.

apiary n. sarang lebah; apiari; tempat memelihara lebah. **apiarist** n. pemelihara lebah.

apiece adv. setiap satu; masing-masing satu.

aplomb n. wibawa; keyakinan.

apocalyptic a. wahyu; berwahyu; meneka peristiwa besar dan dramatik seperti di dalam **Apocalypse** (buku terakhir bagi New Testament).

Apocrypha n. Taurat; Zabur; kitab-kitab Old Testament yang tidak diterima sebagai sebahagian daripada kitab suci kaum Ibrani.

apocryphal a. diragukan; tidak benar; direka-reka.

apogee n. apogi; tempat tertinggi; tempat orbit yang paling jauh dari bumi.

apologetic a. kesal; memohon maaf. **apologetically** adv. dengan kesal sekali.

apologize v.i. meminta maaf; menuntut maaf; meminta ampun.

apology n. maaf; permohonan maaf kerana telah melakukan kesalahan atau menyakiti sesuatu pihak; penjelasan; contoh buruk.

apoplectic a. mudah pitam; berkenaan dengan atau boleh diserang gila babi; dengan muka yang merah padam kerana marah.

apoplexy n. apopleksi; gila babi; pitam; kehilangan upaya merasa dan bergerak secara tiba-tiba yang disebabkan oleh kepecahan atau penyekatan saraf otak.

apostasy n. murtad; peninggalan kepercayaan atau pegangan (terutamanya keagamaan) oleh seseorang. **apostatize** v.t. memurtadkan.

apostate n. murtad; orang yang bersalah melakukan perkara murtad.

Apostle n. hawari; pengikut Kristus Jesus (seramai dua belas orang) yang dihantar olehnya untuk menyebarkan ajarannya; rasul. **apostolic** a. hawariun; berkenaan dengan pelopor gerakan baharu.

apostrophe n. tanda ('); apostrofe; tanda yang digunakan untuk menunjukkan hal milik atau pengguguran huruf; keratan (dalam ucapan) yang ditujukan kepada seseorang. **apostrophize** v.t. merujuk kepada seseorang dalam ucapan, puisi, dsb.

apothecary n. (usang) tukang ubat; ahli kimia perubatan.

apotheosis n. (pl. -oses) pendewaan; pengagungan; tahap paling tinggi bagi sesuatu.

appal v.t. (p.t. **appalled**) menggemparkan; mengerikan. **appalling** a. dahsyat; ngeri.

apparatus *n.* radas; aparatus; kelengkapan untuk kerja saintifik atau lain-lain.

apparel *n.* pakaian.

apparent *a.* jelas; nyata; dapat dilihat atau difahami dengan jelas; kelihatan ada tetapi tidak semestinya. **apparently** *adv.* nampaknya; rupanya.

apparition *n.* kemunculan; penjelmaan yang memeranjatkan; hantu.

appeal *v.t.* merayu; menarik; membuat permintaan yang bersungguhsungguh atau formal; merujuk kepada mahkamah yang lebih tinggi untuk memansuhkan keputusan mahkamah rendah; nampak menarik. —*n.* perbuatan merayu; tarikan.

appear *v.i.* muncul; menjelma; tampak; nampaknya; dapat atau menjadi kelihatan; datang; diterbitkan; kelihatan seperti. **appearance** *n.* kemunculan.

appease *v.t.* memujuk; menenangkan atau meredakan terutamanya dengan memberikan apa yang diminta. **appeasement** *n.* pujukan; penenangan.

appellant *n.* perayu, orang yang membuat rayuan kepada mahkamah tinggi.

appellation *n.* nama; pangkat; gelaran; apelasi.

append *v.t.* melampirkan; tokok; tambah di hujung.

appendage *n.* lampiran; benda yang terlampir.

appendectomy *n.* (*pl.* **appendectomies**) pembedahan mengeluarkan apendiks.

appendicitis *n.* radang umbai usus; apendisitis; bengkak pada apendiks.

appendix *n.* (*pl.* -**ices**) tambahan; lampiran; apendiks; bahagian akhir buku yang memberi maklumat tambahan; (*pl.* -**ixes**) pundi kecil.

appertain *v.i.* berkaitan; bersangkutan; menjadi sebahagian daripada hak; tergolong.

appetite *n.* selera; nafsu makan.

appetizer *n.* pembuka selera; makanan atau minuman untuk membuka selera.

appetizing *a.* lazat; enak; yang membangkitkan selera makan. **appetizingly** *adv.* dengan lazatnya; dengan enaknya.

applaud *v.t./i.* bertepuk tangan; bersorak; memberi tepukan kepada; memuji. **applause** *n.* tepukan tangan; sorakan.

apple *n.* (pokok, buah) epal. **apple-pie order** tersusun rapi.

appliance *n.* perkakas; alat; peralatan.

applicable *a.* boleh digunakan; yang dapat digunakan; bersesuaian.

applicability *n.* keterterapan; dapat tidaknya diterapkan; dapat tidaknya digunakan.

applicant *n.* pemohon; orang yang memohon, terutamanya untuk mendapatkan pekerjaan.

application *n.* permohonan; pemakaian; kebolehan memakai sesuatu.

applicator *n.* pemasang; alat untuk mengenakan (menyapukan) sesuatu.

applied *a.* gunaan; digunakan; dapat digunakan secara praktik.

applique *n.* jahitan tampal; sejenis renda (kain) tampalan. **appliqué** *n.* sejenis jahitan tampalan.

apply *v.t./i.* memohon; meminta; membuat permintaan formal; hubungkan dengan perkara lain; gunakan supaya praktikal; berkait guna. **apply oneself** memberikan perhatian dan tenaga kepada sesuatu.

appoint *v.t.* melantik; tetapkan atau putuskan secara autoriti; pilih (seseorang atau beberapa orang) untuk sesuatu pekerjaan, jawatankuasa, dsb.

appointee *n.* orang yang dilantik.

appointment *n.* perlantikan; jawatan; waktu temu janji atau lawatan yang tertentu; melantik seseorang untuk sesuatu jawatan; jawatan itu sendiri; (*pl.*) kelengkapan.

apportion *v.t.* mengagih; membahagi. **apportionment** *n.* pembahagian; pengagihan; penguntukan.

apposite *a.* sesuai; tepat **appositely** *adv.* yang sesuai.

apposition *n.* aposisi; kata dampingan; hubungan perkataan yang sama sintaksisnya.

appraise *v.t.* menilai; menganggarkan nilai atau kualiti sesuatu. **appraisal** *n.* nilaian; taksiran.

appreciable *a.* dapat dihargai. **appreciably** *adv.* berkenaan dengan tanggapan; dengan banyak.

appreciate *v.t./i.* menghargai; bertambah nilai. **appreciation** *n.* penghormatan; penghargaan. **appreciative** *a.* memberi penghormatan; bertimbang rasa.

apprehend *v.t.* menahan; menangkap; memahami; menunggu dengan bimbang. **apprehension** *n.* penangkapan; pengertian; kecemasan; kebimbangan.

apprehensive *a.* bimbang; khuatir. **apprehensively** *adv.* dengan cemas; dengan bimbang.

apprentice *n.* perantis; pelatih; murid tukang. **apprenticeship** *n.* perantisan; pembelajaran pertukangan.

apprise *v.t.* memaklumkan; memberitahu.

approach *v.t./i.* mendekati; menghampiri.

approachable *a.* mudah didekati; dapat ditemui.

approbation *n.* persetujuan; keizinan.

appropriate[1] *a.* cocok; sesuai. **appropriately** *adv.* bersesuaian; setimpal.

appropriate[2] *v.t.* menyesuaikan; mengambil dan menggunakan. **appropriation** *n.* mengambil dan menggunakan sebagai hak sendiri.

approval *n.* kebenaran; kelulusan; keizinan. **on approval** membekalkan tanpa perlu membeli kalau tidak memuaskan.

approve *v.t./i.* setuju; meluluskan.

approximate[1] *a.* kira-kira; sekitar; lebih kurang. **approximately** *adv.* anggaran; hampir-hampir.

approximate[2] *v.t./i.* menganggarkan; mengagak-agak; jadi hampir sama atau serupa. **approximation** *n.* anggaran; taksiran.

appurtenance *n.* sampingan.

après-ski a. & n. (berkenaan dengan atau bagi) waktu petang sesudah bermain ski.

apricot *n.* aprikot; buah berbiji seperti buah pic; warna merah jambu kejinggaan.

April *n.* April; bulan keempat dalam setahun. **April fool** orang yang diperdayakan pada 1 April.

a priori *a. & adv.* berdasarkan lebih kepada taakulan secara teori daripada pemerhatian sebenar.

apron *n.* apron; kain yang dipakai di bahagian hadapan badan untuk melapik pakaian sewaktu memasak, mencuci, dsbnya; kawasan di lapangan terbang untuk kapal terbang berpusing dan mengisi atau memunggah barang-barang.

apropos *adv. & a.* sesuai. **apropos of** berkaitan.

apse *n.* mihrab; apsis; lengkungan dengan kubah, terutamanya di sesebuah gereja.

apt *a.* jitu; tepat; sesuai; cepat mempelajari sesuatu. **aptly** *adv.* dengan jitu; dengan tepatnya. **aptness** *n.* kejituan; ketepatan.

aptitude *n.* bakat; kecenderungan; kebolehan semula jadi.

aqualung *n.* tangki pernafasan penyelam; kelengkapan untuk bernafas di dalam air yang boleh dibawa.

aquamarine *n.* warna biru air; batu permata hijau kebiru-biruan.

aquarium *n. (pl.* **-ums)** akuarium; tangki untuk memelihara ikan, dsb.; bangunan mengandungi tangki sedemikian.

aquatic *a.* berair; akuatik; hidup dalam atau hampir dengan air; berlaku dalam atau di air.

aquatint *n.* pengukiran tembaga; sejenis ukiran.

aqueduct *n.* akueduk; saluran air buatan manusia di atas permukaan yang ditinggikan untuk membawa air ke pelosok negara.

aqueous *a.* berair; akueus; berkenaan dengan atau seperti air.

aquifer *n.* akuifer; lapisan batu batan atau tanah yang mengandungi air.

aquiline *a.* seperti helang; (hidung) bengkok.

Arab *n.* Arab; ahli bangsa Semitik di Timur Tengah. —*a.* berkenaan dengan Arab.

arabesque *n.* awan larat Arab; arabes; gaya atau kedudukan penari dengan badan menunduk ke hadapan, kaki dan tangan lurus dan selari; hiasan berjalin.

Arabian *a.* Arab; dari negeri Arab.

Arabic *a. & n.* Arab; bahasa Arab. **Arabic numerals** angka Arab, iaitu 1, 2, 3, dsb.

arable *a. & n.* suai tani; tanah yang sesuai untuk pertanian.

arachnid *n.* araknid; sejenis serangga dalam golongan labah-labah.

arachnophobia *n.* araknofobia; takutkan labah-labah.

arbiter *n.* pengadil; penimbang tara; orang yang berkuasa memutuskan apa yang harus dilakukan atau diterima.

arbitrary *a.* rambang; arbitrari; berdasarkan pilihan secara wenang. **arbitrarily** *adv.* secara arbitrari; secara wenang-wenang.

arbitrate *v.i.* mengadili; bertindak sebagai penimbang tara. **arbitration** *n.* pengadilan.

arbitrator *n.* pengadil; penimbang tara; pendamai; orang yang saksama dipilih untuk menyelesaikan sesuatu pertikaian.

arboreal *a.* arboreal; berkaitan dengan atau hidup di pokok.

arboretum *n.* (*pl.* **-ta** atau **-tums**) arboretum; tempat pokok ditanam untuk kajian atau pameran.

arbour *n.* punjung; tempat berteduh di bawah pokok atau di bawah junjungan tumbuhan melata.

arc *n.* lengkungan.

arcade *n.* anjungan. **amusement arcade** tempat hiburan yang ada mesin judi, dll.

arcane *a.* ajaib.

arch-enemy *n.* musuh ketat.

arch[1] *n.* lengkungan; gerbang. —*v.t./i.* membina gerbang.

arch[2] *a.* berseloka mengusik; nakal. **archly** *adv.* secara mengusik. **archness** *n.* kenakalan.

archaeology *n.* arkeologi; kaji purba. **archaeological** *a.* berkenaan dengan kaji purba. **archaeologist** *n.* ahli kaji purba.

archaic *a.* purba.

archangel *n.* malaikat taraf tertinggi.

archbishop *n.* ketua biskop.

archdeacon *n.* penolong biskop.

archdeaconry *n.* jawatan penolong biskop.

archer *n.* pemanah; orang yang melepaskan anak panah daripada busarnya. **archery** *n.* sukan memanah.

archetype *n.* prototaip; bentuk unggul. **archetypal** *a.* berbentuk unggul.

archipelago *n.* (*pl.* **-os**) kepulauan; gugusan pulau-pulau dengan laut di sekelilingnya.

architect *n.* arkitek; jurubina; pereka bentuk bangunan.

architecture *n.* seni bina; reka bentuk bangunan; gaya bangunan. **architectural** *a.* berkenaan dengan seni bina.

archives *n.* (*usu. pl.*) arkib; koleksi dokumen bersejarah.

archivist *n.* pegawai arkib; orang yang terlatih untuk mengendalikan dokumen bersejarah.

archway *n.* pintu gerbang; pintu atau jalan masuk yang melengkung.

architrave *n.* bingkai yang mengikut bentuk keliling pintu atau tingkap.

Arctic *a. & n.* Artik; (berkenaan) kawasan sekitar Kutub Utara. **arctic** *a.* terlalu sejuk.

ardent *a.* bersemangat; berkobar-kobar. **ardently** *adv.* dengan semangat yang berkobar-kobar.

ardour *n.* semangat; kegembiraan; perasaan mesra dan minat yang mendalam.

arduous *a.* payah; susah; perlu ketekunan. **arduously** *adv.* dengan susah payah. **arduousness** *n.* kesukaran.

are lihat **be**.

area *n.* keluasan; kawasan; luas atau ukuran sesuatu permukaan; wilayah; julat sesuatu perkara, dsb.; pekarangan yang mendap.

areca *n.* pokok pinang; sejenis pokok palma.

aren't (*colloq.*) = **are not** bukan; tidak.

arena *n.* arena; gelanggang; kawasan rata di tengah-tengah sebuah panggung atau stadium sukan; kancah pertaruangan.

argon *n.* argon; sejenis gas lengai.

argot *n.* jargon; slanga.

arguable *a.* dapat atau boleh dipertikaikan; tidak pasti. **arguably** *adv.* boleh dipertikaikan.

argue *v.t./i.* membantah; mendalilkan; menyatakan tidak setuju; saling bertukar kata-kata kasar; bertengkar.

argument *n.* perbantahan; hujahan; pertengkaran; perbincangan melibatkan ketidaksetujuan; perbalahan; alasan yang dikemukakan; rangkaian alasan.

argumentation *n.* penghujahan; cara mengemukakan alasan.

argumentative *a.* argumentatif; suka berhujah.

aria *n.* penyanyi solo dalam opera.

arid *a.* kering; gersang; kontang; tandus. **aridly** *adv.* dengan keringnya; secara kering. **aridness** *n.* kekeringan; ketandusan. **aridity** *n.* kekeringan; kegersangan.

aright *adv.* betul; dengan betulnya.

arise *v.i.* (*p.t.* **arose**, *p.p.* **arisen**) bangkit; muncul; timbul; terbit; wujud atau menarik perhatian orang; (usang) bangun.

aristocracy *n.* bangsawan; aristokrasi; kelas atasan yang diwarisi; bentuk kerajaan yang diperintah oleh golongan ini. **aristocratic** *a.* bangsawan; berbangsa; aristokrat.

aristocrat *n.* orang aristokrat; keluarga bangsawan.

arithmetic *n.* aritmetik; kira-kira; pengiraan dengan angka. **arithmetical** *a.* berkenaan dengan aritmetik. **arithmetically** *adv.* secara aritmetik.

ark *n.* bahtera; bahtera Nabi Noh yang menyelamatkan baginda dan keluarganya serta berbagai-bagai jenis haiwan daripada banjir besar; kotak kayu yang di dalamnya tersimpan penulisan tentang Undang-undang Yahudi.

arm[1] *n.* lengan; anggota tubuh manusia di bahagian atas; projeksi serupa itu; tempat letak tangan di kerusi.

arm[2] *v.t.* melengkapkan dengan senjata.

armada *n.* armada; sekumpulan kapal perang.

armadillo *n.* (*pl.* -os) sejenis tenggiling yang terdapat di Amerika Selatan.

Armageddon *n.* Armagedon; pertarungan penamat.

armament *n.* persenjataan; senjata tentera; proses persiapan untuk berperang.

armature *n.* angker; wayar melilit dinamo, dsb.; besi lembut dipasang pada kutub magnet; kerangka dalam sesuatu ukiran.

armchair *n.* kerusi sandar; kerusi bertangan.

armful *n.* serangkum; sepemeluk; sebanyak yang boleh dipegang atau dibawa dalam pelukan.

armistice *n.* gencatan senjata; armistis; perjanjian berhenti perang sementara.

armlet *n.* gelang lengan; lilitan yang dipakai pada lengan.

armorial *a.* senjata lambang kebanggaan.

armour *n.* perisai.

armoured *a.* berperisai; dilindungi oleh perisai; dilengkapi kenderaan berperisai.

armourer *n.* pembuat, pembaik atau penyimpan senjata.

armoury *n.* gedung senjata; tempat menyimpan senjata.

armpit *n.* ketiak; lengkung di bawah lengan di bahagian bahu.

arms *n.pl.* senjata; jata (*lihat* **coat**).

army *n.* angkatan tentera; tentera darat; pasukan yang tersusun untuk bertempur di darat; kumpulan besar; sekumpulan orang yang terkelola untuk sesuatu tujuan.

aroma *n.* aroma; bau harum. **aromatic** *a.* harum; wangi.

aromatherapy *n.* aromaterapi; penggunaan minyak wangi semasa mengurut.

arose *lihat* **arise**.

around *adv. & prep.* sekitar; sekeliling; (A.S.) lebih kurang; kira-kira.

arouse *v.t.* membangkitkan; membangunkan.

arpeggio *n.* (*pl.* -os) arpegio; permainan seluruh jangka not dalam irama berulang.

arraign *v.t.* menuduh; menyalahkan; mencari kesalahan. **arraignment** *n.* pertuduhan.

arrange *v.t.* mengatur; menggubah; menyusun; membuat rancangan untuk menyelesaikan sesuatu. **arrangement** *n.* susunan; gubahan.

arrant *a.* benar-benar; betul; sama sekali. **arrantly** *adv.* dengan tepat; dengan betul.

array *v.t.* mengatur; menyusun; teratur. —*n.* susunan teratur; pameran.

arrears *n.pl.* tunggakan; wang yang terhutang dan sudah melampaui masa untuk bayaran; kerja yang sudah terlewat daripada waktu siapnya.

arrest *v.t.* menahan; menangkap; memberhentikan (pergerakan atau benda yang bergerak); tarik dan dapatkan (perhatian); menahan dengan kuasa undang-undang. —*n.* penahanan; penangkapan sah orang yang bersalah.

arrestable *a.* kebolehtangkapan; boleh ditahan; (bagi sesuatu kesalahan) yang membolehkan pesalah ditahan atau ditangkap. **arrester, arrestor** *n.* orang yang menangkap; penangkap.

arrival *n.* ketibaan; kedatangan; orang atau benda yang telah sampai.

arrive *v.i.* tiba; datang; sampai tempat tujuan atau waktunya; (*colloq.*) kelahiran; diakui sebagai telah berjaya.

arrogant *a.* sombong; angkuh. **arrogantly** *adv.* dengan sombong; dengan angkuh. **arrogance** *n.* keangkuhan; kesombongan.

arrow *n.* anak panah; batang lurus yang tajam yang dilepaskan dari busar; garisan dengan petunjuk V menghala ke luar di hujungnya, menunjukkan arah, dsb.

arrowroot *n.* ubi garut; kanji yang boleh dimakan, dibuat daripada tumbuhan sejenis ubi Hindia Barat.

arsenal *n.* gudang senjata; tempat senjata dan peluru disimpan atau dibuat.

arsenic *n.* arsenik; unsur separa logam; sebatian beracun unsur ini. **arsenical** *a.* beracun.

arson *n.* arson; membakar rumah atau harta benda dengan sengaja dan menyalahi undang-undang.

arsonis *n.* orang yang melakukan arson.

art[1] *n.* seni; ketukangan; penghasilan sesuatu yang cantik; kemahiran atau kebolehan; lukisan atau ukiran, dsb.; (*pl.*) mata pelajaran selain daripada sains, memerlukan pemahaman yang halus dan bukannya penggunaan ukuran; (*pl.*) aktiviti kreatif (misalnya lukisan, muzik, penulisan).

art[2] (usang) = kata Inggeris *are*.

artefact *n.* bahan artifak; tinggalan; benda yang dibuat oleh manusia; alat purba yang mudah.

arterial *a.* arterial; arteri; berkenaan atau seperti salur nadi. **arterial road** jalan raya yang utama.

arteriosclerosis *n.* penebalan dinding arteri.

artery *n.* arteri; salur nadi; saluran darah yang besar membawa darah keluar daripada jantung.

artesian well telaga artes; perigi yang dikorek bawah tanah supaya air mudah diperoleh dengan sedikit kuasa pam atau tanpa menggunakan pam langsung.

artful *a.* licik; pandai; pintar. **artfully** *adv.* dengan licik; dengan pintar. **artfulness** *n.* kelicikan; kepandaian; kepintaran.

arthritis *n.* sakit artritis; penyakit sengal-sengal; lenguh sendi. **arthritic** *a.* & *n.* berkenaan dengan penyakit sendi.

arthropod *n.* artropoda; haiwan yang badannya berpenggal-penggal (misalnya serangga atau krustasia).

artichoke *n.* sayur articok; tumbuhan ulam. **Jerusalem artichoke** bunga matahari yang akarnya boleh dimakan.

article *n.* barang; benda; fasal; perkara; rencana; kata sandang (tatabahasa); perkara tertentu atau berasingan; karangan prosa dalam akhbar, dsb.; fasal dalam perjanjian. —*v.t.* terikat dengan artikel-artikel perantisan. **definite article** perkataan 'the'. **indefinite article** 'a' atau 'an'.

articulate[1] *a.* petah; fasih; dituturkan dengan jelas; dapat menyatakan idea dengan teratur dan terang.

articulate[2] *v.i./i.* menyebut; mengucapkan dengan jelas **articulated** *a.* dengan jelas. **articulation** *n.* penyebutan; pengucapan; artikulasi.

artifact *n.* (A.S.) = artefact

artifice *n.* muslihat; alat penipuan; helah.

artificer *n.* tukang.

artificial *a.* tiruan; palsu; tidak asli; dibuat dengan meniru sesuatu.

artificially *adv.* secara palsu; secara tidak asli. **artificiality** *n.* kepalsuan.

artillery *n.* meriam; pasukan meriam; senjata berat yang digunakan

dalam pertempuran di darat; cawangan tentera yang menggunakan senjata ini.

artisan *n.* tukang; pekerja mahir.

artist *n.* pelukis; ahli seni; orang yang menghasilkan karya seni, terutamanya lukisan; seseorang yang melakukan sesuatu dengan kemahiran luar biasa; penghibur profesional.

artiste *n.* seniman; penghibur profesional.

artistic *a.* artistik; indah; berkenaan dengan seni atau ahli seni; berbakat seni. **artistically** *adv.* dengan indah; dengan berseni.

artistry *n.* keartistikan; keindahan; kesenian; kemahiran seni.

artless *a.* tulus; lurus; betul bendul; lurus dan asli. **artlessly** *adv.* dengan tulus. **artlessness** *n.* ketulusan.

arty *a.* (-ier, -iest) (*colloq.*) berlagak; bergaya; berpura-pura; dengan mempamerkan gaya atau minat artistik yang berlebihan atau diada-adakan.

Aryan *a.* Aryan; berkenaan dengan bahasa Indo-Eropah yang asal; berkenaan dengan penutur atau keturunannya. —*n.* orang Aryan.

as *adv.* & *conj.* seperti; sebagai; laksana; dalam darjah atau peringkat yang serupa atau sama. **as for**, **as to** berhubung atau berkaitan dengan. **as well** juga.

asap *abbr.* as soon as possible secepat mungkin.

asafoetida *n.* inggu; getah damar yang kuat baunya.

asbestos *n.* asbestos; bahan mineral berserat yang lembut; bahan kalis api yang diperbuat daripadanya.

asbestosis *n.* asbestosis; penyakit peparu disebabkan menghidu partikel asbestos.

ascend *v.t./i.* mendaki; menaiki. **ascend the throne** menjadi raja.

ascendancy *n.* perihal menaiki takhta; kekuasaan.

ascendant *a.* naik; menaik; peningkatan kuasa. **in the ascendant** meningkatkan kuasa atau pengaruh.

ascension *n.* kenaikan (ke langit).

ascent *n.* pendakian; penaikan; jalan naik ke.

ascertain *v.t.* menentukan; memastikan; mencari sesuatu dengan bertanya.

ascertainable *a.* terpastikan; boleh ditentukan; dapat dipastikan.

ascetic *a.* seperti pertapa; sebagai orang yang bertapa; nafi diri terhadap keseronokan dan kemewahan. —*n.* orang yang bertapa terutamanya atas sebab-sebab keagamaan. **ascetically** *adv.* secara zahid. **asceticism** *n.* pertapaan; penafian diri.

ASCII *abbr.* (*computing*) **American Standard Code for Information Interchange** sejenis kod yang menentukan nombor bagi setiap huruf dan aksara.

ascorbic acid *n.* asid askorbik; vitamin C.

ascribe *v.t.* menujukan; menganggap; menyifatkan. **ascription** *n.* penyebaban; penyifatan; sebab.

asepsis *n.* asepsis; keadaan aseptik.

aseptic *a.* aseptik; bebas daripada bakteria yang merosakkan. **aseptically** *adv.* perihal bebas daripada bakteria yang merosakkan.

asexual *a.* aseksual; tanpa seks. **asexually** *adv.* secara tanpa seks.

ash[1] *n.* pokok ash; sejenis pohon berkulit kelabu.

ash[2] *n.* abu; debu yang tinggal selepas sesuatu terbakar. **Ash Wednesday** hari pertama Lent.

ashamed *a.* malu; aib; berasa malu.

ashen *a.* kelabu; pucat lesi seperti abu.

ashlar *n.* batu berpotongan segi empat; hasil kerja batu yang dibuat daripada batu jenis ini.

ashore *adv.* ke darat; di darat; ke arah pantai atau di pantai.

ashram *n.* (asalnya di India) tempat sunyi untuk meditasi agama.

ashtray *n.* tempat abu (rokok, cerut).

ashy *a.* (**-ier, iest**) berabu; diliputi abu.

Asian *a.* Asia; dari Asia atau orangnya. —*n.* orang Asia.

Asiatic *a.* Asia; keasiaan.

aside *adv.* di sebelah; ke sebelah; menyimpang daripada bahagian atau kumpulan utama. —*n.* kata-kata yang diucapkan supaya orang tertentu sahaja yang mendengarnya. **aside from** (A.S.) selain daripada.

asinine *a.* bodoh.

ask *v.t./i.* menyoal; menanyai; mempersoal; menjemput; meminta jawapan terhadap atau tentang sesuatu.

askance *adv.* mengerling. **look askance at** melihat dengan syak atau curiga.

askew *adv. & a.* sendeng; senget.

asleep *adv. & a.* lena; sedang tidur.

asp *n.* ular kecil yang berbisa.

asparagus *n.* asparagus; tumbuhan yang pucuknya dijadikan sayur.

aspect *n.* aspek; segi; wajah atau rupa; ciri sesuatu perkara yang rumit; arah yang dihadapi oleh sesuatu; bahagian yang menghala ke arah ini.

aspen *n.* aspen; sejenis pokok.

asperity *n.* kasar; gerutu; kekasaran.

aspersion *n.pl.* cacian.

asphalt *n.* aspal; tar; bahan hitam seperti tar batu arang; campuran bahan ini dengan kerikil, dsb. untuk kerja turapan. —*v.t.* menurap dengan aspal.

asphyxia *n.* asfiksia; kelemasan.

asphyxiate *v.t.* melemaskan. **asphyxiation** *n.* kelemasan.

aspic *n.* aspik; jeli yang lazat untuk menyalut daging, telur yang sudah dimasak, dsb.

aspidistra *n.* aspidistra; sejenis tumbuhan berdaun lebar.

aspirant *n.* aspiran; orang yang berharapkan kepada sesuatu.

aspirate[1] *n.* bunyi huruf 'h'.

aspirate[2] *v.t.* disebut dengan bunyi huruf 'h'.

aspiration *n.* cita-cita; harapan.

aspire *v.i.* mengharap; berhasrat.

aspirin *n.* aspirin.

ass *n.* keldai; (*colloq.*) bahlul; orang yang bodoh.

assail *v.t.* menyerang dengan ganas.

assailant *n.* penyerang.

assassin *n.* pembunuh ganas.

assassinate *v.t.* membunuh dengan ganas. **assassination** *n.* pembunuhan. **assassinator** *n.* pembunuh.

assault *n. & v.t.* menyerang.

assay *n.* pengujian mutu logam; cerakin.

assemblage *n.* perhimpunan; perkumpulan.

assemble *v.t./i.* menghimpunkan; memasang.

assembly *n.* perhimpunan; pertemuan; pemasangan.

assent *v.i.* bersetuju. —*n.* persetujuan.

assert *v.t.* bertegas; menegaskan. **assertion** *n.* pendakwaan; penuntutan; penegasan; pernyataan.

assertive *a.* bersifat pendesak; tegas. **assertiveness** *n.* sifat pendesak; ketegasan.

assess *v.t.* menaksir; menilai. **assessment** *n.* penilaian; penaksiran; penetapan harga. **assessor** *n.* penaksir; penilai; orang yang menaksir hartanah.

asset *n.* aset; harta.

assiduous *a.* tekun; gigih. **assiduously** *adv.* dengan rajin dan tekun. **assiduity** *n.* ketekunan; kerajinan; ketelitian.

assiduousness *n.* ketekunan.

assign *v.t.* menugaskan; menentukan; menetapkan.

assignation *n.* janji untuk bertemu; penugasan; penetapan; pertemuan sulit.

assignment *n.* penugasan; tugas diserahkan.

assimilate *v.t./i.* menyerapkan. **assimilation** *n.* penyerapan; asimilasi.

assist *v.t./i.* membantu; menolong. **assistance** *n.* bantuan; pertolongan.

assistant *n.* pembantu. —*a.* membantu, terutama sebagai orang bawahan.

assizes *n.pl.* sesi mahkamah berjangka untuk penentuan keadilan.

associate[1] *v.t./i.* mengaitkan; bergaul; bersekutu.

associate[2] *n.* rakan; sekutu. —*a.* yang bergabung; yang bersekutu.

association *n.* persatuan. **Association football** bola sepak; bola yang dimain dengan kaki dan tidak boleh dipegang ketika bermain, melainkan oleh penjaga gol sahaja.

associative *a.* asosiatif; cenderung bersekutu.

assonance *n.* asonansi; persamaan bunyi dalam suku kata; rima bunyi vokal.

assorted *a.* pelbagai; bercampur.

assortment *n.* kepelbagaian; campuran.

assuage *v.t.* mengurangkan atau meredakan.

assume *v.t.* mengandaikan; menganggap.

assumption *n.* andaian; anggapan.

assurance *n.* jaminan; janji; penegasan yang kukuh; insurans nyawa; keyakinan diri.

assure *v.t.* menjamin; menjanjikan; meyakinkan.

assured *a.* terjamin; berinsurans.

aster *n.* sejenis pokok bunga.

asterisk *n.* asterisk; lambang berbentuk bintang.

astern *adv.* undur; di belakang.

asteroid *n.* asteroid; planet-planet kecil yang berputar di sekeliling matahari.

asthma *n.* lelah; mengah; asma; **asthmatic** *a. & n.* berkenaan penyakit lelah.

astigmatism *n.* astigmatisme; kerosakan pada kanta mata. **astigmatic** *a.* yang berkenaan dengan kerosakan kanta mata.

astonish *v.t.* menghairankan; mengagumkan; memeranjatkan. **astonishment** *n.* kehairanan; kekaguman.

astound *v.t* menakjubkan; sangat memeranjatkan.

astral *a.* berkenaan bintang.

astray *adv. & a.* sesat; terbabas; keluar dari jalan sebenarnya. **go astray** sesat.

astride *adv.* terkangkang; celapak. —*prep.* melangkahi.

astringency *n.* kekelatan; kepedasan; ketajaman.

astringent *a.* astringen; kelat. —*n.* ubat untuk mengecutkan tisu kulit; astringen.

astringently *adv.* dengan cara yang memedihkan.

astrolabe *n.* astrolab; alat untuk menyukat ketinggian bintang, dsb.

astrology *n.* ilmu nujum; astrologi; ramalan nasib berdasarkan bintang. **astrologer** *n.* peramal; ahli nujum. **astrological** *a.* berkenaan dengan astrologi.

astronaut *n.* angkasawan.

astronautics *n.* astronautik; kajian berkaitan dengan pengembaraan di angkasa.

astronomer *n.* ahli falak; ahli astronomi.

astronomical *a.* falak; astronomi; jumlah yang sangat besar. **astronomically** *adv.* berkenaan dengan ilmu falak; ilmu kaji bintang.

astronomy *n.* astronomi; ilmu falak; ilmu kaji bintang dan planet.

astrophysics *n.* ilmu kaji sifat fizikal bintang dan planet.

astute *a.* pintar; tajam akal. **astutely** *adv.* dengan cekapnya; dengan liciknya. **astuteness** *n.* kepandaian; kecekapan; kelicikan.

asunder *adv.* berkecai; pecah belah; terpisah.

asylum *n.* suaka; tempat perlindungan; (usang) rumah orang gila.

asymmetrical *a.* tidak bersimetri. **asymmetrically** *adv.* bukan simetri; yang tidak simetri.

asymmetry *n.* asimetri; sifat tak simetri.

at *prep.* di; dekat; pada. **at all** walaupun; sekalipun. **at once** serta-merta.

ate *lihat* **eat.**

atheism *n.* ateisme; ketidakpercayaan tentang kewujudan Tuhan.

atheist *n.* ateis; orang yang tidak percaya akan kewujudan Tuhan.

athlete *n.* olahragawan; ahli sukan; atlet.

athletic *a.* atletik; keolahragawan; tentang olahraga; gagah dan tegap.

athletically *adv.* dari segi atletik.

athleticism *n.* keatletikan.

athletics *n.pl.* atau *sing.* sukan; atletik; olahraga; terutama lari, lompat, dsb.

Atlantic *a. & n.* Atlantik. **Atlantic Ocean** Lautan Atlantik.

atlas *n.* atlas; buku peta.

atmosphere *n.* udara; atmosfera.

atmospheric *a.* keudaraan. **atmospherics** *n.pl.* gangguan udara yang mengacau perhubungan telekomunikasi.

atoll *n.* atol; pulau cincin.

atom *n.* atom; zarah. **atom bomb** bom atom.

atomic *a.* keatoman; kezarahan. **atomic bomb** bom yang mendapatkan kekuatannya daripada tenaga atom. **atomic energy** tenaga yang didapati daripada pemisahan nuklear.

atomization *n.* pengatoman; atomisasi.

atomize *v.t.* mengatomkan; menghaluskan; mengatomisasi. **atomizer** *n.* alat untuk memancutkan cecair yang semburannya sangat halus seperti kabus.

atonal *a.* bebas (penulisan not muzik); (muzik) yang tidak bertulis. **atonality** *n.* sifat bebas.

atone *v.i.* membalas; menebus sesuatu kesilapan; menebus dosa. **atonement** *n.* penebusan dosa.

atrium *n.* (*pl.* **atria** atau **atriums**) dewan di tengah-tengah yang melalui beberapa tingkat; halaman terbuka di tengah rumah kuno Rom; salah satu daripada dua rongga di bahagian atas jantung.

atrocious *a.* bengis; dahsyat; sangat jahat; kejam. **atrociously** *adv.* dengan kejam; dengan bengis.

atrocity *n.* kekejaman; kebengisan; kedahsyatan.

atrophy *n.* atrofi; pupus kerana kekurangan makanan atau penggunaan. —*v.t./i.* menyebabkan kepupusan; menderita kepupusan.

attach *v.t./i.* menyangkutkan; melampiri; melekatkan; menyertakan. **attached** *a.* tersangkut; terlekat; terikat kerana kasih sayang atau kesetiaan. **attachment** *n.* pemasangan; pelekatan; lampiran.

attaché *n.* atase; pegawai di kedutaan. **attaché case** beg bimbit segi empat untuk membawa dokumen penting.

attack *n.* serangan; pencerobohan; percubaan dengan kekerasan untuk mencederakan, mengatasi atau menewaskan; kecaman kuat; sakit secara tiba-tiba. —*v.t./i.* menyerang; mengancam. **attacker** *n.* penyerang; pengkritik.

attain *v.t.* mencapai; memperoleh.

attainment *n.* pencapaian; perolehan.

attainable *a.* tercapai; dapat dicapai.

attar *n.* minyak atar.

attempt *v.t.* mencuba; berusaha melakukan atau mengatasi. —*n.* percubaan.

attend *v.t./i.* melayani; memerhatikan; menghadiri; merawati. **attendance** *n.* kehadiran; rawatan; layanan.

attendant *a.* menemani. —*n.* pelayan; pembantu; atendan; orang yang hadir sebagai teman atau pengiring atau untuk memberi khidmat.

attention *n.* perhatian; jagaan; ingatan; berdiri tegak dalam kawat tentera.

attentive *a.* berminat; tekun; memberi perhatian. **attentively** *adv.* dengan penuh perhatian; dengan penuh minat. **attentiveness** *n.* perhatian penuh.

attenuate *v.t.* menipiskan; melemahkan; menjadikan kurus atau lemah. **attenuation** *n.* pengecilan.

attest *v.t./i.* memperakui; membuktikan; mengisytiharkan benar atau sahih. **attestation** *n.* bukti; akuan.

attic *n.* loteng; para; bilik dekat bumbung rumah.

attire *n.* pakaian; persalinan.—*v.t.* memakai pakaian.

attitude *n.* sikap; lagak.

attorney *n.* (*pl.* **-eys**) wakil mutlak; orang yang dilantik sebagai wakil dalam urusan perniagaan atau undang-undang; (AS) peguam.

attract *v.t.* menarik (minat); memikat. **attraction** *n.* tarikan; daya penarik.

attractive *a.* menarik; memikat; cantik. **attractively** *adv.* dengan cara yang menarik.

attractiveness *n.* daya penarik; daya tarikan.

attributable *a.* bersebab; atribut; dapat dianggap berpunca atau disebabkan oleh.

attribute[1] *v.t.* menyifatkan; menyebabkan. **attribute to** merujuk kepada. **attribution** *n.* hal menganggap sesuatu sebagai hasil (disebabkan oleh) daripada sesuatu yang lain.

attribute[2] *n.* sifat; atribut.

attributive *a.* atributif; penyebab; kata sifat yang digunakan di depan kata nama.

attrition n. hakisan; geseran.

attune v. membiasa atau menyesuaikan diri dengan sesuatu keadaan.

atypical a. tidak seperti yang lazim.

aubergine n. terung; warna ungu.

aubrietia n. sejenis tumbuhan yang hidup di celah-celah batu.

auburn n. warna perang; (rambut) berwarna perang.

auction n. lelong; pelelongan. —v.t. melelongi; dijual secara lelong.

auctioneer n. pelelong; jurulelong.

audacious a. lancang; berani. **audaciously** adv. dengan berani; dengan lancang. **audacity** n. keberanian; kelancangan.

audible a. dapat didengar; boleh didengar. **audibly** adv. dengan suara yang boleh didengar. **audibility** n. kebolehdengaran; hal dapat didengarkan.

audience n. hadirin; pendengar; penonton; audiens.

audio n. suara; audio; bunyi yang dihasilkan secara mekanik. **audio typist** jurutaip audio; orang yang menaip daripada hasil pita perakam. **audio visual** a. pandang dengar.

audit n. audit. —v.t. mengaudit.

audition n. uji bakat; pengauditan. —v.t. menguji bakat.

auditor n. juruaudit.

auditorium n. auditorium.

auditory a. auditori; pendengaran.

au fait a. maklum; berpengetahuan.

auger n. gerudi; gerimit; alat pengorek.

augment v.t. menambah; menokok; memperkuat. **augmentation** n. penambahan; pembesaran.

augmentative a. augmentatif; agam.

au gratin a. dimasak dengan serbuk roti atau keju parut di atasnya.

augur v.i. meramalkan.

augury n. ramalan; alamat, pe(r)tanda.

august a. agung; mulia; dihormati; mengagumkan. **augustly** adv. dengan hormat. **augustness** n. keagungan.

August n. Ogos.

auk n. auk; burung laut di lautan utara.

aunt n. emak saudara; ibu saudara; mak cik.

aunty n. (colloq.) mak cik.

au pair gadis pembantu rumah (dari seberang laut) yang dibayar dengan makanan dan penginapan percuma.

aura n. aura; suasana hebat; suasana sekitar seseorang.

aural a. dengar; pendengaran; berkaitan dengan telinga. **aurally** adv. berkenaan dengan telinga.

aureole n. halo; lingkaran cahaya.

au revoir hingga berjumpa lagi.

auricular a. aurikel; telinga.

aurora n. aurora; cahaya kutub. **aurora australis** cahaya di kutub selatan. **aurora borealis** cahaya di kutub utara.

auscultation n. cara mendengar bunyi jantung, dsb. untuk mengesan penyakit.

auspice n. petanda; (pl.) di bawah naungan.

auspicious a. bertuah; baik; menunjukkan tanda kejayaan. **auspiciously** adv. dengan baik sekali; dengan bertuahnya.

auspiciousness n. kebertuahan.

austere a. jimat; serius; kelakuan yang keras. **austerely** adv. perihal kelakuan yang serius. **austerity** n. keseriusan; perihal berjimat cermat; kekerasan.

Australasian a. Australasia; yang berhubung dengan Australia atau New Zealand dan kepulauan berhampiran.

Australian a. & n. (berkenaan) Australia; (penduduk) dari Australia.

authentic a. autentik; tulen; sejati; **authentically** adv. dengan betul; dengan sah; sejati. **authenticity** n. kebenaran; keaslian; ketulenan.

authenticate v.t. mengesahkan; menulenkan. **authentication** n. pengesahan; pembuktian.

author n. penulis; pengarang. **authoress** n. fem. penulis (perempuan). **authorship** n. pekerjaan dan hal pengarang; asal usul sesebuah buku.

authoritarian a. kuku besi; autoritarian; ketaatan sepenuhnya kepada pihak berkuasa.

authoritarianism n. autoritarianisme.

authoritative a. berkuasa; berwibawa. **authoritatively** adv. dengan penuh kuasa.

authority n. hak; wibawa; kuasa; autoriti.

authorize v.t. membenarkan; memberi kewibawaan atau kebenaran. **authorization** n. hal memberi kuasa; kebenaran.

autistic a. autistik; mengalami kecacatan mental. **autism** n. autisme; kecacatan mental.

auto pref. sendiri.

autobiography n. autobiografi; penulisan riwayat hidup sendiri. **autobiographical** a. autobiografi; berkenaan dengan penulisan riwayat hidup sendiri.

autocracy *n.* kezaliman; kekejaman; pemerintahan autokrasi.

autocrat *n.* autokrat; orang yang berkuasa penuh. **autocratic** *a.* berkuasa sepenuhnya. **autocratically** *adv.* secara autokrat.

autocross *n.* lumba motor merentas desa.

autocue *n.* (tanda dagang) alat yang memaparkan skrip pengacara pada skrin televisyen tanpa dapat dilihat oleh penonton.

autogenic *a.* autogenik; (latihan) menguruskan keadaan tekanan secara sendiri.

autogiro *n.* autogiro; bentuk awal helikopter.

autograph *n.* autograf; tandatangan; manuskrip tulisan tangan si pengarang sendiri. —*v.t.* menulis nama seseorang dalam autograf.

autoimmune *a.* (berkenaan penyakit) kesan daripada antibodi yang telah dikeluarkan untuk melawan bahan yang sedia ada dalam badan.

automate *v.t.* mengautomasikan; dikawal oleh jentera.

automatic *a.* automatik; bergerak dengan sendiri; dibuat tanpa berfikir. —*n.* senapang automatik, dsb. **automatically** *adv.* secara spontan atau automatik.

automation *n.* pengautomasian; automasi; penggunaan jentera dalam industri, dll.

automaton *n.* (*pl.* -tons, -ta) robot.

automobile *n.* (A.S.) kereta; automobil; motokar.

automotive *a.* berautomasi; automotif; berkaitan dengan kenderaan bermotor.

autonomous *a.* bebas; berpemerintahan sendiri; merdeka; berautonomi. **autonomously** *adv.* secara autonomi. **autonomy** *n.* autonomi; pemerintahan sendiri.

autopilot *n.* alat kawal kapal terbang secara automatik.

autopsy *n.* pemeriksaan mayat; autopsi.

autumn *n.* musim luruh; musim gugur; musim antara musim panas dengan musim sejuk. **autumnal** *a.* perihal musim luruh.

auxiliary *a.* membantu; bantuan. —*n.* bantuan; penolong; pembantu. **auxiliary verb** kata kerja bantu.

avail *v.t./i.* sedia; tersedia; menggunakan; berfaedah; berguna. —*n.* keberkesanan; faedah. **avail oneself of** mempergunakan.

available *a.* boleh didapati; tersedia; sedia untuk digunakan; dapat digunakan. **availability** *n.* ketersediaan; perihal tersedia; perihal diperoleh.

avalanche *n.* runtuhan (salji, tanah).

avant-garde *n.* kumpulan yang membawa pembaharuan. —*a.* baharu, progresif.

avarice *n.* ketamakan; kehalobaan. **avaricious** *a.* tamak; rakus.

avenge *v.t.* membela; membalas dendam. **avenger** *n.* pembela.

avenue *n.* lebuh; jalan raya yang lebar; cara atau pendekatan untuk mencapai sesuatu matlamat.

aver *v.t.* (*p.t.* averred) menegaskan.

average *n.* biasa; purata. —*a.* keadaan biasa. —*v.t./i.* mengira purata.

averse *a.* enggan; keberatan.

aversion *n.* keengganan; kemeluatan; kebencian.

avert *v.t.* mengelakkan; menghindarkan.

aviary *n.* rumah burung; tempat pemeliharaan burung.

aviation *n.* penerbangan (kapal terbang).

aviator *n.* (usang) juruterbang atau kakitangan kapal terbang.

avid *a.* penuh keinginan; berhasrat; amat berminat. **avidly** *adv.* dengan penuh minat atau keinginan. **avidity** *n.* minat; keinginan.

avionics *n.* penggunaan elektronik dalam penerbangan.

avocado *n.* (*pl.* -os) buah avokado.

avocation *n.* aktiviti; pekerjaan.

avocet *n.* burung randai berparuh panjang.

avoid *v.t.* menjauhi; menghindarkan; mengelakkan. **avoidance** *n.* penghindaran; penyingkiran; pengelakan.

avoidable *a.* terhindarkan; terelakkan; dapat dihindarkan; dapat dielakkan.

avoirdupois *n.* sistem timbang Inggeris; sistem timbang berdasarkan paun (16 auns).

avow *v.t.* mengatakan; mengakui. **avowal** *n.* pengakuan.

avuncular *a.* kebapasaudaraan; seperti seorang pak cik yang penyayang; sifat baik dan mesra terhadap seseorang yang lebih muda.

await *v.t.* menunggu; menantikan.

awake *v.t./i.* (*p.t.* awoke, *p.p.* awoken) membangunkan; menjagakan. —*a.* jaga; waspada.

awaken *v.t./i.* mengejutkan; membangunkan.

award v.t. menghadiahi; menganugerahi. —n. keputusan; hadiah.

aware a. insaf; sedar; tahu. awareness n. kesedaran; keinsafan.

awash a. dibasuhi; terendam; diliputi ombak.

away adv. jauh; menghilang; berterusan. —a. bermain di tempat lawan.

awe n. kagum; ngeri; gerun; perasaan takut bercampur memuja. —v.t. menakutkan; mengerikan.

aweigh a. terangkat; (berkenaan sauh) tergantung hampir ke dasar.

awesome a. menggerunkan; menimbulkan rasa hormat bercampur takut dan memuja.

awestricken, awestruck a. terkejut; gementar; penuh dengan kekaguman.

awful a. dahsyat; sangat buruk; teruk; (colloq.) sangat besar. awfully adv. dengan dahsyat; sangat.

awhile adv. sebentar; sekejap; seketika.

awkward a. janggal; kaku; kekok. awkwardly adv. dengan kekok; dengan janggal. awkwardness n. keadaan yang kekok; kejanggalan; kekakuan; kekekokan.

awl n. penggerak; pencucuk; jarum; alat untuk menebuk lubang; jarum tukang kasut.

awning n. sengkuap; pelindung seperti atap.

awoke, awoken lihat awake.

AWOL abbr. absent without leave tidak hadir tanpa kebenaran.

awry adv. & a. tersalah; herot.

axe n. kapak. —v.t. (pres. p. axing) mengenepikan atau membatalkan sesuatu dengan cara mengejut atau kejam.

axiom n. aksiom; kebenaran atau prinsip yang diterima umum. axiomatic a. tidak dapat disangkal; jelas dan nyata.

axis n. (pl. axes) paksi; garis tengah tempat berputarnya sesuatu benda.

axle n. gandar; batang tempat berputarnya roda.

ay adv. & n. (pl. ayes) baik; benar; ya.

ayatollah n. ayatullah; pemimpin ulama (Syiah).

aye adv. ya; baik; benar. —n. undi menyokong.

azalea n. azalea; tumbuhan berbunga seperti belukar.

azimuth n. azimut.

Aztec n. Aztek; bangsa Mexico dahulu kala.

azure a. & n. lazuardi; (warna) biru langit.

B

B.A. abbr. Bachelor of Arts Sarjana Muda Sastera.

baa n. & v.i. bunyi kambing; mengembek.

babble v.i. bercakap merapik atau karut. —n. percakapan yang bukan-bukan.

babe n. bayi.

baboon n. beruk.

baby n. bayi; anak kecil. baby-sit v.i. menjaga bayi atau budak. baby-sitter n. penjaga bayi atau budak; pengasuh. babyish a. seperti bayi.

baccalaureate n. peperiksaan untuk melayakkan diri ke peringkat pendidikan tinggi.

baccarat n. sejenis perjudian yang menggunakan kad.

bachelor n. bujang; belum berkahwin.

bacillus n. (pl. -li) sejenis bakteria.

back n. belakang; pemain bola sepak yang bertempat hampir dengan gol sendiri. back-bencher n. ahli parlimen di kerusi belakang dewan. back down mengalah. back of beyond tempat yang sangat hulu. back out menarik diri. backer n. penyokong.

backache n. sakit belakang.

backbiting n. umpatan; cacian.

backbone n. tulang belakang.

backchat n. jawapan balik.

backcloth n. tirai bergambar di belakang pentas atau latar; latar belakang.

B

backdate *v.t.* mengundurkan tarikh; menganggap sah dari tarikh yang lebih awal.

backdrop *n.* tirai latar; latar belakang.

backfire *v.i.* meletup secara luar biasa, misalnya yang melibatkan paip ekzos; mendatangkan kesan yang tidak di-ingini.

backgammon *n.* sejenis permainan yang menggunakan papan dan buah dadu.

background *n.* latar belakang; perse-kitaran.

backhand *n.* pukulan kilas; pukulan belakang tangan. —*a.* berkaitan atau dibuat dengan pukulan ini.

backhanded *a.* dilakukan dengan belakang tangan; diucapkan secara tidak langsung.

backhander *n.* pukulan kilas; pukulan belakang tangan; (*sl.*) rasuah.

backlash *n.* tindakan balas yang ganas.

backlog *n.* tunggakan kerja.

backpack *n.* beg galas.

backside *n.* (*colloq.*) punggung.

backslide *v.i.* kembali menjadi jahat.

backstage *a. & adv.* di belakang pentas.

backstroke *n.* kuak lentang; gerakan semasa berenang secara terlentang.

backtrack *v.i.* menjejak kembali jalan yang telah dilalui; mengayuh (basi-kal) ke belakang; mundur; undur.

backward *a.* ke belakang; mundur. —*adv.* berundur.

backwards *adv.* undur. **backwards and forwards** ke belakang dan hadapan berulang kali.

backwash *n.* ombak olak selepas kapal berlalu; akibat.

backwater *n.* paya; tempat yang mun-dur; hulu.

backwoods *n.* kawasan pedalaman.

backyard *n.* kawasan belakang (rumah); (*colloq.*) kawasan tempat tinggal seseorang.

bacon *n.* bakon; daging babi yang telah diasinkan atau yang disalai.

bacteriology *n.* bakteriologi; penga-jian tentang bakteria.

bacteriological *a.* berkaitan dengan bakteriologi. **bacteriologist** *n.* ahli bakteriologi.

bacterium *n.* (*pl.* **-ia**) bakteria; hidupan halus. **bacterial** *a.* perihal berkuman atau berbakteria.

bad *a.* buruk; teruk; busuk. **bad language** bahasa kesat; carut. **badly** *adv.* secara kurang baik, keji dan buruk. **badness** *n.* berkenaan dengan kurang baik; kejahatan dan keburukan.

bade *lihat* **bid²**.

badge *n.* lencana; lambang.

badger *n.* sejenis haiwan daripada keluarga weasel.

badinage *n.* sendaan; gurauan; jenaka.

badminton *n.* badminton.

baffle *v.t.* mengelirukan. —*n.* penghalang; penyekat. **bafflement** *n.* kebingungan; kekeliruan.

bag *n.* beg; binatang atau burung yang ditembak oleh pemburu. (*pl., sl.*) jumlah yang besar. —*v.t./i.* (*p.t.* **bagged**) memasukkan ke dalam beg; (*colloq.*) mengambil tanpa izin.

bagatelle *n.* sejenis permainan yang menggunakan bola-bola kecil, dimainkan di atas papan berlubang.

bagel *n.* roti gulung berbentuk cincin dan bertekstur berat.

baggage *n.* bagasi; barang-barang; barangan.

baggy *a.* gabai; longgar.

bagpipes *n.pl.* begpaip; alat muzik beruncang angin dan anginnya dite-kan keluar melalui paip-paip.

bagpiper *n.* peniup begpaip.

baguette *n.* sebuku roti Perancis.

bail¹ *n.* wang jaminan. —*v.t.* jamin; menjamin; dibebaskan dengan ikat jamin. **bailable** *a.* boleh dijamin.

bail² *n.* salah satu kayu palang di atas tiang dalam permainan kriket.

bail³ *v.t.* menimba (air).

bailey *n.* dinding luar istana; kawasan yang dilingkungi dinding ini.

bailiff *n.* bailif; pegawai pembantu syerif.

bairn *n.* (*Sc.*) anak; kanak-kanak.

bait *n.* umpan. —*v.t.* mengumpan; mempersenda.

baize *n.* kain bulu berwarna hijau yang tebal untuk alas meja, dsb.

bake *v.t./i.* membakar; memanggang; memasak; menjemur.

baker *n.* pembakar roti; penjual roti. **baker's dozen** tiga belas.

bakery *n.* tempat membuat atau mem-bakar roti untuk dijual.

baking-powder *n.* serbuk penaik.

Balaclava (helmet) *n.* topi bulu menu-tupi kepala dan leher.

balalaika *n.* balalaika; sejenis gitar Rusia dengan bahagian badan yang berbentuk tiga segi.

balance *n.* neraca; perbezaan antara kredit dan debit; baki. —*v.t./i.* imbang; imbangi; mengimbang.

B

balcony *n.* balkoni; anjung; langkan; serambi; beranda.

bald *a.* (**-er, -est**) botak; dogol; tanpa perincian. **baldly** *adv.* bercakap dengan terus terang; tidak mencuba melembutkan apa yang diucapkan. **baldness** *n.* kebotakan; kegondolan.

balderdash *n.* karut-marut.

balding *a.* membotak.

bale[1] *n.* bungkusan; karung; bandela. —*v.t.* membandelakan. **bale out** terjun dengan menggunakan payung terjun.

bale[2] *v.t.* menimba air.

baleful *a.* mengancam; merosak. **balefully** *adv.* dengan mengancam; dengan menghancurkan.

balk *v.t./i.* enggan maju; keberatan; menyekat. —*n.* halangan; rintangan.

ball[1] *n.* bola; sesuatu yang bulat. —*v.t./i.* dibentuk menjadi bola. **ball-bearing** *n.* kacang-kacang; galas bebola. **ball-point** *n.* pen mata bola; pena mata bulat.

ball[2] *n.* majlis tari-menari; perhimpunan sosial untuk tari-menari.

ballad *n.* balada.

ballade *n.* sejenis puisi tiga rangkap; lirik lagu yang pendek.

ballast *n.* balast; pengantap; alat berat pengimbang kapal.

ballcock *n.* injap bebola; sejenis alat bebola yang boleh timbul untuk mengawal paras air di dalam tangki.

ballerina *n.* penari balet perempuan.

ballet *n.* tarian balet.

ballistic *a.* balistik. **ballistic missile** peluru berpandu balistik.

ballistics *n.pl.* pengkajian tentang pelancar peluru berpandu.

balloon *n.* belon.

balloonist *n.* pengembara yang terbang menaiki belon besar.

ballot *n.* pengundian bertulis. —*v.t./i.* (*p.t.* **balloted**) mengundi dengan menggunakan kertas undi.

ballroom *n.* dewan tari-menari.

bally *a. & adv.* (*sl.*) celaka; sial.

ballyhoo *n.* keadaan riuh-rendah; kehebohan.

balm *n.* minyak sapu; minyak gosok.

balmy *a.* (**-ier, -iest**) wangi; (udara) lembut dan nyaman.

baloney *n.* (*sl.*) karut-marut.

balsa *n.* pokok balsa; sejenis pokok tropika di Amerika; kayu balsa.

balsam *n.* minyak penawar; pokok keembung.

baluster *n.* birai; kisi-kisi; terali.

balustrade *n.* tempat birai, kisi-kisi atau terali.

bamboo *n.* buluh; bambu.

bamboozle *v.t.* (*sl.*) memperdayakan; menipu.

ban *v.t.* (*p.t.* **banned**) menghalang; mengharamkan secara rasmi. —*n.* pengharaman.

banal *a.* perkara biasa; kasar; tidak menarik. **banality** *n.* kebiasaan.

banana *n.* pisang.

band *n.* belang; lingkaran; jalur gelombang udara; sekumpulan orang, terutama yang bermain muzik. —*v.t./i.* membebat; membentuk satu kumpulan yang teratur. **bandmaster** *n.* pemimpin pancaragam. **bandsman** *n.* anggota pancaragam.

bandage *n.* kain pembalut (untuk luka). —*v.t.* membalut.

bandanna *n.* sapu tangan besar berwarna.

bandeau *n.* (*pl.* **-eaux**) cekak rambut.

bandit *n.* penjahat; perompak; penyamun. **banditry** *n.* perbuatan rompak atau samun.

bandoleer *n.* (atau **bandolier**) selempang peluru; tali pinggang yang dipakai melilit dada dan mengandungi peluru.

bandstand *n.* pentas pancaragam (berbumbung).

bandwagon *n.* satu aktiviti yang menjadi popular secara mendadak. **climb on the bandwagon** menyertai pihak yang berkemungkinan akan menang atau berjaya.

bandy[1] *v.t.* ulang-alik.

bandy[2] *a.* (**-ier, -iest**) pengkar. **bandiness** *n.* kepengkaran.

bane *n.* punca malapetaka atau masalah. **baneful** *a.* berkenaan dengan keruntuhan, kesusahan. **banefully** *adv.* dengan kemusnahan, keruntuhan, kesusahan.

bang *n.* bunyi letupan atau dentuman; pukulan. —*v.t./i., adv.* berdentum; menghempaskan (pintu, dsb.).

banger *n.* mercun; (*sl.*) kereta buruk yang bising.

bangle *n.* gelang.

banian *n.* pokok ara; pokok beringin; sejenis pokok berakar di dahan.

banish *v.t.* membuang; meluputkan; halau. **banishment** *n.* pembuangan negeri; hukuman pengasingan dari negeri yang didiami.

banisters *n.pl.* pemegang di tangga; susuran tangga.

banjo *n.* (*pl.* **-os**) banjo; sejenis alat muzik seperti gitar. **banjoist** *n.* pemain banjo.

bank[1] *n.* tebing; permatang. —*v.t./i.* membuat benteng.

bank[2] *n.* bank; tempat menyimpan dan meminjam wang. —*v.t./i.* memasukkan wang ke dalam bank; bergantung harap. **bank holiday** cuti am apabila bank ditutup.

banking *n.* urusan bank. **banker** *n.* pemilik bank; pengurus bank.

banknote *n.* nota jaminan pembayaran yang dikeluarkan oleh bank.

bankrupt *a.* bankrap; muflis. —*n.* orang yang bankrap atau muflis. **bankruptcy** *n.* kebankrapan; kemuflisan.

banner *n.* panji-panji.

banns *n.pl.* pengumuman (di gereja) tentang pernikahan yang akan diadakan.

banquet *n.* jamuan secara besar-besaran atau rasmi; bankuet. **banqueting** *n.* mengambil bahagian dalam majlis makan; mengadakan bankuet.

banquette *n.* bankuet; kerusi panjang melekat pada dinding.

banshee *n.* jembalang yang dipercayai mempunyai laungan yang menandakan maut.

bantam *n.* sejenis ayam katik.

bantamweight *n.* ukuran berat dalam tinju (54 kg).

banter *n.* kelakar; seloka; gurau senda. —*v.i.* berkelakar; berseloka; bersenda gurau.

Bantu *n. & a.* (*pl.* **-u** atau **-us**) Bantu; suku kaum kulit hitam di Afrika; bahasa Bantu.

baobab *n.* baobab; sejenis pokok di Afrika yang berbatang besar dan buahnya boleh dimakan.

bap *n.* roti besar yang lembut.

baptism *n.* pembaptisan; upacara merenjis air sebagai tanda penyucian dan penerimaan oleh sesebuah Gereja. **baptismal** *a.* bersifat baptis.

Baptist *n.* penganut mazhab Protestan (Kristian) yang percaya bahawa pembaptisan hendaklah secara menyelamkan seluruh tubuh ke dalam air.

baptistery *n.* tempat pembaptisan dilakukan.

baptize *v.t.* membaptiskan; mengesahkan seseorang sebagai pemeluk agama Kristian dengan upacara merenjiskannya dengan air atau membenamkannya ke dalam air.

bar[1] *n.* batang; palang; penghalang; garis tegak pemisah nota muzik; kerjaya guaman; bar; kedai minuman yang juga menyajikan arak. —*v.t.* (*p.t.* **barred**) menyekat; melarang; mengharamkan. —*prep.* kecuali; melainkan.

bar[2] *n.* ukuran tekanan atmosfera.

barathea *n.* kain bulu halus.

barb *n.* cangkuk pada anak panah, dsb.; kata-kata yang melukakan hati.

barbarian *n.* manusia yang tidak bertamadun; orang liar; orang biadab.

barbaric *a.* yang sesuai untuk manusia liar; biadab; kejam. **barbarically** *adv.* dengan kejam.

barbarity *n.* kekejaman; keganasan.

barbarous *a.* biadab; kejam; kasar (tingkah laku, pertuturan, dsbnya). **barbarously** *adv.* dengan kejam; secara bengis. **barbarism** *n.* keadaan tidak bertamadun; keganasan; kekejaman; kebengisan.

barbecue *n.* dapur panggang/barbeku, biasanya di tempat terbuka; masakan yang dipanggang; jamuan makanan yang dipanggang di tempat terbuka. —*v.t.* memanggang; membarbeku.

barbed *a.* berduri. **barbed wire** kawat berduri.

barber *n.* tukang gunting rambut (lelaki).

barbican *n.* kubu melindungi kota atau istana; menara kembar di atas pintu atau jambatan.

barbiturate *n.* barbiturat; ubat pelali.

bar-code *n.* kod bar; lembaran bercetak dengan kod yang boleh dibaca oleh mesin bagi mengenal pasti barangan, dsb.

bard *n.* penyair; pujangga. **bardic** *a.* berkenaan atau bersifat penyajak.

bare *a.* (**-er, -est**) terdedah; tidak dilindungi. —*v.t.* mendedahkan. **barely** *adv.* hampir tidak. **bareness** *n.* keadaan terdedah; kegondolan.

bareback *adv.* menunggang kuda tanpa pelana.

barefaced *a.* muka tembok; tidak malu.

barehead *a.* tidak memakai alas kepala (kopiah, topi, dsb.).

bargain *n.* perjanjian; barang murah. —*v.t.* tawar-menawar; mengharapkan; dijangkakan. **bargainer** *n.* orang yang menawar.

barge *n.* tongkang tundaan. —*v.i.* masuk dengan kasar; meredah; merempuh. **barge in** merempuh.

baritone *n.* bariton; nada suara lelaki antara tenor dan bes.

barium *n.* barium; sejenis logam putih.

bark[1] *n.* kulit kayu. —*v.t.* melecet.

bark[2] *n.* salakan anjing. —*v.t./i.* menyalak.

barker *n.* pelaung dalam acara lelong atau pertunjukan.

barley *n.* barli, bagi pokok atau bijinya. **barley sugar** gula-gula barli. **barley-water** *n.* air barli.

barm *n.* ragi; busa pada penapaian arak malta.

barmaid *n.* pelayan bar (perempuan).

barman *n.* pelayan bar (lelaki).

bar mitzvah *n.* satu upacara keagamaan di mana budak lelaki Yahudi berumur 13 tahun mula memikul tanggung-jawab seorang dewasa.

barmy *a.* sasau; gila isin.

barn *n.* bangsal; jelapang.

barnacle *n.* teritip.

barney *n.* (*colloq.*) pertengkaran yang bising.

barograph *n.* barograf; barometer yang menghasilkan graf yang menunjukkan tekanan udara.

barometer *n.* barometer; alat pengukur tekanan udara. **barometric** *a.* berkenaan barometer.

baron *n.* baron; golongan bangsawan yang paling rendah pangkatnya; usahawan besar. **baroness** *n.* isteri baron. **baronial** *a.* yang berkaitan dengan baron.

baronet *n.* pemegang gelaran bangsa-wan yang paling rendah pangkatnya.

baronetage *n.* perihal pangkat baron. **baronetcy** *n.* perihal pangkat baron.

baroque *a.* berkenaan gaya seni bina abad ke-17 dan ke-18. —*n.* gaya bina tersebut.

barque, barquentine *n.* jenis kapal layar.

barrack *v.t./i.* membantah; memper-senda; mencela.

barracks *n.pl.* berek; rumah askar.

barracuda *n.* sejenis ikan laut tropika yang besar dan bersifat pemangsa.

barrage *n.* hentaman peluru yang hebat; sekatan buatan manusia.

barrel *n.* tong; laras (senapang). **barrel-organ** *n.* organ putar.

barren *a.* mandul; gersang; tandus. **barrenness** *n.* ketandusan; kemandulan.

barricade *n.* perintang; penyekat; sekatan; penghalang. —*v.t.* menyekat; merintangkan sekatan.

barrier *n.* penyekat; rintangan; halang-an; gegawar; sawar.

barring *prep.* kecuali; jika tidak kerana.

barrister *n.* peguam.

barrow[1] *n.* kereta sorong beroda satu.

barrow[2] *n.* perkuburan purba.

barter *n. & v.t./i.* tukar-menukar; beli dengan cara menukar barang.

basal *a.* asas; dasar.

basalt *n.* basalt; sejenis batu dari gunung berapi. **basaltic** *a.* berkenaan basalt.

bascule bridge sejenis jambatan yang turun naik dengan menggunakan pengimbang.

base *n.* asas; dasar; pangkal; pang-kalan; alas; tapak; hina; keji. —*v.t.* digunakan sebagai panduan, asas atau bukti untuk sesuatu ramalan atau pengiraan; mendasarkan; mengasas-kan. —*a.* keji; hina; buruk; rendah nilainya. **basely** *adv.* secara keji. **baseless** *n.* tidak berasas.

baseball *n.* besbol; sejenis permainan memukul bola.

basement *n.* tingkat bawah tanah.

bash *v.t.* pukul; godam; hentam. —*n.* pukulan kuat atau hentaman; (*sl.*) mencuba.

bashful *a.* segan; silu; tersipu. **bash-fully** *adv.* dengan malu dan tersipu-sipu. **bashfulness** *n.* sifat pemalu.

Basic *n.* bahasa komputer yang menggunakan bahasa Inggeris yang biasa.

basic *a.* asas; dasar. **basically** *adv.* pada dasarnya; pada asasnya.

basil *n.* selasih.

basilica *n.* dewan berbentuk bujur.

basilisk *n.* sejenis mengkarung Ame-rika.

basin *n.* besen; pasu; bejana; lurah; kawasan lembah sungai. **basinful** *n.* (*pl.* **-fuls**) besen (penuh).

basis *n.* asas; dasar; prinsip utama.

bask *v.i.* berjemur; berpanas.

basket *n.* raga; bakul; keranjang; jaras; cam; pongkes.

basketball *n.* bola keranjang.

basketwork *n.* anyaman bakul.

Basque *n. & a.* orang atau bahasa dari bahagian barat pergunungan Pyrenees.

bas-relief *n.* ukiran timbul.

bass[1] *n.* (*pl.* **bass**) sejenis ikan; bas.

bass[2] *a.* bes; nada suara rendah. —*n.* (*pl.* **basses**) suara bes; suara yang paling rendah bagi lelaki.

bass[3] *n.* bahagian dalam kulit kayu atau serat pokok limau.

basset *n.* sejenis anjing pemburu.

bassinet *n.* buaian atau kereta sorong bayi separuh tertutup.

bassoon *n.* bason; sejenis alat tiup.

B

B

bastard *n.* anak haram; anak luar nikah; anak gampang. **bastardy** *n.* taraf sebagai anak luar nikah.

baste[1] *v.t.* melumur minyak pada panggangan.

baste[2] *v.t.* menjelulur; menjahit jarak; menjahit lampiran.

bastinado *n.* perbuatan merotan di tapak kaki.

bastion *n.* kubu.

bat[1] *n.* bet; kayu pemukul bola. —*v.t./i.* (*p.t.* **batted**) memukul dengan pemukul kriket.

bat[2] *n.* kelawar.

bat[3] *v.t.* (*p.t.* **batted**) kelip (mata).

batch *n.* sekumpulan; segolongan; sejumlah.

bated *a.* **with bated breath** dengan penuh kegelisahan.

bath *n.* mandian; tempat mandi; (*pl.*) kolam renang awam. —*v.t./i.* mandi.

Bath bun bun (roti) bergula.

Bath chair *n.* sejenis kerusi roda.

bathe *v.t./i.* mandi. —*n.* berenang. **bather** *n.* pemandi; orang yang mandi.

bathos *n.* batos; antiklimaks; susutan nilai daripada sesuatu yang penting menjadi sesuatu yang remeh.

bathroom *n.* bilik mandi.

bathyscaphe, **bathysphere** *ns.* batisfera; sejenis kapal untuk menyelam dan memerhati kehidupan di laut dalam.

batik *n.* pembatikan; kaedah mencetak corak pada kain dengan membubuh lilin pada bahagian yang tidak diwarnakan; kain batik.

batman *n.* (*pl.* -**men**) pelayan peribadi kepada pegawai tentera.

baton *n.* baton; cota; belantan.

batrachian *a.* & *n.* (amfibia) yang membuang insang dan ekor apabila membesar.

batsman *n.* (*pl.* -**men**) orang yang memukul (dalam permainan kriket).

battalion *n.* batalion; pasukan tentera.

batten[1] *n.* belebas; beroti; pasak; selak. —*v.t.* menguatkan atau memperteguhkan dengan papan yang panjang; menyelak dengan papan yang panjang.

batten[2] *v.i.* mengeksploitasi.

batter[1] *v.t.* pukul berulang-ulang. —*n.* campuran atau adunan ramuan-ramuan seperti tepung, telur, susu, dll. yang telah dipukul.

batter[2] *n.* pemukul bola (besbol).

battering-ram *n.* kayu pelantak; kayu penujah.

battery *n.* bateri; deretan; penyangga meriam; sangkar ayam; (undang-undang) serangan sentuh.

battle *n.* perjuangan; pertempuran; pertarungan. —*v.i.* berjuang; bertempur; bertarung.

battleaxe *n.* cipan; kapak berangkai panjang; (*colloq.*) wanita yang agresif atau menakutkan.

battlefield *n.* medan pertempuran.

battlements *n.pl.* tembok yang mempunyai lubang-lubang tempat menembak.

battleship *n.* kapal perang.

batty *a.* (*sl.*) kurang siuman; tiga suku.

bauble *n.* perhiasan yang cantik tetapi murah.

baulk *n.* bendul atau batas; rintangan.

bauxite *n.* bauksit; sejenis galian yang mengandungi aluminium.

bawdy *a.* (-**ier**, -**iest**) lucah atau cabul serta lucu. **bawdiness** *n.* kelucahan secara lucu.

bawl *v.t./i.* jerit; pekik; laung; teriak; keriau. **bawl out** (*colloq.*) menghamun.

bay[1] *n.* pokok bay. **bay leaf** *n.* daun bay.

bay[2] *n.* teluk.

bay[3] *n.* petak atau ruang dalam bangunan. **bay window** tingkap unjur.

bay[4] *n.* salakan. —*v.i.* menyalak. **at bay** berada dalam keadaan yang tersesak; terperangkap, seolah-olah tiada jalan keluar. **keep at bay** menahan seseorang daripada mendekati seseorang lain.

bay[5] *a.* & *n.* warna coklat kemerah-merahan (kuda).

bayonet *n.* bayonet; pisau di hujung senapang. —*v.t.* menikam dengan bayonet.

bazaar *n.* bazar; deretan kedai atau gerai di negara Timur; pasar; kedai yang menjual pelbagai barangan yang murah; jualan barangan bagi mengutip wang.

bazooka *n.* bazuka; senjata untuk melancarkan roket.

b. & b. *abbr.* **bed and breakfast** bilik dan sarapan.

BBC *abbr.* British Broadcasting Corporation (Perbadanan Penyiaran British).

B.C. *abbr.* **Before Christ** Sebelum Masihi.

be *v.i.* (*pres.t.* **am**, **are**, **is**; *p.t.* **was**, **were**; *p.p.* **been**) kata kerja kopula yang membawa maksud jadi, wujud, demikianlah, adanya. —*v.aux* kata kerja bantu yang digunakan untuk membentuk kala kata kerja lain. **have been to** telah pergi ke; telah melawati.

beach n. pantai; pesisir. —v.t. membawa atau hanyut ke pantai.

beachcomber n. petualang di pantai; kutu pantai.

beachhead n. tempat berkubu di pantai yang didirikan oleh tentera penyerang.

beacon n. api atau lampu isyarat dari atas bukit, untuk isyarat atau amaran.

bead n. manik; titik; buih cecair; pembidik; (pl.) rantai leher; kalung.

beading n. ukiran seperti manik; jalur-jalur perhiasan untuk kayu.

beadle n. pegawai gereja atau kolej, dsb.

beady a. mata yang kecil dan bersinar-sinar.

beagle n. sejenis anjing pemburu.

beak n. paruh (burung); muncung; (sl.) majistret. **beaked** a. bermuncung; berparuh.

beaker n. bikar; gelas bermuncung yang digunakan dalam makmal.

beam n. alang; rasuk; gelegar; sinaran; wajah yang berseri. —v.i. memancarkan sinar; memberi senyuman yang girang. **on one's beam-ends** hampir habis ikhtiar.

bean n. kacang; biji kacang atau kopi, dsb. **full of bean**s (colloq.) riang, ceria.

beano n. (pl. -os) parti; keraian.

bear[1] n. beruang.

bear[2] v.t./i. larat; menanggung; membawa; ingat; tahan; sesuai; menghasilkan; berbuah; beranak; menghala. **bear on** berkaitan dengan. **bear out** menyokong atau mengesahkan. **bearer** n. pembawa.

bearable a. larat; mampu ditanggung.

beard n. janggut. —v.t. mencabar; menghadapi seseorang dengan berani.

beargarden n. tempat berlakunya kekecohan.

bearing n. tingkah laku; perawakan; kaitan; kedudukan; galas.

bearskin n. topi tinggi dan berbulu untuk pengawal.

beast n. haiwan; orang yang jahat atau kejam. **beast of burden** binatang pengangkut.

beastsyat a. (-ier, -iest) (colloq.) buruk; dahsyat. **beastliness** n. keburukan; kedahsyatan.

beat v.t./i. (p.t. **beat**, p.p. **beaten**) pukul; alahkan. —n. pukulan; bunyi pukulan; degup; rentak; rondaan. **beat a retreat** undur kerana kalah.

beat time menandakan rentak muzik dengan baton atau dengan mengetuk-ngetuk. **beat up** memukul dengan ganas. **beater** n. pemukul.

beatific a. sangat bahagia; penuh rahmat. **beatifically** adv. dengan penuh rahmat.

beatify v.t. (Gereja Roman Katolik) mengisytiharkan perahmatan. **beatification** n. kerahmatan.

beatitude n. kegembiraan.

Beaufort scale skala Beaufort; skala kelajuan angin.

beauteous a. cantik; indah.

beautician n. jurusolek; pendandan.

beautiful a. cantik; indah; ayu; jelita; elok; permai; menarik; merdu. **beautifully** adv. dengan cantik, indah atau menarik.

beautify v.t. mencantikkan. **beautification** n. pengindahan; pencantikan.

beauty n. kecantikan; keindahan; keayuan; kejelitaan; keelokan; kemerduan.

beaver n. sejenis memerang. —v.i. bekerja kuat atau keras.

becalmed a. terhenti disebabkan ketiadaan angin.

became lihat become.

because conj. oleh sebab; kerana. —adv. **because of** kerana.

beck[1] n. isyarat. **at the beck and call of** sedia menurut perintah.

beck[2] n. sungai di gunung; anak air.

beckon v.t. memberikan isyarat; mengisyaratkan.

become v.t./i. (p.t. **became**, p.p. **become**) menjadi; wajar bagi.

bed n. katil; dasar; lapisan; petak tanian. —v.t./i. (p.t. **bedded**) bertilam; menidurkan; masuk tidur.

bedbug n. pijat.

bedclothes n.pl. cadar, gebar, dll.

bedding n. lihat bedclothes.

bedevil v.t. (p.t. **bedevilled**) mengganggu; merumitkan; menghantui.

bedevilment n. gangguan; kerumitan.

bedfellow n. teman sekatil; rakan.

bedlam n. keadaan huru-hara.

Bedouin n. orang Beduin; Badwi.

bedpan n. pispot; bekas buang air besar bagi orang sakit yang tidak boleh bergerak dari katil.

bedpost n. tiang katil.

bedraggled a. kusut-masai kerana basah kuyup; selekeh dan serbah-serbih.

bedridden a. terlantar sakit di katil.

bedrock n. batu-batan yang menjadi dasar tanah-tanih; fakta atau prinsip asas.

B

bedroom *n.* bilik tidur.

bedside *n.* sisi katil.

bedsore *n.* sakit akibat terlampau lama berbaring.

bedspread *n.* cadar.

bedstead *n.* rangka katil.

bedtime *n.* waktu tidur.

bee *n.* lebah.

beech *n.* pokok bic; pokok yang berkulit licin dan daun-daun yang berkilat.

beechmast *n.* buah bic.

beef *n.* daging lembu; badan berototot; (*sl.*) rungutan. —*v.t.* (*sl.*) merungut.

beefburger *n.* burger daging lembu.

beefeater *n.* penjaga di Menara London; memakai pakaian Tudor.

beefsteak *n.* bifstik; kepingan daging.

beefy *a.* (-**ier**, -**iest**) mempunyai tubuh yang sasa dan berotot-otot. **beefiness** *n.* berkenaan dengan sasa.

beehive *n.* sarang lebah; sambang.

beeline *n.* **make a beeline for** terus pergi; terus menghampiri.

been *lihat* **be.**

beep *n.* bunyi nyaring daripada peralatan elektronik atau hon kereta.

beer *n.* bir. **beery** *a.* berkenaan dengan arak.

beeswax *n.* lilin lebah.

beet *n.* bit; sejenis tumbuhan yang menghasilkan gula; (A.S.) ubi bit.

beetle[1] *n.* penukul.

beetle[2] *n.* kumbang; kekabuh.

beetle[3] *n.* menganjur.

beetroot *n.* (*pl.* **beetroot**) ubi pokok bit.

befall *v.t./i.* (*p.t.* **befell**, *p.p.* **befallen**) terjadi; berlaku.

befit *v.t.* (*p.t.* **befitted**) memang padan; sesuai; patut.

before *adv., prep. & conj.* dahulu; terdahulu; sebelum; di hadapan.

beforehand *adv.* terlebih dahulu.

befriend *v.t.* berkawan; berbaik-baik dengan.

befuddled *a.* kusut atau keliru.

beg *v.t./i.* (*p.t.* **begged**) meminta; merayu; memohon; meminta sedekah; (berkenaan dengan anjing) duduk dengan kaki dua terangkat. **go begging** tidak diperlukan.

began *lihat* **begin.**

beget *v.t.* (*p.t.* **begot**, *p.p.* **begotten**, *pres.p.* **begetting**) mengakibatkan; menyebabkan.

beggar *n.* pengemis; peminta sedekah. —*v.t.* mengemis. **beggary** *n.* kepapaan; kemiskinan.

beggarly *a.* serba kekurangan; melarat. **beggarliness** *n.* kemelaratan; kekurangan.

begin *v.t./i.* (*p.t.* **began**, *p.p.* **begun**, *pres.p.* **beginning**) bermula; wujud.

beginner *n.* orang yang baru belajar.

beginning *n.* permulaan; bahagian pertama.

begone *int.* berambus; nyah.

begonia *n.* begonia; resam batu; sejenis tanaman kebun bunga dengan daun dan bunga yang berwarna terang.

begot, begotten *lihat* **beget.**

begrudge *v.t.* menyesali; berasa iri hati; cemburu.

beguile *v.t.* memperdaya; menghiburkan. **beguilement** *n.* penipuan.

begum *n.* gelaran wanita Islam di India dan Pakistan yang telah berkahwin.

begun *lihat* **begin.**

behalf *n.* **on behalf of** wakil; bagi pihak; atas nama.

behave *v.i.* berkelakuan; (juga **behave oneself**) bersopan santun.

behaviour *n.* kelakuan; perangai; tabiat.

behead *v.t.* memancung; memenggal kepala.

beheld *lihat* **behold.**

behest *n.* di atas permintaan atau arahan.

behind *adv. & prep.* di belakang; di sebalik; lewat; lambat; tinggal. —*n.* punggung; buntut.

behindhand *adv. & a.* terlewat; ketinggalan.

behold *v.t.* (*p.t.* **beheld**) melihat. **beholder** *n.* pemerhati.

beholden *a.* terhutang budi.

behove *v.t.* seharusnya.

beige *a. & n.* warna kuning air.

being *n.* wujud; ada; manusia.

belabour *v.t.* menghentam; mencela.

belated *a.* terlewat; terlambat. **belatedly** *adv.* dengan lambat atau lewat.

belch *v.t./i.* sedawa; sendawa; keluar berkepul-kepul (asap). —*n.* bunyi sendawa; hamburan.

beleaguer *v.t.* mengganggu.

belfry *n.* menara loceng; ruang untuk loceng di menara.

belie *v.t.* tidak memperlihatkan; mengecewakan.

belief *n.* kepercayaan; keyakinan.

believe *v.t./i.* percaya; yakin. **believe in** percaya akan; yakin terhadap. **believer** *n.* penganut.

Belisha beacon lampu isyarat menandakan tempat pejalan kaki menyeberang.

belittle v.t. memperkecil-kecilkan; meremehkan; merendahkan; menganggap tak penting. **belittlement** n. perendahan usaha seseorang.

bell n. loceng.

belladonna n. beladona, sejenis dadah.

belle n. wanita cantik.

belles-lettres n.pl. pengajian sastera.

bellicose a. suka berperang. **bellicosity** n. sifat suka berperang.

belligerent a. & n. sedang berperang; agresif; pihak yang sedang berperang. **belligerently** adv. dengan berperang; dengan sikap mahu bergaduh. **belligerence**, **belligerency** n. keadaan sedang berperang; sikap suka bergaduh.

bellow n. laungan; pekikan; denguh (lembu). —v.t./i. mendenguh.

bellows n.pl. belos; pam angin.

belly n. perut; bahagian yang mengembung. —v.t./i. mengembung.

bellyful n. sudah cukup; muak; bosan.

belong v.i. kepunyaan; dimiliki; hak; menganggotai.

belongings n.pl. kepunyaan; harta benda; milik.

beloved a. & n. tercinta; dikasihi.

below adv. & prep. bawah; di bawah.

belt n. tali pinggang; kawasan yang panjang dan sempit. —v.t./i. memasang tali pinggang; (sl.) menumbuk; (sl.) meluru.

belying pres.p. of **belie** tidak menunjukkan keadaan yang sebenarnya; ternyata tidak benar.

bemoan v.t. mengeluh; meratapi; bersungut.

bemused a. bingung. **bemusement** n. kebingungan.

bench n. bangku; majistret yang mendengar pembicaraan.

benchmark n. batu atau tanda aras.

bend v.t./i. (p.t., p.p. **bent**) membengkokkan; melengkungkan; membongkok; membelok. —n. lengkok; selekoh.

beneath adv. & prep. bawah; di bawah; tempat wajar bagi.

Benedictine n. rahib kumpulan St. Benedict. —n. sejenis minuman alkohol yang pada asalnya dibuat oleh golongan Benedictine.

benediction n. perestuan.

benefactor n. penderma; dermawan. **benefaction** n. perbuatan baik; amalan; derma.

benefactress n. fem. penderma wanita.

benefice n. kedudukan yang memberikan paderi mata pencarian.

beneficent a. suka membuat amal kebajikan. **beneficence** n. amal kebajikan.

beneficial a. berfaedah; berguna; bermanfaat. **beneficially** adv. dengan berfaedah, berguna atau bermanfaat.

beneficiary n. benefisiari; penerima harta atau pusaka; orang yang mendapat faedah.

benefit n. keuntungan; faedah; kebajikan; manfaat. —v.t./i. (p.t. **benefited**, pres.p. **benefiting**) memberi faedah; menguntungkan.

benevolent a. baik hati; murah hati. **benevolently** adv. dengan baik hati. **benevolence** n. kemurahan hati; kebajikan.

benign a. baik hati; lemah lembut; tidak berbahaya (penyakit). **benignly** adv. dengan baik hati serta lemah lembut.

benignant a. baik hati; lemah lembut. **benignantly** adv. dengan lemah lembut. **benignancy** n. sifat lemah lembut.

bent lihat **bend**. —n. kecenderungan; kemahiran semula jadi. **bent** a. (sl.) tidak amanah; berazam. **bent on** bertekad; berazam.

benzene n. benzena; minyak yang digunakan sebagai pelarut, bahan api, dsb.

benzine n. benzin; cecair yang digunakan untuk cucian kering.

benzol n. benzol; benzena yang belum bertapis.

bequeath v.t. mewariskan; mewasiatkan.

bequest n. warisan; harta pusaka; peninggalan; wasiat.

berate v.t. menghamun.

bereave v.t. kehilangan; kematian. **bereavement** n. kematian; kehilangan.

bereft a. kehilangan; sepi dan ditinggalkan.

beret n. beret; sejenis kopiah leper.

bergamot n. bergamot; sejenis pokok sitrus; herba wangi; pewangi daripada buah bergamot.

beriberi n. beri-beri; penyakit yang disebabkan oleh kekurangan vitamin B.

berry n. beri; sejenis buah kecil.

berserk a. **go berserk** mengamuk.

berth n. tempat tidur di atas kereta api, kapal, dll.; tempat tambatan kapal. —v.t. membawa masuk ke pelabuhan. **give a wide berth** menjauhi sesuatu.

B

beryl *n.* beril; sejenis batu permata yang biasanya berwarna hijau.

beseech *v.t.* (*p.t.* **besought**) memohon; merayu.

beset *v.t.* (*p.t.* **beset,** *pres.p.* **besetting**) kepung; dikelilingi; melanda.

beside *prep.* di sebelah; di sisi; di samping. **be beside oneself** tidak mampu mengawal diri kerana terlalu marah, risau, dsbnya. **beside the point** tidak bersangkutan.

besides *prep.* tambahan lagi; selain itu. —*adv.* juga.

besiege *v.t.* mengepung; mengelilingi. **besieger** *n.* pengepung (orang).

besmirch *v.* merosakkan nama baik seseorang.

besom *n.* penyapu diperbuat daripada ranting-ranting diikat pada pemegang yang panjang.

besotted *a.* mabuk; dirasuk cinta, dsb.

besought *lihat* beseech.

bespeak *v.t.* (*p.t.* **bespoke,** *p.p.* **bespoken**) menunjukkan; menjadi bukti.

bespectacled *a.* memakai kaca mata.

bespoke *a.* yang ditempah (pakaian).

best *a.* terbaik; paling baik. —*adv.* sebaik-baiknya; paling baik. —*n.* sesuatu yang terbaik. **best man** pengiring atau pengapit pengantin (lelaki). **best part of** kebanyakan.

bestial *a.* buas; bagaikan binatang. **bestiality** *n.* berkenaan dengan kebuasan; sifat kebinatangan.

bestir *v.refl.* (*p.t.* **bestirred**) **bestir oneself** bergerak cergas.

bestow *v.t.* mengurniakan; menganugerahi. **bestowal** *n.* pengurniaan; penganugerahan.

bestride *v.t.* (*p.t.* **bestrode,** *p.p.* **bestridden**) duduk atau berdiri mengangkang.

bet *n.* pertaruhan; perjudian. —*v.t./i.* (*p.t.* **bet** atau **betted**) membuat pertaruhan; (*colloq.*) mengagak.

beta *n.* beta; huruf kedua dalam abjad Yunani (Greek).

betake *v. refl.* (*p.t.* **betook,** *p.p.* **betaken**) **betake oneself** pergi (ke suatu tempat atau kepada seseorang).

bête noire orang atau benda yang sangat dibenci.

betel *n.* sirih; tumbuhan tropika Asia yang daunnya dikunyah bersama pinang.

betide *v.t.* berlaku kepada.

betimes *adv.* awal; pada waktunya.

betoken *v.t.* menandakan; membayangkan.

betray *v.t.* mengkhianat; membelot. **betrayal** *n.* pengkhianatan; pembelotan.

betroth *v.t.* bertunang. **betrothal** *n.* pertunangan.

better[1] *a.* lebih baik; sembuh daripada penyakit. —*adv.* dalam keadaan baik; lebih berguna. —*n.* benda baik; (*pl.*) orang yang lebih tinggi kedudukannya. —*v.t.* membaiki; membuat lebih baik daripada. **better half** (*joc.*) suami atau isteri seseorang. **better part** lebih daripada setengah. **get the better of** mengatasi. **betterment** *n.* kebaikan; pembaikan.

better[2] *n.* penjudi; orang yang bertaruh.

betting-shop *n.* kedai perjudian.

between *prep. & adv.* antara; di antara.

betwixt *prep. & adv.* antara.

bevel *n.* permukaan serong. —*v.t.* (*p.t.* **bevelled**) memotong serong.

beverage *n.* minuman.

bevy *n.* sekumpulan; sekawan.

bewail *v.t.* meratapi.

beware *v.i.* berawas; berwaspada; berhati-hati.

bewilder *v.t.* membingungkan. **bewilderment** *n.* kebingungan.

bewitch *v.t.* mempersonakan; menyihir.

beyond *adv.& prep.* sana; seterusnya; melewati; di sebalik. **beyond doubt** pasti.

bezel *n.* alur untuk meletakkan cermin penutup muka jam.

bi- *comb. form* dua; dua kali.

biannual *a.* dua kali setahun. **biannually** *adv.* yang berlaku dua kali setahun.

bias *n.* berat sebelah; kecondongan (kepada satu pihak). —*v.t.* (*p.t.* **biased**) bersifat berat sebelah; mempengaruhi.

bib *n.* alas dada kanak-kanak.

Bible *n.* kitab Bible; kitab Injil.

biblical *a.* berkenaan atau terkandung dalam kitab Bible.

bibliography *n.* bibliografi; daftar bacaan; senarai buku yang telah menjadi rujukan. **bibliographer** *n.* pembuat daftar. **bibliographical** *a.* berkenaan daftar.

bibliophile *n.* bibliofil; pencinta buku.

bibulous *n.* ketagihan arak.

bicarbonate *n.* bikarbonat.

B

bicentenary *n.* ulang tahun ke-200.

bicentennial *a.* berlaku setiap 200 tahun.

biceps *n.* biseps; buah lengan; otot besar di bahagian pangkal lengan.

bicker *v.i.* berbalah kerana hal remeh-temeh.

bicuspid *a.* & *n.* bikuspid, (gigi) mempunyai dua bucu.

bicycle *n.* basikal. —*v.i.* menunggang basikal.

bid[1] *n.* tawaran; bida; percubaan. —*v.t./ i.* (*p.t.* bid, *pres.p.* bidding) membuat tawaran; menawarkan. **bidder** *n.* penawar.

bid[2] *v.t.* (*p.t.* bid, *p.p.* bidden, *pres. p.* bidding) menyuruh; memerintah; mengucapkan (selamat).

biddable *a.* sedia menurut (suruhan, perintah); patuh.

bidding *n.* suruhan; perintah.

bide *v.t.* menunggu (peluang yang baik).

bidet *n.* mangkuk tandas yang rendah untuk membasuh kemaluan.

biennial *a.* boleh tahan selama dua tahun; berlaku setiap dua tahun. —*n.* tumbuhan yang berbunga dan mati pada tahun kedua. **biennially** *adv.* yang berlaku sekali setiap dua tahun.

bier *n.* usungan mayat (jenazah).

biff *v.t.* & *n.* (*sl.*) memukul; pukulan.

bifocals *n.pl.* kaca mata berkanta dwifokus (untuk melihat jauh dan dekat).

bifurcate *v.i.* bercabang. **bifurcation** percabangan; cabangan.

big *a.* (bigger, biggest) besar; lebih tua; penting; (*sl.*) pemurah. —*adv.* (A.S., *sl.*) secara besar-besaran.

bigamist *n.* orang yang beristeri atau bersuami dua pada sesuatu masa (dianggap salah dari segi undang-undang tertentu).

bigamy *n.* bigami; beristeri atau bersuami dua pada sesuatu masa; jenayah beristeri lebih daripada satu pada sesuatu masa (Kristian). **bigamous** *a.* berkaitan dengan bigami.

bight *n.* teluk; gelungan tali.

bigot *n.* pentaksub; pendegil; orang yang berpegang kuat pada pandangannya tanpa menghiraukan hujah, pendapat atau pandangan orang lain. **bigoted** *a.* berfikiran sempit. **bigotry** *n.* ketaksuban; kesempitan fikiran.

bigwig *n.* (*colloq.*) orang penting; pembesar.

bijou *a.* comel dan molek.

bike *n.* (*colloq.*) basikal; motosikal. — *v.i.* (*colloq.*) menunggang basikal atau motosikal. **biker** *n.* penunggang basikal atau motosikal.

bikini *n.* (*pl.* -is) bikini; baju mandi untuk perempuan.

bilateral *a.* dua hala; melibatkan dua pihak. **bilaterally** *adv.* secara dua hala atau dua pihak.

bilberry *n.* bilbery; sejenis buah kecil yang berwarna biru tua; pohon yang mengeluarkan buah ini.

bile *n.* hempedu.

bilge *n.* bilga; perut kapal; (*sl.*) cakap kosong; percakapan yang sia-sia.

bilingual *a.* menguasai dua bahasa; dalam dua bahasa; dwibahasa.

bilious *a.* berkenaan sakit yang berkaitan dengan hempedu atau hati. **biliousness** *n.* kesakitan.

bilk *v.t.* mengelak diri daripada (membayar hutang); menipu.

bill[1] *n.* bil; poster; program; draf undang-undang yang disarankan; (A.S.) wang kertas. —*v.t.* mengiklan; menghantar bil kepada. **bill of exchange** bil pertukaran; perintah bertulis menyuruh bayar pada tarikh tertentu.

bill[2] *n.* paruh (burung). —*v.i.* **bill and coo** bercumbu-cumbuan; bercengkerama.

billabong *n.* (*Austr.*) sungai mati.

billet *n.* rumah kediaman atau tumpangan askar. —*v.t.* (*p.t.* billeted) memberi penginapan kepada askar.

billet-doux (*pl.* -s doux) *n.* surat cinta.

billhook *n.* parang cangkuk.

billiards *n.* biliard.

billion *n.* bilion; sejuta juta; (A.S.) seribu juta.

billow *n.* gelombang (besar). —*v.t./i.* bergelombang; menggelembung.

billy *n.* tin yang digunakan oleh pekhemah sebagai cerek atau periuk. **billy-can** *n.* tin pengembara.

billy-goat *n.* kambing jantan; kambing randuk.

bimbo *n.* (*pl.* bimbos) *informal* seorang wanita yang menarik tetapi kurang bijak.

bin *n.* bekas; tong.

binary *a.* perduaan; yang menggunakan dua. **binary scale** sistem perduaan, sistem angka yang menggunakan dua nombor (0 dan 1).

bind *v.t./i.* (*p.t.* bound) ikat; tambat; jilid; mengikat; terikat (kontrak); (*sl.*) merungut. —*n.* (*sl.*) pengacau. **binder** *n.* penjilid.

bindery *n.* tempat menjilid.

binding *n.* penjilidan.

bindweed *n.* sejenis tumbuhan liar.

binge *n.* (*sl.*) berseronok, makan dan minum mengikut nafsu. —*v.i.* (*pres. p.* **bingeing**) (*sl.*) perbuatan makan, minum, dsb. mengikut nafsu.

bingo *n.* bingo; sejenis permainan judi yang menggunakan kad.

binocular *a.* binocular; dwimata; menggunakan dua mata.

binoculars *n.pl.* teropong dua laras; binokular.

binomial *a. & n.* binomial; (matematik) angka atau rangkaian angka algebra yang digabungkan dengan campur atau tolak.

biochemistry *n.* kimia kaji hayat; biokimia. **biochemical** *a.* berkenaan biokimia. **biochemist** *n.* ahli biokimia.

biodegradable *a.* terbiodegradasikan; boleh dihancurkan oleh bakteria atau organisma lain.

biodiversity *n.* kepelbagaian benda hidup dalam persekitaran.

biographer *n.* penulis riwayat hidup.

biography *n.* biografi; riwayat hidup. **biographical** *a.* tentang riwayat hidup.

biology *n.* kaji hayat; biologi. **biological** *a.* berkenaan biologi atau kaji hayat. **biologically** *adv.* secara biologi atau kaji hayat. **biologist** *n.* ahli biologi; ahli kaji hayat.

bionic *a.* bionik; pergerakan yang dikawal secara elektronik.

biopsy *n.* biopsi; pemeriksaan terhadap tisu hidup untuk mengetahui sebab, tahap, dll. penyakit.

biorhythm *n.* bioritma; kitaran kegiatan berulang yang dikatakan berlaku dalam hidup seseorang.

biotechnology *n.* bioteknologi; penggunaan mikroorganisma dalam industri dan perubatan.

bipartisan *a.* melibatkan dua parti politik.

bipartite *a.* dwibahagian; mengandungi dua bahagian; membabitkan dua kumpulan.

biped *n.* haiwan berkaki dua. **bipedal** *a.* berkaki dua.

biplane *n.* kapal terbang dua sayap jenis lama.

birch *n.* birch; sejenis pokok berkulit lembut; berkas ranting birch untuk menyebat anak-anak nakal. —*v.t.* menyebat dengan ranting birch.

bird *n.* burung; unggas; (*colloq.*) orang; (*sl.*) perempuan muda.

birdie *n.* burung; (dalam golf) birdie; mata satu di bawah par.

birdseed *n.* bijirin untuk makanan burung yang di dalam sangkar.

biretta *n.* topi paderi.

Biro *n.* pen mata bola.

birth *n.* kelahiran. **birth control** *n.* pencegah kehamilan. **give birth to** melahirkan.

birthday *n.* hari lahir; hari jadi.

birthmark *n.* tanda pada tubuh sejak lahir.

birthright *n.* hak kelahiran; hak yang diperoleh daripada kelahiran dalam sesuatu keluarga dan negara.

biscuit *n.* biskut.

bisect *v.t.* terbahagi kepada dua bahagian yang sama. **bisection** *n.* bahagian belahan. **bisector** *n.* pembahagi.

bisexual *a.* dwijantina; mempunyai sifat kedua-dua jantina; tertarik secara seksual kepada lelaki dan perempuan.

bishop *n.* biskop; uskup; paderi berkedudukan tinggi; (permainan catur) gajah.

bishopric *n.* kawasan uskup.

bismuth *n.* bismut; sejenis logam.

bison *n.* (*pl.* **bison**) bison; kerbau liar di Amerika Utara.

bisque *n.* mata percuma.

bistro *n.* (*pl.* **-os**) bar atau restoran kecil.

bit¹ *n.* cebisan; sedikit; sebentar; kekang; mata gerudi.

bit² *n.* bit; (dalam komputer) unit maklumat sebagai pilihan antara dua kemungkinan dalam digit perduaan.

bit³ *lihat* **bite**.

bitch *n.* anjing betina; (*colloq.*) perempuan sundal; perkara atau keadaan yang tidak menyenangkan. —*v.i.* (*colloq.*) bercakap dengan perasaan dendam atau benci. **bitchy** *a.* jahat mulut. **bitchiness** *n.* kejahatan; kesundalan.

bite *v.t./i.* (*p.t.* **bit**, *p.p.* **bitten**) gigit. —*n.* gigitan; sedikit makanan.

biting *a.* yang menusuk; yang menggigit.

bitter *a.* pahit; berasa marah dan kecewa; kedinginan yang menusuk tulang. **bitterly** *adv.* dengan pahitnya. **bitterness** *n.* kepahitan.

bittern *n.* sejenis burung paya.

bitty *n.* mengandungi cebisan yang tidak berkait.

bitumen *n.* bitumen; minyak tar. **bituminous** *a.* perihal bitumen.

bivalve *n.* dwicangkerang; kerang-kerangan (mempunyai dua cangkerang yang bertaut).

bivouac *n.* persinggahan sementara tanpa khemah. —*v.i.* (*p.t.* **bivouacked**) singgah tanpa berkhemah.

bizarre *a.* pelik; ganjil.

blab *v.i.* (*p.t.* **blabbed**) mengoceh; menceceh; membocorkan (rahsia, dll.)

blabber *n.* ocehan.

black *a.* (**-er, -est**) hitam; gelap; muram; keji. —*n.* warna hitam. **Black** orang kulit hitam. —*v.t.* menghitamkan; memulaukan. **black coffee** kopi O. **black economy** ekonomi gelap; aktiviti ekonomi tidak rasmi. **black eye** mata lebam. **black hole** kawasan lubang gelap; kawasan di angkasa lepas yang tidak membenarkan jisim dan sinaran terlepas. **blacklist** senarai hitam; senarai orang yang dianggap salah, jahat, dsb. **black market** pasar gelap jual beli yang menyalahi undang-undang. **black out** menggelapkan; hilang ingatan. **black sheep** kambing hitam; bajingan. **black spot** kawasan kemalangan atau berbahaya. **in the black** ada wang; tidak berhutang.

blackball *v.t.* ditolak sebagai calon.

blackberry *n.* buah beri hitam.

blackbird *n.* burung hitam.

blackboard *n.* papan hitam.

blackcurrant *n.* sejenis buah beri hitam kecil yang boleh dimakan.

blacken *v.t./i.* menghitamkan; menggelapkan; memburukkan.

blackguard *n.* orang jahat. **blackguardly** *adv.* secara jahat.

blackhead *n.* bintik hitam yang menutup liang kulit.

blacking *n.* pengilat berwarna hitam.

blackleg *n.* orang yang meneruskan kerja sedangkan rakan-rakannya mogok.

blacklist *v.t.* menyenaraihitamkan.

blackmail *v.t.* memeras ugut. —*n.* peras ugut. **blackmailer** *n.* pemeras ugut.

blackout *n.* pitam; bergelap; pencegahan siaran.

blacksmith *n.* tukang besi.

bladder *n.* pundi kencing; tiub.

blade *n.* bilah; mata pisau, pedang, dsb.; dayung; tulang belikat.

blame *v.t.* menyalahkan. —*n.* tanggungjawab (atas sesuatu).

blameless *a.* tidak bersalah.

blanch *v.t./i.* memutihkan; celur; menjadi pucat.

blancmange *n. blancmange*; sejenis puding yang diperbuat daripada susu.

bland *a.* (**-er, -est**) lembut; hambar; bersahaja. **blandly** *adv.* dengan lembut. **blandness** *n.* kehambaran.

blandishments *n.pl.* pujuk rayu.

blank *a.* kosong. —*n.* tempat kosong. **blank cartridge** kartrij kosong; patrum yang tidak berpeluru. **blank verse** rangkap tanpa ritma. **blankly** *adv.* dengan kosong. **blankness** *n.* kekosongan.

blanket *n.* gebar; kain selimut. —*v.t.* (*p.t.* **blanketed**) menyelimuti; menyelubungi.

blare *v.t./i.* berbunyi bising; bunyi yang sangat kuat. —*n.* bunyi bising.

blarney *n.* tipu helah.

blasé *a.* bosan; jelak.

blaspheme *v.t./i.* mengkufuri; mencaci Tuhan. **blasphemer** *n.* pencaci Tuhan.

blasphemy *n.* kata-kata kufur; cacian kepada Tuhan. **blasphemous** *a.* kufur. **blasphemously** *a.* perihal mencaci Tuhan.

blast *n.* letupan; tiupan kencang; kecaman. —*v.t.* meletupkan; mengecam. **blast furnace** *n.* relau bagas; dapur meleburkan bijih. **blast off** melancarkan roket. **blast-off** *n.* pelancaran kapal angkasa.

blatant *a.* terang-terangan. **blatantly** *adv.* secara terang-terangan.

blather *v.i.* menceceh. —*n.* cecehan.

blaze[1] *n.* api yang marak atau yang bernyala-nyala; (*pl., sl.*) neraka. —*v.i.* memarak; memancar terik; bernyalanyala.

blaze[2] *n.* tanda putih; takik. —*v.t.* menakik. **blaze a trail** merintis jalan; membuat takik pada pokok untuk merintis jalan.

blaze[3] *v.t.* menghebahkan.

blazer *n.* blazer; jaket; kot.

blazon *n.* jata. —*v.t.* menghias jata; mengisytiharkan; menerangkan (tentang jata) dalam istilah teknikal.

bleach *v.t./i.* melunturkan; memutihkan. —*n.* bahan peluntur atau pemutih; proses pemutihan atau pelunturan.

bleak *a.* (**-er, -est**) dingin dan suram. **bleakly** *adv.* dengan kesuraman. **bleakness** *n.* kesuraman.

bleary *a.* (**-ier, -est**) (mata) berair dan kabur penglihatan; buram. **blearily** *adv.* dengan buram. **bleariness** *n.* keburaman.

bleat *n.* embek; bunyi kambing biri-biri. —*v.t./i.* berbunyi seperti kambing biri-biri; merungut-rungut.

bleed *v.t./i.* (*p.t.* **bled**) berdarah; memeras duit.

B

bleep *n.* bunyi blip; bunyi nyaring yang singkat. —*v.i.* berbunyi blip.
bleeper *n.* benda yang mengeluarkan bunyi blip.
blemish *n.* kecacatan. —*v.t.* mencacati.
blench *v.i.* tersentak.
blend *v.t./i.* mencampurkan; mengadun. —*n.* campuran. blender *n.* pengisar.
bless *v.t.* memohon berkat untuk. be blessed with bernasib baik kerana memiliki.
blessed *a.* dirahmati; suci; (*colloq.*) terkutuk; terlaknat. blessedness *n.* kesucian.
blessing *n.* rahmat; doa; restu.
blether *v.i. & n.* = blather.
blew *lihat* blow¹.
blight *n.* hawar; penyakit tumbuh-tumbuhan; perosak. —*v.t.* diserang hawar; merosakkan.
blighter *n.* (*sl.*) orang atau benda, terutamanya yang mengacau.
blimp *n.* blim; kapal udara.
blind *a.* buta; secara membabi buta; kosong. —*adv.* membabi buta. —*v.t./i.* membutakan; mengaburkan; (*sl.*) mengikut membabi buta. —*n.* bidai. blindalley jalan buntu; jalan mati. blindly *adv.* membabi buta. blindness *n.* kebutaan.
blindfold *a. & adv.* yang matanya ditutup dengan kain. —*n.* kain penutup mata. —*v.t.* menutup mata seseorang.
blindworm *n.* cacing bayut.
blink *v.t./i.* berkelip; berkerdip-kerdip. —*n.* kelipan; kerdipan.
blinker *n.* tuntun mata; alat pengepung mata kuda untuk meluruskan pandangannya. —*v.t.* menghalang penglihatan atau pemahaman.
blip *n.* bunyi atau pergerakan pantas; penanda kecil pada skrin radar. —*v.t.* (*p.t.* blipped) pukul dengan pantas.
bliss *n.* kebahagiaan. blissful *a.* berbahagia. blissfully *adv.* dengan bahagia.
blister *n.* lecur; lepuh; gelembung. —*v.t./i.* melepuh; menggelembung.
blithe *a.* riang. blithely *adv.* dengan riang.
blithering *a.* (*colloq.*) memalukan.
blitz *n.* serangan hebat (dari udara). —*v.t.* menyerang dengan hebat.
blizzard *n.* ribut salji.
bloat *v.t./i.* mengembung; menggelembung; membengkak.
bloater *n.* ikan salai masin.
blob *n.* tompok; tepek.
bloc *n.* blok; gabungan; persatuan.

block *n.* ketul; bongkah; blok; (*sl.*) kepala; takal. —*v.t.* halang; rintang; sekat. blockin lakaran kasar. block letters huruf besar.
blockade *n.* sekatan. —*v.t.* membuat sekatan.
blockage *n.* keadaan tersekat atau terhalang; benda yang menyekat.
blockhead *n.* orang bodoh.
bloke *n.* (*sl.*) orang lelaki.
blond *a. & n.* perang; berambut perang (lelaki).
blonde *a. & n.* perang; berambut perang (perempuan).
blood *n.* darah; keturunan; keluarga. —*v.t.* memulakan. bloodbath pembunuhan beramai-ramai. bloodcurdling *a.* sangat mengerikan. bloodsports sukan yang melibatkan pembunuhan. blood vessel *n.* pembuluh darah.
bloodhound *n.* sejenis anjing pemburu.
bloodless *n.* tanpa darah; tanpa pertumpahan darah. bloodlessly *adv.* tanpa menumpahkan darah.
bloodshed *n.* penumpahan darah; pembunuhan.
bloodshot *a.* (warna mata) merah.
bloodstock *n.* kuda pelumba yang dipilih bakanya.
bloodstream *n.* aliran darah.
bloodsucker *n.* penghisap darah; pemeras.
bloodthirsty *a.* suka menumpahkan darah.
bloody *a.* (-ier, -iest) berdarah. —*adv.* betul. —*v.t.* menandai dengan darah. bloody-minded *a.* (*colloq.*) degil.
bloom *n.* kuntum (bunga); seri. —*v.i.* kembang; mekar.
bloomer *n.* (*sl.*) kesilapan.
bloomers *n.pl.* (*colloq.*) seluar panjang hingga ke lutut (untuk perempuan).
blossom *n.* bunga. —*v.t.* berkembang; berbunga.
blot *n.* tompok; titik; titik hitam. —*v.t.* (*p.t.* blotted) membuat tompokan dakwat; mengeringkan dengan kertas lap; menyerap.
blotch *n.* tompok; belak; capuk. blotched *a.* bertompok-tompok. blotchy *a.* bertompok-tompok.
blotter *n.* sesusun kertas lap; alat penyimpan kertas ini.
blotting-paper *n.* kertas lap; kertas pedap.
blotto *n.* (*sl.*) sangat mabuk.
blouse *n.* blaus; baju perempuan. —*v.t./ i.* tergantung longgar seperti blaus.
blow¹ *v.t./i.* (*p.t.* blew, *p.p.* blown) tiup; hembus; letup; (*sl.*) menunjuk-

kan; (*sl.*) memboroskan. —*n.* tiupan.
blow-dry *v.t.* mengeringkan rambut
dengan alat pengering rambut. **blow
in** (*colloq.*) tiba tanpa dijangka. **blow-
out** tayar meletup; fius terbakar. **blow
over** reda. **blow up** mengembung;
membesar-besarkan; gembar-gem-
bur; (foto) membesarkan; meradang;
meletup; telingkah.

blow² *n.* pukulan; malapetaka; bencana.

blowfly *n.* langau; lalat hijau yang
bertelur di atas daging.

blowlamp *n.* penunu bagas.

blown *lihat* **blow¹.** —*a.* tidak dapat
bernafas.

blowpipe *n.* sumpitan.

blowy *a.* (-ier, -iest) berangin.

blowzy *a.* (-ier, -iest) bermuka merah
dan berkerutu.

blub *v.i.* (*p.t.* blubbed) (*sl.*) menangis.

blubber¹ *n.* lemak ikan paus.

blubber² *v.i.* meraung.

bludgeon *n.* belantan; gada; tongkat
yang digunakan sebagai senjata.
—*v.t.* memukul dengan belantan;
paksa.

blue *a.* (-er, -est) biru; sedih. —*n.*
warna biru; (*pl.*) muzik jaz; kese-
dihan. —*v.t.* (*pres.p.* blueing) mem-
birukan; (*sl.*) menjolikan. **blue-
blooded** *a.* keturunan bangsawan.
blue cheese keju dengan jalur-jalur
kulat biru. **blue-pencil** *v.t.* tapis. **out
of the blue** tanpa dijangka.

bluebell *n.* bunga loceng biru; sejenis
pokok dengan bunga berbentuk
loceng berwarna biru.

blueberry *n.* beri biru; buah atau
pokok sejenis beri.

bluebottle *n.* langau biru.

blueprint *n.* pelan (rumah, bangunan);
rencana terperinci.

bluff¹ *a.* dempak; tubir; terus terang
dan ramah. —*n.* tebing curam; cene-
rung. **bluffness** *n.* kecuraman; sikap
terus terang dan ramah.

bluff² *v.t./i.* menemberang. —*n.* tem-
berang.

bluish *a.* kebiru-biruan.

blunder *v.i.* terhuyung-hayang; mem-
buat kesilapan besar. —*n.* kesilapan
besar. **blunderer** *n.* orang yang mem-
buat kesilapan besar.

blunderbuss *n.* pemuras; senapang
berpeluru kacang-kacang.

blunt *a.* tumpul; berterus terang.
—*v.t./i.* menumpulkan. **bluntly** *adv.*
dengan terus terang. **bluntness**
n. ketumpulan; sifat suka berterus
terang.

blur *n.* palitan; kekaburan. —*v.t./i.* (*p.t.*
blurred) palit; mengaburkan.

blurb *n.* ringkasan penerbit; tulisan
yang menghurai dan memuji
sesuatu.

blurt *v.t.* mengatakan sesuatu dengan
tiba-tiba.

blush *v.i.* tersipu-sipu (hingga merah
muka). —*n.* merah muka (kerana
malu).

blusher *n.* pemerah pipi.

bluster *v.i.* menderu; membadai; cakap
berdegar-degar. —*n.* kata-kata yang
berdegar-degar. **blustery** *a.* berangin
kencang.

BMX *n.* basikal lumba untuk jalan
tanah.

boa *n.* ular boa; sejenis ular besar di
Amerika Selatan yang meremukkan
mangsanya.

boar *n.* babi jantan.

board *n.* papan nipis; papan kenya-
taan; papan kertas; makanan harian
yang dibayar atau sebagai upah; lem-
baga. —*v.t./i.* menutup dengan papan;
menaiki (kapal); menerima atau
menyediakan makanan dan tempat
tinggal dengan bayaran. **go by the
board** ditolak atau diketepikan. **on
board** di atas atau di dalam kapal,
kapal terbang, dll.

boarder *n.* orang yang membayar
makan; penuntut yang tinggal di
asrama.

boarding-house *n.* rumah penginapan.

boarding-school *n.* sekolah beras-
rama.

boardroom *n.* bilik lembaga; bilik lem-
baga pengarah bermesyuarat.

boast *v.t./i.* bercakap besar. —*n.* cakap
besar; kemegahan. **boaster** *n.* orang
yang bercakap besar; pelagak.

boastful *a.* sombong; bongkak. **boast-
fully** *adv.* dengan sombong. **boastful-
ness** *n.* kesombongan; kebongkakan.

boat *n.* bot; perahu; sampan; mang-
kuk jongkang. **in the same boat**
senasib.

boater *n.* topi *boater*; topi jerami yang
rata di atasnya.

boathouse *n.* bangsal bot; bangsal di
tepi air untuk melindungi bot.

boating *n.* main perahu; bersuka-suka
mendayung perahu.

boatman *n.* (*pl.* -men) orang yang
mendayung atau melayarkan atau
menyewakan bot, perahu, dsb.

boatswain *n.* serang; ketua kelasi.

bob¹ *v.t./i.* (*p.t.* bobbed) tenggelam
timbul; potong pendek (rambut). —*n.*

B

gerakan tenggelam timbul; rambut pendek.

bob[2] *n.* (*pl.* **bob**) (*sl.*) syiling; 5 peni.

bobbin *n.* gelendong; kili-kili.

bobble *n.* bola bulu sebagai hiasan.

bobby *n.* (*colloq.*) anggota polis; mata-mata.

bob-sled, bob-sleigh *ns.* kereta geluncur. —*v.i.* menaiki kereta geluncur.

bobtail *n.* ekor kontot; kuda atau anjing yang berekor kontot.

bode *v.t./i.* menandakan; meramalkan.

bodice *n.* badan baju; bahagian pakaian dari bahu ke pinggang; anak baju; baju dalam.

bodily *a.* berkaitan dengan badan atau jasmani manusia. —*adv.* secara jasad; sepenuhnya; seluruhnya.

bodkin *n.* jarum susup; jarum yang kasar, tumpul dan berlubang besar.

body *n.* tubuh; badan; jasad; mayat; kelompok. **body-blow** *n.* pukulan yang hebat.

bodyguard *n.* pengawal peribadi; pengiring.

bodysuit *n.* pakaian sukan wanita yang sendat.

Boer *n.* orang Afrika Selatan berketurunan Belanda.

boffin *n.* (*colloq.*) orang yang terlibat dalam bidang teknikal.

bog *n.* paya; rawa. —*v.t.* (*p.t.* **bogged**) menjadi buntu. **boggy** *a.* berpaya; berawa. **bogginess** *n.* kebuntuan.

bogey[1] *n.* (*pl.* **-eys**) (dalam permainan golf) bogi; satu pukulan atas par.

bogey[2] *n.* (*pl.* **-eys** *dan* **-ies**) momok; benda yang menakutkan.

boggle *v.i.* tergamam; membantah.

bogus *a.* palsu.

bohemian *a.* berjiwa seni dan tidak mengikut kebiasaan.

boil[1] *n.* bisul.

boil[2] *v.t./i.* jerang; rebus; mendidih.

boiler *n.* dandang; periuk penjerang air. **boiler suit** baju monyet; pakaian untuk kerja-kerja kasar dan kotor.

boisterous *a.* berangin; riuh-rendah keriangan. **boisterously** *adv.* dengan riang.

bold *a.* (**-er, -est**) berani; (warna) jelas; ketara. **boldly** *adv.* dengan berani. **boldness** *n.* keberanian; kejelasan.

bole *n.* batang pokok.

bolero *n.* (*pl.* **-os**) tarian bolero (Sepanyol); jaket pendek tanpa butang untuk perempuan.

boll *n.* buah kapas, flaks, dsb.

bollard *n.* tumang; tonggak.

boloney *n.* (*sl.*) karut.

Bolshie *a. & n.* (*sl.*) komunis; pemberontak.

bolster *n.* bantal guling. —*v.t.* menyokong; menunjang.

bolt *n.* selak; pancaran kilat; pengancing; anak panah; gulungan kain; tindakan cabut lari. —*v.t./i.* menyelak; cabut lari. **bolt-hole** *n.* lubang persembunyian. **bolt upright** tegak betul.

bomb *n.* bom; (*sl.*) wang yang banyak. —*v.t./i.* mengebom.

bombard *v.t.* menembak dengan meriam; membedil; menghujani. **bombardment** *n.* pembedilan.

bombardier *n.* askar meriam.

bombast *n.* bahasa yang angkuh dan menunjuk-nunjuk.

bombastic *a.* menggunakan perkataan-perkataan yang hebat.

bombazine *n.* kain worsted twil; sejenis kain.

bomber *n.* kapal terbang pengebom; orang yang kerjanya mengebom.

bombshell *n.* sesuatu yang menggemparkan; kejutan.

bona fide jujur, ikhlas.

bona fides kejujuran, keikhlasan; niat baik.

bonanza *n.* harta atau tuah besar yang mendadak.

bond *n.* bon; ikatan; perjanjian; kertas tulisan bermutu tinggi. —*v.t.* ikat. **in bond** ditahan kastam hingga cukai dibayar.

bondage *n.* perhambaan; pengabdian.

bonded *a.* tersimpan di gudang bagi barang yang ditahan; terikat.

bone *n.* tulang. —*v.t.* menulangi; membuang tulang. **bone china** diperbuat daripada tanah liat dan abu tulang. **bone-dry** *a.* kering betul. **bone idle** berat tulang (sangat malas). **bone-meal** *n.* serbuk tulang yang dibuat baja.

bonehead *n.* (*sl.*) otak udang (orang bodoh).

bonfire *n.* api di tempat terbuka yang dinyalakan untuk membakar sampah atau sebagai keraian.

bongo *n.* (*pl.* **-os**) bonggo: sepasang gendang kecil yang dimainkan dengan jari.

bonhomie *n.* keramah-tamahan.

bonk *v.t./i.* berdebap; berlanggar; (*sl.*) melakukan persetubuhan (dengan). —*n.* bunyi berdebap.

bonnet *n.* topi bonet; topi bertali pengikat di bawah dagu; topi Scot; bonet; penutup enjin kereta.

bonny *a.* (**-ier, -iest**) sihat dan tegap.

bonsai *n.* bonsai; pokok kecil atau pokok renek.

bonus *n.* bonus; bayaran lebih.

bon voyage *exclam.* selamat jalan.

bony *a.* (-ier, -iest) seperti tulang; kurus; penuh tulang. **boniness** keadaan kurus atau penuh tulang.

boo *int.* mencemuh. —*v.t./i.* bersorak 'boo' kepada orang.

boob *n. & v.i.* (*sl.*) kesilapan yang memalukan.

booby *n.* orang bodoh. **booby prize** hadiah jenaka kepada si kalah. **booby trap** perangkap; jerangkap samar. **booby-trap** *v.t.* memasang jerangkap samar.

boogie *n.* (boogie-woogie) muzik piano jazz diiringi rentak bes. —*v.i.* menari dengan rentak ini.

book *n.* kitab; buku; rakaman atau pertaruhan judi yang dibuat. —*v.t./i.* membukukan; tempah; beli terlebih awal.

bookable *a.* boleh ditempah terlebih dahulu.

bookcase *n.* rak buku; almari buku.

bookie *n.* (*colloq.*) penerima taruhan.

bookkeeping *n.* simpan kira; pencatatan urus niaga.

booklet *n.* buku kecil.

bookmaker *n.* penerima taruhan.

bookmark *n.* penanda buku.

book-plate *n.* plat buku; label pada buku mempamer nama pemilik.

bookworm *n.* ulat buku; orang yang gemar membaca.

boom[1] *v.t.* berdentum; melambung naik. —*n.* dentuman; keadaan ekonomi melambung.

boom[2] *n.* joran; bum; penyekat yang terapung.

boomerang *n.* bumerang; kayu berbentuk siku yang apabila dilontarkan berbalik semula kepada si pelontar. —*v.i.* berbalik kepada diri sendiri.

boon[1] *n.* keuntungan.

boon[2] *a.* boon companion teman yang rapat.

boor *n.* orang biadab. **boorish** *a.* perihal kebiadaban. **boorishness** *n.* kebiadaban.

boost *v.t.* menaikkan; menggalakkan. —*n.* kenaikan; pertambahan. **booster** *n.* penggalak.

boot[1] *n.* but; kasut yang tinggi (sampai ke atas buku lali); tempat menyimpan barang di kereta; (*sl.*) pemecatan. —*v.t.* tendang; sepak.

bootee *n.* buti; kasut sulaman untuk bayi.

booth *n.* pondok.

bootleg *a.* haram; hasil seludup. **bootlegger** *n.* penyeludup. **bootlegging** *n.* penyeludupan.

booty *n.* harta rampasan.

booze *v.i.* (*colloq.*) minum arak. —*n.* arak; bersuka-suka dengan meminum arak atau alkohol. **boozer** *n.* peminum (arak). **boozy** *a.* mabuk. **boozily** *adv.* dengan mabuk. **booziness** *n.* kemabukan.

bop *n. informal* tarian mengikut muzik pop.

boracic *a.* borik; mengandungi boraks.

borax *n.* boraks; sebatian boron yang digunakan dalam serbuk pencuci, dsb.

border *n.* sempadan; pinggir; batas. —*v.t./i.* buat sempadan. **border on** bersempadan; hampir-hampir; menyerupai.

borderline *n.* garisan sempadan.

bore[1] *lihat* **bear**[2].

bore[2] *v.t./i.* menggerek; mengorek. —*n.* lubang galian; ruang lubang dalam pembuluh, silinder, dsb. **borer** *n.* tukang gerek; pengebor.

bore[3] *v.t.* jemu; bosan. —*n.* orang, benda atau hal yang menjemukan, membosankan. **boredom** *n.* kebosanan.

bore[4] *n.* ombak besar di kuala.

boric *a.* boric acid asid borik; sebatian yang diperoleh daripada boron dan digunakan sebagai antiseptik.

born *a.* dilahirkan; berbakat; memang dasarnya. **born-again** *a.* baru memeluk atau percaya kepada sesuatu agama, dsb.

borne *lihat* **bear**[2].

boron *n.* boron; tingkal; bahan kimia yang tahan suhu panas.

borough *n.* bandar atau daerah yang mempunyai kuasa pentadbiran sendiri; daerah pentadbiran London.

borrow *v.t./i.* pinjam. **borrowed time** melebihi jangka waktu hayat. **borrower** *n.* peminjam.

Borstal *n.* tempat pemulihan pesalah muda.

bosom *n.* dada. **bosom friend** kawan rapat. **bosomy** *a.* berbuah dada besar.

boss[1] *n.* (*colloq.*) bos; ketua; pengurus. —*v.t.* (*colloq.*) mengarah.

boss[2] *n.* tombol; bonggol.

bossy *a.* (-ier, -iest) suka mengarah. **bossiness** *n.* sikap suka mengarah.

botany *n.* botani; kajian tumbuhan. **botanical** *a.* berkaitan dengan tumbuhan. **botanist** *n.* ahli botani; pengkaji tumbuhan.

botch *v.t.* merosakkan kerana kerja sambil lewa.

both *a., pron. & adv.* kedua-dua(nya).

bother *v.t./i.* ganggu; kacau; menyusahkan; merisaukan. —*int.* alamak!; celaka!; kata seruan tentang kejelikan. —*n.* bimbang; kesusahan kecil. **bothersome** *a.* mengganggu; menyusahkan.

bottle *n.* botol. —*v.t.* membotolkan; simpan dalam botol.

bottleneck *n.* tempat sempit yang menyebabkan kesesakan; gangguan terhadap sesuatu kerja, dsb.

bottom *n.* dasar; punggung. —*a.* terkebawah dalam kedudukan, pangkat, dsb. —*v.t./i.* meletakkan bahagian bawah; jatuh ke paras yang paling bawah. **bottom line** (*colloq.*) hakikat atau keperluan utama.

bottomless *a.* tersangat dalam.

botulism *n.* botulisme; peracunan makanan oleh bakteria.

bouclé *n.* kain dengan gelungan benang.

boudoir *n.* bilik kecil kegunaan peribadi bagi wanita.

bouffant *a.* (berkenaan rambut) tinggi dan berbentuk bulat.

bougainvillaea *n.* sejenis bunga; bunga kertas.

bough *n.* dahan.

bought *lihat* buy.

boulder *n.* batu tongkol.

boulevard *n.* jalan yang luas.

bounce *v.t./i.* melambung; memantul; melantun; (*sl.,* berkenaan cek) melambung; dikembalikan oleh bank kerana tiada berharga; cergas. —*a.* pantulan; lantunan; pelantunan; pemantulan; cergas.

bouncer *n.* pelantun; pelambung; pemantul; (*sl.*) orang yang diupah untuk mengusir pengacau.

bouncing *a.* segar-bugar.

bound *a.* pergi ke arah tertentu.

bound[1] *v.t* menyempadani; membatasi. —*n.* (*usu. pl.*) had. **out of bounds** tempat larangan.

bound[2] *v.i.* melantun; melompat-lompat. —*n.* lantunan.

bound[3] *lihat* bind. —*a.* tersekat oleh sesuatu. **bound to** pasti akan. **I'll be bound** saya berasa pasti.

boundary *n.* garisan sempadan; pukul ke sempadan dalam permainan kriket.

bounden *a.* **bounden duty** tanggungjawab; kewajipan.

boundless *a.* tanpa had atau sempadan; tak terbatas.

bountiful *a.* dermawan; melimpahruah. **bountifully** *adv.* dengan banyaknya.

bounty *n.* kemurahan hati; hadiah yang besar; ganjaran. **bounteous** *a.* dermawan; pemberian yang dermawan. **bounteously** *adv.* dengan kemurahan hati.

bouquet *n.* jambak bunga; bau harum wain.

bourbon *n.* wiski yang diperbuat daripada jagung.

bourgeois *a.* borjuis; kelas pertengahan.

bourgeoisie *a.* golongan borjuis.

bout *n.* jangka waktu tugas atau kegeringan; perlawanan tinju.

boutique *n.* butik; kedai yang menjual berbagai-bagai fesyen pakaian.

bovine *a.* seperti lembu; bodoh dan lembap.

bow[1] *n.* busur; ibu panah; penggesek biola; reben; simpulan. **bow-legged** *a.* (kaki) pengkar. **bow-tie** *n.* tali leher kupu-kupu. **bow-window** *n.* tingkap unjur lengkung.

bow[2] *n.* tundukan. —*v.t./i.* tunduk; bongkok; menyerah.

bow[3] *n.* haluan (perahu, kapal); pendayung yang terhampir ke haluan.

bowdlerize *v.t.* menapis (kata-kata babak, dsb.); membuang; mengeluarkan. **bowdlerization** *n.* penapisan.

bowel *n.* usus; (*pl.*) isi perut.

bower *n.* punjung; para-para. **bowery** *a.* seperti punjung berdaun.

bowl[1] *n.* mangkuk; kepala sudu, paip, dsb.

bowl[2] *n.* sejenis bola berat; permainan bola ini; bola golek; bola pusing. —*v.t./i.* bergolek; pantas dan licin; melontar bola kepada pemukul. **bowl over** jatuh tergolek; berasa kagum.

bowler[1] *n.* pelontar bola kriket; pemain bola golek; pemain boling.

bowler[2] *n.* **bowler hat** topi keras yang bulat atas ubunnya.

bowling *n.* boling.

bowsprit *n.* spar atau kayu panjang di bahagian haluan kapal.

box[1] *n.* kotak; peti; pondok; petak. —*v.t.* memasukkan ke dalam kotak. **box in** tertutup dalam ruang sempit. **box office** *n.* tempat jual tiket di panggung, dll. **box pleat** *n.* lisu bertentang; lipatan bertentangan yang selari pada kain yang dijahit untuk membentuk jalur timbul.

box[2] *v.t./i.* menampar; bertinju sebagai sukan. —*n.* tamparan. **boxing** *n.* tinju.

box 47 bread

B

box[3] *n.* sejenis pokok renek malar hijau; kayunya. **boxwood** *n.* kayu pak.

boxer *n.* peninju; sejenis anjing.

Boxing Day hari pertama (bukan hari minggu) selepas Krismas.

boxroom *n.* stor menyimpan kotak kosong, dsb.

boy *n.* budak lelaki; orang gaji lelaki. **boyhood** *n.* zaman kebudakan, remaja. **boyish** *a.* kebudakan.

boycott *v.t.* memulaukan; boikot. —*n.* pemulauan; pemboikotan.

boyfriend *n.* teman lelaki.

bra *n.* coli.

brace *n.* pendakap; pasang; (*pl.*) tali bawat. —*v.t.* menyokong; mengukuhkan.

bracelet *n.* gelang.

bracing *a.* menyegarkan.

bracken *n.* pakis; pokok resam.

bracket *n.* kuda-kuda; tupai-tupai; kurungan; tanda-tanda ( ), [ ], { }; golongan. —*v.t.* membubuh dalam kurungan; memasukkan ke dalam golongan.

brackish *a.* payau (air).

bract *n.* pelepah.

bradawl *n.* gerudi kecil.

brag *v.i.* (*p.t.* bragged) bercakap besar.

braggart *n.* orang yang bercakap besar.

brahmin *n.* brahmin; orang yang berkasta tertinggi dalam agama Hindu.

braid *n.* tocang; pita brid. —*v.t.* menocangkan; membubuh pita brid.

Braille *n.* Braille; sistem tulisan untuk orang buta.

brain *n.* otak; (juga *pl.*) kepintaran; kecerdasan otak. —*v.t.* memecahkan kepala. **brainchild** ciptaan atau idea seseorang.

brainstorm *n.* memerah otak; (A.S.) idea-idea yang bagus.

brainwash *v.t.* memaksa perubahan pendapat dengan tekanan ke atas fikiran.

brainwave *n.* idea-idea yang bagus.

brainy *a.* (-ier, -iest) pintar; pandai.

braise *v.t.* menumis-reneh, memasak bahan yang bercampur sedikit air dengan api perlahan.

brake[1] *n.* brek. —*v.t./i.* membrek; menahan.

brake[2] *n.* kawasan semak; rambun; gumpang.

bramble *n.* pokok beri berduri.

bran *n.* bran; kulit biji-bijian yang dikisar dan diayak daripada tepung.

branch *n.* dahan; ranting; cabangan; cawangan jalan, sungai, dsb.; cawa-ngan; cabang sesuatu badan. —*v.i.* bercabang. **branch off** menyimpang. **branch out** memperluas dengan memulakan satu kegiatan baharu.

brand tanda perniagaan; jenama; tanda selar; puntung kayu. —*v.t.* menanda; beri gelaran buruk. **brand-new** *a.* baharu; terbaharu.

brandish *v.t.* lambai.

brandy *n.* brandi; arak yang disuling daripada wain atau jus buah-buahan yang ditapai. **brandy snap** wafer gulung berisi krim.

brash *a.* gopoh; kasar. **brashly** *adv.* dengan kasar. **brashness** *n.* kekasaran.

brass *n.* loyang; (*sl.*) duit. —*a.* dibuat daripada loyang. **brass tacks** (*sl.*) fakta; hakikat asas. **top brass** (*colloq.*) pegawai tinggi.

brasserie *n.* restoran (asalnya menyediakan bir dengan makanan).

brassière *n.* coli.

brassy *a.* (-ier, -iest) bagai loyang; tidak tahu malu. **brassiness** *n.* sifat tidak tahu malu.

brat *n.* anak atau budak (bahasa kesat).

bravado *n.* keberanian yang ditunjuk-tunjuk.

brave *a.* (-er, -est) berani; hebat. —*n.* pahlawan orang asli Amerika. —*v.t.* menghadapi dengan berani. **bravely** *adv.* dengan keberanian. **bravery** *n.* keberanian.

bravo *int.* bagus!; syabas!

brawl *n.* pergaduhan; perkelahian. —*v.i.* bergaduh; berkelahi. **brawler** *n.* orang yang bergaduh atau berkelahi.

brawn *n.* tenaga; kekuatan jasmani; daging daripada kepala anak lembu.

brawny *a.* (-ier, -iest) tegap.

bray *n.* ringkikan; rengehan (keldai); bunyi mersik. —*v.i.* meringkik; merengeh.

braze *v.t.* memateri.

brazen *a.* yang dibuat daripada atau seperti loyang; tidak tahu malu. —*v.t.* **brazen it out** tidak malu walaupun bersalah; menebalkan muka. **brazen-ly** *adv.* dengan muka tebal; tanpa segan silu.

brazier *n.* perapian; bekas berkaki untuk bara.

Brazil nut *n.* kekeras besar bersisi tiga daripada sejenis pokok di Amerika Selatan.

breach *n.* mungkir; kerenggangan; rekahan; ruang pemisah. —*v.t.* memecahkan; mungkir.

bread *n.* roti; (*sl.*) wang.

B

breadcrumbs *n.pl.* serbuk roti.
breadfruit *n.* buah sukun.
breadline *n.* **on the breadline** melarat; sangat miskin.
breadth *n.* lebar; luas; keluasan.
breadwinner *n.* pencari nafkah; ahli keluarga yang bertanggungjawab dalam pencarian nafkah keluarga.
break *v.t./i.* (*p.t.* **broke,** *p.p.* **broken**) patah; pecah; rosak; jahanam; mungkir; putus; membuka dengan tiba-tiba; muncul dengan tiba-tiba; mengumumkan (berita); melebihi (sesuatu rekod); takluk; suara (budak lelaki) yang menjadi garau sesudah baligh; (bola) mengubah hala setelah melantun ke tanah. —*n.* lubang; bahagian yang pecah; berhenti; brek (biliard); (*colloq.*) peluang; nasib baik. **break down** rosak; gagal; menangis; analisis. **break even** pulang modal. **break service** memenangi permainan tenis pada servis lawan. **break up** menamatkan; menjadi lemah; memulakan cuti sekolah. **break with** putus harapan; putus persahabatan.
breakable *a.* mudah pecah.
breakage *n.* perpecahan.
break-dancing *n.* sejenis tarian jalanan yang memerlukan tenaga.
breakdown *n.* kerosakan enjin; menjadi lemah; kerosakan kesihatan tubuh atau akal; huraian; analisis.
breaker *n.* ombak besar yang menghempas di pantai.
breakfast *n.* sarapan; makanan pagi. —*v.i.* bersarapan; makan pagi.
breakneck *a.* laju dan berbahaya.
breakthrough *n.* satu kemajuan besar dalam pengetahuan ataupun rundingan.
breakwater *n.* tembok yang dibina untuk menahan ombak.
bream *n.* sejenis ikan.
breast *n.* dada; buah dada; tetek. —*v.t.* mengharungi; merempuh. **breaststroke** *n.* kuak dada; kayuhan renang secara meniarap.
breastbone *n.* tulang dada.
breastplate *n.* perisai dada.
breath *n.* nafas; tarikan nafas; tiupan lembut. **out of breath** tercungapcungap. **under one's breath** berbisik.
breathy *a.* seperti orang mengah.
breathalyse *v.t.* diuji menggunakan penganalisis nafas.
breathalyser *n.* penganalisis nafas; alat pengukur kandungan alkohol di dalam nafas seseorang.

breathe *v.t./i.* bernafas; membisikkan.
breather *n.* hentian sebentar untuk rehat; melepaskan lelah.
breathless *a.* tercungap-cungap; termengah-mengah.
breathtaking *a.* mengagumkan.
bred *lihat* **breed.**
breech *n.* bahagian belakang laras senapang. **breech birth** kelahiran songsang (punggung bayi keluar dulu).
breeches *n.pl.* seluar yang berkaki ke bawah sedikit dari lutut.
breed *v.t./i.* (*p.t.* **bred**) biak; ternak; bela; pelihara; didik; melahirkan. —*n.* baka; jenis-jenis binatang dalam sesuatu spesies.
breeder *n.* pembiak; penternak; pembela. **breeder reactor** *n.* reaktor pembiak; alat yang digunakan untuk menghasilkan pembelahan nuklear.
breeding *n.* kesantunan akibat didikan yang baik.
breeze *n.* bayu. **breezy** *a.* berangin.
brethren *n.pl.* saudara lelaki.
Breton *a.* & *n.* berasal dari Brittany.
breviary *n.* kitab doa-doa (Kristian).
brevity *n.* keringkasan.
brew *v.t./i.* membru; membuat (bir) dengan cara menjerang hingga mendidih, meragi dan dibiarkan menapai; membuat teh dengan cara merendam daun teh; mengakibatkan. —*n.* bru; cecair atau hasil yang dibru.
brewer *n.* pembuat bir.
brewery *n.* kilang bir.
briar *n.* = **brier.**
bribe *n.* rasuah. —*v.t.* memberi rasuah. **bribery** *n.* pemberian atau penerimaan rasuah.
bric-a-brac *n.* keropas-kerapis.
brick *n.* bata; (*sl.*) seseorang yang baik hati. —*v.t.* membubuh bata; menutup dengan bata. **brick-red** *a.* kemerahan; merah bata.
brickbat *n.* sekeping batu terutama untuk dibaling; kecaman.
bricklayer *n.* penurap bata.
brickwork *n.* binaan bata.
bridal *a.* berkaitan dengan pengantin perempuan atau perkahwinan.
bride *n.* pengantin perempuan.
bridegroom *n.* pengantin lelaki.
bridesmaid *n.* pengapit pengantin perempuan.
bridge[1] *n.* titi; jambatan; pentas nakhoda atau kapten di atas kapal; tulang hidung. —*v.t.* bina titi atau jambatan; menyambung; menghubung.
bridge[2] *n.* sejenis permainan yang menggunakan terup.

B

bridgehead *n.* pangkalan terdepan, kubu dalam kawasan musuh.

bridle *n.* tali kekang. —*v.t./i.* mengenakan tali kekang; menahan; mengangkat kepala tanda angkuh atau mencemuh. **bridle-path** *n.* lorong yang sesuai untuk penunggang kuda sahaja.

brief[1] *a.* (**-er, -est**) ringkas; pendek. **briefly** *adv.* secara ringkas. **briefness** *n.* keringkasan.

brief[2] *n.* maklumat dan arahan, terutama untuk peguam. —*v.t.* ambil khidmat peguam; maklumkan terlebih dahulu.

briefcase *n.* beg bimbit; beg untuk membawa bahan-bahan bertulis.

briefs *n.pl.* seluar dalam.

brier *n.* belukar berduri.

brig *n.* perahu layar.

brigade *n.* briged; sepasukan tentera yang membentuk satu bahagian (divisyen); pasukan.

brigadier *n.* brigedier; pemerintah briged.

brigand *n.* perompak; penyamun. **brigandage** *n.* perbuatan merompak.

bright *a.* (**-er, -est**) terang; cerah; berkilat; riang; pintar; pandai. **brightly** *adv.* terang-benderang. **brightness** *n.* terangnya; kecerahan.

brighten *v.t./i.* jadi lebih terang; semakin cerah.

brill *n.* ikan sebelah.

brilliant *a.* berkilau; terang; sangat pintar. —*n.* berlian. **brilliantly** *adv.* dengan kilauan atau kepintaran. **brilliance** *n.* gemerlapan; kilauan.

brilliantine *n.* bahan pengilat rambut.

brim *n.* bibir cawan atau saluran; tepi. —*v.t.* (*p.t.* **brimmed**) bergenang; melimpah-ruah; penuh sehingga ke bibir.

brimstone *n.* (usang) batu belerang.

brindled *a.* berwarna perang dengan jaluran warna-warna lain.

brine *n.* air masin.

bring *v.t.* (*p.t.* **brought**) membawa; menyebabkan. **bring about** menyebabkan. **bring off** laksana dengan jayanya. **bring out** memperlihatkan; mengeluarkan. **bring up** didik; pelihara; muntah; menyebabkan hentian mendadak; mengemukakan perkara atau isu untuk dibincang. **bringer** *n.* pembawa.

brink *n.* tepi; pinggir; saat sebelum berlaku perubahan.

brinkmanship *n.* amalan yang membahayakan.

briny *a.* masin. —*n.* (*sl.*) laut.

briquette *n.* briket; bahan penyala.

brisk *a.* (**-er, -est**) lincah; pantas. **briskly** *adv.* dengan lincah. **briskness** *n.* kelincahan.

brisket *n.* ketul daging dada.

bristle *n.* bulu kejur, bulu pendek dan keras. —*v.i.* meremang; berceracak; melenting. **bristle with** penuh dengan. **bristly** *a.* kejur; berbulu kejur.

Brit. *n.* (*colloq.*) orang British.

Britannia *a.* mata wang emas Britain yang pertama kali dilancarkan pada tahun 1987.

Britannic *a.* berkaitan dengan Britain atau rakyatnya.

British *a.* dari Britain; orang British.

Briton *n.* orang British.

brittle *a.* rapuh. **brittly** *adv.* dengan rapuh. **brittleness** *n.* kerapuhan.

broach *v.t.* buka dan mula guna; memulakan perbincangan.

broad *a.* (**-er, -est**) luas; lebar; penuh dan lengkap; secara kasar; (jenaka) lucah. —*n.* bahagian yang luas atau lebar. **broad bean** sejenis kacang berbiji leper yang boleh dimakan. **broad-minded** *a.* berfikiran terbuka. **broadly** *adv.* secara kasar. **broadness** *n.* kelebaran; keluasan.

broadcast *v.t./i.* (*p.t.* **broadcast**) menyiarkan; menghebahkan; menabur (biji benih). —*n.* siaran. **broadcaster** *n.* penyiar.

broaden *v.t./i.* meluaskan; melebarkan.

broadsheet *n.* terbitan lebar sehelai; kertas lebar yang dicetak pada sebelah halaman sahaja.

broadside *n.* tembakan meriam dari tepi kapal. **broadside on** sisi kapal di atas garis air.

broadsword *n.* pedang dengan bilah yang lebar.

brocade *n.* broked; kain bertenun benang emas. **brocaded** *a.* dengan tenunan benang emas.

broccoli *n.* (*pl.* **-li**) brokoli; kubis bunga jenis hijau.

brochure *n.* risalah.

broderie anglaise kain berenda.

brogue *n.* kasut brog; kasut keras berhias.

broil *v.t./i.* memanggang; menjadikan panas.

broiler *n.* ayam pedaging; ayam yang sesuai untuk dipanggang.

broke *lihat* **break**. —*a.* (*sl.*) kehabisan wang; bankrap; muflis.

broken *lihat* **break**. —*a.* **broken**

B

English bahasa Inggeris pasar.
broken-hearted *a.* patah hati.
broker *n.* broker; orang tengah.
brolly *n.* (*colloq.*) payung.
bromide *n.* bromida; sejenis sebatian kimia untuk menenangkan rasa gementar.
bromine *n.* bromin; sejenis bahan kimia.
bronchial *a.* bronkus; berkaitan dengan tiub-tiub yang mencabang dari saluran udara di kerongkong.
bronchitis *n.* bronkitis; bengkak pada tiub udara di kerongkong.
bronco *n.* (*pl.* **-os**) kuda liar di Amerika Utara.
brontosaurus *n.* sejenis dinosaur besar memakan tumbuh-tumbuhan.
bronze *n.* gangsa; perunggu; warnanya. —*a.* diperbuat daripada gangsa; berwarna kuning gangsa. —*v.t./i.* memerangkan. **bronzy** *a.* macam gangsa.
brooch *n.* kerongsang.
brood *n.* anak-anak ayam (burung, dll.) yang menetas serentak; sekumpulan anak-anak. —*v.i.* mengeram dan menetaskan telur; berfikir panjang dan mendalam tentang sesuatu yang kurang menyenangkan.
broody *a.* (ayam) yang ingin mengeram; termenung muram.
brook[1] *n.* alur; anak sungai.
brook[2] *v.t.* membenarkan; biar.
broom *n.* penyapu; pokok renek dengan bunga-bunga putih atau kuning.
broomstick *n.* batang penyapu.
bros. *abbr.* saudara lelaki.
broth *n.* sup; air rebusan.
brothel *n.* rumah pelacuran.
brother *n.* saudara lelaki (adik atau abang); ahli gereja; rahib yang masih belum bertaraf paderi. **brother-in-law** *n.* (*pl.* **-s-in-law**) abang atau adik ipar (lelaki). **brotherly** *a.* sebagai saudara.
brotherhood *n.* persaudaraan; keikhwanan; persatuan.
brought *lihat* bring.
brow *n.* dahi; kening; alis.
browbeat *v.t.* (*p.t.* **-beat**, *p.p.* **-beaten**) gertak.
brown *a.* (**-er, -est**) berwarna coklat. —*n.* warna coklat. —*v.t./i.* jadi warna coklat. **browned off** (*sl.*) bosan; jemu; **brownish** *a.* warna kecoklatan.
Brownie *n.* Tunas Puteri.
browse *v.i.* makan daun atau rumput; baca atau lihat sepintas lalu.

bruise *n.* bengkak; benjol; lebam. —*v.t./i.* menyebabkan atau menjadi bengkak.
bruiser *n.* orang yang sasa dan ganas.
bruit *v.t.* menyebar (berita, dll.)
brunch *n.* (*colloq.*) waktu makan yang menggabungkan makan pagi dan makan tengah hari.
brunette *n.* perempuan berambut perang tua atau coklat.
brunt *n.* bahagian utama yang mengalami ketegangan atau tekanan.
brush *n.* berus; pertelingkahan kecil; belukar. —*v.t.* memberus; sentuh; tempuh. **brush off** menolak. **brush up** kaji kembali.
brushwood *n.* belukar; ranting-ranting patah.
brusque *a.* kasar. **brusquely** *adv.* perihal kasar. **brusqueness** *a.* kekasaran.
Brussels sprouts kubis Brussels.
brutal *a.* kejam. **brutally** *adv.* dengan kejam. **brutality** *n.* kekejaman.
brutalize *v.t.* berlaku atau menjadikan kejam. **brutalization** *n.* pengganasan.
brute *n.* binatang; orang yang kejam; (*colloq.*) seseorang yang tidak baik; —*a.* tidak berakal; tidak bersebab. **brutish** *a.* seperti binatang.
B.Sc. *abbr.* Bachelor of Science Sarjana Muda Sains.
Bt. *abbr.* Baronet baron.
bubble *n.* buih; gelembung. —*v.t./i.* berbuih; menggelegak; cergas. **bubbly** *a.* berbuih; periang.
bubonic *a.* (wabak) bubonik; hawar.
buccaneer *n.* lanun.
buck[1] *n.* rusa atau arnab jantan. —*v.i.* (kuda) melompat dengan melentikkan belakang. **buck up** (*sl.*) lekaslah; jadi lebih riang.
buck[2] *n.* bahan yang diletakkan di hadapan pengedar kad dalam mainan pakau. **pass the buck** mengalihkan tanggungjawab kepada orang lain. **buck-passing** *n.* pengalihan tanggungjawab.
buck[3] *n.* (*sl.*) dolar Amerika atau Australia.
bucked *a.* (*sl.*) jadi riang dan bersemangat.
bucket *n.* timba; baldi. —*v.i.* bergerak dengan pantas dan melambung-lambung; mencurah-curah. **bucketful** *n.* setimba atau sebaldi penuh; banyak.
buckle *n.* pengancing; gancu. —*v.t./i.* mengancing; menjadi renyuk.

buckle down to melakukan dengan bersungguh-sungguh.

buckler *n.* perisai bulat kecil.

buckram *n.* bukram; kain keras dan kasar.

buckshee *a.* & *adv.* percuma.

buckwheat *n.* gandum kuda.

bucolic *a.* kekampungan; kedesaan.

bud *n.* kuntum; tunas. —*v.i.* (*p.t.* budded) bertunas.

Buddhism *n.* agama Buddha. **Buddhist** *a.* & *n.* berkaitan dengan atau orang beragama Buddha.

budding *a.* sedang meningkat.

buddleia *n.* pokok atau belukar dengan bunga-bunga kuning atau ungu.

buddy *n.* (*colloq.*) kawan. —*v.i.* menjadi mesra.

budge *v.t./i.* ganjak sedikit.

budgerigar *lihat* budgie.

budget *n.* belanjawan. —*v.t./i.* (*p.t.* budgeted) menyediakan belanjawan.

budgie *n.* *abbr.* budgerigar sejenis burung kakaktua Australia.

buff *n.* warna kuning pucat; berbogel; (A.S., *colloq.*) penggemar; peminat. —*v.t.* gilap dengan bahan lembut.

buffalo *n.* (*pl.* -oes atau -o) kerbau.

buffer *n.* penampan; (*sl.*) lelaki. —*v.t.* menjadi penampan. **buffer zone** kawasan di antara dua wilayah yang bermusuhan bagi menghalang pertembungan.

buffet[1] *n.* bufet; pentas tempat makanan dan minuman disajikan; jamuan berselerak.

buffet[2] *n.* pukulan berulang-ulang terutama dengan tangan. —*v.t.* (*p.t.* buffeted) memukul.

buffoon *n.* pelawak; penjenaka. **buffoonery** *n.* lawak jenaka.

bug *n.* pijat; (*sl.*) kuman; (*sl.*) peranti pepijat; mikrofon tersembunyi untuk tujuan pengintipan; (*sl.*) belot. —*v.t.* (*p.t.* bugged) (*sl.*) memasang peranti pepijat; kacau; ganggu.

bugbear *n.* benda yang ditakuti atau dibenci.

bugger *n.* (*vulgar*) *derog.* seorang yang melakukan 'buggery' (pelakuan seks melalui dubur); seorang atau sesuatu benda yang kurang elok. —*v.* mengamalkan 'buggery' dengan.

buggy *n.* kereta kuda; kenderaan kecil yang kukuh.

bugle[1] *n.* begol; trompet kecil. **bugler** *n.* peniup begol.

bugle[2] *n.* manik kaca berbentuk tiub.

build *v.t./i.* (*p.t.* built) bina; membangunkan —*n.* bentuk tubuh. **build on** berasaskan kepada **build up** makin meningkat; semakin tinggi atau tebal; membina sesuatu; digalakkan dengan pujian. **build-up** *n.* peningkatan, pembinaan, dsb. **builder** *n.* pembina.

building *n.* binaan; bangunan. **building society** pertubuhan yang menerima wang cengkeram dan memberi pinjaman kepada pembeli rumah.

built *lihat* build. **built-in** *a.* terbina dalam. **built-up** *a.* yang dibangunkan.

bulb *n.* bebawang; mentol. **bulbous** *a.* berbentuk bebawang.

bulge *n.* bengkak; bonjol; boroi. —*v.t./i.* membengkak; menjadi boroi; membonjol. **bulgy** *a.* yang membonjol.

bulimia *n.* sejenis penyakit di mana pesakit akan makan dengan keterlaluan dan kemudian akan berpuasa untuk seketika atau sengaja mengeluarkan makanan dengan sengaja memuntahkannya.

bulk *n.* saiz, terutama sejumlah yang banyak, berat; pukal. —*v.t.* bertambah besar atau tebal. **in bulk** dalam jumlah yang banyak.

bulkhead *n.* dinding sekat pada kapal, dsb.

bulky *a.* (-ier, -iest) sangat besar; ambil banyak ruang. **bulkiness** *n.* keadaan sangat besar; kepukalan.

bull[1] *n.* lembu, gajah jantan, dsb.; tompok dalam sesuatu sasaran; *bull*; orang yang membeli saham dengan harapan menjualnya dengan harga yang lebih tinggi dalam waktu yang singkat. **bull's-eye** *n.* pusat sasaran. **bull-terrier** *n.* sejenis anjing.

bull[2] *n.* fatwa Pope (ketua agama Katolik).

bull[3] *n.* (*sl.*) kenyataan yang karut; kerja karut.

bulldog *n.* sejenis anjing yang kuat dan berleher pendek.

bulldoze *v.t.* diratakan dengan buldozer; merempuh.

bulldozer *n.* jentolak; buldozer.

bullet *n.* peluru.

bulletin *n.* buletin; pengumuman khas.

bulletproof *a.* kalis peluru; tidak lut oleh peluru.

bullfight *n.* sukan lawan lembu; sejenis sukan manusia melawan dan membunuh lembu jantan.

bullfinch *n.* sejenis burung.

bullion *n.* bulion; jongkong emas atau perak.

bullock *n.* lembu (jantan) kasi; lembu kembiri.

bullring *n.* medan perlawanan (manusia dengan) lembu.

bully[1] *n.* penyakat; orang kuat yang menindas orang lemah. —*v.t.* berkelakuan seperti di atas.

bully[2] *v.i.* **bully off** memulakan perlawanan hoki dengan dua orang pemain mengetuk kayu satu sama lain.

bulrush *n.* rumput betung.

bulwark *n.* kubu, kota atau benteng yang diperbuat daripada tanah; birai (kapal).

bum[1] *n.* (*sl.*) punggung.

bum[2] *n.* (A.S., *sl.*) pengemis; pemalas.

bumble *v.i.* terhuyung-hayang; merewang.

bumble-bee *n.* kumbang dengung.

bump *v.t./i.* hantuk. —*n.* bunyi hantukan; bengkak, benjol selepas terhantuk atau kena pukulan. **bumpy** *a.* dalam keadaan terhantuk-hantuk; tidak rata.

bumper *n.* bampar; penahan hantukan di hadapan dan belakang kereta; sesuatu yang amat besar atau berjaya.

bumpkin *n.* orang hulu yang berkelakuan canggung.

bumptious *a.* megah. **bumptiously** *adv.* dengan megah. **bumptiousness** *n.* kemegahan; kesombongan.

bun *n.* ban; kuih dalam bentuk ketulan kecil; sanggul.

bunch *n.* sikat; sisir; jambak; (*sl.*) kumpulan. —*v.t./i.* menyatukan. **bunchy** *a.* yang terkumpul; bersatu.

bundle *n.* ikat; berkas; bungkus; (*sl.*) duit yang banyak. —*v.t.* membungkus; menolak atau menyuruh pergi secara tergesa-gesa.

bung *n.* penyumbat; pemalam. —*v.t.* menyumbat dengan penyumbat; menyekat; (*sl.*) membalingkan.

bungalow *n.* banglo.

bungle *v.t.* secara ceroboh. —*n.* kerja secara ceroboh. **bungler** *n.* orang yang cerboh.

bunion *n.* bunion; bengkak di pangkal ibu jari kaki.

bunk[1] *n.* tempat tidur; ranjang.

bunk[2] *v.* (*sl.*) lari. —*n.* **do a bunk** (*sl.*) cabut lari.

bunk[3] *n.* (*sl.*) cakap kosong; borak.

bunker *n.* bunker; bekas bahan api; tempat menyimpan senjata di bawah tanah; lekukan berpasir di padang golf.

bunny *n.* (bahasa kanak-kanak) arnab.

Bunsen burner *n.* penunu Bunsen.

bunt *v.t.* & *n.* menanduk.

bunting[1] *n.* sejenis burung.

bunting[2] *n.* bendera warna-warni untuk hiasan.

buoy *n.* boya; pelampung. —*v.t.* meletakkan boya. **buoy up** mengapung-kan; beri galakan; memastikan tidak jatuh.

buoyant *a.* boleh mengapung; riang. **buoyancy** *n.* keapungan; keriangan.

bur *n.* kulit biji-bijian atau bunga yang tersangkut pada pakaian, dsb.

burble *v.t.* bunyi bergelegak; cakap berjela-jela dan mengelirukan.

burden *n.* beban; bebanan. —*v.t.* membebani. **burdensome** *a.* membebankan.

bureau *n.* (*pl.* **-eaux**) biro; jabatan; meja tulis berlaci.

bureaucracy *n.* birokrasi; kerajaan oleh para pegawai negara yang tidak diundi; peraturan rasmi yang rumit dan menyusahkan. **bureaucratic** *a.* birokratik; yang berkaitan dengan hal birokrasi.

bureaucrat *n.* birokrat; pegawai dalam jabatan kerajaan.

burgee *n.* bendera tiga segi kelab pelayaran.

burgeon *v.i.* mulai tumbuh dengan cepat; berkembang.

burger *n.* daging yang dicincang halus dan dibentuk menjadi kepingan bulat dan leper.

burgess *n.* penduduk sesuatu kawasan *borough*.

burgh *n.* kawasan pilihan raya bandaran di Scotland.

burglar *n.* pemecah rumah (untuk mencuri). **burglary** *n.* kejadian pecah rumah.

burglarize *v.t.* masuk untuk mencuri; kecurian.

burgle *v.t.* masuk untuk mencuri.

burgomaster *n.* datuk bandar Belanda.

burgundy *n.* wain (arak) putih atau merah dari Burgundy.

burial *n.* pengebumian.

burlesque *n.* burlesk; ejekan; acahan. —*v.t.* ejek; acah.

burly *a.* (**-ier**, **-iest**) berbadan besar dan tegap. **burliness** *n.* ketegapan badan.

Burmese *a.* & *n.* bahasa atau orang Burma.

burn[1] *v.t./i.* (*p.t.* **burned** atau **burnt**) terbakar; menyala; melecur; hangus;

membara. —*n.* bekas terbakar; penembakan (roket kapal angkasa).

burn[2] *n.* (*Sc.*) alur; anak sungai.

burner *n.* penunu; alat mengawal nyalaan api.

burning *a.* meluap-luap; bernyala-nyala; berkobar-kobar.

burnish *v.t.* menggilap; mengupam.

burnt *lihat* **burn**[1].

burp *n.* & *v.i.* (*colloq.*) sendawa.

burr *n.* bunyi deruan; getar; menggetarkan bunyi 'r'; gerudi kecil. —*v.i.* berderu; bergetar.

burrow *n.* lubang korekan binatang (dalam tanah). —*v.t./i.* mengorek lubang sebegini; menyeluk (mencari sesuatu).

bursar *n.* bendahari; pegawai kolej yang menguruskan wang dan urusan lain; pemegang dermasiswa.

bursary *n.* dermasiswa; pejabat bendahari.

burst *v.t./i.* (*p.t.* **burst**) pecah; meletup. —*n.* pecah; letupan; ledakan; cetusan.

burton *n.* **go for a burton** (*sl.*) hilang; musnah atau terbunuh.

bury *v.t.* menanam; mengambus; menimbus; mengebumikan.

bus *n.* (*pl.* **buses**) bas. —*v.t./i.* (*p.t.* **bussed**) menaiki bas; mengangkut dengan bas.

busby *n.* kopiah berbulu yang dipakai sebagai pakaian seragam tentera.

bush[1] *n.* belukar; rimbunan; semak; semak samun. **bush telegraph** penyebaran berita secara tidak rasmi.

bush[2] *n.* sesendal, lapik lubang.

bushel *n.* busyel; unit ukuran untuk biji-bijian dan buah-buahan (8 gelen).

bushy *a.* (**-ier, -iest**) diliputi belukar; berbelukar. **bushiness** *n.* keadaan berbelukar.

business *n.* pekerjaan; tugasan; urusan hal; perniagaan; perdagangan. **have no business** tiada hak untuk (melakukan sesuatu). **businesslike** *a.* praktikal; sistematik. **businessman** *n.* (*pl.* **-men**) ahli perniagaan (lelaki). **businesswomen** *n. fem* (*pl.* **-women**) ahli perniagaan (wanita).

busk *v.i.* membuat persembahan (seniman jalanan).

busker *n.* seniman jalanan.

busman *n.* (*pl.* **-men**) pemandu bas. **busman's holiday** waktu lapang yang dihabiskan melakukan sesuatu yang serupa dengan tugas dalam pekerjaan.

bust[1] *n.* patung ukiran tubuh manusia dengan kepala; bahu dan dada;

buah dada; ukuran lilitan dada perempuan.

bust[2] *v.t./i.* (*p.t.* **busted** atau **bust**) (*sl.*) pecah. —*n.* (*sl.*) kegagalan; keadaan bersuka-suka. **bust-up** (*sl.*) musnah; bercerai. **go bust** (*sl.*) (jatuh) bankrap. **buster** *n.* bom atau peledak yang dapat memusnahkan sama sekali.

bustard *n.* burung bustard; sejenis burung besar yang pantas berlari.

bustier *n.* baju dalam tanpa tali.

bustle[1] *v.t./i.* bersibuk-sibuk; menggegas-gegaskan. —*n.* kesibukan. **bustler** *n.* orang yang bersibuk-sibuk.

bustle[2] *n.* kain tambahan di pinggang belakang skirt.

busy *a.* (**-ier, -iest**) sibuk; penuh kesibukan. **busily** *adv.* dengan penuh kesibukan.

busybody *n.* penyibuk; orang yang suka mencampuri urusan orang lain.

but *adv.* hanya. —*prep.* & *conj.* tetapi; kecuali.

butane *n.* butana; cecair bahan api.

butch *n.* (*sl.*) jantan sasa.

butcher *n.* penyembelih dan penjual daging; pembunuh manusia. —*v.t.* membunuh dengan kejam. **butchery** *n.* pembunuhan kejam.

butler *n.* butler, ketua orang gaji (pelayan) lelaki terutamanya yang menjaga tempat simpanan wain (arak).

butt[1] *n.* tong besar.

butt[2] *n.* buntut (senjata); pangkal; perdu; puntung.

butt[3] *n.* benteng; sasaran; (*pl.*) tempat menembak sasaran; bahan atau sasaran (sindiran atau usikan).

butt[4] *v.t./i.* sondol; temu tepi ke tepi. **butt in** sampuk; celah.

butter *n.* mentega. —*v.t.* bubuh mentega. **butter-bean** kacang *haricot* kering. **butter-fingers** *n.* orang yang selalu menjatuhkan sesuatu. **butter muslin** kain muslin; sejenis kain tenunan yang nipis. **butter up** (*colloq.*) puji; ampu.

buttercup *n.* *buttercup*; sejenis pokok dengan bunga berwarna kuning berbentuk cawan.

butterfly *n.* kupu-kupu; rama-rama. **butterfly stroke** gaya kupu-kupu; berenang dengan kedua tangan diangkat serentak.

buttermilk *n.* susu mentega; cecair yang tinggal sesudah susu jadi mentega.

butterscotch *n. butterscotch;* sejenis gula-gula keras.

buttery[1] *a.* seperti mentega.

buttery[2] *n.* tempat menyimpan barang-barang.

buttock *n.* punggung; buntut.

button *n.* butang; punat. —*v.t.* membutangkan.

buttonhole *n.* lubang butang; bunga yang diselitkan pada lubang butang. —*v.t.* menghampiri dan bercakap.

buttress *n.* sagang; penyangga. —*v.t.* menyagang; menyokong.

buxom *a.* montok dan segar-bugar.

buy *v.t. (p.t. bought)* beli; *(sl.)* terima; percaya. —*n.* pembelian. **buyer** *n.* pembeli.

buzz *n.* dengung; desas-desus. —*v.t./i.* berdengung; berdesas-desus; terbang hampir dengannya. **buzzword** *n. (sl.)* istilah yang popular.

buzzard *n.* sejenis helang.

buzzer *n.* pembaz; loceng isyarat; alat pendengung.

by *prep. & adv.* hampir; dekat; di samping; oleh; pada; melalui; dengan; melintasi; semasa; tidak lewat dari; sehingga. **by and by** tidak lama kemudian. **by and large** secara kasar. **by-law** *n.* undang-undang kecil; peraturan yang dibuat oleh badan setempat atau majlis bandaran. **by oneself** sendirian. **by the by** secara kebetulan (*lihat* **away**).

bye *n.* mata yang dibuat dalam permainan kriket kerana bola yang dilontar terlepas ke belakang dengan tidak menyentuh pemukulnya; tidak ada lawan pada sesuatu pusingan.

bye-bye *int. (colloq.)* selamat tinggal.

by-election *n.* pilihan raya kecil yang diadakan semasa pemerintahan sesuatu kerajaan untuk tujuan mengisi kerusi yang kosong.

bygone *a.* lampau; lalu.

bygones *n.pl.* perkara yang lepas atau lampau.

bypass *n.* jalan pirau; pintasan. —*v.t.* menggunakan jalan pirau; melangkau; mengelak.

bypath *n.* lorong kecil.

by-product *n.* produk yang dihasilkan semasa pembikinan sesuatu produk yang lain.

byre *n.* kandang lembu.

byroad *n.* jalan kecil.

bystander *n.* pemerhati yang hadir tetapi tidak terlibat.

byte *n.* (dalam komputer) bait; kumpulan bit.

byway *n.* jalan kecil.

byword *n.* orang atau benda yang merupakan. teladan yang baik; pepatah, kata-kata yang sering didengar.

Byzantine *a.* berkaitan dengan Byzantium atau Empayar Rom Timur; sukar; sulit dan bermuslihat.

C

C *abbr.* **Celsius, Centigrade** skala ukuran suhu.

cab *n.* teksi; petak untuk pemandu dalam kereta api, lori, dll.

cabaret *n.* kabaret; hiburan yang disediakan di kelab malam, dsb.

cabbage *n.* kubis.

cabby *n. (colloq.)* drebar teksi.

caber *n.* batang pokok yang dicantas dahan-dahannya yang digunakan dalam permainan *tossing the caber*.

cabin *n.* kabin; pondok; bilik dalam kapal atau kapal terbang.

cabinet *n.* almari berlaci. **Cabinet** Kabinet; kumpulan teras dalam kerajaan yang terbentuk daripada para menteri. **cabinet-maker** *n.* pembuat kabinet yang mahir.

cable *n.* tali belati; kawat; kabel. —*v.t./i.* menghantar kawat. **cable-car** *n.* kereta kabel. **cable-railway** kereta api kabel. **cable television** pemancaran televisyen melalui kabel.

caboodle *n. (sl.)* semuanya.

cabriolet *n.* kereta yang bumbungnya boleh dilipat.

cacao *n.* (*pl.* -os) koko; biji yang menghasilkan koko dan coklat; pokok koko.

cache *n.* tempat penyembunyian harta atau barang simpanan; barang yang disembunyikan. —*v.t.* menyembunyikan.

cachet *n.* prestij; tanda atau ciri istimewa.

cackle *n.* bunyi ayam berketuk; borak; tertawa terkekeh-kekeh. —*v.i.* berketuk; tertawa terkekeh-kekeh; becok berborak.

cacophony *n.* bunyian sumbang. **cacophonous** *a.* berbunyi sumbang, janggal.

cactus *n.* (*pl.* -ti atau -tuses) kaktus.

cad *n.* orang yang tidak bermaruah. **caddish** *a.* berkelakuan tidak bermaruah.

cadaver *n.* kadaver; mayat.

cadaverous *a.* cengkung dan pucat.

caddie *n.* kedi; pembantu pemain golf (pembawa kayu). —*v.i.* bertindak sebagai kedi.

caddy *n.* kotak kecil untuk menyimpan teh.

cadence *n.* nada; irama.

cadenza *n.* kadenza; rangkap khas bagi alat muzik atau penyanyi solo.

cadet *n.* kadet; pemuda yang dilatih untuk berkhidmat dalam angkatan bersenjata atau polis.

cadge *v.t./i.* meminta-minta; mengecek. **cadger** *n.* pengecek; orang yang suka meminta-minta.

cadmium *n.* kadmium; sejenis unsur logam.

cadre *n.* kader; kumpulan kecil yang dilatih untuk tujuan tertentu atau menjadi teras sesuatu organisasi.

caecum *n.* (*pl.* -ca) sekum; tiub pada usus besar.

Caesarean *a.* **Caesarean section** pembedahan Caesarean; bedah perut atau rahim ibu untuk melahirkan anak.

cafe *n.* kafe; kedai kopi.

cafeteria *n.* kafeteria; restoran layan diri.

caffeine *n.* kafeina; perangsang yang terdapat dalam teh dan kopi.

caftan *n.* kaftan; jubah.

cage *n.* sangkar; kurungan. —*v.t.* memasukkan ke dalam sangkar.

cagey *a.* (*colloq.*) waspada; berselindung. **cagily** *adv.* berwaspada; secara berselindung. **caginess** *n.* kewaspadaan; perihal berselindung.

cagoule *n.* jaket bertopi yang nipis dan kalis air.

cagy *a.* (*lihat* cagey).

cahoots *n.* (*sl.*) subahat; sekongkol; pakatan.

cairn *n.* batu tanda. **cairn terrier** sejenis anjing kecil katik berbulu panjang.

caisson *n.* kaison; kebuk kedap air yang digunakan dalam kerja pembinaan bawah air.

cajole *v.t.* pujuk. **cajolery** *n.* pujukan.

Cajun *a.* berkenaan masyarakat Louisiana yang bertutur dalam bahasa Perancis.

cake *n.* kek; kuih; buku. —*v.t./i.* mengeras; menyelaputi.

calabash *n.* sejenis labu.

calamine *n.* kalamin; sejenis bahan sapuan yang mengandungi zink karbonat.

calamity *n.* bala; malapetaka. **calamitous** *a.* membawa bala atau malapetaka.

calcify *v.t./i.* mengapur; menjadi keras akibat mendapan garam kalsium. **calcification** *n.* pengapuran.

calcium *n.* kalsium.

calculable *a.* boleh dihitung, dicongak atau dikira. **calculably** *adv.* dengan menghitung. **calculability** *n.* kebolehhitungan.

calculate *v.t./i.* menghitung; mencongak, mengira. **calculation** *n.* hitungan; congakan; kiraan.

calculating *a.* licik dan tidak jujur.

calculator *n.* kalkulator; mesin kira, congak, hitung.

calculus *n.* (*pl.* -li) kalkulus; kaedah mengira dalam matematik; batu yang terbentuk dalam badan.

caldron *n.* (A.S.) = **cauldron.**

Caledonian *a.* berkenaan Scotland. —*n.* orang Scotland.

calendar *n.* takwim; kalendar.

calender *n.* mesin untuk melicinkan kertas. —*v.t.* melicinkan kertas.

calf[1] *n.* (*pl.* calves) anak lembu, gajah, ikan paus dan anjing laut; belulang; (kulit) anak lembu. **calf-love** *n.* cinta monyet.

calf[2] *n.* (*pl.* calves) buah betis.

calibrate *v.t.* menentukur. **calibration** *n.* penentukuran.

calibre *n.* kaliber; ukuran bulat laras, tiub, peluru, dsb.; mutu.

calico *n.* kain belacu.

caliper *n.* (atau **calliper**) alat pengukur; sekeping logam sebagai topang dalam kaki seseorang untuk membantunya berjalan; penyepit.

caliph *n.* khalifah; pemerintah Islam.

C

call *v.t./i.* panggil; teriak; sebut; gelar (nama). —*n.* panggilan; panggilan telefon; lawatan singkat. **call-box** *n.* pondok telefon. **call for** tuntut. **call off** batal. **call up** kerah. **caller** *n.* pemanggil.

calligraphy *n.* kaligrafi; seni khat.

calliper *n.* kaliper; topang; (*pl.*) angkup; alat pengukur diameter.

callisthenics *n.pl.* kalistenik; latihan untuk membentuk kekuatan dan keanggunan.

callosity *n.* berbelulang; kekalosan.

callous *a.* tidak berperasaan; tidak prihatin. **callously** *adv.* dengan tidak berperasaan. **callousness** *n.* sifat tidak berperasaan.

callow *a.* (-er, -est) mentah (orang kurang pengalaman). **callowness** *n.* kementahan (kekurangan pengalaman).

callus *n.* belulang; kalus.

calm *a.* (-er, -est) tenang; tenteram; hening. —*n.* ketenangan; ketenteraman; keheningan. —*v.i.* menenangkan; menenteramkan. **calmly** *adv.* dengan tenang; dengan tenteram. **calmness** *n.* ketenangan; ketenteraman; keheningan.

calorie *n.* kalori.

calorific *a.* kalori; menghasilkan haba.

calumniate *v.t.* memfitnah. **calumniation** *n.* pemfitnahan. **calumniator** *n.* pemfitnah.

calumny *n.* fitnah.

calve *v.i.* melahirkan anak, bagi lembu, gajah, dsb.

Calvinism *n.* Calvinisme; ajaran John Calvin atau pengikutnya dari mazhab Protestan (Kristian). **Calvinist** *n.* pengikut Calvinisme. **Calvinistic** *a.* berkaitan dengan Calvinisme.

calypso *n.* (*pl.* -os) kalipso; sejenis rentak muzik dari Hindia Barat.

calyx *n.* kaliks; kelopak.

cam *n.* sesondol; alat penggerak ulang-alik (mesin). **camshaft** *n.* aci sesondol; batang besi yang berputar diikatkan pada alat penggerak di bahagian kereta.

camaraderie *n.* keakraban.

camber *n.* kamber; lengkung.

cambric *n.* sejenis kain nipis daripada linen atau kapas.

camcorder *n.* gabungan kamera video dengan perakam suara.

came *lihat* come.

camel *n.* unta.

camellia *n.* bunga kamelia.

Camembert *n.* sejenis keju.

cameo *n.* (*pl.* -os) kameo, batu perhiasan berukiran timbul; satu babak dalam drama.

camera *n.* kamera. **in camera** secara tertutup. **cameraman** *n.* (*pl.* -men) jurukamera (lelaki).

camiknickers *n.* pakaian dalam wanita mengandungi anak baju dan seluar dalam.

camisole *n.* pakaian dalam perempuan; coli.

camomile *n.* herba wangi.

camouflage *n.* penyamaran; samaran. —*v.t.* menyamarkan.

camp¹ *n.* kem; khemah. —*v.i.* berkhemah. **camp-bed** *n.* katil yang boleh dilipat dan mudah dibimbit. **camper** *n.* orang yang berkhemah.

camp² *a.* pelik; aneh; homoseks. —*n.* perangai yang pelik. —*v.t./i.* bertindak atau berperanan dengan cara yang pelik.

campaign *n.* kempen; siri kegiatan terancang. —*v.i.* berkempen. **campaigner** *n.* orang yang berkempen.

campanology *n.* kajian tentang loceng dan bunyi loceng. **campanologist** *n.* ahli kaji loceng.

camper *n.* orang yang berkhemah; (juga **camper van**) kenderaan bermotor yang besar dan ada ruang santai.

camphor *n.* kapur barus. **camphorated** *a.* berkapur barus.

campus *n.* (*pl.* -puses) kampus.

can¹ *n.* tin. —*v.t.* (*p.t.* canned) mengetinkan. **canned music** muzik yang terakam.

can² *v. aux.* boleh; bisa; dapat; sanggup.

Canadian *a. & n.* berasal dari Kanada; orang (rakyat) Kanada.

canal *n.* terusan; parit; saluran.

canalize *v.t.* membina terusan. **canalization** *n.* membuat terusan; sistem terusan; sistem penyaluran.

canape *n.* kanape; kepingan kecil roti bertatah bahan berperisa.

canary *n.* burung kenari.

cancan *n.* sejenis tarian (perempuan) dengan kaki diayun tinggi.

cancel *v.t./i.* (*p.t.* cancelled) memotong; batal. **cancel out** meluputkan. **cancellation** *n.* pemotongan; pembatalan.

cancer *n.* barah; kanser. **cancerous** *a.* berbarah.

candela *n.* kandela; unit keamatan lar atau terangnya cahaya.

candelabrum *n.* (*pl.* -bra) kaki lilin atau dian; alat pemacak dian atau lampu yang banyak cabang.

candid *a.* tulus; terus terang. **candidly** *adv.* dengan tulus; dengan terus terang. **candidness** *n.* ketulusan.

candidate *n.* calon; orang yang mengambil peperiksaan, meminta kerja, dsb. **candidacy, candidature** *n.* pencalonan.

candied *a.* halwa; diselaputi atau diawet dengan gula.

candle *n.* dian; lilin.

candlestick *n.* kaki dian; kaki lilin.

candlewick *n.* sejenis kain lembut bercorak timbul.

candour *n.* kejujuran; keikhlasan; ketulusan.

candy *n.* (A.S.) gula-gula.

candyfloss *n.* alusmitai; halwa rambut.

candystrip *n.* jalur-jalur putih dengan warna lain. **candy-striped** *a.* berjalur-jalur putih dengan warna lain.

candytuft *n.* sejenis pokok bunga.

cane *n.* rotan; tongkat. —*v.t.* merotan.

canine *a.* berkenaan anjing. —*n.* gigi taring. **canine tooth** gigi siung.

canister *n.* kanister; kotak tin.

canker *n.* hawar; bahana; puru; pengaruh buruk yang menular.

cannabis *n.* kanabis; ganja.

canned *lihat* can[1].

cannibal *n.* kanibal; manusia yang makan orang; binatang yang memakan jenisnya. **cannibalism** *n.* kanibalisme; adat kebiasaaan memakan sesama jenis makhluk.

cannibalize *v.t.* menggunakan alat daripada sesuatu jentera untuk memperbaiki jentera lain.

cannon *n.* meriam (*pl.* **cannon**); hantukan dua bola serentak dalam permainan biliard. —*v.i.* terhantuk kuat (kepada sesuatu halangan).

cannonade *n.* pembedilan berterusan. —*v.t.* membedil dengan cara berterusan.

cannot kata nafi can[2].

canny *a.* bijak. **cannily** *adv.* dengan bijak.

canoe *n.* kanu; sejenis perahu kecil. —*v.i.* berkanu. **canoeist** *n.* pendayung kanu.

canon *n.* kanun; prinsip-prinsip atau peraturan am; daftar karya; ahli ulama gereja. **canonical** *a.* yang berkaitan dengan hal-hal di atas.

canonize *v.t.* diisytihar dengan rasmi sebagai wali (Kristian). **canonization** *n.* pengisytiharan sebagai wali.

canoodle *v.* mencium dan mendakap.

canopy *n.* langit-langit; tenda.

cant[1] *v.t./i.* sendeng; tebing.

cant[2] *n.* kata-kata yang tidak jujur.

can't (*colloq.*) = **cannot**.

cantaloup *n.* sejenis tembikai kecil.

cantankerous *a.* cerewet; bengkeng. **cantankerously** *adv.* dengan cerewet. **cantankerousness** *n.* sikap cerewet.

cantata *n.* gubahan (lagu) untuk nyanyian beramai-ramai.

canteen *n.* kantin; kotak untuk pisau, sudu, garpu, dll.

canter *n.* ligas; larian kuda yang sederhana laju. —*v.t./i.* meligas; berlari sederhana laju.

canticle *n.* nyanyian dengan kata-kata dari kitab Bible.

cantilever *n.* penyangga; penyokong.

canto *n.* (*pl.* **-os**) kanto; bahagian puisi yang panjang.

canton *n.* kanton; wilayah atau daerah di Switzerland.

canvas *n.* kain kanvas.

canvass *v.t./i.* meminta sokongan.

canyon *n.* kanyon; gaung; ngarai; lembah dalam.

cap *n.* topi; penutup botol. —*v.t.* (*p.t.* **capped**) menutupi; mengehadkan.

capable *a.* berkebolehan; mampu. **capably** *adv.* dengan berkebolehan. **capability** *n.* kebolehan; kemampuan.

capacious *a.* luas; lapang. **capaciousness** *n.* luasnya; keluasan.

capacitance *n.* kapasitans; kemuatan; keupayaan menyimpan caj elektrik.

capacitor *n.* kapasitor; pemuat; alat menyimpan kuasa elektrik.

capacity *n.* kapasiti; kemampuan; kesanggupan; muatan.

caparison *v.t.* menghiasi secara mewah.

cape[1] *n.* mantel; sejenis pakaian luar (tidak berlengan).

cape[2] *n.* tanjung.

caper[1] *v.* meloncat; melonjak. —*n.* berloncatan; (*sl.*) aktiviti.

caper[2] *n.* sejenis tumbuhan berduri.

capillary *n.* kapilari; saluran halus; rerambut.

capital *a.* utama; bagus; melibatkan hukuman bunuh. —*n.* ibu negeri; ibu negara; huruf besar; bahagian puncak tiang; harta yang terkumpul; modal.

capitalism *n.* kapitalisme; sistem ekonomi dengan perdagangan dan perindustrian dikuasai oleh pemilik persendirian.

capitalist *n.* kapitalis; pemodal.

capitalize *v.t.* menjadikan atau menyediakan modal; tulis dengan huruf besar. **capitalize on** ambil kesempatan daripada.

capitulate *v.t.* menyerah. **capitulation** *n.* penyerahan.

capon *n.* ayam kasi; ayam kembiri (jantan).

cappuccino *n.* kopi dengan susu berbuih.

caprice *n.* tingkah laku beragam; tidak tegas atau berdolak-dalik.

capricious *a.* selalu berubah; tidak tegas. **capriciously** *adv.* dengan tidak menentu. **capriciousness** *n.* sifat sentiasa mengubah fikiran.

capsicum *n.* cili kembung; lada benggala.

capsize *v.t./i.* karam; terbalik; terlungkup.

capstan *n.* kumparan; alat penggulung tali.

capsule *n.* kapsul; sarung biji benih; sarung ubat bijian.

captain *n.* nakhoda; kapten. —*v.t.* menjadi kapten. **captaincy** *n.* penakhodaan; pengaptenan.

caption *n.* kapsyen; keterangan gambar. —*v.t.* menyediakan kapsyen.

captious *a.* suka mencari kesalahan. **captiously** *adv.* dengan tujuan mencari kesalahan. **captiousness** *n.* sifat suka mencari kesalahan.

captivate *v.t.* pukau; pikat. **captivation** *n.* pukauan; pikatan.

captive *a.* tawanan; terkurung. —*n.* tawanan. **captivity** *n.* (dalam) tawanan; kurungan.

captor *n.* penawan; penangkap.

capture *v.t.* tangkap; tawan; pikat. —*n.* penangkapan; penawanan; tawanan.

car *n.* kereta; (A.S.) gerabak kereta api; bilik penumpang dalam kereta api kabel.

carafe *n.* kendi air; botol kaca untuk sajian wain atau air.

caramel *n.* karamel; gula hangus; gula-gula karamel.

caramelize *v.t./i.* menjadi seperti karamel.

carapace *n.* karapas; kulit kura-kura, udang atau ketam.

carat *n.* karat; ukuran ketulenan emas atau berat batu permata.

caravan *n.* karavan; kafilah; kereta yang digunakan sebagai rumah. **caravanning** *n.* berjalan atau hidup cara begini.

caraway *n.* pokok jintan; sejenis tumbuhan berbiji pedas.

carbine *n.* karbin; senapang automatik.

carbohydrate *n.* karbohidrat; sebatian yang menghasilkan tenaga.

carbolic *n.* karbolik; sejenis bahan penyahjangkit.

carbon *n.* karbon; kertas karbon; salinan karbon. **carbon copy** salinan yang dibuat daripada kertas karbon; salinan serupa. **carbon paper** kertas karbon.

carbonate *n.* karbonat; sebatian yang menghasilkan karbon dioksida apabila dicampur dengan asid. —*v.t.* mengkarbonat.

carboniferous *a.* karboniferus; menghasilkan batu arang.

carbonize *v.t.* mengkarbonkan. **carbonization** *n.* pengkarbonan.

carborundum *n.* kompaun karbon dengan silikon yang digunakan untuk menggilap.

carboy *n.* botol besar bulat bersalut anyaman pelindung (digunakan) untuk mengangkut cecair.

carbuncle *n.* pekung; batu permata (berwarna merah) yang diukir dalam bentuk bulat.

carburettor *n.* karburetor; alat pencampur udara dan wap petrol atau bahan api dalam enjin motor.

carcass *n.* karkas; bangkai; rangka.

carcinogen *n.* bahan yang menghasilkan barah atau kanser. **carcinogenic** *a.* berkaitan dengan bahan yang menghasilkan barah atau kanser.

carcinoma *n.* tumor barah.

card[1] *n.* kad; daun terup; kertas tebal. **card index** *n.* indeks pada kad. **cardsharper** *n.* penipu profesional dalam permainan kad judian.

card[2] *v.t.* membersihkan atau menyisir (bulu) dengan berus dawai.

cardamon *n.* buah pelaga.

cardboard *n.* kadbod; kertas tebal.

cardiac *a.* berkenaan dengan jantung.

cardigan *n.* kardigen; jaket yang diperbuat daripada bulu.

cardinal *a.* utama; penting. —*n.* ahli Sacred College Gereja Roman Katolik yang memilih dan melantik Pope. **cardinal numbers** nombor kardinal; nombor bulat 1, 2, 3, dan seterusnya.

cardiogram *n.* kardiogram; rakaman denyutan jantung. **cardiograph** *n.* kardiograf; alat merakam denyut jantung.

cardiology *n.* kardiologi; pengkajian tentang penyakit jantung. **cardiological** *a.* berkenaan penyakit jantung. **cardiologist** *n.* pakar kardiologi.

cardphone *n.* kadfon; telefon awam yang menggunakan kad plastik yang boleh dibaca oleh mesin.

care *n.* peduli; perhatian; waspada; perlindungan; penjagaan; seliaan; kebimbangan. —*v.i.* ambil tahu; ambil berat; bertanggungjawab. **take care of** bertindak menjaga; menentukan keselamatan dan menguruskannya; mengendalikan.

careen *v.t./i.* senget; sendeng.

career *n.* kerjaya. —*v.i.* mara dengan pantas.

careerist *n.* orang yang tekun mahu memajukan kerjayanya.

carefree *a.* bebas tanpa kerunsingan atau tanggungjawab.

careful *a.* cermat; hati-hati. **carefully** *adv.* dengan cermat; dengan hati-hati. **carefulness** *n.* kecermatan; ketelitian.

careless *a.* cuai; kurang hati-hati. **carelessly** *adv.* dengan cuai. **carelessness** *n.* kecuaian.

carer *n.* orang yang menjaga pesakit atau orang cacat di rumah.

caress *n.* belaian; cumbuan; usapan. —*v.t.* membelai; bercumbu; mengusap.

caret *n.* tanda tertinggal; tanda ∧.

caretaker *n.* penjaga; jaga.

careworn *a.* kerisauan yang berpanjangan.

cargo *n.* (*pl.* -oes) kargo; barang muatan.

Caribbean *a.* berkenaan Caribbean; kepulauan Hindia Barat (berdekatan Amerika Tengah).

caribou *n.* (*pl.* **caribou**) karibu; sejenis rusa besar di Amerika Utara.

caricature *n.* karikatur; potret yang melucukan atau bertujuan mengejek. —*v.t.* membuat karikatur.

caries *n.* (*pl.* **caries**) kerosakan gigi atau tulang.

carillon *n.* satu set loceng yang dibunyikan secara mekanik.

carmine *a.* & *n.* warna merah tua.

carnage *n.* pembunuhan beramai-ramai.

carnal *a.* badani; jasmani. **carnally** *adv.* secara badani atau jasmani. **carnality** *n.* syahwat; hawa nafsu.

carnation *n.* bunga anyelir; bunga teluki.

carnet *n.* permit yang membenarkan kereta melintasi sempadan atau masuk ke tempat perkhemahan.

carnival *n.* karnival; pesta.

carnivorous *n.* karnivor; binatang pemangsa; binatang pemakan daging.

carol *n.* nyanyian puji-pujian semasa Krismas (hari Natal). —*v.i.* (*p.t.* carolled) menyanyikan lagu-lagu tersebut.

carotene *n.* sejenis bahan merah atau oren yang terdapat dalam lobak merah, tomato, dll.

carotid *a.* & *n.* karotid; (pembuluh) pengalir darah ke kepala.

carouse *v.i.* minum dan bersuka-suka.

carousal *n.* keadaan ini. **carouser** *n.* orang yang minum dan bersuka-suka.

carousel *n.* karusel; kuda pusing.

carp[1] *n.* (*pl.* **carp**) ikan kaloi; ikan guramin.

carp[2] *v.i.* berleter.

carpenter *n.* tukang kayu. **carpentry** *n.* pertukangan kayu.

carpet *n.* permaidani; hamparan. —*v.t.* (*pt.* **carpeted**) menutupi dengan hamparan. **carpet slippers** selipar yang diperbuat daripada kain. **carpet-sweeper** *n.* penyapu permaidani. **on the carpet** (*colloq.*) kena marah.

carport *n.* tempat berbumbung untuk letak kereta.

carpus *n.* karpus; satu set tulang kecil membentuk sesendi lengan.

carriage *n.* pedati; bendi; gerabak; gerbong. **carriage clock** jam bertangkai.

carriageway *n.* bahagian jalan untuk kenderaan.

carrier *n.* pembawa; beg kertas, plastik. **carrier pigeon** merpati pembawa utusan.

carrion *n.* bangkai yang mereput.

carrot *n.* karot; lobak merah.

carry *v.t./i.* bawa; angkut; pikul; kandar; galas; usung; dukung; junjung; bimbit; jinjing; jalankan; teruskan; menyiarkan. **carry away** terbawa-bawa. **carry-cot** *n.* buaian. **carry off** mengeluarkan secara paksa; menang; menguruskan dengan baik. **carry on** meneruskan; (*colloq.*) berkelakuan mengada-ngada; main muda. **carry out** melakukan; melaksanakan; menjalankan.

cart *n.* kereta sorong; kereta kuda; kereta lembu. —*v.t.* angkut. **cart-horse** *n.* kuda pengangkut. **cart-track** *n.* jalan yang sesuai untuk kereta kuda, dll.

carte blanche kebebasan melaksanakan sesuatu mengikut kebijaksanaan sendiri.

cartel *n.* kartel; kesatuan pengeluar atau pengilang yang mengawal harga.

cartilage *n.* rawan; bahan yang menyelaputi sendi dalam tubuh vertebrata (binatang).

C

cartography *n.* kartografi; ilmu pemetaan; pelukisan peta. **cartographer** *n.* pelukis peta. **cartographic** *a.* kartografi.

carton *n.* kotak kertas; kadbod.

cartoon *n.* kartun; lukisan lucu. —*v.t.* melukis kartun. **cartoonist** *n.* pelukis kartun.

cartridge *n.* kartrij; patrum; sarung peluru. **cartridge paper** kertas tebal yang tetal.

cartwheel *n.* lompat putar; sejenis lompatan dalam gimnastik.

carve *v.t./i.* potong; ukir.

carvel-built *a.* dibuat daripada papan yang disusun rata, iaitu tidak bertindan.

Casanova *n.* lelaki yang suka menggoda wanita.

cascade *n.* lata; air terjun; benda yang jatuh atau terjuntai bagaikan air terjun. —*v.i.* melata.

case[1] *n.* kes; hal; perkara; kejadian; kasus. **in case** jikalau; sekiranya; seandainya.

case[2] *n.* bekas; kotak; beg; tempat simpanan. —*v.t.* terkandung di dalam kotak. **case-harden** *v.t.* tidak mudah dipengaruhi.

casement *n.* tingkap berbingkai.

cash *n.* wang tunai. —*v.t.* menunaikan (cek, dsb.). **cash dispenser** mesin penyedia wang; mesin yang membolehkan pelanggan bank, dsb. mengeluarkan wang tunai. **cash in (on)** membuat keuntungan daripada.

cashcard *n.* kad plastik untuk mengeluarkan wang daripada mesin penyedia wang.

cashew *n.* gajus; kajus; janggus; jambu golok; jambu ketereh; jambu monyet; biji gajus.

cashier[1] *n.* juruwang.

cashier[2] *v.t.* pecat dengan aib dari tentera.

cashmere *n.* kashmir; kain bulu yang halus dan lembut.

cashpoint *n.* mesin penyedia wang.

casing *n.* bingkai; selongsong.

casino *n.* (*pl.* **-os**) kasino; tempat berjudi.

cask *n.* tong kayu (untuk cecair).

casket *n.* cepu; kotak barang-barang kemas; keranda.

cassava *n.* ubi kayu; tepung ubi kayu.

casserole *n.* kaserol; mangkuk tahan panas yang boleh digunakan untuk memasak secara perlahan-lahan atas api yang kecil. —*v.t.* memasak di dalam mangkuk ini.

cassette *n.* kaset; kotak kecil yang mengandung pita filem atau pita magnetik.

cassock *n.* jubah (pakaian paderi).

cassowary *n.* kasuari; sejenis burung besar yang tidak boleh terbang.

cast *v.t./i.* (*p.t.* **cast**) tebar; lempar; labuh; buang (undi); tanggal; campak; pilih pelakon untuk drama; membentuk dengan acuan. —*n.* tebaran jala atau kail, buah dadu (dalam perjudian), dsb.; bahan teracuan; longgokan tahi cacing; sekumpulan pelakon dalam drama; jenis; mutu; juling. **cast-iron** *a.* diperbuat daripada besi tuang; sangat kukuh. **cast-off** *a. & n.* (benda) buangan.

castanets *n.pl.* kastanet; sepasang kayu, dsb. berbentuk seperti kulit siput yang dihantukkan untuk menghasilkan bunyi-bunyian untuk mengikut rentak muzik tarian.

castaway *n.* orang yang terdampar di pantai.

caste *n.* kasta.

castellated *a.* berbentuk kota.

caster *n.* lereng-lereng; bekas yang berlubang di bahagian atas.

castigate *v.t.* mengecam; menyelar. **castigation** *n.* kecaman; selaran; bidasan.

casting *a.* **casting vote** undi pemutus; undi penentu apabila terdapat kesamaan jumlah undi.

castle *n.* istana kota; tir dalam permainan catur.

castor *n.* lereng-lereng; roda di kaki perabot; (bekas) penabur gula, dsb. **castor sugar** gula kastor; gula halus putih.

castor oil minyak jarak.

castrate *v.t.* kasi; kembiri. **castration** *n.* pengasian; pengembirian.

casual *a.* kebetulan; bersahaja; sambilan. **casually** *adv.* secara kebetulan; bersahaja. **casualness** *n.* kebersahajaan.

casualty *n.* korban; orang yang terkorban atau tercedera.

casuist *n.* ahli safsatah, dsb. yang mengkaji dan menyelesai masalah akhlak. **casuistic** *a.* safsatah. **casuistry** *n.* safsatah; kasuistri.

cat[1] *n.* kucing. **cat's cradle** *n.* mainan bertali untuk kanak-kanak. **cat's-paw** *n.* orang yang diperalatkan.

cat[2] *n.* penukar pemangkinan.

cataclysm *n.* perubahan besar atau bencana yang mendadak. **cataclys-**

mic *a.* berupaya membawa perubahan besar.

catacomb *n.* katakom; kubur bawah tanah.

catafalque *n.* pentas untuk keranda orang ternama.

catalepsy *n.* katalepsi; penyakit yang menghilangkan akal fikiran dan menegangkan otot. **cataleptic** *a.* berpenyakit ini.

catalogue *n.* katalog; daftar. —*v.t.* mengkatalogkan.

catalyse *v.t.* mengalami tindakan pemangkin. **catalysis** *n.* pemangkinan.

catalyst *n.* mangkin.

catalytic *a.* menggunakan pemangkinan; ejen pemangkinan; bermangkin. **catalytic converter** alat mengurangi asap ekzos beracun.

catamaran *n.* katamaran; perahu layar yang berbadan dua.

catapult *n.* lastik; tarbil. —*v.t./i.* melastik; memelantingkan.

cataract *n.* riam; air terjun yang lebar; katarak; bahagian legap pada kanta mata.

catarrh *n.* katari; sejenis penyakit hidung dan kerongkong.

catastrophe *n.* bencana; malapetaka. **catastrophic** *a.* membawa bencana; bersifat bencana.

catcall *n.* siulan menyindir.

catch *v.t./i.* (*p.t.* **caught**) tangkap; sambut; helah; kena. —*n.* tangkapan; muslihat; kancing. **catch crop** tanaman sambilan. **catch fire** mula terbakar. **catch it** (*sl.*) kena marah atau denda. **catch on** (*colloq.*) menjadi popular; memahami apa yang dimaksudkan. **catch out** mendapati. **catch-phrase** *n.* cogan kata; frasa yang selalu digunakan. **catch up** bergandingan dengan; membuat kerja yang tertunggak.

catching *a.* berjangkit.

catchment *n.* **catchment area** kawasan tadahan.

catchword *n.* cogan kata; ungkapan penarik.

catchy *a.* menarik dan mudah diingat.

catechism *n.* siri soalan. **Catechism** soal jawab agama.

catechize *v.t.* menyoal secara mendalam.

catechumen *n.* orang yang diajar tentang agama (Kristian) sebelum pembaptisan.

categorical *a.* mutlak. **categorically** *adv.* secara mutlak.

categorize *v.t.* mengkategorikan. **categorization** *n.* pengkategorian.

category *n.* kategori; kumpulan; kelas; golongan.

cater *v.i.* membekal (makanan). **caterer** *n.* pembekal.

caterpillar *n.* ulat bulu; beluncas. **caterpillar track** lingkaran keluli bergerigi yang meliliti roda pada kenderaan.

caterwaul *v.i.* mengiau seperti kucing.

catgut *n.* katgut; tali yang diperbuat daripada usus binatang.

catharsis *n.* katarsis; kelegaan emosi. **cathartic** *a.* ejen katarsis; melegakan emosi.

cathedral *n.* gereja besar.

Catherine wheel bunga api berputar.

catheter *n.* kateter; tiub yang dimasukkan ke pundi untuk mengalirkan air kencing.

catheterize *v.t.* memasukkan kateter (tiub) ke dalam pundi kencing.

cathode *n.* katod; kutub negatif arus elektrik. **cathode ray** sinar katod; sinar elektron dari katod tiub vakum.

catholic *a.* sejagat. **Catholic** *a. & n.* mazhab Roman Katolik agama Kristian.

catholicism *n.* katolikisme.

cation *n.* kation; ion bercaj positif. **cationic** *a.* berkenaan kation.

catkin *n.* katkin; sejenis bunga bermayang.

catmint *n.* sejenis tumbuhan yang berbau keras dan disukai kucing.

catnap *n.* tidur ayam; tidur sejenak.

catnip *n.* sejenis tumbuhan yang disukai kucing.

Catseye *n.* (*pl.*) mata jalan, stad yang memantulkan cahaya di atas jalan raya.

cattle *n.pl.* lembu ternakan.

catty *a.* menyakiti hati. **cattiness** *n.* sifat pendengki. **cattily** *adv.* dengan rasa dengki.

catwalk *n.* titi samping; titian sempit terutama untuk sampai ke peralatan jentera; pentas peragaan.

Caucasoid *a.* tentang orang kulit putih; Kaukasoid.

caucus *n.* kokus; jawatankuasa kecil parti politik; (A.S.) persidangan ketua-ketua politik.

caudal *a.* kaudal; berkaitan dengan atau di ekor.

caudate *a.* berekor.

caught *lihat* **catch**.

caul *n.* kaul; membran yang kadang-kala menyelaputi kepala bayi semasa dilahirkan.

C

cauldron *n.* periuk besar yang diperbuat daripada logam.

cauliflower *n.* kubis bunga.

caulk *v.t.* memakal (seperti pada perahu yang bocor).

causal *a.* hubungan sebab akibat. **causality** *n.* sebab akibat.

causation *n.* penyebaban.

cause célèbre tuntutan mahkamah, isu, dsb. yang menarik minat ramai.

cause *n.* sebab. —*v.t.* menyebabkan.

causeway *n.* tambak.

caustic *a.* kaustik; terbakar dengan tindakan kimia; tajam; pedas (kata-kata). —*n.* bahan kaustik. **caustically** *adv.* dengan tajam.

cauterize *v.t.* mengkauteri; melecuhkan; membakar untuk menghapuskan jangkitan atau menghentikan pendarahan. **cauterization** *n.* pengkauterian; pelecuhan.

caution *n.* sikap berhati-hati atau berwaspada; amaran. —*v.t.* memberi amaran.

cautionary *a.* (memberi) peringatan.

cautious *a.* berhati-hati; berwaspada. **cautiously** *adv.* dengan berhati-hati.

cavalcade *n.* perarakan terutama dengan kuda atau kereta.

cavalier *a.* sombong.

Cavalier *n.* penyokong raja Charles I dalam Perang Saudara Inggeris.

cavalry *n.* tentera berkuda.

cave *n.* gua. —*v.t./i.* cave in runtuh.

caveat *n.* kaveat; amaran; ingatan.

caveman *n.* (*pl.* -men) orang zaman batu.

cavern *n.* gua besar; bahagian berongga.

cavernous *a.* seperti gua.

caviare *n.* kaviar; sejenis pekasam diperbuat daripada telur ikan.

cavil *v.i.* (*p.t.* cavilled) membangkitkan bantahan yang remeh. —*n.* bantahan yang remeh.

caving *n.* sukan meneroka gua.

cavity *n.* rongga; lubang (dalam benda padu).

cavort *v.i.* meloncat-loncat; melompat-lompat.

cavy *n.* jenis rodensia kecil yang termasuk tikus belanda.

caw *n.* gauk; bunyi gagak. —*v.i.* menggauk.

cayenne *n.* cili merah pedas.

cayman *n.* buaya Amerika Selatan.

CB *abbr.* citizens' band frekuensi radio yang digunakan oleh orang awam.

cc *abbr.* cubic centimeter sentimeter padu.

CCTV *abbr.* closed circuit television televisyen litar tutup.

CD *abbr.* compact disc cakera padat.

CD-ROM *n.* cakera padat yang diguna dalam komputer untuk membaca data sahaja.

cease *v.t./i.* berhenti; tamat. **cease-fire** *n.* isyarat untuk memberhentikan tembakan. **without cease** tidak berhenti-henti.

ceaseless *a.* tanpa henti.

cedar *n.* pokok sedar; pokok araz. **cedarwood** *n.* kayu sedar atau araz.

cede *v.t.* menyerah.

cedilla *n.* ekor huruf c (ç) yang menunjukkan bahawa huruf itu dibunyikan seperti huruf s.

ceilidh *n.* (*Sc. & Ir.*) majlis sosial untuk menari dan mendengar muzik.

ceiling *n.* siling; had tertinggi.

celandine *n.* sejenis tumbuhan berbunga kuning.

celebrate *v.t./i.* meraikan; merayakan. **celebrant** *n.* orang yang meraikan. **celebration** *n.* keraian; perayaan.

celebrated *a.* terkenal.

celebrity *n.* orang terkenal.

celeriac *n.* sejenis sayur saderi berubi.

celerity *n.* kepantasan.

celery *n.* sayur saderi.

celestial *a.* samawi; cakerawala; berkenaan dengan langit.

celibate *a.* membujang. **celibacy** *n.* pembujangan.

cell *n.* sel; bilik penjara; sarang; bateri kering.

cellar *n.* bilik di bawah tanah; bilik simpanan wain.

cello *n.* (*pl.* -os) selo; biola besar. **cellist** *n.* pemain selo.

cellophane *n.* selofan; bahan pembalut lutsinar.

cellphone *n.* telefon bimbit.

cellular *a.* bersel; berlubang-lubang.

cellulite *n.* lemak yang terkumpul dalam lapisan kulit dan menyebabkan kulit kelihatan berlekuk-lekuk.

celluloid *n.* seluloid; sejenis plastik.

cellulose *n.* selulosa; sejenis bahan pada tisu tumbuhan.

Celsius *a.* Celsius; skala centigrade, iaitu 0° untuk takat beku dan 100° untuk takat air mendidih.

Celt *n.* bangsa kuno Eropah dan keturunan mereka. **Celtic** *a.* berkenaan bangsa ini.

cement *n.* simen. —*v.t.* menyimen; menyatukan; mengeratkan.

cemetery *n.* makam; perkuburan.

cenotaph *n.* tugu peringatan.

cense *v.t.* mengharumkan dengan bau setanggi daripada perasapan.

censer *n.* pedupaan; ukupan; perasapan.

censor *n.* penapis. —*v.t.* menapis. **censorial** *a.* berkaitan dengan penapisan. **censorship** *n.* penapisan.

censorious *a.* suka mencela; mengecam. **censoriously** *adv.* secara mencela. **censoriousness** *n.* sifat suka mencela.

censure *n.* kritikan yang mencela. —*v.t.* mengkritik; mencela.

census *n.* banci.

cent *n.* sen.

centaur *n.* sentora; makhluk mitos berbadan kuda dan berkepala manusia.

centenarian *n.* orang yang berumur 100 tahun atau lebih.

centenary *n.* ulang tahun keseratus.

centennial *a.* berkenaan ulang tahun keseratus.

centigrade *a.* centigrade; ukuran suhu $100°$; = Celsius.

centigram *n.* sentigram; 1/100 gram.

centilitre *n.* sentiliter; 1/100 liter.

centimetre *n.* sentimeter; 1/100 meter.

centipede *n.* lipan.

central *a.* di tengah; utama; pusat. **central heating** pemanasan berpusat. **centrally** *adv.* berpusat. **centrality** *n.* perihal berada di pusat atau di tengah.

centralize *v.t.* memusatkan. **centralization** *n.* pemusatan.

centre[1] *n.* pusat; bahagian tengah —*a.* pada atau di bahagian tengah. —*v.t./i.* (*p.t.* **centred**, *pres.p* **centring**) ditempatkan di tengah-tengah; tertumpu; terpusat.

centre[2] *n.* (A.S.) = **center** satu titik atau bahagian di tengah-tengah sesuatu; tempat untuk sesuatu kegiatan; tempat dari mana sesuatu berkembang atau menjadi tempat tuju. —*v.* letak di tengah-tengah. **centre on/around** *n.* menjadi yang utama atau yang ditumpukan perhatian. **centrefold** *n.* dua halaman di tengah-tengah dalam majalah.

centrifugal *a.* emparan; berpusing keluar dari pusat.

centrifuge *n.* pengempar; mesin dengan daya emparan untuk memisahkan sebatian. —*v.t.* dipisahkan oleh mesin pengempar.

centripetal *a.* memusat.

centrist *n.* orang atau parti berpandangan sederhana. **centrism** *n.* penganut pandangan sederhana.

centurion *n.* komander pasukan tentera Romawi kuno.

century *n.* abad; kurun.

cephalic *a.* sefalon; (dalam) kepala.

cephalopod *n.* moluska bersesungut di kepala seperti sotong, dsb.

ceramic *a.* berkenaan tembikar; seramik. **ceramics** *n.* seni tembikar; seramik.

cereal *n.* bijirin; biji-bijian seperti beras, jagung, gandum, dll.

cerebellum *n.* (*pl.* **cerebellums** atau **cerebella**) bahagian otak di belakang tengkorak.

cerebral *a.* berkenaan serebrum atau otak; berunsur intelektual.

cerebration *n.* pemikiran. **cerebrate** *v.i.* berfikir.

cerebrum *n.* serebrum; bahagian utama otak.

ceremonial *a.* beristiadat; berupacara. —*n.* istiadat; upacara. **ceremonially** *adv.* dengan istiadat.

ceremonious *a.* penuh istiadat. **ceremoniously** *adv.* dengan penuh istiadat.

ceremony *n.* istiadat; upacara.

cerise *a.* & *n.* warna merah muda.

certain *a.* pasti; tertentu; sedikit. **make certain** memastikan.

certainly *adv.* sudah tentu; ya.

certainty *n.* kepastian.

certifiable *a.* boleh disahkan.

certificate *n.* sijil; surat akuan. **certificated** *a.* diakui dengan rasmi. **certification** *n.* pensijilan; perakuan.

certify *v.t.* mengesahkan.

certitude *n.* kepastian; keyakinan.

cerulean *a.* (berwarna) biru serulean; biru langit.

cervix *n.* serviks; leher; bentuk seperti leher. **cervical** *a.* berkenaan serviks.

Cesarean *n.* (A.S.) = **Caesarean** pembedahan dinding abdomen wanita untuk melahirkan anak.

cessation *n.* perhentian; berhentinya.

cession *n.* penyerahan (hak).

cesspit, cesspool *ns.* corong salur; penakung najis.

cetacean *a.* & *n.* ahli keluarga paus (haiwan).

cf. *abbr.* compare bandingkan.

CFC *abbr.* **chlorofluorocarbon** klorofluorokarbon; sebatian yang mencemar atmosfera bumi.

chafe *v.t./i.* melecet; melelas; berasa jengkel kerana terlalu banyak halangan.

chafer *n.* kumbang tanduk besar.

chaff *n.* sekam; jerami cencang; seloroh; olok-olok. —*v.t./i.* memperolok.

C

chaffer *v.i.* bertawar-tawaran; tawar-menawar.

chaffinch *n.* sejenis burung kecil di Eropah.

chafing-dish *n.* kuali panas untuk memasak atau memanaskan makanan di meja.

chagrin *n.* kesal; kekecewaan. **chagrined** *a.* berasa kesal; kecewa.

chain *n.* rantai; rentetan; rantai (22 ela). —*v.t.* merantaikan. **chain reaction** tindak balas rantai. **chain store** kedai rantaian; kedai di merata-rata kepunyaan satu syarikat.

chair *n.* kerusi; pengerusi. —*v.t.* mem-pengerusikan sidang; menjulang.

chairman *n.* (*pl.* **-men**) pengerusi. **chairwoman** *n.* pengerusi (wanita).

chaise longue kerusi malas (yang mempunyai tempat letak kaki).

chalcedony *n.* sejenis kuarza; kalsedoni.

chalet *n.* calet; pondok; kotej.

chalice *n.* piala besar.

chalk *n.* kapur tulis. —*v.t.* memadam, menanda atau melukis dengan kapur tulis. **chalk-striped** *a.* berjalur-jalur putih halus. **chalky** *a.* berkapur; putih seperti kapur.

challenge *n.* cabaran. —*v.t.* mencabar. **challenger** *n.* pencabar.

chamber *n.* (usang) bilik; kamar bicara; ruang. **chamber music** *n.* muzik klasik yang dimainkan oleh sekumpulan pemuzik. **chamber-pot** *n.* ketur; bekas kencing di bilik tidur.

chamberlain *n.* pegawai penyelenggara istana.

chambermaid *n.* wanita yang mengemaskan bilik tidur di istana atau hotel.

chameleon *n.* kameleon; sumpah-sumpah.

chamfer *v.t.* (*p.t.* **chamfered**) memotong serong.

chamois *n.* sejenis kambing pergunungan; sejenis kulit lembut.

chamomile *n.* sejenis tumbuh-tumbuhan yang berbunga putih dan kuning.

champ *v.t./i.* kunyah dengan bising.

champagne *n.* sejenis wain.

champion *n.* jaguh; juara; pejuang. —*a.* & *adv.* (*colloq.* atau *dial.*) sangat mulia. —*v.t.* memperjuangkan. **championship** *n.* kejohanan; kejuaraan; perjuangan.

chance *n.* nasib; kebetulan; peluang. —*a.* secara kebetulan. —*v.t./i.* kebetulan; mengambil risiko.

chancel *n.* bahagian gereja dekat pentas.

chancellery *n.* jawatan canselor; canseleri.

chancellor *n.* canselor; pengetua.

Chancery *n.* canseri; dewan mahkamah tinggi.

chancy *a.* berisiko; tidak pasti. **chanciness** *n.* keadaan berisiko.

chandelier *n.* candelier; gantungan untuk lampu-lampu.

chandler *n.* saudagar tali, kanvas, dll. untuk kapal.

change *v.t./i.* tukar; ubah; salin; beri atau ambil duit kecil. —*n.* penukaran; perubahan; penyalinan; duit kecil; duit baki. **changeable** *a.* boleh ditukar atau diubah. **changer** *n.* penukar.

changeling *n.* anak atau benda yang dipercayai telah ditukar ganti.

channel *n.* saluran; selat; terusan. —*v.t.* (*p.t.* **channelled**) membentuk saluran; menyalurkan.

chant *n.* dikir; nyanyian yang diulang-ulang. —*v.t./i.* menyanyi; berdikir.

chanter *n.* paip melodi begpaip.

chantry *n.* gereja kecil tempat paderi berdikir.

chaos *n.* keadaan kacau-bilau atau huru-hara. **chaotic** *a.* bersifat kacau-bilau. **chaotically** *adv.* dengan kacau-bilau.

chap[1] *n.* (*colloq.*) lelaki.

chap[2] *n.* rekahan di kulit. —*v.t./i.* (*p.t.* **chapped**) pecah-pecah.

chap[3] *n.* dagu (babi terutamanya) sebagai makanan.

chaparral *n.* (A.S.) belukar tebal.

chapatti *n.* (*pl.* **-is**) capati, sejenis roti leper.

chapel *n.* gereja kecil.

chaperon *n.* caperon; wanita berumur yang menjadi pengiring gadis dalam majlis sosial. —*v.t.* menjadi caperon. **chaperonage** *n.* pengiringan.

chaplain *n.* paderi (terutama untuk pasukan tentera, asrama, gereja persendirian, dsb. **chaplaincy** *n.* jawatan paderi (di asrama, gereja persendirian, dsb.).

chaplet *n.* tasbih; kalung kepala.

chapter *n.* bab; kumpulan paderi yang bertugas di gereja besar. **chapter-house** *n.* bangunan yang digunakan untuk perjumpaan paderi yang bertugas di gereja besar.

char[1] *n.* tukang cuci. —*v.i.* (*pt.* **charred**) bekerja sebagai tukang cuci.

char[2] *v.t./i.* (*p.t.* **charred**) hangus (terbakar).

charabanc *n.* sejenis kenderaan seperti bas yang biasanya tidak berbumbung dan mempunyai banyak tempat duduk untuk bersiar-siar.

character *n.* watak; keperibadian; sifat; corak.

characteristic *a. & n.* sifat; ciri. **characteristically** *adv.* yang menjadi ciri atau sifat.

characterize *v.t.* menggambarkan sifat. **characterization** *n.* gambaran sifat; pendirian; perwatakan.

charade *n.* kepura-puraan; permainan teka perkataan.

charcoal *n.* arang; arang kayu.

charge d'affaires kuasa usaha; timbalan duta.

charge *n.* harga; serbuan; tuduhan; tanggungan; sukatan bahan letupan, dsb.; tenaga elektrik yang terdapat dalam sesuatu bahan; caj. —*v.t./i.* minta bayaran harga; rekod sebagai hutang; isi dengan bahan letupan, dsb.; kenakan aliran elektrik kepada bateri, dsb.; beri tanggungjawab; tuduh dengan rasmi; serbu. **charge card** kad caj; sejenis kad kredit. **in charge** yang berkuasa. **take charge** ambil alih kuasa.

chargeable *a.* boleh dikenakan cukai, dituntut atau didakwa.

charger *n.* peranti untuk mengecaj bateri; kuda askar.

chariot *n.* rata; kereta kuda beroda dua.

charioteer *n.* penunggang rata.

charisma *n.* karisma; ketokohan.

charismatic *a.* berkarisma. **charismatically** *adv.* dengan berkarisma.

charitable *a.* murah hati. **charitably** *adv.* dengan murah hati. **charitableness** *n.* kemurahan hati.

charity *n.* amal; derma.

charlady *n.* tukang cuci.

charlatan *n.* penipu; orang yang berlagak pandai, terutama dalam perubatan.

charlotte *n.* puding buah-buahan.

charm *n.* tangkal; daya penarik. —*v.t.* memberi keseronokan; mempengaruh dengan daya penarik peribadi; terpengaruh bagaikan terkena sihir. **charmer** *n.* orang yang mempunyai daya tarikan.

charming *a.* menarik; menawan.

charnel-house *n.* tempat simpan mayat.

chart *n.* carta. —*v.t.* mencartakan.

charter *n.* piagam; sewa. —*v.t.* memberi hak kepada. **charter flight** penerbangan dengan kapal terbang yang ditempah. **chartered accountant** akauntan berkanun; akauntan yang bertauliah menurut peraturan persatuan berpiagam diraja.

chartered *a.* (berkenaan akauntan, jurutera, dll.) berkelayakan sebagai ahli sesuatu badan profesional yang memperoleh piagam diraja; berkanun.

chartreuse *n.* minuman keras harum berwarna hijau atau kuning.

charwoman *n.* (*pl.* **-women**) perempuan pencuci rumah, dll.

chary *a.* hati-hati; waspada. **charily** *adv.* dengan berhati-hati. **chariness** *n.* sikap berhati-hati.

chase[1] *v.t./i.* kejar; hambat; buru; halau; usir. —*n.* pemburuan; mengejar.

chase[2] *v.t.* pahat; ukir.

chaser *n.* kuda untuk lumba kuda berhalang.

chasm *n.* gegaung; jurang.

chassis *n.* (*pl.* **chassis**) casis; rangka bahagian bawah kereta; rangka alat radio.

chaste *a.* suci; sederhana; bersopan. **chastely** *adv.* dengan sederhana; dengan sopan.

chasten *v.t.* menginsafkan; menghukum.

chastise *v.t.* memarahi dengan keras; menghukum terutama dengan cara memukul. **chastisement** *n.* deraan; hukuman.

chastity *n.* kesucian.

chasuble *n.* jubah paderi.

chat *n.* bual; borak; celoteh. —*v.i.* (*p.t.* **chatted**) berbual; berborak; berceloteh.

chateau *n.* (*pl.* **-eaux**) istana atau rumah besar (Perancis).

chatelaine *n.* pengurus (wanita) rumah besar.

chattel *n.* harta yang boleh dipindahrandahkan.

chatter *v.i.* berceloteh. —*n.* celoteh. **chatterer** *n.* penceloteh.

chatterbox *n.* mulut murai; orang yang gemar berceloteh.

chatty *a.* suka berceloteh; ramah. **chattily** *adv.* dengan ramah. **chattiness** *n.* keramahan.

chauffeur *n.* supir; drebar.

chauvinism *n.* cauvinisme. **male chauvinism** kepercayaan yang prejudis sesetengah lelaki terhadap kelebihan mereka daripada wanita.

chauvinist *n.* orang yang bersifat cauvinisme. **chauvinistic** *a.* bersifat cauvinisme.

C

cheap *a.* (**-er, -est**) murah. **cheaply** *adv.* dengan murah. **cheapness** *n.* kemurahan.

cheapen *v.t./i.* jadi murah; menurunkan harga, nilai, dsb.

cheapjack *a.* tidak bermutu.

cheat *v.t.* tipu; perdaya. —*n.* penipu; penipuan.

check[1] *v.t./i.* sekat; semak; kawal. —*n.* penyekatan; penyemakan; pengawasan; bil; keadaan dalam permainan catur apabila raja pihak lawan terancam. **check in** mendaftar masuk. **check out** mendaftar keluar. **checker** *n.* pemeriksa; penyemak.

check[2] *n.* corak berpetak. **checked** *a.* berpetak-petak.

checkers *n.* (A.S.) = **chequers** corak segi empat dengan warna yang berselang-seli. **checkers** *n.* (A.S.) permainan dam.

checkmate *n.* mat; keadaan dalam permainan catur apabila raja pihak lawan terkepung. —*v.t.* mengemat; membantutkan.

Cheddar *n.* keju kental yang diperbuat di Cheddar, England.

cheek *n.* pipi; biadab. —*v.t.* biadab. **cheek by jowl** berdampingan.

cheeky *a.* (**-ier, -iest**) nakal. **cheekily** *adv.* dengan nakal. **cheekiness** *n.* kenakalan.

cheep *n.* (bunyi) cip; ciap. —*v.i.* menciap.

cheer *n.* sorakan; kegembiraan. —*v.t./ i.* bersorak; berusaha menyenangkan hati. **cheer up** bergembiralah.

cheerful *a.* riang; gembira; girang. **cheerfully** *adv.* dengan riang. **cheerfulness** *n.* keriangan.

cheerio *int.* (*colloq.*) selamat tinggal.

cheerless *a.* muram; sugul.

cheery *a.* (**-ier, -iest**) riang, girang; ceria. **cheerily** *adv.* dengan riang. **cheeriness** *n.* kegirangan.

cheese *n.* keju. **cheesed off** (*sl.*) jemu. **cheese-paring** *a.* kedekut. —*n.* sifat kedekut. **cheesy** *a.* seperti keju.

cheeseburger *n.* burger berkeju.

cheesecake *n.* kek keju.

cheesecloth *n.* kain kapas yang jarang.

cheetah *n.* sejenis harimau kumbang.

chef d'œuvre *n.* (*pl. chefs d'œuvre*) kerja seni yang tinggi nilainya.

chef *n.* tukang masak profesional.

chemical *a.* kimia. —*n.* bahan kimia. **chemically** *adv.* secara kimia.

chemise *n.* simis; baju dalam longgar wanita.

chemist *n.* ahli kimia.

chemistry *n.* ilmu kimia.

chemotherapy *n.* kemoterapi; perawatan penyakit dengan dadah, dsb.

chenille *n.* sejenis kain seperti baldu.

cheque *n.* cek. **cheque card** kad yang menjamin pembayaran terhadap cek pelanggan.

chequer *n.* corak petak-petak, terutama yang berselang warna.

chequered *a.* bercorak petak-petak.

cherish *v.t.* hargai.

cheroot *n.* cerut.

cherry *n.* ceri. —*a.* kemerah-merahan.

cherub *n.* (*pl.* **cherubim**) kerubian; bayi comel dan suci yang digambarkan bersayap. **cherubic** *a.* comel dan suci.

chervil *n.* herba berperisa jintan manis.

chess *n.* catur. **chess-men** buah catur. **chess-board** papan catur.

chest *n.* dada; peti. **chest of drawers** almari berlaci.

chesterfield *n.* sejenis sofa.

chestnut *n.* pokok atau buah berangan; kuda perang. —*a.* warna perang berangan.

cheval-glass *n.* cermin panjang yang boleh dicondongkan pada kerangka tempat letaknya.

chevron *n.* simbol berbentuk V.

chewing-gum *n.* gula-gula getah.

chewy *a.* kenyal; liat. **chewiness** *n.* kekenyalan; keliatan.

Chianti *n.* sejenis wain Itali.

chiaroscuro *n.* kesan cahaya dan bayang; kontras.

chic *a.* (**-er, -est**) bergaya; anggun. —*n.* sikap bergaya; keanggunan.

chicane *n.* hadangan (seperti yang dibuat di tepi jalan semasa lumba kereta); penipuan. —*v.t./i.* menipu.

chicanery *n.* penipuan; muslihat.

chick *n.* anak ayam, burung, dsb. yang baru menetas.

chicken *n.* ayam; daging ayam. —*a.* (*sl.*) penakut; bacul. —*v.i.* **chicken out** (*sl.*) menjadi takut. **chicken-pox** *n.* penyakit cacar air; jelintung.

chickweed *n.* sejenis rumpai.

chickpea *n.* biji kekuningan yang dimakan sebagai sayuran.

chicory *n.* cikori, sejenis sayuran.

chide *v.t./i.* tegur atau **chid**, *p.p.* **chidden**)(usang) tegur.

chief *n.* ketua. —*a.* ketua; utama.

chiefly *adv.* terutamanya.

chieftain *n.* ketua; pemimpin (kaum); penghulu.

chiffon *n.* kain yang nipis.

chignon *n.* sanggul; siput rambut.

chihuahua *n.* sejenis anjing kecil.

chilblain *n.* bengkak yang disebabkan oleh kesejukan.

child *n.* (*pl.* **children**) kanak-kanak; anak. **child's play** kerja mudah. **childhood** *n.* zaman kanak-kanak.

childbirth *n.* melahirkan anak; bersalin.

childish *a.* keanak-anakan; kebudak-budakan.

childless *a.* tanpa anak.

childlike *a.* seperti kanak-kanak.

chill *n.* kesejukan; kedinginan. —*a.* sejuk. —*v.t./i.* menyejukkan.

chilli *n.* (*pl.* -ies) cili; cabai; lada.

chilly *a.* (-ier, -iest) sejuk. **chilliness** *n.* kesejukan.

chime *n.* bunyi loceng. —*v.t./i.* bunyi seperti loceng. **chime in** mencelah; bersetuju.

chimera *n.* cimera; raksasa legenda berkepala singa, berbadan kambing dan berekor kala.

chimney *n.* (*pl.* -eys) cerobong; corong. **chimney pot** *n.* corong di bumbung dapur. **chimney-sweep** *n.* orang yang mencuci cerobong.

chimp *n.* (*colloq.*) cimpanzi.

chimpanzee *n.* cimpanzi.

chin *n.* dagu. **chin-wag** *n.* (*colloq.*) berceloteh.

china *n.* tembikar.

chinchilla *n.* sejenis haiwan seperti tupai.

chine *n.* tulang belakang binatang.

Chinese *a. & n.* orang atau bahasa Cina.

chink[1] *n.* celahan; rekahan.

chink[2] *n.* decingan (bunyi). *v.t./i.* membuat atau menyebabkan bunyi decing.

chinoiserie *n.* barang atau objek hiasan dalam reka bentuk Cina.

chinos *n.* seluar panjang kasual diperbuat daripada kain kapas yang licin.

chintz *n.* kain cita.

chip *n.* serpihan; kentang goreng; cip (untuk berjudi). —*v.t./i.* (*p.t.* **chipped**) pecah atau memotong bahagian hujung atau permukaan; membentuk; memotong ubi kentang nipis-nipis. **chip in** (*colloq.*) mencelah; menderma wang. **chip on one's shoulder** perasaan sakit hati.

chipboard *n.* papan cip.

chipmunk *n.* tupai tanah.

chipolata *n.* sejenis sosej kecil yang pedas.

chiropody *n.* perawatan sakit kaki.

chiropodist *n.* perawat sakit kaki.

chiropractic *n.* kiropraktik; perawatan sakit anggota tubuh dengan mengurut tulang belakang. **chiropractor** *n.* pakar kiropraktik.

chirp *n.* kicauan (burung). —*v.i.* berkicau.

chirpy *a.* riang; girang. **chirpily** *adv.* dengan riang. **chirpiness** *n.* keriangan; kegirangan.

chisel *n.* pahat. —*v.t.* (*p.t.* **chiselled**) memahat.

chit-chat *n.* perbualan.

chit[1] *n.* anak muda.

chit[2] *n.* nota pendek.

chitterlings *n.pl.* usus kecil babi yang dimasak untuk makanan.

chivalry *n.* (sifat) baik dan sopan santun; kekesateriaan. **chivalrous** *a.* bersopan santun.

chive *n.* kucai.

chivvy *v.t.* (*colloq.*) menggesa.

chloride *n.* klorida.

chlorinate *v.t.* merawat sesuatu dengan membubuh klorin. **chlorination** *n.* pengklorinan.

chlorine *n.* klorin.

chloroform *n.* kloroform.

chlorophyll *n.* klorofil; unsur hijau dalam daun.

choc *n.* (*colloq.*) coklat. **choc-ice** *n.* sepotong aiskrim yang disaluti dengan coklat.

chock *n.* kayu sendal. —*v.t.* menyendal. **chock-a-block** *a. & adv.* sesak dan padat. **chock-full** *a.* penuh sesak.

chocolate *n.* coklat.

choice *n.* pemilihan; pilihan. —*a.* pilihan.

choir *n.* koir; kumpulan penyanyi.

choirboy *n.* budak lelaki dalam kumpulan koir gereja.

choke *v.t./i.* sedak; tercekik. —*n.* pencekik (dalam enjin).

choker *n.* coker; kalung leher; kolar tinggi.

choler *n.* (usang) kemarahan.

cholera *n.* kolera; taun.

choleric *a.* lekas marah.

cholesterol *n.* kolesterol; zat lemak.

chomp *v.* mengunyah dengan kuat dan bising.

choose *v.t./i.* (*p.t.* **chose**, *p.p.* **chosen**) pilih.

choosy *a.* (*colloq.*) memilih.

chop[1] *v.t./i.* (*p.t.* **chopped**) memotong; mencantas. —*n.* tetakan; sepotong daging.

chop[2] *n.* dagu babi.

chopper *n.* pencencang; (*sl.*) helikopter.

C

choppy *a.* bergelombang; berombak.
choppiness *n.* keadaan bergelombang atau berombak.
chopstick *n.* penyepit (makanan).
chopsuey *n.* sejenis makanan orang Cina.
choral *a.* yang dinyanyikan secara korus. chorally *adv.* secara nyanyian korus.
chorale *n.* gubahan berbentuk korus.
chord[1] *n.* perentas.
chord[2] *n.* kod.
chore *n.* kerja harian.
choreography *n.* seni reka tari. choreographer *n.* pereka tari.
chorister *n.* ahli koir.
chortle *n. & v.i.* ketawa kecil.
chorus *n.* korus; nyanyian bersama. —*v.t./i.* bercakap atau bernyanyi sebagai satu kumpulan. in chorus bercakap dan bernyanyi bersama-sama.
chose *past of* choose.
chosen *past p. of* choose.
chough *n.* gagak berkaki merah.
choux pastry adunan tepung untuk dibuat kek kecil.
chow mein hidangan mi goreng dan daging siat orang Cina.
chow *n.* sejenis anjing Cina.
chowder *n.* cowder; stew ikan dengan dendeng babi, bawang, dsb.
Christ *n.* gelaran yang diberikan kepada Kristus Jesus.
christen *v.t.* dibaptiskan; diterima masuk Kristian.
Christendom *n.* seluruh negara atau penganut Kristian.
christening *n.* pembaptisan.
Christian *a.* Kristian. —*n.* penganut agama Kristian. Christian name nama yang diberikan ketika pembaptisan. Christian Science sistem keagamaan yang dibuat bagi kesihatan dan penyembuhan penyakit menurut kepercayaan Kristian.
Christianity *n.* agama Kristian.
Christmas *n.* Krismas; Hari Natal (25 Disember). Christmas-box *n.* hadiah hari Krismas. Christmas Day 25 Disember. Christmas Eve petang pada 24 Disember. Christmas tree pohon malar hijau atau pohon tiruan yang dihias untuk Krismas. Christmassy *a.* perihal perayaan Krismas.
chromatic *a.* berwarna; kromatik. chromatic scale skala muzik diikuti dengan separuh ton. chromatically *adv.* secara kromatik.
chromatography *n.* kromatografi pemisahan sebatian. chromatograph *n.* kromatografi; bidang pisah sebatian.

chrome *n.* krom; warna kuning kunyit.
chromium *n.* kromium; logam yang tidak berkarat.
chromosome *n.* kromosom, struktur yang membawa maklumat genetik dalam tumbuhan dan haiwan.
chronic *a.* teruk. chronically *adv.* perihal teruk.
chronicle *n.* babad; rekod peristiwa. —*v.t.* rekod di dalam babad. chronicler *n.* pebabad; perekod peristiwa.
chronological *a.* mengikut urutan waktu. chronologically *adv.* secara kronologi.
chronology *n.* kronologi; urutan waktu.
chronometer *n.* kronometer; alat pengukur waktu terutama yang tidak terjejas oleh perubahan suhu.
chrysalis *n.* kepompong.
chrysanthemum *n.* bunga kekwa.
chub *n. (pl.* chub) sejenis ikan sungai.
chubby *a.* (-ier, -iest) montel; montok, gempal. chubbiness *n.* kemontelan.
chuck[1] *v.t. (colloq.)* lempar; lontar; buang; sentuh di bawah dagu. chuck out buang.
chuck[2] *n.* potongan daging lembu, dll. di antara leher dan rangka dada; cuk; satu bahagian pada alat gerudi.
chuckle *n. & v.t.* ketawa kecil.
chuffed *a. (sl.)* gembira; suka.
chug *v.i. (p.t.* chugged) berbunyi cag-cag; berbunyi dengan bunyi pendek dan berulang-ulang. —*n.* bunyi cag.
chukker *n.* jangka masa permainan polo.
chum *n. (colloq.)* kawan karib. —*v.i. (p.t.* chummed) chum up menjadi kawan baik. chummy *a.* berbaik-baik.
chump *n. (sl.)* si tolol; kepala. chump chop sepotong daging batang pinang (kambing).
chunk *n.* jumlah besar; ketul.
chunky *a.* pendek dan tebal; berketul; bentuk dempak. chunkiness *n.* keadaan berketul; bentuk dempak.
chupatty *n.* capati.
church *n.* gereja. Church *n.* orang Kristian secara kolektif; kumpulan yang seperti ini. churchgoer *n.* orang yang selalu ke gereja.
churchwarden *n.* pembantu di gereja.
churchyard *n.* pekarangan gereja (sering kali digunakan sebagai tempat perkuburan).
churlish *a.* biadab. churlishly *adv.* bersifat biadab. churlishness *n.* kebiadaban.
churn *n.* tong susu; mesin pembuat mentega. —*v.t./i.* membuat mentega.

churn out menghasilkan dengan banyak.

chute *n.* pelongsor; saluran sendeng yang boleh dilongsorkan barang.

chutney *n.* (*pl.* -eys) acar.

CIA *abbr.* (di A.S.) **Central Intelligence Agency** Agensi Perisikan Pusat.

ciao (*colloq.*) selamat tinggal; helo.

cicada *n.* riang-riang.

cicatrice *n.* parut.

CID *abbr.* **Criminal Investigation Department** Jabatan Siasatan Jenayah.

cider *n.* tuak epal.

cigar *n.* cerut; cerutu.

cigarette *n.* rokok.

cinch *n.* (*sl.,* A.S.) kepastian; kerja mudah.

cincture *n.* tali pinggang; sempadan.

cinder *n.* puntung api.

cine-camera *n.* kamera gerak.

cinema *n.* pawagam; filem; wayang.

cinematography *n.* seni perfileman. cinematographic *a.* berkaitan dengan perfileman.

cineraria *n.* tumbuhan berdaun lembut.

cinerary urn mangkuk menyimpan abu mayat sesudah pembakaran.

cinnamon *n.* kayu manis.

cinquefoil *n.* tumbuhan berbunga lima kelopak.

cipher *n.* sifar; angka 0; angka Arab; orang atau benda yang tidak penting; sistem huruf atau nombor rahsia.

circa *prep.* sekitar; kira-kira.

circle *n.* bulatan; golongan; kalangan; tempat duduk utama (panggung). — *v.t./i.* bergerak dalam bulatan; membuat bulatan.

circlet *n.* bulatan kecil; gelang.

circuit *n.* litar; pusingan; pelitaran.

circuitous *a.* berputaran; berbelit-belit. circuitously dengan berbelit-belit.

circuitry *n.* pelitaran.

circular *a.* berpusing-pusing; berputar; bulat. —*n.* surat pekeliling. circularity *n.* keputusan.

circularize *v.t.* mengedari surat pekeliling.

circulate *v.t./i.* mengedarkan.

circulation *n.* edaran; peredaran darah. circulatory *a.* peredaran.

circumcise *v.t.* mengkhatankan; menyunatkan. circumcision *n.* perkhatanan; penyunatan.

circumference *n.* sempadan bulatan; lilitan.

circumflex accent tanda di atas huruf vokal dalam sesetengah bahasa.

circumlocution *n.* percakapan yang berjela. circumlocutory *a.* keterangan yang berbelit dan panjang lebar.

circumnavigate *v.t.* belayar satu pusingan. circumnavigation *n.* pelayaran sedemikian. circumnavigator *n.* orang yang belayar sedemikian.

circumscribe *v.t.* melukis garis lilit; mengehadkan. circumscription *n.* garisan lilit; pembatasan.

circumspect *a.* waspada. circumspection *n.* kewaspadaan.

circumstance *n.* keadaan; hal; perihal.

circumstantial *a.* mengikut keadaan; secara kebetulan. circumstantially *adv.* dengan cara mengikut keadaan.

circumvent *v.t.* memintasi. circumvention *n.* pemintasan.

circus *n.* sarkas.

cirrhosis *n.* sirosis; penyakit limpa.

cirrus *n.* (*pl.* cirri) sirus; awan putih yang tinggi.

cistern *n.* tangki.

citadel *n.* kota; benteng.

cite *v.t.* menyebut. citation *n.* sedutan; petikan; kata-kata pujian.

citizen *n.* warganegara; rakyat. citizenship *n.* kewarganegaraan; kerakyatan.

citric acid asid sitrik; sejenis asid yang terdapat di dalam limau, dsb.

citrus *n.* buah-buahan jenis limau.

city *n.* bandar raya; kota.

civet *n.* musang; kesturi.

civic *a.* sivik.

civics *n.pl.* ilmu tatarakyat; sivik.

civil *a.* awam; sivil; sopan. civil engineering kejuruteraan awam (reka bentuk dan pembinaan jalan, jambatan, dll.). civil list elaun tahunan untuk perbelanjaan keluarga diraja. civil servant pegawai kerajaan. civil service perkhidmatan awam. civil war perang saudara. civilly *adv.* dengan sopan.

civilian *n.* orang awam. —*a.* awam.

civility *n.* kesopanan; ketertiban.

civilization *n.* tamadun; peradaban.

civilize *v.t.* bertamadun.

civvies *n.pl.* (*sl.*) pakaian orang awam.

cl *abbr.* centilitre(s) sentiliter.

clack *n.* bunyi keletak. —*v.i.* berkeletak; mengoceh.

clad *lihat* clothe.

cladding *n.* papan atau lapisan logam sebagai pelindung.

claim *v.t.* mendakwa; menuntut. —*n.* tuntutan; dakwaan.

claimant *n.* pihak menuntut.

clairvoyance *n.* kebolehan untuk meramal masa depan; kuasa ghaib yang membolehkan seseorang melihat peristiwa di tempat atau pada masa lain. **clairvoyant** *n.* peramal.

clam *n.* kepah. —*v.i.* (*p.t.* clammed) **clam up** (*sl.*, A.S.) membisu.

clamber *v.i.* memanjat atau mendaki dengan bersusah payah.

clammy *a.* (-ier, -iest) lekit. **clamminess** *n.* kelekitan.

clamour *n.* keriuhan. **clamorous** *a.* riuh-rendah.

clamp[1] *n.* pengapit. —*v.t.* apit. **clamp down on** memberhentikan; mengetatkan kawalan untuk menumpaskan sesuatu kegiatan, dsb.

clamp[2] *n.* selonggok bata untuk dibakar; selonggok ubi kentang yang disimpan di bawah jerami dan tanah.

clan *n.* puak; suku.

clandestine *a.* sulit; tersembunyi; rahsia. **clandestinely** *adv.* secara sulit.

clang *n.* bunyi dentangan. —*v.t.* membunyikan dengan kuat.

clanger *n.* (*sl.*) kesilapan.

clangour *n.* bunyi berdentang.

clank *n.* bunyi lentang-lentung. —*v.t./i.* buat bunyi ini.

clannish *a.* berpuak-puak.

clap *v.t./i.* (*p.t.* clapped) menepuk. —*n.* tepukan. **clapped out** (*sl.*) letih; lesu.

clapper *n.* anak loceng.

clapperboard *n.* papan cam; papan tindih.

claptrap *n.* cakap kosong.

claret *n.* sejenis wain merah.

clarify *v.t./i.* menjelaskan. **clarification** *n.* penjelasan.

clarinet *n.* klarinet. **clarinettist** *n.* pemain klarinet.

clarion *a.* lantang.

clarity *n.* kejelasan.

clash *n.* pertelingkahan; pertempuran. —*v.t./i.* bertelingkah; bertempur.

clasp *n.* pengancing; genggaman tangan; pelukan. —*v.t./i.* kancingkan dengan genggaman; genggam; peluk. **clasp-knife** *n.* pisau lipat.

class *n.* kelas; darjah; golongan. —*v.t.* mengelaskan.

classic *a.* klasik. —*n.* karya atau penulisan bermutu.

classical *a.* bersifat klasik. **classically** *adv.* perihal kesenian dan kesusasteraan yang paling baik.

classifiable *a.* boleh dikelaskan.

classify *v.t.* mengelaskan. **classification** *n.* pengelasan.

classless *a.* tanpa kelas sosial.

classroom *n.* bilik darjah, kelas.

classy *a.* (*sl.*) bermutu tinggi.

clatter *n.* bunyi keletak. —*v.t./i.* berkeletak-keletuk; berkeletakan.

clause *n.* klausa; fasal.

claustrophobia *n.* klaustrofobia; ketakutan pada tempat tertutup.

claustrophobic *n.* bersifat klaustrofobia.

clavichord *n.* sejenis papan nada kecil.

clavicle *n.* tulang selangka.

claw *n.* kuku binatang; penyepit. —*v.t.* mencakar.

clay *n.* tanah liat. **clay pigeon** tembak terbang; cakera yang dilontar sebagai sasaran tembakan. **clayey** *a.* menyerupai tanah liat.

clean *a.* (-er, -est) bersih; cuci. —*adv.* sepenuhnya. —*v.t.* membersihkan; mencuci. **cleaner** *n.* pencuci.

cleanly[1] *adv.* dengan bersih atau suci.

cleanly[2] *a.* bersifat pembersih. **cleanliness** *n.* kebersihan.

cleanse *v.t.* membersihkan, menyucikan. **cleanser** *n.* (bahan) pembersih.

clear *a.* (-er, -est) jelas; terang; beres. —*adv.* jelas; terang sepenuhnya. —*v.t./i.* memperjelas; membuktikan kebenaran; membuat keuntungan bersih. **clear off, out** (*sl.*) pergi; melarikan diri. **clearly** *adv.* dengan jelas. **clearness** *n.* kejelasan.

clearance *n.* tempat lapang; cerang; kebenaran; kelegaan; pembersihan.

clearing *n.* cerang; kawasan yang cerah (dari hutan, semak-samun, pokok, dll.); kawasan lapang dalam hutan.

clearway *n.* lebuh raya.

cleat *n.* tetupai; baji.

cleavage *n.* celah; jurang.

cleave[1] *v.t./i.* (*p.t.* cleaved, clove atau cleft; *p.p.* cloven atau cleft) membelah.

cleave[2] *v.i.* (usang) lekat; pegang.

cleaver *n.* pisau pemotong daging.

clef *n.* simbol muzik.

cleft *lihat* cleave[1]. —*n.* rekahan. **in a cleft stick** berada dalam keadaan tersepit.

clematis *n.* klematis; sejenis tumbuhan menjalar.

clemency *n.* pengampunan; kenyamanan. **clement** *a.* belas kasihan; nyaman.

clementine *n.* sejenis oren kecil.

clench *v.t.* mengetap (gigi); menggenggam. —*n.* terketap; genggaman.

clerestory *n.* tingkap bahagian atas gereja.

clergy *n.* golongan paderi; ulama. **clergyman** *n.* (*pl.* **-men**) paderi; pegawai agama.

cleric *n.* paderi.

clerical *a.* berkenaan paderi; perkeranian.

clerihew *n.* pantun seloka.

clerk *n.* kerani.

clever *a.* (**-er**, **-est**) bijak; pandai. **cleverly** *adv.* dengan pandai; dengan bijak. **cleverness** *n.* kecerdikan; kepandaian; kepintaran.

clew *n.* sudut bawah layar.

cliche *n.* ungkapan atau idea basi.

click *n.* klik; bunyi berdetik. —*v.t./i.* berklik; (*sl.*) baru sedar; baru faham.

client *n.* pelanggan.

clientele *n.* para pelanggan.

cliff *n.* tebing curam. **cliff-hanger** *n.* babak tergantung; peristiwa atau cerita yang penuh suspens.

climacteric *n.* peringkat umur apabila tenaga jasmani mula berkurangan.

climate *n.* iklim.

climax *n.* klimaks; puncak. —*v.i.* memuncak. **climactic** *a.* (berkenaan) kemuncak.

climb *v.t./i.* panjat; daki. —*n.* pendakian. **climber** *n.* pemanjat; pendaki.

clinch *v.t./i.* ikat dengan kukuh; bereskan dengan pasti; berada terlalu rapat untuk menghayun penumbuk. —*n.* cengkaman; pelukan. **clincher** *n.* pengunci.

cling *v.i.* (*p.t.* **clung**) paut; gayut; lekat.

clinic *n.* klinik.

clinical *a.* klinikal; berkenaan dengan klinik. **clinically** *adv.* secara klinikal.

clink *n.* bunyi denting. —*v.t./i.* membuat atau menyebunyikan bunyi berdenting.

clinker *n.* batu hangus.

clinker-built *a.* (bot) bentuk sidip.

clip¹ *n.* pengepit; penyepit; klip. —*v.t.* (*p.t.* **clipped**) kepit; sepit.

clip² *v.t.* menggunting; (*colloq.*) tumbuk dengan tepat. —*n.* reja; tumbukan tepat.

clipper *n.* kapal yang laju; penyepit.

clipping *n.* keratan; guntingan; potongan.

clique *n.* klik; kumpulan.

clitoris *n.* kelentit.

cloak *n.* mantel; pakaian luar tanpa lengan. —*v.t.* menyelubungi; menyembunyikan.

cloakroom *n.* bilik untuk menyangkutkan kot, dll.

clobber *n.* (*sl.*) peralatan. —*v.t.* (*sl.*) membelasah.

cloche *n.* pelindung lutsinar untuk tanaman; topi wanita.

clock¹ *n.* jam. —*v.t.* mencatat masa. **clock in** atau **on**, **out**, atau **off** merakam waktu tiba atau pergi.

clock² *n.* renda pada sarung kaki atau stoking.

clockwise *adv. & a.* ikut jam; bergerak seperti putaran jarum jam.

clockwork *n.* sawat jam; mekanisme yang menggunakan roda dan spring.

clod *n.* gumpalan tanah.

clog *n.* terompah. —*v.t./i.* (*p.t.* **clogged**) tersumbat.

cloister *n.* serambi gereja; kehidupan di biara.

cloistered *a.* dikelilingi tembok; terkurung; terasing.

clone *n.* klon; penghasilan baka tanpa seks.

clop *v.i.* (*p.t.* **clopped**) bergerak dengan bunyi tapak kuda. —*n.* bunyi ini.

close¹ *a.* (**-er**, **-est**) dekat; hampir; rapat; kedekut; berahsia. —*adv.* dekat; rapat. —*n.* jalan yang ditutup pada satu bahagian. **close season** musim dilarang memburu. **close up** *n.* gambar yang diambil secara dekat. **closely** *adv.* secara dekat. **closeness** *n.* kedekatan; keakraban.

close² *v.t./i.* tutup; tamat; rapat. —*n.* kesimpulan. **closed shop** pertubuhan tertutup; sistem yang mewajibkan pekerja menjadi ahli sesuatu kesatuan sekerja.

closet *n.* (A.S.) almari; bilik stor. —*v.t.* (*p.t.* **closeted**) berunding.

closure *n.* penutupan.

clot *n.* cecair yang pekat; (*sl.*) si bodoh. —*v.i.* (*p.t.* **clotted**) membeku.

cloth *n.* kain; seperah; alas meja.

clothe *v.t.* (*p.t.* **clothed** atau **clad**) menyediakan pakaian; melitupi; memakai.

clothes *n.pl.* pakaian; kain baju.

clothier *n.* penjual pakaian lelaki.

clothing *n.* pakaian.

cloud *n.* awan; kepulan. —*v.t./i.* menjadi mendung; memuramkan.

cloudburst *n.* hujan ribut.

cloudy *a.* (**-ier**, **-iest**) redup; mendung; berawan; kabur.

clout *n.* pukulan; (*colloq.*) pengaruh. —*v.t.* pukul.

clove¹ *n.* cengkih.

clove² *n.* ulas (seperti seulas bawang putih).

clove³, cloven *lihat* cleave¹. —*a.*
clove hitch simpul manuk; simpulan
untuk menguatkan ikatan pada pan-
cang. clove hoof tapak kaki binatang
yang berbelah.

clover *n.* sejenis tumbuhan. in clover
dalam kesenangan dan kemewahan.

clown *n.* badut; pelawak. —*v.i.*
melawak; berjenaka.

cloy *v.t.* memualkan; memualkan.

club *n.* belantan; kelab; persatuan;
kad kelawar (daun terup). —*v.t./i.*
(*p.t.* clubbed) membelasah dengan
belantan. club together berkongsi.

clubbable *a.* suka bergaul.

cluck *n.* bunyi ketuk ayam. —*v.i.* ber-
ketuk.

clue *n.* tanda; kunci.

clump *n.* rumpun; kelompok. —*v.t./i.*
berkumpul; berjalan secara hentak;
(*colloq.*) pukul.

clumsy *a.* (-ier, -iest) cemerkap;
tidak cermat; canggung. clumsily
adv. dengan cemerkap. clumsiness
n. kecemerkapan; cemerkap.

clung *lihat* cling.

cluster *n.* kelompok; rangkaian;
gugusan. —*v.t.* berkelompok.

clutch¹ *v.t./i.* mencekau; menggeng-
gam; cengkam. —*n.* cekauan; geng-
gaman; cengkaman.

clutch² *n.* sekelompok telur untuk pene-
tasan; anak ayam yang menetas dari
telur itu.

clutter *n.* sepahan; bertaburan. —*v.t.*
menyepahkan.

cm *abbr.* centimetre(s) sentimeter.

Co. *abbr.* Company, County syarikat;
daerah (mukim).

c/o *abbr.* care of di alamat; d/a.

co- *pref.* bersama.

coach *n.* kereta kuda; gerabak; bas
persiaran; jurulatih. —*v.t.* melatih;
mengajar.

coagulate *v.t./i.* melikat; membeku;
mengental. coagulation *n.* kelikatan;
pembekuan.

coal *n.* batu arang. coalmine *n.* lom-
bong batu arang. coalminer *n.* pelom-
bong batu arang.

coalesce *v.i.* bercantum; bergabung.
coalescence *n.* cantuman; gabungan.

coalfield *n.* kawasan berbatu arang.

coalition *n.* campuran; gabungan (ter-
utama untuk parti-parti politik).

coarse *a.* (-er, -est) kasar; keras.
coarse fish ikan air tawar. coarsely
adv. dengan kasar. coarseness *n.*
kekasaran.

coarsen *v.t/i.* menjadi kasar.

coast *n.* pantai; kawasan pantai. —*v.i.*
belayar menyusur pantai; meluncur,
tunggang basikal tanpa mengayuh
atau pandu kereta tanpa penggunaan
kuasa enjin. coastal *a.* pantai.

coaster *n.* kapal pesisir; dulang untuk
botol; alas gelas.

coastguard *n.* pengawal pantai.

coastline *n.* garisan pantai.

coat *n.* kot; jaket; bulu; lapisan. —*v.t.*
balut; bungkus; selaput. coat of
arms jata; lambang institusi atau
kekeluargaan.

coatee *n.* kot pendek wanita.

coating *n.* selaput; lapisan pelindung.

coax *v.t.* memujuk.

coaxial *a.* coaxial cable kabel sepaksi.

cob *n.* kuda berkaki pendek; batang
buah jagung; roti bundar.

cobalt *n.* kobalt; sejenis logam.

cobber *n.* (*colloq., Austr.*) kawan; rakan.

cobble¹ *n.* batu bundar.

cobble² *v.t.* memasang secara kasar.

cobbler *n.* (usang) tukang kasut.

Cobol *n.* Cobol; bahasa komputer
untuk operasi dagang.

cobra *n.* ular tedung; ular senduk.

cobweb *n.* sarang labah-labah.

cocaine *n.* kokaina; sejenis dadah yang
digunakan sebagai pembius.

coccyx *n.* koksiks; tulang tongkeng.

cochineal *n.* bahan pewarna merah
dalam makanan.

cock *n.* ayam atau burung jantan;
picu senapang. —*v.t.* memiringkan;
memicu senapang. cock-a-hoop *a.*
megah. cock-and-bull story cerita
karut. cocked hat topi tiga segi untuk
pakaian seragam. cock-eyed *a.* (*sl.*)
juling.

cockade *n.* reben topi.

cockatoo *n.(pl.* -oos) burung kakak tua.

cockatrice *n.* reptilia dalam mitos;
ayam jantan dongengan yang berekor
ular.

cockerel *n.* ayam jantan muda.

cockle *n.* kerang. —*v.t./i.* dibuat atau
menjadi berkedut.

Cockney *n.* (*pl.* -eys) gaya atau loghat
di London Timur.

cockpit *n.* kokpit; tempat pemandu
kapal terbang; gelanggang laga
ayam.

cockroach *n.* lipas.

cockscomb *n.* balung ayam.

cocksure *a.* yakin.

cocktail *n.* koktel; minuman keras
campuran. fruit cocktail campuran
buah-buahan yang dipotong kecil-
kecil.

cocky *a.* (-ier, -iest) sombong. **cockily** *adv.* dengan sombong. **cockiness** *n.* kesombongan.

cocoa *n.* koko.

coconut *n.* kelapa. **coconut matting** anyaman daripada sabut kelapa.

cocoon *n.* kokun; kepompong. —*v.t.* balut; bedung.

cod *n.* (*pl.* cod) ikan kod; sejenis ikan laut. **cod-liver oil** minyak ikan kod.

coda *n.* koda; bahagian akhir gubahan muzik.

coddle *v.t.* membelai; merebus (seperti rebus telur).

code *n.* kod; kanun. —*v.t.* mengekodkan.

codeine *n.* kodeina; bahan daripada candu.

codfish *n.* ikan kod.

codger *n.* (*colloq.*) pacal; orang.

codicil *n.* kodisil; lampiran pada wasiat.

codify *v.t.* mengkanunkan. **codification** *n.* pengkanunan.

codling *n.* sejenis epal yang boleh dimasak; kupu-kupu yang larvanya memakan epal.

coeducation *n.* pendidikan campuran lelaki dan perempuan. **coeducational** *a.* pendidikan bersifat campuran.

coefficient *n.* koefisien; pekali.

coelacanth *n.* sejenis ikan yang telah pupus.

coeliac disease penyakit menyebabkan tidak mampu menghadam lemak.

coerce *v.t.* paksa. **coercion** *n.* paksaan. **coercive** *a.* bersifat memaksa.

coeval *a.* sebaya; seumur; sezaman.

coexist *v.i.* wujud bersama dalam sejahtera atau harmoni. **coexistence** *n.* kewujudan bersama. **coexistent** *a.* bersifat wujud bersama.

coffee *n.* kopi. **coffee bar** kaunter yang menghidangkan kopi atau minuman ringan. **coffee-table** *n.* meja kecil yang rendah.

coffer *n.* peti simpanan; (*pl.*) sumber kewangan. **coffer-dam** empangan kekotak; kawasan yang dikeringkan untuk memudahkan kerja di dalamnya.

coffin *n.* keranda.

cog *n.* gigi roda. **cog-wheel** *n.* roda gear; roda bergigi.

cogent *a.* meyakinkan. **cogently** *adv.* bersifat meyakinkan. **cogency** *n.* keyakinan.

cogitate *v.i.* fikir dengan mendalam. **cogitation** *n.* fikiran mendalam.

cognac *n.* brandi Perancis.

cognate *a.* berkait; seketurunan; serumpun. —*n.* saudara; kata seasal.

cognition *n.* kognisi; pengenalan. **cognitive** *a.* kognitif.

cognizant *a.* sedar. **cognizance** *n.* kesedaran.

cognomen *n.* gelaran; panggilan.

cohabit *v.i.* tinggal bersama tanpa berkahwin; bersekedudukan. **cohabitation** *n.* perbuatan bersedudukan.

cohere *n.* & *v.i.* lekat; bersatu.

coherent *a.* koheren; berkait secara logik. **coherently** *adv.* dengan kaitan yang logik. **coherence** *n.* kaitan yang logik.

cohesion *n.* kepaduan.

cohesive *a.* jeleketan; padu.

cohort *n.* kohort; legion Romawi kesepuluh; sekutu; konco.

coiffure *n.* dandanan rambut.

coil *v.t.* melingkar; melilit; menggulung. —*n.* lingkaran; lilitan; gulungan.

coin *n.* duit syiling. —*v.t.* mencetak duit syiling; mencipta istilah, dsb.

coinage *n.* duit syiling; penciptaan; kata ciptaan.

coincide *v.i.* selari; sama; serentak.

coincidence *n.* kebetulan. **coincident, coincidental** *a.* kebetulan. **coincidentally** *adv.* secara kebetulan.

coir *n.* sabut kelapa.

coition *n.* persetubuhan.

coitus *n.* persetubuhan.

coke[1] *n.* kok; hampas batu arang; arang tanpa gas dan tar.

coke[2] *n.* (*sl.*) cocaine kokaina.

colander *n.* penapis.

cold *a.* (-er, -est) sejuk; dingin; pengsan. —*n.* kesejukan; kedinginan; selesema. **cold-blooded** *a.* berdarah sejuk; kejam. **cold cream** ubat pendandan kulit. **cold feet** takut; seram sejuk. **cold-shoulder** *v.t.* tidak endah; tidak peduli. **cold war** perang dingin. **coldly** *adv.* dengan dingin. **coldness** *n.* kesejukan; kedinginan.

coleopterous *a.* berselaput kepak yang keras.

coleslaw *n.* sejenis makanan sayur-sayur mentah cincangan yang berkuah likat.

coley *n.* sejenis ikan seperti kod.

colic *n.* sakit perut. **colicky** *a.* perihal sakit perut.

colitis *n.* bengkak usus.

collaborate *v.i.* bekerjasama; bersubahat. **collaboration** *n.* kerjasama; persubahatan. **collaborator** *n.* rakan usaha sama; subahat. **collaborative** *a.* usaha sama.

collage *n.* kolaj; karya seni yang terdiri daripada cebisan gambar, dsb. yang ditampal pada suatu permukaan.

collagen *n.* protein yang terdapat dalam tisu benda-benda hidup.

collapse *v.t./i.* runtuh; roboh. —*n.* keruntuhan.

collapsible *a.* boleh dilipat.

collar *n.* leher baju; kolar. —*v.t.* (*colloq.*) mengambil untuk diri sendiri. **collar-bone** *n.* tulang selangka.

collate *v.t.* banding dengan teliti; mengumpul dan menyusun. **collator** *n.* pengumpul; penyusun.

collateral *a.* selari; sejajar; tambahan. —*n.* cagaran; jaminan keselamatan tambahan. **collaterally** *adv.* dengan selari atau sejajar; dengan cagaran.

collation *n.* pengumpulsemakan; makanan ringan; penyusunan.

colleague *n.* rakan sekerja.

collect[1] *v.t./i.* mengumpul; menghimpun; mengutip; memungut; mengambil.

collect[2] *n.* doa pendek untuk hari yang ditetapkan (Kristian).

collected *a.* tenteram; tenang; damai.

collection *n.* kutipan; himpunan.

collective *a.* secara kumpulan. —*n.* perkumpulan. **collective farm** ladang kepunyaan bersama. **collective noun** kata nama kelompok. **collectively** *adv.* secara kumpulan.

collector *n.* pengutip; pemungut; pengumpul.

colleen *n.* (*Ir.*) gadis.

college *n.* maktab; kolej. **collegiate** *a.* berkolej.

collegian *n.* penuntut maktab atau kolej.

collide *v.i.* laga; rempuh; langgar.

collie *n.* sejenis anjing bermuncung tajam dan berbulu panjang.

collier *n.* pelombong batu arang; kapal angkut batu arang.

colliery *n.* lombong batu arang.

collision *n.* perlanggaran; percanggahan; pertentangan.

collocate *v.t.* berkolokasi; menyusun perkataan; menggandingkan; meletakkan bersama. **collocation** *n.* kolokasi; penyusunan perkataan; gandingan.

colloid *n.* koloid; bahan lekit.

collop *n.* kepingan daging.

colloquial *a.* bahasa basahan; sesuai untuk percakapan atau tulisan seharian. **colloquially** *adv.* dengan bahasa basahan. **colloquialism** *n.* perihal bahasa lisan atau percakapan.

colloquy *n.* perbincangan; dialog.

collusion *n.* pakatan sulit; persubahatan.

cologne *n.* pewangi (tubuh).

colon[1] *n.* kolon; usus besar. **colonic** *a.* berkenaan kolon.

colon[2] *n.* tanda titik bertindih (:).

colonel *n.* kolonel.

colonial *a.* kolonial; bersifat jajahan atau penjajah. —*n.* penduduk koloni atau tanah jajahan.

colonialism *n.* kolonialisme; dasar penjajahan.

colonize *v.t.* menjajah. **colonization** *n.* penjajahan. **colonist** *n.* penjajah.

colonnade *n.* barisan; deretan tiang.

colony *n.* tanah jajahan.

colophon *n.* kolofon; tanda penerbit.

Colorado beetle kumbang pemusnah pokok kentang.

coloration *n.* pewarnaan.

colossal *a.* sangat besar; raksasa.

colossus *n.* (*pl.* -ssi) orang atau benda yang sangat besar.

colostomy *n.* kolostomi; penebukan perut.

colour *n.* (A.S.) = **color** sifat objek yang mengeluarkan pelbagai deria rasa di mata kerana cara memantul atau mengeluarkan cahaya; satu bahagian, atau gabungan beberapa bahagian cahaya yang boleh diasingkan; pempigmenan; pewarnaan dengan pigmen; warna. —*v.* mewarnakan; muka menjadi merah; mempengaruhi, terutamanya dengan cara yang tak elok. **colour-blind** *a.* buta warna; tidak boleh membezakan antara warna-warna tertentu. **lend colour to** membuat sesuatu kelihatan benar atau mungkin.

colourant *n.* bahan pewarna.

coloured *a. & n.* (orang) bukan kulit putih.

colourful *a.* berwarna-warni; bersifat terang, hidup dan jelas. **colourfully** *adv.* dengan berwarna-warni.

colourless *a.* tanpa warna; tidak jelas; malap; membosankan.

colt *n.* anak kuda jantan.

coltsfoot *n.* tumbuhan liar berbunga kuning.

column *n.* tiang bulat; ruang pada halaman kertas; kolum; lajur; ruangan; barisan panjang (askar, kenderaan, dsb.).

columnar *a.* berkenaan atau di dalam kolum.

columnist *n.* penulis ruang (akhbar, majalah, dll.).

coma *n.* koma; tidak sedarkan diri.

comatose *a.* dalam keadaan koma; mengantuk; lemah.

comb *n.* sikat; sisir. —*v.t.* sikat; menyikat; menyisir.

combat *n.* pertempuran; perjuangan. —*v.t.* (*p.t.* **combated**) tempur; juang.

combatant *a. & n.* pejuang.

combination *n.* penggabungan; pencantuman; penyatuan. **combination lock** kunci gabungan.

combine[1] *v.t./i.* cantum; gabung.

combine[2] *n.* gabungan. **combine harvester** mesin penuai kombin; gabungan mesin penuai dan pelerai.

combustible *a.* mudah terbakar. **combustibility** *n.* keterbakaran.

combustion *n.* pembakaran.

come *v.i.* (*p.t.* **came,** *p.p.* **come**) datang; mari. **come about** berlaku. **come across** terjumpa. **come-back** muncul semula; jawapan yang cepat dan tajam. **come by** dapat. **come-down** jatuh darjat. **come into** mewarisi. **come off** beroleh kejayaan. **come out** muncul. **come out with** bercakap. **come round** sedar daripada pengsan. **come to** sedarkan diri; jumlah kepada. **come to pass** terjadi. **come up** disebut dalam perbincangan; mencapai taraf atau kedudukan yang lebih tinggi. **come up with** mengemukakan. **comer** *n.* orang yang datang; orang yang berkemungkinan akan berjaya.

comedian *n.* pelawak. **comedienne** *n. fem.* pelawak wanita.

comedy *n.* komedi; cerita jenaka.

comely *a.* (**-ier, -iest**) cantik; menarik. **comeliness** *n.* lawa.

comestibles *n.pl.* bahan makanan.

comet *n.* komet; bintang berekor.

comeuppance *n.* (*colloq.*) patut menerima hukuman atau teguran.

comfit *n.* kacang bersalut gula.

comfort *n.* keselesaan. **comforter** *n.* penawar hati.

comfortable *a.* selesa. **comfortably** *adv.* dengan selesa.

comfrey *n.* komfrei; sejenis pokok.

comfy *a.* (*colloq.*) selesa.

comic *a.* lucu; jenaka. —*n.* komik; pelawak. **comical** *a.* yang lucu. **comically** *adv.* dengan lucu.

coming *n.* kedatangan. —*a.* akan datang; berikutnya. **coming man** bakal orang penting.

comity *n.* ihsan.

comma *n.* koma; tanda (,).

command *n.* perintah; arahan; penguasa. —*v.t.* perintah; arah; mendapat; berkuasa.

commandant *n.* komandan; ketua pasukan tentera.

commandeer *v.t.* merampas; menyita.

commander *n.* komander; panglima.

commandment *n.* rukun; perintah atau suruhan Tuhan.

commando *n.* (*pl.* **-os**) komando.

commemorate *v.t.* (sambutan, perayaan) memperingati. **commemoration** *n.* memperingati; peringatan. **commemorative** *a.* peringatan.

commence *v.t./i.* bermula. **commencement** *n.* permulaan.

commend *v.t.* memuji; mengamanahkan. **commendation** *n.* pujian.

commendable *a.* layak dipuji. **commendably** *adv.* dengan terpuji.

commensurable *a.* dapat dibandingkan dengan. **commensurably** *adv.* secara bandingan. **commensurability** *n.* kebolehbandingan.

commensurate *a.* sepadan; seimbang.

comment *n.* komen; teguran; ulasan. —*v.t.* membuat komen; menegur; mengulas.

commentary *n.* komentar; ulasan.

commentate *v.i.* bertindak sebagai pengulas.

commentator *n.* pengulas.

commerce *n.* perdagangan.

commercial *a.* hal perdagangan; komersil. **commercially** *adv.* secara dagangan.

commercialize *v.t.* memperdagangkan. **commercialization** *n.* perihal memperdagangkan.

commingle *v.t./i.* mencampurkan; bercampur.

comminute *v.t.* mengecilkan; membahagikan (harta) kepada bahagian-bahagian kecil. **comminution** *n.* pengecilan.

commiserate *v.t./i.* belas; turut bersedih. **commiseration** *n.* perasaan belas kasihan; simpati.

commissariat *n.* komisariat; tabungan makanan; jabatan yang menyediakan stok makanan.

commission *n.* kerja; tauliah; komisen; suruhanjaya. —*v.t.* beri kuasa; tempah. **commission-agent** *n.* penerima taruhan. **in commission** siap sedia untuk digunakan atau berkhidmat. **out of commission** rosak; tidak dapat digunakan.

commissionaire *n.* penjaga beruniform di pintu panggung, dsb.

commissioner *n.* pesuruhjaya; pegawai kerajaan yang bertanggungjawab dalam pentadbiran sesuatu daerah di seberang laut.

commit *v.t.* (*p.t.* **committed**) buat; laku. **commit to memory** menghafaz.

C

commitment *n*. persetujuan; penglibatan; iltizam.

committal *n*. kemasukan seseorang ke dalam penjara atau rumah sakit jiwa.

committee *n*. jawatankuasa.

commode *n*. almari; laci; tong jamban.

commodious *a*. luas; lapang.

commodity *n*. komoditi; barangan.

commodore *n*. laksamana muda; komodor.

common *a*. (**-er, -est**) biasa; umum. —*n*. kawasan untuk kegunaan awam; (*pl*.) rakyat biasa. **common law** undang-undang mengikut adat resam dan juga putusan mahkamah yang pernah dibuat. **Common Market** Kesatuan Ekonomi Eropah. **common-room** bilik rehat awam untuk guru atau murid. **common sense** akal waras. **common time** empat krocet dalam titi nada muzik. **commonness** *n*. kebiasaan.

commonalty *n*. orang ramai; rakyat biasa.

commoner *n*. rakyat biasa.

commonly *adv*. amnya; pada umumnya; biasanya.

commonplace *a*. lazim; biasa; kebanyakan. —*n*. kejadian, perkara yang selalu berlaku.

commonwealth *n*. komanwel; negara merdeka; republik; persekutuan negara-negara.

commotion *n*. keriuhan; kegemparan.

communal *a*. bersama; bersifat perkauman. **communally** *adv*. secara bersama.

commune[1] *v.i.* berhubung secara rohani.

commune[2] *n*. masyarakat; kumpulan; daerah kerajaan setempat di Perancis.

communicable *a*. boleh berhubung atau berjangkit.

communicant *n*. orang yang menerima *Holy Communion*; pemaklum; pemberi maklumat.

communicate *v.t./i.* berhubung.

communication *n*. perhubungan; komunikasi.

communicative *a*. peramah; bersifat terbuka untuk menerima dan memberi maklumat, dsb.

communion *n*. perhubungan; golongan; satu cabang daripada agama Kristian. **Holy Communion** upacara agama Kristian yang menghidangkan arak dan roti.

communique *n*. kenyataan; pernyataan rasmi.

communism *n*. komunisme. **Communism** *n*. sistem komunis. **Communist** *n*. komunis. **communistic** *a*. bercorak komunis.

community *n*. masyarakat; kaum.

commutable *a*. boleh ditukar.

commute *v.t./i.* ditukar kepada sesuatu yang lain; menggantikan hukuman berat dengan hukuman yang lebih ringan; berulang-alik. **commuter** *n*. orang yang berulang-alik.

compact[1] *n*. perjanjian; kontrak.

compact[2] *a*. sendat; padat. —*v.t.* memadatkan. —*n*. bedak kompak. **compact disc** cakera padat; cakera yang menghasilkan bunyi dengan kuasa laser.

companion *n*. teman; pengiring. **companion-way** *n*. tangga dari geladak ke kabin. **companionship** *n*. persahabatan; pergaulan.

companionable *a*. ramah; mudah bergaul.

company *n*. teman; syarikat; kompeni (tentera).

comparable *a*. setanding; boleh dibanding.

comparative *a*. secara bandingan; perbandingan. —*n*. bentuk perbandingan. **comparatively** *adv*. dengan cara perbandingan.

compare *v.t./i.* membandingkan. **compare notes** bertukar pandangan.

comparison *n*. perbandingan.

compartment *n*. petak; bahagian.

compass *n*. kompas; lingkungan. —*v.t.* keliling.

compassion *n*. perasaan belas kasihan. **compassionate** *a*. belas kasihan. **compassionately** *adv*. dengan perasaan belas kasihan.

compatible *a*. sepadan; sesuai; cocok. **compatibly** *adv*. sepadan dengan. **compatibility** *n*. kesesuaian.

compatriot *n*. rakan senegara.

compeer *n*. teman; rakan setara.

compel *v.t.* (*p.t.* **compelled**) paksa.

compelling *a*. menarik perhatian atau kekaguman; meyakinkan.

compendious *a*. beri banyak maklumat secara ringkas.

compendium *n*. ringkasan; sekotak kertas tulisan atau mainan seperti dam, dsb.

compensate *v.t./i.* mengganti rugi. **compensation** *n*. ganti rugi. **compensatory** *a*. sebagai ganti rugi.

compere *n*. juruacara. —*v.t.* menjadi juruacara.

compete *v.i.* tanding; lawan; saing; adu.

competent *a.* cekap. **competently** *adv.* dengan cekap. **competence** *n.* kecekapan.

competition *n.* pertandingan; perlawanan; peraduan.

competitive *a.* melibatkan pertandingan; bersaing. **competitively** *adv.* secara bersaing.

competitor *n.* petanding; peserta.

compile *v.t.* himpun; kumpul; susun. **compilation** *n.* himpunan; susunan. **compiler** *n.* penyusun.

complacent *a.* puas hati. **complacently** *adv.* dengan puas hati. **complacency** *n.* kepuasan hati.

complain *v.i.* bersungut; mengadu. **complainant** *n.* pengadu.

complaint *n.* rungutan; aduan; sungutan.

complaisant *a.* bersifat menyenangkan. **complaisance** *n.* sifat suka menyenangkan orang lain.

complement *n.* pelengkap; penggenap; darjah yang diperlukan untuk menjadikan sudut 90 darjah. —*v.t.* menjadi pelengkap kepada. **complementary** *a.* saling melengkapi.

complete *a.* lengkap; sempurna; benar-benar; siap. —*v.t.* melengkapi; menyempurnakan. **completely** *adv.* dengan lengkap; dengan sempurna. **completeness** *n.* kelengkapan; kesempurnaan; kegenapan. **completion** *n.* pelengkapan; siap; penyiapan

complex *a.* kompleks; rumit. —*n.* kompleks, sekumpulan bangunan; perasaan yang mempengaruhi kelakuan. **complexity** *n.* kekompleksan; kerumitan.

complexion *n.* wajah; cahaya muka; warna atau keadaan kulit muka.

compliant *a.* patuh. **compliance** *n.* pematuhan; sifat suka menurut.

complicate *v.t.* menyulitkan; merumitkan. **complicated** *a.* sulit; rumit. **complication** *n.* kerumitan.

complicity *n.* persubahatan.

compliment *n.* pujian. —*v.t.* memuji. **complimentary** *a.* pujian; hadiah ikhlas; dengan percuma.

compline *n.* upacara sembahyang terakhir pada setiap hari di gereja Roman Katolik.

comply *v.i.* **comply with** ikut; patuh.

component *n.* bahagian; komponen. —*a.* bahagian yang menjadikan komponen.

comport *v.t./i.* perlakuan; pembawaan. **comport oneself** bertingkah laku.

compose *v.t.* menggubah; menenangkan. **composer** *n.* penggubah.

composite *n.* gabungan; cantuman daripada beberapa bahagian.

composition *n.* gubahan; kandungan; karangan; rencana.

compositor *n.* pengatur huruf.

compost *n.* baja.

composure *n.* ketenangan; ketenteraman.

compote *n.* buah dalam sirap; manisan buah.

compound[1] *a.* majmuk; mengandungi dua benda atau lebih. —*n.* campuran; sebatian.

compound[2] *v.t./i.* mencampurkan; memburukkan lagi; selesai secara persetujuan.

compound[3] *n.* halaman; kawasan.

comprehend *v.t.* faham.

comprehensible *a.* boleh difahami. **comprehensibly** *adv.* dengan kefahaman. **comprehensibility** *n.* keadaan boleh difahami.

comprehension *n.* pemahaman.

comprehensive *a.* menyeluruh. —*n.* sistem pembelajaran komprehensif. **comprehensive school** sekolah yang memberikan pelajaran kepada anak-anak yang terdiri daripada pelbagai peringkat kebolehan. **comprehensively** *adv.* secara menyeluruh.

compress[1] *v.t.* memampatkan. **compression** *n.* kemampatan. **compressor** *n.* pemampat.

compress[2] *n.* balutan; tekapan.

comprise *v.t.* terdiri daripada; mengandungi.

compromise *n.* kata sepakat; kompromi. —*v.t./i.* bertolak ansur; mengkompromi; menimbulkan buruk sangka atau mudarat kerana perbuatan yang mencurigakan.

compulsion *n.* paksaan. **compulsive** *a.* terpaksa. **compulsively** *adv.* secara terpaksa.

compulsory *a.* wajib; perlu. **compulsorily** *adv.* secara wajib; secara terpaksa.

compunction *n.* kekesalan.

compute *v.t./i.* congak; kira. **computation** *n.* pencongakan; kiraan.

computer *n.* komputer; alat elektronik untuk menganalisis atau menyimpan maklumat, membuat kiraan, mengawal jentera, dsb.

computerize *v.t.* (membuat sesuatu) dengan komputer. **computerization** *n.* pengkomputeran.

comrade *n.* teman; kawan; sahabat; komrad. **comradeship** *n.* persahabatan; kesetiakawanan.

con[1] v.t. (p.t. conned) (colloq.) tipu. —n. (sl.) penipu.

con[2] v.t. (p.t. conned) menakhodai (kapal, dll.).

con[3] lihat pro[2].

concatenation n. cantuman; penyantuman; perangkaian.

concave a. lekuk; cekung. concavity n. kelekukan; kecekungan.

conceal v.t. sembunyi. concealment n. penyembunyian.

concede v.t. serah; akui benar.

conceit n. keangkuhan. conceited a. bersifat angkuh.

conceivable a. boleh dipercayai; masuk akal; dapat difikirkan. conceivably adv. memikir; mungkin.

conceive v.t./i. hamil; memikirkan.

concentrate v.t./i. tumpu (perhatian); pekat. —n. bahan yang pekat.

concentration n. tumpuan; pekatan. concentration camp kem tahanan.

concentric a. sepusat; berpusat sama.

concept n. konsep; tanggapan; gagasan.

conception n. konsep; idea; tanggapan.

conceptual a. tentang konsep.

conceptualize v.t. mengkonsepsikan; membentuk konsep. conceptualization n. pengkonsepsian.

concern v.t. berkaitan; berkenaan; melibatkan. —n. hal yang berkaitan dengan seseorang; kerisauan; badan perdagangan.

concerned a. risau; ambil berat.

concerning prep. berkenaan dengan.

concert n. konsert; persembahan hiburan muzik. in concert bersama dengan.

concerted a. dibuat bersama dengan.

concertina n. konsertina; sejenis alat muzik bimbit yang terdiri daripada belos dan ki. —v.t./i. berlipat bagai belos.

concerto n. (pl. -os) konserto; gubahan muzik untuk persembahan secara alat solo dan orkestra.

concession n. konsesi; pengizinan; penyerahan. concessionary a. bersifat atau berkenaan konsesi. concessive a. konsesif.

conch n. konc; kulit pilin; berlingkar.

conciliate v.t. mendamaikan. conciliation n. pendamaian. conciliatory a. secara damai.

concise a. ringkas dan padat. concisely adv. dengan ringkas dan padat. conciseness n. keringkasan dan kepadatan.

conclave n. perhimpunan (untuk perbincangan).

conclude v.t./i. menyimpulkan; tamat.

conclusion n. kesimpulan.

conclusive a. pasti. conclusively adv. dengan pasti.

concoct v.t. reka; bancuh; dibuat daripada ramuan. concoction n. rekaan; bancuhan.

concomitant a. iring; sertai.

concord n. kerukunan; perjanjian.

concordance n. kesejajaran; konkordans; indeks perkataan.

concordant a. selari; sejajar; sesuai.

concourse n. perhimpunan; dataran.

concrete n. & a. konkrit. —v.t./i. membubuh simen; menjadi padat; mengeraskan.

concretion n. konkresi; benda jitu.

concubine n. gundik.

concupiscence n. nafsu berahi. concupiscent a. kuat nafsu berahinya.

concur v.i. (p.t. concurred) setuju; berlaku serentak. concurrence n. persetujuan; berlakunya serentak. concurrent a. sejajar; selaras; serentak.

concuss v.t. menyebabkan terkonkus.

concussion n. keadaan tidak sedar kerana kecederaan otak akibat hantukan.

condemn v.t. kutuk. condemnation n. kutukan.

condense v.t./i. meringkaskan; memeluwap; udara atau gas berubah menjadi cecair. condensation n. peringkasan; pemeluwapan.

condenser n. pemeluwap.

condescend v.t. setuju melakukan hal yang dianggap merendahkan martabat seseorang. condescension n. perendahan martabat.

condiment n. perasa (makanan).

condition n. syarat; keadaan. —v.t. menentukan; membiasakan. on condition that dengan syarat bahawa.

conditional a. dengan syarat. conditionally adv. secara bersyarat.

conditioner n. bahan untuk memperbaiki keadaan rambut, fabrik, dll.

condole v.i. mengucapkan takziah; bersimpati. condolence n. takziah.

condom n. kondom; sarung pencegah hamil.

condominium n. kondominium; (A.S.) bangunan dengan pangsapuri dimiliki penghuni secara individu.

condone v.t. membiarkan (kesalahan). condonation n. perbuatan membiarkan sesuatu kesalahan berlaku.

condor n. sejenis burung hering yang besar.

conduce *v.t.* bantu; tolong menghasil-kan. **conducive** *a.* yang membantu.

conduct[1] *v.t.* bimbing; pimpin; alir (elektrik, dsb.).

conduct[2] *n.* kelakuan.

conduction *n.* pengaliran. **conductive** *a.* beraliran. **conductivity** *n.* perihal pengaliran elektrik.

conductor *n.* pembimbing atau pemim-pin orkestra; konduktor; pemungut tambang dalam bas, dll.; pengalir (elektrik, haba, dll.).

conduit *n.* saluran; tiub pelindung wayar.

cone *n.* kerucut; kon.

coney *n.* arnab; bulu arnab.

confab *n.* (*colloq.*) perbualan; borak; ngobrol.

confabulate *v.i.* berbual bersama. **confabulation** *n.* perbualan; konfabulasi.

confection *n.* konfeksi; makanan manis.

confectioner *n.* pembuat atau penjual manisan seperti gula-gula, coklat, dsb.

confectionery *n.* kuih-muih; gula-gula.

confederacy *n.* persekutuan negeri-negeri.

confederate *a.* sekutu. —*n.* ahli per-sekutuan; penyubahat.

confederation *n.* persekutuan negeri-negeri, orang atau persatuan.

confer *v.t./i.* (*p.t.* **conferred**) anugerah; runding. **conferment** *n.* penganu-gerahan.

conference *n.* perundingan; persida-ngan.

confess *v.t./i.* mengakui.

confession *n.* pengakuan.

confessional *n.* tempat pengakuan dosa dalam gereja; pernyataan prinsip seseorang.

confessor *n.* paderi yang mendengar pengakuan dosa seseorang.

confetti *n.* konfeti; cebisan kertas aneka warna yang ditaburkan kepada pengantin.

confidant *n.* tempat mengadu. **con-fidante** *n. fem.* perempuan tempat mengadu.

confide *v.t./i.* mengadu; menceritakan.

confidence *n.* keyakinan. **confidence trick** penipuan setelah mendapat kepercayaan daripada seseorang. **in confidence** secara rahsia.

confident *a.* yakin. **confidently** *adv.* dengan yakin.

confidential *a.* sulit; rahsia. **confiden-tially** *adv.* secara rahsia dan sulit. **confidentiality** *n.* kerahsiaan; sulit.

configuration *n.* tatarajah.

confine *v.t.* membataskan; mengehad-kan; mengurung.

confinement *n.* pengurungan; dalam pantang.

confines *n.pl.* sempadan; batasan.

confirm *v.t.* sahkan; pastikan. **confirm-atory** *a.* perihal penetapan.

confirmation *n.* pengesahan; pemasti-an.

confiscate *v.t.* rampas (dengan kuat-kuasa undang-undang). **confiscation** *n.* rampasan.

conflagration *n.* api; kebakaran besar.

conflate *v.t.* menggabungkan. **confla-tion** *n.* penggabungan.

conflict[1] *n.* pertelingkahan; pertikaian; perbalahan.

conflict[2] *v.i.* bertelingkah; berbalah.

confluence *n.* kuala; pertemuan dua batang sungai.

conform *v.t./i.* menurut; akur. **con-formity** *n.* keakuran; penyesuaian.

conformable *a.* konsisten; dapat dise-suaikan. **conformably** *adv.* secara konsisten.

conformation *n.* penurutan; bentuk.

conformist *n.* penurut.

confound *v.t.* terperanjat; kusut; bingung.

confront *v.t.* berdepan. **confrontation** *n.* berdepanan; konfrontasi.

confuse *v.t.* keliru; bingung. **confusion** *n.* kekeliruan; kebingungan.

confute *v.t.* membuktikan sesuatu itu salah. **confutation** *n.* penyangkalan.

conga *n.* konga; tarian berbaris.

congeal *v.t./i.* mengental. **congelation** *n.* pengentalan.

congenial *a.* serasi; sesuai. **congeni-ality** *n.* keserasian; kesesuaian.

congenital *a.* demikian sejak lahir; kongenital. **congenitally** *adv.* secara demikian sejak lahir.

conger *n.* belut laut.

congeries *n.* timbunan; longgokan.

congest *v.t.* menyesakkan. **congestion** *n.* kesesakan.

conglomerate *a., n. & v.t.* bergabung ke dalam satu paduan. **conglom-eration** *n.* kumpulan gagasan yang pelbagai.

conglomeration *n.* kelompok pelbagai ragam.

congratulate *v.t.* mengucapkan tah-niah. **congratulation** *n.* tahniah. **congratulatory** *a.* (bersifat) tahniah.

congregate *v.i.* kerumun; himpun.

congregation *n.* jemaah; perhimpunan orang terutama untuk sembahyang di gereja.

Congregationalism n. sistem gereja berpentadbiran sendiri. **congregational** a. berkenaan perhimpunan atau jemaah.

congress n. kongres. **Congress** (A.S.) Dewan Perundangan. **congressional** a. Kongres.

congruent a. sesuai, sepadan; kongruen. **congruently** adv. yang sepadan. **congruence** n. kesesuaian.

conic a. bersifat kon.

conical a. berbentuk kon.

conifer n. pokok kon. **coniferous** a. konifer.

conjecture n. & v.t./i. agakan; dugaan; tekaan. **conjectural** a. bersifat agakan atau tekaan. **conjecturally** adv. perihal dugaan dan andaian; agak-agak.

conjoin v.t./i. menggabungkan; bergabung.

conjugal a. tentang perkahwinan.

conjugate v.t. mengkonjugat; mengubah bentuk kata kerja. **conjugation** n. konjugasi; pengubahan bentuk kata kerja.

conjunct a. bergabung; bersatu.

conjunction n. kata penghubung; gabungan.

conjunctivitis n. konjunktivitis; radang membran pada mata.

conjure v.t./i. bermain silap mata; menyihirkan. **conjuror** n. tukang sihir; tukang silap mata.

conk n. (sl.) hidung; kepala. —v.t. (sl.) memukul. **conk out** (sl.) rosak; mati.

conker n. buah pokok horse-chestnut.

connect v.t./i. sambung; hubung; rangkai. **connection** n. sambungan; hubungan; rangkaian. **connective** a. bersifat menghubung.

conning-tower menara kapal selam.

connive v.i. **connive at** biar (tidak melarang); bersubahat. **connivance** n. pembiaran; bekerjasama secara diam-diam.

connoisseur n. pakar atau ahli (berkaitan kesenian).

connote v.t. maksud tersirat; membawa konotasi. **connotation** n. siratan; konotasi.

connubial a. perihal perkahwinan.

conquer v.t. tawan; takluk. **conqueror** n. penakluk.

conquest n. penaklukan.

consanguineous a. sedarah. **consanguinity** n. perhubungan sedarah; pertalian, perkaitan.

conscience n. suara hati; kata hati.

conscientious a. cermat; teliti. **conscientiously** adv. dengan cermat.

conscious a. sedar; perasan. **consciously** adv. secara sedar. **consciousness** n. kesedaran.

conscript[1] v.t. dikerah masuk tentera. **conscription** n. kerahan.

conscript[2] n. orang yang dikerah.

consecrate v.t. mentahbiskan; dijadikan suci atau keramat; mengabdi kepada Tuhan. **consecration** n. pentahbisan; pengabdian kepada Tuhan.

consecutive a. berturutan. **consecutively** adv. secara berturutan.

consensual a. melibatkan persetujuan.

consensus n. ijmak; persetujuan sebulat suara.

consent v.i. rela; izin; setuju.

consequence n. akibat.

consequent a. akibatnya.

consequential a. akibat langsung. **consequentially** adv. akibatnya; oleh itu.

consequently adv. sebagai akibatnya.

conservancy n. badan yang membantu memulihara sumber asli, alam sekitar, dsb.

conservation n. pemuliharaan (dalam bentuknya yang sedia wujud).

conservationist n. penyokong pemuliharaan.

Conservative a. & n. parti Konservatif United Kingdom (Britain).

conservative a. konservatif; bangkang perubahan; elak daripada kemelampauan. **conservatively** adv. secara sederhana atau tidak melampau. **conservatism** n. fahaman atau pendirian konservatif.

conservatory n. rumah pemuliharaan; rumah pelindung tanaman daripada hawa sejuk.

conserve[1] v.t. memelihara; dilindungi daripada bahaya, reput atau hilang.

conserve[2] n. jem buah-buahan dan gula.

consider v.t. menimbang.

considerable a. banyak juga. **considerably** adv. sangat.

considerate a. bertimbang rasa. **considerately** adv. menaruh perasaan kasihan dan bertimbang rasa.

consideration n. pertimbangan; ambil kira.

considering prep. dengan mengambil kira.

consign v.t. menyerah; mengirim. **consignor** n. pemberi konsain; penghantar barangan.

consignee n. orang yang menerima kiriman barang; penerima konsain.

consignment n. serahan; kiriman; konsainan.

consist v.i. **consist in** mengandungi; berisi; berupa. **consist of** terdiri daripada.

consistency n. ketekalan; keselarian; kekonsistenan; kesamaan yang menerus; darjah kepekatan atau kepejalan.

consistent a. tekal; konsisten; sejajar. **consistently** adv. dengan konsisten.

consistory n. majlis gereja.

consolation n. sagu hati; penghibur hati; penghargaan. **consolation prize** hadiah sagu hati.

console[1] v.t. memujuk; menghibur (hati yang sedih).

console[2] n. kuda-kuda; panel yang mengandungi alat-alat pengawal sesuatu; almari untuk peti televisyen, dll.

consolidate v.t./i. jadi kukuh dan kuat; cantum. **consolidation** n. pengukuhan; cantuman.

consomme n. sup jernih.

consonant n. konsonan; huruf-huruf selain daripada huruf vokal. —a. selari; harmoni. **consonantly** adv. sejajar. **consonance** n. kesejajaran.

consort[1] n. suami atau isteri raja; kapal pengiring.

consort[2] v.i. menemani.

consortium n. (pl. **-tia**) konsortium; gabungan syarikat atau firma yang bertindak bersama.

conspectus n. tinjauan am; ringkasan; sinopsis.

conspicuous a. ketara; mudah dilihat; tarik perhatian. **conspicuously** adv. dengan nyata; dengan ketara. **conspicuousness** n. perihal menarik perhatian atau mudah dilihat.

conspiracy n. komplot; pakatan sulit.

conspirator n. pengkomplot. **conspiratorial** a. berpakat; sulit. **conspiratially** adv. perihal komplot-komplot yang mempunyai tujuan tertentu.

conspire v.i. berkomplot.

constable n. mata-mata; konstabel; polis.

constabulary n. pasukan polis.

constancy n. ketetapan (tidak berubah); kesetiaan.

constant a. tetap; malar; berterusan; setia. —n. pemalar; jumlah, kuantiti yang tetap nilainya. **constantly** adv. sentiasa berterusan.

constellation n. buruj; rasi bintang; gugusan bintang.

consternation n. kekejutan; kebingungan.

constipate v.t. mengalami sakit sembelit. **constipation** n. sembelit.

constituency n. kumpulan pengundi; kawasan pengundian.

constituent a. juzuk, jadi sebahagian daripada keseluruhan. —n. juzuk; pengundi.

constitute v.t. mengandungi; terdiri daripada; menjadikan; menubuhkan; melantik.

constitution n. perlembagaan; susunan; resam tubuh.

constitutional a. perlembagaan; berperlembagaan. **constitutionally** adv. berdasarkan perlembagaan.

constrain v.t. paksa; sekat.

constraint n. desakan; paksaan; sekatan.

constrict v.t. cerut; jerut. **constriction** n. jerutan. **constrictor** n. penjerut.

construct v.t. bina; bentuk.

construction n. pembinaan; konstruksi; kata-kata yang disusun untuk menjadi frasa; tafsiran. **constructional** a. berkaitan dengan pembinaan.

constructive a. yang membina. **constructively** adv. secara membina.

construe v.t. tafsir; menyusun perkataan (dari sudut nahu).

consubstantiation n. kewujudan badan dan darah Kristus Jesus bersama dengan roti dan wain semasa upacara Eukaris.

consul n. konsul; orang yang dilantik untuk mengurus dan melindungi rakyat negaranya di negara asing. **consular** a. berkenaan konsul.

consulate n. konsulat; pejabat konsul.

consult v.t./i. berunding; merujuki. **consultation** n. perundingan.

consultant n. pakar runding; perunding.

consultative a. perunding; berkaitan dengan perunding.

consume v.t. makan; guna; pakai; dilanda atau diselubungi perasaan.

consumer n. pengguna.

consumerism n. fahaman kepenggunaan; konsumerisme.

consummate[1] a. sempurna; handal.

consummate[2] v.t. menyempurnakan (terutama alam perkahwinan dengan persetubuhan). **consummation** n. penyempurnaan.

consumption n. penggunaan; (usang) batuk kering (TB).

consumptive a. menghidap batuk kering.

contact n. sentuhan; hubungan. —v.t. menghubungi. **contact lens** kanta sentuh; kanta kecil dipakai bersentuhan dengan mata.

contagion *n.* penjangkitan (secara sentuhan). **contagious** *a.* berjangkit.

contain *v.t.* kandung; tahan; kawal.

container *n.* bekas; kontena.

containerize *v.t.* menggunakan kontena untuk pengangkutan (barang). **containerization** *n.* pengkontenaan.

containment *n.* penyekatan; pengawalan sesuatu yang merbahaya.

contaminate *v.t.* cemar. **contamination** *n.* pencemaran.

contemplate *v.t./i.* renung; timbang; cadang; niat. **contemplation** *n.* renungan; pertimbangan; niat.

contemplative *a.* merenung; bertafakur.

contemporaneous *a.* sezaman; wujud atau berlaku serentak.

contemporary *a.* sezaman; mutakhir. —*n.* orang yang sama umur.

contempt *n.* kebencian.

contemptible *a.* layak dihina; keji.

contemptuous *a.* penuh kebencian. **contemptuously** *adv.* dengan penuh kebencian.

contend *v.t./i.* lawan; bertanding. **contender** *n.* petanding.

content[1] *a.* puas hati. —*n.* keadaan puas hati. —*v.t.* memuaskan hati. **contented** *a.* berpuas hati. **contentment** *n.* kepuasan hati.

content[2] *n.* isi; kandungan; muatan.

contention *n.* perbalahan; perdebatan; pandangan.

contentious *a.* suka bertengkar; menimbulkan perbalahan.

contest[1] *n.* pertandingan; perlawanan.

contest[2] *v.t./i.* tanding; lawan. **contestant** *n.* peserta.

context *n.* konteks; keadaan. **contextual** *a.* mengikut konteks.

contiguous *a.* bersempadan; berhampiran; berikutan. **contiguously** *adv.* berhampiran. **contiguity** *n.* keadaan yang bersempadan atau bersebelahan.

continent[1] *n.* benua. **The Continent** Benua Eropah.

continent[2] *a.* kontinen; boleh mengawal kumuhan. **continence** *n.* perihal mengekang atau mengawal hawa nafsu.

continental *a.* benua; kebenuaan; Eropah. **continental breakfast** sarapan ringan seperti kopi dan roti rol.

contingency *n.* sesuatu yang tidak dijangka; sesuatu yang mungkin berlaku; darurat.

contingent *a.* berlaku secara kebetulan; mungkin berlaku. —*n.* kontingen; kumpulan askar atau kapal, dsb.

continual *a.* berterusan. **continually** *adv.* secara berterusan.

continuance *n.* keadaan berterusan; keterusan.

continue *v.t./i.* terus-menerus; terus; diteruskan. **continuation** *n.* sambungan; penerusan.

continuous *a.* berterusan. **continuously** *adv.* secara berterusan. **continuity** *n.* kesinambungan.

continuum *n.* (*pl.* **-tinua**) kontinum; perkara yang berterusan.

contort *v.t.* berkerut. **contortion** *n.* kerutan.

contortionist *n.* orang yang boleh meliukkan badannya.

contour *n.* kontur; garis bentuk.

contra- *pref.* berlawanan.

contraband *n.* seludupan; barang yang diseludup.

contraception *n.* pencegahan hamil.

contraceptive *a.* & *n.* pencegah kehamilan; alat pencegah kehamilan.

contract[1] *n.* kontrak; perjanjian rasmi. **contractual** *a.* bersifat kontrak.

contract[2] *v.t./i.* kontrak (kerja); ikat janji; dijangkiti (penyakit); kecut. **contraction** *n.* pengecutan. **contractor** *n.* kontraktor.

contractile *a.* dapat mengecut.

contradict *v.t.* bercanggah; menyangkal. **contradiction** *n.* percanggahan. **contradictory** *a.* bercanggahan.

contradistinction *n.* berbanding dengan.

contraflow *n.* aliran (terutama lalu lintas) yang berlawanan arah.

contralto *n.* (*pl.* **-os**) nada terendah suara perempuan.

contraption *n.* (*colloq.*) alat, jentera yang pelik.

contrapuntal *a.* gaya gerak imbang.

contrariwise *adv.* sebaliknya.

contrary[1] *a.* berlawanan; bertentangan. —*n.* yang sebaliknya. —*adv.* berlawanan. **on the contrary** bercanggah dengan apa yang dinyatakan dahulu; sebaliknya.

contrary[2] *a.* suka membantah. **contrariness** *n.* sikap suka membantah.

contrast[1] *n.* perbezaan bandingan; pertentangan.

contrast[2] *v.t./i.* membandingkan. **contrastive** *a.* bandingan.

contravene *v.t.* langgar (hukum, adat, undang-undang). **contravention** *n.* perbuatan melanggar atau menyalahi.

contretemps *n.* aral; rintangan.

contribute *v.t./i.* sumbang; beri sumbangan. **contribution** *n.* sumbangan. **contributor** *n.* penyumbang. **contributory** *a.* bersifat sumbangan.

contrite *a.* sesal; kesal. **contritely** *adv.* penyesalan. **contrition** *n.* sesalan; keinsafan.

contrivance *n.* ikhtiar.

contrive *v.t./i.* mengikhtiarkan; berikhtiar; berusaha.

control *n.* kawalan; pengawalan. —*v.t.* (*p.t.* controlled) kawal. **controllable** *a.* dapat dikawal. **controller** *n.* pengawal; pengawas.

controversial *a.* menimbulkan perbalahan; bersifat kontroversi.

controversy *n.* pertikaian; kontroversi.

controvert *v.t.* bertikai; menyangkal. **controvertible** *a.* dapat dipertikaikan.

contumacy *n.* kedegilan; sifat tegar hati; sifat keras kepala atau keras hati. **contumacious** *a.* degil, tegar, keras kepala atau hati.

contumely *n.* bahasa kesat; hinaan. **contumelious** *a.* kesat; bersifat menghina.

contuse *v.t.* menjadi lebam. **contusion** *n.* calar; luka; lebam; memar.

conundrum *n.* teka-teki.

conurbation *n.* bandar gabungan.

convalesce *v.i.* sembuh. **convalescence** *n.* penyembuhan; pemulihan. **convalescent** *a. & n.* berkenaan pemulihan; pesakit yang sedang pulih.

convection *n.* pemanasan; perolakan.

convector *n.* alat pemanas.

convene *v.t./i.* berkumpul; bermesyuarat. **convener** *n.* orang yang mengaturkan perkumpulan atau mesyuarat.

convenience *n.* keselesaan; kemudahan; kesenangan; tandas awam.

convenient *a.* selesa; mudah; senang. **conveniently** *adv.* dengan selesa; dengan mudah.

convent *n.* biara.

convention *n.* konvensyen; perkumpulan; perhimpunan; persetujuan; adat. **conventional** *a.* mengikut kebiasaan; sesuai dengan adat. **conventionally** *adv.* secara adat atau kebiasaan.

converge *v.i.* memusat; menumpu. **convergence** *n.* pemusatan; penumpuan; pertembungan. **convergent** *a.* pertemuan; pemusatan.

conversant *a.* conversant with mengetahui benar-benar.

conversation *n.* percakapan; perbualan. **conversational** *a.* bersifat perbualan.

conversationally *adv.* secara percakapan atau perbualan.

conversationalist *n.* orang yang pandai berbual.

converse[1] *v.i.* berbual.

converse[2] *a.* berlawanan; bertentangan. —*n.* hal yang berlawanan atau bertentangan. **conversely** *adv.* sebaliknya.

convert[1] *v.t./i.* tukar (pegangan, agama, dsb.). **conversion** *n.* penukaran.

convert[2] *n.* mualaf.

convertible *a.* boleh ditukar. —*n.* kereta yang boleh dilipat atau dibuka bumbungnya. **convertibility** *n.* keadaan dapat diubah.

convex *a.* cembung. **convexity** *n.* kecembungan.

convey *v.t.* membawa; menyampaikan. **conveyance** *n.* pembawaan; penyampaian; kenderaan. **conveyancing** *n.* urusan perpindahan hak milik tanah.

conveyor *n.* pembawa; alat pengangkut.

convict[1] *v.t.* sabit; didapati bersalah.

convict[2] *n.* banduan; orang salah.

conviction *n.* penyabitan; penghukuman; keyakinan.

convince *v.t.* meyakinkan.

convincing *a.* meyakinkan; (berkenaan suatu kemenangan atau pemenang) tanpa sebarang keraguan.

convivial *a.* meriah; riang. **convivially** *adv.* dengan riang ria. **conviviality** *a.* kemeriahan; keriangan.

convocation *n.* perkumpulan; konvokesyen.

convoke *v.t.* dipanggil (supaya berkumpul).

convoluted *a.* berpulas; berbelit.

convolution *n.* perlingkaran; keadaan berbelit-belit.

convolvulus *n.* sejenis tumbuhan yang melilit.

convoy *n.* konvoi; beriring-iringan. —*v.t.* mengiringi.

convulse *v.t.* gelepar; geletar; terkokol-kokol.

convulsion *n.* geleparan; geletaran; sawan; konvulsi.

convulsive *a.* bergegar; bergeletar. **convulsively** *adv.* dengan menggeletar; dengan terkokol-kokol.

cony *n.* arnab; bulu arnab.

coo *v.i.* berkukur (seperti bunyi burung tekukur, dsb.); mendekut. —*n.* bunyi kukur; bunyi dekut. —*int.* (*sl.*) seruan tanda hairan.

cooee *int.* seruan untuk menarik perhatian.

cook v.t./i. memasak; bertanak; mereka-reka (untuk menipu). —n. tukang masak. **cook up** (colloq.) mereka-reka; cerita.

cooker n. dapur; buah, terutamanya epal, yang lebih sesuai untuk dimasak daripada dimakan mentah.

cookery n. ilmu masak-memasak.

cookie n. (A.S.) biskut manis.

cool a. (-er, -est) nyaman; mereka-reka; dingin; tenang. —n.(sl.) kenyamanan; kesejukan; kedinginan; ketenangan. —v.t./i. menjadi nyaman, sejuk. **coolly** adv. dengan tenang; secara tidak bersemangat. **coolness** n. kenyamanan; kesejukan; ketenangan.

coolant n. cecair penyejuk.

coolie n. kuli; buruh kasar.

coomb n. lembah di tepi bukit.

coon n. rakun.

coop n. sangkar atau keranjang (ayam). —v.t. terkurung; mengurung.

co-op n. (colloq.) koperasi; syarikat kerjasama.

cooper n. pembuat tong.

cooperate v.i. bekerjasama. **cooperation** n. kerjasama.

cooperative a. memberikan kerjasama bekerjasama. —n. koperatif; syarikat kerjasama.

co-opt v.t. dipilih menjadi ahli atas undangan ahli-ahli yang sedia ada. **co-option** n. pemilihan; perlantikan.

coordinate[1] a. setaraf; selaras. —n. koordinat; ukuran yang digunakan untuk memberi kedudukan sesuatu titik.

coordinate[2] v.t. menyelaras. **coordination** n. penyelarasan. **coordinator** n. penyelaras.

coot n. burung panglin.

cop v.t. (p.t. **copped**) (sl.) tangkap. —n. (sl.) tangkapan; anggota polis; mata-mata.

cope[1] v.i. (colloq.) upaya. **cope with** mengendalikan dengan jayanya; berupaya menghadapi.

cope[2] n. jubah paderi.

copier n. (mesin) penyalin.

coping n. bahagian atas tembok. **coping-stone** n. batu-batan untuk dibuat dinding.

copious a. banyak; melimpah-ruah. **copiously** adv. dengan banyaknya; dengan mewah. **copiousness** n. perihal banyaknya.

copper[1] n. tembaga; syiling tembaga; warna tembaga. —a. diperbuat daripada tembaga.

copper[2] n. (sl.) mata-mata; anggota polis.

copperplate n. tulisan tangan yang cantik.

coppice, copse ns. belukar; semak-samun.

copula n. kopula; perkataan yang menghubungkan subjek dengan predikat.

copulate v.i. bersetubuh; (haiwan) mengawan. **copulation** n. persetubuhan. **copulatory** a. berkenaan dengan persetubuhan.

copy n. salinan; naskhah; bahan untuk dicetak. —v.t. salin; tiru. **copyist** n. penyalin; peniru.

copyright n. hak cipta. —a. dilindungi oleh hak cipta.

coquette n. perempuan yang suka menggoda; perempuan yang suka mempermainkan lelaki. **coquettish** a. bersifat menggoda. **coquetry** n. perihal menggoda.

cor anglais alat muzik seperti obo.

coracle n. bot kecil.

coral n. karang; warna merjan (merah).

corbel n. penyangga. **corbelled** a. bersangga.

cord n. tali pintal.

corded a. berjalur timbul.

cordial a. mesra. —n. minuman dengan rasa buah-buahan. **cordially** adv. dengan mesra. **cordiality** n. kemesraan.

cordite n. kordait; bahan peledak (dalam peluru) yang tidak berasap.

cordon n. kepungan (oleh barisan tentera, polis, dll.); pintalan di sekeliling lencana; pokok buahan yang dicantas cabang-cabangnya hingga tinggal batang tunggal. —v.t. mengepung.

cordon bleu anugerah tertinggi dalam ilmu memasak.

corduroy n. kain korduroi; sejenis kain yang tebal dan berjalur-jalur timbul; (sl.) seluar panjang yang dibuat daripada kain jenis ini.

core n. teras; empulur; inti sari; bahagian yang utama atau paling penting. —v.t. membuang teras atau empulur.

co-respondent n. penentangan bersama; orang yang didakwa berzina dengan si tertuduh dalam kes penceraian kerana zina.

corgi n. (pl. -is) sejenis anjing katik.

coriander n. ketumbar.

Corinthian a. bersifat gaya binaan Yunani (kuno) yang paling banyak hiasannya.

cork *n.* gabus. —*v.t.* disumbat dengan gabus.

corkage *n.* corkage; caj menghidangkan wain yang dibawa sendiri oleh pelanggan ke restoran.

corker *n.* (*sl.*) orang atau benda yang sangat bagus.

corkscrew *n.* alat pencabut gabus penyumbat botol; benda yang bergulung atau berpilin.

corm *n.* bebawang; ubi; umbisi.

cormorant *n.* burung kosa.

corn[1] *n.* jagung; gandum; oat.

corn[2] *n.* belulang; kutil; kematu.

corncrake *n.* sejenis burung.

cornea *n.* kornea; selaput jernih yang melindungi biji mata. **corneal** *a.* perihal kornea.

corned *a.* diasinkan; mengasinkan (peram dengan garam).

cornelian *n.* sejenis permata kemerahan atau putih.

corner *n.* sudut; penjuru; selekoh. —*v.t./i.* terkepung; belok; dapat mengawal pasaran secara memonopolikan bekalan sesuatu barangan.

cornerstone *n.* asas; batu asas.

cornet *n.* kornet; sejenis alat muzik seperti trompet; kelongsong aiskrim.

cornflakes *n.pl.* emping jagung.

cornflour *n.* tepung jagung.

cornflower *n.* tumbuhan berbunga biru yang tumbuh di antara pokok-pokok jagung.

cornice *n.* birai hias.

Cornish *a.* berkaitan dengan Cornwall. —*n.* bahasa Celtic.

cornucopia *n.* bekas berbentuk tanduk yang melimpah dengan buah-buahan tanda kemewahan; bekalan yang amat banyak.

corny *a.* (*colloq.*) sudah basi; terlalu kerap digunakan dan kurang berkesan; dangkal.

corollary *n.* hal, akibat atau kesimpulan yang pasti berlaku mengikut urutan lojik.

corona *n.* korona; lingkaran cahaya di sekeliling sesuatu.

coronary *n.* koronari; salah satu saluran darah ke jantung.

coronation *n.* penabalan; penobatan (raja).

coroner *n.* penyiasat (sebab-musabab) kematian.

coronet *n.* mahkota kecil.

corporal[1] *n.* koperal; pegawai di bawah sarjan.

corporal[2] *a.* berkenaan jasmani; berkaitan dengan tubuh badan. **corporal**

punishment hukuman fizikal seperti sebatan, deraan, dsb.

corporate *a.* berkongsi; bersekutu; ditanggung bersama oleh para ahli sesuatu kumpulan.

corporation *n.* kongsi; syarikat; perbadanan; koperat; kumpulan yang dipilih untuk mentadbir sesebuah bandar.

corporeal *a.* zahir; ketara. **corporeally** *adv.* pada zahirnya. **corporeality** *n.* kezahiran.

corps *n.* (*pl.* **corps**) pasukan; kor.

corpse *n.* mayat; jenazah; bangkai.

corpulent *a.* gempal; gendut; gemuk. **corpulence** *n.* kegempalan.

corpus *n.* (*pl.* **corpora**) korpus; satu set tulisan.

corpuscle *n.* korpuskel; sel darah.

corral *n.* (A.S.) kandang untuk lembu, dll. —*v.t.* (*p.t.* **corralled**) kurung dalam kandang.

correct *a.* betul; tepat. —*v.t.* menegur (membetulkan); memeriksa. **correctly** *adv.* dengan betul. **correctness** *n.* ketepatan; kebetulan; kebenaran. **corrector** *n.* pembetul.

correction *n.* pembetulan; teguran.

corrective *a. & n.* bersifat membaiki; pembaikan.

correlate *v.t./i.* berhubung kait secara bersistem (sistematik). **correlation** *n.* hubung kait; pertalian.

correspond *v.i.* serupa; sama; secocok; sejajar; kirim surat.

correspondence *n.* kesamaan; keserupaan; surat-surat.

correspondent *n.* penulis surat; pemberita; wartawan.

corridor *n.* koridor; ruang untuk orang berjalan dalam bangunan, kereta api, dsb.

corrigenda *n.pl.* pembetulan.

corroborate *v.t.* membenarkan; menyokong. **corroboration** *n.* sokongan. **corroborative** *a.* bersifat menyokong atau mengesahkan. **corroboratory** *a.* menentukan ketegasan; perihal menguatkan bukti.

corrode *v.t.* menghakis; menjadi berkarat. **corrosion** *n.* penghakisan. **corrosive** *a.* bersifat menghakis.

corrugated *a.* beralun-alun. **corrugation** *n.* alunan.

corrupt *a.* curang; korup; keji. —*v.t.* berbuat curang; menjadi rosak. **corruption** *n.* rasuah; kecurangan. **corruptible** *a.* mudah rosak akhlak.

corsage *n.* korsaj; (A.S.) bunga yang biasanya dipakai oleh wanita.

C

corsair *n.* (usang) lanun.

corset *n.* bengkung; korset; pakaian dalam yang ketat.

corslet *n.* perisai (menutupi badan).

cortege *n.* pawai; perarakan jenazah.

cortex *n.* (*pl.* **-ices**) korteks; kulit atau lapisan luar otak atau buah pinggang.

cortisone *n.* kortison; hormon yang dihasilkan oleh kelenjar adrenal atau secara tiruan.

coruscate *v.i.* bergemerlapan. **coruscation** *n.* kegemerlapan.

corvette *n.* korvet; kapal perang kecil.

cos[1] *n.* salad berdaun panjang.

cos[2] *abbr.* **cosine** kosinus; kosain.

cosh *n.* kayu pemukul; penggodam. —*v.t.* pukul; godam.

cosine *n.* kosinus; kosain; sinus pelengkap bagi sesuatu sudut.

cosmetic *n.* alat solek. —*a.* solek.

cosmic *a.* tentang alam semesta; kosmik; berkenaan kosmos. **cosmic rays** sinar kosmos.

cosmogony *n.* kosmogoni; teori asal usul alam.

cosmology *n.* kosmologi; ilmu atau teori tentang alam. **cosmological** *a.* berkenaan kosmologi.

cosmonaut *n.* angkasawan (Rusia).

cosmopolitan *a.* kosmopolitan; daripada pelbagai negara; tanpa perkauman. —*n.* warga dunia.

cosmos *n.* alam semesta; kosmos.

Cossack *n.* Kossak; satu kaum di Rusia Selatan yang terkenal kerana keahlian mereka dalam penunggangan kuda.

cosset *v.t.* (*p.t.* **cosseted**) memanjakan.

cost *v.t.* (*p.t.* **cost**) biaya; kos. —*n.* harga; kos; perbelanjaan.

costal *a.* kosta; rusuk.

co-star *n.* pelakon yang muncul bersama seorang pelakon lain yang sama penting dengannya.

costermonger *n.* penjaja buah-buahan dari kereta sorong.

costly *a.* (**-ier, -iest**) mahal; berharga. **costliness** *n.* kemahalan.

costume *n.* kostum; pakaian untuk sesuatu upacara atau kegiatan tertentu.

cosy *a.* (A.S. **cozy**) selesa, nyaman dan selamat; tidak sukar atau cerewet. *n.* (*pl.* **cosies**) penutup untuk teko, dsb. supaya kekal panasnya. *v.* (**cosying, cosied**) (**cosy up to**) cuba untuk mendapatkan sebarang faedah bagi diri sendiri.

cot *n.* katil bayi; endui; noi; buaian.

cote *n.* sarang burung atau haiwan.

coterie *n.* kumpulan orang tertentu.

cottage *n.* kotej; pondok; dangau; teratak; rumah kecil di kampung. **cottage cheese** keju kotej; keju berketul-ketul yang dibuat dengan dadih tanpa ditekan. **cottage hospital** hospital kotej; hospital yang tidak mempunyai doktor sendiri. **cottage loaf** lof kotej; sejenis roti. **cottage pie** pai kotej; makanan daripada daging cincang dan ubi kentang.

cottager *n.* penghuni kotej, dsb.

cotter pin semat baji; bolt atau sendal dalam jentera.

cotton *n.* kapas; pokok kapas; kain kapas. —*v.i.* **cotton on** (*sl.*) faham. **cotton wool** kapas (untuk menekap atau melapik). **cottony** *a.* daripada kapas.

cotyledon *n.* kotiledon; daun sulung yang tumbuh daripada benih.

couch[1] *n.* ranjang; kerusi panjang. —*v.t.* mengungkapkan dengan cara tertentu. **couch-grass** *n.* rumpai berakar jalar.

couch[2] *n.* (juga **couch-grass**) rumpai berakar menjalar.

couchette *n.* katil lipat.

cougar *n.* kugar; sejenis harimau di Amerika; puma.

cough *v.t./i.* batuk; terbatuk. —*n.* batuk.

could *p.t.* lihat **can**[2].

couldn't *abbr.* **could not** tidak dapat; tidak upaya; tidak boleh.

coulomb *n.* coulomb; unit caj elektrik.

coulter *n.* pisau tenggala atau bajak.

council *n.* majlis; majlis perbandaran. **council house** rumah yang dipunyai dan disewakan oleh majlis perbandaran.

councillor *n.* ahli majlis.

counsel *n.* nasihat; saranan; (*pl.* **counsel**) peguam. —*v.t.* (*p.t.* **counselled**) beri nasihat. **keep one's own counsel** tidak memberitahukan. **counsellor** *n.* kaunselor; penasihat; peguam.

count[1] *v.t./i.* mengira. —*n.* kiraan. **count-down** *n.* mengira ke bawah. **count on** bergantung; harap.

count[2] *n.* gelaran bangsawan (asing).

countenance *n.* wajah; air muka; roman; menunjukkan persetujuan. —*v.t.* beri persetujuan; membenarkan.

counter[1] *n.* alat pengira; kaunter.

counter[2] *adv.* bertentang. —*a.* bertentangan. —*v.t./i.* halang; menewaskan.

counter- *pref.* bertentangan; berlawanan; sebaliknya.

counter-attack *n.* & *v.t./i.* serangan balas.

counter-espionage n. tindakan cegah pengintipan musuh.

counter-intelligence n. risik balas.

counter-productive a. tidak menguntungkan.

counter-tenor n. alto laki-laki.

counteract v.t. meredakan, mengurang atau menghalang kesan sesuatu tindak balas. **counteraction** n. tindakan balas; pemapasan.

counterbalance n. pengimbang balas. —v.t. mengimbang balas.

counterblast n. reaksi agresif.

counterfeit a., n. & v.t. tiru; palsu; tiruan; meniru; memalsukan.

counterfoil n. keratan yang disimpan oleh pengirim.

countermand v.t. batalkan.

countermeasure n. tindakan penyelamat; langkah balas.

counterpane n. cadar; seperai.

counterpart n. orang atau benda yang setara; rakan sejawat.

counterpoint n. not balas; kaedah mencantum melodi.

counterpoise n. pengimbang. —v.t. mengimbangi.

countersign n. kata laluan; perkataan yang digunakan sebagai tanda kepastian untuk mendapat kebenaran masuk ke sesuatu tempat. —v.t. menandatangani sekali lagi.

countersink v.t. (p.t. **-sunk**) pembenaman kepada skru hingga separas dengan permukaan (papan, dll.).

countervail v.t. mengimbang balas; timbal balas.

counterweight n. & v.t. pengimbang balas; mengimbang balas.

countess n. gelaran bangsawan untuk isteri atau balu **count** dan **earl**.

countless a. tidak terhingga; tidak terkira (banyaknya).

countrified a. bagaikan keadaan atau kehidupan di desa; bersifat kedesaan.

country n. negara; negeri; desa. **country dance** tarian rakyat. **go to the country** mengadakan pilihan raya umum.

countryman n. (pl. **-men**) orang (lelaki) kampung, desa; orang senegeri, senegara. **countrywoman** n. fem. perempuan kampung; perempuan senegeri, senegara.

countryside n. luar bandar.

county n. satu kawasan pentadbiran sesebuah negeri; mukim.

coup n. rampasan kuasa.

coup d'état n. rampasan kuasa pemerintahan secara haram dan dengan kekerasan; kudeta.

coup de grâce tindakan penyudah.

coupé n. motokar dua pintu.

couple n. pasangan; sepasang; sejoli; kelamin; suami isteri. —v.t./i. diikat atau disambung satu dengan yang lain. **coupler** n. pasangan; pemadan; pengganding.

couplet n. bait; kuplet; dua baris berima berturutan dalam puisi.

coupling n. penyangkuk; perangkai; gandingan.

coupon n. kupon.

courage n. keberanian; kegagahan. **courageous** a. berani; gagah. **courageously** adv. dengan gagah berani; dengan tabah hati.

courgette n. sejenis labu kecil.

courier n. pembawa (surat, dll.); utusan; pemandu pelancong.

course n. arah; haluan; kursus; sebahagian daripada hidangan. —v.t./i. memburu dengan anjing yang mengejar mangsa yang dilihatnya. **of course** sudah tentu.

courser n. (puisi) kuda pantas.

court n. halaman; gelanggang; istana; mahkamah. —v.t. melamar; memikat; mencari (nahas). **court martial** (pl. **courts martial**) mahkamah tentera. **court-martial** v.t. (p.t. **-martialled**) dibicarakan di mahkamah tentera. **pay court** to cuba memikat.

courteous a. sopan; santun. **courteously** adv. dengan sopan; dengan santun.

courtesan n. pelacur kelas atasan.

courtesy n. kesopanan; kesantunan; budi bahasa. **by courtesy of** dengan ihsan daripada.

courtier n. pengiring raja.

courtly a. bersopan santun. **courtliness** n. kesantunan.

courtship n. percubaan untuk memikat; masa bercinta-cintaan.

courtyard n. halaman (berpagar tembok atau bangunan).

couscous n. sejenis masakan Afrika daripada suji yang dikukus.

cousin n. (**first cousin**) sepupu. **second cousin** dua pupu. **cousinly** adv. seperti saudara.

couture n. perekaan pakaian bergaya.

couturier n. pereka fesyen pakaian.

cove n. teluk kecil; lengkung cekung.

coven n. perhimpunan (ahli sihir).

covenant n. perjanjian rasmi; kontrak. —v.t. mengikat janji.

Coventry n. **send to Coventry** memulaukan; enggan menegur sapa atau bergaul dengan seseorang itu.

cover *v.t.* menutup; meliputi. —*n.* liputan; tudung. **cover up** menyembunyikan. **cover-up** *n.* sesuatu yang menutup atau menyembunyikan; penutupan; penyembunyian.

coverage *n.* liputan; lindungan.

coverlet *n.* penutup cadar.

covert *n.* belukar; semak samun; bulu pahat. —*a.* tersembunyi; terselindung. **covertly** *adv.* dengan cara tersembunyi atau terselindung.

covet *v.t.* ingin; idam (terutama hak orang lain). **covetous** *a.* mengingini; mengidam. **covetously** *adv.* dengan perasaan atau sikap sangat mengingini.

covey *n.* (*pl.* **-eys**) sekawan burung.

cow[1] *n.* lembu betina.

cow[2] *v.t.* menakut-nakutkan.

coward *n.* penakut; pengecut. **cowardly** *a.* yang penakut. **cowardliness** *n.* sifat penakut atau pengecut.

cowardice *n.* sifat penakut atau pengecut.

cowboy *n.* gembala lembu yang menunggang di Amerika; koboi; (*colloq.*) orang yang tidak hemat atau tidak jujur dalam perniagaan, terutamanya yang tidak berkelayakan.

cower *v.i.* merangkung kerana takut atau sejuk.

cowl *n.* kerudung jubah rahib; jubah berkerudung.

cowling *n.* tudung logam (yang boleh ditanggalkan) di atas enjin.

cowrie *n.* sejenis kulit siput.

cowshed *n.* bangsal (lembu, kerbau, dll.).

cowslip *n.* sejenis pokok bunga liar.

cox *n.* jurumudi. —*v.t.* bertindak sebagai jurumudi.

coxswain *n.* jurumudi; juragan; orang yang menjaga kemudi.

coy *a.* (**-er, -est**) tersipu-sipu; malu. **coyly** *adv.* dengan tersipu; malu. **coyness** *n.* sifat malu-malu; kemalu-maluan.

coyote *n.* koyote; serigala prairi.

coypu *n.* sejenis binatang seperti memerang.

cozen *v.t./i.* memperdaya; menipu.

crab *n.* ketam. —*v.t./i.* (*p.t.* **crabbed**) merungut. **crab-apple** *n.* sejenis epal kecil yang masam. **crabby** *a.* merengus.

crabbed *a.* radang; marah; (tulisan) yang sukar dibaca.

crack *n.* keretakan; letusan; (*sl.*) gurauan. —*a.* (*colloq.*) sangat bagus. —*v.t./i.* meretak; letus; meletus; ketuk-

an; cerita kisah lucu; pecah masuk; (suara jadi) garau; menyerah pada tekanan; memecahkan minyak likat kepada yang lebih cair. **crack-brained** *a.* (*colloq.*) sasau; sewel. **crack down on** (*colloq.*) ambil tindakan keras terhadap. **crack up** tidak lagi dapat menahan tekanan. **get cracking** (*colloq.*) mulakan kerja.

crackdown *n.* (*colloq.*) tindakan keras terhadap sesuatu.

cracked *a.* (*sl.*) sasau; gila.

cracker *n.* mercun; biskut kering yang nipis.

crackers *a.* (*sl.*) sasau; gila.

cracking *a.* (*sl.*) bagus; amat baik.

crackle *v.t./i.* berbunyi gemeresik; mendedas-dedas. —*n.* bunyi gemeresik; dedasan.

crackling *n.* kulit garing babi panggang.

crackpot *n.* (*sl.*) orang sasau atau sewel.

cradle *n.* buaian; punca asal; penyangga. —*v.t.* dukung; timang; tatang.

craft *n.* pertukangan; kemahiran; (*pl.* **craft**) rakit; perahu; kapal atau kapal terbang.

craftsman *n.* (*pl.* **-men**) tukang. **craftsmanship** *n.* pertukangan; kemahiran.

crafty *a.* (**-ier, -iest**) cerdik; cerdik dengan tipu muslihat; panjang akal. **craftily** *adv.* dengan licik. **craftiness** *n.* kelicikan.

crag *n.* batuan terjah; batuan ceracak.

craggy *a.* berceracak.

cram *v.t.* (*p.t.* **crammed**) asak; sumbat; mentelaah secara intensif untuk peperiksaan.

cramp *n.* kejang; batang besi bercangkuk untuk memegang batu bata. —*v.t.* mengapit; menjangkar.

crampon *n.* tapak berpaku yang dipasang pada kasut untuk berjalan di atas ais.

cranberry *n.* kranberi; sejenis buah atau pokok beri.

crane *n.* burung jenjang; burung pala; jentera pengangkut; kren. —*v.t./i.* memanjangkan leher untuk meninjau. **crane-fly** *n.* lalat kekeria.

cranium *n.* (*pl.* **-ia**) kranium, tempurung kepala; tengkorak. **cranial** *a.* berkenaan tempurung kepala atau tengkorak.

crank[1] *n.* engkol; bahagian berbentuk 'L' yang menukar gerakan ke depan ke belakang menjadi gerakan berputar. —*v.t.* putar, pulas dengan engkol. **crankshaft** *n.* aci engkol.

crank[2] *n.* orang berfikiran aneh. **cranky** *a.* aneh; pelik.

cranny *n.* celah; retak; rekahan.

craps *n.pl.* (A.S.) sejenis permainan judi yang menggunakan dua butir buah dadu.

crash *n.* dentuman; nahas; kejatuhan. —*v.t./i.* meruntuh; jatuh. **crash-helmet** *n.* topi keledar. **crash-land** *v.t./i.* (kapal terbang) membuat pendaratan cemas. **crash-landing** *n.* pendaratan kecemasan.

crass *a.* tolol; sangat bodoh.

crate *n.* peti untuk isian barang; (*sl.*) kapal terbang atau kereta buruk. —*v.t./i.* mengisi barang ke dalam peti.

crater *n.* genahar; kawah gunung berapi.

cravat *n.* tali leher pendek.

crave *v.t./i.* mengidam; ketagih; kepingin; meminta bersungguh-sungguh; merayu.

craven *a.* bersifat pengecut atau penakut.

craving *n.* idaman; ketagihan; hasrat.

craw *n.* tembolok.

crawfish *n.* udang kara laut yang besar.

crawl *v.i.* merangkak; merayap; menjalar. —*n.* merangkak.

crawler *n.* pengampu; kaki ampu.

crayfish *n.* udang krai.

crayon *n.* krayon. —*v.t.* menulis, melukis dengan krayon.

craze *n.* kegilaan.

crazed *a.* gila.

crazy *a.* (**-ier**, **-iest**) sasau; gila; (*colloq.*) tergila-gila. **crazy paving** tampalan; kaki lima yang dibuat daripada serpihan yang berbeza-beza saiznya. **crazily** *adv.* secara tergila-gila. **craziness** *n.* gila; kegilaan.

creak *n.* bunyi keriut. —*v.i.* berkeriut. **creaky** *a.* yang berkeriut.

cream *n.* pati; sari; inti; dadih; kepala susu; krim; warna putih kuning. —*a.* berwarna putih kuning. —*v.t.* menyari; mendadih; menyapu krim solek kepada. **creamy** *a.* seperti krim; berkrim. **cream cheese** keju krim; keju yang lembut.

creamery *n.* (*pl.* **creameries**) kilang yang mengeluarkan mentega dan keju.

crease *n.* lipatan; kedutan. —*v.t./i.* merenyuk; berkedut.

create *v.t./i.* cipta. **creation** *n.* ciptaan; penciptaan. **creative** *a.* berdaya cipta; kreatif. **creator** *n.* pencipta.

creature *n.* makhluk.

crèche *n.* tempat asuhan atau jagaan siang hari untuk bayi.

credence *n.* kepercayaan; pegangan.

credentials *n.pl.* surat akuan; tauliah.

credible *a.* boleh dipercayai. **credibly** *adv.* dengan cara yang munasabah. **credibility** *n.* kebolehpercayaan.

credit *n.* kepercayaan; penghargaan; nama baik; kredit. —*v.t.* (*p.t.* **credited**) percaya; dirujukkan kepada; dikreditkan. **credit card** kad kredit. **creditworthy** *a.* mempunyai kepercayaan kredit.

creditable *a.* layak dipuji. **creditably** *adv.* dengan cara yang boleh dipuji; benar.

creditor *n.* pemberi hutang.

credulous *n.* mudah percaya. **credulity** *n.* sifat mudah mempercayai sesuatu atau seseorang.

creed *n.* kepercayaan; pegangan.

creek *n.* anak sungai; teluk sempit. **up the creek** (*sl.*) dalam kesusahan.

creel *n.* jaras; kumbu; keranjang ikan.

creep *v.i.* (*p.t.* **crept**) merayap; menjalar. —*n.* rayapan; (*sl.*) pengampu; pembodek.

creeper *n.* tumbuhan menjalar.

creepy *a.* (**-ier**, **-iest**) geli-geleman; seram.

cremate *v.t.* membakar mayat. **cremation** *n.* pembakaran mayat.

crematorium *n.* (*pl.* **-ia**) krematorium; tempat pembakaran mayat.

crème de menthe minuman keras berasa pudina.

crenellated *a.* berbaluarti. **crenellation** *n.* kebaluartian.

Creole *n.* Kreol; kaum berketurunan Eropah di Hindia Barat atau di Amerika Tengah atau Selatan; dialek Kreol.

creosote *n.* kreosot; sejenis minyak pengawet papan atau kayu.

crêpe *n.* kain atau getah berkedutan. **crepe paper** kertas krep. **crêpey** *a.* berkedut.

crept *lihat* **creep**.

crepuscular *a.* senja; kabur; samar-samar; krepuskul; aktif pada waktu senja.

crescendo *adv. & n.* (*pl.* **-os**) kresendo; bertambah lantang.

crescent *n.* bentuk bulan sabit.

cress *n.* (pokok) selada.

crest *n.* jambul; puncak; lambang; gombak. **crested** *a.* berjambul; berlambang.

crestfallen *a.* sugul; murung.

cretaceous *a.* (batu) kapur.

cretin *n.* kretin; orang cacat anggota dan otak kerana kekurangan hormon tiroid. **cretinous** *a.* berkaitan dengan kecacatan mental dan fizikal.

cretonne *n.* kain kreton; sejenis kain yang tebal.

crevasse *n.* jurang sempit yang dalam.

crevice *n.* retak; keretakan; celah.

crew[1] *lihat* **crow**.

crew[2] *n.* anak kapal; kumpulan pekerja. —*v.t./i.* bertindak sebagai sekumpulan pekerja. **crew-cut** guntingan rambut yang sangat pendek.

crewel *n.* krewel; benang sulam. **crewel needle** jarum untuk menyulam.

crib *n.* palung; tempat jerami makanan binatang; buaian; katil bayi; terjemahan teks bahasa asing untuk kegunaan penuntut. —*v.t./i.* (*p.t.* **cribbed**) meniru.

cribbage *n.* sejenis mainan yang menggunakan kad pakau.

crick *n.* kejang; sakit leher. —*v.t.* tegang.

cricket[1] *n.* permainan kriket. **not cricket** (*colloq.*) tidak adil. **cricketer** *n.* pemain kriket.

cricket[2] *n.* sejenis serangga; cengkerik.

cried *past* & *past p.* of **cry.**

crier *n.* penangis; pencanang.

crikey *int.* (*sl.*) kata tanda rasa hairan.

crime *n.* jenayah.

criminal *n.* penjenayah; penjahat. —*a.* berkenaan jenayah.

criminalize *v.t.* dianggap sebagai jenayah. **criminilization** *n.* penjenayahan.

criminology *n.* pengajian atau ilmu kejenayahan. **criminologist** *n.* pengkaji jenayah.

crimp *v.t./i.* mengelim; mengeritingkan.

crimson *a.* & *n.* (warna) merah tua.

cringe *v.i.* mengekot; tunduk kerana takut; berasa malu atau hina.

crinkle *n.* & *v.t./i.* renyuk; kedut; ronyok.

crinoline *n.* lingkaran yang dipakai dahulu untuk mengembangkan skirt.

cripple *n.* lumpuh; capik; pincang; tempang. —*v.t.* melumpuhkan.

crisis *n.* (*pl.* **crises**) kegentingan; krisis; perbalahan.

crisp *a.* (**-er, -est**) garing; mersik; rapuh; ringkas dan tepat. —*n.* hirisan kentang yang digoreng. —*v.t./i.* menjadi garing. **crisply** *adv.* dengan rangup; dengan pantas dan giat. **crispness** *n.* kegaringan.

crispbread *n.* biskut rai rangup.

criss-cross *n.* corak yang silang-menyilang. —*a.* & *adv.* silang-menyilang. —*v.t./i.* membuat garis silang-menyilang.

criterion *n.* (*pl.* **-ia**) ukuran; kriteria.

critic *n.* pengkritik; pengulas.

critical *a.* mencari salah silap; genting; kritikal. **critically** *adv.* dalam keadaan genting; bersifat mengkritik; dengan kritis.

criticism *n.* kritikan.

criticize *v.t.* mengkritik.

critique *n.* karangan atau esei yang mengkritik.

croak *n.* bunyi katak; suara garau. —*v.t./i.* menguak; bercakap dengan suara serak.

crochet *n.* krusye; kait jarum satu. —*v.t./i.* mengait.

crock[1] *n.* pasu; serpihan pasu.

crock[2] *n.* (*colloq.*) orang lemah atau sering sakit; kereta usang. —*v.i.* (*colloq.*) melemahkan. **crock up** menjadi lemah; tidak berdaya.

crockery *n.* pinggan mangkuk; perkakas dapur.

crocodile *n.* buaya; barisan kanak-kanak yang berjalan berpasangan. **crocodile tears** pura-pura hiba.

crocus *n.* (*pl.* **-uses**) sejenis pokok bunga dari bebawang.

croft *n.* ladang kecil berpagar; ladang pajakan di Scotland.

crofter *n.* tuan punya ladang kecil berpagar; petani pemajak.

croissant *n.* croissant; roti berbentuk anak bulan.

cromlech *n.* dolmen.

crone *n.* perempuan tua.

crony *n.* kuncu; kawan karib; kroni.

crook *n.* kayu bercangkuk; benda bengkok; (*colloq.*) penjahat. —*v.t.* membengkokkan.

crooked *a.* bengkok; curang. **crookedly** *adv.* dengan tidak jujur; dengan curang.

croon *v.t./i.* senandung; dodoi; menyanyi perlahan-lahan.

crop *n.* tanaman; tuaian; hasil; tembolok (ayam, burung, dll.); hulu (cemeti); rambut yang digunting pendek. —*v.t./i.* (*p.t.* **cropped**) memangkas; memotong; menuai. **crop up** muncul dengan tiba-tiba.

cropper *n.* (*sl.*) jatuh terhempas.

croquet *n.* kroket; sejenis permainan yang menggunakan bola dan pemukul.

croquette *n.* bebola atau gulungan ubi kentang, daging atau ikan yang digoreng.

crosier *n.* tongkat (paderi) bishop.

cross *n.* palang; salib; kacukan; campuran. —*v.t./i.* lintas; menyeberang; silang; kacuk. **at cross purposes**

salah faham; berkonflik. **cross off** atau **out** memangkah atau memotong dengan melukis garis. **on the cross** menyerong. **crossly** *adv.* dengan marah. **crossness** *n.* keradangan.

cross-bred *a.* kacuk. **cross-breed** *n.* kacukan. **cross-breeding** *n.* pengacukan.

cross-check *v.t./i.* menyemak silang.

cross-examine *v.t.* memeriksa balas (terutama dalam pembicaraan mahkamah). **cross-examination** *n.* pemeriksaan balas.

cross-eyed *a.* juling.

cross-fertilize *v.t.* mensenyawakan silang; kacuk. **cross-fertilization** *n.* persenyawaan silang.

cross-grained *a.* bengkeng; mudah marah.

cross-patch *n.* orang yang mudah marah.

cross-question *v.t.* menyoal balas (untuk menguji jawapan yang telah diberikan).

cross-reference *n.* rujukan silang.

cross-section *n.* keratan rentas; keratan lintang.

crossbar *n.* besi palang.

crossbill *n.* sejenis burung cakar.

crossbow *n.* busur silang.

crosse *n.* penyauk.

crossfire *n.* tembak-menembak.

crossing *n.* lintasan; penyeberangan.

crossply *a.* (tayar) mempunyai lapisan bebenang silang-menyilang.

crossroads *n.* simpang; persimpangan.

crosswise *adv.* melintang.

crossword *n.* teka silang kata.

crotch *n.* percabangan; celah kangkang.

crotchet *n.* krocet; nota dalam muzik.

crotchety *a.* perengus. **crotchetiness** *n.* sifat perengus.

crouch *v.i. & n.* membongkok; merunduk.

croup *n.* (bahagian) punggung.

croup *n.* krup; batuk yang teruk (kanak-kanak).

croupier *n.* krupier; bandar, pengaut dan pembayar wang dalam permainan judi.

crouton *n.* kepingan kecil roti bakar.

crow *n.* gagak. —*v.i.* berkokok; mengekek. **as the crow flies** mengikut garisan lurus. **crow's-feet** kedut-kedut di sudut mata. **crow's nest** tempat yang disediakan untuk memerhati di dalam kapal.

crowbar *n.* tuil besi; alabangka.

crowd *n.* ramai (orang). —*v.t./i.* kerumun; asak.

crown *n.* mahkota. **the crown** takhta kerajaan; ubun-ubun. —*v.t.* menabalkan; memahkotakan; menyaluti; mencapai puncak; (*sl.*) memukul di kepala. **Crown Court** Mahkamah yang membicarakan kes kriminal di England dan Wales. **Crown Prince** putera mahkota.

crucial *a.* genting; sangat genting. **cruciality** *n.* kegentingan.

crucible *n.* mangkuk pijar; periuk pelebur logam.

crucifix *n.* patung salib.

crucifixion *n.* penyaliban.

cruciform *a.* berbentuk salib.

crucify *v.t.* menyalib.

crude *a.* (-er, -est) mentah; kasar. **crudely** *adv.* dengan cara yang kasar. **crudity** *n.* kekasaran.

cruel *a.* (crueller, cruellest) kejam; zalim. **cruelly** *adv.* dengan kejam; dengan zalim. **cruelty** *n.* kekejaman; kezaliman.

cruet *n.* set bekas minyak, cuka, garam, dll.

cruise *v.i.* berlayar untuk bersuka-suka atau meronda. —*n.* pelayaran untuk bersuka-suka.

cruiser *n.* kapal perang yang laju; bot berkabin.

crumb *n.* serdak; cebisan; remah-remah; serpihan (roti, kuih, dll.).

crumble *v.t./i.* pecah; hancur.

crumbly *a.* mudah hancur; rapuh.

crummy *a.* (-ier, -iest) kotor; selekeh.

crump *n.* bunyi berdebap. —*v.t.* membuat bunyi berdebap.

crumpet *n.* krumpet; sejenis kuih leper yang dibakar dan disapu mentega sebelum dimakan.

crumple *v.t./i.* merenyuk; rebah.

crunch *v.t.* kunyah; berkerap-kerup; berderap-derap. —*n.* bunyi derap.

crunchy *a.* rangup.

crupper *n.* ambin ekor; buntut (kuda).

crusade *n.* perang salib; kempen menentang sesuatu kejahatan. —*v.i.* mengambil bahagian dalam perang salib. **crusader** *n.* salibi, soldadu Kristian dalam perang salib.

crush *v.t./i.* memerah; menghancurkan; merenyukkan. —*n.* orang ramai yang berasak-asak; perahan minuman daripada buah-buahan; (*sl.*) rasa angau; cinta.

crust *n.* kerak; kulit (keras).

crustacean *n.* krustasia; binatang berkulit keras (seperti ketam, dll.).

crusty *a.* (**-ier, -iest**) berkerak; kasar (perangai).

crutch *n.* topang; tongkat ketiak.

crux *n.* (*pl.* **cruxes**) perkara utama.

cry *v.* (**crying, cried**) mengeluarkan air mata; menjerit atau memekik dengan kuat.

cry off *informal* gagal menepati perancangan. —*n.* (*pl.* **cries**) tempoh masa menangis; jeritan atau pekikan kuat; laungan seekor binatang.

cryogenics *n.* kriogen; cabang ilmu fizik berkaitan dengan suhu rendah. **cryogenic** *a.* berkenaan kriogen atau suhu rendah.

crypt *n.* bilik di bawah lantai gereja.

cryptic *a.* rahsia; ada makna tersembunyi. **cryptically** *adv.* secara rahsia; dengan tersembunyi.

cryptogram *n.* kriptogram; tulisan dengan makna tersembunyi.

cryptography *n.* kriptografi; pengkajian tentang tulisan rahsia. **cryptographer** *n.* ahli kaji tulisan rahsia.

crystal *n.* hablur; kristal.

crystalline *a.* berhablur; seperti kristal; jernih.

crystallize *v.t./i.* menghablur; memperjelas. **crystallized fruit** halwa buah. **crystallization** *n.* penghabluran.

cu. *abbr.* **cubic** padu.

cub *n.* anak binatang (seperti harimau, dll.). **cub (Scout)** anak serigala; ahli Pengakap.

cubby-hole *n.* ruang; petak kecil.

cube *n.* kiub; kubus; kuasa tiga. —*v.t.* memotong seperti bentuk kiub-kiub kecil. **cube root** punca kuasa tiga.

cubic *a.* berbentuk kiub; kubus. **cubic centimetre** sentimeter padu; isi padu kubus dengan sisi 1 cm.

cubical *a.* berbentuk kiub.

cubicle *n.* petak kecil (daripada ruang yang lebih luas).

cubism *n.* kubisme; stail lukisan berbentuk kiub. **cubist** *n.* pelukis stail ini.

cuckold *n.* suami yang isterinya berzina; dayus. —*v.t.* menduakan.

cuckoo *n.* burung but-but; burung tekukur.

cucumber *n.* mentimun; timun.

cud *n.* mamahan; makanan lembu, dll., yang dikeluarkan dari perut dan dimamah atau dikunyah semula.

cuddle *v.t./i.* memeluk; mendakap; membelai. —*n.* pelukan; dakapan; belaian. **cuddlesome, cuddly** *adjs.* sedap untuk dipeluk.

cudgel *n.* belantan; tongkat (pemukul). —*v.t.* (*p.t.* **cudgelled**) membela-

sah; memukul. **cudgel one's brains** fikir bersungguh-sungguh tentang sesuatu.

cue[1] *n.* & *v.t.* (*pres.p.* **cueing**) kiu; tanda. —*v.t.* memberi kiu.

cue[2] *n.* kiu; kayu penjolok bola biliard.

cuff *n.* manset; pergelangan tangan baju. —*v.t.* tampar; sepak; tempeleng. **cuff-link** *n.* kafling; kancing pergelangan tangan baju. **off the cuff** tanpa persediaan.

cuirass *n.* kuiras; baju zirah, besi.

cuisine *n.* stail atau gaya masakan.

cul-de-sac *n.* jalan mati.

culinary *a.* masak-memasak.

cull *v.t.* memetik (bunga); pilih; menakai. —*n.* penakaian.

culminate *v.i.* memuncak; berakhir dengan. **culmination** *n.* kemuncak.

culottes *n.pl.* kulot; seluar wanita yang berbentuk skirt.

culpable *a.* patut dicela atau dipersalahkan; bersalah.

culprit *n.* pesalah; orang yang telah membuat salah.

cult *n.* kultus; ikutan; pemujaan.

cultivar *n.* pelbagai hasil tanaman.

cultivate *v.t.* mengusahakan; pupuk; pelihara; tanam. **cultivation** *n.* pemupukan; pemeliharaan; penanaman.

cultivator *n.* petani; peladang.

culture *n.* kebudayaan; pembiakan. —*v.t.* mengkultur; pembiakan buatan. **cultural** *a.* budaya. **culturally** *adv.* dari segi budaya.

cultured *a.* beradab; bersopan. **cultured pearl** mutiara buatan.

culvert *n.* pembentung; parit di bawah jalan, dsb.

cum *prep.* (**combined with**) menggabungkan.

cumber *v.t.* menghalang; menghambat.

cumbersome *a.* sukar untuk dibawa atau digunakan; menyusahkan.

cumin *n.* pokok jintan putih; jintan putih.

cummerbund *n.* setagen; tali pengikat pinggang.

cumulative *a.* bertambah banyak; kumulatif. **cumulatively** *adv.* secara berganda; secara kumulatif.

cumulus *n.* (*pl.* **-li**) awan kumulus.

cuneiform *n.* tulisan pepaku (pada batu, dsb.).

cunning *a.* cerdik; pintar; licik. —*n.* kecerdikan; kepintaran.

cup *n.* cawan; piala. —*v.t.* (*p.t.* **cupped**) membuat seperti bentuk cawan; merangkup; terkandung seperti di dalam cawan. **cupful** *n.* (*pl.* **cupfuls**) secawan penuh.

cupboard *n.* almari; gerobok.

cupidity *n.* tamak haloba; kerakusan.

cupola *n.* kubah kecil.

cupreous *a.* seakan-akan tembaga.

cupric *a.* kuprik; berkenaan, tembaga.

cur *v.t.* anjing geladak; anjing koyok.

curable *a.* boleh diubati.

curacao *n.* minuman keras berperasa oren.

curacy *n.* jawatan paderi pembantu.

curare *n.* kurare; racun sayur yang menyebabkan lumpuh.

curate *n.* paderi pembantu.

curative *a.* berkhasiat; menyembuhkan.

curator *n.* kurator; pegawai penyelenggara khazanah (di muzium, dsb.).

curb *n.* kawalan. —*v.t.* mengawal.

curd *n.* dadih; latru.

curdle *v.* mendadih atau menjadi dadih atau ketul-ketul.

cure *v.t.* ubati; pulih; sembuh; awet (misalnya, bubuh garam pada ikan dan keringkan). —*n.* ubat; pengubatan; pemulihan.

curette *n.* kuret; alat pengikis, —*v.t.* mengikis dengan kuret. **curretage** *n.* pengkuretan.

curfew *n.* perintah berkurung.

curio *n.* (*pl.* -os) benda aneh yang menarik.

curiosity *n.* perasaan ingin tahu; benda yang aneh, pelik atau ajaib.

curious *a.* ingin tahu; pelik; ingin tahu. **curiously** *adv.* dengan rasa ingin tahu. **curiousness** *n.* keadaan ingin tahu.

curium *n.* unsur radioaktif buatan.

curl *v.t./i.* memintal; ikal. —*n.* pintalan; rambut ikal; keriting.

curler *n.* alat penggulung.

curlew *n.* burung kendi.

curlicue *n.* gelungan hiasan atau pintalan.

curling *n.* sejenis permainan golek bola di atas ais.

curly *a.* (-ier, -iest) keriting; ikal.

curmudgeon *n.* perengus; pemarah.

currant *n.* kismis.

currency *n.* mata wang; tersebar luas; sifat semasa.

current *a.* semasa; sekarang; diterima umum. —*n.* arus aliran elektrik. **currently** *adv.* pada masa ini.

curriculum *n.* (*pl.* -la) kurikulum; sukatan pelajaran.

curriculum vitae kurikulum vitae; keterangan tentang kerjaya seseorang.

curry[1] *n.* gulai; kari. —*v.t.* menggulai.

curry[2] *v.t.* memberus dengan kerda atau kerok. **curry-comb** kerda,

kerok, sikat bulat. **curry favour** ampu; bodek.

curse *n.* makian; kutukan; sumpahan. —*v.t./i.* memaki; mengutuk; menyumpah.

cursive *a.* & *n.* sambung; kursif; tulisan sambung; kursif.

cursor *n.* kursor; petunjuk bergerak pada skrin VDU.

cursory *a.* sepintas lalu; selayang pandang; tergesa-gesa. **cursorily** *adv.* dengan sepintas lalu; dengan gopoh dan tidak teliti.

curt *a.* ringkas dan kasar. **curtly** *adv.* dengan ringkas dan kasar. **curtness** *n.* perihal ringkas dan kasar.

curtail *v.t.* mengurangkan; memendekkan. **curtailment** *n.* pengurangan; pemendekan.

curtain *n.* tirai; langsir; tabir. —*v.t.* memasang atau menyekat dengan tirai.

curtsy *n.* & *v.i.* tunduk tanda hormat.

curvaceous *adj.* (*colloq*) ada potongan.

curvature *n.* kelengkungan; kebengkokan; kekelokan.

curve *n.* keluk; lengkungan; lenturan. —*v.t./i.* lengkung.

curvet *n.* lompatan kuda. —*v.i.* (*p.t.* **curvetted**) lompat.

curvilinear *a.* garis melengkung.

cushion *n.* kusyen. —*v.t.* dilapik dengan kusyen; mengurangkan kesan; melindungi.

cushy *a.* (-ier, -iest) (*colloq.*) seronok dan mudah; enak.

cusp *n.* bucu.

cuss *n.* (*colloq.*) makian; hamunan; orang yang pelik perangainya. **cussed** *a.* (perangai) aneh; pelik.

custard *n.* kastard; makanan campuran susu, tepung, telur dan gula.

custodian *n.* kustodian; penjaga; wali.

custody *n.* simpanan; jagaan; penjagaan; tahanan.

custom *n.* adat; kebiasaan; (*pl.*) cukai; kastam.

customary *a.* menjadi kelaziman; kebiasaan. **customarily** *adv.* biasanya; lazimnya.

customer *n.* pelanggan.

cut *v.t./i.* (*p.t.* cut, *pres.p.* cutting) potong; cantas; kerat; tebas; tebang; tetak; hiris; gunting. —*n.* potong; potongan; kerat; keratan; cantasan; dsb.; bahagian; luka.

cutaneous *a.* berkenaan kulit.

cute *a.* (-er, -est) (*colloq.*) licik; comel; jelita; manis. **cutely** *adv.* dengan licik.

cuteness *n.* kejelitaan; kemanisan.

cuticle *n.* kulit ari; kulit kuku; kutikal.

cutlass *n.* pedang pendek; kedubang.

cutler *n.* pembuat pisau-sudu-garpu (kutleri).

cutlery *n.* kutleri; sudu, garpu dan pisau.

cutlet *n.* kutlet; daging tulang tengkok; kepingan kecil daging (anak lembu).

cutter *n.* (alat atau tukang) pemotong; perahu penyelamat.

cut-throat *a.* tanpa belas kasihan.

cutthroat razor pencukur dengan pisau panjang.

cutting *a.* sindir; (kata-kata yang) memedihkan atau melukakan perasaan. —*n.* potongan; keratan.

cuttlefish *n.* sotong katak.

cutwater *n.* bahagian depan haluan kapal.

CV *abbr.* **curriculum vitae** keterangan peribadi.

cwt. *abbr.* **hundredweight** ratus berat.

cyan *n.* warna biru-kehijauan.

cyanide *n.* racun sianida.

cyanosis *n.* sianosis; perubahan warna kulit menjadi biru. **cyanosed** *a.* berubah warna menjadi biru.

cyber- *comb.* (*form of information technology, the Internet, etc.*) gabungan teknologi maklumat, Internet, dll.

cybernetics *n.* sibernetik; ilmu sistem kawalan dan komunikasi (perhubungan) dalam diri haiwan dan jentera.

cyberspace *n.* persekitaran hipotetikal di mana berlakunya komunikasi melalui komputer.

cyclamen *n.* sejenis tumbuhan.

cycle *n.* putaran; kitaran; basikal; motosikal. —*v.i.* mengayuh basikal.

cyclist *n.* penunggang basikal; pengayuh basikal.

cyclic, cyclical *adj.* berkitar; berpusing; berlaku mengikut putaran. **cyclically** *adv.* secara kitaran.

cyclone *n.* siklon; angin puting beliung.

cyclostyle *n.* siklostil; alat pencetakan salinan daripada stensil. —*v.t.* mensiklostil.

cyclotron *n.* siklotron; pesawat pelaju partikel (atom) dalam gerakan pilin.

cygnet *n.* anak angsa.

cylinder *n.* torak; silinder. **cylindrical** *a.* berbentuk silinder.

cymbal *n.* gembleng; canang; simbal.

cynic *n.* pengejek; penyenda (orang yang suka mengejek, mempersenda); orang yang sinis. **cynical** *a.* bersifat sinis. **cynically** *adv.* dengan sinis (berkenaan penghinaan dan cemuhan). **cynicism** *n.* kesinisan.

cynosure *n.* pusat perhatian; tumpuan.

cypher *n.* (atau **cipher**) satu kod; orang atau benda yang tidak penting.

cypress *n.* pokok saru; sipres.

cyst *n.* sista; organ berongga, pundi, dsb. yang mengandungi cecair.

cystic *a.* berkenaan *cysts* (sista); berkenaan pundi kencing atau pundi hempedu. **cystic fibrosis** *n.* suatu penyakit turun-temurun yang selalu menyebabkan infeksi pernafasan.

cystitis *n.* sistitis; keradangan pundi air kencing.

cytology *n.* ilmu kaji struktur dan fungsi sel.

czar *n.* (tsar) gelaran raja Rusia (sebelum tahun 1917).

D

dab[1] *n.* pengelapan; perbuatan atau kerja mengelap; palitan. —*v.t./i.* (*p.t.* **dabbed**) lap; bubuh; palit; sapu.

dab[2] *n.* ikan lidah; ikan sebelah.

dabble *v.t./i.* celup; kuis; juntai kaki atau tangan ke dalam air dan mengocak-ngocaknya; mencuba-cuba menceburkan diri secara bersahaja.

dabhand *n. & a.* pakar; mahir.

dace *n.* (*pl.* **dace**) sejenis ikan air tawar yang kecil.

dachshund *n.* anjing katik; anjing kecil berbadan panjang dan berkaki pendek.

dad *n.* (*colloq.*) bapa; ayah; abah.

daddy *n.* (digunakan terutama oleh kanak-kanak) bapa; ayah; abah.

daddy-long-legs *n.* ayak-ayak; lalat kekeria.

dado *n.* (*pl.* -oes) bahagian bawah dinding yang dihias berbeza daripada bahagian atasnya.

daffodil *n.* (bunga) dafodil; sejenis bunga kuning dengan bahagian tengah berbentuk trompet.

daft *a.* (-er, -est) dungu; bodoh; sasau.

dagger *n.* pisau belati; kerambit; badik.

dago *n.* (*pl.* -oes) (*sl.*) orang asing, terutama dari Eropah Selatan.

daguerrotype *n.* fotograf jenis awal.

dahlia *n.* dahlia (bunga, pokok).

daily *a.* harian; setiap hari. —*adv.* sekali sehari. —*n.* akhbar harian; (*colloq*) pembantu rumah harian.

dainty *a.* (-ier, -iest) ayu; kecil molek; halus; lazat. —*n.* makanan lazat. **daintily** *adv.* dengan ayu. **daintiness** *n.* keayuan; sifat cerewet.

daiquiri *n.* koktel jus limau dan arak.

dairy *n.* tenusu; kedai atau tempat menyimpan hasil tenusu (susu, mentega, telur, dsb). **dairy farm** ladang tenusu.

dais *n.* pelamin; geta; peterana; singgahsana; pentas rendah.

daisy *n.* bunga daisi.

dale *n.* lembah.

dally *v.i.* berlengah-lengah; membuang masa; main cinta. **dalliance** *n.* kelengahan.

Dalmatian *n.* anjing besar putih bertompok hitam.

dam[1] *n.* empangan; tambak. —*v.t.* (*p.t.* dammed) mengempang; membendung; menambak.

dam[2] *n.* ibu binatang.

damage *n.* kerosakan; (tuntutan) ganti rugi. —*v.t.* merosakkan.

damascene *v.t.* menatah logam dengan emas atau perak.

damask *n.* kimkha; kain yang corak tenunannya kelihatan pada kedua-dua belahnya. **damask rose** sejenis mawar lama yang harum biasanya digunakan untuk membuat minyak attar.

dame *n.* (*sl.*, A.S.) wanita; perempuan. **Dame** gelaran wanita yang mendapat anugerah *Knight* (England).

damn *v.t.* laknat; kutuk; maki. —*int. & n.* celaka. —*a. & adv.* terkutuk; terlaknat.

damnable *a.* patut dilaknat atau dikutuk. **damnably** *adv.* perihal melaknat atau mengutuki.

damnation *n.* laknat; seksaan abadi di neraka. —*int.* celaka.

damp *a.* lembap. —*a.* (-er, -est) lembap. —*v.t.* melembapkan; memudarkan (semangat); meredam. **damp course** lapisan kalis lembap pada dinding untuk mengawal kelembapan daripada naik. **dampness** *n.* kelembapan.

dampen *v.t.* melembapkan; menghalang; melemahkan semangat. **dampener** *n.* pelembap.

damper *n.* piringan logam pengawal aliran ke dalam api tanur atau relau; pelemah semangat; peredam getaran tali piano.

damsel *n.* gadis; dara.

damson *n.* sejenis buah plum kecil berwarna ungu tua.

dance *v.t./i.* tari-menari. —*n.* tarian. **dance attendance on** melayani (atas dasar tanggungjawab) secara mengampu. **dancer** *n.* penari.

dandelion *n.* dandelion; tumbuhan liar berbunga kuning terang.

dander *n.* kemarahan; keradangan.

dandified *a.* bersifat peraga; suka melaram atau melawa.

dandle *v.t.* timang; dodoi; dukung.

dandruff *n.* kelemumur.

dandy *n.* peraga; lelaki yang cerewet tentang kesegakan pakaiannya. —*a.* (*colloq.*) sangat baik.

Dane *n.* orang Denmark.

danger *n.* bahaya.

dangerous *a.* berbahaya. **dangerously** *adv.* dalam keadaan yang berbahaya.

dangle *v.t.* berjuntai; berayun; umpan.

Danish *a. & n.* berasal dari Denmark; bahasa Denmark; orang Denmark.

dank *a.* (-er, -est) lembap dan sejuk.

dapper *a.* kemas; segak; kacak.

dapple *v.t.* mewarnakan dengan tompok-tompok warna. **dapple grey** *a.* kelabu berbintik-bintik gelap.

dare *v.t.* berani; sanggup; cabar. —*n.* cabaran. **I dare say** aku bersedia untuk mempercayai.

daredevil *n.* pemberani.

daring *a.* berani. —*n.* keberanian.

dark *a.* (-er, -est) gelap; kelam; muram; hitam; rahsia; tersembunyi. —*n.* keadaan gelap; malam. **Dark Ages** Zaman Kelam Eropah. **dark horse** lawan atau saingan yang kebolehannya kurang diketahui. **darkly** *adv.* perihal keadaan yang gelap. **darkness** *n.* kegelapan.

darken *v.t.* menggelapkan; menjadi gelap.

darkroom *n.* bilik gelap; bilik tanpa cahaya untuk memproses foto.

darling *n. & a.* buah hati; kesayangan.

darn[1] *v.t.* sirat (jahit); menyirat; jerumat; tisik; menisik. —*n.* siratan; tisikan; jerumatan.

darn[2] *int. & v.t.* (*sl.*) celaka.

dart *n.* seligi; damak; terpaan; terkaman. —*v.t./i.* menerpa; menerkam.

dartboard *n.* papan sasaran lontaran seligi.

dash *v.t.* terpa; terkam; serbu; hancur (harapan); menulis dengan tergesagesa. —*n.* terpaan; terkaman; serbuan; secubit (sedikit); kecergasan; tanda sempang (—); isyarat panjang dalam Kod Morse.

dashboard *n.* bendul; papan pemuka; para di bawah cermin depan kereta yang mengandungi pelbagai alat dan kawalan.

dashing *a.* bersemangat; tangkas; tampan.

dastardly *a.* pengecut atau penakut; seperti pengecut.

data *n.pl.* data; butir maklumat.

databank *n.* bank data; stor besar data berkomputer.

database *n.* pangkalan data; stor tersusun data berkomputer.

datable *a.* boleh ditentukan tarikhnya.

date[1] *n.* tarikh; tanggal; hari bulan. (*colloq.*) pertemuan sosial. —*v.t./i.* menentukan tarikh; menunjukkan umur; buat pertemuan sosial dengan seseorang. **date-line** *n.* garisan penentu tarikh di Lautan Pasifik, ke timur dan barat garisan, tarikhnya berbeza. **to date** sehingga kini.

date[2] *n.* buah kurma. **date-palm** *n.* pokok kurma.

dative *n.* datif; bentuk kata yang menunjukkan objek tidak langsung bagi sesuatu kata kerja.

datum *n.* (*pl.* **data**) datum; butir data; (*pl.* **datums**); titik permulaan bagi skala, dsb.

daub *v.t.* palit; calit; lumur; coreng; tempek. —*n.* lukisan kasar; palitan; palitan tanah liat untuk dinding.

daughter *n.* puteri; anak perempuan. **daughter-in-law** *n.* menantu (perempuan).

daunt *v.t.* menjadikan bimbang atau tawar hati; melemahkan semangat.

dauntless *a.* cekal; gigih; tabah; tidak gentar.

dauphin *n.* gelaran bagi putera sulung raja Perancis dahulu.

davenport *n.* meja tulis; sejenis sofa (A.S.).

davit *n.* kren (alat pengangkat) kecil di atas kapal.

dawdle *v.t.* leka; lengah. **dawdler** *n.* peleka; pelengah.

dawn *n.* subuh; fajar; permulaan. —*v.t.* fajar menyingsing; mula terang; mula muncul.

day *n.* hari.

daybreak *n.* (waktu) subuh; waktu fajar.

day-dream *n.* angan-angan; lamunan. —*v.i.* berangan-angan; mengelamun.

daylight *n.* cahaya siang; cahaya matahari.

daytime *n.* waktu siang; siang hari.

daze *v.t.* bingung. —*n.* kebingungan.

dazzle *v.t.* menyilaukan; mempesona.

dB *abbr.* **desibel** unit untuk mengukur kelantangan bunyi.

DC *abbr.* **direct current** arus terus.

de- *pref.* menunjukkan penyingkiran atau kebalikan.

deacon *n.* pegawai (lelaki) gereja di bawah paderi. **deaconess** *n. fem.* pegawai (perempuan) gereja.

dead *a.* mati; mangkat; wafat; mampus; lali; padam; tepat. —*adv.* tepat; betulbetul. —*n.* mayat; orang mati. **dead-and-alive** *a.* sangat menjemukan; membosankan. **dead beat** lesu; tersangat letih. **dead end** jalan buntu. **dead heat** (dua atau lebih pelumba yang) tamat serentak. **dead letter** surat mati; surat yang tidak dapat disampaikan kepada penerimanya; undang-undang atau peraturan yang usang dan tidak dipakai lagi. **dead march** muzik yang mengiringi perbarisan mengusung jenazah. **dead reckoning** mencongak kedudukan kapal dengan penggunaan kompas, log, dll. **dead weight** berat mati; beban yang menyeksa.

deaden *v.t./i.* melalikan; menyenyapkan; mematikan, dll.

deadline *n.* had waktu; (tarikh atau waktu muktamad untuk menyiapkan sesuatu).

deadlock *n.* kebuntuan; sangkutan; kekandasan. —*v.i.* menjadi buntu; kandas.

deadly *a.* (**-ier, -iest**) amat bahaya; berbahaya; sangat membosankan. —*adv.* seperti mati; melebihi. **deadly nightshade** tanaman dengan (buah) beri hitam yang beracun. **deadliness** *n.* bahaya; membawa maut.

deadpan *a.* selamba atau bersahaja.

deaf *a.* (**-er, -est**) pekak; tuli. **deaf-aid** *n.* alat pembantu pendengaran. **deafness** *n.* kepekakan; ketulian.

deafen *v.t.* memekakkan; menulikan.

deal[1] *n.* kayu pokok pain atau fir.

deal[2] *v.t./i.* (*p.t.* **dealt**) menebar; membahagi-bahagikan. —*n.* tebaran kad kepada pemain dalam permainan kad; giliran pemain kad menebar; urusan perniagaan; layanan; (*colloq.*) sejumlah besar. **deal with** bertindak terhadap; menangani; membincangkan.

dealer *n.* peniaga; penebar (kad, dll).

dean *n.* dekan; ketua paderi. **rural dean** ketua paderi yang memimpin kumpulan paderi.

deanery *n.* pejabat atau rumah ketua paderi.

dear *a.* (**-er, -est**) yang disayangi; mahal; yang dihargai; sangat bererti. —*n.* orang yang disayangi. —*int.* seruan kesal atau terperanjat. **dearly** *adv.* sungguh. **dearness** *n.* kesayangan.

dearth *n.* kekurangan; dikit.

death *n.* kematian; maut. **death duty** cukai ke atas harta si mati. **death's head** gambar tengkorak. **death-trap** *n.* jerangkap maut. **death-watch beetle** kumbang yang larvanya menebuk kayu dan membuat bunyi berdetik.

deathly *a.* (**-ier, -iest**) seperti maut; seperti mayat; pucat lesi.

deb *n.* (*colloq.*) (**debutante**) gadis dari keluarga kaya atau golongan atasan diperkenalkan buat pertama kalinya dalam majlis sosial.

debacle *n.* kejatuhan; keruntuhan; kegagalan.

debar *v.t.* (*p.t.* **debarred**) sekat; halang.

debark *v.t.* menurunkan; mendaratkan. **debarkation** *n.* penurunan; pendaratan.

debase *v.t.* menurunkan mutu atau nilai; menghina. **debasement** *n.* penurunan; penghinaan.

debatable *a.* boleh dipertikai; boleh didebatkan; boleh dibahaskan.

debate *n.* perbahasan; perdebatan. —*v.t.* berbahas; berdebat.

debauch *v.t.* jangak; melanggar kesusilaan. **debauchery** *n.* kejangakan; pelanggaran kesusilaan.

debenture *n.* debentur; surat perakuan sebagai tanda penerimaan pinjaman dengan kadar faedah tetap.

debilitate *v.t.* melesukan; melemahkan. **debilitation** *n.* kelesuan; kelemahan.

debility *n.* keadaan lesu atau lemah.

debit *n.* debit; catatan akaun hutang. —*v.t.* (*p.t.* **debitted**) mencatat hutang; debit.

debonair *a.* riang bergaya dan penuh yakin.

debouch *v.i.* mengalir; muncul dari kawasan sempit ke kawasan luas.

debrief *v.t.* menyoal untuk mendapatkan maklumat tentang tugas yang sudah dibereskan.

debris *n.* puing; sampah sarap.

debt *n.* hutang. **in debt** berhutang.

debtor *n.* si berhutang.

debug *v.t.* (*p.t.* **debugged**) membuang pijat, hama daripada; membetulkan kerosakan (mesin, program komputer, dsb.).

debunk *v.t.* (*colloq.*) membongkar; menunjukkan salah silap atau kepalsuan.

debut *n.* kemunculan sulung di mata awam.

debutante *n.* (*lihat* **deb**).

deca- *pref.* sepuluh.

decade *n.* sepuluh tahun; dekad.

decadent *a.* mundur; merosot (moral). **decadence** *n.* kemunduran; kemerosotan.

decaffeinated *a.* nyahkafeina; kafeina dibuang atau dikurangi.

decagon *n.* dekagon; rajah geometri bersegi sepuluh. **decagonal** *a.* dekagonal; bersegi sepuluh.

Decalogue *n.* Rukun Sepuluh (Nabi Musa).

decamp *v.i.* menghilangkan diri secara rahsia.

decanal *a.* berkenaan dekan; di bahagian selatan koir (dalam gereja).

decant *v.t.* menyaring; tuang cecair dari satu bekas ke satu bekas lain; (*colloq.*) pindah.

decanter *n.* botol arak bercembul yang digunakan untuk menyimpan arak sebelum dituang ke dalam gelas.

decapitate *v.t.* pancung; penggal kepala. **decapitation** *n.* pemenggalan kepala.

decarbonize *v.t.* menyahkarbonkan. **decarbonization** *n.* penyahkarbonan.

decathlon *n.* dekatlon; olahragawan yang bertanding dalam 10 acara.

decay *v.t./i.* reput. —*n.* kereputan; pembusukan.

decease *n.* kematian.

deceased *a.* si mati; mendiang.

deceit *n.* penipuan; perdayaan.

deceitful *a.* bertujuan menipu; curang. **deceitfully** *adv.* dengan tujuan menipu.

deceive *v.t.* tipu; memperdayakan. **deceiver** *n.* penipu.

decelerate *v.t./i.* memperlahankan; mengurangkan kelajuan. **deceleration** *n.* pengurangan kelajuan.

December n. Disember.

decennial a. peristiwa setiap sepuluh tahun; berlaku selama sepuluh tahun.

decent a. sopan; santun; tertib. **decently** adv. dengan tertib. **decency** n. kesopanan; ketertiban.

decentralize v.t. mengagih kuasa pusat; pindah (kuasa) dari pusat ke daerah. **decentralization** n. pengagihan kuasa pusat.

deception n. penipuan.

deceptive a. mengelirukan; mengabui mata. **deceptively** adv. dengan helah; bertujuan memperdayakan.

deci- pref. satu per sepuluh.

decibel n. desibel; unit ukuran bunyi.

decide v.t./i. putuskan; memutuskan; membuat keputusan.

decided a. tegas; nyata; jelas; tentu. **decidedly** adv. nyata sekali; sudah tentu; pasti.

deciduous a. daun luruh; yang meluruhkan daun setiap tahun; luruh menurut waktu. **deciduousness** n. keluruhan.

decimal a. perpuluh; persepuluh. —n. perpuluhan. **decimal currency** 10 atau 100 setiap unit. **decimal fraction** persepuluh. **decimal point** titik perpuluhan.

decimalize v.t. tukar kepada sistem perpuluhan. **decimalization** n. pertukaran kepada sistem perpuluhan.

decimate v.t. musnahkan satu persepuluh daripada; musnahkan sebahagian besar. **decimation** n. pemusnahan.

decipher v.t. mentafsir (tulisan rahsia, kod, dsb.). **decipherment** n. tafsiran; pentafsiran.

decision n. keputusan.

decisive a. muktamad; tegas. **decisively** adv. dengan tegas.

deck[1] n. dek (kapal); geladak. **deck-chair** n. kerusi dek.

deck[2] v.t. berhias; menghiasi.

declaim v.t./i. berpidato; mendeklamasikan. **declamation** n. deklamasi; pidato. **declamatory** a. bersifat pidato.

declare v.t./i. isytihar; dakwa; umumkan. **declaration** n. pengisytiharan. **declaratory** a. bersifat perisytiharan.

declassify v.t. mengubah status. **declassification** n. pengubahan status.

declination n. cerun curam; sudut selisih.

decline v.t./i. menolak; menurun; merosot. —n. kemerosotan.

declivity n. landaian.

declutch v.i. nyahcekam.

decoct v.t. merebus.

decoction n. perebusan; rebusan.

decode v.t. mentafsir kod.

decoder n. pentafsir kod.

decoke v.t. (colloq.) menyahkarbonkan; membuang atau mencuci dakian karbon (daripada enjin). —n. (colloq.) penyahkarbonan.

decolletage n. leher baju potongan luas.

decompose v.t./i. reput; hancur; urai. **decomposition** n. pereputan; penguraian.

decompress v.t. menyahmampatkan; mengurangkan tekanan udara. **decompression** n. penyahmampatan.

decongestant n. dekongestan; ubat pelega sesak (hidung, dsb.).

decontaminate v.t. mendekontaminasikan; membuang cemaran atau kuman. **decontamination** n. dekontaminasi.

décor n. dekor; gaya hiasan.

decorate v.t. hias; kurnia (pingat, bintang). **decoration** n. hiasan; pingat; bintang.

decorative a. berhias. **decoratively** adv. dengan berhias atau secara hiasan.

decorator n. juruhias; penghias.

decorous a. sopan; santun; beradab. **decorously** adv. dengan sopan.

decorum n. kesopanan; ketertiban.

decoy[1] n. umpan.

decoy[2] v.t. mengumpan.

decrease v.t./i. menyusutkan; mengurangkan. —n. pengurangan; susutan.

decree n. dekri, perintah. —v.t. (pl. decreed) mengeluarkan dekri.

decrepit a. tua dan uzur; uzur. **decrepitude** n. keuzuran.

decretal n. dekri paus.

decriminalize v. (atau -ise) menghentikan tanggapan sesuatu itu adalah haram.

decry v.t. mengutuk; mencela.

dedicate v.t. berbakti; usaha yang ditujukan, diserahkan khas kepada. **dedication** n. bakti; kebaktian; dedikasi.

deduce v.t. simpulkan; membuat kesimpulan. **deducible** a. boleh dibuat kesimpulan.

deduct v.t. tolak; potong. **deductible** a. boleh ditolak.

deduction n. pemotongan; kesimpulan.

deductive a. berdasarkan pertimbangan.

deed n. amalan; perbuatan; surat ikatan. **deed poll** surat ikatan pol; surat ikatan yang dibuat oleh satu pihak sahaja sebagai satu deklarasi rasmi.

deem v.t. anggap; percaya; fikir; kira.

deep a. (-er, -est) dalam. **deep-freeze** n. peti sejuk beku lampau. —v.t. menyimpan dalam peti ini. **deeply**

D

adv. dengan mendalam. **deepness** *n.* kedalaman.

deepen *v.t./i.* mendalami; jadi bertambah dalam.

deer *n.* (*pl.* deer) rusa.

deerstalker *n.* topi pemburu (rusa); topi kain yang bermuncung di hadapan dan belakang.

deface *v.t.* merosakkan (rupa). **defacement** *n.* perbuatan merosakkan.

de facto pada hakikatnya.

defalcate *v.i.* menggelapkan wang. **defalcation** *n.* penyalahgunaan (wang).

defamatory *a.* bersifat umpatan atau fitnah.

defame *v.t.* memfitnah; mengumpat. **defamation** *n.* fitnah.

default *v.i.* mungkir; gagal memenuhi kewajipan. —*n.* kemungkiran. **defaulter** *n.* pemungkir; orang yang mungkir.

defeat *v.t.* kalahkan; tewaskan. —*n.* kekalahan; ketewasan.

defeatist *n.* orang yang mudah mengaku kalah, berputus asa. **defeatism** *n.* sifat mudah mengaku kalah, berputus asa.

defecate *v.i.* meninja; buang air besar. **defecation** *n.* peninjaan.

defect[1] *n.* kerosakan; kecacatan; kecelaan.

defect[2] *v.i.* belot; berpaling tadah. **defection** *n.* pembelotan. **defector** *n.* pembelot.

defective *a.* rosak; cacat. **defectiveness** *n.* kerosakan; kecacatan.

defence *n.* pertahanan; pembelaan.

defenceless *a.* tanpa pertahanan; tidak berdaya.

defend *v.t.* membela; mempertahankan. **defender** *n.* pembela.

defendant *n.* defendan; tertuduh; orang yang dituduh atau didakwa.

defensible *a.* boleh dibela atau dipertahankan. **defensibility** *n.* keadaan boleh dibela atau dipertahankan.

defensive *a.* digunakan atau dilakukan sebagai pertahanan. **on the defensive** bersikap mempertahankan. **defensively** *adv.* dengan sikap mempertahankan.

defer[1] *v.t.* (*p.t.* deferred) tangguh; tunda. **deferment** *n.* penangguhan; penundaan. **deferral** *n.* penangguhan; penundaan.

defer[2] *v.i.* (*p.t.* deferred) turut; mengalah.

deference *n.* perasaan hormat; penghormatan. **deferential** *a.* bersifat

menghormati; penghormatan. **deferentially** *adv.* dengan hormat.

defiance *n.* keingkaran; bantahan; tentangan. **defiant** *a.* ingkar. **defiantly** *adv.* dengan ingkar.

deficiency *n.* kekurangan;

deficient *a.* kurang.

deficit *n.* defisit; kurangan.

defile[1] *n.* laluan sempit.

defile[2] *v.t.* noda; cemar; mengotori. **defilement** *n.* penodaan; pencemaran; pengotoran.

define *v.t.* mentakrifkan. **definable** *a.* dapat ditakrif.

definite *a.* tentu; pasti; tetap; jelas. **definitely** *adv.* tentu sekali; dengan pasti.

definition *n.* takrif; takrifan; definisi.

definitive *a.* tentu; tetap; muktamad.

deflate *v.t./i.* menjadi kempis; mengempisan. **deflation** *n.* pengempisan; deflasi (ekonomi). **deflationary** *a.* bersifat deflasi.

deflect *v.t./i.* terpesong; melencong. **deflection** *n.* pemesongan. **deflector** *n.* pemesong.

deflower *v.t.* memecahkan dara.

defoliate *v.t.* meranggas; meluruh atau menggugurkan daun. **defoliant** *n.* bahan kimia perosak daun. **defoliation** *n.* peranggasan.

deforest *v.t.* membasmi hutan. **deforestation** *n.* pembasmian hutan.

deform *v.t.* mencacati (bentuk). **deformation** *n.* pencacatan.

deformed *a.* cacat; mempunyai bentuk yang luar biasa.

deformity *n.* kecacatan.

defraud *v.t.* menipu.

defray *v.t.* membayar; membiayai. **defrayal** *n.* pembayaran; pembiayaan.

defrost *v.t./i.* mencairbekukan.

deft *a.* (**-er**, **-est**) cekap; mahir. **deftly** *adv.* dengan cekap atau mahir. **deftness** *n.* kecekapan; kemahiran.

defunct *a.* mati; tidak wujud lagi.

defuse *v.t.* menanggalkan fius; meredakan (ketegangan, kemarahan, dsb.).

defy *v.t.* lawan; bantah; cabar.

degenerate[1] *v.i.* merosot; menjadi lebih buruk. **degeneration** *n.* kemunduran; kemerosotan.

degenerate[2] *a.* mundur; merosot. **degeneracy** *n.* kemerosotan.

degrade *v.t.* merendahkan; mengaibkan; memalukan. **degradation** *n.* perbuatan merendahkan, mengaibkan atau memalukan.

degree *n.* darjah; kadar; ijazah.

dehumanize v.t. menghilangkan sifat kemanusiaan. **dehumanization** n. penghilangan sifat kemanusiaan.

dehydrate v.t./i. menyahhidratkan; menghilangkan air atau kelembapan. **dehydration** n. penyahhidratan.

de-ice v.t. menyahais; menghalang pembentukan ais. **de-icer** n. penyahais.

deify v.t. mendewakan. **deification** n. pendewaan.

deign v.t. sudi; rela; sanggup.

deism n. deisme; percaya akan kewujudan Tuhan berdasarkan lojik, bukan wahyu.

deity n. dewa; Tuhan.

deja vu perasaan seseorang yang telah pernah mengalami sesuatu.

dejected a. kecewa; muram; sedih.

dejection n. kekecewaan; kemuraman; kesedihan.

delay v.t./i. menunda; melambatkan. —n. penundaan; kelewatan.

delectable a. seronok; senang; menarik; menyenangkan.

delectation n. keseronokan.

delegacy n. perwakilan; delegasi.

delegate[1] n. wakil.

delegate[2] v.t. mewakilkan.

delegation n. perwakilan.

delete v.t. potong. **deletion** n. pemotongan; bahagian yang dipotong.

deleterious a. merosakkan.

delft n. sejenis tembikar.

deliberate[1] a. disengajakan; perlahanlahan. **deliberately** adv. dengan sengaja.

deliberate[2] v.t./i. mempertimbangkan.

deliberation n. pertimbangan dengan berhati-hati; perbincangan.

deliberative a. bersifat atau secara rundingan.

delicacy n. kehalusan; makanan istimewa dan mahal.

delicate a. halus; seni; lemah lembut. **delicately** adv. dengan halus; dengan lemah lembut.

delicatessen n. delikatesen; kedai yang menjual makanan istimewa yang sudah tersedia.

delicious a. lazat; sedap; enak. **deliciously** adv. dengan lazatnya.

delight n. keseronokan; kegembiraan. —v.t./i menyeronokkan. **delightful** a. bersifat menyeronokkan atau menggembirakan. **delightfully** adv. dengan seronok; dengan gembira.

delimit v.t. membatasi; menyempadani.

delineate v.t. menggariskan; menggambarkan. **delineation** n. menggariskan; penggambaran.

delinquent a. & n. orang yang bersalah. **delinquency** n. perbuatan salah.

deliquesce v.i. melembap cair. **deliquescence** n. pelembapcairan. **deliquescent** a. lembap cair.

delirium n. racauan; keriuhan; keseronokan yang melampau. **delirious** a. meracau; terlampau seronok. **deliriously** adv. dengan meracau; dengan terlampau seronok.

deliver v.t. hantarkan; serahkan; sampaikan; selamatkan; tujukan; bebaskan; bidankan. **deliverer** n. penyelamat. **delivery** n. penghantaran; penyerahan; penyampaian; bersalin.

deliverance n. pembebasan; penyelamatan.

dell n. lembah kecil yang berpokok.

delphinium n. sejenis tumbuhan berbunga biru.

delta n. delta, huruf D Yunani (Greek) yang ditulis Δ; lanar di muara sungai.

delude v.t. memperdaya; menipu.

deluge n. & v.t. bah; banjir; membanjiri.

delusion n. penipuan; perdayaan; delusi; khayalan.

delusive a. yang memperdaya; yang bersifat delusi.

de luxe terbagus; terbaik; bermutu tinggi; mewah.

delve v.i. selidiki.

demagogue n. demagog; pemimpin politik yang mendapat sokongan ramai kerana berjaya memikat perasaan dan prasangka umum.

demand n. permintaan; tuntutan. —v.t. tuntut; perlu; memerlukan.

demanding a. suka sangat mendesak; memerlukan kemahiran dan tenaga yang banyak.

demarcation n. perenggan; batasan; sempadan.

demean v.t. merendahkan maruah; menghina.

demeanour n. perangai; kelakuan; tabiat; tingkah laku.

demented a. gila; sasau.

dementia n. demensia; sejenis penyakit mental yang serius.

demerara n. gula merah.

demerit n. kelemahan; kekurangan.

demesne n. domain; tanah sendiri.

demi- pref. demi-; separa.

demi-monde n. kelas wanita tidak bermoral.

demilitarize v.t. menjadi (kawasan) bebas tentera.

demise n. kematian.

demisemiquaver n. demisemikuaver; satu ukuran nota muzik.

demist *v.t.* menyahkabuskan; menghilangkan kabus. **demister** *n.* penyahkabus; alat penghapus kabus.

demo *n.* (*pl.* **-os**) (*colloq.*) demonstrasi; tunjuk perasaan.

demob *v.t.* (*p.t.* **demobbed**) (*colloq.*) melepaskan dari perkhidmatan tentera. —*n.* penamatan perkhidmatan tentera.

demobilize *v.t.* dihentikan atau ditamatkan dari perkhidmatan tentera. **demobilization** *n.* penghentian atau penamatan perkhidmatan tentera.

democracy *n.* demokrasi.

democrat *n.* demokrat; penyokong demokrasi. **Democrat** ahli Parti Demokratik A.S.

democratic *a.* bersifat demokrasi. **democratically** *adv.* secara demokrasi.

democratize *v.t.* mendemokrasikan. **democratization** *n.* pendemokrasian.

demography *n.* demografi; kaji penduduk. **demographic** *a.* secara demografi.

demolish *v.t.* meruntuhkan; merobohkan; memusnahkan. **demolition** *n.* peruntuhan; perobohan; pemusnahan.

demon *n.* pelesit; hantu; syaitan. **demonic** *a.* seperti pelesit atau syaitan. **demoniacal** *a.* jahat (seperti dirasuk pelesit atau syaitan).

demonstrable *a.* yang boleh ditunjukkan atau dibuktikan. **demonstrably** *adv.* dengan cara yang boleh ditunjukkan atau dibuktikan.

demonstrate *v.t./i.* menunjukkan; membuktikan; menunjuk perasaan. **demonstration** *n.* tunjuk perasaan. **demonstrator** *n.* penunjuk perasaan.

demonstrative *a.* berkenaan menunjukkan atau menggambarkan; bersifat menunjukkan perasaan. **demonstratively** *adv.* dengan cara yang menunjuk.

demoralize *v.t.* melemahkan semangat. **demoralization** *n.* pelemahan semangat atau keyakinan.

demote *v.t.* jatuh atau turun pangkat, darjat. **demotion** *n.* penjatuhan, penurunan pangkat.

demur *v.i.* (*p.t.* **demurred**) sangkal; bantah; bangkang. —*n.* bantahan; bangkangan.

demure *a.* pendiam dan serius. **demurely** *adv.* dengan diam dan serius. **demureness** *n.* sifat pendiam dan serius.

demurrer *n.* bantahan terhadap pendapat lawan.

den *n.* sarang; tempat tersembunyi.

denary *a.* kesepuluh; perpuluhan.

denationalize *v.t.* menswastakan. **denationalization** *n.* penswastaan.

denature *v.t.* menyahaslikan; ubah sifat semula jadi.

deniable *a.* boleh dinafikan.

denial *n.* penafian; sangkalan.

denier *n.* denier; unit ukuran kehalusan benang.

denigrate *v.t.* merendahkan; mencaci; memburuk-burukkan. **denigration** *n.* cacian; celaan.

denim *n.* denim; kain twil yang tebal; (*pl.*) seluar denim.

denizen *n.* penghuni; penduduk; orang atau tumbuhan yang tinggal di sesuatu tempat.

denominate *v.t.* menamai.

denomination *n.* nama; gelaran; mazhab; kelas unit ukuran.

denominational *a.* daripada sesuatu mazhab.

denominator *n.* penyebut; angka pembawah pecahan.

denote *v.t.* bererti; menandakan; melambangkan. **denotation** *n.* pengertian; penandaan.

denouement *n.* penutup kisah; akhiran cerita apabila likuan plot dijelaskan.

denounce *v.t.* kecam; kutuk.

dense *a.* (**-er, -est**) padat; tebal; tumpul; bodoh. **densely** *adv.* dengan padat; dengan tebal. **denseness** *n.* kepadatan; ketebalan; kebodohan.

density *n.* densiti; kepadatan; ketebalan; kepekatan.

dent *n.* kemik; lekuk. —*v.t./i.* mengemikkan; melekukkan.

dental *a.* berkaitan dengan gigi.

dentate *a.* bergigi; bertakik.

dentifrice *n.* dentifris; bahan pencuci gigi.

dentine *n.* dentin; tisu keras yang membentuk gigi.

dentist *n.* doktor gigi.

dentistry *n.* pergigian.

dentition *n.* kegigian; penyusunan gigi.

denture *n.* dentur; gigi palsu.

denude *v.t.* menggondolkan; memusnahkan. **denudation** *n.* penggondolan.

denunciation *n.* pengecaman; pengutukan. **denunciatory** *a.* kecaman; kutukan.

deny *v.t.* menafikan. **deny oneself** menahan diri daripada sesuatu.

deodorant *n.* & *a.* deodoran; penghilang bau.

deodorize *v.t.* menghilangkan bau. **deodorization** *n.* penghilangan bau.

deoxyribonucleic acid asid deoksiribonukleik; sebatian yang menyimpan maklumat genetik dalam kromosom.

depart *v.t./i.* pergi; berangkat; bertolak; meninggalkan; menyimpang.

departed *a.* meninggal dunia; mati.

department *n.* bahagian; jabatan. **department store** kedai serbaneka; kedai dengan pelbagai bahagian yang menjual barangan yang berlainan.

departmental *a.* berkenaan bahagian, jabatan.

departure *n.* pemergian; keberangkatan; penyimpangan.

depend *v.t./i.* **depend on** harap; percaya; bergantung.

dependable *a.* boleh diharap atau dipercayai.

dependant *n.* (orang) tanggungan.

dependence *n.* pengharapan; pergantungan.

dependency *n.* jajahan; taklukan.

dependent *a.* bergantung kepada; tertakluk kepada.

depict *v.t.* papar; tunjuk; lukiskan; gambarkan. **depiction** *n.* paparan; penunjukan; lukisan; gambaran.

depilatory *a. & n.* depilatori; bahan untuk membuang rambut, bulu.

deplete *v.t.* menghabiskan; mengurangkan. **depletion** *n.* pengurangan; susutan.

deplorable *a.* amat buruk; amat dikesali. **deplorably** *adv.* sungguh mengecewakan.

deplore *v.t.* kesal.

deploy *v.t./i.* berpecah dan mengatur kedudukan; menggunakan; menggerakkan. **deployment** *n.* pemecahan; pembahagian; penempatan.

depopulate *v.t.* mengurangkan penduduk. **depopulation** *n.* pengurangan penduduk.

deport *v.t* buang negeri. **deportation** *n.* pembuangan negeri.

deportment *n.* kelakuan; cara berdiri atau berjalan.

depose *v.t./i.* memecat; menggulingkan.

deposit *v.t.* (*p.t.* **deposited**) meletakkan; memendapkan; membayar cengkeram; menyimpan; memasukkan. — *n.* mendapan; cengkeram; wang yang dibayar sebagai jaminan; deposit; jumlah wang yang dimasukkan ke dalam bank. **depositor** *n.* penyimpan.

depositary *n.* pemegang simpanan yang diamanahkan; pemegang amanah.

deposition *n.* pemecatan; penurunan dari takhta; pemberian keterangan bersumpah; pemendapan.

depository *n.* stor; gudang; gedung; tempat simpanan.

depot *n.* gedung; ibu pejabat; (A.S.) stesen bas atau kereta api.

deprave *v.t.* merosakkan akhlak.

depravation *n.* kerosakan akhlak.

depravity *n.* kehinaan; kekejian; kerosakan akhlak.

deprecate *v.t.* menyatakan tidak setuju; membantah; menafikan dengan sopan. **deprecation** *n.* pernyataan tidak setuju; penafian; pembantahan. **deprecatory** *a.* menunjukkan rasa tidak setuju.

depreciate *v.t./i.* susut nilai; memperkecil-kecilkan. **depreciation** *n.* susut nilai; kejatuhan nilai.

depreciatory *a.* bersifat memperkecil; merendah-rendahkan.

depredation *n.* perampasan; pemusnahan; pembinasaan.

depress *v.t.* menekan; gundah; meleset; menyedihkan.

depression *n.* kesedihan; kemelesetan; lekukan. **depressive** *a.* tertekan; tertindas; murung.

deprive *v.t.* lucut; halang; tidak diberi. **deprival** *n.* pelucutan; halangan. **deprivation** *n.* pelucutan.

depth *n.* kedalaman. **depth charge** *n.* bom yang dapat meletup di dalam air. **out of one's depth** terlalu dalam untuk berdiri (di dalam air); mencuba sesuatu melebihi kebolehan seseorang.

deputation *n.* perwakilan; utusan.

depute *v.t.* mewakilkan.

deputize *v.i.* mewakili.

deputy *n.* wakil; timbalan; pemangku.

derail *v.t.* tergelincir (dari landasan). **derailment** *n.* kejadian kereta api tergelincir.

derange *v.t.* menjadikan gila. **derangement** *n.* kegilaan.

Derby *n.* perlumbaan kuda tahunan di Epsom (Britain); pertandingan sukan penting.

deregulate *v.* menggugurkan peraturan atau kuasa daripada. **deregulation** *n.* pengguguran peraturan.

derelict *a.* terbiar; terbengkalai.

dereliction *n.* keterbiaran; pengabaian.

deride *v.t.* mengejek; mempersenda; mencemuh.

de rigueur *a.* yang dikehendaki oleh etika atau fesyen terkini.

derision *n.* ejekan; bahan senda; cemuhan.

derisive *a.* mengejek. **derisively** *adv.* secara mengejek.

derisory *a.* bersifat mengejek.

derivative *a. & n.* (benda) yang diperoleh; terbitan.

derive *v.t./i.* berasal dari; diperoleh daripada. **derivation** *n.* asalan; pemerolehan; terbitan.

dermatitis *n.* dermatitis; sejenis penyakit kulit.

dermatology *n.* ilmu kaji kulit; dermatologi. **dermatologist** *n.* pakar kaji kulit; ahli dermatologi.

derogate *v.i.* menjejaskan; menghina; mengurangkan. **derogation** *n.* penguarangan.

derogatory *a.* menghina; merendahkan. **derogatorily** *adv.* secara menghina.

derrick *n.* derik; jentera pengangkut muatan berat; pelantar penggali minyak, dsb.

derris *n.* racun serangga.

derv *n.* bahan api (minyak) untuk enjin diesel.

dervish *n.* darwis; ahli tarikat.

desalinate *v.t.* menyahmasinkan; menyahgaramkan; memisahkan garam daripada (terutama air laut). **desalination** *n.* penyahgaraman.

descant *n.* iringan untuk melodi utama. —*v.i.* bercakap dengan panjang lebar sehingga membosankan.

descend *v.t./i.* turun; merendahkan maruah. **be descended from** mempunyai asal usul, salasilah keluarga atau keturunan.

descendant *n.* keturunan.

descent *n.* turun; cerun; keturunan; serangan mengejut.

describe *v.t.* menghuraikan; memerikan; menggambarkan.

description *n.* huraian; penghuraian; pemerian; gambaran.

descriptive *a.* bersifat menghurai.

descry *v.t.* (ter)nampak.

desecrate *v.t.* mencemarkan; mencabuli; menghina (benda suci, kudus, keramat). **desecration** *n.* pencemaran; pencabulan; penghinaan. **desecrator** *n.* pencemar; pencabul.

desegregate *v.t.* menghapuskan pengasingan kaum, kumpulan. **desegregation** *n.* penghapusan pengasingan kaum, kumpulan.

deselect *v.t.* undi menolak calon.

desert[1] *n. & a.* gurun; padang pasir.

desert[2] *v.t./i.* abai; tinggalkan perkhidmatan ketenteraan tanpa izin. **deserter** *a.* orang yang meninggalkan perkhidmatan tentera tanpa izin.

desertion *n.* pengabaian; peninggalan tanpa izin.

deserts *n.pl.* balasan; hukuman yang patut diterima.

deserve *v.t.* patut; berhak. **deservedly** *adv.* memang patut.

deserving *a.* patut menerima layanan yang baik atau pertolongan.

déshabillé *n.* berkeadaan berpakaian tidak sempurna.

desiccate *v.t.* jemur; mengeringkan. **desiccation** *n.* pengeringan.

desideratum *n.* (*pl.* **-ta**) benda yang diperlukan.

design *n.* reka bentuk; lakaran; corak; tujuan. —*v.t.* mereka bentuk; merancang. **designedly** *adv.* dengan tujuan, hasrat atau maksud. **designer** *n.* pereka bentuk.

designate[1] *a.* bakal; sudah dilantik tetapi belum dirasmikan.

designate[2] *v.t.* menggelar; menandakan; melantik ke sesuatu jawatan. **designation** *n.* gelaran; pelantikan.

designing *a.* licik; penuh muslihat.

desirable *a.* mengghairahkan; layak diidami; diingini. **desirability** *n.* keadaan diingini.

desire *n.* idaman; keinginan; hasrat; nafsu berahi. —*v.t.* idam; ingin; hasrat; hajat; pinta.

desirous *a.* ingin; berhasrat.

desist *v.i.* berhenti daripada (berbuat sesuatu).

desk *n.* meja tulis.

desktop *a.* komputer yang sesuai digunakan di meja; permukaan meja.

desolate *a.* lengang; terbiar; usang; sepi; sunyi; terpencil. **desolated** *a.* rasa sepi; gundah. **desolation** *n.* kelengangan; kesepian.

despair *n.* perasaan putus asa; putus harapan.

despatch *var. of* **dispatch** menghantar sesuatu ke tempat tertentu.

desperado *n.* (*pl.* **-oes**) bajingan; penyangak; penjahat nekad; penjenayah yang sanggup melakukan apa saja.

desperate *a.* sungguh; teruk; nekad; habis ikhtiar; terdesak. **desperately** *adv.* dengan nekad; bersungguh-sungguh. **desperation** *n.* nekad; kesungguhan; keadaan terdesak.

despicable *a.* hina; keji; leta. **despicably** *adv.* dengan cara yang hina, keji.

despise *v.t.* menghina; mengeji; memandang rendah.

D

despite *prep.* meskipun; biarpun; walaupun.

despoil *v.t.* rampas. **despoilment** *n.* perampasan. **despoliation** *n.* perampasan.

despondent *a.* putus asa; kecewa dan sedih. **despondently** *adv.* dengan rasa kecewa. **despondency** *n.* keadaan berputus asa; kekecewaan.

despot *n.* pemerintah dengan kuasa tanpa had; pemerintah yang zalim; pemerintah kuku besi. **despotic** *a.* zalim. **despotically** *adv.* dengan zalim.

despotism *n.* sistem (pemerintahan) yang zalim.

dessert *n.* santapan manis pada akhir jamuan; pencuci mulut.

dessertspoon *n.* camca untuk memakan pencuci mulut.

destabilize *v.* (atau -ise) menjadikan sesuatu tidak stabil.

destination *n.* destinasi; tempat tujuan.

destine *v.t.* mentakdirkan.

destiny *n.* takdir; untung nasib.

destitute *a.* melarat; papa; miskin. **destitution** *n.* kemelaratan; kepapaan.

destroy *v.t.* hancurkan; musnahkan; binasakan. **destruction** *n.* kehancuran; penghancuran; kemusnahan; pemusnahan; kebinasaan; pembinasaan.

destructive *a.* yang merosakkan; yang menghancurkan; yang membinasakan; yang memusnahkan.

destroyer *n.* perosak; pemusnah; pembinasa; kapal pembinasa.

destruct *v.t.* membinasakan sama sekali.

destructible *a.* dapat atau boleh dibinasakan atau dimusnahkan.

desuetude *n.* tidak dipakai.

desultory *a.* bercamuk; berkecamuk; tak keruan; tidak teratur. **desultorily** *adv.* secara tak keruan.

detach *v.t.* pisah; tanggal; cerai; lepas.

detachable *a.* boleh dipisah, ditanggal, dicerai atau dilepas.

detached *a.* terpisah; terpencil; tidak memihak (adil).

detachment *n.* pemisahan; penanggalan; detasmen; pemencilan; kumpulan kecil yang dipisahkan daripada kumpulan induk untuk tugas khas.

detail *n.* butir-butir khusus; perincian; perhalusan; detail. —*v.t.* memperincikan; menugaskan.

detain *v.t.* tahan. **detainment** *n.* penahanan.

detainee *n.* orang tahanan.

detect *v.t.* kesan. **detection** *n.* pengesanan. **detector** *n.* pengesan.

detective *n.* detektif; mata-mata gelap.

détente *n.* pengenduran hubungan tegang antara negara-negara.

detention *n.* tahanan; penahanan.

deter *v.t.* (*p.t.* **deterred**) cegah; tahan; halang. **determent** *n.* cegahan; pencegahan; tahanan; penahanan; halangan; penghalangan.

detergent *a. & n.* bahan pencuci (terutama selain daripada sabun).

deteriorate *v.i.* merosot; menjadi bertambah buruk. **deterioration** *n.* kemerosotan.

determinable *a.* boleh ditentukan; boleh dipastikan.

determinant *n.* penentu.

determination *n.* penentuan; penuh keazaman.

determine *v.t.* menentukan; berazam.

determined *a.* berazam.

determinism *n.* fahaman penentuan; teori mengatakan tindakan ditentukan oleh daya bebas keinginan. **determinist** *n.* pengikut fahaman penentuan. **deterministic** *a.* menentukan.

deterrent *n.* pencegah; penghalang. **deterrence** *n.* pencegahan.

detest *v.t.* membenci; meluat. **detestable** *a.* sangat dibenci. **detestation** *n.* kebencian; rasa meluat.

dethrone *v.* menurunkan raja dari takhta.

detonate *v.t./i.* meletup; meledak. **detonation** *n.* letupan; ledakan; peletupan; peledakan. **detonator** *n.* peletup; peledak.

detour *n.* lencongan; penyimpangan.

detoxify *v.t.* menyahtoksik; membuang racun daripada. **detoxification** *n.* penyahtoksikan.

detract *v.t./i.* **detract from** mengurangkan; mengumpat. **detraction** *n.* perihal mengurangkan; kritikan.

detractor *n.* pengkritik.

detriment *n.* bahaya; keburukan (yang) menjejaskan.

detrimental *a.* mendatangkan keburukan; berbahaya. **detrimentally** *adv.* dengan cara yang berbahaya.

detritus *n.* serpihan atau bahan buangan.

de trop tidak dikehendaki; tidak diingini.

deuce[1] *n.* dius; mata 13 atau 14 sama dalam permainan bulu tangkis (badminton), 40 sama dalam permainan tenis, dll.

deuce[2] *n.* (dalam seruan marah) syaitan.

deuterium *n.* hidrogen mantap (berat).

Deutschmark n. Deutschmark; mata wang Jerman.

devalue v.t. menurunkan nilai. **devaluation** n. penurunan nilai mata wang.

devastate v.t. membinasakan. **devastation** n. kebinasaan; pembinasaan.

devastating a. mengakibatkan kebinasaan.

develop v.t./i. (p.t. **developed**) maju; memajukan; bangun; membangun; berkembang; cuci (foto). **developer** n. pemaju; pencuci (bahan pencuci foto, dsb). **development** n. kemajuan; pembinaan; perkembangan; pembangunan.

deviant a. & n. orang atau tingkah laku yang melencong (berbeza, menyimpang) daripada kelakuan, tabiat atau perangai lazim.

deviate v.i. melencong; menyimpang. **deviation** n. lencongan; penyimpangan.

device n. alat; helah; rancangan; lambang.

devil n. syaitan; hantu; pelesit; (colloq.) orang yang nakal atau menyakitkan hati. —v.t./i. (p.t. **devilled**) masak pedas; membuat penyelidikan untuk seorang pengarang atau peguam. **devilish** a. macam syaitan; jahat.

devilment n. perbuatan jahat.

devilry n. kejahatan; perbuatan nakal.

devious a. putar belit. **deviously** adv. secara putar belit. **deviousness** n. perihal putar belit.

devise v.t. memikirkan; mereka.

devoid a. **devoid of** tanpa; tiada.

devolution n. penyerahan kuasa daripada pusat kepada bahagian-bahagian.

devolve v.t./i. serah kepada timbalan atau pengganti.

devote v.t. menguntukkan; menumpukan; berbakti.

devoted a. setia; mengambil berat; ditumpukan pada.

devotee n. penganut; pemuja.

devotion n. kesetiaan; ketaatan; kebaktian; penumpuan; pujaan; sembahyang.

devotional a. yang digunakan dalam sembahyang.

devour v.t. telan; lahap.

devout a. alim; warak; salih. **devoutly** adv. dengan warak; dengan ikhlas.

dew n. embun.

dew-claw n. kuku kecil di kaki anjing.

dewdrop n. titisan embun.

dewlap n. gelambir.

dewy a. berembun. **dewy-eyed** a. mudah mempercayai.

dexter a. (dalam ilmu asal usul lambang kebangsawanan) pada atau di sebelah kanan perisai.

dexterity n. kemahiran; kecekapan; ketangkasan.

dextrose n. satu bentuk glukos.

dextrous a. cekap; mahir; tangkas. **dextrously** adv. dengan cekap.

dhal n. (atau **dal**) (dalam masakan orang India) bijirin yang terpecah apabila dimasak; kacang dal.

diabetes n. kencing manis; diabetes. **diabetic** a. & n. menghidap kencing manis; pesakit kencing manis.

diabolic a. jahat; seperti syaitan; kejam.

diabolical a. seperti syaitan. **diabolically** adv. secara jahat.

diabolism n. pemujaan syaitan.

diaconal a. berkenaan paderi.

diaconate n. pejabat paderi.

diacritic, diacritical a. & n. diakritik; tanda pada huruf untuk menunjukkan perbezaan bunyi.

diadem n. mahkota.

diaeresis n. tanda di atas huruf vokal yang dibunyikan secara berasingan.

diagnose v. mencari sifat penyakit dengan memerhatikan tanda-tandanya; mendiagnosis.

diagnosis n. (pl. **-oses**) diagnosis; pengenalpastian sesuatu penyakit selepas memerhatikan tanda-tandanya.

diagnostic a. diagnostik.

diagonal a. & n. pepenjuru; garis penjuru. **diagonally** adv. secara pepenjuru.

diagram n. gambar rajah; bagan. **diagrammatic** a. bersifat gambar rajah. **diagrammatically** adv. secara gambar rajah.

dial n. dial; permukaan dengan jarum boleh bergerak. (seperti muka jam). —v.t./i. (p.t. **dialled**) mendail; memusing; memutar.

dialect n. loghat; pelat (daerah); dialek. **dialectal** a. bersifat loghat atau dialek.

dialectic n. dialektik; penyelidikan hakikat (kebenaran) dalam ilmu falsafah berlandaskan hujah atau pertimbangan yang sistematik.

dialogue n. dialog; perbualan; percakapan.

dialysis n. dialisis; pembersihan darah dengan mengalirkannya melalui membran yang sesuai.

diamanté a. berhias dengan manik berkilat, dsb.

D

diameter *n.* garis pusat; diameter; garis lurus merentas bulatan.

diametrical *a.* berkenaan garis pusat; (bertentangan) betul-betul; sama sekali. **diametrically** *adv.* betul-betul; sama sekali.

diamond *n.* intan; berlian; (kad) daiman. **diamond wedding** ulang tahun perkahwinan yang ke-60 atau 75.

diapason *n.* lingkungan bunyi suara atau peralatan muzik.

diaper *n.* lampin.

diaphanous *a.* jarang; hampir-hampir lutsinar.

diaphragm *n.* gegendang; diafragma; sekatan rongga badan.

diarrhoea *n.* diarea; cirit-birit.

diary *n.* buku catatan harian; diari.

diastole *n.* diastole; pengembangan rongga jantung. **diastolic** *a.* diastolik.

diathermy *n.* diatermi; pengubatan yang menggunakan bahang panas arus elektrik.

diatom *n.* alga mikroskopik.

diatonic *a.* menggunakan nota muzik daripada skel nada major dan minor.

diatribe *n.* cercaan; celaan; cacian.

dibber *n.* tugal; alat untuk membuat lubang semaian tanaman.

dice *n.* (*pl.* **dice**) dadu. —*v.i.* berjudi dengan menggunakan dadu; potong menjadi kiub-kiub kecil; ambil risiko besar.

dicey *a.* (*sl.*) berisiko; tidak boleh diharap.

dichotomy *n.* dikotomi; pembahagian kepada dua.

dicker *v.i.* (*colloq.*) tawar-menawar; teragak-agak.

dicky *a.* (**-ier, -iest**) (*sl.*) goyang; tidak kuat.

dicotyledon *n.* dikotiledon; tumbuhan yang mempunyai dua daun sulung.

dictate *v.t./i.* merencanakan; mengimlakkan; menyebut supaya dituliskan atau dirakamkan; menetapkan. **dictation** *n.* pengimlakan; rencana.

dictates *n.pl.* perintah; arahan.

dictator *n.* diktator; pemerintah berkuasa mutlak. **dictatorship** *n.* pemerintahan diktator.

dictatorial *a.* bersifat diktator. **dictatorially** *adv.* secara diktator.

diction *n.* penyebutan; pengucapan.

dictionary *n.* kamus.

dictum *n.* (*pl.* **-ta**) pernyataan rasmi.

did *lihat* **do**.

didactic *a.* bertujuan mengajar. **didactically** *adv.* secara mengajar.

diddle *v.t.* (*sl.*) dalih; tipu; perdaya.

didn't (*colloq.*) = **did not** tidak.

die[1] *v.i.* (*pres.p.* **dying**) mati; mampus; maut; meninggal dunia. **be dying to** atau **for** ketagih; idam; ingin benar.

die[2] *n.* acuan. **die-cast** *a.* dibuat dengan menuang logam ke dalam acuan.

die-hard *n.* orang ketegar.

diesel *n.* diesel; minyak diesel. **diesel-electric** *a.* menggunakan penjana elektrik berenjin diesel. **diesel engine** enjin diesel.

diet[1] *n.* makanan lazim; diet; sajian pilihan terhad. —*v.t./i.* hadkan makanan; makan bersukat. **dietary** *a.* berkenaan dengan mengehadkan makanan. **dieter** *n.* orang yang mengamalkan pengehadan makanan.

diet[2] *n.* muktamar; kongres; sidang parlimen.

dietetic *a.* berkenaan diet atau makanan dan pemakanan. **dietetics** *n.pl.* ilmu kaji diet; kajian makanan dan pemakanan.

dietitian *n.* pakar diet; pakar kajian makanan dan pemakanan.

differ *v.i.* berbeza; berlainan pendapat.

difference *n.* perbezaan; pertentangan pendapat.

different *a.* berbeza; lain. **differently** *adv.* dengan cara lain.

differential *a.* kebezaan; berlainan. —*n.* kebezaan upah; perbezaan yang dipersetujui dalam kadar gaji; gear kebezaan; aturan gear yang membenarkan roda belakang kereta berputar dengan kadar yang berbeza apabila membelok.

differentiate *v.t./i.* membezakan. **differentiation** *n.* pembezaan.

difficult *a.* sukar; susah; payah; rumit. **difficulty** *n.* kesukaran; kesusahan; kepayahan; kerumitan.

diffident *a.* kurang keyakinan (pada diri sendiri). **diffidently** *adv.* dengan rasa kurang yakin. **diffidence** *n.* kekurangan keyakinan.

diffract *v.t.* membelau; pemecahan sinar cahaya kepada satu siri jalur berwarna atau jalur terang dan gelap.

diffraction *n.* pembelauan; pemecahan sinar cahaya kepada jalur warna atau jalur-jalur gelap dan terang.

diffuse[1] *a.* baur; kabur; tidak menumpu; melantur. **diffusely** *adv.* secara kabur. **diffuseness** *n.* kekaburan.

diffuse[2] *v.t./i.* menyebarkan; membaurkan; tersebar; berbaur; resap. **diffuser** *n.* penyebar. **diffusion** *n.* penyebaran; pembauran; resapan.

diffusible *a.* dapat dibaur.

dig *v.t./i.* (*p.t.* **dug**, *pres.p.* **digging**) mengorek; menggali; menyelidiki. —*n.* korekan; galian; cemuhan; ejekan.

digest[1] *v.t.* hadam; cerna.

digest[2] *n.* ringkasan; penerbitan yang menyiarkan petikan berita, rencana, dsb.

digestion *n.* penghadaman; pencernaan.

digestive *a.* berkenaan penghadaman. **digestive biscuit** biskut gandum penuh.

digger *n.* pengorek; penggali.

digit *n.* angka (0 hingga 9); jari; digit.

digital *a.* berkenaan atau menggunakan angka; berdigit. **digital clock** jam berdigit.

digitalis *n.* digitalis; sejenis bahan perangsang jantung diperbuat daripada daunan.

digitate *a.* jari kaki atau jari tangan berasingan.

digitize *v.* (atau **-ise**) mengubah gambar atau bunyi kepada bentuk digital.

dignified *a.* menimbulkan rasa hormat.

dignify *v.t.* memuliakan.

dignitary *n.* pembesar.

dignity *n.* gaya yang tenang; maruah; martabat.

digress *v.i.* menyimpang. **digression** *n.* penyimpangan. **digressive** *a.* bersifat menyimpang.

dike *n.* tambak; benteng; tandup.

dilapidated *a.* usang; terbiar; kopak-kapik; compang-camping.

dilapidation *n.* keusangan; keterbiaran; (keadaan) kopak-kopik atau compang-camping.

dilate *v.t./i.* membeliak; mengembang; **dilate upon** menghurai; menulis dengan panjang lebar. **dilation**, **dilatation** *ns.* pengembangan; pembeliakan.

dilatory *a.* berlambat-lambat; berlengah. **dilatoriness** *n.* (keadaan) berlengah.

dilemma *n.* dilema; perasaan serba salah.

dilettante *n.* penggemar sesuatu (misalnya, seni) sebagai hiburan.

diligent *a.* rajin; tekun; gigih; teliti. **diligently** *adv.* dengan rajin, tekun atau gigih. **diligence** *n.* kerajinan; ketekunan; kegigihan; ketelitian.

dill *n.* jintan.

dilly-dally *v.i.* (*colloq.*) berlengah-lengah.

dilute *v.t.* mencair; jadi kurang pekat. **dilution** *n.* pencairan.

dim *a.* (**dimmer**, **dimmest**) samar; kabur; (*colloq.*) bodoh. —*v.t./i.* (*p.t.* **dimmed**) jadi samar atau kabur. **dimly** *adv.* dengan samar-samar atau kabur. **dimness** *n.* kesamaran; kekaburan.

dime *n.* (A.S.) sekupang; sepuluh sen.

dimension *n.* ruang yang boleh diukur; dimensi. **dimensional** *a.* berkenaan dimensi.

diminish *v.t./i.* menyusut; meluakkan.

diminuendo *adv.* & *n.* (*pl.* **-os**) susut kelantangan (bunyi).

diminution *n.* pengecilan; penyusutan.

diminutive *a.* kecil; halus. —*n.* perkataan yang dibentuk dengan menggunakan penambahan akhiran yang menyatakan kekecilan.

dimple *n.* lesung pipit; cawak; saung; cauk; lekuk kecil. —*v.t./i.* melekukkan.

din *n.* kebisingan; bunyi riuh-rendah, hiruk-pikuk, gegak-gempita. —*v.t./i.* (*p.t.* **dinned**) memekak; buat bising; ulang bertalu-talu (maklumat).

dinar *n.* dinar; mata wang Yugoslavia dan beberapa negara di Timur Tengah (Asia Barat).

dine *v.t./i.* santap malam; makan malam.

diner *n.* orang yang makan malam; bilik makan.

ding-dong *n.* ding-dong; bunyian loceng. —*adj.* & *adv.* bersilih ganti.

dinghy *n.* dingi; bot kecil daripada getah yang boleh kembung.

dingle *n.* lembah berhutan.

dingo *n.* (*pl.* **-oes**) anjing liar Australia.

dingy *a.* (**-ier**, **-iest**) comot; selekeh dan suram. **dingily** *adv.* dengan comot atau selekeh. **dinginess** *n.* kecomotan.

dining-room *n.* bilik makan.

dinky *a.* (**-ier**, **-iest**) (*colloq.*) kecil molek.

dinner *n.* waktu makan yang utama (tengah hari atau malam); makan malam. **dinner-jacket** *n.* jaket hitam lelaki biasanya untuk pakaian rasmi (malam).

dinosaur *n.* dinosaur; binatang yang sangat besar dalam zaman prasejarah.

dint *n.* kemik; lekuk. **by dint of** dengan cara.

diocese *n.* mukim atau daerah di bawah jagaan paderi besar, biskop. **diocesan** *a.* perihal daerah atau kawasan seorang paderi besar.

diode *n.* diod; injap termionik dua elektrod; penerus semikonduktor dua terminal.

dioptre *n.* unit ukuran kuasa pembiasan kanta.

D)

dioxide *n.* dioksida; oksida dengan dua atom oksigen, satu atom logam atau unsur lain.

dip *v.t./i.* (*p.t.* **dipped**) mencelup; menurun. —*n.* celupan; cecahan; cerun. **dip into** membaca sepintas lalu.

diphtheria *n.* difteria; penyakit radang kerongkong.

diphthong *n.* diftong; dua huruf vokal yang menghasilkan bunyi berangkap seperti oi, ao, dll.

diploma *n.* diploma; sijil yang diperoleh selepas menamatkan pengajian di kolej.

diplomacy *n.* diplomasi; pengendalian hubungan antarabangsa; kebijaksanaan berurusan dengan orang.

diplomat *n.* diplomat; wakil sesebuah negara di negara asing.

diplomatic *a.* diplomatik. **diplomatically** *adv.* secara diplomasi.

dipper *n.* senduk; gayung; pencedok; sejenis burung yang menjunam ke dalam air.

dipsomania *n.* ketagihan arak atau alkohol. **dipsomaniac** *n.* penagih arak atau alkohol.

diptych *n.* dua gambar atau ukiran yang digantung bersama.

dire *a.* (-**er**, -**est**) dahsyat; hebat; ngeri; sangat serius.

direct *a.* terus; terus terang; lurus; tepat; langsung. —*adv.* dengan perjalanan yang terus. —*v.t.* tunjuk; tuju; tujukan; menghala; acu; arah; perintah; pandu. **directness** *n.* kelurusan; kelangsungan; keterusan.

direction *n.* arah; arahan; hala; haluan; hala tuju.

directional *a.* berkenaan arah atau hala; satu arah atau hala sahaja.

directive *n.* arahan (pihak berkuasa).

directly *adv.* secara terus; secara langsung. —*conj.* (*colloq.*) dengan seberapa segera.

director *n.* pengarah. **directorship** *n.* pengarahan.

directorate *n.* lembaga pengarah; jawatan pengarah.

directory *n.* panduan (buku panduan telefon, dll); daftar senarai.

dirge *n.* nyanyian perkabungan; nyanyian ratapan kematian.

dirigible *a.* dapat dikendali, dikemudi atau dikawal.

dirk *n.* sejenis pisau; pisau belati.

dirndl *n.* skirt kembang berpinggang ketat.

dirt *n.* kotoran; daki; debu. **dirt-track** *n.* jalan tanah (untuk lumba kereta).

dirty *a.* (-**ier**, -**iest**) kotor; selekeh; lucah; carut. —*v.t./i.* membuat atau menjadi kotor.

disability *n.* kecacatan; kelumpuhan; ketidakupayaan.

disable *v.t.* menghilangkan keupayaan. **disabled** *a.* cacat; lumpuh. **disablement** *n.* kecacatan; kelumpuhan.

disabuse *v.t.* menginsafkan; memperbetul.

disadvantage *n.* kelemahan; keburukan; kekurangan; kerugian. **disadvantaged** *a.* berkelemahan; berkekurangan. **disadvantageous** *a.* merugikan.

disaffected *a.* tidak puas hati; terkilan; tidak mesra. **disaffection** *n.* perasaan terkilan; keengganan.

disagree *v.i.* bercanggah (pendapat); tidak bersetuju; berselisih faham; bertentangan. **disagreement** *n.* perselisihan faham; ketidaksetujuan; percanggahan.

disagreeable *a.* tidak menyenangkan; pemarah; pemberang. **disagreeably** *adv.* secara marah atau berang.

disallow *v.t.* menolak; enggan mengizinkan.

disappear *v.i.* hilang; lenyap; ghaib; lesap; resap. **disappearance** *n.* kehilangan; lenyapnya; lesapnya.

disappoint *v.t.* mengecewakan. **disappointment** *n.* kekecewaan.

disapprobation *n.* rasa tidak setuju.

disapprove *v.i.* tidak setuju; tidak berkenan. **disapproval** *n.* rasa tidak setuju.

disarm *v.t./i.* melucutkan senjata.

disarmament *n.* perlucutan senjata.

disarrange *v.t.* berselerak; berkecamuk; mengusutkan, menjadikan tidak teratur. **disarrangement** *n.* keselerakan; kekusutan.

disarray *n. & v.t.* kusut; berselerak; camuk; kucar-kacir.

disassociate *var. of* **dissociate** *v.* memisah-misahkan (orang atau benda).

disaster *n.* bencana; malapetaka. **disastrous** *a.* malang; celaka. **disastrously** *adv.* dengan membawa malapetaka; dengan teruk.

disavow *v.t.* menafikan; memungkiri. **disavowal** *n.* penafian.

disband *v.t./i.* bubar; surai. **disbandment** *n.* pembubaran; penyuraian.

disbar *v.t.* (*p.t.* **disbarred**) dipecat daripada keahlian guaman.

disbelieve *v.t.* tidak mempercayai. **disbelief** *n.* ketidakpercayaan.

disbud *v.t.* (*p.t.* **disbudded**) membuang tunas.

disburden *v.t.* meringankan beban.

disburse *v.t.* mengeluarkan bayaran. **disbursement** *n.* pengeluaran bayaran; pembayaran (keluar); perbelanjaan.

disc *n.* ceper; piring hitam; cakera. **disc jockey** (*colloq.*) juruacara lagu-lagu di radio.

discard[1] *v.t.* campak; buang.

discard[2] *n.* barang buangan.

discern *v.t.* melihat; mencerap.

discernment *n.* kearifan.

discernible *a.* dapat dilihat; dapat dicerap.

discerning *a.* pandai menilai; arif.

discharge *v.t./i.* sembur; keluarkan; pecat; laksana; menyahcas. —*n.* semburan; bahan yang dikeluarkan; pemecatan.

disciple *n.* murid; pengikut; penganut.

disciplinarian *n.* orang yang mementingkan disiplin.

disciplinary *a.* berkenaan disiplin atau peraturan.

discipline *n.* disiplin; peraturan; tatatertib; ketertiban. —*v.t.* mengikut peraturan; menghukum.

disclaim *v.t.* menafikan; menyangkal; menidak; menidakkan.

disclaimer *n.* penafian; penyangkalan; penidakan.

disclose *v.t.* membongkar (rahsia); mendedahkan (rahsia). **disclosure** *n.* pembongkaran atau pendedahan (rahsia).

disco *n.* (*pl.* **-os**) (*colloq.*) discotheque *n.* disko; tempat atau temasya tari-menari dengan muzik lantang.

discolour *v.t./i.* meluntur; pucat; turun warna. **discoloration** *n.* kelunturan; pengubahan warna.

discomfit *v.t.* (*p.t.* **discomfited**) gelisah; khuatir. **discomfiture** *n.* kegelisahan; kekhuatiran.

discomfort *n.* keresahan; ketidakselesaan.

disconcert *v.t.* menyebabkan rasa resah atau gelisah; berasa kurang senang.

disconnect *v.t.* memberhentikan; memutuskan. **disconnection** *n.* pemberhentian; pemutusan.

disconsolate *a.* dukacita. **disconsolately** *adv.* dengan dukacita.

discontent *n.* ketidakpuasan hati; rasa terkilan.

discontented *a.* tidak puas hati; terkilan.

discontinue *v.t./i.* memutuskan; menghentikan. **discontinuance** *n.* pemutusan; penghentian.

discontinuous *a.* terputus-putus; tidak berkesinambungan. **discontinuity** *n.* keadaan terputus-putus; ketidaksinambungan.

discord *n.* perselisihan; pertengkaran. **discordant** *a.* berselisih (faham); tidak selari.

discotheque *n.* disko; tempat atau temasya tari-menari dengan muzik lantang.

discount[1] *n.* potongan harga; diskaun.

discount[2] *v.t.* tidak berapa mempercayai.

discourage *v.t.* menawarkan (hati); melemahkan semangat.

discourse[1] *n.* hujah; bualan; perbualan; ucapan; kuliah; khutbah; perbincangan.

discourse[2] *v.i.* berhujah; berbual; berucap; berkhutbah; berbincang.

discourteous *a.* biadab; tidak beradab; kurang sopan; kurang ajar. **discourteously** *adv.* secara biadab. **discourtesy** *n.* kebiadaban.

discover *v.t.* menemui; menjumpai; mendapat tahu. **discovery** *n.* penemuan; jumpaan.

discredit *v.* (**discrediting, discredited**) merosakkan nama baik; menyebabkan sesuatu itu palsu atau tidak boleh dipercayai. —*n.* kehilangan atau kekurangan nama baik.

discreditable *a.* yang mendatangkan kesangsian, keraguan atau aib (malu).

discreet *a.* diam-diam; senyap-senyap; berhati-hati. **discreetly** *adv.* secara diam-diam atau senyap-senyap.

discrepancy *n.* perselisihan; perbezaan; ketidaksamaan. **discrepant** *a.* berselisih; berbeza; tidak sama.

discrete *a.* berasingan; berbeza.

discretion *n.* keadaan berdiam-diam atau bersenyap-senyap; budi bicara bebas membuat pertimbangan.

discretionary *a.* mengikut pertimbangan sendiri.

discriminate *v.t./i.* bezakan; membezakan. **discriminate against** membeza-bezakan. **discriminating** *a.* dapat melihat perbezaan; pandai menilai. **discrimination** *n.* perbezaan; pembezaan; diskriminasi.

discursive *a.* merewang.

discus *n.* cakera.

discuss *v.t.* bincang; bicara. **discussion** *n.* perbincangan; pembicaraan.

disdain *v.t.* & *n.* memandang hina; sikap menghina.

disdainful *a.* menunjukkan sikap menghina. **disdainfully** *adv.* secara menghina.

disease *n.* penyakit. **diseased** *a.* berpenyakit.

disembark *v.t./i.* turun (dari kapal); mendarat. **disembarkation** *n.* pendaratan.

disembodied *a.* terpisah daripada tubuh, badan atau jasad.

disembowel *v.t.* (*p.t.* **disembowelled**) keluarkan isi perut. **disembowelment** *n.* pengeluaran isi perut.

disenchant *v.t.* mengecewakan. **disenchantment** *n.* kekecewaan.

disenfranchise *v.* menarik kembali hak untuk mengundi.

disengage *v.t.* lepaskan; bebaskan; leraikan; lucutkan. **disengagement** *n.* pelepasan; pembebasan; peleraian; pelucutan.

disentangle *v.t.* menguraikan; membebaskan; mengasingkan. **disentanglement** *n.* penguraian.

disestablish *v.* menamatkan taraf rasmi sesebuah gereja kebangsaan.

disfavour *n.* tidak disenangi; tidak disukai.

disfigure *v.t.* rosakkan bentuk; cacatkan. **disfigurement** *n.* perosakan atau kerosakan bentuk; pencacatan; kecacatan.

disgorge *v.t./i.* menyembur; meluah; muntahkan; (*colloq.*) menyerahkan.

disgrace *n.* aib; malu; kehinaan. —*v.t.* mengaibkan; memalukan; menjatuhkan maruah. **disgraceful** *a.* yang mengaibkan atau memalukan. **disgracefully** *adv.* dengan cara yang mengaibkan atau memalukan.

disgruntled *a.* terkilan; tidak puas hati.

disguise *v.t.* menyamar. —*n.* penyamaran.

disgust *n.* perasaan meluat; jijik. —*v.t.* menyebabkan rasa meluat.

dish *n.* pinggan; hidangan; sajian. —*v.t.* (*colloq.*) menghancurkan (harapan). **dish out** membahagi-bahagikan. **dish up** hidang; saji.

dishabille *var. of* **deshabille** *n.* separuh telanjang.

disharmony *n.* ketidaksesuaian; ketidakharmonian.

dishcloth *n.* kain lap pinggan; kain buruk.

dishearten *v.t.* berasa tawar hati.

dished *a.* cekung.

dishevelled *a.* kusut; tidak kemas. **dishevellment** *n.* kekusutan.

dishonest *a.* curang; tidak jujur; tidak ikhlas; tidak amanah. **dishonestly** *adv.* secara curang atau tidak jujur. **dishonesty** *n.* kecurangan.

dishonour *v.t.* & *n.* mengaibkan; memalukan; keaiban.

dishonourable *a.* yang mengaibkan atau memalukan; keji; hina. **dishonourably** *adv.* dengan cara yang mengaibkan atau memalukan.

dishwasher *n.* mesin pembasuh pinggan mangkuk.

disillusion *v.t.* mengecewakan; menyedarkan; membebaskan dari khayalan. **disillusionment** *n.* kekecewaan; penyedaran; kesedaran; pembebasan; kebebasan dari khayalan.

disincentive *n.* pematah semangat; penghalang.

disinclination *n.* rasa keberatan.

disincline *v.t.* berasa enggan.

disinfect *v.t.* basmikan kuman; bersihkan daripada bakteria. **disinfection** *n.* pembasmian kuman atau bakteria.

disinfectant *n.* ubat pembasmi kuman.

disinflation *n.* disinflasi; kekurangan inflasi.

disinformation *n.* maklumat palsu.

disingenuous *a.* tidak jujur; tidak ikhlas.

disinherit *v.t.* lucutkan kewarisan; tidak mengaku waris.

disintegrate *v.t./i.* hancur; lerai; sepai; derai; berderai. **disintegration** *n.* kehancuran; penghancuran.

disinter *v.t.* (*p.t.* **disinterred**) gali keluar; korek.

disinterest *n.* keadilan yang sebenarnya; kekurangan minat.

disinterested *a.* tidak memihak.

disjoin *v.t.* tidak bersambung; putus.

disjointed *a.* (percakapan) tidak teratur; tidak bersambung; terputus-putus.

disk *n.* = **disc** cakera.

diskette *n.* disket; cakera liut.

dislike *n.* tidak suka; benci. —*v.t.* rasa tidak suka.

dislocate *v.t.* pelecok; terpelecok; kehel; terkehel; kelenyok; terkelenyok; peliut; terpeliut; terkeluar atau terlucut dari tempatnya. **dislocation** *n.* keadaan terkehel.

dislodge *v.t.* cungkil keluar; tercungkil; dipaksa keluar.

disloyal *a.* tidak setia; tidak taat; derhaka. **disloyally** *adv.* secara tidak setia atau derhaka. **disloyalty** *n.* ketidaksetiaan; penderhakaan.

dismal *a.* muram; suram; (*colloq.*) lemah. **dismally** *adv.* dengan muram atau suram.

dismantle *v.t.* membuka (alat, enjin, dsb); membongkar; merombak.

dismay *n.* perasaan terkejut dan kecewa; kekecewaan; kekesalan. —*v.t.* menyebabkan rasa terkejut dan kecewa.

dismember *v.t.* penggal; potong (anggota); pisahkan. **dismemberment** *n.* pemenggalan; pemotongan; pemisahan.

dismiss *v.t.* pecat; menyingkirkan; menyuruh pergi. **dismissal** *n.* pemecatan; penyingkiran.

dismissive *a.* sikap memperlakukan sesuatu secara biadap atau tanpa pertimbangan. **dismissively** *a.* dengan tiada pertimbangan.

dismount *v.i.* turun dari tunggangan (kuda, dsb.).

disobedient *a.* ingkar; bantah; tidak ikut perintah. **disobediently** *adv.* dengan ingkar. **disobedience** *n.* keingkaran; penentangan.

disobey *v.t./i.* ingkari; bantah.

disoblige *v.t.* tidak mahu membuat apa yang diminta atau dikehendaki. **disobliging** *a.* sikap tidak mahu membuat apa yang diminta.

disorder *n.* kekacauan; keadaan huru-hara atau bersepah. **disorderly** *a.* dengan kacau-bilau; bersepah.

disorganize *v.t.* mencelarukan. **disorganization** *n.* keadaan tidak teratur; kecelaruan.

disorientate *v.t.* mengelirukan; membingungkan. **disorientation** *n.* kekeliruan; kebingungan.

disown *v.t.* tidak mengaku; menafikan.

disparage *v.t.* memperkecil; mencaci; merendah-rendahkan. **disparagement** *n.* perbuatan memperkecil atau merendah-rendahkan; cacian.

disparate *a.* tidak sejenis; tidak sama; berbeza; berlainan.

disparity *n.* ketidaksamaan; kelainan.

dispassionate *a.* tanpa dipengaruhi perasaan. **dispassionately** *adv.* dengan cara yang tidak dipengaruhi perasaan.

dispatch *v.t.* hantar; kirim; bunuh; bereskan segera. —*n.* penghantaran; pengiriman; kesegeraan; utusan rasmi; laporan berita. **dispatch-box** *n.* bekas pembawa surat (dokumen) rasmi. **dispatch-rider** *n.* pengirim atau penghantar yang menunggang motosikal.

dispel *v.t.* (*p.t.* **dispelled**) halau; usir; hilangkan; menghapuskan keraguan.

dispensable *a.* tidak wajib; tidak perlu.

dispensary *n.* dispensari; gedung ubat.

dispensation *n.* pengagihan; pembahagian; pengurusan terutama pengurusan alam oleh Tuhan; pengecualian.

dispense *v.t./i.* mengagih; memberikan; sediakan dan beri (ubat, dll.). **dispense with** tanpa; tidak perlu. **dispenser** *n.* bekas; pemberi ubat (pembantu farmasi).

disperse *v.t./i.* sebar; selerak; surai. **dispersal** *n.* penyebaran; bersurai. **dispersion** *n.* penyebaran; penempatan di beberapa bahagian.

dispirited *a.* lemah semangat; hilang semangat. **dispiriting** *a.* yang melemahkan semangat.

displace *v.t.* berubah tempat; mengambil alih tempat; ganti; singkir. **displacement** *n.* perubahan; pengambilalihan; penggantian; penyingkiran.

display *v.t.* menunjuk; mempamer; memperaga. —*n.* pameran.

displease *v.t.* menyinggung; tidak menyenangkan hati.

displeasure *n.* perasaan tersinggung; rasa tidak senang hati.

disport *v. refl.* **disport oneself** bermain-main; berfoya-foya; berhibur.

disposable *a.* boleh dibuang; boleh digunakan mengikut sesuka hati seseorang; pakai buang; direka supaya boleh dibuang selepas digunakan.

disposal *n.* pembuangan; pelupusan. **at one's disposal** tersedia untuk kegunaan seseorang.

dispose *v.t./i.* mengatur; menyusun; sedia; sanggup melakukan sesuatu. **dispose of** buang; habiskan; bereskan; selesaikan. **be well disposed** ramah; baik; suka.

disposition *n.* penyusunan; perangai; kecenderungan.

dispossess *v.t.* melucutkan milik; rampas harta. **dispossession** *n.* pelucutan milik; perampasan harta.

disproof *n.* penyangkalan; penolakan.

disproportion *n.* ketidakseimbangan.

disproportionate *a.* tidak setimpal; tidak seimbang; tidak sepadan. **disproportionately** *adv.* secara yang tidak setimpal atau tidak seimbang.

disprove *v.t.* membuktikan kesilapan; menunjukkan bahawa sesuatu itu palsu, salah atau silap.

disputable *a.* boleh dipertikaikan; boleh disangkal.

disputant *n.* pembantah; orang yang suka berbalah atau bertikai.

disputation *n.* pertikaian; pertengkaran; perbahasan; perdebatan. **disputatious** *a.* suka berbalah.

dispute *v.t./i.* mempertikai; menyangkal; bertengkar; berbalah. —*n.* pertikaian. **in dispute** sedang dipertikaikan atau dipersoalkan.

disqualify *v.t.* tidak melayakkan; tidak membenarkan. **disqualification** *n.* penyingkiran; perihal tidak dibenarkan.

disquiet *n.* keresahan; kekhuatiran; kebimbangan; kerisauan; kecemasan. —*v.t.* meresahkan; mengkhuatirkan; membimbangkan; merisaukan; mencemaskan.

disquisition *n.* huraian yang panjang lebar.

disregard *v.t.* tidak pedulikan; tidak endahkan; tidak hiraukan; abaikan. —*n.* pengabaian.

disrepair *n.* dalam keadaan tidak berjaga; dalam keadaan tidak diperbaiki; dalam keadaan terbiar, terabai.

disreputable *a.* tidak senonoh; tidak dihormati. **disreputably** *adv.* secara tidak senonoh.

disrepute *n.* kehinaan; kekejian; pencemaran nama baik.

disrespect *n.* ketiadaan rasa hormat. **disrespectful** *a.* sikap tidak hormat. **disrespectfully** *adv.* dengan tiada rasa hormat.

disrobe *v.t./i.* tanggalkan pakaian.

disrupt *v.t.* ganggu; kacau; menggendalakan. **disruption** *n.* gangguan; kekacauan; tergendalanya. **disruptive** *a.* suka mengganggu; menimbulkan gangguan.

dissatisfaction *n.* perasaan tidak puas hati; ketidakpuasan hati.

dissatisfied *a.* tidak puas hati.

dissect *v.t.* bedah. **dissection** *n.* diseksi; bahagian yang dibedah; pembedahan. **dissector** *n.* pembedah.

dissemble *v.t./i.* sembunyikan (perasaan); selindung. **dissemblance** *n.* perihal suka berselindung.

disseminate *v.t.* sebar. **dissemination** *n.* penyebaran.

dissension *n.* perselisihan (faham); pertengkaran; bantahan; pertelingkahan.

dissent *v.i.* berselisih (faham); tengkar; bantah; sangkal; balah; telingkah. **dissenter** *n.* pembantah; orang yang suka berbalah atau bertelingkah.

dissertation *n.* disertasi; huraian yang panjang lebar.

disservice *n.* pengkhianatan; kerugian (perbuatan yang merugikan).

dissident *n.* penentang; pembantah; (yang) menentang. **dissidence** *n.* penentangan.

dissimilar *a.* tidak serupa; tidak sama; lain; berlainan. **dissimilarity** *n.* ketidaksamaan; kelainan.

dissimulate *v.t.* menyembunyikan. **dissimulation** *n.* penyembunyian (perasaan); berselindung-selindung.

dissipate *v.t./i.* menyuraikan; menghapuskan; menghamburkan; menghilang. **dissipated** *a.* terbuang; berfoya-foya. **dissipation** *n.* penghapusan; penghamburan; pembuangan; hal berfoya-foya.

dissociate *v.t.* lekangkan; asingkan; lepaskan; tarik diri; tidak lagi ada hubungan atau sangkut paut dengan. **dissociation** *n.* pelekangan; pengasingan; pelepasan; penarikan diri; keadaan tidak lagi bersangkut paut.

dissolute *a.* cabul; tidak bermoral.

dissolution *n.* pembubaran.

dissolve *v.t./i.* membubar; larut; lenyap; hancur; mengikut atau menurut (perasaan).

dissonant *a.* canggung; sumbang; janggal; tidak sehaluan. **dissonantly** *adv.* dengan sumbang atau janggal. **dissonance** *n.* kesumbangan; percanggahan.

dissuade *v.t.* mendesak (supaya jangan). **dissuasion** *n.* desakan (supaya jangan).

distaff *n.* kayu rahat. **distaff side** sebelah ibu.

distance *n.* jarak; jauh; kejauhan. —*v.t.* merenggangkan; menjauhkan diri; meninggalkan jauh di belakang.

distant *a.* jauh; renggang; dingin (tidak mesra). **distantly** *adv.* dengan dingin.

distaste *n.* rasa benci; rasa jijik.

distasteful *a.* yang dibenci. **distastefully** *adv.* secara jijik; dengan rasa benci.

distemper *n.* sejenis penyakit anjing dan binatang-binatang lain; distemper; sejenis cat untuk disapukan ke atas plaster (lepa), dll. —*v.t.* menyapu cat distemper.

distend *v.t./i.* mengembung; mengembang; membuncit. **distensible** *a.* kembung. **distension** *n.* kembung; pengembungan.

distil *v.t.* suling; menyuling.

distillation *n.* sulingan; penyulingan.

distiller *n.* penyuling (orang atau syarikat).

distillery *n.* penyuling (tempat atau kilang).

distinct *a.* jelas; nyata; berlainan. **distinctly** *adv.* dengan jelas; dengan nyata.

distinction *n.* kelainan; perbezaan, penghormatan; cemerlang. **distinctive** *a.* tersendiri; yang membezakan. **distinctively** *adv.* secara tersendiri.

distinctiveness *n.* sifat tersendiri.

distinguish *v.t./i.* membezakan; membuat perbezaan; nampak atau menunjukkan perbezaan. **distinguishable** *a.* boleh dibezakan.

distinguished *a.* unggul; berkelainan; bertokoh; terkenal kerana kejayaan.

distort *v.t.* mengherot-benyotkan; memutarbelitkan; ubah bentuk. **distortion** *n.* keherotan; pengherotan; perbuatan memutar belit; penyelewengan.

distract *v.t.* mengalih perhatian.

distracted *a.* bingung; terganggu; bimbang dan ragu.

distraction *n.* pengalihan perhatian; gangguan; hiburan; kebingungan.

distrain *v.i.* **distrain upon** (barang) merampas barang sebagai bayaran hutang. **distraint** *n.* perampasan barang.

distrait *a.* bingung.

distraught *a.* dukacita; murung; merana; sangat sedih; terganggu fikiran.

distress *n.* kedukaan; kemurungan; kesusahan; kesedihan; kesengsaraan; penderitaan. —*v.t.* menyebabkan kesedihan. **in distress** dalam bahaya dan memerlukan pertolongan.

distribute *v.t.* agih; sebar; edar; tabur; membahagi-bahagikan. **distribution** *n.* pengagihan; pengedaran; taburan; pembahagian.

distributive *a.* berkenaan pengagihan atau pembahagian.

distributor *n.* pengagih; penyebar; pengedar.

district *n.* daerah; wilayah; kawasan.

distrust *n.* kecurigaan; kesangsian; syak wasangka. —*v.t.* mencurigai; mensyaki.

disturb *v.t.* ganggu. **disturbance** *n.* gangguan.

disturbed *a.* terganggu.

disunity *n.* perpecahan.

disuse *n.* dalam keadaan tidak lagi digunakan.

disused *a.* tidak lagi digunakan (terabai).

ditch *n.* parit; longkang. —*v.t./i.* korek atau baiki parit; (*sl.*) meninggalkan; (*sl.*) membuat pendaratan kecemasan (kapal terbang) di laut.

dither *v.i.* ketar; teragak-agak. —*n.* perihal menggeletar; keadaan teragak-agak.

ditto *n.* (dalam senarai) ulangan yang sama; tanda serupa.

ditty *n.* jinggal; lagu yang pendek dan mudah.

diuretic *a. & n.* diuretik; (sebatian) menyebabkan banyak air kencing dikumuhkan.

diurnal *a.* harian; seharian; siang.

diva *n.* penyanyi wanita yang terkenal.

divan *n.* dipan; bangku panjang tanpa sandaran atau hujung; katil dipan.

dive *v.t./i.* menjunam (terjun kepala dahulu ke dalam air); selam; terpa. —*n.* junaman; penyelaman; (*sl.*) tempat keji.

diver *n.* penjunam; penyelam.

diverge *v.i.* mencapah; berbeza; menyimpang. **divergence** *n.* pencapahan; penyimpangan; perbezaan. **divergent** *a.* bersifat mencapah, menyimpang atau berbeza.

diverse *a.* pelbagai; berbagai-bagai.

diversify *v.t.* mempelbagaikan. **diversification** *n.* kepelbagaian.

diversion *n.* pemesongan; pelencongan; penyimpangan.

diversity *n.* kepelbagaian.

divert *v.t.* pesongkan; lencongkan.

divest *v.t.* **divest of** tanggalkan; lucutkan.

divide *v.t./i.* bahagi; pisah; cerai. —*n.* pemisah; legeh, kawasan yang memisahkan hulu sungai; pembahagi.

dividend *n.* angka untuk dibahagi; pembahagian keuntungan; keuntungan (dari sesuatu tindakan); dividen.

divider *n.* pembahagi; pemisah. **dividers** *n.* jangka tolok; alat untuk membahagi garisan atau sudut dan untuk mengukur atau menandakan jarak.

divination *n.* ramalan; tekaan; telahan.

divine *a.* (-er, -est) berkenaan Tuhan, dari atau seperti Tuhan; (*colloq.*) cemerlang; sangat cantik; indah. —*v.t.* meramalkan. **divinely** *adv.* dengan kekuasaan Tuhan; sangat; amat. **diviner** *n.* peramal.

divinity *n.* ketuhanan; Tuhan; sifat ketuhanan.

divisible *a.* dapat dibahagi. **divisibility** *n.* keadaan dapat dibahagi.

division *n.* pembahagian; pemisahan; bahagian; divisyen. **divisional** *a.* berkenaan bahagian; divisyen.

divisive *a.* memecahbelahkan.

divisor *n.* pembahagi; angka yang akan membahagikan angka lain.

divorce *n.* penceraian. —*v.t.* cerai (memutuskan nikah); berpisah.

divorcee *n.* janda; randa; duda; orang yang sudah bercerai.

divot *n.* gumpalan tanah berumput; ketulan tanah yang tercungkil oleh kepala kayu golf.

divulge *v.t.* beritahu; dedahkan (maklumat). **divulgation** *n.* pemberitahuan atau pemecahan rahsia (kepada orang lain).

Diwali *n.* Diwali; perayaan orang Hindu; Deepavali.

dixie *n.* periuk besi yang besar

DIY *abbr.* do-it-yourself buat sendiri (kerja bertukang, dsb.)

dizzy *a.* (-**ier**, -**iest**) pening; pitam; gayat; yang memeningkan. **dizzily** *adv.* dengan rasa pening. **dizziness** *n.* kepeningan; kegayatan.

DJ *abbr.* disc jockey juruhebah (radio, disko, dsb.)

DNA *n. abbr.* asid deoksiribonukleik.

do *v.t./i.* (*pres.t.* **does**, *p.t.* **did**, *p.p.* **done**) buat; siap; boleh; sesuai; terima; sungguh; ya; akui; (*sl.*) tipu; rompak; serang. —*v.aux* perkataan yang dibentuk untuk menekankan sesuatu atau untuk mengelakkan daripada pengulangan kata kerja yang telah digunakan. —*n.* (*pl.* **dos** atau **do's**) hiburan; majlis tari-menari; urusan. **do away with** memansuhkan. **do down** (*colloq.*) menipu. **do for** merosakkan; memusnahkan. **do-gooder** *n.* orang yang berniat baik tetapi tidak realistik dalam melakukan kerja-kerja sosial dan kebajikan. **do in** (*sl.*) menghancurkan; membunuh; memenatkan. **do-it-yourself** *a.* untuk dibuat sendiri oleh amatur, dsb. **do out** cuci; hias kembali. **do up** ikat; bungkus; baiki; menghias; penat; letih. **do with** bersikap sabar; memerlukan. **do without** teruskan tanpa (sesuatu); tidak bergantung kepada.

doc *n.* (*colloq.*) doktor.

docile *a.* jinak; patuh; mengikut kata. **docilely** *adv.* dengan patuh. **docility** *a.* kejinakan; kepatuhan.

dock[1] *n.* limbungan; dok. —*v.t./i.* keluar atau masuk ke limbungan; (kapal angkasa) bercantum di angkasa.

dock[2] *n.* kandang (untuk orang salah); pasungan.

dock[3] *v.t.* potong.

dock[4] *n.* sejenis rumpai tinggi berdaun lebar.

docker *n.* pekerja limbungan; pemunggah barang, muatan kapal di limbungan.

docket *n.* doket; senarai barangan; baucar. —*v.t.* (*p.t.* **docketed**) disenaraikan ke dalam doket; labelkan dengan doket.

dockyard *n.* limbungan.

doctor *n.* doktor; tabib. —*v.t.* rawat; kasi; tampal; balut; mengubah (dengan tujuan menipu, dsb.); memalsukan (keterangan, laporan). **doctoral** *a.* kedoktoran.

doctorate *n.* ijazah kedoktoran; ijazah tertinggi universiti.

doctrinaire *a.* taasub; mengikut teori atau prinsip tanpa tolak ansur.

doctrine *n.* fahaman; ajaran; pegangan; doktrin. **doctrinal** *a.* berkaitan dengan doktrin. **doctrinally** *adv.* secara doktrin.

docudrama *n.* dokudrama; pendramaan filem televisyen tentang peristiwa sebenar.

document *n.* surat-suratan; dokumen. —*v.t.* mengadakan atau membuktikan dengan dokumen. **documentation** *n.* penyuratan; penulisan; pendokumenan; dokumentasi.

documentary *a.* rencana; dokumentar. —*n.* filem dokumentar; rencana.

dodder *v.i.* terhegeh-hegeh; menggeletar (kerana tua, uzur). **doddery** *a.* dengan terhegeh-hegeh. **dodderer** *n.* orang yang berjalan terketar-ketar.

dodecagon *n.* dodekagon; rajah geometri bersegi dua belas. **dodecagonal** *adj.* bersegi dua belas.

dodge *v.t./i.* mengelak; menepis. —*n.* elakan; pengelakan; (*colloq.*) helah; tindakan penipuan yang pintar. **dodger** *n.* pengelak; orang yang pandai mengelak.

dodgem *n.* kereta laga; kereta kecil untuk mainan langgar-melanggar di pesta.

dodgy *a.* (-**ier**, -**iest**) (*colloq.*) pintar (menipu); canggung; tidak boleh dipercayai.

dodo *n.* (*pl.* -**os**) dodo; sejenis burung besar yang telah pupus.

doe *n.* rusa betina; arnab betina.

does lihat **do**.

doesn't = **does not** tak; tidak.

doff *v.t.* (usang) cabut atau buka topi (dari kepala).

dog *n.* anjing; serigala atau rubah jantan; (*colloq.*) alat pencekak. **dog-**

collar *n.* (*colloq*) kolar paderi. —*v.t.* (*p.t.* **dogged**) mengikut; mengekori.

dog-eared *a.* dengan sudut-sudut muka surat berkelepet (kerana selalu digunakan). **dog-star** *n.* bintang Sirius.

doge *n.* bekas pemerintah Venice (Itali).

dogfish *n.* jerung kecil.

dogged *a.* nekad; cekal; gigih. **doggedly** *adv.* dengan gigih.

doggerel *n.* doga; sajak yang tidak teratur dan kurang baik.

doggo *adv.* **lie doggo** (*sl.*) baring kaku.

doggy *a.* & *n.* (berkaitan dengan) anjing. **doggy bag** kampit untuk membawa balik makanan lebihan.

doghouse *n.* (A.S.) lau; reban anjing; pondok anjing; rumah anjing. **in the doghouse** (*sl.*) dalam keadaan malu.

dogma *n.* dogma; ajaran.

dogmatic *a.* berbentuk dogma; taasub; dogmatik; menyatakan dengan cara berwibawa. **dogmatically** *adv.* secara dogmatik. **dogmatism** *n.* dogmatisme.

dogmatize *v.i.* membuat kenyataan berbentuk dogma.

doily *n.* doili; pelapik piring, gelas, perhiasan.

doldrums *n.pl.* doldrum; kawasan lautan dekat khatulistiwa yang kurang atau tidak berangin. **in the doldrums** patah atau hilang semangat.

dole *v.t.* beri; sebar; bahagi-bahagikan. —*n.* (*colloq.*) bayaran yang diterima daripada kerajaan ketika menganggur.

doleful *a.* muram; suram. **dolefully** *adv.* dengan muram.

doll *n.* anak patung; anak-anak; boneka. —*v.t.* **doll up** (*colloq.*) berpakaian kemas.

dollar *n.* dolar; mata wang A.S. dan beberapa negara lain.

dollop *n.* (*colloq.*) longgok (benda yang lembik).

dolly *n.* panggilan kanak-kanak untuk anak patung; pelantar bergerak untuk kamera wayang.

dolmen *n.* dolmen; struktur megalit batu besar yang rata yang terletak di atas dua batu menegak.

dolomite *n.* dolomit; sejenis batu kapur.

dolour *n.* sedih pilu. **dolorous** *a.* bersedih.

dolphin *n.* ikan lumba-lumba; dolfin.

dolt *n.* (orang yang) bebal atau bodoh. **doltish** *a.* bersifat bodoh.

Dom *n.* gelaran orang kenamaan atau rahib Roman Katolik.

domain *n.* kawasan kekuasaan; kawasan di bawah kawalan seseorang; bidang; domain.

dome *n.* kubah; dom. **domed** *a.* jendul; berbentuk kubah.

domestic *a.* rumah tangga; dalam rumah; dalam negeri; bela jinak. —*n.* pembantu rumah. **domestic science** sains rumah tangga. **domestically** *adv.* secara dalam rumah; setempat.

domesticated *a.* (tentang binatang) ternak; bela jinak; (tentang manusia) gemar menguruskan kerja rumah dan hal ehwal rumah tangga. **domestication** *n.* penjinakan.

domesticity *n.* kehidupan di rumah.

domicile *n.* mastautin; tempat kediaman.

domiciled *a.* bermastautin; diam; tinggal.

domicilliary *a.* berkaitan dengan tempat tinggal atau kediaman.

dominant *a.* paling berpengaruh; paling menonjol; dominan. **dominance** *n.* pengaruh; penguasaan; kuasa.

dominate *v.t./i.* menguasai. **domination** *n.* penguasaan.

domineer *v.i.* (kelakuan yang) menguasai.

domineering *a.* sombong, tinggi diri dan sikap menindas.

Dominican *n.* rahib atau biarawati mazhab St. Dominic.

dominion *n.* kuasa pemerintahan; kawasan atau wilayah di bawah pemerintahan.

domino *n.* (*pl.* **-oes**) domino; kepingan bujur bertanda untuk permainan domino.

don[1] *v.t.* (*p.t.* **donned**) memakai, mengenakan.

don[2] *n.* pensyarah; tutor.

don't = **do not** jangan; jangan buat.

donate *v.t.* derma; menderma.

donation *n.* derma.

done lihat **do**.

donjon *n.* menara istana pada zaman silam.

donkey *n.* keldai. **donkey engine** enjin kecil sampingan. **donkey jacket** jaket tebal yang kalis cuaca. **donkey's years** (*colloq.*) lama betul. **donkey-work** *n.* pekerjaan yang menjemukan.

donor *n.* penderma.

donut *n.* (A.S.) = **doughnut** donut; kuih berbentuk cincin yang digoreng.

doodle *v.i.* (leka) menconteng; mencoret. —*n.* conteng.

doom *n.* kecelakaan; kebinasaan; maut. —*v.t.* ditakdirkan (nasib buruk, kecelakaan).

doomsday *n.* hari kiamat.

door *n.* pintu; daun pintu.

doormat *n.* pengalas di muka pintu; pengesat kasut; alas kaki.

doorstep *n.* anak tangga depan pintu.

doorway *n.* ambang pintu; muka pintu.

dope *n.* (*sl.*) ubat; dadah; maklumat; si tolol. —*v.t.* (*sl.*) memberi atau memasukkan dadah.

dopey *n.* (*colloq.*) mengantuk; bodoh.

doppelanger *n.* hantu atau sesuatu yang menyerupai seseorang yang hidup.

Doric *a.* gaya atau stail termudah dalam seni bina Yunani (Greek kuno).

dormant *a.* pendam; tidur; tidak giat; tidak aktif. **dormancy** *n.* kependaman (gunung berapi).

dormer *n.* tingkap tegak di bumbung curam.

dormitory *n.* bilik asrama; bilik tidur yang mempunyai banyak katil. **dormitory town** bandar kediaman; bandar dengan penduduk yang berulang-alik bekerja di tempat lain.

dormouse *n.* (*pl.* **-mice**) sejenis binatang seperti tikus.

dorsal *a.* dorsal; berkaitan dengan atau di belakang.

dosage *n.* pemberian ubat; dos; sukatan (ubat).

dose *n.* dos; sukatan ubat untuk sekali makan; sukatan radiasi yang diterima. —*v.t.* beri (satu atau beberapa) sukatan ubat.

doss *v.i.* (*sl.*) tidur (di rumah tumpangan murah). **doss-house** *n.* rumah tumpangan murah. **dosser** *n.* gelandangan; petualang (orang yang tidak tentu tempat tinggal).

dossier *n.* dosir; satu set dokumen, atau laporan tentang seseorang atau sesuatu peristiwa.

dot *n.* titik; bintik; noktah. —*v.t.* (*p.t.* **dotted**) (tanda dengan) titik; noktah; bertaburan; (*sl.*) pukul. **on the dot** tepat pada waktunya.

dotage *n.* nyanyuk.

dote *v.i.* **dote on** memanjakan; sangat suka akan (seseorang).

dotty *a.* (**-ier**, **-iest**) (*colloq.*) nyanyuk; aneh. **dottily** *adv.* dengan aneh. **dottiness** *n.* kenyanyukan; keanehan.

double *a.* dua kali; berganda; untuk dua orang atau benda. —*adv.* dua

(kali) berganda; berpasangan. —*n.* bilangan berganda; orang atau benda yang serupa dengan yang satu lagi; (*pl.*) regu; permainan dengan dua orang pemain pada satu pihak. —*v.t./ i.* menjadi berganda; lipat dua; patah balik; pusing balik; berlakon dua watak dalam drama yang sama. **at the double** cepat-cepat. **double-bass** *n.* dabal bes; alat muzik dari jenis biola yang mempunyai nada paling rendah. **double-breasted** *a.* (kot) bertindih dada. **double chin** berdagu dua (gemuk). **double cream** krim pekat. **double-cross** *v.t.* tipu. **double-dealing** *n.* penipuan. **double-decker** *n.* bas dua tingkat. **double Dutch** percakapan yang tidak dapat difahami. **double figures** nombor daripada 10 hingga 99. **double-jointed** *a.* mempunyai sendi yang boleh dilentur lebih daripada biasa. **double take** reaksi susulan. **double-talk** *n.* cakapan yang maksudnya berlainan daripada apa yang diucapkan. **doubly** *adv.* benar-benar.

double entendre kata-kata yang mempunyai dua makna, satu daripadanya lazimnya lucah.

doublet *n.* dublet; satu daripada pasangan yang serupa; (usang) jaket ketat lelaki.

doubloon *n.* syiling lama Sepanyol.

doubt *n.* keraguan; kesangsian. —*v.t./i.* meragui; sukar untuk mempercayai. **doubter** *n.* orang yang ragu-ragu atau waswas.

doubtful *a.* ragu-ragu. **doubtfully** *adv.* dengan ragu-ragu.

doubtless *a.* tanpa ragu-ragu; pasti.

douche *n.* pancutan; semburan air ke badan. —*v.t./i.* menggunakan pancutan air.

dough *n.* doh; ulian tepung; adunan. **doughy** *a.* seperti doh.

doughnut *n.* donat.

doughty *a.* (usang) berani.

dour *a.* masam muka; bengis. **dourly** *adv.* dengan muka masam; dengan bengis. **dourness** *n.* kebengisan.

douse *v.t.* padam (api); simbah air; siram; jirus; renjis; curah; rendam; benam ke dalam air.

dove *n.* burung merpati.

dovecote *n.* reban; sarang burung merpati yang dipelihara.

dovetail *n.* tanggam. —*v.t./i.* menanggam (menyambung) dua keping papan yang bertakuk-takuk supaya berpaut rapat dan kukuh.

D

dowager n. balu pewaris gelaran atau harta mendiang suaminya.

dowdy a. (**-ier, -iest**) selekeh; serbah-serbih; tidak menarik; tidak bergaya; berpakaian tidak menarik. **dowdily** adv. dengan gaya yang tidak menarik. **dowdiness** n. keselekehan; keadaan serbah-serbih.

dowel n. pasak; cemat. **dowelling** n. batang pasak; batang untuk dipotong menjadi pasak.

dower n. faraid untuk balu dari harta pusaka suaminya. **dower house** rumah kecil di samping rumah besar; yang menjadi sebahagian daripada harta yang dipusakai oleh balu.

Down's syndrome n. sindrom Down; kecacatan sejak lahir yang menyebab-kan muka lebar dan otak cacat.

down[1] n. tanah lapang yang beralun dengan bukit-bukit kecil.

down[2] n. bulu pahat; bulu halus.

down[3] adv. di tempat atau tahap ren-dah; kepada saiz yang lebih kecil; hinggalah; dari masa awal ke masa yang lebih lewat; dirakam dalam bentuk tulisan; ke sumbernya; seba-gai cengkeram. —prep. ke bawah; bawah. —a. ke bawah; bergerak dari sesuatu tempat. —v.t. (colloq.) kalah-kan; jatuhkan; telan. **down-and-out** n. orang yang papa kedana. **down on** bermusuhan. **have a down on** (colloq.) tidak suka (seseorang). **down-to-earth** a. bersifat realistik. **down under** di Australia dan di kawasan selatan dunia.

downbeat n. rentak turun. —a. menyuramkan; (colloq.) buat tak kisah.

downcast a. muram; suram; sedih; pilu; (mata) memandang ke bawah.

downfall n. kejatuhan.

downgrade v.t. menurunkan gred atau mutu.

downhearted a. bersedih (hati).

downhill a. & adv. menurun (bukit).

download v.t. memindah data daripada alat storan komputer kepada alat storan yang lain.

downpour n. hujan lebat.

downright a. betul-betul; berterus terang. —adv. betul-betul; benar-benar.

downsize v. mengurangkan bilangan pekerja oleh sesebuah syarikat.

downstairs adv. & a. di tingkat bawah (bangunan).

downstream a. & adv. di atau ke hilir.

downtown a. & n. (A.S.) pusat bandar.

downtrodden a. ditindas.

downward a. ke bawah; menurun. —adv. ke bawah.

downwards adv. ke arah bawah.

downy a. (**-ier, -iest**) berbulu gebu serta halus; berbulu pahat.

dowry n. hantaran kahwin (daripada isteri kepada suami); mas kahwin.

dowse v.i. mencari air atau mineral di bawah tanah dengan menggunakan kayu penunjuk (lazimnya kayu ber-cabang berbentuk Y). **dowser** n. orang yang menggunakan kayu penunjuk untuk mencari air atau galian.

doxology n. ungkapan pujian terhadap Tuhan (Kristian).

doyen n. doyen; ahli terkanan dalam sesuatu kumpulan. **doyenne** n. fem. (perempuan) ahli terkanan dalam sesuatu kumpulan.

doze v.i. tidur-tidur ayam. —n. tidur sebentar.

dozen n. dozen; set 12; (pl., colloq.) sangat banyak; ramai.

Dr. abbr. **doctor** doktor. **debtor** orang yang berhutang.

drab a. kusam; membosankan.

drachm n. seperlapan auns.

drachma n. (pl. -as atau -ae) unit mata wang di Greece.

draconian a. amat keras atau ketat (langkah atau dasar).

draft[1] n. (tulisan dalam bentuk) rangka; draf; arahan bertulis kepada pihak bank supaya membayar; kum-pulan untuk tugas khas; pemilihan kumpulan ini; (A.S.) kerahan keten-teraan. —v.t. sediakan rangka; mendraf; (A.S.) mengerah (masuk tentera).

draft[2] n. (A.S.) angin sejuk.

draftsman n. (A.S.) = **draughtsman** penulis undang-undang.

drafty a. (A.S.) = **draughty** keadaan berangin.

drag v.t./i. (p.t. **dragged**) heret; seret; hela; tarik; sedut rokok atau paip. —n. pencakar; pukat tarik; pukat tunda; perkara yang menyekat kemajuan; (sl.) sedutan rokok atau paip; (sl.) pakaian wanita dipakai oleh lelaki. **drag race** lumba pecut kereta jarak dekat.

dragon n. naga; orang yang garang.

dragonfly n. pepatung; belalang patung; sibur-sibur.

dragoon n. askar berkuda. —v.t. memaksa supaya bertindak.

drain v.t. sedut keluar; salur keluar; mengalir keluar; melemahkan tenaga; minum habis. —n. parit; longkang;

perkara yang melemahkan tenaga seseorang, dsb.

drainage *n.* penyaliran; sistem saliran; kumbahan.

drake *n.* itik jantan.

dram *n.* seperlapan auns; sukatan kecil alkohol (minuman keras).

drama *n.* sandiwara; bangsawan; drama; rentetan peristiwa yang menarik.

dramatic *a.* berkenaan dengan drama; yang menarik; (secara) dramatik. **dramatics** *n.pl.* seni drama. **dramatically** *adv.* dalam bentuk drama.

dramatist *n.* penulis (skrip) drama.

dramatize *v.t.* membuat dalam bentuk drama; mendramakan. **dramatization** *n.* pendramaan.

drank *lihat* drink.

drape *v.t.* menutupi; menggantung sesuatu pada. —*n.* (A.S.) tabir; langsir.

draper *n.* penjual kain atau kain baju.

drapery *n.* perniagaan kain; gantungan kain yang beralun.

drastic *a.* keras; sangat berkesan. **drastically** *adv.* dengan keras.

draught *n.* angin; penarikan; penghelaan (ikan dalam pukat); kedalaman air untuk mengapungkan kapal; pengambilan, pengaliran keluar arak dari tongnya; perbuatan minum menggogok; (*pl.*) permainan dam. **draught beer** bir yang diambil dari tongnya.

draughtsman *n.* pelukis pelan.

draughty *a.* (-ier, -iest) berangin. **draughtily** *adv.* dengan berangin. **draughtiness** *n.* keadaan berangin.

draw *v.t./i.* (*p.t.* drew, *p.p.* drawn) tarik; hela; heret; mengeluarkan; mencabut; cuba mendapatkan maklumat (daripada seseorang); seri; memerlukan (kedalaman air untuk mengapungkan kapal); lukis; rancang; tulis cek untuk diambil wang tunai; mendatangkan. —*n.* tarikan; helaan; heretan; cabutan; daya penarik; perlawanan yang seri. **draw at** menyedut asap (paip, dsb.). **draw in** (hari) jadi semakin pendek. **draw out** jadi semakin panjang; larut. **draw-sheet** *n.* cadar yang dapat dicabut keluar dari bawah tubuh pesakit. **draw-string** *n.* tali penjerut mulut (guni, uncang, dsb.). **draw the line at** enggan membenarkan atau melakukan sesuatu; meletakkan batasan. **draw up** henti; karang (kontrak, perjanjian, dsb.); berdiri dan menegakkan tubuh.

drawback *n.* kelemahan.

drawbridge *n.* jambatan angkat.

drawer *n.* laci; pelukis; penyuruh bayar cek; (*pl.*) seluar dalam.

drawing *n.* lukisan (tanpa warna). **drawing-pin** *n.* paku tekan. **drawing-room** *n.* bilik (ruang) tamu.

drawl *v.t./i.* bercakap malas-malasan. —*n.* cara bercakap malas-malasan.

drawn *lihat* draw. —*a.* kelihatan tegang akibat keletihan atau kerisauan.

dray *n.* kereta sorong. **drayman** *n.* penyorong kereta ini.

dread *n.* ketakutan. —*a.* amat ditakuti.

dreadful *a.* teruk. **dreadfully** *adv.* dengan teruk.

dreadlocks *pl. n.* gaya rambut Rastafarian dengan rambut dipintal menjadi tocang yang ketat.

dream *n.* mimpi; lamunan; khayalan; orang atau benda yang indah. —*v.t./i.* (*p.t.* dreamed atau dreamt) bermimpikan; impikan. **dream up** bayangkan; reka. **dreamer** *n.* orang yang bermimpi; orang yang suka berkhayal. **dreamless** *a.* tanpa mimpi.

dreamy *a.* berangan-angan. **dreamily** *adv.* secara berangan-angan. **dreaminess** *n.* keadaan suka berangan-angan.

dreary *a.* (-ier, -iest) menjemukan; membosankan; muram; suram. **drearily** *adv.* dengan cara yang membosankan, muram. **dreariness** *n.* kemuraman; keadaan yang membosankan.

dredge[1] *n.* pengorek; jentera untuk mengorek. —*v.t./i.* korek. **dredger**[1] *n.* kapal korek.

dredge[2] *v.t.* menaburkan dengan tepung atau gula. **dredger**[2] *n.* botol atau bekas untuk menaburkan tepung, dsb.

dregs *n.pl.* keladak; kotoran yang mendap ke bawah dalam air; hampas; bahagian yang paling tidak berguna.

drench *v.t.* basah lencun; basah kuyup; memaksa (binatang) menelan ubat. —*n.* ubat (yang dipaksa telan); basah kuyup.

dress *n.* pakaian; gaun; baju perempuan yang berbadan dan berkain. —*v.t./i.* pakai; merawat; menyarung (pakaian); hias. **dress circle** langkan seri; galeri pertama dalam teater. **dress rehearsal** raptai; latihan muktamad dengan pakaian lengkap. **dress-shirt** *n.* kemeja untuk dipakai dengan pakaian malam.

dressage *n.* pengawalan kuda untuk menunjukkan kepatuhannya.

dresser[1] *n.* orang yang mendandan seseorang atau menghias sesuatu benda; dreser; pembantu doktor.

dresser[2] *n.* kabinet dapur; almari berpara di dapur (untuk pinggan mangkuk, dsb.).

dressing *n.* kuah atau inti dalam makanan; baja taburan; balutan atau minyak angin untuk luka-luka, dsb.; bahan pengeras kain. **dressing-case** *n.* beg penyimpan alat solek, dsb semasa mengembara. **dressing down** kemarahan. **dressing-gown** *n.* jubah santai; gaun panjang untuk pakaian dalam rumah. **dressing-table** *n.* meja solek.

dressmaker *n.* tukang jahit (perempuan) pakaian wanita. **dressmaking** *n.* jahit-menjahit.

dressy *a.* memakai pakaian yang mewah, segak dan berhias; bergaya. **dressiness** *n.* keadaan bergaya.

drew *lihat* draw.

drey *n.* sarang tupai.

dribble *v.t./i.* meleleh; menitis; menitik; (permainan bola sepak) menggelecek. —*n.* lelehan; menggelecek.

driblet *n.* sedikit.

dried *a.* kering.

drier *n.* pengering.

drift *v.t./i.* hanyut; terapung; berlonggok. —*n.* hanyutan; apungan; longgokan salji yang ditimbunkan oleh angin; melencong; makna kasar sesuatu ucapan, dsb.

drifter *n.* petualang; orang yang hidup tanpa tujuan.

driftwood *n.* kayu hanyut.

drill[1] *n.* penggerek; gerudi; alat penebuk; penggali; latihan; latih tubi; (*colloq.*) peraturan biasa. —*v.t./i.* menggerek; menggerudi; menebuk; menggali; dilatih; berlatih.

drill[2] *n.* alur; mesin penyemai. —*v.t.* menyemai; menanam pada alur semaian.

drill[3] *n.* dril; jenis kain yang tetal.

drill[4] *n.* sejenis babun.

drily *adv.* (berjenaka) secara selamba.

drink *v.t./i.* (*p.t.* **drank**, *p.p.* **drunk**) minum; meminum minuman keras; mengucap selamat dengan meminum minuman keras. —*n.* minuman; minuman keras. **drink in** dengar atau perhati dengan penuh teliti. **drinker** *n.* peminum (arak).

drip *v.t./i.* (*p.t.* **dripped**) menitik; menitis. —*n.* titik; titisan; bunyi titisan; (*sl.*) orang yang lembap. **drip-**

dry *v.i. & a.* titis kering; boleh kering tanpa perlu diseterika.

dripping *n.* lemak beku; lemak daripada daging bakar.

drive *v.t./i.* (*p.t.* **drove**, *p.p.* **driven**) tolak; pandu; desak; pukul; gerakan; menyebabkan. —*n.* perjalanan (dengan kereta); pukulan (bola); pindahan tenaga kepada jentera; dorongan; kempen; jalan (persiaran); lorong. **drive** **at** (maksud) yang ingin disampaikan. **drive-in** *a.* pandu masuk, tanpa perlu keluar dari kereta.

drivel *n.* omongan (kosong); percakapan karut-marut; percakapan yang merepek.

driver *n.* pemandu.

drizzle *n. & v.i.* hujan renyai-renyai.

drogue *n.* penyauk angin; kain yang berbentuk kon yang digunakan sebagai kon angin; brek sasaran.

droll *a.* (-er, -est) lucu; pelik. **drolly** *adv.* dengan lucu. **drollery** *n.* kelucuan.

dromedary *n.* unta berpunok tunggal (dibela sebagai binatang tunggangan).

drone *n.* lebah jantan; pemalas; dengungan. —*v.i.* membuat bunyi dengung; berdengung; bercakap terus-menerus dengan cara yang membosankan.

drool *v.i.* meleleh air liur.

droop *v.t./i.* terkulai; terlentok. —*n.* sikap acuh tak acuh. **droopy** *adj.* bersikap acuh tak acuh.

drop *n.* titik; titisan; ketulan kecil; kejatuhan; jarak jatuh; latar di atas pentas; (*pl.*) ubat yang disukat secara titikan. —*v.t./i.* (*p.t.* **dropped**) jatuh; gugur; lepaskan; rendahkan (suara); buang. **drop in** singgah. **drop-kick** *n.* tendang lantun; sepakan bola semasa ia jatuh dari tangan seseorang. **drop off** terlelap; terlena. **drop out** cicir; tidak ambil bahagian lagi. **drop-out** *n.* orang yang tercicir; mencicirkan diri dari sesuatu kursus ataupun dari masyarakat biasa.

droplet *n.* titisan kecil.

dropper *n.* penitis.

droppings *n.pl.* tahi binatang.

dropsy *n.* dropsi; penyakit yang disebabkan oleh pengumpulan air dalam badan. **dropsical** *a.* berkenaan dengan penyakit ini.

dross *n.* sanga; keladak; benda asing.

drought *n.* kemarau.

drove *lihat* drive. —*n.* kawanan; kambing, lembu, dsb yang berjalan bersama-sama.

drown *v.t./i.* mati lemas; meneng-gelamkan.

drowse *v.i.* berasa mengantuk atau ter-layang-layang. **drowsy** *a.* mengantuk; lali. **drowsily** *adv.* dalam keadaan mengantuk. **drowsiness** *n.* perasaan mengantuk; kelalian.

drub *v.t.* (*p.t.* **drubbed**) membantai; mengalahkan.

drudge *n.* buruh kasar; kuli. **drudgery** *n.* kerja buruh.

drug *n.* ubat; ubat-ubatan; dadah. —*v.t./i.* (*p.t.* **drugged**) beri ubat atau dadah; menagih dadah.

drugstore *n.* (A.S.) kedai ubat yang juga kedai runcit.

Druid *n.* paderi; ulama agama Celt kuno. **Druidism** *n.* kepercayaan Druid.

drum *n.* gendang; dram; gelendong; gegendang (telinga). —*v.t./i.* (*p.t.* **drummed**) bergendang; palu gendang; mengasak ke dalam kepala. **drum up** didapati dengan kegigihan.

drummer *n.* pemalu gendang; pemain dram.

drunk *lihat* **drink**. —*a.* mabuk. —*n.* pemabuk.

drunkard *n.* pemabuk; penagih arak.

drunken *a.* mabuk; dalam keadaan mabuk. **drunkenly** *adv.* lakukan dalam keadaan mabuk. **drunkenness** *n.* kemabukan.

drupe *n.* pepauh; buah-buahan berisi lembut dan berbiji keras seperti buah plum, zaitun, dsb.

dry *a.* (**drier, driest**) kering; haus; dahaga; hambar; tidak menarik; tidak mengizinkan penjualan arak; selamba; (arak) tidak manis. —*v.t./i.* mengering; mengeringkan makanan (misalnya, ikan). **dry-clean** *v.t.* men-cuci kering; membersihkan dengan menggunakan pelarut berkuasa penyejat. **dry rot** reput kering; kereputan kayu yang tidak disapu ubat. **dry run** (*colloq.*) latihan. **dry up** lap pinggan mangkuk; (bekalan) yang berkurangan dan terus berhenti; (*colloq.*) berhenti bercakap. **dryness** *n.* kekeringan.

dryad *n.* dewi hutan.

dryer *n.* (atau **drier**) mesin atau peralatan untuk mengeringkan sesuatu.

dryly *var. of* **drily** *adv.* dengan (keadaan) kering.

dual *a.* bersifat dua; dwi; duaan; ter-bahagi dua. **dual carriageway** jalan dua lorong. **duality** *n.* keduaan; kedualan.

dub[1] *v.t.* (*p.t.* **dubbed**) menganugerah-kan gelaran kesateria dengan mence-cahkan pedang ke atas bahu; memberi gelaran.

dub[2] *v.t.* (*p.t.* **dubbed**) mengalih suara; memasukkan suara ke dalam filem.

dubbin *n.* gris (minyak, lemak) peng-awet kulit.

dubiety *n.* keraguan atau rasa waswas.

dubious *a.* ragu; sangsi. **dubiously** *adv.* dengan rasa sangsi.

ducal *a.* berkenaan dengan gelaran *duke* (orang bangsawan).

ducat *n.* syiling emas lama beberapa negara Eropah.

duchess *n.* isteri atau balu *duke;* wanita bertaraf *duke.*

duchy *n.* kawasan di bawah kawalan atau pemerintahan *duke.*

duck[1] *n.* itik; itik betina; (*colloq.*) sayang. —*v.t./i.* benamkan kepala ke dalam air; tunduk dengan pantas (mengelak); elak (tanggungjawab, dsb.).

duck[2] *n.* kain kapas atau linen yang tetal; (*pl.*) seluar yang diperbuat dari-pada kain ini.

duckboards *n.pl.* titi(an) sempit, ter-utama untuk menyeberang lumpur.

duckling *n.* anak itik.

duckweed *n.* kiambang itik (terdapat di kolam, dsb.).

duct *n.* saluran; tiub. —*v.t.* salur; salurkan. **ductless** *a.* tanpa saluran.

ductile *a.* mulur; (logam) dapat dibentuk kepada bentuk talian halus.

dud *n. & a.* (*sl.*) (benda) tiruan; palsu; tidak berguna.

dude *n.* orang (lelaki) yang suka melaram. **dude ranch** ladang yang digunakan sebagai tempat percutian.

dudgeon *n.* keradangan; kemarahan.

due *a.* wajar; sesuai; patut dibayar; dijangka. —*adv.* tepat. —*n.* hak; apa yang sepatutnya; (*pl.*) yuran. **be due to** dianggap berpunca.

duel *n.* perang tanding; pertarungan antara dua orang atau dua pihak. **duelling** *n.* pertarungan. **duellist** *n.* orang yang bertarung.

duenna *n.* caperon.

duet *n.* duet; gubahan muzik untuk nyanyian dua orang.

duff *a.* (*sl.*) tiru; tipu; palsu.

duffel *n.* kain bulu tebal.

duffer *n.* orang bodoh; si tolol; orang yang tidak cekap.

duffle *n.* sejenis kain bulu yang tebal.

dug[1] *lihat* **dig**. **dug-out** *n.* kubu; tempat perlindungan di bawah tanah; perahu lading; perahu yang dikorek daripada sebatang kayu.

dug[2] *n.* puting susu (tetek).

dugong *n.* sejenis hidupan laut.

duke *n.* orang bangsawan (lelaki) yang tertinggi darjatnya. **dukedom** *n.* wilayah di bawah kawalan atau pemerintahan *duke*.

dulcet *a.* merdu.

dulcimer *n.* dulsimer; alat muzik bertali yang dipetik dengan dua penukul.

dull *a.* (**-er, -est**) bosan; bodoh; dungu; tumpul; mambar; lembap; pudar. —*v.t./i.* membosankan; menumpulkan. **dully** *adv.* dengan tidak bersemangat. **dullness** *n.* kebosanan; sikap tidak bersemangat; kelembapan.

dullard *n.* orang dungu; si tolol.

duly *adv.* dengan betul; seperti yang seharusnya; sepatutnya.

dumb *a.* (**-er, -est**) bisu; diam (tidak bercakap); (*colloq.*) bodoh; dungu. **dumb-bell** *n.* dumbel; batang (besi) pendek dengan pemberat pada keduadua hujungnya yang digunakan untuk latihan otot. **dumb show** lakonan bisu. **dumbly** *adv.* dengan diam; secara bodoh. **dumbness** *n.* kebisuan; kedunguan.

dumbfound *v.t.* (menyebabkan) terperanjat; tercengang; hairan.

dumdum bullet peluru hujung lembut.

dummy *n.* barang tiruan; boneka; model (patung) berbentuk manusia untuk dipasangkan pakaian; puting getah (untuk hisapan bayi). —*a.* tiruan. **dummy run** cubaan; latihan.

dump *v.t./i.* membuang; menghempuk; (*colloq.*) abai; menjual; pasarkan di luar negara dengan harga yang lebih murah daripada harga di negara sendiri. —*n.* tempat buang sampah; stor sementara; (*colloq.*) tempat yang membosankan.

dumpling *n.* ladu; adunan bebola yang direbus atau dikukus dengan masakan rendidih atau berintikan buah-buahan.

dumps *n.pl.* (*colloq.*) susah hati.

dumpy *a.* (**-ier, -iest**) boyak; gemuk pendek. **dumpiness** *n.* keadaan badan yang gemuk pendek.

dun[1] *a.* & *n.* warna perang kekelabuan.

dun[2] *v.t.* (*p.t.* **dunned**) menagih; menuntut pembayaran hutang.

dunce *n.* orang lembap otak; orang yang lambat dalam pembelajarannya.

dunderhead *n.* (orang yang) bodoh, tolol, atau dungu.

dune *n.* bukit pasir.

dung *n.* tahi binatang.

dungarees *n.pl.* seluar dungari; sejenis pakaian kerja daripada kain kapas.

dungeon *n.* bilik di bawah tanah untuk orang tahanan.

dunk *v.t.* celup.

duo *n.* (*pl.* **-os**) sepasang (penyanyi, dsb.).

duodecimal *a.* perduabelasan.

duodenum *n.* duodenum; pangkal usus.

duodenal *a.* berkenaan dengan pangkal usus.

dupe *v.t.* tipu; perdaya. —*n.* orang yang tertipu.

duple *a.* mengandungi dua bahagian; (dalam muzik mempunyai dua rentak satu bar).

duplex *a.* dupleks; mengandungi dua unsur.

duplicate[1] *n.* salinan. —*a.* pendua.

duplicate[2] *v.t.* menduplikasi; menyalin; menjadikan dua. **duplication** *n.* penyalinan; duplikasi.

duplicator *n.* (mesin) penyalin; pendua; penduplikasi.

duplicity *n.* penipuan; sikap memperdaya.

durable *a.* tahan lama; tahan lasak. **durables** *n.pl.* barang yang tahan lama. **durably** *adv.* tahan lasak. **durability** *n.* ketahanan.

duration *n.* jangka masa; tempoh.

duress *n.* ugutan; tekanan.

during *prep.* semasa; sepanjang; sewaktu; selama; ketika.

dusk *n.* senja; senjakala.

dusky *a.* (**-ier, -iest**) samar; kabur; berbalam; kehitam-hitaman. **duskiness** *n.* kesamaran; kekaburan.

dust *n.* debu; habuk. —*v.t./i.* mendebui; membedaki; menyapu debu atau habuk daripada. **dust bowl** lembangan debu. **dust-cover** *n.* jaket buku.

dustbin *n.* tong sampah.

duster *n.* penggosok papan hitam; penyapu debu.

dustman *n.* (*pl.* **-men**) pengangkut sampah.

dustpan *n.* bekas pengumpul debu dan sampah yang disapu.

dusty *a.* (**-ier, -iest**) berdebu; berhabuk. **dusty answer** penolakan yang kasar. **dustiness** *n.* keadaan berdebu atau berhabuk.

Dutch *a.* & *n.* bahasa Belanda; berkenaan atau dari Belanda. **Dutch courage** keberanian dengan bantuan arak. **Dutch treat** pembayaran sendiri-sendiri. **go Dutch** tanggung bayaran sendiri; masing-masing membayar bahagiannya. **Dutchman** *n.* orang lelaki Belanda. **Dutch-woman** n. orang perempuan Belanda.

dutch n. (sl.) bini; isteri.

duteous a. patuh. **duteously** adv. dengan akur. **duteousness** n. kepatuhan.

dutiable a. boleh dikenakan cukai.

dutiful a. bertanggungjawab; berkewajipan. **dutifully** adv. dengan penuh tanggungjawab; dengan patuh.

duty n. tanggungjawab; kewajipan; cukai; duti. **on duty** dalam tugas; sedang bertugas.

duvet n. sejenis cadar tebal.

DVD n. abbr. **digital versatile disc** cakera serba guna digital.

dwarf n. (pl. **-fs**) orang, binatang atau tumbuhan yang katik. —a. katik; terlalu kecil. —v.t. membantutkan; menjadi kelihatan kecil.

dwell v.i. (p.t. **dwelt**) menghuni; duduk; tinggal; diam. **dwell on** hujah dengan panjang lebar. **dweller** n. penghuni; penduduk.

dwelling n. kediaman; rumah; tempat tinggal.

dwindle v.i. susut; mengurang.

dye v.t./i. (pres.p. **dyeing**) mewarna; mencelup (warna). —n. (bahan) pewarna; (bahan) pencelup. **dyer** n. (orang) pewarna; (orang) pencelup (warna).

dyke n. daik; tembok panjang yang menghalang banjir.

dying lihat **die**[1].

dynamic a. bertenaga; cergas; dinamik. **dynamically** adv. dengan bertenaga, cergas atau dinamik.

dynamics n. ilmu dinamik; cabang ilmu fizik yang mengkaji benda dalam pergerakan; kaji daya gerak.

dynamism n. kedinamikan.

dynamite n. bahan letupan; dinamit. —v.t. meletupkan dengan kuasa dinamit.

dynamo n. (pl. **-os**) dinamo; penjana arus elektrik.

dynasty n. wangsa; dinasti. **dynastic** a. berkenaan dengan wangsa atau dinasti.

dysentery n. disentri; (penyakit) cirit-birit; cirit darah; rejan.

dysfunction n. disfungsi; tidak berfungsi dengan baik.

dyslexia n. disleksia; kesukaran luar biasa dalam menulis dan membaca. **dyslexic** a. & n. berkenaan dengan disleksia.

dyspepsia n. dispepsia; ketidakhadaman (makanan); ketidakcernaan. **dyspeptic** a. & n. dispeptik; tidak hadam; tidak cerna.

dystrophy n. distrofi; kelemahan otot (yang semakin memburuk).

E

E abbr. **East** timur.

each a. & pron. setiap satu; tiap-tiap; masing-masing. **each way** bertaruh pada kuda yang boleh menang atau mendapat tempat.

eager a. (sangat) ingin; suka; gemar. **eagerly** adv. dengan tidak sabar-sabar lagi. **eagerness** n. keinginan; kemahuan yang kuat.

eagle n. (burung) helang; rajawali.

ear[1] n. telinga; pendengaran.

ear[2] n. tangkai (padi, dsb.); bulir; tongkol (jagung).

earache n. sakit telinga.

eardrum n. gegendang telinga; selaput di dalam telinga yang bergegar apabila dipukul gelombang bunyi.

earl n. earl; gelaran bangsawan Inggeris. **earldom** n. kawasan atau wilayah di bawah kekuasaan, pemerintahan earl.

early a. (**-ier, -iest**) a. & adv. awal; siang-siang lagi.

earmark n. tanda (pada telinga binatang). —v.t. menandai; menguntukkan.

earn v.t. mendapat upahan atau bayaran; mendapat sesuatu yang wajar.

earnest[1] a. tekun; gigih; bersungguh-sungguh. **in earnest** dengan sepenuh hati. **earnestly** adv. dengan tekun; dengan bersungguh-sungguh; dengan sepenuh hati. **earnestness** n. ketekunan; kegigihan; kesungguhan.

earnest² *n.* wang yang dibayar untuk mengesahkan kontrak (perjanjian).

earnings *n.pl.* (wang) ganjaran; pendapatan.

earphone *n.* fon telinga; alat pendengar.

earring *n.* subang; anting-anting.

earshot *n.* jarak pendengaran.

earth *n.* tanah; bumi; sambungan wayar ke bumi sebagai penangkap putaran arus elektrik. —*v.t.* menimbunkan tanah (ke atas akar pokok, dsb.). **run to earth** jumpa sesudah lama mencari.

earthen *a.* diperbuat daripada tanah.

earthenware *n.* barang tembikar; periuk dan belanga yang diperbuat daripada tanah liat yang dibakar.

earthly *a.* duniawi; bersifat keduniaan; berkenaan hidup manusia di dunia. **no earthly use** (*colloq.*) tidak berguna langsung.

earthquake *n.* gempa bumi.

earthwork *n.* batas; tambak yang diperbuat daripada tanah.

earthy *a.* seperti tanah; (kelakar, jenaka) yang kasar.

earwig *n.* lelawi, serangga yang mempunyai sepit di hujung badannya.

ease *n.* kemudahan; kelegaan; kelapangan; kesenangan; keselesaan. —*v.t./i.* memudahkan; melegakan; melapangkan; menyenangkan; menyelesaikan.

easel *n.* kekuda; penyangga lukisan, papan hitam, dsb.

easement *n.* isemen; hak ke atas harta orang lain.

east *n.* timur. —*a.* di timur. —*adv.* ke arah timur.

Easter *n.* Paska; satu pesta orang Kristian. **Easter egg** telur berwarna coklat yang diberikan sebagai hadiah pada hari Paska.

easterly *a.* ke arah atau bertiup dari timur.

eastern *a.* timur.

easterner *n.* seseorang yang berasal dari timur.

easternmost *a.* paling timur.

eastward *a.* ke timur. **eastwards** *adv.* arah ke timur.

easy *a.* (**-ier, -iest**) mudah; senang; lega; lapang. —*adv.* dengan cara yang mudah. **easy chair** kerusi malas; kerusi besar yang selesa. **go easy with** (*colloq.*) jangan terlampau. **easily** *adv.* dengan senang, mudah. **easiness** *n.* kesenangan; kemudahan.

eat *v.t./i.* (*p.t.* **ate**, *p.p.* **eaten**) makan. **eater** *n.* pemakan.

eatable *a.* boleh atau sesuai dimakan.

eatables *n.pl.* makanan.

eau-de-Cologne *n.* air kolon; pewangi (air, minyak) yang asalnya dibuat di Cologne.

eaves *n.pl.* cucur atap.

eavesdrop *v.i.* (*p.t.* **-dropped**) pasang telinga; dengar secara sulit. **eavesdropper** *n.* pemasang telinga; orang yang mendengar secara sulit.

ebb *n.* surut (air); merosot. —*v.i.* semakin surut; semakin merosot.

ebony *n.* sejenis kayu hitam yang keras. —*a.* hitam seperti kayu ini.

ebullient *a.* (sangat) riang; gembira; ghairah. **ebulliently** *adv.* dengan riang; dengan ghairah. **ebullience** *n.* keriangan; kegembiraan; keghairahan.

ebullition *n.* keadaan mendidih; cetusan.

EC *abbr.* **European Community** Komuniti Eropah.

eccentric *a.* aneh; ganjil; luar biasa; eksentrik; (orbit, lingkaran) tidak bulat. —*n.* orang yang aneh, ganjil. **eccentrically** *adv.* secara aneh, ganjil. **eccentricity** *n.* sifat atau kelakuan yang aneh, ganjil.

ecclesiastic *n.* paderi.

ecclesiastical *a.* berkenaan dengan gereja ataupun kepaderian.

echelon *n.* peringkat susunan pangkat atau kuasa.

echo *n.* (*pl.* **-oes**) gema; talun; gaung; tiru. —*v.t./i.* (*p.t.* **echoed**, *pres.p.* **echoing**) bergema; bergaung; meniru. **echoic** *a.* bersifat bergema, bertalun atau bergaung.

éclair *n.* kuih berbentuk jari dan berkrim.

éclat *n.* kecemerlangan; masyhur.

eclectic *a.* memilih daripada pelbagai sumber.

eclipse *n.* gerhana; kehilangan cahaya, kuasa. —*v.t.* melindungi; menyebabkan tenggelam.

ecliptic *n.* ekliptik; garisan perjalanan matahari (di antara bintang-bintang).

eclogue *n.* puisi pendek berkenaan kehidupan di desa.

eco-friendly *a.* tidak membahayakan alam sekitar.

e.coli *n.* sejenis bakteria yang boleh menyebabkan keracunan makanan yang teruk.

ecology *n.* ekologi; ilmu yang mengkaji hubungan antara hidupan dan persekitarannya; perlindungan alam semula jadi. **ecological** *a.* berkenaan dengan ekologi. **ecologist** *n*. ahli ekologi.

economic *a*. ekonomi; menguntungkan. **economics** *n*. ekonomi; ilmu tentang pengeluaran dan penggunaan barangan atau perkhidmatan.

economical *a*. jimat; hemat; cermat. **economically** *adv*. dengan jimat; dari segi ekonomi.

economist *n*. ahli ekonomi; pakar ekonomi.

economize *v.i*. berjimat.

economy *n*. ekonomi; tahap kekayaan sesebuah negara; jimat; cermat.

ecosystem *n*. ekosistem; komuniti biologi yang berinteraksi dengan makhluk yang hidup dan alam sekitarnya.

ecru *n*. warna kuning muda kekelabuan.

ecstasy *n*. keghairahan. **ecstatic** *a*. ghairah. **ecstatically** *adv*. dengan ghairah.

ectoplasm *n*. ektoplasma; bahan yang kononnya dihasilkan oleh orang yang tidak sedar kerana dirasuk.

ecumenical *a*. berkenaan gereja Kristian; mencari perpaduan umat Kristian sejagat.

eczema *n*. ekzema; sejenis penyakit kulit.

eddy *n*. pusaran; olakan (air atau angin). —*v.i*. berputar; berolak.

edelweiss *n*. sejenis tumbuhan alp.

edge *n*. mata pisau, parang, dsb.; pinggir; sisi; tepi. —*v.t./i*. menyipi; menyisi; engsot. **on edge** tegang. **have the edge on** (*colloq*.) mempunyai kelebihan.

edgeways, edgewise *advs*. dengan tepinya ke hadapan atau ke sisi.

edging *n*. kelim; sibar-sibar.

edgy *a*. resah; gelisah. **edgily** *adv*. dengan resah. **edginess** *n*. keresahan.

edible *a*. boleh dimakan. **edibility** *n*. keadaan boleh dimakan.

edict *n*. perintah.

edifice *n*. bangunan besar.

edify *v.t*. meneguhkan kepercayaan. **edification** *n*. peneguhan kepercayaan.

edit *v.t*. (*p.t.* edited) sunting; edit.

edition *n*. terbitan; penerbitan; edisi.

editor *n*. penyunting; pengarang; editor.

editorial *a*. berkenaan dengan editor. —*n*. rencana pengarang.

educate *v.t*. didik; ajar; asuh; latih. **education** *n*. didikan; pendidikan; ajaran; pelajaran; pengajaran; asuhan; pengasuhan; latihan. **educational** *a*. bersifat pendidikan, pelajaran, dsb.

educationist *n*. pakar atau ahli pendidikan.

educative *a*. berkenaan dengan pendidikan.

educe *v.t*. membangkitkan. **eduction** *n*. kebangkitan.

Edwardian *a*. berkenaan dengan zaman pemerintahan raja Edward VII (1901-10) England.

E.E.C. *abbr*. **European Economic Community** Kesatuan Ekonomi Eropah.

eel *n*. belut.

eerie *a*. (**-ier, -iest**) yang menyeramkan. **eerily** *adv*. dengan keadaan yang menyeramkan. **eeriness** *n*. menyeramkan.

efface *v.t*. memadam; menghilangkan. **effacement** *n*. pemadaman.

effect *n*. kesan; akibat; kesudahan; (*pl*.) harta. —*v.t*. memberi kesan (kepada).

effective *a*. memberi hasil yang dihajati; berkuat kuasa; menepati sesuatu fungsi walaupun tidak rasmi. **effectively** *adv*. dengan cara berkesan. **effectiveness** *n*. keberkesanan.

effectual *a*. berkesan; memenuhi tujuannya. **effectually** *adv*. dengan berkesan.

effectuate *v.t*. mengakibatkan; menyebabkan.

effeminate *a*. bersifat keperempuanan atau kewanitaan. **effeminacy** *n*. kewanitaan; keperempuanan.

effervesce *v.i*. membuak; membuih; menggelegak. **effervescence** *n*. buih. **effervescent** *a*. berbuih.

effete *a*. lemah; letih; penat; kehabisan tenaga. **effeteness** *n*. kelemahan.

efficacious *a*. mujarab; manjur; berhasil. **efficaciously** *adv*. dengan mujarab, berhasil. **efficacy** *n*. kemujaraban; kemanjuran.

efficient *a*. cekap; efisien, berhasil tanpa membazir tenaga. **efficiently** *adv*. dengan cekap, efisien. **efficiency** *n*. kecekapan; efisiennya.

effigy *n*. patung yang menyerupai seseorang.

effloresce *v.i*. sedang mekar. **efflorescence** *n*. kemekaran.

effluent *n*. pengaliran keluar kumbahan.

effluvium *n*. (*pl*. **-ia**) bau, terutama bau busuk atau kohong.

effort *n*. usaha; ikhtiar; daya; upaya.

effortless *a*. dilakukan dengan mudah atau senang (tanpa banyak usaha, daya).

effrontery *n.* kelakuan kurang ajar.

effusion *n.* efusi; limpahan (cecair); curahan perasaan atau emosi.

effusive *a.* (curahan perasaan yang) berlebih-lebihan; keterlaluan. **effusively** *adv.* dengan keterlaluan.

e.g. *abbr.* **exempli gratis** (Latin) contohnya; misalnya; umpamanya.

egalitarian *a. & n.* egalitarian; (orang) yang memegang prinsip hak yang sama untuk semua. **egalitarianism** *n.* egalitarianisme; fahaman egalitarian.

egg¹ *n.* telur. **egg-shell** *n.* kulit telur.

egg² *v.t.* **egg on** (*colloq.*) desak; gesa; galakkan.

egghead *n.* (*colloq.*) orang bijak atau cerdik; cendekiawan.

eggplant *n.* (pokok) terung; (buah) terung.

ego *n.* ego; harga diri.

egocentric *a.* egosentrik, mementingkan diri sendiri.

egoism *n.* egoisme; kepentingan diri sendiri.

egoist *n.* egois; orang yang mementingkan diri sendiri. **egoistic** *a.* berkenaan dengan egois.

egotism *n.* egotisme; amalan memuji diri sendiri.

egotist *n.* egotis; orang yang angkuh. **egotistic(al)** *a.* bersifat angkuh.

egregious *a.* terlampau teruk.

egress *n.* jalan keluar.

egret *n.* sejenis burung.

Egyptian *a. & n.* berkenaan dengan Mesir; orang Mesir.

Eid *n.* Hari Raya; perayaan akhir bulan Ramadan.

eider *n.* itik eider (spesies di kawasan utara dunia).

eiderdown *n.* kuilt (selimut) berisikan bahan lembut.

eight *a. & n.* lapan; delapan (8; VIII). **eighth** *a. & n.* kelapan; yang kelapan.

eighteen *a. & n.* lapan belas (18; XVIII). **eighteenth** *a. & n.* kelapan belas; yang kelapan belas.

eighty *a. & n.* lapan puluh (80; LXXX). **eightieth** *a. & n.* kelapan puluh; yang kelapan puluh.

either *a. & pron.* sama ada; salah satu. —*adv. & conj.* sama ada; salah satu.

ejaculate *v.t./i.* memancut; terpancut (mani) daripada badan; mengucapkan tiba-tiba. **ejaculation** *n.* pancutan (mani); pengucapan tiba-tiba.

eject *v.t.* usir; halau. **ejection** *n.* usiran; halauan. **ejectment** *n.* pengusiran; penghalauan.

eke *v.t.* **eke out** menambah sesuatu; mencari nafkah (dengan susah payah).

elaborate¹ *a.* terperinci; panjang lebar; teliti. **elaborately** *adv.* dengan terperinci; panjang lebar; teliti.

elaborate² *v.t./i.* menghurai; menerangkan dengan panjang lebar. **elaboration** *n.* huraian; penghuraian.

élan *n.* keghairahan; semangat.

elapse *v.i.* berlalu.

elastic *a.* anjal; mulur. —*n.* bahan, tali yang anjal. **elasticity** *n.* keanjalan.

elate *v.t.* sungguh menggembirakan atau menggirangkan. **elated** *a.* riang; gembira. **elation** *n.* keriangan; kegembiraan.

elbow *n.* siku. —*v.t.* menyiku. **elbow-grease** *n.* kerja keras. **elbow-room** *n.* ruang (yang cukup).

elder¹ *a.* lebih tua. —*n.* orang yang lebih tua; pegawai dalam sesetengah mazhab Kristian.

elder² *n.* sejenis pokok beri. **elder-berry** *n.* buahnya.

elderly *a.* tua; sudah berumur.

eldest *a.* sulung; tertua.

eldorado *n.* kawasan khayalan yang menjanjikan kekayaan.

elect *v.t.* dipilih; diundi. —*a.* terpilih. **election** *n.* pilihan raya; pengundian. **electioneer** *v.i.* bersibuk-sibuk dengan kempen pilihan raya.

elective *a.* dipilih melalui pengundian atau pilihan.

elector *n.* pemilih; pengundi. **electoral** *a.* berkenaan dengan pengundian atau pemilih.

electorate *n.* keseluruhan pengundi.

electric *a.* elektrik; mengejutkan. **electric chair** kerusi elektrik; kerusi yang digunakan untuk menjalankan hukuman mati ke atas penjenayah.

electrical *a.* berkenaan dengan elektrik. **electrically** *adv.* dengan menggunakan elektrik.

electrician *n.* juruelektrik.

electricity *n.* elektrik; kuasa elektrik; bekalan elektrik.

electrics *n.* bidang kaji elektrik.

electrify *v.t.* mengecas atau menukar kepada kuasa elektrik; mengejutkan. **electrification** *n.* pengecasan atau penukaran kepada kuasa elektrik.

electrocardiogram *n.* elektrokardiogram; rakaman arus elektrik yang dijana oleh denyut jantung. **electrocardiograph** *n.* elektrokardiograf; alat yang menghasilkan rakaman denyutan jantung.

electroconvulsive therapy terapi menggunakan kejutan elektrik.

electrocute *v.t.* membunuh dengan kejutan elektrik. **eletrocution** *n.* pembunuhan dengan kejutan elektrik.

electrode *n.* elektrod; penyalur elektrik ke dalam atau ke luar tiub, dsb.

electrolysis *n.* elektrolisis; penceraian atau penguraian dengan menggunakan kuasa elektrik. **electrolytic** *a.* elektrolitik; berkenaan dengan elektrolisis.

electrolyte *n.* elektrolit; cecair yang mengalirkan arus elektrik, terutama dalam bateri atau sel elektrik.

electromagnet *n.* elektromagnet; logam yang dimagnetkan melalui lilitan wayar di sekelilingnya yang membawa kuasa elektrik.

electromagnetic *a.* elektromagnet; mempunyai kuasa magnet dan elektrik.

electromotive *a.* elektromotif; menghasilkan arus elektrik.

electron *n.* elektron; zarah bercas negatif. **electron microscope** mikroskop yang sangat kuat yang menggunakan pancaran elektron, bukan cahaya.

electronic *a.* elektronik; dihasilkan atau dijalankan dengan aliran elektron; berkenaan dengan elektronik. **electronically** *adv.* secara elektronik.

electronics *n.* elektronik; penggunaan alat-alat elektronik; (*pl.*) litar elektronik.

electroplate *v.t.* disalut dengan selaput nipis perak, dsb. secara elektrolisis. —*n.* bahan yang diselaputi sedemikian.

elegant *a.* anggun; segak. **elegantly** *adv.* dengan anggun atau segak. **elegance** *n.* keanggunan; kesegakan.

elegy *n.* elegi; sajak yang sedih atau serius.

element *n.* anasir; unsur; petanda; tanah, air, api, udara; elemen; satu daripada kira-kira 100 bahan atau unsur yang tidak boleh dipecahkan secara kimia kepada bahan-bahan yang lebih mudah; wayar yang menghasilkan haba dalam alat elektrik. **elemental** *a.* asasi; unsur.

elementary *a.* asas; permulaan; (sekolah) rendah. **elementary particle** zarah asas; zarah yang paling ringkas.

elephant *n.* gajah.

elephantiasis *n.* (penyakit) untut; penyakit yang menyebabkan kaki bengkak.

elephantine *a.* berkenaan dengan gajah; seperti gajah; besar dan canggung.

elevate *v.t.* mengangkat.

elevation *n.* pengangkatan; aras; ketinggian.

elevator *n.* pengangkat sesuatu; (A.S.) lif.

eleven *a. & n.* sebelas (11; XI); pasukan 11 orang. **eleventh** *a. & n.* kesebelas.

elevenses *n.pl.* minuman atau makanan snek yang diambil sekitar pukul 11 pagi.

elf (*pl.* **elves**) orang bunian; orang halus. **elfin** *a.* berkenaan atau seperti orang bunian atau orang halus.

elicit *v.t.* mencungkil; mendapatkan (maklumat atau jawapan).

elide *v.t.* menggugurkan dalam sebutan.

eligible *a.* layak. **eligibility** *n.* kelayakan.

eliminate *v.t.* menghapuskan. **elimination** *n.* penghapusan. **eliminator** *n.* penghapus.

elision *n.* elisi; peninggalan sebahagian daripada perkataan dalam menyebutnya.

élite *n.* kumpulan atasan; elit; saiz huruf taip.

élitism *n.* elitisme; penguasaan oleh kumpulan terpilih.

elixir *n.* eliksir; air wangi digunakan sebagai ubat atau perisa; penawar.

Elizabethan *a.* berkenaan dengan zaman pemerintahan Ratu Elizabeth I (1558–1603). —*n.* orang dalam zaman Ratu Elizabeth I.

elk *n.* rusa besar.

ellipse *n.* bujur; bulat telur.

ellipsis *n.* (*pl.* **-pses**) peninggalan atau pembuangan perkataan.

elliptical *a.* berbentuk bujur atau bujur telur; tidak memasukkan kata-kata. **elliptically** *adv.* dengan tidak memasukkan kata-kata.

elm *n.* pokok elm; sejenis pokok yang daunnya berserat kasar; kayu elm.

elocution *n.* seni pidato; gaya percakapan. **elocutionary** *a.* bersifat pidato.

elongate *v.t.* memanjangkan. **elongation** *n.* pemanjangan; perpanjangan.

elope *v.i.* lari secara rahsia dengan kekasih; kahwin lari. **elopement** *n.* pelarian dengan kekasih.

eloquence *n.* kepetahan; kefasihan. **eloquent** *a.* petah. **eloquently** *adv.* dengan petah.

else *adv.* lain; lagi; atau.

elsewhere *adv.* di tempat lain.

elucidate *v.t.* menjelaskan; menerangkan. **elucidation** *n.* penjelasan; penerangan.

elude *v.t.* lepas; elak; hindar. **elusion** *n.* elakan; pengelakan.

elusive *a.* yang mudah mengelak; sukar ditangkap.

elver *n.* anak belut.

emaciated *a.* kurus kering (kerana sakit atau kebuluran). **emaciation** *n.* kekurusan.

e-mail *n.* surat elektronik; utusan yang dihantar secara elektronik.

emanate *v.i.* terbit; keluar; muncul; berpunca daripada. **emanation** *n.* penimbulan; kemunculan.

emancipate *v.t.* membebaskan. **emancipation** *n.* pembebasan.

emasculate *v.t.* melemahkan; mengasi. **emasculation** *n.* pelemahan; pengasian.

embalm *v.t.* mengawet; bubuh ubat kepada mayat supaya tahan lama. **embalmment** *n.* pengawetan.

embankment *n.* ban; tambak; benteng.

embargo *n.* (*pl.* **-oes**) sekatan; perintah melarang perdagangan atau kegiatan lain.

embark *v.t./i.* menaikkan atau memuatkan sesuatu ke atas kapal; memulakan sesuatu usaha.

embarkation *n.* perbuatan menaiki kapal.

embarrass *v.t.* memalukan; mengaibkan. **embarrassment** *n.* malu; keaiban.

embassy *n.* kedutaan.

embattled *a.* sedia untuk berperang.

embed *v.t.* (*p.t.* **embedded**) tertanam; terpacak; terbenam.

embellish *v.t.* menghias; terhias; tokok. **embellishment** *n.* penghiasan; tokokan.

embers *n.pl.* bara.

embezzle *v.t.* mencuri; menggelapkan (wang, dsb.) yang diamanahkan kepada seseorang. **embezzlement** *n.* pencurian; penggelapan. **embezzler** *n.* pencuri; penggelap wang atau harta yang diamanahkan.

embitter *v.t.* berasa marah dan kecewa. **embitterment** *n.* perasaan marah dan kecewa.

emblazon *v.t.* menghiasi dengan lambang.

emblem *n.* lambang.

emblematic *a.* menjadi simbol atau lambang.

embody *v.t.* wujud; terjelma; merangkum. **embodiment** *n.* terjelma; penjelmaan.

embolden *v.t.* memberanikan.

embolism *n.* embolisme; penyekatan saraf darah oleh ketulan darah beku atau kelempung udara.

emboss *v.t.* mencetak timbul; mengukir timbul. **embossment** *n.* cetakan timbul.

embrace *v.t./i.* peluk; dakap; meliputi. —*n.* pelukan; dakapan.

embrasure *n.* kecondongan tingkap atau pintu ke arah luar supaya pembukaannya lebih besar dari dalam; pembukaan yang sama pada benteng pertahanan.

embrocation *n.* minyak angin; minyak urut (untuk disapukan pada badan).

embroider *v.t.* sulam (jahit). **embroidery** *n.* sulaman.

embroil *v.t.* membabitkan; terlibat dalam perbalahan.

embryo *n.* (*pl.* **-os**) lembaga; mudigah; embrio; peringkat permulaan. **embryonic** *a.* embrionik; bersifat lembaga, mudigah atau embrio.

emend *v.t.* meminda; membetulkan. **emendation** *n.* pindaan; pembetulan.

emerald *n.* (batu) zamrud; hijau zamrud.

emerge *v.i.* muncul; timbul. **emergence** *n.* kemunculan; ketimbulan. **emergent** *a.* yang baru muncul atau timbul.

emergency *n.* darurat; kecemasan.

emeritus *a.* emeritus; bersara dan memegang gelaran kehormat.

emery *n.* las; empelas; emeri; bahan berserbuk kasar untuk digosok pada permukaan kayu supaya licin. **emeryboard** *n.* kertas emeri; kertas bersalut emeri untuk mengikir kuku.

emetic *n.* ubat pemuntah.

emigrate *v.i.* hijrah; berpindah ke sebuah negara lain. **emigration** *n.* penghijrahan. **emigrant** *n.* penghijrah; muhajirin; emigran.

eminence *n.* keutamaan; keunggulan; kemuliaan; bahagian tanah yang meninggi. **His Eminence** Yang Mulia.

eminent *a.* utama; unggul; mulia. **eminently** *adv.* dengan unggulnya.

emir *n.* amir; raja (Arab). **emirate** *n.* kawasan pemerintahan amir.

emissary *n.* wakil; pesuruh; utusan.

emit *v.t.* (*p.t.* **emitted**) pancarkan (cahaya, haba, dsb.); mengepulkan (asap, dsb.); mengeluarkan; ucap. **emission** *n.* pancaran; kepulan. **emitter** *n.* pemancar.

emollient *a.* yang melembutkan; yang melegakan. —*n.* bahan pelembut.

emolument *n.* yuran; gaji; upah.

E

emotion n. emosi; perasaan.

emotional a. terlalu mengikut perasaan; penuh perasaan. **emotionally** adv. dengan penuh perasaan.

emotive a. menimbulkan perasaan.

empanel v.t. (p.t. **empanelled**) memilih (juri).

empathize v.t./i. menunjukkan rasa empati.

empathy n. empati; kebolehan meletakkan diri dalam kedudukan orang lain.

emperor n. maharaja.

emphasis n. (pl. **-ases**) penekanan; penegasan.

emphasize v.t. menitikberatkan; menekankan.

emphatic a. tegas. **emphatically** adv. dengan tegas.

empire n. empayar; kawasan pemerintahan yang luas.

empirical a. empirikal; berdasarkan pemerhatian atau ujian (eksperimen), bukan teori. **empirically** adv. secara empirikal.

emplacement n. tempat letak senapang.

employ v.t. ambil bekerja; ambil pekerja; beri kerja; guna. **employment** n. pekerjaan. **employer** n. majikan.

employee n. pekerja.

emporium n. (pl. **-a**) emporium; pusat perdagangan; kedai besar.

empower v.t. memberi kuasa; mengizinkan; membenarkan.

empress n. maharani.

empty a. kosong; (colloq.) lapar. —v.t./ i. kosongkan; keluarkan. **empties** n.pl. botol atau kotak kosong. **emptiness** n. kekosongan.

emu n. burung emu.

emulate v.t. meneladani; mencontohi; meniru. **emulation** n. teladan; contoh. **emulator** n. peneladan; peniru.

emulsify v.t./i. mengemulsi; berubah kepada cecair pekat. **emulsifier** n. pengemulsi.

emulsion n. emulsi; cecair pekat; salutan di filem foto yang sensitif kepada cahaya.

enable v.t. membolehkan; membenarkan.

enact v.t. menggubal; lakonkan. **enactment** n. enakmen; pelakonan.

enamel n. enamel; lapisan cat yang berkilat pada permukaan logam; lapisan luar yang keras pada gigi. —v.t. (p.t. **enamelled**) salutkan dengan enamel.

enamoured a. sayangi; sukai; tertawan; terpikat.

encamp v.t./i. berkhemah.

encampment n. perkhemahan.

encapsulate v.t. mengurung; terkurung; meringkaskan. **encapsulation** n. pengurungan.

encase v.t. membubuh ke dalam bekas.

encash v.t. menukarkan dengan wang tunai. **encashment** n. penukaran dengan wang tunai.

encephalitis n. ensefalitis; penyakit radang otak.

enchain v.t. merantai; membelenggu. **enchainment** n. belenggu.

enchant v.t. pesona; terpesona; terpikat. **enchantment** n. kepesonaan; mempesonakan. **enchantress** n. (perempuan) pemikat.

encircle v.t. kepung; keliling. **encirclement** n. pengelilingan; pengepungan.

enclave n. enklaf; kawasan (wilayah, negeri) yang terkepung seluruhnya oleh kawasan (negeri) lain.

enclose v.t. memagari; melampirkan; menyertakan.

enclosure n. pagar; kurungan; lampiran.

encode v. menukarkan kepada bentuk berkod. **encoder** n. pengekod.

encomium n. enkomium; pujian rasmi yang melimpah.

encompass v.t. melingkungi; mengelilingi; merangkumi.

encore int. & v.t. menyeru supaya diulangi persembahan, pertunjukan. —n. seruan ini; persembahan yang diulangi.

encounter v.t. tembung; terserempak; bertemu; berhadapan. —n. pertembungan; pertemuan.

encourage v.t. menggalakkan. **encouragement** n. galakan.

encroach v.i. ceroboh; jangkau (masuk) ke dalam hak orang lain. **encroachment** n. pencerobohan; langgaran.

encrust v.t. mengeras; jadi kerak; mentatahkan (permata, dsb.). **encrustation** n. pengerasan; penatahan.

encrypt v. mengubah kepada kod. **encryption** n. penyulitan.

encumber v.t. bebani; membebankan.

encumbrance n. bebanan.

encyclical n. surat daripada Paus untuk diedarkan kepada semua gereja; surat pekeliling keagamaan.

encyclopaedia n. ensiklopedia; buku yang mengandungi maklumat dalam pelbagai cabang ilmu. **encyclopaedic** a. bersifat ensiklopedia.

encyclopaedist n. penulis ensiklopedia.

end n. tamat; penamat; had; hujung; maut; tujuan; matlamat. —v.t./i. menamatkan. **make ends meet** sekadar cukup makan. **no end of** (*colloq.*) tak berkesudahan.

endanger *v.t.* membahayakan.

endear *v.t.* disayangi.

endearment *n.* cumbuan; bujukan; belaian; pujuk rayu; perkataan atau frasa untuk menyatakan perasaan sayang.

endeavour *v.t. & n.* berikhtiar; berusaha; ikhtiar; usaha.

endemic *a.* endemik; yang lazimnya didapati pada sesuatu tempat atau kalangan.

ending *n.* hujung; penamat; pengakhir; bahagian akhir.

endive *n.* sejenis tumbuhan berdaun keriting dan daunnya dibuat ulam.

endless *a.* tanpa kesudahan; tak putus-putus; bertalian. **endlessly** *adv.* tidak henti-henti.

endocrine gland kelenjar endokrin; kelenjar yang menyalurkan bahan rembesan terus ke darah.

endogenous *a.* berasal dari dalam.

endorse *v.t.* tandatangani (belakang cek); sokong; endors, menulis komen pada dokumen. **endorsement** *n.* penandatanganan; sokongan.

endow *v.t.* dikurniai; membiayai. **endowment** *n.* kurniaan; pembiayaan.

endue *v.t.* dikurniai; dianugerahi.

endurable *a.* larat; boleh ditahan.

endurance *n.* kelaratan; daya ketahanan.

endure *v.t./i.* bertahan; kekal; menanggung.

enema *n.* enema; cecair yang disuntik masuk ke dubur.

enemy *n.* musuh; seteru.

energetic *a.* bertenaga; cergas; lincah. **energetically** *adv.* dengan bertenaga; dengan cergas atau lincah.

energize *v.t.* beri tenaga kepada; salurkan kuasa elektrik ke dalam.

energy *n.* tenaga.

enervate *v.t.* hilangkan tenaga; melemahkan.

enfant terrible orang yang berkelakuan tidak bertanggungjawab atau mengaibkan.

enfeeble *v.t.* menjadi lemah. **enfeeblement** *n.* keadaan (menjadi) lemah.

enfold *v.t.* memeluk; mendakap.

enforce *v.t.* menguatkuasakan. **enforceable** *a.* yang boleh dikuatkuasakan. **enforcement** *n.* penguatkuasaan.

enfranchise *v.t.* beri hak mengundi kepada seseorang. **enfranchisement** *n.* pemberian hak mengundi.

engage *v.t./i.* ambil bekerja; simpan; janji; terlibat; ambil bahagian; menumpukan perhatian; memulakan pertarungan dengan.

engaged *a.* bertunang; sibuk (dengan sesuatu hal); sedang digunakan.

engagement *n.* pertunangan; pengambilan; urusan; pertempuran.

engaging *a.* menawan; melekakan.

engender *v.t.* menyebabkan.

engine *n.* jentera; enjin.

engineer *n.* jurutera. —*v.t.* mengatur; membina.

engineering *n.* kejuruteraan.

English *a. & n.* bahasa Inggeris. **Englishman** *n.* lelaki Inggeris. **Englishwoman** *n.* perempuan Inggeris.

engorged *a.* bengkak.

engraft *v.t.* bercantum.

engrave *v.t.* ukir. **engraver** *n.* pengukir.

engraving *n.* cetakan yang dibuat daripada bidang logam yang diukir.

engross *v.t.* asyik; leka.

engulf *v.t.* meliputi; menenggelami.

enhance *v.t.* meninggikan (nilai); menambah. **enhancement** *n.* peninggian; penambahan.

enigma *n.* orang atau sesuatu yang sukar difahami.

enigmatic *a.* yang sukar difahami. **enigmatically** *adv.* dengan cara yang sukar untuk difahami.

enjoin *v.t.* menyuruh.

enjoy *v.t.* menikmati; seronok. **enjoy oneself** seronok dengan apa yang sedang dilakukan. **enjoyment** *n.* nikmat; keseronokan.

enjoyable *a.* yang menyeronokkan; yang mendatangkan nikmat.

enlarge *v.t./i.* membesarkan. **enlarge upon** menghuraikan. **enlargement** *n.* pembesaran. **enlarger** *n.* pembesar; alat pembesar.

enlighten *v.t.* maklumkan; menyedarkan. **enlightenment** *n.* penyedaran; kesedaran.

enlist *v.t.* masuk tentera; dapatkan (sokongan). **enlistment** *n.* kemasukan ke dalam atau tempoh perkhidmatan tentera.

enliven *v.t.* memeriahkan. **enlivenment** *n.* kemeriahan.

en masse semua sekali; beramai-ramai.

enmesh *v.t.* terjerat; terperangkap.

enmity *n.* permusuhan; kebencian.

ennoble *v.t.* memuliakan; mendaulatkan.

ennui *n.* kebosanan.

enormity *n.* jenayah; kemungkaran atau kejahatan yang besar.

enormous a. sangat besar.

enough a., adv. & n. cukup; mencukupi; memadai; secukupnya.

enquire v.t. tanya; soal. **enquiry** n. pertanyaan; soalan; penyelidikan.

en passant sambil lalu.

enrage v.t. (menjadikan) marah; radang. **enragement** n. kemarahan; keradangan.

enrapture v.t. sangat menggembirakan; mempesonakan.

enrich v.t. memperkaya; jadi lebih kaya. **enrichment** n. pengayaan; perihal memperkayakan.

enrol v.t./i. (p.t. **enrolled**) mendaftar; mendaftarkan; menerima sebagai atau menjadi ahli. **enrolment** n. pendaftaran.

en route melalui; dalam perjalanan.

ensconce v.t. menjadikan kukuh atau selesa.

ensemble n. kumpulan; ensembel; sesuatu yang dilihat pada keseluruhannya; sekumpulan pemain (muzik); peralatan.

enshrine v.t. menyemadikan; memuliakan. **enshrinement** n. penyemadian.

enshroud v.t. menyelubungi.

ensign n. panji-panji; bendera tentera atau angkatan laut.

ensilage n. silaj; makanan binatang.

enslave v.t. memperhambakan. **enslavement** n. perhambaan.

ensnare v.t. memerangkap; menjerat.

ensue v.i. akibatnya; berikutnya.

en suite membentuk unit tunggal.

ensure v.t. menjamin; memastikan; menentukan.

entail v.t. melibatkan; memerlukan; wasiatkan (tanah) pusaka supaya penerima warisan tidak boleh menjual atau memindahkan hak miliknya kepada orang lain. **entailment** n. keadaan yang dikenakan atau diperlukan.

entangle v.t. terbabit; kerosot; terbelit. **entanglement** n. kekerosotan; belitan; penglibatan.

entente n. pakatan; kesefahaman antara negara-negara.

enter v.t./i. masuk; memasuki.

enteric a. tentang usus.

enteritis n. bengkak usus.

enterprise n. perusahaan; usaha; ikhtiar; kegiatan perdagangan.

enterprising a. berusaha; berikhtiar; giat.

entertain v.t. raikan; hibur; layan; ingat (berfikir). **entertainer** n. penghibur. **entertainment** n. hiburan.

enthral v.t. (p.t. **enthralled**) pikat; terpikat; pukau; terpukau.

enthrone v.t. tabal; ditabalkan. **enthronement** n. penabalan.

enthuse v.t./i. (bercakap) dengan penuh semangat atau keghairahan.

enthusiasm n. semangat; minat; keghairahan. **enthusiastic** a. bersemangat; berminat; ghairah. **enthusiastically** adv. dengan bersemangat; dengan penuh minat; dengan ghairah.

enthusiast n. orang yang bersemangat, berminat atau ghairah (untuk melakukan sesuatu).

entice v.t. menggoda; mengumpan. **enticement** n. godaan; pengumpanan.

entire a. seluruh; semua; segenap; seantero. **entirely** adv. seluruhnya; semuanya.

entirety adv. in its entirety keseluruhannya.

entitle v.t. memberi judul, tajuk atau hak. **entitlement** n. judul; tajuk; hak.

entity n. kewujudan; hakikat; entiti.

entomb v.t. menguburkan; memakamkan.

entomology n. kajian serangga; entomologi. **entomological** a. berkenaan entomologi. **entomologist** n. pengkaji serangga.

entourage n. rombongan yang mengikuti orang penting; para pengiring.

entr'acte n. pertunjukan selingan.

entrails n.pl. usus; tali perut.

entrance[1] n. pintu; kemasukan; izin; yuran kemasukan.

entrance[2] v.t. dipenuhi dengan asyikmaksyuk; kegembiraan; mempersona.

entrant n. peserta; orang yang masuk.

entreat v.t. rayu; mohon. **entreaty** n. rayuan; permohonan.

entrée n. hak atau keistimewaan kemasukan; sajian yang disajikan antara sajian ikan dan daging.

entrench v.t. berkubu; tertubuh kukuh. **entrenchment** n. kedudukan yang kukuh.

entrepreneur n. pengusaha.

entrepreneurial n. keusahawanan.

entropy n. ukuran jumlah sistem tenaga haba pada sesuatu sistem yang tidak terdapat untuk ditukar menjadi kerja mekanikal.

entrust v.t. mengamanahkan; dipertanggungjawabkan.

entry n. kemasukan; pintu; hal yang didaftarkan; peserta.

entwine v.t. lilit; belit; membelit.

enumerate v.t. hitung; bilang; kira.

enumeration *n.* hitungan; bilangan; kiraan.

enunciate *v.t.* membunyikan perkataan; mengucapkan; menyebutkan (perkataan); menyatakan dengan jelas. **enunciation** *n.* lafaz; pengucapan; pernyataan.

envelop *v.t.* (*p.t.* **enveloped**) menyelubungi; selubung; selimut; liput; seliput; balut. **envelopment** *n.* perihal selubung, selimut atau liput; pembalutan.

envelope *n.* sampul (surat).

enviable *a.* patut dicemburui. **enviably** *adv.* dengan rasa iri hati dan cemburu.

envious *a.* cemburu; dengki; iri hati. **enviously** *adv.* dengan perasaan cemburu atau iri hati.

environment *n.* persekitaran; alam sekitar. **environmental** *a.* bersifat persekitaran; berkenaan alam sekitar.

environmentalist *n.* orang yang memperjuangkan pemeliharaan alam sekitar; pencinta alam sekitar.

environmentalism *n.* perjuangan tentang alam sekitar.

environs *n.pl.* persekitaran; kawasan sekitar (bandar, dsb.).

envisage *v.t.* jangka; membayangkan.

envoy *n.* utusan; wakil; timbalan duta.

envy *n.* perasaan cemburu; kecemburuan; kedengkian; iri hati. —*v.t.* berasa iri hati.

enzyme *n.* enzim; protein yang terbentuk dalam sel-sel hidup.

eon *n.* (A.S.) = **aeon** satu jangka masa yang lama sehingga tidak dapat diukur.

epaulette *n.* jerumbai hiasan (pakaian) di bahu; epaulet.

ephemera *n. pl.* bahan sementara; benda yang diguna singkat.

ephemeral *a.* fana; sepintas lalu; tidak kekal; buat sementara waktu sahaja.

epic *n.* syair (yang menceritakan riwayat kepahlawanan); epik. —*a.* berkenaan atau seperti epik.

epicene *a.* bersifat jantan dan betina.

epicentre *n.* pusat gempa; tempat gempa meletus pada permukaan bumi.

epicure *n.* penggemar makanan; orang yang gemarkan makanan dan minuman yang khusus dan bagus. **epicurean** *a. & n.* sesuai untuk penggemar makanan.

epidemic *n.* wabak.

epidemiology *n.* epidemiologi; pengkajian tentang wabak.

epidermis *n.* bahagian luar kulit.

epidural *a. & n.* epidura; (suntikan anestetik) di saraf tulang belakang, untuk mengebaskan seluruh bahagian bawah tubuh.

epiglottis *n.* epiglotis; rawan yang menutup larinks semasa menelan.

epigram *n.* bidalan; pepatah. **epigrammatic** *a.* bersifat bidalan atau pepatah.

epigraphy *n.* epigrafi; pengkajian tentang inskripsi. **epigraphic** *a.* berkenaan epigrafi.

epilepsy *n.* gila babi; sawan babi. **epileptic** *a. & n.* berkenaan penyakit gila babi; pesakit epilepsi.

epilogue *n.* penutup (sandiwara, dsb.); epilog.

Epiphany *n.* pesta (6 Januari) agama Kristian.

episcopal *a.* keuskupan; berkenaan atau dikawal oleh paderi besar (biskop).

episcopalian *a. & n.* episkopal; anggota Gereja Episkopal.

episcopate *n.* jawatan biskop atau uskup; para biskop atau uskup.

episode *n.* kisah; adegan; peristiwa; episod.

epistle *n.* warkah; surat.

epitaph *n.* tulisan bagi mengenang orang yang telah meninggal, selalunya pada batu nisan.

epithet *n.* gelaran yang membayangkan sifat atau watak seseorang.

epitome *n.* ikhtisar; ringkasan; contoh unggul.

epitomize *v.t.* merupakan contoh (unggul). **epitomization** *n.* percontohan.

epoch *n.* zaman. **epoch-making** *a.* sangat penting; bersejarah.

eponymous *a.* eponim; nama sempena sesuatu.

equable *a.* tetap; sama; tidak berubah.

equal *a.* sama; sama rata; setara; setanding; sepadan. —*n.* orang atau benda yang serupa dengan yang lain. —*v.t.* (*p.t.* **equalled**) tandingi; saingi; menyamai. **be equal to** padan; cukup tenaga atau kebolehan untuk sesuatu. **equally** *adv.* dengan sama rata. **equality** *n.* kesamaan; kesamarataan.

equalize *v.t./i.* menyamakan. **equalization** *n.* penyamaan.

equalizer *n.* (gol, mata) penyama.

equanimity *n.* ketenangan fikiran atau perasaan.

equate *v.t.* menyamakan.

equation *n.* persamaan; (matematik) kenyataan tentang persamaan dua nilai.

equator *n.* khatulistiwa; garis lintang yang membahagi dunia kepada dua bahagian yang sama. **equatorial** *a.* berkenaan khatulistiwa.

equerry *n.* pegawai istana Britain yang melayan keluarga diraja.

equestrian *a.* menunggang kuda.

equidistant *a.* sama jarak.

equilateral *a.* sama sisi; sama segi.

equilibrium *a.* seimbang; sama imbang.

equine *a.* seperti kuda; berkenaan dengan kuda.

equinox *n.* ekuinoks; waktu apabila malam dan siang sama panjang. **equinoctial** *a.* yang berkenaan dengan, pada atau dekat dengan khatulistiwa.

equip *v.t.* (*p.t.* **equipped**) memperalati; melengkapi; membekali.

equipage *n.* perlengkapan; pedati; kuda dan atendan.

equipment *n.* peralatan; kelengkapan. **equipoise** *n.* keseimbangan; pengimbang.

equitable *a.* adil; saksama; sama rata. **equitably** *adv.* dengan adil.

equitation *n.* kegiatan menunggang kuda.

equity *n.* keadilan; kesaksamaan; kesamarataan; (*pl.*) ekuiti, stok dan saham tanpa faedah tetap.

equivalent *a.* sama banyak, jumlah, nilai, makna, dsb. **equivalence** *n.* kesamaan.

equivocal *a.* kabur; samar; menyangsikan. **equivocally** *adv.* dengan kabur atau samar; (cara yang) menyangsikan.

equivocate *v.i.* berdalih, penggunaan kata-kata yang samar untuk menyembunyikan kebenaran. **equivocation** *n.* penggunaan ungkapan yang mengelirukan.

era *n.* zaman; masa; era.

eradicate *v.t.* basmi; hapuskan. **eradication** *n.* pembasmian; penghapusan.

erase *v.t.* padam; hapuskan. **eraser** *n.* pemadam. **erasure** *n.* pemadaman.

erect *a.* tegak; tegang (keras berdiri); tercacak; terpacak. —*v.t.* bina; bangunkan; tegakkan; pacak; dirikan. **erector** *n.* pembina; penegak; pemacak.

erectile *a.* boleh tegak; tegang akibat nafsu berahi.

erection *n.* ketegakan; ketegangan; pacakan; binaan.

ergonomics *n.* ergonomi; ilmu tentang pekerjaan dan persekitarannya untuk menghasilkan kecekapan yang maksimum.

ermine *n.* ermin; sejenis binatang kecil dengan bulu kelabu yang bertukar kepada putih dalam musim sejuk; bulu putih binatang ini.

erode *v.t.* hakis. **erosion** *n.* hakisan. **erosive** *a.* menghakis.

erogeneous *a.* mudah terangsang dari segi seks.

erotic *a.* memberahikan. **erotically** *adv.* dengan cara yang memberahikan. **eroticism** *n.* keberahian; hal yang memberahikan.

err *v.t.* (*p.t.* **erred**) tersilap; tersalah.

errand *n.* perjalanan dekat untuk mengambil sesuatu; tujuan perjalanan sedemikian.

errant *a.* curang; mengembara; berkelana.

erratic *a.* tidak tetap; tidak tentu. **erratically** *adv.* dengan cara yang tidak tetap atau tidak tentu arah.

erratum *n.* (*pl.* **-ta**) ralat; kesilapan dalam tulisan atau cetakan.

erroneous *a.* silap; salah. **erroneously** *adv.* secara silap atau salah.

error *n.* kesilapan; kesalahan.

erstwhile *a.* dahulu. —*adv.* (usang) yang dahulu.

eructation *n.* bersendawa.

erudite *a.* terpelajar; berilmu; alim; sarjana. **erudition** *n.* ilmu; pengetahuan.

erupt *v.i.* meletup; meletus; meledak. **eruption** *n.* letupan; letusan; ledakan.

escalate *v.t./i.* menaikkan; meningkatkan; bertambah. **escalation** *n.* penaikan; peningkatan; bertambahnya.

escalator *n.* eskalator; tangga bergerak.

escalope *n.* potongan, kepingan daging tanpa tulang.

escapade *n.* perbuatan yang berani dan nakal.

escape *v.t./i.* lepas; terlepas; melepaskan diri; elak. —*n.* kelepasan; pelepasan.

escapee *n.* orang yang lepas lari.

escapement *n.* alat pengawal gerakan jam.

escapism *n.* eskapisme; kecenderungan kepada hiburan dan khayalan untuk lari daripada kenyataan.

escapist *n.* orang yang melarikan diri daripada kenyataan.

escapologist *n.* ahli lepas diri daripada pengurungan.

escarpment *n.* cerun; lereng curam.

eschew *v.t.* menjauhkan atau mengelakkan diri daripada melakukan sesuatu.

escort[1] *n.* pengiring; teman sosial.

escort[2] *v.t.* mengiring; menemani.

escritoire n. meja tulis berlaci.

escudo n. (pl. -os) unit mata wang di Portugal.

escutcheon n. perisai berlambang.

Eskimo n. (pl. -os atau -o) orang atau bahasa Eskimo (Inuit).

esophagus n. (A.S.) = oesophagus esophagus; kerongkong.

esoteric a. khas untuk kumpulan tertentu.

ESP abbr. **extrasensory perception** persepsi luar deria

espadrille n. kasut kanvas bertapak fiber.

espalier n. junjungan (untuk tumbuhan menjalar); tumbuhan yang memanjat junjungan.

especial a. khas; utama. **especially** adv. khasnya; terutamanya.

Esperanto n. Esperanto; satu bahasa (tiruan) yang direka untuk kegunaan antarabangsa.

espionage n. pengintipan; perisikan.

esplanade n. persiaran; tempat lapang untuk bersiar-siar.

espresso n.(pl. -os) kopi espreso; kopi yang dibuat dengan menyalurkan wap melalui serbuk kopi.

esprit de corps semangat pasukan.

espy v.t. ternampak.

Esq. abbr. **Esquire** Tuan.

essay[1] n. karangan; rencana; esei.

essay[2] v.t. cuba.

essayist n. penulis esei; penulis; pengarang.

essence n. inti; inti pati; sari; inti sari; biang.

essential a. perlu; mustahak; asas. —n. keperluan; sesuatu yang mustahak atau penting. **essentially** adv. pada dasarnya; perlu.

establish v.t. tubuhkan; dirikan; kukuhkan; buktikan.

establishment n. penubuhan; pertubuhan. **The Establishment** kumpulan yang berkuasa yang menolak perubahan.

estate n. harta; hartanah; ladang; taman (perumahan, perindustrian, dsb.). **estate car** kenderaan yang mempunyai ruang yang luas untuk barang dan ada pintu belakang.

esteem v.t. sanjung. —n. sanjungan.

ester n. sejenis campuran kimia.

estimable a. layak disanjung.

estimate[1] n. taksiran; anggaran; agakan; kiraan.

estimate[2] v.t. taksir; anggar; agak; kira. **estimation** n. penaksiran; penganggaran; pengagakan; pengiraan.

estrange a. renggang (tidak rapat atau mesra lagi). **estrangement** n. kerenggangan.

estrogen n. (A.S.) = **oestrogen** hormon jantina betina yang membesar dan mengekalkan ciri-ciri badan jantina betina.

et al. abbr. **and others** dan lain-lain.

estuary n. kuala; muara.

etc. abbr. **et cetera** dll.; dan lain-lain; dsb.; dan sebagainya.

etceteras n. pl. tambahan; berbagai-bagai.

etch v.t. menggores; mengukir (dengan menggunakan asid). **etching** n. goresan.

eternal a. abadi; kekal. **eternally** adv. untuk selama-lamanya.

eternity n. keabdian; kekekalan. **eternity ring** cincin tanda keabadian.

ethanol = alcohol n. alkohol; arak; cecair yang memabukkan.

ether n. eter; udara atasan; sejenis cecair yang digunakan sebagai bius atau pelarut.

ethereal a. halus; seperti dari kayangan.

ethic n. akhlak; tatasusila; kesusilaan; etika. **ethics** n. prinsip akhlak; ketatasusilaan; (ilmu) etika.

ethical a. berakhlak; bersusila; beretika; (ubat) yang tidak diiklankan kepada umum. **ethically** adv. secara bersusila atau beretika.

ethnic a. berkenaan dengan kaum atau rumpun bangsa. **ethnically** adv. yang berhubung dengan kaum atau bangsa.

ethnology n. etnologi; ilmu kajian bangsa dan sifat-sifatnya. **ethnological** a. bersifat etnologi. **ethnologist** n. pakar etnologi.

ethos n. etos; semangat dan kepercayaan (yang memberi watak keperibadian kepada sesuatu kumpulan, dsb.).

etiolate v.t. memudarkan warna dengan mengurangi cahaya.

etiquette n. etiket; budi bahasa; kesantunan.

étude n. gubahan atau latihan muzik ringkas.

etymology n. etimologi; ilmu kajian asal usul kata. **etymological** a. berkenaan dengan etimologi. **etymologist** n. pakar etimologi. **etymologically** adv. secara etimologi.

EU abbr. **European Union** n. Kesatuan Eropah.

eucalyptus n. (pl. -tuses) pokok kayu putih. **eucalyptus oil** minyak kayu putih.

Eucharist n. upacara keagamaan Kristian yang menyediakan wain dan roti; roti dan wain ini. **Eucharistic** a. berkenaan upacara ini.

eugenics n. eugenik; cara memperbaiki keturunan bangsa dengan mengawal pembiakan, biakbaka, prokreasi. **eugenic** a. berkenaan dengan eugenik.

eulogize v.t. memuji-muji; menyanjung. **eulogistic** a. bersifat pujian atau sanjungan.

eulogy n. pujian; sanjungan.

eunuch n. sida; orang lelaki yang dikasi.

euphemism n. eufemisme; bahasa halus; kiasan. **euphemistic** a. bersifat kiasan. **euphemistically** adv. secara kiasan.

euphony n. kelunakan; kemerduan.

euphoria n. kelunakan (perasaan); keriangan; kegirangan. **euphoric** a. riang; girang.

Eurasian a. Serani; bersifat campuran antara Eropah dan Asia. —n. orang Serani.

eureka int. (ungkapan gembira setelah menemui sesuatu) sudah kujumpa!

eurhythmics n. gerakan harmoni tarian dan muzik.

Euro- pref. **European** berkaitan Eropah.

European a. berkenaan Eropah. —n. orang Eropah.

Eustachian tube n. tiub Eustachia; saluran antara telinga dan tengkorak.

euthanasia n. perihal mencabut nyawa dengan cara lembut kerana kasihan, terutama untuk menamatkan seksa kerana penyakit; kematian sedemikian.

evacuate v.t. dipindahkan daripada bahaya ke tempat yang lebih selamat; pindah; singkir; keluar; meninggalkan. **evacuation** n. perpindahan; pemindahan; penyingkiran; peninggalan.

evacuee n. orang yang tersingkir; orang yang meninggalkan (sesuatu tempat).

evade v.t. mengelakkan; menghindarkan.

evaluate v.t. menaksir; menilai. **evaluation** n. taksiran; penaksiran; nilaian; penilaian.

evanesce v.i. menghilang. **evanescence** n. perihal cepat berlalu. **evanescent** a. yang cepat berlalu.

evangelical a. bersifat dakwah.

evangelist n. pendakwah; penulis kitab-kitab di dalam Injil.

evangelize n. menyebarkan agama Kristian. **evangelization** n. penyebaran agama Kristian.

evaporate v.t./i. sejat; mengering. **evaporated milk** susu sejat. **evaporation** n. sejatan; penyejatan; pengeringan.

evasion n. elakan; hindaran.

evasive a. bersifat mengelak. **evasively** adv. bersifat mengelak; suka berdalih. **evasiveness** n. pengelakan.

eve n. petang sebelum sesuatu perayaan; masa sebelum sesuatu peristiwa; menjelang.

even a. sama; rata; datar; tenang; genap. —v.t./i. samakan; ratakan; genapkan. —adv. pun; juga; bahkan; malahan; walaupun; namun. **evenly** adv. dengan sama rata. **evenness** n. kesamaan; kesamarataan.

evening n. petang.

evensong n. sembahyang lewat petang di gereja (England).

event n. peristiwa; acara (sukan).

eventful a. penuh peristiwa.

eventual a. boleh jadi; mungkin; mungkin terjadi. **eventually** adv. akhirnya.

eventuality n. peristiwa yang mungkin berlaku.

ever adv. pernah; sentiasa; selalu; selamanya; apa saja; segala sesuatu. **ever since** semenjak itu. **ever so** (colloq.) lebih-lebih lagi.

evergreen a. malar hijau; sentiasa menghijau. —n. pohon malar hijau

everlasting a. kekal; abadi; selama-lamanya; terus-menerus.

evermore adv. untuk selama-lamanya.

every a. tiap; tiap-tiap; setiap; masing-masing; semua; seluruh; segenap. **every other** selang satu.

everybody pron. setiap orang; semua orang.

everyday a. harian; sehari-hari; biasa.

everyone pron. setiap orang; semua orang.

everything pron. semuanya; segala-galanya.

everywhere adv. merata; merata-rata; di mana-mana sahaja; di sana sini.

evict v.t. usir; halau. **eviction** n. pengusiran; penghalauan. **evictor** n. pengusir.

evidence n. bukti; dalil; keterangan; tanda. —v.t. membuktikan; menunjukkan. **be in evidence** kelihatan.

evident a. nyata; jelas; terbukti. **evidently** adv. nyatalah; jelaslah.

evil a. jahat atau buruk. —n. kejahatan; keburukan; dosa. **evilly** adv. secara jahat atau buruk. **evildoer** *n.* orang jahat.

evince *v.t.* memperlihatkan; menampakkan.

eviscerate *v.t.* mengeluarkan isi perut. **evisceration** *n.* eviserasi; proses ini.

evoke *v.t.* bangkitkan; timbulkan. **evocation** *n.* pembangkitan; penimbulan. **evocative** *a.* yang membangkitkan atau menimbulkan.

evolution *n.* evolusi, perkembangan beransur-ansur. **evolutionary** *a.* bersifat evolusi.

evolutionism *n.* teori evolusi spesies. **evolutionist** *n.* penyokong teori evolusi.

evolve *v.t./i.* mengembangkan; berkembang secara beransur-ansur. **evolvement** *n.* pengembangan.

ewe *n.* kambing biri-biri betina.

ex *prep.* dikecualikan; dikeluarkan; (barangan) seperti yang terjual daripada.

ex- *pref.* bekas.

ex-directory *a.* sengaja tidak menyenaraikan nama dalam buku panduan telefon.

exacerbate *v.t.* memburukkan lagi; menerukkan lagi. **exacerbation** *n.* pemburukan; perbuatan yang memburukkan lagi.

exact[1] *a.* tepat; betul-betul. **exactness** *n.* ketepatan; kebetulan.

exact[2] *v.t.* menuntut. **exaction** *n.* tuntutan.

exacting *a.* berat tuntutannya.

exactitude *n.* ketepatan.

exactly *adv.* sama; tepat sekali; betul.

exaggerate *v.t.* tokok tambah; melebih-lebihkan; membesar-besarkan. **exaggeration** *n.* perihal menokok tambah.

exaggerator *n.* orang yang suka menokok tambah.

exalt *v.t.* menaikkan (pangkat, darjat); memuliakan; sanjung. **exaltation** *n.* kemuliaan; sanjungan.

exam (*colloq.*) peperiksaan.

examination *n.* peperiksaan; pemeriksaan; ujian.

examine *v.t.* memeriksa; menyelidik. **examiner** *n.* pemeriksa.

examinee *n.* orang yang diuji dalam peperiksaan.

example *n.* contoh; misalan; ibarat; teladan. **make an example of** sebagai teladan.

exasperate *v.t.* berasa geram; menjengkelkan. **exasperation** *n.* kegeraman; keradangan.

excavate *v.t.* korek; gali. **excavation** *n.* korekan; pengorekan; galian; penggalian. **excavator** *n.* (mesin) pengorek; penggali.

exceed *v.t.* melampaui; melebihi.

exceedingly *adv.* tersangat; terlampau; terlalu.

excel *v.t./i.* (*p.t.* **excelled**) melebihi; mengatasi; tersangat baik (dalam sesuatu).

Excellency *n.* Tuan Yang Terutama; gelaran bagi duta atau gabenor, dsb.

excellent *a.* cemerlang. **excellently** *adv.* dengan cemerlang. **excellence** *n.* kecemerlangan.

except *prep.* kecuali; melainkan. —*v.t.* mengecualikan dari kenyataan, dsb.

excepting *prep.* kecuali; melainkan.

exception *n.* pengecualian. **take exception to** bantah.

exceptionable *a.* terbuka untuk bantahan atau bangkangan.

exceptional *a.* luar biasa; istimewa. **exceptionally** *adv.* (bersifat) luar biasa; teristimewa.

excerpt *n.* petikan; kutipan.

excess *n.* lebihan; (*pl.*) lebihan dalam makanan atau minuman.

excessive *a.* melampau; melebihi. **excessively** *adv.* secara melampau.

exchange *v.t./i.* tukar; ganti; berbalas. —*n.* tukaran; penukaran; gantian; penggantian; balasan. **exchangeable** *a.* boleh ditukar atau diganti.

exchequer *n.* perbendaharaan; jabatan kewangan negara.

excise[1] *n.* cukai; eksais.

excise[2] *v.t.* potong. **excision** *n.* pemotongan.

excitable *a.* mudah seronok; mudah rangsang; mudah ghairah. **excitability** *n.* perihal mudah terangsang.

excitation *n.* keadaan menarik atau merangsangkan.

excite *v.t.* seronok; terangsang; membangkitkan. **excitement** *n.* keterangsangan; keseronokan.

exclaim *v.t./i.* teriak; seru.

exclamation *n.* teriakan; seruan. **exclamation mark** tanda seruan (!).

exclude *v.t.* buang; sisih; singkir; kecualikan; pulaukan. **exclusion** *n.* pembuangan; penyisihan; penyingkiran; pengecualian; pemulauan.

exclusive *a.* eksklusif; tidak terdapat di tempat lain; khusus; khas; mengecualikan yang lain. **exclusive of** tidak termasuk. **exclusively** *adv.* secara eksklusif. **exclusiveness** *n.* sifat eksklusif.

excommunicate *v.t.* disingkirkan daripada sesuatu mazhab Kristian. **excommunication** *n.* penyingkiran ini.

excoriate *v.t.* melelaskan kulit; mengkritik. **excoriation** *n.* perbuatan ini.

excrement *n.* tahi; najis.

excrescence *n.* ketumbuhan; tumbuhan lebihan pada pokok atau binatang; tambahan yang hodoh atau buruk.

excreta *n.pl.* tahi; najis; kumuhan.

excrete *v.t.* mengumuhkan. **excretion** *n.* kumuhan; pengumuhan. **excretory** *a.* berkenaan dengan kumuhan.

excruciating *a.* perit; sangat sakit.

exculpate *v.t.* melepaskan; membebaskan daripada tuduhan. **exculpation** *n.* kelepasan; pembebasan.

excursion *n.* lawatan; perjalanan dekat.

excursus *n.* penyimpangan. **excursive** *a.* menyimpang.

excusable *a.* dapat dimaafkan. **excusably** *adv.* secara yang dapat dimaafkan.

excuse[1] *v.t.* memaafkan; mengampunkan; mengizinkan.

excuse[2] *n.* alasan; dalih; helah.

execrable *a.* teruk; jijik; hodoh. **execrably** *adv.* dengan teruk.

execrate *v.t./i.* membenci; menyumpah. **execration** *n.* rasa benci; meluat.

execute *v.t.* laksana hukuman mati; melaksanakan. **execution** *n.* pelaksanaan hukuman mati; pelaksanaan. **executant** *n.* pelaksana.

executioner *n.* algojo; orang yang membunuh orang yang dihukum mati.

executive *n.* pelaksana; pegawai; eksekutif. —*a.* yang mempunyai kuasa pelaksanaan.

executor *n.* pelaksana wasiat. **executrix** *n. fem.* pelaksana (perempuan).

exegesis *n.* takwil terutama tentang Kitab Suci. **exegetic** *a.* bertakwil. **exegetical** *a.* yang takwil.

exemplar *a.* contoh; jenis.

exemplary *a.* layak diteladani, dicontohi, diikuti atau ditiru; sebagai contoh atau pengajaran.

exemplify *v.t.* menjadikan teladan atau contoh.

exempt *a.* terkecuali; yang dikecualikan. —*v.t.* mengecualikan; melepaskan. **exemption** *n.* pengecualian; pelepasan.

exercise *n.* pelaksanaan; senaman; riadah. —*v.t.* laksana; senam; latih; risau. **exercise book** buku latihan; buku kerja; buku rampaian.

exert *v.t.* guna; upaya; usaha; ikhtiar.

exert oneself melakukan sedaya upaya; berusaha; berikhtiar bersungguh-sungguh.

exertion *n.* kesungguhan; keupayaan; usaha yang bersungguh-sungguh.

exeunt (arahan pentas) menyuruh pelakon meninggalkan pentas.

exfoliate *v.i.* terkelupas. **exfoliation** *n.* pengelupasan.

ex gratia sebagai ganti rugi; tanpa ikatan perundangan.

exhale *v.t./i.* menghembus nafas. **exhalation** *n.* hembusan nafas.

exhaust *v.t.* menghabiskan; meletihkan; memenatkan. —*n.* hembusan; penghembusan; gas ekzos; hampas; buangan. **exhaustible** *a.* mudah habis.

exhaustion *n.* kehabisan; keletihan; kepenatan.

exhaustive *a.* menyeluruh; sedaya upaya. **exhaustively** *adv.* secara menyeluruh.

exhibit *v.t.* mempamerkan. —*n.* bahan pameran. **exhibitor** *n.* pempamer; orang yang mempamerkan.

exhibition *n.* pameran; biasiswa.

exhibitioner *n.* pelajar yang mendapat biasiswa.

exhibitionism *n.* ekshibisionisme; kegemaran menonjolkan diri atau berlagak. **exhibitionist** *n.* ekshibisionis; pelagak; orang yang suka berlagak atau menonjolkan diri.

exhilarate *v.t.* menggembirakan; meriangkan. **exhilaration** *n.* kegembiraan; keriangan.

exhort *v.t.* menggesa. **exhortation** *n.* gesaan.

exhume *v.t.* menggali keluar (mayat dari kubur). **exhumation** *n.* penggalian keluar mayat.

exigency *n.* keterdesakan; darurat; kesesakan.

exigent *a.* yang mendesak atau darurat; cerewet; sesak; terdesak.

exiguous *a.* sangat sedikit.

exile *n.* buangan; usiran; perantauan; orang buangan; perantau. —*v.t.* dibuang negeri; diusir.

exist *v.i.* wujud; ada; terdapat. **existence** *n.* kewujudan. **existent** *a.* yang wujud; yang ada.

existentialism *n.* eksistensialisme; falsafah yang mengatakan manusia bebas memilih tindakannya.

exit (arahan pentas) meninggalkan pentas. —*n.* pintu; jalan keluar; peninggalan.

exodus *n.* pemergian atau penghijrahan beramai-ramai.

ex officio kerana jawatan; kerana kedudukan rasminya.

exonerate *v.t.* mengumumkan atau membuktikan bahawa seseorang itu tidak bersalah. **exoneration** *n.* pembebasan daripada tuduhan.

exorbitant *a.* terlampau (mahal).

exorcize *v.t.* menghalau (hantu); mengusir; menjampi; menyerapah. **exorcism** *n.* penghalauan; pengusiran; jampi; serapah. **exorcist** *n.* bomoh; dukun; pawang; pengusir hantu.

exordium *n.* bahagian pengenalan ucapan atau perjanjian.

exotic *a.* eksotik; dibawa dari luar negeri; luar biasa. **exotically** *adv.* secara eksotik atau luar biasa.

expand *v.t./i.* mengembang; membesar. **expandable** *a.* boleh kembang. **expansion** *n.* pengembangan; perkembangan; pembesaran.

expanse *n.* kawasan yang luas.

expansive *a.* boleh meluas; boleh membesar; peramah. **expansiveness** *n.* keluasan; keramahan.

expatiate *v.i.* bercakap atau menulis dengan panjang lebar.

expatriate *a.* ekspatriat; mastautin di luar negara. *—n.* orang yang bermastautin di luar negaranya; orang dagang.

expect *v.t.* jangka; harap; kira; fikir. **expecting a baby** hamil; mengandung.

expectant *a.* penuh harapan. **expectant mother** ibu yang hamil. **expectantly** *adv.* dengan penuh harapan. **expectancy** *n.* jangkaan; harapan; kiraan.

expectation *n.* jangkaan; harapan; pengharapan; hal yang diharapkan.

expectorant *n.* ubat pengeluar kahak, dahak atau gelema.

expectorate *v.i.* meludah; batuk dan meludahkan kahak. **expectoration** *n.* perbuatan mengahak; kahak.

expedient *a.* sesuai; seeloknya; manfaat; sepatutnya; cocok; patut walaupun mungkin tidak betul atau adil. **expediency** *n.* kesesuaian; kepatutan; kecocokan.

expedite *v.t.* mempercepatkan; melekaskan; menyegerakan.

expedition *n.* perjalanan; pengembaraan; ekspedisi; kecepatan.

expeditionary *a.* berkenaan pengembaraan; ekspedisi.

expeditious *a.* cepat dan cekap; lekas; segera. **expeditiously** *adv.* dengan cepat dan cekap.

expel *v.* (**expelling, expelled**) dipaksa keluar; memaksa seseorang pelajar meninggalkan sekolah; dibuang sekolah.

expend *v.* berbelanja atau menggunakan sesuatu sumber.

expendable *a.* boleh dikorbankan jika perlu untuk mencapai sesuatu matlamat; boleh dibelanjakan; tidak perlu disimpan.

expenditure *n.* belanjawan.

expense *n.* belanja; biaya; belanjawan; perbelanjaan; kos; (*pl.*) bayaran balik biaya.

expensive *a.* mahal. **expensively** *adv.* dengan belanja yang banyak. **expensiveness** *n.* mahalnya.

experience *n.* pengalaman. *—v.t.* alami; mengalami.

experienced *a.* berpengalaman.

experiment *n. & v.i.* percubaan; uji kaji; eksperimen; cuba; uji. **experimentation** *n.* percubaan; pencubaan; pengujikajian.

experimental *a.* digunakan dalam percubaan; masih diuji. **experimentally** *adv.* secara percubaan, uji kaji atau eksperimen.

expert *n.* pakar; orang yang mahir. *—a.* pakar; mahir. **expertly** *adv.* dengan mahir.

expertise *n.* kepakaran; kemahiran.

expiate *v.t.* tebus (dosa). **expiation** *n.* penebusan.

expire *v.t./i.* menghembuskan; mati; tamat (jangka masa sahnya sesuatu). **expiration** *n.* hembusan; kematian; perihal selesai; tamat.

expiry *n.* tamat tempoh.

explain *v.t.* menghuraikan; menjelaskan; menerangkan; memberi sebab-musabab. **explanation** *n.* huraian; penghuraian; penjelasan. **explanatory** *a.* keterangan; penjelasan.

expletive *n.* makian.

explicable *a.* boleh dihuraikan, dijelaskan.

explicit *a.* (disebutkan dengan) jelas atau nyata. **explicitly** *adv.* dengan jelas atau nyata. **explicitness** *n.* kejelasan; kenyataan.

explode *v.t./i.* meletupkan; meletup; meledakkan; meledak. **explosion** *n.* letupan; ledakan; letusan.

exploit[1] *n.* perbuatan yang nekad.

exploit[2] *v.t.* mempergunakan dengan sebaik-baiknya; eksploit; mempergunakan (untuk kepentingan diri sendiri). **exploitation** *n.* penggunaan; pemerasan; eksploitasi.

explore *v.t.* jelajah; teroka. **exploration** *n.* penjelajahan; tinjauan. **exploratory** *a.* berkenaan penjelajahan atau penerokaan. **explorer** *n.* penjelajah; peneroka.

explosive *a. & n.* (bahan yang) boleh meletup atau meledak; bahan peletup; bahan peledak; bahan peletus.

exponent *n.* pelopor; penganjur.

exponential *a.* (pertumbuhan) semakin pesat.

export *v.t.* eksport, menghantar (barangan) ke luar negara untuk jualan. —*n.* bahan eksport. **exportation** *n.* penghantaran; pengeksportan. **exporter** *n.* pengeksport.

expose *n.* laporan di media mendedahkan sesuatu yang memalukan.

exposé *v.t.* mendedahkan; terdedah. **exposure** *n.* dedahan; pendedahan.

exposition *n.* pendedahan; penghuraian; penjelasan; eksposisi; pameran besar-besaran.

expositor *n.* orang yang memberi penjelasan. **expository** *a.* bersifat pendedahan; bersifat penjelasan.

expostulate *v.i.* bantah. **expostulation** *n.* bantahan.

expound *v.t.* membentangkan; menghuraikan; menjelaskan dengan terperinci.

express[1] *a.* nyata; jelas; laju; pantas; ekspres. —*adv.* dengan laju atau pantas. —*n.* kereta api atau bas yang pantas tanpa berhenti.

express[2] *v.t.* mengucapkan; ungkapkan; nyatakan; menjelaskan; tekan atau picit keluar.

expression *n.* pengucapan; pengungkapan; pernyataan; penjelasan; air muka; lambang; simbol matematik yang melambangkan sesuatu jumlah.

expressionism *n.* ekspresionisme; gaya atau stail lukisan, drama atau muzik yang melambangkan perasaan, bukan objek secara nyata. **expressionist** *n.* seniman yang mempunyai gaya; ekspresionisme.

expressive *a.* yang menunjukkan; penuh perasaan. **expressively** *adv.* dengan penuh perasaan.

expressly *adv.* dengan nyata; untuk tujuan yang khusus.

expropriate *v.t.* ekspropriasi, merampas (harta). **expropriation** *n.* perampasan.

expulsion *n.* pembuangan; penyingkiran.

expunge *v.t.* buang; padam; menghapuskan.

expurgate *v.t.* tapis (bahan yang tidak sesuai daripada sesebuah buku, dsb.). **expurgation** *n.* penapisan.

exquisite *a.* indah; sangat elok. **exquisitely** *adv.* dengan cara yang indah atau elok.

exserviceman *n.* (*pl.* -men) lelaki bekas perajurit; lelaki bekas ahli tentera.

extant *a.* masih ada; masih wujud.

extempore *a. & adv.* spontan; tanpa persiapan. **extemporaneous, extemporary** *a.* secara spontan; tanpa persediaan.

extemporize *v.t./i.* berucap secara spontan. **extemporization** *n.* cara yang spontan.

extend *v.t./i.* sambung; tambah; tokok; panjangkan; menghulurkan; tawarkan.

extendible, extensible *adjs.* yang boleh disambung, ditambah atau dipanjangkan.

extension *n.* sambungan; tambahan; tokokan.

extensive *a.* luas; meluas. **extensively** *adv.* dengan meluas; berleluasa.

extensor *n.* otot yang meluruskan bahagian tubuh.

extent *n.* keluasan; takat; had.

extenuate *v.t.* meringankan; mengecilkan (sesuatu kesalahan dengan memberi alasan). **extenuation** *n.* peringanan; pengecilan.

exterior *a.* luar. —*n.* bahagian luar; apa yang dapat dilihat.

exterminate *v.t.* menghapuskan semua; memusnahkan; membinasakan. **extermination** *n.* penghapusan semua; pemusnahan; pembinasaan.

external *a.* luaran; dari luar. **externally** *adv.* secara luaran.

externalize *v.t.* (atau -ise) mengeluarkan fikiran, dsb. dengan perkataan atau perbuatan.

extinct *a.* padam; mati; hapus; punah; pupus.

extinction *n.* penghapusan; kepunahan; kepupusan.

extinguish *v.t.* padam (api, dsb.); mematikan.

extinguisher *n.* pemadam api; alat berisi cecair kimia atau busa untuk memadamkan api.

extirpate *v.t.* menghapuskan. **extirpation** *n.* penghapusan.

extol *v.t.* (*p.t.* extolled) puji; sanjung.

extort *v.t.* memeras. **extortion** *n.* pemerasan; peras ugut.

extortionate *a.* terlampau (mahal); sangat tinggi (harganya).

extra *a.* lebih. —*adv.* melebihi. —*n.* lebihan; tambahan; pelakon tambahan.

extra- *prefix.* luar; melebihi ruang lingkup.

extra-curricular *a.* di luar kurikulum biasa atau normal.

extract[1] *v.t.* cabut; rentap; perah. **extractor** *n.* pencabut; perentap; pemerah.

extract[2] *n.* bahan cabutan atau perahan; petikan.

extraction *n.* cabutan; rentapan; perahan; zuriat; keturunan.

extractive *a.* yang mengambil galian dari bumi.

extraditable *a.* perlu atau terpaksa diserah balik.

extradite *v.t.* menyerah balik; menyerahkan atau mendapatkan (orang yang tertuduh) untuk dihakimi atau dihukum di negara tempat jenayah itu dilakukan. **extradition** *n.* penyerahan balik.

extramarital *a.* luar nikah; berkenaan dengan hubungan jantina di luar nikah.

extramural *a.* ekstramural; luar; untuk penuntut yang bukan pemastautin atau penuntut sepenuh masa sesebuah universiti.

extraneous *a.* luaran; terkeluar; terasing; berasal dari luar; tidak berkait dengan hal yang dibincangkan. **extraneously** *adv.* secara luaran.

extraordinary *a.* luar biasa; ganjil; amat tidak diduga; amat istimewa; tidak seperti yang biasa. **extraordinarily** *adv.* secara luar biasa; dengan ganjil.

extrapolate *v.t./i.* membuat penentuan luar; mengekstrapolasi; membuat anggaran berdasarkan data yang tersedia. **extrapolation** *n.* penentuluaran; ekstrapolasi.

extrasensory *a.* luar indera; dicapai melalui sesuatu cara yang lain daripada menggunakan deria biasa.

extraterrestrial *a.* di luar atau dari luar bumi atau ruang angkasa bumi.

extravagant *a.* boros; membazir; berlebih-lebihan; berbelanja atau menggunakan lebih daripada yang perlu; melampaui tahap yang munasabah. **extravagantly** *adv.* secara boros; dengan membazir atau melampau. **extravagance** *n.* keborosan; pembaziran.

extravaganza *n.* ekstravaganza; gubahan yang penuh daya khayal; persembahan (pentas) atau filem yang hebat atau dibuat dengan biaya yang besar.

extreme *a.* ekstrem; melampau; tersangat runcing atau berat; bertindak atau berpendapat secara keterlaluan. —*n.* hujung; akhir; tahap atau tindakan atau keadaan yang melampau. **extremely** *adv.* tersangat; terlalu; terlampau.

extremist *n.* pelampau; orang yang mempunyai pendapat keterlaluan, terutama sekali dalam politik. **extremism** *n.* fahaman yang keterlaluan.

extremity *n.* keterlaluan; titik paling hujung; akhir; keperluan atau bahaya, dll. yang melampaui batas; (*pl.*) tangan dan kaki.

extricable *a.* boleh keluar; boleh lepas; boleh bebas.

extricate *v.t.* mengeluarkan; melepaskan; membebaskan, mengeluarkan atau melepaskan daripada kekusutan atau kesusahan, dll. **extrication** *n.* pengeluaran; pelepasan; pembebasan.

extrinsic *a.* ekstrinsik; bukan intrinsik; tidak berkaitan. **extrinsically** *adv.* secara ekstrinsik.

extrovert *n.* ekstrovert; penunjuk; orang yang lincah dan peramah. **extroversion** *n.* sikap ekstrovert.

extrude *v.t.* menyemperit; menyembul; tersembul atau terpicit keluar. **extrusion** *n.* penyemperitan; penonjolan; penyembulan. **extrusive** *a.* tertonjol; tersembul.

exuberant *a.* riang; girang; penuh semangat; rimbun; membesar dengan subur. **exuberantly** *adv.* dengan riang; dengan bersemangat; dengan subur. **exuberance** *n.* keriangan; kegirangan; kesuburan.

exude *v.t./i.* memancut; mengalir keluar seperti peluh atau bau. **exudation** *n.* pancutan; pemancutan; pengaliran keluar.

exult *v.t.* bergembira; berasa amat girang. **exultant** *a.* sangat suka; sangat gembira; sangat girang. **exultation** *n.* kegembiraan; kegirangan; kesukaan.

eye *n.* mata; organ penglihatan; iris pada mata; kawasan keliling mata; kuasa melihat; benda seperti mata; tompok; lubang. —*v.t.* (*p.t.* eyed, *pres. p.* eyeing) lihat; perhati. **eye-liner** *n.* celak; alat solek yang digunakan untuk membuat garis keliling mata.

eye-opener *n.* pelindung mata; pencelik; penyedar; sesuatu yang menimbulkan kesedaran atau kehairanan. **eye-shade** *n.* pelindung mata; alat untuk melindungi mata daripada cahaya yang kuat. **eye-shadow** *n.* pembayang mata; alat solek yang digunakan di kelopak. **eye-tooth** *n.* gigi taring atas (betul-betul di bawah mata).

eyeball *n.* biji mata; bola mata.

eyebrow *n.* bulu kening; alis.

eyeful *n.* daya tarik; menarik; sesuatu yang dilontar atau dihembus masuk ke dalam mata; (*colloq.*) menarik.

eyelash *n.* bulu mata.

eyeless *n.* tanpa mata; buta.

eyelet *n.* lelubang; lubang kecil; relang penguat bibir lubang kecil.

eyelid *n.* kelopak mata.

eyepiece *n.* kanta mata; lensa tempat peletak mata dalam teleskop atau mikroskop.

eyesight *n.* penglihatan.

eyesore *n.* jelik; menyakitkan pandangan; benda yang menyakitkan pandangan atau tidak elok dilihat; benda hodoh.

eyewash *n.* (*sl.*) pencuci mata; karut; pelindung; selindungan; kata-kata atau perbuatan yang bertujuan memberikan gambaran yang elok.

eyewitness *n.* saksi.

eyrie *n.* sarang burung pemangsa: sarang helang; rumah, pondok dan sebagainya yang terletak di tempat tinggi.

F

F *abbr.* **Fahrenheit** darjah suhu Fahrenheit.

fable *n.* fabel; dongeng; cerita tamsilan. **fabled** *a.* menjadi legenda.

fabric *n.* fabrik; kain; rangka (bangunan).

fabricate *v.t.* membina; membuat; mereka (cerita, dsb.). **fabrication** *n.* perbuatan mereka-reka cerita. **fabricator** *n.* pereka cerita.

fabulous *a.* tidak terperi; (*colloq.*) hebat; menakjubkan; menghairankan. **fabulously** *adv.* secara menakjubkan; dengan hebat. **fabulosity** *n.* kehebatan.

facade *n.* muka (bangunan); zahirnya.

face *n.* muka; wajah; rupa; paras. —*v.t.* memalingkan muka ke arah; menghadap. **face-flannel** *n.* tuala muka. **face-lift** *n.* pembedahan untuk menegangkan kulit muka. **face-pack** *n.* pupur muka.

faceless *a.* tidak dikenali; tanpa identiti.

facet *n.* segi (muka permata); sudut; aspek.

facetious *a.* melawak; berseloroh. **facetiously** *adv.* secara berseloroh. **facetiousness** *n.* berseloroh; sifat suka melawak atau berseloroh.

facia *n.* papan pemuka; plat yang bertulis nama kedai, dsb.

facial *a.* berkenaan dengan muka. —*n.* rawatan kecantikan muka.

facile *a.* mudah; senang; enteng; cetek.

facilitate *v.t.* memudahkan; menyenangkan. **facilitation** *n.* pemudahan.

facility *n.* kemudahan.

facing *n.* lapik; litupan yang diperbuat daripada pelbagai bahan.

facsimile *n.* faksimile; salinan tepat.

fact *n.* hakikat; kenyataan; fakta. **in fact** pada hakikatnya; malahan.

faction *n.* kaum; puak; kumpulan kecil dalam kelompok yang lebih besar.

factitious *a.* dibuat-buat; dibuat untuk tujuan khusus; buatan.

factor *n.* faktor; perkara yang menghasilkan sesuatu; nombor yang boleh dibahagikan daripada sesuatu nombor. **factorial** *a.* faktoran; faktorial.

factorize *v.t.* memfaktorkan nombor. **factorization** *n.* pemfaktoran.

factory *n.* kilang.

factotum *n.* orang gaji; orang suruhan.

factual *a.* berdasarkan hakikat atau fakta. **factually** *adv.* pada hakikatnya.

faculty *n.* daya; fakulti (universiti); keizinan yang diberikan oleh pihak berkuasa sesuatu mazhab Kristian.

fad n. kegemaran; ikutan (fesyen, dsb.) pada sesuatu waktu. **faddish** a. (orang yang) suka meniru-niru.

fade v.t./i. pudar; layu; luntur; beransur hilang. **fadeless** a. tidak luntur.

faeces n.pl. tahi.

fag v.t./i. (p.t. **fagged**) bertungkuslumus; penat; meletihkan. —n. kerja yang meletihkan; (sl.) rokok.

fagged a. letih; penat; lesu.

faggot n. berkas; ikat; ketulan hati yang dibakar atau digoreng.

Fahrenheit a. Fahrenheit; tentang skala suhu yang mempunyai takat beku pada 32° dan takat didih pada 212°.

faience n. tembikar (yang licin berkilat dan berwarna).

fail v.t./i. gagal; kandas. —n. kegagalan.

failing n. kelemahan; kekurangan. —prep. jika tidak; kalau tidak.

failure n. kegagalan; orang yang gagal.

fain adv. (usang) dengan rela.

faint a. (-er, -est) sayup; lemah; samar. —v.i. pengsan; pitam. —n. keadaan lemah. **faint-hearted** a. penakut; pengecut. **faintly** adv. dengan lemah; sayup-sayup. **faintness** n. kesayupan; kelemahan; kesamaran.

fair[1] n. pesta ria; pesta; pameran. **fair-ground** n. tapak pesta.

fair[2] a. (-er, -est) cerah (warna); cantik; baik (cuaca); saksama; adil; patut; munasabah. **fair play** peluang yang sama untuk semua; keadilan.

fairing n. struktur tambahan luaran kapal atau kapal terbang untuk menjadikannya lebih bergaris arus.

fairly adv. dengan saksama; dengan patut; sederhana.

fairway n. terusan (yang boleh dilayari perahu, kapal); bahagian padang golf yang pamah.

fairy n. pari-pari; peri; orang bunian. **fairy godmother** penderma; wanita yang membiaya seseorang. **fairy lights** lampu-lampu kecil berderet yang digunakan sebagai hiasan. **fairy story, fairytale** n. cerita peri; cerita dongeng.

fairyland n. kayangan; keinderaan; tempat yang sangat indah.

fait accompli fait accompli; sesuatu yang sudah dilakukan dan tidak boleh diubah lagi.

faith n. iman; kepercayaan; keyakinan; kesetiaan; ketaatan; kepatuhan; kejujuran; keikhlasan. **faith-cure, faith-healing** n. penyembuhan secara berdoa (perbomohan). **faith-healer** n. bomoh; pawang; dukun.

faithful a. setia; tepat; boleh dipercayai. **faithfully** adv. benar-benar; betul-betul. **faithfulness** n. kesetiaan; kebolehpercayaan; ketepatan.

faithless a. tidak setia; tidak boleh dipercayai.

fake n. sesuatu yang palsu; penipu. —a. palsu; tipu. —v.t. meniru; pura-pura. **faker** n. pemalsu.

fakir n. fakir; orang yang bergantung hidup pada sedekah.

falcon n. falko; sejenis helang kecil. **falconry** n. usaha membela dan melatih burung helang. **falconer** n. pembela dan pelatih burung helang.

fall v.i. (p.t. **fell**, p.p. **fallen**) jatuh; gugur; mati; gugur dalam medan perjuangan. —n. jatuhnya; kejatuhan; (A.S.) musim luruh; (pl.) air terjun. **fall back on** berundur; mengambil sesuatu jalan keluar atau penyelesaian. **fall for** (colloq.) jatuh cinta; tertipu. **fall in** masuk berbaris (tentera); arahan ini. **fall in with** bertembung; terjumpa; setuju. **fall off** mengurang; menurun. **fall out** kelahi; keluar dari barisan (tentera); arahan ini. **fall short** kurang; tidak mencukupi. **fall through** gagal; tidak jadi. **fall to** memulakan aktiviti seperti makan atau bekerja.

fallacious a. salah; berdasarkan asas yang salah; mengelirukan.

fallacy n. salah anggapan; falasi; taakulan yang salah.

fallible a. boleh silap. **fallibility** n. kebolehan (kemungkinan) membuat kesilapan.

Fallopian tube n. salur atau tiub Falopio dari ovari ke rahim.

fallout n. guguran bahan radioaktif bawaan udara.

fallow[1] a. terbiar (tanah). —n. tanah terbiar.

fallow[2] a. **fallow deer** rusa berwarna kuning kecoklat-coklatan pucat.

false a. silap; salah; palsu; bohong; curang. **falsely** adv. dengan palsu; dengan dusta. **falseness** n. kesilapan; kesalahan; kepalsuan; kecurangan.

falsehood n. kepalsuan; pembohongan.

falsetto n. nyaring (suara lelaki); nada suara yang tinggi daripada biasa; suara palsu.

falsify v.t. memalsukan; memberi gambaran salah. **falsification** n. pemalsuan.

falsity n. kepalsuan; pembohongan.

falter v.i. teragak-agak; terhenti-henti; terhuyung-hayang.

fame n. kemasyhuran; nama baik.

famed *a.* masyhur; terkenal.

familial *a.* tentang keluarga.

familiar *a.* biasa; lazim; tahu benar; rapat. **familiarly** *adv.* biasanya; lazimnya; selalunya. **familiarity** *n.* kekariban; kemesraan; hubungan yang rapat.

familiarize *v.t.* membiasakan; melazimkan. **familiarization** *n.* pembiasaan; perihal membiasakan diri.

family *n.* keluarga; sanak saudara; famili; kaum kerabat.

famine *n.* kebuluran; kelaparan.

famished, famishing *adjs.* kebuluran; sangat lapar.

famous *a.* masyhur; terkenal, (*colloq.*) bagus betul. **famously** *adv.* (*colloq.*) dengan sangat baik.

fan[1] *n.* kipas. —*v.t.* (*p.t.* **fanned**) kipas; mengipas. **fanbelt** tali kipas; tali pemutar kipas yang menyejukkan enjin kereta.

fan[2] *n.* peminat. **fan mail** surat-surat daripada peminat.

fanatic *n.* pelampau; orang yang keterlaluan; orang fanatik. **fanatical** *a.* melampau; terlalu; amat; fanatik. **fanatically** *adv.* secara melampau; terlalu atau amat; secara fanatik.

fanaticism *n.* keterlaluan; kefanatikan; ketaksuban.

fancier *n.* orang yang suka atau memelihara sesuatu jenis binatang.

fanciful *a.* khayalan; aneh; fantasi; aneka ragam. **fancifully** *adv.* secara khayalan atau fantasi.

fancy *n.* khayalan; bayangan; angan-angan; rekaan; hasrat; kegemaran. —*a.* banyak hiasan; istimewa; beraneka ragam; beraneka warna. —*v.t.* bayangkan; angankan; (*colloq.*) gemar; suka. **fancy dress** pakaian beraneka ragam.

fandango *n.* (*pl.* **-oes**) sejenis tarian Sepanyol.

fanfare *n.* keadaan riuh-rendah dengan bunyi trompet; gembar-gembur.

fang *n.* taring; siung.

fanlight *n.* tingkap kecil atas pintu atau atas tingkap besar (untuk kemasukan cahaya).

fantasia *n.* gubahan muzik, dsb. yang berbentuk fantasi atau khayalan.

fantasize *v.i.* mengkhayalkan; berangan-angan.

fantastic *a.* ganjil; aneh; bersifat khayalan; (*colloq.*) hebat. **fantastically** *adv.* dengan hebat.

fantasy *n.* khayalan; angan-angan; fantasi.

far *adv.* jauh. —*a.* jauh. **Far East** Timur Jauh, negara di Asia Timur dan Tenggara. **far-fetched** *a.* jauh daripada kenyataan; tidak mungkin; hampir mustahil.

farad *n.* farad; unit kemuatan (kapasitans).

farce *n.* farsa; lelucon; lawak jenaka; sandiwara. **farcical** *a.* (bersifat) melucukan. **farcically** *adv.* dengan cara yang melucukan.

fare *n.* tambang; penumpang; pelbagai jenis makanan yang disediakan. —*v.t.* berada dalam sesuatu keadaan; mendapat sesuatu layanan atau pengalaman; mencapai (sesuatu matlamat); maju; maju jaya.

farewell *int.* & *n.* selamat tinggal; selamat jalan; perpisahan.

farinaceous *a.* berkanji.

farm *n.* ladang; kebun; rumah ladang. —*v.t./i.* berladang; berkebun; bertani; berternak. **farm out** bahagi-bahagikan kerja atau tugas.

farmer *n.* peladang; pekebun; petani; penternak.

farmhouse *n.* rumah ladang; rumah peladang yang didirikan di ladangnya.

farmstead *n.* ladang; kebun dan bangunan-bangunan di dalamnya.

farmyard *n.* kawasan ladang atau kebun.

farrago *n.* kecamukan; keadaan bercampur aduk.

farrier *n.* tukang atau pemasang ladam kuda.

farrow *v.i.* melahirkan anak khinzir. — *n.* kelahiran anak khinzir; seperinduk anak khinzir.

farther *adv.* & *a.* lebih jauh; lebih jauh.

farthest *adv.* & *a.* terjauh; yang terjauh.

farthing *n.* duit syiling Inggeris (lama) bernilai suku peni.

fascicle *n.* fasikel; sebahagian daripada sebuah buku yang diterbitkan berperingkat-peringkat.

fascinate *v.t.* terpesona; mempesona; pikat; memikat; terpukau; terpegun; tertawan; menawan. **fascination** *n.* (keadaan) terpesona atau terpukau; pesonaan; tarikan. **fascinator** *n.* pemikat; penawan.

fascism *n.* fahaman Fasis; sistem pemerintahan diktator pelampau (sayap kanan). **fascist** *n.* penganut fahaman Fasis.

fashion *n.* gaya; cara; fesyen. —*v.t.* membentuk.

fashionable *a.* bergaya; mengikut fesyen; digunakan oleh orang yang bergaya. **fashionably** *adv.* dengan penuh bergaya.

fast[1] *a.* (-er, -est) pantas; deras; laju; cepat; suka berfoya-foya; kukuh; teguh. —*adv.* dengan pantas atau cepat; dengan teguh; dengan berfoya-foya. **fast food** makanan segera.

fast[2] *v.i.* berpuasa. —*n.* puasa.

fasten *v.t./i.* melekatkan; mengetatkan; mengukuhkan; melekat; mengetat; mengukuh; meneguh.

fastener, fastening *ns.* alat pelekat, pengetat, pengukuh atau peneguh; kancing.

fastidious *a.* bersifat pemilih (yang baik sahaja); cerewet. **fastidiously** *adv.* dengan memilih atau cerewet. **fastidiousness** *n.* kecerewetan.

fastness *n.* kepantasan; kederasan; kecepatan; kelajuan; keteguhan; kekukuhan; kubu.

fat *n.* lemak. —*a.* (fatter, fattest) gemuk; tambun; subur; tebal; kembung; menguntungkan. **fat-head** *n.* (*sl.*) bahlul; orang dungu atau bodoh. **a fat lot** (*sl.*) sangat sedikit. **fatness** *n.* kegemukan; kesuburan; ketebalan.

fatal *a.* yang membawa maut. **fatally** *adv.* dengan cara yang membawa maut; sudah ditakdirkan.

fatalist *n.* orang yang berserah kepada nasib atau takdir. **fatalism** *n.* fatalisme; fahaman qadariah; fahaman bahawa kehidupan manusia ditentukan oleh nasib atau takdir. **fatalistic** *a.* fatalistik; bersifat qadariah.

fatality *n.* kematian (dalam malapetaka, perang, dsb.).

fate *n.* qadar; takdir; nasib; untung nasib.

fated *a.* sudah ditakdirkan; sudah nasib.

fateful *a.* (kecelakaan) yang sudah ditakdirkan.

father *n.* bapa; ayah; abah; gelaran untuk paderi. **The Father** Tuhan (Kristian). —*v.t.* menjadi bapa kepada seseorang; pelopori. **father-in-law** *n.* (*pl.* fathers-in-law) bapa mentua. **fatherhood** *n.* kebapaan; keayahan. **fatherly** *a.* bersikap seperti seorang bapa; (seorang) bapa.

fatherland *n.* negara sendiri; tanah air; tanah tumpah darah.

fatherless *a.* yatim; tanpa ayah atau bapa.

fathom *n.* fatom; ukuran kedalaman air (kira-kira 1.8 meter). —*v.t.* menyelami; ukuran dalamnya sesuatu; cari sebab-musabab.

fatigue *n.* keletihan; kepenatan; kelesuan; kelemahan dalam logam akibat tegasan; fatig; tugas bukan ketenteraan untuk askar. —*v.t.* meletihkan; memenatkan; melesukan; melemahkan.

fatten *v.t./i.* menggemukkan; menyuburkan.

fatty *a.* seperti lemak; berlemak. —*n.* (*colloq.*) si gemuk; orang gemuk.

fatuity *n.* kebodohan; kedunguan; kata-kata yang bodoh.

fatuous *a.* bodoh; dungu. **fatuously** *adv.* secara bodoh atau dungu. **fatuousness** *n.* kebodohan; kedunguan.

fatwa *n.* fatwa; keputusan tentang sesuatu hukum dalam agama Islam.

faucet *n.* pili; kepala paip.

fault *n.* kesilapan; kesalahan; kerosakan; gelinciran; sesar atau keretakan memanjang (dalam lapisan batu); servis batal (dalam permainan seperti badminton, tenis). —*v.t.* mencari kesalahan; merosakkan. **at fault** bersalah.

faultless *a.* tanpa cacat cela; tanpa silap atau salah. **faultlessly** *adv.* dengan tanpa cacat cela; dengan sempurna. **faultlessness** *n.* keadaan tanpa cacat cela.

faulty *a.* (-ier, -iest) rosak; bercacat; salah atau silap; tidak betul. **faultily** *adv.* secara silap atau salah. **faultiness** *n.* kerosakan; kecacatan; kesilapan.

faun *n.* dewa desa Latin yang berkaki kambing dan bertanduk.

fauna *n.pl.* fauna; segala binatang yang hidup dalam sesuatu wilayah atau zaman.

faux pas (*pl.* faux pas) kesilapan (ucapan atau perbuatan) yang mencelakan atau memalukan.

favour *n.* pertolongan; bantuan; anggapan baik; pilih kasih; memihak; lencana (penyokongan). —*v.t.* menolong; menyokong; memihak; menyerupai; mirip.

favourable *a.* baik; menyokong; menguntungkan; berfaedah. **favourably** *adv.* secara yang baik, menyokong, menguntungkan atau berfaedah.

favourite *a.* kesayangan; kegemaran. —*n.* sesuatu yang menjadi kesayangan; pilihan ramai.

favouritism *n.* pilih kasih; pemihakan.

fawn[1] *n.* anak rusa (yang berumur kurang daripada setahun); warna

F

perang kekuningan. —a. berwarna perang kekuningan.

fawn² v.i. (anjing) manja; ampu (seseorang untuk sesuatu kepentingan).

fax n. faksimile; penghantaran mesej secara elektronik.

fay n. (puisi) pari-pari.

faze v.t. (colloq.) membingungkan; merisaukan; membimbangkan; mengganggu.

FBI abbr. (di A.S.) Federal Bureau of Investigation Biro Penyiasatan Persekutuan.

FC abbr. Football Club Kelab Bola Sepak.

fealty n. kesetiaan; ketaatan.

fear n. ketakutan; takwa. —v.t./i. menakutkan; gentar; takut kepada (Tuhan).

fearful a. takut; yang menakutkan; (colloq) teruk. **fearfully** adv. dengan ketakutan.

fearless a. tanpa takut; tiada ketakutan; berani. **fearlessly** adv. secara berani. **fearlessness** n. ketiadaan rasa takut; keberanian.

fearsome a. yang menakutkan, mengerikan atau menyeramkan.

feasible a. boleh laksana; munasabah. **feasibly** adv. boleh dilaksanakan. **feasibility** n. kebolehlaksanaan; kemunasabahan.

feast n. kenduri; jamuan makan. —v.t./i. berjamu; menjamu.

feat n. pencapaian yang hebat.

feather n. bulu burung, ayam, dll.; bulu lembut pada kaki kuda atau anjing. —v.t. dilitupi bulu. **feather-bed** v.t. memudahkan keadaan kewangan. **feather-brained** a. bodoh. **feather one's nest** memperkaya diri sendiri. **feathery** a. penuh bulu; ringan.

featherweight n. satu kelas ringan (57 kg) dalam sukan tinju; orang atau benda ringan.

feature n. wajah; iras; sifat; ciri; rencana; filem cetera. —v.t. memberi keutamaan; menonjolkan.

febrile a. febril; berkenaan demam.

February n. Februari; bulan kedua dalam setahun.

feces n. (A.S.) = faeces bahan buangan dari usus; tahi.

feckless a. tidak cekap dan tidak bertanggungjawab; lembap. **fecklessness** n. sifat yang lembap.

fecund a. subur. **fecundity** n. kesuburan.

fecundate v.t. subur; baja. **fecundation** n. kesuburan.

fed lihat feed. —a. fed up (sl.) marah; radang; bosan.

federal a. persekutuan; berkenaan dengan sistem negeri-negeri yang bersatu di bawah satu kuasa pusat. **federally** adv. mengikut sistem persekutuan. **federalism** n. federalisme; fahaman persekutuan. **federalist** n. penyokong federalisme.

federalize v.t. menjadikan persekutuan. **federalization** n. penyekutuan.

federate v.t./i. bersekutu; mempersekutukan. —a. bersekutu. **federative** a. bersekutu.

federation n. persekutuan.

fedora n. topi lembut.

fee n. yuran; bayaran.

feeble a. (-er, -est) lemah; tidak berdaya. **feeble minded** a. lemah fikiran. **feebly** adv. dengan lemah; dengan tidak berdaya. **feebleness** n. kelemahan; keadaan tidak berdaya.

feed v.t./i. (p.t. fed) memberi makan; memberikan sebagai makanan; (tentang binatang) makan; membekal; menghantar bola (kepada pemain) dalam permainan bola sepak, dll. —n. makanan; penyalur bahan kepada mesin.

feedback n. maklum balas.

feeder n. botol susu berputing; alat penyuap; cabang (sungai, jalan kereta api) yang masuk ke sistem utama atau pusat.

feel v.t./i. (p.t. felt) berasa; merasa. —n. rasa. **feel like** rasa ingin.

feeler n. sesungut. **feeler gauge** pengukur sela atau ruang sempit.

feeling n. perasaan; deria rasa; pendapat.

feet lihat foot.

feign v.t. berpura-pura.

feint n. acahan; serangan untuk mengalihkan perhatian. —v.i. mengacah. —a. (garisan) samar atau kabur.

feisty adj. bersemangat dan girang.

feldspar n. feldspar; galian putih atau merah mengandungi silikat.

felicitate v.t. mengucapkan tahniah. **felicitation** n. pengucapan tahniah.

felicitous a. sesuai; cocok; kena; padan. **felicitously** adv. dengan sesuai.

felicity n. kebahagiaan; gaya yang menawan.

feline a. berkenaan kucing; seperti kucing. —n. felin; binatang keluarga kucing.

fell¹ n. bidang tanah berbukit.

fell² a. kejam. **at one fell swoop** dengan satu tindakan kejam.

fell[3] v.t. menebang; merebahkan; menumbangkan.

fell[4] lihat fall.

felloe n. lingkaran luar roda.

fellow rakan; sahabat; seseorang yang serupa dengan yang lain; ahli badan ilmiah; (colloq.) lelaki; budak lelaki. **fellow traveller** rakan sepejalanan.

fellowship n. persahabatan; persatuan; ahli persatuan; keahlian dalam badan ilmiah.

felon n. penjenayah besar.

felony n. feloni; jenayah besar. **felonious** a. berkaitan dengan feloni.

felt[1] n. kain jalinan; sakhlat; lakan. —v.t./i. membuat atau menjadikan tenunan; menutup dengan sakhlat.

felt[2] lihat feel.

female a. & n. perempuan; wanita; betina.

feminine a. seperti perempuan, wanita atau betina. —n. perkataan feminin. **femininity** n. keperempuanan; kewanitaan.

feminist n. penyokong gerakan kewanitaan yang menuntut kesamaan hak dengan lelaki. **feminism** n. feminisme; fahaman kewanitaan.

femme fatale n. (pl. femmes fatales) wanita yang menarik dan menggoda.

femur n. femur; tulang paha. **femoral** a. berkaitan dengan femur.

fen n. paya; rawa. **fenny** a. berpaya.

fence n. pagar; pembeli barang curian untuk dijual kembali. —v.t./i. memagari; bermain pedang. **fencer** n. pemain pedang.

fencing n. pagar; bahan pagaran; seni bermain pedang.

fend v.t./i. **fend for** menyara. **fend off** menangkis; mengadang.

fender n. pengadang perapian; dapra; alas geselan yang digantung pada kapal (seperti tayar, dsb.).

fennel n. adas; sejenis tumbuhan berbau wangi.

feral a. liar; jalang.

ferment[1] v.t./i. menapai; menghasut; mengocok.

ferment[2] n. tapaian; penapaian; kehuru-haraan; hasutan.

fermentation n. penapaian; perubahan kimia disebabkan oleh bahan organik, menghasilkan buih dan haba; kekacauan; penggocokan.

fern n. paku pakis. **ferny** a. berpaku pakis; ditumbuhi paku pakis.

ferocious a. bengis; garang; ganas. **ferociously** adv. dengan bengis, garang atau buas. **ferocity** n. kebengisan; kegarangan; keganasan.

ferret n. feret; sejenis binatang kecil seakan-akan memerang. —v.t./ i. (p.t. ferreted) mencari; menggeledah. **ferret out** mencari atau menggeledah.

ferric, ferrous adjs. yang mengandungi ferik atau ferum (besi).

Ferris wheel n. roda Ferris; roda menegak yang besar yang terdiri daripada bangku-bangku untuk orang duduk dalam pesta ria, dsb.

ferrule n. simpai atau tukup logam di hujung kayu atau tiub.

ferry v.t. mengangkut; membawa belayar. —n. feri; tempat (pangkalan) feri; perkhidmatan feri.

fertile a. subur; berdaya cipta. **fertility** n. kesuburan.

fertilize v.t. menyuburkan; membaja; mendebungakan; mensenyawakan. **fertilization** n. penyuburan; pembajaan; pendebungaan; pensenyawaan.

fertilizer n. baja.

fervent a. membara; bersungguh-sungguh; bersemangat. **fervently** adv. dengan bersemangat; bersungguh-sungguh.

fervid a. membara; bersemangat. **fervidly** adv. dengan bersemangat.

fervour n. kesungguhan; keghairahan; penuh semangat.

festal a. berkaitan dengan pesta; meriah.

fester v.t./i. meracuni; membarah.

festival n. pesta; perayaan.

festive a. ria; meriah; bersifat kepestaan atau perayaan.

festivity n. temasya; kemeriahan; pesta.

festoon n. juntaian bunga-bunga atau reben. —v.t. dihias dengan hiasan berangkai.

fetch v.t. ambil; jemput; peroleh. **fetch up** sampai; tiba.

fetching a. menarik; menawan.

fête n. pesta; hiburan atau jualan di luar bangunan, terutama untuk tujuan amal. —v.t. berpesta meraikan kejayaan.

fetid a. busuk.

fetish n. fetisy; benda yang disembah; objek pemujaan.

fetlock n. keting kuda; bahagian kaki kuda atas dari kukunya.

fetter n. belenggu —v.t. membelenggu.

fettle n. keadaan baik.

fetus n. (atau foetus) (pl. fetuses) janin mamalia; bayi mamalia yang masih belum dilahirkan. **fetal** a. masih di dalam rahim.

F

feud *n.* permusuhan; persengketaan. —*v.i.* bermusuhan; bersengketa.

feudal *a.* feudal; berkenaan sistem feudal. **feudal system** sistem feudal; sistem pemegangan tanah dengan bekerja untuk tuan punya tanah. **feudalism** *n.* feudalisme; sistem feudal.

fever *n.* demam. **fevered** *a.* panas; meracau. **feverish** *a.* (menunjukkan tanda-tanda) demam; menggila. **feverishly** *adv.* bagai hendak gila; secara gelabah.

few *a. & n.* sedikit; beberapa. **a few** sedikit. **a good few, quite a few** (*colloq.*) agak banyak juga. **fewness** kesedikitan.

fey *a.* ganjil; tidak berpijak di alam nyata; (*Sc.*) meramal. **feyness** *n.* keganjilan.

fez *n.* (*pl.* **fezzes**) tarbus; kopiah tinggi berwarna merah.

fiancé *n.* tunang (lelaki). **fiancée** *n. fem.* tunang (perempuan).

fiasco *n.* (*pl.* **-os**) gagal sama sekali.

fiat *n.* arahan; titah; perintah.

fib *n.* dusta; pembohongan kecil. **fibbing** *n.* pengucapan dusta; pembohongan. **fibber** pembohong; pendusta.

fibre *n.* serabut; gentian; serat; talian seperti sabut; keutuhan watak. **fibre optics** optik gentian; penghantaran maklumat melalui isyarat inframerah sepanjang gentian kaca yang nipis. **fibrous** *a.* berserabut; berserat.

fibreboard *n.* papan gentian; papan daripada bahan berserabut yang dimampatkan.

fibreglass *n.* kaca gentian; kain yang diperbuat daripada gentian kaca; plastik yang mengandung kaca gentian.

fibril *n.* fibril; serat kecil.

fibroid *a.* mengandung tisu berserat. —*n.* tumor tidak berbahaya pada tisu berserat.

fibrositis *a.* fibrositis; sakit tisu; sakit urat.

fibula *n.* (*pl.* **-lae**) fibula; tulang betis.

fiche *n.* mikrofis.

fickle *a.* berubah-ubah; tidak tetap. **fickleness** *n.* ketidaktetapan.

fiction *n.* fiksyen; cereka; cerita reka-an. **fictional** *a.* bersifat fiksyen.

fictitious *a.* rekaan; khayalan; tidak benar.

fiddle *n.* (*colloq.*) biola; (*sl.*) penipuan. —*v.t./i.* menggesek biola; memain-mainkan sesuatu; (*sl.*) tipu. **fiddler** *n.* penggesek biola.

fiddlestick *n.* karut; sesuatu yang karut.

fiddling *a.* remeh (-temeh).

fiddly *a.* (*colloq.*) renyah.

fidelity *n.* kesetiaan; ketaatan; ketepatan.

fidget *v.t./i.* (*p.t.* **fidgeted**) meresah; menggelisah. —*n.* orang yang resah; keresahan; kegelisahan. **fidgety** *a.* resah; gelisah.

fiduciary *a.* fidusiari; disimpan di bawah amanah. —*n.* pemegang amanah.

fief *n.* tanah yang dimiliki di bawah sistem feudal; domain.

field *n.* padang; lapangan. —*v.t./i.* bersedia menangkap atau menahan (bola); menurunkan pemain. **field-day** *n.* hari yang banyak kegiatan dan menjanjikan kejayaan. **field events** acara padang; pertandingan atletik selain perlumbaan. **field-glasses** *n.pl.* binokular; teropong kembar. **Field Marshal** fil marsyal; pangkat tertinggi pegawai tentera darat.

fielder *n.* pelontar bola; pemadang; pasukan yang bukan gilirannya memukul bola.

fieldsman *n.* (*pl.* **-men**) pelontar bola.

fieldwork *n.* kerja lapangan; kerja amali di luar pejabat. **fieldworker** *n.* pekerja lapangan.

fiend *n.* iblis; syaitan; pelesit; pengacau. **fiendish** *a.* seperti iblis; amat kejam; amat menyusahkan.

fierce *a.* (**-er, -est**) garang; bengis; bersemangat. **fiercely** *adv.* dengan garang; dengan bengis. **fierceness** *n.* kegarangan; kebengisan.

fiery *a.* (**-ier, -iest**) berapi; panas baran.

fiesta *n.* pesta; keramaian.

fife *n.* faif; seruling kecil yang nyaring bunyinya.

fifteen *a. & n.* lima belas. **fifteenth** *a. & n.* kelima belas.

fifth *a. & n.* kelima. **fifth column** sayap kelima; pertubuhan yang bekerja untuk pihak musuh (dalam negara yang sedang berperang.) **fifthly** *adv.* yang kelimanya.

fifty *a. & n.* lima puluh. **fifty-fifty** *a. & adv.* separuh-separuh; sama banyak. **fiftieth** *a. & n.* kelima puluh.

fig *n.* ara; pokok berdaun lebar; buah ara; buah tin.

fight *v.t./i.* (*p.t.* **fought**) lawan; tanding; gaduh; juang; bertumbuk. —*n.* perlawanan; pertandingan; pergaduhan; perjuangan. **fight shy of** mengelakkan diri; segan. **fighter** *n.* pelawan; pejuang.

figment *n.* khayalan.

figurative *a.* kias; ibarat. **figuratively** *adv.* dengan berkias; secara kiasan.

figure *n.* bentuk; rajah; angka; perangkaan; (*pl.*) kira-kira, —*v.t./i.* melukis bentuk atau rajah; mencongak; menganggar; menggambarkan. **figure of speech** kiasan.

figured *a.* bercorak.

figurehead *n.* ukiran imej pada haluan kapal; boneka; pemimpin yang kurang kuasa.

figurine *n.* patung kecil.

filament *n.* filamen; wayar halus yang menghasilkan cahaya elektrik.

filbert *n.* isi kekeras hazel; kacang hazel.

filch *v.t.* curi.

file[1] *n.* kikir. —*v.t.* mengikir.

file[2] *n.* barisan; fail (bekas untuk menyimpan kertas, dsb.). —*v.t./i.* memfailkan; merekodkan; berbaris.

filial *a.* (kewajipan) yang dituntut daripada anak. **filially** *adv.* secara kewajipan terhadap ibu bapa.

filibuster *v.i.* dolak-dalik, pelambat atau penghalang (pelulusan undang-undang) dengan berucap panjang lebar. —*n.* ucapan penghalang.

filigree *n.* filigri, kerawang logam.

filings *n.pl.* habuk kikiran.

Filipino *n.* (*pl.* **Filipinos**) orang Filipina; —*a.* berasal dari Filipina.

fill *v.t./i.* mengisi; memenuhi; penuh; sendat. —*n.* sepenuh; puas. **fill in** penuhkan; (*colloq.*) memberitahu; menggantikan. **fill out** membesarkan; menjadi besar. **fill up** menjadi penuh.

filler *n.* likatan; pengisi.

fillet *n.* filet; ketul ikan atau daging yang tidak bertulang. —*v.t.* (*p.t.* **filleted**) membuang tulang. **filleter** *n.* pelaku di atas.

filling *n.* tampalan (gigi); isi; inti. **filling-station** stesen minyak.

fillip *n.* libasan dengan sebatang jari; dorongan.

filly *n.* anak kuda betina.

film *n.* filem. —*v.t./i.* memfilemkan; selaputi dengan bahan tipis. **film star** bintang filem. **film-strip** *n.* jalur filem.

filmy *a.* tipis membayang.

filter *n.* penuras; penyaring. —*v.t./i.* turas; saring; menyaring. **filter-bed** *n.* tangki atau takungan untuk menuras cecair. **filter tip** rokok bertapis; rokok yang mempunyai penapis di bahagian pangkalnya.

filth *n.* kotoran; kelucahan. **filthy** *a.* cemar; kotor. **filthily** *adv.* dengan

kotor. **filthiness** *n.* kekotoran; kekejian; kelucahan.

filtrate *n.* saringan; cecair turasan. —*v.t./i.* saring; turas. **filtration** *n.* penyaringan; penurasan.

fin *n.* sirip (ikan dan kapal terbang).

finagle *v.t./i.* (*colloq.,* A.S.) berkelakuan tidak jujur; mendapatkan secara tipu helah.

final *a.* akhir; tamat; muktamad. —*n.* pusingan akhir pertandingan; (*pl.*) peperiksaan akhir. **finally** *adv.* akhirnya.

finale *n.* finale; akhiran; bahagian terakhir.

finalist *n.* peserta akhir.

finality *n.* keakhiran; muktamad.

finalize *v.t.* mengakhiri; mengakhirkan; menyelesaikan. **finalization** *n.* pengakhiran; penyelesaian.

finance *n.* kewangan; biaya. —*v.t.* biayai. **financial** *a.* (berkenaan) kewangan. **financially** *adv.* dari segi kewangan.

financier *n.* pembiaya; ahli kewangan.

finch *n.* burung cakar; sejenis burung yang kecil.

find *v.t./i.* (*p.t.* **found**) dapat; jumpa; jumpai; temu; temui; peroleh; perolehi. —*n.* jumpaan; temuan. **find out** cari; dapatkan. **finder** *n.* pencari; penemu.

finding *n.* kesimpulan yang dicapai sebagai hasil penyiasatan, dsb.; dapatan.

fine[1] *n.* denda (wang). —*v.t.* mendenda.

fine[2] *a.* (**-er, -est**) halus; seni; elok; baik; bagus. —*adv.* cantiknya; eloknya. —*v.t./i.* membuat atau menjadi halus, seni atau elok; baik; bagus. **fine arts** seni halus. **finely** *adv.* dengan halus atau nipis; dengan indah.

fineness *n.* kehalusan; kesenian; keelokan; kebaikan; kebagusan.

finery *n.* pakaian yang indah-indah.

finesse *n.* kehalusan; kesantunan.

finger *n.* jari. —*v.t.* sentuh; rasa (dengan jari); raba. **finger-stall** *n.* pembalut jari yang sakit.

fingerprint *n.* bekas sentuhan jari; cap jari.

fingertip *n.* hujung jari.

finial *n.* ukiran pada puncak layar, dsb.

finicking *a. & n.* cerewet; lenyah; leceh. **finical** *a.* bersifat cerewet. **finicky** *a.* cerewet.

finish *v.t./i.* tamat; habis; selesai. —*n.* penamat; penghabis; penghabisan. **finisher** *n.* penamat; orang yang menamatkan sesuatu; orang atau

F

mesin yang membuat operasi akhir dalam proses pembuatan.

finite *a.* terhad; terbatas.

fiord *n.* (*or* **fjord**) serakan laut yang panjang dan sempit di antara cerun-cerun tinggi terutamanya di Norway.

fir *n.* pokok; fir.

fire *n.* api; kebakaran; perapian; tembakan; semangat yang berkobar-kobar. —*v.t./i.* bakar; menembak; menyingkir (dari jawatan). **fire away** (*colloq.*) memulakan; memarakkan. **fire brigade** bomba. **fire engine** *n.* lori bomba; kenderaan yang dilengkapkan dengan alat pemadam kebakaran. **fire-escape** *n.* tangga keselamatan kebakaran. **fire irons** *n.pl.* alatan perapian; alatan untuk perapian di dalam rumah (penyepit, penyodok, dsb.).

firearm *n.* senjata api.

firebrand *n.* penggalak kekacauan atau perbalahan; batu api.

firefly *n.* kunang-kunang; kelip-kelip.

firelight *n.* cahaya daripada api

fireman *n.* (*pl.* -**men**) ahli bomba.

fireplace *n.* diangan; tempat unggun api dalam rumah untuk diangan (panaskan tubuh) pada musim sejuk.

fireside *n.* ruang sekitar diangan.

firewood *n.* kayu api.

firework *n.* bunga api.

firing-squad *n.* pasukan penembak.

firm[1] *n.* syarikat; firma.

firm[2] *a.* (-**er**, -**est**) padat; kukuh; teguh; tegas. —*adv.* dengan tegas; dengan tetap. —*v.t./i.* mengukuhkan.

firmament *n.* cakerawala.

first *a.* mula; pertama; sulung. —*n.* permulaan; (hari, benda, hal, dsb.) yang pertama. —*adv.* yang pertama; lebih dahulu. **at first** pada mulanya. **first aid** pertolongan cemas; rawatan awal kepada pesakit sebelum mendapat rawatan doktor. **first-class** *a. & adv.* kelas pertama; terbaik. **first cousin** (*lihat* cousin). **at first hand** dari sumber yang asal. **first name** nama sendiri atau nama pertama. **first rate** *a.* sangat baik; unggul.

firstly *adv.* mula-mula; pertama.

firth *n.* teluk sempit; muara.

fiscal *a.* fiskal; berkenaan dengan hasil negara.

fish[1] *n.* ikan. —*v.t./i.* menangkap ikan; memancing; mengail.

fish[2] *n.* kayu atau besi penguat.

fishery *n.* perikanan; kawasan penangkapan ikan.

fishmonger *n.* peraih (ikan); penjual ikan.

fishwife *n.* penjual ikan (wanita).

fishy *a.* (-**ier**, -**iest**) hanyir; (*colloq.*) menimbulkan syak; mencurigakan.

fishily *adv.* secara mencurigakan.

fishiness *n.* keadaan hanyir; keadaan yang mencurigakan.

fissile *a.* boleh dibelah; boleh mengalami pembelahan nuklear.

fission *n.* pembelahan (terutamanya nukleus atom dengan membebaskan tenaga). —*v.t./i.* (menyebabkan) mengalami pembelahan. **fissionable** *a.* boleh dibelah.

fissure *n.* rekahan.

fist *n.* genggaman; penumbuk; buku lima.

fisticuffs *n.* pergaduhan bertinju; bertumbuk.

fistula *n.* fistula; borok berbentuk paip; salur berbentuk paip di dalam tubuh.

fit[1] *n.* sawan; serangan atau alamat penyakit yang tiba-tiba.

fit[2] *a.* (**fitter**, **fittest**) sesuai; cocok; padan; sihat; segar. —*v.t./i.* (*p.t.* **fitted**) menyesuaikan; memadankan; pasang. —*n.* padanan. **fit out fit up** melengkapi; membekali. **fitly** *adv.* berpadanan. **fitness** *n.* kesesuaian; kepadanan; kesihatan; kesegaran.

fitful *a.* (berlaku) dengan sekejap-sekejap; tidak tetap. **fitfully** *adv.* yang tidak tetap; dengan sekejap-sekejap.

fitment *n.* perlengkapan.

fitter *n.* pemasang.

fitting *a.* sesuai; padan; cocok; patut.

fittings *n.pl.* aksesori dan kelengkapan.

five *a. & n.* lima.

fiver *n.* (*colloq.*) lima paun; not lima paun.

fix *v.t./i.* pasang; memasang; baiki; memperbaiki; meneguh; mengukuh. —*n.* penentuan kedudukan tempat; keadaan yang menyulitkan; (*sl.*) satu sukatan dadah yang diambil oleh penagih. **fix up** menyediakan; menyelenggarakan. **fixer** *n.* tukang atur.

fixated *a.* asyik.

fixation *n.* pemasangan; keasyikan.

fixative *n. & a.* peneguh; pengukuh; penahan luntur.

fixedly *adv.* dengan tekun; dengan asyik.

fixity *n.* keteguhan; kekukuhan; ketahanan; ketetapan.

fixture *n.* benda yang dipasang; orang atau benda yang teguh kedudukannya; pertandingan; perlumbaan; tarikh pertandingan atau perlumbaan.

fizz *v.i.* berdesis; mendesis. —*n.* bunyi desis. **fizzy** *a.* berbusa.

fizzle *v.i.* mendesis perlahan. **fizzle out** berakhir dengan kekecewaan.

fjord *n.* = fiord.

flab *n.* kegemukan; kegeleberan.

flabbergast *v.t.* (menyebabkan) terperanjat; mencengangkan.

flabby *a.* (-ier, -iest) menggeleber; lemah (hujah, alasan, dsb.). **flabbiness** *n.* kegeleberan.

flaccid *a.* lembik; longlai. **flaccidly** *adv.* dengan longlai. **flaccidity** *n.* kelembikan.

flag[1] *n.* bendera; panji-panji. —*v.t.* (*p.t.* **flagged**) menandai atau memberi isyarat dengan bendera. **flag-day** *n.* hari bendera; hari bendera kecil dijual untuk pertubuhan amal.

flag[2] *v.i.* (*p.t.* **flagged**) lemah; hilang semangat.

flag[3] *n.* batu ubin. **flagged** *a.* berbatu ubin.

flagellate *v.t.* menyebat; merotan. **flagellant** *n.* orang yang menyebat. **flagellation** *n.* sebatan.

flageolet *n.* sejenis alat muzik tiupan seperti rekorder.

flagon *n.* flagon; botol besar pengisi wain; bekas berpemegang dengan muncung dan penutup untuk menghidangkan wain.

flagrant *a.* (jenayah yang) ketara atau jelas buruk. **flagrantly** *adv.* dengan ketara, tanpa segan silu. **flagrance** *n.* keadaan ketara; kenyataan.

flagship *n.* kapal laksamana dengan panji-panjinya; (kapal, kedai, barang, dsb.) yang utama.

flagstone *n.* batu ubin.

flail *n.* batang pengirik (bijirin). —*v.t./i.* pukul dengan batang pengirik; tergapai-gapai.

flair *n.* bakat; kebolehan; gaya.

flak *n.* peluru penembak kapal terbang; bidasan; selaran.

flake *n.* emping, terutamanya salji. —*v.t./i.* menyerpih; mengelupas dalam bentuk emping. **flak out** (*colloq.*) terlena kerana kepenatan, keletihan. **flaky** *a.* berkelupas; berkelopak. **flakiness** *n.* keadaan mengelupas atau menyerpih.

flambé *a.* (tentang makanan) dituang arak dan dinyalakan.

flamboyant *a.* ranggi; berlagak; melaram; marak dan berwarna-warni. **flamboyantly** *adv.* dengan berlagak; dengan berwarna-warni. **flamboyance** *n.* keranggian; kelaraman.

flame *n.* api; nyalaan; lidah api; merah menyala. —*v.t.* menyala; jadi merah menyala. **old flame** (*colloq.*) bekas kekasih.

flamenco *n.* (*pl.* -os) gaya tarian dan nyanyian orang gipsi Sepanyol .

flamingo *n.* (*pl.* -os) flamingo; sejenis burung bangau.

flammable *a.* boleh terbakar. **flammability** *n.* kebolehbakaran.

flan *n.* sejenis kuih berinti.

flange *n.* bebibir; bahagian tepi atau bingkai yang mengunjur keluar. **flanged** *a.* yang mempunyai bebibir.

flank *n.* rusuk; sisi; lambung. —*v.t.* mengapit.

flannel *n.* flanel; sejenis kain bulu; flanel muka; (*pl.*) seluar flanel; (*sl.*) karut.

flannelette *n.* flanelet; kain kapas dibuat menyerupai kain bulu.

flap *v.t./i.* (*p.t.* **flapped**) kibas; kibar; jadi gelisah. —*n.* kibasan; kepak; gelisah.

flapjack *n.* sejenis biskut yang lembut dibuat daripada oat.

flare *v.i.* menyala dengan tiba-tiba; meradang; mengembang. —*n.* nyalaan; alat penghasil nyalaan sebagai isyarat; kembang. **flare off** terbakar (gas yang berlebihan).

flash *v.t./i.* memancarkan; berkilat; bersinar; beri isyarat dengan lampu; menghantar (berita, dll.) melalui radio atau telegraf. —*n.* pancaran pantas cahaya; kilasan; kilauan; imbasan; berita ringkas dan pantas; lampu imbasan kamera; jalur warna. —*a* (*colloq.*) menjolok mata. **flash flood** banjir kilat.

flashback *n.* ulang kembali; kenangan; imbasan kembali.

flashing *n.* kepingan logam untuk menutup penyambung di bumbung.

flashlight *n.* lampu suluh (elektrik).

flashpoint *n.* takat kilat; tahap meledak.

flashy *a.* (-ier, -iest) menjolok mata; menunjuk-nunjuk. **flashily** *adv.* dengan menunjuk-nunjuk. **flashiness** *n.* sifat suka menunjuk-nunjuk.

flask *n.* termos; botol air panas; kelalang.

flat *a.* (**flatter**, **flattest**) rata; datar; pipih; leper; hambar; mati, habis kuasa untuk menjana atau elektrik; flet; bernada rendah daripada yang sepatutnya dalam muzik. —*adv.* dengan cara yang hambar; (*colloq.*) tepat; betul-betul. —*n.* tanah pamah; flat; rumah pangsa; not flet (muzik).

flat-fish *n.* ikan sebelah; ikan berbadan pipih yang berenang pada sisi. **flat rate** bayaran yang sama rata. **flat out** bermati-matian; bertungkus-lumus.

flatten *v.t./i.* meratakan; meleperkan; mendatar.

flatter *v.t.* memuji; mengangkat-angkat; berbesar hati. **flatterer** *n.* pemuji; pengampu. **flattery** *n.* pujian.

flatulent *a.* flatulen; senak; kembung (perut). **flatulence** *n.* kesenakan; fla-tulens.

flatworm *n.* cacing leper.

flaunt *v.t./i.* menunjuk-nunjukkan; menayang-nayangkan.

flautist *n.* pemain flut; peniup serunai, seruling.

flavour *n.* rasa; perisa. —*v.t.* memberi rasa pada. **flavourful** *a.* berperisa.

flavouring *n.* bahan perisa.

flaw *n.* kecacatan; kekurangan. —*v.t.* mencacati.

flawless *a.* tidak cacat. **flawlessly** *adv.* dengan sempurna tanpa cacat. **flawlessness** *n.* keadaan tidak cacat; kesempurnaan.

flax *n.* pokok flaks; sejenis tumbuhan berbunga biru; kain yang diperbuat daripada jerami tumbuhan ini.

flaxen *a.* daripada jerami flaks; ber-warna kuning pucat.

flay *v.t.* sayat; lapah; buang kulit; mengecam; membidas.

flea *n.* kutu; hama. **flea market** pasar lambak.

fleck *n.* bintik; tompok; habuk.

flecked *a.* berbintik-bintik; bertompok-tompok.

fled *lihat* **flee**.

fledged *a.* (anak burung) yang lengkap bersayap; sudah boleh terbang; (orang yang) cukup terlatih.

fledgeling *n.* anak burung yang leng-kap bersayap, sudah boleh terbang; orang yang kurang berpengalaman.

flee *v.t./i.* (*p.t.* **fled**) melarikan diri.

fleece *n.* bulu biri-biri. —*v.t.* tipu. **fleecy** *a.* gebu.

fleet[1] *n.* angkatan laut; armada.

fleet[2] *a.* (-er, -est) pantas; laju. **fleety** *adv.* dengan pantas atau laju. **fleet-ness** *n.* kepantasan; kelajuan.

fleeting *a.* sekilas; sepintas lalu.

Flemish *a.* & *n.* bahasa Flemish; bahasa orang Flanders di barat laut Belgium.

flesh *n.* isi; daging. **flesh and blood** sifat manusia; kaum keluarga. **flesh-wound** *n.* luka luar.

fleshly *a.* keduniaan; syahwat.

fleshy *a.* berkenaan atau seperti isi (daging); berisi; montok; tembam.

fleur-de-lis *n.* reka bentuk jata seperti tiga kelopak.

flew *lihat* **fly**[2].

flex[1] *v.t.* menggerakkan sendi; bengkok-kan. **flexion** *n.* fleksi.

flex[2] *n.* wayar lentur; wayar elektrik bersalut yang boleh dilentur.

flexible *a.* boleh dilentur; boleh dise-suaikan; fleksibel; boleh menyesua-ikan (diri); fleksibly *adv.* dengan fleksibel. **flexibility** *n.* kelenturan; kefleksibelan.

flexitime *n.* waktu kerja fleksibel; sis-tem waktu kerja yang boleh diubah-suai.

flibbertigibbet *n.* orang (selalunya perempuan) yang banyak mulut.

flick *n.* petikan; jentikan; kibasan; (*colloq.*) wayang (gambar). —*v.t./i.* memetik; menjentik; melibas. **flick-knife** *n.* pisau flik; pisau yang bilah-nya akan terkeluar apabila ditekan untuk digunakan.

flicker *v.i.* berkedip; berkelip; bergetar-getar. —*n.* kelipan; kedipan; getaran; sekilas.

flier *n.* = **flyer**.

flight[1] *n.* penerbangan; deretan tangga; sekawan burung atau serangga; sekumpulan kapal terbang; sesusun bulu burung, dsb. pada anak panah. **flight-deck** *n.* kokpit; ruangan untuk pemandu kapal terbang. **flight-recorder** *n.* perakam penerbangan; alat elektronik di dalam kapal terbang yang merakam butir-butir teknikal tentang sesuatu penerbangan.

flight[2] *n.* pelarian diri. **put to flight** menyebabkan lari. **take flight, take to flight** melarikan diri.

flightless *a.* tidak boleh terbang.

flighty *a.* (-ier, -iest) mudah berubah-ubah hati.

flimsy *a.* (-ier, -iest) jarang; mem-bayang; tipis. **flimsily** *adv.* yang tipis atau jarang. **flimsiness** *n.* ketipisan; kejarangan; ketidakkukuhan.

flinch *v.i.* gentar; mengelak (daripada tanggungjawab, dsb.).

fling *v.t./i.* (*p.t.* **flung**) melempar; melontar; mencampakkan. —*n.* lemparan; lontaran; berseronok-seronok.

flint *n.* batu api. **flinty** *a.* berhati batu.

flintlock *n.* senapang batu; sejenis senapang lama yang menembak dengan menggunakan batu api.

flip *v.t./i.* (*p.t.* flipped) memetik; menjentik. —*n.* petikan; jentikan. flip side bahagian sebaliknya atau belakang piring hitam.

flippant *a.* lepas tangan; sambil lewa; tidak bersungguh. flippantly *adv.* secara tidak bersungguh-sungguh.

flippancy *n.* sikap sambil lewa.

flipper *n.* kaki sirip; sirip pada binatang laut (anjing laut, dsb.) guna untuk berenang; kaki sirip getah; sarung getah yang dipakai pada kaki untuk berenang.

flirt *v.t./i.* pura-pura cinta; mengurat; menggerakkan sesuatu dengan pantas ke depan dan ke belakang. —*n.* orang yang pura-pura bercinta. flirtation *n.* main cinta; kepura-puraan bercinta.

flirtatious *a.* suka mengurat atau menggoda; suka berseronok. flirtatiously *adv.* dengan cara yang menggoda.

flit *v.i.* (*p.t.* flitted) terbang atau bergerak; terkilas; cabut; menghilangkan diri secara mencuri-curi dan pantas. —*n.* perbuatan cabut lari.

flitter *v.* bergerak atau terbang dengan cepat dari satu tempat ke satu tempat.

float *v.t./i.* timbul; terapung hanyut; mengapungkan; membenarkan nilai pertukaran mata wang berubah-ubah. —*n.* pelampung; apungan; duit untuk perbelanjaan kecil-kecilan atau sebagai wang tukaran; (juga *pl.*) lampu kaki pentas. floating voter pengundi terapung, seseorang yang tidak terikat kepada mana-mana parti politik.

floatation *var. of* flotation *n.* permulaan bagi syarikat baharu dengan menjual sahamnya kepada orang ramai; pengapungan.

flocculent *a.* seperti gumpalan kapas atau bulu.

flock¹ *n.* kawanan burung atau binatang; kelompok; kumpulan; jemaah. —*v.i.* berkerumun; berduyun-duyun.

flock² *n.* perca kain.

floe *n.* flo; ketulan ais terapung.

flog *v.t.* (*p.t.* flogged) sebat; (*sl.*) jual. flogging *n.* sebatan.

flood *n.* banjir; bah. —*v.t./i.* membanjiri; bah; melimpah. flood-tide *n.* air pasang.

floodgate *n.* tandup; pintu pengawal aliran air.

floodlight *n.* lampu sorot; lampu yang mengeluarkan cahaya terang untuk menyuluh pentas atau bangunan.

—*v.t.* (*p.t.* floodlit) menyuluh dengan lampu sorot.

floor *n.* lantai; tingkat (bangunan); tempat ahli-ahli Dewan duduk semasa persidangan. —*v.t.* memasang lantai; merebahkan; membingungkan. floor show pertunjukan lantai; kabaret.

flooring *n.* bahan lantai.

floozy *n.* (atau floozie) (*pl.* floozies) tidak formal bagi perempuan jalang; perempuan yang rendah akhlak.

flop *v.t.* (*p.t.* flopped) menggelepai; terkulai; (*sl.*) gagal. —*n.* deburan; (*sl.*) orang yang gagal.

floppy *a.* terkelepai. floppy disc cakera liut; cakera boleh lentur guna untuk menyimpan data yang boleh dibaca oleh mesin.

flora *n.* flora; tumbuhan bagi sesuatu kawasan atau zaman.

floral *a.* berkenaan bunga.

floret *n.* bunga kecil bagi seluruh jambangan bunga.

florid *a.* terlalu berbunga-bunga; merah.

florin *n.* duit syiling British, dahulu bernilai 2 syiling (10 peni).

florist *n.* peniaga bunga.

floruit *n.* tarikh atau masa seseorang tokoh hidup atau bekerja.

floss *n.* benang sutera. flossy *a.* seperti benang.

flotation *n.* pengapungan (perihal perniagaan).

flotilla *n.* flotila; kumpulan kecil kapal; kumpulan kapal kecil.

flotsam *n.* apungan (sisa kapal, dsb.). flotsam and jetsam barang-barang yang kecil atau rencam; saki-baki.

flounce¹ *v.i.* pergi dengan marah. —*n.* perbuatan ini.

flounce² *n.* renda. flounced *a.* berenda; beropol.

flounder¹ *n.* ikan *flounder*; sejenis ikan leper.

flounder² *v.i.* terkial-kial (seperti berjalan di dalam selut); menjadi keliru; menggelabah.

flour *n.* tepung. —*v.t.* menaburi dengan tepung. floury *a.* bertepung; gebu. flouriness *n.* kegebuan.

flourish *v.t./i.* makmur; maju; berkembang; subur; melambai-lambai. —*n.* lambaian atau ayunan; (tulisan) berbunga-bunga; muzik sambutan.

flout *v.t.* melanggar (peraturan, dsb.) terang-terangan.

flow *v.i.* mengalir; berjalan lancar; berjurai; meluncur. —*n.* aliran;

F

air pasang. **flow chart** atau **flow diagram** carta aliran.

flower *n.* bunga; yang terbaik. —*v.t./i.* berbunga; mekar. **in flower** sedang berbunga.

flowered *a.* berbunga-bunga.

flowerless *a.* tidak berbunga.

flowerpot *n.* pasu bunga.

flowery *a.* berbunga-bunga; dipenuhi bunga.

flown *lihat* fly².

flu *n.* (*colloq.*) flu; selesema.

fluctuate *v.i.* naik turun; berubah-ubah. **fluctuation** *n.* perihal naik turun; keadaan berubah-ubah.

flue *n.* serombong asap; saluran.

fluent *a.* fasih; lancar; petah. **fluently** *adv.* dengan fasih, petah atau lancar. **fluency** *n.* kefasihan; kelancaran; kepetahan.

fluff *n.* bulu-bulu; bulu halus. —*v.t./i.* menepuk-nepuk (pada bahan yang lembut); (*sl.*) kerja yang dibuat dengan tidak senonoh. **fluffy** *a.* (-ier, -iest) penuh bulu; gebu. **fluffiness** *n.* kegebuan.

fluid *a.* bendalir; boleh mengalir. —*n.* bendalir; bahan yang boleh mengalir. **fluidity** *n.* kebendaliran.

fluke¹ *n.* berjaya kerana nasib; secara kebetulan.

fluke² *n.* kuku sauh; cabang berduri (untuk sauh, dsb.); fluk; sisip ekor ikan paus.

fluke³ *n.* sejenis ikan; cacing leper.

flume *n.* sejenis terusan air buatan manusia; gelongsor air.

flummery *n.* puding susu manis; cakap kosong.

flummox *v.i.* (*colloq.*) keliru; bingung.

flung *lihat* fling.

flunk *v.t./i.* (*colloq.*, A.S.) gagal.

flunkey *n.* (*pl.* -eys) (*colloq.*) kundang; pelayan yang berpakaian khas.

fluoresce *v.i.* menjadi pendarfluor.

fluorescent *a.* (bersifat) pendarfluor; menyerap sinaran dan memancarkannya sebagai cahaya. **fluorescence** *n.* pendarfluor.

fluoridate *v.t.* menfluoridakan; menambah fluorida pada bekalan air. **fluoridation** *n.* pemfluoridaan; percampuran fluorida ke dalam bekalan air.

fluoride *n.* fluorida; bahan penghalang kerosakan atau kereputan gigi.

fluorine *n.* fluorin; gas berbau hancing.

flourite *n.* (atau **florspar**) sejenis mineral tanpa warna.

flurry *n.* tiupan angin, hujan atau salji (yang sekejap); keriuhan; gelabah; keresahan. —*v.t.* menggelabahkan; meresahkan.

flush¹ *v.t./i.* menjadi merah muka (akibat sirapan darah); megah; simbah; curah dengan air; mengepam. —*n.* kejadian merah muka; simbahan; curahan; kesemarakan tumbuhan baru. —*a.* sama rata; (*colloq.*) banyak duit.

flush² *n.* daun yang sama bunga dalam permainan pakau.

flush³ *v.t.* menggarah atau mengusir keluar (terutamanya daripada lindungan).

fluster *v.t.* meresahkan; menggelabahkan. —*n.* keresahan; keadaan menggelabah.

flute *n.* flut; seruling; serunai. —*v.t./i.* bercakap seperti bunyi seruling; membuat jejalur.

flutter *v.t./i.* kepak (mengepak sayap); debar; getar; kibas; kibar. —*n.* kepakan; debaran; getaran; kibasan; kibaran.

fluvial *a.* tentang sungai; ditemui di sungai.

flux *n.* perubahan yang berterusan; aliran; fluks; bahan yang dicampur pada logam untuk membantu pelakuran.

fly¹ *n.* lalat. **fly-blown** *a.* tercemar oleh telur lalat.

fly² *v.t./i.*(*p.t.* flew, *p.p.* flown) terbang; menerbangkan; mengibarkan; meluru; tersebar. —*n.* penerbangan; kelepet kain (untuk menutup zip, dsb.); (*pl.*, *colloq.*) golbi; lipatan pada jahitan di bahagian depan seluar; alat pengawal kelajuan.

fly³ *a.* (*sl.*) arif; mengetahui.

flyer *n.* penerbang; juruterbang.

flying *a.* boleh terbang. **flying boat** kapal terbang laut; pesawat laut berbentuk bot. **flying buttress** penyangga yang berasaskan struktur berasingan biasanya berbentuk melengkung. **flying colours** kecemerlangan. **flying fox** keluang. **flying saucer** piring terbang. **flying squad** pasukan gerak cepat. **flying start** permulaan yang baik.

flyleaf *n.* helai kosong (pada bahagian awal dan akhir buku).

flyover *n.* jejambat.

flysheet *n.* helaian maklumat.

flyweight *n.* sukatan berat *flyweight* (51 kg) bagi tinju.

flywheel *n.* roda tenaga; roda yang berputar pada aci untuk mengawal jentera.

FM *abbr.* frequency modulation modulasi frekuensi.

foal *n.* anak kuda, dsb. —*v.t.* beranak (kuda).

foam *n.* buih; busa; getah berbusa. —*v.i.* membuih; berbuih; berbusa. **foamy** *a.* berbuih.

fob[1] *n.* hiasan pada gelang kunci, rantai jam, dsb.

fob[2] *v.t.* (*p.t.* fobbed) fob off menipu orang supaya menerima benda yang tidak bermutu.

focal *a.* berkenaan fokus atau tumpuan.

fo'c's'le *n.* forecastle kekota depan.

focus *n.* (*pl.* -cuses atau -ci) tumpuan; pusat; fokus; pelarasan pada lensa (kanta) untuk mendapatkan gambar (imej) yang jelas. —*v.t./i.* (*p.t.* focused) tertumpu; menumpu; terfokus; memfokuskan.

fodder *n.* foder; makanan kering (jerami, dsb.) untuk binatang. —*v.t.* memberi makan foder.

foe *n.* musuh.

foetal *a.* berkenaan janin atau fetus.

foetid *var. of* fetid *a.* busuk atau tidak menyenangkan.

foetus *n.* (*pl.* -tuses) janin; fetus; bayi yang sudah terbentuk dalam rahim.

fog *n.* kabus. —*v.t./i.* (*p.t.* fogged) diliputi kabus. **foggy** *a.* berkabus; berkabut. **fogginess** *n.* keadaan berkabus atau berkabut.

fogey *n.* (atau fogy) (*pl.* fogeys atau fogies) orang yang berfikiran kolot.

foghorn *n.* hon kabus; alat bunyian untuk memberi amaran kepada kapal ketika ada kabus.

fogy *n.* (*pl.* -gies) orang kolot.

foible *n.* kelemahan.

foil[1] *n.* kerajang; lapisan nipis logam; pedang berbola di hujung matanya.

foil[2] *v.t.* menghalang; menggagalkan.

foist *v.t.* memaksa (orang) menerima (sesuatu yang tidak disenangi).

fold[1] *v.t./i.* lipat; taup; balut. —*n.* lekuk; pelipat; garisan lipatan.

fold[2] *n.* kandang biri-biri. —*v.t.* mengurung di dalam kandang.

folder *n.* fail; folder; risalah lipatan.

foliaceous *a.* berkenaan dengan atau seperti daun.

foliage *n.* daun-daunan.

foliate[1] *a.* seperti daun; berdaun.

foliate[2] *v.t.* terbahagi kepada lapisan yang nipis.

folio *n.* (*pl.* -os) buku terbesar; nombor halaman atau muka surat.

folk *n.* rakyat; kaum keluarga. **folk-dance** tarian rakyat. **folk-song** nyanyian rakyat. **folky** *a.* berkenaan dengan rakyat.

folklore *n.* budaya rakyat; cerita rakyat.

folksy *a.* tak formal dan mesra; bersifat kesenian atau kebudayaan rakyat.

folkweave *n.* kain yang kasar tenunannya.

follicle *n.* folikel; lubang halus yang mengandungi umbi rambut. **follicular** *a.* berkenaan dengan folikel.

follow *v.t./i.* ikut; turut; ekori; tiru; contohi; kesimpulan; faham; mengerti. **follow suit** mengikut. **follow up** meneruskan; melaksanakan. **follow-up** *n.* tindakan susulan. **follower** *n.* pengikut; penganut.

following *n.* (kumpulan) pengikut atau penganut; umat. —*a.* yang berikut. —*prep.* selepas; setelah.

folly *n.* kebodohan; ketololan; bangunan hiasan yang tidak berfaedah.

foment *v.t.* membangkitkan; menimbulkan (kekacauan); menghasut.

fomentation *n.* formentasi; penuaman; pembangkitan; penimbulan.

fond *a.* (-er, -est) gemar; suka; sayang; khayalan; (usang) bodoh. **fond of** menyukai. **fondly** *adv.* dengan penuh kasih sayang. **fondness** *n.* rasa sayang; kesukaan.

fondant *n.* gula-gula lembut.

fondle *v.t.* usap; belai.

fondue *n.* hidangan yang mengandungi keju cair yang berperisa.

font *n.* bekas air baptis (di gereja); huruf cetak.

fontanelle *n.* fontanel; bahagian lembut pada kepala bayi tempat tulang tengkorak yang belum rapat.

food *n.* makanan. **food prosessor** pemproses makanan; mesin untuk menghancurkan dan membancuh makanan, dsb.

foodie *n.* orang yang pandai memilih dan gemar makanan dan minuman yang enak-enak.

foodstuff *n.* barang makanan.

fool *n.* orang bodoh, dungu; kuih puding berperisa buah. —*v.t./i.* berjenaka; berkelakar; usik; helah.

foolery *n.* tindakan bodoh atau dungu.

foolhardy *a.* berani (mengambil risiko yang bodoh dalam melakukan sesuatu).

foolish *a.* dungu; bodoh. **foolishly** *adv.* dengan bodoh. **foolishness** *n.* kedunguan; kebodohan.

foolproof *a.* tidak mungkin disalahgunakan; mudah digunakan.

foolscap *n.* ukuran atau saiz kertas $17 \times 13\frac{1}{2}$ inci.

foot *n.* (*pl.* feet) kaki; ukuran 12 inci (30.48 cm); ukuran rentak dalam serangkap puisi. —*v.t.* berjalan; menjadi pembayar bil. **foot-and-mouth disease** penyakit kuku dan mulut (lembu, dsb.). **on foot** berjalan kaki. **to one's feet** bangun berdiri. **under one's feet** menghadapi bahaya; mengacau.

footage *n.* jarak mengikut ukuran kaki (terutamanya filem wayang gambar atau televisyen).

football *n.* bola sepak; permainan bola sepak. **football pool** judi bola sepak; bertaruh atas perlawanan bola sepak. **footballer** *n.* pemain bola sepak. **footballing** *n.* permainan bola sepak.

footbridge *n.* jambatan atau titian jalan kaki.

footfall *n.* bunyi tapak kaki.

foothills *n.pl.* kaki bukit; bukit yang rendah di kaki gunung atau banjaran.

foothold *n.* tempat berpijak; tempat selebar tapak kaki guna untuk berpijak semasa mendaki.

footing *n.* tempat berpijak; kedudukan; hubungan.

footlights *n.pl.* lampu kaki pentas; lampu dongak; lampu langut.

footling *a.* (*sl.*) remeh-temeh.

footloose *a.* bebas; tanpa tanggung-jawab.

footman *n.* (*pl.* -men) orang (lelaki) suruhan; kundang.

footmark *n.* jejak; bekas tapak kaki.

footnote *n.* nota kaki.

footpath *n.* lorong jalan kaki; kaki lima.

footplate *n.* pelantar untuk pemandu dalam kereta api.

footprint *n.* jejak; bekas tapak kaki.

footslog *v.i.* (*p.t.* -slogged) berjalan dengan perih.

footsore *a.* sakit kaki akibat berjalan.

footstep *n.* tapak; bunyi tapak kaki.

footstool *n.* bangku kaki; bangku untuk merehatkan kaki semasa duduk.

footwear *n.* pakaian kaki; kasut dan sarung kaki atau stoking.

footwork *n.* gerak kaki; secara menggerakkan atau menggunakan kaki dalam bersukan.

fop *n.* pelaram; orang lelaki yang suka berhias.

for *prep.* bagi; untuk; sebab; kerana. —*conj.* kerana. **be for it** (*colloq.*) akan mendapat balasan atau kesusahan.

forage *v.i.* mencari; menyelongkar. —*n.* makanan ternakan (kuda, lembu, dll.); mencari makanan.

foray *n.* serbuan; serangan mendadak.; percubaan untuk melibatkan diri dalam sesuatu aktiviti baharu. —*v.i.* menyerbu.

forbade *lihat* forbid.

forbear *v.t./i.* (*p.t.* forbore, *p.p.* forborne) menahan diri daripada.

forbearance *n.* kesabaran.

forbearing *a.* sabar; penyabar.

forbid *v.t.* (*p.t.* forbade, *p.p.* forbidden) larang; halang.

forbidding *a.* menggerunkan.

force *n.* kuasa; daya; kekerasan; pasukan; kuat kuasa. —*v.t.* memaksa; mengopak; memaksa-maksa; memaksa pertumbuhan sesuatu. **forced landing** pendaratan kecemasan. **forced march** perbarisan yang lama dan memerlukan banyak tenaga. —*v.t.* (*p.t.* -fed) memaksa makan.

forceful *a.* tegas dan bersemangat. **forcefully** *adv.* dengan tegas dan bersemangat. **forcefulness** *n.* keadaan tegas dan bersemangat; kekuatan.

forceps *n.* (*pl.* forceps) forseps; angkup.

forcible *a.* dilakukan dengan paksaan. **forcibly** *adv.* secara paksa.

ford *n.* randukan; harungan; bahagian cetek sungai yang boleh diranduk atau diharung. —*v.t.* mengharung.

fordable *a.* boleh diranduk atau diharung.

fore *a. & adv.* hadapan; arah ke hadapan. —*n.* bahagian hadapan. **fore-and-aft** *a.* di luan dan buritan (kapal). **to the fore** di hadapan; ketara.

forearm[1] *n.* lengan (dari siku ke bawah).

forearm[2] *v.t.* bersedia; sedia senjata sebelum ancaman.

forebears *n.pl.* nenek moyang.

foreboding *n.* firasat (yang buruk); alamat kecelakaan mendatang.

forecast *v.t.* (*p.t.* forecast) meramal; meneka; menduga. —*n.* ramalan; tekaan. **forecaster** *n.* peramal.

forecastle *n.* kekota depan; bahagian haluan kapal.

foreclose *v.t.* merampas harta sebagai pengganti hutang yang tidak dibayar. **foreclosure** *n.* perampasan harta.

forecourt *n.* halaman berpagar; perkarangan; petak depan (gelanggang).

forefathers *n.pl.* datuk; nenek moyang.

forefinger n. jari telunjuk.

forefoot n. (pl. -feet) kaki hadapan binatang.

forefront n. bahagian paling hadapan.

foregather v. berhimpun; berkumpul.

forego var. of **forgo** v. meninggalkan atau tidak memerlukan.

foregoing a. sebelum ini.

foregone a. **foregone conclusion** perkara yang sudah pasti.

foreground n. latar depan; latar terdekat kepada pemerhati.

forehand n. pukul sangga depan; pukulan dengan tapak tangan ke hadapan. —a. dibuat dengan pukulan ini.

forehead n. dahi.

foreign a. asing; luar negeri.

foreigner n. orang asing.

foreknow v.t. (p.t. **foreknew**, p.p. **foreknown**) mengetahui sesuatu sebelum ia berlaku.

foreknowledge n. pengetahuan tentang sesuatu sebelum ia berlaku atau terjadi.

foreland n. tanjung.

foreleg n. kaki hadapan binatang.

forelock n. gombak; jambul.

foreman n. (pl. -men) penyelia; mandur; formen; jurucakap juri kehakiman.

foremast n. tiang di haluan kapal.

foremost a. paling utama; terpenting. —adv. dalam kedudukan paling utama.

forename n. nama pertama.

forenoon n. (usang) pagi; hari sebelum tengah hari.

forensic a. forensik; berkenaan mahkamah. **forensic medicine** pengetahuan perubatan yang digunakan dalam siasatan polis.

foreordain v.t. telah ditakdirkan.

foreplay n. cumbuan sebelum persetubuhan.

forerunner n. pelopor; perintis; orang atau benda yang mendahului dalam sesuatu hal.

foresail n. layar topang; layar utama di haluan kapal.

foresee v.t. (p.t. -saw, p.p. -seen) nampak; menjangka atau menyedari sesuatu sebelum ia berlaku.

foreseeable a. dapat dijangka; setakat yang nampak.

foreshadow v.t. tanda, alamat sebelum kejadian; membayangkan.

foreshore n. pantai pasang-surut; pantai yang sampai air pasang; tepi pantai.

foreshorten v.t. menyebabkan sesuatu objek itu kelihatan kecil kerana jaraknya yang jauh.

foresight n. kebolehan menjangka dan bersiap sedia; pandangan jauh.

foreskin n. kulup; kulit khatan; kulit di hujung zakar.

forest n. hutan; rimba. **forested** a. dipenuhi hutan.

forestall v.t. menghalang; menggagalkan (sebelum kejadian); mendahului.

forester n. pegawai perhutanan.

forestry n. perhutanan; sains penanaman dan penjagaan hutan.

foretaste n. pengalaman sebelum kejadian sebenar.

foretell v.t. (p.t. **foretold**) ramal; teka; duga; jangka.

forethought n. pemikiran teliti dan perancangan untuk masa hadapan.

forever adv. buat selama-lamanya; tanpa berhenti; berulang-ulang.

forewarn v.t. memberi amaran sebelum kejadian; mengingatkan terlebih dulu.

forewoman n. (pl. -women) penyelia (perempuan); mandur.

foreword n. kata pengantar.

forfeit n. tebusan; denda. —v.t. kehilangan; mengorbankan. —a. dirampas; disita. **forfeiture** n. perampasan.

forfend v.t. mengelakkan; menghindarkan.

forgather v.i. berkumpul; berhimpun.

forgave lihat **forgive**.

forge[1] v.i. terus mara atau maju.

forge[2] n. bengkel tukang besi; dapur pemanas besi tukangan. —v.t. tempa; menukang besi panas; tiru; memalsukan. **forger** n. peniru; pemalsu.

forgery n. benda palsu; pemalsuan.

forget v.t./i. (p.t. **forgot**, p.p. **forgotten**) lupa. **forget-me-not** n. sejenis tumbuhan dengan bunga kecil berwarna biru. **forget oneself** berkelakuan tidak sopan; lupa diri.

forgetful a. terlupa; pelupa. **forgetfully** adv. secara terlupa. **forgetfulness** n. sifat pelupa.

forgive v.t. (p.t. **forgave**, p.p. **forgiven**) maaf; ampun. **forgivable** a. boleh dimaafkan. **forgiveness** n. kemaafan; keampunan.

forgo v.t. (p.t. **forwent**, p.p. **forgone**) tinggalkan; tidak dihiraukan; tidak dipedulikan.

fork n. garpu; cakar; cabang. —v.t./i. mengorek atau menggemburkan dengan alat ini; bercabang. **fork-lift truck** trak angkat susun; trak kecil dengan alat bercabang guna untuk mengangkat dan menyusun barang-barang. **fork out** (sl.) bayar.

forlorn *a.* pilu; sayu; terbiar. **forlorn hope** putus asa; harapan yang amat tipis. **forlornly** *adv.* dengan berputus asa; dengan sayunya.

form *n.* bentuk; rupa; tingkatan; borang; gaya; tatacara; sarang arnab. —*v.t./i.* membentuk; merupakan; terdiri.

formal *a.* rasmi; formal. **formally** *adv.* berperaturan; secara rasmi.

formaldehyde *n.* formaldehid; gas tidak berwarna digunakan dalam larutan sebagai pengawet dan bahan penyahjangkitan.

formalin *n.* formalin; larutan formaldehid.

formalism *n.* perhatian yang tinggi terhadap peraturan dan bentuk luaran; formalisme.

formality *n.* rasmi; keformalan; formaliti; tatacara; tatatertib.

formalize *v.t.* menjadikan rasmi. **formalization** *n.* perbuatan menjadikan rasmi; perasmian.

format *n.* format; bentuk dan saiz buku dsb.; cara penyusunan. —*v.t.* (*p.t.* formatted) disusun dalam sesuatu format.

formation *n.* pembentukan; penubuhan.

formative *a.* yang membentuk; berkenaan pembentukan.

former *a.* dahulu; terdahulu.

formerly *adv.* dahulunya.

formic acid *n.* asid formik; asid yang merosakkan dalam cecair yang dikeluarkan oleh semut.

formidable *a.* sukar; menggerunkan. **formidably** *adv.* dengan sukar.

formless *a.* tanpa bentuk.

formula *n.* (pl. -ae atau -as) formula; rumusan; ungkapan tetap; lambang atau simbol yang menunjukkan kenyataan kimia atau matematik, dsb. **formulaic** *a.* berformula.

formulate *v.t.* rumus secara teratur; mengungkapkan. **formulation** *n.* perumusan.

fornicate *v.t.* berzina. **fornication** *n.* zina. **fornicator** *n.* penzina.

forsake *v.t.* (*p.t.* forsook, *p.p.* forsaken) tinggalkan; hampakan.

forswear *v.t.* (*p.t.* forswore, *p.p.* forsworn) tinggalkan; taubat.

forsythia *n.* tumbuhan berbunga kuning.

fort *n.* kota; benteng; kubu.

forte *n.* kelebihan atau keistimewaan seseorang.

forth *adv.* keluar; ke muka; ke hadapan. **back and forth** pergi balik.

forthcoming *a.* akan datang; akan muncul; akan terbit.

forthright *a.* lurus; jujur; terus terang.

forthwith *adv.* segera; sekarang juga.

fortification *n.* pengotaan; pembentengan; pengubuan.

fortify *v.t.* menguatkan; mengukuhkan; mengutuhkan.

fortissimo *adv.* fortisimo; dengan lantangnya.

fortitude *n.* kesabaran dan ketabahan menghadapi kesakitan atau penderitaan.

fortnight *n.* dua minggu.

fortnightly *a. & adv.* (kejadian sekali) dalam masa dua minggu; dua minggguan.

Fortran *n.* Fortran; bahasa komputer yang digunakan terutamanya untuk pengiraan saintifik.

fortress *n.* benteng; kota; kubu.

fortuitous *a.* secara kebetulan; tidak dijangka. **fortuitously** *adv.* dengan tidak dijangka.

fortunate *a.* tuah; nasib (baik). **fortunately** *adv.* mujur; nasib baik.

fortune *n.* tuah; untung; nasib (baik). **fortune-teller** *n.* penilik nasib; tukang tilik.

forty *a. & n.* empat puluh. **forty winks** tidur sekejap. **fortieth** *a. & n.* keempat puluh.

forum *n.* perbincangan awam; forum.

forward *a.* depan; hadapan; maju; lancang. —*n.* pemain barisan depan dalam permainan bola, dsb. —*adv.* ke depan; ke arah masa depan; terlebih awal. —*v.t.* memajukan; menyampaikan (surat, barang, dsb.). **forwardness** *n.* kelancangan.

forwards *adv.* (arah) ke hadapan; maju; mara.

forwent *past of* forgo *v. lihat* forgo.

fossil *n.* tinggalan tulang-temulang, bekas binatang dan hidupan dahulu kala; fosil.

fossilize *v.t.* menjadi fosil. **fossilization** *n.* proses menjadi fosil.

foster *v.t.* menggalakkan; mendidik; membela. **foster-child** *n.* anak angkat; anak belaan. **foster-mother** ibu angkat. **foster home** rumah keluarga angkat.

fought *lihat* fight.

foul *a.* (-er, -est) keji; busuk; carut; kerosot; batal atau faul (mengikut peraturan permainan). —*n.* faul. —*v.t./i.* jadi keji, busuk atau kerosot; halang; membuat faul. **foul-mouthed** *a.* bahasa yang kesat. **foully** *adv.* secara kotor; secara faul. **foulness** *n.* keke-satan; kekotoran; kecemaran.

found[1] *lihat* find.

found[2] *v.t.* menubuhkan; biayai penu-buhan sesuatu; mengasaskan. **foun-der** *n.* penubuh; pengasas. **foundress** (*n. fem.*) pengasas (perempuan).

found[3] *v.t.* melebur (logam); menukang. **founder** *n.* pelebur; tukang (logam).

foundation *n.* penubuhan; pengasasan; asas; yayasan.

founder[1,2] *lihat* found[2,3].

founder[3] *v.i.* radung; teradung dan jatuh; dipenuhi air dan tenggelam; gagal.

foundling *n.* anak buangan (tidak diketahui ibu bapanya).

foundry *n.* faundri; bengkel melebur logam atau kaca.

fount *n.* pancutan atau mata air.

fountain *n.* pancutan. **fountain-pen** *n.* pena yang boleh diisi dakwat.

four *a. & n.* empat. **four-poster** *n.* katil bertiang empat.

fourfold *a. & adv.* empat kali ganda.

foursome *n.* sekumpulan empat orang.

fourteen *a. & n.* empat belas. **four-teenth** *a. & n.* keempat belas; yang keempat belas.

fourth *a.* keempat. —*n.* seperempat; suku. **fourthly** *adv.* yang keempat.

fowl *n.* ayam.

fowling *n.* pemburuan ayam hutan atau ayam liar. **fowler** *n.* pemburu ayam hutan atau ayam liar.

fox *n.* rubah; orang yang pandai tipu muslihat. —*v.t.* melakukan tipu helah dengan muslihat. **fox-terrier** *n.* anjing terier berbulu pendek. **foxy** *a.* berupa tipu helah atau muslihat; licik; seksi.

foxglove *n.* pokok berbunga seperti sarung jari.

foxhole *n.* kubu lubang; kubu pelin-dungan tentera.

foxhound *n.* anjing *foxhound*; anjing peliharaan untuk memburu rubah.

foxtrot *n.* tarian dengan langkah long-lai dan rancak.

foyer *n.* ruang legar; lobi; ruang di pintu masuk panggung, dewan, dsb.

fracas *n.* (*pl.* -cas) perbalahan yang hingar-bingar.

fraction *n.* pecahan; bahagian; sebahagian daripada sesuatu angka. **fractional** *a.* berpecah-pecah; sedikit; (bersifat) pecahan kecil. **fractionally** *adv.* secara berbahagi atau pecahan.

fractious *a.* meragam; merengus.

fracture *n.* pecahan; retak (tulang). —*v.t./i.* pecahkan; retakkan.

fragile *a.* rapuh; mudah pecah. **fragil-ity** *n.* kerapuhan.

fragment[1] *n.* serpihan; (sebahagian) pecahan.

fragment[2] *v.t./i.* menyerpih; memecah. **fragmentation** *n.* penyerpihan; peme-cahan; perpecahan.

fragmentary *a.* serpih; bercebis-cebis.

fragrance *n.* kewangian; keharuman; pewangi.

fragrant *a.* wangi; harum.

frail *a.* (-er, -est) lekeh; layuh; lemah. **frailty** *n.* kelekehan; kelayuhan; kele-mahan.

frame *n.* susuk; bentuk; rangka; bing-kai; birai; pemidang; bidang. —*v.t.* membingkai; membidang; ungkap; (*sl.*) buat aniaya (dengan penyediaan dalil palsu). **frame of mind** keadaan fikiran.

framework *n.* rangka.

franc *n.* mata wang Perancis, Belgium dan Switzerland.

franchise *n.* hak pengundian; francais; keizinan jualan barangan sesuatu sya-rikat dalam sesuatu kawasan.

Franciscan *n.* paderi mazhab St. Francis.

Franco- *pref.* awalan yang berkenaan Perancis.

frangipani *n.* pokok kemboja; bunga kemboja.

frank[1] *a.* (-er, -est) jujur; terus terang. **frankly** *adv.* dengan jujur; secara berterus terang. **frankness** *n.* kejujuran.

frank[2] *v.t.* tanda pos yang menunjuk-kan bahawa belanja posnya sudah dibayar.

frankfurter *n.* sosej (makanan, lempuk daging) salaian.

frankincense *n.* setanggi.

frantic *a.* kalut; cemas. **frantically** *adv.* dengan cemas.

fraternal *a.* berkenaan persaudaraan. **fraternally** *adv.* dengan ikatan per-saudaraan.

fraternity *n.* persaudaraan.

fraternize *v.i.* berhubung secara per-saudaraan. **fraternization** *n.* perhu-bungan persaudaraan.

fratricide *n.* pembunuhan saudara; pembunuh saudara.

Frau *n.* (*pl. Frauen*) gelaran wanita berkahwin dalam bahasa Jerman.

fraud *n.* penipuan; orang yang menga-ku dirinya orang lain; benda palsu. **fraudulence** *n.* penipuan. **fraudulent** *a.* tipu; palsu. **fraudulently** *adv.* dengan tipu muslihat.

F

F

fraught *a.* tegang; merisaukan. **fraught with** penuh dengan (ketegangan, bahaya, dsb.)

Fraulein *n.* gelaran wanita belum kahwin dalam bahasa Jerman.

fray[1] *n.* perkelahian; pergaduhan.

fray[2] *v.t./i.* haus; hakis; lusuh; tegang; radang.

frazzle *n.* lesu; letih; penat.

freak *n.* orang atau benda ganjil atau pelik; kepelikan; keganjilan; keanehan; orang yang berpakaian ganjil. **freakish** *a.* ganjil; pelik; aneh.

freckle *n.* tetua; jagat; bintik-bintik pada kulit. —*v.t./i.* tumbuh tetua atau jagat; menjadi berbintik.

free *a.* (freer, freest) bebas; merdeka; tanpa; percuma; kosong; lapang; boros. —*v.t./i.* (*p.t.* freed) membebaskan; melepaskan; memerdekakan. **free hand** hak membuat keputusan sendiri. **free-hand** *a.* (lukisan) dibuat dengan tangan tanpa menggunakan pembaris, dll. **free house** kedai minuman keras yang tidak dikuasai oleh mana-mana syarikat pembuat minuman keras. **freelance** orang yang menjual perkhidmatannya kepada berbagai-bagai majikan.

free-range *a.* ternak lepas; ayam ternak lepas. **free-wheel** *v.t.* berbasikal tanpa mengayuh.

freebie *n.* (*colloq.*) barang yang diberikan secara percuma.

freebooter *n.* lanun.

freedom *n.* kebebasan; kemerdekaan.

freefone, freephone *n.* sistem membuat panggilan telefon atas urusan perniagaan yang dibayar oleh penerima panggilan.

freehold *n.* pegangan kekal. **freeholder** *n.* pemegang kekal.

Freemason *n.* Masuni; Freemason; ahli kumpulan sejenis persaudaraan rahsia. **Freemasonry** *n.* pertubuhan Freemason.

freemasonry *n.* semangat persaudaraan golongan yang mempunyai kepentingan yang sama.

freepost *n.* bayaran pos percuma; sistem surat jawapan yang dibayar belanja posnya oleh pihak yang memerlukan makluman balas.

freesia *n.* sejenis bunga harum.

freeway *n.* lebuh raya.

freeze *v.t./i.* (*p.t.* froze, *p.p.* frozen) membekukan; beku; mendinginbekukan; tidak bergerak. —*n.* bekuan; kebekuan; pembekuan. **freeze on to** (*sl.*) memegang dengan erat.

freezer *n.* pembeku; penyejuk beku; alat pembeku dalam peti ais.

freight *n.* muatan; kargo; pengangkutan barang dengan kapal atau kapal terbang. —*v.t.* mengangkut barang-barang dengan kapal, dsb.

freighter *n.* kapal atau kapal terbang pengangkut barang.

freightliner *n.* kereta api pengangkut kontena.

French *a. & n.* orang atau bahasa Perancis; berkenaan Perancis; keperancisan. **French chalk** bedak talkum. **French horn** hon Perancis; sejenis alat muzik yang ditiup. **French leave** tidak hadir tanpa kebenaran. **French-polish** *v.t.* mengilatkan (kayu) dengan varnis. **French window** pintu tetingkap. **Frenchman** *n.* lelaki Perancis. **Frenchwoman** *n.* perempuan Perancis.

frenetic *a.* kegila-gilaan. **frenetically** *adv.* secara menggila.

frenzied *a.* kalut; cemas. **frenziedly** *adv.* dengan cemas; dengan kalut.

frenzy *n.* kekalutan; kecemasan.

frequency *n.* kekerapan; kadar pengulangan; frekuensi; gelombang pembawa isyarat (bunyi, dsb.).

frequent[1] *a.* kerap. **frequently** *adv.* dengan kerapnya.

frequent[2] *v.t.* selalu mengunjungi atau berada di sesuatu tempat.

fresco *n.* (*pl.* -os) fresco; gambar yang dilukis pada dinding atau siling sebelum plasternya kering.

fresh *a.* (-er, -est) segar; baru. **freshly** *adv.* dengan segar. **freshness** *n.* kesegaran.

freshen *v.t./i.* menyegarkan; menyegari.

freshman *n.* (*pl.* -men) mahasiswa atau penuntut universiti tahun pertama.

freshwater *a.* air tawar.

fret[1] *v.t./i.* (*p.t.* fretted) risau; runsing; gelisah; rusuh; khuatir; haus, hakis akibat gosokan atau geritan.

fret[2] *n.* fret; bendul halus pada batang gitar.

fretful *a.* risau; runsing; gelisah; rusuh; khuatir. **fretfully** *adv.* dengan risau; merisaukan.

fretsaw *n.* gergaji ukir; gergaji halus untuk ukiran.

fretwork *n.* ukiran; larikan.

Freudian *a.* berkenaan dengan Freud dan teori analisis jiwa yang dikemukakannya.

friable *a.* rapuh; mudah hancur. **friability** *n.* kerapuhan.

friar n. rahib; biarawan (Nasrani, Kristian).

friary n. biara (Nasrani, Kristian).

fricassee n. frikasi; masakan daging berkuah likat.

friction n. geseran; perselisihan. **frictional** a. bersifat geseran atau perselisihan; bergeser.

Friday n. Jumaat.

fridge n. (colloq.) peti ais.

fried lihat **fry**[1].

friend n. sahabat; kawan; rakan; teman; handai; taulan. **friendship** n. persahabatan.

friendly a. (-ier, -iest) mesra. **Friendly Society** pertubuhan untuk kebajikan ahlinya. **friendliness** n. kemesraan.

Friesian n. jenis lembu susu bertompok hitam putih.

frieze n. ukiran pada bahagian atas dinding.

frigate n. kapal kecil angkatan tentera laut.

fright n. ketakutan.

frighten v.t./i. takut; menakutkan.

frightened a. takut.

frightful a. yang menakutkan; hodoh; (sl.) sangat buruk atau hebat. **frightfully** adv. sangat; amat.

frigid a. sangat dingin atau sejuk; kaget dan kaku (dalam hal seks). **frigidly** adv. dengan dingin. **frigidity** n. kedinginan; kekagetan.

frill n. renda; jumbai; lebihan. **frilled** a., **frilly** a. yang diletakkan renda; berjumbai; berenda.

fringe n. pinggir; pinggiran. —v.t. meminggir. **fringe benefit** faedah tambahan yang diberikan oleh majikan selain gaji.

frippery n. hiasan murah; benda tak penting.

frisbee n. (tanda dagang) cakera plastik yang ringan yang dibaling ke udara oleh para pemain dalam permainan luar.

frisk v.t./i. loncat; kerosek; meraba mencari sesuatu (senjata) yang tersembunyi.

frisky a. (-ier, -iest) berloncatan (riang); lincah. **friskily** adv. dengan lincah; dengan riang. **friskiness** n. kelincahan; keriangan.

fritter[1] n. goreng bersadur (daging, buah-buahan, dsb.).

fritter[2] v.t. membazir.

frivol v.i. (p.t. **frivolled**) berfoya; berleka; membazir masa.

frivolous a. remeh; tidak serius; bermain-main; gemar bersuka-suka;

sekadar berseronok. **frivolously** adv. secara remeh; secara bersuka-suka.

frivolity n. keremehan; keriangan.

frizz v.t./i. keriting. **frizzy** a. berkeriting. **frizziness** n. kekeritingan.

frizzle v.t./i. menggoreng dengan bunyi berdetus-detus.

fro lihat **to and fro**.

frock n. pakaian wanita; jubah.

frog n. katak; kodok; belulang di tapak kaki kuda; butang bertali. **frog in one's throat** parau; serak.

frogman n. juruselam; penyelam berpakaian selaman dan berbekal tangki oksigen.

frogmarch v.t. menolak papah (orang).

frolic v.i. (p.t. **frolicked**) bermain-main; bercanda. —n. (perbuatan) bermain-main atau bersuka-suka.

frolicsome a. suka bermain-main.

from prep. dari; daripada. **from time to time** dari semasa ke semasa.

fromage frais n. sejenis keju yang lembut licin.

frond n. pelepah.

front n. bahagian hadapan; depan; muka; medan tempuran; (kegiatan ganti sebagai) pelindung kegiatan rahsia. —a. hadapan; depan. —v.t./i. menghadapi; menghala. **front bench** anggota utama Parlimen. **front-runner** n. calon yang disebut-sebut akan menang. **in front** di hadapan.

frontage n. bahagian hadapan; halaman.

frontal a. berkenaan bahagian hadapan.

frontier n. sempadan.

frontispiece n. ilustrasi depan; gambar lukisan pada halaman di sebelah halaman judul buku.

frost n. fros; cuaca membeku; salji atau embun beku. —v.t./i. cedera akibat fros; mengaising; jadikan kaca legap dengan mengasarkan permukaannya. **frosty** a. berfros.

frostbite n. reput fros atau ibun. **frostbitten** a. kena reput fros.

frosted a. (bagi kaca) mempunyai tekstur permukaan yang separuh lutsinar.

frosting n. aising; salutan gula pada kuih.

froth n. & v.t./i. buih; berbuih. **frothy** a. yang berbuih. **frothiness** n. keadaan berbuih.

frown v.i. mengerutkan dahi. —n. dahi atau kening berkerut. **frown on** tidak setuju.

frowsty a. pengap; hapak.

F

frowzy *a.* pengap; hapak; selekeh. **frowziness** *n.* berkeadaan hapak.

froze, frozen *lihat* freeze.

fructify *v.t./i.* berbuah; berhasil. **fructification** *n.* perihal berhasil.

fructose *n.* gula yang terdapat dalam madu dan buah-buahan.

frugal *a.* jimat; cermat (dalam penggunaan wang). **frugally** *adv.* dengan jimat. **frugality** *n.* kejimatan; kecermatan.

fruit *n.* buah; hasil usaha. —*v.t./i.* membuah; berbuah. **fruit machine** mesin perjudian yang dijalankan dengan memasukkan syiling. **fruit salad** salad buah-buahan.

fruiterer *n.* penjual buah-buahan.

fruitful *a.* berhasil. **fruitfully** *adv.* dengan berhasil. **fruitfulness** *n.* keberhasilan.

fruition *n.* pembuahan; hasilan daripada usaha.

fruitless *a.* tanpa buah atau hasil; gagal; sia-sia. **fruitlessly** *adv.* dengan tidak berhasil. **fruitlessness** *n.* kegagalan; kesia-siaan; keadaan tanpa buah atau hasil.

fruity *a.* (-ier, -iest) seperti bau atau rasa buah.

frump *n.* perempuan comot. **frumpish** *a.* comot; selekeh.

frustrate *v.t.* menghalang (pencapaian sesuatu); menghampakan. **frustration** *n.* kehampaan; kekecewaan.

fry[1] *v.t./i.* (*p.t.* fried) menggoreng; merendang.

fry[2] *n.* (*pl.* fry) anak ikan. **small fry** orang yang tidak penting.

frying-pan *n.* kuali.

ft. *abbr.* (foot atau feet) kaki; ukuran 12 inci.

fuchsia *n.* tumbuhan berbunga seperti loceng.

fuddle *v.t.* membingungkan; menjadi mabuk.

fuddy-duddy *a. & n.* (*sl.*) kolot; orang kolot dan cerewet.

fudge *n.* gula-gula lembut. —*v.t.* memalsukan.

fuel *n.* bahan bakar; bahan api. —*v.t.* (*p.t.* fuelled) membekali bahan api.

fug *n.* pengap; keadaan udara yang melemaskan. **fuggy** *a.* yang melemaskan. **fugginess** *n.* keadaan pengap.

fugitive *n.* (orang) pelarian; orang buruan. —*a.* pelarian; sementara.

fugue *n.* fiug; gubahan muzik.

fulcrum *n.* sangga tuas; titik galang; alas cungkilan; fulkrum.

fulfil *v.t.* (*p.t.* fulfilled) memenuhi (hasrat, permintaan); menunaikan; mengabulkan. **fulfil oneself** mengembang dan menggunakan kebolehan yang ada dengan sepenuhnya. **fulfilment** *n.* penunaian; pengabulan; pencapaian.

full *a.* (-er, -est) penuh; tepu; lengkap; genap. —*adv.* betul-betul; tepat. **full-blown** *a.* cukup kembang; sebenar. **full-blooded** *a.* bertenaga; kuat. **fullmoon** bulan penuh. **full-scale** ukuran sebenar. **full stop** tanda titik; noktah. **fullness** *n.* kepenuhan; ketepuan; kelengkapan; kegenapan. **fully** *adv.* dengan sepenuhnya.

fulminate *v.i.* membantah dengan bising. **fulmination** *n.* bantahan.

fulsome *a.* (pujian) berlebih-lebihan.

fumble *v.i.* garap; gagau.

fume *n.* asap, gas atau wap busuk. —*v.i.* hasilkan asap, gas dan wap busuk; meradang; marah.

fumigate *v.t.* bunuh serangga dengan asap atau gas; mengasap. **fumigation** *n.* pembunuhan serangga dengan asap atau gas; pengasapan.

fun *n.* kegembiraan; keriangan; keriangan; kejenakaan; sendaan; gurauan; olokan; mainan; lucuan. **make fun of** berjenaka; bergurau; mempermainkan.

function *n.* tugas; fungsi; majlis. —*v.i.* melakukan tugas; berlaku; berjalan.

functional *a.* berkenaan tugas; berfungsi. **functionally** *adv.* dengan berfungsi.

functionary *n.* pegawai.

fund *n.* wang; tabung; tabungan; dana; biayaan; modal; bekalan; simpanan. —*v.t.* biayai.

fundament *n.* asas; punggung.

fundamental *a.* asasi; berkenaan asas; utama. —*n.* asas; pokok. **fundamentally** *adv.* secara dasarnya.

fundamentalism *n.* kepatuhan sepenuhnya kepada ajaran asas agama; fundamentalisme. **fundamentalist** *n. & a.* penyokong fundamentalisme.

fundamentalist *n.* fundamentalis; orang yang sangat tegas berpegang pada ajaran agama.

funeral *n.* pengebumian; penguburan; pemakaman.

funerary *a.* berkenaan penguburan.

funereal *a.* sesuai untuk penguburan; suram; muram.

funfair *n.* pasar ria.

fungicide *n.* racun kulat atau cendawan. **fungicidal** *a.* beracun kulat.

fungoid *a.* seperti kulat atau cendawan.

fungus *n. (pl. -gi)* kulat atau cendawan; fungus. **fungal; fungous** *a.* berkenaan fungus atau kulat.

funicular *n.* kereta api kabel.

funk *n. (sl.)* ketakutan; penakut. —*v.t./i. (sl.)* berasa takut; cuba mengelak daripada melakukan sesuatu kerana takut.

funky *a. (sl.)* (berkenaan muzik jazz, dll.) mempunyai rentak mudah dan lantang; berbau keras; ranggi.

funnel *n.* corong; cerobong; serombong; semporong. —*v.t./i. (p.t. funnelled)* menyalur ikut corong; serombong.

funny *a.* (-ier, -iest) lucu; jenaka; menggelikan hati; aneh; ganjil. **funny-bone** *n.* hujung siku. **funny business** penipuan; tipu daya. **funnily** *adv.* perihal aneh atau ganjil; anehnya.

fur *n.* bulu binatang; belulang (kulit) berbulu; pakaian bulu tiruan. —*v.t./i. (p.t. furred)* dilitupi dengan bulu.

furbelows *n.pl.* ropol.

furbish *v.t.* gilap; gosok; cuci; ubah suai supaya kelihatan baharu.

furcate *v.t./i.* cabang; bahagi. —*a.* bercabang; bersimpang. **furcation** *n.* cabang.

furious *a.* radang; geram; mengamuk. **furiously** *adv.* dengan marah; dengan geram.

furl *v.t.* gulung dan ikat.

furlong *n.* furlong; satu per lapan batu.

furlough *n.* cuti daripada bertugas.

furnace *n.* relau bagas; dapur leburan.

furnish *v.t.* menghias; membekalkan. **furnishings** *n.pl.* perabot.

furniture *n.* perabot.

furore *n.* kehebohan.

furrier *n.* penjual pakaian daripada bulu binatang atau seumpamanya.

furrow *n.* galur; kerut; aluran. —*v.t.* menggalur; mengerut.

furry *a.* berbulu; seperti pakaian daripada bulu binatang.

further *adv. & a.* selanjutnya; tambahan; lebih jauh. —*v.t.* membantu kemaraan atau kemajuan. **further education** pendidikan lanjutan. **furtherance** *n.* kelanjutan; tambahan.

furthermore *adv.* tambahan lagi; lagi pun.

furthermost *a.* terjauh.

furthest *a. & adv.* terjauh; paling jauh.

furtive *a.* dalam diam-diam; secara sembunyi; bersorok-sorok. **furtively** *adv.* dengan bersembunyi-sembunyi.

furtiveness *n.* (keadaan atau sikap) diam-diam, menyorok-nyorok atau bersembunyi.

fury *n.* keradangan; keberangan.

furze *n.* sejenis tumbuhan; semak.

fuse[1] *v.t./i.* melebur; bersatu; dipasangkan fius; rosak akibat fius yang terbakar. —*n.* fius; wayar dalam litar elektrik yang memutuskan aliran elektrik apabila terlebih beban.

fuse[2] *n.* sumbu; colok; murang. —*v.t.* memasangkan sumbu.

fuselage *n.* badan kapal terbang.

fusible *a.* boleh lakur. **fusibility** *n.* keadaan boleh lakur.

fusilier *n.* askar sesuatu regimen yang dahulunya bersenjatakan senapang lantak.

fusillade *n.* tubian tembakan; tubian soalan, dsb.

fusion *n.* cantuman; penyatuan; gabungan; paduan; pelakuran.

fuss *n.* kalut; kecoh; kekecohan; ribut. —*v.t./i.* membuat kalut, heboh, kecoh atau ribut; bantah dengan keras; memanjakan. **make a fuss of** terlalu memanjakan.

fussy *a.* (-ier, -iest) cerewet. **fussily** *adv.* dengan cerewet benar. **fussiness** *n.* kecerewetan.

fusty *a.* (-ier, -iest) hapak; basi; kolot. **fustiness** *n.* kehapakan; kebasian; kekolotan.

futile *a.* sia-sia; hampa. **futilely** *adv.* dengan sia-sia. **futility** *n.* keadaan sia-sia; tidak berfaedah.

futon *n.* sejenis tilam Jepun.

future *a.* bakal; akan datang; pada masa hadapan. —*n.* masa hadapan. **in future** dari sekarang dan seterusnya.

futuristic *a.* futuristik; nampak sesuai bagi masa hadapan.

futurity *n.* masa hadapan; hal yang akan terjadi.

fuzz *n.* kegebuan; benda gebu; *(sl.)* polis.

fuzzy *a.* (-ier, -iest) gebu; kabur; samar. **fuzziness** *n.* kekaburan; kesamaran; kegebuan.

F

G

g *abbr.* gram gram; berat bersamaan 1/1000 kilogram atau 0.6 tahil.

gab *n.* (*colloq.*) bualan; perbualan; persembangan.

gabardine *n.* kain gabardin; sejenis kain yang kuat.

gabble *v.t./i.* meracau; merapik. —*n.* racauan; rapikan; percakapan yang cepat.

gable *n.* tebar layar (dinding); gabel. **gabled** *a.* berbentuk tebar layar.

gad *v.i.* (*p.t.* gadded) pelesir; rayau; merayau. **gad about** berpelesiran.

gadabout *n.* orang yang berpelesiran.

gadfly *n.* pikat; langau; lalat penghisap darah.

gadget *n.* alat kecil. **gadgetry** *n.* alat-alatan kecil.

Gael *n.* orang Celt di Scotland atau Ireland

Gaelic *n.* orang atau bahasa Celt; bahasa Scot atau Irish.

gaff[1] *n.* sayung; pebahu; tombak bercangkuk (untuk menangkap ikan).

gaff[2] *n.* blow the gaff (*sl.*) membocorkan rahsia

gaffe *n.* kesilapan; kebodohan.

gaffer *n.* (*colloq.*) tuk aki; orang tua (lelaki); penyelia; mandur.

gag *n.* sumbatan (mulut); (alat) pengatup mulut; jenaka; kelucuan. —*v.t./i.* (*p.t.* gagged) membuat kelakar; berkelakar; melucu.

gaga *a.* (*sl.*) nyanyuk; tergila-gila.

gage[1] *n.* janji; jaminan; pertaruhan; cabaran.

gage[2] *n.* sejenis buah plum berwarna hijau.

gaggle *n.* sekawan (angsa).

gaiety *n.* keriaan; kemeriahan; keriangan.

gaily *adv.* dengan ria; dengan riang.

gain *v.t./i.* dapat; tambah; mendapat untung, faedah atau manfaat. —*n.* laba; keuntungan; perolehan; manfaat. **gainful** *a.* berfaedah; berlaba; bermanfaat; menguntungkan. **gainfully** *adv.* dengan laba atau berfaedah.

gainsay *v.t.* (*p.t.* gainsaid) nafi; tikai; sangkal; telagah.

gait *n.* lenggang; lenggang-lenggok; gaya (berjalan).

gaiter *n.* pembalut betis.

gala *n.* temasya; pesta.

galaxy *n.* galaksi; gugusan bintang; kumpulan (jelitawan, bintang filem, dsb.). the Galaxy (the Milky Way) Bimasakti. **galactic** *a.* berkenaan galaksi.

gale *n.* ribut; angin kencang; dekahan.

gall[1] *n.* hempedu; kepahitan; kegetiran; (*sl.*) kelancangan; kebiadaban; kata-kata dan kelakuan yang biadab. **gall-bladder** *n.* pundi hempedu.

gall[2] *n.* lecetan; lupasan. —*v.t.* menggaru hingga melecet atau menggelupas; menggemaskan; memalukan; menista.

gall[3] *n.* bongkol; bonggol; bengkak.

gallant *a.* berani; sateria; bersopan terhadap wanita. —*n.* lelaki yang pandai melayan wanita. **gallantly** *adv.* dengan berani; dengan sifat sateria; dengan bersopan terhadap wanita. **gallantry** *n.* keberanian; kesateriaan; kesopanan (terhadap wanita).

galleon *n.* geliung; kapal layar besar Sepanyol pada abad ke-15–17 Masihi.

gallery *n.* selasar; anjung; galeri; balkoni dalam sesebuah dewan atau panggung, dsb.; bilik atau laluan panjang, digunakan untuk tujuan khas; balai seni, bilik atau bangunan untuk mempamerkan karya seni.

galley *n.* (*pl.* -eys) ghali; kapal dahulu kala yang digerakkan dengan pendayung; dapur (dalam kapal atau kapal terbang); dulang bujur pengisi huruf taip untuk cetakan; (juga pruf galei) pruf pencetak dalam bentuk yang panjang.

Gallic *a.* Galik; berkenaan Gaul purba; Perancis.

Gallicism *n.* peribahasa Perancis.

gallivant *v.i.* (*colloq.*) merambu; merayau; berpelesiran.

gallon *n.* gelen; sukatan untuk cecair (4 quart atau 4.546 liter).

gallop *n.* pacuan; larian terpantas kuda. —*v.t./i.* (*p.t.* galloped) pacu; berlari atau menunggang dengan memacu; maju dengan pantas.

gallows *n.* salang; tiang gantungan; kerangka yang mempunyai gelung pencerut untuk menggantung penjenayah.

gallstone *n.* karang; batu karang; jisim keras yang kecil terbentuk di dalam hempedu.

Gallup poll *n.* pungutan suara Gallup; pungutan suara untuk mendapatkan pendapat umum.

galore *adv.* banyak; mewah; melimpah-ruah.

galosh *n.* kasut pelapis.

galumph *v.i.* terlonjak-lonjak; bergerak dengan bising atau cemerkap.

galvanic *a.* galvani; hasilkan tenaga elektrik dengan tindak balas kimia; rangsang; galakkan.

galvanize *v.t.* merangsang; menggalakkan; merangsangkan hingga beraktiviti; menggalvani; menyadur atau menyalut; lapiskan dengan zink.

galvanization *n.* perangsangan; penyalutan; penggalvanian.

galvanometer *n.* galvanometer; alat untuk mengukur arus kecil elektrik.

gambit *n.* langkah umpan; sebutan pembuka kata.

gamble *v.t./i.* berjudi; bertaruh; memperjudikan; mempertaruhkan; bermain permainan nasib untuk mendapat wang; mengambil risiko dengan harapan mendapat keuntungan. —*n.* judi; perjudian; pertaruhan; perlakuan berisiko. gamble on berharap pada sesuatu. gambler *n.* penjudi; kaki judi.

gambol *v.i.* (*p.t.* gambolled) meloncat; melompat atau melonjak-lonjak ketika bermain. —*n.* pergerakan melonjak-lonjak.

game[1] *n.* permainan; permainan atau sukan, terutamanya yang berperaturan; sebahagian daripada ini sebagai unit mengira mata; rancangan; haiwan buruan; haiwan liar yang diburu untuk bersukan atau makanan. —*v.i.* berjudi untuk wang yang dipertaruhkan. —*a.* berani; sanggup; bersedia. gamely *adv.* dengan berani. gameness *n.* keberanian; kesanggupan.

game[2] *a.* cacat; lumpuh; pincang; tempang.

gamekeeper *n.* pelindung mergastua; orang yang bekerja untuk melindungi dan membiakkan mergastua.

gamesmanship *n.* seni pertarungan; seni untuk memenangi pertandingan dengan cara melemahkan keyakinan lawan.

gamete *n.* gamet; sel seks; sel zuriat.

gamin *n.* budak jalanan; budak biadab.

gamine *n.* budak perempuan yang mempunyai daya tarikan nakal.

gamma *n.* gama; huruf ketiga dalam abjad Yunani, = g.

gammon *n.* daging babi; bahagian bawah perut babi yang dijadikan bakon, termasuk kaki belakang; daging babi yang diawet atau disalai.

gammy *a.* (*sl.*) cacat; lumpuh.

gamut *n.* keseluruhan; gamut; seluruh tangga nada yang digunakan dalam persembahan muzik; keseluruhan siri atau skop.

gamy *a.* hamis. gaminess *n.* kehamisan.

gander *n.* angsa jantan.

gang *n.* geng; kumpulan orang yang bekerja atau bergerak bersama-sama. —*v.i.* gang up bergabung dalam satu kumpulan.

ganger *n.* mandur; ketua kumpulan kerja.

gangling *a.* renjong; tinggi dan canggung.

ganglion *n.* (*pl.* -ia) ganglion; kelompok sel saraf tempat gentian saraf bercabang; sista (pundi) pada selaput tendon.

gangplank *n.* lawa; papan titian; papan yang direntangkan untuk masuk ke dalam kapal atau keluar daripadanya.

gangrene *n.* kelemayuh; gangren; kereputan tisu tubuh. gangrenous *a.* berkelemayuh; bergangren.

gangster *n.* gengster; samseng; penjahat; ahli gerombolan penjenayah ganas.

gangway *n.* lorong laluan; ruang yang disediakan untuk orang lalu, terutamanya di antara deretan tempat duduk; tempat orang lalu, terutamanya di atas kapal; titian mudah alih dari kapal ke daratan.

ganja *n.* ganja; marijuana.

gannet *n.* burung kosa; sejenis burung laut yang besar.

gantry *n.* gantri; rangka seperti jejambat yang menyangga isyarat kereta api atau kren bergerak, dsb.

gaol *n.* & *v. t.* penjara; jel.

gap *n.* celah; sela; ruang; jurang; perbezaan. gappy *a.* bercelah; bersela; berbeza.

gape *v.i.* ternganga; melopongkan atau membuka mulut dengan luas; tercengang atau merenung; hairan; terbuka luas. —*n.* kuap; keadaan tercengang.

G

garage *n.* garaj; bangsal kereta; bangunan tempat simpan kereta bermotor; pertubuhan komersil untuk membaiki atau menyenggara kereta bermotor, atau menjual petrol dan minyak. —*v.t.* letak atau simpan di garaj.

garb *n.* pakaian. —*v.t.* memakai pakaian.

garbage *n.* sampah; sarap; benda-benda buangan di rumah.

garble *v.t.* memutarbelitkan atau mengelirukan (sesuatu mesej atau cerita dsb.).

garden *n.* kebun; taman; bidang tanah yang dipenuhi tanaman, terutamanya yang terdapat di persekitaran rumah; (*pl.*) taman bunga yang dihias indah untuk orang ramai. **gardener** *n.* tukang kebun.

gardenia *n.* (pokok) bunga cina; bunga kaca piring; bunga berwarna putih atau kuning yang berbau harum; pokok atau tumbuhan yang mengeluarkan bunga ini.

gargantuan *a.* sangat besar; seperti gergasi atau raksasa.

gargle *v.i.* berkumur; mencuci bahagian piring dalam tekak dengan cecair yang ditakung di situ secara menahan nafas. —*n.* cecair yang digunakan untuk berkumur.

gargoyle *n.* gargoil; ukiran wajah atau lembaga pelik pada bangunan.

garish *a.* marak; menyilaukan; terlalu dihias. **garishly** *adv.* dengan terlalu berhias. **garishness** *n.* keadaan terlalu berhias.

garland *n.* kalung; kalungan bunga, dsb. sebagai perhiasan. —*v.t.* dikalungkan dengan karangan bunga.

garlic *n.* bawang putih. **garlicky** *a.* rasa bawang putih.

garment *n.* pakaian.

garner *v.t.* kumpul; himpun. —*n.* gedung simpan; rumah stor.

garnet *n.* batu delima; batu permata berwarna merah.

garnish *v.t.* hiaskan (makanan). —*n.* bahan hiasan.

garret *n.* loteng; bilik bahagian atas terutamanya yang kurang sempurna.

garrison *n.* garison; pasukan tentera yang ditempatkan dalam sesebuah bandar atau kota untuk mempertahankannya; bangunan penempatan garison. —*v.t.* menempatkan garison.

garrotte *n.* alat penjerut leher; tali pencekik; tali, wayar atau kolar logam yang digunakan untuk mencekik mangsa. —*v.t.* cekik atau (di Sepanyol) melaksanakan hukuman bunuh dengan menggunakan alat penjerut.

garrulous *a.* becok; celopar. **garrulously** *adv.* dengan becok atau celopar. **garrulousness** *n.* kebecokan; keceloparan. **garrulity** *n.* kebecokan; keceloparan.

garter *n.* getah pencerut; gelung yang dipakai di keliling kaki untuk menahan stoking daripada melorot. **garter stitch** corak yang dibuat dengan mengait lurus di semua baris.

gas *n.* (*pl. gases*) udara; gas; bahan yang mempunyai zarah yang boleh bergerak bebas; bahan seperti ini digunakan sebagai bahan api atau bius. (*sl.*) cakap kosong; (A.S., *colloq.*) gasolin; minyak petrol. —*v.t./i.* (*p.t. gassed*) terbunuh atau mati kerana tersedut gas beracun; (*sl.*) bercakap panjang lebar. **gas chamber** bilik yang boleh diisikan gas beracun untuk membunuh binatang atau orang tahanan. **gas mask** topeng gas; topeng penyekat penyedutan gas beracun. **gas ring** lingkaran gas; paip lingkar berlubang yang menyalurkan gas pada dapur. **gassy** *a.* penuh gas; bergas.

gasbag *n.* (*sl.*) kaki tembereng; kaki borak.

gaseous *a.* bergas; berkenaan atau seperti gas.

gash *n.* luka panjang dan dalam. —*v.t.* melukakan dengan panjang dan dalam.

gasholder *n.* bekas gas; tong gas; tangki gas; gasometer.

gasify *v.t./i* mengegaskan; mengubah supaya menjadi gas. **gasification** *n.* pengegasan.

gasket *n.* gasket; kepingan atau cincin getah, asbestos, dsb., yang mengedapkan sendi di antara permukaan logam.

gasoline *n.* (A.S.) minyak petrol.

gasometer *n.* gasometer; tangki atau penakung bulat yang besar yang menyalurkan gas ke sesuatu kawasan.

gasp *v.t./i.* mencungap; menghela nafas dengan pantas (kerana mengah, penat atau terperanjat); bercakap tercungap-cungap. —*n.* nafas yang dihela sedemikian.

gastric *a.* gastrik; berkenaan dengan perut.

gastro-enteritis *n.* radang perut dan usus.

gastronomy *n.* gastronomi; sains tentang pemakanan dan peminuman yang baik. **gastronomic** *a.* berkenaan gastronomi. **gastronomically** *adv.* secara atau dari segi gastronomi.

gastropod *n.* gastropod; moluska yang bergerak dengan organ ventral.

gasworks *n.* kilang gas; tempat menghasilkan gas pembakar.

gate *n.* pintu; pintu pagar; lawangan; takah pengawal gerakan tuil gear; jumlah pembeli tiket untuk menonton pertandingan; jumlah kutipan wang penonton.

gateau *n.* (*pl.* **-eaux**) kek gateau; sejenis kuih atau kek besar yang banyak krim.

gatecrash *v.t./i.* rejah; merejah; hadir atau pergi (ke jamuan, dsb.) tanpa diundang. **gatecrasher** *n.* perejah; orang yang hadir (dalam jamuan, dsb.) tanpa diundang.

gated *a.* berpintu pagar; berlawangan.

gatelegged *a.* meja dengan kaki yang boleh dilipat untuk menyangga permukaan.

gateway *n.* laluan yang boleh ditutup dengan lawangan atau pintu pagar.

gather *v.t./i.* berkumpul; berhimpun; bertimbun; mengutip; memungut; pulun; membuat kedut; faham; bengkak dan menanah. **gathers** *n.pl.* pulunan; kedutan.

gathering *n.* himpunan; perhimpunan; kumpulan; perkumpulan; kutipan; pengutipan; pungutan; pemungutan; bisul.

gauche *a.* canggung. **gaucherie** *n.* kecanggungan.

gaucho *n.* (*pl.* **-os**) gaucho; penggembala berkuda di padang rumput pampas di Amerika Selatan.

gaudy *a.* (**-ier**, **-iest**) marak; terlampau cerah dan tidak cocok. **gaudily** *adv.* dengan marak. **gaudiness** *n.* kemarakan.

gauge *n.* sukatan baku untuk kandungan atau ketebalan; tolok; alat pengukur; jarak antara jajaran rel (kereta api) atau sepasang roda. —*v.t.* menyukat; mengukur; mengagak.

gaunt *a.* cengkung; kurus kering. **gauntness** *n.* kecengkungan.

gauntlet[1] *n.* sarung tangan yang lebar di bahagian lengannya.

gauntlet[2] *n.* **run the gauntlet** menghadapi atau melalui bahaya atau cemuhan (selalunya berpanjangan).

gauze *n.* kain kasa; kasa dawai nipis seperti kasa. **gauzy** *a.* seperti kain kasa.

gave *lihat* give.

gavel *n.* tukul kayu.

gawk *v.i.* (*colloq.*) melopong; ternganga atau melongo.

gawky *a.* (**-ier**, **-iest**) kekok; canggung. **gawkiness** *n.* kekekokan; kecanggungan.

gawp *v.i.* (*colloq.*) membeliak; renung dengan bodoh.

gay *a.* (**-er**, **-est**) girang; riang; ria; meriah; warna yang benderang atau garang. (*colloq.*) bernafsu syahwat sesama jenis; homoseks. **gayness** *n.* kegirangan; keriangan; keriaan; kemeriahan.

gaze *v.i.* tenung; renung; tatap; perhati. —*n.* renungan yang lama.

gazebo *n.* (*pl.* **-os**) gazebo atau pondok yang memberikan pandangan saujana.

gazelle *n.* gazel; sejenis rusa kecil.

gazette *n.* risalah berkala untuk warta kerajaan; warta; risalah berkala (seperti akhbar, dsb.).

gazetteer *n.* daftar alam; daftar nama tempat, sungai, gunung, dsb.; risalah alamiah; faharasat alam; indeks geografi.

gazump *v.t.* mengecewakan (bakal pembeli) dengan menaikkan harga selepas menerima tawarannya.

GB *abbr.* **Great Britain**; (juga **Gb**) *lihat* gigabyte.

GDP *abbr.* **gross domestic product** keluaran dalam negara kasar.

gear *n.* alat-alatan; peralatan; roda sawat; roda bergerigi yang memutar satu sama lain dalam sawat atau jentera; gear. —*v.t.* sediakan atau siapkan peralatan; suaikan (dengan sesuatu tujuan). **in gear** gear (sudah) masuk. **out of gear** lepas gear.

gearbox, gearcase *ns.* kotak gear.

gecko *n.* (*pl.* **-os**) cicak.

geese *lihat* goose.

geezer *n.* (*sl.*) orang tua; datuk; tok.

Geiger counter *n.* pembilang Geiger, (alat) penyukat keradioaktifan atau radioaktiviti.

geisha *n.* pelayan (wanita) Jepun.

gel *n.* agar-agar.

gelatine *n.* agar-agar (yang diperbuat daripada tulang yang direbus); gelatin. **gelatinous** *a.* berkenaan dengan atau seperti gelatin.

geld *v.t.* kasi; kembiri.

gelding *n.* kuda kasi; kuda kembiri.

gelignite *n.* (bahan) peledak atau peletup yang diperbuat daripada asid nitrik dan gliserin.

gem *n.* permata; manikam.

gen *n.* (*sl.*) maklumat; keterangan.

gender *n.* genus; golongan jenis jantina dalam tatabahasa.

gene *n.* baka; gen.

genealogy *n.* salasilah. **genealogical** *a.* bersifat salasilah. **genealogist** *n.* pengkaji atau pakar salasilah.

genera *lihat* **genus**.

general *a.* am; umum; panglima; jeneral. **general election** pilihan raya umum. **general practitioner** tabib; doktor umum (tanpa pengkhususan khas). **general staff** kakitangan (pegawai tentera) pembantu di pejabat komandan tentera. **in general** pada amnya; pada umumnya. **generally** *adv.* amnya; umumnya.

generality *n.* am; umum; perkara umum.

generalize *v.t./i.* membuat kesimpulan umum (yang menyeluruh). **generalization** *n.* kesimpulan umum (yang menyeluruh).

generate *v.t.* hasilkan; lahirkan; adakan; jana.

generation *n.* penghasilan; pelahiran; pengadaan; penjanaan; turunan; keturunan; temurunan; generasi.

generator *n.* penghasil; pelahir; penjana.

generic *a.* generik; temurun; bersifat keturunan kumpulan; berketurunan; bersifat kerabat; berkerabat; sebaka. **generically** *adv.* pada umumnya; bertemurun; secara keturunan, kerabat atau baka.

generous *a.* kurnia; murah hati; dermawan; banyak. **generously** *adv.* dengan kurnia; dengan murah hati; dengan banyak. **generosity** *n.* kekurniaan; kemurahan hati; kedermawanan.

genesis *n.* usul; asal; asal usul.

genetic *a.* (berkenaan) genetik; bersifat baka. **genetic fingerprinting** analisis corak DNA dalam cecair badan untuk mengenal pasti individu. **genetically** *adv.* secara baka.

genetics *n.* ilmu baka; kaji baka.

genial *a.* ramah; mesra. **genially** *adv.* dengan ramah; dengan mesra. **geniality** *n.* keramahan; kemesraan.

genie *n.* (*pl.* **genii**) jin; puaka; jembalang.

genital *a.* berkaitan dengan alat kelamin atau kemaluan. **genitals** *n.pl.* alat kelamin; kemaluan.

genitive *n.* genitif; peraturan, tatabahasa yang menunjukkan sumber atau pemilikan; usulan.

genius *n.* (*pl.* **-uses**) kebijaksanaan; kepintaran yang luar biasa; orang luar biasa pintar; genius.

genocide *n.* pembunuhan seluruh kaum atau bangsa.

genre *n.* genre; jenis (terutama berkenaan dengan seni dan kesusasteraan).

gent *n.* (*sl.*) **gentleman** orang (lelaki) bangsawan; orang (lelaki) santun, beradab atau berbudi; tuan; lelaki.

genteel *a.* santun; beradab. **genteelly** *adv.* dengan santun.

gentian *n.* sejenis tumbuhan berbunga biru, kedapatan di kawasan dataran tinggi. **gentian violet** bahan pencelup yang digunakan sebagai pembasmi kuman.

Gentile *n.* orang yang bukan Yahudi.

gentility *n.* kesantunan; adab dan gaya yang santun atau manis.

gentle *a.* (**-ier, -est**) santun; beradab; lemah lembut; manis. —*v.t.* memujuk. —*n.* ulat yang digunakan sebagai umpan. **gently** *adv.* dengan santun; dengan lemah lembut. **gentleness** *n.* kesantunan; kelembutan (gaya, cara); kemanisan (budi pekerti).

gentlefolk *n.pl.* orang dari keluarga bangsawan atau budiman.

gentleman *n.* (*pl.* **-men**) lelaki bangsawan atau budiman; lelaki beradab. **gentlemanly** *a.* beradab; secara budiman.

gentlewoman *n.* (*pl.* **-women**) wanita bangsawan atau budiman; wanita beradab.

gentrify *v.t.* (kawasan) berubah dari segi sosial dengan kedatangan golongan kelas pertengahan. **gentrification** *n.* perubahan (dengan kedatangan golongan kelas pertengahan).

gentry *n.pl.* golongan atasan; orang.

genuflect *v.i.* tunduk dengan membengkok lutut sebagai tanda hormat atau ketika menyembah atau memuja. **genuflexion** *n.* perbuatan membengkok lutut .

genuine *a.* tulen; asli; jati; benar. **genuinely** *adv.* benar-benar; sungguh. **genuineness** *n.* ketulenan; keaslian; kejatian.

genus *n.* (*pl.* **genera**) genus; jenis.

geocentric *a.* geosentrik; menjadikan bumi sebagai pusat; dilihat daripada pusat bumi.

geode *n.* geod; rongga berlapik hablur; batu berongga.

geodesic *a.* (juga **geodetic**) kajian berkenaan bentuk dan kawasan bumi.

geodesic dome kubah geodesik.

geodesy n. geodesi; pengkajian tentang bentuk dan kawasan bumi.

geography n. geografi; ilmu alam. geographical a. berkenaan geografi, ilmu alam. geographically adv. secara geografi, ilmu alam. geographer n. ahli geografi; ahli ilmu alam.

geology n. geologi; kaji bumi. geological a. bersifat geologi atau kaji bumi. geologically adv. dari segi geologi atau kaji bumi. geologist n. ahli geologi atau kaji bumi.

geometry n. geometri. geometric a. berkenaan geometri. geometrical a. berkenaan geometri. geometrically adv. secara geometri. geometrician n. ahli geometri.

georgette n. kain sutera nipis.

Georgian a. bahasa atau orang yang berasal dari Georgia.

geranium n. geranium; sejenis tumbuhan berbunga merah, merah jambu atau putih.

gerbil n. sejenis tikus yang kaki belakangnya panjang; gerbil.

geriatrics n. ilmu geriatrik; kaji uzur; kaji bangka; ilmu keuzuran; ilmu bangka; ilmu perubatan dan rawatan orang tua dan uzur. geriatric a. berkenaan ilmu geriatrik.

germ n. kuman; basil; benih; tunas.

German a. & n. (bahasa atau bangsa) Jerman. German measles n. penyakit campak Jerman; rubela.

germane a. relevan; berkait; berkenaan; bersangkutan; berpautan.

Germanic a. mempunyai ciri-ciri Jerman.

germicide n. racun kuman. germicidal a. beracun kuman.

germinate v.t./i. bercambah; membenih; menunas; bertunas; mula tumbuh. germination n. pembenihan; penunasan; penumbuhan; percambahan.

gerontology n. kaji tua; kaji usia; ilmu tentang proses menjadi tua dan masalah orang tua. gerontologist n. ahli gerontologi.

gerrymander v.i. gerimander; mengubah sempadan kawasan pilihan raya untuk mendapat faedah dalam pengundian.

gerund n. kata nama yang terbentuk daripada kata kerja yang berakhir dengan -ing dalam tatabahasa Inggeris.

Gestapo n. Gestapo; polis rahsia; polis pengintip rejim Nazi (Jerman semasa Perang Dunia Kedua).

gestation n. proses pertumbuhan bayi dalam rahim; pengandungan.

gesticulate v.i. utau; gamit; gawang; rewang (tangan, dll.). gesticulation n. utauan; gawangan; rewangan.

gesture n. utauan; gamitan; gawangan; isyarat (dengan gerakan anggota badan). —v.i. mengisyaratkan.

get v.t./i. (p.t. got, pres.p. getting) dapat; dapati; ambil; peroleh; kena; terima; tangkap; sampai; berjaya. get at sampai; (colloq.) menyiratkan cemuhan; (sl.) memberi rasuah. get away berjaya melepaskan; lepas. get by (colloq.) ala kadar; sekadar; bertahan; cukup (makan, pakai, dsb.). get off terlepas daripada tuduhan, dakwaan. get on boleh atau berupaya; maju; serasi; jadi tua; berusia; berumur. get out of elak; lepas. get-out n. cara atau kaedah untuk melakukan sesuatu. get over bereskan; pulih daripada. get round pengaruhi; elak (peraturan; perundangan, dsb.). get up bangun; bangkit; berdiri; bangun daripada tidur. get-up n. peralatan.

getaway n. pelarian selepas melakukan jenayah.

geyser n. pancutan semula jadi; mata air panas; (alat) pemanas air.

ghastly a. (-ier, -iest) pucat; cengkung; (colloq.) teruk; menakutkan; menggerunkan; mengerikan. ghastliness n. kepucatan; kecengkungan; kengerian.

ghee n. minyak sapi.

gherkin n. jeruk putik mentimun.

ghetto n. (pl. -os) kawasan perumahan sesak yang didiami oleh kaum atau kumpulan minoriti. ghetto blaster n. radio mudah alih yang besar dan kuat bunyinya.

ghost n. hantu; jembalang; penunggu; mambang; roh. ghost-writer n. penulis siluman; penulis yang menulis untuk orang lain. ghostly a. berhantu; yang menyeramkan. ghostliness n. perhantuan; keseraman.

ghoul n. orang yang suka akan kengerian; hantu yang kononnya suka makan mayat. ghoulish a. yang mengerikan seperti hantu. ghoulishly adv. dengan cara yang menunjukkan suka kepada kengerian.

GI n. (pl. GIs) askar biasa dalam tentera A.S.

giant n. gergasi; raksasa; datia; bota. —a. sangat besar. giantess n.fem. gergasi betina.

gibber *v.i.* merapik; meracau; meraban.

gibberish *n.* percakapan merapik atau meraban.

gibbet *n.* salang; tempat gantungan orang.

gibbon *n.* siamang; ungka.

gibe *n. & v.t./i.* menyindir; sindiran; ejek; ejekan; acan; acanan; cupar; cuparan; perli; perlian.

giblets *n.pl.* hati, jantung, dll. daripada burung, ayam, dsb. yang boleh dimakan.

giddy *a.* (-ier, -iest) gayat; pening. giddily *adv.* dengan gayat atau pening. giddiness *n.* kegayatan; kepeningan.

gift *n.* hadiah; anugerah; bakat; pemberian; (*colloq.*) tugas mudah. giftwrap *v.t.* (*p.t.* gift-wrapped) balut dengan cantik sebagai hadiah.

gifted *a.* berbakat.

gig[1] *n.* kereta kuda beroda dua.

gig[2] *n.* (*colloq.*) jemputan bermain jazz, dll.

giga- *pref.* giga-; didarabkan dengan 10^9 (seperti dalam gigameter).

gigabyte *n.* (pengkomputeran) satu unit maklumat bersamaan dengan seribu juta bit.

gigantic *a.* sangat besar; seperti gergasi; seperti raksasa.

giggle *v.i.* (ketawa) berdekit-dekit. —*n.* ketawa berdekit-dekit.

gigolo *n.* (*pl.* -os) pelacur lelaki; lelaki yang dibayar oleh perempuan untuk menjadi temannya; gigolo.

gild[1] *v.t.* (*p.t.* dan *p.p.* gilded) sepuh; sadur; menyadur dengan emas; salut dengan emas; celup dengan emas.

gild[2] *n.* persatuan; kesatuan.

gilet *n.* sejenis pakaian wanita.

gill[1] *n.* (*usu. pl.*) insang (ikan); insang (di bahagian bawah cendawan, kulat).

gill[2] *n.* satu perempat pain (sukatan cecair).

gillie *n.* (budak atau orang lelaki) pembantu pemburu atau pemancing di Scotland.

gilt[1] *a.* bersepuh, bersalut atau bercelup emas. gilt-edged *a.* pelaburan yang selamat.

gilt[2] *n.* anak babi yang betina.

gimbals *n.pl.* gimbal; (alat) relang dan paksi penegak kedudukan peralatan (seperti kompas) dalam kapal.

gimcrack *a.* biasa; murah dan mudah rosak.

gimlet *n.* (alat) incar; penggerudi; penebuk.

gimmick *n.* gimik, pesonaan; (cara atau alat) penarik perhatian. gimmicky *a.* bersifat gimik.

gin[1] *n.* jerat; jebak; perangkap; serkap; mesin busar kapas (pengasing biji daripada kapas). —*v.t.* (*p.t.* ginned) membusar kapas; mengasingkan biji kapas daripada kapas.

gin[2] *n.* sejenis minuman keras; gin.

ginger *n.* halia; lincah; rancak; warna kuning kemerahan. —*a.* berwarna halia. —*v.t.* menjadikan lebih rancak atau hangat. ginger ale, ginger beer minuman berperasa halia. ginger group kumpulan pendesak. gingery *a.* berkenaan dengan halia; (warna) perang kemerah-merahan.

gingerbread *n.* kek halia; biskut halia.

gingerly *a. & adv.* dengan cermat atau teliti.

gingham *n.* kain genggang; kain bercorak petak-petak.

gingivitis *n.* gingivitis; radang gusi.

gingko *n.* ginko; pokok di negeri China dan Jepun yang berbunga kuning.

ginseng *n.* ginseng; pokok yang akarnya berbau wangi dibuat ubat.

gipsy *n.* kaum pengembara di Eropah; gipsi.

giraffe *n.* zirafah.

gird *v.t.* lilit; belit; libat; bebat; lingkar.

girder *n.* gelegar; alang (besi); kalang; galang.

girdle[1] *n.* pending; kendit; gendit; ikat pinggang; tali pinggang; (getah) pencerut (pinggang); girdel (tulang). —*v.t.* mengelilingi; melingkungi.

girdle[2] *n.* dulang pemasak (daripada besi yang dapat dipanaskan untuk masak-memasak).

girl *n.* gadis; perawan; puteri; pemudi; (anak) dara. girlhood *n.* zaman gadis; zaman remaja (gadis). girlish *a.* seperti gadis.

girlfriend *n.* teman wanita.

giro *n.* (*pl.* -os) giro; sistem tabungan wang (bank) yang membolehkan pembayaran dibuat secara pindahan wang daripada satu akaun kepada akaun lain.

girt *a.* (puisi) berlilit; berbelit.

girth *n.* lilitan; jarak keliling sesuatu; gelung di bawah perut kuda yang mengikat pelana pada tempatnya.

gist *n.* inti; pati; sari; perkara-perkara penting atau maksud umum sesuatu ucapan, dsb.

give *v.t./i.* (*p.t.* gave, *p.p.* given) beri; bagi; menyebabkan diterima atau dimiliki; bekalkan; sediakan; ucapkan; janjikan; lakukan sebagai pertukaran atau bayaran; persembahkan (lakonan, dsb.) di khalayak ramai; hasilkan sebagai produk atau keputusan; memberi laluan; mengisytiharkan (penghakiman) secara berkuasa; memberi; melentur atau menganjal. —n. kelenturan; keanjalan. **give away** dengan percuma; hadiahkan; derma; sedekah; serah pengantin (perempuan kepada suaminya) sesudah nikah; pecahkan rahsia dengan tidak sengaja. **give in** menyerah kalah. **give off** mengeluarkan. **give out** isytiharkan; jadi lesu; habis. **give over** menguntukkan; serah; (*colloq.*) berhenti. **give tongue** bersuara; memberi pendapat; (anjing) salak; menyalak. **give up** menyerah; kecewa; putus asa; tidak ada harapan lagi. **give way** izin; benar; biar; runtuh; reban; pukah. **giver** *n.* pemberi; pengurnia; penganugerah.

given *lihat* give. —*a.* yang ditetapkan; yang ditentukan; tertentu; berkecenderungan. **given name** nama sendiri (bukan nama keluarga).

gizmo *n.* (*pl.* gizmos) alat kecil untuk membuat sesuatu (tidak formal).

gizzard *n.* hempedal; empedal; pedal.

glacé *a.* bersalut gula; diawet dengan gula; halwa.

glacial *a.* berais; berkenaan glasier.

glaciated *a.* dilitupi glasier.

glacier *n.* sungai ais; glasier. **glaciation** *n.* pengglasieran.

glad *a.* riang; suka; gembira; seronok; senang hati. **gladly** *adv.* dengan riang, gembira, seronok, senang hati. **gladness** *n.* keriangan; kegembiraan; keseronokan.

gladden *v.t.* meriangkan; menyukakan; menggembirakan; menyeronokkan; menyenangkan hati.

glade *n.* kawasan lapang dalam hutan.

gladiator *n.* pendekar yang bertarung untuk tontonan khalayak ramai di Rom pada zaman dahulu kala. **gladiatorial** *a.* bersifat pertarungan di khalayak ramai.

gladiolus *n.* (*pl.* **-li**) sejenis tumbuhan berbunga.

glamorize *v.t.* jadikan penuh glamor atau daya tarikan; menggambarkan seperti sesuatu yang glamor; jadikan gemilang. **glamorization** *n.* kepermaian; kegemilangan.

glamour *n.* glamor; daya tarikan; kegemilangan. **glamorous** *a.* penuh glamor atau daya tarikan; permai;

gemilang. **glamorously** *adv.* dengan penuh glamor atau daya tarikan; dengan gemilang.

glance *v.i.* memandang sepintas lalu. menjeling; kerling. —*n.* jelingan; kerlingan; sekelibat; sekilas (pandang).

gland *n.* kelenjar. **glandular** *a.* berkenaan kelenjar; glandular.

glare *v.i.* silau; kilau; jegil; memandang atau merenung dengan marah —*n.* silauan; kilauan; jegilan.

glaring *a.* menyilaukan; amat terang; menonjol.

glasnost *n.* (Rusia - di USSR) keterbukaan dalam maklumat, dsb.

glass *n.* kaca; cermin; gelas (pengisi cecair, minuman); (*pl.*) kaca mata; teropong (berlaras kembar). **glassy** *a.* berkaca; seperti kaca; licin. **glassily** *adv.* dengan berkaca; dengan licin.

glasshouse *n.* bangsal kaca (untuk tanaman); (*sl.*) penjara tentera.

glaucoma *n.* glaukoma; sejenis penyakit mata.

glaze *v.t./i.* menggilap; menyapu glis; menyepuh; menjadikan licin dan berkilat; memandang dengan kuyu. —*n.* glis; sepuh gerusan; belingan.

glazier *n.* tukang (pemasang) kaca jendela.

gleam *n.* sinar malap. —*v.i.* bersinar malap.

glean *v.t./i.* memungut; mengutip (bijirin seperti padi yang tertinggal semasa menuai, dsb.); mengumpulkan sedikit-sedikit. **gleaner** *n.* pemungut; pengutip.

glee *n.* riang; suka ria; seronok; syok. **glee club** kelab koir; sejenis persatuan dendangan (nyanyian) ramai. **gleeful** *a.* dengan riang atau seronok. **gleefully** *adv.* dengan menunjukkan perasaan riang atau seronok.

glen *n.* lurah; lembah sempit.

glib *a.* petah; lancar; fasih; galir.

glide *v.i.* meluncur; melayang; melayap. —*n.* pergerakan meluncur.

glider *n.* peluncur; pelincir; sejenis pesawat terbang tanpa jentera yang boleh melayang, meluncur atau melayap di udara.

glimmer *n.* kelipan; kerdipan. —*v.i.* kelipan yang lemah.

glimpse *n.* imbasan; pandangan sepintas lalu. —*v.t.* memandang sepintas lalu.

glint *n.* kilapan; kelipan; kerdipan.

glissade *v.i.* melincir; meluncur. —*n.* pelinciran.

glisten *v.i.* berkilau; bergemerlap; berkelip-kelip; bersinar-sinar.

glitch n. (*colloq.*) tak berfungsi, halangan.

glitter v.i. & n. gemerlap; gemerlapan; kilau; kilauan.

glitz n. sikap menunjuk-nunjuk yang membazir.

gloaming n. senja larut atau aram-temaran.

gloat v.i. megah; puas (dengan megah atau bongkak).

global a. global; seluruh; sejagat; seantero dunia. **global warming** peningkatan suhu yang menyeluruh. **globally** adv. seluruh dunia.

globalize v. (atau **-ise**) dikendalikan di seluruh dunia. **globalization** n. persejagatan; globalisasi.

globe n. (bentuk bulat seperti bola) bundaran; buntalan; bundaran peta bumi; glob. **globe-trotting** n. perantauan merata-rata; pengembaraan atau mengembara ke seluruh dunia.

globular a. bundar; buntar.

globule n. butir; until; titisan.

globulin n. globulin; sejenis protein yang terdapat dalam tisu binatang atau tumbuhan.

glockenspiel n. gamelan besi; alat muzik yang diperbuat daripada susunan besi paip, dsb.

gloom n. kemuraman; kesuraman; keredupan. **gloomy** a. (**-ier, -iest**) muram; suram; redup. **gloomily** adv. dengan muram; dengan suram.

glorify v.t. memuji; menyanjung; bertakbir; memuja. **glorification** n. pemujian; penyanjungan; pemujaan; pengucapan takbir.

glorious a. mulia; agung; terpuji; cemerlang. **gloriously** adv. dengan terpuji atau cemerlang.

glory n. kemuliaan; keagungan; kepujian; kecemerlangan. —v.i. memuliakan; mengagungkan; berasa megah atau bangga. **glory-hole** n. (*sl.*) bilik atau almari yang bersepah; tidak tersusun.

gloss[1] n. kilapan; kilauan (di permukaan yang licin). —v.t. menggilap. **gloss over** menyembunyikan atau menutup kesilapan.

gloss[2] n. penjelasan; keterangan ringkas. —v.t. memberi penjelasan.

glossary n. daftar kata; glosari.

glossy a. (**-ier, -iest**) kilap; berkilap. **glossily** adv. dengan berkilapan. **glossiness** n. kilapan.

glove n. sarung tangan.

gloved a. bersarung tangan.

glover n. tukang pembuat sarung tangan.

glow v.i. menerangi; menyeri; menyerlah; memijar; membara; membahang. —n. cahaya; terang; seri; pijar; bahang. **glow-worm** n. ulat kunang; ulat kelip-kelip; kelemayar.

glower v.i. (muka) menjadi merah padam (kerana marah).

glowing a. cemerlang; gemilang; serlah; marak; berseri.

glucose n. glukos; glukosa.

glue n. glu; gam; gegala; perekat; jangat; balau. —v.t. (*pres.p.* **gluing**) melekatkan dengan gam atau glu; merekatkan. **gluey** a. bergam; bergegala; seperti gam atau gegala.

glum a. (**-mer, -mest**) moyok; suram.

glut v.t. (*p.t.* **glutted**) bekalan yang berlebihan; merakus; melahap; makan terlalu banyak. —n. bekalan yang melebihi.

gluten n. gluten; bahan protein lekit yang tertinggal apabila kanji dikeluarkan daripada tepung.

glutinous a. lekit; berkanji; bersagu; berlendir. **glutinous rice** beras pulut.

glutton n. perakus; pelahap; sejenis binatang daripada keluarga wesel. **gluttonous** a. rakus; lahap; gelojoh. **gluttony** n. kerakusan; kelahapan; kegelojohan.

glycerine n. sejenis cecair likat, manis yang digunakan dalam ubat; gliserin.

glycerol n. cecair tanpa warna yang pekat manis dibuat daripada lemak dan minyak; gliserin.

GM *abbr.* mengubah secara genetik.

GMT *abbr.* **Greenwich Mean Time** Waktu Min Greenwich.

gnarled a. berpulas; berbonggol; bergerutu.

gnash v.t./i. kertak; mengertak (gigi).

gnat n. agas.

gnaw v.t./i. gerit; kerkah; kunyah.

gnome n. gnome; peri.

gnomic a. berlagak bijak.

gnomon n. batang jam matahari, menunjukkan masa dengan bayang-bayang.

GNP *abbr.* **gross national product** keluaran negara kasar.

gnu n. gnu; sejenis antelop seperti lembu.

go v.i. (*p.t.* **went**, *p.p.* **gone**) pergi; lalu; lulus; jadi; jalan; berjalan; hilang; hapus; habis; pimpin; bimbing. —n. (*pl.* **goes**) tenaga; kuasa; giliran; cubaan; kejayaan; serangan penyakit. **be going to** akan; hendak (buat sesuatu). **go-ahead** n. isyarat agar memulakan (sesuatu);

kebenaran; izin. **go back on** mungkir. **go-between** n. orang tengah. **go-cart** n. go-kart; kereta lumba yang kecil. **go-karting** perlumbaan go-kart. **go for** (sl.) serang. **go-getter** n. (colloq.) orang yang bersungguh atau berusaha untuk mencapai atau mendapatkan sesuatu. **go-go** a. (colloq.) sangat aktif; bertenaga. **go out** padam; hapus; pitam, dsb. **go round** cukup untuk semua. **go-slow** n. perbuatan melambatkan kerja (mogok). **go under** gagal; kalah. **go up** naik harga; meningkat; meletup; terbakar dengan cepat. **go with** sepadan; serasi; sesuai. **on the go** sentiasa bergerak.

goad n. cemeti (kayu) penggembalaan (lembu, dsb.). —v.t. desak supaya bertindak.

goal n. gol (dalam permainan bola); kemasukan bola ke dalam gol; matlamat.

goalie n. (colloq.) penjaga gol.

goalkeeper n. penjaga gol.

goalpost n. tiang gol.

goat n. kambing.

goatee n. janggut pendek dan meruncing; janggut (manusia) yang menyerupai janggut kambing.

gobble v.t./i. memolok.

gobbledegook n. (sl.) bahasa berbelit yang lazimnya digunakan oleh para pegawai.

goblet n. piala; gelas (minuman) berbentuk piala.

goblin n. goblin; makhluk halus yang nakal dan hodoh.

God n. Allah; Tuhan. **god** n. dewa. **God-fearing** a. bertakwa; patuh kepada perintah dan larangan Tuhan. **God-forsaken** a. teruk; jelik.

godchild n. (pl. -children) anak angkat keagamaan (Kristian).

god-daughter n. anak angkat (perempuan) keagamaan (Kristian).

goddess n. dewi; betari.

godfather n. bapa angkat keagamaan (Kristian); (A.S.) ketua (perdana) sesebuah badan jenayah yang besar.

godhead n. ketuhanan; Tuhan.

godlike a. seperti dewa.

godly a. warak; alim. **godliness** n. kewarakan; kealiman.

godmother n. emak angkat keagamaan (Kristian).

godparent n. keluarga angkat keagamaan (Kristian).

godsend n. tuah.

godson n. anak angkat (lelaki) keagamaan (Kristian).

goggle v.i. menjegil; membeliakkan; membeliak (mata).

goggles n.pl. gogel; kaca mata yang menghalang kemasukan udara, air, dsb. ke mata.

going pres.p. lihat go.

goitre n. goiter; gondok; benguk; bengkak pada saraf leher.

gold n. mas; emas; kencana; warna emas. —a. berwarna emas; diperbuat daripada emas. **gold-digger** n. 'pisau cukur'; perempuan yang mempesona untuk mendapat wang daripada lelaki. **gold-mine** n. lombong emas; sumber kekayaan. **gold-rush** n. kerubut emas; bergegas ke kawasan emas yang baru ditemui.

golden a. (sifat) keemasan. **golden handshake** (pembayaran) pampasan yang besar kepada orang yang disingkir atau bersara. **golden jubilee** ulang tahun ke-50. **golden wedding** ulang tahun perkahwinan ke-50.

goldfinch n. sejenis burung yang sayapnya berjalur kuning.

goldfish n. ikan emas.

goldsmith n. tukang emas.

golf n. golf. **golf ball** bola golf. **golf-course**, **golf-links** ns. padang golf. **golfer** n. pemain golf.

golliwog n. anak patung hitam berambut keriting.

gonad n. gonad; organ binatang yang mengeluarkan gamet (ovum atau sperma).

gondola n. perahu kolek yang digunakan di bandar Venice, Itali; gondola; sangkar pemuat penumpang yang digantung pada belon besar yang boleh terapung di udara.

gondolier n. pendayung gondola.

gone lihat go.

gong n. gong; keromong; alat muzik yang bunyi berdengung apabila dipukul.

gonorrhoea n. gonorea; penyakit kelamin yang menyebabkan lelehan keluar dari alat kelamin.

goo n. (sl.) lendir; kanji.

good a. (better, best) bagus; baik; bersopan; elok; berfaedah; enak. —n. kebaikan; kebajikan; (pl.) barang perdagangan; barangan. **as good as** sama; hampir sama baik dengan. **good-for-nothing** a. & n. orang yang tidak berguna. **Good Friday** hari Jumaat (yang dianggap suci) yang mendahului hari Paskah. **good name** nama baik; maruah.

goodbye int. & n. selamat tinggal; selamat jalan.

G

goodish *a.* agak bagus atau baik; agak besar.

goodness *n.* kebagusan; kebaikan; (dalam seruan) Tuhan.

goodwill *n.* (perasaan) muhibah; niat baik; nama baik (perniagaan) yang wujud (yang dianggap sebagai aset boleh dijual).

goody *n.* (*colloq.*) sesuatu yang bagus, enak atau sedap. **goody-goody** *a.* & *n.* orang yang menganggap (secara megah) dirinya baik.

googly *n.* (kriket) bola yang menyerong daripada sasaran balingannya.

goose *n.* (*pl.* **geese**) angsa; undan. **goose-flesh, goose-pimples** *ns.* bulu roma yang meremang kerana sejuk atau seram. **goose step** berjalan, berkawat dengan kaki cekang (tanpa membengkokkan lutut).

gooseberry *n.* sejenis beri berduri.

gopher *n.* sejenis (haiwan) rodensia yang hidup dalam lubang tanah.

gore[1] *n.* lumuran darah (kerana luka).

gore[2] *v.t.* tanduk; menanduk; rodok; merodok.

gore[3] *n.* pesak; bahagian layar, skirt, dsb. yang mengembang (misalnya, bahagian skirt yang mula mengembang di paras paha).

gorge *n.* jurang; gaung; tekak; tenggorok. —*v.t./i.* memolok; melahap; tersedak; mengkelan. **one's gorge rises at** sesuatu yang menjijikkan atau memualkan.

gorgeous *a.* permai; sangat elok; cantik. **gorgeously** *adv.* dengan permai, elok atau cantik.

gorgon *n.* perempuan yang menakutkan. **Gorgonzola** *n.* sejenis keju biru.

gorilla *n.* mawas; gorila.

gormandize *v.i.* memolok; melahap; makan dengan gelojoh.

gormless *a.* (*sl.*) bodoh; dungu.

gorse *n.* sejenis tumbuhan berduri dan berbunga kuning.

gory *a.* (-ier, -iest) berdarah; berlumuran darah.

gosling *n.* anak angsa atau undan.

Gospel *n.* (kitab) Gospel. **gospel** *n.* ajaran Jesus Christ; prinsip; sesuatu yang dianggap benar.

gossamer *n.* sarang labah-labah; sesuatu yang nipis dan halus.

gossip *n.* umpatan; buah mulut; ngobrol; perbualan tentang hal orang lain; orang yang mengumpat. —*v.i.* (*p.t.* gossiped) mengata atau mengumpat (orang). **gossipy** *a.* suka mengumpat; penuh desas-desus.

got *lihat* **get. have got** miliki. **have got to do it** perlu, terpaksa melakukannya.

Goth *n.* bangsa Goth (Jerman) yang menyerang Empayar Rom pada abad ketiga hingga abad kelima Masihi.

Gothic *a.* gaya, bentuk binaan abad ke-12 hingga ke-16 Masihi (di Eropah) dengan gerbang rencong tajam.

gouge *n.* pahat kuku; (alat) tuil; pencungkil. —*v.t.* menyodok; menuil; mencungkil.

goulash *n.* masakan daging dan sayur berkuah pekat.

gourd *n.* (buah) labu; kundur; bekas pengisi air yang diperbuat daripada buah labu atau kundur.

gourmand *n.* pelahap; pelalah; pengedarah; orang yang makan melampau.

gourmet *n.* orang yang bercita rasa seni, dalam hal makan minum.

gout *n.* gout; pirai; sengal. **gouty** *a.* berkenaan atau seperti penyakit gout.

govern *v.t./i.* perintah; memerintah; tadbir; kawal. **governor** *n.* pemerintah (wilayah); yang dipertua negeri; gabenor.

governable *a.* dapat diperintah.

governance *n.* pemerintahan; tadbiran; kawalan.

governess *n.* pengasuh atau pendidik (perempuan); wanita yang diupah untuk mengajar kanak-kanak di rumah kanak-kanak itu.

government *n.* pemerintah; kerajaan. **governmental** *a.* yang berkenaan dengan pemerintah atau kerajaan.

gown *n.* jubah; layah; sejenis pakaian labuh (wanita); gaun.

GP *abbr.* general practitioner.

grab *v.t./i.* (*p.t.* grabbed) capai; cekak; cekau; cengkam; rentap; sambar. —*n.* tiba-tiba mencekau atau percubaan merampas; alat untuk mencengkam.

grace *n.* keanggunan; budi; seri; kurnia; anugerah; belas kasihan; kesyukuran. —*v.t.* memberi kurniaan atau penghormatan; menyerikan.

graceful *a.* berbudi; berseri; molek; jelita; anggun. **gracefully** *adv.* dengan santun; dengan lemah lembut; dengan gemalai. **gracefulness** *n.* kesantunan; gaya lemah lembut; gerakan yang cantik.

graceless *a.* canggung; kekok; tanpa seri atau santun; tanpa kesyukuran; tidak berterima kasih.

gracious *a.* murah hati; belas; kasihan; berbudi bahasa. **graciously** *adv.*

dengan murah hati; dengan berbudi bahasa; dengan mesra. **graciousness** n. kemurahan hati; kebelasan; kesantunan.

gradation n. peringkatan; pemeringkatan

grade n. tahap; darjat; mutu; tingkat; tangga; kelas; markah; gred; kecuraman. —v.t. atur mengikut tahap, darjat, mutu atau kelas; menggredkan; mengurangkan kecerunan. **make the grade** berjaya.

gradient n. kecerunan; kecuraman; tahap kecuraman.

gradual a. beransur; perlahan-lahan. **gradually** adv. dengan beransur; dengan perlahan-lahan.

graduate[1] n. siswazah; pemilik ijazah universiti.

graduate[2] v.t./i. mendapat ijazah universiti; bahagi kepada tahap tertentu. **graduation** n. (hari) pengijazahan; pembahagian kepada tahap tertentu.

graffito n. (pl. -ti) contengan di dinding, tembok.

graft[1] n. graf; cantuman; tunas atau tisu yang dipindah untuk tumbuh pada anggota lain; (sl.) kerja keras. —v.t./i. pindah tunas kepada anggota lain; dicantum hingga tidak boleh dipisahkan lagi; (sl.) bekerja keras.

graft[2] n. rasuah.

grail n. (dalam legenda zaman pertengahan) cawan dan mangkuk yang digunakan oleh Kristus Jesus pada Makan Malam Terakhir.

grain n. biji; bijirin (buah halus seperti padi, gandum, dsb.); butir; pasir; tanaman yang menghasilkan bijirin (seperti padi, gandum, dsb.); sukatan hantap (berat) kira-kira 65 miligram; tekstur; ira atau corak. **grainy** a. berbiji; berbutir; berpasir.

gram n. gram; sukatan hantap (berat) 1/1000 kilogram (kira-kira 0.6 tahil).

grammar n. nahu; tatabahasa. **grammar school** sekolah menengah untuk murid yang berkemampuan akaliah.

grammarian n. ahli tatabahasa; pakar dalam tatabahasa.

grammatical a. menurut peraturan nahu atau tatabahasa. **grammatically** adv. secara nahu atau tatabahasa.

gramophone n. gramafon; peti nyanyi; alat pemain piring hitam muzik dan lagu.

grampus n. sejenis haiwan laut seperti ikan lumba-lumba.

gran n. (colloq.) nenek.

granary n. jelapang; bangunan tempat menyimpan bijirin (padi, gandum, dsb.).

grand a. (-er, -est) besar; utama; hebat; sergam; (colloq.) sangat bagus. —n. piano besar; (sl.) seribu dolar, ringgit. **grand piano** piano besar. **Grand Prix** lumba kereta utama antarabangsa. **grandly** adv. dengan hebat; tersergam. **grandness** n. kebesaran; keutamaan; kehebatan; kesergaman.

grandchild n. (pl. -children) cucu.

grandad n. (colloq.) datuk; tuk; tukwan (datuk lelaki).

granddaughter n. cucu (perempuan).

grandee n. pembesar; orang berpangkat tinggi.

grandeur n. kehebatan.

grandfather n. datuk; tukwan; atuk (lelaki). **grandfather clock** jam besar yang berbadan seperti almari.

grandiloquent a. dengan penggunaan kata-kata hebat. **grandiloquence** n. penggunaan kata-kata hebat.

grandiose a. hebat; sergam; besar-besaran. **grandiosely** adv. dengan hebat. **grandiosity** n. kehebatan.

grandma n. (colloq.) nenek; tuk; wan (perempuan).

grandmother n. nenek; tuk; wan (perempuan). **grandmother clock** jam besar (tetapi lebih kecil daripada grandfather clock) berbadan seperti almari.

grandpa n. (colloq.) datuk; tukwan; atuk (lelaki).

grandparent n. datuk dan nenek.

grandson n. cucu (lelaki).

grandstand n. astaka besar; anjung atau beranda penonton (sesuatu sukan, pertandingan).

grange n. rumah di desa dengan pelbagai bangsal perladangan di sekitarnya.

granite n. batu besi; granit.

granny n. (colloq.) nenek; nek. **granny flat** tempat penginapan lengkap dalam sesebuah rumah untuk saudara mara. **granny knot** simpul buku lali; simpul silih.

grant v.t. mengabulkan; menganugerah; mengizinkan; mengakui. —n. pengabulan; anugerah; keizinan; perakuan bantuan (untuk pelajar). **take for granted** menganggap sesuatu itu benar atau akan pasti berlaku.

granular a. berbiji; berbutir.

granulate v.t./i. dibijikan; dibutirkan; dijadikan biji atau butir; mengasarkan. **granulation** n. pembijian; pembutiran.

granule n. biji atau butir halus.

grape n. buah anggur.

grapefruit n. limau gedang; sejenis buah limau besar.

grapevine n. pokok anggur; khabar-khabar angin.

graph n. garisan yang menunjukkan kaitan antara nilai atau jumlah; graf. —v.t. melukis graf.

graphic a. berkenaan lukisan atau ukiran; (memberi gambaran) yang jelas. **graphic equalizer** alat untuk mengawal jalur frekuensi radio secara berasingan. **graphics** n.pl. grafik; gambar rajah, dsb. yang digunakan dalam pengiraan dan reka bentuk. **graphically** adv. dengan jelas berserta gambaran terperinci.

graphical a. yang menggunakan graf atau gambar rajah. **graphically** adv. dengan menggunakan graf atau gambar rajah.

graphite n. sejenis karbon; grafit.

graphology n. kaji tulisan (tangan). **graphologist** n. pengkaji tulisan (tangan).

grapnel n. sauh buji; kait; sauh terbang.

grapple v.t./i. bergelut; cekak; cekau. **grappling-iron** n. kait; sauh terbang.

grasp v.t./i. genggam; cekak; pegang; tangkap; faham. —n. genggaman; cekakan; pegangan; kefahaman. **grasp at** sambar.

grasping a. tamak; haloba.

grass n. rumput; rami; padang (berlitup rumput); (sl.) tali barut. —v.t. dilitupi dengan rumput; (sl.) menjadi tali barut. **grass roots** asas; akar umbi; ahli-ahli biasa. **grass widow** isteri yang sering ditinggalkan keseorangan oleh suaminya. **grassy** a. berumput; berami.

grasshopper n. belalang.

grassland n. padang rumput yang luas.

grate[1] n. besi pengadang bara di dapur atau tempat pendiang.

grate[2] v.t./i. kukur; parut; sagat.

grateful a. bersyukur; berterima kasih; terhutang budi. **gratefully** adv. dengan kesyukuran; dengan penuh rasa terhutang budi.

grater n. kukur; pemarut; penyagat.

gratify v.t. puaskan; memuaskan. **gratification** n. pemuasan; kepuasan; ganjaran.

grating n. jerjak; kisi-kisi.

gratis a. & adv. percuma; tanpa sebarang bayaran.

gratitude n. kesyukuran; perasaan terima kasih atau terhutang budi.

gratuitous a. percuma; dilakukan secara percuma; sukarela (tanpa bayaran). **gratuitously** adv. dengan sukarela.

gratuity n. pampasan; bayaran sagu hati.

gravamen n. inti pati atau bahagian paling serius dalam sesuatu hujahan.

grave[1] n. kubur; liang (lahat); makam; jirat (lazimnya digunakan untuk kubur orang bukan Islam).

grave[2] a. (-er, -est) penting; teruk; parah; berat; serius. **grave accent** tanda baca. **gravely** adv. secara penting; dengan serius.

gravel n. kerikil; gersik; pasir lada; batu lada; pasir garam; ibu pasir. **gravelly** a. seperti kerikil; garau, parau.

graven a. terukir.

gravestone n. (batu) nisan; batu tanda di kubur.

graveyard n. kuburan; perkuburan; tanah perkuburan.

gravitate v.i. bergerak ke arah; condong kepada (sesuatu); ditarik kepada (sesuatu).

gravitation n. gerakan ke arah; daya tarikan bumi.

gravity n. graviti; daya tarikan bumi; kemustahakan; kepentingan; keseriusan.

gravy n. kuah; gulai. **gravy train** (sl.) sumber wang yang mudah diperoleh.

gray a. & n. kelabu; warna kelabu.

graze[1] v.t./i. meragut (rumput); memakan rumput; membawa ternakan untuk meragut (makan rumput).

graze[2] v.t./i. gores; sayat; siat; lecet; jejas.

grease n. lemak; minyak; carbi atau gris. —v.t. melumur lemak, minyak, carbi atau gris. **greaser** n. penggris; tukang gris. **greasy** a. berlemak; berminyak; bergris.

greasepaint n. cat muka digunakan oleh pelakon.

great a. (-er, -est) agung; besar; gedang; banyak; hebat; (colloq.) sangat baik; maha; raya. **greatness** n. keagungan; kebesaran; kegedangan; kehebatan.

greatcoat n. sejenis kot luar yang tebal dan labuh.

greatly adv. amat; sangat; sungguh.

greave n. perisai besi yang dipakai pada tulang kering.

grebe n. sejenis burung yang boleh menjunam ke dalam air untuk menangkap ikan.

Grecian a. berkenaan dengan Yunani; zaman Yunani dahulu kala.

greed n. kehalobaan; ketamakan.

greedy a. (-ier, -iest) tamak; haloba;

gelojoh; rakus. **greedily** *adv.* dengan tamak, haloba, gelojoh atau rakus. **greediness** *n.* kehalobaan; ketamakan.

Greek *a.* & *n.* bahasa atau orang Yunani.

green *a.* (-er, -est) hijau; putik; mentah; masih belum masak; tidak berpengalaman. —*n.* warna hijau; padang; (*pl.*, *colloq.*) sayuran hijau. **green belt** kawasan hijau; taman sekitar kota atau bandar; pencinta alam. **green fingers** bakat atau kepandaian dalam perkebunan atau pertanian. **green light** lampu isyarat (hijau); (*colloq.*) kelulusan; keizinan meneruskan sesuatu. **Green Paper** laporan kerajaan mengenai usul yang sedang dipertimbangkan. **green pound** nilai paun (£) yang telah dipersetujui oleh EEC sebagai pembayaran kepada pengusaha pertanian. **green-room** *n.* bilik kegunaan seniman di belakang pentas. **greenness** *n.* kehijauan.

greenery *n.* tumbuh-tumbuhan hijau.

greenfinch *n.* sejenis burung berbulu hijau dan kuning.

greenfly *n.* (*pl.* -fly) kutu daun.

greengrocer *n.* penjual sayur dan buah-buahan.

greengrocery *n.* kedai sayur dan buah-buahan atau sayuran dan buah-buahan yang dijual di situ.

greenhorn *n.* orang baharu; orang yang masih mentah atau belum cukup pengalaman.

greenhouse *n.* bangsal yang diperbuat daripada kaca untuk perkebunan atau pertanian; bangsal pertanian.

greenish *a.* kehijau-hijauan.

greenstone *n.* batu hijau.

greet *v.t.* menyapa; menyambut; memberi salam. **greeting card** ucapan.

gregarious *a.* berkawan; suka berkawan.

gremlin *n.* (*sl.*) pelesit atau hantu yang (kononnya) menyebabkan segala kegagalan jentera.

grenade *n.* bom tangan; grenad.

grenadier *n.* askar yang dahulunya bersenjatakan grenad.

grenadine *n.* sirap perisa daripada buah delima.

grew *lihat* **grow**.

grey *a.* (-er, -est) kelabu; keabuan. —*n.* warna kelabu atau keabuan. —*v.t./i.* menjadi kelabu. **greyness** *n.* kekelabuan; keadaan mendung.

greyhound *n.* sejenis anjing yang kencang larinya.

greyish *a.* agak kelabu; keabu-abuan (warnanya).

grid *n.* kekisi; kisi-kisi; sistem garis petak bernombor pada peta; rangkaian talian atau wayar. **gridded** *a.* berkisi.

griddle *n.* *lihat* **girdle**².

gridiron *n.* kuali; dulang pemasak; padang untuk permainan bola sepak ala Amerika.

gridlock *n.* (A.S.) kesesakan lalu lintas di jalan-jalan bersilang.

grief *n.* duka; lara; kesedihan; kerawanan. **come to grief** mendapat bala; gagal; jatuh.

grievance *n.* sungutan; kilanan; terkilan.

grieve *v.t./i.* bersedih; berduka.

grievous *a.* mendukakan; melarakan; menyedihkan; merawankan; berat; parah; teruk.

griffin *n.* grifin; binatang khayalan (mitos) berkepala serta bersayap geroda dan bertubuh singa.

griffon *n.* sejenis anjing kecil; sejenis burung hering; grifin.

grill *n.* jerjak; gril; besi pemanggang; makanan yang dipanggang. —*v.t./i.* memanggang; menggril; memisit. **grill-room** *n.* restoran yang menyediakan makanan yang dipanggang.

grille *n.* jerjak, terutama pada pintu dan tingkap.

grim *a.* (-mer, -mest) suram; muram; bengis; garang. **grimly** *adv.* dengan muram, bengis atau garang. **grimness** *n.* kesuraman; kemuraman; kebengisan; kegarangan.

grimace *n.* seringai; gerenyot (muka). —*v.i.* menyeringai; menggerenyot.

grime *n.* daki; comotan; jelaga; kotoran. —*v.t.* menjadi hitam kerana kotor. **grimy** *a.* berdaki; comot; kotor. **griminess** *n.* kecomotan; kekotoran.

grin *v.i.* (*p.t.* **grinned**) sengih; kenyih; kerisin. —*n.* senyuman yang lebar.

grind *v.t./i.* (*p.t.* **ground**) kisar; giling; pipis; asah; canai. —*n.* pengisaran; penggilingan; pemipisan; pencanaian. **grinder** *n.* pengisar; penggiling; pengasah; pencanai.

grindstone *n.* kiliran; batu giling; batu asah; batu canai.

grip *v.t./i.* (*p.t.* **gripped**) cengkam; genggam; cekak; cekau; tangkap (perhatian). —*n.* cengkaman; genggaman; cekak; cekau; tangkap; (A.S.) beg pakaian.

gripe *v.t./i.* menjadi pedih perut; memulas (perut); (*sl.*) rungut; merungut. —*n.* (*sl.*) rungutan.

grisly *a.* (-ier, -iest) seram; ngeri. **grisliness** *n.* kengerian.

grist *n.* bijirin untuk dikisar atau digiling; bijirin yang sudah dikisar atau digiling.

gristle *n.* tulang rawan. gristly *a.* liat.

grit *n.* kerikil; kersik; butir pasir atau batu; (*colloq.*) keberanian; kelasakan; kecekalan; ketabahan. —*v.t./i.* (*p.t. gritted*) mengetapkan gigi; menabur kersik. gritty *a.* berkerikil; berkersik; berpasir; cekal. grittiness *n.* keadaan berpasir; kekasaran; kecekalan.

grizzle *v.i. & n.* rengek; merengek; rengekan; rintih; merintih; rintihan; erang; mengerang; erangan.

grizzled *a.* kelabu; berbulu kelabu.

grizzly *a.* berbulu kelabu. grizzly bear sejenis beruang besar berbulu kelabu yang terdapat di Amerika Utara.

groan *v.i.* erang; mengerang; keluh; mengeluh. —*n.* erangan; keluhan.

groats *n.pl.* bijirin (gandum, oat, dsb.) yang sudah dihancurkan.

grocer *n.* pekedai runcit (yang menjual bahan keperluan rumah seperti gula, garam, roti, beras, dsb.).

grocery *n.* kedai runcit.

grog *n.* sejenis minuman arak campur air.

groggy *a.* (-ier, -iest) goyah; mabuk; terhuyung-hayang. groggily *adv.* dengan goyah atau terhuyung-hayang; terhinggut-hinggut. grogginess *n.* rasa seperti terhuyung-hayang.

groin *n.* kelenjaran; pangkal paha; kunci paha; kalang geta; sudut kecubung; sudut lengkungan kubah.

grommet *n.* gromet; sesendal penebat.

groom *n.* pengantin atau mempelai (lelaki); penjaga kuda; bentara; sais. —*v.t.* memberus dan membersihkan kuda; mengemas; asuh; didik; latih seseorang untuk suatu jawatan.

groove *n.* alur; kelar; lurah; gores; parit.

groovy *a.* (-ier, -iest) *groovy;* (sesuatu yang) menarik, menggembirakan; atau menyeronokkan; grooviness *n.* keadaan yang menarik atau menyeronokkan.

grope *v.i.* menggagau; meraba; ragau.

grosgrain *n.* kain *grosgrain* (untuk membuat reben, dsb.).

gross *a.* (-er, -est) gemuk; tambun; lucah; kotor (kata, fikiran); jumlah kasar; kasar. —*n.* (*pl.* gross) dua belas dozen; 144. —*v.t.* hasilkan atau peroleh keuntungan kasar. gross up membuat jumlah kasar dengan mencampurkan semula cukai yang telah ditolak daripada jumlah bersih.

grossly *adv.* secara kasar.

grotesque *a.* keremot; hodoh; buruk (wajah); ganjil; aneh; pelik.

grotto *n.* (*pl.* -oes) gua yang cantik.

grouch *v.i. & n.* (*colloq.*) rungut; rungutan.

ground[1] *n.* tanah; bumi; kawasan; (*pl.*) halaman; musabab; alasan; sebab-musabab; keladak; hampas bijian kisaran (yang tidak larut dalam cecair, misalnya kopi). —*v.t./i.* terkandas; tersadai; latih; halang daripada terbang. ground-rent *n.* sewa ke atas tanah bagi mendirikan bangunan. ground swell alun; ombak yang mengalun lembut.

ground[2] *lihat* grind. —*a.* ground glass kaca kabur; kaca yang dilegapkan dengan cara kikiran.

grounding *v.t.* latihan asas.

groundless *a.* tanpa asas; tidak berasas; tidak munasabah.

groundnut *n.* kacang tanah; kacang goreng.

groundsheet *n.* tikar atau alas kalis air untuk bentangan di tanah.

groundsman *n.* (*pl.*-men) penjaga padang permainan; penjaga padang.

groundwork *n.* kerja asas; persediaan asas.

group *n.* puak; kumpulan; pasukan; kelompok; golongan; gugusan. —*v.t./i.* kumpul; himpun.

grouper *n.* (ikan) kerapu.

grouse[1] *n.* sejenis burung.

grouse[2] *v.i. & n.* (*colloq.*) sungut; rungut; omel; sungutan; rungutan; omelan; terkilan. grouser *n.* penyungut; perungut.

grout *n.* turap; mortar (simen) cair. —*v.t.* bubuh turap atau mortar.

grove *n.* kelompok pokok; gugusan pohon.

grovel *v.i.* (*p.t.* grovelled) menyungkur (sujud); meniarap; merangkak; merendahkan atau menghinakan diri.

grow *v.t./i.* (*p.t.* grew, *p.p.* grown) tumbuh; hidup; membesar; jadi. grow up jadi dewasa. grower *n.* penanam (tumbuhan).

growl *v.i.* mengaum; menderam; menggarung; merungus; membelasut. —*n.* belasut; garung; auman; deraman; rungusan.

grown *lihat* grow. —*a.* dewasa; dilitupi tumbuhan. grown-up *a. & n.* dewasa.

growth *n.* tumbuhan; pertumbuhan; tambahan; penambahan; ketumbuhan.

groyne *n.* groin; benteng hakisan (penahan hanyutan pasir ke laut).

grub *n.* ulat; tempayak (anak serangga yang baru menetas dari telurnya); larva; (*sl.*) makanan. —*v.t./i.* (*p.t.* grubbed) bajak; tajak; mencangkul; membungkas; korek akar; menggeledah. **grub-screw** *n.* skru tidak berkepala.

grubby *a.* (-ier, -iest) berulat; bertempayak; kasam; comot; kotor. **grubbiness** *n.* kekasaman; kecomotan; kekotoran.

grudge *v.t.* berdengki; mendengki; berdendam; mendendami; sakit hati atau iri hati. —*n.* dendam; kedengkian; kejakian.

gruel *n.* moi; bubur; kanji.

gruelling *a.* teruk; susah; payah; penat; meletihkan; melesukan.

gruesome *a.* seram; ngeri; dahsyat; jijik.

gruff *a.* (-er, -est) garau; garuk; serak; kasar (suara). **gruffly** *adv.* dengan garau atau kasar. **gruffness** *n.* kegarauan; keserakan; kekasaran (suara).

grumble *v.i.* rungut; sungut; omel. —*n.* rungutan; sungutan; omelan. **grumbler** *n.* perungut; penyungut; pengomel.

grumpy *a.* (-ier, -iest) (bersifat) perengus; bengkeng; mudah marah atau meradang. **grumpily** *adv.* dengan rengus, bengkeng atau radang. **grumpiness** *n.* kerengusan; kebengkengan.

grunge *n.* gaya muzik rock dengan bunyi gitar yang kuat (garau). **grungy** *a.* secara kuat dan garau.

grunt *n.* rungusan; dengusan; korokan; bunyi mengorok.

Gruyère *n.* jenis keju Swiss yang berlubang-lubang.

gryphon *n. lihat* **griffin.**

G-string *n.* tali-G.

guano *n.* tahi kelawar atau burung laut (yang digunakan sebagai baja); baja (terutama yang diperbuat daripada ikan).

guarantee *n.* jaminan; cagaran; gerenti; penjamin. —*v.t.* menjamin; menggerenti.

guarantor *n.* penjamin.

guard *v.t./i.* jaga; kawal; awas; cegah. —*n.* jagaan; kawalan; pengawasan; cegahan; pencegahan; jaga; pengawal; pasukan pengawal; hulubalang; pengawas; pencegah; pelindung; atau (*pl.*) askar pengawal raja atau istana.

guarded *a.* berawas; berjaga-jaga; berhati-hati.

guardian *n.* penjaga; pengawal; wali. **guardianship** *n.* penjagaan.

guardsman *n.* (*pl.* -men) askar yang bertugas sebagai pengawal; pengawal; pengawas.

guava *n.* (buah) jambu batu.

gudgeon[1] *n.* sejenis ikan air tawar.

gudgeon[2] *n.* kokot; kokot betina (untuk kemudi); pasak; pin (besi).

guerilla *n.* gerila; pejuang dalam perang gerila. **guerilla warfare** perang gerila; serangan oleh kumpulan kecil yang bertindak secara sendirian.

guess *v.t./i.* agak; anggar; teka; duga; kira; fikir. —*n.* agakan; anggaran; tekaan; dugaan; pendapat. **guesser** *n.* peneka.

guesswork *n.* tekaan; dugaan; agakan.

guest *n.* tetamu. **guest-house** rumah tetamu; rumah tumpangan yang bagus.

guffaw *n.* ketawa terbahak-bahak; gelak besar. —*v.i.* tergelak besar; ketawa terbahak-bahak.

guidance *n.* bimbingan; pimpinan; hidayah; panduan; asuhan; tuntunan; tunjuk ajar.

Guide *n.* (pengakap) Pandu Puteri.

guide *n.* bimbingan; pembimbing; pimpinan; pemimpin; panduan; pemandu; tunjukan; penunjuk (jalan); tuntunan; penuntun; asuhan; ajaran. —*v.t.* bimbing; pimpin; pandu; tunjuk; tuntun; asuh; ajar.

guidebook *n.* buku panduan.

Guider *n.* Pemimpin Pandu Puteri.

guild *n.* persatuan, kesatuan tukang.

guilder *n.* mata wang Belanda.

guildhall *n.* dewan bandaran.

guile *n.* muslihat; penipuan; dalih; elat. **guileful** *a.* bermuslihat; berdalih; bersifat penipu. **guileless** *a.* tanpa muslihat atau dalih; tulus; ikhlas.

guillemot *n.* sejenis burung laut.

guillotine *n.* gilotin; alat penyantas leher penjenayah; sejenis alat bermata seperti pedang yang dihenyak turun untuk memenggal kepala penjenayah (yang digunakan di Perancis pada zaman dahulu); alat pemotong kertas; pangkas bahas; penyekatan perbincangan yang meleret tentang sesuatu usul dalam parlimen dengan menentukan waktu pengundian. —*v.t.* cantas; penggal; potong.

guilt *n.* kesalahan; jenayah; dosa; perasaan bersalah. **guiltless** *n.* tidak bersalah; tidak berdosa; suci.

guilty *a.* (**-ier, -iest**) bersalah; berdosa; rasa bersalah. **guiltily** *adv.* dengan rasa bersalah atau berdosa.

guinea *n.* mata wang Inggeris dahulu, bernilai 21 syiling (£1.05); jumlah ini. **guinea-fowl** *n.* ayam piru; ayam mutiara; ayam Belanda. **guinea-pig** *n.* tikus Belanda; marmut; bahan ujian.

guise *n.* kepura-puraan; kepalsuan.

guitar *n.* sejenis alat muzik bertali; gitar. **guitarist** *n.* pemain gitar.

gulf *n.* teluk; jurang (perbezaan pendapat).

gull *n.* burung camar.

gullet *n.* tekak; kerongkong.

gullible *a.* mudah tertipu. **gullibility** *n.* perihal mudah tertipu.

gully *n.* galur; lurah; palung.

gulp *v.t./i.* langgah; teguk; telan; gelogok. —*n.* perbuatan melanggah.

gum¹ *n.* gusi.

gum² *n.* getah; gala; karet; perekat; gam. —*v.t.* (*p.t.* **gummed**) melekatkan; mengegamkan. **gum-tree** *n.* pokok gam; sejenis pokok yang mengeluarkan perekat. **gummy** *a.* berperekat; bergam.

gumboil *n.* bisul gusi.

gumboot *n.* but (kasut) getah.

gumdrop *n.* gula-gula gelatin yang keras.

gumption *n.* (*colloq.*) kecerdikan.

gun *n.* bedil; pistol; senapang; meriam; senjata api; penembak berlaras. —*v.t./i.* (*p.t.* **gunned**) membedil; menembak.

gunboat *n.* bot pembedil; kapal penggempur; kapal meriam.

gunfire *n.* tembakan.

gunman *n.* (*pl.* **-men**) orang bersenjata api.

gunner *n.* (askar) pasukan meriam; guner.

gunnery *n.* pemasangan dan pengendalian meriam.

gunny *n.* guni; karung; uncang.

gunpowder *n.* serbuk bedilan; serbuk api; serbuk peluru.

gunroom *n.* bilik simpanan senapang buruan; bilik untuk pegawai rendah dalam kapal perang.

gunrunning *n.* penyeludupan senjata api. **gunrunner** *n.* penyeludup senjata api.

gunshot *n.* tembakan; tembakan dari senjata api.

gunsmith *n.* tukang pembuat dan pembaik senjata api.

gunwale *n.* bordu; birai dek kapal, bot.

guppy *n.* ikan gupi; sejenis ikan yang terdapat di kawasan tropika.

gurdwara *n.* kuil penganut Sikh.

gurgle *n.* kumuran; gogokan. —*v.t.* kumur; gogok

Gurkha *n.* Gurkha; askar upahan berbangsa Nepal dalam tentera British.

gurnard *n.* ikan laut berkepala besar.

guru *n.* (*pl.* **-us**) sami Hindu; guru yang disanjung.

gush *v.t./i.* menyembur; memancut; membuak; bercakap dengan berlebih-lebihan. —*n.* semburan; pancutan; buakan air yang banyak dengan tiba-tiba; perbuatan; bercakap; memuji, dsb. dengan berlebih-lebihan.

gusher *n.* telaga minyak mengeluarkan minyak tanpa dipam; orang yang suka bercakap, memuji dengan berlebih-lebihan.

gusset *n.* pesak; kekek; kain syalas; kain berbentuk segi tiga yang ditambah pada jahitan untuk menguatkan atau mengembangkannya. **gusseted** *a.* berpesak.

gust *n.* (berkaitan dengan angin, hujan, asap atau bunyi) deruan, curahan, tiupan yang tiba-tiba dan kencang. —*v.t.* menderu; bertiup; mencurah dengan tiba-tiba. **gustily** *adv.* dengan kencang.

gustatory *a.* berperasa.

gusto *n.* semangat; kesungguhan.

gut *n.* usus; benang; tali daripada usus; (*pl.*) isi perut; (*colloq.*) kesungguhan; keberanian. —*v.t.* (*p.t.* **gutted**) keluarkan perut; buang atau musnahkan bahagian dalam.

gutsy *a.* (*colloq.*) berani. **gutsily** *adv.* dengan berani. **gutsiness** *n.* keberanian.

gutter *n.* pancur (atap); palung; parit; longkang; kawasan setinggan. —*v.i.* (lilin) menyala terkedip-kedip hingga lilinnya meleleh merata.

guttering *n.* bahan untuk pembinaan palung, parit atau longkang.

guttersnipe *n.* budak melarat (yang bermain di tepi-tepi jalan di kawasan setinggan, dsb.).

guttural *a.* garuk; parau. **gutturally** *adv.* dengan garuk atau parau.

guy¹ *n.* patung-patung Guy Fawkes yang dibakar pada 5 November; orang yang berpakaian compang-camping; (*sl.*) lelaki; jantan. —*v.t.* persenda; terutamanya dengan mengejek.

guy² *n.* tali atau rantai penambat.

guzzle *v.t./i.* melanggah; makan dan minum dengan gelojoh; melahap.

gybe *v.t./i.* (layar atau tiangnya) berpusing; (bot) berubah haluan. —*n.* perubahan haluan.

gym *n.* (*colloq.*) gimnasium; gimnastik.

gymkhana *n.* pertunjukan awam pertandingan sukan, terutama lumba kuda; gimkhana.

gymnasium *n.* bilik yang dilengkapkan dengan peralatan senaman; bilik senaman; bilik riadah; gimnasium.

gymnast *n.* ahli gimnastik; pakar gerak badan.

gymnastics *n.* & *n.pl.* gimnastik; riadah; latihan jasmani; latihan gerak badan. **gymnastic** *a.* (berkenaan) gimnastik atau latihan gerak badan.

gymslip, gym-tunic *ns.* pakaian tanpa lengan dipakai sebagai sebahagian pakaian seragam pelajar perempuan.

gynaecology *n.* ginekologi; sakit puan; kajian tentang fungsi fisiologi dan penyakit wanita. **gynaecological** *a.* yang berkenaan dengan ginekologi atau sakit puan. **gynaecologist** *n.* pakar ginekologi atau sakit puan.

gypsum *n.* sejenis bahan seperti kapur; gipsum.

gypsy *n.* gipsi; kaum pengembara di Eropah.

gyrate *v.i.* berlegar; berputar; berkisar; mengayak. **gyration** *n.* putaran; ayakan; kisaran.

gyratory *a.* bersifat memutar, mengisar, memusing atau mengayak.

gyro *n.* (*pl.* -os) (*colloq.*) giroskop.

gyrocompass *n.* kompas gegasing; kompas roda.

gyroscope *n.* roda penimbal; gegasing; giroskop. **gyroscopic** *a.* bersifat roda penimbal atau giroskop.

H

ha *int.* ha.

habeas corpus arahan untuk membawa seseorang ke mahkamah, terutama untuk menyiasat kuasa undang-undang untuk menahannya.

haberdasher *n.* penjual barang-barang keperluan jahitan.

haberdashery *n.* peralatan pakaian atau jahitan.

habiliments *n.pl.* pakaian.

habit *n.* tabiat; perangai; fiil.

habitable *a.* sesuai dihuni atau didiami.

habitat *n.* habitat; tempat kediaman semula jadi tumbuhan dan haiwan.

habitation *n.* tempat kediaman; penghunian.

habitual *a.* sudah menjadi tabiat. **habitually** *adv.* lazimnya; secara tabiatnya.

habituate *v.t.* menyesuaikan; menjadi lazim atau biasa. **habituation** *n.* pembiasaan.

habitué *n.* pengunjung lazim; orang yang lazim mengunjung sesuatu tempat atau tinggal di situ.

hacienda *n.* hasienda; ladang yang luas di Amerika Selatan.

hack[1] *n.* kuda tunggangan biasa; pekerja yang melakukan kerja biasa atau upahan, terutama penulis. —*v.i.* menunggang kuda dengan kelajuan atau langkah yang lazim.

hack[2] *v.t./i.* potong; kerat; tetak; takik. —*n.* takik; tetak.

hacker *n.* (*colloq.*) penggemar komputer, khasnya yang dapat mencapai fail terkawal; penggodam.

hacking *a.* (batuk) kering dan sering.

hackles *n.pl.* bulu yang boleh kembang di tengkuk ayam jantan; suak; bulu suak; bulu kecung. **with his hackles up** marah; radang.

hackneyed *a.* (pepatah, perumpamaan) yang terlampau digunakan dan hambar serta kurang berkesan.

hacksaw *n.* gergaji besi.

had *lihat* **have**.

haddock *n.* (*pl.* **haddock**) sejenis ikan laut; hedok.

hadji *n.* haji.

hadn't *contr.* bentuk nafi (partisipel lampau).

haematology *n.* hematologi; pengkajian tentang darah. **haematologist** *n.* ahli hematologi.

haemoglobin *n.* bahan merah pembawa oksigen dalam darah; hemoglobin.

G
H

haemophilia *n.* kecenderungan mudah (luka) berdarah (dengan melampau); hemofilia. **haemophiliac** *n.* orang yang mengalami hemofilia.

haemorrhage *n.* perdarahan; keadaan berdarah dengan melampau. —*v.i.* berdarah dengan melampau.

haemorrhoids *n.pl.* hemoroid; bawasir.

haft *n.* hulu (pisau, dsb.).

hag *n.* perempuan tua dan hodoh.

haggard *a.* (kelihatan) letih lesu. **haggardness** *n.* kelesuan.

haggis *n.* makanan orang Scotland yang mengandungi hati, jantung dan paru-paru biri-biri.

haggle *v.i.* tawar-menawar.

hagiography *n.* hagiografi; penulisan kehidupan wali. **hagiographer** *n.* pakar hagiografi.

haiku *n.* (*pl.* **haiku**) puisi (Jepun) yang mengandungi tiga baris dengan 17 suku kata; haiku.

hail[1] *v.t./i.* panggil; laung; seru. **hail from** berasal; datang dari.

hail[2] *n.* hujan batu; tubian (bertalu-talu). —*v.t./i.* mencurah bagai hujan batu; curah bertubi-tubi. **hailstone** *n.* ketulan hujan batu; batu salji.

hailstorm *n.* ribut hujan batu.

hair *n.* rambut; bulu. **hair-raising** *a.* seram; gerun. **hair-trigger** *n.* picu (pemetik bedil, senapang, pistol, dsb.) yang peka atau sensitif.

hairbrush *n.* berus rambut.

haircut *n.* gunting rambut; potong rambut.

hairdo *n.* (*pl.* **-dos**) dandanan atau rias rambut.

hairdresser *n.* pendandan (rambut).

hairgrip *n.* sepit rambut.

hairless *a.* tiada rambut atau bulu.

hairline *n.* garis atau gigi rambut.

hairpin *n.* penyepit rambut. **hairpin bend** selekoh tajam.

hairspring *n.* spring halus dalam jam tangan.

hairy *a.* (**-ier, -iest**) berbulu; penuh bulu; (*sl.*) sukar.

Haitian *a. & n.* berasal dari atau orang Haiti.

hajj *n.* perjalanan ke Mekah oleh orang Islam untuk menunaikan haji.

hajji *n.* haji; orang Islam yang telah mengerjakan ibadat haji di Mekah.

hake *n.* (*pl.* **hake**) sejenis ikan laut.

halal *v.t.* menyembelih (binatang, daging) menurut cara Islam; dibenarkan mengikut hukum Islam. —*n.* halal.

halcyon *a.* tenteram; (zaman yang) makmur.

hale[1] *a.* sihat; afiat.

hale[2] *v.t.* (usang) menyeret; mengheret.

half *n.* (*pl.* **halves**) setengah; separuh; 50%. —*a.* berjumlah setengah. —*adv.* hingga setengah; sebahagian; separuh. **half a dozen** setengah dozen; 6. **half and half** setengah daripada satu benda dan setengah lagi daripada benda lain. **half-back** *n.* hafbek; pemain barisan tengah dalam permainan bola sepak, dsb. **half-baked** *a.* (*colloq.*) tidak cukup perancangan; bodoh. **half-breed** *n.* kacukan. **half-brother** *n.* abang atau adik (lelaki) seibu atau sebapa. **half-caste** *n.* kacukan; orang berbaka campuran bangsa. **half-crown** *n.* wang syiling British lama bernilai $12\frac{1}{2}$ peni. **half-hearted** *a.* tidak tekun; tidak bersemangat. **half-term** *n.* cuti pertengahan penggal. **half-timbered** *a.* (bangunan) terbina separuh daripada kayu. **half-time** *n.* separuh masa; waktu rehat pada pertengahan waktu permainan atau pertandingan. **half-tone** *n.* gambar hafton; gambar dengan bahagian yang cerah dan gelap terhasil daripada titik-titik kecil dan besar.

halfpenny *n.* duit syiling (England) bernilai setengah peni.

halfway *a. & adv.* separuh atau setengah jalan.

halfwit *n.* (orang yang) bodoh, bebal, tolol.

halfwitted *a.* cacat otak; bodoh.

halibut *n.* (*pl.* **halibut**) sejenis ikan laut; halibut.

halitosis *n.* halitosis; nafas berbau (busuk).

hall *n.* dewan; balai.

hallelujah *int. & n.* seruan pemujian Tuhan.

hallmark *n.* cap kempa; tanda piawaian pada emas, perak, dsb. **hallmarked** *a.* (emas, perak, dsb.) bertanda piawaian.

hallo *int. & n.* helo; seruan penyapa.

hallow *v.t.* menganggap suci, keramat.

Hallowe'en *n.* malam 31 Oktober.

hallucinate *v.i.* berhalusinasi; merayan; berkhayal.

hallucination *n.* maya; khayalan; rayan; halusinasi; igauan akal. **hallucinatory** *a.* bersifat halusinasi.

hallucinogenic *a.* menyebabkan halusinasi.

halo *n.* (*pl.* **-oes**) lingkaran cahaya kesucian (di sekitar kepala orang warak, suci atau keramat).

halogen *n.* halogen; sebarang kumpulan unsur bukan logam.

halt *n. & v.t./i.* perhentian; berhenti; henti.

halter *n.* tali kekang; tali di sekitar kepala kuda untuk menuntun atau menambatnya ke tumang atau pancang.

halting *a.* tertahan-tahan.

halve *v.t.* membelah dua; belah separuh; mengurangkan separuh.

halyard *n.* tali anja; tali yang digunakan untuk menaikturunkan layar atau bendera.

ham *n.* daging paha babi yang disalai; ham; (*sl.*) pelakon biasa; pengendali stesen radio amatur. —*v.t./i.* (*p.t.* **hammed**) (*sl.*) berlakon berlebih-lebihan. **ham-fisted** *a.*, **ham-handed** *a.* (*sl.*) kekok.

hamburger *n.* sejenis pergedel daging; hamburger.

hamlet *n.* kampung (kecil).

hammer *n.* tukul; penukul; martil; mertul. —*v.t./i.* tukul; pukul; balun; hentam. **hammer and tongs** berlawan atau berkelahi dengan sepenuh tenaga dan dengan bunyi yang kuat. **hammer-toe** *n.* ibu jari yang selamanya bengkok.

hammock *n.* buaian (untuk baring).

hamper[1] *n.* raga; bakul; keranjang; hamper; bakul hadiah.

hamper[2] *v.t.* adang; sekat; halang; rintang; galang.

hamster *n.* hamster; sejenis (haiwan) rodensia seperti tikus besar.

hamstring *n.* urat pelipat lutut. —*v.t.* (*p.t.* **hamstrung**) lumpuh kerana urat di belakang lutut dipotong; melumpuhkan (sesuatu kegiatan); menjelaskan.

hand *n.* tangan; kawalan; pengaruh; pinangan (untuk kahwin); pekerja; buruh; jarum (jam); tandatangan; sukatan empat inci untuk mengukur ketinggian kuda; (*colloq.*) tepukan. —*v.t.* menghulur; mengunjukkan. **at hand** dekat; hampir. **hand-out** *n.* pemberian (percuma). **on hand** ada; boleh didapati. **on one' hands** menjadi tanggungjawab seseorang. **out of hand** di luar kawalan; terus (tanpa bertangguh atau berfikir lagi). **to hand** sampai; boleh dijangkau.

handbag *n.* beg tangan; tas tangan.

handbill *n.* surat pemberitahuan atau surat sebaran dengan tangan.

handbook *n.* buku panduan.

handcuff *n.* gari. —*v.t.* menggari.

handful *n.* sesauk tangan; sepenuh tangan; sedikit; tugas yang rumit atau sukar; orang yang sukar dikawal.

handicap *n.* rintangan; bebanan; handikap; penyama saingan; beban yang dikenakan kepada pesaing handalan dalam pertandingan untuk menyamakan kedudukannya dengan saingannya pada permulaan; kecacatan. —*v.t.* (*p.t.* **handicapped**) mengenakan handikap; menjadi rintangan atau halangan. **handicapped** *a.* cacat.

handicapper *n.* orang cacat.

handicraft *n.* kerja tangan; anyaman; ulitan; kraf tangan.

handiwork *n.* kerja tangan; hasil kerja orang ternama atau terkenal.

handkerchief *n.* (*pl.* -fs) sapu tangan.

handle *n.* hulu; tangkai; pemegang; hendal. —*v.t.* memegang; mengawal.

handlebar *n.* hendal basikal.

handler *n.* jurulatih anjing, dsb.

handmaid, handmaiden *ns.* (usang) dayang atau inang.

handrail *n.* susur tangan; selusur.

handshake *n.* jabat tangan; salaman.

handsome *a.* kacak; lawa; segak; tampan.

handspring *n.* hambur tangan; balik kuang yang melibatkan dirian tangan.

handstand *n.* dirian tangan; tonggeng buyung; berdiri di atas tangan (dengan kaki lejang ke langit).

handwriting *n.* tulisan tangan; gaya tulisan (tangan).

handy *a.* (-ier, -iest) dengan mudah; dengan senang; pandai menggunakan tangan; berguna.

handyman *n.* (*pl.* -men) pekerja yang boleh melakukan pelbagai tugas.

hang *v.t./i.* (*p.t.* **hung**) gantung; tersangkut; tergantung; bergayut; (*p.t.* **hanged**) terjuntai; menjulai; menyelubungi. —*n.* gantungan; cara tergantung. **get the hang of** (*colloq.*) mula faham. **hang about** buang masa; berfoya-foya. **hang back** teragak-agak. **hang fire** terlambat (perkembangannya). **hang-glider** *n.* peluncur gantung (sejenis alat peluncur yang orang boleh turut terbang dengan bergantung padanya). **hang-gliding** peluncuran gantung. **hang on** pegang kuat; bergantung kepada; beri perhatian; terus; (*sl.*) tangguh. **hang out** (*sl.*) tinggal; duduk; lepak. **hang-up** *n.* (*sl.*) kesulitan; malu.

hangar *n.* bangsal kapal terbang.

hangdog *a.* malu; sedih.

hanger *n.* gelung atau cangkuk (untuk menggantung sesuatu); penyangkut (baju, dll.). **hanger-on** *n.* seseorang yang rapat dengan orang lain demi kepentingan dirinya.

hangings *n.pl.* tirai; hamparan dinding.

hangman *n. (pl. -men)* tukang gantung orang (yang dihukum mati).

hangnail *n.* kulit di pangkal atau tepi kuku yang tersiat sedikit.

hangover *n.* mamun; pening (akibat mabuk minum arak); peninggalan (dari masa lalu).

hank *n.* segulung atau seutas benang.

hanker *v.i.* kepingin; ingin; idam.

hanky *n. (colloq.)* sapu tangan.

hanky-panky *n. (sl.)* tipu muslihat; kelakuan yang tidak senonoh.

Hanukkah *n.* pesta cahaya orang Yahudi pada bulan Disember.

haphazard *a.* sembarangan. **haphazardly** *adv.* secara sembarangan.

hapless *a.* sial; celaka; malang; nasib buruk.

happen *v.i.* jadi; terjadi; laku; berlaku. **happen to** takdir; kebetulan.

happening *a.* kejadian; peristiwa. *(colloq.)* mengikut fesyen; menarik.

happy *a.* **(-ier, -iest)** riang; gembira; suka; senang; bahagia. **happy-go-lucky** *a.* periang; sentiasa riang. **happily** *adv.* dengan riang. **happiness** *n.* keriangan; kegembiraan; kebahagiaan.

hara-kiri *n.* pembunuhan diri oleh tentera Jepun; harakiri.

harangue *n.* leteran; ucapan panjang dan bersungguh-sungguh (memarahi). —*v.t.* berleter; meleteri.

harass *v.t.* kacau; ganggu. **harassment** *n.* pengacauan atau gangguan berterusan.

harbinger *n.* alamat; petanda.

harbour *n.* pelabuhan; pangkalan; perlindungan. —*v.t.* memberi perlindungan; melindungi; simpan ingatan jahat; dendam.

hard *a.* **(-er, -est)** keras; pejal; susah; payah; kuat; (air) mengandungi garam galian. —*adv.* dengan tekun, gigih, giat atau bersungguh-sungguh. **hard-boiled** *a.* (telur) rebus keras; berhati batu. **hard by** hampir dengan; dekat dengan. **hard-headed** *a.* keras kepala. **hard lines** sial; celaka; malang sungguh. **hard of hearing** pekak; kurang dengar. **hard shoulder** bahu jalan. **hard up** pokai; tidak berwang. **hardness** *n.* kekerasan.

hardbitten *a.* tahan lasak.

hardboard *n.* papan gentian keras; papan keras daripada pulpa kayu.

harden *v.t./i.* mengeras; memejal.

hardihood *n.* kegigihan; ketabahan; keberanian.

hardly *adv.* hampir tiada; jarang sekali; dengan susah payah.

hardship *n.* kepayahan; kesukaran.

hardware *n.* alat-alatan (logam) yang dijual di kedai; senjata; jentera; perkakasan.

hardwood *n.* kayu keras.

hardy *a.* **(-ier, -iest)** tahan lasak. **hardiness** *n.* sifat tahan lasak.

hare *n.* arnab; kelinci. —*v.i.* berlari kencang. **hare-brained** *a.* liar dan bodoh; tidak berfikir panjang.

harebell *n.* sejenis tumbuhan berbunga.

harelip *n.* bibir sumbing.

harem *n.* harem; isteri-isteri dan gundik; rumah atau bilik isteri-isteri atau gundik.

haricot bean sejenis kacang.

hark *v.i.* mendengar. **hark back** mengulangi perkara yang telah dibincang sebelum ini.

harlequin *a.* pelbagai warna; warna-warni.

harlot *n.* (usang) perempuan jalang; pelacur.

harm *n.* kecederaan; kerosakan. —*v.t.* mencederakan; merosakkan. **harmful** *a.* bahaya; berbahaya. **harmless** *a.* tidak berbahaya.

harmonic *a.* selaras; sesuai; harmoni.

harmonica *n.* bangsi; harmonika.

harmonious *a.* selaras; sesuai; merdu; harmoni. **harmoniously** *adv.* dengan sesuai, merdu atau harmoni.

harmonium *n.* alat muzik seperti organ kecil; harmonium.

harmonize *v.t./i.* berharmoni; mengharmonikan; sesuaikan; menyesuaikan; selaraskan; menyelaraskan. **harmonization** *n.* pengharmonian; penyesuaian; penyelarasan.

harmony *n.* kesesuaian; keselarasan; keserasian; kemerduan; keharmonian.

harness *n.* abah-abah (kuda); tali-temali pengawal kuda. —*v.t.* memasang abah-abah kuda; kawal dan guna (sesuatu).

harp *n.* kecapi. **harp on** *v.i.* bercakap berulang kali hingga membosankan. **harpist** *n.* pemain kecapi.

harpoon *n.* serampang; seruit; tempuling. —*v.t.* menombak dengan serampang.

harpsichord *n.* sejenis alat muzik seperti piano dengan alat pemetik atau penggetar tali; hapsikod.

harpy *n.* sejenis haiwan dalam mitos, berkepala dan berbadan wanita, bersayap dan bercakar (jari) burung; orang yang tamak dan tidak berprinsip.

harridan *n.* perempuan tua yang panas darah.

harrier *n.* anjing pemburu arnab; (*pl.*) pelari merentas desa.

harrow *n.* jentera pembajak; pembajak; penggaruk; penyisir tanah.

harry *v.t.* kacau atau ganggu secara berterusan.

harsh *a.* (**-er**, **-est**) kasar; keras; kejam. **harshly** *adv.* dengan kasar, keras atau kejam. **harshness** *n.* kekasaran; kekerasan.

hart *n.* rusa jantan.

harum-scarum *a. & n.* gopoh; orang yang gopoh.

harvest *n.* tuaian; penuaian. —*v.t./i.* tuai; menuai. **harvester** *n.* penuai; alat penuai.

has *lihat* have.

hash *n.* masakan semula daging cencang; sepahan (bersepah; berkecamuk). —*v.t.* buat masakan semula daging cencang. **make a hash of** (*colloq.*) membuat kesilapan. **settle a person's hash** (*colloq.*) mengajar atau menundukkan seseorang.

hashish *n.* sejenis dadah; hasyis.

hasn't *contr.* kata nafi (kala kini).

hasp *n.* kepitan; apitan.

hassle *n. & v.i.* (*colloq.*) pergaduhan; pergelutan; gaduh; gelut; kacau.

hassock *n.* alas lutut semasa sembahyang di gereja; pengalas lutut.

haste *n.* kalut; gelut; gopoh; kekalutan; kegelutan; kegopohan. **make haste** lekas; cepat.

hasten *v.t./i* tergopoh-gapah; tergesa-gesa; bersegera; lekas; cepat.

hasty *a.* (**-ier**, **-iest**) kalut; gelut; gopoh-gapah; terburu-buru. **hastiness** *n.* kekalutan; kegelutan; kegopohan; kegapahan.

hat *n.* topi; songkok; kopiah. **hat trick** tiga kejayaan berturutan.

hatband *n.* lilitan reben pada topi.

hatch[1] *n.* lubang kecil; lubang penilik (pada pintu, lantai, dek atau geladak kapal, dsb.).

hatch[2] *v.t./i.* tetas; menetas (telur); merancang (muslihat). —*n.* anak yang baru menetas.

hatch[3] *v.t.* menanda dengan garis sejajar yang rapat. **hatching** *n.* tanda garisan sejajar.

hatchback *n.* bahagian belakang kereta yang boleh dibuka hingga ke bumbung; kereta seperti ini.

hatchery *n.* (tempat) penetasan (telur).

hatchet *n.* beliung; kapak (kecil). **bury the hatchet** berhenti berkelahi dan berdamai. **hatchet-faced** *a.* bermuka kecil dengan raut muka yang tajam.

hatchet man seseorang yang diupah untuk mengecam serta memusnahkan nama baik orang lain.

hatchway *n.* lubang atau penutup lubang pada dek atau geladak kapal.

hate *n.* kebencian; kemeluatan. —*v.t.* benci; meluat. **hater** *n.* pembenci.

hateful *a.* menimbulkan benci atau perasaan meluat.

hatless *a.* tanpa topi, songkok atau kopiah.

hatred *n.* kebencian; kemeluatan; kedendaman.

hatter *n.* tukang atau penjual topi, songkok atau kopiah.

haughty *a.* (**-ier**, **-iest**) sombong; bongkak; angkuh; berlagak. **haughtily** *adv.* dengan sombong, bongkak atau angkuh. **haughtiness** *n.* kesombongan; kebongkakan; keangkuhan.

haul *v.t.* karau; hela; heret; angkut. —*n.* karauan; helaan; heretan; benda yang didapati daripada kesungguhan usaha; jarak (yang akan dilalui).

haulage *n.* pengangkutan barangan.

haulier *n.* saudagar atau syarikat pengangkutan.

haunch *n.* bonggol; ponok; punggung; pangkal paha (daging untuk makanan).

haunt *v.t.* sering, selalu mengunjungi; menghantui. —*n.* tempat yang sering dikunjungi. **haunted** *a.* berhantu.

haute couture busana mewah dan mahal.

haute cuisine *n.* amalan masak-memasak golongan atasan.

hauteur *n.* kesombongan; keangkuhan; kebongkakan.

have *v.t.* (*3 sing, pres.* has; *p.t.* had) kata kerja yang membawa maksud: ada; mempunyai; berisi; mengalami; melahirkan; buat; libat; babit; izin; terima; dapat; (*colloq.*) menipu; memperdayakan. —*v.aux.* (digunakan dengan *p.p.* untuk membentuk *p.t.*). **have it out** menyelesaikan sesuatu masalah dengan mengadakan perbincangan terbuka. **have up** membawa seseorang ke muka pengadilan. **haves and have-nots** orang berada dan orang miskin; golongan mewah dan papa, dsb.

haven *n.* (tempat) perlindungan.

haven't *contr.* kata nafi (kala lampau).

haversack *n.* beg atau karung galasan.

havoc *n.* kacau-bilau; kebinasaan.

haw[1] *n.* sejenis beri (buah).

haw[2] *lihat* hum[2].

hawk[1] *n.* (burung) helang; helang sewah; rajawali. hawk-eyed *a.* tajam penglihatan.

hawk[2] *v.i.* berdehem; melawaskan kerongkong.

hawk[3] *v.t.* berjaja. hawker *n.* penjaja.

hawser *n.* tali, rantai penambat atau penunda kapal.

hawthorn *n.* sejenis tumbuhan berduri.

hay *n.* rami; jerami; rumput kering untuk makanan ternakan. hay fever demam yang diakibatkan oleh debuan. make hay of mengelirukan.

haymaking *n.* potong dan jemur rumput.

haystack *n.* timbunan jerami, rumput kering.

haywire *a.* berkecamuk; kusut; kerosot.

hazard *n.* bahaya; risiko; halangan. —*v.t.* ambil risiko; cuba walaupun bahaya. hazardous *a.* berbahaya.

haze *n.* jerebu; kabut; kabus; halimun.

hazel *n.* sejenis pokok; pokok hazel. hazel-nut *n.* kekeras atau kacang hazel.

hazy *a.* (-ier, -iest) berjerebu; berkabut; berkabus; kabur; samar. hazily *adv.* secara samar atau kabur. haziness *n.* kekabutan; kekabusan; kekaburan; kesamaran.

HB *abbr.* (tentang grafit yang digunakan dalam pensel) keras berwarna hitam.

H-bomb *n.* bom hidrogen.

he *pron.* ganti nama lelaki; dia. —*n.* jantan.

head *n.* kepala; akal; kepala otak; benda berbentuk atau berkedudukan seperti kepala; ketua; pemimpin; penghulu; kepala (kumpulan dsb.). heads kepala (pada duit syiling). —*v.t./i.* terkehadapan; mendahului (semua); tanduk; hala; menghala; tuju; menuju; arah; mengarahkan. head-dress *n.* tanjak; tengkolok; hiasan kepala. head-hunt *v.t.* mencari pekerja kanan dari firma lain. head off paksa mengubah hala dengan menghalang di depan. head-on *a.* & *adv.* perlanggaran; rempuhan kepala sama kepala; lawan tanduk. head over heels tonggeng buyung. head wind angin yang berhembus tepat dari depan

headache *n.* sakit kepala; pening; risau disebabkan masalah.

header *n.* terjun kepala dulu; penandukan (bola).

headgear *n.* hiasan atau pakaian di kepala seperti topi, songkok, tengkolok, dsb.

heading *n.* tajuk; judul; lorong; laluan dalam lombong.

headlamp *n.* lampu penyuluh; lampu depan (kereta).

headland *n.* tanjung.

headless *a.* tanpa kepala.

headlight *n.* lampu; cahaya dari lampu depan kereta.

headline *n.* tajuk berita; judul berita.

headlong *a.* & *adv.* (jatuh, terjun) kepala dulu.

headmaster, headmistress *ns.* guru besar (lelaki, perempuan).

headphone *n.* fonkepala; alat pendengar yang melekap melingkungi kepala dan menangkup ke telinga.

headquarters *n.pl.* ibu pejabat; markas.

headstone *n.* nisan; batu nisan.

headstrong *a.* keras kepala; degil.

headway *n.* kemajuan; kemaraan.

headword *n.* kata dasar; perkataan induk, atau utama yang disenaraikan dalam kamus.

heady *a.* (-ier, -iest) memeningkan; memabukkan; gayat.

heal *v.t./i.* sembuh; baik; pulih; (usang) betah. healer *n.* penyembuh.

health *n.* kesihatan; keafiatan; kebetahan.

healthful *a.* yang menyihatkan atau menyuburkan; teguh.

healthy *a.* (-ier, -iest) sihat; afiat; segar. healthily *adv.* dengan sihatnya. healthiness *n.* kesihatan; keafiatan; kesegaran.

heap *n.* longgokan; timbunan; (*pl.*, *colloq.*) banyak. —*v.t./i.* longgok; timbun.

hear *v.t./i* (*p.t.* heard) dengar. hear! hear! saya bersetuju. not hear of enggan untuk membenarkan. hearer *n.* pendengar.

hearing *n.* pendengaran. hearing-aid *n.* alat pendengaran.

hearsay *n.* khabar angin.

hearse *n.* kereta jenazah atau mayat.

heart *n.* jantung; hati; kalbu; di tengah-tengah; keberanian; semangat. break the heart of meremukkan hati; mengecewakan. by heart menghafal. heart attack serangan penyakit jantung. heart-searching *n.* menyelami perasaan sendiri. heart-to-heart *a.* hati ke hati; secara jujur. heart-warming *a.* menggembirakan; menyeronokkan.

heartache *n.* kepiluan; kesayuan; kesebakan (perasaan).

heartbeat *n.* denyutan jantung.

heartbreak *n.* patah, hancur atau remuk hati.

heartbroken *a.* (yang mengalami) patah, hancur atau remuk hati.

heartburn *n.* pedih hulu hati.

heartburning *n.* cemburu.

hearten *v.t.* menggalakkan; merangsangkan.

heartfelt *a.* ikhlas; jujur.

hearth *n.* lantai atau kawasan sekitar pediang atau perapian.

hearthrug *n.* permaidani di depan pediang atau perapian.

heartless *a.* kejam; tidak berhati perut. **heartlessly** *adv.* dengan kejam.

heartsick *a.* bersedih hati.

heartstrings *n.pl.* hati sanubari.

heartthrob *n.* (*colloq.*) buah hati; jantung hati.

hearty *a.* (-ier, -iest) mesra; bersungguh. **heartily** *adv.* dengan bersungguh. **heartiness** *n.* kesungguhan.

heat *n.* haba; bahang; kepanasan; kehangatan; keradangan. —*v.t./i.* memanaskan. **heat wave** hawa membahang; musim atau kala hawa terlalu panas.

heated *a.* (perbincangan, debat, dsb.) hangat; panas. **heatedly** *adv.* dengan hangat, panas.

heater *n.* (alat) pemanas.

heath *n.* padang terbiar (tidak ditanami dan bersemak samun).

heathen *n.* kafir; bukan ahli kitab (bukan Yahudi, Kristian atau Islam); tidak beragama.

heather *n.* sejenis tumbuhan malar hijau yang berbunga merah jambu, ungu atau putih.

heating *n.* alat untuk membekalkan haba.

heatstroke *n.* strok haba; penyakit disebabkan terdedah lama pada matahari.

heave *v.t./i.* hela; menarik dengan kuat; goncang; mengalun. —*n.* diangkat; alunan; lambungan. **heave in sight** (*p.t.* hove) muncul; mula kelihatan. **heave to** (*p.t.* hove) hentikan (kapal, dsb.) dengan haluan menghadapi tiupan angin.

heaven *n.* syurga; firdaus. **the heavens** langit; angkasa; angkasa raya.

heavenly *a.* seperti syurga lagaknya; kesyurgaan; (*colloq.*) sangat indah; nikmat.

heavy *a.* (-ier, -iest) berat; hantap; lebat. **heavy-hearted** *a.* berat hati; sedih. **heavily** *adv.* dengan berat. **heaviness** *n.* keberatan; kehantapan.

heavyweight *a.* berat; berpengaruh. —*n.* orang yang berpengaruh; sukatan terberat bagi sukan tinju.

Hebrew *n.* & *a.* orang Ibrani; bahasa Ibrani. **Hebraic** *a.* berkenaan Ibrani.

heckle *v.t.* sampuk; ganggu; kacau (pemidato, penceramah) dengan soalan kasar. **heckler** *n.* penyampuk; pengganggu.

hectare *n.* hektar; sukatan keluasan (bidang) 10 000 meter persegi (kira-kira 2.5 ekar).

hectic *a.* kalut; sibuk. **hectically** *adv.* perihal sibuk.

hectogram *n.* hektogram; 100 gram.

hector *v.t.* menyakat; mengusik, mengganggu (supaya jadi takut).

hedge *n.* pagar hidup; pagar daripada pokok atau tumbuhan. —*v.t./i.* dipagari dengan pokok atau tumbuhan; membentengi diri daripada terikat (pada janji, kerugian, dsb.).

hedgehog *n.* landak.

hedgerow *n.* rimbunan (pokok) pagar.

hedonist *n.* hedonis; orang yang mempercayai bahawa nikmat nafsu adalah nikmat teragung.

heed *v.t.* mengendahkan; mengambil berat; memberi perhatian. —*n.* endah; perhatian. **heedful** *a.* mengambil peduli, endah. **heedless** *a.* tidak kisah; tidak peduli. **heedlessly** *adv.* dengan tidak kisah; dengan tidak peduli. **heedlessness** *n.* ketidakendahan.

heel[1] *n.* tumit; (*sl.*) orang hina atau keji. —*v.t.* membuat atau memperbaiki tumit kasut; menumit; menendang bola dengan tumit. **down at heel** selekeh. **take to one's heels** lari.

heel[2] *v.t./i.* sengetkan (perahu, kapal dsb.); miringkan.

hefty *a.* (-ier, -iest) besar dan berat; kuat. **heftily** *adv.* dengan kuat. **heftiness** *n.* keadaan besar dan berat.

hegemony *n.* hegemoni; pengaruh, kekuasaan sesebuah negara ke atas negara lain.

Hegira *n.* hijrah; perpindahan Nabi Muhammad dari Makkah ke Madinah.

heifer *n.* anak lembu (betina).

height *n.* tinggi; ketinggian.

heighten *v.t./i.* meninggikan; memperhebatkan.

heinous *a.* durjana; sangat jahat atau kejam.

heir *n.* waris. **heir apparent** waris yang sah, meskipun ada waris lain yang dilahirkan. **heir presumptive** waris yang tuntutannya boleh diketepikan.

heiress *n.* waris (perempuan).

H

H

heirloom n. pusaka.

held lihat **hold**[1].

helical a. berlingkar; seperti pilin.

helicopter n. helikopter.

heliport n. pangkalan helikopter.

helium n. sejenis gas ringan dan tidak boleh terbakar; helium.

helix n. (pl. -ices) heliks; lingkar; pilin.

hell n. neraka. **hell-bent** a. nekad. **hell for leather** meluru; sangat laju atau pantas.

Hellene n. orang Yunani.

Hellenistic a. berkenaan Yunani pada abad ke-4 hingga abad pertama Sebelum Masihi.

hello int. & n. helo; seruan teguran.

helm n. tangkai atau kincir kemudi.

helmet n. ketopong; topi keledar; topi besi.

helmsman n. (pl. -men) pengemudi.

helot n. hamba.

help v.t./i. menolong; membantu; menyajikan (makanan). —n. pertolongan; bantuan. **help oneself to** mengambil tanpa meminta bantuan atau kebenaran. **helper** n. pembantu; penolong.

helpful a. berguna; berfaedah; bersifat suka atau sedia menolong atau membantu. **helpfully** adv. perihal membantu. **helpfulness** n. kesediaan menolong atau membantu.

helping n. sebahagian daripada sajian (makanan).

helpless a. tidak bermaya; tidak berupaya; tanpa pertolongan, bantuan. **helplessly** adv. perihal tidak bermaya; keadaan tidak berdaya. **helplessness** n. ketidakupayaan; keadaan tidak berdaya.

helpline n. perkhidmatan telefon untuk menyelesai masalah.

helpmate n. penolong; pembantu.

helter-skelter adv. tempiar; bertempiaran; lintang-pukang. —n. tempiaran; keadaan lintang-pukang.

hem n. kelim; kelepet; tepi kain yang dilipat dan dijahit. —v.t. (p.t. **hemmed**) sembat; jahit kelim; jahit kelepet. **hem in, hem round** terkepung.

hemisphere n. hemisfera; buntaran; bundaran; separuh bulatan; belahan bumi pada paras khatulistiwa. **hemispherical** a. berbentuk hemisfera; buntar; bundar.

hemlock n. tumbuhan beracun.

hemp n. hem; sejenis tumbuhan yang seratnya dibuat tali dan kain; pokok ganja; pokok rami.

hempen a. diperbuat daripada hem atau rami.

hemstitch v.t. & n. jahit tepi sapu tangan; jahitan hiasan pada kelim.

hen n. ayam betina; ibu ayam. **hen-party** n. (colloq.) parti untuk kaum wanita sahaja.

hence adv. dari sekarang; dengan itu; maka; hatta; (usang) dari sini.

henceforth, henceforward advs. dari sekarang; mulai sekarang hingga seterusnya.

henchman n. (pl. -men) penyokong atau pengiring yang dipercayai.

henna n. inai; pokok inai; pencelup; pewarna (merah) rambut. **hennaed** a. berinai.

henpecked a. (suami yang) dikawal isteri; suami yang patuh pada segala tindak-tanduk isterinya; 'berkemudi di haluan, bergilir ke buritan'.

henry n. unit ukuran kearuhan (elektrik).

hepatic a. hepatik; berkenaan hati.

hepatitis n. hepatitis, radang hati.

heptagon n. bentuk segi tujuh; heptagon.

heptathlon n. heptatlon; pertandingan olahraga yang mengandungi tujuh acara.

her pron. (ganti nama) dia (perempuan). —a. kepunyaannya (perempuan).

herald n. bentara; biduanda. —v.t. memaklumkan; memberitahu.

heraldic a. berkenaan kebentaraan; kebiduandaan; pemakluman; berkenaan pengajian lambang atau jata.

heraldry n. pengajian lambang atau jata (asal usul, salasilah).

herb n. rumput-rampai; tumbuhan berbatang lembut yang mati sesudah berbunga sekali; herba; tumbuhan yang boleh dimakan, dibuat ubat.

herbaceous a. seperti herba; (batang) tidak berteras.

herbage n. bahan herba; rumput-rampai.

herbal a. berkenaan atau daripada herba. —n. buku tentang herba.

herbalism n. kajian atau amalan menggunakan tumbuh-tumbuhan dalam ubat-ubatan. **herbalist** n. orang yang menanam, menjual atau menggunakan tumbuh-tumbuhan dalam ubat-ubatan.

herbalist n. saudagar ubat herba.

herbarium n. koleksi tumbuhan herba.

herbicide n. racun rumput-rumpai; racun lalang.

herbivore n. haiwan pemakan tumbuhan.

herbivorous a. (haiwan) yang hanya memakan tumbuhan.

herculean a. perkasa; yang memerlukan kekuatan yang banyak.

herd n. kawanan (binatang). —v.t./i. himpun. **herdsman** n. gembala; penggembala.

here adv. ini; sini; di sini; ke sini. —n. tempat ini.

hereabouts adv. di sekitar ini; dekat sini; daerah atau kawasan ini; sini.

hereafter adv. kemudian; dari sekarang. —n. alam baqa.

hereby adv. dengan ini; maka.

hereditable a. dapat diwarisi.

hereditary a. turun-temurun; bersifat keturunan atau warisan.

heredity n. baka; bakat; keturunan.

herein adv. di dalam ini; di sinilah.

heresy n. fahaman (pendapat) yang bertentangan dengan faham rasmi (agama, dll.); bidaah.

heretic n. pembidaah (bidaah); pendapat yang bercanggah dengan kelaziman. **heretical** a. yang menyimpang daripada fahaman (pendapat) umum. **heretically** adv. dengan cara yang menyimpang daripada fahaman (pendapat) umum.

hereto adv. bersama(-sama) ini.

herewith adv. dengan ini.

heritable a. boleh diwarisi atau diturunkan; terwariskan atau turun-temurun.

heritage n. pusaka; warisan.

hermaphrodite n. hermafrodit; khunsa; pondan; kedi; banci.

hermetic a. kedap udara; bertutup rapat hingga tidak boleh dimasuki udara. **hermetically** adv. perihal kedap udara.

hermit n. pertapa.

hermitage n. (tempat, hunian) pertapaan.

hernia n. hernia; burut.

hero n. (pl. **-oes**) wira; perwira; pahlawan; hero.

heroic a. gagah berani. **heroics** n.pl. berlagak seperti wira. **heroically** adv. dengan berani; seperti wira.

heroin n. heroin; sejenis dadah.

heroine n. wirawati; pahlawan wanita; serikandi.

heroism n. keperwiraan; kepahlawanan.

heron n. (burung) pucung; kuaran; seriap.

heronry n. sarang (burung) pucung, kuaran atau seriap.

herpes n. herpes; penyakit yang disebabkan oleh sejenis virus.

Herr n. (pl. **Herren**) gelaran bagi lelaki penutur bahasa Jerman.

herring n. sejenis ikan laut; ikan hering. **herring-bone** n. bentuk atau susunan silang pangkah.

hers poss. pron. kepunyaannya (perempuan).

herself pron. sendiri (perempuan).

hertz n. (pl. **hertz**) sukatan kekerapan (frekuensi) gelombang elektromagnet; hertz.

hesitant a. teragak-agak; segan; ragu; bimbang; sangsi; waswas. **hesitantly** adv. dengan keadaan yang segan atau teragak-agak. **hesitancy** n. keraguan; kebimbangan; kesangsian.

hesitate v.t. teragak-agak; berasa ragu, sangsi atau keberatan. **hesitation** n. keraguan; kesangsian.

hessian n. kain tarpal.

het a. **het up** (sl.) galak; ghairah.

heterodox a. heterodoks; tidak bersikap patuh pada nilai tradisi.

heterogeneous a. pelbagai; berbagai-bagai.

heterosexual a. & n. heteroseksual; (nafsu seks) terpikat kepada jenis yang berlawanan (misalnya jantan terpikat kepada betina, dan sebaliknya).

heuristic a. heuristik; mencari; menyiasat. **heuristically** adv. secara heuristik.

hew v.t. (p.p. **hewn**) tebang; tetak; tebak; tarah.

hex n. jampi serapah atau sumpahan.

hexagon n. bentuk bersegi enam; segi enam; heksagon. **hexagonal** a. bersegi enam.

hexagram n. bintang enam penjuru yang terbentuk apabila dua bentuk tiga segi menyilang.

hexameter n. puisi berbaris enam.

hey int. (seruan) wah!, amboi!, hoi! **hey presto!** jadi!

heyday n. zaman kegemilangan.

hi int. (seruan) hai!

hiatus n. (pl. **-tuses**) rumpang; selang.

hibernate v.i. berhibernat; tidur tapa.

hibernation n. hibernasi; penghibernatan; keadaan tidur tapa.

Hibernian a. & n. orang asli Ireland.

hibiscus n. pokok atau bunga raya.

hiccup n. sedu; sedan. —v.i. sedu; sedan.

hick n. (A.S.) orang hulu atau orang kampung.

hickory n. sejenis pokok; pokok hikori.

hide[1] v.t./i. (p.t. **hid**, p.p. **hidden**) sembunyi; sorok; selindung. **hide-out** n. (colloq.) tempat persembunyian.

hide[2] n. kulit binatang; balur; belulang.

hidebound a. sangat mengikut resam; sempit fikiran.

hideous a. sangat hodoh; amat buruk. **hideously** adv. perihal sangat buruk.

hideousness n. kehodohan.

hiding n. (colloq.) pukulan; sebatan; kena balun; kena tibai.

hie v.i. & refl. pergi dengan cepat.

hierarchy n. susunan mengikut pangkat atau darjat; hierarki. **hierarchical** a. berhierarki.

hieroglyph n. hiroglif; tulisan dalam bentuk lukisan.

hieroglyphic a. bersifat hiroglif. **hieroglyphics** n.pl. hiroglifik.

hi-fi a. & n. (colloq.) abbr. high fidelity hi-fi; (alat) penghasil bunyi bermutu tinggi.

higgledy-piggledy a. & adv. bercelaru; berkecamuk.

high a. (-er, -est) tinggi; atas; besar; luhur; mulia; nyaring; (sl.) mabuk. —n. tinggi, tempat tinggi; tempat bertekanan tinggi. —adv. di, pada atau ke paras yang tinggi. **High Church** sebahagian daripada Church of England, memberi tempat utama kepada upacara yang berkaitan dengan adat dan kuasa para paderi. **high explosive** (bahan) letupan kuat, yang memberi kesan kehancuran yang kuat. **high-handed** a. menggunakan kuasa dengan cara sombong. **high priest** ketua paderi. **high-rise** a. bertingkat-tingkat. **high road** jalan raya. **high school** sekolah tinggi. **high sea(s)** laut yang di luar sempadan. **high season** musim, masa yang paling sibuk. **high-speed** a. bergerak laju. **high-spirited** a. lincah. **high spot** (sl.) tempat atau bahagian yang penting. **high street** jalan tempat membeli-belah yang utama. **high tea** minuman petang berserta makanan berat. **high tech**, **high technology** teknologi tinggi terutamanya dalam bidang elektronik. **high-water mark** paras yang dicapai oleh air pasang pada waktu parasnya paling tinggi. **higher education** pelajaran yang lebih tinggi daripada peringkat yang diberi di sekolah.

highball n. (A.S.) minuman arak dan soda dalam gelas tinggi.

highbrow a. tinggi dari sudut budaya dan pemikiran. —n. orang yang sangat terpelajar.

highfalutin a. (colloq.) melebih-lebih.

highlands n.pl. kawasan pergunungan. **highland** a. mempunyai ciri atau terletak di kawasan pergunungan. **highlander** n. orang pergunungan.

highlight n. sorotan; bahagian terang; acara kemuncak.

highly adv. sangat; amat; **highly-strung** a. seseorang yang mudah susah hati atau mudah tersentap.

Highness n. (gelaran) Tuanku; Yang Teramat Mulia.

highway n. lebuh raya; jalan raya.

highwayman n. (pl. -men) pengadang; penyamun.

hijack v.t. merampas (kenderaan dalam perjalanan). —n. rampasan. **hijacker** n. perampas.

hike n. perjalanan kaki. —v.i. berjalan kaki. **hiker** n. pengembara berjalan kaki.

hilarious a. riuh; jenaka; kelakar. **hilariously** adv. dengan riuh, jenaka atau kelakar. **hilarity** n. keriuhan; kejenakaan.

hill n. bukit. **hill-billy** n. orang hulu; muzik rakyat dari bahagian selatan A.S.

hillock n. bukit kecil; anak bukit; busut.

hillside n. lereng bukit; tepi bukit.

hilly a. berbukit.

hilt n. hulu. **to the hilt** sampai habis; sampai sudah; sepenuhnya.

him pron. (ganti nama) dia (lelaki).

Himalayan a. berkenaan Pergunungan Himalaya.

himself pron. dirinya sendiri (lelaki); sendiri (lelaki).

hind[1] n. rusa betina.

hind[2] a. (terletak) di belakang.

hinder[1] v.t. sekat; halang; rintang; galang; ganggu.

hinder[2] a. lihat hind[2].

Hindi n. Hindi; bahasa Hindustan.

hindmost a. terkebelakang.

hindrance n. halangan; rintangan.

hindsight n. tinjauan kembali; fikiran kembali (sesudah berlakunya sesuatu).

Hindu n. penganut agama Hindu. —a. berkenaan dengan agama Hindu atau penganutnya.

Hinduism n. agama dan falsafah Hindu.

Hindustani n. Hindustani; bahasa Hindustan.

hinge n. sendian; engsel. —v.t./i. disendikan; disambungkan dengan sendian. **hinge on** bergantung kepada.

hint n. isyarat; kiasan; sindiran. —v.t. beri isyarat; kias; sindir.

hinterland n. (kawasan) pedalaman.

hip[1] n. pinggul. **hipped** a. berpinggul.

hip[2] n. buah (pokok bunga) mawar; ros liar.

hip[3] int. hep; pengenalan sorakan (seperti hep, hep, hore!)

hip[4] a. (sl.) bergaya; berpengetahuan.
hip hop jenis budaya remaja dan muzik pop orang kulit hitam.

hippie n. hipi; orang (selalunya remaja) yang mengamalkan gaya berpakaian dan gaya hidup yang berlainan daripada kebiasaan.

hippopotamus n. (pl. -muses) badak air.

hippy n. (atau hippie) (pl. hippies) orang yang berambut panjang dan berpakaian tidak lazim.

hire v.t. sewa. —n. sewa; upah. hire purchase n. sewa-beli; beli dengan bayaran ansuran. hirer n. penyewa; pengupah.

hireling n. pembantu upahan; orang suruhan; jongos.

hirsute a. berbulu; penuh bulu.

his a. & poss. pron. nya (lelaki); kepunyaannya (lelaki).

Hispanic a. & n. orang yang berasal dari Sepanyol; berkenaan negeri Sepanyol.

hiss n. (bunyi) desas; desis; desus; desir; desiran. —v.t./i. berbunyi desis; mendesis; mendesus; mendesir.

histamine n. bahan dalam tubuh yang mengakibatkan tindak balas alahan; histamina.

histology n. histologi; pengkajian tentang tisu organik. histological a. bersifat histologi.

historian n. ahli sejarah; sejarawan.

historic a. bersejarah.

historical a. berkenaan dengan sejarah; bersejarah. historically adv. menurut sejarah.

historicity n. kebenaran atau keutuhan sejarah.

historiography n. historiografi; pensejarahan; penulisan sejarah. historiographer n. sejarawan.

history n. sejarah; tawarikh; asal usul; riwayat (hidup). make history mencipta sejarah.

histrionic a. bersandiwara; berdrama. histrionics n.pl. pelakuan yang keterlaluan untuk menarik perhatian.

hit v.t./i. (p.t. hit, pres.p. hitting) pukul; palu; balun; tibai; godam; tampar; tumbuk; tepuk; laga; banting; parap; rempuh; jumpa; temu. —n. pukulan; paluan; balunan; tibaian; godaman; tamparan; tumbukan; lagaan; bantingan; parapan; rempuhan; tujuan yang kena pada sasaran. hit it off serasi (dengan seseorang). hit on jumpa. hit-or-miss a. tidak menentu atau cuai; secara rambang.

hitch v.t./i. menyentap; menarik sedikit; menyangkut; mencangkukkan. —n. sentakan; sangkutan; penyangkut; gendala (sebentar, sejenak). get hitched (sl.) berkahwin.

hitchhike v.i. mengembara dengan menumpang kenderaan orang. hitchhiker n. pengembara tumpangan; kelana.

hi-tech n. high tech(nology) teknologi tinggi.

hither adv. ke sini; ke mari. hither and thither ke sana ke mari; ke sana sini.

hitherto adv. kini; hingga sekarang.

HIV abbr. human immuno-deficiency virus penyebab AIDS.

hive n. sambang; sarang lebah. —v.t./i. hive off terpisah daripada kumpulan induk. hive of industry tempat yang penuh dengan orang yang sibuk bekerja.

hives n.pl. gatal-gatal kulit, terutama ruam.

HM abbr. Her (or His) Majesty or Majesty's Duli Yang Maha Mulia Baginda.

HMS abbr. Her or His Majesty's Ship Kapal Perang diRaja.

hoard v.t. menyimpan dengan banyak, lebih daripada yang diperlukan. —n. sorokan; penyorokan. hoarder n. penyorok.

hoarding n. pagar papan (sekitar bangunan yang sedang dibina) seringkali mempamerkan iklan.

hoar-frost n. embun beku; fros putih.

hoarse a. (-er, -est) parau; serak; garuk. hoarsely adv. dengan parau. hoarseness n. keparauan; keserakan; kegarukan.

hoary a. (-ier, -iest) beruban; lusuh; usang.

hoax v.t. mengolok; tipu (secara bersenda). —n. olokan. hoaxer n. pengolok.

hob n. dulang pemanas pada pemanggang; plat panas.

hobble v.t./i. berjalan tempang; menyengkela (ikat kaki, kuda, gajah, dsb.). —n. ketempangan.

hobby n. kegemaran (masa lapang); hobi.

hobby-horse n. kuda-kuda (mainan kanak-kanak); kuda kepang (untuk tarian); topik perbualan yang digemari.

hobgoblin n. pelesit; hantu yang nakal.

hobnail n. paku kasut. hobnailed a. (kasut) berpaku.

hobnob *v.i.* (*p.t.* **-nabbed**) bergaul mesra dengan orang-orang penting.

hock[1] *n.* sendi pada pergelangan kaki belakang haiwan berkaki empat.

hock[2] *n.* wain putih (Jerman).

hock[3] *v.t.* (A.S., *sl.*) pajak; gadai. **in hock** tergadai; terhutang; dalam penjara.

hockey *n.* (permainan) hoki.

hocus-pocus *n.* sulapan; silap mata; karut-marut.

hod *n.* cam; raga kandar.

hodgepodge *n.* (A.S.) = **hotchpotch** benda-benda yang bercampur-aduk.

hoe *n.* cangkul. —*v.t./i.* (*pres.p.* **hoeing**) cangkul; mencangkul.

hog *n.* babi kasi; (*colloq.*) orang lahap, tamak atau haloba. —*v.t.* (*p.p. hogged*) (*colloq.*) ambil dengan haloba; pulun; sorok (kerana tamak).

hogmanay *n.* (Sc.) Malam Tahun Baru.

hogshead *n.* tong besar; pengukur bir (kira-kira 50 gelen).

hoick *v.t.* (*sl.*) cungkil; tuil.

hoi polloi rakyat biasa.

hoist *v.t.* hela; menaikkan; angkat. —*n.* pesawat angkat; pengangkatan.

hoity-toity *a.* sombong.

holistic *a.* dengan merawat orang daripada hanya rawatan ke atas simptom penyakit. **holism** *n.* rawatan keseluruhan; holisme.

hokum *n.* (*sl.*) cakap kosong; karut.

hold[1] *v.t./i.* (*p.t.* **held**) pegang; genggam; paut; berisi; mengandungi; muat; tahan; terus; percaya. —*n.* pegangan; genggaman; pengaruh. **get hold of** dapatkan; hubungi. **hold forth** bercakap dengan panjang lebar. **hold one's tongue** membisu; berdiam diri. **hold out** menawarkan; bertahan; mendesak. **hold over** tangguh. **hold up** halang; sangkut; sekat dan samun; rompak. **hold-up** *n.* kelewatan; pengadangan; penghalangan dan rompakan. **hold water** (alasan) munasabah. **holder** *n.* pemegang; pemaut; penyandang, dsb.

hold[2] *n.* petak (tempat simpanan barang dalam kapal).

holdall *n.* kampit; beg; uncang serba-serbi.

holding *n.* harta benda yang dipunyai; tanah kepunyaan.

hole *n.* lubang; liang; kubang; tempat sial; (*sl.*) kerumitan. —*v.t.* tebuk; memukul bola golf masuk ke lubangnya. **hole-and-corner** *a.* diam-diam; (dengan) tipu daya; dengan tipu helah. **hole up** (A.S., *sl.*) bersembunyi.

holey *a.* berlubang; penuh lubang.

holiday *n.* cuti; hari cuti; hari kelepasan; hari libur. —*v.i.* cuti; bercuti.

holiness *n.* kekudusan; keramat; kesucian.

holland *n.* sejenis kain tahan luntur.

hollandaise *n.* sos mentega berkrim dengan kuning telur dan cuka.

hollow *a.* geronggang; rongga; lopong; kosong; hampa. —*n.* lekuk; lubang; ceruk; paluh; cekung; mambung. —*adv.* habis-habis. —*v.t.* tebuk; korek.

hollowness *n.* berongga; kekosongan.

holly *n.* (pokok) holi; sejenis pokok beri.

hollyhock *n.* sejenis tumbuhan berbunga besar.

holocaust *n.* pemusnahan besar-besaran, terutama dengan pembakaran.

hologram *n.* hologram; bentuk fotografi yang menghasilkan imej tiga-dimensi apabila dipancarkan.

holograph[1] *v.t.* holograf; rakaman hologram. **holography** *n.* holografi.

holograph[2] *a. & n.* holografi; (dokumen) bertulis tangan seluruhnya oleh penulisnya.

holster *n.* sarung (pistol).

holy *a.* (**-ier, -iest**) kudus; keramat; suci. **holy of holies** tempat paling suci; keramat.

homage *n.* hormati; penghormatan; (sembah) takzim.

home *n.* rumah; rumah tangga; kediaman; hunian. —*a.* dari rumah atau negara sendiri; (permainan pertandingan) di gelanggang sendiri. —*adv.* di rumah sendiri; ke sasaran yang dituju. **home truth** kebenaran yang pahit tentang diri sendiri.

homeland *n.* tanah air; tanah tumpah darah; ibu pertiwi.

homeless *a.* tanpa rumah; tanpa kediaman.

homely *a.* (**-ier, -iest**) mudah dan biasa; tidak rasmi; seperti di rumah; (A.S.) (berkenaan paras rupa) hodoh; tidak cantik. **homeliness** *n.* (keadaan) seperti di rumah; senang dan selesa.

homeopathy *n.* (atau **homeopathi**) sistem mengubati penyakit dengan sedikit dos serbuk yang biasanya menghasilkan simptom penyakit tersebut. **homeopath** *n.* doktor homeopati. **homeopathic** *a.* ubat homeopati.

homer *n.* merpati utusan.

Homeric *a.* seperti gaya Homer, penyair Yunani dahulu kala.

homesick *a.* kerinduan pada kampung halaman.

homespun *a. & n.* (kain) ditenun atau tenunan sendiri.

homestead *n.* rumah ladang (berserta bangunan dan kawasan sekitarnya. **homesteader** *n.* pemilik rumah ladang.

homeward *a. & adv.* ke rumah. **homewards** *adv.* menuju ke rumah; (jalan) pulang.

homework *n.* kerja rumah; tugasan untuk murid menyiapkannya di rumah.

homicide *n.* homisid; pembunuhan sesama manusia. **homicidal** *a.* berkenaan pembunuhan (manusia).

homily *n.* khutbah; leteran.

homing *a.* yang pulang; (merpati) dilatih pulang sendiri.

hominid *a. & n* hominid; (ahli) keluarga manusia yang ada sekarang dan manusia fosil.

homogeneous *a.* sejenis; sebaka; serumpun; sama jenis; homogen. **homogeneity** *n.* kejenisan; kesebakaan; kesamaan; kehomogenan.

homogenize *v.t.* menghomogenkan; memproses susu supaya krimnya tidak menggumpal.

homograph *n.* (atau **homonym**) perkataan yang dieja sama seperti perkataan lain tetapi mempunyai makna yang berbeza; kata sebunyi.

homologous *adj.* (bersifat) homolog.

homonym *n.* homonim; perkataan yang sama ejaan atau bunyi tetapi berbeza makna.

homophobia *n.* homofobia; ketakutan atau kebencian pada homoseksual.

homophone *n.* homofon; kata sebunyi.

homo sapiens *n.* spesies manusia moden.

homosexual *a.* homoseksual; bernafsu (syahwat kepada) sesama jenis. —*n.* homoseksual; orang yang bernafsu kepada sesama jenis.

Hon. *abbr.* **Honourable** Yang Mulia. **Honorary** Kehormat.

hone *v.t.* asah; kilir.

honest *a.* amanah; jujur; tulus; ikhlas; lurus; benar. **honest-to-goodness** *a.* (*colloq.*) sesungguhnya; lurus. **honestly** *adv.* dengan jujur, tulus atau sifat ikhlas. **honesty** *n.* amanah; kejujuran; ketulusan; keikhlasan.

honey *n.* (*pl.* -eys) madu; manisan; (*colloq.*) kekasih; sayang. **honey-bee** *n.* lebah madu. **honeyed** *a.* manis (seperti madu); merdu.

honeycomb *n.* pangsa, lubang atau ruang dalam sarang lebah. —*v.t.* berlubang-lubang.

honeydew melon tembikai (semangka) susu.

honeymoon *n.* bulan madu. —*v.i.* berbulan madu.

honeysuckle *n.* sejenis tumbuhan menjalar dengan bunga kuning dan merah jambu yang wangi.

honk *n.* bunyi hon.

honorarium *n.* (*pl.* -**ums**) bayaran sagu hati; honorarium.

honorary *a.* kehormat.

honorific *a. & n.* (gelaran) hormat; kata hormat. **honorifically** *adv.* dengan hormat.

honour *n.* kehormatan; maruah; (gelaran) tuan. —*v.t.* hormat; menghormati; diberi penghormatan; laku (cek, dsb.); tunai (janji).

honourable *a.* berhormat; mulia. **honourably** *adv.* dengan hormat.

hood[1] *n.* tudung, telekung; tudung atau penutup enjin kereta.

hood[2] *n.* (A.S.) samseng; budak jahat.

hoodlum *n.* samseng; penjahat.

hoodoo *n.* (A.S.) nasib malang; sial; penyebab sial.

hoodwink *v.t.* menipu; memperdaya.

hoof *n.* (*pl.* **hoofs** atau **hooves**) huf telapuk; tapak kaki haiwan berkaki empat (seperti kerbau, kuda, dll.).

hook *n.* mata kail; mata pancing; cangkuk; rawitan; jeraitan; sangkutan; penyangkut. —*v.t./i.* kail; pancing; cangkuk; rawit; jerait; kait. **by hook or by crook** dengan apa cara sekalipun. **hook it** (*sl.*) lari. **hookup** *n.* sambungan; rantaian. **off the hook** terlepas daripada kesulitan atau kesukaran. **hooker** *n.* penguis (ragbi); (*sl.*) pelacur.

hookah *n.* hukah; ogah; paip panjang penghisap madat.

hooked *a.* bercangkuk. **hooked on** (*sl.*) ketagih.

hookworm *n.* cacing kerawit.

hooligan *n.* samseng. **hooliganism** *n.* kesamsengan.

hoop *n.* simpai; gelung; penggelung. **go/be put through the hoops** menjalani ujian atau percubaan.

hoop-la *n.* permainan lontar gelang atau gelung.

hoopoe *n.* (burung) hupo; hudhud.

hooray *int. & n.* seruan dan sorakan; hore!

hoot *n.* hut-hut; bunyi burung hantu; ejekan; (*colloq.*) ketawa. —*v.t./i.* berbunyi hut-hut; mengejek.

hooter *n.* hon.

Hoover *n.* sejenis pembersih hampagas. **hoover** *v.t.* membersihkan dengan pembersih hampagas.

hop[1] *v.t./i.* (*p.t.* hopped) loncat; lompat. —*n.* loncatan; lompatan; (*colloq.*) lawatan sejenak. **hop in** atau **hop out** (*colloq.*) lompat masuk atau lompat keluar. **hop it** (*sl.*) berambus. **on the hop** (*colloq.*) tanpa persediaan.

hop[2] *n.* sejenis tumbuhan.

hope *n.* harapan; pengharapan. —*v.t./i.* berharap. **hopeful** *a.* dengan harapan; berharap. **hopefully** *adv.* dengan penuh harapan.

hopeless *a.* tidak ada harapan; tidak boleh diharap; sesia. **hopelessly** *adv.* dengan tidak ada harapan. **hopelessness** *n.* ketiadaan harapan; kesesiaan.

hopper *n.* peloncat; corong tuang.

hopscotch *n.* permainan tinting.

horde *n.* kumpulan; gerombolan; orang yang ramai.

horizon *n.* kaki langit; ufuk; had pengetahuan atau minat.

horizontal *a.* mendatar; melintang. **horizontally** *adv.* secara mendatar; secara melintang.

hormone *n.* hormon; rembesan yang menggiatkan sesuatu organ atau menyebabkan tumbesaran. **hormonal** *a.* yang berkenaan dengan hormon.

horn *n.* tanduk; sumbu (badak); tetuang; hon. —*v.t.* tanduk; menanduk; potong tanduk. **horn in** (*sl.*) ganggu. **horn-rimmed** *a.* berbingkai daripada tanduk atau kulit kura-kura.

hornblende *n.* hornblend; bahan mineral dalam granit.

horned *a.* bertanduk; bercula.

hornet *n.* tebuan; kerawai; ketubong.

horny *a.* (-ier, -iest) seperti tanduk (keras, kasar, kematu).

horology *n.* horologi; seni membuat jam, dsb. **horologist** *n.* ahli horologi.

horoscope *n.* rajah kedudukan bintang untuk ramalan nasib atau tuah; ramalan nasib atau tuah.

horrendous *a.* dahsyat. **horrendously** *adv.* dengan dahsyat atau teruk.

horrible *a.* dahsyat; ngeri; mengerikan; (*colloq.*) buruk; jelik. **horribly** *adv.* dengan dahsyat sangat; amat.

horrid *a.* dahsyat; teruk.

horrific *a.* menakutkan; mengerikan. **horrifically** *adv.* dengan menakutkan.

horrify *v.t.* menggerunkan.

horror *n.* perasaan ngeri; kengerian; sesuatu yang menimbulkan perasaan ngeri. **horror-stricken**, **horror-struck** *adjs.* sangat terkejut; gugup ketakutan.

hors-d'oeuvre *n.* makanan pembuka selera.

horse *n.* kuda. **horse-chestnut** *n.* kekeras yang berwarna coklat dan berkilat; pokok yang mengeluarkan kekeras ini. **horse-laugh** *n.* ketawa yang kuat. **horse sense** (*colloq.*) akal budi; fikiran sihat.

horseback *n.* **on horseback** menunggang kuda.

horsebox *n.* kenderaan bertutup untuk mengangkut kuda.

horsehair *n.* bulu tengkuk atau ekor kuda, digunakan untuk pengempuk perabot.

horseman *n.* (*pl.* -men) penunggang (lelaki) kuda. **horsewoman** *n. fem.* (*pl.* -women) penunggang (perempuan) kuda.

horseplay *n.* gurauan kasar dan bising.

horsepower *n.* kuasa kuda; ukuran kekuatan tenaga enjin.

horseradish *n.* sejenis lobak untuk membuat sos.

horseshoe *n.* ladam kuda; kasut kuda.

horsy *a.* berkenaan atau seperti kuda dan perlumbaan kuda.

hortative, **hortatory** *a.* menggesa.

horticulture *n.* perkebunan; ilmu perkebunan. **horticultural** *a.* bersifat perkebunan. **horticulturist** *n.* pekebun.

hose *n.* stoking; sarung kaki dan betis; hos; paip penyalur atau paip getah. —*v.t.* disembur dengan menggunakan hos. **hose-pipe** paip (getah, dsb.) penyalur air.

hosiery *n.* stoking; sarung kaki dan betis.

hospice *n.* hospis; rumah tumpangan pengembara; musafir; rumah hunian orang uzur dan fakir miskin.

hospitable *a.* beri layanan baik; mesra (kepada tetamu). **hospitably** *adv.* dengan mesra; dengan murah hati.

hospital *n.* rumah sakit; hospital.

hospitality *n.* layanan baik, mesra (kepada tetamu).

hospitalize *v.t.* memasukkan seseorang ke hospital. **hospitalization** *n.* pemasukan ke hospital; tempoh rawatan di hospital.

host[1] *n.* sejumlah besar orang atau barang.

host[2] *n.* tuan rumah (yang menerima atau melayan tetamu). —*v.t.* menjadi tuan rumah.

host[3] *n.* roti yang ditahbiskan semasa upacara Eukaris (agama Kristian).

hostage *n.* orang tebusan; tahanan; orang yang ditahan sebagai jaminan.

hostel *n.* asrama; hostel.

hostelry *n.* (usang) hotel; rumah penginapan.

hostess *n.* tuan rumah (wanita).

hostile *a.* bermusuhan; berseteru.

hostility *n.* permusuhan; perseteruan; (*pl.*) peperangan.

hot *a.* (**hotter, hottest**) panas; hangat; pijar; dedar; marah; geram; pedas; (*colloq.*) barang baru dicuri dan bahaya jika disimpan. **hot air** (*sl.*) cakap besar; dabik dada. **hot dog** sosej panas berbalut roti. **hot water bottle** botol (getah) untuk mengisi air panas. **in hot water** (*colloq.*) bermasalah; mendapat susah.

hotbed *n.* tempat yang menggalakkan maksiat.

hotchpotch *n.* campuran; lambakan.

hotel *n.* hotel.

hotelier *n.* pemilik hotel.

hotfoot *adv.* kalut dan cepat-cepat.

hothead *n.* pemarah; lekas marah; berang.

hotheaded *a.* gopoh; gabas.

hothouse *n.* bangsal kaca berhawa panas untuk tanaman (pelindung kesejukan).

hotplate *n.* permukaan untuk meletakkan makanan supaya dapat dipanaskan atau senantiasa panas.

hotpot *n.* stew daging, ubi kentang dan sayur-sayuran.

hound *n.* anjing pemburu. —*v.t.* buru; kacau; gesa.

hour *n.* (satu) jam; 60 minit; $\frac{1}{24}$ daripada sehari semalam.

hourglass *n.* jam pasir; tabung atau balang kaca berisi pasir pengukur waktu.

houri *n.* (*pl.* -is) bidadari (syurga); houri.

hourly *a.* berlaku atau berulang setiap (satu) jam; berterusan. —*adv.* tiap sejam.

house[1] *n.* rumah; kediaman; bait; gudang; kerabat; wangsa; keluarga; isi rumah. **house arrest** penahanan dalam rumah. **house-proud** *a.* memberi perhatian terhadap rupa dan keadaan rumah. **house surgeon** pakar bedah yang dikhaskan di sesebuah hospital. **house-trained** *a.* dilatih supaya menjadi bersih di dalam rumah. **house-warming** *n.* majlis untuk meraikan perpindahan ke rumah baharu.

house[2] *v.t.* menyediakan tempat kediaman, simpanan; ditempatkan; menempatkan.

houseboat *n.* perahu, tongkang atau kapal yang dijadikan tempat kediaman.

housebound *a.* terpaksa duduk di rumah sahaja kerana uzur, dsb.

housebreaker *n.* penjenayah pemecah rumah (pencuri); peruntuh bangunan (untuk digantikan dengan bangunan lain, dsb.). **housebreaking** *n.* jenayah pecah rumah (untuk mencuri, dsb.).

housecoat *n.* gaun labuh wanita; pakaian di rumah.

housecraft *n.* pakar dalam urusan rumah tangga.

household *n.* keluarga serumah; seisi rumah. **household troops** pasukan (tentera) pengawal istana. **household word** ungkapan atau nama yang sering disebut orang.

householder *n.* pemilik rumah.

housekeeper *n.* jongos (perempuan upahan); pengurus rumah.

housekeeping *n.* pengurusan hal ehwal rumah tangga; (*colloq.*) duit untuk mengurus rumah tangga.

housemaid *n.* pembantu rumah atau orang gaji (perempuan).

housemaster *n.* guru (lelaki) penjaga asrama

housemistress *n.* guru (perempuan) penjaga asrama.

housewife *n.* suri rumah tangga; orang rumah. **housewifely** *a.* berkenaan atau seperti suri rumah tangga.

housewifery *n.* pengurusan rumah tangga.

housework *n.* kerja atau tugas pengurusan rumah tangga.

housing *n.* perumahan.

hove *lihat* heave.

hovel *n.* teratak; gobok; pondok; dangau; bangsal.

hover *v.i.* ambang; mengambang; apung; mengapung (di udara); terkatung-katung. **hover-fly** *n.* kelulut.

hovercraft *n.* (*pl.* -craft) kenderaan laut yang berlandaskan pelampung udara; hoverkraf.

how *adv.* bagaimana. **how about** bagaimana perasaan, pandangan (anda). **how do you do** apa khabar. **how-d'ye-do** *n.* (*colloq.*) kesulitan; keadaan sukar. **how many** berapa banyak. **how much** berapa banyak; berapa harga.

howdah *n.* rengga atau rengka di belakang gajah.

however *adv.* bagaimanapun; walau bagaimanapun; akan tetapi; walaupun demikian.

howitzer *n.* meriam katak; meriam pendek yang melepaskan peluru tinggi ke udara supaya mengenai sasarannya.

howl *n.* lolongan; raungan; jeritan. —*v.t./i* melolong; meraung; menjerit-kan.

howler *n.* (*colloq.*) kebodohan; kesilapan bodoh.

hoyden *n.* gadis yang bising. **hoydenish** *a.* bersifat seperti gadis pembising.

h.p. *abbr.* **hire-purchase** sewa-beli; bayar ansuran. **horse-power** kuasa kuda.

HQ *abbr.* **headquarters** *n.* ibu pejabat.

H.R.H *abbr.* **His/Her Royal Highness** D.Y.M.M.; Duli Yang Maha Mulia.

HRT *abbr.* **hormone replacement therapy** terapi penggantian hormon.

HTML *abbr.* **Hypertext Mark-up Language** bahasa penambahan hiperteks.

hub *n.* hab; bahagian tengah roda; pusat kegiatan. **hub-cap** *n.* tudung, hab.

hubble-bubble *n.* hukah; ogah.

hubbub *n.* keriuhan; kebisingan; kegemparan; kehingaran; keributan; tempik sorak.

hubris *n.* megah diri.

huckster *n.* penjaja; mata duitan. —*v.i.* tawar-menawar; menjadi penjaja.

huddle *v.t./i.* himpit; menghimpit; sempil; menyempil; mengasak; mengerekot.

hue *n.* warna.

hue and cry keributan; kekecohan; bantahan umum.

huff *n.* dengusan (marah, meradang). —*v.i.* dengus; mendengus (marah).

huffy *a.* berdengus. **huffily** *adv.* dengan mendengus.

hug *v.t.* (*p.t.* **hugged**) peluk; dakap; menyusuri. —*n.* pelukan; dakapan.

huge *a.* sangat atau sungguh besar. **hugely** *adv.* dengan amat sangat. **hugeness** *n.* sangat besar.

hugger-mugger *a. & adv.* penuh rahsia; keliru; kacau; serabut.

hula *n.* tarian hula; sejenis tarian Hawaii. **hula hoop** gelang hula.

hulk *n.* bangkai kapal; orang atau benda besar.

hulking *a.* (*colloq.*) besar dan kekok.

hull[1] *n.* rangka kapal; badan perahu; awak perahu atau kapal.

hull[2] *n.* lengai; kulit seperti kulit kacang (yang mempunyai isi bijinya di dalam); rumpunan daun pada tangkai buah. —*v.t.* kupas; kopek (membuang kulit, seperti kulit kacang).

hullabaloo *n.* haru-biru; keriuhan; riuh-rendah.

hullo *int.* seruan penyapaan; helo.

hum *v.t./i.* (*p.t.* **hummed**) mendengung; bernyanyi-nyanyi kecil; (*colloq.*) sibuk. —*n.* bunyi dengung; (*sl.*) bau busuk. **hum and haw** teragak-agak semasa bercakap.

human *a.* kemanusiaan; insani. —*n.* manusia; insan. **humanly** *adv.* berkenaan manusia atau insan.

humane *a.* berperikemanusiaan; keinsangan; baik hati; berbelas kasihan. **humanely** *adv.* secara berperikemanusiaan.

humanism *n.* keperimanusiaan; keinsanan. **humanist** *n.* orang yang menganut kepercayaan keperimanusiaan. **humanistic** *a.* bersifat keperimanusiaan atau keinsanan.

humanitarian *a.* untuk kebajikan manusia; bertujuan mengurangkan azab manusia; berperikemanusiaan; bersifat keinsanan. **humanitarianism** *n.* faham kemanusiaan.

humanity *n.* umat manusia; manusia sejagat; insaniah; (*pl.*) ilmu kemanusiaan.

humanize *v.t.* menjadikan seperti manusia atau insan; menginsankan; jadi berperikemanusiaan. **humanization** *n.* proses menjadikan (orang, budaya) berperikemanusiaan; penginsanan.

humble *a.* (**-er**, **-est**) rendah diri; hina; hina-dina; sopan; santun. —*v.t.* merendah diri. **eat humble pie** merendah diri dan mohon maaf. **humbly** *adv.* dengan rendah diri. **humbleness** *n.* kerendahan hati.

humbug *n.* kelakuan atau percakapan menipu untuk mendapatkan sokongan ataupun belas kasihan; pembohongan; helahan; penipuan; pembohong; penipu; sejenis gula-gula. —*v.t.* (*p.t.* **humbugged**) menipu; membohongi.

humdinger *n.* (*sl.*) orang atau benda yang hebat.

humdrum *n.* hal lazim dan membosankan.

humerus *n.* (*pl.* **-ri**) humerus; tulang asad; tulang lengan atas (antara siku dan ketiak). **humeral** *a.* berkaitan dengan humerus.

humid *a.* lengas; lembap; panas dan lembap. **humidity** *n.* kelengasan; kelembapan.

humidify *v.t.* melembapkan (udara) di dalam bilik, dsb. **humidifier** *n.* pelembap.

humiliate *v.t.* menghina; menista; mengaibkan; memalukan; menjatuhkan maruah. **humiliation** *n.* penghinaan; penistaan; pengaiban.

humility *n.* kerendahan hati.

hummock *n.* permatang; anak bukit.

hummus *n.* (atau **houmous**) pes hasil campuran kacang kuda dan bijan.

humoresque *n.* dendangan (muzik); gubahan muzik yang rancak.

humorist *n.* pelawak; penjenaka; pelucu; orang yang suka berkelakar atau berjenaka.

humour *n.* kelakar; kelawakan; kejenakaan; kelucuan. —*v.t.* melayan (kehendak). **humorous** *a.* jenaka; lucu. **humorously** *adv.* dengan kelakar, lawak, jenaka atau lucu.

hump *n.* bonggol; bongkol; bendul; gembul; kelasa; kok; ponok. —*v.t.* membonggol; membongkol; membendul; mengembul; membongkok; tanggung; pikul. **humped** *a.* berbonggol; berbongkol; berponok.

humpback *n.* orang bongkok. **humpback bridge** titi bonggol; titi yang melengkung naik dengan curam.

humus *n.* daun dan tumbuhan reput yang menjadi baja; humus.

hunch *v.t./i.* membongkok. —*n.* bonggol; ponok; gerak hati.

hunchback *n.* orang bongkok.

hundred *n.* ratus; seratus; ratusan; 100; C. **hundredth** *a.* & *n.* keseratus.

hundredfold *a.* & *adv.* seratus kali ganda.

hundredweight *n.* sukatan berat; 112 paun; 84 kati. **metric hundredweight** 50 kilogram; 110.25 paun; 82 kati.

hung *lihat* **hang**. **hung-over** *a.* (*colloq.*) pening akibat mabuk minum arak.

Hungarian *a.* & *n.* berkenaan bahasa atau orang negara Hungary.

hunger *n.* kelaparan; kebuluran; idaman. —*v.t.* berasa lapar; dahaga akan; mengidami. **hunger strike** *a.* mogok lapar; mogok tidak mahu makan.

hungry *a.* (-ier, -iest) lapar; sangat ingin. **hungrily** *adv.* dengan lapar; dengan kebulur; dengan lahap.

hunk *n.* bungkal; gumpal; ketul besar.

hunt *v.t./i.* buru; memburu; diburu; cari; (enjin) bergerak laju dan perlahan bersilih ganti. —*n.* pemburuan; pencarian; kawasan atau kumpulan pemburuan.

hunter *n.* pemburu; kuda pemburu; jam saku bertudung lipat.

huntsman *n.* (*pl.* -men) pemburu.

hurdle *n.* gawang; pagar lompatan dalam olahraga; halangan; kesukaran. **hurdler** *n.* pelari lompat pagar (olahraga).

hurl *v.t.* lempar; lontar; baling; humban. — *n.* lontaran.

hurly-burly *n.* kesibukan.

hurrah, hurray *int.* & *n.* (seruan) hore!

hurricane *n.* ribut; taufan; badai. **hurricane lamp** *n.* lampu taufan.

hurried *a.* gopoh; kalut; gegas; gesa. **hurriedly** *adv.* dengan cepat, gopoh atau kalut; bergegas; bergesa; tergesa-gesa.

hurry *v.t./i.* menggesa; gesa; berlekas; bergegas; bersegera; buat dengan cepat. —*n.* kegopohan; kekalutan; kegegasan; kegesaan.

hurt *v.t./i.* (*p.t.* hurt) mencederai; dicederai; menyakiti; disakiti; melukai; dilukai. —*n.* kecederaan; kesakitan; luka. **hurtful** *a.* yang melukakan atau menyakitkan.

hurtle *v.t./i.* lempar; baling; meluru.

husband *n.* suami; laki; kawan. —*v.t.* guna dengan cermat; berjimat cermat.

husbandry *n.* pertanian; pengurusan (bahan) sumber.

hush *v.t./i.* diam; mendiamkan. —*n.* diam; kesunyian. **hush-hush** *a.* (*colloq.*) rahsia. **hush up** menyembunyikan; merahsiakan.

husk *n.* sabut; sekam; kulit buah berisi keras; kulit bijirin. —*v.t.* kupas; kopek.

husky[1] *a.* (-ier, -iest) penuh bersekam, bersabut; serak; garuk; garau; parau; (tubuh) tegap. **huskily** *adv.* dengan suara yang serak. **huskiness** *n.* keserakan.

husky[2] *n.* anjing Eskimo.

hussy *n.* gadis yang nakal.

hustings *n.* berkempen; kegiatan pilihan raya (parlimen).

hustle *v.t./i.* berasak-asak; tolak-menolak; menggesa. **hustler** *n.* penolak; penggesa.

hut *n.* pondok; dangau; teratak; warung; ran; lau; reban; bangsal.

hutch *n.* sangkar arnab.

hyacinth *n.* (pokok bunga) kemeling; lembayung; keladi bunting; bunga jamban.

hyaena *var. of* **hyena** *n.* binatang Afrika dan Asia yang makan daging, seakan-akan serigala; dubuk.

hybrid n. hibrid; kacukan; campuran. —a. (bersifat) hibrid atau kacukan; kepelbagaian.

hybridize v.t./i. dihibridkan atau dikacukkan. **hybridization** n. penghibridan.

hydra n. hidra; ular air; polip air tawar; benda yang sukar dinyahkan.

hydrangea n. tumbuhan kelompok berbunga putih, biru atau merah rumbia.

hydrant n. pili bomba; paip bertutup di tepi jalan yang boleh dibuka dan diambil air terutama semasa kecemasan.

hydrate n. sebatian kimia dalam air; hidrat.

hydraulic a. hidraulik; berkenaan kuasa air; menggunakan kuasa air; berkenaan saluran air; jadi pejal dalam air. **hydraulically** adv. dengan menggunakan kuasa air.

hydro n. (pl. -os) hidro; janakuasa elektrik yang menggunakan kuasa air; tempat (hotel, dll.) yang menyediakan rawatan penyakit dengan menggunakan air.

hydrocarbon n. hidrokarbon; sebatian hidrogen dan karbon.

hydrochloric a. **hydrochloric acid** asid hidroklorik; asid yang mengandung hidrogen dan klorin.

hydrodynamic a. hidrodinamik; tenaga daripada cecair yang bergerak.

hydroelectric a. hidroelektrik; menggunakan kuasa air untuk menghasilkan tenaga elektrik.

hydrofoil n. hidrofoil; bot pelacak; peluncur air; bot yang meluncur atas permukaan air apabila belayar.

hydrogen n. hidrogen; unsur paling ringan; gas yang bercampur sebati dengan oksigen untuk menghasilkan air. **hydrogen bomb** bom hidrogen; bom perkasa yang mencetuskan kuasa daripada pelakuran nukleus hidrogen.

hydrolysis n. hidrolisis.

hydrometer n. alat sukatan kepekatan cecair; meter air; hidrometer.

hydrophobia n. penyakit takut air; penyakit anjing gila.

hydroponics n. hidroponik.

hydrostatic a. hidrostatik; berkenaan tekanan dan sifat-sifat lain cecair semasa pegun.

hydrotheraphy n. hidroterapi; rawatan penyakit dengan menggunakan air.

hydrous n. berair.

hyena n. dubuk.

hygiene n. kebersihan (sebagai pencegah penyakit). **hygienic** a. bersih. **hygienically** adv. dengan cara yang bersih.

hymen n. selaput dara; himen.

hymn n. him; mazmur; gita puja. **hymn-book** n. kitab atau buku him.

hymnal n. berkenaan him, mazmur atau gita puja.

hyper- pref. hiper; sangat; melampau.

hyperactive a. hiperaktif; giat atau cergas yang melampau.

hyberbola n. hiperbola; sejenis lengkungan apabila kon dipotong. **hyperbolic** a. bersifat hiperbola.

hyperbole n. ucapan atau percakapan dengan gaya bahasa yang melampau. **hyperbolical** a. dengan cara berlebih-lebihan.

hyperlink n. jalinan dari dokumen hiperteks ke lokasi yang lain.

hypermarket n. pasar raya besar; gedung yang sangat besar yang menjual pelbagai barangan dan perkhidmatan.

hypersonic a. hiperbunyi; tentang kelajuan lebih lima kali ganda daripada bunyi.

hypertension n. hipertensi; hipertegangan; tekanan darah tinggi.

hypertext n. sistem perisian yang membenarkan pengguna bergerak dengan pantas antara dokumen-dokumen berkaitan atau bahagian-bahagian teks; hiperteks.

hyperventilate v. bernafas dengan kadar kepantasan yang tidak normal. **hyperventilation** n. pernafasan dengan kepantasan yang tidak normal; hiperventilasi.

hyphen n. sempang; sengkang; tanda sempang; tanda yang digunakan dalam penulisan sebagai pengikat atau perenggang kata. —v.t. menyempang; menyengkang.

hyphenate v.t. membubuh sempang; sambung atau pisah dengan sempang atau sengkang. **hyphenation** n. penyempangan; penyengkangan.

hypnosis n. pukau; kundang; keadaan jaga tanpa kesedaran dengan gerakgeri dikuasai oleh orang (kesedaran) lain; hipnosis.

hypnotic a. bersifat pukau, kundang atau hipnosis. —n. ubat lena; (ubat) pelena. **hypnotically** adv. secara hipnosis.

hypo- prefix di bawah; di bawah normal.

hypoallergenic a. tidak mungkin akan mewujudkan reaksi alergi.

hypnotism *n.* hipnotisme; pukau; kundang.

hypnotize *v.t.* menghipnosis; memukau; terpukau. **hypnotist** *n.* ahli hipnosis.

hypochondria *n.* hipokondria; (penyakit) penyangkaan diri sentiasa berpenyakit walaupun sihat. **hypochondriac** *n.* penghidap (orang) penyakit ini.

hypocrisy *n.* kepura-puraan; kepalsuan.

hypocrite *n.* orang yang berpura-pura; hipokrit. **hypocritical** *a.* berpura-pura; bersifat hipokrit.

hypodermic *a.* hipodermis; hipodermik; suntik ke bawah kulit; digunakan untuk suntikan hipordermis. —*n.* picagari; siring; jarum penyuntik.

hypotension *n.* tekanan darah rendah yang tidak normal.

hypotenuse *n.* hipotenus, garis (sendeng) terpanjang (pada segi tiga tegak 90 darjah); garis sendeng.

hypothermia *n.* hipotermia; keadaan suhu badan terlalu rendah; kerendahan panas badan.

hypothesis *n.* (*pl.* -theses) andaian untuk taakulan atau penyelidikan; farziat; hipotesis.

hypothesize *v.t./i.* membuat hipotesis.

hypothetical *a.* berdasarkan andaian (tidak semestinya betul). **hypothetically** *adv.* secara andaian.

hyssop *n.* herba berbau wangi.

hysterectomy *n.* histerektomi; pembedahan dan pembuangan rahim (wanita).

hysteria *n.* selap; kerasukan; histeria. **hysterical** *a.* mengalami histeria, atau selap. **hysterically** *adv.* dengan cara seperti diserang histeria.

hysterics *n.pl.* serangan histeria; racauan atau jeritan dalam selap.

Hz *abbr.* hertz sukatan kekerapan (frekuensi) gelombang elektromagnet; hertz.

I

I *pron.* saya; aku; beta; hamba; patik; sahaya; orang yang bercakap atau menulis dan merujuk kepada dirinya sendiri.

iambic *a. & n.* iambik; (rangkap) menggunakan iambus; suku kata panjang dan pendek.

Iberian *a.* Iberia; berkenaan dengan semenanjung terdiri daripada Sepanyol dan Portugal.

ibex *n.* (*pl.* ibex atau ibexes) kambing gurun; kambing bertanduk melengkung yang hidup di pergunungan.

ibid. *abbr.* (Latin *ibidem*) terkandung di dalam buku yang baru disebutkan.

ibis *n.* ibis; sekendi; sejenis burung peranduk air yang terdapat di kawasan beriklim panas.

ice *n.* air batu; ais; air yang beku; pepejal lutsinar yang rapuh. —*v.t./i.* beku; membeku; menyejuk; membubuh lapisan gula dan krim ke atas kek atau kuih. **ice-cream** *n.* aiskrim; makanan beku berkrim yang manis. **ice hockey** hoki ais; permainan yang

menyerupai hoki dimainkan di atas ais oleh pelungsur. **ice lolly** air batu atau aiskrim berbatang.

iceberg *n.* aisberg; apungan (ketulan besar) ais dalam laut.

Icelandic *a. & n.* berkenaan dengan bahasa atau bangsa Iceland.

ichthyology *n.* iktiologi; pengkajian tentang ikan. **ichthyologist** *n.* pengkaji perikanan.

icicle *n.* isikel; jurai air batu; tiruk ais yang tergantung apabila air yang meleleh membeku.

icing *n.* aising; adunan gula halus, dsb. yang digunakan untuk menghias makanan.

icon *n.* ikon; (dalam Gereja Timur) patung atau lukisan suci; (dalam bidang komputer) simbol grafik pada skrin komputer.

iconoclast *n.* ikonoklas; pemusnah berhala; penentang pegangan yang dianggap suci atau keramat. **iconoclasm** *n.* ikonoklasisme. **iconoclastic** *a.* ikonoklastik.

iconography n. ikonografi; paparan sesuatu subjek, dsb. dalam bentuk gambar.

icy a. (-ier, -iest) dingin; sejuk; sangat sejuk; dilitupi ais; tidak mesra langsung. **icily** adv. dengan dingin; dengan nekad. **iceness** n. kedinginan.

ID abbr. **identification** pengenalan atau cara mengenal pasti.

id n. id; rangsangan dalam minda.

idea n. idea; gagasan; fikiran; rancangan, dsb. yang terbentuk dalam minda dengan berfikir; pendapat; akal.

ideal a. unggul; memenuhi tanggapan seseorang tentang apa yang sempurna. —n. orang atau benda yang dianggap sempurna atau sebagai suatu kesempurnaan yang harus dicontohi. **ideally** adv. unggulnya; dengan unggul.

idealist n. idealis; orang berfahaman ideal; orang yang mengejar kesempurnaan. **idealism** n. keunggulan; idealisme. **idealistic** a. idealistik; berkenaan dengan keunggulan.

idealize v.t. mengunggulkan; menganggap atau memaparkan sebagai sempurna. **idealization** n. pengunggulan.

identical a. serupa; sama; saling tak tumpah. **identically** adv. perihal sama.

identify v.t./i. cam; kenal; mengenali sebagai orang atau benda tertentu; menganggap serupa; berhubung rapat dari segi perasaan atau minat. **identifiable** a. boleh dikenal pasti; **identification** n. pengecaman; pengenalan.

identikit n. alat pengenal pasti; set gambar yang mengandungi pelbagai raut muka yang dapat dicantumcantumkan untuk membentuk gambar yang serupa dengan wajah orang yang sedang dicari.

identity n. identiti; pengenalan.

ideogram, ideograph n. ideogram, ideograf; lambang yang menunjukkan idea tentang sesuatu.

ideology n. ideologi; fahaman; idea yang membentuk asas sesuatu teori politik atau ekonomi. **ideological** a. berkenaan ideologi.

idiocy n. kebodohan; ketololan; kedunguan.

idiom n. idiom; kiasan; gaya penggunaan bahasa; gaya pengucapan dalam seni halus dan muzik.

idiomatic a. idiomatik; menurut kiasan; penuh dengan kiasan. **idiomatically** adv. secara kiasan.

idiosyncrasy n. kebiasaan; idiosinkrasi; kelakuan tersendiri; keanehan seseorang. **idiosyncratic** a. idiosinkratik; perihal kelakuan tersendiri.

idiot n. orang bodoh, tolol atau dungu; (colloq.) orang yang paling bodoh.

idiotic a. sedungu; setolol; sebodoh; sangat bodoh; sangat tolol; sangat dungu. **idiotically** adv. perihal bodoh.

idle a. (-er, -est) leka; sia-sia; malas. —v.t./i. duduk-duduk sahaja; leka; melekakan; mensia-siakan; enjin (melahu). **idly** adv. dengan malas; dengan leka; secara leka. **idleness** n. kelekaan; kesia-siaan; kemalasan. **idler** n. pemalas; peleka; orang yang menghabiskan masa tanpa berbuat apa-apa.

idol n. patung; berhala; pujaan; orang atau benda yang terlampau disanjung.

idolatry n. penyembahan berhala. **idolater** n. penyembah berhala; musyrikin. **idolatrous** a. (bersifat) menyembah atau memuja.

idolize v.t. (terlampau) menyanjung. **idolization** n. pemujaan; pendewaan.

idyll n. suasana, peristiwa atau keadaan yang tenteram; idil. **idyllic** a. nyaman dan indah; sangat menarik; bersifat idil. **idyllically** adv. secara idil; dengan indahnya.

i.e. abbr. (Latin id est) iaitu; yakni.

if conj. kalau; kalaulah; jika; jikalau. —n. kalau (syarat atau anggapan).

igloo n. pondok salji orang Eskimo; iglu.

igneous a. igneus; berkenaan batu yang terhasil oleh kegiatan atau gerakan gunung berapi.

ignite v.t./i. mencucuh; menyalakan; nyala; menyala.

ignition n. cucuhan; pencucuhan; nyalaan; penyalaan; alat penghasil cetusan (nyalaan) bagi menghidupkan jentera, enjin.

ignoble a. hina; cendala; tidak beradat. **ignobly** adv. dengan tidak beradat.

ignominy n. kehinaan; kekejian. **ignominious** a. bersifat hina atau keji. **ignominiously** adv. dengan hina.

ignoramus n. (pl. -muses) orang jahil. **ignorant** a. jahil. **ignorantly** adv. dengan jahil. **ignorance** n. kejahilan.

ignore v.t. sisih; abai; tidak hirau; tidak peduli; tidak endah.

iguana n. biawak.

iguanodon n. iguanodon; dinosaur raksasa yang makan tumbuh-tumbuhan.

il pref. lihat **in**.

ileum *n.* bahagian paling bawah usus kecil.

ilk *n.* (*colloq.*) jenis.

ill *a.* sakit; uzur; semput; buruk; bahaya; bengis; tidak baik. —*adv.* teruk. —*n.* kecelakaan; keburukan; bahaya. **ill-advised** *a.* tidak bijak; tergopoh-gapah. **ill at ease** berasa tidak selesa atau malu. **ill-bred** *a.* biadab; tidak sopan. **ill-gotten** *a.* peroleh dengan cara jahat atau haram. **ill-mannered** *a.* mempunyai perangai yang tidak baik; biadab. **ill-natured** *a.* perengus; lekas marah. **ill-starred** *a.* bernasib malang; **ill-treat** *v.t.* layanan yang tidak baik atau kejam. **ill will** perseteruan; niat yang tidak baik.

illegal *a.* haram (dari segi perundangan). **illegally** *adv.* secara haram. **illegality** *n.* keharaman.

illegible *a.* sukar untuk dibaca. **illegibly** *adv.* tentang kesukaran membaca. **illegibility** *n.* kesukaran membaca.

illegitimate *a.* haram; lahir di luar nikah (anak haram). **illegitimately** *adv.* secara haram. **illegitimacy** *n.* keharaman; (dalam) keadaan haram.

illicit *a.* haram; dilarang. **illicitly** *adv.* secara haram.

illiterate *a.* buta huruf; tidak dapat membaca atau menulis. **illiteracy** *n.* kebutaan huruf.

illness *n.* sakit; keuzuran.

illogical *a.* tidak munasabah; tidak lojik. **illogically** *adv.* secara tidak lojik. **illogicality** *n.* ketidakwarasan; ketidaklojikan.

illuminate *v.t.* cerahkan; mencerahkan; terangkan; menerangkan; hias dengan cahaya lampu; hias (bahan tulisan cetakan) dengan lukisan. **illumination** *n.* pencerahan; penerangan; penyuluhan.

illumine *v.t.* menerangi.

illusion *n.* bayangan; khayalan; maya; kepercayaan palsu; ilusi.

illusionist *n.* ahli silap mata.

illusory *a.* berdasarkan bayangan; khayalan; bukan hakikat; bukan kenyataan.

illustrate *v.t.* mengilustrasi; memasukkan (ke dalam buku, dsb.) lukisan, gambar, rajah, dsb.; jelaskan dengan contoh; digunakan sebagai contoh atau misalan. **illustration** *n.* pelukisan; contoh; misalan; ilustrasi. **illustrator** *n.* pelukis (ilustrasi).

illustrative *a.* sebagai ilustrasi atau penjelasan; contoh; misalan.

illustrious *a.* mulia; masyhur; hebat.

image *n.* gambaran; bayangan; imej; patung; maruah.

imagery *n.* imejan; gambaran; bahasa ibarat.

imaginable *a.* dapat dibayangkan atau digambarkan (dalam fikiran).

imaginary *a.* hanya dalam fikiran; bersifat khayalan; bukan kenyataan.

imagination *n.* khayalan; agakan; rekaan. **imaginative** *a.* bersifat khayalan, agakan atau rekaan. **imaginatively** *adv.* secara khayalan.

imagine *v.t.* membayangkan; mengkhayalkan; mengangankan.

imago *n.* (*pl.* -gines) imago; serangga dewasa.

imam *n.* imam.

imbalance *n.* kekurangan imbangan; ketidakseimbangan

imbecile *n.* orang bodoh; sewel. —*a.* bodoh; sewel. **imbecility** *n.* kebodohan; kesewelan.

imbibe *v.t.* minum arak; menyerap ke dalam fikiran.

imbroglio *n.* (*pl.* -os) keadaan keliru; kekalutan; kekacauan.

imbue *v.t.* mempunyai, diliputi atau penuh dengan sesuatu.

IMF *abbr.* **International Monetary Fund** Dana Kewangan Antarabangsa.

imitable *a.* boleh ditiru.

imitate *v.t.* tiru; ikut; contoh; teladani. **imitation** *n.* tiruan; peniruan; pencontohan; peneladanan. **imitator** *n.* peniru.

imitative *a.* bersifat meniru.

immaculate *a.* suci; tiada cela; lengkap; sempurna. **immaculacy** *n.* ketiadaan cacat; kesempurnaan. **immaculately** *adv.* dengan sempurnanya.

immanent *a.* hadir; ada. **immanence** *n.* kehadiran; kewujudan.

immaterial *a.* tanpa unsur jasadiah; niskala; tidak penting.

immature *a.* kanyir; tidak matang. **immaturity** *n.* kekanyiran; ketidak-matangan.

immeasurable *a.* maha; agung; terlalu besar; tidak dapat diukur; tidak terukur; tidak terduga. **immeasurably** *adv.* perihal tiada terukur.

immediate *a.* segera; serta-merta; terus. **immediately** *adv. & conj.* dengan serta-merta. **immediacy** *n.* kesegeraan; secara langsung.

immemorial *a.* telah wujud berzaman-zaman (tak terjangkau oleh ingatan).

immense *a.* sangat besar; agung; hebat. **immensely** *adv.* yang amat sangat.

immensity *n.* kebesaran (yang amat sangat); keagungan; kehebatan.

immerse *v.t.* rejam; selam; rendam; celup; tenggelamkan.

immersion *n.* rejaman; rendaman; selaman; celupan; penenggelaman. immersion heater alat pemanas elektrik yang dapat diletakkan di dalam cecair.

immigrate *v.i.* berhijrah; berpindah ke negara lain. immigrant *a. & n.* bersifat hijrah; penghijrah; pendatang. immigration *n.* hijrahan; penghijrahan; perpindahan.

imminent *a.* akan berlaku. imminence *n.* keadaan akan berlaku; ketentuan.

immobile *a.* yang tetap; yang tidak dapat bergerak. immobility *n.* ketetapan; keadaan tidak dapat bergerak.

immobilize *v.t.* menjadi tetap; tidak dapat bergerak. immobilization *n.* keadaan tidak dapat bergerak; pelumpuhan.

immoderate *a.* yang tidak patut; yang tidak sederhana; melampau; melebihi kepatutan; melampaui had atau batas. immoderately *adv.* secara berlebih-lebihan.

immodest *a.* tidak santun.

immolate *v.* membunuh sebagai satu pengorbanan; mengorbankan.

immoral *a.* tidak sopan; sumbang; cabul; lucah. immorally *adv.* secara tidak sopan. immorality *n.* ketidaksopanan; kesumbangan; kecabulan; kelucahan.

immortal *a.* tidak fana; kekal; abadi; wujud atau hidup selama-lamanya. —*n.* dewa; sesuatu yang kekal abadi. immortality *n.* ketidakfanaan; kekekalan; keabadian.

immortalize *v.t.* mengekalkan; mengabadikan (untuk selama-lamanya).

immovable *a.* tidak dapat digerakkan; tetap. immovably *adv.* perihal tidak dapat digerakkan.

immune *a.* kebal; kalis.

immunity *n.* kekebalan; kekalisan.

immunize *v.t.* mengebalkan (daripada penyakit). immunization *n.* pengebalan (daripada penyakit); kelalian.

immunodeficiency *n.* kegagalan daya tahan badan terhadap jangkitan.

immunology *n.* kajian tentang perlindungan dan daya tahan terhadap jangkitan. immunological *a.* tentang perlindungan dan daya tahan terhadap jangkitan. immunologist *n.* pakar tentang perlindungan dan daya tahan terhadap jangkitan.

immure *v.t.* kurung; penjarakan.

immutable *a.* yang tidak dapat berubah; yang tidak dapat ditukar; tetap. immutably *adv.* perihal tidak dapat diubahkan. immutability *n.* keadaan tidak dapat berubah atau tidak boleh diubah; ketetapan.

imp *n.* jembalang kecil; toyol; pelesit; budak nakal.

impact[1] *n.* lagaan; hentaman; tembungan; langgaran; kesan.

impact[2] *v.t.* pasak; memasak dengan kejap. impaction *n.* pasakan.

impair *v.t.* merosakkan; melemahkan. impairment *n.* perosakan.

impala *n.* impala; sejenis rusa kecil.

impale *v.t.* cucuk; sula; tikam. impalement *n.* cucukan; sulaan; tikaman.

impalpable *a.* tidak dapat ditanggap; yang tidak dapat dipegang atau dirasa.

impart *v.t.* beri; sampaikan; maklumkan.

impartial *a.* tidak memihak; saksama; adil. impartially *adv.* secara adil. impartiality *n.* kesaksamaan; keadilan.

impassable *a.* tidak dapat dilalui atau dilintasi.

impasse *n.* kebuntuan; jalan buntu.

impassioned *a.* bersemangat; tekun; gigih; berani.

impassive *a.* tanpa perasaan; membatu; tidak menunjukkan emosi. impassively *adv.* dengan membatu.

impatient *a.* tidak sabar; tergesa-gesa. impatience *n.* ketidaksabaran; gesaan. impatiently *adv.* dengan tidak sabar.

impeach *v.t.* dituduh atau didakwa melakukan jenayah besar terhadap negara dan dibicarakan. impeachment *n.* pendakwaan kerana melakukan jenayah.

impeccable *a.* tanpa kecacatan; lengkap; sempurna. impeccably *adv.* dengan sempurna.

impecunious *a.* tanpa wang; miskin; papa.

impedance *n.* impedans; penentangan atau penolakan litaran elektrik terhadap pengaliran kuasa elektrik.

impede *v.t.* halang; sekat; rintang.

impediment *n.* halangan; penghalangan; sekatan; penyekatan; rintangan; perintangan.

impedimenta *n.pl.* penghalang atau penyekat, perintang (kebebasan gerakan); bebanan (beg, dsb.).

impel *v.t.* (*p.t.* impelled) dorong; desak; tolak; paksa.

impending *a.* akan berlaku (segera).

impenetrable *a.* yang tidak dapat ditembusi. impenetrability *n.* keadaan tidak ditembusi; kekebalan.

impenitent *a.* tidak sesal; tidak kesal.

imperative *a.* dengan perintah; perlu; mustahak; penting. —*n.* perintah; hal perlu; keperluan.

imperceptible *a.* tanpa disedari; yang tidak dapat ditanggap (oleh indera atau deria). imperceptibly *adv.* secara tidak disedari atau dapat dilihat

imperfect *a.* tidak lengkap; tidak sempurna; cacat. imperfectly *adv.* secara tidak sempurna. imperfection *n.* ketidaksempurnaan; kekurangan; kecelaan.

imperial *a.* bersifat kemaharajaan atau empayar; hebat; agung; berkenaan ukuran, sukatan yang digunakan di United Kingdom.

imperialism *n.* dasar peluasan atau pengembangan empayar; imperialisme. imperialist *n.* pengembang empayar; penjajah. imperialistic *a.* bersifat pengembangan empayar atau imperialisme.

imperil *v.t.* (*p.t.* imperilled) membahayakan; mengancam.

imperious *a.* bersifat mengarah; suka mengarah. imperiously *adv.* secara mengarah.

impermanent *a.* tidak tetap; tidak kekal; fana.

impermeable *a.* tidak dapat jerab; tidak telap; kedap.

impersonal *a.* tidak dipengaruhi perasaan; tidak peribadi. impersonally *adv.* secara tidak dipengaruhi perasaan. impersonality *n.* keadaan tidak dipengaruhi perasaan.

impersonate *v.t.* menyamar; menyerupai. impersonation *n.* samaran; penyamaran; penyerupaan. impersonator *n.* peran; penyamar.

impertinent *a.* tidak sopan; tidak hormat; biadab. impertinently *adv.* dengan biadab. impertinence *n.* ketidaksopanan; ketidakhormatan; kebiadaban.

imperturbable *a.* tidak dapat digugat; tenang; tenteram. imperturbably *adv.* dengan tenang. imperturbability *n.* keadaan tidak dapat digugat; ketenangan; ketenteraman.

impervious *a.* impervious to tidak dapat diserap; kalis; tidak dapat dipengaruhi.

impetigo *n.* impetigo; sejenis penyakit kulit berjangkit.

impetuous *a.* tanpa pertimbangan; mendadak; gopoh; gapah; terburu-buru. impetuously *adv.* dengan terburu-buru. impetuosity *n.* kegopohan; kegapahan.

impetus *n.* dorongan.

impiety *n.* ketidakhormatan; keingkaran.

impinge *v.i.* meninggalkan kesan; melanggar.

impious *a.* tidak warak; tidak alim; tidak beriman; jahat. impiously *adv.* secara jahat.

impish *a.* nakal.

implacable *a.* tidak dapat ditenangkan; tidak dapat ditenteramkan; tidak dapat dipujuk. implacably *adv.* perihal tidak dapat dipujuk atau tanpa belas kasihan. implacability *n.* keadaan tidak dapat ditenangkan; keadaan tidak dapat ditenteramkan; keadaan tidak dapat dipujuk.

implant[1] *v.t.* menyemai; mencucuk; menanam; mengimplan. implantation *n.* semaian; penyemaian cucukan; pencucukan; tanaman; penanaman; implantasi.

implant[2] *n.* bahan implan (pindahan).

implausible *a.* tidak masuk akal; tidak dapat dipercayai.

implement[1] *n.* alat; alatan; perkakas.

implement[2] *v.t.* melaksanakan; buat; melakukan; mengotakan. implementation *n.* pelaksanaan.

implicate *v.t.* membabitkan; melibatkan.

implication *n.* babitan; pembabitan; libatan; penglibatan; siratan; implikasi.

implicit *a.* tersirat; mutlak; terkandung. implicitly *adv.* secara tersirat.

implode *v.* runtuh ke dalam dengan kuat. implosion *n.* kehancuran/ kebinasaan.

implore *v.t.* merayu; memohon.

imply *v.t.* membayangkan; menyifatkan.

impolite *a.* tidak sopan; tidak santun; kasar; biadab. impolitely *adv.* dengan tidak bersopan. impoliteness *n.* ketidaksopanan; ketidaksantunan; kekasaran; kebiadaban.

impolitic *a.* tidak bijaksana; pandir.

imponderable *a.* tidak dapat dianggar, diteka, diduga atau dijangka.

import[1] *v.t.* dibawa masuk dari negara asing; import. importation *n.* pembawaan masuk; pengimportan. importer *n.* pembawa masuk; pengimport.

import[2] *n.* barang yang dibawa masuk dari negara asing; barang atau bahan import; pengimportan.

important *a.* mustahak; penting. **importance** *n.* kemustahakan; kepentingan; perihal penting.

importunate *a.* bersifat kecekan; mengecek; membuat rayuan; mendesak berulang kali. **importunity** *n.* kecekan; rayuan berulang kali; desakan.

importune *v.t.* mendesak; mengecek.

impose *v.t./i.* mengenakan (cukai, dsb.); membebankan; bebani; desak atau paksa (terima). **impose on** ambil kesempatan; menyusahkan.

imposing *a.* hebat; megah.

imposition *n.* pembebanan; pendesakan; pengenaan.

impossible *a.* mustahil. **impossibly** *adv.* (dengan cara yang) mustahil. **impossibility** *n.* kemustahilan.

impost *n.* cukai, tarif.

impostor *n.* penyamar.

imposture *n.* penipuan.

impotent *a.* tidak berupaya; lemah; mandul; mati pucuk. **impotently** *adv.* dengan tidak berupaya. **impotence** *n.* ketidakupayaan; kelemahan; kemandulan; kematian pucuk.

impound *v.t.* merampas (harta) mengikut undang-undang.

impoverish *v.t.* memiskinkan; menghakis (kekuatan, kesuburan). **impoverishment** *n.* perihal memiskinkan; penghakisan.

impracticable *a.* tidak dapat dilaksanakan; tidak dapat dilakukan; mustahil. **impracticability** *n.* perihal tidak dapat dilaksanakan; kemustahilan.

impractical *a.* bersifat tidak dapat dilaksanakan.

imprecation *n.* sumpahan (yang dilafazkan); kutukan.

imprecise *a.* tidak tepat; tidak dihalusi. **imprecisely** *adv.* secara tidak tepat. **imprecision** *n.* ketidaktepatan.

impregnable *a.* tidak boleh dicerobohi; kebal; selamat. **impregnability** *n.* keadaan tidak dapat dicerobohi; kekebalan; keselamatan.

impregnate *v.t.* kahwin; jimak; membuntingkan; mensenyawakan. **impregnation** *n.* pengahwinan; penjimakan; pembuntingan; persenyawaan.

impresario *n.* (*pl.* -os) pengurus syarikat bangsawan, opera atau konsert.

impress *v.t.* menekan; mengecap; mencetak; menera.

impression *n.* tekanan; bekas atau kesan tekanan; cap; cetakan; kesan; kesan ke atas fikiran; idea yang samar atau kurang jelas.

impressionable *a.* mudah dipengaruhi; mudah menerima kesan.

impressionism *n.* gaya lukisan, dsb. yang memberi gambaran umum tanpa perincian; impresionisme. **impressionist** *n.* pelukis gaya impresionisme.

impressive *a.* yang meninggalkan kesan; yang mempengaruhi; hebat. **impressively** *adv.* secara hebat; secara berkesan.

imprimatur *n.* imprimatur; lesen untuk mencetak, biasanya daripada gereja.

imprint[1] *n.* cap; cetakan; tekapan; teraan.

imprint[2] *v.t.* mengecap; mencetak; menekap; meninggalkan bekas.

imprison *v.t.* mengurung; memenjarakan. **imprisonment** *n.* pengurungan; pemenjaraan.

improbable *a.* tidak mungkin benar; tidak mungkin terjadi; mustahil. **improbably** *adv.* (dengan cara yang) tidak mungkin atau mustahil. **improbability** *n.* ketidakmungkinan; kemustahilan.

impromptu *a.* & *adv.* tanpa persediaan atau persiapan; secara serta-merta.

improper *a.* tidak senonoh; sumbang; janggal; melanggar adat. **improper fraction** pecahan janggal. **improperly** *adv.* secara tidak senonoh.

impropriety *n.* ketidaksenonohan; kesumbangan; kejanggalan.

improve *v.t./i.* membaikkan; membaiki; perbaikan; perbaiki; perelokkan. **improvement** *n.* pembaikan; pengelokan.

improver *n.* pelajar (sesuatu pertukangan) yang bekerja dengan upah rendah kerana ingin memperbaiki kemahirannya; pekerja pelatih.

improvident *a.* tidak beringat; tidak menyimpan untuk masa depan; boros. **improvidently** *adv.* secara tidak beringat. **improvidence** *n.* keborosan; kelalaian.

improvise *v.t.* mengimprovisasi; menggubah (menggunakan apa-apa saja yang ada). **improvisation** *n.* penggubahan; improvisasi.

imprudent *a.* tidak cermat; kurang bijak; tidak bijaksana; gopoh. **imprudently** *adv.* dengan gopoh. **imprudence** *n.* kegopohan.

impudent *a.* kurang ajar; biadab; nakal. **impudently** *adv.* dengan biadab, kasar. **impudence** *n.* kekurangajaran; kebiadaban.

impugn *v.t.* syak; waswas (tentang kebenaran, kejujuran, keikhlasan).

impulse *n.* dorongan (mendadak); desakan; bisikan hati; gerak hati.

impulsive *a.* bersifat dorongan (mendadak); desakan; bisikan hati. **impulsively** *adv.* dengan desakan. **impulsiveness** *n.* perihal gerak hati.

impunity *n.* bebas daripada hukuman atau cedera.

impure *a.* tidak bersih; tidak jati; tidak suci; kotor; cemar.

impurity *n.* ketidakjatian; ketidaksucian; kotoran; cemaran; bahan pencemar.

impute *v.t.* menuduh; menyalahkan; merujukkan (hubungkan). **imputation** *n.* tuduhan.

in *abbr.* inch(es) inci.

in *prep.* dalam; di dalam; ke. **in for** akan mengalami. **ins and outs** butir-butir aktiviti atau prosedur. **in so far** sejauh; setakat.

inability *n.* tidak berkemampuan; ketidakupayaan; ketidakbolehan.

in absentia *adv.* sedang bercuti.

inaccessible *a.* tidak dapat dilalui; tidak boleh dicapai.

inaccurate *a.* tidak tepat; tidak betul; silap. **inaccurately** *adv.* ketidaktepatan; kesilapan.

inaction *n.* ketiadaan tindakan; ketiadaan kegiatan.

inactive *a.* tidak giat; lembap; kelesa. **inactivity** *n.* ketidakgiatan; kelembapan.

inadequate *a.* tidak cukup; kurang. **inadequately** *adv.* secara tidak cukup. **inadequacy** *n.* ketidakcukupan; kekurangan.

inadmissible *a.* tidak boleh diterima; tidak boleh diizinkan.

inadvertent *a.* tidak sengaja.

inadvisable *a.* seeloknya jangan.

inalienable *a.* tidak dapat diubah; tidak lekang; sebati.

inane *a.* kurang bijak; bodoh. **inanely** *adv.* secara kurang bijak. **inanity** *n.* kebodohan.

inanimate *a.* tidak bernyawa.

inanition *n.* kebuluran.

inapplicable *a.* tidak sesuai; tidak dapat digunakan.

inapposite *adv.* tidak kena pada tempatnya; tidak tepat.

inappropriate *a.* tidak sesuai; tidak cocok; tidak kena.

inarticulate *a.* tidak petah; tidak lancar; kabur (dalam pengucapan).

inartistic *a.* tidak ada seni; kasar.

inasmuch *adv.* **inasmuch as** kerana; oleh sebab.

inattention *n.* tidak beri perhatian; tidak hirau; kelalaian; kelekaan.

inattentive *a.* tidak menumpukan sepenuh perhatian; lalai; leka.

inaudible *a.* tidak dapat didengar; tidak terang; tidak jelas (pada pendengaran).

inaugural *a.* secara rasmi; (berkenaan) pembukaan; perdana.

inaugurate *v.t.* mulakan; diterima secara rasmi. **inauguration** *n.* perasmian. **inaugurator** *n.* perasmi.

inauspicious *a.* tidak baik; tidak bertuah.

inborn *a.* semula jadi; berbakat.

inbred *a.* (hasilan) sebaka; daripada satu baka; biak baka dalam; berbakat semula jadi.

inbreeding *n.* sebakaan; penurunan sebaka; pembiakbakaan dalam; keturunan berbaka sama.

Inc. *abbr.* (A.S.) **Incorporated** diperbadankan; dijadikan perbadanan (menurut perundangan).

Inca *n.* Inka; bangsa asli Peru.

incalculable *a.* tidak terhitung; tidak terkira; tidak terbilang.

incandescent *a.* pijar; bersinar apabila panas. **incandescence** *n.* kepijaran.

incantation *n.* jampi; serapah; mantera.

incapable *a.* tidak mampu; tidak dapat; tidak larat; tidak berdaya. **incapability** *n.* ketidakmampuan; ketidaklaratan.

incapacitate *v.t.* jadi tidak layak; melemahkan; melumpuhkan. **incapacitation** *n.* ketidaklayakan; pelumpuhan.

incapacity *n.* ketidakmampuan; kelumpuhan.

incarcerate *v.t.* dikurung; dipenjarakan. **incarceration** *n.* pengurungan; pemenjaraan.

incarnate *a.* (jelma) dalam bentuk makhluk atau manusia; berbentuk makhluk atau manusia.

incarnation *n.* jelmaan; penjelmaan dalam bentuk makhluk atau manusia.

incautious *a.* tidak cermat; gopoh; gapah; gelojoh. **incautiously** *adv.* dengan gopoh.

incendiary *a.* direka untuk menghasilkan kebakaran. —*n.* bom berapi; pembakar (penjenayah).

incense[1] *n.* gaharu; dupa; setanggi; kemenyan; asapnya.

incense[2] *v.t.* meradang.

incentive *n.* perangsang; galakan; dorongan.

inception *n.* permulaan; pengasasan.

incertitude *n.* ketidakpastian; keraguan.

incessant *a.* tanpa henti; berterusan; terus-menerus.

incest *n.* inses; sumbang muhrim; zina sebaka. **incestuous** *a.* bersifat inses.

inch *n.* inci (ukuran 2.54 cm). —*v.t./ i.* (bergerak) perlahan-lahan; sedikit demi sedikit; mengengsot.

inchoate *a.* baru bermula; belum siap; belum masak.

incidence *n.* kadar kejadian; akibat.

incident *n.* peristiwa; kejadian. —*a.* mungkin terjadi atau berlaku.

incidental *a.* berkait; sampingan; iringan.

incidentally *adv.* secara kebetulan.

incinerate *v.t.* dibakar hangus; menghanguskan. **incineration** *n.* pembakaran hangus. **incinerator** *n.* (alat) pembakar.

incipient *a.* mulai wujud; mula menjelma.

incise *v.t.* potong; turis; kelar; ukir. **incision** *n.* pemotongan; penurisan; pengelaran; pengukiran.

incisive *a.* tajam; tepat; jelas dan pasti.

incisor *n.* gigi kacip.

incite *v.t.* menggalakkan; mendorong; merangsang; mengapi-apikan; membangkitkan semangat; menghasut. **incitement** *n.* galakan; dorongan; rangsangan; hasutan.

incivility *n.* ketidaksopanan; kebiadaban.

inclement *a.* (cuaca) sejuk; lembap.

inclination *n.* lerengan; kecondongan; kesendengan; kesengetan; kegemaran; kecenderungan.

incline[1] *v.t./i.* melereng; condong; sendeng; senget; gemar; cenderung.

incline[2] *n.* lerengan.

include *v.t./i.* mengambil kira; memasukkan; menggolongkan; menyertakan. **inclusion** *n.* pengambilan kira; pemasukan; penggolongan; penyertaan.

inclusive *a. & adv.* termasuk; tergolong.

incognito *a. & adv.* tanpa dikenali; dengan menyamar. —*n.* pemalsuan pengenalan; watak samaran.

incoherent *a.* meracau; sukar difahami. **incoherently** *adv.* perihal meracau.

incombustible *a.* tidak boleh terbakar; kalis api.

income *n.* pendapatan.

incoming *a.* yang masuk.

incommode *v.t.* menyusahkan.

incommunicado *a.* terhalang daripada berhubung dengan orang di luar.

incomparable *a.* tidak bertolok; tidak berbanding.

incompatible *a.* tidak rasi; tidak cocok; tidak sesuai; canggung. **incompatibility** *n.* ketidaksesuaian; kecanggungan.

incompetent *a.* tidak cekap. **incompetently** *adv.* secara tidak cekap. **incompetence** *n.* ketidakcekapan.

incomplete *a.* tidak lengkap. **incompletely** *adv.* dengan tidak lengkap.

incomprehensible *a.* tidak dapat difahami. **incomprehension** *n.* ketidakfahaman.

inconceivable *a.* tidak dapat dibayangkan; tidak mungkin; (*colloq.*) besar kemungkinan tidak.

inconclusive *a.* tidak meyakinkan; tidak muktamad; tidak berkesimpulan. **inconclusively** *adv.* dengan tidak meyakinkan atau tidak muktamad.

incongruous *a.* tidak sesuai; tidak selaras; tidak sejajar; tidak harmoni. **incongruously** *adv.* perihal tidak selaras. **incongruity** *n.* ketidaksesuaian; ketidakselarasan.

inconsequent *a.* tidak berkenaan; tidak berkaitan. **inconsequently** *adv.* perihal tidak berkaitan.

inconsequential *a.* tidak penting; tidak mengikut urutan kewarasan; tidak berkait. **inconsequentially** *adv.* perihal tidak penting.

inconsiderable *a.* tidak banyak; sedikit; tidak guna dipertimbangkan.

inconsiderate *a.* tidak bertimbang rasa. **inconsiderately** *adv.* perihal tidak bertimbang rasa.

inconsistent *a.* tidak setara. **inconsistently** *adv.* perihal tidak sejajar. **inconsistency** *n.* ketidaksejajaran.

inconsolable *a.* tidak dapat dipujuk. **inconsolably** *adv.* perihal tidak dapat dipujuk.

inconspicuous *a.* tidak ketara. **inconspicuously** *adv.* perihal tidak ketara.

inconstant *a.* berubah-ubah; tidak tetap. **inconstantly** *adv.* secara berubah-ubah.

incontestable *a.* tidak dapat dicabar; tidak dapat dipertikaikan. **incontestably** *adv.* perihal tidak dapat dicabar atau dipertikaikan. **incontestability** *n.* keadaan tidak dapat dicabar atau dipertikaikan.

incontinent *a.* tidak dapat menahan kencing atau berak; tidak mampu mengawal diri. **incontinence** *n.* ketidakmampuan mengawal diri.

incontrovertible *a.* tidak dapat dinafikan atau dipertikaikan. incontrovertibly *adv.* perihal tidak dapat dinafikan.

inconvenience *n.* ketidakselesaan; kesulitan; keberatan. —*v.t.* menyusahkan; menimbulkan keberatan.

inconvenient *a.* tidak selesa; menyulitkan; payah. inconveniently *adv.* dengan tidak selesa atau menyusahkan.

incorporate *v.t.* memasukkan; menggabungkan; memperbadankan. incorporation *n.* pemasukan; penggabungan; pemerbadanan.

incorporeal *a.* tidak berjasad; tak zahir.

incorrect *a.* tidak betul; silap. incorrectly *adv.* perihal tidak betul. incorrectness *n.* ketidakbetulan; kesilapan.

incorrigible *a.* tidak dapat dibetulkan lagi. incorrigibly *adv.* perihal tidak dapat dibetulkan.

incorruptible *a.* tidak boleh reput; tidak boleh dirosakkan (maruah, akhlak). incorruptibility *n.* keadaan tidak boleh reput; keadaan tidak boleh dirosakkan (maruah).

increase[1] *v.t./i.* tambah; tokok; naik.

increase[2] *n.* tambahan; tokokan; kenaikan.

increasingly *adv.* semakin (bertambah).

incredible *a.* tidak masuk akal; ajaib; sukar untuk dipercayai incredibly *adv.* sungguh ajaib. incredibility *n.* keajaiban.

incredulous *a.* tidak percaya. incredulously *adv.* dengan rasa tidak percaya. incredulity *n.* ketidakpercayaan.

increment *n.* tambahan; tokokan. incremental *a.* pertambahan.

incriminate *v.t.* menunjukkan dalil yang membuktikan kesalahan (jenayah). incrimination *n.* penunjukan dalil penglibatan kejenayahan. incriminatory *a.* melibatkan.

incrustation *n.* pertatahan; kulit; kerak.

incubate *v.t.* mengeramkan (telur agar menetas). incubation *n.* eraman; pengeraman.

incubator *n.* alat mengeramkan telur; inkubator; petak bertutup untuk menempatkan bayi pramasa.

incubus *n.* (*pl.* -uses) (orang atau benda yang menjadi) bebanan.

inculcate *v.t.* pupuk; semai; tanam (sifat, perangai, dsb.). inculcation *n.* pemupukan; penyemaian; penanaman.

inculpate *v.t.* menunjuk dalil penglibatan jenayah.

incumbent *a.* sebagai tugas atau tanggungjawab. —*n.* penjawat kini; orang yang kini memegang jawatan (yang diperkatakan); rektor atau paderi.

incur *v.t.* (*p.t.* incurred) mengakibatkan ke atas diri sendiri; menyebabkan.

incurable *a.* tidak dapat diubati. incurably *adv.* perihal tidak dapat diubati.

incurious *a.* tidak berminat; tidak ingin tahu. incuriously *adv.* dengan sikap tidak ingin tahu.

incursion *n.* penyerbuan; penyerangan.

indebted *a.* berhutang.

indecent *a.* tidak sopan; tidak santun. indecently *adv.* perihal tidak sopan. indecency *n.* ketidaksopanan.

indecipherable *a.* tidak dapat dibaca atau difahami. indecipherably *adv.* perihal tidak dapat dibaca atau difahami.

indecision *n.* keadaan teragak-agak dalam membuat keputusan.

indecisive *a.* teragak-agak; berbelah bagi (dalam membuat keputusan); keraguan.

indecorous *a.* tidak senonoh.

indeed *adv.* sungguh; sesungguhnya.

indefatigable *a.* tidak penat; tahan lasak. indefatigably *adv.* perihal tahan lasak.

indefensible *a.* tidak boleh dibela.

indefinable *a.* tidak dapat ditakrif. indefinably *adv.* perihal tidak dapat ditakrif.

indefinite *a.* tidak pasti; tidak berkesudahan. indefinite article perkataan 'a' atau 'an' (bahasa Inggeris).

indefinitely *adv.* dengan tidak pasti; bagi jangka masa yang tidak tetap.

indelible *a.* tidak dapat dihapuskan; tidak dapat dipadamkan. indelibly *adv.* perihal tidak dapat dipadamkan. indelibility *n.* ketidakhapusan.

indelicate *a.* tidak seni; tidak santun. indelicately *adv.* secara tidak santun. indelicacy *n.* ketidaksantunan.

indemnify *v.t.* beri jaminan ganti rugi. indemnification *n.* jaminan ganti rugi.

indemnity *n.* pampasan; ganti rugi.

indent[1] *v.t./i.* takik; buat takuk; mengengsot; memulakan sesuatu (perenggan) ke dalam daripada sempadan; memesan barang secara rasmi. indentation *n.* takikan; takukan; tempahan.

indent[2] *n.* inden; tempahan rasmi.

indenture n. perjanjian bertulis.

independent a. bebas; merdeka; tidak bergantung kepada yang lain. **independently** adv. secara bebas. **independence** n. kebebasan; kemerdekaan.

indescribable a. tidak dapat dihuraikan atau diterangkan; tidak terkata. **indescribably** adv. perihal tidak dapat diterangkan.

indestructible a. tidak dapat dimusnahkan. **indestructibly** adv. perihal tidak dapat dimusnahkan.

indeterminable a. tidak dapat ditentukan.

indeterminate a. tidak tentu; tidak pasti.

index n. (pl. indexes) daftar; senarai rujukan; faharasat; indeks. —v.t. buat daftar atau senarai; membuat indeks; memasukkan dalam indeks. **index finger** jari telunjuk. **indexation** n. pendaftaran; pembuatan daftar; pengindeksan.

Indian a. berkenaan dengan India atau orang India. —n. orang India; orang asli Amerika. **Indian club** belantan berbentuk botol. **Indian corn** jagung. **Indian file** sederet. **Indian ink** dakwat hitam. **Indian summer** cuaca terang dan kering ketika musim gugur.

indiarubber n. getah pemadam.

indicate v.t. menunjukkan; menandakan. **indication** n. petunjuk; tanda. **indicative** a. yang menunjukkan atau menandakan; indikatif (nahu). —n. ragam indikatif (nahu).

indicator n. penunjuk; penanda.

indict v.t. dakwa. **indictment** n. dakwaan; pendakwaan.

indifferent a. tidak acuh; tidak peduli; tidak hirau. **indifferently** adv. perihal tidak acuh. **indifference** n. ketidakacuhan; sikap tidak peduli.

indigenous a. asli.

indigent a. miskin; memerlukan. **indigence** n. kemiskinan.

indigestible a. tidak dapat dihadamkan atau dicerna.

indigestion n. sakit perut kerana makanan tidak hadam.

indignant a. berang; radang (kerana sesuatu yang zalim, tidak adil atau tidak patut). **indignantly** adv. dengan marah.

indignation n. keberangan; keradangan.

indignity n. layanan yang tidak patut; sesuatu yang mengaibkan atau menjatuhkan maruah; penghinaan.

indigo n. nila; warna nila.

indirect a. tidak terus; tidak langsung.

indirectly adv. secara tidak langsung.

indiscernible adj. tidak dapat dilihat dengan jelas; tidak dapat dibaca. **indiscernibly** adv. perihal tidak jelas.

indiscreet a. tidak cermat; tidak hemat; yang membuka atau memecah rahsia. **indiscreetly** adv. secara tidak cermat. **indiscretion** n. ketidakcermatan; kelakuan tidak hemat.

indiscriminate a. tidak teliti (dalam pemilihan); sembarangan. **indiscriminately** adv. secara sembarangan.

indispensable a. tidak boleh tidak; tidak boleh diketepikan; mustahak.

indisposed a. uzur; kurang sihat; enggan; keberatan. **indisposition** n. keuzuran; keengganan.

indisputable a. tidak boleh dipertikaikan; tidak dapat dinafikan. **indisputably** adv. perihal tidak dapat dinafikan.

indissoluble a. tidak boleh larut; tidak boleh cair; tidak boleh hancur.

indistinct a. tidak jelas. **indistinctly** adv. dengan tidak jelas atau samar-samar. **indistinctness** n. ketidakjelasan; kesamaran.

indistinguishable a. tidak boleh dicam atau dikenali; samar.

individual a. sendiri; tersendiri; persendirian; perseorangan; individu. **individually** adv. masing-masing; satu demi satu; secara individu. **individuality** n. watak persendirian.

individualist n. orang yang sangat bebas dalam fikiran dan tindakannya; orang yang berwatak tersendiri; individualis. **individualism** n. kebebasan berfikir dan bertindak; individualisme.

indivisible a. tidak dapat dibahagikan.

indoctrinate v.t. mengisi atau mengasak sesuatu fahaman atau doktrin ke dalam fikiran; mendoktrinkan. **indoctrination** n. pengisian atau pengasakan sesuatu fahaman; pendoktrinan.

Indo-European a. & n. Indo-Eropah; dari rumpun bahasa yang dituturkan di Eropah dan beberapa bahagian Asia.

indolent a. tidak cergas; malas; culas. **indolently** adv. perihal malas. **indolence** n. ketidakcergasan; kemalasan; keculasan.

indomitable a. tidak dapat ditawan; cekal; tidak menyerah. **indomitably** adv. perihal tidak menyerah.

indoor a. (kegiatan) dalam rumah atau bangunan. **indoors** adv. di dalam rumah atau bangunan.

indubitable *a.* yang tidak boleh diragukan; pasti. indubitably *adv.* perihal tidak boleh diragui.

induce *v.t.* pujuk; dorong; galakan; rangsangkan.

inducement *n.* pujukan; pemujukan; dorongan; pendorongan; galakan; penggalakan; rangsangan; perangsangan.

induct *v.t.* melantik (ke jawatan) secara rasmi.

inductance *n.* kearuhan; jumlah aruhan arus elektrik.

induction *n.* pujukan; dorongan; rangsangan; perlantikan. inductive *a.* bersifat pujukan atau dorongan.

indulge *v.t./i.* menurut keinginan (nafsu); memanjakan. indulgence *n.* penurutan hawa nafsu; pemanjaan.

indulgent *a.* bersifat menurut hawa nafsu; terlalu menurut kehendak. indulgently *adv.* perihal menurut hawa nafsu dengan cara yang memanjakan.

industrial *a.* berkenaan industri; kilangan. industrially *adv.* secara perkilangan; dari segi industri.

industrialism *n.* sistem di mana perindustrian merupakan asas ekonomi.

industrialist *n.* usahawan; pemilik kilang; pemilik industri.

industrialized *a.* penuh dengan kilang atau industri; perindustrian.

industrious *a.* rajin; tekun. industriously *adv.* dengan tekun.

industry *n.* industri; perusahaan.

inebriated *a.* mabuk. inebriation *n.* kemabukan.

inedible *a.* tidak boleh dimakan.

ineducable *a.* tidak masuk ajar; tidak boleh diajar.

ineffable *a.* tidak terperi; terlalu hebat (tidak tercerita). ineffably *adv.* perihal terlalu hebat.

ineffective *a.* tidak berkesan.

ineffectual *a.* tidak berhasil; tidak berjaya.

inefficient *a.* tidak cekap. inefficiently *adv.* perihal tidak cekap. inefficiency *n.* ketidakcekapan.

inelegant *a.* tidak bergaya; tidak manis.

ineligible *a.* tidak layak; tidak sesuai.

ineluctable *a.* tidak dapat dielakkan.

inept *a.* tidak sesuai; tidak cocok; tidak cekap. ineptly *adv.* perihal kejanggalan. ineptitude *n.* ketidaksesuaian; ketidakcekapan.

inequality *n.* ketidaksamaan; ketidakadilan; ketidakimbangan.

inequitable *a.* tidak adil; tidak saksama. inequitably *adv.* ketidakadilan.

ineradicable *a.* tidak boleh dibasmikan.

inert *a.* tidak boleh bergerak; kaku; lengai.

inertia *n.* inersia; ketidakmampuan bergerak; perihal lembap.

inescapable *a.* tidak dapat dielakkan. inescapably *adv.* perihal tidak dapat dielakkan.

inessential *a.* tidak penting; tidak perlu. —*n.* benda yang tidak penting.

inestimable *a.* tidak boleh dianggar; tidak terkira (banyaknya, dsb.). inestimably *adv.* perihal tidak terkira.

inevitable *a.* tidak dapat dielakkan. inevitably *adv.* perihal tidak dapat dielakkan. inevitability *n.* keadaan tidak dapat dielakkan.

inexact *a.* tidak tepat; tidak betul. inexactly *adv.* perihal tidak tepat. inexactitude *n.* ketidaktepatan.

inexcusable *a.* tidak dapat dimaafkan. inexcusably *adv.* perihal tidak dapat dimaafkan.

inexhaustible *a.* tidak terhad; tidak boleh dihabiskan.

inexorable *a.* tidak dapat disekat; berkeras.

inexpedient *a.* tidak bijak; tidak sesuai.

inexpensive *a.* tidak mahal; murah. inexpensively *adv.* dengan murah.

inexperience *n.* kekurangan pengalaman. inexperienced *a.* kurang pengalaman.

inexpert *a.* tidak pakar; tidak mahir. inexpertly *adv.* dengan cara tidak mahir.

inexplicable *a.* tidak dapat diterangkan, dijelaskan atau dihuraikan. inexplicably *adv.* perihal tidak dapat dijelaskan.

inexpressible *a.* tidak terperikan.

in extremis sedang nazak; apabila terdesak.

inextricable *a.* tidak dapat dileraikan; kerosot; serabut. inextricably *adv.* perihal tidak dapat dileraikan.

infallible *a.* tidak berkemungkinan silap. infallibly *adv.* perihal tidak berkemungkinan silap. infallibility *n.* keadaan tidak berkemungkinan silap.

infamous *a.* terkenal kerana kejahatan; gah. infamously *adv.* perihal terkenal kerana kejahatan. infamy *n.* keadaan terkenal kerana kejahatan.

infancy *n.* zaman bayi; peringkat permulaan.

infant *n.* bayi.

infanticide *n.* pembunuhan bayi (yang baru lahir). **infanticidal** *a.* (berkenaan jenayah) bunuh bayi.

infantile *a.* kebudak-budakan.

infantry *n.* tentera pejalan kaki; infantri.

infatuated *a.* dirasuk cinta; dirasuk asmara. **infatuation** *n.* gila berahi.

infect *v.t.* diserang atau dijangkiti penyakit atau kuman; menularkan (perasaan) kepada orang lain.

infection *n.* serangan atau jangkitan penyakit atau kuman; keadaan berpenyakit.

infectious *a.* berjangkit. **infectiousness** *n.* keberjangkitan.

infelicity *n.* kesedihan; ketidakgembiraan. **infelicitous** *a.* tidak gembira. **infelicitously** *adv.* perihal tidak gembira.

infer *v.t.* (*p.t.* **inferred**) membuat kesimpulan daripada hakikat (fakta), pemikiran atau pertimbangan. **inference** *n.* penyimpulan daripada hakikat atau pemikiran.

inferior *a.* lebih rendah; tidak bermutu; biasa. —*n.* orang yang lebih rendah kedudukannya (daripada seseorang yang lain). **inferiority** *n.* kerendahan kedudukan atau mutu.

infernal *a.* berkenaan neraka; (*colloq.*) dahsyat; yang menyusahkan. **infernally** *adv.* perihal dahsyat atau menyusahkan.

inferno *n.* (*pl.* -os) neraka; tempat yang sangat panas; nyalaan api yang hebat.

infertile *a.* tidak subur; gersang; mandul. **infertility** *n.* ketidaksuburan; kegersangan; kemandulan.

infest *v.t.* meremut; mengerumuni; dipenuhi dengan. **infestation** *n.* pengerumunan; serangan.

infidel *n.* orang yang tidak beragama; orang kafir.

infidelity *n.* ketidaksetiaan; kecurangan; permukahan.

infighting *n.* (perlawanan tinju) tumbukan yang tidak lebih daripada seperlengan jaraknya; pertelingkahan dalaman (sesebuah badan, pertubuhan).

infiltrate *v.t.* serap (masuk); menyusup. **infiltration** *n.* penyerapan; penyusupan. **infiltrator** *n.* penyusup.

infinite *a.* tidak berkesudahan; tidak berhad; tidak terhingga. **infinitely** *adv.* sangat; amat; dengan tidak berperi.

infinitesimal *a.* sangat kecil atau sedikit.

infinitive *n.* (nahu) infinitif; sejenis kata kerja yang tidak menunjukkan waktu, bilangan atau orang (misalnya *to go*).

infinitude *n.* tidak terhad atau terbatas.

infinity *n.* infiniti; keadaan (nombor, jarak atau waktu) yang tidak berkesudahan.

infirm *a.* uzur. **infirmity** *n.* keuzuran.

infirmary *n.* rumah sakit; hospital.

inflame *v.t.* nyalakan; semarakkan.

inflammable *a.* mudah terbakar. **inflammability** *n.* keadaan mudah terbakar.

inflammation *n.* bengkak; radang (merah di bahagian tubuh).

inflammatory *a.* menyalakan atau mengapi-apikan perasaan (marah, radang).

inflatable *a.* dapat dikembungkan (dengan udara atau gas).

inflate *v.t./i.* kembung; naikkan; tambahkan.

inflation *n.* pengembungan; inflasi; kenaikan harga barangan dan kejatuhan kuasa beli wang.

inflationary *a.* menyebabkan pengembungan atau inflasi.

inflect *v.t.* mengubah nada dalam bercakap; mengubah bentuk perkataan; mengimbuh. **inflection** *n.* pengubahan bentuk perkataan; pengimbuhan.

inflectional *a.* berkenaan turun naik suara atau perubahan bentuk perkataan.

inflexible *a.* tidak boleh dilentur; tidak boleh diubah; tegar. **inflexibly** *adv.* perihal tidak boleh dilentur. **inflexibility** *n.* keadaan tidak boleh dilentur; kedegilan.

inflict *v.t.* mengakibatkan; mengenakan. **infliction** *n.* pengakibatan; pengenaan.

inflorescence *n.* gugusan bungabungaan pada pokok.

inflow *n.* aliran; pengaliran masuk.

influence *n.* pengaruh. —*v.t.* mempengaruhi.

influential *a.* berpengaruh. **influentially** *adv.* perihal berpengaruh.

influenza *n.* selesema.

influx *n.* aliran atau pengaliran masuk.

inform *v.t./i.* beritahu; maklumkan; maklumi. **informer** *n.* pemberitahu; penyampai maklumat (kegiatan jenayah kepada pihak berkuasa).

informal *a.* tidak rasmi. **informally** *adv.* secara tidak rasmi. **informality** *n.* ketidakrasmian.

informant *n.* pemberi maklumat.

information *n.* maklumat.

informative *a.* yang memberi maklumat.

informatively *adv.* perihal memberi maklumat.

infrared *a.* inframerah; berkenaan atau yang menggunakan pancaran yang di luar penglihatan.

infrastructure *n.* asas; rangka asas; infrastruktur.

infrequent *a.* jarang-jarang. **infrequently** *adv.* perihal jarang-jarang. **infrequency** *n.* ketidakkerapan.

infringe *v.t.* langgar; cabul. **infringement** *n.* pelanggaran; pencabulan.

infuriate *v.t.* meradangkan; menjadi amat marah.

infuse *v.t.* masukkan; menyematkan; menanamkan; menyeduh; merendam.

infusion *n.* penanaman; seduhan.

ingenious *a.* pandai mereka (benda, dsb.). **ingeniously** *adv.* perihal pandai mereka. **ingenuity** *n.* kepandaian (dalam hal reka-mereka).

ingenuous *a.* lurus; betul bendul. **ingenuously** *adv.* dengan lurus; dengan jujur. **ingenuousness** *n.* kelurusan; kejujuran.

ingest *v.t.* mengambil sesuatu sebagai makanan.

inglenook *n.* sudut di samping pendiang (tempat salaian, diangan tubuh dalam rumah).

inglorious *a.* tidak mendatangkan kegemilangan atau kemegahan. **ingloriousness** *n.* ketidakgemilangan.

ingoing *a.* bakal mengambil alih; akan masuk.

ingot *n.* jongkong.

ingrained *a.* berakar umbi; tertanam; sudah menjadi darah daging.

ingratiate *v.refl.* mengampu. **ingratiation** *n.* perihal mengampu.

ingratitude *n.* tiada kesyukuran; tidak mengenang budi.

ingredient *n.* bahan; ramuan.

ingress *n.* kemasukan; hak masuk.

ingrowing *a.* yang tumbuh ke dalam isi atau daging.

ingrown *a.* (atau **ingrowing**) (tentang kuku ibu jari kaki) yang tumbuh masuk ke dalam daging.

inhabit *v.t.* mastautin; menghuni; menduduki; tinggal; mendiami (dalam sesuatu tempat). **inhabitable** *a.* (sesuai) dapat dihuni. **inhabitant** *n.* pemastautin; penghuni; penduduk.

inhalant *n.* ubat sedutan (ubat yang disedut ke dalam paru-paru).

inhale *v.t./i.* menyedut; menarik nafas; tersedut; terhidu. **inhalation** *n.* penyedutan.

inhaler *n.* alat yang menghasilkan wap ubat untuk sedutan.

inhere *v.i.* wujud dalam.

inherent *a.* semula jadi; (sifat, unsur yang) wujud dalam diri. **inherently** *adv.* secara semula jadi.

inherit *v.t.* waris; mewarisi; mempusakai. **inheritance** *n.* warisan; pusaka.

inhibit *v.t.* menyekat; menahan; menghalang. **inhibitor** *n.* penyekat; perencat. **inhibitive** *a.* bersifat menyekat atau merencat.

inhibition *n.* penyekatan; penahanan; penghalangan; kesekatlakuan.

inhospitable *a.* tidak mesra melayani (tetamu).

inhuman *a.* tidak berperikemanusiaan; zalim; kejam. **inhumanly** *adv.* perihal zalim. **inhumanity** *n.* sifat tidak berperikemanusiaan; kezaliman; kekejaman.

inhumane *a.* tanpa belas kasihan; tidak berperikemanusiaan. **inhumanely** *adv.* perihal tidak berperikemanusiaan.

inimical *a.* bersifat permusuhan. **inimically** *adv.* dengan sifat permusuhan.

inimitable *a.* mustahil dapat ditiru atau diajuk.

iniquitous *a.* sangat tidak adil.

iniquity *n.* kezaliman; ketidakadilan; kekejaman.

iniquitous *a.* sangat zalim; tidak adil.

initial *n.* huruf pertama pada perkataan atau nama; parap. —*v.t.* (*p.t.* **initialled**) menulis atau menandatangani dengan huruf pertama; memarapi. —*a.* awal. **initially** *adv.* pada mulanya.

initiate *v.t.* memulakan; diterima sebagai ahli; diberi ajaran awal atau asas. —*n.* orang yang diterima sebagai ahli. **initiation** *n.* permulaan; penerimaan sebagai ahli; pengajaran awal. **initiator** *n.* pemula; pelaku pertama; orang yang memulakan.

initiative *n.* gerak pertama; ikhtiar; daya usaha; inisiatif.

inject *v.t.* cucuk; suntik; injek. **injection** *n.* cucukan; pencucukan; suntikan; penyuntikan.

injudicious *a.* tidak bijaksana. **injudiciously** *adv.* perihal tidak bijaksana. **injudiciousness** *n.* ketidakbijaksanaan.

injunction *n.* arahan; perintah; injunksi.

injure *v.t.* mencederai; mencederakan; melukai; merosakkan; mencacati.

injurious *a.* bersifat mencederai, melukai, merosakkan atau mencacati.

injury *n.* cedera; kecederaan; luka; kerosakan; kecacatan.

injustice *n.* ketidakadilan; kezaliman.

ink *n.* dakwat; tinta. —*v.t.* mengenakan dakwat kepada sesuatu; mendakwati; menintai. **inky** *a.* berdakwat; seperti dakwat.

inkling *n.* bayangan; syak; sangkaan; ingatan.

inlaid *lihat* **inlay**[1].

inland *a. & adv.* bersifat pedalaman; dalam negeri atau negara. **Inland Revenue** Jabatan Hasil Dalam Negeri; jabatan kerajaan yang mentaksir dan mengutip cukai.

in-laws *n.pl.* (*colloq.*) ipar; mentua.

inlay[1] *v.t.* (*p.t.* **inlaid**) menatah; menerapkan sesuatu di atas benda lain agar permukaannya menghasilkan corak.

inlay[2] *n.* benda yang diletakkan di atas sesuatu atau corak yang terhasil daripada perbuatan itu.

inlet *n.* teluk kecil; bahan selitan; saluran masuk air (misalnya ke dalam tangki, dsb.).

in loco parentis *adv. & a.* mempunyai tanggungjawab sebagai ibu bapa.

inmate *n.* penghuni (hospital, penjara, dsb.).

in memoriam untuk mengenang atau memperingati.

inmost *a.* paling dalam.

inn *n.* rumah tumpangan. **Inns of Court** empat persatuan perundangan di England dengan hak khusus menerima peguam baharu sebagai pengamal kerjaya guaman.

innards *n.pl.* (*colloq.*) benda dalam (perut, dsb.).

innate *a.* semula jadi.

inner *a.* bersifat dalaman. **inner city** *n.* bahagian tengah bandar.

innermost *a.* yang paling dalam.

innings *n.* (*pl.* **innings**) giliran memukul (dalam permainan kriket); giliran untuk berkuasa atau mendapat peluang.

innkeeper *n.* penjaga rumah tumpangan.

innocent *a.* tidak bersalah; tidak berdosa; suci; murni. —*n.* orang yang tidak bersalah atau tidak berdosa; orang yang masih suci atau murni (seperti kanak-kanak). **innocently** *adv.* secara lurus. **innocence** *n.* keadaan yang tidak bersalah; kemurnian.

innocuous *a.* tidak mengancam; tidak berbahaya. **innocuously** *adv.* perihal tidak berbahaya.

innovate *v.i.* membaharui; memperkenalkan sesuatu yang baharu; ubah.

innovation *n.* pembaharuan; perbuatan memperkenalkan sesuatu yang baharu; pengubahan. **innovator** *n.* orang yang membawa pembaharuan.

innovative *a.* membawa pembaharuan.

innuendo *n.* (*pl.* **-oes**) kiasan; sindiran.

innumerable *a.* tidak terbilang; tidak terkira.

innumerate *a.* buta angka.

inoculate *v.t.* menginokulasi; disuntik (untuk pelindung penyakit) dengan ubat. **inoculation** *n.* inokulasi; suntikan; penyuntikan.

inoffensive *a.* tidak menyinggung.

inoperable *a.* tidak dapat diubati dengan pembedahan; tidak boleh berfungsi atau dijalankan.

inoperative *a.* tidak dapat dikendalikan, dilaksanakan atau dijalankan.

inopportune *a.* tidak sesuai pada waktunya; berlaku pada waktu yang tidak sesuai; salah waktu. **inopportunely** *adv.* perihal salah waktu.

inordinate *a.* berlebihan; melampau. **inordinately** *adv.* perihal berlebihan.

inorganic *a.* tidak berbentuk hidup; tidak tumbuh; tidak bersifat benda berhayat; tidak organik. **inorganically** *adv.* perihal tidak organik.

in-patient *n.* pesakit dalam.

input *n.* input; sesuatu yang dimasukkan; masukan.

inquest *n.* penyiasatan kehakiman bagi menentukan sebab dan akibat, terutama berkaitan dengan kematian yang mendadak; (*colloq.*) tentang sesuatu yang telah berlalu.

inquietude *n.* kegelisahan; keresahan.

inquire *v.i.* siasat; selidik. **inquirer** *n.* penyiasat; penyelidik.

inquiry *n.* siasatan; penyiasatan; selidikan; penyelidikan.

inquisition *n.* penyiasatan (persoalan) yang cermat dan teliti.

inquisitive *a.* suka mengambil tahu; suka menyelidik. **inquisitively** *adv.* perihal suka mengambil tahu.

inquisitor *n.* orang yang menyoal siasat (orang lain) dengan cermat dan halus.

inroad *n.* serangan; sesuatu yang merebak dan berjaya.

inrush *n.* serbuan; curahan masuk.

insalubrious *a.* tidak sihat; yang menjejaskan kesihatan.

insane *a.* gila; sawan; sasau; isin. **insanely** *adv.* perihal gila. **insanity** *n.* kegilaan; kesasauan; keisinan.

insanitary *a.* tidak bersih; kotor.

insatiable *a.* tidak dapat dipuaskan; tidak kenyang. **insatiably** *adv.* perihal tidak dapat dipuaskan. **insatiability** *n.* ketidakpuasan.

inscribe *v.t.* ukir; cakar; gores; tulis.

inscription *n.* ukiran; cakaran; goresan; prasasti; tulisan.

inscrutable *a.* tidak dapat ditafsir atau difahami; mengelirukan. **inscrutably** *adv.* perihal mengelirukan. **inscrutability** *n.* kekeliruan.

insect *n.* serangga.

insecticide *n.* racun serangga.

insectivorous *a.* (binatang) yang memakan serangga.

insecure *a.* tidak terjamin; tidak selamat; tidak kukuh; goyah. **insecurely** *adv.* perihal tidak terjamin. **insecurity** *n.* ketidakselamatan; ketidakkukuhan; kegoyahan.

inseminate *v.t.* menyemai; memasukkan air mani; memanikan. **insemination** *n.* permanian.

insensate *a.* tidak berdaya merasai atau mengalami; bodoh.

insensible *a.* tidak sedarkan diri; pengsan; tidak sedar; tidak belas. **insensibly** *adv.* perihal tidak sedar.

insensitive *a.* tidak peka; tidak perasa; tidak sensitif; mati rasa.

inseparable *a.* tidak dapat dipisahkan; tidak dapat diceraikan. **inseparably** *adv.* perihal tidak dapat dipisahkan.

insert[1] *v.t.* selit; semat; sisip; sela. **insertion** *n.* penyelitan; penyematan; penyisipan; penyelaan.

insert[2] *n.* selitan; sematan; sisipan; selaan.

inset[1] *v.t.* (*p.t.* **inset**, *pres.p.* **insetting**) selit; sisip; semat.

inset[2] *n.* selitan; sisipan; sematan.

inshore *a. & adv.* pesisir hampir ke pantai.

inside *n.* bahagian dalam; dalaman; isi. —*a.* dari dalam. —*adv.* atas, di dalam, atau ke dalam. —*prep.* atas atau ke dalam; di dalam. **inside out** bahagian dalam dikeluarkan; terbalik keluar; dengan teliti; dengan menyeluruh.

insider *n.* anggota sesebuah kumpulan yang mempunyai maklumat yang tidak diketahui oleh orang lain; orang dalam.

insidious *a.* tersembunyi (diam-diam) tetapi berbahaya. **insidiously** *adv.* secara diam-diam tetapi berbahaya. **insidiousness** *n.* (dalam) keadaan tersembunyi tetapi berbahaya.

insight *n.* celik akal; tanggapan; pemahaman akan sesuatu.

insignia *n.pl.* lencana; lambang kuasa atau kedaulatan.

insignificant *a.* tidak penting; remeh. **insignificantly** *adv.* perihal tidak penting. **insignificance** *n.* ketidakpentingan; keremehan.

insincere *a.* tidak jujur; tidak ikhlas; tidak tulus; pura-pura. **insincerely** *adv.* dengan tidak jujur; tidak ikhlas. **insincerity** *n.* ketidakjujuran; kepurapuraan.

insinuate *v.t.* menyelit masuk; menyindir; memerli; mengangin-anginkan. **insinuation** *n.* penyelitan masuk; sindiran; perlian. **insinuator** *n.* penyindir.

insipid *a.* tawar; hambar; boyak. **insipidity** *n.* ketawaran; kehambaran; keboyakan.

insist *v.t./i.* berkeras; mendesak; memaksa.

insistent *a.* bersifat mendesak atau memaksa. **insistently** *adv.* perihal desakan. **insistence** *n.* desakan; paksaan.

in situ *adv. in situ*; dalam bentuk asal.

insobriety *n.* keterlaluan; berlebih-lebihan; kemabukan.

insole *n.* bahagian dalam tumit sepatu atau kasut; pelapik dalam sepatu atau kasut.

insolent *a.* biadab; angkuh; kasar. **insolently** *adv.* dengan biadab; dengan angkuh. **insolence** *n.* kebiadaban; keangkuhan; kekasaran.

insoluble *a.* tidak dapat larut; tidak dapat diselesaikan.

insolvent *a.* tidak mampu membayar hutang. **insolvency** *n.* ketidakmampuan membayar hutang.

insomnia *n.* kesukaran untuk lena; arik; suhad.

insomniac *n.* orang yang sukar untuk lena; pengarik.

insouciant *a.* tidak kisah. **insouciantly** *adv.* perihal tidak kisah.

inspect *v.t.* memeriksa dengan cermat atau teliti; menyelia; menyemak; membelek. **inspection** *n.* penyeliaan; penyemakan; pembelekan.

inspector *n.* penyelia; pemeriksa; nazir; penyemak; pembelek; merinyu; inspektor.

inspectorate *n.* badan jemaah pemeriksa.

inspiration *n.* ilham; inspirasi; pengaruh perangsang. **inspirational** *a.* berpengaruh; memberi ilham.

inspire *v.t.* ilhamkan; mengilhamkan; semai; menyemai rangsangan.

inspirit *v.t.* memberi semangat; menghidupkan; memberangsangkan; menggalakkan.

instability n. ketidakteguhan; ketidakkukuhan; ketidakstabilan; kegoyahan.

install v.t. pasang; tabal; melantik dengan rasmi.

installation n. pemasangan; penabalan; pelantikan.

instalment n. (bayaran) ansuran.

instance n. misalan; contoh; ibarat. —v.t. beri misalan, contoh atau ibarat. **in the first instance** pertamanya.

instant a. segera. —n. ketika. **instantly** adv. serta-merta.

instantaneous a. (jadi) dengan serta-merta; pada ketika itu. **instantaneously** adv. perihal serta-merta.

instead adv. sebaliknya; gantinya.

instep n. kekura kaki atau kasut.

instigate v.t. hasut; acum; goda. **instigation** n. hasutan; acuman; godaan. **instigator** n. penghasut; pengacum.

instil v.t. (p.t. instilled) menyemai atau menanam (idea, dll.). **instillation** n. penanaman (idea).

instinct n. naluri. **instinctive** a. bersifat naluri. **instinctively** adv. secara naluri.

institute n. yayasan; perbadanan atau pertubuhan untuk tujuan khas; institut. —v.t. tubuhkan; dirikan; mulakan.

institution n. yayasan; perbadanan; pertubuhan; institusi; peraturan; adat; resam; penubuhan; pendirian; permulaan. **institutional** a. bersifat yayasan atau institusi.

institutionalize v.t. menghuni atau pernah jadi penghuni pertubuhan kebajikan.

instruct v.t. ajar; tunjuk; suruh. **instructor** n. pengajar; penyuruh. **instructress** n.fem. pengajar (perempuan).

instruction n. ajaran; pengajaran; tunjukan; penunjukan; suruhan; penyuruhan.

instructive a. bersifat ajaran, tunjukan atau suruhan. **instructively** adv. secara mengajar; secara arahan.

instrument n. alat; cara; surat cara.

instrumental a. bersifat alatan; muzik hasilan alat-alatan; dendangan muzik; lagu (tanpa seni kata). **instrumentally** adv. secara bunyi-bunyian.

instrumentalist n. pemain alat muzik.

insubordinate a. tidak patuh; tidak turut arahan; degil. **insubordination** n. ketidakpatuhan; ketidakturutan; kedegilan.

insubstantial a. tidak pejal; tidak hakiki; niskala. **insubstantiality** n. ketidakpejalan; keniskalaan.

insufferable a. tidak tertahan; tidak tertanggung. **insufferably** adv. perihal tidak tertanggung.

insufficient a. tidak cukup. **insufficiently** adv. perihal tidak cukup. **insufficiency** n. ketidakcukupan.

insular a. bersifat pulau atau kepulauan; berfikiran sempit. **insularity** n. kepulauan; kesempitan fikiran; keterasingan.

insulate v.t. menebat; salut dengan bahan yang menghalang pengaliran elektrik, bunyi dan haba; sisih atau pisahkan daripada pengaruh. **insulation** n. penebatan; penyalutan; penyisihan. **insulator** n. bahan penebat atau penyalut.

insulin n. insulin; hormon yang mengawal penyerapan gula (oleh tubuh).

insult[1] v.t. cela; caci.

insult[2] n. celaan; cacian.

insuperable a. tidak mampu diatasi. **insuperably** adv. perihal tidak mampu diatasi.

insupportable a. tidak tertahan; tidak tertanggung.

insurance n. jaminan; insurans.

insure v.t. (A.S.) menjamin; menginsuranskan. **insurer** n. penjamin; syarikat insurans.

insurgent a. bersifat berontak. —n. pemberontak. **insurgency** n. pemberontakan.

insurmountable a. tidak dapat diatasi.

insurrection n. pemberontakan. **insurrectionist** n. pemberontak.

insusceptible a. tidak dapat dipengaruhi.

intact a. tidak rosak; sempurna; utuh.

intaglio n. ukir benam.

intake n. kemasukan; pengambilan.

intangible a. tidak wujud dalam bentuk yang dapat dikesani deria. **intangibly** adv. secara tidak terang atau tidak ketara. **intangibility** n. perihal tidak dapat diterangkan atau tidak ketara.

integer n. angka penuh (bukan pecahan).

integral a. perlu (untuk melengkapkan). **integrally** adv. perihal perlu.

integrate v.t./i. cantum (kepada satu); satukan; menyepadukan. **integration** n. pencantuman; penyatuan; penyepaduan.

integrity n. keikhlasan; ketulusan; kejujuran.

integument n. penutup semula jadi seperti kulit, sabut, dsb.

intellect n. akal; fikiran; intelek.

intellectual *a.* akaliah; bersifat akal; fikiran; pandai; bijaksana; bestari. —*n.* orang berakal; orang bijak pandai, bijaksana atau bestari; intelek. **intellectually** *adv.* secara bijaksana. **intellectuality** *n.* kebijaksanaan.

intelligence *n.* akal; kecerdikan; kepandaian; kepintaran; agahi; maklumat risikan; perisik. **intelligence quotient** darjah kecerdikan seseorang berbanding dengan purata atau biasa (I.Q.).

intelligent *a.* cerdik; pandai; pintar. **intelligently** *adv.* dengan pintarnya.

intelligentsia *n.* golongan bijak pandai; kelompok kaum bestari.

intelligible *a.* dapat difahami. **intelligibly** *adv.* perihal dapat difahami. **intelligibility** *n.* kebolehan untuk difahami.

intemperate *a.* melampau; keterlaluan (dalam pelakuan, percakapan), dsb. **intemperance** *n.* keterlaluan meminum arak.

intend *v.t.* beringat; bercadang; berniat.

intense *a.* bersungguh; gigih; tekun; asyik; perasaan, emosi yang kuat. **intensely** *adv.* dengan bersungguh-sungguh. **intensity** *n.* kesungguhan; kegigihan; ketekunan; keasyikan.

intensify *v.t.* persungguhan; bertambah gigih, tekun, asyik atau kuat. **intensification** *n.* penyungguhan; peningkatan kegigihan, ketekunan, keasyikan, kekuatan.

intensive *a.* bersungguh; gigih; tekun; asyik; intensif. **intensively** *adv.* dengan cara bersungguh. **intensiveness** *n.* kesungguhan; kegigihan.

intent *n.* tujuan; niat. —*a.* asyik; penuh minat. **intent on** menumpukan; menjadikan sebagai niat. **intently** *adv.* dengan asyik; dengan penuh minat. **intentness** *n.* keasyikan.

intention *n.* ingatan; cadangan; niat. **intentional** *a.* sengaja. **intentionally** *adv.* dengan sengaja.

inter *v.t.* (*p.t.* **interred**) menanam; menguburkan.

inter- *prep.* antara; di kalangan.

interact *v.i.* saling bertindak; berbalas tindak; berinteraksi. **interaction** *n.* keadaan saling bertindak; tindak balas. **interactive** *a.* bersifat interaksi; interaktif.

inter alia adv. antara lain.

interbreed *v.t./i.* kacuk; kahwin.

intercalary *a.* (hari, tambahan yang dimasukkan) untuk menyamakan tahun kalendar dengan tahun solar.

intercede *v.i.* mengantara; mensyafaati; mohon bagi pihak orang lain; masuk campur bagi pihak orang lain.

intercept *v.t.* pintas; sekat (di pertengahan perjalanan); halang; galang. **interception** *n.* pemintasan; penyekatan; penghalangan; penggalangan. **interceptor** *n.* penggalang; galangan.

intercession *n.* campur tangan; pengantaraan syafaat; pensyafaatan.

interchange[1] *v.t./i.* tukar; saling menukar; silih ganti; gilir ganti.

interchange[2] *n.* penukaran; keadaan tukar-menukar; tukaran bersilih ganti; bergilir ganti; simpang (yang direka bertingkat supaya laluan tidak memintas pada aras yang sama).

interchangeable *a.* dapat ditukar; boleh disilihgantikan.

intercom *n.* sistem perhubungan berfungsi seperti telefon; interkom.

interconnect *v.t.* sambung; berantaian; bertalian. **interconnection** *n.* saling bersambungan.

intercontinental *a.* antara benua.

intercourse *n.* hubungan urusan antara orang, negeri atau negara; hubungan jantina; persetubuhan.

interdenominational *a.* yang melibatkan lebih daripada satu mazhab keagamaan.

interdependent *a.* saling bergantung antara satu dengan lain.

interdiciplinary *a.* melibatkan lebih daripada satu cabang pengetahuan.

interdict[1] *v.t.* melarang secara rasmi. **interdiction** *n.* larangan rasmi.

interdict[2] *n.* larangan; tegahan; sekatan, halangan rasmi.

interest *n.* minat; hal; perkara, benda yang diminati; bahagian perkongsian; kepentingan; faedah; riba. —*v.t.* ingin; hajati; membangkitkan minat; menarik minat atau perhatian. **interested** *a.* berminat; berkepentingan; tidak saksama.

interesting *a.* menarik (minat); mengasyikkan; menyeronokkan.

interface *n.* ruang hubung kait; antara muka; permukaan yang menjadi sempadan bersama antara dua (bahagian); alat penyambung antara dua alat.

interfere *v.i.* kacau; ganggu; masuk campur; campur tangan. **interference** *n.* pengacauan; gangguan; pengganguan; campur tangan; gangguan kepada isyarat radio.

interferon *n.* protein penyekat, penghalang biakan kuman atau virus; interferon.

intergalactic *a.* terletak atau bergerak di antara galaksi.

interim *n.* waktu perantaraan. —*a.* sementara.

interior *a.* dalam; dalaman. —*n.* bahagian dalam; pedalaman.

interject *v.t.* sampuk; celah.

interjection *n.* sampukan; penyampukan; celahan; pencelahan.

interlace *v.t./i.* jalin; anyam; sirat; tatah.

interleave *v.t.* menyisipi muka surat; dalam buku.

interlink *v.t./i.* bersambung; menyambungkan.

interlock *v.t./i.* berpanca; masuk dengan tepat, sendat dan mengikat; pasak. —*n.* sejenis kain halus anyaman mesin.

interlocutor *n.* saingan berbual; orang yang mengambil bahagian dalam perbualan, persembangan.

interloper *n.* pengacau; pengganggu; orang yang mencampuri hal orang lain; untuk kepentingan sendiri; penceroboh.

interlude *n.* waktu selang; waktu hentian di tengah atau antara; waktu rehat; perkara yang dilakukan pada waktu selang.

intermarry *v.i.* berkahwin campuran.

intermarriage *n.* perkahwinan campuran.

intermediary *n.* orang tengah; pengantara; perantara. —*a.* bersifat pengantara atau perantara.

intermediate *a.* pertengahan; perantaraan; wujud antara dua perkara atau benda dari segi masa, tempat atau turutan.

interment *n.* penguburan; penanaman; pengebumian.

intermezzo *n.* (*pl.* -os) intermezo; gubahan pendek muzik.

interminable *a.* berjela; meleret; panjang dan membosankan. **interminably** *adv.* secara membosankan.

intermingle *v.t./i.* bercampur, bergaul antara satu sama lain.

intermission *n.* jeda; hentian (sejenak) di antara; waktu rehat.

intermittent *a.* sela; sela-menyela. **intermittently** *adv.* secara bersela; secara sekejap-sekejap.

intermix *v.t./i.* digaulkan bersama.

intern[1] *v.t.* mengurung; mengasingkan.

intern[2] *n.* (A.S.) doktor pelatih.

internal *a.* dalam; di dalam; dalaman; hal-hal dalaman sesebuah negara. **internally** *adv.* perihal di dalam; dalam. **internal-combustion engine**

enjin pembakaran dalam; enjin yang menghasilkan kuasa gerakan melalui pembakaran bahan api di dalam enjin itu sendiri.

internalize *v.* (atau **-ise**) menjadikan sebahagian daripada kelakuan atau cara berfikir seseorang.

international *a.* antarabangsa; internasional. —*n.* sukan atau pertandingan antarabangsa. **internationally** *adv.* perihal antarabangsa.

internationalize *v.t.* dijadikan antarabangsa.

internecine *a.* saling membinasakan; saling menghancurkan.

internee *n.* orang kurungan.

Internet *n.* rangkaian maklumat antarabangsa yang menghubungkan komputer.

internment *n.* pengurungan.

interpersonal *a.* antara perorangan.

interplanetary *a.* antara cakerawala; antara planet.

interplay *n.* pengaruh salingan; keadaan saling mempengaruhi.

interpolate *v.t.* sampuk; selit; sisip; tokok. **interpolation** *n.* sampukan; selitan; sisipan; tokokan.

interpose *v.t.* selit; mencelah. **interposition** *n.* penyelitan.

interpret *v.t./i.* tafsir, takwil. **interpretation** *n.* tafsiran; pentafsiran; takwilan.

interpreter *n.* pentafsir; jurubahasa.

interracial *a.* yang melibatkan berbagai-bagai bangsa.

interregnum *n.* jeda pemerintahan; waktu peralihan (kuasa pemerintahan); masa, kala antara dua pemerintahan.

interrelated *a.* berkait.

interrogate *v.t.* pisit; memisit; soal siasat. **interrogation** *n.* pisikan; pemisitan. **interrogator** *n.* pemisit; penyoal siasat.

interrogative *a.* bersifat pisitan; bertanya. **interrogatively** *adv.* secara pertanyaan.

interrupt *v.t.* ganggu; sampuk; mencelah. **interruption** *n.* gangguan; penggangguan; sampukan; penyampukan. **interrupter** *n.* orang yang menyampuk. **interruptor** *n.* pengganggu.

intersect *v.t./i.* galang; silang; saling menyilang. **intersection** *n.* galangan; silangan; simpang.

intersperse *v.t.* tatah; hambur; (letak, bubuh, dsb.) di sana sini.

interstate *a.* antara negeri khususnya di A.S.

interstice *n.* celah. interstitial *a.* celahan; berkenaan ruang sempit antara.

intertwine *v.t./i.* belit; lilit; kerosot.

interval *n.* jeda; hentian; waktu antara; jarak; perbezaan kenyaringan muzik. at intervals pada jarak atau masa tertentu di antaranya; berjeda.

intervene *v.i.* celahi; masuk campur; ganggu. intervention *n.* pencelahan; campur tangan; gangguan.

interview *n.* wawancara; temu ramah; temu duga. —*v.t.* mewawancara; menemu ramah; menemu duga. interviewer *n.* pewawancara; penemu ramah; penemu duga. interviewee *n.* orang yang ditemu duga.

interweave *v.t.* (*p.t.* interwove, *p.p.* interwoven) sirat; anyam; jalin.

intestate *a.* tidak berwasiat; tanpa wasiat yang sah. intestacy *n.* kematian tak berwasiat.

intestine *n.* usus; tali perut. intestinal *a.* berkenaan usus.

intifada *n.* kebangkitan orang Palestin.

intimate[1] *a.* rapat; karib; mesra; peribadi; ada hubungan seks. —*n.* sahabat karib. intimately *adv.* perihal mesra. intimacy *n.* kerapatan; kekariban; kemesraan.

intimate[2] *v.t.* beritahu (secara kias, dsb.); memaklumkan. intimation *n.* isyarat; pemberitahuan; pemakluman.

intimidate *v.t.* ugut; gertak; ancam. intimidation *n.* ugutan; pengugutan; gertak; ancaman.

into *prep.* ke dalam; kepada; jadi.

intolerable *a.* tidak tertahan; azab; seksa. intolerably *adv.* perihal azab atau seksa. intolerability *n.* keazaban.

intolerant *a.* tidak sabar; tidak sanggup; tidak tahan. intolerantly *adv.* perihal tidak sanggup. intolerance *n.* ketidaksabaran; ketidaksanggupan.

intonation *n.* nada; intonasi.

intone *v.t.* berzikir; beratib.

intoxicant *n.* minuman keras (yang memabukkan).

intoxicate *v.t.* mabuk. intoxication *n.* kemabukan.

intra- *pref.* (awalan yang bererti) dalam; dalaman; sebelah dalam; intra.

intractable *a.* liar; degil; sukar dikawal; keras kepala. intractability *n.* keliaran; kedegilan; kesukaran dikawal.

intramural *a.* yang membentuk sebahagian daripada pengajian di kolej atau universiti biasa.

intransigent *a.* degil. intransigently *adv.* dengan penuh kedegilan. intransigence *n.* kedegilan.

intransitive *a.* (kata kerja) tidak bersambut; tanpa penyambut; intransitif; tak transitif. intransitively *adv.* secara intransitif.

intra-uterine *a.* dalam rahim.

intravenous *a.* dalam saluran darah atau urat darah; intravena. intravenously *adv.* dimasukkan melalui saluran urat darah.

in-tray *n.* dulang berisi dokumen yang masuk untuk tindakan lanjut.

intrepid *a.* tidak takut; tidak gerun; berani. intrepidly *adv.* perihal tidak takut. intrepidity *n.* ketidaktakutan; keberanian.

intricate *a.* rumit; kusut. intricately *adv.* secara rumit; dengan kusut. intricacy *n.* kerumitan; kekusutan.

intrigue *v.t./i.* berkomplot; muslihat; menimbulkan rasa ingin tahu; menarik minat. —*n.* komplot.

intrinsic *a.* pada asasnya; jati; asas semula jadi yang hakiki; intrinsik. intrinsically *adv.* secara hakiki atau intrinsik.

introduce *v.t.* perkenalkan; memulakan.

introduction *n.* pengenalan; pengantar; pembuka (kata, acara, dsb.); pembukaan; permulaan; mukadimah.

introductory *a.* bersifat pengenalan, permulaan, pengantar atau mukadimah; asas.

introspection *n.* kaji diri; penelitian fikiran atau perasaan sendiri; penilikan diri. introspective *a.* bersifat penilikan diri; bersifat penelitian fikiran atau perasaan sendiri. introspectively *adv.* secara kaji diri.

introvert *n.* (orang) penilik diri; (orang) pendiam; pemalu. introverted *a.* bersifat pendiam atau pemalu.

intrude *v.t./i.* datang atau campur tanpa diundang; ceroboh; ganggu; kacau; sampuk; tonjol masuk. intruder *n.* penceroboh; pengganggu; pengacau; penyampuk. intrusion *n.* cerobohan; gangguan; sampukan; tonjolan masuk.

intrusive *a.* bersifat cerobohan, gangguan, sampukan, tonjolan masuk.

intuition *n.* kata hati; gerak hati; perasaan hati (kecil). intuitive *a.* bersifat kata hati; gerak hati. intuitively *adv.* perihal gerak hati.

Inuit *n.* (*pl.* Inuit atau -s) orang Eskimo di Amerika Utara.

inundate *v.t.* banjiri; limpah; genangi.

inundation *n.* banjir; limpahan; genangan.

inure *v.t.* mangli; melalikan; membiasakan.

invade *v.t.* ceroboh; serang; serbu. **invader** *n.* penceroboh; penyerang; penyerbu.

invalid[1] *n.* orang cacat; orang ilat, sakit atau uzur. —*v.t.* disarakan (dibuang, disingkirkan) daripada perkhidmatan kerana cacat atau ilat. **invalidism** *n.* keadaan yang tidak berdaya.

invalid[2] *a.* tidak sah; tidak sahih; batal. **invalidity** *n.* ketidaksahan; kebatalan.

invalidate *v.t.* menjadikan tidak sah; membatalkan. **invalidation** *n.* pentaksahan; pembatalan; penidaksahan.

invaluable *a.* sangat berharga; tidak ternilai.

invariable *a.* tidak pelbagai; tetap; tidak berubah; sentiasa serupa. **invariably** *adv.* dengan tetap; secara biasa.

invasion *n.* cerobohan; pencerobohan.

invasive *a.* bersifat ceroboh.

invective *n.* cacian; celaan; cercaan; maki hamun; perang mulut; serangan kata-kata.

inveigh *v.i.* caci; cela; cerca.

inveigle *v.t.* pujuk dengan tipu helah; memperdaya. **inveiglement** *n.* pemujukan.

invent *v.t.* reka; cipta. **inventor** *n.* pereka; pencipta.

inventive *a.* pandai mereka atau mencipta. **inventiveness** *n.* kebolehan untuk mereka atau mencipta.

inventory *n.* senarai (harta) benda; daftar barangan.

inverse *a.* tunggang; tungging; terbalik; songsang; akas. —*n.* ketunggangan; ketunggingan; kesongsangan; akasan. **inversely** *adv.* secara terbalik.

invert *v.t.* menterbalikkan; menyongsangkan. **inverted commas** tanda pengikat kata; pemetik cakap ajuk. **inversion** *n.* pembalikan; penyongsangan.

invertebrate *a. & n.* invertebrat (binatang atau haiwan) tanpa tulang belakang.

invest *v.t./i.* labur; tanam modal; anugerah (pangkat, bakat, dsb.). **invest in** (*colloq.*) melabur; membeli sesuatu yang berharga. **investment** *n.* laburan; pelaburan. **investor** *n.* pelabur.

investigate *v.t.* siasat; selidik. **investigation** *n.* siasatan; penyiasatan; selidikan; penyelidikan. **investigator** *n.*

penyiasat; penyelidik. **investigative** *a.* (bersifat) siasatan atau menyiasat.

investiture *n.* istiadat pengurniaan (pangkat, anugerah, dsb.).

inveterate *a.* sudah jadi tabiat. **inveterately** *adv.* perihal sudah jadi tabiat.

invidious *a.* menyakiti; menyakitkan; tidak menyenangkan. **invidiously** *adv.* dengan menyakiti; dengan menyakitkan; secara tidak menyenangkan.

invigilate *v.i.* menyelia; mengawas (calon peperiksaan). **invigilation** *n.* penyeliaan; pengawasan. **invigilator** *n.* penyelia; pengawas.

invigorate *v.t.* menyegarkan; mencergaskan; menggiatkan.

invincible *a.* kebal; tidak dapat dikalahkan. **invincibly** *adv.* dengan kebal. **invincibility** *n.* kekebalan.

inviolable *a.* tidak boleh dicabul. **inviolably** *adv.* secara tidak boleh dicabul. **inviolability** *n.* perihal tidak boleh dicabul.

invisible *a.* tidak nampak; tidak ketara. **invisibly** *adv.* secara tidak ketara. **invisibility** *n.* keadaan tidak ketara.

invite *v.t.* menjemput; mengundang; mempelawa; mempersila; menarik. —*n.* (*sl.*) jemputan. **invitation** *n.* jemputan; undangan; pelawaan.

inviting *a.* menarik; menggoda; mengghairahkan; menggiurkan. **invitingly** *adv.* dengan menarik; secara menggoda.

in vitro di dalam tabung uji atau sekitar dalam makmal.

invocation *n.* doa; permohonan; rayuan.

invoice *n.* senarai barangan dan harganya; daftar barang-barang yang dikirimkan; senarai bekalan; invois. —*v.t.* memberi atau menghantar invois.

invoke *v.t.* memohon; merayu; berdoa.

involuntary *a.* tidak sengaja; tidak upaya dikawal. **involuntarily** *adv.* dengan tidak sengaja.

involve *v.t.* melibatkan; membabitkan. **involvement** *n.* penglibatan; pembabitan.

involved *a.* rumit; terlibat.

invulnerable *a.* tidak lut; kebal. **invulnerability** *n.* kekebalan.

inward *a.* di dalam; ke dalam. —*adv.* ke dalam. **inwardly** *adv.* dengan ke dalam. **inwards** *adv.* ke (arah) dalam.

iodine *n.* iodin; bahan kimia yang digunakan dalam bentuk larutan sebagai bahan pembasmi kuman.

iodize *v.t.* dibubuh iodin; penuh iodin. **iodization** *n.* pengiodinan.

ion *n.* ion; zarah (*particle*) bercas elektrik. **ionic** *a.* bersifat ion; ionik.

Ionic *a.* sifat seni bina yang menggunakan ukiran melingkar (tiang, dsb.).

ionize *v.t./i.* jadi atau bertukar menjadi ion. **ionization** *n.* pengionan.

ionosphere *n.* ionosfera; kawasan angkasa yang berion. **ionospheric** *a.* berkenaan ionosfera.

iota *n.* huruf 'i' Yunani (Greek); jumlah yang sangat kecil.

IOU *n.* resit hutang.

ipso facto ipso facto; dengan hakikat itu; dengan itu.

IQ *abbr.* **intelligence quotient** ukuran kepintaran.

IRA *abbr.* **Irish Republican Army** Tentera Pembebasan Irish (Ireland).

irascible *a.* rongos; radang; garang; bengis. **irascibly** *adv.* perihal rongos. **irascibility** *n.* kerongosan; keradangan; kegarangan.

irate *a.* berang; radang; marah. **irately** *adv.* dengan marah.

ire *n.* keradangan; kemarahan.

iridescent *a.* berwarna-warni; gemerlap. **iridescence** *n.* keadaan berwarna-warni; kegemerlapan.

iris *n.* iris; mata hitam; sejenis bunga seperti lili.

Irish *a. & n.* orang, bahasa atau berkenaan dengan Ireland. **Irishman** *n.* lelaki Ireland. **Irishwoman** *n.* perempuan Ireland.

irk *v.t.* menjengkelkan; membosankan; menjemukan; menjelakkan.

irksome *a.* yang menjengkelkan; yang membosankan; yang menjemukan; yang menjelakkan.

iron *n.* besi; seterika; (*pl.*) pasung. —*a.* diperbuat daripada besi. **Iron Curtain** Tabir Besi; benteng rahsia dan sekatan yang membendungi kawasan pemerintahan dan pengaruh Rusia (dahulu). **iron-mould** *n.* kesan karat pada pakaian. **ironing-board** *n.* meja menggosok yang boleh dilipat.

ironic, ironical *adjs.* ironik; bersifat ejekan, kiasan, sindiran atau cemuhan; bersifat nasib atau tuah takdir yang terbalik. **ironically** *adv.* secara ironik.

ironmonger *n.* pekedai yang menjual barangan besi (alat pertukangan). **ironmongery** *n.* kedai alatan (pertukangan) besi.

ironstone *n.* bijih besi yang keras; tembikar yang keras.

ironwork *n.* hasil kerja besi berhias.

ironworks *n.* kilang besi; kilang pelebur, penghasil besi.

irony *n.* ironi; ejekan; kiasan; sindiran; cemuhan; nasib, tuah atau takdir yang terbalik.

irradiate *v.t.* menyuluh; menyinari; menerangi. **irradiation** *n.* suluhan; sinaran.

irrational *a.* tidak waras; tidak masuk akal; tidak lojik. **irrationally** *adv.* secara tidak waras. **irrationality** *n.* ketidakwarasan.

irreconcilable *a.* tidak dapat didamaikan atau disatukan (kembali). **irreconcilably** *adv.* dengan cara tidak dapat disatukan atau didamaikan.

irrecoverable *a.* tidak dapat diperoleh semula; hilang lenyap; punah-ranah. **irrecoverably** *adv.* perihal tidak dapat diperoleh lagi.

irredeemable *a.* tidak dapat ditebus. **irredeemably** *adv.* perihal tidak dapat ditebus.

irreducible *a.* tidak dapat dikurangkan.

irrefutable *a.* tidak boleh dinafi atau ditikai; tidak dapat dinafikan. **irrefutably** *adv.* yang tidak dapat disangkal.

irregular *a.* tidak sama; tidak teratur; tidak tetap; janggal; kerutu. **irregularly** *adv.* perihal tidak sama. **irregularity** *n.* perihal tidak teratur; kejanggalan; kekerutuan.

irrelevant *a.* tidak berkait; tidak berkenaan; tidak kena-mengena. **irrelevantly** *adv.* secara tidak berkaitan. **irrelevance** *n.* keadaan tidak berkaitan.

irreligious *a.* tidak warak; tidak beramal ibadat.

irreparable *a.* tidak dapat dibaiki atau dipulihkan; rosak langsung. **irreparably** *adv.* perihal tidak dapat dibaiki.

irreplaceable *a.* tidak dapat diganti.

irrepressible *a.* tidak dapat dikawal (ditekan); tidak boleh ditahan atau dibendung. **irrepressibly** *adv.* perihal tidak dapat dikawal.

irreproachable *a.* tidak bersalah; tanpa cacat cela atau salah silap. **irreproachably** *adv.* perihal tidak bersalah.

irresistible *a.* (tarikan) yang tidak dapat dilawan; memikat; menawan; memukau. **irresistibly** *adv.* dengan tidak dapat ditahan; dengan menawan. **irresistibility** *n.* keadaan atau sifat yang menawan.

irresolute *a.* tidak dapat membuat keputusan; ragu; terumbang-ambing; teragak-agak; sangsi; waswas. **irresolutely** *adv.* dengan sangsi; secara ragu-ragu. **irresolution** *n.* ketidakpastian; keraguan.

irrespective *a.* **irrespective of** tanpa mengira; tanpa mengendahkan.

irresponsible *a.* tidak bertanggungjawab; cuai. **irresponsibly** *adv.* dengan cara tidak bertanggungjawab. **irresponsibility** *n.* (sifat) tidak bertanggungjawab.

irretrievable *a.* tidak dapat diperoleh, diganti atau dibaiki kembali; hilang lenyap; hilang langsung. **irretrievably** *adv.* secara tidak dapat diganti atau dibaiki lagi. **irretrievability** *n.* kehilangan langsung; keadaan tidak dapat diganti atau diperoleh kembali.

irreverent *a.* tidak menghormati; tidak sopan. **irreverently** *adv.* dengan cara tidak menghormati. **irreverence** *n.* sikap tidak menghormati; ketidaksopanan.

irreversible *a.* tidak dapat diterbalikkan lagi; tidak dapat diakaskan lagi; tidak dapat diubah lagi. **irreversibly** *adv.* perihal tidak dapat diubah lagi.

irrevocable *a.* tidak boleh dibatalkan; tidak boleh diubah; muktamad. **irrevocably** *adv.* perihal tidak boleh dibatalkan.

irrigate *v.t.* mengairi; salurkan air (melalui parit); pemaritan. **irrigation** *n.* pengairan.

irritable *a.* bengkeng; lekas marah; mudah radang. **irritably** *adv.* dengan bengkeng. **irritability** *n.* kebengkengan; keadaan lekas marah atau meradang.

irritant *a. & n.* miang; yang merengsakan; (bahan) peradang; penggatal; sesuatu yang merengsakan.

irritate *v.t.* kacau; ganggu; menjengkelkan; menyebabkan radang. **irritation** *n.* kejengkelan; kerengsaan.

irrupt *v.i.* masuk secara kasar; menyerbu. **irruption** *n.* serbuan, penyerbuan.

is *lihat* be.

isinglass *n.* sejenis gelatin diperoleh daripada ikan sturgeon.

Islam *n.* agama Islam. **Islamic** *a.* Muslim; berkenaan Islam.

island *n.* pulau. **traffic island** bahagian di atas jalan raya untuk memudahkan orang melintas dengan selamat.

islander *n.* penghuni pulau.

isle *n.* pulau.

islet *n.* pulau kecil.

isn't *contr.* kata nafi (kala kini).

ISP *abbr.* **Internet Service Provider** pembekal perkhidmatan internet.

isobar *n.* isobar; garis setekanan; garis dalam peta yang menunjukkan tekanan udara yang setara. **isobaric** *a.* berkenaan isobar.

isolate *v.t.* sisih; pisah; cerai; pencilkan; pulaukan; asingkan; (sendirian) menyendiri. **isolation** *n.* sisihan; penyisihan; pencilan; pemencilan; pemulauan; pengasingan; penyendirian.

isolationism *n.* dasar pemencilan. **isolationist** *n.* penyokong dasar pemencilan.

isomer *n.* isomer; sebarang dua bahan yang molekulnya mempunyai atom yang sama tetapi disusun secara berlainan.

isometric *a.* isometrik; ukuran setara.

isosceles *a.* (segi tiga) yang mempunyai dua belah yang sama; sama kaki.

isotherm *n.* garis sesuhu; garis dalam peta yang menunjukkan kawasan yang sama suhunya; isoterma.

isotope *n.* isotop; salah satu daripada dua atau lebih bentuk unsur kimia yang berbeza dalam berat atomnya.

Israelite *n.* anggota kepada negara Hebrew kuno.

issue *n.* hasil; hasilan; keluaran; aliran; terbitan; hal penting; persoalan; isu; baka. —*v.t./i.* alir (masuk atau keluar); bekalkan; (cetak) terbitkan; hantar; dikeluarkan (dari, oleh). **at issue** sedang dipersoalkan, didebatkan, ditengkarkan; menjadi persoalan; mengalami risiko. **join issue** atau **take issue** terus turut berdebat atau bertengkar.

isthmus *n.* (*pl.* **-muses**) genting; segenting.

IT *abbr.* **Information Technology** teknologi maklumat.

it *pron.* ganti nama bagi benda, binatang, bayi, dsb. (lazimnya kata ganti bagi kebanyakan benda selain manusia); kata ganti kepada benda dan hal yang tak berwatak.

IUD *abbr.* **Intrauterine Device** alat pencegah kehamilan yang dipasangkan dalam rahim.

IVF *abbr.* **in vitro fertilization** persenyawaan in vitro; persenyawaan di luar badan ibu.

Italian *a. & n.* berkenaan Itali; bangsa atau bahasa Itali.

italic *a.* (jenis taip berhuruf) condong; italik. **italics** *n.* (huruf) taip italik.

italicize *v.t.* mencetak dalam huruf condong atau italik.

itch *n.* miang; kegatalan; resah dengan sesuatu hasrat atau keinginan melakukan sesuatu. —*v.i.* rasa miang atau gatal. **itchy** *a.* miang; gatal.

item *n.* item; acara; perkara; barang.

itemize *v.t.* menyenaraikan; membutirkan. **itemization** *n.* penyenaraian.

iterate *v.t.* ulang semula. **iteration** *n.* pengulangan semula.

itinerant *a.* yang bergerak atau beredar dari tempat ke tempat.

itinerary *n.* jadual perjalanan atau persinggahan.

its *poss. pron.* (kata milikan bagi kata ganti nama **it**) nya; miliknya; kepunyaannya.

it's = **it is**, **it has** iaitu; ia sedang; ia telah.

itself *pron.* (kata ganti nama) dirinya.

ITV *abbr.* **Independent Television** sebuah stesen televisyen bebas di United Kingdom.

ivory *n.* gading; barang yang diperbuat daripada gading; warna gading; warna putih susu. —*a.* putih susu. **ivory tower** menara gading; pengasingan atau penyisihan daripada kenyataan, hakikat kesulitan dan kesukaran kehidupan.

ivy *n.* sejenis tumbuhan menjalar; tumbuhan rembet.

J

jab *v.t.* (*p.t.* **jabbed**) tikam; cucuk; tusuk; jolok; radak. —*n.* mencucuk dengan kasar; (*colloq.*) perbuatan mencucuk dengan benda yang tajam; penyuntikan.

jabber *v.i.* mengoceh; merapik; merapu; bercakap dengan cepat dan tidak keruan. —*n.* ocehan; cakapan yang pantas dan tak keruan.

jabot *n.* ropol di leher baju.

jacaranda *n.* kayu keras tropika yang berbau wangi.

jacinth *n.* batu permata kemerahmerahan.

jack *n.* bicu; penuas; penuil; dongkerak; pengumpil; penjongket; jek; alat pengangkat; bendera kecil pada kapal yang menunjukkan kenegaraannya; kad pakau selepas (terendah daripada) maharani; keldai jantan. —*v.t.* tuas; tuil; umpil; ungkit; mengangkat dengan bicu atau jek.

jackal *n.* sejenis serigala.

jackass *n.* keldai jantan; bodoh; bahlul; dungu; tolol. **laughing jackass** sejenis burung pekaka; burung raja undang besar Australia.

jackboot *n.* (kasut, sepatu) but tinggi.

jackdaw *n.* sejenis burung gagak.

jacket *n.* jaket; sarung; sampul; kulit luar; pembalut.

jack knife *n.* pisau lipat. —*v.i.* melipat; terlipat.

jackpot *n.* hadiah terkumpul; cepu emas. **hit the jackpot** kejayaan yang besar atau lumayan; beroleh untung atau kejayaan.

Jacobean *a.* berkenaan zaman pemerintahan Raja James I England (1603–25).

Jacobite *n. & a.* penyokong raja-raja keturunan Stuart di England.

jacquard *n.* kain dengan corak tenunan yang seni dan rumit.

Jacuzzi *n.* Jakuzi; tempat permandian dengan pancutan air.

jade *n.* jed; batu permata berwarna hijau, biru atau putih; warna hijau jed.

jaded *n.* letih dan bosan; penat; letih lesu.

jag *n.* (*sl.*) keadaan bersuka-sukaan dengan minum arak.

jagged *a.* jerigi; gerigi; kerikil.

jaguar *n.* jaguar; harimau kumbang.

jail *n.* penjara; rumah pasung; jel. —*v.t.* dipenjarakan.

jailbird *n.* (orang yang) keluar masuk penjara.

jailer *n.* pegawai penjara.

jalopy *n.* kereta atau motokar usang.

jam¹ *n.* jem; makanan diperbuat daripada buah-buahan bercampur gula;

(*colloq.*) sesuatu yang menyenangkan; menyeronokkan. —*v.t.* (*p.t.* **jammed**) jadikan jem; sapukan jem.

jam[2] *v.t./i.* (*p.t.* **jammed**) sangkut; lekat; tersepit; asak; sumbat; sekat; ganggu (siaran radio, dsb.) dengan siaran gangguan. —*n.* sangkutan; duyunan yang menyesakkan; (*colloq.*) kesukaran; kerumitan. **jam-packed** *a.* (*colloq.*) penuh sesak; berduyun dan sesak. **jam session** sesi bermain muzik tanpa persediaan.

jamb *n.* jenang (tiang) pintu atau tingkap.

jamboree *n.* perhimpunan besar; perarakan; jambori.

jammy *a.* dipenuhi jem.

jangle *n.* bunyi berdentang; bunyi gemerencang; bunyi gemerincing; bunyi telingkah logam sesamanya. —*v.t./i.* menyebabkan berdentang; menghasilkan bunyi gemerencang.

janitor *n.* penjaga, pencuci atau pembersih bangunan.

January *n.* Januari.

japan *n.* varnis hitam.

Japanese *a. & n.* (orang atau bahasa) Jepun.

japonica *n.* sejenis tumbuhan belukar rimbun berbunga merah.

jar[1] *n.* guri; pasu; kendi; takar.

jar[2] *v.t./i.* (*p.t.* **jarred**) gegar; goncang; sentak. —*n.* gegaran; goncangan; sentakan; gerakan atau kesan yang menggoncang.

jardinière *n.* pasu bunga hiasan.

jargon *n.* jargon; istilah khas yang digunakan oleh sesuatu golongan, kumpulan orang, dalam sesuatu bidang (pekerjaan, pengajian, dsb.).

jasmine *n.* bunga melur; bunga melati.

jasper *n.* batu ladam; sejenis batu permata (yang kurang berharga) berwarna merah, kuning atau keabu-abuan.

jaundice *n.* penyakit kuning.

jaundiced *a.* berpenyakit kuning; cemburu; iri hati; dengki; jaki.

jaunt *n.* peleseran; perjalanan atau pengembaraan singkat. —*v.i.* berpeleser; pergi berjalan atau kembara singkat.

jaunty *a.* (**-ier**, **-iest**) riang; yakini diri. **jauntily** *adv.* dengan riang; dengan yakin. **jauntiness** *n.* keriangan; keyakinan diri.

javelin *n.* lembing; javelin.

jaw *n.* rahang; tulang mulut dan dagu; (*colloq.*) percakapan yang panjang; (*pl.*) penggigit; pengapit. —*v.t./i.* bercakap dengan panjang lebar.

jay *n.* sejenis burung Eropah (kerabat gagak).

jaywalker *n.* pejalan kaki yang cuai di jalan raya. **jaywalker-walking** *n.* perihal berjalan dengan tidak menghiraukan lalu lintas.

jazz *n.* sejenis rentak muzik; jaz; (*sl.*) angkuh; congah; pongah. —*v.t.* bermain muzik jaz; merancakkan; memeriahkan (keadaan). **jazzy** *a.* bersifat jaz.

jealous *a.* cemburu; iri hati; dengki; sakit hati; jaki. **jealously** *adv.* berkenaan dengan dengki, sakit hati dan cemburu. **jealousy** *n.* perasaan cemburu, iri hati atau dengki.

jeans *n.pl.* seluar; celana kain tebal; seluar jean.

Jeep *n.* jip; kenderaan bermotor tahan lasak dengan pacuan empat roda.

jeer *v.t./i.* cemuh; ejek; perli; ketawa atau sorak mengejek. —*n.* cemuhan; ejekan; perlian; ketawa atau sorakan mengejek.

Jehovah *n.* Yahweh; Jehovah; Tuhan dalam kitab Perjanjian Lama (*Old Testament*) atau Taurat. **Jehovah's Witness** ahli kumpulan Kristian fundamental.

jejune *a.* sedikit; kecil; miskin; gersang.

jell *v.i.* mengental jadi seperti agar-agar, jeli; jadi atau jelma ke dalam bentuk tertentu.

jellied *a.* kental; beku; keras.

jelly *n.* agar-agar; jeli.

jellyfish *n.* ampai-ampai (binatang laut); ubur-ubur.

jemmy *n.* tuil besi; penuil besi; besi pengumpil (pintu, tingkap, dsb. yang terkunci); alabangka; linggis; perejang. —*v.t.* dibuka dengan penuil besi.

jenny *n.* keldai betina.

jeopardize *v.t.* ancam; membahayakan.

jeopardy *n.* bahaya.

jeremiad *n.* keluhan; rungutan panjang yang menyedihkan.

jerk[1] *n.* sentakan; sentapan; rentapan; renggutan. —*v.t./i.* sentak; sentap; rentap; renggut. **jerky** *a.* tersentak-sentak. **jerkily** *adv.* perihal tersentak-sentak; tersengguk-sengguk. **jerkiness** *n.* gerakan tersentak-sentak; kesentakan; kerentapan; kerenggutan.

jerk[2] *v.t.* mengawet (terutama daging) dengan menghiris dan menjemur.

jerkin *n.* jaket tak berlengan; baju prak; jerkin.

jerry-built *a.* dibina dengan lemah dan daripada bahan bermutu rendah. **jerry-builder** *n.* seseorang yang menggunakan bahan yang bermutu rendah untuk pembinaan.

jerrycan *n.* tin bermuatan lima gelen cecair (untuk air, petrol, dsb.).

jersey *n.* (*pl.* -eys) jersi; baju berlengan daripada kain bulu.

jest *n. & v.i.* senda; gurau.

jester *n.* badut; pelawak.

Jesuit *n.* ahli *Society of Jesus*, satu mazhab Kristian Roman Katolik.

jet¹ *n.* batu legam; warna hitam legam dan berkilat; warna hitam berkilat. **jet-black** *a.* hitam berkilat.

jet² *n.* pancutan (air, gas, api); semburan api; enjin atau pesawat terbang (jet yang menggunakan pancutan gas ke belakang untuk meluru ke hadapan). —*v.t.* (*p.t.* **jetted**) perjalanan atau penghantaran dengan jet. **jet lag** gangguan ritma harian (selepas penerbangan jauh). **jet-propelled** *a.* diluru kuasa jet. **jet propulsion** pendorongan jet; sembuluru. **jet set** (*colloq.*) golongan elit yang kaya dan sering mengembara.

jetsam *n.* muatan atau barang buangan daripada kapal untuk meringankannya dan tersadai di pantai; buangan tersadai.

jettison *v.t.* membuang muatan (dari kapal) ke laut; membuang; meninggalkan.

jetty *n.* jambatan; titi panjang yang menjulur ke laut; titi pangkalan; juluran; jeti.

Jew *n.* Yahudi; bangsa Yahudi; penganut agama Yahudi; keturunan Ibrani. **Jew's harp** kecapi mulut; sejenis alat muzik kecil bertali yang digigit menyengkang di rahang dan digetarkan talinya. **Jewess** *n. fem.* perempuan Yahudi.

jewel *n.* permata; batu permata; manikam; orang atau barang bernilai. **jewelled** *a.* bertatah permata atau manikam.

jeweller *n.* jauhari; tukang atau saudagar permata.

jewellery *n.* permata; intan permata; emas permata; batu permata, emas, dll. untuk perhiasan diri; barang kemas.

Jewish *a.* berkenaan Yahudi; keyahudian.

Jewry *n.* kaum Yahudi.

jib *n.* layar cucur; layar yang menjulur ke depan dari tiang layar; jib; lengan kren (alat pengangkat). —*v.i.* (*p.t.* **jibbed**) membantah; enggan maju atau mara. **jib at** membantah.

jibe *n.* (atau **gibe**) ejekan; (A.S.) =

gybe *v.* mengejek; menukar haluan (bot, kapal).

jiff, jiffy *ns.* (*colloq.*) sekelip mata; seketika; sekilat; segera.

jig *n.* tarian melompat; gedik; aci (alat pemegang sesuatu bahan kerja supaya ia tetap). —*v.t./i.* (*p.t.* **jigged**) bergedik; melompat; melonjak; bergerak dengan cepat ke atas dan ke bawah.

jigger *n.* (gelas kecil) penyukat arak.

jiggery-pokery *n.* (*colloq.*) tipu muslihat.

jiggle *v.t./i.* gedik; menggedik; ayak; mengayak.

jigsaw *n.* gergaji beraci. **jigsaw puzzle** gambar susun suai; gambar yang dipotong selerak dan cuba dicantum atau disusun kembali.

jilt *v.t.* mengabaikan atau meninggalkan selepas memikat (hati) seseorang; mengecewakan kasih atau cinta.

jingle *v.t./i.* menggoncang gerincing (seperti menggoncang loceng kecil); menggerincingkan. —*n.* bunyi gerincing; dendang atau irama ringkas (seperti dalam iklan).

jingoism *n.* jingoisme; semangat kebangsaan yang melampau dan kebencian kepada negara lain. **jingoist** *n.* orang bersifat kejingoan. **jingoistic** *a.* bersifat kejingoan.

jink *v.i.* elak. **high jinks** riuh-rendah.

jinx *n.* (*colloq.*) sial; kesialan.

jitter *v.i.* (*colloq.*) berasa gugup. **jitters** *n.pl.* (*colloq.*) kegugupan. **jittery** *a.* gugup.

jive *n.* muzik jaz rancak; tarian ikut rentak muzik jaz. —*v.i.* menari ikut rentak muzik jaz.

job *n.* tugas; pekerjaan; (*colloq.*) tugas yang sukar. **good job** atau **bad job** yang menguntungkan atau tidak. **job lot** berbagai-bagai barang dijual bersekali.

jobber *n.* ahli bursa (pasaran saham) yang menjual stok atau saham.

jobbing *a.* bekerja dan dibayar mengikut tugas yang dilakukan.

jobcentre *n.* pusat pencarian kerja; jabatan kerajaan yang mengumumkan kerja kosong.

jobless *a.* tidak bekerja; menganggur.

jockey *n.* (*pl.* -eys) joki; penunggang kuda lumba. —*v.t.* memaksa dengan cara halus dan muslihat atau secara yang tidak patut.

jockstrap *n.* pakaian dalam yang sendat untuk menopang atau melindungi kemaluan lelaki; seluar dalam sukan.

J

jocose a. jenaka; lucu; lawak. **jocosely** adv. berkenaan dengan kelucuan dan kejenakaan. **jocosity** n. kejenakaan; kelucuan.

jocular a. jenaka; lucu; lawak. **jocularly** adv. berkenaan dengan kelucuan dan kejenakaan. **jocularity** n. kejenakaan; kelucuan.

jocund a. riang; ria. **jocundity** n. keriangan; kegirangan.

jodhpurs n.pl. seluar ketat penunggang kuda.

jog v.t./i. (p.t. **jogged**) berolek; tangguk; goncang perlahan-lahan; menyiku; berlari anak. —n. olekan; tanggukan; lari anak; joging; sikuan. **jogger** n. orang yang berlari-lari anak atau berjoging.

joggle v.t./i. goncang perlahan-lahan. —n. goncangan yang sedikit.

jogtrot n. lari anak.

joie de vivre menikmati hidup dengan penuh semangat.

join v.t./i. sambung; hubung; gabung; bergabung; bersatu; masuk golongan; masuk campur; kongsi; menjadi ahli. —n. penyambung; penghubung. **join battle** mula bertempur; mula bertarung. **join up** daftar diri menjadi ahli tentera.

joiner n. tukang tanggam; tukang perabot; tukang kayu (perabot kecil-kecilan). **joinery** n. perabot; kerja tukangan kayu kecil-kecilan.

joint a. kongsi; bersama. —n. penyambungan; sendi (tulang-temulang); persendian; seketul daging untuk makanan; (sl.) tempat perhimpunan orang untuk berjudi, minum arak, dsb. —v.t. sambung; hubung; bahagi kepada sambungan. **joint stock** stok bersama. **out of joint** tergelincir; terpeliuh; tidak sejajar. **jointly** adv. bersama.

jointure n. harta yang diberikan kepada isteri untuk digunakan setelah suaminya meninggal.

joist n. rasuk (lantai); gelegar; kayu palang; alang.

jojoba n. jojoba; tumbuhan menghasilkan biji yang mengandungi minyak untuk campuran kosmetik.

joke n. jenaka; kelakar; gurau senda; kelucuan; lawakan; orang atau benda yang pelik dan lucu. —v.i. berlawak; berjenaka; bergurau; bersenda; melawak.

joker n. pelawak; orang yang suka berjenaka; daun terup bergambar badut.

jollification n. perbuatan bersuka-sukaan; penghiburan; keriaan; keriangan; kegirangan; pesta.

jollity n. keriaan; keriangan; kegirangan.

jolly a. (-ier, -iest) ria; riang; girang. —adv. (colloq.) sangat; sungguh. —v.t. menghiburkan (seseorang).

jolt v.t./i. sentak; renggut. —n. sentakan; renggutan; keadaan terperanjat; kejutan.

jonquil n. sejenis bunga berbau wangi.

josh v.t./i. gurauan; usikan.

joss n. patung berhala Cina. **joss-stick** n. colok.

jostle v.t./i. tolak-menolak; sondol.

jot n. sedikit; jumlah yang kecil. —v.t. (p.t. **jotted**) mencatat dengan cepat dan ringkas.

jotter n. buku nota; buku catatan.

joule n. joule; sukatan (unit) tenaga.

journal n. catatan peristiwa harian; akhbar atau majalah; jurnal; penerbitan berkala.

journalese n. gaya bahasa kewartawanan; gaya laporan yang terdapat dalam bidang kewartawanan.

journalist n. wartawan; pemberita. **journalism** n. kewartawanan.

journey n. (pl. -eys) perjalanan; kembara; pengembaraan. —v.t. berjalan; mengembara.

journeyman n. (pl. -men) pekerja pelatih (murid pertukangan) yang telah tamat latihannya.

joust v.i. & n. bertarung dengan lembing sambil menunggang kuda.

jovial a. ria; riang; gembira. **jovially** adv. dengan riang; dengan senang hati. **joviality** n. keriaan; keriangan; kegembiraan.

jowl n. gelambir; rahang (tulang dagu dan mulut) dan pipi.

joy n. seronok; gembira; keriangan; kebahagiaan.

joyful a. sungguh seronok, gembira, riang, bahagia. **joyfully** adv. dengan gembiranya. **joyfulness** n. keseronokan; kegembiraan; keriangan; kebahagiaan.

joyous a. yang menyeronokkan; yang menggembirakan. **joyously** adv. sungguh menggembirakan.

joyride n. bersiar-siar dengan kereta yang dicuri. **joyriding** n. perbuatan bersiar dengan kereta curi.

joystick n. kayu ria; tuil pengawal kapal terbang; alat untuk menggerak kursor pada skrin komputer.

JP abbr. **Justice of The Peace** Jaksa Pendamai (J.P.).

jubilant *a.* seronok; gembira; riang. **jubilantly** *adv.* dengan penuh kegembiraan. **jubilation** *n.* keseronokan; kegembiraan; keriangan.

jubilee *n.* sambutan ulang tahun khas; jubli.

Judaic *a.* berkenaan orang dan agama Yahudi.

Judaism *n.* agama, kebudayaan orang-orang Yahudi.

judder *v.i.* goncang (dengan kasar); hinggut; gegar; menggegar. —*n.* goncangan; hinggutan; gegaran.

judge *n.* hakim; kadi; pengadil. —*v.t.* hakimi; menghakimkan; adili; mengadili; anggar.

judgement *n.* (dalam perundangan) penghakiman; pengadilan; pertimbangan dan kesimpulan; keputusan hakim atau pengadil. **Judgement Day** hari pengadilan Tuhan semasa kiamat. **judgemental** *a.* bersifat menghakim.

judicature *n.* kehakiman; badan kehakiman.

judicial *a.* berkenaan kehakiman; berkenaan hakim atau pengadilan. **judicially** *adv.* secara kehakiman.

judiciary *n.* sistem kehakiman negara.

judicious *a.* bijaksana; adil. **judiciously** *adv.* secara bijak. **judiciousness** *n.* bijaknya; kebijakan.

judo *n.* judo. **judoist** *n.* ahli judo.

jug *n.* jag. —*v.t.* (*p.t.* **jugged**) rebus (sup) arnab. **jugful** *n.* satu jag penuh.

juggernaut *n.* kenderaan raksasa; kuasa atau alat raksasa; institusi yang amat berkuasa.

juggle *v.t./i.* jugel; melambungkan dan menangkap beberapa benda (ketul) bergilir ganti; permainan lambung tangkap; muslihat; atur semula (angka, fakta, dll.) untuk pengeliruan atau penipuan. **juggler** *n.* penjugel; pemain lambung tangkap.

jugular vein urat leher; salah satu daripada dua urat atau saluran darah besar di leher.

juice *n.* jus; cecair sayuran dan buah-buahan; cecair rembesan anggota tubuh. **juicy** *a.* (buah, dsb.) yang banyak mengandungi air.

ju-jitsu *n.* ju-jitsu; seni mempertahankan diri Jepun.

jujube *n.* sejenis gula-gula seperti agar-agar; jujub.

jukebox *n.* peti muzik yang memainkan piring hitam secara automatik mengikut pilihan; peti nyanyi.

julep *n.* minuman arak dan air berperisa pudina.

julienne *n.* sup mengandungi sayur-sayuran yang diricih.

July *n.* Julai.

jumble *v.t.* lambak. —*n.* barang jualan untuk jualan lambak. **jumble sale** jualan lambak; pasar lambak.

jumbo *n.* (*pl.* -os) benda sangat besar (seperti gajah). **jumbo jet** jet jumbo; pesawat terbang yang sangat besar.

jump *v.t./i.* lompat; loncat; terkam; lari daripada (jaminan, dsb.). —*n.* lompatan; loncatan; terkaman; kelopongan, kekosongan dalam sesuatu siri; benda untuk dilompati. **jump at** terima dengan gembira. **jump lead** *n.* kabel mengalirkan kuasa elektrik dari satu bateri ke bateri lain, **jump suit** baju monyet; baju yang bersambung dengan seluar. **jump the gun** bertindak sebelum diizinkan. **jump the queue** tidak mengikut giliran; lompat giliran. **jump to conclusion** buat kesimpulan (lazimnya silap) mendadak; menyimpulkan tanpa usul periksa.

jumper[1] *n.* pelompat; peloncat.

jumper[2] *n.* baju kait (untuk perempuan); baju (pakaian) seragam kelasi.

jumpy *a.* gugup; gentar.

junction *n.* simpang; persimpangan.

juncture *n.* ketika; pada waktu itu.

June *n.* Jun.

jungle *n.* hutan; rimba.

junior *a.* lebih muda; lebih rendah pangkat. —*n.* orang yang lebih muda atau lebih rendah pangkatnya.

juniper *n.* sejenis tumbuhan renek malar.

junk[1] *n.* sampah; sarap; barang buangan. **junk food** makanan ringan. **junkshop** *n.* kedai yang menjual pelbagai barangan terpakai.

junk[2] *n.* jong; tongkang.

junket *n.* sejenis penganan; dadih (susu).

junketing *n.* pesta bersuka ria.

junkie *n.* (*sl.*) penagih dadah.

junta *n.* kumpulan yang bersatu untuk memerintah terutama selepas revolusi; majlis pemerintah; junta.

juridical *a.* juridikal; berkenaan peraturan mahkamah atau undang-undang.

jurisdiction *n.* bidang kuasa; kuat kuasa; bidang kuat kuasa perundangan.

jurisprudence *n.* jurisprudens; kepakaran dalam hal hukum; ilmu hukum atau perundangan; falsafah hukum atau perundangan.

J

jurist *n.* pakar undang-undang.

juror *n.* ahli majlis pengadilan; ahli juri.

jury *n.* majlis (sekumpulan orang) pengadil di perbicaraan mahkamah; juri. **juryman** *n.* (*pl.* **men**) juri lelaki. **jurywoman** *n.* (*pl.* **women**) juri perempuan.

jury-rigged *a.* tali-temali sementara.

just *a.* adil; saksama; kesaksamaan. —*adv.* sahaja; baru sahaja; baru sebentar. **justly** *adv.* dengan adil; patut. **justness** *n.* keadilan, kesaksamaan. **just now** sekarang; sekejap tadi.

justice *n.* keadilan; hakim; jaksa. **Justice of the Peace** Jaksa Pendamai; orang biasa yang bertindak sebagai hakim.

justiciary *n.* pegawai pentadbir perundangan atau kehakiman.

justifiable *a.* dapat dipertahankan; patut; wajar. **justifiably** *adv.* perihal kewajaran; kepatutan dan dapat dipertahankan. **justifiability** *n.* kewajaran.

justificatory *a.* (bersifat) memberi alasan.

justify *v.t.* membuktikan sebagai wajar, patut atau adil; memberi alasan; menyamakan hujung barisan cetakan supaya lurus atau selari. **justification** *n.* pembuktian sebagai wajar, patut atau adil; sebab-musabab; penyamaan hujung baris cetakan; justifikasi.

jut *v.t.* (*p.t.* **jutted**) julur; sembul.

jute *n.* rami; jerami pokok jut.

juvenile *a.* juvenil; bersifat kebudak-budakan; untuk kanak-kanak. —*n.* kanak-kanak; budak-budak. **juvenility** *n.* keanak-anakan; kebudak-budakan.

juxtapose *v.t.* sandingkan; damping-kan; letakkan sebelah-menyebelah. **juxtaposition** *n.* seiringan; sanding-an; persandingan.

K

kaftan *n.* (atau **caftan**) baju atau jubah yang panjang dan longgar.

kaiser *n.* kaiser; gelaran maharaja Jerman dan Austria sehingga tahun 1918.

kale *n.* kubis.

kaleidoscope *n.* tiub pelangi; tiub mainan yang mengandungi serpihan kaca, dsb. untuk menghasilkan pelbagai corak warna yang silih berganti; kaleidoskop. **kaleidoscopic** *a.* silih berganti.

kamikaze *n.* (dalam Perang Dunia Kedua) kapal terbang Jepun yang dipenuhi dengan bahan letupan dan terhempas dengan sengaja ke atas sasarannya (berani mati); pesawat kamikaze.

kampong *n.* kampung.

kangaroo *n.* kanggaru. **kangaroo court** mahkamah haram; mahkamah yang ditubuhkan secara haram oleh kumpulan yang bertikai untuk menyelesaikan pertikaian antara mereka.

kaolin *n.* kaolin; tanah liat putih yang digunakan untuk membuat tembikar dan ubat.

kapok *n.* kabu-kabu; kekabu.

kaput *a.* (*sl.*) rosak; pecah berkecai.

karaoke *n.* satu bentuk hiburan di mana orang akan menyanyi mengikut lagu yang diputar.

karate *n.* karate; seni mempertahankan diri dari Jepun yang tidak menggunakan senjata

karma *n.* karma; (dalam agama Buddha dan Hindu) tindakan seseorang yang mempengaruhi penjelmaan semula orang itu nanti.

kayak *n.* kayak; perahu berbumbung; perahu Eskimo.

kc/s *abbr.* **kilocycle(s) per sound** ribu putaran per saat.

kebabs *n.pl.* kebab.

kedge *n.* sauh cemat atau sauh kecil. —*v.t./i.* bergerak dengan menarik sauh.

kedgeree *n.* sejenis masakan nasi campur ikan atau telur.

keel *n.* lunas (perahu, kapal); tulang belakang perahu atau kapal. —*v.t./i.* terbalik; tertiarap; terlungkup.

keen[1] *a.* (**-ier, -est**) tajam; tembusi; sejuk menusuk; gigih; tekun. **keen**

on (*colloq.*) sangat suka. **keenly** *adv.* sangat; dengan penuh minat. **keenness** *n.* ketajaman; kegigihan; ketekunan; kecenderungan.

keen[2] *n.* ratipan atau ratapan (nyanyian) pengebumian bangsa Irish. —*v.i.* meratip; meratap (nyanyian pengebumian).

keep *v.t./i.* (*p.t.* **kept**) simpan; taruh; tahan; halang; biar; saing; terus; tunai; tepati; berpegang kepada (janji, dsb.); jaga; pelihara; tanggung. —*n.* sara hidup; kubu dalam istana. **for keeps** (*colloq.*) untuk selama-lamanya; untuk dikekalkan; menyimpan terus. **keeps house** menjaga rumah atau isi rumah. **keep up** mengekalkan pada kadar atau tahap yang sama seperti sebelum ini dengan orang lain; meneruskan; mempertahankan.

keeper *n.* penjaga; pengawas; waris.

keeping *n.* simpanan; jaagaan. **in keeping with** sesuai, serasi, secocok, sejajar dengan.

keepsake *n.* tanda mata; benda untuk mengenang sesuatu.

keg *n.* tong kecil. **keg beer** bir dari tong besi bertekanan.

kelp *n.* rumpai laut.

kelvin *n.* kelvin; sukatan (suhu). **Kelvin scale** skala Kelvin yang mempunyai suhu sifar (0) pada sifar mutlak (−273.15 °C).

kendo *n.* sukan orang Jepun menggunakan pedang buluh.

kennel *n.* lau; reban (pondok) anjing.

kept *lihat* **keep.**

keratin *n.* sejenis protein yang membentuk asas rambut, kuku dan tanduk.

kerb *n.* bendul jalan; batas kaki lima.

kerchief *n.* skarf yang digunakan sebagai tudung.

kerfuffle *n.* (*colloq.*) kegemparan; keriuhan.

kernel *n.* isirung; isi keras (seperti kelapa); inti sari; bahagian penting sesuatu.

kerosene *n.* kerosin; minyak tanah; minyak gas; minyak parafin.

kestrel *n.* sejenis (burung) helang kecil.

ketch *n.* perahu berlayar kembar; lancang berlayar kembar.

ketchup *n.* sos tomato.

kettle *n.* cerek.

kettledrum *n.* (tong) dram kawah.

Kevlar *n.* [P.] gentian sintetik yang teguh digunakan untuk menguatkan getah, dsb.

key *n.* anak kunci; penyelesaian; jawapan; isyarat rahsia; nada; sistem not berkait dalam muzik; permukaan yang kasap (dikikir, dsb.) supaya cat, dsb. mudah melekat; mata piano; mata huruf mesin taip, komputer, dsb. —*v.t.* berhubung atau berkait rapat; menjadikan sesuatu permukaan kasap (supaya cat, dsb. mudah melekat). **key-ring** *n.* relang kunci. **key up** jadi tegang atau gugup.

keyboard *n.* papan kekunci; deretan punat (seperti pada piano, mesin taip atau komputer, dsb.). —*v.t.* memasukkan data menggunakan papan kekunci.

keyhole *n.* lubang kunci.

keynote *n.* not muzik yang dijadikan asas kepada nada; nada atau idea utama.

keypad *n.* kekunci kecil untuk menggerakkan alat elektronik, telefon, dsb.

keystone *n.* batu di bahagian atas pintu gerbang yang menjadi penentu dan pengikat batu-bata lain dalam binaan itu.

keyword *n.* kata isyarat (pembuka rahsia).

kg *abbr.* **kilogram**(s) kilogram.

KGB *abbr.* jabatan polis rahsia; perisik negara Rusia.

khaki *a. & n.* warna kuning kecoklatan.

Khan *n.* gelaran yang diberikan kepada pemerintah dan pegawai di Asia Tengah.

kHz *abbr.* **kilohertz.**

kibbutz *n.* (*pl.* **-im**) kampung kelompok hak bersama di Israel.

kick *v.t./i.* sepak; tendang; terajang. —*n.* sepakan; tendangan; terajangan; (*colloq.*) keseronokan. **kick-off** *n.* permulaan permainan bola sepak. **kick out** (*colloq.*) buang secara paksa, pecat. **kick-starter** *n.* penginjak; alat penghidup sawat atau enjin motosikal dengan cara menginjak kekacauan. **kick up** (*colloq.*) memulakan; (kekacauan, riuh-rendah, dsb.); membantah dengan keras.

kickback *n.* tendangan balik; bidasan, (*colloq.*) ganjaran; rasuah.

kid *n.* anak kambing; kulit anak kambing; (*sl.*) budak; kanak-kanak. —*v.t./i.* (*p.t.* **kidded**) usik; olok; acah; senda; gurau.

kiddy *n.* (*sl.*) budak; kanak-kanak.

kidnap *v.t.* (*p.t.* **kidnapped**) culik; curi orang. **kidnapper** *n.* penculik (penjenayah).

kidney *n.* (*pl.* -**eys**) ginjal; buah ping-gang. **kidney bean** kacang merah. **kidney dish** pinggan lekuk.

kill *v.t.* bunuh; matikan; membazirkan waktu. —*n.* pembunuhan; binatang yang dibunuh oleh pemburu. **killer** *n.* pembunuh.

killing *a.* (*colloq.*) sungguh melucu-kan; meletihkan.

killjoy *n.* pengacau; perosak keseronokan orang lain.

kiln *n.* relau; tanur; dapur salai; penyalai; tempat membakar bata, tembikar, dsb.

kilo *n.* (*pl.* **kilos**) kilo; kilogram.

kilo- *pref.* satu ribu (1000).

kilobyte *n.* istilah pengkomputeran bersamaan 1024 bit.

kilocalorie *n.* bersamaan 1000 kalori.

kilocycle *n.* 1000 pusingan; putaran sebagai satu sukatan unit kekerapan (frekuensi) gelombang; kilohertz.

kilogram *n.* kilogram; 1000 gram; 2.205 paun; 1.667 kati.

kilohertz *n.* kilohertz; seunit frekuensi gelombang elektromagnet bersamaan 1000 pusingan atau putaran sesaat.

kilojoule *n.* bersamaan 1000 joule.

kilometre *n.* kilometer; 1000 meter; 0.62 batu.

kilovolt *n.* 1000 volt.

kilowatt *n.* 1000 watt.

kilt *n.* skirt lelaki orang Scot. **kilted** *a.* berlipat-lipat.

kimono *n.* (*pl.* -**os**) kimono; pakaian rasmi perempuan Jepun.

kin *n.* sanak saudara; kaum kerabat; saudara-mara.

kind[1] *n.* jenis; macam. **a kind of** ter-golong kepada sesuatu jenis benda ter-tentu. **in kind** (bayaran) dalam bentuk barangan, dll. bukan wang. **of a kind** yang sama; seakan.

kind[2] *a.* baik; baik hati; pemurah; ber-sifat belas kasihan. **kind-hearted** *a.* baik hati. **kindness** *n.* kebaikan; sifat baik hati; kemurahan hati.

kindergarten *n.* tadika; taman didikan kanak-kanak.

kindle *v.t./i.* nyalakan; menyala; bang-kitkan.

kindling *n.* umpan api; ranting atau serpihan kayu buat menyalakan api.

kindly *a.* (-**ier**, -**iest**) dengan baik hati. —*adv.* sila; tolong. **kindliness** *n.* kebaikan hati.

kindred *n.* kaum kerabat; saudara-mara; sanak saudara. —*a.* bersang-kutan; kena-mengena; daripada jenis yang sama.

kinetic *a.* kinetik; berkenaan gerakan.

king *n.* raja; maharaja; daun terup bergambar raja, terbesar selepas rani atau ratu. **king-size, king-sized** *adjs.* bersaiz lebih; luar biasa besarnya. **kingly** *a.* seperti raja. **kingship** *n.* kemaharajaan.

kingdom *n.* negara di bawah peme-rintahan raja atau ratu; pembahagian alam semula jadi (misalnya, **animal kingdom** alam haiwan). **kingdom-come** *n.* (*sl.*) akhirat; alam baqa.

kingfisher *n.* burung pekaka; burung raja udang.

kingpin *n.* orang atau barang yang sangat diperlukan; orang yang paling penting dalam sesuatu organisasi.

kink *n.* simpulan (kecil, pendek pada tali, dawai, dsb.); keganjilan; kepe-likan (akal). —*v.t./i.* simpul; menyim-pul. **kinky** *a.* bersimpul; aneh; ganjil; pelik.

kinsfolk *n.pl.* saudara-mara; kaum kerabat; sanak saudara. **kinsman** *n.* saudara-mara lelaki. **kinswoman** *n.* *fem.* saudara-mara perempuan.

kiosk *n.* gerai; pondok.

kip *n. & v.i.* (*p.t.* **kipped**) (*sl.*) tidur.

kipper *n.* ikan salaian; ikan yang disalai (dengan bahang dan asap).

kirk *n.* (*Sc.*) gereja.

kismet *n.* takdir; nasib; qadak; qadar.

kiss *n. & v.t./i.* kucup; cium.

kit *n.* peralatan (pakaian, alat, dsb.). —*v.t.* (*p.t.* **kitted**) dilengkapkan dengan peralatan.

kitbag *n.* beg; uncang; kampit per-alatan.

kitchen *n.* (bilik) dapur. **kitchen garden** kebun sayur-sayuran.

kitchenette *n.* (bilik) dapur kecil.

kite *n.* wau; layang-layang; burung yang besar dari keluarga rajawali.

kith *n.* **kith and kin** sanak saudara; kaum kerabat.

kitsch *n.* barang, objek, seni, dsb. yang tidak bernilai.

kitten *n.* anak kucing. **kittenish** *a.* seperti anak kucing; manja.

kitty *n.* tabung (wang) untuk kegunaan ramai.

kiwi *n.* (*pl.* -**is**) burung kiwi; sejenis burung di New Zealand yang tidak boleh terbang.

kJ *abbr.* **kilojoules** kilojoule.

kleptomania *n.* kecenderungan men-curi (sejenis penyakit); kleptomania. **kleptomaniac** *n.* orang yang berpe-nyakit kleptomania.

km *abbr.* **kilometre(s)** kilometer.

knack *n.* bakat; kebolehan; kepandaian (dalam melakukan sesuatu).

knacker *n.* pembeli yang menyembelih kuda yang tidak dapat digunakan lagi. —*v.t.* (*sl.*) bunuh; berasa sangat letih.

knapsack *n.* beg; uncang galas.

knave *n.* penipu; pengecoh; orang yang nakal; pekak (daun terup). **knavery** *n.* penipuan. **knavish** *a.* bersifat penipu atau tidak jujur.

knead *v.t./i.* uli; upar; ramas.

knee *n.* lutut. —*v.t.* (*p.t.* **kneed**) menyigung dengan lutut. **knee jerk** *a.* tindak balas spontan yang telah dijangka. **knees-up** (*colloq.*) parti; majlis pesta ria dengan tarian.

kneecap *n.* tempurung lutut. —*v.t.* (*p.t.* **kneecapped**) ditembak pada lutut atau kaki sebagai hukuman.

kneel *v.i.* (*p.t.* **knelt**) melutut; bertelut.

kneeler *n.* tikar atau lapik untuk melutut.

knell *n.* bunyi loceng yang menandakan kematian atau pengebumian.

knelt *lihat* **kneel**.

knew *lihat* **know**.

knickerbockers *n.pl.* celana atau seluar pendek longgar berjerut di lutut.

knickers *n.pl.* seluar dalam wanita (ada yang berbentuk seperti celana pendek).

knick-knack *n.* barangan perhiasan kecil-kecil.

knife *n.* (*pl.* **knives**) pisau. —*v.t.* hiris; potong; kerat; tikam.

knight *n.* anugerah (Raja England) yang membawa gelaran Sir; bangsa catur berkepala kuda. —*v.t.* beri anugerah Knight (dan gelaran Sir).

knighthood *n.* penganugerahan gelaran Knight.

knit *v.t./i.* (*p.t.* **knitted** atau **knit**) kait; jahit; tumbuh sambil bercantum semula. **knit one's brow** kerutkan dahi. **knitter** *n.* pengait. **knitting** *n.* mengait.

knitwear *n.* pakaian yang dikait.

knob *n.* tombol; bonjol; combol; punat. **knobby, knobbly** *adjs.* berbonjol; bertombol.

knock *v.t./i.* ketuk; hantuk; pukul; palu; (*sl.*) kritikan yang memalukan; hentam; godam. —*n.* ketukan; hantukan; pukulan; paluan; hentaman; godaman; perlakuan atau bunyi ketukan; pukulan yang tepat. **knockabout** bersikap kasar; merayau-rayau. **knock down** menjual barangan di tempat lelongan. **knock-down** *a.* harga yang paling murah. **knock-kneed** *a.* mempunyai lutut yang melengkung ke dalam.

knock off (*colloq.*) berhenti kerja; menyelesaikan secepatnya; (*sl.*) mencuri. **knock-on effect** kesan sekunder atau terkumpul. **knock out** pengsan kerana hentakan kepala; menyingkirkan; kehabisan atau kurang upaya. **knock up** mengejutkan dengan mengetuk di pintu; membuat atau mengaturkan secara tergesa-gesa; larian (mata) pada permainan kriket; menjadikan sangat penat atau sakit. **knock-up** *n.* latihan atau bermain misalnya tenis sebelum pertandingan bermula.

knocker *n.* (orang atau alat) pengetuk; penghantuk; pemukul; pemalu; penggodam.

knockout *n.* pertandingan kalah mati; tumbukan tewas jatuh; (*colloq.*) seseorang atau sesuatu yang hebat, menarik.

knoll *n.* busut; pongsu; bukit kecil.

knot *n.* simpulan; ikatan; kerosot; buku (pada batang pokok); bonggol; mata kayu; kelompok; kumpulan; knot; ukuran kelajuan kapal dan pesawat. —*v.t./i.* (*p.t.* **knotted**) ikat dengan simpul; mengusutkan.

knotty *a.* (**-ier, -iest**) penuh ikatan; bersimpul; kerosot; rumit; sukar; payah; susah.

know *v.t./i.* (*p.t.* **knew**, *p.p.* **known**) tahu; mengetahui; maklum; faham; kenal; cam; biasa dengan. **in the know** (*colloq.*) maklumi; ada maklumat rahsia. **know-all** *n.* orang yang berlagak tahu semua. **know-how** *n.* kepakaran.

knowable *a.* dapat diketahui.

knowing *a.* sedar; bijak. **knowingly** *adv.* dengan sedar.

knowledge *n.* pengetahuan; kefahaman; makluman; ilmu.

knowledgeable *a.* berpengetahuan.

knuckle *n.* buku jari; (haiwan) sendi lutut. —*v.t.* **knuckle under** menyerah; tunduk (kalah).

knuckleduster *n.* penumbuk besi; buku lima besi (sebagai tambahan kepada penumbuk, digunakan dalam pergaduhan).

koala *n.* **koala bear** (*Austr.*) beruang koala; sejenis beruang kecil pemanjat pokok.

kohl *n.* celak; bahan penghitam kelopak mata.

kohlrabi *n.* kubis dengan batang seperti sengkuang (boleh dimakan).

kookaburra *n.* (burung) pekaka; (*Austr.*) raja udang besar.

kopeck *n.* duit syiling Rusia; satu per seratus rubel.

Koran *n.* Quran; al-Quran.

kosher *a.* (daging) yang disembelih oleh orang Yahudi. —*n.* makanan yang mengikut peraturan pemakanan orang Yahudi.

kowtow *v.i.* hormat yang melampau; tunduk (hormat).

k.p.h. *abbr.* **kilometres per hour** kilometer sejam.

Kremlin *n.* kerajaan negara Rusia.

krill *n.* hidupan halus di laut yang menjadi bahan makanan paus.

krona *n.* unit asas mata wang Sweden (*pl* **kronor**) atau Iceland (*pl* **kronur**).

krone *n.* (*pl.* **kroner**) unit asas mata wang Denmark dan Norway.

krugerrand *n.* kupang emas Afrika Selatan bertera gambar Presiden Kruger.

kudos *n.* (*colloq.*) keagungan; kepujian dan kehormatan.

kumquat *n.* limau kumkuat.

kung fu seni mempertahankan diri Cina (tanpa menggunakan senjata).

Kurd *n.* orang Kurdistan di utara Iran. **Kurdish** *a.* berkenaan orang atau bahasa Kurdistan.

kV *abbr.* **kilovolt(s)** kilovolt; 1000 volt (elektrik).

kW *abbr.* **kilowatt(s)** kilowatt; 1000 watt (elektrik).

L

l *abbr.* liter.

L *abbr.* pelajar.

lab *n.* (*colloq.*) makmal.

label *n.* label. —*v.t.* (*p.t.* **labelled**) membubuh label; mengecap sebagai.

labia *n.* labia; bibir luar dan dalam faraj wanita.

labial *a.* labial; berkenaan dengan bibir.

laboratory *n.* makmal.

laborious *a.* memerlukan atau menunjukkan susah payah. **laboriously** *adv.* dengan susah payah.

Labour *a. & n.* berkenaan dengan parti politik di UK yang mewakili kepentingan pekerja. **Labourite** *n.* ahli parti berkenaan.

labour *n.* usaha; kerja; pekerjaan; kontraksi rahim semasa kelahiran. —*v.t./i.* bekerja keras; berkembang atau bergerak dengan susah payah; memberi penekanan dengan panjang lebar.

laboured *a.* menunjukkan tanda kerja keras.

labourer *n.* buruh; pekerja yang membuat kerja-kerja kasar.

Labrador *n.* sejenis anjing pemburu.

laburnum *n.* sejenis pohon berbunga kuning.

labyrinth *n.* rangkaian lorong atau garisan yang berselirat penuh. **labyrinthine** *a.* berselirat.

lace *n.* tali; renda. —*v.t.* membubuh atau menghiasi dengan renda; menambahkan sedikit arak kepada minuman.

lacerate *v.t.* mencederakan dengan mengoyak atau melukakan. **laceration** *n.* kecederaan; (luka).

lachrymal *a.* berkenaan air mata.

lachrymose *a.* penuh dengan air mata; suka menangis.

lack *n.* kekurangan; kesempitan. —*v.t.* tidak ada atau kurang mempunyai.

lackadaisical *a.* lesu; tidak bersemangat.

lackey *n.* (*pl.* **-eys**) lelaki suruhan; babu; bujang; pengikut yang patuh.

lacking *a.* tidak ada; tidak mempunyai; kurang.

lacklustre *a.* membosankan; menjemukan; buram; suram.

laconic *a.* pendek; ringkas. **laconically** *adv.* dengan pendek; dengan ringkas.

lacquer *n.* laker; sampang. —*v.t.* melapisi dan mengilatkan dengan laker atau sampang.

lacrosse *n.* sejenis permainan bola.

lactation *n.* laktasi; pengeluaran susu.

lactic acid *n.* asid laktik; sejenis asid yang hadir dalam susu masam atau yang terhasil di dalam otot ketika bersenam.

lactose *n.* laktosa; sejenis gula yang hadir di dalam susu.

lacuna *n.* (*pl.* **-ae**) lompang; ruang atau bahagian yang kosong.

lacy *a.* yang berkenaan dengan atau menyerupai renda.

lad *n.* budak lelaki.

ladder *n.* tangga. —*v.t./i.* mencarik; tercarik (stoking).

laden *a.* sarat atau penuh.

lading *n.* barangan.

ladle *n.* pencedok; senduk. —*v.t.* mencedok; menyenduk.

lady *n.* wanita; siti; nyonya; perempuan yang baik-baik. **Lady** gelaran untuk isteri, balu, atau anak perempuan golongan bangsawan tertentu (U.K). **Lady chapel** bahagian dalam gereja dikhususkan untuk 'Virgin Mary'. **lady-in-waiting** *n.* wanita yang dipertanggungjawabkan untuk menjaga permaisuri atau puteri raja.

ladybird *n.* kekabuh kura-kura.

ladylike *a.* bersifat kewanitaan; berbudi bahasa dan berbangsa.

ladyship *n.* gelaran untuk wanita berdarjat.

lag[1] *v.t.* (*p.t.* **lagged**) bergerak terlalu perlahan. *n.* lambat; ketinggalan.

lag[2] *v.t.* (*p.t.* **lagged**) menebat; membalut dengan bahan yang menghalang daripada hilangnya haba.

lag[3] *n.* **old lag** (*sl.*) orang salah; banduan yang telah beberapa kali dipenjarakan.

lager *n.* sejenis bir.

laggard *n.* orang yang ketinggalan di belakang; orang lembap.

lagging *n.* bebatan; pembebat; bahan untuk membalut paip, dsb.

lagoon *n.* lagun; danau air masin berhampiran dengan pantai.

laicize *v.t.* menjadi sekular, duniawi. **laicization** keduniaan.

laid *lihat* **lay**[3].

lain *lihat* **lie**[2].

lair *n.* tempat tinggal binatang liar; jerumun.

laird *n.* (*Sc.*) pemilik atau tuan punya tanah.

laissez-faire *n.* dasar kerajaan tidak campur tangan.

laity *n.* orang awam.

lake *n.* tasik.

lakh *n.* (di India) seratus ribu rupee.

lam *v.t./i.* (*p.t.* **lammed**) membelasah.

lama *n.* lama; sami Buddha di negara Tibet dan Mongolia.

lamasery *n.* biara atau tempat kediaman lama.

lamb *n.* anak kambing biri-biri; orang yang lemah lembut dan dikasihi.

—*v.t.* melahirkan anak kambing biri-biri.

lambaste *v.t.* (*colloq.*) memukul; menghukum dengan berat.

lambent *a.* (cahaya) berkilauan; bercahaya.

lambswool *n.* bulu kambing biri-biri yang halus dan lembut.

lame *a.* (**-er**, **-est**) pincang; tempang. **lamely** *adv.* dengan pincang. **lameness** *n.* kepincangan; ketempangan.

lamé *n.* fabrik daripada benang emas atau perak yang ditenun.

lament *n.* ratap; tangis; keluh. —*v.t./i.* meratapi; menangisi; mengeluhi. **lamentation** *n.* ratapan; tangisan; keluhan.

lamentable *a.* yang menyedihkan atau mendukacitakan. **lamentably** *adv.* dengan rasa sedih.

lamented *a.* dukacita.

laminate *n.* bahan berlamina.

laminated *a.* berlamina; berlapis; berari.

lamp *n.* lampu. **lamp-post** *n.* tiang lampu di tepi jalan.

lampoon *n.* tulisan sindiran. —*v.t.* menulis rencana yang mencemuh dan mencela seseorang.

lamprey *n.* (*pl.* **-eys**) lamprei; sejenis haiwan air yang kecil seperti belut.

lampshade *n.* terendak lampu.

lance *n.* lembing; tombak. **lance-corporal** *n.* pangkat di bawah pangkat koperal.

lanceolate *a.* meruncing ke hujung seperti lembing.

lancer *n.* tentera yang bersenjatakan lembing.

lancet *n.* pisau tajam bermata dua yang digunakan oleh doktor bedah.

land *n.* tanah. —*v.t./i.* pergi atau naik ke darat; (berkenaan dengan kapal terbang) mendarat; turun ke bumi atau ke permukaan air; membawa ke atau tiba di satu tempat atau keadaan; memukul; membawa seekor ikan ke daratan; mendapatkan (hadiah, dsb.). **land-locked** *a.* dikelilingi tanah.

landau *n.* kereta kuda landau.

landed *a.* mempunyai dan mengandungi tanah.

landfall *n.* penyaksian daratan (selepas perjalanan laut atau udara).

landfill *n.* bahan buangan, dsb. digunakan dalam landskap atau timbus guna tanah.

landing *n.* mendarat. **landing-stage** *n.* pelantar pendaratan.

landlady *n.* tuan rumah atau tuan tanah wanita.

landlord *n.* tuan rumah; tuan tanah.

landlubber n. (colloq.) orang yang tidak biasa dengan laut.

landmark n. tanda tempat; tanda yang nyata pada teknikal; sejarah ditempa untuk sesuatu perkara.

landscape a. landskap; pemandangan keadaan alam. —v.t. membuat seni taman.

landslide n. tanah runtuh; kemenangan besar.

landslip n. gelinciran tanah.

landsman n. (pl. -men) seseorang yang bukan pelaut.

landward a. & adv. menghala ke daratan. **landwards** adv. arah ke darat.

lane n. lorong.

language n. bahasa; perkataan dan kegunaannya.

languid a. lemah longlai; tidak bermaya. **languidly** adv. dengan lemah longlai.

languish v.i. merana; rindu akan; tinggal dalam keadaan yang tidak memuaskan.

languishing a. kelihatan merana.

languor n. kelemahan. **languorous** adj. keadaan lemah.

lank a. tinggi lampai dan kurus.

lanky a. (-ier, -iest) kurus tinggi. **lankiness** n. keadaan kurus tinggi.

lanolin n. lanolin; lemak daripada bulu biri-biri untuk dibuat ubat sapu.

lantern n. tanglung. **lantern-jawed** a. rahang cengkung.

lanyard n. lanyard; tali penyandang.

lap[1] n. riba; pangkuan; pusingan; lipatan. —v.t./i. (p.t. **lapped**) membalut atau melipat; mendahului beberapa pusingan dalam perlumbaan. **lap-dog** n. anjing kesayangan.

lap[2] v.t./i. (p.t. **lapped**) sesap; sedut.

lapel n. lapel; kelepet atau pelipat baju (di kolar).

lapidary a. yang berkenaan dengan batu.

lapis lazuli n. lapis lazuli; lazuardi; batu biru separa bernilai.

Laplander n. penduduk peribumi Lapland.

Lapp n. penduduk dan bahasa Lapland.

lappet n. penutup, lipat.

lapse v.i. merosot; luput. —n. kesilapan kecil; keterlanjuran; selang beberapa waktu.

laptop n. komputer riba.

larboard a. & n. sebelah kiri (kapal).

larceny n. pencurian.

larch n. sejenis pokok pain.

lard n. lemak khinzir. —v.t. membubuhi lemak khinzir pada makanan yang hendak dipanggang; menyedapkan (ucapan atau penulisan) dengan menggunakan frasa bahasa asing atau teknikal. **lardy** a. seperti lemak; berlemak.

larder n. bilik atau gerobok simpan makanan.

large a. (-er, -est) besar; luas. —adv. perihal panjang lebar atau besar. **at large** bebas bergerak. **largeness** n. kebesaran; besarnya.

largely adv. sebahagian besar.

largesse n. wang atau hadiah yang disampaikan dengan murah hati; kemurahan hati.

lariat n. laso; tanjul; tali yang digelungkan pada bahagian hujung dan dibalingkan ke leher kuda untuk menangkapnya.

lark[1] n. sejenis burung.

lark[2] n. gurau senda; kelucuan. —v.i. bermain-main dan bersenda gurau.

larkspur n. tumbuhan dengan bunganya berwarna biru atau merah jambu.

larva n. (pl. -vae) larva; serangga pada tahap awal atau sebaik menetas. **larval** a. berkenaan larva; berbentuk larva.

laryngitis n. laringitis; sakit tenggorok.

larynx n. larinks; peti suara; tenggorok; tekak.

lasagne n.pl. sejenis pasta yang dimasak dengan lapisan keju dan daging.

lascivious a. penuh syahwat dan berahi. **lasciviously** adv. dengan berahinya. **lasciviousness** n. keberahian; kenafsuan.

laser n. laser; pancaran cahaya yang dibuat dengan alat yang khusus.

lash v.t./i. memukul dengan cambuk; menyebat; melibaskan; mengecam; menyelar. —n. pukulan cambuk; bahagian cambuk yang boleh dilenturkan; bulu mata. **lash out** serangan dengan kata-kata atau tumbukan; belanja berlebihan.

lashings n.pl. (sl.) banyak.

lass, lassie ns. (Sc. & N. Engl.) gadis.

lassitude n. kelelahan; kelemahan.

lasso n.(pl. -oes) laso; jerat; tanjul. —v.t. (p.t. **lassoed**, pres.p. **lassoing**) menjerat atau menangkap dengan tali panjang yang bersimpul gelung.

last[1] n. kelebut kasut.

last[2] a. & adv. terakhir; terkebelakang. —n. barang atau orang yang terakhir. **at last, at long last** akhirnya. **last post** bunyi syahwat tentera yang dilakukan pada waktu petang dan ketika upacara pengebumian. **last**

straw sesuatu yang membuat seseorang hilang sabar atau tidak tahan lagi. **last trump** tiupan sangkakala pada hari kiamat. **last word** kata-kata terakhir atau kata putus; fesyen terkini. **on its last legs** hampir mati; penggunaannya hampir tamat.

last³ v.t./i. berterusan; berlarutan; tahan.

lastly adv. akhirnya.

latch n. selak; kancing pintu. —v.t./i. menyelak; mengancing pintu.

latchkey n. kunci pintu depan.

late a. & adv. (-er, -est) terlambat; lebih daripada waktunya; yang baru lalu; almarhum. **of late** kebelakangan ini. **lateness** n. kelambatan.

lately adv. baru-baru ini; kebelakangan ini.

latent a. diam; pendam; tersembunyi.

lateral a. lateral; sisian. —n. bahagian sisi. **laterally** adv. secara lateral.

latex n. susu getah; lateks.

lath n. (pl. **laths**) belebas; bilah pelupuh.

lathe n. bindu; mesin pelarik.

lather n. busa; buih. —v.t./i. meliputi atau membentuk buih.

Latin n. bahasa Latin. —a. dari atau dalam bahasa Latin; bercakap dalam bahasa yang asasnya Latin.

latitude n. garis lintang; latitud.

latitudinarian a. & n. (orang) liberal dalam pendapat, dsb. terutama agama.

latrine n. tandas.

latter a. terkemudian; berkenaan dengan akhirnya. **latter-day** a. waktu akhirnya; moden.

latterly adv. sejak akhir-akhir ini; dewasa ini.

lattice n. kisi-kisi. **lattice window** tingkap kekisi.

laud v.t. & n. memuji; pujian.

laudable a. terpuji. **laudably** adv. dengan cara terpuji.

laudanum n. candu yang digunakan sebagai pelali.

laudatory a. bersifat memuji.

laugh v.t./i. tertawa; gelak. —n. perbuatan ketawa; (colloq.) kejadian yang melucukan. **laughing-stock** n. orang atau benda yang menjadi bahan ejekan.

laughable a. menggelikan hati; lucu; mustahil.

laughter n. ketawa.

launch¹ v.t./i. melancarkan. —n. pelancaran. **launch out** belanja berhabisan; memulakan perniagaan.

launch² n. sejenis motobot besar.

launder v.t. basuh dan gosok (pakaian).

launderette n. kedai dobi.

laundress n. perempuan yang membasuh baju.

laundry n. tempat mencuci pakaian.

Laureate a. **Poet Laureate** penyair yang dilantik untuk menulis puisi sesuatu peristiwa negara.

laurel n. pohon laurel. (pl.) memperoleh kemenangan atau penghormatan.

lav n. (colloq.) **lavatory** tandas.

lava n. lava; lahar gunung berapi.

lavatory n. tandas.

lavender n. lavender; sejenis bunga yang sangat harum. **lavender-water** minyak wangi yang diperbuat daripada bunga lavender.

lavish a. sangat mewah. —v.t. memberikan sesuatu dengan mewahnya. **lavishly** adv. dengan mewahnya; secara berlebihan. **lavishness** n. kemewahan.

law n. hukum; undang-undang. **law-abiding** a. taat pada undang-undang; patuh kepada hukum.

lawcourt n. mahkamah.

lawful a. menurut hukum; menurut undang-undang. **lawfully** adv. dengan cara yang sah di sisi undang-undang.

lawless a. tidak menurut undang-undang. **lawlessness** n. perihal tidak menurut undang-undang; ketiadaan undang-undang.

lawn¹ n. kain kapas atau tiruan yang halus.

lawn² n. halaman yang berumput. **lawn-mower** n. mesin pemotong rumput. **lawn tennis** (lihat **tennis**).

lawsuit n. tuntutan mahkamah; dakwaan.

lawyer n. peguam.

lax a. lemah dan tidak tegas. **laxly** adv. dengan lalainya. **laxity** n. kelalaian.

laxative a. & n. ubat pencuci perut; julap.

lay¹ (usang) puisi untuk nyanyian.

lay² a. bukan ahli.

lay³ v.t./i. (p.t. **laid**) meletakkan; membaringkan; menyediakan; mengurangkan; bertelur; (salah penggunaan) bohong. —n. keadaan; cara barang diletakkan. **lay about one** memukul-mukul (secara sembarangan). **lay hold of** memegang. **lay into** (sl.) menghentam; memarahi. **lay off** (colloq.) berhenti. **lay-off** n. diberhentikan sementara; dibuang kerja. **lay out** meletakkan mengikut rancangan; menumbangkan seseorang. **lay up** menyimpan. **lay waste** memusnahkan tanaman dan bangunan (sesuatu kawasan).

L

lay figure patung contoh; rangka tubuh manusia yang diperbuat daripada kayu yang disambung-sambung yang digunakan oleh pelukis.

lay-by *n.* hentian sebelah; satu kawasan di tepi jalan tempat meletakkan kenderaan agar tidak menghalang lalu lintas.

layabout *n.* seorang yang malas dan mengelakkan kerja untuk saraan hidupnya.

layer *n.* lapisan; petala. —*v.t.* diaturkan dalam lapisan; mencucukkan sebahagian daripada tumbuhan ke tanah supaya berakar, manakala bahagian tersebut masih merupakan sebahagian daripada tumbuhan induk.

layette *n.* pakaian untuk bayi.

layman *n.* (*pl.* **-men**) orang kebanyakan dan bukan yang ahli mana-mana golongan atau persatuan.

layout *n.* susun atur; reka letak.

laze *v.i.* bermalas-malas; duduk berehat-rehat. —*n.* perbuatan atau waktu bermalas-malas.

lazy *a.* (**-ier**, **-iest**) tidak mahu bekerja; tidak membuat banyak kerja; malas. **lazy-tongs** *n.* alat untuk mengambil barang yang jauh. **lazily** *adv.* dengan malas. **laziness** *n.* kemalasan.

lazy-bones *n.* (*colloq.*) berat tulang; pemalas; penyegan.

lb *abbr.* **pound** paun.

lea *n.* (puisi) padang rumput.

leach *v.t./i.* melarut resap; menapis air menggunakan penapis.

lead¹ *v.t./i.* (*p.t.* **led**) memandu dan menunjukkan jalan; memimpin; mengetuai; mendahului. —*n.* panduan; pimpinan; pedoman; teladan; mengikut teladan seseorang; memperoleh tempat pertama dalam perlumbaan; tali daripada kulit yang diikat pada leher anjing; wayar yang mengalirkan arus elektrik; hak untuk menurunkan daun pertama dalam permainan daun terup; bahagian utama atau terpenting dalam lakonan atau cerita; pelakon utama dalam lakonan. **lead up to** memperkenalkan atau cuba mengemukakan; membawa kepada. **leading article** rencana akhbar yang memberikan pandangan editor. **leading question** soalan yang diatur untuk mendapatkan jawapan yang dikehendaki

lead² *n.* timah hitam; plumbum; (pensel) grafit; (*pl.*) jalur-jalur plumbum. **swing the lead** (*sl.*) pura-pura sakit untuk mengelakkan kerja.

leaded *a.* yang dilingkungi atau diselaputi oleh plumbum.

leaden *a.* seperti timah hitam yang sangat berat.

leader *n.* orang yang memimpin; pemimpin. **leadership** *n.* kepimpinan.

leaf *n.* daun. —*v.i.* **leaf through** membuka helai buku. **leaf-mould** *n.* tanah yang mengandungi daun-daun reput.

leafage *n.* daun-daun; dedaun.

leafless *a.* tidak berdaun.

leaflet *n.* risalah; surat sebaran.

leafy *a.* berdaun banyak; rimbun dan rendang.

league¹ *n.* (usang) ukuran jarak kira-kira 5 km.

league² *n.* gabungan orang atau negara untuk tujuan tertentu; persatuan dan kelab sukan yang bertanding untuk merebut sesuatu kejohanan. —*v.t.* menubuhkan pakatan atau gabungan. **in league with** bersekutu; bersubahat.

leak *n.* bocor; tiris. —*v.t./i.* bolos atau keluar dari bekas; memberitahu; diketahui. **leakage** *n.* kebocoran. **leaky** *a.* bocor.

lean¹ *a.* (**-er**, **-est**) tidak berlemak; daging yang tidak berlemak. **leanness** *n.* keadaan dan perihal kurus. —*n.* daging yang tidak berlemak.

lean² *v.t./i.* (*p.t.* **leaned**, *p.p.* **leant**) condong; cenderung. **lean on** bersandar; berpaut. **lean-to** *n.* sengkuap; bertahan pada bangunan lain.

leaning *n.* rujukan; kecenderungan.

leap *v.t./i.* (*p.t.* **leaped**, *p.p.* **leapt**) melompat; meloncat. —*n.* lompatan; loncatan; terkaman. **leap year** tahun lompat; tahun kabisat.

leap-frog *n.* permainan lompat katak. —*v.t./i.* (*p.t.* **frogged**) melakukan lompatan; berselang-seli melompat.

learn *v.t./i.* (*p.t.* **learned**, *p.p.* **learnt**) belajar; mempelajari. **learner** *n.* orang yang belajar; pelajar.

learned *a.* terpelajar; berpengetahuan.

learning *n.* pengetahuan dan pelajaran yang diperoleh daripada proses pembelajaran.

lease *n.* pajakan; sewa. —*v.t.* memajakkan; menyewakan. **leasehold** *n.* pegangan pajak; sewaan. **leaseholder** *n.* pemegang pajak; penyewa.

leash *n.* tali anjing yang diikat ke tengkuknya. —*v.t.* menguasai; mengebat; menghalang; menyekat.

least *a.* yang terkecil; tersedikit. —*n.* bahagian yang tersedikit, dsb. —*adv.* yang paling sedikit.

leather *n.* kulit (binatang).

leathery *a.* liat bagaikan kulit; seperti kulit.

leave *v.t./i.* (*p.t.* **left**) bertolak atau meninggalkan sesuatu tempat; tertinggal (barang, dll.); meninggalkan (harta, dll.); berhenti dari; membiarkan. —*n.* kebenaran; kebenaran yang sah supaya tidak hadir untuk menjalankan tugas; cuti. **on leave** bercuti. **take one's leave** mengucapkan selamat tinggal dan pergi.

leaven *n.* bahan untuk menaikkan bancuhan tepung sebelum dibakar menjadi roti; bahan penaik. —*v.t.* bertindak sebagai bahan penaik; menambahkan bahan penaik kepada sesuatu.

leavings *n.pl.* apa-apa yang tinggal; baki; sisa.

lecher *n.* lelaki gasang; orang yang kuat nafsu syahwat.

lechery *n.* kegasangan; perbuatan gasang. **lecherous** *a.* bernafsu syahwat dan gasang; gafae.

lecithin *n.* lesitin; bahan yang digunakan sebagai pencair dan penstabil makanan.

lectern *n.* sejenis mimbar.

lecture *n.* syarahan; kuliah. —*v.t./i.* menyampaikan pelajaran menerusi syarahan; memberi kuliah. **lecturer** *n.* pensyarah. **lectureship** *n.* jawatan pensyarah.

led *lihat* **lead**[1].

ledge *n.* belebas.

ledger *n.* lejar; buku besar akaun.

lee *n.* lindungan; tempat yang terlindung daripada angin.

leech *n.* lintah.

leek *n.* bawang perai.

leer *v.i.* memandang dengan gaya yang menunjukkan niat yang tidak baik atau penuh berahi. —*n.* pandangan yang menunjukkan niat tidak baik atau penuh berahi.

lees *n.pl.* keladak dalam wain.

leeward *a. & n.* di sebelah tempat yang terlindung dari angin.

leeway *n.* hanyutan ke sisi (kapal). **make up leeway** mendapat semula kedudukan yang hilang atau mengganti masa yang terbuang.

left[1] *lihat* **leave**. **left-overs** *n.pl.* saki-baki.

left[2] *a. & adv.* sebelah kiri. —*n.* bahagian sebelah kiri; tangan atau kaki kiri; orang yang menyokong bentuk sosialisme yang keterlaluan daripada yang lain-lain dalam kumpulan mereka. **left-handed** *a.* menggunakan tangan kiri; kidal.

leftist *a. & n.* ahli sebuah parti politik berhaluan kiri.

leg *n.* kaki binatang atau manusia. —*v.t.* (*p.t.* **legged**) berkaki. **leg it** (*colloq.*) berlari sederasnya. **leg-pull** *n.* memperdaya.

legacy *n.* waris.

legal *a.* sah; menurut hukum atau undang-undang. **legally** *adv.* yang menurut hukum atau undang-undang.

legality *n.* kesahan; sahnya.

legalize *v.t.* mengesahkan; menghalalkan.

legate *n.* wakil.

legatee *n.* penerima warisan.

legation *n.* kedutaan.

legato *adv & a.* muzik latar yang dimainkan dengan lembut dan terus berkumandang.

legend *n.* dongeng sejarah; legenda.

legendary *a.* yang termasyhur dalam legenda; (*colloq.*) ternama.

leger *a.* **leger line** garis pendek yang ditambah pada nota muzik.

legerdemain *n.* silap mata; penyulapan.

leggings *n.pl.* sarung betis; sarung balut kaki.

leggy *a.* berkaki panjang.

leghorn *n.* jerami pintal; topi diperbuat daripada jerami.

legible *a.* dapat dibaca. **legibly** *adv.* dengan cara yang mudah dibaca. **legibility** *n.* perihal mudah dibaca.

legion *n.* legion; pasukan tentera Romawi zaman dahulu.

legionnaire *n.* askar legion. **legionnaires disease** sejenis penyakit pneumonia bakteria.

legislate *v.i.* membuat undang-undang.

legislation *n.* pembentukan undang-undang.

legislative *a.* yang membuat undang-undang.

legislator *n.* ahli majlis undangan.

legislature *n.* majlis atau badan yang membuat undang-undang.

legitimate *a.* sah; berhak dan berdasarkan undang-undang.

legitimately *adv.* yang sah. **legitimacy** *n.* perihal atau keadaan yang sah.

legitimize *v.t.* menjadikan sah; mengesahkan.

legless *a.* tanpa kaki.

legume *n.* legum; (pokok) kekacang.

leguminous *a.* jenis kekacang.

leisure *n.* masa lapang; masa senggang; kelapangan. **at one's leisure** apabila seseorang mempunyai waktu.

leisured *a.* mempunyai banyak masa lapang.

L

leisurely *a. & adv.* dengan tidak ter-gesa-gesa atau terburu-buru.

leitmotiv *n.* tema asas; motif utama.

lemming *n.* haiwan rodensia yang kecil seperti tikus di Artik.

lemon *n.* lemon; sejenis limau yang kulitnya berwarna kuning. **lemony** *a.* berwarna kuning lemon; berperisa lemon.

lemonade *n.* air limau untuk minuman.

lemur *n.* kandau; sejenis binatang seakan-akan monyet di Madagaskar yang aktif pada waktu malam.

lend *v.t.* (*p.t.* **lent**) meminjamkan; memberi sesuatu untuk digunakan dengan janji akan dipulangkan. **lend itself to** yang sesuai untuk.

lender *n.* orang yang meminjamkan sesuatu kepada orang lain.

length *n.* ukuran dari pangkal ke hujung; panjang. **at length** selepas mengambil masa yang lama akhirnya; dengan panjang lebar; terperinci.

lengthen *v.t./i.* memanjangkan; melamakan.

lengthways *adv.* memanjang; membujur. **lengthwise** *adv. & a.* memanjang; membujur.

lengthy *a.* (**-ier, -iest**) yang sangat panjang; terlalu panjang; lama. **lengthily** *adv.* dengan panjang lebar.

lenient *a.* tidak berkeras; lembut hati. **leniently** *adv.* dengan tidak menggunakan kekerasan; dengan berlembut.

lenience *n.* perihal berlembut; kelembutan hati.

lenity *n.* perihal menunjukkan kelembutan hati atau belas kasihan.

lens *n.* kepingan kaca atau bahan seperti kaca yang sebelah atau kedua-dua belah permukaannya melengkung, digunakan untuk cermin mata, kanta atau lensa.

lent *lihat* **lend**.

Lent *n.* tempoh masa empat puluh hari sebelum Easter dan dalam tempoh ini kecuali hari Ahad orang Kristian berpuasa dan bertaubat. **Lenten** *a.* yang bersangkutan dengan anutan orang Kristian tentang ibadat puasa dan taubat.

lentil *n.* lentil; sejenis tumbuhan kekacang.

leonine *a.* yang berkenaan dan seperti singa.

leopard *n.* harimau bintang. **leopardess** *n. fem.* harimau bintang (betina).

leotard *n.* pakaian untuk ahli akro-batik.

leper *n.* orang yang menghidap penyakit kusta.

leprechaun *n.* leprekaun; sejenis orang bunian yang menyerupai seorang tua (dalam dongeng orang Irish).

leprosy *n.* kusta. **leprous** *a.* berkenaan dengan penyakit kusta.

lesbian *n.* perempuan yang melakukan hubungan seks sejenis.

lesbianism *n.* perihal perempuan yang melakukan hubungan seks sesama jenis.

lese-majesty *n.* pengkhianatan atau celaan terhadap raja; perilaku yang terlalu angkuh atau biadab.

lesion *n.* perubahan yang bahaya pada tubuh yang disebabkan oleh penyakit atau kecederaan.

less *a.* menunjukkan jumlah yang lebih kecil; kurang daripada; nilai yang rendah. —*adv.* kurang. —*n.* jumlah yang kecil. —*prep.* ditolak.

lessee *n.* penyewa.

lessen *v.t./i.* memperkecil; mengurang-kan.

lesser *a.* yang lebih kecil atau kurang.

lesson *n.* pelajaran.

lessor *n.* orang yang menyewakan harta tanah.

lest *conj.* jangan sampai; kalau-kalau.

let[1] *n.* halangan; sekatan.

let[2] *v.t./i.* (*p.t.* **let**, *pres. p.* **letting**) mem-biarkan; melepaskan; menyewakan. —*v.aux* kata kerja bantu yang diguna-kan dalam permohonan, perintah, agakan atau cabaran. —*n.* penyewaan harta. **let alone** tidak mengganggu; apatah lagi. **let down** mengempiskan; menghampakan; melabuhkan. **let-down** *n.* mengecewakan. **let in for** ter-libat sama. **let off** melepaskan tembak-an dari senjata api; meletupkan; membakar bunga api; dikecualikan daripada; dilepaskan tanpa hukuman. **let on** (*sl.*) membocorkan rahsia. **let up** (*colloq.*) reda; mengurangkan. **let-up** berkurang; mereda.

lethal *a.* membawa maut.

lethargy *n.* keletihan; kelesuan. **lethargic** *a.* lemah; letih. **lethargically** *adv.* dengan lesu atau lemah.

letter *n.* huruf; aksara; surat. —*v.t./i.* menulis huruf (di atas sesuatu). **letter-box** *n.* peti surat.

letterhead *n.* kepala surat.

lettuce *n.* salad; selada.

leucocyte *n.* leukosit; sel darah putih.

leukaemia *n.* leukemia; sejenis penyakit yang disebabkan oleh berlebihnya sel putih di dalam darah.

Levant *n.* bahagian Timur Lautan Mediteranean. **Levantine** *a. & n.* berkenaan bahagian timur Laut Mediterranean atau pendudoknya.

levee[1] *n.* perhimpunan formal bagi pelawat.

levee[2] *n.* (A.S.) tetambak menghalang ombak.

level *a.* rata; datar. —*n.* garisan atau permukaan yang mendatar; aras; paras; tahap; peringkat; kawasan datar; alat pengaras; alat untuk menguji ini. —*v.t./i.* (*p.t.* **levelled**) meratakan; menyamakan; meruntuhkan bangunan; menghalakan senjata, peluru berpandu atau tuduhan. **level crossing** tempat kereta dan kereta api melintas pada aras yang sama. **level-headed** *a.* berfikiran sihat; waras; siuman.

leveller *n.* sesuatu yang meratakan; orang yang ingin menghapuskan perbezaan darjat dalam masyarakat.

lever *n.* tuil; tuas; pengumpil. —*v.t./i.* mengangkat dengan tuil.

leverage *n.* kekuatan atau daya pengumpil; penuilan; penyungkitan.

leveret *n.* arnab muda.

leviathan *n.* benda yang besar dan kuat.

levitate *v.t./i.* naik atau menyebabkan naik dan terapung di udara. **levitation** *n.* pengapungan.

levity *n.* sikap tidak kisah; tidak peduli.

levy *v.t.* mengenakan bayaran dengan cara paksa mengikut undang-undang. —*n.* perihal mengenakan cukai.

lewd *a.* (**-er**, **-est**) lucah; tidak sopan; gatal; miang. **lewdly** *adv.* dengan tidak bersopan; secara lucah. **lewdness** *n.* kelucahan.

lexical *a.* berkenaan perkataan; leksikal. **lexically** *adv.* dari segi leksikal.

lexicography *n.* perkamusan; leksikografi. **lexicographer** *n.* penyusun kamus; ahli leksikografi.

lexicon *n.* kamus; leksikon.

ley *n.* tanah yang ditanami rumput buat sementara.

liability *n.* tanggungjawab; kewajipan; (*colloq.*) sesuatu yang menyusahkan; bebanan; (*pl.*) liabiliti; hutang-piutang.

liable *a.* berkewajipan; bertanggungjawab; berkemungkinan.

liaise *v.i.* (*colloq.*) berhubung.

liaison *n.* perhubungan.

liana *n.* pokok akar; pokok menjalar di hutan tropika.

liar *n.* pembohong.

libation *n.* persembahan minuman kepada dewa.

libel *n.* libel; penyebaran fitnah secara bertulis. —*v.t.* (*p.t.* **libelled**) memfitnahkan secara bertulis. **libellous** *a.* mengeji; mengandungi fitnah.

Liberal *a. & n.* parti politik di Britain yang menentang Konservatif. **Liberalism** *n.* liberalisme; pandangan dan pendapat yang bebas dan terbuka.

liberal *a.* liberal; orang yang berfahaman bebas. **liberally** *adv.* dengan sikap terbuka dan terbuka. **liberality** *n.* berkenaan fikiran luas dan kemurahan hati.

liberalize *v.t.* melonggarkan; meliberalkan. **liberalization** *n.* pelonggaran.

liberate *v.t.* melepaskan; membebaskan. **liberation** *n.* kebebasan. **liberator** *n.* pembebas.

libertarian *n.* orang yang percaya tentang kebebasan dan campur tangan kerajaan yang terhad dalam kehidupan seseorang. **libertarianism** *n.* amalan tentang adanya campur tangan kerajaan yang terhad dalam kehidupan seseorang.

libertine *n.* lelaki yang suka berfoya dan tidak menghormati kaum wanita; buaya darat.

liberty *n.* kemerdekaan; kebebasan. **take the liberty** kebebasan melakukan sesuatu. **take liberties** bebas berbuat apa sahaja walaupun tidak sepatutnya.

libido *n.* (*pl.* **-os**) keinginan nafsu syahwat.

librarian *n.* pustakawan.

library *n.* kutubkhanah; perpustakaan.

libretto *n.* (*pl.* **-os**) libreto; lirik atau cerita untuk sebuah opera atau drama muzik.

lice *lihat* **louse**.

licence *n.* kebenaran rasmi; lesen; izin.

license *v.t.* memberi lesen; memberi kebenaran.

licensee *n.* pemegang lesen.

licentiate *n.* orang yang bertauliah.

licentious *a.* jangak; gasang. **licentiousness** *n.* kegasangan.

lich-gate *n.* pintu gerbang yang berbumbung.

lichen *n.* liken; tumbuhan berwarna hijau, kuning atau kelabu yang tumbuh di atas batu.

lick *v.t./i.* menjilat; (tentang ombak atau api) menyentuh dengan perlahan; (*sl.*) mengalahkan. —*n.* jilatan; pukulan dengan kayu, dsb.; penggunaan sedikit (cat, dsb.); (*sl.*) kadar yang pantas. **lick into shape** menjadikan elok atau rapi.

L

licorice *n.* (A.S.) = **liquorice** bahan berwarna hitam yang digunakan dalam ubat atau sebagai gula-gula.

lid *n.* tudung; penutup.

lido *n.* (*pl.* -os) kolam renang atau pantai tempat mandi untuk orang ramai.

lie¹ *n.* bohong; karut; dusta. —*v.i.* (*p.t.* **lied**, *press.p.* **lying**) bercakap bohong. **give the lie to** menidakkan.

lie² *v.t./i.* (*p.t.* **lay**, *p.p.* **lain**, *pres.p.* **lying**) baring. —*n.* kedudukan; keadaan; cara barang diletakkan. **lie low** menyembunyikan diri atau niat.

liege *n.* (usang) pemerintah atau tuan tanah yang berhak menerima khidmat percuma dan penghormatan daripada rakyatnya atau orang di bawah kuasanya.

lien *n.* lien; hak untuk memiliki harta orang lain sehingga hutang dibayar.

lieu *n.* **in lieu** sebagai ganti.

lieutenant *n.* pegawai bertauliah dalam tentera, bawah daripada pangkat kapten; leftenan.

life *n.* (*pl.* **lives**) kehidupan. **life cycle** kitaran atau putaran hidup. **life-guard** anggota penyelamat; pakar renang yang bertugas menyelamatkan orang dalam bahaya kelemasan. **life-jacket** jaket keselamatan. **life-preserver** belantan atau alat mempertahankan diri; boya atau pelampung keselamatan, jaket keselamatan. **life-size**, **life-sized** *adjs.* sama dengan saiz asal.

lifebelt *n.* boya atau pelampung keselamatan.

lifeboat *n.* bot keselamatan; bot untuk kecemasan.

lifebuoy *n.* boya keselamatan; alat yang membolehkan seseorang itu terapung.

lifeless *a.* mati; pengsan.

lifelike *n.* seakan-akan betul; tampak hidup.

lifeline *n.* tali keselamatan; alat atau cara perhubungan yang tunggal; sesuatu yang penting untuk meneruskan kehidupan.

lifelong *a.* sepanjang hayat.

lifetime *n.* hayat; (tempoh) sepanjang hayat; masa hidup.

lift *v.t./i.* mengangkat; (*colloq.*) mencuri. —*n.* angkat; lif: alat untuk mengangkut orang atau barangan dari satu aras ke aras yang lain, terutamanya dalam bangunan; perihal memberi tumpang; keriangan. **lift-off** *n.* pelancaran.

ligament *n.* ligamen; tisu yang kuat yang menghubungkan tulang.

ligature *n.* tali pengikat; sambungan; (muzik) ligatur.

light¹ *n.* cahaya. —*a.* diterangi cahaya; tidak berada dalam kegelapan; pucat. —*v.t./i.* (*p.t.* **lit** atau **lighted**) membakarkan; menyalakan; memberikan cahaya; menerangi. **bring to light** mendedah. **come to light** terdedah; diketahui. **light up** menerangi. **light-year** *n.* tahun cahaya; jarak pergerakan cahaya dalam setahun, lebih kurang 6 juta batu.

light² *a.* (-er, -est) ringan. —*adv.* ringan dengan beban yang sedikit. **light-fingered** *a.* suka mencuri. **light-headed** *a.* hendak pengsan. **make light of** memandang ringan. **light-hearted** *a.* gembira. **lightly** *adv.* tidak bersungguh-sungguh; menganggap ringan atau tidak serius. **lightness** *n.* kecerahan; keringanan.

light³ *v.i.* (*p.t.* **lit** atau **lighted**) **light on** terjumpa secara kebetulan. **light out** (*sl.*) bertolak; cabut.

lighten¹ *v.t./i.* menerangkan.

lighten² *v.t./i.* meringankan.

lighter¹ *n.* pemasang api rokok; pemetik api.

lighter² *n.* perahu leper di bahagian bawah untuk memunggah barang; tongkang. **lighterman** *n.* pemunggah barang (di tongkang).

lighthouse *n.* rumah api.

lighting *n.* lampu; pencahayaan.

lightning *n.* kilat. —*a.* dengan pantas. **like lightning** seperti kilat; terlalu pantas.

lights *n.pl.* paru-paru binatang tertentu yang dijadikan bahan makanan binatang.

lightship *n.* kapal dengan cahaya suar yang dijadikan rumah api.

lightsome *a.* tangkas; lincah; riang.

lightweight *a.* tidak mempunyai berat atau pengaruh yang besar. —*n.* orang yang kurang beratnya; berat dalam tinju (60 kg).

lignite *n.* lignit; batu arang coklat.

like¹ *a.* sama; serupa. —*prep.* seperti; yang sama dengan. —*conj.* (*colloq.*) seperti. —*adv.* (*colloq.*) kemungkinan; sepertinya. —*n.* orang atau barang yang serupa. **like-minded** *a.* sependapat.

like² *v.t.* ingin; suka akan. **likes** *n.pl.* kesukaan; kegemaran.

likeable *a.* menyenangkan; mudah disukai.

likelihood *n.* kemungkinan.

likely *a.* (-ier, -iest) berkemungkinan terjadi sesuatu. —*adv.* kemungkinannya. **not likely** (*colloq.*) tidak mungkin terjadi. **likeliness** *n.* besar kemungkinan.

liken *v.t.* menyamakan; menunjukkan persamaan.

likeness *n.* seperti; semacam.

likewise *adv.* begitu juga; tambahan pula.

liking *n.* kesukaan seseorang; perasaan suka.

lilac *n.* sejenis tumbuhan yang berbunga ungu muda atau putih dan harum baunya. —*a.* berwarna ungu muda.

liliaceous *a.* keluarga bunga lili.

liliputian *a.* halus; sangat kecil.

lilt *n.* nada; intonasi; irama atau lagu yang menyegarkan. **lilting** *a.* beralun-alun.

lily *n.* bunga teratai.

limb *n.* anggota badan (seperti tangan, kaki, dsb.). **out on a limb** terasing; terpencil.

limber *a.* mudah lentur; tidak tegang. —*v.t./i.* **limber up** bersenam; latihan sebagai persediaan untuk acara olahraga.

limbo[1] *n.* keadaan dilupakan; terlantar; terawang-awang.

limbo[2] *n.* (*pl.* -os) tarian orang Hindia Barat.

lime[1] *n.* kapur; benda putih yang digunakan untuk membuat simen.

lime[2] *n.* buah limau nipis.

lime[3] *n.* sejenis pohon berbunga kecil berwarna kuning dan harum baunya; linden. **lime-tree** *n.* pokok linden.

limelight *n.* (menjadi) perhatian atau tumpuan ramai.

limerick *n.* limerik; sejenis sajak lucu terdiri daripada lima baris.

limestone *n.* batu kapur.

limit *n.* had; batas. —*v.t./i.* memberi had; mengehadkan supaya tidak lebih; berada dalam had yang ditentukan. **limitation** *n.* pembatasan.

limousine *n.* limousin; kereta jenis mewah.

limp[1] *v.i.* berjalan dengan incang-incut; tempang. —*n.* perihal berjalan tempang.

limp[2] *a.* (-er, -est) tidak keras atau tegang; lemah; layu; lembik; kendur. **limply** *adv.* dengan lemah; dengan kendur. **limpness** *n.* kelemahan; kekenduran.

limpet *n.* siput senduk; teritip.

limpid *a.* jernih; hening.

linchpin *n.* pasak pada hujung gandar roda.

linctus *n.* ubat batuk yang menyegarkan.

line[1] *n.* garisan. **the Line** Khatulistiwa. —*v.t.* menggaris; diaturkan dalam barisan. **get a line on** (*colloq.*) mengetahui tentang sesuatu. **in line with** selaras dengan.

line[2] *v.t.* mengalas; melapiki. **line one's pockets** mendapat wang dengan cara haram.

lineage *n.* keturunan; asal usul.

lineal *a.* berkenaan dengan keturunan yang langsung atau terus.

lineaments *n.pl.* raut muka; roman; wajah.

linear *a.* berkenaan dengan atau seperti garis datar atau lurus.

linen *n.* kain linen; kain yang dibuat daripada rami yang halus.

liner[1] *n.* kapal laut atau kapal udara.

liner[2] *n.* lapik yang dapat ditanggalkan.

linesman *n.* (*pl.* -men) penjaga garisan; pekerja yang memeriksa landasan kereta api atau yang memperbaiki kabel telefon atau elektrik.

ling[1] *n.* rumpun kecil pokok bunga yang bunganya berbentuk loceng.

ling[2] *n.* sejenis ikan laut yang terdapat di Eropah.

linger *v.i.* berlambat-lambat.

lingerie *n.* pakaian dalam wanita.

lingo *n.* (*pl.* -oes) (*joc.* atau *derog.*) bahasa asing yang tidak diketahui.

lingua franca bahasa yang digunakan sebagai bahasa perantaraan.

lingual *a.* tentang lidah; tentang ucapan atau bahasa.

linguist *n.* ahli bahasa; ahli linguistik.

linguistic *a.* berkenaan ilmu bahasa; linguistik.

linguistics *n.* ilmu bahasa; linguistik.

liniment *n.* minyak urat.

lining *n.* lapisan.

link *n.* hubungan. —*v.t.* menghubungkan; menyambungkan; mengaitkan. **linkage** *n.* sambungan.

links *n.* atau *n.pl.* padang golf.

lino *n.* kependekan bagi **linoleum.**

linocut *n.* potongan lino; potongan lakaran atas kepingan linoleum.

linoleum *n.* linoleum; kain kanvas yang tebal dan kuat untuk menutupi lantai.

linseed *n.* biji rami.

lint *n.* kain tiras; lin.

lintel *n.* tutup jenang; kepingan kayu yang melintang di atas pintu.

lion *n.* singa. **lion's share** bahagian terbesar. **lioness** *n. fem.* singa betina.

lionize *v.t.* mengagung-agungkan.

lip *n.* bibir. **lip-read** *v.t./i.* memahami apa yang dikatakan daripada pergerakan bibir pembicara. **pay lip-service** *v.t./i.* berpura-pura menyokong; cakap sahaja. **lipped** *a.* mempunyai bibir atau menyerupai bibir.

liposuction *n.* pembuangan lemak di bawah kulit secara sedutan yang digunakan dalam pembedahan kosmetik.

lipsalve *n.* ubat sapu untuk bibir.

lipstick *n.* gincu.

liquefy *v.t./i.* mencecairkan; meleburkan. **liquefaction** *n.* perihal menjadikan cecair.

liquer *n.* minuman alkohol.

liquid *n.* cecair. —*a.* dalam bentuk cecair; bunyi yang mengalir dengan baik; harta yang senang ditukarkan menjadi wang tunai. **liquidity** *n.* senang ditukarkan kepada tunai (harta).

liquidate *v.t.* membayar dan menjelaskan hutang. **liquidation** *n.* pemansuhan atau pembubaran. **liquidator** *n.* orang yang bertanggungjawab membubarkan.

liquidize *v.t.* menjadikan cecair; mengisar menjadi hancur berair. **liquidizer** *n.* pengisar (basah).

liquor *n.* arak; minuman keras.

liquorice *n.* likuoris; bahan hitam yang diperoleh daripada sejenis pohon dan digunakan dalam ubat atau gula-gula.

lira *n.* (*pl.* **lire**) unit wang di Itali dan Turki.

lisp *n.* kepelatan (menyebut huruf 's' dan 'z'). —*v.t./i.* pelat menyebut huruf 's' dan 'z'.

lissom *a.* lincah; tangkas dan lemah-gemalai.

list[1] *n.* senarai. —*v.t.* menyenaraikan; dimasukkan dalam senarai. **enter the lists** menerima atau memberi cabaran.

list[2] *v.i.* (bagi kapal) senget.

listen *v.i.* mendengar. **listen in** mendengar perbualan; mendengar siaran radio. **listener** *n.* pendengar.

listeria *n.* listeria; bakteria dalam makanan yang dicemari.

listless *a.* terlalu letih; tidak berdaya. **listlessly** *adv.* dengan tidak bermaya. **listlessness** *n.* kepenatan; kemalasan; kelemahan.

lit *lihat* **light**[1] dan **light**[3].

litany *n.* sejenis doa.

litchi *n.* (*pl.* **-is**) pokok laici; buah laici.

liter *n.* (A.S.) = **litre** unit untuk menyukat cecair dalam kiraan metrik, bersamaan dengan 1 ¾ pain; liter.

literacy *n.* melek huruf; kebolehan membaca dan menulis.

literal *a.* harfiah; literal. **literally** *adv.* secara harfiah. **literalness** *n.* perihal keharfiahan.

literary *a.* (berkenaan) kesusasteraan; tentang sastera dan hasil seni.

literate *a.* dapat menulis dan membaca.

literati *pl. n.* orang berpelajaran yang berminat dalam kesusasteraan.

literature *n.* kesusasteraan.

lithe *a.* yang dapat dilentur.

lithium *n.* litium; sejenis elemen logam.

lithograph *n.* litograf; sesuatu yang dicetak dengan menggunakan proses litografi.

lithography *n.* litografi; proses percetakan yang menggunakan cap batu atau logam. **lithographic** *a.* berkenaan litograf.

litigant *n.* pendakwa.

litigate *v.* membawa pertikaian atau tuntutan kepada undang-undang mahkamah. **litigation** *n.* tindakan undang-undang; dakwaan.

litigious *a.* litigasi; cenderung membuat tuntutan melalui mahkamah.

litmus *n.* litmus; sejenis bahan berwarna biru yang menjadi merah apabila dibubuh asid dan kembali menjadi biru dengan alkali. **litmus-paper** *n.* kertas litmus.

litotes *n.* kata-kata yang bersifat ironi (contoh: *saya tidak sepatutnya bersedih* bagi menyatakan *saya sepatutnya gembira*).

litre *n.* liter.

litter *n.* sampah sarap; kotoran. —*v.t.* menyepahkan; mengotorkan; melahirkan.

little *a.* kecil; sedikit. —*n.* jumlah, waktu atau jarak yang kecil. —*adv.* kurang; sedikit.

littoral *a. & n.* (kawasan) litoral; pesisir pantai.

liturgy *n.* liturgi; upacara di gereja. **liturgical** *a.* bersifat liturgi.

live[1] *a.* hidup. **live wire** orang yang cergas dan berpengaruh.

live[2] *v.t./i.* bernyawa; mempunyai nyawa; terus wujud; hidup; tinggal. **live down** membuat atau berkelakuan supaya perbuatan pada masa silam dapat dilupakan. **live it up** hidup dengan mewah. **live on** terus hidup. **liveable** *a.* sesuai didiami.

livelihood *n.* mata pencarian.

livelong *a.* **the livelong day** sepanjang hari.

lively *a.* (-ier, -iest) penuh dengan aksi atau tenaga; cergas; rancak. **liveliness** *n.* kecergasan; kerancakan.

liven *v.t./i.* menjadi bersemangat; segar.

liver *n.* hati; organ besar di dalam badan yang tugasnya mengeluarkan hempedu dan membersihkan darah.

liveried *a.* menggunakan pakaian seragam.

livery *n.* pakaian seragam.

livestock *n.* binatang ternakan.

livid *a.* biru kekelabuan; lebam; (*colloq.*) teramat marah.

living *a.* hidup; masih hidup; serupa. —*n.* perihal hidup; kehidupan; cara penghidupan; mata pencarian. **living-room** bilik untuk kegunaan harian; bilik tamu.

lizard *n.* cicak; bengkarung.

llama *n.* llama; sejenis binatang seperti unta yang berbulu tebal untuk mengangkut barang di Amerika Selatan.

load *n.* muatan; beban; jumlah kuasa elektrik yang dibekalkan oleh penjana; (*pl.*; *colloq.*) banyak. —*v.t./i.* meletakkan muatan di dalam atau di atas kenderaan; menerima muatan; meletakkan muatan yang berat; memasukkan peluru ke dalam senapang; mengisi filem ke dalam kamera. **loader** *n.* orang atau jentera yang memuatkan jentolak.

loaf¹ *n.* (*pl.* loaves) sebuku roti; (*sl.*) kepala.

loaf² *v.i.* bermalas-malasan dan membuang masa; melepak. **loafer** *n.* orang yang malas dan suka ponteng; kaki lepak.

loam *n.* tanah gembur yang subur. **loamy** *a.* bergembur; peroi.

loan *n.* pinjaman. —*v.t.* (*colloq.*) meminjamkan.

loath *a.* tidak mahu; tidak suka.

loathe *v.t.* berasa tidak suka dan benci sangat-sangat. **loathing** *n.* kebencian. **loathsome** *a.* tidak digemari dan diminati; menjijikkan.

lob *v.t.* (*p.t.* lobbed) memukul atau membaling bola tinggi. —*n.* bola tinggi.

lobar *a.* (tentang) bahagian berbentuk bulat (misalnya pada paru-paru).

lobby *n.* ruang legar; kumpulan yang cuba mempengaruhi. —*v.t.* melobi; cuba mempengaruhi seorang wakil rakyat untuk menyokong tujuan seseorang.

lobbyist *n.* pelobi wakil rakyat, dsb.

lobe *n.* cuping telinga; lobus.

lobelia *n.* sejenis pokok yang berbunga.

lobotomy *n.* lobotomi; pembedahan pada otak.

lobster *n.* udang karang; lobster. **lobster-pot** *n.* bakul untuk menangkap udang karang.

local *a.* setempat; tempatan. —*n.* penduduk setempat; (*colloq.*) bangunan yang menjual minuman keras. **local colour** penerangan yang panjang lebar tentang pemandangan atau suasana sesuatu babak dalam cerita supaya kelihatan lebih realistik. **local government** kerajaan setempat. **locally** *adv.* perihal setempat.

locale *n.* tempat kejadian.

locality *n.* kedudukan sesuatu; kawasan yang terdapat sesuatu di situ.

localize *a.* menyetempatkan; memusatkan kepada satu tempat sahaja.

locate *v.t.* mencari atau mengesan sesuatu tempat; menempatkan.

location *n.* penempatan; kedudukan sesuatu tempat. **on location** (filem) penggambaran di luar studio.

loch *n.* (*Sc.*) danau; tasik.

loci *n.* (*pl. of* locus) latar tempat.

lock¹ *n.* rambut yang berkelok; ikal rambut; (*pl.*) rambut.

lock² *n.* alat kunci. —*v.t./i.* menyelak dengan kunci; menyimpan dalam tempat yang berkunci. **lock-up** *n.* tempat yang dikunci; bilik atau bangunan tempat penjenayah dapat dikurung sementara; lokap. **lock-out** mengunci pintu (supaya seseorang tidak dapat masuk).

lockable *a.* dapat dikunci.

locker *n.* gerobok; almari kecil.

locket *n.* loket; buah rantai.

lockjaw *n.* (penyakit) kancing gigi.

lockout *n.* prosedur sekat mudik kerja oleh majikan hingga sesuatu pertikaian dapat diselesaikan.

locksmith *n.* tukang kunci.

locomotion *n.* kebolehan bergerak; daya bergerak; tidak boleh tinggal tetap.

locomotive *n.* kepala kereta api; lokomotif. —*a.* mengenai daya gerak; yang menyebabkan bergerak.

locum *n.* pengganti doktor atau paderi yang bercuti, dsb.

locus *n.* (*pl.* -ci) tempat sesuatu yang tepat sekali; lokus; londar.

locust *n.* belalang juta.

locution *n.* perkataan atau frasa; gaya pertuturan.

lode *n.* telerang yang mengandungi logam.

lodestar *n.* bintang yang dijadikan sebagai pedoman untuk mengemudikan kapal; bintang kutub.

lodestone *n.* batu magnet.

lodge *n.* rumah kecil tempat tinggal sementara. —*v.t./i.* menyediakan tempat tidur buat sementara waktu; tinggal sebagai penyewa; tertanam; terbenam.

lodger *n.* penyewa rumah tumpangan.

lodging *n.* tempat tinggal yang disewa; (*pl.*) bilik yang disewa untuk didiami.

loft *n.* peran; loteng. —*v.t.* memukul tinggi (bola).

lofty *a.* (-ier, -iest) mulia dan berbudi tinggi. **loftily** *adv.* dengan mulia; dengan bongkak dan tidak ambil peduli.

log[1] *n.* log; batang kayu yang telah dipotong. —*v.t.* (*p.t.* **logged**) mencatatkan atau memasukkan fakta ke dalam buku log. **log-book** *n.* buku log; buku yang mencatatkan butir-butir perjalanan. **logrolling** *n.* saling membantu secara yang tidak berprinsip untuk kejayaan masing-masing.

log[2] *n.* kependekan bagi logaritma.

loganberry *n.* sejenis buah beri berwarna merah.

logarithm *a.* logaritma; satu daripada siri angka yang dipaparkan dalam bentuk jadual untuk membolehkan pengguna menyelesaikan masalah darab dan bahagi dengan cara mencampur dan menolak. **logarithmic** *a.* berkenaan logaritma; berkenaan penyelesaian masalah darab dan bahagi dengan cara mencampur dan menolak.

loggerheads *n.pl.* **at loggerheads** perihal tidak setuju atau berbalah.

loggia *n.* selasar; serambi yang tidak berdinding.

logging *n.* pembalakan; kerja memotong kayu untuk mendapatkan balak.

logic *n.* dapat diterima akal; logik.

logical *a.* yang dapat diterima oleh akal. **logically** *adv.* dengan menggunakan akal fikiran secara logik. **logicality** *n.* kelogikan.

logician *n.* ahli logik atau ahli mantik.

logistics *n.* logistik; ilmu pemindahan dan pengangkutan bekalan atau perkhidmatan.

logo *n.* (*pl.* -os) logo; lambang.

loin *n.* bahagian di antara rusuk dengan pinggul; pinggang.

loincloth *n.* cawat lelaki.

loiter *v.i.* membuang masa; berlambat-lambat. **loiterer** *n.* pelengah; pelambat.

loll *v.i.* berbaring, duduk atau berdiri dengan malasnya; terjelir.

lollipop *n.* lolipop; sejenis gula-gula.

lollop *v.t.* (*p.t.* **lolloped**) (*colloq.*) berjalan atau berlari dengan kekok.

lolly *n.* (*colloq.*) lolipop; sejenis gula-gula; (*Austr.*) manisan; (*sl.*) wang.

Londoner *n.* penduduk London.

lone *a.* berseorangan; tunggal.

lonely *a.* tidak mempunyai teman; keseorangan; bersendirian; sunyi; sepi; lengang. **loneliness** *n.* kesunyian; kelengangan.

loner *n.* seorang yang suka bersendirian.

lonesome *a.* sunyi; lengang.

long[1] *a.* (-er, -est) panjang; lama; jauh. —*adv.* untuk jangka waktu yang lama; dalam jangka masa yang dinyatakan. **as** atau **so long as** asalkan. **long-distance** *a.* jarak jauh. **long face** menunjukkan roman muka yang tidak senang. **long johns** (*colloq.*) pakaian dalam lelaki seperti seluar berkaki panjang. **long-lived** *a.* hidup lama. **long odds** nisbah pertaruhan yang jauh berbeza. **long-playing record** rekod atau piring hitam besar; rekod LP. **long-range** *a.* jangka panjang. **long-shore** *a.* terdapat di pantai. **long shot** tekaan sembarangan. **long-sighted** *a.* dapat melihat dengan terang pada jarak yang jauh. **long-standing** *a.* lama; berlarutan. **long-suffering** *a.* menahan seksa yang lama. **long-term** *a.* jangka panjang. **long ton** *lihat* **ton**. **long wave** gelombang radio yang lebih 1000 meter jarak gelombang. **long-winded** *a.* menulis dan bercakap dengan panjang lebar.

long[2] *v.i.* terasa rindu.

longboat *n.* perahu panjang.

longbow *n.* busur panjang.

longevity *n.* kelanjutan usia; panjang umur.

longhand *n.* menulis biasa bukan menaip.

longhorn *n.* sejenis lembu ternakan yang bertanduk panjang.

longing *n.* hasrat, rindu atau idaman yang amat sangat.

longitude *n.* garis bujur pada peta; longitud.

longitudinal *a.* tentang garis bujur; membujur. **longitudinally** *adv.* secara membujur.

loo *n.* (*colloq.*) tandas.

loofah *n.* buah petola.

look *v.t./i.* melihat; memandang; memerhati. —*n.* kelihatan; rupa; perbuatan; memeriksa atau mencari. **look after** menjaga; merawat. **look down on** memandang rendah. **look forward to** berharap; tidak sabar-sabar. **look in** membuat lawatan singkat; (*colloq.*) menonton tele-visyen. **look-in** *n.* peluang dalam menyertai. **look into** menyiasat. **look on** memandang; melihat. **look out** berjaga-jaga; memilih dengan memeriksa. **look-out** *n.* memerhati; pemerhati; tempat pemerhati; peluang untuk berjaya, dsb.; hal seseorang. **look up** mencari maklumat; semakin baik; pergi melawat. **look up to** menghormati dan mengagumi.

looker-on *n.* (*pl.* **lookers-on**) pemer-hati; orang yang melihat.

looking-glass *n.* cermin muka.

lookout *n.* pengawal; tempat berkawal; masa depan; perhati-perhatikan; men-cari.

loom[1] *n.* mesin tenun.

loom[2] *v.i.* muncul; menjelma; mem-bimbangkan; mengancam.

loon *n.* sejenis burung besar yang makan ikan dan mengeluarkan bunyi yang kuat.

loony *n.* (*sl.*) orang gila. —*a.* (*sl.*) gila. **loony-bin** *n.* (*sl.*) rumah untuk orang gila.

loop *n.* gelung; lengkok; kelok. —*v.t./i.* membuat gelung; menyambung atau mengikat dengan gelung; melingkari dengan gelung. **loop the loop** terbang seolah-olah mengikut garis bulatan menegak.

loophole *n.* lubang pada tembok jalan keluar.

loopy *a.* (*sl.*) gila.

loose *a.* (**-er**, **-est**) longgar; tidak diikat; terburai. —*adv.* secara longgar; dengan tidak terikat. —*v.t.* melepas-kan; melonggarkan. **at a loose end** tidak ada apa-apa yang hendak dibuat. **loose box** kandang kuda yang tidak sempit. **loose-leaf** *a.* helaian kertas yang dapat ditanggalkan. **loosely** *adv.* secara longgar dan tidak terikat. **looseness** *n.* kelonggaran.

loosen *v.t./i.* melonggarkan; melepas-kan; menggemburkan.

loot *n.* harta yang diambil dengan kekerasan; harta rampasan. —*v.t./i.* mengambil dengan keras sebagai rampasan. **looter** *n.* orang yang merampas untuk mendapatkan harta.

lop *v.t.* (*p.t.* **lopped**) mencantas; memangkas daun atau cabang.

lop-eared *a.* telinga yang lanjut.

lope *v.i.* bergerak atau berjalan dengan langkah yang panjang. —*n.* langkah yang panjang.

lopsided *a.* berat sebelah; sendeng sebelah.

loquacious *a.* ramah mulut; suka bercakap tanpa tujuan; becok. **loquaciously** *adv.* dengan ramah-tamah; bercakap-cakap dengan bising. **loquacity** *n.* perihal ramah-tamah; kesukaan bercakap (berceloteh).

lord *n.* raja atau pemerintah yang agung; Tuhan. —*v.t.* bercakap dengan angkuh seakan-akan ingin menguasai orang.

lordly *a.* sifat megah, sombong atau suka memerintah.

lordship *n.* panggilan kepada orang yang bergelar Lord.

lore *n.* pengetahuan atau pelajaran yang turun-temurun.

lorgnette *n.* kaca mata bertangkai satu.

lorry *n.* lori.

lose *v.t./i.* (*p.t.* **lost**) hilang lenyap; tiada lagi; rugi; kalah. **loser** *n.* orang yang kalah.

loss *n.* kehilangan; kematian; kerugian. **be at a loss** bingung. **loss-leader** *n.* barang yang dijual dengan harga yang merugikan untuk menarik ramai pelanggan.

lost *lihat* **lose** kehilangan. —*a.* sesat; terpisah daripada yang empunya.

lot[1] *n.* undi; keping tanah; lot.

lot[2] *n.* jumlah besar; banyaknya; semua-nya.

loth *a. lihat* **loath**.

lotion *n.* ubat yang disapukan pada kulit; losyen.

lottery *n.* loteri.

lotto *n.* loto.

lotus *n.* (*pl.* **-uses**) bunga teratai.

loud *a.* (**-er**, **-est**) lantang; kuat; jelas. —*adv.* dengan lantang dan kuat. **loud hailer** pelaung; alat elektronik untuk menguatkan suara. **out loud** kuat sekali. **loudly** *adv.* kuat-kuat. **loudness** *n.* kelantangan; kejelasan. **loudspeaker** *n.* pembesar suara.

lough *n.* tasik.

lounge *v.i.* duduk dengan malasnya. —*n.* tempat menanti di lapangan ter-bang; tempat persinggahan. **lounge suit** pakaian formal lelaki pada siang hari. **lounger** *n.* orang yang suka melepak; orang malas; tempat duduk.

lour *v.i.* muka masam; muram; marah dan mengancam.

louse *n.* (*pl.* **lice**) kutu (di kepala); (*pl.* **louses**) orang yang patut dikeji.

lousy *a.* (**-ier, -iest**) dipenuhi oleh kutu; (*sl.*) tidak elok; tidak baik; teruk.

lout *n.* orang yang buruk dan biadap tingkah lakunya. **loutish** *a.* yang tidak tahu budi bahasa; buruk tingkah laku; biadab.

louvre *n.* ram; anak tingkap. **louvred** *a.* dilengkapi ram atau anak tingkap.

lovable *a.* mudah disayangi.

love *n.* kasih sayang; cinta; (dalam permainan) tiada skor atau mata; kosong. —*v.t.* rasa kasih kepada; amat menyukai. **in love** mencintai; mengingini seseorang. **love affair** hubungan asmara. **love-bird** *n.* sejenis burung yang menunjukkan kasih sayangnya kepada temannya; pasangan yang sedang bercinta. **love-child** *n.* anak haram.

loveless *n.* tanpa kasih sayang.

lovelorn *a.* dilamun rindu; patah hati.

lovely *a.* (**-ier, -iest**) cantik dan menawan; (*colloq.*) menyeronokkan; sedap; baik. **loveliness** *n.* kecantikan; keelokan; kemolekan.

lover *n.* kekasih; kendak; pencinta; penggemar; peminat.

lovesick *a.* merindukan kasih; gila berahi.

loving *a.* yang menaruh perasaan kasih sayang. **lovingly** *adv.* dengan penuh kasih sayang.

low[1] *n.* bunyi lembu. —*v.i.* membuat bunyi ini.

low[2] *a.* (**-er, -est**) rendah; (bunyi) perlahan; murahan; lemah. —*n.* paras rendah; kawasan dengan tekanan rendah. —*adv.* dalam, di atau kepada tahap yang rendah. **Low Church** bahagian Gereja England yang tidak mementingkan sangat ritual dan kuasa paderinya. **low-class** *a.* kelas bawahan. **low-down** *a.* hina. **low-key** *a.* tidak menonjol; tidak menunjukkan emosi yang berlebihan. **low season** musim yang tidak sibuk. **Low Sunday** Ahad berikutnya selepas Easter.

lowbrow *a.* tidak intelektual; murahan. —*n.* orang yang tidak intelektual atau berbahasa.

lower[1] *a. & adv.* lihat **low**[2]. —*v.t./i.* merendahkan; menurunkan; memperlahankan. **lower case** abjad kecil. **lower deck** geladak atau dek bawah.

lower[2] *v.i.* lihat **lour**.

lowlands *n.pl.* tanah pamah; tanah rendah. **lowland** *a.* berkenaan atau terletak di tanah pamah. **lowlander** *n.* penduduk tanah pamah.

lowly *a.* (**-ier, -iest**) bawahan; bertaraf rendah. **lowliness** *n.* perihal taraf rendah atau merendah diri.

loyal *a.* setia; senantiasa menurut perintah. **loyally** *adv.* dengan taat setia; tidak membantah. **loyalty** *n.* kesetiaan; ketaatan.

loyalist *n.* orang yang taat setia kepada raja dan negara.

lozenge *n.* rajah berbentuk sisi empat; lozeng; gula-gula berubat.

LP *abbr.* **long-playing record** (rekod) piring hitam besar.

LSD *n.* sejenis dadah berat yang boleh menyebabkan halusinasi.

Ltd. *abbr.* **Limited** berhad.

lubricant *n.* pelincir; minyak pelicin.

lubricate *v.t.* meminyak; melincirkan. **lubrication** *n.* pelinciran.

lubricious *a.* miang seks.

lucerne *n.* rumput untuk binatang ternakan.

lucid *a.* jelas; terang. **lucidly** *adv.* dengan jelas dan terang supaya senang difahami. **lucidity** *n.* perihal jelas atau terang.

luck *n.* nasib.

luckless *a.* tidak bernasib.

lucky *a.* (**-ier, -iest**) beruntung; bertuah. **luckily** *adv.* untunglah; mujurlah.

lucrative *a.* yang menguntungkan.

lucre *n.* (*derog.*) perihal mencari keuntungan.

ludicrous *a.* melucukan; menggelikan hati; mustahil.

ludo *n.* (permainan) ludo.

luff *v.i.* membelokkan kapal.

lug[1] *v.t.* (*p.t.* **lugged**) mengheret dengan susah payah.

lug[2] cuping; sesuatu menyerupai telinga.

luge *n.* sejenis pedati ringan; tobongan.

luggage *n.* beg bagasi.

lugger *n.* kapal kecil yang mempunyai layar.

lugubrious *a.* susah hati; dukacita; sedih. **lugubriously** *adv.* dengan sedih; dengan dukacita.

lukewarm *a.* pesam-pesam; panas kuku.

lull *v.t./i.* mendodoikan; menenangkan; meredakan. —*n.* jangka waktu yang sunyi dan tidak aktif.

lullaby *n.* pengulit; dodoi; nyanyian untuk menidurkan anak.

lumbago *n.* lumbago; sakit sengal-sengal pinggang.

lumbar *a.* lumbar; berkenaan bahagian pinggang.

lumber *n.* kayu yang sudah dipotong menjadi papan. —*v.t./i.* membebani; menyemakkan ruang; bergerak dengan berat dan malas.

lumberjack *n.* pemotong balak.

lumen *n.* lumen; unit aliran cahaya.

luminary *n.* benda bercahaya semula jadi seperti matahari dan bulan; tokoh.

luminescent *a.* memancarkan cahaya. **luminescence** *n.* kilau; kilauan; pendar cahaya.

luminous *a.* terang bersinar; berkilau. **luminosity** *n.* kilauan.

lump[1] *n.* gumpal; ketul; kepal; benjol. —*v.t.* melonggokkan; mencampurkan; menganggap serupa sahaja. **lump sum** jumlah wang yang dibayar sekali gus.

lump[2] *v.t.* **lump it** (*colloq.*) menerima walaupun tidak suka.

lumpectomy *n.* pembedahan membuang benjol daripada buah dada.

lumpish *a.* gemuk lembam.

lumpy *a.* (**-ier, -iest**) berketul-ketul; dipenuhi dengan ketul-ketul. **lumpiness** *n.* keadaan berketul-ketul; ber-bintil-bintil.

lunacy *n.* gila.

lunar *a.* berkenaan bulan. **lunar month** waktu antara dua bulan baharu ($29\frac{1}{2}$ hari); empat minggu.

lunate *a.* bentuk bulan sabit.

lunatic *a.* tergila-gila; sangat bodoh.

lunation *n.* waktu antara dua bulan (kira-kira $29\frac{1}{2}$ hari).

lunch *n.* makan tengah hari. —*v.t./i.* makan tengah hari; mengajak dan menjadi tuan rumah kepada jamuan makan tengah hari.

luncheon *n.* makan tengah hari. **luncheon meat** daging yang diawet serta ditinkan untuk dimakan.

lung *n.* paru-paru.

lunge *n.* terpaan; terkaman. —*v.t.* menerpa; menerkam.

lupin *n.* sejenis tumbuhan, bunganya berduri.

lurch[1] *n.* **leave in the lurch** mening-galkan (seseorang) dalam kesusahan.

lurch[2] *v.i.* & *n.* tersenggut; perihal terhuyung.

lurcher *n.* anjing yang telah dilatih untuk mengumpulkan binatang-binatang buruan.

lure *v.t.* menggoda. —*n.* godaan; pikat-an; umpanan.

lurid *a.* bersemarak; berwarna garang; penuh sensasi. **luridly** *adv.* dengan bersemarak; dengan penuh sensasi. **luridness** *n.* perihal bersemarak; keadaan penuh sensasi.

lurk *v.i.* menyorok; berlindung diri; bersembunyi.

luscious *a.* enak; sedap; lazat.

lush[1] *a.* (rumput, dsb.) yang tumbuh subur. **lushly** *adv.* dengan subur. **lushness** *n.* kesuburan.

lush[2] *v.t.* **lush up** (*sl.*) menjamu dengan banyak minuman dan makanan. —*n.* (*A.S., sl.*) pemabuk.

lust *n.* hawa nafsu yang kuat. —*v.i.* menaruh hawa nafsu; mengingini sangat. **lustful** *a.* penuh nafsu; penuh berahi. **lustfully** *adv.* dengan penuh berahi dan bernafsu.

lustre *n.* kilauan; gemerlapan. **lustrous** *a.* yang bercahaya.

lusty *a.* (**-ier, -iest**) tegap; bersemangat. **lustily** *adv.* dengan kuat; dengan bersemangat. **lustiness** *n.* ketegapan.

lute *n.* kecapi pada abad ke-14 hingga ke-17.

Lutheran *a.* penyokong atau pengikut Martin Luther; anggota Gereja Protestan di Jerman.

luxuriant *a.* subur; tumbuh dengan baik dan sihat; **luxuriantly** *adv.* dengan subur serta lebatnya. **luxuri-ance** *n.* kerimbunan; kesuburan.

luxuriate *v.i.* sangat menikmati; ber-senang-senang.

luxurious *a.* mewah. **luxuriously** *adv.* dengan mewah; dengan senang-lenang dan penuh nikmat. **luxuriousness** *n.* kenikmatan dan kemewahan.

luxury *n.* kemewahan.

lych *n.* lihat **lich.**

lychee *n.* laici; sejenis buah yang manis, berisi putih dan berkulit kasar.

Lycra *n.* (tanda dagang) sejenis kain atau gentian yang bersifat elastik.

lye *n.* lai; air alkali untuk membasuh.

lying lihat **lie**[1] dan **lie**[2].

lymph *n.* limfa; cecair yang tidak ber-warna dalam tubuh manusia dan bina-tang. **lymphatic** *a.* berkenaan limfa.

lymphoma *n.* limfoma; barah kelenjar limfa.

lynch *v.t.* menghukum bunuh sese-orang tanpa pengadilan rasmi.

lynx *n.* kucing buas yang berekor pendek dan tajam penglihatannya.

lyre *n.* alat muzik yang bertali diguna-kan oleh orang Yunani purba.

lyre-bird *n.* sejenis burung dari Australia.

lyric *a.* lirik. —*n.* seni kata lagu.

lyrical *a.* berlirik; penuh perasaan; sangat suka; (*colloq.*) menyatakan dengan penuh perasaan. **lyrically** *adv.* dengan penuh perasaan; dengan ghairah.

lyricist *n.* penulis lirik.

M

m *abbr.* **metre** meter. **mile** batu. **million** juta.

ma *n.* mak; ibu; induk.

M.A. *abbr.* **Master of Arts** Sarjana Sastera.

ma'am *n.* mem.

mac *n.* (*colloq.*) baju hujan.

macabre *a.* yang menakutkan; yang mengerikan; ngeri.

macadam *n.* makadam; lapisan batu-batu hancur yang digunakan untuk menurap jalan raya.

macadamized *a.* yang diperbuat daripada makadam.

macaroni *n.* makaroni; sejenis mi.

macaroon *n.* biskut atau kuih daripada biji badam yang ditumbuk atau digiling.

macaw *n.* sejenis burung kakaktua.

mace¹ *n.* cokmar.

mace² *n.* selaput biji pala.

macerate *v.* merendam sesuatu supaya menjadi lembut. **maceration** *n.* cara melembutkan sesuatu dengan merendamnya.

Mach *n.* **Mach number** nombor Mach; nisbah kelajuan jasad yang bergerak dibandingkan dengan kelajuan bunyi.

machete *n.* sejenis pisau yang lebar dan berat.

machiavellian *a.* yang berupa tipu muslihat atau licik.

machinations *n.pl.* putar belit.

machine *n.* mesin; jentera; pesawat. —*v.t.* menerbitkan atau bekerja dengan menggunakan mesin. **machine-gun** *n.* senapang tentera; mesingan; (*v.t.*) menembak dengan mesingan.

machinery *n.* mesin; alat jentera.

machinist *n.* jurumesin.

machismo *n.* kejantanan; kegagahan sebagai lelaki.

macho *a.* lelaki yang suka menunjuk-nunjuk; sifat gagah sebagai jantan.

mackerel *n.* (*pl.* **mackerel**) sejenis ikan laut; ikan pelata.

mackintosh *n.* baju hujan.

macrame *n.* makrami; seni anyaman tali.

macro *n.* arahan tertentu yang telah disetkan secara automatik untuk melakukan sesuatu tugas pengkomputeran.

macrobiotic *a.* makrobiotik.

mad *a.* (**madder, maddest**) gila; tidak siuman; (*colloq.*) marah; meradang; **like mad** seperti orang gila. **madly** *adv.* dengan menggila; tersangat. **madness** *n.* (perbuatan, sifat) kegilaan.

madam *n.* puan.

Madame *n* (*pl.* **Mesdames**) gelaran untuk wanita Perancis; Puan.

madcap *a.* & *n.* (orang) yang berkelakuan gila-gila.

madden *v.t.* menjadikan seseorang marah atau naik radang.

made *lihat* **make**.

Mademoiselle *n.* gelaran bagi wanita Perancis yang belum berkahwin; Cik.

madhouse *n.* (*colloq.*) hospital untuk orang gila; keadaan kacau-bilau atau kucar-kacir.

madman *n.* (*pl.* **-men**) orang gila; orang yang tidak siuman.

madonna *n.* gambar atau patung yang menyerupai Siti Mariam.

madrigal *n.* madrigal; nyanyian beramai-ramai; puisi cinta yang pendek.

madwoman *n.* (*pl.* **-women**) perempuan gila; perempuan tidak siuman.

maelstrom *n.* lubuk pusar.

maestro *n.* (*pl.* **-i**) pemimpin orkes simfoni; penggubah lagu klasik; ahli seni muzik.

Mafia *n.* Mafia; persatuan jenayah antarabangsa. **mafioso** *n.* (*pl.* -si) ahli Mafia.

magazine *n.* majalah berkala; gudang simpanan senjata (peluru, bahan letupan); magazin; lelopak peluru raifal; lelopak filem.

magenta *a.* & *n.* warna (merah) lembayung.

maggot *n.* berenga. **maggoty** *a.* berberenga.

Magi *n.pl.* tiga orang bijaksana Majusi yang mengunjungi Nabi Isa semasa lahirnya di Baitullaham.

magic *n.* ilmu ghaib; ilmu sihir; gunaguna; main silap mata. —*a.* dengan menggunakan ilmu ghaib atau silap mata. **magical** *a.* yang berunsur sihir atau ghaib; bersifat mempersonakan; ajaib. **magically** *adv.* secara ilmu ghaib; secara sihir.

magician *n.* ahli sihir; ahli silap mata.

magisterial *a.* yang berkenaan dengan majistret; secara angkuh. **magisterially** *adv.* perihal dikelola oleh majistret; dengan angkuh.

magistrate *n.* majistret; hakim. **magistracy** *n.* kehakiman.

magma *n.* batu-batan cair di bawah kerak bumi.

magnanimous *a.* murah hati; yang dermawan. **magnanimously** *adv.* secara murah hati. **magnanimity** *n.* sikap murah hati.

magnate *n.* orang kaya; tokoh perniagaan yang terkemuka.

magnesia *n.* magnesia.

magnesium *n.* magnesium.

magnet *n.* besi berani; magnet; sesuatu yang ada daya penarik.

magnetic *a.* bermagnet; yang mempunyai daya tarikan; yang menarik. **magnetic tape** pita magnetik atau magnet. **magnetically** *adv.* secara bermagnet atau magnetik.

magnetism *n.* kemagnetan; daya tarikan seseorang.

magnetize *v.t.* menjadikan bermagnet atau menarik. **magnetization** *n.* pemagnetan.

magneto *n.* (*pl.* -os) magneto.

magnification *n.* pembesaran.

magnificent *a.* (orang) mulia; (pencapaian) sangat baik atau cemerlang; (perawakan) sangat tampan. **magnificently** *adv.* dengan cemerlang. **magnificence** *n.* kemuliaan; kecemerlangan; keagungan.

magnify *v.t.* membesarkan; memperbesar. **magnifier** *n.* alat pembesar.

magnitude *n.* besar(nya); (fizik) magnitud; penting(nya).

magnolia *n.* magnolia; sejenis bunga.

magnum *n.* botol air anggur atau wain; magnum.

magpie *n.* burung murai.

Magyar *a.* & *n.* bangsa atau bahasa terbesar di Hungary.

maharaja *n.* (atau **maharajah**) gelaran bagi putera diraja India.

maharajah *n.* maharaja.

maharani *n.* isteri atau balu maharaja.

maharishi *n.* orang bijaksana Hindu; pendeta Hindu.

mahatma *n.* (di India) gelaran untuk orang yang dihormati.

mahjong *n.* mahjung; permainan orang Cina mengandungi 136 atau 144 buah mahjung (diperbuat daripada kayu, dsb.).

mahogany *n.* mahogani, jenis kayu.

mahout *n.* pemandu gajah.

maid *n.* pembantu rumah; (usang) perawan; gadis.

maiden *n.* (usang) gadis; perawan; anak dara. **maiden name** nama sebenar (sebelum kahwin). **maiden over** (kriket) tukaran kosong. **maidenly** *adj.* seperti perawan. **maidenhood** *n.* masa perawan.

maidenhair *n.* paku sisik; daun ribu-ribu.

maidservant *n.* pembantu rumah perempuan.

mail[1] *n.* mel; surat, dsb. yang dihantar melalui pos. —*v.t.* menghantar dengan pos. **mail order** memesan barang melalui pos.

mail[2] *n.* baju rantai; baju besi.

mailshot *n.* bahan yang dihantar kepada bakal pelanggan dalam kempen pengiklanan.

maim *v.t.* melukakan atau mencederakan seseorang hingga lumpuh.

main *a.* yang utama; yang amat penting; yang paling besar atau luas. —*n.* paip saluran besar yang membawa air, minyak atau gas; (*pl.*) kawat utama yang menyalurkan tenaga elektrik. **in the main** kebanyakannya. **mainly** *adv.* terutamanya.

mainframe *n.* kerangka utama; komputer yang besar.

mainland *n.* tanah besar; benua tanpa kepulauan.

mainspring *n.* spring utama; tenaga penggerak utama.

mainstay *n.* tali utama; laberangi; sangga; sokongan (bantuan) utama.

mainstream *n.* aliran utama.

maintain *v.t.* mengekalkan; memelihara; menyara; menegakkan (kebenaran).

maintenance *n.* (wang, belanja) penyaraan; nafkah; penyenggaraan; penyelenggaraan.

maisonette *n.* maisonet; rumah kecil; sebahagian daripada rumah yang dijadikan kediaman berasingan.

maitre d hotel *n.* (*pl.* **maitres d hotel**) ketua pelayan.

maize *n.* jagung.

majestic *a.* muazam; penuh keagungan; maha mulia. **majestically** *adv.* dengan agung; dengan hebat.

majesty *n.* keagungan; kehebatan; Duli Yang Maha Mulia.

majolica *n.* sejenis tembikar berukir dan berwarna-warni yang berasal dari negara Itali.

major *a.* lebih besar atau penting; lebih tua (umur); dewasa; major (muzik). —*n.* (tentera) mejar. —*v.t.* mengkhusus dalam sesuatu mata pelajaran di kolej atau di universiti. **major-domo** *n.* (*pl.* -os) ketua pegawai istana; penghulu balai. **major-general** *n.* mejar jeneral.

majority *n.* majoriti; kelebihan undi; umur mencapai dewasa.

make *v.t./i.* (*p.t.* made) membuatkan; memperbuat sesuatu; berbuat; mewujudkan; mengadakan; membentuk; menjadikan; menghasilkan; mencapai; mendatangkan. —*n.* buatan; rekaan; bikinan; jenama. **make believe** berpura-pura. **make-believe** *a.* pura-pura; olok-olok; (*n.*) kepurapuraan. **make do** memadai dengan. **make for** menuju ke sesuatu tempat; cuba mencapai. **make good** berhasil; berjaya; mengganti (rugi). **make love** berjimak; bersetubuh; bersanggama. **make much of** membesar-besarkan sesuatu; memuji-muji. **make off** lari; pergi. **make off with** mencuri; melarikan. **make out** membuat; menulis (sesuatu); memahami; melihat; memastikan. **make over** memindah milik. **make shift** (atau **make do**) (sesuatu) sebagai pengganti sementara. **make up** membentuk; menyediakan; membuat-buat (cerita); mengganti rugi; berbaik-baik semula; mencukupkan (jumlah); memekap; bersolek. **make-up** *n.* alat solek; perangai seseorang. **make up one's mind** memutuskan. **make up to** mengampu.

maker *n.* pembuat; pembikin.

makeshift *a. & n.* (sesuatu) yang digunakan sebagai pengganti sementara.

makeweight *n.* bahan atau jumlah tambahan untuk mencukupkan.

making *n.* **be the making of** mengakibatkan; merupakan hasil; menyebabkan kemajuan atau perkembangan. **have the makings of** mempunyai ciri-ciri atau sifat khas untuk.

malachite *n.* malakit; mineral berwarna hijau.

maladjusted *a.* salah suai; tidak sesuai. **maladjustment** *n.* salah suaian; keadaan tidak sesuai.

maladministration *n.* salah tadbiran; pentadbiran buruk atau yang kurang baik.

maladroit *a.* tidak bijak.

malady *n.* penyakit.

malaise *n.* rasa tidak enak badan; lesu.

malapropism *n.* penggunaan kata yang tidak tepat atau sesuai tetapi lucu; malapropisme.

malaria *n.* (demam) malaria; demam ketar. **malarial** *a.* yang berkenaan dengan malaria.

Malay *a. & n.* (bangsa atau bahasa) Melayu.

malcontent *a.* (orang yang) tidak puas hati; terkilan.

male *a.* (orang) lelaki; laki-laki. —*n.* lelaki; (binatang) jantan; (tumbuh-tumbuhan) jantan.

malediction *n.* sumpah. **maledictory** *a.* tersumpah.

malefactor *n.* penjenayah.

malevolent *a.* busuk hati; berniat jahat; berdendam. **malevolently** *adv.* dengan berniat jahat. **malevolence** *n.* niat jahat.

malfeasance *n.* salah laku; salah urus.

malformation *n.* kecacatan bentuk. **malformed** *a.* cacat; berbentuk buruk.

malfunction *n.* pincang tugas. —*v.i.* (jadi) rosak.

malice *n.* (rasa) dengki; dendam; hasad; iri hati; benci.

malicious *a.* dengki; dendam; hasad. **maliciously** *adv.* dengan perasaan dengki; pendendam.

malign *a.* merugikan; jahat; (penyakit) berbahaya. —*v.t.* memfitnah; mengumpat. **malignity** *n.* (rasa) dengki; hasad; dendam.

malignant *a.* penuh hasad dengki; membahayakan. **malignantly** *adv.* dengan hasad dengki; dengan membahayakan. **malignancy** *n.* perihal berhasad dengki; keadaan (penyakit) yang membahayakan.

malinger *v.i* berpura-pura sakit. **malingerer** *n.* orang yang berpura-pura sakit.

mall *n.* kawasan atau tempat membelibelah.

mallard *n.* belibis; itik laut.

malleable *a.* boleh ditempa atau dilentur; bersifat penurut; pematuh. **malleability** *n.* sifat penurut; pematuh; sifat boleh dilentur.

mallet *n.* tukul kayu; palu; kayu polo.

mallow *n.* sejenis tumbuhan liar yang batang dan daunnya berbulu.

malmsey *n.* wain manis.

malnutrition *n.* kekurangan zat makanan.

malodorous *a.* berbau busuk; kohong; hapak.

malpractice *n.* amalan seleweng; penyelewengan; perbuatan salah; tindakan salah; (perubatan) pemeriksaan atau cara pengubatan yang salah.

malt *n.* malt; bijirin yang diolah untuk dibuat bir; (*colloq.*) bir atau wiski yang dibuat daripada bahan ini. **malted milk** susu yang bercampur dengan malt.

maltreat *v.t.* menganiaya; menyeksa; memperlakukan secara buruk. **maltreatment** *n.* penganiayaan; penyeksaan; perlakuan buruk.

mama *n.* (usang) mama; ibu; emak; induk.

mamba *n.* sejenis ular bisa yang terdapat di Afrika Selatan.

mamma *n.* (usang) emak; mama; ibu.

mammal *n.* mamalia; binatang berdarah panas. **mammalian** *a.* berkenaan mamalia.

mammary *a.* berkenaan buah dada.

mammography *n.* mamografi; penggunaan x-ray untuk mengesan ketumbuhan pada buah dada.

Mammon *n.* karun; (orang) yang sangat kaya; kekayaan yang amat sangat.

mammoth *n.* mamot; gajah besar zaman purba yang sudah pupus. —*a.* amat; sangat besar.

mammy *n.* (*children's colloq.*) ibu; emak; induk.

man *n.* (*pl.* **men**) orang lelaki; manusia; insan; askar biasa; orang suruhan; pekerja; buah catur. —*v.t.* (*p.t.* **manned**) mengawal; mengoperasi atau pelarian; buah catur. —*v.t.* oleh seseorang. **man-hour** *n.* sejam bekerja oleh seseorang. **man-hunt** *n.* memburu atau mengejar pelarian; memburu penjenayah. **man in the street** orang awam; orang biasa. **man-made** *a.* yang dibuat oleh manusia; barang

sintetik; barang tiruan. **man of the world** orang yang banyak pengalaman hidup. **man-of-war** *n.* kapal perang. **man-sized** *a.* sesuai untuk orang; besar. **man to man** berterus terang.

manacle *n.* & *v.t.* gari.

manage *v.t./i.* mengurus; mengendalikan; menjalankan; mengelolakan; menggembala (lembu, kambing); mengolah; sanggup; berhasil; mencapai. **manageable** *a.* menurut; dapat dikendalikan.

management *n.* pengurusan; badan pengurusan; pemimpin.

manager *a.* pengurus. **manageress** *n. fem.* pengurus (wanita). **managerial** *a.* berkenaan dengan pengurusan.

manatee *n.* sejenis mamalia tropika; duyung.

Mandarin *n.* Mandarin; bahasa rasmi Cina.

mandarin *n.* pegawai atasan yang berpengaruh; sejenis limau.

mandatary *n.* orang yang diberi mandat.

mandate *n.* mandat; tauliah.

mandatory *a.* mandatori; wajib; mesti.

mandible *n.* (tulang) rahang bawah; mandibel.

mandolin *n.* mandolin.

mandrake *n.* sejenis pohon beracun.

mandrel *n.* paksi dalam mesin pelarik.

mandrill *n.* babun yang besar.

mane *n.* bulu tengkuk kuda atau singa.

maneuver *n.* (A.S.) = **manoeuvre** pergerakan angkatan bersenjata yang dirancang dan dikawal.

manful *a.* gagah; berani. **manfully** *adv.* dengan beraninya.

manganese *n.* batu kawi; mangan.

mange *n.* kudis atau kurap (pada binatang).

manger *n.* palung; tempat meletak makanan untuk haiwan.

mangle¹ *n.* mesin perah kain cucian; mesin getah; penggiling. —*v.t.* memerah cucian.

mangle² *v.t.* memotong; mengoyakkan; merobek; mencederakan.

mango *n.* (*pl.* -oes) mangga; pauh; mempelam.

mangrove *n.* bakau.

mangy *a.* berkudis; berkurap.

manhandle *v.t.* memperlakukan (seseorang) dengan kasar; mengerjakan seseorang; mengangkat atau mengalih sesuatu dengan tangan (bukan mesin).

manhole *n.* lubang di jalan untuk memeriksa kabel, parit, dsb. yang di bawah tanah.

manhood *n.* kedewasaan; kelelakian; keberanian.

mania *n.* mania; kegilaan; kegilaan kepada sesuatu.

maniac *n.* orang gila; orang yang dirasuk oleh perasaan.

maniacal *a.* seperti orang gila.

manic *a.* berkenaan dirasuk sawan gila.

manicure *n.* rias kuku. —*v.t.* merias kuku. **manicurist** *n.* ahli rias kuku.

manifest *a.* terang; ternyata. —*v.t.* menyatakan dengan terang; membuktikan; menunjukkan. —*n.* senarai penumpang atau barang yang dibawa oleh kapal atau kapal terbang. **manifestation** *n.* penjelman sesuatu yang membuktikan; manifestasi.

manifesto *n.* (*pl.* **-os**) manifesto; pengisytiharan dasar.

manifold *a.* berlipat ganda; berganda-ganda; bermacam-macam. —*n.* pancarongga; (berkenaan mesin) paip atau kebuk yang ada beberapa lubang.

manikin *n.* orang kerdil; orang katik; patung manusia.

manila *n.* manila; kertas kuning yang digunakan untuk sampul surat atau pembungkus.

manipulate *v.t.* bertindak secara licik atau cerdik; memanipulasikan. **manipulation** *n.* tindakan yang licik; manipulasi. **manipulator** *n.* orang yang pandai bertindak secara licik.

mankind *n.* (umat) manusia.

manly *a.* berani; gagah; kuat; sepadan dengan lelaki. **manliness** *n.* keadaan berani atau gagah; kelelakian.

manna *n.* (dalam kitab Injil) sejenis bahan makanan yang didapati secara ajaib oleh puak Israel semasa mereka melarikan diri dari Mesir dahulu.

mannequin *n.* peragawati.

manner *n.* bagai; macam; cara; laku; kelakuan; gaya; sikap; telatah; bahasa; ragam.

mannered *a.* berbahasa; bergaya; berkelakuan; bersopan.

mannerism *n.* gaya; sopan santun; budi bahasa; tingkah laku.

mannerly *a.* berperangai baik; sopan santun.

mannish *a.* seperti watak lelaki.

manoeuvre *n.* pergerakan pasukan (tentera atau kapal perang); tindakan; muslihat; siasah; tipu daya. —*v.t./ i.* melakukan pergerakan perangperangan; menjalankan tipu daya.

manor *n.* rumah besar yang berkawasan luas.

manpower *n.* tenaga kerja.

manse *n.* rumah kediaman paderi (lazimnya di Scotland).

manservant *n.* (*pl.* **menservants**) orang suruhan; pembantu rumah (lelaki).

mansion *n.* rumah besar (kepunyaan tuan tanah).

manslaughter *n.* pembunuhan orang.

mantelpiece *n.* para di atas tempat api diangan.

mantilla *n.* (kain) tudung; kerudung.

mantis *n.* cengkadak; mentadu; gegancung; belalang kacung.

mantle *n.* baju mantel; jubah; mantel (lampu); sarung; selubung.

mantra *n.* perkataan atau bunyi yang diulang-ulang untuk membantu tumpuan ketika bertafakur.

manual *a.* dibuat dengan atau secara tangan; dilakukan dengan tangan (bukan mesin). —*n.* buku petunjuk; buku panduan. **manually** *adv.* dengan tangan.

manufacture *v.t.* membuat; membikin; mengeluarkan (secara besar-besaran); mereka; mengilang. —*n.* pembuatan; pembikinan; perkilangan. **manufacturer** *n.* pengilang; pembuat; pembikin.

manure *n.* baja; pupuk. —*v.t.* membaja; membubuh baja; membubuh pupuk.

manuscript *n.* manuskrip; naskhah tulisan tangan atau belum dicetak.

Manx *a* & *n.* bahasa atau dialek Pulau Man (Selat Inggeris).

many *a.* banyak. —*n.* orang ramai; benda yang banyak.

Maori *n.* & *a* (*pl.* **-is**) Maori; bangsa, orang atau penduduk asli New Zealand.

map *n.* peta; rajah. —*v.t.* (*p.t.* **mapped**) memetakan; merajahkan. **map out** merancangkan dengan teliti.

maple *n.* pohon mapel.

mar *v.t.* (*p.t.* **marred**) merosakkan; mencemarkan; memburukkan.

marabou *n.* burung marabu; burung besar Afrika.

maraca *n.* marakas; sejenis alat muzik yang digoncang ketika dimainkan.

maraschino *n.* minuman keras diperbuat daripada buah ceri.

marathon *n.* maraton; lari jarak jauh; ujian ketahanan.

marauding *a* & *n.* merampok; menjarah; merampas; melakukan perompakan; perampasan; perkosaan. **marauder** *n.* perompak; penjarah.

marble *n.* (batu) marmar; pualam; arca atau patung marmar; (buah) guli.

marbled *a.* mempunyai corak atau warna seperti marmar.

March *n.* Mac; bulan ketiga.

march *v.t./i.* berkawat berjalan dalam barisan; berbaris; membariskan; maju terus; mara terus. —*n.* perjalanan; perbarisan; perjalanan jauh; (lagu) untuk perbarisan; muzik mac. **marcher** *n.* orang yang menyertai perjalanan atau perbarisan.

marches *n.pl.* daerah atau kawasan sempadan; pembatasan.

marchioness *n.* isteri atau balu kepada pembesar bertaraf marquis; gelaran untuk wanita setaraf dengan marquis.

mare *n.* kuda betina. **mare's nest** penemuan yang palsu atau tidak berguna; keadaan yang rumit.

margarine *n.* marjerin; lemak sayur-sayuran.

margin *n.* tepi; sisi; jidar; margin; batas untung.

marginal *a.* pinggiran; marginal; sut. **marginal constituency** kawasan pilihan raya yang tipis majoritinya untuk menang. **marginally** *adv.* secara marginal.

marginalize *v.t.* menganggap tidak penting; mengetepikan. **marginalization** *n.* marginalisasi; perbuatan mengetepikan.

marguerite *n.* bunga daisi besar.

marigold *n.* bunga marigold; bunga tahi ayam.

marijuana *n.* marijuana; ganja yang dikeringkan.

marina *n.* tambatan; pangkalan perahu pesiaran.

marinade *n.* perapan; bahan yang berperasa rempah untuk memerapi ikan, daging, dsb. sebelum dimasak. —*v.t.* memerapkan.

marine *a.* berkenaan laut; perkapalan. —*n.* perkapalan negara; pasukan tentera darat atau laut.

mariner *n.* pelaut; kelasi kapal; askar laut.

marionette *n.* boneka; anak patung.

marital *a.* berkenaan perkahwinan; berkenaan suami isteri.

maritime *a.* berkenaan dengan laut; kelautan.

marjoram *n.* marjoram; sejenis herba berbau harum.

mark[1] *n.* sasaran; tanda; cap; tanda pengenalan; ciri-ciri; markah; angka; nilai; bekas; bekas; kesan; tikas; takik; takuk; parut; tapak. —*v.t/i.* menanda(kan); membubuh cap;

memberi markah atau nilai; menakik; membuat takuk. **mark down** mengurangkan harga. **mark time** berkawat setempat.

mark[2] *n.* unit mata wang Jerman.

marked *a.* bertanda; berciri; ketara; jelas. **markedly** *adv.* secara bertanda; dengan jelas.

marker *n.* penanda; tukang tanda; pemarkah; tanda.

market *n.* pasar; pekan. —*v.t./i.* berjual beli; membeli-belah; menjualkan; memasarkan. **market garden** kebun sayuran untuk jualan di pasar. **market maker** ahli bursa saham yang diberi beberapa keistimewaan yang dibenarkan. **on the market** sedang dijual; sedang dipasarkan.

marking *n.* tanda; warna kulit binatang; tompok-tompok; warna bulu mergastua.

marksman *n.* (*pl.* **-men**) ahli menembak; penembak; juara menembak. **marksmanship** *n.* keahlian atau kepandaian menembak.

marl *n.* tanah baja.

marlinspike *n.* paku pemilin; alat untuk memisahkan lembar tali atau dawai.

marmalade *n.* jem limau; marmalad.

marmoreal *a.* seperti marmar atau pualam.

marmoset *n.* sejenis monyet Amerika tropika.

marmot *n.* marmot; sejenis binatang seperti tupai yang diam dalam lubang tanah.

maroon[1] *n.* warna merah tua; warna manggis. —*a.* merah tua.

maroon[2] *v.t.* membuang orang dari kapal ke pulau yang sunyi.

marquee *n.* khemah besar untuk digunakan semasa perayaan atau pertunjukan.

marquess *n.* marquis; pangkat antara duke dan earl.

marquetry *n.* marketri; tatahan; ukiran.

marquis *n.* marquis; gelaran orang bangsawan.

marriage *n.* pernikahan; perkahwinan; ijab kabul.

marriageable *a.* layak; patut atau sudah boleh berkahwin.

marrow *n.* sumsum; benak; otak tulang; (sayur) labu air.

marry *v.t./i.* bernikah; berkahwin; menikahi; mengahwini.

marsh *n.* kawasan paya; rawa. **marsh marigold** *n.* sejenis bunga. **marshy** *a.* berpaya; becak.

marshal *n.* marsyal; pangkat pegawai tertinggi tentera udara atau polis di Amerika. —*v.t.* (*p.t.* **marshalled**) mengatur atau menyusun dalam barisan.

marshmallow *n.* sejenis gula-gula atau manisan yang empuk berwarna putih.

marsupial *n.* haiwan marsupial; haiwan yang mempunyai kantung seperti kanggaru; haiwan berkantung.

mart *n.* (singkatan) pasar; pasar raya; pusat perdagangan.

martial *a.* berkenaan dengan perang atau ketenteraan. **martial law** undang-undang tentera; pentadbiran tentera yang menggantikan undang-undang biasa.

Martian *a.* & *n.* berkenaan planet Marikh; penghuni planet Marikh.

martinet *n.* orang yang berpegang teguh kepada disiplin atau tatatertib.

martyr *n.* seseorang yang berkorban jiwa untuk perjuangan hidupnya; seseorang yang mati syahid. —*v.t.* menyeksa atau membunuh seorang sebagai syahid. **be a martyr to** menderita berterusan akibat sesuatu (penyakit, dsb.).

martyrdom *n.* pengorbanan; syahid.

marvel *n.* sesuatu yang ajaib atau mengagumkan; mukjizat. —*v.t.* (*p.t.* **marvelled**) berasa ajaib; berasa kagum.

marvellous *a.* bagus sekali; mengagumkan; menghairankan; menakjubkan. **marvellously** *adv.* perihal menakjubkan.

Marxism *n.* ajaran falsafah ekonomi-politik menurut Karl Marx; Marxisme. **Marxist** *a.* & *n.* seseorang yang menganut ajaran Marxisme; Marxis.

marzipan *n.* sejenis kuih atau dodol yang diperbuat daripada badam yang ditumbuk halus.

mascara *n.* celak mata; maskara.

mascot *n.* azimat; pembawa tuah; benda atau binatang yang dianggap sebagai pembawa tuah kepada pemiliknya.

masculine *a.* berkenaan lelaki; bersifat lelaki atau jantan. —*n.* (perkataan) maskulin. **masculinity** *n.* kelelakian; kejantanan.

mash *n.* bubur untuk membuat makanan harian atau membuat bir; (*colloq.*) kentang lenyek. —*v.t.* melenyek; melumatkan; menghancur.

mask *n.* topeng; kedok; pelindung muka. —*v.t.* memakai topeng; menya-

mar seperti orang lain; melindungi; menyembunyikan sesuatu.

masochism *n.* masokisme; kegembiraan atau keseronokan kerana diseksa. **masochist** *n.* masokis. **masochistic** *a.* masokistik.

Mason *n.* anggota perkumpulan sulit Freemason. **Masonic** *a.* tentang perkumpulan Freemason. **Masonry** *n.* perkumpulan Freemason.

mason *n.* tukang batu.

masonry *n.* pertukangan batu.

masque *n.* persembahan muzik dan drama amatur terutama pada kurun ke-16 –17.

masquerade *n.* pesta atau majlis tari-menari bertopeng. —*v.i.* menyamar atau berlagak sebagai seseorang.

mass[1] *n.* upacara sembahyang bagi kaum Kristian (Katolik).

mass[2] *n.* jisim; massa; banyak; kumpulan; rakyat jelata; besar-besaran. —*v.t./i.* berkumpul; mengumpulkan; menyusun beramai-ramai. **mass-produce** *v.t.* mengeluarkan secara besar-besaran. **mass production** pengeluaran secara besar-besaran.

massacre *n.* pembunuhan beramai-ramai secara kejam. —*v.t.* membunuh beramai-ramai secara kejam.

massage *n.* urut; picit. —*v.t.* mengurut; memicit; (dengan tepung beras) mengalin; (dengan ubat) melurut.

masseur *n.* tukang urut atau picit (lelaki). **masseuse** *n.fem.* tukang urut (perempuan).

massif *n.* masif; puncak-puncak gunung yang berpusat sebagai kelompok.

massive *a.* besar; besar-besaran; raksasa. **massively** *adv.* perihal besar-besaran. **massiveness** *n.* keadaan besar-besaran; sifat besar.

mast[1] *n.* tiang (bendera); tiang layar.

mast[2] *n.* buah pokok birch, oak atau berangan untuk makanan babi.

mastectomy *n.* mastektomi; pembedahan buah dada.

master *n.* guru; tuan; tuan rumah; tuan pemilik yang empunya (sesuatu); nakhoda; juragan; kapten kapal; orang yang ahli dalam sesuatu kemahiran; pelukis agung; naskhah asal; (panggilan) tuan kecil; induk atau kepala. —*v.t.* menguasai mendapatkan (kemahiran dalam sesuatu jurusan); mengalahkan; menakluki. **master-key** *n.* kunci induk. **master-mind** *n.* dalang atau perancang dalam sesuatu komplot. — *v.t.* merancang dan mengarahkan; mendalangi. **Master of**

Arts Sarjana Sastera. **master-stroke** *n.* tindakan yang bijak.

masterful *a.* bagus atau cantik sekali; keras kepala; suka memerintah; suka menunjukkan kuasa. **masterfully** *adv.* perihal menguasai.

masterly *a.* (yang) bagus; baik sekali; (yang) mengagumkan. **masterliness** *adv.* perihal mengagumkan.

mastermind *n.* perancang; dalang. —*v.t.* merancang dan mengarah.

masterpiece *n.* karya besar atau agung; sesuatu yang sangat indah atau cantik.

mastery *n.* penguasaan penuh; kemahiran; keahlian; kepandaian; kemenangan penuh.

masticate *v.t.* mengunyah; memamah; memepak. **mastication** *n.* pengunyahan; pemamahan.

mastiff *n.* anjing besar dan garang.

mastoid *n.* tulang karang; mastoid.

masturbate *v.t./i.* merancap; melancap. **masturbation** *n.* pelancapan.

mat *n.* tikar; hamparan; lapik. —*v.t./i.* (*p.t.* **matted**) kusut; mengusutkan.

matador *n.* matador; juara beradu dengan lembu jantan.

match[1] *n.* mancis api; korek api.

match[2] *n.* pertandingan; perlawanan; jodoh; pasangan; sesuatu yang cocok atau sesuai. —*v.t./i.* menandingi; melawan; menjodohkan; menjadi pasangan; menyesuaikan.

matchboard *n.* petak-petak papan yang secocok serta sama bentuk dan rupanya.

matchbox *n.* kotak mancis api.

matchless *a.* tiada tandingan; tiada tolok bandingnya; tidak terlawan.

matchmaking *n.* merisik-risik; menemukan jodoh. **matchmaker** *n.* orang yang mencarikan pasangan untuk orang lain.

matchstick *n.* batang mancis.

matchwood *n.* kayu lembut yang mudah menyerpih; serpihan kayu.

mate[1] *n.* rakan; teman; kawan; pasangan; jodoh. —*v.t./i.* berkawan; berpasangan; menjodohkan; mengahwinkan.

mate[2] *n.* (permainan catur) mat.

material *n.* bahan; kain; fabrik; (undang-undang) matan. —*a.* berkenaan bahan atau jirim; kebendaan; material; duniawi; penting. **materially** *adv.* secara material atau kebendaan.

materialism *n.* materialisme; faham kebendaan. **materialist** *n.* penganut materialisme; materialis; orang yang

mementingkan kebendaan. **materialistic** *a.* bersikap kebendaan; materialistik.

materialize *v.i.* menjadi; berhasil; mewujudkan; melaksanakan. **materialization** *n.* pewujudan; penghasilan.

maternal *a.* ibu; keibuan; bersaudara sebelah ibu. **maternally** *adv.* secara keibuan.

maternity *n.* ibu; keibuan; (*attrib.*) perempuan yang mengandung atau bersalin.

mathematician *n.* ahli matematik.

mathematics *n.* & *n.pl.* matematik; sains berkenaan angka; ilmu hisab. **mathematical** *a.* berkenaan matematik. **mathematically** *adv.* secara matematik.

maths *n.* & *n.pl.* (*colloq.*) matematik.

matinée *n.* pertunjukan selepas tengah hari; tayangan siang hari. **matinée coat** jaket bayi.

matins *n.* upacara sembahyang penganut Gereja England pada pagi hari.

matriarch *n.* matriark; perempuan yang mengetuai keluarga. **matriarchal** *a.* berkenaan perempuan ketua keluarga; kuasa ibu; saka.

matriarchy *n.* matriaki.

matricide *n.* membunuh atau pembunuh ibu sendiri. **matricidal** *a.* matrisidal.

matriculate *v.t./i.* lulus matrikulasi; memasuki universiti atau pusat pengajian tinggi. **matriculation** *n.* matrikulasi.

matrimony *n.* perkahwinan. **matrimonial** *a.* berkenaan perkahwinan.

matrix *n.* (*pl.* **matrices**) matriks.

matron *n.* matron; ketua jururawat; wanita yang sudah berkahwin. **matronly** *a.* berkenaan atau seperti yang sesuai bagi wanita yang sudah berkahwin; keibu-ibuan; berumur.

matt *a.* malap; tidak berkilat.

matter *n.* jirim; bahan; barang; benda; perkara; hal. —*v.i.* terpenting. **matter-of-fact** *a.* sebenarnya; bersahaja. **no matter** tidak apa; tidak penting. **what is the matter?** apa halnya?; mengapa?

matting *n.* tikar; hamparan; bahan untuk membuat tikar atau hamparan.

mattock *n.* cangkul.

mattress *n.* tilam.

maturation *n.* kematangan; masak; pematangan.

mature *a.* matang; masak; tua; sampai tempoh; dewasa. —*v.t./i.* menjadi matang atau tua; mematangkan. **maturity** *n.* kematangan; kedewasaan.

maudlin *a.* penangis; mudah menangis.

maul *v.t.* mencederakan; membelasah; menumpaskan.

maunder *v.i.* mengomel; merungut; melahu.

mausoleum *n.* mausoleum; makam raja.

mauve *a. & n.* ungu muda; merah senduduk.

maverick *n.* orang yang tidak hirau akan tradisi atau adat kebiasaan.

maw *n.* mulut, rahang atau perut binatang maging yang pelahap.

mawkish *a.* mudah terharu; berasa hambar (menyebabkan muntah).

maxim *n.* pepatah; peribahasa; bidalan; perumpamaan.

maximize *v.t.* memaksimumkan; menjadikan paling tinggi atau banyak.

maximum *a. & n.* (*pl.* -ima) maksimum.

may[1] *v.aux.* (*p.t.* might) boleh; mungkin.

may[2] *n.* sejenis bunga berwarna merah atau putih daripada tumbuhan yang berduri dan biasanya dijadikan pokok pagar.

May *n.* Mei. **May Day** Hari Pekerja Antarabangsa.

maybe *adv.* barangkali; kemungkinan; boleh jadi.

mayday *n.* panggilan kecemasan (melalui radio atau udara); isyarat darurat kapal terbang.

mayhem *n.* kacau-bilau; huru-hara.

mayonnaise *n.* mayones; sejenis kuah untuk salad.

mayor *n.* Datuk Bandar.

mayoress *n.* Datuk Bandar wanita; isteri Datuk Bandar.

maypole *n.* tiang berhias bunga untuk perayaan 1 Mei.

maze *n.* lorong berliku-liku yang membingungkan; sesuatu yang membingungkan.

MB *abbr.* **Bachelor of Medicine** Sarjana Muda Perubatan (*or* **Mb** *abbr.* **Megabyte**) megabait.

MBA *abbr.* **Master of Business Administration** Sarjana Pentadbiran Perniagaan

MBE *abbr.* **Member of the Order of the British Empire** Ahli (Pangkat) Empayar British.

MC *abbr.* **Master of Ceremonies** pengerusi majlis; pengacara majlis.

MD *abbr.* **Doctor of Medicine** doktor perubatan; **Managing Director** Pengarah Urusan.

ME *abbr.* **myalgic encephalomyelitis** keadaan perubatan yang meng-

akibatkan kesakitan dan rasa penat berpanjangan.

me *pron.* saya; aku.

mead *n.* wain madu; minuman keras yang dibuat daripada madu dan air.

meadow *n.* padang rumput.

meagre *a.* sedikit; kecil.

meal[1] *n.* waktu makan; hidangan.

meal[2] *n.* tepung kasar.

mealy *a.* bertepung. **mealy-mouthed** *a.* terlampau cermat menggunakan kata-kata supaya tidak menyinggung.

mean[1] *a.* (-er, -est) bermutu rendah (berkenaan barang); kedekut; bakhil; kikir (berkenaan orang). **meanly** *adv.* dengan kedekut; dengan bakhil; dengan kikir. **meanness** *n.* perihal kedekut; kebakhilan; kekikiran.

mean[2] *a. & n.* min; purata. **mean time** sementara waktu.

mean[3] *v.t.* (*p.t.* meant) bermaksud; bermakna; bererti.

meander *v.i.* berkelok-kelok. —*n.* kekelokan.

meaning *n.* maksud; makna; erti. —*a.* yang bermaksud. **meaningful** *a.* yang bermakna; yang bererti. **meaningless** *a.* tidak bermakna; tidak bererti.

means *n.* jalan; cara. —*n.pl.* daya upaya. **by all means** tentu sekali; dengan apa cara jua pun; walau apa pun. **by no means** tidak sama sekali. **means test** siasatan rasmi sebelum diberikan sebarang bantuan.

meant *lihat* **mean**[3].

meantime *adv.* sementara waktu.

meanwhile *adv.* sementara itu; pada waktu yang sama.

measles *n.* campak; sejenis penyakit.

measly *a.* (*sl.*) sedikit; kecil; tidak penting.

measurable *a.* tersukat; boleh (dapat) disukat; boleh (dapat) diukur.

measure *n.* ukuran; sukatan; pengukur; takaran (alat); tindakan; jalan; langkah (undang-undang). —*v.t./i.* mengukur; menyukat. **measure one's length** jatuh tertiarap. **measure up to** mencapai taraf yang dikehendaki.

measured *a.* dengan rentak yang perlahan dan teratur (berkenaan muzik); dipertimbangkan (berkenaan sesuatu tindakan atau keputusan).

measurement *n.* ukuran; sukatan.

meat *n.* daging (ikan dan binatang ternakan).

meaty *a.* (-ier, -iest) seperti daging; berdaging; berisi (berkenaan sesuatu isu).

mechanic *n.* mekanik.

mechanical *a.* mekanik; mekanikal; secara tidak sedar (berkenaan sesuatu tindakan). **mechanically** *adv.* secara mekanik.

mechanics *n.* ilmu mekanik. —*n.pl.* mekanisme.

mechanism *n.* mekanisme; kejenteraan.

mechanize *v.t.* menjenterakan. **mechanized** *a.* yang lengkap dengan kereta perisai (berkenaan tentera). **mechanization** *n.* mekanisasi; penjenteraan.

medal *n.* pingat.

medallion *n.* pingat besar; sejenis hiasan berbentuk seperti pingat.

medallist *n.* pemenang pingat.

meddle *v.i.* campur tangan. **meddler** *n.* orang yang suka campur tangan.

meddlesome *a.* suka campur tangan.

media *lihat* **medium**. —*n.pl.* **the mass media** media massa.

mediaeval *a. lihat* **medieval**.

medial *a.* di tengah-tengah.

median *a.* median. —*n.* median; penegah.

mediate *v.t./i* menjadi pengantara. **mediation** *n.* pengantaraan. **mediator** *n.* pengantara.

medic *n.* (tidak formal) doktor atau penuntut perubatan.

medical *a.* perubatan. —*n.* (*colloq.*) rawatan doktor. **medically** *adv.* secara perubatan.

medicament *n.* ubat; penawar.

medicate *v.t.* mengubat. **medication** *n.* ubat; pengubatan.

medicinal *a.* berubat; dapat menyembuhkan. **medicinally** *adv.* secara perubatan.

medicine *n.* ilmu perubatan; ubat. **medicine-man** *n.* pawang; bomoh; dukun.

medieval *a.* abad pertengahan.

mediocre *a.* sederhana; bermutu rendah. **mediocrity** *n.* kesederhanaan; perihal tidak bermutu sangat.

meditate *v.t.* berfikir dalam-dalam; bertafakur. **meditation** *n.* renungan; meditasi.

meditative *a.* berfikir. **meditatively** *adv.* dengan berfikir.

Mediterranean *a. & N.* Mediterranean.

medium *n.* (*pl.* **media**) sederhana; sedang; perantaraan; (*pl.* **mediums**) bomoh (untuk berhubung dengan alam ghaib).

medlar *n.* sejenis pokok yang buahnya seakan-akan epal.

medley *n.* (*pl.* **-eys**) berbagai-bagai; aneka lagu.

medulla *n.* tulang sumsum. **medullary** *a.* berkenaan tulang sumsum.

meek *a.* (**-er, -est**) menurut kata; tidak melawan; sabar. **meekly** *adv.* dengan tidak melawan; dengan sabar. **meekness** *n.* kepatuhan; kesabaran.

meerschaum *n.* sejenis paip.

meet[1] *a.* (usang) elok; sesuai.

meet[2] *v.t./i.* (*p.t.* met) berjumpa; bertemu. —*n.* perjumpaan; pertemuan.

meeting *n.* perjumpaan; pertemuan; mesyuarat. **meeting-place** *n.* tempat perjumpaan, pertemuan atau mesyuarat.

mega- *pref.* mega.

megabyte *n.* megabait; satu juta bait sebagai seunit storan komputer.

megahertz *n.* megahertz.

megalith *n.* megalit; seketul batu yang besar sebagai monumen tinggalan prasejarah. **megalithic** *a.* daripada megalit.

megalomania *n.* megalomania.

megaphone *n.* megafon.

megaton *n.* megaton.

megawatt *n.* satu unit kuasa yang bersamaan dengan satu juta watt.

melamine *n.* melamina.

melancholia *n.* melankolia; sakit menung; hiba; sayu. **melancholic** *a.* melankolik; menung; hiba.

melancholy *n.* kemenungan; kesayuan. —*a.* murung; sayu; melankolik.

melanin *n.* pigmen gelap yang terdapat pada rambut dan kulit.

melanoma *n.* barah kulit yang merbahaya.

meld *v.* mencampurkan.

mêlée *n.* huru-hara; kacau-bilau.

mellifluous *a.* (tentang suara, ucapan, muzik dsb.) merdu.

mellow *a.* (**-er, -est**) masak (berkenaan buah); lembut (berkenaan warna); murah hati (berkenaan orang). —*v.t./i.* menjadi masak; menjadi lembut. **mellowly** *adv.* secara lembut. **mellowness** *n.* kelembutan.

melodic *a.* bermelodi.

melodius *a.* merdu.

melodrama *n.* melodrama. **melodramatic** *a.* melodramatik. **melodramatically** *adv.* secara melodramatik.

melody *n.* melodi.

melon *n.* tembikai; semangka.

melt *v.t./i.* cair; menjadi lembut (berkenaan perasaan); hilang (berkenaan muzik, dsb.).

member *n.* ahli; anggota. **Member of Parliament** Ahli (Anggota) Parlimen. **membership** *n.* keahlian; keanggotaan.

membrane *n.* membran.

M

memento *n.* (*pl.* -oes) tanda ingatan; tanda kenangan.

memo *n.* (*pl.* -os) (*colloq.*) memo.

memoir *n.* riwayat hidup; memoir.

memorable *a.* dapat diingat; dapat dikenangkan.

memorandum *n.* (*pl.* -da) memorandum.

memorial *n.* memorial; tanda peringatan. —*a.* sebagai memorial.

memorize *v.t.* menghafal; mengingatkan (rupa, tempat, dsb.).

memory *n.* ingatan; memori. **from memory** hanya daripada ingatan sahaja, bukan daripada sebarang catatan. **in memory of** sebagai memperingati.

memsahib *n.* wanita Eropah (di India).

men *lihat* **man**.

menace *n.* ancaman; bahaya. —*v.t.* mengancam; membahayakan. **menacingly** *adv.* dengan mengancam; dengan membahayakan.

ménage *n.* isi rumah.

menagerie *n.* koleksi binatang aneh untuk dipamerkan.

mend *v.t./i.* membaiki; menampal (pada kain). —*n.* tampalan. **on the mend** hampir sembuh. **mender** *n.* tukang memperbaiki.

mendacious *a.* dusta; bohong. **mendaciously** *adv.* secara dusta; secara bohong. **mendacity** *n.* kebohongan; kedustaan.

mendicant *a.* pengemis. —*n.* peminta sedekah.

menfolk *n.* kaum lelaki; orang lelaki.

menhir *n.* menhir; batu yang didirikan pada zaman prasejarah.

menial *a.* rendah; sesuai dibuat oleh buruh. —*n.* (*derog.*) hamba; buruh kasar.

meningitis *n.* meningitis.

meniscus *n.* meniskus; permukaan cembung cecair; lensa cembung dan cekung.

menopause *n.* menopaus; putus haid. **menopausal** *a.* berkenaan menopaus.

menorah *n.* tempat meletak lilin yang mempunyai tujuh jejari yang digunakan dalam upacara pemujaan oleh orang Yahudi.

menstrual *a.* berkenaan haid.

menstruate *v.i.* keluar haid; datang haid. **menstruation** *n.* haid.

mensurable *a.* dapat diukur.

mensuration *n.* peraturan pengukuran.

mental *a.* mental; (*colloq.*) gila. **mental deficiency** kelemahan mental. **mental home** atau **hospital** hospital

sakit otak. **mentally** *adv.* secara berfikir; secara mental.

mentality *n.* mentaliti; cara berfikir.

menthol *n.* mentol.

mentholated *a.* bermentol.

mention *v.t.* menyebut; tersebut. —*n.* sebutan.

mentor *n.* penasihat.

menu *n.* (*pl.* -us) menu.

meow *n. var. of* **miaow** jeritan kucing; miau.

mercantile *a.* merkantil; yang berkenaan dengan perdagangan atau perniagaan.

mercenary *a.* mata duitan. —*n.* askar upahan.

mercerized *a.* (atau -ised) (tentang kapas) merawat dengan menggunakan bahan beralkali supaya sesuatu itu bertambah kuat dan berkilat.

merchandise *n.* barang niaga; dagangan. —*v.t./i.* berdagang.

merchant *n.* pedagang; saudagar; (*sl.*) seseorang yang suka akan sesuatu aktiviti. **merchant bank** bank saudagar. **merchant navy** marin dagang. **merchant ship** kapal dagang.

merchantable *a.* boleh jual.

merciful *a.* bersifat belas kasihan; yang melegakan (berkenaan ubat).

mercifully *adv.* bersifat belas kasihan; (*colloq.*) nasib baik; mujur.

merciless *a.* kejam. **mercilessly** *adv.* dengan kejam.

mercurial *a.* berkenaan merkuri; mudah berubah.

mercury *n.* raksa; merkuri. **mercuric** *a.* merkurik.

mercy *n.* ampun; belas kasihan.

mere[1] *a.* hanya; kecil. **merest** *a.* paling kecil. **merely** *adv.* hanya.

mere[2] *n.* tasik.

meretricious *a.* secara luarannya menarik tetapi sebenarnya tidak berharga.

merge *v.t./i.* bersatu; bercantum.

merger *n.* penyatuan; percantuman.

meridian *n.* meridian.

meringue *n.* kuih yang dibuat daripada buih putih telur dan gula.

merino *n.* (*pl.* -os) kambing biri-biri merino.

merit *n.* kebaikan; kebaktian; kecemerlangan; merit. —*v.t.* (*p.t.* **merited**) patut diberi.

meritocracy *n.* meritokrasi; orang yang dipilih kerana kebaktian, kebolehan atau kecemerlangan mereka.

meritorious *a.* yang patut mendapat kepujian; yang patut diberi kepujian.

merlin *n.* sejenis burung helang kecil.

mermaid, merman *n.* (*pl.* **-men**) ikan duyung.

merry *a.* (**-ier, -iest**) ria; riang. **make merry** bergembira; beriang ria. **merry-go-round** *n.* mesin putaran yang dinaiki untuk bersenang-senang. **merry-making** *n.* pesta ria. **merriment** *n.* keriangan; kegembiraan.

mescaline *n.* meskalina; dadah halusinogenik terdapat di dalam kaktus.

mesembryanthemum *n.* sejenis tumbuhan rendah yang berbunga seperti daisi.

mesh *n.* mata jala; sirat; jaringan. —*v.i.* berpanca; selaras.

mesmerize *v.t.* memukau.

mesolithic *a.* mesolitik; zaman antara Zaman Batu dengan Zaman Batu Baharu.

meson *n.* meson; partikel berjisim pertengahan antara proton dengan elektron.

mess *n.* keadaan kotor; keadaan huru-hara; kotoran (berkenaan benda); dewan makan. —*v.t./i.* mengotori; makan beramai-ramai. **make a mess of** merosakkan; menggagalkan. **mess with** mengacau.

message *n.* mesej; amanat; berita; warta; utusan; ajaran.

messenger *n.* utusan.

Messiah *n.* penyelamat yang dinantikan oleh orang Yahudi; Jesus Christ (mengikut agama Kristian). **Messianic** *a.* perihal Jesus.

Messieurs *n.* (*pl. of* **Monsieur**) gelaran sebelum nama lelaki misalnya encik, tuan; kata sapaan yang formal dan sopan.

Messrs *lihat* **Mr.**

messy *a.* (**-ier, -iest**) kotor. **messily** *adv.* dengan kotornya. **messiness** *n.* keadaan kotor.

met *lihat* **meet**².

metabolism *n.* metabolisme.

metabolize *v.t.* memetabolismekan; memproses (makanan) semasa metabolisme.

metal *n.* logam. —*a.* diperbuat daripada logam.

metalled *a.* (*lihat* **road**) berlapis batu kerikil.

metallic *a.* berlogam.

metallurgy *n.* kaji logam; metalurgi. **metallurgical** *a.* kaji logam; metalurgi. **metallurgist** *n.* ahli kaji logam; ahli metalurgi.

metamorphic *a.* metamorf; (tentang batu-batan) yang berubah oleh haba, tekanan dan sebagainya.

metamorphose *v.t./i.* memetamorfosis; bertukar; berubah.

metamorphosis *n.* (*pl.* **-phoses**) metamorfosis.

metaphor *n.* metafora; ibarat; kiasan. **metaphorical** *a.* bersifat metafora, ibarat atau kiasan. **metaphorically** *adv.* secara metafora; secara kiasan.

metaphysics *n.* metafizik. **metaphysical** *a.* metafizikal.

mete *v.t.* **mete out** memberi ganjaran atau balasan.

meteor *n.* meteor; tahi bintang.

meteoric *a.* cepat dan berkilau; cemerlang.

meteorite *n.* meteorit.

meteorology *n.* meteorologi; kaji cuaca. **meteorological** *a.* berkenaan meteorologi atau kaji cuaca. **meteorologist** *n.* ahli meteorologi; ahli kaji cuaca.

meter¹ *n.* meter (alat). —*v.t.* mengukur dengan meter.

meter² *n.* meter (unit ukuran).

methane *n.* metana (sejenis gas).

methanol *n.* metanol; sejenis alkohol beracun yang mudah terbakar dan digunakan sebagai pelarut.

methinks *v.t.* (*usang*) saya atau hamba fikir.

method *n.* cara; kaedah; prosedur.

methodical *a.* tersusun; berkaedah. **methodically** *adv.* secara tersusun.

methodology *n.* (*pl. of* **methodologies**) satu kaedah yang digunakan dalam sesuatu bidang; metodologi.

Methodist *n.* Methodist. **Methodism** *n.* Methodisme.

meths *n.* (*colloq.*) spirit bermetil.

methyl *n.* metil; unit kimia yang diperoleh daripada metana.

methylated *a.* **methylated spirit** spirit bermetil.

meticulous *a.* cermat; hati-hati; teliti. **meticulously** *adv.* dengan cermat; dengan hati-hati; dengan teliti. **meticulousness** *n.* ketelitian; kecermatan.

metre *n.* meter; metre (rima dalam sajak).

metric *a.* metrik. **metric system** sistem metrik.

metrical *a.* metrikal (berkenaan muzik).

metricate *v.t.* menukarkan ke unit metrik. **metrication** *n.* pemetrikan; pertukaran kepada sistem metrik.

metro *n.* (*pl. of* **metros**) kereta api bawah tanah.

metronome *n.* metronom; sejenis alat untuk menentukan tempo semasa berlatih muzik.

metropolis *n.* metropolis; kota raya; ibu kota.

metropolitan *a.* metropolitan.

mettle *n.* keberanian; kehandalan. **on one's mettle** terdorong untuk melakukan yang terbaik; cekal.

mettlesome *a.* bersemangat; berani.

mew *n.* bunyi kucing. —*v.i.* kucing berbunyi.

mews *n.* rumah atau garaj yang asalnya kandang kuda.

mezzanine *n.* mezanin.

mezzo *n.* (atau mezzo-soprano) (*pl. of mezzos*) penyanyi wanita yang bersuara antara soprano dan contralto.

mezzo-soprano *n.* (*pl. -os*) mezzo-soprano; penyanyi yang bersuara rendah daripada soprano.

mezzotint *n.* mezotin (sejenis ukiran).

mg *abbr.* miligram.

MHz *abbr.* megahertz.

miaow *n. & v.i. lihat* mew.

miasma *n.* udara busuk.

mica *n.* mika.

mice *lihat* mouse.

micro- *pref.* mikro-.

microbe *n.* mikrob.

microbiology *n.* mikrobiologi; kajian tentang mikroorganisma.

microchip *n.* mikrocip.

microclimate *n.* iklim bagi satu kawasan yang sangat kecil.

microcomputer *n.* mikrokomputer; komputer yang pemproses utamanya mengandungi mikrocip.

microcosm *n.* mikrokosme.

microfiche *n.* (*pl. -fiche*) mikrofis.

microfilm *n.* mikrofilem. —*v.t.* memikrofilemkan.

microlight *n.* sejenis peluncur udara yang bermotor.

micrometer *n.* mikrometer; alat mengukur panjang atau sudut.

micron *n.* mikron; satu persejuta meter.

micro-organism *n.* mikroorganisma.

microphone *n.* mikrofon.

microprocessor *n.* mikropemproses.

microscope *n.* mikroskop.

microscopic *a.* mikroskopik.

microsurgery *n.* mikrosurgeri; mikropembedahan; pembedahan menggunakan mikroskop.

microwave *n.* mikrogelombang.

mid *a.* tengah.

midday *n.* tengah hari.

midden *n.* timbunan sampah.

middle *a.* di tengah. —*n.* pertengahan. **in the middle of** sedang; tengah. **middle-aged** *a.* pertengahan umur. **Middle Ages** Zaman Pertengahan, lebih kurang tahun 1000–1400. **middle class** kelas pertengahan. **Middle East** Timur Tengah.

middleman *n.* (*pl. -men*) orang tengah (dalam urus niaga).

middleweight *n.* kelas pertengahan (berkenaan tinju).

middling *a.* sederhana.

midfield *n.* bahagian tengah bagi sukan padang; (pemain) bahagian tengah.

midge *n.* sejenis agas.

midget *n.* orang kenit; orang kerdil; orang katik; barang yang sangat kecil. —*a.* sangat kecil.

Midlands *n.pl.* Midlands; daerah pertengahan di England. **midland** *a.* berkenaan daerah pertengahan.

midnight *n.* tengah malam.

midriff *n.* midrif; bahagian atas tubuh, dari pinggang ke atas.

midshipman *n.* (*pl. -men*) tentera laut berpangkat lebih rendah daripada leftenan muda.

midst *n.* **in the midst of** di tengah-tengah; di kalangan; dikelilingi oleh.

midsummer *n.* pertengahan musim panas.

midway *adv.* setengah jalan; separuh jalan; sekerat jalan.

midwife *n.* (*pl. -wives*) bidan.

midwifery *n.* kerja-kerja perbidanan.

midwinter *n.* pertengahan musim sejuk.

mien *n.* sifat; perangai; pembawaan; tabiat.

might[1] *n.* kekuatan; kekuasaan. **with might and main** dengan segala kekuatan.

might[2] *lihat* may[1]. —*v.aux.* digunakan untuk meminta kebenaran.

mightn't *contr.* might not menunjukkan tanpa izin; mungkin tidak.

mighty *a.* (-ier, -iest) kuat; gagah; perkasa; agung.

migraine *n.* migrain; sakit kepala yang teruk.

migrant *a. & n.* migran; orang perpindahan; yang berhijrah.

migrate *v.i.* berpindah; berhijrah. **migration** *n.* pindahan penduduk; migrasi penduduk. **migratory** *a.* migratori.

mike *n.* (*colloq.*) mikrofon.

milch *a.* **milch cow** lembu tenusu; sumber wang (kiasan).

mild *a.* (-er, -est) halus; lembut; sederhana; tidak pedas (berkenaan rasa); tidak keras atau teruk (berkenaan undang-undang, hukuman, penyakit, dsb.). **mildly** *adv.* secara halus. **mildness** *n.* kehalusan; kelembutan.

mildew *n.* kulapuk. **mildewed** *a.* berkulapuk.

mile *n.* batu (unit jarak). **nautical mile** batu nautika.

mileage *n.* perbatuan.

milestone *n.* batu tanda jarak.

milieu *n.* (*pl.* **-eus**) milieu; keadaan sekeliling.

militant *a. & n.* suka berperang (berkenaan orang). **militancy** *n.* ketenteraan.

militarism *n.* faham ketenteraan; percaya pada sikap ketenteraan.

military *a.* tentera.

militate *v.i.* mempengaruhi; berkesan terhadap.

militia *n.* tentera; askar.

milk *n.* susu. —*v.t.* memerah susu; memerah (kiasan). **milk shake** susu kocak. **milk-teeth** *n.pl.* gigi susu. **milker** *n.* pemerah susu.

milkmaid *n.* (usang) gadis pemerah susu.

milkman *n.* (*pl.* **-men**) penjual susu.

milksop *n.* pengecut; bacul.

milky *a.* bersusu; berisi banyak susu. **Milky Way** Bima Sakti.

mill *n.* pengisar (alat); kilang (bangunan). —*v.t./i.* mengilang; menggerigi (berkenaan logam). **miller** *n.* pengilang.

millennium *n.* (*pl.* **-ums**) masa selama 1000 tahun; masa depan yang cerah untuk semua orang.

millepede *n.* cenubung; lentibang; mentibang.

millet *n.* sekoi; milet; sejenis bijirin.

milli- *pref.* mili-.

millibar *n.* milibar; unit untuk mengukur tekanan atmosfera.

milligram *n.* (atau **milligramme**) miligram; satu per seribu gram.

millilitre *n.* (A.S.) = **milliliter** mililiter; satu per seribu liter.

millimetre *n.* (A.S.) = **millimeter** milimeter; satu per seribu meter.

milliner *n.* pembuat atau penjual topi wanita. **millinery** *n.* kerja-kerja membuat topi wanita.

million *n.* juta. **millionth** *a. & n.* kesejuta; satu per sejuta.

millionaire *n.* jutawan.

millipede *n.* binatang tanpa tulang belakang yang kecil dan mempunyai banyak kaki; sepah bulan.

millisecond *n.* satu per seribu saat.

millstone *n.* batu kisar; beban atau tanggungjawab yang berat (kiasan).

milometer *n.* milometer.

milt *n.* milt; sperma ikan jantan.

mime *n.* lakonan bisu. —*v.t./i.* berlakon bisu.

mimic *v.t.* (*p.t.* **mimicked**) memimik; meniru; mengajuk. —*n.* orang yang pandai memimik, meniru atau mengajuk. **mimicry** *n.* mimikri.

mimosa *n.* mimosa; semalu.

minaret *n.* menara.

minatory *a.* mengancam; membahayakan.

mince *v.t./i.* mencencang; meracik; mengisar; berbicara atau berjalan dengan berhati-hati. —*n.* daging cencang. **mince pie** sejenis pai. **not to mince matters** berterus terang.

mincemeat *n.* campuran buah-buahan kering, gula, dll. untuk dibuat pai. **make mincemeat of** mengalahkan sama sekali.

mincer *n.* pencencang (alat).

mind *n.* fikiran; ingatan. —*v.t./i.* mengawasi; menjaga; keberatan; mengingati.

minded *a.* berkecenderungan atau berminat terhadap sesuatu.

minder *n.* penjaga.

mindful *a.* yang mengambil berat tentang sesuatu; sedar.

mindless *a.* tidak berotak; bodoh; tidak mempedulikan sesuatu.

mine[1] *a. & poss. pron.* hak saya; kepunyaan saya.

mine[2] *n.* lombong; periuk api. —*v.t./i.* melombong; memasang periuk api.

minefield *n.* medan atau kawasan periuk api.

miner *n.* pelombong.

mineral *n.* mineral. —*a.* berkenaan mineral. **mineral water** air mineral.

mineralogy *n.* mineralogi. **mineralogist** *n.* ahli mineralogi.

minestrone *n.* sejenis sup berasal dari Itali.

minesweeper *n.* kapal penyapu periuk api.

mineworker *n.* pekerja lombong.

mingle *v.t./i.* bercampur; bergaul.

mingy *a.* (*colloq.*) bakhil; kedekut.

mini- *pref.* mini.

minicab *n.* minicab; teksi yang hanya boleh disewa jika dipesan terlebih dahulu.

miniature *a.* mini; kenit. —*n.* lukisan atau gambar yang sangat kecil.

miniaturize *v.t.* menjadikan kecil.

M

miniaturization *n.* pengecilan.

minibus *n.* bas mini.

minim *n.* minim (not muzik).

minimal *a.* minimum. **minimally** *adv.* secara minimum.

minimalism *n.* penggunaan bentuk rekaan asas yang mudah. **minimalist** *a. & n.* pengamal bentuk rekaan asas yang mudah.

minimize *v.t.* meminimumkan.

minimum *a. & n.* (*pl.* **-ima**) minimum.

minion *n.* (*derog.*) hamba.

minister *n.* menteri; pendeta (dalam agama Kristian). —*v.i.* **minister to** melayan. **ministerial** *a.* berkenaan dengan pendeta.

ministration *n.* penyediaan bantuan atau penjagaan.

ministry *n.* kementerian; tugas paderi.

mink *n.* mink (sejenis binatang); kot bulu mink.

minnow *n.* sejenis ikan air tawar.

Minoan *a. & n.* Minoan (orang dari Zaman Gangsa di Pulau Crete).

minor *a.* lebih kecil; minor (berkenaan muzik). —*n.* orang yang belum dewasa.

minority *n.* minoriti; keadaan belum dewasa.

Minster *n.* gelaran yang diberikan kepada gereja yang besar dan penting.

minstrel *n.* penyanyi kembara.

mint[1] *n.* kilang wang; jumlah besar (berkenaan wang). —*v.t.* mencetak wang. **in mint condition** kelihatan baharu.

mint[2] *n.* pudina.

minuet *n.* minuet (sejenis tarian).

minus *prep.* minus; (*colloq.*) tanpa. —*a.* minus; kurang dari sifar.

minuscule *a.* amat kecil.

minute[1] *n.* minit (unit masa); (*pl.*) minit (berkenaan laporan). —*v.t.* membuat minit; meminitkan.

minute[2] *a.* kumin; sangat kecil. **minutely** *adv.* kecil-kecil; halus-halus.

minutiae *n.pl.* perkara tetek-bengek.

minx *n.* gadis nakal.

miracle *n.* keajaiban; mukjizat. **miraculous** *a.* ajaib. **miraculously** *adv.* secara ajaib.

mirage *n.* logamaya; fatamorgana.

mire *n.* paya; rawa.

mirror *n.* cermin. —*v.t.* mencerminkan.

mirth *n.* kegembiraan; keriangan. **mirthful** *a.* gembira; riang. **mirthless** *a.* murung.

mis- *pref.* salah.

misadventure *n.* nasib malang; nahas.

misanthrope *n.* pembenci orang.

misanthropy *n.* hal benci orang. **mis-anthropist** *n.* pembenci orang. **mis-anthropic** *a.* bencikan orang.

misapprehend *v.t.* salah faham. **mis-apprehension** *n.* kesalahfahaman.

misappropriate *v.t.* menggelapkan wang; melesapkan wang. **misappro-priation** *n.* perihal menggelapkan wang; pelesapan.

misbehave *v.i.* berkelakuan buruk; berperangai buruk. **misbehaviour** *n.* kelakuan buruk.

miscalculate *v.t./i.* salah hitung. **mis-calculation** *n.* perihal salah hitung.

miscall *v.t.* memanggil dengan nama yang salah.

miscarriage *n.* keguguran.

miscarry *v.i.* gugur; gagal (berkenaan sesuatu rancangan).

miscellaneous *a.* serbaneka; bermacam-macam.

miscellany *n.* campuran.

mischance *n.* nasib malang.

mischief *n.* kenakalan (berkenaan kanak-kanak); kerosakan; kerugian.

mischievous *a.* nakal. **mischievously** *adv.* dengan nakalnya. **mischievous-ness** *n.* kenakalan.

misconception *n.* salah konsep; salah faham; salah tanggapan.

misconduct *n.* kelakuan buruk.

misconstrue *v.t.* salah mengerti. **mis-construction** *n.* perihal salah meng-erti; salah tafsiran.

miscreant *n.* orang jahat.

misdeed *n.* kejahatan.

misdemeanour *n.* kesalahan kecil.

miser *n.* orang bakhil; orang kedekut. **miserly** *a.* bakhil; kedekut. **miser-liness** *n.* kebakhilan; perihal kedekut.

miserable *a.* sangat dukacita; amat menyedihkan; kurang baik (ber-kenaan mutu, dsb.). **miserably** *adv.* dengan dukacita; dengan sedih.

misery *n.* kesedihan; kesengsaraan. (*colloq.*) seseorang yang tidak berpuas hati atau yang tidak menyenangkan.

misfire *v.i.* tidak meletus (berkenaan tembakan); gagal (berkenaan sesuatu rancangan atau tindakan).

misfit *n.* sesuatu yang tidak sesuai; orang yang tidak dapat menyesuaikan diri dengan pekerjaannya atau keada-an sekeliling.

misfortune *n.* nasib buruk; nasib malang.

misgive *v.t.* (*p.t.* **-gave**, *p.p.* **-given**) berasa waswas.

misgiving *n.* perasaan waswas; perasa-an ragu-ragu.

misguided *a.* tertipu; terpedaya.

mishap *n.* kemalangan; kecelakaan.

misinform *v.t.* memberi maklumat yang salah kepada seseorang. **misinformation** *n.* maklumat salah.

misinterpret *v.t.* salah tafsir; salah faham. **misinterpretation** *n.* perihal salah tafsir atau salah faham.

misjudge *v.t.* salah anggap; salah duga. **misjudgement** *n.* perihal salah anggap; salah duga.

mislay *v.t.* (*p.t.* **mislaid**) salah letak.

mislead *v.t.* (*p.t.* **misled**) salah mengerti; mengelirukan.

mismanage *v.t.* salah mengurus. **mismanagement** *n.* salah urus.

misnomer *n.* salah nama; nama tak kena.

misogynist *n.* pembenci perempuan.

misplace *v.t.* salah letak; salah menempatkan (kepercayaan, dsb.).

misprint *n.* salah cetak.

misquote *v.t.* salah memetik. **misquotation** *n.* petikan salah.

misread *v.t.* (*p.t.* **-read**) salah atau silap membaca.

misrepresent *v.t.* memberikan gambaran yang salah; salah nyata. **misrepresentation** *n.* gambaran yang salah; perihal salah nyata.

misrule *n.* pemerintahan yang teruk; penyalahgunaan kuasa.

miss *v.t./i.* tidak mengena (berkenaan sasaran); tidak nampak; tidak faham dsb.; merindui (seseorang); melarikan diri (daripada sesuatu keadaan yang tidak menyenangkan); tidak hidup (berkenaan enjin). —*n.* tidak mengenai sasaran.

Miss *n.* (*pl.* **Misses**) Cik; Nona.

misshapen *a.* cacat; herot.

missile *n.* peluru berpandu.

missing *a.* hilang.

mission *n.* misi; tugas; pusat para mubaligh.

missionary *n.* mubaligh.

missive *n.* surat; warkah; utusan.

misspell *v.t.* (*p.t.* **misspelt**) salah eja.

misspend *v.t.* (*p.t.* **misspent**) membazir.

mist *n.* kabus. —*v.t./i.* diselimuti kabus.

mistake *n.* kesilapan; kesalahan. —*v.t.* (*p.t.* **mistook**, *p.p.* **mistaken**) membuat silap atau salah. **mistaken** *a.* silap; salah. **mistakenly** *adv.* tersilap; tersalah.

mister *var. of* **Mr.** *n.* bentuk sapaan bagi lelaki; encik.

mistime *v.t.* membuat atau mengatakan sesuatu tidak kena pada masanya.

mistletoe *n.* sejenis dedalu.

mistral *n.* angin mistral; angin sejuk dari utara atau barat laut di selatan Perancis.

mistress *n.* wanita yang berkuasa; guru wanita; perempuan simpanan.

mistrial *n.* perbicaraan yang tidak sah kerana kesilapan prosiding.

mistrust *v.t.* pecah amanah. —*n.* perihal pecah amanah. **mistrustful** *a.* yang pecah amanah.

misty *a.* (**-ier, -iest**) berkabus. **mistily** *adv.* penuh dengan kabus. **mistiness** *n.* keadaan yang berkabus.

misunderstand *v.t.* (*p.t.* **-stood**) salah faham; tidak mengerti. **misunderstanding** *n.* salah fahaman; perselisihan faham.

misuse[1] *v.t.* menyalahgunakan.

misuse[2] *n.* penyalahgunaan.

mite *n.* hama; anak kecil; sumbangan yang kecil; sedikit.

mitigate *v.t.* melonggarkan; meringankan. **mitigation** *n.* pelonggaran; peringanan.

mitre *n.* sejenis tutup kepala yang dipakai oleh biskop dan abbot.

mitt *n.* sejenis sarung tangan yang tidak menutupi hujung jari.

mitten *n.* sarung tangan yang terbahagi kepada dua bahagian – satu untuk ibu jari dan yang lagi satu untuk semua jari yang lain.

mix *v.t./i.* mencampur; mengadun. —*n.* campuran. **mix up** mencampurkan; menjadi keliru. **mixer** *n.* pengadun; pembancuh.

mixed *a.* bercampur. **mixed-up** *a.* (*colloq.*) bingung.

mixture *n.* adunan; campuran.

mizen-mast *n.* tiang baksi.

ml *abbr.* mililiter.

mm *abbr.* milimeter.

MMR *abbr.* measles, **mumps and rubella** demam campak, beguk, rubela (suntikan dos yang diberikan kepada kanak-kanak).

mnemonic *a. & n.* mnemonik; alat untuk membantu ingatan; untuk mudah mengingat.

moan *n.* keluhan. —*v.t./i.* mengeluh. **moaner** *n.* orang yang suka mengeluh.

moat *n.* parit.

moated *a.* dikelilingi parit.

mob *n.* kumpulan perusuh; gerombolan; (*sl.*) kumpulan; geng —*v.t.* (*p.t.* **mobbed**) merusuh.

mobile *a.* bergerak. —*n.* perhiasan gantungan. **mobility** *n.* mobiliti.

mobilize *v.t./i.* menggerakkan (berkenaan askar, dsb.). **mobilization** *n.* mobilisasi; pengerahan.

moccasin *n.* mokasin; sejenis kasut kulit.

mocha *n.* moka; sejenis kopi.

mock *v.t./i.* memperolok-olokkan. —*a.* olok-olok; pura-pura; maya. **mock-up** *n.* contoh; pengolokan.

mockery *n.* ejekan; cemuhan; contoh yang buruk.

mode *n.* cara; mod; fesyen semasa.

model *n.* model; peragawati; peragawan. —*a.* contoh. —*v.t./i.* (*p.t.* **modelled**) membuat model; menjadi model; memperagakan (pakaian, dsb.).

modem *n.* modem; alat mengirim dan menerima data komputer melalui talian telefon.

moderate[1] *a.* sederhana; tidak melampau atau berlebihan. —*n.* pemegang pandangan sederhana. **moderately** *adv.* dengan cara sederhana atau perlahan.

moderate[2] *v.t./i.* membuat supaya menjadi sederhana.

moderation *n.* sikap yang sederhana. **in moderation** secara sederhana.

moderator *n.* orang tengah; pendeta Presbyterian yang mengetuai perjumpaan di gereja.

modern *a.* moden. **modernity** *n.* kemodenan.

modernism *n.* idea, kaedah atau gaya moden. **modernist** *n & a.* penyokong atau memperlihatkan idea, kaedah atau gaya moden.

modernist *n.* pendukung pemodenan.

modernize *v.t.* memodenkan. **modernization** *n.* pemodenan.

modest *a.* rendah hati; sederhana (berkenaan saiz, dsb.); sopan. **modestly** *adv.* dengan rendah hati; dengan sopan. **modesty** *n.* sifat rendah hati; kesopanan.

modicum *n.* sedikit; jumlah kecil.

modify *v.t.* mengubah suai. **modification** *n.* pengubahsuaian.

modish *a.* bergaya.

modulate *v.t./i.* menyesuaikan; mengubahsuaikan (berkenaan suara). **modulation** *n.* modulasi.

module *n.* modul.

modus operandi *n.* cara melakukan sesuatu.

mogul *n.* (*colloq.*) orang yang berpengaruh.

mohair *n.* mohair; sejenis kulit.

Mohammedan *a. & n.* pengikut Nabi Muhammad (s.a.w.); orang Islam.

moiety *n.* setengah.

moist *a.* (-er, -est) lembap. **moistness** *n.* kelembapan.

moisten *v.t./i.* menjadi lembap.

moisture *n.* lembapan.

moisturize *v.t.* melembapkan. **moisturizer** *n.* pelembap.

molar *n.* molar; geraham.

molasses *n.* molases; sejenis sirap.

mole[1] *n.* tahi lalat.

mole[2] *n.* mol; tambak.

mole[3] *n.* cencorot tanah; tikus mondok.

molehill *n.* busut.

molecule *n.* molekul (unit yang amat kecil). **molecular** *a.* berkenaan molekul.

molest *v.t.* menceroboh; memperkosa. **molestation** *n.* pencerobohan; perkosaan.

mollify *v.t.* memujuk; melembutkan; meredakan. **mollification** *n.* bujukan; perihal melembutkan; peredaan.

mollusc *n.* moluska; binatang berbadan lembut dan bercangkerang.

mollycoddle *v.t.* terlalu memanjakan.

Molotov cocktail *n.* bom yang diperbuat daripada botol yang mengandungi cecair yang mudah terbakar.

molten *a.* cair.

molybdenum *n.* molibdenum; logam dalam keluli untuk perkakas berkelajuan tinggi, dsb.

moment *n.* saat; detik; ketika; momen.

momentary *a.* sesaat; sedetik; seketika; sebentar; sejenak. **momentarily** *adv.* untuk seketika.

momentous *a.* penting; bersejarah.

momentum *n.* momentum.

monarch *n.* raja. **monarchic** *a.* beraja. **monarchical** *a.* beraja.

monarchist *n.* pendukung sistem pemerintahan beraja.

monarchy *n.* pemerintahan beraja.

monastery *n.* biara.

monastic *a.* berkenaan dengan biara dan rahib. **monasticism** *n.* cara hidup rahib.

Monday *n.* Isnin.

monetarism *n.* teori bahawa inflasi adalah kawalan terbaik, iaitu dengan mengehadkan bekalan wang.

monetarist *n.* orang yang menyarankan pengawalan bekalan mata wang untuk membendung inflasi.

monetary *a.* kewangan.

money *n.* wang. **money order** kiriman wang. **money-spinner** *n.* sesuatu yang menguntungkan.

moneyed *a.* berwang; berharta; kaya.

Mongol *a. & n.* orang Mongolia.

mongol *n.* orang yang mengalami penyakit mongolisme.

mongolism *n.* mongolisme; sindrom Down.

mongoose *n.* (*pl.* -gooses) cerpelai.

mongrel *n.* binatang (terutama anjing) yang mempunyai darah kacukan atau tidak dapat dipastikan bakanya. —*a.* berketurunan kacukan.

monitor *n.* ketua darjah; alat untuk menguji sesuatu; monitor. —*v.t.* mengawas.

monk *n.* rahib.

monkey *n.* (*pl.* -eys) kera; monyet. —*v.i.* (*p.t.* **monkeyed**) memperolok-olokkan. **monkey-nut** *n.* kacang tanah. **monkey-puzzle** sejenis pokok malar hijau. **monkey wrench** perengkuh.

mono *a.* & *n.* (*pl.* -os) mono; eka.

monochrome *n.* monokrom.

monocle *n.* cermin mata yang dipakai untuk sebelah mata sahaja; cermin mata satu kanta.

monocular *a.* dengan hanya untuk satu mata sahaja.

monoculture *n.* penanaman hanya sejenis tanaman di sesuatu kawasan.

monody *n.* elegi; lagu ratap.

monogamy *n.* monogami (tidak boleh berkahwin lebih daripada satu pada satu masa).

monogram *n.* monogram (dua atau lebih huruf yang dirangkaikan). **monogrammed** *a.* bermonogram.

monograph *n.* monograf; laporan ilmiah berkenaan sesuatu perkara.

monolith *n.* monolit; ketul batu besar yang berdiri tegak. **monolithic** *a.* terdiri daripada satu monolit.

monologue *n.* monolog; ucapan yang panjang.

monomania *n.* monomania; terlalu memikirkan satu idea atau kepentingan. **monomaniac** *n.* monomaniak.

monophonic *a.* monofonik.

monoplane *n.* kapal terbang yang bersayap sepasang saja.

monopolize *v.t.* memonopolikan. **monopolization** *n.* monopolisasi.

monopoly *n.* monopoli; (mempunyai) hak mutlak atau penguasaan penuh.

monorail *n.* monorel.

monosodium glutamate *n.* monosodium glutamat; sebatian penambah perisa makanan.

monosyllable *n.* satu suku kata. **monosyllabic** *a.* bersuku kata satu.

monotheism *n.* monoteisme.

monotone *n.* ekanada.

monotonous *a.* yang membosankan. **monotonously** *adv.* secara membosankan. **monotony** *n.* monotoni.

monoxide *n.* oksida dengan satu atom oksigen; monoksida.

Monsieur *n.* Encik; Tuan.

Monsignor *n.* Monsignor; pangkat bagi setengah-setengah pendeta Roman Katolik.

monsoon *n.* monsun.

monster *n.* raksasa; gergasi.

monstrance *n.* sejenis bingkai pemegang yang digunakan dalam gereja Roman Katolik.

monstrosity *n.* sesuatu yang dahsyat, buruk dan mengerikan; keraksasaan.

monstrous *a.* seperti raksasa; seperti gergasi; sangat besar.

montage *n.* montaj; pilihan atau guntingan dan susunan gambar atau filem untuk membuat satu gambar atau filem yang teratur.

month *n.* bulan.

monthly *a.* & *adv.* bulanan. —*n.* majalah bulanan.

monument *n.* monumen; tugu peringatan.

monumental *a.* abadi; tersergam; hebat.

moo *n.* lenguh. —*v.i.* melenguh.

mooch *v.i.* (*sl.*) merayau.

mood *n.* perasaan hati; modus (berkenaan bahasa).

moody *a.* (-ier, -iest) murung; muram; marah-marah. **moodily** *adv.* dengan murung; dengan muram; dengan marah-marah. **moodiness** *n.* kemurungan; kemuraman.

moon *n.* bulan. —*v.i.* berkhayal; asyik dengan.

moonbeam *n.* sinaran bulan.

moonlight *n.* cahaya bulan.

moonlighting *n.* (*colloq.*) kerja sambilan.

moonlit *a.* disinari bulan.

moonstone *n.* baiduri bulan; sejenis batu permata.

moor[1] *n.* moor; kawasan tanah lapang yang terbiar dan dipenuhi dengan belukar.

moor[2] *v.t.* menambat (perahu, dsb.).

Moor *n.* orang Moor. **Moorish** *n.* berkenaan dengan orang Moor.

moorhen *n.* sejenis burung air.

moorings *n.pl.* tambatan; tempat berlabuh.

moose *n.* (*pl.* moose) sejenis rusa dari Amerika Utara.

moot *a.* yang dipertikaikan. —*v.t.* menyoal; membangkit soalan.

mop *n.* mop; pengelap lantai. —*v.t.* (*p.t.* **mopped**) mengelap dengan mop. **mop up** mengelap.

mope *v.i.* bergundah-gulana; bermuram durja.

moped *n.* sejenis basikal yang bermotor.

moraine *n.* morain; himpunan atau longgokan tanah, batu kerikil, dll. yang diseret oleh glasier.

moral *a.* berkenaan moral. —*n.* moral; (*pl.*) akhlak. **moral certainty** keyakinan; kepastian. **moral support** sokongan moral. **moral victory** kejayaan moral. **morally** *adv.* dari segi moral.

morale *n.* semangat.

moralist *n.* moralis; orang yang menyatakan atau mengajar prinsip-prinsip moral.

morality *n.* kemoralan; adat sopan santun; keakhlakan.

moralize *v.i.* memperkatakan tentang moral.

morass *n.* paya gambut.

moratorium *n.* (*pl.* -ums; -ia) penangguhan rasmi; moratorium.

morbid *a.* tidak sihat; berpenyakit; tidak enak. **morbidly** *adv.* secara tidak sihat. **morbidness** *n.* keadaan tidak sihat; kengerian. **morbidity** *n.* fikiran yang tidak sihat.

mordant *a.* pedas; tajam; pedih.

more *a.* lebih; lagi. —*n.* jumlah; angka yang lebih besar. —*adv.* lebih; lagi. **more or less** lebih kurang.

moreover *adv.* lagipun; dan lagi.

mores *n.* adat dan kebiasaan sesebuah masyarakat.

morganatic *a.* **morganatic marriage** perkahwinan antara pasangan yang berlainan darjat di mana pihak yang lebih rendah darjatnya tidak berhak ke atas harta pihak yang darjatnya lebih tinggi.

morgue *n.* rumah mayat; bilik mayat.

moribund *a.* hampir mati.

Mormon *n.* Mormon (puak Kristian yang terdapat di A.S.).

morning *n.* pagi. **morning star** bintang timur.

morocco *n.* sejenis kulit kambing.

moron *n.* moron; dungu; (*colloq.*) seseorang yang sangat bodoh.

morose *a.* muram; murung. **morosely** *adv.* dengan muram. **moroseness** *n.* kemuraman; kemurungan.

morphia *n.* morfia.

morphine *n.* morfin.

morphology *n.* morfologi; pengkajian bentuk haiwan, tumbuhan atau kata.

morris *a.* **morris dance** sejenis tarian rakyat yang ditarikan oleh orang lelaki sahaja.

morrow *n.* (usang) besok; esok.

Morse *n.* **Morse code** kod Morse.

morsel *n.* kepingan kecil; sesuap; potongan kecil.

mortal *a.* fana; akan mati. —*n.* makhluk biasa. **mortally** *adv.* sampai mati; hingga mati.

mortality *n.* mortaliti; kematian; kadar kematian.

mortar *n.* mortar; campuran simen, pasir, air dan kapur.

mortarboard *n.* sejenis topi yang dipakai oleh mahasiswa.

mortgage *n.* gadai janji. —*v.t.* menggadai janji.

mortgagee *n.* pemberi pinjaman dalam gadaian.

mortgagor *n.* peminjam dalam gadaian.

mortician *n.* pengurus mayat.

mortify *v.t/i.* menghina; menyakiti; menjadi pekung (berkenaan kulit). **mortification** *n.* hinaan; seksaan.

mortise *n.* lubang puting. **mortise lock** sejenis kunci.

mortuary *n.* rumah (bilik) mayat.

mosaic *n.* mozek.

Moslem *a.* & *n.* Muslimin; orang Islam.

mosque *n.* masjid.

mosquito *n.* (*pl.* -oes) nyamuk.

moss *n.* lumut. **mossy** *a.* berlumut.

most *a.* paling; ter-.... **at most** paling tidak. **for the most part** kebanyakannya. **make the most of** dengan sebaik-baiknya.

mostly *adv.* kebanyakannya.

motel *n.* motel.

motet *n.* bentuk nyanyian di gereja dalam pelbagai suara atau nada.

moth *n.* gegat.

mothball *n.* ubat gegat. **moth-eaten** *a.* dimakan gegat; kolot; usang.

mother *n.* ibu; emak. —*v.t.* memelihara. **mother-in-law** *n.* (*pl.* mothers-in-law*) ibu mentua; emak mentua. **mother-of-pearl** *n.* indung mutiara. **Mother's Day** Hari Ibu. **mother tongue** bahasa ibunda. **Mothering Sunday** Hari Ahad keempat semasa Lent dan menjadi kebiasaan seseorang ibu diberi hadiah pada hari ini. **motherhood** *n.* perihal keibuan.

motherland *n.* ibu pertiwi; tanah air.

motherless *a.* tidak beribu.

motherly *a.* keibuan. **motherliness** *n.* sifat keibuan.

motif n. motif.

motion n. gerakan; usul (dalam perbincangan, dsb.); perihal membuang air besar. —v.t./i. memberi isyarat kepada.

motionless a. tidak bergerak.

motivate v.t. mendorong. **motivation** n. dorongan; motivasi.

motive n. tujuan; motif; niat; maksud. —a. yang menggerakkan.

motley a. pelbagai; berbagai-bagai; beraneka; bermacam-macam.

motocross n. perlumbaan merentas desa dengan motosikal.

motor n. motor; jentera; enjin. —a. bermotor; berenjin. —v.t./i. bermotokar; berkereta. **motor bike** (colloq.) motosikal. **motor car** motokar; kereta. **motor cycle** motosikal. **motorcyclist** n. penunggang motosikal. **motor vehicle** kenderaan.

motorcade n. perarakan kereta.

motorist n. pemandu kereta.

motorize v.t. bermotor; berkereta.

motorway n. lebuh raya.

mottled a. berbintik; bercapuk.

motto n. (pl. -oes) semboyan; cogan kata.

mould¹ n. acuan. —v.t. membentuk.

mould² n. kulat; kapang.

mould³ n. tanah yang kaya dengan bahan organik.

moulder¹ n. pembuat acuan.

moulder² v.i. menjadi reput.

moulding n. pengacuan.

mouldy a. (-ier, -iest) berkulat; (colloq.) tidak bernilai.

moult v.i. bersalin bulu atau kulit (berkenaan ayam, dsb.). —n. proses bersalin bulu atau kulit.

mound n. timbunan.

mount¹ n. gunung.

mount² v.t./i. menaiki; menunggang kuda. —n. kuda untuk ditunggang.

mountain n. gunung. **mountain ash** sejenis pokok.

mountaineer n. pendaki gunung. **mountaineering** n. pendakian gunung.

mountainous a. bergunung-ganang.

mountebank n. penjual ubat.

Mountie n. Anggota Polis Berkuda Diraja Kanada.

mourn v.t./i. berkabung. **mourner** n. orang yang berkabung.

mournful a. sedih. **mournfully** adv. dengan sedih. **mournfulness** n. kesedihan.

mourning n. perkabungan; pakaian untuk berkabung.

mouse n. (pl. **mice**) tikus.

mousetrap n. perangkap tikus.

moussaka n. sejenis masakan orang Yunani.

mousse n. sejenis kuih yang berlemak.

moustache n. kumis; misai.

mousy a. kelabu tikus (berkenaan warna).

mouth¹ n. mulut; kuala atau muara (berkenaan sungai). **mouth-organ** n. harmonika; serunai.

mouth² v.t./i. mengucapkan kata-kata tanpa keluar suara.

mouthful n. semulut penuh.

mouthpiece n. pemipit; penyambung lidah (kiasan).

mouthwash a. pencuci mulut.

movable a. dapat dialih atau dipindahkan.

move v.t./i. mengalih; memindah; berpindah (dari tempat kediaman); maju (berkenaan prestasi); mengharukan; memilukan (berkenaan perasaan); bertindak; usul atau cadangan (dalam perbincangan atau mesyuarat). —n. perpindahan; gerakan (dalam permainan catur). **on the move** bergerak; mara. **mover** n. pemindah; penggerak.

movement n. gerakan; babak (berkenaan muzik).

movie n. wayang gambar.

moving a. mengharukan; memilukan.

mow v.t. (p.p. **mown**) memangkas; mengetam; menyabit (rumput). **mow down** merempuh. **mower** n. pemangkas (rumput).

mozzarella n. sejenis keju putih Itali yang agak keras.

M.P. abbr. **Member of Parliament** Ahli Parlimen.

m.p.h. abbr. **miles per hour** batu sejam.

Mr. n. (pl. **Messrs.**) Encik.

Mrs. n. (pl. **Mrs.**) Puan.

Ms. n. gelaran bagi perempuan tanpa memberitahu taraf perkahwinan.

MS abbr. **multiple sclerosis** keadaan pengerasan tisu lembut tidak lazim yang berganda. (pl. **MSS**) n. **manuscript** manuskrip.

M.Sc. abbr. **Master of Science** Sarjana Sains.

Mt. abbr. **Mount** gunung.

much a. & n. banyak. —adv. dengan banyaknya.

muck n. baja; (colloq.) kekotoran. —v.t. mengotori. **muck in** (sl.) berganding bahu. **muck out** membersih. **mucky** a. kotor.

muckraking n. membongkar rahsia.

mucous a. berlendir.

mucus n. lendir; mukus.

mud *n.* lumpur. **mud-slinging** *n.* (*sl.*) perkara tuduh-menuduh.

muddle *v.t./i.* kusut; kacau; membingungkan. —*n.* keadaan yang kusut, kacau dan membingungkan.

muddy *a.* (-ier, -iest) berlumpur; keruh (berkenaan air). —*v.t.* mengeruhkan. **muddiness** *n.* kekeruhan.

mudguard *n.* madgad; pengadang lumpur.

muesli *n.* sejenis makanan daripada campuran bijirin, buah-buahan kering, dsb.

muezzin *n.* bilal.

muff[1] *n.* sejenis sarung tangan yang dibuat daripada bulu binatang.

muff[2] *v.t.* (*colloq.*) merosakkan.

muffin *n.* sejenis kuih yang dimakan bersama mentega.

muffle *v.t.* menyelimuti; menyelubungi; meredamkan (bunyi bising, dsb.).

muffler *n.* sejenis selendang tebal; perendam bunyi.

mufti *n.* pakaian biasa atau preman.

mug[1] *n.* kole; (*sl.*) orang dungu. —*v.t.* (*p.t.* mugged) merompak. **mugger** *n.* penyamun.

mug[2] *v.t.* (*p.t.* mugged) **mug up** (*sl.*) bertekun belajar.

muggins *n.* (*colloq.*) orang yang bodoh; si bodoh.

muggy *a.* (-ier, -iest) panas lekit.

mujahiddin *n. pl.* mujahiddin; pejuang gerila Islam.

mulatto *n.* (*pl.* -os) mulato; kacukan Negro dan kulit putih.

mulberry *n.* mulberi.

mulch *n.* sungkup. —*v.t.* menyungkup.

mulct *v.t.* mendenda.

mule[1] *n.* baghal.

mule[2] *n.* sejenis selipar.

muleteer *n.* gembala baghal.

mulish *a.* degil; keras kepala. **mulishly** *adv.* dengan degil; dengan keras kepala. **mulishness** *n.* kedegilan; perihal keras kepala.

mull[1] *v.t.* memanaskan (wain, dsb.) dengan gula dan rempah.

mull[2] *v.t.* mull over berfikir.

mull[3] *n.* (*Sc.*) tanjung.

mullah *n.* mullah; orang yang berpengetahuan tentang undang-undang Islam.

mullet *n.* sejenis ikan laut.

mulligatawny *n.* sup berperisa kari.

mullion *n.* mulion; tiang jendela.

multi- *pref.* berbilang; berbagai-bagai.

multicultural *a.* yang melibatkan beberapa budaya atau kumpulan etnik.

multifarious *a.* pelbagai.

multilateral *a.* yang melibatkan tiga atau lebih peserta.

multimedia *n* sistem komputer yang mengandungi perisian video, audio dan teks.

multimillionaire *n.* jutawan besar.

multinational *a. & n.* multinasional; berbilang negara.

multiple *a.* berganda. —*n.* gandaan.

multiplicand *n.* nombor yang akan didarabkan dengan nombor lain.

multiplex *a.* mengandungi banyak unsur.

multiplication *n.* pendaraban.

multiplicity *n.* kegandaan.

multiply *v.t./i.* mendarab. **multiplier** *n.* pengganda; pendarab.

multiracial *a.* pelbagai bangsa.

multitude *n.* sejumlah besar.

multitudinous *a.* terlalu banyak.

mum[1] *a.* (*colloq.*) diam.

mum[2] *n.* (*colloq.*) emak; ibu.

mumble *v.t./i.* bercakap dengan tidak terang. —*n.* percakapan yang tidak terang.

mumbo-jumbo *n.* kepercayaan yang karut; bahasa yang mengelirukan.

mummer *n.* pelakon mimik; lakonan bisu.

mummify *v.t.* memumiakan.

mummy[1] *n.* mumia.

mummy[2] *n.* (*colloq.*) emak; ibu.

mumps *n.* penyakit bengkak di leher; beguk.

munch *v.t.* mengunyah; memamah.

mundane *a.* biasa.

municipality *n.* munisipaliti; majlis perbandaran.

munificent *a.* yang murah hati. **munificently** *adv.* dengan murah hati. **munificence** *n.* perihal murah hati.

muniments *n.pl.* surat hak milik.

munitions *n.pl.* senjata api.

mural *a.* mural. —*n.* lukisan dinding.

murder *n.* pembunuhan. —*v.t.* membunuh. **murderer** *n.* pembunuh (lelaki). **murderess** *n.fem.* pembunuh (perempuan).

murderous *a.* boleh atau dapat membunuh; dahsyat.

murky *a.* (-ier, -iest) gelap; kelam; suram.

murmur *n.* bisikan; desiran. —*v.t./i.* membisik; mendesir.

muscatel *n.* sejenis kismis.

Muscle *n.* otot. —*v.i.* muscle in (*colloq.*) masuk dengan paksa.

Muscovite *n.* orang Moscow.

muscular *a.* berkenaan otot; berotot; tegap sasa (berkenaan tubuh).

muscularity n. perihal tegap sasa.

muse v.i. berfikir.

Muse n. salah seorang daripada sembilan beradik dewi orang Yunani; Dewi Seni.

museum n. muzium.

mush n. sejenis bubur.

mushroom n. cendawan. —v.i. tumbuh seperti cendawan.

mushy a. seperti bubur. **mushiness** n. keadaan seperti bubur.

music n. muzik. **music-hall** n. dewan muzik.

musical a. bercorak muzik. —n. muzikal. **musically** adv. dari segi muzik.

musician n. pemuzik; pemain muzik.

musicology n. pengkajian dalam bentuk dan sejarah bidang muzik.

musk n. musk; kesturi; sejenis bauan yang digunakan dalam air wangi. **musky** a. berbau seperti musk.

musket n. sejenis senapang laras panjang digunakan oleh tentera. **musketeer** n. askar yang bersenjata senapang laras panjang.

Muslim a. Islam. —n. orang Islam; Muslimin.

muslin n. muslin; kain kasa.

musn't contr. must not (bentuk nafi) bagi mesti.

mussel n. sejenis kepah.

must[1] v.aux. mesti; harus; wajib. —n. (colloq.) kemestian; sesuatu yang wajib.

must[2] n. sejenis wain.

mustache n. (A.S.) = moustache misai.

mustang n. kuda liar.

mustard n. biji sawi.

muster v.t./i. mengumpul. —n. kumpulan orang atau barang. **pass muster** dapat diterima; mencapai tahap yang dikehendaki.

musty a. (-ier, -iest) hapak; tengik. **mustiness** n. kehapakan.

mutable a. mudah berubah. **mutability** n. perihal mudah berubah.

mutant n. & a. mutan; berbeza daripada induk akibat daripada pertukaran genetik.

mutate v. mengalami perubahan.

mutation n. mutasi; perubahan.

mute a. bisu. —n. orang bisu; miut (sejenis alat untuk mengurang bunyi bising pada alat muzik). —v.t. mengurangkan bising dengan miut. **mutely** adv. dengan membisu.

mutilate v.t. mencacatkan; mengudungkan. **mutilation** n. pencacatan; pengudungan.

mutineer n. pemberontak; penderhaka.

mutinous a. derhaka. **mutinously** adv. secara derhaka; secara memberontak.

mutiny n. pemberontakan. —v.i. memberontak.

mutt n. (sl.) orang dungu; orang bodoh.

mutter v.t./i. bersungut; mengomel. —n. sungutan; omelan.

mutton n. daging kambing.

mutual a. saling; (colloq.) sama-sama. **mutually** adv. secara saling; berbalas-balasan.

muzzle n. muncung (berkenaan binatang dan senjata api). —v.t. memberangus; mengongkong; menegah daripada mengeluarkan pendapat dengan sewenang-wenangnya.

muzzy a. bingung. **muzziness** n. kebingungan.

MW abbr. **medium wave** gelombang sederhana. **megawatt** megawatt.

my a. kepunyaan saya atau aku.

myalgia n. sakit pada otot.

mycology n. mikologi; pengkajian tentang kulat.

myna n. tiung.

myopia n. miopia; rabun jauh.

myopic a. miopik; tak jauh penglihatan; cetek.

myriad n. jumlah yang besar.

myrmidon n. orang suruhan.

myrrh[1] n. sejenis kemenyan.

myrrh[2] n. mir; sejenis herba.

myrtle n. sejenis tumbuhan.

myself pron. aku atau saya sendiri.

mysterious a. penuh misteri; menghairankan. **mysteriously** adv. dengan menghairankan.

mystery n. misteri; rahsia; keajaiban.

mystic a. mistik (berkenaan agama); menakjubkan. —n. seseorang yang mengharapkan penyatuan dengan Tuhan secara bertafakur. **mystical** a. bermistik; kebatinan; yang menakjubkan. **mystically** adv. secara mistik. **mysticism** n. mistisisme; ajaran mistik.

mystify v.t. menghairankan. **mystification** n. hal yang menghairankan atau membingungkan.

mystique n. keanehan; perihal mistik.

myth n. mitos. **mythical** a. bermitos.

mythology n. mitologi. **mythological** a. berkenaan mitologi.

myxomatosis n. miksomatosis (penyakit virus pada arnab).

N

N *abbr.* **north** utara. **northern** arah utara.

naan *var. of* **nan** *n.* sejenis roti orang India yang lembut dan leper.

nab *v.t.* (*p.t.* **nabbed**) (*sl.*) menangkap.

nadir *n.* nadir; titik paling rendah.

naevus *n.* (*pl.* **-vi**) nevus; tanda lahir merah.

naff *a.* (*sl.*) tidak bernilai.

nag[1] *n.* (*colloq.*) kuda.

nag[2] *v.t./i.* (*p.t.* **nagged**) berleter.

naiad *n.* pari-pari air.

nail *n.* kuku (pada jari); paku. —*v.t.* memaku; menangkap. **on the nail** dengan segera (berkenaan bayaran).

naïve *a.* masih mentah; lurus; jahil. **naïvely** *adv.* secara lurus atau jahil. **naïvety, naïveté** *ns.* kejahilan kerana terlalu lurus.

naked *a.* bogel; telanjang. **naked eye** mata kasar. **nakedly** *adv.* secara berbogel. **nakedness** *n.* kebogelan.

namby-pamby *a. & n.* lemah (berkenaan lelaki).

name *n.* nama (berkenaan orang dan tempat); nama baik. —*v.t.* menamakan; mencalonkan (berkenaan pilihan). **nameless** *a.* tanpa nama; tidak bernama. **namely** *adv.* iaitu; yakni. **namesake** *n.* orang atau benda yang sama namanya dengan orang atau benda yang lain.

nan *n.* (tidak formal) nenek; *lihat* **naan**.

nanny *n.* penjaga atau pengasuh anak. **nanny-goat** *n.* kambing betina.

nano- *pref.* nano; keseribu juta.

nanosecond *n.* satu per satu ribu juta saat.

nanotechnology *n.* teknologi pada skala atau molekul.

nap[1] *n.* tidur ayam; lelap sebentar. —*v.i* (*p.t.* **napped**) tidur sebentar. **catch a person napping** menangkap seseorang semasa dia leka.

nap[2] *n.* nap (berkenaan kain, kulit).

nap[3] *n.* sejenis permainan terup; pertaruhan. **go nap** bertaruh hingga habis.

napalm *n.* sejenis bahan petrol seakan agar-agar digunakan untuk membuat bom.

nape *n.* kuduk leher; tengkuk.

naphtha *n.* nafta; sejenis minyak yang mudah terbakar.

naphthalene *n.* naftalena; bahan putih berbau keras yang diperoleh daripada tar batu arang.

napkin *n.* napkin; pengesat tangan; kain lampin.

nappy *n.* napkin; kain lampin.

narcissism *n.* narsisisme; sikap mengagumi diri sendiri.

narcissus *n.* (*pl.* **-cissi**) sejenis bunga bebawang.

narcosis *n.* narkosis; tidur, dsb. akibat narkotik.

narcotic *a. & n.* narkotik; ubat pelali.

nark *v.t.* mengganggu. —*n.* (*sl.*) pengintip.

narrate *v.t.* menceritakan. **narration** *n.* penceritaan. **narrator** *n.* pencerita.

narrative *n.* cerita. —*a.* dalam bentuk cerita.

narrow *a.* (**-er, -est**) sempit. —*v.t./i.* menyempitkan. **narrow-minded** *a.* berfikiran sempit. **narrowly** *adv.* dengan teliti; hampir-hampir; nyaris-nyaris. **narrowness** *n.* kesempitan.

narwhal *n.* sejenis ikan paus yang hidup di kawasan Artik.

nasal *a.* berkenaan hidung; sengau (berkenaan suara). **nasally** *adv.* dengan sengau.

nascent *a.* mula tumbuh. **nascence** *n.* perihal tumbuh.

nasturtium *n.* sejenis tanaman kebun yang menjalar, mengeluarkan bunga berwarna oren, merah dan kuning.

nasty *a.* (**-ier, -iest**) menjijikkan; jahat; buruk; rumit. **nastily** *adv.* dengan teruk. **nastiness** *n.* kejahatan.

natal *a.* berkenaan dengan kelahiran.

nation *n.* bangsa.

national *a.* nasional; kebangsaan. —*n.* rakyat; warganegara. **national service** perkhidmatan negara; perkhidmatan secara kerahan dalam angkatan tentera. **nationally** *adv.* secara kebangsaan.

nationalism *n.* semangat nasional; semangat kebangsaan. **nationalist** *n.* nasionalis; pencinta bangsa. **nationalistic** *a.* nasionalistik; bersemangat kebangsaan.

nationality *n.* kewarganegaraan; suku kaum.

nationalize *v.t.* memilik negarakan. **nationalization** *n.* perihal memilik negarakan.

native *a.* semula jadi; asal (berkenaan tempat); berasal (berkenaan tumbuhan). —*n.* bumiputera; penduduk asli.

nativity *n.* kelahiran.

NATO *abbr.* **North Atlantic Treaty Organization** Pertubuhan Perjanjian Atlantik Utara.

natter *v.i. & n.* (*colloq.*) berceloteh; celotehan.

natty *a.* (**-ier, -iest**) kemas. **nattily** *adv.* dengan kemas.

natural *a.* bersahaja (tentang sifat); peribumi; natural; asal (tentang muzik). —*n.* orang atau benda yang paling sesuai; natural (lambang nota muzik); kuning langsat (tentang warna). **natural history** kajian tumbuhan dan binatang. **naturally** *adv.* dengan wajarnya. **naturalness** *n.* sifat bersahaja.

naturalism *n.* naturalisme (tentang seni dan sastera). **naturalistic** *a.* naturalistik.

naturalist *n.* naturalis; orang yang pakar dalam kajian tumbuhan dan binatang.

naturalize *v.t.* mewarganegarakan (orang); menyesuaikan dengan keadaan sekeliling (pokok, tumbuhan). **naturalization** *n.* hal menjadi warganegara; naturalisasi.

naturally *adv.* semula jadinya; secara bersahaja.

nature *n.* alam; kudrat alam; jenis; macam; sifat.

-natured *a.* mempunyai sifat tertentu.

naturist *n.* orang yang suka berbogel. **naturism** *n.* naturisme; kebogelan.

naught *n.* (usang) kosong.

naughty *a.* (**-ier, -iest**) nakal; jahat; kurang sopan. **naughtily** *adv.* dengan nakal. **naughtiness** *n.* kenakalan.

nausea *n.* rasa loya; rasa mual.

nauseate *v.t.* meloyakan; memualkan.

nauseous *a.* yang meloyakan; yang memualkan.

nautical *a.* nautikal (berkenaan pelayaran).

nautilus *n.* (*pl.* **nautiluses** atau **nautili**) siput yang mempunyai cangkerang berpilin; siput pilin.

naval *a.* berkenaan tentera laut.

nave[1] *n.* bahagian gereja yang tertentu.

nave[2] *n.* hab pada roda.

navel *n.* pusat (pada badan manusia).

navigable *a.* boleh dilalui atau dilayari.

navigate *v.t.* mengemudikan. **navigation** *n.* ilmu pelayaran; pengemudian. **navigator** *n.* jurumudi.

navvy *n.* buruh kasar (untuk kerja menggali atau membuat jalan).

navy *n.* kelasi; tentera laut. **navy blue** warna biru tua.

nay *adv.* (usang) tidak.

Nazi *n.* (*pl.* **-is**) Nazi (sebuah parti di bawah tadbiran Hitler). **Nazism** *n.* fahaman Nazi.

NB *abbr.* **nota bene** (Latin) untuk perhatian.

NCO *abbr.* **non-commissioned officer** pegawai tanpa tauliah; pegawai tidak bertauliah.

NE *abbr.* **north-east; north-eastern** timur laut.

Neanderthal *n.* manusia yang telah pupus yang tinggal di Eropah antara 120 000 dan 350 000 tahun lalu.

neap *n.* **neap tide** pasang surut anak; keadaan apabila air pasang dan air surut tidak begitu berbeza.

Neapolitan *a. & n.* penduduk atau orang Naples; berlapis-lapis dan berlainan warna. **Neapolitan ice** sejenis aiskrim yang berlapis-lapis dan setiap lapisannya mempunyai warna dan rasa tertentu.

near *adv.* dekat (berkenaan jarak); hampir (berkenaan masa). **near to** *a.* dekat dengan; hampir dengan. —*v.t./i.* semakin hampir. **nearness** *n.* perihal dekat; perihal hampir.

nearby *a. & adv.* hampir; dekat.

nearly *adv.* hampir-hampir.

neat *a.* (**-er, -est**) kemas; tidak bercampur air (dalam minuman keras). **neatly** *adv.* dengan kemas. **neatness** *n.* perihal kemas.

neaten *v.t.* mengemaskan; membuat supaya kemas.

nebula *n.* (*pl.* **-ae**) nebula; tompok cerah atau gelap di langit.

nebulous *a.* samar-samar. **nebulously** *adv.* dengan samar-samar. **nebulosity** *n.* kekaburan; kesamaran.

necessarily *adv.* semestinya.

necessary *a.* perlu; mesti. **necessaries** *n.pl.* keperluan hidup.

necessitate *v.t.* memerlukan.

necessitous *a.* yang memerlukan; yang miskin.

necessity *n.* keadaan terpaksa; keperluan (makanan, pakaian, dll.).

neck *n.* leher (bahagian badan, baju, botol, dll.). **neck and neck** sama cepat; sama pantas.

necklace *n.* kalung.

necklet *n.* kalung; bulu binatang yang dililit pada leher.

neckline *n.* garis leher.

necktie *n.* tali leher.

necromancy *n.* tilikan dengan cara berhubung dengan orang yang telah mati; sihir. **necromancer** *n.* orang

N

yang menilik dengan cara berhubung dengan orang yang telah mati.

necropolis *n.* nekropolis; tanah perkuburan yang lama.

necrosis *n.* nekrosis; kematian sesuatu tulang atau tisu.

nectar *n.* madu pokok; madu, nektar (lebah); sejenis minuman lazat.

nectarine *n.* sejenis buah pic yang kulitnya tidak berbulu.

née *a.* dilahirkan sebagai (menerangkan nama asal seseorang isteri sebelum dia berkahwin dahulu).

need *n.* keperluan; keadaan serba susah. —*v.t./i.* memerlukan; menghendaki.

needful *a.* perlu.

needle *n.* jarum. —*v.t.* mencucuk; menyakitkan hati.

needless *a.* tidak perlu.

needlework *n.* jahit-menjahit dan sulam-menyulam.

needy *a.* (**-ier, -iest**) miskin; papa.

ne'er *adv.* (puisi) tidak atau belum pernah. **ne'er-do-well** *n.* orang yang tidak berguna.

nefarious *a.* jahat; buruk. **nefariousness** *n.* kejahatan; kekejian.

negate *v.t.* menafi; menyangkal. **negation** *n.* penafian; penyangkalan.

negative *a.* negatif. —*n.* nafi (kenyataan); negatif (mutu atau jumlah); filem negatif. —*v.t.* menyangkal; menafi; membuat sesuatu menjadi negatif (berkenaan kesan). **negatively** *adv.* secara negatif.

neglect *v.t.* mengabaikan; mencuaikan; melalaikan; melengahkan. —*n.* kelalaian; pengabaian. **neglectful** *a.* lalai; cuai.

negligee *n.* sejenis pakaian perempuan yang tipis dan longgar.

negligence *n.* kelalaian; kecuaian. **negligent** *a.* yang lalai; yang cuai. **negligently** *adv.* dengan cuai.

negligible *a.* tidak penting.

negotiable *a.* dapat dirundingkan.

negotiate *v.t./i.* berunding; merundingkan; menukarkan kepada wang (berkenaan cek, bon, dll.); merentasi (berkenaan halangan). **negotiation** *n.* urus bicara; perundingan. **negotiator** *n.* perunding.

Negro *n.* (*pl.* **-oes**) Negro. **Negress** *n.fem.* perempuan Negro.

Negroid *a.* & *n.* yang berkenaan dengan atau seperti orang Negro.

negus *n.* minuman panas yang mengandungi air dan wain manis.

neigh *n.* ringkikan. —*v.i.* meringkik.

neighbour *n.* jiran.

neighbourhood *n.* kawasan; daerah. **in the neighbourhood of** lebih kurang.

neighbouring *a.* yang hampir; yang dekat.

neighbourly *a.* baik dan ramah mesra terhadap jiran-jiran.

neither *a.* & *pron.* kedua-duanya tidak. —*adv.* & *conj.* mahupun; pun tidak.

nelson *n.* satu cara memegang dalam permainan gusti.

nemesis *n.* ganjaran; hukuman setimpal.

neoclassical *a.* berkenaan kebangkitan gaya klasik dalam seni.

neolithic *a.* neolitik; Zaman Batu Baharu.

neologism *n.* perkataan atau ungkapan baharu.

neon *n.* neon; sejenis gas yang digunakan untuk menyalakan lampu-lampu berwarna-warni.

neonatal *a.* berkenaan bayi yang baru dilahirkan.

neophyte *n.* penganut baharu; orang baharu.

nephew *n.* anak saudara lelaki.

nephritis *n.* nefritis; radang buah pinggang.

nepotism *n.* nepotisme; memilih sanak saudara untuk mengisi jawatan atau diberi keistimewaan.

nerd *n.* (tidak formal) orang yang tidak kisah dengan keadaan sekeliling dan asyik dengan kegemarannya yang tersendiri.

nerve *n.* saraf; (*colloq.*) keberanian (tentang sifat); (*pl.*) keadaan cepat naik darah. —*v.t.* memberanikan.

nervous *a.* berkenaan dengan saraf; resah; gelisah; bimbang; khuatir; gemuruh. **nervousness** *n.* keresahan; kegelisahan; kebimbangan; kekhuatiran.

nervy *a.* resah; gelisah; bimbang; khuatir.

nescient *a.* jahil; tidak mengetahui. **nescience** *n.* kejahilan.

nest *n.* sarang; set (perabot). —*v.i.* membuat sarang. **nest egg** *n.* (wang) simpanan.

nestle *v.i.* berlabuh; melendeh; terletak elok.

nestling *n.* anak burung yang terlalu muda untuk meninggalkan sarang.

net[1] *n.* jaring; pukat; jala. —*v.t.* (*p.t.* **netted**) membuat jaring, pukat, jala; memukat; menjaring; menjala.

net[2] *a.* bersih. —*v.t.* (*p.t.* **netted**) mendapat untung bersih.

netball *n.* bola jaring.

nether *a.* bawah.

nethermost *a.* paling bawah.

netting *n.* rajut; jaring.

nettle *n.* jelatang; sejenis tumbuhan liar yang bisa daunnya. —*v.t.* menyakitkan hati; menimbulkan rasa marah. **nettle-rash** *n.* ruam yang disebabkan terkena daun jelatang.

network *n.* rangkaian.

neural *a.* berkenaan saraf.

neuralgia *n.* neuralgia; sakit saraf, terutamanya di kepala dan di muka. **neuralgic** *a.* berkenaan neuralgia.

neurology *n.* neurologi; ilmu kaji saraf. **neurological** *a.* berkenaan saraf. **neurologist** *n.* ahli neurologi; ahli kaji saraf.

neurosis *n.* (*pl.* -oses) neurosis; sejenis sakit saraf atau gila.

neurotic *a.* gila; sakit otak. —*n.* orang gila; orang yang sakit otak. **neurotically** *adv.* secara gila.

neuter *a.* (perkataan) bentuk neutral, iaitu tidak bersifat jantan atau betina; (tumbuhan) tidak ada alat kelamin; (binatang) mandul. —*n.* neuter. —*v.t.* mengasi; mengembiri.

neutral *a.* neutral; berkecuali; tidak mempunyai sifat atau ciri tertentu. —*n.* berkecuali. **neutral gear** gear neutral. **neutrally** *adv.* secara berkecuali. **neutrality** *n.* pengecualian. **neutralize** *v.t.* meneutralkan. **neutralization** *n.* neutralisasi; peneutralan.

neutron *n.* neutron. **neutron bomb** bom neutron.

never *adv.* tidak pernah; tidak; (*colloq.*) tidak akan. **never mind** tidak apalah. **never-never** *n.* (*colloq.*) sewa beli.

nevermore *adv.* tidak lagi.

nevertheless *adv. & conj.* walaupun begitu; namun begitu.

new *a.* (-er, -est) baru; baharu. —*adv.* baru-baru ini. **new moon** anak bulan; bulan sabit. **New Testament** (*lihat* testament). **New World** Benua Amerika. **new year** tahun baharu. **New Year's Day** Hari Tahun Baharu; 1 Januari. **New Year's Eve** Menjelang Tahun Baharu; 31 Disember.

newcomer *n.* pendatang baharu.

newel *n.* kepala tangga.

newfangled *a.* sesuatu yang baharu yang tidak berapa disukai.

newly *adv.* baharu. **newly-wed** *a. & n.* pengantin baharu.

news *n.* berita.

newsagent *n.* penjual surat khabar.

newscast *n.* (siaran) berita.

newscaster *n.* pembaca atau penyampai berita.

newsletter *n.* surat berita.

newspaper *n.* surat khabar; akhbar.

newsprint *n.* kertas akhbar.

newsreader *n.* pembaca atau penyampai berita.

newsreel *n.* filem berita.

newt *n.* neut; sejenis cicak kecil; bengkarung air.

newton *n.* unit fizik untuk kiraan kuasa.

next *a.* hampir; dekat. —*adv. & n.* berikutnya; kemudian. **next best** yang kedua baik. **next door** ke hampir. **next of kin** waris. **next world** alam baka.

nexus *n.* (*pl.* -uses) neksus (yang berangkai).

NHS *abbr.* **National Health Service** Perkhidmatan Kesihatan Negara.

NI *abbr.* **National Insurance** Insurans Nasional; **Northern Ireland** Ireland Utara.

niacin = niccotinic acid *n.* *lihat* **nicotinic acid.**

nib *n.* mata pena.

nibble *v.t./i.* mengunggis. —*n.* pengunggisan. **nibber** *n.* orang yang suka mengunggis.

nice *a.* (-er, -est) bagus; baik; elok; cermat; rapi; tertib; cerewet (tentang makanan, pakaian, dll.). **nicely** *adv.* dengan bagus; dengan baik; dengan elok. **niceness** *n.* kebagusan; kebaikan; keelokan.

nicety *n.* kerapian; ketelitian. **to a nicety** dengan tepat.

niche *n.* celah; ceruk; relung; tempat yang sesuai (kiasan).

nick *n.* luka; takik; (*sl.*) balai polis; penjara. —*v.t.* menakik; (*sl.*) mencuri; (*sl.*) menangkap. **in good nick** (*colloq.*) dalam keadaan baik. **in the nick of time** tepat pada waktunya.

nickle *n.* nikel; tembaga putih; (A.S.) duit syiling lima sen.

nickname *n.* gelaran; nama timangan atau julukan. —*v.t.* menggelarkan.

nicotine *n.* nikotin; sejenis madat yang terdapat dalam tembakau.

nicotinic acid *n.* vitamin dalam B kompleks (yang terdapat dalam ragi, daging dan sesetengah bijirin).

niece *n.* anak saudara perempuan.

niggardly *a.* kedekut; bakhil. **niggard** *n.* orang yang kedekut.

nigger *n.* *offens.* orang berkulit hitam; Negro.

niggle *v.i.* memberi perhatian kepada perkara remeh-temeh.

nigh *adv. & prep.* dekat; hampir.

night *n.* malam. **night-life** *n.* hiburan malam. **night-light** *n.* lampu kecil di bilik tidur yang dipasang sepanjang malam. **night-watchman** *n.* jaga malam.

nightcap *n.* sejenis topi lembut dipakai ketika tidur; minuman terakhir sebelum masuk tidur.

nightclub *n.* kelab malam.

nightdress *n.* baju tidur.

nightfall *n.* senja kala.

nightgown *n.* gaun tidur.

nightie *n.* (*colloq.*) gaun tidur.

nightingale *n.* burung bulbul.

nightjar *n.* burung tukang.

nightly *a. & adv.* setiap malam.

nightmare *n.* igauan; mimpi buruk; (*colloq.*) pengalaman yang menakutkan.

nightshade *n.* sejenis tumbuhan yang buahnya beracun.

nightshirt *n.* baju labuh lelaki yang dipakai untuk tidur.

nihilism *n.* faham nihilis; nihilisme; penolakan semua prinsip agama dan moral. **nihilist** *n.* nihilis. **nihilistic** *a.* berkenaan nihilis.

nil *n.* kosong.

nimble *a.* (**-er, -est**) pantas; gesit. **nimbly** *adv.* dengan pantas (gesit).

nimbus *n.* (*pl.* **-bi**) halo; lingkaran cahaya.

nincompoop *n.* si tolol; si bahlul.

nine *a. & n.* sembilan (9, IX). **ninth** *a. & n.* kesembilan.

ninepins *n.* sejenis permainan seperti boling yang mempunyai sembilan objek.

nineteen *a. & n.* sembilan belas (19, XIX). **nineteenth** *a. & n.* kesembilan belas.

ninety *a. & n.* sembilan puluh (90, XC). **ninetieth** *a. & n.* kesembilan puluh.

ninja *n.* ninja; ahli sistem pertahanan diri Jepun.

ninny *n.* (orang yang) bodoh.

nip¹ *v.t./i.* (*pt.* **nipped**) memicit; mencubit; menggigit (dengan gigi depan); menggigit-gigit (tentang angin); (*sl.*) pergi dengan cepat. —*n.* cubitan; gigitan.

nip² *n.* seteguk minuman keras.

nipper *n.* (*colloq.*) kanak-kanak kecil; sepit (berkenaan udang, dll.); (*pl.*) penyepit (alat).

nipple *n.* puting.

nippy *a.* (**-ier, -iest**) (*colloq.*) pantas; gesit; menggigit-gigit (tentang angin).

nirvana *n.* nirwana; puncak nikmat yang tercapai oleh rohani mengikut kepercayaan agama Hindu dan Buddha.

nisi *a.* **decree nisi** dekri nisi; perjanjian untuk penceraian jika tidak ada halangan dalam tempoh tertentu.

nit *n.* telur kutu.

nitrate *n.* nitrat.

nitre *n.* niter.

nitric *a.* **nitric acid** asid nitrik.

nitrogen *a.* nitrogen. **nitrogenous** *a.* bernitrogen.

nitroglycerine *n.* nitrogliserin; sejenis bahan peledak.

nitrous oxide nitrus oksida; gas yang digunakan sebagai anestetik.

nitty-gritty *n.* (*sl.*) butir-butir.

nitwit *n.* (*colloq.*) pandir; orang bodoh.

nix *n.* (*sl.*) penolakan.

no *a.* bukan. —*adv.* bukan; tidak. —*n.* (*pl.* **noes**) tidak; tidak menyokong (berkenaan undi). **no-ball** *n.* pukul curi (dalam permainan bola). **no-go area** kawasan larangan. **no man's land** tanah yang tidak dimiliki oleh sesiapa pun. **no one** tak siapa pun; tidak ada orang. **no way** (*colloq.*) mustahil; tidak sama sekali.

No. atau **no.** *abbr.* **number** nombor.

nobble *v.t.* (*sl.*) menipu.

nobility *n.* sifat mulia; kaum bangsawan.

noble *a.* (**-er, -est**) bangsawan; mulia (tentang sifat). —*n.* kaum bangsawan. **nobly** *adv.* dengan hati mulia. **nobleness** *n.* kemuliaan.

nobleman, noblewomen *ns.* (*pl.* **-men, -women**) bangsawan.

nobody *pron.* tidak ada orang. —*n.* orang yang tidak penting.

nocturnal *a.* (berkenaan) malam. **nocturnally** *n.* pada waktu malam.

nocturne *n.* gubahan muzik yang mengkhayalkan.

nod *v.t./i.* (*p.t.* **nodded**) mengangguk. —*n.* anggukan.

noddle *n.* (*colloq.*) kepala; otak.

node *n.* nodus; nod; ruas.

nodule *n.* nodul; bintil.

Noel *n.* Krismas; Hari Natal.

noggin *n.* sukatan bagi alkohol, biasanya suku pain.

Noh *n.* drama tradisional Jepun.

noise *n.* bunyi bising. —*v.t.* menghebohkan (khabar angin, dll.). **noiseless** *a.* diam; tidak berbunyi.

noisome *a.* sangat busuk; memualkan.

noisy *a.* (**-ier, -iest**) bising. **noisily** *adv.* dengan bising. **noisiness** *n.* kebisingan.

nomad n. nomad; suku kaum yang mengembara dan berpindah-randah. **nomadic** a. berpindah-randah.

nom de plume nama samaran.

nomenclature n. tatanama; nomenklatur.

nominal a. nominal; namaan; kecil (tentang bayaran). **nominal value** nilai nominal. **nominally** adv. secara nominal.

nominate v.t. melantik; mencalonkan. **nomination** n. pelantikan; pencalonan. **nominator** n. pelantik; pencalon.

nominative n. nominatif.

nominee n. orang yang dicalonkan.

non- pref. bukan.

nonagenarian n. orang berumur 90-an.

non-aligned a. tidak bersekutu dengan kuasa besar dunia; berkecuali.

nonce n. masa kini.

nonchalant a. selamba; acuh tak acuh. **nonchalantly** adv. dengan selamba. **nonchalance** n. perihal acuh tak acuh.

non-commissioned a. tidak bertauliah.

noncommittal a. tidak membayangkan pendapat sendiri; tidak memihak.

non compos mentis gila.

nonconformist n. orang yang tidak akur kepada kebiasaan sosial. **Nonconformist** ahli mazhab Protestant yang memisahkan diri daripada ajaran-ajaran mazhab Anglican.

non-contributory a. (tentang persaraan) tabungan oleh bayaran tetap majikan, bukan pekerja.

nondescript a. tidak mudah diperikan; tidak menarik.

none pron. tiada; seseorang pun tidak. —adv. sama sekali tidak.

nonentity n. orang yang tidak penting.

non-event n. sesuatu acara yang dijangka membawa erti tetapi terjadi di sebaliknya.

non-existent a. tidak nyata; tidak wujud. **non-existence** n. ketiadaan; ketidakwujudan.

nonplussed a. hairan; bingung; keliru.

nonsense n. karut; cakap kosong. **nonsensical** a. yang karut; yang bukan-bukan.

non sequitur rumusan yang berlainan daripada bukti yang ada.

non-starter n. kuda yang didaftarkan dalam sesuatu perlumbaan tetapi tidak turut berlumba; orang, buah fikiran, dsb. yang tidak guna dipertimbangkan untuk sesuatu tujuan.

non-stop a. & adv. tidak berhenti-henti; terus-menerus; ekspres (berkenaan kereta api, dll.).

nonsuch n. orang atau sesuatu yang tidak ada tolok bandingnya atau yang unggul.

noodles n.pl. mi.

nook n. sudut; tempat tersembunyi.

noon n. tengah hari; pukul 12 tengah hari.

noose n. gelung; jerat.

nor conj. & adv. mahupun.

Nordic a. Nordik; bangsa berambut perang dan bermata biru dari negara Finland atau gagasan Skandinavia.

norm n. norma; kebiasaan.

normal a. biasa; normal. **normally** adv. biasanya; lazimnya; secara normal. **normality** n. keadaan biasa.

Norman a. & n. bangsa Norman.

Norse a. & n. Norse (bahasa Norway kuno dan Skandinavia).

Norseman n. (pl. **-men**) bangsa Norse.

north n. utara. —a. di utara; (angin) dari utara. —adv. ke hala utara. **north-east** n. timur laut. **north-easterly** a. & n. menghala ke timur laut. **north-eastern** a. timur laut. **north-west** n. barat laut. **north-westerly** a. & n. menghala ke barat laut. **north-western** a. barat laut.

northerly a. menghala atau bertiup ke utara.

northern a. di utara; yang berkenaan dengan utara.

northerner n. orang utara.

northernmost a. paling utara.

northward a. arah utara. **northwards** adv. sebelah utara.

Norwegian a. & n. bangsa dan bahasa Norway.

Nos. atau **nos.** abbr. **numbers** nombor.

nose n. hidung; muncung (bahagian depan sesuatu benda, seperti tiub). —v.t./i. menghidu-hidu (ketika mencari sesuatu); maju dengan berhati-hati.

nosebag n. beg berisi makanan kuda yang disangkutkan pada leher kuda.

nosebleed n. hidung berdarah.

nosedive n. junam (seperti kapal terbang). —v.i. menjunam.

nosegay n. seikat bunga.

nosey a. lihat **nosy**.

nostalgia n. nostalgia; kenangan lama. **nostalgic** a. nostalgia. **nostalgically** adv. dengan nostalgia.

nostril n. lubang hidung.

nostrum n. (pl. **-ums**) ubat palsu; ubat tiruan.

nosy a. (**-ier**, **-iest**) suka ambil tahu hal orang. **nosily** adv. dengan cara suka

mengambil tahu hal orang; menyibuk.
nosiness n. sikap suka ambil tahu hal orang.
not adv. bukan; tidak.
notability n. orang kenamaan.
notable a. ternama; penting. —n. orang yang ternama atau penting. **notably** adv. yang ternama; yang penting.
notary public notari awam; orang yang diberi kuasa menjadi saksi dalam upacara menandatangani sesuatu dokumen.
notation n. notasi; sistem simbol yang digunakan dalam muzik, dsb.
notch n. takik; takuk (berbentuk V). —v.t. menakik; menakuk. **notch up** memperoleh.
note n. nota; catatan; surat pendek; pengakuan akan bayar (hutang); wang kertas; not (muzik); tanda perhatian. —v.t. memerhatikan; menumpukan perhatian; mencatat.
notebook n. buku nota; buku catatan.
notecase n. dompet.
noted a. terkenal.
notepaper n. kertas nota; kertas catatan.
noteworthy a. patut diberi perhatian.
nothing n. tiada apa-apa; kosong; benda atau orang yang tidak bererti. —adv. bukan; sama sekali tidak.
nothingness n. ketiadaan; perihal tidak berguna.
notice n. amaran; notis pemberitahuan; perhatian; pengumuman (dalam akhbar). —v.t. mengerti; memberitahu.
notice-board n. papan notis. **take notice** menaruh minat; memberi perhatian. **take no notice (of)** usah pedulikan.
noticeable a. dapat dilihat. **noticeably** adv. secara dapat dilihat.
notifiable a. yang harus dilaporkan atau diberitahukan.
notify v.t. memberitahu. **notification** n. pemberitahuan.
notion n. anggapan; fahaman; pengertian.
notional a. berdasarkan tekaan atau anggaran. **notionally** adv. secara tekaan atau anggaran.
notorious a. terkenal (jahatnya). **notoriously** adv. terkenal (jahat). **notoriety** n. perihal terkenal kerana jahatnya; nama buruk.
notwithstanding prep. meskipun; sekalipun. —adv. walaupun.
nougat n. gula-gula nougat.
nought n. kosong; sifar.
noun n. kata nama.

nourish v.t. menyuburkan (berkenaan badan); memupuk (berkenaan perasaan).
nourishment n. makanan.
nous n. (colloq.) akal.
nouveau riche n. orang yang baru atau tiba-tiba menjadi kaya dan bermegah dengan kekayaannya; orang kaya baharu.
nova n. (pl. -ae) nova; bintang yang tiba-tiba lebih bergemerlap untuk sekejap masa sahaja.
novel n. novel. —a. baharu.
novelette n. novel pendek.
novelist n. novelis; penulis novel.
novelty n. keanehan; sesuatu yang baharu.
November n. November.
novice n. orang baharu; orang yang belum berpengalaman; orang yang masih mentah; orang yang baru diterima menjadi rahib.
noviciate n. tempoh ketika menjadi rahib pelatih.
now adv. sekarang; kini. —conj. kerana; lantaran. —n. sekarang; kini. **now and again** kadang-kadang. **now and then** sekali-sekala.
nowadays adv. sekarang ini.
nowhere adv. di mana-mana pun tidak.
noxious a. beracun.
nozzle n. nozel; mulut atau muncung paip.
nuance n. nuansa; perbezaan yang halus dari segi makna, warna, perasaan, dsb.
nub n. ketul; bonjol kecil; punca (berkenaan sesuatu perkara atau masalah).
nubile a. (berkenaan gadis) yang sudah boleh berkahwin.
nuclear a. nuklear.
nucleus n. (pl. -lei) nukleus.
nucleic acid n. asid nukleik; salah satu daripada dua asid (DNA atau RNA) yang hadir dalam semua sel hidup.
nude a. telanjang; bogel. —n. lukisan atau gambar bogel. **nudity** n. kebogelan; ketelanjangan.
nudge v.t. menyiku. —n. perbuatan menyiku.
nudist n. nudis; orang yang percaya bahawa berbogel itu baik untuk kesihatan. **nudism** n. fahaman bahawa berbogel itu baik untuk kesihatan.
nugatory a. tidak berguna; remeh.
nugget n. bingkah; bongkah; tongkol (emas).
nuisance n. pengacau.
nuke n. (colloq.) senjata nuklear. —v.t. membinasa dengan senjata nuklear.

null *a.* batal (tidak mempunyai kuasa dari segi undang-undang). **nullity** *n.* kebatalan.

nullify *v.t.* menjadikan tidak sah; membatalkan. **nullification** *n.* pembatalan.

numb *a.* kebas; kaku. —*v.t.* menyebabkan jadi kaku. **numbly** *adv.* dengan kebas; dengan kaku. **numbness** *n.* rasa kebas; rasa kaku.

number *n.* nombor; angka; bilangan; jumlah. —*v.t.* mengira; membilang; berjumlah. **number one** (*colloq.*) dirinya (sendiri); yang paling penting. **number-plate** *n.* plat nombor.

numberless *a.* tidak terkira, terbilang, terhitung (banyaknya).

numeral *n.* angka.

numerate *a.* yang mempunyai fahaman asas terhadap prinsip matematik. **numeracy** *n.* kefahaman asas terhadap prinsip matematik.

numeration *n.* pembilangan; pengiraan; pengangkaan.

numerator *n.* pengangka; pembilang.

numerical *a.* berkenaan angka; berangka.

numerous *a.* banyak.

numismatics *n.* ilmu numismatik; ilmu kaji duit syiling. **numismatist** *n.* ahli numismatik; pengkaji duit syiling.

nun *n.* rahib perempuan.

nuncio *n.* (*pl.* -os) wakil Paus (*Pope*).

nunnery *n.* biara untuk rahib perempuan.

nuptial *a.* nuptial; berkenaan dengan perkahwinan. **nuptials** *n.pl.* perkahwinan; pernikahan.

nurse *a.* jururawat; pengasuh (khas untuk menjaga anak-anak kecil). —*v.t./i.* merawat; bekerja sebagai jururawat. **nursing home** rumah sakit atau rumah penjagaan persendirian.

nursemaid *n.* gadis yang ditugaskan menjaga kanak-kanak.

nursery *n.* bilik untuk kanak-kanak; tapak semaian. **nursery rhyme** sajak atau nyanyian kanak-kanak. **nursery school** taman didikan kanak-kanak (tadika). **nursery slopes** cerun yang sesuai untuk orang yang baru mula belajar main ski.

nurseryman *n.* (*pl.* -men) pekerja tapak semaian.

nurture *v.t.* mengasuh; mendidik; memelihara. —*n.* asuhan; didikan; pemeliharaan.

nut *n.* kekeras (buah); nat (alat); (*sl.*) orang gila.

nutcrackers *n.pl.* kacip.

nutmeg *n.* buah pala.

nutrient *a. & n.* zat makanan; nutrien.

nutriment *n.* makanan.

nutrition *n.* pemakanan; nutrisi. **nutritional** *a.* berkenaan pemakanan. **nutritionally** *adv.* secara pemakanan.

nutritious *a.* berzat; berkhasiat.

nutritive *a. & n.* makanan berzat atau berkhasiat.

nuts *a.* (*sl.*) gila.

nutshell *n.* kulit kekeras. **in a nutshell** secara ringkas.

nutty *a.* penuh dengan kacang; berasa seperti kacang; (*sl.*) gila.

nuzzle *v.t.* menggesel-gesel.

NW *abbr.* **north-west** barat laut.

nylon *n.* nilon; kain nilon.

nymph *n.* pari-pari; bidadari.

nymphomania *a.* nimfomania; gila syahwat (perempuan). **nymphomaniac** *n.* orang (perempuan) yang gila syahwat.

N.Z. *abbr.* **New Zealand**.

O

oaf *n.* (*pl.* oafs) si bebal.

oak *n.* oak; sejenis kayu keras. **oak-apple** *n.* = gall³. **oaken** *a.* diperbuat daripada kayu oak.

O.A.P. *abbr.* **old-age pensioner** pesara tua.

oar *n.* dayung; pengayuh. **put one's oar in** turut campur tangan.

oarsman *n.* (*pl.* -men) pendayung; pengayuh.

oasis *n.* (*pl.* oases) oasis; kawasan subur di padang pasir.

oast *n.* salai. **oast-house** *n.* rumah salai.

oatcake *n.* sejenis kuih dibuat daripada oat.

oaten *a.* berkenaan atau daripada bijirin oat.

oath *n.* sumpah.

oatmeal *n.* tepung oat; warna kuning oat.

oats *n.* pokok oat; oat (bijirin).

obbligato *n.* (*pl.* **-os**) obligato (berkenaan dengan muzik).

obdurate *a.* degil; keras hati. **obdurately** *adv.* dengan degil; dengan keras hati. **obduracy** *n.* kedegilan.

obedient *a.* patuh; menurut. **obediently** *adv.* dengan patuh. **obedience** *n.* kepatuhan.

obeisance *n.* sembah sujud; penghormatan.

obelisk *n.* sejenis tugu peringatan.

obelus *n.* (*pl.* **-li**) penanda yang berbentuk pisau belati yang merujuk kepada sesuatu kumpulan, orang, dsb.

obese *a.* tersangat gemuk; boyak. **obesity** *n.* kegemukan; keboyakan; obesiti.

obey *v.t./i.* mematuhi; menuruti.

obfuscate *v.t.* mengelirukan, menggelapkan. **obfuscation** *n.* pengeliruan.

obituary *n.* ucapan takziah yang disiarkan (terutamanya dalam akhbar).

object[1] *n.* benda; objek; tujuan; maksud; objek (dalam nahu). **no object** bukan suatu faktor yang penting atau yang menjadi halangan. **object lesson** pengajaran.

object[2] *v.t.* membantah; membangkang. **objector** *n.* pembantah; pembangkang.

objection *n.* bantahan; bangkangan.

objectionable *a.* yang tidak disukai; yang tidak menyenangkan. **objectionably** *adv.* secara tidak disukai; secara tidak disenangi.

objective *a.* objektif. —*n.* matlamat. **objectively** *adv.* secara objektif.

objet d'art (*pl.* *objets d'art*) barang seni (yang kecil-kecil); barang perhiasan.

objurgate *v.t.* mengecam; memarahi. **objurgation** *n.* pengecaman.

oblation *n.* persembahan untuk Tuhan; derma orang warak.

obligate *v.t.* mewajibkan.

obligated *a.* yang memerlukan atau memaksa (seseorang).

obligation *n.* kewajipan; obligasi. **under an obligation** termakan budi.

obligatory *a.* wajib; perlu.

oblige *v.t.* memaksa; mewajibkan; terpaksa melakukan sesuatu kerana terhutang budi.

obliged *a.* terhutang budi.

obliging *a.* baik; bersedia menolong.

oblique *a.* oblik; serong. **obliquely** *adv.* secara oblik; secara serong.

obliterate *v.t.* membasmi. **obliteration** *n.* pembasmian.

oblivion *n.* kelalaian; keadaan tidak sedar diri.

oblivious *a.* tidak sedar; alpa. **obliviously** *adv.* tanpa disedari. **obliviousness** *n.* keadaan tidak sedar; kealpaan.

oblong *a. & n.* bujur.

obloquy *n.* kecaman.

obnoxious *a.* buruk; berperangai yang menimbulkan rasa meluat; menjelikkan. **obnoxiously** *adv.* dengan menjelikkan. **obnoxiousness** *n.* kejelikan.

oboe *n.* obo (sejenis alat muzik). **oboist** *n.* pemain obo.

obscene *a.* lucah. **obscenely** *adv.* secara lucah. **obscenity** *n.* kelucahan.

obscure *a.* gelap; kabur; tidak terkenal; samar-samar (berkenaan maklumat atau maksud). —*v.t.* mengaburkan. **obscurity** *n.* kekaburan; hal tidak terkenal.

obsequies *n.pl.* upacara pengebumian.

obsequious *a.* suka menyembah-nyembah atau mengampu. **obsequiously** *adv.* dengan cara menyembah-nyembah atau mengampu.

observable *a.* dapat dilihat. **observably** *adv.* yang dapat dilihat.

observance *n.* amalan mengikut undang-undang, adat atau perayaan; kepatuhan.

observant *a.* tajam daya pemerhatian.

observation *n.* pemerhatian; pendapat; tinjauan.

observatory *n.* balai cerap; bangunan untuk memerhati bintang-bintang dan keadaan cuaca.

observe *v.t.* memerhati; meninjau; mencerap; meraikan (sesuatu upacara); menyatakan. **observer** *n.* pemerhati.

obsess *v.t.* terlalu memikirkan sesuatu; mengganggui; menggoda; menghantui.

obsession *n.* keadaan terlalu memikirkan sesuatu; sesuatu yang kerap menghantui fikiran.

obsessive *a.* keterlaluan. **obsessively** *adv.* secara keterlaluan; dengan berlebihan.

obsolescent *a.* usang. **obsolescence** *n.* keusangan.

obsolete *a.* usang; kuno.

obstacle *n.* halangan; rintangan. **obstacle race** lumba berhalang.

obstetrics *n.* obstetrik (cabang perubatan yang berkaitan dengan kelahiran). **obstetric, obstetrical** *adjs.* berkenaan obstetrik. **obstetrician** *n.* ahli obstetrik.

obstinate *a.* degil; keras kepala. **obstinately** *adv.* secara degil; secara keras kepala. **obstinacy** *n.* kedegilan; perihal keras kepala.

obstreperous *a.* bising; riuh; gamat.

obstruct *v.t.* menghalang; menyekat. **obstructor** *n.* penghalang; penyekat. **obstruction** *n.* penghalangan (proses); penghalang (benda).

obstructive *a.* yang menghalang; yang menyekat.

obtain *v.t./i.* mendapat; memperoleh.

obtainable *a.* dapat; diperoleh.

obtrude *v.t.* menonjolkan (diri, buah fikiran). **obtrusion** *n.* perihal menonjolkan diri.

obtrusive *a.* yang suka menonjolkan diri. **obtrusively** *adv.* dengan cara menonjolkan diri. **obtrusiveness** *n.* sikap suka menonjolkan diri.

obtuse *a.* cakah (berkenaan sudut); bebal; bodoh; dungu (berkenaan orang). **obtusely** *adv.* secara bebal, bodoh, dungu. **obtuseness** *n.* kebebalan; kebodohan; kedunguan.

obverse *n.* muka duit syiling yang mempunyai gambar.

obviate *v.t.* menyebabkan tidak perlu; menghindarkan.

obvious *a.* ketara; jelas; nyata. **obviously** *adv.* secara jelas; secara nyata.

ocarina *n.* okarina; alat muzik tiup berbentuk bujur.

occasion *n.* ketika; saat; waktu; sebab; alasan; peristiwa. —*v.t.* menyebabkan. **on occasion** kadang-kadang; sekali-sekala.

occasional *a.* kadang-kadang; sekali-sekala. **occasionally** *adv.* sekali-sekali; kadang-kadang.

occident *n.* Barat; dunia Barat. **occidental** *a.* bersifat Barat.

occidental *n.* orang Barat; kebaratan.

occiput *n.* bahagian belakang kepala.

occlude *v.t.* menyekat; menghalang; menutupi; menghentikan.

occlusion *n.* oklusi; pergerakan udara panas ke atas; penutupan; penghentian.

occult *a.* ghaib; rahsia.

occupant *n.* penghuni; penduduk. **occupancy** *n.* kependudukan; penghunian.

occupation *n.* pendiaman; pendudukan; rampasan (berkenaan harta benda); pekerjaan.

occupational *a.* tentang pekerjaan. **occupational therapy** terapi pekerjaan (kegiatan yang diatur untuk membantu seseorang pesakit supaya sembuh daripada penyakit-penyakit tertentu).

occupy *v.t.* menduduki; merampas (harta, tapak, dll.); menduduki (jawatan, dsb.). **occupier** *n.* orang yang menduduki.

occur *v.i.* (*p.t.* occurred) berlaku; terjadi. **occur to** terfikir oleh.

occurrence *n.* kejadian.

ocean *n.* lautan. **oceanic** *a.* tentang lautan; samudera.

oceanography *n.* oseanografi; ilmu kaji samudera.

ocelot *n.* binatang seperti harimau bintang yang terdapat di Amerika Selatan dan Amerika Tengah.

ochre *n.* warna kuning keperangan.

o'clock *adv.* pukul (jam, waktu).

octagon *n.* oktagon; bentuk yang mempunyai lapan segi. **octagonal** *a.* berbentuk oktagon; berbentuk segi lapan.

octahedron *n.* oktahedron; bongkah bersegi lapan.

octane *n.* oktana; hidrokarbon yang terdapat dalam petrol.

octave *n.* oktaf (berkenaan suara).

octavo *n.* (*pl.* -os) perlapan.

octet *n.* oktet (lapan alat atau lapan suara).

October *n.* Oktober.

octogenarian *n.* seseorang yang berumur lapan puluhan.

octopus *n.* (*pl.* -puses) sotong kurita.

ocular *a.* okulus; okular (berkenaan dengan mata).

oculist *n.* pakar mata.

odd *a.* (-er, -est) ganjil. **oddly** *adv.* secara ganjil. **oddness** *n.* keganjilan.

oddity *n.* keganjilan; keanehan.

oddment *n.* lebihan; sisa.

odds *n.pl.* kemungkinan. **at odds with** berselisih faham dengan. **odds and ends** barang-barang kecil dan rencam.

ode *n.* oda; sejenis sajak yang ditujukan khas kepada seseorang atau khas untuk satu-satu peristiwa.

odious *a.* yang menimbulkan rasa benci; menjelikan. **odiously** *adv.* dengan rasa benci. **odiousness** *n.* kejelikan; kebencian.

odium *n.* rasa benci yang berleluasa terhadap seseorang atau sesuatu tindakan.

O

odometer *n.* alat pada kenderaan yang digunakan untuk mengukur jumlah batu (jarak) yang dijalani.

odoriferous *a.* harum; wangi.

odour *n.* bau. **odourous** *a.* berbau.

odourless *a.* tanpa bau; tidak berbau.

odyssey *n.* (*pl.* -eys) odesi; pengembaraan yang penuh pancaroba.

oedema *n.* edema; sembap (lebihan cecair dalam tisu badan); busung (akibat edema).

oesophagus *n.* esofagus; kerongkong.

of *prep.* dari; berasal; tentang; (*colloq.*) semasa.

off *adv.* tidak berfungsi; tidak berjalan; busuk; medak (berkenaan makanan). —*prep.* jauh dari; di bawah (berkenaan mutu sesuatu). —*a.* sebelah kanan kuda, kenderaan, dll. **off chance** kemungkinan. **off colour** tidak berapa sihat; pucat. **off-licence** *n.* lesen untuk menjual minuman keras tetapi tidak boleh diminum di tempat jualan. **off-load** *v.t.* memunggah. **off-putting** *a.* (*colloq.*) yang menjijikkan. **off-stage** *a & adv.* belakang pentas. **off-white** *a.* keputih-putihan.

offal *n.* ofal; organ yang boleh dimakan daripada binatang yang telah disembelih.

offbeat *a.* luar biasa; aneh.

offence *n.* kesalahan; sesuatu yang menyakitkan hati.

offend *v.t./i.* menyinggung perasaan; melakukan kesalahan. **offender** *n.* orang yang melakukan kesalahan.

offensive *a.* yang menyakitkan hati; yang menjijikkan (berkenaan kelakuan); menyerang (berkenaan senjata); kesat (berkenaan bahasa). —*n.* tindakan yang kasar. **take the offensive** menyerang. **offensively** *adv.* secara menyerang. **offensiveness** *n.* kejijikan.

offer *v.t./i.* (*p.t.* offered) membuat tawaran; menawarkan. —*n.* tawaran.

offering *n.* pemberian; sumbangan; bantuan; persembahan.

offertory *n.* kutipan wang waktu sembahyang di gereja.

offhand *a.* begitu sahaja. —*adv.* dengan begitu sahaja; tanpa difikirkan terlebih dahulu. **offhanded** *a.* begitu sahaja; tidak dirancang.

office *n.* pejabat (berkenaan bangunan); jawatan; tugas.

officer *n.* pegawai.

official *a.* rasmi. —*n.* pegawai. **officially** *n.* secara rasmi; dengan rasmi.

officiate *v.i.* merasmikan; menjalankan tugas.

officious *a.* suka mengarah. **officiously** *adv.* secara suka mengarah.

offing *n.* **in the offing** tidak lama lagi; tidak jauh lagi.

offset *v.t.* (*p.t.* -set, *pres.p.* -setting) mengimbangi. —*n.* cabang; ofset (dalam percetakan).

offshoot *n.* cabang; hasil sampingan.

offside *a. & adv.* ofsaid; dalam kedudukan yang salah (dalam permainan bola sepak).

offspring *n.* (*pl.* -spring) anak.

oft *adv.* (usang) kerap; sering (kali); selalu.

often *adv.* kerap kali; acap kali; sering kali.

ogle *v.t.* mengerling; menenung.

ogre *n.* bota; gergasi; raksasa.

oh *int.* oh.

ohm *n.* ohm; unit rintangan elektrik.

oil *n.* minyak. —*v.t.* dilicinkan dengan minyak. **oil-colour**, **oil-paint** *ns.* cat minyak. **oil-painting** *n.* lukisan cat minyak.

oilfield *n.* medan minyak; kawasan yang terdapat minyak dalam tanah.

oilskin *n.* sejenis kain berminyak yang kalis air.

oily *a.* (-ier, -iest) berminyak; seperti minyak; licik (berkenaan perangai seseorang). **oiliness** *n.* keadaan yang berminyak.

ointment *n.* krim yang disapukan pada kulit bagi tujuan perubatan.

O.K., **okay** *a. & adv.* (*colloq.*) okey; setuju.

okapi *n.* (*pl.* -is) okapi; sejenis binatang seakan-akan zirafah, terdapat di Afrika Tengah.

okra *n.* bendi; sejenis tumbuhan yang berasal dari benua Afrika.

old *a.* (-er, -est) berumur; tua (berkenaan orang); usang (berkenaan benda); kuno; lama. **of old** dulu. **old age** umur tua; usia lanjut. **old-fashioned** *a.* kolot; lapuk. **old maid** anak dara tua. **Old Testament** *lihat* testament. **old-time** *a.* masa lalu. **old wives' tale** cerita atau kepercayaan karut. **Old World** Eropah, Asia dan Afrika. **oldness** *n.* perihal tua.

olden *a.* (usang) dulu.

oldie *n.* (*colloq.*) orang atau benda lama.

oleaginous *a.* berminyak.

oleander *n.* oleander; sejenis pokok bunga berasal dari kawasan Mediterranean.

olfactory *a.* berkenaan deria bau.

oligarch *n.* ahli kumpulan oligarki.

oligarchy *n.* oligarki; bentuk kerajaan yang kuasanya ada dalam tangan satu golongan kecil.

olive *n.* buah zaitun; pokok zaitun; hijau zaitun (berkenaan warna). —*a.* hijau zaitun; kuning langsat (berkenaan kulit). olive branch *n.* sesuatu yang diberi atau dilakukan sebagai jalan untuk berdamai.

Olympian *a.* tentang Olympus; megah.

Olympic *a.* Olympic Games Sukan Olimpik. Olympics *n.pl.* Sukan Olimpik.

ombudsman *n.* (*pl.* -men) ombusman; pegawai yang dilantik untuk menyelidik rungutan orang ramai tentang salah tadbir pihak berkuasa.

omega *n.* omega; huruf terakhir dalam abjad Yunani.

omelette *n.* telur dadar.

omen *n.* alamat; petanda.

ominous *a.* yang menandakan akan berlaku sesuatu yang tidak menyenangkan.

omit *v.t.* (*p.t.* omitted) meninggalkan; melalaikan (untuk membuat sesuatu). omission *n.* ketinggalan; pengabaian.

omnibus *n.* bas; buku pelbagai.

omnipotent *a.* Maha Berkuasa. omnipotence *n.* perihal Maha Berkuasa.

omnipresent *a.* terdapat di mana-mana; Maha Wujud.

omniscient *a.* yang serba tahu; Yang Maha Mengetahui. omniscience *n.* serba tahu.

omnivorous *a.* omnivor.

on *prep.* atas; pada (berkenaan masa); sedang; tentang. —*adv.* di; pada; terus; berlangsung. be atau keep on at (*colloq.*) berleter. on and off sekejap-sekejap; sekejap ada sekejap tak ada.

onager *n.* keldai liar.

onanism *n.* pelancapan; pengonanian.

once *adv., conj. & n.* dulu; sekali; segera; bekas. once-over *n.* (*colloq.*) melihat sekali pandang. once upon a time pada suatu masa dahulu.

oncology *n.* onkologi; kajian dalam bidang tumor.

oncoming *a.* datang dari arah hadapan.

one *a.* satu; se. —*n.* nombor satu. —*pron.* seseorang. one another satu dengan yang lain. one day satu ketika. one-sided *a.* berat sebelah. one-upmanship *n.* cara mengatasi lawan. one-way street jalan sehala.

onerous *a.* membebankan.

oneself *pron.* diri sendiri.

ongoing *a.* sedang berlaku.

onion *n.* bawang.

onlooker *n.* pemerhati.

only *a.* satu-satunya. —*adv.* hanya; sahaja. —*conj.* seandainya; kecuali; tetapi. only too amat; sangat.

onomatopoeia *n.* onomatopia; perkataan yang meniru bunyi benda yang dimaksudkan.

onrush *n.* serbuan.

onset *n.* bermulanya; tercetusnya.

onslaught *n.* serangan hebat.

onto *var.* of on to (*lihat* on).

onus *n.* kewajipan; tanggungjawab.

onward *adv. & a.* mara; maju. onwards *adv.* ke hadapan; mara; maju.

onyx *n.* oniks; batu seperti marmar.

oodles *n.pl.* (*colloq.*) bertimbun; banyak; berlambak-lambak.

ooze *v.t./i.* mengalir perlahan-lahan. —*n.* lumpur cair.

op *n.* (*colloq.*) pembedahan.

opacity *n.* kelegapan; kekaburan.

opal *n.* opal; baiduri; sejenis batu permata. opaline *a.* beropal.

opalescent *a.* berwarna-warni seperti opal. opalescence *n.* keadaan berwarna-warni.

opaque *a.* legap; sukar difahami. opaqueness *n.* kelegapan.

OPEC *abbr.* Organization of Petroleum Exporting Countries Pertubuhan Negara-negara Pengeksport Minyak.

open *a.* terbuka; terdedah; mesra (berkenaan perangai). —*v.t./i.* membuka; memulakan. in the open air di luar (rumah, bangunan). open-ended *a.* tidak terhad. open-handed *a.* bermurah hati. open-heart *a.* (berkenaan pembedahan) pembedahan jantung terbuka. open house rumah terbuka. open letter surat terbuka. open-plan *a.* tanpa bersekat (dinding, pagar, dsb.). open secret bukan rahsia lagi. open verdict keputusan terbuka. openness *n.* kemesraan; sikap berterus terang.

opencast *a.* (perlombongan) dedah.

opener *n.* pembuka (tin, botol, dsb.).

opening *n.* lubang; permulaan; peluang; kesempatan.

openly *adv.* secara terang-terangan.

openwork *n.* kerawang (berkenaan jahit-menjahit).

opera (*lihat* opus) —*n.* opera. opera-glasses *n.pl.* teropong kecil.

operable *a.* dapat dibedah.

operate *v.t./i.* beroperasi; memberikan kesan; mengawal fungsi; membedah.

operatic *a.* berkenaan atau seperti opera.

operation *n.* operasi; pembedahan (dalam ilmu perubatan).

operational *a.* dapat digunakan; berjalan.

operative *a.* berjalan; yang berkenaan pembedahan. —*n.* operator; pengendali.

operator *n.* operator.

operetta *n.* opereta; opera yang ringkas dan ringan.

ophidian *a. & n.* spesies dalam keluarga ular.

ophthalmia *n.* oftalmia; radang mata.

ophthalmic *a.* oftalmik; yang berkenaan dengan mata.

ophthalmology *n.* oftalmologi; kajian tentang mata dan penyakitnya. **ophthalmologist** *n.* ahli oftalmologi.

ophthalmoscope *n.* oftalmoskop; alat pemeriksa mata.

opiate *n.* pelali yang mengandungi candu.

opine *v.t.* menyatakan pendapat.

opinion *n.* anggapan; pendapat.

opinionated *a.* berkeras memegang pendapat sendiri.

opium *n.* candu.

opossum *n.* sejenis binatang kecil yang berkantung dan berbulu.

opponent *n.* lawan.

opportune *a.* sesuai; baik (berkenaan masa). **opportunely** *adv.* secara sesuai; dengan layak. **opportuneness** *n.* kesesuaian.

opportunist *n.* oportunis; orang yang mencari kesempatan. **opportunism** *n.* perihal mencari kesempatan. **opportunistic** *a.* bersifat oportunis.

opportunity *n.* peluang; kesempatan; suasana yang sesuai untuk sesuatu tujuan.

oppose *v.t.* melawan; menentang.

opposite *a.* bertentangan. —*n.* lawan. —*adv. & prep.* seberang. **one's opposite number** rakan sejawat; orang yang memegang jawatan yang sama tetapi dalam kumpulan atau organisasi lain.

opposition *n.* tentangan; penentang (berkenaan orang); antagonisme; pembangkang. **the Opposition** Parti Pembangkang.

oppress *v.t.* menindas; menekan; dibebani (oleh masalah, dsb.). **oppression** *n.* penindasan; penekanan. **oppressor** *n.* penindas; penekan.

oppressive *a.* bersifat menindas; menyebabkan rasa lemas; menyesakkan (berkenaan cuaca). **oppressively**

adv. secara menindas; dengan menekan. **oppressiveness** *n.* perihal menindas, menekan.

opprobrious *a.* keji; hina.

opprobrium *n.* penghinaan.

oppugn *v.t.* mempertikaikan.

opt *v.i.* memilih. **opt out** menarik diri.

optic *a.* optik; berkenaan mata atau penglihatan.

optical *a.* optik; beroptik. **optical illusion** maya. **optically** *adv.* secara optik.

optician *n.* pakar optik; pembuat atau penjual cermin mata.

optics *n.* ilmu optik; kajian tentang penglihatan dan cahaya.

optimal *a.* optimal; optimum.

optimism *n.* sikap optimis (keyakinan bahawa yang baik akan berlaku). **optimist** *n.* optimis (orang yang memandang yang baik sahaja). **optimistic** *a.* optimistik. **optimistically** *adv.* secara optimistik.

optimum *a. & n.* optimum; keadaan atau persekitaran yang paling baik atau sesuai (untuk pertumbuhan, pembiakan, dsb.).

option *n.* kebebasan hak (memilih); pilihan sendiri; perkara atau benda yang boleh dipilih.

optional *a.* pilihan (tidak diwajibkan). **optionally** *adv.* secara pilihan.

opulent *a.* mewah; berlimpah-limpah (berkenaan jumlah). **opulently** *adv.* dengan mewah. **opulence** *n.* kemewahan.

opus *n.* (*pl.* **opera**) opus (karya muzik).

or *conj.* atau; ataupun; jika tidak.

oracle *n.* tempat orang Yunani purba memohon petunjuk daripada dewa-dewa; nujum; petunjuk. **oracular** *a.* bersifat ramalan.

oral *a.* lisan; dengan mulut. —*n.* (*colloq.*) ujian lisan. **orally** *adv.* secara lisan; dengan mulut.

orange *n.* limau; oren (buah); warna jingga. —*a.* jingga (warna). **orange-stick** *n.* alat yang digunakan untuk menyolek kuku.

orangeade *n.* minuman perasa oren.

orang-utan *n.* orang utan.

oration *n.* pidato.

orator *n.* ahli pidato; pemidato; orang yang berpidato.

oratorio *n.* (*pl.* **-os**) oratorio; gubahan muzik biasanya dengan tema dari kitab Injil.

oratory[1] *n.* seni pidato. **oratorical** *a.* berkenaan dengan pidato.

O

oratory[2] *n.* bilik sembahyang (bagi orang Kristian) untuk sembahyang bersendirian.

orb *n.* bulatan.

orbit *n.* orbit; garis perjalanan bintang. —*v.t./i.* (*p.t.* **orbited**) beredar mengelilingi.

orbital *a.* berkenaan orbit; (tentang jalan raya) mengelilingi bahagian luar bandar raya.

orchard *n.* dusun; kebun buah-buahan.

orchestra *n.* orkestra; kumpulan orang yang bermain berbagai-bagai alat muzik. **orchestral** *a.* yang berkenaan dengan orkestra.

orchestrate *v.t.* mengorkestrakan; menggubah muzik untuk orkestra; mengatur sesuatu. **orchestration** *n.* pengorkestraan.

orchid *n.* orkid; anggerik.

orchis *n.* orkid (liar).

ordain *v.t.* mengangkat menjadi paderi (dalam agama Kristian); mentakdirkan; memerintah.

ordeal *n.* pengalaman pahit atau dahsyat.

order *n.* susunan; urutan; perintah; arahan; pesanan (berkenaan bekalan, dsb.); arahan bertulis; kelas (berkenaan mutu); pangkat (berkenaan taraf); pemerintahan (berkenaan raja); lambang. —*v.t.* menyusun; mengatur; mengarah; memerintah; memesan (berkenaan bekalan, dsb.). **holy orders** kedudukan orang yang telah ditahbiskan menjadi paderi. **in order to** atau **that** supaya; agar.

orderly *a.* tersusun; teratur; tertib. —*n.* perajurit yang membantu pegawai; atendan hospital. **orderliness** *n.* ketertiban.

ordinal *a.* **ordinal numbers** nombor ordinal (yang menunjukkan kedudukan dalam sesuatu susunan).

ordinand *n.* calon untuk upacara persucian (untuk keperluan agama).

ordinance *n.* ordinan; undang-undang.

ordinary *a.* biasa; sederhana. **ordinarily** *adv.* secara biasa; secara sederhana.

ordination *n.* upacara mengangkat seseorang menjadi paderi.

ordnance *n.* kelengkapan tentera. **Ordnance Survey** Jabatan Pemetaan Great Britain yang menyediakan peta negeri.

ordure *n.* tahi; najis.

ore *n.* bijih.

oregano *n.* nama sejenis herba.

organ *n.* organ (alat muzik); organ, perkakas (bahagian badan).

organdie *n.* organdi (sejenis kain).

organic *a.* organik. **organically** *adv.* secara organik.

organism *n.* organisma (hidupan).

organist *n.* pemain organ.

organization *n.* organisasi; pertubuhan. **organizational** *a.* berorganisasi.

organize *v.t.* mengatur; menyusun. **organizer** *n.* penganjur.

organza *n.* organza (sejenis kain).

orgasm *n.* orgasma; puncak syahwat.

orgy *n.* pesta liar.

oriel *n.* pintu mengunjur dari dinding rumah.

Orient *n.* Timur.

orient *v.t.* menempatkan atau menentukan kedudukan sesuatu berhubung dengan arah kompas. **orient oneself** menentukan pendirian seseorang; menyesuaikan diri. **orientation** *n.* orientasi.

Oriental *n.* orang Timur.

oriental *a.* yang berkenaan dengan Timur.

orientate *v.t.* mengarahkan atau menghalakan sesuatu.

orienteering *n.* sukan rentas desa dengan berpandukan peta dan kompas.

orifice *n.* orifis; lubang; mulut; rongga.

origami *n.* origami; seni menggubah kertas orang Jepun.

origanum *n.* marjoram liar; sejenis herba.

origin *n.* punca; asal.

original *a.* yang mula-mula; yang asal; yang tulen. —*n.* sesuatu yang asal, asli atau tulen. **originally** *adv.* pada asalnya. **originality** *n.* keaslian.

originate *v.t./i.* berasal. **origination** *n.* perihal asalnya atau mulanya. **originator** *n.* pemula.

oriole *n.* sejenis burung yang berbulu hitam dan kuning.

ormolu *n.* sejenis suasa; barang yang disadur dengan gangsa.

ornament *n.* perhiasan; hiasan. —*v.t.* menghiasi. **ornamentation** *n.* penghiasan.

ornamental *a.* bersifat hiasan. **ornamentally** *adv.* secara hiasan.

ornate *a.* yang penuh dengan hiasan. **ornately** *adv.* dengan penuh hiasan. **ornateness** *n.* keadaan penuh dengan hiasan.

ornithology *n.* ornitologi; kaji burung. **ornithological** *a.* berkenaan ornitologi. **ornithologist** *n.* ahli ornitologi.

orotund *a.* dengan kata-kata yang penuh gah.

orphan *n.* anak yatim. —*v.t.* menyebabkan jadi yatim.

orphanage *n.* rumah anak yatim.

orrery *n.* model sawat jam; sistem perjalanan planet.

orrisroot *n.* akar bunga iris yang berbau wangi.

orthodontics *n.* ortodontik; cabang pergigian yang tertumpu kepada pembetulan kedudukan gigi dan rahang. orthodontic *a.* ortodontik. orthodontist *n.* ahli ortodontik.

orthodox *a.* ortodoks; berpegang kepada kepercayaan, pendapat, dsb. yang pada amnya diterima dan dipersetujui. Orthodox Church Gereja Ortodoks. orthodoxy *n.* ortodoksi.

orthopaedics *n.* ortopedik; pembedahan tulang dan otot yang cacat. orthopaedic *a.* ortopedik. orthopaedist *n.* ahli atau pakar ortopedik.

oryx *n.* sejenis kijang Afrika yang besar.

Oscar *n.* oskar; anugerah berbentuk patung kecil untuk kecemerlangan dalam wayang gambar dari segi lakonan, arahan, penggubahan muzik, dsb.

oscillate *v.t./i.* berayun. oscillation *n.* ayunan.

oscilloscope *n.* osiloskop; alat untuk merakam gerak ayunan.

osier *n.* sejenis pohon.

osmium *n.* osmium; sejenis logam metalik.

osmosis *n.* osmosis.

osprey *n.* (*pl.* -eys) burung lang tiram; sejenis burung besar yang suka makan ikan.

ossify *v.t./i.* menulang. ossification *n.* penulangan; osifikasi.

ostensible *a.* pura-pura; kononnya. ostensibly *adv.* dengan pura-pura.

ostentation *n.* sikap menunjuk-nunjuk; sikap bermegah-megah. ostentatious *a.* bermegah-megah. ostentatiously *adv.* secara bermegah-megah.

osteopath *n.* pakar osteopati. osteopathic *a.* osteopatik. osteopathy *n.* osteopati.

ostler *n.* penjaga kuda di rumah penginapan.

ostracize *v.t.* dipencilkan; memulaukan. ostracism *n.* pemencilan; pemulauan.

ostrich *n.* burung unta.

other *a.* lain. —*n. & pron.* lainnya. the other day beberapa hari yang lepas. other world alam baka.

otherwise *adv.* jika tidak.

otiose *a.* tidak diperlukan; tidak berfaedah.

otter *n.* anjing air; berang-berang.

Ottoman *a. & n.* Ottoman; (orang) daripada empayar Turki dahulu.

ottoman *n.* otoman; sejenis tempat duduk.

oubliette *n.* penjara bawah tanah yang dapat dimasuki melalui pintu perangkap.

ought *v.aux.* sepatutnya; seharusnya.

Ouija(-board) *n.* sekeping papan yang bertulis dengan huruf-huruf dan mempunyai petunjuk yang boleh dialih-alihkan dan digunakan untuk mendapatkan maklumat dalam proses pemujaan secara pewasitah.

ounce *n.* auns. fluid ounce auns cecair.

our *a.,* ours *poss. pron.* milik kami; hak kami.

ourselves *pron.* kita sendiri.

oust *v.t.* menghalau; menyingkir.

out *adv.* keluar; luar; ketinggalan zaman (berkenaan fesyen); tiada (daripada penglihatan); pengsan; ketahuan (berkenaan berita); terbit (berkenaan barang buatan). —*prep.* tanpa; di luar. —*n.* jalan keluar. be out to bersedia untuk. out-and-out *a.* yang betul-betul; lengkap; sempurna. out of daripada; kehabisan (bekalan). out of date ketinggalan zaman. out of doors di luar rumah. out of the way jauh; telah selesai.

out- *pref.* melebihi.

outback *n.* (*Austr.*) pedalaman.

outbid *v.t.* (*p.t.* -bid, *pres.p.* -bidding) menawar lebih tinggi.

outboard *a.* (berkenaan motor) terpasang di bahagian luar bot.

outbreak *n.* letusan; ledakan; perihal merebak (berkenaan marah, perang, penyakit).

outbuilding *n.* bangunan tambahan.

outburst *n.* letusan.

outcast *n.* orang buangan.

outclass *v.t.* jauh melebihi.

outcome *n.* hasil; kesudahan; akibat.

outcrop *n.* singkapan; batuan yang menjulur ke permukaan tanah.

outcry *n.* tentangan keras; pekikan.

outdated *a.* ketinggalan zaman; sudah lapuk; usang.

outdistance *v.t.* meninggalkan jauh di belakang.

outdo *v.t.* (*p.t.* -did, *p.p.* -done) melebihi.

outdoor *a.* luar rumah. outdoors *adv.* di luar rumah.

outer *a.* luar.

outermost *adv.* paling luar.

outface *v.t.* merenung seseorang hingga orang itu mengalah.

outfall *n.* muara sungai, parit, dsb.

outfit *n.* set kelengkapan atau pakaian.

outfitter *n.* penjual segala macam kelengkapan atau pakaian lelaki.

outflank *v.t.* mengapit; merusuk; mengatasi lawan.

outflow *n.* aliran keluar.

outgoing *a.* keluar; senang bercampur gaul.

outgoings *n.pl.* perbelanjaan; belanja pasti.

outgrow *v.t.* (*p.t.* -grew, *p.p.* -grown) menjadi lebih besar.

outgrowth *n.* cabang.

outhouse *n.* rumah tambahan; bangsal.

outing *n.* makan angin; temasya.

outlandish *a.* pelik; aneh.

outlast *v.t.* tahan lebih lama.

outlaw *n.* penjahat; penjenayah. —*v.t.* mengisytiharkan seseorang sebagai penjahat; diharamkan. **outlawry** *n.* kejahatan.

outlay *n.* belanja; biaya.

outlet *n.* jalan keluar; saluran keluar.

outline *n.* garis kasar; garis bentuk; rumusan. —*v.t.* membuat garis kasar atau rumusan; menandakan bentuk.

outlive *v.t.* hidup lebih lama.

outlook *n.* pandangan; sikap; harapan.

outlying *a.* terpencil; jauh.

outmanœuvre *v.t.* mengatasi.

outmoded *a.* ketinggalan zaman; fesyen lama.

outmost *a.* paling luar.

outnumber *v.t.* melebihi (berkenaan jumlah).

outpace *v.t.* bergerak lebih pantas atau laju daripada sesuatu.

out-patient *n.* pesakit luar.

outpost *n.* pangkalan luar.

output *n.* output; jumlah tenaga elektrik yang dihasilkan; keluaran. —*v.t.* (*p.t.* -put atau -putted) (berkenaan komputer) membekalkan; mengeluarkan (hasil, dsb.).

outrage *n.* perbuatan yang mencabul; pengkhianatan hak. —*v.t.* menyebabkan amat terkejut atau marah.

outrageous *a.* melampaui batas; yang mengejutkan. **outrageously** *adv.* secara melampaui batas atau mengejutkan.

outrank *v.t.* berjawatan lebih tinggi.

outrider *n.* pengiring bermotosikal.

outrigger *n.* perahu katir.

outright *adv.* secara sekali gus; secara berterus terang. —*a.* sama sekali; sekali gus.

outrun *v.t.* (*p.t.* -ran, *p.p.* -run, *pres. p.* -running) berlari lebih pantas atau lebih jauh daripada seseorang.

outsell *v.t.* (*p.t.* -sold) jual lebih banyak daripada yang lain.

outset *n.* permulaan.

outshine *v.t.* (*p.t.* -shone) melebihi kecemerlangan atau kehandalan.

outside *n.* sebelah luar. —*a.* dari atau di luar; (berkenaan harga) paling tinggi yang mungkin. —*adv.* luar. —*prep.* di luar; di sebelah luar.

outsider *n.* orang luar; kuda, dll. yang dianggap tidak mempunyai harapan untuk menang dalam sesuatu pertandingan.

outsize *a.* besar daripada biasa.

outskirts *n.pl.* kawasan pinggiran; pinggir kota.

outsmart *v.t.* (*colloq.*) mengakali.

outsource *v.* mengaturkan supaya kerja boleh dilakukan di luar syarikat.

outspoken *a.* terus terang.

outspread *a.* & *v.i.* terentang.

outstanding *a.* cemerlang; terkemuka; belum jelas (berkenaan hutang). **outstandingly** *adv.* dengan cemerlang.

outstay *v.t.* tinggal lebih lama.

outstretched *a.* yang terhulur.

outstrip *v.t.* (*p.t.* -stripped) lari lebih cepat; mengatasi; melebihi.

out-tray *n.* bakul keluar; bekas untuk dokumen yang perlu dihantar keluar.

outvote *v.t.* menang dengan kelebihan undi.

outward *a.* luar. —*adv.* ke arah luar. **outwardly** *adv.* pada lahirnya; secara luaran. **outwards** *adv.* di luar.

outweigh *v.t.* melebihi berat atau keutamaan.

outwit *v.t.* (*p.t.* -witted) mengakali; mengatasi kecerdikan lawan.

outwork *n.* bahagian kubu pertahanan; kerja yang dibuat di luar bangunan kilang, dsb.

outworn *a.* lusuh.

ouzel *n.* sejenis burung kecil.

ova *lihat* ovum.

oval *n.* & *a.* bujur telur; jorong.

ovary *n.* ovari. **ovarian** *a.* berkenaan ovari.

ovation *n.* tepukan gemuruh; sambutan gembira.

oven *n.* oven; ketuhar.

over *prep.* atas (berkenaan kedudukan sesuatu); sepanjang; melalui (berkenaan jangkitan); tentang (berkenaan perkara); terlalu; terlampau (berkenaan jumlah); amat (berkenaan mutu). —*adv.* berulang-ulang. —*n.* balingan (dalam permainan kriket).

over- *pref.* terlampau; terlalu.

O

overall *n.* baju luar; pakaian yang dipakai untuk melindungi pakaian lain, yang dilitupinya. —*a.* jumlah; mengambil kira semua aspek; keseluruhan. —*adv.* diambil sebagai keseluruhan.

overarm *a. & adv.* atas bahu; dengan tangan dari atas (dalam renang, tenis, dsb.).

overawe *v.t.* mengagumi; menghairani.

overbalance *v.t./i.* terbalik; menterbalikkan.

overbearing *a.* pongah; sombong.

overblown *a.* kembang mekar; melambung-lambung; berlebih-lebih.

overboard *adv.* jatuh ke dalam laut (dari kapal). **go overboard** (*colloq.*) menunjukkan minat yang berlebihan; berkelakuan secara berlebih-lebih atau melampau.

overbook *v.t.* mengambil terlalu banyak tempahan.

overcast *a.* mendung; redup.

overcharge *v.t.* mengenakan bayaran yang lebih.

overcoat *n.* kot luar.

overcome *v.t./i.* mengatasi.

overcrowd *v.t.* menyesakkan.

overdo *v.t.* (*p.t.* **-did**, *p.p.* **-done**) melebih-lebihkan; melampaui; terlampau mewah (berkenaan masakan).

overdose *n.* dos berlebihan. —*v.t./i.* memberi berlebihan; mengambil berlebihan.

overdraft *n.* overdraf; defisit dalam akaun bank disebabkan pengeluaran yang melebihi jumlah yang dikreditkan.

overdraw *v.t.* (*p.t.* **-drew**, *p.p.* **-drawn**) mengambil wang (daripada akaun bank) lebih daripada jumlah yang dikreditkan.

overdrive *n.* pacuan lebih (berkenaan kereta).

overdue *a.* lampau tempoh; terlambat.

over-react *v.* bertindak balas secara berlebihan. **over-reaction** *n.* tindak balas berlebihan.

overestimate *v.t.* menganggar lebih.

overflow *v.t./i.* berlimpah; melimpah. —*n.* limpahan; salur lepasan.

overgrown *a.* terlampau besar; penuh ditumbuhi; semak.

overhand *a. & adv.* atas bahu (dalam permainan tenis, dsb.).

overhang *v.t./i.* (*p.t.* **-hung**) terjuntai. —*n.* bahagian terjuntai.

overhaul *v.t.* membaik pulih (berkenaan enjin, dsb.); mendahului. —*n.* memeriksa dan membaiki.

overhead *a. & adv.* atas kepala (dalam permainan tenis); di udara; di langit.

overheads *n.pl.* overhed; belanja yang diperlukan untuk mengendalikan perniagaan.

overhear *v.t.* (*p.t.* **-heard**) terdengar.

overjoyed *a.* amat gembira; terlalu riang.

overkill *n.* lebihan daya musnah; keterlaluan.

overland *a. & adv.* melalui darat. **overlander** *n.* orang yang membuat perjalanan darat.

overlap *v.t./i.* (*p.t.* **-lapped**) bertindih. —*n.* tindih atas (berkenaan dengan jahitan).

overlay[1] *v.t.* (*p.t.* **-laid**) melapisi.

overlay[2] *n.* lapisan.

overleaf *adv.* halaman sebalik.

overload *v.t.* melebihkan beban. —*n.* beban lebih.

overlook *v.t.* menghala ke; terlupa (melakukan sesuatu); membiarkan (berkenaan kesalahan).

overlord *n.* orang besar; dipertuan.

overly *adv.* (Sc., A.S.) secara melampau; terlalu.

overman *v.t.* (*p.t.* **-manned**) mengadakan terlalu ramai tenaga kerja.

overnight *adv. & a.* semalaman.

overpass *n.* laluan atas; jejantas.

overpay *v.t.* (*p.t.* **-paid**) membayar lebih.

overpower *v.t.* mengatasi dengan kekuatan atau bilangan yang lebih. **overpowering** *a.* terlalu kuat; amat sangat.

overrate *v.t.* menilai terlampau tinggi.

overreach *v.refl.* **overreach oneself** melewati kemampuan sendiri.

override *v.t.* (*p.t.* **-rode**, *p.p.* **-ridden**) menolak; mengatasi; menjadi lebih penting daripada yang lain.

overrider *n.* sesuatu yang dilekatkan menegak pada bonet kereta.

overripe *a.* masak ranum; terlampau masak.

overrule *v.t.* menolak (sesuatu keputusan) dengan menggunakan kuasa yang ada pada seseorang.

overrun *v.t.* (*p.t.* **-ran**, *p.p.* **-run**, *pres. p.* **-running**) melanggar; menakluki; melebihi (had).

overseas *a. & adv.* seberang laut.

oversee *v.t.* (*p.t.* **-saw**, *p.p.* **-seen**) mengawasi. **overseer** *n.* pengawas; mandur.

oversew *v.t.* (*p.p.* **-sewn**) menjahit lilit ubi.

overshadow *v.t.* membayangi; menjadikan kurang penting jika dibandingkan.

overshoe *n.* but.

overshoot v.t. (p.t. **-shot**) melampaui (had, matlamat, dsb.).

overshot a. (berkenaan kincir air) diputar oleh air yang mengalir dari atasnya.

oversight n. penyeliaan; kesalahan yang tidak disengajakan.

oversized a. berukuran besar; terbesar.

oversleep v.i. (p.t. **-slept**) tidur terlalu lama; terlewat bangun.

overspill n. tumpahan; limpahan.

overstate v.t. membesar-besarkan.

overstay v.t. **overstay one's welcome** menumpang terlalu lama hingga membosankan tuan rumah.

oversteer v.i. membelok lebih. —n. belok lebih.

overstep v.t. (p.t. **stepped**) melampaui.

overt a. nyata; terang-terang. **overtly** adv. dengan nyata; secara terang-terang.

overtake v.t. (p.t. **-took**, p.p. **-taken**) mendahului; memintas; memotong.

overtax v.t. mengenakan cukai yang lebih; membebankan seseorang.

overthrow v.t. (p.t. **-threw**, p.p. **-thrown**) menjatuhkan atau mengguling (pemerintah). —n. kejatuhan; penggulingan.

overtime adv. lebih masa. —n. kerja lebih masa; bayaran lebih masa.

overtone n. ton terbitan; sesuatu yang tersembunyi; nada.

overture n. overtur (berkenaan muzik); (pl.) usul.

overturn v.t./i. terbalik; menterbalikkan.

overview n. kaji selidik umum; gambaran keseluruhan.

overweight a. terlampau berat; berat berlebihan.

overwhelm v.t. ditenggelami; menenggelami; menyelubungi (sedih, derita, dsb.).

overwhelming a. banyak (berkenaan dengan jumlah); kuat (berkenaan dengan pengaruh).

overwork v.t./i. bekerja terlampau kuat. —n. keletihan sebab terlampau kuat atau lama bekerja.

overwrought a. resah dan gugup.

oviduct n. oviduktus; saluran ovum.

oviparous a. bertelur.

ovoid a. bujur.

ovulate v.i. ovulat; mengeluarkan sel (ovum) telur. **ovulation** n. ovulasi.

ovule n. ovul; biji benih betina bagi tumbuh-tumbuhan.

ovum n. (pl. **ova**) ovum; telur.

owe v.t. berhutang.

owing a. terhutang. **owing to** disebabkan; oleh sebab; kerana.

owl n. burung hantu. **owlish** a. seperti burung hantu.

own[1] a. kepunyaan sendiri. **get one's own back** (colloq.) membalas dendam. **hold one's own** bertahan. **of one's own** kepunyaan sendiri. **on one's own** bersendirian; tanpa teman.

own[2] v.t. memiliki. **own up** (colloq.) mengakui.

owner n. pemilik; tuan punya. **ownership** n. pemilikan; milik; kepunyaan; pemunyaan.

ox n. (pl. **oxen**) lembu jantan; sapi.

oxalic acid asid oksalik; asid beracun yang masam terdapat dalam tumbuh-tumbuhan tertentu.

oxidation n. pengoksidaan.

oxide n. oksida.

oxidize v.t./i. mengoksidakan. **oxidization** n. pengoksidaan.

oxtail n. ekor lembu.

oxyacetylene a. oksiasetilena; menggunakan campuran oksigen dan asetilena terutama dalam pemotongan dan pengimpalan logam.

oxygen n. oksigen.

oxygenate v. membekalkan atau merawat dengan oksigen.

oxymoron n. menggabung perkataan yang bertentangan makna (contoh pahit-manis).

oyster n. tiram.

oz abbr. auns.

ozon n. ozon (jenis oksigen).

P

PA *abbr.* personal assistant pembantu peribadi. public address siar raya.

p.a. *abbr.* per annum tahunan; setahun.

pace *n.* langkah; kadar kemajuan. —*v.t./i.* berjalan berulang-alik; mengukur dengan langkah; menetapkan kelajuan.

pacemaker *n.* pelari, dll. yang menentukan kelajuan bagi diikuti yang lain; alat elektrik yang merangsangkan denyutan jantung.

pachyderm *n.* pakiderma.

pacific *a.* mencintai keamanan. pacifically *adv.* dengan aman damai; dengan sejahtera dan tenteram.

Pacific *a. & n.* the Pacific Ocean Lautan Pasifik.

pacifist *n.* orang yang menentang peperangan. pacifism *n.* prinsip yang menekankan perdamaian dan penyelesaian pertikaian tanpa peperangan; pasifisme.

pacify *v.t.* mendamaikan; mententeramkan; menenangkan. pacification *n.* pendamaian; penenteraman.

pack[1] *n.* bungkusan; satu set daun pakau; sekumpulan atau sekawanan anjing atau serigala; set; kumpulan. —*v.t./i.* memasukkan ke dalam bekas; memadatkan; menutup atau membungkus sesuatu dengan ketat. pack off menyuruh pergi; menghalau; mengusir. send packing dipecat; dihalau. packer *n.* pembungkus.

pack[2] *v.t.* dipenuhi dengan.

package *n.* bungkusan; lawatan yang diuruskan oleh agensi pelancongan. —*v.t.* dibungkus. package deal tawaran secara menyeluruh; tawaran pakej. package holiday percutian pakej.

packet *n.* bungkusan kecil; (*colloq.*) sejumlah wang yang banyak; bot menghantar dan memungut surat.

pact *n.* perjanjian; persetujuan pakatan.

pad[1] *n.* lapisan; lapik; kertas tulis yang dijadikan buku; bahagian yang lembut pada tapak kaki binatang; tempat helikopter mendarat; tempat melancarkan roket. —*v.t./i.* (*p.t.* padded) melapik; mengisi (tempat yang kosong) dengan kusyen nipis.

pad[2] *v.i.* (*p.t.* padded) berjalan perlahan.

padding *n.* bahan lembut untuk menebalkan lapisan, menambahkan lapik, menyerap cecair, dll.

paddle[1] *n.* dayung; pengayuh. —*v.t./i.* mendayung; mengayuh perahu. paddle-steamer *n.* kapal stim kayuh. paddle-wheel *n.* roda kayuh; kincir.

paddle[2] *v.t./i.* meranduk; mengocak air dengan kaki di air cetek; mengocak air. paddock *n.* lapangan kecil untuk kuda; padang tempat melatih kuda.

paddy[1] *n.* (*colloq.*) kemarahan.

paddy[2] *n.* padi; sawah padi; bendang.

padlock *n.* mangga. —*v.t.* mengunci dengan mangga.

padre *n.* (*colloq.*) paderi tentera.

paean *n.* lagu kemenangan.

paediatrics *n.* ilmu kaji penyakit kanak-kanak; pediatrik. paediatric *a.* berkenaan ilmu perubatan yang mengkhususkan kepada penyakit kanak-kanak; berkenaan pediatrik. paediatrician *n.* ahli dan pakar dalam merawat penyakit kanak-kanak; pakar pediatrik.

paedophile *n.* (A.S.) = pedophile seseorang yang tertarik secara seksual terhadap kanak-kanak.

paella *n.* sejenis makanan Sepanyol yang terdiri daripada nasi, ayam, makanan laut, dsb.

pagan *a. & n.* orang yang tidak menganut sebarang agama utama di dunia; jahiliah. paganism *n.* fahaman jahiliah; paganisme.

page[1] *n.* halaman buku atau surat khabar, dll.; muka surat.

page[2] *n.* budak suruhan; budak lelaki yang membantu pengantin perempuan atau orang berpangkat.

pageant *n.* pertunjukan atau perarakan lengkap dengan pakaian dan perhiasan. pageantry *n.* sesuatu yang gilanggemilang.

pager *n.* alat keloi; alat radio yang mengeluarkan bunyi blip.

pagoda *n.* pagoda; bangunan keagamaan.

paid *lihat* pay. —*a.* put paid to (*colloq.*) mengakhiri harapan, dll.

pail *n.* timba; baldi.

pain *n.* sakit; kesakitan; kepedihan disebabkan oleh kecederaan atau penyakit. —*v.t.* menyebabkan sakit.

painful *a.* menyakitkan. **painfully** *adv.* dengan bersusah payah; dengan sakitnya; dengan sengsara. **painfulness** *n.* kesakitan (kepedihan); kesengsaraan.

painless *a.* tidak berasa sakit. **painlessly** *adv.* dengan tidak rasa sakit; dengan mudah.

painstaking *a.* berhati-hati; teliti.

paint *n.* cat. —*v.t.* melukis dengan cat; mengecat.

paintbox *n.* kotak warna.

painter[1] *n.* pelukis; tukang cat.

painter[2] *n.* tali penambat kapal.

painting *n.* lukisan; seni lukis.

pair *n.* pasang; sepasang. —*v.t./i.* berpasang-pasang; memasangkan; menjadikan sepasang.

paisley *n.* corak rangka abstrak berkelok.

pajamas *n.* (A.S.) = pyjamas pijama; baju dan seluar longgar yang dipakai semasa tidur; baju tidur.

pal *n.* (*colloq.*) kawan. **pally** *a.* mesra.

palace *n.* istana.

paladin *n.* paladin; orang bangsawan pada zaman Charlemagne.

palaeography *n.* kajian tentang tulisan dan inskripsi purba; paleografi. **palaeographer** *n.* ahli paleografi.

palaeolithic *a.* bahagian awal Zaman Batu.

palaeontology *n.* paleontologi. **palaeontologist** *n.* ahli paleontologi.

palanquin *n.* tandu; pelangki.

palatable *a.* enak; lazat; sedap; boleh diterima.

palate *n.* langit-langit mulut; rasa.

palatial *a.* berkenaan dengan istana; seperti istana; amat besar atau sergam.

palaver *n.* (*colloq.*) heboh-heboh.

pale[1] *a.* (-er, -est) (muka) pucat; pudar. —*v.t./i.* menjadi pucat. **palely** *adv.* dengan pucat dan pudarnya. **paleness** *n.* kepucatan; kepudaran.

pale[2] *n.* pancang; tonggak; sempadan. **beyond the pale** di luar batas kelakuan yang diterima.

Palestinian *a.* & *n.* penduduk Palestin.

palette *n.* papan membancuh cat. **palette-knife** *n.* pisau untuk menyapu adunan (dalam masakan); pelepa.

palimony *n.* (*sl.*) pampasan yang dituntut oleh salah seorang daripada ahli pasangan yang tidak berkahwin dan telah berpisah.

palindrome *n.* kata atau frasa yang mempunyai bunyi yang sama apabila dibaca ke hadapan atau ke belakang misalnya, *malam*.

paling *n.* pagar pancang.

palisade *n.* pagar kayu runcing.

pall *n.* kain penutup keranda; kain rahap. —*v.i.* menjemukan.

palladium *n.* sejenis logam berwarna perak keputih-putihan yang luar biasa.

pallbearer *n.* orang yang mengangkat keranda.

pallet[1] *n.* tilam jerami.

pallet[2] *n.* dulang untuk mengangkat atau menyimpan barang.

palliasse *n.* tilam jerami.

palliate *v.t.* meredakan; mengurangkan; meringankan. **palliation** *n.* kelegaan. **palliative** *a.* yang melegakan.

pallid *a.* pucat kerana sakit. **pallidness** *n.* kepucatan. **pallor** *n.* rupa yang pucat; kepucatan.

pally *a.* (*colloq.*) mesra.

palm *n.* tapak tangan; pokok palma; tanda kejayaan. —*v.t.* memperdayakan seseorang. **palm off** menipu seseorang. **Palm Sunday** hari Ahad sebelum hari Easter. **palm-tree** *n.* pohon palma.

palmist *n.* tukang tilik (tapak tangan); tukang ramal. **palmistry** *n.* ramalan dengan menilik tapak tangan.

palmy *a.* (-ier, -iest) makmur.

palomino *n.* kuda berbulu keemasan atau berwarna krim.

palpable *a.* dapat dirasa; jelas pada mata hati; ketara. **palpably** *adv.* secara wujud; dengan ketara. **palpability** *n.* perihal ketara atau dapat dirasai.

palpate *v.t.* mempalpat; periksa (dari segi perubatan) dengan menyentuh atau merasa. **palpation** *n.* pempalpatan.

palpitate *v.i.* berdebar; bergetar; gementar. **palpitation** *n.* denyutan; debaran jantung.

palsy *n.* kelumpuhan; palsi. **palsied** *a.* menghidap palsi.

paltry *a.* (-ier, -iest) tidak berharga; tidak penting. **paltriness** *a.* ketakbergunaan.

pampas *n.* padang rumput di Amerika Selatan; rumput panjang. **pampas grass** *n.* rumput pampas.

pamper *v.t.* memanjakan; mempermanjakan.

pamphlet *n.* risalah; surat sebaran.

pan[1] *n.* kuali; bekas yang tidak bertutup untuk memasak atau menggoreng. —*v.t.* (*p.t.* panned) mendulang emas; (*colloq.*) mengkritik hebat.

pan[2] *v.t./i.* (*p.t.* panned) menyorot (dalam pembikinan filem).

pan- *pref.* (awalan) seluruh; semua.

panacea *n.* penawar semua penyakit atau masalah.

panache *n.* penuh gaya; yakin.

panama *n.* topi panama; sejenis kain tenun.

panatella *n.* cerut kecil.

pancake *n.* sejenis kuih dadar.

panchromatic *a.* peka kepada semua warna; pankromatik.

pancreas *n.* pankreas.

panda *n.* sejenis binatang yang rupanya seperti beruang kecil yang terdapat di negara China; sejenis binatang yang terdapat di India. **panda car** kereta ronda polis.

pandemic *a.* pandemik; wabak (besar).

pandemonium *n.* huru-hara; hiruk-pikuk.

pander *v.i.* **pander to** memenuhi kehendak; memuaskan hati atau hawa nafsu.

pane *n.* kaca tingkap atau pintu.

panegyric *n.* kata-kata pujian.

panel *n.* jalur-jalur kayu; sekumpulan orang yang berkumpul untuk membincangkan sesuatu; daftar para juri. —*v.t.* (*p.t.* **panelled**) dinding yang dihiasi dengan jalur.

panelling *n.* jalur-jalur kayu pada dinding; kayu digunakan untuk membuat jalur-jalur.

panellist *n.* ahli panel.

pang *n.* kesakitan; kepedihan.

pangolin *n.* sejenis tenggiling.

panhandle *v.i.* (*colloq.*) mengemis.

panic *n.* panik; kegugupan. —*v.t./i.* (*p.t.* **panicked**) berasa takut dan cemas; kepanikan. **panic-stricken, panic-struck** *adjs.* kena ketakutan yang tiba-tiba. **panicky** *a.* secara panik; cemas.

panicle *n.* sekelompok bunga.

panjandrum *n.* gelaran olok-olok bagi seseorang yang ternama.

pannier *n.* keranjang atau bakul besar yang disangkutkan pada belakang kuda atau keldai, dll.; bakul pengangkut pada motosikal.

panoply *n.* persenjataan lengkap; peragaan yang indah dan lengkap.

panorama *n.* pemandangan yang luas; rangkaian peristiwa; panorama. **panoramic** *a.* yang luas pemandangan.

pansy *n.* sejenis bunga berwarna ungu dan berkelopak besar.

pant *v.t./i.* tercungap-cungap; termengah-mengah.

pantaloons *n.pl.* (usang, A.S.) seluar panjang.

pantechnicon *n.* van besar untuk mengangkut perabot.

pantheism *n.* panteisme; doktrin bahawa Tuhan itu segalanya dan segalanya itu ialah Tuhan. **pantheist** *n.* penganut panteisme. **pantheistic** *a.* panteistik.

pantheon *n.* semua Tuhan manusia atau agama; kuil kuno yang dibina untuk semua Tuhan.

panther *n.* harimau kumbang.

panties *n.pl.* seluar dalam; seluar katuk.

pantile *n.* genting lengkung berbentuk S.

pantograph *n.* alat untuk menyalin pelan, dsb.

pantomime *n.* pantomim; lakonan bisu. —*v.t./i.* berlakon bisu.

pantry *n.* bilik menyimpan barang-barang kaca; almari menyimpan makanan.

pants *n.pl.* (*colloq.*) seluar.

pap¹ *n.* makanan lembik untuk bayi atau orang sakit; palpa.

pap² *n.* (usang) puting.

papa *n.* (usang) bapa; ayah.

papacy *n.* kuasa atau tempoh pemegangan jawatan sebagai paus.

papal *a.* berkenaan dengan paus.

paparazzo *n.* **paparazzi** jurugambar bebas yang mengekori para pelakon, penyanyi dan orang terkenal untuk mengambil gambar mereka.

papaya *n.* papaya; buah betik.

paper *n.* kertas; akhbar; kertas ujian; dokumen; esei; disertasi. —*v.t.* menampal dengan kertas hiasan dinding. **on paper** dengan rasmi.

paperback *a. & n.* buku yang berkulit lembut atau nipis.

paperweight *n.* penindih kertas.

papery *a.* seperti kertas.

papier mâché palpa kertas yang digunakan untuk membuat kotak, dsb.

papist *n.* (*derog.*) sebutan mengejek untuk orang mazhab Roman Katolik.

papoose *n.* anak kecil kaum peribumi di Amerika Utara.

paprika *n.* sejenis lada.

papyrus *n.* sejenis tumbuhan yang dibuat kertas tulis oleh orang zaman silam Mesir; (*pl.* **-ri**) manuskrip yang ditulis di atas kertas ini.

par *n.* kesamaan; seimbang.

parable *n.* cerita kiasan; ibarat; cerita yang mengandungi tunjuk ajar.

parabola *n.* parabola.

paracetamol *n.* parasetamol; dadah yang menyembuh penyakit dan mengurangkan demam; tablet dadah ini.

parachute *n.* payung terjun. —*v.t./i.* terjun dengan menggunakan payung terjun. **parachutist** *n.* askar payung terjun.

parade *n.* perbarisan; perarakan; tempat awam untuk membeli-belah dan bersiar-siar. —*v.t./i.* berkumpul untuk perbarisan; perarakan.

paradigm *n.* paradigma; contoh; model.

paradise *n.* syurga; firdaus.

paradox *n.* paradoks; kenyataan yang kelihatan bercanggah tetapi mengandungi kebenaran. **paradoxical** *a.* yang bertentangan. **paradoxically** *adv.* yang menjadi paradoks.

paraffin *n.* minyak yang digunakan sebagai bahan pembakar; minyak tanah. **liquid paraffin** sejenis julap. **paraffin wax** lilin parafin.

paragliding *n.* sejenis sukan di mana seseorang itu meluncur menggunakan payung terjun lebar setelah melompat dari satu ketinggian atau ditarik pada ketinggian tertentu.

paragon *n.* contoh orang atau benda yang sempurna atau cemerlang.

paragraph *n.* fasal; perenggan; paragraf. —*v.t.* disusun dalam perenggan.

parakeet *n.* sejenis burung kakak tua.

parallax *n.* perbezaan ketara kedudukan sesuatu objek apabila dilihat dari sudut yang lain.

parallel *a.* selari; sejajar; sama hala atau arah (garisan, dll.). —*n.* garis selari; garis pada peta yang dilukis selari dengan garisan Khatulistiwa; perbandingan. —*v.t./i.* (*p.t.* **paralleled**) menjadikan selari; membandingkan. **parallelism** *n.* persamaan; keadaan selari atau sejajar.

parallelogram *n.* segi empat selari.

Paralympics *n.pl.* pertandingan sukan antarabangsa untuk orang cacat.

paralyse *v.t.* melumpuhkan; menghentikan.

paralysis *n.* hilang daya bergerak; lumpuh. **paralytic** *a.* & *n.* yang lumpuh; yang berkenaan dengan lumpuh.

paramedic *n.* (*colloq.*) pekerja paramedik atau separa perubatan.

paramedical *a.* (berkenaan) paramedik.

parameter *n.* parameter.

paramilitary *a.* diurus seperti angkatan tentera.

paramount *a.* amat penting.

paramour *n.* (usang) kendak.

parang *n.* parang; pisau panjang orang Melayu.

paranoia *n.* sejenis penyakit saraf; gangguan fikiran yang membuat penghidapnya tidak mempercayai orang lain; paranoia. **paranoiac** *a.* yang berkenaan dengan paranoia.

parapet *n.* tembok rendah di anjung rumah atau jambatan.

paraphernalia *n.* barang-barang kepunyaan seseorang; segala alat perkakas.

paraphrase *v.t.* menjelaskan dengan kata-kata lain. —*n.* ubahan atau penjelasan dengan kata-kata lain.

paraplegia *n.* kelumpuhan di kaki atau di sebelah bawah badan (dari pinggang). **paraplegic** *a.* & *n.* orang yang kelumpuhan dari aras pinggang ke bawah.

parapsychology *n.* pengkajian keupayaan mental yang di luar keupayaan normal.

paraquat *n.* racun rumpai.

parasite *n.* parasit. **parasitic** *a.* yang hidup sebagai parasit.

parasol *n.* payung untuk berlindung daripada cahaya matahari.

paratrooper *n.* ahli payung terjun.

paratroops *n.pl.* pasukan payung terjun.

paratyphoid *n.* sejenis demam kepialu.

parboil *v.t.* merebus separuh masak.

parcel *n.* bungkusan; sekeping tanah. —*v.t.* (*p.t.* **parcelled**) dibungkus; dibahagikan kepada bahagian-bahagian kecil.

parch *v.t.* memanggang; mengeringkan; menjadi kering kerana panas.

parchment *n.* kertas kulit.

pardon *n.* pengampunan; ampun; maaf. —*v.t.* (*p.t.* **pardoned**) dimaafkan; diampunkan. **pardonable** *a.* yang dapat dimaafkan. **pardonably** *adv.* perihal yang dapat diberi kemaafan.

pare *v.t.* memotong; mengupas; mengurangkan sedikit demi sedikit.

parent *n.* ibu bapa. **parental** *a.* berkenaan dengan ibu bapa. **parenthood** *n.* masa keibubapaan.

parentage *n.* asal usul; keturunan.

parenthesis *n.* (pl. **-theses**) sisipan; tanda kurungan; parentesis. **parenthetic** *a.* yang berkenaan dengan kata atau kalimat dalam kurungan. **parenthetical** *a.* berparentesis; tambahan. **parenthetically** *adv.* secara parentesis atau tambahan.

parenting *n.* keibubapaan.

parget *v.t.* (*p.t.* **pargeted**) plaster (dinding, dsb.) yang bercorak hiasan.

pariah *n.* paria; orang atau golongan yang terendah dari kasta di India.

parietal bone pasangan tulang yang membentuk tengkorak.

P

paring n. kulit (yang dikupas); keratan.

parish n. kariah; satu kawasan yang mempunyai paderi dan gerejanya sendiri; jajahan yang berkerajaan setempat.

parishioner n. penduduk kariah.

Parisian a. & n. penduduk Paris.

parity n. persamaan.

park n. taman raya; kawasan rekreasi; taman atau kawasan di sekeliling rumah besar di luar kota; tempat meletak kereta. —v.t. meletak (kenderaan).

parka n. sejenis baju luar (jaket) yang bertudung di kepala.

parkin n. roti halia yang dibuat daripada tepung oat kasar dan sirap hitam.

Parkinson's disease n. penyakit parkinson sejenis penyakit saraf yang menyebabkan anggota tubuh menggeletar dan mengalami kejang otot.

parky a. (sl., berkenaan cuaca) dingin.

parlance n. gaya bahasa atau pertuturan.

parley n. (pl. -eys) perbincangan antara musuh untuk menyelesaikan perbalahan. —v.i. (p.t. parleyed) berunding.

parliament n. parlimen. **parliamentary** a. yang berkenaan dan diperintah oleh parlimen.

parlour n. bilik tamu.

parlourmaid n. orang gaji yang melayan semasa makan.

parlous a. (usang) sangat buruk; teruk.

Parmesan n. sejenis keju yang keras.

parochial a. berkenaan dengan kariah gereja; terbatas; sempit.

parody n. ejekan; olok-olokan; parodi. —v.t. mengejek.

parole n. kata-kata janji; pembebasan banduan sebelum tempohnya dengan syarat berkelakuan baik. —v.t. dibebaskan dengan syarat berkelakuan baik.

paroxysm n. serangan (penyakit) dengan tiba-tiba; letusan emosi.

parquet n. lantai yang dibuat daripada potongan kayu; parket.

parricide n. pembunuhan ibu atau bapa sendiri atau ahli keluarga. **parricidal** a. berkenaan perbuatan membunuh ibu, bapa atau ahli keluarga.

parrot n. burung kakak tua.

parry v.t. menangkis; menepis; mengelakkan. —n. penangkisan.

parse v.t. menghuraikan kalimat atau ayat.

parsec n. unit jarak yang digunakan dalam ilmu kaji bintang.

parsimonious a. secara hemat; kedekut; kikir. **parsimony** n. sifat terlalu hemat; sifat kedekut; kekikiran.

parsley n. pasli; herba hijau berdaun keriting.

parsnip n. sejenis ubi.

parson n. (colloq.) pendeta; paderi.

parsonage n. rumah paderi.

part n. bahagian; komponen; bahagian yang telah ditetapkan; peranan dalam sandiwara, dll.; sesuatu irama suara atau alat muzik; daerah; pihak. —adv. sebahagiannya. —v.t./i. berpisah; berpihak. **take in good part** tanpa menyinggung. **in part** sebahagian. **part of speech** jenis-jenis kata. **part with** menyerahkan; melepaskan.

partake v.i. (p.t. -took, p.p. -taken) mengambil bahagian; mengambil sebahagian (makanan). **partaker** n. peserta.

partial a. sebahagian; tidak seluruh. **be partial to** memihak; menyebelahi. **partially** adv. perihal memihak; sebahagian.

partiality n. sikap berat sebelah; kegemaran.

participate v.i. mengambil bahagian; turut serta. **participation** n. penyertaan.

participle n. perkataan yang dibentuk daripada kata kerja. **past participle** (contoh: burnt, frightened). **present participle** (contoh: burning, frightening). **participial** a. berkenaan dengan perkataan sedemikian.

particle n. zarah; bahagian kata yang kecil; partikel.

particoloured a. beraneka warna.

particular a. khas; khusus; istimewa; mahukan tahap tertentu. —n. perincian; penerangan terperinci. **in particular** khasnya; khususnya; terutamanya. **particularly** adv. terutamanya; khususnya. **particularity** n. keutamaan; kekhususan.

particularize v.t./i. menghuraikan dengan panjang lebar; menyebut satu per satu.

parting n. perpisahan; belahan pada rambut.

partisan n. pengikut; penyokong; pejuang gerila. **partisanship** n. penyokong perjuangan gerila.

partition n. petak; bahagian; pembahagian bilik atau ruang sekatan. —v.t. dibahagikan kepada beberapa ruang atau petak; disekat.

partly adv. sebahagiannya.

partner n. rakan kongsi; sekutu; teman.

—*v.t.* menjadi pasangan kepada; dipasangkan. **partnership** *n.* perkongsian atau persekutuan perniagaan.

partridge *n.* sejenis burung hutan; ayam hutan.

parturition *n.* proses melahirkan anak; bersalin.

party *n.* parti; perjumpaan sosial; sekumpulan orang yang bekerja atau berjalan-jalan bersama; sekumpulan orang yang bergerak untuk kepentingan umum atau dalam politik; pengikut dalam satu pergerakan atau rancangan. **party line** berkongsi sambungan telefon; membentuk polisi parti politik. **party-wall** dinding di antara dua bangunan atau bilik.

parvenu *n.* orang yang baru mendapat kuasa atau menjadi kaya.

pascal *n.* pascal; unit bagi tekanan.

paschal *a.* hari paska; Easter.

pass¹ *v.t./i.* (*p.t.* **passed**) lalu; lewat; pergi ke sesuatu tempat; menghantar (bola) kepada pemain lain, dll.; buang air kecil; buang air besar; berubah; berlalu; memenuhi (masa lapang); dapat diterima; boleh dibenarkan; diperiksa dan disah memuaskan; mencapai tahap yang diperlukan; mengucapkan; (dalam permainan pakau) menolak giliran. —*n.* hantaran; gerak tangan; kebenaran masuk atau keluar; jurang antara gunung; laluan; keadaan yang genting. **make a pass at** (*colloq.*) mengurat. **pass away** meninggal dunia; mati. **pass out** (*colloq.*) pengsan; tidak sedarkan diri. **pass over** mengetepikan. **pass up** (*colloq.*) menolak (peluang, dll.).

pass² *n.* genting.

passable *a.* dapat dilalui; agak baik. **passably** *adv.* yang dapat dilalui atau diharungi.

passage *n.* perjalanan; hak lalu dan jadi penumpang; gang; laluan atau terusan terutama yang berdinding di kiri kanannya; petikan daripada karangan atau muzik. **passage of arms** perduahan; berbalahan. **passageway** *n.* jalan; lorong; laluan.

passbook *n.* buku kira-kira simpanan wang.

passe *a.* kolot.

passenger *n.* penumpang; ahli pasukan yang tidak cekap.

passer-by *n.* (*pl.* **passers-by**) orang yang lalu.

passion *n.* keghairahan; nafsu seks. **passion-flower** *n.* pokok markisah. **passion-fruit** *n.* buah markisah.

passionate *a.* ghairah; berahi. **passionately** *adv.* dengan bernafsu; dengan terburu nafsu.

passive *a.* pasif; tidak aktif; tidak melawan; kurang inisiatif. **passively** *adv.* dengan tidak giat; secara lembut; secara pasif. **passiveness** *n.* perihal tidak giat; berkenaan dengan lembut dan pasif. **passivity** *n.* sifat pasif.

passkey *n.* kunci pintu; kunci maling.

Passover *n.* perayaan orang Yahudi; anak biri-biri yang dikorbankan semasa perayaan ini.

passport *n.* pasport; dokumen untuk mengembara ke luar negeri.

password *n.* perkataan rahsia untuk membezakan kawan dengan musuh; kata laluan.

past *a.* dahulu; lampau. —*n.* masa lalu; masa silam seseorang. —*prep. & adv.* lepas; lewat; lebih. **past master** ahli; pakar.

pasta *n.* pasta; adunan kering yang dibuat daripada tepung dalam berbagai-bagai bentuk.

paste *n.* adunan; perekat; adunan tepung untuk buat kuih; sejenis kaca untuk buat intan palsu. —*v.t.* melekatkan dengan perekat; (*sl.*) sampah.

pasteboard *n.* kertas tebal.

pastel *n.* pastel; pewarna lilin; warna lembut; warna pucat.

pastern *n.* bahagian kaki kuda di antara keting dengan kuku.

pasteurize *v.t.* mempasteurkan; membasmi kuman dalam susu dengan memanaskannya. **pasteurization** *n.* pempasteuran; pembasmian kuman mengikut kaedah Pasteur.

pastiche *n.* karya sastera atau muzik yang dihasilkan daripada petikan berbagai-bagai karangan atau ciptaan.

pastille *n.* sejenis ubat batuk seperti gula-gula.

pastime *n.* sesuatu yang dilakukan untuk mengisi masa lapang.

pastor *n.* paderi; pastor.

pastoral *a.* berkenaan dengan kehidupan di desa; berkenaan dengan paderi; berkenaan bimbingan kerohanian.

pastrami *n.* daging lembu salai yang tinggi perasanya.

pastry *n.* adunan tepung untuk membuat kuih.

pasturage *n.* padang rumput ternakan.

pasture *n.* padang rumput; perumputan. —*v.t.* meragut rumput; menggembalakan (haiwan) makan di padang rumput.

P

pasty[1] *n.* sejenis kuih berinti manisan, daging, dll.

pasty[2] *a.* (**-ier**, **-iest**) berkenaan dengan adunan; pucat.

pat *v.t.* (*p.t.* **patted**) menepuk perlahan dengan tapak tangan. —*n.* tepukan; gumpalan. —*adv. & a.* tepat. **stand pat** berpegang teguh kepada keputusan atau pendiriannya.

patch *n.* tampalan; tompok; bahagian; kawasan atau masa yang istimewa atau tertentu; sebidang tanah. —*v.t.* menampal; mencantumkan. **not a patch on** (*colloq.*) tidak sebagus. **patch up** memperbaiki; menyelesaikan perselisihan, dll.

patchwork *n.* perca-perca kain yang dicantum (dijahit) untuk menjadikan sesuatu.

patchy *a.* bertampal-tampal; tidak sama kualitinya. **patchily** *adv.* dengan bertompok-tompok. **patchiness** *n.* keadaan bertampal.

pate *n.* (*usang*) kepala.

pâté *n.* adunan daging, dll.

patella *n.* (*pl.* **-ae**) tempurung lutut.

patent[1] *a.* jelas; nyata; yang dilindungi undang-undang; berpaten. —*v.t.* mendapat atau memegang hak cipta barangan; mempatenkan. **patent leather** kulit binatang yang keras dan berkilat. **patently** *adv.* secara nyata, jelas dan terang.

patent[2] *n.* hak memiliki atau hak cipta sesuatu ciptaan; ciptaan, dll. yang dilindungi oleh hak cipta ini.

patentee *n.* pemegang paten.

paternal *a.* berkenaan dengan bapa atau ayah; dari sebelah bapa. **paternally** *adv.* dari sebelah ayah; bersifat seperti ayah.

paternalism *n.* polisi memberi peruntukan bagi keperluan orang ramai dengan memberi mereka tanggungjawab dan kebebasan yang terbatas. **paternalistic** *a.* kebapaan.

paternity *n.* perihal menjadi bapa atau ayah; kedudukan sebagai bapa.

path *n.* jalan kecil; lorong; tindakan.

pathetic *a.* menyedihkan; menghibakan; menerbitkan rasa belas kasihan. **pathetically** *adv.* dengan sedih; dengan sayu; dengan hiba.

pathogenic *a.* menyebabkan penyakit.

pathology *n.* ilmu kaji penyakit; patologi. **pathological** *a.* berkenaan patologi; berkenaan dengan penyakit. **pathologist** *n.* ahli patologi.

pathos *n.* sifat yang menimbulkan belas kasihan.

patience *n.* kesabaran; sejenis permainan terup untuk seorang sahaja.

patient *a.* sabar; bersabar. —*n.* pesakit. **patiently** *adv.* dengan penuh kesabaran.

patina *n.* tahi tembaga; senam.

patio *n.* (*pl.* **-os**) halaman dalam rumah.

patisserie *n.* kedai kek dan pastri.

patois *n.* loghat daerah; dialek.

patriarch *n.* ketua (lelaki) sesuatu keluarga atau puak; ketua di gereja. **patriarchal** *a.* yang berkenaan dengan ketua keluarga.

patriarchy *n.* patriarki; sistem baka; kuasa bapa.

patrician *n.* orang daripada golongan bangsawan, khususnya dalam zaman silam bangsa Rom. —*a.* bersifat bangsawan.

patrimony *n.* warisan daripada keturunan ayah.

patriot *n.* orang yang cinta akan tanah air dan sedia mempertahankannya.

patriotic *a.* sangat cinta akan tanah air; bersifat patriotik. **patriotically** *adv.* yang berkenaan dengan cinta kepada tanah air. **patriotism** *n.* perasaan cinta kepada tanah air.

patrol *v.t.* meronda (kawasan atau bangunan) untuk ketenteraman. —*n.* rondaan.

patron *n.* penaung; pelanggan tetap. **patron saint** malaikat pelindung. **patroness** *n.fem.* penaung (wanita).

patronage *n.* naungan; sifat pelindung.

patronize *v.t.* bertindak sebagai penaung.

patronymic *n.* nama berasal daripada bapa atau moyang.

patten *n.* (*usang*) sejenis tapak yang diletakkan di atas gelang besi supaya kasut pemakainya tidak basah atau kena lumpur.

patter[1] *v.i.* derap; berlari dengan pantas. —*n.* bunyi seperti orang berjalan atau bunyi titisan hujan.

patter[2] *n.* percakapan yang cepat.

pattern *n.* corak pada kain atau anyaman; contoh atau arahan bagaimana sesuatu barang dibuat; contoh kain, dll. contoh untuk diikuti; kekerapan cara sesuatu itu berlaku; pola. **patterned** *a.* bercorak; berkenaan dengan peniruan dan percontohan.

patty *n.* sejenis kuih yang berintikan daging, dll.

paucity *n.* jumlah kecil; kekurangan.

paunch *n.* perut buncit.

pauper *n.* orang yang sangat miskin.

P

pauperize v.t. menyebabkan papa kedana. **pauperization** n. kepapaan.

pause n. memberhentikan seketika; jeda. —v.i. berhenti sejenak.

pave v.t. menurap jalan dengan batu. **pave the way** membuka jalan untuk perubahan, dll.

pavement n. jalan di sisi jalan raya untuk pejalan kaki; kaki lima.

pavilion n. astaka; bangunan di lapangan olahraga untuk peserta dan penonton; rumah tambahan di samping rumah besar.

pavlova n. sejenis hidangan kek mengandungi krim dan buah.

paw n. tapak kaki binatang; (colloq.) tangan. —v.t. mencakar; mencakar (tanah) dengan kuku; (colloq.) sentuh dengan tangan.

pawl n. lidah roda.

pawn[1] n. bidak; buah catur yang paling kecil dan rendah nilainya; orang yang tindakannya dikuasai oleh orang lain.

pawn[2] v.t. menggadai. —n. gadaian.

pawnbroker n. tukang pajak gadai.

pawnshop n. kedai pajak gadai.

pawpaw n. buah betik; pokok betik.

pay v.t./i. (p.t. **paid**) membayar wang ke atas barang atau perkhidmatan yang diterima; membayar hutang; memperoleh faedah; memberikan; membayar denda; membiarkan (tali) meluncur melalui tangan. —n. bayaran; gaji. **in the pay of** digajikan oleh. **pay-as-you-earn** cara bayaran cukai pendapatan melalui potongan gaji. **pay off** bayar hutang dengan penuh; memberhentikan (pekerja) dengan bayaran terakhir; mendapat hasil yang baik. **pay-off** n. (sl.) bayaran; pujian; ganjaran; balasan. **pay out** denda; balas dendam. **pay up** bayar dengan penuh; bayar apa yang diminta. **payer** n. pembayar.

payable a. boleh, harus atau mesti dibayar.

P.A.Y.E. abbr. **pay-as-you-earn** cara bayaran cukai pendapatan melalui potongan gaji.

payee n. orang yang menerima bayaran; penerima wang.

payload n. jumlah muatan kapal terbang atau roket.

paymaster n. pegawai yang membayar gaji. **Paymaster General** Ketua Jabatan Perbendaharaan, melaluinya pembayaran-pembayaran dibuat.

payment n. pembayaran.

payola n. wang rasuah.

payroll n. daftar nama pekerja yang dibayar gaji oleh sesuatu majikan.

PC abbr. **Privy Counsellor** ahli Majlis Privi; Council; **personal computer** komputer peribadi; **police constable** konstabel polis.

PE abbr. **physical education** pendidikan jasmani.

pea n. kacang pea; kacang pis. **pea-green** a. & n. warna hijau cerah. **pea-souper** n. (colloq.) kabus tebal berwarna kuning.

peace n. aman; bebas daripada peperangan; pakatan mengakhiri peperangan.

peaceable a. suka kepada keamanan.

peaceably adv. dengan tenang, tenteram dan sejahtera.

peaceful a. aman; damai; tenteram.

peacefully adv. secara damai, aman atau tenteram. **peacefulness** n. kedamaian; ketenangan; keamanan.

peacemaker n. pendamai.

peach n. pic; sejenis pokok yang buahnya berwarna kuning kemerahan; (sl.) orang atau benda yang menarik.

peacock n. burung merak. **peahen** n.fem. burung merak betina.

pea-jacket n. kot luar pelaut yang pendek tetapi tebal.

peak n. puncak (bukit, gunung, dll.); bahagian kopiah yang menjulur; peringkat tertinggi; kemuncak, dll. **peaked** a. berpuncak; runcing dan tajam.

peaky a. (-ier, -iest) kelihatan pucat dan sakit.

peal n. bunyi loceng; satu set loceng yang berlainan bunyinya; ketawa yang kuat. —v.t./i. bunyi; gema.

peanut n. kacang tanah; (pl.) jumlah wang yang sedikit.

pear n. pear (buah).

pearl n. mutiara; sesuatu yang berupa mutiara. **pearl barley** beras barli. **pearly** a. bermutiara; semacam mutiara.

peasant n. petani.

peasantry n. masyarakat atau kaum tani.

pease pudding n. puding kacang pis kering yang direbus dalam kain.

peat n. tanah yang digunakan sebagai baja dan bahan api; tanah gambut. **peaty** a. bergambut; tanah dijadikan baja.

pebble n. batu kerikil; sejenis kaca yang digunakan untuk membuat lensa kaca mata. **pebbly** a. dengan batu kelikir; menyerupai batu kelikir.

pecan n. pokok pekan; kekeras atau kacang pekan.

P

peccadillo n. (pl. **-oes**) kesalahan kecil.

peccary n. babi kecil yang liar terdapat di bahagian tengah dan benua selatan Amerika.

peck[1] n. pek; sukatan untuk barang-barang kering (= 9.09 liter); banyak.

peck[2] v.t./i. memagut; mematuk dengan paruh; mencium dengan cepat. —n. patukan.

peckish a. (colloq.) lapar.

pectin n. pektin; sejenis gelatin yang terdapat pada buah-buahan, dll. untuk membuat jem.

pectoral a. pektoral; berkenaan dengan dada.

peculate v.t. menggelapkan; melesapkan. **peculation** n. penggelapan wang. **peculator** n. penggelap wang.

peculiar a. aneh; ganjil; pelik; khusus kepunyaan seseorang; istimewa. **peculiarly** adv. khususnya; khasnya. **peculiarity** n. keistimewaan; keganjilan; kepelikan; kepunyaan.

pecuniary a. berkenaan dengan wang.

pedagogue n. (derog.) guru (biasanya yang berkeras mengikut peraturan).

pedal n. injak-injak; pemijak kaki pada basikal, mesin atau pada alat muzik. —v.t./i. (p.t. **pedalled**) mengayuh; menginjak; dijalankan oleh injak-injak.

pedalo n. (pl. **-os**) bot pesiaran yang dikayuh dengan injak-injak.

pedant n. orang yang mementingkan peraturan dan perincian dalam menyampaikan ilmu. **pedantry** n. perihal sangat mementingkan peraturan dan perincian dalam menyampaikan ilmu.

pedantic a. yang sangat mementingkan peraturan dan perincian. **pedantically** adv. dengan cara yang mementingkan peraturan dan perincian.

peddle v.t. berjaja.

peddler var. of **pedlar** n. orang yang menjual dadah; pengedar dadah.

pederasty n. liwat dengan budak lelaki. **pederast** n. peliwat.

pedestal n. tapak; lapik; kaki yang menyokong sesuatu.

pedestrian n. pejalan kaki. —a. yang berkenaan dengan pejalan kaki; tidak imaginatif; membosankan.

pediatrics, etc. n. (A.S.) = **paediatrics** pediatrik; satu cabang perubatan yang berkaitan dengan penyakit kanak-kanak; perubatan kanak-kanak.

pedicure n. rawatan kaki dan kuku kaki.

pedigree n. susur galur keturunan. —a. binatang yang diketahui keturunan dan baik bakanya.

pediment n. bahagian berbentuk segi tiga di hadapan sesebuah bangunan.

pedlar n. penjaja; kelentong.

pedometer n. alat untuk menjangka jarak perjalanan (dengan kaki).

peduncle n. batang bunga, dsb.

pee v.t./i. (colloq.) kencing. —n. (colloq.) (air) kencing.

peek v.i. & n. mengintai; intaian; pandangan sekali imbas.

peel n. kulit buah, sayur-sayuran, dll. —v.t./i. mengupas; melekang. **peel off** berubah haluan. **peeler** n. pengupas; alat untuk mengupas. **peelings** n.pl. kulit buah-buahan yang telah dikupas.

peep[1] v.i. mengintai; melihat sekali imbas. —n. pandangan sepintas lalu. **peep-hole** n. lubang kecil untuk mengintai.

peep[2] n. & v.t. bunyi seperti bunyi anak burung; decit.

peer[1] v.i. melihat dengan teliti.

peer[2] n. orang bangsawan di Britain; seseorang yang setara atau setanding dengan kumpulannya, dll. **peeress** n.fem. wanita bangsawan.

peerage n. golongan bangsawan; gelaran bangsawan.

peerless a. tiada taranya.

peeved a. (sl.) jengkel; sakit hati.

peevish a. bengkeng; perengus. **peevishly** adv. dengan bengkeng atau merengus. **peevishness** n. sifat bengkeng.

peg n. pancang atau pasak; sepit baju; minuman keras. —v.t. (p.t. **pegged**) memasang tapak; menetapkan (gaji atau harga); mengikut peraturan. **off the peg** (berkenaan dengan pakaian) yang siap dijahit. **peg away** bekerja dengan tekun. **peg out** (sl.) mati.

pejorative a. hinaan; (berkenaan perkataan atau ungkapan) yang merendah-rendahkan.

Pekingese n. sejenis anjing kecil yang berkaki pendek, bermuka pipih dan bulu lembut.

pelican n. burung undan. **pelican crossing** tempat pejalan kaki melintas dengan menyalakan lampu ketika hendak melintas jalan.

pellagra n. pelagra; penyakit kurang zat yang menyebabkan kulit pecah-pecah.

pellet n. gentelan; until; peluru kecil-kecil. **pelleted** a. berbentuk until; perihal peluru kecil-kecil.

pell-mell *a. & adv.* dengan tunggang-langgang; dengan lintang-pukang.

pellucid *a.* amat jelas.

pelmet *n.* kepingan papan untuk menyembunyikan cangkuk langsir.

pelota *n.* permainan bola orang Basque.

pelt[1] *n.* kulit binatang.

pelt[2] *v.t./i.* melempar; melontar batu-batu kecil; (berkenaan dengan hujan, dll.) jatuh atau turun dengan lebatnya. **at full pelt** dengan secepat mungkin.

pelvis *n.* pinggul; pelvis.

pen[1] *n.* kandang; kurungan. —*v.t.* (*p.t.* **penned**) dikurung.

pen[2] *n.* pena; kalam. —*v.t.* (*p.t.* **penned**) menulis surat, dll. **pen-friend** *n.* sahabat pena. **pen-name** *n.* nama pena.

pen[3] *n.* burung swan betina.

penal *a.* berkenaan dengan hukuman.

penalize *v.t.* menghukum; menjatuhkan hukuman. **penalization** *n.* penghukuman.

penalty *n.* hukuman kerana melakukan kesalahan atau melanggar undang-undang.

penance *n.* penebusan dosa.

pence *lihat* penny.

penchant *n.* kesukaan; kegemaran.

pencil *n.* pensel. —*v.t.* (*p.t.* **pencilled**) menulis, melukis atau menandakan dengan pensel.

pendant *n.* loket yang digantung pada rantai leher.

pendent *a.* bergantungan.

pending *a.* menunggu keputusan. —*prep.* sementara menunggu; sehingga.

pendulous *a.* berbuaian; berjuntai.

pendulum *n.* buah bandul jam.

penetrable *a.* boleh menembusi; boleh dimasuki. **penetrability** *n.* penembusan.

penetrate *v.t./i.* menembusi; memasuki; dapat tahu; menyingkap. **penetration** *n.* tembusan.

penetrating *a.* arif; tajam fikiran; cerdik; (berkenaan dengan bunyi) nyaring; lantang.

penguin *n.* burung penguin; sejenis burung di kawasan Antartika.

penicillin *n.* penisilin.

peninsula *n.* semenanjung. **peninsular** *a.* berkenaan semenanjung.

penis *n.* kemaluan lelaki; zakar.

penitent *a.* rasa kesal; menyesal. **penitently** *adv.* dengan kesal. **penitence** *n.* kesalan.

penitential *a.* berkenaan dengan kekesalan.

penitentiary *n.* (A.S.) penjara.

pennant *n.* panji-panji atau bendera yang terdapat pada kapal.

penniless *a.* tidak berwang; fakir.

pennon *n.* bendera berbentuk segi tiga panjang; bendera atau jaluran-jaluran panjang di kapal.

penny *n.* (*pl.* **pennies**) peni; mata wang British.

penology *n.* penologi; pengkajian tentang hukuman dan pengurusan penjara. **penological** *a.* berkenaan kajian hukuman dan pengurusan penjara.

pension[1] *n.* pencen; bersara; wang persaraan. —*v.t.* membayar pencen kepada. **pension off** diberhentikan dengan pencen.

pension[2] *n.* rumah tumpangan di benua Eropah.

pensionable *a.* layak menerima pencen.

pensioner *n.* orang yang pencen; orang yang bersara.

pensive *a.* termenung; sayu; murung. **pensively** *adv.* dengan termenung; dengan sayu. **pensiveness** *n.* kesayuan; kemurungan.

pent *a.* terkurung; terpendam. **pent-up** *a.* yang terpendam.

pentacle *n.* rajah (misalnya pentagram) digunakan sebagai simbol.

pentagon *n.* segi lima. **pentagonal** *a.* bersegi lima.

pentagram *n.* bintang lima.

pentameter *n.* pancapada; baris puisi dengan lima bahagian pola irama.

Pentateuch *n.* lima kitab pertama *Old Testament.*

pentathlon *n.* pentatlon; pertandingan olahraga yang mengandungi lima acara.

Pentecost *n.* pesta menuai Yahudi.

Pentecostal *a.* berkenaan mazhab Pentekosta (mazhab Kristian).

penthouse *n.* sengkuap; rumah pangsa mewah di tingkat paling atas.

penultimate *a.* yang kedua terakhir.

penumbra *n.* (*pl.* **-ae**) penumbra; kawasan yang separa terlindung misalnya semasa gerhana.

penury *n.* kemiskinan; kepapaan.

peony *n.* sejenis pokok bunga.

people *n.pl.* manusia; penduduk; rakyat; orang kebanyakan; kaum keluarga. —*n.* kaum; bangsa. —*v.t.* penuh dengan manusia.

PEP *abbr.* (pelan ekuiti), skema bagi pelaburan bebas cukai terbatas.

pep *n.* semangat; tenaga. —*v.t.* (*p.t.* **pepped**) bersemangat; bertenaga. **pep talk** cakapan yang memberi semangat merangsangkan.

P

peplum *n.* ropol pendek dari bahagian pinggang.

pepper *n.* lada; cabai. —*v.t.* membubuh lada. **pepper-and-salt** *a.* berwarna hitam putih berbintik-bintik.

peppercorn *n.* lada hitam. **peppercorn rent** sewa yang amat murah.

peppermint *n.* pepermin; sejenis tumbuhan yang rangsang baunya; pudina; minyak pepermin; gula-gula yang berperasa pepermin.

pepperoni *n.* sosej daging lembu atau khinzir yang diberi perasa lada putih.

peppery *a.* seperti lada; pedas seperti lada; cepat marah.

pepsin *n.* enzim dalam jus gaster; pepsin.

peptic *a.* berkenaan dengan penghadaman.

per *prep.* tiap; setiap; mengikut; dengan cara. **per annum** tiap-tiap tahun. **per cent** peratus.

perambulate *v.t./i.* berjalan berkeliling; menjelajah. **perambulation** *n.* perihal berjalan berkeliling.

perambulator *n.* kereta tolak untuk bayi.

perceive *v.t.* mengerti; melihat; merasa.

percentage *n.* peratus.

perceptible *a.* boleh dimengertikan atau dilihat; dapat merasa. **perceptibly** *adv.* secara yang dapat dimengertikan atau dilihat.

perception *n.* penglihatan; pengertian; tanggapan.

perceptive *a.* dapat melihat; mudah mengerti; tajam daya tanggapan. **perceptively** *adv.* dengan daya tanggapan yang tajam. **perceptiveness** *n.* ketajaman daya tanggapan. **perceptivity** *n.* tanggapan; penglihatan.

perch[1] *n.* tempat hinggapan burung; tempat duduk atau berehat (dahan); tempat duduk yang tinggi. —*v.t./i.* bertenggek; hinggap.

perch[2] *n.* (*pl.* **perch**) sejenis ikan yang boleh dimakan.

perchance *n.* (usang) mungkin boleh jadi.

percipient *a.* tajam daya tanggapan; memahami; dapat mengerti. **percipience** *n.* ketajaman daya tanggapan.

percolate *v.t./i.* menapis. **percolation** *n.* penapisan.

percolator *n.* alat menapis; alat untuk membuat minuman kopi dengan membiarkan air menyerap ke dalam serbuk kopi dan menapisnya.

percussion *n.* perihal pemukulan; pemaluan alat bunyi-bunyian. **percussion instrument** alat muzik yang dipalu seperti gendang, dram, dll.

perdition *n.* kemusnahan; kehancuran; kebinasaan.

peregrination *n.* pengembaraan; perjalanan.

peregrine *n.* sejenis burung helang.

peremptory *a.* bersikap memerintah; mesti dipatuhi. **peremptorily** *adv.* dengan sikap memerintah; yang telah diputuskan.

perennial *a.* bertahun lamanya; selama-lamanya; sentiasa berulang kembali; (berkenaan dengan tumbuh-tumbuhan) yang hidup bertahun-tahun. —*n.* pokok saka; tumbuh-tumbuhan yang hidup lama. **perennially** *adv.* dengan kekal; yang abadi; yang tahan.

perestroika *n.* (di Rusia) penyusunan semula ekonomi, dsb.

perfect[1] *a.* lengkap; sempurna; tepat. **perfectly** *adv.* dengan sempurna; dengan tepat.

perfect[2] *v.t.* menyempurnakan.

perfection *n.* kesempurnaan; orang atau benda yang dianggap sempurna. **to perfection** dengan sempurna.

perfectionist *n.* orang yang menghendaki kesempurnaan.

perfidious *a.* khianat; curang; tidak setia. **perfidy** *n.* pengkhianatan; ketidakjujuran; kecurangan.

perforate *v.t.* membuat lubang; melubang; menebuk. **perforation** *n.* melubangi.

perforce *adv.* terpaksa.

perform *v.t./i.* melakukan; melaksanakan; menjalankan; melakonkan; mempersembahkan. **performer** *n.* orang yang melakukan; penghibur. **performance** *n.* pelaksanaan; pertunjukan.

perfume *n.* minyak wangi; wangi-wangian. —*v.t.* mewangikan; memakai minyak wangi.

perfumery *n.* wangi-wangian.

perfunctory *a.* melakukan sesuatu dengan tidak bersungguh-sungguh. **perfunctorily** *adv.* dengan tidak bersungguh-sungguh; dengan acuh tak acuh.

pergola *n.* kisi-kisi untuk pokok menjalar.

perhaps *adv.* mungkin; boleh jadi; barangkali.

perianth *n.* bahagian luar bunga.

pericardium *n.* perikardium; membran yang menyalut jantung.

perigee *n.* titik kedudukan bulan yang terdekat dengan bumi.

perihelion *n.* (*pl.* **-ia**) titik terdekat dengan matahari dalam orbit planet.

peril *n.* bahaya.

perilous *a.* penuh bahaya; berbahaya; **perilously** *adv.* dengan penuh bahaya.

perimeter *n.* garis yang menyempadani sesuatu rajah; lilitan garis keliling sempadan; perimeter.

period *n.* masa; ketika; masa haid; ayat yang lengkap; titik (pada akhir kalimat). —*a.* (berkenaan dengan pakaian atau perabot) pada zaman silam.

periodic *a.* berlaku pada masa yang tertentu; berkala; bertempoh.

periodical *a.* berkala. —*n.* majalah berkala. **periodically** *adv.* berkenaan sesuatu yang berlaku dari semasa ke semasa.

peripatetic *a.* berjalan-jalan; bergerak dari satu tempat ke satu tempat; mengembara.

peripheral *a.* sempadan; berkenaan dengan sempadan; tidak penting; persisian.

periphery *n.* sempadan; pinggir; ukuran keliling, dll.

periphrasis *n.* (*pl.* **-ases**) keterangan yang panjang lebar atau berbelit-belit.

periscope *n.* periskop.

perish *v.t./i.* musnah; binasa; mati; rosak.

perishable *a.* cepat buruk atau rosak; tidak tahan lama.

perisher *n.* (*sl.*) orang yang menjengkelkan.

peritoneum *n.* peritoneum; membran yang melapik rongga abdomen.

peritonitis *n.* keradangan peritoneum; peritonitis.

periwig *n.* (usang) rambut palsu.

periwinkle[1] *n.* pokok kemunting cina.

periwinkle[2] *n.* sejenis siput laut yang boleh dimakan.

perjure *v.refl.* **perjure oneself** membuat sumpah bohong; berbohong selepas mengangkat sumpah.

perjured *a.* bersumpah bohong.

perjury *n.* sumpah bohong.

perk[1] *v.t./i.* **perk up** (*colloq.*) menggembirakan; memeriahkan.

perk[2] *n.* (*colloq.*) faedah sampingan.

perky *a.* (**-ier, -iest**) (*colloq.*) cergas; riang. **perkily** *adv.* dengan cergas. **perkiness** *n.* kecergasan.

perm[1] *n.* keriting rambut. —*v.t.* mengeriting.

perm[2] *n.* pilih atur. —*v.t.* memilih atur.

permafrost *n.* tanah lapisan atas yang sentiasa beku di kawasan Artik.

permanent *a.* tetap; kekal. **permanently** *adv.* dengan tetap; dengan kekal. **permanence** *n.* kekekalan; keadaan yang kekal. **permanency** *n.* keadaan kekal; sesuatu yang kekal.

permeable *a.* telap; dapat diresapi. **permeability** *n.* ketertelapan.

permeate *v.t.* menembusi; meresapi. **permeation** *n.* peresapan.

permissible *a.* yang dibenarkan; yang diizinkan.

permission *n.* kebenaran; keizinan; persetujuan.

permissive *a.* memberi kebenaran; membiarkan; bersikap tidak kisah sangat terutama dalam hal sosial dan seks; perihal bersikap permisif. **permissiveness** *n.* perihal permisif; kelonggaran akhlak.

permit[1] *v.t.* (*p.t.* **permitted**) membenarkan; membolehkan; memungkinkan.

permit[2] *n.* permit; surat kebenaran.

permutation *n.* pilih atur.

pernicious *a.* yang merosakkan; yang mendatangkan kecelakaan.

pernickety *a.* (*colloq.*) cerewet.

peroration *n.* ucapan yang panjang; bahagian penutup pidato.

peroxide *n.* peroksida. —*v.t.* dilunturkan dengan peroksida.

perpendicular *a.* yang bersudut tepat (dengan sesuatu garisan atau permukaan); tegak lurus. —*n.* garis lurus yang membuat sudut tepat $90°$ dengan garisan lain; garis tegak. **perpendicularly** *adv.* dengan garis tegak; dengan bersudut tepat.

perpetrate *v.t.* melakukan jenayah atau perbuatan jahat. **perpetration** *n.* perihal melakukan kejahatan. **perpetrator** *n.* orang yang melakukan kejahatan.

perpetual *a.* kekal; abadi. **perpetually** *adv.* berterusan; senantiasa; tidak berkesudahan.

perpetuate *v.t.* mengabadikan; mengekalkan. **perpetuation** *n.* pengabadian; pengekalan.

perpetuity *n.* **in perpetuity** selama-lamanya.

perplex *v.t.* membingungkan; mengusutkan; mengacaukan.

perplexity *n.* kebingungan; kekacauan.

perquisite *n.* faedah sampingan; faedah istimewa berbentuk wang, barang-barang atau hak sebagai hasil kedudukan.

perry *n.* sejenis minuman (dibuat daripada penapaian buah pear).

persecute *v.t.* menganiayai; (terutama kerana berlainan kepercayaan agama); mengganggu. **persecution** *n.*

P

penganiayaan; penyeksaan; penin-
dasan. **persecutor** n. penganiaya;
penyeksa; penindas.

persevere v.i. tabah; tekun; ber-
sungguh-sungguh melakukan sesuatu.
perseverance n. ketekunan; keteguh-
an; ketabahan.

Persian a. & n. penduduk atau bahasa
Parsi.

persiflage n. senda gurau; kelakar.

persimmon n. buah pisang kaki; sejenis
pokok yang terdapat di Amerika dan
Asia Timur.

persist v.i. tidak berganjak daripada
pendirian; berkeras. **persistent** a.
yang berterusan; yang tidak berhenti-
henti; yang berulang-ulang. **persist-
ently** adv. dengan berterusan. **per-
sistence** n. ketabahan; ketekunan.
persistency n. perihal ketabahan
atau ketekunan.

person n. orang; tubuh badan. in
person hadir sendiri.

persona n. (pl. -ae) persona; watak.

personable a. cantik; baik dari segi
rupa dan perangai.

personage n. orang berpangkat tinggi;
orang penting.

persona grata (pl. -nae, -tae) orang
yang boleh diterima. **persona non
grata** orang yang tidak boleh diterima.

personal a. berkenaan keupayaan
sendiri; berkenaan hal peribadi sese-
orang; perseorangan; dilakukan sen-
diri; menghadapi sendiri. **personally**
adv. secara peribadi; berkenaan
dengan diri sendiri.

personality n. sahsiah; keperibadian;
orang terkenal atau ternama; (pl.)
kata-kata yang menyentuh peribadi
seseorang.

personalize v.t. memberi tanda peri-
badi; mengenali sebagai milik orang
tertentu. **personalization** n. perihal
memberi tanda peribadi.

personate v.t. berpura-pura; menyamar
personation n. kepuraan.

personify v.t. menjelmakan; mewujud-
kan. **personification** n. penjelmaan.

personnel n. kakitangan.

perspective n. perspektif; cara melukis
sesuatu sebagaimana kelihatan oleh
mata; lukisan atau gambar pandangan
jauh. in perspective meninjau
sekitar dalam perspektif yang betul;
pandangan atau pentafsiran yang
wajar tanpa mengubah-ubah perkara
yang dianggap penting.

perspex n. (tanda dagang) sejenis
plastik lutsinar yang kuat dan ringan.

perspicacious a. celik akal; pandangan
tajam. **perspicaciously** adv. dengan
pintar dan cerdik. **perspicacity** n.
kecerdikan; kebijaksanaan; kepintaran.

perspicuous a. terang; jelas; mudah
difahami. **perspicuity** n. perihal atau
sifat yang terang dan jelas.

perspire v.i. berpeluh; berkeringat.
perspiration n. peluh, keringat.

persuade v.t. memujuk; meyakinkan.
persuasion n. pujukan; pemujukan;
perihal meyakinkan.

persuasive a. yang dapat meyakinkan;
yang dapat memujuk. **persuasively**
adv. dengan pujukan; dengan
meyakinkan. **persuasiveness** n.
perihal memujuk.

pert a. nakal; (A.S.) riang dan ber-
tenaga. **pertly** adv. dengan nakal.
pertness n. kenakalan.

pertain v.i. berhubung dengan; ter-
golong; termasuk.

pertinacious a. berkeras; tidak ber-
ganjak daripada keputusan. **pertina-
ciously** adv. dengan keras kepala;
dengan degil hati; dengan tegar. **per-
tinacity** n. kedegilan; ketegaran.

pertinent a. berhubung dengan; tepat.
pertinently adv. dengan tepat. **per-
tinence** n. keadaan tepat atau kena
pada tempatnya.

perturb v.t. mencemaskan; merun-
singkan; mengganggu fikiran. **per-
turbation** n. penggangguan; penga-
cauan; kebingungan.

peruke n. (usang) rambut palsu.

peruse v.t. membaca dengan teliti.
perusal n. pembacaan; penelitian.

pervade v.t. merebak; meresap;
menyerap. **pervasive** a. yang merebak;
yang meresap atau menyerap.

perverse a. menyalahi peraturan;
melanggar tatasusila. **perversely** adv.
dengan berlawanan; dengan berten-
tangan; dengan menyalahi hukum.
perverseness n. sikap degil atau suka
membantah. **perversity** n. kedegilan.

pervert[1] v.t. menyalahgunakan; men-
jadikan keliru; memesongkan. **perver-
sion** n. kesalahan (dari segi hukum
atau kesusilaan).

pervert[2] n. orang yang tidak mengikut
tatasusila; orang yang sesat.

pervious a. telap; boleh telap.

peseta n. mata wang Sepanyol.

peso n. (pl. -os) peso; mata wang
negara-negara Amerika Selatan.

pessary n. pesari; sejenis ubat yang
dimasukkan ke dalam faraj untuk
mencegah infeksi.

pessimism *n.* sikap mudah putus asa; kecenderungan mempercayai sesuatu yang buruk akan berlaku; sikap pesimis. pessimist *n.* pesimis; orang yang mudah putus harapan atau berpandangan buruk terhadap sesuatu. pessimistic *a.* yang bersikap pesimis. pessimistically *adv.* dengan sikap pesimis.

pest *n.* orang atau benda yang selalu membuat kacau; serangga atau binatang perosak, dll.

pester *v.t.* mengganggu; menyusahkan.

pesticide *n.* racun serangga.

pestilence *n.* penyakit menular.

pestle *n.* alu; antan; penumbuk; anak lesung.

pesto *n.* sejenis sos daripada campuran daun selasih, kekacang pinus, keju parmesan dan minyak zaiton yang dihidangkan bersama-sama pasta.

pet *n.* binatang peliharaan yang disayangi; binatang kesayangan. *—a.* dibela sebagai binatang kesayangan. *—v.t.* (*p.t.* petted) dimanjakan; disayangi. pet name nama timang-timangan.

petal *n.* kelopak bunga.

petard *n.* (usang) sejenis bahan letupan.

peter *v.i.* peter out berakhir dengan perlahan-lahan; berkurangan.

petersham *n.* sejenis pita.

petiole *n.* petiol; batang daun.

petite *a.* kecil molek.

petition *n.* surat rayuan (biasanya ditandatangani beramai-ramai). *—v.t.* membuat rayuan. petitioner *n.* perayu.

petrel *n.* sejenis burung laut.

petrify *v.t./i.* menjadi keras seperti batu; menjadi kaku (kerana takut atau kagum). petrifaction *n.* proses dan bahan yang menjadikan batu.

petrochemical *n.* petrokimia; bahan kimia daripada petroleum atau gas.

petrodollar *n.* pendapatan atau wang hasil daripada petroleum.

petrol *n.* petrol; sejenis minyak daripada petroleum yang telah dibersihkan dan digunakan sebagai bahan api (digunakan untuk menjalankan jentera kereta).

petroleum *n.* petroleum; minyak mineral. petroleum jelly jeli petroleum; bahan pelincir yang didapati daripada petroleum.

petticoat *n.* kain dalam perempuan.

pettifogging *a.* remeh-temeh; pertelingkahan tentang perkara kecil.

petting *n.* bercengkerama; bercumbuan.

pettish *a.* cepat marah; mudah tersinggung; bengkeng. pettishly *adv.* dengan bengkeng; dengan merengus. pettishness *n.* berkenaan dengan sikap bengkeng dan merengus; kebengkengan.

petty *a.* (-ier, -iest) tidak penting; kecil; sempit fikiran. petty cash wang untuk membeli barang-barang kecil. petty officer pegawai rendah dalam angkatan tentera laut.

petulant *a.* bersifat merengus; bengis. petulantly *adv.* dengan bengis. petulance *n.* kebengisan.

petunia *n.* sejenis bunga.

pew *n.* bangku panjang di gereja.

pewter *n.* piuter; logam yang dibuat daripada campuran timah dengan plumbum atau logam lain; barang-barang yang dibuat daripada piuter.

peyote *n.* kaktus Mexico; sejenis dadah yang mengkhayalkan.

pfennig *n.* unit mata wang lama Jerman.

phaeton *n.* sejenis kereta kuda lama.

phalanx *n.* kumpulan orang yang sehaluan.

phallic *a.* berkenaan dengan zakar; simbol zakar.

phallus *n.* (*pl. of* phalli atau phalluses) organ seks pada mamalia jantan; pelir; zakar. phallic *a.* berkenaan atau seperti zakar.

phantasm *n.* fantasi; khayalan.

phantasmagoria *n.* igauan, bayangan. phantasmagoric *a.* mengigau.

phantom *n.* hantu.

Pharaoh *n.* Firaun; raja Mesir pada zaman purba.

Pharisee *n.* Farisi; ahli mazhab lama Yahudi; orang yang yakin akan kebenaran diri sendiri. pharisaical *a.* bersifat kepercayaan Farisi.

pharmaceutical *a.* berkenaan dengan farmasi atau ilmu ubat.

pharmacist *n.* ahli farmasi; ahli ubat.

pharmacology *n.* farmakologi; pengkajian berkenaan tindak balas ubat. pharmacological *a.* berkenaan farmakologi. pharmacologist *n.* pakar farmakologi.

pharmacopoeia *n.* farmakopeia.

pharmacy *n.* ilmu membuat ubat; farmasi; kedai ubat.

pharyngitis *n.* faringitis; radang farinks.

pharynx *n.* farinks; rongga kerongkong.

phase *n.* fasa; peringkat perkembangan. *—v.t.* melaksanakan (rancangan, dll.) berperingkat-peringkat. phase out menghentikan secara beransur-ansur.

Ph.D *abbr.* **Doctor of Philosophy** Doktor Falsafah.

pheasant *n.* (burung) kuang bayas.

phenomenal *a.* luar biasa; ajaib. **phenomenally** *adv.* dengan luar biasa; dengan ajaib.

phenomenon *n.* (*pl.* **-ena**) fenomena; sesuatu yang nyata; fakta; pewujudan atau perubahan yang dapat dilihat; orang atau benda yang istimewa.

pheromone *n.* sejenis kimia yang dilepaskan oleh binatang dan menyebabkan tindak balas kepada binatang lain daripada spesies yang sama.

phial *n.* botol kecil.

philander *v.i.* main asmara. **philanderer** *n.* orang yang suka main asmara.

philanthropy *n.* sifat belas kasihan dan kasihkan manusia; kemurahan hati; kedermawanan. **philanthropist** *n.* dermawan; orang yang murah hati. **philanthropic** *a.* yang murah hati; berbelas kasihan sesama manusia. **philanthropically** *adv.* dengan kasihan; dengan murah hati.

philately *n.* pengumpulan setem. **philatelist** *n.* pengumpul setem.

philharmonic *a.* berkenaan dengan orkestra.

Philippine *a.* Filipina.

philistine *a. & n.* orang yang mementingkan kebendaan; buta seni.

philology *n.* ilmu kaji bahasa; filologi. **philologist** *n.* ahli filologi; ahli ilmu kaji bahasa. **philological** *a.* menurut ilmu kaji bahasa.

philosopher *n.* ahli falsafah; ahli fikir.

philosophical *a.* berfalsafah; yang berdasarkan falsafah; sikap tenang menghadapi kesulitan. **philosophically** *adv.* secara falsafah; secara tabah.

philosophize *v.i.* berfalsafah.

philosophy *n.* falsafah; prinsip hidup seseorang.

philtre *n.* ubat guna-guna; ubat pengasih.

phlebitis *n.* radang urat; bengkak-bengkak pada urat.

phlegm *n.* kahak; lendir.

phlegmatic *a.* tidak mudah teruja atau terangsang; sikap dingin hati. **phlegmatically** *adv.* dengan dingin hati.

phlox *n.* sejenis tumbuh-tumbuhan.

phobia *n.* fobia; ketakutan atau kebencian yang amat sangat.

Phoenician *a. & n.* berkenaan dengan orang Semitic zaman purba yang terdapat di timur kawasan Mediterranean.

phoenix *n.* sejenis burung dalam cerita dongeng Arab.

phone *n. & v.t./i.* (*colloq.*) telefon; menelefon.

phonecard *n.* kad dengan unit berbayar untuk digunakan dalam telefon kad.

phonetic *a.* fonetik; menurut bunyi bahasa; berkenaan dengan ejaan yang mengikut sebutan. **phonetically** *adv.* dengan menurut bunyi bahasa.

phonetics *n.* fonetik; pengkajian tentang bunyi-bunyi pertuturan. **phonetician** *n.* ahli fonetik.

phoney *a.* (**-ier, -iest**) (*sl.*) palsu; lancung. —*n.* (*sl.*) orang atau barang palsu.

phonograph *n.* peti nyanyi.

phonology *n.* fonologi; pengkajian tentang bunyi bahasa. **phonological** *a.* berkenaan fonologi.

phosphate *n.* fosfat.

phosphoresce *v.i.* mempendarfosfor. **phosphorescent** *a.* cahaya atau sinar pendar. **phosphorescence** *n.* cahaya atau sinar pendar.

phosphorus *n.* fosforus.

photo *n.* (*pl.* **-os**) (*colloq.*) foto.

photocopy *n.* salinan foto; fotokopi. —*v.t.* membuat salinan foto. **photocopier** *n.* alat untuk membuat salinan.

photoelectric *a.* **photoelectric cell** alat elektronik yang mengeluarkan arus elektrik apabila terkena cahaya.

photogenic *a.* sesuai sekali untuk difoto; fotogenik; cantik dalam gambar.

photograph *n.* fotograf; gambar foto; gambar yang dibuat dengan kamera; potret. —*v.t./i.* mengambil gambar; memotret. **photographer** *n.* jurugambar. **photography** *n.* fotografi; seni foto. **photographic** *a.* yang berkenaan dengan fotografi. **photographically** *adv.* dengan cara fotografi.

photolithography *n.* fotolitografi; proses litografi dengan plat yang dibuat mengikut kaedah fotografi.

photon *n.* unit radiasi elektromagnetik yang tidak boleh dibahagikan.

photosensitive *a.* peka foto; bertindak balas apabila didedahkan pada cahaya.

photostat *n.* (tanda dagang) sejenis salinan foto; – *v.* salinan dengan plat dengan salinan foto.

photosynthesis *n.* fotosintesis.

phrase *n.* frasa; rangkai kata; ungkapan; rangkai lagu. —*v.t.* menyatakan dengan perkataan; membahagikan (muzik) kepada rangkai lagu. **phrasal** *a.* mengenai frasa atau ungkapan.

phraseology *n.* susunan kata.
phraseological *a.* berkenaan dengan susunan kata.

phrenology *n.* kajian tentang tengkorak manusia untuk menentukan watak dan perwatakannya.

phylactery *n.* kotak kecil mengandungi teks Hebrew digunakan lelaki Yahudi ketika sembahyang.

phylum *n.* filum; bahagian utama tumbuhan atau alam haiwan.

physic *n.* (usang) ubat.

physical *a.* berkenaan dengan badan; berkenaan undang-undang alam; berkenaan dengan fizik. **physical chemistry** kimia fizikal; penggunaan fizik untuk kajian bahan-bahan dan reaksinya. **physical geography** geografi fizikal. **physically** *adv.* dari segi fizikal.

physician *n.* doktor; tabib.

physicist *n.* ahli fizik.

physics *n.* ilmu fizik.

physiognomy *n.* ilmu firasat; bentuk muka seseorang.

physiology *n.* fisiologi; ilmu tentang sifat-sifat benda yang hidup. **physiological** *a.* yang berkenaan dengan fisiologi. **physiologist** *n.* ahli fisiologi.

physiotherapy *n.* rawatan kecederaan dengan mengurut dan gerakan; fisioterapi. **physiotherapist** *n.* ahli fisioterapi; orang yang dilatih untuk merawat dengan mengurut.

physique *n.* susuk badan.

pi *n.* pi; huruf Greek π yang digunakan sebagai simbol nisbah antara lilitan bulatan dengan diameter (kira-kira 3.14).

pianissimo *adv & a.* berkenaan muzik yang amat lembut.

pianist *n.* pemain piano.

piano *n.* (*pl. -os*) piano.

pianoforte *n.* piano.

piazza *n.* medan umum di bandar Itali.

pibroch *n.* muzik beg paip untuk peperangan atau pengebumian.

picador *n.* pelawan lembu berkuda dan bertombak.

picaresque *a.* (*of fiction*) pikares; cereka tentang pengembaraan penyangak.

piccalilli *n.* acar sayuran berempah.

piccaninny *n.* anak orang kulit hitam; anak orang asli Australia.

piccolo *n.* (*pl. -os*) seruling kecil.

pick[1] *n.* beliung; kepingan logam atau gading untuk memetik alat muzik (seperti gitar).

pick[2] *v.t./i.* mencungkil; memetik (bunga atau buah); memilih. —*n.*

petikan; hasil memetik; pemilihan yang terbaik. **pick-a-back** *adv.* memikul; membawa di belakang. **pick a lock** membuka kunci dengan benda tajam. **pick a pocket** mencuri; menyeluk saku. **pick a quarrel** mencari gaduh. **pick holes in** mencari kesalahan. **pick off** ragut; memetik; menembak seorang demi seorang. **pick out** dijadikan sebagai sasaran gangguan. **pick up** mengambil; memperoleh; mahukan; belajar kenal; kembali sembuh; menjadi sihat lagi. **pick-up** *n.* kenalan; lori pikap; sejenis lori untuk mengangkut orang atau barang; alat pemegang jarum piring hitam. **picker** *n.* pemungut; orang atau alat pemetik; pengumpul.

pickaxe *n.* beliung.

picket *n.* pacak; pancang; sekumpulan askar yang berkawal (senteri); piket; pemogok yang menghalang orang bekerja. —*v.t.* (*p.t.* **picketed**) memacak pancang; mengadakan kawalan; berpiket.

pickings *n.pl.* sisa-sisa; barang-barang kecil yang masih ada.

pickle *n.* acar; sayuran yang dijerukkan dengan air cuka dan garam; (*colloq.*) dalam keadaan susah. —*v.t.* membuat acar.

pickpocket *n.* penyeluk saku.

picky *a.* (-**ier**, -**iest**) (*colloq.*) cerewet. **pickiness** *n.* kecerewetan.

picnic *n.* perkelahan. —*v.i.* (*p.t.* **picnicked**) berkelah. **picnicker** *n.* orang yang berkelah.

picot *n.* sejenis sibar-sibar bentuk gelungan tali.

pictograph *n.* gambar sebagai lambang perkataan atau frasa.

pictorial *a.* berkenaan dengan atau seperti gambar; bergambar. —*n.* majalah atau akhbar yang penuh dengan gambar. **pictorially** *adv.* secara bergambar.

picture *n.* gambaran; lukisan; gambar; benda yang indah; pemandangan; wayang gambar. —*v.t.* menggambarkan; melukiskan.

picturesque *a.* indah; permai; (berkenaan dengan kata-kata atau gambaran) yang bermakna.

pidgin *n.* **pidgin English** bahasa Inggeris pasar; bahasa pasar.

pie *n.* sejenis kuih bakar berinti daging, buah, sayur-sayuran.

piebald *a.* (berkenaan kuda) yang bertompok putih dan warna gelap.

piece *n.* sekeping; sepotong; sepenggal; ciptaan muzik, sastera atau seni; duit syiling; objek kecil dalam permainan; (se)keping roti; unit kerja. —*v.t.* menjadikan satu; menjahit. **of a piece** daripada jenis yang sama; konsisten. **piece-work** *n.* kerja yang dibayar mengikut kadar.

pièce de résistance *n.* (benda) yang paling terpilih.

piecemeal *a. & adv.* sedikit demi sedikit; sekeping demi sekeping.

pied *a.* berwarna-warni.

pied-à-terre *n.* (*pl.* **pieds-à-terre**) rumah atau rumah pangsa kecil untuk tempat tinggal sementara.

pier *n.* pangkalan; tambatan; jeti; tiang yang menopang jambatan.

pierce *v.t.* menikam; menembuk; menembus.

piercing *a.* rasa sejuk hingga ke tulang hitam; suara nyaring; lantang. **piercingly** *adv.* dengan lantang.

piety *n.* ketaatan pada agama; kesolehan.

piffle *n.* (*sl.*) karut; cakap yang bukan-bukan.

pig *n.* babi; (*colloq.*) orang yang tamak atau kurang sopan. **pig-headed** *a.* degil; kepala batu. **pig-iron** *n.* besi yang belum ditempa.

pigeon *n.* burung merpati; (*colloq.*) tanggungjawab seseorang.

pigeon-hole *n.* ruang atau petak menyimpan surat. —*v.t.* diketepikan untuk sementara waktu; dikategorikan.

piggery *n.* tempat memelihara babi; kandang babi.

piggy *a.* seperti babi (kotor dan kurang sopan). **piggy bank** tabung untuk mengumpul wang.

piggyback *adv. & n.* menggendong; naik gendong; kokko.

pigheaded *a.* kepala batu; keras kepala.

piglet *n.* anak babi.

pigment *n.* pigmen; bahan warna. —*v.t.* mewarna (kulit, dsb.) dengan bahan warna yang jati. **pigmentation** *n.* pempigmenan; pewarnaan dengan pigmen.

pigmy *var. of* **pygmy** *n.* pigmi; suku kaum kerdil di Afrika.

pigskin *n.* kulit babi.

pigsty *n.* kandang babi.

pigtail *n.* tocang; rambut yang terjalin.

pike *n.* tombak; puncak; (*pl.* **pike**) sejenis ikan air tawar.

pikestaff *n.* **plain as a pikestaff** jelas; terang; nyata.

pilaff *n.* nasi pilau.

pilaster *n.* tiang berbentuk segi empat bujur yang menganjur keluar dari dinding.

pilau *n.* nasi pilau.

pilchard *n.* sejenis ikan yang kecil.

pile[1] *n.* longgokan; timbunan (kayu, batu, dll.); (*colloq.*) jumlah yang besar; bangunan tinggi. —*v.t./i.* melonggokkan; menimbunkan. **pile up** menimbunkan; tersadai. **pile-up** *n.* perlanggaran beberapa buah kenderaan.

pile[2] *n.* cerucuk (kayu atau besi) yang ditanam di dalam tanah sebagai asas bangunan.

pile[3] *n.* bulu (baldu atau permaidani).

pile[4] *n.* buasir.

pilfer *v.t./i.* mencuri barang yang kecil-kecil. **pilferage** *n.* pencopetan; pencurian.

pilgrim *n.* orang yang menziarah tempat-tempat suci. **pilgrimage** *n.* penziarahan ke tempat suci.

pill *n.* pil; ubat berbentuk bulat dan kecil.

pillage *n. & v.t.* perihal rompakan; merompak; merampas.

pillar *n.* tiang; tonggak. **pillar-box** *n.* peti surat.

pillbox *n.* kotak pil; kotak ubat.

pillion *n.* tempat duduk penumpang di belakang pemandu motosikal. **ride pillion** membonceng.

pillory *n.* pasungan; papan yang dilubangkan untuk dimasukkan kepala dan tangan orang salah dan ditontonkan kepada orang ramai. —*v.t.* memalukan di khalayak ramai.

pillow *n.* bantal. —*v.t.* meletakkan kepala atas bantal untuk berehat.

pillowcase, pillowslip *ns.* sarung bantal.

pilot *n.* juruterbang; jurumudi; mualim kapal; pemandu. —*v.t.* (*p.t.* **piloted**) bertindak sebagai pemandu; memandu. **pilot-light** *n.* api kecil gas yang menyalakan pembakar yang lebih besar; api petunjuk atau panduan elektrik.

pimento *n.* (*pl.* -os) pimento; sejenis rempah.

pimp *n.* barua; orang yang mendapatkan pelanggan untuk pelacuran.

pimpernel *n.* sejenis tumbuhan hutan berbunga merah, biru atau putih.

pimple *n.* jerawat. **pimply** *a.* berjerawat.

PIN *abbr.* **personal identification number** nombor pengenalan peribadi digunakan sewaktu mengeluarkan wang dari mesin wang, dsb.

pin *n.* pin; peniti; penyemat baju; penyepit daripada kayu atau logam. —*v.t.* (*p.t.* **pinned**) disemat dengan pin; mencucuk; memegang kuat hingga tidak boleh bergerak; memakukan. **pin down** terikat oleh janji. **pins and needles** rasa kesemutan. **pin-stripe** *n.* corak jalur halus pada kain. **pin-table** *n.* meja pinbal. **pin-up** *n.* (*colloq.*) gambar orang terkenal atau orang yang menarik untuk digantung pada dinding.

pinafore *n.* baju luar. **pinafore dress** baju tanpa kolar dan tangan baju.

pinball *n.* pinbal; sejenis permainan yang menggunakan papan curam yang lengkap dengan pin dan sasaran.

pince-nez *n.* (*pl.* **pince-nez**) kaca mata yang diletakkan pada hidung.

pincers *n.* ragum; kakaktua; penyepit; sepit (ketam, dll.).

pinch *v.t./i.* mencubit; mengetil; berjimat cermat; (*sl.*) mencuri; (*sl.*) menahan; menangkap. —*n.* cubitan; getu; getilan; keadaan darurat; secubit; sejemput. **at a pinch** dalam masa kesempitan atau kesulitan.

pinchbeck *n.* emas tiruan atau palsu.

pincushion *n.* bantal kecil untuk mencucuk jarum atau peniti.

pine[1] *n.* sejenis pokok yang berdaun halus seperti jarum; pokok pain.

pine[2] *v.i.* menanggung sedih; merana; merindui.

pineal gland kelenjar pineal.

pineapple *n.* nanas.

ping *n.* denting. —*v.i.* bunyi berdenting. **pinger** *n.* alat pendenting; loceng.

ping-pong *n.* pingpong.

pinion[1] *n.* sayap atau kepak burung. —*v.t.* mengikat lengan ke badan supaya tidak dapat bergerak.

pinion[2] *n.* pinan; sejenis roda bergerigi yang dikenakan pada roda bergerigi yang besar.

pink[1] *a.* merah jambu. —*n.* warna merah jambu; sejenis tumbuhan berbunga. **in the pink** (*sl.*) dalam keadaan sihat. **pinkness** *n.* keadaan berwarna merah jambu.

pink[2] *v.t.* menembus; menujah; menggunting hujung kain berbentuk zigzag sebagai hiasan.

pink[3] *v.i.* letusan perlahan pada jentera yang kurang baik perjalanannya.

pinnace *n.* bot bantu.

pinnacle *n.* menara lancip; mercu; puncak tertinggi.

pinnate *a.* pinat; mempunyai lembar daun di setiap batang daun.

pinpoint *v.t.* menunjukkan (sesuatu) dengan tepat; mengenal pasti.

pin *n.* gangguan kecil.

pinstripe *n.* jalur halus atau kecil. **pin-striped** *a.* berjalur halus.

pint *n.* pain; sukatan cecair; satu perlapan gelen.

pintle *n.* engsel.

pioneer *n.* perintis; pelopor; pembuka jalan. —*v.t./i.* menjadi perintis atau pelopor dalam sesuatu bidang atau hal.

pious *a.* warak; alim; salih. **piously** *adv.* dengan taat, warak, salih. **piousness** *n.* ketaatan; kewarakan; kesalihan.

pip[1] *n.* biji buah.

pip[2] *n.* mata dadu; pangkat atau bintang pada pakaian tentera.

pip[3] *v.t.* (*p.t.* **pipped**) (*colloq.*) kekalahan.

pip[4] *n.* bunyi tanda masa dalam telefon atau radio.

pip[5] *n.* sejenis penyakit ayam itik. **the pip** (*sl.*) geram; bengang.

pipe *n.* paip; pembuluh; saluran yang menghasilkan bunyi. **bagpipes** *n.pl.* beg paip; alat muzik orang Scotland; alat daripada kayu untuk menghisap tembakau. —*v.t.* menyalurkan atau menyalirkan melalui wayar atau kabel; menyiarkan (muzik) melalui wayar atau kabel; mengarah untuk memanggil dengan seruling kapal; menyebut dengan suara nyaring; sejenis perhiasan pada kelim pakaian. **pipe down** (*colloq.*) diam.

pipeclay *n.* gabin atau lumpur paip.

pipedream *n.* impian; angan-angan.

pipeline *n.* saluran paip; saluran maklumat. **in the pipeline** sedang dirancangkan.

piper *n.* peniup seruling.

pipette *n.* pipet; pembuluh halus untuk memindahkan cecair.

piping *n.* satu sistem paip; sejenis perhiasan pada kelim pakaian. **piping hot** tersangat panas.

pipit *n.* sejenis burung kecil.

pippin *n.* sejenis epal.

piquant *a.* pedas dan menyelerakan; galak dan menarik. **piquantly** *adv.* secara pedas dan menyelerakan. **piquancy** *n.* kepedasan; ketajaman.

piqué *v.t.* menyinggung perasaan; menyakiti hati; membangkitkan marah, minat, ingin tahu, dsb.; menggusarkan. —*n.* sakit hati; kegusaran; kemarahan.

pique *n.* sejenis kain kapas tetal; kain pike.

piquet *n.* permainan daun terup untuk dua pemain.

piranha *n.* piranha; sejenis ikan tropika yang ganas.

pirate *n.* perompak laut; bajak laut; lanun; penciplak; peniru hasil orang lain tanpa mendapat izin. **piratical** *a.* yang berkenaan dengan rompakan di laut. **piracy** *n.* rompakan di laut; pembajakan; cetak rompak.

pirouette *n. & v.i.* putaran di atas ibu jari kaki (dalam tarian balet).

piscatorial *a.* berkenaan kegiatan menangkap ikan.

piscina *n.* (*pl.* **-ae**) besen dekat mazbah dalam gereja.

pistachio *n.* (*pl.* **-os**) pistasio; sejenis kacang.

piste *n.* jalan papan luncur di atas salji.

pistil *n.* bahagian bunga yang mengandungi ovari bunga.

pistol *n.* pistol.

piston *n.* omboh; alat yang padan dengan ruang dalam silinder dan bergerak naik turun atau ke depan ke belakang.

pit *n.* lubang di dalam tanah; lombong; tempat duduk dalam panggung.—*v.t.* (*p.t.* **pitted**) membuat lubang pada; mengadu atau memperlagakan.

pit-a-pat *n. & adv.* (bunyi) detas; (bunyi) detak; berdebar-debar; berdebap-debap; berdetak-detak.

pitch[1] *n.* benda bertar yang hitam; gegala. **pitch-black** *a.* sangat hitam; hitam legam; hitam pekat; hitam kumbang. **pitch-dark** *a.* sangat gelap; gelap-gelita; gelap buta.

pitch[2] *v.t./i.* membaling; mendirikan atau memasang khemah; terhumban ke tanah; menaruh atau meletakkan (harapan, dsb.); teranggul-anggul; (*sl.*) memberitahu atau memberikan alasan. —*n.* proses membaling; kecuraman; tinggi atau rendahnya nada atau suara; tempat biasa bagi penjaja, seniman jalanan, dsb.; padang permainan. **pitch in** (*colloq.*) mula bekerja. **pitch into** (*colloq.*) menyerang atau menghukum dengan berat sekali.

pitchblende *n.* picblend; bijih mineral.

pitched *a.* **pitched battle** peperangan yang dirancang terlebih dahulu dan berlangsung di tempat yang telah ditetapkan; pertempuran sengit.

pitcher[1] *n.* pemain besbol yang membalingkan bola kepada pemukul.

pitcher[2] *n.* kendi besar daripada tanah liat.

pitchfork *n.* serampang peladang; alat yang digunakan untuk mengalih dan menimbunkan rumput kering. —*v.t.* memaksa seseorang mengambil sesuatu tanggungjawab, jawatan, dsb.

piteous *a.* yang menimbulkan belas kasihan; yang memilukan. **piteously** *adv.* dengan belas kasihan dan memilukan.

pitfall *n.* bahaya; kesulitan terselindung atau tidak diduga.

pith *n.* tisu yang terdapat dalam batang atau buah-buahan; empulur; bahagian-bahagian yang perlu; inti pati.

pithy *a.* (**-ier**, **-iest**) penuh tisu; ringkas, bernas dan penuh bermakna. **pithily** *adv.* dipenuhi dengan tisu; secara bernas dan bermakna.

pitiable *a.* keadaan yang menyedihkan; jelik dan hina. **pitiably** *adv.* dengan menyedihkan; dengan jelik dan hina.

pitiful *a.* menimbulkan kasihan; patut dikasihani; berhiba-hiba. **pitifully** *adv.* dengan cara yang menimbulkan belas kasihan.

pitiless *a.* tidak menunjukkan belas kasihan.

pitta *n.* roti pita; sejenis roti nipis.

piton *n.* cangkuk yang digunakan untuk memanjat bukit atau gunung.

pittance *n.* sejumlah kecil pendapatan; upah yang kecil.

pituitary *a.* **pituitary gland** kelenjar pituitari (terletak pada pangkal otak, mempengaruhi fungsi dan pertumbuhan badan).

pity *n.* belas kasihan; kekesalan.—*v.t.* berasa belas kasihan terhadap. **take pity on** rasa kasihan dan cuba membantu.

pivot *n.* gandar roda; poros pasak; paksi; pangsi; pivot. —*v.t./i.* (*p.t.* **pivoted**) pemutar atau tempat memutar pada pivot. **pivotal** *a.* berkenaan pangsi; utama; penting.

pixel *n.* piksel; ruang iluminasi dalam suatu imej di skrin komputer.

pixie *n.* orang halus; peri. **pixie hood** tudung kepala kanak-kanak atau perempuan.

pizza *n.* piza; sejenis makanan Itali yang dibakar.

pizzeria *n.* restoran piza.

pizzicato *adv.* dengan memetik tali biola tanpa menggunakan penggeseknya.

placard *n.* pelekat; poster; surat pengumuman yang ditampalkan. —*v.t.* menempelkan poster.

placate *v.t.* menyabarkan; menenangkan; melembutkan hati. **placatory** *a.* yang menyabarkan atau menenangkan.

place *n.* tempat; bahagian dalam sesuatu ruang, kawasan atau buku yang tertentu; pekan, daerah, bangunan yang tertentu; kedudukan; tanggungjawab yang setimpal dengan pangkat yang disandang; langkah-langkah dalam taakulan atau hujah. —*v.t.* menempatkan sesuatu pada ruangnya; mencari tempat untuk; mencari dan mengenal pasti; meletakkan; memesan (barangan). **be placed** berada pada salah satu daripada tiga kedudukan pertama (dalam perlumbaan, perlawanan).

placebo *n.* (*pl.* **-os**) plasebo; benda yang tidak berbahaya diberikan sebagai ubat, terutamanya kepada pesakit dengan tujuan untuk menyenangkan hati mereka.

placement *n.* peletakan; penempatan.

placenta *n.* (*pl.* **-as**) plasenta; uri; tembuni. **placental** *a.* berkenaan uri atau tembuni.

placid *a.* tenang; aman; tenteram. **placidly** *adv.* dengan tenang, aman dan tenteram. **placidity** *n.* ketenangan; keamanan; ketenteraman.

placket *n.* belah pada skirt supaya mudah dipakai atau ditanggalkan.

plagiarize *v.t.* menciplak; mencedok karya orang lain dan menyiarkannya sebagai ciptaan sendiri. **plagiarizer** *n.* penciplak. **plagiarism** *n.* ciplakan; plagiat; tiruan. **plagiarist** *n.* penciplak.

plague *n.* wabak; sejenis penyakit yang merebak; (*colloq.*) sesuatu yang menyusahkan atau mengganggu. —*v.t.* mengacau.

plaice *n.* (*pl.* **-plaice**) sejenis ikan laut yang pipih.

plaid *n.* sejenis kain bulu biri-biri yang bercorak genggang yang merupakan sebahagian daripada pakaian kebangsaan orang Scotland.

plain *a.* (**-er**, **-est**) tidak salah lagi; jelas, terang dan mudah difahami; tidak keterlaluan; sederhana; berterus terang. —*adv.* dengan jelas. —*n.* kawasan tanah lapang dan luas; jahitan yang biasa dalam mengait. **plain clothes** pakaian orang awam dan bukan pakaian seragam. **plain sailing** berjalan lancar. **plainly** *adv.* dengan jelas dan terang. **plainness** *n.* kejelasan; terangnya; kesederhanaan.

plainsong *n.* muzik gereja untuk nyanyian tanpa rentak yang sekata.

plaintiff *n.* pendakwa.

plaintive *a.* sedih; sayu; rawan. **plaintively** *adv.* dengan sedih, sayu dan rawan.

plait *v.t.* menjalin; menganyam; mengepang. —*n.* benda yang dianyam.

plan *n.* pelan; rajah yang menunjukkan kedudukan bahagian-bahagian bangunan atau bandar; kaedah yang difikirkan terlebih dulu. —*v.t./i.* merancang; membuat rancangan tentang. **planner** *n.* perancang.

plane[1] *n.* sejenis pohon tinggi dengan daun yang lebar.

plane[2] *n.* permukaan yang rata atau datar; tahap ingatan, kewujudan atau kemajuan; kapal terbang. —*a.* rata.

plane[3] *n.* ketam; alat untuk melicinkan kayu. —*v.t.* melicinkan kayu dengan ketam.

planet *n.* planet; bintang siarah. **planetary** *a.* keadaan bintang siarah atau berkenaan dengannya.

planetarium *n.* bilik yang berbumbung bulat berlampu yang menunjukkan kedudukan bintang dan planet; planetarium.

plangent *a.* bergema; bergaung; mendayu-dayu. **plangently** *adv.* dengan mendayu-dayu.

plank *n.* papan.

plankton *n.* plankton; hidupan halus yang terapung-apung di air.

plant *n.* organisma yang hidup tanpa bergerak atau organ khusus untuk pencernaan; tumbuh-tumbuhan; loji; kilang. —*v.t.* menanam; menempatkan dengan kukuh. **planter** *n.* pemilik atau pengurus ladang.

plantain[1] *n.* herba yang bijinya digunakan sebagai biji-bijian makanan burung.

plantain[2] *n.* buah hutan tropika seperti buah pisang; pokok yang berbuah seperti ini.

plantation *n.* ladang; estet; kebun yang luas.

plaque *n.* plak; lencana; kepingan logam yang dibuat sebagai tanda peringatan.

plasma *n.* plasma; cecair yang tidak berwarna yang merupakan sebahagian daripada darah; sejenis gas.

plaster *n.* kapur Paris; lepa; plaster; bahan campuran kapur, pasir dan air yang digunakan untuk melapis dinding. —*v.t.* menampal atau melapis dinding dengan plaster. **plaster of**

P

Paris kapur Paris (dibuat daripada gipsum). **plasterer** *n.* tukang plaster.

plasterboard *n.* papan yang berteras plaster; papan lepa.

plastic *a.* plastik; bahan buatan yang mengandungi damar yang mudah dibentuk. —*n.* bahan tiruan yang diacukan kepada bentuk yang kekal. **plastic surgery** bidang ilmu pembedahan yang berkenaan dengan pembaikan bahagian tubuh yang cacat. **plasticity** *n.* keadaan mudah dilentur dan dibentuk.

plasticine *n.* plastisin; sejenis bahan seperti tanah liat yang mudah dibentuk dan dilentur.

plate *n.* pinggan; pinggan mangkuk daripada emas, perak, kaca, logam, dll.; bahan yang leper; ilustrasi pada buku atau kertas; bahagian pada gigi palsu yang muat dengan langit-langit atau gusi; (*colloq.*) seperangkat (satu set) gigi palsu. —*v.t.* melapisi atau menyalut dengan logam. **plate glass** kepingan kaca. **plateful** *n.* (*pl.* -fuls) sepinggan penuh.

plateau *n.* (*pl.* -eaux) dataran tinggi.

platelayer *n.* orang yang membaiki landasan kereta api.

platelet *n.* serpihan sel berbentuk cakera darah yang membantunya membeku.

platen *n.* gandar mesin taip yang memegang kertas.

platform *n.* platform; pelantaran; peron; pentas tempat orang berucap.

platinum *n.* platinum; logam yang berwarna putih. **platinum blonde** wanita yang berambut perang muda.

platitude *n.* kenyataan yang memang jelas kebenarannya dan sering diperkatakan sehingga menjemukan. **platitudinous** *a.* menjemukan.

platonic *a.* platonic love cinta rohani bukan jasmani; cinta antara lelaki dan perempuan yang tidak bersifat seksual.

platoon *n.* sekumpulan tentera yang di bawah pimpinan seorang leftenan; platun.

platter *n.* pinggan besar yang berisi makanan.

platypus *n.* (*pl.* -puses) platipus; binatang di Australia yang berparuh seperti itik.

plaudits *n.pl.* tepuk sorak tanda persetujuan.

plausible *a.* munasabah; masuk akal; dapat diterima. **plausibly** *adv.* yang kelihatan seperti munasabah. **plaus-**ibility *n.* perihal dapat diterima oleh akal.

play *v.t./i.* bermain; berbuat sesuatu untuk menyukakan hati; berlakon; menghasilkan bunyi; bergerak perlahan; melawan atau menentang (dalam permainan atau sukan). —*n.* bermain; karya sastera untuk dipentaskan atau disiarkan; drama; gerakan bebas. **play at** berlakon secara sambil lewa. **play down** menjadikan kurang penting. **play-group** *n.* kumpulan kanak-kanak yang bermain di bawah pengawasan. **play off** mengadu-dombakan untuk kepentingan peribadi. **play on** mempergunakan simpati orang lain. **play on words** permainan kata. **play-pen** *n.* tempat untuk kanak-kanak kecil bermain. **play safe** tidak mengambil risiko. **play the game** berkelakuan dengan baik. **play up** bermain dengan sungguh-sungguh; (*colloq.*) menyakitkan hati dengan bertindak begitu; mengacau. **play up to** cuba menggalakkan atau memperoleh keuntungan dengan memuji. **player** *n.* pemain.

playboy *n.* orang lelaki yang suka berfoya-foya, selalunya orang kaya.

playfellow *n.* rakan sepermainan.

playful *a.* suka bermain-main atau bersenda gurau. **playfully** *adv.* dengan bersenda gurau. **playfulness** *n.* sifat suka bermain-main atau bersenda gurau.

playground *n.* padang permainan. **playground group** *n.* kumpulan kanak-kanak yang bermain di bawah pengawasan.

playhouse *n.* teater, panggung; rumah atau pondok main-main.

playing-card *n.* daun pakau.

playing-field *n.* padang permainan.

playmate *n.* kawan sepermainan (bagi kanak-kanak).

plaything *n.* barang-barang permainan.

playwright *n.* pengarang atau penulis drama; penulis lakonan.

plaza *n.* plaza; tapak atau medan awam; pusat beli-belah.

plc *abbr.* Public Limited Company Syarikat Awam Berhad.

plea *n.* rayuan; alasan; pengakuan bersalah atau tidak.

plead *v.t./i.* merayu; mengaku; membuat rayuan.

pleasant *a.* menyenangkan; menggembirakan; nyaman. **pleasantly** *adv.* dengan menyenangkan. **pleasantness** *n.* kesenangan; kegembiraan.

P

pleasantry *n.* kata-kata untuk beramah mesra; senda gurau; kelakar.

please *v.t./i.* silakan; menyukakan; menggembirakan hati. —*adv.* meminta dengan cara hormat. **please oneself** melakukan sesuka hati seseorang.

pleased *a.* berasa atau menunjukkan rasa puas atau senang.

pleasurable *a.* yang menyukakan dan menyenangkan. **pleasurably** *adv.* dengan menyukakan dan menyenangkan.

pleasure *n.* perasaan suka atau puas; kesukaan.

pleat *n.* lipatan atau kedut pada kain. —*v.t.* membuat lipatan atau kedutan.

plebeian *a. & n.* ahli kelas sosial yang rendah.

plebiscite *n.* pemungutan suara rakyat dalam sesebuah negara.

plectrum *n.* kepingan logam atau gading yang nipis digunakan untuk memetik alat muzik.

pledge *n.* jaminan; tanggungan. —*v.t.* memberi cagaran; menggadaikan; bersumpah dan berikrar dengan suci; minum ucap selamat.

plenary *a.* mutlak; tidak terhad; seluruhnya; pleno; dihadiri oleh semua ahli.

plenipotentiary *a. & n.* wakil atau duta besar yang mempunyai kuasa penuh dengan bertindak dan membuat keputusan bagi pihak kerajaannya.

plenitude *n.* berlimpah-limpah; lebatnya; sempurna.

plentiful *a.* banyak; lebih daripada cukup; limpah. **plentifully** *adv.* dengan banyaknya; dengan melimpah.

plenty *n.* banyak. —*adv.* (*colloq.*) agak penuh. **plenteous** *a.* dengan banyak.

plethora *n.* kelimpahan.

pleurisy *n.* radang selaput paru-paru.

pliable *a.* lembut dan mudah dilentur atau dibengkok-bengkokkan. **pliability** *n.* perihal mudah dilentur.

pliant *a.* mudah dipengaruhi; mudah dibentuk. **pliancy** *n.* kelenturan; kebengkokan.

pliers *n.pl.* playar.

plight[1] *n.* sedih; sukar; keadaan yang buruk.

plight[2] *v.t.* (usang) bersumpah; berjanji.

plimsoll *n.* kasut (daripada kanvas).

Plimsoll *n.* **Plimsoll line, Plimsoll mark** garis Plimsoll; garisan tanda aras air pada badan kapal setelah diisi muatan.

plinth *n.* banir tiang.

PLO *abbr.* **Palestine Liberation Organization** Pertubuhan Pembebasan Palestin.

plod *v.i.* (*p.t.* **plodded**) bertekun; berjalan dengan langkah yang berat atau susah; mengerjakan sesuatu dengan perlahan dan tidak berhenti-henti. **plodder** *n.* orang yang lambat tetapi tekun membuat sesuatu dengan penuh kesungguhan.

plonk *n.* (*sl.*) wain yang murah atau rendah mutunya.

plop *n. & v.i.* (*p.t.* **plopped**) bunyi seperti sesuatu yang jatuh ke air.

plot *n.* plot; sebidang tanah; petak; komplot; sekumpulan; pakatan; jalan cerita dalam novel, drama atau filem. —*v.t./i.* (*p.t.* **plotted**) membuat peta atau carta; membuat tanda pada peta atau carta; membuat rancangan sulit. **plotter** *n.* orang yang berkomplot; dalang; penentu arah.

plough *n.* bajak; tenggala. —*v.t./i.* menenggala tanah; membajak; membuat laluan. **ploughman** *n.* orang yang membajak.

ploughshare *n.* mata atau pisau bajak.

plover *n.* burung kedidi; burung keruit.

ploy *n.* (*colloq.*) pekerjaan; dalil; helah.

pluck *v.t.* menarik keluar; mencabut; memetik (bunga); meregut; mencabut (bulu ayam atau burung). —*n.* keberanian. **pluck up courage** menguatkan semangat keberanian; memberanikan diri.

plucky *a.* (-ier, -iest) berani; menunjukkan semangat. **pluckily** *adv.* dengan bersemangat dan berani.

plug *n.* keping kayu atau logam yang digunakan untuk menutup lubang; penyumbat; plag; alat untuk menyambungkan bekalan kuasa elektrik; palam. —*v.t./i.* (*p.t.* **plugged**) menutup; (*sl.*) menyumbat; (*colloq.*) bekerja keras; (*colloq.*) mempromosi. **plug in** memasang palam.

plum *n.* sejenis pokok yang isi buahnya lembut dan bijinya keras seperti batu; sesuatu yang diingini. **plum cake, plum pudding** sejenis kuih.

plumage *n.* bulu burung.

plumb *n.* unting-unting; batu duga; batu ladung. —*adv.* tepat; (A.S., *colloq.*) dengan lengkap. —*v.t.* mengukur dalam atau tegak dengan menggunakan batu ladung; mencapai (kedalaman); mencari hingga ke akar umbinya; kerja memasang atau membaiki paip.

plumber *n.* tukang memasang atau membaiki paip.

plumbing *n.* sistem paip air, tangki, dll. dalam sesuatu bangunan.

plume *n.* bulu burung yang digunakan sebagai hiasan; benda-benda yang menyerupai bulu ini. —*v.t., refl.* menghiasi diri. **plumed** *a.* (burung) bebulu; berambu-rambu.

plummet *n.* batu ladung; unting-unting. —*v.t.* (*p.t.* **plummeted**) jatuh terhempas.

plump[1] *a.* (-**er**, -**est**) tembam; gemuk berisi. —*v.t./i.* menjadi tembam; menjadi gemuk. **plumpness** *n.* keadaan yang tembam, montok atau montel.

plump[2] *v.t./i.* menjunam dengan serta-merta. **plump for** memilih; memutuskan.

plunder *v.t.* merompak. —*n.* rompakan; barang-barang yang diperoleh dengan cara merompak.

plunge *v.t./i.* mencebur; membenamkan; terjun; menjatuhkan dengan tiba-tiba; berjudi dengan tidak terhingga. —*n.* perihal terjun; penceburan; pembenaman.

plunger *n.* pelocok; pam sedut.

pluperfect *a. & n.* (tatabahasa) kala lampau sempurna.

plural *n.* majmuk. —*a.* lebih daripada satu. **plurality** *n.* majoriti; jumlah besar.

plus *prep.* campur; tambah; (*colloq.*) dengan. —*a.* lebih daripada sifar; lebih daripada jumlah yang dinyatakan. —*n.* tanda '+'; faedah. **plus-fours** *n.pl.* seluar lelaki yang longgar dan berjerut di lutut yang dipakai, terutamanya oleh pemain golf.

plush *n.* kain yang mempunyai bulu seperti kain baldu; kain *plush*. —*a.* perihal kain baldu; sangat bagus dan elok; mewah.

plushy *a.* mewah; baik; bagus.

plutocrat *n.* orang yang berpengaruh kerana kekayaannya; kapitalis. **plutocratic** *a.* tentang kapitalis atau plutokrasi.

plutonium *n.* plutonium; bahan radioaktif yang digunakan dalam senjata-senjata nuklear.

pluvial *a.* berkenaan atau disebabkan hujan.

ply[1] *n.* lapisan tebalnya kayu, kain, dsb.; papan lapis.

ply[2] *v.t./i.* bekerja dengan menggunakan alat; menjalankan perdagangan; tidak henti-henti; berulang-alik.

plywood *n.* papan lapis.

p.m. *abbr.* **post meridiem** (Latin) petang; sore.

P.M. *abbr.* **Prime Minister** Perdana Menteri.

PMT *abbr.* **pre menstrual tension** tekanan prahaid.

pneumatic *a.* diisi atau digerakkan oleh udara mampat; dijalankan dengan udara mampat; pneumatik. **pneumatically** *adv.* dengan kemampatan.

pneumonia *n.* radang paru-paru.

P.O. *abbr.* **postal order** wang kiriman pos. **Post Office** Pejabat Pos.

poach *v.t./i.* merebus (telur tanpa kulitnya); mendidihkan; berburu atau menangkap ikan di kawasan larangan; menceroboh. **poacher** *n.* pemburu gelap; orang yang memburu atau menangkap ikan di tempat larangan.

pocket *n.* saku; kocek (pada baju); sumber wang seseorang; kantung; kumpulan atau kawasan yang terasing. —*a.* sesuai untuk diisikan ke dalam saku. —*v.t.* menyimpan dalam saku; memasukkan ke dalam saku; mengambil untuk kegunaan sendiri. **in** atau **out of pocket** memperoleh keuntungan atau kerugian. **pocket-book** *n.* buku nota kecil yang dapat dimasukkan ke dalam saku; bekas kecil seperti buku untuk menyimpan wang atau kertas. **pocket-money** *n.* wang saku; wang jajar.

pocketful *n.* (*pl.* -**fuls**) sesaku penuh.

pock-marked *a.* berbopeng; bercapuk.

pod *n.* kulit keras yang berisi kekacang.

podgy *a.* (-**ier**, -**iest**) gemuk pendek. **podginess** *n.* keadaan gemuk pendek.

podium *n.* (*pl.* -**ia**) podium; rostrum.

poem *n.* karangan yang berbentuk puisi (sajak, syair, pantun).

poesy *n.* sajak, puisi.

poet *n.* penyair; penyajak; pujangga; penulis sajak, puisi, syair atau pantun. **poetess** *n.fem.* penyair atau penyajak wanita.

poetic, poetical *adjs.* tentang puisi; puitis. **poetically** *adv.* dengan berpuisi.

poetry *n.* puisi; sajak; syair; hasil kerja penyair, penyajak atau pujangga; nilai atau mutu ciptaan indah seperti puisi.

po-faced *a.* (*colloq.*) tarik muka empat belas.

pogo stick *n.* tongkat pogo.

pogrom *n.* pembunuhan beramai-ramai yang dirancangkan.

poignant *a.* memilukan; pedih; perih. **poignantly** *adv.* dengan memilukan. **poignancy** *n.* kepiluan; kepedihan.

poinsettia *n.* tumbuhan yang mempunyai braktea besar berwarna merah.

point *n.* hujung yang tajam atau runcing; hujung atau pangkal; tanjung; titik digunakan sebagai tanda berhenti; tempat-tempat tertentu; masa atau peringkat; unit pengukuran, nilai, mata atau markah; hal, butir-butir atau perincian; sifat utama atau ciri-ciri penting; soket elektrik; rel kereta api yang dapat digerakkan untuk mengarahkan kereta api dari satu arah ke arah lain. —*v.t./i.* mengarah; menghalakan (dengan jari atau senjata, dsb.); mempunyai arah tertentu; menunjukkan; menajamkan; mengisikan (sambungan di antara batu-bata) dengan simen atau campuran kapur, pasir dan air dalam pembinaan. **on the point of** hampir hendak (berbuat sesuatu). **point-blank** *a.* mengacu, mengarah atau menembak pada jarak yang dekat; terus terang; (*adv.*) dengan terus terang. **point-duty** *n.* tempat pegawai polis yang telah ditetapkan untuk mengawal lalu lintas. **point of view** sudut pandangan; pendapat. **point to point** *n.* lumba kuda dari satu titik ke satu titik dengan hanya berpandukan tanda tempat sahaja. **point up** menjelaskan. **to the point** berkaitan atau berhubung dengan apa yang dipersoalkan atau dibincangkan.

pointed *a.* runcing; tajam; tepat. **pointedly** *adv.* dengan tepat; dengan jelas.

pointer *n.* barang atau alat yang menunjukkan sesuatu; petunjuk; anjing yang dapat mencari buruan dengan menjejak baunya.

pointing *n.* lepa yang dibubuh ke dalam ruang antara batu bata untuk menyamburkannya.

pointless *a.* tidak bererti; tidak berguna. **pointlessly** *adv.* dengan tidak bererti dan tidak berguna.

poise *v.t./i.* mengimbangkan; mengambang di udara. —*n.* keseimbangan; sikap tenang. **poised** *a.* keadaan yang seimbang; bersedia.

poison *n.* racun; bisa. —*v.t.* memberi racun kepada; bunuh dengan racun; meracuni; meletakkan racun di atas atau di dalam; meracuni (fikiran). **poison pen** *n.* penulis surat layang; menyebarkan fitnah. **poisoner** *n.* peracun. **poisonous** *a.* keadaan beracun.

poke[1] *v.t./i.* menusuk dengan hujung jari atau kayu; menebuk; mencucuk.

—*n.* perbuatan mencucuk. **poke fun at** memperolok-olokkan; mempermain-mainkan.

poke[2] *n.* (*dialect*) beg; karung.

poker[1] *n.* alat penggodak api.

poker[2] *n.* permainan daun terup. **poker-face** *n.* air muka yang tidak menunjukkan perasaan atau emosi.

poky *a.* (**-ier, -iest**) kecil dan sempit atau padat.

polar *a.* di atau dekat Kutub Utara atau Kutub Selatan; kutub magnet. **polar bear** beruang kutub; beruang putih di kawasan Artik.

polarize *v.t./i.* mengutubkan; terbahagi kepada dua kumpulan yang bertentangan pendapat. **polarization** *n.* pengutuban; pembahagian.

polaroid *n.* (tanda dagang) bahan lut sinar yang digunakan pada kaca mata hitam untuk mengurangkan silau matahari; kamera yang boleh menghasilkan foto beberapa saat selepas mengambil foto itu.

Pole *n.* orang Poland.

pole[1] *n.* tiang; galah. —*v.t.* menggalah; ukuran jarak atau jauh dengan menggunakan galah/tiang. **pole position** kedudukan bermula yang paling baik (dalam perlumbaan motor).

pole[2] *n.* kutub; hujung utara (Kutub Utara) atau selatan (Kutub Selatan) paksi bumi; arah langit yang bertentangan dengan kedua-dua di atas; salah satu hujung magnet atau hujung sel elektrik atau bateri. **pole-star** *n.* bintang kutub; bintang dekat Kutub Utara di langit.

poleaxe *n.* cipan; kapak untuk peperangan; alat untuk menyembelih lembu. —*v.t.* mengapak.

polecat *n.* sejenis musang yang berbau busuk; sigung.

polemic *n.* polemik; perbahasan; perbantahan (terutamanya berkenaan kepercayaan, pendapat, dsb.). **polemical** *a.* bersifat polemik.

polenta *n.* tepung jagung atau doh daripada tepung ini.

police *n.* polis. —*v.t.* mengawal; menjaga keamanan dengan menggunakan polis. **police state** negara yang diperintah dan dikawal kegiatan rakyatnya oleh pegawai-pegawai polis. **policeman** *n.* (*pl.* **-men**) polis lelaki. **policewoman** *n.* (*pl.* **-women**) polis wanita.

policy[1] *n.* dasar; panduan; polisi.

policy[2] *n.* polisi atau perjanjian insurans.

polio *n.* (*colloq.*) polio atau poliomielitis; sejenis penyakit lumpuh.

poliomyelitis *n. lihat* polio.

Polish *a. & n.* (bahasa, orang) Poland.

polish *v.t./i.* menggosok; memperbaiki (pekerjaan); menggilap. —*n.* licin; kilau; alat yang digunakan untuk perbuatan ini; kehalusan berdarjah tinggi. **polish off** menghabiskan. **polisher** *n.* penggilap; tukang gilap.

polished *a.* (tutur laku atau pertunjukan) elok; sempurna.

polite *a.* berkelakuan baik; bersopan santun; beradab; berbahasa. **politely** *adv.* dengan sopan. **politeness** *n.* kesopanan.

politic *a.* bijaksana. **body politic** Negara.

political *a.* berkenaan dengan politik; cara sesuatu negara diperintah. **politically** *adv.* secara politik.

politician *n.* ahli politik; orang yang terlibat dalam politik; Ahli Parlimen.

politicize *v.t.* mempolitikkan; menjadikan sebagai isu politik. **politicization** *n.* pempolitikan.

politics *n.* sains politik; ilmu dan cara pemerintahan; perkara politik atau kehidupan. —*n.pl.* prinsip politik.

polka *n.* tarian rancak untuk berpasang-pasangan. **polka dots** corak bola-bola pada kain.

poll *n.* pilihan raya; pengundian; tinjauan pendapat umum dengan cara menyoal orang awam. —*v.t./i.* membuang undi; mendapat undi; memotong tanduk lembu; memotong hujung pokok. **poll tax** cukai kepala; cukai yang dikenakan ke atas setiap penduduk.

pollack *n.* sejenis ikan (seakan-akan ikan kod).

pollard *v.t.* memotong hujung pokok untuk menghasilkan cabang-cabang yang baharu. —*n.* pokok yang telah dipotong hujungnya; binatang tidak bertanduk.

pollen *n.* debunga.

pollinate *v.t.* mendebungakan. **pollination** *n.* pendebungaan.

pollster *n.* orang yang menguruskan undian pendapat umum.

pollute *v.t.* menjadikan kotor; mencemarkan. **pollution** *n.* pengotoran; pencemaran. **pollutant** *n.* bahan cemar.

polo *n.* sejenis permainan bola seperti hoki sambil menunggang kuda. **polo neck** *n.* kolar baju tinggi yang dilipatkan.

polonaise *n.* tarian perarakan rentak perlahan.

poltergeist *n.* roh, jin, hantu yang membuang-buang barang dengan bisingnya.

polyandry *n.* poliandri; wanita banyak suami. **polyandrous** *a.* bersifat poliandri.

polychrome *a.* polikrom; pelbagai warna. **polychromatic** *a.* polikromatik.

polyester *n.* damar atau gentian tiruan.

polyethylene *n.* politena; sejenis plastik yang digunakan untuk bungkusan kalis air.

polygamy *n.* poligami; sistem mempunyai isteri lebih daripada satu pada satu ketika. **polygamist** *n.* orang yang beristeri lebih daripada satu. **polygamous** *a.* beristeri banyak.

polyglot *a.* mengetahui atau menggunakan berbagai-bagai bahasa. —*n.* penutur banyak bahasa.

polygon *n.* poligon; rajah atau bentuk geometri dengan banyak segi atau bersudut banyak. **polygonal** *a.* bersegi atau bersudut.

polygraph *n.* poligraf; mesin yang merakam perubahan pergerakan nadi.

polyhedron *n.* (*pl.* -dra) polihedron; bongkah banyak sudut. **polyhedral** *a.* tentang bongkah pelbagai sudut.

polymath *n.* pakar dalam pelbagai bidang.

polymer *n.* polimer; sebatian yang molekulnya terbentuk daripada penyatuan molekul-molekul kecil yang banyak.

polymerize *v.t./i.* menyatukan menjadi polimer; mempolimerkan. **polymerization** *n.* proses mempolimerkan; pempolimeran.

polyp *n.* polip; organisma berbentuk tiub misalnya yang terdapat di batu karang; ketumbuhan luar biasa daripada selaput lendir.

polyphony *n.* polifoni; kombinasi serentak melodi. **polyphonal** *a.* bersifat polifoni.

polystyrene *n.* polistirena; sejenis plastik.

polytechnic *n.* politeknik.

polytheism *n.* politeisme; kepercayaan kepada banyak Tuhan. **polytheist** *n.* penganut kepercayaan banyak Tuhan. **polytheistic** *a.* menganut kepercayaan banyak Tuhan.

polythene *n.* politen; sejenis plastik ringan yang kuat.

polyunsaturated *a.* (berkenaan lemak) tidak dikaitkan dengan pembentukan kolesterol dalam makanan.

polyurethane *n.* poliuretana; damar atau plastik tiruan.

polyvinyl chloride plastik vinil digunakan sebagai kain atau sebagai bahan penebat.

pomade *n.* minyak rambut pekat.

pomander *n.* gumpalan pelbagai bahan berbau wangi.

pomegranate *n.* buah atau pokok delima.

pomeranian *n.* sejenis anjing kecil yang mempunyai bulu yang lembut, panjang dan berkilat.

pommel *n.* bonggol pada hulu pedang atau keris; bonggol pelana.

pomp *n.* kegemilangan; kemegahan.

pom-pom *n.* pom-pom.

pompon *n.* rumbai-rumbai; ramburambu; jambul.

pompous *a.* angkuh; membesarkan diri dan menunjuk-nunjuk. **pompously** *adv.* dengan angkuh. **pomposity** *n.* keangkuhan; kebongkakan.

ponce *n.* tali barut; lelaki homoseks atau keperempuanan.

poncho *n.* (*pl.* -os) sejenis jubah dibuat seperti selimut dengan di tengahtengahnya berlubang untuk kepala; ponco.

pond *n.* kolam; kawasan kecil berair tenang.

ponder *v.t./i.* memikir-mikirkan; merenungkan.

ponderous *a.* berat; boyak; menjemukan. **ponderously** *adv.* dengan berat; secara boyak.

pong *n. & v.i.* (*sl.*) bau yang sangat busuk.

poniard *n.* pisau belati.

pontiff *n.* ketua paderi; biskop; paus.

pontifical *a.* yang angkuh dan tidak boleh dibantahi. **pontifically** *adv.* secara angkuh dan tidak boleh dibantahi.

pontificate *v.i.* bercakap dengan cara angkuh.

pontoon[1] *n.* pontun; sejenis sampan atau perahu berdasar rata. **pontoon bridge** jambatan sementara; jambatan terapung yang disokong di atas perahu atau silinder lohong.

pontoon[2] *n.* sejenis permainan terup.

pony *n.* kuda padi; kuda daripada baka kecil; kuda kerdil. **pony-tail** *n.* rambut ikat ekor kuda. **pony-trekking** *n.* bersuka-suka menunggang kuda padi merentasi kawasan desa.

poodle *n.* sejenis anjing berbulu tebal dan keriting.

pooh *int.* seruan rasa kebencian; ceh; cis; isy. **pooh-pooh** *v.t.* menyatakan kebencian terhadap sesuatu.

pool[1] *n.* kolam; paya atau kawasan kecil yang berair tenang; lopak; kolam renang.

pool[2] *n.* tabung bersama; pengumpulan barang-barang untuk dikongsi penggunaannya; permainan seakan-akan snuker. **football pools** (*sl.*) teka perlawanan bola sepak. —*v.t.* meletakkan atau membekalkan di dalam tabung bersama untuk dikongsi.

poop *n.* buritan atau bahagian paling belakang kapal; geladak kekota.

poor *a.* (-er, -est) serba kurang; papa; miskin; yang memerlukan bantuan atau belas kasihan; aib; hina. **poorness** *n.* kemiskinan.

poorly *adv.* dalam cara yang serba kurang. —*a.* tidak sihat atau baik.

pop[1] *n.* bunyi pop; bunyi letusan kecil; minuman bergas. —*v.t./i.* (*p.t.* popped) meletuskan; membuat letusan; meletakkan sesuatu, datang atau pergi dengan cepat.

pop[2] *n.* (*colloq.*) bapa.

pop[3] *a.* suka ramai. —*n.* rekod atau muzik pop.

popcorn *n.* bertih jagung.

pope *n.* paus.

popery *n.* (*derog.*) sistem berpaus; amalan mazhab Roman Katolik.

popgun *n.* senapang permainan kanakkanak (biasanya berpeluru gabus) yang ditembak dengan bunyi pop.

popish *a.* (*derog.*) berkenaan amalan mazhab Roman Katolik.

poplar *n.* pokok tinggi yang tirus.

poplin *n.* kain poplin; sejenis kain ditenun tidak bercorak; kain kapas.

poppadom *n.* popadom; sejenis keropok India yang lemak rangup.

poppet *n.* (*colloq.*) sayang; manja.

popping-crease *n.* garis di hadapan dan selari dengan wiket dalam permainan kriket.

poppy *n.* popi; pokok (bunga) candu.

poppycock *n.* (*sl.*) karut.

populace *n.* masyarakat umum; rakyat jelata.

popular *a.* terkenal dan disukai ramai; umum; biasa. **popularly** *adv.* secara terkenal; dengan disukai. **popularity** *n.* kepopularan.

popularize *v.t.* menjadikan sesuatu itu disukai atau dikenali ramai; dipersembahkan dalam bentuk bukan teknikal yang mudah difahami atau disukai ramai. **popularization** *n.* usaha mempopularkan.

populate *v.t.* mendiami; menghuni; tinggal di.

P

population *n.* penduduk.

populous *a.* banyak penduduknya.

porcelain *n.* porselen; tembikar Cina.

porch *n.* anjung.

porcine *a.* porsin; seperti khinzir.

porcupine *n.* landak.

pore[1] *n.* liang roma pada kulit atau daun, untuk mengeluarkan peluh atau menerima lembapan.

pore[2] *v.i.* **pore over** mempelajari dengan teliti.

pork *n.* daging khinzir.

porker *n.* khinzir pedaging.

porn *n.* (*colloq.*) porno; lucah.

pornography *n.* gambar (tulisan, filem) seks yang lucah. **pornographer** *n.* seseorang yang terlibat dalam penggambaran seks yang melucahkan. **pornographic** *a.* perihal perkara-perkara yang lucah; lucah.

porous *a.* poros; berliang-liang kecil; berongga; dapat diresapi oleh air dan udara. **porosity** *n.* keadaan berliang atau berongga.

porphyry *n.* batu-batan yang mengandungi bahan mineral hablur.

porpoise *n.* ikan paus kecil dengan muncungnya yang bulat dan tidak runcing; ikan lumba-lumba.

porridge *n.* bubur.

porringer *n.* mangkuk atau besen kecil untuk sup, dsb.

port[1] *n.* pelabuhan.

port[2] *n.* pintu di sisi kapal; lubang kecil di sebelah kapal untuk membolehkan cahaya dan angin masuk.

port[3] *n.* sebelah atau bahagian kiri kapal atau kapal terbang. —*v.t.* berpusing arah ke kiri.

port[4] *n.* sejenis wain atau arak yang sangat manis rasanya dan berwarna merah.

port[5] *v.t.* memegang (senapang) secara menyilang di hadapan badan.

portable *a.* mudah alih; yang mudah dibawa. **portability** *n.* perihal mudah alih.

portal *n.* pintu atau tempat masuk, terutamanya yang mengagumkan; pintu gerbang.

portcullis *n.* pintu kota; kisi-kisi atau jeriji tegak yang diturunkan ke dalam alur untuk menyekat jalan masuk ke kota atau ke istana.

portend *v.t.* meramalkan.

portent *n.* pertanda; alamat; gejala. **portentous** *a.* menjadi petanda.

porter[1] *n.* penjaga pintu bagi bangunan besar.

porter[2] *n.* porter; orang yang digajikan untuk mengangkut beg atau barang-barang misalnya di stesen kereta api, lapangan terbang, hotel, dsb.

porterage *n.* perkhidmatan pembawa barang.

portfolio *n.* (*pl.* **-os**) beg (tas) untuk menyimpan kertas; sebilangan pelaburan; jawatan menteri.

porthole *n.* tingkap, seperti yang terdapat pada kapal atau kapal terbang.

portico *n.* (*pl.* **-oes**) anjung yang bertiang-tiang.

portion *n.* bahagian; kongsian; sejumlah makanan untuk satu-satu orang; nasib seseorang. —*v.t.* membahagikan; menyebar-nyebarkan.

portly *a.* (**-ier, -iest**) tegap dan agak gemuk. **portliness** *n.* kegemukan.

portmanteau *n.* (*pl.* **-eaus**) sejenis beg atau peti untuk menyimpan pakaian.

portrait *n.* potret; gambar orang atau binatang; gambaran.

portray *v.t.* melukiskan; menggambarkan; memainkan peranan dalam sesuatu drama, dll. **portrayal** *n.* penggambaran; pemaparan.

Portuguese *a.* & *n.* (bangsa, bahasa) bagi negeri Portugis. **Portuguese man-of-war** sejenis ubur-ubur.

pose *v.t./i.* menggayakan atau mengambil sikap atau tanggapan tertentu; berpura-pura; mengutarakan; mengemukakan (sesuatu masalah, dll.). —*n.* lagak; gaya; sikap yang seseorang itu kemukakan; kepura-puraan.

poser *n.* persoalan (masalah) yang sulit atau mengelirukan.

poseur *n.* orang yang berlagak atau berpura-pura.

posh *a.* (*sl.*) sangat baik; mewah. **poshly** *adv.* dengan mewah. **poshness** *n.* kemewahan.

posit *v.t.* (*p.t.* **posited**) menganjurkan.

position *n.* kedudukan; tempat atau letaknya sesuatu; taraf; pangkat (dalam pekerjaan). —*v.t.* menempatkan. **positional** *a.* berkenaan atau berkaitan kedudukan.

positive *a.* positif; pasti; jelas; bersifat membina; (dalam kiraan) lebih daripada sifar; (untuk punca bateri) arus elektrik masuk; (bagi seni foto) dengan cahaya, bayangan atau warna seperti keadaan sebenar (bukan negatif). —*n.* bilangan, mutu atau gambar foto yang positif. **positively** *adv.* dengan pasti; dengan tetap; dengan tegas. **positiveness** *n.* ketegasan; ketetapan; kepastian.

positivism *n.* positivisme; sistem falsafah yang mengiktiraf fakta dan pemerhatian. **positivist** *n.* positivis.

positron *n.* partikel yang mempunyai caj elektrik positif.

posse *n.* sepasukan pegawai polis atau pihak yang berkuasa.

possess *v.t.* memiliki; mempengaruhi fikiran. **possess oneself of** memiliki. **possessor** *n.* tuan punya; empunya; pemilik.

possession *n.* kepunyaan; sesuatu yang dimiliki. **take possession of** menjadi pemilik atau mempunyai.

possessive *a.* berkenaan atau menunjukkan kepunyaannya; suka memiliki sesuatu; cemburu. **possessively** *adv.* dengan sikap ingin memiliki sesuatu atau suka menunjukkan kepunyaannya dengan cemburu. **possessiveness** *n.* sifat mempunyai; sifat cemburu.

possible *a.* boleh jadi; yang boleh berlaku atau wujud; harus; mungkin. **possibly** *adv.* barangkali; boleh jadi; mungkin. **possibility** *n.* kemungkinan; keharusan.

possum *n.* (*colloq.*) sejenis tupai. **play possum** berpura-pura tidak mengetahui.

post¹ *n.* tiang kayu atau besi yang tertanam tegak untuk menyokong sesuatu atau menandakan sesuatu tempat. — *v.t.* mempamerkan (satu pengumuman, dll.); mengumumkan menerusi pengumuman yang dipamerkan itu.

post² *n.* tempat berjaga; tempat pengawalan tentera; tempat perdagangan; jawatan. —*v.t.* menempatkan. **last post** (*lihat* last²).

post³ *n.* pos; penghantaran surat, dll. —*v.t.* mengepos; memasukkan ke dalam peti surat atau butir ke dalam lejar rasmi. **keep me posted** memberitahu saya. **post-box** *n.* peti surat. **post-haste** *adv.* dengan cepat sekali. **Post Office** Jabatan Perkhidmatan Pos. **post office** pejabat pos.

post- *pref.* selepas.

postage *n.* belanja bagi pengiriman sesuatu melalui pos.

postal *a.* berkenaan dengan surat atau pos. **postal order** kiriman wang.

postcard *n.* poskad.

postcode *n.* poskod; satu set huruf dan angka dalam alamat pos untuk memudahkan penyisihan.

post-date *v.* meletakkan tarikh yang terkemudian daripada tarikh sebenar di atas cek; berlaku terkemudian daripada.

poster *n.* poster.

poste restante jabatan di pejabat pos yang menyimpan surat sehingga dipungut.

posterior *a.* terletak di belakang; posterior. —*n.* punggung.

posterity *n.* generasi akan datang.

postern *n.* pintu kecil di belakang atau di tepi kota, di kubu, dll.

postgraduate *n.* seseorang yang sedang belajar untuk mendapatkan ijazah tinggi seperti sarjana dan doktor falsafah.

posthumous *a.* (bagi kanak-kanak) dilahirkan setelah kematian ayahnya; diterbitkan atau dianugerahkan setelah kematian pengarangnya. **posthumously** *adv.* selepas kematiannya.

postilion *n.* penunggang kuda yang menarik kereta kuda.

post-impressionist *n.* pelukis menggunakan cita rasa sendiri yang bertentangan dengan impresionisme. **post-impressionism** *n.* postimpresionisme.

postman *n.* (*pl.* **-men**) posmen.

postmark *n.* cap pos; tanda pos. —*v.t.* dicap pos.

postmaster, postmistress *ns.* ketua pejabat pos (lelaki, perempuan).

post-mortem *a. & n.* (pemeriksaan) dibuat setelah kematian; pos-mortem.

postnatal *a.* posnatum; selepas bersalin.

postpone *v.t.* ditangguhkan; mengundurkan; menunda. **postponement** *n.* penangguhan; penundaan.

postprandial *a.* selepas makan.

postscript *n.* perenggan tambahan pada akhir satu-satu surat, dll.; catatan tambahan.

postulant *n.* calon rahib.

postulate¹ *v.t.* menganggap sesuatu betul, terutama sebagai asas taakulan. **postulation** *n.* penganggapan sesuatu itu betul.

postulate² *n.* sesuatu yang dianggap sebagai betul, dalil atau bukti.

posture *n.* gaya atau kedudukan tubuh. —*v.i.* bergaya; berlagak. **postural** *a.* berkenaan gaya atau sikap.

posy *n.* sejambak bunga.

pot¹ *n.* periuk; pasu; belanga; pasu bunga; (*sl.*) sejumlah besar. —*v.t.* (*p.t.* **potted**) meletakkan ke dalam bekas atau periuk; memasukkan bola ke dalam lubang (dalam permainan biliard); memasukkan ke dalam saku; (*colloq.*) meringkaskan; menembak; membunuh. **go to pot** (*sl.*) menjadikan bertambah buruk; menghancurkan. **pot-belly** *n.* perut buncit. **pot-boiler**

n. penulisan sastera atau hasil-hasil kerja pelukis hanya untuk mendapatkan wang yang banyak atau untuk sara hidup. **pot luck** apa saja yang disediakan untuk satu-satu hidangan. **pot roast** *n.* daging panggang dalam periuk. **pot-shot** *n.* menembak secara sambil lalu; tembakan rambang.

pot² *n.* (*sl.*) marijuana; ganja.

potable *a.* boleh diminum.

potash *n.* potash.

potassium *n.* kalium.

potation *n.* perbuatan minum; minuman keras.

potato *n.* (*pl.* -oes) ubi kentang.

poteen *n.* (Ir.) wiski dari tempat penyulingan haram.

potent *a.* kuat; berpengaruh; mujarab; manjur; berkesan. **potently** *adv.* dengan berkesan. **potency** *n.* kemujaraban; keberkesanan; pengaruh.

potentate *n.* pemerintah; raja.

potential *a. & n.* (kebolehan, dll.) keupayaan untuk dimajukan atau digunakan; berpotensi. **potentially** *adv.* dengan ada upaya; berkemungkinan. **potentiality** *n.* keupayaan terpendam; kemungkinan; potensi.

pothole *n.* lubang di bawah tanah yang terjadi kerana tindakan air; lubang di atas jalan raya.

potholing *n.* lubang dalam batu-batan.

potholer *n.* orang yang menjelajah gua bawah tanah.

potion *n.* cecair untuk diminum sebagai ubat.

pot-pourri *n.* campuran wangian daripada kelopak bunga yang kering dan rempah-rempah; campuran beraneka.

potsherd *n.* serpihan tembikar.

potted *lihat* **pot**¹. —*a.* pengawetan di dalam periuk. **potted meat** daging yang diawetkan.

potter¹ *n.* pembuat periuk belanga.

potter² *v.i.* bekerja sambil lewa tanpa bersungguh-sungguh.

pottery *n.* barang-barang tembikar; hasil kerja pembuatan barang-barang tembikar.

potty¹ *a.* (-ier, -iest) (*sl.*) tak penting; gila.

potty² *n.* (*colloq.*) ketur atau bekas kencing kanak-kanak di bilik tidur.

pouch *n.* kantung; beg kecil; dompet. —*v.t./i.* memasukkan ke dalam kantung; tergantung dalam beg kecil berbentuk uncang.

pouffe *n.* bangku berlapik kusyen.

poulterer *n.* peniaga ayam itik.

poultice *n.* demah; tuam. —*v.t.* mendemah; menuam.

poultry *n.* ternakan seperti ayam, itik, dll.

pounce *v.i.* menyambar; mencengkam; menerkam. —*n.* sambaran; terkaman.

pound¹ *n.* paun (ukuran berat); mata wang Inggeris dan negara-negara tertentu.

pound² *n.* kandang; kurungan binatang (atau kenderaan) yang ditahan sebelum dituntut oleh yang empunya.

pound³ *v.t./i.* memukul atau menghancurkan dengan pukulan yang kuat berkali-kali; meremukkan; (jantung) berdegup kuat.

poundage *n.* komisen atau dalal bagi tiap-tiap satu paun (mata wang) ataupun bagi tiap-tiap satu paun (lb) yang ditimbang.

pour *v.t./i.* mengalir; menuang; hujan mencurah lebat; mencurahkan.

pout¹ *v.t./i.* menjuihkan bibir keluar; memuncungkan mulut terutama ketika marah. —*n.* perbuatan mencebik bibir.

pout² *n.* ikan laut seakan-akan ikan kod; ikan air tawar seperti belut.

poverty *n.* keadaan miskin; kekurangan; kepapaan; kemelaratan.

POW *abbr.* prisoner of war tahanan perang; banduan perang.

powder *n.* serbuk; ubat atau alat solek dalam bentuk serbuk; serbuk peluru (ubat bedil). —*v.t.* menyapu bedak. **powdery** *a.* berserbuk.

powdered *a.* dibuat menjadi serbuk.

power *n.* kesanggupan untuk berbuat sesuatu; tenaga; kekuatan; daya; kawalan; pengaruh; orang atau negeri yang berpengaruh; (kiraan) ganda; kuasa elektrik atau jentera; bekalan elektrik. —*v.t./i.* membekalkan kuasa. **power-station** *n.* stesen janakuasa.

powered *a.* yang mempunyai atau dibekali dengan kuasa elektrik atau jentera.

powerful *a.* bertenaga; berkuasa; berpengaruh. **powerfully** *adv.* secara kuat atau berpengaruh.

powerhouse *n.* penjana; orang atau benda yang bertenaga kuat.

powerless *a.* tiada kekuatan atau kuasa untuk bertindak; tidak berdaya; tidak bertenaga.

powwow *n.* mengadakan perjumpaan untuk berbincang.

PR *abbr.* proportional representation perwakilan berdasarkan perkadaran; public relations perhubungan awam.

practicable *a.* yang boleh dibuat. **practicability** *n.* perihal sesuatu yang boleh dibuat.

practical *a.* berkenaan dengan praktik atau amalan; praktis. **practical joke** mempersendakan seseorang. **practicality** *n.* secara praktikal; praktikalnya.

practically *adv.* dengan cara yang praktis; sebetulnya.

practice *n.* amalan; kebiasaan; kelaziman; latihan; pekerjaan ikhtisas seperti doktor atau peguam. **out of practice** sudah lama tidak mengerjakan atau melakukan sesuatu dengan mahir.

practise *v.t./i.* berlatih; membuat sesuatu berulang kali untuk menjadi mahir atau mengekalkan kemahiran; menjalankan kerja ikhtisas (bagi doktor atau peguam); mengamalkan.

practised *a.* berpengalaman.

practitioner *n.* pengamal; ahli; orang yang mahir dan terlatih, terutama dalam bidang perubatan.

pragmatic *a.* berguna dan praktis; pragmatik. **pragmatically** *adv.* secara praktis dan berguna. **pragmatism** *n.* fahaman pragmatis; pragmatisme. **pragmatist** *n.* seseorang yang pragmatik.

prairie *n.* prairi; kawasan rumput yang luas dan mendatar.

praise *v.t.* menyuarakan persetujuan atau mengagumi; memuji. —*n.* kata-kata pujian; perihal melahirkan rasa kagum melalui perkataan.

praiseworthy *a.* patut dipuji. **praiseworthiness** *n.* kebolehpujian.

praline *n.* manisan buah badam, kacang, dsb. yang dimasak dalam air gula.

pram *n.* kereta tolak beroda empat untuk bayi.

prance *v.i.* bergerak dengan gerakan meloncat-loncat.

prank *n.* senda gurau.

prankster *n.* orang yang gemar mengusik.

prate *v.i.* bercakap melarut-larut; mengoceh.

prattle *v.i.* bercakap atau berceloteh seperti kanak-kanak. —*n.* celoteh seperti kanak-kanak.

prawn *n.* udang.

pray *v.t./i.* bersembahyang; berdoa; memohon.

prayer *n.* perbuatan memohon atau bersyukur kepada Tuhan; kata-kata yang digunakan dalam doa; perbuatan menyembah Tuhan; sembahyang; permohonan. **prayer-book** *n.* buku doa.

pre- *pref.* pra; kata awalan; sebelum.

preach *v.t./i.* memberi syarahan agama; berkhutbah; menghuraikan kitab Injil; menasihatkan sesuatu; mengesyorkan sesuatu yang baik. **preacher** *n.* pengkhutbah.

preamble *n.* kata-kata pengantar; bahagian pengenalan; mukadimah.

prearrange *v.t.* menyusun atau mengatur terlebih dahulu. **prearrangement** *n.* perihal mengatur terlebih dahulu.

prebendary *n.* paderi yang menerima gaji daripada pendapatan gereja; ahli kehormat gereja.

precarious *a.* berbahaya; tidak selamat. **precariously** *adv.* dengan tidak tentu; dengan berbahaya. **precariousness** *n.* keadaan berbahaya.

precaution *n.* tindakan berjaga-jaga (untuk mengelakkan sesuatu risiko). **precautionary** *a.* yang bersifat mencegah atau berhati-hati.

precede *v.t.* mendahului.

precedence *n.* keutamaan.

precedent *n.* (undang-undang) kes yang telah terjadi digunakan sebagai contoh kepada kes baharu.

precentor *n.* paderi yang bertanggungjawab tentang muzik di gereja.

precept *n.* petua; petunjuk; nasihat.

preceptor *n.* guru.

precession *n.* liukan ekuinoks; perubahan yang menyebabkan ekuinoks berlaku lebih awal pada setiap tahun.

precinct *n.* kawasan terkepung, terutama di sekeliling gereja, dsb.; kawasan larangan bagi lalu lintas dalam sesebuah pekan; (*pl.*) kawasan sekitar.

precious *a.* yang mempunyai nilai tinggi; sangat berharga; sangat disayangi. —*adv.* (*colloq.*) sangat. **precious stone** batu-batu permata yang tinggi nilainya.

precipice *n.* cenuram; pinggir gunung yang tinggi; tebing jurang; tebing tinggi.

precipitance *n.* cepat; pantas. **precipitancy** *n.* kecepatan.

precipitate[1] *v.t.* menghumbankan; menyegerakan; menyebabkan sesuatu berlaku dengan tiba-tiba atau segera; menyebabkan (sesuatu bahan) menjadi mendak. **precipitation** *n.* perbuatan atau proses pemendakan.

precipitate[2] *n.* bahan yang mendap daripada larutan, dll. —*a.* (bertindak) dengan gopoh-gapah; terburu-buru; tergesa-gesa. **precipitately** *adv.* dengan tiba-tiba.

precipitous *a.* sangat curam.

précis n. (pl. **précis**, pr. **-si:z**) ringkasan. —v.t. membuat ringkasan.

precise a. tepat; betul dan diterangkan dengan jelas. **precisely** adv. dengan tepatnya; secara tepat. **precision** n. ketepatan; ketelitian.

preclude v.t. menahan; merintangi; menghalang; mencegah; menghindar.

precocious a. (berkenaan buah pokok) lekas matang atau masak; lekas dewasa (berkenaan manusia). **precociously** adv. perihal terlalu lekas matang atau dewasa. **precocity** n. keadaan cepat dewasa.

precognition n. pengetahuan tentang sesuatu sebelum ia berlaku.

preconceived a. (satu fikiran atau pendapat) terbentuk sebelumnya; praanggap. **preconception** n. praanggapan; pengertian terlebih dahulu.

precondition n. prasyarat.

precursor n. pelopor; perintis; bentuk awal.

pre-date v. wujud atau berlaku pada tarikh yang lebih awal.

predator n. binatang pemangsa.

predatory a. bersifat pemangsa.

predecease v.t. mati terlebih dahulu (daripada yang lain).

predecessor n. bekas pemegang sesuatu jawatan atau kedudukan.

predestine v.t. menentukan terlebih dahulu (oleh Tuhan); mentakdirkan. **predestination** n. takdir; yang ditentukan terlebih dahulu.

predicament n. keadaan yang sukar.

predicate n. predikat; penerang subjek dalam satu-satu ayat.

predicative a. menjadi atau membentuk predikat atau sebahagiannya. **predicatively** adv. digunakan sebagai predikat.

predict v.t. meramalkan. **prediction** n. ramalan; telahan; tenungan. **predictor** n. peramal; alat atau pesawat yang digunakan dalam peperangan untuk menentukan bila hendak menangkis serangan udara.

predictable a. (boleh) diramalkan. **predictably** adv. seperti yang diramalkan atau dijangkakan.

predilection n. kegemaran yang istimewa.

predispose v.t. mempengaruhi terdahulu; mudah kena atau mudah berjangkit (contohnya penyakit). **predisposition** n. keadaan mudah terpengaruh; hal mudah kena.

predominate v.i. mengatasi yang lain dari segi bilangan atau kekuatan, dll.; mempunyai kuasa atau pengaruh. **predominant** a. lebih berkuasa; lebih banyak. **predominantly** adv. dengan banyaknya. **predominance** n. perihal mempunyai kuasa, pengaruh, kekuatan, bilangan yang lebih.

pre-eminent a. melebihi yang lain; unggul; terutama; terbaik. **pre-eminently** adv. secara yang terbaik; dengan unggulnya. **pre-eminence** n. keunggulan; kelebihan daripada yang lain.

pre-empt v.t. melakukan sesuatu dengan bertindak lebih awal daripada orang lain. **pre-emption** n. hak membeli terlebih dahulu. **pre-emptive** a. tentang tindakan awal atau terlebih dahulu.

preen v.t. membersihkan (bulu) dengan paruhnya. **preen oneself** menghiasi diri; berasa megah.

pre-exist v.i. wujud terlebih dahulu. **pre-existence** n. kewujudan terlebih dahulu. **pre-existent** a. yang wujud terlebih dahulu.

prefab n. (colloq.) bangunan pasang siap.

prefabricate v.t. menyediakan untuk dipasangsiapkan di tapak (bangunan). **prefabrication** n. perihal membuat bahagian-bahagian (rumah, kapal, dll.) terlebih dahulu kemudian dipasangsiapkan.

preface n. prakata; pengenalan; pendahuluan. —v.t. memberi pengenalan dengan prakata; membawa kepada (sesuatu kejadian).

prefect n. ketua murid; Pegawai Pentadbir.

prefer v.t. (p.t. **preferred**) memilih kerana lebih dikehendaki atau lebih disukai; memajukan (sesuatu tuduhan); menaikkan pangkat atau memperkenalkan (seseorang).

preferable a. lebih disukai daripada; lebih baik daripada. **preferably** adv. sebaik-baiknya; lebih baik; lebih suka.

preference n. keutamaan; hal yang lebih diutamakan; sesuatu yang lebih disukai; kecenderungan.

preferential a. memberi keutamaan. **preferentially** adv. dengan mengutamakan.

preferment n. hal lebih menyukai; hal diangkat ke jawatan yang lebih tinggi; kenaikan pangkat.

prefigure v.t. memberi gambaran atau bayangan awal.

prefix n. (pl. **-ixes**) awalan; imbuhan.

—v.t. menambah sebagai imbuhan atau sebagai pengenalan.

pregnant *a.* hamil; mengandung; penuh bererti. **pregnancy** *n.* kehamilan.

prehensile *a.* boleh memegang dan mencekau barang.

prehistoric *a.* berkenaan zaman prasejarah.

prehistory *n.* prasejarah; zaman purbakala.

prejudge *v.t.* mengadili terlebih dahulu sebelum mengetahui semua dalilnya.

prejudice *n.* prejudis; prasangka. *—v.t.* menyebabkan mempunyai prasangka; memudaratkan (hak yang sedia ada). **prejudiced** *a.* keadaan berprasangka.

prejudicial *a.* memudaratkan hak, kepentingan, dsb.

prelate *n.* paderi yang berpangkat lebih tinggi.

preliminary *a. & n.* (tindakan atau acara, dll.) saringan; permulaan atau persediaan untuk tindakan atau acara utama.

prelude *n.* tindakan atau acara pendahuluan dan diikuti dengan yang lain; bahagian pengenalan sesuatu muzik.

premarital *a.* sebelum berkahwin.

premature *a.* pramasa; pramatang; sebelum waktunya. **prematurely** *adv.* datang atau berlaku sebelum cukup waktunya.

premedication *n.* pengubatan sebelum pembedahan.

premeditated *a.* terancang lebih dahulu. **premeditation** *n.* perihal merancang, memikir dan merencana terlebih dahulu.

premenstrual *a.* masa sebelum setiap haid.

premier *a.* terpenting; terutama. *—n.* Perdana Menteri. **premiership** *n.* kedudukan atau jawatan Perdana Menteri.

première *n.* pertunjukan atau tayangan gambar perdana. *—v.t.* mengadakan pertunjukan perdana.

premises *n.pl.* premis; rumah atau bangunan dan pekarangannya.

premiss *n.* kenyataan yang dijadikan sebagai asas taakulan.

premium *n.* sejumlah wang atau wang ansuran yang dibayar untuk polisi insurans; tambahan kepada gaji atau upah; yuran untuk pengajian. **at a premium** lebih daripada harga biasa; amat dihargai. **Premium (Saving) Bond** jaminan kerajaan membayar tanpa faedah tetapi menawarkan

peluang hadiah wang tunai dalam masa tertentu. **put a premium on** memberi dorongan kepada (satu tindakan, dll.); meletakkan nilai khas atau keutamaan kepada sesuatu/ seseorang.

premonition *n.* firasat; alamat; petanda. **premonitory** *a.* merupakan petanda atau alamat.

prenatal *a.* pranatal; sebelum lahir. **prenatally** *adv.* yang sebelum lahir.

preoccupation *n.* keasyikan; kelekaan perkara yang memenuhi fikiran seseorang.

preoccupied *a.* leka; asyik memikirkan sesuatu dan tidak mempedulikan hal-hal lain.

prep *n.* (*lihat* **preparation**) **prep school** sekolah persediaan.

preparation *n.* persediaan; perihal menyediakan; penyediaan untuk kegunaan; (*juga prep.*) kerja rumah (untuk murid-murid membuatnya di luar waktu sekolah).

preparatory *a.* sedang dalam persiapan. *—adv.* sebagai persediaan. **preparatory school** sekolah pengajian persediaan untuk memasuki kolej, dsb.

prepare *v.t./i.* membuat persediaan; menyediakan. **prepared to** bersedia dan sanggup.

prepay *v.t.* (*p.t.* **prepaid**) membayar terlebih dahulu. **prepayment** *n.* pembayaran yang dilakukan lebih dahulu.

preponderate *v.i.* melebihi dari segi bilangan, kekuatan, pengaruh, dsb. **preponderant** *a.* lebih pengaruh, kekuatan, bilangan, dll. **preponderantly** *adv.* dengan pengaruh atau kekuatan yang lebih. **preponderance** *n.* perihal lebih banyak (besarnya, pengaruh, dsb.).

preposition *n.* kata depan; preposisi; perkataan yang dipakai dengan kata nama atau ganti nama untuk menunjukkan kedudukan, masa atau maknanya (contoh *di* rumah, *dengan* kereta api). **prepositional** *a.* berfungsi sebagai kata depan.

prepossessing *a.* yang menarik hati.

preposterous *a.* tidak masuk akal; mustahil; karut. **preposterously** *adv.* yang dilakukan dengan cara yang tidak masuk akal.

preppy *n. & a.* (A.S., *colloq.*) orang yang belajar di sekolah swasta yang mahal.

prepuce *n.* kulit khatan; kulup.

P

prerequisite *a. & n.* sesuatu yang perlu ada sebelum sesuatu perkara dapat dibuat; prasyarat.

prerogative *n.* hak atau keistimewaan yang dimiliki oleh seseorang atau sesuatu kumpulan.

presage *n.* tanda; alamat.

preschool *a.* prasekolah; berkenaan masa sebelum kanak-kanak cukup umur untuk bersekolah.

prescient *a.* tahu tentang sesuatu sebelum ia terjadi. **prescience** *n.* kebolehan melihat ke masa hadapan.

prescribe *v.t.* menentukan ubat dan cara menggunakannya; mempreskripsikan; menetapkan; menentukan.

prescript *n.* perintah; arahan.

prescription *n.* sesuatu yang telah ditentukan; arahan doktor tentang pengambilan dan penggunaan sesuatu ubat; preskripsi.

prescriptive *a.* preskriptif.

presence *n.* perihal hadir; orang atau benda yang ada atau hadir. **presence of mind** kebolehan bertindak dengan fikiran yang waras dalam satu-satu krisis.

present[1] *a.* yang hadir atau ada di suatu tempat; kemunculan atau tentang masa sekarang. —*n.* masa sekarang. **at present** sekarang; kini. **for the present** buat masa ini; untuk sementara.

present[2] *n.* hadiah.

present[3] *v.t.* memberi sebagai hadiah atau penghargaan; menghadiahkan; memperkenalkan atau mempersembahkan kepada ramai; menunjukkan; mendedahkan; mengacukan (bagi senjata). **present arms** meletakkan senjata tegak di hadapan sebagai penghormatan. **presenter** *n.* pemberi; pengacara.

presentable *a.* sesuai diperagakan; baik rupanya. **presentably** *adv.* secara sesuai untuk diperagakan.

presentation *n.* penyampaian; persembahan; perihal menyampaikan.

presentiment *n.* rasa sesuatu akan berlaku; firasat.

presently *adv.* nanti; (Sc. & A.S.) pada masa ini; sekejap lagi.

preservation *n.* pengawetan; pemeliharaan; pengekalan.

preservative *a.* berkenaan pengawetan. —*n.* bahan yang digunakan untuk mengawet makanan yang mudah busuk.

preserve *v.t.* memelihara; mengekalkan; mengawet; menjaga (makanan) untuk menghindarinya daripada menjadi rosak. —*n.* kawasan simpanan (haiwan buruan, ikan, dsb.); kegiatan, urusan, bidang, dsb. seseorang; (juga *pl.*) jem. **preserver** *n.* pengawet.

preside *v.i.* mempengerusikan; mengetuai; mempunyai kedudukan untuk mengawal.

president *n.* presiden; ketua negara republik. **presidency** *n.* jawatan sebagai presiden. **presidential** *a.* tentang presiden atau tugas-tugasnya.

presidium *n.* presidium; jawatankuasa kerja, terutama dalam pertubuhan komunis.

press[1] *v.t./i.* menekan atau mendesak; memerah; membuat dengan cara menekan; meratakan; melicinkan.; menyeterika (baju, dll.); memaksa. —*n.* proses menekan atau mendesak; alat untuk menekan sesuatu; mesin mencetak; firma mencetak atau penerbitan; surat khabar dan majalah, orang yang terlibat dalam penulisan atau penghasilannya. **be pressed for** kesuntukan. **press conference** persidangan akhbar. **press cutting** artikel atau rencana dipotong daripada surat khabar. **press-stud** *n.* butang ketap. **press up** *n.* tekan tubi.

press[2] *v.t.* (kegunaan lama) dipaksa menyertai tentera darat/laut. **press gang** *n.* badan yang dilantik untuk memaksa orang menyertai tentera. —*v.t.* memaksa berkhidmat.

pressing *a.* segera; yang mendesak. —*n.* benda-benda yang dibuat secara menekan; rekod gramofon atau beberapa bilangan rekod dicetak pada satu masa.

pressure *n.* tekanan; perihal kuasa penekanan pada sesuatu; tekanan atmosfera; paksaan. —*v.t.* memaksa (bagi orang). **pressure-cooker** *n.* periuk tekanan; sejenis periuk kedap udara untuk memasak dengan cepat. **pressure group** kumpulan atau persatuan yang mencuba untuk mempengaruhi yang lain dengan cara tindakan bersama yang intensif; kumpulan pendesak.

pressurize *v.t.* memaksa dalam satu-satu tindakan; mengekalkan tekanan udara yang tetap (di dalam satu-satu ruang). **pressurization** *n.* tekanan.

prestige *n.* martabat; prestij; penghormatan diberi kerana nama atau pencapaian yang baik; kemegahan.

prestigous *a.* berprestij; mempunyai atau memberi penghormatan.

presto *adv & a.* tentang muzik yang cepat dan pantas.

prestressed *a.* prategasan; (konkrit) yang telah diperkukuhkan dengan dawai.

presumably *adv.* barangkali; mungkin; secara dugaan.

presume *v.t./i.* menganggap; menyangka; memandai-mandai; berkelakuan terlalu yakin pada diri sendiri. **presume on** mengambil kesempatan. **presumption** *n.* dugaan; andaian.

presumptive *a.* berdasarkan andaian.

presumptuous *a.* berkelakuan terlalu berani atau dengan memandai-mandai. **presumptuously** *adv.* dengan terlalu yakin akan diri sendiri. **presumptuousness** *n.* keangkuhan; kesombongan.

presuppose *v.t.* menjangkakan terlebih dahulu; mengandaikan; bererti; membayangkan. **presupposition** *n.* praandaian; perihal membayangkan atau menyangkakan.

pretence *n.* kepura-puraan; alasan-alasan supaya dipercayai; kepalsuan.

pretend *v.t./i.* pura-pura; berpura-pura (dalam berlakon atau penipuan); mengakui secara bohong tentang sesuatu; mendakwa. **pretender** *n.* penipu; pembohong.

pretension *n.* satu-satu tuntutan; keangkuhan.

pretentious *a.* megah; berlagak; menunjuk-nunjuk. **pretentiously** *adv.* dengan angkuh; dengan bongkak; dengan pongah. **pretentiousness** *n.* keangkuhan; kebongkakan; kepongahan.

preternatural *a.* luar biasa; ganjil. **preternaturally** *adv.* dengan luar biasa; dengan ganjil.

pretext *n.* alasan; helah; dalih.

prettify *v.* (**prettifying, prettified**) membuatkan sesuatu itu kelihatan cantik atau elok; memperelok.

pretty *a.* (**-ier, -iest**) cantik; menarik. —*adv.* agak sederhana. **a pretty penny** lumayan (wang yang banyak). **prettily** *adv.* dengan cantiknya; secara manis atau elok. **prettiness** *n.* kecantikan; kemanisan; keelokan.

pretzel *n.* pretzel; sejenis biskut yang berpintal.

prevail *v.i.* memenangi; mengatasi; merupakan perkara biasa. **prevail on** mendesak.

prevalent *a.* lazim; tersebar dengan luasnya. **prevalence** *n.* kelaziman.

prevaricate *v.i.* percakapan dolak-dalik atau yang mengelirukan. **prevarication** *n.* perbuatan berdalih; cakap putar belit. **prevaricator** *n.* orang yang suka berdalih.

prevent *v.t.* mengelakkan daripada terjadi; menghalang daripada membuat sesuatu. **prevention** *n.* pencegahan; penghalangan. **preventable** *a.* yang dapat ditegah atau dicegah.

preventative *a. & n.* bersifat mencegah; pencegah.

preventive *a. & n.* bersifat mencegah; pencegah.

preview *n.* pratonton.

previous *a.* dahulu. **previous to** sebelum. **previously** *adv.* sebelumnya; terdahulu.

prey *n.* binatang yang diburu atau dibunuh oleh binatang yang lain untuk makanannya; mangsa. —*v.t.* **prey on** mencari mangsa atau menerima kesusahan; mengganggu fikiran. **bird of prey** burung yang membunuh dan memakan binatang lain.

price *n.* harga; jumlah wang yang dibayar untuk sesuatu barang yang dibeli atau dijual; sesuatu yang kurang menyenangkan yang mesti dibuat untuk mencapai sesuatu. —*v.t.* menetap atau menentukan harga.

priceless *a.* tidak ternilai; (*sl.*) sangat tidak munasabah atau terlalu lucu.

pricey *a.* (*colloq.*) mahal.

prick *v.t./i.* mencucuk; menusuk sedikit; berasa mencucuk-cucuk; meninggikan atau menegakkan telinga. —*n.* perbuatan mencucuk; rasa mencucuk-cucuk. **prick out** menanam anak pokok ke dalam lubang yang ditugal. **prick up one's ears** mendengar dengan teliti; pasang telinga.

prickle *n.* duri kecil; duri tajam yang terdapat pada badan landak, dll.; rasa mencucuk. —*v.t./i.* mencucuk; berasa mencucuk.

prickly *a.* berduri; mudah tersinggung; mudah naik berang. **prickliness** *n.* keadaan berduri; sifat mudah tersinggung atau mudah naik berang.

pride *n.* rasa megah atau bangga; kebanggaan; harga diri seseorang; maruah, dll.; kehormatan diri; sekelompok (bagi singa). —*v.refl.* **pride oneself on** berbangga dengan. **pride of place** tempat istimewa.

prie-dieu *n.* meja untuk melutut ketika sembahyang.

priest *n.* paderi; pendeta; sami (bagi agama bukan Kristian). **priestess** *n.fem.* paderi perempuan. **priesthood** *n.* jawatan paderi. **priestly** *a.* seperti paderi.

prig *n.* orang yang sombong atau menganggap dirinya saja yang betul. **priggish** *a.* sombong; yang menganggap dirinya saja betul. **priggishness** *n.* kesombongan.

prim *a.* (**primmer, primmest**) kemas dan rapi; terlalu tertib dan bersopan santun. **primly** *adv.* dengan kemas; dengan rapi. **primness** *n.* kerapian; kekemasan.

prima *a.* **prima ballerina** ketua penari balet wanita. **prima donna** penyanyi utama wanita dalam opera.

primacy *n.* amat penting; kedudukan utama.

prima facie pada pandangan pertama (sepintas lalu) atau zahirnya; berdasarkan pada tanggapan atau pandangan pertama; *prima facie*.

primal *a.* primitif; dahulu kala; asas.

primary *a.* permulaan; dasar; perintah; kepentingan; rendah. **primary colours** warna utama. **primary education, primary school** pelajaran asas; sekolah rendah. **primarily** *adv.* terutamanya; yang pertama sekali.

primate *n.* ketua paderi; jenis mamalia peringkat tertinggi yang termasuk manusia, kera dan monyet.

prime[1] *a.* perdana; yang utama sekali; asas. **prime minister** perdana menteri. **prime number** nombor perdana, iaitu nombor yang tidak boleh dibahagi dengan tepatnya, kecuali dengan nombor itu sendiri atau satu.

prime[2] *v.t.* menyiapkan untuk digunakan atau untuk bertindak; membekalkan maklumat atau makanan dan minuman sebagai persediaan untuk sesuatu; menyediakan sesuatu.

primer[1] *n.* cat asas; sesuatu (seperti varnis, minyak, dll.) yang digunakan untuk menutup permukaan yang hendak dicat.

primer[2] *n.* buku teks asas.

primeval *a.* zaman purba; dahulu kala.

primitive *a.* primitif; asli; bayas.

primogeniture *n.* sistem bahawa anak lelaki yang tertua mewarisi semua harta ibu bapanya.

primordial *a.* purba kala.

primrose *n.* bunga berwarna kuning muda.

primula *n.* jenis tumbuh-tumbuhan hidup sepanjang tahun seperti rumput yang mempunyai berbagai-bagai warna dan bentuk, termasuklah jenis primros.

prince *n.* putera.

princely *a.* seperti putera; mewah atau lumayan.

princess *n.* puteri.

principal *a.* utama; pertama dalam pangkat atau kepentingan. —*n.* pengetua sekolah atau maktab tertentu; orang yang mempunyai kuasa tertinggi atau memainkan peranan utama; modal yang dijadikan asas untuk kiraan bunga (faedah) atau pendapatan; wang modal. **principal boy** watak pelakon lelaki utama yang dimainkan oleh wanita.

principality *n.* negeri yang diperintah oleh putera raja; **The Principality** Wales.

principally *adv.* terutamanya.

principle *n.* prinsip; kebenaran atau ajaran yang digunakan sebagai dasar pemikiran atau panduan untuk bertindak; hukum sains yang ditunjukkan atau digunakan dalam membuat sesuatu mesin, dll. **in principle** pada dasarnya. **on principle** atas dasarnya.

prink *v.t./i.* memperkemas diri.

print *v.t.* mencetak; mengecap; menerbitkan; menulis dengan huruf tidak bersambung; mencuci (filem). —*n.* cetakan; percetakan; tanda; cap. **in print** masih dijual (buku, dsb.). **out of print** tidak dicetak lagi. **printed circuit** litar tercetak; litar elektrik yang menggunakan jejalur nipis dan bukannya wayar untuk mengalirkan arus.

printer *n.* pencetak; orang yang mencetak buku, majalah atau surat khabar, dll.

printout *n.* cetakan (komputer).

prior[1] *a.* terlebih dahulu; sebelumnya. **prior to** sebelum.

prior[2] *n.* ketua rahib (lebih rendah daripada ketua biara). **prioress** *n.fem.* ketua rahib wanita.

priortize *v.t.* mengutamakan. **priortization** *n.* pengutamaan.

priority *n.* keutamaan; kepentingan; harus diberi keutamaan; sesuatu yang harus diberi perhatian lebih daripada yang lain.

priory *n.* biara di bawah kelolaan *prior* (ketua rahib).

prise *v.t.* memaksa atau membuka dengan mencungkil.

prism *n.* prisma.

prismatic *a.* seperti prisma; (bagi warna) seperti warna pelangi; beraneka warna.

prison *n.* jel; penjara.

prisoner *n.* banduan; orang salah; orang tahanan; orang di tempat pengurungan.

prissy *a.* (**-ier, -iest**) sangat kemas dan tertib; bersopan santun. **prissily** *adv.* dengan sangat tertib. **prissiness** *n.* kekemasan; kesopanan.

pristine *a.* dalam keadaan asalnya dan tidak tercemar.

privacy *n.* keadaan bersendirian; keadaan berahsia.

private *a.* peribadi; milik seseorang atau sekumpulan; bukan milik awam; sulit; terpencil; bukan sebahagian daripada perkhidmatan awam. —*n.* prebet; pangkat terendah di dalam askar. **in private** secara rahsia. **private eye** (*colloq.*) penyiasat atau mata-mata gelap upahan. **privately** *adv.* secara rahsia; dengan diam-diam.

privateer *n.* kapal perang milik peribadi.

privation *n.* kekurangan; kesusahan.

privative *a.* yang berkeadaan kekurangan.

privatize *v.t.* menswastakan. **privatization** *n.* pengswastaan.

privet *n.* tumbuhan malar hijau yang dijadikan pagar.

privilege *n.* keistimewaan; hak istimewa yang diberikan kepada seseorang atau sekumpulan. **privileged** *a.* mempunyai atau diberikan hak istimewa; berkeistimewaan.

privy *a.* (usang) rahsia; tersendiri. —*n.* (usang & A.S.) bilik air. **be privy to** tahu mengenai (rancangan rahsia, dll.). **Privy Council** Majlis Privi; badan penasihat kerajaan. **Privy Counsellor** ahli Majlis Privi. **privy purse** elaun raja dibayar daripada hasil negara. **privily** *adv.* secara rahsia.

prize[1] *n.* hadiah atau anugerah kerana kemenangan atau kepandaian; sesuatu yang boleh dimenangi. —*a.* yang memenangi; baik sekali. —*v.t.* menghargai.

prize[2] *n.* kapal atau harta yang dirampas di laut semasa perang.

prize[3] *v.t. lihat* **prise**.

prizefight *n.* pertandingan tinju profesional. **prizefighter** *n.* peninju profesional.

pro[1] *n.* (*pl.* **-os**) (*colloq.*) profesional.

pro[2] *prep.* pro dan con baik buruknya. —*n.* **pros and cons** alasan-alasan bagi baik buruknya.

pro- *pref.* memihak atau menyebelahi kepada.

proactive *a.* proaktif; berinisiatif. **proactively** *adv.* secara proaktif; dengan inisiatif.

probable *a.* mungkin; boleh terjadi atau boleh jadi benar. **probably** *adv.* barangkali; agaknya. **probability** *n.* kemungkinan; kebarangkalian.

probate *n.* sijil pengesahan wasiat; proses rasmi mengesahkan sesuatu wasiat; salinan sah wasiat.

probation *n.* masa percubaan; perihal menguji kelakuan atau kebolehan seseorang; sistem mengawasi para pesalah tertentu oleh seseorang pegawai (**probation officer**) yang ditugaskan untuk menyelia pesalah tersebut. **probationary** *a.* sebagai percubaan; berkenaan tempoh percubaan.

probationer *n.* orang yang sedang menjalani tempoh percubaan, terutama dalam latihan untuk menjadi jururawat rumah sakit.

probe *n.* kuar; alat pembedahan yang tumpul digunakan untuk memeriksa sesuatu luka; sebarang alat untuk memeriksa atau menentukan sesuatu; kapal angkasa tanpa pemandu yang dijadikan untuk meneroka; penyiasatan. —*v.t.* memeriksa dengan kuar; menyiasat.

probity *n.* keadilan; kejujuran.

problem *n.* masalah. **problematic, problematical** *adjs.* diragui; menyusahkan.

proboscis *n.* belalai (gajah, dll.) yang panjang dan mudah digerak-gerakkan; probosis; bahagian mulut serangga yang panjang digunakan untuk menyedut sesuatu.

procedure *n.* prosedur; tatacara; aturan bekerja. **procedural** *a.* perihal cara atau peraturan bekerja.

proceed *v.i.* meneruskan; mara ke hadapan; bersambung; memulakan satu dakwaan; kemuka; timbul.

proceedings *n.pl.* yang berlaku terutama dalam satu-satu mesyuarat rasmi; laporan persidangan yang telah dicetak atau diterbitkan; prosiding; tindakan undang-undang.

proceeds *n.pl.* keuntungan daripada jualan atau pertunjukan.

process[1] *n.* proses; aturan; kaedah siri perubahan atau kejadian; tindakan undang-undang; luaran. —*v.t.* memproses; menguruskan.

process[2] *v.i.* berarak.

procession *n.* perarakan.

processor *n.* mesin memproses sesuatu benda.

proclaim *v.t.* mengumumkan; memberitahu secara rasmi. **proclamation** *n.* pengisytiharan; pengumuman; proklamasi.

proclivity *n.* kecenderungan.

procrastinate *v.i.* berlengah-lengah menangguhkan tindakan. **procrastination** *n.* penangguhan tindakan.

procreate *v.t.* beranak; membiakkan. **procreation** *n.* pembiakan.

Procrustean *a.* memaksa keakuran dengan keras.

proctor *n.* pegawai universiti yang mempunyai kuasa dalam disiplin pelajar. **Queen's Proctor** pihak berkuasa yang boleh campur tangan dalam kes cerai, dll.

procurator fiscal (di Scotland) pendakwa raya dan pegawai yang diberi kuasa menyiasat di satu-satu kawasan.

procure *v.t./i.* memperoleh atau mendapat sesuatu dengan baik dan usaha. **procurement** *n.* mendapatkan; mengusahakan; pemerolehan.

procurer *n.* barua; orang tengah dalam kegiatan pelacuran. **procuress** *n.* ibu ayam.

prod *v.t./i.* (*p.t.* **prodded**) menusuk; merangsang untuk bertindak. —*n.* perbuatan mencucuk; perangsang; alat tajam untuk mencucuk sesuatu.

prodigal *a.* membazir; boros. **prodigally** *adv.* secara boros atau membazir. **prodigality** *n.* pemborosan; pembaziran.

prodigious *a.* mengagumkan; terlalu banyak. **prodigiously** *adv.* secara hebat; terlalu banyak.

prodigy *n.* orang yang mempunyai mutu atau kebolehan yang luar biasa; sesuatu yang menakjubkan.

produce[1] *v.t.* menghasilkan; membawa untuk pemeriksaan; menunjukkan (satu-satu pertunjukan, dll.) kepada umum; mengarahkan lakonan (satu-satu drama); melahirkan; menyebabkan; pembuatan; memanjangkan (garisan). **producer** *n.* penerbit; pengeluar; penghasil. **production** *n.* penghasilan; pengeluaran.

produce[2] *n.* jumlah atau benda yang dihasilkan.

product *n.* hasil pengeluaran; hasil darab (matematik).

productive *a.* produktif; berdaya keluaran; menghasilkan barang, terutama dalam bilangan yang besar.

productivity *n.* daya pengeluaran; penghasilan.

profane *a.* duniawi; tidak suci; tidak menghormati; mencerca kesucian. —*v.t.* mencabuli; bersikap tidak sopan terhadap perkara-perkara keagamaan. **profanely** *adv.* dengan cabul; dengan kotor dan keji. **profanity** *n.* hal melanggar kesucian. **profanation** *n.* perbuatan yang tidak menghormati agama.

profess *v.t.* mengaku bahawa; berpura-pura; menyatakan bahawa; mengakui ketaatannya (dalam beragama).

professed *a.* pura-pura; mengaku. **professedly** *adv.* dengan pura-pura.

profession *n.* profesion; pekerjaan, terutama yang memerlukan pelajaran tinggi; orang yang terlibat di dalamnya; pernyataan.

professional *a.* profesional; berkenaan sesuatu profesion atau pekerjaan ikhtisas; menunjukkan kemahiran seseorang yang terlatih; melakukan pekerjaan tertentu untuk mendapatkan wang, bukan untuk memenuhi masa lapang. —*n.* orang yang bergiat dalam bidang ikhtisas; pemain profesional. **professionalism** *n.* kemahiran seseorang; keprofesionalan. **professionally** *adv.* dengan cara profesional atau ikhtisas.

professor *n.* profesor. **professorial** *a.* tahap profesor.

proffer *v.t. & n.* menawarkan; tawaran.

proficient *a.* cekap; mahir. **proficiently** *adv.* dengan mahirnya; dengan lancarnya. **proficiency** *n.* kecekapan; kemahiran.

profile *n.* profil; pandangan sisi terutama bagi muka; keterangan pendek sikap atau riwayat hidup seseorang.

profit *n.* faedah; manfaat; keuntungan. —*v.t./i.* (*p.t.* **profited**) memperoleh keuntungan; mendatangkan faedah kepada.

profitable *a.* mendatangkan untung. **profitably** *adv.* dengan berfaedah; dengan berguna; dengan menguntungkan. **profitability** *n.* keuntungan.

profiteer *n.* pencatut; orang yang membuat keuntungan yang berlebihan. **profiteering** *n.* pencatutan.

profiterole *n.* sejenis kek yang mempunyai inti.

profligate *a.* sikap suka boros atau membazir; kelakuan tidak sopan. —*n.* pemboros. **profligacy** *n.* hal boros.

P

pro forma borang (invois) dikirim kepada pembeli; borang standard.

profound *a.* sangat mendalam; menunjukkan atau memerlukan pandangan yang mendalam. **profoundly** *adv.* secara mendalam; sangat. **profundity** *n.* kedalaman.

profuse *a.* terlalu banyak; berlebihan. **profusely** *adv.* dengan berlebih-lebihan; berlimpah-limpahan. **profuseness** *n.* kelimpahan; pemborosan. **profusion** *n.* kelimpahan; sesuatu yang amat banyak.

progenitor *n.* nenek moyang.

progeny *n.* keturunan.

progesterone *n.* progesteron; hormon seks yang menyediakan dan menjaga uterus untuk kehamilan.

prognosis *n.* (*pl.* -oses) ramalan, terutama sebab-sebab satu penyakit; prognosis. **prognostic** *a.* bersifat ramalan.

prognosticate *v.t.* meramalkan. **prognostication** *n.* ramalan.

program *n.* (A.S.) program; susunan acara; atur cara; siri aturan kod untuk komputer. —*v.t.* (*p.t.* **programmed**) mengatur cara atau memprogramkan (komputer). **programmer** *n.* pengatur cara.

programme *n.* rancangan; senarai atur cara, rancangan atau acara, dll.; susunan rancangan penyiaran.

progress[1] *n.* kemajuan; perkembangan. **in progress** sedang berlangsung.

progress[2] *v.i.* mara; bergerak; membuat kemajuan; membangun. **progression** *n.* kemajuan; perkembangan; pergerakan.

progressive *a.* progresif; maju; bertambah maju; (bagi satu-satu penyakit) perlahan-lahan semakin bertambah kesannya. **progressively** *adv.* secara berperingkat atau progresif.

prohibit *v.t.* melarang; mencegah; **prohibition** *n.* larangan; cegahan.

prohibitive *a.* terlarang; bersifat mencegah.

project[1] *v.t./i.* menonjol; menjulur; menunjukkan; melemparkan; merancang; menggambarkan (dirinya, dll.) dalam satu keadaan yang lain atau pada masa yang lain.

project[2] *n.* projek; rancangan atau tugasan yang dibuat; kerja-kerja yang melibatkan penyelidikan.

projectile *n.* roket, benda atau senjata yang dilemparkan.

projection *n.* unjuran; juluran; proses merancang sesuatu; gambaran permukaan bumi dari kapal terbang; meramalkan keadaan akan datang berasaskan pada keadaan sekarang.

projectionist *n.* orang yang menjalankan alat projektor.

projector *n.* projektor.

prolapse[1] *v.i.* tergelincir ke hadapan atau ke belakang dari tempatnya.

prolapse[2] *n.* tergelincirnya kedudukan sesuatu organ dalam tubuh.

proletariat *n.* kaum buruh; golongan murba; golongan proletariat. **proletarian** *a.* & *n.* kaum buruh; proletariat.

proliferate *v.i.* menghasilkan pertumbuhan baharu atau perkembangan yang cepat; berkembang biak; berlipat ganda. **proliferation** *n.* pembiakan.

prolific *a.* menghasilkan dengan banyaknya; produktif. **prolifically** *adv.* dengan produktif.

prolix *a.* panjang; lama; meleret-leret. **prolixly** *adv.* sesuatu yang meleret-leret. **prolixity** *n.* perihal meleret-leret.

prologue *n.* prolog; permulaan atau pendahuluan satu-satu puisi atau lakonan, dll.

prolong *v.t.* memanjangkan atau melanjutkan masa. **prolongation** *n.* pemanjangan.

prolonged *a.* berpanjangan; berterusan untuk satu jangka masa yang panjang.

prom *n.* (*colloq.*) tempat bersiar-siar di sepanjang tepi laut; majlis tari-menari.

promenade *n.* sesiaran; tempat berjalan-jalan (terutama di sepanjang tepi laut). —*v.t./i.* bersiar-siar di tempat awam. **promenade concert** pertunjukan dengan sebahagian penonton tidak duduk dan boleh bergerak.

prominent *a.* menonjol keluar; menarik perhatian; ketara; penting; terkenal. **prominently** *adv.* dengan tersembul; dengan tersempal; dengan ketara. **prominence** *n.* perihal ternama; kemuliaan; kemasyhuran.

promiscuous *a.* melakukan hubungan jenis secara sembarangan; melakukan hubungan jenis dengan ramai orang. **promiscuously** *adv.* dengan sembarangan; dengan kacau atau bercampur baur. **promiscuity** *n.* perihal sembarangan; persetubuhan secara rambang.

promise *n.* janji. —*v.t./i.* membuat janji (untuk); berjanji akan membuat atau memberi sesuatu; kesanggupan; menghasilkan petanda bagi. **promise well** harapan yang baik.

promising *a.* sesuatu yang memberi kebaikan atau menghasilkan harapan baik.

promissory *a.* perjanjian.

promontory *n.* tanjung tinggi; tanah tinggi yang menganjur ke laut atau ke tasik.

promote *v.t.* dinaikkan pangkat; membantu memajukan sesuatu; membuat promosi; menggalakkan penjualan dalam usaha untuk berniaga. **promotion** *n.* kenaikan pangkat. **promotional** *a.* sesuatu yang berkaitan dengan promosi. **promoter** *n.* pengembang; penganjur.

prompt *a.* pantas; segera; tangkas; cepat. —*adv.* dengan segera; tepat. —*v.t.* menghasut; membantu bisik (seorang pelakon atau penceramah) apa yang dia terlupa. **promptly** *adv.* dengan segera; dengan pantas. **promptness** *n.* perihal cepat atau segera. **promptitude** *n.* ketangkasan; kesediaan untuk bertindak.

prompter *n.* pembisik.

promulgate *v.t.* mengumumkan kepada orang ramai; menyebarluaskan. **promulgation** *n.* pengumuman; pemberitahuan. **promulgator** *n.* orang yang membuat pengumuman.

prone *a.* tertiarap; kecenderungan akan berbuat atau menghidap sesuatu.

prong *n.* gigi garpu. **pronged** *a.* bercabang; bercagak.

pronoun *n.* kata ganti nama. **pronominal** *a.* bersifat atau sebagai kata ganti nama.

pronounce *v.t.* menyebut; membunyikan; mengucapkan (sesuatu bunyi atau perkataan) dengan jelas atau dalam cara tertentu; mengumumkan. **pronunciation** *n.* pengucapan; sebutan.

pronounced *a.* ketara; nyata.

pronouncement *n.* pengumuman; perisytiharan; keterangan.

pronto *adv.* (*sl.*) sekarang juga.

proof *n.* bukti; pruf. —*a.* kalis; tahan. —*v.t.* membuat (kain, dll.) kalis atau tahan daripada sesuatu (misalnya air).

proofread *v.t.* membaca pruf. **proofreader** *n.* pembaca pruf.

prop[1] *n.* & *v.t.* (*p.t.* **propped**) topang; sokong; tiang; galang; sangga.

prop[2] *n.* (*colloq.*) alatan pentas.

prop[3] *n.* (*colloq.*) kipas atau baling-baling kapal terbang.

propaganda *n.* propaganda; dakyah.

propagate *v.t.* membiakkan atau menghasilkan lagi daripada benih-benih; menyebarkan (berita, dll.); menyiarkan. **propagation** *n.* penyebaran; penyiaran. **propagator** *n.* orang yang menyebarkan atau menyiarkan.

propane *n.* propana; bahan api hidrokarbon dalam bentuk gas.

propel *v.t.* (*p.t.* **propelled**) mendorong; menolak ke hadapan; menggerakkan ke hadapan.

propellant *n.* bahan dorong. **propellent** *a.* pendorong; bahan peledak yang melontarkan peluru dari senjata api.

propeller *n.* baling-baling; alat berbentuk kipas untuk menggerakkan kapal atau kapal terbang.

propensity *n.* kecenderungan; kecondongan.

proper *a.* sesuai; betul; sewajarnya; (*colloq.*) yang dilakukan dengan teliti. **proper fraction** pecahan wajar; pecahan yang kurang daripada angka bulat, dengan nombor pembilang (nombor atas) lebih kecil daripada penyebut (nombor bawah). **proper name** atau **proper noun** kata nama khas.

property *n.* harta benda; kepunyaan; milik; peralatan untuk pementasan; ciri; sifat.

prophecy *n.* ramalan; tilikan.

prophesy *v.t./i.* meramalkan; menilik; menujumkan.

prophet *n.* pesuruh Allah; tukang tilik. **the Prophet** Nabi Muhammad s.a.w.; **prophetess** *n.fem.* tukang tilik wanita.

prophetic, prophetical *adjs.* tentang nabi atau ramalan. **prophetically** *adv.* secara ramalan, telahan atau dugaan.

prophylactic *a.* & *n.* profilaktik; (perbuatan atau aksi, dsb.) mengelak penyakit. **prophylactically** *adv.* secara profilaktik. **prophylaxis** *n.* profilaksis.

propinquity *n.* berdekatan; pertalian rapat.

propitiate *v.t.* menyejukkan hati seseorang; menyemah. **propitiation** *n.* pendamaian. **propitiatory** *a.* bertujuan untuk mendamai atau menyejukkan hati.

propitious *a.* memberi alamat yang baik; bagus; sesuai. **propitiously** *adv.* dengan baik dan sesuai. **propitiousness** *n.* kebaikan; kesesuaian.

proponent *n.* penyokong.

proportion *n.* pembahagian atau perkongsian sesuatu; kadar; nisbah; perkadaran yang betul dalam ukuran,

bilangan atau saiz; (*pl.*) ukuran.
proportional *a.* seimbang; berkadar.
proportionally *adv.* dengan keseimbangan; dengan kekadaran.
proportionate *a.* bersekadar; mengikut pembahagian. **proportionately** *adv.* dengan berkadar.
proposal *n.* cadangan; sesuatu yang dianjurkan; lamaran; pinangan.
propose *v.t./i.* mengutarakan cadangan untuk dipertimbangkan; mencadangkan dan mengumumkan sebagai rancangan seseorang; melantik sebagai calon; melamar; meminang. **proposer** *n.* pencadang; penganjur.
proposition *n.* pernyataan; saranan; skim yang diusulkan; (*colloq.*) kerja atau usaha. —*v.t.* (*colloq.*) membuat usul atau cadangan.
propound *v.t.* mengutarakan sesuatu untuk dipertimbangkan.
proprietary *a.* yang dibuat dan dijual oleh firma tertentu; tentang hak milik; berkenaan pemilik atau pemilikan.
proprietor *n.* tuan punya; pemilik bagi satu-satu perniagaan. **proprietress** *n.fem* tuan punya (wanita). **proprietorial** *a.* (bersikap) seperti tuan punya; dengan memiliki.
propriety *n.* kesesuaian; kesopanan kelakuan.
propulsion *n.* pendorongan; proses menolak atau menggerakkan. **propulsive** *a.* dorongan.
pro rata mengikut kadar atau bahagiannya.
prorogue *v.t./i.* memprorog; mengangguh sidang parlimen. **prorogation** *n.* prorogasi.
prosaic *a.* biasa dan tidak bercorak; tidak mempunyai daya khayalan; menjemukan; membosankan. **prosaically** *adv.* dengan menjemukan; dengan membosankan; secara tidak menarik.
proscribe *v.t.* mengharamkan; dilarang undang-undang.
prose *n.* prosa.
prosecute *v.t.* mendakwa; menuntut; meneruskan. **prosecution** *n.* meneruskan sesuatu; pelaksanaan; pendakwaan. **prosecutor** *n.* pendakwa.
proselyte *n.* orang yang menukar agama.
proselytize *v.t.* memasukkan ke agama baharu.
prosody *n.* mengkaji bentuk-bentuk sajak dan puisi.
prospect[1] *n.* pandangan; harapan; peluang untuk berjaya atau maju.

prospect[2] *v.i.* menyelidik dalam mencari sesuatu; mencari gali. **prospector** *n.* pencari gali.
prospective *a.* yang dijangkakan atau diharapkan; masa akan datang; kemungkinan.
prospectus *n.* prospektus.
prosper *v.i.* mendapat kejayaan; bertambah maju.
prosperous *a.* mewah; berjaya dari segi kewangan. **prosperity** *n.* kemakmuran; kemewahan.
prostate *n.* **prostate gland** kelenjar prostat, kelenjar di sekeliling pangkal pundi kencing lelaki. **prostatic** *a.* berkenaan dengan kelenjar prostat.
prosthesis *n.* (*pl.* **-theses**) anggota palsu atau alat-alat yang serupa. **prosthetic** *a.* berkenaan dengan anggota palsu.
prostitute *n.* pelacur. —*v.t.* melacurkan diri; menyundal. **prostitution** *n.* pelacuran; penyundalan.
prostrate[1] *a.* tertelungkup; tertiarap; lemah.
prostrate[2] *v.t.* menyebabkan tertiarap; menjadi lemah. **prostration** *n.* kehilangan kekuatan.
prosy *a.* menjemukan; membosankan.
protagonist *n.* watak utama dalam satu-satu lakonan; (penggunaan yang salah) penyokong.
protean *a.* berubah-ubah.
protect *v.t.* melindungi; menjaga; mengawasi. **protection** *n.* perlindungan; naungan; penjagaan. **protector** *n.* pelindung; penjaga.
protectionism *n.* amalan atau prinsip melindungi industri negara sendiri. **protectionist** *n.* penyokong atau penganut fahaman perlindungan.
protective *a.* memberi perlindungan. **protectively** *adv.* dengan melindungi; dengan memelihara.
protectorate *n.* negeri atau daerah naungan.
protégé *n.* (*fem.* **-ée**) orang yang di bawah perlindungan atau jagaan orang lain; anak didik.
protein *n.* protein.
pro tem (*colloq.*) sementara; buat ketika ini.
protest[1] *n.* protes; bantahan; sanggahan.
protest[2] *v.t./i.* membantah; memprotes.
Protestant *n.* orang Kristian mazhab Protestan. **Protestantism** *n.* fahaman Protestan.
protestation *n.* bantahan yang tegas.
protocol *n.* protokol; peraturan dalam upacara atau istiadat rasmi; tataadab; draf perjanjian.

proton *n.* proton; zarah bercas elektrik positif.

protoplasm *n.* protoplasma.

prototype *n.* prototaip; contoh sulung yang daripadanya model selanjutnya direka; model percubaan (contohnya kapal terbang).

protozoon *n.* (*pl.* -zoa) protozoa, haiwan halus bersel satu. protozoan *a.* & *n.* berkenaan protozoa.

protract *v.t.* memanjangkan jangka masa. protraction *n.* perihal memanjangkan; pelanjutan.

protractor *n.* protraktor; jangka sudut.

protrude *v.t./i.* menonjol atau menjulur keluar. protrusion *n.* penonjolan. protrusive *a.* menonjol.

protuberance *n.* gendut; bahagian yang buncit.

protuberant *a.* buncit; membonjol keluar.

proud *a.* (-er, -est) megah; sombong; angkuh; besar hati. —*adv.* do a person proud (*colloq.*) meraikan seseorang dengan istimewa. proudly *adv.* dengan bangga; dengan megah; dengan besar hati.

provable *a.* dapat dibuktikan.

prove *v.t./i.* memberi bukti; membuktikannya; mendapati; (bagi tepung yang telah diuli) mengembang. prove oneself menunjukkan keupayaan, keberanian, dsb. seseorang.

proven *a.* terbukti.

provenance *n.* asal usul; tempat asal.

provender *n.* makanan untuk ternakan; (*joc.*) makanan.

proverb *n.* peribahasa.

proverbial *a.* seperti atau dinyatakan dalam peribahasa; diketahui umum. proverbially *adv.* memang terkenal.

provide *v.t./i.* memperlengkap; melengkapi; membekalkan keperluan hidup; membuat persiapan. provider *n.* orang yang memberi atau membekalkan sesuatu.

provided *conj.* dengan syarat.

providence *n.* pencermatan; penghematan; penjimatan; takdir; nasib.

provident *a.* cermat; hemat.

providential *a.* terselamat kerana ditakdirkan Tuhan; mujur; nasib baik. providentially *adv.* dengan mujur; dengan takdir Tuhan.

providing *conj.* dengan syarat.

province *n.* daerah; bahagian; wilayah; (*pl.*) kawasan-kawasan di luar dari bandar utama dalam sesebuah negeri.

provincial *a.* berkenaan dengan negeri, daerah atau wilayah; berkenaan

pemikiran dan pandangan yang sempit. —*n.* penduduk daerah.

provision *n.* peruntukan; proses menyediakan sesuatu, terutama untuk keperluan masa depan; syarat-syarat dalam sesuatu surat perjanjian atau dokumen undang-undang, dll.; (*pl.*) bekalan makanan dan minuman.

provisional *a.* sementara. provisionally *adv.* untuk sementara sahaja.

proviso *n.* (*pl.* -os) syarat-syarat (dalam perjanjian, dsb.). provisory *a.* bersyarat.

provoke *v.t.* membangkitkan kemarahan; merangsangkan; mendorong; menimbulkan sebagai satu tindak balas atau kesan daripada sesuatu.

provocation *n.* hasutan; acuman; perihal membangkitkan rasa marah. provocative *a.* bersifat menimbulkan kemarahan; provokatif. provocatively *adv.* dengan cara yang menimbulkan kemarahan; dengan provokatif.

provoking *a.* menyakitkan hati.

provost *n.* ketua kolej tertentu; pembesar gereja; ketua atau datuk bandar di Scotland.

prow *n.* haluan kapal atau perahu.

prowess *n.* kebolehan luar biasa; keberanian.

prowl *v.t./i.* berkeliaran; merayau. —*n.* perbuatan merayau. prowler *n.* orang yang merayau-rayau.

proximate *a.* yang paling hampir.

proximity *n.* berhampiran.

proxy *n.* wakil; proksi; surat kuasa.

prude *n.* orang yang terlalu mementingkan sopan santun; (orang yang) kolot. prudery *n.* hal terlalu mementingkan sopan santun.

prudent *a.* menunjukkan sikap berhati-hati dan berfikir panjang. prudently *adv.* dengan hemat; dengan berhati-hati; dengan berbudi. prudence *n.* kecermatan; perihal berhati-hati.

prudential *a.* hati-hati.

prudish *a.* menunjukkan hal mementingkan sopan santun. prudishly *adv.* dengan mementingkan sopan santun. prudishness *n.* hal yang mementingkan sopan santun.

prune¹ *n.* buah plum kering; buah prun.

prune² *v.t.* memangkas; memotong bahagian-bahagian yang telah mati atau tidak dikehendaki (pokok); mengurangkan.

prurient *a.* mempunyai atau menunjukkan minat keterlaluan dalam hal ehwal seks; gasang. prurience *n.* perihal terlalu bernafsu; kegasangan.

prussic *a.* prussic acid asid prusik; asid racun yang sangat berbahaya.

pry[1] *v.i.* bertanya-tanya hal orang lain; mengintai (selalu secara tersembunyi atau diam-diam).

pry[2] *v.t.* (A.S.) mengumpil.

P.S. *abbr.* postscript tambahan kata-kata pada akhir surat; susulan; catatan tambahan.

psalm *n.* psalm; nyanyian bagi memuji Tuhan, terutama dari kitab Zabur; mazmur.

psalmist *n.* penulis mazmur (dari kitab Zabur).

psalmody *n.* menyanyikan psalm.

psalter *n.* kitab mazmur.

psaltery *n.* alat muzik bertali yang terdapat pada zaman kuno dan zaman pertengahan.

psephology *n.* psefologi; pengkajian aliran dalam pilihan raya dan peng-undian. psephological *a.* berkenaan pengkajian aliran dalam pilihan raya. psephologist *n.* ahli pengkaji aliran pilihan raya.

pseudo- *pref.* palsu.

pseudonym *n.* nama samaran; nama pena. pseudonymous *a.* memakai nama samaran.

psoriasis *n.* penyakit kulit yang menye-babkan badan bertompok-tompok merah dan berkuping.

psyche *n.* jiwa.

psychedelic *a.* psikedelik, penuh dengan warna-warna yang terang dan berkilau-kilau.

psychiatry *n.* kajian dan rawatan penyakit jiwa. psychiatrist *n.* doktor penyakit jiwa. psychiatric *a.* berke-naan penyakit jiwa.

psychic *a.* jiwa; berkuasa ghaib.

psychical *a.* mengenai batin atau jiwa; mengenai fenomena ghaib (di luar dari hukum semula jadi dan keadaan fizikal). psychically *adv.* yang berhubung dengan batin.

psychoanalyse *v.t.* rawatan berdasar-kan pada analisis ilmu jiwa. psycho-analyst *n.* orang yang pakar dalam analisis jiwa.

psychoanalysis *n.* psikoanalisis; me-meriksa dan merawat keadaan fikiran dengan cara menyelidik pergabungan unsur-unsur sedar dan tidak sedar.

psychology *n.* psikologi; kajian tentang fikiran dan peranannya; ilmu jiwa. psychological *a.* berkenaan psikologi. psychologically *adv.* dari segi psikologi. psychologist *n.* penganalisa jiwa; ahli psikologi.

psychopath *n.* penderita sakit jiwa; orang kurang siuman. psychopathic *a.* tentang penghidap penyakit kurang siuman.

psychosis *n.* (*pl.* -oses) psikosis; penyakit mental yang melibatkan keseluruhan watak seseorang.

psychosomatic *a.* psikosomatik; (tentang penyakit) disebabkan oleh keadaan atau tekanan jiwa.

psychotherapy *n.* psikoterapi; rawatan menggunakan kaedah psikologi. psychoterapist *n.* ahli psikoterapi.

pt. *abbr.* pint pain.

PT *abbr.* physical training latihan jasmani.

PTA *abbr.* parent-teacher association persatuan ibu bapa dan guru.

ptarmigan *n.* sejenis burung yang bulunya berubah menjadi putih pada musim sejuk.

pterodactyl *n.* sejenis reptilia pupus yang boleh terbang.

PTO *abbr.* please turn over sila beralih ke sebelah.

ptomaine *n.* ptomaina; sebatian yang terdapat dalam bahan yang membusuk.

pub *n.* (*colloq.*) pub; kedai minuman keras.

puberty *n.* akil baligh; cukup umur.

pubescence *n.* masa seseorang itu mula baligh. pubescent. cukup umur; akil baligh.

pubic *a.* pubik; bahagian bawah pelvis; tundun.

public *a.* awam; umum; orang ramai. —*n.* penduduk awam dalam satu komuniti. in public secara terbuka; bukan secara tersembunyi. public house kedai yang menjual minuman keras. public school sekolah persendirian tanpa bantuan kerajaan; sekolah yang ditadbirkan oleh pihak swasta. public-spirited *a.* menunjukkan bersedia untuk berkhidmat demi kebaikan orang awam. publicly *adv.* secara terbuka; di depan khalayak ramai.

publican *n.* pengurus kedai minuman keras; (dalam kitab Bible) pemungut cukai.

publication *n.* pengumuman; pener-bitan buku atau surat khabar, dll.

publicity *n.* publisiti; penerangan; pengumuman.

publicize *v.t.* mengumumkan; membuat publisiti.

publish *v.t.* menerbitkan; menyiarkan; mengumumkan. publisher *n.* pener-bit (buku, majalah, dll.).

puce *a.* & *n.* warna ungu tua.

puck *n.* cakera getah keras digunakan dalam permainan hoki di atas ais.

pucker *v.t./i.* mengedutkan; mengerutkan. —*n.* kedutan.

puckish *a.* nakal.

pudding *n.* puding; hidangan manisan.

puddle *n.* lopak; limbah.

pudenda *n.pl.* alat kelamin.

pudgy *a.* (**-ier, -iest**) pendek dan gemuk.

puerile *a.* keanak-anakan. **puerility** *n.* keanak-anakan.

puerperal *a.* puerpera; nifas.

puff *n.* hembusan nafas, angin, asap, dll.; gembungan yang bulat dan lembut; kain bulat kecil lembut digunakan untuk memupuk bedak ke pipi atau kulit; pujian. —*v.t./i.* menghembuskan (udara, dll.) atau mengeluarkan dengan hembusan; sesak nafas; membuat atau menyebabkan gelembung; menjadi bengkak. **puff pastry** sejenis pastri ringan yang berkelupasan.

puffin *n.* burung laut yang berparuh pendek.

puffy *a.* bengkak. **puffiness** *n.* keadaan bengkak.

pug *n.* anjing pendek yang seakan-akan bulldog. **pug-nosed** *a.* mempunyai hidung yang pendek dan tidak mancung.

pugilist *n.* peninju profesional. **pugilism** *n.* permainan tinju; pertinjuan.

pugnacious *a.* suka bergaduh; ganas. **pugnaciously** *adv.* dengan pertengkaran. **pugnacity** *n.* hal suka atau gemar bertengkar atau berkelahi.

puisne *n.* hakim mahkamah atasan yang bertaraf rendah daripada ketua hakim.

puke *v.t./i.* & *n.* (*sl.*) muntah.

pull *v.t./i.* menarik; memindahkan, merosakkan atau menguji dengan menarik; menghela; menyeret; mencabut. —*n.* tarikan; daya tarikan; pengaruh. **pull a person's leg** mempermainkan; mengusik. **pull down** merobohkan; melemahkan kesihatan. **pull in** (bagi kenderaan, dll.) bergerak ke arah tepi jalan atau tempat berhenti. **pull-in** *n.* tempat perhentian. **pull off** berjaya melakukan sesuatu. **pull oneself together** bertenang; menenangkan diri. **pull one's punches** mengelakkan penggunaan kekerasan. **pull one's weight** turut sama bekerja keras. **pull out** menarik diri; (bagi kenderaan) bergerak keluar dari tepi jalan atau tempat perhentian. **pull through**

berjaya mengatasi masalah atau penyakit. **pull up** berhenti; mencabut; memarahi.

pullet *n.* ayam betina (muda); ayam dara.

pulley *n.* (*pl.* **-eys**) takal; kerek.

pullover *n.* baju sejuk (berlengan atau tidak berlengan) tanpa zip.

pulmonary *a.* pulmonari; tentang paru-paru.

pulp *n.* bahagian lembut dan lembap (terutama buah) atau isi buah; pulpa. —*v.t./i.* menjadikan pulpa (bahan daripada kayu). **pulpy** *a.* benyek; lembik.

pulpit *n.* mimbar; pentas untuk berkhutbah atau bersyarah di dalam gereja atau masjid.

pulsar *n.* pulsar; sumber isyarat radio yang berdenyut (dari angkasa).

pulsate *v.i.* mengembang dan menguncup bersilih ganti; berdenyut; berdebar. **pulsation** *n.* debaran; denyutan.

pulse[1] *n.* denyut nadi; nadi. —*v.i.* berdenyut.

pulse[2] *n.* kekacang, misalnya kacang pis, dal, dsb.

pulverize *v.t./i.* menggiling atau mengisar menjadi serbuk; melumatkan; mengalahkan dengan teruk. **pulverization** *n.* proses melumatkan; perihal kalah teruk.

puma *n.* puma; sejenis harimau.

pumice *n.* batu apung (lava pejal) yang digunakan untuk menggosok tanda dari kulit atau sebagai serbuk untuk menggosok sesuatu benda. **pumice-stone** *n.* batu daripada jenis ini.

pummel *v.t.* (*p.t.* **pummelled**) memukul berkali-kali, terutama dengan penumbuk.

pump[1] *n.* pam. —*v.t./i.* mengepam.

pump[2] *n.* sepatu kulit yang ringan; kasut kanvas yang ringan.

pumpernickel *n.* roti daripada tepung rai mil penuh.

pumpkin *n.* labu.

pun *n.* kata-kata lucu yang mempunyai bunyi yang sama. **punning** *a.* & *n.* penggunaan kata-kata lucu yang mempunyai bunyi yang sama. **punster** *n.* orang yang suka bermain dengan kata-kata.

punch[1] *v.t./i.* menumbuk; menebuk lubang; membuat lubang, dll. dengan alat penebuk. —*n.* pukulan dengan menumbuk; (*sl.*) tenaga; alat untuk membuat lubang; alat untuk mengecap corak pada permukaan besi atau kulit, dll. **punch-drunk** *a.* bingung akibat terkena tumbukan. **punch-line** *n.* bahagian dalam cerita atau jenaka yang memberikan maksud atau makna sebenar. **punch-up** *n.* bertumbuk; pergaduhan. **punchy** *a.* berkesan.

punch² *n.* minuman yang dibuat daripada wain atau spirit dicampurkan dengan perahan buah-buahan. **punch-bowl** *n.* mangkuk untuk minuman (anggur).

punctilio *n.* (*pl.* -os) tatakrama; basa-basi; tataadab; perhatian teliti terhadap setiap butir upacara, dsb.

punctilious *a.* sangat teliti tentang perkara-perkara yang terperinci; terlalu mementingkan tatatertib dan adab. **punctiliously** *adv.* dengan teliti dalam menjalankan tugas. **punctiliousness** *n.* perihal terlalu teliti.

punctual *a.* tiba atau membuat kerja tepat pada masanya. **punctually** *adv.* dengan tepat pada waktunya. **punctuality** *n.* hal tepat pada waktunya.

punctuate *v.t.* membubuh tanda bacaan dalam tulisan untuk memisahkan ayat, dll.; diselang-selikan. **punctuation** *n.* pembubuhan tanda bacaan.

puncture *n.* pancit; lubang kecil pada tayar yang disebabkan oleh benda tajam, biasanya secara tidak sengaja. —*v.t./i.* membocorkan; pancit; mengalami kebocoran tayar.

pundit *n.* pakar; orang yang terpelajar.

pungent *a.* mempunyai rasa atau bauan yang tajam; (bagi teguran) tajam. **pungently** *adv.* bau-bauan yang keras dan tajam. **pungency** *n.* kepedasan; ketajaman bau-bauan.

punish *v.t.* menghukum; memberi hukuman; melanyak; kena lanyak. **punishment** *n.* hukuman; balasan.

punishable *a.* seharusnya atau dapat dihukum.

punitive *a.* bertujuan menghukum.

punk *n.* (*sl.*) sesuatu yang tidak bernilai; orang yang tidak berguna; punk. —*a.* (*sl.*) tidak bernilai; mengenai pengikut-pengikut muzik punk. **punk rock** jenis muzik pop yang melibatkan kesan kejutan dan cabul.

punnet *n.* bakul kecil atau bekas untuk buah-buahan, dll.

punt¹ *n.* perahu jalur; bot besar dan lebar yang bahagian dasarnya leper dan cetek. —*v.t./i.* menggerakkan bot dengan galah di sungai; belayar dalam perahu jalur.

punt² *v.t.* menendang bola (yang akan jatuh) sebelum sampai ke tanah; tendang lambung. —*n.* tendangan lambung.

punt³ *v.i.* bertaruh dalam permainan terup; berjudi dalam perlumbaan kuda. **punter** *n.* (*colloq.*) kaki kuda; pelanggan.

puny *a.* (-ier, -iest) kecil; lemah.

pup *n.* anak anjing; anak serigala, tikus atau anjing laut. —*v.i.* (*p.t.* **pupped**) melahirkan anak (binatang).

pupa *n.* (*pl.* -ae) kepompong pupa. **pupal** *a.* keadaan kepompong.

pupate *v.i.* menjadi kepompong. **pupation** *n.* pembentukan kepompong.

pupil *n.* murid; pelajar; anak mata; pupil.

puppet *n.* boneka; patung; orang yang tindakannya dikawal oleh seseorang yang lain. **puppetry** *n.* seni membuat atau bermain boneka.

puppy *n.* anak anjing.

purblind *a.* separuh buta; buta hati.

purchase *v.t.* membeli. —*n.* belian; barang yang dibeli; pegangan kuat bagi menarik atau menaikkan sesuatu; penuilan. **purchaser** *n.* pembeli.

purdah *n.* purdah; tutup muka.

pure *a.* (-er, -est) tulen; jati; tidak bercampur dengan yang lain; semata-mata; bersih; suci; bebas daripada kejahatan dan dosa; (bagi mata pelajaran matematik atau sains) berhubung dengan teori, bukan dengan penggunaan yang praktikal. **pureness** *n.* ketulenan; kesucian; kemurnian.

puree *n.* puri; isi buah-buahan atau sayur-sayuran, dll. —*v.t.* memurikan.

purely *adv.* dalam cara yang asli; semata-mata; hanya itu saja.

purgative *a.* pencahar. —*n.* ubat pencuci perut yang kuat.

purgatory *n.* tempat atau keadaan menderita, terutama (dalam kepercayaan Roman Katolik) apabila roh-roh mengalami proses pembersihan.

purge *v.t.* membersihkan; mencuci; menyingkirkan. —*n.* penyingkiran; pembersihan; pencucian.

purify *v.t.* membersihkan; bersih daripada kekotoran atau kejahatan. **purification** *n.* penapisan; pembersihan; penyucian. **purifier** *n.* alat pembersih.

purist *n.* orang yang mementingkan penggunaan kata-kata dengan betul; pemurni. **purism** *n.* fahaman murni.

Puritan *n.* ahli Protestan Inggeris (dalam abad ke-16 dan ke-17) yang menghendaki upacara gereja lebih ringkas dan bermakna.

P

puritan n. orang yang mementingkan kemoralan dan keakhlakan dan menganggap hiburan tertentu itu berdosa. **puritanical** a. perihal yang mementingkan kemoralan dan agama.

purity n. ketulenan; kesucian.

purl n. jahit purl; sejenis mata jahitan dalam mengait.—v.t./i. membuat jahit purl.

purler n. (colloq.) jatuh dengan kepala dahulu.

purlieus n.pl. pinggir.

purloin v.t. mencuri.

purple a. & n. warna ungu.

purport[1] n. maksud; erti.

purport[2] v.t. bertujuan; berpura-pura; bermaksud. **purportedly** adv. dengan bertujuan.

purpose n. tujuan; maksud; niat untuk bertindak; keazaman. —v.t. bermaksud; bercadang. **on purpose** dengan sengaja **purpose-built** a. dibina khas untuk tujuan tertentu. **to no purpose** sia-sia.

purposeful a. mempunyai atau menunjukkan satu tujuan yang disedari; dengan keazaman. **purposefully** adv. dengan bertujuan; dengan bererti. **purposefulness** n. hal bermaksud atau bertujuan.

purposely adv. dengan sengaja.

purr n. dengkuran. —v.i. berdengkur.

purse n. dompet; beg kecil untuk mengisi duit; (A.S.) beg tangan; wang; dana. —v.t. mengerutkan bibir.

purser n. pegawai yang bertanggungjawab mengenai akaun kapal.

pursuance n. hal menjalankan tugas.

pursuant adv. **pursuant to** menurut.

pursue v.t. mengejar untuk menangkap atau membunuh; memburu; meneruskan; menjalankan; mengikuti. **pursuer** n. pengejar; pengikut.

pursuit n. perbuatan mengejar; pengejaran; sesuatu aktiviti yang memerlukan tumpuan masa dan tenaga; kegiatan.

purulent a. bernanah; purulen. **purulence** n. penanahan.

purvey v.t. membekalkan barang makanan. **purveyor** n. pembekalan; penyediaan.

purview n. skop.

pus n. nanah.

push v.t./i. menolak; menggunakan tenaga untuk mengalihkan sesuatu atau seseorang; menyorong; membuat tuntutan; menyuruh dengan bersungguh-sungguh; mendesak; mengedar (dadah). —n. perbuatan menolak; desakan; dorongan; tekanan; usaha yang giat; azam yang kuat. **give** atau **get the push** (sl.) dipecat; diberhentikan. **push off** (sl.) pergi.

pushchair n. kereta sorong bayi atau kanak-kanak kecil.

pushful a. suka mendesak. **pushfulness** n. pendesakan; pemaksaan.

pushing a. suka mendesak; bersungguh-sungguh.

pushy a. (-ier, -iest) (colloq.) suka mendesak-desak. **pushiness** n. pendesakan.

pusillanimous a. mudah takut; penakut. **pusillanimity** n. ketakutan.

puss n. kucing.

pussy n. (digunakan oleh kanak-kanak) panggilan untuk kucing. **pussy willow** sejenis pokok willow dengan bunga seperti ekor kucing.

pussyfoot v.i. (A.S.) bergerak dengan senyap; bertindak berhati-hati.

pustule n. jerawat; pustul.

put v.t./i. (p.t. put, pres.p. putting) meletakkan; menaruh; menempatkan; menganggarkan; menilai; menyatakan; mengemukakan; mengenakan (seperti cukai, dll.); mempersalahkan; melempar atau melontar seperti dalam latihan olahraga; meneruskan perjalanan; bertolak pergi (bagi kapal). —n. lontaran; lemparan. **put by** menyimpan untuk kegunaan masa hadapan. **put down** ditindas; ditekan oleh yang berkuasa; tidak mempedulikan; membunuh (binatang); menghapuskan; mencatat; direkodkan; menganggap. **put in** menunjukkan muka; mengerjakan; menjalankan kerja. **put in for** memohon. **put off** menunda; menangguhkan; menahan (daripada melakukan sesuatu); menangkis; menimbulkan rasa kecewa atau jelek. **put out** menggagalkan; mematahkan; mengganggu; menyusahkan; memadamkan; mematikan; terkehel. **put up** membangunkan; mendirikan; menaikkan harga; menyediakan (wang, dll.); mengemukakan buah fikiran atau saranan; memberi atau mendapat tempat penginapan; memberi tentangan. **put-up job** membuat rancangan jahat. **put upon** (colloq.) dibebani (secara tidak adil); diperdaya. **put up to** menghasut (seseorang). **put up with** menahan sabar; bertolak ansur.

putative a. yang disangka; yang dianggap.

putrefy *v.i.* menyebabkan menjadi busuk. **putrefaction** *n.* kebusukan; kereputan.

putrescent *a.* membusuk. **putrescence** *n.* keadaan membusuk.

putrid *a.* telah menjadi busuk.

putsch *n.* pemberontakan kilat.

putt *v.t.* memukul leret; memukul bola (golf) perlahan-lahan supaya masuk ke dalam lubangnya. —*n.* pukulan leret (golf). **putter** *n.* (kayu) pemukul bola golf; pemukul leret.

puttee *n.* kain pembalut betis (dari buku lali ke lutut) yang digunakan sebagai perlindungan dan sokongan.

putty *n.* dempul; pakal; gala-gala.

puzzle *n.* persoalan yang sukar difahami atau dijawab; teka-teki. —*v.t./i.* berfikir dengan mendalam; membingungkan. **puzzlement** *n.* kebingungan; kekusutan.

PVC *abbr.* polyvinylchloride klorida polivinil; sejenis plastik.

pygmy *n.* orang katik; orang kerdil; orang kenit. **Pygmy** orang Pigmi, kaum pendek atau katik di Afrika. —*a.* amat kecil.

pyjamas *n.pl.* pijama; pakaian tidur.

pylon *n.* pilon; menara kawat elektrik.

pyorrhoea *n.* piorea; membuang nanah, terutamanya dari gusi.

pyramid *n.* piramid; limas. **pyramidal** *a.* berbentuk seperti piramid.

pyre *n.* longgokan atau timbunan kayu untuk membakar mayat.

Pyrenean *a.* berkenaan dengan kawasan Pergunungan Pyrenees.

pyrethrun *n.* sejenis bunga; racun serangga yang dibuat daripada bunga ini yang dikeringkan.

pyretic *a.* yang menyebabkan demam.

pyrex *n.* (tanda dagang) sejenis kaca yang tahan panas.

pyrites *n.* pirit; mineral yang merupakan sulfida besi.

pyromaniac *n.* orang yang tidak siuman yang suka membakar sesuatu.

pyrotechnics *n.pl.* pertunjukan bunga api. **pyrotechnic** *a.* perihal seni membuat dan kegunaan bunga api.

Pyrrhic *a.* Pyrrhic victory kejayaan yang diperoleh setelah mengalami kerugian besar.

python *n.* ular sawa.

pyx *n.* bekas untuk menyimpan roti yang telah dipersucikan untuk upacara Eukaris (Kristian); sejenis kotak untuk menyimpan contoh duit.

P
Q

Q.C. *abbr.* Queen's Counsel Peguam Diraja.

qt. *abbr.* quart kuart.

qua *conj.* sebagai; selaku.

quack¹ *n.* kuek; bunyi itik. —*v.i.* berbunyi seperti itik; menguek.

quack² *n.* penyamar doktor.

quad *n.* (*colloq.*) kuad; empat.

quadrangle *n.* benda yang berbentuk segi empat.

quadrant *n.* sukuan; kuadran; alat mengukur sudut.

quadraphonic *a. & n.* kuadrafonik (menggunakan empat saluran penyiaran).

quadratic *a. & n.* kuadratik.

quadrennial *a.* berlaku setiap empat tahun; berlangsung selama empat tahun.

quadrilateral *n.* bentuk geometri bersisi empat.

quadrille *n.* kuadril; sejenis tarian untuk empat pasangan.

quadriplegia *n.* kuadriplegia; kesemua empat anggota tubuh menjadi lumpuh.

quadriplegic *a. & n.* keadaan lumpuh kesemua empat anggota tubuh.

quadruped *n.* binatang yang berkaki empat.

quadruple *a.* yang mempunyai empat bahagian atau anggota; empat kali ganda. —*v.t./i.* bertambah empat kali ganda.

quadruplet *n.* kuadruplet; kembar empat.

quaff *v.t.* meminum banyak-banyak.

quagmire *n.* lumpur jerlus.

quail[1] *n.* burung puyuh.

quail[2] *v.i.* gementar.

quaint *a.* (**-er, -est**) menarik walaupun ganjil. **quaintly** *adv.* secara menarik walaupun ganjil. **quaintness** *n.* keadaan yang menarik walaupun ganjil.

quake *v.i.* menggeletar kerana ketakutan. —*n.* (*colloq.*) gempa bumi.

qualification *n.* kecekapan; kelayakan; syarat.

qualify *v.t./i.* melayakkan (berkenaan kebolehan); menghadkan (jumlah).

qualifier *n.* penerang.

qualitative *a.* yang berkenaan dengan kualiti atau mutu.

quality *n.* kualiti; mutu; sifat.

qualm *n.* rasa ragu-ragu atau bersalah.

quandary *n.* keadaan serba salah.

quango *n.* (*pl.* **-os**) kuango; sebuah badan pentadbiran (di luar Perkhidmatan Awam) dengan ahli-ahli kanan dilantik oleh kerajaan.

quantify *v.t.* mengkuantitikan; menjumlahkan. **quantifiable** *a.* yang dapat dijumlahkan.

quantitative *a.* yang berkenaan dengan jumlah; kuantitatif.

quantity *n.* kuantiti; jumlah; (*pl.*) jumlah besar. **in quantity** jumlah besar; banyak. **quantity surveyor** juruukur bahan.

quantum *n.* **quantum theory** teori kuantum.

quantum leap *n.* peningkatan secara tiba-tiba atau kemajuan besar.

quarantine *n.* kuarantin. —*v.t.* dikuarantinkan.

quark *n.* kuark; komponen (yang diandaikan) membentuk zarah asas.

quarrel *n.* pertengkaran; perkelahian. —*v.i.* (*p.t.* **quarrelled**) bertengkar; berkelahi.

quarrelsome *a.* suka bertengkar atau berkelahi.

quarry[1] *n.* buruan; sesuatu yang diburu.

quarry[2] *n.* kuari. —*v.t./i.* mengkuari.

quart *n.* kuart; suku gelen; dua pain; sukatan (kira-kira 1.136 liter).

quarter *n.* sesuku; suku; (A.S. & Kanada) 25 sen; kuater (sejenis timbangan); suku tahun; suku jam; arah (mata angin); kawasan; belas kasihan; (*pl.*) rumah. —*v.t.* membahagi kepada suku; meletakkan lambang; memberi tempat penginapan kepada askar. **quarter-final** *n.* suku akhir. **quarter-light** *n.* tingkap kecil segi tiga pada kenderaan.

quarterdeck *n.* geladak belakang kapal.

quarterly *a.* & *adv.* suku tahun; secara sukuan. —*n.* suku tahunan; tiga bulanan.

quartermaster *n.* pegawai yang bertanggungjawab menjaga stor, dll.; jurumudi.

quartet *n.* kuartet; kumpulan berempat; muzik kuartet (gubahan).

quarto *n.* kuarto (saiz kertas).

quartz *n.* kuarza.

quasar *n.* kuasar; benda seperti bintang yang menjadi punca radiasi elektromagnet yang kuat.

quash *v.t.* memansuhkan; mematikan (khabar angin, dll.).

quasi- *pref.* kuasi-; seakan-akan; kelihatan seperti.

quatercentenary *n.* ulang tahun ke-400.

quatrain *n.* kuatrain; puisi atau pantun empat baris.

quatrefoil *n.* daun mempunyai empat bucu.

quaver *v.t./i.* bergetar; bercakap dengan nada menggeletar. —*n.* getaran; kuaver.

quay *n.* pangkalan; bagan. **quayside** *n.* tepian pangkalan.

queasy *a.* loya; mual. **queasiness** *n.* rasa loya atau mual.

queen *n.* ratu yang memerintah; permaisuri (isteri raja); perempuan atau benda yang mempunyai kelebihan dalam sesuatu perkara; buah menteri (dalam permainan catur); daun ratu (dalam permainan terup); ratu (ketua serangga). —*v.t./i.* menukarkan (bidak dalam permainan catur) kepada ratu. **queen it** berlagak seperti permaisuri. **queen mother** bonda ratu. **Queen's Counsel** Peguam Diraja. **queenly** *a.* seperti permaisuri.

queer *a.* (**-er, -est**) aneh; pelik; peningpening lalat (berkenaan kesihatan); (*sl.*) seperti bapuk (berkenaan kelakuan). —*n.* (*sl.*) bapuk. —*v.t.* merosakkan. **queer a person's pitch** memusnahkan harapan orang secara diam-diam atau dengan niat jahat.

quell *v.t.* menghapuskan; menindas.

quench *v.t.* memadamkan (api atau kebakaran); minum untuk menghilangkan haus atau dahaga; mencelup (dalam air).

quern *n.* pengisar gandum, lada hitam, dsb.

querulous *a.* suka merungut atau menggerutu. **querulously** *adv.* secara merungut atau berleter. **querulousness** *n.* tabiat suka merungut atau menggerutu.

query *n.* pertanyaan; tanda soal; tanda tanya. —*v.t.* menanyakan.

quest *n.* pencarian.

question *n.* soalan; persoalan (perkara yang dibincangkan); tanda tanya. —*v.t.* menyoal; bertanya tentang. **in question** yang dipersoalkan. **no question of** tidak mungkin; pasti tidak. **out of the question** tidak mungkin sama sekali. **question mark** tanda tanya; tanda soal.

questionable *a.* yang dapat dipersoalkan; meragukan.

questionnaire *n.* senarai soalan; borang soal selidik.

queue *n.* giliran; barisan. —*v.i.* (*pres. p.* **queuing**) bergilir; berbaris.

quibble *n.* rungutan; sungutan. —*v.i.* merungut; berdalih.

quiche *n.* sejenis makanan seperti tat.

quick *a.* (**-er**, **-est**) cepat; segera (berkenaan masa); ringkas; giat; cepat naik darah; (*usang*) masih hidup. —*n.* isi kuku. **quickly** *adv.* dengan cepat; dengan segera. **quickness** *n.* kecepatan; kesegeraan.

quicken *v.t./i.* mencepatkan atau merancakkan; sampai ke peringkat gerakan pertama fetus (berkenaan perempuan yang hamil).

quicklime *n.* kapur tohor.

quicksand *n.* pasir jerlus.

quickset *a.* pagar daripada pokok-pokok hidup.

quicksilver *n.* raksa.

quid[1] *n.* (*pl.* **quid**) (*sl.*) satu paun (mata wang).

quid[2] *n.* gumpalan tembakau untuk dikunyah; sentil tembakau.

quid pro quo perkara dilakukan atas dasar balas-membalas.

quiescent *a.* diam; tenteram. **quiescence** *n.* ketenteraman; ketenangan.

quiet *a.* (**-er**, **-est**) perlahan; tenang; sunyi; sepi. **on the quiet** dalam diam-diam. **quietly** *adv.* dengan diam-diam; dengan tenang. **quietness** *n.* kesunyian; ketenangan.

quieten *v.t./i.* mendiamkan.

quietude *n.* kesunyian.

quiff *n.* jambul.

quill *n.* bulu ayam; duri landak.

quilt *n.* gebar berlapik; kuilt. —*v.t.* memasang kulit, membubuh lapik dan disulam bersilang-silang.

quilted *a.* terhasil daripada dua lapisan kain yang disumbat dengan bahan lembut.

quin *n.* kembar lima.

quince *n.* sejenis pohon yang buah-nya keras dan berwarna kekuningan.

quincentenary *n.* ulang tahun ke-500.

quinine *n.* kuinin.

quinquennial *a.* berlaku setiap lima tahun; berlangsung selama lima tahun.

quinsy *n.* ketumbuhan pada tonsil.

quintessence *n.* sari pati; lambang.

quintet *n.* kuintet; kumpulan lima orang; muzik kuintet.

quintuple *a.* mempunyai lima bahagian; ganda lima.

quintuplet *n.* kembar lima.

quip *n.* sindiran. —*v.t.* (*p.t.* **quipped**) menyindir; memperli; mengusik.

quire *n.* dua puluh empat atau dua puluh lima keping kertas tulis.

quirk *n.* pembawaan; keanehan.

quisling *n.* tali barut.

quit *v.t./i.* (*p.t.* **quitted**) pergi daripada; meninggalkan; (*colloq.*) berhenti. —*a.* bebas; lepas. **quitter** *n.* orang yang mudah mengalah.

quite *adv.* sama sekali; kira-kira; agak-agak; (sebagai jawapan) begitulah. **quite a few** agak banyak.

quits *a.* seri; sama.

quiver[1] *n.* sarung anak panah.

quiver[2] *v.i.* bergetar. —*n.* getaran.

quixotic *a.* beradab dan tidak mementingkan diri. **quixotically** *adv.* dengan beradab dan tidak mementingkan diri.

quiz *n.* (*pl.* **quizzes**) kuiz; duga akal. —*v.t.* (*p.t.* **quizzed**) menyoal; (*usang*) merenung.

quizzical *a.* penuh tanda tanya; secara mengusik; berjenaka. **quizzically** *adv.* dengan penuh tanda tanya; dengan berjenaka.

quoin *n.* batu penjuru.

quoit *n.* relang.

quorate *a.* mempunyai kuorum.

quorum *n.* kuorum (jumlah minimum orang yang mesti hadir dalam sesuatu perjumpaan).

quota *n.* kuota (berkenaan bahagian); kuota (jumlah yang dibenarkan).

quotable *a.* sesuai untuk dipetik (berkenaan petikan).

quotation *n.* petikan; sebut harga. **quotation-marks** *n.pl.* tanda petik; tanda kutip.

quote *v.t./i.* memetik; menyebut harga.

quoth (*usang*) berkata.

quotidian *a.* harian; berulang tiap hari.

quotient *n.* hasil bahagi.

R

rabbet *n.* tanggam; potongan pada kayu supaya sama ukur. **rabbet plane** alat untuk memotong tanggam.

rabbi *n.* (*pl.* **-is**) rabai; pendeta Yahudi.

rabbinical *a.* yang berkenaan dengan pendeta dan rukun-rukun Yahudi.

rabbit *n.* arnab.

rabble *n.* gerombolan; perusuh.

rabid *a.* terlampau marah; naik darah; yang terkena penyakit anjing gila. **rabidity** *n.* kemarahan yang amat sangat.

rabies *n.* rabies; penyakit anjing gila.

race[1] *n.* lumba; perlumbaan; arus air yang kuat; (*pl.*) siri perlumbaan kuda atau anjing. —*v.t./i.* berlumba; berlumba kuda. **racer** *n.* kuda lumba.

race[2] *n.* bangsa; keturunan; jenis keluarga.

racecourse *n.* padang lumba kuda.

racehorse *n.* kuda lumba.

racetrack *n.* balapan lumba kuda; balapan lumba kereta.

raceme *n.* rasem; rangkaian bunga pada batang.

racial *a.* berkenaan ras atau bangsa; bersifat perkauman. **racially** *adv.* dari segi bangsa; secara perkauman.

racialism *n.* faham perkauman; rasialisme. **racialist** *a. & n.* bersifat perkauman; orang yang membangkitkan soal-soal perkauman.

racism *n.* fahaman ras atau perkauman; diskriminasi berasaskan perkauman. **racist** *a. & n.* orang yang membangkitkan kefahaman ras; bersifat perkauman.

rack[1] *n.* rak; para-para (tempat meletak barang); tempat untuk menyeksa. —*v.t.* menyeksa. **rack one's brains** memerah otak.

rack[2] *n.* **rack and ruin** kebinasaan dan kerosakan.

rack[3] *v.t.* menapis wain.

racket[1] *n.* raket.

racket[2] *n.* hingar-bingar; riuh-rendah; hiruk-pikuk; kesibukan; (*sl.*) tipu daya; kegiatan haram.

racketeer *n.* seseorang yang berniaga secara haram. **racketeering** *n.* kegiatan haram.

raconteur *n.* seseorang yang pandai bercerita lucu.

raccoon *n.* (atau **racoon**) rakun; sejenis mamalia bermuka hitam dan berekor belang di Amerika.

racy *a.* (**-ier, -iest**) bersemangat; rancak; tidak senonoh. **racily** *adv.* dengan rancak.

radar *n.* radar.

radial *a.* berkenaan sinaran; jejarian; radial. **radial-ply** lapis jejarian.

radiant *a.* berbahang (berkenaan haba); bersinar (berkenaan cahaya); berseri-seri (berkenaan wajah). **radiantly** *adv.* dengan bersinar; dengan berseri. **radiance** *n.* cahaya; seri; sinar(an).

radiate *v.t./i.* bersinar; menyinari.

radiation *n.* radiasi; penyinaran; pemancaran; penyebaran; bahang.

radiator *n.* radiator.

radical *a.* radikal; berkenaan yang asasi; yang merupakan dasar; keseluruhan. —*n.* orang yang radikal. **radically** *adv.* dengan radikal.

radicle *n.* akar ulung; radikel.

radii *n.* (*pl.* **radius**) garis lurus dari pusat bulatan ke mana-mana titik pada garis lilit.

radio *n.* (*pl.* **-os**) radio. —*a.* yang berkenaan dengan radio. —*v.t.* menghantar isyarat dengan radio.

radioactive *a.* radioaktif. **radioactivity** *n.* radioaktiviti; keradioaktifan.

radiocarbon *n.* radiokarbon.

radiogram *n.* radiogram.

radiography *n.* radiografi. **radiographer** *n.* jururadiografi.

radiology *n.* radiologi. **radiological** *a.* radiologi. **radiologist** *n.* pakar radiologi.

radiotheraphy *n.* radioterapi; rawatan penyakit barah, dsb. melalui radiasi.

radish *n.* lobak putih.

radium *n.* radium.

radius *n.* (*pl.* **-dii**) jejari; radius.

radon *n.* sejenis unsur gas radioaktif.

R.A.F. *abbr.* **Royal Air Force** Angkatan Tentera Udara Diraja.

raffia *n.* rafia.

raffish *a.* yang menunjuk-nunjuk. **raffishness** *n.* perihal menunjuk-nunjuk.

raffle *n.* sejenis loteri. —*v.t.* menawarkan sebagai hadiah loteri.

raft *n.* rakit.

rafter *n.* kasau.

rag¹ *n.* kain buruk; (*derog.*) akhbar picisan; (*pl.*) pakaian buruk dan robek.

rag² *v.t.* (*p.t.* ragged) (*sl.*) mengusik. —*n.* (*sl.*) usikan; pesta kebajikan yang dianjurkan oleh pelajar.

ragamuffin *n.* seorang yang comot.

rage *n.* keberangan; kegilaan. —*v.i.* naik berang; (berkenaan ribut, peperangan) berterusan dengan hebatnya.

ragged *a.* koyak rabak; berbaju buruk dan koyak; bergerigi; tidak sama.

raglan *n.* sejenis lengan baju.

ragout *n.* sejenis masakan campuran daging dan sayur-sayuran.

ragtime *n.* ragtime (sejenis muzik).

raid *n.* serangan; penggeledahan; serbuan (oleh pihak polis, dsb.). —*v.t.* menyerang; menyerbu. raider *n.* penyerang; penyerbu.

rail¹ *n.* selusur; rel; landasan kereta api. —*v.t.* memasang selusur; memagar.

rail² *n.* burung sintar.

rail³ *v.i.* mencaci maki.

railing *n.* kisi-kisi; selusur.

raillery *n.* ejekan.

railman *n.* (*pl.* -men) pekerja kereta api.

railroad *n.* (A.S.) landasan kereta api. —*v.t.* bertindak kerana didesak atau dipaksa.

railway *n.* landasan kereta api; pengangkutan kereta api. railwayman *n.* (*pl.* -men) pekerja kereta api.

raiment *n.* (usang) pakaian.

rain *n.* hujan; sesuatu yang melimpah-limpah. —*v.t./i.* menghujani.

rainbow *n.* pelangi.

raincoat *n.* baju hujan.

raindrop *n.* titisan hujan.

rainfall *n.* jumlah hujan pada sesuatu masa.

rainwater *n.* air hujan.

rainy *a.* (-ier, -iest) selalu turun hujan.

raise *v.t.* mengangkat; membangkit; menimbulkan; membela; memelihara; mendidik; mengumpul; menghentikan. —*n.* (A.S.) kenaikan gaji, dsb. raising agent bahan penaik.

raisin *n.* kismis.

raison d'être tujuan sesuatu itu wujud.

raj *n.* pemerintah British di India.

rajah *n.* putera raja India.

rake¹ *n.* pencakar; penggaruk. —*v.t.* mencakar; menggeledah; menumpu sasaran; menghalakan. rake-off *n.* (*colloq.*) duit kopi; habuan. rake up ungkit kembali kenangan pahit.

rake² *n.* kecondongan sesuatu benda; senget. —*v.t.* meletakkan pada kedudukan bersudut condong.

rake³ *n.* orang jangak. rakish *a.* tidak senonoh; bergaya dan lincah.

rally *v.t./i.* bersatu; menyatukan; memberi tenaga baharu; memberi nafas baharu; memulihkan. —*n.* penyatuan; pemulihan; pukulan (tenis); rapat; perlumbaan.

ram *n.* biri-biri atau domba jantan; sesondol. —*v.t.* (*p.t.* rammed) melantak; menghentak. rammer *n.* pelantak; penghentak.

RAM *abbr.* (random-access memory) ingatan capaian rawak.

Ramadan *n.* Ramadan.

ramble *n.* bersiar-siar. —*v.i.* pergi bersiar-siar; merepek (berkenaan percakapan). rambler *n.* orang yang bersiar-siar; orang yang merepek.

ramekin *n.* sejenis acuan kecil untuk membakar makanan.

ramify *v.t./i.* bercabang-cabang; bercabang; menjadi kompleks atau rumit. ramification *n.* pencabangan; kesan yang merumitkan.

ramp¹ *n.* tanjakan; cecondong yang menghubungkan dua aras yang berbeza; landas angkat; tangga boleh gerak digunakan untuk menaiki/menuruni pesawat terbang.

ramp² *n.* (*sl.*) penipu.

rampage¹ *v.i.* mengamuk.

rampage² *n.* amuk. on the rampage mengamuk.

rampant *a.* berleluasa; mendompak.

rampart *n.* benteng; kubu; baluarti.

ramrod *n.* like a ramrod berdiri tegak.

ramshackle *n.* usang.

ran *n.* lihat run.

ranch *n.* ladang ternak. —*v.i.* berternak. rancher *n.* penternak.

rancid *a.* tengik; perat. rancidity *n.* rasa perat; ketengikan.

rancour *n.* dendam kesumat. rancorous *a.* bersifat dendam.

rand *n.* mata wang di negara Afrika Selatan.

R & B *abbr.* rhythm and blues irama dan nyanyian blues.

R & D *abbr.* research and development penyelidikan dan pembangunan.

random *a.* sembarang; rawak. —*n.* at random sembarangan. random-access memory (dalam komputer) ingatan capaian rawak. randomness *n.* kerawakan.

randy *a.* (-ier, -iest) gasang; bernafsu; (*Sc.*) lasak. randiness *n.* kegasangan.

ranee *n.* isteri atau balu raja (India).

rang *lihat* ring².

R

range *n.* barisan; julat; lingkungan; had; jarak; tempat latihan menembak; banjaran; dapur. —*v.t./i.* membaris; menderetkan; dalam lingkungan; merayau-rayau.

rangefinder *n.* penjulat; alat mengukur jarak.

ranger *n.* penjaga taman atau hutan. **Ranger** ahli pasukan Renjer.

rangy *a.* (**-ier, -iest**) tinggi dan kurus.

rank[1] *n.* barisan; peringkat; taraf; darjat; pangkat; kedudukan; (*pl.*) askar pangkat biasa. —*v.t./i.* membaris; menyusun; meletakkan; menempatkan. **the rank and file** tentera biasa, bukan pegawai.

rank[2] *a.* (**-er, -est**) tumbuh subur; penuh lalang; busuk. **rankness** *n.* kesuburan.

rankle *v.i.* menyakitkan hati.

ransack *v.t.* menggeledah; merompak.

ransom *n.* wang tebusan. —*v.t.* meminta atau membayar wang tebusan.

rant *v.i.* berhujah dengan berapi-api.

rap *n.* tumbukan kilat; bunyi ketukan; (*sl.*) teguran. —*v.t./i.* (*p.t.* **rapped**) menumbuk; mengetuk; (*sl.*) menegur. **rap out** menegur dengan keras.

rapacious *a.* tamak; haloba; menjarah. **rapacity** *n.* ketamakan; penjarahan.

rape[1] *v.t.* merogol; memperkosa. —*n.* rogol; perkosaan.

rape[2] *n.* sawi (sejenis tumbuhan).

rapid *a.* tangkas; pantas; cepat. **rapidly** *adv.* dengan tangkas; dengan cepat; dengan pantas. **rapidity** *n.* ketangkasan; kecepatan.

rapids *n.pl.* jeram.

rapier *n.* sejenis pedang bermata dua.

rapist *n.* perogol.

rapport *n.* perhubungan yang erat.

rapprochement *n.* pemulihan hubungan baik.

rapscallion *n.* (usang) bangsat.

rapt *a.* asyik. **raptly** *adv.* dengan asyiknya.

raptorial *a.* & *n.* burung atau haiwan pemangsa.

rapture *n.* keseronokan; keghairahan. **rapturous** *a.* ghairah; seronok. **rapturously** *adv.* dengan seronoknya; dengan ghairahnya.

rare[1] *a.* (**-er, -est**) jarang terjumpa; luar biasa; nadir. **rarely** *adv.* jarang-jarang. **rareness** *n.* hal jarang terdapat; keanehan; keajaiban.

rare[2] *a.* (**-er, -est**) setengah masak.

rarebit *n.* lihat Welsh rabbit.

rarefield *a.* bertekanan rendah; nipis. **rarefaction** *n.* penipisan.

raring *a.* (*colloq.*) tidak sabar-sabar.

rarity *n.* keanehan; perihal jarang ditemui.

rascal *n.* penipu; pengacau; penjangak; bangsat. **rascally** *adv.* dengan menipu; keji; jahat.

raschel *n.* sejenis fabrik yang dikait jarang-jarang.

rash[1] *n.* ruam.

rash[2] *a.* (**-er, -est**) terburu-buru. **rashly** *adv.* dengan terburu-buru. **rashness** *n.* keadaan terburu-buru.

rasher *n.* daging babi yang dipotong nipis-nipis.

rasp *n.* kikir jantan; (bunyi) keritan; geritan. —*v.t./i.* mengikir; bercakap dengan suara garau.

raspberry *n.* raspberi.

rat *n.* tikus; penipu, bacul (berkenaan orang). —*v.i.* (*p.t.* **ratted**) **rat on** berpaling tadah. **rat race** berlumba-lumba untuk berjaya.

ratatouille *n.* sejenis masakan daripada stew bawang besar, labu hijau, tomato dan sebagainya.

ratafia *n.* ratafia (sejenis biskut).

ratchet *n.* gear sehala.

rate[1] *n.* kadar (tentang kuantiti); perbandingan; kelajuan; kadar (berkenaan cukai), (*pl.*) kadar (tentang bayaran). —*v.t./i.* menaksir; menganggap; (A.S.) layak; menilai. **at any rate** walau bagaimanapun; setidak-tidaknya.

rate[2] *v.t.* menegur dengan marah.

rateable *a.* boleh dikenakan cukai.

rather *adv.* agak; lebih tepat; lebih suka; ya; sungguh.

ratify *v.t.* mengesahkan; menguatkan. **ratification** *n.* pengesahan.

rating *n.* kadar; pengkadaran.

ratio *n.* (*pl.* **-os**) nisbah. —*v.t.* membuat nisbah.

ratiocinate *v.i.* menaakul secara logik. **ratiocination** *n.* penaakulan secara logik.

ration *n.* catuan makanan. —*v.t.* mencatu.

rational *a.* rasional; waras; wajar. **rationally** *adv.* dengan rasional; dengan waras; dengan wajar. **rationality** *n.* kewarasan; kewajaran; kerasionalan.

rationale *n.* rasional; sebab asas; asas yang logik.

rationalism *n.* rasionalisme. **rationalist** *n.* rasionalis. **rationalistic** *a.* rasionalistik.

rationalize *v.t.* membuat sesuatu itu wajar; memberi penjelasan yang waras. **rationalization** *n.* penjelasan secara rasional.

rattan *n.* pokok rotan; rotan.

rattle *v.t./i.* menggemerencing; berdetar-detar; (*sl.*) membuat berdebardebar (berkenaan hati). —*n.* detaran; bunyi gemerencing; sejenis barang permainan yang mengeluarkan bunyi gemerencing. **rattle off** berkata-kata dengan cepat.

rattlesnake *n.* sejenis ular berbisa.

rattling *a.* berbunyi gemerencing; yang bergerak cergas. —*adv.* (*colloq.*) amat.

ratty *a.* (**-ier, -iest**) (*sl.*) marah.

raucous *a.* garau. **raucously** *adv.* dengan garau. **raucousness** *n.* kegarauan.

raunchy *a.* (**-ier, -iest**) (A.S.) galak; nampak murah; kurang sopan. **raunchily** *adv.* perihal kurang sopan; dengan galak.

ravage *v.t.* merosakkan; menjahanamkan.

ravages *n.pl.* kerosakan.

rave *v.i.* menengking-nengking; bercakap dengan ghairah; memuji-muji.

ravel *v.t./i.* (*p.t.* **ravelled**) mengusutkan; menjadi kusut.

raven[1] *n.* (burung) gagak. —*a.* hitam berkilat (rambut, bulu).

raven[2] *v.t./i.* ganas mencari mangsa; membaham.

ravenous *a.* sangat lapar. **ravenously** *adv.* dengan laparnya; dengan lahapnya.

ravine *n.* jurang.

raving *a.* meracau; betul-betul.

ravioli *n.* sejenis masakan orang Itali campuran pasta dan daging.

ravish *v.t.* mempesonakan.

raw *a.* (**-er, -est**) mentah; kasar; tidak berpengalaman; tidak terlatih; melecet; yang tidak berkelim; lembap. —*n.* tempat melecet pada kulit. **rawboned** *a.* kurus cengkung. **raw deal** layanan yang tidak patut. **rawness** *n.* kementahan; kemelecetan.

rawhide *n.* belulang; kulit yang belum disamak.

ray[1] *n.* ikan pari; sejenis ikan laut yang boleh dimakan.

ray[2] *n.* sinar; bayangan (harapan, dll.); sinaran.

rayon *n.* rayon; sejenis benang atau fabrik buatan.

raze *v.t.* merobohkan; meranapkan.

razor *n.* pisau cukur.

razzmatazz *n.* kegembiraan; publisiti yang berlebih-lebihan.

R.C. *abbr.* **Roman Catholic** Roman Katolik.

re *prep.* berkenaan dengan; tentang.

re- *pref.* semula; berlaku semula.

reach *v.t./i.* sampai; tiba; meliputi; menghulurkan tangan; berhubung dengan; mencapai. —*n.* jangkauan; kemampuan; bahagian sungai. **reachable** *a.* yang dapat dijangkau, dicapai, dihubungi.

react *v.i.* bertindak balas; memberikan reaksi. **reactive** *a.* reaktif.

reaction *n.* balasan; reaksi; tindak balas.

reactionary *a. & n.* penentang kemajuan.

reactor *n.* reaktor.

read *v.t./i.* (*p.t.* **read**) membaca; terbaca; mentafsir; menunjukkan. —*n.* (*colloq.*) bacaan. **read-only memory** ingatan baca sahaja (tentang komputer).

readable *a.* seronok dibaca; dapat dibaca. **readably** *adv.* dengan cara dapat dibaca. **readability** *n.* kebolehbacaan.

readdress *v.t.* mengubah alamat pada sampul surat.

reader *n.* pembaca; pensyarah kanan; buku bacaan; buku yang mengandungi petikan-petikan sebagai latihan membaca.

readership *n.* para pembaca.

readily *adv.* bersedia; dengan senangnya.

readiness *n.* kesediaan.

readjust *v.t./i.* mengubah semula; menyesuaikan diri semula. **readjustment** *n.* perihal mengubah semula.

ready *a.* (**-ier, -iest**) siap; rela; bersedia; cepat; lekas. —*adv.* bersedia. **at the ready** bersedia untuk. **ready made** *a.* pakaian beli siap. **ready reckoner** kumpulan jawapan daripada kiraan yang diperlukan dalam perniagaan.

reagent *n.* bahan uji; reagen (sejenis bahan yang digunakan untuk menghasilkan reaksi kimia).

real *a.* nyata; betul; sebenar; tetap (harta). —*adv.* (Sc. & A.S., *colloq.*) sebenarnya; amat.

realign *v.* mengubah kepada kedudukan atau keadaan yang berbeza. **realignment** *n.* perubahan kepada kedudukan atau keadaan yang berbeza.

realism *n.* realisme. **realist** *n.* realis.

realistic *a.* realistik; berdasarkan kenyataan. **realistically** *adv.* secara realistik.

reality *n.* kenyataan.

realize *v.t.* menyedari; mengerti; melaksanakan; memperoleh wang daripada menjual saham, dll.; menghasilkan. **realization** *n.* kesedaran.

R

really *adv.* sebenarnya; sesungguhnya; betul-betul.

realm *n.* negeri; kawasan; daerah; alam.

ream *n.* rim; (*pl.*) sejumlah besar bahan tulisan.

reap *v.t.* mengetam; menuai; menerima akibat. **reaper** *n.* pengetam; alat mengetam.

reappear *v.i.* muncul semula.

reappraisal *n.* penilaian semula.

rear¹ *n.* belakang. —*a.* terletak di belakang. **bring up the rear** terbelakang. **rear admiral** *n.* laksamana muda. **rearmost** *a.* paling belakang.,

rear² *v.t./i.* memelihara (kanak-kanak); menternak (binatang); menanam (tanaman); mendirikan; (berkenaan kuda) mendompak; menegakkan.

rearguard *n.* pasukan belakang (berkenaan tentera).

rearm *v.t./i.* melengkapkan semula dengan senjata. **rearmament** *n.* persenjataan semula.

rearrange *v.t.* menyusun atau mengatur semula. **rearrangement** *n.* penyusunan semula.

rearward *a., adv. & n.* belakang; ke belakang; barisan belakang. **rearwards** *adv.* ke belakang.

reason *n.* tujuan; sebab; kewarasan; alasan. —*v.t./i.* fikir, faham dan buat rumusan. **reason with** diajak berunding.

reasonable *a.* boleh diajak berunding; berfikiran waras; patuh; munasabah; patut. **reasonably** *adv.* dengan munasabah.

reassemble *v.t./i.* menyusun semula; berhimpun semula.

reassess *v.* dinilai semula. **reassessment** *n.* penilaian semula.

reassure *v.t.* meyakinkan; menenangkan. **reassurance** *n.* perihal meyakinkan atau menenangkan.

rebarbative *a.* menimbulkan rasa jijik; menggerunkan.

rebate *n.* rebat; potongan harga.

rebel¹ *n.* pemberontak.

rebel² *v.i.* (*p.t.* rebelled) memberontak; menentang; melawan. **rebellion** *n.* pemberontakan. **rebellious** *a.* yang suka melawan; yang derhaka.

reboot *v.* mengoperasikan semula sistem komputer.

rebound¹ *v.i.* memantul; melambung.

rebound² *n.* perbuatan melantun; lantunan. **on the rebound** selepas mengalami kekecewaan.

rebuff *v.t. & n.* menolak.

rebuild *v.t.* (*p.t.* rebuilt) membina semula.

rebuke *v.t.* menegur. —*n.* teguran.

rebus *n.* teka-teki rebus; teka-teki bergambar.

rebut *v.t.* (*p.t.* rebutted) menangkis; menyangkal. **rebuttal** *n.* tangkisan; penyangkalan.

recalcitrant *a.* degil; keras kepala. **recalcitrance** *n.* kedegilan.

recall *v.t.* memanggil balik; memperingatkan; mengingat kembali. —*n.* arahan panggil balik.

recant *v.t./i.* menarik balik; mengakui tidak benar; meninggalkan. **recantation** *n.* penarikan balik; pengakuan tidak benar.

recap *v.t.* (*p.t.* recapped) (*colloq.*) menggulung. —*n.* (*colloq.*) penggulungan.

recapitulate *v.t./i.* menggulung. **recapitulation** *n.* penggulungan.

recapture *v.t.* menangkap semula; merasai semula. —*n.* penawanan semula.

recce *n.* (*sl.*) peninjauan; pengintipan.

recede *v.i.* surut; semakin jauh; menyusut; merosot.

receipt *n.* resit; tanda terima. —*v.t.* tanda (pada bil) sebagai sudah dibayar.

receive *v.t.* menerima; memperoleh; menyambut (ketibaan, kedatangan).

receiver *n.* penerima; orang yang menerima barang-barang curian; penerima utusan; gagang (telefon).

recent *a.* baru; kebelakangan ini. **recently** *adv.* baru-baru ini.

receptacle *n.* bekas; wadah.

reception *n.* sambutan; penyambut; dewan tetamu.

receptionist *n.* penyambut tetamu.

receptive *a.* mudah menerima. **receptiveness** *n.* perihal mudah menerima. **receptivity** *n.* sikap mudah menerima.

recess *n.* ceruk; relung; waktu rehat. —*v.t.* membuat relung atau ceruk.

recession *n.* pengunduran; kemerosotan.

recessive *a.* merosot; resesif.

recherché *a.* terpilih; jarang ditemui; samar.

recidivist *n.* residivis (orang yang tidak serik membuat jenayah).

recipe *n.* resipi; cara memperoleh sesuatu.

recipient *n.* orang yang menerima sesuatu.

reciprocal *a.* menyaling; bertimbal balik. —*n.* salingan (berkenaan matematik, seperti $\frac{2}{5}$ dengan $\frac{5}{2}$. **reciprocally** *adv.* dengan bertimbal.

balik. **reciprocity** *n.* sifat timbal balik; kesalingan.

reciprocate *v.i.* membalas; tukar-menukar; bergerak maju mundur. **reciprocation** *n.* pembalasan.

recital *n.* bacaan; cerita; resital.

recitation *n.* pembacaan; bahan bacaan.

recitative *n.* resitatif; penyampaian berentak.

recite *v.t.* melafaz; menyebutkan.

reckless *a.* tidak berhati-hati; gelojoh. **recklessly** *adv.* dengan tidak berhati-hati. **recklessness** *n.* tabiat yang tidak berhati-hati; kegelojohan.

reckon *v.t./i.* menghitung; mema-sukkan; menganggap. **reckon with** diambil kira; tidak boleh diketepikan.

reckoner *n.* alat untuk menghitung.

reclaim *v.t.* tebus semula; menebus guna. **reclamation** *n.* penebusgunaan.

recline *v.t./i.* baring.

recluse *n.* orang yang menyendiri; orang yang bertapa.

recognition *n.* penghargaan; peng-akuan; pengiktirafan.

recognizance *n.* jaminan yang dibuat kepada mahkamah (hakim); ikatan.

recognize *v.t.* mengenali; sedar; meng-akui. **recognizable** *a.* dapat dikenali; yang disedari.

recoil *v.i.* melompat ke belakang; undur ke belakang; tersentak; menganjal. —*n.* anjalan.

recollect *v.t.* mengingat kembali. **recollection** *n.* ingatan kembali.

recommend *v.t.* menasihati; mengaju-kan; mencadangkan; mengesyorkan. **recommendation** *n.* rekomen; cadangan; syor.

recompense *v.t.* membayar ganti rugi. —*n.* bayaran ganti rugi.

reconcile *v.t.* berdamai; terpaksa menyesuaikan diri (berkenaan sesuatu yang tidak menyenangi); menye-suaikan (dengan keadaan). **reconcili-ation** *n.* pendamaian; penyesuaian.

recondite *a.* kabur; tidak jelas.

recondition *v.t.* memperbaiki; mem-betulkan.

reconnaissance *n.* peninjauan; peng-intipan.

reconnoitre *v.t./i.* (*pres.p.* **-tring**) meninjau; mengintai; mengintip.

reconsider *v.t./i.* mempertimbangkan semula. **reconsideration** *n.* pertim-bangan semula.

reconstitute *v.t.* membentuk semula. **reconstitution** *n.* pembentukan semula.

reconstruct *v.t.* membina semula. **reconstruction** *n.* pembinaan semula.

record[1] *v.t.* mencatat; mendaftar; merakamkan ke piring hitam; menun-jukkan.

record[2] *n.* rekod; catatan; laporan; piring hitam. —*a.* sesuatu yang ter-baik pernah direkodkan. **off the record** secara tak rasmi. **record-player** *n.* alat pemutar atau pemain piring hitam.

recorder *n.* pencatat; tukang rekod (sesuatu); rekoder.

recordist *n.* tukang rekod (bunyi).

recount *v.t.* menceritakan dengan panjang lebar.

re-count *v.t.* membilang semula; mengira semula. —*n.* hitungan semula.

recoup *v.t.* membayar ganti rugi; mendapatkan balik.

recourse *n.* tempat meminta tolong. **have recourse to** meminta bantuan.

recover *v.t./i.* mendapat semula; mencari; sembuh; pulih. **recovery** *n.* hal mendapat kembali; penyembuhan.

recreation *n.* rekreasi; bersenang-senang; berehat. **recreational** *a.* ber-kenaan rekreasi; beriadah.

recriminate *v.i.* membalas tuduhan; saling menuduh. **recrimination** *n.* tuduh-menuduh. **recriminatory** *a.* (bersifat) tuduh-menuduh.

recrudesce *v.i.* berbalik semula; datang lagi. **recrudescence** *n.* perihal berbalik semula atau datang lagi. **recrudescent** *a.* yang muncul kembali.

recruit *n.* rekrut. —*v.t.* mengerahkan, mengambil; dijadikan rekrut; memu-lihkan. **recruitment** *n.* pergerakan; pengambilan.

rectal *a.* berkenaan rektum.

rectangle *n.* segi empat tepat. **rect-angular** *a.* bersegi empat tepat.

rectify *v.t.* membetulkan; menjernih-kan; menukar kepada arus terus. **rectification** *n.* rektifikasi; pem-betulan. **rectifier** *n.* pembetul; pembaik; (alat) penerus.

rectilinear *a.* terbentuk daripada garisan lurus.

rectitude *n.* kejujuran; kelurusan budi pekerti.

recto *n.* (*pl.* **-os**) halaman buku sebelah kanan; bahagian hadapan muka surat.

rector *n.* paderi; rektor (ketua sekolah, kolej atau universiti).

rectory *n.* tempat tinggal rektor.

rectum *n.* rektum; usus akhir.

R

recumbent *a.* terbaring.

recuperate *v.t./i.* berehat untuk sembuh. **recuperation** *n.* perihal berehat untuk sembuh.

recuperative *a.* berkenaan rehat untuk sembuh; bersifat menyembuhkan.

recur *v.i.* (*p.t.* recurred) berulang lagi.

recurrent *a.* yang berulang lagi. **recurrence** *n.* perulangan.

recurve *v.t./i.* melengkung semula.

recusant *n.* orang yang enggan patuh.

recycle *v.t./i.* mengguna semula; mengitar semula.

red *a.* merah; kemerah-merahan; komunis (tentang fahaman). —*n.* merah; komunis. **in the red** berhutang. **red carpet** permaidani merah; sambutan atau layanan terbaik bagi pelawat yang terpenting. **Red Crescent** Bulan Sabit Merah. **red-handed** *a.* tertangkap sedang melakukan kejahatan. **red herring** *n.* tipu muslihat; umpan. **red-hot** *a.* merah menyala. **Red Indian** penduduk asli Amerika. **red-letter day** hari yang sangat menggembirakan. **red light** lampu merah. **red tape** pita merah; peraturan birokrasi berlebihan. **redly** *adv.* dengan merah. **redness** *n.* kemerahan.

redbreast *n.* burung robin.

redbrick *a.* (berkenaan universiti) ditubuhkan dalam abad ke-19 atau terkemudian.

redcurrant *n.* buah kismis merah.

redden *v.t./i.* menjadi merah.

reddish *a.* kemerahan.

redeem *v.t.* menebus; menyelamatkan; bertaubat. **redemption** *n.* penebusan; penyelamatan.

Redeemer *n.* Penyelamat (berkenaan Christ).

redeploy *v.t.* menugaskan semula. **redeployment** *n.* penugasan semula.

redhead *n.* orang yang berambut kemerah-merahan.

rediffusion *n.* penyiaran (berkenaan siaran radio).

redirect *v.t.* menghantar ke alamat baharu; dilencongkan; mengalihkan. **redirection** *n.* penghantaran ke alamat baharu; pelencongan.

redolent *a.* harum semerbak; terkenang kembali. **redolence** *n.* keharuman.

redouble *v.t.* melipatgandakan.

redoubt *n.* kubu.

redoubtable *a.* hebat; disegani; patut ditakuti.

redound *v.i.* berbalik.

redress *v.t.* membetulkan. —*n.* pembetulan.

reduce *v.t./i.* mengurangkan; menurunkan; mengecilkan; menjadikan; menjadi; membetulkan (tulang patah). **reduction** *n.* potongan. **reducible** *a.* dapat dikurangkan.

redundant *a.* berlebihan; yang lebih. **redundancy** *n.* lebihan; kelewahan.

reduplicate *v.t.* mengulangi. **reduplication** *n.* pengulangan.

redwood *n.* redwood (sejenis kayu yang kukuh dan berwarna kemerah-merahan).

re-echo *v.t./i.* bergema-gema.

reed *n.* mensiang (sejenis buluh).

reedy *a.* (tentang suara) nyaring. **reediness** *n.* kenyaringan.

reef *n.* terumbu; pematang. —*v.t.* memendekkan (layar). **reef-knot** *n.* simpul buku sila; sejenis ikatan.

reefer *n.* sejenis jaket tebal; (*sl.*) rokok yang mengandungi ganja.

reek *n.* bau hapak. —*v.i.* berbau hapak.

reel *n.* gelendong; sejenis tarian rakyat di Scotland. —*v.t./i.* menggulung atau melilitkan pada gelendong; terhuyung-hayang. **reel off** menyebut dengan lancar.

re-enter *v.t./i.* masuk semula ke (dalam); memasukkan semula nama seseorang. **re-entrant** *a.* (sudut) menghala ke dalam. **re-entry** *n.* kemasukan semula; masuknya semula (kapal angkasa).

reeve[1] *n.* (usang) ketua majistret.

reeve[2] *v.t.* (*p.t.* rove) memasukkan melalui gelung; simpai.

refectory *n.* dewan makan.

refer *v.t./i.* (*p.t.* referred) rujuk. **refer to** merujuk; ditujukan.

referable *a.* dapat dirujuk.

referee *n.* pengadil. —*v.t.* (*p.t.* refereed) menjadi pengadil; mengadili.

reference *n.* rujukan (bahan); surat akuan; penyokong. **in** atau **with reference to** berkaitan dengan. **reference book** buku rujukan. **reference library** perpustakaan rujukan.

referendum *n.* (*pl.* -ums) referendum.

referral *n.* rujukan. —*v.t.* merujuk.

refill[1] *v.t./i.* mengisi semula.

refill[2] *n.* tambahan; pengisi.

refine *v.t.* menapis; memperelok. **refined** *a.* yang bersopan santun; halus.

refinement *n.* penapisan; kesopanan (tentang pekerti); kebaikan; kehalusan (tentang mutu).

refiner *n.* penapis.

refinery *n.* kilang penapis.

refit[1] *v.t.* (*p.t.* **refitted**) memperbaharui alat; memasang semula. **refitment** *n.* perlengkapan semula.

refit[2] *n.* pembaikan.

reflate *v.t.* memulihkan (sistem kewangan). **reflation** *n.* pemulihan; reflasi. **reflationary** *a.* bersifat memulih.

reflect *v.t./i.* memantul (cahaya, haba); mencerminkan; menggambarkan; menunjukkan; membayangkan; berfikir dalam-dalam; mengenang kembali. **reflection** *n.* pantulan.

reflective *a.* memantul; termenung; berfikir.

reflector *n.* pemantul.

reflex *n.* refleks; kamera refleks. —*a.* refleks. **reflex action** tindakan refleks. **reflex angle** sudut refleks. **reflex camera** kamera refleks.

reflexive *a. & n.* (kata, bentuk) yang menunjukkan bahawa perbuatan si pembuat itu ialah ke atas dirinya sendiri; refleksif.

reflexology *n.* refleksologi; kaedah urut poin pada tapak kaki, tangan dan kepala. **reflexologist** *n.* pakar refleksologi.

reflux *n.* aliran ke belakang.

reform *v.t./i.* membuat pembaharuan; memperbaiki; memulih. **reformer** *n.* pemulih.

reformation *n.* reformasi; pembaharuan.

reformative *a.* bersifat memperbaharui.

reformatory *a.* reformasi; pembaharuan.

refract *v.t.* membias. **refraction** *n.* biasan. **refractor** *n.* pembias. **refractive** *a.* bersifat membias.

refractory *a.* melawan (terhadap disiplin); refraktori (terhadap haba, dll.).

refrain[1] *n.* baris ulang; muzik baris ulang.

refrain[2] *v.i.* menahan diri.

refresh *v.t.* menyegarkan semula (dengan berehat, minum, dll.); mengingatkan (tentang ingatan). **refresher** *n.* bayaran tambahan kepada peguam. **refresh course** kursus ulang kaji.

refreshing *a.* yang menyegarkan; yang menarik dan baharu.

refreshment *n.* penyegaran; minuman yang menyegarkan; (*pl.*) makanan dan minuman.

refrigerate *v.t.* menyejukkan. **refrigerant** *n.* bahan penyejuk. **refrigeration** *n.* penyejukan.

refrigerator *n.* peti ais; peti sejuk.

reft *a.* merampas.

refuel *v.t.* (*p.t.* **refuelled**) mengisi semula bahan api.

refuge *n.* perlindungan.

refugee *n.* pelarian.

refulgent *a.* berkilau. **refulgence** *n.* kekilauan.

refund[1] *v.t.* bayar balik.

refund[2] *n.* bayaran balik.

refurbish *v.t.* membaharui; membersihkan. **refurbishment** *n.* pembaharuan; pembersihan.

refuse[1] *v.t./i.* enggan. **refusal** *n.* keengganan.

refuse[2] *n.* sampah.

refute *v.t.* menyangkal. **refutation** *n.* penyangkalan.

regain *v.t.* mendapat kembali.

regal *a.* seperti raja; diraja; agung. **regally** *adv.* seperti raja. **regality** *n.* perihal seperti raja.

regale *v.t.* menjamu; menghiburkan.

regalia *n.pl.* alat kebesaran.

regard *v.t.* merenung; memandang; menganggap. —*n.* renungan; perhatian; penghargaan; anggapan; (*pl.*) salam. **as regards** tentang.

regarding *prep.* tentang; berkenaan.

regardless *a. & adv.* tanpa menghiraukan.

regatta *n.* regata; perlumbaan perahu atau kapal layar.

regency *n.* pemerintahan pemangku raja; zaman pemerintahan pemangku raja.

regenerate[1] *v.t.* menjana semula; membangkitkan semula. **regeneration** *n.* pertumbuhan semula; pembangunan semula.

regenerate[2] *a.* yang tumbuh semula.

regent *n.* pemangku raja; raja muda.

reggae *n.* reggae (sejenis muzik dari Hindia Barat).

regicide *n.* pembunuhan raja; pembunuh raja. **regicidal** *a.* perihal pembunuhan raja.

regime *n.* rejim.

regimen *n.* regimen; kursus perawatan, dsb.; cara hidup.

regiment *n.* rejimen. —*v.t.* mengatur atau mendisiplinkan dengan ketat. **regimentation** *n.* perihal dikenakan disiplin secara ketat.

regimental *a.* berkenaan rejimen.

regimentals *n.pl.* pakaian seragam rejimen.

Regina n. Regina; ratu.

region *n.* bahagian (tentang permukaan, ruang, jasad); kawasan, wilayah

R

(dari segi pentadbiran). **in the region of** lebih kurang. **regional** *a.* berkenaan kawasan.

register *n.* daftar (senarai); daftar (alat); —*v.t./i.* mendaftar; mencatat; merakamkan. **register office** pejabat daftar. **registration** *n.* pendaftaran.

registrar *n.* pendaftar.

registry *n.* daftar; tempat pendaftaran. **registry office** pejabat pendaftaran.

Regius professor *n.* profesor Regius; pemegang kerusi universiti yang diasaskan oleh raja.

regnant *a.* yang memerintah.

regress[1] *v.i.* merosot kembali.

regress[2] *n.* rosot kembali; regresif.

regression *n.* regresi; pengunduran. **regressive** *a.* regresif; yang mengundur.

regret *n.* penyesalan; sesalan. —*v.t.* (*p.t.* **regretted**) berasa kesal; menyesal. **regretful** *a.* penuh sesal; sangat menyesal. **regretfully** *adv.* dengan rasa kesal.

regrettable *a.* yang dikesalkan. **regrettably** *adv.* sangat disesali.

regular *a.* malar; tetap; teratur; tersusun; lazim; biasa. —*n.* askar tetap; (*colloq.*) pelanggan tetap. **regularly** *adv.* secara tetap; dengan teratur. **regularity** *n.* ketetapan; kebiasaan.

regularize *v.t.* membuat supaya teratur; membetulkan. **regularization** *n.* perihal membuat supaya teratur; pengaturan; pengerapan.

regulate *v.t.* mengawal (supaya teratur). **regulator** *n.* pengatur; pengawal atur. **regulation** *n.* pengaturan; peraturan.

regurgitate *v.t.* memuntahkan; meluahkan. **regurgitation** *n.* muntah; peluahan.

rehabilitate *v.t.* memulihkan. **rehabilitation** *n.* pemulihan.

rehash[1] *v.t.* mengolah semula; menjadikan bahan lama kepada bentuk baharu tanpa banyak perubahan.

rehash[2] *n.* bahan yang telah dijadikan ke dalam bentuk baharu.

rehearse *v.t./i.* berlatih; mengulang. **rehearsal** *n.* latihan.

rehouse *v.t.* memberi tempat tinggal baharu; menempatkan semula.

Reich *n.* nama lama negara Jerman terutama bekas rejim Nazi.

reign *n.* pemerintahan. —*v.i.* memerintah; meraja; wujud.

reimburse *v.t.* membayar balik. **reimbursement** *n.* bayaran balik.

rein *n.* (*pl.*) tali kekang kuda. —*v.t.* mengekang.

reincarnation *n.* jelmaan semula. **reincarnate** *a. & v.t.* menjelma semula.

reindeer *n.* (*pl.* **reindeer**) rusa yang hidup di kawasan beriklim dingin, mempunyai tanduk yang besar.

reinforce *v.t.* meneguhkan. **reinforcement** *n.* peneguhan.

reinstate *v.t.* kembali kepada keadaan atau kedudukan yang asal. **reinstatement** *n.* pengembalian kepada kedudukan yang asal.

reiterate *v.t.* mengulangi. **reiteration** *n.* pengulangan.

reject[1] *v.t.* menolak. **rejection** *n.* penolakan.

reject[2] *n.* orang atau benda yang ditolak (tidak dikehendaki).

rejig *v.t.* (*p.t.* **rejigged**) melengkapi semula bagi kerja baharu.

rejoice *v.t./i.* bergembira.

rejoin *v.t.* menyatukan semula; menjawab.

rejoinder *n.* jawapan.

rejuvenate *v.t.* mempermuda; memberi nafas baharu. **rejuvenation** *n.* peremajaan; perihal memberi nafas baharu.

relapse *v.i.* kambuh; berulang. —*n.* berulangnya.

relate *v.t./i.* menceritakan; menghubungkan; berkaitan.

related *a.* yang berhubung dengan; bersaudara.

relation *n.* persaudaraan; perceritaan; (*pl.*) hubungan; (*pl.*) hubungan jenis. **relationship** *n.* hubungan.

relative *a.* berbanding dengan; berhubung dengan; (dalam nahu) penghubung. —*n.* saudara. **relatively** *adv.* jika dibandingkan dengan; agak.

relativity *n.* relativiti; kerelatifan.

relax *v.t./i.* mengendurkan; beristirahat. **relaxation** *n.* pengenduran; bersantai; istirahat.

relay[1] *n.* pengganti; pekerja ganti; bahan gantian; lari berganti-ganti (sukan); siaran; geganti. **relay race** perlumbaan atau lari berganti-ganti.

relay[2] *v.t.* (*p.t.* **relayed**) menyiarkan; menghantarkan.

release *v.t.* membebaskan; melepaskan; melegakan; menayangkan (filem). —*n.* pembebasan; kelegaan; pelepas; penayangan.

relegate *v.t.* menurunkan pangkat. **relegation** *n.* penurunan pangkat.

relent *v.i.* menjadi lembut hati; berlembut. **relentless** *a.* tanpa belas kasihan.

relevant *a.* yang berkaitan. **relevance** *n.* kaitan.

reliable *a.* boleh dipercayai; jujur; setia. **reliably** *adv.* secara jujur; dengan jujur; dengan pasti. **reliability** *n.* perihal boleh dipercayai.

reliance *n.* kepercayaan; pergantungan. **reliant** *a.* percaya; bergantung atau berharap pada.

relic *n.* pusaka; (*pl.*) peninggalan.

relict *n.* tinggalan.

relief *n.* rasa lega (daripada penyakit, risau, dll.); bantuan; pemangku (dalam tugas); pengangkutan sementara; ukiran timbul; warna hidup. **relief road** jalan ganti.

relieve *v.t.* melegakan (sakit, dll.); melepaskan (dari tanggungjawab, tugas); melapangkan. **relieve oneself** membuang air besar atau air kecil.

religion *n.* agama.

religious *a.* beragama; salih; beriman. **religiously** *adv.* dengan beriman; secara teliti atau tetap.

relinquish *v.t.* melepaskan; meninggalkan. **relinquishment** *n.* pelepasan; hal meninggalkan.

reliquary *n.* tempat untuk meletakkan peninggalan daripada jasad orang yang telah mati.

relish *n.* selera; pembuka selera; nikmat. —*v.t.* menikmati.

relocate *v.t.* berpindah; menempatkan semula. **relocation** *n.* perpindahan; penempatan semula.

reluctant *a.* enggan. **reluctantly** *adv.* dengan enggan. **reluctance** *n.* keengganan.

rely *v.i.* **rely on** bergantung kepada.

remain *v.i.* tinggal; baki.

remainder *n.* baki; lebihan. —*v.t.* menjual dengan harga murah.

remains *n.pl.* baki; sisa; jenazah.

remand *v.t.* menahan. —*n.* tahanan. **on remand** dalam tahanan.

remark *n.* kata-kata. —*v.t./i.* mengatakan; menegur.

remarkable *a.* istimewa. **remarkably** *adv.* dengan istimewa.

rematch *n.* perlawanan semula; pertandingan semula.

remedy *n.* ubat; jamu; penawar. —*v.t.* mengubat; memulihkan. **remedial** *a.* yang dapat mengubat; bersifat memulih.

remember *v.t.* ingat; memperingati; mengingat. **remember oneself** sedar diri. **remembrance** *n.* ingatan; kenangan.

remind *v.t.* mengingatkan.

reminder *n.* peringatan.

reminisce *v.i.* mengenang kembali.

reminiscence *n.* kenangan; tanda ingatan; kenang-kenangan.

reminiscent *a.* suka mengenang; yang membangkitkan kenangan lama. **reminiscently** *adv.* secara mengenang.

remiss *a.* lalai.

remission *n.* permaafan; pelepasan (daripada hutang, dll.); hal bertambah kurang (sakit, usaha, dll.).

remit[1] *v.t./i.* (*p.t.* **remitted**) mengirim wang; meremit.

remit[2] bidang kuasa.

remittance *n.* pengiriman wang.

remnant *n.* reja; bekas-bekas.

remonstrate *v.i.* membantah. **remonstrance** *n.* pembantahan.

remorse *n.* kesalan. **remorseful** *a.* penuh kesalan. **remorsefully** *adv.* dengan kesal.

remorseless *a.* tanpa belas kasihan; kejam; zalim.

remote *a.* terpencil; terasing; tipis (harapan). **remotely** *adv.* yang terpencil; jauh; sedikit pun. **remoteness** *n.* keterasingan; keterpencilan.

remould[1] *v.t.* mencelup atau membentuk semula; menyusun bebenang tayar.

remould[2] *n.* mencelup tayar.

removable *a.* boleh dipindahkan; boleh ditanggalkan.

remove *v.t.* memindahkan; memecat; menyingkirkan. —*n.* tahap bezanya peringkat; peralihan. **remover** *n.* pemindah; penghilang. **removal** *n.* perpindahan; penyingkiran.

removed *a.* jauh; terpencil. **once atau twice removed** dua tiga pupu.

remunerate *v.t.* mengupah. **remuneration** *n.* hadiah; upah.

remunerative *a.* yang menguntungkan.

Renaissance *a.* Renaissance; zaman pembaharuan.

renal *a.* renal; berkenaan ginjal.

rend *v.t./i.* (*p.t.* **rent**) koyak; carik.

render *v.t.* membalas; mengemukakan; menjadi; mempersembahkan; menterjemahkan; (lemak) mencairkan.

rendezvous *n.* (*pl.* **-vous**, *pr.* **-vu:z**) *rendezvous*; tempat pertemuan. —*v.i.* membuat *rendezvous*; berjanji untuk bertemu.

rendition *n.* persembahan.

renegade *n.* pengkhianat; pembelot.

renege *v.i.* mungkir janji.

renew *v.t.* membaharui. **renewal** *n.* pembaharuan.

R

renewable *a.* dapat diperbaharui.

rennet *n.* renet (bahan yang digunakan untuk memasamkan susu).

reorient *v.* menukarkan pemusatan daripada; (menukarkan pemusatan seseorang) mencari kedudukan sendiri berhubung dengan arah kompas.

renounce *v.t.* melepaskan; menolak. **renouncement** *n.* penolakan.

renovate *v.t.* memperbaiki. **renovation** *n.* pembaikan. **renovator** *n.* tukang baiki; pembaik.

renown *n.* kemasyhuran.

renowned *a.* masyhur.

rent[1] *lihat* rend *n.* koyak; carik.

rent[2] *n.* sewa. —*v.t.* membayar sewa; menyewa.

rental *n.* sewaan.

renunciation *n.* pelepasan; perihal melepaskan atau meninggalkan.

reorganize *v.t.* menyusun semula. **reorganization** *n.* reorganisasi; penyusunan semula.

rep[1] *n.* sejenis fabrik kusyen.

rep[2] *n.* (*colloq.*) wakil.

rep[3] *n.* (*colloq.*) repertoir; himpunan persembahan oleh sesuatu kumpulan seni.

repair[1] *v.t.* membaiki; mengganti; membetulkan. —*n.* pembaikan; ganti; pembetulan. **repairer** *n.* orang yang membaiki.

repair[2] *v.i.* pergi.

reparation *n.* pemampasan; penebusan; (*pl.*) ganti rugi.

repartee *n.* jawapan yang bernas.

repast *n.* (*rasmi*) hidangan.

repatriate *v.t.* menghantar pulang (orang) ke negeri asalnya. **repatriation** *n.* penghantaran pulang (orang) ke negeri asalnya.

repay *v.t.* (*p.t.* **repaid**) membayar balik. **repayment** *n.* bayaran balik. **repayable** *a.* bayar balik.

repeal *v.t.* memansuhkan. —*n.* pemansuhan.

repeat *v.t./i.* mengulangi; menceritakan semula. —*n.* pengulangan; ulangan. **repeat itself** berlaku lagi. **repeat oneself** mengulangi. **repeatable** *a.* boleh berulang; boleh diulang-ulang. **repeatedly** *adv.* berulang kali. **repeater** *n.* pengulang.

repel *v.t.* (*p.t.* **repelled**) menangkis; mengelakkan; menolak. **repellent** *a.* & *n.* menjijikkan; tak menarik; tak menyenangkan.

repent *v.t./i.* menyesal. **repentance** *n.* penyesalan. **repentant** *a.* yang menyesal.

repercussion *n.* gema; akibat.

repertoire *n.* repertoir.

repertory *n.* simpanan; khazanah.

repetition *n.* ulangan; pengulangan.

repetitious *a.* berulang.

repetitive *a.* berulang kali. **repetitively** *adv.* dengan berulang kali.

repine *v.i.* mengeluh.

replace *v.t.* meletakkan kembali; menggantikan. **replacement** *n.* pengganti. **replaceable** *a.* dapat diganti.

replay[1] *v.t.* menayang semula.

replay[2] *n.* ulang tayang.

replenish *v.t.* menambah. **replenishment** *n.* tambahan.

replete *a.* penuh; kenyang. **repletion** *n.* kekenyangan; kepenuhan.

replica *n.* replika; salinan tepat.

replicate *v.t.* mereplikakan. **replication** *n.* pereplikaan.

reply *v.t./i.* & *n.* menjawab; jawapan.

report *v.t./i.* melaporkan; memberitahukan; mengadukan. —*n.* laporan; khabar. **reportage** *n.* pelaporan; gaya melapor. **reportedly** *adv.* menurut laporan.

reporter *n.* pemberita; wartawan.

repose[1] *n.* rehat; tidur; ketenangan. —*v.t./i.* berbaring.

repose[2] *v.t.* meletakkan; menempatkan.

repository *n.* gedung; gudang.

repossess *v.t.* menarik balik. **repossession** *n.* hal menarik balik.

reprehend *v.t.* menegur; memarahi; mencela.

reprehensible *a.* patut ditegur atau dicela. **reprehensibly** *adv.* yang patut ditegur atau dicela.

represent *v.t.* merupakan; menggambarkan; menjelaskan; melambangkan; mewakili. **representation** *n.* perwakilan; gambaran; perlambangan.

representative *a.* contoh; yang mewakili. —*n.* contoh; wakil-wakil.

repress *v.t.* menindas; menekan. **repression** *n.* penindasan; penekanan. **repressive** *a.* bersifat menindas atau menekan.

reprieve *n.* penangguhan (hukuman mati). —*v.t.* ditangguhkan.

reprimand *v.t.* & *n.* menegur; teguran.

reprint[1] *v.t.* mencetak kembali; mencetak semula; ulang cetak.

reprint[2] *n.* cetakan semula.

reprisal *n.* pembalasan.

reproach *v.t.* menegur. —*n.* teguran. **reproachful** *a.* menegur. **reproachfully** *adv.* secara menegur.

reprobate *n.* orang yang terkutuk.

reprobation *n.* kutukan; kecaman.

reproduce *v.t./i.* mengeluarkan semula; menyalin; membiak. **reproduction** *n.* pembiakan; reproduksi.

reproducible *a.* dapat dihasilkan; dapat dibiakkan.

reproductive *a.* biak; reproduktif; berkenaan pembiakan.

reproof *n.* celaan; teguran.

reprove *v.t.* mencela; menegur.

reptile *n.* reptilia. **reptilian** *a.* & *n.* berkenaan atau bersifat reptilia.

republic *n.* republik.

republican *a.* berkenaan republik; menyokong kerajaan republik. —*n.* penyokong kerajaan republik. **Republican** Republikan (salah sebuah parti politik di Amerika Syarikat).

repudiate *v.t.* menolak; menyangkal. **repudiation** *n.* penolakan; penyangkalan.

repugnant *a.* menjijikkan. **repugnance** *n.* kejijikan.

repulse *v.t.* menolak. —*n.* penolakan.

repulsion *n.* penolakan; rasa jijik.

repulsive *a.* menjijikkan. **repulsively** *adv.* dengan rasa jijik. **repulsiveness** *n.* perihal jijik.

reputable *a.* yang dihormati.

reputation *n.* reputasi; nama baik.

repute *n.* nama baik.

reputed *a.* dikatakan.

reputedly *adv.* yang dikatakan sebagai.

request *n.* permintaan; permohonan. —*v.t.* meminta; memohon.

requiem *n.* upacara sembahyang di gereja untuk roh orang mati.

require *v.t.* memerlukan; menuntut.

requirement *n.* keperluan; tuntutan.

requisite *a.* yang diperlukan. —*n.* sesuatu yang perlu.

requisition *n.* tuntutan. —*v.t.* menuntut.

requite *v.t.* membalas.

resale *n.* jualan balik.

rescind *v.t.* memansuhkan; membatalkan. **rescission** *n.* pemansuhan; pembatalan.

rescue *v.t.* menyelamat. —*n.* penyelamatan. **rescuer** *n.* penyelamat.

research *n.* penyelidikan. —*v.t./i.* menyelidik. **researcher** *n.* penyelidik.

resemble *v.t.* menyerupai. **resemblance** *n.* persamaan.

resent *v.t.* marah. **resentment** *n.* kemarahan. **resentful** *a.* bersifat marah. **resentfully** *adv.* dengan marah.

reservation *n.* penempahan; tempahan; tanah simpanan; tanah rizab.

reserve *v.t.* menyediakan; menempah; menyimpan; menangguh. —*n.* simpanan; (juga *pl.*) askar tambahan;

pemain tambahan; tanah simpanan. **in reserve** dalam simpanan. **reserve price** harga simpanan.

reserved *a.* tidak ramah; pendiam.

reservist *n.* anggota simpanan angkatan bersenjata.

reservoir *n.* waduk; takungan; kolam air.

reshuffle *v.t.* merombak; mengocok semula. —*n.* rombakan.

reside *v.i.* tinggal; duduk; menetap.

residence *n.* kediaman; tempat kediaman. **in residence** tinggal di kediaman rasmi.

residency *n.* kediaman Residen.

resident *a.* yang menetap; yang tinggal di kediaman rasmi. —*n.* penetap; pemastautin; residen.

residential *a.* perumahan.

residual *a.* yang sisa atau baki. **residually** *adv.* secara sisa atau baki.

residuary *a.* berkenaan sisa atau baki.

residue *n.* sisa; baki; reja; keladak.

residuum *n.* (*pl.* **-dua**) sisa-sisa.

resign *v.t./i.* meletakkan jawatan. **resign oneself to** bersabar menghadapi; reda. **resignation** *n.* peletakan jawatan.

resigned *a.* sabar. **resignedly** *adv.* secara sabar.

resile *v.i.* membingkas. **resile from** menarik diri.

resilient *a.* bingkas; tahan. **resiliently** *adv.* dengan bingkas. **resilience** *n.* kebingkasan; ketahanan.

resin *n.* damar; resin; gala-gala. **resinous** *a.* seperti damar.

resist *v.t./i.* menentang; melawan; tahan; bertahan. **resistance** *n.* penentangan; perlawanan; rintangan; ketahanan. **resistant** *a.* yang menentang; tahan; kalis.

resistivity *n.* kerintangan.

resistor *n.* perintang.

resolute *a.* tabah. **resolutely** *adv.* dengan tabah. **resoluteness** *n.* ketabahan.

resolution *n.* keazaman; ketabahan; keputusan.

resolve *v.t./i.* memutuskan; menyelesaikan. —*n.* azam; tekad.

resonant *a.* bergema; bertalun. **resonance** *n.* gema; talunan.

resonate *v.i.* bergema. **resonator** *n.* alat resonans; penyalun.

resort *v.i.* menggunakan sesuatu (untuk mencapai sesuatu tujuan); sering pergi. —*n.* jalan atau cara (untuk mencapai sesuatu); kunjungan; tempat kunjungan; tempat peranginan.

resound *v.i.* bergema.

R

resounding *a.* termasyhur; hebat.

resource *n.* bantuan; daya; akal; (*pl.*) sumber.

resourceful *a.* pandai mencari jalan. resourcefully *adv.* dengan cara pandai mencari jalan. resourcefulness *n.* perihal pandai mencari jalan.

respect *n.* rasa hormat; perhatian; hubungan; (*pl.*) salam hormat. —*v.t.* menghormati. respecter *n.* orang yang menghormati.

respectable *a.* yang dihormati; berbudi bahasa; patut dihormati. respectably *adv.* dengan hormat. respectability *n.* perihal patut dihormati.

respectful *a.* penuh hormat. respectfully *adv.* dengan hormatnya.

respecting *prep.* tentang; berkenaan.

respective *a.* masing-masing.

respectively *adv.* masing-masing; berturut.

respiration *n.* pernafasan; respirasi.

respirator *n.* alat pernafasan.

respiratory *a.* berkenaan pernafasan.

respire *v.t./i.* bernafas.

respite *n.* penangguhan; rehat; henti; kelegaan.

resplendent *a.* gilang-gemilang; berseri-seri. resplendently *adv.* dengan gilang-gemilang.

respond *v.i.* menjawab. respond to membalas; menyahut; menyambut.

respondent *n.* responden; pihak tertuntut (dalam undang-undang).

response *n.* jawapan; reaksi; balasan.

responsibility *n.* tanggungjawab.

responsible *a.* bertanggungjawab. responsibly *adv.* secara bertanggungjawab.

responsive *a.* yang membalas atau menyambut. responsiveness *n.* perihal membalas atau menyambut.

rest[1] *v.t./i.* tidak bergerak; berehat (bagi sesuatu hal) terhenti; menyandar; bersandar; (bagi sesuatu pandangan) tertumpu. —*n.* rehat; sandaran; tanda jeda.

rest[2] *v.i.* berada dalam keadaan tertentu. —*n.* the rest yang lain; yang lain-lain. rest with terletak pada; bergantung pada.

restaurant *n.* restoran.

restaurateur *n.* pengurus restoran; tuan punya restoran.

restful *a.* nyaman; tenang. restfully *adv.* dengan tenang; dengan nyaman. restfulness *n.* ketenangan; kenyamanan.

restitution *n.* pembayaran kembali; pengembalian.

restive *a.* gelisah; tidak sabar. restiveness *n.* kegelisahan; ketidaksabaran.

restless *a.* gelisah. restlessly *adv.* dengan gelisah. restlessness *n.* kegelisahan.

restoration *n.* pemulihan. the Restoration pembentukan semula kerajaan beraja di Britain pada tahun 1660.

restorative *a.* yang memulihkan. —*n.* pemulih.

restore *v.t.* memperbaharui; mengembalikan. restorer *n.* seseorang yang memperbaharui sesuatu; pemulih.

restrain *v.t.* menahan. restraint *n.* penahan; pengekangan.

restrict *v.t.* mengehad; menyekat; membatasi. restriction *n.* pembatasan; sekatan.

restrictive *a.* terhad; tersekat; terbatas; membatas. restrictive practices amalan terbatas.

result *n.* hasil; keputusan. —*v.i.* berhasil; akibat; menyebabkan.

resultant *a.* yang terhasil.

resume *v.t./i.* mengambil semula; melanjutkan lagi; menyambung semula. resumption *n.* pengambilan semula; penyambungan semula.

résumé *n.* ringkasan; inti sari; butir peribadi.

resurface *v.t./i.* membubuh lapisan baharu; timbul, timbul semula (di permukaan air); muncul semula.

resurgence *n.* kemunculan (selepas malapetaka atau kehilangan); kebangkitan semula.

resurgent *a.* kuat semula atau lebih terkenal.

resurrect *v.t.* menghidupkan kembali.

resurrection *n.* kebangkitan semula (selepas mati); menghidupkan semula.

resuscitate *v.t./i.* memulih; menyedarkan semula. resuscitation *n.* pemulihan.

retail *n.* jualan runcit. —*a. & adv.* runcit. —*v.t./i.* menjual secara runcit; menceritakan. retailer *n.* penjual runcit; peruncit.

retain *v.t.* menyimpan; menahan.

retainer *n.* bayaran bagi mendapatkan perkhidmatan; (usang) orang suruhan; orang gaji.

retaliate *v.i.* membalas. retaliation *n.* balasan; tindak balas. retaliatory *a.* balas.

retard *v.t.* membantut. retardation *n.* pembantutan.

retarded *a.* terencat akal; lembap.

retch *v.i.* berasa hendak muntah.

R

retention *n.* penahanan; pembendungan.

retentive *a.* dapat menyimpan.

rethink *v.t.* (*p.t.* **rethought**) memikirkan semula.

reticent *a.* pendiam. **reticence** *n.* sifat pendiam.

reticulate *v.t./i.* menyelirat. **reticulation** *n.* penyeliratan.

retina *n.* (*pl.* **-as**) retina.

retinue *n.* pengiring.

retire *v.t./i.* bersara (kerana telah tua); menghentikan; mengundur diri; (masuk) tidur. **retirement** *n.* bersara; persaraan.

retiring *a.* malu.

retort[1] *v.t./i.* menjawab dengan cepat dan tajam. —*n.* jawapan yang cepat dan tajam.

retort[2] *n.* retort; sejenis labu kaca.

retouch *v.t.* menambah di sana sini (berkenaan lukisan, dsb.).

retrace *v.t.* mencari punca. **retrace one's steps** mengikuti semula jalan datang.

retract *v.t./i.* menarik kembali. **retraction** *n.* penarikan semula; pembetulan. **retractor** *n.* penarik balik. **retractable** *a.* boleh ditarik balik.

retractile *a.* yang boleh ditarik ke belakang.

retreat *v.i.* berundur. —*n.* pengunduran; tanda undur; tempat mengasingkan diri.

retrench *v.t./i.* menjimatkan belanja; mengurangkan pekerja. **retrenchment** *n.* penjimatan atau pengurangan pekerja.

retrial *n.* perbicaraan semula.

retribution *n.* balasan; hukuman yang setimpal dengan kesalahan. **retributive** *a.* berbentuk hukuman.

retrievable *a.* yang diperoleh semula.

retrieve *v.t.* memperoleh semula; mengembalikan (sesuatu); membetulkan (kesilapan, dll.). **retrieval** *n.* perolehan kembali.

retriever *n.* sejenis anjing yang digunakan dalam perburuan.

retroactive *a.* diundurkan tarikh.

retrograde *a.* mundur; merosot.

retrogress *v.i.* mundur; merosot. **retrogression** *n.* kemerosotan. **retrogressive** *a.* yang merosot.

retro *a.* gaya terdahulu yang dihidupkan semula.

retro-rocket *n.* retro-roket.

retrospect *n.* **in retrospect** meninjau kembali.

retrospection *n.* peninjauan kembali, terutama masa lampau.

retrospective *a.* retrospektif; bersifat meninjau kembali. **retrospectively** *adv.* secara retrospektif.

retroussé *a.* (berkenaan hidung) terjungkit.

retroverted *a.* songsang; terbalik. **retroversion** *n.* penyongsangan; keadaan terbalik.

retrovirus *n.* retrovirus; virus RNA membentuk DNA semasa pereplikaan.

retry *v.t.* (*p.t.* **-tried**) membicarakan semula.

return *v.t./i.* kembali; pulang; menghantar kembali; membalas; dilantik semula. —*n.* kepulangan; keuntungan; tambang pergi balik; perlawanan balas; laporan rasmi. **return match** perlawanan balas. **return ticket** tiket pergi balik.

returnable *a.* dapat dikembalikan atau dipulangkan.

reunion *n.* pertemuan semula.

reunite *v.t./i.* menyatukan semula; mempertemukan semula; bersatu semula; bertemu semula.

reusable *a.* dapat digunakan semula.

reuse *v.* menggunakan semula.

rev *n.* (*colloq.*) memutar enjin. —*v.t./i.* (*p.t.* **revved**) (*colloq.*) menekan minyak; (bagi enjin) berputar.

Rev. *abbr.* **Reverend** gelaran bagi paderi.

revalue *v.t.* menilai semula. **revaluation** *n.* penilaian semula.

revamp *v.t.* memperbaharui; mengubah suai.

Revd. *abbr.* **Reverend** Reverend; gelaran bagi paderi Kristian.

reveal *v.t.* mendedahkan.

reveille *n.* isyarat bangun pagi bagi askar.

revel *v.i.* (*p.t.* **revelled**) berseronok; berpesta. **revels** *n.pl.* pesta ria. **reveller** *n.* orang yang berpesta. **revelry** *n.* pesta ria.

revelation *n.* pendedahan; wahyu.

revenge *n.* balasan; dendam. —*v.t.* mendendam.

revengeful *a.* yang berdendam.

revenue *n.* hasil.

reverberate *v.t./i.* bergema. **reverberation** *n.* penilaian semula.

revere *v.t.* menyanjung; menjunjung; memuja.

reverence *n.* sanjungan; junjungan. —*v.t.* memberi sanjungan atau junjungan.

reverend *a.* mulia. **Reverend** Reverend; gelaran bagi paderi Kristian. **Reverend Mother** Ketua Biarawati.

reverent *a.* menyanjungi. **reverently** *adv.* secara menyanjungi.

reverie *n.* lamunan; angan-angan.

revers *n.* (*pl.* **revers**) kolar.

reversal *n.* pembalikan.

reverse *a.* yang bertentangan; yang berbeza; terbalik. —*v.t./i.* menter-balikkan; menukar; bertentangan; memansuhkan; berlawanan; memun-durkan. —*n.* pembalikan. **reversely** *adv.* secara terbalik. **reversible** *a.* dapat diterbalikkan.

revert *v.i.* berbalik ke asal; berbalik; berpindah. **reversion** *n.* pembalikan. **reversionary** *a.* yang berbalik.

revetment *n.* tembok batu (biasanya pada baluarti; kubu).

review *n.* ulasan; kajian semula; pertimbangan semula; pemeriksaan barisan. —*v.t.* membuat atau menulis ulasan. **reviewer** *n.* pengulas.

revile *v.i.* mencaci maki. **revilement** *n.* caci maki. **reviler** *n.* pencaci.

revise *v.t.* menyemak; mengulang kaji. **revision** *n.* semakan; ulang kaji.

revivalist *n.* penggerak kebangkitan semula agama.

revive *v.t./i.* menyedarkan semula; menghidupkan kembali. **revival** *n.* hal menyedarkan semula atau meng-hidupkan kembali.

revivify *v.t.* menggiatkan semula. **revivification** *n.* penggiatan semula.

revocable *a.* dapat dibatalkan.

revoke *v.t./i.* menarik balik (lesen, dll.); pembatalan.

revolt *v.t./i.* memberontak; berasa ji-jik. —*n.* tindakan memberontak; rasa jijik.

revolting *a.* yang menjijikkan; meluat-kan.

revolution *n.* putaran; perubahan yang cepat; revolusi.

revolutionary *a.* mendatangkan per-ubahan; yang bersifat revolusi. —*n.* penyokong revolusi.

revolutionize *v.t.* mengubah sepenuh-nya; merevolusikan.

revolve *v.t./i.* berpusing; berputar; memikir-mikirkan (masalah).

revolver *n.* revolver; sejenis pistol.

revue *n.* aneka hiburan.

revulsion *n.* rasa jijik; perubahan mendadak (perasaan).

reward *n.* ganjaran; hadiah. —*v.t.* memberi ganjaran atau hadiah.

rewind *v.t.* (*p.t.* **rewound**) (filem, pita, dsb.) menggulung semula ke baha-gian awal.

rewire *v.t.* mendawaikan semula.

rewrite *v.t.* (*p.t.* **rewrote**, *p.p.* **rewrit-ten**) menulis semula.

Rex *n.* raja yang memerintah.

rhapsodize *v.i.* memuja-muja.

rhapsody *n.* rapsodi; pernyataan yang bersungguh-sungguh; sejenis gubah-an muzik. **rhapsodical** *a.* bersifat rapsodi.

rheostat *n.* reostat.

rhesus *n.* sejenis kera kecil yang digunakan dalam eksperimen biologi. **Rhesus factor** faktor Rhesus.

rhetoric *n.* retorik; seni menggunakan bahasa yang hebat atau berkesan.

rhetorical *a.* yang menggunakan kata-kata yang hebat atau berkesan. **rhetorical question** soalan retorik; soalan yang tidak perlu dijawab tetapi hanya sebagai gaya untuk memberi kesan. **rhetorically** *adv.* secara retorik.

rheumatic *a.* reumatik. **rheumaticky** *a.* yang menghidap (penyakit) reumatik. **rheumatics** *n.pl.* (*colloq.*) (penyakit) reumatik; sakit sengal-sengal tulang.

rheumatism *n.* demam sesendi; penyakit sengal-sengal tulang; reuma-tisme.

rheumatoid *a.* bersifat reumatik.

rhinestone *n.* berlian tiruan.

rhino *n.* badak.

rhinoceros *n.* (*pl.* **-oses**) badak sumbu.

rhizome *n.* rizom (berkenaan pokok).

rhodium *n.* rodium; logam berbentuk platinum.

rhododendron *n.* sejenis tumbuhan yang mempunyai bunga berbentuk trompet.

rhomboid *a.* seperti rombus. —*n.* ben-tuk rombus.

rhombus *n.* rombus (berkenaan bentuk).

rhyme *n.* rima; kata yang bersajak; sajak. —*v.t./i.* bersajak; menggunakan kata-kata yang bersajak.

rhythm *n.* irama. **rhythmic** *a.* berira-ma. **rhythmical** *a.* berirama. **rhyth-mically** *adv.* dengan berirama.

rib *n.* tulang rusuk; tetulang; corak kait timbul. —*v.t.* (*p.t.* **ribbed**) disokong tetulang seperti rusuk; mengait corak timbul; (*colloq.*) mengusik.

ribald *a.* yang tidak senonoh. **ribaldry** *n.* jenaka yang tidak senonoh.

riband *n.* reben.

ribbed *a.* yang bercorak timbul.

ribbon *n.* reben.

riboflavin *n.* vitamin B2.

ribonucleic acid asid ribonukleik; bahan yang mengawal sintesis protein dalam sel.

rice *n.* beras; padi; nasi.

rich *a.* (-er, -est) kaya; mahal; banyak; mengandungi banyak lemak atau minyak; subur; (berkenaan warna atau bunyi) hebat; yang menggelikan hati. **riches** *n.pl.* kekayaan; kemewahan. **richness** *n.* kekayaan.

richly *adv.* dengan mewah; sepenuhnya.

Richter scale *n.* skala Richter; skala untuk mengukur kekuatan gempa bumi.

rick[1] *n.* timbunan jerami.

rick[2] *n.* seliuh. —*v.t.* membuat jadi terseliuh.

rickets *n.* riket; sejenis penyakit tulang.

rickety *a.* goyah; lemah tulang.

rickshaw *n.* beca.

ricochet *n. & v.i.* (*p.t.* **richocheted**) pantulan.

ricotta *n.* sejenis keju putih Itali yang lembut

rid *v.t.* (*p.t.* **rid**, *pres.p.* **ridding**) menghapuskan. **get rid of** menghapuskan; mengelakkan daripada sesuatu gangguan.

riddance *n.* penghapusan. **good riddance** berambuslah.

ridden *lihat* **ride**. —*a.* penuh dengan.

riddle[1] *n.* teka-teki.

riddle[2] *n.* ayakan. —*v.t.* mengayak; melubangi; melubangi sepenuhnya.

ride *v.t./i.* (*p.t.* **rode**, *p.p.* **ridden**) menunggang (kuda, basikal, dll.); mengapung. —*n.* perjalanan dengan menunggang kuda; perjalanan dengan kereta. **ride up** (pakaian) ternaik ke atas.

rider *n.* penunggang (kuda, dll.).

ridge *n.* batas; rabung. **ridged** *a.* berbatas.

ridicule *n.* ejekan; cemuhan. —*v.t.* mengejek; mencemuh.

ridiculous *a.* yang menggelikan hati; karut. **ridiculously** *adv.* secara yang menggelikan hati; dengan cara yang tidak masuk akal.

rife *a.* merebak. **rife with** penuh dengan.

riff *n.* rangkai lagu dalam muzik jazz yang diulang-ulang.

riffle *v.t./i.* membelek-belek; menyelak-nyelak.

riff-raff *n.* orang yang rendah akhlak; orang hina-dina; kutu.

rifle *n.* senapang yang berlaras panjang. —*v.t.* menggeledah dan merompak; membuat alur yang berpilin dalam laras senapang.

rift *n.* celah; rekahan; perselisihan. **rift-valley** *n.* lurah gelinciran.

rig[1] *v.t.* (*p.t.* **rigged**) memperlengkapi dengan pakaian; (kapal) memperlengkapi kapal; memasang (sesuatu untuk sementara sahaja). —*n.* perlengkapan kapal; (*colloq.*) pakaian. **rig-out** *n.* (*colloq.*) pakaian.

rig[2] *v.t.* (*p.t.* **rigged**) menguruskan secara tidak jujur; melakukan penipuan.

rigging *n.* (tentang kapal) laberang; perlengkapan; tali-temali.

right *a.* elok; betul; baik; kanan. —*n.* keadilan; hak; tangan atau kaki kanan; puak kanan. —*v.t.* membetulkan; menegakkan. —*adv.* sebelah kanan; tepat; (*colloq.*) terus; sepenuhnya; secara tepat; dengan betul; dengan baik. **in the right** di pihak yang benar. **right angle** sudut tepat. **right away** sekarang juga. **right-hand man** orang kanan. **right-handed** *a.* menggunakan tangan kanan. **right of way** hak laluan. **rightly** *adv.* dengan betul. **rightness** *n.* perihal eloknya atau betulnya.

righteous *a.* membuat sesuatu dengan betul dari segi moral. **righteously** *adv.* dengan cara yang betul. **righteousness** *n.* perihal betul dari segi moral.

rightful *a.* adil; saksama; betul; wajar. **rightfully** *adv.* dengan cara yang sebenar; dengan wajar.

rightist *a. & n.* puak kanan (berkenaan fahaman politik).

rigid *a.* kaku; tegar. **rigidly** *adv.* secara tegar. **rigidness**; **rigidity** *n.* ketegaran; kekakuan.

rigmarole *n.* ucapan berjela-jela; tata-cara yang rumit dan menyusahkan.

rigor *n.* **rigor mortis** rigor mortis; kekejuran (keadaan mayat yang telah kaku).

rigour *n.* kekerasan; kesusahan (akibat cuaca atau keadaan buruk). **rigorous** *a.* keras; kejam. **rigorously** *adv.* secara keras.

rile *v.t.* (*colloq.*) menyakitkan hati.

rill *n.* anak sungai.

rim *n.* bingkai; bibir (sesuatu yang bulat). **rimmed** *a.* berbibir; berbingkai.

rime *n.* fros; embun beku.

rimed *a.* berselaput dengan fros.

rimless *a.* tanpa bingkai.

rind *n.* kulit (buah).

ring[1] *n.* lingkaran; lingkungan; bulatan; cincin; gelanggang; permuafakatan. **the ring** penerima taruhan. —*v.t.* melingkari; mengepung.

ring[2] *v.t./i.* (*p.t.* **rang**, *p.p.* **rung**) berdering; membunyikan loceng; memanggil seseorang dengan telefon;

R

menelefon; (*colloq.*) mengubah dan menjual barang-barang curian. —*n.* deringan; nada; (*colloq.*) panggilan telefon. **ring off** meletakkan telefon. **ring the changes** membuat perubahan. **ring up** menelefon.

ringer *n.* tukang bunyi loceng; (A.S.) kuda lumba yang telah diganti dengan cara menipu; kembar (berkenaan orang).

ringleader *n.* ketua penentang; ketua komplot.

ringlet *n.* gelung rambut; ikal (rambut).

ringside *n.* tepian gelanggang. **ringside seat** tempat duduk di tepi gelanggang.

ringworm *n.* kurap.

rink *n.* gelanggang luncur.

rinse *v.t.* membilas. —*n.* bilasan.

riot *n.* rusuhan; hiruk-pikuk; (*colloq.*) seseorang atau sesuatu yang melucukan. —*v.i.* merusuh. **read the Riot Act** arahan supaya memberhentikan pergaduhan, kebisingan. **run riot** berbuat sekehendak hati; berleluasa.

riotous *a.* tidak terkawal; gempar. **riotously** *adv.* dengan cara tidak terkawal; dengan gempar.

rip *v.t./i.* (*p.t.* ripped) mengoyakkan; merenggutkan; meluru. —*n.* rabak; koyak. **let rip** (*colloq.*) membiarkan sesuatu berlaku tanpa sekatan. **rip-cord** *n.* tali pembuka payung terjun. **rip off** (*sl.*) tipu. **ripper** *n.* pengoyak.

R.I.P. *abbr.* (Latin *requiescat* [atau *requiescant*] *in peace*) pulang ke alam baka; bersemadilah dengan tenteram (tulisan di batu nisan).

riparian *a. & n.* ripa; riparian (pemilik) tebing sungai.

ripe *a.* (-**er**, -**est**) masak; matang; (bagi umur) tua; bersedia. **ripeness** *n.* perihal masaknya.

ripen *v.t./i.* memasakkan; mematangkan.

riposte *n.* jawapan yang cepat dan bernas. —*v.i.* memberi jawapan yang cepat dan bernas.

ripple *n.* riak; gelombang; suara yang turun naik. —*v.t./i.* beriak; bergelombang.

rip-roaring *a.* riuh-rendah; hiruk-pikuk; hebat.

rise *v.i.* (*p.t.* rose, *p.p.* risen) naik; bangun; bangkit dari tidur; berhenti bersidang; tegak; hidup semula; memberontak; meninggi; semakin; berpunca daripada. —*n.* naiknya; pendakian; tambahan; kenaikan. **get**

atau **take a rise out of** menimbulkan kemarahan seseorang. **give rise to** mengakibatkan.

riser *n.* orang yang bangun (dari tidur); benda yang bangkit atau naik; tetingkat (pada tangga).

risible *a.* menggelikan hati. **risibility** *n.* kelucuan.

rising *n.* pemberontakan. —*a.* **rising five** dalam lingkungan lima tahun. **rising generation** generasi muda.

risk *n.* risiko; kemungkinan menghadapi bahaya atau kerugian. —*v.t.* menghadapi risiko; menanggung risiko.

risky *a.* (-**ier**, -**iest**) berbahaya. **riskily** *adv.* secara bahaya. **riskiness** *n.* bahayanya.

risotto *n.* (*pl.* -**os**) risoto; sejenis hidangan nasi bercampur daging atau ikan.

risqué *a.* kurang sopan.

rissole *n.* risol; sejenis masakan daging.

rite *n.* upacara.

ritual *n.* upacara amal; ritual. —*a.* bersifat upacara amal atau ritual. **ritually** *adv.* secara ritual. **ritualism** *n.* ritualisme. **ritualistic** *a.* berkenaan ritual; secara ritual.

rival *n.* lawan; saingan. —*a.* menjadi lawan atau saingan. —*v.t.* (*p.t.* rivalled) melawan; menyaingi. **rivalry** *n.* persaingan; pertandingan.

riven *a.* berpecah belah.

river *n.* sungai.

rivet *n.* paku sumbat. —*v.t.* (*p.t.* riveted) melekapkan dengan paku sumbat; memaku; terpegun; menumpukan pandangan. **riveter** *n.* tukang paku.

Riviera *n.* Riviera; kawasan pantai tenggara Perancis, Monaco dan barat laut Itali.

rivulet *n.* anak sungai.

RN *abbr.* **Royal Navy** Angkatan Laut Diraja.

roach *n.* (*pl.* -**roach**) sejenis ikan air tawar.

road *n.* jalan; laluan. **on the road** dalam perjalanan. **road-hog** *n.* pemandu yang tidak bertimbang rasa. **road-house** *n.* rumah persinggahan atau kedai makan di tepi jalan. **road-metal** *n.* batu pecah yang digunakan sebagai alas jalan atau landasan kereta api. **road-works** *n.pl.* kerja membaiki atau membina jalan.

roadie *n.* (tidak formal) seseorang yang mengelolakan peralatan untuk jelajah kumpulan pop atau rock.

roadside n. sisi jalan.

roadster n. kereta lumba yang berbumbung terbuka.

roadway n. jalan raya.

roadworthy a. yang masih boleh digunakan di jalan raya. **roadworthiness** n. perihal masih boleh digunakan di jalan raya.

roam v.t./i. & n. merantau; merayau; berkeliaran.

roan n. kuda berwarna gelap dengan bulu warna putih atau kelabu.

roar n. ngauman; ketawa yang kuat. —v.t./i. menderam; mengaum; meraung; bertempik. **roarer** n. orang yang bertempik, meraung, suka ketawa kuat.

roaring a. riuh; sibuk.

roast v.t./i. memanggang; panggang; terdedah kepada panas terik. —n. daging panggang; daging untuk dipanggang.

rob v.t. (p.t. **robbed**) merompak; merampas. **robber** n. perompak. **robbery** n. rompakan.

robe n. jubah. —v.t. memakai jubah.

robin n. robin; sejenis burung berwarna coklat dan dadanya kemerah-merahan.

robot n. robot; radas yang beroperasi dengan alat kawalan jauh. **robotic** a. seperti robot.

robotics n. kajian tentang robot, bentuknya, operasinya, dll.

robust a. tegap. **robustly** adv. dengan tegap. **robustness** n. ketegapan.

rock[1] n. batu; batu-batan; sejenis gula-gula keras berbentuk bulat panjang. **on the rocks** (colloq.) kekurangan wang; (berkenaan minuman) bercampur ais; rumah tangga atau perkahwinan yang hampir musnah. **rock-bottom** a. (colloq.) paling rendah. **rock-cake** n. sejenis kek buah yang kecil dan menggerutu.

rock[2] v.t./i. berayun; menggoncang. —n. goncangan; muzik rock. **rock'n roll**, rock and roll sejenis muzik rock.

rocker n. sesuatu yang berayun; jumpelang. **off one's rocker** (sl.) gila.

rockery n. taman batuan; taman batu-batan dengan tumbuh-tumbuhan yang hidup di celah batu.

rocket n. bunga api; roket; (sl.) teguran. —v.i. (p.t. **rocketed**) meluru naik; menjulangkan.

rocketry n. ilmu kaji roket.

rocky[1] a. (-ier, -iest) seperti batu; penuh dengan batu; berbatu-batu. **rockiness** n. keadaan berbatu-batan.

rocky[2] a. (-ier, -iest) (colloq.) bergoyang; tidak mantap. **rockily** adv. dengan bergoyang; secara tidak mantap. **rockiness** n. keadaan goyang; ketidakmantapan.

rococo a. & n. rokoko; sejenis gaya hiasan Barat pada abad ke-18.

rod n. batang kayu atau logam yang lurus dan bulat panjang; batang pancing; joran; ukuran panjang.

rode lihat **ride**.

rodent n. rodensia; binatang yang mengunggis.

rodeo n. (pl. -os) rodeo; sejenis sukan menunggang kuda liar, menangkap lembu, dsb.

roe[1] n. telur ikan.

roe[2] n. (pl. **roe** atau **roes**) sejenis rusa kecil; kijang. **roebuck** n. kijang jantan.

roentgen n. roentgen; unit sinaran mengion.

roger int. (dalam isyarat) mesej diterima dan difahami.

rogue n. orang yang jahat, tidak jujur atau tidak berpendirian; penyangak; binatang liar yang hidup berasingan daripada kumpulannya. **roguery** n. kejahatan.

roguish a. nakal. **roguishly** adv. dengan nakal. **roguishness** n. kenakalan.

roister v.i. berpesta dengan riuh; membising. **roisterer** n. orang yang berpesta.

role n. peranan.

roll v.t./i. bergolek; memusing; menggolek; mencanai; berguling; bergulung-gulung; menderum. (A.S., sl.) menyamun. —n. gulungan; keadaan yang bergulung-gulung; roti rol; daftar; deru. **be rolling** (berkenaan wang) (colloq.) kaya-raya. **roll-call** n. memanggil nama daripada daftar. **rolled gold** salutan emas. **rollingpin** n. penggelek (adunan). **rolling-stock** n. enjin kereta api dan gerabak. **rolling stone** (orang) tidak tetap tempat tinggal atau pekerjaannya.

roller n. penggelek; penggiling; penggulung; ombak besar. **roller-coaster** n. roller coaster. **roller-skate** n. sepatu roda. **roller-skating** n. permainan meluncur dengan sepatu roda. **roller towel** n. tuala gulung.

rollicking a. riang gembira; riuh-rendah.

rollmop n. ikan hering yang diawet dan digulung.

roly-poly n. roli-poli; sejenis puding. —a. buntal; gedempol.

ROM abbr. **read-only memory** ingatan baca sahaja (istilah komputer).

Roman *a. & n.* berkenaan Rom; orang Rom. **Roman Catholic** Roman Katolik. **Roman Catholicism** mazhab Roman Katolik. **Roman numerals** angka roman (I, II, III, IV, V, dsb.).

roman *n.* huruf roman; huruf biasa.

romance *n.* roman; romantik; kisah cinta; cerita khayalan. —*v.i.* berkhayal. **Romance languages** bahasa yang berasal dari Latin, misalnya Itali, Perancis, Sepanyol.

Romanesque *a. & n.* gaya seni bina di Eropah pada tahun 1050 – 1200.

romantic *a.* romantik; berkenaan kisah cinta; bersifat khayalan. —*n.* orang yang romantik. **romantically** *adv.* secara romantik.

romanticism *n.* romantisisme.

romanticize *v.t./i.* menjadikan romantik; berkhayal dengan idea-idea yang berdasarkan perasaan, bukan intelek. **romanticization** *n.* romantisisasi.

Romany *a. & n.* Romani; berkenaan dengan bahasa gipsi.

romp *v.i.* bermain-main; berkejar-kejaran; (*colloq.*) dilakukan dengan mudah. —*n.* main-main; berkejar; melompat.

rompers *n.pl.* sejenis pakaian kanak-kanak.

rondeau *n.* puisi pendek yang menggunakan pembuka kata sebagai baris ulang.

rondo *n.* (*pl. -os*) gubahan muzik dengan tema yang berulang.

rood *n.* salib; palang; suku ekar. **rood-screen** *n.* sejenis salib yang terdapat di gereja.

roof *n.* (*pl. roofs*) atap; bumbung. —*v.t.* menutup dengan atap; mengatapi; **roofer** *n.* tukang atap.

rook[1] *n.* sejenis burung seakan-akan gagak. —*v.t.* menipu; mengenakan harga yang melambung tinggi.

rook[2] *n.* tir (buah catur).

rookery *n.* sekawan gagak; sarang gagak; sekawan anjing laut atau burung penguin; tempat anjing laut atau burung penguin mengawan.

rookie *n.* (*sl.*) rekrut.

room *n.* tempat; bilik; ruang.

roomy *a.* lapang; luas.

roost *n.* tempat ayam atau burung hinggap atau bertenggek. —*v.i.* tidur.

rooster *n.* (A.S.) ayam jantan.

root[1] *n.* akar; asas; dasar; punca; (*pl.*) kampung halaman. —*v.t./i.* berakar; menjadi kaku. **root out** atau **up** mencabut. **take root** berakar; menetap.

root[2] *v.t./i.* menyondol; menyungkur; mematuk-matuk; menyelongkar; (A.S., *sl.*) memberi tepukan.

rootless *a.* tiada tempat menetap. **rootlessness** *n.* perihal tiada tempat menetap.

rope *n.* tali. —*v.t.* mengikat dengan tali; merentang. **know** atau **show the ropes** mengajar selok-belok. **rope in** mengajak ikut serta.

ropy *a.* (-ier, -iest) bertali-tali; (*colloq.*) bermutu rendah. **ropiness** *n.* kerendahan mutu.

rosaceous *a.* keluarga bunga mawar.

rosary *n.* kebun ros; doa yang diamalkan dalam gereja Roman Katolik; tasbih.

rose[1] *n.* mawar, ros; pokok ros; merah jambu (berkenaan warna); perenjis. **rose window** sejenis tingkap bulat.

rose[2] *lihat* **rise**.

rosé *n.* sejenis wain berwarna merah jambu muda.

roseate *a.* merah jambu tua; seperti bunga ros.

rosebud *n.* kuntum ros.

rosemary *n.* rosmeri; sejenis tumbuhan berdaun harum.

rosette *n.* roset; lencana atau barang perhiasan berbentuk bunga ros.

rosewood *n.* sejenis kayu wangi yang keras digunakan untuk membuat perabot.

rosin *n.* rosin; sejenis damar.

roster *n. & v.t.* jadual tugas.

rostrum *n.* (*pl. -tra*) pentas tempat berpidato; mimbar.

rosy *a.* (-ier, -iest) merah jambu tua; kemerah-merahan; cerah; penuh harapan. **rosily** *adv.* perihal kemerah-merahan; merah jambu; kecerahan. **rosiness** *n.* kemerah-merahan; merah jambu; kecerahan.

rot *v.t./i.* (p.t. **rotted**) menjadi busuk; reput. —*n.* hal menjadi busuk; kereputan; (*sl.*) karut; kegagalan demi kegagalan.

rota *n.* senarai giliran kerja.

rotary *a.* yang berputar.

rotate *v.t./i.* bergilir; berputar; berpusing. **rotation** *n.* putaran. **rotatory** *a.* yang berputar; yang berpusing.

rote *n.* **by rote** hafal; kelaziman.

rotisserie *n.* sejenis alat untuk memanggang.

rotor *n.* rotor; bahagian enjin yang berputar.

rotten *a.* reput; jahat; keji; (*colloq.*) busuk; lapuk. **rottenness** *n.* kejahatan; kekejian.

rotter *n.* (*sl.*) bajingan.

Rottweiler *n.* anjing daripada baka tinggi berwarna hitam atau gelap.

rotund *a.* gemuk bulat. **rotundity** *n.* kegemukan.

rotunda *n.* rotunda; bangunan bundar.

rouble *n.* rubel (mata wang Rusia).

roué *n.* orang yang tidak bermoral.

rouge *n.* pemerah pipi; sejenis serbuk halus untuk menggilap logam. —*v.t.* memerahkan pipi.

rough *a.* (-er, -est) kasap; kasar; (berkenaan cuaca) bergelora; lebih kurang. —*adv.* secara kasar. —*n.* sesuatu yang kasar; tanah yang berlekuk-lekak; orang yang biadap. —*v.t.* mengasari; mengasarkan. **rough-and-ready** *a.* kasar tetapi berkesan. **rough-and-tumble** *n.* bergomol-gomol. **rough diamond** berlian yang belum dicanai; orang yang baik tetapi kasar tingkah lakunya. **rough it** dalam serba kekurangan. **rough out** merancang, membentuk atau mensketsakan secara kasar. **roughly** *adv.* secara kasar. **roughness** *n.* kekasaran.

roughage *n.* makanan pelawas.

roughcast *n.* campuran simen dan batu. —*v.t.* (*p.t.* **roughcast**) menyalut dengan campuran simen dan batu.

roughen *v.t./i.* menjadikan kasar; membuat supaya kasar.

roughshod *a.* (bagi kuda) berladam (dengan kepala pakunya tersembul). **ride roughshod over** tidak mempedulikan sama sekali.

roulette *n.* rolet; permainan judi menggunakan bola kecil di atas cakera yang berputar.

round *a.* (-er, -est) bulat; genap (berkenaan angka). —*n.* bulatan; kepingan; pusingan; das (berkenaan tembakan). —*prep.* mengelilingi; ke sekeliling; di sekeliling. —*adv.* dalam bulatan; dengan jalan yang lebih jauh; berpaling; sekeliling; berkunjung; sedar setelah pengsan. —*v.t./i.* membulatkan; menggenapkan; mengelilingi. **in the round** semua bahagian boleh nampak. **round about** lebih kurang; berhampiran. **round figure** atau **number** angka genap; bundar. **round off** menyudahkan; mengakhiri; menjadikan bersemetri. **round on** melawan. **round robin** kenyataan yang ditandatangani oleh banyak orang. **round the clock** siang malam. **round trip** perjalanan pergi balik. **round up** mengumpulkan. **round-up** ringkasan. **roundness** *n.* kebulatan.

roundabout *n.* kuda pusing; pentas berpusing dengan patung-patung kuda, dsb. yang boleh dinaiki; bulatan (di jalan raya). —*a.* secara tidak langsung; berbelit-belit.

rounders *n.* raunders; sejenis permainan berpasukan yang menggunakan pemukul dan bola. **rounder** *n.* mata yang diperoleh daripada permainan ini.

Roundhead *n.* Roundhead; penyokong pihak Parlimen dalam Perang Saudara Inggeris.

roundly *adv.* betul-betul; teruk; bulat.

roundsman *n.* (*pl.* **-men**) penghantar barang (yang dipesan).

roundworm *n.* cacing bulat.

rouse *v.t./i.* membangkitkan; menggiatkan.

rousing *a.* bersemangat; cergas; bertenaga; menggembirakan.

roustabout *n.* buruh yang bekerja di pelantar minyak.

rout[1] *n.* kekalahan yang teruk; berundur dengan tidak teratur. —*v.t.* mengalahkan dengan teruk; mengusir.

rout[2] *v.t./i.* memaksa (bangun tidur, keluar); menggeledah.

route *n.* jalan laluan. —*v.t.* (*pres.p.* **routeing**) menghantar melalui jalan tertentu. **route march** latihan berbaris bagi askar.

routine *n.* rutin; perkara biasa. —*a.* biasa. **routinely** *adv.* secara rutin.

roux *n.* roux; campuran tepung dan lemak yang dipanaskan untuk membuat sos.

rove *v.t./i.* merayau. **rover** *n.* lanun.

row[1] *n.* barisan.

row[2] *v.t./i.* mendayung; berdayung. —*n.* hal berdayung. **row-boat** *n.* sampan. **rowing-boat** *n.* sampan.

row[3] *n.* (*colloq.*) keributan; pertengkaran; makian. —*v.t./i.* (*colloq.*) bertengkar; memaki.

rowan *n.* pohon rowan.

rowdy *a.* (-ier, -iest) bising dan kasar. —*n.* orang yang bising dan kasar. **rowdily** *adv.* secara bising dan kasar. **rowdiness** *n.* kebisingan dan kekasaran.

rowel *n.* cakera berputar pada pacu.

rowlock *n.* keliti; sejenis alat tempat menyangkutkan dayung.

royal *a.* berkenaan dengan raja; diraja; agung. —*n.* (*colloq.*) kerabat diraja. **royal blue** nila kandi. **royally** *adv.* secara diraja.

Royalist *n.* Royalist; penyokong raja dalam Perang Saudara Inggeris.

royalty *n.* kerabat diraja; royalti.

R

rpm *abbr.* revolutions per minute putaran seminit.

R.S.V.P. *abbr.* (Perancis *répondez s'il vous plaît*) harap balas.

Rt. Hon. *abbr.* Right Honourable Yang Berhormat.

Rt. Rev., Rt. Revd. *abbr.* Right Reverend gelaran bagi paderi agama Kristian.

rub *v.t./i.* (*p.t.* rubbed) menggosok; menyental. —*n.* gosokan; kesukaran. **rub it in** mengungkit-ungkit. **rub out** memadam dengan getah pemadam.

rubber[1] *n.* getah; getah pemadam. **rubber-stamp** *v.t.* mempersetujui tindakan atau keputusan yang telah diambil orang lain tanpa banyak bicara.

rubber[2] *n.* permainan tiga set.

rubberize *v.t.* dilapik atau dirawat dengan getah.

rubbery *a.* bergetah.

rubbish *n.* sampah; karut. —*v.t.* mengecam; memperkecil-kecilkan. **rubbishy** *a.* karut.

rubble *n.* puing atau serpihan batu atau batan.

rubella *n.* rubela; penyakit campak Jerman.

rubicund *a.* merah padam; kemerah-merahan.

ruble *var. of* **rouble** *n.* unit mata wang Rusia.

rubric *n.* rubrik; kepala; petunjuk.

ruby *n.* batu delima; merah delima. —*a.* merah delima.

ruche *n.* fabrik yang digunakan sebagai hiasan tepi.

ruck *v.t./i. & n.* berkedut-kedut.

rucksack *n.* beg yang dipikul di belakang ketika mengembara.

ructions *n.pl.* (*colloq.*) pertengkaran.

rudder *n.* kemudi.

ruddy *a.* (**-ier, -iest**) kemerah-merahan. **ruddily** *adv.* dengan kemerah-merahan. **ruddiness** *n.* keadaan kemerah-merahan.

rude *a.* (**-er, -est**) kurang ajar; biadab; kasar; gabas; mengejut. **rudely** *adv.* secara kasar. **rudeness** *n.* kekasaran, kebiadaban.

rudiment *n.* bentuk awal; bahagian yang belum sempurna; rudimen; (*pl.*) asas-asas.

rudimentary *a.* rudimen; belum berkembang; asas.

rue[1] *n.* sejenis tumbuhan berdaun pahit, boleh dibuat ubat.

rue[2] *v.t.* menyesal; taubat.

rueful *a.* menyesal. **ruefully** *adv.* secara menyesal.

ruff[1] *n.* kolar beropol; renda yang berkedut-kedut dipakai pada leher dalam abad ke-16; lingkaran bulu di leher burung atau binatang lain yang berlainan warnanya.

ruff[2] *v.t./i.* mempunyai kad bernilai paling tinggi dalam permainan terup. —*n.* perihal mempunyai kad bernilai paling tinggi dalam permainan terup.

ruffian *n.* samseng; bajingan.

ruffle *v.t./i.* merenyukkan; membangkitkan kemarahan. —*n.* ropol.

rufous *a.* coklat kemerah-merahan.

rug *n.* hamparan; permaidani.

Rugbi *n.* = Rugbi football ragbi.

rugged *a.* tidak rata; (berkenaan lelaki) kasar dan menarik. **ruggedly** *adv.* dengan kasar. **ruggedness** *n.* kekasaran.

rugger *n.* (*colloq.*) ragbi.

ruin *n.* kerosakan; kerugian; puing. —*v.t.* merosakkan; menjadi hancur; memusnahkan.

ruinous *a.* binasa; menjadi musnah. **ruinously** *adv.* dengan cara yang membinasakan.

rule *n.* peraturan; adat; undang-undang; penggaris; pembaris. —*v.t./i.* berkuasa; memerintah; mengawal; memutuskan; menggaris. **as a rule** biasanya. **rule of thumb** mengikut kebiasaan. **rule out** menolak.

ruler *n.* pemerintah; pembaris.

ruling *n.* keputusan atau kenyataan pihak berkuasa.

rum[1] *n.* rum; sejenis minuman keras.

rum[2] *a.* (*colloq.*) pelik; aneh; ajaib.

rumba *n.* rumba; sejenis tarian berasal dari Cuba.

rumble[1] *v.i.* bergemuruh. —*n.* bunyi yang bergemuruh.

rumble[2] *v.t.* (*sl.*) menyingkap (perkara sebenar).

rumbustious *a.* (*colloq.*) riuh-rendah.

ruminant *n.* haiwan ruminan; pemamah biak. —*a.* memamah; ruminan.

ruminate *v.i.* memamah; memikir-mikir; merenung. **rumination** *n.* pemamahan; renungan. **ruminative** *a.* ruminan; suka merenung.

rummage *v.i. & n.* menggeledah. **rummage sale** jualan barang-barang terpakai.

rummy *n.* rumi; sejenis permainan yang menggunakan daun terup.

rumour *n.* desas-desus; khabar angin. **be rumoured** menurut khabar angin.

rump *n.* punggung haiwan; daging batang pinang.

rumple *v.t./i.* berkerenyot; menjadikan tidak kemas.

rumpus *n.* (*colloq.*) huru-hara; kekacauan.

run *v.t./i.* (*p.t.* **ran**, *p.p.* **run**, *pres. p.* **running**) berlari; berlumba; merebak; mengalir; berfungsi; bergerak; meliputi; sah; melarikan; mengurus; menjalankan; menyiarkan; menjelujur. —*n.* larian; mata; koyak; rentetan; permintaan; jenis; kandang; trek; kebenaran yang sepenuhnya. **in atau out of the running** ada atau tiada harapan untuk menang. **in the long run** akhirnya. **on the run** dalam buruan. **run across** terserempak dengan. **run a blockade** merempuh tahanan. **run a risk** menanggung risiko. **run a temperature** demam. **run away** cabut lari. **run-down** *n.* butiran lengkap; letih dan tidak sihat; rosak; keadaan buruk atau terbiar. **run into** berlanggar; terserempak. **run off** membuat salinan. **run-of-the-mill** *a.* biasa. **run on** meneruskan percakapan. **run out** habis. **run out of** kehabisan. **run over** melanggar. **run up** semakin bertambah. **run-up** *n.* tempoh menjelang sesuatu peristiwa.

runaway *n.* orang pelarian. —*a.* tidak dapat dikawal; (berkenaan kemenangan) menang dengan mudah.

rung[1] *n.* anak tangga.

rung[2] *lihat* **ring**[2].

runnel *n.* anak sungai.

runner *n.* pelari; penghantar utusan; pokok menjalar; alas penggelincir; kepingan permaidani yang panjang. **runner bean** pokok kacang. **runner-up** *n.* pemenang kedua; naib johan.

runny *a.* berair.

runt *n.* orang atau haiwan kerdil.

runway *n.* landasan terbang.

rupee *n.* rupee; mata wang India dan Pakistan.

rupture *n.* pecah. —*v.t./i.* berpecah.

rural *a.* pedalaman. **rural dean** *lihat* **dean**.

ruse *n.* muslihat.

rush[1] *n.* sejenis tumbuhan paya.

rush[2] *v.t./i.* berkejar; tergesa-gesa; terburu-buru melakukan sesuatu; menerkam. —*n.* kejaran; masa sibuk; (*colloq.*) tera sulung. **rush hour** *n.* masa sibuk.

rusk *n.* biskut kering.

russet *a.* perang. —*n.* warna perang; sejenis epal berkulit kasar.

rust *n.* karat; sejenis penyakit pokok yang mengeluarkan tompok-tompok karat. —*v.t./i.* berkarat. **rust-proof** *a.* kalis karat. **rustless** *a.* tidak berkarat.

rustic *a.* kedesaan; diperbuat daripada kayu-kayu yang kasar (berkenaan binaan).

rusticate *v.t./i.* tinggal di desa. **rustication** *n.* perihal tinggal di desa.

rustle *v.t./i.* bergerisik; (A.S.) mencuri kuda atau lembu. —*n.* bunyi gerisik. **rustle up** (*colloq.*) membuat. **rustler** *n.* pencuri kuda atau lembu.

rusty *a.* (**-ier, -iest**) berkarat; karat. **rustiness** *n.* kekaratan.

rut[1] *n.* bekas roda. **rutted** *a.* penuh dengan bekas roda.

rut[2] *n.* keinginan mengawan; keadaan yang sama setiap hari yang membosankan. —*v.i.* (*p.t.* **rutted**) ingin mengawan.

ruthless *a.* kejam. **ruthlessly** *adv.* dengan kejam. **ruthlessness** *n.* kekejaman.

rye *n.* rai (sejenis bijirin); wiski diperbuat daripada rai.

R
S

S

S. *abbr.* **south** selatan.

SA *abbr.* **South Africa** Afrika Selatan. **South Australia** Australia Selatan.

S.F. *abbr.* **science fiction** sains fiksyen.

S.T.D. *abbr.* **subscriber trunk dialling** panggilan sambung jauh terus dail.

sabbatarian *n.* orang yang mentaati hari *sabbath* sepenuhnya.

sabbath *n.* hari cuti untuk amalan-amalan agama, (Sabtu untuk orang Yahudi, Ahad untuk orang Kristian).

sabbatical *a.* sabatikal; seperti atau yang berkaitan dengan hari *sabbath*.

sabbatical leave cuti yang diberikan dari semasa ke semasa kepada pensyarah universiti untuk mengkaji dan melancong.

sable *n.* sabel; mamalia kecil artik berbulu gelap; bulu sabel; hitam. —*a.* hitam, muram.

sabotage *n.* sabotaj; kerosakan atau kemusnahan yang disengajakan; gangguan kepada kerja. —*v.t.* merosakkan atau memusnahkan dengan sengaja; mengkhianati.

saboteur *n.* pengkhianat.

sabre *n.* sejenis pedang melengkung.

sac *n.* pundi, sak pada binatang atau tumbuhan.

saccharin *a.* gula tiruan.

saccharine *a.* terlalu manis.

sacerdotal *a.* berkenaan dengan paderi.

sachet *n.* kantung, beg, bungkusan kecil yang tertutup.

sack[1] *n.* kantung guni; kantung daripada jenis fabrik yang kasar. **the sack** (*colloq.*) pemecatan daripada pekerjaan. —*v.t.* memasukkan ke dalam karung (atau beberapa buah karung); (*colloq.*) dipecat. **sackful** *n.* (*pl.* **-fuls**) penuh karung atau beberapa karung penuh.

sack[2] *v.t.* menjarah; menggeledah (bandar) dengan ganas. —*n.* penjarahan; penggeledahan.

sackcloth, sacking *ns.* fabrik yang kasar untuk dijadikan karung guni.

sacral *a.* tentang sakrum.

sacrament *n.* upacara keagamaan Kristian yang simbolik; unsur-unsur dalam upacara Eukaris (jamuan terakhir Jesus Christ) yang dianggap suci dari segi keagamaan. **sacramental** *a.* tentang upacara keagamaan.

sacred *a.* suci; keramat dari segi keagamaan; berkaitan dengan agama. **sacred cow** idea yang menurut para penyokongnya tidak boleh dibantah.

sacrifice *n.* korban; pengorbanan; benda atau binatang yang dikorbankan. —*v.t.* mengorbankan. **sacrificial** *a.* yang bersifat pengorbanan.

sacrilege *n.* tindakan biadap terhadap sesuatu yang suci. **sacrilegious** *a.* bersifat biadab terhadap benda suci atau rumah ibadat.

sacristan *n.* penjaga harta gereja.

sacristy *n.* tempat tersimpannya bekas atau mangkuk suci di dalam gereja.

sacrosanct *a.* yang dimuliakan; yang diagungkan dan tidak harus dirosakkan; yang dianggap suci dan tidak boleh dicemari.

sacrum *n.* sakrum; tulang komposit membentuk belakang pelvis.

sad *a.* (**sadder, saddest**) sedih; dukacita; bantut (berkaitan dengan kek atau adunan yang tidak naik). **sadly** *adv.* dengan sedihnya. **sadness** *n.* kesedihan.

sadden *v.t./i.* menyedihkan; menjadi sedih.

saddle *n.* pelana; tanah tinggi di antara dua puncak; daging di bahagian antara rusuk dengan tulang pinggul. —*v.t.* memasang pelana; dibebani dengan satu tugas. **in the saddle** dalam keadaan yang berkuasa.

saddler *n.* tukang pelana.

saddlery *n.* pekerjaan tukang pelana.

sadism *n.* kesukaan mencederakan atau menyaksikan kecederaan atau kekejaman. **sadist** *n.* orang yang suka melakukan penyeksaan. **sadistic** *a.* ganas; zalim. **sadistically** *adv.* dengan ganas; dengan zalim.

safari *n.* safari; ekspedisi untuk memburu atau memerhatikan binatang liar. **safari park** taman tempat memelihara binatang-binatang liar untuk tontonan para pengunjung.

safe *a.* (**-er, -est**) selamat daripada bahaya; memberikan perlindungan. —*adv.* dengan selamatnya. —*n.* peti besi; kotak atau almari yang diperbuat khas untuk menyimpan barang berharga dan berkunci. **safe deposit** kemudahan kotak besi, dsb. untuk menyimpan barang berharga (di bank, hotel, dsb.). **safely** *adv.* dengan selamat.

safeguard *n.* pelindung; perlindungan daripada bahaya. —*v.t.* melindungi.

safety *n.* keselamatan; keadaan selamat; bebas daripada risiko dan bahaya. **safety pin** *n.* pin baju. **safety-valve** *n.* injap keselamatan; injap yang membuka secara automatik untuk melepaskan tekanan dalam dandang stim, dsb.

saffron *n.* safron; warna kuning.

sag *v.i.* (*p.t.* **sagged**) melendut; meleweh; melentur ke bawah kerana berat. —*n.* kelendutan; kelenturan.

saga *n.* hikayat; cerita panjang.

sagacious *a.* cerdik; bijaksana; berakal; pintar. **sagaciously** *adv.* dengan cerdik; dengan pintar; dengan berakal; dengan bijaksana. **sagacity** *n.* kebijaksanaan; kepintaran.

sage[1] *n.* sej; sejenis herba yang digunakan sebagai bahan perisa dalam masakan.

sage[2] *a.* bijaksana terutama kerana banyak pengalaman. —*n.* orang yang bijaksana. **sagely** *adv.* dengan bijaksana.

sago *n.* sagu.

sahib *n.* gelaran lama kepada lelaki Eropah yang berada di India.

said *lihat* **say.**

sail *n.* layar; pelayaran; bilah kincir angin. —*v.t./i.* belayar; mula belayar; mengemudi; bergerak terus. **sailing-ship** *n.* kapal layar.

sailboard *n.* luncur angin; papan bertiang dan layar untuk meluncur angin. **sailboarder** *n.* peluncur angin. **sailboarding** *n.* peluncuran angin.

sailcloth *n.* kanvas untuk layar; sejenis fabrik.

sailor *n.* anak kapal; kelasi. **bad sailor** orang yang berkemungkinan mengalami mabuk laut. **good sailor** orang yang berkemungkinan tidak mengalami mabuk laut.

sailplane *n.* pesawat layar.

saint *n.* orang kudus atau suci; wali; anggota gereja; orang yang sangat baik; santo; santa (perempuan). **sainthood** *n.* status sebagai santo. **saintly** *a.* yang suci; yang bersifat wali. **saintliness** *n.* kekudusan; kesucian; kewalian.

sake[1] *n.* **for the sake of** untuk kebaikan atau kepentingan; demi.

sake[2] *n.* sake; sejenis arak Jepun yang diperbuat daripada tapai beras.

salaam *n.* salam. —*v.t./i.* memberi salam.

salacious *a.* lucah; memberahikan. **salaciously** *adv.* dengan lucah. **salaciousness** *n.* kelucahan. **salacity** *n.* kelucahan.

salad *n.* salad.

salamander *n.* salamander; sejenis binatang seperti biawak.

salami *n.* salami; sejenis sosej Itali.

salaried *a.* yang bergaji.

salary *n.* gaji.

sale *n.* jualan; jualan murah. **for** atau **on sale** untuk dijual.

saleable *a.* dapat dijual; mudah dijual.

saleroom *n.* bilik jualan lelong.

salesman, saleswoman, salesperson *ns.* (*pl.* **-men, -women**) jurujual.

salesmanship *n.* teknik menjual; kecekapan menjual.

salient *a.* yang menonjol; penting. —*n.* bahagian yang menonjol atau penting.

saline *a.* masin; mengandungi garam. **salinity** *n.* kemasinan; paras kandungan garam.

saliva *n.* air ludah; air liur.

salivary *a.* yang mengeluarkan air liur.

salivate *v.i.* mengeluarkan air liur. **salivation** *n.* pengeluaran air liur.

sallow[1] *a.* (**-er, -est**) pucat; pudar. **sallowness** *n.* kepucatan.

sallow[2] *n.* sejenis pohon rendah.

sally *n.* serangan mengejut; lawatan; kata-kata yang bijak atau lucu. —*v.i.* **sally forth** atau **out** melakukan secara mengejut (tentang serangan); pergi makan angin.

salmon *n.* (*pl.* **salmon**) salmon; sejenis ikan. **salmon-pink** *a. & n.* merah jambu yang kekuningan seperti warna salmon. **salmon trout** sejenis ikan air tawar.

salmonella *n.* salmonela; sejenis bakteria penyebab keracunan makanan.

salon *n.* bilik tamu; bilik atau kedai mendandan rambut.

saloon *n.* bilik awam di atas kapal; (A.S.) bar awam. **saloon car** kereta salun; kereta yang tertutup untuk pemandu dan penumpang.

salsa *n.* sejenis tarian Amerika Latin yang digabungkan dengan persembahan muzik jaz dan rock; sos kemerah.

salt *n.* garam; sebatian kimia daripada logam dan asid. —*a.* masin; mengandungi garam. —*v.t.* menggaram; menjeruk. **old salt** kelasi yang berpengalaman. **salt away** (*colloq.*) simpanan untuk masa depan. **salt-cellar** *n.* bekas atau botol garam. **salt-marsh** *n.* rawang garam; paya yang dibanjiri air laut yang pasang. **salt-pan** *n.* kematu garam; tempat lekuk dekat laut yang menghasilkan garam daripada air laut yang sejat. **take with a grain of salt** (atau **pinch**) **of salt** menganggap dengan waham. **worth one's salt** layak; cekap. **salty** *a.* masin. **saltiness** *n.* kemasinan.

saltire *n.* tanda palang (X) pada perisai.

saltpetre *n.* kalium nitrat; tepung seakan-akan garam yang digunakan dalam ubat bedil, ubat-ubatan dan untuk mengawet daging.

salubrious *a.* yang menyegarkan. **salubrity** *n.* keadaan yang menyegarkan atau menyihatkan.

salutary *a.* yang mendatangkan kebaikan atau manfaat; yang menyihatkan.

salutation *n.* salam; tabik; tanda hormat.

salute *n.* tabik. —*v.t.* memberi hormat.

salvage *n.* operasi menyelamat kapal kargo dari laut, ataupun harta dari tempat kebakaran, dll.; penjimatan dan penggunaan sisa; hampas, hasil buangan, dsb. yang dipergunakan. —v.t. menyelamatkan daripada kerugian; menyimpan sisa untuk digunakan kemudian.

salvation n. tindakan menyelamat daripada bencana, terutama daripada dosa balasannya.

salve[1] n. salap; ubat sapu yang melegakan. —v.t. menenangkan (fikiran, dsb.); melegakan (perasaan bersalah).

salve[2] v.t. menyelamatkan daripada kerugian di laut atau daripada kebakaran.

salver n. sejenis dulang kecil.

salvo n. (pl. -oes) tembakan serentak; tepukan gemuruh.

sal volatile cecair ammonium karbonat sebagai ubat untuk memulihkan orang yang pengsan.

samaritan n. seorang yang baik hati dan suka menolong.

samba n. samba; tarian berasal dari Brazil.

same a. sama; tidak berbeza; pernah disebutkan. **the same** perkara yang sama; dengan cara yang sama. **sameness** n. kesamaan.

samosa n. sejenis pastri goreng India berbentuk tiga segi yang berintikan sayur campur atau daging berempah.

samovar n. bekas daripada logam untuk membuat teh, terutama di Rusia.

sampan n. sampan.

samphire n. sejenis pohon.

sample n. contoh; sampel. —v.t. mengambil contoh; mencuba; merasa; mengalami.

sampler n. benda yang menguji contoh; contoh sulaman.

samurai n. (pl. **samurai**) samurai; pegawai tentera Jepun.

sanatorium n. (pl. **-ums**) sanatorium; tempat untuk menjaga orang yang mengidap penyakit yang berpanjangan.

sanctify v.t. mengkuduskan; menyucikan. **sanctification** n. tindakan menyucikan; penyucian.

sanctimonious a. munafik; seolah-olah alim. **sanctimoniously** adv. dengan munafik. **sanctimoniousness** n. kemunafikan.

sanction n. kebenaran; kelulusan; denda terhadap sesuatu negara atau organisasi. —v.t. memberi kebenaran; memberi kuasa.

sanctity n. kesucian; kekudusan.

sanctuary n. tempat suci; tempat yang selamat; bahagian gereja tempat meja ibadat; taman burung-burung atau binatang liar diberi perlindungan; tempat perlindungan.

sanctum n. tempat suci; bilik peribadi seseorang.

sand n. pasir; (pl.) kawasan berpasir; tebing pasir. —v.t. ditabur dengan pasir; melicinkan dengan kertas pasir.

sandal n. sandal; kasut bertali yang kelihatan seperti selipar. **sandalled** a. memakai sandal.

sandalwood n. kayu cendana; sejenis kayu wangi.

sandbag n. kantung atau guni berisi pasir, digunakan untuk melindungi tembok atau bangunan. —v.t. (p.t. **-bagged**) melindungi dengan guni pasir.

sandbank n. tebing pasir.

sandblast v.t. membagas pasir; merawat dengan menggunakan pancutan pasir yang dipancut dengan udara atau wap mampat.

sandcastle n. istana pasir buatan kanak-kanak.

sander n. sejenis perkakasan berkuasa yang digunakan untuk melicinkan sesuatu permukaan.

sandpaper n. kertas pasir. —v.t. melicinkan dengan kertas pasir.

sandpiper n. sejenis burung yang tinggal di kawasan berpasir.

sandpit n. petak pasir untuk kanak-kanak bermain di dalamnya.

sandstone n. batu pasir.

sandstorm n. ribut pasir.

sandwich n. sandwic; benda yang diapit atau dilapis-lapiskan. —v.t. terhimpit; mengapit; melapis-lapiskan. **sandwich-man** n. orang yang memperagakan iklan sambil berjalan kaki.

sandy a. seperti pasir; diliputi dengan pasir; berwarna perang muda.

sane a. (-er, -est) siuman; munasabah. **sanely** adv. dengan siuman.

sang lihat **sing**.

sang-froid n. perasaan tenang dalam keadaan rumit atau dalam kesusahan.

sangria n. minuman orang Sepanyol daripada arak dan lemonad.

sanguinary a. penuh dengan pertempuran yang mengalirkan darah; pertumpahan darah.

sanguine a. optimis.

sanitarium n. klinik yang menempatkan pesakit kronik atau yang hampir pulih.

sanitary *a.* yang berkenaan dengan kebersihan; bersih; kawalan kebersihan.

sanitation *n.* sistem menjaga kebersihan awam.

sanitize *v.t.* mensanitasikan; membersihkan.

sanity *n.* kesiuman; kewarasan.

sank *lihat* **sink**.

Sanskrit *n.* Sanskrit.

sap[1] *n.* sap; cairan atau getah dalam tumbuhan; (*sl.*) orang bodoh. —*v.t.* (*p.t.* **sapped**) hilang tenaga secara beransur-ansur. **sappy** *a.* penuh dengan cairan atau getah; menjadi lemah; bodoh.

sap[2] *n.* terowong untuk mendekati musuh. —*v.t./i.* (*p.t.* **sapped**) melemahkan.

sapient *a.* bijaksana. **sapiently** *adv.* dengan bijaksana. **sapience** *n.* kebijaksanaan.

sapling *n.* anak pokok.

sapphire *n.* batu permata nilam; warna biru cerah. —*a.* biru cerah.

saprophyte *n.* saprofit; sejenis cendawan. **saprophytic** *a.* (berkenaan) saprofit.

Saracen *n.* orang Arab atau Islam pada zaman Perang Salib.

sarcasm *n.* sindiran; penggunaan sindiran. **sarcastic** *a.* yang menyindir. **sarcastically** *adv.* dengan menyindir.

sarcophagus *n.* (*pl.* **-gi**) keranda batu.

sardine *n.* ikan sardin.

sardonic *a.* berjenaka sambil memberi sindiran atau amaran; mencemuh. **sardonically** *adv.* dengan berjenaka sambil menyindir.

sargasso *n.* rumpai laut yang berpundi udara.

sari *n.* (*pl.* **-is**) sari.

sarong *n.* kain sarung.

sarsaparilla *n.* sarsaparila; pokok kawasan tropika yang terdapat di Amerika; akar kering sarsaparila.

sarsen *n.* batu pasir yang besar.

sartorial *a.* berkenaan pakaian atau cara berpakaian.

sash[1] *n.* bengkung; selempang.

sash[2] *n.* bingkai kaca tingkap. **sash-cord** *n.* tali longsor. **sash-window** *n.* jendela sorong.

Sassenach *n.* (*Sc. & Irish*) orang Inggeris.

SAT *abbr.* **standard assessment task** piawai penilaian tugas.

sat *lihat* **sit**.

satanic *a.* bersifat syaitan.

Satanic *a.* yang berkaitan dengan syaitan.

Satanism *n.* pemujaan syaitan.

satchel *n.* beg sekolah.

sate *v.t.* puas.

sateen *n.* sejenis kain seakan-akan satin.

satellite *n.* satelit; negara satelit atau negara pengikut. **satellite dish** aerial berbentuk piring untuk menerima siaran yang dipancarkan melalui satelit.

satiate *v.t.* puaskan sepenuhnya. **satiation** *n.* kepuasan.

satiety *n.* perihal kepuasan.

satin *n.* satin. —*a.* licin seperti satin. **satiny** *a.* seperti satin.

satinette *n.* sejenis kain seperti satin.

satinwood *n.* sejenis kayu keras dan licin atau pokoknya.

satire *n.* satira; penggunaan sindiran atau sendaan; novel atau lakonan yang mempersendakan sesuatu. **satirical** *a.* yang bersifat sindiran. **satirically** *adv.* dengan sindiran.

satirize *v.t.* membidas dengan satira; menerangkan secara sindiran. **satirist** *n.* penulis satira.

satisfactory *a.* yang memuaskan. **satisfactorily** *adv.* dengan memuaskan.

satisfy *v.t.* memuaskan; memenuhi kehendak; mencukupi. **satisfaction** *n.* kepuasan.

satsuma *n.* sejenis limau.

saturate *v.t.* membasahkan; menyebabkan penuh; menepukan. **saturation** *n.* perihal terlalu penuh; ketepuan.

Saturday *n.* Sabtu.

saturnalia *n.* pesta liar.

saturnine *a.* berwajah muram.

satyr *n.* dewa liar yang bertelinga, berekor dan berkaki kambing.

sauce *n.* sos; (*sl.*) kebiadaban.

saucepan *n.* periuk bertangkai; sejenis kuali.

saucer *n.* piring.

saucy *a.* (**-ier**, **-iest**) kurang ajar; lancang; biadab. **saucily** *adv.* dengan lancang; dengan biadab. **sauciness** *n.* kelancangan; kebiadaban.

sauerkraut *n.* kubis jeruk.

sauna *n.* sauna; mandi wap.

saunter *v.i. & n.* berjalan seolah-olah makan angin.

saurian *a.* berkenaan kumpulan reptilia termasuk cicak dan buaya. —*n.* kumpulan reptilia termasuk cicak dan buaya.

sausage *n.* sosej.

sauté *a.* saute; tumis. —*v.t.* menumis.

savage *a.* buas; kejam; (*colloq.*) sangat marah. —*n.* orang gasar; orang liar. —*v.t.* menyerang dengan buas. **savagely** *adv.* dengan buas.

savageness n. kebuasan. **savagery** n. perihal kebuasan.

savannah n. savana; padang rumput.

savant n. orang berilmu.

save v.t./i. menyelamatkan; menyimpan; menyelamatkan tendangan (bola). —n. tindakan menyelamatkan daripada memasuki gol. **saver** n. penyelamat.

saveloy n. sejenis sosej berperisa.

savings n.pl. wang simpanan.

saviour n. penyelamat.

savoir faire kebijaksanaan sosial.

savory n. sejenis herba.

savour n. rasa; bau. —v.t./i. ada sesuatu rasa; mendapat nikmat dengan menghidu.

savoury a. mempunyai rasa atau bau yang sedap; tidak manis; berempah. —n. masakan sedemikian. **savouriness** n. keenakan.

savoy n. sejenis kubis.

saw[1] lihat **see**[1].

saw[2] n. gergaji. —v.t./i. (p.t. **sawed**, p.p. **sawn**) menggergaji.

saw[3] n. peribahasa lama; pepatah.

sawdust n. habuk kayu yang digergaji.

sawfish n. sejenis ikan yang bermuncung seperti gergaji.

sawmill n. kilang papan.

sawn lihat **saw**[2].

sawyer n. penggergaji.

sax n. (colloq.) saksofon.

saxifrage n. sejenis pokok.

Saxon n. & a. (anggota, bahasa) suku Jerman yang berhijrah ke England dalam abad ke-5 dan ke-6.

saxophone n. saksofon. **saxophonist** n. peniup saksofon.

say v.t./i. (p.t. **said**) mengatakan; berkata; mengucapkan; katakanlah; kata. —n. hak bersuara; kuasa (menentukan sesuatu). **I say** ! Oh!

SAYE abbr. save-as-you-earn menyimpan apabila anda menerima pendapatan.

saying n. peribahasa.

scab n. kuping kudis atau sakit kulit; (colloq., derog.) seseorang yang bekerja sedangkan kawan-kawannya yang lain mogok. **scabby** a. yang berkuping.

scabbard n. sarung pedang, dsb.

scabies n. kudis buta; sejenis penyakit kulit yang berjangkit.

scabrous a. menggerutu; berkeruping; tidak sopan; lucah.

scaffold n. pentas untuk menjalankan hukuman bunuh; aram-aram.

scaffolding n. aram-aram.

scalable a. dapat diskalakan; dapat diukur; dapat dipanjat atau didaki.

scald v.t. menyebabkan melecur atau melepuh; memanaskan susu hingga takat didih; mencuci dengan air panas. —n. kecederaan kerana melecur.

scale[1] n. sisik; benda seakan-akan sisik; karang gigi. —v.t./i. membuang sisik; menggelupas. **scaly** a. bersisik.

scale[2] n. piring alat menimbang; (pl.) alat penimbang.

scale[3] n. skala. —v.t. mendaki; menjadi ganti ukuran sebenar.

scallop n. kapis; kekapis; (pl.) bentuk siku keluang. **scalloped** a. berbentuk siku keluang.

scallywag n. (sl.) budak nakal.

scalp n. kulit kepala. —v.t. membuang kulit kepala.

scalpel n. pisau bedah.

scam n. (tidak formal) rancangan yang jujur.

scamp n. budak nakal; keparat. —v.t. membuat kerja dengan gopoh dan tidak sempurna.

scamper v.i. berlari cepat. —n. lari dengan cepat.

scampi n.pl. udang besar.

scan v.t./i. (p.t. **scanned**) meneliti; mengimbas; mengamati; menganalisis irama (puisi); (mengenai puisi) seimbang suku kata. —n. imbas; pengimbasan; penelitian. **scanner** n. alat pengimbas.

scandal n. skandal; perbuatan yang melampaui batas tatasusila. **scandalous** a. penuh skandal; memeranjatkan. **scandalously** adv. dengan penuh skandal.

scandalize v.t. terkejut dengan skandal; melanggar tatasusila.

scandalmonger n. orang yang mereka atau menyebarkan skandal.

Scandinavian a. & n. orang keturunan Skandinavia.

scansion n. kajian puisi.

scant a. sedikit; tidak mencukupi.

scanty a. (-ier, -iest) sedikit; kurang. **scantily** adv. secara sedikit. **scantiness** n. kekurangan.

scapegoat n. orang yang teraniaya kerana kesalahan orang lain.

scapula n. (pl. -lae) tulang belikat; skapula.

scar n. parut (luka). —v.t./i. (p.t. **scarred**) meninggalkan parut; berparut.

scarab n. ukiran sejenis kumbang yang digunakan sebagai tangkal pada zaman Firaun.

scarce *a.* (**-er, -est**) kekurangan; susah didapati. **make oneself scarce** (*colloq.*) membawa diri.

scarcely *adv.* hampir tiada; tidak; tentu tidak.

scarcity *n.* kekurangan.

scare *v.t./i.* menakutkan. —*n.* ketakutan.

scarecrow *n.* orang-orangan.

scaremonger *n.* orang yang suka menakutkan. **scaremongering** *n.* penakutan.

scarf¹ *n.* (*pl.* **scarves**) selendang.

scarf² *n.* sendi; penyambungan.

scarify¹ *v.t.* menoreh; mengelar; mengkritik dengan keras.

scarify² *v.t.* (*colloq.*) menakutkan.

scarlet *a.* & *n.* merah menyala; merah marak. **scarlet fever** demam skarlet.

scarp *n.* lereng bukit yang curam.

scarper *v.i.* (*sl.*) lari.

scary *a.* (**-ier, -iest**) menyeramkan; menakutkan.

scat *n.* lagu jazz tanpa seni kata dengan menggunakan suara sebagai alat.

scathing *a.* (kritik) yang amat tajam.

scatological *a.* jenaka; perbualan lucah. **scatology** *n.* kegemaran pada benda lucah atau cabul.

scatter *v.t./i.* menabur; bertempiaran. —*n.* jumlah kecil yang berselerak.

scatterbrain *n.* orang yang cuai atau tidak serius. **scatterbrained** *a.* bersifat cuai atau tidak serius.

scatty *a.* (**-ier, -iest**) (*sl.*) gila. **scattiness** *n.* kegilaan.

scaup *n.* sejenis itik.

scavenge *v.t./i.* mencari-cari benda dalam sampah; binatang yang mencari bangkai sebagai makanan. **scavenger** *n.* pebangkai; binatang yang memakan bangkai.

scenario *n.* (*pl.* **-os**) rangka lakon; senario; peristiwa yang dibayangkan.

scene *n.* tempat kejadian; adegan; kekecohan berpunca daripada perasaan marah, dsb.; latar belakang pentas; pemandangan; (*sl.*) tempat aktiviti. **behind the scenes** di luar pengetahuan ramai; secara diam-diam.

scenery *n.* pemandangan alam; latar belakang pentas.

scenic *a.* (pemandangan) cantik; indah.

scent *n.* bau wangi; minyak wangi; jejak binatang yang dapat dibau oleh anjing pemburu; keupayaan binatang untuk membau. —*v.t.* menjejak dengan bau; mengesyaki kehadiran atau kewujudan sesuatu; membubuh bau; mewangikan.

sceptic *n.* pewaham; orang yang sering mencurigai.

sceptical *a.* yang mencurigai. **sceptically** *adv.* dengan curiga. **scepticism** *n.* kecurigaan.

sceptre *n.* tongkat hiasan yang menjadi simbol kuasa.

schedule *n.* jadual. —*v.t.* menjadualkan.

schema *n.* (*pl.* **schemata** atau **schemas**) lakaran sesuatu rancangan atau teori.

schematic *a.* berskema; berjadual. **schematically** *adv.* secara berjadual.

schematize *v.t.* menjadualkan. **schematization** *n.* penjadualan.

scheme *n.* rancangan; skim. —*v.t./i.* membuat rancangan. **schemer** *n.* perancang.

scherzo *n.* (*pl.* **-os**) gubahan muzik yang rancak.

schism *n.* perpecahan kepada kumpulan-kumpulan berlawanan kerana perbezaan kepercayaan atau pendapat. **schismatic** *a.* & *n.* yang berpecah kerana perbezaan pendapat.

schist *n.* syis; batu yang mempunyai beberapa lapis komponen.

schizoid *a.* tidak siuman; skizoid. —*n.* orang yang tidak siuman.

schizophrenia *n.* skizofrenia; sejenis penyakit jiwa. **schizophrenic** *a.* & *n.* mengalami skizofrenia; orang yang mengalami skizofrenia.

schmaltz *n.* terlalu sentimental.

schnitzel *n.* kutlet daging anak lembu.

scholar *n.* ilmiawan; sarjana; pemegang biasiswa. **scholarly** *a.* terpelajar; yang berilmu. **scholarliness** *n.* keilmuan.

scholarship *n.* biasiswa; pengajian; kesarjanaan.

scholastic *a.* yang berkenaan dengan sekolah atau pelajaran; akademik.

school¹ *n.* sekumpulan ikan atau paus.

school² *n.* sekolah; kumpulan ilmiawan, ahli falsafah, dsb. yang sependapat. —*v.t.* melatih; mendisiplin. **schoolboy** *n.* murid lelaki. **schoolchild** *n.* (*pl.* **-children**) murid sekolah. **schoolgirl** *n.* murid perempuan.

schoolman *n.* (*pl.* **-men**) ahli falsafah zaman pertengahan.

schoolmaster, schoolmistress *ns.* guru lelaki atau guru perempuan.

schoolteacher *n.* guru sekolah.

schooner *n.* sejenis kapal layar; penyukat arak, dsb.

sciatic *a.* siatik; yang berkenaan dengan pinggul. **sciatic nerve** saraf siatik; urat di antara pinggul dengan paha. **sciatica** *n.* sakit di bahagian pinggul.

S

science *n.* sains. **scientific** *a.* saintifik. **scientifically** *adv.* dengan cara saintifik.

scientist *n.* ahli sains; saintis.

scimitar *n.* sejenis pedang.

scintillate *v.i.* bersinar; berkerlipan; pintar. **scintillation** *n.* sinaran; kegemerlapan.

scion *n.* tunas; keturunan.

scissors *n.pl.* gunting.

sclerosis *n.* sklerosis; pengerasan tisu yang luar biasa.

scoff¹ *v.i.* mengejek; mencemuh. **scoffer** *n.* orang yang mengejek atau mencemuh.

scoff² *v.t.* (*sl.*) makan dengan gelojoh.

scold *v.t.* memarahi. **scolding** *n.* perbuatan memarahi; kena marah.

sconce *n.* penyokong; kaki lampu hiasan.

scone *n.* sejenis kuih.

scoop *n.* pencedok; penyodok; berita baharu yang diterbitkan terdahulu daripada akhbar lain. —*v.t.* menyodok; mencedok; mendahului dengan berita terbaharu.

scoot *v.i.* lari; pecut.

scooter *n.* sejenis kenderaan mainan kanak-kanak; skuter; sejenis motosikal. **scooterist** *n.* penunggang skuter.

scope *n.* skop; lingkungan.

scorch *v.t./i.* melecur; (*sl.*) memandu, dsb. dengan sangat laju. **scorching** *a.* (*colloq.*) tersangat panas.

score *n.* skor atau kiraan mata (permainan, sukan); set 20 unit; tanda yang digores; nota muzik. —*v.t./i.* mendapat (mata, dsb.); mencatat skor; memperoleh; menggores. **on the score of** kerana; disebabkan oleh. **score off** menghina dengan kata-kata yang bijak. **score out** memotong; memangkah. **scorer** *n.* pemain yang memperoleh mata.

scorn *n.* penghinaan; sikap memandang rendah. —*v.t.* menghina; menolak dengan menghina; memandang rendah. **scornful** *a.* yang menghina. **scornfully** *adv.* dengan menghina. **scornfulness** *n.* perihal menghina.

scorpion *n.* kala jengking.

Scot *n.* orang Scotland.

Scotch *a.* yang berkenaan dengan Scotland. —*n.* dialek Scotland; wiski Scotland. **Scotch cap** sejenis topi.

scotch *v.t.* menghapuskan atau menghentikan (khabar angin).

scot-free *a.* lepas (tanpa dihukum);

Scots *a.* yang berkenaan dengan Scotland. —*n.* dialek Scotland. **Scotsman** *n.* (*pl.* -**men**) lelaki Scotland. **Scots-**

woman *n.* (*pl.* -**women**) perempuan Scotland.

Scottish *a.* yang berkenaan dengan Scotland, rakyatnya atau bahasanya.

scoundrel *n.* bajingan; bangsat.

scour¹ *v.t.* menyental; mencuci; memancutkan air untuk membersihkan. —*n.* sentalan; proses hakis kaut. **scourer** *n.* penyental.

scour² *v.t.* mencari dengan rapi.

scourge *n.* cambuk; cemeti; kesengsaraan. —*v.t.* mencambuk; menyebabkan kesengsaraan.

Scout *n.* pengakap.

scout¹ *n.* peninjau. —*v.i.* meninjau; mencari.

scout² *v.t.* menolak dengan cemuhan.

scow *n.* sejenis bot yang rata bawahnya.

scowl *n.* muka masam. —*v.i.* bermasam muka.

scrabble *v.i.* mencakar dengan tangan atau kaki; meraba-raba.

scrag *n.* bahagian bertulang sebagai makanan.

scraggy *a.* (-**ier**, -**iest**) kurus kering. **scragginess** *n.* keadaan kurus kering.

scram *v.imper.* (*sl.*) pergi.

scramble *v.t./i.* bergerak pantas atau kelam-kabut; berebut-rebut; bersusah payah membuat sesuatu; campur sembarangan; masak (telur) hancur; mencampuradukkan aturan mesej. —*n.* perjalanan yang susah; perjuangan sengit; perlumbaan motosikal tahan lasak. **scrambler** *n.* pengarau; alat elektronik untuk mengubah bunyi perbualan telefon, dsb.

scrap¹ *n.* serpihan; reja; bahan buangan. —*v.t.* (*p.t.* **scrapped**) dibuang.

scrap² *n.* & *v.i.* (*colloq.*) pergaduhan; pertengkaran; bergaduh; bertengkar.

scrapbook *n.* buku skrap; buku untuk menyimpan keratan akhbar dan bahan seumpamanya.

scrape *v.t./i.* mengorek; mengikis; tergeser; lalu dengan payah dan hampir-hampir menyentuh; mendapat dengan bersusah payah; berjimat cermat. —*n.* pergerakan atau bunyi mengikis; tempat yang telah dikikis; geseran; selapis mentega yang nipis; keadaan serba tak kena akibat sesuatu kejadian. **scraper** *n.* pengikis; penggores.

scrapie *n.* penyakit biri-biri.

scraping *n.* serpihan.

scrappy *a.* (-**ier**, -**iest**) terdiri daripada serpihan atau bahagian yang terputus-putus. **scrappiness** *n.* keadaan terputus-putus atau tidak sempurna.

scratch v.t./i. menggores; membentuk dengan menggores; menggaru; mencakar; berkerik; mendapati dengan susah payah; tarik diri. —n. calar; bunyi berkerik; tekanan daripada goresan; garisan permulaan. —a. dikutip daripada apa yang ada; tidak menerima halangan. **from scratch** mula dari asas. **up to scratch** ke tahap yang dikehendaki. **scratchy** a. (lukisan) bergores-gores; menyebabkan gatal-gatal.

scratchings n. hampas lemak babi.

scrawl n. tulisan cakar ayam. —v.t./i. menulis dengan cara cakar ayam.

scrawny a. (-ier, -iest) kurus kering.

scream v.t./i. menjerit. —n. jeritan; (sl.) orang atau benda yang tersangat lucu.

scree n. batu runtuh; batu-batu yang bertaburan di lereng gunung.

screech n. bunyi keriut; pekikan. —v.t./i. berkeriut; memekik **screech-owl** n. sejenis burung hantu.

screed n. ucapan atau karya yang terlampau panjang.

screen n. tabir; adangan; tirai; sekatan; (kenderaan) cermin depan; layar perak (putih); kaca televisyen; tapisan besar. —v.t. melindungi; menyembunyikan; menunjukkan atau menayangkan pada skrin; tapis; menguji adanya atau tiadanya penyakit, sifat tertentu, dsb.

screw n. skru; kipas enjin; perbuatan memutar skru; (sl.) gaji; upah. —v.t./i. mengetatkan dengan skru; menindas; memeras; (sl.) memeras wang daripada.

screwdriver n. pemutar skru.

screwy a. (-ier, -iest) (sl.) tidak munasabah; gila.

scribble v.t./i. menulis dengan mencakar ayam; mengconteng. —n. sesuatu contengan.

scribe n. penyalin (pada zaman sebelum mesin cetak); seorang pendeta agama yang profesional (pada zaman awal Kristian).

scrimmage n. perjuangan yang tak keruan.

scrimp v.t./i. membekalkan atau menggunakan kurang daripada yang perlu; berjimat.

scrip n. pembahagian saham sebagai ganti dividen.

script n. tulisan tangan; tulisan skrip; skrip.

scripture n. ayat suci. **Scripture** atau **the Scriptures** ayat-ayat daripada kitab Kristian atau Yahudi. **scriptural**

a. yang berasaskan atau berkenaan kitab Kristian atau Yahudi.

scrivener n. (usang) pendraf dokumen, kerani.

scrofula n. skrofula; penyakit bengkak di kelenjar.

scroll n. gulungan kertas.

scrotum n. (pl. -ta) skrotum; buah zakar.

scrounge v.t./i. mencari-cari; menyelongkar; mengecek-ngecek. **scrounger** n. peminta; pengecek.

scrub[1] n. kawasan hutan pokok-pokok rendah; belukar; semak.

scrub[2] v.t./i. (p.t. **scrubbed**) menyental; menggosok. —n. proses menyental; sentalan.

scrubby a. (-ier, -iest) kecil dan buruk atau tidak kemas.

scruff n. tengkuk.

scruffy a. (-ier, -iest) tidak kemas. **scruffily** adv. dengan tidak kemas. **scruffiness** n. keadaan tidak kemas.

scrum n. pergelutan; perjuangan tanpa tujuan.

scrummage n. skrum; pergelutan merebut bola dalam permainan ragbi.

scrumping n. (colloq.) perbuatan mencuri epal daripada pohonnya.

scrumptious a. (colloq.) sedap; nikmat; lazat.

scrunch v.t./i. mengerkah.

scruple n. keberatan; perasaan bersalah. —v.t. teragak-agak kerana perasaan bersalah.

scrupulous a. teliti; amati; bertanggungjawab; berprinsip. **scrupulously** adv. dengan teliti. **scrupulousness** n. ketelitian. **scrupulosity** n. sifat bertanggungjawab dan teliti.

scrutineer n. pengawas pilihan raya.

scrutinize v.t. memeriksa.

scrutiny n. pemeriksaan rapi.

scuba n. alat pernafasan lengkap untuk penyelam. **scuba-diving** selam skuba.

scud v.i. (p.t. **scudded**) bergerak laju dan licin.

scuff v.t./i. berjalan menyeret; mencalarkan.

scuffle n. pergelutan atau perjuangan yang tak keruan. —v.i. bergelut.

scull n. sebatang dayung; dayung di buritan. —v.t./i. mendayung dengan dayung berkenaan.

scullery n. (pl. of **sculleries**) ruang dapur basah yang berasingan untuk mencuci pinggan mangkuk dan melakukan kerja rumah lain.

scurf n. bilik mencuci pinggan mangkuk.

sculpt *v.t./i.* (*colloq.*) memahat arca; membuat arca.

sculptor *n.* pemahat arca; pengarca.

sculpture *n.* seni arca; arca. —*v.t./i.* melambangkan dengan arca; menjadi pengarca. **sculptural** *a.* berkenaan seni arca.

scum *n.* buih kotor di permukaan air; sampah masyarakat. **scummy** *a.* kotor.

scupper *n.* erong; lubang pembuang air di tepi bahagian kapal. —*v.t.* (*sl.*) menenggelamkan kapal.

scurf *n.* kelemumur. **scurfy** *a.* berkeruping.

scurrilous *a.* penuh caci maki; penuh lawak jenaka yang kasar. **scurrilously** *adv.* dengan cacian. **scurrility** *n.* tindakan mencaci.

scurry *v.i.* lari pantas. —*n.* larian pantas.

scurvy *n.* skurvi; sejenis penyakit akibat kekurangan vitamin C.

scut *n.* ekor pendek bagi arnab atau rusa.

scutter *v.i. & n.* (*colloq.*) lari dengan gopoh-gapah.

scuttle[1] *n.* kotak atau tong mengisi arang batu; bahagian kereta di antara cermin depan dengan bonet.

scuttle[2] *n.* lubang kecil yang disertai dengan penutup, terutama di tepi kapal. —*v.t.* menenggelamkan kapal dengan memasukkan air.

scuttle[3] *v.i. & n.* lari dengan gopoh-gapah.

scythe *n.* sabit panjang.

SE *abbr.* **south-east** tenggara. **south-eastern** tenggaraan.

sea *n.* laut; kawasan luas. **at sea** belayar; keliru. **by sea** melalui laut. **sea dog** pelaut yang berpengalaman. **sea-green** *a. & n.* hijau kebiruan. **sea-horse** *n.* kuda laut. **sea-level** *n.* paras laut. **sealion** *n.* singa laut. **sea-mew** *n.* burung laut. **sea-urchin** *n.* landak laut.

seaboard *n.* tepi pantai.

seafarer *n.* pelaut.

seafaring *a. & n.* yang mengembara di laut.

seafood *n.* makanan laut.

seagoing *a.* untuk perjalanan di laut; yang mengembara di laut.

seagull *n.* burung camar.

seal[1] *n.* anjing laut.

seal[2] *n.* cap; meterai, tera, lak; pelekat; pengesahan atau jaminan; bahan penutup. —*v.t./i.* mengecap; menutup; membuat keputusan terakhir. **seal off** menutup.

sealant *n.* bahan pengetat penutup supaya tidak ditembusi air.

sealing-wax *n.* lilin.

sealskin *n.* kulit anjing laut.

seam *n.* jahitan; lipit batu arang. —*v.t.* mencantumkan dengan jahitan.

seaman *n.* (*pl.* **-men**) anak kapal; kelasi; pelaut. **seamanship** *n.* kemahiran pelaut.

seamless *a.* licin dan tanpa sambungan yang jelas. **seamlessly** *adv.* dengan licin.

seamstress *n.* tukang jahit (perempuan).

seamy *a.* **seamy side** yang memalukan; yang tidak bermoral (mengenai kehidupan).

seance *n.* pertemuan kumpulan untuk cuba berhubung dengan roh si mati.

seaplane *n.* kapal terbang laut.

seaport *n.* pelabuhan di tepi laut.

sear *v.t.* melecurkan.

search *v.t./i.* mencari. —*n.* proses mencari. **searcher** *n.* pencari.

searching *a.* teliti. **searchingly** *adv.* dengan teliti.

searchlight *n.* lampu cari; lampu suluh yang lebih berkuasa suluhannya.

seascape *n.* pemandangan laut.

seasick *a.* mabuk laut. **seasickness** *n.* keadaan mabuk laut.

seaside *n.* pantai, terutama sebagai tempat peranginan.

season *n.* musim. —*v.t./i.* membubuh perasa; mengeringkan atau mengawet (ikan, sayur, dsb.). **season-ticket** *n.* tiket langganan.

seasonable *a.* lazim (pada musim berkenaan); kena pada waktunya. **seasonably** *adv.* (dengan cara) yang lazim mengikut musimnya.

seasonal *a.* bermusim; berubah mengikut musim. **seasonally** *adv.* secara bermusim. **seasonality** *n.* keadaan bermusim.

seasoned *a.* berpengalaman.

seasoning *n.* bahan perasa.

seat *n.* tempat duduk; kerusi anggota (parlimen, dsb.); punggung; bahagian pakaian yang menutupi punggung; ibu pejabat; kediaman mewah di luar bandar; cara menunggang. —*v.t.* mendudukkan; menyediakan tempat duduk; meletakkan pada kedudukan asal. **seat-belt** *n.* tali pinggang keledar. **be seated** sila duduk.

seaward *a. & adv.* ke arah laut. **seawards** *adv.* mengarah ke laut.

seaweed *n.* rumpai laut.

seaworthy *a.* dapat dilayarkan di laut (berkenaan kapal).

sebaceous *a.* mengeluarkan minyak.

S

secateurs *n.pl.* gunting pokok.

secede *v.i.* menarik diri daripada keanggotaan. **secession** *n.* penarikan diri.

seclude *v.t.* mengasingkan. **secluded** *a.* terlindung; terasing. **seclusion** *n.* pengasingan.

second[1] *a.* yang kedua; sampingan; kurang mutunya. —*n.* kedua; pengiring peninju; saat. —*v.t.* membantu; menyokong secara rasmi. **second-best** *a.* kedua terbaik. **second-class** *a. & adv.* kurang baik; kelas dua. **second cousin** (*lihat* cousin). **second fiddle** peranan yang kurang penting. **at second hand** secara tidak langsung; bukan dari sumber utama. **second-hand** *a.* terpakai; sudah dipakai; berniaga barangan terpakai. **second nature** tabiat yang sudah menjadi kebiasaan. **second-rate** *a.* kurang baik. **second sight** kuasa meramal. **second thought** berfikir dua kali. **second wind** mendapat kekuatan baharu.

second[2] *v.t.* ditukarkan atau dipinjamkan ke jabatan lain untuk sementara. **secondment** *n.* penukaran sementara.

secondary *a.* menengah; tambahan; sekunder. **secondary colours** warna yang diperoleh daripada campuran dua warna asas. **secondary education, secondary school** pelajaran menengah; sekolah menengah. **secondarily** *adv.* sebagai tambahan.

secondly *adv.* kedua; keduanya.

secret *a.* yang rahsia. —*n.* rahsia. **in secret** dirahsiakan. **secret police** polis rahsia. **secret service** jabatan pengintip rahsia. **secretly** *adv.* secara rahsia; berahsia. **secrecy** *n.* kerahsiaan; rahsia.

secretariat *n.* urus setia.

secretary *n.* setiausaha; pegawai urus setia; ketua penolong kepada duta besar ataupun menteri. **Secretary-General** *n.* setiausaha agung. **Secretary of State** *n.* Menteri; Setiausaha Negara. **secretarial** *a.* yang berkenaan dengan tugas setiausaha atau urus setia.

secrete *v.t.* menyorokkan; merembeskan; mengeluarkan. **secretor** *n.* perembes.

secretion *n.* perembesan; rembesan.

secretive *a.* yang merahsiakan. **secretively** *adv.* dengan merahsiakan. **secretiveness** *n.* tindakan merahsiakan.

secretory *a.* rembesan fisiologi; yang merembeskan.

sect *n.* golongan; mazhab.

sectarian *a.* yang berkenaan dengan mazhab; yang menonjolkan kepentingan sesuatu mazhab.

section *n.* bahagian; seksyen; proses membedah. —*v.t.* membahagi-bahagikan.

sectional *a.* yang berkenaan dengan bahagian.

sector *n.* sektor.

secular *a.* sekular; duniawi.

secure *a.* selamat. —*v.t.* memberi perlindungan; mengikat; menambat; menguncikan dengan baik; memperoleh; menjamin. **securely** *adv.* dengan cara yang terselamat.

security *n.* keselamatan; keselamatan negara; jaminan; sijil saham.

sedan *n.* pelangkin; (A.S.) kereta sedan. **sedan-chair** *n.* tandu.

sedate[1] *a.* tenang. **sedately** *adv.* dengan tenang. **sedateness** *n.* ketenangan.

sedate[2] *v.t.* diberikan ubat pelali. **sedation** *n.* rawatan ubat pelali.

sedative *a.* yang mempunyai kesan menenangkan. —*n.* ubat pelali atau pengaruh ubat pelali.

sedentary *a.* yang duduk; (tentang kerja) dibuat sambil duduk.

sedge *n.* sejenis rumput.

sediment *n.* keladak; endapan; mendapan. **sedimentation** *n.* pemendapan. **sedimentary** *a.* yang terbentuk daripada pemendapan.

sedition *n.* hasutan. **seditious** *a.* (bersifat) menghasut. **seditiously** *adv.* dengan menghasut.

seduce *v.t.* menggoda. **seducer** *n.* penggoda. **seduction** *n.* godaan. **seductive** *a.* yang menggoda.

sedulous *a.* rajin dan bersungguh-sungguh. **sedulously** *adv.* dengan bersungguh-sungguh.

see[1] *v.t./i.* (*p.t.* saw, *p.p.* seen) lihat; faham; timbangkan; saksi; cari; alami; peroleh; berjumpa; temu janji; iringi; pastikan. **see about** mengurus. **see through** tidak tertipu; menampung seseorang ketika ia dalam kesusahan atau memerlukan. **see-through** *a.* dapat dilihat; jelas. **see to** mengambil tindakan; mengurus. **seeing that** memandangkan.

see[2] *n.* jawatan atau daerah di bawah bidang kuasa uskup.

seed *n.* (*pl.* seeds atau seed) biji; mani; benih; sesuatu yang berpotensi; (usang) keturunan; (*colloq.*) pemain handalan. —*v.t./i.* mengeluarkan biji; menaburkan biji; menamakan pemain handalan. go atau **run to seed** berhenti berbunga sebaik sahaja biji membesar; menjadi tidak kemas ataupun kurang cekap. **seed-cake** *n.* sejenis kek. **seed pearl** *n.* mutiara kecil.

seedless *a.* tiada berbiji.

seedling *n.* anak pohon.

seedy *a.* (-ier, -iest) penuh dengan biji; kelihatan tidak kemas dan buruk; (*colloq.*) kurang sihat. **seediness** keadaan yang buruk atau tidak bermaruah.

seek *v.t.* (*p.t.* sought) cuba mencari atau memperoleh; cuba. **seek out** mencari. **seeker** *n.* pencari.

seem *v.i.* seolah-olah.

seemly *a.* sopan; wajar; yang sesuai dengan tatasusila masyarakat.

seen *lihat* see¹.

seep *v.i.* meresap; tiris. **seepage** *n.* peresapan; tirisan.

seer *n.* peramal; tukang tilik.

seersucker *n.* sejenis fabrik dengan permukaan yang berkedut.

see-saw *n.* jongkang-jongket; perubahan turun naik. —*v.i.* berjongkang-jongket.

seethe *v.i.* menggelegak; mendidih; menjadi marah.

segment *n.* tembereng bahagian; segmen; ulas. **segmented** *a.* yang ditemberengkan; bersegmen.

segregate *v.t.* mengasingkan. **segregation** *n.* pengasingan.

seigneur *n.* seigneur; tuan tanah zaman feudal. **seigneurial** *a.* berkenaan seigneur.

seine *n.* pukat tarik.

seismic *a.* yang berkenaan dengan gempa bumi.

seismograph *n.* alat pengukur gempa bumi.

seismology *n.* seismologi; pengkajian berkenaan gempa bumi. **seismologist** *n.* ahli seismologi.

seize *v.t./i.* merampas; dilanda; diserang. **seize on** terus menggunakan (kesempatan). **seize up** terhenti kerana panas.

seizure *n.* penyitaan; perampasan; serangan mengejut.

seldom *adv.* jarang.

select *v.t.* pilih. —*a.* terpilih. **selector** *n.* pemilih.

selection *n.* pilihan; barang-barang pilihan.

selective *a.* yang terpilih. **selectively** *adv.* dengan berhati-hati memilih. **selectivity** *n.* pemilihan.

selenium *n.* selenium; elemen kimia bernombor atom 34 yang berwarna kelabu jernih.

self *n.* (*pl.* selves) diri. —*a.* sama warna atau bahan dengan bahagian lain.

self- *pref.* sendiri. **self-assurance** *n.* kepercayaan pada diri sendiri. **self-assured** *a.* percaya atau yakin pada diri sendiri. **self-catering** *a.* layan diri. **self-centred** *a.* hanya memikirkan kepentingan diri sendiri. **self-command** *n.* sikap mengawal perasaan sendiri. **self-confidence** *n.* keyakinan pada diri sendiri. **self-confident** *a.* yakin pada diri sendiri. **selfconscious** *a.* rasa malu. **self-consciousness** *n.* perasaan malu atau serba salah seolah-olah diperhatikan orang. **self-contained** *a.* lengkap sendiri; tidak memerlukan bantuan luar. **self-control** *n.* kawalan perasaan. **self-controlled** *a.* yang dapat mengawal perasaan sendiri. **self-denial** *n.* tidak melayan kehendak hati. **self-determination** *n.* penentuan nasib sendiri. **self-evident** *a.* jelas sendiri. **self-important** *a.* megah diri. **self-indulgent** *a.* melayan kehendak diri. **self-interest** *n.* kepentingan diri. **self-made** *a.* berjaya dengan usaha sendiri. **self-portrait** *n.* potret diri sendiri. **self-possessed** *a.* tenang; yakin pada diri sendiri. **self-possession** *n.* ketenangan diri. **self-raising** *a.* (berkenaan tepung) naik sendiri. **self-reliance** *n.* sikap bergantung hanya pada diri sendiri. **self-reliant** *a.* bergantung hanya pada diri sendiri. **self-respect** *n.* maruah. **self-righteous** *a.* pasti dengan kebenaran sendiri. **self-sacrifice** *n.* pengorbanan diri. **self-sacrificing** *a.* berkorban diri. **self-satisfaction** *n.* kepuasan sendiri. **self-satisfied** *a.* berasa puas dengan kebolehan dan diri sendiri. **self-seeking** *a. & n.* menjaga kepentingan diri. **self-service** *a.* layan diri. **self-styled** *a.* (orang) yang mengaku dirinya (pakar, dsb.). **self-sufficient** *a.* lengkap serba-serbi. **self-willed** *a.* mengikut nafsu; keras kepala.

selfish *a.* lokek; kedekut; hanya mengutamakan kepentingan sendiri. **selfishly** *adv.* dengan lokek atau kedekut; dengan mengutamakan diri sendiri. **selfishness** *n.* sikap mementingkan diri sendiri.

selfless *a.* tidak mementingkan diri.

selfsame *a.* yang sama; jugalah.

sell *v.t./i.* (*p.t.* **sold**) jual; memujuk atau meyakinkan. —*n.* cara menjual; (*colloq.*) helah; kehampaan. **sell-by date** tarikh luput. **sell off** melepaskan milik dengan menjual. **sell out** menjual semua stok; membelot. **sell-out** *n.* jualan habis; pembelotan. **sell up** menjual rumah atau perniagaan sendiri. **seller** *n.* penjual.

sellable *a.* dapat dijual.

Sellotape *n.* [P] Sellotape; pelekat biasanya pita lut sinar.

selvage *n.* tepi kain; tepi tenunan.

selvedge *n.* = selvage.

semantic *a.* (berkenaan) semantik atau makna. **semantically** *adv.* dari segi semantik atau makna.

semantics *n.* kajian ilmu makna. —*n.pl.* makna; erti tambahan.

semaphore *n.* semafor; sistem isyarat dengan tangan; alat isyarat dengan tangan. —*v.t./i.* memberi isyarat dengan tangan.

semblance *n.* keadaan zahir; kesamaan; persamaan.

semen *n.* air mani.

semester *n.* semester.

semi- *pref.* setengah; sebahagian.

semi-detached *a.* (rumah) berkembar.

semibreve *n.* semibrif; tanda nota muzik.

semicircle *n.* separuh bulatan. **semicircular** *a.* berbentuk separuh bulatan.

semicolon *n.* koma bertitik.

semiconductor *n.* semikonduktor; bahan pengalir arus elektrik terhad.

semifinal *n.* separuh akhir.

semifinalist *n.* peserta separuh akhir.

seminal *a.* yang berkenaan air mani; yang membenihkan perubahan baharu.

seminar *n.* seminar.

seminary *n.* kolej untuk paderi Nasrani ataupun Yahudi.

semiprecious *a.* batu permata yang kurang nilainya.

semiquaver *n.* semikuaver; tanda nota muzik.

Semite *n.* bangsa Arab dan Yahudi. **Semitic** *a.* berkenaan dengan bangsa Arab dan Yahudi.

semitone *n.* separuh ton.

semolina *n.* suji.

senate *n.* senat.

senator *n.* ahli senat; senator.

send *v.t./i.* (*p.t.* **sent**) hantar. **send for** panggil. **send-off** *n.* mengucapkan selamat jalan; menghantarkan; mengirimkan. **send up** (*colloq.*) mempersendakan.

senescent *a.* menjadi tua. **senescence** *n.* ketuaan.

seneschal *n.* pelayan rumah besar zaman pertengahan.

senile *a.* lemah kerana usia tua; sifat orang tua; nyanyuk. **senility** *n.* kelemahan kerana tua; kenyanyukan.

senior *a.* lebih tua; lebih kanan. —*n.* orang tua. **senior citizen** warga tua. **senior service** perkhidmatan tentera laut. **seniority** *n.* pangkat yang lebih tinggi; usia yang lebih tua.

senna *n.* sejenis pohon.

señor *n.* (*pl.* -**ores**) gelaran bagi lelaki dalam bahasa Sepanyol bermaksud 'encik'.

señora *n.* gelaran bagi wanita (yang sudah berkahwin) dalam bahasa Sepanyol yang bermaksud 'puan'.

señorita *n.* gelaran bagi wanita bujang dalam bahasa Sepanyol yang bermaksud 'cik'.

sensation *n.* sensasi; kehebatan; kegemparan; orang atau benda yang menimbulkan sensasi.

sensational *a.* yang menimbulkan sensasi; yang hebat. **sensationally** *adv.* dengan penuh sensasi; dengan hebat.

sensationalism *n.* penggunaan atau menggunakan sensasi; hal-hal yang sensasi atau menggemparkan. **sensationalist** *n.* orang yang suka hal-hal sensasi.

sense *n.* deria; pancaindera; kematangan fikiran; makna; (*pl.*) kesedaran; kewarasan. —*v.t.* merasai; mengesan. **make sense** boleh diterima; munasabah. **make sense of** memahami. **sense-organ** *n.* organ deria; pancaindera.

senseless *a.* bodoh; sia-sia; tidak sedarkan diri.

sensibility *n.* daya kepekaan; perasaan sensitif.

sensible *a.* berakal. **sensibly** *adv.* dengan berakal.

sensitive *a.* sensitif; lekas perasa; peka; lekas tersinggung. **sensitively** *adv.* dengan sensitif. **sensitivity** *n.* perasaan sensitif; kepekaan.

sensitize *v.t.* menyebabkan peka; menjadikan sensitif. **sensitization** *n.* pemekaan. **sensitizer** *n.* pemeka.

sensor *n.* penderia; sensor.

sensory *a.* yang berkenaan dengan pancaindera atau deria; menerima dan menghantar rangsangan deria.

sensual *a.* yang membangkitkan nafsu; menurut hawa nafsu. **sensualism** *n.*

S

sensualisme. **sensually** *adv.* dengan bernafsu. **sensuality** *n.* keberahian.

sensuous *a.* yang membelai rasa; menawan; memberahikan. **sensuously** *adv.* dengan cara yang membelai rasa.

sent *lihat* **send**.

sentence *n.* ayat; hukuman; putusan hukuman. —*v.t.* menjatuhkan hukuman.

sententious *a.* berlagak bijaksana; membosankan. **sententiously** *adv.* dengan lagak bijak atau secara membosankan. **sententiousness** *n.* sikap berlagak bijak.

sentient *a.* dapat merasai atau mengalami melalui deria. **sentiently** *adv.* (merasa) melalui deria **sentience** *n.* merasa atau mengalami melalui deria.

sentiment *n.* sentimen; perasaan.

sentimental *a.* sentimental; penuh perasaan. **sentimentally** *adv.* dengan perasaan. **sentimentality** *n.* sifat sentimental.

sentinel *n.* pengawal.

sentry *n.* pengawal; sentri.

sepal *n.* sepal; kelopak daun.

separable *a.* dapat dipisahkan.

separate[1] *a.* terasing; terpisah. **separates** *n.pl.* pakaian yang perlu disesuaikan dengan pakaian yang lain. **separately** *adv.* secara terasing.

separate[2] *v.t./i.* membahagikan; memisahkan; menceraikan; pergi berlainan haluan; berpisah. **separation** *n.* perpisahan. **separator** *n.* pemisah.

separatist *n.* ahli yang lebih suka berpisah daripada kumpulan yang lebih besar. **separatism** *n.* ideologi memisahkan negeri.

sepia *n.* pewarna perang; warna perang; warna tengguli.

sepoy *n.* (usang) supai; askar India di bawah pemerintahan Inggeris atau orang Eropah.

sepsis *n.* keadaan septik.

September *n.* September.

septet *n.* septet; kumpulan muzik tujuh orang, atau tujuh buah alat muzik; muzik untuk tujuh buah alat muzik atau tujuh suara.

septic *a.* septik. **septic tank** tangki septik; tangki najis.

septicaemia *n.* septisemia; keracunan darah.

septuagenarian *n.* orang yang berumur tujuh puluhan.

Septuagint *n.* kitab *Old Testament* versi bahasa Greek.

septum *n.* (*pl.* **-ta**) septum; adangan.

sepulchral *a.* berkenaan kubur atau makam; sedih; suram. **sepulchrally** *adv.* dengan suram atau sedih.

sepulchre *n.* makam.

sequel *n.* lanjutan; (novel atau filem) sambungan daripada cerita sebelumnya.

sequence *n.* rangkaian; urutan; siri; set teratur; babak.

sequential *a.* berkenaan dengan urutan; akibat. **sequentially** *adv.* mengikut urutan; yang berturutan.

sequester *v.t.* mengasingkan; merampas.

sequestrate *v.t.* merampas; memiliki sementara. **sequestration** *n.* perampasan. **sequestrator** *n.* perampas.

sequin *n.* labuci. **sequinned** *a.* berlabuci.

sequoia *n.* sejenis pohon yang tumbuh tinggi.

seraglio *n.* (*pl.* **-os**) harem.

seraph *n.* (*pl.* **-im**) malaikat (mengikut kepercayaan Kristian kuno).

seraphic *a.* berkenaan dengan malaikat. **seraphically** *adv.* seperti malaikat.

serenade *n.* lagu asmara. —*v.t.* menyanyikan lagu asmara.

serendipity *n.* terjumpanya sesuatu yang baik secara kebetulan.

serene *a.* tenang dan menggembirakan. **Serene Highness** panggilan untuk kerabat diraja Eropah. **serenely** *adv.* dengan tenang. **serenity** *n.* ketenangan.

serf *n.* hamba; buruh yang dianiaya. **serfdom** *n.* perbudakan; perhambaan.

serge *n.* sejenis kain yang kuat tenunannya.

sergeant *n.* sarjan. **sergeant-major** *n.* sarjan mejar.

serial *n.* cerita bersiri. —*a.* bersiri. **serially** *adv.* secara bersiri.

serialize *v.t.* diterbitkan secara bersiri. **serialization** *n.* penerbitan bersiri.

seriatim *adv.* mengikut tertibnya; satu demi satu.

series *n.* (*pl.* **series**) siri; rangkaian.

serious *a.* serius; bersungguh-sungguh. **seriously** *adv.* dengan bersungguh-sungguh. **seriousness** *n.* kesungguhan.

serjeant-at-arms *n.* pegawai adat istiadat.

sermon *n.* khutbah.

sermonize *v.i.* berkhutbah.

serpent *n.* ular (yang besar).

serpentine *a.* berbelit seperti ular.

serrated *a.* bergerigi. **serration** *n.* kegerigian.

serried *a.* rapat.

serum *n.* (*pl.* **sera**) air darah; serum. **serous** *a.* berkenaan serum.

servant *n.* orang gaji; pekerja.

serve *v.t./i.* berkhidmat; melayan; bekerja; sesuai sebagai; menjalani; (haiwan jantan) mengawan dengan; menghidang; cukup untuk; membuat pukulan pertama (tenis, dsb.); mengemukakan saman. —*n.* servis dalam permainan tenis. **server** *n.* penghidang; pemberi.

service *n.* perkhidmatan; pekerjaan; jabatan kerajaan; (*pl.*) angkatan tentera; layanan; bantuan; amal ibadat; upacara sembahyang; set pinggan mangkuk; servis dalam permainan; servis (kenderaan, jentera). —*v.t.* menservis; membekalkan; membayar faedah (pinjaman). **service area** kawasan servis. **service flat** rumah pangsa yang siap dengan perkhidmatan pembantu. **service road** jalan ke kawasan perumahan. **service station** stesen minyak.

serviceable *a.* tahan lama; berguna atau boleh diguna.

serviceman, servicewoman *ns.* (*pl.* **-men, -women**) anggota angkatan tentera.

serviette *n.* kain atau kertas lap.

servile *a.* perhambaan; terlalu merendah diri. **servilely** *adv.* dengan terlalu merendah diri secara menyembah-nyembah. **servility** *n.* sikap terlalu merendah diri.

servitor *n.* (usang) atendan; orang gaji.

servitude *n.* perhambaan.

servo- *pref.* dibantu dengan kuasa.

sesame *n.* bijan.

session *n.* sesi; jawatankuasa mengurus gereja tertentu.

set[1] *v.t./i.* (*p.t.* **set**, *pres.p.* **setting**) menyediakan; menjadikan keras ataupun kukuh; menetapkan tarikh; memulihkan keadaan tulang; mendandan (rambut); memasang batu permata; mengubahkan; memberi (kerja); terbenam (matahari); menari berhadapan. —*n.* set; set (dalam permainan); set radio atau televisyen; cara diletakkan; pendandanan rambut; set pentas; (juga **sett**) lubang sejenis binatang; (juga **sett**) blok turap. **be set on** berazam. **set about** memulai sesuatu tugas; serang. **set back** menghentikan, melengahkan sesuatu program; (*sl.*) kena bayar. **set-back** *n.* halangan; tergendala. **set by the ears** menyebabkan ber-

tengkar atau bergaduh. **set eyes on** terpandang. **set fire to** membakar. **set forth** memulakan perjalanan. **set in** menjadi kukuh. **set off** memulakan perjalanan; memulakan; menyalakan; meletupkan; menyerikan; menonjolkan. **set out** menyatakan; menjelaskan; bertolak. **set piece** adegan atau bahagian khas. **set sail** memulakan pelayaran. **set square** sesiku (segi tiga). **set theory** teori set. **set to** memulakan sesuatu dengan segera; mula bertengkar. **set-to** *n.* mula melakukan sesuatu misalnya pergaduhan, dsb. dengan bersungguh-sungguh. **set-up** *n.* (*colloq.*) bentuk atau struktur organisasi.

set[2] *n.* set (dalam permainan tenis dsb.); alat penerima pancaran radio atau televisyen; sekumpulan orang.

sett *n.* *lihat* **set**[2].

settee *n.* kerusi panjang.

setter *n.* orang atau alat yang memasang sesuatu; sejenis anjing berbulu panjang.

setting *n.* persekitaran; latar; bingkai; muzik latar.

settle[1] *n.* sejenis bangku.

settle[2] *v.t./i.* meletakkan; menetapkan; menubuhkan; menjadikan kukuh; menetap; menduduki; tenggelam; berhenti; mengambil tindakan terakhir; menjadikan tenang; membayar (bil); memberikan hak. **settle up** membayar hutang. **settler** *n.* peneroka.

settlement *n.* penyelesaian; penubuhan; penyelenggaraan dagangan atau kewangan; harta yang diperuntukkan dari segi undang-undang; kawasan peneroka; penempatan.

seven *a.* & *n.* tujuh. **seventh** *a.* & *n.* ketujuh.

seventeen *a.* & *n.* tujuh belas. **seventeenth** *a.* & *n.* ketujuh belas.

seventy *a.* & *n.* tujuh puluh. **seventieth** *a.* & *n.* ketujuh puluh.

sever *v.t./i.* memotong; memutuskan; memberhentikan kerja. **severance** *n.* pemotongan; pemutusan; pemberhentian kerja.

several *a.* beberapa. —*pron.* beberapa orang atau benda.

severally *adv.* secara berasingan.

severe *a.* (**-er, -est**) tegas; tanpa belas kasihan; tersangat; keras; (seni reka) amat sederhana tanpa corak, atau berlainan warna. **severely** *adv.* dengan keras. **severity** *n.* kekerasan.

sew *v.t./i.* (*p.t.* **sewed**, *p.p.* **sewn** atau **sewed**) menjahit; menjahitkan.

S

sewage *n.* kumbahan. **sewage farm** *n.* tempat kumbahan diproses menjadi baja. **sewage works** *n.* tempat pembersihan kumbahan.

sewer[1] *n.* tukang jahit.

sewer[2] *n.* pembetung; saluran najis. —*v.t.* menyalirkan dengan pembetung.

sewerage *n.* sistem pembetungan.

sewing-machine *n.* mesin jahit.

sewn *lihat* sew.

sex *n.* seks; jantina; jenis kelamin; nafsu atau persetubuhan. —*v.t.* menentukan jantina. **sexer** *n.* penentu jantina.

sexagenarian *n.* berumur enam puluhan.

sexist *a.* (orang) yang mengutamakan orang yang sama jantina dengannya; membeza-bezakan orang atas dasar jantinanya; seksis. —*n.* orang yang mengutamakan orang yang sama seks dengannya. **sexism** *n.* seksisme.

sexless *a.* ketiadaan jantina; tidak melibatkan nafsu seks.

sexology *n.* seksologi; kajian perhubungan seks manusia. **sexological** *a.* yang berkenaan dengan seksologi. **sexologist** *n.* pakar seksologi.

sextant *n.* sekstan; alat untuk mengukur kedudukan sesuatu dengan mengukur ketinggian matahari, dsb.

sextet *n.* kumpulan enam suara atau alat muzik; muzik untuk enam alat atau suara.

sextile *a.* jarak 60° di antara satu dengan yang lain (bintang).

sexton *n.* penjaga gereja.

sextuplet *n.* anak kembar enam.

sexual *a.* yang berkenaan dengan seks; terjadi dengan cantuman sel lelaki dan perempuan. **sexual intercourse** persetubuhan. **sexually** *adv.* dengan cara seks. **sexuality** *n.* sifat seks.

sexy *a.* (-ier, -iest) memberahikan; seksi. **sexiness** *n.* sifat seksi.

S.F. *abbr.* **science fiction** sains fiksyen.

sh *int.* husy; sy.

shabby *a.* (-ier, -iest) buruk; selekeh; tidak adil; hina. **shabbily** *adv.* dengan selekeh. **shabbiness** *n.* keselekehan.

shack *n.* pondok.

shackle *n.* belenggu untuk merantai kaki banduan. —*v.t.* memasangkan belenggu; membelenggu.

shad *n.* sejenis ikan besar yang boleh dimakan.

shade *n.* agak gelap; tempat teduh; lindungan; warna atau perihal warna ini; kepelbagaian jenis; jumlah yang sedikit; hantu; skrin; (A.S.) kerai

tingkap; (*pl.*) kegelapan malam atau petang. —*v.t./i.* meneduhi; memberi bayang; menggelapkan (setengah-setengah bahagian lukisan); berubah secara beransur-ansur (warna, dsb.).

shadow *n.* bayang-bayang; teman rapat; sedikit; tempat gelap. —*v.t.* menyebabkan bayang-bayang; mengikut dan mengintip. **shadow-boxing** *n.* tinju bayang. **Shadow Cabinet** Kabinet Pembangkang. **shadower** *n.* pelindung. **shadowy** *a.* yang samar-samar.

shady *a.* (-ier, -iest) rendang; teduh; tidak dapat dipercayai.

shaft *n.* anak panah; lembing; batang; lubang.

shag *n.* benda yang berbulu tebal; tembakau kasar; sejenis burung.

shaggy *a.* (-ier, -iest) mempunyai bulu yang tebal dan panjang, kasar dan keras; comot. **shaggy-dog story** cerita panjang yang merepek-repek. **shagginess** *n.* keadaan bulu yang kasar dan tebal.

shah *n.* raja Iran.

shake *v.t./i.* (*p.t.* shook, *p.p.* shaken) goncang; menjatuhkan dengan menggoncang; mengejutkan; melemahkan; menggugat; (suara) menggeletar; (*colloq.*) berjabat tangan. —*n.* goncangan; terkejut; terperanjat; susu kocak. **in a brace of shakes** (*colloq.*) dengan pantas. **shake down** dapat membiasakan diri. **shake hands** berjabat tangan. **shake up** menggoncangkan. **shake-up** rombakan. **shaker** *n.* penggoncang.

shakedown *n.* proses membiasakan diri; katil sementara.

Shakespearian *a.* berkenaan dengan Shakespeare.

shako *n.* (*pl.* -os) topi tentera berambu.

shaky *a.* (-ier, -iest) bergegar; tidak kukuh; tidak dapat dipercayai. **shakily** *adv.* keadaan bergoyang. **shakiness** *n.* kegoyangan.

shale *n.* sejenis batu.

shall *v. aux.* (**shalt** digunakan dengan *thou*); (digunakan dengan *I* dan *We*) akan.

shallot *n.* bawang merah.

shallow *a.* (-ier, -est) cetek; dangkal. —*n.* tempat yang cetek. —*v.t./i.* menjadi cetek. **shallowness** *n.* kedangkalan; kecetekan.

shalt *lihat* shall.

sham *n.* pura-pura; palsu. —*a.* yang berpura-pura; palsu. —*v.t./i.* (*p.t.* shammed) pura-pura.

shaman *n.* (bagi sesetengah masyarakat) seseorang yang dipercayai boleh berhubung dengan semangat baik atau jahat.

shamble *v.i. & n.* berjalan atau berlari dengan cara yang malas atau menyeret.

shambles *n.pl.* tempat atau keadaan pertumpahan darah atau rusuhan; keadaan kucar-kacir.

shame *n.* malu; berasa malu; sesuatu yang menyebabkan aib; sesuatu yang memalukan. —*v.t.* memalukan; memberi malu; memaksa dengan memalukan. **shameful** *adv.* yang memalukan. **shamefully** *adv.* dengan memalukan. **shameless** *a.* yang tiada rasa malu. **shamelessly** *adv.* dengan tiada perasaan malu; tanpa malu-malu.

shamefaced *a.* kemalu-maluan; segan.

shammy *n.* kulit *chamois*.

shampoo *n.* syampu; sejenis sabun. —*v.t.* mencuci dengan syampu; mensyampu.

shamrock *n.* sejenis tumbuhan.

shandy *n.* minuman campuran bir dan air halia ataupun air limau.

shanghai *v.t.* (*p.t.* **shanghaied**, *pres. p.* **shanghaiing**) menangkap (seseorang) dengan kekerasan atau penipuan dan memaksa membuat sesuatu.

shank *n.* betis; tangkai atau batang.

shan't (*colloq.*) **shall not** tidak akan.

shantung *n.* kain syantung; sutera Cina yang lembut.

shanty[1] *n.* pondok. **shanty town** kawasan melarat.

shanty[2] *n.* nyanyian tradisi pelaut.

shape *n.* bentuk; acuan; agar-agar yang dibentuk dalam acuan. —*v.t.* membentuk. **shapeless** *a.* tiada berbentuk. **shapelessness** *n.* keadaan tiada berbentuk.

shapely *a.* (**-ier, -iest**) baik bentuknya. **shapeliness** *n.* kecantikan bentuknya.

shard *n.* serpihan tembikar; beling.

share *n.* bahagian; saham. —*v.t./i.* memberi atau ada bahagian. **share-out** *n.* pembahagian. **shareholder** *n.* pemegang saham. **sharer** *n.* salah seorang yang menerima bahagian.

shark *n.* ikan jerung; pemeras ugut; penipu.

sharkskin *n.* sejenis kain yang licin dan agak berkilat.

sharp *a.* (**-er, -est**) tajam; runcing; serta-merta; mendadak; tepat; tersangat; cepat meradang; perit; tajam fikiran; bijak; berani; cergas; (muzik) terlebih tinggi nada; syap. —*adv.*

tepat; cepat; serta-merta; membelok atau selekoh tajam; lebih tinggi daripada nada yang betul. —*n.* bunyi yang nyaring; (*colloq.*) penipu. **sharply** *adv.* dengan tepat. **sharpness** *n.* ketajaman.

sharpen *v.t./i.* menajamkan. **sharpener** *n.* penajam.

sharper *n.* penipu (dalam permainan daun terup).

sharpshooter *n.* penembak handalan.

shatter *v.t./i.* menghancurkan; meremukkan; memecah kesunyian.

shave *v.t./i.* bercukur; mencukur; mengetam; menggesel. —*n.* cukuran. **shaver** *n.* pencukur.

shaven *a.* telah dicukur.

shaving *n.* tatal.

shawl *n.* selendang; selimut bayi.

she *pron.* dia (perempuan). —*n.* binatang betina.

sheaf *n.* (*pl.* **sheaves**) serumpun; sebeban; seberkas.

shear *v.t./i.* (*p.p.* **shorn** atau **sheared**) memotong dengan gunting, sabit atau pisau; (bulu biri-biri) mengetam; membotakkan; melucutkan; putus kerana regang. **shearer** *n.* pemotong.

shears *n.pl.* gunting; kekacip.

sheath *n.* sarung (pisau, dsb.). **sheath-knife** *n.* sejenis pisau belati yang dibawa dengan sarungnya.

sheathe *v.t.* menyarungkan.

shed[1] *n.* pondok barang; bangsal.

shed[2] *v.t.* (*p.t.* **shed**, *pres.p.* **shedding**) gugur; menanggalkan; membiarkan mengalir atau jatuh.

sheen *n.* kilat; seri.

sheep *n.* (*pl.* **sheep**) biri-biri.

sheepdog *n.* anjing penggembala biri-biri.

sheepish *a.* malu-malu; segan. **sheepishly** *adv.* dengan segan-segan. **sheepishness** *n.* kemalu-maluan.

sheepshank *n.* simpulan tali.

sheepskin *n.* kulit biri-biri.

sheer[1] *a.* belaka; sangat curam; (fabrik) sangat nipis dan jarang. —*adv.* terus; terus ke atas atau ke bawah.

sheer[2] *v.i.* melencong secara pantas.

sheet *n.* cadar dalam; kepingan besi, kaca, dsb.; sekeping kertas; kawasan luas yang dilitupi air, api, dsb.; tali atau rantai yang mengikat layar. **sheet anchor** *n.* sauh simpanan; orang atau benda yang diharapkan untuk keselamatan atau kestabilan.

sheikh *n.* syeikh. **sheikhdom** *n.* negeri di bawah pemerintahan seseorang syeikh.

S

shekel *n.* mata wang Israel. (*pl., colloq.*) wang; kekayaan.

sheldrake *n.* (*fem. & pl.* **shelduck**) sejenis itik liar. **shelduck** *n.* itik liar yang betina.

shelf *n.* (*pl.* **shelves**) rak; para. **shelf-life** *n.* hayat simpanan; tempoh bagi sesuatu barang simpanan masih boleh digunakan. **shelf-mark** *n.* nombor kedudukan buku di dalam perpustakaan.

shell *n.* kulit telur; tempurung; (siput) cangkerang; (kura-kura) kulit atau karapas; rangka luar; sejenis bot pelumba; peluru. —*v.t.* membuang kulit; menembak. **shell-pink** *a. & n.* merah jambu muda. **shell-shock** *n.* penyakit jiwa atau terkejut kerana terdedah kepada suasana peperangan.

shellac *n.* syelek; sejenis bahan di dalam varnis. —*v.t.* (*p.t.* **shellacked**) menyapu syelek.

shellfish *n.* kerang-kerangan; binatang laut yang bercangkerang, seperti siput, remis, kerang, kupang, dsb.

shelter *n.* tempat bertedah. —*v.t.* memberi tedah; memberi atau mendapat perlindungan; melindungi.

shelve *v.t./i.* mengatur di atas para; memasang rak; mengetepikan; melandai.

shelving *n.* rak; bahan membuat rak.

shenanigans *n.pl.* (A.S., *sl.*) kenakalan; penipuan.

shepherd *n.* gembala biri-biri. —*v.t.* membimbing (orang). **shepherd's pie** sejenis pai daging. **shepherdess** *n.fem.* wanita gembala biri-biri.

sherbet *n.* syerbet; sejenis jus buah-buahan.

sherd *n.* serpihan.

sheriff *n.* syerif.

Sherpa *n.* orang Sherpa; kaum Himalaya di Nepal dan di Tibet.

sherry *n.* sejenis wain dari selatan Sepanyol.

shiatsu *n.* sejenis terapi Jepun yang menggunakan daya tekanan tangan pada punca tertentu di badan.

shibboleth *n.* cogan kata atau kata prinsip lama yang masih dipercayai.

shield *n.* perisai untuk melindungi diri dari senjata yang dibaling atau sumpitan; trofi sukan berbentuk perisai; seseorang atau sesuatu yang bertindak sebagai penghadang.

shift *v.t./i.* pindah; beralih atau berubah; mengalih; berganjak; (*sl.*) bergerak pantas; dapat membuat sesuatu. —*n.* perubahan tempat atau bentuk; kum-

pulan kerja syif; masa kerja syif; skim; sejenis baju wanita. **make shift** *lihat* **make**.

shiftless *a.* malas dan tidak cekap.

shifty *a.* (**-ier, -iest**) suka mengelak; tidak jujur. **shiftily** *adv.* secara tidak jujur. **shiftiness** *n.* ketidakjujuran.

Shiite *n. & a.* Syiah; orang Islam yang mengasingkan diri daripada kaum Sunah.

shillelagh *n.* belantan orang Irish.

shilling *n.* syiling.

shilly-shally *v.i.* tidak dapat memberi keputusan.

shimmer *v.i. & n.* bergemerlapan. **shimmery** *a.* yang bergemerlapan.

shin *n.* bahagian kaki di hadapan betis; daging lembu di bahagian kaki hadapan. —*v.i.* (*p.t.* **shinned**) **shin up** memanjat.

shindy, shindig *n.* (*colloq.*) perkelahian.

shine *v.t./i.* (*p.t.* **shone**) bercahaya; bersinar; menyuluh; menyilau; mencapai prestasi cemerlang; (*colloq., p.t.* **shined**) menggilap. —*n.* sinaran; berkilauan. **take a shine to** (*colloq.*) suka kepada.

shiner *n.* (*sl.*) mata lebam.

shingle¹ *n.* kasau. —*v.t.* memasang kasau; potong rambut fesyen pendek.

shingle² *n.* kelikir; kerikil. **shingly** *a.* berkerikil.

shingles *n.* penyakit kayap.

Shinto *n.* Syinto; agama orang Jepun yang menghormati nenek moyang dan semangat alam semula jadi.

shinty *n.* sejenis permainan seperti hoki.

shiny *n.* (**-ier, -iest**) berkilat; berkilau.

ship *n.* kapal. —*v.t.* (*p.t.* **shipped**) membawa atau menghantar dengan kapal. **shipper** *n.* pengurus barang-barang untuk dimuat di atas kapal atau dihantar.

shipbuilding *n.* pembinaan kapal. **shipbuilder** *n.* pembina kapal.

shipmate *n.* teman sekapal.

shipment *n.* kiriman; muatan.

shipping *n.* perkapalan; penghantaran.

shipshape *adv. & a.* dalam keadaan baik dan teratur.

shipwreck *n.* kapal karam. **shipwrecked** *a.* karam.

shipyard *n.* limbungan kapal.

shire *n.* mukim; daerah; (*Austr.*) daerah luar bandar yang mempunyai majlis daerahnya sendiri. **shire-horse** *n.* sejenis kuda.

shirk *v.t./i.* mengabaikan. **shirker** *n.* orang yang mengabaikan tugas.

shirr *v.t.* menjahit ropol.

shirt *n.* kemeja.

shirting *n.* kain untuk baju.

shirtwaister *n.* sejenis pakaian wanita.

shirty *a.* (*sl.*) marah; meradang.

shiver[1] *v.i.* menggigil; menggeletar. —*n.* getaran.

shiver[2] *v.t./i.* memecahkan.

shoal[1] *n.* sekumpulan (ikan). —*v.i.* membentuk kumpulan seperti ini.

shoal[2] *n.* tempat cetek; beting pasir di bawah air; (*pl.*) bahaya-bahaya tersembunyi. —*v.i.* menjadi lebih cetek.

shock[1] *n.* rambut lebat.

shock[2] *n.* kejutan; kesan perlanggaran; renjatan; kejutan elektrik. —*v.t./i.* menyebabkan terperanjat; terkena kejutan; memeranjatkan; menghairankan; mengerikan.

shocker *n.* (*colloq.*) orang atau benda yang memeranjatkan.

shocking *a.* mengejutkan; memeranjatkan; (*colloq.*) teruk.

shod *lihat* **shoe**.

shoddy *n.* gentian atau kain yang dibuat daripada kain buruk. —*a.* (**-ier**, **-iest**) yang kurang baik; selekeh. **shoddily** *adv.* dengan hasil yang kurang baik. **shoddiness** *n.* perihal hasil atau mutu kerja yang kurang baik; keselekehan.

shoe *n.* kasut; sepatu; sepatu kuda; ladam; satu bahagian brek. —*v.t.* (*p.t.* **shod**, *pres.p.* **shoeing**) memakai kasut. **shoe-tree** *n.* blok untuk memelihara bentuk kasut.

shoehorn *n.* sudip sepatu.

shoelace *n.* tali kasut.

shoemaker *n.* tukang kasut.

shoeshine *n.* (A.S.) penggilapan kasut.

shoestring *n.* tali kasut; (*colloq.*) modal yang sangat sedikit.

shone *lihat* **shine**.

shoo *int.* syuh; bunyi untuk mengusir binatang. —*v.t.* mengusir binatang dengan membunyikan ini.

shook *lihat* **shake**.

shoot *v.t./i.* (*p.t.* **shot**) menembak; membunuh dengan tembakan; memburu dengan senapang; menghantar cepat; bergerak cepat; (tumbuhan) memutik; menggerakkan engsel; membawa bot dengan laju; cuba menjaringkan gol; mengambil gambar; menjalankan penggambaran. —*n.* anak pokok; ekspedisi memburu; kawasan memburu. **shoot up** naik serta-merta; tumbuh cepat. **shooting star** tahi bintang. **shooting-stick** *n.* tongkat dengan tempat duduk yang dapat dilipat.

shop *n.* kedai; bengkel; kajian atau kerja seseorang sebagai topik perbincangan. —*v.t./i.* (*p.t.* **shopped**) membeli-belah; (*sl.*) memberitahu kesalahan seseorang. **shop around** mencari tawaran terbaik. **shop-floor** *n.* pekerja di bawah pihak pengurusan. **shop-soiled** *a.* kotor kerana dipamerkan di kedai. **shopsteward** *n.* pegawai kesatuan sekerja yang dilantik sebagai jurucakapnya. **shop-worn** *a.* rosak atau kotor kerana terlalu lama disimpan di kedai atau di stor.

shopkeeper *n.* pekedai.

shoplifter *n.* pencuri barang di kedai.

shoplifting *n.* perbuatan mencuri barang di kedai.

shopper *n.* pembeli-belah; beg barang belian.

shopping *n.* membeli-belah; barang-barang yang dibeli.

shore[1] *n.* tebing laut atau tasik.

shore[2] *v.t.* menopang.

shorn *lihat* **shear**.

short *a.* (**-er**, **-est**) pendek; rendah; sedikit; tidak mencukupi; (minuman) sedikit dan pekat, dibuat daripada alkohol; (kuih-muih) rapuh. —*adv.* secara tiba-tiba. —*n.* (*colloq.*) sejenis minuman; litar pintas; (*pl.*) seluar pendek. —*v.t./i.* (*colloq.*) litar pintas. **for short** dipendekkan; singkat. **in short** dengan ringkas. **short-change** *v.t.* menipu dengan memulangkan wang baki yang kurang. **short circuit** litar pintas. **short-circuit** *v.t.* menyebabkan litar pintas; tidak melalui orang yang biasa berurusan. **short cut** jalan senang; jalan pintas. **short-handed** *a.* tidak cukup pekerja. **short-list** *v.t.* menapis senarai calon. **short-lived** *a.* mempunyai hayat yang pendek. **short odds** peluang yang sama untuk menang. **short-sighted** *a.* rabun jauh; tidak memikirkan kesan jangka panjang. **short ton** *lihat* **ton**. **short wave** gelombang pendek.

shortage *n.* kekurangan.

shortbread *n.* sejenis biskut manis.

shortcake *n.* sejenis biskut manis.

shortcoming *n.* kesalahan; kekurangan.

shorten *v.t./i.* memendekkan.

shortening *n.* lemak yang digunakan untuk membuat pastri.

shortfall *n.* kurangan; defisit.

shorthand *n.* trengkas.

shortly *adv.* sekejap; sebentar; dengan pantas.

shot *lihat* **shoot**. —*a.* (fabrik) bertukar-tukar warna. —*n.* tembakan; bunyi tembakan; penembak; peluru; ubat bedil; (sukan lontar) bola besi; percubaan menepati sasaran; pelancaran kapal angkasa; pukulan bola; percubaan; suntikan; gambar. **like a shot** tanpa ragu-ragu; sanggup.

shotgun n. senapang patah. **shotgun wedding** kahwin tergesa-gesa kerana pasangannya mengandung.

should v.aux. patut; harus; jika.

shouldn't contr. (kata nafi) tidak boleh.

shoulder n. bahu; bahagian seperti bahu. —v.t./i. menolak dengan bahu; memikul (beban, tanggungjawab). **shoulder arms** menyandang senapang di bahu. **shoulder-blade** n. tulang belikat.

shout n. jeritan; pekikan; teriakan. —v.t./i. jerit pekik; teriak. **shout down** menyuruh diam dengan memekik.

shove n. sorongan; tolakan yang kuat. —v.t./i. menolak dengan kuat; (colloq.) letak.

shovel n. penyodok tanah. —v.t. (p.t. shovelled) menyodok.

shovelboard n. sejenis permainan dengan menggerakkan ceper pada permukaan bertanda.

shoveller n. sejenis itik.

show v.t./i. (p.t. showed, p.p. shown) tunjuk; pamer; membuktikan; menyedarkan; melayan; dapat dilihat. —n. pertunjukan; pameran; (colloq.) perlakuan; rupa zahir; (sl.) perniagaan; kegiatan. **showbusiness** dunia hiburan. **show-case** almari untuk mempamerkan barangan. **show off** menunjuk-nunjuk. **show of hands** mengangkat tangan mengundi. **show-piece** n. barang pameran yang istimewa. **show up** membolehkan dilihat; mendedahkan (kesalahan); (colloq.) hadir.

showdown n. ujian terakhir; pertemuan muktamad untuk menyelesaikan pertelingkahan, dsb.

shower n. hujan sekejap; surat-surat atau hadiah-hadiah yang datang melambak-lambak; paip hujan; mandi paip hujan; (A.S.) keramaian untuk memberi hadiah kepada bakal pengantin perempuan. —v.t./i. menghujani; menghantar; mandi paip hujan.

showerproof a. (fabrik) kalis air. —v.t. menjadikan kalis air.

showery a. dengan hujan sekejap-sekejap.

showjumping n. pertandingan lompat kuda.

showman n. (pl. -men) pengusaha pertunjukan, sarkas, dsb.

showmanship n. teknik gaya persembahan.

shown lihat show.

showroom n. bilik pameran.

showy a. (-ier, -iest) menunjuk-nunjuk; terang; beraneka corak dan warna. **showily** adv. dengan cara yang menunjuk-nunjuk. **showiness** n. sikap suka menunjuk-nunjuk.

shrank lihat shrink.

shrapnel n. ubat bedil yang meletuskan hujan peluru dan serpihan besi; peluru dan serpihan besi.

shred n. siatan; secarik. —v.t. (p.t. shredded) siat; potong kecil-kecil. **shredder** n. orang atau mesin penyiat.

shrew n. tikus kasturi; perempuan yang suka menentang; perempuan bengis.

shrewd a. (-er, -est) pandai; bijak; licik. **shrewdly** adv. dengan pintar atau pandai. **shrewdness** n. kebijakan; ketajaman otak.

shrewish a. bengis; perengus. **shrewishly** a. dengan bengis. **shrewishness** n. sifat bengis.

shriek n. jeritan nyaring. —v.t./i. menjerit dengan nyaring.

shrift n. **short shrift** layanan buruk.

shrike n. sejenis burung.

shrill a. (-er, -est) nyaring. **shrilly** adv. dengan nyaring. **shrillness** n. kenyaringan.

shrimp n. udang kecil; (colloq.) orang kenit.

shrimping n. menangkap udang.

shrine n. makam.

shrink v.t./i. (p.t. shrank, p.p. shrunk) kecut; undur. **shrink from keberatan**; undur. —n. (colloq.) doktor sakit jiwa.

shrinkage n. proses mengecutkan fabrik.

shrive v.t. memberi pengampunan selepas mendengar pengakuan.

shrivel v.t./i. (p.t. shrivelled) berkerepot.

shroud n. kain kapan; penutup; tali pengukuh tiang layar. —v.t. mengapankan; membungkus; menyembunyikan.

Shrove Tuesday hari sebelum Ash Wednesday.

shrub n. pohon yang rendah. **shrubby** a. penuh dengan pohon yang rendah.

shrubbery n. kawasan yang ditanami pohon yang rendah.

shrug v.t./i. (p.t. shrugged) mengangkat bahu sebagai tanda tidak peduli, ragu-ragu atau sikap tiada berupaya. —n. perbuatan mengangkat bahu.

shrunk *lihat* **shrink**.

shrunken *a.* kecut.

shudder *v.i.* menggigil; gementar. —*n.* gigil; gementar.

shuffle *v.t./i.* berjalan menyeret kaki; merombak; membuang. —*n.* jalan menyeret kaki; rombakan.

shuffleboard *n.* sejenis permainan.

shun *v.t.* (*p.t.* **shunned**) mengelak; menjauhi.

shunt *v.t./i.* memirau; mengalih kereta api ke landasan lain; menyimpang. —*n.* perbuatan memirau atau melencongkan; (*sl.*) perlanggaran di antara kereta belakang dengan kereta hadapan.

shush *int.* & *v.t./i.* (*colloq.*) (menyuruh diam) sy!

shut *v.t./i.* (*p.t.* **shut**, *pres.p.* **shutting**) tutup; menghalang; memerangkap atau mengeluarkan dengan menutup sesuatu. —*a.* (*sl.*) membuang. **shut down** berhenti bekerja atau berniaga; menghentikan pekerjaan atau perniagaan. **shut-down** *n.* penutupan; proses menghentikan kerja. **shuteye** *n.* (*colloq.*) tidur. **shut up** tutup rapat; (*colloq.*) diam.

shutter *n.* penutup tingkap; alat penutup lensa kamera. **shuttered** *a.* tertutup.

shuttle *n.* anak torak; cuban; kenderaan yang digunakan untuk perkhidmatan pergi balik; bulu tangkis. —*v.t./i.* bergerak atau menghantar pergi balik. **shuttle service** perkhidmatan kenderaan pergi balik.

shuttlecock *n.* bulu tangkis.

shy[1] *a.* (-**er**, -**est**) malu; segan. —*v.t.* meloncat atau bergerak dengan tiba-tiba kerana kebimbangan. **shyly** *adv.* dengan rasa malu. **shyness** *n.* keseganan; perasaan malu.

shy[2] *v.t./n.* lontar; campak.

shyster *n.* (*colloq.*) peguam atau ahli politik yang licik.

SI *abbr.* **Système International** Sistem Unit Antarabangsa.

Siamese *a.* & *n.* (penduduk atau bahasa) Siam. **Siamese cat** kucing Siam. **Siamese twins** kembar Siam.

sibilant *a.* berbunyi hisy. —*n.* bunyi perturuan sedemikian (misalnya s, sy).

sibling *n.* saudara kandung.

sibyl *n.* ahli nujum wanita.

sic *adv.* digunakan atau dieja seperti yang dinyatakan.

Sicilian *a.* & *n.* (orang) Sicily.

sick *a.* sakit; rasa mabuk; kemungkinan muntah; susah hati; meluat; suka akan kecelakaan dan perkara yang menjijikkan. **sick of** bosan dengan.

sicken *v.t./i.* menjadi sakit; menjadikan atau menjadi susah hati atau meluat. **be sickening for** dalam peringkat awal sesuatu penyakit.

sickle *n.* sabit.

sickly *a.* (-**ier**, -**iest**) tidak sihat; menyebabkan rasa mabuk atau jijik; lemah.

sickness *n.* penyakit; muntah-muntah.

sickroom *n.* bilik untuk pesakit.

side *n.* tepi; aspek; sebelah; (*sl.*) kesombongan. —*a.* di tepi. —*v.i.* menyebelahi. **on the side** sebagai sampingan. **side by side** bersebelahan. **side car** kereta sisi; tempat duduk penumpang yang bersambung pada sisi motosikal. **side-drum** *n.* sejenis dram. **side-effect** *n.* kesan sampingan. **side-saddle** sejenis pelana tempat kedua-dua belah kaki diletakkan di sebelah yang sama; (*adv.*) duduk sedemikian. **side-stroke** *n.* gaya sisi (cara berenang). **side-whiskers** *n.pl.* jambang.

sideboard *n.* almari bilik makan; (*pl., sl.*) jambang.

sideburns *n.pl.* jambang pendek.

sidekick *n.* (A.S., *colloq.*) teman sampingan.

sidelight *n.* cahaya dari tepi; sedikit keterangan.

sideline *n.* kerja sampingan; (*pl.*) garisan sekeliling padang bola; tempat untuk penonton.

sidelong *a.* & *adv.* dari tepi; dari samping.

sidereal *a.* mengenai bintang atau diukur mengikut bintang.

sideshow *n.* pertunjukan sampingan.

sideslip *n.* kegelinciran (ke tepi). —*v.t.* (*p.t.* -**slipped**) tergelincir (ke tepi).

sidesman *n.* (*pl.* -**men**) penolong penjaga gereja.

sidestep *v.t.* mengelak; melangkah ke tepi.

sidetrack *v.t.* memesongkan; terpesong.

sidewalk *n.* (A.S.) lorong pejalan kaki di tepi jalan raya.

sideways *adv.* & *a.* dari sisi; dari samping.

siding *n.* cabang landasan kereta api.

sidle *v.i.* berjalan takut-takut atau secara senyap-senyap.

siege *n.* pengepungan oleh tentera.

sienna *n.* sejenis pewarna. **burnt sienna** merah coklat; tengguli. **raw sienna** kuning coklat.

sierra *n.* rangkaian gunung di Sepanyol atau selatan Amerika.

S

siesta *n.* tidur atau rehat petang.

sieve *n.* ayak. —*v.t.* menapis.

sift *v.t./i.* tapis; menabur; memilih; jatuh seperti diayak. **sifter** *n.* penapis.

sigh *n.* keluhan. —*v.t./i.* mengeluh.

sight *n.* penglihatan; pandangan; kelihatan; barang yang dilihat; benda yang kelihatan teruk; (*colloq.*) jumlah yang banyak; lubang mata untuk mengacukan senapang; pengacuan menerusi lubang ini. —*v.t.* melihat; mengacu. **at** atau **on sight** serta-merta apabila terlihat. **sight-read** *v.t./i.* memainkan muzik, menyanyi tanpa mengkaji nota terlebih dahulu.

sightless *a.* buta.

sightseeing *n.* makan angin; melancong. **sightseer** *n.* pelancong.

sign *n.* tanda; simbol; papan tanda; notis isyarat; bintang zodiak. —*v.t./i.* memberi isyarat; menandatangani; memberi tanda perakuan.

signal *n.* isyarat; tanda isyarat. —*v.t./i.* (*p.t.* **signalled**) memberi isyarat. —*a.* besar (kejayaan, kegagahan). **signal-box** *n.* pondok isyarat atau semboyan kereta api. **signaller** *n.* jurusemboyan atau pegawai isyarat. **signally** *adv.* dengan isyarat.

signalize *v.t.* menandakan.

signalman *n.* (*pl.* **-men**) jurusemboyan, pegawai yang bertanggungjawab memberi isyarat dalam angkatan tentera laut atau perkhidmatan kereta api.

signatory *n.* pihak yang menandatangani perjanjian.

signature *n.* tandatangan; bahagian halaman buku yang dihasilkan daripada sekeping kertas yang dipotong-potong; tanda muzik. **signature tune** muzik pengenalan; lagu tema.

signboard *n.* papan tanda.

signet *n.* cap perseorangan; mohor. **signet-ring** *n.* cincin mohor.

significance *n.* makna; kepentingan. **significant** *a.* penting. **significantly** *adv.* penuh bermakna; nyata sekali.

signification *n.* makna.

signify *v.t./i.* menandakan; membawa erti; menunjukkan.

signor *n.* (*pl.* **-ri**) gelaran bagi lelaki dalam bahasa Itali yang bermaksud 'encik'.

signora *n.* gelaran bagi wanita berkahwin dalam bahasa Itali yang yang bermaksud 'puan'.

signorina *n.* gelaran bagi wanita bujang dalam bahasa Itali yang bermaksud 'cik'.

signpost *n.* tanda laluan; papan penunjuk jalan. —*v.t.* mengadakan tanda laluan atau penunjuk jalan.

Sikh *n.* Sikh.

silage *n.* silaj; sejenis makanan ternakan.

silence *n.* kesunyian; senyap sunyi; sunyi sepi. —*v.t.* diam.

silencer *n.* alat penyenyap.

silent *a.* diam; senyap. **silently** *adv.* dengan senyap.

silhouette *n.* bayang-bayang. —*v.t.* menunjukkan seperti bayang-bayang.

silica *n.* silika.

silicate *n.* silikat.

silicon *n.* silikon. **silicon chip** cip silikon.

silicone *n.* silikone; bahan campuran silikon yang digunakan dalam varnis dan cat.

silicosis *n.* radang paru-paru akibat menyedut udara berhabuk yang mengandungi silika.

silk *n.* sutera. **take silk** menjadi Peguam Diraja; layak memakai gaun sutera. **silky** *a.* seperti sutera.

silken *a.* seperti sutera.

silkworm *n.* ulat sutera.

sill *n.* ambang; bendul.

silly *a.* (**-ier**, **-iest**) bodoh; dekat dengan pemukul dalam permainan kriket. —*n.* (*colloq.*) orang bodoh. **sillybilly** *n.* (*colloq.*) orang bodoh. **silliness** *n.* kebodohan.

silo *n.* (*pl.* **-os**) silo; tempat menyimpan gandum, dsb., yang kedap udara; tempat di bawah tanah untuk menyimpan peluru berpandu.

silt *n.* kelodak; lanar. —*v.t./i.* dipenuhi kelodak atau lanar; melumpuri.

silvan *a.* berpohon-pohon; seperti di desa.

silver *n.* perak; barang-barang perak; duit syiling campuran perak; sudu, garpu, pisau, dsb. yang berwarna perak. —*a.* dibuat daripada perak; seperti warna perak. **silver jubilee**, **silver wedding** ulang tahun ke-25.

silverfish *n.* gegat; serangga kecil yang badannya seperti ikan.

silverside *n.* daging paha (lembu).

silversmith *n.* tukang perak.

silvery *a.* seperti perak; bunyi lembut seperti loceng.

simian *a.* seperti monyet.

SIM card *n.* kad pintar dalam telefon bimbit yang menyimpan nombor pengenalan dan data peribadi penggunanya.

similar *a.* sama seperti; seakan-akan; yang sama. **similarly** *adv.* begitu juga. **similarity** *n.* persamaan.

S

simile *n.* perumpamaan.

similitude *n.* persamaan.

simmer *v.t./i.* mendidih perlahan-lahan; dalam keadaan marah atau berkobar-kobar. **simmer down** menjadi tenang atau reda kemarahan.

simper *v.i.* menyengih. —*n.* sengihan.

simple *a.* (-er, -est) mudah; tiada campuran; sederhana; lemah fikiran. **simply** *adv.* dengan mudah. **simplicity** *n.* kemudahan; kesederhanaan.

simpleton *n.* orang bodoh.

simplify *v.t.* memudahkan. **simplification** *n.* usaha memudahkan.

simplistic *a.* terlalu mudah. **simplistically** *adv.* dengan ringkas atau mudah.

simulate *v.t.* pura-pura; menyerupai. **simulation** *n.* penyerupaan. **simulator** *n.* alat yang menyerupai benda yang sebenar.

simultaneous *a.* serentak. **simultaneously** *adv.* secara serentak. **simultaneity** *n.* pergerakan atau kejadian serentak.

sin *n.* dosa. —*v.i.* (*p.t.* **sinned**) membuat dosa.

since *prep.* selepas; semenjak itu. —*conj.* semenjak; kerana. —*adv.* semenjak itu.

sincere *a.* ikhlas; jujur. **sincerely** *adv.* dengan tulus ikhlas. **sincerity** *n.* keikhlasan.

sine *n.* konsep dalam trigonometri; sinus.

sinecure *n.* jawatan bergaji atau berdarjat tanpa bekerja keras.

sine die tiada tarikh akhir; tidak tetap.

sinew *n.* tisu badan yang menyambungkan otot dengan tulang; (*pl.*) otot; kekuatan. **sinewy** *a.* berotot kuat.

sinful *a.* berdosa; kejam. **sinfully** *adv.* dengan penuh dosa. **sinfulness** *n.* keadaan berdosa.

sing *v.t./i.* (*p.t.* **sang**, *p.p.* **sung**) menyanyi. **singer** *n.* penyanyi.

singe *v.t./i.* (*pres.p.* **singeing**) terbakar sedikit; terbakar hingga hangus. —*n.* kebakaran sedikit.

single *a.* seorang; untuk seorang; diambil berasingan; bujang; (tiket) laku untuk satu perjalanan sahaja. —*n.* seorang atau satu benda; bilik untuk seorang; satu tiket; piring hitam yang mengandungi dua lagu sahaja; (biasanya *pl.*) permainan perseorangan. —*v.t.* memisahkan daripada yang lain. **single combat** pertarungan antara dua orang. **single cream** krim yang kurang lemak. **single figures** nombor 1 hingga 9. **single-handed** *a.* tanpa pertolongan orang lain. **single-minded** *a.* dengan satu tujuan. **single parent** ibu atau bapa tunggal. **singly** *adv.* satu demi satu.

singlet *n.* baju dalam.

singleton *n.* benda yang wujud bersendirian.

singsong *a.* seolah-olah menyanyi; berlagu. —*n.* cara seolah-olah menyanyi; menyanyi berkumpulan secara tidak formal.

singular *n.* bentuk satu atau seorang. —*a.* berbentuk sedemikian; ganjil. **singularly** *adv.* satu; dengan ganjil. **singularity** *n.* satu; seorang; keganjilan.

singularize *v.t.* membezakan.

sinister *a.* niat jahat; kejam.

sink *v.t./i.* (*p.t.* **sank**, *p.p.* **sunk**) tenggelam; menjadi kurang aktif; lemah; menenggelamkan atau membiarkan tenggelam; menggali; mengorek; mengukir; memasukkan ke dalam lubang. —*n.* singki; sink. **sink in** difahami. **sinking fund** wang yang disimpan untuk tujuan membayar hutang secara beransur-ansur.

sinker *n.* bungkai; batu ladung.

sinner *n.* orang yang berdosa.

sinuous *a.* berbelok-belok; turun naik.

sinus *n.* (*pl.* **-uses**) bahagian dalam hidung.

sinusitis *n.* radang selaput sinus.

sip *n.* & *v.t./i.* (*p.t.* **sipped**) sedutan; perihal menghirup; menyedut; menghirup.

siphon *n.* sifon; tiub memindahkan air; botol yang mengeluarkan minuman soda, dsb. secara paksa dengan tekanan gas. —*v.t./i.* mengalir; mengepam melalui sifon; ambil dari sesuatu sumber.

sir *n.* tuan. **Sir** pangkat di United Kingdom.

sire *n.* (usang) ayah, moyang lelaki; panggilan beradat kepada raja; bapa binatang. —*v.t.* mendapat anak daripada perkahwinan.

siren *n.* siren; semboyan; perempuan yang menjadi penggoda lelaki.

sirloin *n.* daging batang pinang.

sirocco *n.* (*pl.* **-os**) angin panas di Itali yang bertiup dari Afrika.

sisal *n.* sisal.

sissy *n.* pondan; pengecut. —*a.* (lelaki) yang macam perempuan.

sister *n.* adik perempuan atau kakak; ahli wanita sesuatu gereja; jururawat kanan. **sister-in-law** (*pl.* **sisters-in-law**) ipar perempuan. **sisterly** *a.* seperti adik-beradik.

S

sisterhood *n.* pertalian adik-beradik perempuan; organisasi rahib perempuan; persatuan wanita untuk dakwah atau kebajikan.

sit *v.t./i.* (*p.t.* **sat**, *pres.p.* **sitting**) duduk; mendudukkan; beraksi untuk potret; (burung) hinggap di dahan atau mengeram; terletak; menduduki; menjadi ahli jawatankuasa; bersidang. **sit-in** *n.* menduduki bangunan sebagai bantahan.

sitar *n.* sitar.

sitcom *n.* (*colloq.*) komedi situasi.

site *n.* tapak; tempat. —*v.t.* mencari atau menyediakan tapak.

sitter *n.* orang yang duduk; ayam yang sedang mengeram; penjaga bayi; (*sl.*) tangkapan atau sasaran yang senang.

sitting *lihat* **sit**. —*n.* tempoh persidangan; selonggok telur. **sitting-room** *n.* bilik rehat; bilik tetamu. **sitting tenant** penyewa yang sedang menduduki rumah, bilik, dsb. ketika berlakunya pertukaran milik.

situate *v.t.* meletakkan. **be situated** berada pada kedudukan tertentu.

situation *n.* keadaan; jawatan; kedudukan. **situation comedy** siri komedi.

six *a.* & *n.* enam. **at sixes and sevens** berkecamuk. **sixth** *a.* & *n.* yang keenam.

sixpence *n.* enam peni; (usang) duit syiling enam peni. **sixpenny** *a.* enam peni.

sixteen *n.* enam belas. **sixteenth** *a.* & *n.* yang keenam belas.

sixty *a.* & *n.* enam puluh. **sixtieth** *a.* & *n.* yang keenam puluh.

size[1] *n.* ukuran; saiz. —*v.t.* dikumpulkan mengikut saiz. **size up** menganggar saiz; (*colloq.*) membuat penilaian atau kesimpulan tentang seseorang. **sized** *a.* saiz; sebesar.

size[2] *n.* perekat. —*v.t.* merekatkan.

sizeable *a.* besar; agak besar.

sizzle *v.i.* berdesir.

skate[1] *n.* (*pl.* **skate**) ikan pari.

skate[2] *n.* sepatu atau alat meluncur. —*v.t./i.* meluncur. **skate over** menyentuh (hal). **skater** *n.* peluncur.

skateboard *n.* papan luncur. —*v.t.* menaiki papan luncur.

skedaddle *v.i.* cabut lari.

skein *n.* segulung benang; sekumpulan itik liar.

skeletal *a.* seperti rangka.

skeleton *n.* tulang rangka; rangka. **skeleton crew** atau **staff** kakitangan minimum. **skeleton key** kunci serba guna.

skep *n.* sejenis bakul.

skeptic *n.* (A.S.) = **sceptic** seseorang yang meragukan kebenaran sesuatu kenyataan.

skerry *n.* terumbu batu atau pulau kecil.

sketch *n.* lakaran; catatan ringkas; lakonan pendek, biasanya lucu; sketsa. —*v.t./i.* melakar. **sketch-map** *n.* peta kasar.

sketchy *a.* (**-ier**, **-iest**) ringkas dan kasar. **sketchily** *adv.* dengan ringkas. **sketchiness** *n.* keringkasan.

skew *a.* senget; condong. —*v.t./i.* mencondongkan; memusingkan. **on the skew** senget.

skewbald *a.* (binatang) dengan tompok-tompok putih dan warna lain.

skewer *n.* besi pencucuk (makanan). —*v.t.* mencucuk.

ski *n.* (*pl.* **-is**) papan ski. —*v.i.* (*p.t.* **ski'd**, *pres.p.* **skiing**) bermain ski. **skier** *n.* pemain ski.

skid *v.i.* (*p.t.* **skidded**) (kenderaan) tergelincir. —*n.* kegelinciran; papan gelincir untuk helikopter mendarat; penahan roda. **skid-pan** *n.* permukaan untuk berlatih mengawal kegelinciran.

skiff *n.* sejenis perahu dayung yang kecil.

skilful *a.* mahir; cekap. **skilfully** *adv.* dengan mahir atau cekap.

skill *n.* kemahiran. **skilled** *a.* berkemahiran; mahir.

skillet *n.* (A.S.) kuali menggoreng; (usang) periuk berbentuk seperti kuali.

skim *v.t./i.* (*p.t.* **skimmed**) mengambil (buih, krim) dari permukaan (cecair); melungsur; membaca dengan pantas. **skim milk** susu tanpa lemak.

skimp *v.t./i.* membekalkan atau menggunakan kurang daripada yang perlu.

skimpy *a.* (**-ier**, **-iest**) kurang; tidak cukup; kedekut; (pakaian) ketat dan singkat. **skimpily** *adv.* dengan sedikit atau kedekut. **skimpiness** *n.* keadaan serba kekurangan; (pakaian) perihal ketat dan singkat.

skin *n.* kulit; kulit binatang; kulit muka; lapisan luar. —*v.t./i.* (*p.t.* **skinned**) membuang kulit; didapati kulit baharu. **skin-diving** *n.* sukan menyelam di dalam laut dengan menggunakan alat oksigen. **skindiver** *n.* penyelam sedemikian.

skinflint *n.* orang yang bakhil.

skinny *a.* (**-ier**, **-iest**) kurus kering; kedekut.

skint *a.* (*sl.*) kehabisan wang.

skip[1] *v.t./i.* (*p.t.* **skipped**) melangkau; meloncat; meninggalkan; (*sl.*) pergi cepat atau secara rahsia. —*n.* pergerakan meloncat-loncat.

skip[2] *n.* baldi; timba; tong sampah yang besar.

skip[3] *n.* tong pengangkut.

skipper *n.* & *v.t.* kapten; menjadi ketua.

skipping-rope *n.* tali skip.

skirl *n.* bunyi nyaring begpaip. —*v.i.* membuat bunyi sedemikian.

skirmish *n.* perkelahian atau pertempuran kecil. —*v.i.* terlibat dalam pergaduhan atau pertempuran kecil.

skirt *n.* skirt; bahagian daging lembu antara rusuk dengan pinggul. —*v.t.* mengelilingi.

skirting (-board) *n.* kambi; papan di sebelah bawah dinding.

skit *n.* lakonan yang pendek dan lucu.

skittish *a.* keracak.

skittle *n.* kerucut; pancang. —*v.t.* **skittle out** mengeluarkan (pemukul bola kriket) dengan pantas.

skive *v.i.* (*sl.*) mengelakkan tanggungjawab.

skulduggery *n.* (*colloq.*) penipuan.

skulk *v.i.* menyelinap keluar secara diam-diam.

skull *n.* tengkorak; tempurung kepala.

skullcap *n.* ketayap.

skunk *n.* sejenis binatang (di Amerika) yang mengeluarkan bau busuk; (*sl.*) orang yang hina.

sky *n.* langit; cuaca. —*v.t.* (*p.t.* **skied**, *pres.p.* **skying**) pukul (bola) hingga tinggi. **sky-blue** *a.* & *n.* biru langit.

skydiving *n.* (sukan) terjun udara; sukan payung terjun.

skylark *n.* sejenis burung. —*v.i.* bermain dengan nakal.

skylight *n.* tingkap pada bumbung rumah.

skyscraper *n.* pencakar langit.

slab *n.* kepingan batu, dsb. yang tebal.

slack[1] *a.* (**-er, -est**) kendur; lembap; berlengah-lengah; cuai. —*n.* bahagian tali yang kendur. —*v.t./i.* menjadi kendur; merosot; malas. **slacker** *n.* pemalas. **slackly** *adv.* dengan malas. **slackness** *n.* kelembapan; kemalasan.

slack[2] *n.* habuk batu arang.

slacken *v.t./i.* menjadi lembap; mengendur.

slacks *n.pl.* seluar untuk kegunaan tidak formal.

slag *n.* sanga; terak. **slag-heap** *n.* timbunan bahan-bahan terbuang.

slain *lihat* **slay.**

slake *v.t.* menghilangkan atau mengurangkan dahaga; menghancurkan melalui campuran kapur dengan air.

slalom *n.* slalom; perlumbaan ski di gelanggang yang berliku-liku; perlumbaan perahu yang melalui berbagai-bagai rintangan.

slam[1] *v.t./i.* (*p.t.* **slammed**) menghempas atau menutup dengan kuat; menghentak; (*sl.*) mengkritik habis-habisan. —*n.* bunyi gerdam.

slam[2] *n.* kemenangan dalam semua pusingan permainan terup. **grand slam** kemenangan dalam 12 atau 13 pusingan permainan *bridge*; kemenangan dalam semua pertandingan beberapa kumpulan kejohanan.

slander *n.* fitnah. —*v.t.* memfitnah. **slanderer** *n.* pemfitnah. **slanderous** *a.* yang berupa fitnah.

slang *n.* slanga; bahasa basahan. —*v.t.* menggunakan bahasa kasar. **slangy** *a.* suka menggunakan bahasa basahan.

slant *v.t./i.* senget; condong; lereng; menyampaikan (maklumat) dari pandangan tertentu; —*n.* lereng; cara berita disampaikan dari sudut pandangan tertentu; berat sebelah. **slantwise** *adv.* keadaan condong.

slap *v.t./i.* (*p.t* **slapped**) menampar; meletakkan sesuatu. —*n.* tamparan. —*adv.* dengan tamparan; terus. **slaphappy** *a.* (*colloq.*) dalam keadaan biasa dan senang hati. **slap-up** *a.* (*sl.*) kelas pertama.

slapdash *a.* gopoh dan cuai.

slapstick *n.* komedi kasar.

slash *v.t./i.* mengayun (pedang, parang, cemeti); menetak; mengelar; membuat belah (pada pakaian); memotong (perbelanjaan); mengkritik dengan sungguh-sungguh. —*n.* tetakan; luka.

slat *n.* bidai.

slate *n.* batu loh; papan batu; kepingan papan batu loh yang digunakan untuk atap atau menulis. —*v.t.* menutup dengan batu ini; (*colloq.*) mengkritik; menyelar. **slaty** *a.* berbatu loh.

slattern *n.* perempuan kotor dan selekeh. **slatternly** *a.* dengan kotor dan selekeh.

slaughter *v.t.* menyembelih; membunuh dengan kejam atau beramai-ramai. —*n.* penyembelihan.

slaughterhouse *n.* rumah penyembelihan.

Slav *a.* & *n.* orang Eropah Tengah atau Timur yang menggunakan bahasa Slav.

S

slave *n.* hamba abdi; mangsa buruh. —*v.i.* membanting tulang. **slave-driver** *n.* orang yang membuat orang lain bekerja keras. **slave-driving** *n.* perbuatan membuat orang lain bekerja keras.

slaver *v.i.* meleleh air liur; mengampu berlebih-lebih.

slavery *n.* pengabdian.

slavish *a.* terlampau merendah atau meniru-niru. **slavishly** *adv.* dengan terlalu merendah atau meniru-niru.

Slavonic *a. & n.* rumpun bahasa, termasuk bahasa Rusia dan Polish.

slay *v.t.* (*p.t.* slew, *p.p.* slain) membunuh.

sleazy *a.* (-ier, -iest) (*colloq.*) kotor; lucah.

sled *n. & v.i.* kereta luncur salji; (*p.t.* sledded) (A.S.) bermain kereta luncur salji.

sledge *n.* kereta salji tanpa roda.

sledgehammer *n.* tukul yang besar.

sleek *a.* (-er, -est) licin dan berkilat; kelihatan sihat dan berjaya. —*v.t.* menjadikan kilat dengan cara melicinkan. **sleekness** *n.* kelicinan.

sleep *n.* tidur. —*v.t./i.* (*p.t* slept) tidur; menyediakan tempat tidur.

sleeper *n.* penidur; beroti atau kayu landasan kereta api; koc tempat tidur; tempat tidur.

sleeping-bag *n.* beg tidur.

sleepless *a.* tanpa tidur; tidak dapat tidur.

sleepwalk *v.i.* berjalan masa tidur. **sleepwalker** *n.* jalu; orang yang berjalan semasa tidur.

sleepy *a.* (-ier, -iest) mengantuk; sepi; tidak cergas. **sleepily** *adv.* dengan rasa mengantuk. **sleepiness** *n.* keadaan mengantuk.

sleet *n.* hujan air dan salji; salji yang cair semasa turun. —*v.i.* turun sebagai hujan air dan salji. **sleety** *a.* seperti hujan air dan salji.

sleeve *n.* lengan baju; sarung; sarung piring hitam. **up one's sleeve** ada sesuatu (rancangan, idea) tetapi disembunyikan.

sleeveless *a.* (baju) tanpa lengan.

sleigh *n.* kereta luncur salji terutama yang ditarik oleh kuda. —*v.t.* menaiki kereta luncur salji.

sleight of hand penggunaan tangan dalam silap mata; ketangkasan tangan.

slender *a.* lampai dan langsing; sedikit; tipis. **slenderness** *n.* kelampaian.

slept *lihat* sleep.

sleuth *n.* mata-mata gelap.

slew[1] *v.t./i.* berpusing.

slew[2] *lihat* slay.

slice *n.* sepotong; sebahagian; sudip. —*v.t./i.* memotong; tersalah pukul (bola golf) hingga melencong ke arah lain. **slicer** *n.* pemotong.

slick *a.* (*colloq.*) lincah dan licik; licin. —*n.* tempat yang licin; tompok minyak di permukaan laut. —*v.t.* menjadi lincah dan licik.

slicker *n.* (A.S., *colloq.*) orang bandar yang bergaya.

slide *v.t./i.* (*p.t.* slid) menggelongsor. —*n.* perbuatan menggelongsor; papan gelongsor; bahagian yang bergelongsor; slaid; klip rambut. **slide-rule** *n.* mistar hitungan. **sliding scale** skala gelongsor; skala yuran atau cukai yang berubah menurut sesuatu kiraan tertentu.

slight *a.* (-er, -est) sedikit; lampai. —*v.t. & n.* menyinggung. **slightly** *adv.* sedikit. **slightness** *n.* keringanan.

slim *a.* (slimmer, slimmest) lampai; langsing; sedikit; kurang. —*v.t./i.* (*p.t.* slimmed) menguruskan badan dengan mengurangkan makanan, dsb. **slimmer** *n.* orang yang menguruskan badan. **slimness** *n.* kelampaian.

slime *n.* lendir. **slimy** *a.* berlendir. **slimily** *adv.* dengan basah dan berlendir. **sliminess** *n.* keadaan basah dan berlendir.

sling[1] *n.* tali atau rantai untuk menggantung sesuatu, dsb.; ali-ali; tarbil. —*v.t* (*p.t.* slung) gantung, angkat atau lempar dengan tali; (*colloq.*) lempar.

sling[2] *n.* campuran air dan gin yang manis.

slink *v.i.* (*p.t.* slunk) menyelinap.

slinky *a.* licin dan meliuk-liuk; (pakaian) menggiurkan.

slip[1] *n.* cebis; keratan kertas membuat nota, dsb.

slip[2] *v.t./i.* (*p.t.* slipped) tergelincir; menyelinap; menyelitkan; lepas lari; terlepas; melepaskan; terlucut. —*n.* hal tergelincir; kesilapan yang tidak sengajakan; kain dalam (wanita); landasan kapal; sehelai kertas; kedudukan dalam kriket; cecair untuk disapu pada barang tembikar. **give a person the slip** menjauhkan diri daripada seseorang. **slipped disc** cakera teranjak. **slip-knot** *n.* simpul hidup. **slip-road** *n.* jalan susur keluar atau masuk di lebuh raya. **slip up** (*colloq.*) membuat silap. **slip-up** *n.* kesilapan.

slipper *n.* selipar.

slippery *n.* licin; (orang) tidak dapat dipercayai. **slipperiness** *n.* keadaan licin.

slipshod *a.* serbah-serbih.

slipstream *n.* kawasan arus gelincir; arus gelincir.

slipway *n.* landasan kapal.

slit *n.* belahan kecil. —*v.t.* (*p.t.* **slit**, *pres. p.* **slitting**) belah sedikit; kelar; hiris.

slither *v.i.* menggelongsor; menjalar.

sliver *n.* sehiris.

slob *n.* (*colloq.*) orang yang malas dan selekeh.

slobber *v.i.* meleleh (air liur). **slobbery** *a.* dibasahi air liur.

sloe *n.* sejenis pohon.

slog *v.t./i.* (*p.t.* **slogged**) hentam; kerja atau berjalan kuat dan tekun. —*n.* hentaman. **slogger** *n.* orang yang bekerja keras.

slogan *n.* cogan kata.

sloop *n.* sejenis kapal kecil.

slop *v.t./i.* (*p.t.* **slopped**) tumpah; menumpahkan; berjalan dengan cara yang malas. —*n.* cecair yang tidak menyelerakan; cecair yang tumpah; (*pl.*) air kotor; kumuhan. **slop-basin** *n.* besen mencuci.

slope *v.t./i.* memiring; mencondong. —*n.* landaian; kecondongan. **slope off** (*sl.*) pergi diam-diam terutamanya untuk mengelak daripada membuat kerja.

sloppy *a.* (-**ier**, -**iest**) berkocak; hasil kerja yang tidak memuaskan; terlalu sentimental. **sloppily** *adv.* serbah-serbih. **sloppiness** *n.* keadaan serbah-serbih.

slosh *v.t./i.* (*colloq.*) tumpah; tuang hingga berkecah; (*sl.*) pukul. —*n.* (*colloq.*) bunyi benda jatuh ke dalam air; (*sl.*) pukulan.

sloshed *a.* mabuk.

slot *n.* lubang kecil; celah; kedudukan dalam skim atau siri. —*v.t.* (*p.t.* **slotted**) membuat lubang kecil; memasukkan ke dalam lubang kecil. **slot-machine** *n.* mesin yang mengeluarkan tiket, setem, dsb. dengan memasukkan wang ke dalamnya.

sloth *n.* kemalasan; sejenis binatang yang bergerak perlahan.

slothful *a.* malas. **slothfully** *adv.* dengan malas.

slouch *v.i.* berdiri, duduk atau bergerak dengan malas. —*n.* pergerakan atau perawakan malas.

slough[1] *n.* paya; rawa.

slough[2] *v.t./i.* salin (kulit); bertukar (kulit).

sloven *n.* orang yang selekeh.

slovenly *a.* kotor dan tidak ambil peduli. **slovenliness** *n.* keadaan kotor dan terabai.

slow *a.* (-**er**, -**est**) perlahan; lambat; bodoh. —*adv.* perlahan. —*v.t./i.* kurangkan laju. **slowly** *adv.* dengan perlahan. **slowness** *n.* kelembapan.

slowcoach *n.* orang yang lembap.

slow-worm *n.* sejenis cicak yang tiada berkaki.

slub *n.* benang bersimpul.

sludge *n.* lumpur tebal.

slug[1] *n.* lintah bulan; ketulan kecil logam; sejenis peluru.

slug[2] *v.t.* (*p.t.* **slugged**) (A.S.) memukul dengan kuat.

sluggard *n.* orang yang lembap atau malas.

sluggish *a.* lembap. **sluggishly** *adv.* dengan lembap. **sluggishness** *n.* kelembapan.

sluice *n.* pintu mengawal aliran air; air yang dikawal oleh aliran ini; saluran air; tempat membilas; pembilasan. —*v.t./i.* membilas atau membanjiri dengan aliran air; memasang saluran-saluran air.

slum *n.* kawasan (perumahan) orang miskin. **slummy** *a.* sesak. **slumminess** *n.* kesesakan.

slumber *v.i.* & *n.* tidur. **slumberer** *n.* orang yang tidur.

slumming *n.* lawatan ke kawasan miskin; tinggal seperti penduduk kawasan miskin.

slump *n.* kejatuhan harga atau permintaan. —*v.i.* melalui tempoh kemelesetan ekonomi; terduduk.

slung *lihat* **sling**.

slunk *lihat* **slink**.

slur *v.t./i.* (*p.t.* **slurred**) menulis atau menyebut secara tidak jelas kerana setiap huruf atau bunyi berkait dengan yang berikutnya; mengetepikan atau tidak memberi banyak perhatian; (A.S.) menghina atau memburukkan nama baik seseorang. —*n.* huruf atau bunyi yang kabur kerana dicampurkan; tanda muzik; aib.

slurp *v.t./i.* & *n.* (*colloq.*) menghirup.

slurry *n.* lumpur lembik; simen cair.

slush *n.* salji separuh cair; perbuatan atau tulisan sentimental yang remeh. **slush fund** tabung untuk tujuan yang salah, umpamanya rasuah. **slushy** *a.* seperti keadaan salji separuh cair.

slut *n.* perempuan selekeh dan yang tidak mempedulikan dirinya; jalang. **sluttish** *a.* selekeh.

sly *a.* (**slyer**, **slyest**) jahat dan bermuslihat; nakal dan cerdas; licik. **on the sly** secara rahsia. **slyly** *adv.* dengan muslihat dan niat jahat; dengan licik.

slyness *n.* kelicikan.

smack[1] *n.* tamparan; pukulan kuat; ciuman berbunyi. —*v.t./i.* menempeleng; memukul; mengecap-ngecap bibir. —*adv.* (*colloq.*) dengan tamparan.

smack[2] *n. & v.i.* kesan atau rasa.

smack[3] *n.* sejenis perahu kecil.

smacker *n.* (*sl.*) kucupan yang berbunyi; (*sl.*) satu paun atau satu dolar (A.S.).

small *a.* (-er, -est) kecil; kecil-kecilan. —*n.* bahagian tulang belakang yang paling kecil; (*pl., colloq.*) pakaian yang kecil, umpamanya seluar dalam. —*adv.* kecil-kecilan. small hours dinihari; waktu selepas sahaja tengah malam. small-minded *a.* berfikiran sempit. small talk berbual-bual kosong; bercakap tentang perkara yang tidak penting. small-time *a.* tidak penting; kecil. smallness *n.* kekecilan.

smallholding *n.* kebun atau ladang kecil. smallholder *n.* pengusaha kebun atau ladang kecil.

smallpox *n.* (penyakit) cacar.

smarmy *a.* (-ier, -iest) (*colloq.*) bermuka-muka; mengampu. smarminess *n.* kelakuan suka mengampu.

smart *a.* (-er, -est) segak dan lawa; berwibawa; pantas. —*v.i. & n.* (rasa) pedih. smartly *adv.* dengan segak. smartness *n.* kesegakan.

smarten *v.t./i.* menjadikan atau menjadi lebih segak.

smash *v.t./i.* pecah berkecai; memukul kuat; berlanggar; menggulingkan; memusnahkan; menjadi musnah. —*n.* tindakan atau bunyi berderang; perlanggaran; kemalangan; kemusnahan.

smashing *a.* (*colloq.*) cemerlang.

smattering *n.* pengetahuan singkat.

smear *v.t./i.* melumur; mencemarkan. —*n.* benda yang dilumur; tanda lumur; percubaan mencemar nama baik. smeary *a.* comot.

smell *n.* bau; bau busuk; perbuatan menghidu. —*v.t./i.* (*p.t.* smelt) bau; mengesan dengan bau; mengeluarkan bau. smelly *a.* berbau busuk.

smelling-salts *n.pl.* pepejal ammonia yang dihidu untuk memulihkan keadaan pengsan.

smelt[1] *lihat* smell.

smelt[2] *v.t.* melebur (bijih) untuk mendapatkan logam.

smelt[3] *n.* sejenis ikan.

smidgen *n.* (*pl.* smidgin) (tidak formal) sedikit.

smilax *n.* sejenis pohon yang memanjat.

smile *n.* senyuman. —*v.t.i* tersenyum.

smiley *a. & n.* (*showing*) membuat mimik muka seperti kartun.

smirch *v.t. & n.* melumur; memalit; mencemarkan.

smirk *n.* senyum sinis. —*v.i.* tersenyum sinis.

smite *v.t./i.* (*p.t.* smote, *p.p.* smitten) memukul kuat; melanda.

smith *n.* tukang logam; tukang besi.

smithereens *n.pl.* kepingan-kepingan kecil.

smithy *n.* tukang besi; bengkel tukang besi.

smitten *lihat* smite.

smock *n.* baju lindung. —*v.t.* dihiasi dengan smoking. smocking *n.* smoking; sejenis jahitan berkedut.

smog *n.* asbut; kabus tebal.

smoke *n.* asap; (*sl.*) rokok; cerut. —*v.t./i.* mengeluarkan asap atau wap; (cerobong) yang menyebabkan asapnya masuk ke bilik; salai; hisap (rokok atau cerut); merokok. smoky *a.* berasap.

smokeless *a.* tanpa asap; tidak berasap.

smoker *n.* penghisap rokok atau cerut.

smokescreen *n.* adang asap; tabir, penutup.

smooch *v.* (tidak formal) peluk dan cium.

smooth *a.* (-er, -est) selesa; bergerak licin; berbudi bahasa tetapi kemungkinan berpura-pura. —*v.t./i.* menjadikan atau menjadi licin. smoothly *adv.* dengan licin. smoothness *n.* kelicinan.

smorgasbord *n.* bufet; hidangan orang Swedish dengan pelbagai makanan.

smote *lihat* smite.

smother *v.t./i.* membara; mencekik; membantutkan; menyelubungi; memadam. —*n.* kepulan asap atau habuk.

smoulder *v.i.* membara; membakar tanpa menyala; (kemarahan) membakar di dalam.

SMS *abbr.* Short Message Service perkhidmatan pesanan ringkas, digunakan untuk berhubung teks pesanan melalui telefon bimbit.

smudge *n.* tompokan kotor. —*v.t./i.* menyebabkan tompok kotor; mengabur. smudgy *a.* comot; tidak terang.

smug *a.* (smugger, smuggest) bangga; bangga diri. smugly *adv.* dengan bangga. smugness *n.* sikap bangga diri.

S

smuggle *v.t.* menyeludup. **smuggler** *n.* penyeludup.

smut *n.* jelaga; bintik hitam; perbualan, gambar atau cerita lucah. **smutty** *a.* berjelaga; berbintik hitam; lucah.

snack *n.* snek; kudapan; makanan ringan. **snack bar** *n.* snek bar; kedai yang menyediakan makanan ringan.

snaffle *n.* kekang kuda. —*v.t.* (*sl.*) mengambil untuk diri sendiri.

snag *n.* hujung sesuatu benda yang bergerigis; bekas koyak yang disebabkan hujung sedemikian. —*v.t./i.* (*p.t.* **snagged**) menyebabkan sesuatu koyak.

snail *n.* siput. **snail's pace** lambat.

snake *n.* ular. —*v.i.* menyusur seperti ular. **snaky** *a.* seperti ular.

snakeskin *n.* kulit ular.

snap *v.t./i.* (*p.t* **snapped**) (berderak atau berdetap) patah; patah dengan tiba-tiba; merampas dengan menggigit; menengking; bergerak cergas; mengambil gambar. —*n.* bunyi patah; tindak mematah; biskut rapuh; cuaca yang tiba-tiba sejuk; gambar. **Snap** sejenis permainan kad. —*adv.* dengan bunyi; berderak atau berdetap. —*a.* secara tiba-tiba; dibuat dengan tergesa-gesa. **snap up** merebut.

snapper *n.* ikan yang dibuat makanan.

snappish *a.* mudah radang.

snappy *a.* (-**ier**, -**iest**) (*colloq.*) lekas radang; pantas; kemas dan lawa. **snappily** *adv.* dengan radang. **snappiness** *n.* bersikap radang.

snapshot *n.* gambar yang diambil secara tidak formal.

snare *n.* perangkap; tali dram. —*v.t.* memerangkap.

snarl[1] *v.t./i.* menderam; membengkeng. —*n.* bunyi, deram; suara geram.

snarl[2] *v.t./i.* & *v.i.* terkait. **snarl-up** *n.* menjadi kusut.

snatch *v.t./i.* merampas. —*n.* rampasan; bahagian yang pendek.

snazzy *a.* (*sl.*) bergaya.

sneak *v.t./i.* pergi atau menyampaikan secara curi-curi; (*sl.*) mencuri masuk; (*school sl.*) mengada-adakan cerita. —*n.* (*school sl.*) tukang repot. **sneakers** *n.pl.* kasut yang bertapak lembut.

sneaking *a.* secara diam-diam; sulit.

sneer *n.* ejekan. —*v.i.* mengejek.

sneeze *n.* bersin. —*v.i.* terbersin.

snib *n.* penutup tingkap.

snick *v.t.* membuat lubang kecil; memukul sipi (bola). —*n.* belahan kecil; pukulan sipi.

snicker *v.i.* & *n.* ketawa dengan mengejek.

snide *a.* (*colloq.*) mengejek.

sniff *v.t./i.* menghidu; menguji bau. —*n.* bunyi senguk atau menghidu. **sniffer** *n.* penghidu.

sniffle *v.t.* menyenguk-nyengak. —*n.* tindakan atau bunyi ini.

snifter *n.* (*sl.*) sedikit minuman (arak).

snigger *n.* & *v.i.* ketawa dengan mengejek.

snip *v.t./i.* (*p.t.* **snipped**) menggunting. —*n.* tindakan atau bunyi menggunting; bahagian yang digunting; (*sl.*) sesuatu yang murah atau pasti; tugas mudah.

snipe *n.* (*pl.* **snipe**) sejenis burung air. —*v.i.* menembak dari satu tempat tersembunyi; melemparkan kritikan secara menyindir. **sniper** *n.* penembak dari satu tempat tersembunyi.

snippet *n.* kepingan kecil.

snitch *v.t.* (*sl.*) curi.

snivel *v.i.*(*p.t.* **snivelled**) merengek.

snob *n.* orang yang bongkak atau sombong. **snobbery** *n.* kesombongan. **snobbish** *a.* bongkak.

snood *n.* serungkup rambut.

snook *n.* **cock a snook** (*colloq.*) membuat isyarat menghina.

snooker *n.* sejenis permainan biliard.

snoop *v.i.* (*colloq.*) mengintip. **snooper** *n.* pengintip.

snooty *a.* sombong. **snootily** *adv.* dengan sombong.

snooze *n.* & *v.i.* tidur sekejap.

snore *n.* dengkuran. —*v.i.* berdengkur. **snorer** *n.* orang yang tidur berdengkur.

snorkel *n.* snorkel; alat saluran udara untuk penyelam. —*v.i.* berenang menggunakan alat saluran udara.

snort *n.* dengus. —*v.i.* berdengus.

snout *n.* jongor; muncung; hidung binatang; bahagian yang menonjol.

snow *n.* salji. —*v.i.* jatuh sebagai salji. **snowed under** diselubungi salji; ditimbuni (kerja, dsb.). **snowstorm** *n.* ribut salji. **snowy** *a.* yang penuh salji; bersalji.

snowball *n.* bola salji. —*v.t./i.* melontar bola salji; menjadi besar atau hebat.

snowblower *n.* jentera untuk membersihkan salji.

snowdrift *n.* hanyutan salji.

snowdrop *n.* sejenis pohon bunga.

snowflake *n.* kepingan salji.

snowman *n.* (*pl.* -**men**) patung salji.

snowplough *n.* jentolak salji; alat membersihkan jalan daripada liputan salji.

S

snub[1] *v.t.* (*p.t* **snubbed**) menolak (permintaan seseorang) dengan kasar. —*n.* penolakan sedemikian.

snub[2] *a.* (hidung) kemek; pesek. **snub-nosed** *a.* hidung kemek; hidung pesek.

snuff[1] *n.* tembakau untuk dihidu.

snuff[2] *v.t.* memadamkan (lilin). **snuff it** (*sl.*) mati. **snuffer** *n.* pemadam (lilin).

snuffle *v.i.* bernafas dengan bising. —*n.* bunyi sedemikian.

snug *a.* (**snugger, snuggest**) selesa; sendat. **snugly** *a.* rapat-rapat.

snuggle *v.t./i.* memeluk; mendakap.

so *adv. & conj.* seperti ini; begini; begitu; sangat; oleh kerana itu; juga. —*pron.* itu; benda yang sama. **so-and-so** *n.* si dia; (*colloq.*) orang yang tidak disukai. **so-called** *a.* yang kononnya. **so long!** (*colloq.*) selamat berpisah. **so-so** *a. & adv.* (*colloq.*) biasa sahaja. **so that** supaya.

soak *v.t./i.* merendam; meresap; menyerap; (*sl.*) memeras wang. —*n.* proses merendam; (*sl.*) kaki botol.

soap *n.* sabun. —*v.t.* menyabun. **soap opera** (A.S., *colloq.*) drama sentimental.

soapstone *n.* batu berwarna kelabu yang lembut dan licin.

soapsuds *n.pl.* buih sabun.

soapy *a.* bersabun. **soapiness** *n.* keadaan bersabun.

soar *v.i.* terbang tinggi.

sob *n.* menangis teresak-esak. —*v.t./i.* (*p.t.* **sobbed**) meratap dan tersedu-sedu.

sober *a.* sedar diri (tidak mabuk); serius; (warna) tidak cerah. —*v.t./i.* menjadi, menjadikan sedar diri. **soberly** *adv.* dengan serius. **sobriety** *n.* keseriusan; keadaan siuman.

sobriquet *n.* nama gelaran.

soccer *n.* (*colloq.*) bola sepak.

sociable *a.* suka bergaul. **sociably** *adv.* dengan ramah-tamah. **sociability** *n.* sifat suka bergaul.

social *a.* sosial; kemasyarakatan. —*n.* perkumpulan sosial. **social science** sains kemasyarakatan. **social security** bantuan kerajaan untuk yang miskin. **social services** perkhidmatan kebajikan. **social worker** pekerja sosial atau kebajikan. **socially** *adv.* secara sosial; dari segi sosial.

socialism *n.* sosialisme. **socialist** *n.* sosialis. **socialistic** *a.* yang berkenaan dengan sosialisme.

socialite *n.* orang yang terkenal atau terkemuka dalam golongan orang atasan atau golongan kaya.

socialize *v.t./i.* menyusun menurut tatasosialisme; bergaul. **socialization** *n.* penyusunan menurut sosialisme.

society *n.* masyarakat. **Society of Friends** pengikut Quakers. **Society of Jesus** kumpulan Jesuit.

sociology *n.* sosiologi; kajian kemasyarakatan. **sociological** *a.* yang berkenaan sosiologi. **sociologist** *n.* pakar sosiologi.

sock[1] *n.* stoking pendek.

sock[2] *v.t.* (*sl.*) tumbuk. —*n.* (*sl.*) pukulan kuat.

socket *n.* soket. **socketed** *a.* yang bersoket.

sockeye *n.* sejenis ikan salmon.

sod *n.* rumput.

soda *n.* soda; air soda. **soda-water** *n.* air bergas.

sodden *a.* basah; kuyup.

sodium *n.* sodium. **sodium lamp** lampu sodium.

sodomy *n.* persetubuhan melalui dubur; liwat. **sodomite** *n.* orang yang mengamalkan sodomi.

sofa *n.* sofa.

soffit *n.* bahagian bawah ambang pintu atau pintu gerbang.

soft *a.* (**-er, -est**) lembut; perlahan; banyak lemak; lembik; mudah dipengaruhi; berhati lembut; bodoh; tidak cerah atau berkilauan; (*sl.*) mudah; (minuman) ringan; (air) bebas daripada bahan galian; (dadah) tidak mungkin ketagih; (mata wang) kemungkinan jatuh harga. **soft fruit** buah yang tidak berbiji. **softoption** pilihan yang mudah. **soft-pedal** tidak menekankan sangat. **soft spot** perasaan sayang. **softly** *adv.* dengan lembut. **softness** *n.* kelembutan.

soften *v.t./i.* melembutkan. **softener** *n.* bahan pelembut.

software *n.* perisian; program komputer.

softwood *n.* kayu lembut.

soggy *a.* (**-ier, -iest**) basah; lembap. **sogginess** *n.* kelembapan.

soigné *a.* (*fem.* **soignée**) kemas dan bergaya.

soil[1] *n.* tanah; tanah air seseorang.

soil[2] *v.t./i.* menjadi kotor; mengotorkan.

soirée *n.* parti sebelah petang untuk perbualan atau mendengar muzik.

sojourn *n.* persinggahan. —*v.i.* singgah.

solace *v.t. & n.* menenangkan jiwa; sesuatu yang menghiburkan semasa dalam kesusahan.

solar *a.* yang berkenaan matahari. **solar cell** sel suria. **solar plexus**

S

plaksus solar; bahagian hulu hati; rangkaian. **solar system** sistem suria.

solarium *n.* (*pl.* **-ia**) solarium; bilik atau anjung untuk menikmati cahaya matahari bagi tujuan perubatan atau untuk keseronokan.

sold *lihat* sell.

solder *n.* logam pateri. —*v.t.* pateri. **soldering iron** besi pemateri.

soldier *n.* askar. —*v.i.* menjadi askar. **soldier on** (*colloq.*) meneruskan dengan sungguh-sungguh. **soldierly** *a.* seperti askar.

soldiery *n.* sepasukan tentera.

sole[1] *n.* tapak kaki; tapak. —*v.t.* memasang tapak pada.

sole[2] *n.* ikan sisa Nabi.

sole[3] *a.* satu-satunya; tunggal. **solely** *adv.* hanya; semata-mata.

solecism *n.* kesilapan penggunaan bahasa; kesilapan tatasusila.

solemn *a.* serius; formal dan berdarjat. **solemnly** *adv.* dengan serius. **solemnity** *n.* keseriusan.

solemnize *v.t.* merayakan; merasmikan. **solemnization** *n.* perasmian.

solenoid *n.* solenoid; gelung wayar elektrik.

sol-fa *n.* sistem suku kata dalam muzik (do, re, mi, dll.).

solicit *v.t./i.* memperoleh dengan meminta; mendapatkan. **solicitation** *n.* tindakan sedemikian.

solicitor *a.* peguam cara.

solicitous *a.* mengambil berat tentang sesuatu. **solicitously** *adv.* dengan menunjukkan sikap ambil berat. **solicitude** *n.* sikap ambil berat.

solid *a.* keras; berbentuk pejal; bukan cecair atau gas; padat; berterusan; berkenaan pejal; berdimensi tiga; kukuh; boleh dipercayai. —*n.* pejal. **solid-state** *a.* menggunakan transistor. **solidly** *adv.* dengan kukuh. **solidity** *n.* kepejalan.

solidarity *n.* perpaduan.

solidify *v.t./i.* menjadi keras.

soliloquize *v.i.* bercakap kepada diri sendiri.

soliloquy *n.* percakapan pada diri sendiri.

solitaire *n.* batu permata tunggal; sejenis permainan; (A.S.) sejenis permainan kad yang dimainkan berseorangan.

solitary *a.* seorang diri; satu sahaja; lengang; sepi. —*n.* orang yang bersendiri.

solitude *n.* keadaan bersendiri.

solo *n.* (*pl.* **-os**) solo; muzik untuk satu alat muzik atau satu suara; persembahan atau penerbangan seorang diri, dsb. —*a.* bersendiri.

soloist *n.* penyanyi atau pemuzik solo.

solstice *n.* solstis; masa (lebih kurang 21 Jun dan 22 Disember) atau titik ketika matahari berada paling jauh dari bumi.

soluble *a.* dapat dilarutkan (seperti gula di dalam air). **solubility** *n.* keterlarutan.

solution *n.* larutan; cecair campuran pepejal yang telah larut; proses pepejal larut dalam cecair; proses penyelesaian; jawapan.

solvable *a.* dapat diselesaikan.

solve *v.t.* mencari penyelesaian. **solver** *n.* penyelesai.

solvent *a.* berupaya menyelesaikan segala hutang; dapat melarutkan bahan lain. —*n.* cecair yang digunakan untuk melarutkan bahan lain. **solvency** *n.* keupayaan menyelesaikan segala hutang.

somatic *a.* berkenaan tubuh badan.

sombre *a.* gelap dan suram; murung. **sombrely** *adv.* dengan suram.

sombrero *n.* (*pl.* **-os**) topi lelaki yang bertepi lebar.

some *a.* beberapa; sejumlah yang tidak pasti; tidak bernama; tidak diketahui; kuantiti yang agak banyak; lebih kurang; (*sl.*) istimewa. —*pron.* setengah-setengah (orang, benda).

somebody *n.* & *pron.* seseorang yang tidak dapat dipastikan; orang terkenal.

somehow *adv.* dengan cara yang tidak dapat dipastikan atau tidak mengira cara; dengan apa cara sekalipun.

someone *n.* & *pron.* seseorang.

somersault *n.* & *v.i.* balik kuang; menjungkir balik.

something *n.* & *pron.* sesuatu benda; benda yang penting atau terpuji. **something like** lebih kurang seperti.

sometime *a.* & *adv.* bekas; pada satu ketika yang tidak dapat dipastikan.

sometimes *adv.* kadang-kadang.

somewhat *adv.* agak.

somewhere *adv.* di satu tempat yang tidak dapat ditentukan.

somnambulist *n.* orang yang berjalan dalam tidur.

somnolent *a.* mengantuk; sedang tidur. **somnolence** *n.* keadaan mengantuk.

son *n.* anak lelaki. **son-in-law** *n.* (*pl.* **sons-in-law**) menantu lelaki.

sonar *n.* sonar; alat pengesan di dalam air dengan menggunakan gelombang bunyi.

sonata *n.* sonata.

sonatina n. sonatina.

sonet lumiere n. hiburan malam di tempat terkenal yang mempersembahkan cerita bersejarah dengan kesan cahaya dan bunyi.

song n. lagu; muzik untuk nyanyian. **going for a song** dijual dengan harga yang sangat murah.

songbird n. burung yang pandai menyanyi.

songster n. penyanyi; burung berlagu.

sonic a. berkenaan gelombang bunyi.

sonnet n. soneta; sajak empat belas baris.

sonorous a. bergema.

soon adv. (**-er, -est**) tidak lama lagi; awal. **sooner or later** lambat-laun; suatu masa nanti.

soot n. jelaga. **sooty** a. berjelaga.

soothe v.t. tenang; melegakan (penyakit). **soothing** a. melegakan; menenangkan. **soothingly** adv. dengan melegakan atau menenangkan.

soothsayer n. peramal; ahli nujum.

sop n. roti yang dicelupkan ke dalam cecair sebelum dimakan atau dimasak; sesuatu yang diberikan untuk melegakan rasa tidak puas hati atau supaya tiada kekacauan. —v.t. (p.t. **sopped**) mencelupkan ke dalam cecair.

sophism n. sofisme; kaedah berhujah yang licik. **sophist** n. sofis; orang yang menggunakan sofisme.

sophisticated a. canggih; sofistikated. **sophistication** n. keadaan sofistikated.

sophistry n. dalil yang bijak tetapi mungkin mengelirukan.

sophomore n. (A.S.) pelajar tahun dua di kolej atau universiti.

soporific a. berkemungkinan menyebabkan mengantuk. —n. ubat tidur.

sopping a. basah kuyup.

soppy a. (**-ier, -iest**) basah kuyup; (colloq.) terlalu sentimental.

soprano n. (pl. **-os**) soprano.

sorbet n. air batu bersirap.

sorcerer n. ahli sihir. **sorceress** n. fem. ahli sihir (perempuan). **sorcery** n. sihir.

sordid a. kotor; (niat) buruk. **sordidly** adv. dengan kotor. **sordidness** n. kekotoran.

sore a. (**-er, -est**) sakit akibat luka atau penyakit; (usang) serius; malang; kerunsingan. —n. tempat yang sakit; sumber kegusaran. **sorely** adv. dengan sakit. **soreness** n. kesakitan.

sorghum n. betari; tumbuhan bijirin tropika.

sorrel[1] n. sejenis herba.

sorrel[2] n. warna coklat kemerahan yang cerah; warna tengguli.

sorrow n. kesedihan; perkara yang menyedihkan. —v.i. bersedih; berhiba. **sorrowful** a. sedih; duka. **sorrowfully** adv. dengan sedih.

sorry a. (**-ier, -iest**) kasihan; menyesal; meminta maaf; (keadaan) menyedihkan.

sort n. jenis; (colloq.) orang yang berwatak tertentu. —v.t. mengasingkan mengikut jenis. **out of sorts** kurang sihat; gusar.

sortie n. serangan kembali keluar dari kepungan; penerbangan oleh kapal terbang dalam sesuatu operasi tentera.

SOS SOS; isyarat antarabangsa dalam keadaan bahaya. —n. rayuan tiba-tiba untuk pertolongan segera.

sot n. kaki botol; pemabuk.

sotto voce dengan suara rendah.

soubriquet var. of **sobriquet**.

soufflé n. sejenis makanan yang dibuat dengan putih telur.

sought past & past part. v. mencuba mencari (sesuatu). Lihat **seek**.

souk n. kawasan pasar di negara-negara Arab, dsb.

soul n. jiwa; nyawa; roh; sukma kerohanian; memberi ciri-ciri manusia; corak (kejujuran); orang; kebudayaan kaum Kulit Hitam Amerika. **soul music** sejenis muzik jazz yang penuh perasaan.

soulful a. menunjukkan perasaan yang mendalam. **soulfully** adv. dengan perasaan yang mendalam.

soulless a. tidak berperasaan; membosankan.

sound[1] n. bunyi. —v.t./i. membunyikan; mengucapkan; menuturkan. **sound barrier** batasan bunyi; tekanan udara yang kuat, kepada benda yang bergerak hampir selaju bunyi. **sounder** n. alat bunyi.

sound[2] a. (**-er, -est**) sihat; sempurna; baik; kukuh; betul; berwibawa; rapi. —adv. dengan baik. **soundly** adv. dengan baik. **soundness** n. kebaikan.

sound[3] v.t. menguji kedalaman atau keadaan dasar (sungai atau laut); memeriksa. **sounder** n. alat penguji.

sound[4] n. selat.

sounding-board n. bod suara; papan untuk memantul bunyi atau menambah gema.

soundproof a. kalis bunyi. —v.t. mengalis bunyi.

soup *n.* sup. —*v.t.* **soup up** (*colloq.*) menambah kuasa enjin. **in the soup** (*sl.*) dalam kesusahan. **soup-kitchen** *n.* tempat memberi makanan percuma kepada yang miskin.

soupcon *n.* sedikit.

sour *a.* (**-er, -est**) masam; tidak segar; basi; (tanah) berlebihan asid; bengis; kepala angin. —*n.* minuman masam. —*v.t./i.* menjadi atau menjadikan masam. **sourly** *adv.* dengan masam. **sourness** *n.* rasa masam; kemasaman.

source *n.* sumber.

sourpuss *n.* (*sl.*) perengus; orang yang kepala angin.

souse *v.t.* menjeruk; membasahkan.

soutane *n.* jubah paderi Roman Katolik.

south *n.* selatan. —*a.* di selatan; (angin) dari selatan. —*adv.* ke arah selatan. **south-east** *n.* tenggara. **south-easterly** *a.* & *n.* tenggara. **south-eastern** *a.* tenggara. **south-west** *n.* barat daya. **south-westerly** *a.* & *n.* barat daya. **south-western** *a.* barat daya.

southerly *a.* ke arah atau bertiup dari selatan.

southern *a.* yang berkenaan dengan selatan.

southerner *n.* orang selatan.

southernmost *a.* yang di hujung kawasan selatan.

southpaw *n.* (*colloq.*) orang kidal.

southward *a.* yang ke arah selatan. **southwards** *adv.* ke arah selatan.

souvenir *n.* cenderamata.

sou'wester *n.* topi tahan air.

sovereign *n.* raja; duit syiling emas British. —*a.* agung; berdaulat; mujarab. **sovereignty** *n.* kedaulatan.

soviet *n.* majlis terpilih di Rusia. **Soviet** *a.* berkenaan Rusia.

sow[1] *v.t.* (*p.t.* **sowed**, *p.p.* **sowed** atau **sown**) menabur benih; menanam semangat. **sower** *n.* tukang tabur benih.

sow[2] *n.* khinzir betina dewasa.

soy *n.* kacang soya.

soya *n.* **soya bean** kacang soya.

sozzled *a.* (*sl.*) mabuk.

spa *n.* spa; mata air yang mempunyai bahan galian yang baik untuk kesihatan.

space *n.* ruang; ruang kosong; ruang angkasa; tempoh. —*v.t.* menjarakkan.

spacecraft *n.* (*pl.* **-craft**) pesawat angkasa.

spaceship *n.* kapal angkasa.

spacious *a.* luas; lapang. **spaciousness** *n.* keadaan lapang.

spade[1] *n.* penyodok.

spade[2] *n.* daun sped; salah satu daun terup.

spadework *n.* kerja permulaan.

spaghetti *n.* spageti; sejenis pasta atau mi.

span[1] *n.* jarak; jarak di antara hujung ibu jari dengan hujung kelengkeng apabila dibuka luas; jarak di antara dua tiang (gerbang, jambatan). —*v.t.* (*p.t.* **spanned**) menjengkal; merentangi.

span[2] *lihat* **spick**.

spandrel *n.* ruang di antara gerbang yang bercantum dengan kumai.

spangle *n.* labuci; manik. —*v.t.* memasang labuci atau manik.

Spaniard *n.* orang Sepanyol.

spaniel *n.* sejenis anjing.

Spanish (*a.* & *n.*) bahasa atau orang Sepanyol.

spank *v.t.* memukul; menampar.

spanker *n.* sejenis layar kapal.

spanking *a.* (*colloq.*) pantas.

spanner *n.* spanar.

spar[1] *n.* tiang (kapal).

spar[2] *n.* sejenis galian yang mudah pecah.

spar[3] *v.i.* (*p.t.* **sparred**) (berlatih) meninju; bergaduh; bertengkar.

spare *v.t./i.* membebaskan daripada melukakan atau mencederakan; dapat memberi. —*a.* (barang) simpanan atau ganti; kurus; sedikit. —*n.* barang ganti yang disimpan. **sparely** *adv.* dengan hemat. **spareness** *n.* penjimatan.

sparing *a.* berjimat.

spark *n.* percikan api; bibit. —*v.t./i.* mengeluarkan percikan api. **spark(ing)-plug** *n.* palam pencucuh. **spark off** mencetuskan.

sparkle *v.i.* bersinar; bercahaya; menunjukkan kepintaran atau cergasan. —*n.* cahaya gemilang atau terang.

sparkler *n.* bunga api.

sparkling *a.* berbuih-buih kerana gas (dalam wain); berkilau.

sparrow *n.* burung pipit.

sparrowhawk *n.* helang kecil.

sparse *a.* jarang. **sparsely** *adv.* jarang-jarang. **sparseness** *n.* kejarangan. **sparsity** *n.* keadaan jarang-jarang.

spartan *a.* (keadaan) susah atau tiada kemudahan.

spasm *n.* kekejangan; sekali-sekala.

spasmodic *a.* yang berkenaan dengan kekejangan; rasa sakit yang tiba-tiba. **spasmodically** *adv.* dengan sekali-sekala; sekejap-sekejap.

spastic *a.* spastik; cacat kerana penyakit palsi serebrum. —*n.* orang yang cacat sedemikian. **spasticity** *n.* keadaan spastik.

S

spat[1] *lihat* **spit**[1].

spat[2] *n.* sejenis sarung kaki.

spate *n.* banjir kilat.

spathe *n.* sejenis kelopak bunga.

spatial *a.* berkenaan ruang. **spatially** *adv.* dari segi ruang.

spatter *v.t./i.* memercikkan; terpercik. —*n.* renjisan; bunyi percikan.

spatula *n.* sudip; spatula; alat perubatan untuk menekan lidah.

spatulate *a.* dengan hujung yang lebar dan bulat.

spavin *n.* bengkak pada sendi di kaki belakang kuda.

spawn *n.* telur ikan, katak atau kerang; (*derog.*) anak; bahan yang menumbuhkan kulat. —*v.t./i.* meninggalkan telur sedemikian; beranak dari telur sedemikian; menghasilkan.

spay *v.t.* memandulkan dengan membuang ovari.

speak *v.t.* (*p.t.* **spoke**, *p.p.* **spoken**) bertutur; bercakap; berkata; katakan; ucapkan; menjadi bukti sesuatu.

speaker *n.* penceramah; pengucap; alat pembesar suara. **Speaker** Speaker Dewan Rakyat.

spear *n.* lembing; tombak batang tajam. —*v.t.* melembing; menombak.

spearhead *n.* teraju; bahagian depan sesuatu serangan. —*v.t.* meneraju.

spearmint *n.* sejenis pudina.

spec *n.* **on spec** (*colloq.*) sebagai ramalan; tidak pasti.

special *a.* istimewa. **specially** *adv.* khusus; terutamanya

specialist *n.* pakar dalam sesuatu bidang, terutamanya bidang perubatan.

speciality *n.* kualiti, barang atau aktiviti yang istimewa.

specialize *v.t./i.* menjadi ahli atau pakar dalam sesuatu lapangan; mengkhususkan. **specialization** *n.* pengkhususan.

species *n.* (*pl.* **species**) spesies; golongan binatang atau tumbuhan yang mempunyai sifat yang sama jenis.

specific *a.* tepat dan khusus. —*n.* aspek atau pengaruh yang khusus; penawar bagi penyakit tertentu. **specific gravity** graviti tentu; nisbah antara berat sesuatu barang dengan berat air atau udara yang sama isi padu dengannya. **specifically** *adv.* dengan khususnya.

specification *n.* tentuan; spesifikasi; butir-butir atau arahan untuk membuat sesuatu benda.

specify *v.t.* menentukan; memberikan butir-butir tertentu.

specimen *n.* spesimen; contoh; sesuatu atau sebahagian daripada sesuatu yang diambil sebagai contoh untuk dikaji dan diuji.

specious *a.* seolah-olahnya betul tetapi sebenarnya tidak. **speciously** *adv.* dengan cara yang nampaknya benar tetapi tidak sedemikian. **speciousness** *n.* perihal sesuatu yang nampak seolah-olah benar.

speck *n.* tanda atau bintik kecil.

speckle *n.* tanda atau bintik yang semula jadi. **speckled** *a.* berbintik.

specs *n.pl.* (*colloq.*) cermin mata.

spectacle *n.* pandangan yang mempesonakan; pertunjukan; sesuatu yang menarik perhatian ramai; (*pl.*) cermin mata.

spectacular *a.* menakjubkan. —*n.* pertunjukan yang hebat. **spectacularly** *adv.* dengan cara yang menakjubkan.

spectator *n.* penonton.

spectral *a.* yang mengenai atau seperti hantu; yang berkenaan dengan spektrum.

spectre *n.* hantu; perasaan takut.

spectroscope *n.* spektroskop; alat untuk menghasilkan dan meneliti spektrum.

spectrum *n.* (*pl.* **-tra**) spektrum.

speculate *v.i.* mengagak; membeli dengan harapan membuat untung tetapi menanggung risiko kerugian. **speculation** *n.* spekulasi. **speculator** *n.* orang yang membuat spekulasi. **speculative** *a.* mengenai spekulasi.

speculum *n.* sejenis alat perubatan yang digunakan untuk melihat liang-liang pada badan.

sped *lihat* **speed**.

speech *n.* kebolehan, gaya atau cara bertutur; pertuturan; ucapan, terutamanya di depan penonton; bahasa; loghat.

speechify *v.i.* (*colloq.*) membebel; berucap dengan panjang dan membosankan.

speechless *a.* terdiam; tidak dapat bercakap kerana dilanda perasaan; tergamam.

speed *n.* kepantasan; kelajuan. —*v.t./i.* (*p.t.* **sped**) memecut; membuat dengan cepat; (*p.t.* **speeded**) bergerak dengan kelajuan yang salah di sisi undang-undang atau berbahaya. **speed up** memecut; mencepatkan. **speed-up** *n.* pecepatan.

speedboat *n.* motobot yang laju.

speedometer *n.* penunjuk atau meter laju.

speedway *n.* jalan atau lorong untuk memandu dengan pantas; litar perlumbaan motor atau kereta.

speedwell *n.* sejenis tumbuhan liar yang berbunga biru kecil.

speedy *a.* (**-ier, -iest**) yang dilakukan atau yang terjadi dengan pantas. **speedily** *adv.* perihal kepantasan. **speediness** *n.* kepantasan.

speleology *n.* pengkajian mengenai gua. **speleological** *a.* yang berhubungan dengan kajian gua. **speleologist** *n.* orang yang mengkaji gua.

spell[1] *n.* kata-kata atau ayat yang kononnya mempunyai kuasa ghaib; mantera; jampi; sihir.

spell[2] *v.t./i.* (*p.t.* **spelt**) mengeja; (akan) mengakibatkan. **spell out** mengeja dengan kuat; menjelaskan. **speller** *n.* orang yang mengeja.

spell[3] *n.* jangka waktu. —*v.t.* kerja bergilir-gilir.

spellbound *a.* terpukau; terpesona.

spelt[1] *lihat* **spell**[2].

spelt[2] *n.* sejenis gandum.

spencer *n.* sejenis pakaian dalam wanita.

spend *v.t.* (*p.t.* **spent**) membelanjakan wang untuk membeli sesuatu; digunakan untuk tujuan tertentu. **spender** *n.* orang yang membelanjakan wang.

spendthrift *n.* pemboros.

spent *lihat* **spend**.

sperm *n.* (*pl.* **sperms** atau **sperm**) benih jantan; air mani; sperma. **spermwhale** sejenis ikan paus yang besar.

spermatozoon *n.* (*pl.* **-zoa**) spermatozoon; sperma.

spermicidal *a.* pembunuh sperma.

spew *v.t./i.* muntah.

sphere *n.* benda yang berbentuk bulat seperti bola; sfera.

spherical *a.* berbentuk seperti sfera.

sphincter *n.* otot yang mengawal liang di badan.

sphinx *n.* binatang yang bersayap dalam mitos Greek; patung batu di negeri Mesir yang berbadan seperti singa dan berkepala manusia atau binatang lain; orang yang merahsiakan fikiran dan tujuannya.

spice *n.* rempah dan perasa. —*v.t.* memberi perasa dengan rempah. **spicy** *a.* berempah.

spick *a.* **spick and span** bersih dan kemas.

spider *n.* labah-labah. **spidery** *a.* (tulisan) yang panjang dan halus.

spiel *n.* (*sl.*) percakapan yang panjang; kelentong.

spigot *n.* pemalam; katup atau injap.

spike *n.* hujung atau mata yang tajam. —*v.t.* memasang paku; memaku; mencucuk; (*colloq.*) mencampurkan bahan alkohol ke dalam minuman. **spike a person's guns** menghalang; mengecewakan seseorang. **spiky** *a.* mempunyai hujung yang tajam.

spill[1] *n.* kayu atau kertas yang digunakan untuk memindahkan api.

spill[2] *v.t./i.* (*p.t.* **spilt**) melimpah-ruah. —*n.* jatuh. **spill the beans** (*sl.*) membocorkan maklumat tanpa berhemat-hemat. **spillage** *n.* tumpahan.

spin *v.t./i.* (*p.t.* **spun**, *pres.p.* **spinning**) berpusing pada paksi; memintal bulu untuk dijadikan benang. —*n.* putaran; memandu sekejap untuk keseronokan. **spin-drier** *n.* pengering putar; alat yang menggunakan daya emparan untuk mengeringkan benda yang diletak di dalamnya. **spin-off** *n.* keluaran sampingan. **spin out** memanjangkan. **spinner** *n.* orang yang memutar atau memusingkan.

spina bifida kecacatan pada tulang belakang, yang menjadikan selaputnya menonjol.

spinach *n.* sayur bayam.

spinal *a.* mengenai tulang belakang.

spindle *n.* alat untuk menggulung benang; gelendong; pokok beri yang buahnya berwarna merah jambu atau merah.

spindly *a.* terlalu panjang; tinggi dan kurus.

spindrift *n.* buih air di permukaan laut.

spine *n.* tulang belakang; duri yang terdapat pada tumbuh-tumbuhan atau binatang; tulang belakang buku.

spineless *a.* tidak mempunyai tulang belakang; lemah dan tidak bersemangat.

spinet *n.* sejenis piano lama.

spinnaker *n.* layar besar yang berbentuk segi tiga pada tiang perahu perlumbaan.

spinneret *n.* organ dalam ulat atau labah-labah yang menghasilkan benang sutera.

spinney *n.* (*pl.* **-eys**) semak.

spinning-wheel *n.* roda pintal; alat untuk memutarkan serat menjadi benang.

spinster *n.* perempuan yang belum berkahwin.

spiny *a.* penuh dengan duri-duri yang tajam.

spiral *a.* berpusar; berpilin. —*n.* garis atau benda yang berpilin. —*v.i.* (*p.t.*

S

spiralled) berpusar; berlingkar-lingkar. **spirally** *adv.* yang bergelung.

spire *n.* menara yang tinggi, terutamanya di gereja.

spirit *n.* jiwa; nyawa; batin manusia; roh. **the Spirit** Roh Kudus; (*pl.*) perasaan seseorang (gembira, runsing, dsb.); (*pl.*) minuman alkohol yang kuat. —*v.t.* pergi dengan cepat dan senyap-senyap. **spirit-lamp** *n.* lampu yang menggunakan bahan api spirit. **spirit-level** *n.* timbang air.

spirited *a.* bersemangat; periang; rancak; giat. **spiritedly** *adv.* dengan bersemangat.

spiritual *a.* mengenai roh; kejiwaan; rohaniah. —*n.* lagu-lagu berunsur agama yang dinyanyikan oleh orang Amerika kulit hitam. **spiritually** *adv.* dari segi rohani. **spirituality** *n.* kerohanian.

spiritualism *n.* kepercayaan bahawa roh orang yang telah mati dapat berhubung dengan roh orang yang masih hidup; ilmu wasitah. **spiritualist** *n.* orang yang percaya kepada ilmu wasitah.

spirituous *a.* yang mengandungi alkohol.

spit¹ *v.t./i.* (*p.t.* **spat** atau **spit**, *pres.p.* **spitting**) mengeluarkan sesuatu dari mulut; meludah; membuat bunyi meludah; menunjukkan marah dan radang. —*n.* air ludah; perlakuan meludah.

spit² *n.* besi pemanggang; anak tanjung. —*v.t.* (*p.t* **spitted**) mencucuk dengan besi tajam.

spit³ *n.* diukur dengan penggali.

spite *n.* perasaan untuk melukakan atau menyakitkan hati seseorang. —*v.t.* menyakitkan hati. **in spite of** walaupun. **spiteful** *a.* hasad. **spitefully** *adv.* dengan dendam. **spitefulness** *n.* hasad dengki.

spitfire *n.* pemarah; (orang yang) garang.

spittle *n.* air liur.

spittoon *n.* tempat atau bekas untuk berludah.

spitzer *n.* minuman daripada wain putih dan air soda.

splash *v.t./i.* memercikkan air; membasahkan dengan mencurahkan air; menghias dengan tompok-tompok warna; berbelanja sesuka hati. —*n.* bunyi atau perlakuan seperti jatuh ke air; percikan. **splashy** *a.* berbelanja dengan mewah.

splashback *n.* adang percikan.

splatter *v.t./i.* & *n.* merenjis; memercik.

splay *v.t./i.* melebar; mencondong keluar; mengarah keluar. —*a.* melebar.

spleen *n.* kura; limpa; organ yang membantu penghadaman dan membersihkan darah.

splendid *a.* elok sekali; sangat mempesonakan; sangat bagus. **splendidly** *adv.* dengan cemerlang.

splendour *n.* keindahan; kehebatan; kemegahan.

splenetic *a.* pemarah.

splice *v.t.* menyambat (dua hujung tali) dengan cara menganyam.

splint *n.* penganduh; kayu belat; splin; kayu untuk membandut tulang yang patah. —*v.t.* membandut.

splinter *n.* selumbar. —*v.t./i.* menyerpih. **splinter group** kumpulan-kumpulan kecil yang berpecah daripada kumpulan besar.

split *v.t./i.* (*p.t.* **split**, *pres.p.* **splitting**) membelah; merekah; sekah. —*n.* pemisahan; rekahan; koyak; (*pl.*) perihal duduk mengangkang dengan meluruskan kaki, sebelah ke kanan dan sebelah ke kiri. **split one's sides** ketawa terbahak-bahak. **split second** sedetik; sekelip mata.

splotch *v.t.* & *n.* coreng; tompok.

splurge *n.* perilaku menunjuk-nunjuk; berlagak. —*v.i.* berbelanja besar.

splutter *v.t./i.* bercakap dengan tidak tentu arah; menggagap. —*n.* membuat bunyi berdetus.

spoil *v.t./i.* (*p.t.* **spoilt** atau **spoiled**) menjadikan tidak baik; merosakkan; tidak sesuai untuk digunakan. —*n.* barang rompakan; rampasan. **be spoiling for** (*colloq.*) hendak mencari gaduh (sebab untuk bergaduh).

spoiler *n.* kelepai yang terangkat pada sayap kapal terbang untuk mewujudkan rintangan dan mengurangkan kelajuan; alat yang serupa pada kenderaan untuk menguatkan pegangan jalan raya ketika dipandu laju.

spoilsport *n.* orang yang merosakkan kegembiraan orang lain.

spoke¹ *n.* jari-jari; ruji-ruji.

spoke², **spoken** *lihat* **speak**.

spokesman *n.* (*pl.* **-men**) jurucakap; jurubicara.

spoliation *n.* penjarahan.

sponge *n.* sejenis hidupan laut yang tubuh badannya berongga-rongga; span; kek span. —*v.t./i.* mencuci dengan span. **sponge bag** *n.* beg kalis air untuk kelengkapan dandanan diri.

sponge cake *n.*, **sponge pudding**

kuih atau kek yang lembut dan berongga. **spongeable** *a.* dapat dibersihkan dengan span. **spongy** *a.* lembut; berongga dan mudah diserapi air.

sponger *n.* orang yang suka menebeng.

spongiform *a.* poros dan bertekstur seperti span.

sponsor *n.* penganjur; penaja. —*v.t.* menjadi penaja. **sponsorship** *n.* tajaan.

spontaneous *a.* spontan; berlaku dengan sendiri. **spontaneously** *adv.* dengan spontan. **spontaneity** *n.* kespontanan.

spoof *n.* (*colloq.*) olok-olokan; penipuan.

spook *n.* (*colloq.*) hantu. **spooky** *a.* menakutkan; berhantu.

spool *n.* puntalan; gelendong.

spoon *n.* sudu; camca; alat untuk mencedok gulai, dsb. —*v.t.* mengangkat atau mengambil dengan menggunakan sudu. **spoonful** *n.* (*pl.* **-fuls**) sesudu penuh.

spoonbill *n.* sejenis burung.

spoonerism *n.* sasul kata; kekeliruan dua atau lebih perkataan sebab bunyi permulaannya diletakkan salah.

spoonfeed *v.t.* (*p.t.* **-fed**) menyudu; menyuap sesuatu dengan sudu; terlalu memanjakan; memberikan bantuan atau kemudahan kepada seseorang tanpa memerlukannya berusaha.

spoor *n.* jejak binatang.

sporadic *a.* berlaku di sana sini; bertaburan. **sporadically** *adv.* sekali-sekala.

spore *n.* spora; biji sel yang menjadi benih bagi tumbuhan yang tidak berbunga.

sporran *n.* saku kecil yang dijahit di depan kilt.

sport *n.* sukan; kesukanan; kegembiraan; seloroh; senda gurau. —*v.t./i.* bermain; bersukan. **sports car** kereta lumba atau laju. **sports coat** jaket tidak rasmi.

sporting *a.* minat dalam olahraga; bersemangat kesukanan. **sporting chance** peluang yang baik untuk mencapai kejayaan.

sportive *a.* suka bermain-main; suka berkelakar. **sportively** *adv.* dengan sikap bermain-main.

sportsman *n.* (*pl.* **-men**), **sportswoman** *n.fem.* (*pl.* **-women**) orang yang mengambil bahagian dalam sukan; olahragawan (lelaki); olahragawati (wanita). **sportsmanship** *n.* semangat kesukanan.

sporty *a.* (*colloq.*) berminat dalam sukan; bergaya; mempunyai minat dan bersedia menerima risiko kekalahan.

spot *n.* bintik; tompok; jerawat; tempat; hujan sedikit-sedikit; (*colloq.*) jumlah yang sedikit; lampu sorot. —*v.t./i.* (*p.t.* **spotted**) tanda-tanda tompok; rintik hujan; (*colloq.*) perasan; memerhati dan mengingat. **in a spot** (*colloq.*) dalam kesusahan. **on the spot** tanpa lengah atau dengan sertamerta; berada di tempat kejadian. **spot check** memeriksa secara serampangan. **spotter** *n.* orang yang cam, nampak atau kenal.

spotless *a.* bersih dan tidak tercemar. **spotlessly** *adv.* dengan bersih dan tidak ternoda.

spotlight *n.* lampu sorot. —*v.t.* (*p.t.* **-lighted**) menyuluh atau menghalakan lampu terang kepada sesuatu atau seseorang; menarik perhatian terhadap sesuatu.

spotty *a.* berbintik-bintik.

spouse *n.* suami atau isteri.

spout *n.* cerat; pipa atau mulut untuk mencurahkan air; pancuran air; semburan. —*v.t./i.* memancut; menyembur; memancar. **up the spout** (*sl.*) pecah; rosak; dalam keadaan yang tidak baik.

sprain *v.t.* terpelecok; tergeliat; tersalah urat. —*n.* hal tergeliat.

sprang *lihat* **spring**.

sprat *n.* sejenis ikan laut.

sprawl *v.t./i.* duduk, baring atau jatuh bergelimpangan; terbongkang; terjerumus. —*n.* keadaan tergelimpang.

spray[1] *n.* ranting atau tangkai berdaun dan berbunga; jambak atau karangan bunga.

spray[2] *n.* percikan; semburan. —*v.t./i.* merenjis, menyembur atau memercik dengan alat tertentu. **spray-gun** *n.* alat menyembur cat. **sprayer** *n.* orang yang menyembur; penyembur; alat penyembur.

spread *v.t./i.* (*p.t.* **spread**) merebak; menular; membentangkan; menghamparkan; mengembangkan. —*n.* penularan; penyebaran; perihal luas; lebar; perkembangan; cadar. **spread eagle** bentuk helang yang mengepak sebagai lambang. **spread-eagle** *v.t.* telentang.

spreadsheet *n.* lembaran sebaran; program komputer untuk manipulasi terutama data berjadual.

spree *n.* (*colloq.*) keadaan berseronok-seronok; keadaan bergembira.

sprig[1] *n.* dahan kecil yang berdaun.

sprig[2] *n.* paku kecil yang tidak berkepala.

sprightly *a.* (**-ier, -iest**) ceria; cergas. **sprightliness** *n.* kecergasan.

spring *v.t./i.* (*p.t.* **sprang**, *p.p.* **sprung**) meloncat; melompat; bergerak dengan pantas; mencari akal untuk melarikan diri (banduan). —*n.* perihal meloncat; lompatan; loncatan; mata air; musim bunga. **spring-clean** *v.t./i.* mencuci bersih. **spring tide** air pasang yang berlaku tidak lama selepas awal bulan dan bulan penuh pada tiap-tiap bulan; pasang perbani; pasang purnama.

springboard *n.* papan anjal.

springbok *n.* sejenis binatang seperti rusa (Afrika Selatan).

springer *n.* sejenis (anjing) spaniel.

springtime *n.* musim bunga.

springy *a.* (**-ier, -iest**) seperti spring; yang menganjal; yang melenting. **springiness** *n.* keanjalan.

sprinkle *v.t./i.* menaburkan; merenjis; memercikkan air. —*n.* hujan renyai. **sprinkler** *n.* alat untuk merenjiskan air; perenjis.

sprinkling *n.* taburan; renjisan; sedikit; segelintir.

sprint *v.i. & n.* lari pecut; pecutan. **sprinter** *n.* pelari pecut.

sprit *n.* andang-andang.

sprite *n.* sejenis jin, peri atau pari-pari.

spritsail *n.* layar kembang.

sprocket *n.* gegancu; gigi pada roda yang bersambung dengan gelang rantai.

sprout *v.t./i.* bertunas; berpucuk; bercambah; mula tumbuh. —*n.* tunas; pucuk.

spruce[1] *a.* bersih; kemas. —*v.t.* berpakaian rapi; membersihkan diri. **sprucely** *adv.* secara bersih dan kemas. **spruceness** *n.* kebersihan; kerapian; kekemasan.

spruce[2] *n.* sejenis pokok fir.

sprung *lihat* **spring**. —*a.* dilengkapi pegas.

spry *a.* (**spryer, spryest**) aktif; kencang; giat; tangkas. **spryly** *adv.* dengan aktif. **spryness** *n.* keaktifan.

spud *n.* penyodok kecil; (*sl.*) ubi kentang.

spume *n.* buih.

spun *lihat* **spin**.

spunk *n.* (*sl.*) keberanian.

spur *n.* taji; susuh; pacu; alat bulat bergigi yang dilekatkan pada tumit kasut penunggang kuda; cabang jalan

raya atau jalan kereta api. —*v.t.* (*p.t.* **spurred**) menggiatkan; merangsang (kuda). **on the spur of the moment** bertindak dengan tiba-tiba. **win one's spurs** membuktikan kebolehan seseorang.

spurge *n.* tumbuhan dengan jus yang pahit.

spurious *a.* palsu; tidak tulen. **spuriously** *adv.* dengan palsu. **spuriousness** *n.* kepalsuan; ketidaktulenan.

spurn *v.t.* menolak dengan angkuh.

spurt *v.t./i.* memancut dengan tiba-tiba; menyembur. —*n.* pancutan; pecutan; kegiatan yang rancak sebentar.

sputter *v.i. & n.* membuat bunyi menggerutup; mengeluarkan kata-kata dengan pantas.

sputum *n.* kahak; air liur.

spy *n.* pengintip; perisik. —*v.t./i.* perhati; mengintip; memerhati dengan cara rahsia. **spy out** mengintip rahsia.

sq. *abbr.* **square** segi empat; persegi.

squab *n.* anak burung merpati; sejenis kusyen.

squabble *v.i.* bertengkar dengan bising tentang perkara kecil. —*n.* pertengkaran.

squad *n.* pasukan; kumpulan kecil orang.

squadron *n.* pasukan askar; skuadron.

squalid *a.* kotor; hina; jembel; bangsat. **squalidly** *adv.* secara kotor; secara hina; dengan jembel. **squalor** *n.* kejembelan; kekotoran.

squall *n.* jeritan; laungan kerana kesakitan atau ketakutan; ribut. —*v.i.* memekik-mekik. **squally** *a.* ada ribut; berangin kencang.

squander *v.i.* membuang; memboroskan; membazirkan.

square *n.* segi empat sama; rajah yang mempunyai empat sempadan lurus yang sama panjangnya dan empat sudut tepat; empat persegi. —*adv.* tepat; berhadapan. —*v.t./i.* ditandakan dengan segi empat sama; mempersegikan; (*colloq.*) merasuahkan. **square root** punca kuasa dua. **square up to** bersedia berlawan; menghadapi dengan berani. **squarely** *adv.* berhadapan; dengan jujur; secara adil. **squareness** *n.* kejujuran; keadilan.

squash[1] *v.t./i.* menghimpit; mengasak; menghempap. —*n.* orang ramai yang berhimpit-himpitan; keadaan berasak-asak; minuman yang dibuat daripada air buah-buahan; (juga **squash rackets**) skuasy; sejenis permainan di gelanggang tertutup dengan menggunakan raket dan bola kecil. **squashy** *a.* lembik.

squash[2] *n.* jenis petola atau labu yang dimakan sebagai sayuran.

squat *v.t./i.* (*p.t.* **squatted**) bertinggung; mencangkung; (*colloq.*) duduk. —*n.* kedudukan bertinggung. —*a.* pendek dan gemuk.

squatter *n.* setinggan; penduduk tanah haram; (*Austr.*) penternak biri-biri.

squaw *n.* wanita atau isteri kaum peribumi Amerika Utara.

squawk *n.* bunyi keok; teriakan dengan kuat dan kasar. —*v.t./i.* berkeok; merungut.

squeak *n.* decitan; bunyi keriut. —*v.t./i.* berteriak pendek dan nyaring; mendecit. **narrow squeak** (*colloq.*) hampir gagal; hampir nahas. **squeaky** *a.* berkeriut; berdecit.

squeal *n.* jeritan yang nyaring. —*v.t./i.* menjerit; melaung kerana sakit atau takut; (*sl.*) membantah dengan keras; (*sl.*) menjadi pemberi maklumat.

squeamish *a.* lekas mual. **squeamishness** *n.* keadaan mudah mual.

squeegee *n.* alat penyeka; sejenis alat yang diperbuat daripada getah untuk menyapu atau mengelap air. —*v.t.* mengendalikan dengan alat penyeka.

squeeze *v.t./i.* memicit; menekan; memerah untuk mengeluarkan air. —*n.* perahan; keadaan berasak-asak; kekangan. **squeezer** *n.* pemeras orang; alat untuk memerah.

squelch *v.i.* & *n.* berbunyi atau berjalan lecak-lecuk; bunyi mencepuk atau lecak-lecuk.

squib *n.* bunga api yang mula-mula berdesir dan kemudian meletup apabila dibakar.

squid *n.* sotong.

squiggle *n.* garisan pendek bengkang-bengkok.

squint *v.i.* mempunyai mata pesong atau juling. —*n.* mata juling; jelingan; (*colloq.*) miring ke sebelah. —*a.* (*colloq.*) senget.

squire *n.* tuan punya tanah; (*colloq.*) tuan.

squirearchy *n.* golongan tuan punya tanah.

squirm *v.i.* menggeliang-geliut; meliuk lentok; malu alah. —*n.* liuk lentok.

squirrel *n.* tupai.

squirt *v.t./i.* dipancut; menyembur atau memancut keluar. —*n.* pancutan air; (*colloq.*) orang yang tidak penting tetapi cuba berlagak besar.

squish *v.i.* & *n.* bergerak dengan sedikit bunyi mencepuk.

SS *abbr.* **Sainto** keramat. **steamship** kapal wap; —*n.* pergerakan polis khas Nazi.

St *abbr.* **Saint** Santo; Santa; wali; orang suci.

St. *abbr.* **Street** lorong; jalan.

stab *v.t.* (*p.t.* **stabbed**) menikam; menusuk; meradak. —*n.* tikaman; tusukan; (*colloq.*) cubaan.

stabilize *v.t./i.* memantapkan; mengukuhkan; menstabilkan. **stabilization** *n.* pemantapan; penstabilan. **stabilizer** *n.* pemantap; alat atau orang yang menjadikan stabil.

stable[1] *a.* (-er, -est) mantap; kukuh; tidak bergoyang; tidak goyah. **stably** *adv.* dengan mantap; secara kukuh. **stability** *n.* kemantapan.

stable[2] *n.* bangsal kuda; bangunan di dalam gelanggang atau kawasan berpagar tempat kuda dipelihara. —*v.t.* disimpan dalam bangsal. **stable-boy**, **stable-lad** *ns.* orang yang bekerja di bangsal kuda.

stabling *n.* tempat mengandangkan kuda, dsb.

staccato *a.* & *adv.* terputus-putus tetapi jelas bunyinya.

stack *n.* timbunan atau longgokan rumput kering; (*colloq.*) longgokan; jumlah yang banyak. —*v.t.* disusun dalam longgokan; menyusun daun terup dengan tujuan menipu.

stadium *n.* stadium; gelanggang sukan.

staff *n.* tongkat yang digunakan untuk berjalan atau sebagai senjata; kakitangan; staf; turus; (*pl.* **staves**) balok, lima garisan yang nota muzik ditulis di atasnya. —*v.t.* menempatkan dan melengkapi dengan pegawai.

stag *n.* rusa jantan. **stag beetle** *n.* kumbang rusa; kumbang tanduk. **stag party** *n.* majlis keramaian khas untuk orang laki-laki sahaja.

stage *n.* pentas; panggung; tempat yang ditinggikan untuk bermain sandiwara. —*v.t.* dipersembahkan di atas pentas. **go on the stage** menjadi pelakon. **stage fright** gementar menghadapi penonton. **stage whisper** bisikan dengan suara yang kuat supaya didengar ramai.

stagecoach *n.* (usang) kereta kuda yang bergerak pergi balik menghubungkan dua tempat.

stager *n.* **old stager** orang yang banyak pengalaman.

stagflation *n.* stagflasi; inflasi yang disertai ketiadaan permintaan.

stagger *v.t./i.* berjalan terhuyung-hayang; mengatur supaya berperingkat-peringkat. —*n.* pergerakan yang huyung-hayang.

staggering *a.* menghairankan.

staging *n.* aram-aram; peranca. **staging post** tempat berhenti yang biasa dalam perjalanan yang jauh.

stagnant *a.* tenang; bertakung; tidak mengalir; keadaan terhenti.

stagnate *v.i.* bertakung; tidak mengalir; berhenti; tidak bergerak lagi. **stagnation** *n.* keadaan tidak bergerak atau berkembang.

staid *a.* tenang dan serius.

stain *v.t./i.* berlumuran; dikotori; mengotorkan. —*n.* tanda atau tompok kotor; kotoran; palit.

stainless *a.* bebas daripada kotoran. **stainless steel** keluli tahan karat.

stair *n.* anak tangga; (*pl.*) tangga dari satu tingkat ke satu tingkat.

staircase *n.* anak tangga dan rangka penyangganya.

stairway *n.* tangga.

stake *n.* pancang; tiang; tonggak; wang yang dipertaruhkan untuk sesuatu keputusan. —*v.t.* menonggak; menyangga sesuatu dengan kayu. **at stake** dijadikan risiko. **stake a claim** tuntutan hak ke atas sesuatu. **stake out** tempat yang diawasi.

stalactite *n.* stalaktit; batu kapur yang meruncing ke bawah bergantungan dari bumbung gua.

stalagmite *n.* stalagmit; batu kapur yang bercerancang pada lantai gua.

stale *a.* (-er, -est) sudah rosak rasanya; basi; hapak. —*v.t./i.* menjadi rosak atau basi. **staleness** *n.* keadaan basi atau hapak.

stalemate *n.* kedudukan buntu; kedudukan buah catur yang telah mematikan segala pergerakan selanjutnya.

stalk[1] *n.* tangkai; gagang; batang.

stalk[2] *v.t./i.* berjalan dengan tegak dan angkuh; mendekati dengan terhendap-hendap. **stalker** *n.* orang yang menghendap binatang liar.

stalking-horse *n.* orang atau benda yang digunakan untuk menyembunyikan tujuan yang sebenarnya.

stall *n.* kandang; petak dalam kandang untuk seekor binatang. —*v.t./i.* mengandang; tidak dapat berjalan lagi kerana kuasa atau gerak laju yang tidak mencukupi; melengahkan.

stallion *n.* kuda jantan yang telah cukup besar.

stalwart *a.* gagah; kuat; tampan; tegap. —*n.* penyokong atau pejuang yang kuat.

stamen *n.* stamen; bahagian bunga yang mempunyai debunga; benang sari.

stamina *n.* kekuatan; tenaga; daya tahan; stamina.

stammer *v.t./i.* menggagap; tergagap. —*n.* gagap; kegagapan.

stamp *v.t./i.* perbuatan menghentakkan kaki; mengecapkan; menerakan; melekatkan setem; mengecap; menandakan. —*n.* hentakan; alat untuk mengecap; tanda setem; setem. **stamp out** memadamkan dengan memijak-mijak; membasmikan; menghapuskan.

stampede *n.* larian beramai-ramai dengan lintang-pukang. —*v.t./i.* lari beramai-ramai dengan kacau-bilau; menyebabkan lari kacau-bilau.

stance *n.* pendirian; cara berdiri.

stanch *v.t.* menahan darah daripada mengalir keluar.

stanchion *n.* tonggak; topang.

stand *v.t./i.* (*p.t.* stood) tegak di atas kaki; berdiri. —*n.* perhentian; tempat berdiri. **stand a chance** mempunyai peluang untuk mencapai kejayaan. **stand by** memerhati tanpa masuk campur; bersedia untuk bertindak; membantu dalam kesukaran. **stand-by** *a. & n.* orang yang ada sebagai pengganti. **stand down** berundur. **stand for** mewakili; (*colloq.*) membiarkan. **stand in** timbalan. **stand-in** *n.* pengganti; penolong. **stand off** berdiri jauh; memberhentikan kerja untuk sementara waktu. **stand on** berpegang kuat pada (misalnya adat, peraturan, dsb.). **stand one's ground** tidak berundur/ berganjak. **stand to** bersiap sedia untuk beraksi. **stand to reason** memang wajar. **stand up for** bercakap untuk membela; menyokong. **stand up to** tahan untuk menghadapi sebarang rintangan.

standard *n.* ukuran; darjat; piawai; taraf sesuatu yang digunakan sebagai ukuran nilai berat; bendera tertentu. —*a.* mematuhi sesuatu piawai; digunakan sebagai ukuran. **standard lamp** lampu bertiang untuk rumah.

standardize *v.t.* memiawaikan; menyamakan bentuk, nilai mengikut ukuran yang tetap. **standardization** *n.* perihal menyamakan bentuk; pemiawaian; standardisasi.

standing *n.* tempoh; kedudukan; taraf; darjat.

standoffish *a.* (*colloq.*) (orang) tak suka bergaul.

standpipe *n.* paip tegak.

standpoint *n.* sudut pandangan.

standstill *n.* terhenti.

stank *lihat* stink.

stanza *n.* stanza; rangkap; bait; beberapa baris dalam sajak atau pantun yang merupakan satu kumpulan.

staphylococcus *n.* (*pl.* -ci) stafilokokus; bakteria yang menghasilkan nanah.

staple[1] *n.* kokot; pancang berbentuk U digunakan untuk melekatkan sesuatu ke dinding, dsb.; dawai untuk mencantumkan keping-keping kertas. — *v.t.* melekatkan atau mencantumkan sesuatu dengan kokot. **stapler** *n.* pengokot; stapler; alat untuk mencantumkan kepingan kertas.

staple[2] *a.* & *n.* makanan atau barangan utama atau asas.

star *n.* bintang; benda yang berkilat di langit; ramalan bintang (dianggap mempengaruhi hal ehwal manusia); orang yang pandai; bintang filem. —*v.t./i.* (*p.t.* **starred**) berlakon; menjadi bintang filem. **star-gazing** *n.* (*joc.*) mempelajari bintang-bintang; bidang astronomi.

starboard *n.* sebelah kanan kapal atau kapal terbang. —*v.t.* mengarahkan kemudi ke sebelah kanan.

starch *n.* kanji; bahan untuk mengeraskan pakaian. —*v.t.* mengeraskan pakaian dengan kanji. **starchy** *a.* berkanji; seperti atau mengandungi kanji; (berkenaan orang) terlalu berpegang pada adat; kemas dan rapi.

stardom *n.* menjadi bintang atau pelakon pujaan; kemasyhuran.

stare *v.t./i.* merenung atau memandang dengan tepat; menatap dengan tajam. —*n.* renungan tepat.

starfish *n.* tapak sulaiman; binatang laut yang bentuknya seperti bintang.

stark *a.* (-**er**, -**est**) kaku belaka; tandus; suram; sebenar; telanjang bogel. — *adv.* betul-betul. **starkly** *adv.* benar-benar; jelas kelihatan. **starkness** *n.* kesuraman dan ketandusan.

starlight *n.* cahaya daripada bintang-bintang.

starling *n.* burung perling; sejenis burung yang berbulu hitam dan berbintik-bintik.

starlit *a.* disinari dengan cahaya bintang.

starry *a.* dipenuhi bintang; yang bercahaya seperti bintang. **starry-eyed** *a.* menganggap sesuatu itu sebagai terlalu baik atau indah.

start *v.t./i.* bermula; bergerak dengan tiba-tiba; memulakan perjalanan; tersentak kerana kesakitan atau terperanjat. —*n.* permulaan; tempat permulaan; keuntungan yang dibenarkan semasa bermula. **starter** *n.* pelepas.

startle *v.t./i.* mengagetkan; mengejutkan.

starve *v.t./i.* menderita atau mati kelaparan; menahan lapar; (*colloq.*) berasa terlalu lapar atau sejuk. **starvation** *n.* kelaparan; kebuluran.

stash *v.t.* (*sl.*) menyimpan; menyembunyikan.

state *n.* keadaan sesuatu atau seseorang; negeri; negara. —*a.* melibatkan negeri atau negara; rasmi. —*v.t.* menyatakan; menjelaskan.

stateless *a.* mengenai seseorang yang tidak diiktiraf sebagai warganegara atau sebagai rakyat mana-mana negeri pun.

stately *a.* (-**ier**, -**iest**) mulia; dihormati; tersergam. **stateliness** *n.* perihal mulia atau dihormati.

statement *n.* ucapan; pernyataan; keterangan; kenyataan; penyata kewangan.

stateroom *n.* balairung; dewan besar; bilik yang digunakan untuk upacara rasmi; bilik khusus di atas kapal.

statesman *n.* (*pl.* -**men**) negarawan; orang yang mengambil bahagian penting dalam menguruskan hal ehwal negara. **stateswoman** *n.fem.* negarawan wanita. **statesmanship** *n.* kenegarawanan.

static *a.* statik; tidak bergerak; tidak berubah. —*n.* gangguan bunyi; (televisyen) gangguan gambar. **static electricity** elektrik statik; kehadiran elektrik dalam tubuh bukan mengalir sebagai arus elektrik.

statics *n.* ilmu statik; satu cabang ilmu fizik yang mengkaji jasad yang statik atau daya yang mengimbangi satu dengan yang lain.

station *n.* tempat seseorang itu ditugaskan; pusat penyiaran; stesen; (*Austr.*) pusat ternakan biri-biri. —*v.t.* diletakkan pada satu-satu tempat tertentu dengan bertujuan.

stationary *a.* tidak bergerak; pegun.

stationer *n.* penjual alat tulis.

stationery *n.* alat tulis.

statistic *n.* perangkaan; statistik. **statistics** *n.* ilmu statistik. **statistical** *a.* berkenaan dengan statistik. **statistically** *adv.* dari segi statistik atau perangkaan.

S

statistician *n.* ahli perangkaan; ahli statistik.

statuary *n.* patung.

statue *n.* patung; arca; ukiran, atau bentuk seperti manusia, binatang, dll.

statuesque *a.* seperti patung dari segi saiznya atau kepegunannya; tinggi menawan.

statuette *n.* patung kecil.

stature *n.* ketinggian; kaliber.

status *n.* (*pl.* **-uses**) status; pangkat; taraf atau kedudukan dalam masyarakat. **status quo** sebagaimana keadaan sebelumnya; sebagaimana keadaannya yang sekarang.

statute *n.* statut; undang-undang yang diluluskan oleh Parlimen atau badan yang berkuasa membuat undang-undang.

statutory *a.* seperti yang ditetapkan atau yang dikehendaki oleh undang-undang.

staunch *a.* (**-er, -est**) kuat (pegangan atau kesetiaan); setia; teguh. **staunchly** *adv.* dengan kuat; dengan teguh.

stave *n.* papan tong melengkung. —*v.t.* (*p.t. & p.p.* **stove** atau **staved**) melekukkan; menebuk lubang pada. **stave off** (*p.t.* **staved**) menghindari; mengelak.

stay[1] *n.* tali atau dawai penyangga tiang; penyangga atau penyokong.

stay[2] *v.t./i.* duduk; tinggal; terus; menahan; berpuas hati buat sementara; ditangguhkan; menunjukkan kesabaran. —*n.* jangka waktu tinggal di sesuatu tempat. **stay away from** menjauhi seseorang atau sesuatu. **stay the course** tahan atau meneruskan hingga ke akhir. **staying-power** *n.* ketahanan.

STD *abbr.* **subscriber trunk dialling** panggilan sambung jauh terus dail.

stead *n.* **in a person's** atau **thing's stead** sebagai ganti. **stand in good stead** berguna; membantu; menolong.

steadfast *a.* teguh; setia. **steadfastly** *adv.* dengan teguhnya.

steady *a.* (**-ier, -iest**) stabil; mantap; tetap; tegap. —*n.* (A.S., *colloq.*) teman lelaki atau wanita yang tetap. —*adv.* berterusan. —*v.t./i.* menjadikan mantap. **steadily** *adv.* berterusan. **steadiness** *n.* keteguhan; kemantapan.

steak *n.* sepotong daging (terutama lembu atau ikan) selalunya yang dipanggang atau digoreng.

steal *v.t.* (*p.t.* **stole**, *p.p.* **stolen**) mengambil tanpa kebenaran atau secara haram; mencuri. **steal a march on** mendahului; dapat melebihi seseorang secara diam-diam. **steal the show** melebihi persembahan orang lain tanpa disangka-sangka.

stealth *n.* cara diam-diam.

stealthy *a.* (**-ier, -iest**) secara diam-diam untuk mengelakkan daripada diketahui. **stealthily** *adv.* dengan cara berahsia. **stealthiness** *n.* perihal membuat secara diam-diam.

steam *n.* stim; wap yang terjadi apabila air mendidih; tenaga; kekuatan. —*v.t./i.* mengeluarkan stim atau wap. **steam engine** enjin atau lokomotif yang menggunakan kuasa wap. **steamy** *a.* penuh stim.

steamboat *n.* bot berkuasa wap.

steamer *n.* kapal api; pengukus.

steamroller *n.* penggelek jalan; jentera berat beroda besar yang bergerak dengan perlahan-lahan digunakan untuk membuat atau meratakan jalan.

steamship *n.* kapal api; kapal yang dijalankan dengan kuasa stim.

steatite *n.* talkum kelabu yang lembut dan licin.

steed *n.* (*bahasa sajak*) kuda.

steel *n.* aloi keras daripada besi dan karbon; batang keluli meruncing yang digunakan untuk mengasah pisau; besi waja; keluli. —*v.t.* mengeraskan. **steel wool** sabut keluli. **steely** *a.* keras seperti keluli; cekal. **steeliness** *n.* kekuatan; kekerasan.

steep[1] *v.t./i* merendam; meresapi.

steep[2] *a.* (**-er, -est**) curam; (*colloq.*) (berkenaan harga) terlalu tinggi. **steeply** *adv.* dengan curamnya. **steepness** *n.* kecuraman.

steeple *n.* menara gereja yang ada ceracak di atasnya.

steeplechase *n.* perlumbaan kuda merentas desa berhalangan; lumba lari dengan halangan. **steeplechaser** *n.* orang yang masuk perlumbaan berhalangan. **steeplechasing** *n.* lumba merentas halangan.

steeplejack *n.* orang yang memanjat menara gereja atau cerobong asap untuk membaikinya.

steer[1] *n.* lembu jantan muda.

steer[2] *v.t./i.* mengemudikan. **steer clear of** mengelakkan. **steering committee** jawatankuasa kemudi; jawatankuasa yang menentukan atau mengarahkan operasi.

steerage *n.* kemudi.

steersman *n.* (*pl.* **-men**) jurumudi kapal.

stein *n.* kole tembikar untuk minuman bir, dsb.

S

stellar *a.* berkenaan dengan bintang.

stem[1] *n.* batang; tangkai; kata dasar; tiang di bahagian depan perahu. —*v.i.* (*p.t.* **stemmed**) **stem from** berpunca.

stem[2] *v.t./i.* (*p.t.* **stemmed**) menahan air atau pergerakan; membendung.

stench *n.* bau busuk.

stencil *n.* stensil; kepingan logam, kadbod, kertas lilin, dll. yang nipis dengan huruf-huruf atau corak dipotong menembusinya. —*v.t.* (*p.t* **stencilled**) menghasilkan dengan menggunakan stensil.

stenographer *n.* jurutrengkas.

stenography *n.* trengkas.

stentorian *a.* (suara) yang kuat dan lantang.

step *v.t./i.* (*p.t* **stepped**) melangkah. —*n.* langkah; jarak selangkah; bunyi tapak kaki; (*pl.*) anak tangga. **in step** mengorak langkah yang sama dengan orang lain. **mind** atau **watch one's step** berhati-hati; tidak serentak. **out of step** berlainan langkah. **step in** mencampuri. **step up** menambahkan; meningkatkan.

step- *pref.* awalan yang digunakan untuk menunjukkan tali persaudaraan bukan kerana pertalian darah tetapi kerana perkahwinan. **stepfather** *n.* bapa tiri. **stepmother** *n.* emak tiri. **stepson** *n.* anak tiri.

stepladder *n.* tangga pendek bertapak.

steppe *n.* padang rumput di Siberia.

stepping-stone *n.* batu loncatan.

stereo *n.* (*pl.* **-os**) bunyi stereo; radio, perakam, dsb. yang mengeluarkan bunyi stereo; kesan stereoskopik.

stereophonic *a.* berkenaan dengan bunyi yang dirakamkan dan disiarkan melalui dua pembesar suara dan berbunyi seperti datangnya dari beberapa hala. **stereophony** *n.* stereofoni.

stereoscopic *a.* yang berkenaan dengan teropong stereo.

stereotype *n.* sejenis plat logam untuk mencetak; stereotaip; tanggapan biasa tentang sesuatu atau seseorang. **stereotyped** *a.* (ungkapan) yang digunakan berulang kali dalam bentuk yang sama; tanpa ciri tersendiri.

sterile *a.* mandul; majir; tidak mendatangkan hasil; tidak berkuman. **sterility** *n.* kemandulan.

sterilize *v.t.* menjadikan mandul; memandulkan. **sterilization** *n.* pemandulan. **sterilizer** *n.* pensteril; alat pembasmi kuman.

sterling *n.* mata wang British. —*a.* baik mutunya; asli; sejati; tulen.

stern[1] *a.* (**-er**, **-est**) keras, tegas dan serius. **sternly** *adv.* dengan keras. **sternness** *n.* kekerasan.

stern[2] *n.* buritan kapal.

sternum *n.* sternum; tulang dada.

steroid *n.* steroid; sebatian organik yang mengandungi hormon-hormon tertentu.

stertorous *a.* berkenaan dengan bunyi mendengkus atau seperti bunyi dengkur. **stertorously** *adv.* dengan mendengkus.

stet *v.imper.* stet; dibiarkan seperti yang ditulis atau dicetak.

stethoscope *n.* stetoskop; teropong dengar.

stetson *n.* sejenis topi.

stevedore *n.* pemunggah kapal.

stew *v.t./i.* merendidih; merebus dengan api yang perlahan di dalam periuk yang bertutup; (*sl.*) belajar dengan kuat. —*n.* makanan yang direndidih. **stewed** *a.* berkenaan dengan teh yang pekat dan pahit; (*colloq.*) mabuk dalam keadaan marah atau meradang.

steward *n.* orang yang dilantik untuk menguruskan makanan di kelab atau di maktab; pengurus tanah atau bangunan; pelayan; pramugara; pengelola. **stewardess** *n.* pramugari di dalam kapal, dsb.

stick[1] *n.* kayu; ranting atau cabang kayu yang patah atau dipotong daripada sebatang pohon kayu; hukuman sebat.

stick[2] *v.t./i.* (*p.t.* **stuck**) menikam; mencucuk; (*colloq.*) meletak; melekatkan dengan pelekat; (*colloq.*) berada di tempat yang ditentukan; tidak maju; (*sl.*) menahan; menanggung. **stick at it** (*colloq.*) meneruskan usaha-usaha seseorang. **stick-in-the-mud** *n.* kolot; orang yang tidak akan menerima idea baharu. **stick out** menjulur; menonjol; (*colloq.*) mendesak sehingga dapat apa yang dituntut. **stick to** setia kepada. **stick to one's guns** tidak berganjak. **stick up for** (*colloq.*) mempertahankan; membela; menyokong.

sticker *n.* perekat; label atau tanda perekat untuk dilekatkan pada sesuatu.

sticking-plaster *n.* plaster; fabrik perekat untuk menutup luka-luka kecil.

stickleback *n.* sejenis ikan dengan tulang belakang yang tajam di belakangnya.

stickler *n.* **stickler for** orang yang cerewet.

sticky *a.* (**-ier**, **-iest**) bergetah; melekit; (*colloq.*) membuat bantahan; (*sl.*)

S

sukar; tidak menyenangkan. **stickily**
adv. secara melekit. **stickiness** *n.*
kerekatan; kelekitan.

stiff *a.* (**-er, -est**) kaku; keras. **stiff-
necked** *a.* degil; keras hati; bodoh
sombong. **stiffly** *adv.* dengan kaku.
stiffness *n.* kekakuan.

stiffen *v.t./i.* menjadikan keras atau
kaku. **stiffener** *n.* pengeras; penegang.

stifle *v.t./i.* menyebabkan rasa lemas;
melemaskan; mencekik.

stigma *n.* (*pl.* **-as**) stigma; tanda
keaiban; bahagian hujung benang
sari yang menerima debunga.

stigmata *pl. n.* parut luka dipaku pada
badan Kristus Jesus akibat disalib.

stigmatize *v.t.* mencela. **stigmatiza-
tion** *n.* pencelaan.

stile *n.* sejenis tangga yang memboleh-
kan orang melangkah pagar.

stiletto *n.* (*pl.* **-os**) sejenis senjata
seperti pisau kecil.

still[1] *a.* tenang; diam; sunyi; tidak ber-
gerak; (minuman) tidak bergas. —*n.*
keadaan sunyi senyap. —*adv.* senyap;
tidak bergerak; masih lagi; juga. **still
birth** mati sebelum atau semasa
dilahirkan; mati kebebangan. **still
life** lukisan benda tidak bernyawa.
stillness *n.* kesunyian; keheningan;
ketenangan.

still[2] *n.* alat penyulingan. **still room** *n.*
bilik stor dalam rumah.

stillborn *a.* mati semasa dilahirkan.

stilted *a.* kaku dan kekok.

stilts *n.pl.* kaki bajang; tiang rumah;
jangkungan; satu daripada sepasang
kayu yang mempunyai tempat ber-
pijak untuk membolehkan pemijak-
nya berjalan dengan tidak menjejak
tanah.

stimulant *a.* (sesuatu) yang mendo-
rong atau memberi perangsang. —*n.*
(bahan) perangsang; minuman, ubat,
dll. yang menambahkan kegiatan
otak dan badan.

stimulate *v.t.* menggiatkan; mendo-
rong. **stimulation** *n.* rangsangan.
stimulator *n.* perangsang. **stimulat-
ive** *a.* memberi rangsangan.

stimulus *n.* (*pl.* **-li**) pendorong; sesuatu
yang mendorong.

sting *n.* antup; sengat; alat tajam yang
selalunya berbisa dan terdapat pada
setengah-setengah serangga. —*v.t./i.*
(*p.t.* **stung**) menyengat; menyakiti;
(*sl.*) mengenakan bayaran lebih;
memeras ugut wang.

stingy *a.* (**-ier, -iest**) kedekut; bakhil;
lokek; kikir; pelit. **stingily** *adv.*

dengan kedekut. **stinginess** *n.* sifat
kedekut.

stink *n.* bau busuk. —*v.t./i.* (*p.t. & p.p.*
stank atau **stunk**) berbau busuk;
curang. **stink out** diselubungi dengan
bau yang busuk; terpaksa keluar
kerana ada bau busuk.

stinker *n.* (*sl.*) sesuatu yang hina,
teruk, atau susah untuk dilakukan.

stinking *a.* berbau busuk; (*sl.*) sangat
tidak menyenangkan. —*adv.* (*sl.*)
dengan teruk sekali.

stint *v.t.* terhad kepada elaun yang
sedikit; membekal (makanan, dsb.)
dalam jumlah yang terhad. —*n.* kerja
yang ditetapkan atau dihadkan dalam
sesuatu tempoh.

stipend *n.* gaji.

stipendiary *a.* dibayar gaji.

stipple *v.t.* melukis atau mengecat
dengan menggunakan titik.

stipulate *v.t./i.* meminta atau menyata-
kan sebagai syarat yang diperlukan.
stipulation *n.* ketentuan; syarat.

stir *v.t./i.* (*p.t.* **stirred**) bergerak; ber-
goyang; mengacau; menggiatkan.
—*n.* keriuhan; kegemparan.

stirrup *n.* sanggurdi; rakap; tempat
berpijak yang tergantung daripada
pelana kuda. **stirrup cup** *n.* minuman
yang diberikan kepada penunggang
kuda yang hendak berangkat. **stirrup-
pump** *n.* pam pemadam api yang
dapat dibawa dan mempunyai tempat
pemijak seperti sanggurdi.

stitch *n.* jahitan. —*v.t./i.* menjahit. **in
stitches** (*colloq.*) ketawa yang tidak
terkawal.

stoat *n.* sejenis cerpelai.

stock *n.* stok; simpanan barang yang
sedia untuk dijual, diedarkan atau
digunakan; wang yang dipinjamkan
kepada kerajaan dengan dibayar
bunga; saham dalam modal perniagaan
sesebuah syarikat; kaldu; air rebusan
tulang, daging, ikan atau sayuran;
pokok yang sedang membesar yang
kepadanya dilakukan tut; (*pl.*) rangka
kayu yang berlubang untuk kaki
tempat orang salah dipaksa duduk
pada zaman dahulu dengan kakinya
dikunci. —*a.* tersedia dan selalu ada;
biasa digunakan. —*v.t.* membekalkan;
menyediakan; melengkapkan. **stock-
car** *n.* kereta yang digunakan dalam
perlumbaan. **stock exchange** bursa
saham. **stock-in-trade** *n.* semua keper-
luan untuk sesuatu kerja, perniagaan.
stock market pasar saham tempat
jual beli diadakan. **stock-still** *a.* tidak

bergerak. **take stock** memeriksa dan membuat senarai barang yang ada dalam simpanan. **stock-taking** n. pengiraan stok atau barang-barang. **stock-up with** mendapatkan bekalan atau menyimpan stok.

stockade n. kubu.

stockbreeder n. penternak. **stockbreeding** n. penternakan binatang.

stockbroker n. broker saham; orang yang kerjanya membeli dan menjual saham.

stockinet n. kain halus tenunan mesin yang digunakan untuk membuat seluar dalam, dsb.

stocking n. stoking; kaus kaki. **stocking-stitch** n. sejenis corak kait-mengait.

stockist n. pembekal; syarikat yang menyimpan barangan tertentu.

stockjobber n. jober saham; ahli Bursa Saham yang membeli dan menjual saham, yang berurus dengan broker saham dan bukan dengan orang ramai.

stockpile n. simpanan stok. —v.t. menyimpan stok.

stocky a. (-ier, -iest) pendek, kuat dan tegap. **stockily** adv. dengan pendek, kuat dan tegap. **stockiness** n. kependekan dan ketegapan.

stodge n. (colloq.) makanan berkanji dan padat.

stodgy a. (-ier, -iest) berkanji dan padat; tidak menarik.

stoic n. orang yang tabah; orang yang dapat menguasai diri sendiri, menanggung kesakitan dan kesusahan dengan tidak mengeluh.

stoical a. tabah; tenang dan tidak merungut. **stoically** adv. dengan tabah. **stoicism** n. ketabahan; perihal sabar menanggung kesusahan.

stoke v.t. membubuh arang, dll. ke dalam api. **stoker** n. pekerja yang menghidupkan api relau, dll.; perkakas untuk mengisi relau dengan bahan api.

stole[1] n. sejenis selendang sutera, dll. yang dipakai di leher oleh paderi di setengah-setengah gereja Kristian; selendang yang dipakai oleh orang perempuan di bahu.

stole[2], **stolen** lihat **steal**.

stolid a. tidak menunjukkan perasaan; tanpa emosi. **stolidly** adv. dengan tidak menunjukkan perasaan. **stolidity** n. perihal tidak menunjukkan perasaan.

stomach n. perut. —v.t. bersabar; menahan. **stomach-ache** n. sakit perut.

stomp v.i. menghentakkan kaki.

stone n. batu; berbentuk batu dan digunakan dengan tujuan tertentu; batu permata; batu karang dalam buah pinggang; (pl. stone) satu unit timbangan 14 paun. —a. diperbuat daripada batu. —v.t. membaling batu; membuang biji daripada buah-buahan. **Stone Age** Zaman Batu; purbakala.

stone- pref. sepenuhnya; semuanya.

stonemason n. orang yang memecah, menyedia dan membina dengan batu; pemahat batu.

stonewall v.i. memukul bola dengan berhati-hati dalam permainan kriket tanpa membuat sebarang mata; memberi jawapan yang tidak mengikat.

stonework n. pembinaan daripada batu.

stony a. (-ier, -iest) dipenuhi dengan batu; keras; tidak berperasaan; tidak bersimpati. **stony-broke** a. (sl.) = **broke** pokai. **stonily** adv. membatu; dengan tidak menunjukkan sebarang perasaan.

stood lihat **stand**.

stooge n. pembantu ahli lawak. —v.i. (sl.) berlakon sebagai pelawak.

stool n. bangku; tempat duduk yang tidak bersandar; mata tunas; (pl.) tahi. **stool-pigeon** n. burung, binatang atau orang yang digunakan sebagai umpan untuk menangkap penjahat.

stoop v.t./i. bongkok; tunduk. —n. perihal membongkok.

stop v.t./i. (p.t. **stopped**) berhenti; melarang; menghalang; mengakhiri; menyudah; menamatkan; memetik tali atau menutup lubang pada alat muzik untuk mendapatkan nada yang dikehendaki. —n. penghentian; perhentian; noktah; benda yang memberhentikan pergerakan. **stop down** mengecilkan bukaan (apertur) kamera. **stop press** n. berita terbaharu yang dimuatkan ke dalam surat khabar.

stopcock n. pili penutup; injap yang mengawal aliran dalam paip.

stopgap n. pengganti sementara.

stoppage n. pemberhentian; halangan.

stopper n. penyumbat lubang atau botol. —v.t. menutup dengan penyumbat.

stopwatch n. jam randik (bermula dan berhenti apabila dikehendaki).

storage n. tempat yang digunakan untuk menyimpan barang-barang. **storage heater** radiator elektrik yang mengumpulkan haba pada waktu-waktu tertentu.

S

store *n.* bekalan benda-benda yang ada untuk kegunaan; kedai besar; gudang; alat dalam komputer untuk menyimpan maklumat yang boleh didapatkan balik. —*v.t.* mengutip dan menyimpan untuk kegunaan masa yang akan datang; simpan dalam gudang. **in store** dalam simpanan; sesuatu yang ditakdirkan terjadi untuk seseorang. **set store by** anggap penting atau berharga.

storehouse *n.* tempat menyimpan barang.

storeroom *n.* bilik stor.

storey *n.* (*pl.* **-eys**) tingkat bangunan. **storeyed** *a.* bertingkat-tingkat.

stork *n.* burung botak.

storm *n.* angin ribut; taufan; serangan tentera yang hebat. —*v.t./i.* herdik; menyerbu; menyerang. **stormy** *a.* bergelora; berkenaan dengan cuaca yang disertai dengan angin ribut; taufan.

story[1] *n.* kisah; riwayat; cerita; bahan-bahan untuk cerita; (*colloq.*) cerita (bohong).

story[2] *n.* = **storey** tingkat.

stoup *n.* besen daripada batu untuk menakung air suci.

stout *a.* (**-er, -est**) kuat; tegap; cekal; tidak mudah patah atau lusuh. —*n.* arak berwarna hitam. **stoutly** *adv.* dengan cekal. **stoutness** *n.* ketegapan; kecekalan.

stove[1] *n.* dapur; perkakas yang menggunakan kayu, arang, minyak atau bahan api untuk memanaskan bilik dan untuk memasak. **stove-enamel** *n.* saduran (enamel) kalis haba.

stove[2] *lihat* **stave**.

stow *v.t.* menyimpan dengan baik. **stow away** bersembunyi sebagai penumpang gelap.

stowaway *n.* penumpang gelap; orang yang bersembunyi di dalam kapal atau kapal terbang dengan tujuan membuat perjalanan tanpa membayar tambang.

straddle *v.t./i.* duduk atau berdiri dengan kaki terbuka; terkangkang; mencelapak.

strafe *v.* menyerang dengan tembakan atau bom udara.

straggle *v.i.* tumbuh melata; berkembang dengan cara tidak tersusun; berselerak di sana sini; tersesat; ketinggalan. **straggler** *n.* orang yang tertinggal atau tersesat daripada pasukannya. **straggly** *a.* tidak teratur; berceranggah.

straight *a.* (**-er, -est**) lurus; sejajar; selaras; betul letaknya; jujur. —*adv.* dalam satu barisan; tanpa berlengah-lengah; secara jujur. —*n.* bahagian lurus. **go straight** hidup dengan jujur setelah menjadi penjenayah. **straight away** tanpa berlengah-lengah. **straight face** tidak senyum langsung; dengan selamba. **straight fight** pertarungan dua penjuru. **straight off** tanpa ragu-ragu. **straight out** tegas. **straightness** *n.* kelurusan; kejujuran.

straighten *v.t./i.* menjadikan lurus; meluruskan.

straightforward *a.* terus terang; tidak berdalih; jujur. **straightforwardly** *adv.* dengan terus terang.

strain[1] *n.* perihal tegang; ketegangan; jenis; keturunan.

strain[2] *v.t./i.* meregang; menyaring; melemahkan atau merosakkan dengan menggunakannya secara berlebihan; menapis. —*n.* sesuatu yang memerlukan tenaga berlebihan; ketegangan; alunan muzik; gaya percakapan atau tulisan. **strainer** *n.* penapis; tapis.

strained *a.* dipaksa-paksa; dihasilkan dengan usaha, bukan dengan perasaan yang asli. **strained relations** hubungan meruncing.

strait *a.* (usang) sempit; tersekat. —*n.* (juga *pl.*) selat; laut sempit yang memisahkan dua daratan atau pulau; (*pl.*) keruncingan atau kesukaran. **strait-jacket** *n.* baju pasung; sejenis baju yang digunakan untuk menahan orang gila daripada bergelut. **strait-laced** *a.* terlalu mementingkan sopan santun.

straitened *a.* keadaan susah atau miskin.

strake *n.* jaluran papan atau kepingan logam dari bahagian depan ke buritan kapal.

strand[1] *n.* helai atau utas benang, dawai, dll. yang dipintal menjadi tali; seikat rambut.

strand[2] *n.* tepi pantai, sungai atau tasik. —*v.t./i.* terkandas; terdampar; ditinggalkan dalam kesusahan.

strange *a.* (**-er, -est**) ganjil; aneh; pelik; ajaib. **strangely** *adv.* dengan ganjil dan aneh. **strangeness** *n.* keganjilan.

stranger *n.* orang yang tidak dikenali; orang yang berada di tempat yang tidak diketahuinya.

strangle *v.t./i.* mencekik. **strangler** *n.* orang yang membunuh dengan mencekik.

stranglehold *n.* cekikan; cengkaman; pegangan atau genggaman yang sangat kuat dan dapat membunuh.

strangulate *v.t.* mencekik atau menjerut.

strangulation *n.* pencekikan; penjerutan.

strap *n.* tali kulit yang dapat mengikat. —*v.t.* (*p.t.* **strapped**) diikat dengan tali kulit. **strapped for** (*colloq.*) kekurangan.

strapping *a.* besar, tinggi dan sihat. —*n.* tali kulit; plaster perekat yang digunakan untuk membalut luka.

strata *lihat* stratum.

stratagem *n.* muslihat untuk mencapai sesuatu tujuan; helah.

strategic *a.* strategik; berkenaan dengan helah atau muslihat. **strategical** *a.* berkenaan strategi. **strategically** *adv.* dengan strategik.

strategist *n.* ahli strategi.

strategy *n.* strategi; kepandaian merancang dan mengarahkan gerakan dalam peperangan; pelan; polisi.

stratify *v.t.* menyusun bertingkat-tingkat atau berlapis-lapis. **stratification** *n.* penstrataan; susun lapis.

stratosphere *n.* stratosfera; lapisan atmosfera antara kira-kira 10–60 km dari muka bumi.

stratum *n.* (*pl.* **strata**) lapisan batu dalam kerak bumi; golongan atau lapisan masyarakat.

straw *n.* batang tumbuhan yang sudah kering dan dipotong; jerami; penyedut air; straw. **straw poll** (A.S.) pungutan suara tidak rasmi untuk menguji perasaan masyarakat dan orang ramai.

strawberry *n.* strawberi. **strawberry mark** tanda lahir berwarna merah.

stray *v.i.* tidak mengikut atau menyimpang daripada jalan yang betul; tersalah; sesat. —*a.* tersalah; terkeliru; terbiar. —*n.* orang atau binatang yang kesesatan atau terbiar.

streak *n.* jalur yang panjang dan halus; tanda; sifat. —*v.t./i.* bertanda dengan garis atau jalur; bergerak dengan sangat pantas. **streaky** *a.* berjalur.

stream *n.* sungai; kali; arus; aliran air, orang atau benda. —*v.t./i.* mengalir dengan tidak putus-putus ke satu arah; terapung atau berkibar. **on stream** masih aktif dan berterusan; masih beroperasi (berkenaan kilang, dsb.).

streamer *n.* panji-panji; bendera yang panjang dan kecil.

streamline *v.t.* menggaris arus; mempunyai bentuk yang tidak menahan atau memberi rintangan kepada aliran air atau udara.

street *n.* lorong atau jalan di pekan atau di bandar. **street credibility** kebolehterimaan di kalangan pemuda pemudi kota.

streetcar *n.* (A.S.) trem.

strength *n.* kekuatan; tenaga; daya. **on the strength of** bergantung kepada; berdasarkan.

strengthen *v.t./i.* menjadikan lebih kuat; menambah kekuatan; menguatkan.

strenuous *a.* yang mengguna atau memerlukan tenaga dan kekuatan; berat. **strenuously** *adv.* dengan menggunakan tenaga yang kuat. **strenuousness** *n.* beratnya; sukarnya.

streptococcus *n.* (*pl.* **streptococci**) sekumpulan bakteria yang menyebabkan jangkitan teruk.

streptomycin *n.* streptomisin; ubat antibiotik.

stress *n.* tekanan; desakan. —*v.t.* menekankan; mendesak.

stretch *v.t./i.* memanjangkan atau meregangkan tali, dll. hingga menjadi lebih tegang; menggembar-gemburkan. —*n.* perihal menyering atau meregangkan; perihal menggunakan sehabis-habisnya. **at a stretch** berterusan. **stretch a point** bersetuju dengan sesuatu yang selalunya tidak dibenarkan. **stretchy** *a.* memberi.

stretcher *n.* usungan; tandu.

strew *v.t.* (*p.t.* **strewed**, *p.p.* **strewn** atau **strewed**) menabur; menyerak; menghamburkan di merata-rata.

striation *n.* satu siri jaluran. **striated** *a.* berjalur.

stricken *a.* kena; terserang; terpukul.

strict *a.* (-er, -est) keras; tegas; tidak lemah lembut. **strictly** *adv.* terhad. **strictness** *n.* ketegasan.

stricture *n.* kecaman atau tuduhan yang hebat; celaan.

stride *v.t./i.* (*p.t.* **strode**, *p.p.* **stridden**) berjalan dengan mengambil langkah yang panjang; melangkah. —*n.* langkah; kemajuan.

strident *a.* langsing; melengking; lantang. **stridently** *adv.* dengan langsing atau lantang. **stridency** *n.* kelantangan.

strife *n.* perselisihan; perbalahan.

strike *v.t./i.* (*p.t.* **struck**) memukul; mengetuk. —*n.* pemogokan. **on strike** sedang mogok. **strike off** atau **out** memangkah; memotong; menurunkan harga. **strike up** memulakan.

strikebound *a.* tidak berjalan disebabkan pemogokan.

striker *n.* pemogok; pekerja yang mogok; penyerang (bola sepak).

striking *a.* ketara; menarik perhatian. **strikingly** *adv.* dengan menarik perhatian.

string *n.* benda yang halus dan panjang untuk mengikat sesuatu; tali; rangkaian; deret; (*pl.*) syarat; (*pl.*) alat muzik bertali; (*sing., attrib.*) berkenaan dengan alat muzik bertali. —*v.t./i.* (*p.t.* **strung**) diikat dengan tali. **pull strings** menggunakan pengaruh seseorang untuk kepentingan diri sendiri. **string along** (*colloq.*) terpedaya; mengikut sahaja. **string-course** *n.* deretan bata yang menonjol di sekeliling bangunan. **string out** menderetkan dalam satu barisan. **string up** menggantung.

stringed *a.* alat muzik bertali yang dimainkan dengan memetiknya.

stringent *a.* keras; ketat; tidak ada tolak ansur. **stringently** *adv.* secara keras atau ketat. **stringency** *n.* kesulitan; keketatan.

stringy *a.* berserabut.

strip[1] *v.t./i.* (*p.t.* **stripped**) melucutkan; menanggalkan; bertelanjang; mencabut; membuka. **strip club** kelab yang menunjukkan tarian bogel. **stripper** *n.* penari bogel.

strip[2] *n.* jalur; keping. **comic strip** atau **strip cartoon** gambar kartun dari beberapa lukisan yang sederet. **strip light** lampu yang menggunakan tiub panjang.

stripe *n.* belang; jalur; pangkat. **striped** *a.* berbelang; berjalur. **stripy** *a.* berkenaan dengan belang dan jalur.

stripling *n.* orang muda; belia.

striptease *n.* hiburan (tarian) yang pelakunya menanggalkan pakaian satu per satu; tarian bogel.

strive *v.i.* (*p.t.* **strove**, *p.p.* **striven**) berjuang; berusaha seberapa daya.

strobe *n.* (*colloq.*) stroboskop.

stroboscope *n.* sejenis alat yang mengeluarkan cahaya.

strode *lihat* **stride**.

stroke[1] *n.* pukulan; gerak-geri yang diulang-ulang; satu gerakan pen atau berus dalam lukisan; bunyi loceng yang menandakan waktu; strok; serangan penyakit dengan tiba-tiba yang menyebabkan seseorang itu lumpuh. —*v.t.* bertindak sebagai ketua pendayung di buritan perahu.

stroke[2] *v.t.* meraba-raba; mengusap-usap. —*n.* usapan.

stroll *v.i. & n.* hal berjalan-jalan; bersiar-siar. **stroller** *n.* orang yang bersiar-siar.

strong *a.* (**-er**, **-est**) bertenaga; gagah; tegap; kuat; kukuh; tahan; tidak mudah roboh; mengandungi alkohol. —*adv.* teguh; kuat; cergas. **strong-box** *n.* peti besi. **strong language** bahasa yang kesat. **strong-minded** *a.* tabah; tegas; bersemangat kuat. **strong-point** *n.* mempunyai kelebihan atau kecekapan dalam sesuatu pengetahuan. **strongly** *adv.* dengan kuat.

stronghold *n.* kubu; benteng.

strongroom *n.* bilik kebal; bilik untuk menyimpan dan melindungi barang-barang berharga.

strontium *n.* logam berwarna putih seperti perak; strontium. **strontium 90** isotop radioaktifnya.

strop *n.* tali atau jalur kulit untuk menajamkan pisau cukur. —*v.t.* (*p.t.* **stropped**) menajamkan pisau cukur dengan menggunakan jalur atau tali kulit.

stroppy *a.* (*sl.*) bengis; cepat naik darah; susah bekerja dengan.

strove *lihat* **strive**.

struck *lihat* **strike**. —*a.* **struck on** (*sl.*) suka; takjub dengan.

structuralism *n.* strukturalisme; teori bahawa struktur lebih penting daripada fungsi. **structuralist** *n.* orang yang beraliran strukturalisme.

structure *n.* struktur; susunan; pembentukan; binaan; rangka atau bingkai bangunan. **structural** *a.* berkenaan susunan rangka atau struktur. **structurally** *adv.* dari segi struktur.

strudel *n.* strudel; sejenis kuih berinti epal.

struggle *v.i.* bergelut; berjuang; berlawan. —*n.* perjuangan; pergelutan.

strum *v.t./i.* (*p.t.* **strummed**) memainkan alat muzik dengan sembarangan. —*n.* bunyi yang dibuat dengan petikan.

strumpet *n.* (*usang*) pelacur.

strung *lihat* **string**. —*a.* **strung up** keadaan tegang (fikiran); teruja.

strut *n.* sangga; topang; benda yang digunakan untuk menopang dari bawah. —*v.i.* (*p.t.* **strutted**) gaya jalan yang sombong.

strychnine *n.* striknina; racun yang bisa.

stub *n.* tunggul; puntung; keratan cek atau resit. —*v.t.* (*p.t.* **stubbed**) tersan-

dung sesuatu yang keras; memadam-
kan api rokok.

stubble *n.* tunggul; batang padi yang
tertinggal setelah dituai atau disabit;
janggut yang pendek-pendek. **stub-
bly** *a.* dipenuhi janggut yang baru
tumbuh.

stubborn *a.* degil; keras hati; keras
kepala; nekad; tegar. **stubbornly**
adv. dengan degil. **stubbornness** *n.*
kedegilan.

stubby *a.* (**-ier, -iest**) gemuk; kontot.
stubbiness *n.* kegemukan.

stucco *n.* sejenis plaster atau simen
digunakan untuk menampal dinding.
stuccoed *a.* dibentuk atau ditampal
dengan plaster atau simen penampal
dinding.

stuck *lihat* **stick**². —*a.* tidak bergerak;
binatang yang ditikam atau disem-
belih. **stuck-up** *a.* (*sl.*) angkuh;
sombong.

stud¹ *n.* sejenis paku. —*v.t.* (*p.t.* **stud-
ded**) menatah.

stud² *n.* kuda; pembaka tempat menyim-
pan kuda.

student *n.* pelajar; penuntut; mahasiswa.

studied *a.* dirancangkan; dengan sengaja.

studio *n.* (*pl.* **-os**) studio; tempat untuk
pelukis; tempat membuat filem;
ruang tempat memancarkan siaran
radio dan televisyen. **studio couch**
tempat duduk yang dapat dijadikan
katil. **studio flat** pangsapuri satu
bilik yang mempunyai dapur dan
bilik mandi.

studious *a.* rajin dan suka belajar. **stu-
diously** *adv.* dengan rajin. **studious-
ness** *n.* kerajinan.

study *n.* proses pembelajaran; pelajar-
an; kajian; tempat atau bilik belajar.
—*v.t./i.* belajar bersungguh-sungguh;
menelaah; ikhtiar atau usaha yang
bersungguh-sungguh.

stuff *n.* bahan; (*sl.*) benda; barang;
perkara; hal; sampah. —*v.t./i.* mengi-
si; menyumbat; memadatkan; makan
dengan gelojoh.

stuffing *n.* sarak; isi; bahan atau benda
untuk mengisi.

stuffy *a.* (**-ier, -iest**) tidak banyak
udara; susah hendak bernafas; pen-
gap; sesak; (*colloq.*) kolot dan
membosankan. **stuffily** *adv.* dengan
pengap. **stuffiness** *n.* keadaan pen-
gap.

stultify *v.t.* merosakkan; menjadikan
buntu. **stultification** *n.* kebuntuan.

stumble *v.i.* tersandung; terlanggar
atau terhantuk pada sesuatu; mem-

buat kesilapan ketika bercakap atau
bermain muzik. —*n.* terjelepok.
stumble across atau **on** mengetahui
dengan tidak sengaja atau secara
kebetulan. **stumbling-block** *n.*
halangan.

stump *n.* tunggul; batang kayu yang
masih tertinggal dalam tanah; baki
yang tertinggal setelah sesuatu dipo-
tong, patah atau haus; salah satu
daripada tiga kayu dalam sukan
kriket. —*v.i.* berjalan menghentak-
hentak (*colloq.*) menghairankan.
stump up (*sl.*) kena menyumbangkan
atau membayar (wang).

stumpy *a.* (**-ier, -iest**) pendek dan
gemuk. **stumpiness** *n.* kependekan;
kegemukan.

stun *v.t.* (*p.t.* **stunned**) terpegun;
tergamam; menjadikan pengsan atau
tidak sedar kerana sesuatu perkara.

stung *lihat* **sting**.

stunk *lihat* **stink**.

stunner *n.* (*colloq.*) seseorang atau
sesuatu yang mengagumkan.

stunning *a.* (*colloq.*) sangat menga-
gumkan. **stunningly** *adv.* dengan cara
yang mengagumkan.

stunt¹ *v.t.* membantutkan; menghenti-
kan pertumbuhan atau kemajuan
sesuatu.

stunt² *n.* (*colloq.*) sesuatu yang dibuat
untuk menarik perhatian; lagak ngeri.
stunt flying aerobatik.

stupefy *v.t.* membingungkan; menjadi-
kan fikiran tidak tentu arah. **stupefac-
tion** *n.* kebingungan.

stupendous *a.* sangat menakjubkan;
menghairankan. **stupendously** *adv.*
secara menghairankan.

stupid *a.* dungu; bodoh. **stupidly** *adv.*
dengan bodoh. **stupidity** *n.* kebodoh-
an.

stupor *n.* terperanjat dan hampir tidak
sedarkan diri.

sturdy *a.* (**-ier, -iest**) kuat; tegap; cer-
gas. **sturdily** *adv.* dengan tegap. **stur-
diness** *n.* ketegapan.

sturgeon *n.* (*pl.* **sturgeon**) sejenis ikan
besar.

stutter *v.t./i.* & *n.* gagap.

sty¹ *n.* kandang khinzir.

sty² *n.* tembel; bengkak pada tepi kelo-
pak mata.

style *n.* gaya bercakap atau menulis;
gaya bahasa; cara atau gaya membuat
sesuatu; keadaan bentuk rupa; benang
sari dalam bunga. —*v.t.* membentuk;
mereka. **in style** dengan cara yang
menarik; dengan hebat.

stylish *a.* bergaya. **stylishly** *adv.* dengan bergaya. **stylishness** *n.* lagak.

stylist *n.* seseorang yang bergaya; penggaya; jurugaya.

stylistic *a.* berkenaan dengan gaya sastera atau seni. **stylistically** *adv.* dari segi gaya.

stylized *a.* mengikut sesuatu gaya. **stylization** *n.* perihal mengikut sesuatu gaya.

stylus *n.* (*pl.* **-uses** atau **-li**) sejenis jarum digunakan untuk memainkan piring hitam.

stymie *v.t.* (*pres.p.* **stymieing**) menghalang.

styptic *a.* menghentikan pendarahan dengan mengecutkan salur darah.

styrene *n.* cecair hidrokarbon yang digunakan dalam plastik.

suasion *n.* pujukan.

suave *a.* sopan santun yang licik; canggih. **suavely** *adv.* dengan sopan santun yang licik. **suavity** *n.* perihal bersopan santun dengan licik; kecanggihan.

sub *n.* (*colloq.*) kapal selam; yuran; pengganti.

sub- *pref.* bawah; orang bawahan.

subaltern *n.* pegawai tentera yang berpangkat lebih rendah daripada kapten.

subaqua *a.* (sukan) berlaku di bawah air.

subatomic *a.* lebih kecil daripada atom; berlaku di dalam atom.

subcommittee *n.* jawatankuasa kecil.

subconscious *a.* & *n.* berkenaan dengan kegiatan mental yang kita tidak begitu sedar. **subconsciously** *adv.* dengan tidak sedar.

subcontinent *n.* benua kecil; daratan luas yang menjadi sebahagian daripada benua.

subcontract *v.t./i.* memberikan subkontrak. **subcontractor** *n.* orang melakukan sebahagian atau semua kerja dari satu kontrak yang lain.

subculture *n.* subbudaya; budaya di dalam budaya yang lebih besar.

subcutaneous *a.* di bawah kulit.

subdivide *v.t.* membahagi lagi. **subdivision** *n.* bahagian-bahagian kecil.

subdue *v.t.* menindas; menekan; menakluk.

sub-edit *v.t.* menolong editor menyunting bahan sebelum percetakan; menyedia bahan untuk percetakan. **sub-editor** *n.* subeditor; penolong penyunting. **sub-editorial** *a.* berkenaan kerja subeditor.

subheading *n.* tajuk kecil.

subhuman *a.* lebih rendah tarafnya daripada manusia biasa; seperti binatang.

subject[1] *a.* di bawah penaklukan kuasa asing; tidak merdeka. —*n.* warganegara; tajuk; hal atau perkara yang diperbualkan; tema; subjek. **subjectmatter** *n.* perkara; hal yang dibincangkan di dalam buku; isi buku. **subject to** tertakluk kepada.

subject[2] *v.t.* menakluk; menjajah; dijajah. **subjection** *n.* penaklukan.

subjective *a.* subjektif; memberi pandangan atau perasaan sendiri. **subjectively** *adv.* dengan cara subjektif.

subjoin *v.t.* menambah.

sub judice *a.* dalam pertimbangan kehakiman; belum diputuskan.

subjugate *v.t.* menakluki sesebuah negeri. **subjugation** *n.* penaklukan.

subjunctive *a.* & *n.* bentuk kata kerja yang menyatakan sesuatu kemungkinan.

sublet *v.t.* (*p.t.* **sublet**, *pres.p.* **subletting**) menyewakan kepada orang lain sesebuah bilik atau rumah yang disewa sendiri.

sublimate *v.t.* mensublimasikan; mengubahkan (perasaan atau tekanan) kepada sesuatu yang lebih luhur. **sublimation** *n.* sublimasi; pengubahan.

sublime *a.* mulia; luhur. **sublimely** *adv.* dengan mulia; dengan luhur. **sublimity** *n.* kemuliaan.

subliminal *a.* bawah kesedaran.

sub-machine-gun *n.* submesingan.

submarine *a.* wujud atau hidup di bawah permukaan laut. —*n.* kapal selam.

submerge *v.t./i.* menenggelamkan; merendamkan; menyelam di bawah permukaan air. **submergence** *n.* penenggelaman. **submersion** *n.* tenggelamnya; penenggelaman.

submerse *v.* menyelam. **submersion** *n.* penenggelaman.

submersible *a.* boleh tenggelam. —*n.* alat pengangkutan yang boleh berfungi di bawah permukaan air.

submicroscopic *a.* terlalu kecil untuk dilihat melalui mikroskop biasa; submikroskopik.

submission *n.* ketundukan; kepatuhan; penyerahan; penyampaian.

submissive *a.* menyerah kepada pihak yang berkuasa; patuh. **submissively** *adv.* dengan patuh dan tidak melawan. **submissiveness** *n.* kepatuhan.

submit *v.t./i.* (*p.t.* **submitted**) tunduk; patuh; menyerah; tidak membantah.

subnormal *a.* bawah normal; subnormal.

subordinate[1] *a.* bawahan; berpangkat rendah. —*n.* orang bawahan.

subordinate[2] *v.t.* menganggap atau menjadikan lebih rendah (tarafnya); menganggap tidak begitu penting. **subordination** *n* perihal menjadikan lebih rendah atau tidak penting.

suborn *v.t.* melakukan sesuatu (misalnya berbohong, dsb.) kerana telah diberi rasuah.

subpoena *n.* sepina; perintah bertulis dari mahkamah yang menghendaki seseorang itu hadir di mahkamah. —*v.t.* (*p.t.* **subpoenaed**) dipanggil dengan sepina.

subscribe *v.t./i.* menyumbangkan; melanggan. **subscribe to a theory** bersetuju dengan sesuatu teori. **subscriber** *n.* pelanggan.

subscript *a.* (tentang huruf, angka, dsb.) ditulis di bawah garisan.

subscription *n.* bayaran untuk langganan; yuran untuk keahlian sesebuah persatuan; proses pelangganan.

subsection *n.* bahagian daripada seksyen; subseksyen.

subsequent *a.* yang berikut; yang datang kemudian. **subsequently** *adv.* berikutnya; selepas itu.

subservient *a.* bawahan; terlampau merendahkan diri. **subserviently** *adv.* dengan merendahkan diri. **subservience** *n.* perihal merendahkan diri.

subset *n.* subset; bahagian kedua suatu set (dalam matematik).

subside *v.i.* tenggelam; surut; berkurang. **subsidence** *n.* penenggelaman; surutnya; pengurangan.

subsidiary *a.* kepentingan kedua; dikuasai oleh orang lain; subsidiari. —*n.* anak syarikat.

subsidize *v.t.* memberi bantuan wang. **subsidization** *n.* proses memberikan bantuan wang.

subsidy *n.* subsidi; tunjangan; wang yang diluluskan oleh kerajaan kepada sesebuah perusahaan, perindustrian, pertanian, dll. yang memerlukan bantuan.

subsist *v.i.* hidup; memperoleh nafkah. **subsistence** *n.* penghidupan; saraan hidup.

subsoil *n.* lapisan tanah di bawah lapisan permukaan.

subsonic *a.* subsonik; kelajuan lebih pantas daripada gerakan bunyi.

subspesies *n.* subspesies; kumpulan berlainan di dalam satu spesies.

substance *n.* bahan; benda yang tertentu; pejal; inti pati kepada sesebuah percakapan atau penulisan; sesuatu yang hakiki.

sub-standard *a.* belum menepati standard tertentu; kurang baik.

substantial *a.* kuat dan teguh; besar dan banyak; yang benar wujud; sungguh. **substantially** *adv.* dengan kuat dan teguh; agak banyak.

substantiate *v.t.* memberikan hujah untuk menyokong atau menguatkan; membuktikan dengan kenyataan; mengesahkan. **substantiation** *n.* pengesahan.

substantive[1] *a.* (pangkat dalam tentera) tetap; penting.

substantive[2] *n.* kata nama. **substantival** *a.* perihal kata nama.

substitute *n.* ganti; pengganti. —*v.t./i.* menggantikan; menukarkan; (*colloq.*) berfungsi sebagai pengganti. **substitution** *n.* penggantian.

substratum *n.* (*pl.* **-ta**) substratum; asas.

subsume *v.t.* memasukkan; mengumpulkan ke dalam sesuatu golongan.

subtenant *n.* orang yang disewakan bilik oleh penyewa asal. **subtenancy** *n.* sewaan daripada orang yang menyewa.

subterfuge *n.* dalih; helah.

subterranean *a.* di bawah tanah.

subtext *n.* tema yang tersirat.

subtitle *n.* tajuk kecil; sari kata. —*v.t.* menyediakan tajuk kecil atau sari kata.

subtle *a.* (**-er, -est**) tidak ketara; lembut; sangat bijak; halus; cerdik. **subtly** *adv.* dengan tidak ketara. **subtlety** *n.* ketaktaraan kebijaksanaan.

subtopia *n.* sebahagian daripada kawasan luar bandar yang kini menjadi kawasan pinggir bandar.

subtotal *n.* jumlah kecil.

subtract *v.t.* mengurangkan; memotong; menolak. **subtraction** *n.* kira-kira tolak; pengurangan.

subtropical *a.* subtropika; kawasan yang hampir dengan kawasan tropika.

suburb *n.* pinggir kota. **suburban** *a.* berkenaan dengan pinggir kota. **suburbanite** *n.* penduduk pinggir kota.

suburbia *n.* kawasan dan penduduk pinggir kota.

subvention *n.* subsidi; bantuan kewangan.

subvert *v.t.* memusnahkan; menggulingkan. **subversion** *n.* yang menggulingkan; subversi. **subversive** *a.* subversif.

S

subway *n.* jalan di bawah tanah; kereta api elektrik di bawah tanah (A.S.).

succeed *v.t./i.* berjaya; menang; berhasil; menggantikan; mengambil tempat.

success *n.* kemenangan; hasil; kemajuan; kejayaan.

successful *a.* berjaya; berhasil. **successfully** *adv.* dengan berjaya.

succession *n.* berubah; bertukar; berganti. **in succession** berturut-turut.

successive *a.* berturut-turut. **successively** *adv.* dengan berturut-turut.

successor *n.* pengganti; orang yang menggantikan atau mengambil tempat orang lain.

succinct *a.* ringkas dan terang. **succinctly** *adv.* dengan ringkas dan terang.

succour *v.t. & n.* memberi bantuan; pertolongan.

succulent *a.* banyak airnya; berair; sukulen. —*n.* tumbuhan sukulen. **succulence** *n.* perihal banyak airnya.

succumb *v.i.* tunduk; menyerah; tewas.

such *a.* seumpama; sebagai; seperti. —*pron.* seperti itu. **such-and-such** *a.* yang sedemikian.

suchlike *a.* (*colloq.*) sama jenis.

suck *v.t.* menyedut; menghisap; menghirup. —*n.* perbuatan menghisap. **suck up to** (*colloq.*) mengampu.

sucker *n.* organ yang menghisap atau menyedut; tunas yang tumbuh; (*sl.*) orang yang mudah tertipu.

sucking *a.* masih menetek atau menghisap susu ibu.

suckle *v.t./i.* menyusu; menetek; menyusukan.

suckling *n.* anak yang menyusu atau menetek.

sucrose *n.* sukrosa; gula daripada tebu atau ubi.

suction *n.* sedutan.

sudden *a.* tiba-tiba; mengejut. **all of a sudden** tiba-tiba saja. **suddenly** *adv.* dengan tiba-tiba. **suddenness** *n.* (dengan) tiba-tiba atau mengejut.

sudorific *a. & n.* (dadah, dsb.) mengakibatkan perpeluhan.

suds *n.pl.* buih sabun.

sue *v.t./i.* (*pres.p.* **suing**) mendakwa; menyaman.

suede *n.* suede; kulit lembut dibuat daripada kulit binatang.

suet *n.* lemak yang membaluti buah pinggang lembu atau kambing digunakan dalam masakan. **suety** *a.* berlemak.

suffer *v.t./i.* menderita; terseksa. **suffering** *n.* penderitaan; penyeksaan.

sufferance *n.* **on sufferance** penerimaan dengan berat hati.

suffice *v.t.* mencukupi.

sufficient *a.* memadai. **sufficiently** *adv.* dengan memadai. **sufficiency** *n.* hal yang mencukupi dan memadai.

suffix *n.* (*pl.* -**ixes**) imbuhan; akhiran; unsur atau bentuk tatabahasa terikat pada hujung perkataan dalam membentuk kata lain.

suffocate *v.t./i.* melemaskan; mencekik. **suffocation** *n.* kelemasan.

suffragan *n.* **suffragan bishop** biskop yang dilantik untuk membantu biskop daerah dalam kawasan tertentu di daerahnya.

suffrage *n.* hak di dalam pengundian.

suffragette *n.* wanita yang menuntut hak mengundi untuk kaum wanita (pada awal abad kedua puluhan).

suffuse *v.t.* bermandikan; berlinang. **suffusion** *n.* linangan.

sugar *n.* gula; benda manis yang diperbuat daripada pati buah-buahan atau tumbuh-tumbuhan. **sugarbeet** ubi putih yang dapat menghasilkan gula. **sugarcane** tebu. **sugar-daddy** lelaki berumur yang menyimpan perempuan muda. **sugar soap** sebatian untuk membersihkan cat. **sugary** *a.* rasa seperti gula.

suggest *v.t.* mencadang; menganjurkan; mengesyorkan; mengusulkan.

suggestible *a.* mudah dipengaruhi dengan cara atau cadangan. **suggestibility** *n.* keadaan mudah dipengaruhi.

suggestion *n.* cadangan; usul.

suggestive *a.* yang bertujuan untuk menimbulkan akal atau membawa fikiran; membawa fikiran lucah atau tidak senonoh. **suggestively** *adv.* dengan cara yang membawa pengertian tidak senonoh.

suicidal *a.* yang berkenaan pembunuhan diri sendiri; membahayakan kepentingan diri sendiri. **suicidally** *adv.* secara memungkinkan maut.

suicide *n.* pembunuhan diri. **commit suicide** membunuh diri.

suit *n.* pakaian yang sepasang; salah satu daripada empat set (sped, daiman, lekuk, kelawar) daun terup; aduan yang dikemukakan ke mahkamah. —*v.t.* memenuhi permintaan atau keperluan; sesuai; menyesuaikan.

suitable *a.* sesuai. **suitably** *adv.* dengan sesuainya. **suitability** *n.* kesesuaian.

suitcase *n.* beg pakaian.

suite *n.* set; perangu; serangkaian bilik; set alat muzik.

suitor *n.* pendakwa; orang lelaki yang melamar seorang perempuan.

sulk *v.i.* merengus; mendongkol; merungut.; merajuk. **sulks** *n.pl.* hal merajuk; hal bersungut-sungut; keadaan merengus. **sulky** *a.* muram; murung. **sulkily** *adv.* dengan rengus dan masamnya. **sulkiness** *n.* perihal merajuk atau merengus.

sullen *a.* muram; pemarah. **sullenly** *adv.* dengan merengus dan marahnya. **sullenness** *n.* kemarahan; kesuraman.

sully *v.t.* menodai; mencemar.

sulphate *n.* garam asid sulfurik; sulfat.

sulphide *n.* sulfida; campuran sulfur dan elemen lain.

sulphite *n.* sulfit; garam asid sulfurus.

sulphonamide *n.* jenis dadah untuk pembasmi bakteria.

sulphur *n.* sulfur; belerang. **sulphurous** *a.* berkenaan dengan sulfur.

sulphuric acid asid sulfurik.

sultan *n.* sultan; raja yang memerintah sesebuah negara Islam.

sultana *n.* sejenis kismis digunakan untuk membuat kek atau puding; isteri kepada sultan, ibu baginda atau anak perempuan baginda. **sultanate** *n.* kesultanan.

sultry *a.* (**-ier, -iest**) panas dan pengap; (wanita) cantik dan mengghairahkan. **sultriness** *n.* kepanasan.

sum *n.* jumlah; kira-kira (matematik); jumlah wang. —*v.t.* (*p.t.* **summed**) carilah jumlah. **sum up** berilah jumlahnya; memberi pendapat.

sumac *n.* pokok renek yang daunnya digunakan sebagai bahan pewarna.

summarize *v.t.* membuat ringkasan. **summarization** *n.* sesebuah ringkasan.

summary *n.* kenyataan yang menyenaraikan fakta-fakta utama; ringkasan. —*a.* ringkasannya. **summarily** *adv.* secara ringkas.

summation *n.* ringkasan; penghasil-tambahan; jumlah.

summer *n.* musim panas. **summerhouse** *n.* pondok kecil di taman untuk berteduh dari panas. **summertime** *n.* musim panas. **summer time** waktu yang ditunjukkan oleh jam yang jarumnya dipercepatkan untuk memberi siang yang panjang pada musim panas. **summery** *a.* berkenaan dengan musim panas.

summit *n.* kemuncak; puncak. **summit conference** persidangan kemuncak.

summitry *n.* berkenaan dengan kemuncak.

summon *v.t.* menuntut kehadiran; menyuruh datang; memanggil; menyaman.

summons *n.* saman; perintah untuk menghadirkan diri di hadapan hakim; dokumen yang mengandungi perintah sedemikian.

sumo *n.* (*pl.* **-os**) sumo; gusti gaya Jepun; ahli gusti sumo.

sump *n.* takungan minyak dalam enjin; lubang atau bahagian rendah tempat cecair dibuang.

sumptuary *a.* perbelanjaan berjadual.

sumptuous *a.* sangat bagus dan berharga. **sumptuously** *adv.* dengan mewah. **sumptuousness** *n.* perihal sesuatu yang bagus dan berharga; kemewahan.

sun *n.* matahari; panas matahari; bintang yang tetap kedudukannya. —*v.t.* (*p.t.* **sunned**) terdedah kepada matahari; berjemur.

sunbathe *v.i.* berjemur. **sunbather** *n.* orang yang berjemur.

sunbeam *n.* sinaran matahari.

sunburn *n.* selaran matahari; kesan-kesan pada kulit disebabkan oleh panas matahari. **sunburnt** *a.* kulit terselar kerana cahaya matahari.

sundae *n.* aiskrim bercampur dengan buah-buahan yang dihancurkan, kacang, sirap, dll.

Sunday *n.* hari Ahad. **Sunday school** sekolah (di gereja) belajar agama bagi kanak-kanak, diadakan pada setiap hari Ahad.

sunder *v.t.* memecah atau memisahkan.

sundial *n.* jam matahari; alat yang menunjukkan waktu dengan menggunakan bayang-bayang yang jatuh di atas permukaan jam.

sundown *n.* matahari terbenam.

sundry *a.* pelbagai. **all and sundry** bermacam-macam; kesemuanya. **sundries** *n.pl.* pelbagai jenis barangan kecil.

sunflower *n.* pokok bunga matahari.

sung *lihat* **sing**.

sunk *lihat* **sink**.

sunken —*a.* di bawah aras permukaan sekeliling; terbenam; tenggelam. **sunken fence** parit yang diperkukuhkan oleh tembok, yang membentuk sempadan.

sunlight *n.* cahaya matahari.

Sunni *n.* (*pl.* **Sunni** atau **-is**) Ahli Sunah (Muslim). **sunnite** *a.* berkenaan Ahli Sunah.

sunny *a.* (**-ier**, **-iest**) terang dengan sinaran matahari; riang. **sunnily** *adv.* dengan riang.

sunrise *n.* matahari terbit.

sunset *n.* matahari masuk; senja; warna langit ketika matahari akan terbenam.

sunshade *n.* kajang; pelindung matahari.

sunshine *n.* sinaran matahari.

sunspot *n.* tompok gelap yang kelihatan pada permukaan matahari; (*colloq.*) tempat yang beriklim panas.

sunstroke *n.* kesakitan yang disebabkan oleh terlalu terdedah kepada matahari; selaran matahari.

sup *v.t./i.* (*p.t.* **supped**) minum seteguk-seteguk atau sesudu demi sesudu; makan malam. —*n.* mulut penuh dengan cecair.

super *a.* (*sl.*) terlalu; sangat.

superannuate *v.t.* memberhentikan kerja dengan pencen; membersarakan. **superannuation** *n.* persaraan.

superb *a.* sangat baik; istimewa. **superbly** *adv.* dengan istimewanya.

supercharge *v.t.* menambah kuasa (sesebuah enjin) dengan perkakas yang memasukkan lebih banyak udara atau bahan api ke dalamnya. **supercharger** *n.* alat menambah kuasa.

supercilious *a.* angkuh; bongkak; sombong. **superciliously** *adv.* dengan angkuh. **superciliousness** *n.* perihal angkuh, bongkak, sombong.

supercomputer *n.* komputer berkuasa tinggi.

supererogation *n.* bekerja lebih daripada yang diwajibkan.

superficial *a.* di atas permukaan sahaja; cetek. **superficially** *adv.* dengan tidak mendalam. **superficiality** *n.* kecetekan.

superfluous *a.* lebih daripada yang diperlukan. **superfluously** *adv.* dengan melebihi. **superfluity** *n.* jumlah yang berlebihan.

superhuman *a.* melebihi keupayaan atau kuasa manusia; kebolehan luar biasa.

superimpose *v.t.* menindih. **superimposition** *n.* tindihan.

superintend *v.t.* mengawas. **superintendence** *n.* pengawasan.

superintendent *n.* pengawas; penguasa.

superior *a.* lebih tinggi kedudukan atau pangkat; lebih baik; lebih besar; menunjukkan bahawa seseorang itu merasa dirinya lebih bijak daripada orang lain. —*n.* seseorang atau barang yang lebih tinggi kedudukannya.

superiority *n.* kelebihan; keunggulan; kedudukan lebih tinggi.

superlative *a.* superlatif; darjah atau nilai paling tinggi; bentuk nahu yang menyatakan darjah paling tinggi. —*n.* bentuk superlatif. **superlatively** *adv.* secara superlatif.

superman *n.* (*pl.* **-men**) orang yang mempunyai kuasa lebih daripada manusia biasa.

supermarket *n.* pasar raya.

supernatural *a.* yang ghaib. **supernaturally** *adv.* secara ghaib.

supernova *n.* (*pl.* **-ae**) supernova; bintang yang bergemerlapan dengan tiba-tiba.

supernumerary *a.* & *n.* tambahan; lebihan; istimewa.

superphosphate *n.* superfosfat; baja yang mengandungi fosfat.

superpower *n.* bangsa atau negara yang amat kuat.

superscribe *v.t.* perbuatan menulis di atas atau di luar sesebuah dokumen, dsb.

superscript *a.* superskrip; ditulis di bahagian atas dan ke kanan sesuatu perkataan, gambar rajah atau simbol.

superscription *n.* perkataan yang ditulis di atas atau di luar.

supersede *v.t.* mengambil tempat; meletakkan atau menggunakan sebagai ganti.

supersonic *a.* supersonik; berkenaan dengan penerbangan pada kelajuan melebihi daripada laju bunyi. **supersonically** *adv.* dengan kelajuan supersonik.

superstition *n.* tahayul; idea atau amalan tentang tahayul. **superstitious** *a.* berkenaan dengan tahayul. **superstitiously** *adv.* dengan kepercayaan tahayul.

superstore *n.* pasar raya besar.

superstructure *n.* binaan yang dibina di atas sesuatu yang lain.

supertanker *n.* kapal minyak yang sangat besar.

supervene *v.i.* menyelia; muncul sebagai satu gangguan atau perubahan. **supervention** *n.* gangguan.

supervise *v.t.* mengarah dan memerhati. **supervision** *n.* penyeliaan. **supervisor** *n.* penyelia. **supervisory** *a.* tentang seliaan.

supine *a.* telentang; malas. **supinely** *adv.* dengan malas.

supper *n.* makan malam; waktu makan terakhir sebelum tidur.

supplant *v.t.* mengambil tempat sesuatu.

supplanter n. orang yang mengambil tempat.

supple a. senang bengkok; lembut. **supplely** adv. dengan lembut. **suppleness** n. kelembutan.

supplement n. penambahan. —v.t. menyedia atau menjadi tambahan.

supplementary a. tambahan.

suppliant n. & a. (orang) yang merendahkan diri meminta sesuatu.

supplicate v.t. merayu; merendahkan diri. **supplication** n. rayuan.

supply v.t. memberi atau membekalkan dengan; melengkapkan; memuaskan (keperluan). —n. pembekalan; persediaan; jumlah yang ada dan disediakan.

support v.t. menopang; menahan berat; menguatkan; membekalkan keperluan; membantu; menggalakkan; menahan. —n. bantuan; galakan; sokongan. **supporter** n. penyokong. **supportive** a. perihal sokongan.

suppose v.t. mengandaikan; memisalkan atau menerima sebagai benar; dianggap sebagai satu syor. **be supposed to** dijangkakan; sepatutnya. **supposedly** adv. menurut jangkaan; kononnya.

supposition n. sangkaan; apa yang dijangka.

supposititious a. andaian; hipotesis.

suppository n. pepejal ubat yang dimasukkan ke dalam dubur, uretra atau kemaluan wanita, dan ditinggalkan lalu menjadi cair.

suppress v.t. menumpaskan; menahan daripada diketahui. **suppression** n. penindasan. **suppressor** n. penindas.

suppurate v.i. menjadi nanah; bernanah. **suppuration** n. penanahan.

supra- pref. melebihi; mengatasi.

supreme a. tertinggi dalam kuasa, pangkat, kepentingan atau mutu. **supremely** adv. amat sangat. **supremacy** n. ketinggian kuasa.

supremo n. (pl. -os) pemimpin tertinggi.

surcharge n. bayaran tambahan; muatan berlebihan. —v.t. membuat bayaran tambahan ke atas atau kepada; memuat berlebih-lebihan.

surd n. kuantiti matematik yang tidak dapat dinyatakan secara terhad.

sure a. (-er, -est) mempunyai alasan teguh untuk mempercayai; yakin; dapat dipercayai; pasti. —adv. (A.S., colloq.) pasti. **sure-footed** a. tidak mudah tergelincir. **make sure** pastikan; rasa yakin (barangkali silap). **sureness** n. kepastian.

surely adv. tidak boleh tidak; (digunakan untuk penekanan) yang mesti benar; (sebagai satu jawapan) tentu.

surety n. jaminan; penjamin kepada janji seseorang.

surf n. buih ombak. **surf-riding** atau **surfing** ns. sukan luncur ombak.

surface n. rupa luar sesuatu; mana-mana bahagian sesuatu objek; kawasan paling atas; bahagian atas. —a. di permukaan;. —v.t./i. meletakkan permukaan tertentu ke atas; membawa ke permukaan; timbul; (colloq.) bangun. **surface mail** surat yang dikirim melalui laut bukan melalui udara.

surfboard n. papan luncur ombak.

surfeit n. keterlaluan banyaknya. —v.t. makan terlampau banyak.

surge v.i. bergerak ke hadapan seperti gelombang; menerpa. —n. pergerakan menerpa atau menyerbu.

surgeon n. doktor bedah terutamanya yang pakar.

surgery n. pembedahan; tempat atau masa seseorang doktor atau doktor gigi berada untuk runding rawatan. **surgical** a. berkenaan dengan pembedahan. **surgically** adv. secara pembedahan.

surly a. (-ier, -iest) bengis dan tidak peramah. **surliness** n. kebengisan.

surmise v.t./i. & n. dugaan.

surmount v.t. mengatasi (kesulitan); menyingkirkan (halangan); menguasai. **surmountable** a. boleh diatasi.

surname n. nama keluarga. —v.t. memberi nama keluarga.

surpass v.t. melebihi; lebih baik.

surplice n. baju putih yang longgar.

surplus n. lebihan; jumlah yang lebih daripada yang diperlukan.

surprise n. perasaan kaget; terkejut; hal yang menyebabkan kaget, terkejut atau terperanjat. —v.t. menyebabkan rasa terkejut; datang atau menyerang secara tiba-tiba; menyebabkan terperanjat.

surrealism n. surrealisme; satu aliran kesenian dan kesusasteraan yang bertujuan untuk melahirkan apa yang ada di bawah lapisan kesedaran. **surrealist** n. orang yang berpegangan surrealisme. **surrealistic** a. yang berkenaan dengan surrealisme.

surrender v.t./i. menyerahkan (diri atau sesuatu) kepada pihak yang berkuasa, terutama secara terpaksa; tunduk. —n. penyerahan diri.

surreptitious a. bertindak atau melakukan dengan cara diam-diam. **sur-**

S

reptitiously *adv.* dengan cara diam-diam.

surrogate *n.* timbalan. **surrogate mother** ibu tumpang; wanita yang melahirkan anak untuk wanita lain. **surrogacy** *n.* perbuatan perihal menjadi timbalan atau pengganti.

surround *v.t.* berada di sekitar sesuatu tempat; melingkari; mengepung. —*n.* sempadan.

surroundings *n.pl.* benda atau keadaan sekitar seseorang atau tempat.

surtax *n.* cukai tambahan.

surveillance *n.* pengawasan; perhatian rapi.

survey[1] *v.t.* memandang dan meninjau; memeriksa keadaan sesuatu; mengukur dan membuat peta.

survey[2] *n.* tinjauan atau pemeriksaan sesuatu; laporan atau peta yang dihasilkan oleh pengukuran ini.

surveyor *n.* juruukur.

survival *n.* keadaan terus hidup atau wujud; sesuatu yang masih wujud sejak zaman terdahulu.

survive *v.t./i.* terus hidup atau wujud; kekal wujud atau dalam kewujudan. **survivable** *a.* boleh kekal hidup; mempunyai daya hidup. **survivability** *n.* perihal boleh terus hidup atau wujud. **survivor** *n.* orang yang hidup.

susceptible *a.* mudah dipengaruhi; mudah jatuh cinta. **susceptible of** dapat atau mudah. **susceptible to** mudah terkena; mudah dipengaruhi. **susceptibility** *n.* perihal mudah dipengaruhi.

susceptive *a.* mudah dipengaruhi.

sushi *n.* hidangan orang Jepun berupa bebola nasi yang berperisa.

suspect[1] *v.t.* berasa kurang percaya; mengesyaki.

suspect[2] *n.* orang yang disyaki membuat kesalahan jenayah, dll. —*a.* disyaki; dicurigai.

suspend *v.t.* menyangkut; menggantung; menangguhkan; menunda untuk sementara waktu; menggantung kedudukan atau hak untuk sementara waktu.

suspender *n.* pita untuk mengikat stoking.

suspense *n.* kegelisahan menunggu sesuatu.

suspension *n.* penggantungan. **suspension bridge** jambatan gantung; jambatan yang digantung dengan kabel besi waja.

suspicion *n.* kesangsian; kecurigaan; syak.

suspicious *a.* berasa atau menyebabkan sangsi. **suspiciously** *adv.* dengan rasa syak atau curiga.

suss *v.t.* (*sl.*) mengesyaki penjenayah. —*n.* (*sl.*) orang yang disyaki; syak. **suss out** (*sl.*) menyiasat.

sustain *v.t.* menopang; menahan; mempertahankan; menanggung; menderita; membenarkan.

sustenance *n.* makanan dan minuman untuk hidup.

suture *n.* jahitan pembedahan. —*v.t.* menjahit (luka).

suzerain *n.* negeri atau pemerintah yang mempunyai kuasa ke atas negeri lain; pemerintah tertinggi. **suzerainty** *n.* pemerintahan tertinggi.

svelte *a.* lampai dan anggun.

SW *abbr.* **South-West** Barat Daya.

swab *n.* pengelap atau pengesat untuk membersih, mengering atau menyerap sesuatu; spesimen rembesan yang diambil dengan pengelap. —*v.t.* (*p.t.* **swabbed**) membersih atau mengelap dengan pengelap ini.

swaddle *v.t.* membalut dengan kain atau pakaian panas.

swag *n.* barang curian; gendongan. **swagman** *n.* gelandangan.

swagger *v.i.* berjalan atau berlagak angkuh. —*n.* gaya berjalan atau berlagak angkuh. —*a.* (*colloq.*) tampan; bergaya.

Swahili *n.* bahasa kaum Bantu yang digunakan dengan meluas di Afrika Timur.

swain *n.* (kegunaan lama) anak muda desa; (bahasa puitis) pelamar.

swallow[1] *v.t./i.* menelan; menggerakkan otot-otot tekak. —*n.* tindakan menelan.

swallow[2] *n.* burung layang-layang. **swallow-dive** *n.* terjun ke air dengan mengembangkan tangan.

swam *lihat* **swim**.

swamp *n.* rawa; paya. —*v.t.* digenangi air; dibanjiri. **swampy** *a.* yang digenangi air; berpaya.

swan *n.* swan; sejenis angsa putih.

swank *n.* (*colloq.*) orang yang sombong atau angkuh; menunjuk-nunjuk. —*v.i.* (*colloq.*) berlagak sombong.

swanky *a.* (**-ier**, **-iest**) (tidak formal) mewah dan mahal.

swansdown *n.* bulu leher angsa yang lembut digunakan sebagai renda.

swansong *n.* kejayaan yang terakhir, dsb.

swap *v.t./i.* (*p.t.* **swapped**) & *n.* (*colloq.*) bertukar-tukar; penukaran.

S

sward *n.* padang rumput.

swarm[1] *n.* sekumpulan orang, lebah, serangga, dll. —*v.i.* dikerumuni; penuh sesak.

swarm[2] *v.i.* **swarm up** memanjat (dengan memeluk dengan kaki dan tangan).

swarthy *a.* (**-ier, -iest**) berkulit gelap. swarthiness *n.* perihal berkulit gelap.

swashbuckling *a. & n.* berlagak berani; ranggi. **swashbuckler** *n.* orang yang berlagak berani.

swastika *n.* swastika; lambang palang yang dahulunya lencana Nazi.

swat *v.t.* (*p.t.* **swatted**) memukul kuat dengan benda yang leper. **swatter** *n.* pemukul.

swatch *n.* contoh kain, dsb.

swath *n.* (*pl.* **swaths**) jalur rumput; gandum, dll., yang telah disabit atau dipotong dengan mesin.

swathe *v.t.* membalut atau membungkus.

sway *v.t./i.* berbuai-buai; bergerak dari kiri ke kanan, mempengaruhi pendapat; tidak tetap pendirian. —*n.* goyangan; kuasa; pengaruh.

swear *v.t./i.* (*p.t.* **swore**, *p.p.* **sworn**) bersumpah; mengaku sesuatu; menyebabkan seseorang bersumpah; menyeranah. **swear by** (*colloq.*) mempunyai keyakinan. **swear to** (*colloq.*) bersumpah. **swear-word** *n.* sumpah seranah.

sweat *n.* keringat; peluh; keadaan berpeluh; (*colloq.*) kegelisahan; (*colloq.*) bekerja kuat; wap pada sesuatu permukaan. —*v.t./i.* mengeluarkan peluh atau keringat; berpeluh-peluh; membanting tulang. **sweat band** *n.* kain yang dipakai untuk menyerap peluh. **sweated labour** pekerja yang bekerja seperti hamba. **sweaty** *a.* berpeluh-peluh.

sweater *n.* baju sejuk; baju panas.

sweatshirt *n.* baju panas daripada kain kapas.

sweatshop *n.* kilang pemeras tenaga pekerja.

Swede *n.* peribumi Sweden.

swede *n.* sejenis lobak.

Swedish *a. & n.* bahasa atau orang Sweden.

sweep *v.t./i.* (*p.t.* **swept**) membersihkan dengan penyapu atau berus; menyapu; membersihkan permukaan; menggerak atau mengalih secara menolak; bergerak dengan gaya yang segak; memanjang atau melingkungi; melalui dengan pantas. —*n.* landaian; perbuatan menyapu; tukang sapu cerobong; judi lumba kuda. **sweep the board** memenangi semua wang yang ada di atas meja sewaktu berjudi. **sweeper** *n.* tukang sapu.

sweeping *a.* secara besar-besaran; secara meluas; tanpa pengecualian.

sweepstake *n.* cepu lumba kuda.

sweet *a.* (**-er, -est**) manis; berbau harum; merdu; segar; sangat menarik; yang disayangi; (*colloq.*) rupawan. —*n.* gula-gula; hidangan yang manis; orang yang disayangi. **sweet-brier** *n.* bunga ros (kecil) yang liar. **sweet pea** tumbuhan yang bunganya harum. **sweet tooth** suka yang manis-manisan. **sweetly** *adv.* dengan cara yang menawan. **sweetness** *n.* kemanisan.

sweetbread *n.* anak limpa binatang digunakan sebagai makanan.

sweeten *v.t./i.* memaniskan; menjadi manis atau lebih manis. **sweetener** *n.* bahan pemanis.

sweetheart *n.* salah seorang daripada dua orang yang berkasih-kasihan; kekasih.

sweetmeal *a.* tentang tepung gandum yang dipermaniskan.

sweetmeat *n.* manisan; halwa.

swell *v.t./i.* (*p.t.* **swelled**, *p.p.* **swollen** atau *swelled*) menggelembung; membuat atau menjadi besar daripada tekanan dalaman; membengkak; bertambah bilangan. —*n.* bengkakan; gelombang besar; bunyi yang semakin kuat; (*colloq.*) orang yang terkemuka. —*a.* (*colloq.*) kemas; bergaya. **swelled head** (*sl.*) sombong.

swelling *n.* benjol pada badan; bengkak.

swelter *v.i.* berasa panas dan tidak selesa.

swept *lihat* sweep.

swerve *v.t./i.* membelok. —*n.* belokan.

swift *a.* (**-er, -est**) cepat; lekas. —*n.* sejenis burung yang terbang pantas dan berkepak panjang. **swiftly** *adv.* dengan pantas. **swiftness** *n.* kepantasan.

swig *v.t./i.* (*p.t.* **swigged**) & *n.* (*colloq.*) minum; menonggak; menelan.

swill *v.t./i.* membilas; membasuh dengan menjirus air; (berkenaan air) menuang; menonggak. —*n.* bilasan; lebihan makanan yang diberikan kepada khinzir.

swim *v.t./i.* (*p.t.* **swam**, *p.p.* **swum**) berenang; menyeberang secara berenang; terapung di atas cecair; rasa berpusing-pusing; rasa pening. —*n.*

S

masa atau pergerakan berenang. **in the swim** ikut serta atau tahu perkara yang sedang berlaku. **swimming-bath, swimming-pool** ns. kolam mandi. **swimmer** n. perenang.

swimmingly adv. dengan mudah dan memuaskan.

swimsuit n. baju mandi; pakaian renang.

swindle v.t. menipu dalam urusan perniagaan; memperoleh secara menipu. —n. penipuan; orang yang menipu. **swindler** n. penipu.

swine n.pl. khinzir. —n. (pl. **swine**) (colloq.) orang yang dibenci.

swineherd n. (usang) gembala khinzir.

swing v.t./i. (p.t. **swung**) ayun; memusing atau membelok dengan cepat; berlari atau berjalan melenggang; menukar dari satu pendapat kepada yang lain; menetapkan; (sl.) dihukum gantung; bermain (muzik) dengan rentak yang baik. —n. ayunan; buaian; tempat duduk yang digantung dengan tali atau rantai besi untuk berbuai; pergerakan mengikut rentak. **in full swing** sesuatu yang sedang giat dilakukan. **swing bridge** jambatan yang dapat ditolak ke tepi untuk membolehkan kapal lalu. **swing the lead** (lihat **lead**[2]). **swing-wing** n. sayap kapal terbang yang dapat digerakkan ke belakang. **swinger** n. orang yang lincah dan bergaya.

swingeing a. banyak atau luas; dipukul dengan kuat.

swinish a. buruk; dahsyat.

swipe v.t./i. (colloq.) memukul kuat-kuat; mencuri; mengebas. —n. (colloq.) pukulan yang kuat.

swirl v.t./i. & n. pusaran; kisaran.

swish v.t./i. berdesir. —n. bunyi berdesir; desiran. —a. (colloq.) segak; bergaya.

Swiss a. & n. peribumi Switzerland. **Swiss roll** kek nipis yang disapu jem dan digulung.

switch n. suis; alat penghubung atau penutup litaran elektrik; (pl.) alat untuk menyambung dan memutuskan hubungan pada tempat tertentu di jalan kereta api; bahagian cabang yang kecil; rambut yang diikat di bahagian hujung; perubahan pendapat atau cara, dll. —v.t./i. memasang atau memadamkan suis; bertukar; beralih; berubah; berpusing dengan pantas; meragut dengan tiba-tiba.

switchback n. kereta api permainan yang menjunam turun naik dari lerengan yang tinggi di taman hiburan; jalan raya dengan lerengan tinggi.

switchboard n. papan suis; perkakas yang mengandungi banyak suis untuk membuat perhubungan melalui telefon; perhubungan melalui telefon.

swivel n. alat yang menyambungkan dua bahagian supaya satu atau kedua-dua bahagian itu dapat berputar dengan bebas. —v.t./i. (p.t. **swivelled**) berpusing.

swizzle n. (colloq.) arak; (sl.) penipuan; kekecewaan. **swizzle-stick** n. sejenis alat yang digunakan untuk mengacau minuman.

swollen lihat **swell**.

swoon v.i. & n. pitam.

swoop v.i. menyambar; menyerang dengan tiba-tiba. —n. sambaran.

swop v.t./i. (p.t. **swopped**) & n. saling menukar.

sword n. pedang.

swordfish n. ikan todak.

swore lihat **swear**.

sworn lihat **swear**. —a. berazam.

swot v.t./i. (p.t. **swotted**) (school sl.) belajar dengan rajin. —n. (school sl.) ketekunan belajar; orang yang tekun bekerja.

swum lihat **swim**.

swung lihat **swing**.

sybarite n. orang yang suka menikmati kemewahan dan kesenangan. **sybaritic** a. berkenaan orang yang suka akan kemewahan dan kesenangan.

sycamore n. pokok besar daripada jenis pokok **maple**.

sycophant n. pengampu (untuk mendapat keuntungan). **sycophantic** a. sifat suka memuji dan mengampu. **sycophantically** adv. dengan cara mengampu.

syllabary n. ejaan sukuan.

syllable n. suku kata. **syllabic** a. berkenaan suku kata. **syllabically** adv. menurut suku kata.

syllabub n. sejenis makanan yang menggunakan krim dan wain.

syllabus n. (pl. -**buses**) sukatan pelajaran.

syllogism n. silogisme; bentuk taakulan yang dengannya keputusan diambil daripada dua usul. **syllogistic** a. bersifat silogisme.

sylph n. wanita lampai.

sylvan adj. (atau **silvan**) berkenaan kawasan pepohonan; penuh dengan pepohonan.

symbiosis n. (pl. -**oses**) simbiosis; hubungan antara organisma yang berlainan tinggal dalam perkaitan yang rapat. **symbiotic** a. berkenaan simbiosis; simbiotik.

symbol n. simbol; tanda yang mengenalkan sesuatu; lambang yang mempunyai erti tertentu.

symbolic, symbolical adjs. berkenaan lambang atau simbol. **symbolically** adv. dari segi lambang secara perlambangan.

symbolism n. simbolisme; perlambangan; sesuatu yang dinyatakan dengan menggunakan simbol. **symbolist** n. orang yang menyatakan pendapat menggunakan simbol.

symbolize v.t./i. menjadi lambang sesuatu; menggunakan lambang untuk sesuatu; melambangkan.

symmetry n. kedua-dua belah sama ukurannya; bentuk simetri. **symmetrical** a. bersimetri. **symmetrically** adv. dengan cara yang bersimetri.

sympathetic a. mempunyai atau menunjukkan rasa belas kasihan. **sympathetically** adv. dengan cara yang bersimpati.

sympathize v.i. berasa atau menunjukkan simpati. **sympathizer** n. pesimpati.

sympathy n. simpati; berkongsi atau mampu berkongsi perasaan orang lain; perasaan belas kasihan terhadap penderitaan orang lain. **be in sympathy with** bersetuju dengan sesuatu pendapat.

symphony n. simfoni; karangan muzik untuk dimainkan oleh orkestra besar. **symphonic** a. berbentuk simfoni.

symposium n. (pl. **-ia**) simposium; perbincangan tentang sesuatu perkara.

symptom n. simptom; gejala.

symptomatic a. menjadi gejala atau tanda.

synagogue n. tempat orang Yahudi bersembahyang.

synapse n. sambungan antara dua sel saraf.

synchromesh n. alat yang membolehkan bahagian-bahagian gear ditukar pada kelajuan yang sama.

synchronic a. berkaitan dengan sesuatu benda yang wujud pada masa tertentu, bukan dengan sejarahnya.

synchronize v.t./i. berlaku serentak; menyebabkan berlaku serentak; menyelaraskan. **synchronization** n. penyelarasan.

synchronous a. segerak; berlaku serentak.

syncopate v.t. menukarkan irama (muzik). **syncopation** n. penukaran irama (muzik).

syncope n. pengsan; pitam.

syndicate[1] n. sindiket; persatuan perdagangan.

syndicate[2] v.t./i. bergabung untuk menjadi sindiket; menerbitkan (rencana, kartun, dll.) dalam beberapa majalah melalui persatuan perdagangan. **syndication** n. perihal sindiket.

syndrome n. sindrom; mana-mana set pendapat, peristiwa, tindakan, dsb. yang mencirikan sesuatu keadaan tertentu.

synergy n. kerjasama daripada dua benda atau lebih untuk menghasilkan gabungan kesan yang lebih besar daripada kesan yang diasingkan.

synod n. persidangan besar pegawai gereja.

synonym n. sinonim; perkataan seerti dalam bahasa yang sama.

synonymous a. sama erti.

synopsis n. (pl. **-opses**) sinopsis; ringkasan; ikhtisar.

syntax n. sintaksis; susunan kata dalam ayat. **syntactic** a. berkenaan bentuk susunan kata. **syntactically** adv. dari segi sintaksis.

synthesis n. (pl. **-theses**) sintesis; gabungan bahagian yang berasingan; penghasilan secara tiruan.

synthesize v.t. dihasilkan secara sintesis.

synthesizer n. alat sintesis; alat muzik elektronik berupaya menghasilkan pelbagai jenis bunyi.

synthetic a. dihasilkan melalui sintesis. —n. bahan tiruan. **synthetically** adv. menghasilkan sesuatu dengan cara sintesis.

syphilis n. sifilis; sejenis penyakit kelamin. **syphilitic** a. seseorang yang menghidap penyakit sifilis.

syringe n. picagari; alat yang digunakan untuk menyuntik; pam untuk menyedut dan menyemburkan cecair. —v.t. mencuci atau menyembur dengan picagari; menyuntik.

syrup n. sirap; serbat. **syrupy** n. manis seperti sirap.

system n. sistem; kumpulan beberapa bahagian yang sama-sama bekerja; kumpulan pendapat yang teratur dan tersusun rapi; kaedah yang teratur untuk melakukan sesuatu. **systems analysis** analisis sistem; analisis sesuatu pengendalian bagi memutuskan bagaimana sesebuah

S

komputer melaksanakannya. **systems analyst** juruanalisis sistem.

systematic *a.* menurut sistem; bukan secara rambang; berperaturan. **systematically** *adv.* bersistem.

systematize *v.t.* menyusun mengikut sesuatu sistem. **systematization** *n.* penyusunan bersistem.

systemic *a.* sistemik; berkenaan badan sebagai keseluruhannya; (racun kulat, dll.) memasuki tisu tumbuh-tumbuhan.

systole *n.* sistole; denyutan nadi atau jantung. **systolic** *a.* (berkenaan) denyutan nadi.

T

ta *exclam. n.* (tidak formal) terima kasih.

tab *n.* secebis atau sejalur kain, dsb. **keep a tab** atau **tabs on** dalam perhatian; memantau. **pick up the tab** (A.S., *colloq.*) membayar bil.

tabard *n.* sejenis baju tidak berlengan yang dipakai di bahagian luar.

tabby *n.* kucing yang bulunya berwarna kelabu atau coklat dan berjalur hitam.

tabernacle *n.* tempat bersembahyang (Kristian).

tabla *n.* tabla; gendang kecil India yang dimainkan dengan tangan.

table *n.* meja; daftar fakta atau angka yang diatur mengikut sistem; jadual. —*v.t.* menyerahkan untuk perbincangan. **at table** sedang makan di meja. **table tennis** permainan pingpong.

tableau *n.* (*pl.* **-eaux**) sejenis persembahan pentas; tablo.

tablecloth *n.* alas meja.

table d'hote makanan yang dihidangkan dengan harga yang telah ditetapkan.

tableland *n.* dataran tinggi.

tablespoon *n.* camca besar. **tablespoonful** *n.* (*pl.* **-fuls**) sesudu besar penuh.

tablet *n.* buku; batu bersurat; pil.

tabloid *n.* surat khabar yang ukurannya setengah daripada surat khabar biasa yang besar.

taboo *n.* pantang; larangan. —*a.* berlarangan atau berpantang kerana agama atau adat.

tabor *n.* gendang kecil.

tabular *a.* tersusun dalam bentuk jadual.

tabulate *v.t.* menjadualkan. **tabulation** *n.* penjadualan.

tabulator *n.* penjadual; peranti untuk membuat jadual.

tachograph *n.* alat untuk mengukur kelajuan dan waktu perjalanan kenderaan.

tachometer *n.* alat yang digunakan untuk mengukur kelajuan enjin.

tachycardia *n.* degupan jantung yang pantas dan tidak normal.

tacit *a.* tanpa kata-kata; tanpa bertulis; tersirat. **tacitly** *adv.* dengan cara tersirat.

taciturn *a.* pendiam. **taciturnity** *n.* sikap atau perangai pendiam.

tack[1] *n.* paku kecil yang kembang kepalanya; paku kayung; jelujur; arah pergerakan kapal; jalan bertindak atau dasar. —*v.t./i.* melekatkan sesuatu dengan paku tekan atau paku kayung.

tack[2] *n.* pelana; abah-abah.

tackle *n.* takal; alat untuk memunggah barang-barang. —*v.t.* menyelesaikan masalah; menangani. **tackler** *n.* orang yang menangani masalah.

tacky *a.* (cat) melekit; belum kering lagi; kurang elok; rendah mutunya. **tackiness** *n.* kelekitan.

taco *n.* (*pl.* **tacos**) tortilla berinti daging berempah atau kekacang dan dilipat.

tact *n.* kebijaksanaan menguruskan atau menyelesaikan sesuatu masalah tanpa menyinggung perasaan orang lain. **tactful** *a.* bijaksana. **tactfully** *adv.* dengan kebijaksanaan.

tactical *a.* taktikal; berkenaan taktik; merancang dengan cara mahir; (senjata) untuk digunakan dalam peperangan. **tactically** *adv.* dari segi taktik.

tactician *n.* ahli taktik.

tactics *n.* taktik; muslihat. —*n.pl.* langkah-langkah yang diambil untuk mencapai matlamat.

tactile *a.* dapat dirasa. **tactility** *n.* perihal menggunakan deria rasa.

tactless *a.* kurang bijaksana. **tactlessly** *adv.* perihal tidak mempunyai kebijaksanaan. **tactlessness** *n.* ketidak-bijaksanaan.

tadpole *n.* berudu.

taffeta *n.* kain tafeta; kain sutera yang tipis berkilat tetapi agak keras sedikit.

taffrail *n.* langkan yang mengelilingi buritan kapal.

tag[1] *n.* label; bahagian hujung tali kasut. —*v.t./i.* (*p.t* tagged) merangkaikan; menyambung; membubuh label.

tag[2] *n.* permainan (kanak-kanak) kejar-mengejar.

tagliatelle *n.* pasta berbentuk reben kecil.

tai chi *n.* seni silat dan sistem senaman orang Cina.

tail[1] *n.* ekor; (*sl.*) orang yang meng-ekori; (*pl.*) kot (*lihat* tailcoat). **tails** (berkenaan duit syiling) ekor. —*v.t./i.* membuang tangkai; (*sl.*) bayang. **tail away** jauh. **tail-end** *n.* bahagian yang belakang sekali. **tail-light** *n.* lampu belakang kereta. **tail-off** menjadi sedikit dan berkurangan.

tail[2] *n.* had kepada hak milik seseorang atau warisnya.

tailback *n.* kesesakan lalu lintas yang panjang atau berjela-jela.

tailboard *n.* dinding belakang lori yang dapat dibuka atau ditutup.

tailcoat *n.* kot yang bahagian belakangnya dibahagi dua dan tirus hujungnya.

tailgate *n.* pintu but; dinding belakang.

tailless *a.* tidak berekor.

tailor *n.* tukang jahit (lelaki). —*v.t.* membuat pakaian. **tailor-made** *a.* pakaian yang ditempah khusus untuk seseorang. **tailoress** *n.fem.* tukang jahit (wanita).

tailpiece *n.* basian hujung; hiasan hujung sesebuah buku atau babnya.

tailplane *n.* bahagian belakang kepak kapal terbang yang melintang.

tailspin *n.* junaman kapal terbang.

taint *n.* sifat yang cemar, buruk dan jijik. —*v.t.* tercemar.

take *v.t./i.* (*p.t.* took, *p.p.* taken) meme-gang; memaut; menangkap; meng-ambil; berkesan; menjadi mengguna-kan; memasuki; menduduki; memerlu-kan; menyebabkan datang atau pergi; membawa; mengalih; menyambur (api); mengalami; berasa; menerima; tahan; melakukan; berurus dengan; belajar atau mengajar; membuat fotograf. —*n.* jumlah yang diambil. **be taken by** atau **with** terpikat. **be taken ill** jatuh sakit. **take after** menyerupai. **take-away** *a.* & *n.* makanan yang dibawa balik. **take back** menarik balik kenyataan. **take in** memahami; tertipu; terpedaya. **take life** membunuh. **take off** menanggalkan pakaian; ber-angkat, berlepas (dengan kapal ter-bang). **take on** menjalankan (kerja, dsb.); memperoleh; menggajikan; menyahut cabaran; (*colloq.*) dengan penuh emosi. **take oneself off** pergi; melarikan diri. **take-off** mengajuk; proses naik ke udara. **take one's time** berlengah; tidak tergesa-gesa. **take over** *n.* menguasai. **take part** meng-ambil bahagian. **take place** berlaku; terjadi. **take sides** menyokong satu-satu pihak. **take to** menjadikan tabiat atau kebiasaan; mengembangkan kesukaan atau kebolehan untuk sesua-tu. **take up** mengambil sebagai hobi; meneruskan; beri perhatian kepada. **take up with** mula bergaul. **taker** *n.* pengambil.

taking *a.* menarik hati; menawan hati.

takings *n.pl.* wang yang diterima dalam perniagaan.

talc *n.* talkum; sejenis mineral yang lembut; bedak talkum.

talcum *n.* **talcum powder** bedak talkum.

tale *n.* karangan; cerita; kisah.

talent *n.* bakat; kebolehan semula jadi; mata wang zaman dahulu kala.

talented *a.* berbakat.

talisman *n.* (*pl.* -mans) azimat; tang-kal. **talismanic** *a.* bersifat azimat.

talk *v.t./i.* bercakap; berkata-kata; berbicara; menggunakan (bahasa ter-tentu) apabila bercakap; kesan dan pengaruh daripada percakapan. —*n.* perbualan; perbincangan; perunding-an. **talk over** berbincang. **talking-to** *n.* teguran. **talker** *n.* pembicara.

talkative *a.* suka atau gemar bercakap; peramah.

tall *a.* (-er, -est) tinggi. **tall order** tugas yang susah, rumit. **tall story** (*colloq.*) sesuatu yang sukar diper-cayai. **tallness** *n.* ketinggian.

tallboy *n.* almari berlaci yang tinggi.

tallow *n.* lemak binatang yang diguna-kan untuk membuat lilin, pelincir, dsb.

tally *n.* catatan; gundal pengenalan. —*v.i.* sama; selaras.

tally-ho. *int.* seruan pemburu apabila nampak binatang buruannya.

Talmud *n.* kitab suci agama Yahudi. **Talmudic** *a.* perihal agama dan perundangan orang Yahudi.

talon *n.* cakar; kuku burung pemangsa yang panjang.

tamarind *n.* pohon asam jawa.

tambour *n.* gelendong; pemidang; kerangka berbentuk bulat untuk meregang jahitan.

tambourine *n.* tamborin; sejenis alat muzik seperti rebana kecil yang dipasang dengan kepingan logam di sekelilingnya.

tame *a.* (-er, -est) jinak dan tidak takut kepada manusia; tidak bersemangat. —*v.t.* menjinakkan. **tamely** *adv.* dengan jinak. **tameness** *n.* perihal jinak.

tamer *n.* penjinak; orang yang kerjanya menjinakkan binatang.

Tamil *n.* orang atau bahasa dari selatan India atau Sri Lanka.

tam-o'-shanter *n.* sejenis beret; sejenis kopiah yang dibuat daripada kain bulu.

tamp *v.t.* memadatkan; mengasakkan.

tamper *v.i.* **tamper with** mencuba merosakkan; campur tangan dalam sesuatu.

tampon *n.* tampon; kapas digunakan sebagai penyumbat atau penahan darah semasa haid.

tan *v.t./i.* (*p.t.* **tanned**) menyamak; memasak kulit binatang dengan sejenis zat supaya menjadi lembut dan berwarna. —*n.* menjadi perang kulitnya kerana berjemur. —*a.* perang kekuning-kuningan.

tandem *n.* basikal yang dapat dinaiki dan dikayuh oleh dua orang atau lebih. —*adv.* seorang di belakang seorang yang lain. **in tandem** diaturkan demikian; seiringan.

tandoor *n.* tandur; dapur tanah liat India.

tandoori *n.* tanduri; makanan yang dimasak dalam tandur.

tang *n.* bau yang menusuk hidung; unjuran parang yang dimasukkan ke dalam hulu. **tangy** *a.* berbau menusuk hidung.

tangent *n.* garis sentuh; garisan lurus yang menyentuh sesuatu bulatan atau lengkok tetapi tidak melintasinya. **go off at a tangent** mengalih secara mendadak dari jalan atau aliran fikiran. **tangential** *a.* pertukaran arah dan melencong tiba-tiba.

tangerine *n.* limau tangerin; sejenis oren kecil; warna oren.

tangible *a.* yang dapat dirasai oleh sentuhan; terang dan tepat; nyata. **tangibly** *adv.* bukan khayalan dan terbukti kebenaran. **tangibility** *n.* keadaan dapat dirasai oleh pancaindera.

tangle *v.t./i.* menjadikan kusut; mengusutkan. —*n.* sesuatu benda atau keadaan yang kusut. **tangly** *a.* kusut.

tango *n.* (*pl.* -os) sejenis tarian. —*v.i.* menari tango.

tank *n.* tangki; kereta kebal; kereta perisai.

tankard *n.* kole besar yang bertutup.

tanker *n.* kapal, lori atau kapal terbang yang dikhaskan untuk membawa bahan cecair dengan banyaknya; pasukan tentera kereta perisai.

tanner *n.* orang yang kerjanya menyamak kulit binatang.

tannery *n.* tempat menyamak kulit binatang.

tannic acid *n.* asid tanik.

tannin *n.* tanin; asid yang diperolehi daripada beberapa jenis pokok dan digunakan untuk menyamak kulit binatang.

tantalize *v.t.* menimbulkan keinginan yang tidak mungkin dicapaikan.

tantalum *n.* unsur logam keras yang berwarna kelabu keperakan.

tantalus *n.* tempat berkunci yang memperagakan botol-botol arak.

tantamount *a.* sama dengan; serupa.

tantra *n.* penulisan atau teks mistik agama Hindu atau Buddha.

tantrum *n.* kemarahan tiba-tiba.

tap[1] *n.* kepala paip; bahagian paip yang diputar. —*v.t.* (*p.t.* **tapped**) memasang paip pada sesuatu; mengeluarkan melalui paip; memperoleh bekalan, dll. atau keterangan dari; membuat bebenang lubang skru; membuat sambungan telefon. **on tap** (*colloq.*) ada dan dapat digunakan. **tap-root** *n.* akar tunjang.

tap[2] *v.t./i.* (*p.t.* **tapped**) mengetuk dengan perlahan. —*n.* ketukan yang perlahan. **tap-dance** *n.* tarian yang menghentak kaki.

tape *n.* tali atau pita untuk mengikat; pita ukur; pita perakam. —*v.t.* mengikat dengan tali atau pita. **have a thing taped** (*sl.*) memahaminya dengan betul; mempunyai satu kaedah yang tersusun untuk mengendalikan sesuatu. **tape-measure** *n.* pita ukur. **tape recorder** *n.* pita perakam. **tape recording** *n.* pita rakaman.

taper *n.* dian atau lilin kecil. —*v.t./i.* menirus dan meruncing. **taper off** semakin perlahan, kecil, dsb.

tapestry *n.* sejenis tenunan.

tapeworm *n.* cacing pita.

tapioca *n.* ubi kayu.

tapir *n.* tenuk; cipan.

tappet *n.* unjuran pada mesin yang mengetuk pada sesuatu.

taproom *n.* bilik tempat minuman arak dihidang dari tong berpaip.

tar *n.* tar; belangkin. —*v.t.* (*p.t.* tarred) menurap dengan tar.

taradiddle *n.* (*colloq.*) tipu; karut.

tarantella *n.* sejenis tarian yang berpusing-pusing.

tarantula *n.* tarantula; labah-labah yang berbulu dan bisa.

tarboosh *n.* tarbus; sejenis topi.

tardy *a.* (-ier, -iest) lambat; perlahan untuk bergerak, bertindak atau terjadi. **tardily** *adv.* dengan lambat atau berlengah. **tardiness** *n.* kelewatan; kelambatan.

tare¹ *n.* sejenis tumbuhan.

tare² *n.* kelebihan muatan dalam menimbang kenderaan.

target *n.* sasaran.—*v.t.* (*p.t.* -ed) menghalalkan ke sasaran.

tariff *n.* tarif; cukai.

tarlatan *n.* muslin keras.

Tarmac *n.* kerikil yang dicampur dengan tar. **tarmac** *n.* kawasan yang dilapisi dengan tar. **tarmacked** *a.* kawasan bertar.

tarn *n.* tasik kecil di kawasan pergunungan.

tarnish *v.t./i.* menghilangkan kilat atau seri; mencela. —*n.* kehilangan kilat; cela.

tarot *n.* permainan yang menggunakan 78 keping daun terup; permainan ini juga digunakan untuk menengok nasib.

tarpaulin *n.* kain tarpal.

tarragon *n.* sejenis herba.

tarry¹ *a.* daripada atau seperti tar.

tarry² *v.i.*(usang) lambat.

tarsier *n.* sejenis binatang seperti monyet.

tarsus *n.* (*pl.* -si) tulang yang membentuk pergelangan kaki.

tart¹ *a.* (-ier, -est) masam. **tartly** *adv.* dengan masam. **tartness** *n.* kemasaman.

tart² *n.* kuih tat; (*sl.*) pelacur. —*v.t.* **tart up** (*colloq.*) berpakaian kemas; berhias hingga menjolok mata.

tartan *n.* kain bulu yang coraknya berpetak-petak.

tartar *n.* tartar; kotoran yang menjadi keras dan melekat pada gigi.

Tartar *n.* salah satu kumpulan orang Asia Tengah; orang yang perangainya kasar dan bengis.

tartare sauce *n.* sos tartar.

task *n.* tugas atau tanggungjawab yang mesti dilakukan. —*v.t.* memerah tenaga daripada seseorang. **take to task** memarahi. **task force** pasukan petugas; sekumpulan orang yang diaturkan untuk sesuatu tugas yang khusus.

taskmaster *n.* orang yang memberikan tugas dan tanggungjawab.

tassel *n.* rumbai; jumbai. **tasselled** *a.* terhias dengan rumbai; berumbai.

taste *n.* rasa; kebolehan merasa; kuantiti yang sedikit (makanan dan minuman) setakat mencuba; pengalaman yang sedikit; kesukaan; keupayaan menghayati dan menikmati kecantikan. —*v.t./i.* merasa dengan lidah. **taster** *n.* orang yang merasa.

tasteful *a.* menarik. **tastefully** *adv.* dengan menarik. **tastefulness** *n.* perihal menarik.

tasteless *a.* tawar; hambar. **tastelessly** *adv.* dengan rasa tawar. **tastelessness** *n.* kehambaran.

tasty *a.* (-ier, -iest) sedap; lazat citarasanya.

tat¹ *v.t./i.* (*p.t.* tatted) membuat tating; menyirat benda dengan benang.

tat² *lihat* **tit²**.

tattered *a.* koyak rabak.

tatters *n.pl.* kain buruk; perca kain.

tatting *n.* tating; renda yang disirat dengan benang.

tattle *v.i.* berbual-bual kosong; membocorkan (rahsia, dsb.). —*n.* orang yang suka berbual-bual kosong.

tattoo¹ *n.* tatu; pertunjukan permainan pancaragam dan kawat oleh anggota tentera; ketukan yang berulang-ulang atau tempo.

tattoo² *v.t.* mencacah. —*n.* tatu; cacah; tanda yang dicacah pada kulit.

tatty *a.* (-ier, -iest) tidak kemas; serbah-serbih. **tattily** *adv.* dengan serbah-serbih. **tattiness** *n.* keadaan berserbah-serbih.

taught *lihat* **teach**.

taunt *v.t.* mengejek; menghina. —*n.* celaan; ejekan.

taut *a.* tidak kendur; tegang.

tauten *v.t./i.* menegangkan; meregangkan.

tautology *n.* ulangan yang tidak perlu. **tautological** *a.* perulangan yang tidak sepatutnya. **tautologous** *a.* berulang-ulang atau berkali-kali.

tavern *n.* (usang) kedai minuman, terutama yang menjual minuman keras.

tawdry *a.* (-ier, -iest) penuh dengan perhiasan tetapi tidak menarik. **tawdrily** *adv.* berperhiasan yang tidak menarik. **tawdriness** *n.* keadaan sesuatu yang hiasannya berlebihan tetapi tidak menarik.

tawny *a.* warna kuning keperang-perangan.

tax *n.* cukai; beban. —*v.t.* mengenakan cukai. **tax-deducible** *a.* boleh ditolak cukai. **tax with** dituduh kerana. **taxation** *n.* pencukaian. **taxable** *a.* dapat dikenakan cukai.

taxi *n.* (*pl.* **-is**) teksi; kereta sewa. —*v.i.* (*p.t.* **taxied**, *pres.p.* **taxiing**) bergerak di atas permukaan air atau tanah menggunakan tenaga sendiri. **taxi-cab** *n.* teksi.

taxidermy *n.* taksidermi; proses pengawetan kulit binatang. **taxidermist** *n.* ahli taksidermi; orang yang kerjanya mengusahakan pengeringan kulit binatang.

taxonomy *n.* taksonomi; pengelasan organisma secara saintifik. **taxonomist** *n.* orang yang melakukan kerja pengelasan organisma secara saintifik.

taxpayer *n.* pembayar cukai.

TB *abbr.* (*colloq.*) tuberculosis penyakit batuk kering.

tbsp (atau **tbs**) *abbr.* table spoonful satu camca besar penuh.

tea *n.* teh. **tea bag** uncang teh. **tea break** *n.* waktu minum teh. **tea chest** *n.* kotak atau peti untuk mengisi teh. **tea-leaf** *n.* daun teh. **tea rose** *n.* bunga ros yang berbau seakan-akan daun teh. **tea towel** *n.* kain lap yang digunakan untuk mengeringkan cawan dan piring.

teacake *n.* sejenis ban atau roti yang dihidangkan dengan mentega.

teach *v.t./i.* (*p.t.* **taught**) ajar; didik. **teachable** *a.* dapat diajar. **teacher** *n.* guru.

teacup *n.* cawan teh.

teak *n.* kayu jati.

teal *n.* (*pl.* **teal**) sejenis itik.

team *n.* pasukan; kumpulan; pasukan orang yang bekerja bersama-sama. —*v.t./i.* bergabung dalam pasukan.

teamwork *n.* kerjasama berpasukan.

teapot *n.* teko teh.

tear[1] *v.t./i.* (*p.t.* **tore**, *p.p.* **torn**) mencarik; menyiat; mengoyak. —*n.* lubang; koyak.

tear[2] *n.* air mata. **in tears** sedang menangis. **tear gas** *n.* gas pemedih mata.

tearaway *n.* orang yang tidak boleh diharap atau tidak bertanggungjawab.

tearful *a.* sedih dan menangis. **tearfully** *adv.* dengan sedih; dengan tangisan.

tearing *a.* terlalu ganas; terdesak.

tease *v.t.* mempersenda dan mencemuh; menyakat; mengusik. —*n.* orang yang suka mencemuh.

teasel *n.* sejenis tumbuhan yang bunganya digunakan untuk menggaruk kain, dll. supaya keluar bulunya.

teaser *n.* (*colloq.*) masalah atau soalan yang rumit.

teaset *n.* set cawan dan piring untuk menghidang teh.

teashop *n.* kedai teh; bilik minum teh.

teaspoon *n.* camca teh. **teaspoonful** *n.* (*pl.* **-fuls**) satu camca teh penuh.

teat *n.* puting susu.

tech *n.* (*colloq.*) kolej teknik.

technical *a.* yang berkaitan dengan mesin atau teknik. **technically** *adv.* dari segi teknik. **technicality** *n.* perihal teknik.

technician *n.* juruteknik.

technicolor *n.* (tanda dagang) proses menghasilkan filem wayang gambar berwarna.

technique *n.* teknik; kaedah.

technocracy *n.* teknokrat; negara teknokrat.

technology *n.* teknologi; ilmu yang berkaitan dengan perindustrian. **technological** *a.* berkenaan teknologi. **technologically** *adv.* dari segi teknologi. **technologist** *n.* ahli teknologi; pakar dalam bidang teknik dan industri.

tectonic *a.* tektonik; daripada kerak bumi.

teddy-bear *n.* patung permainan kanak-kanak yang berupa beruang.

tedious *a.* menjemukan dan membosankan. **tediously** *adv.* dengan cara yang membosankan. **tediousness** *n.* kejemuan; kebosanan. **tedium** *n.* rasa jemu.

tee *n.* tempat meletakkan bola golf. —*v.t.* (*p.t.* **teed**) meletakkan bola golf di tempatnya.

teem[1] *v.i.* banyak; penuh.

teem[2] *v.i.* mencurah-curah (hujan).

teenager *n.* anak remaja atau belasan tahun.

teens *n.pl.* masih dalam lingkungan umur belasan tahun. **teenage** *a.* belasan tahun; remaja. **teenaged** *a.* berusia belasan tahun.

teeny *a.* (-**ier**, -**iest**) (*colloq.*) kecil.

tee-shirt *n.* = **T-shirt** kemeja-T.

teeter *v.i.* berdiri atau bergerak tidak seimbang; teragak-agak; tidak tetap pendirian.

teeth *lihat* **tooth**.

teethe *v.i.* (bayi) tumbuh gigi yang pertama. **teething troubles** masalah awal yang dialami oleh sesuatu perusahaan.

teetotal *a.* pantang meminum minuman keras. **teetotaller** *n.* orang yang tidak meminum minuman keras.

TEFL *abbr.* **Teaching English as a Foreign Language** pengajaran bahasa Inggeris sebagai bahasa asing.

teflon *n.* (tanda dagang) lapisan tidak melekat untuk kuali, dsb.

telecommunication *n.* telekomunikasi; perhubungan dengan menggunakan telefon, radio, dsb.

telegram *n.* telegram.

telegraph *n.* telegraf. —*v.t.* menghantar berita dengan telegraf.

telegraphist *n.* orang yang digaji untuk bekerja menghantar dan menerima telegraf.

telegraphy *n.* perhubungan dengan telegraf. **telegraphic** *a.* yang dihantar dengan telegraf. **telegraphically** *adv.* secara telegraf.

telekinesis *n.* kebolehan mengerakkan objek dengan kuasa mental.

telemeter *n.* telemeter. **telemetry** *n.* telemeteri.

telepathy *n.* telepati; ilmu penghubungan rohani dengan orang lain dari jauh. **telepathic** *a.* berkaitan dengan perpindahan apa yang difikirkan daripada seorang kepada seorang yang lain yang berjauhan. **telepath**, **telepathist** *ns.* orang yang mempelajari tentang telepati.

telephone *a.* telefon. —*v.t.* menghantar mesej atau bercakap dengan telefon. **telephonic** *a.* yang berkaitan dengan telefon. **telephonically** *adv.* secara telefon. **telephony** *n.* kaedah menghantar dan menerima suara percakapan dengan menggunakan telefon.

telephonist *n.* telefonis; operator telefon.

telephoto lens kanta telefoto; lensa yang menghasilkan imej yang besar kepada objek yang jauh untuk fotografi.

teleprinter *n.* teleprinter; mesin teletaip; peralatan telegraf yang menerima dan menghantar mesej dengan bertaip.

telerecording *n.* siaran televisyen rakaman.

telesales *n.pl.* jualan melalui telefon.

telescope *n.* teleskop; teropong jauh —*v.t./i.* menjadikan pendek dengan memasukkan sebahagian daripada sesuatu ke dalam sebahagian lagi. **telescopic** *a.* dapat dilihat dengan teropong jauh. **telescopically** *adv.* keadaan peralatan yang digunakan untuk melihat sesuatu benda yang kecil agar diperbesarkan.

teletext *n.* teleteks; perkhidmatan maklumat disalur daripada komputer kepada pelanggan.

televise *v.t.* menyiarkan menerusi televisyen.

television *n.* televisyen. **television set** peti televisyen.

telex *n.* teleks; sistem telegrafi menggunakan teleprinter dan talian awam. —*v.t.* menghantar atau menerima dengan menggunakan teleks.

tell *v.t./i.* (*p.t.* **told**) memberitahu dengan tulisan atau kata-kata; memberi keterangan kepada; mengucapkan; mendedahkan rahsia; menentukan; membezakan; menghasilkan kesan; membilangi tepat; perintah. **tell off** (*colloq.*) memperkatakan kesalahan seseorang kemudian memarahinya. **tell-tale** *n.* orang yang membawa cerita. **tell tales** membuka rahsia atau aib orang lain.

teller *n.* juruwang; orang yang menerima dan membayar wang di bank.

telling *a.* berkesan; mendatangkan kesan.

telly *n.* (*colloq.*) televisyen.

temerity *n.* keberanian yang membabi buta.

temp (*colloq.*) pekerja sambilan.

temper *n.* keadaan jiwa atau hati; perasaan hati; dalam keadaan marah. —*v.t.* meningkatkan kekerasan dan keteguhan logam, dsb.

tempera *n.* kaedah lukisan menggunakan serbuk warna bercampur telur.

temperament *n.* perangai; tabiat.

temperamental *a.* berperangai; bertabiat. **temperamentally** *adv.* yang berkaitan dengan perangai.

temperance *n.* kesederhanaan dalam melakukan sesuatu; menahan diri daripada meminum minuman keras.

temperate *a.* tidak keterlaluan; sederhana sahaja; iklim yang sederhana;

tidak terlalu panas atau terlalu sejuk. **temperately** *adv.* secara sederhana.

temperature *n.* hawa; suhu; suhu badan yang lebih tinggi daripada biasa.

tempest *n.* ribut atau taufan yang ganas.

tempestuous *a.* gamat; kelam-kabut. (berkenaan emosi orang) bergelora; mudah marah.

template *n.* pencontoh; sesuatu yang dijadikan panduan atau contoh ketika memotong sesuatu bentuk.

temple[1] *n.* berhala; kuil; tokong; rumah tempat beribadat bagi orang yang beragama Hindu, Buddha, dsb. **Inner Temple, Middle Temple** tempat para bakal peguam menuntut dan berlatih di London.

temple[2] *n.* pelipis; bahagian yang rata pada setiap sisi dahi.

tempo *n.* (*pl.* -os atau -i) tempo; rentak lagu; kadar kelajuan atau kemajuan sesuatu; ukuran waktu.

temporal *a.* duniawi; berkenaan masa; berkenaan pelipis.

temporary *a.* sementara; tidak kekal. **temporarily** *adv.* secara sementara.

temporize *v.i.* melambat-lambatkan keadaan. **temporization** *n.* perbuatan untuk menangguhkan waktu.

tempt *v.t.* menggoda; mempengaruhi seseorang. **temptation** *n.* godaan; keadaan dipengaruhi atau digoda. **tempter** *n.* penggoda atau penghasut. **temptress** *n.fem.* wanita penggoda.

ten *a.* & *n.* sepuluh.

tenable *a.* dapat dipertahankan. **tenability** *n.* keadaan yang dapat dipertahankan.

tenacious *a.* melekat dengan teguh. **tenaciously** *adv.* tidak dapat diceraiceraikan; dengan teguh. **tenacity** *n.* ketabahan hati.

tenancy *n.* penggunaan tanah atau bangunan sebagai penyewa.

tenant *n.* penyewa; (undang-undang) orang yang menduduki atau memiliki tanah atau bangunan.

tenantry *n.* penyewa.

tend[1] *v.t.* menjaga sesuatu; menengok; merawat.

tend[2] *v.i.* cenderung kepada; mirip kepada.

tendency *n.* kecenderungan.

tendentious *a.* berhasrat untuk membantu kerana ada tujuan di sebaliknya.

tender[1] *a.* tidak kuat; tidak keras; mudah punah atau rosak; sakit jikalau tersentuh. **tenderly** *adv.* dengan lembut. **tenderness** *n.* kelembutan.

tender[2] *v.t./i.* membuat tawaran rasmi; memberi tawaran untuk membekalkan sesuatu. —*n.* tender; tawaran rasmi untuk membekalkan barangan atau membuat kerja pada harga yang telah disebutkan. **legal tender** wang sah; mata wang yang mesti diterima, mengikut undang-undang.

tender[3] *n.* tongkang yang membawa bekalan dari pantai ke kapal besar yang berlabuh di laut; trak untuk mengangkut bahan api, air, dsb.

tenderfoot *n.* orang yang tidak berpengalaman.

tenderize *v.t.* melembutkan.

tenderloin *n.* daging batang pinang.

tendon *n.* tendon; urat yang menghubungkan ke tulang.

tendril *n.* sulur paut; bahagian seperti bebenang pada tumbuhan untuk berpaut atau melilit pada sokong.

tenement *n.* rumah, tempat tinggal atau bahagian rumah yang disewakan.

tenet *n.* rukun; prinsip yang dipegang.

tenfold *a.* & *adv.* sepuluh kali ganda.

tenner *n.* (*colloq.*) wang kertas yang bernilai sepuluh paun.

tennis *n.* permainan tenis.

tenon *n.* bahagian hujung sesuatu yang dimasukkan ke tempat yang ditebuk.

tenor *n.* sari pati; isi atau erti yang sebenarnya. —*a.* suara yang paling tinggi bagi penyanyi lelaki; tenor.

tenpin bowling *n.* permainan boling sepuluh pin.

tense[1] *n.* kala; bentuk kata kerja yang menunjukkan waktu.

tense[2] *a.* (-er, -est) tegang; kejang. —*v.t./i.* menegangkan; menjadi tegang. **tensely** *adv.* dengan tegang. **tenseness** *n.* ketegangan.

tensile *a.* berkaitan dengan ketegangan; dapat direntangkan atau ditegangkan.

tension *n.* ketegangan; perasaan cemas; tegangan.

tent *n.* khemah.

tentacle *n.* tentakel; anggota yang terunjur keluar atau terdapat pada beberapa jenis binatang sebagai alat untuk merasa.

tentative *a.* tidak muktamad; mungkin. **tentatively** *adv.* berkemungkinan.

tenterhooks *n.pl.* **on tenterhooks** dalam kecemasan dan kebimbangan.

tenth *a.* & *n.* yang kesepuluh. **tenthly** *adv.* berkenaan dengan yang kesepuluh.

tenuous *a.* sangat nipis. **tenuousness** *n.* kenipisan. **tenuity** *n.* keadaan yang lembut atau nipis.

tenure *n.* pemilikan atau pemegangan sesuatu, terutamanya harta atau jawatan; jangka masa pemilikan atau pemegangan ini.

tepee *n.* khemah berbentuk kon kaum Indian Amerika Utara.

tepid *a.* agak panas sedikit; panas suam-suam.

tequila *n.* arak Mexico.

tercentenary *n.* ulang tahun yang ketiga ratus.

terebinth *n.* pokok yang mengeluarkan turpentin.

tergiversation *n.* perubahan prinsip.

term *n.* jangka waktu yang ditentukan atau terbatas; tempoh; penggal persekolahan atau perkhidmatan; (*pl.*) syarat-syarat. (*pl.*) perhubungan di antara sesama manusia.

termagant *n.* perempuan yang suka bergaduh atau bising.

terminable *a.* dapat ditamatkan atau diakhiri.

terminal *a.* berlaku pada tiap-tiap akhir penggal; yang terletak di penghabisan sesuatu; membawa maut —*n.* terminal; tempat perhentian bas; lapangan terbang. **terminally** *adv.* yang akhirnya.

terminate *v.t./i.* mengakhiri; menamatkan. **termination** *n.* penamatan.

terminology *n.* istilah. **terminological** *a.* berkenaan istilah.

terminus *n.* (*pl.* -i) tamat; penghabisan; perhentian yang akhir.

termite *n.* anai-anai.

tern *n.* sejenis burung laut berkepak panjang.

ternary *a.* mengandungi tiga bahagian.

terra firma tanah kering; daratan.

terrace *n.* teres; rumah deret.

terracotta *n.* barang-barang yang dibuat daripada tanah liat.

terrain *n.* kawasan tanah dengan ciri-ciri semula jadinya.

terrapin *n.* sejenis kura-kura yang hidup di air tawar.

terrestrial *a.* daratan; berkenaan bumi dan dunia; berkenaan tumbuhan di darat.

terrible *a.* dahsyat; mengerikan; hebat. **terribly** *adv.* dengan teruk; sangat; betul-betul.

terrier *n.* sejenis anjing kecil yang aktif.

terrific *a.* (*colloq.*) tersangat besar; keterlaluan. **terrifically** *adv.* dengan menakutkan; amat; sangat.

terrify *v.t.* menjadikan takut; menakutkan.

terrine *n.* pes daging, dsb.

territorial *a.* berkenaan kawasan.

Territorial *n.* anggota pasukan tentera simpanan. **Territorial Army** anggota Pasukan Simpanan Tentera Darat.

territory *n.* kawasan atau daerah di bawah naungan sesebuah negara.

terror *n.* ketakutan yang amat sangat; (*colloq.*) orang atau barang yang menyusahkan.

terrorism *n.* keganasan; kekejaman.

terrorist *n.* pengganas.

terrorize *v.t.* menakut-nakutkan orang dengan melakukan keganasan. **terrorization** *n.* pengganasan.

terry *n.* fabrik kapas untuk membuat tuala, dll.

terse *a.* ringkas serta jelas dan tepat. **tersely** *adv.* secara ringkas, jelas dan tepat. **terseness** *n.* keringkasan; ketepatan.

tertiary *a.* yang ketiga; (pendidikan) tinggi.

tessellated *a.* yang menyerupai mozek.

test *n.* ujian; peperiksaan (terutama di sekolah) ke atas beberapa subjek tertentu. —*v.t.* menguji. **test match** perlawanan ragbi dan kriket di antara dua pasukan dari negara yang berlainan. **test-tube** *n.* tabung uji. **tester** *n.* penguji.

testament *n.* wasiat; bukti; kepercayaan rohaniah yang ditulis. **Old Testament** buku agama yang ditulis tentang sejarah dan kepercayaan orang Yahudi. **New Testament** Injil.

testamentary *a.* yang berkenaan dengan wasiat.

testate *a.* yang meninggalkan wasiat.

testator *n.* orang lelaki yang berwasiat.

testatrix *n.fem.* orang perempuan yang berwasiat; pewasiat.

testes *lihat* testis.

testicle *n.* testikel; buah zakar.

testify *v.t./i.* membuktikan; mempersaksikan.

testimonial *n.* testimonial; surat akuan; surat penghargaan; tanda penghargaan yang diberikan.

testimony *n.* keterangan lisan atau bertulis yang dibuat di mahkamah untuk membuktikan kebenaran sesuatu.

testis *n.* (*pl.* testes) testis; buah zakar.

testosterone *n.* hormon seks lelaki.

testy *a.* bengkeng. **testily** *adv.* dengan bengkeng.

tetanus *n.* penyakit terkancing mulut.

tetchy *a.* lekas marah.

tête-à-tête *n.* percakapan sulit, terutama di antara dua orang sahaja. —*a.* & *adv.* mengadakan perjumpaan sulit.

T

tether *n.* tali, dll. untuk menambat binatang. —*v.t.* mengikat dengan tali. **at the end of one's tether** buntu fikiran kerana risau, dsb.

tetrahedron *n.* (*pl.* -dra) tetrahedron; bentuk piramid.

teutale *a.* mendedahkan sesuatu. – *n.* orang yang melaporkan kesalahan orang lain.

Teutonic *a.* berkenaan dengan orang atau bangsa Jerman serta bahasa mereka.

text *n.* teks; kandungan atau isi buku; buku wajib untuk pelajar. **textual** *a.* berkenaan dengan teks.

textbook *n.* buku teks; buku pelajaran.

textile *n.* tekstil; kain. —*a.* berkenaan membuat kain.

texture *n.* tekstur; jalinan benang pada tenunan.

textured *a.* bertekstur. **textural** *a.* berkenaan tekstur.

thalidomide *n.* talidomida; sejenis ubat atau dadah yang dikatakan menyebabkan kecacatan pada anggota bayi.

than *conj.* dari atau daripada.

thank *v.t.* mengucapkan terima kasih. **thank-offering** *n.* sesuatu yang diberi sebagai mengucapkan terima kasih. **thank you** ucapan terima kasih yang halus. **thanks** *n.pl.* ucapan terima kasih yang tidak terhingga. **thanks to** berterima kasih kepada.

thankful *a.* berterima kasih; bersyukur. **thankfully** *adv.* dengan rasa terima kasih atau bersyukur.

thankless *a.* tidak berterima kasih; tidak bersyukur.

thanksgiving *n.* perasaan syukur kepada Tuhan.

that *a.* & *pron.* (*pl.* those) yang itu. —*adv.* hingga; agar; supaya. —*rel. pron.* begitu; demikian; yang.

thatch *n.* atap yang dibuat daripada jerami kering atau lalang. —*v.t.* mengatapi. **thatcher** *n.* pembuat atap jerami.

thaw *v.t./i.* menyebabkan menjadi cair atau lembut. —*n.* keadaan cuaca yang menyebabkan air batu menjadi cair.

the *a.* kata sandang yang digunakan pada kata nama untuk memaksudkan seseorang atau sesuatu yang tertentu, atau untuk menekankan keunggulan atau kepentingan seseorang atau sesuatu. —*adv.* digunakan sebagai adverba dengan maksud 'semakin' atau 'lebih'.

theatre *n.* teater; pawagam; panggung; rumah atau gedung tempat bermain sandiwara; dewan syarahan; bilik bedah.

theatrical *a.* yang berkenaan atau untuk sandiwara. **theatricals** *n.pl.* pertunjukan teater. **theatrically** *adv.* secara sandiwara.

thee *pron.* lihat **thou.**

theft *n.* pencurian.

their *a.*, **theirs** *poss. pron.* kepunyaan mereka.

theism *n.* teisme; kepercayaan bahawa alam adalah ciptaan Tuhan. **theist** *n.* pemegang fahaman teism. **theistic** *a.* berfahaman teisme.

them *pron.* lihat **they.**

theme *n.* tema; tajuk; judul; muzik yang berulang-ulang. **thematic** *a.* berkenaan dengan tajuk utama.

themselves *pron.* digunakan dalam bentuk refleksif bagi *they* dan *them*; mereka sendiri.

then *adv.* tatkala itu; ketika itu. —*a.* & *n.* pada waktu itu.

thence *adv.* dari tempat itu atau ketika itu.

thenceforth *adv.* sejak itu.

theocracy *n.* teokrasi; bentuk kerajaan menerusi arahan paderi. **theocratic** *a.* teokratik. **theocratically** *adv.* bersifat teokrasi.

theodolite *n.* teodolit; sejenis alat untuk mengukur sudut.

theology *n.* teologi; ilmu berkenaan dengan ketuhanan. **theological** *a.* yang berkenaan dengan teologi. **theologian** *n.* ahli agama, ulama atau teologi.

theorem *n.* teorem; prinsip yang dibuktikan secara logik; dalil.

theoretical *a.* berdasarkan teori. **theoretically** *adv.* dari segi teori.

theoretician *n.* ahli teori.

theorist *n.* ahli teori.

theorize *v.i.* membentuk dan membuat teori.

theory *n.* teori; prinsip kasar yang menjadi dasar pembentukan sesuatu ilmu pengetahuan.

theosophy *n.* teosofi; sistem falsafah yang berasaskan ilmu ketuhanan. **theosophical** *a.* yang berdasarkan teosofi.

therapeutic *a.* terapeutik; yang berkenaan dengan cara merawat atau mengubati penyakit. **therapeutically** *adv.* secara terapeutik.

therapist *n.* ahli terapi; ahli mengubati penyakit.

therapy *n.* terapi; pengubatan; rawatan.

there *adv.* di situ; di sana; itu. —*n.* di tempat itu. —*int.* kata untuk menyatakan puas hati, tidak senang atau menenangkan.

thereabouts *adv.* dekat dengan tempat itu; lebih kurang; kira-kira sekitar tempat itu.

thereafter *adv.* sesudah itu; selepas itu.

thereby *adv.* oleh sebab itu; dengan yang demikian; berhubung dengan itu.

therefore *adv.* oleh, dengan, atau sebab itu; jadi.

therein *adv.* di dalamnya; dalam perkara atau hal itu.

thereof *adv.* dari itu; dari situ.

thereto *adv.* tambahan pula.

thereupon *adv.* sesudah itu; kemudian.

therm *n.* therm; unit ukuran panas, terutama bagi gas.

thermal *a.* terma; berkenaan dengan panas. —*n.* aliran udara panas yang naik.

thermionic valve *n.* tiub kosong yang membenarkan elektrod yang dipanaskan mengalirkan elektron.

thermodynamics *n.* ilmu termodinamik; sains perhubungan di antara haba dengan bentuk-bentuk tenaga yang lain.

thermometer *n.* termometer; alat untuk menyukat suhu.

thermonuclear *a.* termonuklear; berkenaan reaksi nuklear yang wujud pada suhu yang tinggi.

thermoplastic *a. & n.* termoplastik; benda yang menjadi lembut apabila dipanaskan dan keras apabila disejukkan.

Thermos *n.* termos; balang untuk menyimpan minuman supaya tetap panas atau sejuk.

thermostat *n.* termostat; alat yang mengawal suhu secara automatik. **thermostatic** *a.* berkenaan dengan suhu yang terkawal. **thermostatically** *adv.* dengan menggunakan termostat.

thesaurus *n.* (*pl.* **-ri**) tesaurus; buku rujukan yang komprehensif; kamus sinonim.

these *lihat* **this**.

thesis *n.* (*pl.* **theses**) tesis.

Thespian *a.* berkenaan tragedi atau drama. —*n.* pelakon.

theta *n.* huruf kelapan abjad Greek (θ).

thews *n.pl.* otot; urat.

they *pron.* mereka.

thiamine *n.* (atau **thiamin**) vitamin B1 yang terdapat dalam bijirin kasar, kekacang dan hati.

thick *a.* (**-er, -est**) tebal; kasar; bodoh; keras; (*colloq.*) perihal hubungan yang rapat. —*adv.* tebal. —*n.* bahagian yang

paling sibuk atau hebat. **thick-skinned** *a.* tebal kulit. **thickly** *adv.* dengan tebalnya. **thickness** *n.* ketebalan.

thicken *v.t./i.* menebalkan; memekatkan.

thicket *n.* semak; samun; belukar.

thickset *a.* tumbuh rapat.

thief *n.* (*pl.* **thieves**) pencuri; perompak. **thievish** *a.* suka mencuri; panjang tangan. **thievery** *n.* pencurian.

thieve *v.t./i.* mencuri.

thigh *n.* paha.

thimble *n.* jidal; sarung jari yang dibuat daripada logam. **thimbleful** *n.* (*pl.* **-fuls**) sedikit.

thin *a.* (**thinner, thinnest**) nipis; kurus. —*adv.* dengan nipis. —*v.t./i.* (*p.t.* **thinned**) menjadi nipis. **thin out** mengurangkan kesibukan dan kelamkabut. **thin-skinned** *a.* cepat perasa. **thinly** *adv.* dengan nipis. **thinness** *n.* kenipisan; kekurusan. **thinner** *n.* bahan pencair.

thine *a & poss. pron.* (usang) kepunyaan anda.

thing *n.* barang; benda; (*pl.*) kepunyaan; perkakas; keadaan. **the thing** apa-apa yang sepatutnya atau berfesyen.

think *v.t./i.* (*p.t.* **thought**) menggunakan akal untuk berfikir. —*n.* (*colloq.*) perlakuan berfikir. **think better of** it menukar fikiran setelah berfikir. **think nothing of** tidak menjadi hal. **think over** memikirkan dalam. **think-tank** *n.* kumpulan yang memberikan idea atau nasihat tentang masalah negara dan komersil. **thinker** *n.* pemikir.

third *a.* ketiga. —*n.* barang, kelas dan lain-lain yang ketiga; salah satu daripada tiga bahagian. **third degree** (A.S.) soal siasat yang lama dan susah oleh pihak polis. **thirdparty** pihak ketiga. **third-rate** *a.* terlalu rendah kualitinya. **Third World** negara-negara Dunia Ketiga; negara-negara Asia, Afrika dan Amerika Latin yang tidak berkiblatkan negara Barat atau Komunis. **thirdly** *adv.* yang ketiga.

thirst *n.* dahaga; haus; keinginan akan sesuatu. —*v.i.* terasa dahaganya. **thirsty** *a.* dahaga; haus. **thirstily** *adv.* dengan dahaga.

thirteen *a. & n.* tiga belas. **thirteenth** *a. & n.* yang ketiga belas.

thirty *a.* tiga puluh. **thirtieth** *a. & n.* yang ketiga puluh.

this *a. & pron.* (*pl.* **these**) ini; yang ini.

thistle *n.* tumbuhan liar yang berduri.

thistledown *n.* bulu-bulu nipis pada biji sejenis tumbuhan liar yang berduri.

thither adv. (usang) ke sana; ke situ; di serata tempat.

thole n. penyangkut untuk pengayuh atau dayung di sisi perahu; sejenis keliti dayung.

thong n. tali kulit.

thorax n. toraks; rongga dada. **thoracic** a. berkenaan dengan rongga dada.

thorn n. duri. **thorny** a. berduri.

thorough a. lengkap; yang sempurna; teliti. **thoroughly** adv. dengan sungguh-sungguh. **thoroughness** n. kesempurnaan.

thoroughbred a. & n. (berkenaan kuda, dll.) berasal daripada keturunan/ baka yang baik-baik.

thoroughfare n. jalan raya; jalan besar.

thoroughgoing a. yang lengkap; yang sempurna.

those lihat **that**.

thou pron. (usang) anda; kamu.

though conj. sungguhpun; meskipun. —adv. (colloq.) bagaimanapun.

thought lihat **think**. —n. pemikiran; idea, dll. yang dihasilkan oleh pemikiran; tujuan; pertimbangan.

thoughtful a. penuh dengan fikiran; bertimbang rasa. **thoughtfully** adv. dengan bertimbang rasa. **thoughtfulness** n. sikap bertimbang rasa.

thoughtless a. cuai; lalai; alpa; kurang fikir; tidak berfikir. **thoughtlessly** adv. dengan tidak bertimbang rasa. **thoughtlessness** n. sikap tidak bertimbang rasa.

thousand a. & n. seribu; ribuan. **thousandth** a. & n. yang ke-1000.

thrall n. abdi; hamba. **thraldom** n. perhambaan; perabdian.

thrash v.t. memukul dengan tongkat; membalun. **thrash out** mencapai penyelesaian dengan perbincangan.

thread n. benang yang dipakai untuk menjahit baju. —v.t. memasukkan benang ke dalam lubang jarum. **threader** n. alat pemasang benang; orang yang memasang benang.

threadbare a. lapuk; buruk; lusuh.

threadworm n. cacing benang (tanah).

threat n. ancaman; amaran; ugutan.

threaten v.t. mengancam; mengugut; menggertak.

three a. & n. tiga. **three-quarter** n. pemain dengan kedudukannya di antara barisan hadapan dengan pemain belakang (di dalam permainan ragbi).

threefold a. & adv. tiga kali ganda; tiga rangkap.

threepence n. jumlahnya tiga peni.

threepenny a. yang berharga atau bernilai tiga peni.

threescore n. (usang) enam puluh.

threesome n. kumpulan tiga orang.

thresh v.t./i. membanting; menebah.

threshold n. ambang; bendul; balak atau batu yang melintang di bahagian bawah pintu rumah.

threw lihat **throw**.

thrice adv. (usang) tiga kali.

thrift n. kehematan membelanjakan wang; sejenis tumbuhan yang berbunga merah jambu. **thrifty** a. cermat; hemat. **thriftily** adv. dengan cermat. **thriftiness** n. sikap berjimat cermat; kehematan.

thrill n. perasaan yang menggetarkan jiwa. —v.t./i. menggetarkan jiwa.

thriller n. cerita atau lakonan yang menarik.

thrips n. (pl. **thrips**) serangga yang menjahanamkan tumbuhan.

thrive v.i. (p.t. **throve** atau **thrived**, p.p. **thrived** atau **thriven**) berkembang dengan suburnya; bertambah maju.

throat n. kerongkong.

throaty a. suara garuk atau parau. **throatily** adv. yang diucapkan dalam kerongkong.

throb v.t. (p.t. **throbbed**) berdebar. —n. denyutan.

throes n.pl. sakit yang amat sangat. **in the throes of** sedang sibuk.

thrombosis n. trombosis; pembekuan darah dalam pembuluh atau jantung.

throne n. takhta; singgahsana.

throng n. orang ramai; orang banyak. —v.t./i. berkerumun; penuh sesak.

throstle n. sejenis burung.

throttle n. pendikit; injap yang mengawal aliran petrol ke dalam enjin. —v.t. mencekik.

through prep. & adv. melalui; menembusi; di antara; dari mula hingga ke akhir; selesai; lulus; disambung melalui telefon; oleh sebab; kerana. —a. menerusi; melalui.

throughout prep. & adv. seluruh; segenap; dari mula hingga ke akhir.

throughput n. jumlah bahan yang diproses.

throve lihat **thrive**.

throw v.t. (p.t. **threw**, p.p. **thrown**) membuangkan; melemparkan; mencampakkan; melontarkan. —n. lontaran; lemparan. **throw away** gagal menggunakan sesuatu; melepaskan peluang. **throw-away** a. yang dibuang selepas digunakan. **throwback** n. menunjukkan sifat atau ciri yang wujud dahulu. **throw in the towel** mengaku kalah. **throw out** membuang; menolak. **throw over** meninggalkan. **throw up** tegak; berdiri; dibawa ke pengetahuan; berhenti daripada; muntah. **throw up the sponge** mengaku kalah. **thrower** *n.* pembaling; pelontar.

thrum *v.t./i.* (*p.t.* **thrummed**) memetik (gitar); berdengung. —*n.* bunyi berdengung.

thrush[1] *n.* nama sejenis burung.

thrush[2] *n.* seriawan; penyakit mulut dan kerongkong (biasanya menyerang kanak-kanak).

thrust *v.t./i.* (*p.t.* **thrust**) perbuatan menolak dan mendesak dengan keras. —*n.* tolakan; bidasan.

thud *n.* bunyi berdebup; bunyi benda yang jatuh. —*v.i.* (*p.t.* **thudded**) jatuh berdebup.

thug *n.* samseng; penjahat. **thuggery** *n.* kegiatan samseng.

thumb *n.* ibu jari. —*v.t.* membalikkan (halaman buku) dengan jari; permintaan dengan mengangkat jari. **thumb-index** indeks; tanda-tanda untuk menunjukkan sesuatu. **under the thumb of** dipengaruhi sepenuhnya oleh; di bawah telunjuk (kiasan).

thumbscrew *n.* skru yang dapat diputarkan dengan menggunakan ibu jari dengan mudahnya.

thump *v.t./i.* menumbuk; memukul atau memalu dengan kerasnya.

thumping *a.* (*colloq.*) besar.

thunder *n.* guruh; petir. —*v.t./i.* menyuarakan dengan kerasnya. **steal a person's thunder** mengambil idea, kata-kata orang lain sebelum orang itu sempat menggunakannya. **thundery** *a.* yang bersangkutan dengan guruh; memberi alamat akan berlakunya petir.

thunderbolt *n.* kilat yang disertai dengan halilintar.

thunderclap *n.* bunyi petir.

thundering *a.* (*colloq.*) sangat besar; hebat.

thunderous *a.* bergemuruh; seperti petir.

thunderstorm *n.* ribut petir; angin ribut yang disertai dengan kilat dan hujan.

thunderstruck *a.* kagum; hairan; disambar petir.

thurible *n.* bekas dupa.

Thursday *n.* Khamis.

thus *adv.* demikian; begitu; begini.

thwack *v.t./i.* memukul dengan barang yang keras. —*n.* pukulan yang keras.

thwart *v.t.* menghalang sesuatu daripada dilakukan. —*n.* bangku melintang di perahu.

thy *a.* (usang) kepunyaan anda.

thyme *n.* sejenis herba yang wangi daunnya.

thymol *n.* timol; antiseptik diperbuat daripada minyak.

thymus *n.* timus; kelenjar tanpa duktus di dasar leher.

thyroid *a. & n.* **thyroid gland** kelenjar tiroid; kelenjar tanpa duktus di dalam leher.

thyself *pron.* (usang) kamu sendiri.

tiara *n.* perhiasan kepala atau mahkota untuk wanita.

tibia *n.* (*pl.* -ae) tibia; tulang kering.

tic *n.* gerenyet.

tick[1] *n.* bunyi detik jam; tanda (√). —*v.t./i.* berdetik; membubuh tanda (√). **tick off** (*sl.*) menegur; dimarahi. **tick over** (enjin) melahu; (kegiatan) berjalan seperti biasa. **tick-tack** *n.* tanda isyarat yang digunakan oleh pemain judi lumba kuda. **tick-tock** *n.* detik jam.

tick[2] *n.* binatang yang menghisap darah seperti nyamuk, pijat, dll.

tick[3] *n.* sarung bantal dan tilam.

tick[4] *n.* (*colloq.*) kredit.

ticker *n.* (*colloq.*) jam; teleprinter. **ticker-tape** *n.* (A.S.) kertas dari teleprinter.

ticket *n.* tiket; kepingan kad atau kertas; sijil pemandu (untuk kapal laut atau kapal terbang); surat saman. —*v.t.* (*p.t.* **ticketed**) meletakkan label atau tanda harga.

ticking *n.* kain tebal untuk membuat sarung bantal.

tickle *v.t./i.* menggeletek; menggelikan. —*n.* terasa geli.

ticklish *a.* mudah geli.

tidal *a.* berkenaan dengan air pasang dan air surut.

tidbit *n.* (A.S.) makanan ringan yang lazat; bahan berita gosip, dsb. yang menarik.

tiddler *n.* (*colloq.*) ikan kecil.

tiddly *a.* (*sl.*) mabuk sedikit.

tiddly-winks *n.pl.* sejenis permainan di mana pemain cuba memasukkan ceper-ceper kecil ke dalam lubang.

tide *n.* air pasang; air surut. —*v.t./i.* terapung dengan air pasang dan air surut. **tide over** membantu seseorang ketika dia dalam kesusahan.

tidings *n.pl.* berita; khabar.

tidy *a.* (-ier, -iest) elok, rapi dan kemas; (*colloq.*) mengemas. **tidily**

adv. dengan kemas. **tidiness** *n.* kerapian.

tie *v.t./i. (pres.p.* **tying**) mengikat; membebat. —*n.* tali, dsb. yang digunakan untuk mengikat sesuatu. **tie-clip** *n.* klip tali leher. **tie-pin** *n.* pin atau klip untuk mengikat tali leher. **tie in** bersetuju untuk disambungkan dengan sesuatu. **tie up** ikatan yang rapi. **tie-up** *n.* sambungan atau hubungan.

tied *a.* membekalkan arak.

tier *n.* baris; deret.

tiff *n.* selisih faham kecil.

tiffin *n.* makan tengah hari (digunakan di India, dll.)

tiger *n.* harimau. **tiger-cat** *n.* kucing besar yang menyerupai harimau. **tiger-lily** *n.* pokok lili yang berwarna oren dengan bintik-bintik gelap.

tight *a.* (**-er, -est**) erat; rapat; ketat; ikatan yang kemas dan kukuh. —*adv.* ketat. **tight corner** keadaan yang susah. **tight-fisted** *a.* kedekut. **tight-lipped** *a.* membisu. **tightly** *adv.* dengan erat. **tightness** *n.* keadaan erat atau ketat.

tighten *v.t./i.* mengeratkan; mengetatkan; merapatkan; mengencangkan.

tightrope *n.* tali yang direntang dengan tegang.

tights *n.pl.* pakaian yang ketat.

tigress *n.* harimau betina.

tilde *n.* penekanan (~) yang diletakkan di atas huruf untuk membezakan perubahan sebutan.

tile *n.* jubin. —*v.t.* ditutupi dengan jubin.

till[1] *v.t.* menyedia dan mengerjakan tanah. **tillage** *n.* bercucuk tanam.

till[2] *prep. & conj.* sampai ke hadnya.

till[3] *n.* laci wang di kedai.

tiller *n.* celaga; tangkai yang dipasang pada kemudi perahu kecil.

tilt *v.t./i.* miring; senget sebelah. —*n.* keadaan senget. **at full tilt** dengan sepenuh, sekuat tenaga; dengan sederas-derasnya.

tilth *n.* bercucuk tanam.

timber *n.* batang kayu; kayu balak.

timbered *a.* yang dibuat daripada kayu.

timbre *n.* sifat khusus bunyi yang dihasilkan oleh suara yang tertentu atau alat nyanyian.

timbrel *n.* (usang) tamborin.

time *n.* waktu. —*v.t.* memilih waktu atau mengukur waktu yang diambil. **behind the times** ketinggalan zaman. **for the time being** buat sementara waktu. **from time to time** kadang-kadang; dari waktu ke waktu. **in no time** dalam sekelip mata. **in time**

lambat-laun. **on time** tepat pada waktunya. **time bomb** bom jangka. **time exposure** terdedah kepada cahaya (dalam fotografi). **time-honoured** *a.* dihormati kerana tradisi yang lama. **time-lag** *n.* jeda masa antara dua peristiwa. **time-server** lalang; orang yang mengikut pendapat orang lain. **time-share** kongsi masa. **time-sharing** pengongsian masa. **time-switch** suis bermasa. **time zone** zon masa; kawasan yang sama waktunya.

timekeeper *n.* penjaga waktu.

timeless *a.* abadi; kekal; selama-lamanya. **timelessness** *n.* keabadian.

timely *a.* sampai atau tepat pada waktunya. **timeliness** *n.* perihal berlaku tepat pada masanya.

timepiece *n.* jam.

timer *n.* manusia atau alat yang mencatat waktu yang dipergunakan.

timetable *n.* jadual waktu.

timid *a.* malu; segan; penakut. **timidly** *adv.* yang berkenaan dengan segan, malu atau takut. **timidity** *n.* sifat malu dan segan; keseganan; perasaan takut.

timing *n.* penjadualan; pengaturan masa.

timorous *a.* malu; segan. **timorously** *adv.* berasa segan dan malu. **timorousness** *n.* keseganan.

timpani *n.pl.* timpani; gendang belanga. **timpanist** *n.* pemain timpani.

tin *n.* timah; tin; kotak atau bekas yang diperbuat daripada timah. —*v.t. (p.t.* **tinned**) disadurkan dengan timah; mengetinkan. **tin-pan alley** dunia pencipta dan penerbit muzik popular. **tinny** *a.* yang berhubung dengan timah.

tincture *n.* larutan ubat dalam alkohol; rasa; warna. —*v.t.* mewarnai.

tinder *n.* bahan kering yang mudah terbakar; rabuk; kawul.

tine *n.* hujung yang runcing; cabang.

tinge *v.t. (pres.p.* **tingeing**) mewarnai sedikit; memberi kesan; mencampuri. —*n.* warna; campuran.

tingle *v.i.* berasa seperti digigit dan dicucuk. —*n.* rasa gelenyar.

tinker *n.* tukang ayan yang membaiki periuk dari setempat ke setempat; orang atau binatang yang nakal. —*v.i.* mencuba memperbaiki sesuatu.

tinkle *n.* bunyi dering. —*v.t./i.* berdering.

tinny *a.* mempunyai bunyi mersik seperti bunyi logam; dibuat daripada logam nipis yang berkualiti rendah.

tinpot *a.* (*derog.*) murah; tidak berkelas; kurang baik.

tinsel *n.* berhias dengan logam atau kertas yang berkilat.

tint *n.* seri warna. —*v.t.* mewarnai (sedikit).

tintinnabulation *n.* deringan loceng.

tiny *a.* (**-ier, -iest**) terlalu kecil.

tip[1] *n.* hujung. —*v.t.* (*p.t.* **tipped**) disediakan hujungnya.

tip[2] *v.t./i.* (*p.t.* **tipped**) menjadi condong atau miring; mengetuk perlahan-lahan; memberikan tip; memberi wang sebagai penghargaan. —*n.* tip; pemberian sebagai hadiah; penerangan sulit atau istimewa yang berguna; tempat membuang sampah. **tip off** memberi amaran atau maklumat rahsia. **tip-off** *n.* amaran atau maklumat rahsia. **tip the wink** memberi maklumat peribadi kepada seseorang; memberi amaran kepada seseorang secara rahsia. **tipper** *n.* orang yang memberikan tip, iaitu wang sebagai penghargaan.

tippet *n.* sejenis kain selendang (daripada bulu) yang menutup bahu.

tipple *v.t./i.* minum minuman keras berulang kali.

tipster *n.* orang yang memberi nasihat atau panduan berkenaan dengan kuda yang akan menang dalam perlumbaan.

tipsy *a.* mabuk sedikit.

tiptoe *v.i.* (*p.t.* **tiptoed**) berjengket.

tiptop *a.* (*colloq.*) sangat bagus.

tirade *n.* syarahan yang mengandungi kata-kata yang pedas; kecaman.

tire[1] *v.t./i.* meletihkan.

tire[2] *n.* (A.S.) tayar.

tired *a.* letih dan lesu; berkeinginan untuk tidur. **tired of** jemu atau bosan dengan.

tireless *a.* yang tidak mengenal letih. **tirelessly** *adv.* secara tidak mengenal letih.

tiresome *a.* menyusahkan; menjemukan.

tissue *n.* tisu; kumpulan sel yang membentuk tubuh binatang dan tumbuhan; sejenis kain yang halus dan nipis. **tissue-paper** *n.* kertas tisu; sejenis kertas nipis dan halus.

tit[1] *n.* sebarang burung daripada berjenis-jenis burung kecil.

tit[2] *n.* **tit for tat** balasan yang bersesuaian dengan perbuatan.

tit[3] *n.* tetek; puting tetek.

titanic *a.* sangat besar seperti raksasa.

titanium *n.* titanium; logam kelabu gelap.

titbit *n.* makanan, berita, dll. yang enak dan lazat.

tithe *n.* sepersepuluh daripada hasil tanaman yang dibayar kepada gereja; zakat.

Titian *a.* (rambut) perang.

titillate *v.t.* mengghairahkan; membangkitkan perasaan terutamanya dari segi seks. **titillation** *n.* pemberangsangan.

titivate *v.t./i.* (*colloq.*) bersolek. **titivation** *n.* persolekan.

title *n.* judul; tajuk. **title-deed** *n.* dokumen sah yang membuktikan hak seseorang terhadap harta tanah. **title-page** *n.* halaman judul buku. **title role** *n.* bahagian dalam sesebuah lakonan yang menjadi tajuk lakonan itu.

titled *a.* ada gelaran; mempunyai gelaran; bergelar.

titmouse *n.* (*pl.* **-mice**) sejenis burung kecil.

titrate *v.t.* mentitrat; menentukan jumlah unsur dalam sebatian melalui ukuran kimia.

titter *n.* ketawa kecil yang tertahan-tahan. —*v.i.* tertawa tertahan-tahan.

tittle-tattle *v.i.* & *n.* desas-desus; celoteh.

titular *a.* berkaitan gelaran atau dimiliki berdasarkan gelaran; pemerintah yang tidak berkuasa.

tizzy *n.* (*sl.*) keadaan yang berserabut; menggelabah.

TNT *abbr.* **trinitrotoluene** sejenis bahan letupan.

to *prep.* ke; kepada. —*adv.* dekat atau hampir. **to and fro** mundar-mandir. **to-be** akan menjadi. **to-do** *n.* kekecohan.

toad *n.* katak. **toad in the hole** sosej yang dibakar.

toadstool *n.* sejenis cendawan yang biasanya beracun dan bentuknya seperti payung.

toady *n.* pengampu. —*v.i.* mengampu.

toast *n.* roti bakar; ucapan selamat kepada seseorang dengan mengangkat gelas minuman. —*v.t./i.* menggaringkan; memanaskan; mendiangkan; memberi ucap selamat kepada seseorang dengan mengangkat gelas minuman.

toaster *n.* alat pembakar roti.

toastmaster *n.* pengumum minum ucap selamat.

tobacco *n.* tembakau.

tobacconist *n.* orang yang menjual rokok dan tembakau.

toboggan *n.* tobogan; sejenis kereta yang tidak beroda digunakan di tempat yang bersalji. **tobboganing** n. bermain tobogan.

toby jug n. sejenis kole minuman.

toccata n. gubahan muzik untuk piano atau organ.

tocsin n. isyarat atau tanda bahaya.

today n. & adv. hari ini; masa ini; sekarang.

toddle v.i. (bagi kanak-kanak) berjalan dengan tidak betul lagi; bertatih; menapak.

toddler n. kanak-kanak yang bertatih.

toddy n. tuak; todi.

toe n. jari kaki. —v.t. merasa dengan jari kaki. **be on one's toes** berwaspada; berhati-hati. **toe-hold** n. sedikit tempat berpijak. **toe the line** mematuhi arahan parti atau kumpulan.

toecap n. penutup but atau kasut.

toff n. (sl.) orang yang segak dan bergaya.

toffee n. tofi; sejenis gula-gula daripada mentega dan gula; coklat yang keras dan manis. **toffee-apple** n. buah epal yang bersalut tofi.

tog n. (p.t. **togged**) (sl.) **tog out** atau **up** memakai pakaian yang elok. **togs** n.pl. pakaian yang cantik.

toga n. pakaian lelaki zaman Rom kuno.

together adv. bersama-sama; serta.

toggle n. sepotong kayu pendek yang diikat dengan tali untuk mengukuhkan ikatan; suis yang dijalankan oleh alat pengumpil.

toil v.i. membanting tulang; bekerja keras. —n. pekerjaan yang berat.

toilet n. proses pembersihan diri dan berpakaian; tandas. **toilet water** pewangi badan.

toiletries n.pl. peralatan dandanan diri.

token n. tanda; isyarat; matlamat. —a. sebagai tanda atau isyarat; sedikit.

tokenism n. pemberian sebagai syarat sahaja.

told lihat **tell**. —a. **all told** membilang setiap orang atau setiap benda.

tolerable a. boleh tahan. **tolerably** adv. agak boleh tahan.

tolerance n. toleransi; kesabaran. **tolerant** a. bersikap sabar; tahan sabar.

tolerate v.t. bersabar; tahan menanggung derita tanpa membantah. **toleration** n. kesabaran.

toll[1] n. tol; cukai kerana menggunakan jalan raya. **toll-gate** n. palang tol.

toll[2] v.t./i. membunyikan loceng perlahan-lahan. —n. pembunyian loceng.

tom n. **tom-cat** n. kucing jantan.

tom-tom n. gendang yang dipukul dengan tangan.

tomahawk n. sejenis kapak yang digunakan sebagai alat atau senjata oleh orang asli Amerika.

tomato n. (pl. **-oes**) tomato.

tomb n. kubur; makam.

tombola n. sejenis permainan loteri.

tomboy n. anak perempuan yang berkelakuan seperti lelaki.

tombstone n. batu nisan.

tome n. buku besar.

tomfool a. & n. orang yang bodoh. **tomfoolery** n. kerja atau kelakuan bodoh.

tommy-gun n. sejenis mesingan kecil yang ringan.

tomography n. tomografi; kaedah radiografi mempamerkan perincian tubuh badan.

tomorrow n. & adv. esok; besok; hari muka.

ton n. tan; (colloq.) jumlah yang banyak. **metric ton** tan metrik.

tone n. nada; bunyi yang tertentu; nada tinggi dan rendah dalam muzik; semangat; warna. —v.t./i. memberikan nada atau warna. **tone-deaf** a. tidak dapat mendengar perbezaan dalam nada muzik. **tone down** melembutkan atau meredakan. **tonal** a. berkenaan dengan bunyi dan nada muzik. **tonally** adv. perihal berkenaan dengan nada. **tonality** n. sifat bunyi alunan muzik; kualiti nada.

toneless a. tidak jelas; tidak bernada; pudar; tidak riang. **tonelessly** adv. dengan tidak jelas atau tidak bernada.

toner n. cecair yang disapu pada kulit untuk mengurangkan minyak; serbuk yang digunakan dalam mesin pencetak untuk membuat salinan foto dokumen.

tongs n.pl. penyepit; sepit.

tongue n. lidah. **tongue-tied** a. diam; membisu. **tongue-twister** n. pembelit lidah; rangkaian kata-kata yang sukar disebut dengan betul dan pantas. **with one's tongue in one's cheek** bercakap dengan menyindir; tidak bertujuan untuk diterima secara serius.

tonic n. tonik; ubat. —a. yang menyegarkan. **tonic water** air mineral.

tonight a. & adv. malam ini.

tonnage n. tanan; daya muatan kapal (dalam kiraan tan).

tonne n. tan metrik; 1000 kilogram.

tonsil n. anak tekak; kelenjar pada pangkal lidah; tonsil.

tonsilitis n. bengkak pada anak tekak.

T

tonsorial *a.* tentang tukang gunting rambut atau kerjanya.

tonsure *n.* bahagian atas kepala yang dicukur. tonsured *a.* bercukur bahagian atas kepala.

too *adv.* terlalu; (*colloq.*) juga; terlampau; sangat.

took *lihat* take.

tool *n.* alat atau perkakas. —*v.t./i.* dilengkapkan dengan perkakas; dibentuk dengan alat; (*sl.*) memandu kenderaan dengan cara bersuka-sukaan.

toot *n.* bunyi trompet atau wisel. —*v.t./i.* meniup trompet atau wisel.

tooth *n.* (*pl.* teeth) gigi. in the teeth of walaupun. tooth-comb *n.* sikat bergigi rapat. toothed *a.* yang berkenaan dengan gigi.

toothache *n.* sakit gigi.

toothbrush *n.* berus gigi.

toothless *a.* tiada bergigi; rompong; rongak.

toothpaste *n.* ubat gigi.

toothpick *n.* pencungkil gigi.

toothsome *a.* sedap; enak.

toothy *a.* mempunyai banyak gigi atau gigi yang besar.

tootle *v.t./i.* bunyi perlahan.

top[1] *n.* bahagian tertinggi; bahagian atas; puncak. —*a.* pangkat tertinggi atau jawatan tinggi. —*v.t.* (*p.t.* topped) sampai ke puncaknya. on top of tambahan kepada. top dog (*sl.*) tuan; orang yang menang. top-dress *v.t.* membubuh baja. top hat topi. top-heavy *a.* berat di sebelah atas. top-notch *a.* (*colloq.*) handal; hebat. top secret rahsia yang terbesar. top up memenuhkan.

top[2] *n.* gasing.

topaz *n.* topaz; batu permata yang berwarna kuning.

topcoat *n.* kot luar; lapis atas.

toper *n.* (usang) pemabuk; kaki botol.

topi *n.* topi.

topiary *a* & *n.* seni menggubah pokok renek.

topic *n.* tajuk atau perkara perbincangan.

topical *a.* mempunyai rujukan kepada kejadian semasa. topically *adv.* berhubung dengan kejadian semasa. topicality *n.* yang berkait dengan soal-soal semasa.

topknot *n.* toncet; hiasan di atas kepala.

topless *a.* tidak berpakaian di bahagian dada.

topmost *a.* yang tertinggi.

topography *n.* topografi; pemetaan; huraian keadaan muka bumi. topo-

graphical *a.* perihal yang bersangkutan dengan pemetaan.

topology *n.* topologi; pengkajian sifat-sifat geometri yang tidak terjejas oleh perubahan bentuk atau saiz rajah atau permukaan yang berkaitan; cabang matematik yang berkaitan dengan kesinambungan. topological *a.* berkenaan topologi.

topper *n.* (*colloq.*) topi.

topping *n.* satu lapisan makanan yang dituang atau disapukan ke atas makanan lain.

topple *v.t./i.* menumbangkan; menjatuhkan; merobohkan; meruntuhkan; tumbang; roboh.

topside *n.* daging paha sebelah atas; sisi atas.

topsoil *n.* lapisan atas permukaan tanah.

topsy-turvy *adv.* & *a.* tunggang terbalik; lintang-pukang.

toque *n.* sejenis topi wanita.

tor *n.* puncak bukit.

torch *n.* lampu yang menggunakan kuasa elektrik; andang; obor. torchlight *n.* lampu suluh.

tore *lihat* tear[1].

toreador *n.* pendekar yang melawan lembu jantan.

torment[1] *n.* azab; sengsara; seksaan.

torment[2] *v.t.* menyeksa; mengganggu. tormentor *n.* orang zalim; penyeksa.

torn *lihat* tear[1].

tornado *n.* (*pl.* -oes) tornado; taufan; puting beliung.

torpedo *n.* (*pl.*-oes) torpedo; sejenis peluru pendek untuk membinasakan kapal. —*v.t.* menyerang dengan menggunakan torpedo.

torpid *a.* tidak cergas; lembam. torpidly *adv.* dengan lembam. torpidity *n.* ketidakcergasan.

torpor *n.* keadaan tidak cergas.

torque *n.* kalung daripada logam yang dipintal; kuasa yang menyebabkan kipas berpusing.

torrent *n.* hujan yang turun mencurah-curah; bertalu-talu. torrential *a.* deras dan lebat.

torrid *a.* sangat panas; panas terik.

torsion *n.* kilasan.

torso *n.* (*pl.* -os) badan manusia tidak termasuk kepala, tangan atau kaki.

tort *n.* undang-undang tort; kesalahan yang mana pihak yang terjejas boleh menuntut ganti rugi.

tortoise *n.* kura-kura.

tortoiseshell *n.* kulit kura-kura. tortoiseshell cat kucing yang bulunya berbelak-belak.

tortuous a. bengkang-bengkok; ber-belit-belit. **tortuously** adv. dengan bengkang-bengkok. **tortuosity** n. keadaan berbelit-belit dan berpintal-pintal.

torture n. penyeksaan; penganiayaan. —v.t. menganiaya; menyeksa. **torturer** n. penganiaya.

Tory n. & a. (colloq.) Parti Konservatif di Britain.

tosh n. karut-marut; merepek.

toss v.t./i. melambungkan sesuatu. —n. lambungan. **toss off** minum dengan rakus atau lahapnya. **toss-up** n. melambungkan duit syiling untuk menentukan nasib.

tot¹ n. kanak-kanak kecil; (colloq.) sedikit minuman keras.

tot² v.t./i. (p.t. **totted**) **tot up** (colloq.) menambah.

total a. kesemuanya; secukupnya. —n. jumlah. —v.t./i. (p.t. **totalled**) menjumlahkan; berjumlah. **totally** adv. seluruhnya; perjumlahannya; betul-betul. **totality** n. keseluruhannya.

totalitarian a. totalitarian; sistem berpemerintahan satu parti politik sahaja.

totalizator n. mesin untuk mencatatkan taruhan.

totalize v.t. menjumlahkan.

tote¹ n. (sl.) sejenis mesin untuk mencatatkan taruhan.

tote² v.t. (A.S.) membawa. **tote bag** sejenis beg yang besar.

totem n. totem; ukiran benda atau binatang yang dianggap oleh orang asli Amerika Utara sebagai suci. **totem-pole** n. tiang totem; batang kayu yang berukiran totem.

totter v.i. berjalan atau berdiri ter-huyung-hayang; bertatih. —n. jalan atau gerakan yang terhuyung-hayang. **tottery** a. terhuyung-hayang.

toucan n. sejenis burung di Amerika yang bulunya berwarna-warni dan paruhnya sangat besar.

touch v.t./i. menyentuh; memilukan; menyayukan perasaan. —n. sentuhan; rasa. **touch-and-go** a. keadaan berbahaya; tidak menentu. **touch down** meletakkan bola di padang dalam permainan ragbi untuk mendapatkan mata; (kapal terbang) mendarat. (**touchdown** n.) **touch-line** n. had garisan dalam padang bola sepak. **touch off** sebab untuk meletup. **touch on** diterangkan serba ringkas. **touch-type** v.i. menaip tanpa memandang mata mesin taip. **touch**

up memperbaiki dengan membuat sedikit tambahan.

touché int. sebagai tanda menerima kritikan atau pendapat.

touching a. yang memilukan; yang menyayat hati. —prep. yang bersang-kutan.

touchstone n. batu uji; tahap atau piawai untuk penilaian.

touchwood n. kayu mudah terbakar.

touchy a. (-ier, -iest) mudah tersinggung.

tough a. (-er, -est) tahan lasak; gagah; liat dan payah dikerat atau dikunyah. —n. samseng; orang yang ganas. **toughness** n. kekuatan.

toughen v.t./i. menjadi kuat.

toupee n. rambut palsu.

tour n. perjalanan; kunjungan; lawatan. —v.t./i. berkunjung; melancong; melawat. **on tour** sedang melancong.

tour de force n. pencapaian yang menunjukkan kemahiran luar biasa.

tourism n. pelancongan.

tourist n. pelawat; pelancong.

tourmaline n. mineral yang mem-punyai sifat-sifat elektrik dan digunakan sebagai manikam.

tournament n. pertandingan; perla-wanan.

tournedos n. (pl. -os) sepotong daging lembu.

tourniquet n. pembalut yang diikat ketat di sekeliling lengan, kaki atau sayap untuk memberhentikan pengaliran darah melalui arteri.

tousle v.t. menjadikan tidak kemas; mengusutkan (rambut, dll.).

tout v.t./i. mendesak orang supaya membeli sesuatu. —n. orang yang memikat atau mendesak supaya orang lain membeli sesuatu daripadanya.

tow¹ n. serat rami.

tow² v.t. menunda; menarik sesuatu dengan tali. **tow-path** n. **towing-path** n. jalan kecil di tepi tali air yang digunakan oleh kuda yang menarik barangan.

toward prep. menghala.

towards prep. mengarah; menghala; menuju.

towel n. tuala mandi. —v.t. (p.t. **towelled**) mengelap.

towelling n. kain untuk membuat tuala.

tower n. menara. —v.i. menjulang; membumbung tinggi. **tower block** blok menara. **tower of strength** sumber sokongan yang boleh diharap.

towering a. sangat (marah); luar biasa.

town *n.* bandar; kota; pekan. **go to town** (*colloq.*) membuat sesuatu dengan berhabis-habisan. **town hall** dewan bandaran. **town house** rumah bandar. **townsman** *n.* (*pl. -men*) penduduk lelaki. **townswoman** *n.fem.* penduduk wanita.

townee *n.* (*derog*) penduduk yang tinggal di dalam bandar; orang bandar.

township *n.* (terutama di Australia dan New Zealand) kota kecil dan daerah di sekitarnya.

toxaemia *n.* toksemia; keracunan darah.

toxic *a.* toksik; beracun; berbisa. **toxicity** *n.* ketoksikan; keadaan beracun.

toxicology *n.* toksikologi; pengkajian racun.

toxin *n.* toksin; bahan racun, terutamanya yang terbentuk dalam tubuh manusia.

toy *n.* permainan kanak-kanak. —*v.i.* **toy with** mainkan sesuatu secara tidak disedari; memikir-mikirkan. **toy boy** lelaki yang jauh lebih muda daripada teman wanitanya.

toyshop *n.* kedai yang menjual permainan kanak-kanak.

trace[1] *n.* kesan; jejak; melukis sesuatu dengan menggunakan kertas surih. —*v.t.* menyurih; mencari atau mengesan sesuatu berpandukan gambar; mengesan jejak atau bukti. **trace element** unsur surih. **tracer** *n.* penyurih.

trace[2] *n.* tali untuk menarik kereta kuda. **kick over the traces** enggan menerima disiplin atau kawalan (daripada ibu bapa, dsb).

traceable *a.* dapat dikesan.

tracery *n.* kerawang; corak garis-garis hiasan pada sesebuah bangunan.

trachea *n.* batang tenggorok; trakea.

tracheotomy *n.* lubang yang dibuat melalui pembedahan di permukaan leher.

tracing *n.* menyurih. **tracing-paper** *n.* kertas surih.

track *n.* kesan jejak; bekas. —*v.t.* mengikuti jejak yang ditinggalkan. **keep** atau **loose track of** berjaya atau gagal untuk mengetahui sesuatu. **make tracks** (*sl.*) pergi. **track suit** sut balapan. **tracker** *n.* pengesan.

tract[1] *n.* kawasan tanah; saluran; sistem organ-organ yang membekalkan laluan dalam tubuh.

tract[2] *n.* risalah yang mengandungi panduan berkenaan dengan agama atau akhlak.

tractable *a.* senang dijaga atau dikawal; bersifat menurut kata. **tractability** *n.* perihal senang dikawal.

traction *n.* kuasa atau tenaga untuk menarik sesuatu. **traction-engine** *n.* enjin untuk menarik benda yang berat di atas jalan.

tractor *n.* traktor.

trade *n.* perniagaan; perdagangan. —*v.t./i.* berdagang; berniaga; bertukar-tukar (barang, dll.). **trade in** tukar beli. **trade mark** tanda perdagangan. **trade on** mempergunakan untuk kepentingan seseorang. **Trades Union Congress** Kongres Kesatuan Sekerja; persatuan yang mewakili pekerja-pekerja. **trade union** (*pl. trade unions*) pertubuhan untuk menjamin dan menggalakkan kepentingan bersama. **trade-unionist** *n.* anggota kesatuan sekerja. **trade wind** angin pasat; udara yang bertiup ke khatulistiwa dari timur laut atau tenggara. **trader** *n.* ahli perniagaan; peniaga; pedagang.

tradesman *n.* (*pl. -men*) pekedai; peniaga.

trading *n.* perniagaan; perdagangan. **trading estate** kawasan perdagangan.

tradition *n.* tradisi; kepercayaan; adat resam; kebiasaan. **traditional** *a.* tradisional; menurut adat resam. **traditionally** *adv.* secara tradisi; mengikut tradisi.

traditionalist *n.* orang yang menyokong adat resam atau tradisi.

traduce *v.t.* memfitnah.

traffic *n.* trafik; kenderaan yang bergerak pada satu jalanan; lalu lintas. —*v.t./i.* (*p.t.* **trafficked**) menjalankan perdagangan haram. **traffic-lights** *n.pl.* lampu isyarat. **traffic warden** anggota yang membantu polis dalam mengawal pergerakan kenderaan.

trafficker *n.* peniaga atau pedagang haram.

tragedian *n.* pelakon atau pengarang cerita sedih dan tragedi.

tragedienne *n.* pelakon tragedi (wanita).

tragedy *n.* tragedi; peristiwa, lakonan atau sandiwara sedih.

tragic *a.* menyedihkan; tragik. **tragical** *a.* hal kesedihan. **tragically** *adv.* yang berkenaan dengan tragedi yang menyedihkan; dengan sedihnya.

tragicomedy *n.* tragikomedi.

trail *v.t./i.* menarik; menghela; menyeret. —*n.* bekas; kesan; jejak.

trailer *n.* treler; kenderaan yang ditarik oleh kenderaan yang lain; petikan daripada sebuah filem yang ditayangkan sebagai iklan.

train *n.* barisan; kereta api. —*v.t./i.* mendidik; melatih supaya menjadi mahir. **in train** sedang diatur.

trainable *a.* dapat dilatih.

trainee *n.* orang yang menjalani latihan.

trainer *n.* pelatih; jurulatih; kasut getah.

traipse *v.i.* (*colloq.*) berjalan dengan lesu.

trait *n.* sifat; perangai.

traitor *n.* pembelot; pengkhianat; penderhaka. **traitorous** *a.* tidak setia; khianat kepada negara.

trajectory *n.* trajektori; laluan sesuatu benda yang bergerak dengan bertenaga.

tram *n.* trem.

tramcar *n.* trem.

tramlines *n.pl.* jalan trem.

trammel *n.* sejenis jala; (*pl.*) halangan; galangan —*v.t.* (*p.t.* **trammelled**) menghalang; menggalang.

tramp *v.t./i.* berjalan kaki dengan langkah yang berat; mengembara; menjelajah. —*n.* bunyi langkah yang berat; kapal muatan yang jalannya tidak tetap.

trample *v.t./i.* memijak-mijak; menginjak; melanyak.

trampoline *n.* trampolin; kanvas yang digunakan oleh para akrobatik.

trance *n.* keadaan khayal; keadaan luar biasa.

tranquil *a.* tenang; sentosa; tenteram; sejahtera. **tranquilly** *adv.* dengan tenang; dengan sejahtera. **tranquillity** *n.* kesejahteraan; kesentosaan.

tranquillize *v.t.* menenangkan; menenteramkan.

tranquillizer *n.* madat yang mengkhayalkan.

transact *v.t.* melaksanakan urusan perdagangan. **transaction** *n.* pengurusan; urus niaga; pelaksanaan urusan perniagaan; rekod perjalanan kesatuan atau pertubuhan.

transatlantic *a.* menyeberangi Lautan Atlantik.

transceiver *n.* gabungan pemancar dan penerima radio.

transcend *v.t.* melebihi; mengatasi; melampaui. **transcendent** *a.* bersifat melebihi dan mengatasi segalanya; berkebolehan yang luar biasa. **transcendence** *n.* menjangkaui; melampaui.

transcendental *a.* yang melampaui batas pengetahuan manusia; berkhayal; berangan-angan.

transcontinental *a.* rentas benua.

transcribe *v.t.* menyalin sesuatu tulisan dengan tulisan lain. **transcription** *n.* transkripsi; salinan.

transcript *n.* salinan tulisan atau rakaman.

transducer *n.* alat yang menerima gelombang atau variasi-variasi lain dari satu sistem dan memaklumkannya kepada yang berkenaan.

transept *n.* bahagian atau sayap di gereja.

transfer[1] *v.t./i.* (*p.t.* **transferred**) berpindah; bertukar; menyerahkan hak milik kepada orang lain. **transference** *n.* pemindahan; penyerahan. **transferable** *a.* yang dapat ditukar dan dipindahkan.

transfer[2] *n.* penyerahan; pemindahan; dokumen untuk penyerahan harta atau hak.

transfigure *v.t.* mengubahkan bentuk atau rupa sesuatu; menjelma. **transfiguration** *n.* pengubahan; penjelmaan.

transfix *v.t.* mencucuk; menusuk; menikam.

transform *v.t.* menukar; mengubah rupa atau bentuk. **transformation** *n.* perubahan rupa; penukaran; penjelmaan. **transformer** *n.* alat untuk menukar voltan litar.

transfuse *v.t.* memindahkan.

transfusion *n.* pemindahan darah daripada seorang kepada yang lain.

transgress *v.t./i.* menyalahi; melanggar; mencabuli batasan susila dan perjanjian. **transgression** *n.* pelanggaran; pencabulan; penderhakaan.

transgressor *n.* orang yang melakukan pencabulan; penderhaka.

transient *a.* tidak tetap; tidak abadi; sementara. **transience** *n.* ketidaktetapan; kesementaraan.

transistor *n.* transistor; peranti semikonduktor. **transistorized** *a.* dilengkapi transistor.

transit *n.* perjalanan dari satu tempat ke satu tempat yang lain; perpindahan. —*v.t.* (*p.t.* **transited**) membuat perjalanan.

transition *n.* peralihan. **transitional** *a.* berkenaan perubahan daripada sesuatu keadaan kepada keadaan yang lain.

transitive *a.* transitif; (kata kerja) digunakan dengan objek langsung. **transitively** *adv.* secara transitif.

transitory *a.* yang tahan sementara sahaja.

translate *v.t./i.* menterjemahkan.

translation *n.* penterjemahan; terjemahan. **translator** *n.* penterjemah. **translatable** *a.* dapat diterjemahkan.

transliterate *v.t.* menulis daripada sesuatu bahasa ke dalam huruf atau aksara bahasa yang lain. **transliteration** *n.* transliterasi; penulisan huruf daripada sesuatu bahasa ke dalam huruf atau aksara bahasa yang lain.

translucent *a.* lut cahaya; yang membolehkan cahaya menembusinya tetapi benda yang di sebaliknya tidak jelas kelihatan. **translucence** *n.* keadaan lut cahaya.

transmigrate *v.i.* berpindah (tentang roh) ke dalam tubuh orang lain selepas mati. **transmigration** *n.* perpindahan penduduk ke negeri lain; penjelmaan jiwa.

transmissible *a.* boleh dipindahkan.

transmission *n.* pancaran; penyiaran; bahagian (motokar) yang membawa kuasa dari enjin ke roda belakang.

transmit *v.t.* (*p.t.* **transmitted**) menghantar; memancarkan; menyiarkan. **transmitter** *n.* alat pemancar.

transmogrify *v.t.* (*joc.*) menyebabkan sesuatu itu bertukar keadaan dan sifatnya. **transmogrification** *n.* mengubah sama sekali.

transmute *v.t.* menukar keadaan sesuatu. **transmutation** *n.* penukaran atau pengubahan sesuatu.

transom *n.* kayu galang di atas pintu atau di atas jendela.

transparency *n.* lut sinar.

transparent *a.* lut sinar. **transparently** *adv.* secara lut sinar; dengan bening.

transpire *v.t./i.* diketahui umum; berlaku; mengeluarkan wap; berair dari permukaan daun, dsb. **transpiration** *n.* perpeluhan; transpirasi.

transplant[1] *v.t./i.* menanam dan mengubah. **transplantation** *n.* pemindahan.

transplant[2] *n.* pemindahan; pindahan.

transport[1] *v.t.* mengangkut. **transportation** *n.* kenderaan; pengangkutan. **transporter** *n.* pengangkut.

transport[2] *n.* pengangkutan; kenderaan; kenaikan; (*pl.*) berperasaan yang mendalam.

transported *a.* terbawa-bawa oleh sesuatu perasaan.

transpose *v.t.* bertukar dan menukar tempat. **transposition** *n.* pertukaran.

transsexual *a. & n.* transeksual; seorang lelaki atau perempuan yang mempunyai atau merasakan dirinya mempunyai ciri-ciri jantina yang sebaliknya.

transship *v.t.* memindahkan daripada satu kapal atau kenderaan kepada yang lain.

transverse *a.* melintang.

transvestism *n.* memakai pakaian jantina yang sebaliknya. **transvestite** *n.* orang yang mengalami sifat-sifat jantina yang sebaliknya; pondan.

trap *n.* perangkap; jerat; jebak. —*v.t.* (*p.t.* **trapped**) memerangkap; menjerat; menjebak.

trapdoor *n.* pintu pada bumbung, siling atau atap.

trapeze *n.* trapez; kayu buaian atau ayunan yang digunakan oleh ahli akrobat.

trapezium *n.* trapezium; rajah segi empat yang mempunyai dua sisi selari dan dua sisi yang lain tidak selari.

trapezoid *n.* rajah segi empat dengan semua sisi tidak selari; (A.S.) trapezium.

trapper *n.* orang yang menjerat binatang untuk bulunya.

trappings *n.pl.* perhiasan; alat-alat tambahan; tanda-tanda yang melambangkan kejayaan, status, dsb.

traps *n.pl.* alat genderang (*percussion*) dalam pancaragam jaz.

trash *n.* sampah sarap; barang yang tidak berguna. **trashy** *a.* perihal sampah sarap dan barangan yang tidak berguna lagi; bermutu rendah; murahan.

trauma *n.* trauma; luka; cedera; keadaan tubuh yang lemah akibat luka atau kemalangan; renjatan emosi; terkejut. **traumatic** *a.* traumatik; dahsyat; berkenaan dengan luka, rawatan luka atau sakit.

travail *n. & v.i.* kerja keras.

travel *v.t./i.* (*p.t.* **travelled**) membuat perjalanan yang jauh; mengembara. —*n.* perjalanan; pengembaraan. **traveller** *n.* pengembara.

travelogue *n.* filem, buku, dsb. tentang perjalanan seseorang.

traverse[1] *v.t.* berjalan menyeberangi; mengedari; melalui.

traverse[2] *n.* perjalanan yang melintang untuk mendaki atau menuruni tebing atau lereng yang sangat curam; pembuatan kubu daripada tanah untuk menangkis tembakan musuh.

travesty *n.* tiruan yang sengaja diadakan untuk tujuan mengejek; ejekan. —*v.t.* mengejek.

trawl *n.* pukat tunda; pukat yang ditarik oleh perahu. —*v.t./i.* memukat; menangkap ikan dengan pukat tunda.

T

trawler *n.* perahu pukat tunda.

tray *n.* dulang; talam; bekas surat atau fail yang terletak di atas meja.

treacherous *a.* khianat; tidak jujur; tidak setia. **treacherously** *adv.* tidak dapat dipercayai; secara khianat.

treachery *n.* perlakuan tidak jujur atau tidak setia.

treacle *n.* air gula yang hitam lagi pekat. **treacly** *a.* pekat dan manis; sangat manis.

tread *v.t./i. (p.t. trod, p.p. trodden)* berjalan; memijak; menjejak. —*n.* gaya atau bunyi langkah. **tread water** mengapungkan diri di dalam air dengan menggerak-gerakkan kaki.

treadle *n.* injak-injak; bahagian yang menggerakkan mesin dan dikerjakan dengan tekanan kaki; pedal. —*v.i.* bekerja dengan memijak pedal.

treadmill *n.* roda kisar yang diinjak; sejenis kerja rutin yang membosankan.

treason *n.* penderhakaan; pengkhianatan.

treasonable *a.* yang melibatkan pengkhianatan; bersifat khianat.

treasure *n.* harta karun; barang simpanan yang berharga; harta kekayaan; barang atau orang yang tinggi nilainya. —*v.t.* sangat menghargai; mengabadikan. **treasure hunt** mencari harta karun. **treasure trove** harta yang tidak diketahui empunyanya, dijumpai tersorok; harta karun.

treasurer *n.* bendahari.

treasury *n.* perbendaharaan. **the Treasury** Jabatan Kewangan Negara.

treat *v.t./i.* memperlakukan; menganggap; memikirkan; mengambil. —*n.* sesuatu yang memberi nikmat atau kesukaan.

treatise *n.* buku atau karangan yang menghuraikan sesuatu subjek dengan panjang lebar.

treatment *n.* cara melakukan sesuatu untuk mendapatkan hasil; perlakuan; rawatan.

treaty *n.* persetiaan; persetujuan; perjanjian.

treble *a.* tiga kali ganda banyaknya; trebel; berkenaan suara yang tinggi. —*n.* menjadi tiga kali ganda; suara trebel; suara yang paling tinggi. **trebly** *adv.* yang berkenaan dengan tiga kali ganda.

tree *n.* pokok; pohon. **treeless** *a.* tidak berpokok atau berpohon.

trefoil *n.* beberapa jenis tumbuhan kecil yang mempunyai tiga daun kecil serangkai.

trek *n.* perjalanan yang jauh; pengembaraan. —*v.i. (p.t. trekked)* membuat perjalanan yang jauh.

trellis *n.* junjung; tangga kecil yang diperbuat daripada kayu atau besi yang dipasang tegak untuk menyangga pokok yang memanjat; kisi-kisi.

tremble *v.i.* gementar (kerana takut atau ngeri); menggigil; menggeletar. —*n.* menggeletar.

tremendous *a.* sangat besar; hebat; dahsyat. **tremendously** *adv.* dengan hebatnya.

tremolo *n. (pl. -os)* tremolo; getaran bunyi.

tremor *n.* getaran; gegaran; goyangan.

tremulous *a.* cemas; cuak; yang ketar; yang menggigil.

trench *n.* parit; kubu. **trench coat** baju hujan yang seakan-akan pakaian seragam tentera.

trenchant *a.* tajam; pedas; keras dan berkesan.

trencher *n.* piring yang diperbuat daripada kayu.

trend *n.* arah; haluan; hala. **trendsetter** *n.* orang yang menjadi ikutan dalam fesyen.

trendy *a.* (**-ier, -iest**) (*colloq.*) mengikut cara fesyen mutakhir. **trendily** *adv.* perihal cara fesyen yang menjadi ikutan. **trendiness** *n.* yang berkenaan dengan fesyen terbaharu.

trepan *n.* & *v.t.* trefin.

trepidation *n.* ketakutan; kebimbangan.

trespass *v.i.* melanggar; mengganggu; (usang) berdosa. —*n.* perlakuan menceroboh. **trespasser** *n.* penceroboh.

tress *n.* ikal rambut.

trestle *n.* kayu penyangga; kuda-kuda. **trestle-table** *n.* kuda-kuda.

trews *n.pl.* seluar yang sendat.

tri- *pref.* tri; tiga kali; tiga kali ganda.

triad *n.* tiga serangkai; triad; kongsi gelap.

trial *n.* ujian; percubaan. **on trial** sedang diuji; dalam percubaan; sedang dibicara.

triangle *n.* segi tiga.

triangular *n.* berbentuk segi tiga; yang melibatkan tiga penjuru.

triangulation *n.* ukuran atau pemetakan kawasan dengan menggunakan rangkaian segi tiga.

triathlon *n.* pertandingan atletik yang melibatkan tiga acara yang berbeza.

tribe *n.* puak; suku; kumpulan kaum yang tinggal dalam satu masyarakat yang dipimpin oleh seorang atau lebih ketua. **tribal** *a.* yang berkenaan

T

dengan suku bangsa. **tribesman** *n.* (*pl.* **-men**) anggota sesuatu kaum.

tribulation *n.* penderitaan; kesengsaraan; kesusahan.

tribunal *n.* tribunal; pengadilan.

tribune[1] *n.* pemimpin terkenal; pegawai Rom kuno.

tribune[2] *n.* pentas; rostrum.

tributary *a. & n.* anak sungai.

tribute *n.* penghormatan; pemberian hormat.

trice *n.* **in a trice** dalam sekelip mata.

tricep *n.* (*pl.* **triceps**) otot besar yang terdapat pada belakang bahagian atas lengan

trichology *n.* kajian tentang rambut dan penyakitnya. **tricologist** *n.* orang yang mengkaji tentang rambut dan penyakitnya.

trick *n.* tipu daya; muslihat; akal. —*v.t.* menipu; memperdayakan; mengakali. **do the trick** (*colloq.*) mencapai atau mendapat apa yang diperlukan.

trickery *n.* penipuan; tipu daya.

trickle *v.t./i.* mengalir perlahan-lahan; meleleh; berlinang. —*n.* linangan; titisan; deraian; lelehan.

trickster *n.* penipu; pengecoh.

tricky *a.* (**ier, iest**) rumit; susah hendak difahami; licik. **trickiness** *n.* kerumitan; kelicikan.

tricolour *n.* bendera yang berwarna tiga.

tricot *n.* trikot; fabrik yang bagus.

tricycle *n.* basikal beroda tiga.

trident *n.* trisula; tombak yang matanya bercabang tiga.

tried *v. past & past part. of* **try** *v.* mencuba; menguji dengan menggunakan; (**tryon**) memakai pakaian untuk melihat sama ada padan atau tidak padan; membuat permintaan yang keterlaluan; membicarakan. — *n.* (*pl.* **tries**) percubaan; tindakan menguji dengan menggunakan sesuatu; (**ragbi**) tindakan menyentuhkan bola di belakang garis gol pihak lawan untuk mendapat mata.

triennial *a.* yang terjadi setiap tiga tahun; yang dapat bertahan selama tiga tahun.

trier *n.* orang yang mencuba dengan sedaya upaya.

trifle *n.* sesuatu yang tidak penting atau berharga; perkara kecil; jumlah yang kecil. —*v.t.* berkelakuan atau berkata secara main-main. **trifle with** mempermainkan. **trifler** *n.* orang yang tidak mementingkan kata-katanya.

trifling *a.* kurang penting.

trigger *n.* pemetik; picu. —*v.t.* (juga **trigger off**) mencetuskan; menyebabkan. **trigger-happy** gila menembak.

trigonometry *n.* trigonometri; matematik untuk sudut dan sempadan segi tiga.

trike *n.* basikal roda tiga.

trilateral *a.* berisi atau bersempadan tiga; tiga pihak.

trilby *n.* topi lembut lelaki.

trilingual *a.* tribahasa; berbahasa tiga; menggunakan tiga bahasa.

trill *n.* getaran suara dan bunyi. —*v.t./i.* menyanyi atau berkata dengan bergetar.

trillion *n.* trilion.

trilobite *n.* trilobit; sejenis fosil krustasia.

trilogy *n.* trilogi; karangan atau drama tiga serangkai.

trim *a.* (**trimmer, trimmest**) teratur rapi. —*v.t.* (*p.t.* **trimmed**) memangkas; menghiasi; menyesuaikan muatan kapal; merapikan. —*n.* perihal merapikan; perapi. **trimly** *adv.* dengan rapi dan kemas. **trimness** *n.* kerapian dan kekemasan.

trimaran *n.* sejenis kapal.

trimming *n.* perhiasan; perbuatan menghiasi; (*pl.*) reja; guntingan.

trine *n. & a.* aspek astrologi tentang dua buah planet yang berjarak 120° dalam zodiak.

trinity *n.* triniti; tritunggal (berkenaan agama Kristian).

trinket *n.* barang perhiasan yang kecil dan kurang berharga.

trio *n.* (*pl.* **-os**) trio; kumpulan yang terdiri daripada tiga orang atau benda.

trip *v.t./i.* (*p.t.* **tripped**) berjengketjengket; tersandung. —*n.* perjalanan untuk melancong; pemergian. **trip-wire** *n.* belantik; kawat yang digunakan untuk operasi alat jerangkap.

tripartite *a.* terdiri daripada tiga pihak.

tripe *n.* perut lembu; babat; (*sl.*) sesuatu yang tidak berharga.

triple *n.* melipatkan tiga; menggandakan tiga. —*v.t./i.* ditambah tiga kali ganda. **triple time** nada muzik yang mengandungi tiga rentak dalam satu bar.

triplet *n.* tiga serangkai; kembar tiga.

triplex *n.* tiga; tiga kali ganda.

triplicate *a. & n.* yang dibuat tiga kali; tiga. **in triplicate** membuat tiga salinan.

tripod *n.* tripod; kaki tiga; kuda-kuda berkaki tiga (untuk kamera).

T

tripos *n.* peperiksaan akhir untuk ijazah Sarjana Muda Sastera di Universiti Cambridge.

tripper *n.* orang yang pergi melancong; pelancong. **trippery** *a.* yang berkaitan dengan pelancongan.

triptych *n.* gambar atau ukiran dengan tiga papan yang dipaku sebelah-menyebelah.

trisect *v.t.* membahagi kepada tiga bahagian yang sama. **trisection** *n.* pembahagian tiga.

trite *n.* biasa; bukan baharu; lapuk.

triumph *n.* kemenangan; kejayaan. —*v.i.* menang; mendapat kejayaan. **triumphant** *a.* yang menang; yang berjaya. **triumphantly** *adv.* dengan berjaya; melalui kemenangan.

triumphal *a.* memperingati atau meraikan kemenangan.

triumvirate *n.* pemerintahan bertiga.

trivet *n.* tungku besi (biasanya berkaki tiga).

trivia *n.pl.* benda yang remeh-temeh.

trivial *a.* tidak penting; tidak berharga; remeh-temeh. **trivially** *adv.* berkenaan perkara yang tidak penting. **triviality** *n.* hal yang tidak penting; perkara kecil.

trod, trodden *lihat* tread.

troglodyte *n.* pertapa; penghuni gua zaman purbakala.

troll[1] *v.t./i.* bernyanyi-nyanyi dengan hati yang riang; memancing dengan menghela kail dari belakang sampan yang bergerak.

troll[2] *n.* raksasa atau orang kenit dalam mitos Skandinavia.

trolley *n.* (*pl.* **-eys**) troli; kereta sorong yang beroda dua atau empat. **trolley bus** *n.* bas yang dikuasai oleh tenaga elektrik yang menggunakan kawat atasnya.

trollop *n.* perempuan jalang.

trombone *n.* trombon; sejenis alat muzik yang ditiup.

trompe l' ceil *n.* lukisan yang mencetuskan ilusi tiga dimensi objek atau ruang.

troop *n.* kumpulan; kelompok pasukan tentera. —*v.t./i.* berkumpul untuk bergerak sebagai ketumbukan yang besar. **trooping the colour** istiadat mengarak panji-panji pasukan.

trooper *n.* askar atau soldadu berkuda; (A.S.) anggota pasukan polis.

trophy *n.* piala; tropi.

tropic *n.* kedua-dua garisan lintang yang letaknya 23 darjah di utara dan di selatan khatulistiwa; (*pl.*) kawasan

tropika; kawasan yang terletak di antara dua garis ini dan mengalami suhu panas. **tropical** *a.* tropika; berkenaan dengan kawasan tropika.

troposphere *n.* troposfera; lapisan udara.

trot *n.* gerakan kuda yang laju sedikit daripada berjalan; lari-lari anak. —*v.t./i.* (*p.t.* **trotted**) meligas; berlari-lari anak. **on the trot** (*colloq.*) tak duduk diam; berturut-turut. **trot out** (*colloq.*) mengeluarkan; memberi.

troth *n.* janji; kesetiaan.

Trotskyism *n.* prinsip revolusioner Rusia yang dipimpin oleh Leon Trotsky. **Trotskyist** *n.* orang yang menganuti fahaman ini.

trotter *n.* kaki binatang yang dijadikan sebagai makanan.

troubadour *n.* troubadour; puisi romantik zaman pertengahan.

trouble *n.* kesusahan; kesukaran; kesulitan. —*v.t./i.* merusuhkan; menggelisahkan; mengkhuatirkan.

troubleshooter *n.* penyelesai masalah atau kesilapan.

troublesome *a.* yang menyusahkan; yang merusuhkan; yang mengkhuatirkan.

troublous *a.* (usang) penuh masalah.

trough *n.* bekas tempat makanan binatang; palung.

trounce *v.t.* membelasah; menewaskan dengan teruk.

troupe *n.* rombongan pelakon.

trouper *n.* ahli rombongan pelakon.

trousers *n.pl.* seluar atau celana panjang.

trousseau *n.* (*pl.* **-eaux**) pakaian dan keperluan lain seorang pengantin perempuan.

trout *n.* (*pl.* **trout**) sejenis ikan air tawar.

trowel *n.* alat untuk menyapu simen; kulir.

troy weight *n.* sistem timbang emas.

truant *n.* seseorang yang tidak ke sekolah atau tidak pergi bekerja kerana membolos; kaki ponteng. **play truant** ponteng. **truancy** *n.* pemontengan.

truce *n.* perletakan atau gencatan senjata; perdamaian.

truck[1] *n.* gerabak kereta api yang terbuka; lori; trak.

truck[2] *n.* urusan.

trucker *n.* pemandu trak.

truckle *v.i.* tunduk kepada. **trucklebed** *n.* katil rendah yang beroda yang dapat disorong, disimpan di bawah katil yang lain.

truculent *a.* galak; garang; ganas. truculently *adv.* dengan galak, garang atau ganas. truculence *n.* kegalakan; kegarangan; keganasan.

trudge *v.i.* berjalan dengan susah payah. —*n.* perjalanan yang susah payah.

true *a.* (-er, -est) betul; benar; sungguh. —*adv.* dengan benar. trueness *n.* kesahihan.

truffle *n.* cendawan yang tumbuh di bawah permukaan bumi, digunakan sebagai makanan; coklat lembut yang manis.

trug *n.* bakul tukang kebun.

truism *n.* pernyataan yang memang benar dan tidak perlu dijelaskan.

truly *adv.* dengan benar; dengan jujur; dengan ikhlas.

trump¹ *n.* (usang) bunyi trompet.

trump² *n.* daun terup yang lebih tinggi nilainya daripada yang lain; (*colloq.*) orang yang suka membantu. —*v.t.* trump up cuba menipu.

trumpery *a.* cantik rupanya tetapi rendah mutunya.

trumpet *n.* trompet. —*v.t./i.* (*p.t.* trumpeted) meniup trompet; (gajah) mengeluarkan bunyi yang kuat. trumpeter *n.* peniup trompet.

truncate *v.t.* memangkas; mengudungkan; memendekkan. truncation *n.* pemendekan.

truncheon *n.* belantan kecil; cota.

trundle *v.t./i.* bergolek; berguling.

trunk *n.* batang pokok; tubuh atau badan; belalai gajah; peti untuk mengangkut atau menyimpan pakaian. (A.S.) but kereta; (*pl.*) seluar mandi. trunk call *n.* telefon panggilan jauh. trunk road *n.* jalan raya utama yang penting.

truss *n.* seikat rumput kering; kasau; rangka untuk mengikat atap. —*v.t.* diikat dengan kemas.

trust *n.* keyakinan; kepercayaan; tanggungan; harta yang diamanahkan kepada seseorang. —*v.t./i.* dipercayai dan dihormati; mengharapkan. in trust sebagai amanah. on trust menerima tanpa diselidiki. trust to bergantung kepada. trustful *a.* benar; tulus; terus terang. trustfully *adv.* dengan benar. trustfulness *n.* kebenaran.

trustee *n.* pemegang amanah.

trustworthy *a.* amanah; dapat dipercayai.

trusty *a.* dapat dipercayai.

truth *n.* kebenaran; sesuatu yang benar.

truthful *a.* bersifat benar; betul. truthfully *adv.* dengan benar. truthfulness *n.* kebenaran.

try *v.t./i.* cuba; berikhtiar; berusaha. —*n.* percubaan; ikhtiar; usaha. try on mencuba (pakaian) untuk melihat sama ada muat atau tidak. try out menguji dengan mengguna. try-out *n.* percubaan.

trying *a.* menyusahkan; melelahkan.

tryst *n.* (usang) perjanjian antara kekasih untuk bertemu pada tempat dan waktu yang ditentukan.

tsar *n.* gelaran untuk bekas raja Rusia.

tsetse *n.* sejenis lalat di Afrika.

T-shirt *n.* kemeja-T.

tsp *abbr.* teaspoonful camca teh penuh.

T-square *n.* sesiku-T.

tsunami *n.* gelombang besar dan ganas yang disebabkan oleh gempa bumi atau letupan gunung berapi di dasar laut.

tub *n.* bekas air; tong.

tuba *n.* sejenis alat muzik yang ditiup.

tubby *a.* (-ier, -iest) gemuk dan bulat. tubbiness *n.* kegemukan.

tube *n.* tiub; silinder; (*colloq.*) sistem kereta api bawah tanah di Britain.

tuber *n.* umbi; ubi.

tubercle *n.* tuberkel; bengkak kecil.

tubercular *a.* yang dihinggapi penyakit batuk kering.

tuberculin-tested *a.* (susu) daripada lembu yang bebas tuberculosis.

tuberculosis *n.* penyakit batuk kering; tibi.

tuberose *n.* tumbuhan tropika yang berbunga putih dan wangi.

tuberous *a.* seperti umbi; berubi.

tubing *n.* tiub; tiub (pembuluh) panjang.

tubular *a.* berbentuk tiub.

TUC *abbr.* Trades Union Congress Kongres Kesatuan Sekerja.

tuck *n.* lipatan yang dijahit. —*v.t./i.* memasukkan bahagian atau hujung yang terkeluar. tuck in atau into (*sl.*) makan dengan sepuas-puasnya dan penuh selera. tuck shop *n.* kantin sekolah.

tucker *n.* (Austr., *colloq.*) makanan.

tudor *a.* berkenaan dinasti diraja Inggeris yang memerintah dari tahun 1485-1603.

Tuesday *n.* Selasa.

tufa *n.* sejenis batu.

tuft *n.* jambak; jambul; jumbai. tufted *a.* berjambakan.

tug *v.t./i.* (*p.t.* **tugged**) merenggut; menyentak; menghela. —*n.* rentapan; sentakan yang kuat. **tug-of-war** pertandingan menarik tali.

tuition *n.* tuisyen.

tulip *n.* bunga tulip. **tulip-tree** *n.* pohon tulip.

tulle *n.* kain sutera yang halus untuk membuat kain tudung.

tumble *v.t./i.* jatuh berguling atau tunggang-langgang. —*n.* perihal jatuh tunggang-langgang; keadaan tidak kemas. **tumble-drier** *n.* mesin pengering. **tumble to** (*colloq.*) menyedari maknanya.

tumbledown *a.* buruk; hampir roboh.

tumbler *n.* sejenis gelas minuman; ahli akrobat; pasak.

tumbrel *n.* sejenis gerabak.

tumescent *a.* bengkak. **tumescence** *n.* kebengkakan.

tummy *n.* (*colloq.*) perut.

tumour *n.* tumor; ketumbuhan dalam badan.

tumult *n.* kegemparan; keributan; huru-hara.

tumultuous *a.* gempar; kacau-bilau; huru-hara.

tun *n.* sejenis tong besar.

tuna *n.* (*pl.* **tuna**) tuna; sejenis ikan laut.

tundra *n.* tundra; dataran yang tidak berpokok di kawasan Artik.

tune *n.* lagu; melodi. —*v.t.* menala; membetulkan bunyi; menala radio pada gelombang yang dikehendaki. **in tune** bermain dan bernyanyi selaras dengan nada. **out of tune** tidak mengikut nada. **tune up** membetulkan alat muzik ke nada yang sebenarnya. **tuner** *n.* penala; orang yang menala (alat muzik).

tuneful *a.* merdu.

tuneless *a.* tidak merdu; janggal.

tungsten *n.* tungsten; sejenis logam yang keras dan berwarna kelabu digunakan untuk membuat aloi.

tunic *n.* tunik; baju panjang sampai ke lutut; sejenis baju panjang yang biasanya dijadikan sebagai pakaian seragam.

tuning-fork *n.* penala; garpu tala.

tunnel *n.* tembusan; terowong. —*v.t./i.* (*p.t.* **tunnelled**) membuat tembusan.

tunny *n.* sejenis ikan laut; tuna.

tup *n.* biri-biri jantan.

tuppence *n.* dua peni.

turban *n.* serban.

turbid *a.* keruh. **turbidity** *n.* kekusutan; kekeruhan.

turbine *n.* turbin; sejenis mesin yang digerakkan oleh aliran wap.

turbo- *pref.* menggunakan turbin.

turbot *n.* sejenis ikan laut.

turbulent *a.* bergolak; bergelora; kacau. **turbulently** *adv.* dengan bergolak; dengan bergelora. **turbulence** *n.* kerusuhan; golakan.

tureen *n.* sejenis mangkuk yang bertutup untuk sup atau sayur.

turf *n.* (*pl.* **turfs** atau **turves**) lapisan tanah sebelah atas yang berumput; tempat atau padang lumba kuda. —*v.t.* menutupi dengan kepingan tanah yang berumput. **turf accountant** penerima taruhan (judi). **turf out** (*sl.*) menendang keluar.

turgid *a.* bengkak; (bahasa) indah-indah. **turgidly** *adv.* dengan muluk; dengan indah; muluk-muluk. **turgidity** *n.* kemulukan; keindahan.

Turk *n.* peribumi Turki.

turkey *n.* (*pl.* **-eys**) ayam belanda.

Turkish *a.* & *n.* bahasa Turki. **Turkish bath** mandi wap; pendedahan badan kepada udara panas. **Turkish delight** sejenis manisan. **Turkish towel** sejenis tuala.

turmeric *n.* kunyit.

turmoil *n.* kekacauan; huru-hara; kerusuhan.

turn *v.t./i.* berbelok; berpusing; berpaling; memutarkan; membalikkan; membelokkan. —*n.* pusingan; putaran; kisaran; kelokan; giliran. **in turn** bergilir-gilir. **out of turn** tidak mengikut giliran. **to a turn** dimasak dengan betulnya. **turn against** menentang. **turn down** menolak; mengecilkan; melipat. **turn in** menyampaikan; pergi tidur. **turn off** atau on menutup atau membuka (lampu, paip air). **turn out** membuangkan; mengusir; menghalau; keluar; melaporkan diri. **turn-out** *n.* proses mengemaskan bilik; jumlah orang yang menyertai perjumpaan sosial. **turn the tables** keadaan yang berlawanan atau sebaliknya. **turn up** menjumpai; menampakkan diri; muncul. **turn-up** *n.* kejadian yang tidak disangka-sangka; kaki seluar yang dilipat.

turncoat *n.* orang yang tidak berpendirian.

turner *n.* orang bekerja dengan pelarik.

turnery *n.* hasil kerjanya.

turning *n.* persimpangan jalan. **turning-point** *n.* saat perubahan penting.

turnip *n.* sejenis lobak.

turnover *n.* jumlah wang yang dipusing ganti perniagaan; kadar penggantian.

turnpike *n.* (usang) (A.S) rumah tol yang mengutip wang di jalan raya.

turnstile *n.* lawang putar; halangan yang berpusing untuk membenarkan orang memasuki bangunan seorang demi seorang.

turntable *n.* alat pemain piring hitam.

turpentine *n.* turpentin.

turpitude *n.* kekejian; keburukan; kejahatan.

turps *n.* (*colloq.*) turpentin.

turquoise *n.* firus; batu permata berwarna hijau kebiru-biruan.

turret *n.* menara kecil. **turreted** *a.* bermenara kecil.

turtle *n.* penyu. **turn turtle** terbalik. **turtle-dove** *n.* merbuk liar. **turtleneck** *n.* tengkuk baju yang tinggi.

tusk *n.* gading; taring.

tussle *v.i.* & *n.* bergelut; pergelutan; perkelahian.

tussock *n.* rumpun (rumput); anak bukit.

tussore *n.* sutera yang tetal.

tutelage *n.* perwalian; penjagaan; asuhan; didikan.

tutelary *a.* bertugas sebagai pelindung atau penaung.

tutor *n.* pengajar; pendidik; pembimbing. —*v.t./i.* bertindak sebagai pengajar.

tutorial *a.* berkenaan dengan kelas bimbingan untuk seseorang atau sekumpulan kecil pelajar. —*n.* tutorial, kelas tuisyen.

tut-tut *int.* isy; ah; seruan tanda tersinggung, tidak sabar.

tutu *n.* pakaian penari.

tuxedo *n.* (*pl.* -os) jaket atau kot.

TV *abbr.* television televisyen.

twaddle *n.* omongan kosong; karut.

twain *a.* & *n.* (usang) dua.

twang *n.* dentingan; bunyi seperti bunyi gitar; bunyi sengau. —*v.t./i.* memetik gitar; menyengaukan.

tweak *v.t.* & *n.* menyepit; memulas; mencubit.

twee *a.* terlalu manis; terlalu molek.

tweed *n.* kain tweed; sejenis kain bulu; (*pl.*) pakaian yang diperbuat daripada kain tweed. **tweedy** *a.* seperti kain tweed.

tweet *n.* & *v.i.* bunyi seperti bunyi burung; cip; cit.

tweeter *n.* pembesar suara yang mengeluarkan bunyi yang tinggi nadanya.

tweezers *n.pl.* penyepit kecil untuk mencabut atau menarik benda-benda halus.

twelve *a.* & *n.* dua belas. **twelfth** *a.* & *n.* yang kedua belas.

twenty *a.* & *n.* dua puluh. **twenty-five** *n.* garisan dua puluh lima ela dari garisan gol. **twentieth** *a.* & *n.* yang kedua puluh.

twerp *n.* (*sl.*) orang yang hina atau keji.

twice *adv.* dua kali ganda.

twiddle *v.t.* berputar; memutarkan. —*n.* perbuatan memutar-mutarkan atau memain-mainkan. **twiddle one's thumb** memusing-musingkan ibu jari; melangut. **twiddly** *a.* secara berputar-putar.

twig[1] *n.* ranting.

twig[2] *v.t./i.* (*p.t.* twigged) (*colloq.*) mengerti; dapat memahami.

twilight *n.* senja; keadaan kabur.

twill *n.* kain twill; sejenis kain yang ditenun dengan benangnya melintang kelihatan timbul. **twilled** *a.* ditenun seperti kain twill.

twin *n.* anak kembar; sepasang yang serupa. —*v.t./i.* (*p.t.* twinned) digabung sebagai satu pasangan.

twine *n.* tali yang dipilin atau dipintal. —*v.t./i.* memutar; memilin; memintal.

twinge *n.* merasa sakit atau pedih dengan tiba-tiba.

twinkle *v.i.* berkelip-kelip; mengerlip; berkedip-kedip. —*n.* kerdipan; kerlipan.

twirl *v.t./i.* berputar; berpusar; berpusing. —*n.* putaran; pusingan; pusaran. **twirly** *a.* berputar-putar.

twist *v.t./i.* memintal; memilin; menjalin; berbelit; melilit. —*n.* pintalan; putaran; pemilinan. **twister** *n.* orang yang memutarbelitkan perkataan orang lain; orang yang tidak jujur.

twit[1] *v.t.* (*p.t.* twitted) mengejek; memperolokkan.

twit[2] *n.* (*sl.*) orang yang dikeji atau dihina.

twitch *v.t./i.* merenggut; menyentak. —*n.* renggutan; sentakan.

twitter *v.i.* mencicit; berdecit. —*n.* decitan; ciap.

two *a.* & *n.* dua. **be in two minds** menjadi tidak tentu untuk membuat keputusan. **two-faced** *a.* talam dua muka. **two-piece** *n.* sut.

twofold *a.* & *adv.* dua kali ganda; dua.

twopence *n.* jumlah dua peni. **twopenny** *a.* dua peni.

twosome *n.* berpasangan.

tycoon *n.* hartawan; saudagar yang amat kaya.

tying *lihat* tie.

tyke *n.* anjing geladak.

tympani *var. of* **timpani** *n.* gendang belanga dalam orkestra. —*n.* contoh; model; jenis. —*v.t./i.* menyisihkan mengikut jenis; menulis dengan menggunakan mesin taip.

tympanum *n.* (*pl.* **-na**) timpanum; gegendang telinga.

typhoid *n.* tifoid. **typhoid fever** demam kepialu; penyakit usus yang mudah berjangkit.

typhoon *n.* taufan; badai.

typhus *n.* tifus; demam berjangkit yang dibawa oleh parasit.

typical *a.* tipikal; yang biasa terdapat dan dijadikan contoh. **typically** *adv.* keadaan yang biasa sahaja.

typify *v.t.* menjadi contoh; melambangkan.

typist *n.* jurutaip.

typography *n.* tipografi; ilmu cetak. **typographical** *a.* berkenaan dengan tipografi.

tyrannize *v.i.* bermaharajalela; memperlakukan dengan sewenang-wenangnya.

tyrannosaurus rex *n.* sejenis dinosaur makan daging yang amat besar.

tyranny *n.* penindasan; kezaliman. **tyrannical** *a.* kejam dan zalim; tidak berperikemanusiaan. **tyrannically** *adv.* berhubung dengan kezaliman. **tyrannous** *a.* bersifat zalim.

tyrant *n.* raja yang zalim.

tyre *n.* tayar.

tyro *n.* (*pl.* **-os**) orang yang mempunyai sedikit pengalaman; orang baru dalam sesuatu bidang.

U

ubiquitous *a.* terdapat di mana-mana. **ubiquity** *n.* kemelataan; keadaan boleh didapati di mana-mana.

udder *n.* tetek lembu, kambing, dll.

UFO *abbr.* **unidentified flying object** benda terbang yang tidak dikenali; piring terbang.

ugly *a.* (**-ier, -iest**) hodoh; buruk; mengancam; ganas. **ugliness** *n.* keburukan; kehodohan.

U.H.F. *abbr.* **ultra-high frequency** frekuensi yang terlampau tinggi.

UHT *abbr.* **ultra heat treated** (terutama bagi susu) diawet dengan kepanasan yang sangat tinggi.

U.K. *abbr.* **United Kingdom.**

ukulele *n.* ukelele; gitar kecil bertali empat.

ulcer *n.* ulser; bisul; puru; barah. **ulcerous** *a.* berulser; berbisul; berbarah.

ulcerated *a.* berulser; berpuru; membarah. **ulceration** *n.* perihal ulser, puru, barah atau bisul.

ulna *n.* ulna; tulang hasta.

ulster *n.* kot luar yang panjang daripada kain kasar.

ulterior *a.* terselindung; tersembunyi.

ultimate *a.* akhir; penghabisan; berkenaan dengan dasar. **ultimately** *adv.* akhirnya; kesudahannya.

ultimatum *n.* (*pl.* **-ums**) kata dua.

ultra- *pref.* melepasi; melampaui; melebihi.

ultra-high *a.* ultratinggi.

ultramarine *a. & n.* warna biru terang.

ultrasonic *a.* ultrasonik; mengatasi pendengaran manusia biasa.

ultrasound *n.* ultrabunyi; gelombang ultrasonik.

ultraviolet *a.* sinar ultraungu; menggunakan radiasi dengan jarak gelombang pendek daripada sinaran yang terlihat.

ululate *v.i.* meraung; melolong. **ululation** *n.* raungan; lolongan.

umbel *n.* umbel; gugusan bunga yang batangnya hampir sama panjang.

umber *n.* bahan pewarna warna coklat. **burnt umber** coklat kemerah-merahan.

umbilical *a.* yang berkenaan dengan pusat. **umbilical cord** tali pusat.

umbra n. (pl. **-ae**) umbra; kawasan bayang penuh yang disebabkan oleh bulan atau bumi semasa gerhana.

umbrage n. rasa tersinggung atau kecil hati. **take umbrage** berasa kecil hati.

umbrella n. payung.

umpire n. pengadil. —v.t. bertindak sebagai pengadil.

umpteen a. (sl.) terlalu banyak. **umpteenth** a. jumlah yang tidak terkira.

U.N. abbr. **United Nations** Pertubuhan Bangsa-bangsa Bersatu.

'un pron. (colloq.) satu; se.

un- pref. awalan kata yang ertinya tidak atau sebaliknya.

unable a. tidak sanggup; tidak dapat; tidak mampu; tidak berdaya.

unaccountable a. tidak dapat diterangkan; tidak ada catatan tentang tindakan seseorang itu; tidak bertanggungjawab; sukar dijangka. **unaccountably** adv. perihal sukar difahami.

unadopted a. (tentang jalan raya) tidak diselenggara oleh pihak berkuasa tempatan.

unadulterated a. suci; sejati; tulen; sepenuhnya.

unalloyed a. suci; tidak dicampur bahan lain.

unanimous a. sebulat suara, **unanimously** adv. dengan sebulat suara. **unanimity** a. kebulatan suara yang mutlak.

unarmed a. tidak bersenjata.

unasked a. tidak ditanyai; tanpa disuruh.

unassailable a. tidak boleh diserang atau dikalahkan.

unassuming a. tidak angkuh; rendah diri.

unattended n. (kenderaan, dsb.) tidak ditunggu; tidak ditemani atau dipedulikan.

unavoidable a. tidak dapat dielakkan. **unavoidably** adv. dengan tidak dapat dielakkan.

unaware a. tidak sedar; tidak insaf; tidak perasan.

unawares adv. tidak disedarinya; tanpa disangka-sangka.

unbalanced a. tidak seimbang; tidak siuman; berfikiran tidak waras.

unbearable a. tidak tertahan.

unbeatable a. sukar ditewaskan atau diatasi.

unbeaten a. tidak kalah.

unbeknown a. (colloq.) tidak dikenali; tanpa diketahui.

unbelievable a. tidak mungkin benar; sangat luar biasa. **unbelievably** adv. yang sukar dipercayai.

unbend v.t./i. (p.t. **unbent**) meluruskan; menjadi lebih mesra.

unbending a. tegas; tidak berubah sikap atau pendirian.

unbiased a. tidak memihak; tidak berat sebelah.

unbidden a. tidak dijemput; tidak diminta.

unblock v.t. mengalihkan halangan atau gangguan.

unbolt v.t. membuka kunci.

unborn a. belum dilahirkan.

unbosom v.t. meluahkan; mencurahkan.

unbounded a. tiada had; tidak terbatas.

unbridled a. tidak tertahan; tidak terkawal.

unburden v.refl. **unburden oneself** mengeluarkan perasaan dan fikiran yang terpendam.

uncalled-for a. tidak dikehendaki; tidak kena pada tempatnya.

uncanny a. (-**ier**, -**iest**) sangat pelik dan menakutkan; ganjil. **uncannily** adv. dengan aneh; dengan menyeramkan.

unceasing a. tidak berkesudahan; berlanjutan; tidak berhenti-henti.

unceremonious a. tidak beradat; tidak bersopan santun; kurang sopan.

uncertain a. tidak pasti. **uncertainly** adv. dengan ragu. **uncertainty** n. ketidakpastian.

uncharitable a. kejam atau tidak berperikemanusiaan. **uncharitably** adv. yang tidak bertimbang rasa.

uncharted a. (bagi kawasan daratan atau laut) tidak dipetakan atau ditinjau.

unchristian a. berlawanan dengan prinsip Kristian.

uncial a. tentang penggunaan tulisan huruf besar yang kedapatan pada skrip abad keempat hingga kelapan. —n. tulisan-tulisan zaman tersebut.

uncle n. bapa saudara.

unclean a. tidak bersih; tidak suci.

uncoil v.t./i. membuka lingkaran.

uncommon a. tidak biasa; ajaib; luar biasa.

uncompromising a. tidak dapat (mahu) bertolak ansur.

unconcern n. tidak mengambil berat; tidak peduli.

unconditional a. tidak bersyarat; tidak terikat kepada janji. **unconditionally** adv. dengan mutlak; dengan tidak bersyarat.

unconscionable a. berlawanan dengan perasaan sebenar seseorang; tidak patut; tidak berhati perut.

unconscious a. pengsan; tidak sedar akan diri. **unconsciously** adv. dengan

tidak sedar. **unconsciousness** n. keti-
daksedaran.

unconsidered a. tidak dipertimbang-
kan atau tidak diberi pertimbangan.

uncooperative a. tidak bekerjasama.

uncork v.t. mengeluarkan atau
menanggalkan gabus.

uncouple v.t. membuka atau menang-
galkan (benda yang bersambung-
sambung).

uncouth a. biadab; tidak bersopan.

uncover v.t. membuka; menanggalkan;
menelanjangkan; mendedahkan.

unction n. berpura-pura beradab; per-
buatan melumurkan minyak ke badan
(dalam upacara keagamaan).

unctuous a. bersifat bermuka-muka;
berpura-pura; dalam keadaan bermi-
nyak. **unctuously** adv. berminyak;
dengan bermuka-muka. **unctuous-
ness** n. kepura-puraan.

uncut a. tidak dipotong; tidak ditapis
(bahan cetakan).

undeceive v.t. menyedarkan daripada
sesuatu kesalahan atau perdayaan.

undecided a. tidak pasti; belum mem-
buat keputusan.

undeniable a. tidak dapat disangkal
atau dinafikan. **undeniably** adv. seme-
mangnya; sebenarnya.

under prep. bawah. —adv. rendah pang-
katnya. **under age** belum dewasa;
tidak cukup umur. **under way** sedang
dijalankan atau dilaksanakan.

under- pref. rendah; kurang; kaki
tangan bawahan; kekurangan.

underarm n. & adv. di bawah ketiak.

undercarriage n. peralatan pendaratan
pesawat udara.

underclass n. kelas sosial bawahan.

undercliff n. cenuram rendah atau teres
yang dibentuk gelinciran tanah.

underclothes n.pl. pakaian dalam.

undercoat n. cat alas.

undercover a. melakukan atau mem-
buat kerja secara berahsia.

undercroft n. bilik bawah gereja; krip.

undercurrent n. arus di bawah per-
mukaan air; perasaan yang tersem-
bunyi.

undercut v.t. (p.t. **undercut**) memo-
tong di bahagian bawah; menjual
atau bekerja dengan bayaran yang
lebih murah.

underdog n. orang yang tertindas;
orang yang dianggap lemah dan tidak
mungkin menang dalam perjuangan
atau pertempuran.

underdone a. belum masak betul;
kurang matang.

underestimate v.t. kurang peruntukan;
memperkecil kebolehan seseorang.
underestimation n. anggaran yang
terlalu rendah.

underfelt n. kain felt lapik permaidani.

underfoot adv. di atas bumi; di bawah
tapak kaki seseorang.

undergarment n. pakaian dalam.

undergo v.t. (p.t. **-went**, p.p. **-gone**)
mengalami; menempuhi; menang-
gung; melalui; menjalani.

undergraduate n. siswazah; penuntut
universiti yang masih belum mendapat
ijazah.

underground[1] adv. di bawah tanah;
rahsia; bersembunyi.

underground[2] a. bawah tanah; sulit.
—n. kereta api di bawah tanah.

undergrowth n. semak; belukar.

underhand[1] a. membuat sesuatu
dengan rahsia atau tipu helah.

underhand[2] adv. secara menipu.

underlay[1] v. melapik; mengalas.

underlay[2] n. lapik permaidani.

underlie v.t. (p.t. **-lay**, p.p. **-lain**, pres. p.
-lying) meletakkan di bawah; menjadi
asas. **underlying** a. lapisan di bawah.

underline v.t. menekankan; membu-
buh garis di bawahnya.

underling n. orang bawahan.

undermanned a. kurang anak kapal;
kurang pekerja.

undermine v.t. menggali lubang di
dalam tanah; melemahkan dengan
diam-diam.

underneath prep. & adv. di bawah
atau di dalam (sesuatu barang).

underpaid a. kurang mendapat bayaran.

underpants n.pl. seluar dalam lelaki.

underpass n. jalan raya di bawah jalan
raya yang lain.

underpin v.t. (p.t. **-pinned**) menyang-
ga; menopang; menguatkan.

underprivileged a. kurang mampu;
kurang bernasib baik.

underrate v.t. memandang rendah.

underripe a. tidak matang; tidak
masak betul.

underscore v. membuat garisan di
bawah sesuatu perkataan; menegaskan.

underseal v.t. mengecat bahagian
bawah (badan kereta) dengan lapisan
pelindung.

undersell v.t. (p.t. **-sold**) menjual
dengan harga yang murah.

undershoot v.t. (p.t. **-shot**) tidak
mengenai sasaran; mendarat tidak
sampai ke landasan.

undershot a. (berkenaan kincir) diputar
oleh air yang mengalir di bawahnya.

underside *n.* permukaan dasar.

undersigned *a.* yang bertandatangan di bawah.

undersized *a.* lebih kecil daripada biasa.

underskirt *n.* kain dalam wanita.

underslung *a.* disangga dari atas.

understaffed *a.* kurang kakitangan; tidak cukup kakitangan.

understand *v.t./i.* (*p.t.* -stood) memahami; faham akan; mengerti; mengetahui; mendapat tahu. understandable *a.* dapat difahami.

understanding *a.* menunjukkan rasa simpati. —*n.* pemahaman; pengertian; kebolehan memahami; cerdik; kata sepakat; persefahaman.

understate *v.* mewakili sesuatu yang lebih kecil atau kurang penting daripada keadaan sebenar. understated *a.* secara halus amat menyenangkan.

understatement[1] *n.* pernyataan yang tidak lengkap.

understatement[2] *n.* amalan yang tidak menonjol atau berlebih-lebihan.

understeer *v.i.* (tentang kereta) membelok tidak betul. —*n.* pembabasan.

understudy *n.* pelakon ganti; bakal pengganti. —*v.t.* mempelajari (dengan tujuan untuk mengganti).

undertake *v.t.* (*p.t.* -took, *p.p.* -taken) berjanji; menanggung.

undertaker *n.* orang yang menguruskan penguburan.

undertaking *n.* pengusahaan; perusahaan; pekerjaan, dsb.

undertone *n.* bunyi suara yang rendah; suara yang tertekan; perasaan yang tersirat.

undertow *n.* arus songsang yang berlawanan di permukaan air.

undervalue *v.t.* meletakkan harga yang terlalu rendah.

underwater *a. & adv.* di bawah permukaan air.

underwear *n.* pakaian dalam.

underweight *a.* kurang beratnya; ringan.

underwent *lihat* undergo.

underworld *n.* (dalam mitologi) tempat roh berkumpul; alam barzakh; golongan jahat yang terlibat dalam jenayah.

underwrite *v.t.* (*p.t.* -wrote, *p.p.* -written) menanggung; menaja jamin (insurans). underwriter *n.* penaja jamin; orang yang mengurus insurans.

undeserved *a.* tidak berhak. undeservedly *adv.* perihal tidak berhak langsung.

undesirable *a.* tidak diingini; patut dibantah. undesirably *adv.* secara tidak diingini.

undeveloped *a.* tidak maju; tidak berkembang.

undies *n.pl.* (*colloq.*) pakaian dalam wanita.

undo *v.t.* (*p.t.* -did, *p.p.* -done) membuka; menanggalkan; mengungkai; membatalkan.

undoing *n.* kemusnahan atau keruntuhan seseorang.

undone *a.* menanggalkan; tidak dilakukan; (usang) memusnahkan.

undoubted *a.* pasti; tidak diragui. undoubtedly *adv.* dengan tidak diragui.

undreamed *a.* (atau undreamt) (undereamed) tidak terfikirkan sebelumnya sebagai mungkin.

undress *v.t./i.* menanggalkan pakaian.

undue *a.* tidak kena pada tempatnya; tidak patut.

undulate *v.t./i.* berombak; beralun; menggelembung. undulation *n.* alunan bergelombang.

unduly *adv.* secara tidak patut; tidak kena pada tempatnya.

undying *a.* tidak berhenti; kekal; berterusan.

unearth *v.t.* mengeluarkan daripada tanah; membuka rahsia; menemukan.

unearthly *a.* yang mengerikan; menakutkan; ghaib; tidak munasabah.

uneasy *a.* khuatir; resah; bimbang; cemas; gelisah. uneasily *adv.* dengan cemas, gelisah atau bimbang. uneasiness *n.* kegelisahan; kecemasan; kebimbangan.

uneatable *a.* tidak sesuai dimakan.

uneconomic *a.* tidak menguntungkan.

unemployable *a.* tidak boleh diambil bekerja.

unemployed *a.* tanpa pekerjaan; tidak mempunyai pekerjaan; tidak menggunakan; menganggur. unemployment *n.* pengangguran.

unending *a.* tidak berkesudahan; kekal; abadi.

unequal *a.* tidak sama; tidak sepadan. unequally *adv.* dengan tidak sama.

unequivocal *a.* terang dan tidak samar; nyata. unequivocally *adv.* dengan jelas; tanpa ragu.

unerring *a.* tidak salah; tepat.

uneven *a.* tidak sama; tidak genap; tidak rata. unevenly *adv.* dengan tidak rata. unevenness *n.* keganjilan; tidak ratanya.

unexampled *a.* tiada taranya; tiada tolok bandingnya.

unexceptionable *a.* sangat terpuji; tiada cacat celanya.

unexceptional *a.* biasa; normal.

unexpected *a.* tidak diduga. **unexpectedly** *adv.* dengan tidak diduga sama sekali.

unfailing *a.* tidak putus-putus; tidak berakhir.

unfair *a.* tidak jujur; tidak adil. **unfairly** *adv.* secara tidak adil. **unfairness** *n.* ketidakadilan.

unfaithful *a.* tidak setia; curang; mungkir. **unfaithfully** *adv.* dengan curang. **unfaithfulness** *n.* ketidaksetiaan; kecurangan.

unfasten *v.t.* membuka ikatan; menanggalkan.

unfeeling *a.* bengis; kejam; tiada belas kasihan. **unfeelingly** *adv.* dengan kejam; dengan tidak bertimbang rasa.

unfit *a.* tidak sesuai; tidak cekap; tidak patut; tidak cergas; tidak layak. —*v.t.* (*p.t.* **unfitted**) menjadi tidak sesuai; tidak siap dipasang dengan kemudahan, dsb.

unflappable *a.* tidak mudah gelabah; tenang.

unfold *v.t./i.* membuka; membentang; memberitahu.

unforeseen *a.* tidak dijangkakan.

unforgettable *a.* yang tidak dapat dilupakan. **unforgettably** *adv.* tidak dapat dilupakan.

unfortunate *a.* celaka; malang. **unfortunately** *adv.* malangnya.

unfounded *a.* tidak beralasan; tidak berasas.

unfrock *v.t.* (tentang paderi) dipecat daripada jawatannya.

unfurl *v.t./i.* membentangkan; membuka.

ungainly *adv.* kaku; kekok; canggung. **ungainliness** *n.* kekakuan; kecanggungan.

ungodly *a.* tidak beriman; tidak taat kepada agama; berdosa; (*colloq.*) tidak munasabah.

ungovernable *a.* tidak terkawal atau tidak dapat dikawal.

ungracious *a.* tidak ihsan atau sopan. **ungraciously** *adv.* secara tidak sopan.

ungrateful *a.* tidak berterima kasih; tidak mengenang budi.

unguarded *a.* tidak berjaga; tidak berawas.

unguent *n.* minyak gosok; minyak pelincir.

ungulate *a.* & *n.* berkuku (haiwan).

unhand *v.t.* melepaskan.

unhappy *a.* (**-ier, -iest**) sedih; tidak bernasib baik; tidak sesuai. **unhappily** *adv.* dengan sedihnya. **unhappiness** *n.* kesedihan; kedukaan.

unhealthy *a.* (**-ier, -iest**) kurang sihat; tidak sihat; sakit. **unhealthily** *adv.* mendapat sakit; kesihatan terganggu.

unheard-of *a.* tidak pernah didengar.

unhinge *v.t.* tidak waras; miring.

unholy *a.* (**-ier, -iest**) tidak suci; tidak beriman; berdosa; (*colloq.*) sangat besar.

unhook *v.t.* terlepas daripada cangkuknya; tertanggal.

unhorse *v.t.* terjatuh atau diheret kuda.

unicorn *n.* sejenis binatang dongengan seperti kuda yang bertanduk satu di dahinya.

uniform *n.* pakaian seragam. —*a.* sentiasa sama; serupa. **uniformly** *adv.* dengan seragam. **uniformity** *n.* keseragaman; keserupaan.

unify *v.t.* menggabungkan; menyatukan. **unification** *n.* kesatuan; penyatuan.

unilateral *a.* berkenaan dengan satu pihak sahaja. **unilaterally** *adv.* perihal berpihak kepada satu golongan sahaja.

unimpeachable *a.* yang tidak dapat dicela; boleh dipercayai; tidak dapat diragukan.

uninviting *a.* tidak menarik; meloyakan.

union *n.* persatuan; persekutuan; ikatan; gabungan. **Union Jack** bendera United Kingdom.

unionist *n.* ahli kesatuan sekerja; penyokong atau pendukung kesatuan sekerja.

unionize *v.t.* menjadi ahli kesatuan sekerja.

unique *a.* satu jenis sahaja; tiada bandingannya; tunggal. **uniquely** *adv.* dengan tiada taranya; satu-satunya.

unisex *a.* uniseks; yang sesuai untuk kedua-dua jenis jantina.

unison *n.* **in unison** bersama; menyanyi bersama; persamaan bunyi; serentak; sehaluan.

unit *n.* unit; satuan; kesatuan. **unit trust** amanah saham; syarikat yang melabur dan membayar dividen.

Unitarian *n.* ahli satu golongan yang menganut agama Kristian yang mempercayai Tuhan itu satu dan bukan Tritunggal.

unitary *a.* yang berkenaan dengan unit.

unite *v.t./i.* menyatupadukan; menggabungkan; menyatukan.

unity *n.* keadaan berpadu; kesesuaian; keharmonian; perpaduan.

universal *a.* sejagat; sedunia; umum. **universally** *adv.* secara umum; yang melingkungi seluruh alam.

universe *n.* alam semesta; cakerawala.

university *n.* universiti.

unjust *a.* tidak adil; tidak patut. **unjustly** *adv.* secara tidak adil.

unkempt *a.* kelihatan buruk dan terbiar; kusut-masai; comot; tidak terpelihara.

unkind *a.* kejam; tidak menaruh belas kasihan. **unkindly** *adv.* dengan tiada belas kasihan; dengan kejam. **unkindness** *n.* kekejaman.

unknown *a.* tidak dikenali.

unleaded *a.* (petrol, dsb.) tanpa plumbum.

unlearn *v.t.* meninggalkan; membuang.

unleash *v.t.* melepaskan (dari ikatan).

unleavened *a.* (bagi roti) dibuat tanpa menggunakan ragi atau bahan penaik yang lain.

unless *conj.* jika tidak; kecuali hanya.

unlettered *a.* tidak kenal huruf; buta huruf; tidak berpelajaran.

unlike *a.* berlainan; berbeza. —*prep.* berlainan atau berbeza daripada.

unlikely *a.* tidak akan; tidak seharusnya; tidak mungkin.

unlimited *a.* tidak terbatas; tidak terhad.

unlisted *a.* tidak tersenarai.

unload *v.t./i.* memunggah; menurunkan.

unlock *v.t.* membuka kunci.

unlooked-for *a.* tidak disangka-sangka.

unlucky *a.* (**-ier**, **-iest**) malang; sial; tidak bernasib baik. **unluckily** *adv.* dengan sialnya.

unman *v.t.* (*p.t.* **unmanned**) melemahkan semangat (tidak seperti lelaki).

unmanned *a.* dikelolakan tanpa manusia.

unmarried *a.* belum berkahwin.

unmask *v.t./i.* menanggalkan topeng; menunjukkan sifat yang sebenarnya.

unmentionable *a.* tidak sesuai untuk disebut.

unmistakable *a.* yang tidak dapat diragukan lagi; jelas dan terang. **unmistakably** *adv.* dengan tepat dan jelas; tidak syak lagi.

unmitigated *a.* tetap dan tidak boleh diubah; mutlak.

unmoved *a.* tidak berubah; tidak bergerak; tidak berganjak.

unnatural *a.* bukan semula jadi; bukan yang biasanya; tidak lazim. **unnaturally** *adv.* secara luar biasa.

unnecessary *a.* tidak perlu; tidak mustahak. **unnecessarily** *adv.* perihal tidak perlu dan tidak mustahaknya.

unnerve *v.t.* melemahkan semangat dan kemahuan.

unnumbered *a.* tidak dapat dibilang; tidak dinomborkan.

unobtrusive *a.* tidak menonjol; berhati-hati. **unobtrusively** *adv.* dengan tidak menonjol.

unofficial *a.* tidak rasmi. **unofficially** *adv.* secara tidak rasmi.

unpack *v.t./i.* membuka (beg, peti) dan mengeluarkan isinya.

unparalleled *a.* tiada bandingannya; tiada tarannya.

unparliamentary *a.* tidak mengikut peraturan parlimen.

unpick *v.t.* membuka jahitan.

unplaced *a.* tidak mendapat tempat atau kedudukan.

unpleasant *a.* kurang elok; kurang enak. **unpleasantly** *adv.* secara kurang enak. **unpleasantness** *n.* keadaan tidak enak; perselisihan.

unpopular *a.* tidak disukai orang; tidak terkenal. **unpopularity** *n.* perihal tidak disukai orang.

unprecedented *a.* belum pernah berlaku dahulu.

unpremeditated *a.* tidak dirancang sebelum ini.

unprepared *a.* tidak bersedia terlebih dahulu; belum bersedia.

unprepossessing *a.* tidak menarik.

unpretentious *a.* tidak menunjuk-nunjuk; tidak suka berlagak.

unprincipled *a.* tidak berprinsip; keji.

unprintable *a.* tidak sesuai untuk dicetak; celopar.

unprofessional *a.* tidak profesional; bertentangan dengan peraturan sesuatu pekerjaan. **unprofessionally** *adv.* secara tidak profesional.

unprofitable *a.* tidak menguntungkan; tidak berguna. **unprofitably** *adv.* secara tidak menguntungkan.

unprompted *a.* secara tiba-tiba; mendadak.

unqualified *a.* tidak berkelayakan; tidak memenuhi syarat.

unquestionable *a.* jelas dan tidak dapat diragukan; pasti. **unquestionably** *adv.* perihal ketidakraguan.

unquote *int.* akhiran kepada sesuatu kata-kata petikan; menutup tanda kutip.

unravel *v.t./i.* (*p.t.* **unravelled**) menyelesaikan; menguraikan benang.

U

unreasonable *a.* tidak wajar; tidak munasabah; tidak berpatutan. **unreasonably** *adv.* secara yang tidak berpatutan.

unreel *v.t./i.* menguraikan benang daripada gelendong.

unrelenting *a.* tidak berhenti-henti atau menjadi kurang teruk; tidak memenuhi seperti yang dikehendaki. **unrelentingly** *adv.* yang tidak berhenti-henti.

unrelieved *a.* tidak meringankan; tidak melegakan; berterusan.

unremitting *a.* tidak henti-henti; terus-menerus.

unrequited *a.* (cinta) tidak berbalas.

unreservedly *adv.* terus terang; sepenuhnya.

unrest *n.* kegelisahan; kerusuhan.

unrivalled *a.* tiada tandingannya.

unroll *v.t./i.* membuka gulungan.

unruly *a.* sukar dikawal; liar. **unruliness** *n.* kekusutan; kesukaran untuk mengawalnya.

unsaddle *v.t.* menurunkan (menanggalkan) pelana.

unsaid *a.* tidak bercakap; tidak dinyatakan.

unsavoury *a.* tawar; tidak ada rasanya; tidak enak; tidak baik.

unscathed *a.* tidak mengalami apa-apa kecederaan.

unscramble *v.t.* menyisihkan.

unscrew *v.t.* melonggarkan atau menanggalkan skru.

unscripted *a.* tanpa skrip yang disediakan.

unscrupulous *a.* tidak bermoral; tidak berperikemanusiaan; tidak ada belas kasihan.

unseasonable *a.* (bagi cuaca) bukan kelaziman dalam sesuatu tahun. **unseasonably** *adv.* yang tidak lazim dalam sesuatu tahun.

unseat *v.t.* tercampak dari tempat duduknya; dipecat daripada menjadi ahli parlimen.

unseemly *a.* tidak betul; tidak patut; tidak bersopan santun.

unseen *a.* tidak kelihatan. —*n.* rencana yang harus diterjemahkan tanpa persediaan.

unselfish *a.* bertimbang rasa; tidak mementingkan diri sendiri. **unselfishly** *adv.* dengan tidak mementingkan diri. **unselfishness** *n.* sifat tidak mementingkan diri.

unsettle *v.t.* mencemaskan; merisaukan; menyebabkan tidak tetap.

unsettled *a.* (cuaca) yang bertukar-tukar.

unshakeable *a.* tegas; tetap.

unsightly *a.* tidak enak dipandang; hodoh. **unsightliness** *n.* perihal hodohnya atau buruknya.

unsigned *a.* tidak ditandatangani.

unskilled *a.* tidak mahir; tidak memerlukan latihan; tidak pakar.

unsociable *a.* tidak suka bergaul.

unsocial *a.* tidak mengikut adat resam; tidak suka bergaul.

unsolicited *a.* tidak diminta; tidak dipohon.

unsophisticated *a.* tidak canggih; mudah dan asli; sederhana; lurus; jujur.

unsound *a.* tidak sihat; tidak baik; tidak terlepas daripada kecacatan. **of unsound mind** gila; tidak siuman.

unsparing *a.* yang sesungguhnya; tidak hemat.

unspeakable *a.* tidak terperikan; tidak terkatakan.

unstable *a.* tidak seimbang dari segi mental atau emosi; tidak stabil.

unsteady *a.* tidak tetap. **unsteadily** *adv.* perihal tidak tetap. **unsteadiness** *n.* ketidaktetapan.

unstick *v.t.* menanggalkan.

unstinted *a.* memberikan dengan murah hati atau secara terbuka.

unstuck *a.* tertanggal. **come unstuck** (*colloq.*) gagal; menderita bencana besar.

unstudied *a.* biasa; secara spontan; semula jadi.

unsuccessful *a.* tidak berjaya; gagal. **unsuccessfully** *adv.* dengan tidak berjaya.

unsuitable *a.* tidak sepadan; tidak sesuai. **unsuitably** *adv.* perihal tidak sesuai.

unsullied *a.* asli; tulen.

unsung *a.* tidak dimaklumi atau tidak disanjung.

unsuspecting *a.* tidak mengesyaki.

unswerving *a.* tidak pudar; tidak mengendur; tidak berubah-ubah.

untenable *a.* tidak boleh dipertahankan daripada kritikan atau serangan.

unthinkable *a.* tidak terfikirkan; tidak masuk akal.

unthinking *a.* tidak berfikir panjang; tidak difikirkan; melulu.

untidy *a.* (**-ier, -iest**) kotor; tidak kemas. **untidily** *adv.* perihal tidak kemas. **untidiness** *n.* selekeh; kecomotan.

untie *v.t.* membuka ikatan; meleraikan; mengungkai.

until *prep. & conj.* sehingga.

untimely *a.* belum masanya; tidak pada waktunya.

untiring *a.* tidak letih; tidak penat.

unto *prep.* (usang) kepada.

untold *a.* tidak diberitahu; tidak terkata; tidak terhitung; tidak terbilang.

untouchable *a.* tidak boleh diusik. —*n.* paria; kasta yang paling rendah dalam urutan kasta Hindu.

untoward *a.* tidak selesa; canggung; malang.

untraceable *a.* tidak dapat dikesani.

untried *a.* belum dicuba; belum diuji.

untrue *a.* tidak benar; bercanggah dengan fakta; tidak setia. **untruly** *adv.* dengan tidak benar; dengan tidak jujur.

untruth *n.* kenyataan palsu; pembohongan. **untruthful** *a.* berdusta; berbohong. **untruthfully** *adv.* dengan dusta; dengan bohong.

unused *a.* belum dipakai.

unusual *a.* jarang; luar biasa. **unusually** *adv.* perihal luar biasa.

unutterable *a.* terlalu besar untuk diperkatakan; tidak terkatakan. **unutterably** *adv.* sukar dinyatakan; betul-betul.

unvarnished *a.* terus terang; tidak berselindung; tidak bervarnis.

unveil *v.t./i.* membuka tudung; membuka rahsia.

unversed *a.* **unversed in** tidak pandai; tidak berpengalaman.

unwaged *a.* melakukan kerja tidak bergaji.

unwanted *a.* tidak dikehendaki.

unwarrantable *a.* tidak wajar.

unwarranted *a.* tidak wajar; tidak dibenarkan.

unwary *a.* tidak berhati-hati.

unwell *a.* tidak sihat; uzur.

unwieldy *a.* dengan canggung; dengan kekok; terlalu sukar untuk digerakkan atau dikawal.

unwilling *a.* tidak rela; tidak sudi.

unwind *v.t./i.* (*p.t.* **unwound**) terurai; terbuka atau membuka gulungnya; (*colloq.*) berehat daripada bekerja atau gangguan fikiran; melegakan fikiran.

unwise *a.* tidak bijak. **unwisely** *adv.* dengan tidak bijak.

unwitting *a.* tidak sengaja; tidak sedar. **unwittingly** *adv.* dengan tidak disedari.

unwonted *a.* luar biasa; tidak lazim. **unwontedly** *adv.* secara luar biasa.

unworldly *a.* bukan duniawi; bukan keduniaan; lebih cenderung kepada kerohanian. **unworldliness** *n.* keadaan bukan keduniaan.

unworn *a.* belum berpakai.

unworthy *a.* tidak patut; tidak berguna.

unwrap *v.t./i.* (*p.t.* **unwrapped**) membuka bungkusan.

unwritten *a.* tidak ditulis; berdasarkan adat dan amalan.

unzip *v.t./i.* terbuka; membuka.

up *adv.* di atas. —*prep.* ke atas. —*a.* diarahkan ke atas. —*v.t./i.* (*p.t.* **upped**) menaikkan. **time is up** habis waktu. **up in** (*colloq.*) mengetahui tentang. **ups and downs** jatuh bangunnya. **up to** melakukan sesuatu; diperlukan sebagai tugas. **up to date** maklumat atau fesyen yang terkini. **up-to-date** *a.* terbaharu; moden; mengikut aliran zaman.

upbeat *n.* rentak yang tidak ditekankan bunyinya. —*a.* (*colloq.*) optimistik; ceria.

upbraid *v.t.* mencela; memarahi.

upbringing *n.* asuhan; didikan dan latihan semasa kanak-kanak.

up-country *a. & adv.* pedalaman; ke pedalaman; di pedalaman.

update *v.t.* mengemaskinikan.

up-end *v.t./i.* menterbalikan; terbalik.

upgrade *v.t.* meningkatkan ke gred yang lebih tinggi; naik pangkat.

upheaval *n.* perubahan yang berlaku secara tiba-tiba; pergolakan.

uphill *a. & adv.* ke atas; mendaki gunung; sukar.

uphold *v.t.* (*p.t.* **upheld**) menyokong; berpegang teguh kepada sesuatu (prinsip, adat, dsb.).

upholster *v.t.* melengkapkan tempat duduk dengan bahan-bahan seperti spring, sarung, alas, dll.

upholstery *n.* bahan-bahan untuk melengkapkan perabot.

upkeep *n.* pemeliharaan atau pembiayaan sesuatu.

upland *n. & a.* tanah tinggi.

uplift[1] *v.t.* menaikkan; meninggikan. **uplift**[2] *n.* peningkatan.

upmarket *a.* mahal dan berkualiti tinggi.

upon *prep.* di atas; atas.

upper *a.* lebih tinggi (berkenaan tempat, kedudukan atau pangkat). —*n.* bahagian atas tapak kasut. **upper case** huruf besar. **upper crust** golongan atasan. **upper hand** kelebihan dan penguasaan.

uppermost *a. & adv.* tertinggi; teratas; kedudukan yang utama.

uppish, uppity *adj.* (*colloq.*) berlagak; sombong.

upright *a.* tulus; jujur; tegak. —*n.* batang yang ditegakkan; bertindak sebagai penyokong.

uprising *n.* pemberontakan.

uproar *n.* bunyi bising dan hingar-bingar; bantahan awam.

uproarious *a.* sangat bising; riuh-rendah. **uproariously** *adv.* dengan bunyi yang sangat bising.

uproot *v.t.* membantun; membongkar atau mencabut dengan akar umbinya.

upset[1] *v.t./i.* (*p.t.* upset, *pres.p.* upsetting) kacau-bilau; menterbalikkan; menumpahkan; mengejutkan.

upset[2] *n.* terganggu (perasaan); kekacauan; kerosakan.

upshot *n.* hasilnya; kesudahannya.

upside down *adv. & a.* tunggang terbalik; tidak menentu; menyongsang.

upstage *adv. & a.* belakang pentas. —*v.t.* mengalihkan pandangan atau perhatian; mengatasi; menyerlah.

upstairs *adv. & a.* tingkat atas; tingkat yang lebih tinggi.

upstanding *a.* kuat dan sihat; jujur dan dihormati.

upstart *n.* orang yang tiba-tiba menjadi kaya atau berkuasa.

upstream *a. & adv.* mudik; ke hulu.

upsurge *n.* bangun; meluap-luap.

upswept *a.* (rambut) disikat ke belakang.

upswing *n.* gerakan melambung; menjulang.

uptake *n.* **quick in the uptake** cepat memahami maksud sesuatu.

uptight *a.* (*colloq.*) berdebar; tegang.

upturn[1] *v.t.* tunggang terbalik; menyongsang.

upturn[2] *n.* kenaikan; peningkatan.

upward *a.* naik.

upwards *adv.* ke atas; mendaki.

uranium *n.* uranium.

urban *a.* berkenaan dengan kota atau bandar.

urbane *a.* berbudi bahasa; sopan santun. **urbanely** *adv.* dengan berbudi bahasa. **urbanity** *n.* kesopanan.

urbanize *v.t.* menjadikan seperti kota. **urbanization** *n.* pembandaran.

urchin *n.* anak nakal.

Urdu *n.* bahasa Urdu (digunakan di Pakistan).

ureter *n.* saluran dari buah pinggang ke pundi-pundi kencing.

urethra *n.* uretra; saluran yang mengeluarkan air kencing dari tubuh badan kita.

urge *v.t.* mendesak; menggerakkan hati. —*n.* desakan.

urgent *a.* mendesak; sangat perlu; dengan segera. **urgently** *adv.* dengan mendesak; dengan serta-merta. **urgency** *n.* keperluan yang mendesak.

urinal *n.* tempat (bekas) untuk kencing.

urinate *v.i.* kencing; buang air. **urination** *n.* pengencingan.

urine *n.* air kencing. **urinary** *a.* perihal tempat dan air kencing.

URL *abbr.* **Uniform Resource Locater** petunjuk kedudukan sumber dan alamat bagi halaman jaringan sedunia.

urn *n.* sejenis kendi untuk menyimpan abu mayat.

ursine *a.* macam beruang.

us *pron.* kami; kita.

US, USA *abbr.* **United States of America** (negara) Amerika Syarikat.

usable *a.* boleh atau dapat digunakan.

usage *n.* pemakaian; adat kebiasaan; penggunaan.

use[1] *v.t.* mempergunakan; memakai; memperalat. **use up** menggunakan hingga habis.

use[2] *n.* guna; penggunaan. **make use of** mempergunakan; mengeksploitasi.

used[1] *a.* terpakai.

used[2] *p.t.* sudah kebiasaan. —*a.* **used to** yang biasa (melalui latihan atau perangai).

useful *a.* berguna; berfaedah; dapat memberikan hasil yang baik. **usefully** *adv.* dengan berfaedah; dengan berguna. **usefulness** *n.* kegunaan; hal bermanfaat; berguna; berfaedah.

useless *a.* tidak dapat digunakan; tidak berguna. **uselessly** *adv.* dengan tidak berguna langsung. **uselessness** *n.* berkenaan dengan tidak ada kegunaannya langsung; perihal tidak berguna.

user *n.* pengguna; orang yang menggunakan sesuatu barang atau perkhidmatan.

usher *n.* penghantar masuk; pengiring. —*v.t.* mengiring.

usherette *n.* perempuan atau gadis pengiring.

USSR *abbr.* **Union of Soviet Socialist Republics** Persekutuan Republik Rusia.

usual *a.* biasa; lazim. **usually** *adv.* pada lazimnya; biasanya.

usurer *n.* orang yang meminjamkan wang dengan faedah yang tinggi.

usurp *v.t.* merampas atau merebut kuasa. **usurpation** *n.* perampasan; perebutan. **usurper** *n.* orang yang merampas kuasa; pemberontak.

usury *n.* riba; peminjaman wang dengan kadar faedah yang tinggi.

utensil *n.* alat; perkakas, terutamanya perkakas dapur.

uterus *n.* uterus; rahim. **uterine** *a.* yang berkenaan dengan rahim.

utilitarian *a.* yang berkenaan dengan hal yang berfaedah.

utilitarianism *n.* faham utilitarian; utilitarianisme; teori bahawa tindakan diterima sekiranya memanfaatkan orang ramai.

utility *n.* kegunaan; sesuatu yang berfaedah. —*a.* sangat praktis **utilityroom** bilik utiliti.

utilize *v.t.* mempergunakan; menggunakan. **utilization** *n.* penggunaan.

utmost *a. & n.* paling jauh; amat besar; sedaya upaya.

Utopia *n.* Utopia; sistem politik dan sosial yang sempurna dan yang dicita-citakan. **Utopian** *a.* sistem yang paling sempurna yang dicita-citakan, tetapi tidak praktis; idealistik.

utter[1] *a.* sesungguhnya; amat sangat. **utterly** *adv.* sama sekali.

utter[2] *v.t.* mengucapkan; melafazkan; menyebutkan. **utterance** *n.* gaya penyebutan; pengucapan; sebutan; ucapan.

uttermost *a. & n.* lihat utmost.

U-turn *n.* pusingan-U; perubahan sebaliknya.

uv *abbr.* **ultraviolet** ultraungu.

uvula *n.* anak tekak; anak lidah.

uxorious *a.* terlampau kasih kepada isteri.

V

V *abbr.* **volt(s)** volt.

vacancy *n.* kekosongan.

vacant *a.* kosong. **vacantly** *adv.* dengan keadaan kosong.

vacate *v.t.* mengosongkan; meninggalkan.

vacation *n.* cuti rehat; pengosongan; perihal meninggalkan sesuatu tempat. —*v.t.* (A.S.) bercuti.

vaccinate *n.* memvaksin; menanam cacar. **vaccination** *n.* vaksinasi; tanam cacar.

vaccine *n.* vaksin; benih cacar.

vacillate *v.i.* berubah fikiran; bimbang; ragu-ragu. **vacillation** *n.* kebimbangan; keragu-raguan.

vacuous *a.* selamba; bodoh; tiada reti. **vacuously** *adv.* dengan selamba. **vacuousness** *n.* perihal keadaan selamba. **vacuity** *n.* keselambaan.

vacuum *n.* (*pl.* **-cua** atau **-cuums**) vakum. —*v.t./i.* (*colloq.*) mencuci dengan pembersih hampagas. **vacuum cleaner** pembersih hampagas. **vacuum flask** kelalang vakum. **vacuum-packed** *a.* dipek vakum atau hampagas.

vade-mecum *n.* buku kecil yang selalu dibawa dan digunakan sebagai rujukan.

vagabond *n.* pengembara; petualang.

vagary *n.* perubahan tingkah laku.

vagina *n.* vagina; faraj. **vaginal** *a.* berkenaan faraj.

vagrant *n.* kutu rayau; gelandangan. **vagrancy** *n.* perihal bergelandangan.

vague *a.* (**-er, -est**) samar-samar; kabur; tidak jelas. **vaguely** *adv.* secara samar-samar; secara kabur; secara tidak jelas. **vagueness** *n.* kesamaran; kekaburan.

vain *a.* (**-er, -est**) sombong. **in vain** sia-sia; tidak berguna; tidak bererti. **vainly** *adv.* dengan sombong.

vainglory *n.* kemegahan. **vainglorious** *a.* bermegah-megah.

valance *n.* sejenis langsir singkat; ropol.

vale *n.* lembah; lurah.

valediction *n.* ucapan selamat tinggal; ucapan mohon diri. **valedictory** *a.* selamat tinggal; selamat jalan.

valence *n.* valens; kuasa satuan sesuatu atom berbanding dengan kuasa atom hidrogen.

valency *n.* valensi.

valentine *n.* valentine; kekasih yang dipilih pada hari St. Valentine (14 Februari); kad ucapan atau hadiah yang dikirim sempena hari ini.

valerian *n.* sejenis herba yang keras baunya.

valet *n.* pembantu peribadi lelaki kepada seorang lelaki. —*v.t.* (*p.t.* **valeted**) melakukan kerja-kerja tersebut.

valetudinarian *n.* orang yang sangat mengambil berat tentang kesihatan dirinya.

valiant *a.* berani. **valiantly** *adv.* dengan berani.

valid *a.* sah; sahih. **validity** *n.* kesahihan.

validate *v.t.* mengesahkan; mensahihkan. **validation** *n.* pengesahan.

valise *n.* beg pakaian.

valley *n.* (*pl.* -eys) lembah.

valour *n.* keberanian; kehandalan; kegagahan.

valuable *a.* berharga; bernilai.

valuables *n.pl.* barang-barang yang berharga.

valuation *n.* penilaian.

value *n.* nilai. —*v.t.* menilai. **value added tax** cukai nilai ditambah. **value judgement** pertimbangan nilai.

valueless *a.* tidak bernilai; tidak berharga.

valuer *n.* penilai.

valve *n.* injap.

valvular *a.* valvula; berbentuk seperti injap.

vamoose *v.i.* (A.S.) (*sl.*) berambus.

vamp[1] *n.* bahagian atas dan hadapan kasut. —*v.t./i.* memperbaiki (berkenaan muzik).

vamp[2] *n.* penggoda lelaki. —*v.t./i.* menggoda.

vampire *n.* pelesit; puntianak.

van[1] *n.* van (sejenis kenderaan).

van[2] *n.* barisan depan.

vandal *n.* perosak harta awam. **vandalism** *n.* perbuatan membinasakan harta awam.

vandalize *v.t.* merosakkan atau memusnahkan harta awam.

vane *n.* mata angin; bilah kipas.

vanguard *n.* barisan depan; pelopor.

vanilla *n.* vanila.

vanish *v.i.* lesap; lenyap; hilang.

vanity *n.* keangkuhan; kesombongan; sifat puja diri. **vanity bag** atau **case** beg kecil untuk (wanita) mengisi alat solek.

vanodium *n.* sejenis unsur logam keras berwarna keputih-putihan.

vanquish *v.i.* menaklukkan; mengalahkan.

vantage *n.* kebaikan; faedah. **vantage-point** *n.* tempat yang memberikan pandangan yang jelas.

vapid *a.* hambar; tidak menarik. **vapidly** *adv.* dengan cara yang membosankan. **vapidity** *n.* kebosanan.

vaporize *v.t./i.* menjadi wap. **vaporization** *n.* pengewapan.

vapour *n.* wap. **vaporous** *a.* berkabus.

variable *a.* berubah. —*n.* boleh diubah. **variability** *n.* perihal sesuatu yang boleh berubah.

variance *n.* **at variance** berbeza dengan; tidak sama dengan.

variant *a.* berbeza; berlainan. —*n.* berbeza ejaannya.

variation *n.* variasi; perbezaan.

varicoloured *a.* berbagai-bagai warna; beraneka warna.

varicose *a.* (berkenaan urat) sentiasa bengkak. **varicosity** *n.* perihal bengkak urat.

varied *a.* berbagai-bagai; berjenis-jenis.

variegated *a.* berbagai-bagai warna; beraneka warna.

variety *n.* berbagai-bagai jenis.

various *a.* berbagai-bagai; beberapa. **variously** *adv.* dengan berbagai-bagai.

varlet *n.* (usang) kasar; bangsat.

varnish *n.* varnis. —*v.t.* menyapu varnis; memvarnis.

varsity *n.* (*colloq.*) varsiti.

vary *v.t./i.* berbeza; membeza; berubah; mengubah.

vascular *a.* vaskular; pembuluh untuk mengalirkan darah.

vase *n.* bekas (tempat) bunga.

vasectomy *n.* vasektomi; satu kaedah mengawal kelahiran secara pembedahan

vassal *n.* orang yang bergantung hidup pada orang lain yang lebih tinggi darjat atau kedudukannya.

vast *a.* sangat luas. **vastly** *adv.* dengan meluas. **vastness** *n.* keluasan.

V.A.T. *abbr.* **value added tax** cukai nilai ditambah.

vat *n.* tangki; tong untuk cecair.

vaudeville *n.* anekarama; aneka hiburan.

vault[1] *n.* kubah; bumbung yang melengkung; bilik pengebumian. **vaulted** *a.* berkubah.

vault[2] *v.t./i.* melompat. **vaulting-horse** *n.* kuda-kuda; sejenis alat untuk berlatih melompat.

vaunt *v.t./i. & n.* bercakap besar; berlagak.

VC *abbr.* **Victoria Cross** Salib Victoria.

VCR *abbr.* **video cassette recorder** perakam video kaset.

VD *abbr.* **venereal disease** penyakit yang merebak melalui hubungan seks, misalnya sifilis.

VDU *abbr.* **visual display unit** unit paparan visual.

veal *n.* daging anak lembu.

vector *n.* vektor. **vectorial** *a.* berkenaan vektor.

veer *v.i.* berubah haluan; melencong.

vegan *n.* vegetarian; orang yang pantang makan daging.

vegetable *n.* sayur. —*a.* berkenaan dengan sayur-sayuran.

vegetarian *n.* vegetarian; orang yang tidak makan daging.

vegetate *v.i.* hidup yang membosankan; hidup seperti tumbuh-tumbuhan.

vegetation *n.* tumbuh-tumbuhan.

vegetative *a.* berkenaan pertumbuhan dan pembiakan; berkenaan tumbuhan.

vehement *a.* menunjukkan perasaan yang keras atau kuat. **vehemently** *adv.* dengan keras atau kuat. **vehemence** *n.* kekerasan; kekuatan.

vehicle *n.* kenderaan. **vehicular** *a.* yang berkenaan dengan kenderaan.

veil *n.* tudung; kelubung. —*v.t.* menudung; mengelubung. **take the veil** menjadi rahib perempuan.

vein *n.* vena; pembuluh darah; urat daun; barik (pada batu atau marmar); nada (berkenaan perasaan). **veined** *a.* berurat.

velcro *n.* (tanda dagang) kancing yang diperbuat daripada dua tali jenis kain yang akan berpaut antara satu sama lain apabila ditekan.

veld *n.* veld; padang rumput di Afrika Selatan.

vellum *n.* velum; sejenis kertas tulis yang lembut dan halus.

velocity *n.* kelajuan; kecepatan.

velour *n.* sejenis kain seperti baldu.

velvet *n.* baldu. **on velvet** beruntung. **velvet glove** kekerasan di sebalik kelembutan. **velvety** *a.* seperti baldu.

velveteen *n.* baldu kapas.

venal *a.* sanggup melakukan kejahatan demi wang (berkenaan orang). **venality** *n.* kesanggupan melakukan kejahatan demi wang.

vend *v.t.* menjual; menjaja.

vendetta *n.* dendam-mendendam.

vending-machine *n.* mesin runcitan; mesin slot untuk menjual barangan yang kecil.

vendor *n.* penjual; penjual jalanan.

veneer *n.* lapisan (kayu); kulit luar (kiasan). —*v.t.* melapisi dengan lapisan kayu halus.

venerate *v.t.* menghormati; rasa hormat terhadap. **veneration** *n.* penghormatan. **venerable** *a.* dihormati.

venereal *a.* venereal; penyakit kelamin (berkenaan jangkitan melalui hubungan jenis).

Venetian *a. & n.* penduduk asal Venice. **Venetian blind** sejenis bidai.

vengeance *n.* dendam. **with a vengeance** bersungguh-sungguh.

vengeful *a.* berdendam.

venial *a.* dapat dimaafkan atau diampunkan (berkenaan kesalahan). **veniality** *n.* perihal dapat dimaafkan atau diampunkan.

venison *n.* daging rusa atau kijang.

Venn diagram *n.* gambar rajah Venn; rajah yang menggunakan bulatan-bulatan bertindihan untuk menunjukkan hubungan set matematik.

venom *n.* bisa atau racun (ular); kebencian (berkenaan perasaan). **venomous** *a.* berbisa; beracun; menaruh dendam.

venous *a.* terdapat dalam urat.

vent¹ *n.* belah (pada baju).

vent² *n.* bolong; lubang untuk udara keluar masuk. —*v.t.* membuat lubang angin. **give vent to** melepaskan perasaan dengan sewenang-wenang.

ventilate *v.t.* mengudarakan. **ventilation** *n.* pengudaraan.

ventilator *n.* alat pengedar udara.

ventral *a.* ventral; yang berkenaan dengan abdomen.

ventricle *n.* ventrikel; ruang dalam jantung atau otak.

ventriloquist *n.* orang yang pandai menghasilkan bunyi suara supaya seolah-olah datang dari patung atau tempat yang jauh daripada penuturnya. **ventriloquism** *n.* seni ini.

venture *n.* pekerjaan yang sukar dan berisiko; usaha. —*v.t./i.* berani; mengadu untung. **at a venture** berserah kepada nasib.

venturesome *a.* berani; nekad.

venue *n.* tempat.

veracious *a.* benar; betul. **veraciously** *adv.* dengan benar; dengan betul. **veracity** *n.* kebenaran.

veranda *n.* beranda.

verb *n.* kata kerja.

verbal *a.* lisan; berbahasa. **verbally** *adv.* secara lisan.

verbalize *v.* (atau -ise) menyatakan dengan menggunakan perkataan.

verbatim *adv. & a.* kata demi kata.

verbena *n.* sejenis pokok.

verbiage *n.* kata yang meleret-leret; kata yang berjela-jela.

verbose *a.* meleret-leret; berjela-jela. **verbosely** *adv.* secara meleret-leret; secara berjela-jela. **verbosity** *n.* perihal meleret-leret; perihal berjela-jela.

verdant *a.* hijau segar (berkenaan rumput, dsb.).

verdict *n.* keputusan juri; keputusan yang diberi selepas diuji.

verdigris n. verdigris; terusi.

verdure n. tumbuh-tumbuhan yang menghijau; kehijauan.

verge[1] n. pinggir; tepi.

verge[2] v.i. **verge on** hampir-hampir; di pinggir.

verger n. petugas di gereja.

verify v.t. mengesahkan. **verification** n. pengesahan.

verily adv. (usang) dengan sesungguhnya.

verisimilitude n. kesahihan; kemungkinan.

veritable a. tepat; sesungguhnya.

verity n. (usang) kebenaran; kesungguhan.

vermicelli n. vermiseli; mihun.

vermicide n. racun cacing.

vermiform a. vermiform; berbentuk seperti cacing.

vermilion a. & n. merah tua; merah merona.

vermin n. haiwan perosak; sejenis kutu atau serangga yang melekat pada badan manusia atau binatang.

verminous a. berkutu; bertuma; dikerumuni haiwan perosak.

vermouth n. wain putih bercampur herba.

vernacular n. bahasa daerah; bahasa vernakular.

vernal a. yang berlaku dalam musim bunga.

veronica n. herba atau pokok renek berbunga.

verruca n. veruka; ketuat (di kaki).

versatile a. serba boleh; serba guna. **versatility** n. keserbabolehan; serba guna.

verse n. versa; rangkap.

versed a. **versed in** berpengalaman; mahir.

versicle n. puisi pendek yang dibaca atau dinyanyikan oleh golongan paderi.

versify v.t./i. menggubah puisi daripada; merangkapkan. **versification** n. penggubahan puisi.

version n. versi; pandangan.

verso n. verso; muka surat buku sebelah kiri.

versus prep. lawan.

vertebra n. (pl. **-brae**, pr. **-bri**) vertebra; ruas tulang belakang. **vertebral** a. berkenaan vertebra.

vertebrate n. vertebrat.

vertex n. (pl. **vertices**) puncak.

vertical a. tegak. —n. menegak. **vertically** adv. secara menegak. **verticality** n. perihal menegak.

vertigo n. gayat; pening-pening. **vertiginous** a. menggayatkan; berputar.

vervain n. sejenis tumbuhan liar, daunnya berbulu dan berbunga.

verve n. semangat.

very adv. amat; sangat. —a. yang sebenarnya; yang amat; yang sangat. **very well** baiklah.

vesicle n. vesikel; melecur; melepuh.

vespers n.pl. sembahyang malam di gereja Roman Katolik.

vessel n. pengangkutan di air; bekas, tong, kebuk (untuk mengisi air); saluran (untuk darah).

vest n. ves; sejenis baju dalam. —v.t. memberi kuasa. **vested interest** kepentingan diri.

vestibule n. ruang depan; pintu depan.

vestige n. kesan; bekas; tanda; jumlah yang sangat kecil.

vestigial a. sekelumit.

vestment n. jubah rasmi pendeta atau ahli kumpulan koir gereja.

vestry n. bilik pakaian di gereja.

vet n. doktor haiwan. —v.t. (p.t. **vetted**) memeriksa dengan teliti; merawat haiwan.

vetch n. sejenis tumbuhan yang dijadikan makanan untuk lembu.

veteran n. orang yang banyak pengalaman terutama dalam pasukan tentera; veteran. **veteran car** kereta antik; kereta lama.

veterinarian n. doktor haiwan.

veterinary a. veterinar. **veterinary surgeon** doktor haiwan.

veto n. (pl. **-oes**) veto; kuasa membatal. —v.t. memveto; membatalkan.

vex v.t. menyakitkan hati. **vexed question** masalah yang banyak dibincangkan. **vexation** n. sesuatu yang menyusahkan. **vexatious** a. menyusahkan.

V.H.F. abbr. **very high frequency** frekuensi amat tinggi.

via prep. melalui.

viable a. dapat hidup bersendirian. **viability** n. hal dapat hidup bersendirian.

viaduct n. jejambat.

vial n. botol kecil.

viands n.pl. bahan makanan.

vibe n. (atau **vibes**) (tidak formal) suasana yang dipengaruhi oleh sesuatu tempat atau naluri seseorang.

vibrant a. bergetar.

vibraphone n. vibrafon; sejenis alat muzik.

vibrate v.t./i. menggetar. **vibrator** n. penggetar. **vibratory** a. bergetar.

vibrato n. (dalam muzik) sedikit getaran nada yang cepat.

vibration n. getaran.

vicar *n.* vikar; paderi.

vicarage *n.* tempat tinggal vikar (paderi).

vicarious *a.* dialami secara imaginasi; mewakili. **vicariously** *adv.* secara imaginasi; secara mewakili.

vice¹ *n.* kejahatan; perangai atau kelakuan buruk.

vice² *n.* (alat) penyepit; ragum.

vice³ *prep.* mewakili.

vice- *pref.* timbalan; naib.

vice-chancellor *n.* naib canselor (universiti).

vicegerent *a. & n.* timbalan.

viceroy *n.* wizurai. **viceregal** *a.* berkenaan wizurai.

vice versa dan sebaliknya.

vicinity *n.* persekitaran. **in the vicinity (of)** lebih kurang; hampir.

vicious *a.* jahat; kejam. **vicious circle** lingkaran sebab dan akibat. **viciously** *adv.* dengan kejam; dengan jahat.

vicissitude *n.* perubahan nasib.

victim *n.* mangsa; korban.

victimize *v.t.* menjadi mangsa; menjadikan korban. **victimization** *n.* pemangsaan; pengorbanan.

victor *n.* pemenang; juara.

Victorian *a. & n.* orang dalam zaman pemerintahan Ratu Victoria (1837-1901).

victorious *a.* yang membawa kemenangan; yang menang.

victory *n.* kemenangan.

victual *v.t./i.* mengambil bekalan makan minum. **victuals** *n.pl.* makanan.

victualler *n.* pedagang barang-barang makanan. **licensed victualler** penjual minuman keras yang berlesen.

vicuna *n.* sejenis binatang yang berasal dari Amerika Selatan; kain yang diperbuat daripada bulu binatang ini.

video *n.* video.

videotape *n.* pita video.

vie *v.t.* (*pres.p.* **vying**) bersaing; berlumba-lumba.

view *n.* pemandangan; pandangan; pendapat. —*v.t./i.* memandang; melihat; mempertimbangkan. **in view of** memandangkan bahawa. **on view** sedang dipamerkan; sedang ditayangkan. **with a view to** bertujuan untuk.

viewer *n.* penonton.

viewdata *n.* perkhidmatan berita dan maklumat daripada komputer kepada televisyen menerusi talian telefon.

viewfinder *n.* pemidang tilik (berkenaan kamera).

viewpoint *n.* pandangan; pendapat.

vigil *n.* jaga; waspada.

vigilant *a.* berwaspada; berjaga-jaga.

vigilantly *adv.* dengan waspada. **vigilance** *n.* penjagaan; kewaspadaan.

vigilante *n.* anggota sukarelawan yang mengawasi keamanan di sesuatu kawasan.

vignette *n.* gambar (potret) dengan latar belakang yang beransur-ansur kelam.

vigour *n.* tenaga. **vigorous** *a.* bertenaga. **vigorously** *adv.* dengan bertenaga; dengan tabah. **vigorousness** *n.* ketabahan.

Viking *n.* pedagang dan lanun bangsa Skandinavia kuno.

vile *a.* keji; hina. **vilely** *adv.* dengan keji. **vileness** *n.* kekejian; kehinaan.

vilify *v.t.* mengeji; mengutuk; menghina. **vilification** *n.* kejian; kutukan; penghinaan. **vilifier** *n.* orang yang mengeji.

villa *n.* vila.

village *n.* kampung; desa.

villager *n.* penduduk kampung atau desa.

villain *n.* bajingan; penyangak. **villainous** *a.* jahat; keji; jelek. **villainy** *n.* kejahatan; perbuatan jahat.

villein *n.* hamba pada abad pertengahan.

vim *n.* (*colloq.*) tenaga; kegiatan; semangat.

vinaigrette *n.* botol kecil tempat garam hidu. **vinaigrette sauce** kuah campuran minyak dan cuka untuk salad.

vindicate *v.t.* mengesahkan; membuktikan. **vindication** *n.* usaha mempertahankan; pengesahan. **vindicatory** *a.* berkenaan pengesahan.

vindictive *a.* berdendam; menaruh dendam. **vindictively** *adv.* dengan berdendam. **vindictiveness** *n.* perihal menaruh dendam.

vine *n.* wain.

vinegar *n.* cuka. **vinegary** *a.* masam; seperti cuka.

vineyard *n.* kebun anggur.

vintage *n.* musim memetik anggur; wain yang bermutu (terutama yang dibuat pada tahun tertentu). —*a.* bermutu tinggi, terutama dari masa lalu. **vintage car** kereta antik yang bermutu.

vintner *n.* saudagar wain.

vinyl *n.* vinil; sejenis plastik.

viol *n.* viol; sejenis violin lama.

viola¹ *n.* viola; sejenis alat muzik seakan-akan violin.

viola² *n.* sejenis pokok.

violate *v.t.* melanggar (sumpah atau perjanjian). **violation** *n.* perlanggaran. **violator** *n.* pelanggar.

violent *a.* hebat; ngeri; kejam (berkenaan kematian). **violently** *adv.* dengan kejam. **violence** *n.* kekejaman.

violet *n.* bunga kembang pagi; ungu (warna). —*a.* ungu.

violin *n.* biola; violin. **violinist** *n.* pemain biola.

violoncello *n.* (*pl.* -os) selo; violoncelo; sejenis alat muzik.

V.I.P. *abbr.* **very important person** orang kenamaan; dif-dif kehormat.

viper *n.* ular kapak.

virago *n.* (*pl.* -os) perempuan yang garang.

viral *a.* berkenaan virus.

virgin *n.* dara; gadis. **the Virgin Mary** ibu Kristus Jesus (menurut kepercayaan penganut agama Kristian). —*a.* putih bersih; suci. **virginal** *a.* bersih; suci. **virginity** *n.* kesucian; kedaraan.

virginals *n.pl.* virginal; sejenis alat muzik petikan.

virile *a.* bertenaga; bersifat seperti lelaki. **virility** *n.* kelelakian; kejantanan; sifat lelaki.

virology *n.* virologi; kaji virus. **virologist** *n.* ahli virologi.

virtual *a.* sebenarnya; mutlak; maya. **virtually** *adv.* dengan sebenarnya; secara mutlak.

virtue *n.* kebaikan; sifat baik; sifat murni. **by** atau **in virtue of** oleh sebab; kerana.

virtuoso *n.* (*pl.* -si) pakar dalam bidang seni terutama seni muzik. **virtuosity** *n.* kepakaran dalam bidang seni terutama seni muzik.

virtuous *a.* baik; suci. **virtuously** *adv.* secara baik; secara suci. **virtuousness** *n.* kebaikan; kesucian.

virulent *a.* ganas, berbisa (berkenaan penyakit, racun); yang amat sangat; yang mendalam (berkenaan kebencian). **virulently** *adv.* dengan amat sangat. **virulence** *n.* kebisaan; keganasan.

virus *n.* (*pl.* -uses) virus.

visa *n.* visa. **visaed** *a.* bervisa.

visage *n.* wajah; paras.

vis-a-vis *adv. & prep.* berhadapan dengan; bersemuka; berbanding dengan.

viscera *n.pl.* visera; organ dalam tubuh badan. **visceral** *a.* berkenaan visera; meluap-luap.

viscid *a.* melekit. **viscidity** *n.* kemelekitan.

viscose *n.* viskosa.

viscount *n.* gelaran bangsawan untuk lelaki Inggeris. **viscountess** *n.* gela-

ran bangsawan untuk perempuan Inggeris.

viscous *a.* likat; pekat; kental. **viscosity** *n.* kelikatan; kepekatan; kekentalan.

visibility *n.* jarak penglihatan; ketampakan.

visible *a.* terlihat; dapat dilihat; nyata; terang. **visibly** *adv.* ternyata; jelas.

vision *n.* penglihatan; wawasan; khayalan; seseorang yang luar biasa cantiknya.

visionary *a.* dalam angan-angan; dalam khayalan; berkenaan atau mempunyai wawasan. —*n.* pengkhayal.

visit *v.t./i.* melawat; berkunjung; menghukum (dalam kitab Injil). —*n.* lawatan. **visitor** *n.* pelawat; pengunjung; tetamu.

visitant *n.* tamu dari alam ghaib.

visitation *n.* lawatan rasmi; bala.

visor *n.* visor; cermin tutup muka pada topi keledar.

vista *n.* pandangan; pemandangan.

visual *a.* visual; berkenaan dengan penglihatan. **visually** *adv.* secara tampak; secara visual.

visualize *v.t.* membayangkan; mengkhayalkan. **visualization** *n.* pembayangan; penggambaran.

vital *a.* yang berhubung dengan kepentingan atau keperluan hidup. **vital statistics** statistik penting; (*colloq.*) ukuran badan wanita. **vitals** *n.pl.* organ badan yang penting. **vitally** *adv.* dengan amat penting.

vitality *n.* daya hidup; daya tahan.

vitalize *v.t.* memberi tenaga; menggiatkan.

vitamin *n.* vitamin.

vitaminize *v.t.* menambah vitamin.

vitiate *v.t.* mencacatkan; merosakkan. **vitiation** *n.* kecacatan.

viticulture *n.* vitikultura; penanaman anggur.

vitreous *a.* berkaca; kekaca; bersifat seperti kaca.

vitrify *v.t./i.* menjadi berkaca. **vitrification** *n.* pengacaan.

vitriol *n.* vitriol; sejenis asid; kecaman. **vitriolic** *a.* vitriolik; menyakitkan hati.

vituperate *v.i.* mencaci; memaki; mengeluarkan kata-kata kesat. **vituperation** *n.* caci-maki; cacian; celaan. **vituperative** *a.* bersifat mencaci, memaki, mencela.

viva *n.* (*colloq.*) viva; peperiksaan lisan. —*v.t.* (*p.t.* **vivaed**) (*colloq.*) peperiksaan viva.

vivacious *a.* girang; gembira. **vivaciously** *adv.* dengan girang; dengan gembira. **vivacity** *n.* kegirangan; kegembiraan.

vivarium *n.* (*pl.* -ia) vivarium; tempat menyimpan binatang hidup, dsb. dalam keadaan semula jadi.

viva voce *n.* ujian lisan.

vivid *a.* terang, hidup (berkenaan warna); jelas (berkenaan khayalan). **vividly** *adv.* dengan terang; dengan jelas. **vividness** *n.* terangnya; hidupnya.

vivify *v.t.* menghidupkan.

viviparous *a.* viviparus; melahirkan; bukan bertelur.

vivisection *n.* pembedahan percubaan ke atas binatang hidup; viviseksi.

vixen *n.* rubah betina; musang betina.

viz *adv.* iaitu; yakni.

vizier *n.* wazir; menteri.

vocabulary *n.* perbendaharaan kata; kosa kata; daftar kata.

vocal *a.* vokal; berkenaan suara. —*n.* sebuah nyanyian. **vocally** *adv.* secara lisan.

vocalic *a.* berkenaan huruf vokal.

vocalist *n.* penyanyi; biduan.

vocalize *v.t.* menyuarakan.

vocation *n.* seruan; panggilan; kerja; pekerjaan; bakat istimewa. **vocational** *a.* vokasional.

vociferate *v.t./i.* melaungkan; meneriak; meneriakkan; menjeritkan. **vociferation** *n.* laungan; teriakan.

vociferous *a.* riuh-rendah; gegakgempita. **vociferously** *adv.* dengan riuh-rendah.

vodka *n.* vodka (arak di Rusia).

vogue *n.* fesyen atau pilihan semasa. **in vogue** menjadi pilihan; sangat laku atau popular.

voice *n.* suara; pendapat. —*v.t.* menyuarakan; bersuara.

void *a.* tidak sah; terbatal. —*n.* lopak; petak; kekosongan. —*v.t.* menjadikan tidak sah; membatalkan.

voile *n.* kain kasa.

volatile *a.* mudah meruap; cepat berubah (berkenaan perangai); mudah naik berang. **volatility** *n.* perihal mudah meruap; perihal sikap atau minat yang tidak tetap.

volatilize *v.t./i.* meruapkan. **volatilization** *n.* pemeruapan.

vol-au-vent *n.* sejenis kuih.

volcano *n.* (*pl.* -oes) gunung berapi. **volcanic** *a.* berkenaan atau seperti gunung berapi.

vole *n.* sejenis binatang seakan-akan tikus.

volition *n.* hasrat; kemahuan; keazaman.

volley *n.* (*pl.* -eys) tembakan serentak; hamburan kata-kata; pukulan balas (berkenaan tenis, dsb.). —*v.t.* melepaskan tembakan serentak.

volleyball *n.* bola tampar.

volt *n.* volt.

voltage *n.* voltan.

volte-face *n.* perihal berubah hati; perihal bertukar haluan.

voltmeter *n.* voltmeter; alat pengukur potensi elektrik dalam unit volt.

voluble *a.* petah; fasih. **volubly** *adv.* dengan petah; dengan fasih. **volubility** *n.* kepetahan; kefasihan.

volume *n.* buku; jilid; jumlah atau luasnya ruang; isi padu; saiz.

voluminous *a.* berjilid-jilid; banyaknya ruang yang digunakan.

voluntary *a.* dengan kehendak sendiri; dengan sukarela. —*n.* muzik organ solo di gereja. **voluntarily** *adv.* dengan sukarela; dengan kehendak hati.

volunteer *n.* sukarelawan; tentera sukarela. —*v.t./i.* menawarkan diri; memberikan dengan sukarela; menjadi sukarelawan.

voluptuary *n.* orang yang sukakan kemewahan.

voluptuous *a.* berlazat; yang suka menurut hawa nafsu; montok; menggiurkan. **voluptuously** *adv.* dengan nikmat; dengan montok; dengan menggiurkan. **voluptuousness** *n.* kenikmatan; kemontokan; perihal sifat yang menghairahkan.

volute *n.* sesiput.

vomit *v.t./i.* (*p.t.* vomited) muntah; memuntahkan. —*n.* muntahan.

voodoo *n.* voodoo (sejenis ilmu sihir); **voodooism** *n.* voodooisme.

voracious *a.* lahap; rakus; gelojoh. **voraciously** *adv.* dengan lahap; dengan rakus; dengan gelojoh. **voracity** *n.* kelahapan; kerakusan; kegelojohan.

vortex *n.* (*pl.* -ices atau -exes) puting beliung (berkenaan angin); pusaran air.

vote *n.* undi; undian. —*v.t./i.* mengundi. **voter** *n.* pengundi.

votive *a.* yang bernazar; yang berniat.

vouch *v.i.* vouch for menjamin.

voucher *n.* baucar.

vouchsafe *v.t.* sudi mengizinkan; sudi membenarkan.

vow *n.* sumpah; nazar; ikrar. —*v.t.* bersumpah; bernazar; berikrar.

vowel *n.* vokal.

vox pop *n.* (tidak formal) pendapat yang disukai mewakili komen tidak formal daripada orang awam.

voyage *n.* perjalanan; pelayaran. —*v.i.* belayar. **voyager** *n.* orang yang belayar.

voyeur *n.* pengintai; orang yang mendapat kepuasan seks setelah melihat alat atau perlakuan seks orang lain.

VS *abbr.* versus lawan.

vulcanite *n.* vulkanit; getah hitam yang keras.

vulcanize *v.t.* memanaskan getah dengan sulfur supaya keras. **vulcanization** *n.* perihal memanaskan getah dengan sulfur supaya keras.

vulgar *a.* kasar; kurang sopan. **vulgar fraction** pecahan kasar; angka yang ditulis dalam bentuk pecahan atas dan bawah. **vulgar tongue** bahasa ibunda; bahasa vernakular. **vulgarly** *adv.* dengan kasar; dengan kurang sopan. **vulgarity** *n.* kekasaran; perihal kurang sopan.

vulgarian *n.* orang (terutama yang kaya) tidak beradab.

vulgarism *n.* kata-kata atau perbuatan yang kasar.

vulgarize *v.t.* mencabulkan; menjadikan kurang nilainya. **vulgarization** *n.* pencabulan; perbuatan menjadikan sesuatu itu kurang nilainya.

Vulgate *n.* versi kitab Injil yang dibuat pada abad keempat.

vulnerable *a.* dapat dilukai; tidak kebal; mudah tersinggung. **vulnerability** *n.* perihal mudah tersinggung atau mudah dilukai.

vulpine *a.* berkenaan dengan atau seperti rubah.

vulture *n.* burung nasar.

vulva *n.* vulva.

vying *lihat* vie.

W

W *abbr.* watt watt; west barat.

wacky *a.* (-ier, -iest) (*sl.*) gila; sewel.

wad *n.* lapik; segulung (berkenaan) kertas, wang). —*v.t.* (*p.t.* wadded) melapik; menggulung.

wadding *n.* lapik tebal (pada baju).

waddle *v.i. & n.* berjalan terkedek-kedek.

wade *v.t./i.* mengharung; meranduk (air, sungai); bertungkus-lumus (membuat kerja). **wader** *n.* burung randuk. **waders** *n.pl.* sejenis but kalis air.

wadi *n.* wadi; (di Asia Barat, dsb.) sungai yang tidak berair di padang pasir kecuali apabila hujan turun.

wafer *n.* wafer; biskut kering.

waffle¹ *n.* (*colloq.*) menulis coretan. —*v.i.* (*colloq.*) bercakap tanpa tujuan.

waffle² *n.* wafel; sejenis kuih yang dimasak dalam acuan dan dimakan dengan mentega ketika masih panas. **waffle-iron** *n.* acuan kuih wafel.

waft *v.t./i.* melayang perlahan-lahan dibawa angin. —*n.* bau yang dibawa angin.

wag *v.t./i.* (*p.t.* wagged) menggoyang-goyangkan. —*n.* goyangan; orang yang banyak cakap; mulut murai.

wage¹ *v.t.* berperang.

wage² *n., wages* *n.pl.* upah; gaji.

wager *n. & v.t./i.* taruhan; bertaruh.

waggish *a.* berjenaka. **waggishly** *adv.* secara berjenaka.

waggle *v.t./i. & n.* menggoyang-goyangkan; bergoyang; goyangan.

wagon *n.* wagon; gerabak; kereta berbentuk separuh van.

wagoner *n.* pemandu wagon.

wagtail *n.* sejenis burung pipit.

waif *n.* orang, terutamanya kanak-kanak yang melarat atau terbuang.

wail *v.t./i. & n.* meratapi; menangisi; ratapan; tangisan.

wain *n.* (usang) pedati yang digunakan di ladang.

wainscot *n.* jalur dinding; lapisan papan nipis pada dinding. **wainscoting** *n.* lapisan papan nipis pada dinding.

waist *n.* pinggang; bahagian pinggang.

waistcoat *n.* weskot; sejenis baju tidak berlengan yang dipakai di bawah jaket atau kot.

waistline *n.* garis pinggang.

wait *v.t./i.* menunggu; menanti. —*n.* penantian; (*pl.,* usang) penyanyi karol. **wait on** melayani makan minum.

waiter *n.* pelayan lelaki. **waitress** *n.fem.* pelayan perempuan.

waiting-list *n.* senarai tunggu; daftar tunggu. **waiting-room** *n.* bilik, ruang untuk menunggu.

waive *v.t.* mengetepikan; enggan menggunakan (kuasa, hak, dsb.).

wake¹ *v.t./i.* (*p.t.* woke, *p.p.* woken) jaga; bangkit; bangun; membangunkan; menjagakan. —*n.* (*Irish*) menjaga mayat sebelum dikebumikan; (*pl.*) hari kelepasan tahunan di England Utara. **wake up** bangun; terjaga.

wake² *n.* riak atau olakan di belakang sampan atau kapal ketika belayar. **in the wake of** selepas; berikutnya; akibatnya.

wakeful *a.* tidak dapat tidur.

waken *v.t./i.* terjaga.

wale *n.* bilur; rabung; balak besar di tepi kapal.

walk *v.t./i.* berjalan; muncul (berkenaan hantu). —*n.* perjalanan; jalanan; gaya berjalan. **walk of life** lapisan masyarakat. **walk out** pergi dengan marah. (**walk-out** *n.*) **walk out on** meninggalkan. **walk-over** *n.* menang tanpa bertanding.

walkabout *n.* (*Austr.*) masa orang asli Australia merayau di kawasan pedalaman; masa ketika seseorang kenamaan atau ketua negara berjalan-jalan di khalayak ramai ketika melawat sesebuah negara.

walker *n.* orang yang berjalan; alat untuk membantu seseorang berjalan.

walkie-talkie *n.* walkie-talkie; sejenis radio kecil untuk berhubung.

walking-stick *n.* tongkat.

walkway *n.* laluan.

wall *n.* dinding; tembok. —*v.t.* mendinding. **go to the wall** kalah; gagal; rosak.

wallaby *n.* kanggaru jenis kecil.

wallet *n.* dompet.

wall-eyed *a.* juling.

wallflower *n.* sejenis pokok taman yang harum bunganya.

wallop *v.t.* (*p.t.* walloped) (*sl.*) membelasah; menghentam. —*n.* (*sl.*) belasah; bir atau minuman lain.

wallow *v.i.* berkubang. —*n.* perihal berkubang. **wallow in** menikmati dengan sepenuhnya; bergelumang.

wallpaper *n.* kertas untuk menghias dinding.

wally *n.* (orang yang) bodoh.

walnut *n.* walnut; sejenis pokok, buah dan kayunya.

walrus *n.* walrus; anjing laut.

waltz *n.* waltz; sejenis muzik klasik. —*v.i.* menari waltz; (*colloq.*) menari-nari.

wampum *n.* kalung kulit kerang digunakan oleh penduduk peribumi Amerika sebagai wang atau hiasan.

wan *a.* pucat; suram. **wanly** *adv.* dengan pucat. **wanness** *n.* kepucatan.

wand *n.* tongkat sakti.

wander *v.i.* mengembara; merantau; berkelana; mengeluyur (berkenaan sungai). —*n.* pengembaraan; perantauan. **wanderer** *n.* pengembara; perantau.

wanderlust *n.* keinginan untuk mengembara atau merantau.

wane *v.i.* berkurangan; menjadi susut; menjadi pucat (berkenaan bulan atau cahaya). **on the wane** semakin berkurangan.

wangle *v.t.* (*sl.*) membuat helah untuk memperoleh sesuatu. —*n.* perihal memperoleh sesuatu dengan membuat tipu helah.

want *v.t./i.* mahu; hendak; ingin; berhasrat. —*n.* kemahuan; kehendak; keinginan; hasrat; kekurangan.

wanted *a.* yang dikehendaki atau yang dicari polis.

wanting *a.* yang serba kekurangan.

wanton *a.* nakal; tidak bertanggungjawab.

WAP *abbr.* Wireless Application Protocol Aplikasi Protokol Tanpa Wayar, satu kaedah yang membolehkan telefon bimbit menggunakan aplikasi internet.

wapiti *n.* rusa besar Amerika Utara.

war *n.* peperangan. **at war** berperang dengan.

warble *v.t./i.* berkicau; bersiul. —*n.* kicauan; siulan; **warbler** *n.* burung yang berkicau.

ward *n.* wad; anak jagaan. —*v.t.* **ward off** mengelakkan.

warden *n.* warden; pengawas penjara.

warder *n.* warder; pegawai penjara.

wardrobe *n.* almari baju; pakaian dan perhiasan.

wardroom *n.* mes pegawai di dalam kapal perang.

ware *n.* barang-barang keluaran; (*pl.*) barang-barang untuk jualan.

warehouse *n.* gudang.

warfare *n.* peperangan; perjuangan.

warhead *n.* kepala peledak.

warlike *a.* ganas; suka berperang; sedia untuk berperang.

warlock *n.* (usang) ahli sihir.

warm *a.* (-er, -est) panas; hangat; mesra. —*v.t./i.* menjadi hangat atau panas. **warm-blooded** *a.* berdarah panas; mamalia; ghairah. **warm-hearted** *a.* murah hati. **warm** to menjadi mesra terhadap seseorang. **warm up** panas; senaman ringan sebelum memulakan sesuatu; menjadi lebih bersemangat. **warmly** *adv.* dengan panas atau hangat; dengan mesra. **warmness** *n.* kemesraan; kepanasan; kehangatan.

warming-pan *n.* sejenis alat logam (seperti periuk) bertutup yang diisi dengan arang batu untuk memanaskan tempat tidur.

warmonger *n.* orang yang suka menimbulkan peperangan.

warmth *n.* kepanasan; kehangatan; kemesraan.

warn *v.t.* mengingatkan; memperingatkan; memberi ingat; memberi amaran. **warn off** memberitahu seseorang supaya menjauhi (sesuatu).

warning *n.* peringatan; amaran; pemberitahuan.

warp *v.t./i.* menggeleding; membengkok; melengkung. —*n.* berkeadaan melengkung atau membengkok; benang yang panjang pada tenunan.

warpaint *n.* cat disapu pada badan sebelum berperang; (*colloq.*) cat muka.

warpath *n.* **on the warpath** (*colloq.*) bersedia untuk berperang; bersikap marah atau mencari gaduh.

warrant *n.* waran; surat kuasa; bukti; jamin. —*v.t.* dikeluarkan waran; berhak; berkuasa. **warrant-officer** *n.* pegawai waran.

warranty *n.* jaminan; kuasa untuk sesuatu tindakan, dsb.

warren *n.* kawasan yang terdapat banyak lubang arnab; bangunan atau daerah yang banyak lorong berliku-liku.

warring *a.* bermusuh; berseteru; berperang; terlibat dalam peperangan.

warrior *n.* pahlawan.

warship *n.* kapal perang.

wart *n.* ketuat; kutil. **wart-hog** *n.* sejenis babi yang berasal dari Afrika. **warty** *a.* berkutil; berketuat.

wartime *n.* masa perang.

wary *a.* (-ier, -iest) berhati-hati. **warily** *adv.* dengan berhati-hati. **wariness** *n.* sifat hati-hati.

was *lihat* be.

wash *v.t./i.* membasuh; membersih; mencuci; menghanyutkan; menyapukan cat pada; (*colloq.*) masuk akal. —*n.* pembasuhan; pembersihan; pencucian (perbuatan); basuhan;

cucian (hasil); olakan air; cat nipis. **wash-basin** *n.* tempat basuh tangan. **wash one's hand of** tidak mahu turut terlibat dengan. **wash out** membasuh; terhalang permainan sukan kerana hujan; (*colloq.*) membatalkan. **wash-out** *n.* (*sl.*) basuh habis. **wash up** membasuh pinggan mangkuk; terdampar di pantai; (A.S.) membersihkan diri.

washable *a.* boleh dibasuh.

washer *n.* sesendal; pelapik yang berlubang (daripada getah, besi, kulit) yang digunakan untuk mengetatkan skru atau penyambung.

washerwoman *n.* (*pl.* -women) wanita pencuci kain.

washing *n.* basuhan; cucian. **washing-machine** *n.* mesin basuh. **washing-up** *n.* pinggan mangkuk untuk dicuci.

washroom *n.* (A.S.) bilik air.

washstand *n.* perabot untuk meletak besen dan bekas air.

washtub *n.* besen yang digunakan untuk membasuh.

washy *a.* cair; pudar; lemah.

wasp *n.* tebuan.

waspish *a.* membuat komen yang pedas atau tajam. **waspishly** *adv.* dengan pedas dan tajam.

wassail *n.* (usang) temasya minum menyambut Hari Natal.

wastage *n.* pembaziran; kerugian.

waste *v.t./i.* membazir; merana; menjadi kurus kering. —*a.* sisa; sampah; tandus (berkenaan tanah). —*n.* pembaziran; sisa; hampas; sampah; tanah tandus.

wasteful *a.* membazir. **wastefully** *adv.* secara membazir. **wastefulness** *n.* sifat membazir.

waster *n.* orang yang suka membazir; (*sl.*) sampah masyarakat.

wastrel *n.* sampah masyarakat.

watch *v.t./i.* berjaga; melihat; memandang; berwaspada; memerhati; mengawasi; berjaga-jaga; mengawal. —*n.* pemerhatian; pengawasan; penjagaan; jam tangan. **on the watch** berjaga-jaga; berwaspada. **watch-night service** sembahyang pada malam akhir tahun (Kristian). **watch out** berhati-hati; berjaga-jaga; awas. **watch-tower** *n.* menara kawalan. **watching-brief** *n.* pengawasan dalam perbicaraan. **watcher** *n.* pemerhati; penonton.

watchdog *n.* anjing pengawal; pengawal.

watchful *a.* berjaga-jaga; berhati-hati.

watchfully *adv.* dengan berjaga-jaga; dengan berhati-hati. watchfulness *n.* sifat berjaga-jaga; sifat berhati-hati.

watchmaker *n.* pembuat jam; tukang jam.

watchman *n.* (*pl.* -men) jaga; penjaga; pengawal.

watchword *n.* cogan kata.

water *n.* air. —*v.t.* menyirami; mengairi; berair. by water melalui sungai, tasik atau laut. in low water kesempitan wang. water-bed *n.* tilam air. water-biscuit *n.* biskut tawar. water-butt *n.* tong untuk menadah air hujan. water-cannon *n.* penyembur air. water-closet *n.* tandas pam. water-colour *n.* cat air; lukisan cat air. water down menjadi cair; melemahkan. water-glass *n.* sejenis bahan yang disapu pada telur agar tahan lama. water-ice *n.* air batu berperisa. water lily *n.* bunga teratai. water-line *n.* garis air pada kapal. water main *n.* saluran paip air utama. water-meadow *n.* meadow air. water melon *n.* tembikai. water-mill *n.* kincir air. water-pistol *n.* pistol air. water polo polo air. water-power *n.* kuasa air. water-rat *n.* tikus air. water-skiing *n.* luncur air. water-splash *n.* becak. water-table *n.* aras mata air. water-weed *n.* rumpai air. water-wheel *n.* roda air. water-wings *n.pl.* pelampung yang dipakai di bahu.

waterbrash *n.* cecair yang dimuntahkan keluar.

watercourse *n.* alur air; anak air; anak sungai.

watercress *n.* selada air.

watered *a.* (berkenaan sutera) berbarik-barik.

waterfall *n.* air terjun.

waterfront *n.* bahagian pekan atau bandar yang terletak di pinggir tasik, sungai, dsb.

watering-can *n.* bekas untuk menyiram pokok.

watering-place *n.* tempat binatang minum; tempat peranginan di tepi pantai; mata air panas.

waterless *a.* tidak berair.

waterlogged *a.* tepu air; penuh dengan air.

waterman *n.* (*pl.* -men) penambang.

watermark *n.* tera air.

waterproof *a.* kalis air; tahan air. —*n.* baju kalis air. —*v.t.* menjadikan sesuatu itu kalis air.

watershed *n.* garis batas air; lembangan; legeh.

waterspout *n.* sengkayan; air yang menjulang ke atas dari laut kerana ditarik oleh olakan angin.

watertight *a.* kedap air.

waterway *n.* jalan air.

waterworks *n.* kerja air; sistem pembekalan air ke sesuatu tempat.

watery *a.* berair; mengandungi banyak air; pucat (berkenaan warna).

watt *n.* watt.

wattage *n.* jumlah watt.

wattle[1] *n.* sasak; bilah-bilah yang digunakan untuk dinding pagar.

wattle[2] *n.* gelambir.

wave *n.* ombak; ikal, keriting (berkenaan rambut); gelombang (berkenaan bunyi, muzik, dsb.). —*v.t./i.* berayun; bergoyang; mengibarkan, melambaikan (berkenaan tangan); mengeriting, mengikalkan (berkenaan rambut).

waveband *n.* gelombang jalur.

wavelength *n.* jarak gelombang.

wavelet *n.* ombak kecil.

waver *v.i.* bergoyang; bergetar; ragu-ragu. waverer *n.* orang yang tidak tetap pendirian.

wavy *a.* (-ier, -iest) berombak; berikal.

wax[1] *n.* lilin; penggilap berlilin; (*colloq.*) piring hitam. —*v.t.* menggilap. waxy *a.* seperti lilin.

wax[2] *v.i.* bertambah besar; mengambang (berkenaan bulan).

waxen *a.* yang diperbuat daripada lilin; seperti lilin.

waxwing *n.* sejenis burung.

waxwork *n.* patung daripada lilin.

way *n.* jalan; lorong; arah; cara; gaya; (*pl.*) perangai; tabiat. —*adv.* (*colloq.*) jauh. by the way oh ya. by way of sebagai; secara. in the way menghadang. on one's way sedang menuju. on the way dalam perjalanan; sedang mengandung (anak). under way, (*lihat* under). way-leave *n.* hak lalu-lalang yang disewakan kepada orang lain. way-out *a.* (*colloq.*) ganjil; pelik; aneh.

waybill *n.* senarai penumpang atau barang-barang yang dibawa dengan kenderaan.

wayfarer *n.* pengembara; musafir.

waylay *v.t.* (*p.t.* -laid) menghadang.

wayside *n.* tepi jalan.

wayward *a.* degil; keras hati. waywardness *n.* kedegilan.

W.C. *abbr.* water-closet tandas; jamban.

we *pron.* kami; kita.

weak *a.* (**-er, -est**) lemah; cair (berkenaan bancuhan, dsb.). **weak-kneed** *a.* pengecut. **weak-minded** *a.* tidak bersemangat; lembap.

weaken *v.t./i.* menjadi lemah.

weakling *n.* orang yang lemah.

weakly *adv.* dengan lemah; tidak bertenaga. —*a.* sakit-sakit.

weakness *n.* kelemahan; keadaan lemah.

weal[1] *n.* bilur.

weal[2] *n.* (usang) kebajikan.

wealth *n.* kekayaan; harta benda.

wealthy *a.* (**-ier, -iest**) kaya.

wean *v.t.* mencerai susu (bagi bayi); meninggalkan (tabiat, dsb.).

weapon *n.* senjata.

wear[1] *v.t./i.* (*p.t.* **wore**, *p.p.* **worn**) memakai, mengenakan (berkenaan pakaian); menjadi haus atau lusuh; tahan. —*n.* pemakaian; pakaian; ketahanan. **wear down** dapat mengatasi akhirnya. **wear off** hilang; habis. **wear on** berlalu (berkenaan masa). **wear out** menggunakan sesuatu hingga lusuh. **wearer** *n.* pemakai. **wearable** *a.* dapat dipakai.

wear[2] *v.t./i.* (*p.t.* & *p.p.* **wore**) mengubah haluan kapal supaya tidak menyusur angin.

wearisome *a.* melemahkan; memenatkan.

weary *a.* (**-ier, -iest**) letih; bosan; penat. —*v.t./i.* meletihkan; memenatkan. **wearily** *adv.* dengan letih. **weariness** *n.* keletihan; kepenatan; kebosanan.

weasel *n.* sejenis cerpelai.

weather *n.* cuaca. —*a.* yang menyusur angin; ke arah angin bertiup. —*v.t./i.* menjadi kering dan keras; menyusur angin; mengharungi badai. **under the weather** rasa tidak sihat **weather-beaten** *a.* hitam (berkenaan kulit). **weather-vane** *n.* mata angin; baling-baling.

weatherboard *n.* papan tindih.

weathercock *n.* mata angin.

weave[1] *v.t./i.* (*p.t.* **wove**, *p.p.* **woven**) menenun; menganyam; mengarang (berkenaan cerita). —*n.* tenunan; anyaman.

weave[2] *v.i.* bergerak mencelah-celah.

weaver *n.* tukang tenun; tukang anyam.

web *n.* sarang labah-labah; kulit selaput antara jari-jari kaki binatang yang berenang, misalnya itik, katak, dll. **web-footed** *a.* kaki yang berselaput kulit. **webbed** *a.* berkulit selaput.

webbing *n.* webing; jalur kain yang kuat dan kukuh.

wed *v.t./i.* (*p.t.* **wedded**) mengahwini; menyatukan; menikahkan. **wedded to** asyik dengan; berbakti kepada; suka sekali kepada.

wedding *n.* upacara perkahwinan.

wedge *n.* baji; pasak. —*v.t./i.* memasak; membaji; berasak-asak (berkenaan orang ramai); berhimpit-himpit.

wedlock *n.* hidup sebagai suami isteri.

Wednesday *n.* hari Rabu.

wee *a.* (*Sc.*) kecil; (*colloq.*) halus.

weed *n.* lalang; rumpai; orang yang kurus kering. —*v.t./i.* mencabut. **weed-killer** *n.* racun rumpai. **weed out** membuang atau mencabut habis-habisan.

weedy *a.* berumpai; kurus kering.

weeds *n.pl.* pakaian janda semasa berkabung.

week *n.* minggu.

weekday *n.* hari kerja.

weekend *n.* hujung minggu (Sabtu dan Ahad).

weekly *a.* & *adv.* mingguan. —*n.* akhbar mingguan.

weeny *a.* (**-ier, -iest**) (*colloq*) sedikit.

weep *v.t./i.* (*p.t.* **wept**) menangis; meratap. —*n.* tangisan; ratapan. **weepy** *a.* mudah menangis.

weeping *a.* (berkenaan pokok) mempunyai dahan-dahan yang melentur.

weevil *n.* bubuk; kumbang.

weft *n.* benang pakan.

weigh *v.t.* menimbang; beratnya; mempertimbangkan; membebani. **weigh anchor** mengangkat, membongkar sauh. **weigh down** menindih; menekan. **weigh in** berat ditimbang. **weigh in with** (*colloq.*) mencelah. **weigh out** menimbang sesuatu. **weigh up** menilai; menimbangkan.

weighbridge *n.* sejenis alat menimbang kenderaan.

weight *n.* berat; batu timbangan; pengaruh. —*v.t.* memberati; membebani; mempengaruhi. **weightless** *a.* tidak berat; nirberat. **weightlessness** *n.* kenirberatan.

weighting *n.* bayaran lebih yang diberikan dalam keadaan tertentu.

weightlifting *n.* sukan angkat berat.

weighty *a.* (**-ier, -iest**) berat; menjadi beban; berpengaruh.

weir *n.* empangan; bendungan.

weird *a.* (**-er, -est**) aneh; ganjil; pelik. **weirdly** *adv.* secara aneh; secara ganjil; secara pelik. **weirdness** *n.* keanehan; keganjilan; kepelikan.

welcome *a.* yang disambut baik; yang dialu-alukan. —*int.* selamat datang; kemesraan. —*n.* sambutan; alu-aluan.

—*v.t.* menyambut dengan mesra; mempersilakan.

weld *v.t./i.* mengimpal; menyatukan; memateri. —*n.* sambungan kimpal atau pateri. **welder** *n.* tukang kimpal; pengimpal.

welfare *n.* kebajikan; kesejahteraan. **Welfare State** Negara Kebajikan.

welkin *n.* (puisi) langit.

well[1] *n.* perigi; sumur; telaga; mata air. —*v.i.* mengalir; terbit.

well[2] *adv.* (**better, best**) bagus, elok (berkenaan gaya atau cara); betul-betul; dengan baik. —*a.* sihat; baik. —*int.* nah; wah. **as well** juga; elok juga. **as well as** termasuk juga; dan juga. **well-appointed** *a.* lengkap. **well-being** *n.* keadaan baik; sihat; sejahtera. **well-born** *a.* daripada golongan bangsawan atau orang kaya. **well-bred** *a.* bersopan santun. **well-disposed** *a.* baik hati. **well-heeled** *a.* (*colloq.*) kaya. **well-knit** *a.* tegak (berkenaan badan). **well-meaning** *a.* **well-meant** *a.* berniat baik; bermaksud baik. **well off** dalam keadaan baik; kaya. **well-read** *a.* banyak membaca. **well-spoken** *a.* yang halus bahasanya. **well-to-do** *a.* berada. **well-wisher** *n.* orang yang mengucap selamat.

wellington *n.* but getah, dsb. yang kalis air.

wellnigh *adv.* hampir.

Welsh *a.* & *n.* bahasa Wales. **Welsh rabbit** atau **rarebit** *lihat* **rarebit**. **Welshman** *n.* lelaki bangsa Wales. **Welshwoman** *n.* perempuan bangsa Wales.

welsh *v.i.* tidak mahu membayar hutang; mungkir janji. **welsher** *n.* orang yang mungkir janji.

welt *n.* jalur kulit pada kasut; kelim wel; bilur.

welter *v.i.* terumbang-ambing dipukul gelombang. —*n.* kekacauan; huru-hara.

welterweight *n.* kelas welter (berkenaan tinju).

wen *n.* ketuat; bintil.

wench *n.* (usang) gadis; pelacur.

wend *v.t.* **wend one's way** pergi.

went *lihat* **go**.

wept *lihat* **weep**.

were *lihat* **be**.

weren't *contr.* kata nafi (lampau) untuk kata jamak.

werewolf *n.* (*pl.* **-wolves**) serigala jadian.

west *n.* barat. —*a.* di barat. —*adv.* ke (sebelah) barat. **go west** (*sl.*) ikut cara barat.

westerly *a.* baratan.

western *a.* kebaratan. —*n.* filem atau novel koboi.

westerner *n.* orang barat.

westernize *v.t.* membaratkan. **westernization** *n.* pembaratan.

westernmost *a.* paling ke barat.

westward *a.* arah barat. **westwards** *adv.* ke arah barat.

wet *a.* (**wetter, wettest**) basah; hujan; berair; (*sl.*) lembap. —*v.t.* (*p.t.* **wetted**) membasahkan; melembapkan. —*n.* kelembapan; air; hari hujan. **wet blanket** orang yang murung. **wet-nurse** *n.* ibu susu. —*v.t.* menyusukan anak orang; terlalu memanjakan seseorang. **wet suit** baju selam. **wetly** *adv.* dengan basah. **wetness** *n.* kebasahan.

wether *n.* kibas atau biri-biri kasi.

whack *v.t.* & *n.* (*colloq.*) memukul; pukulan. **do one's whack** (*sl.*) membuat bahagiannya.

whacked *a.* (*colloq.*) letih lesu.

whacking *a.* & *adv.* amat besar.

whale *n.* ikan paus. **a whale of** *a.* (*colloq.*) amat baik; amat bagus.

whalebone *n.* tulang paus.

whaler *n.* kapal pemburu ikan paus; pemburu ikan paus.

whaling *n.* kerja menangkap ikan paus.

wharf *n.* (*pl.* **wharfs**) dermaga.

wharfinger *n.* pengurus, pemilik dermaga.

what *a.* apa. —*pron.* apa. —*adv.* apa pun. —*int.* apawhat what about apa kata. **what's what** apa-apa yang penting atau perlu. **what with** lebih-lebih lagi.

whatever *a.* apa pun. —*pron.* apa-apa; barang apa pun.

whatnot *n.* perkara yang remeh-temeh; tempat meletak barang-barang kecil.

whatsoever *a.* & *pron.* apa-apa.

wheat *n.* gandum; pokok gandum.

wheatear *n.* sejenis burung kecil.

wheaten *a.* yang diperbuat daripada tepung gandum.

wheatmeal *n.* gandum tulen.

wheedle *v.t.* membujuk; merayu; membelai.

wheel *n.* roda. —*v.t./i.* mengayuh (basikal); menolak (kereta sorong); berpusing. **at the wheel** memandu kereta; mengemudikan kapal; memegang teraju. **wheel and deal** (*A.S.*) berputar belit.

wheelbarrow *n.* kereta sorong.

W

wheelbase *n.* jarak di antara bahagian depan kenderaan dengan gandar roda belakang.

wheelchair *n.* kerusi roda.

wheelie *n.* (*colloq.*) perbuatan menunggang basikal, dsb. dengan satu roda terangkat.

wheeze *v.i.* bernafas dengan termengah-mengah. —*n.* nafas yang termengah-mengah. **wheezy** *a.* berdehit.

whelk *n.* sejenis siput laut.

whelp *n.* anak anjing. —*v.t./i.* melahirkan (anak anjing).

when *adv.* bila; apabila. —*conj.* ketika; apabila; bilamana; walaupun. —*pron.* pada ketika.

whence *adv. & conj.* dari; dari mana.

whenever *conj. & adv.* bila-bila masa; bila-bila sahaja.

where *adv. & conj.* di mana; ke mana. —*pron.* ke mana.

whereabouts *adv.* dekat atau hampir dengan. —*n.* tempat seseorang atau sesuatu berada.

whereas *adv.* pada hal; sebaliknya; sedangkan.

whereby *adv.* di mana.

wherefore *adv.* (usang) (yang) demikian.

wherein *adv.* dengan itu; dengan ini.

whereof *adv.* yang . . . daripadanya.

whereupon *adv.* maka; sesudah itu; lalu.

wherever *adv.* di mana-mana.

wherewith *adv.* dengan apa, yang mana.

wherewithal *n.* (*colloq.*) wang untuk kegunaan sesuatu.

wherry *n.* bot dayung ringan; baj besar ringan.

whet *v.t.* (*p.t.* **whetted**) mengasah; menimbulkan (selera, dsb.).

whether *conj.* sama ada.

whetstone *n.* batu asah; batu canai.

whey *n.* dadih.

which *a. & pron.* yang mana. —*rel. pron.* yang.

whichever *a. & pron.* yang mana-mana.

whiff *n.* bau yang dibawa angin.

Whig *n.* ahli sebuah parti politik lama (yang diambil alih oleh Parti Liberal).

while *n.* waktu; masa. —*conj.* sewaktu; semasa; sementara. —*v.t.* **while away** menghabiskan masa.

whilst *conj.* sewaktu; semasa.

whim *n.* dorongan hati; olah; tingkah.

whimper *v.i.* merengek; mengeluh. —*n.* rengekan; keluhan.

whimsical *a.* mengikut dorongan hati; penuh ragam. **whimsically**

adv. dengan mengikut dorongan hati; dengan penuh ragam. **whimsicality** *n.* perihal mengikut dorongan hati.

whin *n.* sejenis tumbuhan berbunga kuning.

whinchat *n.* sejenis burung kecil.

whine *v.t./i.* memeking; merungut; merengek. —*n.* pekingan; rungutan; rengekan. **whiner** *n.* orang yang suka merungut, memeking atau merengek.

whinge *v.i.* merungut; bersungut.

whinny *n.* ringkik. —*v.i.* meringkik.

whip *n.* cemeti; cambuk; pecut; pegawai yang dilantik menjaga disiplin partinya di Parlimen; disiplin dan syarat-syarat yang diberikan kepada para pegawai; krim putar (sejenis hidangan). —*v.t.* (*p.t.* **whipped**) memukul dengan cemeti; mencambuk; memukul (telur) hingga berbuih untuk dibuat kuih; mengelim lilit (berkenaan jahitan). **have the whip hand** berkuasa terhadap. **whip-round** *n.* memohon derma dari kumpulan. **whip up** membangkitkan.

whipcord *n.* tali cemeti; sejenis kain yang tetal.

whiplash *n.* tali cambuk; sentakan.

whippersnapper *n.* orang muda dan tidak berpengalaman; budak mentah.

whippet *n.* sejenis anjing kecil yang digunakan untuk perlumbaan atau perburuan.

whipping-boy *n.* kambing hitam (kiasan).

whippy *a.* menganjal; memantul.

whipstock *n.* pemegang cemeti.

whirl *v.t./i.* berpusar; berpusing; dibawa pergi dengan cepat. —*n.* pusaran; putaran; pusingan; keadaan yang riuh-rendah.

whirligig *n.* sejenis permainan yang berputar-putar.

whirlpool *n.* pusaran air.

whirlwind *n.* angin puting beliung; pusaran angin.

whirr *n.* dengung; desing. —*v.i.* mendengung; mendesing; berdengung.

whisk *v.t./i.* mengebas; pergi dengan cepat; memukul (telur, dll.) hingga berbuih. —*n.* pemukul telur; sejenis berus kecil; kebasan.

whisker *n.* misai; (*pl.*) jambang. **whiskered** *a.* bermisai; berjambang; **whiskery** *a.* seperti misai; bermisai.

whiskey *n.* wiski dari Ireland.

whisky *n.* wiski.

whisper *v.t./i.* membisikkan; berbisik. —*n.* bisikan; desas-desus.

W

whist *n.* sejenis permainan terup. whist drive beberapa pusingan permainan terup untuk beberapa orang pemain.

whistle *n.* siulan; wisel. *v.t./i.* bersiul. whistle-stop *n.* (A.S.) lawatan kilat (oleh ahli politik semasa pilihan raya). whistler *n.* orang yang bersiul.

whit *n.* jumlah yang paling kecil.

Whit *a.* Whit Sunday Hari Ahad ke-7 selepas Hari Easter.

white *a.* (-er, -est) putih; pucat (kerana sakit, takut). —*n.* warna putih; orang putih. white ant anai-anai. white Christmas Hari Krismas yang bersalji. white coffee kopi susu. white-collar worker pekerja kolar putih; pekerja pejabat. white elephant barang yang tidak mendatangkan faedah. white hope orang harapan. white horses buih ombak. white-hot *a.* merah membara (berkenaan logam). white lie bohong dengan maksud baik. White Paper Kertas Putih. white sale jualan kain hiasan rumah. white slave perempuan yang diculik dan dijadikan pelacur. white spirit spirit putih, sejenis bahan pelarut. white slavery amalan menculik perempuan untuk dijadikan pelacur. white wine wain putih. whitely *adv.* dengan putih. whiteness *n.* keputihan.

whitebait *n.* (*pl.* whitebait) sejenis ikan bilis.

Whitehall *n.* Kerajaan Britain; Perkhidmatan Awam Britain.

whiten *v.t./i.* bertambah putih; memutihkan.

whitewash *n.* cat kapur (warna putih). —*v.t.* menyapu cat kapur pada; menutup kesalahan atau kesilapan.

whitewood *n.* kayu putih ringan biasanya untuk diwarnakan.

whither *adv.* (usang) ke mana.

whiting *n.* (*pl.* whitting) sejenis ikan kecil.

whitlow *n.* kelurut.

Whitsun *n.* lihat Whitsunday.

Whitsunday *n.* (*Sc.*) Hari Ahad yang ke-7 selepas Easter; (*Sc.*) 15 Mei.

whittle *v.t.* meraut (kayu); menolak.

whiz *v.t./i.* (*p.t.* whizzed) berbunyi desau; berbunyi desir; berbunyi desing (berkenaan pergerakan). —*n.* desauan; desingan; desiran. whiz-kid *n.* (*colloq.*) kanak-kanak pintar.

who *pron.* siapa; yang.

whoa *int.* arahan supaya kuda berhenti.

whodunit *n.* (*colloq.*) cerita misteri jenayah.

whoever *pron.* sesiapa.

whole *a.* genap; semua; seluruh; sempurna. —*n.* segenapnya; semuanya; keseluruhannya. on the whole pada keseluruhannya. whole-hearted *a.* tanpa ragu-ragu. whole number nombor bulat.

wholemeal *a.* gandum tulen; keseluruhannya diperbuat daripada tepung gandum.

wholesale *n.* jualan borong. —*a. & adv.* secara memborong. wholesaler *n.* pemborong; penjual borong.

wholesome *a.* yang menyegarkan; yang menyihatkan. wholesomeness *n.* kesegaran.

wholly *adv.* seluruhnya; semua sekali.

whom *pron.* siapa; yang.

whoop *v.i.* menjerit kegirangan. —*n.* jeritan kegirangan.

whooping-cough *n.* batuk ayam; batuk kokol; batuk rejan.

whoops *int.* (*colloq.*) seruan kerana terkejut.

whopper *n.* (*sl.*) sesuatu yang sangat besar.

whopping *a.* (*sl.*) sangat besar.

whore *n.* pelacur.

whorl *n.* lingkaran (daun, kelopak); pusar-pusar (jari).

whortleberry *n.* buah bilberi.

who's *contr.* siapa; siapa yang.

whose *pron.* kepunyaan; yang empunya.

whosoever *pron.* sesiapa sahaja; tidak kira siapa; siapa (lah).

why *adv.* kenapa; mengapa. *int.* ah! nah!

wick *n.* sumbu.

wicked *a.* jahat; keji. wickedly *adv.* dengan jahat; dengan keji. wickedness *n.* kejahatan; kekejian.

wicker *n.* rotan yang dianyam untuk dibuat bakul atau perabot. wickerwork *n.* anyaman rotan.

wicket *n.* wiket (dalam permainan kriket). wicket-door *n.* wicket-gate *n.* pintu kecil yang digunakan ketika pintu besar tertutup. wicket-keeper *n.* penjaga wiket.

wide *a.* (-er, -est) luas; lebar; lapang; jauh dari. —*adv.* dengan luas; dengan lebar. —*n.* lebar. to the wide kesemuanya. wide awake jaga; (*colloq.*) sedar. widely *adv.* dengan luas; dengan lebar; dengan lapang. wideness *n.* keluasan; lebarnya; lapangnya.

widen *v.t./i.* meluaskan; melebarkan; melapangkan.

widespread *a.* tersebar luas; tersebar merata-rata.

widgeon *n.* itik liar.

widow *n.* janda; balu.

widowed *a.* menjadi janda; menjadi duda.

widower *n.* duda.

width *n.* kelebaran; keluasan; lebarnya; luasnya.

wield *v.t.* mempunyai dan menggunakan.

wife *n.* (*pl.* wives) isteri; bini. wifely *a.* berkenaan atau seperti isteri.

wig *n.* rambut palsu.

wigging *n.* teguran; makian; hamunan.

wiggle *v.t./i. & n.* menggoyang-goyangkan; bergoyang.

wigwam *n.* khemah atau pondok penduduk peribumi Amerika Utara.

wild *a.* (-er, -est) terbiar (berkenaan kawasan, persekitaran); liar, buas (berkenaan binatang); tidak teratur, tidak terkawal, tidak tersusun (berkenaan keadaan); bergelora (berkenaan laut); buas, ganas, gila (berkenaan nafsu); sembarangan (berkenaan rancangan, tindakan). —*n.* (*usu. pl.*) kawasan terbiar; kawasan terpencil. run wild hidup atau tumbuh terbiar. wild-goose chase kerja yang sia-sia. wildly *adv.* dengan liar; dengan ganas; dengan buas. wildness *n.* keliaran; keganasan; kebuasan.

wildcat *a.* tidak menghiraukan keselamatan; (berkenaan mogok) mogok kilat.

wildebeest *n.* sejenis binatang di Afrika.

wilderness *n.* hutan; rimba; belantara.

wildfire *n.* spread like wildfire tersebar dengan cepat sekali.

wildfowl *n.* burung buruan.

wildlife *n.* hidupan liar.

wile *n.* tipu muslihat.

wilful *a.* yang disengajakan; keras hati. wilfully *adv.* dengan keras hati. wilfulness *n.* perihal keras hati.

will¹ *v.aux.* akan.

will² *n.* hati; kemahuan; kehendak; surat wasiat. —*v.t.* berkehendakkan; menghendaki; mewasiatkan. at will sesuka hati. have one's will mendapat kehendak hati. with a will bersungguh-sungguh. will-power *n.* tekad; azam; kesungguhan hati.

willies *n.pl.* (*sl.*) rasa serba salah.

willing *a.* rela; mahu; menurut; bersedia. —*n.* kerelaan; kesediaan. willingly *adv.* dengan rela; dengan menurut. willingness *n.* kerelaan; kesediaan.

will-o'-the-wisp *n.* khayalan; keadaan yang tidak mungkin tercapai.

willow *n.* sejenis pohon.

willowy *a.* penuh dengan pohon willow; (tentang orang) langsing; lampai.

willy *n.* (*sl.*) zakar.

willy-nilly *adv.* mahu tak mahu.

wilt¹ *lihat* will¹.

wilt² *v.t./i.* menjadi layu; melayukan; menjadi letih. —*n.* sejenis penyakit yang menyebabkan pokok menjadi layu.

wily *a.* (-ier, -iest) licik; pintar. wiliness *n.* kelicikan; kepintaran.

wimp *n.* (orang yang) bacul atau pengecut.

wimple *n.* sejenis tutup kepala yang dipakai pada abad pertengahan.

win *v.t./i.* (*p.t.* won, *pres.p.* winning) mendapat kemenangan; menang; memenangi; dapat menambat atau mengambil hati. —*n.* kemenangan.

wince *v.i.* menggerenyit; menggigil. —*n.* gerenyitan; gigilan.

winceyette *n.* sejenis kain kapas yang lembut.

winch *n.* takal; kerekan. —*v.t.* mengangkat dengan takal atau kerekan.

wind¹ *n.* angin; bayu; udara; kentut; nafas; alat tiup (berkenaan muzik); cakap besar. —*v.t./i.* menghidu; terbau; berbau; termengah-mengah. get atau have the wind up (*sl.*) berasa takut. get wind of mendengar ura-ura. in the wind akan berlaku. like the wind amat pantas. put the wind up (*sl.*) menakutkan. take the wind out of a person's sails memintasi ikhtiar seseorang. wind-break *n.* tampan angin. wind-cheater *n.* jaket nipis yang kalis angin. wind instrument alat tiup. wind-jammer *n.* kapal layar saudagar. wind-sock *n.* kantung yang dikibarkan di lapangan terbang untuk menunjukkan arah tiupan angin. wind tunnel *n.* terowong angin.

wind² *v.t./i.* (*p.t.* wound) memusing; memutar; melilit; (berkenaan jam, dsb.) mengunci. wind up mengunci (berkenaan jam); menutup, mengakhiri (berkenaan perbicaraan, dsb.); menutup (berkenaan perusahaan). winder *n.* pengunci jam atau barang mainan.

windbag *n.* (*colloq.*) orang yang suka bercakap panjang lebar tapi tak berguna.

windfall *n.* buah yang gugur kerana angin; durian runtuh (kiasan).

winding-sheet *n.* kain kapan.

windlass *n.* kapi; mesin kerek.

windless *a.* tidak berangin.

windmill *n.* kincir angin.

W

window n. tingkap; jendela. **window-box** n. petak bunga di tingkap. **window-dressing** n. peraga hiasan. **window-seat** n. tempat duduk tepi tingkap. **window-shopping** n. tengok-tengok barang di kedai.

windpipe n. trakea salur udara.

windscreen a. cermin depan kereta; cermin penahan angin.

windshield n. (A.S.) cermin depan.

windsurfing n. luncur angin.

windswept a. terdedah kepada angin; kusut ditiup angin.

windward a. arah angin. —n. bahagian arah angin.

windy a. (-ier, -iest) berangin; (sl.) takut. **windiness** n. berangin; perihal berangin.

wine n. wain; air anggur. —v.t./i. menjamu dengan wain; minum wain. **winy** a. rasa wain.

wineglass n. gelas wain.

winepress n. pemerah anggur untuk dibuat wain.

wing n. sayap; kepak. —v.t./i. terbang; melukai sayap atau lengan. **on the wing** terbang. **take wing** terbang lepas. **under one's wing** di bawah jagaan seseorang.

winged a. bersayap; berkepak.

winger n. pemain sayap.

wingless a. tidak bersayap; tidak berkepak.

wink v.i. mengenyitkan mata; mengedipkan mata. —n. kenyitan; kedipan. **not a wink** tidak tidur sedikit pun. **wink at** pura-pura tidak melihat.

winker n. lampu penunjuk berkelapkelip; lampu signal.

winkle n. sejenis siput laut yang boleh dimakan. —v.t. **winkle out** mengorek; menuil.

winner n. pemenang; sesuatu kejayaan.

winning lihat **win.** —a. menarik. **winning-post** n. garis penamat. **winnings** n.pl. kemenangan judi.

winnow v.t. mengangin; menampi.

winsome a. menarik, menawan (tentang rupa).

winter n. musim salji; musim dingin. —v.i. menghabiskan cuti musim sejuk. **wintry** a. sejuk; dingin.

winy a. berperisa wain.

wipe v.t. mengelap; membersihkan; mengeringkan. —n. perihal mengelap. **wipe out** menghapuskan; membasmi.

wiper n. pengelap cermin kereta.

wire n. wayar. —v.t. mengikat dengan wayar. **wire-haired** a. berambut kerinting halus.

wireless n. wayarles.

wireworm n. ulat dawai; lundi kumbang yang bersifat perosak.

wiring n. pendawaian.

wiry a. (-ier, -iest) seperti wayar; kurus tetapi kuat (berkenaan orang). **wiriness** n. berkeadaan seperti wayar.

wisdom n. kebijaksanaan; kearifan. **wisdom tooth** geraham bongsu; molar terakhir.

wise[1] a. (-er, -est) cerdik; pandai; pintar; (sl.) tahu; maklum. —v.t. (sl.) memaklumkan; memberitahu. **wisely** adv. dengan cerdik; dengan pandai; dengan pintar.

wise[2] n. (usang) cara; gaya.

wiseacre n. orang yang berpura-pura sangat bijak.

wisecrack n. (colloq.) kata-kata lucu; gurau senda. —v.i. (colloq.) bergurau senda.

wish n. keinginan; kehendak; kemahuan; hasrat. —v.t./i. menghendaki; mengingini; berhasrat; berdoa.

wishbone n. tulang selangka; tulang yang bercabang antara tengkuk dan dada burung.

wishful a. yang berharap. **wishful thinking** angan-angan; khayalan.

wishy-washy a. pucat; lemah; tidak bersemangat; tidak berpendirian tetap.

wisp n. seikat (rambut); sekepul (asap); seberkas (lidi). **wispy** a. jarang.

wistaria n. sejenis tumbuhan yang menjalar dengan bunga yang bergantungan.

wistful a. sayu; sedih. **wistfully** adv. dengan sayu; dengan sedih. **wistfulness** n. kesayuan; kesedihan.

wit[1] n. akal; kecerdasan; kebijaksanaan; jenaka pintar. **at one's wits' end** risau dan tidak tahu apa yang harus dilakukan; kebingungan; kehilangan akal.

wit[2] v.t./i. (usang) **to wit** iaitu.

witch n. ahli sihir (perempuan); penggoda (berkenaan orang perempuan). **witch-doctor** n. dukun; pawang; tukang sihir. **witch-hazel** n. sejenis tumbuhan. **witch-hunt** n. memburu ahli sihir. **witchery** n. ilmu sihir; pesona; tarikan; daya penarik.

witchcraft n. ilmu sihir.

with prep. ber (bermaksud, mempunyai); dengan; bersama-sama; turut; berserta; kerana. **be with child** (usang) mengandung. **with it** (colloq.) mengikut peredaran zaman.

withal adv. (usang) lagipun; juga.

withdraw *v.t./i.* (*p.t.* withdrew, *p.p.* withdrawn) menarik balik; mengeluarkan (berkenaan dengan duit dari bank); menjauhkan diri. withdrawal *n.* penarikan balik; pengeluaran; perihal menjauhkan diri.

withdrawn *a.* (berkenaan orang) suka menyendiri; tidak bercampur dengan masyarakat.

withe *n.* dahan pokok willow yang digunakan untuk mengikat.

wither *v.t./i.* menjadi layu; menjadi kering; merana.

withers *n.pl.* kelasa; bonggol (pada kerbau, dsb.).

withhold *v.t.* (*p.t.* withheld) menahan; tidak memberikan.

within *prep.* di dalam; dalam lingkungan. —*adv.* di dalam.

without *prep.* tanpa; dengan tiada; tidak dengan. —*adv.* di luar.

withstand *v.t.* (*p.t.* withstood) menahan; bertahan; melawan; menentang.

withy *n.* dahan yang kuat dari pokok willow.

witless *n.* bodoh.

witness *n.* saksi. —*v.t.* menjadi saksi. witness-box *n.* kandang saksi.

witter *v.i.* berceloteh panjang lebar.

witticism *n.* kata-kata yang bernas; jenaka pintar.

wittingly *adv.* dengan sengaja.

witty *a.* (-ier, -iest) cerdas; bijak; lucu. wittily *adv.* dengan lucu; dengan bijak. wittiness *n.* kelucuan; kebijaksanaan.

wives *lihat* wife.

wizard *n.* orang sakti; orang yang pintar; ahli sihir (lelaki). wizardry *n.* ilmu sihir; kepintaran.

wizened *a.* berkedut; berkeriput.

woad *n.* pencelup biru yang didapati daripada sejenis pokok; pokok yang mengeluarkan sejenis pencelup biru.

wobble *v.i.* terhuyung-hayang; bergoyang-goyang. —*n.* gerakan yang terhuyung-hayang atau bergoyang-goyang. wobbly *a.* yang terhuyung-hayang; yang bergoyang-goyang.

wodge *n.* (*colloq.*) ketul; segumpal; baji; pasak.

woe *n.* duka; kesengsaraan; kesedihan. woeful *a.* dukacita; sedih; sengsara. woefully *adv.* dengan sedih; dengan dukacita; dengan sengsara. woefulness *n.* kedukaan; kesedihan; kesengsaraan.

woebegone *a.* bersedih; kelihatan tidak gembira.

wok *n.* kuali.

woke, woken *lihat* wake[1].

wold *n.* kawasan lapang yang luas.

wolf *n.* (*pl.* wolves) serigala. —*v.t.* makan dengan gelojoh. cry wolf membuat gempar. keep the wolf from the door mencegah kelaparan atau kebuluran. wolf-whistle *n.* siulan mengusik. wolfish *a.* seperti serigala; tamak.

wolfhound *n.* sejenis anjing yang asalnya digunakan untuk memburu serigala.

wolfram *n.* wolfram; bijih tungsten.

wolverine *n.* sejenis binatang yang tergolong dalam keluarga weasel dan berasal dari Amerika Utara.

woman *n.* (*pl.* women) perempuan; wanita; (*colloq.*) pekerja (wanita). woman of the world perempuan yang luas pergaulannya.

womanish *a.* kewanitaan; seperti wanita.

womanhood *n.* keadaan sebagai perempuan atau wanita; kewanitaan.

womanize *v.i.* lelaki yang suka berfoya-foya dengan perempuan. womanizer *n.* kaki perempuan.

womankind *n.* kaum wanita.

womanly *a.* seperti perempuan; wajar bagi perempuan. womanliness *n.* sifat kewanitaan; sifat perempuan.

womb *n.* rahim.

wombat *n.* sejenis binatang seperti beruang kecil, berasal dari Australia.

women *lihat* woman.

womenfolk *n.* kaum perempuan; kaum wanita; kaum ibu.

won *lihat* win.

wonder *n.* perasaan kagum; perasaan hairan; keajaiban. —*v.t./i.* berasa hairan; berasa kagum; berasa takjub; tertanya-tanya pada diri sendiri.

wonderful *a.* bagus; elok; ajaib; menghairankan. wonderfully *adv.* dengan bagus; dengan elok; dengan takjub.

wonderland *n.* taman kayangan; tempat yang penuh dengan pelbagai benda yang mengagumkan.

wonderment *n.* sesuatu yang mengagumkan.

wondrous *a.* (usang) amat bagus; amat elok; takjub.

wonky *a.* goyah.

wont *a.* (usang) biasa; lazim. —*n.* kebiasaan; kelaziman.

won't = will not tidak akan.

wonted *a.* yang biasa; yang lazim; yang menjadi kebiasaan; yang menjadi kelaziman.

woo *v.t.* (usang) memikat; membujuk rayu; merayu; mengurat.

wood *n.* kayu; (*pl.*) hutan; kayu pemukul bola golf. **out of the wood** tidak membimbangkan lagi; terkeluar daripada bahaya atau kesusahan.

woodbine *n.* sejenis tumbuhan yang berbunga harum.

woodcock *n.* sejenis burung.

woodcut *n.* ukiran kayu.

wooded *a.* berhutan; berkayu.

wooden *n.* dibuat daripada kayu; selamba; keras dan kaku; bersahaja (berkenaan air muka). **woodenly** *adv.* dengan selamba; dengan bersahaja.

woodland *n.* tanah hutan; hutan kayu.

woodlouse *n.* (*pl.* **-lice**) serangga kayu; bubuk.

woodpecker *n.* burung belatuk.

woodpigeon *n.* burung merpati jenis besar.

woodwind *n.* alat tiup (kayu).

woodwork *n.* seni ukir kayu; ukiran kayu; benda-benda yang diperbuat daripada kayu.

woodworm *n.* sejenis ulat kayu.

woody *a.* seperti kayu; berhutan.

woof *n.* salakan anjing.

woofer *n.* wufer.

wool *n.* benang bulu biri-biri; kain yang diperbuat daripada bulu biri-biri. **pull the wool over someone's eyes** menipu seseorang. **wool-gathering** *n.* angan-angan; berkhayal.

woollen *a.* yang diperbuat daripada bulu. **woollens** *n.pl.* kain atau pakaian daripada bulu.

woolly *a.* (**-ier, -iest**) seperti bulu; dipenuhi bulu; kabur; tidak jelas. —*n.* (*colloq.*) pakaian daripada bulu. **woolliness** *n.* berkeadaan seperti bulu.

Woolsack *n.* kusyen besar yang diduduki oleh Ketua Canselor di House of Lords (di England).

woozy *a.* (tidak formal) pening atau terpukau.

word *n.* kata; perkataan; berita; khabar; janji; arahan. —*v.t.* berkata; mengatakan. **word of honour** sumpah; janji. **word of mouth** secara lisan. **word-perfect** *a.* dapat mengucapkan dengan tepat. **word processor** *n.* pemproses kata (tentang komputer).

wording *n.* pemilihan dan penyusunan kata.

wordy *a.* terlalu banyak menggunakan perkataan.

wore *lihat* **wear**[1] dan **wear**[2].

work *n.* kerja; pekerjaan; tugas; hasil; karya; (*pl.*) mesin; jentera; kilang; perusahaan. —*v.t./i.* bekerja; mengerjakan; bertugas; menjalankan (berkenaan jentera); menghasilkan; mengusahakan; menguli (tepung); menempa (besi); mengetuk (paku); menjahit; menyulam; menjadi longgar (skru, dll). **work in** memasukkan. **work off** menghilangkan. **work out** menyelesaikan; latihan. **work to rule** bekerja mengikut aturan. **work up** membawa ke puncak; meningkat sampai.

workable *a.* dapat dikerjakan atau dijalankan.

workaday *a.* biasa; setiap hari; praktis (*colloq.*).

workaholic *n.* (*colloq.*) mabuk atau gila kerja.

worker *n.* pekerja; petugas; buruh.

workhouse *n.* rumah kebajikan.

working *a.* yang bekerja; golongan pekerja. —*n.* kerja lombong atau menggali. **working class** golongan pekerja (buruh). **working-class** *a.* berkenaan golongan yang bekerja (buruh).

workman *n.* (*pl.* **-men**) kuli; buruh.

workmanlike *a.* cekap; mahir.

workmanship *n.* kecekapan; kemahiran.

workout *n.* latihan atau ujian.

workshop *n.* bengkel; woksyop.

workstation *n.* terminal komputer dan kekunci; tempat kerja.

world *n.* dunia; alam maya; manusia sejagat.

worldly *a.* duniawi. **worldly-wise** *a.* banyak pengalamannya. **worldliness** *n.* keduniaan.

worldwide *a.* di seluruh dunia.

worm *n.* cacing; ulat; bangsat; bahagian skru yang berpilin. —*v.t./i.* bergerak seperti cacing; bergerak dengan susah payah (kiasan); menghapuskan cacing. **worm-cast** *n.* tahi cacing. **wormy** *a.* berulat.

wormeaten *a.* berlubang-lubang kerana dimakan ulat.

wormwood *n.* sejenis tumbuhan yang pahit rasanya; kepahitan.

worn *lihat* **wear**[1]. —*a.* rosak; luruh; letih. **worn-out** *a.* letih; tidak bermaya.

worried *a.* yang khuatir; yang risau; yang bimbang; yang cemas.

worry *v.t./i.* berasa khuatir; berasa risau; berasa bimbang; berasa cemas; merisaukan; mencemaskan; membimbangkan. —*n.* kekhuatiran; kecemasan; kebimbangan; kerisauan.

worrier *n.* perisau; pencemas; orang yang mudah risau atau cemas.

worse *a. & adv.* bertambah buruk; bertambah teruk; bertambah tenat. — *n.* perkara yang lebih teruk atau buruk.

worsen *v.t./i.* menjadi lebih buruk; menjadi lebih teruk; menjadi tenat.

worship *n.* pemujaan; penyembahan. —*v.t./i.* (*p.t.* **worshipped**) memuja; menyembah. **worshipper** *n.* pemuja; penyembah.

worshipful *a.* (gelaran) Yang Berhormat.

worst *a. & adv.* paling teruk; paling buruk; paling tenat. —*n.* sesuatu yang amat buruk. —*v.t.* mengalahkan. **get the worst of** dikalahkan.

worsted *n.* sejenis benang; kain worsted.

wort *n.* pemerapan malta sebelum ditapaikan menjadi bir.

worth *a.* bernilai; berharga; berharta. —*n.* nilai; harga. **for all one is worth** (*colloq.*) sedaya upaya. **worth while** atau **worth one's while** berfaedah; berguna.

worthless *a.* tidak bernilai; tidak berharga. **worthlessness** *n.* perihal tidak bernilainya; perihal tidak berharganya.

worthwhile *a.* berfaedah; berguna; bermanfaat.

worthy *a.* (**-ier, -iest**) patut; layak; wajar. —*n.* orang yang berjasa. **worthily** *adv.* dengan patut; sesuai dengan harganya. **worthiness** *n.* perihal patutnya; perihal layaknya; perihal wajarnya.

would *lihat* **will**[1]. **would-be** *a.* bakal; akan menjadi.

wouldn't *contr.* would not digunakan untuk menggambarkan akibat daripada sesuatu kejadian yang dikhayalkan.

wound[1] *n.* luka; cedera. —*v.t.* melukakan; melukai; mencederakan.

wound[2] *lihat* **wind**[2].

wove, woven *lihat* **weave**.

wow *int.* wah.

wrack *n.* rumpai laut yang tersadai atau tumbuh di pantai.

wraith *n.* lembaga; hantu.

wrangle *v.i.* bertengkar; berkelahi. —*n.* berbantah.

wrap *v.t./i.* (*p.t.* **wrapped**) membungkus; membalut; menyalut. —*n.* selendang. **be wrapped up in** asyik dengan.

wrapper *n.* kertas pembungkus; pembalut; sejenis baju longgar.

wrapping *n.* bahan pembungkus atau pembalut.

wrasse *n.* sejenis ikan laut.

wrath *n.* kemarahan. **wrathful** *a.* marah. **wrathfully** *adv.* dengan marah.

wreak *v.t.* melepaskan marah.

wreath *n.* (*pl.* **-ths**) kalungan (bunga); lingkaran (asap).

wreathe *v.t./i.* melingkari; meliliti; melingkungi.

wreck *n.* kerosakan; kehancuran; kapal yang karam; orang yang kesihatannya terganggu. —*v.t.* merosakkan; merapankan.

wreckage *n.* bangkai (kapal, kapal terbang); sisa.

wrecker *n.* perosak; orang yang ditugaskan untuk memusnahkan sesuatu.

wren *n.* sejenis burung yang sangat kecil.

Wren *n.* ahli Women's Royal Naval Service.

wrench *v.t.* merenggut; mencabut dengan memulas. —*n.* renggutan; jenis sepana.

wrest *v.t.* memulas; merengkuh.

wrestle *v.t./i.* bergusti (berkenaan sukan); bergomol; bergelut. —*n.* gusti.

wretch *n.* orang bedebah; orang celaka.

wretched *a.* malang; celaka; buruk; tidak elok. **wretchedly** *adv.* dengan malang; dengan celaka. **wretchedness** *n.* perihal malang; kecelakaan.

wriggle *v.t./i.* menggeliang-geliut. —*n.* geliang-geliut.

wring *v.t.* (*p.t.* **wrung**) memerah; memeras; memulas. —*n.* perahan. **wringing wet** basah kuyup; basah lencun.

wringer *n.* mesin pemulas; mesin pemerah.

wrinkle *n.* kedut; kerut; (*colloq.*) panduan. —*v.t./i.* mengedut; mengerutkan.

wrist *n.* pergelangan tangan. **wristwatch** *n.* jam tangan.

wristlet *n.* gelang tangan.

writ *n.* perintah rasmi; surat dakwa. **Holy Writ** Kitab Injil.

write *v.t./i.* (*p.t.* **wrote**, *p.p.* **written**, *pres.p.* **writing**) menulis; mencatat; mengarang. **write off** hapus; batal. **write-off** *n.* sesuatu yang tidak boleh digunakan lagi. **write up** menulis. **write-up** *n.* ulasan.

writer *n.* penulis; pengarang. **writer's cramp** sengal-sengal pada tangan.

writhe *v.i.* menggeliat; menggeliang-geliut; menderita batin.

writing *n.* tulisan; karya; karangan. **in writing** secara bertulis. **the writing on the wall** alamat; petanda. **writing-paper** *n.* kertas tulis.

written *lihat* **write**.

wrong *a.* salah; tidak betul; silap. *adv.* secara salah; secara keliru. —*n.* kesalahan; kesilapan; kekeliruan. —*v.t.* membuat salah; melakukan kesalahan. **in the wrong** bersalah. **wrongly** *adv.* secara salah; tidak adil. **wrongness** *n.* perihal salah.

wrongdoer *n.* orang yang melakukan kesalahan. **wrongdoing** *n.* perbuatan salah; dosa; kejahatan.

wrongful *a.* menyalahi undang-undang; tidak adil. **wrongfully** *adv.* dengan salah; dengan tidak adil.

wrote *lihat* **write**.

wrought *a.* yang ditempa. **wrought iron** besi tempa.

wrung *lihat* **wring**.

wry *a.* (**wryer, wryest**) herot; mencong; pencong. **wryly** *adv.* secara mengejek atau memperli. **wryness** *n.* perihal mengejek.

wryneck *n.* burung kecil sejenis dengan belatuk.

WWW *abbr.* **World Wide Web** Rangkaian Seluruh Dunia.

wych-elm *n.* sejenis pokok berdaun lebar.

wych-hazel *n.* pokok renek Amerika Utara.

X

xenon *n.* sejenis unsur gas tanpa bau.

xenophobia *n.* sifat benci kepada orang asing.

Xerox *n.* zeroks. —*v.t* menzeroks; membuat salinan zeroks; salinan pendua.

Xmas *n.* (*colloq.*) Hari Natal: Hari Krismas.

X-ray *n.* X-ray; sinar-X. —*v.t.* melakukan X-ray.

xylophone *n.* zilofon; sejenis alat muzik.

Y

W
X
Y

yacht *n.* perahu layar; kapal pesiaran; sekoci. **yachting** *n.* lumba atau sukan perahu layar. **yachtsman** *n.* (*pl.* **-men**) pemilik kapal pesiaran; orang yang pandai melayarkan perahu layar.

yak *n.* yak; sejenis lembu Asia Tengah.

yam *n.* keladi.

Yank *n.* (*colloq.*) Yankee; orang Amerika.

yank *v.t.* (*colloq.*) menyentap; merenggut; menyentak. —*n.* (*colloq.*) sentapan; sentakan; renggutan.

Yankee *n.* (*colloq.*) Yankee; orang Amerika; (A.S.) penduduk di kawasan utara Amerika Syarikat.

yap *n.* salakan; dengkingan. —*v.i.* (*p.t.* **yapped**) menyalak; mendengking.

yard[1] *n.* ela (unit ukuran). **yard-arm** *n.* hujung andang-andang.

yard[2] *n.* halaman; pekarangan. **The Yard** (*colloq.*) **Scotland Yard** Polis Penyiasat England.

yardage *n.* ukuran ela.

yardstick *n.* kayu pengukur; kayu ela; ukuran perbandingan.

yarmulke *n.* topi lelaki Yahudi.

yarn *n.* benang; (*colloq.*) cerita. —*v.i.* menceritakan.

yarrow *n.* pokok yarrow; sejenis tumbuhan yang bunganya harum.

yashmak *n.* sejenis purdah yang dipakai oleh wanita Islam.

yaw *v.i.* (berkenaan kapal atau kapal terbang) merewang; mengoleng. —*n.* rewang.

yawl *n.* sejenis bot untuk menangkap ikan; sampan kayuh.

yawn *v.i.* menguap. —*n.* kuap.

yaws *n.* penyakit puru.

y chromosome *n.* kromosom seks yang hadir pada sel jantan.

yd. *abbr.* yard ela.

ye *pron.* (usang) awak; engkau; kamu.

yea *adv.* & *n.* (usang) ya; benar; memang.

year *n.* tahun; (*pl.*) umur; usia.

yearbook *n.* buku tahunan.

yearling *n.* binatang yang berumur antara satu tahun hingga dua tahun.

yearly *a.* tahunan. —*adv.* tiap-tiap tahun.

yearn *v.i.* ingin akan; berhasrat akan; rindu akan.

yeast *n.* ragi; yis.

yeasty *a.* seperti ragi; seperti yis.

yell *v.t./i.* & *n.* jerit; pekik.

yellow *a.* kuning; (*colloq.*) pengecut. —*n.* warna kuning.—*v.t./i.* menjadi kuning. **Yellow Pages** Halaman Kuning; bahagian buku panduan telefon yang dicetak pada halaman kuning, menyenaraikan jenis perniagaan, barangan atau perkhidmatan yang ditawar.

yellowhammer *n.* sejenis burung.

yellowish *a.* kekuning-kuningan.

yelp *n.* dengking; peking; salak. —*v.i.* berdengking; memeking; menyalak.

Yem Kippur *n.* hari penting bagi orang Yahudi di mana mereka akan bersembahyang dan berpuasa.

yuan *n.* (*pl.* **yuan**) unit asas mata wang China.

yen[1] *n.* (*pl.* **yen**) mata wang Jepun.

yen[2] *n.* kerinduan; hasrat; keinginan.

yeoman *n.* (*pl.* -**men**) pemilik sebidang tanah. **Yeoman of the Guard** Pengawal Raja berpakaian Tudor. **yeoman service** benar-benar berkhidmat; perkhidmatan yang betul-betul berkesan.

yes *adv.* & *n.* ya; betul; benar. **yes-man** *n.* pak turut.

yesterday *n.* & *adv.* semalam; kelmarin; hari-hari yang lepas.

yet *adv.* hingga sekarang; sehingga kini; lagi; kelak; tetapi; namun. —*conj.* walaupun; namun begitu.

yeti *n.* (*pl.* -**is**) yeti (sejenis makhluk besar yang dikatakan tinggal di Banjaran Himalaya).

yew *n.* sejenis pohon malar hijau.

Yiddish *n.* bahasa orang Yahudi yang berasal dari Eropah Timur dan Eropah Tengah.

yield *v.t./i.* (berkenaan tanaman) menghasilkan; mengeluarkan; (berkenaan usaha) menghasilkan; membuahkan; menyerah; mengalah; mengaku kalah. —*n.* kadar hasil (tanaman, usaha).

yippee *int.* hore, menyatakan kegembiraan.

YMCA *abbr.* **Young Men's Christian Association** Persatuan Pemuda Kristian.

yodel *v.t./i.* (*p.t.* **yodelled**) menyanyi yodel (nyanyian orang Swiss). —*n.* yodel. **yodeller** *n.* penyanyi yodel.

yoga *n.* yoga (sejenis senaman) orang Hindu.

yoghurt *n.* yogurt; tairu.

yoke *n.* kok; galas; bahu mendatang; lapik (berkenaan jahitan); tekanan; bebanan. —*v.t.* menggalas.

yokel *n.* orang kampung; orang dusun.

yolk *n.* kuning telur.

yon *a.* & *adv.* (dialek) nun; di sana.

yonder *adv.* nun. —*a.* nun di sana.

yonks *adv.* (*sl.*) berzaman lamanya.

yore *n.* of yore masa dahulu.

yorker *n.* yorker (sejenis balingan dalam permainan kriket).

Yorkshire pudding sejenis puding yang dimakan dengan daging.

Yorkshire terrier sejenis anjing yang berbulu panjang.

you *pron.* anda; saudara; awak; encik; tuan; kamu; engkau.

young *a.* (-**er**, -**est**) muda (dari segi umur); mentah (dari segi pengalaman). —*n.* anak (binatang).

youngster *n.* kanak-kanak; budak.

your *a.* **yours** *poss. pron.* hak awak; hak kamu; hak anda; awak punya; kamu punya; engkau punya.

yourself *pron.* (*pl.* **yourselves**) diri kamu; dirimu sendiri.

youth *n.* (*pl.* **youths**) waktu muda; zaman muda; usia muda; belia; remaja; orang muda. **youth-club** kelab belia. **youth hostel** asrama belia.

youthful *a.* muda. **youthfulness** *n.* keremajaan; sifat muda.

yowl *v.t./i.* & *n.* menjerit; memekik; melolong.

Yo-yo *n.* (*pl.* -**os**) yo-yo; sejenis permainan bertali yang boleh digerakkan turun naik.

yucca *n.* sejenis pohon yang bentuk bunganya seperti loceng.

yule, yule-tide *ns.* (usang) Perayaan Hari Natal atau Hari Krismas.

Y

yummy *a.* (*colloq.*) sedap, lazat.

yuppie *n.* (*colloq.*) yuppie; pemuda profesional yang bekerja di bandar.

YWCA *abbr.* **Young Women's Christian Association** Persatuan Pemudi Kristian.

Z

zabaglione *n.* manisan Itali yang diperbuat daripada kuning telur yang dibancuh dengan gula dan arak.

zany *a.* (**-ier**, **-iest**) lucu. —*n.* orang yang kelakar.

zap *v.t.* (*p.t.* **zapped**) (*sl.*); memukul; menyerang; membunuh.

zeal *n.* semangat; minat yang bersungguh-sungguh.

zealot *n.* orang yang tekun atau rajin; orang yang fanatik.

zealous *a.* bersemangat; giat; rajin. **zealously** *adv.* dengan bersemangat; dengan giat.

zebra *n.* kuda belang. **zebra crossing** lintasan zebra; tempat melintas pejalan kaki.

zebu *n.* sejenis seladang.

Zen *n.* satu bentuk Buddhisme.

zenith *n.* zenit; puncak; kemuncak.

zephyr *n.* bayu; angin sepoi-sepoi.

zero *n.* (*pl.* **-os**) kosong; sifar. **zero hour** saat yang dinanti-nantikan; saat genting. **zero in on** menghala kepada sasaran; menumpukan perhatian kepada.

zest *n.* semangat; kulit limau atau lemon. **zestful** *a.* bersemangat. **zestfully** *adv.* dengan bersemangat.

zigzag *n.* liku-liku; zigzag; bengkang-bengkok; kelok-kelok. —*a. & adv.* secara zigzag. —*v.i.* (*p.t.* **zigzagged**) bergerak secara bengkang-bengkok.

zilch *n.* (tidak formal) tidak ada apa-apa.

zillion *n.* (A.S.) jumlah besar yang tidak tetap.

zinc *n.* zink.

zing *n.* (*colloq.*) tenaga, kekuatan. —*v.i.* (*colloq.*) bergerak cepat; lantang.

zinnia *n.* sejenis pokok bunga seperti daisi.

Zionism *n.* Zionisme. **Zionist** *n.* Zionis; pergerakan untuk menubuhkan semula negara Yahudi.

zip *n.* zip; desing (bunyi); kemeriahan. —*v.t./i.* (*p.t.* **zipped**) menutup atau membuka zip; berdesing. **zip-fastener** *n.* penutup zip.

Zip code (A.S.) poskod.

zipper *n.* zip.

zircon *n.* zirkon; sejenis permata, berwarna putih kebiru-biruan.

zirconium *n.* elemen logam kelabu.

zit *n.* (tidak formal) parut atau tanda pada kulit.

zither *n.* zither; sejenis alat muzik yang dipetik dan bertali banyak.

zloty *n.* (**zloty** atau **zlotys**) unit asas mata wang Poland.

zodiac *n.* (dalam astrologi) zodiak. **zodiacal** *a.* berkenaan zodiak.

zombie *n.* (dalam voodoo) mayat yang dipercayai hidup semula melalui ilmu sihir; (*colloq.*) orang yang bingung.

zone *n.* zon; kawasan yang mempunyai ciri-ciri, tujuan atau guna tertentu. —*v.t.* dibahagi-bahagikan kepada zon. **zonal** *a.* mengikut zon.

zoo *n.* zoo.

zoology *n.* zoologi. **zoological** *a.* berkenaan zoologi. **zoologist** *n.* ahli zoologi.

zoom *v.i.* berlalu dengan pantas; mengambil gambar dengan menggunakan kanta zum.

zucchini *n.* (*pl.* **-i** atau **-is**) zukini; sejenis labu.

Zulu *n.* (*pl.* **-us**) suku kaum atau bahasa Bantu dari Afrika Selatan.

zygote *n.* zigot; sel yang terbentuk daripada penyatuan dua gamet.

Information and Comunication Technologi Terminology

BAHASA INGGERIS–BAHASA MALAYSIA

3G (3rd generation)	*3G (generasi ke-3; merujuk kepada perkhidmatan wayerles generasi ketiga)*	backup file	*fail sandar*
		backup system	*sistem sandar*
		band	*jalur*
		bandwidth	*lebar jalur*
		bar code	*kod palang/bar*
		bar code scanner	*pengimbas kod palang/bar*
abort	*henti paksa*	base	*asas*
access	*capaian*	BASIC (beginner's all-purpose symbolic instruction code)	*BASIC (kod arahan simbolik serba guna permulaan)*
access menu	*menu capaian*		
access time	*masa capaian*		
accumulator	*penumpuk*		
accuracy	*ketepatan; kejituan*		
address	*alamat*	benchmark	*tanda aras*
algoritma	*algoritma*	bit	*bit*
alphabet	*abjad*	blog	*blog; laman web peribadi*
analogue computer	*komputer analog*		
analyzer	*penganalisis*	blogger	*pengendali blog*
application	*aplikasi*	Bluetooth	*Bluetooth*
ASP (application service provider)	*ASP (pembekal khidmat aplikasi)*	bridge	*jejambat*
		broadband	*jalur lebar*
		broadband networking	*perangkaian jalur lebar*
		broadcasting	*penyiaran*
attachment	*lampiran*	browse	*menyemak imbas*
ATM (automated teller machine)	*ATM (mesin juruwang berautomat)*		
		browser	*penyemak imbas*
		browsing	*menyemak lewa; menyemak sepintas lalu*
automatic coding	*pengekodan automatik*		
automatic data conversion	*penukaran data automatik*		
		bubble jet	*jet gelembung; pancit gelembung*
automatic data processing	*pemprosesan data automatik*		
automatic logon	*log masuk automatik*	bubble jet printer	*pencetak pancit gelembung*
backup	*sandar; bantu*	buffer	*penimbal*
backup copy	*salinan bantu/sandar*	buffering	*penimbalan*
		bug	*pepijat*

byte	*bait*	learning	*berasaskan*
cache (cache	*ingatan*		*komputer*
memory)	*cache/para*	computer	*grafik komputer*
capacity	*kapisiti; muatan*	graphics	
card	*kad*	computer	*rangkaian*
CCTV (close-	*CCTV (televisyen*	network	*komputer*
circuit	*litar tertutup)*	computer power	*kuasa komputer*
television)		computer	*sains komputer*
CD-ROM	*CD-ROM*	science	
(compact disk	*(cakera padat*	connection	*sambungan*
read only	*ingatan baca*	consistency	*kekonsistenan*
memory)	*sahaja)*	control key	*kekunci kawalan*
character	*aksara*	copy and paste	*salin dan tampal*
chat room	*bilik bual/*	cursor	*kursor*
	sembang	cyber-	*siber-*
chatting	*berbual/*	cybercafé	*kafe siber*
	bersembang	cybernetics	*sibernetik*
chip	*cip*	cyberspace	*ruang siber*
circuit	*litar*	cypher	*tulisan rahsia*
clone	*klon*	data	*data*
click and drag	*klik dan seret*	data abstraction	*pengabstrakan*
cluster	*gugusan*		*data*
code	*kod*	data acquisition	*pemerolehan*
coding	*pengekodan*		*data*
combination	*gabungan*	databank	*bank data*
command	*arahan*	database	*pangkalan data*
communication	*saluran*	data collection	*pengumpulan*
channel	*komunikasi/*		*data*
	perhubungan	data entry	*masukan data*
communication	*rangkaian*	data file	*fail data*
network	*komunikasi/*	dataflow	*aliran data*
	perhubungan	data loging	*pengelogan*
communication	*pelayan*		*data*
server	*komunikasi/*	data	*pengurusan*
	perhubungan	management	*data*
communication	*sistem*	data	*sistem*
system	*komunikasi*	management	*pengurusan*
compatibility	*keserasian*	system	*data*
compiler	*pengkomplikasi*	data network	*rangkaian data*
computer	*komputer*	data processing	*pemprosesan*
computer-aided	*reka bentuk*		*data*
design	*bantuan*	data retrieval	*dapatan kembali*
	komputer		*data*
computer-	*pembelajaran*	data	*penghantaran*
assisted	*bantuan*	transmission	*data*
learning	*komputer*	datum	*datum*
computer-based	*pembelajaran*	deadlock	*buntu*

debugging	*penyahpepijatan*	drag	*seret*
decoder	*penyahkod*	drag-and-drop	*seret dan lepas*
decoding	*penyahkodan*	driver	*pemacu*
delete	*hapus*	drop-down menu	*menu ke bawah*
deletion	*penghapusan*		
density	*ketumpatan*	drop-in	*tambahan*
desktop	*desktop; komputer meja*	drop-out	*ciciran*
		dual	*duaan*
desktop computer	*komputer meja*	DVD (digital video disk)	*DVD (cakera video digital)*
desktop publishing (DTP)	*penerbitan atas meja (DTP)*	eBay	*eBay (laman web di Internet yang menawarkan khidmat jualan lelong)*
dial-up connection	*sambungan dail*		
dial-up network	*rangkaian dail*	e-cash	*e-tunai*
dialogue box	*kotak dialog*	editor	*editor/ penyunting*
digital	*digital*		
digital signal	*isyarat digital*	email	*e-mel*
direct data entry	*pemasukan data langsung*	enable	*membolehkan*
		error	*ralat*
directory	*direktori*	error message	*mesej/maklumat ralat*
disable	*melumpuh*		
disc	*cakera*	execute	*laksana*
disk	*cakera*	facsimile	*faksimile*
disk drive	*pemacu cakera*	failure	*kegagalan*
diskette	*disket*	favourite	*kegemaran*
diskette drive	*pemacu disket*	fiber optics	*optik gentian*
disk file	*fail cakera*	file directory	*direktori fail*
disk format	*format cakera*	file maintenance	*penyenggaraan fail*
display	*paparan*		
documentation	*dokumentasi*	file management	*pengurusan fail*
domain	*domain*	file management system	*sistem pengurusan fail*
DOS (disk operating system)	*sistem pengoperasian cakera (DOS)*		
		file protection	*perlindungan fail*
dot-com	*dot com (merujuk kepada syarikat yang menjalankan perniagaan melalui Internet)*	file recovery	*pemulihan fail*
		file server	*pelayan fail*
		file transfer	*pemindahan fail*
		file updating	*pengemaskinian fail*
double-click	*klik dua kali*	filter	*penapis*
dot matrik printer	*pencetak matriks bintik*	firewall	*tembok api*
		flat screen	*skrin leper*
download	*muat turun*	floppy disk (diskette)	*cakera liut (disket)*

floppy-disk drive	*pemacu cakera liut*	inbox	*peti masuk*
flowchart	*carta alir*	index	*indeks*
folder	*folder*	indexing	*pengindeksan*
font	*fon*	indicator	*penunjuk*
format	*format*	inference	*inferens*
frame	*kerangka*	information	*maklumat*
frequency	*frekuensi*	information storage and retrieval	*storan dan dapatan kembali maklumat*
function	*fungsi*		
function key	*kekunci fungsi*		
giga-	*giga-*	information system	*sistem maklumat*
gigabyte	*gigabait*		
global	*sejagat*	information technology	*teknologi maklumat*
globalization	*globalisasi*		
hacker	*penceroboh; penggodam*	ink jet printer	*pencetak pancut dakwat*
hand set	*set tangan; gagang telefon*	intranet	*intranet*
		input	*input*
hands-free	*bebas tangan*	insert	*selit/sisip*
handphone	*telefon bimbit*	interactive	*interaktif*
hard copy	*salinan cetak*	interface	*antara muka*
hard disk	*cakera keras*	Internet	*Internet*
hardware	*perkakasan*	internetworking	*saling perangkaian*
hash sign	*tanda hash (#)*		
help	*bantuan*	IP (Internet protocol)	*IP (protokol Internet)*
hit rate	*kadar kena*		
home page	*hompej; laman*	ISO (International Organization for Standardization)	*ISO (Pertubuhan Antarabangsa bagi Pempiawaian)*
HTML (Hypertext Markup Language)	*HTML (Bahasa Tandaan Hiperteks)*		
HTTP (Hypertext Transfer Protocol)	*HTTP (Protokol Pindah Hiperteks)*	ISP (instruction set processor)	*ISP (pemproses set arahan)*
		IT (information technology)	*IT (teknologi maklumat)*
hybrid computer	*komputer hibrid*	job	*kerja; tugasan*
hypercard	*hiperkad*	job file	*fail kerja/ tugasan*
hyperlink	*hipersambung*		
hypertext	*hiperteks*	joystick	*kayu bedik*
icon	*ikon*	junk mail	*mel sampah; mel remeh*
ICT (information and communication technology)	*ICT (teknologi maklumat dan komunikasi)*		
		keyboard	*papan kekunci*
		keyword	*kata kunci*
ID card	*kad pengenalan*	kilobyte	*kilobait*
image	*imej*	LAN (local area network)	*LAN (rangkaian kawasan setempat)*
import	*import*		

laptop	*komputer riba*	microprogram-	*mikropengatur-*
laser	*laser*	ming	*caraan*
laser printer	*pencetak laser*	milli-	*mili-*
LCD (liquid-	*LCD (paparan*	minicomputer	*minikomputer*
crystal display)	*hablur cecair)*	mode	*mod*
LED display	*paparan LED*	modem	*modem*
(light-emitting	*(diod pemancar*	monitor	*monitor*
diode)	*cahaya)*	mother board	*papan induk*
letter	*huruf*	mouse	*tetikus*
level	*tahap*	MP3	*MP3*
light-emitting	*diod pemancar*	MP3 player	*pemain MP3*
diode (LED)	*cahaya (LED)*	MPEG (moving	*MPEG*
light pen	*pen cahaya*	picture expert	*(kumpulan*
link	*paut; pautan*	group)	*pakar gambar*
linkage	*pautan*		*bergerak)*
liquid-crystal	*paparan hablur*	multimedia	*multimedia*
display (LCD)	*cecair (LCD)*	multiprocessor	*multipemproses*
list	*senarai*	nano-	*nano-*
logic	*logik*	narrowband	*jalur sempit*
logoff (logout)	*log keluar*	Net surfer	*pelayar Net*
login (logon)	*log masuk*		*(Internet); kutu*
machine	*mesin*		*Internet*
macro	*makro*	network	*jaringan*
magnetic card	*kad magnet*	newsgroup	*kumpulan berita*
magnetic disk	*cakera magnet*	offline	*luar talian*
magnetic stripe	*jalur magnet*	online	*dalam talian*
magnetic tape	*pita magnet*	on-screen menu	*menu pada skrin*
mainframe	*kerangka utama*	operation	*operasi*
main memory	*ingatan utama*	operator	*pengoperasi*
main menu	*menu utama*	output	*output*
main programme	*program utama*	overwrite	*tulis ganti*
main storage	*storan utama*	palm-top	*komputer*
malfunction	*kepincangan*		*telapak/tatang*
	tugas	passband	*laluan jalur*
marker	*penanda*	password	*kata laluan*
master file	*fail induk*	personal	*komputer*
mastering	*perindukan*	computer (PC)	*peribadi (PC)*
master tape	*pita induk*	phase	*fasa*
matrix	*matriks*	pin or PIN	*pin atau PIN*
mega-	*mega-*	(personal	*(nombor*
megabyte	*megabait*	identification	*pengenalan*
memory	*ingatan*	number)	*peribadi)*
menu	*menu*	pixel	*piksel*
message	*mesej*	plasma display	*paparan plasma*
micro	*mikro*	pop-out menu	*menu pop*
microcomputer	*mikrokomputer*		*timbul*
microprocessor	*mikropemproses*	pop-up menu	*menu muncul*

pop-up program	*aturcara pop keluar*	retry	*cuba semula*
		ringtone	*nada dering*
port	*port*	running	*sedang berjalan*
portable	*mudah alih*	run time	*masa jalanan*
print menu	*menu cetak*	save	*simpan*
printer	*pencetak*	scan	*skan; imbas*
printer format	*format pencetak*	scanner	*pengimbas*
printout	*cetakan*	screen	*skrin*
print quality	*mutu cetakan*	scroll	*menskrol*
processor	*pemproses*	scroll bar	*bar skrol*
program	*program*	semiconductor	*semi konduktor*
programmer	*pengatur cara*	search engine	*enjin gelintar*
programming	*mengatur cara*	server	*pelayan*
protocol	*protokol*	signal	*isyarat*
prototype	*prototaip*	sign off	*rakam keluar*
proxy	*proksi*	sign on	*rakam masuk*
pull-down menu	*menu tarik turun*	simulator	*pensimulasi; penyelakuan*
pushdown stack, pushdown list	*tindanan tolak turun, senarai tolak turun*	SIM card (subscriber identification module card)	*kad SIM (kad modul pengenalan pelanggan)*
pushup stack, pushup list	*tindanan tolak naik, senarai tolak naik*	smart card	*kad pintar*
		SMS (short message service)	*SMS (khidmat pesanan ringkas)*
random-access memory (RAM)	*ingatan capaian rawak (RAM)*	soft copy	*salinan lembut*
raw data	*data mentah*	software	*perisian*
read-only memory (ROM)	*ingatan baca sahaja (ROM)*	software engineering	*kejuruteraan perisian*
		software tool	*alat perisian*
reality TV	*TV realiti*	space bar	*bar ruang*
real-time clock	*jam masa nyata*	spellcheck	*semak ejaan*
real-time system	*sistem masa nyata*	spool	*gelendong; kili*
		spreadsheet	*lembaran hamparan*
reboot	*but semula; memulakan semula*	storage	*storan*
		stream	*strim*
recovery data	*data pemulihan*	supercomputer	*superkomputer*
refresh	*segar semula*	super-impose	*menindan*
register	*daftar*	surfing	*melayari*
remote	*jauh*	tab (tabulate or tabulation character)	*tab (menjadualkan atau aksara penjadualan)*
remote login	*log masuk jauh*		
rerun	*jalan semula*		
reset	*set semula*		
restart	*mula semula*	tag	*tag*
restore	*simpan semula*	teleconferencing	*telepersidangan*

teletex	*teleteks*	videotext	*videoteks*
TELNET	*TELNET*	virtual	*sambungan*
(teletype	*(rangkaian*	connection	*maya*
network)	*teletaip)*	virtual machine	*mesin maya*
template	*templat*	virtual memory	*ingatan maya*
terminal	*terminal*	virtual terminal	*terminal maya*
test run	*jalanan ujian*	virus	*virus*
text editor	*penyunting teks*	visual display	*unit paparan*
text message	*pesanan teks*	unit	*visual*
thrashing	*hentaman*	voiceband	*jalur suara*
threading	*untaian*	voice-mail	*mel suara*
thumb-drive	*pemacu kenit*	volume	*isi padu*
timeout	*tamat masa*	wait list	*senarai tunggu*
tool	*alat*	WAN (wide	*WAN*
toolbox	*kotak alat*	area network)	*(rangkaian*
trouble shooting	*penyelesaian*		*kawasan luas)*
	masalah	WAP (wireless	*WAP (protokol*
underscore	*menggaris*	application	*aplikasi*
	bawah	protocol)	*wayarles)*
unlock	*nyahkunci*	webcam	*webcam*
updating	*pengemaskinian*	weblog	*weblog*
upline	*ke atas talian*	webmaster	*pentadbir web*
upload	*muat naik*	web page	*laman web*
uptime	*masa hidup*	website	*tapak web*
universal/uniform	*pelokasi sumber*	wide band	*jalur lebar*
resource locator	*seragam (URL)*	window	*tetingkap*
(URL)		windowing	*peningkapan*
user area	*kawasan*	(scissoring)	*(pengguntingan)*
	pengguna	wired-program	*komputer*
user-friendly	*mesra pengguna*	computer	*aturcara*
user interface	*antara muka*		*terdawai*
(UI)	*pengguna (UI)*	word processor	*pemproses*
user manual (user	*manual*		*perkataan*
guide)	*pengguna*	word size	*saiz kata*
	(panduan	work area	*kawasan kerja*
	pengguna)	work function	*fungsi kerja*
username	*nama pengguna*	workspace	*ruang kerja*
validity check	*semakan sah*	workstation	*stesen kerja*
	sahih	wrap around	*pusing balik*
videoconferencing	*persidangan*	WWW (World	*WWW (Jaringan*
	video	Wide Web)	*Sejagat)*
videodisk	*cakera video*	zero function	*fungsi sifar*
video terminal	*terminal video*		

Bahasa Malaysia–Bahasa Inggeris

A

abad *k.n.* century; period of 100 years.

abadi *adj.* endless; without end; continual; existing always; unchanging, eternal; living forever, not mortal; famous for all time, immortal. **meng-abadikan** *k.k.* immortalize; make immortal.

abah *k.n.* dad (*colloq.*); daddy (children's use), father.

abah-abah *k.n.* harness; straps and fastenings by which a horse is controlled; similar fastenings.

abai *k.k.* neglect; pay insufficient or no attention to; fail to take proper care of; omit (to do something); leave out; not include; leave undone. **meng-abaikan** *k.k.* disregard.

abaka *k.n.* a fibrous plant (tree) whose fibre can be woven into a rope.

abang¹ *k.n.* elder brother.

abang² *k.n.* term of endearment to address husband.

ABC *k.n.* ABC; the alphabet; an alphabetical guide.

abdi *k.n.* slave; person who is the property of another and is obliged to work for him; victim of or to a dominating influence; drudge; servant.

abdomen *k.n.* abdomen; part of the body containing the digestive organs; stomach.

abid *k.n.* devout person.

abjad *k.n.* alphabet; letters used in writing a language. **mengabjadkan** *k.k.* alphabetize; put into alphabetical order.

abnormal *adj.* abnormal; not customary; unusual; unnatural; strange; weird; rather crazy; mad.

abses *k.n.* abscess; swelling containing pus formed in the body.

abstrak *adj.* abstract; having no material existence; theoretical; (of art) not representing things pictorially. — *k.n.* abstract quality or idea; summary; piece of abstract art; synopsis.

abu *k.n.* ash; powder that remains after something has burnt.

abu-abu *adj.* grey; of the colour between black and white; blur; indistinct appearance.

abuk *k.n.* dust; fine particles of earth or other matter. **berabuk** *k.k.* dusty; covered with dust.

acah *k.k.* attempt; tease; try to provoke in a playful or annoying way.

acap *kkt.* often; many times, at short intervals; in many instances; frequently.

acar *k.n.* piccalilli; pickle of chopped vegetables and hot spices.

acara *k.n.* event; item in a sports programme.

acu¹ *k.k.* point at; direct at; aim at.

acu² *k.k.* test by putting on or trying.

acuan *k.n.* mould; hollow container into which a liquid substance is poured to set or cool in a desired shape; die; device that stamps a design or that cuts or moulds material into shape; matrix.

acuh *k.k.* care; heed; mind. **mengacuhkan** *k.k.* pay heed to; take an interest in.

acum *k.k.* provoke; make angry; rouse to action; incite; stir up; instigate; urge on to action; egg on to do something foolish or risky.

ada¹ *k.k.* have; possess; contain; cause to be or do or be done. **sedia ada** *adj.* inherent; present; being in the place in question; existing.

ada² *k.k.* exist; have place as part of what is real; occur in specified conditions; continue living.

adab, beradab *adj.* civil; polite; courteous; well-mannered. **memperadabkan** *k.k.* civilize; cause to improve from a primitive to a developed society; improve the behaviour of.

Adam *k.n. Nabi Adam* the first human being whom God expelled from Heaven for the purpose of procreation.

adang¹ *k.n.* screen; upright structure used to conceal or protect something or divide a room; anything serving a similar purpose; barrier.

adang² *k.k.* block; prevent; stop; obstruct; hinder the movement or progress of.

adap, mengadap *k.k.* meet; face.

adas *k.n.* fennel; fragrant herb.

adat *k.n.* custom; usual way of behaving or acting; convention; tradition. **beradat** *k.k.* customary; traditional; polite; courteous.

adegan *k.n.* scene; part of continuous action in a play or film; part; episode.

adhesi *k.n.* adhesion; the molecular attraction between two different elements.

adik *k.n.* younger brother or sister.

adikong *k.n.* aide-de-camp (pl. *aides-de-camp*); officer assisting a senior officer.

adil *adj.* fair; just; impartial; giving proper consideration to the claims of all concerned; deserved. **mengadili** *k.k.* judge; try (a case) in a law court; act as judge.

adinda *k.n.* (used by royalty or in letter-writing) younger brother or sister; wife.

adjektif *k.n.* adjective; word adding information about a noun.

adjuster *k.n.* insurance estimator; engine aligner.

Admiralti *k.n.* Admiralty; department responsible for the navy.

adrenal *k.n.* adrenal; relating to the adrenal glands.

adrenalin *k.n.* adrenalin; stimulant hormone produced by the adrenal glands.

adu, mengadu *k.k.* complain; express dissatisfaction; state that one is suffering from pain, etc.

aduan *k.n.* complaint; statement that one is dissatisfied.

aduh *sr.* ouch; exclamation of pain.

aduhai *sr.* alas; exclamation of sadness.

aduk *k.k.* mix; put (different things) together so that they are no longer distinct; prepare by doing this; combine; blend; stir.

adun[1], **mengadun** *k.k.* press and stretch (dough) with the hands; knead.

adun[2] *k.k.* adorn; decorate with ornaments; trim; dress up.

adunan *k.n.* dough; thick mixture of flour, etc. and liquid, for baking; batter; beaten mixture of flour, eggs, and milk for cooking.

aedes *k.n.* aedes; type of mosquito that spreads dengue fever.

aerial[1] *adj.* aerial; of or like air; existing or moving in the air; by or from aircraft.

aerial[2] *k.n.* aerial; wire or rod for transmitting or receiving radio waves.

aerobatik *k.n.* aerobatics; spectacular feats by aircraft in flight.

aerobik *k.n.* aerobics; type of physical exercise to strengthen the heart, lungs as well as improve breathing (usually dance-like moves); **beraerobik** *k.k.* perform aerobic exercise.

aerodinamik *adj.* aerodynamic; of the interaction between air-flow and the movement of solid bodies through air.

aerosol *k.n.* aerosol; container holding a substance sealed into it under pressure for release as a fine spray; its contents.

afdal *adj.* the best; of highest value in terms of God's acceptance (of one's religious duties).

afiat *adj.* healthy; in good health; well; cured.

afid *k.n.* aphid (pl. *-ides*) aphis; small insect destructive to plants.

afidavit *k.n.* affidavit; written statement sworn on oath to be true.

afirmatif *adj.* & *k.n.* affirmative; saying 'yes'.

Afrika *k.n.* Africa. —*adj.* African; of Africa. **orang Afrika** *k.n.* African (esp. dark-skinned) person.

afrit *k.n.* evil genie.

agak *k.n.* guess; form an opinion or state without definite knowledge or estimate without measuring; presume; (*U.S.*) suppose. **agak-agak, teragak-agak** *k.k.* falter; hesitate; act without certainty.

agam *adj.* infinite; immense; continuous; endless.

agama *k.n.* religion; belief in the existence of a superhuman controlling power, usu. expressed in worship.

agar *k.h.* so; so that.

agar-agar *k.n.* jelly; soft solid food made of liquid set with gelatine; substance of similar consistency.

agas *k.n.* gnat; small biting fly; midge; small biting insect; sandfly.

agen *k.n.* agent; thing producing an effect; person who provides a particular service.

agenda *k.n.* agenda; list of things to be dealt with, esp. at a meeting.

agensi *k.n.* agency; business or office of an agent; means by which something is done.

agih *k.k.* distribute; divide and share out; dole out; parcel; divide into portions. **mengagihkan** *k.k.* dispense; distribute; deal out; prepare and give out (medicine etc.).

agorafobia *k.n.* agoraphobia; abnormal fear of open spaces.

agregat *k.n.* aggregate; total; a whole formed by combining several elements.

agresif *adj.* aggressive; showing aggression; forceful; hostile.

aguk *k.n.* pendant; ornament hung from a chain round the neck.

agung *adj.* majestic; stately and dignified, imposing; supreme; highest in authority, rank, importance, or quality. **mengagungkan** *k.k.* idolize; treat with adoration; glorify; praise highly; worship; make (a thing) seem grander than it is.

ah, aha *sr.* ah, aha; exclamations of surprise, triumph, etc.

Ahad *k.n.* Sunday; first day of the week.

ahli[1] *k.n.* member; person or thing belonging to a particular group or society. **ahli perubatan** *k.n.* physician; doctor, esp. one specializing in medicine as distinct from surgery. **ahli majlis undangan** *k.n.* member of legislature. **Ahli Parlimen** *k.n.* Member of Parliament; constituency's elected representative in the House of Commons.

ahli[2] *k.n.* expert; person with great knowledge or skill in a particular field; specialist; expert in a particular branch of a subject.

aib[1] *adj.* disreputable; ashamed; not respectable.

aib[2] *k.n.* blemish; flaw or defect that spoils the perfection of a thing; disgrace; shame; loss of favour or respect; thing causing this. **mengaibkan** *k.k.* degrade; spoil with a blemish; bring disgrace or humiliation on; shame.

Aidiladha *k.n.* Hari Raya Aidiladha, major Muslim celebration that falls on 10 Zulhijah; Hari Raya Haji; Hari Raya Korban.

Aidilfitri *k.n.* Hari Raya Aidilfitri, Muslim celebration that falls on 1 Syawal (at the end of a one-month fasting period); Hari Raya Puasa.

AIDS *k.n.* acquired immune deficiency syndrome, a condition developing after infection with the HIV virus, breaking down a person's natural defences against illness.

air *k.n.* water; colourless, odourless, tasteless liquid that is a compound of hydrogen and oxygen; this as supplied for domestic use. **air mati** *k.n.* backwater; stretch of stagnant water on a river; boiled, cooled water. **mengairi** *k.k.* irrigate; supply (land) with water by streams, pipes, etc.

ais *k.n.* ice; frozen water, brittle trans-

parent solid; portion of ice-cream. **hoki ais** *k.n.* ice hockey; game like hockey played on ice by skaters. **jurai ais** *k.n.* icicle; hanging ice formed when dripping water freezes. **ais loli** *k.n.* ice lolly; water-ice or ice-cream on a stick. **ais manis** *k.n.* sorbet; flavoured water-ice.

aisberg *k.n.* iceberg; large mass of ice floating in the sea.

aising *k.n.* icing; mixture of powdered sugar, etc. used to decorate cakes.

aiskrim *k.n.* ice-cream; sweet creamy frozen dessert.

ajaib *adj.* strange; baffling, impossible to understand or interpret; miraculous.

ajak *k.k. see* **undang**.

ajal *k.n.* doom; grim fate; death or ruin.

ajar, mengajar *k.k.* teach (p.t. *taught*); impart information or skill to (a person) or about (a subject); put forward as a fact or principle; (*colloq.*) deter by punishment; instruct; give instruction to (a person) in a subject or skill. **kurang ajar** *adj.* ill-mannered; shameless; insolence. **ajaran** *k.n.* teaching; advice; doctrine; principles of a religious, political or other group.

aju, mengajukan *k.k.* raise (a question) for discussion; to propose.

ajuk, mengajuk *k.k.* mock; make fun of by imitating; jeer; mimic; imitate mockingly. **ajukan** *k.n.* mockery; mocking; ridicule; absurd or unsatisfactory imitation.

ajutan *k.n.* adjutant; army officer assisting in administrative work.

akad *k.n.* promise; declaration that one will give or do a certain thing; a formal agreement. **akad nikah** *k.n.* marriage contract. **berakad** *k.k.* make a promise; vow; swear.

akademi *k.n.* academy; school, esp. for specialized training. **ahli akademi** *k.n.* academician; member of an Academy. **Akademi** *k.n.* Academy; a society of scholars or artists.

akademik *adj.* academic; of education or study; of a college or university; scholarly; of theoretical interest only. —*k.n.* academic person.

akal *k.n.* mind; ability to think and reason; a person's attention, remembrance, intention, or opinion; intelligence; sense.

akal, mengakali *k.k.* think up a plan; deceive.

akan *k.b.* will; shall; used to express promises or obligations.

akar *k.n.* root; part of plant that attaches it to the earth and absorbs water and nourishment from the soil; embedded part of hair, tooth, etc.; source, basis; language-element from which words have been made. **berakar** *k.k.* take root; having roots; become established.

akasia *k.n.* acacia; a kind of flowering tree or shrub.

akaun *k.n.* account; statement of money paid or owed; credit arrangement with a bank or firm.

akauntan *k.n.* accountant; person who keeps or inspects business accounts.

akbar *adj.* almighty; greatest; supreme (used in praises to Allah).

akhbar *k.n.* paper; newspaper. **penjual akhbar** *k.n.* newsagent; shopkeeper who sells newspapers.

akhir *adj.* final; at the end, coming last; concluding. **peperiksaan akhir tahun** *k.n.* final examinations. **akhirnya** *kkt.* finally.

akhirat *k.n.* endless period of life after death; the next world.

akhlak *k.n. see* **kelakuan.**

aki *k.n.* father of one's mother (father); grandfather.

akibat[1] *adj.* consequent; resulting; consequential.

akibat[2] *k.n.* consequence; result. **berakibat** *k.k.* ensue; resulted in; ended with; happen afterwards or as a result. **mengakibatkan** *k.k.* cost (p.t. *cost*); involve the sacrifice or loss of; caused.

akidah *k.n.* belief; faith.

akik *k.n.* agate; hard stone with patches or bands of colour.

akil *adj.* intelligent; mature. **akil baligh** *k.n.* puberty; age in Islam at which one is considered an adult (usu. 12 years for girls, 18 years for boys).

akne *k.n.* acne; pimples.

akon *k.n.* acorn; oval nut of the oak-tree.

akonit *k.n.* aconite; plant with a poisonous root.

akordion *k.n.* accordion; portable musical instrument with bellows and a keyboard.

akrab *adj.* close (of relationship); dear to each other; intimate; closely acquainted.

akrilik *adj. & k.n.* acrylic; (synthetic fibre) made from an organic substance.

akrobat *k.n.* acrobat; performer of acrobatics.

akrobatik *adj.* acrobatic; involving spectacular gymnastic feats.

akronim *k.n.* acronym; word formed from the initial letters of other words.

akropolis *k.n.* acropolis; fortress of an ancient Greek city.

akrostik *k.n.* acrostic; poem, etc. in which certain letters in each line form word(s).

akru *k.k.* accrue; accumulate.

akruan *k.n.* accrual.

aksesori *k.n.* accessory; an extra piece of equipment that is used as a decoration.

aksi *k.n.* action; process of doing something; thing done; movement; behaviour; way of behaving; manner; style. **beraksi** *k.k.* act; play the part of; be an actor; perform actions.

aksil *k.n.* axil; angle where a leaf joins a stem.

aksiom *k.n.* axiom; accepted general truth or principle.

akta *k.n.* act; law made by parliament.

aktif *adj.* active; doing things; energetic; in operation. **mengaktifkan** *k.k.* activate; make active.

aktivis *k.n.* activist; person who is actively and aggressively involved in an activity, movement or fight.

aktiviti *k.n.* activity; being active; action; occupation.

aktor *k.n.* actor; a man who stars in a film (television, radio); a person who has a role in an incident/event; doer.

aktres *k.n.* actress; a woman who stars in a film (television, radio).

aktuari *k.n.* actuary; insurance expert who calculates risks and premiums.

aku *k.n.* I; person speaking or writing and referring to himself; me; objective case of *I*; myself; emphatic and reflexive form of *I* and *me*. **akui, mengaku, mengakui** *k.k.* confess; acknowledge, admit; declare one's sins; concede; admit to be true; grant (a privilege, etc.); admit defeat in (a contest); certify; declare formally, show on a certificate or other document.

akua *k.n.* aqua; water or an aqueous solution.

akuakultur *k.n.* aquaculture; the rearing of water organisms (animals or plants) for human consumption.

akuamarin *k.n.* aquamarine; bluish-green precious stone; its colour.

akuarium *k.n.* aquarium; a water-filled glass; tank for keeping living

fish, etc; building containing such tanks.

akuatik *adj.* aquatic; living in or on water; taking place in or on water.

akueduk *k.n.* aqueduct; artificial channel on a raised structure, carrying water across country.

akumulator *k.n.* accumulator; rechargeable electric battery.

akupunktur *k.n.* acupuncture; inserting needles in parts of the body to relieve pain, etc. **ahli akupunktur** *k.n.* acupuncturist.

akur, mengakuri *k.k.* agree; consent; approve as correct or acceptable; hold or reach a similar opinion; get on well together; be consistent.

akusaksi *k.k.* attest; provide proof of; declare true or genuine; certify.

akusatif *k.n.* accusative; grammatical case indicating the object of an action.

akut *adj.* acute; severe; appearing suddenly and progressing quickly.

ala *k.s.n.* as; like. **ala kadar** *kkt.* according to one's ability or willingness.

alabangka *k.n.* crowbar; bar of iron with a bent end, used as a lever.

alabaster *k.n.* alabaster; translucent *usu.* white form of gypsum.

alah¹ *k.k.* to be defeated; to lose; fail to win a game, a race, etc. **beralah, mengalah** *k.k.* give in; concede; yield.

alah² *adj.* allergic; having or caused by an allergy. **alahan** *k.n.* allergy; condition causing an unfavourable reaction to certain foods, pollens, etc.

alam¹ *k.n.* nature; world; universe; physical power producing these.

alam², berpengalaman *k.k.* experienced; having knowledge or skill gained by much experience. **mengalami** *k.k.* feel or have an experience of; undergo.

alamat¹ *k.n.* address; particulars of where a person lives or where mail should be delivered. **mengalamatkan** *k.k.* write the address of.

alamat² *k.n.* sign; promise; signal; indication of what will occur or will result. **mengalamatkan** *k.k.* bode; be a sign of; promise.

alamiah *adj.* natural; inborn.

alan, alan-alan *k.n.* buffoon; person who plays the fool.

alang *k.n.* beam; long piece of timber or metal carrying the weight of part of a house, etc.

alas *k.n.* base; part on which a thing rests or is supported; foundation; stand; cover; thing that covers. **alas meja** *k.n.* table-cloth. **alasan** *k.n.* excuse; to justify a fault or failure, etc.

alat *k.n.* appliance; device; instrument; tool; thing made or used for a purpose.

alat tulis *k.n.* stationery; writing-paper, envelopes, labels, etc. **pembekal alat tulis** *k.n.* stationer; dealer in stationery.

albatros *k.n.* albatross; sea-bird with long wings.

album *k.n.* album; blank book for holding photographs, postage-stamps, etc.; set of recording issued as a single item; holder for these.

albumen *k.n.* albumen; egg white.

alegori *k.n.* allegory; story with an underlying meaning.

alergi *k.n.* allergy; sensitivity towards something (food, medication, etc.) that has a negative effect on one's health.

alfa *k.n.* alpha; first letter of the Greek alphabet, = α.

alfabet *k.n.* alphabet; a set of letters or symbols used for writing a language.

alfalfa *k.n.* alfalfa; a plant whose leaves are used as livestock feed.

alga *k.n.* alga; water plant with no true stems or leaves.

algebra *k.n.* algebra; branch of mathematics using letters, etc. to represent quantities.

algojo *k.n.* hangman; man whose job is to hang persons condemned to death.

algoritma *k.n.* algorithm; a step by step procedure for calculation (esp. computer-related).

alhamdulillah *ung.* (expression) 'All praise to Allah'.

alias *k.n.* alias; false name.

alibi *k.n.* alibi; evidence that a person was elsewhere when a crime was committed.

aligator *k.n.* alligator; reptile of the crocodile family.

alih, mengalih *k.k.* move; displace; shift from its place; take the place of; replace; oust.

alih suara *k.k.* dub (p.t. *dubbed*); replace the sound-track of (a film) in another language.

alim *adj.* pious; devout in religion; virtuous; learned.

alir, mengalir *k.k.* emit a stream of; run with liquid; float or wave at full length; flow; glide along as a stream. **mengalirkan** *k.k.* direct; channel; conduct; transmit (heat, electricity, etc.). **aliran** *k.n.* flow; stream; body of water flowing in its bed; flow of liquid or things or people; current (of water, air, etc.); (in certain schools) section into which children of the same level of ability are placed; flowing movement or mass; amount flowing. **aliran keluar** *k.n.* outflow; outward flow. **aliran masuk** *k.n.* inflow; inward flow.

alis *k.n. see* **kening**.

aliterasi *k.n.* alliteration; occurrence of the same sound at the start of adjacent words.

aljabar *k.n.* algebra.

alkali *k.n.* alkali (pl. *-is*); any of a class of substances that neutralize acids.

alkimia *k.n.* alchemy; medieval form of chemistry, seeking to turn other metals into gold. **ahli alkimia** *k.n.* alchemist.

alkohol *k.n.* alcohol; colourless inflammable liquid; intoxicant present in wine, beer, etc.; compound of this type.

alkoholik *adj. & k.n.* alcoholic; of or containing alcohol; person addicted to drinking of alcohol.

alkoholisme *k.n.* alcoholism.

Allah *k.n.* Allah; Muslim name of God.

Allahyarham *k.n.* one who is blessed by Allah; title that comes before a deceased Muslim man's name; the deceased (for a Muslim man).

Allahyarhamah *k.n.* one who is blessed by Allah (for a deceased woman); the deceased (for a Muslim woman).

almanak *k.n.* almanac; calendar with astronomical or other data.

almari *k.n.* cupboard; recess or piece of furniture with a door, in which things may be stored.

Almarhum *k.n.* title; term used for a deceased Muslim man.

aloi *k.n.* alloy; mixture of metals.

alp *k.n.* alpine; of high mountains. *—k.n.* plant growing on mountains or rock gardens.

alpa *adj.* careless; negligent; not paying sufficient attention to; thoughtless.

Alpine *k.n.* Alpine; of the Alps.

alpukat *k.n.* avocado (pl. *-os*); pear-shaped tropical fruit.

al-Quran *k.n.* the Koran; holy book for Muslims.

Alsatian *k.n.* Alsatian; large, strong, smooth-haired dog.

alternatif *adj. & k.n.* alternative; (thing that is) one of two or more possibilities; choice; option.

altimeter *k.n.* altimeter; instrument (esp. in an aircraft) showing altitude.

altitud *k.n.* altitude; height above sea level or above the horizon.

alto *k.n.* alto (pl. *-os*); highest adult male voice; contralto; musical instrument with the second highest pitch in its group.

altruisme *k.n.* altruism; unselfishness.

alu *k.n.* pestle; club-shaped instrument for pounding things to powder; pounder; = **antan**.

aluminium *k.n.* aluminium; lightweight silvery metal.

alun *k.n.* billow; great wave; ground swell; slow heavy waves. **beralun** *k.k.* billowy.

alur *k.n.* furrow; long cut in the ground; groove; long narrow channel. **membuat alur** *k.k.* make furrows in.

aluvium *k.n.* soil that is formed through the sedimentation process.

am *k.n. see* **umum**.

amah *k.n.* housekeeper; woman employed to look after a household; maid.

amal, amalan *k.n.* practice; action as opposed to theory; habit; custom; charity; loving kindness. **badan amal** *k.n.* institution or fund for helping the needy, help so given; charity. **mengamalkan** *k.k.* practise; do; do habitually.

amalgam *k.n.* amalgam; alloy of mercury; soft pliable mixture.

amali *adj.* practical; connected with real situations rather than with ideas or theories.

aman *adj.* peaceful; calm. **mengamankan** *k.k.* pacify; calm and soothe; establish peace in; appease.

amanah *k.n.* trust; property legally entrusted to someone with instructions for its use. **mengamanahkan** *k.k.* entrust; give as a responsibility; place in a person's care.

amanat[1] *k.n.* trust; message; mandate. **mengamanatkan** *k.k.* entrust; advise.

amanat[2] *k.n.* will; written instructions made by a person for disposal of his property after his death.

amang *k.n.* tin dregs; residue left after tin ore is filtered.

amaran *k.n.* warning; thing that serves to warn a person.

amat *k.k.* very; in a high degree, extremely. **amat, mengamati** *k.k.* observe or inspect carefully; become aware of, see or notice.

amatur[1] *adj.* amateurish; lacking professional skill; unskilful.

amatur[2] *k.n.* amateur; person who does something as a pastime not as a profession.

amaun *k.n.* amount; total of anything; quantity.

ambal *k.n.* rug; carpet; fabric covering a floor; mat.

ambang *k.n.* lintel; horizontal timber or stone over a doorway, etc.

ambar *k.n.* amber; hardened brownish-yellow resin; its colour.

ambil *k.k.* take (p.t. *took*. p.p. *taken*); lay hold of; get possession of. **ambil bekerja** employ; give work to; use the services of. **ambil milik** annex; take possession of; add as a subordinate part. **lampau ambil** overdraw (p.t. *-drew*; p.p. *-drawn*); draw more from (a bank account) than the amount credited.

ambulans *k.n.* ambulance; vehicle equipped to carry sick or injured persons.

ameba *k.n.* amoeba (pl. *-bae* or *-bas*); simple microscopic organism that changes its shape constantly.

Amerika *k.n.* American; of America; of the U.S.A.; American person; form of English used in the U.S.A.

ametis *k.n.* amethyst; purple or violet precious stone; its colour.

amfetamina *k.n.* amphetamine; stimulant drug.

amfibia *adj.* amphibious; able to live or operate both on land and in water; using both sea and land forces. —*k.n.* amphibian; amphibious animal or vehicle.

amfiteater *k.n.* amphitheatre; round or oval unroofed building with rows of seats that rise in steps around an open space (used in staging entertaining events).

amil *k.n.* person who is worthy of receiving a Muslim tithe; person who is authorized to collect the Muslim tithes.

amin *adv.* amen; so be it (uttered at the end of a prayer); normally used to end a prayer. **mengamin, mengaminkan** *k.k.* assent to/end a prayer.

amino *k.n.* amino; consisting -NH₂ atom group. **asid amino** *k.n.* amino acid; any of the substances which combine to form protein.

amir *k.n.* emir; Muslim ruler.

ammonia *k.n.* ammonia; strong-smelling gas; solution of this in water.

amnesia *k.n.* amnesia; loss of memory.

amp *k.n.* amp (*colloq.*); ampere; amplifier.

ampai *k.k.* hang out (clothes, etc.) to dry; suspend.

ampere *k.n.* ampere; unit of electric current.

amphetamina *k.n.* amphetamine; stimulant drug.

amplifier *k.n.* equipment used to make sound or radio signals louder.

amplitud *k.n.* amplitude; breadth; abundance; great size or extent.

ampu, mengampu *k.k.* ingratiate; bring (oneself) into a person's favour, esp. to gain advantage; support.

ampuh *adj.* effective; powerful. **keampuhan** *k.n.* power; effectiveness.

ampul *k.n.* ampoule; small sealed container holding liquid for injection.

ampun, pengampunan *k.n.* pardon; forgiveness; amnesty; general pardon. **mengampuni, mengampunkan** *k.k.* pardon; forgive (p.t. *forgave*, p.p. *forgiven*); cease to feel angry or bitter towards or about; absolve; clear of blame or guilt.

amuk *k.k* amok; be out of control and do much damage.

anagram *k.n.* anagram; word formed from the rearranged letters of another.

anai, anai-anai *k.n.* termite; small insect which eats wood.

anak *k.n.* child (pl. *children*); son or daughter; brat (*derog.*); offspring (pl. *-spring*); person's child or children; animal's young. **anak genta** *k.n.* clapper; tongue or striker of a bell. **anak lelaki** *k.n.* son. **anak perempuan** *k.n.* daughter. **anak saudara (lelaki)** *k.n.* nephew; son of one's brother or sister. **anak saudara (perempuan)** *k.n.* niece; daughter of one's brother or sister. **beranak** *k.k.* give (*colloq.*), birth; be born. **tak beranak** childless; having no children.

anakonda *k.n.* anaconda; a large snake of South America.

anakronisme *k.n.* anachronism; thing that is out of harmony with the period in which it exists.

analgesik *adj. & k.n.* analgesic; (drug) relieving pain.

analisis *k.n.* analysis; separation of a substance into parts for study and interpretation; detailed examination. **menganalisis** *k.k.* analyse; make an analysis of.

analog *adj.* analoguous; similar in certain respects. —*k.n.* analogue; analogous thing.

analogi *k.n.* analogy; partial likeness between things that are compared.

anarki *k.n.* anarchy; total lack of government or control, resulting in disorder or lawlessness.

anarkis *k.n.* anarchist; person who believes that laws are undesirable and should be abolished.

anasir *k.n.* the elements; atmospheric forces; constituent; forming part of a whole; component; element; factor.

anatomi *k.n.* anatomy; bodily structure; study of this.

anbia *k.n.* plural form of the Arabic word for prophet; the prophets.

ancam, mengancam *k.k.* menace; threaten; put in danger.

ancaman *k.n.* threat; annoying or troublesome person or thing; menace.

anda *k.n.* you; person(s) addressed; one; anyone, everyone.

andai *k.h.* if; on condition that; supposing that; for example.

andam *k.k.* beautify; adorn.

andang *k.n.* torch; bunch of burning dry palm fronds carried as a light.

andas *k.n.* anvil; iron block on which a smith hammers metal into shape.

aneh *adj.* bizarre; strikingly odd in appearance or effect; eccentric; unusual; funny; puzzling; odd. —*k.n.* eccentric person.

aneka, beraneka *adj.* multifarious; very varied; all sorts.

anekdot *k.n.* anecdote; short, amusing or interesting usu. true story.

anemia *k.n.* anaemia; lack of haemoglobin in blood.

anemik *adj.* anaemic; suffering from anaemia; lacking strong colour or characteristics.

anemon *k.n.* anemone; plant with white, red, or purple flowers.

anestesia *k.n.* anaesthesia; loss of sensation, esp. induced by anaesthetics. **ahli anestesia** *k.n.* anaesthetist; person trained to administer anaesthetics.

anestetik *k.n.* anaesthetic; drug or gas that causes loss of sensation or stops one from feeling pain.

angan *k.n.* day-dream; pleasant idle thoughts. **berangan** *k.k.* have day-dreams, or hopes or ambition.

angau *adj.* lovesick; languishing because of love.

angelika *k.n.* angelica; candied stalks of a fragrant plant; this plant.

anggap *k.k.* assume; accept as true, without proof; take or put upon oneself; deem; believe; consider to be. **salah anggap** *k.n.* misconception; wrong interpretation. **anggapan** *k.n.* opinion; assumption; assuming; belief; notion; concept; idea; understanding; view.

anggar, menganggar *k.k.* calculate approximately; estimate; form an estimate of. **anggaran** *k.n.* estimate; judgement of a thing's approximate value or amount or cost, etc.

anggerik *k.n.* see orkid.

anggota *k.n.* limb; projecting part of an animal body, used in movement or in grasping things.

angguk *k.k.* nod (p.t. *nodded*); bow the head to indicate (agreement or casual greeting) thus.

anggun *adj.* elegant; striking; attractive and impressive.

anggur[1] *k.n.* grape; green or purple berry used for making wine. **pokok anggur** *k.n.* grapevine; vine bearing this.

anggur[2], **menganggur** *k.k.* jobless; out of work.

angin *k.n.* wind; current of air; gas in the stomach or intestines; breath as needed in exertion or speech etc. **berangin** *k.k.* windy; with much wind; exposed to winds; airy; well-ventilated.

angka *k.n.* numeral; figure; written symbol of a number. **berangka** *k.k.* numerical; of number(s).

angkara *k.n.* wicked or bad deed; indecent act (towards the wives and daughters of others); disgraceful act.

angkasa *k.n.* space; universe beyond earth's atmosphere.

angkasawan *k.n.* astronaut; person who operates a spacecraft in which he travels; cosmonaut.

angkat, mengangkat *k.k.* lift up; raise; bring to or towards a higher level or an upright position. **berangkat** *k.k.* leave; go away (from); depart.

angklung *k.n.* type of traditional musical instrument made of bamboo.

angkubah *k.n.* variable; a factor or quantity that can be varied.

angkuh *adj.* haughty; proud of oneself and looking down on others; brash; vulgarly self-assertive; arrogant; conceited.

angkup *k.n.* callipers; compasses for measuring cavities. **sepit angkup** *k.n.* nippers; pincers; forceps.

angkut, mengangkut *k.k.* convey; carry; transport.

angora *k.n.* angora; long-haired variety of cat, goat, or rabbit; yarn or fabric made from the hair of such goats or rabbits.

angostura *k.n.* angostura; aromatic bitter bark of a South American tree.

angpau *k.n.* gift of money presented to children on Chinese New Year's day; red packet.

angsa *k.n.* goose; web-footed bird larger than a duck; swan; large, white water-bird with a long slender neck. **anak angsa** *k.n.* cygnet; goosling; young goose. **angsa jantan** *k.n.* gander; male goose.

angsana *k.n.* large tree with yellow flowers.

angstrom *k.n.* angstrom; unit of measurement for wavelengths.

anhidrida *k.n.* anhydride; chemical substance obtained when water evaporates from the acid acetic anhydride.

aniaya, penganiayaan *k.n.* maltreatment; abuse; torture. **menganiaya** *k.k.* maltreat; ill-treat; treat badly or cruelly; make bad use of; oppress.

anilina *k.n.* aniline; oily liquid used in making dyes and plastics.

animasi *k.n.* animation; process of making films/movies, videos and computer games in which drawings or models of people and animals seem to move.

animisme *k.n.* animism; belief that attributes soul and spirit to objects such as wood, stone, mountain, wind, etc.

anjak, beranjak *k.k.* move slightly; shift position slightly; budge. **menganjak, menganjakkan** *k.k.* move something slightly; shift something slightly.

anjal *adj.* elastic; going back to its original length or shape after being stretched or squeezed; flexible.

anjing *k.n.* dog; four-legged carnivorous, wild or domesticated animal. **anjing betina** *k.n.* bitch; female dog. **anjing Dalmatia** *k.n.* Dalmatian; large white dog with dark spots. **anjing laut** *k.n.* seal; amphibious sea animal with thick fur or bristles. **anjing pemburu** *k.n.* hound; dog used in hunting. **anjing perburuan** *k.n.* grey-hound; slender smooth-haired dog noted for its swiftness. **anjing serigala** *k.n.* (Russia) borzoi; a large wolfhound; wild dog. **kandang anjing** *k.n.* doghouse; (U.S.) kennel.

anjung *k.n.* porch.

anjungan *k.n.* ship's bridge; captain's platform on a ship.

anjur, menganjur *k.k.* organize; arrange; make arrangements for; form (people) into an association for a common purpose; sweep; extend in a continuous line or slope; advance; bring forward; extend; stick out. **menganjurkan** *k.k.* dangle; hang or swing loosely; hold out (hopes) temptingly; propose; organize; make arrangement for.

anod *k.n.* anode; electrode by which current enters a device. **menganod** *k.k.* anodize; coat (metal) with a protective layer by electrolysis.

anoreksia *k.n.* anorexia; a disorder in which a person refuses to eat for fear of becoming fat; reluctance to eat for fear of becoming fat.

anotasi *k.n.* annotation. **menganotasi** *k.k.* annotate; add explanatory notes to.

ansur, beransur, beransur-ansur *k.k.* gradually; taking place in stages not sudden. **ansuran** *k.n.* instalment; each of the parts in which a thing is presented, or each of several payments of a debt paid over a period of time.

antah *k.n.* grains of paddy among uncooked or cooked rice.

antan *k.n.* pestle; club-shaped instrument for pounding things to powder.

antara *k.s.* among; amongst; inter; between; in the space, time or quality, etc. bounded by (two limits); separating; to and from; connecting; shared by; taking one and rejecting the other of.

antarabangsa *k.n.* international; between countries.

Antartik *adj. & k.n.* Antarctic; (of) regions round the South Pole.

antasid *k.n. & adj.* antacid; (a substance) preventing or reducing excess acidity esp. in the stomach.

antelop *k.n.* antelope; animal resembling a deer.

antena *k.n.* antenna; aerial.

antenatal *k.n.* antenatal; before birth; of or during pregnancy.

antero, seantero *adj.* all over; whole.

anti- *awl.* anti-; opposed to; counteracting.

antibeku *k.n.* antifreeze; substance added to water to prevent freezing.

antibiotik *k.n.* antibiotic; medicine that destroys bacteria or prevents their growth.

antibodi *k.n.* antibody; protein formed in the blood in reaction to a substance which it then destroys.

antidot *k.n.* antidote; medicine that counteracts the effects of poison, etc.

antihistamina *k.n.* antihistamine; drug used in treating allergies.

antik *adj.* antique; belonging to the distant past. —*k.n.* antique; old and valuable object.

antiklimaks *k.n.* anticlimax; disappointing ending where a climax was expected.

antilogaritma *k.n.* antilogarithm; number that is a base for a given logarithm.

antimoni *k.n.* antimony; brittle, silvery metallic element.

anting-anting *k.n.* ear-ring; dangling ornament worn on the ear-lobe.

antipati *k.n.* antipathy; strong dislike; object of this.

antipeluh *k.n.* antiperspirant; substance that prevents or reduces sweating.

antipodes *k.n.* antipodes; places on opposite sides of the earth, esp. Australia and New Zealand (opposite Europe).

antirhinum *k.n.* antirrhinum; snapdragon; type of flower.

antiseptik *adj.* & *k.n.* antiseptic; (substance) preventing things from becoming septic.

antisiklon *k.n.* anticyclone; outward flow of air from an area of high atmospheric pressure, producing fine weather.

antisosial *adj.* antisocial; opposed to existing social practices; interfering with social amenities; avoiding the company of other people.

antistatik *adj.* antistatic; counteracting the effects of static electricity.

antitesis *k.n.* antithesis (pl. *-eses*); contrast; person or thing that is the direct opposite of another.

antitoksik *adj.* antitoxic.

antitoksin *k.n.* antitoxin; substance that neutralizes a toxin or poison.

antologi *k.n.* anthology; collection of poems or other pieces of writing.

antonim *k.n.* antonym; word opposite in meaning to another.

antraks *k.n.* anthrax; disease of sheep and cattle, transmissible to people.

antrasit *k.n.* anthracite; form of coal that burns with little flame or smoke.

antropoid *adj.* & *k.n.* anthropoid; manlike (ape).

antropologi *k.n.* anthropology; study of the origin and customs of mankind. —*adj.* anthropological. **ahli antropologi** *k.n.* anthropologist.

antropomorfik *adj.* anthropomorphic; attributing human form or personality to a god, animal, etc.

anugerah *k.n.* award; thing awarded; bounty; generosity; generous gift; gratuity; reward. **menganugerahi** *k.k.* confer; grant; give by official decision as a prize, etc.

anuiti *k.n.* annuity; yearly allowance, esp. provided by a form of investment.

anut, menganut *k.k.* embrace; accept; adopt.

anyam *k.k.* weave or plait (mats, baskets, etc.).

Anzac *k.n.* Anzac; member of the Australian and New Zealand Army Corps (1914-18); Australian or New Zealander.

aorta *k.n.* aorta; great artery carrying blood from the heart.

apa *k.t.y.* what; that which is.

apabila, apakala *k.h.* when; whenever.

apalagi *kkt.* moreover; what more; let alone.

apam *k.n.* type of steamed cake made of rice flour, and normally taken with desiccated coconut.

aparteid *k.n.* apartheid; former political system in South Africa in which only white people had political rights and power and black people were kept apart by law.

apati *k.n.* apathy; lack of interest or concern. —*adj.* apathetic.

apendik *k.n.* appendix (pl. *-ixes*); small blind tube of tissue attached to the intestine.

apendisitis *k.n.* appendicitis; inflammation of the intestinal appendix.

api *k.n.* fire; combustion; flame; burning fuel; light heating device with a flame or glow. **bunga api** *k.n.* spark; fiery particle flash of light produced by an electrical discharge; fireworks.

apit *k.k.* press; squeeze between two things; flank; place between two people or things.

aplikasi *k.n.* application; use (practical). **mengaplikasikan** *k.k.* apply; put something into practice; carry out or put to use in daily practice. **pengaplikasian** *k.n.* application; process of applying something in practice.

apopleksi *k.n.* apoplexy; sudden loss of ability to feel and move, caused by rupture or blockage of the brain artery.

aposisi *k.n.* apposition; placing a word or phrase next to another so as to qualify or explain it.

apostrofe *k.n.* apostrophe; punctuation mark used esp. to show the possessive case or omission of a letter.

apotekari *k.n.* apothecary (*old use*; pharmaceutical chemist); pharmacist.

aprikot *k.n.* apricot; stone-fruit related to the peach; its orange-pink colour.

April *k.n.* April; fourth month of the year.

apron *k.n.* apron; garment worn over the front of the body to protect clothes; hard-surfaced area on an airfield for parking, manoeuvring, loading, etc. aircraft.

apung *k.k.* float; rest or drift on the surface of liquid; be held up freely in gas or air; have or allow (currency) to have a variable rate of exchange. **apung-apung** *k.n.* thing designed to float on liquid; float; buoy. **buangan apung** *k.n.* flotsam; floating wreckage.

ara *k.n.* fig; tree with broad leaves and soft pear-shaped fruit; this fruit.

Arab *k.n.* Arab; member of a Semitic people of the Middle East. **angka Arab** *k.n.* Arabic numerals, the symbols 1, 2, 3, etc.

arah *k.n.* direction; line along which a thing moves or faces. **mengarah**, **mengarahkan** *k.k.* instruct; inform; give instruction to; direct, tell or show how to do something or reach a place; address (a letter, etc.); cause to have a specified direction or target; control; manage; command. **terarah** *k.k.* directed; operating in focussed on; one direction only. **arahan** *k.n.* instruction; statements telling a person what he is required to do; direction;

commands; directive; general instruction issued by authority.

arak *k.n.* liquor; alcoholic drink; grog; spirit. **arak-arakan** *k.n.* parade; public show or procession, esp. with people in costume.

arakian *kkt.* then; after that.

araknid *k.n.* arachnid; member of the class to which spiders belong.

aral *k.n.* obstacle; unfortunate happening; drawback; disadvantage.

arang *k.n.* charcoal; black substance made by burning wood slowly in an oven. **arang batu** *k.n.* coal; hard black mineral used as fuel for burning; piece of this. **lapangan arang** *k.n.* coalfield; area where coal occurs.

aras *k.n.* level; height from the ground or another base.

arboretum *k.n.* arboretum (pl. -*ta* or -*tums*); place where trees are grown for study and display.

arca *k.n.* statue; sculptured, cast, or moulded figure; image; optical appearance of a thing produced in a mirror or through a lens.

arena *k.n.* arena; level area in the centre of an amphitheatre or sports stadium; scene of conflict, or activity.

argon *k.n.* argon; a colourless gas used in electric light.

aria *k.n.* aria; solo in opera.

arif *adj.* wise; showing soundness of judgement; having knowledge; learned; intelligent.

aristokrasi *k.n.* aristocracy; hereditary upper classes; form of government in which these rule.

aristokrat *k.n.* aristocrat; member of the aristocracy.

arka *k.n.* arc; luminous electric current crossing a gap between terminals. **lampu arka, cahaya arka, kimpalan arka** *k.n.* arc lamp; arc light; arc welding, using an electric arc.

arked *k.n.* arcade; covered walk with shops along the side; series of arches. **arked hiburan** *k.n.* amusement arcade; area with pin-tables, gambling machines, etc.

arkeologi *k.n.* archaeology; study of civilizations through their material remains. **ahli arkeologi** *k.n.* archaeologist.

arkib *k.n.* archives; historical documents.

arkitek *k.n.* architect; designer of buildings.

armada *k.n.* armada; fleet of warships; ships sailing together; vehicle or aircraft under one command or owner-ship, fleet; navy.

arnab *k.n.* bunny (*children's use*); rabbit; burrowing animal with long ears and a short furry tail.

aroma *k.n.* aroma; a pleasant noticeable smell.

arpeggio *k.n.* arpeggio (pl. -*os*); notes of a musical chord played in succession.

arsenik *k.n.* arsenic; semi-metallic element; strongly poisonous compound of this.

arteri *k.n.* artery; large blood-vessel conveying blood away from the heart.

artifak *k.n.* artefact; an object made by a person, esp. something of historical or cultural interest, e.g. gong, axe, etc.

Artik *adj. & k.n.* Arctic; (of regions round the North Pole).

artikel *k.n.* article; particular or sep-arate thing; prose composition in a newspaper, etc.; clause in a legal document. **artikel tertentu** definite article; the word 'the'. **artikel tak tentu** indefinite article; 'a' or 'an'.

artileri *k.n.* artillery; large guns used in fighting on land; branch of an army using these.

artis *k.n.* artist; artiste; person who pro-duces works of art, esp. paintings; one who does something with exceptional skill; professional entertainer.

artistik *adj.* artistic; of art or artists; having creative skill.

artritis *k.n.* arthritis; condition in which there is inflammation, pain, and stiffness in the joints.

artropod *k.n.* arthropod; an animal with a segmented body and jointed limbs (e.g. an insect or crustacean).

arus *k.n.* current; body of water or air moving in one direction; flow of electricity. **arus deras** race; strong fast current of water.

arwah *k.n.* the late; no longer living.

Arya *adj.* Aryan; of the original Indo-European language; of its speakers or their descendants. —*k.n.* Aryan person.

asah, mengasah *k.k.* sharpen; make or become sharp or sharper; sharpen on a whetstone; hone.

asak, mengasakkan *k.k.* pack; press or crowd together; fill (a space) thus; cram (p.t. *crammed*); force into too small a space; overfill thus; stuff.

asal[1] *k.n.* origin; point, source, or cause from which a thing begins its exist-ence; ancestry; parentage; cradle; place where something originates.

asal[2] *k.n.* beginning; first part.

asal[3], **berasal** *k.k.* originated from; descended from.

asam *adj.* sour; having a sharp taste like unripe fruit; not fresh, tasting or smelling stale. **asam jawa** *k.n.* tama-rind; tropical tree; its acid fruit.

asap *k.n.* smoke; visible vapour given off by a burning substance. **berasap, mengasapkan** *k.k.* give out smoke or steam; (of a chimney) send smoke into a room; darken or preserve with smoke; smoke.

asar *k.n.* late afternoon; time from past noon (zuhur) till dusk (maghrib); from around four o'clock in the afternoon till about seven o'clock in the evening.

asas *k.n.* basis; ground; foundation for a theory; reason for action. **tidak berasas** *adj.* groundless; without foundation.

asasi *adj.* basic; forming a basis; fundamental.

asbestos *k.n.* asbestos; soft fibrous mineral substance; fireproof material made from this.

asbestosis *k.n.* asbestosis; a lung disease caused by inhaling asbestos particles.

asbut *k.n.* smog; mixture of smoke and fog.

aseptik *adj.* aseptic; free from harmful bacteria.

aset *k.n.* asset; property with money value, esp. as available to meet debts; useful quality; person or thing having this.

asetat *k.n.* acetate; synthetic textile fibre.

asetilena *k.n.* acetylene; colourless gas which burns with a bright flame.

aseton *k.n.* acetone; colourless liquid used as a solvent.

asfalt *k.n.* asphalt; black substance like coal-tar; mixture of this with gravel, etc. for paving.

asfiksia *k.n.* asphyxia; suffocation.

ash *k.n.* ash; tree with silver-grey bark.

Asia *k.n.* Asia. —*adj.* Asian; of Asia or its people. **orang Asia** *k.n.* Asian person.

asid *k.n.* acid; any of a class of sub-stances that contains hydrogen and neutralizes alkalis. **asid amino** *k.n.* amino acid; an organic acid found in proteins. **asid deoksiribonukleik** *k.n.* deoxyribonucleic acid (a substance storing genetic information). **asid asetik** *k.n.* acetic acid; a colourless liquid used as a solvent. **asid formik** *k.n.* formic acid; a colourless acid in fluid emitted by ants.

asimetri *k.n.* asymmetry; not symmetrical. **asimetrikal** *adj.* not symmetrical.

asimilasi *k.n.* assimilation. **mengasimilasi** *k.k.* assimilate; absorb or be absorbed into the body or a group etc., or into the mind as knowledge.

asin *adj.* salty; tasting of salt; salted; preserved in salt.

asing *adj.* foreign; of, from, or dealing with a country that is not one's own; not belonging naturally. **orang asing** *k.n.* foreigner; person born in or coming from another country. **mengasingkan** *k.k.* detach; release or remove from something else or from a group; separate; segregate. **terasing** *adj.* detached; not joined to another; free from bias or emotion; discrete; separate; aloof; apart; showing no interest; unfriendly. **berasingan** *adv.* afield; at or to a distance. —*k.k.* separately.

askar *k.n.* soldier; member of an army. **askar upahan** *k.n.* mercenary; professional soldier hired by a foreign country.

asli *adj.* indigenous; native; natural; belonging to a place by birth or to a person because of his birth-place; grown or produced in a specified place; not seeming artificial or affected; original; existing from the first, earliest; being the first form of something; new in character or design; inventive; creative. **penduduk asli** *k.n.* person born in a specified place; local inhabitant.

asma *k.n.* asthma; chronic condition causing difficulty in breathing.

asmara *k.n. see* **cinta**.

asnaf *k.n.* group of people worthy of receiving a Muslim tithe (the destitute, the poor, the tithe collectors, the converts, the slaves to whom freedom is promised, the debtors, the distant travellers and the ones who fight in the name of Allah).

asonansi *k.n.* assonance; resemblance of sound in syllables; rhyme or vowel-sounds.

aspal *k.n.* asphalt; thick black substance used for making the surface of roads.

asparagus *k.n.* asparagus; a plant whose young green or white stems are cooked and eaten as a vegetable.

aspek *k.n.* side; angle; point of view.

aspen *k.n.* aspen; a kind of poplar tree.

aspik *k.n.* aspic; savoury jelly for coating cooked meat, eggs, etc.

aspirasi *k.n.* aspiration; ambition or a strong desire to have or do something.

aspirin *k.n.* aspirin; drug that relieves pain and reduces fever; tablet of this.

asrama *k.n.* hostel; lodging-house for students or other special group.

astaka *k.n.* pavilion; building on a sports ground for use by players and spectators.

aster *k.n.* aster; garden plant with daisy-like flowers.

asterisk *k.n.* asterisk; star-shaped symbol (*).

asteroid *k.n.* asteroid; any of the small planets revolving round the sun.

astigmatik *adj.* astigmatic.

astigmatisme *k.n.* astigmatism; defect in an eye or lens, preventing proper focusing.

astringen *adj.* astringent; causing tissue to contract; harsh, severe. —*k.n.* astringent substance.

astrolab *k.n.* astrolabe; device for measuring the altitudes of stars, etc.

astrologi *k.n.* astrology; study of the supposed influence of stars and planets on human affairs. **ahli astrologi** *k.n.* astrologer.

astronomi *k.n.* astronomy; study of stars and planets and their movements. **ahli astronomi** *k.n.* astronomer; person skilled in astronomy.

asuh *k.k. see* **didik**.

asyik *adj.* besotted; infatuated; preoccupied. —*k.k.* crazy; madly eager. **mengasyikkan** *k.k.* engross; occupy fully by absorbing the attention.

asyura *k.n.* tenth day in the month of Muharam.

atap *k.n. see* **bumbung**.

atas *k.n.* above; at or to a higher point (than); over; beyond the level or understanding, etc. of. **atasi, mengatasi** *k.k.* overcome; win a victory over; succeed in subduing or dealing with; be victorious. **atasan** *k.n.* superior; higher in position or rank; better, greater.

atase *k.n.* attache; person attached to an ambassador's staff. **beg atase** *k.n.* attache case; small rectangular case for carrying documents, etc.

atau *k.h.* or; as an alternative; conjunction introducing an alternative.

atavisme *k.n.* atavism; resemblance to remote ancestors.

ateis *k.n.* atheist; person who does not believe in the existence of God or god(s).

ateisme *k.n.* atheism.

atendan *k.n.* attendant; a person whose job is to serve or help people in a public place, e.g. a hospital attendant.

Atlantik *adj. & k.n.* Atlantic; (of) the Atlantic Ocean (east of the American continent).

atlas *k.n.* atlas; book of maps.

atmosfera *k.n.* atmosphere; mixture of gases surrounding the earth or a heavenly body; air in any place; unit of pressure.

atmosferik *adj.* atmospheric.

atol *k.n.* atoll; ring-shaped coral reef enclosing a lagoon.

atom *k.n.* atom; smallest particle of a chemical substance; very small quantity or thing. —*adj.* atomic; of atom(s). **bom atom** *k.n.* atom bomb; atomic bomb; bomb deriving its power from atomic energy. **tenaga atom** atomic energy, obtained from nuclear fission.

atuk *k.n. see* **datuk**.

atur, mengatur, mengaturkan *k.k.* arrange; put in order; form plans; settle the details of; adapt. **beratur** *k.k.* queue (pres.p. *queuing*) wait in a queue. **teratur** *adj.* regular; acting; occurring or done in a uniform manner or constantly at a fixed time or interval; orderly conforming to a rule or habit; even; symmetrical. **tak teratur** *adj.* irregular; not regular; contrary to rules or custom; disorderly. **aturan** *k.n.* order; arrangement; procedure; system or rules.

au revoir au revoir; goodbye.

audio *k.n.* audio; sound; its reproduction. **jurutaip audio** *k.n.* audio typist; one who types from a recording.

audiovisual *adj.* audiovisual; using both picture and sound.

audit *k.n.* audit; official inspection of accounts. **mengaudit** *k.k.* make an audit of.

auditorium *k.n.* auditorium; part of a theatre or hall where the audience sits.

aulia *k.n.* holy man; saint.

aum *k.n.* roar; long deep sound like that made by a lion or tiger. **mengaum** *k.k.* roar; give a roar.

auns *k.n.* ounce; unit of weight, one sixteenth of a pound (about 28 grams).

aur *k.n.* bamboo; giant tropical grass with hollow stems.

aura *k.n.* aura; atmosphere surrounding a person or thing.

aurat *k.n.* private parts; those parts of the body that cannot be exposed or should be covered according to Islam.

Australasia *adj.* Australasian; of Australia, New Zealand, and neighbouring islands.

Australia *adj. & k.n.* Australian; (native or inhabitant) of Australia.

autisme *k.n.* autism; this disorder.

autistik *adj.* autistic; suffering from a mental disorder that prevents proper response to one's environment.

autobiografi *k.n.* autobiography; story of a person's life written by himself.

autograf *k.n.* autograph; person's signature.

autokrasi *k.n.* autocracy; despotism; a form of government in which one person has total power.

autokrat *k.n.* autocrat; person with unrestricted power; dictator.

automatik *adj.* automatic; mechanical; self-regulating; done without conscious thought.

automaton *k.n.* automaton (pl. *automatons* or *automata*); a robot.

automobil *k.n.* automobile; a car.

automotif *adj.* automotive; concerning motor vehicles.

autonomi *k.n.* autonomy; self-government.

autopsi *k.n.* autopsy; post-mortem; examination of a dead body to find out cause of death.

autoritarian *adj.* authoritarian; favouring complete obedience to authority.

avoirdupois *k.n.* avoirdupois; system of weights based on the pound of 16 ounces.

avokado *k.n.* avocado; oval-shaped tropical fruit with a hard green skin and a large seed inside.

awak *k.n. see* **engkau**.

awal *adj.* early; before the usual or expected time; beginning.

awam *adj.* civil; not of the armed forces; public; of, for, or known to people in general. —*k.n.* members of a community in general. **kakitangan awam** *k.n.* civil servant; employee of the Civil Service, government departments other than the armed forces. **kejuruteraan awam** *k.n.*

civil engineering; designing and construction of roads, bridges, etc.

awan *k.n.* cloud; visible mass of water vapour floating in the sky; mass of smoke or dust, etc.

awan kumulus *k.n.* cumulus (pl. *-li*) clouds formed in heaped-up rounded masses.

awas *k.n.* caution; avoidance of rashness; attention to safety; warning. **berawas** *k.k.* cautionary; cautious; having or showing caution; careful. **mengawasi** *k.k.* observe; watch carefully; pay attention to; monitor; keep watch over; record and test or control.

awet, mengawetkan *k.k.* conserve; keep from harm, decay, or loss; embalm; preserve (a corpse, etc.) by using spices or chemicals.

ayah *k.n. see* **abah.**

ayahanda *k.n.* father (used by royalty and in letter-writing).

ayak *k.n.* sieve; utensil with a wire mesh or gauze through which liquids or fine particles can pass. **mengayak** *k.k.* sieve; put through a sieve.

ayak-ayak *k.n.* daddy-long-legs; crane-fly.

ayam *k.n.* chicken; young domestic fowl; its flesh as food; kind of bird kept for its eggs and meat; fowl. **ayam betina** *k.n.* hen; female bird,

esp. of the domestic fowl. **ayam hutan** *k.n.* partridge; game-bird with brown feathers and a plump body. **ayam jantan** *k.n.* cock; cockerel; young male fowl. **ayam kasi** *k.n.* capon; domestic cock castrated and fattened. **ayam katik** *k.n.* bantam; small kind of fowl.

ayan *k.n.* zinc; a bluish white metal used for walls or roofing.

ayat *k.n.* sentence; set of words making a single complete statement.

ayatullah *k.n.* ayatollah; senior Muslim religious leader.

ayu *adj.* pretty; cute; beautiful; attractive in a delicate way; lovely.

ayuh *sr.* come on; let's (go, hurry, etc.).

ayun, berayun *k.k.* oscillate; move to and fro; vary; swing; sway; rock. **ayunan** *k.n.* oscillation.

azab *k.n.* punishment; torture.

azalea *k.n.* azalea; shrub-like flowering plant.

azali *k.n.* the beginning of time; eternity.

azam *k.n. see* **tekad.**

azan *k.n.* summons (call) for Muslim prayer.

azimat *k.n.* talisman (pl. *-mans*); object supposed to bring good luck and protection.

Aztec *k.n.* Aztec; member of a American-Indian people of Mexico.

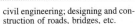

B

B.A. *kep.* B.A.; Bachelor of Arts.

bab[1] *k.n.* chapter; division of a book.

bab[2] *k.n.* section; clause; single part in a treaty, law, or contract; matter; business, etc. being discussed.

baba *k.n.* Chinese descendants from the reign of Sultan Mansur Shah in Malacca who practised Malay culture and use Malay as their first language.

babak *k.n.* act; scene in a play; movement; section of a long piece of music.

babas *k.k.* drift; be carried by a current of water or air; wash away; pull along.

terbabas *k.k.* skid; go out of course;

miss; slip; slide accidentally.

babat[1] *k.n.* a group of people who are of similar status, age and gender.

babat[2] *k.n.* a type of tool used to trim off branches or shoots. **membabat** *k.k.* to cut bushes or hedges.

babat[3] *k.n.* stomach of a cow.

babat[4] *k.n.* type of cloth used for bandage.

babi *k.n.* pig; animal with short legs, cloven hooves and blunt snout; swine (pl. *swine*); (*colloq.*) greedy or unpleasant person; (*colloq.*) hated person or thing. **babi jantan** *k.n.* boar; male pig. **lemak babi** *k.n.* lard; white greasy substance prepared from pig-fat used in cooking. **gembala babi** *k.n.* swineherd (*old use*); person taking care of a number of pigs. **daging babi salai** gammon; cured or smoked ham. **kulit babi** *k.n.* pigskin; leather made from the skin of pigs. **kandang babi** *k.n.* pigsty; partly covered pen for pigs. **anak babi** *k.n.* piglet; young pig. **ladang pemeliharaan babi** piggery; pig breeding establishment.

babit, membabitkan *k.k.* embroil; involve in an argument or quarrel, etc.

babu *k.n.* maid; woman servant doing indoor work.

babun *k.n.* baboon; a kind of large monkey.

baca *k.k.* read (p.t. *read*, pr. *read*); understand the meaning of (written or printed words or symbols); speak (such words, etc.) aloud; recite; study or discover by reading; interpret mentally.

bacul *adj.* coward; person who lacks courage; timid; not bold.

badai *k.n.* typhoon; hurricane; violent storm-wind.

badak *k.n.* rhinoceros (pl. -*oses*); large thick-skinned animal with one horn or two horns on its nose. **badak air** *k.n.* hippopotamus (pl. -*muses* or -*mi*); large African river-animal with tusks and a thick skin.

badam *k.n.* almond; oval edible nut; kernel of a fruit related to the peach; tree bearing this.

badan *k.n.* body; structure of bones and flesh, etc. of man or an animal; main part; group regarded as a unit; board; separate piece of matter.

badik *k.n.* dagger; short, pointed two-edged weapon used for stabbing.

badminton *k.n.* badminton; game like lawn tennis, played with a shuttle-cock.

badut *k.n.* clown; person who does comical tricks. **membadut** *k.k.* clown; perform or behave as a clown.

Badwi *k.n.* Bedouin (pl. *Bedouin*); Arab people living as nomads in the desert.

bagai *k.s.* as. **berbagai-bagai** *k.k.* assorted; various; of different sorts put together. **pelbagai** *adj.* diverse; of differing kinds. **mempelbagaikan** *k.k.* diversify; introduce variety into; vary.

bagaimana *k.t.y.* how; by what means, in what way; to what extent or amount, etc.; in what condition.

bagaimanapun *k.h.* however; in whatever way; to whatever extent; nevertheless.

bagan *k.n.* quay; landing-place for boats, etc.

bagas[1] *adj.* swift; strong (of wind or air).

bagas[2] *adj.* strong; physically powerful; sturdy.

bagasi *k.n.* baggage, luggage; suitcases and bags, etc. holding a traveller's possessions.

baghal *k.n.* mule; animal that is the offspring of a female horse and a male donkey, known for its stubbornness.

bagi[1] *k.s.* to; for; intended to be received or used by.

bagi[2] *k.k.* give; cause to receive or have; supply; provide.

baginda *k.n.* title given to and placed before the name of a ruler or sultan; pronoun for kings and members of the royal family.

bagur *adj.* bulky (*colloq.*); large and clumsy.

bagus *adj.* nice; pleasant; satisfactory; exceptionally good.

bah *k.n.* deluge; flood.

bahagi *k.n.* allot (p.t. *allotted*); distribute officially; give as a share. **berbelah bahagi** *adj.* ambivalent; with mixed feelings towards something; uncertain. **membahagikan** *k.k.* apportion; divide; divide into shares; assign; allot; separate into parts or groups or from something else; cause to disagree; find how many times one number contains another; be able to be divided. **terbahagi** *adj.* divisible; able to be divided. —*k.k.* divided. **bahagian** *k.n.* part; some but not all; distinct portion; component; portion allotted; share; melody assigned to one voice or instrument in a group; region; side in an agreement or dispute. **sebahagian** *k.n.* partly. — *adj.* partial; in part but not complete or total.

bahagia *adj.* blissful; happy.

bahak *adj.* in a state of great excitement; laughing in an uncontrolled way. **terbahak-bahak** *adj.* in an extremely hilarious state.

bahalul *adj.* (of behaviour) not very clever. **membahalulkan** *k.k.* to make someone look foolish or silly.

baham *k.k.* eat greedily, gluttonously; eat with mouth closed; act violently towards weaker groups. **membaham** *k.k.* eating greedily.

bahan *k.n.* substance; matter with more or less uniform properties; particular kind of this; specified substance, material, thing, or matter. **bahan api** *k.n.* fuel; material burnt as a source of warmth, light, or energy, or used as a source of nuclear energy. **bahan pengikat** *k.n.* fixative; substance for keeping things in position, or preventing fading or evaporation. **bahan uji** *k.n.* reagent; substance used to produce a chemical reaction.

bahana¹ *k.n.* loud sound or noise.

bahana² *k.n.* result; effect; change produced by an action or cause.

bahang *k.n.* heat (of a fire, *adj.*); hotness; at or having a very high temperature.

bahantara *k.n.* medium (pl. *media*); substance or surroundings in which a thing exists or moves or is produced.

bahar *k.n.* the sea, the ocean, a big lake or a large river; condition of weather at the start of summer.

bahara *k.n.* unit of measurement. **sebahara** *adj.* equal in weight to.

bahari *adj.* ancient; belonging to times long past; prehistoric.

baharu *adj.* new; not existing before; recently made or discovered or experienced, etc.; unfamiliar; unaccustomed. **tahun baharu** new year; first day of January. **memperbaharui** *k.k.* renew; innovate; introduce something new.

bahas *k.n.* debate; formal discussion. **membahaskan** *k.k.* hold a debate about; discuss; argue.

bahasa *k.n.* language; words and their use; system of this used by a nation or group; lingo. **bahasa basahan** *k.n.* colloquialism; informal speech or writing. **bahasa ibunda** *k.n.* mother tongue; one's native language. **bahasa putar** *k.n.* periphrasis (pl. *-ases*); circumlocution; indirect language. **budi bahasa** *k.n.* good manners; etiquette; rules of correct behaviour.

bahawa *k.h.* conjunction used after some verbs, adjectives and nouns to introduce a new part of the sentence. **bahawasanya** *kkt.* as a matter of fact; actually.

bahaya *k.n.* danger; liability or exposure to harm or death; thing causing this; hazard; risk; source of this; obstacle; jeopardy; peril; serious danger. **membahayakan** *k.k.* risk; jeopardize; endanger; cause danger to; imperil. **berbahaya** *k.n.* dangerous; hazardous; perilous; full of risk; dicey; risky.

bahlul *adj. see* **bahlul**.

bahtera *k.n.* (literary and archaic) ship; large sea-going vessel.

bahu *k.n.* shoulder; part of the body where the arm, foreleg, or wing is attached; part of the human body between this and the neck; animal's upper foreleg as a joint of meat; projection compared to the human shoulder. **membahu** *k.k.* shoulder; push with one's shoulder; take (a burden) on one's shoulders; take (blame or responsibility) on oneself; carry.

baiduri *k.n.* opal; iridescent quartz like gemstone.

baik *adj.* good (*better, best*); having the right or desirable qualities; proper, expedient; morally correct, kindly; well-behaved; enjoyable, beneficial; efficient; thorough; considerable, full; opportune; (of time) favourable; well-timed. **nama baik** *k.n.* good name, good reputation. **niat baik** *k.n.* good will, intention that good shall result. **baik hati** *adj.* benevolent; kindly and helpful; kindly (*-ier; -iest*); gentle and considerate towards other. **sebaik** *adj.* as good as; practically, almost. **memperbaiki** *k.k.* improve; make or become better. **membaik pulih** *k.k.* overhaul; examine and repair.

bailif *k.n.* bailiff; officer assisting a sheriff, e.g. with legal seizure of goods; landlord's agent or steward.

bait *k.n.* couplet; two successive rhyming lines or verse; verse; group of lines forming a unit in a poem.

Baitullah *k.n.* the house of Allah in the city of Mecca (mosque).

baja *k.n.* fertilizer; material added to soil to make it more fertile; manure; substance, esp. dung, used as a fertilizer. **membajai** *k.k.* fertilize; apply manure to.

bajak *k.n.* plough; implement for cutting furrows in soil and turning it up. **membajak** *k.k.* plough; cut or turn up (soil, etc.) with a plough.

Bajau *k.n.* indigenous people in the east coast of Sabah. **membajau** *k.k.* hit; whip. **dibajau** *k.k.* hit; flogged; whipped.

baji *k.n.* wedge; piece of solid substance thick at one end and tapering to a thin edge at the other; thrust between things to force them apart or prevent free movement.

bajingan *k.n.* blackguard; scoundrel; crook; criminal; hoodlum; hooligan; young thug; rat; treacherous deserter.

B

baju *k.n.* clothes; thing worn to cover the body. **baju dalam** *k.n.* camisole; woman's cotton bodicelike garment or undergarment; bra; brassiere. **baju luar** *k.n.* overcoat; warm outdoor coat. **baju tidur** *k.n.* nightdress; woman's or child's loose garment for sleeping in; pyjamas.

bak *k.n.* like; resembling; having the qualities or appearance of; as.

baka *k.n.* heredity; inheritance of ancestry; characteristics from parents; stock.

bakal *adj.* future; belonging to the time after the present; prospective.

bakar, membakar *k.k.* burn (p.t. *burned* or *burnt*); damage, destroy, or mark by fire, heat, or acid; char, make or become black by burning; cremate; burn (a corpse) to ashes. —*k.k.* bake; cook or harden by dry heat. **terbakar** *k.k.* burnt; be damaged or destroyed thus.

bakat *k.n.* talent; aptitude; flair; special or very great ability; natural ability. **berbakat** *k.k.* talented; having talent; accomplished; skilled; gifted.

bakau *k.n.* mangrove; tropical tree or shrub growing in shore-mud and swamps.

bakhil *adj.* stingy; miserly. **si bakhil** *k.n.* miser; person who hoards money and spends as little as possible.

baki *k.n.* balance; remainder.

bakon *k.n.* bacon; salted or smoked meat from a pig.

bakteria *k.n.* bacteria; tiny organism that is in the air, water and soil; simple living organism which often has one cell that causes diseases. **berbakteria** *k.k.* contains bacteria.

bakti *k.k.* devote; give or use for a particular purpose. **membaktikan** *k.k.* dedicate; devote to a sacred person or use, or to a special purpose.

baku[1] *adj.* basic; main; genuine.

baku[2] *adj.* standard; generally accepted as correct and widely used.

bakul *k.n.* basket; container for holding or carrying things, made of interwoven cane or wire, etc. **anyaman bakul** *k.n.* basket work; art of making baskets; basketry. **rangka bakul** *k.n.* frame of the baskets.

bakung *k.n.* lily-like plant.

bala[1] *k.n.* troop; company of soldiers, etc.

bala[2] *k.n.* danger; liability or exposure to harm or death; disaster; catastrophe; sudden great misfortune; unfortunate event; mishap; unlucky accident.

balada *k.n.* ballad; simple song or poem telling a story.

balah, berbalah *k.k.* bicker; quarrel constantly about unimportant things; argue.

balai *k.n.* hall; large room or building for meetings, concerts, etc.; space inside the front entrance of a house; station; place where a public service or specialized activity is based. **balai polis** *k.n.* police station. **balai seni** *k.n.* gallery; room or building for showing works of art.

balak *k.n.* log; piece cut from a trunk or branch of a tree. **pekerja balak** *k.n.* lumberjack; (*U.S.*) workmen cutting or conveying lumber.

balam, balam-balam *adj.* hazy; dim; indistinct; vague, not able to be seen clearly.

balang *k.n.* flagon; large bottle in which wine or cider is sold; vessel with a handle, lip, and lid for serving wine. **perahu balang** *k.n.* ketch; two-masted sailing boat.

balar *k.n.* albino; person or animal with no natural colouring-matter in the hair or skin.

balas, membalas *k.k.* reply; reciprocate; give back; respond. **maklum balas** *k.n.* feedback; return of part of a system's output to its source; return of information about a product, etc. to its supplier. **balasan** *k.n.* reciprocation; response.

balau *k.n.* gambier; a tropical plant.

baldi *k.n. see* **timba**.

baldu *k.n.* velvet; woven fabric with thick short pile on one side.

balet *k.n.* ballet; artistic dance form performed to music.

baligh *k.n.* puberty; the period during which adolescents reach sexual maturity.

balik *k.k.* return; come or go back; bring, give, put, or send back. **membalikkan** *k.k.* invert; give back; turn down; reverse the position, order, or relationship of. **terbalik** *adj.* inverted; upside down. **koma terbalik** *k.n.* inverted commas; quotation marks.

baling *k.k.* throw (p.t. *threw*, p.p. *thrown*); send with some force through the air or in a certain direction; hurl to the ground. **baling-baling** *k.n.* propeller; revolving device with blades, for propelling a ship or aircraft.

balistik *k.n.* ballistic. **peluru balistik** *k.n.* ballistic missile; one that is

B

powered and guided at first but falls to its target by gravity.

balkoni *k.n.* balcony; projecting platform with a rail or parapet; upper floor of seats in a cinema, etc.

baloi *adj.* equal; equivalent; suitable (esp. of return expected).

balsam *k.n.* balsam; soothing oil.

balu *k.n.* widow; woman whose husband has died.

baluh *k.n.* frame of a drum; granary.

balun *k.k.* beat (p.t. *beat*, p.p. *beaten*); hit repeatedly; thrash; strike strongly.

balung *k.n.* comb; fowl's fleshy crest.

balut, **membaluti** *k.k.* envelop (p.t. *enveloped*); wrap, cover on all sides. **balutan** *k.n.* envelopment.

bambu *k.n.* bamboo; giant tropical grass with hollow stems.

bamper *k.n.* bumper; horizontal bar at the front or back of a motor vehicle to lessen the effect of collision.

ban *k.n.* bun; small round sweet cake.

banat *k.n.* remote area; the interior; the part of a country away from the coast.

banci *k.n.* census; official counting of population or traffic, etc.

bancuh *k.k.* press and stretch (dough) with hands; put different things together; knead different things together. **bancuhan** *k.n.* dough; mixture. **membancuh** *k.k.* put together; mix different things together; shuffle a pack of playing cards. **pembancuh** *k.n.* person who puts or mixes different things together; ingredients for mixing.

bandar *k.n.* town; collection of dwellings and other buildings (larger than a village); central business and shopping area. **bandar kembar** *k.n.* conurbation; large urban area formed where towns have spread and merged. **pinggir bandar** *k.n.* outskirts (*pl.*); outer districts. **bandaran** *k.n.* municipal; of a town or city.

bandar raya *k.n.* city; town with special rights given by charter; a large and important town (such as Kuala Lumpur, New Delhi and Tokyo) which usu. has a population of one million or more; metropolis.

bandela *k.n.* bale; large bound bundle of straw, etc.; large package of goods.

banding *k.k.* compare; estimate similarity of; contrast.

banduan *k.n.* convict; convicted person in prison; prisoner; person kept in prison; captive; person in confinement.

bandul *k.n.* pendulum; weight hung from a cord and swinging freely; rod with a weight that regulates a clock's movement.

bang *k.n.* summon (call) for Muslim prayer.

bangang *adj.* duff; (*sl.*) dud; foolish; crass; very stupid; gormless. **si bangang** *k.n.* duffer; inefficient or stupid person.

bangat *adj.* quickly; rapidly; fast; moving or done quickly.

bangau *k.n.* stork; egret; heron; long-legged wading-bird.

bangga *adj.*, **berbangga** *k.k.* elated; feeling very pleased or proud. **membanggakan** *k.k.* to make one feel elated or proud.

banggul *k.n.* knoll; hillock; small hill, mound.

bangkai *k.n.* carcass; dead body of an animal. **bangkai reput** *k.n.* carrion; dead decaying flesh.

bangkang, **membangkang** *k.k.* oppose; argue or fight against.

bangkit, **membangkitkan** *k.k.* evoke; arouse; bring to one's mind; produce; stir up.

bangku *k.n.* bench; long seat of wood or stone; long working table. **bangku alas kaki** *k.n.* footstool; stool for resting the feet on while sitting.

bangkut *adj.* dwarf (pl. *-fs*); person or thing much below the usual size; stunted.

banglo *k.n.* bungalow; one-storeyed house.

bangsa *k.n.* nation; nationality; people of mainly common descent and history usu. inhabiting a particular country under one government; race; one of the great divisions of mankind with certain inherited physical characteristics in common; large group of people related by common descent.

bangsal *k.n.* barn; byre; simple roofed farm building for storing grain or hay, etc. **bangsal lembu** *k.n.* shed for cattle not at pasture; cow-shed.

bangsat *adj.* destitute; extremely poor; without means to live.

bangsawan *k.n.* nobility; Malay opera.

bangun *k.k.* stand; to get up. **membangun** *k.k.* develop (p.t. *developed*); make or become larger or more mature or organized; bring or come into existence.

bangunan *k.n.* building; house or similar structure. **bangunan besar** *k.n.* edifice; large building. **bangunan tambahan** *k.n.* outbuilding; outhouse; annex.

bani *k.n.* children or grandchildren; descendants.

banir *k.n.* buttress roots.

banjaran *k.n.* row; range; line or series of things.

banjir *k.n.* inundation; flood; great quantity of water coming over a place usually dry; great outpouring. **membanjiri** *k.k.* inundate; flood; cover or fill with a flood; overflow; come in great quantities or large numbers.

banjo *k.n.* banjo (pl. *-os*); guitar-like musical instrument.

bank *k.n.* bank; establishment for safe keeping of money which it pays out on a customer's order; money held by the keeper or a gaming table; place storing a reserve supply. **hari kelepasan bank** *k.n.* bank holiday; public holiday when banks are officially closed. **urusan bank** *k.n.* banking; business of running a bank.

bankrap *k.n.* bankrupt; unable to pay one's debt.

bantah *k.k.* disobey; disregard orders; fail to obey. **membantah** *k.k.* object; state that one is opposed to; protest. **bantahan** *k.n.* protest; statement or action indicating disapproval.

bantai[1] *k.k.* beat (p.t. *beat*, p.p., *beaten*), hit repeatedly; thrash; strike strongly; deal blows to.

bantai[2] *k.k.* slaughter; kill (animals) for food.

bantai[3] *k.k.* gobble; eat (usually quickly and greedily); guzzle.

bantal *k.n.* pillow; cushion used (esp. in bed) for supporting the head. **bantal peluk, bantal golek** *k.n.* bolster; pillow shaped like a long tube. **berbantalkan** *k.k.* pillow; rest on or use as a pillow. **sarung bantal** *k.n.* pillowcase; pillowslip; cloth cover for a pillow.

banteras *k.k.* eradicate; get rid of completely; abolish.

banting, membanting *k.k.* beat; hurl; thresh; beat out (grain) from stalks.

Bantu *adj. & k.n.* Bantu (pl. *-u* or *-us*); (member) of a group of African Negroid people or their languages.

bantu *k.k.* conduce; help to cause or produce; back; help; support; aid; assist. **kata kerja bantu** auxiliary verb; one used in forming tenses, etc. of other verbs. **membantu** *adj.* aux-

iliary; giving help or support; instrumental; serving as a means. —*k.k.* aid; help; assist. **bantuan** *k.n.* aid; help; assistance; grant; student's allowance from public funds. **askar bantuan** troops employed to reinforce or strengthen a military task.

bantut, membantutkan *k.k.* stunt; hinder the growth or development of.

banyak *adj.* much; (existing in) great quantity. —*kk.* in a great degree; to a great extent; most; greatest in quantity or intensity, etc.; big (*bigger*, *biggest*); many; numerous; great in number; plenty; enough and more.

bapa *k.n.* father; male parent or ancestor; founder; originator. **bapa mentua** *k.n.* father-in-law (pl. *fathers-in-law*); father of one's wife or husband. **tiada berbapa** *adj.* fatherless; without a living or known father.

Baptis *k.n.* Baptist; member of a Protestant sect believing that baptism should be by immersion. **membaptiskan** *k.k.* baptize; perform baptism on; name; nickname.

bapuk *k.n.* gay; male homosexual.

bar *k.n.* bar; barristers; their profession; vertical line dividing music into units; this unit; counter where alcohol or refreshments are served; room containing this. **pelayan bar** *k.n.* barmaid; barman (pl. *-men*); female or male attendant at a bar servicing alcohol.

bara *k.n.* embers (*pl.*); small piece of live coal or wood in a dying fire.

barah *k.n.* cancer; malignant tumour; spreading evil.

barakuda *k.n.* barracuda; a large, fierce fish found in Caribbean seas.

baran *adj.* disagreeable; grumpy; bad-tempered. **panas baran** *adj.* irritable; easily angered.

barang *k.n.* thing; inanimate object; item; article; goods; commodity. **barangan** *k.n.* goods (*pl.*); movable property; articles of trade; things to be carried by road or rail.

barangkali *k.n.* perhaps; maybe; possibly.

Barat *k.n.* Occident; the West; the Western world.

barbeku *k.n.* barbecue; frame for grilling food above an open fire; this food; open-air party where such food is served.

barbiturat *k.n.* barbiturate; sedative drug.

B

bari, bari-bari *k.n.* type of fly which usually infests fruits.

baring *k.k.* recline; lean (one's body); lie down.

baris *k.n.* line; row of people or things; row of words on a page in a poem. **membariskan** *k.k.* line; arrange in line(s) or rows. **berbaris** *k.k.* march; walk in a regular rhythm or an organized column; walk purposefully; cause to march or walk. **pembaris** *k.n.* ruler. **barisan** *k.n.* row; line of people or things; range; series.

bariton *k.n.* baritone; male voice between tenor and bass.

barium *k.n.* barium; white metallic element.

barli *k.n.* barley; a kind of cereal plant; its grain. **air barli** *k.n.* barley water; drink made from pearl barley.

barometer *k.n.* barometer; instrument measuring atmospheric pressure, used in forecasting weather.

baron *k.n.* baron (male), baroness *(fem)*; member of the lowest rank of nobility; magnate; powerful businessman.

barter *k.n.* barter; trade by exchange of goods for other goods.

baru *adj.* new; not existing before; recently made or discovered or experienced, etc.; unfamiliar; unaccustomed; brand new; unused. —*kkt.* newly; recently, freshly. **pengantin baru** *k.n.* newly-wed; recently married (person). **pendatang baru** *k.n.* newcomer; one who has arrived recently; new arrival.

barua *k.n.* pimp; man who solicits clients for a prostitute or brothel.

baruh *k.n.* lowland near an estuary or the sea.

barut *k.n.* cloth wrapped around abdomen of newborn baby.

barzakh *k.n.* (in Islam) a place where the souls of dead people wait until they are resurrected.

bas *k.n.* bus; long-bodied passenger vehicle. **bas mini** *k.n.* minibus; small bus-like vehicle with seats for only a few people. **bas persiaran** *k.n.* coach; private or long-distance bus. **pemandu bas** *k.n.* busman (pl. -*men*); driver of a bus. **syarikat bas** *k.n.* a bus company.

basah *adj.* wet (-*ter*, -*test*); soaked or covered with water or other liquids; not dry. **membasahkan** *k.k.* wet (p.t. *wetted*), make wet.

basalt *k.n.* basalt; dark rock of volcanic origin.

basau *adj.* does not become tender or soft easily. **membasaukan** *k.k.* store, keep or preserve something to enhance the flavour.

basi *adj.* (of food) rotten; stale; spoilt; hackneyed; (of sayings) over-used and therefore lacking impact.

basikal *k.n.* bicycle; two-wheeled vehicle driven by pedals.

basil *k.n.* basil; sweet-smelling herb.

basilus *k.n.* bacillus (pl. -*li*); rod-like bacterium.

basmi, membasmi *k.k.* eradicate; get rid of completely; obliterate; blot out; destroy.

basuh *k.k.* wash; cleanse with water or other liquid.

basung *k.n.* a light cork-like root; leaf that is rolled and used to wrap sago.

bata *k.n.* brick; block of baked or dried clay used to build walls; rectangular block. **penerap bata** *k.n.* bricklayer; workman who builds with bricks.

batal *adj.* invalid; not valid; null; having no legal force. **membatalkan** *k.k.* invalidate; make no longer valid; nullify; make null; neutralize the effect of; countermand; disqualify; make ineligible or unsuitable. —*k.k.* cancel (p.t. *cancelled*); cross out; mark (a stamp, etc.) to prevent re-use; declare that (something arranged) will not take place; order to be discontinued.

batalion *k.n.* battalion; army unit of several companies.

batang *k.n.* bar; long piece of solid material; strip.

batas *k.n.* bounds; limits; confines; boundaries. **melampaui batas** *k.k.* overstep (p.t. -*stepped*); go beyond (a limit). **membataskan** *k.k.* confine; keep within limits. **membatasi** *k.k.* confine; bound; limit, be a boundary of. **terbatas** *k.k.* finite; limited; narrow; restricted.

bateri *k.n.* battery; a device to store and discharge electricity.

batik *k.n.* batik; method of printing designs on textiles by waxing parts not to be dyed; fabric printed thus.

batin *k.n.* inner feelings.

batu *k.n.* stone; rock; this shaped or used for a purpose; stones or rock as a substance or material; precious stone; small piece of hard substance formed in the bladder or kidney, etc.; mile; measure of length, 1760 yards (about

1.609 km); (*colloq.*) great distance. **membatu** *k.k.* keep silent; petrify; harden; change into a stony mass. **batu giok** *k.n.* jade; hard green, blue, white stone. **batu api** *k.n.* flint; very hard stone producing sparks when struck with steel; piece of hard alloy used to produce a spark. **batu apung** *k.n.* pumice; solidified lava used for rubbing stain from the skin or as powder for polishing things. **batu bundar** *k.n.* cobble; rounded stone formerly used for paving roads. **batu canai** *k.n.* grindstone; thick revolving disc for sharpening or grinding things. **batu kisar** *k.n.* millstone; heavy circular stone used in grinding corn. **batu loh** *k.n.* slate; rock that splits easily into smooth flat blue-grey plates; piece of this used as roofing-material or (formerly) for writing on. **batu nautika** *k.n.* nautical mile; unit used in navigation; 2025 yards (1.852 km). **batu tongkol** *k.n.* boulder; large rounded stone. **batu ubin** *k.n.* flag-stone; large paving stone, floor-tiles. **pertukangan batu** *k.n.* masonry; mason's work; stonework. **tukang batu** *k.n.* stonemason; person who cuts and shapes stone or builds in stone. **Zaman Batu** *k.n.* Stone Age; pre-historic period when weapons and tools were made of stone. **batuan** *k.n.* rock; hard part of earth's crust, below the soil; mass of this; large stone or boulder. **batu dasar** *k.n.* bedrock; solid rock beneath loose soil.

batuk *k.k.* cough; expel air, etc. from lungs with a sudden sharp sound; act or sound of coughing; illness causing coughing. **batuk kering** *k.n.* consumption (*old use*); tuberculosis.

bau *k.n.* aroma; smell; odour. **tanpa bau** *adj.* odourless; without a smell.

baucar *k.n.* voucher; a kind of receipt; document issued for payment and exchangeable for certain goods or services.

bauk *k.n.* sideburns; short side-whiskers.

bauksit *k.n.* bauxite; a clay-like ore from which aluminium is obtained.

baulu, kuih baulu *k.n.* a sponge cake made from flour, eggs and sugar.

baur *k.k.* mix. **berbaur** *k.k.* mixed; mingled; associate with.

bauran *k.n.* hotchpotch; jumble.

bawa *k.k.* bring (p.t. *brought*); cause to come; carry; transport; convey.

bawah *kkt.* below; at or to a lower position or amount (than) underneath.

—*k.s.n.* under; in or to a position or rank, etc. lower than; less than; governed or controlled by; subjected to; in accordance with; designated by. **bawahan** *k.n.* inferior; low or lower in rank, importance, quality, or ability. **kedudukan bawahan** *k.n.* inferiority; subordinate.

bawal *k.n.* pomfret; a saltwater fish; type of plant (tree).

bawang *k.n.* onion; vegetable with a bulb that has a strong taste and smell. **bawang putih** *k.n.* garlic; onion-like plant.

bawasir *k.n.* haemorrhoids; piles; painful swollen veins at or near the anus.

baya *k.n.* age. **sebaya** *adj.* same age; similar.

bayam *k.n.* spinach; vegetable with dark-green leaves.

bayang *k.n.* shadow; shade; patch of this where a body blocks lightrays; person's inseparable companion; reflection; slight trace; gloom. **memba-yangi** *k.k.* overshadow; cast a shadow over; cause to seem unimportant in comparison; follow and watch secretly. **membayangkan** *k.k.* conceive; form (an idea, etc.) in the mind; think; envisage; imagine; foresee; foreshadow; be an advance sign of (a future event, etc.); imply; suggest without stating directly; hint.

bayangan[1] *k.n.* shadow; reflection; silhouette.

bayangan[2] *k.n.* indication; an advance sign of (a future action, etc.).

bayar *k.k.* pay (p.t. *paid*); give (money) in return for goods or services; give what is owed; suffer (a penalty). **membayar** *k.k.* disburse; pay out (money). **si dibayar** *k.n.* payee; person to whom money is paid or is to be paid. **bayaran** *k.n.* payment; wages. **bayaran sambil bekerja** pay-as-you-earn; method of collecting income tax by deducting it at source from wages or interest, etc.

bayi *k.n.* newborn baby; baby; very young child; babe.

bayonet *k.n.* bayonet; dagger-like blade that can be fixed to the muzzle of a rifle. **membayonet** *k.k.* bayonet; stab with this.

bayu *k.n.* breeze; light wind.

bazar *k.n.* bazaar; market; series of shops or stalls in large shop selling a variety of cheap goods; sale of goods to raise funds.

bazer *k.n.* buzzer; an electrical device that gives out a buzzing sound as a signal.

bazir *k.k.* blow (*sl.*); spend recklessly; waste (time, money, etc.). **membazir** *k.k.* misspend (p.t. *misspent*); spend badly or unwisely.

bazuka *k.n.* bazooka; a long gun which is held on the shoulder and used to fire rockets at military vehicles.

bearing *k.n.* bearing; device reducing friction where a part turns.

bebal *adj.* imbecile; idiotic; feather-brained; silly.

beban *k.n.* burden; thing carried; heavy load or obligations; trouble; encumbrance; thing that encumbers. **membebankan** *k.k.* encumber; be a burden to; hamper; put a burden on; burden.

bebas *adj.* free (*freer, freest*); not a slave, not in the power of another; having freedom; not fixed, able to move; without, not subject to; not occupied, not in use; lavish; clear; free from doubt, difficulties, obstacles, etc.; carefree; light-hearted through being free from anxieties; footloose, independent; without responsibilities; not dependent on or controlled by another person or thing; (of broadcasting) not financed by licence-fees. **membebaskan** *k.k.* free (p.t. *freed*); make free; rid of; clear, disentangle; emancipate; liberate, free from restraint; set free esp. from oppression; acquit (p.t. *acquitted*); declare to be not guilty.

bebat *k.n.* bandage; strip of material for binding a wound. **membebat** *k.k.* bandage; bind with this; wrap round.

bebawang *k.n.* bulb; rounded base of the stem of certain plants, from which roots grow downwards.

bebel *k.n.* babble; babbling talk. **membebel** *k.k.* babble; chatter indistinctly or foolishly.

bebenang *k.n.* coil; spiral thread.

bebibir *k.n.* flange; projecting rim.

bebuli, buli-buli *k.n.* a small bottle; a bulging object that is usu. filled with something.

beca *k.n.* trishaw; a light three-wheeled vehicle with pedals, used in the Far East.

becak *k.n.* muddy; slushy.

becok *k.k.* hoydenish; loud; chatty; fond of chatting. **gadis becok** *k.n.* hoyden; girl who behaves boisterously.

bedah *k.n.* dissect; cut apart so as to examine the internal structure; operate; perform an operation on.

bedak *k.n.* powder; mass of fine dry particles; cosmetics in this form. **kotak bedak** *k.n.* compact; small flat case for face-powder.

bedal *k.k.* beat (p.t. *beat*, p.p. *beaten*); hit; strike strongly; whip; thrash.

beduk *k.n.* a large drum found in a small Muslim place of worship or mosque.

bedung *k.k.* swaddle; wrap; bundle up.

beg *k.n.* bag; flexible container. **beg bimbit** *k.n.* briefcase; case for carrying documents. **beg galas** *k.n.* knapsack; bag worn strapped on the back. **beg tangan** *k.n.* handbag; bag to hold a purse and small personal articles; travelling-bag.

begar *adj.* headstrong; self-willed and obstinate; determined.

begini *kkt.* so; thus; this way; like this.

begitu *kkt.* so; thus; that way; like that.

begol *k.n.* bugle; brass instrument like a small trumpet. **peniup begol** *k.n.* bugler.

beguk *k.n.* mumps; virus disease with painful swellings in the neck.

bejana *k.n.* canister; small metal container.

bek *k.n.* back; defensive player positioned near the goal in football, etc.

bekal, membekalkan *k.k.* cater for; supply food; provide what is needed or wanted; stock.

bekam, membekam *k.k.* extract tainted blood from the body by using the suction method; hold firmly; grasp.

bekas *awl.* ex-, former. —*k.n.* container; trace.

beku *adj.* frozen. **otak beku** *k.n.* clot; (*sl.*) stupid person. **membeku** *k.k.* harden; clot (p.t. *clotted*); form clot(s). **membekukan** *k.k.* freeze (p.t. *froze*, p.p. *frozen*); change from liquid to solid by extreme cold; be so cold that water turns to ice; become motionless because of extreme fear; preserve by refrigeration at low temperature; make (assets) unable to be realized; hold (prices or wages) at a fixed level. **bekuan** *k.n.* clot; thickened mass of liquid.

bela *k.k.* advocate; recommend. **membela** *k.k.* defend; represent (the defendant) in a lawsuit; seek revenge; avenge.

belacan *k.n.* shrimp paste.

belacu *k.n.* calico; a kind of cotton cloth.

belah *k.k.* cleave; (p.t. *cleaved; clove,* or *cleft;* p.p. *cloven* or *cleft*); split. —*k.k.* bisect; divide into two equal parts. **terbelah** *k.k.* broken; apart, into pieces; split up. **belahan** *k.n.* cleft; split; cleavage; fission; splitting (esp. of an atomic nucleus, with release of energy).

belai, membelai *k.k.* cherish; take loving care of; be fond of; pet (p.t. *petted*); treat with affection; fondle.

belajar *k.k. see* **ajar.**

belak, berbelak *adj.* mottled; patterned with irregular patches of colour.

belaka *k.t.* all; whole; entire.

belakang *k.n.* back; rear surface or part furthest from the front; rear; back part; hind. —*kkt.* behind; in or to the rear (of); behindhand; remaining after other's departure. **di belakang, ke belakang** *kkt.* rear; at or towards the rear; in check; in or into a previous time, position, or state; in return. **ke belakang** *kkt.* astern; at or towards the stern; backwards. **sakit belakang** *k.n.* backache; pain in one's back. **tulang belakang** *k.n.* backbone; column of small bones down the centre of the back. **terkebelakang** *k.k.* situated behind; of or for past time; last.

belalai *k.n.* trunk; the long nose of an elephant; the main part of the human body apart from the head, arms and legs; a creeping plant.

belalak *k.k.* dilate; open eyes widely. **membelalakkan** *k.k.* open one's eyes widely; dilate eyes. **terbelalak** *adj.* wide-eyed; with eyes fully open.

belalang *k.n.* grasshopper; jumping insect that makes a chirping noise. **belalang juta** *k.n.* locust; a kind of grasshopper that devours vegetation.

belanak *k.n.* blue tail mullet; type of saltwater fish.

Belanda *adj. & k.n.* Dutch; (language) of the Netherlands. **lelaki Belanda** Dutchman. **wanita Belanda** Dutchwoman.

belang *k.n.* stripe; differing in colour or texture from its surroundings. **berbelang-belang** *k.k.* striped, stripy.

belanga *k.n.* earthenware pot.

belangkas *k.n.* king crab with a hard back whose legs are located below the abdomen and has a pointed tail (usu. found in pairs).

belanja *k.n.* expense; cost; cause of spending money; expenses; reimburse-ment. **membelanjakan** *k.k.* expend; spend; use up.

belanjawan *k.n.* budget; plan of income and expenditure, esp. of a country.

belantan *k.n.* club; bludgeon; truncheon; heavy stick used as a weapon. —*k.k.* club (p.t. *clubbed*); strike with a club; whack.

belantara *k.n.* jungle; land overgrown with tangled vegetation, esp. in the tropics; thick forest.

belas *k.n.* compassion; pity.

belasah *k.k.* flog (p.t. *flogged*); beat severely.

belasungkawa *k.n.* condolence; expression of sympathy.

belatuk *k.n.* woodpecker; a bird with a long sharp beak that it uses to make holes in trees.

belauan *k.n.* diffraction; breaking up of a beam of light into a series of coloured or dark-and-light bands.

belebas *k.n.* ledge; lath (pl. *laths*); narrow thin strip of wood, e.g. in trellis; narrow horizontal projection; narrow shelf.

belek *k.k.* examine carefully; scrutinize; look at closely.

belenggu *k.n.* pair of rings connected by a chain used to fasten a prisoner's wrists or ankles; manacle; fetter; hand-cuff; shackle.

belerang *k.n.* brimstone; (*old use*) sulphur.

beli, membeli *k.k.* buy (p.t. *bought*); obtain by payment of money.

belia *k.n.* youth (pl. *youths*); state or period of being young; young man; young people.

beliak *adj.* dilate; make or become wider. **terbeliak** *k.k.* ogle; stare with wide-open eyes.

beliau *k.n.* he; she; person previously mentioned.

belikat *k.n.* shoulder blade; either of the two flat bones at the top of the back part of the body, below the neck.

belimbing *k.n.* starfruit; a green or yellow tropical fruit with a shape like a star.

belit, berbelit-belit *k.k.* twisted; cir-cumlocutory. **bahasa belit** *k.n.* circum-locution; roundabout, verbose, or evasive expression. **membelitkan** *k.k.* entwine; twine round; coil.

beliung *k.n.* hatchet; small axe.

belok *k.k.* turn; veer; luff; bring a ship's head towards the wind; bend; curve.

belon *k.n.* balloon; a thin rubber bag that becomes larger and rounder when you fill it with air or gas; a hot-air balloon.

belot *adj.* defect; abandon one's allegiance to a cause, etc.; betray; be disloyal to. **pembelot** *k.n.* traitor; person who is disloyal.

belukar *k.n.* bush; shrub; thick growth; wild uncultivated land; woody plant smaller than a tree; secondary forest. **belukar berduri** *k.n.* bramble; shrub with long prickly shoots; blackberry. **berbelukar** *k.k.* bushy; covered with bushes; growing thickly; shrubby.

belulang *k.n.* animal hide that has not been treated with tannin; animal hide that has been dried; skin of the shoulder, hand and foot that has hardened because of regular use; calloused skin.

belum, sebelum *k.b., k.s.n. & k.n.* before; at an earlier time (than); ahead, in front of; not yet.

beluncas *k.n.* caterpillar; a small creature like a worm with legs, which likes to eat leaves; larva.

belut *k.n.* eel; snake-like fish.

benak[1] *k.n.* brain; mass of soft grey matter in the skull.

benak[2] *adj.* stupid; not clever; slow at learning or understanding; foolish.

benam *k.k.* embed; fix firmly in a surrounding mass; submerge. **membenam** *k.k.* countersink (p.t. *-sunk*); sink (a screw-head) into a shaped cavity so that the surface is level.

benang *k.n.* thread; a thin string of cotton, wool, silk, etc. used for sewing or making fabric.

benar *adj.* real; genuine; natural; true; in accordance with fact or correct principles or an accepted standard; exact. **membenarkan** *k.k.* allow; permit; admit, agree. **sebenarnya** *adj.* in fact; in reality; indeed; actually.

bencah *k.n.* marsh; swamp; low-lying watery ground.

bencana[1] *adj.* harmful; very unpleasant.

bencana[2] *k.n.* blow; shock; disaster; sudden great misfortune; great failure; trouble; danger.

benci *adj.* hateful; arousing hatred; allergic; having a strong dislike; feel dislike for. **membenci** *k.k.* hate; feel hatred towards; dislike greatly; detest.

benda *k.n.* thing; inanimate object; article; valuables; asset.

bendahara *k.n.* minister/person who is responsible for managing the estate and property of a state or country; chief minister or prime minister in a sultanate, in a traditional society. **perbendaharaan** *k.n.* treasury; collection of the estates and properties of a government.

bendahari *k.n.* bursar; person who manages the finances and other business of a college, etc.; treasurer; person in charge of the funds of an institution.

bendalir *k.n.* something that is able to flow (like liquid or gas) and fill up space according to the shape of the container.

bendang *k.n.* paddy; field where paddy is grown; paddy-field.

bendar *k.n.* fosse; ditch as a fortification; trench; drain.

bendera *k.n.* flag; piece of cloth attached by one edge to a staff or rope, used as a signal or symbol; similarly shaped device.

benderang *adj.* very bright; giving out or reflecting much light; brilliant; shining.

bendi, kacang bendi *k.n.* okra; a plant from the legume family that can be eaten as a vegetable.

bendung, membendung *k.k.* barricade; block or defend with a barricade; dam. **bendungan** *k.n.* barrage; artificial barrier; long wall of earth to keep back water.

bengis *adj.* gruff; surly.

bengkak[1] *adj.* bloated; swollen with fat, gas, or liquid.

bengkak[2] *k.n.* swelling; swollen place on the body. **membengkak** *k.k.* swell (p.t. *swelled*, p.p. *swollen* or *swelled*); make or become larger from pressure within.

bengkalai, terbengkalai *adj.* incomplete; unfinished; abandoned.

bengkarung *k.n.* small lizard-like creature.

bengkel *k.n.* workshop; room or building in which manual work is carried on or where goods are made.

bengkeng *adj.* bad-tempered; peevish; petulant; nasty; fierce.

bengkok *adj.* bent; crooked; not straight, dishonest. **membengkokkan** *k.k.* bend (p.t. & p.p. *bent*); make or become curved or angular; turn downwards, stoop; turn in a new direction.

bengkung *k.n.* cummerbund; sash for the waist; girdle; corset.

B

benguk see **beguk**.

benih[1] *k.n.* seed; plant's fertilized ovule; sperm.

benih[2] *k.n.* source; origin; point; source or cause from which a thing begins its existence.

benih[3] *k.n.* descendant; persons, etc. descended from another; lineage.

bening *adj.* clear; limpid; transparent; able to be seen through.

benjol *k.n.* bump; swelling, esp. left by a blow.

bentak *k.k.* snarl; speak or utter in a bad-tempered way; snap; speak with sudden irritation.

bentan *adj.* become sick again after getting better; suffer a relapse.

bentang[1] *k.k.* spread out; open out; extend; unfold.

bentang[2] *k.k.* present; give information, etc. in a formal way; explain; make clear.

bentar, sebentar *k.n.* just; only a moment ago; momentary.

bentara *k.n.* herald; officer in former times who made state proclamations.

benteng *k.n.* fastness; stronghold; fortress.

bentuk *k.n.* form; shape; appearance; way in which a thing exists; usual method, formality, ritual; condition, style. **membentuk** *k.k.* shape, produce; bring into existence, constitute; take shape; develop; arrange in a formation; mould; guide or control the development of. **membentukkan** *k.k.* compose; form, make up.

benua *k.n.* continent; one of the main land masses of the earth. **antara benua** intercontinental; between continents.

benzena *k.n.* benzene; liquid obtained from petroleum and coal-tar, used as a solvent, fuel, etc.

benzin *k.n.* benzine; liquid mixture of hydrocarbons used in dry-cleaning.

bera *k.n.* blush; flush; flushing of the face; blushing. **membera** *k.k.* blush; become red-faced from shame or embarrassment.

berada *adj.* rich; having much wealth; wealthy.

beradu *k.k.* sleep (of royalty).

berahi *adj.* amorous; showing or readily feeling sexual love. **memberahikan** *k.k.* infatuated; filled with intense passion.

berak, terberak *k.k.* defecate; discharge faeces from the body; ease oneself.

beranda *k.n.* gallery; balcony in a hall or theatre, etc.; veranda; roofed terrace.

berang *adj.* disgruntled; discontented; resentful; furious; full of anger; violent; intense; indignant; feeling or showing indignation.

berangan *k.n.* chestnut; a large tree with broad leaves which produces reddish-brown nuts.

berangsang *k.n.* pep; vigour. **memberangsangkan** *k.k.* pep (p.t. pepped); fill with vigour, enliven. **ceramah yang berangsang** pep talk, urging great effort; invigorating.

berangus *k.n.* muzzle; strap, etc. over animal's head to prevent it from biting or feeding. **memberangus** *k.k.* muzzle; put muzzle on; prevent from expressing opinions freely.

berani *adj.* brave; able to face and endure danger or pain; spectacular; intrepid; feeling no fear, fearless; daring, audacious; bold; confident and courageous. **memberanikan** *k.k.* dare; be bold enough (to do something); challenge to do something risky.

berapa *k.ty.* word used in questions to ask about the degree, amount, age, etc. of somebody or something.

beras *k.n.* rice; a kind of cereal used as staple food in most Asian countries.

berat *adj.* heavy; having great weight; of more than average weight or force or intensity; dense; stodgy; serious in tone, dull and tedious; onerous; burdensome. **berat hati** *adj.* heavy-hearted; sad.

berdikari *k.k.* stand on your own feet, that is to be independent and able to take care of yourself.

berek *k.n.* barracks; building(s) for soldiers to live in.

berenga *k.n.* maggot; larva, esp. of the blue-bottle.

beres[1] *adj.* in order; settled (debts, etc.); finished; concluded.

beres[2], **membereskan, memberesi** *k.k.* settle; clear up; arrange as desired or conclusively; deal with; pay (a bill, etc.).

beret *k.n.* beret; round flat cap with no peak.

bergedel *k.n.* meatball; a small ball of finely chopped meat, usu. eaten with a sauce.

berhala *k.n.* object of worship by some people; idol.

beri[1] *k.k.* give (p.t. gave, p.p. given); cause to receive or have; supply;

provide; utter; pledge; make over in exchange of payment; yield as a product or result; permit a view or access; declare (judgement) authoritatively; be flexible; = bagi.

beri[2] *k.n.* berry; small round juicy fruit with no stone. **beri hitam** *k.n.* blackberry; bramble; its edible dark berry. **bluberi** *k.n.* blueberry; edible blueberry; shrub bearing this.

beriani, nasi beriani *k.n.* an Indian dish consisting of rice cooked with ghee, meat and spices, usu. eaten during special occasions.

beril *k.n.* beryl; transparent usu. green precious stone.

berita *k.n.* news; new or interesting information about recent events; broadcast report of this.

beritahu, memberitahu *k.k.* inform; give information to; reveal secret or criminal activities to police, etc.; notify; apprise; report, make known.

berkas, memberkas *k.k.* nab (p.t. *nabbed*); (*sl.*) catch in wrongdoing; arrest; seize.

berkat *k.n.* boon; benefit; blessing.

bernas[1] *adj.* full (of grains, etc.); plump; having plenty of flesh; well filled; flourishing (of crops, etc.); fertile and productive.

bernas[2] *adj.* constructive (of opinions, suggestions, etc.); making useful suggestions; giving useful and interesting information.

berontak *k.k.* rebel (p.t. *rebelled*); fight against or refuse allegiance to one's established government; resist control; refuse to obey; resist.

beroti *k.n.* batten; bar of wood or metal, esp. holding something in place; horizontal support for walls. **memberoti** *k.k.* batten; fasten with batten(s).

bersama *k.h. see* **sama**.

bersih *adj.* clean; free from dirt or impurities; not soiled or used; complete; clear; hygienic; net; remaining after all deductions; (of weight) not including wrapping, etc. **membersihkan** *k.k.* clean; cleanse; make clean; mop (p.t. *mopped*); clear an area of the remnants of enemy troops, after victory.

bersin *k.k.* sneeze; sudden audible involuntary expulsion of air through the nose. **terbersin** *k.k.* sneeze; give a sneeze.

bersiram *k.k.* (of royalty) bathe; take a bath.

bersut, membersut *k.k.* glower; scowl; sulk.

bertih *k.n.* popcorn; maize heated to burst and form puffy balls.

beruang *k.n.* bear; large heavy animal with thick fur; child's toy like this. **beruang kelabu** *k.n.* grizzly bear; large grey bear of North America.

berudu *k.n.* tadpole; larva of a frog or toad, etc. at the stage when it has gills and a tail.

beruk *k.n. see* **monyet**.

berus *k.n.* brush; implement with bristles; brushing. **memberus** *k.k.* brush; use a brush on. **berus bulu** *k.k.* clean or comb (wool) with a wire brush or toothed instrument.

berzanji *k.n.* a way of reading the holy book on the life of the prophet by singing it, usu. done when celebrating the birthday of Prophet Muhammad (p.b.u.h.).

bes[1] *adj.* bass; deep-sounding, of the lowest pitch in music. —*k.n.* (pl. *basses*); lowest male voice; bass pitch; double-bass.

bes[2] *k.n.* base; substance capable of combining with an acid to form a salt.

besan *k.n.* relationship between one's parents and parents-in-law.

besar *adj.* big (*bigger, biggest*); large in size, amount or intensity; important; great; much above average in size or amount or intensity; large; of great size or extent. **sangat besar** *adj.* immense, extremely great. **membesarkan** *k.k.* enlarge; make or become larger; magnify; reproduce on a large scale. **membesar-besarkan** exaggerate; enlarge upon.

besbol *k.n.* baseball; American ballgame resembling rounders.

besen *k.n.* basin; round open dish for holding liquids or soft substances; wash-basin.

besi *k.n.* iron; hard grey metal; tool, etc. made of this. **besi pemanggang** *k.n.* gridiron; framework of metal bars for cooking on. **jongkong besi** *k.n.* pig-iron; crude iron from a smelting-furnace.

besok *k.n. see* **esok**.

bestari *adj.* intelligent; clever; quick at learning and understanding things; smart (having or showing intelligence); wise.

bet *k.n.* bat; wooden implement for striking a ball in games.

beta[1] *k.n.* beta; second letter of the Greek alphabet, = β.

B

beta[2] *k.g.* (of royalty) me; objective case of *I*; I; person (royalty) speaking or writing and referring to himself or herself.

betah *k.k.* heal; recover from illness; return to a normal state of health.

betapa *k.t.* how; by what means; in what way; to what extent or amount.

betik *k.n.* papaya; a tropical fruit with sweet orange or red flesh and small black seeds.

betina *k.n. see* **perempuan**.

beting *k.n.* bar; sandbank.

betis *k.n.* calf (pl. *calves*); fleshy hind part of the human leg below the knee.

bertolak *k.k.* leave; begin (a journey); depart; proceed from.

betul *adj.* correct; true; accurate; in accordance with an approved way of behaving or working; real. **membetulkan** *k.k.* correct; make correct; mark errors in; amend; alter to remove errors.

betung[1], **buluh betung** *k.n.* a big bamboo. **membetung** *k.k.* channel water through a bamboo.

betung[2] *k.n.* a saltwater fish.

beza, berbeza *k.k.* differ; be unlike; disagree; distinguishing; distinctive; discrepant; different; not the same; separate. **membezakan** *k.k.* differentiate; be a difference between; distinguish between; develop differences. **membeza-bezakan** *k.k.* discriminate against; treat unfairly.

bezantara *k.n.* difference between the highest and the lowest (reading of temperature, rainfall, etc.); difference between two limits.

Bhd. (Berhad) *kep.* Ltd.; Limited.

biadab *adj.* impolite; not polite; discourteous; lacking courtesy; not showing proper respect; impertinent; having bad manners, ill-bred, ill-mannered, churlish; surly; impudent; behaving insultingly, insolent; curt; noticeably or rudely brief; cheeky.

biak *adj.* prolific. —*k.k.* multiply; increase in number. **membiakkan** *k.k.* breed (p.t. *bred*); produce offspring; give rise to.

biang *adj.* lascivious; lustful; feeling, expressing or causing sexual desire.

biar *k.h.* let (p.t. *let*, pres.p. *letting*); allow or cause to; allow or cause to come, go, or pass. **terbiar** *adj.* neglected; disused; no longer used.

biara *k.n.* convent; monastery; lamasery; cloister; monastery of lamas; residence of the nuns and monks.

biarawan *k.n.* monk; a member of a religious group of men who often live apart from other people in a monastery.

biarawati *k.n.* nun; a member of a religious group of women who often live together in a convent.

bias, membias *k.k.* deflect; turn aside.

biasa *adj.* habitual; done or doing something constantly, esp. as a habit; usual; banal; commonplace; uninteresting; accustomed; customary; normal. **luar biasa** *adj.* extraordinary; unusual; outrageous; greatly exceeding what is moderate or reasonable, shocking. **membiasakan** *k.k.* accustom; make used to; habituate; inure.

biasiswa *k.n.* scholarship; financial aid given by specific bodies or individuals to students. **berbiasiswa** *k.k.* has or given a scholarship.

biawak *k.n.* iguana; tropical large lizard.

biawas *k.n.* a tropical fruit. **jambu biawas** *k.n.* a tropical fruit with lots of seeds; guava.

biaya, membiayai *k.k.* defray; provide money to pay (costs); subsidize.

bibi *k.n.* term of address for aunt or a married elderly lady.

bibir *k.n.* lip; either of the fleshy edges of the mouth-opening; edge of a container or opening; slight projection shaped for pouring from; brim; edge of a cup or hollow or channel. **membaca pergerakan bibir** lip-read; understand (what is said) from movements of a speaker's lips.

bibit *k.n.* seed; plant's fertilized ovule; semen; sperm-bearing fluid produced by male animals; something from which a tendency, etc. can develop.

bibliografi *k.n.* bibliography; list of books about a subject or by a specified author; study of the history of books. **penyusun bibliografi** *k.n.* bibliographer.

bicara, berbicara *k.k.* talk; speak; say something; express in words. **membicarakan** *k.k.* discuss, examine by argument, talk, or write about; sit in judgement; hear (a case in court); judge (a court case).

bicu *k.n.* jack; portable device for raising heavy weights off the ground.

bidaah *k.n.* heresy; opinion contrary to accepted beliefs; holding of this.

bidadari *k.n.* houri (pl. -*is*); beautiful young woman of the Muslim paradise; angel of paradise.

bidai *k.n.* type of curtain made from strips of bamboo or rattan that have been joined together; bamboo strip used to support broken body parts; splint.

bidak *k.n.* pawn; chess-piece of the smallest size and value.

bidal *k.n.* an expression of advice; a maxim or proverb. **bidalan** *k.n.* arrangement of words with specific meaning.

bidalan *k.n.* proverb; saying; a well-known phrase; maxim; sentence giving a general truth or rule of conduct.

bidan *k.n.* midwife (pl. -wives); person trained to assist women in childbirth.

bidang *k.n.* domain; field of thought or activity; province; range of learning or responsibility; scope; range of a subject, etc. **bidang kuasa** *k.n.* jurisdiction; authority to administer justice or exercise power.

bidara, bedara *k.n.* a tree with edible fruit almost similar to the longan.

bidas, membidas *k.k.* slash; criticize vigorously.

bidik, membidik *k.k.* aim (a gun, etc.); point, send, or direct towards a target; stare; glare; gaze fixedly at something.

biduan *k.n.* singer (male).

biduanda *k.n.* page; liveried boy or man employed as a door attendant or to go on errands, etc.; boy attendant of a bride or person of rank; errand-boy.

biduanita *k.n.* singer (female).

biduk *k.n.* a small paddle boat for catching fish or ferrying goods on the river. **berbiduk** *k.k.* to go boating; to board a small paddle boat.

bifstik *k.n.* beefsteak; slice of beef.

bigami *k.n.* bigamy; crime of marrying someone while already married to another.

bihun *k.n.* thin rice noodle.

bijak *adj. see* **bijaksana.**

bijaksana *adj.* judicious; judging wisely, showing good sense; wise.

bijan *k.n.* sesame; tropical plant with seeds that yield oil or are used as food; its seeds.

biji[1] *k.n.* seed; plant's fertilized ovule; stone; hard case round the kernel of certain fruits.

biji[2] *k.n.* numerical coefficient for fruit, small objects, etc.

bijih *k.n.* ore; solid rock or mineral from which metal is obtained.

bijirin *k.n.* cereal; grass-plant with edible grain; this grain, breakfast food made from it.

bikar *k.n.* beaker; glass vessel with a lip, used in laboratories; tall drinking-cup.

bikarbonat *k.n.* bicarbonate; a kind of carbonate.

bikini *k.n.* bikini; woman's scanty two-piece swimsuit.

biku *k.n.* edging; something placed round an edge to define or decorate it.

bil *k.n.* bill; written statement of charges to be paid. **mengebilkan** *k.k.* bill; send a bill to.

bila *k.ty.* word used to ask about an unspecified time or time in general.

bilah *k.n.* blade; flattened cutting-part of a knife or sword, etc.

bilal *k.n.* muezzin; man who makes the call to prayer for Muslims.

bilang *k.k. see* **kira.**

bilangan *k.n.* number; numeral assigned to a person or thing; single issue of a magazine; item; total.

bilas, membilas *k.k.* rinse; to wash something with clean water to remove soap or dirt.

biliard *k.n.* billiards; game played with cues and three balls on a table.

bilik *k.n.* room; space that is or could be occupied; enclosed part of a building. **bilik darjah** *k.n.* classroom; room where a class of students is taught. **bilik hias** *k.n.* boudoir; powder-room; woman's small private room. **bilik istirahat** *k.n.* lounge; sitting room. **bilik kanak-kanak** *k.n.* nursery; room(s) for young children. **bilik makan** *k.n.* dining room; room where meals are eaten. **bilik mandi** *k.n.* bathroom; room containing a bath or shower. **bilik mayat** *k.n.* mortuary, morgue; place where dead bodies may be kept temporarily. **bilik menunggu** *k.n.* lounge; waiting-room at an airport, etc. **bilik rehat, bilik tamu** *k.n.* living room; room for general day-time use. **bilik tidur** *k.n.* bedroom; room for sleeping in.

bilion *k.n.* billion; one thousand million(s); (*formerly, Brit.*) one million million(s).

bilis *k.n.* pain and redness especially around the eye; small; fine. **ikan bilis** *k.n.* anchovy; very small saltwater fish. **rumput bilis jantan** *k.n.* weeds found in paddy fields.

Bimasakti *k.n.* the Milky Way; the system of stars containing our sun and its planets, seen as a bright band in the night sky.

bimbang *k.k.* (*sl.*) show fear; anxiety; worry.

bimbingan *k.n.* tuition; process of teaching; instruction, guidance.

bimbit, membimbit *k.k.* carry (handbag, etc.) in the hand; lead by the hand; guide.

bin *k.n.* son of.

bina *k.k.* construct; erect; build (p.t. *built*); make or construct by placing parts together. **membina** *k.k.* constructive; constructing, making useful suggestion. —*k.k.* build; build-up, established gradually; increase in height or thickness; boost with praise. **binaan, pembinaan** *k.n.* construction; constructing; thing constructed; words put together to form a phrase, etc.

binasa *k.k.* perish; suffer destruction; die; rot. —*adj.* devastating; ruined. **membinasakan** *k.k.* destroy; devastate; cause great destruction to, ruin.

binatang *k.n.* animal.

bincang, berbincang, membincangkan *k.k.* discuss; examine by argument; talk or write about.

bincut *k.n.* lump; swelling.

bingal *adj.* stubborn; disobedient.

bingar *adj.* clamorous. **hingar-bingar** *adj.* very noisy; in a very noisy situation. **kebingaran** *k.n.* clamour; noise; uproar; commotion.

bingit *adj.* momentarily deaf because it is too noisy.

bingkah *k.n.* rough lump of earth, gold or platinum, etc.

bingkai *k.n.* frame; open case or border enclosing a picture or pane of glass, etc.; rigid structure supporting other parts.

bingkas *k.k.* spring back; rebound; jump up; move or get up suddenly.

bingkis, membingkis, membingkiskan *k.k.* send a token with a letter. **bingkisan** *k.n.* parcel; present; gift of appreciation, etc.

bingung *adj.* bemused; bewildered; confused; lost in thought; muzzy; dazed; feeling stupefied. **membingungkan** *k.k.* bewilder; puzzle; confuse; mystify; cause to feel puzzled; bedevil (p.t. *bedevilled*); afflict with difficulties; confound; disconcert; upset the self-confidence of; fluster.

bini *k.n. see* **isteri**.

bintang *k.n.* star; celestial body appearing as a point of light; this regarded as influencing human affairs; figure or object with rays; asterisk; star-shaped mark indicating a category of excellence; brilliant person, famous actor or performer, etc. **bintang kutub** *k.n.* lodestar; star (esp. the pole-star) used as a guide in navigation. **membintangi** *k.k.* star (p.t. *starred*); present or perform as actor or actress.

binti *k.n.* daughter of. **berbinti** *k.k.* belongs to. **berbintikan** *k.k.* to use the name of someone such as a foster father in lieu of the father's name.

bintik *k.n.* blot; spot; small spot or particle; fleck; very small patch or colour; speck; freckle, light brown spot on the skin; round mark or stain; something ugly or disgraceful. **berbintik** *k.k.* spot (p.t. *spotted*); mark with a spot or spots; freckle; spot or become spotted with freckles.

bintil *k.n.* nodule; rounded lump, small node; stye.

biodata *k.n.* biodata; personal particulars of individuals; biographical details.

biofizik *k.n.* biophysics; the science which uses the laws and methods of physics to study biology.

biografi *k.n.* biography; story of a person's life. **penulis biografi** *k.n.* biographer; writer of a biography.

biokimia *k.n.* biochemistry; chemistry of living organisms. **ahli biokimia** *k.n.* biochemist.

biola *k.n.* musical instrument with four strings of treble pitch, played with a bow. **penggesek biola** *k.n.* bow; rod with horse-hair stretched between its ends, for playing a violin, etc.; violinist.

biologi *k.n.* biology; study of the life and structure of living things. **ahli biologi** *k.n.* biologist.

bionik *adj.* bionic; (of a person or faculties) operated electronically.

biopsi *k.n.* biopsy; examination of tissue cut from a living body.

biosfera *k.n.* biosphere; the part of the earth's surface and atmosphere in which plants and animals can live.

bioteknologi *k.n.* biotechnology; the use of living cells and bacteria in industrial and scientific processes.

bir *k.n.* beer; alcoholic drink made from malt and hops (plant).

birai *k.n.* blind; screen, esp. on a roller, for a window. **birai hias** *k.n.* cornice; ornamental moulding round the top of an indoor wall.

biras *k.n.* relationship between two people who marry two siblings; relationship between two in-laws.

biri-biri *k.n.* sheep (pl. *sheep*); grass-eating animal with a thick fleece. **biri-biri betina** *k.n.* ewe; female sheep. **anjing pengembala biri-biri** *k.n.* sheep dog; dog trained to guard and herd sheep. **bulu biri-biri** *k.n.* sheepskin; sheep's skin with the fleece on.

biro *k.n.* bureau; office; department.

birokrasi *k.n.* bureaucracy; government by State officials not by elected representatives; excessive official procedures.

birokrat *k.n.* bureaucrat; official in a government office.

birokratis *k.n.* bureaucratic.

biru *adj.* blue; of a colour like the cloudless sky. **kebiru-biruan** *k.n.* bluish; rather blue.

bisa¹ *k.n.* venom; poisonous liquid in the bite or sting of a snake, scorpion, etc. **berbisa** *k.k.* poisonous; venomous.

bisa² *k.n.* sharp and unbearable pain; extremely unpleasant feeling caused by injury or disease of the body.

bisa³ *adj.* extremely painful; hurtful and sharp (of words).

biseps *k.n.* biceps; large muscle at the front of the upper arm.

bisik, membisikkan, berbisik *k.k.* whisper; speak or utter softly, not using the vocal cords; converse privately or secretly; rustle. **bisikan** *k.n.* whisper; murmur; low continuous sound; softly spoken words.

bising *adj.* noisy; making much noise.

biskop *k.n.* bishop; clergyman of high rank.

biskut *k.n.* biscuit; small flat thin piece of pastry.

bismillah *k.n.* (expression) in the name of Allah.

bismut *k.n.* bismuth; metallic element; compound of this used in medicines.

bison *k.n.* bison (pl. *bison*); wild ox; buffalo.

bisu *adj.* mute; silent; dumb; unable to speak. **membisukan** *k.k.* deaden or muffle the sound of. **orang bisu** *k.n.* dumb person.

bisul *k.n.* boil; inflamed swelling producing pus.

bit *k.n.* beet; plant with a fleshy root used as a vegetable or for making sugar; (*U.S.*) beetroot. **lobak bit** *k.n.* beetroot (pl. *beetroot*); root of beet as a vegetable.

bitumen *k.n.* bitumen; black substance made from petroleum.

bius, ubat bius *k.n.* anaesthetic; a drug that makes a person unable to feel pain. **membius** *k.k.* to make a person unable to feel pain by giving him anaesthetic. **pembiusan** *k.n.* administration of anaesthetic; treatment with anaesthetic.

blaus *k.n.* blouse; shirt-like garment worn by women.

blazer *k.n.* blazer; loose-fitting jacket, esp. in the colours or bearing the badge of a school, team, etc.

blok¹ *k.n.* bloc; group of parties or countries which combine for a purpose.

blok² *k.n.* block; compact mass of buildings; large building divided into flats or offices; large quantity treated as a unit.

boa *k.n.* boa; large South American snake that crushes its prey.

bobok *k.n.* gurgle; low bubbling sound. **membobok** *k.k.* gurgle; make this sound.

bobos *k.k.* penetrate through a big hole.

bocor¹ *adj.* leaky.

bocor² *k.n.* leak; hole through which liquid or gas makes its way accidentally; liquid, etc. passing through this; process of leaking; similar escape of an electric charge. **membocorkan** *k.k.* escape or let out from a container; disclose; make known.

bodoh *adj.* stupid; not clever; slow at learning or understanding; in a state of stupor. **membodohkan** *k.k.* stupefy; dull the wits or senses of; stun with astonishment; make a fool of.

Boer *k.n.* Boer (*old use*); South African of Dutch descent.

bogel *adj.* nude; not clothed; naked. **gambar bogel** *k.n.* picture of a nude.

boh *k.n.* moo; cow's low deep cry. **mengeboh** *k.k.* moo; make this sound.

bohong, membohongi *k.k.* lie; statement the speaker knows to be untrue; bluff; deceive; make a false statement.

boikot, memboikot *k.k.* boycott; refuse to buy, use or take part in something as a form of protest. **pemboikotan** *k.n.* act of boycotting. **pemboikot** *k.n.* person or party (company, country, etc.) that boycotts.

bol¹, **jambu bol** *k.n.* a tropical tree with small red fruits; the fruit of this tree.

bol² *k.n.* bolt; a piece of metal like a screw without a point which is used with a circular piece of metal (a nut) to fasten things together (bolt and nut).

bola *k.n.* ball; solid or hollow sphere, esp. used in a game; rounded part or mass. **bola jaring** *k.n.* netball; team game in which a ball has to be thrown into a high net. **bola keranjang** *k.n.* basketball; game like netball. **bola sepak** *k.n.* soccer; (*colloq.*); football; large round or elliptical inflated ball; game played with this. **pemain bola sepak** *k.n.* footballer. **mata bola** *k.n.* ballpoint; pen with a tiny ball as its writing-point. **bebola** *k.n.* ball bearing; bearing using small steel balls; one such ball.

boleh *k.b.* can; is or are able, or allowed to; may (p.t. *might*); used to express a ability, possibility or permission. **tidak boleh** cannot, can't; negative form of can. **membolehkan** *k.k.* enable; give the means or authority to do something; allow.

boling *k.n.* bowling; playing bowls or skittles or a similar game.

bolos, membolos *k.k.* play truant; desert; abandon; leave one's service in the armed forces without permission.

bolot *k.k.* win (p.t. *won*, pres. p. *winning*); obtain as the result of a contest, etc.; monopolize; not allow others to share; having sole possession or control.

bom *k.n.* bomb; case of explosive or incendiary material to be set off by impact or a timing device. **bom hidrogen** *k.n.* H-bomb; hydrogen bomb. **mengebom** *k.k.* bomb; attack with bombs.

bomba, ahli bomba *k.n.* fireman (pl. -*men*); member of a fire brigade. **pasukan bomba** *k.n.* fire brigade; organized body of people trained and employed to extinguish fires. **kereta bomba** *k.n.* fire-engine; vehicle fitted with equipment for putting out large fires.

bomoh *k.n.* medicine-man; traditional or faith healer.

bon *k.n.* bond; thing that unites or restrains; agreement; with legal force; document issued by a government or public company acknowledging that money has been lent to it and will be repaid. **mengikat bon** *k.k.* bond; unite with a bond. **dalam bon** in bond; stored in a Customs warehouse until duties are paid.

bona fide adj. bona fide; genuine.

bonanza *k.n.* bonanza; sudden great wealth or luck.

bonceng, membonceng *k.k.* get a lift or ride (usu. on a bicycle, etc.). **boncengan** *k.n.* pillion; saddle for a passenger seated behind the driver of a motorcycle. **membonceng** *k.k.* ride pillion; ride on this.

bonda *k.n.* mother (of royalty or in letter-writing).

boneka *k.n.* doll; dolly (*children's use*); puppet; kind of doll made to move by various means as an entertainment; person whose actions are controlled by another; small model of human figure; esp. as a child's toy; marionette, puppet worked by strings.

bonet *k.n.* bonnet; hinged cover over the engine, etc. of a motor vehicle.

bonggol *k.n.* hump; rounded projecting part; animal's hump; knob.

bongkah *k.n.* block; solid piece of hard substance; log of wood; large piece.

bongkak *adj.* arrogant; proud and overbearing; boastful; boasting frequently; high-falutin; (*colloq.*) pompous; insolent.

bongkok *k.n.* hunchback; person with a hump back. **membongkok** *k.k.* stoop; bend forwards and down; crouch; stoop low with legs tightly bent.

bongkar¹, membongkar *k.k.* unload; remove a load or cargo (from a ship, train, etc.)

bongkar² *k.k.* ransack; rummage; search in a disorderly way.

bongkar³ *k.k.* reveal or uncover (a secret, mystery, etc.); expose.

bongsu *k.n.* last; youngest. **gigi bongsu** *k.n.* wisdom tooth. **kebongsuan** *k.n.* pampered behaviour of children.

bonjol *k.n.* bulge; rounded swelling; outward curve. **membonjol** *k.k.* bulge; form a bulge, swell.

bonsai *k.n.* bonsai; a tree that has been kept small by growing it in a little pot; the art of growing bonsai.

bonus *k.n.* bonus; an extra amount of money added to someone's pay as a reward; a sum of money paid by an insurance company to its policy holders.

boo *sr.* boo; exclamation of disapproval. **mengeboo** *k.k.* boo; shout 'boo' (at).

boomerang *k.n.* boomerang; Australian piece of flat curved wood that can be thrown so as to return to the thrower.

bopeng *adj.* pock-marked; covered with hollow marks or scars. **berbopeng** *k.k.* have pockmarks.

bor *k.n.* drill; tool or machine for boring holes.

borak *k.n.* (*sl.*); chatter.

boraks *k.n.* borax; compound of boron used in detergents, etc.

borang *k.n.* form; document with blank spaces to be filled in with information.

borek *k.n.* white spots as seen on chicken feathers, etc. **memborek** *k.k.* resemble white spots; has a small amount of spots.

boria *k.n.* type of stage performance with singing, comic sketches, etc. which is popular among the Penang Malay community.

borik *adj.* boric. **asid borik** *k.n.* boric acid; substance derived from boron, used as antiseptic.

borok *k.n.* type of smelly, pus-producing scabies. **berborok** *k.k.* to have festering sores or suffer from this type of ailment. **borokan** *k.n.* bad character.

boron *k.n.* boron; chemical element very resistant to high temperatures.

borong *k.n.* wholesale trading; trading of goods bought and sold in large quantities; wholesale market where goods are sold in bulk. **memborong** *k.k.* buy wholesale or in bulk; buy in large amounts; do something on a wholesale basis. **memborongkan** *k.k.* sell in bulk. **borongan** *k.n.* wholesale purchasing or selling.

boros *adj.* extravagant; spending more than is necessary; going beyond what is reasonable; wasteful; not providing for future needs.

bos *k.n.* boss (*colloq.*); master, manager, overseer; person in control.

bosan *adj.* mundane; dull, routine; monotonous; lacking in variety or variation; dull because of this; fed up. **membosankan** *k.k.* bore; weary by dullness.

bot *k.n.* boat; vessel for travelling on water. **bot laju** *k.n.* speedboat. **bot penyelamat** *k.n.* lifeboat; boat constructed for rescuing people at sea; ship's boat for emergency use.

botak *adj.* bald; with scalp wholly or partly hairless; (of tyres) with tread worn away; without details. **membotak** *k.k.* balding; becoming bald.

botani *k.n.* botany; study of plants. **ahli botani** *k.n.* botanist.

botol *k.n.* bottle; narrow-necked glass or plastic container for liquid.

botor *k.n.* a creeping plant with fruit that can be eaten as a vegetable or used for salad; four-angled beans.

botulisme *k.n.* botulism; poisoning by bacteria in food.

bourbon *k.n.* bourbon; whisky made mainly from maize.

boya *k.n.* buoy; anchored floating object serving as a navigation mark; float; a light floating object used for helping people learn to swim.

boyak *adj.* drab; dull, uninteresting; fat and flabby.

boyong, berboyong *k.k.* move to another place with the whole family. **boyongan** *k.n.* process of moving to another place that involves the whole family; relocation.

Brahman, Brahmin *k.n.* a Hindu who belongs to the highest caste in which all the members are priests.

Braille *k.n.* Braille; system of representing letters, etc. by raised dots which blind people read by touch.

braktea *k.n.* bract; leaf-like part of a plant.

brandi *k.n.* brandy; strong alcoholic spirit distilled from wine or fermented fruit juice.

brek *k.n.* brake; device for reducing speed or stopping motion. **membrek** *k.k.* brake; slow down by use of the brakes.

brengan *k.n.* a lightweight, quick-firing machine gun.

bridge *k.n.* bridge; card-game played between two pairs of players.

briged *k.n.* brigade; army unit forming part of a division; organized group.

brigedier *k.n.* brigadier; officer commanding a brigade or of similar status.

British *adj.* British; of Britain or its people.

broked *k.n.* brocade; fabric woven with raised patterns.

broker *k.n.* broker; agent who buys and sells on behalf of others; stock-broker; official licensed to sell the goods of persons unable to pay their debts.

brokoli *k.n.* broccoli (pl. *-li*); hardy kind of cauliflower.

bromida *k.n.* bromide; chemical compound used to calm nerves.

bronkitis *k.n.* bronchitis; inflammation of the bronchial tubes leading to the lungs.

brosur *k.n.* brochure; thin book that advertises or contains information about something.

B

brother *k.n.* brother; man who is a fellow member of a group or Church, etc.; priest.

buah *k.n.* fruit; seed-containing part of a plant; this used as food; product of labour; currants, etc. used in food. **buah mulut** topic of conversation. **membuahkan** *k.k.* produce; allow to produce fruit; result in; cause.

buai, berbuai *k.k.* swing; move to and fro or sideways while hanging or supported; sway. **membuai** *k.k.* swing; rock (a cradle, etc.). **buaian** *k.n.* cradle; swing; seat slung by ropes or chains for swinging in.

buak *k.n.* effervescence. **membuak** *k.k.* effervesce; give off bubbles of gas. **berbuak** *k.k.* effervescent.

bual, berbual *k.k.* converse; hold a conversation. **membualkan** *k.k.* converse.

buang, membuangkan *k.k.* discard; expel; throw away, cast aside as useless or unwanted. **buang air kecil** *k.k.* urinate; discharge urine from the body. **buang air besar** *k.k.* defecate; excrete; pass (motion) (p.t. *passed*); discharged from the body as excreta. **buang negeri** *k.k.* banish; condemn to exile; send into exile. **buangan** *k.n.* discard; discarded things; exile (being sent away from one's country as a punishment); long absence from one's country or home; exiled person. **buangan tenggelam** *k.n.* jetsam; goods jettisoned by a ship in distress and washed ashore.

buas *adj.* savage; uncivilized; wild and fierce; cruel and hostile; (*colloq.*) very angry; bestial; of or like a beast; bloodthirsty; eager for bloodshed. **membuas** *k.k.* savage; act savagely; behave violently.

buasir *k.n.* pile; haemorrhoids; varicose veins at or near the anus.

buat, membuat *k.k.* make (p.t. *made*); do; form; prepare; produce; cause to exist or be or become; perform (an action, etc.). **memperbuat** *k.k.* enact; decree, make into a law; perform (a play, etc.). **buat-buat** *adj.* pretending. **buatan** *k.n.* manufacture, brand. **buat-buatan** *k.n.* make-believe; pretence.

buaya *k.n.* crocodile; large amphibious tropical reptile.

bubar *k.k.* disband; separate; disperse; scatter; go or send in different directions. **membubarkan** *k.k.* dissolve; end (a partnership, esp. marriage); disperse (an assembly); liquidate; close down (a business) and divide its assets betwen creditors.

bubu *k.n.* a type of fish trap.

bubuh *k.k.* place; put; deposit; affix.

bubul *k.k.* cobble; mend roughly.

bubur *k.n.* mush; soft pulp; porridge; food made by boiling oatmeal, etc. to a thick paste. **bubur susu** *k.n.* gruel; thin oatmeal porridge, esp. for invalids.

bucu *k.n.* angle; space between two surfaces that meet; projecting corner, edge; line where two surfaces meet at an angle.

budak *k.n.* child; (*sl.*) kid. **budak kecil** *k.n.* young child. **budak lelaki** *k.n.* boy; male child. **budak perempuan** *k.n.* girl; female child.

budaya, kebudayaan *k.n.* culture; arts, customs, etc. of a nation or group; developed understanding of literature; art, music, etc.; civilization.

Buddha *k.n.* title given to the founder of Buddhism, Siddhartha Gautama.

Buddhisme *k.n.* Buddhism; Asian religion based on the teachings of Buddha.

budi *k.n.* kindness; good deed. **terhutang budi** *k.k.* indebted; owing a debt for kindness received.

budu *k.n.* a type of sauce made from pickled anchovies, eaten as a delicacy by people in the east coast of Malaysia.

bufet *k.n.* buffet; counter where food and drinks are served; meal where guests serve themselves.

bugar *adj.* hale; strong and healthy.

Bugis *k.n.* a race from the island of Sulawesi in the Malay archipelago.

buih *k.n.* foam; collection of small bubbles. **berbuih** *adj.* & *k.k.* foamy; form foam.

bujang¹ *adj.* celibate; remaining unmarried, esp. for religious reasons.

bujang² *k.n.* bachelor; unmarried man.

bujuk *k.k.* persuade; cause (a person) to believe or do something by reasoning with him; coax; persuade gently; manipulate carefully or slowly. **bujukan** *k.n.* persuasion; blandishments (*pl.*); flatter; coaxing.

bujur *adj.* & *k.n.* oblong; (having) rectangular shape with length greater than breadth.

buka *k.k.* open; begin; establish. **terbuka** *k.k.* open; able to be entered, not closed or sealed or locked; not covered or concealed or restricted;

spread out; unfolded; frank; not yet decided; available; willing to receive; (of a cheque) not crossed. **kawasan terbuka** *k.n* in the open; not in a house or building, etc. **rumah terbuka** *k.n.* open house. **bukaan** *k.n.* aperture; opening; esp. one that admits light.

bukan *awl.* non-; not; doesn't = does not.

bukat *adj.* chalky; dirty; murky; muddy. **membukat** *k.k.* change from one's original character to a different character.

bukau *k.n.* valley; an area of lowland between hills or mountains, often with a river flowing through it. **bukit-bukau** *k.n.* hills and valleys.

bukit *k.n.* hill; raised part of earth's surface, less high than a mountain; slope in a road, etc.; mound. **lereng bukit** *k.n.* hillside; sloping side of a hill. **kaki bukit** *k.n.* foothills; low hills near the bottom of a mountain or range. **berbukit** *k.k.* hilly; full of hills.

bukti *k.n.* evidence; proof; anything that establishes a fact or gives reason for believing something; statements made in a lawcourt to support a case.

buku[1] *k.n.* book; set of sheets of paper bound in a cover; literary work filling this; main division of a literary work. **almari buku** *k.n.* bookcase; piece of furniture with shelves for books. **buku akaun** *k.n.* passbook; book recording a customer's deposits and withdrawals from a bank, etc. **buku panduan telefon** *k.n.* directory; list of telephone subscribers. **penanda buku** bookmark; strip of paper etc. to mark a place in a book. **buku saku** *k.n.* booklet; pocket-book; small thin book. **ulat buku** *k.n.* silverfish; book worm; person fond of reading. **membukukan** *k.k.* record; enter in a book or list; publish as a book.

buku[2] *k.n.* loaf (pl. *loaves*); mass of bread shaped in one piece.

bulan *k.n.* moon; earth's satellite, made visible by light it reflects from the sun; natural satellite of any planet; month; any of the twelve portions into which the year is divided; period of four weeks. **cahaya bulan** *k.n.* moonlight; moonlit; light (lit) from the moon. **sinaran bulan** *k.n.* moonbeam; ray of moonlight. **bulan madu** *k.n.* honeymoon; holidays spent together by newly married couple. **bulan sabit** *k.n.* crescent; narrow curved shape tapering to a point at each end. **bulanan** *k.n.* monthly; (produced or occurring) once a month; monthly periodical.

bulang *k.n.* band; strip, hoop, loop. **membulang** *k.k.* band; put a band on.

bulat *adj.* round; spherical; circular; shaped like a circle. **bulatan** *k.n.* circle; perfectly round plane figure, line, or shape; curved tier of seats at a theatre, etc.; orb; sphere; globe; roundabout; road junction with a circular island round which traffic has to pass in one direction.

bulbul, burung bulbul *k.n.* nightingale; small thrush, male of which sings melodiously.

buletin *k.n.* bulletin; short official statement of news.

buli *k.k.* bully; use one's strength or power to hurt or intimidate others; put the ball into play in hockey by two opponents striking sticks together.

bulu *k.n.* fur; short fine hair covering the bodies of certain animals; skin with this, or fabric imitating it, used for clothing; coating, incrustation; feather; one of the structures with a central shaft and fringe of fine strands, growing from a bird's skin; long silk hair on a dog's or horse's legs. **bulu arnab** *k.n.* coney (shop term); rabbit-fur. **bulu kapas** *k.n.* down; very fine soft furry feathers or short hairs. **bulu kasar** *k.n.* bristle; short stiff hair; one of the stiff pieces of hair or wire, etc. in a brush. **bulu roma** *k.n.* hair; fine thread-like strand growing from the skin. **berbulu** *adj.* furry. —*k.k.* fur (p.t. *furred*); line fur; cover or become covered with fur.

buluh *k.n.* bamboo; giant tropical grass with hollow stems.

bulur *adj.* starving; hungry.

bumbung *k.n.* roof (pl. *roofs*); upper covering of a building, car, etc. **membumbungi** *k.k.* cover with a roof; be the roof of.

bumi *k.n.* earth; the planet we live on; its surface; dry land; soil. **mengebumikan** *k.k.* inter (p.t. *interred*); bury.

bumiputera *k.n.* native of a country. —*adj.* indigenous.

buncis *k.n.* type of vegetable plant; French bean.

buncit *adj.* pot-bellied; distended (of stomach).

bundar *adj.* round; circular.

bunga *k.n.* flower; part of a plant where fruit or seed develops; this and its stem; best part; blossom. **bunga Cina** *k.n.* gardenia; fragrant white or yellow flower; tree or shrub bearing this. **bunga kertas** *k.n.* bougainvillaea; tropical shrub with red or purple bracts. **bunga matahari** *k.n.* sunflower; tall garden plant bearing large yellow flowers. **pasu bunga** *k.n.* flowerpot; pot in which a plant may be grown. **berbunga** *k.k.* flower; produce or allow to produce flowers. **berbunga-bunga** *k.k.* flowery; full of flowers; full of ornamental phrases; decorated with design of flowers. **tak berbunga** *adj.* flowerless; non-flowering.

bungkal *k.n.* nub; small lump.

bungkam *adj.* silent; quiet; not speaking.

bungkas *adj.* upturned; tilted at the tip or base.

bungkus, membungkus *k.k.* enfold; wrap up; put together in a package; wrap as a parcel; make into a bundle; cover or protect with something pressed tightly. **bungkusan** *k.n.* pack; package; parcel; box, etc. in which goods are packed; collection of things wrapped or tied for carrying or selling.

buntak *adj.* dumpy; short and fat.

buntal¹ *adj.* large because of being filled with water or air; bulging.

buntal² *k.n.* pufferfish; fish that puffs up when touched.

buntil *k.n.* sack; bag made of cloth.

bunting *adj.* pregnant (usu. of animals); having a baby or young animal developing in the womb.

buntu *adj.* blocked; closed. —*k.n.* deadlock; state when no progress can be made.

buntut *k.n.* bottom; behind; buttocks. **membuntuti** *k.k.* dog (p.t. *dogged*); follow persistently.

bunuh *k.k.* kill; murder; cause the death of; kill intentionally and unlawfully. **bunuh diri** *k.n.* suicide; intentional killing of oneself; an act destructive to one's interests. **membunuh** *k.k.* kill; assassinate; murder. **bunuh beramai-ramai** *k.n.* massacre; slaughter in large numbers.

bunyi *k.n.* sound; vibrations of air detectable (at certain frequencies) by the ear; sensation produced by these; what is or may be heard. **berbunyi,**

membunyikan *k.k.* sound; produce or cause to produce sound; utter; pronounce.

burai, berburai, terurai *adj.* dispersed; scattered; slightly dishevelled (hair, etc.); (figurative) with one's secret revealed. **buraian** *k.n.* state of being scattered, becoming loose or dispersed.

buraq *k.n.* an animal mounted by the Prophet Muhammad (p.b.u.h.) on the night of Israk Mikraj.

buret *k.n.* burette; a glass tube with a tap at one end, used for measuring liquid.

burit *k.n.* obscene language for a woman's private part; arse; bottom; buttocks. **buritan** *k.n.* rear end of ship or boat; stern.

Burma (Myanmar) *adj.* & *k.n.* Burmese; (native, language) of Burma.

bursa *k.n.* stock market; place to buy and sell shares.

buru, memburu, berburu *k.k.* hunt; chase; go quickly after in order to capture or overtake or drive away; pursue (wild animals) for food or sport; pursue with hostility; use (a horse or hounds) in hunting; seek; search. **terburu-buru** *k.k.* hurriedly; quickly; hastily.

buruh *k.n.* labour; workers. **buruh kasar** *k.n.* labourer; person employed to do unskilled work. **Buruh** *k.n.* Labour; (of) the U.K. political party representing the interests of workers.

buruj *k.n.* constellation; group of fixed stars.

buruk *adj.* bad; having undesirable qualities; wicked; evil; unpleasant; harmful; serious; of poor quality; diseased, decayed; dirty; stormy; lousy; mean; poor in quality or appearance; obnoxious; very unpleasant. **memburukkan** *k.k.* aggravate; make worse; defame.

burung *k.n.* bird; feathered animal. **burung bayan** *k.n.* parakeet; a kind of small parrot. **burung tukang** *k.n.* nightjar; night-flying bird with a harsh cry. **anak burung** *k.n.* chick; young bird before or after hatching.

burut *k.n.* hernia; abnormal protrusion of part of an organ through the wall of the cavity (esp. the abdomen) containing it.

busa *k.n.* spume; froth; foam.

busana *k.n.* complete attire with nice finishing. **berbusana** *adj.* fully attired.

busjaket *k.n.* bushjacket; thick short coat normally worn by high-ranking officers (principal, headmaster, director, businessman, etc.) while working or attending official functions.

busuk *adj.* having a bad, unpleasant or foul smell; (of character) unpleasant or insincere; evil; jealous; spiteful. **membusukkan** *k.k.* make it bad; cause something to smell; slander; defame someone. **kebusukan** *k.n.* state of decay/rot (having an unpleasant smell); stench.

busung *k.n.* dropsy; disease in which fluid collects in the body causing it to be swollen and distended.

busur *k.n.* bow; strip of wood curved by a tight string joining its ends, for shooting arrows.

busut *k.n.* hummock; hump in the ground; molehill; mound of earth thrown up by a mole; mound over an ant's nest.

but *k.n.* boot; covering of leather, etc. for the foot and ankle or leg; covered luggage compartment in a car.

buta *adj.* blind; without sight; without foresight or understanding or adequate information. **buta hati** *adj.* inconsiderate; cruel; heartless. **buta huruf** *adj.* illiterate; unable to read and write; uneducated. **membutakan** *k.k.* blind; make blind; take away power of judgement from someone. **membabi buta** *k.k.* (*sl.*) go along recklessly.

butana *k.n.* butane; inflammable liquid used as fuel.

butang *k.n.* button; knob or disc sewn to a garment as a fastener or ornament; small rounded object; knob pressed to operate a device. **membutangkan** *k.k.* button; fasten with button(s).

buti *k.n.* bootee; baby's knitted boot.

butik *k.n.* boutique; small shop selling fashionable clothes, etc.

butir, butiran *k.n.* item; single thing in a list or collection; single piece of news. **membutirkan** *k.k.* itemize; list, state the individual items of.

C

C *kep.* C; Centigrade.

cabang *k.n.* branch; arm-like part of a tree; similar part of a road, river, etc.; fork; subdivision of a family or subject; local shop or office belonging to a large organization; offshoot; side shoot; out-growth; thing growing out of another. **bercabang** *k.k.* branch out; send out or divide into branches; having branches.

cabai *k.n.* chilli (pl. -*ies*); red pepper; the small pod of a type of pepper plant used to give a hot taste to food.

cabar *k.k.* challenge; make a challenge to question the truth or rightness of; confront. **mencabar** *k.k.* defy; challenge to do something to prove oneself; question; dispute. **cabaran** *k.n.* challenge; call to try one's skill or strength; demanding task.

cabik *adj.* torn; ripped (of fabric, etc.). **cabik-cabik** *adj.* slightly torn (usu. of fabric). **mencabik** *k.k.* tear; rip.

mencabikkan *k.k.* tear; rip. **cabikan** *k.n.* tear; vent; rip. **pencabikan** *k.n.* act of tearing, ripping.

cabuk *adj.* dilapidated; in bad condition caused by lack of repair; old; useless; in a state of ruin.

cabul *adj.* desecrate; treat (a sacred thing) disrespectfully; dissipated; living a dissolute life; dissolute; lacking moral restraint or self-discipline; licentious; sexually immoral; foul words; scandal. **mencabul, mencabuli** *k.k.* molest; violate; outrage; pester in a hostile way or so as to cause injury; infringe; break (a rule or agreement); encroach.

cabut *k.k.* run away; bolt; clear of; pull out; drag out; draw. **cabutan** *k.n.* extract; draw. **mencabut** *k.k.* uproot; pull out of the ground together with its roots; extract (teeth); draw (sword, card, etc.); take from or off.

cacah, bercacah *k.k.* tattooed; having a design on the skin made by puncturing it and inserting pigments. **mencacah** *k.k.* mark (skin) by puncturing it and inserting pigments; make (a pattern) thus; tattoo.

cacak *adj.* upright; vertical; perpendicular to the horizontal. **mencacak** *k.k.* stand upright. **mencacakkan** *k.k.* stick upright; plant vertically. **tercacak** *k.k.* planted upright or vertically.

cacar *k.n.* smallpox; disease with pustules that often leave bad scars. **cacar air** *k.n.* chickenpox; disease with a rash of small red blisters.

cacat¹ *adj.* handicapped; suffering from physical or mental disability.

cacat² *k.n.* handicap; flaw; mark that spoils something; thing that makes progress difficult or lessens the chance of success; physical or mental disability. **cacat bentuk** *k.n.* malformation; faulty formation. **mencacatkan** *k.k.* deface; spoil or damage the surface of; deform; spoil the shape of; disfigure; spoil the appearance of.

caci, mencaci *k.k.* abuse; attack with abusive language; speak critically of; speak unkindly of. **cacian** *k.n.* abuse; abusive language; disparagement; critical remarks; attack on a reputation.

cacing *k.n.* worm; animal with a soft rounded or flattened body and no backbone or limbs. **cacing bayut** *k.n.* blindworm. **cacing benang** *k.n.* threadworm; small thread-like worm, esp. found in the rectum of children. **cacing gelang** *k.n.* roundworm; worm with a rounded body. **cacing kerawit** *k.n.* hookworm; parasitic worm, male of which has hook-like spines. **cacing pipih** *k.n.* flatworm; type of worm with a flattened body. **cacing pita** *k.n.* tape-worm; tape-like worm living as a parasite in intestines. **cacing tanah** *k.n.* earthworm.

cadang, mencadangkan *k.k.* suggest; cause (an idea, etc.) to be present in the mind; propose for acceptance or rejection. **cadangan** *k.n.* suggestion; thing suggested; overture (*pl.*); formal proposal.

cadar *k.n.* bedclothes (*pl.*); sheets, blankets, etc.; bedspread; covering spread over a bed during the day.

cadir *k.n.* duvet; thick soft quilt used instead of bedclothes.

caesarean *k.n.* Caesarean; surgical operation to help women deliver babies.

cagak *k.n.* forked branch found in a tree, etc.; anything (as in wood or cane, etc.) which branches out at the end to support something; fork. **bercagak** *k.k.* branches out; forks out. **pencagak** *k.n.* support; prop.

cagar, cagaran *k.n.* deposit; down payment; sum paid as a guarantee or first instalment; surety; security; a thing of value that can be used to make sure that one will pay back borrowed money. **mencagarkan** *k.k.* mortgage; pledge (property) as a security for payment of money lent.

cahaya *k.n.* light; thing that stimulates sight; radiance; brightness; source of light.

cair *adj.* fluid; consisting of particles that move freely among themselves; liquid; in the form of liquid; (of assets) easy to convert into cash. **mencairkan** *k.k.* liquefy; make or become liquid; dissolve; reduce to a liquid state; dilute; reduce the strength of (fluid) by adding water, etc.; reduce the forcefulness of. **cairan** *k.n.* dilution; liquid; solution.

caj¹ *k.n.* charge; price asked for goods or services.

caj² *k.n.* a formal accusation that a person is guilty of a crime.

cakah *adj.* obtuse; of blunt shape, (of an angle) more than 90° but less than 180°.

cakap *k.k.* speak (*p.t.* spoke, *p.p.* spoken); utter (words) in an ordinary voice; say something; converse; express by speaking. **bercakap lambat-lambat** *k.k.* drawl; speak lazily or with drawn-out vowel sounds.

cakar¹ *k.n.* claw; pointed nail on an animal's or bird's foot; claw-like device for grappling or holding things; dew-claw; small claw on the inner side of a dog's leg; talon; bird's large claw.

cakar², mencakar *k.k.* claw; scratch or pull with a claw or hand. **cakar ayam** *k.n.* scrawl; bad handwriting.

cakera *k.n.* disc; thin circular plate or layer; thing shaped thus; discus; heavy disc thrown in contests of strength. **cakera liut** *k.n.* floppy disc; flexible disc for recording and storing data in a form that a computer can read. **cakera padat** *k.n.* compact disc; small disc on which information or sound is recorded.

cakerawala *k.n.* firmament; sky with its clouds and stars.

cakup, mencakup *k.k.* snatch; catch with the hands or mouth; scoop up.

mencakupi *k.k.* encompass; include. **cakupan** *k.n.* coverage; the extant to which something (a topic, subject, etc.) is covered.

cakus, mencakus *k.k.* to take food in small quantities. **cakuskan** *k.k.* finish slowly.

calang *adj.* unusual; different from what is usual or normal.

calar *k.n* scratch; mark or wound made by scratching. **mencalarkan** *k.k.* scratch; cut a shallow line or wound on (a surface) with something sharp. **tercalar** *k.k.* scratched; damaged by scratches.

calit *k.n.* smudge; mark with a greasy or sticky substance; blot; stain. **mencalit** *k.k.* smudge; smear; daub. **tercalit** *k.k.* smudged; stained. **calit api** *k.n.* matches.

calon *k.n.* candidate; person applying for a job, etc., or taking an examination. **mencalonkan** *k.k.* nominate; name as candidate for; propose; nominate as candidate.

calung *k.n.* dipper; ladle.

cam *k.k.* identify; recognize as being a specified person or thing; consider to be identical. **mengecam** *k.k.* spot (*colloq.*); notice; take note of in order to identify or recognize.

camar *k.n.* gull; sea-bird with long wings; seagull.

cambah, bercambah *k.k.* increase rapidly; begin to grow rapidly; germinate.

cambuk *k.n.* whip; cord or strip of leather on a handle, used for striking a person or animal. **mencambuk** *k.k.* strike or urge on with a whip.

camca *k.n.* spoon; utensil with a rounded bowl and a handle, used for conveying food to the mouth or for stirring things.

campak[1] *k.k.* chuck (*colloq.*); throw carelessly or casually; toss; fling.

campak[2] *k.n.* measles; infectious disease producing small red spots on the body.

camping, compang-camping *adj.* ragged; torn; frayed.

campur *k.k.* mix; put (different things) together so that they are no longer distinct; prepare by doing this; combine, blend. **bercampur** *k.k.* mingle; mix with; blend; go about among. **bercampur aduk** *adj.* jumble; mix in a confused way. **mencampur-adukkan** *k.k.* mix up; muddle. **campuran** *k.n.* mixture; thing made by mixing; combination; coalition, esp. temporary union of political parties.

camuk *k.k.* stab; strike; run amok. **mencamuk** *k.k.* run amok; stab; beat; hit. **bercamuk** *k.k.* scatter; strew; spread about.

can *k.n.* (*colloq.*) good opportunity; chance; hope.

canai *k.k.* grind (p.t. *ground*); sharpen or smooth by friction; roll out until flat and thin. **canaian** *k.n.* grind; grinding process.

canang *k.n.* small gong. **mencanangkan** *k.k.* announce; make known publicly; proclaim; publicize; bring to the attention of the public.

cancang, tercancang *k.k.* erect; upright; in a vertical position.

canda *k.n.* behaviour; banter; joke. **bercanda** *k.k.* act funny; joke; be frivolous.

candat *k.n.* grapnel; small anchor with several hooks; hooked device for dragging a river-bed.

candelier *k.n.* chandelier; hanging light with branches for several light bulbs or candles.

candi *k.n.* mousoleum; Hindu or Buddhist monument.

candu *k.n.* opium; narcotic drug made from the juice of certain poppies.

cangak, mencangak *k.k.* look by stretching the neck and lifting the face. **tercangak-cangak** *k.k.* look to in all directions (without certainty).

canggah, bercanggah *k.k.* dissent; oppose; be in conflict; have or express a different opinion.

canggih *adj.* sophisticated; characteristic of or experienced in matters of culture or fashion; highly developed and complex.

canggung *adj.* gauche; lacking ease and grace of manner; clumsy; large and ungraceful or difficult to handle; not skilful; gawky; awkward and ungainly; dodgy.

cangkat *k.n.* hillock; small hill, mound; koppie (*S. Afr.*) small hill.

cangkerang *k.n.* hard outer shell (of cockles, snails, etc.).

cangkir *k.n.* cup; drinking vessel usu. with a handle at the side.

cangkuk *k.n.* hook; bent or curved piece of metal, etc. for catching hold or hanging things on; thing shaped like this; curved cutting tool. **mencangkuk** *k.k.* hook; grasp, catch, or

cangkul *k.n.* hoe; tool for loosening soil or scraping up weeds. **mencangkul** *k.k.* hoe (pres.p. *hoeing*); dig or scrape with a hoe.

cangkung, bercangkung, mencangkung *k.k.* squat; sit on feet with legs folded and bottom not touching the floor.

canselor *k.n.* chancellor; State or legal official of various kinds; non-resident head of a university.

cantas *k.k.* lop (p.t. *lopped*); cut branches or twigs of; cut off; prune.

cantik *adj.* beautiful; having beauty; pretty. **mencantikkan** *k.k.* beautify; make beautiful.

canting *k.n.* ladle with small spout for scooping melted wax (usu. made from copper and used in batik printing).

cantum, bercantum *k.k.* join together; combine. **mencantumkan** *k.k.* budgraft; put a graft in or on; join inseparably. **cantuman** *k.n.* graft; shoot fixed into a cut in a tree to form a new growth; living tissue transplanted surgically; union.

cap *k.n.* brand; trade mark. **mengecap** *k.k.* brand; mark with a brand; give a bad name to; imprint; impress or stamp a mark, etc. on.

capah, sudut capah *k.n.* obtuse angle; an angle that is more than 90° but less than 180°.

capai, mencapai *k.k.* grasp by extending the arm upwards; attain; achieve; accomplish; reach or gain by effort.

capal *k.n.* type of open-toed shoe made of leather. **bercapal** *k.k.* use a *capal*.

capang *adj.* long and curved (horn or moustache); long and wide (of ear). **bercapang** *k.k.* become elongated and curved. **mencapang** *k.k.* make (something) elongated and curved.

capati *k.n.* chappatti (also *chapati*) a thin flat circle of unleavened bread.

capgome *k.n.* Chap Goh Mei; fifteenth day in the first month of the Chinese calendar; fifteenth day of the Chinese New Year festival.

capik *adj.* lame; limping; unable to walk normally.

caping *k.n.* chastity plate made of gold or silver for covering the private parts of a female child.

cara *k.n.* manner; way a thing is done or happens; means; that by which a result is brought about; method; style.

cari *k.k.* search; look or feel or go over (a person or place, etc.) in order to find something.

carik *adj.* having a vertical or small tear; ripped; torn. **dicarik** *k.k.* tear. **carikan** *k.n.* tear; torn piece; torn strip. **mencarik, mencarikkan** *k.k.* tearing; ripping. **mencarik-carik, mencarik-carikkan** *k.k.* tear repeatedly; tear into shreds.

carta *k.n.* chart; map for navigators; table, diagram, or outline map showing special information.

caruk, mencaruk *k.k.* gorge; eat greedily.

carum, caruman *k.n.* fee; sum payable for membership, etc.; subscription; contribution; sum of money contributed to an organized fund. **mencarum** *k.k.* make a regular contribution (of money) towards an organized fund.

carut *k.n.* obscenity; bad or obscene language; vulgarism; vulgar word(s). **mencarut** *k.k.* use obscene language; revile; swear; use profane language.

cas *k.n.* charge; electricity contained in a substance. **mengecas** *k.k.* charge; give an electric charge to; store energy in (a battery, etc.).

casis *k.n.* chassis; frame, part or place supporting radio or television components; base frame supporting body of vehicle (cars, lorries, etc.).

cat *k.n.* paint; colouring matter for applying in liquid form to a surface; tubes or cakes of paint. **mengecat** *k.k.* paint; coat with paint; portray by using paint(s) or in words; apply (liquid) to.

catat, mencatat *k.k.* jot (p.t. *jotted*); write down briefly; note. **catatan** *k.n.* note; brief record written down to aid memory. **buku catatan** *k.n.* jotter; note-pad, notebook. **catatan ringkas** *k.n.* chit; short written note.

catu, mencatu *k.k.* ration; limit the supply of food, fuel, etc. **catuan** *k.n.* ration; fixed allowance of food, etc.

catuk *k.k.* peck; strike, nip or pick up with the beak. **catukan** *k.n.* peck; pecking movement.

catur *k.n.* chess; game for two players using 32 chessmen on a chequered board (chessboard) with 64 squares.

catut *k.n.* pincers; tool with pivoted jaws for gripping and pulling things; tweezers.

C

cauk *k.n.* dimple; small dent, esp. in the skin.

cauvinis *k.n.* chauvinist; person who believes in the superiority of his own sex, beliefs, etc.

cauvinisme *k.n.* chauvinism; exaggerated patriotism; extreme belief in the superiority of one's sex, course, group, etc.

cauvinistik *adj.* chauvinistic.

cawan *k.n.* cup; drinking vessel usu. with a handle at the side. **secawan** *k.n.* cupful (pl. *cupfuls*).

cawak *k.n.* small hollow or dent; dimple; leather strap tied to a dog's neck; leash. **bercawak** *k.k.* to become slightly dented; to have a small hollow.

cawat *k.n.* loincloth; cloth worn around the hips or loins.

cebik, mencebik *k.k.* pout; push out one's lips; jeer; mock; scorn.

cebir *adj.* having a small tear usu. to fabric, paper, etc. **mencebirkan** *k.k.* tear; rip. **tercebir** *adj.* torn; ripped; already torn or ripped.

cebis *adj.* having a torn piece or showing a small tear at the edge; **cebisan** *k.n.* small piece torn from something; chip. **mencebis** *k.k.* make a small cut; tear a small piece.

cebok *k.n.* small container used to scoop water; dipper, etc. **dicebok** *k.k.* wash using a small container. **mencebok** *k.k.* scoop water using a small container; wash anus after excreting. **pencebok** *k.n.* container to scoop water; dipper.

cebur, mencebur *k.k.* plunge; thrust or go forcefully into something.

cecah, sececah *k.n.* a moment; a while; a short time. **mencecah** *k.k.* touch lightly; touch a little. **mencecahkan** *k.k.* dip slightly into something.

cecair *k.n.* liquid; subtance that flows freely like water or oil.

ceceh, menceceh *k.k.* chatter; talk continuously about unimportant matter.

cecekik *k.n.* noose; loop of rope, etc. with a knot that tightens when pulled.

cedar *k.n.* cedar; evergreen tree; its hard fragrant wood. **kayu cedar** *k.n.* cedarwood.

cedera *k.k.* injure; cause injury to; harm; damage, injury. **mencederakan** *k.k.* injure; cause harm to. **tercedera** *k.k.* injured; wounded; hurt.

cedok[1] *k.n.* ladle; scoop; dipper. **mencedok** *k.k.* take up with a spoon, ladle, etc.

cedok[2]**, mencedok** *k.k.* copy; to take and use (another's writing, etc.).

cegah, mencegah *k.k.* deter (p.t. *deterred);* discourage from action; forbid; prevent.

cegat *adj.* upright; erect. **tercegat-cegat** *k.k.* to stand upright for short periods.

cek *k.n.* check (*U.S.*); cheque; written order to a bank to pay out money from an account; printed form for this.

cekah, bercekah *adj.* having cracks or splits (in the skin, fruits, etc.). **mencekah** *k.k.* widen an angle; pull aside.

cekak *k.n.* measurement equivalent to the size of the circle formed when the tip of the thumb meets the tip of a finger. **mencekak** *k.k.* hold something between the thumb and finger.

cekal, cekal hati *adj.* resolute; staunch; persevering; determined. **mencekalkan, mencekalkan hati** *k.k.* to strengthen one's will; to be determined. **kecekalan** *k.n.* state of being strong; resoluteness; determination; stoicism.

cekam *k.k.* grasp; grip; seize. **cekaman** *k.n.* cruelty; control; oppression; tyranny.

cekang *adj.* taut or hard; stiff (of body or corpse, etc.). **mencekang** *k.k.* to become taut, hard or stiff due to various reasons.

cekap *adj.* efficient; producing results with little waste of effort. proficient; competent; skilled; capable; having a certain ability or capacity; adept. **tidak cekap** *adj.* incompetent; not competent.

cekatan *adj.* nippy (*-er, -iest*), (*colloq.*); nimble; quick.

cekau, mencekau *k.k.* grapple; seize, hold firmly; clutch; try to grasp.

cekik *k.k.* choke; stop (a person) breathing, esp. by squeezing or blocking the windpipe. **mencekik** *k.k.* strangle; kill or be killed by squeezing the throat; restrict the proper growth or utterance of. **tercekik** *k.k.* choked; be unable to breathe; clogged, smothered.

ceku, menceku *k.k.* press fingernails onto soft things (esp. fruit).

cekung *adj.* deeply set; sunken (of eyes, cheeks, etc.); concave (of mirror, etc.).

cekup, mencekup *k.k.* close the palm of the hand over something; catch insect, etc. in the palm of the

cekur *k.n.* a plant whose corm is used to make medicine. **cekur manis** *k.n.* type of plant whose leaf is used as a vegetable.

cela, mencela *k.k.* speak or write about with great hostility; attack violently or bitterly in words; criticize and rebuke severely; criticize unfairly; blacken the reputation of. **suka mencela** *adj.* censorious; severely critical. **celaan** *k.n.* discredit; censure; severe criticism and rebuke; stricture; contempt; condemnation; disrespect.

celah *k.n.* narrow opening, slit, cranny; crevice; fissure; cleft. **mencelah** *k.k.* interpose; insert; intervene.

celak *k.n.* kohl; powder used to darken the area around the eyes. **bercelak** *k.k.* use kohl around the eyes; line the eyes with kohl.

celaka *adj.* fatal; causing or ending in death or disaster; fateful; inauspicious; not auspicious; ill-starred; unlucky; damnable.

celana *k.n.* pants (*pl.*) (*colloq.*); trousers, underpants; knickers.

celaru *k.k.* disorganize; upset the orderly system or arrangement of; untidy.

celik *k.k.* awake (p.t. *awoke*, p.p. *awaken*); wake. **celik huruf** *adj.* literate; able to read and write.

celopar *adj.* garrulous; talkative; outspoken; very frank.

celoreng *k.n.* patterned spots (like those in a soldier's uniform); a musical instrument made of metal. **berceloreng** *k.k.* to have black or dirt spots.

celoteh *k.n.* chatter; idle conversation. **berceloteh** *k.k.* chatter; talk continuously about unimportant matters; talk idly or aimlessly.

celsius *k.n.* celsius; of a centigrade scale with 0° as the freezing point and 100° as the boiling point of water.

celungap *k.k.* gluttonous; eat greedily.

celup *k.k.* dip (p.t. *dipped*); put into liquid; immerse. **mencelup** *k.k.* dye (pres. p. *dyeing*); colour, esp. by dipping in liquid. **celupan** *k.n.* dipping; dyeing liquid or mixture into which something is dipped.

celur, mencelur *k.k.* blanch; immerse in boiling water.

celus *k.k.* pass through. **tercelus** *adj.* slipped into a hole. **mencelus** *k.k.* go through a hole.

cemar *adj.* impure; not pure; contaminated; polluted. **mencemari** *k.k.* contaminate; pollute; make dirty.

cemara *k.n.* tuft of horse hair on a lance; wig; casuarina tree.

cemas *adj.* anxious; worried; nervous; dreaded. **mencemaskan** *k.k.* alarm; fill with fear; causing anxiety.

cembul *k.n.* container for putting areca nut or tobacco; hilt of sword which is round and concave.

cembung *adj.* convex; curved like the outer surface of a ball.

cemburu *adj.* jealous; resentful towards rival; suspicious; envious.

cemeh *k.n.* type of card game; gambling using small playing cards.

cemerlang *adj.* excellent; extremely good; brilliant; very bright, sparkling; very clever; outstanding; conspicuous; exceptionally good.

cemeti *k.n.* whip; length of cord or strip of leather on a handle used for urging on an animal or as a punishment. **mencemeti** *k.k.* whip; beat or urge on with a whip.

cemik, mencemik *k.k.* make a face to sneer or jeer. **mencemikkan** *k.k.* sneer or jeer by making a face. **cemikan** *k.n.* sneer; gibe; jeer.

cempaka *k.n.* a flowering tree with sweet-smelling flowers; a light, yellow precious stone.

cempedak *k.n.* fruit like jackfruit.

cempoa *k.n.* see **sempoa**.

cemuh *k.k.* disobey openly; insult; mock.

cencaluk *k.n.* type of food made of small shrimps, salted and fermented for some time.

cencang *k.k.* chop up (p.t. *chopped up*); mince; cut into small pieces with a chopper or knife. **cencangan** *k.n.* chop; something that has been chopped up.

cencaru *k.n.* a saltwater fish.

cencorot *k.n.* shrew; small mouse-like animal.

cendawan *k.n.* mushroom; edible fungus with a stem and a domed cap, noted for its rapid growth.

cendana *k.n.* sandalwood; a kind of scented wood.

cendekia *adj.* intellectual; of or using the intellect; having a strong intellect; highbrow; very intellectual; cultured.

cendekiawan *k.n.* intellectual; intellectual person; refined person.

cenderamata *k.n.* souvenir; thing serving as a reminder of an incident or place visited.

cenderung *adj.* inclined to do something; having an interest in something. **kecenderungan** *k.n.* interest; inclination; tendency. **berkecenderungan** *k.k.* to show or have an interest in something.

cendol *k.n.* type of dessert containing thin, green strips of rice flour, usu. eaten with coconut milk and brown sugar syrup.

cengang *adj.* astonished; surprised; amazed. **tercengang** *adj.* open-mouthed due to surprise; amazed; overwhelmed. **tercengang-cengang** *adj.* dumbfounded; surprised and confused.

cengkadak *k.n.* praying mantis; a large green insect with long legs.

cengkam, mencengkam *k.k.* clutch; grasp tightly. **cengkaman** *k.n.* clutch; tight grasp; stranglehold; strangling grip.

cengkarung *k.n.* a lizard-like reptile.

cengkeram *k.n.* down payment; deposit; initial payment of part of a larger sum which is to be paid later. **mencengkeramkan** *k.k.* mortgage; give as security; pledge a property as security.

cengkerama *k.n.* pleasure trip; light and informal conversation or banter. **bercengkerama** *k.k.* go on an excursion or trip for pleasure; chat, joke or converse for pleasure or amusement.

cengkerik *k.n.* cicada; chirping brown insect resembling a grasshopper; cricket.

cengkering *k.n.* chickenpox; infectious illness with a rash of small red blisters.

cengkih *k.n.* clove; dried bud of a tropical tree, used as spice. **bunga cengkih** *k.n.* clover; plant with three-lobed leaves.

cengkung *adj.* (of eyes, cheeks, etc.) sunken; deeply set; hollow.

centigrade *adj.* centigrade; using a temperature scale of 100° with 0° as the freezing point and 100° as the boiling point of water.

centong *k.n.* big, spoon-like utensil for scooping rice, etc.; ladle. **mencentong** *k.k.* scoop (rice, etc.) with a ladle.

cenuram *k.n.* cliff; steep rock-face, esp. on a coast.

cepat *adj.* quick (*-er, -est*); taking only a short time; fast (*-er, -est*); showing a time ahead of the correct one. **dengan cepat** *k.k.* quickly; swiftly.

mempercepat *k.k.* quicken; make or become quicker or livelier; expedite; help or hurry the progress of.

ceper *k.n.* a flat tray; plates, saucers, etc.; metal plate used in laboratories for evaporation.

cepiau *k.n.* a hat with two or three folds at the brim like those worn by the British army a long time ago.

cepoa *k.n.* abacus (pl. *-cuses*); frame with balls sliding on rods, used for counting.

cepu *k.n.* casket; small usu. ornamental box for valuables. **cepu debunga** *k.n.* anther; part of a stamen containing pollen.

cepumas *k.n.* jackpot; large prize of money that has accumulated until won.

ceracak, menceracak *k.k.* stick up.

ceracap *adj.* castanets; pair of shell-shaped pieces of wood, etc. clicked in the hand to accompany dancing.

cerah *adj.* fair (*-er, -est*); light in colour; (of weather) fine, bright (*-er; -est*); giving out or reflecting much light. **mencerahkan** *k.k.* brighten; make or become brighter.

cerai, menceraikan *k.k.* divorce; end the marriage of (a person) by divorce; separate.

cerakin *k.n.* box with compartments to store medicine. **mencerakin, mencerakinkan** *k.k.* conduct research on something; separate or break down a mixture into its original elements. **cerakinan** *k.n.* research conducted to learn something; chemical breakdown to discover components of a mixture.

cerang *k.n.* stretch of open uncultivated land with low shrubs; clearing; space cleared of trees in a forest.

cerat *k.n.* nozzle; vent or spout of a hosepipe, etc.

cerca, mencerca *k.k.* scorn; show scorn for; insult; = cela. **cercaan** *k.n.* diatribe; violent verbal attack.

cerdas *adj.* apt; quick at learning; intelligent; discerning; perceptive.

cerdik *adj.* clever; quick at learning and understanding things; showing skill; ingenious; clever at inventing things; cleverly contrived; smart; bright.

cerek *k.n.* kettle; metal container with a spout and handle, for boiling water in.

cereka *k.n.* creative work (short story, novel, etc.) that is narrative in nature.

mencerekakan *k.k.* write a story or novel.

cerewet *adj.* fussy (-*ier*, -*iest*); like to grumble or nag; often fussing; fastidious; with much unnecessary detail or decoration; exacting; making great demands; finicking, finical, finicky; giving or needing extreme care about details.

cergas *adj.* active; energetic; full of energy.

ceri *k.n.* cherry; small soft round fruit with a stone; tree bearing this or grown for its ornamental flowers.

ceria *adj.* clean; pure; happy; bright. **menceriakan** *k.k.* to brighten. **keceriaan** *k.n.* purity; cleanliness; happiness; brightness.

cerita *k.n.* story; account of an incident or series of incidents (true or invented); material for this; (*colloq.*) lie; narrative; spoken or written account of something. **cerita ibarat** *k.n.* parable; story told to illustrate a moral or spiritual truth. **cerita karut** *k.n.* cock-and-bull story; foolish story that no one should believe. **cerita rakyat** *k.n.* folklore; traditional beliefs and tales of a community. **menceritakan** *k.k.* narrate, tell (a story), give an account of.

cermai *k.n.* a tree with small, yellow segmented fruits.

cermat *adj.* careful; acting or done with care; meticulous; very careful and exact; deliberate; slow and careful.

cermin *k.n.* mirror; piece of glass coated on one side so that reflections can be seen in it: looking-glass. **mencerminkan** *k.k.* mirror; reflect in or as if in a mirror.

cerna *k.k.* digest; dissolve (food) in the stomach, etc. for absorption by the body; absorb into the mind. **tercerna** *k.k.* digestible; able to be digested. **tak tercerna** *adj.* indigestible; difficult or impossible to digest.

ceroboh¹ *adj.* graceless; inelegant; rough; aggressive.

ceroboh², mencerobohi *k.k.* intrude; come or join in without being invited or wanted; make one's way forcibly; encroach; intrude on someone's territory or rights, etc.; advance beyond proper limits; gatecrash; go to (a private party) uninvited.

cerobong *k.n.* flue; smoke-duct in a chimney; channel for conveying heat; funnel; metal chimney on a steam engine or ship.

cerocok¹ *k.n.* sea-wall to prevent waves from eroding the shoreline. **bercerocok** *k.k.* wall up.

cerocok² *k.n.* stake; wood or bamboo driven into the ground to moor boats by the shore or to mark the boundary of a place or area.

cerocok³ *k.n.* pole; pillar; sharp stake; type of musical instrument; pipe; funnel to channel water, gas and oil. **bercerocok** *k.k.* stake with poles.

cerompong *k.n.* muzzle; open end of firearm.

cerpelai *k.n.* mongoose; stoat-like tropical animal that can attack and kill snakes.

cerpen *k.n.* short story; piece of fiction that is shorter than a novel.

cerpenis *k.n.* short story writer.

cerucuk *k.n.* pile; heavy beam driven vertically into ground as support for a building or bridge.

ceruh *adj.* clean (completely), pounded or machined (rice and other grains); crushed or finely chewed in the mouth. **menceruh** *k.k.* grind (rice, etc.) for the second time to make it very fine or white.

ceruk *k.n.* nook; secluded place or corner recess.

cerun *k.n.* escarpment; steep slope at the edge of a plateau, etc.

cerut *k.n.* cheroot; cigar with both ends open.

cerutu *k.n.* cigar; roll of tobacco leaf for smoking.

cetak, mencetak *k.k.* print; press (a mark) on a surface, impress (a surface, etc.) in this way; produce by applying inked type to paper; write with unjoined letters. —*k.n.* imprint; mark made by pressing on a surface. **cetak rompak, mencetak rompak** *k.k.* pirate; copy or reproduce illegally printed or recorded material which is protected by copyright. **cetak semula** *k.k.* reprint; to print copies of a book, etc. again, with few or no changes. **cetakan semula** *k.n.* reprint; a new impression of a book with few or no changes.

cetakan¹ *k.n.* impression; impressed mark; making of this reprint. **cetak-an komputer** printed material produced from a computer printer or teleprinter.

cetakan² *k.n.* mould; hollow container into which a liquid substance is poured to set or cool in a desired shape.

cetek *adj.* shallow (*-er, -est*); of little depth; superficial. **mencetekkan** *k.k.* shallow; make or become shallow.

ceti *k.n.* race from Coromandel or Malabar, India who are usu. traders; people who lend money with high interest rates.

cetus, tercetus *k.k.* spark; have an intense outburst of feeling; do something suddenly. **cetusan** *k.n.* blaze; outburst; explosion of feeling; outbreak; breaking out of anger, or war, or disease.

chalet *k.n.* chalet; Swiss wooden hut or cottage; small villa; small cabin in a holiday camp, etc.

chamois *k.n.* chamois; a kind of soft leather; a piece of this.

ciap *k.n.* sound made by chicks or birds; chirp; twitter. **ciap-miap** *k.n.* different sounds of birds.

cibir, mencibir *k.k.* jeer; mock; scorn. **mencibirkan** *k.k.* mortify; humiliate; insult.

chipolata *k.n.* chipolata; small spicy sausage.

cicak *k.n.* lizard; reptile with four legs and a long tail.

cicip, mencicip *k.k.* taste; taste food by licking or holding it in one's mouth; make sounds like birds; chirp; cheep.

cicir *k.k.* spill bit by bit (of small objects, grains, etc.); dribble; scatter; drop away in driblets (of money, etc.); fall or lost along the way. **tercicir** *adj.* spilled; dropped away bit by bit.

cicit *k.n.* great grandchild; son or daughter of one's grandchild.

C.I.D. *kep.* C.I.D.; Criminal Investigation Department.

Cik *k.n.* Miss (pl. *Misses*); title of a girl or unmarried woman; Ms.; title prefixed to a married or unmarried woman's name.

cikgu *k.n.* title for male or female teacher.

cili *k.n.* chilli (pl. *-ies*); dried pod of red pepper. **cili api** *k.n.* cayenne; hot red pepper.

cimpanzi *k.n.* chimpanzee; chimp (*colloq.*); African ape.

Cina *k.n.* Chinese; a person of Chinese descent.

cincang, mencincang *k.k.* chop something into small pieces.

cincau *k.n.* a plant whose leaves can be used to make black jelly.

cincin *k.n.* ring; small circular band of precious metal worn on a finger. **cincin pertunangan** *k.n.* engagement ring; a ring usu. containing precious stones, that a man gives to a woman when they agree to marry.

cindai *k.n.* a multi-coloured floral silk cloth which originates from the Sind district, Pakistan.

cinta *k.n.* love; warm liking or affection. **mencintai** *k.k.* love; feel love for; like greatly. **bercinta** *k.k.* in love; feeling (esp. sexual) love for another person. **hubungan cinta** love affair; romantic or sexual relationship between people who are in love.

cip *k.n.* broken piece of wood, glass, etc.; fried potato, silicone, etc.; flat plastic counter, used to represent money in gambling; element in technology; fragment; splinter; chip.

cipan[1] *k.n.* battleaxe; heavy axe used as a weapon in ancient times.

cipan[2] *k.n.* tapir; small pig-like animal with a long snout.

cipta, mencipta *k.k.* create; bring into existence; produce by what one does; (*sl.*) make a fuss; devise; invent. **ciptaan** *k.n.* creation; thing made esp. by means of special skill or talent; invention.

ciri *k.n.* characteristic; (feature) forming part of the character of a person or thing; noticeable quality.

cirit *k.n.* liquid faeces; **cirit-birit** *k.n.* diarrhoea. **tercirit, mencirit** *k.k.* purge; empty one's bowels due to abdominal pains or fear.

cis *sr.* exclamation to denote feelings of anger, hate, disgust, etc. **mengeciskan** *k.k.* to mock; to make fun of.

cita, cita-cita *k.n.* ambition; strong desire to achieve something; object of this. **bercita-cita** *adj.* ambitious; having ambition.

citah *k.n.* cheetah; a kind of leopard.

cita rasa *k.n.* taste; choice or preference.

cium, mencium *k.k. see* **kucup**.

cm *kep.* cm; centimetre(s).

Co. *kep.* Co.; Company.

COBOL *k.n.* COBOL; computer language for use in business operating.

cocok, secocok *adj.* compatible; suitable; able to exist or be used together; consistent; able to be together harmoniously. **tidak cocok** *adj.* incompatible; not compatible, not suitable.

cogan, cogan kata *k.n.* motto; slogan; a short sentence or phrase used to express the aims and beliefs of a person, a group or an organization.

coklat[1] *adj & k.n.* brown (-*er*, -*est*); of a colour between orange and black; brown colour or thing. **coklat kekelabuan** *adj.* dun; greyish-brown.

coklat[2] *k.n.* chocolate; edible substance made from cocoa seeds; drink made with this; sweet made of or coated with this.

cokmar *k.n.* wooden weapon with a thick spiky head used for beating; special type of cane with a metal head used to symbolize greatness or power.

colek *k.k.* touch something that is partly liquid with the fingertip. **mencolek** *k.k.* dip food in the sauce; scoop a small amount with the forefinger.

coli *k.n.* bra; woman's undergarment worn to support the breasts.

colok *k.n.* joss-stick; thin stick that burns with a smell of incense.

comek[1] *k.n.* hair that grows between the lower-lip and chin.

comek[2] *k.n.* small cuttlefish.

comel *adj.* cute; diminutive; tiny.

comot *adj.* dingy (-*ier*, -*iest*); dirty soiled; grubby; smudgy. **mencomotkan** *k.k.* smudge; make a smudge on or with; soil; blur.

compang, compang-camping *adj.* tattered and torn; ragged.

condong *k.k.* lean; be in a sloping position.

congak *k.n.* mental calculation. **mencongak** *k.k.* count or calculate mentally; estimate; guess; test; lift up head or face; look upwards.

congkak *adj.* proud; conceited.

conteng *k.k.* doodle; scribble idly. **contengan** *k.n.* doodle; drawing or marks made thus; daub; clumsily painted picture.

contoh *k.n.* example; fact illustrating a general rule; thing showing what another of the same kind is like; person or thing worthy of imitation; specimen; part or individual taken as an example or for examination or testing; mock-up; model for use in testing or study; pattern; excellent example.

copet, pencopet *k.n.* pickpocket; thief who picks people's pockets.

corak *k.n.* pattern; decorative design.

coreng *k.n.* long scratch; streak. **bercoreng, bercoreng-coreng, bercoreng-corengan** *k.k.* draw thick irregular lines; scribble; scrawl; doodle. **bercoreng-moreng** *adj.* smudged with scribblings and doodles.

mencoreng *k.k.* scrawl; daub; streak. **corengan** *k.n.* scribbling; result of scrawling and doodling.

coret *k.k.* streak; mark with streaks. **coretan** *k.n.* streak; thin line or band of a different colour or substance from its surroundings.

corong *k.n.* funnel; tube with a wide top for pouring liquid, etc. into small opening. **corong salur** *k.n.* cesspit; cesspool; covered pit to receive liquid waste or sewage.

corot *adj.* hindmost; furthest behind; last.

cota *k.n.* baton; short stick, esp. used by a conductor; truncheon.

cotok *k.n.* animal's beak (hen, bird, etc.). **mencotok** *k.k.* peck (with beak); strike; bite.

coulomb *k.n.* coulomb; a unit of electric charge.

coup d'etat k.n. coup d'etat sudden overthrow of a government by force or illegal means.

coupé k.n. coupé; two-door car with a sloping back.

crème de menthe k.n. crème de menthe; peppermint-flavoured liqueur.

cuaca *k.n.* weather, state of the atmosphere with reference to sunshine, rain, wind, etc.

cuai *adj.* careless; not careful.

cuak *adj.* scared; afraid; nervous.

cuba *k.k.* try; attempt; test; esp. by use; make an effort to accomplish or overcome.

cubit, mencubit *k.k.* pinch; squeeze between two surfaces, esp. between finger and thumb; nip (*p.t. nipped*); pinch or squeeze sharply. **cubitan** *k.n.* pinch; pinching; nip; sharp pinch or squeeze.

cuci[1] *k.k.* develop (*p.t. developed*); treat (a film, etc.) so as to make a picture visible.

cuci[2], **mencuci** *k.k.* clean; make clean; wash; cleanse with water or other liquid; wash clothes, etc.

cucu *k.n.* grandchild (pl. -*children*); child of one's son or daughter. **cucu lelaki** *k.n.* grandson; male grandchild. **cucu perempuan** *k.n.* granddaughter; female grandchild. **cucu-cicit, anak cucu** *k.n.* descendants; person descended from another.

cucuh, mencucuh *k.k.* light a fire; kindle; ignite. **mencucuhkan** *k.k.* light; ignite. **pencucuh** *k.n.* person who starts a fire; instrument used to start a fire. **pencucuhan** *k.n.* process of starting a fire.

cucuk, mencucuk *k.k.* impale; fix or pierce with a pointed object. **cucukan** *k.n.* impalement.

cucunda *k.n.* grandchild (formal address, usu. used in correspondence and in matters regarding royalty).

cucur, mencucurkan, mencucuri *k.k.* sprinkle; scatter or fall in drops or particles on (a surface); trickle. **bercucuran** *k.k.* trickle; flow or cause to flow in a thin stream. **cucuran** *k.n.* sprinkle; eaves (*pl.*); overhanging edge of a roof.

cuit *k.k.* touch with fingertip; touch playfully.

cuka *k.n.* vinegar, sour liquid made from wine, malt, etc. by fermentation.

cukai *k.n.* tax, money to be paid by people or firms to a government.

cukup *adj.* enough; as much or as many as necessary; adequate; satisfactory but not excellent; sufficient; ample (*-er, -est*); plentiful; quite enough.

cukur *k.k.* shave; scrape (growing hair) off the skin.

cula *k.n.* horn or anything resembling a horn that grows on the nose or snout of an animal; a talisman or amulet shaped like a horn. **mencula** *k.k.* grow; sprout (of buds or shoots).

culas *adj.* very lazy; showing a lack of effort or care.

culik *k.k.* kidnap; carry off (a person) illegally in order to obtain a ransom; abduct.

cuma *k.s.* merely; no more or no better than what is specified; only.

cumbu, mencumbu *k.k.* caress; give a caress to. **cumbuan** *k.n.* caress; loving touch, kiss.

cungap, tercungap-cungap *k.k.* pant; gasp; breathe with short quick breaths; utter breathlessly; be extremely eager.

cungkil, mencungkil *k.k.* pick; use a pointed instrument or the finger or beak, etc. to make (a hole) in or remove bits from (a thing); dig out.

cupak *k.n.* cylindrical receptacle made of coconut shell or zinc and measuring about 1.13 litres (usu. used to measure paddy or rice).

cuping *k.n.* lobe; lower soft part of the ear.

curah *k.k.* pour; flow, cause to flow; send out freely; pelt; (of rain) come down fast and heavy.

curam *adj.* steep (*-er, -est*); sloping sharply not gradually.

curang *adj.* insincere; not sincere; deceitful; treacherous; disloyal.

curi, mencuri *k.k.* steal (p.t. *stole*, p.p. *stolen*); take (property) dishonestly; obtain by a trick or secretly; burgle; rob.

curiga *k.k.* distrust; feel distrust in; mistrust; feel no trust in; suspicious; feeling or causing suspicion.

cuti *k.n.* leave; official permission to be absent from duty, period for which this lasts; holiday; day(s) of recreation. **bercuti** *k.k.* on leave; absent in this way; on holiday; spend a holiday.

cutni *k.n.* chutney (pl.-*eyes*); seasoned mixture of fruit, vinegar, spices, etc. eaten with meat or cheese.

D

d/a (di alamat) *kep.* c/o; care of.

dabik, mendabik (dada) *k.k.* thump or beat one's chest as a show of bravery or pride.

dabing, mendabing *k.k.* dub; translate or add sound (voice, music, etc.) to a film.

dachshund *k.n.* dachshund; small dog with a long body and short legs.

dacing *k.n. see* **neraca**.

dada *k.n.* chest; upper front surface of the body, part containing the heart and lungs; bosom; breast, upper front part of the body. **alas dada** *k.n.* bib; covering put under a young child's chin to protect its clothes while feeding; front part of an apron, above the waist. **kuak dada** *k.n.* breaststroke; swimming stroke performed face downwards. **tulang dada** *k.n.* breastbone; bone down the centre of the upper front of the body.

D

dadah *k.n.* drug; substance used in medicine or as a stimulant or narcotic.

dadak, mendadak *k.k.* suddenly; unexpectedly; happening or done quickly without warning; immediately.

dadar *k.n.* type of cake with coconut filling and skin made of flour and eggs, etc.; pancake; eggs beaten and fried in a thin layer; omelette.

dadih *k.n* curds; thick soft substance formed when milk turns sour; junket; sweet custard-like food made of milk and rennet. **mendadih** *k.k.* curdle; form or cause to form curds.

dadu *k.n.* die (*old use*); dice; small cube marked on each side with 1-6 spots, used in games of chance.

daerah *k.n.* district; part (of a country, county, or city) with a particular feature or regarded as a unit; domain; area under a person's control.

dafnah *k.n.* laurel; evergreen shrub with smooth glossy leaves used as an emblem of victory and success.

daftar *k.n.* register; official list. **mendaftar** *k.k.* register; enter in a register; record in writing; record. **mendaftarkan** *k.k.* enrol (p.t. *enrolled*); admit as or become a member.

dagang, memperdagangkan *k.k.* trade; promote sales of (goods); buy and sell; commercialize; make commercial, alter so as to make profitable. **kapal dagang** *k.n.* merchant ship; ship carrying merchandise. **dagangan** *k.n.* merchandise; goods bought and sold or for sale.

daging *k.n.* flesh; soft substance of animal bodies; joint; section of an animal's carcass as food; meat; animal flesh as food (usu. excluding fish and poultry). **daging sumbat** *k.n.* finely-chopped seasoned meat used as stuffing. **daging lembu** *k.n.* beef; meat from ox, bull, or cow. **berdaging** *k.k.* fleshy; having much flesh.

dagu *k.n.* chin; front of the lower jaw.

dahaga *adj.* thirsty; feeling caused by a desire to drink; strong desire.

dahagi *k.n.* rebellion; mutiny. **mendahagi** *k.k.* rebel against the government. **pendahagi** *k.n.* rebel.

dahan *k.n.* bough; limb; large branch coming from the trunk of a tree.

dahi *k.n.* forehead; part of the face above the eyes.

dahlia *k.n.* dahlia; garden plant with bright flowers.

dahsyat *adj.* awful; extremely bad or unpleasant; (*colloq.*) very great; dire; dreadful; ominous; horrid, horrible; horrifying; (*colloq.*) unpleasant; lurid; vivid and sensational or shocking; macabre; gruesome.

dahulu *adv.* former; of an earlier period. — *kkt.* ahead; further forward in position or time. **dahulunya** *kkt.* formerly; in former times; antecedent; previous; foregoing; preceding.

dai *k.n.* person who spreads religion; missionary.

daif *adj.* weak (*-er, -est*); lowly; despised.

dail *k.n.* dial; movable disc manipulated to connect one telephone with another. **mendail** *k.k.* dial (p.t. *dialled*); select or regulate or operate by using a dial.

daiman *k.n.* diamond; thing shaped thus; playing card of suit marked with such shapes.

dajal *k.n.* type of being that will come to exist at the end of the world; bad behaviour; evil.

dakap *k.k.* enfold; clasp; cuddle; hug lovingly; nestle.

dakapan *k.n.* gentle hug; embrace.

daki[1], **mendaki** *k.k.* mount; go up; ascend; go or come up.

daki[2] *k.n.* dirt on the body.

dakwa *k.k.* sue (pres.p. *suing*): take legal proceedings against; make an application. **mendakwa** *k.k.* assert; state, declare to be true; use (power, etc.) effectively; indict; make a formal accusation against. **dakwaan** *k.n.* assertion; indictment; lawsuit; process of bringing a problem or claim, etc. before a court of law for settlement; litigation; lawsuit(s).

dakwah *k.n.* propagation of a belief (usu. religious); preaching; evangelism. **berdakwah** *k.k.* propagate a belief (usu. religious); preach; evangelize.

dakwat *k.n.* ink; coloured liquid or paste used in writing with a pen, printing, etc.

dakyah *k.n.* propaganda; publicity intended to persuade or convince people.

dalal[1] *k.n.* agent; broker; person who buys and sells on behalf of others; middleman.

dalal[2] *k.n.* commission; payment to an agent selling goods and services.

dalam *adj.* inside; inner side, surface, or part, of or from the inside; deep

D

(-*er*, -*est*); going or situated far down or in; intense; lowpitched; profound; inner; nearer to the centre or inside; interior; internal. **luar dalam** inside out, with the inner side turned outwards; thoroughly. **mendalam** *k.k.* in depth; detailed; profound. **terdalam** *adj.* inmost; furthest inward. **mendalamkan** *k.k.* deepen; make or become deeper. **dalaman** *k.n.* internal; of or in the inside; of a country's domestic affairs.

dalang *k.n.* puppet-master of a shadow play; puppeteer; mastermind; secret leader of a movement, etc. **mendalangi** *k.k.* mastermind; plot; plan secretly.

dalca *k.n.* an Indian dish.

dalih *k.n.* excuse. **berdalih** *k.k.* evade; equivocate; use words ambiguously, esp. to conceal truth, diddle; (*sl.*) cheat, swindle.

dalil *k.n.* proof; evidence; anything that establishes a fact or gives reason for believing something. **berdalil** *k.k.* proved with evidence; valid. **mendalilkan** *k.k.* explain with proof; substantiate; support with evidence.

dam *k.n.* draughts; game played with 24 round pieces on a chessboard.

damai *adj.* peaceful; characterized by peace; pacific; making or loving peace. **mendamaikan** *k.k.* conciliate; soothe the hostility of; reconcile; pacify.

damak *k.n.* dart; small pointed missile, esp. for throwing at the target in the game of darts.

damar *k.n.* resin; hard sticky substance obtained from trees. **mendamar** *k.k.* collect resin; look for resin. **pendamaran** *k.n.* place to look for resin; place where resin is found.

dampar, terdampar *k.k.* strand; run aground; beached.

damping *adj.* adjacent; lying near; adjoining. **berdampingan** *k.k.* consort; keep company; be close to.

dan *k.h.* and; a word use for connecting words, phrases, or sentences in the same clause.

dana *k.n.* fund; sum of money for a special purpose.

danau *k.n. see* **tasik**.

dandan, dandan rambut *k.n.* coiffure; hairstyle. **mendandan** *k.k.* adorn; decorate with ornaments. **dandanan** *k.n.* adornment.

dandang *k.n.* boiler; container in which water is heated.

dandelion *k.n.* dandelion; wild plant with bright yellow flowers.

dangau *k.n.* hut; small simple or roughly made house or shelter (in a paddy-field, etc.); shed.

dangdut *k.n.* a lively Hindustani-style rhythm.

dangkal *adj.* shallow; of little depth; superficial; not thorough or deep (of knowledge, etc.).

dansa *k.n.* dance (that originates from Western countries); series of movements and steps that match the speed and rhythm of music. **berdansa** *k.k.* dance (Western style); move with rhythmical steps and gestures to music.

dapat *k.k.* earn; receive; get; can; be able to; know how to; obtain. **dapatan** *k.n.* finding(s); thing that is discovered as the result of an investigation, an inquiry, etc.

dapur *k.n.* stove; cooker; apparatus containing one or more ovens; closed apparatus used for heating rooms, etc. **alat dapur** *k.n.* kitchenware; dishes, pots and pans, etc. **bilik dapur** *k.n.* kitchen; room where meals are prepared.

dara *k.n.* virgin; person (esp. a woman) who has never had sexual intercourse. **selaput dara** *k.n.* hymen; membrane partly closing the opening of the vagina of a virgin girl or woman.

darab *k.n.* multiplication. **mendarab** *k.k.* multiply; add a number to itself a number of times and find the quantity produced; increase in number or quantity.

darah *k.n.* blood; red liquid circulating in the bodies of man and animals; courage; ancestry; descent, parentage. **darah daging** *k.n.* flesh and blood; one's relatives. **pertumpahan darah** *k.n.* bloodbath; massacre; bloodshed; killing or wounding. **salur darah** *k.n.* blood-vessel; tubular structure conveying blood within the body. **berdarah** *k.k.* bleed (p.t. *bled*); leak blood. —*adj.* bloody (-*ier*, -*iest*); blood stained; with much bloodshed.

darat *k.n.* land; part of earth's surface not covered by water; expanse of this; ground, soil; interior of a country. **mendarat** *k.k.* set or go ashore; come or bring (an aircraft) down to the surface of land or water; disembark; put or go ashore; land.

dari *k.s.n.* from; indicating the starting-point, source, or cause; out of; than as separated, distinguished, or unlike. **dari semasa ke semasa** from time to time; at intervals of time.

darihal *k.n.* about; in connection with; concerning; regarding.

daripada *k.s.n.* preposition used to show the following: where somebody/something starts; when something starts; who sent or gave something; what the origin of somebody/something is; the material that something is made of; how far apart two places are; somebody's position or point of view.

darjah[1] *k.n.* degree; stage in a series or of intensity; unit of measurement for angles or temperature.

darjah[2] *k.n.* class; grade; standard; class or classes in school with children of the same age and ability. **bilik darjah** *k.n.* classroom; room where a class of students is taught.

darjat *k.n.* status; rank; social position; prestige. **berdarjat** *k.k.* of high rank; of the nobility; prestigious. **sedarjat** *kkt.* of equal rank, status or social class.

darmawisata *k.n.* excursion; short trip or outing, returning afterwards to the starting-point.

darurat *k.n.* emergency; serious situation needing prompt attention.

darwis *k.n.* dervish; hermit; person who voluntarily lives a life of destitution to attain spiritual perfection. **berdarwis** *k.k.* to become a hermit.

das *k.n.* sound of gunfire (gun, cannon).

dasar *k.n.* base; lowest part; part on which a thing rests or is supported; starting-point; basis; bottom; ground under a stretch of water; foundation; first layer; underlying principle; ground; underlying part, groundwork; preliminary or basic work; policy; course or general plan of action. **berdasarkan** *k.k.* base; use as a base or foundation or evidence for a forecast, etc.

dasawarsa *k.n.* decade; a period of ten years.

data *k.n.* data (*pl.*); facts on which a decision is to be based; information processed by computer. **pangkalan data** *k.n.* database; an organized store of computerized data.

datang *k.k.* come (p.t. *came*, p.p. *come*); move towards a speaker or place or point; arrive.

datar *adj.* flat; horizontal; parallel to the horizon; level; without projections or hollows. **mendatar** *k.k.* even; horizontal; level. **mendatarkan** *k.k.* flatten; make flat; make level.

dataran *k.n.* plain; large area of level country. **dataran tinggi** *k.n.* plateau (pl. -*eaux*); area of level high ground.

Datin *k.n.* title given to the wife of a person conferred the title of Datuk; honorary title given to a woman on a par with a Datuk.

Datu *k.n.* honorary title equivalent to Datuk used by the state of Sabah and some areas of the Malay Archipelago.

datuk *k.n.* grandfather; grandpa; grandad (*colloq.*); male grandparent. **datuk adat** *k.n.* chamberlain; official managing a sovereign's or noble's household. **datuk bandar** *k.n.* mayor; head of the municipal corporation of a city or borough. **datuk nenek** *k.n.* ancestors.

daulat *k.n.* sovereignty; power and authority of a king or ruler; majesty. **berdaulat** *k.k.* sovereign. **mendaulat** *k.k.* pay homage; do or say (things) as a mark of respect or loyalty; serve (a king, etc.).

daun *k.n.* leaf; flat (usu. green) organ growing from the stem, branch, or root of a plant. **penggugur daun** *k.n.* defoliant; chemical substance that destroys foliage.

dawai *k.n. see* **kawat**.

daya[1] *k.n.* force; power; strength; means; ability. **berdaya** *k.k.* able; having power, ability, energy or strength. **mendayai** *k.k.* power; supply with power or energy; energize; strengthen.

daya[2] *k.n.* cunning; trickery; tactic. **memperdayakan** *k.k.* trick; deceive; cheat; act dishonestly or unfairly to gain profit or advantage. **terpedaya** *adj.* tricked; cheated; deceived. **tipu daya** *k.n.* trickery; sly tactics; intrigues.

dayang, dayang-dayang *k.n.* ladies-in-waiting; women who accompany and look after a queen or princess.

dayu, mendayu-dayu *k.k.* (of sound) scarcely audible (due to distance); indistinct. **mendayukan** *k.k.* sing; croon; lull to sleep.

dayung *k.n.* oar; pole with a flat blade used to propel a boat by its leverage against water. **berdayung** *k.k.* use a boat that one rows; row; paddle. **mendayung** *k.k.* propel (a boat) by using oars.

dayus *k.n.* cuckold; man whose wife has committed adultery.

debab *adj.* plump (*-er*, *-est*); having a full rounded shape; fat.

debap *k.n.*, **berdebap** *k.k.* sound of a light fall.

debar, **debaran** *k.n.* palpitation. **berdebar** *k.k.* palpitate; throb rapidly; quiver with fear or excitement.

debat *k.n.* debate; formal discussion. **mendebatkan** *k.k.* hold a debate about; debate.

debentur *k.n.* debenture; bond acknowledging a debt on which fixed interest is being paid.

debit *k.n.* debit; entry in an account for a sum owing. **mendebit** *k.k.* enter as a debit, charge.

debu *k.n.* dust; dirt. **balapan debu** *k.n.* dirt-track; racing track made of earth or cinders, etc.

debunga *k.n.* pollen; fertilizing powder from the anthers of flowers. **mendebungakan** *k.k.* pollinate; fertilize with pollen.

debut *k.n.* debut; first public appearance.

decik *k.n.* chirp; short sharp sound made by a small bird or grasshopper. **berdecik**, **mendecik** *k.k.* make this sound.

decip *k.n.* peep; cheep.

decit *k.n.* cheep; twitter; weak shrill cry like that of a young bird. **berdecit** *k.k.* cheep; make this cry.

dedah *k.k.* divulge; reveal (information). **mendedahkan** *k.k.* bare; uncover; reveal; disclose; expose; leave uncovered or unprotected; subject to a risk, etc.; allow light to reach (photographic film). **terdedah** *k.k.* bare (*-er*, *-est*); not clothed or covered; scanty; exposed; wide open.

dedai, **berdedai-dedai** *k.k.* walk together in a big group in a disorderly fashion.

dedak *k.n.* bran; ground inner husks of grain, sifted from flour.

dedalu *k.n.* an epiphyte with small round leaves.

dedap, **dadap** *k.n.* a plant or small tree with red, odourless flowers usu. found in the forest.

dedar *k.n.* malaise; feeling of illness or uneasiness; feverish.

dedikasi *k.n.* dedication; state of being devoted to a cause or an aim.

berdedikasi *adj.* dedicated; giving time, effort and loyalty to an aim, job, etc.; committed.

deduksi *k.n.* deduction; conclusion or decision based on general assumptions. **mendeduksikan** *k.k.* to deduce or draw conclusions based on general assumptions.

deduktif *adj.* deductive; drawing a conclusion based on reasoning.

deejay *k.n.* deejay; disc jockey; a person whose job is to introduce and play popular recorded music on radio or television or at a club.

Deepavali *k.n.* Deepavali; a Hindu religious festival.

defenden *k.n.* defendant; person accused or sued in a lawsuit.

definisi *k.n.* definition; statement that explain the meaning of a word; clearness of outline. **mendefinisikan** *k.k.* define; give a definition of; state precisely; outline clearly, mark the boundary of.

defisit *k.n.* deficit; amount by which a total falls short of what is required; excess of liabilities over assets.

deflasi *k.n.* deflation; act or process of reducing the amount of money being used in a country in order to lower prices or keep them steady.

degar, **berdegar-degar** *k.k.* bluster; talk aggressively, with empty threats.

degil *adj.* dogged; determined; insubordinate; disobedient, rebellious; intractable; hard to deal with or control; obstinate; not easily persuaded or influenced or overcome; pig-headed; stubborn.

degum *k.n.* boom; thundering sound. **berdegum** *k.k.* make a deep resonant sound.

deisme *k.n.* deism; belief in the existence of a divine being without accepting revelation; belief in existence of a god.

deja vu *k.n.* deja vu; feeling of having experienced the present situation before.

dek[1] *k.n.* deck (of a ship); horizontal floor in a ship.

dek[2] *k.h.* because; for the reason that.

dekad *k.n.* decade; ten-year period.

dekagon *k.n.* decagon; geometric figure with ten sides.

dekah *k.n.* guffaw; coarse noisy laugh; roar; loud laughter. *—k.k.* roar (with laughter). **berdekah** *k.k.* give a guffaw; laugh noisily.

dekak, dekak-dekak *k.n.* abacus (pl. -*cuses*); frame with balls sliding on rods used for counting.

dekam *k.n.* crouching position, ready to jump or pounce. **berdekam** *k.k.* to crouch so as to be ready to pounce; to kneel.

dekan *k.n.* dean; head of a university department.

dekat *adj.* contiguous; adjacent, next. **dekat-dekat** *kkt.* nearly; closely; almost; close; in a near position. **gambar dekat** close-up; photograph, etc. showing a subject at close range. **berdekatan** *kkt.* nearby; not far away. **mendekatkan** *k.k.* to draw near; to bring closer.

dekatlon *k.n.* decathlon; athletic contest involving ten events.

deklamasi *k.n.* read (of poems, etc.) with rhythm and style. **mendeklamasikan** *k.k.* to read of poems, etc.) with rhythm and style.

deklarasi *k.n.* declaration; short and clear statement (about something).

dekompresi *k.n.* decompression; release from compression; gradual reduction of air pressure.

dekongestan *k.n.* decongestant; medicine that relieves congestion.

dekri *k.n.* decree; order given by government or other authority; judgement or decision made by certain lawcourts. **mendekrikan** *k.k.* decree; order by decree.

dekut *k.n.* coo; soft murmuring sound of a dove or pegion. **mendekut** *k.k.* make this sound.

delegasi *k.n.* delegation; committee; body of delegates.

delima *k.n.* ruby; red gem; deep red colour.

delta *k.n.* delta; fourth letter of the Greek alphabet (Δ, δ); triangular patch of alluvial land at the mouth of a river.

delusi *k.n.* delusion; false belief or impression; this as a symptom of mental disorder.

de luxe *adj.* de luxe; of superior quality; luxurious.

demagog *k.n.* demagogue; person who wins support by appealing to popular feelings and prejudices.

demam *k.n.* fever; abnormally high body temperature; disease causing this. **demam alergi** *k.n.* hay fever; catarrh caused by pollen or dust. **rasa demam** *adj.* feverish.

demensia *k.n.* dementia; serious mental disorder.

demi *k.s.n.* with (as in *with* God's will); by (as in one *by* one); for (as in *for* the sake of).

demikian *adv.* thus; in this/that way; like this/that.

demo[1] *k.n.* demo; demonstration; picket; strike.

demo[2] *k.n.* demo; demonstration explaining how something works.

demo[3] *k.n.* demo; black record/tape with a sample of someone's music on it.

demokrasi *k.n.* democracy; government by all the people, usu. through elected representatives; country governed thus. **demokrat** *k.n.* democrat; person favouring democracy. **Demokrat** *k.n.* Democrat; member of the Democratic Party in the U.S.A. **mendemokrasi** *k.k.* democratize. **pendemokrasian** *k.n.* democratization.

demokratik *adj.* democratic; of or according to democracy. **Demokratik** *k.n.* Democratic; of one of the two main political parties in the U.S.A.

demonstrasi[1] *k.n.* demonstration; the act of showing and explaining how something works or is done.

demonstrasi[2] *k.n.* a march or public gathering against or supporting somebody or something.

denai *k.n.* spoor; track or scent left by an animal.

denak *k.n.* decoy; bait. **ayam denak** *k.n.* wild fowl; jungle fowl.

denda *k.n.* fine; sum of money to be paid as a penalty. **mendenda** *k.k.* punish by a fine; take money from (a person) by a fine, taxation, etc.

dendam *k.n.* revenge; punishment; injury inflicted in return for what one has suffered; grudge; feeling of resentment or ill will; malice; desire to harm others or to tease; spite; malicious desire to hurt or annoy someone. **mendendami** *k.k.* bear a grudge against; resent.

dendang[1] *k.n.* song; chorus; poem meant to be sung, ballad.

dendang[2], **burung dendang** *k.n.* a type of bird (of the crow family).

dengan *k.s.n.* with; in the company of, among; having; by; using as an instrument or means. **dengan ini** herewith; with this; hereby; by this act or decree, etc.

dengar, mendengar *k.k.* hear (p.t. *heard*); perceive (sounds) with the ear; listen, pay attention to; receive information or a letter, etc.; make an effort to hear something; be persuaded by advice or a request. **terdengar** *k.k.* heard; listen to a broadcast; overhear (p.t. *-heard*); hear accidentally or without the speaker's knowledge or intention. **tidak terdengar** *adj.* inaudible; not audible.

denggi *k.n.* dengue; dengue fever; viral disease transmitted by mosquitoes.

dengki *adj. see* **iri**.

dengkur, dengkuran *k.n.* snore; snoring or grunting sound made during sleep. **berdengkur, mendengkur** *k.k.* snore; make such sounds.

dengung *k.n.* buzz; low humming sound. **mendengungkan** *k.k.* buzz; make or be filled with a buzz; hum. **berdengung** *k.k.* make this sound; drone. **dengungan** *k.n.* drone; deep humming sound.

dengus *k.n.* snort; rough sound made by forcing breath through the nose, esp. when annoyed. **berdengus, mendengus** *k.k.* snort; make a snort.

denim *k.n.* denim; strong twilled fabric; trousers made of this.

dentam *k.n.* a loud noise like that made by a firecracker exploding or a door being slammed. **berdentam** *k.k.* make this noise.

dentin *k.n.* dentine; the hard tissue forming the teeth.

denting *k.n.* chink; sound like glasses or coins striking together; clink; thin sharp sound. **berdenting** *k.k.* clink; make or cause to make this sound.

dentum *k.n.* bang; noise of or like an explosion; sharp blow; slam. **berdentum** *k.k.* bang; make this noise; strike.

denyut, berdenyut *k.k.* beat (p.t. *beat*, p.p. *beaten*); (of the heart) pump rhythmically; throb.

depa *k.n.* fathom; measure (6 ft.) of the depth of water. **mendepa** *k.k.* fathom; measure the depth of.

depan *k.n.* front; the part or side that faces forward; the most forward part of something. **di depan** in front. **ke depan** to the front. **berdepan** *k.k.* face one another; face (a situation, etc.); forced to deal with a difficulty or a situation. **mengedepankan** *k.k* propose; put forward for consideration; suggest.

depang, mendepang *k.k.* to stretch both arms sideways. **berdepang** *k.k.* to keep both arms stretched sideways.

deposit *k.n.* deposit; savings or liquid assets kept in a bank; money kept in

a bank. **mendepositkan** *k.k.* to put money into a bank account.

depot *k.n.* depot; storehouse; headquarters; (*U.S.*) bus or railway station.

dera *k.k.* torture; abuse; ill-treat; castigate; punish or rebuke or criticize severely. **deraan** *k.n.* torture; abuse; ill-treatment; castigation.

derai[1] *k.n.* sound of rain falling, etc. **berderai** *k.k.* to make the sound of rain falling. **berderai-derai** *k.k.* to make the sound of rain falling continuously.

derai[2], **berderai, berderai-derai** *kkt.* continuously in a disorderly manner; (of fruits, leaves, etc. falling) in large quantities; in the form of grains or particles. **deraian** *k.n.* that which falls in drops continuously.

deram *k.n.* growl; rumble; low threatening sound as a dog does. **berderam, menderam** *k.k.* growl; make this sound.

derap *k.n.* footfall; tramp; sound of heavy footsteps. **berderap** *k.k.* gallop; make a series of quick tapping sounds; run with short quick steps.

deras *adj.* rapid; quick; swift.

Derby *k.n.* Derby; annual horse-race at Epsom; important race or contest.

deret, deretan *k.n.* row; people or things in a line. **berderet** *k.k.* in rows; line up (one behind the other).

derhaka *adj.* disaffected; discontented; not loyal; unfaithful; rebellious. **menderhaka** *k.k.* betray; be disloyal to; commit treason.

deria *k.n.* sense; any of the special powers (sight, hearing, smell, taste, touch) by which a living thing becomes aware of the external world; sensory organs; any of the organs by which the body becomes aware of the external world.

derik[1], **berderik** *k.n.* sound of planks rubbing against each other.

derik[2] *k.n.* big crane used to move and transport heavy things, esp. on board ships.

derik[3] *k.n.* derrick; a tall structure over an oil well for holding the drilling equipment.

dering *k.n.* ringing sound; burr; whirring sound. **berdering** *k.k.* make a whirring sound; ring as a chime; show (the hour) by chiming. **deringan** *k.n.* chime; tuned set of bells; series of notes from these ringing.

derita *k.k.* bear, endure hardship, pain, etc.; distress; suffering, unhappiness. **menderita** *k.k.* suffer; endure suffering, etc.

derma *k.n.* donation; gift (esp. of money) to a fund or institution. **menderma** *k.k.* donate; contribute.

dermaga *k.n.* dock; enclosed body of water where ships are admitted for loading, unloading, or repair.

dermatitis *k.n.* dermatitis; inflammation of the skin.

dermatologi *k.n.* dermatology; study of the skin and its diseases. **ahli dermatologi** *k.n.* dermatologist.

dermawan[1] *adj.* philanthropic; helping people in need.

dermawan[2] *k.n.* benefactor; one who gives financial or other help; philanthropist.

derris *k.n.* derris; an insecticide.

deru *k.n.* sound like that of strong winds blowing, storm howling or waves crashing. **berderu** *k.k.* to make a sound like that of strong winds blowing; to howl; to roar. **menderu, menderu-deru** *k.k.* rumble or roar like strong winds blowing; flock. **deruan** *k.n.* roar, rumbling.

derum *k.n.* rumble; rumbling sound. **berderum, menderum** *k.k.* rumble; make a deep heavy continuous sound. **deruman** *k.n.* rumbling, crashing or booming sound.

derwis *k.n.* dervish; member of a Muslim religious order vowed to poverty; hermit.

desa *k.n.* countryside; rural area.

desak, mendesakkan *k.k.* insist; exhort; declare or demand emphatically. **terdesak** *k.k.* insistent; insisting; forcing itself on one's attention. **mendesak** *adj.* exigent; urgent; requiring much, exacting. **mendesak** *k.k.* insist; force (one's ideas or oneself) upon others; urge. **desakan** *k.n.* pressure; urgent and pressing need; emergency; insistence; obtrusion.

desas, desas-desus *k.n.* hearsay; rumour.

desentralisasi *k.n.* decentralization; transfer from central to local control.

desibel *k.n.* decibel; unit for measuring the relative loudness of sound.

desimal *k.n.* decimal; a fraction (number less than one) written in the form of a dot or point followed by the number of tenths, hundredths, etc.

desing *k.n.* sound like that of strong winds blowing; rustling; whistling of the wind. **berdesing** *k.k.* to make a sound like that of strong winds blowing; to feel angry.

desir *k.n.* fizz; hiss or splutter, esp. when gas escapes in bubbles from a liquid. **berdesir, mendesir** *k.k.* to sizzle; make a hissing sound like that of frying; to rustle. **desiran** *k.n.* hiss; sound like 's'; rustling.

deskriptif *adj.* descriptive; describing.

desktop[1] *k.n.* desktop; surface of a table.

desktop[2] *k.n.* desktop; a computer screen showing icons of the programmes that can be used.

destar *k.n.* headdress; ornamental cloth worn on the head.

destinasi *k.n.* destination; place to which a person or thing is going.

desur *k.n.* babble; babbling sound. **berdesur** *k.k.* (of a stream) murmur.

desus *k.n.* sound like that of people whispering. **berdesus** *k.k.* to whisper.

detak *k.n.* sound of a heartbeat. **berdetak, berdetak-detak** *k.k.* to beat; to throb; to think; to feel.

detektif *k.n.* detective; person whose job is to investigate crimes.

detergen *k.n.* detergent; chemical substance, used for cleaning.

detik[1] *k.n.* tick; regular clicking sound, esp. made by a clock or watch. **berdetik** *k.k.* tick; (of a clock, etc.) make a series of ticks. **detik jantung** *k.n.* heartbeat; regular movement of the heart or the sound it makes.

detik[2] *k.n.* moment; second; very brief period of time.

de trop *adj.* de trop; not wanted.

deuterium *k.n.* deuterium; heavy, form of hydrogen.

Deutschmark *k.n.* Deutschmark; unit of money in West Germany.

dewa, dewi *k.n.* deity; god, goddess. **memperdewakan** *k.k.* deify; treat as or like god.

dewan *k.n.* hall; large room or building for meetings, concerts, etc. **dewan tari** *k.n.* ballroom; large room for dancing.

dewasa *k.n.* adult; fully grown (person, etc.).

dewata *k.n.* deity; god or goddess in ancient literature. **mendewatakan** *k.k.* to deify; to worship; to idolize.

dewi *k.n.* goddess; female god. **dewi hutan** *k.n.* dryad.

di *k.s.n.* (showing place or direction) at; on; in.

dia *k.n.* he or she; male or female previously mentioned.

diabetes *k.n.* diabetes; medical condition caused by a lack of insulin which makes the patient produce a lot of urine and feel very thirsty.

diafragma *k.n.* diaphragm; a kind of partition, between chest and abdomen; vibrating disc in a microphone, etc.; device for varying the aperture of a lens.

diagnosis *k.n.* diagnosis (pl. *-oses*); identification of a disease or condition after observing its symptoms. **mendiagnosis** *k.k.* diagnose; make a diagnosis of.

diagnostik *adj.* diagnostic.

dialek *k.n.* dialect; words and pronunciation peculiar to a district.

dialektik *k.n.* dialectic; investigation of truths by systematic reasoning and discussion.

dialisis *k.n.* dialysis; purification of blood by causing it to flow through a suitable membrane.

dialog *k.n.* dialogue; talk between people.

diam[1], **mendiami** *k.k.* inhabit; live in as one's home or dwelling-place.

diam[2] *k.k.* silence. **mendiamkan** *k.k.* hush; make or become silent or quiet.

diameter *k.n.* diameter; straight line from side to side through the centre of circle or sphere; its length.

dian *k.n.* candle; stick of wax enclosing a wick which is burnt to give light. **kaki dian** *k.n.* candlestick; candle holder.

diang, berdiang *k.k.* to warm oneself by staying near a fire, kitchen, etc. **mendiang** *k.n.* pronoun for the dead (e.g. the late Mr...), excluding Muslims. **mendiangkan** *k.k.* to roast; to toast.

diari *k.n.* diary; daily record of events; book for noting these.

diastol *k.n.* diastole; rhythmic dilatation of chambers of the heart.

diatermi *k.n.* diathermy; medical heat treatment by electric currents.

diatom *k.n.* diatom; microscopic algae.

diatonik *adj.* diatonic; using notes of the major and minor (not chromatic) scales.

didaktik *adj.* didactic; meant or meaning to instruct.

didih, mendidih *k.k.* boil; bubble up with heat; effervesce. **mendidihkan** *k.k.* boil; heat liquid so that it bubbles up.

didik, mendidik *k.k.* educate; train the mind and abilities of; provide such training for; nurture.

diesel *k.n.* diesel; vehicle driven by this. **enjin diesel** *k.n.* diesel engine; oil-burning engine in which ignition is produced by the heat of compressed air.

diet *k.n.* diet; food that is usu. taken; restricted selection of food. **berdiet** *k.k.* diet; keep to a restricted diet.

dif *k.n.* guests; people invited to a function, etc. **dif kehormat** important guests; V.I.Ps.

difteria *k.n.* diphtheria; infectious disease with inflammation of the throat.

diftong *k.n.* diphthong; compound vowel sound (as *ou* in *loud*).

digit *k.n.* digit; any numeral from 0 to 9.

digital *k.n.* digital; of or using digits. **jam digital** *k.n.* digital clock; one that shows the time as a row of figures.

digitalin *k.n* digitalin; poisonous substance prepared from foxglove leaves.

digitalis *k.n.* digitalis; heart stimulant prepared from foxglove leaves.

dikit, sedikit *k.bil.* few; not many; little.

dikotiledon *k.n.* dicotyledon; plant with two cotyledons.

diksi *k.n.* diction; manner of uttering or pronouncing words.

diktator *k.n.* dictator; ruler with total or absolute authority; domineering person.

dilema *k.n.* dilemma; situation in which a choice must be made between unwelcome alternatives.

dime *k.n.* dime; 10-cent coin of the U.S.A.

dimensi *k.n.* dimension; measurable extent; scope.

diminutif *k.n.* diminutive; something very small; shortened form of a name.

dinamik[1] *adj.* dynamic; constantly changing or active; of force producing motion; energetic, forceful.

dinamik[2] *k.n* dynamics; branch of physics dealing with matter in motion.

dinamis *k.n.* energy and enthusiasm to make new things happen or to make things succeed.

dinamit *k.n.* dynamite; powerful explosive made of nitroglycerine.

dinamo *k.n.* dynamo; small generator producing electric current.

dinar *k.n.* dinar; unit of money in Yugoslavia and various countries esp. in the Middle East.

dinasti *k.n.* dynasty; line of hereditary rulers.

dinda, adinda *k.n.* title used by royalty or in formal correspondence for someone younger; younger sibling.

dinding *k.n.* wall; continuous upright structure forming one side of a building or room or area; thing like this in form or function. **dinding sendi** *k.n.* pilaster; rectangular usu. ornamental column.

ding-dong *k.n.* ding-dong; sound of clapper bell(s).

dingin *adj.* chilly (*-ier*, *-iest*); rather cold, unpleasantly cold; cold and unfriendly in manner; cool (*-er*, *-est*); fairly cold; providing coolness; calm, unexcited; inclement; (of weather) cold, wet; frigid, intensely cold; very cold in manner; unresponsive sexually. **mendingin** *k.k.* chill; make or become chilly; preserve at a low temperature without freezing. **mendinginkan** *k.k.* make or become cool. **dingin beku** *adj.* frozen; (of food) preserved by being kept at very low temperature. **mendinginbekukan** *k.k.* freeze; change to solid by extreme cold; preserve by refrigeration.

dingo *k.n.* dingo; Australian wild dog.

dinihari *k.n.* midnight; 12 o'clock at night; time near this.

dinosaur *k.n.* dinosaur; an extinct prehistoric reptile.

diod *k.n.* diode; a semiconductor allowing the flow of current in one direction only and having two terminals.

dioksida *k.n.* dioxide; oxide with two atoms of oxygen to one of a metal or other element.

dipan *k.n.* divan; low couch without a raised back or ends; bed resembling this; settee; long seat with a back and usu. arms, for two or more people.

dipertua *k.n.* one who chairs an institution like the legislative council, parliament, senate, etc.

di-Pertuan *k.n.* someone with royal blood or kinship appointed to rule a state or country.

diploma *k.n.* diploma; certificate awarded by a college, etc. to a person completing a course of study.

diplomasi *k.n.* diplomacy; handling of international relations; tact.

diplomat *k.n.* diplomat; official representing a country abroad; tactful person.

diplomatik *adj.* diplomatic; of or engaged in diplomacy; tactful.

dipsomania *k.n.* dipsomania; uncontrollable craving for alcohol.

dipsomaniak *k.n.* dipsomaniac; person suffering from this.

diraja *k.n.* royal; of the family or in the service or under the patronage of royalty.

direktor *k.n.* director; one of a group of senior managers who run a company, organization or industry.

direktori *k.n.* directory; a book containing lists of information,

usu. alphbatical order, e.g. names, telephone numbers and addresses of businesses in a particular area.

dirgahayu long life (to your highness); courtly expression when paying homage.

dirham *k.n.* gold or silver currency used in olden times; currency of Morocco, United Arab Emirates, Libya and Qatar.

diri[1] *k.n.* self (pl. *selves*); person as an individual; person's special nature; one's own advantage or interests. **merendah diri** *k.k.* be humble.

diri[2], **berdiri** *k.k.* stand; take or keep a stationary upright position. **mendirikan** *k.k.* erect; build; construct. **mendirikan rumah tangga** *k.k.* marry. **terdiri** *k.k.* stand; set upright; consist of; be composed of.

Disember *k.n.* December; twelfth month of the year.

disenteri *k.n.* dysentery; disease causing severe diarrhoea.

disertasi *k.n.* dissertation; long essay.

disfungsi *k.n.* dysfunction; something that does not function due to damage or interference from external factors.

disinflasi *k.n.* disinflation; reduction of inflation.

disiplin *k.n.* discipline; orderly or controlled behaviour; training of people to obey rules or a code of behaviour; branch of learning. **mendisiplinkan** *k.k.* train to be orderly; punish for an offence.

diskaun[1] *k.n.* discount; deduction from the usual price.

diskaun[2], **mendiskaun** *k.k.* discount; disregard partly or wholly; reduce the price.

disket *k.n.* diskette; a flat disk inside a plactic cover that is used to record and store data readable by a computer.

disko *k.n.* disco (pl. *-os*) (*colloq.*); discotheque; club or party where amplified recorded music is played for dancing.

diskriminasi *k.n.* discrimination. **mendiskriminasikan** *k.k.* discriminate; treat unfairly or differently on grounds of race, sex, religion, etc.; make a distinction.

diskusi *k.n.* discussion. **mendiskusikan** *k.k.* to discuss.

disleksia *k.n.* dyslexia; abnormal difficulty in reading and spelling.

dispensari *k.n.* dispensary; place where medicines are prepared and supplied.

dispepsia *k.n.* dyspepsia; indigestion.

disposisi *k.n.* disposition; arrangement; person's character; tendency.

distribusi *k.n.* distribution; division or ration. **mendistribusikan** *k.k.* to distribute; to dispense; to deal out.

distrofi *k.n.* dystrophy; progressive weakness of muscles.

ditto *k.n.* ditto; (in lists) the same again.

diuretik *adj. & k.n.* diuretic; a drug that causes more urine to be excreted.

dius *k.n.* deuce; score of 40-all in tennis.

dividen *k.n.* dividend; share of profits payable esp. as interest; benefit from an action.

divisyen[1] *k.n.* division; portion or part of something (workforce, wealth, etc.); division in mathematics; the process or result of dividing into separate parts.

divisyen[2] *k.n.* division; military unit under a major-general; unit or group (military, football team, etc.).

D.J. *kep.* D.J.; disc jockey.

doa *k.n.* invocation; invoking; calling to God in prayer. **berdoa** *k.k.* invoke; call for the help or protection of God.

dobi, tukang dobi *k.n.* dhoby; laundryman; person whose occupation is washing and ironing clothes.

dodo *k.n.* dodo; large extinct bird.

dodekagon *k.n.* dodecagon; a geometric figure with twelve sides.

dodoi *k.n.* lullaby; soothing song to put a child to sleep. **mendodoikan** *k.k.* lull; soothe or sing a child to sleep.

dodol, kuih dodol *k.n.* cake made of flour, sugar and coconut milk.

dogma *k.n.* dogma; principles put forward by authority to be accepted without question. **mendogmakan** *k.k.* dogmatize; make dogmatic statement(s).

dogmatik *adj.* dogmatic; of or like dogmas; stating things in an authoritative way.

doh *k.n.* doh; name for the keynote of a scale in music, or the note C.

doket *k.n.* docket; document or label accompanying goods delivered listing contents, etc.

doktor *k.n.* doctor; person qualified to give medical treatment; person holding a doctorate.

doktorat *k.n.* doctorate; highest degree at a university.

doktrin *k.n.* doctrine; principle(s) of a religious, political, or other group. **doktrin kematian** *k.n.* eschatology.

dokudrama *k.n.* docudrama; a television drama based on real events.

dokumen *k.n.* document; piece of paper giving information or evidence.

dokumentari *adj.* documentary; consisting of documents.—*k.n.* a factual filmed report.

dokumentasi *k.n.* documentation; the documents that are required for something or that give evidence or proof of something. **pendokumentasian** *k.n.* act or process of recording something in a document.

dolar *k.n.* dollar; unit of money in the U.S.A. and various other countries.

doldrum *k.n.* an area near the Equator that is calm due to the lack of wind.

dolfin *k.n.* dolphin; a sea animal that looks like a large fish with a pointed mouth.

dolomit *k.n.* dolomite; a type of limestone rock. **dolomitik** *adj.* dolomitic.

domain *k.n.* domain; an area of knowledge or activity.

domestik *adj.* domestic; pertaining to the household or family; within a state or country.

dominan *adj.* dominant; more important, powerful or noticeable than other things.

dominasi *k.n.* domination; control; influence. **mendominasi** *k.k.* to have strong control or influence over something (people, occurrence, etc.); to dominate.

dominion *k.n.* dominion; authority to rule, control; ruler's territory.

domino *k.n.* domino; small oblong piece marked with pips, used in the game of dominoes.

dompak *k.k.* rear; (of a horse, etc.) raise itself on its hind legs; prance.

dompet *k.n.* purse; small pouch for carrying money; wallet; small flat holding case for bank notes.

Don *k.n.* Don; Spanish title put before a man's Christian name.

don *k.n.* don; head or fellow or tutor of a college; a university teacher.

donat *k.n.* doughnut; small cake of fried sweetened dough.

dondang *k.n.* singing; song. **berdondang sayang** *k.k.* to sing for pleasure. **mendondang, mendondangkan** *k.k.* to rock a baby in the cradle while singing.

dongak, mendongak *k.k.* look upwards; lift up the head. **mendongakkan** *k.k.* tilt or look up; cock one's head. **terdongak** *k.k.* tilt upwards.

dongeng[1] *adj.* fictitious; imaginary, not true.

dongeng[2] *k.n.* fable; tale; story not based on fact, often conveying a moral.

Doric *adj.* Doric; of the simplest style in Greek architecture.

dormitori *k.n.* dormitory; room with several beds, esp. in a school.

dorong, mendorong *k.k.* actuate; activate; goad; stimulate; impel (p.t. impelled); urge; drive forward. motivate; cause something to happen.

dorongan *k.n.* actuation; impetus; moving force; impulse; push, thrust; inclination to act; motivation; influence.

dorsal *k.n.* dorsal; of or on the back.

dos *k.n.* dose; amount of medicine to be taken at one time; amount of radiation received. **dos berlebihan** *k.n.* overdose; too large a dose.

dosa *k.n.* sin; breaking of a religious or moral law; act which does this; serious fault or offence. **berdosa** *k.k.* sin (p.t. sinned); commit a sin; sinful.

dosej *k.n.* dosage; giving of medicine; size of a dose.

dosir *k.n.* dossier; set of documents about a person or event.

double entendre *k.n.* double entendre; phrase with two meanings, one of which usu. indecent.

doyen *k.n.* doyen; senior member of a group or profession.

dozen *k.n.* dozen; set of twelve; (*pl., colloq.*) a lot.

Dr. *kep.* Dr.; Doctor.

drachm *k.n.* drachm; one eighth of an ounce or a fluid ounce.

drachma *k.n.* drachma (pl. -*as* or -*ae*); unit of money in Greece.

draf *k.n.* draft; rough preliminary written version; written order to a bank to pay money. **mendrafkan** *k.k.* prepare a draft of.

dram[1] *k.n.* dram; drachm; small drink of spirits.

dram[2] *k.n.* drum; percussion instrument, a round frame with skin stretched across; cylindrical object. **pemain dram** *k.n.* drummer; person who plays drum(s). **kayu dram** *k.n.* drumstick; stick for beating a drum.

drama *k.n.* drama; play(s) for acting on the stage or broadcasting; dramatic quality or series of events. **berdrama** *k.k.* dramatize; make into a drama; cause to seem more exciting or serious.

dramatik *adj.* dramatic; of drama; exciting, impressive.

dramatis *k.n.* dramatist; writer of plays.

drastik *adj.* drastic; having a strong or far-reaching effect.

drebar *k.n.* driver; chauffeur; person employed to drive a car.

dril *k.n.* drill; strong twilled cotton fabric.

Druid *k.n.* Druid; priest of an ancient Celtic religion. **Druidisme** *k.n.* Druidism.

drup *k.n.* drupe; fruit with juicy flesh round a kernel (e.g. peach).

dua *k.bil.* two; one more than one (2, II); dual; composed of two parts, double. **kedua-dua** *k.bil.* both; the two, not only the one.

dua jantina *k.n.* bisexual; having the characteristics of both sexes.

dualam *adj.* amphibian; animal that can live both on land and in water.

dublet *k.n.* doublet; each of a pair of similar things.

dubuk *k.n.* hyena; an animal that eats the flesh of usu. dead animals and has a cry like a wild laugh.

dubur *k.n.* anus; opening at the end of the alimentary canal through which solid wastes leave the body.

duches *k.n.* duchess; duke's wife or widow; woman with the rank of duke.

duda *k.n.* widower; man whose wife has died and who has not remarried.

duduk *k.k.* sit (p.t. sat, pres.p. sitting); take or be in a position with the body resting more or less upright on the buttocks; cause to sit; (of animals) rest with legs bent and body on the ground; (of birds) remain on the nest to hatch eggs; be situated. **menduduki** *k.k.* occupy a seat as member of a committee, etc.; (of a committee, etc.) hold a session; inhabit.

duet *k.n.* duet; musical composition for two performers.

duga, menduga *k.k.* anticipate; (loosely) expect; guess; test; examine.

dugaan *k.n.* anticipation; conjecture; guess; test.

dugong *k.n.* a large sea animal with thick greyish skin found in tropical waters.

duha *k.n.* timeframe between morning and midday; forenoon.

duit *k.n.* money; coins and banknotes; (pl. -*eys*) any form of currency. **peti duit** *k.n.* coffer; large strong box for holding money and valuables; (pl.) financial resources.

duka *adj.* sorrowful; sad. **berduka** *k.k.* sorrow; feel sorrow, grieve.

dukacita *adj.* sorry (-*ier*, -*iest*); feeling pity or regret or sympathy; wretched. **mendukacitakan** *k.k.* bereave; sadden; grieve.

duke *k.n.* duke; nobleman of the highest rank.

dukuh *k.n.* hamlet; small village.

dukun *k.n.* medicine man; traditional healer.

dukung *k.k.* to carry (a child) at the waist or hip. **berdukung** *k.k.* to sit astride at the hip or on the back. **mendukung** *k.k.* to carry (a child) astride at the hip or on the back. **dukungan** *k.n.* something that is carried astride at the waist or on the back. **pendukung** *k.n.* a person who carries someone in this manner; an instrument for carrying something.

dulang *k.n.* tray; flat utensil on which small articles are placed for display or carrying. **dulang botol** *k.n.* coaster; tray for bottle(s).

duli *k.n.* his Highness; his majesty.

dulu *k.n.* olden; (*old use*) former, not recent.

dumbel *k.n.* dumb-bell; a solid heavy iron used during exercise to strengthen one's arms and shoulders.

dungu *adj.* dull (-*er*, -*est*); lacking intelligence or liveliness; stupid; daft; silly, crazy; dotty (-*ier*, -*iest*); (*colloq.*) feeble-minded; eccentric; fatuous; foolish.

dunia *k.n.* world; universe, all that exists; earth, heavenly body like it; section of the earth; time or state or scene of human existence; people or things belonging to a certain class or sphere of activity; everything, all people; material things and occupations. **seluruh dunia** *adj.* of the whole world.

duniawi *k.n.* earthly; of this earth, of man's life on it; mundane; worldly.

duodenum *k.n.* duodenum; part of the intestine next to the stomach.

dupa *k.n.* frankincense; sweet-smelling gum burnt as incense.

dupleks *adj.* duplex; having two elements.

duplikasi *k.n.* duplication; copy.

duri *k.n.* thorn; small sharp-pointed projection on a plant; spine; needle-like projection. **berduri** *k.k.* thorny; having thorns.

durian *k.n.* a large tropical fruit with a thick and thorny skin.

durja *adj.* grief-stricken; sullen; sorrowful.

dusta *adj. see* **bohong**.

dusun *k.n.* orchard; piece of land planted with fruit trees.

duta *k.n.* ambassador; highest-ranking diplomat representing his country in another.

duti *k.n.* duty; tax on certain goods or imports.

duyun, berduyun-duyun *k.k.* to move in a large group; to walk together.

duyung, ikan duyung *k.n.* mermaid, merman (pl. -*men*); imaginary half-human sea creature with a fish's tail instead of legs.

dwi *awl.* two (used in compound word), bi-; having two elements (field, subject) merged.

dwibahasa *k.n.* two languages. —*adj.* bilingual; written in or able to speak two languages.

dwibulanan *k.n.* two months. —*adj.* bimonthly; produced or happening every two months.

dwicekung *k.n.* two concave surfaces. —*adj.* concave on both surfaces (mirror, lens, etc.).

dwicembung *k.n.* two convex surfaces. —*adj.* convex on both surfaces (lens).

dwidewan *k.n.* bicameral; having two main parts of parliament.

dwifokus *k.n.* bifocals (*pl.*); spectacles with lenses that have two segments, assisting both distant and close focusing.

dwifungsi *k.n.* two tasks or functions at one time.

dwijantina *k.n.* bisexual; having the characteristics of both sexes; = duajantina. **kedwijantinaan** *k.n.* bisexuality.

dwikotomi *k.n.* dichotomy; division or contrast between two things.

dwilogam *k.n.* bimetallic; consisting of two metals.

dwimata *k.n.* binocular; using two eyes.

dwimingguan *k.n.* biweekly; appearing or taking place every two weeks.

dwimusim *k.n.* biennial; lasting for two years; happening every second year.

dwipihak *k.n.* bipartite; involving two groups.

dwitahunan *k.n.* biannual; happening twice a year; biennial; happening every second year.

dwiwarna *k.n.* a two-coloured object or painting.

D

E

earl *k.n.* earl; British nobleman ranking between marquis and viscount.

Easter *k.n.* Easter; festival commemorating Christ's resurrection.

eau-de-Cologne *k.n.* eau-de-Cologne; delicate perfume originally made at Cologne.

eclair *k.n.* eclair; finger-shaped cake of choux pastry with cream filling.

edar, beredar *k.k.* circulate; go or send round. **mengedarkan** *k.k.* circularize; distribute; scatter, place at different points. **edaran** *k.n.* circulation; circulating; number of copies sold, esp. of a newspaper.

edema *k.n.* oedema; excess fluid in tissues, causing swelling.

edik *k.n.* edict; order proclaimed by authority.

edisi *k.n.* edition; form in which something is published; copies printed from one set of type.

editor *k.n.* editor; person responsible for the contents of a newspaper, etc. or a section of this; one who edits.

editorial *adj.* editorial; of an editor. —*k.n.* newspaper article giving the editor's opinion.

efektif *adj.* effective; producing the desired result (of effort, action, etc.); able to cure (of medicine); efficacious.

efisien *adj.* efficient; capable. **mengefisienkan** *k.k.* to take action to achieve efficiency; to make efficient.

efusi *k.n.* effusion; an outpouring.

egalitarian *k.n.* egalitarian; (person) holding the principle of equal rights for all persons.

ego *k.n.* ego; self; self-esteem.

egoisme *k.n.* egoism; self-centredness.

egosentrik *adj.* egocentric; self-centred.

egotisme *k.n.* egotism; quality of being too self-centred; conceitedness.

eh *sr.* eh; exclamation of enquiry, surprise, etc.

ehwal *k.n.* matters, affairs; topic or situation being considered; events; things that happen.

eja, mengeja *k.k.* spell (p.t. *spelt*); give in their correct sequence the letters that form (a word). **ejaan** *k.n.* spelling.

ejek, mengejek *k.k.* jeer; laugh or shout rudely or scornfully (at); barrack; shout protests; tease; mock. **ejekan** *k.n.* jeer; jeering; teasing.

ejen *k.n.* agent; one who acts on behalf of another; representative; secret agent; person working secretly for a government and trying to find out secret information.

ekabahasa *k.n.* monolingual; speaking or using only one language. **berekabahasa** *k.k.* able to speak only one language.

ekahala *k.n.* in one direction.

ekanada *k.n.* monotone; unchanging tone of voice.

ekar *k.n.* acre; measure of land, 4840 sq. yds.; acreage.

ekasuku *k.n.* monosyllable; word of one syllable. —*adj.* monosyllabic.

ekawarna *k.n.* monochrome; done in one colour; black-and-white.

ekologi *k.n.* ecology; study of living things in relation to their environment; this relationship. **ahli ekologi** *k.n.* ecologist.

ekonomi *k.n.* economy; community's system of using its resources to produce wealth; state of a country's prosperity. **ahli ekonomi** *k.n.* economist; expert in economics.

ekor *k.n.* tail; animal's hindmost part, esp. when extending beyond its body; final, more distant or weaker part. **mengekori** *k.k.* tail; (*sl.*) follow closely; secretly follow and observe.

ekoran *k.n.* consequence; result or effect of something.

ekosistem *k.n.* ecosystem; all the plants and living creatures in a particular area considered in relation to their physical environment.

eksais *k.n.* excise; duty or tax on certain goods and licences.

eksekutif *k.n.* executive; person or group with managerial powers, or with authority to put government decisions into effect. —*adj.* having such power or authority.

ekshibit *k.k.* display, present for the public to see. —*k.n.* document, object, etc. produced as evidence in a lawcourt.

eksklusif *adj.* exclusive; selective; catering for a select group.

eksotik *adj.* exotic; coming from a foreign country; colourful, unusual.

ekspatriat *adj.* expatriate; living abroad. —*k.n.* expatriate person.

ekspedisi *k.n.* expedition; journey or voyage for a purpose; people or ships, etc. making this.

espektoran *k.n.* expectorant; medicine for causing a person to cough or spit out phlegm.

eksperimen *k.n* experiment; test to discover how a thing works or what happens or to demonstrate a known fact.

eksplisit *adj.* explicit; clear and easy to understand; said, done or shown in an open and direct way, so that you do not doubt what is happening.

eksploit, mengeksploit *k.k.* exploit; make good use of; use or treat unfairly.

eksploitasi *k.n.* exploitation.

ekspo *k.n. (kep.)* expo (exposition); trade fair.

eksport, mengeksport *k.k.* export; send (goods, etc.) to another country for sale. —*k.n.* exporting; thing exported.

eksposisi *k.n.* exposition; large exhibition.

ekspres *adj.* express; travelling rapidly, designed for high speed. —*k.n.* train or bus travelling rapidly to its destination with few or no stops.

ekspresif *adj.* expressive; able to convey thought or feeling effectively; full of expression.

ekspresionisme *k.n.* expressionism; style of painting, drama, or music seeking to express feelings rather than represent objects realistically.

ekstra *adj.* extra; more than is usual, expected, or than exists already; additional.

ekstrak *k.n.* extract; take out or obtain by force or effort; obtain (juice, etc.) by suction, pressure or chemical treatment.

ekstrem *adj.* extreme; very great in degree. **keekstreman** *k.n.* ideas or actions that are extreme and not normal, reasonable or acceptable to most people.

ektoplasma *k.n.* ectoplasm; substance supposedly discharged by a spiritualist medium in a trance.

ekuinoks *k.n.* equinox; time of year when night and day are of equal length.

ekuiti *k.n.* equity; stocks and shares not bearing fixed interest.

ekzema *k.n.* eczema; skin disease causing scaly itchy patches.

eksistensialisme *k.n.* existentialism; philosophical theory emphasizing that man is free to choose his actions.

ekzos *k.n.* exhaust; expulsion of waste gases from an engine, etc.; device through which they are expelled.

ela *k.n.* yard; measure of length equal to 3 feet (0.9144 metre).

elak, mengelak *k.k.* dodge; move quickly to one side so as to avoid (a thing); evade; elude; escape skilfully from; avoid; duck; bob down, esp. to avoid being seen or hit; get away from doing something.

elaun *k.n.* allowance; amount or sum permitted.

elegi *k.n.* elegy; sorrowful or serious poem.

elektrik *adj.* electric; electrical; of, producing, or worked by electricity. —*k.n.* electrics *(pl.)*; electrical fittings. **bekalan elektrik** *k.n.* electricity; supply of electric current. **tukang elektrik** *k.n.* electrician; person whose job is to deal with electrical equipment. **elektrik statik** *k.n.* static electricity; electricity present in a body, not flowing as current.

elektrod *k.n.* electrode; solid conductor through which electricity enters or leaves a vacuum tube, etc.

elektroensefalogram *k.n.* electroencephalogram; record of the electrical activity of the brain.

elektrokardiogram *k.n.* electrocardiogram; a record of the electric current generated by heartbeats.

elektrolisis *k.n.* electrolysis; removal of hair roots by electric current.

elektrolit *k.n.* electrolyte; solution that conducts electric current, esp. in an electric cell or battery.

elektromagnet *k.n.* electromagnet; magnet consisting of a metal core magnetized by a current-carrying coil round it.

elektromagnetik *adj.* electromagnetic; having both electrical and magnetic properties.

elektron *k.n.* electron; particle with a negative electric charge. **mikroskop elektron** *k.n.* electron microscope; very powerful microscope using beams of electrons instead of light.

elektronik *k.n.* electronic; produced or worked by a flow of electrons; of electronics. use of electronic devices.

elektroskop *k.n.* electroscope; a device for detecting and measuring electric charge of substances in the state of gas.

elemen *k.n.* element; component part; one of about 100 substances that cannot be split up by ordinary chemical means into simpler substances; wire that gives out heat in an electrical appliance.

eliksir *k.n.* elixir; fragrant liquid used as medicine or flavouring.

elips *k.n.* ellipse; regular oval. **berelips** *k.k.* elliptical; shaped like an ellipse.

elipsis *k.n.* ellipsis (pl. *-pses);* omission of words in speech or writing.

elisi *k.n.* elision; omission of a syllable of a word when pronouncing it.

elit *k.n.* elite; group regarded as superior and favoured.

elm *k.n.* elm; tree with rough serrated leaves; its wood.

elok *adj.* exquisite; pretty; fine; beautiful; very satisfactory. **mengelokkan** *k.k.* beautify; make beautiful.

emak *k.n.* mummy *(children's colloq.);* mother; female parent.

emas *k.n.* gold; yellow metal of high value; coins or articles made of this; its colour. **jubli emas** *k.n.* golden jubilee; 50th anniversary. **lombong emas** *k.n.* gold-mine; place where gold is mined; source of great wealth. **tukang emas** *k.n.* goldsmith; person whose trade is making articles in gold.

embargo *k.n.* embargo (pl. *-oes)*; an official ban on trade, etc. with another country.

embek *k.n.* baa, bleat; cry of a sheep, goat, or calf. **mengembek** *k.k.* baa, bleat; utter this cry.

embolisme *k.n.* embolism; obstruction of a blood-vessel by a clot or air-bubble.

embrio *k.n.* embryo (pl. *-os)*; unborn animal developing in a womb or egg.

embun *k.n.* dew; drops of moisture on a surface, esp. condensed during the night from water vapour in air. **titisan embun** *k.n.* dewdrop; drop of dew. **berembun** *k.k.* dewy; wet with dew; spend the night in the open.

e-mel *k.n.* e-mail; electronic mail; a way of sending messages and data to other people by means of computers connected together in a network.

emeri *k.n.* emery; coarse abrasive for smoothing wood, etc. **papan emeri** *k.n.* emery-board; strip of cardboard coated with emery, used for filing the nails.

emeritus *adj.* emeritus (of university lecturers, especially professors); retired yet retains one's title as an honour.

emetik *k.n.* emetic; medicine which causes vomiting.

emigran *k.n.* emigrant; person leaving his own country to settle in another.

emigrasi *k.k.* emigrate; leave one's country and go to settle in another.

emosi *k.n.* emotion; intense instinctive feeling as contrasted with reasoning.

emosional *adj.* emotional; of emotion(s); showing great emotion.

empang, empangan *k.n.* dam; barrier built across a river to hold back water. **mengempang** *k.k.* dam (p.t. *dammed*); hold back with a dam; obstruct (a flow).

empar *k.k.* moving away from the centre; drift from its course. **mengempar** *k.k.* centrifuge; separate by this.

emparan *k.n.* centrifuge; machine using centrifugal force for separating substances.

empat *k.bil.* four; one more than three (4, IV). **keempat** *adj.* fourth; next after the third. —*k.n.* fourth thing, class, etc. **empat belas** *k.bil.* fourteen (14, XIV). **keempat belas** *adj. & k.n.* fourteenth.

empati *k.n.* empathy; ability to identify oneself mentally with, and so understand, a person or thing.

empayar *k.n.* empire; group of countries ruled by a supreme authority; large organization controlled by one person or group.

emper *k.n.* penthouse; sloping roof supported against the wall of a building.

emping *k.n.* flake; small thin (flattened) piece of rice grain.

empiris *adj.* empirical; based on observation or experiment, not on theory.

emporium *k.n.* emporium (pl. *-a* or *-s*); centre of commerce; shop.

empuan *k.n.* pronoun for a lady; title used in addressing a queen.

empuk *adj.* (of food) tender; soft; easy to bite through.

empulur *k.n.* pith; spongy tissue in stems or fruits.

empunya *k.n.* owner. **empunyai, punya** *k.k.* own or possess.

emu *k.n.* emu; large Australian bird resembling an ostrich.

emulsi *k.n.* emulsion; creamy liquid; light-sensitive coating on photographic film. **mengemulsi** *k.k.* emulsify; convert or be converted into emulsion.

enak *adj.* delicious; delightful, esp. to taste; delectable; luscious.

enakmen *k.n.* enactment; law.

enam *k.bil.* six; one more than five (6, VI). **keenam** *adj.* sixth. **enam belas** *k.bil.* sixteen; one more than fifteen (16, XVI). **keenam belas** *adj & k.n.* sixteenth. **keenam puluh** *adj. & k.n.* sixtieth; six times ten. **enam puluh** *k.bil.* sixty (60, LX).

enamel *k.n.* enamel; glass-like substance for coating metal or pottery; paint that dries hard and glossy; hard outer covering of teeth.

enap, enapan *k.n.* sediment; particles of solid matter in a liquid or carried by water. **mengenap** *k.k.* settle; sink; fall or come gradually downwards; precipitate; cause (a substance) to be deposited.

enau *k.n.* sugar-palm; a type of palm.

Encik *k.n.* Mr. (pl. *Messrs.*); title prefixed to man's name.

encot, incut *adj.* lame. **terencot-encot** *k.k.* to limp.

endah *adj.* heed; pay attention to.

endap[1], **endap-endap, endapan** *k.n.* sediment; solid material that settles to the bottom of a liquid; particles of a solid matter carried by water and left somewhere. **mengendap** *k.k.* settle or sink to the bottom and pile up.

endap[2], **mengendap** *k.k.* lurk; wait furtively or keeping out of sight; watch stealthily.

endemik *k.n.* endemic; (of a disease) commonly found in a specified area or people.

endokrin, kelenjar endokrin *k.n.* endocrine, endocrine gland; gland pouring secretions straight into the blood, not through a duct.

endors, mengendors *k.k.* endorse; sign or write comment on (a document); sign the back of (a cheque); enter particulars of an offence on (a driving licence, etc.); confirm, declare approval of.

endul *k.n.* cradle; baby's bed usu. on rockers; supporting structure.

enema *k.n.* enema; liquid injected into the rectum through the anus by a syringe.

enggan *adj.* averse; unwilling; reluctant; indisposed; loath. **mengenggankan** *k.k.* disincline; cause to feel reluctant or unwilling; disallow; refuse; forbid.

enggang *k.n.* hornbill; medium to large tropical bird with hornlike growth on its curved bill.

engkau *k.n.* you; person(s) addressed; one, anyone, everyone.

engkol *k.n.* crank; L-shaped part for converting linear into circular motion.

engku *k.n.* a hereditary title for members of a royal family, placed before their name; pronoun used for a respected person; term used by the Minangkabau people to address their elders.

engsel *k.n.* hasp; clasp fitting over a staple, secured by a pin or padlock; movable joint such as that on which a door or lid, etc. turns; hinge.

engsot, berengsot, mengengsot *k.k.* move a bit; shift slightly.

enigma *k.n.* enigma; a person, thing or situation that is mysterious or difficult to understand.

enjin *k.n.* engine; mechanical contrivance using fuel and supplying power; part of a railway train containing this.

enjut, enjut-enjut (allusion), **enjut semut** *k.n.* a type of game. **mengenjut** *k.k.* to rock slowly; to pull or lift up slowly; to pull up and down. **terenjut-enjut** *kkt.* moving up and down. **enjutan** *k.n* rising and falling movement.

enklaf *k.n.* enclave; small territory wholly within the boundaries of another.

ensiklopedia *k.n.* encyclopaedia; book of information on all branches of knowledge or of one subject.

entah *k.n.f.* word to express that one does not know; perhaps; maybe. **entah-entah** *kkt.* perhaps; probably.

enteng *adj.* easy; light; simple. **mengentengkan** *k.k.* to make things easy; to lighten. **keentengan** *k.n.* alleviation.

enteritis *k.n.* enteritis; inflammation of the intestines.

entiti *k.n.* entity; something that exists independently of other things.

entomologi *k.n.* entomology; study of insects. **ahli entomologi** *k.n.* entomologist.

entrepot *k.n.* entrepot; centre for import, export, collection and distribution.

enyah, nyah *sr.* be off (*colloq.*); expression used to chase someone away.

enzim *k.n.* enzyme; protein formed in living cells (or produced synthetically) and assisting chemical processes.

epal *k.n.* apple; round fruit with firm flesh.

epaulet *k.n.* epaulette; ornamental shoulder-piece.

epidemik *k.n.* epidemic; outbreak of a disease, etc. spreading through a community. **epidemiologi** *k.n.* epidemiology.

epidermis *k.n.* epidermis; outer layer of the skin.

epidura *adj. & k.n.* epidural; (anaesthetic) injected round the nerves of the spine, anaesthetizing the lower part of the body.

epiglotis *k.n.* epiglottis; a cartilage that covers the larynx in swallowing.

epigrafi *k.n.* epigraphy; study of inscriptions.

epigram *k.n.* epigram; short witty saying.

epik *k.n.* epic; long poem; story, or film about heroic deeds or history. —*adj.* of or like an epic.

epilepsi *k.n.* epilepsy; a disorder of the nervous system that causes a person to become unconscious suddenly, often with violent movements of the body.

epilog *k.n.* epilogue; short concluding section, of a book or play.

epipusat *k.n.* epicentre; point where an earthquake reaches the earth's surface.

episkopal *adj.* episcopal; of or governed by bishops.

episod *k.n.* episode; event forming one part of a sequence; one part of a serial.

epitaf *k.n.* epitaph; words inscribed on a tomb or describing a dead person.

epok *k.n.* a small pouch with string and cover woven from screw pines. **epok-epok** *k.n.* type of savoury pastry stuffed with curried potato, shrimp, onion, etc. **berepok** *k.k.* hugging; embracing. **mengepok** *k.k.* hug or embrace.

eponim *adj.* eponymous; after whom something is named.

era *k.n.* era; period of history.

eram, mengeram *k.k.* brood; sit on eggs and hatch them.

erang *k.n.* groan; sound made by groaning. **mengerang** *k.k.* groan; make a long deep sound in pain or grief; make a deep creaking sound; moan; make or utter with a moan. **erangan** *k.n.* moan; low mournful sound.

erat *adj.* tight (-*er*, -*est*); held or fastened firmly. **mengeratkan, mempererat** *k.k.* tighten; strengthen.

erektil *adj.* erectile; able to become rigid from sexual excitement.

ergonomik *k.n.* ergonomics; study of work and its environment in order to achieve maximum efficiency.

ergot *k.n.* ergot; fungal disease of rye, etc.

Eropah *adj.* European; of Europe or its people.

erotika *adj.* erotic; of or arousing sexual desire.

erti *k.n.* meaning; what is meant. **bererti** *k.k.* mean (p.t. *meant*); have as equivalent words; in the same or another language. **mengerti** *k.k.* understand (p.t. -*stood*); see the meaning or importance of; know the explanation. **menyalahertikan** *k.k.* misconstrue; misinterpret; misunderstand.

esa *adj.* one and only; sole; single.

esak *k.n.* sob; uneven drawing of breath when weeping or gasping. **mengesak, teresak-esak** *k.k.* sob (p.t. *sobbed*); weep or breathe or utter with sobs.

escudo *k.n.* escudo (pl. -*os*); unit of money in Portugal.

esei *k.n.* essay; short literary composition in prose. **penulis esei** *k.n.* essayist; writer of essays.

esen *k.n.* essence; a liquid taken from a plant, etc. that contains its smell and taste in a very strong form.

eskalator *k.n.* escalator; staircase with a line of steps moving up or down.

Eskimo *k.n.* Eskimo (pl. -*os* or -*o);* member or language of a people living in Arctic regions.

eskot[1] *k.n.* escort; a person or group, vehicle, ship, etc. that accompanies something or someone in order to protect them.

eskot[2] *k.k.* to escort; to go with somebody to protect them or to show them the way.

esofagus *k.n.* oesophagus; gullet.

esok *k.n.* tomorrow; the day after today; (in) the near future.

Esperanto *k.n.* Esperanto; artificial language designed for international use.

esplanad *k.n* esplanade; level area, promenade.

ester *k.n.* ester; a kind of chemical compound.

estet *k.n.* estate; landed property; residential or industrial district planned as a unit.

estetik *adj.* aesthetic; of or showing appreciation of beauty; artistic, tasteful.

estrogen *k.n.* oestrogen; a hormone produced by the ovary to stimulate and develop the female sex organs in mammals.

eter *k.n.* ether; upper air; liquid used as an anaesthetic and solvent.

etik *k.n.* ethic; moral principle.

etika *k.n.* ethics; a study of moral principles.

etimologi *k.n.* etymology; account of a word's origin and development.

etnik *k.n.* ethnic; of a racial group; resembling the peasant clothes of primitive people.

etnologi *k.n.* ethnology; study of human races and their characteristics.

ahli etnologi *k.n.* ethnologist.

etos *k.n.* ethos; characteristic spirit and beliefs of a culture, era or community.

eugenik *k.n.* eugenics; the science of improving the human race by controlled breeding.

eufemisme *k.n.* euphemism; mild word(s) substituted for improper or blunt one(s).

eufonium *k.n.* euphonium; tenor tuba.

euforia *k.n.* euphoria; feeling of happiness.

euritmik *k.n.* eurhythmics; harmony of movement developed with music and dance.

evolusi *k.n.* evolution; process of developing into a different form; origination of living things by development from earlier forms.

ex gratia kkt. ex gratia; done or given as a gift, favour or concession, without legal obligation.

F

F. *kep.* F; Fahrenheit.

fabel *k.n.* fable; story not based on fact, often conveying a moral.

fabrik *k.n.* fabric; cloth or knitted material; plastic used similarly.

faedah[1] *k.n.* benefit; something helpful or favourable or profitable. **berfaedah** *adj.* beneficial; having a helpful or useful effect; profitable; bringing profit; useful; usable for a practical purpose.

faedah[2] *k.n.* interest on saving, etc.

faham, fahaman *k.n.* understanding; ability to understand; doctrine; principle(s) of a religious, political, or other group. —*k.k.* understand (p.t. - *stood*); know the ways or working of; know the explanation. **salah faham** *k.k.* misapprehend; misunderstand (p.t. - *stood*); fail to understand correctly. **memahami** *k.k.* comprehend; understand; grasp the meaning of, apprehend; perceive with the mind or senses, discern. **sefaham** *adj.* congenial; pleasant, agreeable to oneself.

faharasat *k.n.* list; written or printed series of names, items, figures, etc.; catalogue; systematic list of items; index.

Fahrenheit *k.n.* Fahrenheit; of a temperature scale with the freezing point of water at 32° and boiling point at 212°.

fail *k.n.* file; cover or box, etc. for keeping papers for reference; its contents. **memfailkan** *k.k.* file; place in a file; place on record.

fait accompli k.n. fait accompli; thing already done and not reversible.

fajar *k.n.* dawn; first light of day.

fakir *k.n.* poor or destitute person; fakir; Muslim (or loosely Hindu) religious ascetic who lives solely on alms.

faks *k.n.* fax; copy of a document, etc. sent by fax machine. **memfakskan** *k.k.* send (documents, etc.) by fax machine.

faksimile *k.n.* fax (facsimile); a reproduction of a document, etc.

fakta *k.n* fact; thing known to have happened or to be true or to exist.

faktor *k.n.* factor; circumstance that contributes towards a result; one of the numbers, etc. by which a given number can be divided exactly.

fakulti *k.n.* faculty; department teaching a specified subject in a university or college.

falak *k.n.* celestial sphere; the imaginary spherical shell formed by the sky; universe beyond the earth's atmosphere. **ilmu falak** *k.n.* astronomy; study of stars and planets and their movements.

falsafah *k.n.* philosophy; system or study of the basic truths and principles of the universe, life, and morals, and of human understanding of these; person's principles. **ahli falsafah** *k.n* philosopher; person skilled in philosophy; philosophical person.

falsetto *k.n.* falsetto (pl. *-os*); voice above one's natural range.

famili *k.n.* family; parents and their children; a person's children; group of related people, plants or animals, or of things that are alike.

fana *adj.* ephemeral; lasting only a very short time; transitory.

fanatik *k.n.* fanatic; person filled with excessive enthusiasm.

fanatisme *k.n.* fanaticism; excessive enthusiasm.

fantasi *k.n.* fantasy; imagination; thing imagined.

fantasia *k.n.* fantasia; imaginative musical or other composition.

farad *k.n.* farad; unit of capacitance.

faraid, hukum (ilmu) *k.n.* (law or study of) Islamic law of inheritance based on the Koran; traditions of Prophet Muhammad (p.b.u.h.); consensus of opinions and analogy.

faraj *k.n.* vagina; passage leading from the vulva to the womb in females.

fardu *k.n.* religious duty or obligation; what one must do to comply with religious requirements.

faring *k.n.* pharynx; the soft area at the top of the throat where the passages to the nose and mouth connect with the throat.

farmakologi *k.n.* pharmacology; the study of the action of drugs. **ahli farmakologi** *k.n.* pharmacologist.

farmakopeia *k.n.* pharmacopoeia; a list or stock of drugs.

farmasi *k.n.* pharmacy; preparation and dispensing of medicinal drugs; pharmacist's shop, dispensary.

Farsi *k.n.* Persia; native of Persia; of Persia.

farthing *k.n.* farthing; former coin worth one-quarter of a penny.

fasa *k.n.* phase; stage of change or development.

fasal *k.n.* clause; single part in a treaty, law, or contract.

fasih *adj.* fluent; speaking or spoken smoothly and readily; eloquent.

fasik, fasiq *k.n.* sinner; disregard for the commands of Allah. **memfasikkan, menfasiqkan** *k.k.* to regard or consider as sinful. **kefasikkan, kefasiqan** *k.n.* sinfulness; disregard for Allah's command.

fasilitator *k.n.* facilitator; a person who helps somebody do something more easily by discussing problems, giving advice, etc. rather than telling them what to do.

fasis *k.n.* fascist; a person who supports fascism.

fasisme *k.n.* fascism; a system of extreme right-wing dictatorship. **fasis** *k.n.* fascist.

fatal *adj.* fatal; causing or ending in death; causing disaster or failure.

fatalis *k.n.* fatalist; person who submits to what happens, regarding it as inevitable.

fatalisme *k.n.* fatalism; belief that all events are decided in advance by a supernatural power.

fatalistik *adj.* fatalistic.

Fatihah *k.n.* the first chapter in the Koran. **berfatihah** *k.k.* to recite the al-Fatihah.

fatwa *k.n.* ruling on a point of Islamic law given by a recognized authority.

faul *k.n.* foul; an action that is against the rules of a game.

faun *k.n.* faun; Latin rural deity with a goat's legs and horns.

fauna *k.n.* fauna (pl.): animals of an area or period.

Februari *k.n.* February; second month of the year.

federal *adj.* federal; having a system of government in which the individual states of a country have control over their own affairs, but are controlled by a central government for national decisions. **negara federal** *k.n.* federation; a country consisting of a group of individual states that have control over their own affairs but are controlled by a central government for national decisions.

federalisme *k.n.* federalism; the federal principle or system of government.

feminis *k.n.* feminist; supporter of women's claims to be given rights equal to those of men.

femur *k.n.* femur; thigh bone.

fenomenon *k.n.* phenomenon (pl. *-a*); fact, occurrence, or change perceived by the senses or the mind; remarkable person or thing.

feri *k.n.* ferry; boat, etc. used to transport goods, passengers, etc. across a river, channel, etc.; place where it operates; service it provides.

Feringgi (*also* **Peringgi**) *k.n.* Portuguese; native of Portugal.

ferum *k.n.* iron. **berferum** *k.k.* to contain iron.

festun *k.n.* festoon; hanging chain of flowers or ribbons, etc.

fesyen *k.n.* fashion; manner or way of doing something; style popular at a given time.

fetus *k.n.* foetus (pl. *-tuses*); developed embryo in a womb or egg.

feudal *k.n.* feudal; of or like the feudal system. **sistem feudal** *k.n.* feudal system; medieval system of holding land by giving one's services to the owner.

feudalisme *k.n.* feudalism; feudal ideology or practice; the social system that existed during the Middle Ages in Europe in which people were given land and protection by a nobleman and had to work and fight for him in return.

fibroid *adj.* fibroid; consisting of fibrous tissue. —*k.n.* benign fibroid tumour.

fibrositis *k.n.* fibrositis; rheumatic pain in tissue other than bones and joints.

fibula *k.n.* fibula; the outer bone of the two bones in the lower part of the leg between the knee and the ankle.

fidyah *k.n.* a penalty for not carrying out a certain Islamic religious duty or obligation; compensation that must be paid for wounding or killing another; blood-money; a fine. **memfidyahkan** *k.k.* to pay a penalty or fine.

fiesta *k.n.* fiesta; religious festival in Spanish speaking countries.

fiil *k.n.* behaviour; way of behaving.

fikah *k.n.* the study of Islamic law. **ahli fikah** *k.n.* an expert or specialist in Islamic law.

fikir *k.n.* think; act of thinking. **berfikir** *k.k.* think (p.t. *thought*); form or have as an idea or opinion or plan. **memikirkan** *k.k.* think; exercise the mind, reflect upon. **fikiran** *k.n.* thought; view; opinion.

fiksyen *k.n.* fiction; invented story; class of literature consisting of books containing such stories.

filamen *k.n.* filament; strand; fine wire giving off light in an electric lamp.

filem *k.n.* film; sheet or rolled strip of light-sensitive material for taking photographs; drama or events shown by a cinematographic process. **memfilemkan** *k.k.* film; make a film of. **bintang filem** *k.n.* film star; star actor or actress in films.

Filipina *k.n.* Philippine; of the Philippine Islands.

filologi *k.n.* philology; study of languages. **ahli filologi** *k.n.* philologist.

filum *k.n.* phylum; (biology) a group into which animals, plants, etc. are divided.

final *k.n.* final; last contest in a series. **peserta final** *k.n.* finalist; competitor in a final.

fiord *k.n.* fiord; narrow inlet of the sea between cliffs esp. in Norway.

fir *k.n.* fir; evergreen cone-bearing tree.

firasah *k.n.* hunch; intuition.

firasat *k.n.* clairvoyance; power of seeing in the mind events, etc. that are in the future or out of sight; physiognomy; features of a person's face.

Firaun *k.n.* Pharaoh; title of the king of ancient Egypt.

firdaus *k.n.* paradise; heaven; Eden.

firma *k.n.* firm; business company.

firman *k.n.* decree or commandment (of God).

firus *k.n.* turquoise; blue-green precious stone.

fisiologi *k.n.* physiology; study of the bodily functions of living organisms. **ahli fisiologi** *k.n.* physiologist.

fisioterapi *k.n.* physiotherapy; treatment of an injury, etc. by massage and exercises. **ahli fisioterapi** *k.n.* physiotherapist.

fiskal *k.n.* fiscal; of public revenue.

fistula *k.n.* fistula; a pipe-like ulcer; a pipe-like passage in the body.

fitnah *k.n.* libel; slander; defamation, published false statement that damages a person's reputation; act of publishing it; crime of uttering this. **memfitnah, memfitnahkan** *k.k.* libel (p.t. *libelled*); publish a libel against; utter a slander about, slander; attack the good reputation or defame; malign; say unpleasant and untrue things about.

fitrah[1] *k.n.* tithe; obligatory alms by Muslims made before the end of the fasting month.

fitrah² *k.n.* natural tendency; talent; inborn ability; piety; strong belief in a religion.

fiug *k.n.* fugue; musical composition with theme(s) repeated in a complex pattern.

fius *k.n.* fuse; length of easily burnt material for igniting a bomb or explosive; strip of wire placed in an electric circuit to melt and interrupt the current when the circuit is overloaded.

fizik *k.n.* physics; study of the properties and interactions of matter and energy. **ahli fizik** *k.n.* physicist; expert in physics.

fizikal *k.n.* physical; of the body; of matter or the laws of nature; of physics. **geografi fizikal** physical geography; study of earth's natural features. **kimia fizikal** physical chemistry; use of physics to study substances and their reactions.

flanel *k.n.* flannel; a kind of woollen fabric; face-flannel.

flanelet *k.n.* flannelette; cotton fabric made to look and feel like flannel.

flat *k.n.* flat; a set of rooms for living in, including a kitchen, usu. on one floor of a building.

flebitis *k.n.* phlebitis; inflammation of the walls of a vein.

flegmatik *adj.* phlegmatic; calm and unemotional; not easily excited or agitated; sluggish, apathetic.

fleks *k.n.* flax; blue-flowered plant; textile fibre from its stem.

fleksibel *adj.* flexible; able to bend easily without breaking; able to change to suit new conditions or situations.

flora *k.n.* flora (*pl.*); plants of an area or period.

floret *k.n.* a blunt-edged sword used in fencing.

florin *k.n.* florin; guilder; former British coin worth two shillings (10p).

flourida *k.n.* fluoride; a chemical compound of fluorine that protects teeth from decay and that is often added to tooth paste and sometimes to drinking water.

flu *k.n.* (*colloq.*) (*abbr.*) flu (influenza); type of infectious disease that causes fever, muscle stiffness, pain and weakness.

fluorin *k.n.* fluorine; a chemical element, (symbol F), a pungent corrosive gas.

fluorspar *k.n.* fluorspar; calcium fluoride as a mineral.

flut *k.n.* flute; a type of woodwind instrument which the player holds sideways and blows across a hole at one end.

fobia *k.n.* phobia; lasting irrational fear or great dislike.

foder *k.n.* fodder; dried food, hay, etc. for horses or other animals.

fokus *k.n.* focus (pl. *-cuses* or *-ci*); point where rays meet; distance at which an object is most clearly seen; adjustment on a lens to produce a clear image; centre of activity or interest. **memfokus** *k.k.* focus (p.t. *focused*); adjust the focus of; bring into focus; concentrate.

folder *k.n.* folder; folding cover for loose papers; leaflet.

folikel *k.n.* follicle; very small cavity containing a hair-root.

folio *k.n.* folio (pl. *-os*); largest-sized book; page number.

fomen *k.n.* foreman (pl. *-men*); workman who supervises others.

fomentasi *k.n.* fomentation; hot lotion used to bathe a painful or inflamed part.

fon *k.n.* phone (*colloq.*); telephone. **fon kepala**, **fon telinga** *k.n.* headphone, earphone; receiver held over the ear(s) by a band over the head.

fondan *k.n.* fondant; soft sugary sweet.

fonem *k.n.* phoneme; the smallest meaningful unit of sound in any language that distinguishes one word from another.

fonetik *k.n.* phonetic; of or representing speech-sounds; (of spelling) corresponding to pronunciation.

fonologi *k.n.* phonology; study of speech sounds, esp. in a particular language.

forensik *k.n.* forensic; of or used in lawcourts. **perubatan forensik** forensic medicine; medical knowledge used in police investigations, etc.

formal *adj.* formal; conforming to accepted rules or customs; of form; regular in design. **tak formal** *adj.* informal; not formal; without formality or ceremony.

formalin *k.n.* formalin; solution of formaldehyde.

formasi *k.n.* formation; forming; thing formed; particular arrangement or structure.

format *k.n.* format; shape and size of a book, etc.; the way something is arranged.

formatif *adj.* formative; forming.

formula *k.n.* rule, principle or law expressed by means of letters and symbols; symbols showing chemical constituents or a mathematical statement; classification of a racing car.

forsep *k.n.* forceps (pl. *forceps*); small tongs.

forum *k.n.* forum; place or meeting where a public discussion is held.

fosfat *k.n.* phosphate; fertilizer containing phosphorus.

fosforus *k.n.* phosphorus; non-metallic chemical element; wax-like form of this appearing luminous in the dark.

fosil *k.n.* fossil; hardened remains or traces of a prehistoric animal or plant.

foto *k.n.* photo (pl. *-os*) (*colloq.*): photograph.

fotogenik *adj.* photogenic; looking attractive in photographs.

fotograf *k.n.* photograph; picture formed by the chemical action of light or other radiation on sensitive material.

fotokopi *k.n.* photocopy; photographic copy of a document.

fotosintesis *k.n.* photosynthesis; process by which green plants use sunlight to convert carbon dioxide and water into complex substances.

fotostat *k.n.* photostat; photocopy; a photographic copy of a document, picture, etc. using a special machine.

foundri *k.n.* foundry; workshop or factory for casting metal.

foya, berfoya-foya *k.k.* revel (p.t. *revelled*); carouse; drink and be merry; have fun.

foyer *k.n.* foyer; a large open space inside the entrance of a building where people meet or wait.

fragmen *k.n.* fragment; piece broken off something; isolated part.

franc *k.n.* franc; unit of money in France, Belgium, and Switzerland.

francais *k.n.* franchise; right to vote in public elections; authorization to sell a company's goods or services in a certain area.

frankfurter *k.n.* frankfurter; highly seasoned smoked sausage.

frasa *k.n.* phrase; group of words forming a unit, esp. within a sentence or clause; unit in a melody. **memfrasakan** *k.k.* phrase; express in words; divide (music) into phrases.

Freemason *k.n.* Freemason; member of a fraternity with elaborate ritual and secret signs; Freemasonry; their system and institutions.

freesia *k.n.* freesia; a kind of fragrant flower.

frekuensi *k.n.* frequency; rate at which something occurs or is repeated; frequent occurrence; rate of repetition.

Friesian *k.n.* Friesian; one of a breed of black-and-white dairy cattle.

frigat *k.n.* frigate; a small, fast naval vessel used to patrol or to escort other warships.

frok *k.n.* frock; woman's or girl's dress.

fros *k.n.* frost; freezing weather-condition; white frozen dew or vapour.

fruktosa *k.n.* fructose; a type of sugar found in fruit, honey, etc.

fulkrum *k.n.* fulcrum; point of support on which a lever pivots.

fulmar *k.n.* fulmar; Arctic seabird.

fungsi *k.n.* function; special activity or purpose of a person or thing. **berfungsi** *k.k.* function; perform a function; be in action.

fungus *k.n.* fungus; any plant without leaves, flowers or green colouring that grows on other plants or decaying matter.

fungsional *adj.* functional; of function(s); practical and useful rather than decorative or luxurious; working or operating.

furlong *k.n.* furlong; one-eighth of a mile.

G

g *kep.* g; gram(s).

gabah[1] *k.n.* rice grains (with husk); chaff.

gabah[2], **gegabah** *adj.* impulsive; reckless.

gabardin *k.n.* gabardine; strong cloth used esp. for making coats.

gabenor *k.n.* governor; person appointed to govern a province or state; head of an institution; member of a governing body.

gabin *k.n.* pipeclay.

gabung, bergabung, menggabungkan *k.k.* join; put or come together; unite; combine; join into a group or set or mixture; consolidate; affiliate; connect as a subordinate member or branch; incorporate; include as a part; form into a corporation; mix, combine; merge; combine into a whole. **gabungan** *k.n.* merger; combining of several companies, etc. into one; combination; combining; set of people or things combined.

gabus *k.n.* cork; light tough bark of a South European oak; piece of this used as a float. **skru gabus** *k.n.* corkscrew; tool for extracting corks from bottles.

gada, penggada *k.n.* a long, rounded, wooden bat. **gada-gada** *k.n.* a flag that is attached to a ship's mast in order to determine the wind's direction.

gadai *k.n.* pawn; thing deposited as security for money borrowed. **menggadai** *k.k.* deposit with a pawnbroker as security for money borrowed; pawn; hock. **kedai pajak gadai** *k.n.* pawnshop; pawnbroker's premise. **broker pajak gadai** *k.n.* pawnbroker; person licensed to lend money on the security of personal property deposited with him. **gadai janji** *k.n.* mortgage; loan for purchase of property, in which the property itself is pledged as security; agreement effecting this. **menggadai janji** *k.k.* pledge (property) as security thus.

gadang *k.n.* colossal; immense.

gading *k.n.* ivory; hard creamy-white substance forming tusks of elephant, etc.; object made of this.

gadis *k.n.* girl; female child; young woman; colleen (*Ir.*); lass, lassie (Sc. & N. Engl.).

gaduh *k.n.* commotion; fuss and disturbance; quarrel; row; angry argument or disagreement. **bergaduh** *k.k.* quarrel; have an angry argument or disagreement; cause an uproar; create a commotion.

Gaelic *k.n.* Gaelic; Celtic language of Scots; Irish language.

gagah *adj.* gallant; brave, chivalrous; manly; strong.

gagak, burung gagak *k.n.* crow; large black bird.

gagal *adj.* fail; be unsuccessful; become weak, cease functioning; neglect or be unable; become bankrupt; declare to be unsuccessful. **menggagalkan** *k.k.* foil; frustrate; fail; revoke.

gagang *k.n.* handle; part by which a thing is to be held, carried or controlled; stem; supporting part of a flower, etc. **gagang telefon** *k.n.* handset (of telephone).

gagap *adj.* speaking with a stutter or stammer. **tergagap-gagap** *adj.* speaking hesitantly or with a stammer.

gagas, menggagas *kk.* to have an idea or a concept. **gagasan** *k.n.* a concept or an idea.

gagau, menggagau *k.k.* grope; feel about as one in the dark; fumble.

gah *k.n.* fame; condition of being known to many people; good reputation; renown; arrogance; conceit; pride; too high an opinion of oneself or one's achievements.

gaham, menggaham *k.k.* to threaten or intimidate. **gahaman** *k.n.* a threat.

gahar, menggahar *k.k.* scrub; rub hard esp. with something coarse or bristly; scour; cleanse or brighten by rubbing.

gahara *k.n.* of royal parentage (both parents).

gahari *adj.* equal; even; enough; not more nor less.

gaharu *k.n.* sandalwood; a kind of scented wood.

gait *k.n.* hook; bent or curved metal, etc. for catching hold of things. **menggait** *k.k.* hook; grasp or catch with hooks; swindle money out of someone.

gajah *k.n.* elephant; very large animal with a trunk and ivory tusks.

gaji *k.n.* stipend; salary; fixed regular (usu. monthly or quarterly) payment by employer to employee.

gajus *k.n.* cashew; a kind of edible nut.

gak *k.n.* caw; harsh cry of a rook, crow, etc.

gala-gala, gegala *k.n.* kind of pitch used for caulking boats; waterproof substance for filling cracks and joins. **gegala lembut** *k.n.* tar; thick dark inflammable liquid distilled from wood or coal, etc.

galah *k.n.* a bamboo pole or wooden rod; a type of spear used to hunt down wild boars. **galah panjang** *k.n.* a children's game that uses squares drawn on the sand. **bergalah** *k.k.* to use a pole; to move or manoeuvre with a pole. **sepenggalah** *adj.* as tall as or as long as a pole; between 7 a.m. and 8 a.m.

galak, menggalakkan *k.k.* embolden; make bold; encourage; give hope or confidence or stimulus to; urge. **galakan** *k.n.* encouragement.

galaksi *k.n.* galaxy; system of stars.

galang *k.n.* crossbar; bar that goes across and between two things; buttress; thing that supports or reinforces. **menggalang** *k.k.* support; keep from falling; bear the weight of; prop up; obstruct; prevent or hinder; bar. **galangan** *k.n.* obstruction; thing that gets in the way or blocks something; bar.

galas, menggalas *k.k.* carry something hung on one end or both ends of a pole that rests on the shoulder.

galei *k.n.* galley; a printer's proof for checking.

gali[1]**, menggali** *k.k.* dig (p.t. *dug*, pres. p. *digging*); break up and move soil; make (a way or hole) thus; remove by digging; excavate; dig out.

gali[2]**, ghali, galai** *k.n.* galley; early seagoing vessel propelled by oars or by oars and sails.

galian *k.n.* diggings; that which is dug out. **bahan galian** *k.n.* mineral.

galir *adj.* loose; not tight; (figuratively) able to speak smoothly; eloquent.

galiung *k.n.* galley (pl. *-eys*); ancient ship, esp. propelled by oars. **dapur galiung** *k.n.* galley; kitchen in a ship or aircraft.

Gallic *adj.* Gallic; of ancient Gaul; French.

galosh *k.n.* galosh; rubber overshoe.

galur *k.n.* a small, narrow channel; a furrow; a gully. **susur galur** *k.n.* ancestry; origins. **bergalur-galur** *k.k.* to have a furrow or gully. **menggalur-galur** *k.k.* to research the origins of an event; to examine. **menggalurkan** *k.k.* to expound a matter from the beginning till the end.

galvani *k.n.* electrical charge produced by a battery's chemical reaction. **bergalvani** *k.k.* to coat with a metal (e.g. zinc) through electrolysis. **menggalvani** *k.k.* to coat (iron, steel, etc.) with metal (e.g. zinc) using electrical charge from a battery.

galvanometer *k.n.* galvanometer; an instrument used to detect and measure low levels of electric current.

gam *k.n.* gum; sticky substance exuded by certain trees, used for sticking things together. **mengegam** *k.k.* gum (p.t. *gummed*); smear or stick together with gum; paste.

gama *k.n.* gamma; third letter of the Greek alphabet, = γ.

gamak *k.n.* guess; form an opinion or state without definite knowledge or without measuring; appraise; reckon. **menggamak-gamak** *k.k.* take (something) in the hand in order to estimate its size or weight. **tergamak** *k.k.* have the heart to (do something); bring oneself to do something (bad, etc.).

gamam, tergamam *adj.* stunned; petrified; paralysed with astonishment or shock.

gamat *adj.* very lively; noisy; unruly.

gambar *k.n.* picture; representation of person(s) or object(s) etc. made by painting, drawing, or photography etc.; cinema film. **gambaran** *k.n.* description. **menggambarkan** *k.k.* depict; imagine; represent in a picture or in words.

gambar rajah *k.n.* diagram; drawing that shows the parts of a thing or how it works, or represents the operation of a process, etc.

gambir *k.n.* gambier; extract from the leaves of the gambier plant.

gambit *k.n.* gambit; action or remark intended to gain an advantage.

gambus *k.n.* a six-stringed Arabic musical instrument which resembles the lute.

gambut *k.n.* peat; decomposed vegetable matter from bogs, etc. used in horticulture or as fuel.

G

gamelan, gemelan *k.n.* Javanese music often played in Bali and Sunda using many bronze percussion instruments.

gamet *k.n.* gamete; reproductive cell.

gamit, menggamit *k.k.* beckon; summon by a gesture.

gampang *adj.* easy; done or got without great effort; light (of work). **anak gampang** *k.n.* bastard; a person whose parents are not married to each other.

gamut *k.n.* gamut; whole range of notes used in music; whole range or scope.

ganang, gunung-ganang *k.n.* mountains; mountain range.

ganas *adj.* ferocious; fierce, savage. **mengganas** *k.k.* terrorize; cause great fear by being aggressive or violent; become violent.

gancu *k.n.* crook; hooked stick.

ganda, menggandakan *k.k.* duplicate; multiply; become twofold; make or be a duplicate. **berganda** *k.k.* double. **berganda-ganda** *k.k.* multiplied. **gandaan** *k.n.* multiple; reduplication.

gandar *k.n.* axle; rod on which wheels turn.

gandin *k.n.* mallet; hammer, usu. of wood.

ganding, berganding *k.k.* co-operate; side by side; work or act together. —*adj.* linked; joined.**mengganding-kan** *k.k.* link; join; put or come together. **gandingan** *k.n.* coupling; device connecting railway carriages or machine parts.

ganduh *k.k.* to augment; to increase; to exaggerate; to combine. **berganduh** *k.k.* to swap something for more money, etc. **memperganduhkan, memperganduh-ganduhkan** *k.k.* to exchange something for something extra.

gandum *k.n.* wheat; grist; grain to be ground or already ground.

gang *k.n.* gangway; gap left for people to pass, esp. on a ship; movable bridge from a ship to land; narrow lane.

ganggang, berganggang *k.k.* dry over a fire; warm oneself by a fire. **mengganggang** *k.k.* dry over a fire; roast.

ganggu *k.k.* bother; cause trouble, worry, or annoyance to; pester; disrupt; cause to break up; interfere; take part in others' affair without right or invitation; be an obstruction; interrupt; break the continuity of;

break the flow of (speech, etc.) by a remark. **mengganggu** *k.k.* distract; draw away the attention of; disturb; break the quiet or rest or calm of; cause to move from a settled position; inconvenience. **terganggu** *k.k.* disturbed; mentally or emotionally unstable or abnormal; troubled. **gangguan** *k.n.* inconvenience; thing causing this; interference; disturbance of radio signals; interruption; disruption; disturbance; distraction; thing that distracts the attention; distraught state, frenzy.

ganglion *k.n.* ganglion (pl. *-ia*); group of nerve cells from which nerve fibres radiate; cyst on the sheath of a tendon.

gangsa *k.n.* bronze; brown alloy of copper and tin; thing made of this.

ganja *k.n.* cannabis; hemp plant; drug made from this.

ganjak, berganjak, mengganjakkan *k.k.* budge; move slightly.

ganjar, mengganjari *k.k.* to reward a good deed. **mengganjarkan** *k.k.* to present; to reward. **ganjaran** *k.n.* a reward.

ganjil *adj.* abnormal; extraordinary; very unusual or remarkable; beyond what is usual; odd (*-er, -est*); (of a number) not exactly divisible by 2; from a pair or set of which the other(s) are lacking; exceeding a round number or amount; not regular; unusual; peculiar; eccentric; strange (*-er, -est*); not familiar, not well-known; alien; surprising.

gantang *k.n.* measure of capacity (about 4.54 litres); receptacle for measuring (grains, etc.).

ganti *k.k.* change; substitute. **sebagai ganti** *kkt.* instead; as an alternative or substitute. **berganti** *k.k.* change; replace; substitute. **berganti-ganti, silih berganti** in succession; in turn. **lari berganti-ganti** *k.n.* relay race; race between teams in which each person in turn covers a part of the total distance. **menggantikan** *k.k.* replace; take the place of; substitute. **ganti rugi** *k.n.* indemnity; protection against penalties incurred by one's actions; compensation for injury.

gantri *k.n.* gantry; overhead bridgelike framework supporting railway signals or a travelling crane, etc.

gantung, menggantungkan *k.k.* hang; suspend; drape; cover or arrange loosely.

ganyah, mengganyah *k.k.* scrub vigorously; rub hard.

ganyang, mengganyang *k.k.* chew; work or grind between the teeth; crush; destroy.

gapah, gopoh-gapah *kkt.* hurriedly; hastily; quickly.

gapai *k.k.* to reach for something. **bergapaian** *k.k.* to reach for something with one's hands. **menggapai** *k.k.* to reach out one's hands to hold or grab something. **menggapai-gapai** *k.k.* to stretch out one's hands to find a place to hold on to.

gapura *k.n.* arch; curved structure, esp. as a support. **pintu gapura** *k.n.* archway; arched entrance or passage.

gara, gara-gara *k.n.* calamity; disaster; sudden great misfortune; commotion; big fuss and disturbance.

garaj *k.n.* garage; building for storing motor vehicle(s); commercial establishment where motor vehicles are repaired and serviced.

garam *k.n.* salt; sodium chloride obtained from mines or by evaporation from sea-water, used to season and preserve food. **menggaramladakan** *k.k.* devil (*p.t. devilled*); cook (food) with hot seasoning.

garang *adj.* lurid; in glaring colours; fierce (*-er, -est*); violent in temper, manner, or action.

garap, menggarap *k.k.* to cultivate. **garapan** *k.n.* something that has been cultivated. **penggarapan** *k.n.* the act of cultivating something.

garau *adj.* hoarse; (of a voice) sounding rough.

gari *k.n.* handcuff; metal ring linked to another, for securing a prisoner's wrists. **menggari** *k.k.* put handcuffs on.

garing *adj.* crisp; (of food) hard, dry and easily broken.

garis, garisan *k.n.* line; long narrow mark; outline; boundary. **menggaris** *k.k.* mark with lines. **garis leher** *k.n.* neckline; outline formed by the edge of a garment at the neck. **garis pantai** *k.n.* coastline; line of a coast. **penjaga garis** *k.n.* linesman (pl. *-men*); umpire's assistant at the boundary line.

garison *k.n.* garrison; troops stationed in a town or fort to defend it; building they occupy.

garit *k.n.* line; scratch; long narrow mark made with something sharp. **menggarit** *k.k.* scratch; cut a shallow line on (a surface) with something sharp.

garnet *k.n.* garnet; red semi-precious stone.

garpu *k.n.* fork; utensil that has a handle and two or more sharp points for lifting food to the mouth or for holding meat, etc. firmly while it is cut.

garu *k.n.* rake; harrow; a tool with prongs for breaking up soil. **menggaru** *k.k.* loosen up soil with harrow, etc.; scratch; scrape with the fingernails.

garuk¹, menggaruk *k.k.* scratch hard with the fingernails to stop skin from itching.

garuk² *adj.* hoarse; deep (of voice); husky; (voice) sounding rough as if the throat is dry.

gas *k.n.* gas (pl. *gases*); substance with particles that can move freely; such a substance used as a fuel or anaesthetic. **menjadi gas** *k.k.* gasification. **kebuk gas** *k.n.* gas chamber; room that can be filled with poisonous gas to kill prisoners. **topeng gas** *k.n.* gas mask; device worn over face as a protection against poisonous gas. **saluran gas** *k.n.* gas ring; hollow perforated ring through which gas flows for cooking. **kilang gas** *k.n.* gasworks; place where fuel gas is made

gasak, menggasak *k.k.* beat vigorously; thrash; hit hard; gobble (food); eat quickly and greedily. **bergasak** *k.k.* fight; struggle against, esp. using physical force.

gasang *adj.* lecherous; lascivious; uncouth.

gasar *adj.* rough; uncivilized; unrefined.

gasing *k.n.* top; toy that spins on its point when set in motion.

gasket *k.n.* gasket; sheet or ring of rubber, asbestos, etc., sealing a joint between metal surfaces.

gasolin *k.n.* gasoline; (*U.S.*) petrol.

gasometer *k.n.* gasometer; large round storage tank from which gas is piped to a district.

gastrik *k.n.* gastric; of the stomach.

gastroenteritis *k.n.* gastroenteritis.

gastropod *k.n.* gastropod; mollusc.

gastronomi *k.n.* gastronomy; science of good eating and drinking.

gatal *adj.* lewd; indecent; treating sexual matters vulgarly; lascivious; itchy; ticking sensation in the skin, causing a desire to scratch. **menggatalkan** *k.k.* cause to itch.

gaul *k.k.* mix; put (different things) together so that they are no longer distinct; prepare by doing this;

G

combine, blend. **bergaul** *k.k.* hob-nob (p.t. -*nobbed*); spend time together in a friendly way; mingle. **gaulan** *k.n.* mixture.

gaun *k.n.* gown; loose flowing garment; woman's long dress; official robe. **gaun tidur** *k.n.* nightgown; nightdress.

gaung *k.n.* chasm; deep cleft; gorge; narrow steep-sided valley.

gawang *k.n.* two posts or pieces of timber set upright in the ground and joined by a horizontal bar; the goalpost in a game (football, hockey, etc.).

gaya *k.n.* style; manner of writing or speaking or doing something; shape, design; elegance. **gaya bertutur** *k.n.* elocution; style or art of speaking. **bergaya** *k.k.* dressy (-*ier*, -*iest*); wearing stylish clothes; elegant, elaborate.

gayat *adj.* dizzy or fearful from looking down from a high location (mountain, hill, multi-storeyed building, etc.); giddy.

gayung *k.n.* dipper; a container with a handle, used for taking up water.

gayut, bergayut *k.k.* hang; support or be supported from above with the lower end free and does not touch the ground.

gazebo *k.n.* gazebo (pl. -*os*); turret or summer-house with a wide view.

gazetir *k.n.* gazetteer; index of places, rivers, mountains, etc.

G.B. *kep.* G.B.; Great Britain.

gear *k.n.* gear; set of toothed wheels working together in machinery. **kotak gear** *k.n.* gearbox, gearcase; case enclosing gear mechanism.

gebar, kain gebar *k.n.* blanket; rug; covering made of cloth.

gedabir *k.n.* dewlap; fold of loose skin at the throat of cattle, etc.

gedempol *adj.* fat.

gedempong *adj.* obese; very fat.

gedoboh *adj.* baggy; big and loose (of clothes, etc.).

gedung *k.n.* depository; storehouse. **gedung serba ada** *k.n.* department store; large shop with departments each selling a different type of goods.

gegabah *adj.* madcap; wildly impulsive (person); reckless.

gegak *adj.* noisy; clamorous. **gegak-gempita** *adj.* extremely noisy.

gegendang *k.n.* eardrum; a thin membrane in the ear that vibrates

in response to sounds, enabling one to hear.

gegancu *k.n.* sprocket; projection engaging with links on a chain, etc.

geganti *k.n.* hub; central part of a wheel.

gegar, bergegar *k.k.* jar (p.t. -*jarred*); tremble; vibrate; jolt. **gegaran** *k.n.* jarring movement or effect; vibration; shaking.

gegas, bergegas *k.k.* be in a hurry. —*kkt.* in a hurry; hurriedly; quickly.

gegat *k.n.* silver-fish; insect that eats holes in books.

gegau *k.n.* cavern; large cave; hollow part.

geisha *k.n.* geisha; Japanese woman trained to entertain men.

gejala *k.n.* symptom; sign of the existence of a condition.

gel *k.n.* gel; jelly-like substance.

gelabah *adj.* anxious; worried; flustered. **menggelabah** *k.k.* to be on edge; to be nervous and/or confused.

gelabir *k.n.* jowl; dewlap; loose skin on the throat.

geladak *k.n.* deck; horizontal floor in a ship; similar floor or platform, esp. one of two or more.

gelagat *k.n.* an indication or sign that something is about to happen; sign; behaviour. **bergelagat** *k.k.* to act or behave (in a particular way).

gelam[1] *k.n.* a tree that produces oil.

gelam[2] *k.n.* heron, a species of bird.

gelak *k.k.* laugh heartily; make sounds and movements of the face that express a great deal of lively amusement. **tergelak** *k.k.* burst into laughter.

gelambir *k.n.* dewlap; fold or loose skin at the throat of cattle etc.; flab (*colloq.*); flabbiness, fat.

gelang *k.n.* bangle; bracelet of rigid material; bracelet; ornamental band worn on the arm. **gelang rantai** *k.n.* link; one ring of a chain.

gelanggang *k.n.* court; courtyard; area marked out for certain games. **gelanggang laga lembu** *k.n.* bullring; arena for bullfights.

gelap *adj.* (-*er*, -*est*); with little or no light; of deep shade or colour; closer to black than to white; having dark hair or dark skin; gloomy; secret; mysterious. **bilik gelap** *k.n.* darkroom; room with daylight excluded, for processing photographs. **menggelap** *k.k.* darken; make or become dark. **menggelapkan** *k.k.* embezzle; take (money, etc.) fraudulently for one's own use. **Zaman Gelap** *k.n.* Dark Ages; early Middle Ages in Europe.

gelar *k.n.* nickname; name given humorously to a person or thing. **menggelar** *k.k.* dub; nickname. **gelaran** *k.n.* name; title.

gelas *k.n.* glass; drinking vessel made of glass.

gelatin *k.n.* gelatin; clear substance made by boiling bones.

gelatuk, menggelatuk *k.k.* chatter; (of teeth) rattle together; tremble; shake involuntarily, esp. from cold or fear, etc.

gelecek, menggelecek *k.k.* to dribble the ball (in football) skilfully past the opponent. **tergelecek** *k.k.* to slide or slip on a smooth or wet surface.

geledah, menggeledah *k.k.* comb; search thoroughly; ransack; rob or pillage (a place).

geledak, anjing geledak *k.n.* cur; stray dog; worthless dog.

gelegak, menggelegak *k.k.* boil.

gelegar *k.n.* girder; beam supporting part of a building or bridge; joist; one of the beams on which floor boards or celling laths are fixed.

gelegata *k.n.* a type of severe skin irritation; rashes and swelling on the body due to heat, etc.

gelek, tarian gelek *k.n.* belly-dance; dance performed by a woman with erotic movements of her belly and hips. **menggelek** *k.k.* roll; move (on a surface) by turning over and over; flatten with a roller; form into a cylindrical or spherical shape.

gelemaca *k.n.* vitreous humour; transparent gelatinous substance filling the eyeball behind the lens.

gelemair *k.n.* aqueous humour; clear watery fluid which fills the space between the cornea and the lens in the eye.

gelembung *k.n.* bubble; thin ball of liquid enclosing air or gas.

gelen *k.n.* gallon; measure for liquids, equal to 4 quarts (4.546 litres).

gelendong *k.n.* spindle; revolving pin or axis on which thread is wound in spinning.

geleng, menggeleng *k.k.* shake the head repeatedly from side to side to indicate refusal, disagreement, etc.

gelepar, menggelepar, menggelepar-gelepar *k.k.* to flap the wings; to flounder; to writhe.

geletar, menggeletar *k.k.* shake involuntarily, esp. from fear or cold, etc.; tremble.

geletek, menggeletek *k.k.* tickle; touch or stroke somebody lightly so as to cause a slight tingling sensation, often making them laugh.

geli[1] *adj.* ticklish; sensitive to tickling. **geli hati** *adj.* amused; perceiving, or showing that one perceives a situation, etc. to be funny.

geli[2] *adj.* nauseating; causing a feeling of strong dislike or disgust. **geli-geleman** (feel) repugnance.

geliang, geliang-geliut, geliang-geliat *adj.* wriggling. **menggeliang** *k.k.* to writhe.

geliat, menggeliat *k.k.* to stretch oneself (upon waking up, etc.).

geliga, bergeliga *k.k.* sharp-witted; ingenious; clever.

gelignit *k.n.* gelignite; explosive containing nitro-glycerine.

gelimpang, bergelimpang *k.k.* sprawl; lie or fall with arms and legs spread loosely; spread-eagle.

gelincir *k.k.* derail; cause (a train) to leave the rails. **gelinciran** *k.n.* slip. **gelinciran tanah** *k.n.* landslip.

gelintir, segelintir *k.n.* a small group (of people); a few (people).

gelisah *adj.* jumpy; nervous; fidgety. **menggelisah, menggelisahkan** *k.k.* fidget (p.t. *fidgeted*); make small restless movements; make or be uneasy, worry or upset.

gelita, gelap-gelita *adj.* pitch-dark; completely dark; with no light at all.

geliung *k.n.* galleon; a large Spanish ship used during the 15th and 17th centuries.

gelobor *adj.* baggy; hanging in loose folds.

gelocak[1]**, bergelocak** *k.k.* to splash water. **menggelocak** *k.k.* to cause water to splash. **kegelocakan** *k.n.* movement or splashing (of water).

gelocak[2]**, menggelocak** *k.k.* to cause abrasion (skin). **kegelocakan** *k.n.* a blister.

gelodak, menggelodak *k.k.* to show enthusiasm; to raise the spirits, feelings, etc. **menggelodakkan** *k.k.* to do something to raise the spirits. **kegelodakan** *k.n.* high spirits.

gelojak, menggelojak *k.k.* to burn; to flare up.

gelojoh *adj.* greedy; full of an excessive desire for food; gluttonous.

gelombang *k.n.* wave; moving ridge of water; wave-like curve(s), e.g. in hair; temporary increase of an influence or condition; wave-like motion by which heat, light, sownd or electricity etc. is spread; single curve in this. **gelombang mikro** *k.n.* microwave; electromagnetic wave of length between about 50 cm and 1mm.

gelongsor, menggelongsor *k.k.* slide down; glide.

gelongsoran *k.n.* slide; act of sliding; smooth slope down which people or things can slide; sliding part. **gelongsoran tanah** *k.n.* landslide; sliding down of a mass of land on a slope.

gelora *k.n.* billow; great wave. **bergelora** *k.k.* rise or move like waves; stormy; troubled; disturbed. **menggelorakan** *k.k.* inflame; arouse strong feeling or emotion in.

geluh *k.n.* loam; rich soil.

geluk *k.n.* a water container made from coconut shell; a ceramic bowl, etc.

gelumang, bergelumang *k.k.* to be covered or smeared with something; filled with dirt and grime. **gelumangi, menggelumangi** *k.k.* to smear; to cause to be smeared with something.

geluncur, menggeluncur *k.k.* to move on top of a slippery surface; to slide; to slip and almost fall; to glide downwards. **tergeluncur** *k.k.* to slip accidentally.

gelung *k.n.* bight; loop of rope; curve that is U-shaped or crosses itself; coil; thing shaped like this, esp. length or cord or wire, etc. fastened at the crossing. **bergelung** *k.k.* form into loop(s); fasten or join with loop(s); enclose in a loop.

gelupas, menggelupas *k.k.* peel off (of skin, paint, etc.); come off in strips or layers.

gelupur *k.k.* to struggle convulsively; to flail wildly (e.g. hen, etc.). **menggelupur** *k.k.* to writhe in pain.

gelut, bergelut *k.k.* struggle; move in a vigorous effort to get free; make one's way or a living, etc. with difficulty; make a vigorous effort.

gema *k.n.* echo; repetition of sound by reflection of sound waves. **menggemakan** *k.k.* echo (*p.t. echoed, pres.p. echoing*); repeat by an echo; imitate.

gemar *k.k.* like; fond of; enjoy; get pleasure from.

gemawan, awan-gemawan *k.n.* all kinds of cloud formation.

gembala *k.n.* herdsman; person who looks after a herd of (domestic) animals; shepherd. **menggembala** *k.k.* look after goats, sheep, cattle, etc. in a herd.

gembereng *k.n.* cymbal; brass plate struck with another or with a stick as a percussion instrument.

gembira *adj.* happy; contented, pleased; fortunate; pleasing. **kegembiraan** *k.n.* happiness; excitation; exciting, arousing; gladness. **menggembirakan** *k.k.* seethe with excitement; enliven; cheer.

gembleng, menggembleng *k.k.* unite; join together; make or become one, act together; co-operate.

gembur *adj.* loose (of soil, etc.); not closely packed together; not compact. **menggembur(kan)** *k.k.* loosen (soil, sand, etc.).

gementar *k.k.* shiver; tremble; shake involuntarily, esp. from fear or cold.

gemercik *k.n.* the sound of splashing water. **menggemercikkan** *k.k.* to splash; to sprinkle drops of water.

gemerencang *k.n.* clash; clanging sound; loud harsh sound as of cymbals; jangle; harsh metallic sound. **bergemerencang** *k.k.* make or cause to make a clash.

gemerencing, bergemerencing *k.k.* to make a sharp clinking sound; to produce a clinking sound. **segemerencing** *adj.* having a similar clinking sound.

gemeresik *k.n.* a sound produced when crumpling stiff clothing, paper, etc. **bergemeresikan** *k.k.* to produce a continuous hissing sound.

gemerlap, bergemerlapan *adj.* iridescent; glittering; shining; sparkling; shimmering. **gemerlapan** *k.n.* glitter; sparkle; iridescence.

gemilang *adj.* glorious; possessing or bringing glory; splendid; magnificent; splendid in appearance, etc.; excellent in quality.

gempa, gempa bumi *k.n.* earthquake; violent movement of part of the earth's crust.

gempal *adj.* stout; rather fat; sturdy; built in a solid way.

gempar¹ *adj.* clamorous; noisy.

gempar² *k.n.* pandemonium; uproar.

gempur *k.n.* blitz; violent attack. **menggempurkan** *k.k.* attack in a blitz.

gemuk *adj.* fat (*fatter, fattest*); excessively plump. **menggemukkan** *k.k.* fatten; make or become fat.

gemuruh, bergemuruh *k.k.* thundering; roaring (of applause, thunder, waves, etc.); nervous; anxious.

gen *k.n.* gene; one of the factors controlling heredity.

genderang *k.n.* a large drum. **bergenderang** *k.k.* to produce a loud, crashing sound.

genahar *k.n.* crater; bowl-shaped cavity; furnace.

genang, menggenangi *k.k.* suffuse; spread throughout or over.

genap[1] *adj.* sufficient; enough; complete. **menggenapkan** *k.k.* complete; make sufficient; be adequate. **segenap** *kkt.* every; all.

genap[2] *adj.* even (of numbers); not odd. **nombor genap** *k.n.* even number; (number) divisible by two without remainder.

gencat *k.k.* cease; come to an end; discontinue; stop. **gencatan senjata** cease-fire; signal to stop firing guns.

gendak *k.n.* mistress; man's illicit female lover.

gendala *k.n.* hindrance; obstacle; obstruction. **tergendala** *k.k.* hindered; impeded; obstructed.

gendang *k.n.* drum; percussion instrument; a round frame with skin stretched across. **bergendang** *k.k.* play the drum; drum; tap or thump continually.

gendong, menggendong *k.k.* to carry on one's back or at one's hip, etc. **gendongan** *k.n.* an item that is carried on one's back/hip.

gendut *adj.* pot-bellied; with a large stomach that sticks out.

genera *k.n.* genus (pl. *genera*); a group into which animals, plants, etc. that have similar characteristics are divided.

generasi *k.n.* generation; single stage in descent or pedigree; all persons born at about the same time; period of about 30 years.

generator *k.n.* generator; a machine that produces electricity, etc.

genetik *adj.* genetic; relating to one's lineage and how one inherits certain physical characteristics.

geng *k.n.* gang; group of people working or going about together.

genggam, menggenggam *k.k.* grasp; seize and hold. **genggaman** *k.n.* grasp; firm hold or grip.

genggang *k.n.* gingham; cotton fabric, often with a checked or striped pattern.

genggong *k.n.* harmonica; mouth-organ; small musical instrument played by passing it across the lips while blowing or sucking air through it.

gengster *k.n.* gangster; member of a gang of violent criminals.

genit *adj.* petite; of small dainty build and attractive; cute.

genjot *adj.* crooked; askew; awry; twisted to one side; out of shape.

genta *k.n.* large bell (church bell, etc.); tiny bells (as on anklets, etc.). **anak genta** *k.n.* clapper; tongue or striker of a bell.

gentar[1] *k.n.* vibration; continuous rapid shaking movement or sensation.

gentar[2] *adj.* afraid; frightened; quivering.

gentel *k.n.* pellet; small round mass of substance; small shot.

gentian *k.n.* fibre; thread-like strand; substance formed of fibres. **gelas gentian** *k.n.* fibreglass; textile fabric made of glass fibres; plastic containing glass fibres. **papan gentian** *k.n.* fibreboard; board made of compressed fibres.

genting[1] *adj.* crucial; very important, decisive; critical.

genting[2] *k.n.* pass; gap in mountains, allowing passage to the other side; tile; thin slab of baked clay, etc. used in rows for covering roofs. **genting lengkung** *k.n.* pantile; curved roof-tile.

genus *k.n.* gender; grammatical classification corresponding roughly to the two sexes and sexlessness.

genyeh, menggenyeh *k.k.* to rub with one's fingers or the back of one's hand to soothe an itch. **genyehan** *k.n.* the act or result of rubbing. **penggenyeh** *k.n.* a tool used to rub (e.g. back scratcher).

geod *k.n.* geode; a cavity lined with crystals; a rock containing this.

geodesi *k.n.* geodesy; the study of the earth's shape and size.

geofizik *k.n.* geophysics; the scientific study of the earth's atmosphere, oceans and climate.

geokimia *k.n.* geochemistry; the scientific study of the earth's crust and its chemical changes.

geologi *k.n.* geology; the scientific study of the earth, including the origin and history of its rocks and soil.

G

geometri *k.n.* geometry; the branch of mathematics that studies the measurements and relationships of lines, angles, surfaces and solids.

geosentrik *adj.* geocentric; having the earth as a centre; as viewed from the earth's centre.

gera, menggera *k.k.* alarm; cause alarm to; give a warning.

gerabak *k.n.* coach, railway carriage. **gerabak sorong** *k.n.* barrow; wheelbarrow; cart pushed or pulled by hand.

geragau *k.n.* shrimp; small edible shellfish, pink when boiled.

geraham *k.n.* molar; back tooth with a broad top, used in chewing.

gerai *k.n.* stall; booth or stand where goods are displayed for sale.

gerak *k.n.* motion; movement. **bergerak** *k.k.* to move; to go from place to place. **tak gerak** *adj.* motionless; not moving. **gerak alih** *k.n.* locomotion; ability to move from place to place. **gerakan** *k.n.* movement; motion; a group's organized actions to achieve a purpose; the group itself.

gerak balas *k.n.* a reaction; a response to a stimulus. **bergerak balas** *k.k.* to react to a stimulus.

geram, menggeramkan *k.k.* exasperate; annoy greatly.

geran *k.n.* title deed; a legal document proving ownership of a particular house, etc. **geran besar** *k.n.* title deed for land measuring more than four hectares.

gerbang, layar gerbang *k.n.* spandrel; area between the curves of adjoining arches. **pintu gerbang** *k.n.* gateway; opening or structure framing a gate; entrance; arch.

gereja *k.n.* church; kirk (*Sc.*); building for public Christian worship. **gereja besar** *k.n.* cathedral; principal church of a diocese. **penjaga gereja** *k.n.* church-warden; representative of a parish, assisting with church business. **pekarangan gereja** churchyard; enclosed land round a church, often used for burials. **Gereja Besar** *k.n.* Minster; name given to certain large or important churches.

gerek *adj.* bore; make (a hole) with a revolving tool or by digging; drill; pierce thus; thrust one's way. **lubang gerek** *k.n.* hole bored; hollow inside of a cylinder.

gerenti *k.n.* guarantee; a contractual promise or warranty between two parties. **bergerenti** *k.k.* to have a guarantee or warranty. **menggerenti** *k.k.* to guarantee something.

gergaji *k.n.* saw; tool with a serrated edge for cutting wood or metal. **gergaji besi** *k.n.* hack-saw; saw for metal. **gergaji ukir** *k.n.* fretsaw; very narrow saw used for fretwork. **menggergaji** *k.k.* saw (p.t. *sawed*, p.p. *sawn*); cut with a saw; make a to-and-fro movement.

gergasi *k.n.* ogre; cruel or man-eating giant in fairy-tales, etc.; terrifying person.

gerhana *k.n.* eclipse; blocking of light from one heavenly body by another; loss of brilliance or power, etc.

gerigi, bergerigi *adj.* jagged; having sharp projections.

gerila *k.n.* guerrilla; person who takes part in guerrilla warfare, fighting or harassment by small groups acting independently.

gerimis *k.n.* drizzle; rain in very fine drops.

gerimit *k.n.* bradawl; drill; small boring tool.

gerlap *adj.* gleaming; glittering; sparkling like jewels, etc. **menggerlap** *k.k.* to glitter or shine. **menggerlapkan** *k.k.* to polish (copper, etc.).

gerobak *k.n.* strong low cart for heavy loads.

gerobok *k.n.* locker; small cupboard or compartment where things can be stowed securely.

geroda *k.n.* a large eagle found in myths.

gerombol, bergerombol *k.k.* to group or cluster together. **gerombolan** *k.n.* one group or cluster; a gang of terrorists, rioters, etc. **segerombolan** *k.n.* a group.

geronggang *adj.* hollow; empty within, not solid. —*k.n.* cavity; hollow within a solid body.

gersang *adj.* sterile; barren.

gertak, menggertak *k.k.* browbeat (p.t. *-beat*, p.p. *-beaten*); intimidate; cow; influence by frightening; threaten; scare. **gertakan** *k.n.* intimidation; threat.

gerudi *k.n.* auger; boring-tool; drill; gimlet.

gerun *adj.* frightened; afraid; scared.

gerutu *adj.* gnarled; knobbly; twisted and misshapen; rough.

gesa, menggesa *k.k.* hasten; hurry up; speed up; urge. **tergesa-gesa** *k.k.* hasty; hurried. —*k.k.* hurry;

act or move with eagerness or too quickly; cause to do this. **gesaan** *k.n.* hurrying.

gesel, menggesel *k.k.* graze; touch or scrape lightly in passing; scrape skin from; brush against. **geselan** *k.n.* rubbing; abrasion.

geseran, pergeseran *k.n.* friction; rubbing; resistance of one surface to another that moves over it; conflict of people who disagree; misunderstanding.

gesper *k.n.* buckle; device through which a belt or strap is threaded to secure it.

geta[1] *k.n.* the ruler's throne during an audience with palace officials.

geta[2] *k.n.* prop or buttress used to support the flooring (of a room).

getah *k.n.* rubber; tough elastic substance made from the juice of certain plants or synthetically. **bergetah** *k.k.* rubbery; sticky like rubber. **getah pemadam** *k.n.* piece of this for rubbing out pencil or ink mark's; eraser; rubber. **getah perca** *k.n.* gutta-percha; rubbery substance made from the juice of Malaysian trees. **menggetah** *k.k.* rubberize; treat or coat with rubber; become like rubber or sap; collect latex.

getar, bergetar *k.k.* jolt; shake or dislodge with a jerk; move jerkily; quiver. **getaran** *k.n.* jolt; jolting movement; shock; quivering.

getir *adj.* (taste) acidic; bitter; (livelihood) hard; difficult.

getu, menggetu *k.k.* to pinch; to squash lice, ants, etc.

getus, menggetus *k.k.* to snap with one's fingers.

ghaib *adj.* invisible; unseen.

ghalib[1] *adj.* succeeding or winning in a particular endeavour.

ghalib[2] *adj.* normal or usual. **mengghalibkan** *k.k.* to accustom oneself to something. **keghaliban** *k.n.* something that is normal or usual.

ghairah *k.n.* passionate; full of passion, intense.

ghazal *k.n.* a Malay musical genre that has elements of Arabic music; a type of music played with the lute, accordion, maracas, etc. and usu. accompanied by vocals.

giat[1] *adj.* active; enthusiastic; acting or done on impulse or with sudden energy; energetic.

giat[2] *k.n.* taunt(s); jeer; ridicule; tease. **menggiat** *k.k.* tease; try to provoke in

a playful or unkind way; taunt; jeer at provocatively; make fun of.

gigi *k.n.* tooth (pl. *teeth*); each of the hard white bony structures in the jaws, used in biting and chewing things. **kancing gigi** *k.n.* lockjaw; form of tetanus in which the jaws become rigidly closed. **susunan gigi** dentition.

gigih *adj.* firm in one's stand or opinion; unyielding; persevering. **menggigihkan** *k.k.* to persevere. **kegigihan** *k.n.* perseverance; tenacity.

gigil, menggigil *k.k.* shiver; tremble; shake from fear, cold, weakness.

gigit, menggigit *k.k.* bite, nip (p.t. *nipped*); bite quickly with the front teeth; penetrate; grip or act effectively. —*k.n.* pain or harm with biting cold. **gigitan** *k.n.* bite; sharp bite; act of biting; wound made by this.

gil *k.n.* gill; one-quarter of a pint.

gila *adj.* mad (*madder, maddest*); having a disordered mind; not sane; extremely foolish; barmy (*sl.*); crazy; insane; crazed; driven insane; wildly enthusiastic; frenzied. **gila babi** *k.n.* epilepsy; disorder of the nervous system, causing fits. **orang gila** madman (pl. -*men*); man who is mad; lunatic; person who is insane or very foolish or reckless. **rumah orang gila** *k.n.* madhouse; (*colloq.*) mental institution. **menggilakan** *k.k.* madden; make mad or angry.

gilang, gilang-gemilang *adj.* bright; glittering; wonderful; splendid.

gilap *k.k.* furbish; burnish; polish by rubbing.

giling *k.n.* stone or iron that is used to flatten or crush something. **batu giling** *k.n.* grindstone; a stone that is used to crush spices, pepper, rice, etc. **giling-giling** *k.n.* iron or rounded stone used to flatten roads or earth; steam-roller. **menggiling** *k.k.* to crush or grind with a heavy object; to place a heavy, round object on something to flatten it; to squeeze between two rollers. **menggilingkan** *k.k.* to grind something for someone else. **penggiling** *k.n.* an instrument used to crush or grind.

gilotin *k.n.* guillotine; machine used in France for beheading criminals.

gim *k.n.* gym (*colloq.*); gymnasium.

gimbal *k.n.* gimbals (*pl.*); device of rings to keep instruments horizontal in a moving ship, etc.

gimik *k.n.* gimmick; trick or device to attract attention or publicity.

G

gimnasium *k.n.* gymnasium; room equipped for physical training and gymnastics.

gimnastik *k.n.* gymnastics; exercises to develop the muscles or demonstrate agility. **ahli gimnastik** *k.n.* gymnast; expert in gymnastics.

gimrama *k.n.* rhythmic gymnastics; a dance-like gymnastic routine; aerobics.

ginekologi *k.n.* gynaecology; branch of medicine concerned with conditions and diseases specific to woman. **pakar ginaekologi** *k.n.* gynaecologist.

gincu *k.n.* lipstick; cosmetic for colouring the lips; stick of this.

gingham *k.n.* gingham; cotton fabric, often with a checked or striped pattern; = genggang.

gingivitis *k.n.* gingivitis; inflammation of the gums.

ginjal *k.n.* kidney; either of a pair of organs that remove waste products from the blood and secrete urine.

ginseng *k.n.* ginseng; medicinal plant with a fragrant root.

gipsi *k.n.* gipsy, gypsy; member of a wandering race in Europe.

gipsum *k.n.* gypsum; chalk-like substance.

girang *adj.* beatific; showing great happiness; bright; cheerful; joyful, joyous; full of joy; merry (*-ier, -iest*); mirthful. **menggirangkan** *k.k.* brighten; exhilarate; make joyful or lively.

girdel *k.n.* girdle; ring of bones in the body.

giring, menggiring *k.k.* herd; gather or drive (animal, people) as a group.

giro *k.n.* giro; banking system by which payment can be electronically transferred from one bank or post office account to another.

girokompas *k.n.* gyrocompass; navigation compass using a gyroscope.

giroskop *k.n.* gyroscope, gyro (pl. *-os*) (*colloq.*); rotating device used to keep navigation instruments steady.

gitar *k.n.* guitar; a kind of stringed musical instrument. **pemain gitar** *k.n.* guitarist.

giur, menggiurkan *k.k.* sexy; sexually attractive or stimulating; erotic; arousing sexual desire.

gizi makanan *k.n.* food pyramid that classifies protein, carbohydrates, fruits, etc. for a balanced diet.

glamor *k.n.* glamour; attractive and exciting quality.

glasier *k.n.* glacier; mass or river of ice moving very slowly.

glaukoma *k.n.* glaucoma; condition caused by increased pressure of fluid within the eyeball, causing gradual loss of sight.

glikogen *k.n.* glycogen; stored glucose in an animal's body.

gliserin *k.n.* glycerine; thick sweet liquid used in medicines, etc.

glob *k.n.* globe; ball-shaped object, esp. with a map of the earth on it; the world.

global *adj.* global; entire; general; worldwide; universal.

globalisasi *k.n.* globalization; a world without borders connected by information technology.

globulin *k.n.* globulin; a protein found in animal and plant tissues.

glof *k.n.* glove; covering for the hand, usu. with separate divisions for fingers and thumb. **pengusaha glof** *k.n.* glover; maker of gloves.

gloksinia *k.n.* gloxinia; tropical plant with bell-shaped flowers.

glosari *k.n.* glossary; list of technical or special words; with definitions.

glu *k.n.* glue; a type of adhesive similar to gum, made from real or artificial resin. **berglu** *k.k.* to contain glue.

glukosa *k.n.* glucose; form of sugar found in fruit juice.

gluten *k.n.* gluten; protein found in cereal grains.

G.M.T. *kep.* G.M.T.; Greenwich Mean Time.

gnu *k.n.* gnu; ox-like antelope.

gobek *k.n.* a cylindrical instrument that is used to grind betel leaves. **bergobek** *k.k.* to use the grinder (due to toothlessness, etc.). **menggobekkan** *k.k.* to grind betel leaves with the grinder for someone else.

goda, menggoda *k.k.* lure; entice; seduce; obsess; occupy the thoughts of continually. —*adj.* irresistible; too strong or delightful to be resisted. **godaan** *k.n.* obsession; state of being obsessed; persistent idea; enticement.

godak[1] *k.k.* to stir (rice, porridge, etc.). **menggodak** *k.k.* to stir.

godak[2] *k.n.* name given to a rice dish mixed with several types of gravy. **menggodak** *k.k.* to prepare the mixed rice.

godok[1] *k.n.* the base of the skull.

godok[2], **menggodok** *k.k.* to boil something (eggs, potatoes, etc.). **godokan** *k.n.* boiled food.

godam *k.n.* battering-ram; iron-headed beam formerly used in war for breaking through walls or gates; cosh; weighted weapon for hitting people. **menggodam** *k.k.* hit with a cosh.

gogal *k.n.* goggles (*pl.*); spectacles for protecting the eyes from wind, water, etc.

gogok, menggogok *k.k.* to gulp down water continuously.

go-kart *k.n.* go-kart; a small low car, with no roof or doors, used for racing.

gol *k.n.* goal; structure or area into which players try to send the ball in certain games; point scored thus. **tiang gol** *k.n.* goal post; either of the posts marking the limit of a goal. **penjaga gol** *k.n.* goalkeeper, goalie; player whose task is to keep the ball out of the goal.

golak *k.k.* to bubble or froth from being heated. **golak-galik** *adj.* opposite (top to bottom and vice versa); rolling. **bergolak** *adj.* chaotic; restless; unsettled. **pergolakan** *k.n.* disturbance; chaos; political unrest.

golek, bergolek *k.k.* roll over and over; lie down. **bantal golek** *k.n.* bolster; pillow shaped like a tube.

golf *k.n.* golf; game in which a ball is struck with clubs towards and into a series of holes. **padang golf** *k.n.* links; golf-course; area of land on which golf is played. **pemain golf** *k.n.* golfer.

golok *k.n.* a broad heavy knife with a pointed blade. **menggolok** *k.k.* to chop or slash with this knife. **bergolok-bergadai** *k.k.* to try to get something by pawning or sacrificing something else.

golong, tergolong *k.k.* pertain; included; be relevant; belong as a part. **golongan** *k.n.* group; number of persons belonging, classed or working together. **golongan terbesar** majority. **golongan terkecil** minority.

gombang[1] *k.n.* a large pitcher or earthenware jar.

gombang[2] *adj.* beautiful, exquisite, handsome. **segombang** *adj.* as beautiful as; as exquisite as; as handsome as.

gombang[3] *k.n.* a type of net that is fixed across a river or canal to catch fish. **menggombang** *k.k.* to stretch a net across a fish trap.

gomol, bergomol, menggomol *k.k.* to wrestle one's opponent to the ground; to struggle. **pergomolan** *k.n.* wrestling; struggle.

goncang *k.k.* joggle; shake. —*k.n.* convulsion; involuntary movement of the body; upheaval; shake. **bergoncang** *k.k.* judder; shake noisily or violently. **menggoncangkan** *k.k.* shake; rock violently; tremble.

gondol *adj.* hairless; without hair, leafless; having no leaves.

gondola *k.n.* gondola; boat with high pointed ends, used on canals in Venice; structure slung beneath a balloon, for carrying passengers, etc.

gong *k.n.* gong; metal plate that resounds when struck, esp. as a signal for meals.

gonggok *k.n.* millepede; small crawling creature with many legs.

gonggong, menggonggong *k.k.* to carry something in one's mouth. **gonggongan** *k.n.* a dog's bark; the action of carrying with one's mouth.

gonorea *k.n.* gonorrhoea; sexually transmitted disease with a discharge from the genitals.

gonyoh, menggonyoh *k.k.* to scrub or clean with a brush; to smoothen. **penggonyok** *k.n.* a scrubber.

gopoh *adj.* hasty (-*ier*, -*iest*); hurried; acting or done too quickly. **tergopoh-gopoh** *kkt.* hurriedly; hastily.

goreng *k.k.* fry (p.t. *fried*); cook or be cooked in very hot fat. **goreng bersadur** *k.n.* fritter; fried batter-coated slice of fruit or meat, etc.

gores *k.n.* scratch; mark made with something sharp. **menggores** *k.k.* scratch; make marks on or in a surface with something sharp. **gores api** *k.n.* match; short piece of wood or pasteboard tipped with material that catches fire when rubbed on a rough surface.

Gorgonzola *k.n.* Gorgonzola; rich strong blue-veined cheese.

gorila *k.n.* gorilla; large powerful ape.

gosip *k.n.* gossip; stories about other people's private lives that may be unkind or untrue.

gosok, bergosok *k.k.* brush against; scour; rub; touch. —*adj.* ironed. **menggosok** *k.k.* scour; cleanse or brighten by rubbing; to iron; make clothes, etc. smooth with an iron.

Goth *k.n.* Goth; one of the Germanic invaders of the Roman Empire in the 3rd-5th centuries.

G

G

Gothic *adj.* Gothic; of an architectural style of the 12th-16th centuries, with pointed arches.

gotong, gotong-royong *k.n.* mutual aid or cooperation. **bergotong, bergotong-royong** *k.k.* to work together; to help one another with a task. **menggotong** *k.k.* to collectively carry or transport something.

goulash *k.n.* goulash; stew of meat and vegetables seasoned with paprika.

gourmet *k.n.* gourmet; connoisseur of good food and drink.

goyah *adj.* groggy; weak and unsteady, esp. after illness; shaky.

goyang, menggoyangkan *k.k.* jiggle; rock or jerk lightly; shake.

G.P. *kep.* G.P.; general practitioner.

graduan *k.n.* graduate; a person who has a university degree.

graf *k.n.* graph; diagram showing the relationship between variable quantities.

grafik *k.n.* graphic; of drawing, painting, or engraving; giving a vivid description.

grafit *k.n.* graphite; a form of carbon.

grafiti *k.n.* graffiti; drawings or writing on a wall, etc. in a public place.

grafologi *k.n.* graphology; study of handwriting. **ahli grafologi** *k.n.* graphologist.

gram *k.n.* gram; one thousandth of a kilogram.

gramatis *adj.* grammatical; correctly following the rules of grammar. **kegramatisan** *k.n.* adherence to grammar rules.

gramofon *k.n.* gramophone; record-player.

grandstan *k.n.* grandstand; principal roofed building for spectators at races and sports.

granit *k.n.* granite; hard grey stone.

gratis *adj.* gratis; free of charge.

graviti *k.n.* gravity; force that attracts bodies towards the centre of the earth.

gred *k.n.* grade. **menggredkan** *k.k.* arrange in grades; assign a grade to.

Greek *k.n.* Greek; (native, language) of Greece.

greenfinch *k.n.* greenfinch; finch with green and yellow feathers.

grenad *k.n.* grenade; small bomb thrown by hand or fired.

grid *k.n.* grid; grating; system of numbered squares for map references; network of lines, power cable, etc.

grifin *k.n.* griffin; mythological creature with an eagle's head and wings on a lion's body.

griffon *k.n.* griffon; small terrier-like dog; a kind of vulture.

gril *k.n.* grille; a screen made of metal bars that is placed in front of a window, door or piece of machinery in order to protect it. **bergril** *k.k.* to have a grille. **menggril** *k.k.* to install a grille.

gris *k.n.* grease; melted animal fat; any thick oily substance. **menggris** *k.k.* put grease on. **bergris** *k.k.* greasy.

groin *k.n.* groyne; low wall built out into the sea to prevent erosion.

grosgrain *k.n.* grosgrain; silky corded fabric used for ribbons, etc.

groto *k.n.* grotto (pl. *-oes*); small cave.

grouse *k.n.* grouse; a kind of gamebird.

gua *k.n.* cave; natural hollow in a hill.

guam *k.n.* dissession; disagreement; argument. **berguam** *k.k.* to differ; to quarrel; to argue in court. **guaman, perguaman** *k.n.* matters that are being argued; court matters. **peguam** *k.n.* a lawyer; a person who is trained and qualified to advise people about the law and to represent them in court.

guano *k.n.* guano; dung of sea-birds, used as manure; artificial manure esp. made from fish.

guar *k.n.* mound; mass of piled-up earth or small stones; small hill.

guava *k.n.* guava; a tropical fruit.

gubah, menggubah *k.k.* compose; create music, literature, etc.; arrange in good order. **gubahan** *k.n.* composition; arrangement; thing composed.

gubal, menggubal *k.k.* legislate; make laws.

gubuk *k.n.* shack; roughly built hut or shed.

gudang *k.n.* warehouse; building for storing goods or furniture. **gudang senjata** *k.n.* arsenal; place where weapons and ammunition are stored or made.

gugup *adj.* nervous; easily agitated or frightened; slightly afraid; over-wrought; in a state of nervous agitation through over excitement; panic, frantic; wildly excited by anxiety, etc.; jittery (*colloq.*). **meng-gugupkan** *k.k.* cause to become nervous; be nervous. —*k.k.* fluster; make nervous or confused; baffle; be too difficult for; frustrate.

gugur *k.k.* fall (p.t. *fell*, p.p. *fallen*); come or go down freely; die in battle; miscarry; have a miscarriage.

gugusan *k.n.* bunch; cluster; number of small things fastened together; (*sl.*) group.

guilder *k.n.* guilder; unit of money of the Netherlands.

gula *k.n.* sugar; sweet crystalline substance obtained from the juices of various plants. **gula merah** *k.n.* demerara; brown raw cane sugar. **gula-gula** *k.n.* sweet; small piece of confectionary made with sugar.

gulai *k.n.* curry; a dish that has gravy (usu. mixed with spices). **menggulai** *k.k.* to cook curry. **menggulaikan** *k.k.* to cook a curry dish (for someone). **penggulaian** *k.n.* the act of preparing curry. **gulaian** *k.n.* an ingredient used for making carry.

guli *k.n.* marble; small ball of glass or clay used in children's games.

guling *k.k.* to roll. **bantal guling** *k.n.* a bolster. **berguling** *k.k.* to roll; to rotate; to turn over and over; to flip. **berguling-guling** *k.k.* to turn or roll over and over. **mengguling** *k.k.* to roll; to rotate. **menggulingkan** *k.k.* to push and cause something to roll; to topple or overthrow a government, ruler, champion, etc. **terguling** *k.k.* to roll; to topple. **terguling-guling** *k.k.* to roll or flip continuously. **penggulingan** *k.n.* the act of toppling (a government, ruler, champion, etc.).

gulung, menggulung *k.k.* furl; roll up and fasten; wind up.

gumpal *k.n.* flocks; tuft of wool or cotton; wool or cotton waste; lump; hard or compact mass. **bergumpal** *k.k.* lumpy (*-ier, -iest*); full of lumps; covered in lumps. **gumpalan** *k.n.* conglomeration; mass of different things put together, clod; lump of earth.

gumuk *k.n.* dune; mound of drifted sand.

guna *k.n.* use; do something with an object or adopt a method; cause to act or to serve for a purpose or as an instrument of material; exploit selfishly. **berguna** *k.k.* avail; be of use or help (to). **mempergunakan** *k.k.* avail oneself of; make use of. **menggunakan** *k.k.* applied; put to practical use. —*k.k.* consume; use up. **guna-guna** *k.n.* philtre; magic potion.

gundah *adj.* doleful; mournful; downcast; dejected; (of eyes) looking downwards; mope; be unhappy and listless.

gundal *k.n.* lines, knots, notches, etc. made during counting to avoid mistakes. **menggundal** *k.k.* to make notches, knots, lines, etc. **gundalan** *k.n.* a place or an object used to make notches, knots and lines, e.g. wood, rope, etc.

gundik *k.n.* a king's consort who is a commoner; mistress; courtesan; concubine. **anak gundik** *k.n.* a prince/princess whose mother is a commoner. **bergundik** *k.k.* to have a mistress.

gundu *k.n.* a hard chip made from rubber, wood, etc. used in games such as marbles and hopscotch and also in gambling.

guni *k.n.* gunny; coarse material for making sacks; sack made of this. **kain guni** *k.n.* hessian; strong coarse cloth of hemp or jute.

gunting *k.n.* scissors; cutting instrument with two pivoted blades. **guntingan** *k.n.* clip; clipping; piece clipped from something; cutting.

gunung *k.n.* mount, mountain; mass of land rising to a great height, esp. over 100 ft.; large heap or pile. **pendaki gunung** mountaineer; climber of mountains. **bergunung-ganang** *adj.* mountainous; full of mountains.

gurau *k.n.* joke; thing said or done to cause laughter. **gurau senda** *k.n.* lark; lighthearted adventurous action; amusing incident. **bergurau** *k.k.* make jokes. **bergurau senda** *k.k.* behave playfully and lightheartedly. **gurauan** *k.n.* joke; banter; jocularity; teasing.

Gurkha *k.n.* Gurkha; people of Nepal; Nepalese forming regiments in the British army.

guru *k.n.* teacher; guru; Hindu spiritual teacher; spiritual teacher; popular expert. **guru pengawas** *k.n.* housemaster; house mistress; teacher in charge of a school boarding-house. **guru besar** *k.n.* headmaster; headmistress; principal; teacher in a school, responsible for organizing it. **guru wanita** *k.n.* female teacher.

guruh *k.n.* see **petir**.

gurun *k.n.* desert; barren uninhabited often sand-covered (area).

gusar *adj.* angry (*-ier, -iest*); inflamed; annoyed.

gusberi *k.n.* gooseberry; thorny shrub; its edible berry.

gusi *k.n.* gum; firm flesh in which teeth are rooted. **bisul gusi** *k.n.* gumboil; small abscess on the gum.

gusti, bergusti *k.k.* wrestle; fight (esp. as a sport) by grappling with and trying to throw an opponent to the ground.

H

ha *sr.* ha; exclamation of triumph.

hab *k.n.* hub; the central part of a wheel; the central and most important part of a place or activity. **tutup hab** *k.n.* hub-cap; cover for the hub of a vehicle's wheel.

haba *k.n.* heat; form of energy produced by movement of molecules; sensation produced by this, hotness. **menghabakan** *k.k.* heat; make or become hot. **gelombang haba** heat wave; period of very hot weather.

habeas corpus k.n. habeas corpus; order requiring a person to be brought before a judge or into court, esp. to investigate the authorities' right to keep him imprisoned.

habis *k.n.* finish; complete; last stage; point where a race, etc. ends; completed state. **menghabiskan** *k.k.* finish; bring or come to an end, completed; reach the end of a task or race, etc.; consume all of; put final touches to; deplete; reduce by using quantities of.

habitat k.n. habitat; animal's or plant's natural environment.

hablur *k.n.* crystal; glass-like mineral; high-quality glass; symmetrical piece of a solidified substance. **berhablur** *k.k.* crystalline; like or made of crystal. **menghablurkan** *k.k.* crystallize; form into crystals; make or become definite in form.

habuan *k.n.* share; part of an amount etc. that one is entitled to have; portion; fate; good fortune.

habuk k.n. see debu.

had *k.n.* limit; limitation; point beyond which something does not continue; greatest amount allowed. **mengehadkan** *k.k.* limit; set or serve as a limit, keep within limits.

hadam *adj. see cerna.*

hadap, menghadap *k.k.* face; have or turn the face towards; meet as an opponent; confront; put a facing on. **hadapan** *k.n.* front; in or at or towards the front. —*k.n.* fore part.

hadas *k.n.* state of physical impurity which prohibits a Muslim from carrying out his religious obligations. **hadas kecil** *k.n.* minor impurity such as urine, defecation, etc. which

negates the ablutions ritual. **hadas besar** *k.n.* major impurity such as childbirth, etc. that requires ablutions before religious obligations can be fulfilled. **berhadas** *k.k.* to be in a state of impurity that requires ablutions.

hadiah *k.n.* present; gift; prize. **menghadiahkan** *k.k.* present; give as a gift or award; award.

hadir *k.k.* attend; be present at; be in a place. **tidak hadir** *adj.* absent; not present; lacking; non-existent. **yang tidak hadir** *k.n.* absentee; person who is absent from work, etc.

hadirat *k.n.* attendance; presence; a hall or place to have an audience with the king, the Prophet or God; word in ancient literature meaning 'His Excellency'.

hadirin *k.n.* attendance; those present (at a gathering, etc.); audience; group of listeners or spectators; crowd.

hadis *k.n.* collection of traditions of Prophet Muhammad (p.b.u.h.) and accounts of his daily practice.

hadrah *k.n.* an ode, song or chant in praise of Allah or the Prophets, accompanied by the beating of tambourines.

hafal, menghafal *k.k.* to memorize; to learn something carefully so that you can remember it exactly.

hafaz *k.k.* memorize; commit to memory; able to express or utter fluently, such as multiplication tables, Koranic verses, etc. solely from memory. **menghafaz** *k.k.* learn by heart; memorize through vigorous drilling.

hafbek *k.n.* half-back; player between forwards and full backs.

hagiografi *k.n.* hagiography.

hai *sr.* hi; exclamation calling attention or (*U.S.*) greeting.

haid *k.n.* menstruation. **keluar haid** *k.k.* menstruate; experience a monthly discharge of blood from the womb. **putus haid** *k.n.* menopause; time of life when a woman ceases to menstruate.

haiku *k.n.* haiku (pl. *haiku*); three-line poem of 17 syllables.

hairan *adj.* astonished; surprised; amazed; overwhelmed with wonder;

puzzled; strange; odd; queer. **meng-hairankan** *k.k.* amaze; astonish; surprise. **terhairan-hairan** *adj.* puzzled; greatly surprised.

Haiti *adj. & k.n.* Haitian; (native) of Haiti.

haiwan *k.n. see* **binatang**.

hajah *k.n.* a woman who has performed the haj.

hajat *k.n.* wish; desire; intention. **berhajat** *k.k.* intend; have in mind as what one wishes to do or achieve; wish for. **berhajatkan** *k.k.* need; require. **bayar hajat** fulfil a vow.

haji *k.n.* hadji.

hak *k.n.* belongings (*pl.*); personal possessions; entitlement; right property; thing(s) owned. **berhak** *k.k.* belong; having the right or power; be rightly assigned as property, part, duty, etc. **memberi hak** *k.k.* entitle; give (a person) a right.

hak asasi *k.n.* fundamental rights. **hak asasi manusia** *k.n.* human rights; basic rights which many people think that every living person should have.

hak cipta *k.n.* copyright; sole right to print, publish, perform, etc.

hak istimewa *k.n.* privilege; special rights.

hak membatalkan *k.n.* veto; the right to reject a decision or proposal of a law-making body, etc.

hak mengundi *k.n.* suffrage; right to vote in political elections.

hak milik *k.n.* ownership; the state or right of owning something.

hak negara, menghaknegarakan *k.k.* nationalize; convert (industries, etc.) from private to government ownership.

hakikat *k.n.* reality; quality of being real; thing or that which is real and not imagination or fantasy; truth; fact.

hakiki *k.n.* real; existing as a thing or occurring as a fact; true.

hakim *k.n.* judge; public officer appointed to hear and try cases in lawcourts; person appointed to decide who has won a contest. **menghakimi** *k.k.* judge; try (a case) in a lawcourt; act as judge of.

hakis, menghakis *k.k.* erode; wear away gradually. **hakisan** *k.n.* erosion.

hal *k.n.* matter; business; case; situation.

hala *k.n. see* **arah**.

halaju *k.n.* velocity; speed of something, esp. in a given direction.

halal *adj.* lawful; permitted or recognized by (Muslim) law.

halaman *k.n.* compound; (in India, China, etc.) fenced enclosure; courtyard; space enclosed by walls or building; page; sheet of paper in a book or newspaper, etc.; one side of this.

halang, menghalang *k.k.* hinder; delay progress of; evade (a difficulty, etc.), deprive; deter (p.t. *deterred*); discourage from action; impede; inhibit; restrain, prevent; cause inhibitions in; obstruct. **halangan** *k.n.* barrier; thing that prevents or controls advance or access; circumvention; blockage; blocking; thing that blocks; hindrance; thing that hinders; hindering, being hindered; hitch; temporary stoppage, snag; impediment; inhibition; inhibiting; resistance to an instinct, impulse, or feeling; intervention; obstacle; obstruction; obstructing; thing that obstructs. **berhalangan** *k.k.* obstructive; causing obstructions.

halau, menghalau *k.k. see* **usir**.

halba *k.n.* fenugreek; aromatic seeds used in medicine or as a spice.

halia *k.n.* ginger; hot-tasting root of a tropical plant.

halibut *k.n.* halibut (pl. *halibut*); large flat-fish used as food.

halilintar *k.n.* lightning; flash of bright light produced from cloud by natural electricity.

halimunan *k.n.* invisible; not able to be seen.

halitosis *k.n.* halitosis; breath that smells unpleasant.

halkum *k.n.* Adam's apple; prominent cartilage at the front of the neck; larynx; part of the throat containing the vocal cords.

Hallowe'en *k.n.* Hallowe'en; 31 Oct., eve of All Saint's Day.

halo[1] *k.n.* halo (pl. *-oes*); circle of light shown round the head of a sacred figure; corona.

halo[2] *sr.* hullo; exclamation used in greeting or to call attention.

haloba *adj.* greedy.

halogen *k.n.* halogen, a chemical element.

haluan *k.n.* bow; front end of a boat or ship; direction; course. **berhaluan kiri** *adj.* leftist; (member) of the left wing of a political party.

halus *adj.* delicate; fine, slender; not intense; requiring carefulness or tact; not coarse; ethereal; light and delicate; merest; very small or insignificant;

H

infinitesimal; extremely small. **menghaluskan** *k.k.* make slender or thin or weaker; refine.

halusinasi *k.n.* hallucination; illusion of seeing or hearing something not actually present.

halwa *k.n.* crystallized fruit; fruit preserved in sugar.

ham *k.n.* ham; meat from the pig's thigh, salted or smoked.

hama *k.n.* mite; a kind of lice on fowls; tiny organisms.

hamba slave; person who is the property of another and is forced to work for him; victim of or to a dominating influence; drudge. **menghambakan** *k.k.* slave; work very hard. **memperhambakan** *k.k.* enslave; make slave(s) of.

hambar *adj.* insipid; lacking flavour, interest, or liveliness; bland; dull.

hambat *k.k. see* **buru.**

hambur, menghamburkan *k.k.* scatter; intersperse; insert here and there.

hamburger *k.n.* hamburger; flat round cake of minced beef.

hambus *k.k.* to dismiss or ask someone to leave (esp. in anger). **berhambus** *k.k.* go away; leave (spoken in anger). **menghambus** *k.k.* to chase someone away angrily or rudely.

hamil *adj.* pregnant; having a child or young developing in the womb.

hamis *adj.* gamy; smelling or tasting of game kept till it is high. **kehamisan** *k.n.* gaminess.

hampa *adj.* disappointed; empty-handed; fruitless; futile; unsuccessful; useless. **menghampakan** *k.k.* disappoint; frustrate; not able to achieve what one sets out to do or was asked to do.

hampa gas *k.n.* vacuum; a space that is completely empty of all substances including air or other gas.

hampar, menghampari *k.k.* spread out; lay out flat; explain in great detail. **hamparan** *k.n.* carpet; textile fabric for covering a floor; rug.

hampas *k.n.* dregs; worst and useless part; waste.

hamper *k.n.* hamper; basket or box containing food and drink as a gift.

hampir *kkt.* nearly; close; almost near or close to.

hamstring *k.n.* hamstring; tendon at the back of a knee or hock. —*k.k.* hamstring (p.t. *hamstrung*); cripple

by cutting hamstring(s); cripple the activity of.

hamun *k.k.* scold with abusive and unkind words.

hancing *adj.* foul-smelling; rank (of urine).

hancur *k.k.* crushed; smashed; shattered; broken into very small pieces.

handal *adj. see* **gagah.**

handai *k.n.* friend; comrade; companion. **handai taulan** *k.n.* friends. **berhandai-handai** *k.k.* to make friends; to keep somebody company.

hangar *k.n.* hangar; shed of an aircraft.

hangat *adj.* hot, warm (of food, body, etc.); heated (of atmosphere, discussion, argument); fresh, recent (of news, event, incident, etc.).

hangit *adj.* burnt smell (of rice, cloth, etc.); frowzy (of unclean bodies, etc.).

hangus *adj.* burnt; damaged by burning; scorched; charred.

hantar *k.k.* send; deliver; accompany; enrol; pass (a ball to a team-mate in football, etc.). **hantaran** *k.n.* something that was sent or delivered; act of passing the ball in football, etc.

hantu *k.n.* spectre; ghost; haunting fear; spirit. **menghantui** *k.k.* haunt; be persistently in (a place); (of a spirit or ghost) manifest its presence in (a place); linger disturbingly in the mind. **berhantu** *k.k.* haunted.

hantuk *k.k.* bump; knock with a dull-sounding blow; collide with; knock against; travel with a jolting movement. **hantukan** *k.n.* bumping sound; knock.

hanya *kkt.* but; only; just; (*colloq.*) merely.

hanyir *adj.* stinking; having a strong fish smell.

hanyut *k.k.* drift; be carried by a current of water; go casually or aimlessly; pile or be piled into drifts. **kayu hanyut** *k.n.* driftwood; wood floating on the sea or washed ashore. **hanyutan** *k.n.* drift; drifting movement; something that is carried away by the current.

hap *k.n.* harp; musical instrument with strings in a triangular frame. **pemain hap** *k.n.* harpist.

hapak *adj.* fusty (-*ier*, -*iest*); smelling stale and stuffy; musty (-*ier*, -*iest*); smelling mouldy, stale.

hapsikod *k.n.* harpsichord; piano-like instrument with strings sounded by mechanism that plucks them.

hapus *k.k.* vanish; disappear completely. **menghapuskan** *k.k.* abolish; put an end to; efface; rub out, obliterate; make inconspicuous; expunge; wipe out; get rid of, esp. by killing; liquidate; pay and settle (a debt); close down (a business) and divide its assets between creditors.

harakiri *k.n.* hara-kiri; form of suicide formerly practised by Japanese military officers.

haram *adj.* illicit; forbidden; unlawful, not allowed; illegal; against the law; ban (p.t. *banned*); forbid officially.

harap, **berharap** *k.k.* hope; expect; wish for; cling to (hopes, etc.); depend on.

harapan *k.n.* hope; person or thing giving cause for this; what one hopes for. **penuh harapan** *adj.* hopeful. **tiada harapan** *adj.* hopeless; without hope; incompetent.

harfiah *k.n.* literal; taking the primary meaning of a word or words, not a metaphorical one.

harga, **berharga** *k.k.* worth; value; price; valuable; precious; estimable; worthy of esteem. **menghargai** *k.k.* value; esteem; think highly of; appreciate; value greatly; be grateful for. **tidak berharga** *adj.* worthless; unimportant.

hari *k.n.* day; period of 24 hours; hours given to work during a day; specified day; time period. **harian** *k.n.*, **seharian** *kkt.* daily.

harimau *k.n.* tiger; large striped animal of the cat family, with yellow skin and black stripes. **harimau akar** *k.n.* lynx; wild animal of the cat family with spotted fur and keen sight. **harimau bintang** *k.n.* leopard; large flesh-eating animal of the cat family, with a dark-spotted yellowish or a black coat. **harimau kumbang** *k.n.* panther; (black) leopard.

harmoni *adj.* harmony; peace; agreement; combination of musical notes to form chords; melodious sound. **tak harmoni** disharmony; lack of harmony; not in agreement.

harmonika *k.n.* harmonica; mouth-organ.

harmonis *adj.* harmonic; full of harmony.

harmonium *k.n.* harmonium; musical instrument like a small organ.

harta *k.n.* estate; everything a person owns, esp. that left at the time of his death; property; possessions; things owned. **harta rampasan** *k.n.* booty; loot.

hartanah *k.n.* property; land; real-estate.

hartawan *k.n.* magnate; wealthy influential person, esp. in business.

haru, **haru-biru** *adj.* chaotic; disorderly. **mengharu** *k.k.* to stir something with water in a container; disturb. **mengharukan** *k.k.* to cause sadness or upset; to cause chaos. **terharu** *k.k.* to be aggrieved; to feel sad or upset.

harum *adj.* fragrant; having a pleasant smell; sweet-smelling. **haruman** *k.n.* fragrance; perfume; scent.

harung, **mengharung(i)** *k.k.* wade; walk through water, etc.; ford; sail across; traverse; undergo (hardship, suffering, etc.).

harus *k.b.*, **seharusnya** *kkt.* should; ought to; proper (though not compulsory); in fact; actually.

hasad *adj.* malevolent; wishing harm to others; showing great ill-will; jealous; spiteful.

hasil *k.n.* product; thing produced; revenue; country's income from taxes, etc. yield; amount yielded or produced; result; obtained by multiplying two quantities together; outcome. **berhasil** *k.k.* effective; producing the desired result; successful; **menghasilkan** *k.k.* yield; give as fruit or gain or result; cause.

hasis *k.n.* hashish; hemp dried for chewing or smoking as a narcotic.

hasrat *k.n.* ambition; strong desire to achieve something; longing; object of this; aspiration; earnest desire; feel an earnest ambition.

hasta *k.n.* length from the elbow to the tip of the middle finger.

hasut *k.k.* incite; urge on to action, stir up. **menghasut** *k.k.* instigate; initiate; prompt; incite. **hasutan** *k.n.* incitement; instigation.

hati *k.n.* liver; large organ in the abdomen, secreting bile; animal's liver as food. **murah hati** *adj.* liberal; generous; tolerant; magnanimous; noble and generous in conduct, not petty. **kemurahan hati** *k.n.* liberality; generosity. **memuaskan hati** *k.k.* content; make content. **puas hati** *adj.* complacent; satisfied. **hati-hati**, **berhati-hati** *adj.* careful; cautious; cautiously.

hatrik *k.n.* hattrick; three successes in a row, esp. taking of three wickets by three successive balls.

hatta *kkt.* thus; then; next.

haus *adj. see* **dahaga**.

hawa *k.n.* atmosphere; mixture of gases surrounding the earth or a heavenly body; air in any place. **hawa dingin** *k.n.* air-conditioner; system controlling the humidity and temperature of the air. **berhawa dingin** *adj.* air-conditioned; supplied with air-conditioning system controlling the humidity and temperature of air.

hawar *k.n.* epidemic; widespread occurence of an infectious disease.

hayat *k.n.* life; animals' and plants' ability to function and grow. **kaji hayat** *k.n.* biology; study of life and structure of living things. **menghayati** *k.k.* appreciate; understand; feel or experience.

hazel *k.n.* hazel; bush with small edible nuts. —*adj.* light brown. **kacang hazel** *k.n.* hazel-nut.

hebah *k.n.* announcement. **menghebahkan** *k.k.* announce; make known publicly; publicise; make known the presence or arrival of. **juruhebah** *k.n.* announcer; person who announces items in a broadcast.

hebat *adj.* profound; great (*-er, -est);* of remarkable ability or character, important. **memperhebat** *k.k.* intensify; make or become more intense; escalate; increase in intensity or extent.

heboh *k.k.* fuss; clamour; uproar; commotion. —*adj.* noisy; clamorous; making or causing a lot of noise.

hegeh, terhegeh-hegeh *adj.* try to attract attention; be conspicuous. **(berjalan) terhegeh-hegeh** *kkt.* in a swaying motion.

hegemoni *k.n.* hegemony; dominance of one country over another.

hei *sr.* hey; exclamation of surprise or inquiry, or calling attention.

hek *k.n.* hake (pl. *hake*); sea-fish of the cod family used as food.

heksameter *k.n.* hexameter; line of verse with six metrical feet.

heksagon *k.n.* hexagon; a flat shape with six straight sides and six angles.

hektar *k.n.* hectare; unit of area, 10 000 sq. metres (about 2½ acres).

hektogram *k.n.* hectogram; 100 grams.

hela *k.k.* haul; drag; process of hauling.

helah *k.n.* contrivance; excuse; reason; trick. **menghelah** *k.k.* contrive; plan something resourcefully; deceive.

helai *k.n.* piece; sheet; numeral coefficient for objects which are thin, e.g. leaves, hair, paper.

helang *k.n.* hawk; eagle; large bird of prey.

helikopter *k.n.* helicopter; aircraft with blades that revolve horizontally; chopper (*sl.*). **lapangan helikopter** *k.n.* heliport; helicopter station.

helium *k.n.* helium; light colourless gas that does not burn.

helo *sr.* hello; hullo; a form of greeting.

hem *k.n.* hemp; plant with coarse fibres used in making rope, cloth and the drug, cannabis.

hemat *adj.* frugal; careful and economical; scanty; costing little; sensible; prudent. **tidak hemat** *adj.* indiscreet; revealing secrets; not cautious.

hematologi *k.n.* haematology; the study of blood.

hembus *k.k.* exhale; breathe out; expire; blow (p.t. *blew*, p.p. *blown);* move or flow as a current of air does; send out a current of air or breath; propel; shape, or sound by this; be moved or carried by air; puff and pant. **hembusan** *k.n.* blowing; exhalation; bellows; device for blowing air into a fire.

hemisfera *k.n.* hemisphere; half a sphere; half the earth, as divided by the equator or a line through the poles.

hemofilia *k.n.* haemophilia; tendency to bleed excessively.

hemoglobin *k.n.* haemoglobin; red oxygen-carrying protein in blood.

hempap, menghempap *k.k.* fall or crash on. **terhempap** *k.k.* pinned or crushed under a heavy weight.

hempas *k.k.* slam (p.t. *slammed);* shut forcefully and noisily; throw with force; slap; hurl; fling.

hempedal *k.n.* gizzard; bird's stomach, in which food is ground.

hempedu *k.n.* bile; bitter yellowish liquid produced by the liver; gall; bitterness of feeling. **kalkulus hempedu** *k.n.* gallstone; small hard mass formed in the gall-bladder. **pundi hempedu** *k.n.* gall-bladder, organ storing bile. **berhempedu** *k.k.* bilious; sick, esp. from disorder of the bile or liver.

hendak *k.b.* want; desire; need; wish for.

hendal *k.n.* handlebar; steering-bar of a bicycle, etc.

hendap[1], **terhendap-hendap** *k.k.* lurk; wait furtively or keeping out of sight.

hendap[2], **menghendap** *k.k.* crouch (stealthily); lurk; wait furtively; hide. **serangan hendap** *k.n.* ambush; surprise attack.

hening *adj. see* **tenang**.

hentak, menghentak *k.k.* stomp; bring (one's foot) down heavily on the ground; stamp.

hentam *k.k.* bash; strike violently; batter; hit hard and often; clip; (*colloq.*) hit sharply. **menghentam** *k.k.* hit; bang on (a door, etc.). **hentaman** *k.n.* clip; (*colloq.*) sharp blow; bash; violent blow or knock; clout; blow; (*colloq.*) power of effective action.

henti, berhenti *k.k.* desist; cease; halt; stop. **menghentikan** *k.k.* discontinue; put an end to; cease. **terhenti-henti** *kkt.* discontinuous; not continuous.

henyak, menghenyak *k.k.* to press down or stamp with force. **menghenyakkan** *k.k.* to drop; to cause to fall. **terhenyak** *adj.* slumped; collapsed.

hepar *adj.* hepatic; of the liver.

heptagon *k.n.* heptagon; a flat shape with seven straight sides and seven angles.

hepatitis *k.n.* hepatitis, inflammation of the liver.

heptatlon *k.n.* heptathlon; an athletic contest involving seven events.

herba *k.n.* herb; plant with a soft stem used for flavouring or in medicine.

herbivor *adj.* herbivorous; feeding on plants. —*k.n.* herbivore; herbivorous animal.

herdik *k.n.* abusive language; scolding. **mengherdik** *k.k.* to abuse; to scold; to revile.

heret *k.k.* drag (p.t. *dragged*); tow; pull along; trail on the ground; bring or proceed with effort; lug (p.t. *lugged*); drag or carry with great effort.

hering *k.n.* herring; North Atlantic fish used for food.

hero *k.n.* hero; a person admired by many people for doing something brave or good; the main male character in a story, etc.

heroin *k.n.* heroin; addictive drug prepared from morphine.

heroine *k.n.* heroine; chief female character in a story; a woman admired for her courage and achievements.

herot *adj.* crooked; not straight; slanting.

mengherotkan *k.k.* distort; pull or twist out of shape; misrepresent. **herotan** *k.n.* distortion.

herpes *k.n.* herpes; a virus disease causing blisters.

hertz *k.n.* hertz; unit of frequency of electromagnetic waves.

heterogen *adj.* heterogeneous; made up of people or things of various sorts; varied.

heteroseksual *adj.* heterosexual; sexually attracted to people of the opposite sex.

hi-fi *k.n.* hi-fi (*colloq.*); high fidelity, (equipment) reproducing sound with little or no distortion.

hias, berhias *k.k.* doll up; (*colloq.*) adorn; dress smartly. **menghias, menghiasi** *k.k.* deck; decorate, dress up; embellish; garnish. **hiasan** *k.n.* decor; style of decoration used in a room, etc.; ornament; decorative object or detail; decoration; garnish; thing used for garnishing.

hiba *adj.* mournful; sorrowful; pathetic. **menghibakan** *k.k.* move; arouse pity or sadness; miserably inadequate.

hibernasi *k.n.* hibernation. **ber-hibernasi** *k.k.* hibernate; spend the winter in sleep-like state.

hibur, menghibur, menghiburkan *k.k.* amuse; cause to laugh or smile; make time pass pleasantly for; divert; entertain; amuse, occupy pleasantly; console; cheer up in time of sorrow. **hiburan** *k.n.* entertainment; amusement; consolation; thing that consoles.

hidang, menghidangkan *k.k.* serve; present (of food) for others to eat; dish up; put food into dishes for serving. **hidangan** *k.n.* dish; food laid out on the table; meal; occasion when food is eaten; the food itself.

hidap, menghidap *k.k.* suffer from a disease or illness.

hidayat *k.n.* a sign; guidance and revelation from God. **menghidayat-kan** *k.k.* to guide someone (about God).

hidra *k.n.* hydra; thing hard to destroy; water-snake; freshwater polyp.

hidrat *k.n.* hydrate; chemical compound of water with another substance.

hidraulik *adj.* hydraulic; of water conveyed by pipes, etc.; involving water-power.

hidro *k.n.* hydro; hotel or clinic, etc. providing hydrotherapy; hydro-electric power-plant.

H

hidrodinamik *adj.* hydrodynamic; the study of the forces acting on or generated by liquids.

hidroelektrik *adj.* hydroelectric; using water-power to produce electricity.

hidrofobia *k.n.* hydrophobia; abnormal fear of water, esp. as a symptom of rabies; rabies.

hidrofoil *k.n.* hydrofoil; boat with a structure that raises its hull out of the water when the boat is in motion.

hidrogen *k.n.* hydrogen; odourless gas, the lightest element. **bom hidrogen** *k.n.* hydrogen bomb; powerful bomb releasing energy by fusion of hydrogen nuclei.

hidrokarbon *k.n.* hydrocarbon; compound of hydrogen and carbon.

hidroklorik *adj.* hydrochloric. **asid hidroklorik** *k.n.* hydrochloric acid; corrosive acid containing hydrogen and chlorine.

hidrolisis *k.n.* hydrolysis; a chemical reaction of a substance with water, usu. resulting in decomposition. **menghidrolisis** *k.k.* undergo process of decomposition or alteration by reacting with water. **menghidrolisiskan** *k.k.* decompose or alter a chemical compound using water.

hidrologi *k.n.* hydrology; the study of the properties and movement of the earth's water in relation to land.

hidroponik *k.n.* hydroponics; the process of growing plants in water or sand, rather than in soil.

hidrometer *k.n.* hydrometer; instrument measuring the density of liquids.

hidrostatik *k.n.* hydrostatic; of the pressure and other characteristics of liquid at rest.

hidroterapi *k.n.* hydrotherapy; use of water to treat diseases and abnormalities.

hidu, menghidu *k.k.* sniff; smell.

hidung *k.n.* nose; organ at the front of the head, used in breathing and smelling; conk. **lubang hidung** *k.n.* nostril; either of the two openings in the nose. **pendarahan hidung** *k.n.* nosebleed, bleeding from the nose. **batang hidung** *k.n.* bridge; bony upper part of the nose.

hidup *k.k.* live; alive; living; alert; lively; burning; unexploded; charged with electricity. **seumur hidup** *adj.* lifelong; for all one's life. **hidup bersama** *k.k.* coexist; exist together, esp. harmoniously; cohabit. **kehidupan bersama** *k.n.* coexistence. **menghidupkan** *k.k.* animate; give life or movement to; make lively; activate.

hiena *k.n.* hyena; wolf-like animal with a howl that sounds like laughter.

hierarki *k.n.* hierarchy; system with grades of status or importance.

hieroglif *k.n.* hieroglyph; pictorial symbols used in ancient Egyptian and other writing.

higrometer *k.n.* hygrometer; instrument measuring humidity.

hijab *k.n.* a piece of cloth hung as a partition to divide an area into separate sections for men and women, such as a curtain, drape, etc. **berhijab** *k.k.* to have a curtain or drape.

hijau[1] *adj.* green (*-er, -est*); of the colour between blue and yellow, coloured like grass; unripe, not seasoned, immature, inexperienced, easily deceived.

hijau[2] *k.n.* green; green colour of thing. **lapangan hijau** green belt, area of open land round a town. **lampu hijau** *k.n.* green light; signal or (*colloq.*) permission to proceed.

Hijrah *k.n.* Hejira; Muhammad's flight from Mecca (A.D. 622), from which the Muslim era is reckoned.

hijrah *k.n.*, **berhijrah** *k.k.* migrate; leave one place and settle in another; (of animals) go from one place to another at each season; emigrate; leave one country and go to settle in another.

hikayat *k.n.* tale; legend; story handed down from the past. **menghikayatkan** *k.k.* narrate; relate; tell a story.

hikmat *k.n.* knowledge; wisdom; magic; sorcery; supernatural power. **berhikmat** *k.k.* magical. **juruhikmat** *k.n.* magician; person skilled in magic; sorcerer.

hilang *adj.* bereft; deprived; missing; not present; not in its place, lost. —*k.k.* lose (p.t. *lost*); cease to have or maintain; become unable to find or follow; fail to obtain or catch; get rid of; suffer loss (of); cause loss of. **menghilang** *k.k.* vanish; disappear.

hilir *k.n.* downstream; in the direction in which a stream flows.

himbau[1], **menghimbau** *k.k.* to call someone or someone's name. **menghimbaukan** *k.k.* to call out; to shout.

himbau[2], **menghimbau** *k.k.* to toss (something); to flip; to throw up in the air.

himpit *adj.* close together. **berhimpit-himpit** *k.k.* squeeze; crowd; huddle.

menghimpit *k.k.* crush; press; squeeze. terhimpit *k.k.* crushed; squeezed.

himpun *k.k.* muster; assemble, gather; bring or come together; collect; obtain gradually. berhimpun *k.k.* assemble; bring or come together; put or fit together. menghimpunkan *k.k.* amass; heap up, collect. himpunan *k.n.* collection; objects, etc. collected; gathering.

hina *adj.* dirty; dishonourable; disdainful; degrading; having a bad reputation; low-down; lowly (*-ier, -iest*); of humble rank or condition. menghina *k.k.* affront; look down upon; disdain; scorn; abase; humiliate, degrade; cause to feel disgraced; mortify; insult; speak or act so as to hurt the feelings and rouse the anger of. hinaan *k.n.* insult; insulting remark or action; humiliation.

hincut, terhincut-hincut *adj.* limp; lame.

hindar *k.k.* avoid; keep oneself away from; refrain from. menghindari *k.k.* evade; avoid by cleverness or trickery. menghindarkan *k.k.* avoid; avert; make unnecessary.

Hindi *k.n.* Hindi; a form of Hindustani; group of spoken languages of northern India.

Hindu[1], Hinduism *adj.* Hinduisme *k.n.* a religion and philosophy of India. Hindu[2] *k.n.* Hindu; person whose religion is Hinduism.

Hindustan *k.n.* Hindustani; language of much of northern India and Pakistan.

hingar *adj.* noisy; making much noise.

hingga, tak terhingga *kkt.* infinite; having no limit; too great or too many to be measured. hingga, sehingga *k.s.* till; until.

hinggap *k.k.* perch; alight; (of birds, etc.) descend from the air and settle on something. menghinggapi *k.k.* perch on; alight or settle on; infect; affect or contaminate with a disease or its germs.

hingus *k.n.* mucous from the nose.

hiper *awl.* hyper; excessively.

hiperaktif *adj.* hyperactive; abnormally active.

hiperbola[1] *k.n.* hyperbola; a kind of symmetrical curve.

hiperbola[2] *k.n.* statement that are deliberately exaggerated for effect. hiperbolaan *adj.* hyperbolic.

hipi *k.n.* hippie; a young person rejecting convention, supporting peace and free love.

hipnosis *k.n.* hypnosis; sleep-like condition produced in a person who then obeys suggestions; production of this. menghipnosis *k.k.* hypnotize; produce hypnosis in; fascinate, dominate the mind or will of.

hipnotik *adj.* hypnotic; of or producing hypnosis or a similar condition; producing sleep. —*k.n.* hypnotic; drug producing sleep.

hipnotis *k.k.* hypnotist.

hipnotisme *k.n.* hypnotism; hypnosis.

hipodermik *adj.* hypodermic; injected beneath the skin; used for such injections. —*k.n.* hypodermic; hypodermic syringe.

hipokaus *k.n.* hypocaust; ancient Roman system of under-floor heating by hot air.

hipokondria *k.n.* hypochondria; state of constantly imagining that one is ill.

hipokondriak *k.n.* hypochondriac; person suffering from hypochondria.

hipokrit *k.n.* hypocrite; person pretending to have higher standards than is the case.

hipotenus *k.n.* hypotenuse; longest side of a right-angled triangle.

hipotermia *k.n.* hypothermia; condition of having an abnormally low body temperature.

hipotesis *k.n.* hypothesis; supposition put forward as a basis for reasoning or investigation.

hirau *k.k.* bother about; take trouble; feel concern; pay heed to.

hiris, menghiris *k.k.* slice; cut, esp. into slices. hirisan *k.n.* slice; thin broad piece (or a wedge) cut from something; portion; thin slice (of potato, etc.).

hiruk, hiruk-pikuk *adj.* uproar; din; clamour; loud confused noise; confusion.

hirup, menghirup *k.k.* suck or lap up (liquid); sip; inhale; breathe in; draw (air, tobacco smoke, etc.) into the lung.

hisab *k.n.* calculation. menghisabkan *k.k.* calculate; compute; reckon mathematically.

hisap, menghisap *k.k.* suck; draw (liquid or air, etc.) into the mouth; draw liquid from; squeeze in the mouth by using the tongue; draw in. hisapan *k.n.* suction; sucking; production of a partial vacuum so that external atmospheric pressure forces fluid, etc. into the vacant space or causes adhesion.

H

histamina *k.n.* histamine; substance present in the body and causing some allergic reactions.

histerektomi *k.n.* hysterectomy; surgical removal of the womb.

histeria *k.n.* hysteria; wild uncontrollable emotion.

histologi *k.n.* histology; the study of organic tissues.

hitam *adj.* black (-er, -est); of the very darkest colour, like coal or shot; having a black skin. —*k.n.* black colour or thing. **senarai hitam** *k.n.* blacklist; list of persons who are disapproved of. **menghitam** *k.k.* black; become black. **menghitamkan** *k.k.* blacken; make black; declare (goods, etc.) 'black'. **menyenarai-hitamkan** *k.k.* blacklist; enter in a black list.

hitung, menghitung *k.k.* enumerate; count, mention (items) one by one.

hobi *k.n.* hobby; thing done often and for pleasure in one's spare time.

hock k.n. hock; German white wine.

hodoh *adj.* ugly; unpleasant to look at or hear; hideous.

hoi *sr.* hey; exclamation of scorn, or calling attention.

hoki *k.n.* hockey; field-game played with curved sticks and a small hard ball.

hologram *k.n.* hologram; a three-dimensional photographic image.

homeopatik *adj.* homoeopathic; treating a disease by very small doses of substances that in a healthy person would produce its symptoms.

hominid *adj. & k.n.* hominid; (a member) of the family of primates including humans and their prehistoric ancestors.

homofon *k.n.* homophone; word with the same sound as another.

homogen, menghomogenkan *k.k.* homogenize; treat (milk) so that cream does not separate and rise to top.

homogenus *adj.* homogeneous; of the same kind; uniform.

homograf *k.n.* homograph; a word spelt like another word but with a different meaning or pronunciation.

homonim *k.n.* homonym; word of the same spelling as another.

homoseksual *adj.* homosexual; sexually attracted only to people of the same sex as oneself.

Hon *kep.* hon; Honourable; Honorary.

hon *k.n.* horn; device for sounding a warning signal; wind instrument with a trumpet-shaped end.

honar *adj.* riotous; noisy; clamorous. **menghonarkan** *k.k.* to create an uproar; to cause chaos. **kehonaran** *k.n.* riot; commotion; disturbance.

honorarium *k.n.* honorarium (pl. -*ums*); voluntary payment for services where no fee is legally required.

hopsack *k.n.* hopsack; a kind of coarsely woven fabric.

hore *sr. & k.n.* hurrah, hurray; exclamation of joy or approval.

hormat *k.k.* respect; feel respect for; honour; feel honour for. **menghormati** *k.k.* respect; show respect for; confer honour on; feel honour for; honour.

hormon *k.n.* hormone; secretion (or synthetic substance) that stimulates an organ or growth.

horologi *k.n.* horology; the art of making clocks and watches. **horologist** *k.n.* pakar horologi.

horoskop *k.n.* horoscope; astrologer's diagram of relative positions of stars; forecast of events, based on this.

hortikultur *k.n.* horticulture; the art, study or practice of growing flowers, fruit and vegetables.

hos *k.n.* hose; hose-pipe; flexible tube for conveying water.

hospital *k.n.* hospital; institution for treatment of sick or injured people; infirmary (*old use*).

hot dog *k.n.* hot dog; hot sausage in a bread roll.

hostel *k.n.* hostel; building that provides cheap accommodation and meals to students, workers or travellers.

hotel *k.n.* hotel; building where meals and rooms are provided for travellers.

Hottentot *k.n.* Hottentot; member of a negroid people of South Africa.

hoverkraf *k.n.* hovercraft; vehicle that travels on land or water on a cushion of air.

hubung *k.k. see* sambung.

hubungan *k.n.* linkage; connection; ties.

hud *k.n.* hood; covering for the head and neck, esp. forming part of a garment; hood-like thing or cover, folding roof over a car.

hudud *k.n.* law set by Allah as stated in the Koran; limits in life (with regard to actions, speech, etc.).

hujah[1] *k.n.* slander; false statement uttered maliciously that damages a person's reputation; calumny.

H

hujah[2] *k.n.* contention; argument; evidence; proof. **berhujah** *k.k.* argue; contend; debate. **menghujah(kan)** *k.k.* argue; put forward one's contention.

hujan *k.n.* rain; atmospheric moisture falling as separate drops; a fall or spell of this; shower of things. **titis hujan** *k.n.* raindrop; single drop of rain. **air hujan** *k.n.* rainwater; water that has fallen as rain. **hujan batu** *k.n.* hail; pellets of frozen rain falling in a shower. **ketulan hujan** *k.n.* hailstone. **hujan lebat** *k.n.* cloudburst; violent storm of rain.

hujung *k.n.* end; last part; point; tip; sharp end. **berhujung** *k.k.* end; conclude. **penghujung** *k.n.* conclusion; final part; end.

hukum *k.n.* law; decree; system of law; statement of what always happens in certain circumstances; penalty; punishment for breaking a law, rule or contract. **menghukum** *k.k.* penalize; inflict a penalty on; put at a disadvantage; condemns; convict; sentence; doom; punish. **hukuman** *k.n.* penalization; condemnation; punishment.

hulu[1] *k.n.* butt; thicker end of a tool or weapon; haft; handle of a knife or dagger; hilt; handle of a sword or dagger. **hulu cemeti** *k.n.* crop; whip-handle.

hulu[2] *k.n.* pate; (*old use*) head.

hulu[3] *k.n.* upstream; direction from which a stream flows.

hulubalang *k.n.* commander; a person who leads the army; the leader or head of a platoon.

hulur, menghulur *k.k.* to extend; to let out a rope, etc. to make it longer; to hand out something to someone by stretching out one's hand. **menghulur-hulur** *k.k.* to extend; to postpone; to release something to make it longer. **huluran** *k.n.* thing that is handed over; aid; help.

humerus *k.n.* humerus; bone of upper arm.

humanisme *k.n.* humanism; system of thought concerned with human affairs and ethics (not theology); promotion of human welfare.

humor *k.n.* humour; the quality in something that makes it funny.

humus *k.n.* humus; soil-fertilizing substance formed from dead leaves and plants, etc.

Hungari *adj. & k.n.* Hungarian; (native, language) of Hungary.

huni, menghuni *k.k.* dwell (p.t. *dwelt*); live as an inhabitant; occupy. **tempat menghuni** *k.n.* dwelling; house, etc. to live in.

hunjam, menghunjam *k.k.* to jump or plunge down head-first; to dive like an eagle swooping down on a chicken; to pierce or thrust vertically downwards. **terhunjam** *k.k.* to plunge into; to plant in the ground.

hunus, menghunus *k.k.* to draw or pull out a sword, etc. **terhunus** *k.k.* to unsheathe; to draw.

hurai, menghuraikan *k.k.* expound; set forth or explain in detail; describe; give a description of; mark the outline of; move in (a specified pattern); elaborate; work out or describe in detail; sort. **huraian** *k.n.* description; statement of what a person or thing is like; explanation.

huru, huru-hara *k.n.* bedlam; scene of uproar; disturbance.

huruf *k.n.* letter; symbol representing a speech-sound. **huruf besar** *k.n.* block letters; plain capital letter. **huruf kecil** *k.n.* lower case; letters (for printing or typing) that are not capitals. **buta huruf** *adj.* illiterate; unable to read and write; uneducated. **kenal huruf** *adj.* literate; able to read and write.

hurung, menghurung *k.k.* swarm over; crowd around.

hutan *k.n.* forest; trees and undergrowth covering a large area; jungle; land overgrown with tangled vegetation, esp. in the tropics. **berhutan** *k.k.* forested.

hutang *k.n.* debt; something owed. **terhutang** *k.k.* in debt; owing something; indebted to; not yet paid. **si berhutang** *k.n.* debtor; person who owes money. **berhutang** *k.k.* owe; be under an obligation to pay or repay or render; having debts.

huyung, terhuyung-hayang *k.k.* totter; (make) an unsteady swaying movement, stagger. **terhuyung-hayang, terhuyung-huyung** *k.k.* blunder, move clumsily and uncertainly.

H

I

ia *k.n.* it; he, she; thing mentioned or being discussed; impersonal subject of a verb.

iaitu *kkt.* namely; that is; specifically.

iambik *adj. & k.n.* iambic; (of verse) having one short syllable followed by one long syllable.

iau *k.n.* miaow, mew; cat's characteristic cry. **mengiau** *k.k.* make this sound.

ibadat, ibadah *k.n.* religious worship; devotion to God; acts of good deeds. **beribadat** *k.k.* perform religious obligations.

ibarat *k.n.* like; in the manner of. —*k.n.* moral lesson or principle; parable; story told to illustrate a moral or spiritual truth. **mengibaratkan** *k.k.* liken; compare; estimate similarity of; regard; consider to be.

ibis *k.n.* ibis; wading bird found in warm climates.

iblis *k.n.* the Devil; Satan; supreme spirit of evil.

ibni, ibnu *k.n.* son of rulers (*formal*).

Ibrani *k.n. & adj.* Hebrew; (member) of a Semitic people in ancient Palestine; (of) their language or a modern form of this.

ibu *k.n.* mother; female parent. **mengibui** *k.k.* look after in a motherly way. **ibu mentua** *k.n.* mother-in-law; mother of one's wife or husband. **ibu pertiwi** *k.n.* one's native country; motherland. **ibu saudara** *k.n.* aunt, auntie; sister of one's father or mother.

ibu bapa *k.n.* parents; father and mother.

ibunda *k.n.* mother (*formal*).

ibu tiri *k.n.* step-mother; the woman who has married one's father after the death or divorce of one's mother.

idam, mengidami *k.k.* crave; feel an intense longing (for). **idaman** *k.n.* craving; longing; intense desire.

idea *k.n.* idea; plan, etc. formed in the mind by thinking; opinion; mental impression; belief; suggestion.

ideal *adj.* ideal; satisfying one's idea of what is perfect. —*k.n.* person or thing regarded as perfect or as a standard to aim for.

idealis *k.n.* idealist; person with high ideals.

idealisme *k.n.* idealism.

idealistik *adj.* idealistic; having the belief that ideals can be achieved.

identiti *k.n.* identity; who or what a person or thing is; a close similarity.

ideogram *k.n.* ideogram; symbol representing the idea of a thing.

ideologi *k.n.* ideology; ideas that form the basis of a political or economic theory.

idiolek *adj.* idiolect; the speech habit peculiar to an individual.

idiom (kiasan) *k.n.* idiom; phrase or usage peculiar to a language; characteristic mode of expression in art or music; saying; phrase whose meaning is different from the meaning of the individual words.

idiosinkrasi *k.n.* idiosyncrasy; person's own characteristic way of behaving.

idola *k.n.* idol; a person or thing that is loved and admired very much.

igal¹, mengigal *k.k.* to show off; to strut (like a peacock).

igal² *k.n.* headband worn by Arab men to hold their head-cloth/head-cover in place.

igau, mengigau *k.k.* to talk in one's sleep; to ramble; to have a nightmare.

igauan *k.n.* ravings; words uttered during sleep; nightmare. **terigau-igau** *k.k.* to have nightmares over something.

iglu *k.n.* igloo; Eskimo's snow hut.

igneus *k.n.* igneous; (of rock) formed by volcanic action.

iguanodon *k.n.* iguanodon; a kind of dinosaur.

ihram *k.n.* consecration. **pakaian ihram** *k.n.* unsewn white cloth worn when one performs the haj or umrah.

ihsan *k.n.* good deeds; benevolence; kindness; generosity.

ijab kabul *k.n.* marriage; solemnization of marriage. **berijab kabul** *k.k.* marry; wed. **mengijabkabulkan** *k.k.* solemnize a marriage.

ijazah¹ *k.n.* diploma; graduation certificate awarded by a university.

ijazah² *k.n.* permission; consent or authorization to do something.

ijmak *k.n.* consensus of Muslim theological opinion regarding certain matters; consensus of opinion among Muslim scholars; agreement or common accord.

ikal *adj.* (of hair) wavy; curly.

ikan *k.n.* fish (pl. usu. *fish*); cold-blooded animal living wholly in water; its flesh as food. **penjual ikan** *k.n.* fishmonger; shopkeeper who sells fish. **anak ikan** *k.n.* fry (pl. *fry*); young fishes. **ikan gupi** *k.n.* guppy. **ikan lidah** *k.n.* dab; a kind of flat-fish. **ikan mas** *k.n.* goldfish; small reddish Chinese carp kept in a bowl or pond. **ikan salai** *k.n.* smoked fish; bloater; salted smoked herring.

ikat *k.k.* bind (p.t. *bound*); tie; fasten together. **pengikat** *k.n.* fastener, fastening; device used for fastening something. **mengikat** *k.k.* fasten; fix firmly, tie or join together, bind. **ikatan** *k.n.* binding; fastening; bundle; bonding; connection; tie; union; league. **ikatan darah** *k.n.* family ties. **ikatan pelajar** *k.n.* students' union.

ikhlas *adj.* sincere; free from pretence or deceit; honest.

ikhtiar *k.k. & k.n.* endeavour; attempt; means; make an effort. **mengikhtiarkan** *k.k.* endeavour; plan; try.

ikhtisar *k.n.* compendium; summary; outline; digest; methodical summary; publication giving excerpts of news, writings, etc.; epitome; thing that shows on a small scale the qualities of something much larger.

ikhwan *k.n.* brothers; people who are considered to be related to one another. **seikhwan** *adj.* of the same group (fraternity, race, nation).

ikhtisas *k.n.* professional; of or belonging to a profession; showing the skill of a trained person; doing specified work, etc. for payment, not as a pastime.

iklan *k.n.* advertise; make publicly known, esp. to encourage sales; seek by public notice.

iklim *k.n.* climate; regular weather conditions of an area.

ikon *k.n.* icon; a symbol on a computer screen that represents a program or a file; a famous person or thing that people admire; a picture, painting, or carved figurine that is considered sacred.

ikonografi *k.n.* iconography; representation of subject, etc. in pictures; study of this.

ikrab *adj.* (of friends) close; intimate. **sahabat ikrab** *k.n.* very close friend.

ikrar *k.n.* pledge; solemn promise; charter; official document granting rights or defining the form of an institution. **berikrar** *k.k.* pledge; promise solemnly. **mengikrarkan** *k.k.* pledge; make a solemn promise.

iktibar *k.n.* example; lesson. **menjadi iktibar** serve as an example or a lesson.

iktidal *k.k.* to stand up straight after bowing during prayer.

iktikad *k.n.* faith and conviction esp. about religion. **beriktikad** *k.k.* to have absolute faith and conviction; to believe firmly.

iktiologi *k.n.* ichthyology; the study of fishes.

iktiraf, mengiktiraf(kan) *k.k.* accept; recognize; acknowledge as genuine or valid or worthy.

iktisad *k.n.* economy; community's system of using its resources to produce wealth. **ahli iktisad** *k.n.* economist; expert in economics.

ikut *k.k.* follow; go or come after; go along (a road, etc.); use; take an interest in the progress of. **ikutan** *k.n.* follower; example; copy.

Ilahi *adj.* having the attributes of God; divine. **seruan Ilahi** *k.n.* divine call; God's wishes; God's commands such as performing the haj.

ileostomi *k.n.* ileostomy; opening made surgically in the surface of the abdomen, through which the small intestine can empty.

ilham *k.n.* inspiration; inspiring; inspiring influence; sudden brilliant idea. **mengilhamkan** *k.k.* inspire; stimulate to creative or other activity; instil (a feeling or idea) into.

ilmiah *adj.* erudite; learned; academic.

ilmiawan *k.n.* scholar; person with great learning; academic (person).

ilmu *k.n.* knowledge; science; skill. **berilmu** *k.k.* knowledgeable; erudite; learned. **menuntut ilmu** *k.k.* study; give one's attention to acquiring knowledge of (a subject).

ilmu alam *k.n.* geography; study of earth's surface and its physical features, climate, etc.

ilmuwan *k.n.* scholar; person with deep knowledge of an academic subject.

ilmu bahasa *k.n.* linguistics; study of languages and their structure.

ilmu batin *k.n.* occultism; study involving magical or supernatural powers; mysticism; the belief that knowledge of god and of real truth may be attained through contemplation and prayer.

ilmu bintang *k.n.* astronomy; study of stars and planets and their movements.

ilmu haiwan *k.n.* veterinary science; the study, prevention and treatment of animal diseases; zoology; study of animals.

ilmu hayat *k.n.* biology; study of life and structure of living things.

ilmu hisab *k.n.* mathematics; science of numbers, quantities and measurements.

ilmu jiwa *k.n.* psychology; study of the mind and how it works.

ilmu kesihatan *k.n.* hygiene; health science; science which deals with the preservation of health.

ilmu ketuhanan *k.n.* theology; study of religion.

ilmu mantik *k.n.* logic; science or method of reasoning.

ilmu sihir *k.n.* sorcery; the art, use or practice of magic, esp. with evil spirits; black magic.

iltizam *k.n.* commitment; state of being willing to give a lot of time, energy, etc. to something; obligation or pledge.

ilusi *k.n.* illusion; false belief; thing that seem to be something it is not.

ilustrasi *k.n.* illustration. **mengilustrasi** *k.k.* illustrate; supply (a book, etc.) with drawings or pictures; make clear by example(s) or picture(s), etc.; serve as an example of. **berilustrasi** *k.k.* illustrative; serving as an illustration or example; illustrated.

ilustrator *k.n.* illustrator; person who makes illustrations for books, magazines, etc.

imaginasi *k.n.* imagination; the ability to form pictures in your mind; the ability to have new and exciting ideas.

imaginatif *adj.* imaginative; having or showing new and exciting ideas.

imago *k.n.* imago (pl. *-imagines* or *imagos*); an insect in its fully developed adult stage.

imam *k.n.* imam; Muslim spiritual leader.

iman *k.n.* faith or belief in God. **beriman** *k.k.* having faith or trust in God. **tak beriman** *adj.* impious; not reverent.

imbal, imbalan *k.n.* honorarium; remuneration; reward for services rendered. **mengimbalkan** *k.k.* to remunerate or pay someone for services rendered.

imbang, memperimbangkan *k.k.* balance; be or put or keep in a state of balance; equalize; make proportionate. **mengimbang** *k.k.* offset; act as a counterbalance to; balance. **imbangan** *k.n.* balance; difference between credits and debits. **keseimbangan** *k.n.* equipoise; equilibrium.

imbas *k.n.* a current of air that is created by waving a fan, etc.; a movement that is too fast to identify; a glance. **sekali imbas** *ung.* at a glance. **imbasan** *k.n.* current of air; a glimpse.

imbas kembali *k.n.* flashback; change of scene in a story or film to an earlier period.

imbau, mengimbau *k.k.* to call; to appeal; to invite (over). **imbauan** *k.n.* a call; an appeal.

imbesil *k.n.* imbecile; stupid person.

imbuh, mengimbuhkan *k.k.* augment; increase; supplement. **imbuhan** *k.n.* augmentation; perquisite; profit or privilege given in addition to wages.

imej *k.n.* image; statue; optical appearance of a thing produced in a mirror or through a lens; reflection likeness; mental picture; general reputation.

imejan *k.n.* imagery; images; metaphorical language evoking mental pictures.

imigran *k.n.* immigrant; come to live permanently in a foreign country.

imigresen *k.n.* immigration; the process of coming to live permanently in a country that is not your own. **pejabat imigresen** *k.n.* immigration office; department that handles the entry of foreigners and prepares travel documents for the country's citizens.

imla, mengimlakan *k.k.* dictate; say (words) aloud to be written by a person or recorded by a machine; state or order authoritatively; give orders officiously.

impala *k.n.* impala; small antelope.

imperial[1] *adj.* imperial; of an empire or emperor or empress; majestic.

imperial[2] *k.n.* imperial; (of measures) used by statute in the U.K.

imperialisme *k.n.* imperialism; policy of having or extending an empire by colonization.

impetigo *k.n.* impetigo; contagious skin disease causing spots.

impi, mengimpi *k.k.* dream; have series of pictures or events in the mind during sleep. **mengimpikan** *k.k.* dream; wish; desire; have an ambition; think of as a possibility; yearn; long.

impian *k.n.* dream; wish; desire; mental aim; day-dream; pleasant, idle thoughts.

implikasi *k.n.* implication; a possible effect; implying; thing implied.

import *k.n.* import; importing; thing imported; meaning; importance. **mengimport** *k.k.* import; bring in from abroad or from an outside source; imply.

impresionisme *k.n.* impressionism; style of painting, etc. depicting the visual impression of a mood or moment.

imsak *k.k.* the time when one refrains from eating and drinking (usu. during the month of Ramadan for Muslims). **waktu imsak** *k.n.* the period of fasting from dawn till sunset.

imuniti *k.n.* immunity; the body's ability to avoid or not be affected by infection and disease; the state of being protected from something.

in. *kep.* in.; inch(es).

inai *k.n.* henna; reddish dye used esp. on the hair; tropical plant from which it is obtained. **berinai** *k.k.* hennaed.

inang *k.n.* a nursemaid or nanny; a woman who takes care of children (usu. children of royal or important/ powerful families). **inang-inang** *k.n.* a sweetmeat made of glutinous rice which is steamed before frying. **mak inang** *k.n.* duenna; a polite term of address for an elderly nursemaid. **inangda** *k.n.* a royal nursemaid. **tarian mak inang** *k.n.* a dance that imitates the gentle and graceful manner of a nursemaid.

inap, menginap *k.k.* spend the night (in a hotel, etc.).

inayat *k.n.* help; assistance; gift (usu. from God).

Inca *k.n.* Inca; member of a former American Indian people in Peru.

incang, incang-incut *adj.* askew; crooked; tilted (due to the unequal length of the legs of a table, chair, etc.).

incar *k.n.* gimlet; small tool with a screw-like tip for boring holes.

inci *k.n.* inch; measure of length (= 2.54 cm).

incut *adj.* askew; crooked; lame. **terincut-incut** *k.k.* to walk with a limp.

indah *adj. see* **cantik**.

indeks *k.n.* index (pl. *indexes*); a sign or measure of something; list (usu. alphabetical) of names, subjects, etc. with references; figure indicating the current level of prices, etc. compared with a previous level. **mengindeks** *k.k.* make an index to; enter in an index; adjust (wages, etc.) according to a price-index.

indentur *k.n.* indenture; written contract, esp. of apprenticeship.

India[1] *adj.* Indian; of India or Indians.

India[2] *k.n.* native of India.

indigo *k.n.* indigo; deep-blue dye or colour.

inding, menginding *k.k.* covet; desire eagerly (esp. a thing belonging to another person).

individu *k.n.* individual; of or for one person; a single person or item as distinct from a group.

indoktrinasi *k.n.* indoctrination. **mengindoktrinasi** *k.k.* indoctrinate; fill (a person's mind) with particular ideas or doctrines; force to accept a certain set of beliefs, etc.

induk *k.n.* mother (mainly for animals). *—adj.* principal; first in rank or importance; main. **seperinduk** *k.n.* litter; young animals born at one birth.

industri *k.n.* industry; manufacture or production of goods in a factory; business activity. *—adj.* industrial; of, for, or full of industries.

industrialis *k.n.* industrialist; owner or person who controls an industrial business.

industrialisme *k.n.* industrialism; social system in which the economy is based on industry.

inersia[1] *k.n.* inertia; lack of energy; lack of desire or ability to move or change.

inersia[2] *k.n.* (fizik) inertia; a property of matter by which it stays still or, if moving, continues moving in a straight line unless it is acted on by an outside force.

infantri *k.n.* infantry; troops who fight on foot.

infinitif *k.n.* infinitive; form of a verb not indicating tense, number, or person (e.g. to go); basic form of a verb.

infiniti *k.n.* infinity; the state of having no end or limit; a point far away that can never be reached; a large number that is impossible to count.

inflamasi *k.n.* inflammation; redness and heat produced in a part of the body.

inflasi *k.n.* inflation; inflating; general increase in prices and fall in the purchasing power of money.

influenza *k.n.* influenza; virus disease causing fever, muscular pain, and catarrh.

informasi *k.n.* information; statement; knowledge.

informer *k.n.* informer; informant; a person who gives secret information about something or somebody to the police or a newspaper.

inframerah *k.n.* infra-red; of or using radiation with a wavelength longer than that of visible light-rays.

infrastruktur *k.n.* infrastructure; basic structures and facilities needed for the operation of a society or organization.

ingat, mengingati *k.k.* remember; bring to mind someone or something from the past; keep in one's mind and recall at will; memorize; learn (a thing) so as to know it from memory. **memperingati** *k.k.* commemorate; keep in the memory by a celebration or memorial. **ingatan** *k.n.* memory; ability to remember things; thing(s) remembered. **dari ingatan** from memory; remembered without the aid of notes, etc. **sebagai ingatan** in memory of; in honour of a person or thing remembered with respect.

Inggeris *adj. & k.n.* English; (language) of England. **lelaki Inggeris** *k.n.* Englishman. **perempuan Inggeris** *k.n.* Englishwoman.

ingin *adj.* agog; eager; expectant; full of desire; enthusiastic. **menginginkan** *k.k.* hanker; crave, feel a longing; yearn. **diingini** *k.s.* desirable; arousing desire; worth desiring. **menginginkan** *k.k.* desire; long for. **berkeinginan** *k.k.* desirous; desiring.

ingkar *k.k.* disobey; refuse; deny.

ingsut, mengingsut *k.k.* to move slowly and carefully in a particular direction. **mengingsut-ingsut** *k.k.* to move very slowly.

ini *k.n.* this (pl. *these*); referring to the person or thing near mentioned or indicated.

inisiatif *k.n.* initiative; first step in a process; opportunity to act before others do; ability to act independently.

injak, injak-injak, injak-injakan *k.n.* a pedal; a treadle (on a sewing machine, loom, bicycle, etc.); a board or bar to step on (in lorries, etc.); a stirrup. **menginjak** *k.k.* to step on; to rest one's feet (on a stirrup, etc.). **menginjak-injak** *k.k.* to ignore or disregard (rules, etc). **terinjak** *k.k.* to step or trod on. **terinjak-injak** *adj.* ignored; neglected; disregarded.

injap *k.n.* valve; device controlling flow through a pipe; structure allowing blood to flow in one direction only.

injap bebola *k.n.* ballcock; a devise with a floating ball controlling the water level in a cistern.

injek, menginjek *k.k.* to inject; to put a drug or other substance into the body of a person or animal using a syringe.

injeksi, injeksyen *k.n.* injection; the act of injecting somebody with a drug or substance.

Injil *k.n.* Bible; Christian or Jewish scriptures.

injuksi *k.n.* injunction; a court order which allows or prohibits an action.

inkubator *k.n.* incubator; apparatus for incubating eggs or bacteria; apparatus used to provide a suitable temperature and environment for a baby born prematurely.

inkues *k.n.* inquest; an inquiry into a crime or murder case; a discussion about something unacceptable or unsatisfactory.

inning *k.n.* innings (pl. *innings*); turn at batting in a game of cricket.

inovasi *k.n.* innovation; a new thing or technique; the process of introducing new ideas, methods, etc.

inovatif *adj.* innovative; introducing or using new ideas, methods, etc.

input *k.n.* input; what is put in or contributed.

insaf, menginsafkan *k.k.* realize; be or become aware of.

insan *k.n.* mankind; human beings in general.

insang *k.n.* gill; the organ with which a fish breathes.

insentif *k.n.* incentive; something that encourages an action or effort.

insiden *k.n.* incident; event, esp. one causing trouble.

insomnia *k.n.* insomnia; inability to sleep.

inspektor *k.n.* inspector; police officer ranking below a chief inspector.

inspirasi *k.n.* inspiration; a sudden good idea.

institusi *k.n.* institution; an important organization or public body; established rule or custom. **berinstitusi** *k.k.* institutional.

institut *k.n.* institute; society or organization for promotion of a specified activity; its premises.

instrumen *k.n.* instrument; tool or implement for precise work; measuring-device used in operation of an engine or aircraft, etc.; device for producing musical sounds; formal document.

instrumental *k.n.* instrumental; performed on musical instruments; acting as a means.

insulin *k.n.* insulin; hormone controlling the body's absorption of sugar.

insurans *k.n.* insurance; contract to provide compensation for loss, damage, or death; sum payable as a premium for this, or in compensation; safeguard against loss or failure; assurance. **insurans nyawa** *k.n.* life insurance. **menginsuranskan** *k.k.* insure; protect by insurance.

insya-Allah *k.n.* Arabic word that means 'if God wills it'.

intai *k.k.* peep; look through a narrow opening; look quickly or secretly; show slightly.

intan *k.n.* diamond; very hard clear precious stone.

integer *k.n.* integer; whole number, not fraction.

integral *adj.* integral; forming or necessary to form a whole.

integrasi *k.n* integration. **menginte-grasikan** *k.k.* integrate; combine (parts) into a whole; bring or be accepted as part of a community.

integriti *k.n.* integrity; the quality of being honest and having strong moral principles.

intelek *k.n.* intellect; power of reasoning and understanding.

intelektual *k.n.* intellectual; of or using the intellect; having a strong intellect.

intensif *adj.* intensive; employing much effort; concentrated.

interkom *k.n.* intercom; a communication system operating by radio or telephone.

internasional *adj.* international; connected with or involving two or more countries.

internet *k.n.* internet; the international computer network linking computers from companies, universities, etc.

Interpol *k.n.* Interpol; an international police organization that enables the police forces of different countries to help each other to solve crimes.

interpretasi *k.n.* interpretation; the particular way in which something is understood or explained. **menginterpretasikan** *k.k.* to interpret.

interviu *k.n.* interview; a meeting at which somebody is asked questions to see if they are suitable for a particular job or course of study, etc. **menginterviu** *k.k.* to interview; to converse with and ask questions of a public figure (for publication in a newspaper, etc.); to examine/test job applicants orally.

inti *k.n.* filling; substance or mixture that is put inside a pie or between layers of cakes, slices of bread, etc.

intim *adj.* intimate; closely acquainted or familiar; private and personal. **rakan intim** *k.n.* intimate friend.

intip *k.k.* peek; peep; glance; pry; spy.

inti sari *k.n.* central or important part; essence.

intonasi *k.n.* intonation; intoning; rise and fall of the voice in speaking; slight accent.

intra *awl.* intra; within.

intransitif *adj.* intransitive; (of verb) used without a direct object.

intravena *k.n.* intravenous; into a vein.

intrinsik *adj.* intrinsic; part of the basic nature of a person or thing.

introvert *k.n.* introvert; introspective and shy person.

intuisi *k.n.* intuition; power of knowing without reasoning or being taught. **berintuisi** *k.k.* intuitive.

inventori *k.n.* inventory; detailed list of goods or furniture.

inversi *k.n.* inverse; upside down; inverted in position or order. **ayat inversi** *k.n.* inverted sentence.

invertebrata *k.n.* invertebrate; any animal with no backbone.

invois *k.n.* invoice; bill for goods or services supplied, with prices.

iodin *k.n.* iodine; chemical substance used in solution as an antiseptic.

ion *k.n.* ion; electrically charged particle.

ionosfera *k.n.* ionosphere; ionized region of the upper atmosphere.

ipar, ipar-duai *k.n.* in-laws (*pl.*) (*colloq.*) one's relatives by marriage.

I.Q. *kep.* I.Q.; intelligence quotient.

iqamat *k.n.* Arabic verses cited after the muezzin's last call for prayer to Muslims.

ira *k.n.* section (of durian, orange, etc.); grain in wood, plank or marble, etc.; sinew in meat; fibre in cloth or fruit. **berira** *k.k.* to have grain, sinew, fibre.

I.R.A. *kep.* I.R.A.; Irish Republican Army.

iradat *k.n.* the will of God. **kudrat dan iradat** *k.n.* the power and will of God; fate; destiny.

irama *k.n.* rhythm; pattern produced by emphasis and duration of notes in music or of syllables in words, or by a regular succession of movements or events; beat; recurring emphasis marking rhythm; lilt; light pleasant rhythm; song with this. **berirama** *k.k.* lilting; rhythmic; rhythmical.

iras *kkt.* alike; like one another; of the same stock.

iri[1] *adj.* catty; slightly spiteful.

iri[2] *k.n.* jealousy. **mengiri** *k.k.* begrudge; grudge; envy.

irik, mengirik *k.k.* to press with the feet; to separate grains nuts, etc. from the stalk by using a machine or by hitting it with a special tool **pengirik** *k.n.* thresher; a person who threshes; a machine or tool for threshing.

iring *k.k.* escort; act as escort to. **mengiring** *k.k.* accompany; go with; convoy; be present with; provide in addition; play musical backing for an instrument or voice. **iringan** *k.n.* accompaniment retinue.

iris *k.n.* iris; coloured part of the eyeball, round the pupil; lily-like flower.

ironi *k.n.* irony; expression of meaning by use of words normally conveying the opposite; situation that appears opposite to what one expects.

ironik *adj.* ironic, ironical; using irony.

isi *k.n.* content; what is contained in something; subject matter of a speech, etc.

isi padu *k.n.* volume; amount of space occupied or contained by a three-dimensional object.

isirung *k.n.* kernel; softer part inside the shell of a nut or stone of fruit; seed within a husk.

Islam *k.n.* Islam; Muslim religion; Muslim world.

Isnin *k.n.* Monday; day after Sunday.

isobar *k.n.* isobar; line on a map, connecting places with the same atmospheric pressure.

isomer *k.n.* isomer; one of two or more substances whose molecules have the same atoms arranged differently.

isometri *k.n.* isometry; equal measure of size or space.

isometrik *adj.* isometric.

isoterma *k.n.* isotherm; line on a map, connecting places with the same temperature.

isotop *k.n.* isotope; one of two or more forms of a chemical element differing in their atomic weight.

Israk *k.n.* the journey undertaken by Prophet Muhammad (p.b.u.h.) at night, from Mecca to Jerusalem, or from al-Haram mosque to al-Aqsa mosque.

istana *k.n.* palace; official residence of a sovereign.

isteri *k.n.* wife (pl. *wives*); married woman in relation to her husband.

istiadat *k.n.* custom; traditional way of doing things; ceremony; formal occasion such as a wedding, coronation, etc.

istighfar *k.n.* religious verses cited in order to ask for forgiveness from Allah. **beristighfar** *k.k.* to repent; to recite religious verses to seek forgiveness from Allah.

istilah *k.n.* term; terminology.

istimewa *adj.* special; exceptional; very unusual; outstandingly good.

istinjak, beristinjak *k.k.* to cleanse oneself with water after defecating or urinating.

istirahat, beristirahat *k.k.* to rest; to take a break from doing something to reduce exhaustion; to relax. **mengistirahatkan** *k.k.* to allow to rest; to give (somebody) a break.

isu *k.n.* issue; one publication (e.g. of a magazine) in a series; important topic. **menjadi isu** an issue, being discussed or disputed or risked.

Isyak, waktu Isyak *k.n.* night time that starts after the red glow disappears from the evening sky and ends at the break of dawn. **fardu Isyak** *k.n.* a compulsory or obligatory prayer at this time; a religious duty during Isyak.

isyarat *k.n.* hint; signal. **mengisya-ratkan** *k.k.* cue (pres. p. *cueing*); signal to do something, sign; action or gesture conveying information or a command, etc.

isytihar *k.k.* proclaim (news); declare; make known, announce openly or formally; state firmly; proclaim; announce publicly; make known as being.

italik *k.n.* italic; (of a typeface) sloping like '*this*'; a compact pointed form of writing; italic type.

itik *k.n.* duck; swimming-bird of various kinds. **anak itik** *k.n.* duckling; young duck. **itik eider** *k.n.* eider duck. **itik jantan** *k.n.* drake; male duck. **itik liar** *k.n.* mallard; wild duck, male of which has a glossy green head.

itu *k.g.* & *k.n.* that (pl. *those*); the (person or thing) referred to; further or less obvious (one) of two.

izin, keizinan *k.n.* permission; consent or authorization to do something. **diizinkan** *k.k.* permissible; allowable. **mengizinkan** *k.k.* permit (p.t. *permitted*); give permission to or for; make possible. **seizin** *adj.* permissive; giving permission; tolerant, esp. in social and sexual matters.

Izrail *k.n.* the angel of death; the angel appointed by Allah to take human lives.

J

jabat, menjabat *k.k.* hold; grasp; seize with the hands. **berjabat tangan** shake hands; clasp right hands in greeting or parting.

jabatan *k.n.* department; section of an organization.

jadah, haram jadah *k.n.* love-child, bastard, illegitimate child, (*sl.*) unpleasant person or thing.

jadam *k.n.* aloe; plant with bitter juice.

jadi, menjadi *k.k.* become (p.t. *became*, p.p. *become*); come or grow to be; begin to be; happen; chance.

jadual *k.n.* list; timetable; schedule; list showing the times at which certain events take place. **menjadualkan** *k.k.* make a list, timetable or schedule; schedule; include in a schedule; arrange for a certain time.

jag *k.n.* jug; vessel with a handle and a lip, for holding and pouring liquids.

jaga¹, berjaga, berjaga-jaga *k.k.* awake (p.t. *awoke*, p.p. *awoken*); wake; alert; beware. **menjaga** *k.k.* take care of; take charge of; see to the safety or well being of; watch; guard.

jaga² *k.n.* caretaker; person employed to look after a building; man employed to look after an empty building, etc.; watchman. **jagaan** *k.n.* custody; safe-keeping; imprisonment; care; caution to avoid damage or loss; protection, supervision.

jagat *k.n.* world; universe; including many or most things.

jaguar *k.n.* jaguar; large flesh-eating animal of the cat family.

jaguh *k.n.* champion; person or thing that defeats all others in a competition.

jagung *k.n.* maize; tall cereal plant bearing grain on large cobs; its grain. **emping jagung** *k.n.* cornflakes; breakfast cereal of toasted maize flakes. **tepung jagung** *k.n.* cornflour; flour made from maize.

jahanam *k.n.* wicked person; brute. —*k.k., adj.* spoilt; ruined; damaged destroyed. **menjahanamkan** *k.k.* spoil; destroy; damage; make useless. **neraka jahanam** *k.n.* hell; place of punishment for the wicked after death.

jahat *adj.* evil; morally bad; nefarious; impious; wicked; nasty (-*ier*, -*iest*); unkind.

jahil *adj.* ignorant; lacking knowledge. **orang jahil** *k.n.* ignoramus (pl. -*muses*); ignorant person.

jahiliah *k.n.* ignorance. **zaman jahiliah** *k.n.* the age of ignorance; the age before the arrival of Islam.

jahit, menjahit *k.k.* to sew; to make clothes. **jahitan** *k.n.* sewing; things that are sewn. **penjahit** *k.n.* a tailor or seamstress; a needle used for sewing.

jaja *k.k.* hawk; carry (goods) about for sale. **menjaja** *k.k.* peddle; sell (goods) as a pedlar. **penjaja** *k.n.* huckster; pedlar.

jajah, **menjajah** *k.k.* colonize; establish a colony in. **jajahan** *k.n.* colony; territory; major administrative division of a country; its residents.

jajar, **menjajarkan** *k.k.* align; place or bring into line; arrange in rows or lines.

jakal *k.n.* jackal; dog-like wild animal.

jaket *k.n.* jacket; short coat usu. reaching to the hips; outer covering.

jaksa *k.n.* a public prosecutor.

Jakun *k.n.* the indigenous people of Peninsular Malaysia who live in the forests of Pahang, Johor and Negri Sembilan; Jakun.

jala *k.n.* casting-net (for fishing). **menjala** *k.k.* net; use nets to catch fish, etc.

jalan *k.n.* road; way by which people or vehicles may pass between places, esp. one with a prepared surface; way of reaching something; path; method; course. **jalan raya** *k.n.* roadway; road, esp. as distinct from a footpath beside it. **jalan mati** *k.n.* dead-end; street closed at one end. **batu jalan**, **kerikil jalan** *k.n.* gravel; pebbles; broken stone for making the foundation of a road or railway. **pembinaan jalan** *k.n.* road works (*pl.*); construction or repair of roads. **sisi jalan** *k.n.* roadside; border of a road. **berjalan** *k.k.* walk; progress by setting down one foot and then lifting the other(s) in turn; travel over in this way; cause to walk; accompany in walking. **pejalan kaki** *k.n.* pedestrian; person walking, esp. in a street.

jalar, **menjalar** *k.k.* creep; move with the body close to the ground; (of a plant) grow along the ground or wall, etc.; spread; (of disease, fire, etc.) become more widely suffered.

jalin, **menjalin** *k.k.* braid; trim with braid; plait. **jalinan** *k.n.* braid; woven ornamental trimming.

jalur *k.n.* band; range of values or wavelengths, etc.; long narrow piece or area, strip; long narrow band on a surface; differing in colour or texture from its surrounding; chevron on a sleeve, indicating rank; stripe.

jam *k.n.* clock; watch; instrument indicating time; clock-like measuring device; one twenty-fourth part of a day and night; point of time; occasion; (*pl.*) period for daily work; hour. **ikut arah jam** clockwise; moving in the direction of the hands of a clock. **lawan arah jam** anti-clockwise; in the direction opposite to clockwise.

Jamadilakhir *k.n.* the sixth month of the Muslim calendar.

Jamadilawal *k.n.* the fifth month of the Muslim calendar.

jamah, **menjamah** *k.k.* to touch or feel which one's hand; eat a little. **jamah-jamahan** *k.n.* female slaves who are also concubines. **penjamahan** *k.n.* the act of touching or handling (something); occupation. **berjamah** *k.k.* touched; tasted.

jamak *k.n.* number; category 'plural' in grammar.

jambak *k.n.* bouquet; bunch of flowers for carrying.

jamban *k.n.* latrine; lavatory in a camp or barracks; toilet.

jambang *k.n.* sideburn. **berjambang** *k.n.* to have sideburns. **jambangan** *k.n.* a vase; a flower pot.

jambat, **jambatan** *k.n.* bridge; a structure that is built across rivers, etc. so that people or vehicles can cross from one side to the other. **jambatan gantung** *k.n.* suspension bridge; bridge that uses ropes to connect two banks. **jambatan emas** *k.n.* a road to happiness. **berjambatan** *k.k.* connected by bridges.

jambori *k.n.* jamboree; large party; rally.

jambu *k.n.* guava; a tropical fruit.

jambul *k.n.* crest; tuft or outgrowth on a bird's or animal's head; plume on a helmet.

jamik *k.n.* a formal institution; a formal place for learning, performing religious obligations or doing good deeds in a large group. **masjid jamik** *k.n.* a mosque, the main place of worship for Muslims.

jamin, **menjamin** *k.k.* ensure; make safe or certain; guarantee; give or be a guarantee of or to; bail. **jaminan** *k.n.* guarantee; formal promise to do something or that a thing is of specified quality and durability; thing offered as security.

jampi *k.n.* incantation; words or sounds uttered as a magic spell.

jampuk, **burung jampuk** *k.n.* owl; bird of prey with large eyes, usually flying at night.

jamu, menjamu *k.k.* feast; eat heartily; give a feast to; entertain; treat. **jamuan** *k.n.* feast; large meal; joyful festival; treat; junketing; merry-making.

jamung *k.n.* a torch made of dried coconut leaves tied neatly together. **berjamung** *k.k.* to use such a torch.

jana *k.n.* life. **berjana** *k.k.* to have life. **menjanakan** *k.k.* to produce or generate energy.

jana kuasa *k.n.* generator; a machine for producing electricity. **menjana kuasa** *k.k.* to generate electricity.

janda *k.n.* widow; woman whose husband has died and who has not remarried; divorcee.

jangak *k.n.*, **menjangak** *k.k.* debauch; indulge in physical pleasures; make dissolute; lead into over-indulgence in harmful or immoral pleasures.

jangan *knf.* don't = do not.

janggal *kkt.* dissonant; discordant; out of place; unsuitable, not harmonious.

janggut *k.n.* beard; hair on and round a man's chin. **janggut kambing** *k.n.* goatee; short pointed beard.

jangka¹ *k.n.* meter; device for measuring and indicating quantity; actual amount of time.

jangka², menjangkakan *k.k.* expect; think or believe that (a person or thing) will come or (a thing) will happen; wish for and be confident of receiving; think; suppose.

jangka masa *k.n.* duration; time during which a thing continues.

jangkar *k.n.* cramp; metal bar with bent ends for holding masonry, etc. together.

jangkau, menjangkau *k.k.* reach; stretch out a hand in order to touch or take. **sepenjangkauan** *k.n.* distance over which a person or thing can reach; within arm's length; within reach.

jangkit *k.k.* infect; affect or contaminate with a disease or its germs. **berjangkit** *k.k.* infectious; (of disease) able to spread by air or water; infecting others. **jangkitan** *k.n.* infection; process of infecting; disease or diseased condition; contamination.

janin *k.n.* foetus (pl. -*tuses*); developed embryo in a womb or egg.

janjang *k.n.* stairs. **berjanjang** *k.k.* to call on the neighbour; to have stairs or steps.

janji *k.n.* promise; declaration that one will give or do or not do a certain thing. **berjanji** *k.k.* promise; say that one will do or give (a thing); agree. **menjanjikan** *k.k.* make a promise (to); seem likely, produce expectation of.

jantan *adj.* male; of the sex that can beget offspring by fertilizing eggcells produced by a female; (of a plant) having flowers that contain pollen-bearing organs not seeds. —*k.n.* male person, animal, or plant.

jantina *k.n.* sex; either of the two main groups (*male* and *female*) into which living things are placed according to their reproductive functions.

jantung *k.n.* heart; muscular organ that keeps blood circulating by contracting rhythmically. **serangan jantung** heart attack; sudden failure of the heart to function normally.

Januari *k.n.* January; first month of the year.

jarah *k.n.* pillage; plunder; goods, etc. acquired by this. **menjarah, menjarahi** *k.k.* rob; enter a place by force and steal. **jarahan** *k.n.* plundering; goods, etc. acquired by this.

jarak *k.n.* distance; length or space between two points; distant parts; remoteness. —*k.k.* apart; to or at a distance.

jaram, jaraman, penjaram *k.n.* compress; pad to cool inflammation.

jarang *adj.* diaphanous; transparent; thinly scattered, not dense; sparse; scanty; wide apart; rare. **jarang-jarang** *kkt.* rarely; hardly; scarcely; seldom.

jargon *k.n.* jargon; words or expressions used by a particular group of people and difficult for others to understand.

jari *k.n.* finger; one of the five parts extending from each hand; one of these other than the thumb; finger-like object or part. **cap jari** *k.n.* fingerprint; impression of ridges on the pad of a finger. **hujung jari** *k.n.* fingertip; tip of a finger.

jariah *k.n.* good deeds.

jaring *k.n.* net; open-work material of thread, cord, or wire, etc.; piece of this used for a particular purpose. **menjaring** *k.k.* net (p.t. *netted*); make by forming threads into a net; place nets in or on; catch in or as if in a net. **jaringan** *k.n.* netting; netted fabric.

jarum *k.n.* needle; small thin pointed piece of steel used in sewing; thing shaped like this; pointer of a compass or gauge.

jasa *k.n.* good deeds; duty. **berjasa** *k.k.* do good deeds; be of service.

jasad *k.n.* the physical body.

jasmani *adj.* carnal; of the body or flesh, not spiritual; physical.

jasmaniah *adj.* of the body; physical.

jata *k.n.* blazon; heraldic shield, coat of arms; design on a shield as the emblem of a family or institution.

jati¹, sejati *adj.* pure; not mixed with any other substances; genuine; real.

jati², kayu jati *k.n.* teak; strong heavy wood of an Asian evergreen tree.

jatuh *k.k.* fall (p.t. *fell*, p.p.p. *fallen*); come or go down freely; decrease; drop in value; collapse; pass into a specified state; occur; be captured or conquered.

jauh *adj.* far; at or to or by a great distance; afar; far off, far away. *—adj.* distant, remote; at a specified or considerable distance away; aloof. **Timur Jauh** Far East; countries of East and South-East Asia.

jauhari *k.n.* jeweller; person who makes or deals in jewels or jewellery.

jaundis *k.n.* jaundice; condition in which the skin becomes abnormally yellow.

Jawa *k.n.* Java; name of an island in Indonesia. **pokok asam jawa** *k.n.* tamarind tree.

jawab, menjawab *k.k.* to reply; to answer; to take responsibility; to correspond (to a description, etc.) **jawapan** *k.n.* answer; reply; respond; thing said, written, needed or done to deal with a question, problem, etc.; figure, etc. produced by calculation.

jawat, berjawat *k.k.* to shake hands; to hold (a post or position). **sejawat, sejawatan** *adj.* having the same office or job. **menjawat** *k.k.* to hold; to welcome and receive. **menjawat anak yang lahir** to welcome a newborn baby. **jawatan** *k.n.* a post; a job designation. **berjawatan** *k.k.* to hold a position. **perjawatan** *k.n.* everything concerning a position. **penjawat** *k.n.* person who holds a post. **penjawat istana** *k.n.* a court official.

jawatankuasa *k.n.* committee; group of people appointed to attend to special business or manage the affairs of a club, etc. **jawatankuasa kecil** *k.n.* subcommittee; committee formed for a special purpose from some members of a main committee.

jawi *k.n.* Arabic letters used to write the Malay language. **masuk jawi** *k.k.* to circumcise. **padi jawi** *k.n.* ordinary paddy.

jaya *k.n.* victory; success. *—adj.* successful; victorious. **berjaya** *k.k.* succeed; achieve a desired aim; win; be victorious (in). **menjayakan** *k.k.* cause to succeed or be victorious.

jaz *k.n.* jazz; type of music with strong rhythm and much syncopation.

jean *k.n.* jeans; denim trousers.

jebak *k.n.* snare; trap, usu. with a noose. **menjebak** *k.k.* trap in a snare.

jebik *k.n.* facial expression. **terjebik-jebik** *k.k.* to look as if one is about to cry. **jebikan** *k.n.* the facial expression of someone about to cry. **menjebik** *k.k.* to belittle someone's effort.

jed *k.n.* jade; hard green, blue, or white stone.

jeda *k.n.* interval; time or pause between two events or parts of an action; space between two things; difference in musical pitch; pause; temporary stop. **berjeda** *k.k.* make a pause; at intervals; with some time or space between.

jegil *k.k.* to open one's eyes wide; to glare. **terjegil** *adj.* (eyes) wide open. **menjegilkan** *k.k.* to open one's eyes wide.

jejak *k.n.* footstep; step; trail.

jejaka *k.n.* young man; youth; bachelor; unmarried man.

jejambat *k.n.* flyover; bridge carrying one road or railway over another.

jejantas *k.n.* overpass; road crossing another by means of a bridge.

jejari *k.n.* radius (pl. *-dii*, pr. *-diai*); straight line from the centre to the circumference of a circle or sphere; its length; distance from a centre.

jejas *k.k.* abraded; lacerated; frayed; spoilt; damaged. **menjejaskan** *k.k.* spoil; damage; hurt.

jejer *k.n.* row; line; range. **berjejer** *adj.* in rows; in a line; aligned. **menjejer, menjejerkan** *k.k.* to arrange in rows or lines; to align. **jejeran** *k.n.* alignment; row; line.

jel *k.n.* jail (gaol); a prison.

jela, berjela-jela *k.k.* dangle; hang or swing loosely. *—adj.* dangling; trailing.

jelaga *k.n.* soot; black powdery substance in smoke; smut; small flake of soot; small black mark.

jelajah, menjelajah, menjelajahi *k.k.* explore; travel into (a country, etc.)

in order to learn about it; examine; walk through or round (an area); perambulate.

jelak *k.k.* bored; fed up; satiated; fully satisfied (with food); nauseated.

jelang, menjelang *k.k.* near; almost.

jelantah[1] *adj.* half-cooked.

jelantah[2] *k.n.* coconut oil that has been used for frying.

jelapang *k.n.* granary; storehouse for grain.

jelas *adj.* clear (*-er, -est*); transparent; easily seen or heard or understood; clearly expressed, lucid; clear and unmistakable, manifest; clearly noticeable, marked; easy to perceive or understand; obvious. **menjelaskan** *k.k.* clear; clarify; make or become clear; show clearly, give signs of, manifest; explain; show the meaning of; account for; throw light on (a problem), elucidate; free from ignorance, etc.; enlighten, inform; pay and settle (a debt), liquidate.

jelata, rakyat jelata *k.n.* commoner; one of the common people, not a noble; mass (pl. *the masses*); ordinary people.

jelatang *k.n.* nettle; wild plant with leaves that sting and redden the skin when touched; similar non-stinging plant.

jelatik *k.n.* a sparrow that has bluish feathers.

jelepok, berjelepok *k.k.* to slump; to fall flat on one's bottom because of standing or walking too long. **terjelepok** *k.k.* to sit in order to take the weight off your feet because of fatigue and exhaustion.

jeli *k.n.* jelly; soft solid food made of liquid set with gelatine.

jeling, menjeling *k.k.* ogle; eye flirtatiously; give a sidelong glance.

jelir, menjelir, terjelir *k.k.* protrude or stick out slightly (of tongue, etc.). **menjelirkan** *k.k.* stick out (the tongue, etc.).

jelita *adj. see* **cantik**.

jelma, menjelmakan *k.k.* embody; express (principles or ideas) in visible form; incorporate; appear; make real. **terjelma** *k.k.* incarnate; embodied, in human form.

jeluas, berjeluas *adj.* gory (*-ier, -iest*); covered with blood; involving bloodshed.

jelujur *k.n.*, **menjelujur** *k.k.* baste; sew together temporarily with loose stitches, tack.

jem *k.n.* jam; thick sweet substance made by boiling fruit with sugar.

jemaah *k.n.* pilgrim; person who travels to a sacred place as an act of religious devotion; group; assembly.

jemala *k.n.* chump, block; (*sl.*) head.

jembalang *k.n.* gnome; dwarf in fairy-tales, living underground and guarding treasure; demon.

jemput, menjemput *k.k.* fetch; pick up; invite.

jemputan[1] *k.n.* guests; people invited (to a function, etc.).

jemputan[2] *k.n.* invitation; spoken or written request to attend a function, etc.

jemu *adj.* blase; bored or unimpressed by things because too familiar; fed up.

jemur, berjemur *k.k.* bask; sit or lie comfortably exposed to pleasant warmth; expose one's body to the sun; sunbathe; dry in the sun.

jenak *k.n.* a short period of time. **sejenak** *kkt.* for a while; shortly.

jenaka *k.n.* banter; good-humoured joking. **berjenaka** *k.k.* joke thus.

jenama *k.n.* brand; goods of a particular make.

jenang *k.n.* jamb; side-post of a door or window.

jenayah *k.n.* crime; serious offence, act that breaks a law; illegal acts.

jenazah *k.n.* corpse; term used for the dead body of royalty, dignitaries, etc. **menjenazahkan** *k.k.* to bury the dead. **kereta jenazah** *k.n.* a vehicle used for carrying the coffin at a funeral; a hearse.

jendela *k.n.* casement; window opening on hinges; dormer; upright window under a small gable on a sloping roof.

jeneral *k.n.* general; army officer below the rank of field marshall.

jengah, menjengah *k.k.* crane; stretch (one's neck) to see something; peer.

jengkal *k.n.* span; distance (about 9 inches or 23 cm) between the tips of the thumb and little finger when these are stretched apart.

jengkel *k.k.* slightly angry, annoyed; fractious; irritable; peevish; irksome; tiresome. **menjengkelkan** *k.k.* annoy; cause slight anger to; be troublesome to; irk; be tiresome to; incense; make angry.

jengkeng, berjengkeng, menjengkeng *k.k.* to walk or stand on tiptoes. **menjengkeng** *k.k.* to curve upword.

J

jengket, berjengket *k.k.* stand or walk on tiptoe.

jengking *k.k.* to bend down. **kala jengking** *k.n.* scorpion; a small creature with a long tail and a poisonous sting.

jenguk, menjenguk *k.k.* crane (one's neck to see something). **menjenguk-jenguk** *k.k.* visit; go or come to see (a person).

jenis *k.n.* nature, manner; kind, sort.

jenjang *adj.* slender (of neck). **burung jenjang** *k.n.* a type of bird with a long neck.

jentayu *k.n.* a large, mythical bird that destroys plants and other creatures in (in classical stories such as that of Sri Rama); a symbol of courage.

jentera *k.n.* machinery; machines; organization or structure of something or for doing something.

jentik, jentik-jentik *k.n.* mosquito larva. **menjentik** *k.k.* flick; quick light blow with the tip of a finger; pinch; squeeze between finger and thumb. **jentikan** *k.n.* quick blow with a finger.

jentolak *k.n.* bulldozer; powerful tractor with a device for clearing ground.

jenuh *adj.* full; bored; abundant. **jenuhkan, menjenuhkan** *k.k.* to cause boredom; to make one feel satisfied. **kejenuhan** *k.n.* satisfaction; boredom; state of being full.

jenut *k.n.* salt-lick; a place where animals go to lick salt from the ground.

Jepun *k.n.* Japanese; (native, language) of Japan.

jera, menjerakan *k.k.* discourage; dishearten; dissuade (from).

jeram *k.n.* rapids; swift current where a river-bed slopes steeply.

jerami *k.n.* hay; grass mown and dried for fodder; dry paddy stalks.

jerang, menjerang, menjerangkan *k.k.* boil; bubble up with heat.

jerangau *k.n.* a type of shrub (herb) with roots which can be used as medicine.

jerangkap *k.n.* booby trap; hidden bomb. **memasang jerangkap** *k.k.* booby trap; place a booby trap in or on.

jerangkung *k.n.* skeleton; hard supporting structure of the human body. **(hantu) jerangkung** *k.n.* ghost; spirit of the dead.

jerat *k.n.* gin; trap, snare. **menjerat** *k.k.* ensnare; snare, trap as if in snare.

jerawat *k.n.* pimple; small inflamed spot on the skin.

jerebu *k.n.* haze; thin mist. **berjerebu** *k.k.* hazy (*-ier, -iest*); misty.

jerih *adj.* exhausted ; tired out; weary. **menjerihkan** *k.k.* exhaust; tire out.

jeriji *k.n.* grate; metal framework keeping fuel in a fireplace; hearth; grating; screen of spaced bars placed across an opening; trellis.

jerit, menjerit *k.k.* to shriek or scream; to cry loudly in pain, anger, fright, etc. **terjerit-jerit** *k.k.* to scream repeatedly and incoherently. **jeritan** *k.n.* shouts; screams.

jerjak *k.n.* wood, rattan, bamboo or iron that is fixed vertically (or crossed) at the lower part of a window; grille; rattan or bamboo strips arranged parallel to each other in the weaving of baskets; lattice; small posts used to support the wall of a house; laths.

jerkah *k.n.* snarls; shouts. **berjerkah** *k.k.* to shout/snarl continuously. **jerkahan** *k.n.* the act of snarling; shouting.

jerlus, terjerlus *k.k.* to fall (usu. into a hole).

jernih *adj.* clear (*-er, -est*); transparent; limpid; (of liquids) clear; pellucid. **menjernihkan** *k.k.* make or become clear.

jersi *k.n.* jersey; knitted woollen pullover with sleeves; machine-knitted fabric.

jeruk *k.n.* pickle; vegetables preserved in vinegar or brine; this liquid. **menjeruk** *k.k.* preserve in pickle.

jerumat, menjerumat *k.k.* darn; mend by weaving thread across a hole.

jerumus, menjerumuskan *k.k.* cause (someone) to trip or stumble; send (someone) sprawling. **terjerumus** *k.k.* fall sprawling; fall flat on one's face; fall into misfortune.

jerung *k.n.* shark; large voracious sea fish.

jerut, menjerut *k.k.* constrict; tighten by making narrower, squeeze.

Jesuit *k.n.* Jesuit; member of the Society of Jesus (a Roman Catholic religious order).

jet[1] *k.n.* jet; hard black mineral; glossy black.

jet[2] *k.n.* jet; stream of water, gas or flame from a small opening; burner on a gas cooker; engine or aircraft using jet propulsion.

jeti *k.n.* jetty; breakwater, landing stage.

jib *k.n.* jib; triangular sail stretching forward from a mast; projecting arm of a crane.

Jibril *k.n.* Gabriel; the angel that conveyed divine revelation to the Prophets.

jidal *k.n.* thimble; cap of metal, etc. worn on the end of the finger to protect it in sewing.

jidar *k.n.* margin; edge or border of surface; blank space round printed or written matter on a page.

jig[1] *k.n.* jig; device that holds work and guides tools working on it.

jig[2] *k.n.* jig; lively dance.

jihad *k.n.* effort to achieve goodness; crusade; campaign against an evil. **berjihad** *k.k.* crusade; take part in a holy war.

jijik *adj.* distasteful; arousing distaste; detestable. **menjijikkan** *k.k.* disgust, cause disgust in; dislike intensely; detest.

jika *k.h.* if; on condition that; supposing that; whether.

jilat, menjilat *k.k.* lap (p.t. *lapped*); take up (liquid) by movements of tongue; flow (against) with ripples; lick; pass the tongue over; (of waves or flame) touch lightly.

jilid *k.n.* binding; book cover, **bengkel jilid** *k.n.* bindery; workshop where books are bound. **menjilid** *k.k.* fasten into a cover; bind.

jimak *k.n.* copulation. **berjimak** *k.k.* copulate; come together sexually as in mating.

jimat *adj.*, **menjimatkan** *k.k.* pinch; stint; husband; use economically; try to save; thrifty.

jin *k.n.* genie; creatures created by God from fire (some of whom are Muslims and some infidels); a creature that cannot be seen by the naked eye.

jinak *adj.* domesticated; (of animals) trained to live with and be kept by man; tame (*-er*, *-est*); (of animals) gentle and not afraid of human beings. **menjinakkan** *k.k.* make tame or manageable.

jingga *k.n.* a reddish yellow colour; orange.

jinjang *adj.* lanky; slender (neck); slim. **jinjangan** *k.n.* a leader (ghost, etc.); a body possessed by a ghost; a witch doctor who controls the ghost; a person who accompanies or escorts the king's messenger.

jinjit, menjinjit *k.k.* to hold something with the fingers; to pinch and pull (rubber, ear, etc.); to twist and pull. **berjinjit, berjinjit-jinjit** *k.k.* to tiptoe. **terjinjit-jinjit** *k.k.* to walk on tiptoes.

jip *k.n.* jeep; a small strong vehicle used for driving over rough ground. **berjip** *k.k.* to use a jeep.

jintan *k.n.* various types of spicy seeds. **jintan manis** *k.n.* aniseed; fragrant seed of a plant (*anise*), used for flavouring.

jiran *k.n.* neighbour; person or thing living or situated near or next to another. **berjiran** *k.k.* neighbouring; living or situated near by.

jirat *k.n.* a grave for non-Muslims; a tombstone. **berjirat** *k.k.* to have a tombstone.

jirim *k.n.* matter; that which occupies space in the visible world.

jirus, menjirus *k.k.* douse; throw water on; sprinkle water on.

jisim *k.n.* mass; coherent unit of matter, quantity of matter a body contains (called *weight* in non-technical usage).

jitu *adj.* apt; correct; exact; precise.

jiwa *k.n.* soul; person's spiritual or immortal element; mental, moral, or emotional nature; personification, pattern (of honesty, etc.); person.

jizyah *k.n.* a tribute paid by a non-Muslim country to a Muslim kingdom or country that conquered it.

jodoh *k.n.* marriage partner. **menjodohkan** *k.k.* make a match; marry off.

jogathon *k.n.* a race that involves running slowly and steadily.

joget *k.n.* a type of lively (Malay) dance. **berjoget** *k.k.* dance; move with rhythmical steps and gestures to music.

joging, berjoging *k.k.* jog (p.t. *jogged*); proceed at a slow regular pace; run thus for exercise.

johan *k.n.* champion; person or thing that defeats all others in a competition; person who fights or speaks in support of another or of a cause.

jojoba *k.n.* jojoba; a plant with seeds containing oil used in cosmetics.

jojol *k.n.* a pillar or pole that is planted to block water (river, etc.). **terjojol, menjojol** *k.k.* to bulge; to protrude; to stick out.

joki *k.n.* jockey; person who rides in horse-races.

joli[1] *k.n.* pair (of horses). **dua sejoli** *k.n.* couple (a man and a woman).

joli[2], **berjoli** *k.k.* take life easy and spending money lavishly; having fun.

jolok, menjolok *k.k.* bring down (fruit, etc.) with a long pole.

jong *k.n.* junk; flat-bottomed ship with sails, used in China seas.

jongang *adj.* projecting outwards (upper teeth). **menjongang** *k.k.* (upper teeth) to protrude and push out the upper lip.

jongket, menjongket, terjongket *k.k.* tilt up the end (of planks, tails, etc.).

jongkok, berjongkok-jongkok *k.k.* cringe; cower; behave obsequiously.

jongkong *k.n.* bullion; gold or silver in bulk or bars, before manufacture; ingot; oblong lump of cast metal.

jongol, menjongol, terjongol *k.k.* to stick out or protrude.

joran, batang joran *k.n.* fishing-rod; long rod with a fishing-line attached to it.

jorong *k.n.* oval; (of) rounded symmetrical shape longer than it is broad.

joule *k.n.* joule; unit of energy.

J.P. *kep.* J.P.; Justice of the Peace.

jua *k.k. see* **juga**.

juadah *k.n.* comestibles (*pl.*); things to eat; food.

jual, menjual, berjual, terjual *k.k.* sell (p.t. *sold*); transfer the ownership of (goods, etc.) in exchange for money; keep (goods) for sale; promote sales of; (of goods) find buyers; have a specified price; persuade into accepting (an idea, etc.).

jualan *k.n.* sale; selling; event at which goods are sold; disposal of a shop's stock at reduced prices. **jualan lelong** *k.n.* auction.

juang, berjuang *k.k.* fight; struggle against, esp. in physical combat. **memperjuangkan** *k.k.* struggle; strive; fight (for justice, freedom, etc.).

juara *k.n. see* **johan**.

jubah *k.n.* robe; gown; long loose esp. ceremonial garment; cloak worn by clergy in certain ceremonies.

jubin *k.n.* tile; thin slab of baked clay, etc. used in rows for covering walls or floors.

jubli *k.n.* jubilee; special anniversary.

jubur *k.n.* anus.

Judaisme *k.n.* Judaism; religion of the Jewish people, based on the teachings of the Old Testament and Talmud.

judi *k.n.* gambling; risky undertaking. **berjudi** *k.k.* gamble; play games of chance for money; risk in hope of gain.

judo *k.n.* judo; Japanese sport of unarmed combat.

judul *k.n. see* **tajuk**.

juga *kkt.* likewise; also; in the same way; in addition, besides.

jugel, menjugel *k.k.* to juggle; to throw (balls, tins, sticks, etc.) in the air and catch them. **penjugel** *k.n.* a juggler; a person who juggles.

jugular, vena jugular *k.n.* jugular, jugular vein; one of the two great veins in the neck.

juih, menjuih, terjuih *k.k.* to pout. **menjuihkan** *k.k.* to push out the lips.

juita *k.n.* a nickname for a lover or sweetheart.

ju-jitsu *k.n.* ju-jitsu; Japanese sport of unarmed combat.

jujub *k.n.* jujube; jelly-like sweet.

jujur *adj.* downright; frank; straightforward; thorough; showing one's thoughts and feelings unmistakably; honest; truthful; trustworthy; incorruptible; not liable to decay; not corruptible morally. **tak jujur** *adj.* disingenuous; insincere; dishonest; not honest.

Julai *k.n.* July; seventh month of the year.

julang, menjulang *k.k.* boost; push upwards; hold in esteem. **julangan** *k.n.* upward thrust; increase.

julap *k.n.* aperient; laxative; (medicine) stimulating the bowels to empty.

juling *adj.* cross-eyed; squinting.

julukan *k.n.* epithet; descriptive word(s); nickname.

julung *adj.* first; initial; early. **julung-julung** *kkt.* at the beginning; initially.

julur, menjulur *k.k.* jut (p.t. *jutted*); project; beetling; overhanging, projecting.

Jumaat *k.n.* Friday; day after Thursday.

jumbai *k.n.* frill; gathered or pleated strip of trimming attached at one edge; fringe; ornamental edging of hanging threads or cords; tassel.

jumbo *adj.* jumbo; very large; mega.

jumlah *k.n.* sum; total. **menjumlahkan** *k.k.* sum (p.t. *summed*); find the sum of; total up.

jumpa, berjumpa *k.k.* find (p.t. *found*); discover; meet (p.t. *met*); come face to face or into contact (with). **jumpaan** *k.n.* discovery; thing found.

Jun *k.n.* June; sixth month of the year.

junam *k.n.* nosedive; steep downward plunge, esp. of an aeroplane. **menjunam** *k.k.* make this plunge; plunge; go down suddenly.

jungkir *k.k.* to fall upside down; to tumble. **terjungkir** *k.k.* to somersault. **berjungkir** *k.k.* to roll.

junior *k.n.* junior; younger in age; lower in rank or authority; for younger children. —*k.n.* junior person.

junjung, menjunjung *k.k.* to carry something on the head; to obey; to value highly. **terjunjung** *k.k.* to be able to carry something on the head. **junjungan** *k.n.* a person who is highly respected; things carried on the head.

junta *k.n.* junta; group who combine to rule a country, esp. after a revolution.

juntai, berjuntai *k.k.* pendent; hanging; pendulous; hanging loosely.

juragan *k.n.* the captain of a ship; a nickname given specially to former ship captains of an entrepreneur esp. in the batik industry.

jurai *k.n.* cloth which is long; stripes; a string of something. **berjurai** *k.k.* to dangle; to have stripes. **terjurai** *adj.* dangling. **menjurai** *k.k.* to cut lengthwise.

jurang *k.n.* crevasse; deep open crack esp. in a glacier; gap; opening; space, interval; deficiency; gulf; wide difference in opinion; ravine; deep narrow gorge.

juri *k.n.* jury; group of people sworn to give a verdict on a case in a court of law. **ahli juri** *k.n.* juror; member of a jury.

juridikal *k.n.* juridical; law or legal proceedings.

jurisprudens *k.n.* jurisprudence; theory of law.

jurnal *k.n.* journal; daily record of events; newspaper or periodical.

jurnalis *k.n.* journalist; a person who writes news stories for newspapers, magazines, radio or television.

juru *k.n.* expert; person with great knowledge or skill in a particular thing. **kejuruan** *k.n.* expertise; expert knowledge or skill; expertness.

juruacara *k.n.* compere; person who introduces performers in a variety show, etc.

juruanalisis *k.n.* analyst; person skilled in making analyses. **juru-analisis sistem** *k.n.* system analyst; expert whose job is to analyse an operation in order to decide how a computer may perform it.

juruarkib *k.n.* archivist; person trained to deal with archives.

juruaturcara *k.n.* programmer; a person whose job is writing programmes for computers.

juruaudit *k.n.* auditor; one who audits accounts.

jurubahasa *k.n.* interpreter, person who orally translates speech between persons speaking different languages.

jurubina *k.n.* architect; designer of buildings.

jurucakap *k.n.* mouthpiece; person speaking on behalf of others; spokesman.

juruelektrik *k.n.* electrician; person whose job is to deal with electrical equipment.

jurugambar *k.n.* photographer.

jurugegas *k.n.* fitter; person who supervises the fitting of clothes; mechanic.

juruhebah *k.n.* announcer; person who announces items in a broadcast.

juruhias *k.n.* person who makes decorations or ornaments; decorator; person skilled in decorating.

jurujual *k.n.* salesman; salesgirl; saleswoman; salesperson; one employed to sell goods.

jurukamera *k.n.* cameraman.

jurulatih *k.n.* coach; instructor in sports.

jurulelong *k.n.* auctioneer; person who conducts an auction.

jurumasak *k.n.* chef; professional cook.

jurumesin *k.n.* machinist; person who repairs or operates machinery.

jurumudi *k.n.* cox, coxswain; helmsman (pl. *-men*); person controlling a ship's helm.

juruoptik *k.n.* optician; maker or seller of spectacles.

juruprogram *k.n.* programmer.

jururawat *k.n.* nurse; person trained to look after sick or injured people.

jurureka *k.n.* designer; person whose job is designing things.

jurus[1], **sejurus** *kkt.* (a) moment; (a) brief period of time.

jurus[2] *adj.* straight; extending or moving in one direction; direct. **menjurus** *k.k.* move towards; head for; focus on. **menjuruskan** *k.k.* aim; direct; push forward; guide.

jurusan *k.n.* field (of study); subject.

jurusawat *k.n.* mechanic; skilled workman who uses or repairs machines and tools.

juruselam *k.n.* diver; person who works underwater in a special suit with an air supply.

jurusolek *k.n.* make-up artist; make-up expert.

J

jurutaip *k.n.* typist; person who types.

juruteknik *k.n.* technician; person skilled in maintaining a particular type of equipment or machinery.

jurutera *k.n.* engineer; person skilled in engineering; one in charge of machines and engines.

juruterapi *k.n.* therapist; specialist in therapy.

juruterbang *k.n.* pilot; person who operates an aircraft's flying-controls. **juruterbang kamikaze** *k.n.* kamikaze pilot (in the Second World War); a Japanese explosive-laden aircraft deliberately crashed on its target.

jurutrengkas *k.n.* stenographer; shorthand-writer.

jurutulis *k.n.* a person who works as a clerk or scribe.

juruubat *k.n.* pharmacist; person skilled in pharmacy.

juruukur *k.n.* surveyor, person whose job is to survey land or buildings.

juruwang *k.n.* cashier; person employed to receive and pay out money in a bank or receive payments in a shop.

jus *k.n.* juice; fluid content of fruits, vegetables, or meat; fluid secreted by an organ of the body.

justeru *kkt.* coincidentally; exactly; moreover; on the contrary; but also.

jut *k.n.* jute; fibre from the bark of certain tropical plants.

juta *k.bil.* million; one thousand thousand (1 000 000). **kesejuta** *adj. & k.n.* one millionth.

jutawan *k.n.* millionaire; person who possesses a million pounds, dollar, etc.

juvenil *adj.* juvenile; youthful, childish; for young people. —*k.n.* young person.

juzuk *k.n.* section; distinct part. **sejuzuk** *k.n.* a section. **menjuzuki** *k.k.* be a section (of).

K

ka. *kep.* ft.; foot or feet (as a measure).

Kaabah *k.n.* Kaabah; a stone building in the holy mosque 'Masjidil Haram in Mecca' that marks the direction Muslims face when praying.

kabaret *k.n.* cabaret; entertainment provided in a night-club, etc.

kabel *k.n.* cable; thick rope of fibre or wire; set of insulated wires for carrying electricity or telegraph messages; telegram sent abroad. **kereta kabel** *k.n.* cable car.

kabilah *k.n.* tribe; racial group usu. living as a community under one or more chiefs.

kabin *k.n.* cabin; small hut; compartment in a ship or aircraft.

kabinet¹ *k.n.* cabinet; a committee of senior government ministers.

kabinet² *k.n.* cupboard or case with drawers or shelves.

kabir, mengabir *k.k.* to collect; to pull together; to draw towards oneself. **alam kabir** *k.n.* a large and spacious world.

kabisat, tahun kabisat *k.n.* leap year; year with an extra day (29 Feb.).

kabul, mengabulkan *k.k.* grant; give or allow as a privilege; admit to be true; consent; fulfil.

kabung¹ *k.n.* sugar palm. **gula kabung** *k.n.* palm sugar.

kabung², berkabung *k.k.* mourn; feel or express sorrow or regret about a dead person or lost thing).

kabur *adj.* vague; having two or more possible meanings; uncertain; inarticulate; not expressed in words; unable to speak distinctly; unable to express ideas clearly; blur; smear; obscure; dark, indistinct; remote from observation; not easily understood; dim; lit faintly; nebulous; indefinite, not clearly stated or fixed; fuzzy (-*ier*, -*iest*). **mengaburi** *k.k.* blur (p.t. *blurred*); smear; make or become indistinct. **mengaburkan** *k.k.* obscure; make obscure, conceal.

kabus *k.n.* mist; water vapour near the ground or clouding a window, etc.; thing resembling this.

kabut *k.n.* fog; mist; thick mist that is difficult to see through. **berkabut** *k.k.* fog (p.t. *fogged*); cover or become covered with fog or condensed vapour; perplex. —*adj.* foggy; misty (*-ier, -iest*); full of mist; gloomy.

kaca *k.n.* glass; hard brittle usu. transparent substance; things made of this. **kaca mata** *k.n.* spectacles. **kaca muka** *k.n.* mirror. **kaca jendela** *k.n.* pane; sheet of glass in a window or door. **pemasang kaca** *k.n.* glazier; person whose trade is to fit glass in windows, etc.

kacak *adj.* handsome; good-looking.

kacang *k.n.* bean; plant with kidney-shaped seeds in long pods; seed of this. **kacang buncis** *k.n.* French bean; white dried seed of a kind of bean. **kacang dal** *k.n.* lentil; a kind of bean. **kacang pis** *k.n.* pea; plant bearing seeds in pods; its round seed used as a vegetable. **kacang tanah** *k.n.* peanut; plant bearing underground pods with two edible seeds; this seed. **kacang-kacang** *k.n.* pellet; piece of lead shot.

kacapiring *k.n.* gardenia; fragrant white or yellow flower; tree or shrub bearing this.

kacau *adj.* disorderly. **mengacau** *k.k.* harass; worry or annoy continually; make repeated attacks on; disturb; break the quiet or rest or calm of; cause to move from a settled position; stir (p.t. *stirred*); move; mix (a substance) by moving a spoon, etc. round in it; stimulate, excite.

kacau-bilau *adj.* chaotic; in great confusion; disorderly. **mengacau-bilaukan** *k.k.* to cause a situation to become chaotic; to create a disturbance.

kacip *k.n.* nutcrackers (*pl.*); pincers for cracking nuts. **gigi kacip** *k.n.* incisor; one of the front teeth.

kacuk *k.n.* cross-bred; produced by interbreeding; produce in this way. **mengacukkan** *k.k.* interbreed; breed with each other, cross-breed. **kacukan** *k.n.* cross-breed; cross-bred animal; hybrid; offspring of two different species or varieties; thing made by combining different elements.

kacung (belalang) *k.n.* mantis; grasshopper-like insect.

kad *k.n.* card; piece of cardboard or thick paper; this printed with a greeting or invitation, etc.; postcard; playing-card.

kadang, kadang-kadang *kkt.* seldom; rarely, not often; sometimes.

kadangkala *kkt.* at times; sometimes; occasionally.

kadar *k.n.* rate; standard of reckoning, ratio of one quantity or amount, etc. to another.

kadbod *k.n.* cardboard; stiff substance made by pasting together sheets of paper.

kader *k.n.* cadre; small group forming a nucleus that can be expanded.

kadet *k.n.* cadet; young person being trained for service in the armed forces or police.

kadfon *k.n.* phone card; a plastic machine-readable card for use with a phone.

kadi *k.n.* cadi; kadi; Islamic judge (whose decisions are based on Islamic religious law).

kadim[1] *adj.* eternal; existing or continuing.

kadim[2] *k.n* close relatives.

kadmium *k.n.* cadmium; soft metallic element.

kaduk *k.n.* a shrub with leaves which are like betel leaves. **Pak Kaduk** *k.n.* (figuratively) a stupid person.

kaedah *k.n.* method; procedure or way of doing something; orderliness. **berkaedah** *k.k.* methodical; orderly, systematic.

kafe *k.n.* cafe; shop selling refreshments; informal restaurant.

kafeina *k.n.* caffeine; stimulant found in tea and coffee.

kafeteria *k.n.* cafeteria; self-service restaurant.

kafilah *k.n.* caravan; company of persons travelling together across desert.

kafir *k.n.* infidel; person with no religious faith; pagan. **kekafiran** *k.n.* infidelity; paganism.

kafling *k.n.* cuff-link; device of two linked discs, etc. for fastening together the sides of a shirt cuff.

kaftan *k.n.* caftan; kaftan; long loose robe or dress.

kaget *adj.* startled; surprised; taken aback.

kagum *adj.* imposing; impressive; making a strong favourable impression. **mengagumi** *k.k.* admire; regard with pleasure; think highly of. **mengagumkan** *k.k.* amaze; overwhelm with wonder; astonish; surprise very greatly.

kahak *k.n.* phlegm; thick mucus in the bronchial passages, ejected by

K

coughing; expectoration. **berkahak** *k.k.* expectorate; cough and spit phlegm.

kahang *adj.* stinking; foul-smelling.

kahwin, berkahwin *k.k* wed; marry; unite or give or take in marriage. **kahwin campur** *k.k.i* intermarry; marry members of another group. **mengahwini, mengahwinkan** *k.k.* wed; marry.

kail, mata kail *k.n.* fish-hook; barbed hook used for catching fish. **mengail** *k.k.* go angling; fish with hook and line.

kain *k.n.* cloth; woven or felted material; piece of this. **kain sarung** *k.n.* sarong; strip of cloth worn round the body, esp. in Malaysia and Java. **kain tiras** *k.n.* lint; soft fabric for dressing wounds; fluff.

kais, mengais, mengais-ngais *k.k.* (of chicken, etc.) scratch up (the ground for food); scrape.

kaisar *k.n.* czar = tsar.

Kaiser *k.n.* Kaiser; title of German and Austrian emperors until 1918.

kait[1] *k.n.* crochet; a kind of knitting done with one hooked needle. **mengait** *k.k.* knit (*p.t. knitted* or *knit*); form (yarn) into fabric of interlocking loops; crochet; make by or do such work.

kait[2] *k.n.* hook; bent or curved piece of metal, etc. for catching hold. **mengait** *k.k.* hook; pluck; pull at or out or off.

kait[3]**, mengaitkan** *k.k.* correlate; compare or connect or be connected systematically; link. **kaitan** *k.n.* bearing; relevance; correlation. **berkaitan** *k.k.* interconnected; connected.

kajai *k.n.* collar; strap put round an animal's neck.

kajang *k.n.* awning; roof-like canvas shelter.

kaji *k.n.* delve; search deeply; examine. **kaji diri** *k.n.* introspection; examination of one's own thoughts and feelings. **mengkaji** *k.k.* study; give one's attention to acquiring knowledge of (a subject); examine attentively; inspect closely.

kaji bahasa *k.n.* the study of language and literature (esp. old literature); philology.

kaji bintang *k.n.* astronomy; the scientific study of the sun, moon, stars, planets, etc.

kaji bumi *k.n.* geology; the scientific study of the earth's physical structure and substance.

kaji cuaca *k.n.* meteorology; the scientific study of the earth's atmosphere and its changes, used esp. to forecast the weather. **jabatan kaji cuaca** *k.n.* meteorological department; department responsible for studying the atmosphere and forecasting the weather.

kaji haiwan *k.n.* zoology; the scientific study of animals and their behaviour.

kaji iklim *k.n.* climatology; the scientific study of climate.

kaji hayat *k.n.* biology; the scientific study of the life and structure of plants and animals.

kaji purba *k.n.* archaeology; the study of cultures of the past and of periods of history, by examining the remains of buildings and objects found in the ground.

kaji tumbuhan *k.n.* botany; the scientific study of plants and their structure.

kakak *k.n.* sister; a girl or woman who has the same mother and father as another person. **kakak ipar** *k.n.* sister-in-law (pl. *sisters-in-law*); the sister of one's husband or wife; the wife of one's brother; the wife of one's husband or wife's brother.

kakaktua[1] *k.n.* parrot; tropical bird with a short hooked bill; unintelligent imitator; cockatoo, crested parrot.

kakaktua[2] *k.n.* tool for extracting nails; pincers.

kakanda, kanda *k.n.* elder brother or sister; husband (used by royalty or in letter-writing).

kakap *k.n.* a type of small, shallow boat.

kaki[1] *k.n.* leg; one of the limbs on which an animal stands or moves; part of a garment covering a person's leg; projecting support of piece of furniture; foot (pl. *feet*); end part of the leg below the ankle; similar part in animals; lower part or end. **berjalan kaki** *k.k.* walk; journey on foot; walking. **gerak kaki** *k.n.* footwork; manner of moving or using the feet in sports, etc. **kura-kura kaki** *k.n.* instep; upper surface of the foot. **kaki depan** *k.n.* foreleg, forefoot (pl. *-feet*); animal's front leg (foot). **kaki lima** *k.n.* five-foot way; covered walk along the front of a row of shops, etc.

kaki[2] *k.n.* measure of length, = 12 inches (30.48 cm).

K

kakis *k.k.* corrode; destroy (metal, etc.) gradually by chemical action.

kakisama *adj.* isosceles; (of a triangle) having two equal sides.

kakisan *k.n.* corrosion.

kakitangan *k.n.* an assistant or worker in an office, etc.; staff.

kakofoni *k.n.* cacophony; harsh discordant sound.

kaktus *k.n.* cactus (pl. *-ti* or *-tuses*); fleshy plant, often with prickles, but no leaves from a hot dry climate.

kaku *adj.* stiff; not bending or moving or flowing easily; static.

kala[1] *k.n.* period; length or portion of time. **berkala** *kkt.* periodic; happening at intervals. **berkala-kala** *kkt.* periodically. **majalah berkala** *k.n.* periodical, magazine, etc. published at regular intervals.

kala[2] *k.n.* scorpion; small animal of the spider group with lobster-like claws and a sting in its long tail.

kalah *k.k.* lose; be defeated in a contest, etc.

kalakian *kkt.* at the time when an incident happens; at that moment; later; then.

kalam *k.n.* speech; word. **kalam Allah** *k.n.* words of God (in the Holy Koran); a writing tool made from palm frond, a bird's feathers, etc.; a pencil; pen.

kalamina *k.n.* calamine; a pink liquid that you put on burnt or sore skin to make it less painful.

kalang, kalangan *k.n.* circle; group with similar interests. **di kalangan** *k.h.* among; amongst; in the number of.

kalau *k.h.* if; on condition that; supposing that. **kalau-kalau** *k.h.* perhaps; maybe. **kalaupun** *k.h.* even though; in spite of the fact.

kalbu *k.n.* heart; centre of a person's emotions, affections, or innermost thoughts.

kaldu *k.n.* broth; thin meat or fish soup.

kaleidoskop *k.n.* kaleidoscope; toy tube containing mirrors and coloured fragments reflected to produce changing patterns.

kalendar *k.n.* calendar; chart showing dates of days of the year; method of fixing these; device displaying the date; register or list (e.g. of events).

kali *k.k.* multiply; take a quantity a specified number of times and find the quantity produced. **berkali-kali** *kkt.* often; many times. **kali-kali** *k.n.* multiplication table. **sekali** *kkt.* once;

at the same time; altogether. **sekali-kali** *adj.* never; on no occasion. **sekalipun** *kkt.* even though; even if. **sesekali** *kkt.* once in a while.

kalian *k.n.* all of you.

kaliber *k.n.* calibre; level of ability.

kaligrafi *k.n.* calligraphy; decorative handwriting.

kalih, berkalih *k.k.* to shift; to change position.

kalimah, kalimat *k.n.* what was said; sayings. **kalimah Allah** *k.n.* words of God (in the Holy Koran).

kalimantang *k.n.* pennant; a long, triangular or forked white flag; a streak of light like a vertical white stripe; a type of animal like a centipede. **lampu kalimantang** *k.n.* a flourescent lamp.

kalimat *k.n.* period; sentence; word.

kalipso *k.n.* calypso (pl. *-os*); topical West Indian song.

kalis *adj.* proof; able to resist penetration or damage. **kalis air** *adj.* waterproof; unable to be penetrated by water. **kalis karat** *adj.* rust-proof. **kalis peluru** *adj.* bullet-proof; able to keep out bullets. **kalis tiris** *k.n.* flashing; strip of metal covering a joint in a roof, etc.

kalium *k.n.* potassium; soft silvery-white metallic element.

kalkulator *k.n.* calculator; electronic device used in mathematical calculations.

kalkulus *k.n.* calculus; method of calculating in mathematics; stone formed in the kidney, gall bladder, etc.

kaloi *k.n.* carp; freshwater fish.

kalori *k.n.* calorie; unit of heat; unit for measuring how much energy food will produce.

kalsedoni *k.n.* chalcedony; a type of hard mineral.

kalsium *k.n.* calcium; whitish metallic element.

kalung *k.n.* choker, close-fitting necklace; necklace; string of precious stones or beads, etc. worn round the neck. **kalungan** *k.n.* garland; wreath of flowers, etc. as a decoration. **mengalungkan** *k.k.* garland; deck with garland(s).

kalus *k.n.* callus; patch of hardened skin.

kalut *adj.* muddle; confuse, mix up; progress in haphazard way.

kam *k.n.* cam; device changing rotary to to-and-fro motion. **kamsyaf** *k.n.* camshaft.

kamar *k.n.* chamber; room.

kamariah, tahun kamariah *k.n.* lunar year; a period consisting of 12 lunar months.

kamat *k.n.* a call to begin prayer following the call to prayer; a call that is recited in the ear of a newborn Muslim baby.

kambang *k.n.* lintel.

kamber *k.n.* camber; a slight downward curve from the middle of a road to each side.

kambing *k.n.* goat; small horned animal. **kambing betina** *k.n.* nanny goat; female goat. **kambing gurun** *k.n.* ibex (pl. *ibex* or *ibexes*); mountain goat with curving horns. **kambing jantan** *k.n.* billy-goat; male goat. **daging kambing** *k.n.* mutton; flesh of sheep as food.

kambrik *k.n.* cambric; thin linen or cotton cloth.

kambus, mengambus *k.k.* bury; cover or fill up a hole with earth.

kamelia *k.n.* camellia; evergreen flowering shrub.

kamera *k.n.* camera; apparatus for taking photographs or TV pictures.

kami *k.n.* we; pronoun used by a person referring to himself and another or others.

kamiran *k.n.* dough; mixture.

kampit *k.n.* pouch; packet; holdall; portable case for miscellaneous articles.

kampuh *k.n.* two layers of cloth (paper, etc.) sewn together to become one; sarongs that are sewn to become one. **berkampuh** *k.k.* to use the cloth that is sewn together as a blanket.

kampung *k.n.* kampong; Malaysian village; hamlet.

kampus *k.n.* campus (pl. *-puses*); grounds of a university or college.

kamu *k.n. see* engkau.

kamus *k.n.* dictionary; book that lists and explains the meaning of words of a language or the topics of a subject.

kanabis *k.n.* cannabis; drug made from hemp.

Kanada *adj. & k.n.* Canadian; (native; inhabitant) of Canada.

kanak-kanak *k.n.* child (pl. *children*); young human being; son or daughter; bairn (*Sc.*). **masa kanak-kanak** *k.n.* childhood.

kanan *adj.* right; of or on the side of the body which in most people has the more-used hand.

kanapi *k.n.* canapé; small piece of bread, etc. with savoury topping.

kancah *k.n.* cauldron; arena; battlefield; sphere of action.

kancil *k.n.* a mousedeer-like animal but smaller and more agile; (*metaphor*) a clever (intelligent) person. **akal kancil** *k.n.* cunning.

kancing *k.n.* clasp; device for fastening things, with interlocking parts. **mengancing** *k.k.* clasp; fasten, join with a clasp.

kanda, kakanda *k.n.* a term meaning 'elder brother or sister' used in royal speech or in letter writing; a polite pronoun used by a younger sibling to address an older one.

kandang *k.n.* cage; enclosure of wire or with bars, esp. for birds or animals; corral; enclosure for cattle, etc.; pen; fold; enclosure for sheep; small fenced enclosure; dock; enclosure for the prisoner in a criminal court. **kandang anjing** *k.n.* doghouse; (*U.S.*) kennel. **mengandang** *k.k.* pen (p.t. *penned*); place or keep in a cage; put or keep in a corral; shut in or as if in a pen.

kandar, pengandar *k.n.* wood, bamboo or pole that is placed on the shoulder to carry a load on one end or on both ends. **kandar baldi** *k.n.* pails hung at both ends of a pole to carry water. **mengandar** *k.k.* to carry or transport things using this pole; carry on the shoulder; balance a pole on the shoulder with weight on both ends. **terkandar** *k.k.* to be able to carry using this pole. **pengandaran** *k.n.* the act of carrying a load in this manner.

kandas *adj.,* **terkandas** *k.k.* aground; (of a ship) on the bottom of shallow water.; stranded. —*k.k.* aground; run aground; strand; leave in difficulties.

kandil *k.n.* candelabrum (pl. *-bra*); large branched candlestick or stand for a lamp.

kandung, mengandungi, terkandung *k.k.* contain; have within itself; include; consist; consist in; have as its essential feature.

kang[1] *k.n.* older brother; *kakang* in a Javanese family.

kang[2] *kkt.* in a while; after this.

kanggaru *k.n.* kangaroo; Australian marsupial that jumps along on its strong hind legs.

kangkang, celah kangkang *k.n.* crotch. **mengangkang** *k.k.* sit or stand with legs wide apart.

kanibal *k.n.* cannibal; person who eats human flesh; animal that eats others of its own kind.

K

kanin *adj.* canine; of dog(s).

kanji *k.n.* starch; white carbohydrate; preparation of this or other substances for stiffening fabric. **menganji** *k.k.* starch; stiffen with starch. **berkanji** *k.k.* starchy.

kanker *k.n.* canker; disease of animals or plants; influence that corrupts.

kano *k.n.* canoe; light boat propelled by paddles.

kanopi *k.n.* canopy; covering hung or held up over something; the uppermost branches and leaves of the trees in a forest, forming an almost continuous layer of foliage.

kanser *k.n.* cancer; a serious disease.

kanta *k.n.* lens; piece of glass or similar substance shaped for use in an optical instrument; transparent part of the eye, behind the pupil. **kanta mata** *k.n.* eyepiece; lens(es) to which the eye is applied in a telescope or microscope, etc.

kantan *k.n.* wild ginger.

kantata *k.n.* cantata; musical composition with a solo voice.

kantin *k.n.* canteen; restaurant in a workplace, college, etc.

kanto *k.n.* canto; a section of a long poem.

kantor *k.n.* office.

kantuk *k.n.* sleepy (*-ier, -iest*); feeling or showing a desire to sleep; dopey (*sl.*); half asleep. **mengantuk** *k.k.* drowse; be half asleep.

kantung *k.n.* pocket; sac; pouch; small bag or bag-like formation.

kanun[1] *k.n.* canon; member of cathedral clergy.

kanun[2] *k.n.* code; set of laws or rules. **mengkanunkan** *k.k.* codify; arrange (laws, etc.) into a code.

kanvas *k.n.* canvas; strong coarse cloth.

kanyon *k.n.* canyon; deep gorge.

kaolin *k.n.* kaolin; fine white clay used in porcelain and medicine.

kapah, terkapah-kapah *k.k.* to gasp; to tremble out of fear.

kapak *k.n.* axe; chopping-tool.

kapal *k.n.* ship; large sea-going vessel; liner; ship or aircraft of a regular line. **kapal angkasa** *k.n.* spacecraft (pl. *-craft*); vehicle for travelling in outer space. **kapal terbang** *k.n.* aeroplane; mechanically driven aircraft with wings. **kapal meriam** *k.n.* gunboat; small armed vessel with heavy guns. **kapal pemburu** *k.n.* corvette; small fast gunboat. **kapal perang** *k.n.* battleship; warship of the most

heavily armed kind; ship for use in war. **kapal persiaran** *k.n.* cruiser; motor boat with a cabin. **kapal suar** *k.n.* lightship; moored or anchored ship with a beacon light, serving as a lighthouse. **badan kapal** *k.n.* hull; framework of a ship. **birai kapal** *k.n.* gunwale; upper edge of a small ship's or boat's side. **pembina kapal** *k.n.* shipbuilder. **pembinaan kapal** *k.n.* shipbuilding; business of constructing ships. **penjual peralatan kapal** *k.n.* chandler; dealer in ropes, canvas, etc., for ship.

kapan *k.n.* shroud; a piece of cloth (usu. white) that is used to wrap a dead person's body. **berkapan** *k.k.* to be wrapped. **mengapan** *k.k.* to wrap a dead body in a shroud after it has been cleaned and prepared for prayer before burial. **mengapani** *k.k.* to wrap a dead body in a shroud. **terkapan** *k.k.* to be able to wrap a dead body. **pengapanan** *k.n.* the act of wrapping a dead body.

kapang *k.n.* mould; furry growth of tiny fungi on a damp substance.

kapar *k.n.* clutter; things lying about untidily. **mengapar** *k.k.* clutter; fill with clutter.

kapas *k.n.* cotton; soft white substance round the seeds of a tropical plant; this plant; thread or fabric made from cotton.

kapasiti *k.n.* capacity; the amount that something can contain; the ability to do something.

kapasitor *k.n.* capacitor; device storing a charge of electricity.

kapilari *k.n.* capillary; very fine hairlike tube or blood-vessel.

kapitalis *k.n.* capitalist; rich person, one who has much capital invested.

kapitalisme *k.n.* capitalism; system in which trade and industry are controlled by private owners.

kapok *k.k.* kapok; fluffy fibre for padding things.

kapsul *k.n.* capsule; a small container which has medicine inside and which dissolves when you swallow it; a detachable compartment of a space craft.

kapsyen *k.n.* caption; notes that explain pictures, diagrams, news, etc.

kapten *k.n.* captain; leader of a group or sports team; person commanding a ship or civil aircraft; naval officer below the rank of rear-admiral; army officer below the rank of major.

kapuk *k.n.* kapok; a soft white material used for filling cushions, soft toys, etc.

kapung, terkapung-kapung *adj.* afloat; floating on the sea.

kapur *k.n.* chalk; white soft limestone; piece of this or similar coloured substance used for drawing; lime; white substance used in making cement, etc. **kapur barus** *k.n.* camphor, strong-smelling white substance used in medicine and mothballs. **batu kapur** *k.n.* limestone; a kind of rock from which lime is obtained.

kara, kacang kara *k.n.* a herb that is used in cooking and traditional medicine.

karam *k.k.* founder; (of a ship) fill with water and sink; submerge.

karamel *k.n.* caramel; brown syrup made from heated sugar; toffee tasting like this.

karan *k.n.* electric current. **mengaran** *k.k.* perm (hair); make permanent artificial wave in the hair.

karang[1] *k.n.* coral; hard red, pink or white substance built by tiny sea creatures.

karang[2], **mengarang** *k.k.* compose; form; make up; create in music or literature; arrange in good order.

karangan *k.n.* composition; thing composed.

karapas *k.n.* carapace; upper shell of a tortoise or crustacean.

karar *adj.* peaceful and tranquil.

karat[1] *k.n.* carat; unit of purity of gold or of weight of precious stones.

karat[2] *k.n.* rust; brownish corrosive coating formed on iron exposed to moisture; reddish-brown; plant disease with rust-coloured spots. **mengaratkan** *k.k.* rust; make or become rusty. **berkarat** *k.k.* rusty; affected with rust; rust-coloured; having lost quality by lack of use. **tidak berkarat** *adj.* rustless. **karatan** *k.n.* rustiness.

karate *k.n.* karate; Japanese system of unarmed combat using the hands and feet as weapons.

karau, berkarau, mengarau *k.k.* churn; beat (milk) or make (butter) in a churn; stir or swirl violently.

karavan *k.n.* caravan; a vehicle equipped for living in that can be pulled by a horse or a car.

karbain *k.n.* carbine; automatic rifle.

karbohidrat *k.n.* carbohydrate; energy-producing compound (e.g. starch) in food.

karbolik *k.n.* carbolic; a kind of disinfectant.

karbon *k.n.* carbon; non-metallic element occurring as diamond, graphite, and charcoal, and in all living matter; sheet of carbon paper. **salinan karbon** carbon copy; copy made with carbon paper; exact copy. **kertas karbon** carbon paper; paper coated with carbon, etc. for making a copy as something is typed or written.

karbonat *k.n.* carbonate; compound releasing carbon dioxide when mixed with acid.

karbonik *adj.* carbonic; containing carbon.

karborundum *k.n.* carborundum; compound of carbon and silicon used for grinding and polishing things.

karburetor *k.n.* carburettor; apparatus mixing air and petrol vapour in a motor engine.

kardigan *k.n.* cardigan; knitted jacket.

kardinal, nombor kardinal *k.n.* cardinal numbers; whole numbers 1, 2, 3, etc.

kardiogram *k.n.* cardiogram; a record of heart movements. **kardiograf** *k.n.* cardiograph; an instrument recording heart movements.

kardiologi *k.n.* cardiology; branch of medicine dealing with the heart and its diseases.

kardiograf *k.n.* cardiograph; a medical instrument used in the treatment of heart patients.

kardus *k.n.* hardboard; stiff board made of compressed wood-pulp.

kargo *k.n.* cargo; goods carried by ship or aircraft.

kari *k.n.* curry; seasoning made with hot tasting spices; dish flavoured with this.

kariah *k.n.* an area under the supervision and administration of a kadi.

karib *adj.* close; dear to each other; near; closely related.

karibu *k.n.* caribou (pl. *caribou*); North American reindeer.

karier *k.n.* career; way of making one's living; profession.

karikatur *k.n.* caricature; exaggerated portrayal of a person, etc., esp. for comic effect.

karipap *k.n.* curry-puff; pastry with curry filling.

karisma *k.n.* charisma; power to inspire devotion and enthusiasm.

karismatik *adj.* charismatic; having charisma.

K

karkas *adj.* crabbed; (of handwriting) hard to read.

karma *k.n.* karma (in Buddhism and Hinduism); a person's actions as affecting his or her next reincarnation.

karmin *adj. & k.n.* carmine; vivid crimson.

karnival *k.n.* carnival; public festivities, usu. with a procession.

karnivor *k.n.* carnivore; carnivorous animal. —*adj.* carnivorous; eating flesh as food.

karom *k.n.* carom; a type of board game with eight counters which are flicked into holes at the corners of the carom board.

karotid *k.n.* carotid; an artery carrying blood to the head.

karpet *k.n.* carpet; a thick woven material made of wool, etc. for covering floors or stairs. **berkarpet** *k.k.* carpeted.

karpus *k.n.* carpus (pl. *carp.*) the set of small bones forming the wrist.

karsinogen *k.n.* carcinogen; cancer-producing substance.

karsinogenik *adj.* carcinogenic.

kartel *k.n.* cartel; a manufacturer's or producers' union to control prices.

kartografer *k.n.* cartographer.

kartografi *k.n.* cartography; map-drawing.

karton *k.n.* pasteboard; cardboard.

kartrij *k.n.* cartridge; case containing explosive for firearms; sealed cassette; head of pick-up on record-player. **kertas kartrij** cartridge paper, thick strong paper.

kartun[1] *k.n.* carton; cardboard or plastic container.

kartun[2] *k.n.* cartoon; humorous drawing in a newspaper, etc.; sequence of these; animated cartoon; preliminary sketch for a painting, etc. **melukis kartun** *k.k.* cartoon; draw a cartoon of.

kartunis *k.n.* cartoonist; a person who draws cartoons.

Karun *k.n.* a rich man who lived during the time of Moses and who, because of his arrogance, sank into the ground with his treasures. **harta karun** *k.n.* treasure that is buried in the ground (and whose owner is unknown).

karut *adj.* ludicrous; ridiculous; false. —*k.n.* balderdash; nonsense; lie; statement the speaker knows to be untrue; words put together in a way that does not make sense; foolish talk or behaviour; bunkum. **mengarut** *k.k.* lie (p.t. *lied*, pres. p. *lying*); tell lie(s).

karya *k.n.* work(s) of art; book, piece of music, painting, etc. **karya agung** masterpiece; outstanding piece of work.

kasa *k.n.* gauze; thin transparent fabric; fine wire mesh. **burung kasa** *k.n.* cormorant; large black sea-bird.

Kasanova *k.n.* Casanova; man noted for his love affairs; womanizer.

kasap *adj.* craggy; rugged; rough.

kasar *adj.* harsh (-*er*, -*est*); rough and disagreeable; indelicate; slightly indecent; tactless; crude (-*er*, -*est*); not well finished; lacking good manners, vulgar; rough (-*er*, -*est*); having an uneven or irregular surface; coarse in texture; not gentle or careful, violent; not perfected or detailed; approximate; sketchy (-*ier*, -*iest*); rough and not detailed or substantial. **mengasari, mengasarkan** *k.k.* roughen; make or become rough; coarsen; be rough with.

kasau *k.n.* rafters; one of the sloping beams forming the framework of a roof.

kaserol *k.n.* casserole; covered dish in which meat, etc. is cooked and served.

kaset *k.n.* cassette; small case containing a reel of film or magnetic tape.

kasi, mengasi *k.k.* to give; to permit; to castrate.

kasih *k.n.* affection; love; liking. **mengasihi** *k.k.* love; feel love for; like greatly.

kasihan *k.n.* pity; feeling of sorrow for another's suffering; cause for regret. **belas kasihan** *k.n.* mercy; kindness shown to an offender or enemy, etc. who is in one's power; merciful act. **mengasihani** *k.k.* pity; feel pity for; commiserate; express pity for; symphathize.

kasino *k.n.* casino; public building or room for gambling.

kasta *k.n.* caste; exclusive social class, esp. in the Hindu system.

kastam *k.n.* custom (*pl.*); duty on imported goods.

kastard *k.n.* custard; dish or sauce made with milk and eggs or flavoured cornflour.

kasual *adj.* casual; informal; relaxed.

kasuari *k.n.* ostrich; large swift-running African bird, unable to fly.

kasut *k.n.* shoe; outer covering for a person's foot, with a fairly stiff sole.

kata *k.n.* word; sound(s) expressing a meaning independently and forming a basic element of speech; this represented by letters or symbols; thing said. **kata dasar** *k.n.* headword; word forming the heading of an entry in a dictionary. **kata hubung** *k.n.* conjunction; word that connects words or clauses. **kata keterangan** *k.n.* adverb; word qualifying a verb, adjective, or other adverb. **kata penunjuk** *k.n.* catchword; catch-phrase. **kata punca** *k.n.* keyword; key to a cipher, etc. **berkata, mengatakan** *k.k.* say (p.t. *said,* pr. *sed*); utter; express in words, state.

katak *k.n.* frog; small tailless animal with long hind legs for leaping, living both in water and on land. **katak puru** *k.n.* toad; frog-like animal living chiefly on land. **suara katak** hoarseness.

katalepsi *k.n.* catalepsy; seizure or trance with rigidity of the body.

katalog *k.n.* catalogue; systematic list of items. **mengkatalog** *k.k.* catalogue; list in a catalogue.

katam *k.n.* a short section. **mengatam** *k.k.* to cut; to chop.

katamaran *k.n.* catamaran; boat with twin hulls.

katarak *k.n.* cataract; opaque area clouding the lens of the eye.

katarsis *k.n.* catharsis (pl. *catharses*), a release of strong feeling or tension.

katartik *adj.* cathartic.

katedral *k.n.* cathedral; principal church of a district under the care of a bishop.

kategori *k.n.* category; class of things.

katering *k.n.* catering; the work of providing food and drinks for meetings, weddings, etc.

kateter *k.n.* catheter; tube inserted into the bladder to extract urine.

kati *k.n.* a unit of measurement equivalent to 600 grammes. **mengati** *k.k.* to weigh using the *kati*. **berkati-kati** *kkt.* a lot of *kati*.

katib *k.n.* scribes; workers who do writing jobs; writer; secretary.

katil *k.n.* bed; thing to sleep or rest on; framework with a mattress and coverings. **rangka katil** *k.n.* bedstead; framework of a bed. **tiang katil** *k.n.* bedpost; upright support of a bed.

katod *k.n.* cathode; electrode by which current leaves a device.

katolik *k.n.* catholic; of all Churches or all Christians. **Katolik** *adj. & k.n.* Roman Catholic.

katolikisme *k.n.* catholicism; being catholic; adherence to the Catholic Church.

katup *k.k.* close; shut; move (a door or window, etc.) into position to block an opening. **berkatup** *k.k.* closed; shut. **mengatup** *k.k.* close; shut.

kau *k.g.* you; pronoun for the person one is talking to; contraction for the pronoun *engkau*.

kaul *k.n.* caul; membrane sometimes found on a child's head at birth.

kaum *k.n.* tribe; clan; racial group; community; body of people having common origin.

kaunseling *k.n.* counselling; professional advice about a problem.

kaunselor *k.n.* counsellor; a person who has been trained to advise people with problem.

kaunter *k.n.* counter; flat-topped fitment over which goods are sold or business transacted with customers.

kaup, mengaup *k.k.* to scoop out; to gather with the hands and draw towards oneself. **pengaup** *k.n.* an object used to scoop out or gather things.

kauri *k.n.* kauri; coniferous New Zealand tree yielding kauri-gum.

kaus *k.n.* hose; hose-pipe. **kaus kaki** *k.n.* footwear; shoes and stockings.

kaustik *adj.* caustic; burning by chemical action; corrosive.

kaut, mengaut *k.k.* gather with the hands and draw towards oneself.

kaveat *k.n.* caveat; warning.

kawah *k.n.* cauldron; large deep pot for boiling things in.

kawal, mengawal *k.k.* control (p.t. *controlled*); have control of; regulate; restrain; guard; watch over and protect or supervise; take precautions; patrol; walk or travel regularly through (an area or building) to see that all is well. **kawalan** *k.n.* control; power to give orders or restrain something; means of restraining or regulating; check; guard; state of watchfulness for danger; patrol.

kawan[1] *k.n.* friend; buddy (*colloq.*); person (other than a relative or lover) with whom one is on terms of mutual affection; mate; companion or fellow worker; male of or female of mated animals. **berkawan** *k.k.* befriend; show kindness towards. **mengawan**, **mengawani** *k.k.* mate; put or come together as a pair or as corresponding; come or bring (animals) together to breed.

kawan² *k.n.* convey (pl. *-eys*); group of partridges.

kawang *k.n.* oil obtained from the *tengkawang* tree.

kawasan *k.n.* area; extent or measure of a surface; region.

kawat *k.n.* strand of metal; length of this used for fencing, conducting electric current, etc. **kawat berduri** *k.n.* barbed wire; wire with many short sharp points.

kaya *adj.* rich (*-er, -est*); wealthy (*-ier, -iest*); having much wealth; abundant; containing a large proportion of something (e.g. fat, fuel); (of soil) fertile; having wealth; moneyed. **memperkayakan** *k.k.* enrich; make richer.

kayak *k.n.* kayak; small covered canoe, esp. of Eskimos.

kayangan *k.n.* fairyland; world of fairies; very beautiful place.

kayap *k.n.* shingles; disease with a rash of small blisters.

kayu *k.n.* wood; tough fibrous substance of a tree; this cut for use. **kayu api** *k.n.* firewood; wood for use as fuel. **kayu hanyut** *k.n.* driftwood; wood floating on the sea or washed ashore. **kayu jati** *k.n.* teak; strong heavy wood of an Asian evergreen tree; this tree. **kayu keras** *k.n.* hardwood; hard heavy wood of deciduous trees. **kayu manis** *k.n.* cinnamon; spice made from the bark of a South-East Asian tree. **kayu putih** *k.n.* eucalyptus (pl. *-tuses*); evergreen tree with leaves that yield a strong smelling oil. **batang kayu** *k.n.* bole; trunk of a tree.

kayuh, pengayuh *k.n.* pedal; lever operated by the foot in a vehicle or machine, or in certain musical instruments; paddle; short oar used without a rowlock; thing shaped like this. **mengayuh** *k.k.* pedal (p.t. *pedalled*); work the pedal(s) of; operate by pedals; paddle; propel by use of paddle(s); row gently.

keabadian *k.n.* eternity; infinite time; perpetuity; for ever; immortality.

keabu-abuan *adj.* ashen; ashy; pale as ashes.

keadaan *k.n.* circumstance; occurrence of fact connected with an event or person; condition or state of affairs.

keadilan *k.n.* justice; just treatment, fairness.

keagamaan *adj.* religious; of religion; believing in a religion and carrying out its practices; of a monastic order.

keagungan *k.n.* supremacy; majesty; impressive stateliness; sovereign power.

keahlian *k.n.* membership.

keaiban *k.n.* degradation; dishonour; disgrace; shame.

keanehan *k.n.* eccentricity; peculiarity.

keangkuhan *k.n.* hauteur; haughtiness; arrogance.

keanjalan *k.n.* elasticity.

keasidan *k.n.* acidity.

kebab *k.n.* kebabs; small pieces of meat cooked on a skewer.

kebahagiaan *k.n.* bliss; perfect happiness; felicity.

kebaikan *k.n.* kindliness; morally right thing; profit, benefit; good.

kebakaran *k.n.* fire; destructive burning. **kebakaran besar** *k.n.* conflagration; great fire.

kebal *adj.* impenetrable; unable to be penetrated; indestructible; unable to be destroyed; invulnerable; not vulnerable.

kebanggaan *k.n.* elation; pride; feeling of pleasure or satisfaction about one's actions or qualities or possessions, etc.; proper sense of one's dignity.

kebangkitan *k.n.* evocation; rise; act or amount of rising; uprising.

kebangsaan *k.n.* national; of a nation; common to a whole nation.

kebanyakan *k.n.* most; greatest amount or number; many people or things. —*kkt.* most; to the greatest extent.

kebas¹ *adj.* numb; deprived of power to feel or move. **mengebaskan** *k.k.* make numb.

kebas² *k.n.* flap; act or sound of flapping. **mengebas** *k.k.* flap (p.t. *flapped*); sway or move up and down with a sharp sound; strike lightly with something flat; pinch (*sl.*); steal.

kebat, mengebat *k.k.* to tie with a rope or string; to wrap with a bandage; bind. **kebatan** *k.n.* the result of wrapping or tying. **sekebat** *k.n.* a group of things tied in a bundle. **berkebat** *k.k.* to be tied or wrapped. **berkebatkan** *k.k.* to use something as a string, or bandage. **mengebatkan** *k.k.* to bandage someone else. **pengebat** *k.n.* string, etc. used for tying.

kebaya *k.n.* a long-sleeved blouse with a front opening and a small waist for women.

kebayan, nenek kebayan *k.n.* an old woman who likes to help people suffering hardship (usu. in folklore).

kebebalan *k.n.* imbecility; stupidity.

kebebasan *k.n.* freedom; being free; independence; frankness; unrestricted; liberty.

kebencian *k.n.* dislike; feeling of not liking something; aversion; hate; hatred; strong dislike or enmity.

kebengisan *k.n.* asperity; harshness; dudgeon; indignation.

kebengkengan *k.n.* pettiness; petulance.

keberahian *k.n.* infatuation; passion.

keberangan *k.n.* fury; wild anger, rage; violence; indignation; anger aroused by something unjust or wicked.

keberanian *k.n.* bravery; courage; ability to control fear when facing danger or pain; impudence.

keberhasilan *k.n.* efficacy.

kebersihan *k.n.* hygiene; cleanliness as a means of preventing disease.

kebesaran *k.n.* dignity; high rank or position; greatness. —*adj.* grandeur; splendour; grandness.

kebetulan[1] *kkt.* coinciding; remarkable; occurrence of similar or corresponding events at the same time by chance; accident; casual; happening by chance; not serious or formal or methodical; not permanent.

kebetulan[2] *k.n.* correctness.

kebiadaban *k.n.* discourtesy; impertinence; churlishness; impoliteness; insolence.

kebiaran *k.n.* disuse; state of not being used; neglect.

kebiasaan *k.n.* habit; settled way of behaving; banality.

kebil, terkebil-kebil *k.k.* to blink.

kebimbangan *k.n.* anxiety; state of being anxious; funk (*sl.*), fear.

kebinasaan *k.n.* destruction.

kebinatangan *k.n.* animal; of animals or their nature.

kebingungan *k.n.* muzziness; puzzlement.

kebisingan *k.n.* noise; sound, esp. loud or harsh or undesired.

kebisuan *k.n.* dumbness.

kebocoran *k.n.* leakage.

kebodohan *k.n.* stupidity.

kebogelan *k.n.* nudity.

kebongkakan *k.n.* arrogance; boast-fulness; conceit; too much pride in oneself.

keborosan *k.n.* extravagance; improvidence.

kebosanan *k.n.* boredom; humdrum; dull; commonplace; monotony.

kebotakan *k.n.* baldness.

kebuasan *k.n.* savageness; savagery.

kebuk *k.n.* cylinder; chamber in an engine inside which the piston moves.

kebulatan *k.n.* circularity; unanimity.

kebuluran *k.n.* famine; extreme scarcity (esp. of food) in a region.

kebun *k.n.* garden; piece of cultivated ground, esp. attached to a house. **tukang kebun** *k.n.* gardener. **berkebun** *k.k.* garden; tend a garden.

kebuntuan *k.n.* impasse; deadlock.

keburukan *k.n.* badness; evil.

kecabulan *k.n.* licentiousness; indecency.

kecacatan *k.n.* disfigurement; flaw.

kecah *adj.* chaotic; disorder. **berkecah** *k.k.* in disorder; scattered; in a mess. **sekecah** *k.n.* a short while.

kecai, berkecai, berkecai-kecai *k.k.* smashed into tiny pieces; torn into pieces.

kecairan *k.n.* liquidity.

kecakahan *k.n.* obtuseness.

kecam, mengecam *k.k.* scarp; keep finding fault; criticize; express criticism of.

kecambah *k.n.* seedling; very young plant growing from a seed; sprout.

kecamuk, berkecamuk *k.k.* escalate (of battles, fighting, etc.); become disturbed or muddled (of the mind).

kecanduan *k.n.* addiction; the condition of being an addict.

kecangguhan *k.n.* gaucherie; clumsiness; gawkiness; awkwardness.

kecantikan *k.n.* beauty; combination of qualities giving pleasure to the sight or other senses or to the mind.

kecap, mengecap *k.k.* to taste food; to feel or experience something. **kecapan** *k.n.* something tasted with the tongue. **pengecap** *k.n.* a person who tastes or experiences something; a person whose job is to stamp something.

kecapi *k.n.* a stringed instrument that looks like the Arab lute.

kecederaan *k.n.* injury; damage; harm.

kecekalan *k.n.* fortitude; courage in bearing pain or trouble; grit; courage and endurance.

kecekapan *k.n.* efficiency; capability; proficiency.

K

kecekungan *k.n.* concavity.

kecelaan *k.n.* defect; flaw; imperfection; blemish.

kecelakaan *k.n.* disaster; mishap; accident; unexpected event, esp. one causing damage.

kecemaran *k.n.* impurity; being impure; substance that makes another impure.

kecemasan *k.n.* emergency; serious situation needing prompt attention.

kecembungan *k.n.* convexity.

kecemburuan *k.n.* jealousy.

kecemerlangan *k.n.* brilliance; excellence.

kecenderungan *k.n.* partiality; bias; favouritism; strong liking; tendency.

kecepatan *k.n.* celerity; swiftness; quickness.

kecerahan *k.n.* brightness; clarity.

kecerdasan *k.n.* intelligence; mental ability to learn and understand things.

kecerdikan *k.n.* ingenuity.

kecerewetan *k.n.* fussiness.

kecergasan *k.n.* aptness; activeness.

kecermatan *k.n.* meticulousness.

kecerunan *k.n.* gradient; slope; amount of this.

kecetekan *k.n.* shallowness; superficiality.

kecewa *adj.* sad; disappointed; frustrated; unsuccessful (in an examination, etc.). **mengecewakan** *k.k.* to cause disappointment or frustration. **kekecewaan** *k.n.* disappointment; frustration.

keciciran *k.n.* left behind; dropped out; not being able to keep up.

kecil *adj.* small (*-er, -est*); not large or great; petty; little; small in size, amount, or intensity, etc.; derogatory; disparaging. **memperkecil** *k.k.* belittle; disparage; speak slightingly of; decry.

kecimpung, berkecimpung *k.k.* dabble; move (feet, etc.) lightly in water or mud; splash; work at something in an amateur way.

kecoh *adj.* noisy; making much noise. **mengecoh(kan)** *k.k.* cause a commotion; disturb.

kecomotan *k.n.* grubbiness; smudge; dirty or blurred mark.

kecondongan *k.n.* leaning; inclination; preference, bias; influence favouring one of a group.

kecongkakan *k.n.* bumptiousness; arrogance.

kecuaian *k.n.* carelessness.

kecuali *k.n.* except; not including. **berkecuali** *k.k.* neutral; not supporting either side in a conflict. **mengecualikan** *k.k.* except; exempt; make exempt; exclude from a statement, etc. **terkecuali** *k.k.* excepting.

kecubung[1] *k.n.* a type of winged animal.

kecubung[2] *k.n.* a tree with intoxicating fruits.

kecukupan *k.n.* adequacy; sufficiency.

kecuraman *k.n.* steepness.

kecurangan *k.n.* dishonesty; infidelity; insincerity; perfidy.

kecurian *k.n.* burglary; larceny; theft of personal goods.

kecurigaan *k.n.* distrust; lack of trust; suspicion; mistrust.

kecut, mengecut *k.k.* contract; make or become smaller or shorter; shrivel (*p.t. shrivelled*); shrink and wrinkle from great heat or cold or lack of moisture.

kedaerahan *k.n.* provincial; regional; limited to a province or a region; not all encompassing.

kedahagaan *k.n.* thirst; feeling caused by a desire to drink; longing; strong desire.

kedahsyatan *k.n.* horror; luridness.

kedai *k.n.* shop; building or room where goods or services are sold to the public.

kedalaman *k.n.* depth; deepness.

kedana *adj.* poor. **papa kedana** *k.n.* extreme poverty.

kedangkalan *k.n.* shallowness; superficiality.

kedap *adj.* impervious; not able to be penetrated or influenced by. **kedap udara** *adj.* airtight; not allowing air to enter or escape.

kedaraan *k.n.* virginity; the state of being a virgin.

kedatangan *k.n.* arrival; the action of arriving; attendance; the action or being present; number of people present.

kedayaan *k.n.* ability; power to do something; capability.

kedegilan *k.n.* insubordination; obstinacy; intractability; stubbornness.

kedekatan *k.n.* contiguity.

kedekut *adj.* mingy; (*colloq.*) mean, stingy.

kedempung[1] *k.n.* plop; the sound of something falling into water. **berkedempung** *k.k.* to make a plopping sound.

kedempung[2] *adj.* (of fruits) spoilt because of worms; rotten.

kedengaran *k.k.* heard.

kederasan *k.n.* rapidity.

kedermawanan *k.n.* philanthropy; love of mankind, esp. shown in benevolent acts.

kedewasaan *k.n.* adulthood.

kedi *k.n.* hermaphrodite; person with male and female sexual organs.

kediaman *k.n.* domicile; residence; habitation; place to live in.

kedinginan *k.n.* chill; unpleasant coldness; chilliness; coolness; (*sl.*) calmness.

kedip *k.n.* blink; act of blinking; quick gleam. **berkedip** *k.k.* open and shut one's eyes rapidly; shine unsteadily.

kedoktoran *k.n.* doctorate; highest university degree. —*adj.* medical.

kedubang *k.n.* cutlass; short curved sword.

kedudukan *k.n.* locality; thing's position; site; neighbourhood.

kedukaan *k.n.* sorrow; mental suffering caused by loss or disappointment, etc.; thing causing this.

kedukacitaan *k.n.* bereavement.

kedunguan *k.n.* dullness; fatuity.

keduniaan *k.n.* worldliness; the condition of being concerned with earthly life or material gains; worldly goods.

keduniawian *k.n.* worldly; of or concerned with earthly life or material gains, not spiritual.

kedut[1] *adj.* corrugated; shaped into alternate ridges and grooves. **kedut lepas** *k.n.* gathers (*pl.*); gathered folds of fabric. **berkedut** *k.k.* crumple; crush or become crushed into creases.

kedut[2] *k.n.* crease; line made by crushing or pressing. **mengedutkan** *k.k.* make a crease in; develop creases.

kedutaan *k.n.* embassy; ambassador and his staff.

keegoan *k.n.* egoism; self-centredness.

keemasan *k.n.* golden; gold; made of or coloured like gold.

keembung *k.n* balsam; a kind of flowering plant.

keengganan *k.n.* disinclination; unwillingness; indisposition; refusal.

kefahaman *k.n.* comprehension; the ability to understand; exercise meant to improve or test one's understanding of a language.

kefanaan *k.n.* transitoriness; state of not being permanent or lasting.

keformalan *k.n.* formality; being formal; formal act, esp. one required by rules.

kegaduhan *k.n.* disturbance; agitation; an instance of social unrest or violence.

kegagahan *k.n.* gallantry.

kegagalan *k.n.* failure.

keganasan *k.n.* ferocity.

kegandaan *k.n.* multiplicity.

keganjilan *k.n.* anomaly; something irregular or inconsistent; oddity; strangeness; oddness; peculiarity.

kegarangan *k.n.* fierceness; luridness.

kegatalan *k.n.* itchiness; lewdness.

kegelapan *k.n.* darkness.

kegelinciran *k.n.* derailment.

kegelisahan *k.n.* restlessness; anxiety.

kegemaran *k.n.* penchant, liking; what one likes; one's feeling that one likes a thing; favourite.

kegembiraan *k.n.* joy; excitement; gaiety, cheerfulness; happiness.

kegemilangan *k.n.* magnificence.

kegemparan *k.n.* clamour; loud confused noise; loud protest, etc.; consternation; great surprise and anxiety or dismay.

kegemukan *k.n.* fatness; obesity.

keghairahan *k.n.* ardour; great warmth of feeling; enthusiasm; passion; strong emotion; sexual love; ecstasy, intense delight.

kegilaan *k.n.* craziness; lunacy; insanity; great folly; mania; madness; extreme enthusiasm for something.

kegirangan *k.n.* exhilaration; mirth; merriment, laughter.

kegopohan *k.n.* haste; hurry; hastiness.

kegugupan *k.n.* fluster; flustered state; jitters; panic.

keguguran *k.n.* miscarriage; abortion occurring naturally; process of miscarrying.

kegunaan *k.n.* effectiveness; advantage.

kehabisan *k.n.* run out of; be short of.

kehadiran *k.n.* attendance.

kehairanan *k.n.* be amazed; be astounded.

kehalobaan *k.n.* avarice; greed for gain; avariciousness; cupidity.

kehamilan *k.n.* pregnancy.

kehampaan *k.n.* dismay; feeling of surprise and discouragement; frustration.

kehandalan *k.n.* skill; cleverness; might; strength.

kehapakan *k.n.* mustiness.

keharaman *k.n.* illegality.

kehebatan *k.n.* greatness.

kehebohan *k.n.* din; loud annoying noise; hullabaloo; uproar.

K

kehel, terkehel *k.k.* to be sprained (leg, ankle, hand, etc.) or dislocated (bone); to be diverted (from a direction).

kehematan *k.n.* frugality.

kehibaan *k.n.* mournfulness; pathos; pathetic quality.

kehijauan *k.n.* greenness.

kehilangan *k.n.* loss; person or thing or amount, etc. lost; disadvantage caused by losing something.

kehinaan *k.n.* lowliness; mortification; humiliation.

kehodohan *k.n.* ugliness; hideousness.

kehormatan *k.n.* honour; great respect or public regard; mark of this, privilege; good personal character or reputation.

kehutanan *k.n.* forestry; science of planting and caring for forests.

keibuan *k.n.* motherhood.

keikhlasan *k.n.* sincerity; ingenuousness.

keikhsanan *k.n.* benevolence; kindness.

keilmiahan *k.n.* erudition.

keindahan *k.n.* beauty; combination of qualities giving pleasure to the sight or other senses or to the mind.

keinginan *k.n.* desire; feeling that one would get pleasure or satisfaction from something; thing desired.

keingkaran *k.n.* defiance; open disobedience.

keintiman *k.n.* intimacy; closeness.

keizinan *k.n.* permission; consent or authorization to do something.

kejadian *k.n.* occurrence; occurring; incident; event.

kejahatan *k.n.* badness; wickedness; evil thing; devilry; devilment.

kejahilan *k.n.* ignorance.

kejam *adj.* atrocious; extremely wicked; very bad; callous; feeling no pity or sympathy; cruel (*crueller, cruellest*); feeling pleasure in another's suffering; hard-hearted; causing suffering; diabolic; diabolical; very cruel; ruthless; harsh (*-er, -est*); severe, heinous, inhuman; brutal, lacking qualities of kindness, etc.; merciless; showing no mercy.

kejang¹ *adj.* inflexible; not flexible; unyielding; crick; painful stiffness in the neck or back.

kejang² *k.n.* cramp; painful involuntary tightening of a muscle, etc.

kejanggalan *k.n.* awkwardness; incongruity.

kejap, sekejap *kkt.* not long; for a while; for a moment.

kejar *k.k.* chase; go quickly after in order to capture or overtake or drive away; pursue. **berkejar** *k.k.* rush; hurry; go with great speed. **mengejar** *k.k.* run after; chase.

kejarangan *k.n.* sparseness, sparsity.

kejatuhan *k.n.* downfall; fall from prosperity or power; falling.

kejayaan *k.n.* success; attainment of what was desired or attempted, or of wealth, fame, or position; victory.

kejelasan *k.n.* clarity; clearness; lucidity.

kejelitaan *k.n.* beauty; charm; pleasing or attractive feature.

kejengkelan *k.n.* annoyance; fractiousness.

kejernihan *k.n.* clearness.

kejut *k.k.* petrified; shocked; paralysed with astonishment or fear; startled. **mengejut** *k.k.* sudden; without warning. **mengejutkan, mengejuti** *k.k.* awaken; arouse; shock; startle.

keji *adj.* despicable; dishonourable; contemptible; ignoble; not noble in character, aims, or purpose; inglorious; not bringing glory; opprobrious; abusive. **mengeji** *k.k.* despise; regard as inferior or worthless.

kejijikan *k.n.* detestation; distaste; dislike; disgust; strong dislike.

kejinakan *k.n.* docility.

kejiranan *k.n.* neighbourhood; vicinity; surrounding district.

kejohanan *k.n.* championship.

kejora, bintang kejora *k.n.* a star that is seen at dawn; Venus.

keju *k.n.* cheese; food made from pressed milk curds.

kejujuran *k.n.* sincerity; honesty.

kejuruteraan *k.n.* engineering; application of science for the use of power in machines, road-building, etc.

kejutan *k.n.* bombshell; great shock.

kek *k.n.* cake; baked sweet bread-like food; small flattened mass.

kekabu *k.n.* kapok; fluffy fibre used for padding things.

kekabuh *k.n.* ladybird; small flying beetle, usu. red with black spots.

kekaburan *k.n.* dimness; obscurity; opacity; being opaque; vagueness.

kekacang *k.n.* legume; leguminous plant; pod of this.

kekacauan *k.n.* chaos; great disorder; lack of order or of discipline.

kekafiran *k.n.* infidelity.

kekaguman *k.n.* admiration.

kekah¹ *k.n.* a type of monkey with black fur and long hands; siamang.

kekah² *k.n.* a ceremony to shave the hair of a 7-day old baby for the first time, accompanied by the slaughtering of a goat. **mengekahkan** *k.k.* to carry out the ceremony of shaving the baby's hair; to carry out a sacrificial slaughter. **mengekah** *k.k.* to bite something with the mouth wide open.

kekaki *k.n.* pedestal; base supporting a column or statue, etc.

kekakuan *k.n.* inertia; being inert; stiffness.

kekal *adj.* everlasting; lasting for ever or for a very long time; perpetual; lasting, not ceasing. **mengekalkan** *k.k.* perpetuate; preserve from being forgotten or from going out of use; maintain; cause to continue, keep in existence.

kekalahan *k.n.* defeat; loss.

kekalutan *k.n.* muddle; muddled condition or things.

kekang *k.n.* bridle; harness on a horse's head; curb; means of restraint. **tali kekang** *k.n.* halter; strap round the head of a horse for leading or fastening it. **mengekang** *k.k.* bridle; put a bridle on; restrain; keep in check. **kekangan** *k.n.* constraint; restriction; strained manner.

kekar *k.k.* scattered; strewn; dispersed.

kekarutan *k.n.* baloney (*sl.*); nonsense.

kekasaran *k.n.* crudity; harshness; rudeness.

kekasih *k.n.* lover; person in love with another.

kekebalan *k.n.* impenetrability; invulnerability.

kekecewaan *k.n.* disappointment; discontent; dissatisfaction. **rasa kekecewaan** discontented; feeling discontent.

kekecohan *k.n.* fuss; unnecessary excitement or activity; vigorous protest. **mengecohkan** *k.k.* agitate; complain vigorously.

kekecualian *k.n.* exception; excepting; thing that does not follow the general rule.

kekecutan *k.n.* contraction; shrinking.

kekeh, terkekeh-kekeh *k.k.* laugh very loudly; guffaw.

kekejaman *k.n.* cruelty; atrocity; wickedness; wicked or cruel act, etc.; callousness; enormity; great wickedness or crime; harshness; inhumanity; iniquity; great injustice.

kekejangan *k.n.* inflexibility.

kekejian *k.n.* ignominy; disgrace, humiliation; disrepute; discredit; opprobrium; great disgrace from shameful conduct.

kekek¹ *k.n.* chortle; loud chuckle; gusset; horse-laugh; loud coarse laugh. **mengekek** *k.k.* guffaw.

kekek² *k.n.* triangular or diamond-shaped piece of cloth inserted to strengthen or enlarge a garment.

kekekalan *k.n.* permanence; perpetuation.

kekelabuan *k.n.* greyness. **kekelabu-kelabuan** *adj.* greyish; rather grey.

kekelaman *k.n.* duskiness.

kekeletahan *k.n.* coquetry.

kekeliruan *k.n.* confusion; melee; confused fight; muddle.

kekeluargaan *k.n.* kindred; kin.

kekemasan *k.n.* tidiness.

kekenyangan *k.n.* repletion; fullness; satiety.

kekerapan *k.n.* frequency; frequent occurrence; rate of repetition.

kekeras *k.n.* nut; fruit with a hard shell round an edible kernel.

kekerasan *k.n.* hardness.

kekeringan *k.n.* dryness.

kekesatan *k.n.* coarseness.

kekhuatiran *k.n.* care; worry, anxiety.

kekikiran *k.n.* parsimony; stinginess.

kekilauan *k.n.* glossiness.

kekili *k.n.* a rattan ring that is hung on a buffalo's nose.

kekisi *k.n.* lattice; framework of crossed strips.

kekok *adj.* awkward; clumsy; not graceful.

kekonduksian *k.n.* conductivity.

kekosongan *k.n.* blankness; emptiness; vacancy.

kekuasaan *k.n.* power; ability to do something; authority; might; great strength or power.

kekuatan *k.n.* strength; quality of being strong; its intensity; person's or thing's strong point; number of people present or available.

kekudusan *k.n.* blessedness; consecration.

kekukuhan *k.n.* fastness; being fast or firmly fixed; invincibility; strength.

kekunci *k.n.* key; lever for a finger to press on a keyboard, etc.

kekurangan *k.n.* dearth; scarcity; shortage; deficiency.

kekurusan *k.n.* emaciation.

kekusutan *k.n.* dishevellment; imbroglio (pl. *-os*); confused situation, usu. with disagreement; kink; short twist in thread or wire, etc.; complication; disturbance.

kekwa *k.n.* chrysanthemum; garden plant.

kelab *k.n.* club; group who meet for social or sports, etc. purposes, their premises; organization offering benefit to subscribers.

kelabu *adj.* grey (*-er*, *-est*); of the colour between black and white, coloured like ashes. —*k.n.* grey colour or thing. **mengelabui** *k.k.* make or become grey.

keladak *k.n.* dregs; bits of worthless matter that sink to the bottom of liquid; ground; solid particles (e.g. of coffee) that do not dissolve; lees; sediment in wine.

keladi *k.n.* caladium; yam; edible starchy tuber.

kelah *k.n.* picnic; informal outdoor meal. **berkelah** *k.k.* picnic (*p.t. picnicked*); take part in a picnic.

kelahapan *k.n.* gluttony.

kelahi *k.k.* quarrel (*p.t. quarrelled*).

kelahiran *k.n.* birth; emergence of young from the mother's body; parentage; childbirth; process of giving birth to a child; nativity. **kawalan kelahiran** *k.n.* birth control; prevention of unwanted pregnancy.

kelainan *k.n.* disparity; inequality, difference; dissimilarity.

kelajuan *k.n.* speed; rate of time at which something moves or operates; rapidity.

kelak *kkt.* anon (*old use*); soon, presently.

kelakar[1] *adj.* funny (*-ier*, *-iest*); causing amusement.

kelakar[2] *k.n.* antic; absurd movement or behaviour.

kelakuan *k.k.* act; behave. —*k.n.* deportment; behaviour, bearing.

kelalaian *k.n.* negligence; lack of proper care or attention.

kelalang *k.n.* flask; narrow-necked bottle; vacuum flask.

kelam *adj.* dusky (*-ier*, *-iest*); shadowy; dim; dark-coloured; murky (*-ier*, *-iest*); dark; gloomy.

kelambatan *k.n.* delay; delaying; tardiness.

kelambu *k.n.* mosquito net; type of gauze cover spread over a sleeping area or bed to avoid mosquitoes from getting in. **berkelambu** *k.k.* using a mosquito net.

kelamin *k.n.* couple; a pair (a man and a woman); a pair (male and female); husband, wife and children. **sekelamin** *k.n.* a family; a married couple. **berkelamin** *k.k.* in pairs; have a wife or a husband.

kelampaian *k.n.* lankiness.

kelana *k.n.* person who travels or goes abroad; traveller; wanderer; honorary title in Negri Sembilan. **berkelana** *k.k.* travel alone; wander; roam.

kelancangan *k.n.* cheekiness; boldness; impudence.

kelancaran *k.n.* fluency.

kelangkang *k.n.* crotch; place where things fork, esp. where legs join the trunk; groin.

kelangsingan *k.n.* slenderness.

kelantangan *k.n.* loudness.

kelapa *k.n.* coconut; nut of a tropical palm; its edible lining.

kelapangan *k.n.* leisure; time free from work, in which one can do what one chooses; spaciousness.

kelaparan *k.n.* hunger; uneasy sensation felt when one has not eaten for sometime.

kelar *k.n.* nick; small cut or notch. **mengelar** *k.k.* nick; make a nick in.

kelas *k.n.* class; set of people or things with characteristics in common; standard of quality; rank of society; set of students taught together. **kelas feather** *k.n.* featherweight; boxing-weight (58 kg); very lightweight thing or person. **kelas fly** *k.n.* flyweight; boxing-weight (51 kg.). **kelas heavy** *k.n.* heavyweight; heavyweight person; heaviest boxing-weight. **kelas middle** *k.n.* middle-weight; boxing-weight (75 kg). **mengelaskan** *k.k.* classify; place in a class; arrange systematically.

kelasa *k.n.* hump; rounded projecting part on the back of camels and some other animals.

kelasi *k.n.* sailor; member of a ship's crew; people working on a ship; mariner; seaman.

kelat *adj.* tart; bitter taste (like the taste of an unripe banana or banana flower).

kelawar *k.n.* bat; flying animal with a mouselike body.

kelayakan *k.n.* eligibility; qualification; qualifying; thing that qualifies a person to do something; thing that limits a meaning; competence.

kelazatan *k.n.* deliciousness; enjoyment.

keldai *k.n.* ass; donkey; animal of the horse family, with long ears; (*colloq.*)

stupid person. **keldai betina** *k.n.* jenny; female donkey. **keldai jantan** *k.n.* jackass; male donkey.

kelebihan *k.n.* advantage; favourable circumstance; greater amount or number; abundance.

kelecek *k.k.* dribble; (in football, etc.) move the ball forward with slight touches.

keledar *k.n.* preparation to face danger, etc. **topi keledar** *k.n.* crash helmet; a helmet that motorcyclists wear to protect their heads in an accident. **tali pinggang keledar** *k.n.* seat belt; a belt attached to the seat in a car or plane that you fasten around yourself so that you are not thrown out of your seat in an accident. **berkeledar** *k.k.* to use seat belts; to be ready to face any danger.

keledek *k.n.* sweet potato; tropical climbing plant; its edible starchy tuber; yam.

kelegaan *k.n.* ease; freedom from pain or trouble or anxiety; absence of painful effort.

kelekaan *k.n.* laxity.

kelekatu *k.n.* a type of winged ant that is able to fly.

kelekitan *k.n.* stickiness; tackiness.

kelelakian *adj.* mannish; having masculine characteristics. —*k.n.* masculinity.

kelemahan *adj.* feebleness; frailty; weakness.

kelemasan *k.n.* suffocation.

kelemayar *k.n.* glow-worm; beetle that can give out a greenish light at its tail.

kelemayuh *k.n.* gangrene; decay of body tissue.

kelembapan *k.n.* dampness; moistness.

kelembutan *k.n.* mildness; softness; gentleness.

kelemumur *k.n.* dandruff.

kelempung *k.n.* a type of plant (tree).

kelengahan *k.n.* dalliance.

kelengangan *k.n.* desolation.

kelengkapan *k.n.* equipment; tools or outfit, etc. needed for a job or expedition; gear; apparatus.

kelengkeng, jari kelengkeng *k.n.* the little finger.

kelenjar *k.n.* gland; organ that extracts from the blood substances to be used or expelled by the body. **kelenjar pituitari** *k.n.* pituitary gland; gland at the base of the brain, with important influence on bodily growth and functions.

kelentang *k.n.* clank; sound like metal striking metal. **berkelentang** *k.k.* make or cause to make this sound. **kelentang-kelentung** *k.n.* clatter; rattling sound. **berkelentang-kelentung** *k.k.* make or cause to make this sound.

kelenting *k.n.* clangour; clanging noise. **berkelenting** *k.k.* jingle; make or cause to make a ringing or clinking sound.

kelentit *k.n.* clitoris; small erectile part of female genitals.

kelepet *k.n.* fold; folded part.

kelesa[1] *k.n.* a freshwater fish.

kelesa[2] *adj.* rather lazy; reluctant; hesitant; indifferent.

kelesuan *k.n.* debility; fatigue.

keletah *adj.* coquettish. **perempuan keletah** *k.n.* coquette; woman who flirts.

keletihan *k.n.* lethargy; extreme lack of energy or vitality.

kelewang *k.k.* a short sword or chopper with a broad-tipped blade.

keli, ikan keli *k.n.* catfish; edible freshwater fish.

keliar, berkeliaran *k.k.* gallivant; (*colloq.*) gad about; prowl; go about stealthily or restlessly; act of prowling.

kelibat *k.n.* shadow; flash. **sekelibat** *kkt.* in a flash; visible for a moment.

kelicikan *k.n.* dodge; (*colloq.*) clever trick, ingenious action; furtiveness; guile; treacherous; cunning, craftiness; ingenuity.

kelikir *k.n.* gravel; coarse sand with small stones, used for paths.

keliling, berkeliling *k.k.* circle; form a circle round. **mengelilingi** *k.k.* encompass, surround, encircle; move in a circle. **dikelilingi** *k.k.* among, amongst; surrounded by.

kelim *k.n.* hem; edge (of cloth) turned under and sewn or fixed down. **mengelim** *k.k.* hem (*p.t. hemmed*); sew thus.

kelinci *k.n.* hare; field animal like a large rabbit. **anak kelinci** *k.n.* leveret; young hare.

kelindan[1] *k.n.* thread that is already threaded through a needle.

kelindan[2] *k.n.* spool; instrument to wind thread; reel.

kelindan[3] *k.n.* attendant or lorry-driver's helper; conductor; one who collects the fare and gives tickets.

kelip[1], **berkelip, berkelip-kelip** *k.k.* blink; (of eyes) to open and close alternately; (of lights) to flicker; (of stars, light, etc.) to twinkle. **berkelipan** *k.k.* to twinkle; to shine; to glitter. **terkelip, terkelip-kelip** *k.k.* of eyes blinking; of lights flickering; flashes of lights; glittering (of stars). **sekelip, sekelip mata** *k.n.* an instant; the blink of an eye; a split second. **sekelipan** *kkt.* suddenly; very quickly.

kelip² *k.n.* clip; a light metal instrument to hold paper together.

kelip³, kelip-kelip *k.n.* a firefly; an insect that produces light and flickers at night.

keliru, mengelirukan *k.k.* confuse; throw into disorder; make unclear; bewilder; destroy the composure of; disorientate; cause (a person) to lose his bearings.

kelmarin *kkt.* yesterday; the day before today; two days ago; the day before yesterday; days (or weeks) ago.

kelocak¹, mengelocak *k.k.* to peel; to tear off (usu. skin).

kelocak², berkelocak *k.k.* to shake (e.g. liquid in a container).

kelodak *k.n.* dirt sediments in water; dregs; silt.

kelok *k.n.* crook; bent thing. **mengelokkan** *k.k.* bend.

kelokekan *k.n.* meanness; stinginess.

kelola, mengelolakan *k.k.* organize; arrange systematically; make arrangements for; form (people) into an association for a common purpose.

kelompang, kelompang telur *k.n.* egg-shell. —*adj.* empty; containing nothing.

kelompok *k.n.* batch; set of people or things dealt with as a group; cluster; small close group.

kelonet, sekelonet *k.n.* measly (*sl.*); meagre; scant in amount.

kelong *k.n.* a type of equipment for catching fish (frame with barriers or compartments, usu. made of bamboo strips, wood, rattan, etc.). **mengelong** *k.k.* to catch fish using a *kelong*.

kelonggaran *k.n.* diffuseness; state of being less severe; looseness; slackness.

kelongsong *k.n.* conical wrapper. **kelongsong ular** *k.n.* sloughed snake skin.

kelopak *k.n.* calyx; ring of sepals covering a flower-bud.

kelu, kelu lidah *adj.* tongue-tied; speechless (because of fear or worry). **terkelu** *k.k.* silenced; dumbfounded.

keluang *k.n.* flying fox; fruit-eating bat.

keluar *k.n.* exit; way out; out; away from or not in a place. **mengeluarkan** *k.k.* expel (p.t. *expelled*); compel to leave; discharge; send or flow out; manufacture; make or produce (goods) on a large scale by machinery.

keluarga *k.n.* family; parents and their children; a person's children; set of relatives; group of related plants or animals, or of things that are alike. **kaum keluarga** *k.n.* kith; set of relatives; kindred. **sekeluarga** *k.n.* kin; related; of similar kind.

keluasan *k.n.* broadness; expanse; wide area or extent; space over which a thing extends; scope.

kelubi *k.n.* a type of palm tree with edible fruit that grows in swampy area; sour swamp fruit; forest snakeskin fruit.

kelucahan *k.n.* obscenity.

kelucuan *k.n.* drollery; comedy; something funny.

keluh, keluhan *k.n.* sigh; long deep breath given out audibly in sadness, tiredness, relief, etc. **mengeluh** *k.k.* sigh; give or express with a sigh; yearn.

kelui, alat kelui *k.n.* pager; small portable device operated by radio signals used for receiving messages.

keluk *adj.* curved. **berkeluk** *k.k.* curve; wind; meander; turn (left or right). **berkeluk-keluk, terkeluk-keluk** *k.k.* to curve; bend; change direction or turn a few times.

keluli *k.n.* steel; a strong alloy made of iron and carbon.

kelulusan *k.n.* pass; passing; approval.

kelumit *k.n.* a morsel; a very small piece (of food, etc.). **sekelumit** *k.n.* a jot. **kelumit, sekelumit** *adj.* slender; very small amount.

kelumpuhan *k.n.* palsy; paralysis, esp. with involuntary tremors; loss of power of movement; inability to move normally.

kelunakan *k.n.* euphony; pleasantness of sounds, esp. in words; softness.

kelunturan *k.n.* discoloration; fading.

kelupaan *k.n.* oblivion; state of being forgotten; state of being oblivious.

kelupas, mengelupas *k.k.* peel off (skin, bark, etc.); come off.

kelurusan *k.n.* straightness; honesty.

kelvin *k.n.* kelvin; degree of the Kelvin scale of temperature which has zero at absolute zero (-273.15° C).

kem *k.n.* camp; place where troops are lodged or trained; fortified site.

kemagnetan *k.n.* magnetism; properties and effects of magnetic substances; magnetization.

kemahakuasaan *k.n.* omnipotence.

kemahalan *k.n.* costliness; expensiveness.

kemahiran *k.n.* dexterity; skill.

kemajuan *k.n.* development; progress; forward or onward movement; advance; advancement.

kemalangan *k.n.* accident; unexpected event, esp. one causing damage.

kemalaran *k.n.* constancy; quality of being unchanging.

kemalasan *k.n.* indolence; laziness.

kemalu-maluan *adj.* ashamed; feeling shame; shy.

kemampuan *k.n.* ability; quality that makes an action or process possible; power to do something.

kemandulan *k.n.* barrenness; sterility; infertility.

kemanisan *k.n.* sweetness.

kemanjaan *k.n.* indulgence; pampering.

kemanusiaan[1] *adj.* human; of mankind. **berperikemanusiaan** *adj.* humanitarian; promoting human welfare and the reduction of suffering.

kemanusiaan[2] *k.n.* humanity; human nature or qualities; kindness; human race; (*pl.*) arts subjects; humanities.

kemarahan *k.n.* rage; anger.

kemarau *k.n.* drought; continuous dry weather.

kemaruk *adj.* having a good appetite; ravenous (having recovered from a long illness); greedy for wealth; avaricious.

kemas *adj.* tidy (*-ier*, *-iest*); neat and orderly. **mengemaskan** *k.k.* tidy; make tidy.

kemasaman *k.n.* acidity.

kemas kini *adj.* up-to-date; containing or including the most recent information. **mengemaskinikan** *k.k.* update.

kemasukan *k.n.* entrance; entering; right of admission; inclusion; entry.

kemasyghulan *k.n.* depression; state of sadness; despondency.

kemasyhuran *k.n.* fame; condition of being known to many people; good reputation.

kematangan *k.n.* maturity.

kematu *k.n.* corn; small area of horny hardened skin, esp. on the foot.

kembali *k.k.* return; come or go back. **mengembalikan** *k.k.* return; bring, give, put, or send back.

kemban *k.n.* a sarong tied at the bosom (usu. by women when washing or

bathing by the well). **berkemban** *k.k.* to wear a sarong tied at the bosom.

kembang *k.k.* expand; make or become larger; spread out; give a fuller account of, write out in full. **memperkembangkan** *k.k.* develop (p.t. *developed*); make or become larger or more mature or organized.

kembar *k.n.* twin; one of two children or animals born at one birth; one of a pair that are exactly alike. —*adj.* being a twin or twins. **berkembar** *k.k.* twin (p.t. *twinned*); combine as a pair.

kembara *k.k.* errant; travelling in search of adventure. **bersifat kembara** adventurous.

kembiri, mengembiri *k.k.* geld; castrate; remove the testicles of; spay; sterilize (a female animal) by removing the ovaries. **lembu kembiri** bullock; castrated bull.

kemboja *k.n.* frangipani; a tropical tree with white, pink or yellow flowers.

kembu *k.n.* creel; fisherman's wicker basket for carrying fish.

kembung *k.k.* flatulent; causing or suffering from formation of gas in the digestive tract. —*k.k.* distend; swell from pressure within.

kembur, berkembur *k.k.* to scatter; to disperse.

kemegahan *k.n.* pride; feeling of pleasure or satisfaction about one's actions or qualities or possessions, etc.; boastful statement; thing one is proud of.

kemeja *k.n.* shirt; man's loose-fitting garment of cotton or silk, etc. for the upper part of the body; woman's similar garment. **kemeja tidur** *k.n.* nightshirt; man's or boy's long shirt for sleeping in.

kemelaratan *k.n.* destitution; state of being extremely poor.

kemelesetan *k.n.* depression; long period of inactivity in trading.

kemelut *adj.* critical; at a serious or dangerous stage. —*k.n.* crisis; time of acute difficulty.

kementahan *k.n.* callowness; crudity; rawness; naivety.

kementerian *k.n.* ministry; government department headed by a minister.

kemenyan *k.n.* incense; substance burnt to produce fragrant smoke, esp. in religious ceremonies.

kemeriahan *k.n.* hilarity; jollity; jollification; being jolly; merrymaking.

K

kemerosotan *k.n.* decline; gradual decrease or loss of strength; degeneration; deterioration.

kemesraan *k.n.* cordiality; felicity; pleasing manner or style; hospitality; friendly and generous entertainment of guest.

kemestian *k.n.* compulsion; compelling; thing that must be done or visited, etc.

kemewahan *k.n.* affluence; wealth; luxury; luxuriance; choice and costly surroundings, food, etc.; self-indulence; thing that is enjoyable, but not essential; opulence.

kemik *k.n.* dent; depression left by a blow or pressure. **terkemik** *k.k.* dent; make a dent in; become dented.

kemis, mengemis *k.k.* cadge; ask for as a gift, beg things; reduce to poverty.

kemiskinan *k.n.* poorness; poverty; state of being poor.

kemodenan *k.n.* modernity.

kemolekan *k.n.* loveliness.

kemontokan *k.n.* plumpness.

kempen *k.n.* campaign; series of military operations; organized course of action. **berkempen** *k.k.* campaign; conduct or take part in a campaign.

kempis *adj.* flattened or shrunken (because the content has been decreased or removed); deflated. **mengempiskan** *k.k.* deflate.

kemudahan *k.n.* amenity; pleasant feature of a place, etc.; convenience; being convenient; convenient thing; facility; ease, absence of difficulty; means for doing something.

kemudi *k.n.* helm; tiller or wheel by which a ship's rudder is controlled. **mengemudi** *k.k.* cox; act as cox of (a racing-boat).

kemudian *kkt.* afterwards; at a later time.

kemuflisan *k.n.* bankrupt.

kemujuran *k.n.* fluke; success due to luck; luck.

kemuliaan *k.n.* dignity; calm and serious manner or style; honourable; state of being eminent; enshrinement; kudos (*colloq.*); honour and glory; nobility.

kemunasabahan *k.n.* credibility.

kemuncak *k.n.* summit; highest point; apex; climax; point of greatest interest or intensity.

kemunculan *k.n.* apparition; appearance; thing appearing, esp. of a startling or remarkable kind; emergence.

kemuncup *k.n.* love-grass; a type of grass that sticks to clothing when touched.

kemungkinan *k.n.* likelihood; probability; possibility; odds.

kemungkiran *k.n.* denial; this default or failure; breaking of a promise.

kemurahan *k.n.* cheapness.

kemuraman *k.n.* dourness; dreariness; gloom; semi-darkness; feeling of sadness and depression.

kemurkaan *k.n.* ire; anger.

kemurungan *k.n.* sullenness; moroseness; pensiveness; depression.

kemustahilan *k.n.* impossibility; incredibility.

kemut, mengemut *k.k.* to expand and contract; to pulsate. **terkemut-kemut** *k.k.* expanding and contracting; throbbing.

kena *k.k.* incur (p.t. *incurred*); bring upon onself. **mengenakan** *k.k.* impose; put (a tax, obligation, etc.); inflict; force acceptance of; cause (a blow, penalty, etc.) to be suffered; to levy.

kenajisan *k.n.* filthiness.

kenakalan *k.n.* mischief; naughtiness.

kenal *k.k.* know; recognize, be familiar with. **memperkenalkan** *k.k.* acquaint; make known to; introduce; make (a person) known to others; present to an audience; bring into use; introducing. —*adj.* introductory. **mengenali** *k.k.* recognize; know again from one's previous experience; identify.

kenan[1] *k.n.* deformity; peculiar habit from birth.

kenan[2], **berkenan** *k.k.* to like; to agree. **memperkenan, memperkenankan** *k.k.* to allow; to approve; to grant permission.

kenang *k.k.* remember; recall; keep in one's mind and recall at will. **mengenangkan** *k.k.* recollect; call to mind, reminisce; think about past events. **kenangan** *k.n.* memory; thing(s) remembered; nostalgia; sentimental memory of or longing for things of the past.

kenanga *k.n.* a type of tree with fragrant flowers; ylang-ylang.

kenapa *k.ty.* why; for what reason or purpose?; on account of which.

kenari *k.n.* canary; small yellow songbird.

kencana *k.n.* gold; yellow metal of high value.

kencang *adj.* stiff; strong; fast; boisterous.

K

kencing *k.n.* urine; waste liquid which collects in the bladder and is discharged from the body. **kencing manis** *k.n.* diabetes; disease in which sugar and starch are not properly absorbed by the body.

kendaga *k.n.* a wooden chest or box decorated with shells or wrapped with woven material.

kendala *k.n.* constraint; a thing that limits or restricts something or your freedom to do something.

kendali, mengendalikan *k.k.* conduct; manage; operate; control the functioning of. **kendalian** *k.n.* operation; operating.

kendati *k.h.* even though; although.

kenderaan *k.n.* vehicle; all kinds of transportation like cars, bicycles, horses, etc.

kendi[1] *k.n.* jar; cylindrical glass or earthenware container.

kendi[2] *k.n.* curlew; wading bird with a long curved bill.

kendiri *k.n.* self; oneself. **berkendiri** *kkt.* alone. **mengendiri** *k.k.* to isolate oneself from others. **pengendiri** *k.n.* a person who likes to live in isolation.

kendong, mengendong *k.k.* to carry something in a sarong or canvas sling. **berkendong** *k.k.* carrying by using a sarong or canvas sling. **kendongan** *k.n.* goods; load; act of carrying in this manner.

kendur *adj.* slack; not tight; loose. **mengendur** *k.k.* slacken; loosen.

kenduri *k.n.* feast (usu. religious, preceded by prayers, etc.).

kenek *k.n.* attendant; a person who helps the driver of a bus, lorry, etc.

kengerian *k.n.* eeriness; horror; loathing and fear; intense dislike or dismay; person or thing causing horror.

kenikmatan *k.n.* enjoyment.

kening *k.n.* eyebrow; fringe of hair on the ridge above the eye-socket.

kenit *adj.* midget; extremely small. —*k.n.* manikin; little man, dwarf; midget; extremely small person or thing.

kenormalan *k.n.* normality.

kental *adj.* thick (*-er*, *-est*); dense; fairly stiff in consistency. **mengentalkan** *k.k.* coagulate; change from liquid to semi-solid, clot.

kentang *k.n.* potato (pl. *-oes*); plant with starchy tubers that are used as food; one of these tubers.

kentut *k.n.* fart; break wind. **terkentut** *k.k.* fart (accidentally).

kenyal *adj.* elastic; springy; able to spring back easily after being squeezed or stretched; rebounding.

kenyang *adj.* replete; filled with food; satiated. **mengenyangkan** *k.k.* fill with food; satisfy; satiate.

kenyataan *k.n.* fact; thing known to have happened or to be true or to exist; reality; quality of being real; thing or all that is real and not imagination or fantasy; notice; formal announcement; written or printed information displayed. **papan kenyataan** *k.n.* notice-board; board on which notice may be displayed.

kenyit, mengenyit *k.k.* wink; blink the eye(s) or raise the eyebrows as a signal.

kepada *k.s.n.* to; for (a person).

kepah *k.n.* mussel; a kind of bivalve mollusc.

kepahitan *k.n.* acrimony; bitterness.

kepak *k.n.* wings; one of a pair of projecting parts by which a bird or insect, etc. is able to fly; one of the parts projecting widely from the sides of an aircraft.

kepal, kepalan *k.n.* lump; fistful (of rice, clay, etc.).

kepala *k.n.* head; part of the body containing the eyes, nose, mouth, and brain; thing like the head in form or position; top or leading part or position; chief person; side of a coin showing a head, turned upwards after being tossed. **mengepalai** *k.k.* head; be at the head or top of; lead. **perhiasan kepala** *k.n.* head-dress; ornamental covering or band worn on the head. **sakit kepala** *k.n.* headache; continuous pain in the head; problem causing worry.

kepalang, bukan kepalang *adj.* extraordinary; exceptional, not little.

kepanasan *k.n.* heat; hotness; intense feeling.

kepandaian *k.n.* cleverness.

kepandiran *k.n.* idiocy; state of being an idiot; extreme foolishness.

kepang *k.n.* something woven or plaited. **kuda kepang** *k.n.* an object resembling a horse made of woven bamboo used in a Malay traditional dance. **berkepang** *adj.* woven or plaited. **mengepang** *k.k.* to weave or plait something. **kepangan** *k.n.* product of weaving or plaiting.

kepanjangan *k.n.* elongation.

kepantangan *k.n.* abstinence; abstaining, esp. from food or alcohol.

kepantasan *k.n.* briskness.

keparat *k.n.* blighter (*sl.*); person or thing, esp. an annoying one; heathen; infidel.

keparauan *k.n.* hoarseness.

kepastian *k.n.* certainty; being certain; thing that is certain; positiveness.

kepatuhan *k.n.* compliance; meekness; conformity; obedience.

kepaya *k.n.* papaya; papaw; edible fruit of a palm-like tropical tree.

kepayahan *k.n.* difficulty.

kepedihan *k.n.* smart; (feel) a stinging pain; pang; sudden sharp pain.

kepejalan *k.n.* solidity.

kepekaan *k.n.* sensitivity.

kepekatan *k.n.* concentration; concentrated thing; thickness.

kepelikan *k.n.* absurdity; strangeness; peculiarity.

kependekan *k.n.* abbreviation; shortened form of word(s).

kepeningan *k.n.* dizziness.

kepentingan *k.n.* importance.

kepenuhan *k.n.* fullness.

kepercayaan *k.n.* belief; believing; thing believed; credence; faith; reliance; trust.

keperempuanan *k.n.* effeminate; not manly, womanish.

keperibadian *k.n.* personality; person's distinctive character.

keperluan *k.n.* necessity; state or fact of being necessary; need; requirement; essential thing; necessaries; things without which life cannot be maintained or is harsh.

kepetahan *k.n.* eloquence; fluent speaking.

kepialu *k.n.* headache; **demam kepialu** *k.n.* fever with headache; **demam radang kepialu** *k.n.* high fever with delirium.

kepijaran *k.n.* incandescence.

kepiluan *k.n.* sorrow; mental suffering caused by loss or disappointment, etc.; heartache.

kepinding *k.n.* bug; small unpleasant insect.

keping *k.n.* piece; sheet; slice; numeral coefficient for thin and flat objects.

kepingan *k.n.* piece.

kepingin *k.n.* desire; feeling that one would get pleasure or satisfaction from something; wish; mental aim; expression of desire.

kepintaran *k.n.* astuteness; intelligence; cleverness.

kepit *k.n.* clip; device for holding things tightly or together. **mengepit** *k.k.* clip (*p.t. clipped*); fix or fasten with clip(s).

kepompong *k.n.* chrysalis; form of an insect in the stage between grub and adult insect; case enclosing it.

kepongahan *k.n.* cockiness; egotism; practice of talking too much about oneself; conceitedness.

kepuasan *k.n.* satisfaction; gratification. **kepuasan hati** *k.n.* complacency; contentment.

kepucatan *k.n.* paleness; pallidness; pallor.

kepulauan *k.n.* archipelago (pl. *-os*); group of islands.

kepung, mengepung *k.k.* besiege; lay siege to. **kepungan** *k.n.* siege; surrounding and blockading of a place by armed forces, in order to capture it.

kepupusan *k.n.* extinction; making or becoming extinct.

kepura-puraan *k.n.* hypocrisy; falsely pretending to be virtuous; insincerity.

keputusan *k.n.* verdict; decision reached by a jury; decision or opinion reached after testing something.

kera *k.n.* long-tailed macaque; various kinds of monkeys.

kerabat *k.n.* consanguinity; kinship; folk; one's relatives.

kerabu[1] *k.n.* a kind of salad with vegetables, fruit and sometimes meat or seafood.

kerabu[2] *k.n.* stud (earring); piece of jewellery attached to a small rod which is pushed through a hole in the ear.

keradangan *k.n.* heat; intense feeling, anger.

keradioaktifan *k.n.* radioactivity.

keraguan *k.n.* doubt; feeling of uncertainty or disbelief; being undecided; hesitation.

kerah, mengerahkan *k.k.* conscript; summon for compulsory military service.

kerahan *k.n.* conscription; draft; group detached for special duty, selection of these.

kerahiman *k.n.* graciousness.

keraian *k.n.* entertainment; fete; festival.

kerajaan *k.n.* government; governing; group of organization governing a country.

kerajang *k.n.* foil; paper-thin sheet of metal.

kerak *k.n.* crust; hard outer layer, esp. of bread. berkerak *k.k.* crusty (-*ier*, -*iest*); with a crisp crust.

kerakal *k.n.* gravel; pebble.

keramahan *k.n.* sociability. keramah-tamahan *k.n.* amiability.

keramaian *k.n.* bustle; excited activity; celebration; festival.

keramat *adj.* holy and sacred; (believed to be) endowed with supernatural or magical powers (such as the ability to cure sickness, provide protection, etc.). —*k.n.* place or object that is (believed to be) sacred with supernatural or magical powers.

kerambit *k.n.* a knife with a curved blade; a sickle.

keran *k.n.* faucet; tap.

kerana *k.h.* because; for the reason that.

keranda *k.n.* casket; coffin; box in which a corpse is placed for burial or cremation.

kerang *k.n.* cockle; edible shellfish.

kerangka *k.n.* carcass; framework; chassis (pl. *chassis*, pr. -*siz*); baseframe, esp. of a vehicle; supporting frame.

kerani *k.n.* clerk; person employed to do written work in an office.

keranjang *k.n.* basket (of coarse wickerwork).

kerap *kkt.* frequent; happening or appearing often. —*k.k.* often; many times, at short intervals; in many instances.

kerapatan *k.n.* closeness.

kerapuhan *k.n.* brittleness; fragility; crispness.

keras *adj.* hard (-*er*, -*est*); firm, not easily cut; strenuous; (of drugs) strong and addictive; (of drinks) strongly alcoholic. keras hati *adj.* indomitable; obstinate; unyielding. mengeras, mengeraskan *k.k.* harden; make or become hard or hardy.

kerat, mengerat *k.k.* cut (p.t. *cut*, pres.p. *cutting*); sever; slice; divide by pressure of an edge; intersect. keratan *k.n.* counterfoil; section of a cheque or receipt kept as a record; cutting; piece cut from something. keratan rentas *k.n.* cross-section; diagram showing internal structure; representative sample.

kerawai *k.n.* a type of hornet; a creeping plant whose leaves are used for making fertilizer.

kerawang *k.n.* fretwork; woodwork cut in decorative patterns; lace.

kerawit, kerawit bintil akar *k.n.* a type of worm that destroys trees. cacing kerawit *k.n.* threadworm; a small thin worm that lives in the intestines of humans and animals.

kerbau *k.n.* buffalo; a kind of ox.

kerdil *adj.* cretinous. —*k.n.* cretin; person who is deformed and mentally defective through lack of thyroid hormone; dwarf (pl. -*fs*); person or thing much below the usual size.

kerdip, berkerdip *k.k.* to blink; to flicker. mengerdip *k.k.* to produce light; to twinkle. kerdipan *k.n.* blinking; flickering; twinkling.

keredaan *k.n.* alleviation.

kerek *k.n.* hoist; apparatus for hoisting things; tackle; set of ropes and pulleys for lifting weights or working sails. mengerek *k.k.* hoist; pull or haul; raise or haul up.

kerekot *adj.* crooked; twisted; curled and uneven. mengerekot *k.k.* to lie down with the body curled up.

keremajaan *k.n.* adolescence.

keremehan *k.n.* insignificance.

kerenah *k.n.* manner; behaviour; whims.

kerencaman *k.n.* mixture; variety; assortment.

kerendahan *k.n.* debasement.

kerengga *k.n.* a type of a large red ant.

kerenggangan *k.n.* gap; separation; distance; alienation.

kerepek *k.n.* crisp; thin slice of potato, tapioca, etc. fried crisp.

kerepot, berkerepot *k.k.* (*colloq.*) to wrinkle; to frown; to shrivel.

keresahan *k.n.* disquiet; uneasiness; anxiety; discomfort; being uncomfortable.

kereta *k.n.* car; motor car. kereta buruk *k.n.* jalopy; battered old car. kereta langgar *k.n.* dodgem; one of the small cars in an enclosure at a funfair, driven so as to bump or dodge others. kereta mayat *k.n.* hearse; vehicle for carrying the coffin at a funeral. kereta perisai *k.n.* tank; armoured fighting vehicle moving on caterpillar tracks. kereta peronda *k.n.* panda car; police patrol car. kereta kuda landau *k.n.* landau; a horse-drawn carriage.

kereta api *k.n.* train; railway engines with linked carriages or trucks.

keretek *k.n.* a type of cigarette containing tobacco mixed with cloves.

keri *k.n. a* small sickle for cutting grass, etc.

keria *k.n.* crane; large wading bird.

keriaan *k.n.* delectation; enjoyment.

keriahan *k.n.* enlivenment.

keriangan *k.n.* joviality; gayness; cheer; cheerfulness; conviviality; jubilation; glee; lively or triumphant joy.

keriap, berkeriapan, mengeriap *k.k.* swarmed or besieged by ants, worms, etc.

keriau *k.n.* a shout; a loud cry, etc. berkeriau *k.k.* to shout loudly; to scream or shriek.

keributan *k.n.* hubbub; confused noise of voices; kerfuffle (*colloq.*); fuss, commotion; bustle.

keridik *k.n.* a small winged insect that produces sound by clapping both its wings; cricket.

kerikil *k.n.* gravel; pebbles; small stones.

kerimbunan *k.n.* lushness.

kering *adj.* dry (*drier, driest*); without water or moisture or rainfall; dried (of food) preserved by removal of moisture. mengeringkan *k.k.* dry; make or become dry; preserve (food) by removing its moisture; desiccate; dry out moisture from.

keringat *k.n.* sweat; perspiration; moisture given off by the body through the pores.

keringkasan *k.n.* brevity; briefness.

kerinting[1] *adj.* frizzy. mengerinting *k.k.* frizz; curl into a wiry mass.

kerinting[2] *k.n.* perm; permanent artificial wave in the hair. mengerintingkan *k.k.* crimp; press into ridges.

kerip, mengerip *k.k.* nip; bite quickly with the front teeth.

keris *k.n.* kris; a Malay or Indonesian dagger with a wavy blade.

kerisauan *k.n.* apprehension; worry.

kerisik[1] *k.n.* dried banana leaves; fried grated coconut.

kerisik[2] *k.n.* a sound like that of dry leaves brushing against each other. berkerisik *k.k.* to produce a sound like that of dried leaves or banana leaves brushing against each other.

keriuhan *k.n.* furore; uproar of enthusiastic admiration or fury.

keriut *k.n.* creak; harsh squeak. berkeriut *k.k.* creak; make this sound.

kerja *k.n.* work; use of bodily or mental power in order to do or make something, esp. contrasted with play or recreation; thing to be undertaken; thing done or produced by work; employment; task; piece of work to be done. kerja harian *k.n.* chore; routine task. kerja keras *k.n.* overwork; hard work; make excessive use of. kerja luar *k.n.* fieldwork; practical work done by surveyors; social workers, etc. kerja rumah *k.n.* homework; work set for a pupil to do away from school. tunggak kerja *k.n.* backlog; arrears of work.

kerjasama *k.n.* cooperation. bekerjasama *k.k.* cooperate; work or act together; collaborate; work in partnership.

kerja tangan *k.n.* handiwork; thing made or done by the hands.

kerjaya *k.n.* career; way of making one's living; profession.

kerkah, mengerkah *k.k.* crunch; crush noisily with the teeth.

kerkap *k.n.* crunch; sound of crunching.

kerlap *k.n.* nap; short sleep, esp. during the day. terkerlap *k.k.* nap (*p.t. napped*); have a nap.

kerling, kerlingan *k.n.* glance; brief look. mengerling *k.k.* glance; look briefly.

kerlip *k.k.* flicker; burn or shine unsteadily; occur briefly; quiver.

kerlipan *k.n.* flicker; flickering light or movement; brief occurrence.

kernyih •*adj.* with a grimace or grinning expression. mengernyih *k.k.* to grin.

kerodak *k.n.* sediment; dregs.

keroh *adj.* insincere; deceitful; sneaky.

keroncong, berkeroncong, berkeroncongan *k.k.* to make a tinkling sound; to make a growling sound (of stomach when hungry). —*k.n.* a type of Malay traditional song.

kerongkong *k.n.* throat; front of the neck; passage from mouth to oesophagus or lungs.

kerongsang *k.n.* brooch; ornamental hinged pin fastened with a clasp.

keropeng *k.n.* scab; a hard, dry covering that forms over a wound as it heals.

keropok *k.n.* a type of cracker or thin biscuit (made of flour and fish paste, etc.).

kerosakan *k.n.* damage; something done that reduces the value or usefulness of the thing affected, or spoils its appearance; caries (pl. *caries*); decay of tooth or bone.

kerosin *k.n.* kerosene; paraffin oil.

keroyok, mengeroyok *k.k.* to attack.

kerpai *k.n.* a metal or steel container for gunpowder; an ammunition box.

kersang *adj.* (of land) dry and infertile; (of hair) stiff; arid.

kersik *k.n.* grit; particles of stone or sand. —*k.k.* grit (p.t. *gritted*); make a grating sound; spread grit on. **berkersik** *k.k.* gritty.

kertak *k.n.* gnash; (of teeth) strike together; grind (one's teeth).

kertas *k.n.* paper; substance manufactured in thin sheets from wood fibre, rags, etc. used for writing on, wrapping things, etc. **kertas cetak** *k.n.* newsprint; type of paper on which newspapers are printed. **kertas tumbuk** *k.n.* papier mache; moulded paper pulp used for making small objects. **atas kertas** on paper; in writing; when judged from written or printed evidence.

kertau *k.n.* mulberry; purple or white fruit resembling a blackberry; tree bearing this.

keruan *adj.* known; certain; definite.

kerudung *k.n.* cowl; monk's hood or hooded robe; hood-shaped covering.

keruh *adj.* cloudy; (of liquid) not transparent.

keruk, mengeruk *k.k.* to scratch with the hand; to dig with the hand. **terkeruk-keruk** *k.k.* to scratch.

kerumitan *k.n.* complication; intricacy; complexity.

kerumun *k.k.* besiege; crowd round. **mengerumuni** *k.k.* infest; be numerous or troublesome in (a place); together in a crowd; mob (p.t. *mobbed*); crowd round in great numbers. **kerumunan** *k.n.* crowd; large group; infestation; mob; large disorderly crowd; (*sl.*) gang.

kerunsingan *k.n.* perturbation.

keruntuhan *k.n.* demolition; cause to collapse; collapsing; breakdown.

keruping *k.n.* gore; clotted blood from a wound.

kerusi *k.n.* chair; movable seat, with a back, for one person; position of a professor. **kerusi malas** *k.n.* deckchair; folding canvas chairs for outdoors.

kerut *k.n.* lines or creases on the forehead. **berkerut, berkerut-kerut** *k.k.* to wrinkle or crease. **mengerutkan** *k.k.* to cause to wrinkle or crease.

kerutu *adj.* rough; bristly; grainy; craggy. **mengerutu** *k.k.* become rough; grainy.

kes *k.n.* case; instance of a thing's occurring; situation; crime being investigated; lawsuit; set of facts or arguments supporting something.

kesabaran *k.n.* patience; calm endurance of annoyance or delay, etc.; perseverance.

kesahan *k.n.* authenticity; legality; legitimacy.

kesakitan *k.n.* painfulness; pain.

kesaksamaan *k.n.* impartiality; fairness.

kesal *adj.* lamentable; regrettable; deplorable.

kesalahan *k.n.* delinquency; guilt; fact of having committed an offence; feeling that one is to blame; incorrectness; offence; mistake; error.

kesalahfahaman *k.n.* misunderstanding.

kesamaan *k.n.* equality.

kesan[1] *adj.* indelible; (of a mark) unable to be removed or washed away.

kesan[2] *k.n.* effect; change produced by an action or cause; impression. **berkesan** *k.k.* cause to occur; impressive; making a strong favourable impression; effective. **mengesankan** *k.k.* producing an effect; leave a mark, trail or impression.

kesangsian *k.n.* doubt; feeling of uncertainty or disbelief; being undecided; distrust.

kesantunan *k.n.* suavity; gracefulness.

kesat *adj.* abusive; using harsh words or insults; coarse; composed of large particles; rough or loose in texture; rough or crude in manner; vulgar.

kesateria *k.n.* a courageous soldier; a warrior; an aristocrat in Hindu society.

kesayuan *k.n.* melancholy; mental depression, sadness; gloom.

kesedaran *k.n.* awareness; consciousness; realization.

kesederhanaan *k.n.* moderation.

kesediaan *k.n.* availability; preparedness.

kesedihan *k.n.* sorrow; mental suffering caused by loss or disappointment, etc.

keseganan *k.n.* coyness; diffidence.

kesegaran *k.n.* freshness.

keseimbangan *k.n.* balance; even distribution of weight or amount; equilibrium.

keselesaan *k.n.* comfort; state of ease and contentment; cosiness.

keseluruhan *k.n.* entirety; whole; full amount, all parts or members; complete system made up of parts. **pada keseluruhannya** in its entirety; as a whole.

kesemberonoan *k.n.* flippancy; recklessness.

kesempatan *k.n.* opportunity; circumstances suitable for a particular purpose; chance; outlet.

kesempitan *k.n.* narrowness; state of great difficulty or misfortune; need; poverty.

kesempurnaan *k.n.* completeness; perfection; making or being perfect.

kesenangan *k.n.* easiness; comfort; pleasure.

kesengsaraan *k.n.* hardship; harsh circumstance; suffering; misery.

kesenian *k.n.* artistry; artistic skill.

kesenyapan *k.n.* silence; absence of sound or of speaking.

keseorangan *k.n.* solitary; alone; single.

kesep *adj.* fleshy with an exceptionally small seed.

kesepadanan *k.n.* correspondence; similarity.

kesepian *k.n.* solitude; being solitary.

kesepuluh *k.bil.* tenth.

keserasian *k.n.* compatibility.

keseronokan *k.n.* delight; great pleasure.

keserupaan *k.n.* likeness; being alike; similarity.

kesesakan *k.n.* congestion.

kesesuaian *k.n.* conformity; suitability.

kesetaraan *k.n.* equivalence.

kesetiaan *k.n.* faithfulness; allegiance; support given to a government, sovereign, or cause; loyalty.

kesetiausahaan *k.n.* secretarial work.

kesialan *k.n.* mischance; misfortune; bad luck; unfortunate event.

kesihatan *k.n.* health.

kesilapan *k.n.* error; mistake; being wrong; amount of inaccuracy; gaffe; blunder; incorrect idea or opinion; thing done incorrectly; oversight; unintentional omission or mistake. **kesilapan kecil** *k.n.* lapse; slight error.

kesimpulan *k.n.* conclusion; opinion reached; decision; judgement reached by this; ability to form firm opinions and act on them; inference.

kesingkatan *k.n.* briefness.

kesombongan *k.n.* snobbery; arrogance.

kesopanan *k.n.* courtesy; decorum; correctness and dignity of behaviour; civility; politeness; mannerism; distinctive personal habit or way of doing something; polite social behaviour.

kesot, berkesot, mengesot *k.k.* to edge. **mengesotkan** *k.k.* to move the position of something; to shift.

kestabilan *k.n.* stability.

kesterilan *k.n.* sterility.

kesturi *k.n.* musk; substance secreted by certain animals or produced synthetically, used in perfumes.

kesuburan *k.n.* fertility.

kesucian *k.n.* chastity; sanctity; cleanliness; immaculacy; purity.

kesudahan *k.n.* outcome; result of an event.

kesugulan *k.n.* dejection; lowness of spirits; sadness.

kesulitan *k.n.* bother; worry, minor trouble; difficulty.

kesultanan *k.n.* sultanate.

kesumat *k.n.* hatred; enmity.

kesumbangan *k.n.* indecency; impropriety.

kesungguhan *k.n.* earnestness; seriousness.

kesuraman *k.n.* bleakness; grimness; gloom.

kesusahan *k.n.* adversity; brunt; stress or strain; difficulty; hardship.

kesusasteraan *k.n.* literature; writings, esp. great novels, poetry, and plays.

kesyukuran *k.n.* gratitude; thankfulness.

ketaajuban *k.n.* astonishment; marvel; wonderful; something; amazement.

ketaatan *k.n.* adherence; fidelity; faithfulness; loyalty.

ketabahan *k.n.* composure; calmness; courage; ability to control fear when facing danger or pain; perseverance.

ketagih, ketagihan *k.n.* strong desire for something; addiction; yearning or craving.

ketajaman *k.n.* perceptiveness; perceptivity; sharpness; acuteness.

ketak *k.n.* a knocking or tapping sound; the ticking of a clock pendulum; wrinkled skin; folds of skin as found on an insect with a segmented body.

ketapang *k.n.* a tree whose seeds are used to make medicine.

ketakberhinggaan *k.n.* infinity; infinite number, extent, or time.

ketakbersalahan *k.n.* innocence.

ketaknormalan *k.n.* abnormality.

ketakteraturan *k.n.* irregularity; disorderliness.

ketakutan *k.n.* fear; unpleasant sensation caused by nearness of danger or pain.

ketakwaan *k.n.* fear; awe felt for God; godliness.

ketam[1] *k.k.* reap; cut (grain, etc.) as harvest.

ketam[2] *k.n.* crab; ten-legged shellfish.

ketamakan *k.n.* greed; excessive desire, esp. for food or wealth; greediness; avarice.

ketampanan *k.n.* elegance; attractiveness.

ketandusan *k.n.* barrenness; aridness, aridity.

ketangkasan *k.n.* agility; promptitude; deftness.

ketap, mengetap *k.k.* clench; close (teeth or fingers) tightly; grit.

ketar *adj.* doddery. **terketar-ketar** *k.k.* dodder; totter because of age or frailty; shiver; trembling; quiver.

ketara *adj.* conspicuous; apparent; perceptible; visible. **tidak ketara** inconspicuous; not conspicuous.

ketat *adj.* tight. **mengetatkan** *k.k.* to tighten. **pengetat** *k.n.* an instrument for tightening something.

ketawa *k.k.* laugh; make sounds and movements of the face that express lively amusement or amused scorn.

ketayap *k.n.* a white hat or skull cap normally worn by an imam.

ketegapan *k.n.* stoutness; firmness.

ketegar *k.n.* die-hard; very conservative or stubborn person.

ketegaran *k.n.* stiffness; stubbornness.

ketegasan *k.n.* coherence; firmness.

keteguhan *k.n.* impregnability; firmness; emphasis; strength.

ketekunan *k.n.* being industrious; diligence; concentration.

ketelapan *k.n.* permeability; a state whereby gas or liquid can pass through.

ketempangan *k.n.* lameness; limping walk; deformity.

ketenangan *k.n.* equanimity; calmness of mind or temper; impertubability; stillness.

ketenteraan *k.n.* soldiery; soldiers collectively; army.

ketenteraman *k.n.* peace; calmness.

ketepatan *k.n.* accuracy; exactness; fidelity; precision.

keterangan *k.n.* explanation; clarification; caption; gen (*sl.*); information; brightness.

keterbahagian *k.n.* divisibility.

keterbukaan *k.n.* openness.

ketertiban *k.n.* orderliness; etiquette; courtesy.

ketetapan *k.n.* permanence; decision; resolve.

ketetel *k.n.* an unstable economic situation; a slow spinning top.

ketewasan *k.n.* defeat; defeating others; being defeated.

ketiak *k.n.* armpit; hollow under the arm at the shoulder.

ketibaan *k.n.* arrival.

ketidakaktifan *k.n.* inactivity.

ketidakcekapan *k.n.* incompetence; inefficiency.

ketidakhadiran *k.n.* absence; being absent; lack.

ketidakhematan *k.n.* indiscretion.

ketidakjujuran *k.n.* dishonesty.

ketidakmampuan *k.n.* inability; thing that disables or disqualifies a person.

ketidaksecocokan *k.n.* incompatibility.

ketidakseimbangan *k.n.* imbalance; lack of balance; disproportion; disproportionate condition.

ketidakselarasan *k.n.* inconsistency.

ketidaktepatan *k.n.* imprecision; inaccurate; not accurate.

ketik *k.n.* clack; short sharp sound. **berketik** *k.k.* clack; make this sound.

ketika *k.n.* juncture; point of time; convergence of events; moment; point or brief portion of time; occasion; time at which a particular event takes place; during; throughout; at a point in the continuance of. **seketika** *k.n.* momentarily; lasting only a moment.

keting *k.n.* Achilles tendon; the tendon that connects the muscles at the back of the lower part of the leg to the heel.

ketinggian *k.n.* height; measurement from base to top or head to foot; distance above ground of the sea level; highest degree of something; elevation; elevating; altitude; tallness.

ketingting *k.n.* hopscotch; a children's game played on a pattern of squares marked on the ground. **berketingting** *k.k.* to hop on one leg.

ketip, mengetip *k.k.* to bite; to pinch; sting. **pengetip** *k.n.* an instrument used for clipping. **ketip-ketip** *k.n.* a creeping plant.

ketis *k.n.* an insect's leg. **mengetis** *k.k.* to flick tiny objects off something.

ketot *adj.* short; stunted.

ketitir *k.n.* turtle-dove; wild dove noted for its soft cooing.

ketua *k.n.* chief; leader; person with the highest rank, etc. **ketua darjah** *k.n.* monitor; pupil with special duties in school.

ketuanan *k.n.* suzerainty.

ketuat *k.n.* wart; small hard abnormal growth on the skin.

ketuhanan *k.n.* divinity.

ketuhar *k.n.* oven; enclosed chamber in which things are cooked or heated.

ketuk *k.k.* knock; strike with an audible sharp blow; strike a door, etc. to summon a person or gain admittance; drive or make by knocking; (*sl.*) criticize insultingly. **ketukan** *k.n.* knock; act or sound of knocking; sharp blow.

ketul *k.n.* lump; thick piece.

ketulusan *k.n.* honesty; candour; frankness; sincerity.

ketumbar *k.n.* coriander; plant with seeds used for flavouring.

ketumbit *k.n.* stye; inflamed swelling on the edge of the eyelid.

ketumpulan *k.n.* bluntness.

ketupat *k.n.* boiled rice in packets woven from coconut or palm leaves.

ketur *k.n.* spittoon; receptacle for spitting into.

keturunan *k.n.* descent; lineage; family origin; descendant; person, etc. descended from another.

keunggulan *k.n.* excellence.

keuntungan *k.n.* advantage; favourable circumstance; profit.

keusangan *k.n.* obsolescence; decrepitude; state of being run-down and worn-out.

keuzuran *k.n.* sickness; illness.

kewajipan *k.n.* obligation; being obliged to do something, what one must do to comply with an agreement or law, etc.; onus; duty or responsibility of doing something.

kewangan[1] *adj.* monetary; of money or currency.

kewangan[2] *k.n.* finance; management of money; money resources. **ahli kewangan** *k.n.* financier; person engaged in financing businesses.

kewarasan *k.n.* lucidity; sanity.

kewaspadaan *k.n.* care; serious attention and thought; caution; carefulness.

kewujudan *k.n.* existence; being; thing that exists and has life.

keyakinan *k.n.* confidence; assurance; self-confidence; belief that a thing is true.

kezaliman *k.n.* brutality; cruelty.

kg *kep.* kg; kilogram(s).

khabar, perkhabaran *k.n.* news; new or interesting information about recent events; report. **mengkhabarkan** *k.k.* inform; give information or news to.

khadam *k.n.* minion (*derog.*); subordinate assistant; henchman; household servant.

khaki *adj. & k.n.* khaki; dull brownish-yellow, colour of military uniforms.

khalayak *k.n.* everything created by God in this world; creatures.

khalifah *k.n.* caliph; chief Muslim religious leader and ruler, regarded as the successor of Prophet Muhammad.

khalwat *k.k.* to isolate oneself in order to seek peace of mind; (of unmarried man and woman) to be together in a secluded place such that it arouses suspicion or speculation. **berkhalwat** *k.k.* to be together in a secluded place to commit impropriety.

Khamis *k.n.* Thursday; day after Wednesday.

khas *adj.* special; of a particular kind; for a particular purpose; exceptional.

khasiat *k.n.* special properties; goodness (of food, etc.). **berkhasiat** *k.k.* beneficial; nutritious.

khat *k.n.* calligraphy; a type of handwriting. **mengekhatkan** *k.k.* to write with one's hand.

khatam *k.n.* end; completion **mengkhatamkan** *k.k.* to complete (reading, research, etc.).

khatan *k.k.* circumcise; cut off the foreskin of. **berkhatan** *k.k.* be circumcised. **mengkhatankan** *k.k.* circumcise; cut off the foreskin of.

khatib *k.n.* title for a sermon reader or mosque chairman; a preacher.

khatulistiwa *k.n.* equator; imaginary line round the earth at an equal distance from the North and South Poles.

khayal *k.n.* dreamy; day-dreaming. **khayalan** *k.n.* fantasy; imagination; thing imagined; fanciful design, fantasia; figment; thing that does not exist except in the imagination.

khemah *k.n.* camp; temporary accommodation for travellers, etc., esp. in tents. **berkhemah** *k.k.* encamp; be in a camp; settle in a camp.

khianat *k.n.* betrayal. **mengkhianati** *k.k.* betray; give up or reveal disloyally to an enemy; be disloyal to.

khidmat *k.n.* service; work. **berkhidmat** *k.k.* serve; perform services for; work.

khilaf *k.n.* blunder; mistake. **terkhilaf** *k.k.* blunder; make a blunder.

khuatir *adj.* afraid; frightened; worried.

khunsa *k.n.* hermaphrodite; creature with male and female sexual organs.

khurafat *k.n.* absurd teachings or beliefs, superstition, etc.

khusus[1] *adj.* peculiar; belonging exclusively to one person or place or thing; special. **mengkhusus** *k.k.* major; (*U.S.*) specialize (in a subject) at college.

khusus[2] *k.k.* expressly; explicitly; for a particular purpose.

khusyuk *adj.* engrossed; wholehearted; earnest.

khutbah *k.n.* sermon; talk on a religious or moral subject, esp. during a religious service; homily; moralizing lecture. **berkhutbah** *k.k.* sermonize; give a long moralizing talk.

kHz *kep.* kHz; kilohertz.

kiai *k.n.* a religious person; a Muslim scholar.

kial, kial-kial, berkial-kial, terkial-kial *k.k.* to do something with much effort and difficulty; to strive; to move the hand or body to illustrate an action. **berkial** *k.k.* to move the hand and body to act out something. **mengialkan** *k.k.* to act out; to illustrate something through action or gesture.

kiam *k.k.* to stand upright (during prayer).

kiamat *k.n.* doomsday; day of the Last Judgement.

kiambang *k.n.* duckweed; plants that float on water.

kian *kkt.* as much; many as. **sekian** *adj.* so much.

kias *k.n.* allusion; analogy; hint; example. **berkias** *k.k.* to contain hints, examples, analogy, etc. **mengiaskan** *k.k.* to refer to something indirectly through similes, metaphors, hints, etc.; to hint at; to insinuate.

kiasan[1] *adj.* figurative; metaphorical.

kiasan[2] *k.n.* allusion; statement alluding to something. **berkiasan** *k.k.* allusive.

kibar *kk.* fly (p.t. *flew*, p.p. *flown*); wave, mount (a flag) to wave.

kibas, mengibas *k.k.* to wave or fan with paper (cloth, etc.); to shake off. **mengibaskan** *k.k.* to flap wings up and down. **binatang kibas** *k.n.* a type of goat in Saudi Arabia. **kibasan** *k.n.* the act of waving or flapping.

kibbutz *k.n.* kibbutz (pl. *-im*); communal settlement in Israel.

kiblat *k.n.* the direction Muslims face when praying. **berkiblat** *k.k.* to face in the direction of Mecca. **berkiblatkan** *k.k.* to orientate towards; look to as a focal point.

kicap *k.n.* soy sauce; dark brown sauce made from soya beans, used as a flavouring.

kicau, kicauan *k.n.* chirp; short sharp sound made by a small bird. **berkicau** *k.k.* chirp; make this sound.

kicing *k.n.* limpet; small shellfish that sticks tightly to rocks.

kidal *adj.* left-handed; using the left hand. —*k.n.* southpaw (*colloq.*); left-handed person.

kijang *k.n.* deer (pl. *deer*); ruminant swift-footed animal, male of which usu. has antlers; antelope (pl. *antelope*); animal resembling a deer.

kikir[1] *adj.* parsimonious; stingy, very sparing; mean; miserly.

kikir[2] *k.n.* file; tool with a rough surface for smoothing things. **mengikir** *k.k.* file; shape or smooth with a file.

kikis[1], **mengikis** *k.k.* scrape off (with a sharp object or tool).

kikis[2] *k.k.* vanish; disappear. **mengikis** *k.k.* cause to vanish; erase (from memory, etc.).

kilang *k.n.* factory; building(s) in which goods are manufactured; mill; machinery for grinding something or for processing specified material; building containing this. **kilang wang** *k.n.* mint; place authorized to make a country's coins; vast amount (of money). **mengilang** *k.k.* manufacture; grind or produce in a mill.

kilap *adj.* lustrous; shining. **kilapan** *k.n.* lustre; soft brightness of surface; glory; metallic glaze on pottery; shine; glitter.

kilas, sekilas *k.n.* a glance; a glimpse. **mengilas** *k.k.* to twist; to throw (as in martial arts).

kilat *k.n.* flash; sudden burst of flame or light; sudden show of wit or feeling; lightning; flash of bright light produced from cloud by natural electricity. **banjir kilat** *k.n.* flash flood; sudden destructive flood.

kilau[1] *adj.* glossy (*-ier*, *-iest*); shiny. **berkilau** *adj.* luminous; emitting light, glowing in the dark; glint; send out a glint; glisten; shine like something wet; shine brightly.

kilau[2] *k.n.* glint; very brief flash of light. **kilauan** *k.n.* luminosity; blaze; bright light or display.

kili, **kili-kili** *k.n.* spool; reel on which something is wound.

kilir, **kiliran** *k.n.* strop; device (esp. a strip of leather) for sharpening razors. **mengilir** *k.k.* strop (p.t. *stropped*); sharpen on or with a strop.

kilo *k.n.* kilo; kilogram.

kilo- *awl.* kilo-; one thousand.

kilogram *k.n.* kilogram; unit of weight or mass in the metric system (2.205 lb).

kilohertz *k.n.* kilohertz; unit of frequency of electromagnetic waves, = 1000 cycles per second.

kilokitar *k.n.* kilocycle; 1000 cycles as a unit of wave frequency; kilohertz.

kilometer *k.n.* kilometre; 1000 metres (0.62 mile).

kilovolt *k.n.* kilovolt; 1000 volts.

kilowatt *k.n.* kilowatt; 1000 watts.

kima *k.n.* seafood; shellfish such as mussels or clams.

kimia *k.n.* chemistry; study of substances and their reactions; structure and properties of a substance. **ahli kimia** *k.n.* chemist; person skilled in chemistry; dealer in medicinal drugs. **bahan kimia** *k.n.* chemicals; of or made by chemistry; substance obtained by or used in a chemical process.

kimono *k.n.* kimono; loose Japanese robe worn with a sash; dressing gown resembling this.

kimpal *adj.* solid; not hollow. **mengimpal** *k.k.* forge; shape (metal) by heating and hammering; weld, unite or fuse pieces (of usu. heated metal) by hammering or pressure.

kincah, **mengincah** *k.k.* to rinse; to clean (by washing and shaking in water).

kincir, **kincir air** *k.n.* water-wheel; wheel turned by a flow of water for irrigation or to work machinery. **kincir angin** *k.n.* sail; arm of a windmill.

kinetik *k.n.* kinetic; of movement.

kini *kkt.* nowadays; in present times.

kinja, **terkinja-kinja** *k.k.* jig (p.t. *jigged*); move quickly up and down; hopping about.

kipas *k.n.* fan; device waved in the hand or operated mechanically to create a current of air. **mengipas** *k.k.* fan; drive a current of air upon; spread from a central point. **tali kipas** *k.n.* fan belt; belt driving a fan that cools a car engine.

kira *k.k.* compute; calculate; count; find the total of; say numbers in order; include or be included in a reckoning; regard as; reckon mathematically; plan deliberately; (*U.S.*) suppose. **tidak terkira** incalculable; unable to be calculated. **kira-kira** *k.n.* arithmetic; calculating by means of numbers; about; approximately.

kirai[1], **mengirai**, **mengiraikan** *k.k.* to shake out dirt, etc.; to flap or shake out (wings, feathers, etc.); to scatter (paddy, leaves, etc.) for drying; to ransack; to shuffle (clothing, paper, etc.). **terkirai-kirai** *k.k.* flapping in the wind (of clothes or bundle of fabric); almost blown off by the wind, etc.

kirai[2] *k.n.* a long, narrow strip. **roti kirai** *k.n.* a net-like pastry.

kiri *adj.* left; of, on, or to the side or region opposite right.

kirim, **mengirimkan** *k.k.* consign; deposit; entrust; send (goods, etc.); despatch. **kiriman** *k.n.* consignment; consigning; batch of goods, etc.; delivery.

kiropodi *k.n.* chiropody; treatment of minor ailments of the feet. **ahli kiropodi** *k.n.* chiropodist.

kirsch *k.n.* kirsch; colourless liqueur made from wild cherries.

kisah *k.n.* story; account; narrative. **mengisahkan** *k.k.* narrate; tell (a story); relate.

kisar *k.n.* rotation. **mengisar** *k.k.* turn; wind; rotate; move; grind. **mengisarkan** *k.k.* grind (p.t. *ground*); crush into grains or powder; produce thus. **berkisar** *k.k.* gyrate; move in circles or spirals, revolve. **kisaran** *k.n.* gyration; revolution; rotation.

kisi, **kisi-kisi** *k.n.* grille; grating, esp. in a door or window.

kismis *k.n.* currant; dried grape used in cookery; small round edible berry; raisin.

kisut *adj.* wrinkled; creased. **mengisut** *k.k.* to become wrinkled. **mengisutkan** *k.k.* to cause to become wrinkled or creased.

kit *k.n.* kit; outfit of clothing; tools, etc.; set of parts to be assembled.

kita *k.n.* we; pronoun used by a person referring to himself and another or others; our; us.

K

kitab *k.n.* holy book; scripture.

kitar *k.n.*, **sekitar** *adj.* hereabouts; near here; around. **kitaran** *k.n.* cycle; recurring series of events.

kiu *k.n.* cue; long rod for striking balls in billiards, etc.

kiwi *k.n.* kiwi; New Zealand bird that does not fly.

klac *k.n.* clutch; device for connecting and disconnecting moving parts.

klarinet *k.n.* clarinet; wood-wind instrument with finger-holes and keys. **peniup klarinet** *k.n.* clarinettist; its player.

klasifikasi *k.n.* classification; categorization. **mengklasifikasikan** *k.k.* to classify; to categorize; to group according to certain traits. **pengklasifikasian** *k.n.* classification; categorization.

klasik[1] *adj.* classic; of recognized high quality; typical; simple in style; classical; of the ancient Greeks and Romans; traditional and standard in style. —*k.n.* classic author or work, etc.

klasik[2] *k.n.* classics; study of ancient Greek and Roman literature, history, etc.

klausa *k.n.* clause; distinct part of a sentence, with its own verb.

klaustrofobia *k.n.* claustrophobia; abnormal fear of being in an enclosed space.

klaustrofobik *adj.* claustrophobic; causing or suffering from claustrophobia.

klef *k.n.* clef; symbol on a stave in music, showing the pitch of notes.

kleptomania *k.n.* kleptomania; tendency to steal things without desire to use or profit by them.

klien *k.n.* client; person who uses the services or advice of a professional person or organization.

klik *k.n.* click; short sharp sound. **berklik** *k.k.* klick; make or cause to make a click; (*sl.*) be a success, be understood.

klimaks *k.n.* climax; point of greatest interest or intensity; sexual orgasm.

klimakterik *k.n.* climacteric; period of life when physical powers begin to decline.

klinik *k.n.* clinic; place or session at which medical treatment is given to visiting persons; private or specialized hospital.

klinker *k.n.* clinker; fused ash of coal, etc., piece of this.

klip *k.n.* clip; a small metal or plastic object used for holding things together or in place.

klise *k.n.* cliche; dull and unoriginal phrase or idea.

klon *k.n.* clone; group of plants or organisms produced asexually from one ancestor.

klorida *k.n.* chloride; compound of chlorine and another element.

klorin *k.n.* chlorine; chemical element, heavy yellowish-green gas.

klorofil *k.n.* chlorophyll; green colouring-matter in plants.

kloroform *k.n.* chloroform; liquid giving off vapour that causes unconsciousness when inhaled.

km *kep.* km; kilometre(s).

knot *k.n.* knot; unit of speed used by ships and aircrafts = one nautical mile per hour.

Ko-op *k.n.* Co-op (*colloq.*); Co-operative Society; shop, etc. run by this.

koala, beruang koala *k.n.* koala bear; Australian tree-climbing animal with thick grey fur.

kobalt *k.n.* cobalt; metallic element; deep blue pigment made from it.

kobar, berkobar-kobar *k.k.* ardent; full of ardour, enthusiastic.

koboi *k.n.* cowboy; man in charge of grazing cattle on a ranch; (*colloq.*) person with reckless or unscrupulous methods in business.

kocak *k.n.* agitate; shake briskly; cause anxiety to; stir up interest or concern; upset; disturb.

kocakan *k.n.* agitation.

kocek *k.n.* pocket; small bag-like part in or on a garment.

koci *k.n.* a type of Malaysian cake made from glutinous rice flour and grated coconut; a small container for storing drinking water.

kocineal *k.n.* cochineal; red colouring-matter used in food.

kod[1] *k.n.* code; set of laws, rules, or signals; pre-arranged word or phrase used to represent a message, esp. for secrecy; cipher. **mentafsir kod** *k.k.* decode; put (a coded message) into plain language.

kod[2] *k.n.* chord; string of a harp, etc.; combination of notes sounded together.

kod[3] *k.n.* cod (pl. *cod*); codfish; large edible sea-fish. **minyak ikan kod** *k.n.* cod-liver oil; rich oil from its liver.

koda *k.n.* coda; the final part of a musical composition.

kodeina _k.n._ codeine; substance made from opium, used to relieve pain.

kodi _k.n._ score; the number of points, goals, etc. scored by each player or team in a game or competition; a set or group of 20.

kodisil _k.n._ codicil; appendix to a will.

kodok _k.n._ toad; a kind of frog.

koefisien _k.n_ coefficient; a number which is place before another quantity and which multiplies it.

kognat _adj._ cognate; akin, related.

kognisi _k.n._ cognition; knowing; perceiving.

kognitif _adj._ cognitive.

kohesi _k.n._ cohesion; state of being logical and consistent.

kohol _k.n._ kohl; powder used to darken the eyelids.

kohong _adj._ fetid; stinking; foul-smelling.

kohort _k.n._ cohort; a tenth part of Roman legion; people grouped together.

koir _k.n._ choir; organized band of singers, esp. in church. **ahli koir** _k.n._ chorister; member of a choir.

kok _k.n._ coke; solid substance left after gas and tar have been extracted from coal, used as fuel.

kokaina _k.n._ cocaine; drug used as a local anaesthetic or as a stimulant.

koko _k.n._ cocoa; powder of crushed cacao seeds; drink made from this.

kokok _k.n._ crow; crowing cry or sound. **berkokok** _k.k._ crow (p.t. _crew_); utter cock's cry.

kokot _k.n._ mechanical device for gripping things.

kokpit _k.n._ cockpit; compartment for the pilot and crew in an aircraft.

koktel _k.n._ cocktail; mixed alcoholic drink; appetizer containing shellfish. **koktel buah-buahan** _k.n._ fruit cocktail; mixed chopped fruit.

kokun _k.n._ cocoon; silky sheath round a chrysalis.

kokurikulum _k.n._ co-curriculum; activities other than lessons in class, e.g. societies, uniformed bodies, sports, etc.

kolah _k.n._ a square water tank made of cement, normally found in a mosque or chapel.

kolaj _k.n._ collage; artistic composition in which objects are glued to a backing to form a picture.

kolam _k.n._ pool; small area of still water; puddle. **kolam renang** _k.n._ swimming pool.

kolar _k.n._ collar; upright or turned-over band round the neck of a garment. **kolar leher polo** _k.n._ turtle-neck; high round close-fitting neckline.

kolateral[1] _adj._ collateral; parallel; additional but less important.

kolateral[2] _k.n._ collateral; something promised if one cannot repay a loan.

kole _k.n._ mug; large drinking vessel with a handle for use without a saucer.

kolej _k.n._ college; a place where students go to study or to receive training after they have left school.

kolek _k.n._ canoe; light boat propelled by paddles; skiff; small light rowboat. **berkolek** _k.k._ canoe; go in a canoe.

koleksi _k.n._ collection.

kolektif _k.n._ collective; of a group taken or working as a unit. **ladang kolektif** _k.n._ collective farm; group of smallholdings run jointly by their workers. **kata nama kolektif** _k.n._ collective noun; noun (singular in form) denoting a group (e.g. army, herd).

kolera _k.n._ cholera; serious often fatal disease caused by bacteria.

kolesterol _k.n._ cholesterol; fatty animal substance thought to cause hardening of arteries.

kolik _k.n._ colic; severe abdominal pain.

kolitis _k.n._ colitis; inflammation of the colon.

kolofon _k.n._ colophon; publisher's device esp. tailpiece.

koloid _k.n._ colloid; gluey substance.

kolon _k.n._ colon; lower part of the large intestine.

kolonel _k.n._ colonel; army officer below the rank of brigadier.

kolong _k.n._ a hollow; empty space underneath something; a shaft. **kolong layar** _k.n._ banner; a piece of cloth or canvas with a message on it.

koloni _k.n._ colony; settlement or settler in new territory; remaining subject to the parent State; people of one nationality or occupation, etc. living in a particular area.

kolonial _k.n._ colonial; of a colony or colonies.

kolonialisme _k.n._ colonialism; policy of acquiring or maintaining colonies.

kolostomi _k.n._ colostomy; opening made surgically in the surface of the abdomen, through which the bowel can empty.

kolot *adj.* fusty; old-fashioned in ideas, etc.

kolum *k.n.* column; space in a newspaper, magazine, etc. **kolum sukan** *k.n.* sports column; reporting about sports activities. **kolum hiburan** *k.n.* entertainment column.

koma[1] *k.n.* coma; deep unconsciousness.

koma[2] *k.n.* comma; punctuation mark.

komandan *k.n.* commandant; officer in command of a fortress, etc.

komander *k.n.* commander; a person in command; naval officer next below rear-admiral; commander of a division of a fleet.

komando *k.n.* commando; member of a military unit specially trained for making raids and assaults.

komanwel *k.n.* commonwealth; independent State; republic; federation of States.

komatos *adj.* comatose; in a coma; drowsy.

kombinasi *k.n.* combination. **mengkombinasikan** *k.k.* to combine.

kombo *k.n.* combo; a small band that plays jazz or dance music.

komedi *k.n.* light amusing film or play.

komen *k.n.* comment; opinion given; explanatory note. **mengomen** *k.k.* comment; make comment(s) on.

komentar *k.n.* commentary; series of comments.

komersil *adj.* commercial; of or engaged in commerce; (of broadcasting) financed by firms whose advertisements are included.

komet *k.n.* comet; heavenly body with a tail of light.

komik *k.n.* comic; children's periodical with a series of strip cartoons.

komisariat *k.n.* commissariat; stock of food; department supplying this.

komisen *k.n.* commission; payment to an agent selling goods or services.

komited *adj.* committed; willing to work hard and give your time and energy to something.

komiti *k.n.* committee; a group of people appointed to make decision or to deal with a particular subject.

komitmen *k.n.* commitment; a promise to do something or to behave in a particular way.

komoditi *k.n.* commodity; article of trade product.

kompang *k.n.* a small drum, usu. made from skin of animal. **berkompang** *k.k.* to use a *kompang*. **mengompang** *k.k.* to beat or play a *kompang*.

kompas *k.n.* compass; device showing the direction of the magnetic or true north; (*pl.*) hinged instrument for drawing circles.

kompaun *k.n.* a fine paid to the authorities without court proceedings.

kompeni *k.n.* company; sub-division of an infantry battalion.

kompleks[1] *adj.* complex; made up of parts; complicated; hard to understand.

kompleks[2] *k.n.* complex; complex whole; set of feelings that influence behaviour; set of buildings.

kompleksiti *k.n.* complexity.

komplot *k.n.* clever scheming plot; conspiracy, secret plan. **berkomplot** *k.k.* plot (p.t. *plotted*); plan secretly.

komponen *k.n.* component; one of the parts of which a thing is composed.

kompos *k.n.* compost; decayed matter used as a fertilizer; mixture of soil or peat for growing seedling, etc.

komposisi *k.n.* composition; compound artificial substance.

komposit *k.n.* composite; made up of parts.

komprehensif *adj.* comprehensive; including much or all. **sekolah komprehensif** *k.n.* comprehensive school; one providing secondary education for children of all abilities.

kompresor *k.n.* compressor; a machine that compresses air or other gases.

kompromi *k.n.* compromise; settlement reached by making concessions on each side. **berkompromi** *k.k.* compromise; make a settlement thus.

komputer *k.n.* computer; electronic machine for making calculations, controlling machinery, etc. **mengkomputerkan** *k.k.* computerize; equip with or perform or operate by computer.

komunikasi *k.n.* communication; communicating; letter or message.

Komunis *k.n.* Communist.

komunisme *k.n.* communism; social system based on common ownership of property, means of production, etc.; political doctrine or movement seeking a form of this, such a system in the former U.S.S.R., etc.

komuniti *k.n.* community; body of people living in one district, etc. or having common interests or origins; state of being shared or alike.

komuter *k.n.* commuter; a person who travels daily from home to the workplace. **kereta api komuter** *k.n.* a train that carries passengers travelling from home to the workplace daily; a commuter train.

kon *k.n.* cone; tapering object with a circular base; cone-shaped thing; dry scaly fruit of pine or fir.

konco *k.n.* a person who collaborates with another to do something together; an accomplice.

konde *k.n.* a coil of hair; a bun.

kondenser *k.n.* condenser; capacitor.

kondom *k.n.* condom; a contraceptive sheath.

kondominium *k.n.* condominium; an apartment building in which each flat/apartment is owned by the person living in it but the building and shared areas are owned by everyone together; a flat/apartment in such a building.

konduit *k.n.* conduit; pipe or channel for liquid; tube protecting wires.

konduksi *k.n.* conduction; transmission of heat or electricity, etc.

konduktif *adj.* conductive.

konduktor *k.n.* conductor; person who controls an orchestra's or choir's performance by gestures; one who collects fares in a bus, etc. (fem. *conductress*); thing that conducts heat, etc.

konfederasi *k.n.* confederacy; league of States; confederation; union of States or people or organizations.

konfigurasi *k.n.* configuration; shape, outline.

konflik *k.n.* conflict; resistance; disagreement.

konformasi *k.n.* conformation; conforming; structure.

konga *k.n.* conga; dance in which people form a long winding line.

kongenital *adj.* congenital; being so from birth.

kongkalikung *k.n.* hanky-panky; (*sl.*) trickery; plot.

kongkong *k.n.* a kind of pillory; frame with a hole for the head in which offenders were formerly placed (for punishment or to prevent escape). **mengongkong** *k.k.* be placed in a pillory; shackle; restrict.

konglomerat *k.n.* (business) a large company formed by joining together different firms. **batu konglomerat** *k.n.* a type of rock made of small stones held together by dry clay.

kongres *k.n.* congress; formal meeting of delegates for discussion; law-making assembly, esp. of the U.S.A.

kongruen *adj.* congruent; in agreement or harmony; suitable, consistent; having exactly the same shape and size.

kongsi *k.n.* combination; share part of an amount or task, etc. that one is entitled to have or do. **rakan kongsi** *k.n.* partner; person sharing with another or others in an activity. **berkongsi, mengongsi** *k.k.* share; be the partner of; put together as partners.

konifer *k.n.* conifer; tree bearing cones.

konkrit[1] *adj.* concrete; existing in material form; definite.

konkrit[2] *k.n.* concrete; mixture of gravel and cement, etc. used for building.

konkusi *k.n.* concussion; injury to the brain caused by a hard blow.

konon, kononnya *kkt.* supposedly; perhaps; maybe.

konsensus *k.n.* consensus; general agreement.

konsep *k.n.* concept; idea, general notion.

konsepsi *k.n.* conception; conceiving; idea; concept.

konsert *k.n.* concert; musical entertainment.

konsertina *k.n.* concertina; portable musical instrument with bellows and keys.

konserto *k.n.* concerto (pl. *-os*); musical composition for solo instrument(s) and orchestra.

konservatif[1] *k.n.* Conservative; (member) of the U.K. political party favouring freedom from State control.

konservatif[2] *adj.* conservative; opposed to great change; avoiding extremes.

konservatisme *k.n.* conservatism.

konservatori *k.n.* conservatory; room with a glass roof and walls forming an extension of a house.

konsesi *k.n.* concession; something given up to settle a dispute; conceding; thing conceded.

konsisten *adj.* consistent; unchanging; regular; in agreement.

konsistensi *k.n.* consistency; being consistent; degree of thickness or solidity.

konsol *k.n.* console; bracket supporting a shelf; frame or panel holding the controls of equipment; cabinet for a TV set, etc.

konsonan *k.n.* consonant; letter other than a vowel; sound it represents.

konsortium *k.n.* consortium; combination of firms, etc. acting together.

konstable *k.n.* constable; policeman or policewoman of the lowest rank.

konstituen *adj.* constituent; forming part of a whole. —*k.n.* constituent; constituent part.

konstruktif *adj.* constructive; having a useful and helpful effect.

konsul *k.n.* consul; official appointed by a State to live in a foreign city to protect its subjects there and assist commerce.

konsulat *k.n.* consulate; consul's position or place of work.

konsumer *k.n.* consumer; a person who buys goods or uses services.

kontang *adj.* void of water; dry. **tanah kontang** *k.n.* parched land with no plants.

konteks *k.n.* context; what precedes or follows a word or statement and fixes its meaning; circumstances.

kontemporari *adj.* contemporary; belonging to the same time; modern.

kontena *k.n.* container; a large, covered metal box for transporting commercial goods.

kontenarisasi *k.n.* containerization.

kontinjen *k.n.* contingent; body of troops or ships, etc. forming part of a larger group.

kontra *awl.* contra; against.

kontrak *k.n.* contract; formal agreement.

kontot *adj.* short; apparently short because part of it is broken.

kotraktor *k.n.* contractor.

kontralto *k.n.* contralto (pl. -*os*); lowest female voice.

kontras *k.n.* contrast; difference shown by comparison.

kontrasepsi *k.n.* contraception; prevention of conception.

kontraseptif *k.n.* contraceptive; (drug or device) preventing pregnancy.

kontroversi *k.n.* controversy; prolonged dispute or disagreement.

kontur *k.n.* contour; outline; line on a map joining points of the same altitude.

konvensional *adj.* conventional of or relating to a way in which something is usu. done.

konvensyen *k.n.* convention; a way in which something is usu. done; conference.

konvoi *k.n.* convoy; ships or vehicles travelling under escort or together; escort in a convoy.

konvokesyen *k.n.* convocation; convoking; a large assembly of people.

konyong, sekonyong-konyong *kkt.* abruptly; sudden; curtly.

kookaburra *k.n.* kookaburra; Australian giant kingfisher.

koordinasi *k.n.* coordination; effective organization of activities that involve many parties.

koordinat *k.n.* co-ordinate; one of the magnitudes used to give the position of a point.

kopak, kopak-kapik *adj.* dilapidated; in disrepair; torn to pieces.

kopek[1], **mengopek** *k.k.* peel; take the skin off; cut or split open (fruit). **terkopek** *k.k.* peeled off.

kopek[2] *k.n.* breast; either of the two milk-producing organs on a woman's chest. —*adj.* pendulous (of breast); hanging down loosely.

koperal *k.n.* corporal; non-commissioned officer next below sergeant. **lans koperal** *k.n.* lance-corporal; N.C.O. ranking below corporal.

koperasi *k.n.* cooperative; cooperation.

koperatif *k.n.* cooperative; a business owned and run by the people involved, with the profits shared by them.

kopi *k.n.* coffee; bean-like seeds of a tropical shrub, roasted and ground for making a drink; this drink.

kopiah *k.n.* cap; head-dress worn as part of uniform, etc. **kopiah tidur** *k.n.* nightcap; soft cap formerly worn in bed.

kopra *k.n.* copra; the dried white flesh of coconuts.

Koptik *adj.* Coptic; of the Egyptian branch of the Christian Church.

kopula *k.n.* copula; part of the verb connecting subject and predicate.

kor *k.n.* corps; a large unit of an army, consisting of two or more divisions; one of the groups of an army with special responsibility.

korban *k.n.* sacrifice; slaughter of a victim or presenting of a gift to win a god's favour; this victim or gift; giving up a valued thing for the sake of something else; thing given up, loss entailed. **mengorbankan** *k.k.* sacrifice; offer or kill or give up as a sacrifice.

kordial *k.n.* cordial; fruit-flavoured essence diluted to make a drink.

kordinasi *k.n.* coordination. **mengkordinasikan** *k.k.* coordinate; bring into a proper relation; cause to function together efficiently.

kordit *k.n.* cordite; smokeless explosive used as a propellant.

korduroi *k.n.* corduroy; cloth with velvety ridges; trousers made of this.

korek *k.k.* disinter (p.t. *disinterred*); dig up, unearth; dredge; bring up or clean with a dredge. **kapal korek** *k.n.* dredger; boat that dredges.

koreografi *k.n.* choreography; composition of stage dances.

koreografer *k.n.* choreographer; person who composes dance steps.

koresponden *k.n.* correspondent; person who writes letters; person employed by a newspaper, etc. to gather news and send reports.

koridor *k.n.* corridor; passage in a building or train.

kornea *k.n.* cornea; transparent outer covering of the eyeball.

kornet *k.n.* cornet; brass instrument like a small trumpet; cone-shaped wafer holding ice-cream.

korok *k.n.* burrow; hole dug by a fox or rabbit, etc. as a dwelling. **mengorok** *k.k.* burrow; dig a burrow, tunnel; form by tunnelling; search deeply; delve.

korona *k.n.* corona; ring of light round something.

koronari *k.n.* coronary; one of the arteries supplying blood to the heart; a blockage of the flow of blood to the heart.

koroner *k.n.* coroner; officer holding inquests into violent, sudden, or suspicious deaths.

korporat *k.n.* corporate; shared by members of a group; united in a group.

korpus *k.n.* corpus (pl. *corpora*) a collection of writings.

korpuskel *k.n.* corpuscle; blood-cell.

korsaj *k.n.* corsage (*U.S.*); flowers worn by a woman.

korset *k.n.* corset; close-fitting undergarment worn to shape or support the body.

korteks *k.n.* cortex; outer part of the kidney or brain.

kortison *k.n.* cortisone; hormone produced by adrenal glands or synthetically.

korum *k.n.* quorum; minimum number of people that must be present to constitute a valid meeting.

korup *adj.* corrupt; dishonest or immoral.

korus *k.n.* chorus; group of singers; thing spoken or sung by many together; refrain of a song; group of singing dancers in a musical comedy.

korvet *k.n.* corvette; a small, fast ship used in war to protect other ships from attack.

kos¹ *k.n.* cost (p.t. *cost*); have as its price; cost (p.t. *costed*); fix or estimate the cost of.

kos² *kep.* cos; cosine.

kosa *k.n.* gannet; large sea-bird.

kosinus *k.n.* cosine; sine of the complement of a given angle.

kosmetik *k.n.* cosmetic; substance for beautifying the complexion, etc.

kosmik *k.n.* cosmic; connected with the whole universe.

kosmogoni *k.n.* cosmogony; (a theory of) the origin of the universe.

kosmonot *k.n.* cosmonaut; an astronaut from the former Soviet Union.

kosmologi *k.n.* cosmology; the science or theory of the universe.

kosmopolitan *k.n.* cosmopolitan; of or from all parts of the world; free from national prejudices.

kosmos *k.n.* cosmos; universe.

kosong¹ *adj.* blank; not written or printed on; without interest or expression; without result; empty; containing nothing; without occupant(s). **mengosongkan** *k.k.* vacate; empty; make empty; transfer contents of; evacuate.

kosong² *k.n.* batsman's score of 0; nil; nothing; naught (*old use*); the figure 0; zero (pl. *-os*); love (in games) no score.

kostum *k.n.* costume; style of clothes, esp. that of a historical period; garment(s) for a specified activity.

kot¹ *k.n.* coat; outdoor garment with sleeves.

kot² *k.n.* cot; child's bed with high barred sides.

kota *k.n.* fort; fortified place or building. **ibu kota** *k.n.* capital; chief town of a country.

kotak *k.n.* box; container or receptacle with a flat base; numbered receptacle at a newspaper office for holding replies to an advertisement; compartment in a theatre, stable, etc.; small shelter.

kotej *k.n.* cottage; a small house esp. in the country. **industri kotej** *k.n.* cottage industry; a business that is run from home.

kotiledon *k.n.* cotyledon; first leaf growing from a seed.

kotor *adj.* dirty (*-ier, -iest*); soiled, not clear; insanitary; not hygienic; unpleasant. **mengotori** *k.k.* defile; make dirty, pollute; smirch; smear, soil. **kotoran** *k.n.* dirt; unclean matter; soil.

koyak *adj.* torn; tattered. **mengoyakkan, mengoyak-ngoyakkan** *k.k.* tear; pull to pieces; make a hole (in fabric, etc.).

koyan *k.n.* a measure of weight equivalent to 40 *picul* (1 *picul* = 62.5 kg).

kraf *k.n.* craft; an activity involving a special skill at making things with your hands; highly skilled handiwork.

kraf tangan *k.n.* handicraft; work needing skill with the hands and artistic design.

kraker *k.n.* cracker; thin dry biscuit.

krampon *k.n.* crampon; spiked plate worn on boots for climbing on ice.

kranberi *k.n.* cranberry; small red acid berry; shrub bearing this.

kranium *k.n.* cranium; skull.

krayon *k.n.* crayon; stick of coloured wax, etc.

kreatif *adj.* creative.

kreativiti *k.n.* creativity; the ability and skill to create or produce something new.

kredibiliti *k.n.* credibility; the quality that somebody has that makes people believe or trust them.

kredit *k.n.* credit; system of allowing payment to be deferred; sum at a person's disposal in a bank; entry in an account for a sum paid. **mengkreditkan** *k.k.* credit (p.t. *credited*); enter as credit. **kad kredit** *k.n.* credit card; card authorizing a person to buy on credit.

kreg *k.n.* crag; steep or rugged rock.

krematorium *k.n.* crematorium; place where corpses are cremated.

Kremlin *k.n.* Kremlin; government of the (former) U.S.S.R.

kren *k.n.* crane; apparatus for lifting and moving heavy objects.

kreosot *k.n.* creosote; brown oily liquid distilled from coal tar, used as a preservative for wood; colourless antiseptic liquid distilled from wood tar.

krep *k.n.* crepe; fabric with a wrinkled surface; rubber with a wrinkled texture, used for shoesoles. **kertas krep** *k.n.* crepe paper; thin crepe-like paper.

kresendo *k.n.* crescendo (pl. *-os*); increasing in loudness.

kreton *k.n.* cretonne; heavy cotton cloth used in furnishings.

krik *k.n.* creek; narrow inlet of water, esp. on a coast; (*U.S.*) tributary.

kriket *k.n.* cricket; outdoor game for two teams of 11 players with ball, bats, and wickets. **pemain kriket** *k.n.* cricketer.

krim *k.n.* cream; fatty part of milk; its colour, yellowish-white; creamlike substance; the very best of a group. **keju krim** *k.n.* cream cheese; soft rich cheese. **berkrim** *k.k.* creamy.

kriminal *k.n.* criminal; a person who commits a crime.

kriminologi *k.n.* criminology; study of crime.

kriogen *k.n.* cryogenics; a branch of physics dealing with very low temperatures.

kriptogam *k.n.* cryptogam; non-flowering plant such as a fern, moss, or fungus.

kriptografi *k.n.* cryptography; the study of ciphers or code.

kriptogram *k.n.* cryptogram; thing written in cipher.

krisis *k.n.* crisis; time of acute difficulty or danger.

Krismas *k.n.* Christmas; festival (25 Dec.) commemorating Christ's birth.

Kristian[1] *adj.* Christian; of or believing in Christianity.

Kristian[2] *k.n.* Christianity; religion based on the teachings of Christ; Christian; believer in Christianity. **nama Kristian** *k.n.* Christian name; name given at a christening. **mengkristiankan** *k.k.* christen; admit to the Christian Church by baptism.

kriteria *k.n.* criterion; standard of judgement.

kritik *k.n.* critical; looking for faults; expressing disapproving comments; of or at crisis. **mengkritik** *k.k.* criticize; express criticism of. **kritikan** *k.n.* criticism; pointing out of faults; judging of merit, esp. of literary or artistic work; critique; critical essay.

kritis *adj.* critical; expressing disapproval of somebody/something and saying what you think is bad about them.

krocet *k.n.* crotchet; note in music, half a minim.

krof *k.n.* croft; small enclosed field or rented farm in Scotland.

kroisan *k.n.* croissant; a rich crescent shaped roll.

kroket *k.n.* croquette; fried ball or roll or potato, meat, or fish.

krokus *k.n.* crocus (pl. *-uses*); spring-flowering plant growing from a corm.

krom *k.n.* chrome; chromium; yellow pigment from a compound of this.

kromatik *adj.* chromatic; of colour, in colours. **tangga nada kromatik** *k.n.* chromatic scale; music scale proceeding by semitones.

kromium *k.n.* chromium; metallic element that does not rust.

kromosom *k.n.* chromosome; thread-like structure carrying genes in animal and plant cells.

kronik *k.n.* chronic; constantly present or recurring; having a chronic disease or habit; lasting a long time.

kronologi *k.n.* chronology; arrangement of events in order of occurrence.

kronologis *adj.* chronological; arranged in the order in which things occurred.

kronometer *k.n.* chronometer; time-measuring instrument, esp. one unaffected by temperature changes.

kroton *k.n.* crouton; small piece of fried or toasted bread.

Krugerrand *k.n.* Krugerrand; South African gold coin bearing a portrait of President Kruger.

krumpet *k.n.* crumpet; flat soft yeast cake eaten toasted.

krup *k.n.* croup; laryngitis in children, with a hard cough.

krustasia *k.n.* crustacean; animal with a hard shell (e.g. lobster).

krusye *k.n.* crochet; a kind of knitting done with one hooked needle. **mengait krusye** *k.k.* crochet; make by or do such work.

kuaci *k.n.* dried and salted seeds of the melon, pumpkin and sunflower.

kuadran *k.n.* quadrant; a quarter of a full circle; an instrument for measuring angles.

kuah *k.n.* gravy; juice from cooked meat; sauce made from this.

kuak *k.n.* bellow; loud deep sound made by a bull; deep shout; croak; deep hoarse cry or sound like that of a frog. **menguak** *k.k.* bellow; make this sound; utter or speak with a croak.

kuala *k.n.* confluence; place where two rivers unite.

kuali *k.n.* frying-pan; shallow pan used in frying; pan; metal or earthenware vessel with a flat base, used in cooking; saucepan; metal cooking-pot with a long handle, used for boiling things over heat.

kualitatif *adj.* qualitative; of or concerned with quality.

kualiti *k.n.* quality; degree or level of excellence; characteristic, something that is special in a person or thing.

kuantiti *k.n.* quantity; an amount; or a countable number of something; value.

kuantum *k.n.* quantum.

kuap *k.k.* yawn; open the mouth wide and draw in breath, as when sleepy or bored.

kuarantin *k.n.* quarantine; isolation imposed on those who have been exposed to an infection which they could spread.

kuari *k.n.* quarry; open excavation from which stone or slate, etc. is obtained.

kuart *k.n.* quart; quarter of a gallon; two pints.

kuarter *k.n.* quarter; grain-measure of 8 bushels; (*U.S. & Canada*) quarter of a dollar, 25 cents.

kuartet *k.n.* quartet; group of four instruments or voices; music for these.

kuarto *k.n.* quarto; a size of paper.

kuartza *k.n.* quartz; a kind of hard mineral.

kuasa *k.n.* power; ability to do something; vigour, strength; control, influence, authority; influential person or country, etc.; product of a number multiplied by itself a given number of times; mechanical or electrical energy. **kuasa kuda** *k.n.* horsepower; unit for measuring the power of an engine. **kuasa tiga** *k.n.* cube; product of a number multiplied by itself twice. **punca kuasa tiga** *k.n.* cube root; number which produces a given number when cubed. **maha kuasa** *adj.* omnipotent; having unlimited or very great power. **perebutan kuasa** *k.n.* coup; sudden action taken to seize power from a government. **berkuasa** *k.k.* mighty (-*ier*, -*iest*); very strong or powerful.

kuasar *k.n.* quasar; star-like object that is the source of intense electro-magnetic radiation.

kuat *kkt. see* gagah; tegap; teguh.

kuat kuasa *k.n.* enforce; compel obedience to.

kuatrain *k.n.* quatrain; stanza of four lines.

kubah *k.n.* dome; rounded roof with a circular base; thing shaped like this.

kubang *k.n.* mud-hole; wallow. **berkubang** *k.k.* wallow; roll about or lie in mud.

kubik *k.n.* cubic, cubical; of three dimensions, cube-shaped.

kubis *k.n.* cabbage; vegetable with a round head of green or purple leaves. **kubis bunga** *k.n.* cauliflower; cabbage with a white flower-head.

kuboid *k.n.* cuboid; an object which has six rectangular sides at right angles to each other.

kubu *k.n.* citadel; fortress overlooking a city; dug underground shelter; fortress; fortified building or town; stockade; protective fence. **mengubui** *k.k.* fortify; strengthen, esp. against attack; increase the vigour of.

kubung *k.n.* lemur; monkey-like animal of Madagascar.

kubur *k.n.* grave; hole dug to bury a corpse. **menguburkan** *k.k.* bury; place (a dead body) in the earth; entomb; place in a tomb.

kubus *k.n.* cube; solid object with equal square sides.

kucai *k.n.* chive; small herb with onion flavoured leaves.

kucar, kucar-kacir *adj.* scattered in a mess; in complete confusion; in disorder.

kucil, terkucil *k.k.* to slip out from a hole; to expel; to banish. **mengucilkan** *k.k.* to allow to slip out from a hole; to dismiss; to banish from a group. **pengucilan** *k.n.* removal; banishment; expulsion.

kucing *k.n.* cat; small furry domesticated animal; wild animal related to this. **bunga kucing** *k.n.* catkin; hanging flower of willow hazel, etc.

kucup, mengucup *k.k.* kiss; touch or caress with the lips.

kucupan *k.n.* kiss.

kuda *k.n.* horse; quadruped with a mane and tail; nag (*colloq.*). **kekuda** *k.n.* frame for hanging things on. **kuda lombol** *k.n.* padded structure for vaulting over in a gymnasium. **anak kuda** *k.n.* foal; young of the horse. **belakang kuda** *k.n.* horseback. **bulu kuda** *k.n.* horsehair; hair from a horse's mane or tail, used for padding furniture. **penunggang kuda** *k.n.* horseman (pl. *-men*) horsewoman (pl. *-women*); rider on horseback. **kuda dara** *k.n.* filly; young female horse. **kuda jantan** *k.n.* colt;

young male horse. **kuda padi** *k.n.* cob; sturdy short-legged horse for riding. **kuda sejati** *k.n.* bloodstock; thoroughbred horses. **kuda-kuda** *k.n.* easel; frame to support a painting or blackboard, etc.

kudap *k.n.* light snacks like cakes, sweets, ice-cream, etc. eaten outside meal times.

kudeta *k.n.* coup d'etat; a sudden, illegal and often violent change of government.

kudis *k.n.* scabies; contagious skin-disease causing itching.

kudung, mengudungkan *k.k.* maim; wound or injure so that a part of the body is useless; mutilate; injure or disfigure by cutting off a part.

kudup *k.n.* bud; leaf or flower not fully open.

kudus *adj.* pure; holy; clean. **menguduskan** *k.k.* sanctify; purify; cleanse.

kuetiau *k.n.* a type of broad rice noodle.

kufur *adj.* atheistic; blasphemous; excommunicated.

kugiran *k.n.* (abbr. for *kumpulan gitar rancak* a pop band; a group of musicians playing modern popular music.

kuih *k.n.* cake; sweet food made of flour, sugar, etc.

kuil *k.n.* temple; building dedicated to the presence or service of god(s).

kuini *k.n.* a medium-sized mango with a pungent smell when ripe.

kuinin *k.n.* quinine; bitter-tasting medicine.

kuintet *k.n.* quintet; group of five instruments or voices; music for these.

kuis, menguis, menguiskan *k.k.* to push, flick or kick aside.

kuit, menguit, menguit-nguit, menguit-nguitkan *k.k.* to touch lightly with the fingertips.

kuiz *k.n.* quiz; series of questions testing knowledge, esp. as an entertainment.

kujur, sekujur *kkt.* whole; complete.

kuku *k.n.* nail; layer or horny substance over the outer tip of a finger or toe; claw.

kukuh *adj.* fast; firmly fixed; hard (*-er, -est*); (of currency) not likely to drop suddenly in value. **memperkukuhkan** *k.k.* consolidate; make or become secure and strong.

kukup *k.n.* silt; mud or sand that is carried by flowing water and is left at the mouth of a river.

K

kukur *k.n.* grater; device for grating food.

kukus *k.n.* steam; gas into which water is changed by boiling. **mengukus** *k.k.* cook or treat by steam. **kukusan** *k.n.* steamer; container in which food is steamed.

kulai *k.k.* droop; bend or hang down limply; dangle.

kulapuk *k.n.* mildew; tiny fungus forming a white coating on things exposed to damp.

kulat *k.n.* fungus (pl. -*gi*); plant without green colouring-matter (e.g. mushroom, mould). **racun kulat** *k.n.* fungicide; substance that kills fungus. **berkulat** *k.k.* mouldy; covered with mould; (*sl.*) worthless.

kuli *k.n.* coolie; unskilled native labourer in eastern countries; dogsbody (*colloq.*); drudge.

kuliah *k.n.* lecture; a talk that is given to a group of people to teach them about a particular subject, often as part of a university or college course. **berkuliah** *k.k.* to give a lecture.

kulir *k.n.* trowel; a tool for spreading cement, mortar, etc.

kulit *k.n.* husk; dry outer covering of certain seeds and fruits; leather; material made from animal skins by tanning or a similar process; piece of soft leather for polishing with; skin of certain fruits and vegetables, etc.; skin; flexible continuous covering of the human or other animal body; material made from animal skin; complexion; outer layer. **kulit binatang** *k.n.* pelt; an animal skin. **kulit haiwan** *k.n.* hide; animal's skin. **kulit kayu** *k.n.* bark; outer layer of a tree. **kulit kepala** *k.n.* scalp; skin of the head excluding the face. **mengulit** *k.k.* moult; skin; become covered with new skin. **menguliti** *k.k.* skin (p.t. *skinned*); strip skin from.

kultur *k.n.* culture; artificial rearing of bees, bacteria, etc.; bacteria grown for study.

kulturkebunan *k.n.* horticulture; art of garden cultivation. **ahli kultur-kebunan** *k.n.* horticulturist.

kulum, mengulum *k.k.* to keep or hold something in one's mouth without swallowing; to smile without opening one's mouth.

kulup *k.n.* foreskin; loose skin at the end of the penis.

Kulzum, Laut Kulzum *k.n.* the Red Sea that separates South-West Asia and the African continent.

kumai *k.n.* moulding; moulded thing, esp. an ornamental strip of plaster, etc.

kuman *k.n.* germ; microorganism, esp. one capable of causing disease.

kumandang, berkumandang *k.k.* to echo.

kumat, kumat-kamit *k.k.* mumble; speak or utter indistinctly.

kumbang *k.n.* beetle; insect with hard wing covers. **kumbang kaboi** *k.n.* cockchafer; flying beetle.

kumin *k.n.* a particle; a very small bit.

kumis[1] *k.n.* hair that grows between the nose and upper lips; a moustache.

kumis[2] *k.n.* a type of plant.

kumpar, mengumpar *k.k.* to wind thread or string on a spool. **kumparan** *k.n.* an instrument for winding thread; a spool or reel.

kumpul, mengumpulkan *k.k.* gather; store up, collect. **berkumpul** *k.k.* form or gather into group(s); assemble.

kumpulan *k.n.* corps; organized body of people; drove; moving herd or flock or crowd; flock; number of animals or birds together; large number of people, congregation; group; number of persons or things near, belonging, classed or working together. **kumpulan serpihan** *k.n.* splinter group; small group that has broken away from a larger one. **berkumpulan** *k.k.* gather or go in a flock.

kumuh *k.k.* excrete; expel (waste matter) from the body or tissues.

kumulatif *adj.* cumulative; increasing by additions.

kumur, berkumur, berkumur-kumur *k.k.* to rinse the mouth; to gargle.

kunang, kunang-kunang *k.n.* firefly; a type of flying insect that glows in the dark; phosphorescent beetle.

kunci *k.n.* key; piece of metal shaped for moving the bolt of a lock; tightening a spring, etc.; thing giving access or control or insight; set of answers to problems; word or system for interpreting a code, etc. **kunci air** *k.n.* floodgate; gate controlling a flow of water. **kunci induk** *k.n.* passkey; key to a door or gate; master-key.

kuncup *k.k.* (of flower) to furl; (of umbrellas) to fold up. **menguncup, menguncupkan** *k.k.* to become smaller or to shrink. **terkuncup** *k.k.* to shrink or contract. **penguncupan** *k.n.* the act of becoming smaller, shrinking or contracting (shrinkage or contraction).

kundang[1] *k.n.* a child who is the king's minion and escort; an errand boy.

kundang[2] *k.n.* a type of fruit.

kundang[3] *k.n.* bandages used after circumcision; ligature.

kundur *k.n.* wax-gourd; a creeping plant with edible fruit.

kuneiform *k.n.* cuneiform; ancient writing done in wedge-shaped strokes cut into stone, etc.

kungfu *k.n.* kungfu; Chinese form of unarmed combat similar to karate.

kuning *adj.* yellow; of the colour of buttercups and ripe lemons. **kuning air** *k.n. & adj.* beige; light fawn (colour).

kunjung, berkunjung *k.k.* visit; go or come to see (a person or place) socially or as a sightseer or on business. **mengunjungi** *k.k.* pay a visit. **kunjungan** *k.n.* visit; act of visiting.

kuno *k.n.* ancient; belonging to times long past; very old; outdated; out of date.

kuntum *k.n.* bud; flower not fully open; numeral coefficient for flowers.

kunyah *k.k.* masticate; chew; work or grind between the teeth; make this movement. **gula kunyah** *k.n.* chewing-gum; flavoured gum used for prolonged chewing. **mengunyah** *k.k.* munch; chew vigorously. **boleh dikunyah** chewy; suitable for chewing.

kunyit *k.n.* turmeric; plant of the ginger family; its powdered yellow root used as a spice.

kuorum *k.n.* quorum; the smallest number of people who must be at a meeting before it can begin or decisions can be made.

kuota *k.n.* quota; fixed share; maximum number or amount that may be admitted, manufactured, etc.

kupas *k.k.* peel; remove the peel of; strip off; come off in strips or layers, lose skin or bark, etc. thus. **mengupas** *k.k.* pare; trim the edges of; peel; reduce little by little. **terkupas** *k.k.* peel off; veer away from a formation. **kupasan** *k.n.* exposition; expounding; explanation; analysis.

kuplet *k.n.* couplet; two successive rhyming lines of verse.

kupon *k.n.* coupon; form or ticket entitling the holder to something.

kuprum *k.n.* copper; a soft reddish-brown metal used for making electric wires, pipes and coins.

kupu, kupu-kupu *k.n.* butterfly; insect with four large often brightly coloured wings. **kuak kupu-kupu** *k.n.* butterfly stroke; swimming-stroke with both arms lifted at the same time.

kura, kura-kura *k.n.* tortoise; slow-moving land or freshwater reptile with its body enclosed in a hard shell.

kurang *kkt.* deficient; not having enough; insufficient, lacking; less; not so much of; smaller in amount or degree; lesser; not so great as the other. —*kk.* to a smaller extent. —*k.n.* smaller amount. —*k.n.* minus, deducting. **mengurangi** *k.k.* lessen; make or become less.

kurap *k.n.* mange; skin-disease affecting hairy animals; ringworm; skin disease producing round scaly patches on the skin. **berkurap** *k.k.* mangy; having mange.

kurasao *k.n.* curacao; orange-flavoured liqueur.

kuratif *adj.* curative; curing illness.

kurator *k.n.* curator; person in charge of a museum or other collection.

Kurd *k.n.* Kurd; member of a pastoral people of South-west Asia. —*adj.* Kurdish.

kurier *k.n.* courier; a person or company paid to deliver letters or parcels directly to a specific place.

kurikulum *k.n.* curriculum; course of study.

kurma[1] *k.n.* a sweet sticky brown fruit that grows on a tree called a date palm, common in North Africa and West Asia.

kurma[2] *k.n.* type of meat curry.

kurnia, mengurniai, mengurniakan *k.k.* bestow; present; endow; provide with an ability or quality.

kursif *adj.* cursive; (of writing) with the letters joined together.

kursor *k.n.* cursor; a position marker on a computer screen.

kursus *k.n.* course; series of lessons. **berkursus** *k.k.* attend a course.

kurun *k.n.* century; period of 100 years.

kurung, mengurung *k.k.* confine, shut in; immure; imprison, intern; compel (an enemy, alien or prisoner) to live in a special area. **kurungan** *k.n.* coop; cage for poultry; bracket; any of the marks used in pairs for enclosing words or figures, ( ), [ ], {}. **mengurungkan** *k.k.*

bracket; enclose within brackets. **orang kurungan** *k.n.* internee; interned person.

kurus *adj.* thin (*thinner, thinnest*); lean, not plump. **kurus kering** *adj.* emaciated; thin from illness or starvation; gaunt; lean and haggard.

kusam *adj.* matt; (of a surface) dull, not shiny.

kusta *k.n.* leprosy; infectious disease affecting the skin and nerves and causing deformities.

kusut *adj.* dishevelled; ruffled and untidy; haywire; kinky. **mengusutkan** *k.k.* form or cause to form kink(s); complicate; tangle. **kusut-masai** *adj.* bedraggled; limp and untidy.

kusyen *k.n.* cushion; stuffed bag used as a pad, esp. for leaning against; padded part.

kutang¹ *k.n.* bodice; part of a dress from shoulder to waist.

kutang² *k.n.* brassiere; bra.

kutikel *k.n.* cuticle; skin at the base of a nail.

kutil *k.n.* a pimple; a wart or spot on the face. **sekutil** *kkt.* a pinch; a nibble. **mengutil** *k.k.* to pinch.

kutip *k.k.* cite; quote or mention as an example, etc.; pick. **kutipan** *k.n.* citation; collection.

kutu *k.n.* flea; small jumping insect that feeds on blood; louse (pl. *lice*); small parasitic insect; louse (pl. *louses*); contemptible person. **penuh kutu** *adj.* lousy (*-ier, -iest*); infested with lice.

kutub *k.n.* pole; north (North Pole) or south (South Pole) end of earth's axis; point in the sky opposite either of these; one of the opposite ends of a magnet or terminals of an electric cell or battery. **bintang kutub** *k.n.* pole-star; star near the North Pole in the sky. **beruang kutub** *k.n.* polar bear; white bear of Arctic regions. **berkutub** *adj.* polar; of or near the North or South Pole; of a pole of a magnet.

kutuk *k.k.* condemn; curse; express strong disapproval of. **terkutuk** *k.k.* contemptible; abominable; disgusting; despicable. **kutukan** *k.n.* anathema; formal curse; detested thing; damnation; eternal punishment in hell; imprecation; spoken curse; condemnation.

kuyu *adj.* dewy-eyed; half-closed eyes.

kuyup *adj.* drench; wet all through.

kV *kep.* kV; kilovolt(s).

kW *kep.* kW; kilowatt(s).

L

l *kep.* 1 litre(s).

laba *k.n.* profit; money gained; benefit. **melabakan** *k.k.* profit; bring profit or gain to.

labah, labah-labah, lelabah *k.n.* spider; an eight-legged insect.

labang, pekak labang *adj.* hard of hearing; slightly deaf.

label *k.n.* label; note fixed on or beside an object to show its nature, destination, etc. **melabel** *k.k.* label; fix a label to; describe as.

laberang *k.n.* a set of ropes supporting the mast of a ship, etc.

labi-labi, lelabi *k.n.* freshwater turtle.

Labrador, anjing Labrador *k.n.* Labrador; dog of the retriever breed with a black or golden coat.

labu *k.n.* gourd; fleshy fruit of a climbing plant; container made from its dried rind. **labu air** *k.n.* marrow; a type of gourd used as a vegetable.

labuci *k.n.* spangle; small piece of glittering material ornamenting a dress, etc.

labuh¹ *adj.* trailing; too long (of dress, etc.). **melabuhkan** *k.k.* lengthen (a dress, etc.); lower (curtain, etc.).

labuh², **berlabuh** *k.k.* anchor; moor with an anchor. **melabuh(kan)** *k.k.* put down anchor; moor.

labur *k.k.* invest; use (money) to buy shares or property, etc. to earn interest or bring profit.

lacak¹, **melacak** *k.k.* plentiful; existing in large amounts.

lacak[2] slide; drag (of anchor).

laci *k.n.* drawer; horizontal sliding compartment.

lacur *adj.* indecent; immoral; offending against standards of decency; unseemly. melacur *k.k.* prostitute; become a prostitute. melacurkan *k.k.* prostitute; put (talent, etc.) to an unworthy use.

lada *k.n.* pepper; a type of herbaceous plant bearing a hot-tasting fruit that is normally used to make mixed spices for cooking. lada api *k.n.* a type of pepper that is extremely hot. lada burung *k.n.* another variety of the plant with smaller, hot-tasting fruits favoured by the bulbul (a type of songbird).

lada hitam *k.n.* peppercorn; dried black berry from which pepper is made. serbuk lada hitam *k.n.* pepper; hot-tasting seasoning-powder made from the dried berries of certain plants; capsicum. meladai *k.k.* sprinkle with pepper. lada sulah, lada putih *k.n.* white pepper; hot-tasting powder made by grinding dried pepper seeds from which the dark outer covering has been removed.

ladam *k.n.* horseshoe; U-shaped strip of metal nailed to a horse's hoof; thing shaped like this.

ladang *k.n.* farm; unit of land used for raising crops or livestock; plantation; area planted with trees or cultivated plants; estate on which cotton, tobacco, or tea, etc. is cultivated. tanah ladang *k.n.* farmstead; farm and its buildings. kawasan ladang *k.n.* farmyard; enclosed area round farm buildings. berladang *k.k.* grow crops; raise livestock; use (land) for this.

lading, perahu lading *k.n.* dug-out canoe made from a hollowed tree-trunk.

ladung, batu ladung *k.n.* plumb; lead weight hung on a cord used for testing depth or verticality; plumbline; plummet.

lafaz *k.n.* pronunciation; the correct way in which a word is pronounced. melafazkan *k.k.* say; utter; recite; express in words.

laga, laga lembu *k.n.* bullfight; sport of baiting and killing bulls as an entertainment.

lagak *k.n.* swank; manner; behaviour; (*colloq.*) boastful person or behaviour; ostentation; attitude; position of the body. berlagak *k.k.* show off; behave in a conceited manner.

lager *k.n.* lager; light beer.

lagi *kkt.* anew; again; in a new way.

lagipun *kkt.* moreover; besides.

lagu *k.n.* ditty; short simple song; singing; music for singing. melagukan *k.k.* sing; chant.

lagun *k.n.* lagoon; salt-water lake beside a sea; freshwater lake beside a river or larger lake.

lahad, liang lahad *k.n.* niche in the grave (of Muslims) where the body is placed.

lahap, melahap *k.k.* guzzle; feed greedily; devour; eat hungrily or greedily; consume. —*adj.* gluttonous.

lahar *k.n.* see lava.

lahir *k.n.* external; of or on the outside; concrete; existing in material form. —*k.k.* born; brought forth by birth. hari lahir *k.n.* birthday; anniversary of the day of one's birth. tanda lahir *k.n.* birthmark; unusual coloured mark on the skin at birth. melahirkan *k.k.* bear (p.t. *bore*, p.p. *borne*); produce; give birth to; produce as young from the body.

lahiriah *adj.* on the face of it; that which is apparent or seems to be.

lai[1] *k.n.* lye; water made alkaline with wood ashes.

lai[2], buah lai *k.n.* Chinese pear; sweet juicy yellow fruit.

laici *k.n.* litchi (pl. -*is*); fruit with sweet white pulp in a thin brown shell; tree bearing this.

laidaun *k.n.* blade; flat narrow leaf esp. of grass.

Lailatulqadar *k.n.* one night in the month of Ramadan that is revered by Muslims (in particular, any of the odd-number nights within the last ten nights of Ramadan).

lain *adj.* dissimilar; unlike another. berlainan *k.k.* disparate; different in kind. selain daripada besides; in addition to; other than.

laissez-fair k.n. laissez-faire; policy of non-interference.

lajak *k.k.* not stopping; keep moving. terlajak *k.k.* go too far; overshoot; exceed; skidded.

laju *kkt.* fast (-*er*, -*est*); moving or done quickly; allowing quick movement.

lajur *k.n.* column; long narrow formation of troops, vehicles, etc.

lakar, melakarkan *k.k.* delineate; outline. melakar *k.k.* sketch; make a sketch or sketches (of). lakaran *k.n.* sketch; rough drawing or painting.

peta lakaran *k.n.* sketch-map; roughly drawn map.

lakh *k.n.* lakh; (in India) one hundred thousand.

laki[1] *k.n.* husband. berlaki *k.k.* married (of a woman). berlakikan *k.k.* be married to.

laki[2], laki air *k.n.* crane-fly; long-legged flying insect.

laki-laki *see* lelaki. kelaki-lakian *k.n.* masculinity; the quality of being masculine.

laknat *k.n.* damn; condemn to hell; condemn as a failure; swear at. —*k.n. & sr.* damn; uttered curse.

lakon, melakonkan *k.k.* act; play the part of. berlakon *k.k.* be an actor. lakonan *k.n.* act; item in a circus or variety show.

laksa[1] *k.n.* ten thousand. berlaksa-laksa tens of thousand.

laksa[2] *k.n.* a kind of pasta made of rice flour; dish made with this.

laksamana *k.n.* admiral; naval officer of the highest rank.

laksana, melaksanakan *k.k.* execute; carry out (an order); perform; produce (a work of art); fulfil (*p.t. fulfilled*); accomplish, carry out (a task); satisfy, do what is required by (a contract, etc.); implement; put into effect; perform; carry into effect.

laksatif *k.n.* laxative, purgative.

laktosa *k.n.* lactose; a type of sugar found in milk.

laku *adj.* (of money) valid; accepted; (of product) saleabe; popular. berlaku *k.k.* happen; occur (*p.t. occurred*); come into being as an event or process; exist in a specified place or conditions. melakukan *k.k.* commit (*p.t. committed*); do; perform; entrust, consign.

lakur, melakurkan *k.k.* fuse; blend (metals, etc.); become blended; unite.

lalah *k.k.* gobble; eat quickly and greedily.

lalai *adj.* careless; rash; negligent; oblivious; unaware.

lalak, melalak *k.k.* yell; scream loudly; howl; cry loudly.

lalang *k.n.* a type of long coarse grass.

lalat *k.n.* fly; two-winged insect.

lali *adj.* immune; having immunity; unconscious. melalikan *k.k.* deaden; deprive of or lose vitality, loudness, feeling, etc.

lalu, berlalu *k.k.* elapse; (of time) pass away. laluan *k.n.* passage; passing; right to pass or be a passenger. lalu

lintas *k.n.* traffic; vehicles moving along a road, etc.

lalut *adj.* disjointed; (of talk) lacking orderly connection.

lama[1] *adj.* old (*-er, -est*); having lived or existed or been known, etc. for a long time. kekasih lama *k.n.* old flame, (*colloq.*) former sweetheart.

lama[2] *adj.* long (of duration). lama-lama *adj.* for a long time; finally; gradually; at last. lama-kelamaan *kkt.* finally; in the end; gradually. selama *kkt.* during; while; as long as. selamanya *kkt.* at the most; always; usually. selama-lamanya *kkt.* forever; ever; eternally.

laman *k.n.* land at the front of a house; compound of a house.

lamar, melamar *k.k.* propose; make a proposal of marriage. lamaran *k.n.* (marriage) proposal; request to marry.

lambai, melambai *k.k.* wave; move (one's arm, etc.) up and down in order to attract attention or as a greeting, signal etc. lambaian *k.n.* wave; act of waving.

lambak, lambakan *k.n.* disorderly heap or pile. berlambak, berlambak-lambak, melambak *k.k.* pile up. —*adj.* plentiful; abundant.

lambang *k.n.* device; design used as a decoration or emblem; symbol; design used as a badge, etc.; thing regarded as suggesting something; mark or sign with a special meaning. melambangkan *k.k.* be a symbol of; represent by means of a symbol; symbolize.

lambat *adj.* tardy (*-ier, -iest*); slow to act or move or happen; behind time. berlambat-lambat *k.k.* linger; stay on as if reluctant to leave; dawdle.

lambung[1] *k.k.* lob (*p.t. lobbed*); send or strike (a ball) slowly in a high arc.

lambung[2] *k.n.* bulwark; ship's side above the deck.

lamina, baju lamina *k.n.* armour, protective metal covering, esp. that formerly worn in fighting; mail; body-armour made of metal rings or chains.

lampai *kkt.* lank; lanky; ungracefully tall and lean.

lampau *adj.* past; over. melampau *k.k.* abysmal; extreme; (*colloq.*) very bad; inordinate; excessive. melampaui *k.k.* exceed; be greater than; go beyond the limit of; overstep; overcome. pelampau *k.n.* extremist.

lampin *k.n.* napkin; piece of cloth worn by a baby to absorb or retain its excreta.

lampir *k.n.*, **melampirkan** *k.k.* affix; attach; add (a signature, etc.); enclose; put into an envelope or parcel along with other contents; affix; attach; add at the end. **lampiran** *k.n.* enclosure; enclosing; thing enclosed; appendage; thing appended.

lampu *k.n.* lamp; device for giving light. **tiang lampu** *k.n.* tall post of a street lamp. **lampu kepala** *k.n.* head-lamp; headlight. **lampu suluh** *k.n.* flashlight; electric torch. **terendak lampu** *k.n.* lampshade; shade placed over a lamp to screen its light.

lampung[1], **melampung** *k.k.* appear on the surface of the water; float; drift on the surface of the water. **pelampung** *k.n.* buoy; a floating object that is used to show ships and boats where they can go and to warn them of danger.

lampung[2], **lampung karam** *k.n.* Krakatoa Island; a sunken island caused by the eruption of a volcano.

lamun, **melamun** *k.k.* day-dream; ponder; think over. **lamunan** *k.n.* dream; day-dream.

lanar *k.n.* alluvium; deposits left by a flood; ooze; wet mud.

lanau *k.n.* silt; sediment deposit by water in a channel or harbour, etc.; = lanar.

lancang *adj.* cheekily (-ier, -iest); showing bold or cheerful lack of respect; coquettish.

lancap, **melancap** *k.k.* masturbate; stimulate the genitals (of) manually.

lancar *adj.* fluent; speaking or spoken smoothly and readily. **melancarkan** *k.k.* launch; send forth; put or go into action; cause (a ship) to slide into the water.

lancip *adj.* tapering with a pointed tip.

lancong, **melancong** *k.k.* tour; go on tour; go sight-seeing.

lancung *adj.* phoney (-ier, -iest); (*sl.*) sham; take. **lancungan** *k.n.* (*sl.*) phoney thing.

landa, **melanda** *k.k.* enter by force; rush in; run down; sweep; be over-come.

landai, **melandai** *adj.* sloping gently; slanting. **landaian** *k.n.* declivity; a downward slope.

landak *k.n.* porcupine; hedgehog; small animal covered with protective spines.

landas, **berlandaskan** *k.k.* based on; use as a base or foundation. **landasan** *k.n.* anvil; chopping block. **landasan**

kapal terbang *k.n.* runway. **landasan kereta api** *k.n.* railway.

landskap *k.n.* landscape; scenery of a land area.

lang *k.n.* eagle; large bird of prey.

langau *k.n.* bluebottle; large bluish fly.

langgam *k.n.* way; method; conduct; norm; custom; a popular rhythm.

langgan, **berlanggan**, **melanggan** *k.k.* subscribe; arrange to receive news-paper, magazine, etc. regularly by paying in advance. **langganan** *k.n.* subscription; arrangement by which one pays in advance for a certain number of issues of a magazine, etc.; regular business transaction.

langgar *k.k.* collide; come into colli-sion. **melanggar** *k.k.* impinge; make an impact; encroach; contravene; break (a rule, etc.); breach.

langir *k.n.* a type of small tree. **berlangir**, **melangir** *k.k.* to wash a person's hair or body with the leaves and bark of the *langir*. **melangiri** *k.k.* washing the hair or body of another person with the leaves and bark of the *langir*. **pelangiran** *k.n.* a ceremony or custom in which a person's hair or body is washed with the leaves or bark of the *langir*.

langit *k.n.* sky; region of the clouds or upper air. **langit-langit** *k.n.* canopy; covering hung or held up over a throne, bed, person, etc.; spreading fabric of a parachute.

langkah *k.n.* stride; step; complete movement of a foot and leg in stepping; footstep; one of a series of actions. **melangkah** *k.k.* stride; step; lift and set down a foot or alternate feet; take a step; set out.

langkan *k.n.* baluster; short stone pillar in a balustrade. **langkan tangga** *k.n.* banisters (*pl.*); uprights and handrail of a staircase.

langkau, **melangkau** *k.k.* skip; pass over; overlook. **melangkaui** *k.k.* skip; pass by.

langkup, **terlangkup** *k.k.* overturned; capsized; inverted.

langsai *k.k.* settled; paid up. —*adj.* clear. **melangsaikan** *k.k.* settle; pay up.

langsat *k.n.* a type of tree bearing a yellowish fruit which produces a sap. **kuning langsat** *k.n.* a slightly yellowish colour.

langsing *adj.* slender; slim and graceful.

langsir *k.n.* curtain; piece of cloth, etc. hung as a screen, esp. at window.

langsuir *k.n.* a banshee or ghost that purportedly sucks blood and preys on women giving birth.

langsung[1] *k.n.* direct. tak langsung *k.n.* indirect; not direct.

langsung[2] *kkt.* forthwith; at once; directly. berlangsung *k.k.* happen; take place; occur; come into being as an event. melangsungkan *k.k.* carry out; execute; perform; hold; cause to take place.

lanjur, terlanjur *adj.* rash; unrestrained. melanjurkan *k.k.* to extend; to prolong. keterlanjuran *k.n.* rashness; extremity; indiscretion.

lanjut *adj.* long; advanced; detailed; protracted. melanjutkan *k.k.* to continue; to remain in a place or condition; to prolong. lanjutan *k.n.* continuation.

lanolin *k.n.* lanolin; fat extracted from sheep's wool, used in ointment.

lanset *k.n.* lancet; surgeon's pointed two-edged knife; tall narrow pointed arch or window.

lantai *k.n.* floor; lower surface of a room, part on which one stands. melantai *k.k.* provide with a floor.

lantak *k.k.* hammer down; ram in; force down; do as one pleases. melantak *k.k.* hammer (something in); strike forcefully.

lantang *adj.* articulate; loud and clear; spoken distinctly; clarion; rousing; loud (*-er, -est*); producing much noise, easily heard; penetrating; (of sound) piercing.

lantar, terlantar *k.k.* remain; be in the same place or condition. —*adj.* abandoned; neglected; stranded. lantaran *k.h.* because; for the reason that.

lantas *k.h.* forthwith; immediately.

lantik *k.k.* appoint; constitute; form; establish. melantik *k.k.* constitute, appoint; fix or decide by authority; choose (a person or persons) for a job, committee, etc.; install; place (a person) into office ceremonially. lantikan, pelantikan *k.n.* appointment; appointing a person to a post.

lanting, melanting *k.k.* throw; hurl; send with some force through the air or in a certain direction; toss. terpelanting *k.k.* bounced away; thrown aside.

lantun, melantun *k.k.* bounce; spring back or up when sent against something hard; cause to do this; (*sl.* of a cheque) be sent back by a bank

as worthless; rebound. lantunan *k.n.* bouncing movements or power.

lantur *k.k.* digress, depart from the main subject temporarily; stray.

lanun *k.n.* corsair (*old use*); pirate; person on a ship who robs another ship at sea or raids a coast; buccaneer.

lanyak, melanyak *k.k.* to stamp on something repeatedly until it is crushed; to step or trample on something angrily or with a vengeance; to strike forcefully; to beat someone up furiously.

lap, mengelap *k.k.* mop (p.t. *mopped*); clean with a mop; wipe away; wipe up with a mop or cloth, etc.

lapah, melapah *k.k.* skin; strip off the skin of; flay.

lapan *k.bil.* eight; one more than seven (8, VIII); crew of eighth. kelapan *k.bil.* eighth. lapan belas *k.bil.* eighteen; one more than seventeen (18, XVIII). kelapan belas *k.bil.* eighteenth. lapan puluh *k.bil.* eighty; ten times eight (80, LXXX). kelapan puluh *k.bil.* eightieth.

lapang *adj.* commodious; leisured; having plenty of leisure; spacious; providing much space, roomy. lapangan, lapangan terbang *k.n.* airfield, aerodrome; area with runways, etc. for aircraft; airfield with facilities for passengers and goods; airport.

lapar *adj.* hungry (*-ier, -iest*); feeling hunger.

lapik *k.n.* lining; layer of material or substance covering an inner surface. melapik *k.k.* line; cover the inside surface of.

lapis *k.n.* a layer. berlapis *k.k.* laminated; made of layers joined one upon another; layered. melapisi *k.k.* arrange in layers. lapisan *k.n.* coat; covering layer; layer; one thickness of material laid over a surface.

lapor, melapor *k.k.* report; give an account of; tell as news; make a formal complaint about; present oneself as having arrived. laporan *k.n.* report; spoken or written account; written statement about a pupil's or employee's work, etc.

Lapp *k.n.* Lapp; Laplander; language of Lapland.

lapuk *adj.* mouldy; stale. berlapuk *k.k.* moulder; decay and rot away.

lara *adj.* sad; miserable; depressed; sorrowful. berlara-lara *k.k.* to be sad or unhappy. melara *k.k.* to suffer because of sadness. **terlara-lara** *k.k.* to be constantly sad; to cry profusely.

laram *adj.* smart; neat and attractive; fashionable; dandified. **melaram** *k.k.* show off (one's clothes, etc.); behave affectedly.

larang, melarang *k.k.* prohibit; forbid. —*k.n.* interdict; formal prohibition.

laras[1] *k.n.* barrel; tub-like part esp. of a gun.

laras[2] *k.n.* pitch; degree of highness or lowness of a music note or voice. **keselarasan, kelarasan** *k.n.* harmonization; suitability; conformity. **melaraskan** *k.k.* harmonize; conform; make similar; match. **menyelaraskan** *k.k.* match; adjust; co-ordinate; synchronize.

laras suhu *k.n.* thermostat; device that regulates temperature automatically.

larat[1] *adj.* able; capable. **terlarat** *k.k.* able to; can.

larat[2], **melarat** *k.k.* to wander around aimlessly; to spread. **awan larat** *k.n.* an intricate pattern in carving.

lari *k.k.* run (p.t. *ran*, p.p. *run*, pres.p. *running*); move with quick steps and with always at least one foot off the ground. **kahwin lari** *k.n.* elope; run away secretly with a lover.

larik, melarik *k.k.* turn on a lathe; polish; carve.

laringitis *k.n.* laryngitis; inflammation of larynx.

laris *adj.* in demand; easily sold; saleable; profitable. **melariskan** *k.k.* make saleable; make popular.

larut *adj.* dissolve; disappear gradually; melt. **melarut, melarutkan** *k.k.* make or become liquid or dispersed in liquid; disappear gradually. **berlarutan** *k.k.* incessant; not ceasing. **tak larut** *adj.* insoluble; unable to be dissolved.

larva *k.n.* larva (pl. *-vae*); insect in the first stage after coming out of the egg.

lasak *adj.* suitable for daily wear; frequently used; active. **tahan lasak** durable; hard wearing; tough; rugged.

laser *k.n.* laser; device emitting an intense narrow beam of light.

lastik *k.n.* catapult; device with elastic for shooting small stones; elastic; cord or material made elastic by interweaving strands of rubber, etc. **melastik** *k.k.* hurl from or as if from a catapult.

lasykar *k.n.* member of an army; a soldier whose duty is to defend his country and to go to war if necessary.

lat *k.n.* interval; gap. **berlat** *k.k.* to alternate.

lata *k.n.* cascade; waterfall.

latah *k.n.* a disease of the nerve that causes one to do or say something unconsciously or wildly; behaviour that is akin to being delirious or crazy. **pelatah** *k.n.* a person who is always raving or speaking wildly. **melatah** *k.k.* to speak or act wildly or deliriously.

latar, latar belakang *k.n.* background; back part of a scene or picture; conditions surrounding and influencing something.

lateks *k.n.* latex; milky fluid from certain plants, esp. the rubber tree; similar synthetic substance.

laterit *k.n.* laterite; a red soil containing iron (usu. used in road-surfacing).

latih, berlatih *k.k.* practise; do something repeatedly to become or remain skilful. **terlatih** *k.k.* trained; practised; experienced. **melatih** *k.k.* train, teach. **latihan** *k.n.* practice; repeated exercise to improve skill. **latihan asas** *k.n.* grounding; basic training.

latih tubi *k.n.* drill; training; (*colloq.*) routine procedure. **melatih tubi** *k.k.* use; be trained.

Latin *k.n.* Latin; language of the ancient Romans. —*adj.* of or in Latin; speaking a language based on Latin.

latitud *k.n.* latitude; distance of a place from the equator, measured in degrees.

lau, lau burung *k.n.* aviary; large cage or building for keeping birds.

laudanum *k.n.* laudanum; opium prepared for use as a sedative.

lauk *k.n.* dish; food (meat, fish, etc.) prepared in a particular way to be eaten with rice, etc.

laun *adj.* slow; late; slow-moving. **melaun-launkan** *k.k.* to dawdle. to delay or procrastinate (work or action). **melaun-laun** *k.k.* to dawdle. **berlaun-laun, berlaun** *k.k.* to lag (behind).

laung, melaung *k.k.* shout; utter a shout; call loudly. **laungan** *k.n.* shout; loud cry or utterance.

laurel *k.n.* laurel; evergreen shrub with smooth glossy leaves.

laut *k.n.* sea; expanse of salt water surrounding the continents; section of this; large inland lake; waves of the sea; vast expanse. **aras laut** *k.n.* sea-level; level corresponding to the mean level of the sea's surface. **camar laut** *k.n.* sea-mew; gull. **hijau laut** *adj. & k.n.* sea green; bluish-green. **kuda laut** *k.n.* sea horse; small fish with a horse-like head. **singa laut** *k.n.* sea lion; a kind of large seal. **lautan** *k.n.* ocean; sea surrounding the continents of the earth.

lava *k.n.* lava; flowing or hardened molten rock from a volcano.

lavender *k.n.* lavender; shrub with fragrant purple flowers. **air lavender** *k.n.* lavender water; delicate perfume made from lavender.

lawa *adj.* chic (*-er, -est*); stylish and elegant; personable; good-looking.

lawak *k.k.* comedy; light amusing drama; amusing incident.

lawan *k.n.* adversary; opponent; enemy; rival; match. **lawan dalam** infighting; boxing closer than at arm's length; hidden conflict within an organization. **berlawan** *k.k.* set against each other in a contest. **berlawanan** *k.k.* contrary; opposite in nature or tendency or direction.

lawang¹, lawang seketeng *k.n.* an arch; a lich-gate.

lawang² *k.n.* a type of tree.

lawas¹ *adj.* (of area, view, etc.) open; spacious; roomy. **melawas** *k.k.* to expand (an area, etc.); to widen.

lawas² *adj.* relieved. **melawaskan** *k.k.* to relieve oneself. **kelawasan** *k.n.* relief; comfort.

lawas³ *k.k.* to become less; to decrease.

lawat, melawat *k.k.* to visit; to go or come to see (a person or place) socially or as a sightseer or on business, etc.

lawi, lawi-lawi *k.n.* long, curved feathers in the tails of chickens or birds.

layak *adj.* competent; having ability or authority to do what is required; adequate; eligible; qualified to be chosen or allowed something; regarded as desirable. **melayakkan** *k.k.* qualify; make or become competent or eligible or legally entitled to do something; limit the meaning of; attribute a quality to.

layan *k.k.* attend; give attention to; wait upon. **layanan** *k.n.* attendance; service.

layang *k.k.* fly; move through the air; drift. **melayang** *k.k.* fly; soar; drift; be carried by a current of air;

float; rest or drift on the surface of a liquid; be held up freely in gas or air; wander (of thoughts, etc.). **layang-layang** *k.n.* kite; light framework on a string, for flying in the wind as a toy. **burung layang-layang** *k.n.* swallow; small migratory bird with a forked tail.

layap¹ *adj.* almost touching the surface (of land or water). **berlayapan, berlayap-layapan** *k.k.* flying low; skimming the surface; swaying in the wind. **melayap** *k.k.* to fly low. **melayapi** *k.k.* to float in the air towards an object, place, etc. **melayapkan, melayap-layapkan** *k.k.* to cause to fly, sway or glide slowly towards something.

layap², melayap-layap, melayap *k.k.* to doze; to sleep very lightly; to be in a state between sleep and consciousness.

layar *k.n.* sail; piece of fabric spread to catch the wind and drive a ship or boat along. **belayar** *k.k.* sail; travel on water by use of sails or engine-power. **layar cucur** *k.n.* jib; triangular sail stretching forward from a mast. **tebar layar** *k.n.* gable; triangular part of an outside wall, between sloping roofs. **melayarkan** *k.k.* navigate; sail in or through (a sea or river, etc.); direct the course of (a ship or vehicle, etc.). **ahli layar** *k.n.* navigator.

layu *adj.* wilt; lose or cause to lose freshness and droop.

layur, melayur *k.k.* parch; make hot and dry; scorch.

lazat *adj.* delicious; delightful, esp. to taste or smell; tasty; appetizing. **melazatkan** *k.k.* make delicious or tasty.

lazim *adj.* inveterate; habitual; firmly established; ordinary; usual; not exceptional; common.

lazuardi *k.n.* lapis lazuli; blue semi-precious stone.

lb *kep.* lb.; pound(s) weight.

lebah *k.n.* bee; insect that produces wax and honey; honey bee, common bee living in a hive. **lebah jantan** *k.n.* drone; male honey bee. **lilin lebah** *k.n.* beeswax; yellow substance secreted by bees, used as polish.

lebam *adj.* blue-black; livid (of bruise).

lebar *k.n.* breadth; width, broadness.

lebaran *k.n.* the Muslim new year after a month-long fast; the first day of Syawal. **berlebaran** *k.k.* to celebrate the New Year.

lebat, hujan lebat *adj.* downpour; great fall of rain.

L

lebih *kkt.* extra; more than usu. in addition; more; to a greater extent; again. **lebih kurang** more or less; approximately. **berlebih** *k.k.* additional, more than is usual or expected; greater in quantity or intensity, etc.; excessive; too much. **berlebihan** *k.k.* abundant; plentiful; having plenty of something. **berlebih-lebihan** *k.k.* gaudy (*-ier, iest*); showy or bright in a tasteless way; superfluous. **lebihan** *k.n.* excess; exceeding of due limits; amount by which one quantity, etc. exceeds another; overspill; what spills over; surplus; amount left over after what is needed has been used; excess of revenue over expenditure.

lebih masa *k.n.* overtime. **kerja lebih masa** to work overtime; to work beyond the working hours in order to complete the workload.

lebu *k.n.* dust.

lebuh *k.n.* avenue; wide street or road. **lebuh raya** *k.n.* highway; public road; main route.

lebur *k.k.* molten; liquefied by heat. **melebur** *k.k.* melt; smelt; make into or become liquid, esp. by heat; soften through pity or love; fade away; dissolved.

lecah *adj.* muddy; slushy; (*fig.*) having a bad reputation. **berlecah** *k.k.* to play in the mud or slush.

lecek[1] *adj.* (of cloth, paper, etc.) crumpled.

lecek[2] *adj.* (of rice, mud, etc.) soft. **melecekkan** *k.k.* to mash; to press (rice, potatoes, etc.) until it becomes soft.

lecet, melecet *k.k.* to have abrasions or blisters.

lecur, melecur *k.k.* scalded; injured with hot liquid or steam; blistered.

lecut *k.n.* sound produced when beating with a cane, whip, lash, etc. **melecut** *k.k.* to squirt; to gush out; to whip; to make a sound similar to whipping. **melecutkan** *k.k.* to cause to squirt. **lecutan** *k.n.* whipping. **pelecut** *k.n.* an instrument or tool for whipping; a whip.

ledak *k.k.* blow; break with explosives. **meledak** *k.k.* detonate, explode; expand and break with a loud noise. **meledakkan** *k.k.* cause to do this; burst out. **ledakan** *k.n.* explosion; detonation; eruption.

leding, meleding *k.k.* (of planks, knives, and other inanimate objects) to bend or curve. **meledingkan** *k.k.*

to cause something to bend or curve; to bend (body).

leftenan *k.n.* lieutenant; army officer next below captain; naval officer next below lieutenant-commander; rank just below a specified officer.

lega *adj.* easy, relieved; free from pain or anxiety. **melegakan** *k.k.* ease; relieve from pain, etc.; make or become less tight or forceful or burdensome.

legam, hitam legam *adj.* pitch black; completely black.

legap *adj.* opaque; not clear, not transparent.

legar[1] *k.n.* sound produced when wood is struck. **melegarkan** *k.k.* to produce the sound of wood being struck.

legar[2], **berlegar-legar** *k.k.* to circle; to revolve; to take turns; (*fig.*) to be disturbed. **melegarkan** *k.k.* to go round. **melegarkan** *k.k.* to pass around; to circulate. **dilegari** *k.k.* to go round. **legaran** *k.n.* circulation; revolution.

legenda *k.n.* legend; story handed down from the past; such stories collectively.

legion *k.n.* legion; an army of soldiers.

leher *k.n.* neck; narrow part connecting the head to the body; part of a garment round this; narrow part of a bottle, cavity, etc. **tali leher** *k.n.* necktie; man's tie.

lejang *k.n.* the swift movement of the piston, either up and down or from side to side. **melejang** *k.k.* to kick; to move very swiftly. **pelejang** *k.n.* the object used to create the movement.

lejar *k.n.* ledger; book used as an account book or to record trading transaction.

leka *adj.* lax; slack, not strict or severe.

lekang *adj.* chapped due to heat; cracked; easily stripped off. **rambutan lekang** *k.n.* rambutan with flesh which comes off easily from the seed. **berlekang** *k.k.* to separate. **melekang** *k.k.* crack; chap. **melekangkan** *k.k.* to separate from. **terlekang** *k.k.* separated from.

lekap, melekap *k.k.* cleave (*old use*); stick, cling; affix to.

lekar *k.n.* a pot-stand woven from rattan or bamboo. **melekari** *k.k.* to place the pot-stand underneath the pot. **melekarkan** *k.k.* to give a base or lining.

lekas *adj.* fast; quick; rapid. **selekas, selekas-lekasnya** at the earliest; as quickly as possible.

lekat, melekat *k.k.* adhere; stick; juxtapose; put (things) side by side. **melekatkan** *k.k.* attach; fix to something else; paste. **lekatan** *k.n.* adhesion; state of being or ability to become attached (to something).

lekit *adj.* glutinous; glue-like; sticky; gummy; tacky.

leksikografi *k.n.* lexicography; process of compiling a dictionary.

leksikon *k.n.* lexicon; dictionary, esp. of Greek.

lekuk *k.n.* dint; dent; hollow; depression.

lekum *k.n.* gullet; throat; Adam's apple.

lela[1] *adj.* (of manners and movements) beautiful. **muda lela** *adj.* young and smart-looking. **lela bangsawan** *adj.* smart and of good breeding. **selela-lelanya** *kkt.* behaving as one pleases. **berlela** *k.k.* to act or behave conceitedly and arrogantly; to show off; put on airs; stylish and smart. **melela** *k.k.* to gesture; to swagger. **melelakan** *k.k.* to handle or brandish (a sword or arms, etc.) beautifully; to act elegantly.

lela[2] *k.n.* types of cannons.

lelabah, labah-labah *k.n.* spider; small animal (not an insect) with a segmented body and eight jointed legs, living on insects.

lelah *adj.* tired; weary; exhausted; worn out; fatigued. **penyakit lelah** *k.n.* asthma; chronic condition causing difficulty in breathing.

lelaki *k.n.* chap; (*colloq.*) man. **budak lelaki** *k.n.* boy; male child; young man. **teman lelaki** *k.n.* boy friend; woman's male companion. **kaum lelaki** *k.n.* menfolk; men in general; men of one's family. **saudara lelaki** *k.n.* brother; younger or older brother. **ipar lelaki** *k.n.* brother-in-law (pl. *brothers-in-law*); brother of one's husband or wife; husband of one's sister.

lelangit *k.n.* palate; roof of the mouth.

lelap *adj.* kip (p.t. *kipped*); (*sl.*) sleep.

lelas *adj.* abrasive; causing abrasion; scraped; harsh. **melelaskan** *k.k.* abrade; graze. **lelasan** *k.n.* abrasion; rubbing or scraping away; injury caused by this.

leleh, meleleh *k.k.* dribble; have saliva flowing from the mouth; ooze; trickle or flow out slowly; flow or let flow in drops. **lelehan** *k.n.* discharge; discharging; substance discharged.

leler, berleleran *k.k.* (of things which are sticky and rather thick) to trickle or ooze in a stream. **meleler** *k.k.* (of things which are sticky and rather thick) to drip; to ooze; to trickle. **leleran** *k.n.* something that flows or oozes out (such as lava, etc.).

lelong *k.n.* auction; public sale where articles are sold to the highest bidder. **melelongkan** *k.k.* auction; sell by auction.

lelopak *k.n.* magazine; store for ammunition, explosives, etc.; chamber holding cartridges in a gun, slides in a projector, etc.

leluasa, berleluasa *k.k.* to do as one wishes; to act without restraint. **meleluasakan** *k.k.* to cause something to be without restraint; to allow something to be rampant or left unchecked. **keleluasaan** *k.n.* a state of unhampered actions; pertaining to lack of restraint; freedom of action.

lelucon *k.n.* humour; quality of being amusing; state of mind.

leluhur *k.n.* forebears (*pl.*); ancestor; person from whom one's father or mother is descended.

lelurah *k.n.* gully; narrow channel cut by water or carrying rainwater from a building.

lemah *adj.* feeble (*-er, -est*); frail; not strong; physically weak. **lemah fikiran** *adj.* feeble-minded; mentally deficient. **melemahkan** *k.k.* emasculate; deprive of force, weaken; enervate; cause to lose vitality; enfeeble; make feeble.

lemak *k.n.* fatty; (of taste) rich; like fat, containing fat. —*k.n.* fat; white or yellow substance found in animal bodies and certain seeds. **lemak paus** *k.n.* blubber; whale fat. **berlemak** *k.k.* fat (*fatter, fattest*); containing much fat.

lemang *k.n.* a type of food (made from glutinous rice and coconut milk) which is baked in a length of bamboo. **melemang** *k.k.* to bake *lemang*; to include *lemang*.

lemas *k.k.* drown; kill or be killed by suffocating in water or other liquid; suffocate. **melemaskan** *k.k.* suffocate; kill by stopping the breathing; cause discomfort to by making breathing difficult; be suffocated.

lemau *adj.* (of food) not crispy due to exposure to air. **melemaukan** *k.k.* to cause to become limp and no longer crispy. **kelemauan** *k.n.* state of being limp and no longer crispy.

L

lembaga[1] *k.n.* apparition; figure; indistinct form.

lembaga[2] *k.n.* body; board; group of people controlling a company or other organization; institution; organization.

lembah *k.n.* dale; valley.

lembam *adj.* dilatory; weak; delaying, not prompt; inert; lacking energy or vigour; without active properties; not moving or taking action; dunce; person slow at learning.

lembang, lembangan *k.n.* basin; sunken place, area drained by a river.

lembap *adj.* damp (*-er, -est*); slightly wet; dank; damp and cold; moist (*-er, -est*); weak; slow. **melembapkan** *k.k.* make damp. **lapisan kalis lembap** damp course; layer or material in a wall, to keep damp from rising.

lembapan *k.n.* moisture; water or other liquid diffused through a substance or as vapour or condensed on a surface. **melembap cair** deliquesce.

lembar *k.n.* numerical coefficient for objects that are long and fine (rope, thread); numerical coefficient for objects which are thin and wide (paper, leaf).

lembayung *k.n.* crimson; deep red.

lembik *adj.* flaccid; hanging loose or wrinkled, not firm.

lembing *k.n.* javelin; a light spear.

lembu *k.n.* cow; fully grown female of cattle. **lembu dara** *k.n.* heifer; young cow.

lembung, melembung *adj.* inflatable; able to be inflated. **melembungkan** *k.k.* inflate; fill with air or gas so as to swell.

lembur *k.n.* overtime; in addition to regular working hours; time worked thus; payment for this.

lembut *adj.* soft; tender (*-er, -est*); gentle and casual, not irritating or stimulating; lenient, not punishing severely; lithe; supple, agile; (*-er, -est*); moderate in intensity, not harsh or drastic; not strongly flavoured.

lemon *k.n.* lemon; oval fruit with acid juice; tree bearing it; its pale yellow colour.

lemoned *k.n.* lemonade; lemon flavoured soft drink.

lempang, melempang *k.k.* to slap; to smack on the face.

lempar, melempar *k.k.* to hurl; to throw violently. **lemparan** *k.n.* hurl; violent throw.

lempeng *k.n.* pancake; a type of food made from rice flour and bananas baked in a flat and round shape. **melempeng** *adj.* thin and flat-chested.

lempuk[1] *k.n.* a type of sweet made from durian, jackfruit, etc. cooked with sugar until it has a thick consistency.

lempuk[2], **melempuk** *k.k.* to stick together.

lena *adj.* asleep; in or into a state of sleep. **terlena** *k.k.* doze; sleep lightly.

lenang *adj.* (of water) calm. **senang-lenang** *adj.* peaceful; happy; comfortable; not lacking in anything.

lencana *k.n.* badge; thing worn to show membership, rank, etc.; crest; design above a shield on a coat of arms or used separately; insignia (*pl.*); symbols of authority or office; identifying badge.

lencong *k.k.* chamfer (p.t. *chamfered*); bevel the edge of; deviate; swerve. **melencongkan** *k.k.* divert; turn from a course or route. **lencongan** *k.n.* detour; deviation from a direct or intended course; diversion; diverting.

lencun *adj.* wet; drenched.

lendir *k.n.* mucus; slimy substance coating the inner surface of hollow organs of the body. **berlendir** *k.k.* mucous; like or covered with mucus.

lendut, melendut *k.k.* sag; droop or curve down in the middle under weight or pressure.

lenga *k.n.* a type of herbaceous plant with seeds that produce oil; sesame.

lengah, berlengah-lengah *k.k.* dally; idle; dawdle; flirt; walk slowly and idly, take one's time.

lengai *adj.* not active; dawdling; sluggish (pertaining to work, etc.).

lengan *k.n.* arm; upper limb of the human body; similar projection; forearm; arm from the elbow downwards.

lengang *adj.* desolate; solitary, lonely; deserted, uninhabited.

lengas *adj.* clammy (*-ier, -iest*); unpleasantly moist and sticky. **melengas** *k.k.* humid; (of air) damp.

lenggang *k.n.* swinging movement of the arms (while walking, etc.). **berlenggang** *k.k.* swing (the arms while walking); sway; rock.

lenggok *k.n.* movement of the body (including legs, hands, and head) while walking or dancing; shaking of the head while dancing; swaying from side to side like someone dancing, walking, etc. **berlenggok-lenggok** *k.k.* to sway (of the body, head, hands, etc.). **melenggok-lenggokkan** *k.k.* to cause to sway; to shake the body, head, etc.

lengkap *adj.* equipped; complete. **melengkapi** *k.k.* equip; supply with what is needed. **tidak lengkap** *adj.* incomplete; not complete.

lengket, melengket, berlengket *k.k.* to be sticky. **melengketkan** *k.k.* to stick. **terlengket** *k.k.* stuck; glued.

lengking *k.n.* a sound akin to metal being hammered or beaten; a short sharp cry. **melengking** *k.k.* to make a loud, shrill or strident sound. **lengkingan** *k.n.* a shrill or strident voice; a jarring sound or voice; the shrillness of the sound or voice.

lengkok *k.n.* arc; part of a curve.

lengkong *k.n.* jelly.

lengkuas *k.n.* galangal; a plant with rhizome used to flavour cooking.

lengkung *k.n.* curve; line or surface with no part straight or flat. **melengkungkan** *k.k.* form (into) a curve. **lengkungan** *k.n.* curvature; curving; curved form.

lenguh *adj.* tired; listless; lethargic. **kelenguhan** *k.n.* exhaustion; listlessness.

lengung, melengung *k.k.* to ponder or brood over something such as one's fortune, a tragedy, etc.; to mope. **terlengung** *k.k.* to mull over something.

lensa *k.n.* lens; a curved piece of plastic or glass used in cameras, spectacles, telescopes, etc.

lentik *adj.* (of spur, eyelash, etc.) curved upwards. **dilentikkan** *k.k.* to make something curve upwards. **melentikkan** *k.k.* to curve something upwards.

lenting, melenting *k.k.* spring back; rebound; recoil; bounce back; move quickly; jump up.

lentok, melentok *k.k.* to droop; to hang limply. **dilentokkan** *k.k.* (of head, etc.) made to droop or incline to one side. **melentokkan** *k.k.* to make something incline; to bend forward (head, etc.). **terlentok** *adj.* hanging limply; inclined or dangling to one side.

lentur *adj.* limber; flexible; supple.

lenyap *adj.* disappear; pass from sight or existence; vanish; disappear completely. **melenyapkan** *k.k.* dispel (*p.t. dispelled*); drive away; dissolve; disappear gradually; eliminate.

lenyek, melenyek *k.k.* mash; beat or crush into a soft mixture.

leotad *k.n.* leotard; close-fitting garment worn by acrobats, etc.

lepa[1] *k.n.* plaster; soft mixture of lime, sand, and water, etc. used for coating walls.

lepa[2] *adj.* careless; negligent; forgetful.

lepak[1] *adj.* gruelling; very tiring.

lepak[2] *k.k.* loafing; spending time idly or unproductively.

lepas *k.k.* free; able to move. **berlepas** *k.k.* depart; leave. **melepaskan** *k.k.* discharge; allow to leave; exonerate; set free; declare or show to be blameless; forgo (*p.t. forwent p.p. forgone*); give up, go without. **terlepas** *k.k.* escape; get free; get out of its container; avoid; be forgotten or unnoticed by; be uttered unintentionally.

lepat *k.n.* a type of sweet (made from flour and mashed bananas or tapioca, etc., then wrapped in banana leaves and steamed).

lepek, melepek *adj.* exhausted; wornout; unemployed.

leper *adj.* flat; shallow (of plates, dishes, etc.); even; smooth; having an even surface with no projection.

lepuh *k.n.* blister; bubble-like swelling on skin; raised swelling on a surface. **melepuhkan** *k.k.* blister; cause blister(s) on. **melepuh** *k.k.* blister; be affected with blister(s).

lerai, meleraikan *k.k.* disengage; free from engagement; detach; break up people who are fighting.

lereng *k.n.* bevel; sloping edge; grade; slope. **melerengkan** *k.k.* bevel (*p.t. bevelled*); give a sloping edge to.

lesap *adj.* disappear; vanish; pass from sight. **melesapkan** *k.k.* cause to disappear.

lesbian *k.n.* lesbian; homosexual woman.

lesen *k.n.* licence; official permit to own or do something; permission. **memberikan lesen** *k.k.* license; grant a licence to or for. **pemegang lesen** *k.n.* licensee; holder of a licence.

lesi *adj.* peaky; looking drawn and sickly. —*k.n.* lesion; harmful change in the tissue of an organ of the body. **pucat lesi** *adj.* gaunt and pale; anaemic.

lesit *k.n.* a sound similar to that made by the mole-cricket or small flute. **melesit** *k.k.* to make a sound resembling that of a mole-cricket or small flute; to blow the nose; to squirt out; to suck blood. **melesitkan** *k.k.* to squeeze out blood that is poisoned.

lesitan *k.n.* the sound resembling that of a mole-cricket or small flute. **berlesit-lesitan** *k.k.* making a sound like that of a mole-cricket or small flute continuously.

lestari *adj.* (of a situation or condition of something) eternal; remaining the same, without change. **melestarikan** *k.k.* allowing something to remain unchanged or preserving the state of something (e.g. a forest, etc.). **pelestarian** *k.n.* the act of leaving something unchanged or preserving its original state.

lesu *adj.* drawn; looking strained from tiredness or worry; haggard; jaded; tired and bored; languid; lacking vigour or vitality; listless; without energy or enthusiasm. **melesukan** *k.k.* languish; lose or lack vitality; debilitate; weaken; fatigue; cause fatigue to.

lesung *k.n.* mortar; hard bowl in which substances are pounded with a pestle.

leta[1] *adj.* despicable; base; low. **meletakan** *k.k.* to despise; to disgrace; to curse.

leta[2] *adj.* faded; not colour-fast; discoloured.

letak *k.n.* place; location; site; position. **meletakkan** *k.k.* put; cause to occupy or be in a certain place, position, state or relationship; place.

leter *k.n.* nag (p.t. *nagged*); find fault or scold continually. **berleter** *k.k.* chatter; talk quickly and continuously about unimportant matters; (of teeth) rattle together. **leteran** *k.n.* chatter; chattering talk.

letih *adj.* tired; weary; exhausted; worn out. **meletihkan** *k.k.* tire out; tiring; exhaust; cause weariness.

letup *k.n.* the loud noise produced by the firing of a pistol, gun, cannon and the like or the bursting of something that contains air, e.g. a balloon, ball, tube, etc.; explosion. **meletupkan** *k.k.* to cause something to explode. **letupan** *k.n.* an explosion. **meletup-letup** *k.k.* continuously exploding and making a loud noise. **bahan letupan** *k.n.* explosive; substance that is able or liable to explode.

letup-letup *k.n.* a type of climbing plant bearing thin-skinned pods which open with a popping sound.

letus *k.k.* erupt; break out or through; shoot forth lava. **letusan** *k.n.* eruption;

outbreak; breaking out of anger or war or disease, etc.

leukemia *k.n.* leukaemia; disease in which white corpuscles multiply uncontrollably.

leukosit *k.n.* leucocyte; white blood-cell.

levi *k.n.* levy; the sum of money payable to the authorities as tax.

lewa, sambil lewa *kkt.* half-heartedly; without much enthusiasm; waste time.

lewah *adj.* abundant; superfluous; overflowing; excessive; unnecessary; (of words used, etc.) redundant. **kelewahan** *k.n.* state of abundance; redundancy; superfluity; excessiveness.

lewat *adj.* late (*-er, -est*); after the proper or usual time; far on in a day or night or period; behindhand; late; out of date; overdue; not paid or arrived, etc. by the due time. **terlewat** *k.k.* belated; coming very late or too late.

liabiliti *k.n.* liability; the amount of money that a person or company owes.

liang *k.n.* pore; hole; opening. **liang hidung** *k.n.* nostril; either of the two opening in the nose. **liang jarum** *k.n.* eye of a needle.

liar *adj.* wild; living or growing in its original or natural state; not domesticated or tame; not civilized.

liat *adj.* hard (*-er, -est*); firm; not easily cut; (of water) containing mineral salts that prevent soap from lathering freely.

libas, melibas *k.k.* to cane; to whip (with a cane, cloth, etc.).

libat, melibat *k.k.* entangle; tangle; entwine and trap; implicate; involve. **melibatkan** *k.k.* incriminate; indicate as involved in wrongdoing; involve; have as a consequence; include or affect in its operation; show to be concerned in a crime, etc.

Liberal *adj. & k.n.* Liberal; (member) of the U.K. political party favouring moderate reforms.

Liberalisme *k.n.* Liberalism.

libido *k.n.* libido (pl. *-os*); emotional energy or urge, esp. of sexual desire.

licau *adj.* (of hair) smooth and shiny; (of property) cleaned out; (of fortune) squandered or dissipated.

licik *adj.* cunning; artful; skilled at deception; crafty; ingenious; sly.

licin *adj.* slippery; smooth; barren; bald.

lidah *k.n.* tongue; muscular organ in the mouth, used in tasting and swallowing and (in man) speaking.

lidah buaya *k.n.* aloe vera; a type of plant with thick, prickly leaves that contain a liquid used in cosmetics.

lidi *k.n.* rib or vein of the coconut palm. melidi *k.k.* to become like the rib or vein of the coconut palm, i.e. to become increasingly thin.

lif *k.n.* lift; apparatus for transporting people or goods from one level to another, esp. in a building.

liga *k.n.* league; union of people or countries; association of sports clubs which compete against each other for a championship; class of contestants. —*k.k.* form a league.

ligamen *k.n.* ligament; tough flexible tissue holding bones together.

ligat *adj.* (of a fan, top, etc.) spinning very fast. meligatkan *k.k.* to make something (a fan, top, etc.) spin very rapidly.

ligatur *k.n.* ligature; thing that ties something, esp. in surgical operations.

lignit *k.n.* lignite; a brown coal of a woody texture.

lihat, melihat *k.k.* foresee; forecast; see; look; observe; use or direct one's eyes in order to see. memperlihatkan *k.k.* show; display.

likat *adj.* thick; sticky; viscous.

liku *k.n.* meander; winding course. berliku *k.k.* follow a winding course. —*adj.* devious; roundabout; not straight forward.

likur[1] *k.n.* twenties. tujuh likur twenty-seven.

likur[2] *k.n.* liqueur; strong alcoholic spirit with fragrant flavouring.

lili *k.n.* lily; plant growing from a bulb, with large white or reddish flowers.

lilin *k.n.* wax; beeswax; any of various similar soft substances.

lilit, melilit *k.k.* intertwine; entwine; be entwined. melilitkan *k.k.* gird; encircle, attach with a belt or band. lilitan *k.n.* circumference; boundary of a circle; distance round this.

lima *k.bil.* five; one more than four (5, V). lima belas *k.bil.* fifteen; one more than fourteen (15, XV). kelima belas *k.bil.* fifteenth. kelima *k.bil.* fifth; next after fourth. lima puluh *k.bil.* fifty, five times ten (50, L). kelima puluh *k.bil.* fiftieth.

limas *k.n.* a dipper or pail made from banana leaves; something that tapers upwards in the shape of a pyramid (of a house or building); a pyramid.

limau *k.n.* lemon; oval fruit with acid juice. limau gedang *k.n.* grapefruit; large round yellow citrus fruit. limau kumkuat kumquat. limau nipis *k.n.* lime; round yellowish-green fruit like a lemon.

limbah, limbahan, pelimbahan *k.n.* low ground used to dispose of dirty water; a cesspool.

limbang, melimbang *k.k.* pan (p.t. *panned*); wash (gravel) in a pan in searching for gold.

limbung[1], limbungan *k.n.* an enclosed area by the beach used to anchor boats or for bathing; a place where ships unload or load their goods; a place in the harbour where ships are repaired; a dock or shipyard. buruh limbungan *k.n.* docker; labourer who loads and unloads ships in a dockyard.

limbung[2] *adj.* (of seat, stand, mind, etc.) unstable; unsteady; fickle.

limerik *k.n.* limerick; a type of humorous poem with five lines.

limfa *k.n.* lymph; colourless fluid from body tissue or organs.

limfosit *k.n.* lymphocyte; white blood cells.

limousin *k.n.* limousine; luxurious car.

limpa *k.n.* spleen; abdominal organ of the body; involved in monitoring the proper condition of the blood.

limpah *k.k.* overflow; flow over the edge or limits (of); spill. berlimpah-limpah *k.k.* copious; plentiful. —*k.k.* abound; be plentiful. melimpah-ruah *adj.* bountiful; abundant. limpahan *k.n.* something that overflows; outlet for excess liquid.

linang, berlinang, berlinang-linang *k.k.* to stagnate; to glisten; (of tears, etc.) to trickle; to drip. linangan *k.n.* glistening or trickling (of tears, etc.).

lincah *adj.* nimble (-*er*, -*est*); able to move quickly.

lincir *adj.* smooth; moving evenly without bumping. melincirkan *k.k.* lubricate; oil or grease (machinery), etc.).

lindung, terselindung *k.k.* covert; concealed, done secretly. lindungan *k.n.* haven; refuge.

linear *k.n.* linear; of a line; of length; arranged in a line.

linen *k.n.* linen; cloth made of flax. kain linen *k.n.* lawn; fine woven linen or cotton or synthetic fabric.

L

lingkar *k.n.* coil; something coiled; one ring or turn in this. **berlingkar** *k.k.* coil; wind into rings or a spiral; convoluted; coiled; twisted. **lingkaran** *k.n.* convolution; coil; twist; hank; coil or length of thread.

lingkung, melingkungi *k.k.* beset, (p.t. *beset*, pres. p. *besetting*); hem in, surround; habitually affect or trouble; circumscribe; draw a line round; restrict; encircle; surround. **lingkungan** *k.n.* circumscription; encirclement; enclosure; enclosed area; sphere; field of action or influence, etc.

lingkup *adj.* covered; overturned; sheltered; veiled. **melingkupi** *k.k.* to cover; to shroud; to veil. **terlingkup** *k.k* (*fig.*) overturned; destroyed; all gone.

lingua franca *k.n.* lingua franca; language used between people of an area where several languages are spoken.

linguistik *k.n.* linguistic; of language. **ilmu linguistik** *k.n.* linguistics; study of languages and their structure.

linktus *k.n.* linctus; soothing cough medicine.

lino *k.n.* lino; linoleum.

linoleum *k.n.* linoleum; a kind of smooth covering for floors.

lintah *k.n.* leech; small blood-sucking worm.

lintang, melintang *k.k.* crosswise; in the form of a cross. **lintang-pukang** *kkt.* helter-skelter; in disorderly haste; topsy-turvy.

lintas, melintas *k.k.* pass; cross; cut across; go across. **lintasan** *k.n.* crossing; place for pedestrians, etc. to cross a road.

lipan *k.n.* centipede; small segmented crawling creature with many legs.

lipas *k.n.* cockroach; beetle-like insect that infests kitchen, etc.

lipat *k.k.* fold; bend or turn (a flexible thing) so that one part lies on another; close by pressing parts together; become folded; clasp. **melipat** *k.k.* collapse; fold. **berlipat** *k.k.* collapsible; made so as to fold up. **lipatan** *k.n.* fold; folded part; hollow between thicknesses; line made by folding.

lipstik *k.n.* lip colour; lipstick.

lipur *adj.* disappeared; vanished; effaced; forget one's sorrow; comforted; consoled. **melipur, melipurkan** *k.k.* to erase or wipe our (mark, stain, etc.); cause the pain or sorrow ; to console, comfort, relieve or soothe the sadness or sorrow to disappear; to console, comfort, relieve or soothe the sadness or sorrow. **penglipur** *k.n.* something or someone who can comfort or soothe another person.

liput *adj.* cover. **meliputi** *k.k.* comprehend; include.

lira *k.n.* lira (pl. *lire*); unit of money in Italy and Turkey.

lirik *k.n.* lyric; of poetry that expresses the poet's thoughts and feelings. — *k.n.* words of a song. **berlirik** *k.k.* lyrical; resembling or using language suitable for lyric poetry. **melirik** *k.k.* leer; look slyly or maliciously or lustfully. **lirikan** *k.n.* sidelong glance; leering look.

lisan *k.n.* oral; spoken not written. **ujian lisan** *k.n.* spoken examination; oral test.

lisu *k.n.* pleat; a tapered fold sewn on to clothes.

lisut *adj.* (of skin, etc.) shrunken and sagging; wrinkled; shrivelled; crinkled; deflated; creased; not smooth; corrugated; grooved; hanging in loose folds; puckered; very old. **melisut** *k.k.* to wither. **melisutkan** *k.k.* to cause to become shrivelled.

litani *k.n.* litany; a series of prayer.

litar *k.n.* circuit; line, route or distance round a place; path of an electric current; apparatus through which a current passes.

liter *k.n.* litre; metric unit of capacity (about 1 ¾ pints) for measuring liquids.

literasi *k.n.* literacy; the ability to read and write. **literasi komputer** *k.n.* computer literacy; the ability to use computers well. **literasi bahasa** *k.n.* the ability to speak a language.

litigasi *k.n.* litigation.

litmus *k.n.* litmus; blue colouring-matter that is turned red by acids and restored to blue by alkalis. **kertas litmus** *k.n.* litmus paper; paper stained with this.

litograf *k.n.* lithograph; picture printed by lithography.

litografi *k.n.* lithography; printing from a design on a smooth surface.

litup *adj.* closed very tight; well-covered and concealed; enveloped. **melitup, melitupi** *k.k.* to close very tightly; to cover wholly; to bundle up; to enwrap. **terlitup** *adj.* closed tightly; veiled. **litupan** *k.n.* something that covers, closes, envelops or wraps; a layer that covers or envelops.

liuk, meliuk *k.k.* snake; move in a winding course.

liur, air liur *k.n.* saliva; colourless liquid that forms in the mouth.

liut *adj.* supple; bending easily; pliable.

liwat *k.n.* sodomy. **peliwat** *k.n.* sodomite.

llama *k.n.* llama; South American animal related to the camel but with no hump.

loba *adj.* grasping; greedy for money or possessions; avaricious.

lobak, lobak merah *k.n.* carrot; tapering orange-red root vegetable.

lobi¹ *k.n.* lobby; body of people lobbying an MP or seeking to influence legislation.

lobi² *k.n.* lobby; porch, entrance-hall, ante-room.

lobotomi *k.n.* lobotomy; an incision into the frontal lobe of the brain.

lobus *k.n.* lobe; rounded part or projection.

loceng *k.n.* bell; cup-shaped metal instrument that makes a ringing sound when struck; its sound, esp. as a signal; bell-shaped thing.

locok, melocok *k.k.* move a long object (pump, piston, etc.) up and down in a hole; to ram into; to nail; to pound. **pelocok** *k.n.* pestle; piston; pump.

lodak *k.n.* silt; sediment; dirt (sand, mud, etc.) contained in water, etc. **kelodak** *k.n.* dregs; filth. **berlodak** *k.k.* containing sediment, silt, etc.

lodeh, sayur lodeh *k.n.* a vegetable dish (made of vegetables cooked in coconut milk until tender).

log¹ *k.n.* log; device for gauging a ship's speed; log-book, entry in this. **buku log** *k.n.* log-book; book in which details of a voyage or journey are recorded.

log² *k.n.* log; logarithm.

logam *k.n.* metal; any of a class of mineral substances such as gold, silver, iron, etc. or an alloy of these.

logamaya *k.n.* mirage; optical illusion caused by atmospheric conditions.

logaritma *k.n.* logarithm; one of a series of numbers set out in tables, used to simplify calculations.

loghat *k.n.* patois; dialect; slang; words or phrases or particular meanings of these used very informally for vividness or novelty.

logik *k.n.* logic; science or method of reasoning; correct reasoning.

logis *adj.* logical; reasonable; sound.

logistik *k.n.* logistics; organization of supplies and services.

logo *k.n.* logo (pl. *-os*); printed design used as an emblem.

loh *k.n.* slate; a stone tablet; an engraved tablet; a type of greyish blue stone that breaks easily into layers; an interjection to express surprise or astonishment; a type of herbaceous plant (*loh* leaves); a type of orchid; a type of grass.

lohmahfuz *k.n.* a written statement of man's fate.

loji *k.n.* plant; factory; its machinery.

lojik *k.n.* logical; of or according to logic; reasonable; reasoning correctly.

lokap *k.n.* a room in a police station where detainees are held temporarily; a temporary detention room. **melokap, melokapkan** *k.k.* to imprison; to detain or jail; to lock up. **lokap-lokap** *k.n.* a box.

lokasi *k.n.* location; the place where something is or where something happens.

lokek *adj.* mean (-*er*, -*est*); miserly; niggardly; stingy.

loket *k.n.* locket; small ornamental case worn on a chain round the neck.

lokomotif *k.n.* locomotive; railway engine.

lokus *k.n.* locus (pl. *-ci*, pr. *-sai*); thing's exact place; line or curve; etc. formed by certain points or by the movement of a point or line.

lolipop *k.n.* lollipop; large usu. flat boiled sweet on a small stick.

lolong *k.n.* howl; long loud wailing cry or sound; shriek. **melolong** *k.k.* make or utter with a howl; weep loudly.

lolos *adj.* slipped away; slipped off; escaped (from captivity, detention, etc.). **meloloskan** *k.k.* to slip off something (ring, bangle, etc.); to cause to escape or slip away; to set free (from captivity, detention, etc.); to allow to get away.

lombong *k.n.* mine; excavation for extracting metal or coal, etc. **melombong** *k.k.* dig for minerals, extract in this way. **lombong arang batu** *k.n.* colliery; coal-mine.

lompang *adj.* empty. —*k.n.* a pestle; a mortar; a type of cake; a numerical coefficient for cannon.

lompat, melompat *k.k.* jump; make a sudden upward movement; rise suddenly; move up off the ground, etc. by muscular movement of the legs; pass over by jumping; use (a horse) for jumping; pass over to a point beyond; abscond from; pounce

L

on; leap (p.t. *leaped*, p.p. *leapt*); jump vigorously. **lompat katak** *k.n.* leap-frog; game in which each player in turn vaults over another who is bending down. **melompat katak** *k.k.* leap-frogged; perform this vault (over). **lompatan** *k.n.* jumping movement; sudden rise or change; gap in a series; obstacle to be jumped; vigorous jump.

loncat *k.k.* hop (p.t. *hopped*); jump on one foot or (of an animal) from both or all feet; (*colloq.*) make a quick short trip. **loncatan** *k.n.* hop; hopping movement; short flight.

longgar *adj.* loose; not rigidly fixed or held together; slack; not closely packed.

longgok *k.n.* mass; large quantity or heap. **melonggok, berlonggok** *k.k.* gather or assemble into a mass. **longgokan** *k.n.* heap; pile; stack.

longitud *k.n.* longitude; distance east or west (measured in degrees on a map) from the Greenwich meridian.

longkah *adj.* (of flesh from the seed) easily separated or loosened.

longkang *k.n.* drain; a ditch or trench at the back of the house for draining dirty water. **berlongkang** *k.k.* to have a drain, trench or ditch.

longlai *adj.* swaying; moving from side to side; weak.

lonjak, melonjak *k.k.* gambol (p.t. *gambolled*); jump about in play. **melonjak-lonjak** *k.k.* caper; move friskily.

lonjakan *k.n.* gambol; gambolling movement; frisky movement, (*sl.*) activity.

lonjong¹ *k.n. & adj.* oval; (of) rounded symmetrical shape longer than it is broad. —*adj.* ovoid; egg-shaped, oval.

lonjong² *adj.* tall; high; long and straight.

lontar, melontar *k.k. see* lempar.

lontong *k.n.* a type of dish (containing pressed rice and vegetable gravy).

lopak *k.n.* puddle; small pool of water on the ground.

lopes *k.n.* a type of sweet (made from glutinous rice and eaten with grated coconut and syrup).

lopong, melopong, terlopong *k.k.* (of mouth) to open wide in awe; to gape.

lorek *k.n.* a pattern of stripes (in cloth, snake skin, etc.). **berlorek** *k.k.* containing stripes or lines. **melorek** *k.k.* to draw stripes or lines.

loreng *k.n.* stripes; streaks.

lori *k.n.* lorry; large strong motor vehicle for transporting heavy loads.

lorong *k.n.* alley (pl. -*eys*); narrow street, passage; long enclosure for ten-pin bowling, etc.; footpath; path for pedestrians; pavement; lane; narrow road, track, or passage; strip of road for a single line of traffic; track to which ships or aircraft, etc. must keep; path; way by which people pass on foot; line along which a person or thing moves; street; public road in a town or village, with houses on one or both sides.

lorot, melorot *k.k.* to slide down; to slip. **melorotkan** *k.k.* to cause to slide down; to lower (prices, etc.); to downgrade; to demote.

losyen *k.n.* lotion; medicinal or cosmetic liquid applied to the skin.

lot *k.n.* lot; piece of land; item being sold at auction.

loteng *k.n.* garret; attic, esp. a poor one; room in the top storey of a house; loft; space under the roof of a house, stable, or barn.

loteri *k.n.* lottery; system of raising money by selling numbered tickets and giving prizes to holders of numbers drawn at random; thing where the outcome is governed by luck.

lotong *k.n.* a type of monkey with black fur and a long tail. —*adj.* (*fig.*) black; very dark.

loya *k.n.* nausea; feeling of sickness; wanting to vomit. **meloyakan** *k.k.* nauseate; affect with nausea.

loyang *k.n.* brass; yellow alloy of copper and zinc; thing(s) made of this; cake mould.

loyar *k.n.* a person who is well-versed in law; a lawyer. **loyar buruk** *k.n.* person who likes to debate and engage in idle talk.

lozeng *k.n.* lozenge; small tablet to be dissolved in the mouth.

luah *k.k.* disgorge; eject, pour forth.

luak *adj.* lessened; decreased. **meluakkan** *k.k.* lessen; decrease; diminish; make or become less.

luang *k.n.* empty space; unoccupied time, place, etc. **peluang** *k.n.* opportunity; chance. **meluangkan** *k.k.* to vacate (so as to leave empty). **terluang** *adj.* unoccupied; empty; free.

luap, meluap *k.k.* boil over; overflow; flow over the edge or limits (of); flare up.

L

luar *k.n.* external; of or on the outside; from an independent source. **luar biasa** *adj.* exceptional; very unusual; outstandingly good. **luar rumah** outdoor; of or for use in the open air. **di luar rumah** *k.k.* outdoors. **orang luar** *k.n.* outsider; non-member of a group. **luaran** *k.n.* exterior; exterior surface or appearance; outside; foreign.

luas *adj.* broad (*-er, -est*); large across; wide; measuring from side to side; full and complete; in general terms; capacious; roomy; extensive; extending far, large in area or scope. **berpandangan luas** broad-minded. having tolerant views. **meluaskan, meluas** *k.k.* broaden; make or become broader; widen. **memperluas** *k.k.* extend; enlarge.

luat, meluat *k.k.* to feel squeamish or sick; nauseated; to hate or dislike something or someone.

lubang *k.n.* hole; hollow place; burrow; aperture; wretched place. **melubangkan** *k.k.* make hole(s) in. **berlubang-lubang** *k.k.* holey; full of holes. **lubang kunci** *k.n.* keyhole; hole by which a key is put into a lock. **lubang pemeriksa** *k.n.* loophole; narrow opening in the wall of a fort, etc.

lubuk *k.n.* gulf; deep hollow.

lucah *adj.* dirty; lewd; obscene; indecent in a repulsive or offensive way.

lucu *adj.* comic; causing amusement; of comedy; droll (*-er, -est*); amusing in an odd way; humorous. **melucu** *k.k.* humour; keep (a person) contented by doing as he wishes.

lucut *k.k.* slip; fall by being difficult to hold or by not being held firmly. **melucuti** *k.k.* divest; divest of; strip off. **melucutkan** *k.k.* deprive; take a thing away from.

ludah *k.n.* spit; spittle; saliva; act of spitting. **berludah, meludah** *k.k.* spit (p.t. *spat* or *spit*, pres.p. *spitting*); eject from the mouth; eject saliva.

luhur *adj.* honourable; noble; majestic; imposing.

luka *k.n.* hurt; injury, harm. **melukai** *k.k.* hurt; cause pain, harm, or injury to; lacerate; wound (feelings). **terluka** *k.k.* injured; cause or feel pain.

lukah *k.n.* a bamboo fish trap. **melukah** *k.k.* (*fig.*) to reveal one's private parts because of being improperly dressed or sitting inappropriately; to prostitute oneself.

lukis, melukis *k.k.* draw with pencil, pen, etc.; to illustrate. **melukiskan** *k.k.* to narrate; to describe; to depict; to show. **terlukis** *adj.* pictured; portrayed; described; illustrated. **lukisan** *k.n.* drawing; the product of drawing; narration or description of something; illustration. **pelukisan** *k.n.* drawing; portrayal; illustration.

luku, meluku *k.k.* to rap with the knuckles; to strike the head with the knuckles.

luluh *adj.* crushed into powder; shattered. **meluluhkan** *k.k.* to crush; to shatter.

luluhawa *k.n.* the process of erosion or abrasion due to the elements (wind, rain, heat of the sun, etc.).

lulur, melulur *k.k.* gulp; swallow (food, etc.) hastily or greedily; make a gulping movement.

lulus *k.k.* pass; achieve the required standard in a test. **meluluskan** *k.k.* examine and declare satisfactory; approve.

lumat *adj.* finely crushed; ground into very tiny particles. **melumatkan** *k.k.* to crush or grind something until very fine with a pounder; to destroy; to smash; to ruin.

lumayan *adj.* handsome; very large; enough; sufficient; not too much.

lumba, berlumba *k.k.* race; compete in a race (with); engage in horse-racing; move or operate at full or excessive speed.

lumbar *k.n.* lower back area; the area between the upper part of the body and the buttocks; lumbar.

lumpuh *adj.* paralytic; cripple; lame person; disabled; having a physical disability; palsied. **melumpuhkan** *k.k.* paralyse; affect with paralysis; bring to a standstill; disable; deprive of some ability, make unfit; make a cripple; weaken seriously.

lumpur *k.n.* mud; wet soft earth. **berlumpur** *k.k.* muddy (*-ier, -iest*); like mud, full of mud; not clear or pure.

lumrah *adj.* usual; common.

lumur, melumuri *k.k.* baste; moisten with fat during cooking. **melumurkan** *k.k.* daub; smear roughly. **lumuran** *k.n.* smear.

lumus *adj.* dirty; soiled. **melumuskan** *k.k.* to smear; to wipe onto something. **terlumus** *k.k.* to smear or soil accidentally.

lumut *k.n.* lichen; dry-looking plant that grows on rocks, etc.

lunak *adj.* mellow (*-ier, -iest*); (of sound) soft and rich; (of persons) having become kindly, e.g. with age.

lunas *k.n.* keel; timber of steel structure along the base of a ship. **melunasi** *k.k.* discharge; pay (a debt).

luncai *adj.* (of the stomach) distended and fat; pot-bellied.

luncur *k.k.* glide; move smoothly; fly in a glider or aircraft without engine power.

lundi *k.n.* grub; worm-like larva of certain insects.

lungkup, melungkupkan *k.k.* to reverse the position of something; to turn something upside down; to invert. **terlungkup** *adj.* lying face downwards; inverted; wrecked.

lungsur, melungsur *k.k.* to slide down. **gelungsur** *k.n.* a place where children can slide; a slide.

lunjur, berlunjur *k.k.* to stretch or extend both legs forward while seated on the floor. **melunjurkan** *k.k.* to deliberately extend or stretch the legs forward while seated on the floor. **terlunjur** *adj.* extended; stretched out.

luntur *adj.* discolour; fade; spoil the colour of; become discoloured or changed in colour. **melunturkan** *k.k.* bleach; whiten by sunlight or chemicals; fade; lose or cause to lose colour, freshness or vigour.

lupa *k.k.* forget (*p.t. forgot,* *p.p. forgotten*); lose remembrance (of); stop thinking about. **lupa diri** forget oneself; behave without suitable dignity.

lupus *k.n. see* **luput**.

luput *k.n.* expiry; termination of validity. **meluputkan** *k.k.* banish; dismiss from one's presence or thoughts.

lurah *k.n.* valley; low area between hills or mountains; ravine.

luru, meluru *k.k.* to dash or rush forward (in order to get something); to run hastily after something; to charge; to bolt.

luruh *k.k.* to drop or fall due to ripening (fruits); (of leaves, hair, etc.) to drop because it is time. **musim luruh** *k.n.* the season when leaves start to fall; fall season; autumn. **berluruhan** *k.k.* to fall in large quantities; all over the place. **meluruh** *k.k.* (of chicken, etc.) to shed feathers; to shed leaves during autumn; to moult. **meluruhkan** *k.k.* to cause to drop or fall.

lurus *adj.* diametrical; (of opposition) direct; not crooked or roundabout; with nothing or no one between; without complications; straightforward, honest, frank; straight (*-er, -est*); extending or moving in one direction, not curved or bent; correctly or tidily arranged; in unbroken succession; not modified or elaborate; without additions. **meluruskan** *k.k.* straighten; make or become straight.

lusa *kkt.* day after tomorrow. **besok lusa** *kkt.*(in) a day or two.

lusuh *adj.* old and faded; worn out; shabby.

lut *k.n.* lute; guitar-like instruments of the 14th-17th centuries.

lut cahaya *k.n.* translucent; allowing light to pass through but not transparent.

lut sinar *k.n.* transparent; able to be seen through.

lutu, melutu *k.k.* to attack furiously; to beat continuously; to rain blows on someone.

lutut *k.n.* knee; joint between the thigh and the lower part of the leg; part of a garment covering this. **melutut** *k.k.* kneel; touch or strike with the knee. **tempurung lutut** *k.n.* kneecap; small bone over the front of the knee; covering for the knee. **berlutut** *k.k.* knelt; lower one's body to rest on the knees with legs bent back, esp. in reverence.

luyu *adj.* appearing sleepy; (of eyes) half-closed; heavy-eyed; droopy-eyed.

M

m. *kep.* m.; metre(s); mile(s); million(s).

M.A. *kep.* M.A., Master of Arts.

maaf *k.n.* forgiveness. **memaafi** *k.k.* forgive (p.t. *forgave*, p.p. *forgiven*); pardon (p.t. *pardoned*); cease to feel angry or bitter towards or about.

mabrur *adj.* (of religious obligations) accepted by Allah.

mabuk *adj.* drunk *see* drink; excited or stupefied by alcoholic drink; intoxicated; drunken. **memabukkan** *k.k.* fuddle; stupefy, esp. with drink, intoxicate.

Mac *k.n.* March; third month of the year.

macam *k.n. see* bagai.

macang *k.n.* a mango-like fruit; horse-mango.

Mach *k.n.* Mach. **nombor Mach** Mach number; ratio of the speed of a moving body to the speed of sound.

mackintosh *k.n.* mackintosh; cloth waterproofed with rubber; rain-coat.

madah[1] *k.n.* words of wisdom.

madah[2] *k.n.* a mark denoting a long vowel sound in Arabic.

madat *k.n. see* candu.

madgad *k.n.* mudguard; curved cover above the wheel of cycle, etc. to protect the rider from the mud it throws up.

madrasah *k.n.* school (usu. for religious education).

madu *k.n.* honey (pl. *-eys*); sweet substance made by bees from nectar; its yellowish colour; sweetness, pleasantness; nectar; sweet fluid from plants, collected by bees; any delicious drink.

maestro *k.n.* maestro (pl. *-i*); great conductor or composer of music; master of any art.

mafela *k.n.* muffler; scarf worn for warmth.

mafia *k.n.* a secret organisation of criminals.

magang[1] *adj.* (usu. of fruits) overripe; almost sour in scientific terms. **memagang** *k.k.* to make fruit really ripe. **termagang** *adj.* excessively ripe.

magang[2] *k.n.* an apprentice; a candidate for an officer's post who has yet to receive a salary.

magenta *adj.* reddish-purple in colour.

maghrib *k.n.* a time when the sun sets in the west. **bermaghrib** *k.k.* to spend time at a certain place at sunset. **sembahyang Maghrib** *k.n.* a compulsory or obligatory prayer for Muslims at sunset.

Magi *k.n.* Magi (pl.); the 'wise men' from the East who brought offerings to Christ at Bethlehem.

maging, binatang maging *k.n.* carnivore; animal that eats flesh.

magma *k.n.* magma molten rock under the earth's crust that forms into igneous rock when cooled.

magnesia *k.n.* magnesia; compound of magnesium used in medicine.

magnesium *k.n.* magnesium; white metal that burns with an intensely bright flame.

magnet *k.n.* magnet; piece of iron or steel that can attract iron and point north when suspended; thing exerting powerful attraction. **pita magnet** magnetic tape; strip of plastic with magnetic particles, used in soundrecording, computers, etc. **memagnetkan** *k.k.* magnetize; make magnetic.

magnetik *adj.* magnetic; having the properties of a magnet; produced or acting by magnetism.

magnetisme *k.n.* magnetism; properties and effects of magnetic substances; great charm and attraction.

magneto *k.n.* magneto (pl. *-os*); small electric generator using magnets.

magnitud *k.n.* magnitude; largeness, size.

magnolia *k.n.* magnolia; tree with large wax-like white or pink flowers.

magnum *k.n.* magnum; bottle holding two quarts of wine or spirits.

Magyar *adj. & k.n.* Magyar; (member, language) of a people now predominant in Hungary.

maha *kkt.* very; too (used in compound words). **Maha Kuasa** *adj.* almighty; very powerful. **Maha Agung** *adj.* most supreme. **Maha Mengetahui** *adj.* all-knowing; omniscient.

mahadewa *k.n.* God Siva; the supreme deity in the Hindu religion.

mahadewi *k.n.* Goddess Surga; Batara Durga; title for princess or queen in Hindu teachings.

mahaduta *k.n.* chief ambassador; minister; plenipotentiary.

mahaguru *k.n.* professor; university teacher of the highest rank.

mahahakim *k.n.* chief judge.

mahakarya *k.n.* an intellectual group's most famous and supreme work of art.

mahal *adj.* costly (-ier, -iest); costing much, expensive; involving great expenditure; costing or charging more than average.

mahamulia *adj.* exalted; sublime; noble; honourable.

mahar *k.n.* dowry; property or money brought by a bride to her husband.

maharaja *k.n.* emperor; male ruler of an empire; maharajah; former title of certain Indian princes.

maharajalela *k.n.* executioner. bermaharajalela *k.k.* do as one pleases; go on the rampage.

maharani *k.n.* empress; woman ruler of an empire; wife or widow of an emperor.

mahasiswa *k.n.* male university student.

mahasiswi *k.n.* female university student.

mahatma *k.n.* mahatma; (in India, etc.) title of a man regarded with reverence.

mahdi *k.n.* a great leader; a guide.

mahir *adj.* adept; very skilful (person); deft; skilful; handling things neatly; dextrous; expert.

mahjung *k.n.* mah-jong; a Chinese gambling game played by four people using 144 tiles made of ivory, wood or bones.

mahkamah *k.n.* court; lawcourt; room or building where legal cases are heard and judged.

mahkota *k.n.* crown; monarch's ceremonial headdress, usu. a circle of gold, etc. memahkotakan *k.k.* crown; place a crown on. **Tengku Mahkota** *k.n.* Crown Prince or Princess; heir to a throne.

mahligai *k.n.* castle; large fortified residence.

mahogani *k.n.* mahogany; very hard reddish-brown wood; its colour.

mahsyar *k.n.* gathering place. padang mahsyar *k.n.* the plain of masyhar where the dead assemble on resurrection day or judgement day.

mahu *k.b. see* hendak.

mahsul, hasil mahsul *k.n.* a country's export.

main *k.k.* play; occupy oneself in (a game) or in other recreational activity.

majalah *k.n.* magazine.

majikan *k.n.* employer.

majistret *k.n.* magistrate; official or citizen with authority to hold preliminary hearings and judge minor cases.

majlis *k.n.* ceremony; set of formal acts; council; assembly to advise on or discuss or organize something; gathering. ahli majlis *k.n.* councillor; member of a council. majlis perundangan *k.n.* legislature; country's legislative assembly. majlis tarimenari *k.n.* ball; social assembly for dancing. majlis makan *k.n.* banquet; elaborate ceremonial public meal. majlis wanita *k.n.* hen-party; (*colloq.*) party of women only.

majmuk *adj.* compound; complex; made up of parts; plural; of more than one.

major *adj.* major; (of a musical scale) with a semitone above the third and seventh notes; important; serious.

majoriti *k.n.* majority; greatest part of a group or class; number by which votes for one party, etc. exceed those for the next or for all combined; age when a person legally becomes adult.

maju *k.k.* developed; progressive. memajukan *k.k.* develop (p.t. *developed*); make usable or profitable, build on (land).

majun¹ *k.n.* traditional herbal concoction, made into balls and taken as medicine for health reasons.

majun² *k.n.* dust cloth used to clean machines, engines, etc.

majusi *k.n.* a group of people who worship fire.

mak *k.n.* ma; mother.

maka *k.h.* hence; from this time; for this reason; (*old use*) from here.

makadam *k.n.* macadam; layers of broken stone used in road-making.

makalah *k.n.* article; prose composition in a newspaper, etc.

makam *k.n.* mausoleum; magnificent tomb; sepulchre.

makan *k.k.* eat; chew and swallow (food); have a meal; destroy gradually. makan malam *k.n.* dinner; main meal of the day; formal evening meal.

makan tengah hari *k.n.* luncheon, lunch; midday meal; mid-morning snack. —*k.k.* eat lunch, entertain to lunch. makanan *k.n.* food; substance (esp. solid) that can be taken into the body of an animal or plant to maintain its life.

makaroni *k.n.* macaroni; tube-shaped pasta.

makbul *k.k.* (of prayers, requests, etc.) answered; fulfilled; heard. memakbulkan *k.k.* fulfil; answer (a prayer, etc.). termakbul *k.k.* answered; fulfilled.

mak cik *k.n.* aunt; the sister of one's father or mother; a woman of the same age group as one's parents.

makhluk *k.n.* creature; animal, person.

maki *k.k.* see hamun.

makian *k.n.* paling; railing(s); stake.

makin, semakin *kkt.* (become) more; increase.

maklum, memaklumkan *k.k.* inform; give information to; notify; make known; declare. makluman *k.n.* announcement; notification.

maklumat *k.n.* information; explanation; notification.

makmal *k.n.* laboratory; room or building equipped for scientific work; lab (*colloq.*).

makmum *k.n.* the congregation who follows the imam (leader) during prayers.

makmur *adj.* prosperous; flourishing; successful. memakmurkan *k.k.* improve; make prosperous; enrich; develop.

makna *k.n.* see erti.

makrifat *k.n.* knowledge; wisdom; knowing about things. bermakrifat *k.k.* meditate; think deeply and quietly.

makro *adj.* macro; relating to something in general.

makrobiotik *adj.* macrobiotic; of or involving a diet intended to prolong life.

makruh *k.n.* something (actions, etc.) objectionable but not forbidden (in Islam). termakruh *adj.* extremely reprehensible or objectionable; deserving severe rebuke. memakruhkan *k.k.* to make objectionable or reprehensible by regulation or legislation. pemakruhan *k.n.* declaration of something to make objectionable; the act of making something objectionable.

maksiat *k.n.* sin; breaking of a religious or moral law; act which does this.

maksimum *adj. & k.n.* maximum; greatest (amount) possible. memaksimumkan *k.k.* maximize; increase to a maximum.

maksud *k.n.* intent; intention; meaning; what is meant; purpose; intended result of effort. bermaksud *k.k.* mean (p.t. *meant*); intend; have as equivalent word(s) in the same or another language; entail, involve, be likely to result in. memaksudkan *k.k.* intend; have in mind as what one wishes to achieve; mean.

maksum *adj.* free of something bad.

maksyuk *k.n.* a loved one; a lover; a sweetheart.

maktab *k.n.* college; educational establishment for higher or professional education; organized body of professional people.

maktub, termaktub *k.k.* formally written or documented.

makyung *k.n.* a type of play (where the story is depicted through dances and songs).

malah *k.h.* but; even; on the contrary; in fact; instead.

malai *k.n.* a chain of flowers, gold, etc. used to decorate a spearhead, mace, etc.

malaikat *k.n.* angel; attendant or messenger of God.

malaikatulmaut *k.n.* the angel of death (Izrael).

malam *k.n.* night; dark hours between sunset and sunrise; nightfall; specified night or evening. kelab malam *k.n.* night-club; club open at night, providing meals and entertainment. sekolah malam *k.n.* evening classes; instruction provided in the evening.

malang *adj.* hapless; unlucky.

malap *adj.* dim, lit faintly.

malapetaka *k.n.* calamity; disaster; cataclysm; violent upheaval; catastrophe; sudden great disaster.

malar *adj.* constant; continuous; occurring repeatedly; unchanging; faithful.

malaria *k.n.* malaria; disease causing a recurring fever.

malas *adj.* indolent; lazy (*-ier, -iest*); unwilling to work, doing little work; showing lack of energy.

malim, malim kapal *k.n.* pilot; person qualified to steer ships into or out of a harbour.

malinja *k.n.* type of paddy that produces big grains.

malt *k.n.* malt; barley or other grain prepared for brewing or distilling;

M

(*colloq.*) beer or whisky made with this.

malu *adj.* shy; bashful; abashed; embarrassed, ashamed. **memalukan** *k.k.* embarrass; cause to feel awkward or ashamed. —*k.n.* embarrassment. **kemalu-maluan** *adj.* ashamed; feeling shy.

malung *k.n.* conger; large sea eel.

mama *k.n.* mamma, mama; (*old use*) mother.

mamah, memamah *k.k.* champ; munch noisily, make a chewing action.

mamai *adj.* forgetful (because one is too old, very sick, etc.); unconscious (due to drink, amnesia, etc.).

mamak *k.n.* mother's or father's brother; uncle; term used by king when addressing elderly chiefs or noblemen; term used for Indian men who are Muslims or Malay men of Indian descent; a village headman who acts as master of ceremonies; wise elders.

mamalia *k.n.* mammal; member of the class of animals that suckle their young.

mamba *k.n.* mamba; poisonous South African tree-snake.

mambang *k.n.* a type of ghost (of various colour, referred to according to place); an unmarried woman; a young girl; a type of sea fish.

mamot *k.n.* mammoth; large extinct elephant with curved tusks.

mampat, memampatkan *k.k.* compress; squeeze, force into less space; cram. **mampatan** *k.n.* compression.

mampu *kkt.* able (-*er*, -*est*); having ability. —*k.k.* ably; afford; have enough money or time, etc. for. **mampu tempa** malleable; able to be hammered or pressed into shape. **tidak mampu** *adj.* inability; being unable.

mampung *adj.* porous; spongy; (of wood, bread, etc.) light and full of holes.

mampus *adj.* (*colloq.*) dead.

mana *k.ty.* where; at or in which place or circumstances; which; what particular one(s) of a set. **macam mana** how; by what means; in what way. **mana-mana** *kkt.* whichever; any; whoever. **manakala** *k.h.* when; whereas; whilst; while.

mancis *k.n.* match; short piece of wood or pasteboard tipped with material that catches fire when rubbed on a rough surface. **kotak mancis** *k.n.* matchbox; box for holding matches.

mancung *adj.* sharp (of nose); pointed.

Mandarin *k.n.* Mandarin; standard spoken Chinese language.

mandarin *k.n.* mandarin; a kind of small orange; senior influential official.

mandat *k.n.* mandate; authority to perform certain tasks.

mandatori *adj.* mandatory; compulsory.

mandi *k.k.* bathe; soak or wipe gently with liquid to clean or sooth; immerse in liquid; make wet all over; take a swim. **bilik mandi** *k.n.* bathroom.

mandibel *k.n.* mandible; jaw.

mandolin *k.n.* mandolin; guitar-like musical instrument.

mandul *adj.* barren; unable to bear fruit or young; infertile; not fertile; sterile; unproductive. **memandul** *k.k.* sterilize; make unable to produce offspring, esp. by removal or obstruction of reproductive organs.

mandur *k.n.* foreman; supervisor; a worker who supervises others.

manfaat *k.n.* benefit; something helpful or favourable or profitable.

mangan *k.n.* manganese; hard brittle grey metal or its black oxide.

mangga[1] *k.n.* mango (pl. -*oes*); tropical fruit with juicy flesh; tree bearing it.

mangga[2] *k.n.* padlock; detachable lock with a U-shaped bar secured through the object fastened. **memangga** *k.k.* fasten with a padlock.

manggis *k.n.* mangosteen; sweet juicy tropical fruit with thick reddish-brown rind.

mangkat *k.k.* (of royalty) pass away; die.

mangkin *k.n.* catalyst; substance that aids a chemical reaction while remaining unchanged.

mangkubumi *k.n.* the prime minister; the finance minister in Javanese government.

mangkuk *k.n.* bowl; basin; hollow rounded part of a tobacco-pipe. **mangkuk pijar** *k.n.* crucible; pot in which metals are melted.

mangsa *k.n.* casualty; person killed or injured; thing lost or destroyed; victim; living creature killed as a religious sacrifice.

mangu, termangu, termangu-mangu *k.k.* confused; dazed (because of sadness, confusion; loneliness).

mani *k.n.* semen; sperm-bearing fluid produced by male animals; sperm; male reproductive cell.

manifesto *k.n.* manifesto (pl. *-os*); public declaration of principles and policy.

manik *k.n.* bead; small shaped piece of hard material pierced for threading with others on a string; drop or bubble of liquid.

manikam *k.n.* a type of precious stone; diamond.

manila *k.n.* manila; brown paper used for wrapping and for envelopes.

manipulasi *k.n.* manipulation; control or influence in a clever or underhand way.

manis *adj.* sweet (*-er, -est*); pleasant; (*colloq.*) charming. —*k.n.* beloved person, tasting as if containing sugar, not bitter or savoury. **manis mulut** *adj.* glib; ready with words but insincere or superficial. **manis-manisan** *k.n.* confectionery; sweets, cakes, and pastries; confection; thing made of various items put together. **pengusaha manis-manisan** *k.n.* confectioner; maker or seller of confectionery. **manisan** *k.n.* sweet dish forming one course of a meal.

manja *adj.* indulgent; spoilt; indulging a person's wishes too freely; kind, lenient; pampered. **memanjakan** *k.k.* pamper; treat very indulgently; dote; feel great fondness for.

manjur *adj.* effective; potent; having a strong effect; fatal; causing death.

manor *k.n.* manor; a big country house surrounded by land that belongs to it.

manset *k.n.* cuff; band of cloth round the edge of a sleeve.

mansuh *k.k.* annul (p.t. *annulled*); make null and void; abolish; cancel. **pemansuhan** *k.n.* annulment.

mantap, memantapkan *k.k.* ensconce; establish securely or comfortably.

mantel *k.n.* cape; cloak; short similar part.

mantera *k.n.* spell; words supposed to have magic power; incantation; magical formula.

mantik *k.n.* logic; science or method of reasoning.

manual *k.n.* manual; a book that tells you how to do or operate something. —*adj.* operated or controlled by hand rather than automatically (e.g. a manual gearbox).

manusia *k.n.* human being.

manuskrip *k.n.* manuscript; thing written by hand, not typed or printed.

Maori *k.n. & adj.* Maori (pl. *-is*); (member, language) of the aboriginal race in New Zealand.

mapan *adj.* firm; permanent; exact; established; stable.

mapel *k.n.* maple; a tall tree with leaves that have five points and that turn bright red or yellow in autumn.

mara *k.k.* advance, move forward.

marah *adj.* angry (*-ier, -iest*); feeling or showing anger. **memarahkan** *k.k.* make angry; enrage; make furious; infuriate; make very angry.

marak *k.k.* flare; widen outwards.

marakas *k.n.* maracas; club-like gourds containing beads, etc.; shaken as a musical instrument.

maraton *k.n.* marathon; long-distance footrace; long difficult task.

mari *adv.* (come) here; let's.

margasatwa *k.n.* jungle animals; wild animals.

marhaban *k.n.* songs of praise for Prophet Muhammad (p.b.u.h.) during thanksgiving and religious occasions.

marhaen *k.n.* a low-income group of people such as fishermen, farmers, etc.

marijuana *k.n.* marijuana; dried hemp, smoked as a hallucinogenic drug.

Marikh *k.n.* Mars. **penduduk Marikh** *k.n.* Martian; (inhabitant) of the planet Mars.

marin *k.n.* marine; member of a body of troops trained to serve on land or sea.

maritim *k.n.* maritime; of the sea, ships or sailing; living or found near the sea.

marjerin *k.n.* margarine; marge (*colloq.*); substance made from animal or vegetable fat and used like butter.

marjoram *k.n.* marjoram; herb with fragrant leaves.

mark *k.n.* mark; unit of money in Germany.

markah *k.n.* marks given during a test or examination to indicate a student's achievement. **bermarkah** *k.k.* to obtain or be given marks. **pemarkahan** *k.n.* marking scheme; rules for giving marks.

markas *k.n.* military headquarters; the office of an army chief; the office of a political party. **bermarkas** *k.k.* to have as office or base; situated; occupy. **markas sementara** *k.n.* temporary office (political party).

M

M

markas besar *k.n.* head office; headquarters.

markasit *k.n.* marcasite; crystals of a form of iron, used in jewellery.

markisah *k.n.* a type of climbing plant with edible fruits; passion fruit.

marmalad, jem marmalad *k.n.* marmalade; a kind of jam made from citrus fruit, esp. oranges.

marmar *k.n.* marble; a kind of limestone that can be polished; piece of sculpture in this.

marmut *k.n.* marmot; small burrowing animal of the squirrel family.

marsupial *k.n.* marsupial; animal that carries its young in a pouch.

marsyal *k.n.* marshal; officer of high or the highest rank; official arranging ceremonies, controlling procedure at races, etc.

martabak *k.n.* a type of pancake, fried and filled with eggs, minced meat, spices and onions.

martabat *k.n.* prestige; respect resulting from good reputation or achievements. bermartabat *k.k.* prestigious; having or giving prestige.

martir *k.n.* martyr; person who is killed for his beliefs.

maruah *k.n.* bravery; honour; self-respect; moral.

mas *k.n.* gold; a precious, yellow metal; a term of address almost similar in meaning to Mister, Sir, etc. or a term of endearment for husband. mas kahwin *k.n.* dowry for marriage.

masa *k.n.* time; all the years of the past, present, and future; point or portion of this, occasion, instance; alloted or available or measured time.

masai, kusut-masai *adj.* (of hair, threads, etc.) tangled; dishevelled.

masak, memasak *k.k.* cook; prepare (food) by heating; undergo this process. tukang masak *k.n.* person who cooks, esp. as a job. masakan *k.n.* cookery; art and practice of cooking.

masalah *k.n.* problem; something difficult to deal with or understand; thing to be solved or dealt with.

masam *adj.* acid; sour.

masif *k.n.* massif; central mass of mountain heights.

masih *kkt.* still; then or now as before; nevertheless.

masihi, tahun Masihi A.D.; Anno Domini; in the year of our Lord; of the Christian era.

masin *adj.* salty; tasting of salt.

masing, masing-masing *kkt.* each.

bermasing-masing *kkt.* separately; individually.

masjid *k.n.* mosque; Muslim place of worship.

Masjidilharam *k.n.* the main mosque in Mecca.

maskara *k.n.* mascara; cosmetic for darkening the eyelashes.

maskot *k.n.* mascot; an animal, a toy, etc. that people believe will bring them good luck or represents an organization.

maskulin *k.n.* masculine; having qualities associated with men; of the grammatical form suitable for the names of males. —*k.n.* masculine word.

masokis *k.n.* masochist. masokisma *k.n.* masochism; pleasure in suffering physical or mental pain.

mastautin, bermastautin *k.k.* reside; dwell; live as an inhabitant; settle; make one's home.

mastektomi *k.n.* mastectomy; surgical removal of a breast.

masuk *k.k.* enter; go or come in or into; put on a list or into a record, etc.; register as a competitor. —*adj.* incoming; coming in. termasuk *k.k.* inclusive; including what is mentioned; comprising. memasukkan *k.k.* include; have or treat as part of a whole; put into a specified category.

masya-Allah *sr.* the will of Allah; a phrase uttered to express surprise, wonder, etc.

masyarakat *k.n.* society; organized community; system of living in this; group organized for a common purpose. bermasyarakat *k.k.* gregarious; living in flocks or communities; mixing with other people; fond of company.

masyghul *k.k.* depressive; despondent; dejected; miserable; full of misery; wretchedly poor in quality or surroundings, etc. memasyghulkan *k.k.* depress; make sad.

masyhur *adj.* famous; well-known. memasyhurkan *k.k.* to spread everywhere; to make well known. kemasyhuran *k.n.* fame; renown. pemasyhuran *k.n.* proclamation; declaration. termasyhur *adj.* most famous; most acclaimed; most celebrated.

masyrik *k.n.* states in the east; the east.

mat *k.n.* (in chess game) word to denote a position in which one player cannot prevent his or her king (the most important piece) from being captured and therefore loses the game or when he is unable to make a move; checkmate.

mata *k.n.* eye; organ of sight; iris of this; region round it. **alit mata** *k.n.* eye-shadow; cosmetic applied to the skin round the eyes. **bola mata** *k.n.* eyeball; whole of the eye within the eyelids. **bulu mata** *k.n.* eyelash; one of the hairs fringing the eyelids. **kelopak mata** *k.n.* eyelid; either of the two folds of skin that can be moved together to cover the eye. **pelindung mata** *k.n.* eye-shade; device to protect the eyes from strong light. **pembuka mata** *k.n.* eye-opener; thing that brings enlightenment or realization. **mata kasar** *k.n.* naked eye; the eye unassisted by a telescope or microscope, etc.

mata arah *k.n.* beacon; signal-fire on a hill; large light used as a signal or warning.

mata-mata *k.n.* policeman.

matador *k.n.* matador; bull-fighter.

matahari *k.n.* sun; heavenly body round which the earth travels; light or warmth from this. **pancaran matahari** sunbeam; ray of sun. **selaran matahari** sunburn; tanning or inflammation caused by exposure to sun. **cahaya matahari** sunlight; light from the sun. **matahari terbit** sunrise; rising of the sun. **matahari terbenam** sunset; setting of the sun; sky full of colour at sunset. **sinar matahari** sunshine; direct sunlight.

matang *adj.* mature; fully grown or developed; (of a bill of exchange, etc.) due for payment. **tidak matang** *adj.* immature; not mature. **mematangkan** *k.k.* make or become mature.

matematik *k.n.* mathematical; mathematics (*pl.*); science of numbers, quantities, and measurements. **ahli matematik** *k.n.* mathematician; person skilled in mathematics.

material *k.n.* material; that from which something is or can be made; cloth, fabric. —*adj.* of matter; of the physical (not spiritual) world; significant.

materialis *k.n.* materialist.

materialisme *k.n.* materialism; opinion that only the material world exists; excessive concern with material possessions; as opposed to spiritual values.

materialistik *adj.* materialistic.

mati *k.k.* defunct; dead; no longer existing or functioning. —*k.k.* die (*pres.p. dying*); cease to be alive; cease to exist or function; fade away; pass away; come to the end of a period of validity; extinguish.

matlamat *k.n. see* **tujuan.**

matriks *k.n.* matrix; mould in which a thing is cast or shaped.

matrikulasi *k.n.* matriculation.

matron *k.n.* matron; woman in charge of domestic affairs or nursing in a school, etc.; (*old use*) senior nursing officer in a hospital.

mauduk *k.n.* subject matter of discussion, etc.; topic of discussion. **dimauduki** *k.k.* to be given a title. **bermaudukkan** *k.k.* to have as a title; to be titled.

maujud *adj.* existent; actual; real; concrete; existing in material form.

maulana *k.n.* title given to a master or spiritual leader.

maulud *k.n.* month of Rabiulawal in the Muslim calendar. **Maulud Nabi** *k.n.* celebration of Prophet Muhammad's (p.b.u.h.) birthday on 12th Rabiulawal. **bermaulud** *k.k.* to celebrate Prophet Muhammad's (p.b.u.h.) birthday on 12th Rabiulawal.

maung *k.n.* disgusting smell or taste. —*adj.* very bitter. **bermaung** *k.k.* having a disgusting smell or taste; having a very bitter taste.

maut *k.n.* lethal; causing death.

mawar *k.n.* rose; ornamental usu. fragrant flower; bush or shrub bearing this.

mawas *k.n.* a type of large ape; orang-utan; a type of tree.

maya *k.n.* illusory; based on illusion, not real.

mayam *k.n.* a unit of weight for gold. **bermayam-mayam** *k.k.* a large amount (in terms of weight) of gold.

mayang *k.n.* blossom of the coconut palm, areca and sugar palm still in its sheath; a type of star; Virgo; a type of tree. **putu mayang** *k.n.* a type of food made of rice flour and usu. eaten with brown sugar and grated coconut. **memayang** *k.k.* to slice thinly. **pemayang** *k.n.* a person who likes to boast.

mayat *k.n.* body; corpse; dead body.

mayonis *k.n.* mayonnaise; creamy sauce made with eggs and oil.

mazhab *k.n.* sect; group with beliefs that differ from those generally accepted.

mazmur *k.n.* hymn; song of praise to God or a sacred being. **buku mazmur** *k.n.* hymn book; book of hymns.

medal *k.n.* medal; a thin piece of metal with inscription given as a prize, memento or token of respect.

medan *k.n.* field; piece of open ground; sports ground; arena; area or sphere of action, operation, or interest, etc.

media *k.n.* media (*pl.*); newspapers and broadcasting as means of conveying information to the public.

median *adj.* median; situated in the middle. —*k.n.* median point of line.

meditasi *k.n.* meditation; action or practice of thinking deeply and quietly.

Mediterranean *adj. & k.n.* Mediterranean; (of) the sea between Europe and North Africa.

medium *k.n.* medium; a person acting as a go-between humans and spirits.

medu *adj.* queasy; nauseous; too sweet.

mega- *awl.* mega-; large; one million (as in *megavolts, megawatts*).

megabyte *k.n.* megabyte (computing) 1048576 (i.e. 2^{20}) bytes.

megafon *k.n.* megaphone; funnel-shaped device for amplifying and directing a speaker's voice.

megah[1] *adj.* important; pompous. **bermegah** *k.k.* boast; speak with great pride, trying to impress people; be the proud possessor of.

megah[2] *adj.* proud; conceited; too much pride in oneself; famous; renowned.

megahertz *k.n.* megahertz; one million cycles per second, as a unit of frequency of electromagnetic waves.

megalit *k.n.* megalith; a large stone, esp. as a prehistoric monument.

megat[1] *k.n.* title for an aristocrat whose mother is royalty but whose father is a commoner.

megat[2] *k.n.* a rotation.

Mei *k.n.* May; fifth month of the year.

meja *k.n.* desk; piece of furniture for working on.

mejar *k.n.* major; officer in charge of a section of band instruments; army officer next below lieutenant-colonel. **mejar jeneral** *k.n.* major-general; army officer next below lieutenant-general.

mek *k.n.* a nickname for a virgin, lady or young girl; a form of address for girls and women.

mekanik *k.n.* mechanic; skilled workman who uses or repairs machines or tools.

mekanikal *k.n.* mechanical; of or worked by machinery; done without conscious thought.

mekanisme *k.n.* mechanism; way a machine works; its parts.

mekap *k.n.* make-up; cosmetics applied to the skin esp. of the face.

mekar, memekar *k.k.* blossom, open into flowers.

mel *k.n.* mail; post. **pesanan mel** mail order; order for goods to be sent by post. **mel udara** *k.n.* air mail; mail carried by aircraft.

melaka *k.n.* a tree found in tropical jungles with round edible fruit which have a sour and bitter taste. **buah melaka** *k.n.* a sweetmeat made of glutinous flour, brown sugar and coconut (usu. green in colour and covered with grated coconut). **kemelakaan** *k.n.* spirit of patriotism towards the state of Melaka.

melarat *adj.* destitute; penniless; without the necessaries of life; devoid; needy; poor.

Melayu *k.n.* Malay; (member, language) of a people of Malaysia and Indonesia.

meleleh *k.k.* dribble; have saliva flowing from the mouth.

meleset[1] *adj.* not apt; irrelevant; wrong.

meleset[2] *adj.* depression; long period of inactivity in trading; slump.

melodi *k.n.* melody; sweet music; main part in a piece of harmonized music; song. —*adj.* melodic; of melody.

melodrama *k.n.* melodrama; sensational or emotional drama.

meluat *k.k.* loathe; feel hatred and disgust for.

melur *k.n.* jasmine; shrub with the white or yellow flowers.

memang *k.b.* actually; certainly; of course; indeed; naturally.

memar *k.n.* contusion; bruise.

membran *k.n.* membrane; thin flexible skin-like tissue.

memerang *k.n.* beaver; small amphibious rodent; its brown fur; otter.

memo *k.n.* memo (pl. -*os*); (*colloq.*) memorandum.

memorandum *k.n.* memorandum (pl. -*da*); note written for future use as a reminder; informal written message from one colleague to another.

memorial *k.n.* memorial; object established in memory of an event or person(s).

mempelai *k.n.* term for a bridal couple.

menang *k.k.* to win; to triumph. **memenangi** *k.k.* to win; to be victorious (in); to obtain (a prize, title, etc.) as the result of a contest or bet.

menantu, menantu perempuan *k.n.* daughter-in-law; son's wife.

menara *k.n.* minaret; tall slender tower on or beside a mosque. **menara gading** *k.n.* ivory-tower; seclusion from the harsh realities of life. **menara loceng** *k.n.* belfry; bell tower; space for bells in a tower.

menarik *adj.* interesting; arousing interest.

mendak *k.n.* sediment; particles of solid matter in a liquid or carried by water or wind.

mendap *adj.* deposit; leave as a layer of matter; settle; sink; come to rest. **mendapan** *k.n.* deposit; sediment.

mendiang *k.n.* term used for a person who has passed away (specifically for non-Muslims); the deceased; the late....

mendung *k.n.* overcast; covered with cloud.

mengah *adj.* breathless; out of breath.

mengkal *adj.* (of fruit) not fully ripe. **mengkal hati** *adj.* hurt; resentful; angry; annoyed. **bermengkal** *k.k.* to feel upset. **memengkalkan** *k.k.* to be upset. **kemengkalan** *k.n.* annoyance; irritation; resentment.

mengkelan, termengkelan *k.k.* to get choked; stuck momentarily in the throat (usu. of food that has been swallowed).

mengkudu *k.n.* a plant with edible green leaves which are quite bitter and which the Malays eat raw or as salad.

meningitis *k.n.* meningitis; inflammation of the membranes covering the brain and spinal cord.

meniskus *k.n.* meniscus; the curved surface of liquid; a lens convex on one side and concave on the other.

menora *k.n.* a type of aristocratic Siamese play or drama with colourful traditional clothes.

mentah *adj.* callow (*-er, -est*); immature and inexperienced; crude (*-er, -est*); in a natural or raw state; raw (*-er, -est*); not cooked; not yet processed or manufactured; (of alcohol) undiluted; crude, lacking finish; inexperienced, untrained. — *k.n.* greenhorn; inexperienced person.

mental *k.n.* mental; of, in, or performed by the mind; (*colloq.*) mad. **kelemahan mental** *k.n.* mental deficiency; lack of normal intelligence through imperfect mental development. **hospital mental** *k.n.* mental home or hospital, establishment for the care of patients suffering from mental illness.

mentaliti *k.n.* mentality; person's mental ability or characteristic attitude of mind.

mentang-mentang, sementang *k.h.* just because; simply because.

mentega *k.n.* butter; fatty food substance made from cream.

menteri *k.n.* minister; head of a government department; senior diplomatic representative.

mentol[1], **mentol lampu** *k.n.* light bulb; the glass part that fits into an electric lamp.

mentol[2] *k.n.* menthol; camphor-like substance.

mentua *k.n.* parents-in-law. **ibu mentua** *k.n.* mother-in-law. **bapa mentua** *k.n.* father-in-law.

menu *k.n.* menu (pl. *-us*); list of dishes to be served.

menular *adj.* catching; infectious.

menung, bermenung *k.k.* ponder; meditate; be absorbed in thought; be pensive.

menyahkarbon *k.k.* decarbonize (also *-ise*); remove carbon deposit from (an engine). **penyahkarbonan** *k.n.* decarbonization.

mer *k.n.* mere; lake.

merah *adj.* red; of or like the colour of blood. —*k.n.* red; red colour or thing. **merah jambu** *adj.* pink; pale red. —*k.n.* pink colour. **merah lembayung** *adj. & k.n.* magenta; purplish-red. **merah manggis** *k.n.* maroon; brownish-red colour. —*adj.* brownish-red. **senduduk merah** *adj. & k.n.* mauve; pale purple.

merak *k.n.* peacock (male); peahen (*fem.*); bird with splendid plumage and a long fan-like tail.

merana *adj.* languish; live under miserable conditions; suffering for a long time.

meranti *k.n.* a big and tall tree, whose wood is used for making furniture;

M

wood from the *meranti* tree, usu. used for making houses and furniture.

merbah *k.n.* a tame, medium-sized bird with brownish white feathers that likes to whistle.

merbak *adj.* smelly; strong-smelling **semerbak** *kkt.* as strong-smelling as.

mercu *k.n.* top; highest point; summit; pinnacle; peak; tower; tall usu. square or circular structure esp. as part of a mosque, etc.

mercun *k.n.* fire-cracker; small firework that explodes with a loud cracking noise.

merdeka *adj.* independent; not dependent on or controlled by another person or thing.

merdu *adj.* dulcet; sounding sweet; melodious; full of melody; sweet (-*er*, -*est*); melodious.

mereka *k.n.* they; people mentioned or unspecified; them; objective case of *they*.

meriah *adj.* hilarious; noisily merry; jolly (-*ier*, -*iest*); very pleasant.

meriam *k.n.* cannon (pl. *cannon*); large mounted gun.

meridian *k.n.* meridian; great semi-circle on the globe, passing through the North and South Poles.

merih *k.n.* the breathing vein in throat, usu. found in mammals.

merino *k.n.* merino (pl. -*os*); a kind of sheep with fine soft wool; soft woollen fabric.

merinyu *k.n.* inspector; person whose job is to inspect or supervise things.

merit *k.n.* merit; feature or quality that deserves praise; excellence, worthiness.

meritokrasi *k.n.* meritocracy; society in which power is held by people with the greatest ability.

merjan *k.n.* jasper; a kind of quartz.

merosot *k.k.* slip; slide down. —*adj.* declining.

merpati *k.n.* dove; bird with a thick body and short legs; pigeon; bird of the dove family. **rumah merpati** *k.n.* dovecote; shelter for domesticated pigeons.

mersik *adj.* (of voice or sound) high pitched and loud; (of fried things) crispy and brittle.

mesej *k.n.* message; spoken or written communication; moral or social teaching.

mesin *k.n.* machine; apparatus for applying mechanical power; thing (e.g. a bicycle, aircraft) operated by this; controlling system of an organization. **memesin** *k.k.* produce or work on with a machine. **jurumesin** *k.n.* machinist; person who makes or works machinery. **mesin taip** *k.n.* typewriter; machine for producing print-like characters on paper, by pressing keys. **mesin pendua** *k.n.* duplicator, machine for copying documents. **mesin salin** *k.n.* copier; copying machine.

mesingan *k.n.* machine-gun; mounted mechanically operated gun that can fire continuously.

Mesir, orang Mesir *k.n.* Egyptian; (native) of Egypt.

meskalina *k.n.* mescaline (also mescalin); a hallucinogenic drug.

meson *k.n.* meson; an unstable elementary particle.

mesra *adj.* amicable; friendly; hospitable; giving hospitality; warm and friendly; benign; kindly; mild and gentle; not malignant.

mesti *k.n.* must, used to express necessity or obligation, certainty, or insistence.

mesyuarat *k.n.* meeting; coming together; an assembly for discussion.

metabolisme *k.n.* metabolism; process by which nutrition takes place.

metafizik *k.n.* metaphysics; branch of philosophy dealing with the nature of existence and knowledge.

metamorfosis *k.n.* metamorphosis; change of form or character.

metana *k.n.* methane; colourless inflammable gas.

meteor *k.n.* meteor; small mass of matter from outer space.

meteorologi *k.n.* meteorology; study of atmospheric conditions esp. in order to forecast weather. **ahli meteorologi** *k.n.* meteorologist.

meter *k.n.* metre; metric unit of length (about 39.4 inches).

meterai *k.n.* seal; engraved piece of metal etc. used to stamp a design. **memeterai** *k.k.* seal; affix a seal to. **termeterai** *k.k.* sealed.

metafora *k.n.* metaphor, figure of speech in which a word or phrase, is used to represent or stand for something else (e.g. the *evening* of one's life, *food* for thought).

metrik *k.n.* metric; of or using the metric system. **sistem metrik** decimal system of weights and measures, using the metre, litre, and gram as units.

metropolis *k.n.* metropolis; main city of country or region.

metropolitan *k.n.* metropolitan; of a metropolis.

mewah *adj.* abound in; be rich in; affluent; in plenty; luxuriant; growing profusely; supplied with luxuries; very comfortable; opulent; abundant.

mezanin *k.n.* mezzanine; extra storey set between two others.

mi *k.n.* noodles; pasta in narrow strips, used in soups, etc.

migrain *k.n.* migraine; severe form of headache.

migrasi *k.n.* migration; act or process of moving from one place to go to live in another.

mihrab *k.n.* niche in mosque indicating the direction towards Mecca.

mihun *k.n.* rice vermicelli; thin rice noodles.

mika *k.n.* mica; mineral substance used as an electrical insulator.

mikologi *k.n.* mycology; the study of fungi.

mikro- *awl.* micro-; extremely small; one millionth part of (as in *microgram*).

mikrob *k.n.* microbe; micro-organism.

mikrobiologi *k.n.* microbiology; the study of micro-organism. **pakar mikrobiologi** *k.n.* microbiologist.

mikrocip *k.n.* microchip; small piece of silicon holding a complex electronic circuit.

mikrofilem *k.n.* microfilm; length of film bearing a photograph of written or printed matter in greatly reduced size.

mikrofis *k.n.* microfiche (pl. *-fiche*); sheet of microfilm that can be filed like an index-card.

mikrofon *k.n.* mike (*colloq.*); microphone; instrument for picking up sound waves for recording, amplifying, or broadcasting.

mikrokomputer *k.n.* microcomputer; a computer in which the central processor is in microchips. **mikrokomputer meja** *k.n.* desktop. **mikrokomputer riba** *k.n.* laptop.

mikrometer *k.n.* micrometer; an instrument measuring small lengths or angles.

mikron *k.n.* micron, one-millionth of a metre.

mikroorganisma *k.n.* micro-organism; organism invisible to the naked eye.

mikroskop *k.n.* microscope; instrument with lenses that magnify very small objects. **mikroskopik** *adj.* microscopic; of a microscope; extremely small; too small to be visible without using a microscope.

mikrosurgeri *k.n.* microsurgery; surgery using a microscope.

miksomatosis *k.n.* myxomatosis; fatal viral disease of rabbits.

miligram *k.n.* milligramme; a unit for measuring weight; one thousandth of a gramme.

mililiter *k.n.* millilitre; a unit for measuring the volume of liquids and gases; one thousandth of a litre.

militer *k.n.* military; soldiers; the armed forces.

milik, memiliki *k.k.* own; have as one's property; acknowledge ownership of. **memiliknegarakan** *k.k.* nationalize; convert (industries, etc.) from private to government ownership.

militan *k.n.* militant; (person) prepared to take aggressive action.

militia *k.n.* militia; a military force, esp. of trained civilians available in an emergency.

milometer *k.n.* milometer; instrument measuring the distance in miles travelled by a vehicle.

mimbar *k.n.* mimbar; pulpit in a mosque.

mimik *k.k.* mimic; (p.t. *mimicked*); imitate, esp. playfully or for entertainment. —*k.n.* person who is clever at mimicking others.

mimosa *k.n.* mimosa; tropical shrub with small ball-shaped flowers.

mimpi *k.n.* dream. **mimpi buruk** *k.n.* nightmare; unpleasant dream or (*colloq.*) experience.

minat *k.n.* enthusiasm; eager liking or interest. **berminat** *k.k.* enthusiastic; having interest in. **meminati** *k.k.* enthuse; fill with or show enthusiasm; be interested in.

minda *k.n.* mind; ability to be aware of things and to think and reason; intellect.

mineral *k.n.* mineral; inorganic natural substance; ore, etc. obtained by mining. **air mineral** *k.n.* mineral water; water naturally containing dissolved mineral salts or gases; fizzy soft drink. **mineralogi** *k.n.* mineralogy; study of minerals. **ahli mineralogi** *k.n.* mineralogist.

minggu *k.n.* week; period of seven successive days, esp. from Sunday to Saturday. **hari minggu** *k.n.* Sunday. **mingguan** *k.n.* weekly; once a week.

M

minim *k.n.* minim; note in music, lasting half as long as a semibreve; one-sixtieth of a fluid drachm.

minimum *adj.* minimum; smallest (amount) possible. **meminimumkan** *k.k.* minimize; reduce to a minimum; represent as small or unimportant.

minit *k.n.* minute; one-sixtieth of an hour or degree; moment of time; (*pl.*) official summary of an assembly's proceedings. **meminitkan** *k.k.* record in the minutes of an assembly.

mink *k.n.* mink; small stoat-like animal; its valuable fur; coat made of this.

minor *adj.* less important, serious or prominent. —*k.n.* (in music) a scale in which the third note is three semitones higher than the first.

minoriti *k.n.* minority; smallest part of a group or class; small group differing from the majority in race, religion, etc.; age when a person is not yet legally adult.

minta, meminta *k.k.* ask; seek to obtain; request.

minum *k.k.* drink (p.t. *drank*, p.p. *drunk*); swallow (liquid). **minuman** *k.n.* beverage; any drink.

minyak *k.n.* oil; thick slippery liquid that will not dissolve in water; petroleum, a form of this; oil-colour. **minyak jarak** castor oil; purgative and lubricant oil from seeds of a tropical plant. **minyak wangi** perfume; sweet smell; fragrant liquid for applying to the body. **warna minyak, cat minyak** oil-colour, oil-paint; paint made by mixing pigment in oil. **lukisan minyak** oil-painting; picture painted in this. **medan minyak** oilfield; area where oil is found in the ground. **pakaian kalis minyak** oilskin; cloth waterproofed by treatment with oil, etc.; (*pl.*) waterproof clothing made of this. **meminyakkan** *k.k.* lubricate or treat with oil. **berminyak** *k.k.* oily (*-ier, -iest*); of or like oil; covered in oil, full of oil; unpleasantly smooth and ingratiating in manner.

miopia *k.n.* myopia; shortsightedness. **miopik** *adj.* myopic.

miring *k.k.* heel; tilt (a ship) or become tilted to one side. —*adj.* oblique; slanting; indirect. **memiringkan** *k.k.* careen, tilt or keel over; (*U.S.*) swerve.

mirip *adj.* like; having the appearance of; close resemblance.

misa *k.n.* mass; sacrificial ritual in Roman Catholic religion; last supper for Jesus Christ.

misai *k.n.* moustache; hair allowed to grow on a man's upper lip.

misal, misalan *k.n.* analogy; example. **semisal** *k.b.* like, as; similar: **memisalkan** *k.k.* to liken.

miskin *adj.* having little or no money; indigent; needy (*-ier, -iest*); lacking the necessaries of life, very poor; pitiable. **memiskinkan** *k.k.* impoverish; cause to become poor; exhaust the natural strength or fertility of.

misi *k.n.* mission; task that a person or group is sent to perform; this group; missionaries' headquarters.

misteri *k.n.* mystery; a matter that remains unexplained or secret; quality of being unexplained or obscure; story dealing with a puzzling crime.

mistik[1] *adj.* mystic; having a hidden or symbolic meaning, esp. in religion; inspiring a sense of mystery and awe.

mistik[2] *k.n.* mystic; person who seeks to obtain union with God by spiritual contemplation.

mistisisme *k.n.* mysticism.

miten *k.n.* mitten; glove with no partitions between the fingers, or leaving the finger-tips bare.

mithali *k.n.* model; something that can be used as an example. **ibu mithali** *k.n.* a model mother.

mitologi *k.n.* mythology; myths; study of myths.

mitos *k.n.* myth; traditional tale(s) containing beliefs about ancient times or natural events; imaginary person or thing.

ml *kep.* ml; millilitre(s).

mm *kep.* mm; millimetre(s).

mobil[1]**, automobil** *k.n.* automobile, motorcar. **bermobil** *k.k.* to possess a car.

mobil[2] *adj.* mobile; movable.

mod *k.n.* mode; way a thing is done; current style in clothes, arts, etc.

modal *k.n.* capital; money with which a business is started.

model[1] *k.n.* replica; a copy of something.

model[2] *k.n.* model; a type of product.

model[3] *k.n.* model; a woman who displays clothes by wearing them.

modem *k.n.* modem; a device for transmitting computer data via telephone line.

moden *adj.* modern; of present or recent times; in current style.

M

memodenkan *k.k.* modernize; make modern, adapt to modern ways.

modul *k.n.* module; standardized part of independent unit in furniture or a building or spacecraft, etc.

modulasi *k.n.* modulation; changes or adjustments to something to suit certain conditions.

moga, moga-moga, semoga *kkt.* hopefully; may (it be).

mogok *k.k.* to strike; to refuse to work as a protest. pemogokan *k.n.* a strike.

mohon *k.k.* apply; make a formal request.

mohor *k.n.* seal; piece of metal, etc. with a design used for stamping a seal. cap mohor *k.n.* royal seal.

molek *adj.* lovely (*-ier, -iest*); beautiful, attractive; (*colloq.*) delightful.

molekul *k.n.* molecule; very small unit (usu. a group of atoms) of a substance.

molibdenum *k.n.* molybdenum; a hard metallic element (symbol Mo) used in steel.

moluska *k.n.* mollusc; animal with a soft body and often a hard shell.

momentum *k.n.* momentum; impetus gained by a moving body.

momok *k.n.* bogey (pl. *-eys*); bogy; evil spirit; something causing fear; bugbear; thing feared or disliked.

monarki *k.n.* monarchy; form of government with a monarch as the supreme ruler.

mondok *adj.* stout; fat and short. tikus mondok *k.n.* type of rat; mole.

mongel *adj.* dinky (*-ier, -iest*); (*colloq.*) attractively small and neat.

Mongol *k.n.* Mongol; Mongolian; person from Mongolia.

mongol *k.n.* mongol; person suffering from mongolism. mongolisme *k.n.* mongolism; abnormal congenital condition causing a broad face and mental retardation.

monitor *k.n.* monitor; device used to observe or test the operation of something.

mono- *awl. & k.n.* mono (pl. *-os*); monophonic (sound or recording).

monogami *k.n.* monogamy; system of being married to only one person at a time.

monograf *k.n.* monograph; scholarly treatise on a single subject.

monogram *k.n.* monogram; two or more letters (esp. a person's initials) combined in one design.

monokotiledon *k.n.* monocotyledon; a plant whose seeds form embryos that produce single leaf (e.g. grass, orchid, coconut, etc.).

monokrom *k.n.* monochrome; done in only one colour, black-and-white.

monolog *k.n.* monologue; long speech.

monopoli *k.n.* monopoly; sole possession or control of something, esp. of trade in a commodity. memonopoli *k.k.* monopolize; have a monopoly of; not allow others to share in.

monorel *k.n.* monorail; railway in which the track is a single rail.

monosodium glutamat *k.n.* monosodium glutamate; a substance added to food to enhance its flavour.

monotaip *k.n.* monotype; a typesetting machine that sets type, letter by letter.

monoteisme *k.n.* monotheism; doctrine that there is only one God.

Monsignor *k.n.* Monsignor; title of certain R.C. priests and officials.

monsun *k.n.* monsoon; seasonal wind in South Asia; rainy season accompanying the south-west monsoon.

montaj *k.n.* montage; making of a composite picture from pieces of others; this picture; joining of disconnected shots in cinema film.

montel *adj.* (of the body) plump and healthy but not too fat.

montok *adj.* chubby; buxom; plump (*-er, -est*); having a full rounded shape. —*k.k.* to make or become plump.

monumen *k.n.* monument; a building, statue, etc. built to commemorate a famous person or an important event.

monyet *k.n.* monkey (pl. *-eys*); animal of a group closely related to man.

Moor *k.n.* Moor; member of a Muslim people of north-west Africa.

mop *k.n.* mop; pad or bundle of yarn on a stick, used for cleaning things.

morain *k.n.* moraine; mass of stones, etc. carried and deposited by a glacier.

moral *k.n.* moral; concerned with right and wrong conduct. tak bermoral immoral; morally wrong.

moreng *adj.* grubby. coreng-moreng *adj.* very grubby; soiled.

morfem *k.n.* morpheme; the smallest unit of meaning that a word can be divided into.

morfin *k.n.* morphia; morphine; drug made from opium, used to relieve pain.

M

morfologi *k.n.* morphology; the form and structure of animals and plants, studied as a science; the forms of words, studied as a branch of linguistic.

Mormon *k.n.* Mormon; member of a Christian sect founded in 1830 in the U.S.A.

moroko *k.n.* morocco; goatskin leather of the kind originally made in Morocco; imitation of this.

Morse, kod Morse *k.n.* Morse, Morse code; code of signals using short and long sounds or flashes of light.

motar *k.n.* mortar; mixture of lime or cement with sand and water, used for joining bricks or stones; short cannon.

motel *k.n.* motel; roadside hotel providing accommodation for motorists.

motif[1] *k.n.* motif; recurring design, feature, or melody; ornament sewn on a dress, etc.

motif[2] *k.n.* motive; reason; that induces a person to act in a certain way.

motivasi *k.n.* motivation; the drive or reason for doing something.

motobot *k.n.* motor boat; small fast boat driven by an engine.

motokar *k.n.* automobile (*U.S.*); car; motor car; low short-bodied motor vehicle. **pemandu motokar** *k.n.* motorist; driver of a motor car.

motor *k.n.* motor; machine supplying motive power; motor car. **bermotor** *k.k.* motorize; equip with motor(s) or motor vehicles. **kenderaan bermotor** motor vehicle; vehicle with a motor engine, for use on ordinary roads. **perarakan kenderaan bermotor** *k.n.* motorcade; (*U.S.*) procession or parade of motor vehicles.

motosikal *k.n.* motor cycle, motorbike (*colloq.*); motor-driven cycle that cannot be driven by pedals. **penunggang motosikal** *k.n.* motor cyclist; rider of a motor cycle.

moyang *k.n.* great-grandparent; the grandparents of one's father or mother.

moyot *k.n.* parents of great-grand-parents.

mozek *k.n.* mosaic; pattern or picture made with small pieces of glass or stone of different colours.

MP *kep.* MP; Member of Parliament.

mua *adj.* over-pampered to the extent of making one's character abnormal; rude due to over-pampering.

memuakan *k.k.* to pamper; to condone pampering.

muafakat *k.n.* to agree; to consent; to approve as acceptable. —*k.n.* agreement; consent; consensus; understanding. **bermuafakat** *k.k.* to discuss; to consult one another. **semuafakat** *adj.* unanimous; agreed by all.

muai, memuai *k.k.* (of food like rice, etc.) to expand or multiply; (of dough, cake, etc.) rise.

muak *adj.* corny; (*colloq.*) hackneyed. **memuakkan** *k.k.* cloy; sicken by glutting with sweetness or pleasure.

mual *adj.* disgusting; sickening; nauseous; loathsome; distasteful. **memualkan** *k.k.* to disgust; to nauseate. **kemualan** *k.n.* nausea; disgust; loathing.

mualaf[1] *k.k.* (usu. of books) published.

mualaf[2] *k.n.* a new convert; a person who has officially converted to Islam.

mualim *k.n.* an expert in Islam; a religious teacher; a navigator; a guide.

muara *k.n.* estuary; mouth of a large river, affected by tides; firth; estuary or narrow inlet of the sea in Scotland.

muat *adj.* able to accommodate, hold or contain. **memuatkan** *k.k.* load; put a load in or on.

muatan *k.n.* load; cargo.

muazam *k.n.* majesty; title of a king or queen.

muazin *k.n.* muezzin; man who proclaims the hours of prayer for Muslims.

mubaligh *k.n.* missionary; person sent to spread Christian faith in a community.

muda *adj.* young (*-er, -est*), **awet muda** *adj.* ageless; not growing or seeming old.

mudah *adj.* convenient; simple; easy to use or deal with; with easy access; effortless; done without effort; facile; done or doing something easily; superficial. **mudah terpedaya** gullible; easily deceived. **memudahkan** *k.k.* facilitate; make easy or easier.

mudarat *k.n.* harmful; dangerous.

mudi *k.n.* a girl; a young woman.

mudik, memudiki *k.k.* upstream; to sail upstream (on a river). **memudikkan** *k.k.* to sail or steer a boat upriver.

mudin[1] *k.n.* muezzin; a person who calls for prayer from the minaret.

mudin[2] *k.n.* a person who performs circumcisions (for Muslims).

muesli *k.n.* muesli; food of mixed crushed cereals, dried fruit, nuts, etc.

muflis *adj.* bankrupt; unable to pay one's debts.

mufti *k.n.* a religious expert authorized to decide on matters regarding Islam; the highest adviser in Islam.

Muharram *k.n.* the first month in Islamic calendar.

muhrim *k.n.* family members or relatives who are forbidden to marry each other (i.e. siblings, mother and child, etc.).

muhibah *k.n.* goodwill; friendly feeling.

mujahidin *k.n.* a person who fights to defend Islam; a crusader.

mujur *adj.* lucky; fortunate.

mujarab *adj.* effective; efficacious; producing the desired result.

muka *k.n.* face; front of the head; expression shown by its features; grimace; countenance; outward aspect; front or right side; dial-plate of a clock; coalface. **muka selamba** *k.n.* poker-face; one that does not reveal thoughts or feelings. **rawatan muka** *k.n.* facial; beauty treatment for the face. **bersemuka** *k.k.* confront, be or come or bring face to face with; face boldly. **bermuka-muka** *k.k.* two-faced; insincere, deceitful.

mukadimah *k.n.* foreword; preface; introduction.

mukim *k.n.* territorial division; parish; area served by a mosque.

mukjizat *k.n.* miracle; extraordinary power bestowed by God to his messengers and prophets.

mukmin *k.n.* a person who believes in Allah; a person who has faith in Allah.

muktabar *k.n.* a famous, respectable person.

muktamad *adj.* definitive; final; finally fixing or settling something; most authoritative; irrevocable; unable to be revoked, unalterable; peremptory; imperious.

muktamar *k.n.* diet; congress, parliamentary assembly in certain countries; conference.

mula *k.n.* beginning; first part; starting-point, source of origin. **bermula** *k.k.* begin (p.t. *began*, p.p. *begun*, pres.p. *beginning*); perform the first or earliest part of (an activity, etc.); come

into existence; have its first element or starting-point. **memulakan** *k.k.* be the first to do a thing.

mulas[1], **mulas perut** *k.k.* to have a stomach-ache; to suffer from indigestion. **memulas** *k.k.* wringing.

mulas[2] *k.n.* a type of herbaceous plant whose leaves are used to cure stomach-aches.

mulia *adj.* dignified; showing dignity; honourable; deserving, possessing, or showing honour. **Yang Mulia** Honourable; a courtesy title. **Yang Teramat Mulia** *k.n.* your royal highness; title of a prince or princess. **memuliakan** *k.k.* dignify; give dignity to; honour; make noble; enshrine.

multi- *awl.* multi-; many.

multinasional *adj.* & *k.n.* multinational; (business company) operating in several countries.

multisel *adj.* multicellular; having or containing many cells.

muluk *adj.* (of voice) high-pitched and melodious; shrill.

mulur *adj.* ductile; (of metal) able to be drawn into fine strands.

mulut *k.n.* mouth; opening in the face through which food is taken in and sounds uttered; opening of a bag, cave, cannon, etc. **mulut murai** *k.n.* chatterbox; talkative person. **pembersih mulut** *k.n.* mouthwash; liquid for cleansing the mouth.

mumia *k.n.* mummy; corpse embalmed and wrapped for burial esp. in ancient Egypt. **memumiakan** *k.k.* mummify; preserve (a corpse) by embalming as in ancient Egypt.

munafik *adj.* pretending to believe and have faith in Islam; hypocritical (in religion).

munajat, bermunajat *k.k.* to worship God by chanting, praying, etc.

munasabah *adj.* credible; believable; reasonable; in accordance with reason, logical; moderate, not expensive. **tak munasabah** implausible; not plausible; unlikely.

muncul *k.k.* emerge; come up or out into view; become known; appear; be or become visible; present oneself; be published; seem; arise (p.t. *arose*, p.p. *arisen*); come into existence or to people's notice; (*old use*) rise.

muncung *k.n.* muzzle; snout; animal's long projecting nose and jaws; projecting front part.

mundar, mundar-mandir *k.k.* to walk about aimlessly.

mundur *k.k.* flinch; draw back in fear, wince; shrink from one's duty, etc. recede; decline. **memundurkan tarikh** *k.k.* backdate; regard as valid from an earlier date.

mungil *adj.* captivating, charming. **kemungilan** *k.n.* beauty or sweetness (of a body part, e.g. lips).

mungkin *k.b.* might; may; (used to request permission or (like *may*) to express possibility). —*k.k.* maybe; perhaps.

mungkar *k.k.* to defy God's laws. **memungkari** *k.k.* to disobey; to defy. **kemungkaran** *k.n.* disobedience; betrayal.

mungkir *k.n.* breach; breaking or neglect of a rule, promise or contract; estrangement. —*k.k.* default; fail to fulfil one's obligation or to appear.

mungkum *adj.* convex.

muntah *k.k.* to vomit; to throw up (something) that has been swallowed. **muntahan** *k.n.* vomit; something that comes out from the mouth after it has been swallowed. **muntah-muntah** *k.k.* to vomit many times or frequently. **memuntahkan** *k.k.* to vomit out.

murah *adj.* bountiful; giving generously; cheap (-*er*, -*est*); low in cost or value. **memurahkan** *k.k.* make cheap; lower the price of.

murai *k.n.* magpie; noisy bird with black-and-white plumage.

mural *k.n.* a big painting drawn on a wall of a building.

muram *adj.* dismal; gloomy (-*ier*, -*iest*); dour; stern; glum; dreary; dull, boring.

murid *k.n.* pupil; person who is taught by another.

murka *k.k.* irate; angry.

murni *adj.* pure; not mixed with any other substance; clean. **memurnikan** *k.k.* purify; make pure; cleanse from impurities.

murtad *k.k.* desert one's religion; become an apostate.

murung *adj.* distraught; depressed; nearly crazy with grief or worry; morose; gloomy and unsociable; sullen; despondent; sad and dispirited.

musabab, sebab-musabab *k.n.* reason; cause.

musafir *k.n.* traveller; person who is travelling.

musang *k.n.* fox; wild animal of the dog family with a bushy tail.

musim *k.n.* season; section of the year associated with a type of weather; time when something is common or plentiful, or when an activity takes place. **musim gugur** *k.n.* autumn; fall; season between summer and winter. **musim panas** *k.n.* summer, warmest season of the year. **pertengahan musim panas** *k.n.* midsummer; middle of the summer about 21 June. **pertengahan musim sejuk** *k.n.* mid-winter; middle of the winter, about 22 Dec. **tiket bermusim** season ticket; ticket valid for any number of journeys or performance, etc. in a specified period.

muslihat *k.n.* tactic; stratagem; cunning method of achieving something; trick.

Muslim *k.n.* Muslim; of the Islamic faith, based on Muhammad's teaching. —*k.n.* believer in this faith.

Muslimat *k.n.* plural for Muslimah (Muslim woman).

Muslimin *k.n.* plural for Muslim (Muslim man). **kaum Muslimin** *k.n.* followers of Islam.

muslin *k.n.* muslin; a kind of thin cotton cloth.

musnah, lekas musnah *k.k.* perishable; liable to decay or go bad in a short time. **memusnahkan** *k.k.* annihilate; destroy completely; destroy; pull or break down; make useless, spoil completely; kill (an animal) deliberately.

mustahak *adj.* momentous; of great importance; needful; necessary.

mustahil *adj.* impossible; not possible; inconceivable; unable to be imagined; (*colloq.*) most unlikely; incredible; unbelievable.

mustaid *adj.* ready; prepared; completed.

mustajab[1] *adj.* (specific to medicine) efficacious; effective; suitable.

mustajab[2] *k.k.* accepted or granted (as in prayer and request).

mustang *k.n.* mustang; wild horse of Mexico and California.

musuh *k.n.* enemy; one who is hostile to and seeks to harm another. **musuh ketat** *k.n.* arch-enemy; chief enemy. **bermusuhan** *k.k.* inimical; hostile; of an enemy; unfriendly.

musyawarah *k.n.* discussion; meeting. **bermusyawarah** *k.k.* to discuss to achieve a consensus.

musykil *adj.* difficult; needing much effort or skill to do or deal with. **memusykilkan** *k.k.* causing difficulty; complicate.

musyrik *k.n.* a person who does not believe in the oneness of God; a polytheist; a non-Muslim; an infidel.

musyrikin *k.n.* non-Muslim.

mutan *k.n.* mutant; a living thing that differs from its parents as a result of genetic change.

mutasi *k.n.* mutation; change in form; a mutant.

mutiara *k.n.* pearl; round usu. white gem formed inside the shell of certain osyters; thing resembling this in shape or value or colour. **indung mutiara** *k.n.* mother-of-pearl; pearly substance lining shells of oysters and mussels etc.

mutlak *adj.* absolute; complete; unrestricted; independent; categorical; unconditional absolute.

mutu *k.n.* quality; degree or level of excellence.

muzakarah *k.n.* a discussion; an exchange of opinions or thoughts about something. **bermuzakarah** *k.k.* to discuss or exchange opinions.

muzik *k.n.* music; pleasing arrangement of sounds of one or more voices or instruments; written form of this. —*k.n.* variety entertainment.

muzikal *adj.* musical; of or involving music; fond of or skilled in music; sweet-sounding. —*k.n.* light play with songs and dancing.

muzium *k.n.* museum; place where objects of historical interest are collected and displayed.

N

nabi *k.n.* prophet; religious teacher inspired by God. **Nabi Muhammad** *k.n.* Prophet Muhammad (p.b.u.h.).

nada *k.n.* tone; musical or vocal sound, esp. with reference to its pitch and quality and strength; manner of expression in speaking or writing.

nadi *k.n.* pulse; rhythmical throbbing of arteries as blood is propelled along them, esp. as felt in the wrist, temple, etc.

nadir *k.n.* nadir; lowest point.

nafas *k.n.* breath; air drawn into and sent out of the lungs in breathing; breathing in; gentle blowing. **sesak nafas** out of breath, panting after exercise. **bernafas** *k.k.* breathe; draw (air, etc.) into the lungs or body or tissues and send it out again.

nafi, menafikan *k.k.* gainsay (p.t. *gainsaid*); (formal) deny, contradict.

nafiri *k.n.* a type of long trumpet. **peniup nafiri** *k.n.* a person whose job is to blow the trumpet in a band or orchestra.

nafkah *k.n.* maintenance; provision of means to support life; allowance of money for this; livelihood; means of earning or providing enough food, etc. to sustain life; alimony; allowance paid by a man to his divorced or separated wife. **menafkahi** *k.k.* maintain; bear the expenses of.

nafsu *k.n.* passion; strong emotion; sexual love; great enthusiasm; lust; intense sexual desire; any intense desire. **bernafsu** *k.k.* impassioned; passionate. —*k.k.* lust; feel lust.

nafta *k.n.* naphtha; inflammable oil.

naftalena *k.n.* naphthalene; pungent white substance obtained from coaltar.

naga *k.n.* dragon; mythical reptile able to breathe out fire; fierce person.

nagasari[1] *k.n.* a type of tree.

nagasari[2] *k.n.* a type of sweet made from rice flour filled with bananas, then wrapped in banana leaves and steamed.

nahas *k.n.* mishap; unlucky accident.

nahu *k.n.* grammar; use of words in their correct forms and relationships.

naib *k.n.* deputy; person appointed to act as a substitute or representative; vice-; next in rank to; assistant.

naik *k.k.* ascend; go or come up; rise; move upward; increase. **menaiki** *k.k.* climb; go up; ascend; ride on or in; travel (in a vehicle). **menaikkan** *k.k.* raise; heighten; hoist; load; lift up; promote; elevate.

najam *k.n.* a star.

najis *k.n.* excrement; faeces; waste matter discharged from the bowels; dung; animal excrement; filth; disgusting dirt; obscenity. **baja najis** *k.n.* muck; farmyard manure; (*colloq.*) dirt, a mess.

nakal *adj.* naughty (*-ier, -iest*); behaving badly; disobedient; slightly indecent; pert; cheeky; mischievous.

nakhoda *k.n.* skipper; captain.

naluri *k.n.* instinct; inborn impulse; natural tendency or ability.

nama *k.n.* name; word(s) by which a person, place, or thing is known or indicated; reputation. **menamakan** *k.k.* give as a name; nominate; specify; name as candidate for or future holder of an office; appoint as a place or date. **senama** *k.n.* namesake; person or thing with the same name as another. **kata nama** *k.n.* noun; word used as the name of a person, place, or thing. **nama timangan** *k.n.* pet name; name used affectionately. **namaan** *adj.* nominal; in name only.

nampak *k.k.* espy; catch sight of; see.

namun *k.h.* so long as; provided; only if; on condition that; yet; still; nevertheless; even though; but.

nanah *k.n.* matter; pus. **bernanah** *k.k.* fester; make or become septic.

nanas *k.n.* pineapple; large juicy tropical fruit; plant bearing this.

nangka *k.n.* jackfruit; large tropical Asian fruit resembling breadfruit.

nanti, **menanti** *k.k.* bide; wait (one's time).

napalm *k.n.* napalm; a type of jellied petrol used in the making of bombs.

napkin *k.n.* napkin; square piece of cloth or paper used to protect clothes or for wiping one's lips at meals.

napuh *k.n.* a kind of wild animal that looks like the mouse-deer but is much bigger.

nara¹ *k.n.* warrior; hero; man.

nara² *k.n.* a type of shrub; citronella; a fragrance derived from tree roots.

naratif *k.n.* narrative; a story about experience, events, etc.; something that is narrated; a type of text that tells a story.

narkosis *k.n.* narcosis; a state of drowsiness; induced by drugs.

narkotik *adj. & k.n.* narcotic; (drug) causing sleep or drowsiness.

nas *k.n.* a verse from the Koran or tradition of the Holy Prophet used as a foundation for Islamic law; a citation from the Koran or tradition of the Holy Prophet Muhammad (p.b.u.h.) which serves as proof or basis; proof.

nasab *k.n.* lineage; line of ancestors or descendants.

nasar *k.n.* a predatory bird that feeds on carcass; a vulture.

nasi *k.n.* (cooked) rice. **nasi putih** *k.n.* plain rice. **nasi lemak** *k.n.* rice cooked in coconut milk.

nasib *k.n.* chance; way things happen through no known cause or agency; luck; likelihood; kismet; destiny; fate; lot; person's share or destiny.

nasihat *k.n.* advice; opinion given about what should be done; piece of information; counsel; suggestions; dissuasion. —*k.k.* counselled; advise. **menasihati** *k.k.* dissuade; persuade against a course of action. **boleh dinasihati** advisable; worth recommending as a course of action. **menasihatkan** *k.k.* advise; give advice to; recommend; inform. **tidak dinasihatkan** inadvisable; not advisable.

nasional *k.n.* national; relating to the nation. **peringkat nasional** *k.n.* national level. **kenasionalan** *k.n.* nationhood; nationality. **nasionalis** *k.n.* nationalist; someone who loves his people and his country; a patriot. **nasionalisasi** *k.n.* nationalization; the process of transferring from private to state ownership. **nasionalisme** *k.n.* nationalism; love of one's people and homeland; patriotism; a movement to free one's country from foreign rule. **bernasionalisme** *k.k.* to love one's people and country. **menasionalismekan** *k.k.* to instil love for one's people and homeland.

naskhah *k.n.* copy; specimen of a book, etc.

Nasrani *k.n.* Christianity. **orang Nasrani** *k.n.* followers of Christianity; Christians.

nasyid *k.n.* a song with Islamic elements sung in a group, and characterized by elements of advice. **bernasyid** *k.k.* to sing a song which has elements of advice and example.

nat *k.n.* nut; small threaded metal ring for use with a bolt.

natal *k.n.* natal; of or from one's birth.

natrium *k.n.* a silvery metal element mostly found in common salt and used in the production of chemicals, filtration of petroleum, etc. **natrium arsenat** *k.n.* colourless poisonous crystals that dissolve in water (used as insecticide, etc.). **natrium hidroksida** *k.n.* hydrated white crystals that dissolve in water, alcohol and glycerol (used as a testing agent to analyse something, as a cleaning agent, etc.). **natrium karbonat** *k.n.* a colourless or white crystal that is odourless (used in the making of glasses, soap, paper, etc.). **natrium klorida** *k.n.* a white, water-soluble crystal used in cooking, etc.; sodium chloride; common salt.

naturalisme *k.n.* naturalism; realism in art and literature.

naung, naungan *k.n.* shelter; patronage; instrument (place) of protection. **menaungi** *k.k.* to protect; to shelter; to shade; **bernaung** *k.k.* to take shelter. **penaungan** *k.n.* a place to shelter; protection; shelter. **penaung** *k.n.* a person who provides protection or advice; guardian.

nazak *adj.* at the point of death; in a dying state.

nazam *k.n.* old poetry that contains twelve lines in one verse.

nazar *k.n.* vow (to God); solemn promise, esp. in the form of an oath to God. **bernazar** *k.k.* make a vow (to God).

Nazi *k.n.* Nazi; member of the National Socialist party in Germany, brought to power by Hitler. **Nazisme** *k.n.* Nazism.

nazir *k.n.* inspector; supervisor. **nazir sekolah** *k.n.* inspector of schools.

Neapolitan *adj. & k.n.* Neapolitan; (native or inhabitant) of Naples. **ais Neapolitan** Neapolitan ice; ice-cream made in layers of different colours and flavours.

nebula *k.n.* nebula (pl. *-ae*); bright or dark patch in the sky caused by distant stars or a cloud of gas or dust.

negara *k.n.* kingdom; country ruled by a king or queen; division of the natural world.

negatif *k.n.* negative; expressing or implying denial, refusal, or prohibition; not positive; (of a quantity) less than zero; (of a battery terminal) through which electric current leaves. —*k.n.* negative statement or word; negative quality or quantity; photograph with lights and shades or colours reversed, from which positive pictures can be obtained.

negeri *k.n.* country; people of this; State

of which one is a member; region; land consisting of fields, etc. with few buildings. **membuang negeri** *k.k.* deport, remove (an unwanted person) from a country. **pembuangan negeri** *k.n.* deportation.

Negrito *k.n.* a native tribe of Peninsular Malaysia.

Negro *k.n.* Negro (pl. *-oes*); member of the black-skinned race that originated in Africa.

nekad *adj.* determined; full of determination, firm of purpose.

nekropolis *k.n.* necropolis; ancient cemetery.

nelayan *k.n.* fisherman; person who catches fish for a living.

nenda *k.n.* abbreviation of *nenenda* or grandparents; grandmother.

nenek *k.n.* gran; grandmother; grandma, granny; female grandparent. **nenek moyang** *k.n.* forefathers (*pl.*); ancestors.

neo *adj.* refers to something which is new or renewed.

neoklasik *adj.* neo-classical; relating to the revival of classical values in literature, the arts, etc.

neolitik *adj.* neolithic; of the later part of the Stone Age.

neon *k.n.* neon; a kind of gas much used in illuminated signs.

nepotisme *k.n.* nepotism; favouritism shown to relatives in appointing them to jobs.

Neptun *k.n.* Neptune; a planet in the solar system, eighth from the sun.

neraca *k.n.* balance; weighing-apparatus with hanging pans.

neraka *k.n.* hell; place of punishment for the wicked after death; place or state of supreme misery; inferno (pl. *-os*); intensely hot place; raging fire.

nescaya *kkt.* certainly; undoubtedly; surely.

nestapa, duka nestapa *adj.* sad; showing or causing sorrow; sorrowful.

neuralgia *k.n.* neuralgia; sharp pain along a nerve, esp. in the head or face.

neuritis *k.n.* neuritis; inflammation of a nerve.

neurologi *k.n.* neurology; study of nerve systems. **ahli neurologi** *k.n.* neurologist.

neurosis *k.n.* neurosis (pl. *-oses*); mental disorder sometimes with physical symptoms but with no evidence of disease.

N

neurotik *k.n.* neurotic; of or caused by a neurosis; subject to abnormal anxieties or obsessive behaviour. —*k.n.* neurotic person.

neutron *k.n.* neutron; nuclear particle with no electric charge. **bom neutron** *k.n.* neutron bomb; nuclear bomb that kills people by intense radiation but does little damage to buildings, etc.

nevus *k.n.* naevus (pl. *-vi*); birthmark.

ngajat *k.n.* a traditional dance of the Iban, Penan, Dayak, Kenyah, and other tribes in Sarawak.

nganga *k.k.* gape; open the mouth wide; stare in surprise; be wide open.

ngeri *adj.* appalling; eerie (*-ier, -iest*); causing a feeling of mystery and fear; horrific; horrifying. **mengerikan** *k.k.* appal (p.t. *appalled*); fill with horror or dismay; horrify; arouse horror in, shock. —*adj.* formidable; inspiring fear or awe; gruesome; filling one with horror or disgust.

ngiau, mengiau *k.k.* caterwaul; make a shrill, wailing noise.

ngilu *adj.* having a feeling of discomfort or unpleasantness in the ears or teeth. **ngilukan** *k.k.* to cause to feel such discomfort. **mengilukan** *k.k.* to cause to feel or to be made to feel such discomfort. **terngilu** *k.k.* to have a feeling of discomfort or unpleasantness in the ears or teeth. **ngilu-kengiluan** *k.n.* the feeling of discomfort in the ears or teeth.

ngongoi, mengongoi *k.k.* to sob. **terngongoi** *k.k.* sobbing. **ngongoian** *k.n.* sobbing; weeping; long-drawn-out crying.

nguak, menguak *k.k.* bray; donkey's cry; similar sound.

niaga *k.n.* trade; exchange of goods for money or other goods; business. **berniaga** *k.k.* trade; engage in trade

nian *adj.* very; extremely; truly; highly. **indah nian** *adj.* very beautiful.

niat *k.n.* intention; what one intends to do. **berniat** *k.k.* intentional; done on purpose, not accidental.

nibung *k.n.* a type of palm with a thorny trunk and edible shoot. **bernibung** *k.k.* containing the *nibung* palm. **menibung** *k.k.* to look for the *nibung* palm in the jungles.

nifas, darah nifas *k.n.* the blood that is discharged after giving birth (usu. for 40 days). **mandi nifas** *k.n.* the obligatory ablution/bath required of a woman after childbirth when the discharge of blood has stopped.

Nik *k.n.* a prefix to the name of a person from Kelantan.

nikah *k.n.* marriage; wedding. **akad nikah** *k.n.* marriage contract. **bernikah, menikah** *k.k.* marry; wed; unite or take in marriage. **menikahkan** *k.k.* marry; give in marriage; join as husband and wife.

nikel *k.n.* nickel; hard silvery-white metal used in alloys; (*U.S.*) 5-cent piece.

nikmat *k.n.* enjoyable; giving enjoyment; heavenly; (*colloq.*) very pleasing. **menikmati** *k.k.* enjoy; get pleasure from; have as an advantage or benefit; luxuriate; feel great enjoyment in something.

nikotin *k.n.* nicotine; poisonous substance found in tobacco.

nila *k.n.* a blue colouring agent. **nila kandi** *k.n.* a blue precious stone. **itik nila** *k.n.* a water duck that hides its eggs well. **bernila** *k.k.* containing the blue colouring agent; already soaked in water mixed with the blue colouring agent. **nilakan, menilakan** *k.k.* to soak in a mixture containing the blue colouring agent; to add the blue colouring agent.

nilai *k.k.* assess; decide the amount or value of; estimate the worth or likelihood, etc. **tidak ternilai** invaluable; having value too great to be measured.

nilam *k.n.* sapphire; transparent blue precious stone; its colour.

nilon *k.n.* nylon; very light strong synthetic fibre; fabric made of this.

nimfa *k.n.* nymph; young insect.

ninja *k.n.* ninja; person skilled in ninjutsu, Japanese combat system with stealthy movement and camouflage.

nipah *k.n.* a palm tree with leaves which can be used as roofing material. **atap nipah** *k.n.* a roof made from leaves of the *nipah* palm. **bernipah** *k.k.* to have the *nipah* palm.

nipis *adj.* not thick; thin; diluted. **ternipis** *adj.* thinnest; watery. **menipisi** *k.k.* to make very thin. **menipiskan** *k.k.* to cause something to become very thin or slight.

nira *k.n.* juice obtained from the blossom of the coconut, palm or sugar-palm, which can be made into sugar or toddy. **menira** *k.k.* to look for *nira*. **bernira** *k.k.* having or containing *nira*.

nisab *k.n.* the smallest amount or value of a property for which the payment of tithe is compulsory.

nirwana *k.n.* nirvana; (in Buddhism and Hinduism) state of perfect bliss achieved by the soul.

nisan *k.n.* gravestone; headstone; stone placed over a grave; stone set up at the head of a grave.

nisbah *k.n.* ratio (pl. *-os*); relationship between two amounts, reckoned as the number of times one contains the other.

nisbi *k.n.* a comparison; a relative.

niskala *adj.* immaterial; having no physical substance; abstract.

nista *k.n.* insulting; base; low. —*k.n.* insult; abuse; indignity.

nitrat *k.n.* nitrate; substance formed from nitric acid, esp. used as a fertilizer.

nitrik *k.n.* nitric. **asid nitrik** *k.n.* nitric acid; corrosive acid containing nitrogen.

nitro-gliserin *k.n.* nitro-glycerine; a kind of powerful explosive.

nitrogen *k.n.* nitrogen; gas forming about four-fifths of the atmosphere.

nitrus *k.n.* nitrous. **nitrus oksida** *k.n.* nitrous oxide; gas used as an anaesthetic.

nobat *k.n.* a large drum; a type of band that performs during royal ceremonies, installations or burial. **menobatkan** *k.k.* to put on the throne as ruler; to install. **penobatan** *k.n.* the installation of a ruler or king.

noda, menodai *k.k.* smirch; discredit; disgrace; blemish.

nogin *k.n.* noggin; measure of alcohol, usu. one quarter of a pint.

noktah *k.n.* full stop; dot used as a punctuation mark at the end of a sentence or abbreviation; complete stop. **noktah bertindih** *k.n.* colon; punctuation mark.

nomad *k.n.* nomad; member of a tribe that roams seeking pasture for its animals; wanderer.

nombor *k.n.* number; symbol or word indicating how many. **nombor plat** *k.n.* plate-number; plate on a motor vehicle, bearing its registration number. **menomborkan** *k.k.* mark or distinguish with a number.

nominal *k.n.* nominal; (of a fee) very small. **nilai nominal** *k.n.* nominal value; face value of a coin, etc.

nominatif *k.n.* nominative; form of a noun used when it is the subject of a verb.

nona[1] *k.n.* Miss; title of a girl or unmarried woman.

nona[2], **buah nona** *k.n.* custard-apple; fleshy tropical fruit with sweet pulp.

norma *k.n.* norm; standard.

normal *adj.* normal; conforming to what is standard or usual; free from mental or emotional disorders. **tak normal** abnormal; not normal; not usual.

normatif *adj.* of the standard or norm for grammar, behaviour, etc.

Norway *adj. & k.n.* Norwegian; (native, language) of Norway.

nostalgia *k.n.* nostalgia; sentimental memory of or longing for things of the past.

nostalgik *adj.* nostalgic.

not *k.n.* note; musical tone of definite pitch; symbol representing the pitch and duration of a musical sound; one of the keys on a piano, etc.; significant sound; banknote. **not nada** *k.n.* keynote; note on which a key in music is based; prevailing tone.

nota *k.n.* note; brief record written down to aid memory; short or informal letter; memorandum; formal diplomatic communication; short written comment; written or printed promise to pay money. **buku nota** *k.n.* notebook; book with blank pages on which to write memoranda. **kertas nota** *k.n.* notepaper; paper for writing letters on. **nota kaki** *k.n.* footnote; note printed at the bottom of a page.

notari *k.n.* notary. **notari awam** *k.n.* public notary; person authorized to witness the signing of documents and perform other formal transactions.

notasi *k.n.* notation; system of signs or symbols representing numbers, quantities, musical notes, etc.

notis *k.n.* notice; intimation, warning; formal announcement of the termination of an agreement or employment; written or printed information displayed.

novel *k.n.* novel; book-length story.

novelis *k.n.* novelist; writer of novels.

November *k.n.* November; eleventh month of the year.

nuansa *k.n.* nuance; shade of meaning.

nudis *k.n.* nudist; a person who does not wear any clothes because of the belief that it is more natural and healthy.

nudisme *k.n.* nudism; the practice of not wearing any clothes because of the belief that it is more natural and healthy.

nugat *k.n.* nougat; chewy sweet.

nujum *k.n.* person who foretells the future astrologer. **ahli nujum** *k.n.* clairvoyant; person thought to have clairvoyance.

nukil, nukilan *k.n.* something that is taken or culled from another source.

nuklear *k.n.* nuclear; of a nucleus; of the nuclei of atoms; using energy released or absorbed during reactions in these.

nukleus *k.n.* nucleus; central part or thing round which others are collected; central positively charged portion of an atom.

nun[1] *kkt.* over there; in the distance.

nun[2] *k.n.* a type of fish; the 28th character in the Arabic language.

nur *k.n.* bright light.

nurani *adj.* brightly lighted; bright. **hati nurani** *k.n.* an enlightened heart. **perasaan nurani** *k.n.* inner feelings.

nuri *k.n.* a type of bird that can be taught to mimic the speech of a person; parrot; lorikeet.

nusa *k.n.* native land; motherland. **bernusakan** *k.k.* to have a motherland. **Nusantara** *k.n.* the Malay Archipelago.

nutrien *k.n.* nutrient; nourishing (substance).

nuzul, hari nuzul Quran (nuzul al-Quran) *k.n.* a day to remember the descent of the Koran (on the seventeenth day of the month of Ramadan).

nya *k.g.* its; his; hers; it; him; her.

nyah *sr.* begone; go away.

nyahcas *k.k.* discharge; release the electric charge (of).

nyahjangkit, menyahjangkit *k.k.* disinfect; cleanse by destroying harmful bacteria.

nyala *k.n.* flame; bright tongue-shaped portion of gas burning visibly. **bernyala** *k.k. & adj.* aflame; burning; alight; on fire. **menyala** *k.k.* burn with flames; become bright red. **menyalakan** *k.k.* kindle; set on fire;

inflame; cause inflammation in; ignite; set fire to; catch fire; arouse, stimulate; become kindled. **mudah ternyala** able to be set on fire. **nyalaan** *k.n.* ignition; igniting; mechanism producing a spark to ignite the fuel in an engine.

nyaman *adj.* balmy (*-ier, -iest*); (of air) soft and warm.

nyamuk *k.n.* mosquito (pl. *-oes*); a kind of gnat.

nyanyi, bernyanyi, menyanyi *k.k.* sing; make musical sounds with the voice; make a humming sound. **menyanyikan** *k.k.* sing; perform (a song). **nyanyian** *k.n.* song; singing; words that is set to music.

nyanyuk *adj.* dotage; senility; mental weakness; because of old age.

nyaring *adj.* piercing; (of sound) shrilly audible.

nyaris *kkt.* almost; very little short of, nearly.

nyata *adj.* apparent; clearly seen or understood; seeming but not real; distinct; clearly perceptible; evident; obvious to the eye or mind; explicit; stated plainly; factual; based on or containing facts.

nyawa, bernyawa *k.k.* animate; living; having life, not dead. **mensenyawakan** *k.k.* cross-fertilize; fertilize (a plant) from one of a different kind. **tidak bernyawa** inanimate; lacking animal life; showing no sign of being alive.

nyedar *adj.* sound asleep; deeply asleep.

nyenyak *adj.* sound asleep; (of sleep) not disturbed or interrupted.

nyiru *k.n.* tray (made of rattan, etc.) used in winnowing.

nyiur *k.n.* coconut; nut of a tropical palm.

nyonya *k.n.* a term used for a married Chinese woman; a Chinese woman of Baba descent.

nyunyut, menyunyut *k.k.* suck; squeeze in the mouth by using the tongue; throb.

O

oak *k.n.* oak; deciduous forest tree bearing acorns; its hard wood.

oasis *k.n.* oasis; fertile spot in a desert, with a spring or well of water.

oat *k.n.* oats; hardy cereal plant; its grain. kek oat *k.n.* oatcake; thin cake made of oatmeal. oat halus *k.n.* oatmeal; ground oats.

obesiti *k.n.* obesity; state of being excessively fat; condition of being grossly overweight.

obituari *k.n.* obituary; printed statement of person's death (esp. in a newspaper), often with a brief biography.

objek *k.n.* object; something solid that can be seen or touched; person or thing to which an action or feeling is directed; purpose, intention; noun, etc. acted upon by a transitive verb or preposition. objek seni *k.n.* objet d'art (pl. *objets d'art*); small artistic object.

objektif *adj.* objective; not influenced by personal feelings or opinions; of the form of a word used when it is the object of a verb or preposition. —*k.n.* thing one is trying to achieve, reach, or capture.

obo *k.n.* oboe; woodwind instrument of treble pitch. pemain obo *k.n.* oboist.

obor *k.n.* object; burning piece of wood etc. carried as a light. obor Olimpik *k.n.* the Olympic torch.

obrol, mengobrol *k.k.* to engage in idle talk; to engage in trivial conversation. mengobrolkan *k.k.* to talk or chatter idly. obrolan *k.n.* idle conversation, chatter, gossip.

observatori *k.n.* observatory; building equipped for observation of stars or weather.

obsesi *k.n.* obsession; a person or thing that one thinks about too much.

obstetrik *k.n.* obstetrics; branch of medicine and surgery dealing with childbirth. —*adj.* obstetric, obstetrical. ahli obstetrik *k.n.* obstetrician.

oceh, mengoceh *k.k.* jabber; talk rapidly, often unintelligibly.

ocehan *k.n.* jabbering talk; chatter.

oda *k.n.* ode; type of poem addressed to a person or celebrating an event.

ofal *k.n.* offal; edible organs from an animal carcass.

ofsaid *k.n.* offside; in a position where playing the ball (in football, etc.) is not allowed.

ofset[1] *k.k.* offset (p.t. -*set,* pres.p. -*setting*); counterbalance, compensate for.

ofset[2] *k.n.* offset; method of printing by transferring ink to and from a rubber surface.

oftalmia *k.n.* ophthalmic; inflammation of the eyes.

oftalmologi *k.n.* ophthalmology; study of the eye and its disease. ahli oftalmologi *k.n.* ophthalmologist.

oftalmoskop *k.n.* ophthalmoscope; an instrument for examining the eye.

ogah *k.n.* hookah; oriental tobacco-pipe with a long tube passing through water.

oh *sr.* oh; exclamation of delight or pain, or used for emphasis.

ohm *k.n.* ohm; unit of electrical resistance.

oi *sr.* halloo; shout to call attention.

O.K. *adj.* O.K., okay (*colloq.*); all right; satisfactory.

okapi *k.n.* okapi (pl. -*is*); giraffe-like animal of Central Africa.

oklusi *k.n.* occlusion; upward movement of a mass of warm air caused by a cold front overtaking it.

oksiasetilena *k.n.* oxyacetylene; a mixture of oxygen and acetylene which produces a very hot flame, usu. used to weld metals, etc.

oksida *k.n.* oxide; compound of oxygen and one other element.

oksigen *k.n.* oxygen; colourless gas existing in air.

oktaf *k.n.* octave; a series of eight musical notes occupying; interval between two notes.

oktagon *k.n.* octagon; geometric figure with eight sides.

oktahedron *k.n.* octahedron; a solid with eight sides.

oktana *k.n.* octane; hydrocarbon occurring in petrol.

oktet *k.n.* octet; group of eight voices or instruments; music for these.

Oktober *k.n.* October; tenth month of the year.

olah[1] *kkt.* way (of doing something); method; attitude; work (of someone);

whim; trick. **berolah, mengolah** *k.k.* (to be) full of tricks; (to be) capricious or temperamental. **seolah-olah** *kkt.* as if; as though; looks like.

olah², **mengolah** *k.k.* process; treat; (of a substance, etc.) undergo a series of actions in order to change it.

olahraga *k.n.* athletic; of athletes; muscular and physically active. —*k.n.* athletics; sports, esp. running, jumping, etc.

olahragawan *k.n.* male athlete; person (male) who is good at athletics.

olahragawati *k.n.* female athlete; (female) person who is good at athletics.

olak, olakan *k.n.* a rotating movement; whirling; a cycle; an eddy. **berolak** *k.k.* swirling; spiralling; eddying. **pengolak** *k.n.* an instrument or element that swirls, rotates, or revolves.

olang, olang-aling *k.k.* to sway or swing from left to right, up and down simultaneously and continuously. **terolang-aling** *k.k.* swinging; swaying from side to side continuously.

oleander *k.n.* oleander; flowering shrub of Mediterranean regions.

oleh *k.s.n.* by. **memperoleh** *k.k.* obtain; get; come into possession of; gain; acquire gradually; profit; get nearer in racing or pursuit; reach.

oligarki *k.n.* oligarchy; form of government where power is in the hands of a small group.

Olimpik *k.n.* Olympics; an international sporting event held once every four years (with participation from countries around the world).

olok, olok-olok *k.n.* jest; joke; something done just for fun. **berolok-olok** *k.k.* joke; tease; banter. **mengolok-olok, memperolok-olok(kan)** *k.k.* make fun of; ridicule; kid; play a joke (on someone).

ombak *k.n.* wave; moving ridge of water. **berombak** *k.k.* wavy; move loosely to and fro or up and down. **ombak muara** *k.n.* bore; tidal wave in an estuary. **hempasan ombak** *k.n.* breaker; heavy ocean wave that breaks on a coast.

omboh *k.n.* piston; sliding disc or cylinder inside a tube, esp. as part of an engine or pump.

omega *k.n.* omega; last letter of the Greek alphabet, = ω.

omel *k.k.* grouse (*colloq.*); grumble.

omnibus *k.n.* omnibus; comprehensive publication containing several works

or programmes previously published or broadcast separately.

omnivor *k.n.* omnivorous; feeding on all kinds of food.

omong *k.n.* chatter; talk; babble. **omong kosong** *k.n.* nonsense; foolish talk. **omong-omong; beromong-omong** *k.k.* chat; talk; gossip.

ompong *adj.* toothless; with gaps or spaces in between.

onak *k.n.* a climbing, rattan plant with thorns.

onani *k.n.* masturbation.

onar *k.n.* noise; commotion; disturbance.

onde *k.n.* a type of Malay sweet (shaped like small balls) made from glutinous rice flour, brown sugar and grated coconut.

ongkos *k.n.* funds; expenses; charges; payment. **mengongkosi, memperongkosi** *k.k.* to pay the expenses, charges, etc.; to fund; to spend; to pay a fee for a service, etc. **pengongkos** *k.n.* the sponsor; the investor; the person providing the capital. **pengongkosan** *k.n.* expenses; the dispensing of funds.

oniks *k.n.* onyx; stone-like marble with colours in layers.

onomatopia *k.n.* onomatopoeia; formation of words from the sound of the thing described.

ooh *sr.* ooh; exclamation of surprise pleasure, or pain.

opah *k.n.* gran; grandmother; female grandparent.

OPEC *kep.* OPEC; Organization of Petroleum Exporting Countries.

opera *k.n.* opera; opus; play(s) in which words are sung to music. **teropong opera** *k.n.* opera-glasses (*pl.*); small binoculars.

operasi *k.n.* operation; way a thing works; piece of work; military action. **beroperasi** *k.k.* operate; be in action; produce an effect.

operator *k.n.* operator; person who operates a machine or business; one who works at the switchboard at a telephone exchange.

operetta *k.n.* operetta; short or light opera.

opiat *k.n.* opiate; sedative containing opium; thing that soothes feelings.

oportunis *k.n.* opportunist; person who grabs opportunities.

opsyen *k.n.* option; freedom to choose; thing that is or may be chosen; right to buy or sell a thing within a limited time.

optik *k.n.* connected with the eye or the sense of sight.

optima *adj.* optimal; optimum.

optimis *k.n.* optimist.

optimisme *k.n.* optimism; tendency to take a hopeful view of things.

optimistik *adj.* optimistic; forward-looking; positive.

optimum *adj.* optimum; best or most favourable (conditions, amount, etc.).

opus *k.n.* opus (pl. *opera*); numbered musical composition.

orak, mengorak *k.k.* to unravel; to uncoil; to unwind; to untie (rope, coil, etc.); to open up. **terorak** *adj.* unravelled; uncoiled; unwound; untied.

orang *k.n.* people (*pl.*); human beings; persons; subjects of a State; persons without special rank; persons composing a race or nation or community; individual human; (in grammar) one of the three classes of personal pronouns and verb forms, referring to the person(s) speaking, spoken to, or spoken of. **orang awam** *k.n.* civilian; person not in the armed forces. **orang biasa** *k.n.* laity; laymen. **orang kenamaan** *k.n.* personage; person, esp. an important one. **orang utan** *k.n.* orang-utan; large ape of Borneo and Sumatra.

orbit *k.n.* orbit; curved path of a planet, satellite, or spacecraft round another sphere of influence. **mengorbit** *k.k.* move in an orbit (round).

ordinan *k.n.* ordinance; decree.

ordinat *k.n.* the vertical line or y-axis at a right angle with the horizontal line or the x-axis in a graph.

oren *k.n.* orange; round juicy citrus fruit with reddish-yellow peel; this colour.

organ *k.n.* organ; musical instrument with pipes supplied with wind by bellows and sounded by keys; distinct part with a specific function in an animal or plant body; medium of communication, esp. a newspaper. **pemain organ** *k.n.* organist; person who plays the organ.

organik *k.n.* organic; of bodily organ(s); of or formed from living things; organized as a system of related parts; produced without artificial chemicals such as fertilizers. **tak organik** *adj.* inorganic; not coming from a living organism.

organisasi *k.n.* organization; a group of people who form a business, club, etc. together in order to achieve a particular aim. **organisasi politik** *k.n.* a political entity. **berorganisasi** *k.k.* to be organized; having an entity. **mengorganisasikan** *k.k.* to arrange something or the parts of something into a particular order or structure.

organisma *k.n.* organism; a living being, individual animal or plant.

orgasma *k.n.* orgasm; climax of sexual excitement.

orientalis *k.n.* a person who studies the language, culture and all things oriental; orientalist.

orientasi *k.n.* orientation; a person's basic beliefs or feelings about a particular subject. **berorientasikan** *k.k.* based on one's position and attitude.

origami *k.n.* origami; Japanese art of folding paper into attractive shapes.

Ogos *k.n.* August; eighth month of the year.

orkestra *k.n.* orchestra; large body of people playing various musical instruments; part of a theatre (between stalls and stage) where these sit.

orkid *k.n.* orchid; a kind of showy often irregularly shaped flower.

ornitologi *k.n.* ornithology; study of birds. **ahli ornitologi** *k.n.* ornithologist.

ortodoks *adj.* orthodox; of or holding conventional or currently accepted beliefs, esp. in religion. **Gereja Ortodoks** *k.n.* Orthodox Church; Eastern or Greek Church.

ortodontik *k.n.* orthodontics; correction of irregularities in teeth. —*adj.* orthodontic. **ahli ortodontik** *k.n.* orthodontist.

ortografi *k.n.* orthography; system of spelling in a language.

ortopedik *k.n.* orthopaedics; surgical correction of deformities in bones or muscles. —*adj.* orthopaedic. **pakar ortopedik** *k.n.* orthopaedist.

oseanografi *k.n.* oceanography; study of the ocean.

osiloskop *k.n.* oscilloscope; a device for recording oscillations.

osilot *k.n.* ocelot; leopard-like animal of Central and South America; its fur.

Oskar *k.n.* Oscar; an award in the shape of a figurine given to Academy Award winners.

osmium *k.n.* osmium; a hard metallic element (symbol Os).

osmosis *k.n.* osmosis; diffusion of fluid through a porous partition into another fluid.

osteopati *k.n.* osteopathy; a system of complementary medicine involving manipulation of bones and muscles.

otak *k.n.* brain; mass of soft grey matter in the skull, centre of the nervous system in animals; mind, intelligence. **pemerasan otak** *k.n.* brainstorm.

otek *k.k.* to shake; to loosen. **mengotek-otek** *k.k.* to shake; to wiggle; to wag; to waggle.

otot *k.n.* muscle; strip of fibrous tissue able to contract and relax and so move a part of an animal body. **berotot** *adj.* muscular; of muscles; having well-developed muscles; brawny (*-ier, -iest*).

output *k.n.* output; amount of electrical power, etc. produced.

ovari *k.n.* ovary; organ producing egg-cells; that part of a pistil from which fruit is formed.

oven *k.n.* an electrical appliance for baking cakes, etc. with a temperature that can be controlled.

overdraf *k.n.* overdraft; overdrawing of a bank account; amount of this.

overhed *k.n.* overheads (*pl.*); expenses involved in running a business, etc.

ovul *k.n.* ovule; germ-cell of a plant.

ovum *k.n.* ovum (pl. *ova*); egg-cell.

ozon *k.n.* ozone; form of oxygen.

P

pacai *k.n.* scraping from the sandalwood tree, usu. sprinkled over corpses.

pacak *k.n.* stick with a pointed end; spit; metal spike holding meat while it is roasted; stake. **memacak** *k.k.* poke; pierce. **memacakkan** *k.k.* drive a stake, post, etc. into the ground; impale.

pacar *k.n.* lover; girlfriend; boyfriend. **berpacaran** *k.k.* to be in love with.

pacat *k.n.* leech; small blood-sucking worm.

paceri *k.n.* a curried dish, usu. cooked with fruits (e.g. pineapple) and with fried, grated coconut and sugar. **berpaceri** *k.k.* to have this dish. **memaceri, memacerikan** *k.k.* to make or cook this dish.

pacu *k.n.* spur; pricking device worn on a horseman's heel. **memacu** *k.k.* spur; urge on. **pacuan** *k.n.* race; racecourse. **kuda pacuan** racehorse.

pacul *k.n.* mattock; agricultural tool with a blade at right angles to the handle.

pad *k.n.* a pad (e.g. shoulder pad for clothing, etc.); a small notebook; a rocket launchpad. **berpad** *k.k.* to wear pads.

pada[1] *k.s.* at; having as position, time of day or condition.

pada[2] *adj.* sufficient; enough. **memadai** *k.k.* suffice; be enough.

padah *k.n.* result; consequence; effect or outcome of something.

padahal *k.h.* whereas; but in contrast; although.

padam *adj.* extinguished; no longer burning or active. **memadamkan** *k.k.* extinguish; put out (a light or flame); douse; rub or wipe out; erase. **merah padam** *k.n.* crimson; deep red colour.

padan, berpadanan *k.k.* correspond; be similar or equivalent or in harmony. **memadankan** *k.k.* befit (p.t. *befitted*); be suitable for; match. **padanan** *k.n.* match; person or thing corresponding or equal to another; equivalent.

padang *k.n.* field; piece of open ground, esp. for pasture or cultivation; sports ground. **padang letak kereta** *k.n.* park; parking area. **padang lumba** *k.n.* race-tracks; track for horse or car, etc. races. **padang ragut** *k.n.* pasturage; pasture; grassy land suitable for grazing cattle or sheep. **padang rumput** *k.n.* grassland; wide grass-covered area with few trees. **acara padang** *k.n.* field events; athletic contests other than races.

padat *adj.* compact; closely or neatly packed together; concise; dense; closely massed. **memadatkan** *k.k.* compact; make compact; cram; force into too small a space; overfill thus.

paderi *k.n.* priest; parson (*colloq.*); clergyman. **ketua paderi** *k.n.* arch-bishop; chief bishop. **pejabat paderi** *k.n.* diaconate.

padi *k.n.* paddy.

padu *adj.* solid; keeping its shape, firm; of the same substance through-out; continuous; of solids. **berpadu** *k.k.* unite; join together, make or become one; act together, cooperate. **paduan** *k.n.* fusion; union; mixture.

paduka *k.n.* His/Her Majesty; His/Her Highness.

pagar *k.n.* fence; barrier round the boundary of a field or garden, etc.; portable frame with bars, used as a temporary fence; frame to be jumped over in a race. **pagar hidup** *k.n.* hedge; fence of bushes or shrubs. **memagar** *k.k.* enclose; put a fence etc. round, shut in on all sides, seclude; shut up in a receptacle. **memagari** *k.k.* hedge; fence; surround with a hedge or fence.

pagi *k.n.* morning; part of the day from dawn to noon or the midday meal.

pagoda *k.n.* pagoda; Hindu temple or Buddhist tower in India, China, etc.

pagut, memagut *k.k.* peck; strike, nip or pick up with the beak; bite (of snakes, etc.). **pagutan** *k.n.* peck; pecking movement; bite; act of biting.

paha *k.n.* thigh; upper part of the leg, between hip and knee.

pahala *k.n.* merit; gain; reward (from God for good deeds).

pahar *k.n.* metal pedestal tray.

pahat *k.n.* chisel; tool with a sharp bevelled end for shaping wood or stone, etc. **pahat kuku** *k.n.* gouge; chisel with a concave blade. **memahat** *k.k.* chisel (*p.t. chiselled*); cut with this. **pahatan** *k.n.* carving; sculpture; work made by carving.

pahit *adj.* bitter; tasting sharp, not sweet or mild; resentful; hostile.

pahlawan *k.n.* warrior; person who fights in a battle.

pai *k.n.* pie; baked dish of meat, fish or fruit covered with pastry or other crust.

pain[1] *k.n.* pine; evergreen tree with needle-shaped leaves; its wood.

pain[2] *k.n.* pint; measure for liquids, one-eighth of a gallon.

paip *k.n.* pipe; tube through which something can flow; tube by which sound is produced; narrow tube with a bowl at one end for smoking tobacco.

pais *k.n.* a spicy dish cooked and wrapped in banana leaves. **berpais** *k.k.* to be cooked in this manner.

pajak *k.n.* lease; contract allowing the use of land or a building for a specified time. **memajak** *k.k.* allow, obtain, or hold by lease.

pajang, memajang *k.k.* to decorate; to display merchandise. **pajangan** *k.n.* decoration; display; displayed merchandise.

pak[1] *k.n.* butt; large cask or barrel.

pak[2] *k.n.* father. **pak cik** *k.n.* uncle; brother or brother-in-law of one's father or mother; respectful term of address for a man much older than oneself.

pakai, berpakaian, memakai, memakaikan *k.k.* wear (*p.t. wore*, *p.p. worn*); have on the body e.g. as clothing or ornament; clothe (*p.t. clothed* or *clad*); put clothes on, provide with clothes; don; put on. **terpakai** *k.k.* used; second-hand. **pakaian** *k.n.* clothes (*pl.*); things worn to cover the body; clothing; attire; apparel; garb; dress; outer clothing; outfit. **pembuat pakaian wanita** *k.n.* dressmaker; woman who makes women's clothes.

pakal, memakal *k.k.* caulk; stop up (a ship's seams) with waterproof material or by driving edges of plating together.

pakan *k.n.* weft; crosswise thread in weaving.

pakar *adj.* expert; having great knowledge or skill; masterly; skilful. —*k.n.* expert; ace; person with a great knowledge or skill in a particular thing; specialist; expert in a particular branch of a subject; connoisseur; person with expert understanding esp. of artistic subjects. **pakar bedah** *k.n.* surgeon; doctor (esp. a specialist) who performs surgical operations. **pakar mata** *k.n.* oculist; specialist in the treatment of eye disorders and defects.

pakat *k.k.* confer; hold a discussion. **pakatan** *k.n.* pact; agreement; treaty. **pakatan sulit** *k.n.* collusion; agreement made for a deceitful or fraudulent purpose.

pakau *k.n.* a type of card game. **daun pakau** *k.n.* playing cards.

pakis *k.n.* fern; flowerless plant with feathery green leaves.

paksa, memaksa *k.k.* force; use force upon, esp. in order to get or do something; impose; dragoon; compel; oblige; compel by threats or force; constrain. **paksaan** *k.n.* constraint; force; compulsion.

paksi *k.n.* axis (pl. *axes*); line through the centre of an object, round which it rotates if spinning; capstan; revolving post or spindle on which a cable, etc. winds.

paku *k.n.* nail; small metal spike. **paku kasut** *k.n.* hobnail; heavy-headed nail for boot soles. **paku tekan** *k.n.* drawing pin; pin with a broad flat head, for fastening paper, etc. to a surface. **memakukan** *k.k.* nail; fasten with nail(s).

pala, biji pala *k.n.* nutmeg; hard fragrant tropical seed ground or grated as spice.

palam[1] *k.n.* grout; thin fluid mortar. **memalam** *k.k.* grout; fill with grout.

palam[2] *k.n.* plug; thing fitting into and stopping or filling a hole or cavity; device of this kind (usu. with pins) for making an electrical connection. **memalamkan** *k.k.* plug (p.t. *plugged*); put a plug into.

palang *k.n.* a crossbar; a horizontal bar.

palas[1] *k.n.* fan palm; a type of palm with fan-shaped leaves usu. used for wrapping cakes.

palas[2], **palas-palas** *k.n.* a drying rack. **rumah palas** *k.n.* a watchtower; a look-out tower.

paleolitik *k.n.* palaeolithic; of the early part of the Stone Age.

Palestin *k.n.* Palestinian; (native) of Palestine.

paling[1] *kkt.* very; in a high degree, extremely.

paling[2], **memalingkan** *k.k.* avert; turn away.

palis, berpalis *k.k.* look the other way due to embarrassment. **memaliskan** *k.k.* turn away.

palit, pemalit *k.n.* cosmetics (lipsticks, eyebrow pencils, etc.). **memalitkan** *k.k.* to smudge; to smear. **palitan** *k.n.* a smudge; a smear; a blurred mark.

palma *k.n.* palm; tree of warm and tropical climates, with large leaves and no branches. **pokok palma** *k.n.* palm tree.

palpa *k.n.* pulp; soft moist part (esp. of fruit) or substance.

palsu *adj.* false; incorrect; not genuine; sham; bogus; untrue; untruthful; counterfeit; fake. **memalsukan** *k.k.* falsify; alter fraudulently; misrepresent; forge; make a fraudulent imitation or copy of; adulterate; make impure by adding substance(s); counterfeit; fake.

palu *k.k. see* pukul.

palung *k.n.* manger; open trough in a stable, etc. for horses or cattle to feed or drink from.

palut *k.n.* a casing; a wrapper. **berpalut** *k.k.* to be wrapped; to be enclosed.

pam *k.n.* pump; machine for raising water, or for moving liquid, gas, or air. **mengepam** *k.k.* use a pump; move or inflate or empty by using a pump.

pamah, tanah pamah *k.n.* lowlands (*pl.*); low-lying land.

paman *k.n.* uncle; brother or brother-in-law of one's father or mother; respectful term of address for a man much older than oneself.

pamer, mempamerkan *k.k.* exhibit; display; present for the public to see; show, arrange conspicuously. **pameran** *k.n.* exhibition; exposition; exhibiting; public display; display, displaying; fair; gathering for a sale of goods, often with entertainment; exhibition of commercial goods; funfair. **tapak pameran** *k.n.* exhibition grounds.

pampang, memampangkan *k.k.* spread out; extend. **terpampang** *k.k.* clearly visible; obvious; stretched out.

pampas, pampasan *k.n.* compensation; payment given in return for loss or damage. **memampas** *k.k.* compensate; make payment to (a person) in return for loss or damage.

panah, anak panah *k.n.* arrow; straight pointed shaft to be shot from a bow; line with an outward-pointing V at the end, indicating direction, etc. **seni memanah** *k.n.* archery; sport of shooting thus.

panas *adj.* hot (*hotter*, *hottest*); at or having a high temperature; eager, angry; excited, excitable; (of scent in hunting) fresh and strong; (of news) fresh; (*sl.* of goods) recently stolen and risky to handle; feverish. **botol air panas** *k.n.* hot water bottle;

container to be filled with hot water for warmth in bed. **memanaskan** *k.k.* heat (p.t. *heated*); (*colloq.*) make or become hot or exciting.

panau *k.n.* white spots on skin caused by fungal infection.

panca *k.n.* pentameter, line of verse with five metrical feet. **memanca** *k.k.* interlock; fit into each other.

pancaindera *k.n.* the five senses; any of the special powers (sight, hearing, smell, taste, touch) by which a living thing becomes aware of the external world.

pancang *k.n.* picket; pointed stake set in the ground; pale; stake forming part of a fence. **para pancang** *k.n.* palisade; fence of pointed stakes. **memancang** *k.k.* picket (p.t. *picketed*); secure or enclose with stake(s).

pancalogam *k.n.* alloy; mixture of metals.

pancar *k.n.* descendant. **berpancaran** *k.k.* gush; spurt. **memancarkan** *k.k.* spurt; send forth; radiate; emit. **sepancar** *k.n.* kindred; of the same origin or descendant; similar; related. **pancaran** *k.n.* beam; ray of light or other radiation.

pancaragam *k.n.* band; set of musicians esp. playing wind or percussion instruments. **pentas pancaragam** *k.n.* bandstand; covered outdoor platform for a band playing music.

pancaroba *k.n.* change; change of season; (*metaphor*) turmoil.

pancarongga *k.n.* manifold; (in a machine) pipe or chamber with several openings.

pancasila *k.n.* the five foundations of Indonesia's philosophy — oneness of God, nationalism, humanity, sovereignty of its people and social justice.

pancawarna *adj.* five-coloured; multi-coloured; colourful.

pancing, memancing *k.k.* fish; try to catch fish (from); angle; fish with hook and bait.

pancit¹, memancit *k.k.* squirt; send out (liquid) or be sent out in a jet.

pancit² *k.k.* puncture (of tyre); become flat (because the air has leaked out).

pancung, memancung *k.k.* lop off; behead; decapitate; cut the head from, execute a person thus. **pancungan** *k.n.* decapitation.

pancur, pancuran *k.n.* fount; fountain; spring or jet of water, structure provided for this.

pancut, memancut, memancutkan *k.k.* gush; flow or pour suddenly or in great quantities.

panda *k.n.* panda; large bear-like black and white animal of south-west China; racoon-like animal of India.

pandai *adj.* clever; quick at learning and understanding things; showing skill; brainy (*-ier, -iest*).

pandak *adj.* short; not long. **keris pandak** *k.n.* a short keris. **tikar pandak** *k.n.* a screw-pine mat for the bride and groom to sit on.

pandan *k.n.* a type of fragrant screw-pine.

pandang, memandang *k.k.* look; use or direct one's eyes in order to see, search or examine. **pandang dengar** *k.n.* audiovisual; using both sight and sound. **pandangan** *k.n.* view; range of vision; mental attitude; opinion; scenery. **pandangan darat** *k.n.* landscape; scenery of a land area; picture of this.

pandemik *adj.* pandemic; (of a disease) occurring over a whole country or the world.

pandir *adj.* nitwit; (*colloq.*) stupid or foolish person; nincompoop.

pandu *k.k.*, **pemandu** *k.n.* chauffeur; person employed to drive a car; guide; person who shows others the way; one employed to point out interesting sights to travellers; pilot. **pemandu cemerkap** *k.n.* road hog; reckless or inconsiderate driver. **memandu, memandukan** *k.k.* guide; act as a guide to; pilot (p.t. *piloted*); act as pilot of; drive (p.t. *drove*, p.p. *driven*); operate (a vehicle) and direct its course. **panduan** *k.n.* guidance; guiding; advising or advice on problems. **buku panduan** *k.n.* guide book; book of information about a place, for visitors.

panel¹ *k.n.* panel; group assembled to discuss or decide something; list of jurors, jury. **ahli panel** *k.n.* panellist; member of a panel.

panel² *k.n.* panel; distinct usu. rectangular section; strip of board, etc. forming this. **memasang panel** *k.k.* panel (p.t. *panelled*); cover or decorate with panels. **lekapan panel** *k.n.* panelling; series of wooden panels in a wall; wood used for making panels.

pangeran *k.n.* a title for Javanese princes and nobility.

panggang *k.k.* roast on a spit; cook (meat) over a fire. **memanggang** *k.k.* roast; toast.

panggil, memanggil *k.k.* call; summon; invite; name; describe (as). **panggilan** *k.n.* call; invitation; title; nickname.

panggung *k.n.* stage; raised floor or platform, one on which plays, etc. are performed.

pangkah *k.n.* cross; mark made by drawing one line intersecting another. **memangkah** *k.k.* mark with a cross.

pangkal *k.n.* base; lowest part; starting point; beginning; start; origin. **berpangkal** *k.k.* originate; begin; start. **pangkalan** *k.n.* jetty; landing stage; platform for landing from a boat; pier; structure built out into the sea, esp. as a promenade.

pangkas, memangkas *k.k.* clip; cut, esp. with shears or scissors.

pangkat *k.n.* rank; place in a scale of quality or value, etc.; grade; level of rank, quality, or value; mark given to a student for his standard of work. **kenaikan pangkat** *k.n.* promotion. **menaikkan pangkat** *k.k.* promote; raise to a higher rank or office. **naik pangkat** *k.k.* promoted.

pangking *k.n.* bunk; shelf-like bed; wooden platform.

pangku, pangkuan *k.n.* lap; flat area over the thighs of a seated person. **memangku** *k.k.* hold on the lap; superintend; organize; hold a post.

panglima *k.n.* commander; person in command; military leader.

pangsa *k.n.* compartment; partitioned space.

pangsapuri *k.n.* apartment; set of rooms; (*U.S.*) flat.

pangsi *k.n.* pivot; central point or shaft on which a thing turns or swings. **memangsikan** *k.k.* pivot (p.t. *pivoted*); turn or place to turn on a pivot.

panik *adj.* panic; sudden strong fear. —*k.k.* panic (p.t. *panicked*); affect or be affected with panic.

panitia *k.n.* an organizing committee; a committee to study a particular subject.

panjang *adj.* long (*-er, -est*). **memanjangkan** *k.k.* lengthen; elongate; extend; make longer; stretch; reach, be continuous. **panjang lebar** *adj.* elaborate; with many parts or details; lengthy (*-ier, -iest*); very long; long and boring. **umur panjang** *k.n.* longevity; long life. **sepanjang** *kkt.* along; through part or the whole of a thing's length; throughout. —*k.n.* length; measurement or extent from end to end; great extent.

panji, panji-panji *k.n.* pennant; a triangular flag identifying a place or team; a banner. **cerita panji** *k.n.* stories of Javanese kings in olden days.

panjat *k.k. see* **daki**.

pankreas *k.n.* pancreas; gland near the stomach, discharging insulin into the blood.

pankromatik *adj.* panchromatic; sensitive to all colours of the visible spectrum.

panorama *k.n.* panorama; view of a wide area or set of events.

pantai *k.n.* coast; sea shore and land near it; land along the edge of a sea; beach; shore between high and low water marks. **kapal susur pantai** *k.n.* coaster; ship trading along a coast. **menyusur pantai** *k.k.* coast; skirt the shore; sail along a coast. **pengawal pantai** *k.n.* coastguard; public organization that keeps watch on the coast to report passing ships, prevent smuggling, etc.; member of this.

pantang, pantangan *k.n.* abstention; abstinence; abstaining esp. from food or alcohol. **berpantang** *k.k.* abstain; refrain; keep oneself from doing something.

pantas *adj.* brisk (*-er, -est*); lively, moving quickly.

pantelon *k.n.* pantaloons (*joc. & U.S.*); trousers.

panteisme *k.n.* pantheism; the doctrine that God is present in everything.

panting, pontang-panting *adj.* strewn about; messy. **berpantingan** *k.k.* to litter; to scatter.

pantomim *k.n.* pantomime; Christmas play based on a fairy tale; mime.

pantul *k.k.* rebound; spring back after impact. **pantulan** *k.n.* rebound; rebounding movement.

pantun *k.n.* verse, metrical (not prose) composition consisting of four lines.

papa[1] *adj.* penniless; having no money, destitute.

papa[2] *k.n.* papa; (*old use*) father.

papah, berpapah *k.k.* to be supported by someone or something whilst standing or walking. **papahan** *k.n.* the act of supporting. **memapah**

k.k. to support; to prop up a weak person who wants to get up or walk. **memapahkan** *k.k.* to guide while holding up someone or something. **berpapahan** *k.k.* to support/hold up/prop up one another. **berpapah-papahan** *k.k.* holding up/propping/ supporting.

papak *k.n.* slab; broad flat piece of something solid.

papan *k.n.* board; long piece of sawn wood; flat piece of wood or stiff material; plank; long flat piece of timber. **papan alatan** *k.n.* dashboard; board below the windscreen of a motor vehicle, carrying various instruments and controls. **papan hitam** *k.n.* blackboard; board for writing on with chalk in front of a class. **papan kenyataan** *k.n.* notice board; board on which notices are displayed. **papan tanda** *k.n.* signboard; board bearing the name or device of a shop, etc.

papar *adj.* flat; level. **memaparkan** *k.k.* flatten; make level; spread out; smooth out; relate; explain; make clear. **paparan** *k.n.* explanation; description; display; set of words, etc. shown on a computer screen.

papas, memapas *k.k.* counteract; reduce or prevent the effects of.

papaya *k.n.* papaw; edible fruit of a palm-like tropical tree; this tree.

papirus *k.n.* papyrus; reed-like water-plant from which the ancient Egyptians made a kind of paper; this paper; manuscript written on this.

paprika *k.n.* paprika; red pepper.

para[1] *awl.* prefix indicating a great number or plenty.

para[2], **para-para** *k.n.* rack; framework, usu. with bars or pegs, for keeping or placing things on; dresser; kitchen sideboard with shelves for dishes, etc.

parabola *k.n.* parabola; a curve formed by the intersection of a cone with a plane parallel to its side.

paracut *k.n.* parachute.

paradigma *k.n.* paradigm; a complete register of all the different forms of a word; a typical example or model of something.

paradoks *k.n.* paradox; statement that seems self-contradictory but contains a truth.

parafin *k.n.* paraffin; oil from petroleum or shale, used as fuel. **parafin**

cair *k.n.* liquid paraffin; laxative. **lilin parafin** *k.n.* paraffin wax; solid paraffin.

parafrasa *k.n.* paraphrase; rewording in other words.

paragraf *k.n.* paragraph; a section of a piece of writing, usu. consisting of several sentences dealing with a single subjects.

parah *adj.* severe (of injury, etc.); critical; serious; difficult; severe (of circumstances).

paralaks *k.n.* parallax; apparent difference in an object's position when viewed from different points.

param, param-param, peparam *k.n.* a mask applied on the body of women in confinement, esp. on the forehead, arms, brows, etc. **memaram** *k.k.* to apply this mask on the body.

paramedik *k.n.* paramedic; a person trained in medical work but is not a qualified doctor.

parameter *k.n.* parameter; a limit defining the scope of a process or activity.

parang *k.n.* cleaver; machete; large heavy knife.

paranoia *k.n.* paranoia; mental disorder in which a person has delusions; abnormal tendency to mistrust others.

paranoid *adj.* paranoid; afraid or suspicious of other people; distrusting.

paraplegia *k.n.* paraplegia; paralysis of the legs and part or all of the trunk.

paraplegik *k.n.* paraplegic.

parap *k.n.* initials; the first letter of a name. **memarap** *k.k.* mark or sign with one's initials.

paraquat *k.n.* paraquat; extremely poisonous weed killer.

paras[1] *k.n.* face; appearance.

paras[2] *k.n.* level, measured height or value.

parasit *k.n.* parasite; animal or plant living on or in another; person living off another or others and giving no useful return.

parau *adj.* hoarse (*-er, -est*); (of a voice) sounding rough as if from a dry throat; having such a voice; gruff (*-er, -est*); low and hoarse; husky.

parentesis *k.n.* parenthesis (pl. *-theses*); word, phrase, or sentence inserted into a passage that is grammatically complete without it; brackets (like these) placed round this.

pari¹ *k.n.* ray; skate; large sea-fish used as food.

pari², pari-pari *k.n.* fairy; imaginary small being with magical powers.

paria *k.n.* pariah; outcast.

parit *k.n.* ditch; long narrow trench for drainage or as boundary; drain; channel or pipe carrying away water or sewage.

parket *k.n.* parquet; flooring of wooden blocks arranged in a pattern.

parlimen *k.n.* parliament; assembly that makes a country's laws.

parodi *k.n.* parody; comic or grotesque imitation.

paroksisme *k.n.* paroxysm; spasm; outburst of laughter, rage, etc.

parol *k.n.* parole; the release of a prisoner before the end of his/her sentence on condition of good behaviour.

Parsi *k.n.* Persian; (native, language) of Persia.

parti *k.n.* party; group united in support of a cause or policy, esp. in politics. dasar parti *k.n.* party line, set policy of a political party.

partikel *k.n.* particle; minor part of speech.

partisan *k.n.* partisan; strong supporter; guerrilla.

paru, paru-paru *k.n.* lung; either of the pair of breathing organs in the chest of man and most vertebrates.

paruh *k.n.* bill; beak; bird's horny projecting jaws; any similar projection.

parut¹ *k.n.* scar; mark left by damage, esp. where a wound or sore has healed.

parut², parutan, pemarut *k.n.* grater; device for grating food. memarut *k.k.* grate; shred by rubbing against a jagged surface.

pas¹ *k.n.* a pass; a permit. berpas *k.k.* to have a pass.

pas² *k.k.* get through an examination or test.

pasak *k.n.* peg; wooden or metal pin or stake. memasak *k.k.* peg (p.t. *pegged*); fix or mark by means of peg(s).

pasanggarahan *k.n.* a rest house; a chalet; a lodging-house.

pasang¹ *k.k.* rise; come or go or extend upwards. pasang anak *k.n.* neap; neap tide, tide when there is least rise and fall of water. pasang perbani *k.n.* spring tide; tide when there is the largest rise and fall of water. pasang surut *k.n.* tide; sea's flow and ebb.

pasang², memasang *k.k.* install; set in position and ready for use. memasangkan *k.k.* pair; arrange or be arranged in pair(s); (of animals) mate.

pasang³, pasangan *k.n.* couple; married or engaged pair; partners in a dance; pair; set of two things or people; partner; one of a pair; duo (pl. *-os*); pair of performers; mate; male or female of mated animal.

pasar *k.n.* mart; market; gathering for the sale of provision, livestock, etc.; place where this is held; demand (for a commodity, etc.). pasar raya *k.n.* supermarket; very large self-service store selling a wide variety of goods and services. memasarkan *k.k.* buy or sell in a market; offer for sale. pasaran *k.n.* market; place for buying and selling; demand (for a commodity, etc.). pasaran bebas *k.n.* free market. pasaran bersama *k.n.* common market. pasaran saham *k.n.* share market; stock exchange.

pasca *imb.* post-; after; continuation.

pasif *adj.* passive; accepting what happens or what people do without trying to change anything or oppose them.

Pasifik *k.n.* Pacific; (of) the Pacific (west of the American continent).

pasir *k.n.* sand; very fine loose fragments of crushed rock; (*pl.*) expanse of sand, sandbank. berpasir *k.k.* sandy; like sand; covered with sand.

pasport *k.n.* passport; official document for use by a person travelling abroad.

pasta *k.n.* pasta; dried paste made with flour, produced in various shapes; cooked dish made with this.

pasu *k.n.* a flowerpot; a container made of clay for growing plants in. pasu-pasu *k.n.* many flowerpots.

pasteur, mempasteur *k.k.* pasteurize; sterilize (milk) partially, by heating.

pasti *adj.* sure (-*er*, -*est*); having firm reasons for belief; convinced; reliable, unfailing; definite; clear and unmistakable; not vague; certain; feeling sure; believed firmly; able to be relied on to happen or be effective; indubitable; that cannot reasonably be doubted. memastikan *k.k.* ascertain; find out by enquiring; ensure; make safe or certain; make sure.

pastil *k.n.* pastille; small flavoured sweet for sucking; lozenge.

P

pastor *k.n.* pastor; clergyman in charge of a church or congregation.

pastoral *k.n.* pastoral; of country life; of a pastor; of spiritual guidance.

pastri *k.n.* pastry; dough made of flour, fat and water, used for making pies, etc.; food made with this.

pasuk, pasukan *k.n.* team; set of players; set of people working together; corps; military unit; band; organized group of people. **pasukan berkuda** *k.n.* cavalry; troops who fight on horseback. **berpasukan** *k.k.* team; combine into a team or set. **kerja berpasukan** *k.n.* teamwork; organized cooperation.

pasung *k.n.* stocks; fetters; shackle. **memasung** *k.k.* shackle; handcuff. **rumah pasung** *k.n.* police station.

patah *k.k.* broken; fractured; snapped. **berpatah, mematah** *k.k.* change course; change direction. **mematahkan** *k.k.* break; snap; discourage; defeat.

paten *k.n.* patent; official right to be the sole maker or user of an invention or process; invention, etc. protected by this.

pateri *k.n.* solder; soft alloy used to cement metal parts together.

pati *k.n.* extract; substance extracted from another; essence; thing's nature; indispensable quality or element; concentrated extract.

patih[1] *adj.* faithful; loyal.

patih[2] *k.n.* prime minister; vizier; district officer. **kepatihan** *k.n.* loyalty; the residence of the prime minister or vizier.

patik *k.n.* I, me (way of addressing oneself when talking to rulers or royalty).

patologi *k.n.* pathology; study of disease. **ahli patologi** *k.n.* pathologist.

patriot *k.n.* patriot; patriotic person.

patriotik *adj.* patriotic; loyally supporting one's country.

patriotisme *k.n.* patriotism.

patrol *k.n.* patrol; the act of going to different parts of building, an area, etc. to make sure that it is safe.

patuh *k.k.* obedient; doing what one is told to do; dutiful; doing one's duty, showing due obedience; meek (*-er, -est*); quiet and obedient, not protesting; conform; act or be in accordance, keep to rules or custom; amenable; responsive; biddable; willing to obey. **mematuhi** *k.k.* obey; abide by. **kepatuhan** *k.n.* duteousness; obedience.

patuk, mematuk *k.k.* peck; strike or nip with the beak; bite (of snakes, etc.).

patung *k.n.* idol; image worshipped as a god; effigy; model of a person; dummy; model of the human figure, used to display clothes; statue; sculptured, cast, or moulded figure; image. **anak patung** *k.n.* doll; small model of a human figure, esp. a child's toy. **penyembah patung** *k.n.* idolator. **penyembahan patung** *k.n.* idolatry; worship of idols.

patut *adj.* fitting; advisable; advantageous rather than right or just; apposite; appropriate; right and proper; seemly; should; fair.

pau *k.n.* dumpling; ball of dough with filling inside.

pauh *k.n.* a type of tree with mango-like fruit.

paun *k.n.* pound; measure of weight, 16 oz. avoirdupois (0.454 kg.) or 12 oz. troy (0.373 kg.); unit of money in Britain and certain other countries.

paus[1] *k.n.* whale; very large sea mammal. **paus Artik** *k.n.* narwhal; Arctic whale with a spirally grooved tusk.

Paus[2] *k.n.* Pope; bishop of Rome; head of the Roman Catholic Church.

paut, berpaut *k.k.* cling (p.t. *clung*); hold on tightly; stick.

pawagam *k.n.* cinema; theatre where films are shown.

pawah *k.n.* an equal division or sharing of produce between a farmer or livestock breeder with the landlord or livestock owner. **lembu pawah** *k.n.* cattle bred under this system. **pawahan** *k.n.* a type of crop or livestock under this cultivation scheme. **memawah** *k.k.* to cultivate land or breed livestock under this system. **memawahkan** *k.k.* to lease land or loan livestock on the agreement that the yield be divided equally.

pawai *k.n.* cortége; solemn procession.

pawang *k.n.* medicine-man; healer; witch-doctor.

paya *k.n.* swamp; marsh. **paya gambut** *k.n.* morass; bog. **berpaya** *k.k.* swampy.

payah *adj.* difficult; needing much effort or skill to do or deal with; troublesome; arduous; hard.

payau *adj.* brackish; slightly salty.

payung *k.n.* umbrella; portable protection against rain; circle of fabric on a folding framework of spokes attached to a central stick; (*colloq.*) brolly. **payung terjun** *k.n.* parachute; umbrella-shaped device used to slow the descent of a person or object dropping from a great height. **ahli payung terjun** *k.n.* parachutist.

pecah *k.k.* break (p.t. *broke*, p.p. *broken*); fall into pieces, come apart, cause to do this; burst (p.t. *burst*) or be forced open; fly violently apart; begin or appear or come suddenly. **pecahan** *k.n.* fraction; number that is not a whole number; small part or amount.

pecat, memecat *k.k.* dismiss; send away from one's employment.

pecut *k.k.* accelerate; increase the speed (of).

pedagang *k.n.* trader; person who buys and sells things.

pedagogi *k.n.* pedagogy; the study of teaching methods.

pedal *k.n.* gizzard; a type of shrub. **memedal** *k.k.* to secure with a padlock. **memedalkan** *k.k.* to secure something (e.g. a door or gate) with a padlock.

pedalaman *adj.* interior; inner. **bahagian pedalaman** *k.n.* interior; interior part. —*k.n.* hinterland; district behind a coast, etc. or served by a port or other centre; corner; remote place.

pedang *k.n.* sword; weapon with a long blade and a hilt. **lawan pedang** *k.n.* fencing; sport of fighting with foils.

pedap, memedap *k.k.* imbibe; absorb into the mind.

pedas *adj.* hot; producing a burning sensation to the taste; mordant; (of wit, etc.) caustic; severe.

pedati *k.n.* coach; large horse-drawn vehicle.

pedaya, memperdayakan *k.k.* delude; deceive; hoodwink. **pedayaan** *k.n.* beguilement; deceit.

pediatrik *k.n.* paediatrics; study of children's diseases. **ahli pediatrik** *k.n.* paediatrician.

pedigri *k.n.* pedigree; (of an animal) of recorded and pure breeding.

pedih *adj.* stinging pain; sore; smarting; sorrowful; sad. **memedihkan** *k.k.* sting; smart; feel sharp pain; sadden.

pedikur *k.n.* pedicure; care or treatment of the feet and toe-nails.

pedimen *k.n.* pediment; triangular part crowning the front of a building.

peding *k.n.* padding; soft material used to protect against jarring, add bulk, absorb fluid, etc.

pedoman *k.n. see* **panduan**.

peduli *k.k.* care; feel concern, interest, affection, or liking. **mempedulikan** *k.k.* mind; have charge of; take care of; take charge of; pay heed to.

pegaga, pegagan *k.n.* gingko biloba; a creeper with thin, rounded leaves that can be eaten as a salad.

pedupaan *k.n.* censer; container for burning incense.

pegang, berpegang *k.k.* hold; believe. **memegang** *k.k.* hold; keep in one's arms or hands, etc. or in one's possession or control; handle. **pegangan** *k.n.* hold; act, manner or means of holding; grasp; firm hold or grip. **pegangan kekal** *k.n.* freehold; holding of land or a house, etc. in absolute ownership.

pegas *k.n.* spring; device that reverts to its original position after being compressed or tightened or stretched, used to drive clockwork, etc.

pegawai *k.n.* officer; official; person holding authority on a ship or (esp. with a commission) in the armed services.

peguam *k.n.* lawyer; person trained and qualified in legal matters; barrister; lawyer entitled to represent clients in the higher courts; attorney (*U.S.*).

peguam cara *k.n.* solicitor; lawyer who advises clients and instructs barristers.

pegun, terpegun *k.k.* petrify; paralyse with astonishment or fear; aghast; filled with consternation; speechless.

pejabat *k.n.* office; room or building used for clerical and similar work.

pejal *adj.* solid; keeping its shape; firm; not liquid or gas; not hollow. **memejalkan** *k.k.* solidify; make or become solid.

pejam *k.k.* closed; shut (of eyes). **memejamkan** *k.k.* close (the eyes).

pejuang *k.n.* combatant; (person, etc.) engaged in fighting; champion; person who fights or speaks in support of another or of a cause.

pek *k.n.* peck; measure of capacity for dry goods (= 2 gallons).

peka *adj.* sensitive; affected by something; receiving impressions or responding to stimuli easily.

pekak *adj.* deaf; wholly or partly unable to hear; refusing to listen.

memekakkan *k.k.* deafen; make unable to hear by a very loud noise.

pekaka *k.n.* jackass; laughing jackass; Australian giant kingfisher with a harsh cry.

pekali *k.n.* coefficient; multiplier; mathematical factor.

pekan *k.n. see* **bandar.**

pekap, memekap *k.k.* to cover something with the palm of one's hand or with a flat object. **memekap ikan** *k.k.* to catch fish with the palm of one's hand or a net. **berpekap** *k.k.* to cover. **terpekap** *k.k.* covered. **memekapi** *k.k.* to cover.

pekarangan *k.n.* lawn; area of closely cut grass.

pekasam *k.n.* pickle; food such as fish, citrus fruit, meat, etc. that is salted and pickled.

pekat *adj.* condensed; concentrated. **memekatkan** *k.k.* condense; make denser or briefer; thicken; concentrate; make less dilute.

pekebun *k.n.* gardener. **pekebun kecil** *k.n.* smallholder.

pekedai *k.n.* shopkeeper; person who owns or manages a shop.

pekeliling *adj.* circular; shaped like or moving round a circle. **surat pekeliling** *k.n.* circular; letter or leaflet, etc. sent to a circle of people.

pekerja *k.n.* worker; person who works; member of the working class; employee; person employed by another in return for wages; neuter bee or ant, etc. that does the work of the hive colony. **pekerja luar** *k.n.* fieldworker. **pekerjaan** *k.n.* work; use of bodily or mental power in order to do or make something, esp. contrasted with play or recreation; thing to be undertaken; thing done or produced by work, result of action; employment; job; piece of work; paid position of employment.

peket *k.n.* packet; small package.

pekik, pekikan *k.n.* shriek; shrill cry or scream; outcry; loud cry; strong protest. **memekik** *k.k.* shriek; utter (with) a shriek; bawl; shout.

pektin *k.n.* pectin; gelatinous substance found in fruits, etc. causing jam to set.

pektoral *k.n.* pectoral; of, in, or on the chest or breast.

pekung *k.n.* foul-smelling ulcer. **memekung** *k.k.* mortify; (of flesh) become gangrenous.

pelabuhan *k.n.* port; harbour; town with this; place where goods pass in and out of a country by ship.

pelabur *k.n.* investor. **pelaburan** *k.n.* investment.

pelacur *k.n.* prostitute; harlot (*old use*); woman who engages in promiscuous sexual intercourse for payment. **pelacuran** *k.n.* prostitution.

peladang *k.n.* farmer; owner or manager of a farm.

pelagak *k.n.* braggart; person who brags.

pelahap *k.n.* gourmand; glutton; one who eats far too much.

pelahiran *k.n.* birth; the act of giving birth.

pelajar *k.n.* student; person engaged in studying something, esp. at a college or university. **pelajaran** *k.n.* lesson; thing to be learnt by a pupil; amount of teaching given at one time; experience by which one can learn.

pelakaran *k.n.* delineation; sketch.

pelaksana *k.n.* executant. **pelaksanaan** *k.n.* execution; fulfilment; implementation.

pekerti, budi pekerti *k.n.* disposition; temperament; behaviour; character.

pelalian *k.n.* immunity; ability to resist infection.

pelamin *k.n.* bridal dais; bridal suite. **naik pelamin** get married.

pelampung *k.n.* float; thing designed to float on liquid; buoy; anchored floating object serving as a navigation mark; lifebuoy; buoyant device to keep a person afloat. **pelampung keselamatan** *k.n.* lifebelt; belt of buoyant material to keep a person afloat.

pelan *k.n.* plan; diagram showing the relative position of parts of a building or town, etc.

pelana *k.n.* saddle; a seat placed on a horse's back; a wide shallow trough between two hills or mountains; clitellum; a saddle-like part of the body of several species of animals that form a cocoon around fertilized eggs. **berpelana** *k.k.* to have a saddle.

pelancaran *k.n.* launch; process of launching something.

pelancong *k.n.* tourist; person travelling or visiting a place for recreation. **pelancongan** *k.n.* tour; tourism; organized touring or other services for tourist.

pelanduk *k.n.* mousedeer; small deerlike animal.

P

pelanggan *k.n.* client; person using the services of a professional person; customer; person buying goods or services from a shop, etc.; patron; regular customer.

pelanggaran *k.n.* collision; clash; violent striking of one body against another; impact.

pelangi *k.n.* rainbow; arch of colours caused by the sun shining through water droplets in the atmosphere.

pelantar *k.n.* long bench; platform; raised level surface attached to a Malay house; terraced steps.

pelanting, berpelanting *k.k.* sent rolling; scattered. **memelantingkan** *k.k.* send rolling. **terpelanting** *k.k.* rolled away; bounced away.

pelanunan *k.n.* piracy.

pelaras *k.n.* regulator.

pelarasan *k.n.* adjustment.

pelarian *k.n.* escapee; one who escapes; fugitive; person who is fleeing or escaping; refugee; person who has left his home and seeks refuge (e.g. from war or persecution) elsewhere.

pelat *k.n.* faulty pronunciation; speech defect in which certain words are not pronounced properly. **memelatkan** *k.k.* mispronounce.

pelaung *k.n.* megaphone; funnel-shaped device for amplifying and directing a speaker's voice; loud hailer; electronically operated megaphone.

pelaut *k.n.* seaman; sailor; person skilled in seafaring.

pelawa *k.k. see* **undang**.

pelawak *k.n.* comedian; comedienne (*fem.*); humorous entertainer or actor; person who jokes; joker.

pelawat *k.n.* visitor; person who comes to see someone or a place.

pelayan *k.n.* one who serves (a customer, etc.); waiter; waitress.

pelbagai *adj.* miscellaneous; assorted; variety; quality of not being the same; quantity of different things. **pelbagaian** *k.n.* assortment; collection composed of several sorts.

peleburan *k.n.* forge; furnace where metal is heated.

peledak *k.n.* detonator.

pelekat *k.n.* gum; glue; sticky substance used for joining things together.

pelekat, kain pelekat *k.n.* sarong with striped or chequered pattern.

pelelong *k.n.* auctioneer; person who conducts an auction.

pelembap *k.n.* moisturizer. **alat**

pelembap *k.n.* humidifier; device for keeping air moist in a room, etc.

pelengah *k.n.* loiterer; dawdler.

pelengkap *k.n.* complement; that which completes or fills something; degrees required to make up a given angle to 90°.

pelepah *k.n.* frond; leaf-like part of a fern or palm tree, etc.

pelepar *k.n.* balustrade; row of short pillars supporting a rail or coping.

pelepasan *k.n.* release; releasing; exoneration; let off.

peleraian *k.n.* disengagement.

pelesit *k.n.* demon; devil; evil spirit; cruel or forceful person.

pelet *k.n.* palette; board on which an artist mixes colours.

peleter *k.n.* chatterer; nag.

pelihara, memelihara *k.k.* nurse; give special care to; nurture; nourish; rear; bring up (children); breed; protect; keep; provide with food and other necessities; own and look after (animal).

pelik *adj.* queer (*-er, -est*); strange, odd, eccentric; absurd; not in accordance with common sense; ridiculous; grotesque; very odd or ugly.

pelincir *k.n.* lubricant; lubricating substance. **pelinciran** *k.n.* lubrication.

pelipis, pelipisan *k.n.* temple; flat part between forehead and ear.

pelir *k.n.* penis; organ by which a male animal copulates and urinates. **buah pelir** *k.n.* testicles; male organ that secretes sperm-bearing fluid.

pelita *k.n.* (oil) lamp; vessel containing oil with a wick burnt to provide light.

pelombong *k.n.* mineworker; miner; person who works in a mine.

pelompat *k.n.* jumper; one who jumps.

pelopor *k.n.* pioneer; person who develops a new idea or technique; forerunner.

pelosok *k.n.* corner; nook; remote or secluded place.

peluang *k.n.* opportunity; circumstance suitable for a particular purpose; chance; way things happen through no known cause or agency.

peluasan *k.n.* extension; extending; extent, range; expansion.

pelucutan *k.n.* denudation; dismissal; discharge.

peluh *k.n.* sweat; moisture given off by the body through the pores; state of sweating, or of great anxiety; laborious task; moisture forming in drops on a surface; perspiration.

berpeluh *k.k.* sweat; exude sweat; perspire; be in a state of great anxiety; work long and hard.

peluit *k.n.* a high-pitched wind instrument; a whistle; a siren.

peluk, berpeluk, memeluk *k.k.* embrace; hold closely and lovingly; hold each other thus; hug. **pelukan** *k.n.* embrace; act of embracing, hug.

pelukis *k.n.* artist. **pelukis pelan** *k.n.* draughtsman (pl. *-men*); one who draws plans or sketches.

peluncur *k.n.* glider; aeroplane with no engine. **peluncuran** *k.n.* chute; sloping channel down which things can be slid or dropped.

peluntur *k.n.* bleach. **pelunturan** *k.n.* bleaching substance or process.

pelupa *adj.* forgetful; tending to forget; absent-minded.

pelupuh *k.n.* flattened bamboo for making walls. **memelupuh** *k.k.* to beat bamboo to flatten it.

pelupuk *k.n.* eyelid.

peluru *k.n.* missile; object or weapon suitable for projecting a target; bullet; small missile used in a rifle or revolver; ammunition.

peluwap, terpeluwap *k.k.* condense; change from gas or vapour to liquid.

pelvis *k.n.* pelvis; framework of bones round the body below the waist.

pemabuk *k.n.* drunkard; person who is often drunk; alcoholic.

pemacu *k.n.* drive; apparatus for transmitting power to machinery; disk drive; device that transfers data from a disk to the memory of a computer or vice versa.

pemadam *k.n.* extinguisher; device for discharging liquid chemicals or foam to extinguish a fire; duster; cloth for dusting things. **getah pemadam** *k.n.* eraser; erasure; indiarubber; rubber for rubbing out pencil or ink marks.

pemadaman *k.n.* extinction; extinguishing; erasure.

pemadatan *k.n.* compression; the act of squeezing or pressing something together so that it occupies less space.

pemahaman *k.n.* comprehension; understanding; discernment; apprehension; grasp.

pemaju *k.n.* developer.

pemakai *k.n.* wearer.

pemalas *k.n.* idler; lazy bones; lazy person; drone.

pemalsu *k.n.* forger. **pemalsuan** *k.n.* forgery; forging; thing forged; imitation; counterfeiting.

pemampat *k.n.* compressor.

pemanah *k.n.* archer; person who shoots with bow and arrows.

pemanas *k.n.* heater; device supplying heat.

pemancar *k.n.* emitter; transmitter. **pemancaran** *k.n.* emission.

pemandangan *k.n.* scenery; general (esp. picturesque) appearance of a landscape; sight; view; opinion.

pemandulan *k.n.* sterilization.

pemangkas *k.n.* clippers; instrument for clipping things.

pemangku *k.n.* deputy; person appointed to act as a substitute or representative.

pemanis *k.n.* sweet tooth, liking for sweet things. —*k.n.* sweetener.

pemantik *k.n.* kindling; small pieces of wood for lighting fires.

pemaparan *k.n.* explanation; action or process of making something plain or clear.

pemarah *k.n.* irascible; irritable, hot-tempered; bad-tempered.

pemasangan *k.n.* installation; process of installing; apparatus, etc. installed.

pematangan *k.n.* maturation; maturing.

pembaca *k.n.* reader; person who reads; device producing a readable image from a microfilm, etc. **pembacaan** *k.n.* reading.

pembahagi *k.n.* divisor; number by which another is to be divided; divider; thing that divides.

pembahagian *k.n.* division; dividing; dividing line, partition; one of the parts into which a thing is divided; assignation.

pembaharu *k.n.* innovator. **pembaharuan** *k.n.* innovation.

pembaik *k.n.* improver; person working at a trade for a low wage to improve his skill.

pembaikan *k.n.* improvement.

pembajak *k.n.* ploughman.

pembakar *k.n.* burner; part that shapes the flame in a lamp or cooker.

pembakaran *k.n.* combustion; burning; process in which substances combine with oxygen and produce heat; cremation.

pembaktian *k.n.* dedication; devotion.

pembalikan *k.n.* inversion.

pembangunan *k.n.* development.

pembantah *k.n.* objector; opponent.

pembantaian *k.n.* abattoir; slaughterhouse; place where animals are killed for food.

P

pembantu *k.n.* assistant; helper; person who serves customers in a shop; accomplice; partner in crime.

pembaris *k.n.* ruler; straight strip used in measuring or for drawing straight lines.

pembasmian *k.n.* eradication; obliteration.

pembatalan *k.n.* cancellation; disqualification; invalidation.

pembatasan *k.n.* demarcation; marking of a boundary or limits, esp. of work for different trades.

pembawah *k.n.* denominator; number written below the line in a fraction.

pembayang *k.n.* hint; due.

pembayar *k.n.* payer.

pembayaran *k.n.* payment; paying; money, etc. paid.

pembebasan *k.n.* liberation; emancipation.

pembedah *k.n.* dissector; surgeon.

pembedahan *k.n.* surgery; treatment by cutting or manipulation of affected parts of the body; operation; piece of surgery; dissection.

pembekal *k.n.* caterer; provider; supplier.

pembekuan *k.n.* congelation; freeze; freezing of prices, etc.

pembela *k.n.* advocate; person who pleads on behalf of another.

pembelaan *k.n.* defence; defending; protection; justification put forward against an accusation; defendant's case; revenge; avenge; punishment, injury inflicted in return for what one has suffered; opportunity to defeat a victorious opponent.

pembelah *k.n.* bisector. **pembelahan** *k.n.* bisection.

pembelajaran *k.n.* study; process of studying; education. **pembelajaran campuran** *k.n.* co-education; education of boys and girls in the same class.

pembelasahan *k.n.* drubbing; thrashing, defeat.

pembeli *k.n.* buyer. **pembelian** *k.n.* buying; purchase.

pembelot *k.n.* traitor; person who is disloyal, esp. to his country.

pembenci *k.n.* hater.

pemberani *k.n.* daredevil; recklessly daring person.

pemberhentian *k.n.* cessation; ceasing.

pemberi *k.n.* giver. **pemberian** *k.n.* offering; gift, contribution; thing given or received without payment.

pemberitahu *k.n.* informer. **pemberitahuan** *k.n.* notice; announcement; information; facts told or heard or discovered.

pemberontak *k.n.* rebel; person who rebels. **pemberontakan** *k.n.* rebellion.

pembersih *adj.* cleanly; attentive to cleanness. —*k.n.* cleaner; cleanser.

pembesar *k.n.* magnifier; enlarger. **pembesar suara** *k.n.* speaker; loudspeaker. **pembesaran** *k.n.* magnification; magnifying; enlargement.

pembetul *k.n.* corrector. **pembetulan** *k.n.* correction; correcting; alteration; corrigenda (*pl.*).

pembetung *k.n.* culvert; drain under a road, etc.

pembezaan *k.n.* differentiation.

pembiak baka *k.n.* breeder. **pembiakbakaan dalam** *k.n.* inbreeding; breeding from closely related individuals.

pembias *k.n.* deflector. **pembiasan** *k.n.* deflexion.

pembiayaan *k.n.* defrayal; funding.

pembilang *k.n.* counter; apparatus for counting things; small disc, etc. used for keeping account in table-games. **pembilang Geiger** *k.n.* Geiger counter; device for detecting and measuring radioactivity. **pembilangan** *k.n.* count; counting; numeration; numbering.

pembina *k.n.* builder. **pembinaan** *k.n.* build-up; construction; this process.

pembinasaan *k.n.* destruction; depredation; plundering; devastation.

pembohong *k.n.* liar; person who tells lies. **pembohongan** *k.n.* eyewash (*sl.*); talk or behaviour intended to give a misleadingly good impression; misrepresentation.

pembolos *k.n.* deserter. **pembolosan** *k.n.* desertion.

pemborosan *k.n.* extravagance.

pembual *k.n.* conversationalist; person who is good at conversation.

pembuangan *k.n.* dismissal. **pembuangan negeri** *k.n.* banishment.

pembuat *k.n.* maker; one who makes something.

pembubar *k.n.* liquidator. **pembubaran** *k.n.* disbandment; dispersal; liquidation.

pembujangan *k.n.* celibacy.

pembungkus *k.n.* packer.

pembunuh *k.n.* murderer; murderess; killer; assassin; person who assassinates another. **pembunuhan** *k.n.* kill; killing; murder; intentional unlawful killing; assassination. **pembunuhan beramai-ramai** *k.n.* massacre; great slaughter; carnage.

pemburu *k.n.* huntsman (pl. *-men*); hunter; one who hunts. **kuda pemburu** *k.n.* horse used for hunting.

pemecatan *k.n.* expulsion; expelling; being expelled; dismissal.

pemecutan *k.n.* acceleration.

pemegang *k.n.* handle; part by which a thing is to be held, carried, or controlled.

pemejalwapan *k.n.* sublimation. **memejalwap** *k.k.* sublimate; convert (a solid substance) by heat into a vapour.

pemeluwapan *k.n.* condensation.

pemenang *k.n.* winner; victor; person or thing that wins.

pemendekan *k.n.* curtailment.

pemenggalan *k.n.* dismemberment.

pemenjaraan *k.n.* incarceration; imprisonment.

pemeras *k.n.* extortionist; mangle; wringer. **pemeras ugut** *k.n.* blackmailer; shark; person who ruthlessly extorts money; swindler.

pemerasan *k.n.* extortion; pressure; extraction.

pemergian *k.n.* departure; departing.

pemerhati *k.n.* observer.

pemeriksa *k.n.* examiner. **pemeriksaan** *k.n.* check; process of checking; inspection; examination; look at closely, esp. in order to learn about or from; put questions or exercises to (a person) to test his knowledge or ability; question formally.

pemerintah *k.n.* commander; person in command; government. **pemerintahan** *k.n.* governance; governing, control. **pemerintahan salah** *k.n.* misrule; bad government.

pemesinan *k.n.* machinery; machines; mechanism.

pemesongan *k.n.* diversion; diverting; thing that diverts attention.

pemetik *k.n.* picker.

pemetikan *k.n.* picking; cull, culling; pluck; plucking movement.

pemidato *k.n.* orator; person who makes public speeches, skilful speaker.

pemilih[1] *k.n.* choosy; careful in choosing, hard to please.

pemilih[2] *k.n.* selector; elector; person entitled to vote in an election; constituency; body of voters who elect a representative. **pemilihan** *k.n.* selection; selecting; people or things selected; collection of this from which to choose; election; electing.

pemilik *k.n.* owner; one who owns something as his property. **pemilikan** *k.n.* ownership.

pemimpin *k.n.* leader; person or thing that leads.

peminat *k.n.* enthusiast; person who is full of enthusiasm for something; fan; enthusiastic admirer or supporter.

pemindahan *k.n.* evacuation. **pemindahan hak** *k.n.* conveyancing; business of transferring legal ownership of land.

peminjam *k.n.* lender.

pemintas *k.n.* interceptor.

pemisahan *k.n.* dissociation; separation.

pemiutang *k.n.* creditor; person to whom money is owed.

pemodenan *k.n.* modernization.

pemogok *k.n.* striker; worker who is on strike.

pemohon *k.n.* applicant; person who applies, esp. for a job.

pemotong *k.n.* cutter; person or thing that cuts. **pemotongan** *k.n.* amputation; deletion; excision.

pempasteuran *k.n.* pasteurization.

pempolimeran *k.n.* polymerization.

pemproses, pemproses mikro *k.n.* microprocessor; miniature computer (or a unit of this) consisting of one or more microchips.

pemuda *k.n.* lad; boy; young fellow.

pemuja *k.n.* devotee; enthusiast. **pemujaan** *k.n.* cult; system of religious worship; worship of a person or thing.

pemujukan *k.n.* coaxing; persuasiveness.

pemukul *k.n.* beater.

pemula *k.n.* beginner; person just beginning to learn a skill.

pemulauan *k.n.* boycott; boycotting.

pemulihan *k.n.* cure; curing; treatment that cures disease, etc.

pemuliharaan *k.n.* conservancy; conservation.

pemunaran *k.n.* etching.

pemungut *k.n.* collector; one who collects things.

pemurah *k.n.* generous; giving or given freely; giving generously.

pemusatan *k.n.* concentration; concentrating; centralization.

pemusnah *k.n.* destroyer; one who destroys. **pemusnahan** *k.n.* destruction; extermination.

pemutusan *k.n.* disconnection; termination.

pemuzik *k.n.* musician; person skilled in music.

pena *k.n.* pen; device with a metal point for writing with ink. **sahabat pena** *k.n.* pen-friend; friend with whom a person corresponds without

P

meeting. **nama pena** *k.n.* pen-name; author's pseudonym.

penabuhan *k.n.* percussion; striking of one object against another.

penabur *k.n.* dredger; container with a perforated lid for sprinkling flour, etc.

penafian *k.n.* denial; denying; statement that a thing is not true.

penagih *k.n.* addict; one who is addicted, esp. to drug(s). **penagih dadah** *k.n.* junkie (*sl.*); drug addict. **penagihan** *k.n.* addiction.

penahanan *k.n.* detention; detaining; imprisonment; stoppage; stopping; obstruction.

penaik *k.n.* leaven; substance (e.g. yeast) added to dough to make it ferment and rise.

penaja *k.n.* sponsor; person who makes himself responsible for a trainee, etc., introduces legislation, or contributes to charity in return for another's activity; one who provides funds for a broadcast, sporting event, etc.

penaklukan *k.n.* conquest; conquering; thing won by conquering.

penakut *k.n.* coward; person who lacks courage.

penal *adj.* penal; related to criminal punishment.

penalti *k.n.* punishment for breaking a law or rule or contract. **tendangan penalti** penalty kick (in football).

penama *k.n.* nominee; person nominated. **penamaan** *k.n.* nomination.

penampan *k.n.* buffer; thing that lessens the effect of impact.

penanam *k.n.* cultivator. **penanaman** *k.n.* cultivation; inculcation.

penandatangan *k.n.* signatory; one of the parties who sign an agreement.

penangguhan *k.n.* deferment; postponement; delay; delaying.

penangkapan *k.n.* arrest; stoppage; seizure; legal arrest of an offender; act of catching; thing caught or worth catching.

penangkis *k.n.* defender.

penapaian *k.n.* ferment; fermentation; chemical change caused by an organic substance; producing effervescence and heat.

penapis *k.n.* strainer; filter; sieve; utensil with a wire mesh or gauze through which liquids or fine particles can pass; censor; person authorized to examine letters, books, films, etc. and remove or ban anything regarded

as harmful. **penapisan** *k.n.* filtration; censorship.

penari *k.n.* dancer.

penasihat *k.n.* adviser; mentor; trusted adviser; counsellor.

penat *adj.* exhausted; tired; feeling a desire to sleep or rest. **memenatkan** *k.k.* fag; toil; tire; make or become tired; fatigue; cause fatigue to; exhaust; tire out.

penaung *k.n.* patron; person giving influential or financial support to a cause.

penawan *k.n.* captor; one who takes a captive. **penawanan** *k.n.* capture; capturing; captivation; apprehension.

penawar *k.n.* antidote; substance that counteracts the effects of poison, etc.; remedy.

pencabar *k.n.* challenger; impeachment.

pencabul *k.n.* desecrator. **pencabulan** *k.n.* molestation; desecration; dissipation; infringement; violation.

pencadang *k.n.* proposer; person who proposes a motion to be accepted, a candidate for a position, etc.

pencahayaan *k.n.* lighting; arrangement or effect of lights.

pencairan *k.n.* liquefaction.

pencak *k.n.* the art of self-defence. **berpencak, memencak** *k.k.* to perform the art of self-defence. **memencak-mencak** *k.k.* to be very angry; to be furious.

pencalonan *k.n.* nomination; action of proposing that someone should be chosen for a position, an honour, etc.

pencanai *k.n.* grinder.

pencantuman *k.n.* coalescence.

pencapaian *k.n.* attainment; achievement.

pencar, berpencar, berpencar-pencar, berpencaran *k.k.* scattered; strewn about. **memencar, memencar-mencar** *k.k.* to go in separate directions. **memencarkan** *k.k.* to scatter; to disperse. **terpencar** *k.k.* scattered; not grouped together.

pencarian, mata pencarian *k.n.* livelihood; means of earning or providing enough food, etc. to sustain life.

pencarum *k.n.* contributor (to an organized fund, etc.). **pencaruman** *k.n.* contribution (to an organized fund, etc.).

pencatat *k.n.* marker; person or object that marks something; recorder.

P

pencegahan *k.n.* deterrent; thing that deters; prevention.

pencekik *k.n.* strangler. **pencekikan** *k.n.* strangulation; strangling; strangulating; choke.

pencelup *k.n.* dyer; substance used for dyeing things; colour given by dyeing.

pencemaran *k.n.* contamination; pollution.

pencen *k.n.* pension; income consisting of a periodic payment made in consideration of past service or on retirement or widowhood, etc. **berpencen** *k.k.* pensionable; entitled or (of a job) entitling one to a pension.

pencengkam *k.n.* clamp; device for holding things tightly.

pencepat *k.n.* accelerator; device (esp. a pedal of a vehicle) for increasing speed.

penceramah *k.n.* speaker; person who speaks; one who makes a speech.

pencerita *k.n.* narrator. **penceritaan** *k.n.* narration.

pencernaan *k.n.* digestion; process or power of digesting food.

penceroboh *k.n.* intruder; trespasser **pencerobohan** *k.n.* intrusion; trespassing.

pencil, memencil(kan) *k.k.* isolate; place apart or alone; separate from others; seclude. **terpencil** *k.k.* isolated; remote; secluded.

pencincang *k.n.* mincer; machine with revolving blades for cutting food into very small pieces.

pencinta *k.n.* aficionado; lover (of a subject, sport, etc.). **pencinta alam sekitar** *k.n.* environmentalist.

pencipta *k.n.* creator. **penciptaan** *k.n.* creation; coinage; coining.

pencorot *k.n.* laggard; person who lags behind.

pencuci *k.n.* detergent; cleansing (substance, esp. other than soap). **pencuci mulut** *k.n.* dessert; sweet course of a meal; fruit, etc. at the end of dinner.

penculik *k.n.* kidnapper; abductor. **penculikan** *k.n.* abduction; kidnapping.

pencuri *k.n.* thief (pl. *thieves*); one who steals; robber.

pendaftaran *k.n.* registration; action of recording a person's name or details of an event in an official list.

pendahuluan *k.n.* antecedent; preceding thing or circumstance; introduction; advance; preface.

pendakap *k.n.* bracket; support projecting from an upright surface.

pendaki *k.n.* climber. **pendakian** *k.n.* climb; ascent made by climbing.

pendakwa *k.n.* prosecutor; litigant; person involved in or initiating a lawsuit. **pendakwa raya** *k.n.* public prosecutor; lawyer prosecuting on behalf of the state.

pendakwah *k.n.* missionary; person on a religious mission.

pendam *k.k.* dormant; sleeping; temporarily inactive. **memendam** *k.k.* immerse; dissemble; conceal (feelings); hide and disguise one's feelings. **pendaman** *k.n.* things concealed or hidden away.

pendamai *k.n.* peacemaker; person who brings about peace. **pendamaian** *k.n.* conciliation; settlement.

pendapat *k.n.* opinion; belief or judgement held without actual proof; what one thinks on a particular point. **pendapatan** *k.n.* earnings; money earned; income; money received during a period as wages, interest, etc.; emolument.

pendarab *k.n.* multiplier. **pendaraban** *k.n.* multiplication; multiplying.

pendarahan *k.n.* haemorrhage; profuse bleeding.

pendaratan *k.n.* disembarkation; landfall; approach to land after a journey by sea or air; landing; coming or bringing ashore or to ground.

pendarfluor *adj.* fluorescent. **lampu pendarfluor** *k.n.* fluorescent light.

pendarfosfor *k.n.* phosphorescence. **berpendarfosfor** *adj.* phosphorescent; luminous.

pendatang *k.n.* foreigner. **pendatang haram** *k.n.* illegal immigrant.

pendaulatan *k.n.* empowerment; act of giving power or authority.

pendayung *k.n.* oar; pole with a flat blade used to propel a boat by its leverage against water; oarsman; gondolier; man who propels a gondola by means of a pole.

pendebat *k.n.* debater; person who debates.

pendebungaan *k.n.* pollination. **pendebungaan kacuk** cross-pollination. **pendebungaan sendiri** self-pollination.

pendedahan *k.n.* disclosure; exposure; divulgation.

pendehidratan *k.n.* dehydration.

pendek *adj.* short (-*er*, -*est*); measuring little from end to end in space or time; concise, brief; curt. **memendekkan** *k.k.* shorten; make shorter; curtail; cut short; reduce; foreshorten.

P

pendekar *k.n. see* **pahlawan**.

pendekatan *k.n.* approach; way or means of this.

pendendam *k.n.* malicious; showing malice; avenger.

pendengar *k.n.* hearer; listener. **pendengaran** *k.n.* hearing; ability to hear; opportunity of being heard. **alat bantu pendengaran** *k.n.* hearing aid; small sound-amplifier worn by a deaf person to improve the hearing.

penderaan *k.n.* flagellation; whipping; torture.

penderhaka *k.n.* traitor; person who is disloyal, esp. to his country; mutineer; person who betrays. **penderhakaan** *k.n.* treachery; betrayal of a person or cause; disaffection; disloyalty.

penderitaan *k.n.* grief; deep sorrow.

penderma *k.n.* donor; one who gives or donates something.

pendermaan *k.n.* donation; contribution; act of giving money, etc. to a charity or an organization.

pendesak *k.n.* agitator; person who urges others to protest or take part in a campaign, etc. **kumpulan pendesak** pressure group.

pendeta *k.n.* scholar; clergy; clergyman (pl. *-men*); cleric; persons ordained for religious duties.

pendewaan *k.n.* deification.

pendiam *k.n.* demure; quiet and serious or pretending to be so; reserved (of a person); introvert.

pendidikan *k.n.* education. **ahli pendidikan** *k.n.* educationalist; expert in educational methods.

pending *k.n.* a type of chest accessory or belt buckle made of gold or silver fretwork. **berpending** *k.k.* to wear this accessory.

pendingin *k.n.* cooler. **pendingin beku** *k.n.* freezer; refrigerated container for preserving and storing food.

pendirian *k.n.* standpoint; position taken; opinion; stance.

pendorongan *k.n.* instigation; propulsion.

pendua *k.n.* duplicate; one of two or more things that are exactly alike; exact copy.

penduduk *k.n.* inhabitant; resident; population. **pendudukan** *k.n.* occupation; taking or holding possession (of a place).

pendulum *k.n.* pendulum; a rod with a weight at the end that swings from side to side to regulate the movement of a clock.

penebah *k.n.* flail; strong stick hinged on a long handle, formerly used for threshing grain.

penebat *k.n.* insulator. **penebatan** *k.n.* insulation.

penebusan *k.n.* redemption; expiation.

penegakan *k.n.* erection; erecting; becoming erect; thing erected.

penekanan *k.n.* emphasis (pl. *-ases*); special importance; vigour of expression etc.; stress on a sound or word.

penembusan *k.n.* penetration.

penempa *k.n.* forger.

penemuan *k.n.* discovery.

penemu bual *k.n.* interviewer.

penemu duga *k.n.* interviewer.

penentang *k.n.* antagonist; opponent; one who opposes another. **penentangan** *k.n.* contradiction; opposition.

penenteraman *k.n.* appeasement.

penentu *k.n.* determinant; decisive factor.

penerbang *k.n.* aviator; (*old use*) pilot or member of an aircraft crew; airman (pl. *-men*); member of an air force, esp. below the rank of officer. **penerbangan** *k.n.* flying; flight; movement or path of a thing through the air; journey in or of an aircraft; aviation; flying an aircraft. **syarikat penerbangan** *k.n.* airline; public air transport service; company providing this.

penerbit *k.n.* publisher. **penerbitan** *k.n.* publication; publishing; published book or newspaper, etc.

penerima *k.n.* receiver; person or thing that receives something; apparatus that receives broadcast signals and converts them into sound or a picture; the part of a telephone that receives incoming sound; recipient; addressee; person to whom a letter, etc. is addressed. **penerimaan** *k.n.* acceptance; receipt; act of receiving.

penetak *k.n.* chopper; chopping tool.

penetasan *k.n.* hatch; brood hatched; incubation. **tempat penetasan** *k.n.* hatchery; place for hatching eggs.

pengabaian *k.n.* neglect, neglecting, being neglected.

pengabdian *k.n.* devotion; great love or loyalty; zeal; worship.

pengabulan *k.n.* grant; thing granted.

pengacau[1] *k.n.* stirrer; implement for stirring something.

pengacau[2] *k.n.* rebel; agitator; insurgent; one who incites. **pengacauan** *k.n.* harassment; disturbance.

pengacukan *k.n.* cross breeding.

pengadil *k.n.* referee; umpire, esp. in football and boxing; person to whom disputes are referred for decision; person appointed to supervise a game or contest, etc. and see that rules are observed. **pengadilan** *k.n.* justice; legal proceedings.

pengaduk *k.n.* churn; machine in which milk is beaten to make butter; very large milk-can.

pengagih *k.n.* distributor; one who distributes things. **pengagihan** *k.n.* distribution.

pengail *k.n.* angler; person who catches fish with a line and a hook; fishing rod.

pengajar *k.n.* instructor; teacher. **pengajaran** *k.n.* instruction; process of teaching; knowledge or teaching imparted.

pengakap *k.n.* scout; person sent to gather information, esp. about enemy movements, etc.

pengaktif *k.n.* activator. **pengaktifan** *k.n.* activation.

pengalaman *k.n.* experience; observation of fact(s) or event(s), practice in doing something; knowledge or skill gained by this.

pengalihan *k.n.* displacement.

pengaman *k.n.* peacemaker; person who brings about peace.

pengamatan *k.n.* perception; perceiving, ability to perceive.

pengambilan *k.n.* intake; process of taking thing(s) in.

pengampunan *k.n.* pardon; forgiveness; absolution.

penganalisa *k.n.* analyst.

pengangkut *k.n.* conveyor; person or thing that conveys; continuous moving belt conveying objects in a factory, etc. **pengangkutan** *k.n.* conveyance; means of transport.

pengantara, perantara *k.n.* medium (pl. *mediums*); person who claims ability to communicate with the spirits of the dead. **pengantaraan** *k.n.* intercession; interceding.

pengantin, pengantin lelaki *k.n.* bridegroom; man on his wedding day or when newly married. **pengantin perempuan** *k.n.* bride; woman on her wedding day or when newly married.

penganugerahan *k.n.* conferment; award.

pengap *k.k.* sultry (*-ier, -iest*); hot and humid; stuffy atmosphere in a room, etc.

pengapit[1] *k.n.* brace; device that holds things together or in position.

pengapit[2], **pengapit lelaki** *k.n.* best-man; bridegroom's chief attendant. **pengapit perempuan** *k.n.* brides-maid; girl or unmarried woman attending a bride.

pengar *k.n.* hangover; unpleasant after-effects from drinking much alcohol.

pengarah *k.n.* director; supervisor; member of a board directing a business company's affairs; one who supervises acting and filming.

pengarang *k.n.* author; writer of a book, etc.; originator; editor, person responsible for the contents of a newspaper, etc. or a section of this. **rencana pengarang** *k.n.* editorial; newspaper article giving the editor's comments.

pengaruh *k.n.* influence; ability to produce an effect, or to affect character, beliefs, or actions, person or thing with this; power; control; authority; impression; effect produced on the mind; dominance; ascendancy; being dominant. **berpengaruh** *k.k.* influential; having great influence; dominant; dominating; ascendant; rising in power or influence. **mempengaruhi** *k.k.* influence; exert influence on; dominate; have a commanding influence over; instil (p.t. *instilled*); implant (ideas, etc.) gradually.

pengasih *k.n.* love potion; loving person. **pengasihan** *k.n.* commiseration.

pengasuh *k.n.* nursemaid; young women employed to take charge of young children.

pengat *k.n.* a dessert made from potatoes cooked in sugar and coconut milk. **memengat** *k.k.* to cook or make this dessert.

penggawa *k.n.* a village chief; a headman; a team captain.

pengawal *k.n.* guard; person guarding something; body of soldiers guarding a place or person, or as a section of an army; protecting part or device. **pengawal peribadi** *k.n.* bodyguard; escort or personal guard of an important person.

pengawasan *k.n.* observation; observing; control; supervision.

pengayaan *k.n.* enrichment.

pengebumian *k.n.* burial; burying; funeral; ceremony of burial.

pengecaman *k.n.* identification.

pengecat *k.n.* painter; person who paints as artist or decorator.

P

pengecualian *k.n.* exemption; immunity; special exemption; exception.

pengecutan *k.n.* contraction.

pengedar *k.n.* distributor; one who distributes things.

pengejar *k.n.* pursuer; chaser.

pengekalan *k.n.* perpetuation.

pengekodan *k.n.* codification.

pengeksport *k.n.* exporter. **pengeksportan** *k.n.* exportation.

pengekstrak *k.n.* extractor.

pengelak *k.n.* dodger.

pengeliruan *k.n.* disorientation; confusion.

pengelola *k.n.* organizer.

pengeluar *k.n.* manufacturer; producer. **pengeluaran** *k.n.* manufacture; process of manufacturing; production. **pengeluaran besar-besaran** *k.n.* mass production; manufacture in large quantities by a standardized process.

pengembangan *k.n.* expansion; distension.

pengembara *k.n.* adventurer; person who seeks adventures; traveller. **pengembaraan** *k.n.* adventure; exciting or dangerous experience; travel; travelling esp. abroad; exploration; peregrination.

pengembirian *k.n.* castration.

pengemis *k.n.* beggar; person who lives by begging; very poor person; cadger.

pengemulsi *k.n.* emulsifier.

pengenaan *k.n.* imposition; act of imposing something; thing imposed; burden imposed unfairly.

pengendahan *k.n.* heed; careful attention.

pengendorsan *k.n.* endorsement.

pengentalan *k.n.* coagulation.

pengerek *k.n.* awl; small tool for making holes.

pengering *k.n.* dryer; device for drying things. **pengeringan** *k.n.* desiccation.

pengertian *k.n.* understanding; notion; concept; explanation.

pengerusi *k.n.* chairman; person who presides over a meeting or committee.

pengesahan *k.n.* authentication; confirmation; confirming; thing that confirms; affirmation.

pengesan *k.n.* detector; device for detecting something; marker; person or object that marks something.

pengesat *k.n.* wiper. **pengesat kaki** *k.n.* doormat; mat placed at a door-

way, for wiping dirt from shoes.

pengetahuan *k.n.* knowledge; knowing about things; all a person knows; all that is known, body of information; know-how. **berpengetahuan** *k.k.* knowledgeable; well-informed.

pengetam *k.n.* reaper.

pengetuk *k.n.* knocker; one who knocks; hinged flap for rapping on a door.

penggabungan *k.n.* affiliation; incorporation; consolidation.

penggal *k.k.* dismember; remove the limbs of.

penggali *k.n.* digger; one who digs; mechanical excavator. **penggalian** *k.n.* dig; excavation; thrust; poke.

penggambaran *k.n.* depiction. **penggambaran filem** *k.n.* filming; activity of making a film.

pengganas *k.n.* terrorist; person who uses violence for political aims, etc.

penggandaan *k.n.* duplication.

pengganti *k.n.* replacement; substitute; person or thing that takes the place of another.

penggaul *k.n.* mixer.

penggelapan *k.n.* embezzlement.

penggeledahan *k.n.* marauding; going about in search of plunder.

penggera *k.n.* alarm; warning sound or signal; buzzer; device that produces a buzzing sound as a signal; device giving this; fear caused by expectation of danger.

penggiatan *k.n.* animation.

penggubah *k.n.* composer; minstrel; medieval singer and musician.

penggubalan *k.n.* legislation; legislating; law(s) made.

pengguguran *k.n.* abortion; premature expulsion of a foetus.

pengguna *k.n.* consumer; person who buys or uses goods or services.

penghabisan *k.n.* end; conclusion; ending; last.

penghabluran *k.n.* crystallization.

penghakiman *k.n.* judgement; (in law contexts) judging; judge's decision.

penghapus *k.n.* abolisher; liquidator. **penghapusan** *k.n.* abolition; liquidation.

pengharaman *k.n.* ban; order banning something.

penghargaan *k.n.* appreciation; favourable opinion; respect; credit; honour for an achievement, etc.; acknowledgement of services to a book or film, etc.

penghasut *k.n.* instigator.

penghebatan *k.n.* intensification.

penghentian *k.n.* stop; stopping; discontinuance.

penghias *k.n.* decorator; tradesman who paints and papers room, etc.

penghiba *k.n.* mawkish; sentimental in a sickly way.

penghibur *k.n.* entertainer. **penghibur jalanan** *k.n.* busker; entertainer performing in the street. **penghiburan** *k.n.* entertainment; enjoyment; pleasure.

penghijrahan *k.n.* migration.

penghinaan *k.n.* insult; insulting remark or action; indignity; unworthy treatment; humiliation.

penghindaran *k.n.* evasion; evading; evasive answer or excuse.

penghiris *k.n.* slicer.

penghitungan *k.n.* enumeration.

penghormatan *k.n.* obeisance; bow or curtsy; respect; admiration felt towards a person or thing that has good qualities or achievements; politeness arising from this.

penghubung *k.n.* links; person or thing connecting others.

penghujung *k.n.* end; limit; furthest point or part; finale; final section of a drama or musical composition.

penghulu *k.n.* chieftain; chief of a clan or tribe. **penghulu balai** *k.n.* majordomo (pl. *-os*); head steward of a great household.

penghuni *k.n.* dweller; inhabitant; occupant; person occupying a place or dwelling; resident; permanent inhabitant; (at a hotel) person staying overnight; inmate.

penghuraian *k.n.* elaboration.

pengiklan *k.n.* advertiser. **pengiklanan** *k.n.* advertisement; advertising; public notice advertising something.

pengiktirafan *k.n.* recognition; the acknowledgement of something as valid, etc.; acceptance.

pengikut *k.n.* party; one who shares in an action or plan, etc.; disciple; person accepting the teachings of another; following; body of believers or supporters. **pengikut setia** *k.n.* henchman (pl. *-men*); trusty supporter.

pengilang *k.n.* miller.

pengimbang *k.n.* counterbalance; weight or influence balancing another.

pengimport *k.n.* importer. **pengimportan** *k.n.* importation.

pengiraan *k.n.* calculation; computation.

pengirim *k.n.* consignor.

pengiring *k.n.* attendant; person present as a companion or to provide service; accompanist; escort; chaperon. **pengiring raja** *k.n.* courtier (*old use*); one of a sovereign's companions at court.

pengisar *k.n.* grinder. **pengisaran** *k.n.* grind; grinding process.

pengisi *k.n.* filler; thing or material used to fill a gap or increase bulk.

pengisytiharan *k.n.* proclamation; declaration.

pengizinan *k.n.* act of giving permission.

pengkang *adj.* bandy (*-ier*, *-iest*); curving apart at the knees.

pengkar *adj.* bow-legged; bandy.

pengkhianat *k.n.* defector. **pengkhianatan** *k.n.* betrayal; disservice; harmful action done by a person intending to help; defection.

pengkhususan *k.n.* specialization.

pengklorinan *k.n.* chlorination.

pengkomputeran *k.n.* computerization.

pengkristianan *k.n.* christening; ceremony of baptism.

pengkritik *k.n.* critic; person who points out faults; one skilled in criticism.

pengkuretan *k.n.* curettage; scraping' surgically.

penglibatan *k.n.* involvement; entanglement; incrimination.

penglihatan *k.n.* eyesight; ability to see; range of vision; sight; seeing, being seen; power of seeing.

pengoksidaan *k.n.* oxidation; process of combining with oxygen.

pengolak *k.n.* convector; heating appliance that circulates warmed air.

pengomel *k.n.* grouser; grumbler.

pengorek *k.n.* dredge; apparatus for scooping things from the bottom of a river or sea; awl; small pricking tool.

pengotoran *k.n.* defilement.

pengsan *adj.* faint; collapse; unconscious.

penguasaan *k.n.* domination; mastery; complete control, supremacy; thorough knowledge or skill.

penguatkuasaan *k.n.* enforcement.

pengubahsuaian *k.n.* modification.

pengubatan *k.n.* medication.

penguburan *k.n.* burial.

pengudara *k.n.* aerator. **pengudaraan** *k.n.* aeration.

penguin *k.n.* penguin; flightless seabird of Antarctic regions, with flippers used for swimming.

penguji *k.n.* tester. **penguji pernafasan** *k.n.* breathalyser; device measuring the alcohol in a person's breath.

pengukuhan *k.n.* consolidation.

pengumpil *k.n.* lever; jemmy; burglar's short crowbar. **pengumpilan** *k.n.* leverage; action or power of a lever.

pengunyahan *k.n.* mastication.

pengupas *k.n.* peeler. **pengupasan** *k.n.* (the act of) peeling.

penguraian *k.n.* analysis; separation; dissection.

pengurniaan *k.n.* bestowal; endowment; investiture; formal investing of a person with a rank or office, etc.

pengurungan *k.n.* internment; interning; confinement; curfew.

pengurus *k.n.* manager; manageress; person in charge of a business, etc. **pengurusan** *k.n.* management; managing; people engaged in managing a business.

pengusaha *k.n.* entrepreneur; person who organizes a commercial undertaking, esp. involving risk. **pengusaha kulit bulu** *k.n.* furrier; person who deals in furs or fur clothes.

peni *k.n.* penny (pl. *pennies* for separate coins, *pence* for a sum of money); British bronze coin worth $\frac{1}{100}$ of £1; former coin worth $\frac{1}{12}$ of a shilling. **setengah peni** *k.n.* halfpenny; coin worth half a penny.

penilai *k.n.* assessor; valuer; person who estimates values professionally. **penilaian** *k.n.* assessment; valuation; estimation or estimate of a thing's worth.

penimbangtara *k.n.* arbitrator; impartial person chosen to settle a dispute.

penindas *k.n.* grinder; oppressor; persecutor. **penindasan** *k.n.* oppression; persecution.

pening *adj.* dizzy (*-ier, -iest*); giddy, feeling confused; causing giddiness; heady (*-ier, -iest*).

peninggalan *k.n.* omission; legacy; departure.

peninju *k.n.* boxer; person who engages in the sport of boxing.

penipu *k.n.* deceiver; cheat; person who cheats; swindler. **penipuan** *k.n.* deception; deceiving; fraud; chicane; chicanery; duplicity; deceitfulness; imposture; scam.

peniru *k.n.* faker; imitator.

penisilin *k.n.* penicillin; antibiotic obtained from mould fungi.

peniti, jarum peniti *k.n.* pin; short pointed piece of metal usu. with a round broadened head used for fastening things together.

penjaga *k.n.* custodian; guardian; keeper; one who guards or protects; person undertaking legal responsibility for an orphan. **penjaga bangunan** *k.n.* janitor; caretaker of a building.

penjaja *k.n.* hawker; pedlar; person who goes from house to house selling small articles.

penjajah *k.n.* colonist. **penjajahan** *k.n.* colonization.

penjamin *k.n.* guarantor; giver of a guarantee.

penjana *k.n.* generator; machine converting mechanical energy into electricity. **penjanaan** *k.n.* generation; generating.

penjangkitan *k.n.* contagion; spreading of disease by contact; disease, etc. spread thus.

penjara *k.n.* prison; building used to confine people convicted of crimes; place of custody or confinement; jail; gaol. **pegawai penjara** *k.n.* gaoler; jailer; person in charge of a gaol or its prisoners. **memenjarakan** *k.k.* gaol; incarcerate; imprison; put into prison; keep in confinement.

penjarahan *k.n.* foray; sudden attack, raid.

penjelajah *k.n.* explorer. **penjelajahan** *k.n.* exploration; perambulation.

penjelasan *k.n.* clarification; explanation; elucidation; enlightenment; manifestation.

penjelmaan *k.n.* incarnation; embodiment, esp. in human form.

penjenayah *k.n.* criminal; person guilty of a crime.

penjerut *k.n.* constrictor. **penjerutan** *k.n.* constriction.

penjilid *k.n.* binder.

penjinak *k.n.* tamer; person who tames and trains wild animals.

penjual *k.n.* seller. **penjual buah-buahan** *k.n.* fruiterer; shopkeeper selling fruit.

penjudi *k.n.* gambler.

penjuru *k.n.* angle; space between two lines or surfaces that meet; corner; angle or area where two lines, sides or streets meet. **berpenjuru** *k.k.* angular; having angles or sharp corners; measured by angle.

penkek *k.n.* pancake; thin round cake of fried batter; things shaped like this.

penolakan *k.n.* deduction; deducting; thing deducted; rejection; rebuff.

penologi *k.n.* penology; study of punishment and prison management.

penonjolan *k.n.* extrusion.

penonton *k.n.* audience; group of listeners or spectators; spectator; person who watches a show, a game or incident; onlooker; bystander; person standing near when something happens.

pensel *k.n.* pencil; instrument containing graphite, used for drawing or writing.

pensterilan *k.n.* sterilization.

pensyarah *k.n.* lecturer; speaker; person who speaks, one who makes a speech.

pentagon *k.n.* pentagon; geometric figure with five sides.

pentas *k.n.* stage; raised floor or platform; one on which plays, etc. are performed; dais; low platform, esp. at the end of a hall.

Pantateuch *k.n.* Pentateuch; first five books of the Old Testament.

pentatlon *k.n.* pentathlon; athletic contest involving five events.

penterjemah *k.n.* translator; interpreter; person who orally translates speech between persons speaking different languages.

penting *adj.* important; having a great effect; having great authority or influence; essential; unable to be dispensed with.

penuangan *k.n.* infusion; infusing; thing added to a stock.

penubuhan *k.n.* foundation; founding; establishing, formation; setting up.

penuh *adj.* full (-*er*, -*est*); holding or having as much as the limits will allow; copious; complete. **bulan penuh** *k.n.* full moon; moon with the whole disc illuminated.

penukaran *k.n.* conversion.

penulis *k.n.* writer; person who writes; author. **penulis pojok** *k.n.* columnist; journalist who regularly writes a column of comments.

penumpang *k.n.* passenger; person (other than the driver, pilot or crew) travelling in a vehicle, train, ship, or aircraft.

penumpuan *k.n.* convergence; concentration; concentrating; concentrated thing; focus.

penundaan *k.n.* postponement; adjournment; moratorium (pl. -*ums*); agreed ban on an activity.

penunjuk[1] *adj.* indicative; giving an indication; (of a form of a verb) used in statements.

penunjuk[2] *k.n.* indicator; thing that indicates something; pointer; device on a vehicle showing when the direction of travel is about to be altered.

penunu *k.n.* burner; part that shapes the flame in a lamp or cooker.

penurunan *k.n.* degradation. **penurunan pangkat** *k.n.* demotion.

penurut *k.n.* malleable; easy to influence.

penutup *k.n.* cover; thing that covers; incrustation; encrusting; lid; hinged or removable cover for a box, pot, etc.

penyahbulu *k.n.* depilatory; (substance) removing hair.

penyahjangkit *k.n.* disinfectant; substance used for disinfecting things. **penyahjangkitan** *k.n.* disinfection.

penyajak *k.n.* poet; poetess (*fem.*); writer of poems.

penyakit *k.n.* disease; affection; malady; illness; ailment; slight illness; unhealthy condition; specific illness. **berpenyakit** *k.k.* diseased.

penyalahgunaan *k.n.* abuse; make bad use of; misuse; wrong use; misappropriation; perversion.

penyalin *k.n.* copyist.

penyama *k.n.* equalizer; equalizing goal, etc.

penyamar *k.n.* impersonator; impostor; person who fraudulently pretends to be someone else. **penyamaran** *k.n.* impersonation; disguise; disguising; disguised condition; thing that disguises.

penyamun *k.n.* robber; brigand; bandit; member of a band of robbers.

penyangkal *k.n.* dissenter. **penyangkalan** *k.n.* negation; disclaimer; statement disclaiming something.

penyanyi *k.n.* singer.

penyapu *k.n.* broom; long-handled brush for sweeping floors. **batang penyapu** *k.n.* broomstick; broom handle.

penyata *k.n.* statement; formal account of facts; written report of a financial account; returns; formal report submitted by order.

penyauk *k.n.* crosse; netted crook used in lacrosse.

penyayang *k.n.* humane; kind-hearted, merciful; caring.

penyederhanaan *k.n.* moderation; moderating.

P

penyedih *k.n.* person prone to sadness.

penyedutan *k.n.* inhalation.

penyegan *k.n.* diffident; lacking self-confidence.

penyejatan *k.n.* evaporation.

penyejuk *k.n.* coolant; fluid for cooling machinery, etc.

penyek *adj.* flat; flattened; snub (of nose). **memenyekkan** *k.k.* flatten; make or become flat; crush.

penyelangan *k.n.* alternation.

penyelarasan *k.n.* coordination; synchronization; harmonization.

penyelera *k.n.* appetizer; thing eaten or drunk to stimulate the appetite.

penyelia *k.n.* supervisor; invigilator.

penyeliaan *k.n.* supervision; invigilation; oversight.

penyelitan *k.n.* insertion.

penyeludup *k.n.* smuggler.

penyemak *k.n.* checker.

penyemakan *k.n.* check; process of checking; (*U.S.*) test for correctness, etc.

penyembuh *k.n.* healer.

penyembunyian *k.n.* concealment.

penyempitan *k.n.* stricture; abnormal constriction.

penyenggaraan *k.n.* maintenance; process of maintaining something.

penyepaian *k.n.* disintegration.

penyepit *k.n.* clipper; chopstick; one of a pair of sticks used esp. by the Chinese, Japanese, etc. to lift food to the mouth.

penyerahan *k.n.* capitulation; cession; ceding.

penyerang *k.n.* attacker; aggressor; one who begins hostilities.

penyerangan *k.n.* attack; aggression; unprovoked attacking; hostile act(s) or behaviour.

penyerap *k.n.* absorber; blotter; pad of blotting-paper; device holding this.

penyerapan *k.n.* absorption; absorbency; permeation; exorcist.

penyerbu *k.n.* assailant; attacker.

penyesuaian *k.n.* adjustment.

penyewa *k.n.* lodger; person paying for accommodation in another's house; tenant; person who rents land or building, etc. from a landlord; (in law) occupant, owner; person holding property by lease, lessee; hirer.

penyiar *k.n.* broadcaster.

penyiasat *k.n.* investigator; interrogator.

penyiasatan *k.n.* investigation; inquest; judicial investigation to establish facts

esp. about a sudden death; (*colloq.*) detailed discussion of a thing that is over; interrogation.

penyibuk *k.n.* busybody; meddlesome person.

penyilangan *k.n.* intersection.

penyimpangan *k.n.* deviation; divergence.

penyingkiran *k.n.* elimination; dismissal.

penyisihan *k.n.* exclusion; isolation; ostracism.

penyombong *k.n.* snob; person with an exaggerated respect for social position or wealth or certain tastes and who despises those he considers inferior.

penyorongan *k.n.* shove; rough push.

penyu *k.n.* turtle; sea-creature like a tortoise.

penyuburan *k.n.* fertilization.

penyuling *k.n.* distiller; one who makes liquor by distillation.

penyumbang *k.n.* contributor.

penyumbat *k.n.* stopper; plug for closing a bottle, etc.

penyuntikan *k.n.* inoculation; injection.

penyusun *k.n.* compiler.

penyusunan *k.n.* compilation; arrangement.

penyusup *k.n.* infiltrator.

penyusutan *k.n.* decrease; decreasing; amount of this; diminution; reduction.

penzina *k.n.* adulterer; adulteress (*fem.*); fornicator; person who commits adultery.

peon *k.n.* office assistant; office boy; person employed to do less important jobs in an office.

peoni *k.n.* peony; garden plant with large round red, pink, or white flowers.

pepah, memepah *k.k.* beat (with a stick, etc.); lash out.

pepak *adj.* chock-full; crammed full.

pepaku *k.n.* peg; clip for holding clothes on a washing-line.

pepat[1] *adj.* even; flat; level; evenly trimmed, etc. **memepat** *k.k.* to cut or trim something so that it becomes even; to level rice or other foodstuff in a measuring cup for accuracy. **terpepat** *k.k.* to accidentally make something flat or even. **pepatan** *k.n.* the result of making something flat or even. **kepepatan** *k.n.* the state/condition of being even/flat/level. **memepatkan** *k.k.* to level or trim something for someone else.

pepat[2] *k.n.* something that is exact or precise.

pepatah *k.n.* aphorism; pithy saying; epigram; short witty saying; dictum (pl. *-ta*); formal saying.

pepejal *k.n.* solid; solid substance or body or food.

pepenjuru *adj. & k.n.* diagonal; (line) crossing from corner to corner.

peperiksaan *k.n.* examination; examining; testing of knowledge, etc. by this; exam (*colloq.*).

pepet[1] *k.n.* the sound of the vowel 'e' as in the word *besar*.

pepet[2] *k.n.* something that is trapped or wedged in. **memepet** *k.k.* trapped or wedged in something.

pepsin *k.n.* pepsin; an enzyme in gastric juice, helping in digestion.

peptik *k.n.* peptic; of digestion.

pepulut *k.n.* bur; plant's seed-case or flower that clings to clothing, etc.

per *k.n.* divided by; per; for each; in accordance with; by means of.

perabot *k.n.* furniture; movable article (e.g. chairs, beds) for use in a room.

peracun *k.n.* poisoner.

peraga *k.n.* a model or display. **memperagakan** *k.k.* to model or display something.

peragawati *k.n.* mannequin; woman who models clothes.

perah, memerah *k.k.* express; press or squeeze out.

perahu *k.n.* boat; prau; proa; a type of sailing boat. **berperahu** *k.k.* ride in a boat or proa.

perajurit *k.n. see* **askar**.

perak *k.n.* silver; shiny white precious metal; coins or articles made of this; coins made of an alloy resembling it; colour of silver.

peraka *k.n.* hold; storage cavity below a ship's deck.

perakaunan *k.n.* accountancy.

peralatan *k.n.* accoutrements; equipment, trappings.

peramal *k.n.* diviner.

perampas *k.n.* hijacker; looter. **perampasan** *k.n.* hijack; hijacking; spoliation; pillaging.

peran *k.n.* jester; person who makes jokes; entertainer at a medieval court.

perancangan *k.n.* scheme; plan of work or action.

Perancis *k.n.* French; (language) of France. **lelaki Perancis** *k.n.* Frenchman. **perempuan Perancis** *k.n.* Frenchwoman.

perang[1] *adj.* auburn; (of hair) reddish-brown.

perang[2] *k.n.* battle; fight between large organized forces; contest. **perang saudara** *k.n.* civil war; war between citizens of the same country. **perang tanding** *k.n.* duel; fight or contest between two persons or sides. **medan perang** *k.n.* battlefield; scene of battle. **berperang** *k.k.* battle; engage in battle; struggle.

perangai *k.n.* conduct; behaviour; manner; person's way of behaving towards others.

perangkaan *k.n.* statistic; item of information expressed in numbers. **ilmu perangkaan** *k.n.* statistics; science of collecting and interpreting information based on the numbers of things.

perangkaian *k.n.* linkage; association.

perangkap *k.n.* trap; device for catching and holding an animal; anything by which an unsuspecting person is captured or outwitted; booby trap; hidden trap rigged up as a practical joke.

perani *k.n.* amphitheatre; oval or circular unroofed building with tiers of seats round a central arena.

peranjat, memeranjatkan *k.k.* dumbfound; astonish; strike dumb with surprise; startle.

perantis *k.n.* apprentice; person learning a craft and bound to an employer by a legal agreement. **perantisan** *k.n.* apprenticeship.

perap, memerapkan *k.k.* marinade; steep in marinade. **perapan** *k.n.* marinade; seasoned flavoured liquid in which meat or fish is steeped before being cooked.

perarakan *k.n.* procession; number of people or vehicles or boats, etc. going along in an orderly line; cavalcade; procession, esp. on horseback or in cars.

peras, memeras *k.k.* extort; obtain by force or threat; mangle; press (clothes, etc.) in a mangle.

perasaan *k.n.* feeling; power to feel things, mental or physical awareness; idea or belief not based on reasoning; opinion.

perasan *k.k.* realize; become aware (of).

peratusan *k.n.* percentage; rate or proportion per hundred.

perawan *k.n.* maiden; damsel; (*old use*) girl; young unmarried woman, virgin.

perayaan *k.n.* celebration; festival day or period of celebration.

P

perayu *k.n.* petitioner.

perbadanan *k.n.* corporation; business company.

perbalahan *k.n.* quarrel; argument; discussion involving disagreement; dispute; strife; quarelling, conflict.

perbandaran *k.n.* municipality; self-governing town or district.

perbarisan *k.n.* march; act of marching.

perbelanjaan *k.n.* expenditure; expending of money, etc.; amount expended; outgoings.

perbendaharaan *k.n.* exchequer; country's or person's supply of money; the treasury; department managing a country's revenue.

perbezaan *k.n.* difference; being different or unlike; distinction; distinguishing.

perbidanan *k.n.* midwifery; work of a midwife.

perbicaraan *k.n.* trial; examination in a lawcourt by a judge to decide an issue, esp. the guilt or innocence of an accused person.

perbualan *k.n.* conversation; informal talk between people.

perbuatan *k.n.* deed; thing done; act.

perburuan *k.n.* hunt; process of hunting.

perca[1] *k.n.* remnants; left over small pieces of cloth.

perca[2], **getah perca** *k.n.* gutta-percha; rubbery substance made from the juice of certain Malaysian trees.

percambahan *k.n.* germination; sprouting.

percanggahan *k.n.* conflict; disagreement; different opinion.

percaya, mempercayai *k.k.* believe; accept as true or as speaking or conveying truth; think, suppose; trust; have or place trust in.

perceraian *k.n.* divorce; legal termination of a marriage; separation.

percetakan *k.n.* printer; printing firm; business that prints books, newspapers, etc.

percik *k.n.* sprinkle; scattered drops (of water, etc.). **berpercikan** *k.k.* sprinkle; spatter; splash; spray. **memercik(kan)** *k.k.* sprinkle; scatter or fall in drops; spray; splatter.

percubaan *k.n.* attempt; this effort; trial; process of testing qualities or performance; experiment.

percuma *kkt.* free; costing nothing to the recipient; gratuitous; given or done free of charge.

percutian *k.n.* holiday; vacation; days of recreation.

perdagangan *k.n.* commerce; all forms of trade and the services (e.g. banking, insurance) that assist trading.

perdamaian *k.n.* peace; treaty ending a war.

perdana *adj.* prime; foremost; premier; first in importance. **perdana menteri** *k.n.* prime minister.

perdayaan *k.n.* trickery; deception; dishonest act meant to deceive people.

perdebatan *k.n.* debate; formal discussion; disputation; argument.

perdu[1] *k.n.* base of a tree trunk; clump (of a plant). **seperdu** *k.n.* one clump or cluster.

perdu[2] *k.n.* a cluster or type belonging to the same stock.

perduabelasan *adj.* duodecimal; (of a counting system) having twelve as a base.

pereka bentuk *k.n.* designer.

pereka cipta *k.n.* inventor.

perekat *k.n.* glue; sticky substance used for joining things together. **perekatan** *k.n.* adhesion; adhering; abnormal union of inflamed tissue.

perekrutan *k.n.* recruitment.

perempuan *k.n.* dame (*old use* or *U.S. sl.*); woman.

perencah *k.n.* condiment; seasoning for food.

perendahan *k.n.* heed; careful attention.

perenggan *k.n.* paragraph; one or more sentences on a single theme beginning on a new (usu. indented) line. **memerenggan** *k.k.* paragraph; arrange in paragraphs.

perengus *k.n.* curmudgeon; bad-tempered person.

perentas *k.n.* chord; straight line joining two points on a curve.

perenyuk, terperenyuk *k.k.* dented; flattened; crushed.

pereputan *k.n.* decay; decaying; rot; rotting.

peresap *k.n.* diffuser.

pergabungan *k.n.* affiliation; amalgamation; union; coalition.

pergaduhan *k.n.* quarrel; row; angry argument; disturbance.

pergelangan, pergelangan kaki *k.n.* ankle; joint connecting the foot with the leg; part of the leg below the calf. **pergelangan tangan** *k.n.* wrist; joint connecting hand and forearm.

pergelutan *k.n.* struggle; spell of struggling; vigorous effort; hard contest.

pergeseran *k.n.* friction; rubbing; resistance of one surface to another that moves over it; conflict of people who disagree; attrition; wearing away.

pergi *k.k.* depart; go away, leave.

perhambaan *k.n.* slavery; bondage; enslavement.

perhatian *k.n.* attention; applying one's mind; awareness; consideration, care. **perhatian ramai** *k.n.* limelight; great publicity.

perhiasan *k.n.* embellishment; ornamentation.

perhimpunan *k.n.* assemblage; assembly; assembled group; congregation; people assembled esp. at a church service.

perhubungan *k.n.* communication; means of access; intercourse; dealings between people or countries.

peri *k.n.* mythological being with magical power.

peria[1] *k.n.* bitter gourd; a type of fruit, shaped like a cucumber, with smooth but slightly knobbed skin.

peria[2] *k.n.* youth; a young man.

peribadi *k.n.* personal; of one's own; of or involving a person's private life; referring to a person; done in person.

peribahasa *k.n.* proverb; short well-known saying; adage.

peribumi *k.n.* aborigines; aboriginal inhabitants.

peridi *adj.* fecund; fertile.

perigi *k.n.* well; shaft dug or drilled to obtain water or oil, etc.

perihal *k.n.* condition; situation; incident; about; concerning.

perikanan *k.n.* fishery; area of sea where fishing is done; business of fishing.

perikatan *k.n.* alliance; union or association formed for mutual benefit.

perikemanusiaan *k.n.* humanity; human nature or qualities; kindness. **berperikemanusiaan** *adj.* humane; kind-hearted; merciful.

periklanan *k.n.* advertising; the practice or profession of making advertisements.

periksa *k.k.* check; examine for correctness, etc.; inspect; examine critically or officially. **memeriksa** *k.k.* check; test for correctness, etc.; examine; look at closely, esp. in order to learn about or from.

perimeter *k.n.* perimeter; outer edge of an area; length of this.

perinci, memperincikan *k.k.* detail; relate in detail; assign to special duty.

perincian *k.n.* detail; small fact or item; such items collectively.

peringanan *k.n.* extenuation.

peringatan *k.n.* commemoration.

peringkat *k.n.* stage; level; grade; class. **berperingkat** *k.k.* according to order, category or class. **berperingkat-peringkat** in stages.

perintah *k.n.* command; statement, given with authority, that an action must be performed; order; bidding; injunction; decree; order given by a government or other authority. **perintah berkurung** *k.n.* curfew; signal or time after which people must stay indoors. **memerintah** *k.k.* govern; rule with authority; conduct the affair of a country or organization; keep under control; influence, direct. **memerintahkan** *k.k.* command; give a command to; order; decree (p.t. *decreed*); order by decree.

perintis *k.n.* pioneer; person who is one of the first to explore a new region or subject.

perisa *k.n.* flavour; distinctive taste; special characteristic; flavouring; substance used to give flavour to food. **menambah perisa** *k.k.* flavour; give flavour to.

perisai *k.n.* a shield; an armour; an object made of silver, etc. that looks like a shield and is given as a prize in a contest. **kereta perisai** *k.n.* an armoured car. **perisai dada** *k.n.* breastplate, armour covering the breast.

periskop *k.n.* periscope; tube with mirror(s) by which a person in a trench or submarine, etc. can see things otherwise out of sight.

peristiwa *k.n.* event; something that happens esp. something important.

perit *adj.* pricking (of pain); painful; bitter; sad; difficult; hard.

peritonitis *k.n.* peritonitis; inflammation of the peritoneum.

periuk *k.n.* pot; vessel for holding liquids or solids, or for cooking in. **periuk api** *k.n.* land-mine; a type of bomb planted in the ground which explodes when stepped on.

perjalanan *k.n.* journey (pl. *-eys*); continued course of going or travelling.

perjanjian *k.n.* agreement; arrangement agreed between people.

perjumpaan *k.n.* meeting; assembly for a hunt, etc.; gathering of people.

perkabungan *k.n.* mourning; dark clothes worn as a conventional sign of bereavement.

perkahwinan *k.n.* marriage; state in which a man and woman are formally united for the purpose of living together; act or ceremony of marrying; matrimony. **perkahwinan campur** *k.n.* intermarriage.

perkakas *k.n.* tool; equipment; implement; clobber (*sl.*); fitment; piece of fixed furniture. **perkakasan** *k.n.* hardware; tools and household implements sold by a shop; machinery.

perkapalan *k.n.* shipping; ships collectively.

perkara *k.n.* matter; affair; business; case; incident; about; concerning. **seperkara lagi** furthermore; moreover; in addition.

perkasa *adj. see* **gagah.**

perkataan *k.n.* word; sound(s) expressing a meaning independently and forming a basic element of speech.

perkauman *k.n.* tribal; racial. **faham perkauman** communalism. **perasaan perkauman** racial sentiment.

perkeranian *k.n.* clerical; of clerks.

perkhemahan *k.n.* encampment; camp.

perkhidmatan *k.n.* service; system that performs work for customers or supplies public needs. **perkhidmatan awam** civil service. **perkhidmatan sosial** social service.

perkiraan *k.n.* calculation; count; counting; number reached by this; point being considered.

perkolator *k.n.* percolator; coffee pot in which boiling water is circulated repeatedly through ground coffee held in a perforated drum.

perkosa, memperkosa *k.k.* violate; rape; have sexual intercourse with (a woman) without her consent.

perkubuan *k.n.* fortification; fortifying; defensive wall or building, etc.

perkuburan *k.n.* cemetery; burial ground; graveyard.

perkudaan *k.n.* horse-box; closed vehicle for transporting a horse.

perkumpulan *k.n.* bevy; company, large group.

perkumuhan *k.n.* excretion.

perlahan, perlahan-lahan *kkt.* slowly; softly; gently; quietly. slow; soft; quiet. **memperlahankan** *k.k.* slow down; soften; tone down (of voice, etc.).

perlambangan *k.n.* symbolism; use of symbols to express ideas, concepts, etc.

perlantikan *k.n.* appointment; appointing a person to a job; installation; process of installing.

perlapan *k.n.* one-eighth; octavo (pl. *octavos*) the size of a book formed by folding a standard sheet three times to form eight leaves.

perlawanan *k.n.* match; contest in a game or sport. **perlawanan ulangan** *k.n.* return match; second match between the same opponents.

perlembagaan *k.n.* constitution; principles by which a state is organized. **berperlembagaan** *k.k.* constitutional; of or in accordance with a constitution.

perli *k.n.* innuendo (pl. *-oes*); insinuation.

perlu *adj.* necessary; essential in order to achieve something; happening or existing by necessity; imperative; expressing a command; indispensable. —*k.n.* need; requirement. **tak perlu** *adj.* needless; unnecessary. **memerlukan** *k.k.* need; be in need of, require; be obliged; necessitate; make necessary; involve as a condition or result.

perlumbaan *k.n.* race; contest of speed.

permaafan *k.n.* forgiveness; forgiving.

permai *adj.* picturesque; forming a pleasant scene.

permaidani *k.n.* carpet; textile fabric for covering a floor. **berus permaidani** *k.n.* carpet sweeper; household device with revolving brushes for sweeping carpets.

permainan *k.n.* game; play or sport, esp. with rules; section of this as a scoring unit.

permaisuri *k.n. see* **maharani.**

permanian *k.n.* insemination.

permata *k.n.* gem; precious stone; thing of great beauty or excellence; jewel; precious stone cut or set as an ornament; person or thing that is highly valued; thing of great beauty or excellence. **saudagar permata** *k.n.* jeweller; person who deals in jewels or jewellery. **intan permata** *k.n.* jewellery; jewels or similar ornaments to be worn.

permatang *k.n.* ridge; narrow raised path between rice-fields.

permintaan *k.n.* demand; customer's desire for goods or services; request; asking for something; thing asked for.

permit *k.n.* permit; written permission, esp. for entry to a place.

permohonan *k.n.* application; thing applied.

permuafakatan *k.n.* covenant; formal agreement; contract.

permulaan *k.n.* start; beginning; inception; inchoate; just begun, undeveloped. —*adj.* elementary; dealing with the simplest facts of a subject. **zarah permulaan** *k.n.* elementary particle, one not consisting of simpler ones.

permusuhan *k.n.* hostility; being hostile, enmity; acts of warfare.

pernafasan *k.n.* respiration; breathing. **sistem pernafasan** respiratory system.

pernah *k.b.* ever; at any time; in any possible way.

perniagaan *k.n.* trading; business. **ahli perniagaan** businessman; one engaged in trade or commerce.

pernikahan *k.n.* nuptials (*pl.*); wedding ceremony.

perogol *k.n.* rapist; person who commits rape.

peroi *adj.* loose (of soil); crumbly; friable.

perokok *k.n.* smoker; person who smokes tobacco as a habit.

peroksida *k.n.* peroxide; compound of hydrogen used to bleach hair.

perolehan *k.n.* acquirement; acquisition; attainment.

perompak *k.n.* robber. **perompak jalanan** *k.n.* highwayman (pl. -*men*); man (usu. on horseback) who robbed passing travellers in former times.

peronyok, memperonyok *k.k.* crumple; crushed into creases.

perosak *k.n.* pest; troublesome person or thing. **haiwan perosak, serangga perosak** *k.n.* insect or animal harmful to plants, stored food, etc.

perpaduan *k.n.* solidarity; unity resulting from common aims or interests, etc.

perparitan *k.n.* drainage; draining; system of drains.

perpatih *k.n.* customs practised by the Minangkabau people; a term of address for a Sumatran chief in the old days.

perpecahan *k.n.* dissolution; dissolving of an assembly or partnership; disunity; lack of unity.

perpisahan *k.n.* parting; leave-taking.

perpuluhan *k.n.* counting in tens. **titik perpuluhan** decimal point.

perpustakaan *k.n.* library; collection of books for consulting or borrowing; room or building containing these; similar collection of records, films, etc.

perry *k.n.* perry; drink resembling cider, made from fermented pears.

persada, pancapersada *k.n.* a raised dais or platform for a throne on official occasions. **pentas persada** *k.n.* a stage for a contest or competition; a garden or park for relaxation or recreation.

persahabatan *k.n.* friendship.

persaingan *k.n.* emulation; competition; competing; rivalry.

persamaan *k.n.* equation; mathematical statement that two expressions are equal; equating, making equal; similarity; equal; person or thing equal to another.

persatuan *k.n.* association; group organized for a common purpose.

persaudagaran *k.n.* mercantile; trading, of trade or merchants.

persaudaraan *k.n.* brotherhood; relationship of brothers; comradeship; association of men.

persefahaman *k.n.* congeniality; understanding.

persegi, empat persegi *k.n.* square; geometric figure with four equal sides and four right angles. —*adj.* of or using units expressing the measure of an area.

persekitaran *k.n.* milieu (pl. -*eus*); environment, surroundings.

persekolahan *k.n.* schooling.

persekutuan *k.n.* federation; federating; federated society or group of states; federal.

perselisihan *k.n.* dissension; disagreement that gives rise to strife; clash; conflict.

persembunyian *k.n.* cache; hiding place for treasure or stores; things in this; hide-out; (*colloq.*) hiding place.

persenjataan *k.n.* munitions (*pl.*); weapon, ammunition, etc. used in war; armament; military weapons; process of equipping for war.

persenyawaan *k.n.* impregnation; cross-fertilization.

perseorangan *adj.* individual; single; separate; characteristic of one particular person or thing.

persepsi *k.n.* perception; point of view; opinion, etc.

persetaraan *k.n.* parity; equality.

perseteruan *k.n.* animus; animosity; hostility; being hostile, enmity; (*pl.*) acts of warfare.

persetiaan *k.n.* compact; pact, contract; agreement; treaty.

persetujuan *k.n.* agreement; agreeing; arrangement agreed between people; convention; formal agreement.

persidangan *k.n.* conference; meeting for discussion; assembly for discussion; conclave.

persis *adj.* identical; exactly; alike; precisely; exactly.

persona *k.n.* persona (pl. *-ae*).

personaliti *k.n.* personality; person's distinctive character; person with distinctive qualities; celebrity.

personel *k.n.* personnel; the people who work for an organization. **bahagian personel** *k.n.* personnel department which handles human resource relating to employment, interviews, welfare of employees, etc.

personifikasi *k.n.* personification; the practice of representing objects, qualities, etc. as human in art and literature; an object, quality, etc. that is represented in this way.

persari *k.n.* pessary; a vaginal suppository.

perspektif *k.n.* perspective; art of drawing so as to give an effect of solidity and relative position; apparent relationship between visible objects as to position, distance, etc.; a particular way of looking at things; understanding of the relative importance of things. **dalam perspektif** in perspective; according to the rules of perspective; not distorting a thing's relative importance.

persuratan *k.n.* correspondence; writing letters; letters written; literary work, writing; literature; writings esp. great novels, poetry and plays.

pertabalan *k.n.* coronation; ceremony of crowning a monarch or consort; enthronement.

pertahanan *k.n.* defence; protection.

pertama *adj.* first; coming before all others in time or order or importance. *—k.n.* first; first thing or occurrence. *—kkt.* first; before all others or another; in preference.

pertanda *k.n.* executioner; one who executes condemned person(s).

pertandingan *k.n.* contest; struggle for victory; competition.

pertanian *k.n.* agriculture; large scale cultivation of land; husbandry; farming.

pertanyaan *k.n.* inquiry; question; sentence requesting information or an answer; matter for discussion or solution; raising of doubt.

pertapa *k.n.* hermit; person living in solitude. **pertapaan** *k.n.* hermitage; hermit's dwelling.

pertaruhan *k.n.* ante; stake put up by a poker player before drawing new cards.

pertarungan *k.n.* contention; contending; assertion made in argument.

pertatahan *k.n.* incrustation; encrusting; crust or deposit formed on a surface.

pertelingkahan *k.n.* skirmish; minor fight or conflict.

pertempuran *k.n.* encounter; battle; fight.

pertemuan *k.n.* meeting; coming together.

pertengahan *adj.* intermediate; coming between two things in time, place or order. *—k.n.* mid; middle; middle point, position, area, etc. **pertengahan umur** *adj.* middle-aged; between youth and old age. **kelas pertengahan** *k.n.* middle class; class of society between upper and working classes. **Zaman Pertengahan** *k.n.* Middle Ages; about A.D. 1000–1400.

pertengkaran *k.n.* quarrel; angry disagreement; loggerheads; disagreeing or quarrelling; altercation; noisy dispute; discord; disagreement, harsh sound.

pertentangan *k.n.* opposition; antagonism; resistance; placing or being placed opposite; people opposing something; counter; in the opposite direction.

pertikaian *k.n.* argument; discussion involving disagreement, quarrel; debate.

pertimbangan *k.n.* consideration; considering; careful thought; fact that must be kept in mind; admissibility; deliberation; deliberating.

pertinjuan *k.n.* fisticuffs; fighting with fists.

pertiwi, ibu pertiwi *k.n.* motherland; one's native country.

pertukaran *k.n.* transfer; process of transferring; exchange; exchanging.

pertunangan *k.n.* engagement; promise to marry a specified person; betrothal.

pertunjukan *k.n.* show; process of showing; display; public exhibition or (*colloq.*) performance.

perubatan *adj.* medical; of the science of medicine; involving doctors and their work. —*k.n.* medicine; science of the prevention and cure of diseases.

peruk, memeruk *k.k.* to dump; to stuff; to place or put things somewhere carelessly; to squash something until it is flat or nearly flat. **terperuk** *k.k* concealed; buried.

perumah *k.n.* host; organism on which another lives as a parasite. **perumahan** *k.n.* housing; accommodation.

perumpamaan *k.n.* simile; figure of speech in which one thing is compared to another.

perun, perunan *k.n.* a heap of wood or branches to be burned. **memerun** *k.k.* to heap and burn something; to smoke a cigarette. **pemerun** *k.n.* a firelighter; a flammable substance used to start a fire.

perumusan *k.n.* formulation.

peruncit *k.n.* grocer; shopkeeper selling foods and household stores.

perunding *k.n.* consultant; specialist consulted for professional advice.

perundingan *k.n.* consultation.

peruntukan *k.n.* allotment; share allotted; small area of public land let for cultivation; allocation; appropriation.

perusahaan *k.n.* industry; manufacture or production of goods; business activity. **perusahaan roti** *k.n.* bakery; place where bread is baked for sale.

perut *k.n.* stomach; internal organ in which the first part of digestion occurs; abdomen; midriff; front part of the body just above the waist; paunch; belly; protruding abdomen; bulging or rounded part. **sakit perut** *k.n.* stomach-ache; pain in the belly or bowels.

perwakilan *k.n.* delegation; body of delegates; representative; person's or firm's agent; person chosen to represent others; deputation; delegacy; emissary; person sent to conduct negotiation.

perwatakan *k.n.* characterization; personality.

perwira *k.n.* heroic; very brave.

perwujudan *k.n.* materialization; existence.

pes *k.n.* paste; moist fairly stiff mixture; adhesive; edible doughy mixture.

pesak *k.n.* gore; triangular or tapering section of a skirt or sail. **berpesak** *k.k.* gored.

pesakit *k.n.* patient; person treated by a doctor or dentist, etc. **pesakit kusta** *k.n.* leper; person with leprosy.

pesalah *k.n.* malefactor; miscreant; wrongdoer; delinquent; (person) guilty of an offence or neglect of duty.

pesam *adj.* lukewarm; only slightly warm.

pesan, pesanan *k.n.* order; request to supply goods, etc.; things supplied; advice; opinion given about what should be done; piece of information. **berpesan** *k.k.* to advise; give advice to. **memesan** *k.k.* order; give an order for (goods, etc.).

pesara *k.n.* pensioner; person who receives a pension.

pesat *adj.* fast; speedy; quick; rapid; swift.

pesawat *k.n.* tool; machine. **pesawat terbang, pesawat udara** *k.n.* aeroplane; mechanically driven aircraft with wings. **pesawat angkasa** *k.n.* spacecraft; vehicle for travelling in outer space.

pesek *k.n.* flat-nosed; pug-nosed.

peserta *k.n.* competitor; one who competes.

pesimis *k.n.* pessimist.

pesimisme *k.n.* pessimism; tendency to take a gloomy view of things.

pesisir *k.n.* beach; coastal area. **kapal pesisir** *k.n.* coaster; ship trading along a coast.

peso *k.n.* peso (pl. -os); a unit of money in several South American countries.

pesolek *k.n.* dandy; man who pays excessive attention to the smartness of his appearance.

pesona *k.n.* spell; words supposed to have magic power; their influence; fascination; attraction; enchantment. **mempesonakan** *k.k.* enthral (p.t. *enthralled*); hold spellbound; enchant; bewitch; put under a magic spell; delight very much; fascinate; attract and hold the interest of; charm greatly; make (a victim) powerless by a fixed look.

pesong, terpesong *k.k.* diverted; deviated; distracted with one's mind on other things.

pesongan *k.n.* diversion.

pesta *k.n.* festival; day or period of celebration; series of performances of music or drama, etc.; carnival; public festivities, usu. with a procession; gala; festive occasion; binge (*sl.*); spree, eating and drinking and

making merry. berpesta *k.k.* celebrate; engage in festivities.

pestilens *k.n.* pestilence; deadly epidemic disease.

pestisid *k.n.* pesticide; substance used to destroy harmful insects, etc.

pesuruhjaya *k.n.* commissioner; government official in charge of a district abroad.

peta *k.n.* map; representation of earth's surface or a part of it, or of the heavens. **membuat peta** *k.k.* map (p.t. *mapped*); make a map of.

petah *adj.* fluent; eloquent. **kepetahan** *k.n.* eloquence; ability to speak well. **terpetah** *adj.* most articulate; most fluent. **memetahkan** *k.k.* to practise or learn to speak well.

petai *k.n.* type of tree with edible seeds that can be cooked or eaten raw.

petak *k.n.* check; pattern of squares or crossing lines; chequered; pattern of squares, esp. of alternating colours; cubicle; small division of large room, screened for privacy.

petaka *k.n.* debacle; general collapse.

petala *k.n.* layer; tier.

petanda *k.n.* omen; event regarded as a prophetic sign.

petang *k.n.* afternoon; time between morning and about 6 p.m. or sunset; evening; latter part of the day, before nightfall; eventide (*old use*); eve; evening or day just before a festival.

petani *k.n.* peasant; person working on the land; farmer.

petas *k.n.* cracker; small explosive firework; toy paper tube made to give an explosive crack when pulled apart.

peterana *k.n.* a type of platform or dais (for royalty, bridal couple, etc.). **peterana lawangan** *k.n.* the front structure of a Malay ship.

peti *k.n.* chest; large strong box for storing or shipping things in. **peti nyanyi** *k.n.* jukebox; machine that plays a selected record when a coin is inserted. **peti sejuk** *k.n.* refrigerator; cabinet or room in which food is stored at a very low temperature. **peti surat** *k.n.* postbox; box into which letters are inserted for sending by post; pillar box; hollow pillar about 5 ft. high into which letters may be posted.

petik, memetik *k.k.* pluck; pull at or out or off; pick; detach (flower or fruit) from the plant bearing it; cull. **petikan** *k.n.* passage; section of a literary or musical work; extract; passage from a book, play, film or music; cull; thing(s) culled.

petir *k.n.* thunder; loud noise that accompanies lightning; similar sound; clap; sharp noise of thunder. **memetir** *k.k.* thunder; sound with or like thunder.

petis *k.n.* paste made from fish, shrimp, etc.

petisyen *k.n.* petition; a letter of appeal.

petola *k.n.* loofah; dried pod of a gourd, used as a rough sponge.

petrokimia *k.n.* petrochemical; chemical substance obtained from petroleum or gas.

petrol *k.n.* petrol; inflammable liquid made from petroleum for use as fuel in internal combustion engines.

petroleum *k.n.* petroleum; mineral oil found underground, refined for use as fuel in car engines, etc. **jeli petroleum** *k.n.* petroleum jelly; greasy substance obtained from petroleum, used as a lubricant.

petua *k.n.* advice; guide; tip; special and useful information or advice.

petugas *k.n.* crew; group working together; worker; person who works.

petunia *k.n.* petunia; garden plant with funnel-shaped flowers.

petunjuk *k.n.* clue; fact or idea giving a guide to the solution of a problem; maxim; sentence giving a general truth or rule of conduct.

pewangi *k.n.* deodorant; substance that removes or conceals unwanted odours; perfume; fragrant liquid for applying to the body; cologne; eau-de-Cologne or similar scented liquid.

pewarisan *k.n.* inheritance.

pewarna *k.n.* colourant; colouring-matter. **pewarnaan** *k.n.* coloration; colouring.

pi *k.n.* pi; Greek letter used as a symbol (π) for the ratio of a circle's circumference to its diameter (about 3.14).

piagam *k.n.* charter; official document granting rights or defining the form of an institution. **memiagamkan** *k.k.* charter; grant a charter to.

pial, memial *k.k.* to twist one's ear. **pial ayam** *k.n.* wattle; gill; red flesh that grows on the neck and head of a chicken.

piala *k.n.* cup; ornamental goblet as a prize; chalice; large goblet.

pianggang *k.n.* greenfly (pl. *-fly*); small green insect that sucks juices from plants.

piano *k.n.* piano (pl. *-os*); musical instrument with metal strings struck by hammers operated by pressing the keys of a keyboard; pianoforte. **pemain piano** *k.n.* pianist; person who plays the piano.

piatu *adj.* orphaned. **anak piatu** *k.n.* an orphan; a child who has lost both parents. **rumah piatu** *k.n.* an orphanage; a house for orphans. **dagang piatu** *k.n.* a foreigner who is without kith and kin.

piawai *k.n.* exact; accurate; standard; required level of quality or proficiency.

pic *k.n.* peach; round juicy fruit with a rough stone; tree bearing this; its yellowish-pink colour.

picagari *k.n.* syringe; device for drawing in liquid and forcing it out in a fine stream.

picik *adj.* parochial; interested in a limited area only.

picit, lampu picit *k.n.* small hand-held electric lamp. **memicit** *k.k.* squeeze; exert pressure on; press; apply force against; depress.

picu *k.n.* cock; lever in a gun. **memicu** *k.k.* cock; set the cock of (a gun) for firing; set (a camera shutter) ready for release.

pidato *k.n.* oration; long speech, esp. of a ceremonial kind; peroration; lengthy speech; last part of this.

pigmen *k.n.* pigment; colouring-matter.

pigmentasi *k.n.* pigmentation.

pigmi *k.n.* pygmy; person or thing of unusually small size.

pihak *k.n.* party; person(s) forming one side in an agreement or dispute; side; one of two opposing groups or teams, etc. **memihak** *k.k.* side; join forces (with a person) in a dispute; take sides.

pijak, pijak-pijak *k.n.* pedal; treadle; lever operated by the foot in a vehicle or machine. **memijak** *k.k.* step on; stand on; trample.

pijama *k.n.* pyjamas; loose jacket and trousers esp. for sleeping in.

pijar *adj.* incandescent; glowing with heat, shining.

pijat, pijat-pijat *k.n.* bed-bug; bug infesting beds.

pikat[1], **memikat** *k.k.* captivate; capture the fancy of, charm; attract.

pikat[2] *k.n.* gadfly; fly that bites cattle. **pikatan** *k.n.* captivation; attraction.

piket *k.n.* picket; party of sentries; person(s) stationed by trade unionists to dissuade others from entering a building, etc. during a strike. **berpiket** *k.k.* picket (p.t. *picketed*); station or act as a picket on (a building, etc.).

piknik *k.n.* picnic; an occasion when people pack a meal and take it to eat outdoors esp. in the countryside. **berpiknik** *k.k.* to have a picnic; to go on a picnic (usu. group activity).

piktograf *k.n.* pictograph; writing in the form of pictures and symbols (without letters).

pikul *k.n.* unit of weight which is about 62.5 kg. **memikul** *k.k.* to carry (on the shoulder); to bear; to endure.

pil *k.n.* pill; small ball or piece of medicinal substance for swallowing whole. **kotak pil** *k.n.* pill box; small round box for pills; thing shaped like this.

pili *k.n.* hydrant; pipe from a water-main (esp. in a street) to which a hose can be attached.

pilih *k.k.* select; pick out as best or most suitable; choose (p.t. *chose*, p.p. *chosen*); select out of a greater number of things; decide, prefer; opt; make a choice; elect; choose by vote; choose as a course. **terpilih** *k.k.* chosen, esp. for excellence; exclusive. **pilihan** *adj.* optional; not compulsory. —*k.n.* choice; choosing, right of choosing; variety from which to choose; person or thing chosen.

pilih atur *k.n.* perm; permutation; variation of the order of or choice from a set of things. **memilih atur** *k.k.* perm; make a permutation of.

pilihan raya *k.n.* election; process of electing representative(s) esp. as MPs.

pilin, piuh pilin *k.n.* trickery. **tangga pilin** spiral staircase. **berpilin** *k.k.* spiral; forming a continuous winding curve round a central point. **memilin** *k.k.* twist; spiral.

pilu *adj.* lugubrious; dismal, mournful; sad.

pimpin, berpimpin, memimpin *k.k.* conduct; lead, guide; be the conductor of; manage. **pimpinan** *k.n.* leadership.

pin *k.n.* pin; short pointed piece of metal usu. with a round broadened head, used for fastening things together; peg or stake of wood or metal. **mengepin** *k.k.* pin (p.t. *pinned*); fasten with pin(s).

pinang[1] *k.n.* areca palm; tropical Asian palm; areca nut; seed of the areca palm.

pinang[2], **meminang** *k.k.* propose; make a proposal of marriage; ask for a woman's hand in marriage. **pinangan** *k.n.* marriage proposal; the act of asking for a woman's hand in marriage.

pinar *adj.* glaring; blurry; sparkling. **berpinar** *k.k.* see stars, flashes of light. **meminarkan** *k.k.* blinding; glaring.

pinat *adj.* pinnate; having leaflets on each side of the leaf-stalk.

pincang *adj.* limp; not stiff or firm; wilting.

pinda *k.k.* amend; make minor alteration(s) in. **pindaan** *k.n.* amendment; improvement.

pindah *k.k.* move; change one's residence; change; go from one of two (sides, etc.) to another. **pindah-ramai** *k.n.* exodus; departure of many people. **memindahkan** *k.k.* evacuate; send away from a place considered dangerous.

pinga, **terpinga-pinga** *k.k.* bewildered; puzzled; agape (in puzzlement).

pingat *k.n.* medal; coin-like piece of metal commemorating an event or awarded for an achievement. **pingat besar** *k.n.* medallion; large medal; circular ornamental design. **pemenang pingat** *k.n.* medallist; winner of a medal.

pinggan *k.n.* dish; shallow flat-bottomed object for holding food; shallow concave object; plate.

pinggang *k.n.* waist; part of the human body between ribs and hips; loin; side and back of the body between ribs and hip bone, part of a garment covering this. **tali pinggang** *k.n.* belt; strip of cloth or leather, etc. esp. worn round the waist.

pinggir *k.n.* periphery; boundary; edge; fringe; edge of an area or group, etc. **pinggiran** *k.n.* marginal; of or in a margin; near a limit.

pinggul *k.n.* hip; projection of the pelvis on each side of body.

pingpong *k.n.* ping-pong; table tennis.

pinjal *k.n.* flea; small jumping insect that feeds on blood.

pinjam *k.k.* borrow; get temporary use of (a thing or money); use (an idea, etc.) without being the inventor; lend (p.t. *lent*); give or allow to use temporarily; contribute as a help or effect. **meminjamkan** *k.k.* loan;

(*colloq.*) lend. **pinjaman** *k.n.* loan; lending; thing lent, esp. money.

pinta, **minta**, **meminta** *k.k.* to ask; to request; to hope to receive; to appeal for; to apply for; to ask for (a lady's) hand in marriage. **meminta diri** *k.k.* to ask to be excused; to take one's leave. **meminta-minta** *k.k.* to keep asking for things; to request repeatedly. **permintaan** *k.n.* a request; an application; an act of making a request or asking. **peminta** *k.n.* a person who makes requests. **peminta sedekah** *k.n.* a beggar.

pintal, **memintal** *k.k.* spin; twist, wind (strands, etc.) round each other esp. to form a single cord. **berpintal-pintal** *k.k.* twisted; tangled; twisted into a confused mass.

pintar *adj.* bright; quick-witted; clever; canny; astute; shrewd, quick at seeing how to gain an advantage; perspicacious; showing great insight.

pintas, **memintas** *k.k.* overtake (p.t. *-took*, p.p. *-taken*); come abreast or level with; pass (a moving person or thing). **memintasi** *k.k.* bypass; avoid. **sepintas** *k.n.* cursorily; hasty and not thorough. **pintasan** *k.n.* interception; bypass; road taking traffic round a congested area; secondary channel for use when the main route is blocked.

pintu *k.n.* door; hinged, sliding, or revolving barrier closing an opening.

piorea *k.n.* pyorrhoea; a disease causing discharge of pus from the tooth sockets.

pipet *k.n.* pipette; slender tube for transferring or measuring small amounts of liquid.

pipi *k.n.* cheek; side of the face below the eye.

pipih *adj.* level and thin; flat. **bulat pipih** *adj.* (shape of a coin) round, thin and flat; (nose) snub. **kepipihan** *k.n.* a flat shape; a flat feature. **memipih** *k.k.* to flatten.

pipis *adj.* ground; crushed into powder, etc.; pounded. **berpipis** *k.k.* coated with. **memipis** *k.k.* to grind into a fine texture. **memipiskan** *k.k.* to grind; to pound (chilli and spices) for cooking.

pipit[1] *k.n.* pipit; small bird resembling a lark; sparrow.

pipit[2], **pemipit** *k.n.* mouthpiece; part of an instrument placed near the lips.

pirai *k.n.* gout; disease causing inflammation of the joints.

piramid *k.n.* pyramid; structure with sloping sides that meet at the top, esp. built by ancient Egyptians as a tomb or by Aztecs and Mayas as a platform for a temple.

piranha *k.n.* piranha; fierce tropical American freshwater fish.

piring *k.n.* saucer; curved dish on which a cup stands; thing shaped like this. **piring terbang** *k.n.* flying saucer; unidentified object reported as seen in the sky.

pisah *k.k.* apart; separately, so as to become separated. **berpisah** *k.k.* separate; not joined or united with others. **memisahkan** *k.k.* dissociate; separate, esp. in one's thoughts; declare to be unconnected; segregate.

pisang *k.n.* banana; finger-shaped fruit; tropical tree bearing this.

pisau *k.n.* knife; cutting instrument with a sharp blade and a handle. **pisau cukur** *k.n.* gold-digger; woman who uses her attractions to obtain money from men. **pisau lipat** *k.n.* jack-knife; large folding knife. **pisau pelepa** *k.n.* palette-knife; blade with a handle, used for spreading paint or for smoothing soft substances in cookery.

pistil *k.n.* pistil; seed-producing part of a flower.

pistol *k.n.* pistol; small gun.

piston *k.n.* piston; sliding disc or cylinder inside a tube, esp. as part of an engine or pump.

pita *k.n.* tape; narrow strip of woven cotton, paper, etc.; ribbon. **pita ukur** *k.n.* tape-measure. **pita video** *k.n.* video tape.

pitam *k.n.* blackout; temporary loss of consciousness or memory.

pituitari *adj.* pituitary. **kelenjar pituitari** *k.n.* pituitary gland; gland at the base of the brain, with important influence on bodily growth and functions.

piut¹ *k.n.* fifth generation (grandchildren of grandchildren). **piut-miut** *k.n.* a distant descendant. **piat-piut** *k.n.* remote descendants.

piut², **memiut** *k.k.* (*sl.*) to pinch. **piutkan** *k.k.* to pinch on behalf of another.

piutang *k.n.* credit; loan; money lent to others. **hutang-piutang** *k.n.* debts; loans; all kinds of money borrowed from or lent to others. **sipiutang** *k.n.* a creditor; a lender; a person who gives loans. **berpiutang** *k.k.* to have money that is lent to others.

piuter *k.n.* pewter; grey alloy of tin with lead or other metal; articles made of this.

piza *k.n.* pizza; layer of dough baked with a savoury topping.

plagiat *k.k.* to plagiarize; to extract or copy other people's ideas or invention and claim them as one's own.

plaintif *k.n.* plaintiff; (*Brit.*) complainant.

plak *k.n.* plaque; film on teeth.

planet *k.n.* planet; one of the heavenly bodies moving round the sun. **antara planet** *adj.* interplanetary; between planets.

planetarium *k.n.* planetarium; a domed building equipped with astronomical technology and telescopes that present images of the universe.

plankton *k.n.* plankton; minute forms of organic life floating in the sea or in rivers and lakes.

plasenta *k.n.* placenta; organ that develops in the womb during pregnancy and nourishes the foetus.

plasma *k.n.* plasma; colourless fluid part of blood; a kind of gas.

plaster *k.n.* plaster; soft mixture of lime, sand and water, etc. used for coating walls; plaster of Paris, cast made from this; sticking-plaster. **memplaster** *k.k.* cover with plaster; coat, daub, make smooth with a fixative.

plastik *adj.* plastic; able to be moulded; giving form to clay or wax, etc.; made of plastic. —*k.n.* synthetic substance moulded to a permanent shape.

plastisin *k.n.* plasticine; plastic substance used for modelling.

platform *k.n.* platform; raised level surface or area, esp. from which a speaker addresses an audience.

platinum *k.n.* platinum; silver-white metal that does not tarnish.

platipus *k.n.* platypus; a type of duck-like animal found in Australia and produces milk for its young.

platun *k.n.* platoon; subdivision of a military company.

playar *k.n.* pliers; pincers· with flat surfaces for gripping things.

plaza *k.n.* plaza; an entrance to a highway where booths are placed for collecting tolls; a shopping complex.

pleno *k.n.* plenary; attended by all members. **sidang pleno** plenary session.

plot¹ *k.n.* plot; small piece of land.

plot² *k.n.* plot; story in a play or novel or film. **memplotkan** *k.k.* plot (p.t.

P

plotted); make a map or chart of, mark on this.

plum *k.n.* plum; fruit with sweet pulp round a pointed stone; tree bearing this; reddish-purple.

plumbum *k.n.* lead; heavy grey metal; graphite as the writing-substance in a pencil; lump of lead used for sounding depths; leads (*pl.*); strips of lead.

Pluto *k.n.* Pluto; the planet that is furthest from the sun in the solar system.

plutonium *k.n.* plutonium; radioactive substance used in nuclear weapons and reactors.

P.M. *kep.* P.M.; Prime Minister.

pneumonia *k.n.* pneumonia; inflammation of one or both lungs.

podium *k.n.* podium; platform for people giving a speech.

pohon[1] *k.n.* tree. **kelompok pohon** *k.n.* grove; group of trees.

pohon[2], **memohon** *k.k.* intercede; intervene on someone's behalf.

poin *k.n.* a point (location); a score (in games, etc.); a dot.

pojok *k.n.* a corner; a column in a newspaper; a section for humour or satirical writing.

pokai *adj.* penniless; having no money.

poker *k.n.* poker; gambling card game.

pokok *k.n.* tree; perennial plant with a single thick stem; framework of wood for various purposes.

pola *k.n.* pattern; model, design or instructions showing how a thing is to be made; sample of cloth, etc.

polemik *k.n.* polemic; a speech or a piece of writing that argues very strongly for or against something/somebody.

poliandri *k.n.* polyandry; system of having more than one husband at a time.

polifoni *k.n.* polyphony; combination of melodies.

poligami *k.n.* polygamy; system of having more than one wife at a time.

poligon *k.n.* polygon; figure with many sides.

poligraf *k.n.* polygraph; machine reading the pulse rate, etc. used as a lie detector.

polihedron *k.n.* polyhedron (pl. *-dra*); solid with many sides.

poliklinik *k.n.* polyclinic; a general clinic that provides medical treatment or minor surgery.

polimer *k.n.* polymer; compound whose molecule is formed from a large number of simple molecules. **menjadikan polimer** *k.k.* polymerize; combine into a polymer.

polio *k.n.* polio; type of disease that can cause paralysis.

polis *k.n.* police; civil force responsible for keeping public order. **polis lelaki** *k.n.* policeman (pl. *-men*). **polis wanita** *k.n.* policewoman (pl. *-women*).

polisi *k.n.* policy; insurance contract.

polistirena *k.n.* polystyrene; a kind of plastic.

politeisme *k.n.* polytheism; belief in or worship of more than one god. **penganut politeisme** *k.n.* polytheist.

politeknik *k.n.* polytechnic; institution giving education and training in many subjects at an advanced level.

politena *k.n.* polythene; a kind of tough light plastic.

politik *adj.* political; of or involving politics; of the way a country is governed. —*k.n.* politics; political principles. **ahli politik** *k.n.* politician; person engaged in politics. **ilmu politik** *k.n.* politics; science and art of government; political affairs or life.

polo *k.n.* polo; game like hockey played by teams on horseback.

polong *k.n.* a type of ghost that makes people ill (when possessed). **berpolong** *k.k.* own or keep this ghost as its master.

polos *adj.* plain (of fabric, etc.); without pattern or design; honest; straight.

pondan *k.n.* transvestite; person (usu. male) who dresses in the clothes of the opposite sex; hermaphrodite. —*adj.* girlish (of boys).

pondok *k.n.* small house; booth; small shelter; kiosk; booth where newspapers or refreshments are sold, or containing a public telephone; hut; small simple or roughly made house or shelter; cottage; small simple house in the country. **penghuni pondok** *k.n.* cottager; country person living in a cottage.

pongah *adj.* hoity-toity; haughty; egotistic; snooty (*colloq.*); contemptuous; cocky (*-ier, -iest*); conceited and arrogant.

pongsu[1] *k.n.* an anthill; (*Brit.*) a hillock.

pongsu² *k.n.* a peacock; a type of pheasant.

ponteng *k.k.* play truant; stay away from school or work without leave.

popadom *k.n.* poppadam; a large thin crisp savoury Indian cracker.

popi *k.n.* poppy; plant with large bright flowers and milky juice.

popia *k.n.* a spring roll; a type of food with vegetables, sardines, meat, etc. as filling, wrapped in a thin sheet of pastry and eaten with sauce.

poplin *k.n.* poplin; plain woven usu. cotton fabric.

popular *adj.* popular; well-known and liked by many.

populasi *k.n.* population; all the people who live in a particular area, city or country.

pornografi *k.n.* pornography; writings or pictures intended to stimulate erotic feelings by portraying sexual activity.

poros *adj.* porous; containing tiny openings (on skin, leaf, etc.), through which air or liquid can pass through.

porter *k.n.* porter; person employed to carry luggage or goods.

porak *adj.* disorderly; chaotic; confused; scattered; broken-up.

portfolio *k.n.* portfolio; jurisdiction and responsibility of a minister in the ministry; a set of investments owned by an individual or company; a list of company products.

Portugis *adj. & k.n.* Portuguese; (native, language) of Portugal.

pos¹ *k.n.* post; place of duty.

pos² *k.n.* post; official conveyance of letters, etc.; the letters, etc. conveyed. **mengepos** *k.k.* post; put into a post-box or post office for transmission. **pejabat pos** *k.n.* post office; building or room where postal business is carried on. **Jabatan Pos** *k.n.* Post Office; public department responsible for postal services.

positif *adj.* positive; definite; constructive; (of battery terminal) through which electric current enters; (of a photograph) with lights, shades, or colours as in the subject; not reversed.

positivisme *k.n.* positivism; philosophical system based on observed facts and reality.

poskad *k.n.* postcard; card for sending messages by post without an envelope.

poskod *k.n.* postcode; group of letters and figures in a postal address to assist sorting.

posmen *k.n.* postman (pl. -men); person who delivers or collects letters, etc.

post-mortem *k.n.* post-mortem; an examination of a dead body to find out the cause of death for criminal investigation, etc.

pot *k.n.* pot; a container made of clay, glass, metal, etc. that is used for storing food, liquid, etc.; a cooking pot; a pitcher.

poster *k.n.* poster; large sheet or paper announcing or advertising something, for display in a public place.

potas *k.n.* potash; potassium carbonate.

potensi *k.n.* potential; (ability, etc.) capable of being developed or used.

potong, memotong *k.k.* cut (p.t. *cut*, pres.p. *cutting*); intersect; amputate; cut off by surgical operation; dock; cut short; reduce; take away part of; delete; strike out (a word, etc.); divide, wound, or shape, etc. by pressure of an edge; reduce; excise; cut out or away. **potongan** *k.n.* cutting; piece cut off; style of cutting; reduction; (*sl.*) shape.

potret *k.n.* portrait; picture of a person or animal.

pra *awl.* prior to; a prefix that means before. **prasejarah** *k.n.* prehistory; the time before history was recorded.

praakhir *adj.* penultimate; last but one.

pragmatik *k.n.* pragmatic; treating things from a practical point of view.

pragmatisme *k.n.* pragmatism.

prairi *k.n.* prairie; large treeless tract of grassland, esp. in North America.

prakata *k.n.* preface; introductory statement.

praktik, mempraktikkan *k.k.* to practise something based on theory; to execute; to perform an action.

praktikal *adj.* practical; involving activity as distinct from study or theory; suitable for use; clever at doing and making things.

praktis *adj.* practicable; able to be done. **tak praktis, tidak praktis** *adj.* impractical; not practical; impracticable; not practicable.

pramatang *adj.* premature; happening earlier than expected. **kelahiran pramatang** *k.n.* premature birth; birth before the due date.

pramugara *k.n.* steward; passengers' attendant and waiter on a ship, aircraft, or train.

pramugari *k.n.* stewardess; air hostess; female steward on a ship, etc.

prasangka *k.n.* prejudice; unreasoning opinion or dislike. —*k.k.* cause to have a prejudice.

prasarana *k.n.* infrastructure; basic facilities such as roads, water, electricity, telecommunication, etc.

prasasti *k.n.* inscription; words or names inscribed on a coin, stone, etc.

prasejarah *adj.* prehistoric; of the ancient period before written records were made. —*k.n.* prehistory; prehistoric matters or times.

prasekolah *k.n.* preschool; of the time before a child is old enough to go to school.

prasyarat *k.n.* precondition; a condition that must be fulfilled beforehand.

pratonton *k.n.* preview; unofficial viewing of something before it is being shown to the public.

prebet[1] *k.n.* private; a soldier of the lowest rank.

prebet[2] *adj.* personal; private.

predikat *k.n.* predicate; the part of a sentence containing a verb that describes the subject.

prejudis *adj.* prejudiced; having an unreasonable dislike of or preference for somebody/something.

premis[1] *k.n.* premise; a statement that forms the basis for a reasonable line of argument. **berpremiskan** *k.k.* based on.

premis[2] *k.n.* premises; the building and land near to it that a business owns or uses.

premium *k.n.* premium; amount or instalment paid for an insurance policy; extra sum added to a wage or charge; fee for instruction. **bond premium** *k.n.* premium bond; government security paying no interest but offering a periodical chance of a cash prize.

presiden *k.n.* president; head of an institution or club, etc.; head of a republic.

presidium *k.n.* presidium.

preskriptif *adj.* prescriptive.

prestasi *k.n.* performance; action or achievement, considered in relation to how successful it is.

prestij *k.n.* prestige; the respect and admiration that somebody/something has because of their social position or what they have done. **berprestij** *adj.* prestigious.

prihatin, berprihatin *adj.* caring; sensitive to the feelings of others. **memprihatinkan** *k.k.* to attract attention towards something; to give rise to extreme sadness. **keprihatinan** *k.n.* concern; care; serious interest in something.

prima facie *adj.* prima facie; based on what at first seems to be true, although it may be proved false later.

primadona *k.n.* prima donna; the main female singer in an opera.

primitif *adj.* primitive; of or at an early stage of civilization; simple, crude.

prinsip *k.n.* principle; a law, rule or theory that something is based on; a moral rule or strong belief that influences your actions; a general or scientific law that explains how something works or why something happens. **berprinsip** *k.k.* to have principles.

prisma *k.k.* prism; a solid object with a flat base and parallel upright edges.

pro *k.k.* pro; to be in favour of; to agree to a certain opinion or way of thinking; (*abbr.*) professional.

proaktif *adj.* proactive, taking the initiative.

produk *k.n.* product; a thing that is grown or produced, usu. for sale.

produksi *k.n.* production; process of manufacturing goods in bulk; process of making a play, film, record, etc. for broadcasting.

produktif *adj.* productive; producing things, esp. in large quantities.

produktiviti *k.n.* productivity; efficiency in industrial production.

profesion *k.n.* profession; a type of job that needs special training or skill, esp. one that needs a high level of education.

profesional *k.n.* professional; of or belonging to a profession; showing the skill of a trained person; doing specified work, etc. for payment, not as a pastime. —*k.n.* professional; professional worker or player, etc.

profesor *k.n.* professor; university teacher of the highest rank.

profil *k.n.* profile; outline of a person's face seen from the side; short account of a person's character or career.

program *k.n.* programme; (*U.S.*) program; series of coded instructions for a computer; plan of procedure; list of events of items in an entertainment; broadcasting performance.

memprogram *k.k.* program (p.t. *programmed*); instruct (a computer) by means of this.

progresif *adj.* progressive; in favour of new ideas, modern methods and change; happening or developing steadily.

projek *k.n.* project; plan, undertaking; task involving research.

projektil *k.n.* projectile; an object fired from a gun or weapon such as bullet, missile, etc.

projektor *k.n.* projector; apparatus for projecting images on to a screen.

proksi *k.n.* proxy; person authorized to represent or act for another; use of such a person.

prolifik *adj.* prolific; (of an artist, a writer, etc.) producing many works; (of plants, animals, etc.) producing a lot of fruits, flowers, young, etc.

prolog *k.n.* prologue; introduction to a poem or play, etc.

promosi *k.n.* promotion. **mempromosi** *k.k.* promote; help the progress of; publicize in order to sell.

promoter *k.n.* promoter; a person (body) that organizes and sponsors an event or a performance.

propaganda *k.n.* propaganda; ideas or statements that may be false or exaggerated and that are used in order to gain support for a political leader, party, etc.

prorog *k.k.* prorogue; discontinue the meetings of (a parliament) without dissolving it.

prosa *k.n.* prose; writing that is not poetry. **memprosakan** *k.k.* to change poetry into ordinary composition.

prosedur *k.k.* procedure; the usual method, style, way, etc. of doing something.

proses *k.n.* process; series of operations used in making or manufacturing something; procedure; series of changes or events.

prospektus *k.n.* prospectus; printed document advertising the chief features of a school, business enterprise, etc.

prostat *k.n.* prostate. **kelenjar prostat** *k.n.* prostate gland; gland round the neck of the bladder in males.

protagonis *k.n.* protagonist; the main character in a movie or story; an active supporter of a policy or movement.

protein *k.n.* protein; organic compound containing nitrogen, forming an essential part of animal's food.

protes *k.n.* protest; express disapproval; declare firmly.

Protestan *k.n.* Protestant; member of one of the western Churches that are separated from the Roman Catholic Church.

protokol *k.n.* protocol; system of rules governing formal occasions; accepted code of behaviour in a situation; draft of a treaty.

proton *k.n.* proton; particle of matter with a positive electric charge.

protoplasma *k.n.* protoplasm; colourless jelly-like substance, the main constituent of all organic cells and tissues.

prototaip *k.n.* prototype; original example from which others are developed; trial model (e.g. of an aircraft).

protozoa *k.n.* protozoa; small living organisms with only one cell.

protraktor *k.n.* protractor; instrument for measuring angles, usu. a semicircle marked off in degrees.

pruf *k.n.* author's proof; a copy of printed material to be checked before the final printing; a printed copy that has yet to be approved for publication.

psikik *adj.* psychical; of the soul or mind; of phenomena that seem to be outside physical and natural laws; psychic; able to exercise psychical powers.

psikologi *k.n.* psychology; study of the mind and how it works; mental characteristics. **ahli psikologi** *k.n.* psychologist.

psikopat *k.n.* psychopath; person suffering from a severe mental disorder.

psikoterapi *k.n.* psychotherapy; the method of treating mental illnesses by discussing somebody's problems with them rather than giving them drugs.

puak *k.n.* clan; group of families with a common ancestor; large family forming a close group; clique; small exclusive group. **berpuak** *k.k.* clannish; united in close group.

puaka, hantu puaka *k.n.* evil spirit; devil; evil person.

pualam, batu pualam *k.n.* alabaster; type of stone; limestone that is hard, clean and shiny; marble.

Puan *k.n.* Mrs. (pl. *Mrs.*); title prefixed to a married woman's name; polite form of address to a woman; madam; ma'am.

puas *kkt.,* **puas hati** *adj.* satisfied; content; satisfied with what one has. **memuaskan** *k.k.* gratify; give pleasure to; satisfy (wishes).

puasa *k.k.* fast; go without food or without certain kinds of food. —*k.n.* fasting; day of season appointed for this.

pub *k.n.* pub; a place where people go to drink and meet their friends.

pubik *adj.* pubic; connected with the part of a person's body, near the sex organ.

publisiti *k.n.* publicity; the attention that is given to somebody/something by newspapers, television, etc.; the business of attracting the attention of the public to something/somebody.

pucat *adj.* pale (*-er, -est*); (of face) having less colour than normal; (of colour or light) faint; pallid.

pucuk *k.n.* shoot; young branch or new growth of a plant.

pucung *k.n.* heron; long-legged wading-bird. **sarang pucung** *k.n.* heronry; place where herons breed.

pudar *adj.* faint; dim; faded; blurred. **memudarkan** *k.k.* fade; cause to lose colour, freshness, or vigour; dim; blur; dull.

pudina *k.n.* mint; plant with fragrant leaves used for flavouring; peppermint; a kind of mint with strong fragrant oil; this oil.

puding *k.n.* pudding; baked, boiled, or steamed dish containing or enclosed in a mixture of flour and other ingredients; sweet course of a meal.

puerpera *adj.* puerperal; of or resulting from childbirth.

pugar, memugar, memugari *k.k.* to restore; to rehabilitate. **pemugaran** *k.n.* restoration; matters relating to land reclamation (clearing and development).

puin *k.n.* debris; scattered broken pieces or rubbish.

puing *k.n.* ruins of houses, buildings, etc. **abu puing** *k.n.* dust from ruins. **batu puing** *k.n.* rubble from ruins, etc. **memuingkan** *k.k.* to ruin; to wreck; to tear down house, building, etc.; to cause something to fall into ruin.

puisi *k.n.* poem; literary composition in verse; poetry; poetic work. **puisi kanak-kanak** *k.n.* nursery rhyme; traditional verse for children.

puja, memuja *k.k.* worship; honour as a deity; take part in an act of worship.

memuja-muja *k.k.* idolize; love or admire excessively.

pujangga *k.n.* poet; scholar; thinker; philosopher.

puji, memuji *k.k.* praise; express approval or admiration of; honour (God) in words; commend; recommend; compliment; pay compliment to. **terpuji** *k.k.* praiseworthy, creditable; deserving praise; commendable; worthy of praise; complimentary; expressing a compliment. **pujian** *k.n.* commendation; polite expression of praise; formal greetings in a message; credit; honour for an achievement, etc.; good reputation. **kepujian** *k.n.* distinction.

pujuk, memujuk *k.k.* persuade; coax; manipulate gently; cajole; entice; attract by offering something pleasant; induce; mollify; soothe the anger of. **pujukan** *k.n.* persuasion; persuading; enticement; inducement; inducing; mollification.

pukal *k.n.* bulk; size, esp. when great; greater part; bulky thing.

pukat *k.n.* net; open-work material of thread, cord, etc.; piece of this used for a particular purpose. **pukat tangkul** *k.n.* seine; a kind of fishing-net that hangs from floats.

pukul[1] **, memukul** *k.k.* beat (p.t. *beat,* p.p. *beaten*); hit repeatedly, strike strongly; mix vigorously; buffet (p.t. *buffeted*); deal blows to.

pukul[2] *k.n.* o'clock; by the clock. **pukulan** *k.n.* buffet; blow, esp. with a hand; regular repeated stroke; hard stroke with a hand or tool or weapon.

pula *kkt.* again; moreover; furthermore; also; too likewise.

pulang *k.k.* return; come or go back. **memulangkan** *k.k.* return; bring, give, put, or send back; say in reply. **pulangan** *k.n.* return; returning; profit.

pulas, memulas *k.k.* to turn; to twist; to tweak. **pulasan** *k.n.* a type of tree with fruit that look like the rambutan.

pulau[1] *k.k.* boycott; refuse to deal with or trade with.

pulau[2] *k.n.* island; piece of land surrounded by water. **penduduk pulau** *k.n.* islander; inhabitant of an island.

pulih *k.k.* convalesce; regain health after illness. **memulihkan** *k.k.* cure; restore to health; get rid of (a disease or trouble, etc.).

pulihara, memulihara *k.k.* to restore for conservation; to conserve to prevent extinction. **pemuliharaan** *k.n.* restoration; conservation; protection of wildlife.

pulpa *k.n.* pulp; material made from crushed wood that is use to make paper.

pulsar *k.n.* pulsar; a source (in space) of radio pulses.

puluh *k.bil.* ten; in groups of ten. **berpuluh-puluh** *kkt.* by tens; in tens.

pulut *k.n.* glutinous rice; a type of sticky rice.

puma *k.n.* puma; large brown American animal of the cat family.

pun *k.b.* also; too; even(though); yet; still; not to mention; let alone.

punah, memunahkan *k.k.* destroy; ruin; spoil completely.

punai *k.n.* a type of small pigeon with green feathers and yellow abdomen. **mata punai** *k.n.* type of weaving; type of wire-netting (for chicken coop, etc.).

punar *k.k.* etch; engrave with acids.

punat *k.n.* core of a boil (inflammation, etc). **punat radio** *k.n.* a knob; a button that is pressed to turn the power on; a light switch.

punca *k.n.* source; place from which something comes or is obtained; river's starting point.

puncak *adj.* top; highest in position or rank, etc.; of highest value or intensity, etc. —*k.n.* top; highest point or part or position; utmost degree or intensity, apex; culmination; peak; pointed top, esp. of a mountain. **memuncak** *k.k.* culminate; reach its highest point or degree. **berpuncak** *k.k.* peaked.

pundak *k.n.* shoulder.

pundi *k.n.* bladder; a sac in which urine collects in the body.

punggah, memunggah *k.k.* discharge; unload.

pungguk *k.n.* a type of owl. —*adj.* tailless.

punggung *k.n.* buttock; either of the two fleshy rounded parts at the lower end of the back of the body; backside, bum (*sl.*).

pungut *k.k.* collect; gather; bring or come together; seek and obtain from a number of sources; obtain specimens of, esp. as a hobby; fetch. **anak pungut** *k.n.* foundling; deserted child of unknown parents. **pungutan** *k.n.* collection; collecting; objects or money collected.

punjung *k.n.* pergola; arch of trellis-work with climbing plants over it; arbour; shady shelter under trees or a framework with climbing plants.

puntianak *k.n.* vampire; ghost or reanimated body supposed to suck blood.

puntung *k.n.* stump; short remnant of something (cigarette, tree trunk, etc.) that is left after the main part has been burnt.

punya, mempunyai *k.k. see* **milik**.

pupil *k.n.* pupil; opening in the centre of the iris of the eye.

pupu, sepupu *k.n.* cousin (also first cousin); child of one's uncle or aunt. **dua pupu** *k.n.* second cousin; child of one's parent's cousin.

pupuk *k.n.* manure; substance, esp. dung used as a fertilizer. **memupuk** *k.k.* manure; apply manure to; nourish; foster or cherish (a feeling).

pupus *adj.* extinct; no longer existing in living form. **memupuskan** *k.k.* end the existence of.

pura, pura-pura, berpura-pura *k.k.* ostensible; pretended, used as a pretext; masquerade; pretend to be what one is not. **pura-pura sakit** *k.k.* malinger; pretend illness in order to avoid work.

purata *k.n.* mean; (thing) midway between two extremes; average; value arrived at by adding several quantities together and dividing by the number of these.

purba *adj.* archaic; belonging to former or ancient times.

purbawara *k.n.* a one-act drama which relates ancient stories, normally using melodious language; a costume drama.

purdah *k.n.* purdah; veil; piece of fine net or other fabric worn as part of a head dress or to protect or conceal the face.

puritan *k.n.* puritan; person who is strict in morals and regards certain pleasures as sinful.

purnama *k.n.* month; any of the twelve portions into which the year is divided; period of four weeks. **bulan purnama** full moon.

puru *k.n.* yaws; a type of tropical skin disease. **berpuru** *k.k.* to suffer from this disease. **katak puru** *k.n.* a toad; a type of frog with warty skin.

purut *k.n.* rough skin. **limau purut** *k.n.* a rough-skinned lime.

pusaka *k.n.* patrimony; heritage; heirloom; possession handed down in a family for several generations.

pusar, pusar-pusar *k.n.* the crown or centre of one's head where the

hair grows in a whorl-like pattern.
berpusar, berpusar-pusar *k.k.*
revolving; whirling (of wind, water,
etc.). **memusar** *k.k.* to revolve;
to rotate; to grind (between two
surfaces). **pusaran** *k.n.* a vortex; a
spinning movement; a rotation; whorl.
pusara *k.n.* cemetery; graveyard;
burial ground.

pusat *k.n.* centre; middle point or
part; point or place where things
are concentrated or from which they
are dispersed; cynosure; centre of
attention; navel; small hollow in the
centre of the abdomen. **memusat**
k.k. centripetal; moving towards
the centre. **memusatkan** *k.k.* centre
(p.t. *centred*); place in or at a centre;
concentrate at one point; centralize;
bring under control of central
authority; bring or come together.
sepusat *k.n.* concentric; having the
same centre.

pusing *adj.* (*fig.*) giddy; confused;
puzzled. **berpusing** *k.k.* to whirl; to
rotate; to spin (for top, wheel, etc.).
memusingkan *k.k.* to spin something;
to rotate something. **pusingan** *k.n.*
a circular movement; a rotation; a
sequence of events; a scene.

pusingan-U *k.n.* U-turn; the driving
of a vehicle in a U-shaped course to
reverse its direction.

pustaka *k.n.* a treasury of books.
perpustakaan *k.n.* a library; a
building in which collections of
books, tapes, newspapers, etc. are
kept for people to read, study or

borrow. **kepustakaan** *k.n.* study
of the collection and management
of books, etc.; matters relating to
libraries. **pustakawan** *k.n.* librarian;
person in charge of or assisting in
a library.

putar, berputar belit *k.n.* grandi-
loquent; using pompous language.

putera *k.n.* prince; son of a king.

puteri *k.n.* princess; daughter of a king.

putih *adj.* white (-*er*, -*est*); the very
lightest colour, like snow or com-
mon salt; having a pale skin. **memutih**
k.k. whiten; become white or whiter.
memutihkan *k.k.* whiten; make white
or whiter; make or become white
or pale.

puting *k.n.* nipple; small projection at
the centre of a breast; similar protu-
berance; teat; dug; udder.

putu *k.n.* a type of cake made of
pounded green beans and sugar, usu.
eaten with grated coconut.

putus *k.k.* break; become discon-
tinuous. **memutuskan** *k.k.* break;
make discontinuous; disconnect;
break the connection of; put out of
action by disconnecting parts; dis-
locate; displace from its position;
disrupt; decide; think about and make
a choice or judgement; cause to reach
a decision.

puyu[1], **ikan puyu** *k.n.* a type of fresh-
water fish.

puyu[2] *k.n.* whirlwind. **angin puyu** *k.n.*
tornado.

puyuh *k.n.* quail; bird related to the
partridge.

Q

qada *k.k.* replace; make up (of religious
obligations not done at the required
time). **qada puasa** replace a fast
which was not done during Ramadan.
mengqada *k.k.* replace; make up (of
religious obligations).

qadak *k.n.* destiny; fate; what is
destined to happen to a person or thing.

qadar *k.n.* God's will; destiny; fate.

Q.C. *kep.* Q.C.; Queen's Counsel.

qari *k.n.* male Koran reader.

qariah *k.n.* female Koran reader.

Quran *k.n.* Koran; sacred book of
Muslims containing the word of God
as revealed to Prophet Muhammad
(p.b.u.h.).

R

raba *k.n.* guess; opinion formed by guessing. **meraba, meraba-raba** *k.k.* guess; form an opinion or state without definite knowledge or without measuring; think likely; feel about as one does in the dark, grope; fumble; touch or handle a thing awkwardly; grope about.

rabak *adj.* badly torn (of cloth, etc.); ragged; tattered. **merabak** *k.k.* tear; rip.

raban, meraban *k.k.* rave; talk wildly; jabber; be delirious; = racau.

rabit *adj.* torn; torn out. **merabit** *k.k.* tear out.

Rabiulakhir *k.n.* the fourth month of the Muslim (Hejira) calendar.

Rabiulawal *k.n.* the third month of the Muslim (Hejira) calendar.

Rabu *k.n.* Wednesday; day after Tuesday.

rabun *adj.* blur; dim; bleary (of eyes); watery and seeing indistinctly. **rabun dekat** *adj.* long-sighted; able to see clearly only what is at a distance. **rabun jauh** *adj.* myopic; short-sighted; able to see clearly only what is close.

rabung *k.n.* crest; top of a slope or hill, white top of a large wave.

racau, meracau *k.k.* rave; talk wildly (because of delirium); = raban. **racauan** *k.n.* delirium; disturbed state of mind, esp. during fever.

racik, meracik *k.k.* carve; cut (meat) into slices for eating.

racun *k.n.* poison; substance that can destroy life or harm health. **meracun, meracuni** *k.k.* poison; give poison to; kill with poison; put poison on or in; corrupt, fill with prejudice.

radak, beradak, beradakan *k.k.* to stab using spears. **meradak** *k.k.* to stab; to pierce. **peradak** *k.n.* a person who stabs or pierces. **radakan** *k.n.* the stabbing; result of the stabbing or piercing.

radang, meradang *k.k.* chafe; become irritated or impatient; make or become hot, heat; arousing strong feeling or anger. **radang paru-paru** *k.n.* pneumonia; inflammation of one or both lungs. **radang tenggorok** *k.n.* bronchitis; inflammation of the bronchial tubes.

radar *k.n.* radar; system for detecting objects by means of radio waves.

radas *k.n.* apparatus; equipment for scientific or other work.

raden *k.n.* title for a prince or princess (usu. of Javanese descent).

radiator *k.n.* radiator; apparatus that radiates heat, esp. a metal case through which steam or hot water circulates; engine-cooling apparatus.

radikal *adj.* radical; fundamental; drastic, supporting complete social or political reforms; holding extremist views. —*k.n.* radical; person desiring radical reforms or holding radical views.

radio *k.n.* radio (pl. *-os*); process of sending and receiving messages, etc. by electromagnetic waves without a connecting wire; transmitter or receiver for this; sound broadcasting, station for this. **meradiokan** *k.k.* radio; send, signal, or communicate by radio.

radioaktif *adj.* radioactive; sending out radiation that produces electrical and chemical effects.

radiografi *k.n.* radiography; production of X-ray photographs.

radiogram *k.n.* radiogram; combined radio and record player.

radio-karbon *k.n.* radiocarbon; radioactive form of carbon used in dating ancient organic remains.

radiologi *k.n.* radiology; study of X-rays and similar radiation. **ahli radiologi** *k.n.* radiologist.

radioterapi *k.n.* radiotherapy; treatment of disease by X-rays or similar radiation.

radium *k.n.* radium; radioactive metal obtained from pitchblende.

radius *k.n.* radius; a straight line from the centre of a circle to any point on the side of its circumference.

rafia *k.n.* raffia; strips of fibre from the leaves of a kind of palm tree.

raga¹ *k.n.* skep; wooden or wicker basket.

raga² *k.n.* body. **jiwa raga** body and soul.

raga³, beraga, meraga *k.k.* show off. **memperagakan** *k.k.* show off; display; model.

ragam *k.n.* manner; person's way of behaving towards others; melody, song; type, kind, class, typical example or instance.

ragang, meragang *k.k.* clamber; climb with difficulty.

ragas[1]**, meragas** *k.k.* to pull repeatedly; to tug at (hair, grass, etc.).

ragas[2]**, meragas** *k.k.* to climb; to creep (for plants). **meragas-ragas** *k.k.* to hold on to something to go up or ascend; to crawl to ascend; to climb.

ragbi *k.n.* rugby; a kind of football played with an oval ball which may be kicked or carried.

ragi *k.n.* yeast; fungus used to cause fermentation in making beer and wine and as a raising agent.

ragu *adj.* indecisive; not decisive. uncertain; dubious. **meragui** *k.k.* doubt; feel doubt about, hesitate to believe. **meragukan** *k.k.* impugn; express doubts about the truth or honesty of. **ragu-ragu** *adj.* doubtful; hesitant; hesitating. —*k.k.* hesitate; pause in doubt; be reluctant, scruple; irresolute; unable to make up one's mind.

ragum *k.n.* pincers; a type of metal pincers that are used to pull out nails or grip objects that are to be filed or scraped. **meragum** *k.k.* to pull out something using pincers.

ragut *k.k.* browse; feed on leaves or grass, etc.; graze; feed on growing grass; pasture animals in (a field).

rahang *k.n.* jowl, jaw; bone(s) forming the framework of the mouth.

rahap[1] *k.n.* cloth to cover a dead person. **merahap** *k.k.* to cover a dead body with cloth. **merahapkan** *k.k.* to cover a dead body using something. **perahap** *k.n.* cloth used to cover dead bodies; pall.

rahap[2]**, merahap** *k.k.* to perch.

rahib *k.n.* monk; member of a male community living in isolation under the rules of a religious order. **rahib perempuan** *k.n.* nun; member of a female community living in isolation under the rules of a religious order. **rumah rahib** *k.n.* monastery or nunnery; residence of a community of monks or nuns.

rahim[1] *k.n.* gracious; kind and pleasant towards inferiors; merciful; showing mercy.

rahim[2] *k.n.* womb; organ in female mammals in which the young develop before birth.

rahmat *k.n.* blessing; God's favour; prayer for this; something one is glad of; piece of unexpected good fortune; godsend.

rahmatullah, pulang ke rahmatullah *k.k.* to pass away; to die.

rahsia *adj.* clandestine; kept secret, done secretly; kept or intended to be kept from the knowledge or view of most people; operating secretly. —*k.n.* something secret; mystery; thing not widely understood. **secara rahsia** in secret, secretly.

rai, meraikan *k.k.* celebrate; mark or honour with festivities; engage in festivities; receive with hospitality, entertain; entertain in celebration of achievement.

rai *k.n.* rye; a kind of cereal; whisky made from rye.

raifal *k.n.* rifle; a gun with a grooved barrel or long tube.

raih, peraih wang *k.n.* croupier; person who rakes in stakes and pays out winnings at a gaming table.

rait *k.n.* a tick; sign for a correct answer (✓). **merait** *k.k.* to mark correct answers using the sign (✓), etc.

raja *k.n.* king; male ruler of a country by right of birth; man or thing regarded as supreme in some way; chess piece to be protected from checkmate; playing card above queen; monarch; ruler with the title of king; emperor. **beraja** *k.k.* monarchic, monarchical.

rajah *k.n.* figure; diagram; lines on the palm of the hand. **merajah(kan)** *k.k.* make a figure or diagram.

raja udang *k.n.* kingfisher; small blue bird that dives to catch fish.

rajawali *k.n.* a type of bird; a hawk.

rajin *adj.* diligent; hard-working or done with care and effort.

rajuk, merajuk *k.k.* sulk; fret discontentedly; grumble.

rajut *k.n.* mesh; network fabric; snood; loose bag-like ornament in which a woman's hair is held at the back.

rak *k.n.* rack; framework for keeping or placing things on; shelf; board or slab fastened horizontally for things to be placed on. **rak buku** *k.n.* bookcase; piece of furniture with shelves for books.

rakaat *k.n.* parts in a Muslim prayer.

rakam *k.n.* print; printed design on fabric, etc. **merakam** *k.k.* print; press (a mark) on a surface; record; preserve (sound) on a disk or magnetic tape for later reproduction. **rakaman** *k.n.* printing; recording.

rakan *k.n.* friend; person (other than a relative or lover, with whom one is on terms of mutual affection. **rakan sejawat** *k.n.* colleague; fellow worker esp. in a business or profession.

rakap[1] *k.n.* pedal; a flat bar on a machine such as a bicycle, car, etc. that you push down with your foot in order to make parts of the machine move or work; a stirrup; a bicycle pedal.

rakap[2] *k.n.* a type of fulcrum at the bar or the arm of a chemical scale.

raket *k.n.* racket; stringed bat used in tennis and similar games; (*pl.*) ball-game played with rackets in a four-walled court.

rakit *k.n.* raft; flat floating structure of timber, etc. used as a boat.

raksa *k.n.* mercury; heavy silvery, usu. liquid metal, used in thermometers and barometers, etc.

raksasa *adj.* gargantuan; gigantic; very large, giant. —*k.n.* monster; thing that is huge or very abnormal in form; huge, ugly or frightening creature; giant.

rakus *adj.* guzzle; eat or drink greedily; greedy.

rakyat[1] *k.n.* folk; people. **tarian rakyat** *k.n.* folk dance. **lagu rakyat** *k.n.* folk song; dance, song, etc., in the traditional style of a country.

rakyat[2], **kerakyatan** *k.n.* nationality; condition of belonging to a particular nation.

ralat *k.n.* erratum (*pl.* errata); error in printing or writing.

rali[1] *k.n.* a rally; an assembly held to show support for a political party.

rali[2] *k.n.* a long-distance driving competition over roads; a car race; a series or long exchange of strokes between tennis, badminton and squash players to gain points.

ralip *k.n.* catnap; short nap.

ram *k.n.* louvre; one of a set of slanting overlapping slats arranged to admit air but exclude light or rain.

rama-rama *k.n.* moth; insect like a butterfly but usu. flying at night.

Ramadan *k.n.* Ramadan; ninth month of the Muslim calendar, when Muslims fast during daylight hours.

ramah *adj.* cordial; friendly; sociable; fond of company; characterized by friendly companionship. **ramah-tamah** *adj.* affable; amiable; likeable; polite and friendly.

ramai *k.n.* multitude; great number of things or people.

ramal, meramalkan *k.k.* forecast (p.t. *forecast*); tell in advance (what is likely to happen); predict; foretell; augur; bode.

ramalan *k.n.* forecast; prediction; statement that does this.

ramas, meramas *k.k.* press and squeeze with the hands; knead; massage.

rambai *k.n.* a type of fruit.

rambang *adj.* indecisive; not firm (of aim, etc.). **rambang mata** *kkt.* undecided on which one to choose (too many choices, such as clothes, etc.).

rambat[1], **merambat** *k.k.* to crawl; to creep; to clamber; to spread.

rambat[2] *k.n.* a living area that is separated from other areas.

rambat[3] *k.n.* mesh; fishing-net; chain **merambat** *k.k.* place a net in a river, lake, etc.

rambu[1], **rambu-rambu** *k.n.* fringe; ornamental edging of hanging threads or cords; tassel.

rambu[2] *adj.*, **kaki rambu** wanderer. **merambu** *k.k.* roam; wander; go from place to place with no settled route or purpose.

rambut *k.n.* hair; mass of these, esp. on the head. **dandanan rambut** *k.n.* hairdo (*colloq.*); arrangement of the hair. **berus rambut** *k.n.* hairbrush; brush for grooming the hair. **potongan rambut** *k.n.* haircut; style of this. **pendandan rambut** *k.n.* hair dresser; person whose job is to cut and arrange hair. **pin rambut** *k.n.* hairpin; U-shaped pin for keeping hair in place.

rambutan *k.n.* a tropical fruit with a hairy skin.

rami *k.n.* rummy; card game in which players try to form sets or sequences of cards.

rampai *k.n.* mixture; thing made by mixing. **rampai-rampai** *k.n.* variety; assortment; medley. **rampaian** *k.n.* variety; potpourri; exercise; written work of various lessons in school.

rampas, merampas *k.k.* hijack; seize control illegally of (a vehicle or aircraft in transit); hijacking; dispossess; deprive of the possession of; impound; take (property) into legal custody; confiscate.

ramping *adj.* slim (*slimmer, slimmest*); of small girth or thickness. **merampingkan** *k.k.* slim (p.t. *slimmed*); make (oneself) slimmer by dieting, exercise, etc.

R

ramu, ramuan *k.n.* ingredients used in cooking, medicine, drinks and food. **meramu** *k.k.* to look for ingredients needed to make something; to collect something. **peramu** *k.n.* a collector; a person who looks for ingredients to formulate medicine. **beramukan** *k.k.* to use ingredients. **ramuan** *k.n.* ingredients; things; spices; seasoning. **peramuan** *k.n.* research; study; product from ingredients.

ramus *adj.* hirsute; hairy, shaggy.

ran *k.n.* tree house; a kind of hut built in the branches of a tree.

ranap *k.k.* collapse; wreck. **meranap** *k.k.* destroy; pull or break down; spoil completely.

rancak *adj.* lively (-*ier*, -*iest*); full of energy or action. **merancakkan** *k.k.* liven; make or become lively.

rancang, merancang *k.k.* meditate; think deeply and quietly; plan. **rancangan** *k.n.* device; scheme.

rancap *k.n.* masturbation. **merancap** *k.k.* masturbate; stimulate the genitals (of) manually.

randik, jam randik *k.n.* stop watch; watch with mechanism for starting and stopping it at will.

randuk, meranduk *k.k.* wade; walk through water, etc.

rang[1] *adj.* fallow; (of land) left unplanted for a time.

rang[2] *k.n.* draft. **rang undang-undang** bill; draft of a proposed law.

ranggas, meranggas *k.k.* defoliate; remove the leaves of.

ranggi[1] *k.n.* petal; one of the bright or delicately coloured outer parts of a flower-head.

ranggi[2] *adj.* handsome; good-looking; smart.

rangka *k.n.* frame; rigid structure supporting other parts; skeleton; hard supporting structure of an animal body; any supporting structure; framework. **rangka katil** *k.n.* bedstead; framework of a bed. **rangka tindak** *k.n.* blueprint; blue photographic print of building plans; detailed scheme. **merangka** *k.k.* make a plan; scheme; outline. **kerangka** *k.n.* framework; supporting frame.

rangkai, berangkai-rangkai *k.k.* link; intertwine; strung together. **rangkaian** *k.n.* network; arrangement with intersecting lines; complex system; chain.

rangkak *k.k.* crawl; move on hands and knees or with the body on the ground; move very slowly.

rangkap[1] *k.n.* double; dual. **huruf rangkap** *k.n.* digraph; pair of letters representing a single speech sound. **merangkap** *k.k.* hold two or three posts at one time.

rangkap[2] *k.n.* verse; metrical (not prose) composition; group of lines forming a unit in a poem, etc.

rangkul, merangkul *k.k.* embrace; hold closely (and lovingly); clasp.

rangkum, merangkumi *k.k.* embrace; include; hug (p.t. *hugged*); squeeze tightly in one's arms; grasp in both hands; keep close to. **rangkuman** *k.n.* ambit; bounds, scope.

rangsang *adj.* excitable; easily excited. **merangsangkan** *k.k.* excite; rouse the emotions of, make eager; cause (a feeling or reaction); stimulate to activity; key up; stimulate, make nervously tense. —*k.n.* stimulus (pl. -*li*); something that rouses a person or thing to activity or energy. **rangsangan** *k.n.* excitement.

rangup *adj.* crunchy (-*ier*; -*iest*); able to be crunched; hard and crispy.

ranjang *k.n.* berth; bunk or sleeping-place in a ship or train.

ranjau[1] *k.n.* mine; receptacle filled with explosive material, laid in or on the ground or in water. **meranjau** *k.k.* lay explosive mines in.

ranjau[2] *k.n.* stakes. **meranjau** *k.k.* to drive stakes into the ground; to hurt; to injure.

rantai *k.n.* chain; series of connected metal links. **merantai, merantaikan** *k.k.* chain; fasten with chain(s). **rantaian** *k.n.* connected series or sequence; links.

rantau *k.n.* bight; recess of a coast, bay; travel; journey.

ranting *k.n.* stick; short relatively slender piece of wood; twig; thing shaped like this.

ranum *k.n.* overripe; too ripe (of fruit, etc.). **meranumkan** *k.k.* cause to ripen.

rapat[1] *adj.* close (-*er*, -*est*); near; near together; dear to each other; dense; secretive; stuffy. **merapatkan** *k.k.* join together; fit.

rapat[2], **kerapatan** *k.n.* assembly; assembled group; gathering; meeting.

rapi *adj.* natty (-*ier*, -*iest*); neat and trim; dapper; neat (-*er*, -*est*); clean and orderly in appearance or workmanship. **merapikan** *k.k.* neaten; make neat.

rapik, merapik *k.k.* talk nonsense; talk inconsequentially.

R

raptai *k.n.* rehearsal; practice performance of a show, etc.

rapuh *adj.* brittle; hard but easily broken; crisp (*-er*, *-est*); brittle; slightly stiff; fragile; easily broken or damaged; not strong. **merapuhkan** *k.k.* make or become crisp.

ras *k.n.* the sound of dry leaves that are creased; a race; a nation. **tali ras** *k.n.* harness, reins.

rasa *k.k.* feel (*p.t. felt*); explore or perceive by touch; be conscious of (being); give a sensation; have a vague conviction or impression; have as an opinion. —*k.n.* sense of touch; act of feeling; sensation produced by a thing touched. **rasa ingin** feel like.

rasi, serasi *adj.* compatible; able to be together harmoniously.

rasional *adj.* rational; able to reason; sane; based on reasoning.

rasmi *k.n.* ceremonial; of or used in ceremonies, formal; inaugural; of an inauguration; official; of office or officials; authorized. **merasmikan** *k.k.* inaugurate; admit to office ceremonially; begin (an undertaking), open (a building, etc.) formally; be the beginning of.

raspberi *k.n.* raspberry; edible red berry; plant bearing this.

rasuah *k.n.* bribe; thing offered to influence a person to act in favour of the giver.

rasuk *k.n.* wood placed between the pillars of a house (to support the girder) where the floorboard is fixed. **kena rasuk** *k.k.* possessed by a ghost, devil or other spirits. **merasuk** *k.k.* to enter the body (of spirits, devil, etc.). **merasuki** *k.k.* possessed; disturbed; plagued.

rasul *k.n.* a messenger or servant of Allah; an apostle; a disciple. **kerasulan** *k.n.* character, prestige, discipleship, etc. related to being an apostle. **Rasulullah** *k.n.* servant of Allah; Prophet Muhammad (p.b.u.h.).

rata, meratakan *k.k.* flatten; make or become flat.

ratah, meratah *k.k.* to eat side dishes without rice. **ratahan** *k.n.* food (side dishes only) eaten without rice.

ratap *k.k.* lamented; mourned for. **meratapi** *k.k.* feel or express grief or regret; weep; bewail. **ratapan** *k.n.* lament; lamentation; passionate expression of grief; wail; mourning.

ratib *k.n.* grace, prayers; recitation in praise of Allah that is done repeatedly. **beratib, meratib** *k.k.* recite the prayers. **meratibkan** *k.k.* recite prayers in a group to ease the soul of a dead person.

ratna *k.n.* a gem; a jewel; a reference to a beautiful princess. **ratna mutu manikam** *k.n.* an assortment of gemstones.

ratu *k.n.* queen; female ruler of a country by right of birth; king's wife; woman or thing regarded as supreme in some way; piece in chess; playing card bearing a picture of a queen; fertile female of bee or ant, etc.

ratus *k.bil.* hundred; ten times ten (100, C). **keseratus** *adj. & k.n.* hundredth.

raunders *k.n.* rounders; a game played by two teams where a player scores by hitting a ball (thrown by the other team) and running around a circuit.

raung, meraung *k.k.* blubber; weep noisily; howl.

raup, meraup *k.k.* to scoop; to put hands together to scoop. **meraupkan** *k.k.* to use both hands to scoop.

raut, meraut *k.k.* to make smooth or fine; to sharpen using a knife; to whittle. **beraut** *adj.* sharpened; already smooth, fine. **rautan** *k.n.* shape; figure.

rawa *k.n.* bog; permanently wet spongy ground; marsh; low-lying watery ground.

rawak *k.n.* random; done or made, etc. without method or conscious choice.

rawan *adj.* gristle; tough flexible tissue of animal bodies, esp. in meat. **tulang rawan** *k.n.* cartilage; firm elastic tissue in skeletons of vertebrates; gristle.

rawang *k.n.* fen; low-lying marshy or flooded tract of land; mire; swampy ground, bog; mud or sticky dirt.

rawat, merawat *k.k.* tend; take care of; treat; give medical treatment to. **rawatan** *k.n.* treatment; care; nursing.

raya¹, **bunga raya** *k.n.* hibiscus; shrub or tree with trumpet-shaped flowers.

raya², **merayakan** *k.k.* celebrate; mark or honour with festivities; engage in festivities; officiate at (a religious ceremony).

rayap, merayap *k.k.* creep; move with the body close to the ground; move timidly, slowly, or stealthily; (of a plant) grow along the ground or a wall, etc.

rayau, merayau, merayau-rayau *k.k.* roam; meander; wander in a leisurely way.

R

rayon k.n. rayon; synthetic fibre or fabric, made from cellulose.

rayu, merayu k.k. appeal; make an earnest or formal request; apply to a higher court for reversal of a lower court's decision; beseech (p.t. *besought*); implore; entreat; request earnestly or emotionally; implore; request earnestly; act of appealing, entreaty; petition; formal written request, esp. one signed by many people.

reaksi k.n. reaction; action taken as a result of another (before it).

reaktor k.n. reactor; apparatus for the production of nuclear energy. **reaktor pembiak** k.n. breeder reactor; nuclear reactor that produces fissile material.

realis k.n. realist.

realisme k.n. realism; a way of representing or viewing things as they are in reality. **realisasi** k.n. realization; the process of becoming aware of something. **merealisasikan** k.k. to make something real; to make something happen; to cause to exist; to realize.

realistik k.n. showing realism.

rebab k.n. a violin-like instrument with two or three strings only (usu. played during a traditional ceremony or the king's installation).

rebah k.k. collapse; lose strength suddenly; flop down.

reban k.n. pen; small shed for hens, ducks, etc. to sleep in.

rebana k.n. a type of drum that has leather fixed on one side only.

rebeh adj. old, worn-out; loose (broken, torn); not curvy anymore; floppy. **merebeh** adj. not tidy; slipshod.

rebung k.n. the tender shoots of a young bamboo plant.

reben k.n. ribbon; band of silky material used for decoration or tying things; strip resembling this.

rebus, merebus k.k. braise; cook slowly with little liquid in a closed container. **separa rebus** k.n. parboil; cook partially by boiling.

rebut k.k. to snatch; to grab; to take something roughly. **rebut kerusi** k.k. to compete to acquire a position, status, or rank. **rebut nama** k.k. to compete to get recognition. **berebut** k.k. to compete to take or get something. **berebut-rebut** k.k. scrambling to get something. **berebut-rebutan, berebutan** k.k. seizing, grabbing or fighting for something. **merebut** k.k. to take (get, obtain)

something with force; to snatch; to grab. **merebutkan, memperebut** k.k. to fight for something in order to get it. **rebutan** k.n. something that is being fought for. **perebutan** k.n. the act of taking or obtaining something with a struggle or fight.

recik k.n. sprinkle; spatter. **mecik** k.k. sprinkle; scatter or fall in small drops; spatter.

reda¹ **meredakan** k.k. alleviate; lessen (pain or distress, etc.).

reda² k.k. resigned; willing.

redah, meredah k.k. to barge to force one's way through; to run over.

redaksi k.n. editorial staff of a newspaper, etc.

redas, meredas k.k. to throw sticks, stones, etc. to bring something down.

redup adj. cloudy (-ier, -iest); covered with clouds; overcast.

referendum k.n. referendum (pl. -ums); referring of a question to the people for decision by a general vote.

refleksologi k.n. reflexology; the massaging of points on the feet as a treatment for stress and other conditions.

reformasi adj. reformatory; making changes to improve. —k.n. reformation; reforming.

regang adj. taut; stretched; tightly stretched (rope, cloth that is stretched and hung, etc.). **beregang-regang** k.k. to extend; to stretch parts of the body to get ready for a fight. **meregang-regang** k.k. to tug; to pull; to grab. **meregangkan** k.k. pull to stretch out. **teregang, beregang** adj. stretched out.

regimen k.n. regimen; a prescribed course of treatment, diet, exercise, etc.

register k.n. a list or record (book); a register. **diregisterkan** k.k. registered; recorded. **registerkan** k.k. to record or register. **meregisterkan** k.k. to record or register something.

regu k.n. crew; set of people working together; team; set players; partner. **beregu** k.n. doubles; in pairs.

rehal k.n. a holder for the Holy Koran.

rehat, berehat k.k. rest; be still; cease from activity or working, esp. in order to regain vigour. **merehatkan** k.k. rest; cause or allow to do this.

reja, reja-reja k.n. parings; pieces pared off; scraps.

Rejab k.n. the seventh month of the Muslim (Hejira) calendar.

rejam k.k. to throw; to punish by stoning (a type of penalty). **merejam, merejamkan** k.k. to throw; to hurl.

R

rejim *k.n.* regime; method or system of government or administration.

rejimen *k.n.* regiment; permanent unit of an army; operational unit of artillery, tanks, etc.; large array or number of things.

reka *k.n.* invent; create by thought; construct (a false or fictional story). **rekaan** *k.n.* invention.

reka bentuk *k.n.* design; drawing that shows how a thing is to be made; general form or arrangement; lines or shapes forming a decoration. **mereka bentuk** *k.k.* design; prepare a design for; plan, intend.

reka letak *k.n.* layout; arrangement of parts, etc. according to a plan.

reka cipta *k.n.* invention. **mereka cipta** *k.k.* make or design (a thing not previously known); invent; create.

rekah, merekah *k.k.* chap (p.t. *chapped*); cause chaps in; suffer chaps; crack; split open. **rekahan** *k.n.* crack in skin; cleavage; split, separation; crevice; narrow gap in a surface.

rekat *k.k.* glue (pres.p. *gluing*); fasten with glue; attach closely.

rekod *k.n.* record; information set down in writing or other permanent form; document, etc. bearing this; disc bearing recorded sound; facts known about a person's past; best performance or most remarkable event, etc. of its kind. **pemain rekod** *k.n.* record player; apparatus for reproducing recorded sound from discs. **merekodkan** *k.k.* record; set down in writing or other permanent form.

rekoder *k.n.* a type of wind instrument resembling a flute.

rekomen, merekomenkan *k.k.* to recommend; to say something good about something or somebody; to give a testimonial (about something or somebody); to support; to give suggestions; to give advice or testimony.

rekreasi *k.n.* recreation; pastime; relaxation.

rekrut *k.n.* recruit; new member esp. of the armed forces.

rektor *k.n.* rector; clergyman in charge of a parish; head of certain schools, colleges and universities.

rel *k.n.* railway; a metal track for trains or trams. **mengerelkan** *k.k.* to digress; to stray from the topic of discussion; sidetracked; to go off the normal course.

rela, kerelaan *k.n.* alacrity; eager readiness; willingness; consent.

relai *k.k.* separated from the stalk; removed; crumbled; detached (of fruits, grain, leaves and cakes). **merelaikan** *k.k.* to separate the grain from its stalk.

relatif *adj.* relative; existing only in comparison with something else; comparative; not absolute, subject to interpretation.

releks[1] *k.k.* to relax; to rest; to lighten up.

releks[2] *adj.* relaxed; calm; peaceful; serene; tranquil; composed, etc.

relevan *adj.* (something) related or appropriate; relevant.

relau *k.n.* furnace; closed fireplace for central heating; enclosed space for heating metals, etc.

relung, relungan *k.n.* alcove; recess in a wall or room.

rem *k.n.* brake; a device for stopping or slowing a vehicle; a thing that stops something or makes it difficult. **mengerem** *k.k.* to brake so that the vehicle being driven stops immediately; to prevent something from being implemented, etc.

remah *k.n.* crumb; small fragment, esp. of bread or similar food. **meremah-remahkan** *k.k.* crumble; break into small fragments.

remaja *adj.* adolescent; (person) between childhood and maturity.

rembes, merembes *k.k.* trickle; ooze; secrete. **rembesan** *k.n.* secretion; process of secreting; production of a substance within the body; this substance.

remeh *adj.* inconsequential; unimportant; not following logically, irrelevent; fiddly; trivial.

remis *k.n.* clam; shellfish with a hinged shell.

rempah *k.n.* spice; flavouring-substance(s) (obtained from plants) with a strong taste or smell. **rempah buah pala** *k.n.* mace; spice made from the dried outer covering of nutmeg.

rempuh *k.k.* jostle; push roughly; force a way.

remuk, remuk-redam *k.k.* apart; into pieces; crush.

renal *adj.* renal; of the kidneys.

renang, kolam renang *k.n.* swimming pool; artificial pool for swimming in. **berenang** *k.k.* swim; travel through water by movements of the body.

R

rencah, perencah *k.n.* seasoning; substance used to season food; condiment.

rencam *adj.* difficult to see (too small or fine); made up of many types. **rencaman** *k.n.* a mixture of various types.

rencana *k.n.* article; prose composition in a newspaper, etc.; feature; prominent article in a newspaper, etc.; full-length cinema film; documentary broadcast.

rencat, terencat *adj.* stopped; stunted; delayed; retarded.

rencong *adj.* not straight; crooked. **merencong** *k.k.* to cut on the slant.

renda *k.n.* lace; fine open fabric made by looping threads in patterns.

rendah *adj.* low (*-er, -est*); not high. **merendahkan** *k.k.* debase; lower in quality, value, or height.

rendam, merendam *k.k.* douse; put into water; soak; immerse. **rendaman** *k.n.* immersion; immersing.

rendang[1] *adj.* fried. —*k.n.* a type of spicy meat dish.

rendang[2] *adj.* (of trees) with thick foliage and spreading branches; shady.

reneh[1], **mereneh** *k.k.* to heat something in boiling water; to boil; to simmer; to stew.

reneh[2], **mereneh** *k.k.* to drip; to trickle (of tears, mucous from nose, sweat, etc.).

renek *adj.* short; low and small; (of person) small and short. **pokok renek** *k.n.* a small, low plant with a long stem (usu. hard).

rengek, merengek *k.k.* whine; make a long complaining cry; whimper.

renggang *adj.* estranged; no longer friendly or loving; ajar; slightly open. **merenggangkan** *k.k.* alienate; cause to become unfriendly; draw apart.

renggut, merenggut *k.k.* snatch; seize quickly or eagerly. **renggutan** *k.n.* short or brief pull; tug; jerk.

rengkuh *k.k.* to pull or tug at something to bring it closer to one's body. **merengkuh** *k.k.* to draw closer or pull towards one's body. **rengkuhan** *k.n.* the act of pulling something towards oneself.

rengkung[1] *k.n.* a type of tree with a large trunk and heavy foliage.

rengkung[2] *k.n.* throat.

rengsa *adj.* irritant; (thing) causing irritation. **merengsakan** *k.k.* irritate; annoy; cause itching in.

rengus, merengus *k.k.* sulk; be sullen because of resentment or bad temper.

renik *adj.* lilliputian; very small.

renjer *k.n.* ranger.

renjis, merenjis *k.k.* sprinkle; scatter or throw in small drops.

rentak *k.n.* cadence; rhythm in sound; rise and fall of the voice in speech; beat in music; end of a musical phrase.

rentang, merentang *k.k.* to stretch something between two poles; to put something across. **merentangi** *k.k.* to stretch across; to obstruct.

rentap, merentap *k.k.* pull or wrench something with the intention of taking it. **berentap** *k.k.* be in a fight/ competition. **rentapan** *k.n.* the pull; act of pulling.

rentas *k.n.* across. **garisan rentas** *k.n.* a horizontal line. **keratan rentas** *k.n.* a cross-section. **merentas, merentasi** *k.k.* to cut through; to finalize; to intersect; to cross; to initiate. **rentasan** *k.n.* a line, etc. that is transverse or that is placed or extended across something. **perentas** *k.n.* a chord.

rentung *adj.* charred; burnt and black.

renung, merenung *k.k.* gaze; look long and steadily; cogitate; think deeply; muse; ponder; reflect. **renungan** *k.n.* cogitation; gaze; stare; reflection.

renyah *adj.* (*colloq.*) fiddly (*fiddlier*); awkward to do or use; intricate; troublesome.

renyai, renyai-renyai, hujan renyai *kkt.* drizzling (of rain); rain in very fine drops.

renyam, merenyam, merenyam-renyam *adj.* itchy; saucy; (of girls) cheeky. **merenyam** *adj.* numerous; abundant; too many to count.

renyuk *adj.*, **merenyuk, merenyukkan** *k.k.* crinkle; wrinkle.

repang *adj.* level; (of shearing) even. **merepang** *k.k.* to trim or cut to make even; to level.

replika *k.n.* replica; exact reproduction.

reptilia *k.n.* reptile; member of the class of animals with a backbone and relatively short legs or no legs.

republik *k.n.* republic; country in which power is held by the people or their representatives.

repui *adj.* friable; easily crumbled.

reput *adj.* rot; lose quality or strength; decayed.

reputasi *k.n.* reputation; what is generally believed about a person or thing; general recognition for one's abilities or achievements.

resah *adj.* anxious; trouble and uneasy in mind; eager; careworn; showing signs of prolonged worry; concerned; restless; edgy; tense and irritable; fretful; constantly worrying or crying. **meresahkan** *k.k.* fret (p.t. *fretted*); worry; vex; cause disquiet to.

resam[1] *k.n.* bracken; large fern that grows on waste land; mass of such ferns.

resam[2] *k.n.* custom; usual way of behaving or acting; habit.

resap, meresap *k.k.* absorb; diffuse; spread widely; pervade. **resapan** *k.n.* absorption; diffusion.

resdung *k.n.* catarrh; inflammation of mucous membrane esp. of the nose, with a watery discharge.

residen *k.n.* resident; a person sent to advise another country on government or administration matters. **keresidenan** *k.n.* place of stay (office); residency; district under the jurisdiction of a resident. **beresiden** *k.k.* having a resident. **meresidenkan** *k.k.* to elect or appoint as resident.

resin *k.n.* resin; sticky substance from plants and certain trees. **resin mira** *k.n.* myrrh; gum resin used in perfumes, medicines and incense.

resipi *k.n.* recipe; directions for preparing a dish, etc. in cookery.

resit *k.n.* receipt; written acknowledgement that something has been received or money paid.

resmi[1] *adj.* innate; inborn; customary.

resmi[2] *k.n.* nature; complex of innate characteristics.

resolusi *k.n.* resolution; firm decision; resolving; great determination; formal statement of a committee's opinion; solving of a problem.

respirasi *k.n.* respiration; the process of inhaling oxygen and exhaling carbon dioxide; the act of breathing.

responden *k.n.* respondent; a person or group chosen to give information or a respond to a survey, an interview, etc.; a person charged in a court; a defendant.

respons *k.n.* response; an oral or written reaction to something that has been put forward or that has happened; a reaction to an action or something said, etc.

restoran *k.n.* restaurant; place where meals can be bought and eaten.

restu *k.n.* blessing; God's favour; something one is glad of; good wishes; approval. **merestui** *k.k.* bless; give blessing; approve.

retak *k.n.* a line that can be seen on something hard (such as a plate, mirror); a crack; a rift (in marriage).

retas, meretas *k.k.* fell; cut down (a tree); (of seams or stitches) broken, undone, unpick.

retort *k.n.* retort; vessel (usu. glass) with a long downward-bent neck used in distilling liquids; vessel used in making gas or steel.

reumatisme *k.n.* rheumatism; disease causing pain in the joints, muscles, or fibrous tissue.

revolusi *k.n.* revolution; complete change of method or conditions; substitution of a new system of government, esp. by force.

revolusioner *k.n.* revolutionary; involving a great change; of political revolution. —*k.n.* revolutionary; person who begins or supports a political revolution.

revolver *k.n.* revolver; a kind of pistol.

rezeki *k.n.* livelihood; income; subsistence; sustenance; food; nourishment; good fortune.

ria *adj.* jocund; merry, cheerful.

riadah *k.n.* physical exercise; activity esp. designed to train the body, or requiring physical exertion. **beriadah** *k.k.* exercise; perform physical activity to train the body, etc.

riak[1] *k.n.* ripple; a small movement or wave on the water surface; current. **beriak-riak** *k.k.* shaking; moving; rippling; vibrating; whirling. **riakan** *k.n.* a ripple; a something that causes a ripple.

riak[2] *k.n.* habit; conceit; dislike for something; arrogance.

rial *k.n.* currency; money; unit of weight equal to ½ tahil (20 g).

riam *k.n.* cataract; large waterfall.

riang *adj.* casual and carefree; chirpy; lively and cheerful; gay; happy and full of fun; gleeful; jovial; full of cheerful good humour; jubilant; rejoicing; cheerful; happy, contented. **meriangkan** *k.k.* gladden.

riba, ribaan *k.n.* lap; flat area over the thighs of a seated person.

ribu *k.bil.* thousand; ten hundred. **beribu-ribu** *kkt.* thousands; many; a lot.

ribut[1] *adj.* hectic; with feverish activity; chaotic; busy.

ribut[2] *k.n.* storm; disturbance of the atmosphere with strong winds and usu. rain or snow; gale; violent shower (of missiles, etc.). **ribut salji** *k.n.* blizzard; severe snowstorm.

R

meributkan *k.k.* scare; excite; cause a disturbance or commotion.

rid *k.n.* reed; water or marsh plant with tall hollow stems; its stem; vibrating part producing sound in certain wind instruments.

ridip *k.n.* flipper; sea animal's limb used in swimming.

rifel *k.n.* rifle; a kind of gun with a long barrel. *see* **raifal**.

rikets *k.n.* rickets; a disease of children caused by a lack of vitamin D and exposure to the sun, making the bones soft or deformed.

rim[1] *k.n.* ream; quantity of paper (usu. 500 sheets).

rim[2] *k.n.* rim; edge or border of something more or less circular.

rima *k.n.* rhyme; word that has the same sound as another; word providing a rhyme to another.

rimas *adj.* uncomfortable; uneasy; nervous; troubled. **merimaskan** *k.k.* to cause discomfort; to make uneasy.

rimba *k.n.* jungle; land overgrown with tangled vegetation, esp. in the tropics.

rimbun *adj.* leafy; thick foliage; lush; (of grass, etc.) growing thickly and strongly; luxurious.

rindu *k.k.* longing for; missing somebody; pine for. **merindui** *k.k.* long for; feel a longing for.

ringan *adj.* light (-*er*, -*est*); having little weight; not heavy. **meringankan** *k.k.* lighten; make or become less heavy; disburden; relieve of a burden; extenuate; make (an offence) seem less great by providing a partial excuse; mitigate; make seem less serious or severe; treat lightly.

ringgit, meringgit, meringgiti *k.k.* mill; produce grooves in metal.

ringkas *adj.* brief; giving the main points only; without attention to details or formalities; simple in style, not ornate; concise; using less words. **meringkaskan** *k.k.* summarize; make or be a summary of; abridge; shorten by using fewer words. **ringkasan** *k.n.* summary; statement giving the main points of something; abridgement. **ringkasan penerbit** *k.n.* blurb; written description to promote a book, film, etc.

ringkik *k.n.* neigh; horse's long high-pitched cry. **meringkik** *k.k.* neigh; make this cry.

ringkuk, meringkuk *k.k.* to sit (sleep, etc.) in a crouching or hunched up position; to be locked up; to be imprisoned. **ringkukan** *k.n.* imprisonment (prison).

rintang, merintangi *k.k.* hamper; prevent free movement or activity of, hinder; balk; shirk; frustrate; block or defend with a barricade. **rintangan** *k.n.* barricade; barrier; hurdle; obstacle, difficulty; impedance; resistance of an electric circuit to the flow of current; let; stoppage.

rintih, rintihan *k.n.* moan; low mournful sound; groan. **merintih** *k.k.* groan; make a long deep sound in pain, grief, etc.

rintik *k.n.* speckle; spot; speck. **berintik-rintik** *k.k.* speckled; spotted.

rintis, rintisan *k.n.* path or track in the jungle. **merintis** *k.k.* clear a path (in a jungle, etc.); pioneer; be the first to explore a new region or subject.

risalah *k.n.* brochure; booklet or leaflet giving information; printed sheet of paper giving information; pamphlet.

risau *adj.* apprehensive; feeling apprehensive, anxious. **merisaukan** *k.k.* apprehend; expect with fear or anxiety.

risik, risikan *k.n.* quiet inquiry; secret investigation. **merisik** *k.k.* investigate or inquire secretly or privately.

risiko *k.n.* risk; possibility of meeting danger or suffering harm; person or thing representing a source of risk.

ritma *k.n.* rhythm; a regular repeated pattern of sound or movement.

riuh *adj.* roaring; noisy; loud.

Riviera *k.n.* Riviera; coastal region of south-east France, Monaco, and north-west Italy.

riwayat *k.n.* events that happened in the past; history; tale or story that is handed down from one generation to the next. **riwayat hidup** *k.n.* an account or narrative about everything that is experienced by a person in his lifetime; biography; life record; life story. **beriwayat** *k.k.* relate events that happened in the past; tell a story; memorable; historical. **meriwayatkan** *k.k.* to tell something; narrate; relate.

rizab *k.n.* reserve. **hutan rizab** *k.n.* forest reserve (with government control). **Rizab Melayu** *k.n.* area reserved for the Malays. **merizabkan** *k.k.* to reserve; to put into the reserve section; to set aside as reserve; to reserve for a specific purpose (e.g. land for specific agricultural activity).

R

rizom *k.n.* rhizome; root-like stem producing roots and shoots.

robak, robak-rabik *adj.* torn and tattered; torn in shreds (of mat, carpet, clothes, etc.). **merobak** *k.k.* to cause something to be torn; to tear repeatedly. **memperobak** *k.k.* to rip; to tear repeatedly. **terobak-rabik** *k.k.* torn as a result of something; tattered.

robek *k.k.* torn. **merobekkan** *k.k.* tear; mangle; damage by cutting or crushing roughly, mutilate.

robin *k.n.* robin; brown red-breasted bird.

roboh *k.k.* crumple; collapse; crash.

robot *k.n.* robot; machine resembling and acting like a person; piece of apparatus operated by remote control.

rod *k.n.* rod; slender straight round stick or metal bar.

roda *k.n.* wheel; disc or circular frame that revolves on a shaft passing through its centre; thing resembling this. **roda tenaga** *k.n.* flywheel; heavy wheel revolving on a shaft to regulate machinery.

rodeo *k.n.* rodeo (pl. *-os*); round-up of ranch cattle for branding, etc.; exhibition of cowboys' skill in handling animals.

rodok, merodok *k.k.* to pierce; to stab; to thrust forward or upward; to shake to make something fall (e.g. coconut, etc.). **merodok-rodokkan** *k.k.* to point towards; to aim; to pierce or stab repeatedly. **rodokan** *k.n.* the act of stabbing, piercing or thrusting. **berodok-rodokkan** *k.k.* stabbing one another. **merodokkan** *k.k.* to stab or pierce a target with a sharp object. **terodok** *k.k.* to pierce or stab unintentionally; accidentally stabbed or pierced.

rogol, merogol *k.k.* rape; have sexual intercourse with (a woman) without her consent.

roh *k.n.* soul; person's spiritual or immortal element; spirit.

rohani *k.n.* robot; of the spirit or soul. —*adj.* spiritual; of the human spirit or soul.

rojak *k.n.* a vegetable salad; food that has a mixture of fruits and raw vegetables (like pineapple, turnip, cucumber, etc.).

roket *k.n.* rocket; structure that flies by expelling burning gases, propelling a bomb or spacecraft; firework that shoots into the air when ignited and then explodes.

rokok *k.n.* cigarette; roll of shredded tobacco in thin paper for smoking.

roman *k.n.* countenance; expression of the face.

romantik *k.n.* romantic; appealing to the emotions by its imaginative or heroic or picturesque quality; involving a love affair; enjoying romantic situations, etc.

romantisisme *k.n.* romanticism; romantic style. **romantisasi** *k.n.* romanticization.

rombak, merombak *k.k.* to reveal; to ransack; to untie; to undo; to tear down; dismantle; to unpick; to reorganize. **rombakan** *k.n.* rearrangement; reorganization; demolition.

rombong[1] *k.n.* type of covered, *mengkuang* basket to store paddy, clothes, or sewing materials.

rombong[2]**, rombongan** *k.n.* group of people who work, travel to and fro together. **berombongan** *k.k.* travel in a group; in groups.

rombus *k.n.* rhombus; quadrilateral with opposite sides and angles equal (and not right angles).

rompak, merompak *k.k.* to take or seize someone else's property by force; to use force; to rob. **rompakan** *k.n.* the act of stealing or robbing; robbery. **perompak** *k.n.* a person who steals or robs; a robber; a thief. **mencetak rompak** *k.n.* piracy; act of printing books or copying cassettes (songs, etc.) without permission from the publisher.

rompang *k.n.* break or gap in a sequence or series.

ronda, meronda *k.k.* patrol; walk or travel regularly through (an area or building) to see that all is well. **rondaan** *k.n.* beat; appointed course of a policeman or sentinel; patrol; patrolling.

rondas *k.n.* rounders; team game played with bat and ball in which players have to run round a circuit.

rongak *adj.* having gaps in between (of something that has come off, dropped, fallen, etc. from its place, e.g. teeth, gate post, etc.).

rongga *k.n.* cavity; hollow within a solid body. **berongga** *k.k.* hollow; empty within, not solid; sunken. **meronggakan** *k.k.* hollow; make hollow.

ronta, meronta *k.k.* to struggle to free oneself (from a grasp, grip, embrace, being tied up, etc.) using movements, etc.

R

ronyok *adj.* wrinkled; crumpled; creased. **meronyok, meronyokkan** *k.k.* to crumple (paper, cloth, etc.); to rumple.

ropol *k.n.* frills; gathers (for pillowcase, clothes, etc.). **meropolkan** *k.k.* to make gathers or frills (for pillowcase, clothes, etc.). **meropol-ropolkan** *k.k.* to make gathers or frills on a piece of sewing. **beropol-ropol** *k.k.* with frills, frilly; frilled.

rosak *adj.* damaged. **merosakkan** *k.k.* damage; cause damage to; impair; mar (p.t. *marred*); damage, spoil.

roset *k.n.* rosette; a badge in the shape of a flower, usu. made from silk or ribbon; a small arrangement (of flowers, etc.) that is stuck on a shirt, coat, etc. during festivals, ceremonies, etc.

rosot, merosot *adj.* downward; moving or leading down. —*kkt.* downwards. —*k.k.* degenerate; become worse; lapse; fail to maintain one's position or standard; become void or no longer valid; decline; slope downwards; decrease, lose strength or vigour.

rotan *k.n.* cane; stem of a tall reed or grass or slender palm; light walking-stick; rod with which children are struck as a punishment. **merotan** *k.k.* cane; strike with a cane.

roti *k.n.* bread; food made of flour and liquid, usu. leavened by yeast, and baked.

rotor *k.n.* rotor; a part of a machine that rotates, e.g. rotor blades on a helicopter.

royalti *k.n.* royalty; payment by a mining or oil company to the land-owner; payment to an author, etc. for each copy or performance of his work, or to a patentee for use of his patent.

ru *k.n.* casuarina; a type of tree.

ruam *k.n.* rash; eruption of spots or patches on the skin.

ruang[1], **ruangan** *k.n.* column; vertical division of a page, printed matter in this.

ruang[2] *k.n.* space; boundless expanse in which all objects exist and move; portion of this; empty area or extent; interval. **ruang antara** *k.n.* ante-room; room leading to a more important one. **ruang tamu** *k.n.* hall; space inside the front entrance of a house; parlour; sitting room.

ruap *k.n.* bubble. **meruap** *k.k.* to boil over; (of rice, etc.) to simmer; (of carbonated drink, etc. that is poured into a glass) give off bubbles of gas; to boil with anger. **meruap-ruap** *k.k.* spread (smell, scent, etc.); fuming;

flaming; become really angry, annoyed, etc.

ruas *k.n.* section between joints (of sugar cane, bamboo, finger, etc.); segment. **beruas** *k.k.* to have segments. **beruas-ruas** *k.k.* segmented. **seruas** *k.n.* one segment or section.

rubah *k.n.* fox; wild animal of the dog family with a bushy tail.

rubarb *k.n.* rhubarb; garden plant with red leaf-stalks that are used like fruit.

rubela *k.n.* rubella; a type of measles that can seriously affect babies (foetus) during pregnancy; German measles.

rugi *k.n.* loss; not getting any profit; disadvantage caused by losing something. **merugikan** *k.k.* suffer loss (of); cause loss of; cause damage.

ruit *k.n.* barb; backward-pointing part of an arrow, etc. **beruit** *adj.* barbed; having barb(s).

ruji, ruji-ruji *k.n.* spoke; one of the bars connecting the hub to the rim of a wheel.

rujuk, merujuk *k.k.* refer (p.t. *referred*); direct to an authority or specialist; turn to for information. **rujukan** *k.n.* reference; act of referring; mention; direction to a source of information, this source; person willing to testify to another's character, ability, etc. **buku rujukan** reference book; book providing information for reference. **perpustakaan rujukan** *k.n.* reference library; one containing books that can be consulted but not taken away. **rujukan silang** *k.n.* cross reference; reference to another place in the same book, etc.

rukuk *k.k.* to bend the body during prayers (with hand clasping the knee until the back and head are at the same level); to bow. **merukuk** *k.k.* (of) the body during prayers bent; hunched; bowed.

rukun *k.n.* commandment; divine command.

rukyah *k.n.* the act of determining the beginning of Ramadan, Syawal and Zulhijah by sighting the new moon.

rulet *k.n.* roulette; gambling game played with a small ball on a revolving disc.

rum *k.n.* rum; alcoholic spirit distilled from sugar cane or molasses.

rumah *k.n.* house; building for people (usu. one family) to live in, or for a particular purpose; home; place where one lives; dwelling-house; institution where those needing care

R

may live. **rumah agam** *k.n.* mansion; large stately house. **rumah api** *k.n.* lighthouse; tower with a beacon light to warn or guide ships. **rumah askar** *k.n.* billet; lodging for troops. **rumah kaca** *k.n.* glasshouse; greenhouse. **rumah miskin** *k.n.* almshouse; house founded by charity for poor (usu. elderly) people. **rumah pelacuran** *k.n.* brothel; house where women work as prostitutes. **rumah tambahan** *k.n.* outhouse; shed, barn, etc. **rumah tanaman** *k.n.* greenhouse; building with glass sides and roof, for protecting plants from cold weather. **tuan rumah** *k.n.* host; person who entertains another as his guest. **isi rumah** *k.n.* household; occupants of a house living as a family. **suri rumah** *k.n.* housewife; woman managing a household. **rumah tangga** *adj.* domestic; home or household. **sains rumah tangga** *k.n.* domestic science; study of household management.

rumba *k.n.* rumba; ballroom dance of Cuban origin.

rumbai *k.n.* tassel; fringe. **berumbai-umbai** *k.k.* tasselled; fringed.

rumbia *k.n.* a type of palm (that produces sago). **atap rumbia** *k.n.* a roof made from leaves of this palm.

rumi, huruf rumi *k.n.* the Latin alphabet; Roman letter. **merumikan** *k.k.* to copy in Latin or Roman letters. **perumian** *k.n.* romanization; writing in Latin or Roman letters.

ruminan *k.n.* ruminant; animal that chews the cud.

rumit *adj.* (*sl.*) hairy; hair-raising, difficult; complicated; complex, difficult because of this; intricate; very complicated. **merumitkan** *k.k.* complicate; make complicated.

rumpai *k.n.* weed; wild plant growing where it is not wanted. **rumpai laut** *k.n.* seaweed; any plant that grows in the sea.

rumpun *k.n.* clump; cluster; mass; lot; number of people or things of the same kind; (*colloq.*) large number or amount; much.

rumput *k.n.* grass; wild low-growing plant with green blades eaten by animals; species of this (e.g. a cereal plant); ground covered with grass. **padang rumput** *k.n.* grassland; wide grass-covered area with few trees. **pemotong rumput** *k.n.* lawn-mower; machine for cutting the grass of lawns. **merumput** *k.k.* cut grass;

weed; uproot and remove weeds, etc.; graze. **merumputi** *k.k.* grass; cover with grass.

rumus *k.n.* formula; symbols showing chemical constituents or a mathematical statement. **merumuskan** *k.k.* formulate; express systematically.

runcit *adj.* doing things gradually; little by little. **kedai runcit** *k.n.* a retail shop; a shop that sells different types of things on a small scale. **beruncit, beruncit-runcit** *kkt.* gradually or little by little; by instalment. **meruncitkan** *k.k.* to supply retail goods. **peruncit** *k.n.* a retailer; a small-scale trader.

runding *k.k.* negotiate; hold a discussion so as to reach agreement. **merundingkan** *k.k.* negotiate; arrange by such discussion; consult; seek information or advice from. **berunding** *k.k.* discuss; parley (p.t. *parleyed*); hold a parley. **rundingan** *k.n.* parley (pl. *-eys*); discussion.

rungut, merungut *k.k.* mutter; mumble; speak or utter in a low unclear tone; utter subdued grumbles; speak lengthily. **rungutan** *k.n.* muttering; grumbling.

runsing *adj.* worried; feeling or showing worry. **merunsingkan** *k.k.* worry; perturb; disturb greatly; make uneasy.

runtuh *k.k.* collapse; fall down or in suddenly; topple. **meruntuhkan** *k.k.* demolish; pull or knock down; destroy. **runtuhan** *k.n.* avalanche; great onrush; ruins.

runtun[1], **meruntun** *k.k.* to pull; to drag; to snatch; to destroy; to take over by force; to divert. **meruntun-runtun** *k.k.* to be excited or eager. **meruntuni** *k.k.* to detain; to keep in custody; to capture. **meruntunkan** *k.k.* to carry out the action on behalf of someone else; to arouse curiosity. **runtunan** *k.n.* the result of the act of pulling or dragging.

runtun[2], **beruntun, beruntun-runtun** *kkt.* consecutively; one after the other; in series or rows; in succession.

rupa *k.n.* aspect; look or appearance; complexion; colour and texture of the skin of the face; general character of things.

rupi *k.n.* rupee; unit of money in India, Pakistan, etc.

rupiah *k.n.* rupiah; Indonesian currency. **serupiah** *k.n.* one rupiah. **berupiah-rupiah** *kkt.* having a lot of rupiah. **merupiahkan** *k.k.* to change foreign currency to rupiah. **pengrupiahan**

R

k.n. process of changing foreign currency to rupiah.

rusa *k.n.* deer (pl. *deer*); ruminant swift-footed animal, male of which usu. has antlers. **rusa betina** *k.n.* hind; female deer. **rusa jantan** *k.n.* stag; hart; adult male deer.

rusuh *k.n.* riot; wild disturbance by a crowd; agitation; disturbance.

merusuh *k.k.* cause a disturbance; take part in a riot.

rusuk *k.n.* flank; side, esp. of the body between ribs and hip.

rutin *k.n.* routine; standard procedure; set sequence of movements.

ruyup, meruyup *adj.* very sleepy; heavy-eyed. **meruyupkan** *k.k.* to close the eyes.

S

saat *k.n.* second; sixtieth part of a minute of time.

sabar *adj.* patient; showing patience; forbearing; tolerant. **tidak sabar** *adj.* impatient, intolerant; not tolerant; feeling or showing lack of patience.

sabda *k.n.* a refined way of referring to the words of Allah (prophet, king); sayings of Prophet Muhammad (p.b.u.h.). **bersabda** *k.k.* to say. **mensabdakan** *k.k.* to command; to state; to say. **sabdakan** *k.k.* to repeat the Prophet's sayings.

sabel *k.n.* sable; a small Arctic mammal with dark fur; its fur.

sabil *k.n.* Allah's way; practices approved by Allah. **perang sabil** *k.n.* holy war to uphold Islam.

sabit *k.n.* scythe; implement with a curved blade on a long handle, for cutting long grass or grain; sickle; curved blade used for cutting corn, etc.; thing shaped like this. **menyabit** *k.k.* mow (p.p. *mown*); cut down (grass or grain, etc.); cut grass, etc. **menyabitkan** *k.k.* convict; prove or declare guilty; conviction; convicting.

sabotaj *k.n.* sabotage; wilful damage to machinery or materials, or disruption of work. **mensabotaj** *k.k.* sabotage; commit sabotage on; make useless.

Sabtu *k.n.* Saturday; day after Friday.

sabuk *k.n.* a waist-belt; cloth tied at one's waist; a girdle.

sabun *k.n.* soap; substance used in washing and cleaning things, made of fat or oil and an alkali. **buih sabun** *k.n.* soapsuds (*pl.*); froth of soapy water.

sabung *k.k.* to compete; to clash; (of animals) to fight. **bersabung** *k.k.* to clash; to compete; to fight against one another. **sabungan** *k.n.* a thing that is made to fight against another. **persabungan** *k.n.* the act of fighting; a venue or arena for fighting. **menyabung** *k.k.* to pit something against something else; to hold a cockfight; to endanger oneself. **sabung-menyabung** *k.k.* to fight furiously.

sabut *k.n.* coir; coconut husk fibre.

sadai, bersadai *k.k.* prone; lying flat. **tersadai** *k.k.* lie outstretched; beached; stranded.

sadap *k.n.* a knife for tapping water or rubber from a tree. **sadapan** *k.n.* something that is tapped; yield from tapping. **menyadap** *k.k.* to tap water or rubber from a tree by cutting into certain parts of the tree.

saderi *k.n.* celery; plant with edible crisp juicy stems.

sadin *adj.* feigning ignorance; pretending that one does not understand; crowded (of passengers in a vehicle, etc.). **muka sadin** *k.n.* poker-face.

sadur *k.n.* electroplate; objects plated thus. **menyadurelektrikkan** *k.k.* electroplate; coat with a thin layer of silver, etc. by electrolysis.

saf *k.n.* line; row; layer. **bersaf-saf** *k.k.* in rows.

Safar *k.n.* the second month in the Muslim (Hejira) calendar.

safari *k.n.* safari; expedition to hunt or observe wild animals. **taman safari** *k.n.* safari park, park where exotic wild animals are kept in the open for visitors to see.

saga *k.n.* saga; long story.

sagat, menyagat *k.k.* grind; rub harshly together.

sagu[1] *k.n.* sago; starchy food in hard white grains, used in puddings.

sagu[2], **sagu hati** *k.n.* consolation; consoling; thing that consoles. **hadiah sagu hati** *k.n.* consolation prize; one given to a runner-up.

sagun *k.n.* a type of cake made from a mixture of rice flour, grated coconut and sugar (occasionally mixed with eggs), also known as *sagun-sagun* or *sesagun*.

sah *adj.* authentic; genuine; known to be true; confirmatory; legal; of or based on law; authorized or required by law; legitimate in accordance with a law or rule; justifiable; born of parents married to each other. **tak sah** *adj.* illegitimate; contrary to a law or rule. **mengesahkan** *k.k.* authenticate; prove the truth or authenticity of; confirm; make firmer or definite; corroborate; administer the rite of confirmation to; affirm; state as a fact; declare formally and solemnly instead of on oath; legitimize; make legitimate; legalize; make legal.

sahabat *k.n.* friend; person (other than a relative or lover) with whom one is on terms of mutual affection; helper; sympathizer; chum; (*colloq.*) close friend. **sahabat karib** *k.n.* crony; close friend or companion. **bersahabat** *k.k.* chum (p.t. *chummed*).

sahaja *kkt.* only; merely; solely. —*k.k.* without anything or any one else; and that is all; no longer ago than; alone. **bersahaja** *k.k.* deadpan; expressionless.

saham *k.n.* share; one of the equal parts forming a business company's capital and entitling the holder to a proportion of the profits.

sahaya *k.n.* personal pronoun; I; me; slave; servant.

sahih *adj.* genuine; authentic; true; proven.

sahsiah *k.n.* character; morals; personality; individuality.

sahur, bersahur *k.k.* to eat a meal between midnight and dawn to prepare for the next day's fast.

sahut, bersahut *k.k.* answered; replied. **menyahut** *k.k.* answer; reply; respond.

sain *k.n.* signature; person's name or initials written by himself in signing something; contract. **menyain** *k.k.* sign; write (one's name) on a document; convey or acknowledge by this.

saing[1] *k.n.* friend; companion; mate. **bersaing** *k.k.* (walk, sit, etc.) together; hand in hand; side by side; parallel. **menyaingi** *k.k.* accompany; go with; follow.

saing[2], **bersaing, menyaingi** *k.k.* compete; equal; try to do as well as.

sains *k.n.* science; branch of knowledge requiring systematic study and method, esp. dealing with substances, life, and natural laws. **ahli sains** *k.n.* scientist; expert in science(s).

saintifik *adj.* scientific.

saintis *k.n.* scientist; a person who studies one or more of the natural sciences.

saiz *k.n.* size; relative bigness, extent; one of the series of standard measurements in which things are made and sold.

sajak *k.n.* metre; rhyme; poem; literary composition in verse. —*adj.* handsome; smart; stylish.

saji *k.n.* food that is served or dished up. **menyaji(kan)** *k.k.* serve or dish up (food, etc.).

sajian *k.n.* dish; food prepared for the table; presentation.

saka *k.n.* perennial; lasting a long time or for ever; constantly recurring; (of plants) living for several years. **pokok saka** *k.n.* perennial plant.

Sakai *k.n.* a group of indigenous people of Peninsular Malaysia; Senoi.

sakaratulmaut *k.n.* on the verge of death; agony while awaiting death.

sakarin *k.n.* saccharine; a sweet chemical substance used as a sugar substitute.

sakat, menyakat *k.k.* hector; intimidate by bullying; irritate; tease.

sakhlat *k.n.* felt; cloth made by matting and pressing fibres.

saki, saki-baki *k.n.* leftovers from something; remainder.

sakit *adj.* painful; causing or suffering pain. **tidak sakit** *adj.* painless; not causing pain. **menyakiti** *k.k.* cause pain to.

saksama *adj.* circumspect; cautious and watchful, wary; equitable; fair and just; impartial; not favouring one more than another.

saksi[1], **menyaksikan** *k.k.* witness; see; watch. **mempersaksikan** *k.k.* show as evidence; demonstrate.

saksi[2] *k.n.* eyewitness; person who actually saw something happen; witness; person who sees or hears something; one who gives evidence in a lawcourt; one who confirms another's signature; thing that serves as evidence. **kandang saksi** *k.n.* witness-box; enclosure from which witness gives evidence in a lawcourt.

saksofon *k.n.* saxophone; brass wind instrument with finger-operated keys.

sakti, kesaktian *k.n.* magic; supernatural power.

saku *k.n.* pocket; small bag-like part in or on a garment; one's resources of money; pouch-like compartment. —*adj.* suitable for carrying in one's pocket. **wang saku** *k.n.* pocket money; money for small personal expenses; money allowed to children.

salad *k.n.* salad; cold dish of one or more chopped or sliced (usu. raw) vegetables.

salah[1] *adj.* wrong; morally bad; contrary to justice; incorrect, not true; not what is required or desirable; not in a good or normal condition; erroneous. **bersalah** *adj.* guilty (*-ier, -iest*); having done wrong; feeling or showing guilt; culpable; deserving blame. —*k.k.* err; make a mistake; be incorrect; sin. **tak bersalah** *adj.* guiltless; innocent; not guilty; free of evil or wrong doing. **menyalahkan** *k.k.* blame; hold responsible and criticize for a fault.

salah[2] *awl.* mis-; badly; wrongly. **salah guna** *k.k.* misuse; use wrongly; treat badly, prevent; misapply, lead astray, corrupt. **salah laku** *k.n.* misdemeanour, misdeed; wrongful act. **salah letak** *k.k.* mislay (p.t. *mislaid*); lose temporarily; misplace.

salai, tempat salai *k.n.* grill; metal grid; grating; device on a cooker for radiating heat downwards; grilled food; grillroom. **menyalai** *k.k.* cook under a grill or on a gridiron.

salak, menyalakkan *k.k.* bark; make this sound; utter in a sharp commanding voice. **salakan** *k.n.* bark; sharp harsh sound made by a dog.

salam *adj.* greet; address politely on meeting or arrival. **bersalam** *k.k.* shake hand. —*k.n.* salaam; Oriental salutation.

salap *k.n.* balm; (*old use*) ointment; paste for rubbing on skin to heal it.

salasilah *k.n.* ancestry; genealogy; line or list of ancestors; study of family pedigrees.

salib *k.n.* crucifix; model of the Cross or of Christ on this. **menyalib** *k.k.*

crucify; put to death by nailing or binding to a transverse bar.

salih *adj.* pious; devout in religion; virtuous.

salin, menyalin *k.k.* change; put fresh clothes or coverings, etc. on; make a copy of. **salinan** *k.n.* copy; material for printing. **salinan foto** *k.n.* photocopy; photographed copy of a document.

saling *k.k.* put (each of two things) into the other place; exchange; alternate. **saling berinteraksi** *k.k.* interact; have an effect upon each other. **saling bertindak** *k.k.* interact; have an effect upon each other.

salji *k.n.* snow; frozen atmospheric vapour falling to earth in white flakes; fall or layer of snow. **ribut salji** *k.n.* snowstorm. **bersalji** *k.k.* snowy. **kepalan salji** *k.n.* compact mass for throwing in play. **emping salji** *k.n.* snowflake; flake of snow. **patung salji** *k.n.* snowman (pl. *-men*); figure made of snow. **salji runtuh** *k.n.* avalanche; mass of snow pouring down a mountain.

salju *k.n.* snow; a geographical term for a snow-covered area. **bersalju** *k.k.* covered in snow. **menyaljukan** *k.k.* to cover an area with artificial snow.

salmon *k.n.* salmon; a large fish with silver skin and pink flesh that is used for food.

salmonela *k.n.* salmonella; a bacterium causing food poisoning.

salur, menyalurkan *k.k.* channel (p.t. *channelled*); form channel(s) in; direct through a channel; duct; convey through a duct. **saluran** *k.n.* channel; sunken bed of a stream; course in which anything moves; passage for liquid; medium of communication; band of broadcasting frequencies; duct; channel or tube conveying liquid or air, etc.; gutter; trough round a roof, or channel at a roadside, for carrying away rainwater; passage; tube-like structure.

salut, menyaluti *k.k.* coat; cover with a layer. **salutan** *k.n.* coating; covering layer.

salvo *k.n.* salvo; shots released simultaneously from several guns in a battle or celebration.

sama *adj.* akin; similar; equal; alike; same in size, amount, value, etc.; having the same rights or status. **sama ada** *k.g.* either; one or other of two; each of two. **bersama** *k.k.* joint;

shared or done by two or more people together; sharing. **menyamakan** *k.k.* liken; point out the likeness of (one thing to another); equalize; make or become equal; equal an opponent's score. **menyamakan** *k.k.* equate; consider to be equal or equivalent.

samak *k.n.* tannin; substance obtained from tree barks, etc. used in tanning and dyeing. **menyamak** *k.k.* tan; convert (hide) into leather by treating it with tannin, etc.; (ritual) cleansing (for Muslims); purify.

saman *k.n.* summons; command summoning a person; written order to appear in a lawcourt. **menyaman** *k.k.* summon; order to appear in a lawcourt.

samar *adj.* hazy (*-ier*, *-iest*); misty; indistinct; vague. **samar-samar** *adj.* misty (*-ier*, *-iest*); indistinct; vague. **menyamar** *k.k.* impersonate; pretend to be another person; conceal the identity of, disguise; conceal.

sambal *k.n.* a type of spicy dish. **sambal tumis** *k.n.* fried *sambal*.

sambang *k.n.* beehive; hive.

sambar, menyambar *k.k.* pounce; swoop down on and grasp or attack. **sambaran** *k.n.* pouncing movement.

sambil *k.h.* while; during the time that, as long as; although; on the other hand.

sambil lewa *adj.* perfunctory; done or doing things without much care or interest.

sambung, menyambungkan *k.k.* joint; connect by joint(s); lengthen. **sambungan** *k.n.* extension; additional part of period; subsidiary telephone, its number; join; joint; junction; place where things join.

sambut, bersambut *k.k.* answered; replied; accompanied; followed by. **menyambut** *k.k.* answer; reply; respond; take; receive; welcome. **sambutan** *k.n.* celebration; festivity; reception.

sami *k.n.* monk (Buddhist or Hindu); member of a male community living in isolation under the rules of a religious order; lama; Buddhist priest in Tibet and Mongolia.

sampah *k.n.* garbage; domestic waste; litter; rubbish left lying about.

sampai *k.k.* reach; go as far as, arrive at. **menyampaikan** *k.k.* impart; give; make (information, etc.) known; convey; communicate as an idea.

sampan *k.n.* sampan; small boat used along coasts and rivers.

sampang *k.n.* lacquer; hard glossy varnish. **menyampang** *k.k.* coat with lacquer.

sampar *k.n.* a highly contagious disease (esp. in livestock); an epidemic.

sampel *k.n.* sample; a small amount or example of something that can be looked at or tried to see what it is like.

samping, di samping *k.n.* beside; at the side of, close to. **mengesampingkan** *k.k.* overrule; set aside (a decision, etc.) by using one's authority. **sampingan** *k.n.* peripheral; of minor but not central importance to something.

sampuk *k.k.* interject; put in (a remark) when someone is speaking.

sampul *k.n.* wrapper; cover. **sampul surat** *k.n.* envelope; folded gummed cover for a letter.

samseng *k.n.* gangster; member of a gang of violent criminals.

samsu *k.n.* a type of liquor.

samudera *k.n.* ocean; the sea surrounding the continents of the earth.

samun, menyamun *k.k.* plunder; rob; take unlawfully.

samurai *k.n.* samurai; a warrior caste in Japanese feudal society.

sana *kkt.* there; in, at, or to that place.

sanak, sanak-saudara *k.n.* relatives; kinsfolk; descendants.

sanatorium *k.n.* sanatorium; establishment for treating chronic diseases or convalescents; room or building for sick persons in a school, etc.

sandal *k.n.* sandal; a type of open-toed footwear consisting of a sole and straps.

sandang *k.n.* shoulder sash; rope, etc. that is slung over the shoulder. **menyandang** *k.k.* sling (of a rope, sash, etc.) over the shoulder; hold office.

sandar *k.k.* lean (p.t. *leaned*, p.p. *leant*); put or be in a sloping position; rest against for support; depend on for help.

sandera *k.n.* hostage; person held as security that the holder's demands will be satisfied.

sanding *adj.* close; near; side by side. **bersanding** *k.k.* sit side by side; sit close together.

sandiwara *k.n.* drama; play; acting; concert. **bersandiwara** *k.k.* act in a play.

S

sandwic *k.n.* sandwich; two or more slices of bread with a layer of filling between.

sanga *k.n.* dross; scum on metal; impurities; rubbish.

sangat *kkt.* intensely; extremely; very. **tersangat** *adj.* intense; strong in quality or degree; feeling strong emotion.

sangga *k.n.* buttress; support built against a wall; thing that supports or reinforces; cantilever; projecting beam or girder supporting a structure; corbel; stone or wooden support projecting from a wall; pier; pillar or similar structure supporting an arch or bridge; strut; bar of wood or metal supporting something.

sanggah, menyanggah *k.k.* expostulate; protest, remonstrate; go against; oppose. **sanggahan** *k.n.* expostulation; opposition; protest.

sanggama *k.n.* coitus; coition; sexual intercourse.

sanggul *k.n.* bun; hair twisted into a bun shape at the back of the head.

sanggup *k.k.* willing; able; ready; about or inclined (to do something).

sangka, menyangka *k.k.* think; guess; form an opinion without definitive knowledge; consider; suspect. **sangkaan** *k.n.* guess; opinion formed by guessing; doubt; suspicion.

sangkakala *k.n.* a bugle made from shells; trumpet.

sangkal *k.k.* negate; nullify, disprove. **menyangkal** *k.k.* refuse to acknowledge; deny; say that (a thing) is untrue or does not exist; show to be wrong; object; state that one is opposed to; protest. **sangkalan** *k.n.* denial; denying; statement that a thing is not true; deprecation; objection; rejection.

sangkar *k.n.* cage; enclosure of wire or with bars, esp. for birds or animals; hutch.

sangkut *k.k.* hang; support or be supported from above with the lower end free. **sangkut paut** related; concerned; connected with. **bersangkut** *k.k.* hung; hooked (on to something); related; connected with. **menyangkut** *k.k.* hang; hook. **tersangkut** *k.k.* hung; attached to; stuck.

sangsi *adj.* dubious; doubtful; incredulous; unbelieving, showing disbelief. **menyangsikan** *k.k.* discredit (p.t. *discredited*); refuse to believe; cause to be disbelieved. —*adj.* equivocal; ambiguous; questionable.

sanjung *k.k.* idolize; love or admire excessively; eulogize; write or utter a eulogy of. **menyanjung** *k.k.* exalt; praise highly; make joyful; eulogize; write or utter a eulogy of; glorify; praise highly; worship; make (a thing) seem grander than it is. **sanjungan** *k.n.* eulogy; piece of spoken or written praise; adulation; excessive flattery; exaltation; glorification.

Sanskrit *k.n.* Sanskrit; ancient Indo-European language.

santai *adj.* relaxed; at ease. **bersantai** *k.k.* to do something in a relaxed manner; to enjoy oneself.

santan *k.n.* coconut milk; white liquid expressed from grated coconut.

santap, bersantap, menyantap *k.k.* (of royalty) to eat and drink. **santapan** *k.n.* food and drink.

santau *k.n.* type of deadly poison made from bamboo hair, human hair, etc. coupled with magical incantations which is used to harm a person.

santun *adj.* decent; conforming to accepted standards of what is proper; respectable; well-mannered.

sanubari *k.n.* heart; soul.

sapa *k.k.* address; speak to. **menyapa** *k.k.* accost; approach and speak to; greet.

sapi *k.n.* ox; animal of or related to the kind kept as domestic cattle; fully grown bullock.

sapih[1] *adj.* half-paralysed; crippled.

sapih[2]**, menyapih** *k.k.* to gradually wean a child from breast milk; to gradually stop (doing something). **sapihan** *k.n.* a person who tries to gradually give up a particular habit.

sapu, menyapu *k.k.* sweep (p.t. *swept*); clear away with or as if with a broom or brush; clean or clear (a surface) thus; move or remove by pushing. **sapu bersih** *k.k.* sweep the board; win all the prizes. **sapuan** *k.n.* sweep; sweeping movement or line or slope; act of sweeping. **sapu tangan** *k.n.* handkerchief (pl. *-fs*); small square of cloth for wiping the nose, etc. **sapu kepala** *k.n.* kerchief; square scarf worn on the head.

sara, sara hidup *k.n.* livelihood; subsistence. **wang sara** *k.n.* money given to maintain a living. **bersara** *k.k.* to retire from work after reaching a particular age limit. **pesara** *k.n.* retiree; a pensioner. **menyara, menyarai** *k.k.* to support; to bear the cost of living.

saraf *k.n.* nerve; fibre carrying impulses of sensation or movement between the brain or spinal cord and a part of the body.

sarak *k.n.* separation; divorce; ingredients that are mixed in a dish. **bersarak** *k.k.* to divorce. **menyarak** *k.k.* to divorce one's wife; to wean a child from breast milk.

saran *k.n.* suggestion; proposal; opinion. **menyarankan** *k.k.* suggest; propose; put forward for consideration. **saranan** *k.n.* suggestion; proposal.

sarang *k.n.* den; wild animal's lair; nest; structure or place in which a bird lays eggs and shelters its young; breeding-place. **bersarang** *k.k.* make or have a nest.

sarap[1] *k.n.* garbage (dry leaves, dust, etc.). **sampah sarap** *k.n.* various types of garbage.

sarap[2] *k.n.* a cover; a lining. **menyarap** *k.k.* to cover; to line with something.

sarap[3] *k.n.* breakfast. **menyarap** *k.k.* to have breakfast. **sarapan** *k.n.* breakfast; the first meal of the day.

sarat, menyarati *k.k.* overload; put too great a load on or in.

sardin *k.n.* sardine; young pilchard or similar small fish.

sari[1] *k.n.* essence of a particular food, fruit, etc.; important part of an essay, news, article, lesson, etc.; gist; subject matter; content. **inti sari** *k.n.* gist; main points. **menyarikan** *k.k.* to extract nectar from flowers, etc.

sari[2] *k.n.* sari; length or cloth draped round the body, worn as the main garment by Hindu women.

saring, menyaring *k.k.* filter; pass through a filter, remove impurities thus; strain; sift; select.

saringan *k.n.* heat; preliminary contest.

sarjan *k.n.* sergeant; army NCO. ranking just above corporal; police officer ranking just below inspector. **sarjan mejar** *k.n.* sergeant-major; warrant officer assisting an adjutant.

sarjana *k.n.* a scholar; a smart person; a specialist in a branch of knowledge; a university graduate who has received a Master's or Ph.D., etc. **sarjana muda** *k.n.* title for a person who has received a Bachelor's degree from a university. **kesarjanaan** *k.n.* intelligence; expertise; skill.

sarkas *k.n.* circus; travelling show with performing animals, acrobats, etc.

sartan, bintang sartan *k.n.* Cancer; the fourth sign of the zodiac. **garisan Sartan** Tropic of Cancer; line of latitude 23° 27' north of the Equator.

sarung *k.n.* case; container or protective covering. **sarung senjata api** *k.n.* holster; leather case holding a pistol or revolver. **sarung tangan bulu** *k.n.* muff; tube-shaped usu. furry covering for the hands. **sarung tangan** *k.n.* gauntlet, glove with a long wide cuff; this cuff.

sasa *adj.* beefy (*-ier, -iest*); having a solid muscular body; sturdy (*-ier, -iest*); strongly built, hardy, vigorous.

sasar *adj.* balmy (*-ier, -iest*); (*sl.*) crazy. **sasaran** *k.n.* target; object or mark to be hit in shooting, etc.; person or thing against which criticism is directed; objective, minimum result desired.

sasau *adj.* batty; crackers; cracked; (*sl.*) crazy; eccentric.

saspens *k.n.* suspense; a feeling of worry or excitement.

sasul, tersasul *adj.* gone too far in terms of actions or words; over the limit.

sastera *k.n.* art; (*pl.*) subjects other than sciences, requiring sensitive understanding rather than use of measurement.

sat *k.n.* ace; playing-card with one spot; heart; playing-card of the suit marked with these.

satah *k.n.* plane; level surface.

sate *k.n.* satay; small pieces of spiced meat grilled on a skewer.

satelit *k.n.* satellite; heavenly or artificial body revolving round a planet; country that is subservient to another.

satin *k.n.* satin; silky material that is glossy on one side.

satira *k.n.* satire; the use of humour or exaggeration to criticize a person, an idea or institution; a piece of writing that uses this type of criticism.

satu[1] *k.bil.* one; any, each; single, individual, forming a unity. **satu sama lain** one another, each other. **satu hari** one day, at some unspecified date.

satu[2] *k.bil.* one; smallest whole number (1, I); single thing or person.

saudagar *k.n.* merchant; wholesale trader; (*U.S. & Sc.*) retail trader. **bank saudagar** *k.n.* merchant bank; one dealing in commercial loans and the financing of business.

saudara *k.n.* sibling; brother or sister; relative; relation; comrade. —*k.g.* you; person(s) addressed. **bersaudara** *k.k.* have siblings or relatives; related.

saudari *k.n.* (*fem.*) you; (female) persons addressed.

sauh *k.n.* anchor; heavy metal structure for mooring a ship to the sea-bottom. **bersauh** *k.k.* fix anchor; fix firmly.

saujana *k.n.* vast; distant; far. **saujana mata** as far as the eye can see.

sauk *k.n.* scoop; a tool used to scoop up something. **sesauk** *k.n.* a long-handled net for catching fish, butterflies, etc. **menyauk** *k.k.* to scoop; to catch fish, butterflies, etc. with a long-handled net; to trip up someone or something.

sauna *k.n.* sauna; Finnish-style steam bath.

savana *k.n.* savannah; grassy plain in hot regions.

sawa *k.n.* python; a large, non-poisonous snake; the name of a python species.

sawah *k.n.* paddy-field; a place where paddy is planted. **bersawah** *k.k.* to own a paddy-field; to work in a paddy-field; to cultivate a paddy field. **persawahan** *k.n.* a paddy planting area. **pesawah** *k.n.* a paddy farmer; a person who works in a paddy-field.

sawan *k.n.* fit; sudden attack of illness or its symptoms, or of convulsions or loss of consciousness; short period of a feeling or activity.

sawang *k.n.* cobweb; network spun by a spider; fine filmy piece of cobweb, gossamer.

sawat *k.n.* a strap or shawl worn over the shoulder (to hang a kris, sword, etc.). **sawat sandang** *k.n.* a leather strap (to hang a kris or sword); an animal's reproductive organ (horse, cattle, etc.). **pesawat** *k.n.* a machine; a mechanical part that moves a machine. **pesawat terbang** *k.n.* an airplane.

sawi *k.n.* mustard; plant with yellow flowers and sharp-tasting seeds.

sawit *k.n.* oil palm; a tropical palm which is the chief source of palm oil.

saya *k.g.* me; objective case of *I*; I; person speaking or writing and referring to himself. **saya sendiri** *k.g.* myself; emphatic and reflexive form of *I* and *me*.

sayang *adj.* darling; dearly loved or lovable (person or thing).

sayap *k.n.* wing; one of a pair of projecting parts by which a bird or insect, etc. is able to fly; one of the parts projecting widely from the sides of an aircraft; extreme section of a political party.

sayat, menyayat *k.k.* to slice thinly; to cut into thin slices. **menyayat hati** *k.k.* to hurt one's feelings; to cause sadness. **sayatan** *k.n.* small pieces; type of woollen thread.

sayembara *k.n.* competition; contest; event in which people compete against each other to win a prize.

sayu *adj.* melancholy; sad, gloomy.

sayung *adj.* slanted; tapered. **menyayung** *k.k.* to cut slanting; to cut at a sharp, pointed angle. **tirus sayung** *adj.* unevenly tapered.

sayup *adj.* faint or vague (vision, hearing, etc. due to distance); almost sufficient (income, cloth, etc.). **sayup-sayup** *kkt.* not clear (vision, hearing, etc.).

sayur *k.n.* vegetable; plant grown for food.

sebab *k.n.* cause; what produces an effect; reason or motive for action, etc. **menyebabkan** *k.k.* effectuate; be the cause of, make happen.

sebak[1] *adj.* nearly flooded; inundated; overflowing; filled up with tears; choking (because of strong emotion). **menyebakkan** *k.k.* inundate; feel sad; choke (with strong emotion).

sebak[2] *k.n.* parting; line from which hair is combed in different directions.

sebal, sebal hati *adj.* feel angry or resentful; disappointed; peeved.

sebam *adj.* lacklustre; faded; dull, not shiny.

sebar, menyebarkan *k.k.* disseminate; spread widely; invigorate; fill with vigour, give strength or courage to.

sebarang *adj.* any; one or some from three or more or from a quantity. —*k.g.* one, some. —*kkt.* at all.

sebat, menyebat *k.k.* whip; strike or beat with a cane, whip, etc.; filch; pinch; take without permission.

sebati *adj.* blended (absorbed, etc.). **bersebati** *k.k.* to become blended (mixed); to become fused. **menyebatikan** *k.k.* to blend/fuse/mix. **sebatian** *k.n.* mixture; substance formed by the chemical fusion of two or more elements. **persebatian** *k.n.* the act or process of mixing/fusing/blending.

sebelas *k.bil.* eleven; one more than ten (11, XI); team of eleven players. **kesebelas** *k.bil.* eleventh.

sebenar *adj.* actual; existing in fact, current.

sebentar *k.n.* awhile; for a short time.

seberang, **penyeberangan** *k.n.* crossing; journey across water; place for pedestrians to cross a road.

sebu *adj.* full; stuffy (nose); silted or blocked (drain); packed; choked up (of a person who is about to cry). **menyebu** *k.k.* to fill up to the brim; to bury; to cover.

sebut, **menyebut** *k.k.* mention; speak or write about briefly; refer to by name; pronounce. **sebutan** *k.n.* mention; act of mentioning, being mentioned; pronunciation.

sedak, **tersedak** *k.k.* choke; cough (because one is choking).

sedang[1] *adj.* medium (pl. *media*); middle size, quality, etc.

sedang[2] *k.h.* still; in the midst of (doing something); during; while.

sedap *adj.* delicious; delightful, esp. to taste or smell; palatable; pleasant to the taste or mind.

sedar *adj.* conscious; with mental faculties awake; aware; having knowledge or realization; intentional. **menyedari** *k.k.* realize; be or become aware of.

sedekah *k.n.* alms; money, etc. given to the poor.

sederhana *adj.* abstemious; not selfindulgent; middling; moderately good; moderate; medium; not extreme or excessive; modest; not vain or boastful; moderate in size, etc.; not showy; showing regard for conventional decencies. **menyederhanakan** *k.k.* make or become moderate or less intense.

sedge *k.n.* sedge; grass-like plant(s) growing in marshes or by water.

sedia *kkt.* ready (-ier, -iest); fit or available for action or use; willing; prepared; about or inclined (to do something); quick. **bersedia** *k.k.* ready; ready for action. **bersedia menolong** *adj.* accommodating; willing to do as asked. **tersedia** *adj.* available; ready to be used; obtainable. **sedia kala** *kkt.* immemorial; existing from before what can be remembered.

sedih *adj.*, **bersedih** *k.k.* sorrow; feel sorrow, grieve. **menyedihkan** *k.k.* grievous; causing grief.

sedikit *adj.* slim (*slimmer, slimmest*); small, insufficient; dribblet; modicum; spot; (*colloq.*) small amount.

sedu *k.n.* hiccup; cough-like stopping of breath. **tersedu** *k.k.* make this sound.

seduh *k.k.* infuse; steep (tea or herbs, etc.) in liquid; (of tea, etc.) undergo this. **seduhan** *k.n.* infusion; liquid made by this.

sedut *k.k.* inhale; breathe in, draw (tobacco-smoke) into the lungs.

segak *adj.* dapper; neat and smart; gracious; elegant.

segala *k.bil.* all; the whole lot; everything.

segan *adj.* unwilling; rather shy or embarrassed.

segar *adj.* fresh (-er, -est); new, not stale or faded; not preserved by tinning or freezing, etc.; refreshing; vigorous; roaring; briskly active. **menyegarkan** *k.k.* freshen; make or become fresh.

segenting *k.n.* isthmus (pl. *-muses*); narrow strip of land with water on each side; connecting two masses of land.

segera *adj.* immediate; with no delays; instant; (of food) designed to be prepared quickly.

segi *k.n.* facet; one of many sides of a cut stone or jewel; one aspect.

segi empat, **segi empat selari** *k.n.* parallelogram; four-sided geometric figure with its opposite sides parallel to each other.

segi enam *k.n.* hexagon; geometric figure with six sides. **bersegi enam** *adj.* hexagonal.

segi tujuh *k.n.* heptagon; geometric figure with seven sides.

seismologi *k.n.* seismology; the study of earthquakes.

sejadah *k.n.* small mat (used by Muslims) for praying.

sejagat *adj.* universal, including many or most things.

sejahtera *adj.* peaceful and prosperous; tranquil; calm and undisturbed; safe.

sejak *k.h.* since; from (a specific time) until now.

sejarah *k.n.* history; past events; methodical record of these; study of past events. **ahli sejarah** *k.n.* historian; expert in or writer of history. **mencipta sejarah** make history; do something memorable. **bersejarah** *k.k.* historic; famous in history.

sejat *adj.* evaporate; turn into vapour; cease to exist.

S

sejuk *adj.* cold (*-er, -est*); at or having a low temperature; not affectionate, not enthusiastic.

seka, menyeka *k.k.* to wipe or brush clean or dry.

sekah, tersekah *adj.* snapped; (of tree branches) broken and fallen to the ground.

sekali *kkt.* once; on one occasion only. **sekali-sekala** *kkt.* infrequent; not frequent; once in a while.

sekali gus *adj.* simultaneously; everything done (and completed) at the same time.

sekam *k.n.* chaff; corn-husks separated from seed.

sekarang *kkt.* now; at the time when or of which one is writing or speaking; immediately.

sekat, menyekat *k.k.* set up a blockade of; divide into parts or by a partition. **sekatan** *k.n.* blockade; blocking of access to a place, to prevent entry of goods, etc.; bulkhead; partition in a ship, etc.

sekedudukan *k.n.* cohabitation.

sekeh, menyekeh *k.k.* to knock with one's knuckles; to rap. **disekeh** *k.k.* knocked or rapped with the knuckles.

sekeliling *k.n.* environment; surroundings.

sekerap[1] *k.n.* scrap; items that are thrown away because they are no longer used.

sekerap[2], **buku sekerap** *k.n.* scrapbook; a book with empty pages where you can stick pictures, newspaper articles, etc.

sekerap[3], **getah sekerap** *k.n.* scrap rubber; rubber from the trunk of a rubber tree which has already congealed; congealed rubber.

sekoci *k.n.* sloop; small ship with one mast.

sekoi *k.n.* millet; tall cereal plant; its small seeds.

sekolah *k.n.* school; institution for educating children or giving instruction.

sekongkol *k.n.* conspirator; one who conspires. **bersekongkol** *k.k.* conspire; plan secretly and usu. unlawfully against others.

sekopong *k.n.* spade; playing-card of the suit marked with black figures shaped like an inverted heart with a small stem.

sekretariat *k.n.* secretariat; administrative office or department.

seks *k.n.* sex; either of the two main groups (male and female) into which living things are placed according to their reproductive functions; fact of belonging to one of these; sexual feelings or impulses or intercourse.

seksa *adj.* intolerable; unbearable. **menyeksa** *k.k.* chastise; punish; torture.

seksi[1] *k.n.* a section; a unit; an autopsy; a post-mortem.

seksi[2] *adj.* sexy; seductive; exciting and interesting.

sekstan *k.n.* sextant; instrument for finding one's position by measuring the height of the sun, etc.

sekstet *k.n.* sextet; group of six instruments or voices; music for these.

seksyen *k.n.* section; distinct part (of something larger); separate part of a document, book, etc.

sektor *k.n.* sector; part of an area; branch of an activity; section of a circular area between two lines drawn from its centre to its circumference.

sekular *adj.* secular; worldly; not connected with spiritual or religious matter.

sekunder *adj.* secondary; coming after something that is first or primary; less important.

sekutu *k.n.* ally; country or person in alliance with another, associate; companion; partner; subordinate member. **bersekutu** *k.k.* associated; having subordinate membership; ally; join as an ally.

sel *k.n.* cell; small room for a monk or prisoner; compartment in a honeycomb; device for producing electric current chemically; microscopic unit of living matter; small group as a nucleus of political activities.

sela, sela-menyela *k.n.* intermittent; occurring at intervals.

selada *k.n.* cress, plant whose leaves are used in salads; lettuce.

seladang *k.n.* wild ox; wild animal which resembles the buffalo.

selak[1] *k.n.* bolt; sliding bar for fastening a door; sliding part of a rifle-breech; strong metal pin. **menyelak** *k.k.* fasten with bolt(s).

selak[2], **menyelak** *k.k.* lift up; raise; turn (a page).

selalu *kkt.* always; at all times; whatever the circumstances.

selam, juruselam *k.n.* diver; person who works underwater in a special

S

suit with an air supply. **kapal selam** *k.n.* submarine; vessel that can operate under water. **menyelam** *k.k.* dive; go under water.

selamat *adj.* safe. **selamat tinggal** *sr.* cheerio (*colloq.*); goodbye; expression used when parting.

selamba *adj.* barefaced; shameless, undisguised; impassive; not feeling or showing emotion.

selang, berselang-seli *k.k.* alternate; first one then the other successively. **menyelangi** *k.k.* alternate; place or occur, etc. alternately.

selangkang *k.n.* groin; curved edge where two vaults meet in a roof; arch supporting a vault.

selaput *k.n.* membrane; a thin layer of skin (on living things). **menyelaputi** *k.k.* to shroud; to cover.

selar, tanda selar *k.n.* brand; mark of identification made with hot metal. **menyelar** *k.k.* brand; mark with a brand; defame; attack the good reputation of. **selaran** *k.n.* accusation; defamation; criticism.

selaras *adj.* consistent. **tidak selaras** *adj.* inconsistent; not consistent.

selari *adj.* parallel; (of lines or planes) going continuously at the same distance from each other; similar, corresponding. **garis selari** *k.n.* parallel line or thing; line on a map or globe, drawn parallel to the equator.

Selasa *k.n.* Tuesday; day after Monday.

selasar *k.n.* loggia; open-sided gallery or arcade.

selasih *k.n.* basil; a type of plant (herb) with tiny seeds that expand in water and are usu. mixed into cold drinks.

selat *k.n.* sound; strait.

selatan *k.n.* south; point or direction to the right of a person facing east; southern part.

selawat *k.n.* prayer for Prophet Muhammad (p.b.u.h.); Muslim observance (at the start of a ceremony, etc.). **berselawat** *k.k.* to say this prayer; to offer prayers for the Prophet Muhammad (p.b.u.h.).

selekeh *adj.* dowdy (*-ier, -iest*); unattractively dull; not stylish; dressed in dowdy clothes; frowsty; fusty, stuffy; messy (*-ier, -iest*); untidy or dirty, slovenly.

selekoh *k.n.* corner. **selekoh tajam** *k.n.* hairpin bend; sharp U-shaped bend in a road.

selembu *k.n.* a cross-breed between a wild ox and a cow.

selempang *k.n.* a sash; something that is worn crosswise from the shoulder to the waist as a sign of rank or status. **menyelempangkan** *k.k.* to wear a sash.

selendang *k.n.* shawl; large piece of soft fabric worn round the shoulders or wrapped round a baby as a covering.

selenggara, menyelenggara *k.k.* manage; be in charge of; take care; organize; maintain; keep in repair.

selepang *k.n.* a sash; something that is worn from the shoulder across the chest, usu. a piece of cloth or rope to indicate rank. **berselepang** *k.k.* to wear a sash, rank, rope or cloth. **menyelepang** *k.k.* to wear a sash over the shoulder and across. **menyelepangkan** *k.k.* to wear a sash.

selera *k.n.* appetite; desire, esp. for food. **menyelerakan** *k.k.* appetizing; stimulating the appetite.

selerak *adj.* scattered; strewn about; undone. **berselerak** *k.k.* to be scattered; to be strewn about; to be spread everywhere. **menyelerak** *k.k.* to cause to become scattered or strewn about. **penyelerakan** *k.n.* the act of scattering. **selerakkan** *k.k.* to scatter.

selesa *adj.* comfortable, comfy (*colloq.*); cosy; providing or having ease and contentment.

selesai *adj.* completed; finished. **menyelesaikan** *k.k.* complete; finish; bring or come to an end; settle; arrange as desired or conclusively; solve; find the answer.

selesema *k.n.* flu (*colloq.*); influenza.

seleweng, menyeleweng *k.k.* to deviate from a course; to detour. **menyelewengkan** *k.k.* to cause to deviate; to divert; to misappropriate. **penyelewengan** *k.n.* diversion; deviation; misappropriation. **penyeleweng** *k.n.* deviationist; traitor.

selia, menyelia *k.k.* supervise; invigilate; direct and inspect.

selidik *k.k.* investigate; study (a thing) carefully to discover facts about it; research; inquire.

seligi *k.n.* a sharp, spear-like weapon made from sharpened bamboo. **berseligi** *k.k.* to fight with spears. **menyeligi** *k.k.* to hurl a spear.

selimut *k.n.* blanket; warm covering made of woollen or similar material;

thick covering mass. **menyelimut** *k.k.* blanket (p.t. *blanketed*); cover with a blanket. **menyelimuti** *k.k.* cover with a blanket; engulf; cover; conceal; hide.

selinap, menyelinap *k.k.* slip away; decamp; go away suddenly or secretly; move stealthily; steal away.

selindung, selindungkan *k.k.* to protect or cover up something. **berselindung** *k.k.* to hide; to conceal oneself; not forthright. **menyelindungi** *k.k.* to attempt to conceal or hide something. **menyelindungkan** *k.k.* to hide something; to seek protection. **terselindung** *adj.* concealed or hidden from view.

seling¹, berseling *adj.* having something in between; alternate. **berselingan** *k.k.* alternate between one thing and another. **menyeling** *k.k.* to alternate; to slip in. **menyelingkan** *k.k.* to convey something in between. **selingan** *k.n.* interlude; something that comes in between.

seling² *k.n.* pottery.

selipar *k.n.* slipper; light loose shoe for casual wear.

selirat, berselirat *k.k.* reticulated; arranged like a net; made up of a network of intersecting lines.

selisih *k.n.* difference. **berselisih faham** *k.k.* disagree; have a different opinion; fail to agree; quarrel. **berselisih** *k.k.* make or cause to make a clash; conflict.

selit, menyelitkan *k.k.* insert; put into or between or among.

selo *k.n.* cello (pl. *-os*); bass instrument like a violin. **pemain selo** *k.n.* cellist; its player.

seliuh, terseliuh *adj.* sprained; dislocated; twisted.

selofan *k.n.* cellophane; thin transparent wrapping material.

seloka *k.n.* poetry that contains advice, insinuations, humour, etc. **berseloka** *k.k.* to write or compose this form of poetry; to recite this form of poetry.

selongkar *k.k.* to rummage through; to search; to ransack; to inspect. **penyelongkaran** *k.n.* the act of rummaging; ransacking.

seloroh *k.n.* hoax; deceive jokingly.

seluang *k.n.* a slender carp; a type of freshwater fish; a type of plant (creeper).

seluar *k.n.* breeches (*pl.*); trousers reaching to just below the knees;

trousers; two-legged outer garment reaching from the waist usu. to the ankles. **seluar kembang** *k.n.* bloomers (*pl.*); (*colloq.*) knickers. **seluar dalam** *k.n.* panties (*pl.*); (*colloq.*) short knickers.

selubung *k.n.* shroud; thing that conceals. **menyelubungkan** *k.k.* protect or conceal in a wrapping; conceal.

seludang *k.n.* calyx or outer covering of a palm blossom; a type of boat which is shaped like this.

seludup, menyeludup *k.k.* smuggle; convey secretly; bring (goods) illegally into or out of a country, esp. without paying customs duties. **seludupan** *k.n.* contraband; smuggled goods.

seluk, menyeluk *k.k.* to put one's hand or finger into one's pocket; to guess a person's thoughts or feelings; to delve into something; to exchange gifts on one's engagement day.

selular *k.n.* cellular; of or consisting of cells.

seluloid *k.n.* celluloid; plastic made from cellulose nitrate and camphor.

selulosa *k.n.* cellulose; organic substance in plant tissues, used in making plastics; paint made from this.

selumbar *k.n.* splinter; thin sharp piece of broken wood, etc.

selumur *k.n.* the skin left behind by a snake during its sloughing process. **menyelumur** *k.k.* to cast off dead/old skin; to slough.

seluruh *k.bil.* entire; complete. —*awl.* pan-; all-, whole.

selusup, menyelusup *k.k.* to slip in quickly; to trespass; to enter hurriedly; to infiltrate.

selusur¹, menyelusur *k.k.* slide down; move or cause to move along a smooth surface touching it always with the same part; slip.

selusur² *k.n.* handrail; narrow rail that can be held for support.

selut *k.n.* slime; unpleasant thick slippery liquid substance. **berselut** *k.k.* slimy.

semadi, bersemadi *k.k.* meditate; think deeply and quietly.

semai, menyemai *k.k.* plant; place in a nursery for growing.

semak¹ *k.n.* shrubs; undergrowth. **semak belukar** *k.n.* coppice; copse; group of small trees and undergrowth.

semak², menyemak *k.k.* check; test or examine for correctness, etc. **semak silang** *k.k.* cross-check; check again by a different method.

semalu *k.n.* mimosa; a type of thorny shrub whose leaves fold up upon contact.

semambu *k.n.* Malacca cane; a type of rattan that is usu. used for making walking sticks.

semangat *k.n.* spirit; mind or animating principle as distinct from body; soul; person's nature; characteristic quality; real meaning; liveliness; boldness. **bersemangat** *k.k.* exuberant; full of high spirits. **membangkitkan semangat** *k.k.* hearten; cause to feel encouraged. **mematahkan semangat** *k.k.* demoralize; weaken the morale of, dishearten. **patah semangat** *k.n.* demoralization.

semangka *k.n.* melon; large sweet fruit of various gourds.

semantik *k.n.* semantic; of meaning in language. **ilmu semantik** *k.n.* semantic; study of meaning.

semantis *k.n.* semantics (*pl.*); meaning(s), connotation.

semarak *k.n.* brightness; resplendence; glory; pride. **bersemarak** *k.k.* bright; resplendent; splendid; become greater in size, intensity, etc. **menyemarakkan** *k.k.* become brighter or more splendid; arouse (the spirit, etc.).

semasa *adj.* current; belonging to the present time.

semat *k.n.* pin; short pointed piece of metal used for fastening things together. **menyemat(kan)** *k.k.* pin; fasten or attach with pin(s).

semayam, bersemayam *k.k.* sit on the throne; (of kings, etc.) reside; dwell. **menyemayamkan** *k.k.* enthrone; place on a throne.

sembah *k.n.* respectful greetings (to kings and royalties); homage; obeisance. **menyembah** *k.k.* pay respect or homage (to kings and royalties); worship (God, deities, etc.). **mempersembahkan** *k.k.* inform or present respectfully; present (a show, etc.).

sembahyang *k.n.* worship; reverence and respect paid to God or a god; divine service; ritual prayer. **bersembahyang** *k.k.* worship; pay worship to; take part in an act of worship; pray.

sembang *k.n.* chat; informal conversation; chit-chat; gossip; (*colloq.*) confab. **bersembang** *k.k.* chat (p.t. *chatted*); have a chat.

sembap *adj.* puffy; swollen; bloated.

sembarang *kkt.* whatever; anything and anyone; as long as there is something. **sembarangan** *kkt.* anyhow; randomly; indiscriminately.

sembelih, menyembelih *k.k.* slaughter; kill (animals) for food; kill ruthlessly or in great numbers. **rumah sembelih** *k.n.* slaughterhouse; place where animals are killed for food.

sembelit *k.n.* constipation; difficulty in emptying the bowels.

semberono *adj.* flippant; not showing proper seriousness; casual.

sembilan *k.bil.* nine; one more than eight (9, IX). **kesembilan** *k.bil.* ninth. **sembilan belas** *k.bil.* nineteen; one more than eighteen (19, XIX). **kesembilan belas** *k.bil.* nineteenth. **sembilan puluh** *k.bil.* ninety; nine times ten (90, XC). **kesembilan puluh** *k.bil.* ninetieth.

sembilang *k.n.* catfish; a type of freshwater fish that has a poisonous sting.

sembilu *k.n.* sliver of bamboo that is thin and sharp; bamboo splinter.

semboyan *k.n.* password; signal; siren; alarm; secret word(s), knowledge of which distinguishes friend from enemy.

sembuh *k.k.* recover; return to health; heal; form healthy flesh again, unite after being cut or broken; cause to do this.

sembul, menyembul *k.k.* to protrude; to bulge or jut out; to emerge. **tersembul** *adj.* protruding. **menyembulkan** *k.k.* to project something out; to show oneself; to cause something to protrude.

sembunyi *k.k.* hide (p.t. *hid*, p.p. *hidden*); put or keep out of sight; keep secret; conceal oneself. **menyembunyikan** *k.k.* conceal; hide; keep secret; put into a cache. **tersembunyi** *k.k.* occult; secret.

sembur *k.n.* something ejected from the mouth; spit; rebuke; scolding; chiding. **menyembur** *k.k.* spurt; gush; eject from the mouth; spray (paints, etc.); send out in very small drops; scold; abuse; attack with abusive language.

semenanjung *k.n.* peninsula; piece of land surrounded by water.

semenjak *kkt.* since; since then; ever since; from (a specified time) until now.

sementara *kkt.* impermanent; not permanent. —*k.k.* interim; intervening period; of or in such a period,

S

temporary. **sementara itu** meantime, meanwhile; in the intervening period; at the same time.

semerbak *k.k.* pervasive (of perfumes, etc); sweet smelling.

semesta *kkt.* all; entire; whole; throughout. **alam semesta** the universe; the whole world.

semester *k.n.* semester; half-year term in an American university.

semi *k.n.* sprout; shoot; young branch or new growth of a plant. **musim semi** *k.n.* spring; season between winter and summer. **bersemi** *k.k.* bud; sprout; blossom; develop and flourish.

seminar *k.n.* seminar; small class for advanced discussion and research; meeting for discussion or training.

seminari *k.n.* seminary; training college for priests or rabbis.

sempadan *k.n.* border; edge, boundary; part near this; edging; flower-bed round part of a garden; line that marks a limit; frontier; boundary between countries. **bersempadankan** *k.k.* border on; be next to.

sempal[1] *adj.* snapped; broken. **menyempal** *k.k.* to stick or bulge out.

sempal[2] *k.k.* to stuff a hole or one's mouth until it is full. **tersempal** *adj.* stuffed; choked; speechless; dumbfounded.

sempang *k.n.* hyphen; the sign (-) used to join words together or divide a word into parts.

sempat *adj.* in time; having time or opportunity to do.

sempena *k.n.* blessing; God's favour; good luck. **bersempena** *k.k.* in commemoration; in honour of.

sempil, menyempil, tersempil *k.k.* to be stuck (between two objects); to insert.

sempit *adj.* narrow (-er, -est); small across, not wide; with little margin or scope or variety. **menyempitkan** *k.k.* make or become narrower. **berfikiran sempit** *adj.* narrow-minded; having intolerant views.

sempoa *k.n.* abacus; frame with balls sliding on rods, used for counting.

semprot *k.n.* douche; jet of water applied to the body; device for applying this. **menyemprot** *k.k.* use a douche (on).

sempurna *adj.* complete; having all its parts; finished; thorough; in every way; accomplish; succeed in doing or achieving; flawless; without a flaw; impeccable; irreproachable; blameless;

perfect; complete, entire; faultless, excellent. **menyempurnakan** *k.k.* complete; make complete; fill in (a form, etc). **tidak sempurna** *adj.* imperfect; not perfect.

semput *adj.* be short of breath. **sakit semput** *k.n.* asthma; chronic condition causing difficulty in breathing.

semua *k.bil.*, **kesemua** *k.n.* altogether; entirely; on the whole.

semula *kkt.* again; another time, once more. **semula jadi** *kkt.* inborn; existing in a person or animal from birth; natural.

semut *k.n.* ant; small insect living in a highly organized group.

sen *k.n.* cent; hundredth part of a dollar or other currency; coin worth this.

sena *k.n.* angsana; a type of leafy tree with yellow flowers.

senak *adj.* indigestion; pain caused by difficulty in digesting food.

senam[1], **senaman** *k.n.* exercise; physical activity to promote health. **bersenam** *k.k.* to exercise; to engage in physical activity.

senam[2] *adj.* dark blue; blackish in colour; discoloured (of plated objects).

senandung, bersenandung *k.k.* croon; sing softly.

senang *adj.* cushy (-ier, -iest); (*colloq.*) pleasant and easy; done or got without great effort; free from anxiety. **bersenang-senang** *k.k.* enjoy; have leisure; relax.

senangin *k.n.* threadfin; a type of saltwater fish.

senantiasa *adj.* at all times; always.

senapang *k.n.* gun; weapon that sends shells or bullets from a metal tube; device operating similarly. **senapang angin** *k.n.* airgun; gun with a missile propelled by compressed air. **tukang senapang** *k.n.* gunsmith; maker and repairer of small firearms.

senarai *k.n.* list; written or printed series of names, items, figures, etc. **menyenaraikan** *k.k.* list; make a list of; enter in a list. **senarai gaji** *k.n.* payroll; list of a firm's employees receiving regular pay.

senarai hitam *k.n.* blacklist; a list of the names of people, companies, products or countries that an organization or a government considers unacceptable and that must be advoided. **menyenaraihitamkan** *k.k.* to label as having a bad record.

senario *k.n.* scenario; a description of how things might happen in the future; a written outline of what happens in a film/movie or play.

senat *k.n.* senate; governing council in ancient Rome; upper house of certain parliaments (e.g. U.S.A.; France); governing body of certain universities.

senator *k.n.* senator; member of a senate.

senda, bersenda *k.k.* jest; joke. **mempersendakan** *k.k.* bait; torment by jeers.

sendal, penyendal *k.n.* something inserted between things to prevent free movement; wedge. **menyendal** *k.k.* insert a wedge, etc. to prevent free movement.

sendat *adj.* tight; fitting closely; snug; filled up; packed. **menyendat** *k.k.* tighten; fill up to the limit.

sendawa *k.n.* belch; act or sound of belching. **bersendawa** *k.k.* send out wind noisily from the stomach through the mouth.

sendayan *k.n.* coarse sedge; a type of weed.

sendeng *adj.* askew; crooked; awry; twisted to one side; amiss.

sendi *k.n.* joint; structure where parts or bones fit together. **sendi tarsus** *k.n.* hock; middle joint of an animal's hind leg.

sendiri *k.n.* own; belonging to oneself or itself. —*k.g.* oneself; emphatic and reflexive form of one. —*kkt.* alone; not with others; without company or help.

sendu *adj.* (lit.) sad and dismal; grieving. **bersendu** *k.k.* to grieve. **kesenduan** *k.n.* sorrow; sadness; grief.

senduduk *k.n.* rhododendron; a type of shrub that has purple flowers and a fruit that turns purple when ripe.

senduk *k.n.* ladle; deep long-handled spoon for transferring liquids. **menyenduk** *k.k.* transfer with a ladle.

sengaja *adj.* deliberate; intentional. **tidak sengaja** *adj.* involuntary; done without intention or without conscious effort; inadvertent; unintentional.

sengal *k.n.* pain in the joints; cramp. **sengal tulang** *k.n.* rheumatism; disease causing pain in the joints, etc.

sengap *adj.* quiet; silent; mute. **menyengap** *k.k.* to keep quiet; to ask someone to be quiet; to yell at someone to be quiet. **menyengapkan** *k.k.* to silence someone or something; to keep as a secret; to conceal.

sengat *k.n.* sting; sharp wounding part or organ of an insect, fish, etc. **menyengat** *k.k.* sting; wound or affect with a sting.

sengau *adj.* nasal; sounding as if speaking through the nose.

senget *adj.* list; (of a ship) lean over to one side. **menyengetkan** *k.k.* slant; tilt; tip.

senggang *adj.* not busy; free (in relation to time).

senggara *k.k.* maintain; keep in repair.

senggat, senggatan *k.n.* limit; calibration. **menyenggat** *k.k.* calibrate; mark the units of measurement on (a gauge, etc.).

senggayut, bersenggayut *k.k.* dangle; hang loosely.

senggok, menyenggok *k.k.* butt; push with the head or horn.

senggugut *k.n.* menstrual cramps; pain and discomfort faced by women during menstruation.

sengih, menyengih *k.k.* grin; (p.t. *grinned*); smile broadly, showing the teeth. **sengihan** *k.n.* broad smile.

sengit *k.n.* burnt smell; pungent; harsh, hurtful words; intense or terrible fight or battle. —*adj.* serious; tensed. **bersengitan** *k.k.* to clash continuously; to fight intensely. **kesengitan** *k.n.* dreadfulness; intensity; horror; extremity. **menyengit** *k.k.* to become intense; to become worse. **persengitan** *k.n.* the dreadful battle or fight.

sengkang *k.n.* chock; block or wedge for preventing something from moving; hyphen; bar; barrier. **menyengkang** *k.k.* wedge with chock(s).

sengkek[1] *k.n.* a Chinese who has just arrived from China.

sengkek[2] *adj.* destitute, poor, etc.

sengketa *k.n.* conflict; dispute; disagreement; quarrel. **bersengketa** *k.k.* quarrel; be in conflict; have a dispute.

sengkuang, ubi sengkuang *k.n.* turnip; a round white root vegetable.

sengsara *k.n.* agony; extreme suffering; anguish; severe physical or mental pain; ordeal; difficult experience.

seni *adj.* artistic; of art or artists; showing or done with good taste. **berseni** *k.k.* artful; crafty. —*k.n.* art; production of something beautiful; skill or ability; paintings or sculptures, etc. **seni bina** *k.n.* architecture; designing of buildings; style of building(s).

S

seniman *k.n.* actor; performer in stage play(s) or film(s).

seniwati *k.n.* actress (*fem.*).

senior *adj.* senior; older; higher in rank or authority; for older children.

senja *k.n.* dusk; darker stage of twilight.

senja kala *k.n.* nightfall; onset of night.

senjata *k.n.* arms; weapons; things designed or used for inflicting harm or damage; means of coercing someone. **senjata api** *k.n.* firearm; gun, pistol, etc. **mempersenjatai** *k.k.* arm; equip with weapon(s).

senohong *k.n.* a large threadfin; a type of saltwater fish.

senonoh *adj.* proper; becoming; seemly; decent. **tidak senonoh** *adj.* improper; unbecoming; unseemly; indecent.

sensasi *k.n.* sensation; feeling produced by stimulation of a sense-organ or of the mind; great excitement or admiration aroused in a number of people; person or thing producing this.

sensitif *adj.* sensitive; affected by something; receiving impressions or responding to stimuli easily; easily hurt or offended; requiring tact.

sensor *k.n.* sensor; a tracking device; censorship board; committee that filters or scrutinizes material for transmission through electronic and print media. **disensor** *k.k.* to be censored before transmission; to attach a tracking device.

sentak *k.k.* hitch; jerk; move (a thing) with a slight jerk; fasten or be fastened with a loop or hook, etc.; hitch-hike, obtain (a lift) in this way. —*k.n.* hitch; slight jerk; noose or knot of various kinds; temporary stoppage, snag.

sental *k.k.* to scour or scrub. **menyental** *k.k.* to scour or scrub vigorously.

sentap *k.k.* hoick; (*sl.*) lift or bring out, esp. with a jerk.

sentiasa *kkt.* ever; always.

sentigram *k.n.* centigram (also **centri-gramme**); a 100th of a gram.

sentiliter *k.n.* centilitre; 100th of a litre.

sentimen *k.n.* sentiment; mental feeling; opinion; sentimentality.

sentimental *adj.* sentimental; full of romantic or nostalgic feeling.

sentimeter *k.n.* centimetre; 100th of a metre. **sentimeter padu** *k.n.* cubic centimeter; volume of a cube with sides 1 cm long, used as a unit.

sentosa *adj.* tranquil; calm and peaceful; safe; secure.

sentral *adj.* central; at the centre or in the middle of something.

sentul *k.n.* santol; a type of tree.

sentuh, bersentuh *k.k.* touch; come into contact with something; related to; concerned with. **menyentuh** *k.k.* touch; brush against; nudge. **sentuhan** *k.n.* touch; act or fact or manner of touching.

senyap *adj.* silence; make silent; keep quiet.

senyawa, mensenyawakan *k.k.* impregnate; introduce sperm or pollen into and fertilize; penetrate all parts of.

senyum *k.n.* smile; give a smile; express by smiling; look favourable. **tersenyum** *k.k.* give a smile; express by smiling; look favourable. **senyuman** *k.n.* smile; facial expression indicating pleasure or amusement, with lips stretched and their ends upturned.

sepah¹, bersepah, bersepah-sepah *k.k.* scattered; littered; strewn about. **menyepahkan** *k.k.* scatter; litter.

sepah² *k.n.* residue; what is left over (after being processed, etc.). **menyepah** *k.k.* extract (juice, etc.) express; press or squeeze out.

sepai, bersepai *k.k.* disintegrate; break into small parts or pieces; smash.

sepak *k.k.* kick; strike or propel with the foot; score (a goal) by kicking a ball. **sepakan** *k.n.* kick; act of kicking; blow with the foot. **sepakan mula** *k.n.* kick-off; start of a football game.

sepan *k.n.* sponge; a soft, porous and absorbent material.

sepana *k.n.* spanner; tool for gripping and turning the nut on a screw, etc.

sepanduk *k.n.* banner; a kind of flag carried in processions; any flag.

sepantun *k.s.n.* as, like, etc.

separa *k.n.* half; amounting to a half. **separa rebus** *k.k.* parboil; cook partially by boiling.

sepat¹ *k.n.* type of fish common in the sea, river or swamp.

sepat² *k.n.* a type of plant that creeps or climbs on trees, trellises, etc.

sepat³, menyepat *k.k.* a strip; to peel off the bark from a tree trunk.

sepat⁴ *adj.* bitter (in relation to the taste of medicine, fruits, etc.).

sepatu *k.n.* shoes; outer covering for a person's foot, with a fairly stiff sole.

sepeda *k.n.* (*archaic*) a bicycle. **sepeda kumbang** *k.n.* a motorized bicycle.

seperah *k.n.* a tablecloth.

seperai *k.n.* a counterpane; a bedspread.

seperti *k.s.n. see* **bagai**.

sepet *adj.* slit-eyed. **menyepetkan** *k.k.* to deliberately squint one's eye.

sepi *adj.* solitary; not frequented, lonely; deserted.

sepina *k.n.* subpoena; writ commanding a person to appear in a law court.

sepit *k.n.* chopstick; one of a pair of sticks used in China to lift food to the mouth; pincers; nipper; claw of a lobster, etc.

sepoi, sepoi-sepoi, sepoi bahasa *adj.* gently (of wind); softly; mildly.

September *k.n.* September; ninth month of the year.

septet *k.n.* septet; group of seven instruments or voices; music for these.

septum *k.n.* septum (pl. *-a.*); partition between two cavities (e.g. in the nose).

sepuh *k.n.* glaze; shiny surface or coating. **menyepuh** *k.k.* glaze; coat with a glossy surface; become glassy.

sepuk, menyepuk *k.k.* to throw about carelessly; to take at will. **tersepuk** *k.k.* to fall headlong; to fall forward; to fall in a prone position.

sepuluh *k.bil.* ten; the number that comes after nine (10, X). **bersepuluh** *k.k.* (humans or animals) to be grouped in tens. **kesepuluh** *k.n.* tenth; each of ten equal parts of something.

serabai, serabi *k.n.* a type of meshed pancake made from rice flour.

serabut *k.n.* fibre; thread-like strand. **berserabut** *k.k.* fibrous; frayed; (of the mind) confused; mixed up.

seragam *adj.* same; similar; alike. **pakaian seragam** *k.n.* uniform; a set of identical clothes worn by a group of people at work or school. **menyeragamkan** *k.k.* make uniform. **penyeragaman** *k.n.* act of making something uniform. **keseragaman** *k.n.* state of being the same or uniform; uniformity.

serah, berserah *k.k.* depend; entrust to. **menyerah** *k.k.* back down, withdraw a claim or argument; submit oneself to; cede; surrender (territory, etc.). **serah balik** *k.k.* extradite; hand over or obtain (an accused person) for trial or punishment in the country where a crime was committed.

serai[1] *k.n.* lemon grass; a type of aromatic plant used as an ingredient in cooking. **serai wangi** *k.n.* a type of lemon grass that has fragrant leaves; citronella. **serai kayu** *k.n.* a type of plant whose leaves can be used as a condiment in cooking.

serai[2]**, terserai** *k.k.* to spill out. **berserai** *k.k.* to be scattered; to be spilled onto the ground or floor. **menyerai** *k.k.* to come undone.

serak[1] *adj.* hoarse; (of a voice) sounding rough as if from a dry throat; husky.

serak[2]**, berserak(an)** *k.k.* scattered; strewn about. **menyerakkan** *k.k.* scatter; strew about; disperse.

serakah *adj.* avaricious; greedy.

seram *adj.* fearful; terrible; grisly (*-ier, -iest*); causing fear, horror or disgust; creepy.

serambi *k.n.* verandah; roofed terrace.

seramik *k.n.* ceramic; pot or other object made of clay; ceramics; art of making pottery.

serampang *k.n.* gaff; stick with a hook for landing large fish; pike; long wooden shaft with a pointed metal head. **menyerampang** *k.k.* seize with a gaff.

seranah *k.n.* invective; violent attack in words; abusive language.

serang[1] *k.n.* boatswain; ship's officer in charge of rigging, boats, etc.

serang[2]**, menyerang** *k.k.* attack; make an attack (on); act harmfully on; invade; enter (territory) with hostile intent; crowd into; penetrate harmfully; bombard; attach with artillery; send a stream of particles against; attack with questions etc. **serang balas** *k.n. & k.k.* counter-attack; attack in reply to an opponent's attack. **serang hendap** *k.n.* ambush; troops, etc. lying concealed to make a surprise attack. **serangan** *k.n.* violent attempt to hurt, overcome, or defeat; strong criticism; sudden onset of illness; bombardment; invasion; onslaught; attack. **serangan udara** *k.n.* air raid; attack by aircraft dropping bombs.

serangga *k.n.* insect; small creature with six legs, no backbone, and a segmented body. **racun serangga** *k.n.* insecticide; substance for killing insects.

serani *k.n.* Eurasian; of Europe and Asia; of mixed European and Asian parentage; Eurasian person.

serap *k.k.* absorbent; able to absorb moisture, etc. **kertas serap** *k.n.*

S

blotting-paper; absorbent paper for drying ink writing. **menyerap** *k.k.* permeate; pass or flow into every part of; absorb; take in, combine into itself or oneself; reduce the intensity of; percolate; filter esp. through small holes.

serapah, menyerapah *k.k.* exorcise; drive out (an evil spirit) by prayer; free (a person or place) of an evil spirit. —*k.n.* exorcism.

serat *k.n.* fibre; thread-like strands of which many animal and plant tissues are formed.

serawa *k.n.* sweet porridge; a type of dessert made from glutinous rice, coconut milk and sugar.

seraya[1] *k.h.* while; during the time something is happening; at the same time.

seraya[2] *k.n.* a type of hardwood species.

serba *kkt.* all; every. **serba-serbi** *adj.* all kinds; everything. **serba salah** *adj.* all wrong; in a fix. **serba guna** *adj.* multi-purpose.

serbaneka *adj.* of all sorts; various.

serban *k.n.* turban; Muslim or Sikh man's head-dress of a scarf wound round a cap.

serbu, menyerbu *k.k.* assail; attack violently; charge. **serbuan** *k.n.* incursion; brief invasion; raid; onrush; onward rush.

serbuk *k.n.* powder; dust. **serbuk roti** *k.n.* breadcrumbs; bread crumbled for use in cooking.

serdak *k.n.* crumbs; dust.

serebeh *adj.* shabby (-*ier*, -*iest*); worn or used and not in good condition; poorly dressed; blowzy; red-faced and coarse-looking.

serebrum *k.n.* cerebrum; front part of the brain.

serempak *adj.* simultaneously; all together at the same time. **terserempak** *k.k.* meet by chance; run into.

serentak *adj.* simultaneously; at the same time.

seret, menyeret *k.k.* drag; pull along; trail on the ground.

sergah, menyergah *k.k.* startle; snarl; snap; speak in a loud or harsh voice.

sergam, tersergam *adj.* very big and strong; (of buildings, mountains, trees, etc.) towering over everything else; outstanding.

seri *k.n.* glow; brightness; brilliance.

serigala *k.n.* wolf; jackal; dog-like wild animal. **anak serigala** *k.n.* cub;

(scout) member of the junior branch of the Scout Association. **serigala jadian** *k.n.* werewolf (pl. -*wolves*); (in myths) person who at times turns into a wolf.

serik *adj.* discouraged; deterred; taught a lesson.

serikandi *k.n.* heroine; female hero.

serindit *k.n.* love-bird; small parakeet that shows great affection for its mate.

seringai *k.n.* grimace; contortion of the face in pain or disgust or done to cause amusement. **menyeringai** *k.k.* grimace; make a grimace.

sering, sering kali *kkt.* always; frequently; often; at all times.

serius *adj.* serious; solemn; sincere; important; not slight.

serkap *k.n.* a trap; a bamboo object for catching fish or confining chickens. **serkap jarang** *k.k.* (*fig.*) guess; to accuse randomly. **menyerkap** *k.k.* catch or confine.

serkup *k.n.* a cover that is concave in shape. **menyerkup** *k.k.* to cover something with this.

serlah, menyerlah, terserlah *k.k.* be clearly visible; shine, glow (moon, stars, a woman's face, etc.).

serombong *k.n.* chimney (pl. -*eys*); structure for carrying off smoke or gases. **pencuci serombong** *k.n.* chimney-sweep; person whose trade is to remove soot from inside chimneys.

seroja *k.n.* lotus; a tropical plant. **seroja biru** *k.n.* water-lily. **seroja merah** *k.n.* sacred lotus.

serondeng *k.n.* floss; a type of dish made from fried, grated coconut; a type of dish made from beef, fish, prawns, etc. cooked with coconut milk and spices.

serong *adj.* askew; slanting; at an angle; crooked; dishonest. **menyerong** *k.k.* slanting; sloping; go off at a tangent.

seronok *adj.* delight. **menyeronokkan** *k.k.* delight; please greatly; feel delight.

serpih, serpihan *k.n.* chip; small piece cut or broken off something hard. **menyerpih** *k.k.* chip (p.t. *chipped*); break or cut the edge or surface of; shape thus.

serta, menyertai *k.k.* join; come into the company of; become a member of; participate; have a share; take part in something.

serta-merta[1] *kkt.* instantaneous; occurring or done instantly.

serta-merta[2] *k.s.n.* at once; immediately; simultaneously.

S

seru *k.n.* **menyeru** *k.k.* exclaim; cry out or utter suddenly from pain, pleasure, etc. **seruan** *k.n.* exclamation; exclaiming; word(s) exclaimed; interjection; process of interjecting; remark interjected; appeal. **tanda seruan** *k.n.* exclamation mark, punctuation mark '!' placed after an exclamation.

seruling *k.n.* flute; wind-instrument, pipe with a mouth-hole at the side.

serum *k.n.* serum; fluid that remains when blood has clotted; this used for inoculation; watery fluid from animal tissue.

serunai *k.n.* a kind of clarinet.

serviks *k.n.* cervix; neck; neck-like structure, esp. of womb.

servis *k.n.* service; the first shot or turn for a player to hit the ball to his opponent (in badminton, tennis, etc.); motor repair works.

sesah *k.k.* to hit; to beat up; to flog. **bersesah** *k.k.* to beat up one another; to punch or box one another. **sesahan** *k.n.* hitting; flogging; beating. **menyesah** *k.k.* to hit; to flog; to beat up with an object e.g. a cane.

sesak *adj.* congested; too full; abnormally full of blood.

sesal *k.n.* regret; feeling of sorrow about a loss, or of annoyance or repentance; feeling or showing regret that one has done wrong; contrite; deeply penitent; compunction; scruple. **tidak sesal** *adj.* impenitent; not penitent. **menyesali** *k.k.* regretted; feel regret about. **sesalan** *k.n.* contrition.

sesar *k.n.* fault; break in layers of rock.

sesat *adj.* astray; away from the proper path; errant; misbehaving. **orang sesat** *k.n.* pervert; perverted person; deviant. **menyesatkan** *k.k.* mislead (p.t. *misled*); cause to stray; lead astray.

sesekat *k.n.* baffle; screen; damper; metal plate controlling the flow of air into a flue.

sesi *k.n.* session; meeting(s) for discussing or deciding something; period spent in an activity; academic year in certain universities.

sesiapa *k.g.* anyone; anybody; whoever; any person.

sesiku *k.n.* a set square; a type of flat, right-angled triangular instrument made of plastic or metal for drawing straight lines and angles.

sesuai *adj.* applicable; suitable; able to be applied; appropriate. **tidak**

sesuai *adj.* inappropriate; unsuitable. **menyesuaikan** *k.k.* accommodate; harmonize; adjust; alter slightly so as to be correct or in the proper position; adapt (oneself) to new conditions; conform.

sesuatu *k.n. & k.g.* anything; any thing.

sesungguhnya *kkt.* indeed; in truth, really.

sesungut *k.n.* feeler; long slender part in certain animals, used for testing things by touch; insect's feeler.

set¹ *k.n.* set; a group of things of the same kind that belong together (furniture and tableware). **mengesetkan** *k.k.* to set; to group to a certain number e.g. twelve, 24, etc. **berset** *k.k.* to be grouped together according to type. **setkan** *k.k.* to set; to fix something so that it is at a particular number, time, value, etc.

set² *k.n.* set; a group of games counting as a unit towards a match (e.g. tennis, badminton, etc.).

setan *k.n.* deuce; (in exclamations of annoyance) the Devil.

setanggi *k.n.* incense; substance burnt to produce fragrant smoke.

setara *adj.* coordinate; equivalent; equal in importance, amount, value, or meaning, etc.

setawar *k.n.* spiral ginger; a type of plant whose leaves have medicinal properties.

setem *k.n.* stamp; small adhesive label for affixing to an envelope or document to show the amount, paid as postage or a fee, etc. **pengumpul setem** *k.n.* philatelist.

setengah *k.n.* half; one of two equal parts; this amount. —*kkt.* midway; half-way.

seterika *k.n.* iron; a tool with a flat metal base that can be heated and used to make clothes smooth. **berseterika** *k.k.* already ironed. **seterikaan** *k.n.* ironing that has been completed. **menyeterikakan** *k.k.* to smooth something out using an iron.

seteru *k.n.* foe; enemy.

seterusnya *kkt.* further; with an advancing motion; further on; from then on.

setia *adj.* devoted; showing devotion; faithful; loyal, trustworthy; true, accurate.

setiausaha *k.n.* secretary; person employed to help deal with correspondence and routine officework; official in charge of an organization's correspondence; ambassador's or government minister's chief assistant. **Setiausaha Negara** Secretary of State; head of a major government department.

setinggan *k.n.* squatter; person who takes unauthorized possession of unoccupied premises.

setuju *k.k.* agree; consent; approve as correct or acceptable; hold or reach a similar opinion; get on well together; say one is willing to do or allow what is asked. **tanda setuju** *k.n.* sign of approval. **bersetuju** *k.k.* assent; consent; express agreement. **menyetujui** *k.k.* give approval to.

sewa *k.n.* rent; periodical payment for use of land, rooms, machinery, etc. **sewa beli** *k.n.* hire purchase; system by which a thing becomes the hirer's after a number of payments. **sewa tapak** *k.n.* ground-rent; rent paid for land leased for building. **menyewa** *k.k.* rent, pay or receive rent for; hire; engage or grant temporary use of, for payment. **menyewakan** *k.k.* let; letting; allow the use of (rooms or land) in return for payment. **sewaan** *k.n.* rental; rent; renting; hiring.

sfera *k.n.* sphere; perfectly round solid geometric figure or object.

Sherpa *k.n.* Sherpa; member of a Himalayan people of Nepal and Tibet.

sia, sia-sia *adj.* futile; producing no result.

siah[1] *k.k.* to shake; to stagger; to sway.

siah[2] *k.n.* incantations to ward off misfortune. **menyiah, menyiahkan** *k.k.* to push aside; to segregate; to part; to lift up; to brush aside (hair, etc.); to avoid danger; to move to the side.

siakap *k.n.* sea-perch; a type of saltwater fish.

sial *adj.* ill-omened; unlucky; unfortunate.

sialang *k.n.* hive; container for bees to live in; bees living in this.

siam[1] *k.n.* a type of tree.

siam[2] *k.n.* a type of yellow bird.

siam[3] *k.n.* fast; a period during which you do not eat food, esp. for religious or health reasons.

Siam[4] *k.n.* Thailand; a type of cat.

siamang *k.n.* a species of monkey.

siang *k.n.* day; time while the sun is above the horizon. **siang hari** *k.n.* daytime; time of daylight.

sianida *k.n.* cyanide; a strong poison.

siap *adj. see* **sedia**.

siapa *k.ty.* who; what or which person(s)?; the particular person(s).

siar, menyiarkan *k.k.* broadcast (p.t. *broadcast*); send out by radio or TV; speak on radio or TV; make generally known. **siaran** *k.n.* broadcast; broadcast programme.

siasah *k.n.* knowledge of a country's politics, etc.

siasat, menyiasat *k.k.* interrogate; question closely; investigate; study (a thing) carefully to discover facts about it.

siat, menyiat *k.k.* lacerate; injure (flesh) by tearing.

siber *k.n.* cyberspace; the imaginary place where electronic messages, etc. exist while they are being sent between computers.

sibernetik *k.n.* cybernetics; science of systems of control and communication in animals and machines.

sibuk *adj.* busy (*-ier, -iest*); working, occupied; having much to do; full of activity.

sibur, sibur-sibur *k.n.* dragonfly; long-bodied insect with gauzy wings.

sida *k.n.* eunuch; castrated man.

sidai, bersidaian *k.k.* hanging (of clothes, etc.); suspended. **menyidai** *k.k.* hang out (to dry).

sidang[1] *k.n.* a group of people. **sidang jemaah** *k.n.* group that always meets for a particular purpose. **persidangan** *k.n.* a meeting; a conference. **bersidang** *k.k.* to have a meeting or conference.

sidang[2] *k.k.* (of rain) subside; to become less; to decrease.

sifar *k.n.* symbol 0 representing nought or zero.

sifat *k.n.* nature; all that makes a thing what it is; streak; element, trait; attribute; characteristic quality. **menyifatkan** *k.k.* attribute. **menyifatkan sebagai** regard as, describe, consider as.

sifilis *k.n.* syphilis; a venereal disease.

sifir *k.n.* multiplication table; list showing the results when a number is multiplied by a set of other numbers.

sifon *k.n.* chiffon; thin almost transparent fabric.

sigap *adj.* energetic; fast; agile.

sigi[1] *k.n.* a torch; a torchlight. **menyigi** *k.k.* to shine with a torchlight, torch, etc.

sigi[2] *k.n.* a metal band around the hilt of a kris.

sigi[3], **menyigi** *k.k.* to poke a hole.

signal *k.n.* signal; a movement or sound that you make to give somebody information, instruction, a warning, etc. **lampu signal** *k.n.* light on a vehicle used to indicate stopping, entering at a junction, turning, etc. **mensignal, mensignalkan** *k.k.* to signal; to direct. **bersignal** *k.k.* to give a sign; to give an indication.

sigung, menyigung *k.k.* elbow; nudge (with the elbow).

sihat *adj.* healthy (*-ier, -iest*); having or showing or producing good health; beneficial; functioning well.

sihir *k.n.* magic; sorcery. **ahli sihir** *k.n.* magician; person skilled in magic; sorcerer; sorceress (*fem.*). **ilmu sihir** *k.n.* sorcery.

sijil *k.n.* certificate; official document attesting certain facts.

sikal *k.n.* cycle; bicycle, motor cycle.

sikap *k.n.* attitude; way of thinking or behaving; mien; person's manner or bearing.

sikat *k.n.* comb; toothed strip of stiff material for tidying hair, separating strands, etc.; harrow; heavy frame with metal spikes of discs for breaking up clods. **menyikat** *k.k.* comb; tidy or separate with a comb.

Sikh *k.n.* Sikh; member of a certain Indian religious sect.

siklon *k.n.* cyclone; violent wind rotating round a central area.

siklostil *k.n.* cyclostyle; device printing copies from a stencil.

siklotron *k.n.* cyclotron; apparatus for accelerating charged particles in a spiral path.

siku *k.n.* elbow; joint between the forearm and upper arm; part of a sleeve covering this; sharp bend. **menyiku** *k.k.* elbow; thrust with one's elbow. **menyikukan** *k.k.* nudge; poke; (a person) gently with one's elbow to attract his attention quietly.

sila[1] *k.k.* please; polite word of request.

sila[2]**, bersila** *k.k.* sit cross-legged; sit with legs folded.

silam *adj.* bygone; belonging to the past. *—kkt.* ago; in the past.

silang, silang pangkah *k.n.* herringbone; zig-zag pattern or arrangement. **silang kata** *k.n.* crossword; puzzle in which intersecting words have to be inserted into a diagram. **menyilang** *k.k.* intersect; divide or cross by passing or lying across.

silap *adj.* mistaken; wrong in opinion; unwise. **tersilap** *k.k.* mistake (p.t.

mistook, p.p. *mistaken*); misunderstand; choose or identify wrongly.

silat *k.n.* an art of self-defence. **silat kata** *k.n.* a way of twisting words. **bersilat** *k.k.* to perform the art of self-defence.

silaturahim *k.n.* relations; relationship; friendship. **menyilaturahimkan** *k.k.* to foster relations.

silau *adj.* dazzled. **menyilaukan** *k.k.* make unable to see because of too much light; to dazzle.

silibus *k.n.* syllabus; a list of topics in a course of study or teaching.

silih, silih berganti *adj.* alternating; always changing. **bersilih** *k.k.* to change with something else; to replace. **bersilih mata** *k.k.* to wear for show only. **bersilih rugi** *k.k.* to replace losses incurred. **menyilih** *k.k.* to provide a replacement; to replace.

silika *k.n.* silica; compound of silicon occurring as quartz and in sandstone, etc.

silikat *k.n.* silicate; compound of silicon.

silikon *k.n.* silicon; chemical substance found in the earth's crust in its compound forms.

silinder *k.n.* cylinder; object with straight sides and circular ends.

siling *k.n.* ceiling; interior surface of the top of a room.

silo *k.n.* silo; pit or airtight structure for holding silage; pit or tower for storing grain or cement or radioactive waste; underground place where a missile is kept ready for firing.

silu *adj.* shy; nervous.

simbah *k.k.* to wet; to splash; to pour. **simbah-simbah** *k.k.* to play a game of splashing water over each other. **simbahan** *k.n.* the result of splashing. **bersimbah-simbah** *k.k.* to sweat or bleed profusely. **menyimbah** *k.k.* to water; to spray; to pour; perspire or bleed excessively. **penyimbah** *k.n.* a container used to swill something.

simbal *k.n.* cymbal; a musical instrument in the form of a round, metal plate.

simbiosis *k.n.* symbiosis; relationship of different organisms living in close association.

simbiotik *adj.* symbiotic.

simbol *k.n.* symbol; thing regarded as suggesting something; mark or sign with a special meaning.

simbolik *adj.* symbolic, symbolical; of, using, or used as a symbol.

S

simbolisme *k.n.* symbolism; use of symbols to express things.

simbur, bersimbur, menyimbur *k.k.* to splash water with one's hand. **menyimburi** *k.k.* to splash; to sprinkle water. **tersimbur** *k.k.* to be sprayed suddenly.

simen *k.n.* cement; substance of lime and clay setting like stone; similar material used as an adhesive. **membubuh simen** *k.k.* cement; put cement on; join with cement; unite firmly.

simetri *k.n.* symmetry; state of having parts that correspond in size, shape, and position on either side of a dividing line or round a centre.

simetrik *adj.* symmetrical.

simfoni *k.n.* symphony; long elaborate musical composition for a full orchestra.

simis *k.n.* chemise; a woman's loose-fitting undergarment or dress.

simpai *k.n.* ferrule; metal ring or cap on the end of a stick or tube; hoop; circular band of metal or wood; metal arch used in croquet.

simpan *k.k.* keep (*p.t. kept*); remain or cause to remain in a specified state or position; put aside for a future time.

simpang *k.n.* crossing; angle or area where two lines, sides, or streets meet; junction; place where roads or railway lines unite. **simpang jalan** *k.n.* cross-roads; place where roads intersect. **menyimpang** *k.k.* corner; drive into a position from which there is no escape. —*k.k.* deviate; turn aside from a course of action, truth, etc.; diverge; go in different directions from a point or each other; depart from a path, etc. **bersimpang-siur** *k.k.* mill; move in a confused mass; winding; complex.

simpatetik *adj.* sympathetic; feeling or showing or resulting from sympathy; likeable.

simpati *k.n.* sympathy; sharing or ability to share another's emotions or sensations; pity or tenderness towards a sufferer; liking for each other. **bersimpati** *k.k.* sympathize; feel or express sympathy.

simposium *k.n.* symposium; meeting for discussing a particular subject.

simpuh *k.n.* a way of sitting in which both legs are folded to the side. **sembah simpuh** *k.k.* to extend greetings with respect and reverence. **bersimpuh** *k.k.* to sit with both legs folded to the side (like a woman's

way of sitting). **tersimpuh** *k.k.* to be seated in this manner or position.

simpul, simpulan *k.n.* knot; intertwining of one or more pieces of thread or rope, etc. as a fastening. **bersimpul** *k.k.* knotty (*-ier, -iest*); full of knots. **menyimpulkan** *k.k.* knot (*p.t. knotted*); tie or fasten with a knot; infer (*p.t. inferred*); reach (an opinion) from facts or reasoning.

simptom *k.n.* symptom; sign of the existence of a condition.

simulasi *k.n.* simulation; an exercise or operation in which a real situation is created. **mensimulasikan** *k.k.* to pretend that you have a particular feeling; to create a set of conditions artificially; to imitate.

sinambung, bersinambung *adj.* continuing; having a continuation. **kesinambungan** *k.n.* continuity; continuation. **berkesinambungan** *k.k.* to have a continuation.

sinar, menyinari *k.k.* illuminate; light up. **menyinarkan** *k.k.* radiate; throw light or other radiation on. **sinaran** *k.n.* ray; single line or narrow beam of radiation; illumination.

sinar-X *k.n.* X-ray; photograph or examination made by a kind of electromagnetic radiation (*X-rays*) that can penetrate solids.

sinder *k.n.* cinder; piece of partly burnt coal or wood.

sindiket *k.n.* syndicate; association of people or firms to carry out a business undertaking.

sindir, sindiran *k.n.* insinuation. **menyindir** *k.k.* insinuate; hint.

sindrom *k.n.* syndrome; combination of signs, symptoms, behaviour, etc. characteristic of a specified condition.

sinematografi *k.n.* cinematography; process of making and projecting moving pictures.

singa *k.n.* lion; large flesh-eating animal of the cat family. **singa betina** *k.n.* lioness.

singgah *k.k.* call on; drop by; drop in.

singgahsana *k.n.* throne; seat for a king or queen, etc. on ceremonial occasions.

singgung, menyinggung *k.k.* displease; arouse displeasure of. **tersinggung** *k.k.* aggrieved; having a grievance.

singkapan *k.n.* outcrop; part of underlying layer of rock that projects on the surface of the ground.

singkat *adj.* brief (*-er, -est*); lasting only for a short time; concise; short;

compendious; giving much information concisely.

singkir, menyingkirkan *k.k.* discharge; dismiss; eliminate; get rid of; exclude; expel (p.t. *expelled*); send or drive out.

singlet *k.n.* singlet; a type of undergarment; a vest; an undershirt (for men). **bersinglet** *k.k.* to wear a singlet; to have a singlet.

singsing *k.k.* to pull up or roll up something (skirt, sleeve, cloth, etc.) so that it becomes shorter; to lift up slightly. **menyingsing** *k.k.* to roll up something to make it shorter; (of clouds, mist, etc.) disappear; to vanish; move away; appear (dawn, daylight). **menyingsingkan** *k.k.* to lift up; to draw aside; to pull up (skirt, curtains, etc.); to move away (clouds, mist, etc.). **penyingsingan** *k.n.* the lifting up of something; the moving away of something; isolation.

sini *k.n.* shere; in, at, or to this place; at this point.

sinis *k.n.* cynic; person who believes that people's motives are bad or selfish. —*adj.* cynical.

sink *k.n.* sink; a large open container in a kitchen that has taps/faucets to supply water that you use for washing dishes in.

sinonim *k.n.* synonym; word or phrase meaning the same as another in the same language.

sinopsis *k.n.* synopsis; summary; brief general survey.

sintaksis *k.n.* syntax; the way that words and phrases are put together to form sentences in a language.

sintesis *k.n.* synthesis; a mixture or combination of separate ideas, beliefs, styles, etc.

sintetik *adj.* synthetic; made by synthesis, manufactured; artificial. —*k.n.* synthetic; synthetic substance or fabric.

sinus *k.n.* sine; ratio of the length of one side of a right-angled triangle to the hypotenuse.

sipi, sipi-sipi *adj.* off the mark; missed narrowly (hit, shot, etc.); not exact. **menyipi** *k.k.* to graze; to touch slightly; to touch the edge.

sipres *k.n.* cypress; evergreen tree with dark feathery leaves.

siput *k.n.* snail; soft-bodied animal with a shell that can enclose its whole body. **siput babi** *k.n.* garden snail.

sira[1] *k.n.* syrup; melted sugar for coating cakes. **menyira** *k.k.* to coat with syrup. **menyirakan** *k.k.* to smear syrup onto something. **bersira** *k.k.* to be coated in syrup.

sira[2] *k.g.* he/she; you.

siram, bersiram *k.k.* (of royalty) bathe; shower. **menyiram** *k.k.* water; sprinkle with water.

sirap[1] *k.n.* syrup; a sweet liquid made from sugar and water.

sirap[2] *k.n.* a roof made of small, flat pieces of wood. **menyirap** *k.k.* to lay a roof of this type.

sirat *k.n.* mesh; space between threads in net or a sieve or wire screen, etc. **tersirat** *k.k.* implicit; implied but not made explicit; concealed.

siren *k.n.* siren; device that makes a loud prolonged sound as a signal.

siri *k.n.* series; number of things of the same kind, or related to each other, occurring or arranged or produced in a certain order.

sirih *k.n.* betel vine. **daun sirih** *k.n.* betel leaf.

sirip *k.n.* fin; thin projection from a fish's body, used for propelling and steering itself. **sirip kaki** *k.n.* flipper; large rubber attachment to the foot for underwater swimming.

sirocco *k.n.* sirocco; hot wind that reaches Italy from Africa.

sirus *k.n.* cirrus (pl. *cirri*); a high wispy white cloud..

sisa *k.n.* left-overs (*pl.*); things remaining when the rest is finished; oddment; thing left over. **sisa-sisa** *k.n.* pickings; scraps of food, etc. remaining; remnant.

sisal *k.n.* sisal; rope-fibre made from the leaves of a tropical plant; this plant.

sisi *k.n.* alongside; close to the side of a ship or wharf, etc. **sisi sama** *adj.* equilateral; having all sides equal.

sisih, menyisihkan *k.k.* exclude; keep out from a place or group or privilege, etc.; omit, ignore as irrelevant; make impossible; ostracize; refuse to associate with; isolate; place apart or alone; separate from others or from a compound; blackball; reject as a member.

sisik *k.n.* scales; small thin plates of hard material that cover the skin of many fish and reptiles. **bersisik** *k.k.* to have scales. **menyisik, menyisiki** *k.k.* to remove or to scrape scales; remove a portion of something; to

S

smoothen a piece of bamboo with a knife.

sisip *k.k.* interpolate; interject; insert.

sisipan *k.n.* inset; thing set into a larger thing; interpolation.

sisir *k.n.* comb; a flat piece of plastic or metal with a row of thin teeth along one side, used for tidying one's hair; an instrument to loosen up soil; a hoe; a comb on a weaving machine; a valve on a fish-trap, etc.; a classifier; a bunch of bananas. **bersisir** *k.k.* to comb; to have a comb. **menyisir** *k.k.* to comb one's hair; to loosen up soil; to clear away soil with a hoe; to separate palm fronds from the stem.

sista *k.n.* cyst; abnormal sac of fluid on or in the body.

sistem *k.n.* system; set of connected things that form a whole or work together; animal body as a whole; set of rules or practices used together; method or classification or notation or measurement; orderliness. **analisis sistem** *k.n.* systems analysis; analysis of an operation in order to decide how a computer may perform it. **juruanalisis sistem** *k.n.* systems analyst; expert in this.

sistematik *adj.* systematic; methodical; according to a plan, not casually or at random.

sistitis *k.n.* cystitis; inflammation of the bladder.

siswa *k.n.* student; student in an institute of higher learning; university student.

siswazah *k.n.* graduate; person who holds a university degree.

siswi *k.n.* female student in an institute of higher learning; female university student.

sita, menyita *k.k.* confiscate; take or seize by authority.

sitar *k.n.* sitar; guitar-like Indian musical instrument.

sitkom *k.n.* sitcom; (*abbr.*) situational comedy; a comedy on television featuring recurring characters in different situations; a short, live performance in front of an audience.

sitrik *k.n.* citric. **asid sitrik** *k.n.* citric acid; acid in the juice of lemons, limes, etc.

sitrus *k.n.* citrus; tree of a group including lemon, orange, etc.

situ, di situ *k.n.* there; in, at or to that place; at that point; that place.

situasi *k.n.* situation; place (with its surroundings) occupied by something; set of circumstances.

siul, siulan *k.n.* whistle; shrill sound made by blowing through a narrow opening between the lips; similar sound. **bersiul** *k.k.* whistle; signal or produce (a tune) in this way. **menyiulkan** *k.k.* whistle; make this sound.

siuman *adj.* sane; not mad; sensible and practical. **tak siuman** *adj.* insane; mad; extremely foolish.

siung *k.n.* fang; long sharp tooth; snake's tooth that injects venom.

sivik *k.n.* civics (*pl.*); study of municipal government and of citizen's rights and duties.

sivil *adj.* civil; relating to the people of a country; public.

skarf *k.n.* scarf; piece or strip of material worn round the neck or tied over a woman's head.

skala *k.n.* scale; ordered series of units or qualities, etc. for measuring or classifying things; relative size or extent.

skalpel *k.n.* scalpel; surgeon's small straight knife.

skandal *k.n.* scandal; something disgraceful; gossip about wrongdoing. **penyebar skandal** *k.n.* scandal-monger; person who invents or spreads scandal.

skapula *k.n.* scapula; the shoulder blade.

skema *k.n.* schema.

sketsa *k.n.* sketch; short usu. comic play; skit.

ski *k.n.* ski; one of a pair of long narrow strips of wood, etc. fixed under the feet for travelling over snow.

skim *k.n.* scheme; plan of work or action.

skirt *k.n.* skirt; woman's garment hanging from the waist; this part of a garment.

sklerosis *k.n.* sclerosis; abnormal hardening of tissue.

skop *k.n.* scope; the area or range of things that a subject, an organization, etc. deals with.

skon *k.n.* scone; a small cake made from a mixture of flour and fat and eaten with butter.

skor *k.n.* score; the number of points, marks, goals, etc. in a game; the number of points somebody gets for correct answers in a test.

skrin *k.n.* screen; the flat surface at the front of a television or computer, on which you see pictures or information; the large flat surface that

S

films/movies or pictures are shown; a piece of furniture or equipment that can be moved to divide a room or shield something.

skrol[1] *k.n.* scroll; a long roll of paper for writing on; a painted or carved decoration made to look like a scroll.

skrol[2] *k.k.* to scroll; to move text up or down a page on a computer screen.

skrip *k.n.* script; handwriting; style of printed characters resembling this; text of a play or film or broadcast talk, etc.

skru *k.n.* screw; metal pin with a spiral ridge round its length, fastened by turning; thing twisted to tighten or press something. **skru grub** *k.n.* grub-screw; headless screw.

skuad *k.n.* squad; a group of army personnel (usu. made up of twelve people) with special duties; a group that moves as a team.

skuadron *k.n.* squadron; division (two troops) of a cavalry unit or armoured formation; detachment of warships; unit (10 to 18 aircraft) of the R.A.F.

skuasy *k.n.* squash; game played with rackets and a small ball in a closed court.

skuba *k.n.* scuba; the sport or activity of swimming under water using special breathing equipment.

skup *k.n.* scoop; a tool like a large spoon used for picking up substances in powder form like flour or for serving food like ice-cream; a piece of exciting news published in a newspaper or aired on television before it is published or broadcasted anywhere else.

skuter *k.n.* scooter; child's toy vehicle with a footboard and long steering handle; a kind of lightweight motor cycle. **penunggang skuter** *k.n.* scooterist.

slaid[1] *k.k.* to slide; to glide.

slaid[2] *k.n.* a slide; a film; a thin piece of plastic placed onto a projector; a thin piece of glass placed under a microscope to study a specimen.

slanga *k.n.* slang; informal spoken language.

slogan *k.n.* slogan; word or phrase adopted as a motto or in advertising.

slot *k.n.* slot; a position or space in time for something in an arrangement.

snek *k.n.* snack; small or casual meal. **snek bar** *k.n.* snack-bar; place where snacks are sold.

snorkel *k.n.* snorkel; apparatus that enables swimmers to breathe underwater.

snuker *k.n.* snooker; game played on a billiard-table with 15 red and 6 other coloured balls.

soal, soalan *k.n.* question; sentence requesting information or an answer; matter for discussion or solution; raising of doubt; ask or raise question(s) about. **tanda soal** *k.n.* question mark, punctuation mark '?' placed after a question. **soal balas** *k.n.* cross-examination. **dipersoal** *k.k.* in question, being referred to or discussed or disputed.

sobek *adj.* torn; ripped; shredded.

soda *k.n.* soda; compound of sodium in common use, esp. sodium carbonate (*washing-soda*), bicarbonate (*baking-soda*) or hydroxide (*caustic-soda*). **air soda** *k.n.* soda-water; water made fizzy by being charged with carbon dioxide under pressure.

sodium *k.n.* sodium; soft silver-white metallic element. **lampu sodium** *k.n.* sodium lamp giving a yellow light from an electrical discharge in sodium vapour.

sodok, penyodok *k.n.* shovel; spade-like tool for scooping earth, etc.; mechanical scoop. **menyodok** *k.k.* shovel (p.t. *shovelled*); shift or clear with or as if with a shovel; scoop roughly.

sofa *k.n.* sofa; long upholstered seat with a back and raised ends.

sofbol *k.n.* softball; a game similar to baseball but played on a smaller field with a larger softer ball.

sogok, sogokan *k.n.* bribe; thing offered to influence a person to act in favour of the giver; graft. **menyogok** *k.k.* bribe; persuade by this.

soket *k.n.* socket; hollow into which something fits.

sokong, sokongan *k.n.* support; buttress; support built against a wall; thing that supports or reinforces; corroboration. **menyokong** *k.k.* corroborate; get or give support; bolster; support.

solar, solar pleksus *k.n.* solar plexus; network of nerves at the pit of the stomach; this area.

solat *k.n.* ritual worship of the Muslims; reverence and respect paid to God.

soldadu *k.n. see* **askar.**

solek, bersolek *k.k.* put on make up; put powder, lipstick, etc. on the face to look more attractive.

solenoid *k.n.* solenoid; coil of wire magnetized by electric current.

solo *k.n.* solo (pl. *-os*); music for a single voice or instrument; unaccompanied performance or flight, etc.

solstis *k.n.* solstice; either of the times (about 21 June and 22 Dec.) or points reached when the sun is furthest from the equator.

sombong *adj.* proud (*-er, -est*); full of pride; snobbish.

sompek *adj.* chipped; broken at the edges.

sonar *k.n.* sonar; device for detecting objects under water by reflection of sound-waves.

sonata *k.n.* sonata; musical composition for one instrument or two, usu. in several movements.

sonatina *k.n.* sonatina; simple or short sonata.

sondol *k.k.* butt; push with the head.

sonet *k.n.* sonnet; type of poem of 14 lines.

songket *k.n.* a type of cloth embroidered with gold or silver thread.

songkok *k.n.* a head covering for Muslim men, usu. made of cloth or velvet; a type of tree.

songsang *adj.* inverse; reversed in position, relation, or order. **songsangan** *k.n.* inverse; inverted thing, opposite.

sonik *adj.* sonic; of sound-waves.

sopak *k.n.* a skin disease that causes the skin to have white patches, usu. on the feet, hands and other parts of the body.

sopan *adj.* courteous; decorous; polite and well-behaved, decent; suave; smooth-mannered. **sopan santun** *adj.* manner; polite social behaviour.

soprano *k.n.* soprano; highest female or boy's singing-voice; music for this.

sorak, sorak-sorai *k.n.* cheer; shout of applause. **bersorak-sorai** *k.k.* cheer; utter a cheer, applaud with a cheer. **sorakan** *k.n.* ovation; enthusiastic applause.

sore *k.n.* evening.

sorok *k.k. see* **sembunyi. sorokan** *k.n.* hiding.

sorong *k.k.* push; shove.

sorot *k.n.* ray; light emitted from something. **menyorot** *k.k.* to glow; to shine; to radiate. **menyoroti** *k.k.* to shine a light onto something; to illuminate; to stare hard (at somebody); to explain in great detail; to discuss an event or opinion.

penyorot *k.n.* a lamp; a torchlight; a speaker; an analyst.

sos *k.n.* sauce; ketchup; thick sauce made from tomatoes and vinegar; liquid or semi-liquid preparation added to food to give flavour or richness.

sosej *k.n.* sausage; minced seasoned meat in a tubular case of thin skin.

sosial *k.n.* social; living in an organized community; of society or its organization. **sains sosial** *k.n.* social science; study of society and social relationships. **jaminan sosial** *k.n.* social security; State assistance for those who lack economic security. **khidmat sosial** *k.n.* social services; welfare services provided by the State. **pekerja sosial** social worker; person trained to help people with social problems.

sosialis *k.n.* socialist.

sosialisasi *k.n.* socialization. **disosialisasikan** *k.k.* socialize; organize in a socialistic manner; behave sociably.

sosialisme *k.n.* socialism; political and economic theory that resources, industries and transport should be owned and managed by the State.

sosiologi *k.n.* sociology; study of human society or of social problems. **ahli sosiologi** *k.n.* sociologist.

sosok *k.n.* buttonhole; slit through which a button is passed to fasten clothing.

soto *k.n.* a type of soup dish containing shredded beef or chicken, usu. eaten with rice cakes, bean sprouts, etc.

sotong *k.n.* cuttlefish; sea creature that ejects black fluid when attacked. **sotong kurita** *k.n.* octopus (pl. *-puses*); sea animal with eight tentacles.

soya, kacang soya *k.n.* soy; soya bean; bean from which an edible oil and flour are obtained.

spageti *k.n.* spaghetti; pasta made in thin sticks.

span *k.n.* sponge; water animal with a porous structure; its skeleton, or a similar substance, esp. used for washing or cleaning or padding.

spasma *k.n.* spasm; strong involuntary contraction of a muscle; sudden brief spell of activity or emotion, etc.

spasmodik *adj.* spasmodic; of or occurring in spasms.

S

spastik *k.n.* spastic; physically disabled by cerebral palsy which cause jerky or involuntary movements.

spatula *k.n.* spatula; knife-like tool with a blunt blade; medical instrument for pressing down the tongue.

Speaker *k.n.* Speaker; person presiding over the House of Commons or a similar assembly.

speedometer *k.n.* speedometer; device in a motor vehicle, showing its speed.

spektroskop *k.n.* spectroscope; instrument for producing and examining spectra.

spektrum *k.n.* spectrum (pl. *-tra*); bands of colour or sound forming a series according to their wavelengths; entire range of ideas, etc.

spekulasi *k.n.* speculation; the act of forecasting or guessing without hard evidence.

spekulatif *adj.* speculative; based on guessing or an opinion that had been formed without knowing all the facts.

spekulator *k.n.* speculator; a person who speculates financially.

spekulum *k.n.* speculum; medical instrument for looking into bodily cavities.

spermatozoon *k.n.* spermatozoon; the fertilizing cell of a male organism.

spesies *k.n.* species; group of similar animals or plants within a genus; kind.

spesifikasi *k.n.* specification; a fixed and detailed description that must be followed.

spirit *k.n.* spirit (*pl.*); strong distilled alcoholic drink; distilled extract. lampu spirit *k.n.* spirit lamp; lamp that burns methylated spirit or similar fluid.

sombrero *k.n.* sombrero (pl. *-os*); man's hat with a very wide brim.

spontan *adj.* spontaneous; not planned but done because you suddenly want to do it; happening naturally, without being made to happen.

spora *k.n.* spore; one of the tiny reproductive cells of fungi, ferns, etc.

sprat *k.n.* sprat; small herring-like fish.

spring *k.n.* spring; device that reverts to its original position after being compressed or tightened or stretched. spring halus *k.n.* hairspring; very fine spring in a watch.

stabil *adj.* stable (*-er, -est*); firmly fixed or established, not easily shaken or decomposed or destroyed.

stad *k.n.* stud; projecting nail-head or similar knob on a surface; device like a button on a shank used, e.g. to fasten a detachable shirt collar.

stadium *k.n.* stadium; sports ground surrounded by tiers of seats for spectators.

staf *k.n.* staff; a group of employees who work together in an organization under a leader or manager; a body of senior army officers who supervise or manage troops.

stail *k.n.* style; a way or method of doing something, e.g. writing, speaking, walking, etc.; a particular design of something, esp. clothes.

stalagmit *k.n.* stalagmite; deposit of calcium carbonate standing like a pillar.

stalaktit *k.n.* stalactite; deposit of calcium carbonate hanging like an icicle.

stamen *k.n.* stamen; pollen-bearing part of a flower.

stamina *k.n.* stamina; ability to withstand long physical or mental strain.

standard *k.n.* standard; a level of quality, esp. one that people think is acceptable; a unit of measurement that is officially used; a flag that is used during official ceremonies.

stanza *k.n.* stanza; verse of poetry.

stapler *k.n.* stapler; a device used for clipping pieces of paper together.

starter *k.n.* starter. starter kaki *k.n.* kick-starter; lever pressed with the foot to start a motor cycle.

statik *adj.* static; of force acting by weight without motion; stationary; not changing.

statistik *k.n.* statistic; item of information expressed in numbers. ilmu statistik *k.n.* statistics; science of collecting and interpreting information based on the numbers of things. ahli statistik *k.n.* statistician; expert in statistics.

status *k.n.* status; person's position or rank in relation to others; high rank or prestige. status quo *k.n.* status quo; previous state of affairs.

statut *k.n.* statute; law passed by Parliament or a similar body; one of the rules of an institution.

steno *k.n.* stenographer; a person whose job is to write down what somebody

S

else says, using shorthand. **stenografi** *k.n.* stenography; shorthand.

stensil *k.n.* stencil; a thin piece of metal, plastic or card with a design cut out of it that you put onto a surface and paint over so that the design is left on the surface.

stereng *k.n.* steering wheel; the wheel that the driver turns to control the direction that a vehicle goes in.

stereo *k.n.* stereo; stereophonic sound or record-player, etc.; stereoscopic effect.

stereofonik *k.n.* stereophonic; using two transmission channels so as to give the effect of naturally distributed sound.

stereoskopik *k.n.* stereoscopic; giving a three-dimensional effect.

stereotaip *k.n.* stereotype; printing-plate cast from a mould of type; standardized conventional idea or character, etc.

steril *adj.* sterile; free from living micro-organisms. **mensteril** *k.k.* sterilize; make sterile.

sterling[1] *adj.* sterling; genuine, of standard purity; excellent, of solid worth.

sterling[2] *k.n.* sterling; British money.

sternum *k.n.* sternum (pl. *sternums* or *sterna*); the breastbone.

steroid *k.n.* steroid; any of a group of organic compounds that includes certain hormones.

stesen *k.n.* station; place where a public service or specialized activity is based; broadcasting establishment with its own frequency; stopping-place on a railway with buildings for passengers or goods or both. **stesen janakuasa** *k.n.* power station; building where electrical power is generated for distribution.

stetoskop *k.n.* stethoscope; an instrument that a doctor uses to listen somebody's heart and breathing.

stigma *k.n.* stigma; the tip of a flower's pistil that receives pollen during pollination.

stilus *k.n.* stylus (pl. *-uses*); needle-like device for cutting or following a groove in a record.

stimulus *k.n.* stimulus; something that helps somebody/something to develop better or more quickly; something that produces a reaction in a human being, an animal or a plant.

stok *k.n.* stock; a supply of goods that is available for sale or distribution.

stok akhir *k.n.* remaining stock at the end of a period.

stoking *k.n.* sock; short stocking not reaching the knee; loose insole; stocking; close-fitting covering for the foot and leg. **tali stoking** *k.n.* garter; band worn round the leg to keep stocking up.

stone *k.n.* stone (pl. *stone*); unit of weight, 14 pound.

stor *k.n.* store; an area, usu. in the form of a room (varying in size), which is used to keep things safe from theft, etc.

strategi *k.n.* strategy; planning and directing of the whole operation of a campaign or war; plan, policy. **ahli strategi** *k.n.* strategist; expert in strategy.

strategik *adj.* strategic; of strategy; giving an advantage; (of weapons) very long range.

stratosfera *k.n.* stratosphere; layers of the atmosphere about 10–60 km above the earth's surface.

straw *k.n.* straw; narrow straw-like tube for sucking up liquid in drinking.

strawberi *k.n.* strawberry; soft juicy edible red fruit with yellow seeds on the surface.

striknina *k.n.* strychnine; bitter highly poisonous substance.

strontium *k.n.* strontium; silver-white metallic element.

struktur *k.n.* structure; way a thing is constructed or organized; a supporting framework or essential parts of a thing; something constructed.

studi *k.n.* the activity of studying.

studio *k.n.* studio; work-room of a painter, photographer, etc.; room or premises where cinema films are made; room from which broadcasts are transmitted or where recordings are made.

sua, bersua *k.k.* meet; run into; come across; encounter.

suai, tali suai *k.n.* pulley from a ship's mast to its bow; stay (of a ship).

suai kenal *k.n.* orientation.

suak *k.n.* hackles (*pl.*); long feathers on a cock's neck.

suaka *k.n.* asylum; protection that a government gives to people who have left their own country, usu. because they were in danger for political reasons.

suam *adj.* lukewarm; not enthusiastic.

suami *k.n.* husband; married man in relation to his wife.

suap *k.n.* a mouthful (of rice or other food) which can be scooped up with one's fingers and fed into one's mouth. **wang suap** *k.n.* a pay-off; a bribe. **bersuap** *k.k.* to eat using one's fingers. **bersuap-suapan** *k.k.* to feed one another using fingers. **menyuap** *k.k.* to feed oneself using one's fingers. **menyuapkan, menyuapi** *k.k.* to feed someone else with one's fingers; to bribe; to give a pay-off. **suapan, penyuapan** *k.n.* the act of feeding; the thing that is being fed; a bribe; a pay-off.

suar *k.n.* beacon; signal-fire; large light used as a signal of warning; flare.

suara *k.n.* voice; sounds formed in the larynx and uttered by the mouth. **pembesar suara** *k.n.* loudspeaker; apparatus (esp. part of a radio) that converts electrical impulses into audible sound. **suara hati** *k.n.* conscience; person's sense of right and wrong.

suasa *k.n.* a type of yellowish metal which contains a mixture of gold and copper.

suasana *k.n.* atmosphere; mental feeling conveyed by an environment, etc.; surroundings.

suatu *k.n.* one. **sesuatu** *k.n.* something which is not yet certain; something; each one; anything. **bersuatu** *k.k.* to unite; to combine.

subahat *k.n.* abettor. **bersubahat** *k.k.* abet (p.t. *abetted*); encourage or assist in wrongdoing.

subang *k.n.* earring; ornament worn on the ear-lobe.

subbudaya *k.n.* subculture; a culture within a larger one.

subjek *k.n.* subject; a person or thing that is being discussed or talked about.

subkontraktor *k.n.* subcontractor; a person or company that receives and carries out a subcontract.

submesingan *k.n.* sub-machine gun; a light and portable machine gun.

subplot *k.n.* sub-plot; a series of events in a play, novel, etc. that is separate from but linked to the main story.

subseksyen *k.n.* subsection; a part of a section, esp. in legal documents.

submikroskopik *adj.* submicroscopic; too small to be seen by an ordinary microscope.

subsidi *k.n.* subsidy; money contributed to an industry or other cause needing help, or to keep prices at a desired level.

subtropika *adj.* subtropical; or regions bordering on the tropics.

subuh, waktu subuh *k.n.* dawn; daybreak. **solat subuh** *k.n.* dawn prayers. **subuh buta** *k.n.* early morning. **subuh gajah** *k.n.* the time after dawn.

subur *adj.* arable; (land) suitable for growing crops; fertile; able to produce vegetation or fruit or young; capable of developing into a new plant or animal. **menyuburkan** *k.k.* fertilize; make fertile; introduce pollen or sperm into.

subversif *adj.* subversive; acting to destroy or damage a government or political system by attacking it secretly or indirectly, e.g. by influencing the public through the mass media (newspapers, etc.).

suci *adj.* chaste; virgin; celibate; not sexually immoral; clean (-*er*, -*est*); free from indecency; holy (-*ier*, -*iest*); belonging or devoted to God and reverenced; consecrated; immaculate; free from stain, blemish, or fault.

sudah *adj.* complete; finished. —*k.b.* already. **sesudah itu** *kkt.* hereafter; from now on.

sudi *adj.* willing; desiring to do what is required; not objecting; ready; like; want.

sudip *k.n.* wooden spoon; ladle. **menyudip** *k.k.* ladle; serve food with a ladle.

sudu *k.n.* spoon; utensil with a rounded bowl and handle, used for conveying food to the mouth or for stirring things; amount it contains. **menyudu** *k.k.* spoon; take or lift with a spoon.

sudut *k.n.* angle; space between two lines or surfaces that meet; point of view. **tendangan sudut, pukulan sudut** *k.n.* corner; free kick or hit from the corner of the field in football or hockey.

suede *k.n.* suede; leather with the flesh side rubbed into a velvety nap.

suet *k.n.* suet; hard white fat from around an animal's kidneys, used in cooking.

sufi *k.n.* mysticism. **ahli sufi** a mystic.

sugi, kayu sugi *k.n.* a toothpick; a beaten end of a stick that is used as a toothbrush. **bersugi** *k.k.* to clean one's teeth with this toothbrush; to hold tobacco in the mouth while chewing betel leaves (tobacco quid).

S

sugul *adj.* dejected; in low spirits; depressed.

suhu *k.n.* temperature; intensity of heat or cold, esp. as shown by a thermometer.

suis *k.n.* switch; device operated to turn electric current on or off. **memetik suis** *k.k.* turn (on or off) by means of a switch. **papan suis** *k.n.* switchboard; panel of switches for making telephone connections or operating electric circuits.

suji *k.n.* semolina; coarse wheatmeal; flowery embroidery sewn at the edge of a piece of cloth.

sujud *k.k.* to prostrate oneself; to kneel down with one's face on the ground (in worship).

suka *k.n.* joy; pleasure; happiness. —*adj.* happy; glad; pleased. —*k.k.* be fond of; like; love. **bersuka-suka** *k.k.* have fun; enjoy (oneself). **menyukai** *k.k.* be fond of; like; approve. **menyukakan** *k.k.* delight; please greatly; feel delight.

sukacita *adj.* glad; pleased, joyful. **menyukacitakan** *k.k.* gladden; make glad.

sukan *k.n.* sport; athletic (esp. outdoor) activity; game(s), pastime(s).

sukar *adj.* difficult; needing much effort or skill to do; arduous; hard. **menyukarkan** *k.k.* cause difficulty; hinder.

suka ria *adj.* exultant; exulting. **bersuka ria** *k.k.* exult; rejoice greatly; jolly (-*ier*, -*iest*); cheerful, merry.

sukarela *adj.* voluntary; done; given, or acting of one's own free will; working or done without payment. **sukarelawan** *k.n.* volunteer (male); person who offers to do something without being forced. **sukarelawati** *k.n.* volunteer (female); woman who offers to do something without being forced.

sukat *k.n.* measure; size or quantity found by measuring; extent; unit; standard, device, or system used in measuring. **menyukat** *k.k.* measure; find the size, etc. of by comparison with a fixed unit or known standard; be of a certain size; mark or deal (a measured amount). **sukatan** *k.n.* measurement; measuring; size, etc. found by measuring.

sukma *k.n.* life; soul.

suku *k.n.* quarter; one of four equal parts; this amount; point of time 15 minutes before or after every hour. **menjadikan suku** *k.k.* quarter; divide into quarters. **suku akhir** *k.n.* quarter final; contest preceding a semifinal. **suku kata** *k.n.* syllable; unit of sound in a word.

sukulen *adj.* succulent; juicy; (of plants) having thick fleshly leaves or stems.

sukun *k.n.* bread-fruit; tropical fruit with bread-like pulp.

sula, penyula, sulaan *k.n.* a sharp stake or post for torturing people. **hukum sula** *k.n.* a death sentence whereby a sharp stake is pushed from the anus up to the stomach. **menyula** *k.k.* to crack open a coconut with a sharp stake.

sulah *k.n.* baldness; hairlessness; a type of pepper. **lada sulah** *k.n.* white pepper.

sulam, sulaman *k.n.* embroidery. **menyulam** *k.k.* embroider; ornament with needlework; hemstitch; decorate with an ornamental open-work stitch.

sulap, ahli sulap *k.n.* illusionist; conjuror. **bersulap** *k.k.* conjure; do sleight-of-hand tricks. **tukang sulap** *k.n.* conjuror. **sulapan** *k.n.* hocus-pocus, hokey-pokey (*sl.*); trickery.

sulbi, tulang sulbi *k.n.* tailbone; the small bone at the bottom of the spine; coccyx.

sulfat *k.n.* sulphate; salt of sulphuric acid.

sulfur *k.n.* sulphur; pale yellow non-metallic element.

sulfurik, asid sulfurik *adj.* sulphuric, sulphuric acid; strong corrosive acid.

suling, sulingan, penyulingan *k.n.* distillation; process of vaporizing, condensing, and recollecting a liquid so as to purify it or to extract elements; something distilled. **menyuling** *k.k.* distil (p.t. *distilled*); treat or make by distillation; undergo distillation.

sulit *adj.* confidential; to be kept secret; entrusted with secrets; hush-hush; (*colloq.*) kept very secret.

sultan *k.n.* sultan; ruler of certain Muslim countries.

sultana *k.n.* sultana; seedless raisin.

sultanah *k.n.* sultana; sultan's consort.

suluh *k.n.* torch; burning piece of wood, etc. used to provide light. **lampu suluh** *k.n.* torch; small hand-held electric lamp.

suluk *k.n.* mystique; aura of mystery or mystical power.

sulung *adj.* eldest; first born. **gigi sulung, gigi susu** *k.n.* milk teeth; first (temporary) teeth in young mammals.

sulur *k.n.* tendril; thread-like part by which a climbing plant clings; sucker; shoot coming up from a tree's or shrub's root or underground stem.

sumbang[1] *adj.* atonal; (of music) not written in any key; indecent; offending against standards of decency; unseemly; improper.

sumbang[2], **menyumbangkan** *k.k.* contribute; give to a common fund or effort, etc.; help to bring about. **sumbangan** *k.n.* contribution.

sumbangsih *k.n.* contribution; a sum of money that is given to a person or an organization in order to help pay for something.

sumbat, penyumbat *k.n.* bung; stopper for closing the hole in a barrel or jar; cork. **menyumbat** *k.k.* bung; close with bung; block; stop up with a cork.

sumber *k.n.* source; person or book, etc. supplying information.

sumbing *k.n.* harelip; deformed lip with a vertical slit like that of a hare.

sumbu[1] *k.n.* wick; length of thread in a candle or lamp, etc. by which the flame is kept supplied with melted grease or fuel. **menyumbui** *k.k.* put a wick in; instigate; incite; urge on to action.

sumbu[2], **sumbu badak** *k.n.* horn of the rhinoceros. **badak sumbu** *k.n.* a species of rhinoceros with big horn.

sumpah[1] *k.n.* curse; call for evil to befall a person or thing; a great evil; violent exclamation of anger; oath; solemn promise, appealing to God or a revered object as witness; swearword. **sumpah bohong** *k.n.* perjury; deliberate giving of false evidence while under oath; this evidence. **menyumpah** *k.k.* curse; utter a curse (against); afflict.

sumpah[2], **sumpah-sumpah** *k.n.* chameleon; small lizard that changes colour according to its surroundings.

sumpit, sumpitan *k.n.* blowpipe; tube through which air, etc. is blown, e.g. to heat a flame or send out a missile.

sumsum *k.n.* marrow; soft fatty substance in the cavities of bones.

sumur *k.n.* a well.

sunat *k.n.* circumcision. **menyunat** *k.k.* circumcise; cut off the foreskin of.

sundal *k.n.* courtesan (*old use*); prostitute; women who engages in sexual intercourse for payment. —*adj.* immoral.

sungai *k.n.* river; large natural stream of water; great flow.

sungguh *k.p.* true; genuine; right; really. **sungguh-sungguh** *adj.* earnest; showing serious feeling or intention.

sungkup, sungkupan *k.n.* cover; thing that covers. **menyungkup** *k.k.* cover; place or be spread over; conceal or protect thus.

sungkur *k.k.* founder; stumble or fall on one's face.

sungut, bersungut *k.k.* grumble; complain in a bad-tempered way; rumble. **sungutan** *k.n.* complaint, esp. a bad-tempered one; rumble.

suntik, menyuntik *k.k.* inoculate; protect (against disease) with vaccines or serums; inject; force or drive (a liquid, etc.) into something, esp. by a syringe. **suntikan** *k.n.* injection.

sunting *k.k.* edit; be the editor of; prepare for publication; prepare (a film or recording) by arranging sections in sequence.

suntuk *adj.* past; too late; not long; short; brief. **suntuk akal** stumped; puzzled. **kesuntukan** *k.n.* a situation which is too late; a lack of time, money, etc.

sunyi *adj.* quiet; deserted; sleepy; without stir or bustle.

sup *k.n.* soup; liquid food made from stewed meat or vegetables, etc. **sup berempah** *k.n.* mulligatawny; curry-flavoured soup. **sup jernih** consomme; clear meat soup.

supaya *k.h.* so that; in order that.

super *adj.* super; extremely good.

supersonik *adj.* supersonic; of or flying at speeds greater than that of sound.

supir *k.n.* chauffeur; person employed to drive a car.

surah *k.n.* (Arabic) chapter in the Koran.

surai[1] *k.n.* mane; long hair on a horse's or lion's neck.

surai[2], **menyuraikan** *k.k.* dissolve; disperse (an assembly).

suram *adj.* bleak (*-er, -est*); cold and cheerless; gloomy; dreary; grim (*grimmer, grimmest*); stern, severe; without cheerfulness, unattractive.

S

surat *k.n.* letter; written message; usu. sent by post. **peti surat** *k.n.* letter-box; slit in a door, with a movable flap, through which letters are delivered; post-box. **kepala surat** *k.n.* letterhead; printed heading on stationery; stationery with this. **surat-menyurat** *k.k.* correspond; write letters to each other. **surat berita** *k.n.* newsletter, informal printed report containing news of interest to members of a club, etc. **surat ikatan** *k.n.* deed; written or printed legal agreement.

surat khabar *k.n.* newspaper; printed usu. daily or weekly publication containing news reports; sheets of paper forming this.

surau *k.n.* place of worship for Muslims, very much smaller than a mosque.

surcaj *k.n.* surcharge; an extra amount that one must pay in addition to the usual or original price.

surd *k.n.* surd; mathematical quantity (esp. a root) that cannot be expressed in finite terms of whole numbers or quantities.

suri *k.n.* queen; king's wife. **suri rumah tangga** *k.n.* housewife; wife.

suria *k.n.* solar; of or from the sun; reckoned by the sun. **sistem suria** *k.n.* solar system; sun with the heavenly bodies that revolve round it.

surih[1] *k.n.* a long, thin line; a thin stripe; an outline. **kertas surih** *k.n.* tracing paper; a type of thin paper used to trace maps placed beneath it. **menyurih** *k.k.* to draw a line; to make lines; to transfer or trace a map with tracing paper. **penyurih** *k.n.* person who traces out maps.

surih[2] *k.n.* ancestry; genealogy. **bersurih** *k.k.* to trace one's ancestry.

suruh *k.n.* command; statement given with authority, that an action must be performed. **menyuruh** *k.k.* command; order; ask. **suruhan** *k.n.* errand; short journey to take or fetch something; its purpose.

suruhanjaya *k.n.* commission; body of people given authority to perform a task.

surut *k.n.* ebb; outward movement of the tide, away from the land; decline. **menyurut** *k.k.* ebb; flow away; decline.

susah *adj.* hard (*-er, -est*); difficult; not easy to bear.

susila *k.n.* ethic; moral principle.

susu *k.n.* milk; white fluid secreted by female mammals as food for their young; cow's milk as food for human beings; milk-like liquid. **gigi susu** *k.n.* milk-teeth; first (temporary) teeth in young mammals. **penjual susu** *k.n.* milkman (pl. *-men*); man who delivers milk to customers. **susu mentega** *k.n.* buttermilk; liquid left after butter is churned from milk.

susuk *k.n.* something (gold, diamonds, etc.) inserted into the body to enhance one's beauty.

susul, menyusul *k.k.* lag (p.t. *lagged*); go too slow, not keep up. **susulan** *k.n.* lag; lagging, delay.

susun, menyusun *k.k.* compile; collect and arrange into a list or book, etc.; make (a book) thus; arrange; put into order; form plans, settle the details of; adapt. **susunan** *k.n.* arrangement.

susup, menyusup *k.k.* insinuate; insert gradually or craftily; enter gradually and unperceived, infiltrate.

susur *k.n.* brink; edge of a stretch of water. **menyusur pantai** *adj.* inshore; near or nearer to the shore. **susur galur** *k.n.* pedigree; line or list of (esp. distinguished) ancestors.

susut *k.k.* dwindle; become less or smaller. **menyusut** *k.k.* decrease; make or become smaller or fewer; slash; reduce drastically; diminish; make or become less.

sut *k.n.* suit; a set of clothes made of the same cloth, including a jacket and trousers/ pants or a skirt; a set of clothing worn to a particular activity.

sutera *k.n.* silk; fine strong soft fibre produced by silkworms; thread or cloth made from it or resembling this.

sutur *k.n.* suture; a stitch or stitches made to sew up a wound, esp. after an operation.

swasta *k.n.* private; belonging to a person or group rather than the state. **menswastakan** *k.k.* privatize; transfer to private ownership.

swastika *k.n.* swastika; symbol formed by a cross with ends bent at right angles.

syabas *sr.* bravo; well done!

syaf *k.n.* shaft; a narrow, vertical, underground passage which is made for coal mining, etc.

syafaat *k.n.* advantages granted by Allah to Prophet Muhammad (p.b.u.h.) and other prophets (to be used to help mankind on Judgement Day).

syah *k.n.* shah; king of Iran.

syahadan *kkt.* (archaic) furthermore; then (usu. used at the start of classic texts).

syahadat *k.n.* creed; set of beliefs or principles.

syahid *k.n.* a martyr; one who upholds or defends Islam, e.g. one who dies or is killed in a holy war.

syahwat *k.n.* lechery; unrestrained indulgence in sexual lust.

syair *k.n.* poetry; a type of poetry consisting of four rhyming lines. **bersyair** *k.k.* to write poetry; to recite poetry melodically. **penyair** *k.n.* a poet; a person who writes poetry.

syak *k.n.* suspicion; doubt. **mengesyaki** *k.k.* suspect; mistrust; feel to be guilty but have little or no proof; doubt.

syal *k.n.* cloak; loose sleeveless outer garment.

syampu *k.n.* shampoo; liquid used to lather and wash hair; similar preparation for cleaning upholstery, etc.; process of shampooing.

syarah, syarahan *k.n.* lecture; speech giving information about a subject; lengthy reproof or warning; disquisition; long discourse. **bersyarah** *k.k.* lecture; give a lengthy reproof, etc. to.

syarak *k.n.* Islamic law (based on Islamic teachings).

syarat *k.n.* condition; thing that must exist if something else is to exist or occur; stipulation; term; requirement; requisite. **mensyaratkan** *k.k.* stipulate; demand or insist (on) as part of an agreement.

syariah *k.n.* shariah; the Muslim code of religious law.

syariat *k.n.* religious law; the rules of religion. **syariat Islam** *k.n.* Islamic law/rules. **mensyariatkan** *k.k.* to rule; to make something a law or ruling.

syarikat *k.n.* company; people working together or united for business purposes, firm.

Syawal *k.n.* the tenth month in the Muslim (Hejira) calendar; the month of Hari Raya Puasa/Aidilfitri.

syeikh *k.n.* sheikh; leader of an Arab tribe or village.

syelek *k.n.* shellac; chemical substance used in varnish.

syer *k.n.* share; any of the units of equal value into which a company's wealth is divided and sold to raise money entitling the holder to a proportion of its profits. **syer kosong** *k.n.* shares given free to someone. **buka syer** *k.k.* to offer shares. **disyerkan** *k.k.* to convert into shares.

syiah *k.n.* Shiite; (a member) of a Muslim sect followed esp. in Iran.

syiar *k.n.* grandeur; eminence (of Islam). **syiar Islam** *k.n.* the greatness of Islam.

Syinto *k.n.* Shinto; a Japanese religion revering ancestors and nature spirits.

syiling *k.n.* shilling; coin; metal money; piece of this.

syirik *k.n.* polytheism; the belief that there is more than one god. **mensyirikkan** *k.k.* to believe that there is more than one god. **kesyirikan** *k.n.* polytheism.

syok *adj.* interesting; satisfying; attractive. **mengesyokkan** *k.k.* to cause to become satisfying. **kesyokan** *k.n.* satisfaction.

syukur *k.n.*, **bersyukur** *k.k.* grateful; feeling that one values a kindness or benefit received.

syurah *k.n.* clarification; explanation; elucidation. **mensyurahkan** *k.k.* to clarify; to elucidate; to explain.

syurga *k.n.* heaven; abode of God; place or state of supreme bliss.

S

T

taakul *k.n.* reason; ability to think and draw conclusion; sanity; ability to think and draw conclusion; sanity; good sense or judgement, what is right or practical or possible. **menaakul** *k.k.* reason; use one's ability to think and draw conclusions.

Taala *adj.* mighty; exalted.

taasub *adj.* fanatical; obstinate, not easily persuaded or influenced.

taat *adj.* loyal; firm in one's allegiance. **mentaati** *k.k.* adhere; continue to give one's support; follow.

tabah *adj.* courageous; dauntless; brave, not daunted; mettlesome; spirited. —*k.k.* persevere; continue steadfastly in spite of difficulties; flail; beat with or as if with a flail; swing about wildly. —*k.n.* manful; brave; resolute. **bertabah** *k.k.* persevere; continue steadfastly in spite of difficulties.

tabal, menabalkan *k.k.* enthrone; place on a throne.

tabiat *k.n.* demeanour; way a person behaves; habit; settled way of behaving.

tabib *k.n.* physician; doctor; person who specializes in medicine and healing.

tabii *k.n.* natural; inborn.

tabik *k.n.* salute; gesture of respect or greeting.

tabika *k.n.* (*abbr.*) kindergarten.

tabir *k.n.* curtain; piece of cloth, etc. hung as a screen; drape. **menabiri** *k.k.* cover or screen with a curtain.

tabligh *k.n.* a presentation or broadcast of Islamic teachings; a sermon. **bertabligh** *k.k.* to broadcast Islamic teachings; to give a sermon.

tablo *k.n.* tableau; a scene showing, e.g. events and people from history, that is presented by a group of actors who do not move or speak.

tabloid *k.n.* tabloid; newspaper with pages half the size of larger ones.

tabuh *k.n.* a type of large drum beaten for a specific purpose; a stick for beating the drum; sound of a drum as signal. **tabuh larangan** *k.n.* drum beaten when something happens. **menabuh** *k.k.* to hit something continuously; to beat a drum; to strike. **ditabuh** *k.k.* beaten; struck.

tabuh-tabuhan *k.n.* all the musical instruments that are beaten (in a performance).

tabung *k.n.* money-box; piggy bank; bamboo or cylindrical container; fund; sum of money for a special purpose.

tabur *k.k.* broadcast; sow (seed) by scattering; distribute; scatter, place at different points.

tadah *k.n.* container; receptacle. **menadah** *k.k.* catch something that is falling (with a container, etc.).

tadahan *k.n.* catchment. **kawasan tadahan** *k.n.* catchment area; area from which rainfall drains into a river, etc.

tadbir *k.n.* administration; management. **mentadbirkan** *k.k.* manage; administer; govern; control.

tadi *kkt.* just now; a moment ago; earlier.

tadika *k.n.* nursery school; school for children below normal school age. —*kep.* kindergarten.

tafakur *k.k.* meditation. **bertafakur** *k.k.* meditate; think deeply and quietly.

tafeta *k.n.* taffeta; shiny silk-like fabric.

tafsir, tafsiran *k.n.* interpretation. **mentafsir** *k.k.* interpret; explain the meaning of; act as interpreter; construe.

tagak, tertagak-tagak *k.k.* dilly-dally (*colloq.*); dawdle; waste time by indecision.

tagan *k.n.* gambling stakes; bet; money, etc. wagered.

tagar[1] *k.n.* thunder; a loud deep sound. **bertagar** *k.k.* to make a sound like thunder; to roar.

tagar[2], **bertagar** *k.k.* to be coated with rust.

tagih *k.n.* addictive; causing addiction. —*k.k.* dun (p.t. *dunned*); ask persistently for payment of a debt. **menagih** *k.k.* exact; insist on and obtain exaction. **menagihkan** *k.k.* dun (p.t. *dunned*); ask persistently for payment of a debt.

tahan *adj.* hardy (-ier, -iest); capable of enduring cold or harsh conditions; durable; likely to last. —*k.k.* detain; keep in confinement; cause delay to. **mempertahankan** *k.k.* maintain; assert as true; defend. **menahan**

arrest; stop (a movement or moving thing); catch and hold (attention); check; slow the motion (of). **tahanan** *k.n.* detainee; person detained in custody.

tahap, tahapan *k.n.* a stage or phase in an undertaking; a grade; a level. **bertahap, bertahap-tahap** *k.k.* to have stages or phases.

tahayul *k.n.* imaginings; delusion; superstition; belief in magical and similar influences.

tahi *k.n.* dropping; animal dung.

tahil *k.n.* a measure of weight that is equivalent to one-sixteenth of a *kati*.

tahlil *k.n.* reciting or chanting of phrases in praise of Allah repeatedly. **bertahlil** *k.k.* to recite or chant phrases in praise of Allah.

tahniah *k.n.* congratulations; action of congratulating someone; congratulations; words of congratulation.

tahu *k.n.* know (p.t. *knew*, p.p. *known*); have in one's mind or memory; feel certain; recognize, be familiar with; understand. **mengetahui** *k.k.* in the know; (*colloq.*) having inside information. **serba tahu** *k.n.* know-all; person who behaves as if he knows everything. —*adj.* omniscient; knowing everything, having very extensive knowledge. **diketahui** *adj.* knowable; be known.

tahun *k.n.* year; consecutive period of twelve months. **tiap-tiap tahun** *kkt.* annually. **ulang tahun** *k.n.* anniversary; yearly return of the date of an event. **tahunan** *k.n.* annual; yearly. —*k.n.* plant that lives for one year or one season; book, etc. published in yearly issues.

taip, mesin taip *k.n.* typewriter; machine for producing print-like character on paper, by pressing keys. **taip-menaip** *k.n.* typing. **menaip** *k.k.* type; write with a typewriter.

Taipusam, Thaipusam *k.n.* Thaipusam; a Hindu festival to worship the god Subramaniam or Murugan.

taj *k.n.* diadem; crown.

taja, menaja *k.k.* sponsor; act as sponsor for. **tajaan** *k.n.* sponsorship.

tajak *k.n.* a hoe; a tool for breaking up soil or for weeding paddy-fields. **menajak** *k.k.* to weed paddy-fields using a hoe. **bertajak** *k.k.* weeding; loosening soil. **penajak** *k.n.* a person who does weeding. **penajakan** *k.n.* act of weeding.

tajam *adj.* caustic; sarcastic; incisive; clear and decisive; keen (*-er, -est*); sharp; penetrating; percipient, perceptive; showing insight and understanding. **tajam penglihatan** *adj.* observant; quick at noticing. **ketajaman** *k.n.* acuity.

tajwid *k.n.* the correct pronunciation or sound in reading the Koran.

taji, taji ayam *k.n.* metal spur attached to a the leg of a fighting cock.

tajuk *k.n.* coronet; small crown; heading; word(s) at the top of printed or written matter as a title, etc. **tajuk berita** *k.n.* headline; heading in newspaper.

tak *k.nf.* nay (*old use*); no. **tak teratur** *adj.* irregular; not regular; contrary to rules or custom. **ketakteraturan** *k.n.* irregularity.

takal *k.n.* block; pulley(s) mounted in a case.

takar[1] *k.n.* a ceramic jar (for keeping vinegar, ginger, salt, etc.); a pot.

takar[2] *k.n.* a measurement of quantity (gallons, litre, etc.). **setakar** *adj.* of the same a measurement; equal; at the same rate. **menakar, menakari** *k.k.* to measure out (medicine, etc.); to ascertain the quantity of something.

takat *kkt.* until; up to; as far as. —*k.n.* limit; level. **setakat** *kkt.* till; as far as; until.

takbir[1] *k.n.* uttering of *Allahuakbar* (Allah is Great) repeatedly in praise of Allah. **membaca takbir** *k.k.* to utter *Allahuakbar* at the start of every prayer. **mengangkat takbir** *k.k.* to raise both arms while uttering *Allahuakbar*. **bertakbir** *k.k.* to utter the *takbir*, i.e. *Allahuakbar*.

takbir[2] *k.n.* explanation to clarify something; meaning; clarification; elucidation (usu. regarding dreams). **mentakbirkan** *k.k.* to explain or interpret the meaning of dreams.

takbiratulihram *k.n.* utterance of the *takbir, Allahuakbar* at the start of prayers.

takbur *adj.* boastful; hot air; (*sl.*) excited or boastful talk. —*k.k.* brag (p.t. *bragged*); boast; speak with great pride.

takdir *k.n.* destiny; fate considered as a power; what is destined by fate to happen to a person or thing; fate; power thought to control all events; person's destiny. **mentakdirkan** *k.k.* destine; settle the future of.

T

ditakdirkan *k.k.* foreordain; destine beforehand. —*adj.* fated; doomed.

takhta *k.n.* throne; seat for a king or queen; sovereign power. **turun takhta** *k.k.* abdicate; renounce a throne or right, etc. **penurunan takhta** *k.n.* abdication.

takik *k.n.* notch; V-shaped cut or indentation. **menakik** *k.k.* make notch(es).

takjub *adj.* amazed; marvellous; wonderful. **menakjubkan** *k.k.* amaze; overwhelm with wonder. **menakjubi** *k.k.* marvel (p.t. *marvelled*); feel wonder; astonish; surprise very greatly; astound; shock with surprise; enthral (p.t. *enthralled*); hold spellbound; flabbergast.

taklid *k.n.* acceptance of or adherence to the beliefs of past authorities. **taklid buta** *k.k.* to carry out something blindly. **bertaklid** *k.k.* upholding the beliefs of past authorities; turning to the beliefs of a certain authority for the time being because of an emergency.

taklimat *k.n.* brief; set of instruction and information. **memberi taklimat** *k.k.* inform or instruct in advance.

takluk *k.k.* bow to; submit to; admit defeat; owe allegiance to. —*k.n.* colony. **menakluki/menaklukkan** *k.k.* conquer; overcome in war or by effort; vanquish; subjugate. **tertakluk** *k.k.* conquered; vanquished; defeated; subjugated; subject to. **taklukan** *k.n.* person, country, etc. defeated or conquered; colony; vassal.

takraw, sepak takraw *k.n.* a kind of ball game using a rattan ball, played by three players in a team.

takrif *k.n.* definition; statement of a thing's precise meaning. **mentakrifkan** *k.k.* define; state or explain precisely.

taksir *k.k.* appraise; estimate the value or quality of. **mentaksir** *k.k.* evaluate; find out or state the value of; assess. **taksiran** *k.n.* evaluation; assessment.

taktik *k.n.* tactic; a method used to achieve something.

takung *k.n.* sump; reservoir of oil in a petrol engine; hole or low area into which liquid drains.

takuk *k.n.* a notch; a cut on a tree that is not very deep; a dent resulting from a cut. **bertakuk** *k.k.* showing signs of having been cut; dented.

takut *adj.* fear; feel fear of; be afraid. **menakutkan** *k.k.* fearful; feeling fear.

takwa *k.n.* godly; sincerely religious.

takwim *k.n.* an almanac; a calendar.

takziah *k.n.* condolence; (an expression of) sympathy. **bertakziah** *k.k.* grieve with; sympathize with; pay (one's) last respects.

takzim *k.n.* obsequious; excessively respectful.

tala[1] *k.n.* harmony (of tone). **menalakan** *k.k.* tune (up); put (a musical instrument) in tune. **setala** *adj.* harmonious; in harmony.

tala[2] *k.n.* direction; course; direction taken or intended.

talak *k.n.* divorce (according to Islamic law); utterance to disown one's wife and thus end the marriage.

talam *k.n.* tray; flat utensil on which small articles are placed for carrying.

tali *k.n.* string; narrow cord; piece of this or similar material used to fasten of pull something; stretched piece of catgut or wire, etc. in a musical instrument, vibrated to produce tones. **tali leher** *k.n.* necktie; man's tie. **tali lenggang** *k.n.* shroud; one of the ropes supporting a ship's mast. **tali pencengkam** *k.n.* strap; strip of leather or other flexible material for holding things together or in place; or supporting something. **tali pinggang** *k.n.* belt; strip of cloth or leather, etc., esp. worn round the waist. **talian** *k.n.* line; electrical or telephone cable; connection by this.

talkum *k.n.* talcum, talc. **bedak talkum** *k.n.* talcum powder; talc powder and usu. perfumed for use on the skin.

talu, bertalu-talu *k.k.* continuous; incessant; continuously; incessantly.

tamadun *k.n.* civilization; making or becoming civilized; stage in the evolution of society; civilized conditions.

tamak *adj.* greedy (*-ier, -iest*). **ketamakan** *k.n.* greed; excessive desire, esp. for food or wealth; greediness.

taman *k.n.* garden; piece of cultivated ground, esp. attached to a house; (*pl.*) ornamental public grounds; park; public garden or recreation ground; enclosed land attached to a country house or mansion.

tamar *k.n.* date; small brown edible fruit.

tamat *k.k.* ended; completed; finished. **menamatkan** *k.k.* end; conclude; complete; finish.

tambah, **menambah** *k.k.* add; join as an increase or supplement; say further; put together to get a total; accumulate; acquire more and more of; increase in amount. **menambahkan** *k.k.* enhance; increase the quality or power, etc. of. **tambahan** *k.n.* addenda; list of things to be added to a book, etc.; ancillary; helping in a subsidiary way; annexe; supplementary building; increment; increase, added amount; extra; additive; substance added. **sebagai tambahan** in addition, as an added thing.

tambak *k.n.* causeway; raised road across low or wet ground; embankment; bank or stone structure to keep a river from spreading or to carry a railway, etc.; mole; breakwater or causeway built out into the sea.

tambang *k.n.* fare; price charged for a passenger travelling on public transport; passenger paying this.

tambat *k.k.* clinch; fasten securely; moor; secure (a boat, etc.) to a fixed object by means of cable(s). **menambat** *k.k.* moor at a berth. **tambatan** *k.n.* berth; place for a ship to anchor or tie up at a wharf; moorings (*pl.*); cables or place for mooring a boat.

tamborin *k.n.* tambourine; percussion instrument with jingling metal discs.

tambun *adj.* corpulent; having a bulky body; fat.

tambung *adj.* immodest; not modest; rude.

tambur *k.n.* a kind of European drum.

Tamil *k.n.* Tamil; member or language of people of South India and Sri Lanka.

tampak *adj.* conspicuous; easily seen, visible; attracting attention.

tampal *k.n.* patch; piece put on, esp. in mending. —*k.k.* post; display (a notice, etc.), announce thus. **tampal hias** *k.n.* applique; piece of fabric attached ornamentally. **menampal** *k.k.* mend; repair; stitch up (torn fabric); make or become better. **menampalkan** *k.k.* put patch(es) on; piece (things) together. **tampal cantum** *k.n.* patchwork; needlework in which small pieces of cloth are joined decoratively; thing made of assorted pieces. **bertampal** *k.k.* patchy; existing in patches.

tampan *adj.* elegant; tasteful and dignified; dashing; showy. —*k.k.* to act as a buffer.

tampang *k.n.* cutting; piece of a plant for re-planting.

tampar, **menampar** *k.k.* slap (p.t. *slapped*); strike with the open hand or with something flat. **tamparan** *k.n.* cuffing blow; slapping blow.

tampi, **menampi** *k.k.* winnow; fan or toss (grain) to free it of chaff; separate (chaff) thus.

tampil, **menampil** *k.k.* come forward; advance; take part; play a role; participate. **menampilkan** *k.k.* bring or go forward.

tampoi *k.n.* a type of tree with edible fruits.

tampuk *k.n.* juncture of stalk and fruit; handle; part by which a thing is to be held, carried or controlled; highest (authority).

tampung[1], **menampung** *k.k.* catch something that is falling or dripping; accommodate; part that is of a different colour on an animal's body.

tampung[2] *k.n.* patch; piece put on, esp. in mending. **bertampung** *k.k.* patched. **menampung** *k.k.* patch; mend (clothes), etc. by patching.

tamsil *k.n.* an example; a lesson; a parable; a simile; a comparison. **tamsilan** *k.n.* an analogy; a lesson woven into a story, etc. **mentamsilkan** *k.k.* to illustrate as an example; to use as an analogy; to make a comparison; to interpret.

tamu *k.n.* guest; person entertained at another's house or table; or lodging at a hotel; visitor.

tan *k.n.* ton; measure of weight, either 2240 lb (*long ton*) or 2000 lb (*short ton*); unit of volume in shipping. **tan metrik** metric ton; tonne.

tanah *k.n.* ground; solid surface of earth; area, position, or distance on this, (*pl.*) enclosed land of a large house or institution. **kacang tanah** *k.n.* ground-nut; peanut. **tanah besar** *k.n.* mainland; country or continent without its adjacent islands. **tanah tinggi** *k.n.* highlands; mountainous region. **penduduk tanah tinggi** *k.n.* highlander. **tanah liat** *k.n.* clay; stiff sticky earth, used for making bricks and pottery. **tuan tanah (perempuan)** *k.n.* landlady; woman who lets rooms to tenants or who keeps an inn or boarding-house. **tuan tanah (lelaki)** *k.n.* landlord; person who lets land or a house or room to a tenant; one who keeps an inn or boarding-house.

tanah air *k.n.* fatherland; one's native country; homeland; native land; motherland.

tanak, menanak *k.k.* cook (rice); boil; cook by boiling.

tanam *k.k.* bury; place (a dead body) in the earth or a tomb; put or hide underground. **cucuk tanam** *k.n.* cultivation. **menanam** *k.k.* cultivate; prepare and use (land) for crops; produce (crops) by tending them; develop by practice; further one's acquaintance with (a person). **menanamkan** *k.k.* inculcate; implant (a habit, etc.) by constant urging. **tertanam** *k.k.* ingrained; deeply fixed in a surface or character. **tanaman** *k.n.* crop; batch or plants grown for their produce.

tanda *k.n.* sign; something perceived that suggests the existence of a fact or quality or condition; symbol; signboard; notice displayed; indication. **menanda** *k.k.* make a sign; write (one's name) on a document; convey or engage or acknowledge by this. **menandakan** *k.k.* designate; describe or name as; specify; indicate; point out; be a sign of; show the need of; state briefly. **tanda tinggal** *k.n.* caret; omission-mark.

tandak *k.n.* a type of Javanese dance performed by women. **bertandak** *k.k.* to perform this dance.

tandan *k.n.* bunch (of bananas, etc.). **bertandan** *k.k.* in bunches or clusters.

tandang, bertandang *k.k.* visit; go or come to see (a person or place); call (on someone).

tandas *k.n.* convenience; lavatory; pan (usu. a fixture) into which urine and faeces are discharged for disposal; room, etc. equipped with this; loo (*colloq.*); toilet.

tandatangan *k.n.* signature; person's name or initials written by himself in signing something.

tanding, bertanding *k.k.* contest; compete for or in; compete; take part in a competition or other contest.

tandu *k.n.* stretcher; framework for carrying a sick or injured person in a lying position.

tanduk *k.n.* horn; hard pointed growth on the heads of certain animals, substance of this; similar projection. **tanduk rusa** *k.n.* antler; branched horn of a deer, etc. **menanduk** *k.k.* gore with horn(s); head; strike (a ball) with one's head in football. **bertanduk** *k.k.* horned; having horns. **tandukan** *k.n.* header; heading of the ball in football.

tandus *k.n.* arid; dry; parched; barren; not fertile.

tangan *k.n.* arm; upper limb of the human body; hand; end part of the arm, below the wrist; control, influence, or help in doing something. **jabat tangan** *k.n.* handshake; act of shaking hands as a greeting, etc.

tangen *k.n.* tangent; a straight line that touches the outside of a curve but does not cross it.

tangerin *k.n.* tangerine; a kind of small orange; its colour.

tangga *k.n.* step; level surface for placing the foot on in climbing; stair; one of a flight of fixed indoor steps; ladder. **kepala tangga** *k.n.* top or bottom post of the handrail of a stair; central pillar of a winding stair. **tangga laluan kapal** *k.n.* gangplank; plank placed for walking into or out of a boat.

tanggal *k.k.* doff (*old use*) take off (one's hat); peel off; come off; detach.

tanggam *k.n.* dovetail; wedge-shaped joint interlocking two pieces of wood; mortise; hole in one part of a framework shaped to receive the end of another part. **menanggam** *k.k.* join by this; combine neatly. **tanggam penjuru** *k.n.* mitre; join with tapered ends that form a right angle.

tanggap *k.k.* cop (*p.t. copped*); (*sl.*) catch. **tanggapan** *k.n.* cop (*sl.*); capture; impression; idea; feeling or opinion.

tangguh *k.k.* postpone; delay; keep (an event, etc.) from occurring until a later time. **menangguhkan** *k.k.* defer (*p.t. deferred*); postpone. **pertangguhan** *k.n.* pending; waiting to be decided or settled.

tangguk *k.n.* landing net or basket; scoop-shaped net or basket. **menangguk** *k.k.* scoop up (fish, etc.) with a landing net.

tanggung, menanggung *k.k.* shoulder; take (a burden) on one's shoulder; endure; suffer; bear; maintain; bear the expenses of; support. **tanggungan** *k.n.* dependant; one who depends on another for support.

tanggungjawab *k.n.* liability; being liable; (*colloq.*) disadvantage; (*pl.*) debts, obligations. **bertanggung-**

jawab *k.k.* liable; held responsible by law, legally obliged to pay a tax or penalty, etc.; accountable; obliged to account for one's actions. **tak bertanggungjawab** *adj.* irresponsible; not taking responsibility.

tangis *k.n.* cry; weep. **menangis** *k.k.* express sorrow, unhappiness, etc. by weeping. **tangisan** *k.n.* cry; spell of crying.

tangkai *k.n.* stalk; stem; supporting usu. cylindrical part esp. of a plant, flower, leaf or fruit; handle; part by which a thing is to be held, carried, or controlled.

tangkal *k.n.* amulet; charm; piece of jewellery, etc. worn as protection against evil.

tangkap, menangkap *k.k.* catch (p.t. *caught*); arrest. **tangkapan** *k.n.* a catch; an arrest. **penangkapan** *k.n.* the act of catching; the act of arresting.

tangkas *adj.* adroit; skilful; ingenious; agile; nimble; quick-moving; expeditious; speedy and efficient; fleet (*-er*, *-est*) moving swiftly.

tangki *k.n.* tank; large container for liquid or gas. **tangki minyak** *k.n.* gasholder; gasometer; fuel tank.

tangkis *k.k.* defend; protect esp. by warding off an attack.

tangkul *k.n.* a type of fishing net that is laid on a river-bed and later hauled up. **pukat tangkul** *k.n.* a large net for catching fish at sea. **menangkul** *k.k.* to catch fish using this net.

tangkup, setangkup *k.n.* one scoop; an amount that can fill two hands when cupped. **setangkup nasi** *k.n.* an amount equivalent to two plates of rice when one plate is placed over the other. **bertangkup** *k.k.* coming together of two objects that are alike in kind and shape.

tanglung *k.n.* lantern; transparent case for holding and shielding a light outdoors.

tango *k.n.* tango; ballroom dance with gliding steps.

tangsi *k.n.* catgut; gut as thread.

tanih *k.n.* soil; loose earth; ground as territory.

tani, petani *k.n.* farmer. **bertani** *k.k.* farm; grow crops, etc.; use (land) for this.

tanik *adj.* tannic; tannic acid; tannin.

tanin *k.n.* tannin; substance obtained from tree-barks, etc. (also found in tea), used in tanning and dyeing.

tanjak *k.n.* head-dress worn by Malay men.

tanjul *k.n.* a trap; a noose; a lasso. **menanjul, menanjuli** *k.k.* to catch using a *tanjul*; to fish with a rod.

tanjung *k.n.* foreland; cape; headland; promontory. **tanjung tinggi** *k.n.* mull; (*Sc.*) promontory.

tanpa *adj.* without; not having; in the absence of.

tanur *k.n.* kiln; oven for hardening or drying things (e.g. pottery, hops).

tanya *k.k.* ask; call for an answer to or about; address a question to; seek to obtain; invite. **pertanyaan** *k.n.* enquiry; question. **bertanya** *k.k.* enquire; ask; make an inquiry.

tapa *k.k.* asceticism. **pertapa** *k.n.* ascetic; person who is ascetic esp. for religious reasons; solitary; recluse.

tapai *k.n.* a type of dish made from boiling tapioca, glutinous rice, etc. and adding yeast to it. **menapai** *k.k.* to make this dish; to add yeast (to something). **penapaian, petapaian** *k.n.* a large pot for making *tapai*; fermentation.

tapak *k.n.* site; ground on which a building, etc. stands or stood or is to stand, or where an event takes or took or is to take place. **tapak semaian** *k.n.* nursery; place where young plants are grown.

tapestri *k.n.* tapestry; textile fabric woven or embroidered ornamentally.

tapir *k.n.* tapir; a wild animal.

tapis, menapis *k.k.* sieve; put through a sieve; remove or ban thus. **tapisan** *k.n.* sieve; colander; bowl-shaped perforated vessel for draining food.

tar *k.n.* tar; a thick black substance usu. used in making roads.

tara *k.n.* par; average or normal amount or condition, etc.; equal footing. **setara** *adj.* equivalent; equal in amount, value, or meaning, etc. **tiada tara** *adj.* peerless; without equal, superb.

taraf *k.n.* grade; level of rank, quality or value; average quality; required level of quality or proficiency; position; rank; status; person's position or rank in relation to others; high rank or prestige. **menyetarafkan** *k.k.* standardize. **setaraf** *adj.* equal status, rank, position, etc.

tarah *adj.* even; smooth (after being cut or trimmed, etc.). **tarah kasau** *k.k.* to sharpen something to make it smooth and even so that it can be easily put in place. **bertarah** *k.k.* levelled or made even with adze, etc. **menarah** *k.k.* to make even or level; to smoothen.

tarak *adj.* continent; able to control one's excretions.

tarantula *k.n.* tarantula; large black south European spider; large hairy tropical spider.

tarawih, sembahyang tarawih *k.n.* a non-obligatory prayer at night in the month of Ramadan. **bertarawih** *k.k.* to perform the *tarawih* prayer.

tarbus *k.n.* fez (pl. *fezzes*); Muslim man's high flat-topped red cap.

tari *k.n.* dance; piece of dancing. **menari** *k.k.* move with rhythmical steps and gestures, usu. to music; move in a quick or lively way. **majlis tari-menari** *k.n.* social gathering for dancing; dance. **tarian** *k.n.* piece of dancing.

tarif *k.n.* tariff; list of fixed charges; duty to be paid.

tarik *k.k.* attract; draw towards itself by unseen force; arouse the interest or pleasure of. **menarik** *k.k.* attractive; attracting; pleasing in appearance. **tarik diri** *k.k.* back out; withdraw from an agreement. **tarikan** *k.n.* attraction.

tarikh *k.n.* date; day, month, or year of a thing's occurrence. **tarikh akhir** *k.n.* deadline; time limit.

taring, gigi taring *k.n.* eye-tooth; canine tooth in the upper jaw, below the eye.

tart, tart keju *k.n.* tart, cheese tart; open tart filled with sweetened curds.

taruh *k.n.* bet; agreement pledging a thing that will be forfeited if one's forecast is wrong; money, etc. pledged. **bertaruh** *k.k.* bet (p.t. *betted*); make a bet; (*colloq.*) predict. **mempertaruhkan** *k.k.* entrust; give as a responsibility; bet; wager; pawn; mortgage; sacrifice. **taruhan** *k.n.* bet; money, etc. pledged; stake; pawn; thing deposited as a pledge.

tarung, bertarung *k.k.* contend; strive; compete.

tas¹ *adj.* not slow; quick; immediate; swift; fast.

tas² *k.n.* the sound of a gunshot, bomb or firecracker.

tas³ *k.n.* a type of tree; wood from this tree.

tas⁴ *k.n.* a bag. **tas tangan** *k.n.* a ladies' handbag; something used for keeping books or papers. **bertas** *k.k.* having a handbag; using a handbag.

tasawuf *k.n.* Islamic mysticism; spiritual contemplation.

tasbih *k.n.* praise to God; rosary; string of beads for keeping count of prayers.

tasik *k.n.* lake; large body of water surrounded by land.

tasrif *k.n.* conjugation. **mentasrifkan** *k.k.* conjugate; inflect (a verb).

tata- *awl.* a perfix which conveys the meaning of procedure, order, and system.

tataacara *k.n.* programme; list of events or of items in an entertainment; agenda.

tataadab *k.n.* good manners; etiquette.

tataadat *k.n.* customs or traditions in society.

tataatur *k.n.* layout; arrangement of words and illustrations, etc. on a page, document, letter, etc. **menataatur** *k.k.* to arrange a words and illustrations on a page, etc.; to do a layout. **penataatur** *k.n.* a person who beautifies artists, celebrities, brides, etc.; a decorator; a make-up artist; an illustrator.

tataayat *k.n.* knowledge of the arrangement of words in a sentence; syntax.

tatabahasa *k.n.* grammar, use of word in their correct forms and relationships.

tatacahaya *k.n.* lighting; means of providing light; the light itself.

tatacara *k.n.* customs and tradition; ritual; procedure; series of actions done to accomplish something.

tataetika *k.n.* code of ethics.

tatah, menatah *k.k.* stud (p.t. *studded*); decorate with studs or precious stones.

tatakalimat *k.n.* the knowledge of the arrangement of words in a sentence; syntax.

tatalaku *k.n.* code of behaviour.

tatamoral *k.n.* moral code.

tatanama *k.n.* nomenclature; system of names, e.g. in a science.

tatanegara *k.n.* a system of government, including its administration, laws, etc. **ketatanegaraan** *k.n.* matter relating to the concept of government.

tatap, menatap *k.k.* observe; look closely; scrutinize; look; watch.

tatarakyat *k.n.* civics, study of municipal government and of citizens' rights and duties.

tatatertib *k.n.* procedures that must be followed with regard to behaviour; discipline.

tatih, bertatih-tatih *k.k.* toddle; (of a young child) walk with short unsteady steps. **menatih** *k.k.* lead (a child who is learning to walk).

tatkala *kkt.* at the time; then.

tatu[1] *k.n.* tattoo; drum or bugle signal recalling soldiers to quarters in the evening; elaboration of this with music and marching, as an entertainment; tapping sound.

tatu[2] *k.n.* tattoo; (mark (skin) by puncturing it and inserting pigments; make (a pattern) thus.

taubat *k.n.* repentance; regret for something bad that one has done. **bertaubat** *k.k.* repent; feel regret about (what one has done or failed to do).

taucu *k.n.* a salty food made from soya bean.

taufan *k.n.* hurricane; violent storm-wind; typhoon; violent hurricane.

taufik *k.n.* help or guidance from Allah.

tauge *k.n.* bean sprouts; bean seeds that are just beginning to grow.

tauhid *k.n.* the belief that there is only one god, Allah; the study of the oneness of Allah. **tauhidiah** *k.n.* condition or characteristic based on the concept that there is only one god. **mentauhidkan** *k.k.* to profess the oneness of Allah. **bertauhidkan** *k.k.* to have faith in the oneness of Allah.

tauhu *k.n.* tofu; bean curd; substance like soft white cheese made from soya bean milk.

tauke *k.n.* proprietor; owner of a business; businessman.

taulan *k.n.* a friend; a buddy; a companion. **bertaulankan** *k.k.* to make someone a friend; to befriend.

tauliah *k.n.* credentials; documents showing that a person is who or what he claims to be. **bertauliah** *k.k.* accredited; holding credentials. **surat tauliah** *k.n.* commission; warrant conferring authority, esp. on officers in the armed forces. **mentauliahkan** *k.k.* give commission to. **tidak bertauliah** *adj.* non-commissioned; not holding a commission.

taun *k.n.* cholera; serious infectious and often fatal disease causing severe diarrhoea and vomitting.

taup, bertaup *k.k.* to join; to merge; to come close together. **menaup** *k.k.* join. **menaupkan** *k.k.* to cause to join. **pertaupan** *k.n.* union; unity.

Taurat *k.n.* the holy book that was handed down to Moses; the Old Testament.

taut *k.n.* a type of hook for catching fish; a large fishing rod. **bertaut** *k.k.* to join closely together (cuts, lips, bodies, etc.). **menautkan** *k.k.* to make something come together closely; to stick together. **pertautan** *k.n.* relationship; union.

tawa, ketawa *k.n.* laugh; laughter. **tertawa** *k.k.* make sounds and movements of the face that express lively amusement or amused scorn. **mentertawakan, mengetawakan** *k.k.* laugh at; cause laughter.

tawaduk *adj.* of commendable character i.e. humble; not arrogant; not conceited; unassuming. **bertawaduk** *k.k.* to have an unassuming character; to be humble by nature. **ketawadukan** *k.n.* humility; unpretentiousness.

tawaf, bertawaf *k.k.* to circle the Kaabah seven times with accompanying prayers solely as an act of devotion to Allah.

tawakal *adj.* leaving everything in God's hands because of wholehearted faith in God. **bertawakal** *k.k.* to rely on God; to have faith in God. **pentawakalan** *k.n.* wholehearted surrender to Allah's will.

tawan *k.k.* conquer; overcome in war or by effort; apprehend; seize, arrest. **menawan** *adj.* inviting; pleasant and tempting. —*k.k.* apprehend; seize, arrest; capture; take prisoner; take or obtain by force or skill or attraction. **tawanan** *k.n.* captive; captive person or animal; person or thing captured.

tawar *k.k.* bargain; discuss the terms of an agreement. **air tawar** *adj.* freshwater; of rivers or lakes, not of the sea. **bertawar-tawaran** *k.k.* dicker; (*colloq.*) haggle. **tawar-menawar** *k.k.* haggle; argue about price or terms when settling a bargain. **menawar** *k.k.* bargain; haggle; discuss the terms of an agreement. **menawarkan hati** *k.k.* daunt; make afraid or discouraged; disillusioned. **menawarkan** *k.k.* bid (p.t. *bid,* pres. p. *bidding*); make a bid (of); extend; offer; grant; present for acceptance or refusal, or for consideration or use; state what one is willing to do or pay or give; show an intention. **tawar hati** *k.k.* dishearten; cause to lose hope or confidence; discourage. **tawaran** *k.n.* bargain; agreement with obligations on both or all sides; thing obtained cheaply; bid; offer of a price,

T

esp. at an auction; offer; expression of willingness to do, give, or pay something; amount offered.

tawas *k.n.* a kind of chemical which is white and bitter; sodium sulphate.

tayamum *k.k.* to clean oneself of impurities with sand (because there is no water or because of illness); to wipe one's face and hands up to the elbows with sand under certain conditions as a substitute for ablutions.

tayang, menayang *k.k.* to hold something up with both hands for the purpose of showing it to others; display; to show a film. **tayangan** *k.n.* something that is being shown or displayed; a film.

tayar *k.n.* tyre; covering round the rim of a wheel to absorb shocks.

teater *k.n.* playhouse; theatre.

tebah, menebah *k.k.* beat with or as if with a flail; swing about wildly.

tebal *adj.* fat; thick.

tebang, menebang *k.k.* to fell big trees, etc. **bertebang** *k.k.* already cut or felled (trees, etc.). **penebangan** *k.n.* the act of cutting trees. **penebang** *k.n.* a tool for cutting trees (such as an axe, an adze or saw); a person who earns a living by cutting trees.

tebar, bertebar, bertebaran *k.k.* scattered; strewn; dispersed. **menebar, menebarkan** *k.k.* to disperse; to throw all over the place.

tebas, bertebas *k.k.* already cut, fell or chopped (small trees, shrubs, etc.). **menebas** *k.k.* to cut or chop small trees; fell trees in the jungle; to clear the jungle for planting or farming. **menebaskan** *k.k.* to clear away small trees.

tebat, menebat *k.k.* insulate; cover with a substance that prevents the passage of electricity, sound, or heat; isolate from influences.

tebeng, menebeng *k.k.* sponge; cadge, live off the generosity of others.

tebing *k.n.* bank; slope, esp. at the side of a river; brink; edge of a steep plain.

tebu *k.n.* sugarcane; tall tropical plant with thick stems from which sugar is made.

tebuan *k.n.* hornet; a kind of a large wasp; wasp; stinging insect with a black-and-yellow striped body.

tebuk, menebuk *k.k.* perforate; make hole(s) through; pierce; make (a hole) in. **tebukan** *k.n.* perforation.

tebus *k.k.* redeem; buy back (pawned goods, etc.); expiate; make amends for (wrongdoing); atone; make amends for an error or deficiency. **tak bertebus** *adj.* irredeemable; unable to be redeemed.

teduh *adj.* lull; calm; abate; shelter.

tedung, ular tedung *k.n.* cobra; poisonous snake of India and Africa.

tegah, menegah *k.k.* forbid (p.t. *forbade*, p.p. *forbidden*); order not to; refuse to allow.

tegak *k.k.* erect; upright. **menegakkan** *k.k.* set up; build.

tegang *adj.* taut; stretched firmly, not slack; stiff; firm; tensed; strained. **menegangkan** *k.k.* tauten; make taut; make tensed or strained.

tegap *adj.* hefty (-*ier, -iest*); large and heavy; stalwart; sturdy; stout (-*er, -est*); of considerable thickness or strength.

tegar *adj.* hard; stiff; inflexible; stubborn; persistent and determined.

tegas *adj.* certain; clear; coherent; cohering; connected logically; not rambling.

teguh *adj.* firm (-*er, -est*); not yielding when pressed or pushed; steady; not shaking; securely established; resolute; impregnable; safe against attack; indissoluble; firm and lasting, not able to be destroyed. **meneguhkan** *k.k.* make or become firm; brace; give support or firmness to.

teguk, meneguk *k.k.* imbibe; drink; gulp down.

tegun, menegun, bertegun *k.k.* to pause momentarily. **tertegun** *k.k.* to stop suddenly and remain still; to stand erect (without moving); pause (out of surprise, shock, etc.). **tertegun-tegun** *k.k.* stopping every now and again; faltering; jerking.

tegur, menegur *k.k.* admonish; reprove; exhort; urge or advise earnestly; hail; greet; call to; signal to and summon. **teguran** *k.n.* exhortation; admonition; criticism.

teh *k.n.* tea; dried leaves of a tropical evergreen shrub; hot drink made by infusing these (or other substances) in boiling water. **uncang teh** *k.n.* teabag; small porous bag holding a portion of tea for infusion. **daun teh** *k.n.* tea leaf; leaf of that, esp. after infusion. **set teh** *k.n.* tea set; of cups and plates, etc. for serving tea.

teja *k.n.* clouds of red or yellowish hue seen on the western horizon as the sun sets; a type of plant (whose roots and leaves have medicinal qualities); forest cinnamon; a type of tree.

teka *k.k.* guess; form an opinion or state without definite knowledge or without measuring; think likely.

teka-teki *k.n.* conundrum; riddle, puzzle.

tekad *k.n.* constancy; quality of being unchanging; faithfulness; determination; firmness of purpose.

tekak *k.n.* pharynx; cavity at the back of the nose and throat.

tekal *adj.* constant, consistent, uniform; holding steadfastly to one's stand.

tekan, menekan *k.k.* depress; press down; reduce (trade, etc.); accent; pronounce with an accent; emphasize; lay emphasis on; impress; fix in the mind; stress. **tekanan** *k.n.* depression; pressing down; state of sadness; stress; emphasis; extra force used on a sound in speech or music; pressure, tension, strain.

tekap *k.n.* cover. **kertas tekap** *k.n.* tracing paper. **menekap** *k.k.* cover with the flat of the hand or something flat or slightly dome-shaped.

tekat *k.n.* embroidery; cloth decorated with patterns sewn in thread of various colours. **menekat** *k.k.* embroider; ornament with needlework.

teknik *k.n.* technique; method of doing or performing something.

teknikal *adj.* technical; of the mechanical arts and applied sciences; of a particular subject or craft, etc.; using technical terms; in a strict legal sense.

teknologi *k.n.* technology; study of mechanical arts and applied sciences; these subjects; their application in industry, etc.

teko *k.n.* pot; vessel with a spout, in which tea is made.

tekong *k.n.* the skipper of a junk; the captain of a vessel; the title given to the server in a game of *sepak takraw*; a measure of weight. **bertekong** *k.k.* having a captain; have as leader.

teks *k.n.* text; wording; main body of a book as distinct from illustrations or notes, etc.

teksi *k.n.* cab; taxi (pl. *-is*); taxi-cab; car that plies for hire.

tekstil *k.n.* textile; woven or machine-knitted fabric.

tekukur *k.n.* cuckoo; bird with a call that is like its name.

tekun *kkt.* assiduous; diligent and persevering; hard-working.

tekup, menekup *k.k.* to cover and catch under the palm; to cover with something deep or concave or dome-shaped; to cover with something flat.

telaah, menelaah *k.k.* mug (p.t. *mugged*); (*sl.*) learn (a subject) by studying hard.

teladan *k.n.* byword; notable example; example; fact illustrating a general rule; thing showing what others of the same kind are like; person or thing worthy of imitation.

telaga *k.n.* well; shaft dug or drilled to obtain water or oil, etc.

telagah, bertelagah *k.k.* jar; have a harsh or disagreeable effect (upon). **pertelagahan** *k.n.* loggerheads (*pl.*); disagreeing or quarrelling; dispute.

telah[1] *k.b.* already; before this time; as early as this.

telah[2]**, menelah** *k.k.* foretell (p.t. *foretold*); forecast.

telan *k.k.* swallow.

telangkup *k.k.* capsize; overturn; keel; become tilted.

telanjang *k.k.* naked; without clothes on; without coverings.

telanjur *adj.* going beyond a set limit or objective; excessive; a type of bird.

telap *adj.* permeable; able to be permeated by fluids, etc.

telapak *k.n.* palm; inner surface of the hand.

telapuk *k.n.* hoof (pl. *hoofs* or *hooves*); horny part of a quadruped's foot.

telatah *k.n.* behaviour; way of behaving; idiosyncrasy; person's own characteristic way of behaving.

tele[1]**, bertele-tele** *k.k.* to babble; to partake in idle talk.

tele[2]**, tele-tele** *adj.* stupid; dense; dim-witted.

telefon *k.n.* telephone; system of transmitting speech, etc. by wire or radio; instrument used in this. **menelefon** *k.k.* send (a message) or speak to (a person) by telephone.

telefonis *k.n.* telephonist; operator at a telephone exchange or switchboard.

telefoto *k.n.* telephoto. **lensa telefoto** *k.n.* telephoto lens; lens producing a large image of a distant object for photography.

telegraf *k.n.* telegraph; system or apparatus for sending written messages, esp. by electrical impulses along wires. **jurutelegraf** *k.n.* telegraphist; person employed in telegraphy.

T

telegrafi *k.n.* telegraphy; communication by telegraph.

telegram *k.n.* telegram; message sent by telegraph.

telekom *k.n.* telecom; the technology of sending signals, images and messages over long distances by radio, telephone, television, etc.

telekomunikasi *k.n.* telecommunications (*pl.*); means of communication over long distances, by telephone, radio, etc.

teleks *k.n.* telex; system of telegraphy using teleprinters and public transmission lines.

telekung *k.n.* a cloak used by Muslim women to cover their body or *aurat* (parts of the body that should not be seen according to Islamic law); purdah; a cloak used by Muslim women when praying.

telemeter *k.n.* telemeter; an apparatus for recording and transmitting the readings of an instrument at a distance.

teleng *adj.* titled; slanted or inclined to one side; squinting.

telentang *adj.* lie on one's back.

telepati *k.n.* telepathy; communication between minds other than by the known senses.

teleprinter *k.n.* teleprinter; telegraph instrument for sending and receiving typewriting messages.

telerang *k.n.* lode; vein of metal ore.

teleskop *k.n.* telescope; optical instrument for making distant objects appear larger.

televisyen *k.n.* television; system for reproducing on a screen a view of scenes, etc. by radio transmission; televised programmes; apparatus with a screen for receiving these.

telinga *k.n.* ear; organ of hearing; external part of this; ear-shaped thing; lug; ear-like projection. **gegendang telinga** *k.n.* ear-drum; membrane inside the ear, vibrating when sound-waves strike it. **sakit telinga** *k.n.* earache; pain in the ear-drum. **memasang telinga** *k.k.* eavesdrop; listen secretly to a private conversation. **telinga tipis** *k.n.* irascibility; bad temper.

telingkah, bertelingkah *k.k.* skirmish; take part in a skirmish.

teliti *k.k.* conscientious; showing careful attention; laborious; needing or showing much effort; nice (*-er*, *-est*); needing precision and care.

telor *adj.* speak with an accent; speak with a national or local, etc. way of pronouncing words; mispronounce.

teluk *k.n.* bay; part of a sea or lake within a wide curve of the shore. **anak teluk** *k.n.* inlet; strip of water extending into land. **telukan** *k.n.* gulf; large area of sea partly surrounded by land.

teluki, bunga teluki *k.n.* carnation; garden plant with sweet-smelling flowers.

telunjuk, jari telunjuk *k.n.* forefinger; finger next to the thumb.

telungkup *k.k.* to lie in an upside down or inverted position (of body, etc.); to lie prone on the stomach, face, etc.; overturn.

telur *k.n.* egg; reproductive cell produced by a female; bird's (esp. domestic hen's) hard-shelled egg. **telur dadar** *k.n.* omelette; dish of beaten eggs cooked in a frying-pan. **telur kutu** *k.n.* nit; egg of a louse or similar parasite.

telus *adj.* permeable; penetrable; transparent.

tema *k.n.* theme; subject being discussed; melody which is repeated.

temali, tali-temali *k.n.* all kinds of ropes; rigging; ropes, etc. used to support a ship's mast and sails.

teman *k.n.* cobber (*Austr.*, *colloq.*) friend; mate; companion; one who accompanies another; thing that matches or accompanies another. **teman sekatil** *k.n.* bedfellow; person sharing one's bed.

temasya *k.n.* festivity; show; fair; scenery; view. **bertemasya** *k.k.* tour; go on an excursion.

tembaga *k.n.* copper; reddish-brown metallic element; coin containing this; its colour. **tahi tembaga** *k.n.* patina; attractive green incrustation on old bronze.

tembak *k.k.* shoot (p.t. *shot*); fire (a gun, etc.; or a missile). **berbalas tembakan** *k.n.* crossfire; gunfire crossing other line(s) of fire.

tembakau *k.n.* tobacco; plant with leaves that are used for smoking or snuff; its prepared leaves.

tembakul *k.n.* a type of saltwater fish.

tembam *adj.* plump; chubby; having a full rounded shape.

tembel *k.n.* stye; inflamed swelling on the edge of the eyelid.

tembelang[1], **telur tembelang** *k.n.* rotten egg; egg which has gone bad.

tembelang[2] *k.n.* wickedness.

temberang *k.n.* bragging; boasting. **menemberangkan** *k.k.* lie.

tembereng *k.n.* fragment; potsherd; fragment or broken piece of pottery; segment; part of a circle or sphere cut off by a straight line or plane.

tembikai *k.n.* water-melon; melon with red pulp and watery juice. **tembikai madu** *k.n.* honeydew; melon with pale skin and sweet green flesh.

tembikar *k.n.* china; fine earthenware, porcelain; things made of this; pottery made of coarse baked clay. —*adj.* ceramic; of pottery or a similar substance. **seni tembikar** *k.n.* ceramics; art of making pottery.

tembok *k.n.* brick wall; embarkment; parapet; low protective wall along the edge of a balcony or bridge. **tembok dua pihak** *k.n.* party-wall; wall common to two buildings or rooms. **kepala tembok** *k.n.* coping; top (usu. sloping) row of masonry in a wall.

tembolok *k.n.* crop; pouch in a bird's gullet where food is broken up for digestion.

tembuk *adj.* perforated; holed. **menembuk** *k.k.* perforate; make hole(s) through; pierce; bore.

tembung *k.n.* cudgel; short thick stick used as a weapon. **menembung** *k.k.* cudgelled.

tembuni *k.n.* afterbirth; placenta discharged from the womb after childbirth.

tembus *adj.* penetrate; make a way into or through. **menembus** *k.k.* pierce; go into or through like a sharp-pointed instrument; force one's way into or through. **boleh tembus** *adj.* penetrable; able to be penetrated.

tembusu *k.n.* a type of hardwood tree with heavy foliage, usu. planted in parks and gardens.

temenggung *k.n.* a title given to a chief in the Malay kingdom whose duty is to maintain peace and security; a type of saltwater fish; a black ant; a type of shrub.

tempa, **menempa** *k.k.* forge; shape (metal) by heating and hammering.

tempah, **menempah** *k.k.* book; reserve; buy a ticket in advance.

tempang *adj.* lame; unable to walk normally; weak, unconvincing. **menempangkan** *k.k.* make lame.

menempang-nempang *k.k.* limp; walk or proceed lamely. **tertempang-tempang** *k.k.* hobble; walk lamely.

tempat *k.n.* place; particular part of space or of an area, etc.; particular town, district, building, etc.; particular duty appropriate to one's rank; step in reasoning. **menempatkan** *k.k.* put into a place, find a place for; locate, identify; put or give (an order for goods, etc.); accommodate; supply; provide lodging or room for; adapt; plant; place in position. **tempatan** *k.n.* local; of or affecting a particular place or small area. **orang tempatan** *k.n.* inhabitant of a particular district; locals. **kerajaan tempatan** local government, administration of a district by elected representatives of people who live there.

tempayan *k.n.* large earthenware jar for storing water, etc.

tempe *k.n.* a type of food made from fermented soya beans.

tempel *k.k.* to stick. **menempelkan** *k.k.* to make something stick; to paste.

tempelak *k.n.* confutation; censure; rebuke.

tempeleng, **menempeleng** *k.k.* slap; smack; strike with the open hand on the face or ear.

tempias *k.n.* sprinkling of rain; splashing of waves against a boat.

tempik, **tempikan** *k.n.* shout; loud cry or utterance; yell. **tempik sorak** cheer; shout of applause. **bertempik** *k.k.* shout; yell; utter a loud cry.

tempo *k.n.* tempo (pl. -*os*, or -*i*); time, speed or rhythm of a piece of music; rate of motion or activity.

tempoh *k.n.* duration, time during which a thing continues.

tempoyak *k.n.* a type of pickle made from durians used in cooking.

tempua *k.n.* a type of bird that is adept at making nests; weaver finch.

tempuh, **menempuh** *k.k.* attack; assail; assault; go through; encounter; meet; undergo; suffer; feel or undergo or be subjected to (pain, loss, damage, etc.).

tempuling *k.n.* harpoon; spear-like missile with a rope attached.

tempur, **bertempur** *k.k.* combat (p.t. *combatted*); counter.

tempurung *k.n.* hard shell (on coconut, etc.). **tempurung kelapa** *k.n.* coconut shell. **tempurung kepala** *k.n.* cranium; skull; bony framework of the head. **tempurung lutut** *k.n.* knee-cap.

temu, bertemu *k.k.* encounter; meet, esp. by chance; find oneself faced with. **menemui** *k.k.* discover; obtain sight or knowledge of; detect; discover the presence or activity of.

temu bual *k.n.* interview; formal meeting or conversation with a person to assess his merits or obtain information. **menemu bual** *k.k.* hold an interview with.

temu duga *k.n.* interview; formal meeting or conversation with a person to assess his merits or obtain information. **menemu duga** *k.k.* hold an interview with.

temu janji *k.n.* appointment; arrangement to meet or visit at a specified time; date; appointment to meet socially.

temu ramah *k.n.* press conference; interview; formal meeting or conversation with a person to obtain information. **menemu ramah** *k.k.* interview; ask questions (by journalists) in a press conference.

tenaga *k.n.* energy; capacity for vigorous activity; ability of matter or radiation to do work; oil, etc. as fuel. **bertenaga** *k.k.* energetic; full of energy; done with energy; lusty (*-ier, -iest*); strong and vigorous; forceful. **tenaga manusia** *k.n.* manpower; number of people available for work or service. **tenaga penggerak** *k.n.* mainspring; chief motivating force.

tenang *adj.* calm (*-er, -est*); still; not windy; not excited or agitated; collected; calm and controlled; imperturbable; not excitable. **menenangkan** *k.k.* make calm; compose; calm; allay; lessen (fears). **ketenangan** *k.n.* calmness; equanimity; calmness of mind or temper, calm condition.

tenat *adj.* exhausted; fatigued; tired out; weary; serious (of illness, etc.) worse.

tenda *k.n.* a type of material used for making tents, awnings, etc.; canvas.

tendang *k.k.* boot; kick.

tendon *k.n.* tendon; strip of strong tissue connecting a muscle to a bone, etc.

tengadah, menengadah *k.k.* to lift one's head upwards; to look upwards. **tunduk tengadah** *k.k.* to lower one's head momentarily and then look upwards; to think very seriously.

tengah *k.n.* middle; occurring at an equal distance from extremes or outer limits. **Timur Tengah** *k.n.*

Middle East; area from Egypt to Iran inclusive. **di tengah-tengah** *k.s.n.* amid, amidst; in the middle of, during. **tengah hari** *k.n.* midday; noon.

tenggala *k.n.* plough; implement for cutting furrows in soil and turning it up. **menenggala** *k.k.* plough; cut or turn up (soil, etc.).

tenggang *k.n.* a period or time to think. **menenggang** *k.k.* to take heed; to consider.

tenggara *k.n.* south-east; point or direction midway between south and east.

tenggek *k.k.* perch; rest or place on or as if on a perch. **tenggekan** *k.n.* bird's resting-place, rod, etc. for this.

tenggelam *k.k.* awash; washed over by water. **menenggelami** *k.k.* engulf; swamp.

tenggiling *k.n.* pangolin; scally anteater.

tenggiri *k.n.* mackerel; a type of salt-water fish with thin and smooth skin.

tenggorok *k.n.* gullet; passage by which food goes from mouth to stomach.

tengik *adj.* rancid; smelling or tasting like stale fat.

tengkar, bertengkar *k.k.* quarrel; argue; contest; dispute; jangle; upset by discord.

tengking *k.n.* snarl. **menengking** *k.k.* snarl; speak or utter in a bad-tempered way; snap; speak with sudden irritation.

tengkolok *k.n.* a type of headdress made of cloth.

tengkorak *k.n.* skull; bony framework of the head; representation of this.

tengku *k.n.* a title given to a ruler, his heir and members of nobility, including their children or descendants.

tengkujuh *k.n.* rainy season; wet monsoon season.

tengkuk *k.n.* nape; back part of neck.

tengok *k.k.* behold (p.t. *beheld*) (*old use*); see, observe.

tenis *k.n.* tennis; ball game played with rackets over a net, with a soft ball on an open court (lawn tennis) or with a hard ball in a walled court.

tentang *k.b.* **bertentang** *adj.* adverse; unfavourable, bringing harm; opposed; converse; opposite, contrary. —*k.k.* counter; in the opposite direction. **menentang** *k.k.* hinder or defeat by an opposing action; contradict; say that (a statement) is untrue or (a person) is wrong; be contrary to; defy; resist; refuse to obey. **tentangan** *k.n.* defiance; defying; open disobedience.

tentera *adj.* military; of soldiers or the army or all armed forces. —*k.n.* army; organized force for fighting on land; vast group; body of people organized for a purpose. **tentera laut** *k.n.* navy; country's warships; officers and men of these. **tentera udara** *k.n.* air force; branch of the armed forces using aircraft in attack and defence.

tenteram *adj.* peaceable; fond of peace, not quarrelsome, peaceful. **menenteramkan** *k.k.* appease; soothe or conciliate; esp. by giving what was asked; pacify; calm and soothe; establish peace in.

tentu, menentukan *k.k.* determine; decide, calculate precisely; resolve firmly.

tentukuran *k.n.* calibration.

tenuk, badak tenuk *k.n.* tapir; small pig-like animal with a long snout.

tenun, mesin tenun *k.n.* loom; apparatus for weaving cloth. **tenunan** *k.n.* method of weaving; woven fabric.

tenung *k.n.* fortune-telling. **tukang tenung** *k.n.* fortune-teller; person who claims to foretell future events in people's lives. **menenung** *k.k.* tell fortune; foretell; prophecy; say what will happen in the future; stare; gaze fixedly.

tenusu *k.n.* dairy; milch; place where milk and its products are processed or sold. **ladang tenusu** *k.n.* dairy farm; one producing chiefly milk. **lembu tenusu** *k.n.* milch cow; cow kept for its milk.

tenyeh, ditenyeh *k.k.* crushed to death. **menyeyehkan** *k.k.* to press; to mash.

teodolit *k.n.* theodolite; surveying instrument for measuring angles.

teologi *k.n.* theology; study or system of religion. **ahli teologi** *k.n.* theologian.

teorem *k.n.* theorem; mathematical statement to be proved by reasoning.

teoretis *adj.* theoretical; based on theory only. **teoretikus** *k.n.* theorist; person who theorizes.

teori *k.n.* theory; set of ideas formulated to explain something; opinion, supposition; statement of the principles of a subject.

tepak[1] *k.n.* a type of climbing plant; a sound like that of someone giving a smack or a gentle clap; a gentle smack. **menepak** *k.k.* to beat with the palm or the back of one's hand.

tepak[2] *k.n.* receptacle for cigarettes made from pandanus leaves, etc.

tepak[3], **tepak sirih** *k.n.* a type of small box or chest made from wood, metal, etc. for keeping betel leaves.

tepat *adj.* exact; giving all details; perfect; accurate; free from error. **bertepatan** *k.k.* just; exactly. **menepatkan** *k.k.* coincide; occupy the same portion of time or space; be in agreement or identical. **tidak tepat** *adj.* imprecise; not precise. **ketidaktepatan** *k.n.* inaccuracy; not accurate; inaccuracy.

tepek *k.n.* something thin that sticks. **bertepek** *k.k.* to stick or paste. **bertepek-tepek** *k.k.* smeared with mud or clay, etc. **menepek** *k.k.* to paste or stick something on.

tepen *k.n.* tiffin; a container for keeping food. **mangkuk tepen** *k.n.* a tiered container used for keeping food; a tiffin carrier.

tepi *adj.* edge; side; rim; border; hem. **menepi** *k.k.* move to the side; move aside. **menepikan, mengetepikan** *k.k.* bring to the edge; place at the side; set aside; ignore; disregard.

tepis *k.k.* parry, avert; ward off (a blow); evade (a question) skilfully. **tepisan** *k.n.* parrying.

tepok *adj.* paralysed; lose the power of movement; crippled; lame.

tepu[1], **penuh tepu** *adj.* brimful; full to the brim; full; holding or having as much as the limits will allow; chock-full.

tepu[2] *adj.* saturated; containing the greatest possible amount of substance that has been dissolved in it. **menepukan** *k.k.* saturate; cause to absorb or accept as much as possible.

tepuk *k.k.* clap (p.t. *clapped*); strike palm loudly together, esp. in applause; strike or put quickly or vigorously; pat (p.t. *patted*); tap gently with an open hand or something flat. —*k.n.* sound of this. **tepukan** *k.n.* clap; act or sound of clapping; patting movement.

tepung *k.n.* flour; fine powder made from grain, used in cooking. **menepung** *k.k.* cover with flour. **tepung penaik** *k.n.* baking-powder; mixture of powders used to make cake, etc. rise.

terajang *k.n.* kick; blow with the foot. **menerajang** *k.k.* kick; strike with the foot.

teran, meneran *k.k.* to hold one's breath and push (when defecating or during labour); to squeeze out painfully; to exert oneself to bring out something.

terang *adj.* bold (-*er*, -*est*); (of colours) strong and vivid; bright. **menerangi** *k.k.* lighten; shed light on; make or become brighter; flash with lightning. **menerangkan** *k.k.* brighten; explain; make clear.

terapi *k.n.* therapy; curative treatment. **ahli terapi** *k.n.* therapist; specialist in therapy.

teras *k.n.* core; central or most important part.

teratai, bunga teratai *k.n.* lotus (pl. -*uses*); tropical waterlily; mythical fruit.

teratak *k.n.* hovel; small and rundown house.

terawang[1] *k.n.* a type of weaving or embroidery with holes; lace-work or open-work. **berterawang** *k.k.* embroidered or having embroidery on it; fretted, lacy. **berterawangan** *k.k.* floating in the air.

terawang[2] *adj.* floating or suspended in the air.

terbang *k.k.* fly (p.t. *flew*, p.p. *flown*); move through the air, esp. on wings or in an aircraft; go quickly; pass suddenly; flee. **menerbangkan** *k.k.* fly; control the flight of.

terbit *k.k.* publish; issue copies of (a book, etc.) to the public; make generally known. **terbitan** *k.n.* derivative; derived (thing); publication.

terbus *k.n.* fez; a tall hat (with a tassle), usu. made from red cloth (felt); a Turkish hat.

teres *k.n.* terrace; raised level place, esp. one of a series; paved area beside a house; row of houses joined by party walls.

teriak *k.k.* cry; shed tears; call loudly; appeal for help, etc. **teriakan** *k.n.* cry; loud wordless sound uttered; appeal; rallying call; spell of weeping.

terik *adj.* (of knot) not easily loosened; difficult to slip off; tight; (of clothes) very tight; (of the sun's heat) oppressive or scorching.

terjal[1] *adj.* very steep, sharp or sheer (of slopes, mountain, ravine, valley, etc.).

terjal[2] *adj.* not in a steady position; swinging. (*fig.*) coarse; naughty.

terima, menerima *k.k.* receive; acquire; accept, or take in (a thing offered or sent or given); experience, be treated with; allow to enter; greet on arrival; take willingly, say yes to an offer or invitation; agree to; take as true.

teritip *k.n.* barnacle; shellfish that attaches itself to objects under water.

terjemah *k.k.* translate; express in another language or other words; able to be translated; transfer. **terjemahan** *k.n.* translation.

terjun *k.k.* plunge; dive.

terkam, menerkam *k.k.* pounce; leap forward and seize; swoop; rush at. **terkaman** *k.n.* lunge; sudden forward movement of the body; thrust.

terkenal *k.k.* noted; famous, well-known.

terkutuk *k.k.* damnable; hateful; annoying.

terma *k.n.* thermal; something related to heat and temperature.

terminal *k.n.* terminal; a place or building for arrivals and departures of buses, aeroplanes, etc.; a point at which connections can be made in an electric circuit.

termometer *k.n.* thermometer, instrument (esp. a graduated glass tube) for measuring heat.

termos *k.n.* Thermos; a type of container for keeping drinks either hot or cold.

termostat *k.n.* thermostat; a device that measures and controls the temperature of a machine or room.

ternak, ternakan *k.n.* livestock; farm animals.

ternyahasli *k.k.* denatured; (of alcohol) made unfit for drinking.

terobos *k.n.* breakthrough; major advance in knowledge or negotiation. **menerobos** *k.k.* intrusive; intruding.

teroka, meneroka *k.k.* open up new land for cultivation, etc.; clear up jungle; explore; investigate.

terompah *k.n.* clog; wooden-soled shoe.

teropong *k.n.* binoculars (pl.); instrument with lenses for both eyes, making distant objects seem larger.

teroris *k.n.* a terrorist; a person who uses violence in order to achieve political aims.

terowong *k.n.* tunnel; underground passage. **terowongan** *k.n.* cutting; passage cut through high ground for a road, etc.; tunnel.

T

terpa, menerpa *k.k.* spring, rush or dash forward; leap; swoop; attack with sudden assault.

terpedaya, mudah terpedaya *k.k.* gullible; easily deceived.

tertib *k.n.* order; way things are placed in relation to each other; proper or usual sequence. **menertibkan** *k.k.* arrange in order. —*adj.* orderly; in due order; not unruly.

terubuk *k.n.* a type of saltwater fish; herring.

teruk *adj.* severe; serious; very bad; difficult; hard; exhausting.

terumbu *k.n.* corals which are visible when the tide is low; reefs.

teruna *k.n.* young man; youth.

terung *k.n.* brinjal; egg-plant; aubergine; deep-purple vegetable.

terup *k.n.* card game. **daun terup** *k.n.* playing-card; one of a pack or set of (usu. 52) pieces of pasteboard used in playing card-games.

terus *adj.* not-stopping; not ceasing; (of a train, etc.) not stopping at intermediate places; direct. **terus terang** *adj.* bluntly or expressed plainly; forthright. —*k.k.* openly; publicly; frank; outspoken. **berterus-terusan** *k.k.* interminable; very long and boring; ceaseless; not ceasing; continuously.

terusan *k.n.* canal; artificial watercourse; duct; passage; way through, esp. with a wall on each side.

tesaurus *k.n.* thesaurus; a book in which words with similar meanings are grouped together.

tesis *k.n.* thesis; theory put forward and supported by reasoning; lengthy written essay submitted for a university degree.

testimoni *k.n.* testimony; a sworn statement, written or spoken, saying what you know to be true, usu. in a court of law; a thing that shows something else exists or true.

testimonial *k.n.* testimonial; a written statement, often by a former employer, about somebody's abilities, qualities and character.

tetak *k.k.* slash; make a sweeping stroke; strike thus. **menetak** *k.k.* hack; cut, chop, or hit roughly; hew (p.p. *hewn*); chop or cut with an axe, etc.; cut into shape; make a gash in; slash; make a sweeping stroke; strike thus. **tetakan** *k.n.* slashing stroke; cut; gash; hack; long deep cut.

tetamu *k.n.* guest; person entertained at another's house or table, etc., or

lodging at a hotel. **rumah tetamu** *k.n.* guest house; a private house offering accommodation to paying guests.

tetangga *k.n.* a person living next door to us or close to our house; a neighbour. **rukun tetangga** *k.n.* an association set up in a neighbourhood for the purpose of helping one another.

tetap *adj.* invariable; not variable; always the same; permanent; lasting indefinitely; permanency. **tak tetap** *adj.* erratic; irregular; uneven.

tetapi *k.h.* but; however; except.

tetas, menetas *k.k.* hatch; emerge or produce (young) from an egg. **menetaskan** *k.k.* incubate; hatch (eggs) by warmth.

tetek *k.n.* breast; either of the two milk-producing organs on a woman's chest.

tetikus *k.n.* mouse; small hand-held device used to control the movement of the cursor on a computer screen.

tewas *adj.* defeated. **menewaskan** *k.k.* defeat; win victory over; cause to fail, frustrate; baffle; beat (p.t. *beat*, p.p. *beaten*); do better than.

tiada *adj.* not present; is not. **meniadakan** *k.k.* deny; say that (a thing) does not exist; reject; nullify; discontinue; abolish.

tiang *k.n.* mast; tall pole, esp. supporting a ship's sails; pillar; vertical structure used as a support or ornament; thing resembling this; post; piece of timber or metal set upright in the ground, etc. to support something or mark a position. **tiang gantungan** *k.n.* gallows; framework with a noose for hanging criminals.

tiap, setiap *k.n.* each; every one of two or more.

tiara *k.n.* tiara; a coronet or crown worn by women for special occasions such as beauty contests, weddings, etc.

tiarap, meniarap *k.k.* grovel (p.t. *grovelled*); lie or crawl face downwards.

tiba *k.k.* arrive; reach a destination or other point on a journey; (of time) come. **tiba-tiba** *kkt.* sudden; happening or done quickly or without warning. **dengan tiba-tiba** *kkt.* all of a sudden; suddenly.

tibi *kep.* T.B.; tuberculosis.

tibia *k.n.* tibia (pl. *tibiae*); the shin bone.

tidak *k.nf.* not; expressing a negative or denial or refusal. **tidak aktif** *adj.*

inactive; not active. **tidak cekap** *adj.* incompetent; not competent.

tidur *k.n.* sleep; natural condition of rest with unconsciousness and relaxation of muscles; spell of this. —*k.k.* sleep (p.t. *slept*); be or spend (time) in a state of sleep.

tifoid *k.n.* typhoid; serious infectious feverish disease.

tifus *k.n.* typhus; infectious feverish disease transmitted by parasites.

tiga *k.bil.* three; one more than two (3, III). **ketiga** *k.n.* third. **tiga belas** *k.bil.* thirteen; one more than twelve (13, XIII). **ketiga belas** *k.bil.* thirteenth. **tiga puluh** *k.bil.* thirty; ten times three (30, XXX). **ketiga puluh** *k.bil.* thirtieth.

tika *k.s.* jiffy; (*colloq.*) moment.

tikai *k.n.* conflict; have a conflict. **mempertikaikan** *k.k.* dispute; argue, debate; quarrel; question the truth or validity of; controvert; deny the truth of.

tikam *k.n.* stab; act of stabbing. **menikam** *k.k.* stab; pierce; wound with something pointed.

tikar *k.n.* mat; piece of material placed on a floor or other surface as an ornament or to protect it from damage.

tiket *k.n.* ticket; marked piece of card or paper entitling the holder to a certain right (e.g. to travel by train, etc.). **tiket pergi balik** *k.n.* return ticket; ticket for a journey to a place and back again.

tikus *k.n.* rat; rodent like a mouse but larger; mouse (pl. *mice*); small rodent with a long tail. **tikus belanda** *k.n.* hamster; small rodent with cheek-pouches for carrying grain. **tikus kesturi** *k.n.* musquash; rat-like North American water animal; its fur. **perangkap tikus** *k.n.* mousetrap; trap for mice.

tilam *k.n.* mattress; fabric case filled with padding or springy material, used on or as a bed.

tilawah, tilawah al-Quran *k.n.* reading of verses in the holy Koran.

tilik, tukang tilik *k.n.* palmist; person who tells people's fortunes or characters from lines in their palms.

timah *k.n.* tin; silvery white metal. **timah hitam** *k.n.* lead; heavy grey metal.

timang *k.k.* dandle; dance or nurse (a child) in one's arms.

timba *k.n.* bucket; pail; round open container with a handle, for carrying or holding liquid; dipper. **menimba** *k.k.* bail; scoop water out of.

timbal, timbal balik *k.k.* overturn; turn over; fall down or over, cause to fall. **timbalan** *k.n.* deputy; person appointed to act as a substitute or representative; surrogate.

timbang, mempertimbangkan *k.k.* deliberate; think over or discuss carefully; mull.

timbang tara, menimbang tara *k.k.* arbitration, arbitrate; act as arbitrator.

timbul, menimbulkan *k.k.* engender; cause; give rise to; float; rise to the surface; emerge.

timbun, timbunan *k.n.* agglomeration; mass; bank; raised mass of earth, etc,; heap; a number of things or particles lying one on top of another; (pl. *colloq.*) plenty. **menimbunkan** *k.k.* pile or become piled in a heap; load with large quantities.

timbus *k.k.* to cover; to pile up; to fill up something with earth, etc. **bertimbus** *k.k.* covered up with something; covered with earth, etc. **menimbus, menimbusi** *k.k.* to fill or cover up something with earth, etc. **timbus-menimbus** *k.k.* piling up or filling up with earth, etc. continuously. **ketimbusan** *k.n.* the state of being covered by something.

timpa, menimpa *k.k.* befall (p.t. *befell*, p.p. *befallen*); happen to.

timpal, setimpal *adj.* balanced; equal; proportionate; commensurate (with something). **bertimpal** *k.k.* equally matched; balanced. **kesetimpalan** *k.n.* balance; correspondence; suitability. **menimpal, menimpali** *k.k.* to match; to correspond with; to balance.

timpas *k.n.* lowest tide. (*fig.*) depletion (money, energy, etc.). —*adj.* dry (well, river, etc.).

timpuh, bertimpuh *k.k.* to sit with both legs folded under the buttocks or on the floor. **timpuhkan** *k.k.* to sit or made to sit with both legs folded under the buttocks or on the floor. **menimpuhkan** *k.k.* to sit by folding legs under the buttocks.

timun *k.n.* cucumber; long green-skinned fruit eaten as salad; plant producing this.

timur *k.n.* east; point on the horizon where the sun rises; direction in which this lies; eastern part; orient; the East; the eastern world. —*adj.* in the east; (of wind) from the east.

timur laut *k.n.* north-east; point or direction midway between north and east.

tin *k.n.* tin; can; metal vessel for liquids; tinplate container in which food, etc. is hermetically sealed. **mengetin** *k.k.* canned; put or preserve in a can.

tindak, bertindak *k.k.* act; perform actions; take steps. **tindakan** *k.n.* action; process of doing something or functioning; measures.

tindan, bertindan *k.k.* to stack or pile one thing on top of another in a disorderly way. **menindan, menindankan** *k.k.* to pile something up or make a heap in a disorganized way; to stack up haphazardly.

tindas *k.k.* grind (p.t. *ground*); crush or oppress by cruelty; oppress; govern harshly; treat with continual harshness; weigh down with cares or unhappiness; persecute; treat with hostility esp. because of religious beliefs; harass. **tertindas** *k.k.* down-trodden; oppressed.

tindih, bertindih *k.k.* overlap (p.t. *-lapped*); extend beyond the edge of; coincide partially. **menindih** *k.k.* superimpose; place on top of something else. **tindihan** *k.n.* overlapping; part or amount that overlaps; super-imposition.

tindik, bertindik *k.k.* pierced (of ears). **menindik** *k.k.* pierce (the ear).

tinggal, meninggalkan *k.k.* omit (p.t. *omitted*); leave out, not include; leave behind; neglect (to do something); die; abandon.

tinggi *adj.* high (*-er, -est*); tall; of great height; extending far or a specified distance upwards; far above ground or sea level; ranking above others; exorbitant; (of a price or demand) much too great; extreme, greater than normal; (of sound or a voice) with rapid vibrations, not deep or low. **sekolah tinggi** *k.n.* high school; secondary (usu. grammar) school. **pendidikan tinggi** *k.n.* higher education; education above the level given in schools. **meninggi** *k.k.* heighten; make or become higher or more intense. **meninggikan** *k.k.* elevate; raise to a higher position or level.

tingkah *k.n.* strange or ridiculous behaviour. **tingkah laku** *k.n.* manner or movement. **meningkah** *k.k.* to butt in or retort when someone else is talking; to beat a drum, etc. to accompany a song or other sounds.

tingkap *k.n.* opening in a wall, etc. to admit light and often air, usu. filled with glass. **tingkap atas pintu** *k.n.* fanlight; small window above a door or larger window. **tingkap anjur lengkung** *k.n.* bow-window; curved bay window.

tingkat *k.n.* storey (pl. *-eys*); one horizontal section of a building. **bertingkat-tingkat** *adj.* storeyed. **meningkat** *k.k.* mount; increase. **tingkat bawah tanah** *k.n.* basement; storey below ground level. **tingkatan** *k.n.* form; class in a school.

tinjau, meninjau *k.k.* survey or observe from a high position; reconnoitre; scout; visit; tour.

tinju *k.n.* fist; hand when tightly closed.

tinta *k.n.* ink; black, deep-blue, indigo, or blue stain. **tinta cetak** *k.n.* a type of ink used for printing books, etc. **tinta emas** *k.n.* gold-coloured ink.

tipikal *k.n.* typical; having the distinctive qualities of a particular type of person or thing.

tipis *adj.* thin; of small thickness; not thick; (of chances, etc.) little; slim; slight. **menipis** *k.k.* become thinner; diminish; decrease.

tipografi *k.n.* typography; art, practice or style of printing.

tipu *k.k.* cheat; act dishonestly or unfairly to win profit or advantage; trick, deprive by deceit. —*k.n.* deceit; deceiving, deception. **menipu** *k.k.* deceive; cause to believe something that is not true; be sexually unfaithful to; dupe; trick; bilk; defraud of payment; use chicanery, cheat. **tipu daya** *k.n.* artifice; trickery; device.

tir *k.n.* castle; rook in chess.

tirai *k.n.* curtain; fall of a stage-curtain at the end of an act or scene. **kepala tirai** *k.n.* pelmet; ornamental strip above a window, etc.

tiram *k.n.* oyster; shellfish used as food.

tiri *k.n.* step-; related by re-marriage of a parent. **anak tiri** *k.n.* stepchild. **ibu tiri** *k.n.* stepmother. **bapa tiri** *k.n.* stepfather.

tiris *adj.* leaking (roof, boat, water container, etc.). **meniris** *k.k.* to trickle (through a hole or gap); to drip. **tirisan** *k.n.* a leaky spot. **ketirisan** *k.n.* leakage.

tiroid *k.n.* thyroid. **kelenjar tiroid** *k.n.* gland; large ductless gland in the neck.

tiru *adj.* imitative; imitating. **meniru** *k.k.* imitate; try to act or be like; copy;

T

make an imitation of; pretend. **tiruan** *k.n.* fake; thing that looks genuine but is not, a forgery; artificial; made in imitation of something; copy; thing made to look like another; imitation.

tiruk[1] *k.n.* a type of saltwater fish.

tiruk[2] *k.n.* a spear with a straight blade used for catching fish.

tiruk[3], **nyamuk tiruk** *k.n.* the anopheles mosquito; a type of mosquito which carries the malaria virus.

tirus *adj.* tapering. **menirus** *k.k.* taper; become gradually narrower. **meniruskan** *k.k.* taper; make gradually narrower.

tisu *k.n.* tissue; substance forming an animal or plant body; fine gauzy fabric. **kertas tisu** *k.n.* tissue paper; disposable piece of soft absorbent paper used as a handkerchief, etc.; very thin soft paper used for packing things.

titah *k.n.* a royal speech or command. **menjunjung titah** *k.k.* to carry out a royal command or wish. **bertitah** *k.k.* to say or command (by a king).

titanium *k.n.* titanium; a grey metallic element (symbol Ti).

titi, titian *k.n.* a small bridge made from a piece of wood, plank, trunk, etc.; a small or narrow lane lined with a plank for people to walk on.

titik *k.n.* dot; small round mark; shorter signal in the Morse code; period; full stop in punctuation. **menitikkan** *k.k.* dotted; mark with dot(s); scatter here and there.

titip, menitip *k.k.* to give something for safe keeping or to be handed over to someone else; to entrust. **titipkan** *k.k.* to hand over; to entrust to. **titipan** *k.n.* something that is entrusted to someone else.

titis *k.n.* drop; small rounded mass of liquid; thing shaped like this; very small quantity; fall; (*pl.*) medicine measured by drops. **menitiskan** *k.k.* dropped; fall; shed, let fall.

tiub *k.n.* tube; long hollow cylinder; thing shaped like this. **tiub Eustachia** *k.n.* Eustachian tube.

tiung *k.n.* a type of bird that can imitate someone talking or the sound of animals.

tiup, meniup *k.k.* blow; send out a current of air or breath.

tocang *k.n.* pigtail; long hair worn in a plait at the back of the head.

todak *k.n.* swordfish; sea-fish with a long sword-like jaw.

toga *k.n.* cassock; long robe worn by clergy and choristers.

togel *adj.* tailless; having no tail. **menogelkan** *k.k.* cut off the tail.

togol *k.n.* toggle; button; clasp; hook.

tohmah *k.n.* negative perception towards someone before knowing the truth or facts; slander; prejudice.

tohor *adj.* dry; shallow. **ketohoran** *k.n.* dryness; shallowness.

tokak *k.n.* a skin disease that starts with a sore which then spreads to the legs; a bite, usu. by a dog, crocodile, etc.; a type of saltwater fish.

toko *k.n.* shop; bookshop.

tokoh *k.n.* appearance; style; figure; form; shape; prominent (figure); well-known personality. **bertokoh** *k.k.* have the quality or style; have the personality.

tokok, tokok tambah *k.n.* addition; exaggeration. **menokok tambah** *k.k.* exaggerate; make seem larger or better or worse, etc. than it really is.

tokong *k.n.* temple, building dedicated to the presence or service of god(s).

toksik *adj.* toxic; of or caused by poison; poisonous.

tol *k.n.* toll; tax paid for the use of a public road or harbour, etc.

tolak *k.k.* deduct; subtract. **menolak** *k.k.* decline; refuse; hustle; push roughly; hurry.

toleh, menoleh *k.k.* look around; look back.

toleransi *k.n.* tolerance; compromise; the willingness to accept the opinions, views and beliefs of others and to sacrifice one's own in the public interest.

tolok *k.n.* gauge; device for measuring things. **tolok perasa** *k.n.* feeler gauge; set of blades used for measuring narrow gaps.

tolol *adj.* asinine; silly. —*k.n.* block-head; mutt; (*sl.*) stupid person. **si tolol** *k.n.* booby; foolish person.

tolong, minta tolong *k.k.* ask for help or assistance. **menolong** *k.k.* help; assist; rescue; save.

tomato *k.n.* tomato; plant bearing glossy red or yellow fruit used as a vegetable; this fruit.

tombak *k.n.* lance; long spear; spear; weapon for hurling, with a long shaft and pointed tip; pointed stem; knob; rounded projecting part, esp. as a handle.

tombol *k.n.* a knob on a door, machine, etc.

T

tombola *k.n.* tombola; lottery resembling bingo.

tomografi *k.n.* tomography; method of radiography displaying details of a selected plane of the body.

tompok *k.n.* blotch; large irregular mark. **bertompok** *k.k.* blotched; blotchy. **menompokkan** *k.k.* dapple; mark with patches of colour or shade.

ton, ton terbitan *k.n.* overtone; additional quality or implication.

tong *k.n.* barrel; large round container with flat ends; bin; large rigid container or receptacle; cistern; tank for storing water. **tong sampah** *k.n.* dustbin; bin for household rubbish.

tonggak *k.n.* bollard; short thick post; column; round pillar; thing shaped like this.

tonggek *adj.* having buttocks which stick out. **menonggekkan** *k.k.* to stick out one's buttocks.

tonggeng, menonggeng *k.k.* to bend with the head down and buttocks up. **tertonggeng** (of bowl, glass, cup, etc.) turned upside down; (of ship) stand with the bow down and the stern up.

tongkang *k.n.* lighter; flat-bottomed boat for transporting goods between ship and wharf.

tongkat, tongkat biskop *k.n.* crosier; bishop's hooked staff.

tongkeng *k.n.* coccyx; tailbone; the small bone at the bottom of the spine.

tongkol *k.n.* cob; stalk of an ear of maize; ear; seed-bearing part of corn.

tonik *k.n.* tonic; a medicine that makes you feel stronger, healthier and less tired.

tonjol, menonjol *adj.* obtrusive; obtruding oneself, unpleasantly noticeable. —*k.k.* extrude; thrust out; protrude.

tonsil *k.n.* either of the two small organs at the sides of the throat, near the base of the tongue.

tonton, menonton *k.k.* to see; to watch. **menonton-nonton** *k.k.* to see in a leisurely manner; to watch aimlessly. **mempertontonkan** *k.k.* to show; to display; to exhibit (paintings, etc.). **tontonan** *k.n.* show (film, etc.); showing; display. **menjadi tontonan** *k.k.* being the object that is being watched or observed. **penonton** *k.n.* person watching an event; a spectator; an observer.

tonyoh *k.k.* to press something down on a surface so as to smoothen it.

topang *k.n.* crutch; support for a lame person; prop.

topekong *k.n.* idol; image worshipped as a god in a Chinese shrine or temple.

topeng *k.n.* mask; covering worn over the face as a disguise or protection; respirator worn over the face; replica of the face.

topi *k.n.* hat; covering for the head, worn out of doors; light pith sun-helmet. **lilitan topi** *k.n.* hatband; band of ribbon round a hat. **tukang topi** *k.n.* hatter; maker or seller of hats. **topi keledar** *k.n.* helmet; protective head-covering; crash helmet; padded helmet worn to protect the head in a crash.

topik *k.n.* topic; a subject that you talk, write or learn about.

topologi *k.n.* topology; the study of geometrical properties unaffected by changes of shape or size.

torak *k.n.* a hole for threading in a weaving device.

toraks *k.n.* thorax; part of the body between head or neck and abdomen.

toreh *k.k.* incise; make a cut in; engrave. **torehan** *k.n.* incision.

tose *k.n.* a type of sourish Indian food made from lentils and rice flour.

totem *k.n.* totem; an animal or other natural object which a tribe or family regards as a special symbol and which they believe has spiritual significance.

totok *k.n.* term to refer to someone who is not pure-blooded; state of someone who is inexperienced in a certain matter; naïve; innocent.

toyol *k.n.* a ghost kept by certain people for the purpose of stealing money and other valuables.

tradisi *k.n.* tradition; a custom or belief that has existed for a long time.

trafik *k.n.* traffic; the vehicles that are on a road at a particular time; the movement of ships, trains, aircraft, etc. along a particular route; the movement of people or goods from one place to another. **polis trafik** *k.n.* police who control traffic flow on roads.

tragedi *k.n.* tragedy; serious drama with unhappy events or a sad ending; event causing great sadness.

tragik *adj.* tragic; (of an event) that is terrifying or very sad, usu. because it involves death or suffering.

trak *k.n.* truck; open container on wheels for transporting loads; lorry.

T

trakea *k.n.* trachea; tube from larynx to bronchus that channels air that we inhale into lungs; tube in bodies of insects that channels air from spiracle to tissues.

traktor *k.n.* tractor; powerful motor vehicle for pulling heavy equipment.

transaksi *k.n.* transaction; a piece of business that is done between people, esp. an act of buying and selling.

transformer *k.n.* transformer; a device used for converting electricity from one voltage to another.

transistor *k.n.* transistor; very small semiconductor device performing the same functions as a thermionic valve; portable radio set using transistors.

transisi *k.n.* transition; the process or a period of changing from one state or condition to another. **zaman transisi** *k.n.* an interval; a time of change.

transkrip *k.n.* transcript; an academic record of achievements, courses and assignments of a student (in college, university, etc.).

transnasional *adj.* beyond national boundary or limits.

trapezium *k.n.* trapezium; quadrilateral with two opposite sides parallel.

trek *k.n.* track; a lane or passage for relays, car rallies, etc.

trem *k.n.* tram; a vehicle that uses electricity and moves on a track.

trengkas *k.n.* stenography; shorthand.

tri- *awl.* three. **tribahasa** *adj.* trilingual.

tribunal *k.n.* tribunal; a council or special body set up to investigate and resolve certain cases; courts of justice; seat of judge, magistrate, etc.

trigonometri *k.n.* trigonometry; a branch of mathematics dealing with angles and triangles.

trilion *k.n.* trillion, a million million.

trilobit *k.n.* trilobite; a marine creature now found only as a fossil.

trio *k.n.* trio; group or set of three; music of three instruments or voices.

trip *k.n.* a trip; a journey back and forth.

trofi *k.n.* trophy; an object such as a silver cup that is given as a prize for winning a competition.

troli *k.n.* trolley; platform on wheels for transporting goods; small cart; small table on wheels for transporting food or articles. **troli bas** *k.n.* trolley bus; bus powered by electricity from an overhead wire.

trombon *k.n.* trombone; large brass wind instrument with a sliding tube.

trombosis *k.n.* thrombosis; formation of a clot of blood in a blood-vessel or organ of the body.

trompet *k.n.* trumpet; metal wind instrument with a flared tube; thing shaped like this.

tropi *k.n.* trophy; thing taken in war or hunting, etc. as a souvenir of success; object awarded as a prize.

tropika, kawasan tropika *k.n.* the Tropics; region between the line of latitude 23° 27' north or south of the equator.

troposfera *k.n.* troposphere; layer of the atmosphere extending from earth's surface to the stratosphere.

troubadour *k.n.* troubadour; a medieval romantic poet.

tua *adj.* aged; of the age of; old. **tua bangka** *adj.* gaga (*sl.*); senile.

tuah *k.n.* good luck; good fortune; magical power; distinction; eminence. **bertuah** *k.k.* lucky; bringing good luck.

tuai, menuai *k.k.* harvest; gather a crop; reap. **tuaian** *k.n.* crop; harvest from this; group or amount produced at one time; harvest; gathering of crop(s); season for this; season's yield of a natural product; product of action.

tuak *k.n.* toddy; sweetened drink of spirits and hot water.

tuala *k.n.* towel; piece of absorbent material for drying oneself or wiping things dry.

tualang *adj.* nomadic; wandering from place to place. **petualang** *k.n.* a nomad; a wanderer; a vagabond; a tramp; a person who cheats in a group activity.

tuam *k.n.* a hot water bottle; a hot compress; something hot (hot ash wrapped in cloth; hot water in bottle, etc.) that is applied to a painful (bruised) body part. **bertuam** *k.k.* to use a hot compress or a hot water bottle. **menuam, menuami, menuamkan** *k.k.* to apply a hot compress to part of the body.

Tuan *k.n.* Mr. (pl. *Messrs.*); title prefixed to a man's name.

tuan *k.n.* sir; polite form of address to a man; overlord. **tuan rumah** *k.n.* host; person who entertains another as his guest. **tuan besar** *k.n.* overlord; supreme lord. **tuan tanah** *k.n.* land owner; landlord; person who lets land to a tenant.

tuang, menuang *k.k.* pour out liquid; infuse; imbue, instil.

tuanku *k.n.* a term of address for a ruler and his family ('Your Highness'); second person pronoun for royalty ('His Highness').

tuas *k.n.* a tool for lifting something heavy; a lever.

tuba *k.n.* a poison made from various poisonous roots that is used for catching fish. **menuba** *k.k.* to poison fish with *tuba*.

tuberkel *k.n.* tubercle; small rounded swelling.

tubi, bertubi-tubi *kkt.* repeatedly or continuously; without stopping. **latih tubi** drill; training that is done persistently. **menubi** *k.k.* to do something repeatedly.

tubir *k.n.* a precipice; a steep cliff; the edge of a crater, a ravine or gully.

tubuh *k.n.* body; structure of bones and flesh, etc. of man or animal; trunk; body apart from head and limbs. **bersetubuh, menyetubuhi** *k.k.* have sexual intercourse; copulate. **menubuhkan** *k.k.* form; establish; set up; incorporate.

tuding, menuding *k.k.* to point with the index finger (or a cane, stick, etc.); to accuse somebody; to slander; to tilt one's hat. **menudingkan** *k.k.* to point with the index finger.

tuduh *k.k.* allege; declare without proof; impute; attribute (a fault, etc.); inculpate; incriminate. **menuduh** *k.k.* accuse; state that one lays the blame for a crime or fault, etc. upon; impute; attribute (a fault, etc.). **tuduhan** *k.n.* accusation; allegation; thing alleged; imputation.

tudung *k.n.* cover; thing that is placed or spread over (something). **kain tudung** *k.n.* scarf; piece of material tied over a woman's head. **bertudung** *k.k.* wear a scarf (to cover the head). **menudungkan** *k.k.* cover; place or be or spread over (something); conceal or protect thus.

tugal *k.n.* dibber; tool to make holes in ground for young plants.

tugas *k.n.* duty; moral or legal obligation; task, etc. that must be done; job; piece of work; (*colloq.*) difficult task. **bertugas** *k.k.* on duty, actually engaged in one's regular work; discharge; perform a duty.

tugu *k.n.* monument; thing (esp. a structure) commemorating a person or event, etc.; structure of historical importance; obelisk; tall pillar set up as a monument. **tugu peringatan** *k.n.* cenotaph; tomb-like monument to persons buried elsewhere.

Tuhan *k.n.* God; creator and ruler of the universe in Christian, Jewish, and Muslim teaching.

tuil *k.n.* lever; bar pivoted on a fixed point to lift something.

tujah, menujah, menujahkan *k.k.* to pierce or stab with something sharp such as a spear, lance, etc.

tuju *k.n.* direction; course. **setuju, bersetuju** *k.k.* agree; hold or reach a similar opinion. **menuju** *k.k.* direct; aim; head for; make for. **menujukan** *k.k.* direct at; aim at. **tujuan** *k.n.* reason; aim; purpose.

tujuh *k.bil.* seven; one more than six (7, VII). **ketujuh** *k.bil.* seventh. **tujuh belas** *k.bil.* seventeen; one more than sixteen (17, XVII). **ketujuh belas** *k.bil.* seventeenth. **tujuh puluh** *k.bil.* seventy; seven times ten (70, LXX). **ketujuh puluh** *k.bil.* seventieth.

tukang *k.n.* artisan; skilled workman. **tukang kayu** *k.n.* carpenter; person who makes or repairs wooden objects and structures. **pertukangan kayu** *k.n.* carpentry. **tukang gunting** *k.n.* barber; men's hairdresser. **tukang besi** *k.n.* blacksmith; smith who works in iron. **tukang kasut** *k.n.* cobbler (*old use*); shoe-mender. **tukang kunci** *k.n.* locksmith; maker and mender of locks. **tukang kayu halus** *k.n.* joiner; maker of furniture and light woodwork. **tukang urut** *k.n.* masseur; man who practises massage professionally. **kerja tukang** *k.n.* joinery, this work.

tukar *k.k.* convert; change from one form or use, etc. to another; cause to change an attitude or belief; change; interchange, exchange; get or give small money or different currency for; give or receive in place of another thing or from another person. **tukar ganti** *k.k.* commute; exchange or change for something else.

tukik[1], **menukik** *k.k.* to plunge; to dive. **menukikkan** *k.k.* to look downwards.

tukik[2] *k.k.* deep notch or cut in tree trunk. **menukik** *k.k.* to make a deep notch or cut in a tree trunk.

tukul *k.n.* hammer; tool with a heavy metal head for breaking things or driving nails in; thing shaped or used like this; metal ball attached to a wire

T

for throwing as an athletic contest; mallet; similarly shaped instrument with a long handle for striking the ball in croquet or polo. **menukul** *k.k.* hit or beat with a hammer; strike loudly.

tulah[1] *k.n.* an accident that happens to someone because of a broken taboo; to curse. **menulah** *k.k.* to do something bad towards the elderly; to rebel against one's mother or ruler. **ketulahan** *k.k.* cursed.

tulah[2] *k.n.* a bonus (salary); an additional allowance.

tulang *k.n.* bone; one of the hard parts making up the skeleton of a body; substance of this. **menulangi** *k.k.* remove bones from. **berat tulang** *adj.* bone idle; very lazy. **serbuk tulang** *k.n.* bone meal; powdered bones used as a fertilizer. **bertulang** *k.k.* bony (-ier, -iest); like bones; having bones with little flesh; full of bones. **tulang selangka** *k.n.* collar-bone; bone joining breast-bone and shoulder-blade. **tulang belakang binatang** *k.n.* chine; animal's backbone.

tulat *k.n.* three days after today; three days hence.

tulen *adj.* sterling; genuine; of standard purity.

tuli *adj.* deaf; wholly or partly unable to hear.

tulip *k.n.* tulip; garden plant with a cup-shaped flower. **pokok tulip** *k.n.* tulip tree; tree with tulip-like flowers.

tulis, menulis *k.k.* write (p.t. *wrote*, p.p. *written*, pres.p. *writing*); make letters or other symbols on a surface, esp. with a pen or pencil.

tulisan, tulisan tangan *k.n.* handwriting; writing by hand with pen or pencil; style of this.

tulus *adj.* heartfelt; felt deeply, sincere.

tuma *k.n.* a louse; a mite.

tumbang *k.k.* fall; come down; collapse; ruin; slaughter; kill (animal) for food. **menumbangkan** *k.k.* fell; cut down; collapse.

tumbesar, tumbesaran *k.n.* growth; process of growing; thing that grows or has grown.

tumbuh *k.k.* grow (p.t. *grew*, p.p. *grown*); increase in size or amount; develop or exist as a living plant; become; allow to grow; produce by cultivation. **tumbuhan** *k.n.* plant; living organism with neither the power of movement nor special organs of digestion; small plant as distinct from a tree or shrub. **tumbuhan pagar** *k.n.* hedgerow; bushes, etc. forming a hedge.

tumbuk *k.n.* box; slap (a person's ears); fight with fists as a sport, usu. in padded gloves.

tumis *k.n.* a type of cooking that involves frying with oil; sauté. **sambal tumis** *k.n.* a paste that is cooked with oil. **bertumis** *k.k.* cooked with oil. **menumis** *k.k.* to cook something with oil or fat.

tumit *k.n.* heel; back part of the human foot; part of a stocking or shoe covering or supporting this.

tumpah *k.k.* spill; cause to run over the edge of a container. **menumpahkan** *k.k.* spill; pour out; shed.

tumpang, menumpang *k.k.* lodge; be a lodger; be a passenger; hitch a ride. **tumpangan, rumah tumpangan** *k.n.* lodging; place where one lodges; (*pl.*): room(s) rented for living in.

tumpas *adj.* annihilated; exterminated; completely destroyed. **menumpas, menumpaskan** *k.k.* to destroy completely; to crush.

tumpat *adj.* compact; tightly packed. **penuh tumpat** *adj.* filled to the brim; crammed; not hollow in the centre. **menumpat, menumpatkan** *k.k.* to fill to the brim; to make compact.

tumpu, menumpu *k.k.* converge; come to or towards the same point. **tertumpu** *k.k.* convergent.

tumpul *adj.* blunt; without a sharp edge or point; dull; not sharp. **menumpulkan** *k.k.* make or become blunt.

tuna, ikan tuna *k.n.* tuna; a type of fish.

tunai *k.n.* cash; money in the form of coins or banknotes. **menunaikan** *k.k.* to pay in cash. **tunai runcit** *k.n.* petty cash; money kept in an office for small payments.

tunang, bertunang *k.k.* engaged; having promised to marry a specified person. **menunangkan** *k.k.* betroth; cause to be engaged to marry. **tunangan** *k.n.* fiance; fiancee (*fem.*); person one is engaged to marry.

tunas, menunasi *k.k.* disbud (p.t. *disbudded*); remove unwanted buds from.

tunda[1] *k.k.* adjourn; move (a meeting, etc.) to another place or time.

tunda[2] *k.n.* thing that is being towed. **pukat tunda** *k.n.* drag-net. **menunda** *k.k.* tow; pull along behind one.

T

tundra *k.n.* tundra; vast level Arctic regions where the subsoil is frozen.

tunduk *k.k.* bow; bend thus; bend downwards under weight; submit. **tundukan** *k.n.* bow; bending of the head or body in greeting, respect, agreement, etc.

tundun *k.n.* pubic; the lower front part of the pelvis.

tungau *k.n.* mite; very small spider-like animal.

tunggak, tunggak kerja *k.n.* backlog; arrears of work.

tunggakan *k.n.* arrears; money owed and overdue for repayment; work that is overdue that should have been finished earlier.

tunggal *adj.* single; sole; one only; not double or multiple. **anak tunggal** *k.n.* only child.

tunggang, tunggang-langgang *k.k.* pell-mell; in a hurrying disorderly manner; headlong. **menunggang** *k.k.* ride; get or put on a horse, etc. for riding. **tunggangan, kuda tung-gangan** *k.n.* mount; horse for riding. **penunggangan kuda** *k.n.* equitation.

tunggu *k.k.* await; wait for.

tunggul *k.n.* stump; base of a tree left in the ground when the rest has gone; similar remnant of something cut or broken or worn down; stubble; lower ends of corn-stalks left in the ground after harvest; short stiff growth of hair or beard, esp. growing after shaving; stub, short stump.

tungku dapur, batu tungku *k.n.* stones used as a stove.

tungkus¹, tungkusan *k.n.* wrapping made of banana leaves, paper, etc. **menungkus** *k.k.* to wrap or bundle up in leaves, paper, etc.

tungkus², tungkus-lumus, bertungkus-lumus *k.k.* to focus on doing something; to toil.

tungsten *k.n.* tungsten; heavy grey metallic element.

tunjang, akar tunjang *k.n.* taproot; the main root from the trunk that grows vertically into the ground, forming the centre from which smaller roots grow; (*fig.*) a person upon whom others depend. **bertunjang** *k.k.* to have a taproot. **penunjang** *k.n.* a person who provides support or assistance; a supporter. **tunjangan** *k.n.* prop; subsidy.

tunjuk *k.k.* show (p.t. *showed*), p.p. *shown*); allow or cause to be seen, for inspection or viewing; demonstrate,

point out, prove; cause to understand; conduct; present an image of; be able to be seen. **menunjuk-nunjuk** *k.k.* flaunt; display proudly or ostentatiously.

tuntas *adj.* .comprehensive; whole. **menuntaskan** *k.k.* to make complete and comprehensive; to become complete.

tuntun, bertuntun *k.k.* to lead; to guide; to help someone to walk by holding his hand. **menuntun** *k.k.* to hold someone's hand to help him walk; to guide.

tuntung *k.n.* a type of river tortoise whose eggs can be eaten.

tuntut *k.k.* claim; demand as one's right; assert; commandeer; seize for use. **menuntut** *k.k.* demand; make a demand for; need. **tuntutan** *k.n.* request made imperiously or by authority; claim; demand; assertion.

tunu, menunu *k.k.* to burn. **menunukan** *k.k.* to light a fire. **penunuan** *k.n.* act of lighting up or starting a fire. **penunu** *k.n.* something that is used to light fire; a wick. **penunu bunsen** *k.n.* bunsen burner; a gas burner with a tube (of metal) and an air or gas valve at the bottom.

tupai *k.n.* squirrel; small tree-climbing animal with a bushy tail.

turap, menurap *k.k.* pave; cover (a road or path, etc.) with stones or concrete to make a hard surface.

turas *k.n.* filter; device for holding back impurities in liquid or gas. **menuras** *k.k.* filter; pass through a filter; remove impurities thus.

turbin *k.n.* turbine; machine or motor driven by a wheel that is turned by a flow of water or gas.

turi *k.n.* a tree with leaves that can be eaten.

turpentin *k.n.* turpentine; oil used for thinning paint and as a solvent.

turun *k.k.* alight; get down from a (vehicle, etc.); descend and settle; dis-mount; get off or down from a thing on which one is riding. **menurun** *k.k.* downhill; going or sloping downwards. **menurunkan** *k.k.* degrade; reduce to a lower rank; downgrade; reduce to a lower grade. **menurunkan pangkat** *k.k.* demote; reduce to a lower rank or category.

turus *k.n.* a pillar or column to support something. **turus kacang, turus sirih** *k.n.* something carried on top of the head; a wooden or bamboo post to support climbing plants such as the bean, betel-vine, etc. **ketua turus** *k.n.* the highest-ranking officer in the army; an admiral. **pegawai turus** *k.n.* an army officer who assists his commanding officer.

turut *k.k.* partake (p.t. *-took*, p.p. *-taken*); participate. **berturut-turut** *k.k.* consecutive; following continuously. **menurut** *k.k.* defer (p.t. *deferred*); yield to a person's wishes or authority; give in.

tus *k.n.* a sound like that of water dripping; a sound produced by the firing of a gun. **mengetus, mengetuskan** *k.k.* to dry something that has been washed by allowing water to drip from it.

tusuk *k.n.* jab (pl. *jabbed*); poke roughly. **tusukan** *k.n.* rough poke; (*colloq.*) injection.

tut *k.n.* bud-grafting; method of producing good stock; grafting of shoot or bud of a good plant to another plant of the same kind. **mengetut** *k.k.* produce a good plant by way of bud-grafting.

tutor *k.n.* tutor; private or university teacher.

tutup *k.k.* close; shut; bring or come to an end; bring or come nearer together. **tertutup** *k.k.* closeted; in private conference or study.

tutur *k.n.* utterance; word; light; speech. **bertutur** *k.k.* speak; converse; talk. **menuturkan** *k.k.* say; utter; narrate; express in words.

T.V. *kep.* T.V.; television.

U

U, utara *kep.* N; north; northern.

uak, uak-uak *k.n.* a type of hen.

ubah *k.k.* to alter; to change; to make or become different. **berubah-ubah** *k.k.* to keep changing.

ubah suai, mengubah suai, meng-ubahsuaikan *k.k.* to make changes to something to suit a need. **ubah suaian** *k.n.* something that has been changed for a particular purpose. **pengubahsuaian** *k.n.* renovation; the act of changing something to suit a particular purpose.

uban *k.n.* grizzle; grey hair. **beruban** *k.k.* grizzled; grey-haired; greying.

ubat *k.n.* medicine; substance used to treat disease. **ubat bedil** *k.n.* gunpowder; explosive of saltpetre, sulphur and charcoal. **ubat gosok** *k.n.* liniment; embrocation; liquid for rubbing on the body to relieve aches. **ubat-ubatan** *k.n.* medicament; any medicine; ointment, etc. **mengubati** *k.k.* medicate; treat with a medicinal substance.

ubi *k.n.* tuberous root. **ubi garut** *k.n.* arrowroot; edible starch made from the root of an American plant. **ubi kayu** *k.n.* cassava; tropical plant; flour made from its roots. **ubi keledek** *k.n.* sweet potatoes.

ubin, batu ubin *k.n.* tile; type of stone (from cement, etc.) used for flooring.

ubun, ubun-ubun *k.n.* crown; top part of a head.

ubur, ubur-ubur *k.n.* jellyfish; sea animal with a jelly-like body.

uca *k.n.* initial benefits or advantages.

ucap *k.n.* speech; talk. **berucap** *k.k.* say; talk; utter; give a speech. **meng-ucapkan** *k.k.* say; utter; express; pronounce. **ucapan** *k.n.* speech; talk; utterance; pronunciation; congratulatory message.

udang *k.n.* prawn; edible shellfish like a large shrimp. **udang sungai** *k.n.* crayfish; freshwater shellfish like a small lobster. **burung raja udang** *k.n.* kingfisher; small blue bird that dives to catch fish.

udara *k.n.* air; mixture of oxygen, nitrogen, etc. surrounding the earth; atmosphere overhead; light wind. **mengudarakan** *k.k.* air; expose to air; dry off; aerate; add carbon dioxide to. **di udara** on the air; broadcasting by radio or TV.

ufti *k.n.* tribute; payment that one country or ruler was formerly obliged to pay to another.

ufuk *k.n.* horizon; line at which earth and sky appear to meet. **mengufuk** *k.k.* horizontal; parallel to the horizon, going straight across.

ugut, mengugut *k.k.* threaten; make or be a threat (to). **ugutan** *k.n.* threat; expression of intention to punish, hurt, or harm; duress; use of force or threats.

uja, menguja *k.k.* encourage; incite; excite; arouse the emotions of; make eager; cause (a feeling or reaction); stimulate to activity.

ujar *k.n.* remark; comment; words. **mengujarkan** *k.k.* say; speak; remark; express.

uji, menguji *k.k.* test; subject to a test. **ujian** *k.n.* test; a procedure to establish the quality, performance, presence, etc. of something; examination (esp. in a school) of skill or knowledge.

uji bakat *k.n.* audition; test of a prospective performer's ability. **menguji bakat** *k.k.* audition; test in an audition.

uji kaji, menguji kaji *k.n. & k.k.* experiment; test to discover how a thing works or what happens, or to demonstrate a known fact.

U.K. *kep.* U.K.; United Kingdom.

ukir, mengukir *k.k.* carve; make or inscribe or decorate by cutting; engrave; emboss; cut (a design) into a hard surface. **berukir** *adj.* graven; carved; engraved. **ukiran** *k.n.* engraving; print made from an engraved metal plate.

ukulele *k.n.* ukulele; a musical instrument similar to guitar but much smaller.

ukup *k.n.* incense; substance burnt to produce fragrant smoke; fragrance. **mengukup(i)** *k.k.* perfume; give a sweet smell to (clothes, etc.).

ukur, ukuran *k.n.* measure; size or quantity found by measuring extent; unit, standard, device, or system used in measuring. **ukur laras** *k.n.* calibre; diameter of a gun or tube or bullet, etc. **mengukur** *k.k.* measure; find the size, etc. of by comparison with a fixed unit or known standard.

ulam *k.n.* vegetables, fruit or herbs eaten raw as an accompaniment to rice.

ulama *k.n.* ulama; ulema; body of Muslim scholars or theologies.

ulang *k.k.* repeat; say or do or produce or occur again. **ulang-alik** *k.k.* commute; travel regularly by train or car, etc.; go to and fro.

ular *k.n.* snake; reptile with a long narrow body and no legs. **kulit ular** *k.n.* snakeskin; leather made from snakeskin.

ulas¹ *k.n.* clove; one division of a compound bulb such as garlic.

ulas², mengulas *k.k.* comment; act as commentator.

ulat *k.n.* caterpillar; larva of butterfly or moth.

uli, menguli *k.k.* knead; press and stretch (dough) with the hands.

ulna *k.n.* ulna (pl. *ulnae* or *ulnas*); the thinner long bone of the forearm.

ulser *k.n.* ulcer; a sore area on the outside of the body or on the surface of an organ inside the body which is painful and may bleed or produce a poisonous substance.

ultra tinggi *adj.* ultra high; (of a frequency) between 300 and 3000 megahertz.

ultrabunyi *k.n.* ultrasound; ultrasonic waves.

ultralembayung *adj.* (relating to light or radiation) ultraviolet; that which causes the skin to darken after exposure to the sun.

ultrasonik *adj.* ultrasonic; (of sounds) higher than human beings can hear.

ulu *k.n.* head; beginning; origin; hilt; upstream; interior of a country or rural area.

ulung *k.n.* eldest; prominent; veteran. **terulung** *adj.* experienced; skilled; superior.

umat *k.n.* followers (of a religion); people; mankind; humanity.

umbi *k.n.* corm; bulb-like underground stem from which buds grow; an underground storage organ of some plants.

umbra *k.n.* (pl. *umbrae* or *umbras*) an area of total shadow cast by the moon or earth in an eclipse.

umbut *k.n.* the soft shoot of a palm tree stem (coconut, areca-nut, etc.) that can be eaten; palm cabbage.

umpama *k.n.* example; instance; adage. **umpamanya** for instance. **mengumpamakan** *k.k.* liken; regard (as); contrast; compare.

umpan *k.n.* bait; food, etc. placed to attract prey; lure; decoy; thing used to lure a person or animal into a trap, etc. **mengumpan** *k.k.* bait; place bait on or in; lure by a decoy.

umpat *k.n.* backbiting; spiteful talk; gossip; casual talk, esp. about other people's affairs; person fond of

U

gossiping. **mengumpat** *k.k.* gossip (p.t. *gossiped*); engage in gossip. **umpatan** *k.n.* calumny; slander.

umpil, mengumpil *k.k.* lever; use a lever; lift by this.

umrah *k.n.* minor pilgrimage to Mecca, similar to the hajj but not obligatory and can be performed at any time during the year.

umum *adj.* general; of or involving all or most parts, things, or people; involving main features only, not detailed or specific; generic; of a whole genus or group. **pilihan raya umum** *k.n.* general election; election of parliamentary representatives from the whole country. **pengamal perubatan umum** general practitioner; doctor treating cases of all kinds in a section of the community. **pada umumnya** generally; in general, as a general rule, usually; for the most part.

umur *k.n.* age; length of life or existence; later part of life. **umur panjang** *k.n.* longevity; long life.

uncang *k.n.* sachet; small bag; small sealed pack.

uncit, membayar uncit *k.k.* to pay bit by bit.

undang[1]**, mengundang** *k.k.* invite; ask (a person) politely to come or to do something; ask for; attract; tempt.

undang[2]**, undang-undang** *k.n.* law; rule(s) established by authority or custom; their influence or operation. **patuh kepada undang-undang** law-abiding; obeying the law. **rang undang-undang** *k.n.* bill; draft of a proposed law. **undangan** *k.n.* invitation.

undi *k.n.* ballot; vote recorded on a slip of paper; voting by this. **mengundi** *k.k.* ballot (p.t. *balloted*); vote by ballot; cause to do this.

undur *k.k.* back; move backwards; retreat.

unggas *k.n.* (all kinds of) birds; feathered animals.

unggis *k.k.* gnaw; bite persistently (at something hard); nibble; take small quick or gentle bites (at).

unggul *adj.* excellent; extremely good; ideal. **mengungguli** *k.k.* excel (p.t. *excelled*); be or do better than; be very good at something.

unggun *k.n.* a pile of wood, etc.; a heap; a stack. **unggun api** *k.n.* a pile of wood that is on fire; a bonfire. **mengunggunkan** *k.k.* to place

or arrange wood, etc. in a pile or heap; to stack up; to pile up wood for burning. **unggunan** *k.n.* pile of wood (garbage, etc.).

ungka *k.n.* gibbon; an ape with long hands but without tail.

ungkai, mengungkai *k.k.* to loosen a knot, etc.; to untie; to take off one's shoes; to ransack (house); to consider as null and void; to rescind (an agreement, etc.); to cancel. **terungkai** *k.k.* to become undone.

ungkal *adj.* refusing to accept or listen to advice from others; stubborn.

ungkap, mengungkap *k.k.* express; make (feelings or qualities) known; put into words; represent by symbols. **ungkapan** *k.n.* expression; expressing; word or phrase; mathematical symbols expressing a quantity.

ungkit, mengungkit *k.k.* lift up; jack up; raise; prise. **mengungkit-ungkit** *k.k.* rake up the past; bring up the past.

ungku *k.n.* title for a person of royal descent.

ungu *adj. & k.n.* purple; (of) a colour made by mixing red and blue.

uniform *k.n.* uniform; the special set of clothes worn by all members of an organization or a group at work or by children at school. **beruniform** *k.k.* to wear a uniform.

unik *adj.* unique; being the only one of its kind; unequalled.

unit *k.n.* unit; individual thing, person or group, esp. as part of a complex whole; fixed quantity used as a standard in terms of which other quantities are expressed or for which a stated charge is made.

universiti *k.n.* university; educational institution providing facilities for advanced learning.

universal *adj.* universal; done by or involving all the people in the world or in a particular group. **keuniversalan** *k.n.* universality.

unjuk, mengunjuk(kan) *k.k.* hold out; hand over; pass; extend; offer; give.

unjur, mengunjur *k.k.* stretch out one's legs (while sitting or lying down).

unsur *k.n.* element; component part; substance that cannot be split up by chemical means into simpler substances; trace. **berunsur** *k.k.* characterized by; having elements (of).

unta *k.n.* camel; quadruped with one hump or two; dromedary.

untai *k.n.* a thread or string used for stringing a rosary, beads, etc.; a numeral coefficient for objects strung together such as pearls, beads, etc.; lines of poetry; verse. **untaian** *k.n.* a chain; a garland; something that is joined together. **menguntai** *k.k.* to dangle like a string.

untuk[1], **menguntukkan** *k.k.* allocate; allot; appropriate; take and use; set aside for a special purpose; budget (p.t. *budgeted*); allow or arrange for in a budget.

untuk[2] *k.h.* for; in place of; as the price or penalty of; in defence or favour of; with a view to.

untung *k.n.* advantageous; profitable, beneficial; lucrative; producing much money; bringing profit. —*k.n.* luck; good or bad fortune; chance thought of as a force bringing this; profit; advantage; benefit; money gained. **menguntungkan** *k.k.* profit (p.t. *profited*); obtain a profit; bring advantage to. **beruntung** *k.k.* lucky (-*ier*, -*iest*); having, bringing, or resulting from good luck. **tak untung** *adj.* luckless; unlucky; not profitable.

untut *k.n.* elephantiasis; disease in which the legs become grossly enlarged.

upacara *k.n.* rite; ceremony; insignia; symbol of authority or office; regalia; emblems of royalty or rank.

upah *k.n.* fee; sum payable for a person's advice or services, or for privilege or instruction, etc.

upas *k.n.* a type of poison from the *ipuh* tree. **pohon upas** *k.n.* a type of plant (tree) that produces poison; the poison tree; venom produced by insects and animals.

upaya *k.n.* effort. **berupaya** *k.k.* cope; able; manage successfully.

upih *k.n.* a soft, thin and wide frond stem (usually found in palm trees such as the areca-nut); a sheath of palm-tree blossom.

ura, **ura-ura** *k.n.* proposal; suggestion; intention. **berura-ura** *k.k.* propose; intend; have in mind as what one wishes to do or achieve.

urai, **mengurai** *k.k.* decompose; separate (a substance) into its parts; rot; become loose; unfold.

uranium *k.n.* uranium; heavy grey metal used as a source of nuclear energy.

Uranus *k.n. uranus* the seventh planet from the sun.

urap[1] *k.n.* a type of liquid powder that is yellowish and fragrant; salve.

mengurap-urap *k.k.* to rub; to wipe.

urap[2] *k.n.* grated coconut with added spices. **pulut urap** *k.n.* glutinous rice with spiced coconut added to it.

urat *k.n.* vein; any of the blood-vessels conveying blood towards the heart; thread-like structure; narrow streak in marble or layer in rock, etc.

urbanisasi *k.n.* urbanization; the process of turning an area into an urban area or city.

Urdu *k.n.* Urdu; language related to Hindi, used esp. in Pakistan.

uretra *k.n.* urethra; duct by which urine is discharged from the body.

uri *k.n.* placenta; organ that develops in the womb during pregnancy and nourishes the foetus; afterbirth; placenta discharged from the womb after childbirth.

urung *adj.* called off; aborted; cancelled. **mengurungkan** *k.k.* to cancel; to abandon; to frustrate.

urus *k.k.* manage; have control of; be manager of; contrive; deal with (a person) tactfully; organize. **urusan** *k.n.* affair; thing to be done, matter; business; task, duty; occupation, trade; thing to be dealt with; dealing; transaction. **urusan rumah tangga** *k.n.* housewifery; house-keeping. **berurusan** *k.k.* deal; do business; trade.

urus setia *k.n.* secretariat; administrative office or department.

urus niaga *k.n.* business; buying and selling; trade; transaction.

urut *k.n.* massage; rubbing and kneading the body to reduce pain or stiffness. **tukang urut** *k.n.* masseur; man who practises massage professionally. **mengurut** *k.k.* massage; treat in this way.

usah *k.b.* must; necessary; do not; no need. **tak usah** do not; (one) must not. **usahkan** let alone; never mind.

usaha *k.n.* effort; use of energy; thing produced; business activity. **berusaha** *k.k.* attempt.

usaha sama *k.n.* joint venture; project or undertaking shared by two or more companies, etc.

usahawan *k.n.* entrepreneur; person who organizes a commercial undertaking, esp. involving risk. **keusahawanan** *k.n.* entrepreneurial.

usai[1] *adj.* ended; completed; finished. **mengusai** *k.k.* to break up; to disperse.

usai[2] *adj.* dishevelled; untidy; messy.

usang *adj.* decrepit; make weak by old age or use; dilapidated; obsolescent; becoming obsolete.

usap, mengusap *k.k.* stroke; pass the hand gently along the surface of. **usapan** *k.n.* stroke; act of stroking.

usia *k.n. see* **umur**.

usik, mengusik *k.k.* disturb; break the quiet or rest or calm of; tease; meddle with. **usikan** *k.n.* disturbance.

usir, mengusir *k.k.* dissipate; dispel; fritter away; eject; send out forcefully; expel; evict; dislodge; move or force from an established position; oust; drive out.

uskup *k.n.* bishop; clergyman of high rank.

ustaz *k.n.* male religious teacher.

ustazah *k.n.* a female religious teacher; a female teacher who teaches Islamic studies.

usul *k.n.* motion; formal proposal put to a meeting for discussion. **mengusul** *k.k.* motion; put forward a proposal.

usung, berusung *k.k.* borne in a litter or on a stretcher; carried or lifted up (by many people). **mengusung** *k.k.* carry in a litter or on a stretcher; lift up or carry together. **usungan** *k.n.* litter; structure consisting of a seat, etc. carried on men's shoulders or by animals as a means of transport; stretcher; framework for carrying a sick or injured person in a lying position.

usus *k.n.* intestine (pl. *intestines*); long tubular section of the alimentary canal between stomach and anus; bowel; innermost parts.

utama *adj.* especial; special; main; outstanding; foremost; most advanced in position or rank; most important; cardinal; chief. **terutama** *kkt.* especially.

utara[1] *k.n.* north; point or direction to the left of person facing east; northern part. **orang utara** *k.n.* northerner; native of the north.

utara[2] **, mengutarakan** *k.k.* state; explain; point out; clarify; put forward; propose; suggest.

Utarid *k.n.* Mercury; the planet nearest to the sun.

utas *k.n.* a string for joining together objects such as beads, rosary beads, etc.; a numerical coefficient for objects such as thread, string, necklace, etc.

utuh *adj.* intact; undamaged, complete.

utus, utusan *k.n.* courier; messenger; bearer of a message; diplomatic minister ranking below ambassador.

uzur *adj.* sick; unwell. —*k.n.* infirm; weak from age or illness. **menguzurkan** *k.k.* ail; make or become ill.

V

vagina *k.n.* vagina; the passage in the body of a human or female animal between the outer sex organ and the womb.

vakum *k.n.* vacuum; space from which air has been removed. **memvakum** *k.k.* vacuum; clean with a vacuum cleaner.

vaksin *k.n.* vaccine; preparation that gives immunity from an infection when introduced into the bloodstream.

vaksinasi *k.n.* vaccination.

van *k.n.* van; covered vehicle for transporting goods, etc.

vanila *k.n.* vanilla; a kind of flavouring, esp. obtained from the pods of a tropical orchid.

varia *adj.* various; varied; miscellaneous.

variasi *k.n.* variation; a change or slight difference; varying, extent of this; variant; repetition of a melody in a different form.

varnis *k.n.* varnish; liquid that dries to form a shiny transparent coating on wood, etc.; paint used on the nails.

vas *k.n.* vase; a container made of glass, ceramic, etc., used for holding cut flowers or as an ornament.

vaskular, tisu vaskular *k.n.* vascular, vascular tissue.

vegetarian *k.n.* vegetarian; a person who does not eat meat or fish (for health or religious reasons); a person who eats only vegetables and fruits.

vektor *k.n.* vector; thing (e.g. velocity) that has both magnitude and direction; carrier of an infection.

velodrom *k.n.* velodrome; arena with tracks for bicycle racing.

vena *k.n.* vein; any of the blood-vessels conveying blood towards the heart.

ventilator *k.n.* ventilator; device for ventilating a room, etc.

ventrikel *k.n.* ventricle; a cavity in the heart that pumps blood to the artery; a hollow part of the brain.

Venus *k.n.* Venus; the planet that is second from the sun.

vernakular *k.n.* vernacular ordinary language spoken in a particular country or district by a particular group as compared to formal language.

versi *k.n.* version; a copy of something that is slightly different from the original thing; a description of an event from the point of view of a particular person or group of people; a film/movie, play, piece of music, etc. that is slightly different from the original film, etc. on which it is based.

vertebrata *k.n.* vertebrate; animal that has a backbone.

veteran *k.n.* veteran; person with long experience, esp. in the armed forces.

veterinari *k.n.* veterinary; of or for the treatment of diseases and disorders of animals.

veto *k.n.* veto; authoritative rejection of something proposed; right to make this. —*k.k.* veto; reject by a veto.

video *k.n.* video; recording or broadcasting of pictures. **pita video** *k.n.* videotape; magnetic tape suitable for recording television pictures and sound.

vila *k.n.* villa; house in a suburban or residential district; country house in Italy or France; seaside house used for holidays.

vinil *k.n.* vinyl; a kind of strong plastic.

violin *k.n.* violin; a stringed musical instrument that you hold under your chin and played with a bow.

virus *k.n.* virus; organism (smaller than a bacterium) capable of causing disease.

visa *k.n.* visa; official mark on a passport, permitting the holder to enter, stay or leave a specified country.

visi *k.n.* vision; a dream; a long-term objective; an aspiration.

vital *adj.* vital; necessary or essential in order for something to succeed or exist; connected with or necessary for staying alive; (of a person) full of energy or enthusiasm.

vitamin *k.n.* vitamin; any of the organic substances present in food and essential to nutrition.

vitikultura *k.n.* viticulture; vine-growing.

vivarium *k.n.* vivarium (pl. *-ia*); a place for keeping living animals, etc. in natural conditions.

vokal *k.n.* vowel; speech-sound made without audible stopping of the breath; letter(s) representing this.

vokasional *adj.* vocational; of or relating to the training and skills needed for a particular job or profession.

volt *k.n.* volt; a unit for measuring the force of an electric current.

voltameter *k.n.* voltmeter; an instrument measuring electrical potential in volts.

voltan *k.n.* voltage; electrical force measured in volts.

voodoo *k.n.* voodoo; form of religion based on witchcraft esp. in the West Indies.

vulkan, pemvulkanan *k.n.* vulcanization; process of strengthening (rubber, etc.) by treating with sulfur.

vulkanit *k.n.* ebonite; vulcanite.

W

waad *k.n.* a promise; a pledge. **berwaad** *k.k.* make a promise between two parties.

wabak *k.n.* epidemic; outbreak of a disease, etc. spreading through a community.

wacana *k.n.* discourse; speech, lecture; treatise.

wad *k.n.* ward, room with beds for a group of patients in a hospital.

wadah *k.n.* a covered receptacle used for holding food for humans such as sugar, salt, cakes, etc.

wadi *k.n.* wadi; a rocky watercourse, dry except in the rainy season.

waduk *k.n.* a stomach where food is digested. **waduk air** *k.n.* a reservoir for keeping water to be used during drought.

wafat *k.k.* (of prophets, etc.) pass away; die.

wahai *sr.* exclamation to express sadness, to attract attention, to remind, etc.

wahana *k.n.* a vehicle for transporting people and goods (classic language); vehicle or mode for conveying or presenting ideas, etc.

wahid *adj.* one (oneness of God); single.

wahyu *k.n.* divine revelation. **mewahyu-kan** *k.k.* bestow revelation on (a prophet, etc.).

waima *k.h.* even though; although; whether.

wain *k.n.* wine; fermented grape-juice as an alcoholic drink; fermented drink made from other fruits or plants; dark red. **wain madu** *k.n.* mead; alcoholic drink made from fermented honey and water.

waja, besi waja *k.n.* steel; very strong alloy of iron and carbon.

wajah *k.n.* lineament; feature of the face; countenance.

wajar *adj. see* **patut**.

wajib *adj.* compulsory; that which must be done, required by rules, etc.; obligatory. **mewajibkan** *k.k.* oblige; compel.

wajik *k.n.* a type of traditional Malay sweet, made from glutinous rice, brown sugar, coconut milk and pandanus leaves; a glutinous rice mixture.

wak¹ *k.n.* a term of address for an older man such as father or uncle.

wak² *k.n. a* special title bestowed by the Sultan on a chieftain when the Malacca Sultanate was in its glory.

wakaf *k.n.* something given (as a donation) for common use. **tanah wakaf** *k.n.* land donated for religious use (burial, building of mosque, etc.). **berwakaf** *k.k.* to donate something (land, property, etc.) for public or religious use. **mewakafkan** *k.k.* donate or give away (property, land, etc.) for public use.

wakil *k.n.* agent; one who acts on behalf of another; attorney (pl. *-eys*); person appointed to act for another in legal or business matters; delegate; representative. **mewakilkan** *k.k.* delegate, entrust (a task or power) to an agent; depute; appoint to act as one's representative. **mewakili** *k.k.* deputize; act as deputy; represent.

waktu *k.n.* time; point or portion of time; occasion; instance. **waktu tidur** *k.n.* bedtime; hour for going to bed.

walabi *k.n.* a type of small kangaroo.

walang *adj.* tense; sad; anxious; difficult.

walau *k.h.* even though; although.

walaupun *k.h.* although; though; despite; in spite of.

walhal *k.h.* actually; in fact; although.

wali *k.n.* guardian; person who can give away a bride (in Muslim marriage).

walimah *k.n.* a feast or an occasion for merry-making.

wallah *k.n.* an utterance or speech in defence of truth by saying God's name, usu. before a judge in court, or before someone to whom the explanation is directed; to pledge in the name of Allah.

Wan *k.n.* a title for the Malay nobility or aristocracy; a term of address for mother or uncle in Perak, the youngest paternal or maternal aunt, and also the aunt the youngest aunt; a term of address for grandmother.

wang *k.n.* money; current coins; coins and banknotes; any form of currency; wealth. **kiriman wang** *k.n.* money order; printed order for payment of a specified sum, issued by the Post Office. **mata wang** *k.n.*

currency; money in use. **wang baki** *k.n.* change; money in small units or returned as balance of that offered in payment.

wangi *adj.*, **mewangikan** *k.k.* deodorize; destroy the odour of.

wanita *k.n. see* **perempuan**.

wangsa *k.n.* (classic) race; dynasty.

wap *k.n.* vapour, air-like substance into which certain liquids or solids are converted by heating.

warak *adj.* devout; earnestly religious; pious; devout in religion.

waran *k.n.* warrant; a letter of authorization to arrest someone who has violated the laws of a country.

waras *adj.* lucid; sane; sound.

warden *k.n.* warden; a caretaker; a supervisor (of a hostel, etc.).

warder *k.n.* warder; a person who guards prisoners in a prison.

warga *k.n.* a member of something (family, firm, etc.); a unit; a part. **kewargaan** *k.n.* membership; associateship.

warga kota *k.n.* citizen; inhabitant of a city.

warganegara *k.n.* citizen; person with full rights in a country or Commonwealth.

waris *k.n.* heir; person who inherits property or a rank, etc.; legatee; recipient of a legacy. **mewariskan** *k.k.* endow; bequeath; leave as a legacy. **warisan** *k.n.* heritage; thing(s) inherited; legacy; thing left to someone in a will, or handed down by a predecessor; bequest; legacy.

warkah *k.n.* epistle; letter.

warna *k.n.* colour. **berwarna-warni** *adj.* colourful; richly coloured, magnificent; beautiful. **warna-warni** *adj.* motley; multi-coloured; assorted.

warta *k.n.* gazette; title of certain newspapers or of official journal containing public notices.

wartawan *k.n.* journalist; person employed in writing for a newspaper or magazine; reporter; person employed to report news, etc. for publication or broadcasting.

warung *k.n.* a small stall selling food and drinks. **warung kopi** *k.n.* a coffee stall. **berwarung** *k.k.* to have a stall; to run a stall; to run a business.

wasangka, **syak wasangka** *k.n.* suspicion; distrust; doubt; feeling of uncertainty or disbelief.

wasap *k.n.* fume; strong-smelling smoke or gas or vapour.

wasi¹ *adj.* encompassing everything; omnipresent (of God's power).

wasi² *k.n.* a person appointed by a will-maker to execute the terms of a will; the person entrusted with a certain task.

wasiat *k.n.* will, written directions made by a person for disposal of his property after his death.

wasitah *k.n.* a person who is the go-between in a situation; a matchmaker; a middleman; a broker.

waspada *k.k.* gingerly; chary; cautious. **berwaspada** *k.k.* beware; be on one's guard.

waswas *adj.* indecisions; inability to decide something, hesitation; insight; perception and understanding of a thing's nature.

wat *k.n.* Buddhist temple.

watak *k.n.* character; qualities making a person or thing what he or it is; moral strength; noticeable or eccentric person; person in a novel or play, etc.; reputation; testimonial; biological characteristic. **mewatakkan** *k.k.* characterize; describe the character of; be a characteristic of.

watan *k.n. see* **tanah air**.

wataniah *adj.* of the motherland; relating to one's country. **tentera wataniah** *k.n.* volunteer forces to defend a country.

watikah *k.n.* a letter of commission presented to army officers, police, etc.

watt *k.n.* a unit for measuring electrical power.

wau *k.n. see* **layang-layang**.

wawancara *k.n.* press conference; interview given by a prominent person to a number of journalists. **berwawancara**, **mewawancara** *k.k.* interview; ask questions (by journalists) in a press conference; hold a formal meeting or conversation with a person to obtain information.

wawasan *k.n.* insight; perception and understanding of a thing's nature; conception; vision; foresight.

wayang, **wayang gambar** *k.n.* cinema; film as an art form or industry; movie (*U.S.*); cinema film.

wayar *k.n.* wire; strand of metal; length of this used for fencing; conducting electric current, etc. **wayarles** *k.n.* wireless; radio.

wazir *k.n.* a high-ranking official in government; a minister; a prime minister.

weda *k.n.* Veda; ancient Hindu scriptures written in Sanskrit.

W

wenang *k.n.* the right and power to do something. **sewenang-wenang** *kkt.* as one pleases; arbitrarily; at random. **bersewenang-wenang** *k.k.* to act without a sense of humanity; to do something without consideration.

wibawa, kewibawaan *k.n.* authority; power to enforce obedience or make decisions or take actions or influence people.

widuri *k.n.* thistle; a type of wild shrub with red, purple, white or yellow flowers and thorny leaves; the national flower of Scotland.

wijaya *k.n.* (classic) victory. **wijaya mala** *k.n.* a type of flower believed to have magical powers.

wilayah *k.n.* province; administrative division of a country; (*pl.*) all parts of a country outside its capital city.

wira *k.n.* hero (pl. *-oes*); man admired for his brave deeds; chief male character in a story, etc.

wirid *k.n.* a citation from the Koran which is read repeatedly as a way of asking for God's forgiveness, etc.; a prayer read after praying. **berwirid** *k.k.* to read prayer repeatedly; to pray.

wisel *k.n.* whistle; instrument for producing shrill sound.

wiski *k.n.* whisky; spirit distilled from malted grain (esp. barley).

wisma *k.n.* complex; house; building (with offices and shops).

wizurai *k.n.* viceroy; person governing a colony, etc. as the sovereign's representative.

wuduk, berwuduk *k.k.* (of Muslims) perform ritual ablutions; clean oneself by ritual washing.

wujud *adj.* exist; have place as part of what is real; occur in specified conditions; continue living; materialize; appear, become visible, become a fact, happen. **berwujud** *k.k.* extant; still existing. **mewujudkan** *k.k.* generate; bring into existence, produce.

wuquf, berwuquf *k.k.* to rest awhile on the plains of Arafah while performing the Haj (a Haj requirement).

X

xenofobia *k.n.* xenophobia; strong dislike or distrust of foreigners.

xenon *k.n.* xenon; heavy colourless chemically unreactive gas present in the atmosphere.

xerofit *k.n.* xerophyte; plant adapted for growth under dry conditions.

xilem *k.n.* xylem; vascular tissue in plants which carries water and nutrients from the root to other parts of the plant; woody tissue.

xilena *k.n.* a volatile liquid hydrocarbon obtained by distilling wood, coal, tar or petroleum used in fuels and solvents and in chemical synthesis.

x-ray *k.n.* X-ray; photograph or examination made by a kind of electromagnetic radiation (X-rays) that can penetrate solids. **mengx-ray** *k.k.* photograph, examine or treat by X-rays.

Y

ya *kpb.* aye; yes.

Yahudi *k.n.* Jew; person of Hebrew descent or whose religion is Judaism. **anti-Yahudi** *adj.* anti-Semitic; hostile to Jews.

yajuj, yajuj wamajuj *k.n.* a creature who is believed will destroy the world when it is coming to an end.

yak *k.n.* yak; long-haired Asian ox.

yakin *adj.* assured; confident; certain. **meyakinkan** *k.k.* assure; tell confidently, promise; convince; make (a person) feel certain that something is true. **amat yakin** *adj.* cocksure; very self-confident. **meyakini** *k.k.* believe. **tidak meyakinkan** *adj.* inconclusive; not convincing.

yakni *k.h.* that is; namely; viz.

Yamtuan *k.n.* His Majesty; title used for a ruler.

yang *k.h.* who; which; that. —*k.b.* auxiliary verb.

Yang Teramat Mulia *k.n.* His/Her Highness; title of respect used when talking about a prince or princess.

yasin, surah yasin *k.n.* the thirty-seventh verse in the Holy Koran.

yatim *adj.* motherless; without a living mother. —*k.n.* orphan; child whose parents are dead. **rumah anak-anak yatim** *k.n.* orphanage; institution where orphans are housed and cared for.

yayasan *k.n.* foundation; institution or fund founded.

yeti *k.n.* yeti; large man-like or bear-like animal said to exist in the Himalayas.

yis *k.n.* yeast; fungus used to cause fermentation and as a raising agent.

yo-yo *k.n.* yo-yo; round toy that can be made to rise and fall on a string that winds round it.

yoga *k.n.* yoga; Hindu system of meditation and self-control.

yogurt *k.n.* yoghurt; a thick white liquid food, made by adding bacteria to milk, served cold and often flavoured with fruit.

yu *k.n.* see **jerung**.

yuran *k.n.* fee; sum payable for a person's advice or services; or for a privilege or instruction, etc.

Z

Zabaniah *k.n.* the angel entrusted with taking care of Hell.

Zabur, kitab Zabur *k.n.* psalms; holy scripture sent down by God to Prophet David.

zahid *adj.* ascetic; not allowing oneself pleasure and luxuries. —*k.n.* recluse; person who avoids social life.

zahir *adj.* external; outward; superficial; of or on the surface.

zaitun *k.n.* olive; small oval fruit from which an oil (olive oil) is obtained; tree bearing this; greenish colour.

zakar *k.n.* penis; organ by which a male animal copulates and urinates.

zakat *k.n.* obligatory alms made annually under Muslim law. **berzakat** *k.k.* give (obligatory) alms as required under Muslim law.

zalim *adj.* brutal; very cruel, without mercy; inhuman; not humane.

zaman *k.n.* epoch; particular period. **sezaman** *adj.* contemporary; of the same period or age; modern in style.

zamrud *k.n.* emerald; bright green precious stone; its colour.

zamzam, air zamzam *k.n.* water from the historic well in Mecca.

zapin *k.n.* a type of song or dance that resembles Arabian dance in rhythm and style.

zarah *k.n.* particle; very small portion of matter.

zat *k.n.* see **vitamin**.

ziarah *k.n.* visit (to a holy or sacred place); visit (to see a person or a place). **berziarah** k.k. visit a holy place; go or come to see (a person or place). **menziarahi** k.k. pay a visit; call on (someone).

zigot k.n. zygote; a cell formed by the union of two gametes.

zikir k.n. practice of uttering Allah's name out of devotion to Him and His Oneness. **berzikir** k.k. utter Allah's name repeatedly in remembrance of His greatness and oneness; execute all obligations demanded of Islam such as praying, paying tithe, etc.

zilofon k.n. xylophone; musical instrument with flat wooden bars struck with small hammers.

zina k.n. adultery; infidelity to one's wife or husband by voluntarily having sexual intercourse with someone else; fornication. **berzina** k.k. fornicate; commit adultery.

zink k.n. zinc; bluish-white metal.

zip k.n. zip; zip-fastener; zipper; fastening device with projections that interlock when brought together by a sliding tab. **berzip** k.k. fitted with a zip. **mengezip** k.k. zip up; fasten (clothes, etc.) with a zip.

zirafah k.n. giraffe; long-necked African animal.

zirah k.n. a garment of metal chains which act as a shield; an armour; a coat of mail worn by soldiers.

zodiak k.n. zodiac; (in astrology) band of the sky divided into twelve parts

(signs of the zodiac) each named from a constellation formerly situated in it.

zon k.n. zone; area with particular characteristics, purpose, or use.

zoo k.n. zoo; a place where many kinds of wild animals are kept for the public to see and where they are studied, bred and protected.

zoologi k.n. zoology; study of animals.

Zuhal k.n. Saturn; the second largest planet and sixth in order from the sun.

Zuhrah k.n. Venus; the second planet from the sun.

zuhur, sembahyang zuhur k.n. the noon or midday prayer. **waktu zuhur** k.n. time for the midday prayer.

Zulu k.n. Zulu; a member of a race of black people who live in South Africa.

Zulhijah k.n. the twelfh month of the Muslim (Hejira) calendar; the month for performing the Haj.

Zulkaedah k.n. the eleventh month of the Muslim (Hejira) calendar; the month between Syawal and Zulhijah.

zum k.k. zoom; move quickly, esp. with a buzzing sound; rise quickly; (in photography) make a distant object appear gradually closer by means of a zoom lens.

zuriat k.n. see **keturunan**

Z

Istilah Teknologi Maklumat dan Komunikasi

BAHASA MALAYSIA–BAHASA INGGERIS

Bahasa Malaysia	Bahasa Inggeris
abjad	*alphabet*
aksara	*character*
alamat	*address*
alat	*tool*
alat perisian	*software tool*
algoritma	*algoritma*
aliran data	*dataflow*
antara muka pengguna (UI)	*user interface (UI)*
aplikasi	*application*
arahan	*command*
asas	*base*
ASP (pembekal khidmat aplikasi)	*ASP (application service provider)*
ATM (mesin juruwang berautomat)	*ATM (automated teller machine)*
aturcara pop keluar	*pop-up program*
bait	*byte*
bank data	*databank*
bantu	*backup*
bantuan	*help*
bar ruang	*space bar*
bar skrol	*scroll bar*
BASIC (kod arahan simbolik serba guna permulaan)	*BASIC (beginner's all-purpose symbolic instruction code)*
benteng kebal	*firewall*
bebas tangan	*hands-free*
berbual/ bersembang	*chatting*
bilik bual/ sembang	*chat room*
bit	*bit*
blog	*blog*
Bluetooth	*Bluetooth*
buntu	*deadlock*
but semula; memulakan semula	*reboot*
capaian	*access*
cakera	*disc/disk*
cakera liut (disket)	*floppy disk (diskette)*
cakera keras	*hard disk*
cakera magnet	*magnetic disk*
cakera video	*videodisk*
CD-ROM (cakera padat ingatan baca sahaja)	*CD-ROM (compact disk read only memory)*
ciciran	*drop-out*
cip	*chip*
cetakan	*printout*
cuba semula	*retry*
daftar	*register*
dalam talian	*online*
dapatan kembali data	*data retrieval*
data	*data*
data mentah	*raw data*
data pemulihan	*recovery data*
datum	*datum*
desktop	*desktop*
digital	*digital*
diod pemancar cahaya (LED)	*light-emitting diode (LED)*
direktori	*directory*
direktori fail	*file directory*
disket	*diskette*
domain	*domain*
dokumentasi	*documentation*
dot com	*dot-com (a company that*

	sells goods and services on the Internet, especially whose address ends with 'com').	hiperteks	*hypertext*
		homepej	*home page*
		HTML (Bahasa Tandaan Hiperteks)	*HTML (Hypertext Markup Language)*
duaan	*dual*	HTTP (Protokol Pindah Hiperteks)	*HTTP: (Hypertext Transfer Protocol)*
DVD (cakera video digital)	*DVD (digital video disk)*		
eBay	*eBay (a website on the Internet where people can auction goods)*	huruf	*letter*
		ICT (teknologi maklumat dan komunikasi)	*ICT (information and communication technology)*
editor	*editor*	ikon	*icon*
e-mel	*email*	imbas	*scan*
engine gelintar	*search engine*	imej	*image*
e-tunai	*e-cash*	import	*import*
fail data	*data file*	indeks	*index*
fail cakera	*disk file*	inferens	*inference*
fail induk	*master file*	ingatan	*memory*
fail kerja/ tugasan	*job file*	ingatan baca sahaja (ROM)	*read-only memory (ROM)*
fail sandar	*backup file*		
faksimile	*facsimile*	ingatan capaian rawak (RAM)	*random-access memory*
fasa	*phase*		
folder	*folder*	ingatan *cache*	*cache (cache memory)*
fon	*font*		
format	*format*	ingatan para	*cache memory*
format cakera	*disk format*	ingatan utama	*main memory*
format pencetak	*printer format*	input	*input*
frekuensi	*frequency*	interaktif	*interactive*
fungsi	*function*	Internet	*Internet*
fungsi kerja	*work function*	intranet	*intranet*
fungsi sifar	*zero function*	IP (protokol internet)	*IP (internet protocol)*
gabungan	*combination*		
gagang telefon	*handset*	isi padu	*volume*
giga-	*giga-*	ISO (Pertubuhan Antarabangsa bagi Pempiawaian)	*ISO (International Organization for Standardization)*
gigabait	*gaigbyte*		
globalisasi	*globalization*		
grafik komputer	*computer graphic*		
gugusan	*cluster*	ISP (pemproses set arahan)	*ISP (instruction set processor)*
henti paksa	*abort*		
hiperkad	*hypercard*	isyarat	*signal*
hipersambung	*hyperlink*	isyarat digital	*digital signal*

IT (teknologi maklumat)	*IT (information technology)*	ketepatan	*accuracy*
jalan semula	*rerun*	ketumpatan	*density*
jalanan ujian	*test run*	kilobait	*kilobyte*
jalur	*band*	klik dan seret	*click and drag*
jalur lebar	*broadband/wide band*	klik dua kali	*double-click*
		klon	*clone*
jalur magnet	*magnetic stripe*	kod	*code*
jalur sempit	*narrowband*	kod palang	*bar code*
jalur suara	*voiceband*	kod bar	*bar code*
jam masa nyata	*real-time clock*	komputer	*computer*
jaringan	*network*	komputer analog	*analogue computer*
jauh	*remote*	komputer hybrid	*hybrid computer*
jejambat	*bridge*		
jet gelembung	*bubble jet*	komputer meja	*desktop computer*
kad	*card*		
kad magnet	*magnetic card*	komputer peribadi (PC)	*personal computer (PC)*
kad pengenalan	*ID card*	komputer aturcara terdawai	*wired-program computer*
kad pintar	*smart card*		
kad SIM (kad modul pengenalan pelanggan)	*SIM card (subscriber identification module card)*	komputer telapak/tatang	*palm-top*
		kotak alat	*toolbox*
kadar kena	*hit rate*	kotak dialog	*dialogue box*
kafe siber	*cybercafé*	kuasa computer	*computer power*
kapisiti	*capacity*	kumpulan berita	*newsgroup*
kata kunci	*keyword*	kursor	*cursor*
kata laluan	*password*	kutu Internet	*Net surfer*
kawasan kerja	*work area*	laluan jalur	*passband*
kawasan pengguna	*user area*	laksana	*execute*
kayu bedik	*joystick*	laman	*home page*
ke atas talian	*upline*	laman web	*web page*
kejituan	*accuracy*	lampiran	*attachment*
kejuruteraan perisian	*software engineering*	LAN (rangkaian kawasan setempat)	*LAN (local area network)*
kekonsistenan	*consistency*		
kekunci fungsi	*function key*	laser	*laser*
kekunci kawalan	*control key*	LCD (paparan hablur cecair)	*LCD (liquid-crystal display)*
kekunci tab	*tab key*	lebar jalur	*bandwidth*
kemasukan data	*data entry*	lembaran hamparan	*spreadsheet*
kepincangan tugas	*malfunction*		
		litar	*circuit*
kerangka utama	*main frame*	log keluar	*logoff/logout*
kerja	*job*	log masuk	*logon/login*
keserasian	*compatibility*	log masuk	*automatic logon*

automatik

log masuk jauh	*remote login*
logik	*logic*
luar talian	*offline*
maklumat	*information*
maklumat/ mesej ralat	*error message*
manual pengguna	*user manual*
masa capaian	*access time*
masa hidup	*uptime*
masa jalanan	*run time*
masukan data	*data entry*
melayari	*surfing*
mel elektronik	*electronic mail*
mel sampah/ remeh	*junk mail*
mel suara	*voice-mail*
melumpuh	*disable*
membolehkan	*enable*
menggaris bawah	*underscore*
mengatur cara	*programming*
menindan	*super-impose*
menskrol	*scroll*
menu	*menu*
menu capaian	*access menu*
menu cetakan	*print menu*
menu ke bawah	*drop-down menu*
menu muncul	*pop-up menu*
menu pada skrin	*on-screen menu*
menu pop timbul	*pop-out menu*
menu turun naik	*pull-down menu*
menyemak imbas	*browse*
menyemak lewa	*browsing*
mesej	*message*
mesin	*machine*
mesin maya	*virtual machine*
mesra pengguna	*user friendly*
mikro	*micro*
mikrokomputer	*microcomputer*
mikropemproses	*microprocessor*
mikropengatur- caraan	*microprogram- ming*
mili-	*milli-*
minikomputer	*minicomputer*
mod	*mode*
modem	*modem*
monitor	*monitor*
MP3	*MP3*
MPEG (kumpulan pakar gambar bergerak)	*MPEG (moving picture expert group)*
muat naik	*upload*
muat turun	*download*
muatan	*capacity*
mudah alih	*portable*
mula semula	*restart*
multimedia	*multimedia*
multipemproses	*multiprocessor*
mutu cetakan	*print quality*
nama pengguna	*username*
nano-	*nano-*
nyahkunci	*unlock*
operasi	*operation*
optik gentian	*fiber optics*
output	*output*
pad kekunci	*keypad*
pancit gelembung	*bubble jet*
pangkalan data	*database*
papan induk	*mother board*
papan kekunci	*keyboard*
paparan	*display*
paparan hablur cecair (LCD)	*liquid-crystal display (LCD)*
paparan LED (diod pemancar cahaya)	*LED display (light-emitting diode)*
paparan plasma	*plasma display*
paut/pautan	*link*
pautan	*linkage*
pautan data	*data link*
pelayan	*server*
pelayan fail	*file server*
pelayan komunikasi	*communication server*
pelayar Net (Internet)	*Net surfer*

pelokasi sumber seragam (URL)	*universal/ uniform resource locator (URL)*	pengatur cara	*programmer*
		pengekodan	*coding*
		pengekodan automatik	*automatic coding*
pemacu	*driver*	pengelogan data	*data loging*
pemacu cakera	*disk drive*	pengemaskinian	*updating*
pemacu cakera liut	*floppy-disk drive*	pengemaskinian fail	*file updating*
pemacu disket	*diskette drive*	pengendali blog	*blogger*
pemacu kenit	*thumb-drive*	penggodam	*hacker*
pemadanan	*matching*	pengguntingan	*scissoring*
pemadatan	*compaction*	penghantaran data	*data transmission*
pemain MP3	*MP3 player*		
pemasukan data langsung	*direct data entry*	penghapusan	*deletion*
		pengimbas	*scanner*
pembelajaran bantuan komputer	*computer-assisted learning*	pengimbas kod bar/palang	*bar code scanner*
		pengindeksan	*indexing*
pembelajaran berasaskan komputer	*computer-based learning*	pengisihan	*sorting*
		pengkomplikasi	*compiler*
		pengumpulan data	*data collection*
pemerolehan data	*data acquisition*	pengurusan data	*data management*
pemindahan fail	*file transfer*	pengurusan fail	*file management*
pemproses	*processor*	pengoperasi	*operator*
pemproses data	*data processing*	penimbal	*buffer*
pemproses perkataan	*word processor*	penimbalan	*buffering*
		peningkapan	*windowing*
pemprosesan data automatik	*automatic data processing*	pensimulasi	*simulator*
		pentadbir web	*webmaster*
pemulihan fail	*file recovery*	penukaran data automatik	*automatic data conversion*
penanda	*marker*		
penapis	*filter*	penumpuk	*accumulator*
penceroboh	*hacker*	penunjuk	*indicator*
pencetak	*printer*	penyahkod	*decoder*
pencetak laser	*laser printer*	penyahkodan	*decoding*
pencetak matriks bintik	*dot matrik printer*	penyahpepijatan	*debugging*
		penyelakuan	*simulator*
pencetak pancit gelembung	*bubble jet printer*	penyelesaian masalah	*trouble shooting*
pencetak pancit dakwat	*ink jet printer*	penyemak ejaan	*spelling checker*
		penyemak imbas	*browser*
penerbitan meja (DTP)	*desktop publishing (DTP)*		
pengabstrakan data	*data abstraction*	penyenggaraan fail	*file maintenance*
penganalisis	*analyzer*	penyiaran	*broadcasting*

penyunting	*editor*
penyunting teks	*text editor*
pepijat	*bug*
perangkaian	*broadband*
jalur lebar	*networking*
perindukan	*mastering*
perintah	*command*
perisian	*software*
perkakasan	*hardware*
perlindungan	*file protection*
fail	
persidangan	*videoconferencing*
video	
pesanan teks	*text message*
peti masuk	*inbox*
pin atau PIN	*pin or PIN*
(nombor	*(personal*
pengenalan	*identification*
peribadi)	*number)*
piksel	*pixel*
pita induk	*master tape*
pita magnet	*magnetic tape*
port	*port*
program	*program*
program utama	*main*
	programme
proksi	*proxy*
protokol	*protocol*
prototaip	*prototype*
pusing balik	*wrap around*
rakam keluar	*sign off*
rakam masuk	*sign on*
ralat	*error*
rangkaian data	*data network*
rangkaian dail	*dial-up network*
rangkaian	*computer*
komputer	*network*
reka bentuk	*computer-aided*
bantuan	*design*
komputer	
ruang siber	*cyberspace*
sains komputer	*computer*
	science
saiz kata	*word size*
saluran	*communication*
komunikasi/	*channel*
perhubungan	

salin	*copy*
salinan cetak	*hard copy*
salinan lembut	*soft copy*
salin dan tampal	*copy and paste*
saling	*internetworking*
perangkaian	
sambungan	*connection*
sambungan dail	*dial-up*
	connection
sambungan	*virtual*
maya	*connection*
sandar	*backup*
sedang berjalan	*running*
segar semula	*refresh*
sejagat	*global*
selit	*insert*
semak ejaan	*spellcheck*
semakan sah	*validity check*
sahih	
semi konduktor	*semiconductor*
senarai	*list*
senarai tolak	*pushup list*
naik	
senarai tolak	*pushdown list*
turun	
senarai tunggu	*wait list*
seret	*drag*
seret dan lepas	*drag-and-drop*
set semula	*reset*
set tangan	*handset*
siber-	*cyber-*
sibernatik	*cybernetics*
simpan	*save*
simpan semula	*restore*
sisip	*insert*
sistem	*communication*
komunikasi	*system*
sistem	*information*
maklumat	*system*
sistem masa	*real-time system*
nyata	
sistem	*DOS (disk*
pengoperasian	*operating*
cakera (DOS)	*system)*
sistem	*data*
pengurusan	*management*
data	*system*

sistem pengurusan fail	*file management system*	templat	*template*
sistem sandar	*backup system*	tergantung	*hang-up*
skan	*scan*	terminal	*terminal*
skrin	*screen*	terminal maya	*virtual terminal*
skrin leper	*flat screen*	terminal video	*video terminal*
SMS (khidmat pesanan ringkas)	*SMS (short message service)*	tetikus	*mouse*
		tetingkap	*window*
		tindanan tolak naik	*pushup stack*
stesen kerja	*work station*		
storan	*storage*	tindanan tolak turun	*pushdown stack*
storan dan dapatan kembali maklumat	*information storage and retrieval*	tugasan	*job*
		tulis ganti	*overwrite*
		tulisan rahsia	*cipher*
storan utama	*main storage*	TV realiti	*reality TV*
strim	*stream*	unit paparan visual	*visual display unit*
superkomputer	*supercomputer*		
tab (menjadualkan atau aksara penjadualan)	*tab (tabulate atau tabulation character)*	untaian	*threading*
		videoteks	*videotext*
		virus	*virus*
		WAN (rangkaian kawsan luas)	*WAN (wide area network)*
tag	*tag*		
tahap	*level*	WAP (protokol aplikasi wayerles)	*WAP (wireless application protocol)*
tamat masa	*timeout*		
tanda hash	*hash sign (#)*		
tapak web	*website*	webcam	*webcam*
tambahan	*drop-in*	weblog	*weblog*
teknologi maklumat	*information technology*	WWW (Jaringan Sejagat)	*WWW (World Wide Web)*
telepersidangan	*teleconferencing*		
teleteks	*teletex*		
TELNET (rangkaian teletaip)	*TELNET (teletype network)*		

Abbreviations/ Kependekan

ABIM Angkatan Belia Islam Malaysia

ABU Asian Broadcasting Union

ADB Asian Development Bank (Bank Pembangunan Asia)

ADUN Ahli Dewan Undangan Negeri

AFNP Applied Food and Nutrition Programme (Program Amalan Makanan dan Pemakanan)

AMN Ahli Mangku Negara

ANGKASA Angkatan Kerjasama Kebangsaan

ANM Arkib Negara Malaysia

ASAS 50 Angkatan Sasterawan 1950

ASEAN Association of Southeast Asian Nations (Pertubuhan Negara-negara Asia Tenggara)

ASN Amanah Saham Nasional

ATPC Association of Tin Producing Countries (Persatuan Negara-negara Pengeluar Bijih Timah)

BA Bachelor of Arts

BAM Badminton Association of Malaysia (Persatuan Badminton Malaysia)

BBC British Broadcasting Corporation

BCB Bumiputra-Commerce Bank Bhd.

BERNAMA Berita Nasional Malaysia

BGP Bintang Gagah Perkasa

BHMF Borneo Housing Mortgage Finance (Syarikat Permodalan Bercagar Borneo Berhad)

BKPMB Bank Kemajuan Perusahaan Malaysia Berhad

BNM Bank Negara Malaysia

BPMB Bank Pembangunan Malaysia Berhad

BPM Bank Pertanian Malaysia

BSN Bank Simpanan Nasional

CAP Consumer Association of Penang (Persatuan Pengguna Pulau Pinang)

CCITT Co-ordinating Council for Industrial Technology Transfer (Majlis Penyelarasan untuk Pemindahan Teknologi Industri)

CFTC Commonwealth Fund for Technical Co-operation (Tabung Komanwel untuk Kerjasama Teknikal)

CGC Credit Guarantee Corporation (Perbadanan Jaminan Kredit)

CIAST Centre for Instructor and Advanced Skill Training (Pusat Latihan Pengajar dan Ketukangan Lanjutan)

CUEPACS Congress of Unions of Employees in the Public and Civil Services (Kongres Kesatuan Sekerja dalam Perkhidmatan Awam)

DARA Pahang Tenggara Development Authority (Lembaga Kemajuan Pahang Tenggara)

DEB Dasar Ekonomi Baru

DK Darjah yang Maha Utama Kerabat Diraja Malaysia

DMN Darjah Utama Seri Mahkota Negara

DO District Officer (Pegawai Daerah)

DPN Dewan Perancang Nasional; Dasar Pertanian Negara

DPR Dewan Perwakilan Rakyat

DSLB Domestic Shipping Licensing Board (Lembaga Pelesenan Perkapalan Dalam Negeri)

DYMM Duli Yang Maha Mulia

DYTM Duli Yang Teramat Mulia

ECAFE Economic Commission for Asia and the Far East (Suruhanjaya Ekonomi bagi Asia dan Timur Jauh)

EEC European Economic Community (Kesatuan Ekonomi Eropah)

EEZ Exclusive Economic Zone (Zon Ekonomi Eksklusif)

EON Edaran Otomobil Nasional

EPF Employees Provident Fund (Kumpulan Wang Simpanan Pekerja)

EPU Economic Planning Unit (Unit Perancang Ekonomi)

FAM Football Association of Malaysia (Persatuan Bola Sepak Malaysia)

FAMA Federal Agricultural Marketing Authority (Lembaga Pemasaran Pertanian Persekutuan)

FAO Food and Agriculture Organization (Pertubuhan Makanan dan Pertanian)

FELCRA Federal Land Consolidation and Rehabilitation Authority (Lembaga Pemulihan dan Penyatuan Tanah Persekutuan)

FELDA Federal Land Development Authority (Lembaga Kemajuan Tanah Persekutuan)

FIC Foreign Investment Committee (Jawatankuasa Pelaburan Asing)

FIFA Federation of International Football Associations (Persekutuan Persatuan Bola Sepak Antarabangsa)

FIMA Food Industries of Malaysia (Perindustrian Makanan Malaysia)

FINAS Perbadanan Filem Nasional

FMC Federation Military College

FRIM Forest Research Institute of Malaysia (Institut

Penyelidikan Perhutanan
Malaysia)

FRS Fellow of the Royal
Society

FRU Federal Reserve Unit

GAPENA Gabungan
Persatuan Penulis Nasional

GATT General Agreement on
Tariffs and Trade (Perjanjian
Am Mengenai Perdagangan
dan Tarif)

GCE General Certificate of
Education

GPIM Gabungan Pelajar-
pelajar Islam Malaysia

GPMS Gabungan Pelajar-
pelajar Melayu Semenanjung

HICOM Heavy Industries
Corporation of Malaysia
(Perbadanan Industri Berat
Malaysia)

HMO Health Management
Organization (Pertubuhan
Pengurusan Kesihatan)

HMS Her (His) Majesty's
Ship

Hon. The Honourable,
Honorary (Yang Berhormat
(YB); Kehormat)

Hon. Sec. Honorary Secretary
(Setiausaha Kehormat)

IBF International Badminton
Federation (Persatuan
Badminton Antarabangsa)

IBRD International Bank
for Reconstruction and
Development (Bank Antara-
bangsa untuk Pembangunan
dan Pembangunan Semula)

IsDB Islamic Development
Bank (Bank Pembangunan
Islam)

IKM Institut Kemahiran
MARA

ILO International Labour
Organization (Pertubuhan
Buruh Antarabangsa)

ILP Institut Latihan
Perindustrian

IMF International Monetary
Fund (Tabung Kewangan
Antarabangsa)

IMR Institute of Medical
Research (Institut
Penyelidikan Perubatan)

INTAN Institut Tadbiran
Awam Negara

IPTAR Institut Penyiaran
Tun Abdul Razak

ISA Internal Security Act
(Akta Keselamatan Dalam
Negeri)

ISIS Institute of Strategic and
International Studies

ITC International Tin Council
(Majlis Timah Antarabangsa)

ITU International Telecom-
munication Union

JKR Jabatan Kerja Raya

JMN Johan Mangku Negara

JOA Jabatan Orang Asli

JP Jaksa Pendamai (Justice of
the Peace)

JPA Jabatan Perkhidmatan
Awam; Jabatan Penerbangan
Awam

JPJ Jabatan Pengangkutan
Jalan

KDN Kementerian Dalam
Negeri

KEDA Kedah Regional
Development Authority
(Lembaga Kemajuan
Wilayah Kedah)

KEJORA Johor Tenggara Development Authority (Lembaga Kemajuan Johor Tenggara)

KEMENTAH Kementerian Pertahanan

KESEDAR South Kelantan Development Authority (Lembaga Kemajuan Kelantan Selatan)

KETENGAH Terengganu Tengah Regional Development Authority (Lembaga Kemajuan Terengganu Tengah)

KKMB Kompleks Kewangan Malaysia Berhad

KKGSK Kesatuan Kebangsaan Guru-guru Sekolah Kebangsaan

KMN Kesateria Mangku Negara

KOBENA Koperasi Belia Nasional

KPPMS Kesatuan Pelajar-pelajar Melayu Selangor

KWSG Kumpulan Wang Simpanan Guru

KWSP Kumpulan Wang Simpanan Pekerja

LKM Lembaga Kraftangan Malaysia

LKIM Lembaga Kemajuan Ikan Malaysia

LKTP Lembaga Kemajuan Tanah Persekutuan

LKW Lembaga Kemajuan Wilayah

LLM Lembaga Lebuhraya Malaysia

LPN Lembaga Padi dan Beras Negara

LPP Lembaga Pertubuhan Peladang

LPPKN Lembaga Penduduk & Pembangunan Keluarga Negara

LTN Lembaga Tembakau Negara

LTH Lembaga Tabung Haji

MA Master of Arts

MADA Muda Agricultural Development Authority (Lembaga Kemajuan Pertanian Muda)

MAGERAN Majlis Gerakan Rakyat

MAHA Malaysian Agri-Horticultural Association

MAJUIKAN Lembaga Kemajuan Ikan Malaysia

MAJUTERNAK Lembaga Kemajuan Ternakan Negara

MAMPU Manpower Administrative Modernization and Planning Unit (Unit Perancangan dan Pemodenan Pentadbiran Tenaga Manusia)

MARA Majlis Amanah Rakyat

MARDEC Malaysian Rubber Development Corporation (Perbadanan Kemajuan Getah Malaysia Berhad)

MARDI Malaysian Agricultural Research and Development Institute (Institut Penyelidikan dan Kemajuan Pertanian Malaysia)

MATTRA Malaysian Trans-national Trading Corporation (Perbadanan Perda-

gangan Antarabangsa
Malaysia)
MB Menteri Besar
MBM Majlis Belia Malaysia
MBSB Malaysian Buildings
Society Berhad (Persatuan
Pembinaan Malaysia Berhad)
MCC Milk Collecting Centre
(Pusat Pengumpulan Susu)
MD Doctor of Medicine
MECIB Malaysia Export
Credit Insurance Berhad
(Insurans Kredit Eksport
Malaysia Berhad)
MEXPO Malaysia Export
Trade Centre (Pusat
Dagangan Eksport Malaysia)
MIDA Malaysian Industrial
Development Authority
(Lembaga Kemajuan
Perindustrian Malaysia)
MIDF Malaysian Industrial
Development Finance
(Syarikat Permodalan
Kemajuan Perusahaan
Malaysia Berhad)
MIMOS Malaysian Institute
of Microelectronics System
(Institut Sistem Elektronik
Mikro Malaysia)
MINDEF Ministry of
Defence
MISC Malaysian Interna-
tional Shipping Corpora-
tion (Syarikat Perkapalan
Antarabangsa Malaysia)
MKSAK Majlis Kebajikan
dan Sukan Anggota-anggota
Kerajaan
MMC Malaysia Mining
Corporation (Perbadanan
Perlombongan Malaysia)

MNSC Malaysia National
Shippers Council (Majlis
Pemilik-pemilik Kapal
Malaysia)
MNRB Malaysian National
Reinsurance Berhad
(Syarikat Insurans
Semula Negara Malaysia
Berhad)
MOM Majlis Olimpik
Malaysia
MPIB Malayan Pineapple
Industry Board (Lembaga
Perusahaan Nanas Tanah
Melayu)
MPIK Maktab Perguruan
Ilmu Khas
MPTI Maktab Perguruan
Temenggung Ibrahim
MPPM Maktab Perguruan
Perempuan Melaka
MRSM Maktab Rendah Sains
MARA
MSC Multimedia Super
Corridor (Koridor Raya
Multimedia)
MSN Majlis Sukan Negara
MSSM Majlis Sukan Sekolah-
sekolah Malaysia
MTCP Malaysian Technical
Co-operation Programme
(Program Kerjasama Teknikal
Malaysia)
MTN Multilateral Trade
Negotiation (Perundingan
Perdagangan Berbagai Hala)
Mus. B. Bachelor of Music
NATO North Atlantic Treaty
Organization (Pakatan
Atlantik Utara)
NCO Non-commanding
Officer

NCSRD National Council for Scientific Research and Development (Majlis Kemajuan Penyelidikan Sains Malaysia)

NIEM National Institute of Education Management (Institut Pengurusan Pendidikan Negara)

NITTCB National Industrial Training and Trade Certification Board (Lembaga Latihan Perindustrian dan Persijilan Ketukangan Kebangsaan)

NPC National Productivity Centre

NUT National Union of Teachers

OCM Olympic Council of Malaysia (Majlis Olimpik Malaysia)

OCPD Officer-in-Charge Police District

OECD Organization for Economic Co-operation and Development (Pertubuhan Kerjasama Ekonomi dan Pembangunan)

OHMS On Her (His) Majesty's Service

OIC Organization of Islamic Conference (Pertubuhan Persidangan Islam)

PABK Perusahaan Awam Bukan Kewangan

PATA Pacific Area Travel Association (Persatuan Pelancongan Kawasan Pasifik)

PBMUM Persatuan Bahasa Malaysia Universiti Malaya

PBMUSM Persatuan Bahasa Malaysia Universiti Sains Malaysia

PBMUKM Persatuan Bahasa Malaysia Universiti Kebangsaan Malaysia

PBSM Persatuan Bulan Sabit Malaysia

PDRM Polis Diraja Malaysia

PEMADAM Persatuan Mencegah Penyalahgunaan Dadah Malaysia

PENA Persatuan Penulis Nasional

PERDA Penang Regional Development Authority (Lembaga Kemajuan Wilayah Pulau Pinang)

PERHILITAN Jabatan Perlindungan Hidupan Liar dan Taman Negara

PERKESO Pertubuhan Keselamatan Sosial

PERNAS Perbadanan Nasional Berhad

PETRONAS Petroliam Nasional Berhad

PDPN Pusat Daya Pengeluaran Negara

PERKIM Pertubuhan Kebajikan Islam Malaysia

PIBG Persatuan Ibu Bapa dan Guru

PJK Pingat Jasa Kebaktian

PKBM Persatuan Kelab-kelab Belia Malaysia

PKEN Perbadanan Kemajuan Ekonomi Negeri

PKNS Perbadanan Kemajuan Negeri Selangor

PKPIPTM Persatuan Kebangsaan Pelajar-pelajar

Islam Persekutuan Tanah Melayu

PLD Pusat Latihan Daerah

PLH Pusat Latihan Harian

PM Perdana Menteri; Prime Minister

PMG Postmaster-General

PMN Panglima Mangku Negara

PMR Penilaian Menengah Rendah

PNB Perbadanan Nasional Berhad

PNSL Perbadanan Nasional Shipping Line Berhad

PPG Pusat Penyelidikan Getah

[1]PPK Pertubuhan Peladang Kawasan

[2]PPK Pusat Perkembangan Kurikulum

PPN Pusat Pembangunan Nelayan

PPMPB Persatuan Pelajar Maktab Perguruan Bahasa

PPN Pingat Pangkuan Negara

PPP People's Progressive Party; Pusat Penyelidikan Perubatan

PROTON Perusahaan Otomobil Nasional

PSD Panglima Setia Diraja

PSM Panglima Setia Mahkota

PTA Preferential Trading Arrangement (Peraturan Perdagangan Istimewa)

PULADA Pusat Latihan Tentera Darat

PULAPOL Pusat Latihan Polis

PUSPATI Pusat Penyelidikan Atom Tun Dr. Ismail

RIDA Rural and Industrial Development Authority (Lembaga Kemajuan Perusahaan dan Kampung)

RISDA Rubber Industry Smallholders Development Authority (Pihak Berkuasa Kemajuan Pekebun Kecil Getah)

RIMV Registrar and Inspector of Motor Vehicles (Pendaftar dan Pemeriksa Kenderaan Bermotor)

RMAF Royal Malaysian Air Force

RMN Royal Malaysian Navy

RRIM Rubber Research Institute of Malaysia (Institut Penyelidikan Getah Malaysia)

RTDC Regional Training and Development Centre (Pusat Pembangunan dan Latihan Wilayah)

SADC State Agriculture Development Corporation (Perbadanan Kemajuan Pertanian Negeri)

SAFODA Sabah Forestry Development Authority (Lembaga Kemajuan Perhutanan Sabah)

SALCRA Sarawak Land Consolidation and Rehabilitation Authority (Lembaga Pemulihan dan Penyatuan Tanah Sarawak)

SAM Sahabat Alam Malaysia

SEAP Southeast Asia Peninsula

SEATRAD Southeast Asia Tin Research and Development (Penyelidikan dan Pembangunan Bijih Timah Asia Tenggara)

SEB Sabah Electricity Board (Lembaga Letrik Sabah)

SEDAR Socio-economic and Attitude Reorientation Institute (Institut Pembangunan Sikap dan Sosioekonomi)

SERU Sosio-economic Research Unit (Unit Penyelidikan Sosioekonomi)

SESCO Sarawak Electricity Supply Corporation (Perbadanan Bekalan Letrik Sarawak)

SETIA Integrated Project Management Information System (Sistem Maklumat Pengurusan Projek Bersepadu)

SIRIM Standards and Industrial Research Institute of Malaysia (Institut Piawaian dan Penyelidikan Perindustrian Malaysia)

SLDB Sarawak Land Development Board (Lembaga Kemajuan Tanah Sarawak)

SMJK Sekolah Menengah Jenis Kebangsaan

SMK Sekolah Menengah Kebangsaan

SMN Seri Maharaja Mangku Negara

SMR Standard Malaysian Rubber (Getah Mutu Malaysia)

SOCSO Social Security Organization (Pertubuhan Keselamatan Sosial)

SPA Suruhanjaya Perkhidmatan Awam

SPM Sijil Pelajaran Malaysia

SPPK Syarikat Perumahan Pegawai-pegawai Kerajaan

SPVM Sijil Pelajaran Vokasional Malaysia

SSM Seri Setia Mahkota

STPM Sijil Tinggi Persekolahan Malaysia

TCS Trade Commissioners Service (Perkhidmatan Suruhanjaya Perdagangan)

TDC Tourist Development Corporation (Perbadanan Kemajuan Pelancongan)

TLDM Tentera Laut Diraja Malaysia

TNB Tenaga Nasional Berhad

TUDM Tentera Udara Diraja Malaysia

TYT Tuan Yang Terutama

UDA Urban Development Authority (Perbadanan Pembangunan Bandar)

UIA Universiti Islam Antarabangsa

UiTM Universiti Teknologi MARA

UKM Universiti Kebangsaan Malaysia

UM Universiti Malaya

UMSU University of Malaya Students' Union

UN United Nations

UNCTAD United Nations Conference on Trade and Development (Persidangan

Pembangunan dan Perdagangan Bangsa-Bangsa Bersatu)

UNDP United Nations Development Programme (Program Pembangunan Bangsa-Bangsa Bersatu)

UNESCO United Nations Educational Scientific and Cultural Organization (Pertubuhan Pelajaran, Sains dan Kebudayaan Bangsa-Bangsa Bersatu)

UNICEF United Nations International Children's Emergency Fund (Tabung Kecemasan Kanak-kanak Antarabangsa Bangsa-Bangsa Bersatu)

UNIMAS Universiti Malaysia Sarawak

UPM Universiti Putra Malaysia

[1]UPP Unit Penyelarasan Pelaksanaan

[2]UPP Unit Pencegah Penyeludupan

UPSI Universiti Pendidikan Sultan Idris

UPSR Ujian Pencapaian Sekolah Rendah

USM Universiti Sains Malaysia

USIS United States Information Service

UTM Universiti Teknologi Malaysia

UUM Universiti Utara Malaysia

WHO World Health Organization (Pertubuhan Kesihatan Sedunia)

WWF World Wildlife Fund (Tabung Hidupan Liar Sedunia)

YAB Yang Amat Berhormat

YB Yang Berhormat

YM Yang Mulia

YTM Yang Teramat Mulia